三國志 一

魏书【一】

岳麓書社·长沙

[晋]陈寿 著
[南朝宋]裴松之 注
黄宁宁 刘光 吴南泽等 译注

图书在版编目(CIP)数据

三国志/(晋)陈寿编著.—长沙：岳麓书社，2024.10
(全本全注全译)
ISBN 978-7-5538-2081-1

Ⅰ.①三…　Ⅱ.①陈…　Ⅲ.①《三国志》—注释②《三国志》—译文　Ⅳ.①K236.042

中国国家版本馆CIP数据核字(2024)第097060号

SAN GUO ZHI

三国志

编　　著：[晋]陈　寿
注　　者：[南朝宋]裴松之
译　　注：黄宁宁　刘　光　吴南泽　李思远　郭海涛
出 版 人：崔　灿
出版统筹：马美著
责任编辑：李郑龙　张丽琴　牛盼盼　蒋小涵
责任校对：舒　舍
封面设计：贺红梅
本书封面书名用字集自古代书法作品

岳麓书社出版发行
地址：湖南省长沙市爱民路47号
直销电话：0731-88804152　0731-88885616
邮编：410006

版次：2024年10月第1版
印次：2024年10月第1次印刷
开本：890mm×1240mm　1/32
印张：92.25
字数：2720千字
书号：ISBN 978-7-5538-2081-1
定价：358.00元

承印：长沙超峰印刷有限公司

如有印装质量问题，请与本社印务部联系
电话：0731-88884129

前　言

西晋陈寿完成的《三国志》，在成书之初就得到了很好的评价。梁州大中正、尚书郎范颙称《三国志》“辞多劝诫，明乎得失，有益风化，虽文艳不若相如，而质直过之”。《华阳国志》称陈寿著书“品藻典雅。中书监荀勖、令张华深爱之，以班固、史迁不足方也”。张华甚至对陈寿说：“当以《晋书》相付耳。”可见，陈寿的史学才能在当时人眼中属于第一流。他撰述的《三国志》也位列“前四史”之一，成为中国古代正史中的经典。

东汉末至西晋初的一段不足百年的历史，因政治局势纷繁复杂，军事斗争跌宕激烈，人物性格鲜明潇洒，故而波澜壮阔，气象万千，为后人津津乐道。自西晋以后，人们频繁回顾这段历史，从中汲取经验教训。特别是在民间，由说书人演绎的三国历史，更成为知识普及和道德教化的一种主要手段。《东坡志林》记载，王彭尝云：“涂巷中小儿薄劣，其家所厌苦，辄与钱，令聚坐听说古话。至说三国事，闻刘玄德败，颦蹙有出涕者；闻曹操败，即喜唱快。以是知君子小人之泽，百世不斩。”后人对三国历史的喜爱，由此可见一斑。

至明代，作家整理各种三国故事，以《三国志》为主而成《三国演义》，七分历史，三分戏说，更将三国群雄的形象丰满了。从此奸诈的曹操、宽厚的刘备、足智多谋的诸葛、义薄云天的关羽以及其他各有特色的英雄人物，从历史中走出来，进入读者的精神世界。人们对三国历史的重视也更上了一个台阶。

文学推动了人们反思历史，历史丰富了人的心灵。今日，应该如何理解陈寿的《三国志》，需要从历史和史学两个层面予以把握。舍此，并无他途。

一、纪传体史书的体例与断限惯例

要了解陈寿的《三国志》，便不能不了解纪传体史书的体例和断限惯例。司马迁创作《史记》，由此开创了纪传体的撰述体裁。《史记》包括本纪、表、书、世家和列传五种体例。《史记》的本纪就名称来看，是指“根本的记录”，其内容包括两种：第一是合记一姓诸王的王朝纪，第二是单记在位君主的编年史。王朝纪包括《五帝本纪》、《夏本纪》、《殷本纪》、《周本纪》和《秦本纪》。这些本纪中并不只记录一个帝王，而是记录了一系列帝王。在位君主的编年史则包括《秦始皇本纪》《项羽本纪》《高祖本纪》《吕太后本纪》《孝文本纪》《孝景本纪》和《武帝本纪》。这几个本纪是以君主作为叙事单元的王朝大事记。可见，纪传体史书中的本纪，不能视作君主的个人传记。因为古代有用君主系年的传统，舍君主则无时间贯穿，直到司马迁的时代乃至延续到清代也是如此。故而本纪的创设，就是本诸这种传统和现实因素的结果。

表是大事年表。因为历史事实千头万绪，无法一一详细记录，撮其要点纳入表格，纲举目张，一目了然。书是专门史。《史记》中有八书，记录了司马迁对当时天文、地理、律历、礼乐、财政等方面的认识和思考。世家则记录公侯传国。纳入世家者，或者是西周以降的诸侯国，或者是汉代的诸侯。其中有两个特例，一个是孔子，一个是陈涉，他们两个人都没有子嗣传国。不过司马迁认为这两个人的功业极大，都是开创时代风气的人物，故而将他们升格到了世家之中。列传便是人物传记。一般人读正史，都爱读传记，因为人物的故事更为生动，读起来也有共情的感受。

《史记》是一部通史。司马迁从传说中的黄帝写起，一直写到汉武帝时代。面对数千年的历史,司马迁没有采用区隔的眼光,而是采取了一种连续的视角,不分彼此地加以书写。虽然有汤武革命,夏、商、周三朝仍可以并列;即便汉代秦统,嬴、项、刘仍能够各安其序。在司马迁的笔下只有事实,并无倾向。

这种不分彼此的写作手法在后来修撰《汉书》的班彪、班固父子眼中是不可接受的。班彪批评司马迁说:"迁之所记,从汉元至武以绝,则其功也。至于采经摭传,分散百家之事,甚多疏略,不如其本,务欲以多闻广载为功,论议浅而不笃。"在班彪看来,司马迁的贡献就只是写了西汉历史,其他工作都有很多问题。这套主张经过班固发挥,变成了"汉绍尧运,以建帝业,至于六世,史臣乃追述功德,私作本纪,编于百王之末,厕于秦、项之列"。班氏父子批评《史记》没有突出汉朝与此前王朝的不同,故而他们将通史的写法改为断代史的写法,完成了中国古代第一部纪传体王朝史——《汉书》。

由通史变为断代史,叙述时段缩短了,由此带来了很多撰述上的问题。首先就是时代断限。一个王朝从何时开始,至何时结束,史家要给出明确的起讫。根据这个时间限定,收录符合标准的人物和事件。

可能会有读者认为,王朝的起讫时间不是很清楚吗?翻开中国历史年表,各个王朝建立和灭亡的时间都很具体。殊不知,历史并非只是具体时间点的串联,而是一系列互相联系的事件的兴灭。就拿汉朝来说。刘邦受封汉王乃是在公元前207年,建立汉朝,统一天下是在公元前202年。前面他受封汉王,乃是项羽之命;后面他成为汉朝皇帝,方才是天下共主。而汉朝的纪年,则始于公元前207年,等到刘邦做皇帝的时候,已经是汉五年了。汉朝没有重新起元,历史也没有从此拦腰斩断。《史记》中的《高祖本纪》,是从刘邦参与反秦战争写起,那时候他是秦朝人,也只有布衣身份。若不这么写,记述汉朝历史只从公元前207年写起,那么汉朝从何而来,刘邦如何起家,则统统无从谈起了。班氏父子虽然断汉为史，但是他们也不能忽视刘邦建国前的历史，也只能因袭《史记》，从刘邦参与反秦战争写起。《汉书》中的改动是，回避刘邦受项羽封号的历史，尽量凸显汉纪年和汉法统。

后代学者不明此理，或者说实践经验不足，故而对前代史家横加指责，产生了一些谬论。比如唐代史家刘知幾在《史通·题目》中说："夫战争方殷，雄雌未决，则有不奉正朔，自相君长。必国史为传，宜别立科条。至如陈、项诸雄，寄篇汉籍；董、袁群贼，附列《魏志》。既同臣子之例，孰辨彼此之殊？惟《东观》以平林、下江诸人列为载记。顾后来作者，莫之遵效。"这段话中说，《汉书》不应给陈涉、项羽立传，《三国志》也不应给董卓和袁术立传。因为他们没有尊奉后代政权的正朔，不属于臣子，故而不应该立有传记。刘知幾的说法很有代表性。他建议为这些与创业君主并争天下的"开国群雄"单独设立一种体例，如载记，确实可行。不过反过来说，是不是将诸人列入传记就是错误的呢？

史书既然记录了一个时代的整体面貌，自然也就容纳了这个时代的所有重要人物。纪传体王朝史既然是站在王朝的立场上叙述此前的历史，则应该对王朝兴起的整体过程作出讨论，其间难免包含并未臣属此王朝但仍不得不记录之人。造成这种局面的原因，自然是断代史的先天不足。然而为了弥补这种先天不足，史家更应努力，补充王朝前史中的人物，自然是可行的；将他们放入传记，也未尝不可。刘知幾的问题在于，他太过拘泥于史书体例的意义，执拗于形式而忽视了内容。殊不知纪传体自司马迁创立开始，既有常例，也有变体。在普遍中存在特殊，在共性中容纳个性，本就是万事万物的规律，强行将其区分、疏离，并不是合理的做法。

明白了上述情况，再看陈寿的《三国志》，就能看出他设置此书模式的苦心。陈寿虽生活在西晋，但成长于蜀国，在蜀汉时曾经担任过散骑黄门侍郎等职务，属于刘禅旧臣。既是蜀汉故旧，又是晋朝降人，由他来撰写魏、蜀、吴三个国家的历史，也就是晋朝前史，需要考量和权衡的因素很多。

首先，三国的历史应该从何时开始写起，又写到何时结束呢？这就是史书的断限设定，通过本纪予以呈现。《三国志》从东汉灵帝时黄巾起义写起，一直写到曹魏末帝曹奂将政权禅让给晋武帝司马炎为止。要是按照刻板的观点来看，曹丕代汉之前，自汉灵帝以降直到汉献帝时代的历史，都要算作东汉史，《三国志》不应容纳，也不应撰述。要是采取这种做法，那不仅曹操的生平起讫无从谈起，蜀、吴建立者的经历更无所依托了。

王朝的起讫有清晰的时间轴，而历史的发展并无具体的节点。希望将纷繁复杂的历史纳入具体时间线索的做法必定属于徒劳。陈寿从黄巾起义写起，便是把握住了东汉衰颓的历史要素，从此开始，东汉政权虽然架子不倒，但是内部已经混乱了。王朝的统治虽未土崩，却也瓦解。

进而要提及的是，纪传体史书撰写的主体是人物。人物的生命周期，更不可能与王朝的建立和灭亡周期完全吻合。如果要强行割裂人物与时间的联系，那么三国史是应该从曹丕代汉写起的。可这样一来，曹丕从何而来，曹丕为何能够代汉自立，又无从谈起了。故而纪传体史书的撰述最忌为追求严整而罔顾事实。现在看来，陈寿的处理方式，无疑是合适的。

其次，看《三国志》的体例设计。陈寿源于蜀汉，一降于魏，再入于晋，一生侍奉三个政权。三个政权之间存在着既对立又承接的关系。蜀汉与魏是对立关系，站在蜀汉的立场上，自然不能赞成魏。魏与晋也是对立关系，站在魏的立场上，自然也不能赞成晋。然而历史撰述总要有所依凭，既不能单纯从自己母国的立场出发而忽视事实，也不宜完全立足于新的王朝而彻底贬低旧主。陈寿选择了一个折中的办法。他以曹魏的君主作为系年的主体，为曹操以降诸帝王设立本纪。即便曹操终身行用汉朝年号，从未称帝，陈寿也将汉献帝的系年放在曹操身上。这是尊重历史现实的做法。毕竟曹操实际掌控了东汉的政权，并控制了汉朝的核心区域，基本恢复了对中原的有效统治。而此后又是魏灭蜀，承魏而来的晋灭吴。曹操开创的事业，成为终结三国的基础。再者讲，曹操是黄巾起义以后兴起的各路诸侯中，始终活跃于中原地区，并以汉朝视角俯视群雄之人，他经历丰富。以曹操为系年主体，可以保证其他各个政治力量都能于其中找到自己的位置。反过来说，如果以刘备作为主体系年，则刘备于曹操兴起中原之时，尚在基层摸爬滚打，根本接触不到高层政治，很多人物也就无从写起了。如果从孙坚写起，也会面临同样的问题。故而陈寿以魏系年，是一种折中且明智的做法。

虽然《三国志》以魏系年，将刘备、孙权等人置于列传。但是《三国志》是分三个国家来记述的，蜀、吴两国虽无本纪，但是其内部自成体系，自有一套列传编纂的原则。这么看来，虽然刘备、孙权等人没有本纪，然而他们的传记和此后臣子的传记，自然能够形成一种君臣之间的区分关系。刘备的传记叫作《先主传》，刘禅的传记叫作《后主传》。孙权的传记叫作《吴主传》，他以后的继承人的传记叫作《三嗣主传》。他们的传记之后还有后妃和宗室的传记。在刘备、孙权等人的传记内部，同样沿用东汉及他们各自称王、称帝之后的年号，同样以他们本人系年。这么看来，刘、孙两家，只是不用本纪名称而已，《蜀书》与《吴书》的整体结构及《先主传》《吴主传》等传记的内部设置，都和纪传体王朝史的一般书写情况一样。同时设立三个主体分别撰述的做法，实在是陈寿的一大创举，且行之有效，应该得到肯定。

最后，陈寿入晋，在西晋做官，也与政坛高层有交往。他在西晋撰述一部前朝历史，不能不考虑本朝人的态度。首先便是三国结束的时间必须以魏晋禅代的终结为准。这关乎到新王朝的定位，丝毫不能含糊。再者，起于曹魏且仍活跃于西晋政坛的人物，陈寿基本不写。魏晋的边界非常模糊,大量官员很早就依附司马氏并由魏入晋。他们属于晋朝历史的主体人物,对他们在曹魏时期的历史表现,陈寿并不予以记录。第三,对于司马懿父子在曹魏党同伐异、谋朝篡位的举动,一定要予以回避。以上这三点,关涉到陈寿本人的身家性命,不能不如此处理。后代学者往往批评陈寿不够公允,甚至对司马昭等人还有谄媚之嫌。类似的批评不能说没有道理。如果将史家认定为不怕死的好汉,都如同春秋时的董狐、南史一样,那么陈寿确实有不可取之处。不过历史毕竟变化了,春秋贵族社会变为秦以后的集权社会。史臣身份由古代的相对独立,变成了政权机器中的一环。要求陈寿效法先贤,宁死不屈,多少有些不切实际。

纪传体史书体例和断限惯例,是史家记载历史的原则。他们必须依照这个原则来撰写历史,才能创作出被人们所接受的著作。反过来说,史家又会在不同层面突破这些原则,形成某些变例,正是这些变例,使得史学充满了活力与生机。上面我们已经提到了陈寿在处理国别和本纪上做出的变例,下面我们继续讨论陈寿在列传编纂方面做出的变例,进一步揭示《三国志》的独特之处。

二、《三国志》以"志"为名的原因

《三国志》是中国古代纪传体正史中唯一一部以"志"命名的史书。《三国志》以前,以王朝为叙述对象的史学著作有《史记》(本名《太史公书》或《太史公记》)、《汉书》、《东观汉记》、谢承《后汉书》、薛莹《后汉纪》,以及为《三国志》资用的王沈《魏书》、鱼豢《魏略》、韦昭《吴书》和王崇《蜀书》,这些著作都是纪传体例,均不曾以"志"为名。对此,刘知幾理解为"陈寿、王劭曰志,何之元、刘璠曰典。此又好奇厌俗,习旧捐新,虽得稽古之宜,未达从时之义"。

书名是关系全书定位的大问题,也关系到史家对自我著作的把握与认知。陈寿如果毫无考虑,只是模拟前人,甚至是"好奇厌俗"的拙劣仿效的话，《三国志》恐怕也不会经得起千百年的考验仍为人所熟悉。考察《三国志》以前各种以“志”为名的书籍，可以对“志”这种文献有更为准确的把握。

首先要说，先秦时期有大量的名为“志”的书。浦起龙对《史通》前引所谓“志”注释云：“如‘志曰丧祭从先祖’之‘志’。”此句出自《孟子·滕文公上》，朱熹《章句》称“志，记也”。今人以为“志”是古书常用名应与此有关。《左传·文公二年》狼瞫曰：“《周志》有之：‘勇则害上，不登于明堂。’”杜注：“《周志》，周书也。”杨伯峻的理解比较慎重，仅仅将“志”理解为古书的通用名，至于其性质，并没有下结论。

更为人所熟知的是班固《汉书》设立了“十志”，延续了《史记》的“八书”，同样是专门史。《汉书·律历志》颜师古曰：“志，记也，积记其事也。《春秋左氏传》曰‘前志有之’。”所谓“积记其事也”，似乎是总集经、传、说之辞而大成之意。从内容上看，“志”用于说明一类事物的发生发展情况，是一种全面总结性的文本。

《汉书》开创了将“志”这种体裁作为总结性文体的先河。《汉书》出现之后，也有经学家以“志”作为总结性作品的命名。《后汉书·郑玄传》载郑玄死后，“门生相与撰玄答诸弟子问《五经》，依《论语》作《郑志》八篇”。《郑志》即郑氏通过问答对经义讨论而作的总结。

经学之外，《汉书》对“志”的利用为学者开创了新的写作方向。“志”被用作总结某一类事物的文体。陈寿的老师谯周曾作《礼祭集志》《五教志》，刘劭曾作《人物志》，等等。甚至晋张华所作《博物志》、南朝王俭所作《七志》，也表现出强烈的总结性的意图。从学术取向上来说，上述诸作尚未超越班固开创的“志”的意涵。

在《汉书》诸志的基础上，还出现了地域性总结文本的“志”。检索《隋书·经籍志》可以发现，东汉至隋期间大量以“志”命名的书籍是地理书或郡国书。目前所见东汉时期最早以“志”为书名者，应该是东汉杨孚所撰《交州异物志》。三国时期,有谯周《益州志》、韦昭《三吴郡国志》、徐整《豫章旧志》。汉末以来,郡国书和地理书似乎并没有太大区别,两者似乎都包含对于地理和人物的记载。以“志”为名总结一地的风土,可以说是继承了经学和《汉书》上的双重学术风气。

在汉代,还出现了崔瑗的《南阳文学官志》。据《后汉书·崔瑗传》:“瑗高于文辞,尤善为书、记、箴、铭,所著赋、碑、铭、箴、颂、《七苏》、《南阳文学官志》、《叹辞》、《移社文》、《悔祈》、《草书势》、七言,凡五十七篇。其《南阳文学官志》称于后世,诸能为文者皆自以弗及。”《南阳文学官志》是不列于“赋、碑、铭、箴、颂”已经成熟的文体之中的。这说明,班固之后,将“志”作为总结性文体虽然常见,但尚未在文学上获得一席之地。《文心雕龙》罗列诸多文体,“志”并不在其列。《文选》对文体分类,亦不见“志”。实则“志”非但不归入文学中,且其篇幅亦应大于一般文章。崔瑗而后,更有王粲作《荆州文学官志》。所谓《南阳文学官志》《荆州文学官志》,在杂糅以局部区位为叙述主体的地理书和总结性文体的“志”的特点的基础上,形成了新的“志”的形式。

进一步说,以地区郡国为本位的创作取向,为陈寿创作以地域国别为界限的《三国志》提供了学术上的又一重准备。以“志”命名的地理书毕竟还是少数。作者选择“志”作为书名,当然暗示他有着穷尽当地一切风物的学术抱负。

在陈寿心中,应该是将魏、蜀、吴三个国家对立的历史看作地方政权割据的历史。与此相适应的史书,虽有所谓《周志》《楚志》《国语》,毕竟与《史记》《汉书》以来的史书风格不统一。比较而言,《汉书》开创的“志”这种文体,成为了有竞争力的存在而为陈寿青睐。陈寿撰写《三国志》时,学术上已经有了以“志”总结一地风俗、一类人物的做法。它们对陈寿选取“志”作为题目进行史书创作都是有影响的。特别是诸如《南阳文学官志》《荆州文学官志》的出现,使得以地区为纬、以时间为经来叙述人物行事成为可能。

陈寿本身的学术渊源也与他选择“志”这种文体有关系。陈寿师从谯周。《三国志》本传称谯周父“治《尚书》,兼通诸经及图、纬”,至谯周“耽古笃学”“研精六经”。《华阳国志·后贤志》称陈寿“少受学于散骑常侍谯周,治《尚书》《三传》,锐精《史》《汉》”。他的学术取向应该与谯周近似。陈苏镇在《〈春秋〉与“汉道”》中指出:“东汉古文学家治学的一大特点,是博览多通,不守章句。”在这种学术风气的熏陶下,陈寿大胆选择以“志”命名的史书模式应该没什么阻力。而且谯周本人正是大量使用“志”这种文体的作者。他创作了《益州志》、《礼祭集志》和《五教志》,是班固以后、陈寿以前同时用“志”来撰写地理书和经学注疏的唯一一人。

值得注意的是,陈寿本人在《三国志》之外,还撰有《古国志》,其内容今已不可得见。不过从题目来看,应该是与《三国志》对应的,记述古代割据政权的史书。然则“国志”一体,应该是陈寿颇为得意之作。

三、《三国志》的列传编纂原则

为了呈现魏、蜀、吴三国各自独立的建国道路,陈寿尊重各国建立的独特时间表。因为三国的统治者都有一个由“人臣”而“人主”的标志性事件。对曹操来说,便是建立魏国,设立魏国官僚机构;对刘备来说,便是自立汉中王,开汉中王府,建立僚佐机构;对孙权来说,便是占据荆州,摆脱了曹魏的控制,彻底掌握了政治上的主动。三个国家各有自己的建国时间表,而其中的关键事件是共同的,就是建立自己独立的决策机构,并在政治上掌握主动。《三国志》的列传编纂便遵循上述史实展开。

纪传体史书一般的列传编纂原则包括两个方面:一个是不同人物如何合并于同一个列传,另一个是不同列传的先后次序如何排列。

由于纪传体史书的时间跨度很长,故而在同一个传记中,往往容纳有不同时代的人物。依据什么标准将他们合并在一起呢?有人认为是性格，有人认为是职业，还有人认为是品德。其实，经过上文的讨论不难看出，《史记》和其他纪传体史书的人物合传标准并不一样。因为《史记》是一部通史，一个传记中人物的时间跨度可能很长，故而他们合传的理由，往往不从官职出发，也未必从品德出发。比如，《史记》将老子与韩非同传，前人往往不能理解，认为这是司马迁的谬误。其实，作为黄老信徒的司马迁，自然知道法家与道家精神内核接近，难分彼此。所以如果完全从《史记》推测人物合传的理由，难免有些困难。真正应该视作中国古代正史合传与编次原则之祖的著作，应该是《汉书》。

《汉书》是断代史，只记录一个朝代，而且所记人物多数为官员，故而可以按照官职位次的原则将人物合传。此后，《汉书》再按照传首人物，也就是列传中的第一人的登用时间，来排列编次列传。另一个值得注意的是“宗王传”的安排。汉代设立诸侯王，以安排诸位皇子。一位皇帝会有若干子嗣，故而“宗王传”中的人物很自然便成为某一时代的标志性人物。《汉书》用“宗王传”区隔不同的时代，自“宗王传”以下，再按照官职位次的高低和登用时间的先后排列各个列传。以上三个要素构成了《汉书》的列传编纂原则，这个原则甫一确定，就基本为后代正史所遵循了。陈寿撰写《三国志》，自然也没有回避《汉书》的列传编纂原则。

为了配合魏、蜀、吴三国各自的建国时间表，陈寿对于上述列传编纂原则又稍作调整。以《魏书》为例：魏国建立的关键时间点是曹操任魏公之时。《魏书》中反复以“魏国初建”或“魏国既建”的字样标示，是年为建安十八年(213)。其时，魏国官署相应建立。《武帝纪》称“十一月，初置尚书、侍中、六卿”。裴注引《魏氏春秋》称：“以荀攸为尚书令，凉茂为仆射，毛玠、崔琰、常林、徐奕、何夔为尚书，王粲、杜袭、卫觊、和洽为侍中。”此前传序诸人，或为汉官，或为曹操诸掾属，从名义上仍属汉臣；而此后传序诸人，均为魏臣。

作为“宗王传”的《魏书》卷十九《任城陈萧王传》和卷二十《武文世

王公传》依旧发挥了列传编次分界点的作用。此前诸传列序由汉入魏的创业诸人,此后则列序“魏国既建”时及魏国建立以后任用诸人。

蜀国的情况相对简单,此处不作讨论。吴国的情况相对复杂,此处略作交代。

《吴书》的“宗王传”亦是不同历史时代而非不同君主时代的分水岭。正如陈寿对曹魏的历史是以“魏国既建”为节点进行人物列传编次,他在《吴书》中也根据一份时间表对孙吴人物进行编次。《吴书》中的时间表,紧紧围绕“江东创业”展开。

《张昭传》和《张纮传》均有“孙策创业”字样,只是创业之功并不为孙策独占。《朱然传》称“自创业功臣疾病,权意之所钟,吕蒙、凌统最重,然其次矣”。其中吕蒙、朱然均为孙策举用之人,而凌统则为孙权辟用。陈寿对孙策的评语是“割据江东,策之基兆也”,对孙权则是“故能自擅江表,成鼎峙之业”。《吴书》不以孙策专擅创业之美,而是直陈孙氏兄弟相继成之。

孙氏兄弟创业至何时结束呢?以魏、蜀的经验而论,曹操、刘备均通过获得公、王这类超越人臣的地位,取得问鼎帝位的资格。《魏书》正是以“魏国既建”,作为曹操功业的总结性象征。与魏、蜀两国不同的是,孙吴称王是称藩于魏。在当时的历史记录中,吴人对此表现出强烈的反感。《张昭传》称:“魏黄初二年,遣使者邢贞拜权为吴王。贞入门,不下车。昭谓贞曰:‘夫礼无不敬,故法无不行。而君敢自尊大,岂以江南寡弱,无方寸之刃故乎!’”同书《徐盛传》和裴注所引《江表传》都有类似的记载。

孙吴政权创业阶段的完结,系于几件接连发生的历史事件。从孙吴的角度来说,大体可以分为两个阶段。首先是孙吴击败关羽占据荆州,孙权受魏册封为吴王,而后击败刘备。时间是汉建安二十四年至魏黄初三年(219—222)。这可以视作孙吴占据荆州的第一阶段。第二阶段则是魏黄初三年(222),孙吴改元为黄武元年(222),正式与魏开战,并在黄武二年(223)取得全胜。改元之时,孙权的“吴王”称号便不再是称藩于魏的耻辱印记,而是孙吴政权独立的象征。对魏、蜀作战的胜利,使得孙吴不仅在领土面积上达到巅峰,也首次以对等政权的面貌与曹魏、蜀汉鼎足而立。此刻,便是孙权“自擅江表”之时,亦即孙吴政权创业完成之际。

《吴主五子传》之前的合传人物,均为跟从孙氏父子兄弟而起的创业功臣。《吴主五子传》之后的人物,则为孙氏江东政权基本巩固以后涌现出的守业诸臣。前者代表追随孙氏开创江东基业的力量,后者则代表围绕孙权及其子孙巩固江东事业的力量。

综合上述要素来看,陈寿的《三国志》对《汉书》的列传编纂原则既有继承又有创新。继承之处在于,承认合并人物的标准在于官职,并承认“宗王传”作为时间区隔节点的作用。创新之处在于,陈寿没有拘泥于列传单元必须属于某位帝王,而是抓住了本质,将一系列的列传作为一个时代的呈现。之所以如此,就是因为三国时间短促,人物众多,大量人物横跨数朝,若以帝王作为区隔单元,实在不足以容纳他们。从这个角度来看,陈寿是一个相当务实的史家。

四、“善叙事”的陈寿与裴松之注

《三国志》还有两个明显的特点值得注意。其一是陈寿此书,对于人物的评价,往往还包含了对于人物任官经历的评价和对于人物品性的评价。其二则是《三国志》行文简短,很多人物事迹并没有展开陈述。这两个特点在此前的《史记》和《汉书》中都不曾看到,而陈寿本人又藉此而得到了时人“善叙事”的赞誉。那么我们就要继续讨论,在何种社会思想环境中,陈寿方才做了上述的工作。

首先来看史传人物评价。《魏书》史论采用清议的习语对人物品性进行评价,又罗列传中诸人官职。无论从史论发展的过程,还是从当时的社会环境看,《魏书》史论的形式和内容都很独特。

《魏书》史论采用"评"这种体例,不同于《史记》的"太史公曰"和《汉书》的"赞"。胡宝国探讨汉晋史论的发展过程,认为"太史公曰"往往讨论历史哲学问题,而东汉末至东晋末,史论类似子书式的评论。《文心雕龙·颂赞》称:"及迁史固书,托赞褒贬,约文以总录,颂体以论辞;又纪传后评,亦同其名……然本其为义,事生奖叹,所以古来篇体,促而不广,必结言于四字之句,盘桓乎数韵之辞,约举以尽情,昭灼以述文。"准此,在形式上,史论多是四言句;在内容上,史论应包含传主生平行迹,并不能直接归于某种品性或某一职务。

史论形式及内容的变化,是社会风气在学术领域的映射。《魏书》的"评"既不同于"太史公曰",也不是子书式的评论,亦不符合当时论赞的一般规律,而是受到汉晋清议风气影响的史学评论的新形式。汉晋之际,人物品评盛行,《魏书》史论与之非常类似。不过比较合理的思考方式是,虽然陈寿生活在一个重视人物品评的时代,以及他本人具备人物品评的资质,却不能成为他援引品题入史,改创新史论形式及内容的必然理由。况且,陈寿在品评人物的同时,还连同其官职一并论述。《魏书》史论的原型不是单纯的品题,而是包含人物品评与官职考量双重因素的文本。这种文本,能够在陈寿生活的时代找到原型。

可以推测《魏书》史论依据的文本是"举状"。魏晋时期,将"中正之状"用于推荐某人担任具体职务而形成"举状"时,品题和官职便会同时出现。比较直观的例子是《山公启事》。《晋书·山涛传》称:"涛所奏甄拔人物,各为题目,时称《山公启事》。"再如"(阮咸)真素寡欲,深识清浊,万物不能移也。若在官人之职,亦妙绝于时"(参见《世说新语·赏誉》刘注)、"韶清白有诚"(参见《魏书·徐胡二王传》裴注)等,均是称赞诸人足以陈力就列的用语。要推荐某人才德堪任某官时,往往用赞叹的口吻称述其人任该官之必要。比如"诏侍中缺,当复得人。谁可者?雍州刺史郭弈、左卫将军王济皆忠亮有美才,侍中之最高者也"(参见《太平御览·职官·侍中》),又“黄门侍郎和峤,最有才,可为吏部郎”(参见杜佑《通典·职官·门下省》)。所谓“侍中之最高者也”“最有才,可为吏部郎”等辞与《魏书·华歆钟繇王朗传》评语“肇登三司,盛矣夫”,《徐胡二王传》评语“皆掌统方任,垂称著绩”语气一致。唯其不同者是《启事》中诸人尚未任官,而《魏书》诸人已在任上而已。《魏书》评语的原型即是当时流行的“举状”。

陈寿采纳“举状”的形式撰述《魏书》的史论,固然是受到当时社会风气的影响。然而从历史编纂的角度思考,将其与列传的合传、编次联合起来讨论,会发现陈寿此举表达了更深层次的史学意图。他试图通过史论表明,清议确实能够选拔出合适的人才,此举可与西晋取士“才性合同”原则相呼应,这是《魏书》史论糅合人物品性与官职的第一层意涵。

曹魏和西晋政权对于清议的态度,已经有多位学者讨论过了。陈寿生活的三国末西晋初,司马氏当政并取魏自代,选士依赖公论。他用清议的方式品题天下士人,品评人物与官职契合。品题与官职遥相呼应,紧密联系,正是清议足能取士的最好注脚。陈寿试图说明诸大臣清名足以致官,施政不负公论,终归是名实相副之辈。

相比之下,若偏重才能而忽略德性,往往不能选拔出真正优秀的人才。比如《魏书》史论于曹操所用诸多谋士干臣隐约地表示了批评。对程昱、郭嘉、董昭、刘晔、蒋济,只说“虽清治德业,殊于荀攸,而筹画所料,是其伦也”,强调诸人有“才”而无“性”。又称于禁号为“毅重”,张郃号“巧变”,乐进号“骁果”,但于禁“弗克其终”,张、乐“未副所闻”。这三人虽有风评却名不副实,“才”与“名”分离。无论前举诸人是否果真如陈寿所云“未副所闻”,还是陈寿在评议他们时故意有此一说,都表明陈寿对曹操的选士方式有所不满。

是否支持“才”“性”合同,是涉及魏与晋不同政治路线的问题。《魏书》在人物评议上重视公论而贬抑才能,是作者站在西晋官方立场上有意为之的。

注意到《魏书》史论为西晋选官作注脚还不能全面了解陈寿的史学意图。陈寿仿举状而作史论,除了表达对西晋选官制度的肯定外,更要通过自己的历史编纂,为汉魏、魏晋禅代之际的人物建立起正面的历史形象。这是《魏书》史论糅合人物品性与官职的第二层意涵。

前人讨论《魏书》的回护已经透露出这方面的考量。赵翼《廿二史札记·三国志书法》曰:"盖寿修书在晋时,故于魏、晋革易之处,不得不多所回护。而魏之承汉,与晋之承魏,一也。既欲为晋回护,不得不先为魏回护。"赵翼认为陈寿回护魏、晋,是由其生活在晋,为晋讳则必须为魏讳的社会环境导致的。他也从魏、晋禅代的正统论角度出发讨论《三国志》对人臣的回护,如刘放、孙资"二人虽不忠于魏,而有功于晋,晋人德之,故寿为作佳传"。不过回护与避讳毕竟是非常明显的历史记载,陈寿借由列传编纂透露出来的对魏晋两朝的尊崇与维护,更可谓是匠心独运。

考察《魏书》列传编纂得知,陈寿将汉魏之际诸臣按魏国官职加以合传;在列传编次方面,《魏书》按照"魏国建立"的时间表排列历史人物。正是为与列传编纂相呼应。陈寿在《魏书》史论中,只讨论传主才德与官职是否切合,突出他们作为新王朝合格管理者的形象,而不讨论传主先后侍奉不同政权的道德问题。

换言之,按照举状模式写就的史论,强调汉魏之际诸臣作为"魏之能臣"的历史形象,模糊他们本应是"汉之忠臣"的属性,相应地为每一个参与到王朝禅代中的人都安排了合适且体面的位置。由此可避免讨论由汉入魏诸人的政治立场和历史责任。列传编纂和史论两相配合,有意回避人臣在禅代之际的所作所为。若此举成为史书通例,由魏入晋诸臣亦无需担心身后之名。

陈寿《魏书》本诸王沈《魏书》。陈寿的叙述风格抑或本诸王沈。据《晋书·王沈传》:"沈以才望,名显当世,是以创业之事,羊祜、荀勖、裴秀、贾充等，皆与沈諮谋焉。”此中诸人皆为晋之元勋，无不为身后之名计虑，如得王沈作传，自可放心。不过王沈卒于晋立之次年（泰始二年，266），诸人只得另寻一可为王沈继承人者。于是，他们选中了陈寿。陈寿也确实不负众望。他通过创造性地改变史论的形式与内容，将其嫁接到遵循人物官职位次编纂的列传结构中，天衣无缝地为由魏入晋诸臣建立起正面的历史形象。对陈寿所谓“善叙事”“有良史之才”的评价，或许也可以从这一角度获得全新的理解。

接着再看《三国志》质直简短的问题。一部史书写得很短，反而得到了“善叙事”的评价，抛开上述关于由魏入晋诸臣的考虑不谈，也必须得承认，陈寿的作为，似乎反映了当时社会思想上的某些共识。

《三国志》正文简略，而裴松之注详细，有相当强烈的对比。据沈家本《三国志注引书目》统计，裴松之注引书有“经部廿二家，史部一百四十二家，子部廿三家，集部廿三家，凡二百十家”。裴松之自己在《上三国志注表》中也指出，陈寿书“失之在略”，而本注则“务在周悉”。想来陈寿未尝不曾见过裴注中引用的全部或者部分书籍，而他不采的理由，却有待考察。胡宝国曾经指出，从两汉之际到东晋，先是在经学领域，而后又在史学领域，出现了一种追求简略的风气。一到南朝则风气大变，简略不一定是优点，繁富也不一定是缺陷。他在《知识至上的南朝学风中》进一步修正观点为，裴松之生活的时代，出现了重视“事”、重视知识的风气，故而裴松之的注释显得特别扎实、充分。胡宝国的前后观点变化，反映出一种从线性到多元的观察视角转化，固然有其合理之处。不过陈寿究竟为何将《三国志》写得颇为简要，或许还是得回到晋代史学追求简略的情况上来。在这里，可以辅助说明的是文学的影响。

今日人们认定为史学家的人物，如司马迁、班固，他们在古代往往被视作以文章见长的文学家。刘劭《人物志·流业》提到“人流之业”有十二种，其中的“文章”家乃“能属文著述，是谓文章”，而所举典型人物便是司马迁和班固，称作“文章之才，国史之任也”。《三国志·吴书·薛莹传》中记载，孙吴史官华覈上疏吴主孙皓，请求保护具有史才的薛莹，他提到“莹涉学既博，文章尤妙，同寮之中，莹为冠首。今者见吏，虽多经学，记述之才，如莹者少”。“经学”和“记述”的区别，犹如后代所谓“记注”与“撰述”的区别，前者指的是搜集材料，后者指的是行文写作。材料再丰富，无法用语言组织起来，形成漂亮的篇章，终究称不上是史才。华覈还举司马迁、班固的例子，说他们两个人“咸命世大才，所撰精妙，与六经俱传”。陈寿于《三国志》中评价另一位吴国史家韦曜是“笃学好古，博见群籍，有记述之才”。他评价华覈是“文赋之才，有过于曜”。这么看来，史家可以不太擅长搜集材料，但是不能不擅长叙事。

可与之相参照的是，汉代盛行的文学体裁是赋，第一流的文学家都在写赋。赋的特点是铺陈与华美，需要作者积累大量的知识，非一般人能为之。到了东汉后期，文学的体裁逐渐丰富起来。《后汉书·文苑传》中记载的文学家，往往撰有多种文体，反而不拘泥于赋作。这种情况表明，汉末魏晋之际，文学也变得活泼轻松起来了。受文学影响最大的史学，也不能再如先前一样，以材料取胜，而是更侧重以记述见长。这或许是《三国志》写得简略，而陈寿却得到“善叙事”评价的根本原因吧。

总的来看，史著无法摆脱社会环境单独存在，亦无法摆脱学术思想体系单独存在。对《三国志》的研究有两个背景不可忽视：其一便是魏晋之际的政治社会环境；其二便是《史记》《汉书》以来，特别是东汉以来史学发展的潮流。只是注意到这两个背景还不够，对于史著本身的文本结构，亦应引起足够的重视。继续深入考察《三国志》的编纂模式，或许能够提供不同于过去长期关注的史学问题的新思路。

五、译注本的意义

我的历史启蒙读物是一部叫作《白话史记》的书，是在高中阶段读的。巧合的是，那部书就是岳麓书社出版的。译注者是杨燕起和陈焕良两位先生。后来我到北京师范大学工作，和杨先生成了同事。有一次在主楼下遇到他，还专门向他表达了敬意，这都是后话了。“白话”也就是纯译文版，对于一个研究者来说，读这种版本似乎不是一件光彩的事情，但是对于一个高中生来说，读翻译版的《史记》，可以迅速建立起对这部书和书籍记载时代的亲切感，也能节约大量时间，其实很有好处。

在我接触的很多对古代历史熟悉的朋友中，喜欢听评书、读历史小说的人不在少数。作为研究者，大家自然清楚那些东西多少都有些“戏说”成分，未必靠得住。但是当我们处于小学或中学阶段时，通过评书和小说接触到了古代历史，由此进入了一方新天地。所以我认为，入门的意义大于专精。专精是研究者的工作，但是普及的工作更为重要。

对于研究者来说，好的注释本或翻译本也很重要。其实古人也有读不通、读不懂的困惑。“前四史”都有注释。《史记》《汉书》自成书之后，就有人续修或者注解，原因就在于有些字、句、典制和地理问题，弄不清楚。前面提到了《三国志》有裴松之注，是古代的名注。《汉书》到唐代有颜师古的注释，《后汉书》有唐代的李贤注。到了清代，“前四史”又有了集释或者集解本。也就是说注释太多了，零散在各处，有心的学者将它们汇集起来，凑成一个大全给读者提供便利。上述情况说明，古史出现和记录的时代都太过遥远，后人想要理解，必须通过注释。所以好的注释本就特别重要。

在注释之外，还要提到翻译的意义。同样一句话，注释可以将其中的每一个字、词都交代清楚，但是联系起来，读者就是体会不了句子中的意思。我举个例子：《汉书·外戚传》中记载，掖廷令张贺想说合暴室啬夫许广汉将女儿嫁给身为平民的汉武帝曾孙刘病已。张贺摆下酒宴，酒酣之际对许广汉说：“曾孙体近，下人，乃关内侯，可妻也。”“下人”两个字不好理解，颜师古注释说：“言曾孙之身于帝为近亲，纵其人材下劣，尚作关内侯。”加上注释就清楚多了。倘若再将之翻译成“皇曾孙与天子血脉相近，即便才能低劣，也能受封关内侯，可以将女儿许配给他”，阅读起来就一点障碍也没有了。译注的工作，其实并非是简单疏通文义，更可帮助读者理解原文产生的语境与社会环境。如果不知道刘病已是因为受汉武帝晚年的巫蛊之祸牵连而被贬抑民间；不知道张贺是车骑将军张安世的哥哥，而张安世反对张贺与刘病已结亲；不知道许广汉长期仕途不顺，女儿更是许配人家尚未过门夫婿即死等情由，就不能全面理解上面这句话的涵义。所以翻译其实是替读者将很多只可意会的事情言传出来，意义重大。海外汉学界就很重视中国古代经典的翻译工作，从文字做起，做点滴的笨功夫，看起来是初级的工作，实际上他们可能比母语者对文义理解更为透彻。从这个角度上说，译注古典，乃是帮助母语者更为亲近母语的工作，其意义甚大。

现在呈现在读者面前的《三国志》译注，其注释和翻译都很审慎清楚，是可以作为入门的好本子。特别是排版上，原文与译文夹栏分立，很能让人直观地看到一句话的古今差异，让读者在享受白话文流畅体验的同时，更能看到古文的典雅。

岳麓书社此版本，以宋版《三国志》为底本，同时参考清代武英殿刻本。还参考了卢弼的《三国志集解》（上海古籍出版社，2004），以及中华书局、巴蜀书社的多个整理本。可谓博采众长，版本精善。本书篇章标题，在参照刻本和诸整理本基础上，酌情做了调整。

期待读者朋友们通过本书，快速进入到三国时代，领略历史之宏阔与史学之瑰丽。

曲柄睿

目　录

一

二

三

卷一 魏书一

武帝纪

导读 魏武帝讳曹操(155—220),字孟德,沛国谯县(今安徽亳州)人,于汉末大乱之际,起兵应世,讨董卓,战吕布,败袁绍,能够网罗重用人才,重申、韩之术,明赏罚之要,历经艰辛,实力不断增强。曹操在荀彧的劝说下迎汉献帝于许,挟天子以令诸侯,取得了政治名分上的优势地位。曹操在统一北方后,力图统一全国,但在赤壁之战败于孙、刘联军,从而奠定了天下三分的格局。曹操位极人臣,进爵魏王,为其后世代汉立魏奠定了基础。

武帝操

原文

太祖武皇帝,沛国谯人1也,姓曹,讳操,字孟德,汉相国参2之后[1]。桓帝世,曹腾为中常侍3大长秋4,封费亭侯[2]。养子嵩嗣5,官至太尉6,莫能审其生出本末[3]。嵩生太祖。

译文

太祖武皇帝,是沛国谯县人,姓曹,讳操,字孟德,是西汉相国曹参的后人。汉桓帝年间,担任中常侍大长秋的宦官曹腾,被封为费亭侯,养子曹嵩后来继承了他的爵位,官至太尉。不过,世人都不清楚曹嵩真正的父母是谁。太祖便是曹嵩的儿子。

今注 1 谯:谯县,在今安徽亳州。 2 汉相国参:即西汉初年的名臣曹参。曹参字敬伯，沛县人，是汉高祖刘邦的得力大臣，在楚汉战争中屡立战功。汉朝建立之后，刘邦论功行赏，封曹参平阳侯。汉惠帝时，官至丞相，因此有"曹相国"之称。　**3** 中常侍：汉朝高级宦官，其大致职责是随侍皇帝左右，并充当顾问。汉明帝永平年间规定，中常侍员数四人，汉殇帝延平元年(106)增加至十人，因此汉灵帝时有所谓"十常侍之乱"。　**4** 长秋：东汉皇后寝宫的名称。中常侍大长秋，是指负责传达皇后旨意的中常侍。　**5** 养子嵩嗣：意思是曹腾的养子曹嵩继承了他的费亭侯爵位。东汉朝廷允许宦官的养子继承其爵位，始于汉顺帝阳嘉四年(135)。　**6** 太尉：曹嵩做到的最高官位，是汉朝"三公"之一的太尉。据《后汉书》记载，汉灵帝时期，朝廷公开卖官鬻爵，曹嵩通过花费巨额金钱，相继买到了大司农、大鸿胪、太尉等高级官职。

裴注　［**1**］《曹瞒传》曰："太祖一名吉利，小字阿瞒。"王沈《魏书》曰："其先出于黄帝，当高阳世，陆终之子曰安，是为曹姓。周武王克殷，存先世之后，封曹侠于邾。春秋之世，与于盟会，逮至战国，为楚所灭。子孙分流，或家于沛。汉高祖之起，曹参以功封平阳侯，世袭爵土，绝而复绍，至今適嗣国于容城。"　［**2**］司马彪《续汉书》曰："腾父节，字元伟，素以仁厚称。邻人有亡豕者，与节豕相类，诣门认之，节不与争；后所亡豕自还其家，豕主人大惭，送所认豕，并辞谢节，节笑而受之。由是乡党贵叹焉。长子伯兴，次子仲兴，次子叔兴。腾字季兴，少除黄门从官。永宁元年，邓太后诏黄门令选中黄门从官年少温谨者，配皇太子书，腾应其选。太子特亲爱腾，饮食赏赐与众有异。顺帝即位，为小黄门，迁至中常侍大长秋。在省闼三十余年，历事四帝，未尝有过。好进达贤能，终无所毁伤。其所称荐，若陈留虞放、边韶，南阳延固、张温，弘农张奂，颍川堂谿典等，皆致位公卿，而不伐其善。蜀郡太守因计吏修敬于腾，益州刺史种暠于函谷关搜得其笺，上太守，并奏腾内臣外交，所不当为，请免官治罪。帝曰：'笺自外来，腾书不出，非其罪也。'乃寝暠奏。腾不以介意，常称叹暠，以为畐得事上之节。畐后为司徒,语人曰:'今日为公,乃曹常侍恩也。'腾之行事,皆此类也。桓帝即位,以腾先帝旧臣,忠孝彰著,封费亭侯,加位特进。太和三年,追尊腾曰高皇帝。" [3]《续汉书》曰:"嵩字巨高,质性敦慎,所在忠孝。为司隶校尉,灵帝擢拜大司农、大鸿胪,代崔烈为太尉。黄初元年,追尊嵩曰太皇帝。"吴人作《曹瞒传》及郭颁《世语》并云:"嵩,夏侯氏之子,夏侯惇之叔父。"太祖于惇为从父兄弟。

太祖少机警,有权数,而任侠放荡,不治行业[1],故世人未之奇也[1];唯梁国桥玄[2]、南阳何颙[3]异焉。玄谓太祖曰:"天下将乱,非命世之才[4]不能济也,能安之者,其在君乎[2]!"年二十,举孝廉为郎[5],除洛阳北部尉[6],迁顿丘令[7][3],征拜议郎[8][4]。光和末,黄巾起,拜骑都尉[9],讨颍川[10]贼。迁为济南相[11]。国有十余县,长吏多阿附贵戚,赃污狼籍,于是奏免其八,禁断淫祀[12],奸宄逃窜,郡界肃

太祖小时候非常聪明机灵,善于权衡利弊、把握形势,但由于行侠,放荡不羁,不在意自己品行和学业的修养,所以不怎么受到当时士人的好评;只有梁国人桥玄、南阳郡人何颙觉得他不同寻常。桥玄曾对太祖说:"天下就要大乱了,只有顺应天命而降世的绝代人才方能平定动乱,而能够平定乱世的,大概就只有你了!"到了二十岁的时候,太祖受到当地长官推荐,以"孝廉"的身份出任郎官,随后又担任负责洛阳北部地区治安的县尉,随后升任顿丘县令,被朝廷征拜为议郎。汉灵帝光和末年,黄巾军起事,太祖因此被朝廷任命为骑都尉,带领军队讨伐颍川郡一带的黄巾军,升任济南国的国相。济南国下辖十几个县,长官大多只会巴结讨好权贵,贪赃枉法,臭名昭著。于是太祖上奏朝廷,罢免了八个县的长官,又严厉禁止那些不被朝廷许可的祭祀活动,违法作乱的人纷纷逃离济南国,而

然[5]。久之，征还为东郡太守，不就，称疾归乡里[6]。	济南国也因此秩序井然。过了很久，太祖收到朝廷将他调为东郡太守的任命，但他不去赴任，托病回到家乡谯县。

今注 **1** 不治行业：不在意品行和学业的修养。 **2** 桥玄：字公祖，梁国睢阳人，是东汉后期著名的士人领袖，汉灵帝时官至太尉。由于桥玄对曹操有知遇之恩，所以曹操之子魏文帝曹丕在黄初六年(225)路过梁国时，以极高的规格祭拜了桥玄。 **3** 何颙：字伯求，南阳郡襄乡县人，是东汉末年一位非常有气节的士人。他早年与李膺、陈蕃等反对宦官干政的官员关系甚佳，晚年又与司徒王允等共同谋划诛杀董卓，遗憾的是，何颙的行动被发觉，因此遭到董卓的杀害。 **4** 命世之才：顺应天命而降世，平定天下的绝代人才。 **5** 举孝廉为郎：以"孝廉"的身份被推荐为郎官。 **6** 洛阳北部尉：负责东汉京城洛阳北部治安的官员。汉朝设立县尉，负责县城的治安。一般的县，有一到两名县尉，洛阳是京城，因此有东西南北四名县尉。 **7** 顿丘令：顿丘县的县令。顿丘，在今河南濮阳清丰县西南。 **8** 议郎：西汉置，掌顾问应对，参与议政，隶属于"九卿"之一的光禄勋；东汉时地位提升，能够参与朝政。 **9** 骑都尉：东汉朝廷的中高级官员，与议郎同为光禄勋的属官，负责"羽林骑"的监督和管理。 **10** 颍川：即颍川郡，治所在阳翟(今河南禹州)。 **11** 济南相：济南国国相，即"济南"这一诸侯国的实际军政长官。济南国，辖境相当今山东济南、济阳、邹平等地。 **12** 淫祀：不被朝廷承认、允许祭拜的神庙及其祭拜行为。

裴注 [1]《曹瞒传》云："太祖少好飞鹰走狗，游荡无度，其叔父数言之于嵩。太祖患之，后逢叔父于路，乃阳败面喎口；叔父怪而问其故，太祖曰：'卒中恶风。'叔父以告嵩。嵩惊愕，呼太祖，太祖口貌如故。嵩问曰：'叔父言汝中风，已差乎？'太祖曰：'初不中风，但失爱于叔父，故见罔耳。’嵩乃疑焉。自后叔父有所告,嵩终不复信,太祖于是益得肆意矣。”[2]《魏书》曰:“太尉桥玄,世名知人,睹太祖而异之,曰:‘吾见天下名士多矣,未有若君者也!君善自持。吾老矣!愿以妻子为托。’由是声名益重。”《续汉书》曰:“玄字公祖,严明有才略,长于人物。”张璠《汉纪》曰:“玄历位中外,以刚断称,谦俭下士,不以王爵私亲。光和中,为太尉,以久病策罢,拜太中大夫,卒,家贫乏产业,柩无所殡。当世以此称为名臣。”《世语》曰:“玄谓太祖曰:‘君未有名,可交许子将。’太祖乃造子将,子将纳焉,由是知名。”孙盛《异同杂语》云:“太祖尝私入中常侍张让室,让觉之;乃舞手戟于庭,逾垣而出。才武绝人,莫之能害。博览群书,特好兵法,抄集诸家兵法,名曰《接要》,又注《孙武》十三篇,皆传于世。尝问许子将:‘我何如人?’子将不答。固问之,子将曰:‘子治世之能臣,乱世之奸雄。’太祖大笑。” [3]《曹瞒传》曰:“太祖初入尉廨,缮治四门。造五色棒,县门左右各十余枚,有犯禁者,不避豪强,皆棒杀之。后数月,灵帝爱幸小黄门蹇硕叔父夜行,即杀之。京师敛迹,莫敢犯者。近习宠臣咸疾之,然不能伤,于是共称荐之,故迁为顿丘令。” [4]《魏书》曰:“太祖从妹夫濦强侯宋奇被诛,从坐免官。后以能明古学,复征拜议郎。先是大将军窦武、太傅陈蕃谋诛阉官,反为所害。太祖上书陈武等正直而见陷害,奸邪盈朝,善人壅塞,其言甚切;灵帝不能用。是后诏书敕三府:举奏州县政理无效,民为作谣言者免罢之。三公倾邪,皆希世见用,货赂并行,强者为怨,不见举奏,弱者守道,多被陷毁。太祖疾之。是岁以灾异博问得失,因此复上书切谏,说三公所举奏专回避贵戚之意。奏上,天子感悟,以示三府,责让之,诸以谣言征者皆拜议郎。是后政教日乱,豪猾益炽,多所摧毁;太祖知不可匡正,遂不复献言。” [5]《魏书》曰:“长吏受取贪饕,依倚贵势,历前相不见举;闻太祖至,咸皆举免,小大震怖,奸宄遁逃,窜入他郡。政教大行,一郡清平。初,城阳景王刘章以有功于汉,故其国为立祠,青州诸郡转相仿效,济南尤盛,至六百余祠。贾人或假二千石舆服导从作倡乐,奢侈日甚,民坐贫穷,历世长吏无敢禁绝者。太祖到,皆毁坏祠屋，止绝官吏民不得祠祀。及至秉政，遂除奸邪鬼神之事，世之淫祀由此遂绝。” [6]《魏书》曰：“于是权臣专朝，贵戚横恣。太祖不能违道取容，数数干忤，恐为家祸，遂乞留宿卫。拜议郎，常托疾病，辄告归乡里；筑室城外，春夏习读书传，秋冬弋猎，以自娱乐。”

顷之，冀州刺史王芬、南阳许攸、沛国周旌等连结豪杰，谋废灵帝，立合肥侯1，以告太祖，太祖拒之，芬等遂败[1]。金城边章、韩遂杀刺史、郡守以叛2，众十余万，天下骚动。征太祖为典军校尉。会灵帝崩，太子即位，太后临朝。大将军何进3与袁绍4谋诛宦官，太后不听。进乃召董卓，欲以胁太后[2]，卓未至而进见杀。卓到，废帝为弘农王5而立献帝，京都大乱。卓表太祖为骁骑校尉6，欲与计事。太祖乃变易姓名，间行东归[3]。

出关7，过中牟8，为亭长9所疑，执诣县，邑中

不久之后，冀州刺史王芬、南阳人许攸、沛国人周旌等纠合一批豪杰，密谋废黜汉灵帝，改立合肥侯为皇帝。他们把计划告诉了太祖，不过，太祖拒绝了他们，王芬等人于是便失败了。金城人边章、韩遂杀害了凉州刺史与当地的郡守，发动叛乱，召集了十余万人，震动天下。于是太祖被任命为典军校尉。当时恰逢汉灵帝去世，太子刘辩继位，太子生母何太后垂帘听政。大将军何进与司隶校尉袁绍密谋，想要诛杀宦官，但是太后不同意。于是何进便召董卓进驻京师，想借此胁迫太后。不料，没等到董卓进京，何进就被宦官杀死了。董卓抵达之后，将小皇帝废为弘农王，改立刘辩的弟弟刘协，是为汉献帝。京城因此大乱。董卓上奏请求任命太祖为骁骑校尉，希望与太祖一同谋划大事。不过，太祖却改名换姓，走小路向东逃跑了。

太祖逃出虎牢关，路过中牟县的时候，引起了亭长的怀疑，因此被亭长捉住

或窃识之,为请,得解[4]。卓遂杀太后及弘农王。太祖至陈留[10],散家财,合义兵,将以诛卓。冬十二月,始起兵于己吾[11][5],是岁中平六年也。	押到县衙。幸好中牟县有私下认识太祖的人,跑去向亭长求情,太祖才得以平安离开。董卓把何太后和弘农王都杀害了。于是太祖到陈留县,散尽家财,招募义兵,准备讨伐董卓。在中平六年(189)冬十二月正式在己吾县起兵。

今注　1 立合肥侯:关于这次冀州刺史王芬等人谋立合肥侯的事情,检阅众多史籍,没有发现更详细的信息,也不清楚发生的具体年月。王芬的籍贯、生平,以及合肥侯的名字,史籍上也没有记载。　2 金城边章、韩遂杀刺史、郡守以叛:事在汉灵帝中平元年(184)。该年,在西北凉州一带素来享有盛名的金城人边章、韩遂受到“群盗”的劫持,被拥护为首领。这些盗贼杀害凉州刺史以及当地的郡守,声势浩大,聚集了十余万兵马。3 大将军何进:何进,字遂高,其异母妹极受汉灵帝的宠幸,以至挤掉皇后宋氏,取而代之。黄巾起义爆发,何进被灵帝任命为大将军,统率各路兵马,镇压叛乱。灵帝去世,何进成为朝廷的掌权人物。此段正文中的“太后”,即是何进的这位异母妹。　4 袁绍:字本初,汝南郡汝阳县人,出身“四世三公”的高门,是东汉末年著名的军阀之一,此时担任主管京城洛阳安全事务的司隶校尉,颇得大将军何进的信任。　5 废帝为弘农王:这位被废黜的皇帝名为刘辩,是汉灵帝与何皇后的长子,在位时间不到一年,便被废为弘农王,随后遭到董卓的毒害。其弟刘协即位,是为汉献帝。　6 骁骑校尉:与越骑校尉、步兵校尉、长水校尉和射声校尉同为掌管禁军的将领。　7 关:此处指虎牢关,位于今河南荥阳汜水镇西,是洛阳的东方屏障,具有十分重要的战略地位。“虎牢”之名,源于周穆王在此猎虎的传说。又名“汜水关”。　8 中牟:东汉县名,隶属河南郡,大致位于今河南郑州中牟县。　9 亭长:汉朝县下设“亭”,亭长有负责维

护当地治安、缉捕盗贼的职责。　**10** 陈留:东汉县名,隶属陈留郡,在今河南开封祥符区东南。　**11** 己吾:东汉县名,隶属陈留郡,大致位于今河南商丘宁陵县。

裴注　[1] 司马彪《九州春秋》曰:“于是陈蕃子逸与术士平原襄楷会于芬坐,楷曰:‘天文不利宦者,黄门、常侍真族灭矣。’逸喜。芬曰:‘若然者,芬愿驱除。’于是与攸等结谋。灵帝欲北巡河间旧宅,芬等谋因此作难,上书言黑山贼攻劫郡县,求得起兵。会北方有赤气,东西竟天,太史上言‘当有阴谋,不宜北行’,帝乃止。敕芬罢兵,俄而征之。芬惧,自杀。”《魏书》载太祖拒芬辞曰:“夫废立之事,天下之至不祥也。古人有权成败、计轻重而行之者,伊尹、霍光是也。伊尹怀至忠之诚,据宰臣之势,处官司之上,故进退废置,计从事立。及至霍光受托国之任,藉宗臣之位,内因太后秉政之重,外有群卿同欲之势,昌邑即位日浅,未有贵宠,朝乏谠臣,议出密近,故计行如转圜,事成如摧朽。今诸君徒见曩者之易,未睹当今之难。诸君自度,结众连党,何若七国?合肥之贵,孰若吴、楚?而造作非常,欲望必克,不亦危乎!”　[2]《魏书》曰:“太祖闻而笑之曰:‘阉竖之官,古今宜有,但世主不当假之权宠,使至于此。既治其罪,当诛元恶,一狱吏足矣,何必纷纷召外将乎?欲尽诛之,事必宣露,吾见其败也。’”[3]《魏书》曰:“太祖以卓终必覆败,遂不就拜,逃归乡里。从数骑过故人成皋吕伯奢;伯奢不在,其子与宾客共劫太祖,取马及物,太祖手刃击杀数人。”《世语》曰:“太祖过伯奢。伯奢出行,五子皆在,备宾主礼。太祖自以背卓命,疑其图己,手剑夜杀八人而去。”孙盛《杂记》曰:“太祖闻其食器声,以为图己,遂夜杀之。既而凄怆曰:‘宁我负人,毋人负我!’遂行。”　[4]《世语》曰:“中牟疑是亡人,见拘于县。时掾亦已被卓书;唯功曹心知是太祖,以世方乱,不宜拘天下雄俊,因白令释之。”　[5]《世语》曰:“陈留孝廉卫兹以家财资太祖,使起兵,众有五千人。”

初平元年春正月，后将军袁术、冀州牧韩馥[1]、豫州刺史孔伷[2]、兖州刺史刘岱[3]、河内太守王匡[4]、渤海[1]太守袁绍、陈留太守张邈、东郡太守桥瑁[5]、山阳太守袁遗[6]、济北相鲍信[7]同时俱起兵[2]，众各数万，推绍为盟主。太祖行奋武将军。

二月，卓闻兵起，乃徙天子都长安。卓留屯洛阳，遂焚宫室。是时绍屯河内，邈、岱、瑁、遗屯酸枣[3]，术屯南阳，伷屯颍川，馥在邺[4]。卓兵强，绍等莫敢先进。太祖曰："举义兵以诛暴乱，大众已合，诸君何疑？向使董卓闻山东兵起，倚王室之重，据二周[5]之险，东向以临天下；虽以无道行之，犹足为患。今焚烧宫室，劫迁天子，海内震

到了初平元年(190)正月，后将军袁术、冀州牧韩馥、豫州刺史孔伷、兖州刺史刘岱、河内太守王匡、渤海太守袁绍、陈留太守张邈、东郡太守桥瑁、山阳太守袁遗、济北相鲍信同时起兵，各自带着数万兵马，他们推举渤海太守袁绍为盟军的主帅。太祖也以代理奋武将军的身份，加入了联盟。

二月，董卓听说各地起兵讨伐自己，便将汉献帝迁往西京长安，而自己留守洛阳，于是焚烧了皇宫。当时，袁绍屯兵河内郡，张邈、刘岱、桥瑁、袁遗屯兵酸枣县，袁术屯兵南阳，孔伷屯兵颍川，韩馥在邺城。由于董卓军队战斗力强大，袁绍等人都不敢进军。太祖说道："我们起义兵就是为了讨伐大逆不道的董卓，大队人马已经集合，诸位还有什么疑惑呢？假如董卓听闻山东起义兵，倚仗皇帝在手，占据洛阳险要的地势，并向东出兵，虽然是大逆不道之举，但足以为患。但现在他居然烧掉了皇宫，把天子劫持到长安，让全天下的人都觉得非常震惊，不知该依附何人。这正是上天灭亡董卓的大好时机啊。一战便可以安定天下，不可以错过！"于是太祖独自带领兵马

动，不知所归，此天亡之时也。一战而天下定矣，不可失也！”遂引兵西，将据成皋6。邈遣将卫兹分兵随太祖。

向西进发，准备占领虎牢关所在的成皋县。陈留太守张邈派遣部将卫兹带着一部分人马，跟随太祖出发。

到荥阳汴水，遇卓将徐荣，与战不利，士卒死伤甚多。太祖为流矢所中，所乘马被创，从弟洪以马与太祖，得夜遁去。荣见太祖所将兵少，力战尽日，谓酸枣未易攻也，亦引兵还。

太祖与卫兹一行来到荥阳郡的汴水一带，遇上了董卓的部将徐荣。两军交战，太祖、卫兹的军队抵挡不过，很多士兵被杀死。太祖本人被飞箭射中，所骑马匹也被刺伤，幸好从弟曹洪将马匹让给太祖，这才得以趁着夜色逃跑。徐荣看到曹操兵力虽然少，但还能坚持战斗一整天，便觉得酸枣县不容易攻克，于是便带着军队返回洛阳。

今注　1 渤海：亦作“勃海”，郡名。西汉文帝十五年（前165）分河间置，东汉治所在南皮（今南皮东北）。　2 同时俱起兵：这次各路诸侯起兵的计划，实由广陵太守张超手下功曹臧洪倡议和推动，张超是陈留太守张邈的弟弟。而当时参与讨伐董卓联盟的，至少还有广陵太守张超、长沙太守孙坚、青州刺史焦和数人。　3 酸枣：东汉县名，隶属陈留郡，在今河南新乡延津县西南。　4 邺：在今河北临漳。　5 二周：“二周”原指东周时期，被周天子分封在京城洛阳东、西侧的东周国和西周国，这里代指洛阳。　6 成皋：隶属河南郡，在今河南荥阳汜水镇西。

裴注　[1]《英雄记》曰：“馥字文节，颍川人。为御史中丞。董卓举为冀州牧。于时冀州民人殷盛，兵粮优足。袁绍之在渤海，馥恐其兴兵，遣数部从事守之，不得动摇。东郡太守桥瑁诈作京师三公移书与州郡，陈卓罪恶，云‘见逼迫，无以自救，企望义兵，解国患难’。馥得移，请诸从事问曰:'今当助袁氏邪,助董卓邪?'治中从事刘子惠曰:'今兴兵为国,何谓袁、董!'馥自知言短而有惭色。子惠复言:'兵者凶事,不可为首;今宜往视他州,有发动者,然后和之。冀州于他州不为弱也,他人功未有在冀州之右者也。'馥然之。馥乃作书与绍,道卓之恶,听其举兵。" [2]《英雄记》曰:"伷字公绪,陈留人。"张璠《汉纪》载郑泰说卓云:"孔公绪能清谈高论,嘘枯吹生。" [3]岱,刘繇之兄,事见《吴志》。 [4]《英雄记》曰:"匡字公节,泰山人。轻财好施,以任侠闻。辟大将军何进府,进符使,匡于徐州发强弩五百,西诣京师。会进败,匡还乡里。起家,拜河内太守。"谢承《后汉书》曰:"匡少与蔡邕善。其年为卓军所败,走还泰山,收集劲勇得数千人,欲与张邈合。匡先杀执金吾胡母班。班亲属不胜愤怒,与太祖并势,共杀匡。" [5]《英雄记》曰:"瑁字元伟,玄族子。先为兖州刺史,甚有威惠。" [6]遗字伯业,绍从兄。为长安令。河间张超尝荐遗于太尉朱儁,称遗"有冠世之懿,干时之量。其忠允亮直,固天所纵;若乃包罗载籍,管综百氏,登高能赋,睹物知名,求之今日,邈焉靡俦"。事在《超集》。《英雄记》曰:"绍后用遗为扬州刺史,为袁术所败。"太祖称"长大而能勤学者,惟吾与袁伯业耳"。语在文帝《典论》。 [7]信事见子《勋传》。

太祖到酸枣,诸军兵十余万,日置酒高会,不图进取。太祖责让之,因为谋曰:"诸君听吾计!使渤海引河内之众临孟津[1],酸枣诸将守成皋,据敖仓[2],塞轘辕、太谷[3],全制其

太祖回到酸枣县,看到各位将领坐拥十余万的大军,却每天摆宴席饮酒作乐,不思进取。太祖于是责怪各位将领,并给他们谋划说:"大家请听一下我的打算!我们可以让渤海袁太守带领河内郡的军队进攻孟津,屯兵在酸枣的将军们驻守成皋,占据敖仓,掌控轘辕关和太谷关,这样一来,险要之地便完全由我们控制。同时,

险。使袁将军率南阳之军军丹、析[4]，入武关[5]，以震三辅[6]。皆高垒深壁，勿与战，益为疑兵，示天下形势，以顺诛逆，可立定也。今兵以义动，持疑而不进，失天下之望，窃为诸君耻之！”邈等不能用。

太祖兵少，乃与夏侯惇等诣扬州[7]募兵。刺史陈温、丹阳[8]太守周昕与兵四千余人。还到龙亢，士卒多叛[1]。至铚、建平，复收兵得千余人，进屯河内。

刘岱与桥瑁相恶，岱杀瑁，以王肱领东郡太守。袁绍与韩馥谋立幽州牧刘虞为帝，太祖拒之[2]。绍又尝得一玉印，于太祖坐中举向其肘，太祖由是笑而恶焉[3]。

请袁将军带领南阳郡的大军进攻丹水县和析县，然后占领武关，从而对长安地区构成威慑。各军都要高筑壁垒，不要和董卓的军队交战，多设疑兵，并且向全天下昭示我军强大、董卓必然败亡的局势。以正义讨伐叛逆，天下可以立刻平定。现在我们出师名正言顺，但心存顾忌，不敢进军，会让天下人大失所望，我私下为大家感到羞耻！”张邈等人最终也没有采纳他的建议。

太祖由于兵力较少，只得跟夏侯惇前往扬州募兵。扬州刺史陈温、丹阳太守周昕给了太祖四千多名士兵。太祖来到龙亢县的时候，这些士兵大多都逃跑了。到了铚县、建平县，又招募到一千多名士兵，进发屯驻在河内郡。

兖州刺史刘岱与东郡太守桥瑁关系破裂，刘岱将桥瑁杀死，并让王肱担任东郡太守。同时，渤海太守袁绍与冀州牧韩馥私底下谋划，拥立幽州牧刘虞为皇帝。他们把计划告诉了太祖，但遭到太祖坚决反对。袁绍又曾经得到一颗玉印，在宴坐的时候拿到肘部给太祖看。太祖虽然表面上嬉笑，但内心感到非常厌恶。

今注　1 孟津：东汉县名，隶属河南郡，在今河南洛阳孟津区东。　2 敖仓：东汉时期洛阳附近的重要粮食储藏地。　3 轘辕、太谷：轘辕，即轘辕关，东汉时期洛阳附近的重要关卡，地势十分险峻，山路十二曲，盘旋往还。太谷，即太谷关，又作“大谷关”，与轘辕关均为洛阳城东南方的重要关卡。　4 丹、析：丹，即丹水县，东汉南阳郡的属县，在今河南南阳淅川县西。析，即析县，东汉南阳郡的属县，在今河南南阳西峡县。　5 武关：东汉时期由洛阳通往长安的重要关卡，位于今陕西丹凤县东南。　6 三辅：指汉朝在关中的京畿之地，即京兆尹、左冯翊、右扶风。　7 扬州：汉朝十三刺史部之一，东汉治历阳（今安徽合县），末年治寿春（今安徽寿县），合肥（今合肥西北）。　8 丹阳：亦作“丹杨”“丹扬”，西汉元狩二年（前121）年改鄣郡置。治宛陵（今安徽宣城）。三国吴移治建业（今南京）。

裴注　[1]《魏书》曰：“兵谋叛，夜烧太祖帐，太祖手剑杀数十人，余皆披靡，乃得出营；其不叛者五百余人。”　[2]《魏书》载太祖答绍曰：“董卓之罪，暴于四海，吾等合大众、兴义兵而远近莫不响应，此以义动故也。今幼主微弱，制于奸臣，未有昌邑亡国之衅，而一旦改易，天下其孰安之？诸君北面，我自西向。”　[3]《魏书》曰：“太祖大笑曰：‘吾不听汝也。’绍复使人说太祖曰：‘今袁公势盛兵强，二子已长，天下群英，孰逾于此？’太祖不应。由是益不直绍，图诛灭之。”

二年春，绍、馥遂立虞为帝，虞终不敢当。夏四月，卓还长安。秋七月，袁绍胁韩馥1，取冀州。黑山贼2于毒、白绕、眭[1]固等十余万众略魏郡，东郡王肱3不能御，太祖引兵入东郡，击

初平二年（191）春，袁绍、韩馥立刘虞为帝，刘虞最终不敢当皇帝。夏四月，董卓率兵返回长安。秋七月，袁绍胁迫韩馥，夺取了冀州。于毒、白绕、眭固等黑山贼十多万人攻打魏郡，东郡太守王肱不能抵挡，于是太祖带着自己的兵马前往东郡，在濮阳

白绕于濮阳，破之。袁绍因表太祖为东郡太守，治东武阳。

三年春，太祖军顿丘，毒等攻东武阳。太祖乃引兵西入山，攻毒等本屯[2]。毒闻之，弃武阳还。太祖要击眭固，又击匈奴於夫罗[4]于内黄，皆大破之[3]。夏四月，司徒王允与吕布共杀卓。卓将李傕、郭汜[5]等杀允，攻布，布败，东出武关。傕等擅朝政。

击破白绕。于是袁绍让太祖担任东郡太守，治所设在东武阳。

初平三年(192)春，太祖将军队驻扎在顿丘县。黑山贼将领于毒等，趁机攻打东武阳。太祖借机发兵向西入山，攻打黑山贼于毒等人的大本营。于毒等人得知后，急忙放弃东武阳返回。太祖又在战略要地攻打眭固，在内黄县攻打匈奴将领於夫罗，都大获全胜。夏四月，司徒王允联合吕布把董卓杀死。董卓的部将李傕、郭汜杀死王允，攻打吕布，吕布兵败向东逃出武关。李傕、郭汜于是把持了朝政。

今注 **1** 韩馥：字文节，颍川郡人。韩馥担任过东汉的御史中丞，之后被董卓举荐为冀州牧。在各诸侯起兵讨伐董卓时，韩馥也是参与者。韩馥与袁绍曾经有意立刘虞为皇帝。当时冀州民殷物盛，兵粮充足，于是袁绍便用计夺取冀州，韩馥被迫投靠张邈。之后张邈与袁绍的使者见面，韩馥以为是要来杀害自己的，于是在厕所中自杀。 **2** 黑山贼：东汉末年的黑山贼，也称为“黑山军”，是较为特殊的一股势力。它没有一个严密的组织，而是聚集在一面旗帜下的若干分散团体。据史料记载，黑山军有二十多股大小不等的势力，大的有两万多人，小的也有五千多人。 **3** 王肱：东汉末年东郡太守。初平二年(191)秋七月，十余万起义军攻打魏、东两郡，王肱无法抵挡，曹操带领军队进入东郡，在濮阳击败白绕。袁绍因此让曹操担任东郡太守，治所在东武阳。 **4** 於夫罗：东汉南匈奴人，羌渠单于子。灵帝中平五年(188)，匈奴内乱，羌渠被杀，於夫罗立，因乱乃率兵诣汉。会灵帝死，天下大乱，遂将其众留中国，与西河白波军合，破太原、河内。献帝初平三年(192)，为曹操所破。 **5** 郭汜：亦作“郭氾”。

裴注 [1] 畦，吊随反。 [2]《魏书》曰：“诸将皆以为当还自救。太祖曰：‘孙膑救赵而攻魏，耿弇欲走西安攻临菑。使贼闻我西而还，武阳自解也；不还，我能败其本屯，虏不能拔武阳必矣。’遂乃行。” [3]《魏书》曰：“於夫罗者，南单于子也。中平中，发匈奴兵，於夫罗率以助汉。会本国反，杀南单于，於夫罗遂将其众留中国。因天下挠乱，与西河白波贼合，破太原、河内，抄略诸郡为寇。”

青州黄巾众百万入兖州[1]，杀任城相郑遂，转入东平。刘岱欲击之，鲍信[2]谏曰：“今贼众百万，百姓皆震恐，士卒无斗志，不可敌也。观贼众群辈相随，军无辎重，唯以钞略为资，今不若畜士众之力，先为固守。彼欲战不得，攻又不能，其势必离散。后选精锐，据其要害，击之可破也。”岱不从，遂与战，果为所杀[1]。

青州黄巾军有上百万人涌入兖州，杀害了任城相郑遂，然后转入东平郡。兖州刺史刘岱想要镇压他们，济北相鲍信劝谏说：“现在黄巾军有百万之众，百姓都非常震惊害怕，士兵也没什么斗志，根本打不过他们。我发现贼军有成群的家属老小跟着，没什么粮草和军械，只靠打家劫舍维持生活。所以，我们不如先让士兵和百姓好好休养，做好坚固的防守。这样一来，这些黄巾军想要攻打城池，攻打不下，想要打劫百姓，又打劫不了，势必军心涣漫，作鸟兽散。然后我们再挑选精兵，占据有利地形，可将他们一举打败。”刘岱并不听从鲍信的建议，便出兵与黄巾军交战，结果被黄巾军杀死。

信乃与州吏万潜等至东郡，迎太祖领兖州牧。遂进兵击黄巾于寿张[3]东。信力战斗死，仅而破之[2]。购求信丧不得，众乃刻木如信形状，祭而哭焉。追黄巾至济北。乞降。冬，受降卒三十余万，男女百余万口，收其精锐者，号为青州兵。

于是鲍信急忙与万潜等兖州官吏来到东郡，迎请太祖兼领兖州牧。太祖因此带领兵马，在寿张县的东部迎击这些黄巾军。鲍信力战而亡，仅仅击破敌军。太祖出钱寻找鲍信的尸体，但还是没有找到，众人只能用木头雕刻成鲍信的样子，哭着祭拜他。随后，太祖率兵追赶黄巾军到了济北，黄巾军终于乞求投降。这年冬天，太祖接受了黄巾军三十余万，随行男女百余万投降，在其中挑选了一部分战力强的，将他们收编，号称“青州兵”。

今注 **1** 兖(yǎn)州：汉朝十三刺史部之一，东汉治昌邑(今山东巨野南)。 **2** 鲍信：东汉末年任济北相，讨伐董卓的诸路人马之一。鲍信受何进征召在外募兵，回到洛阳时适逢董卓进京，鲍信劝袁绍除掉董卓，袁绍不同意。后袁绍、曹操等人起兵对抗董卓，鲍信也起兵响应。后联盟破裂，鲍信劝曹操静观其变。青州黄巾军进攻兖州，刺史刘岱不听鲍信劝阻贸然出战，兵败战死。鲍信便迎立曹操为兖州牧，在与黄巾军交战中，鲍信为救曹操不幸战死。 **3** 寿张：在今山东西部、黄河北岸。东汉由寿良县改称。1964年撤销，并入阳谷县和河南范县。

裴注 [1]《世语》曰：“岱既死，陈宫谓太祖曰：‘州今无主，而王命断绝，宫请说州中，明府寻往牧之，资之以收天下，此霸王之业也。’宫说别驾、治中曰：‘今天下分裂而州无主；曹东郡，命世之才也，若迎以牧州，必宁生民。’鲍信等亦谓之然。” [2]《魏书》曰：“太祖将步骑千余人，行视战地，卒抵贼营，战不利，死者数百人，引还。贼寻前进。黄巾为贼久，数乘胜，兵皆精悍。太祖旧兵少，新兵不习练，举军皆惧。太祖被甲婴胄，亲巡将士，明劝赏罚，众乃复奋，承间讨击，贼稍折退。贼乃移书太祖曰：'昔在济南，毁坏神坛，其道乃与中黄太乙同，似若知道，今更迷惑。汉行已尽，黄家当立。天之大运，非君才力所能存也。'太祖见檄书，呵骂之，数开示降路；遂设奇伏，昼夜会战，战辄禽获，贼乃退走。"

袁术与绍有隙，术求援于公孙瓒[1]，瓒使刘备屯高唐[2]，单经屯平原[3]，陶谦屯发干，以逼绍。太祖与绍会击，皆破之。

四年春，军鄄城[4]。荆州牧刘表断术粮道，术引军入陈留，屯封丘，黑山余贼及於夫罗等佐之。术使将刘详屯匡亭[5]。太祖击详，术救之，与战，大破之。术退保封丘，遂围之，未合，术走襄邑，追到太寿，决渠水灌城。走宁陵，又追之，走九江。夏，太祖还军定陶[6]。

下邳阙宣聚众数千人，自称天子；徐州牧陶

袁术与袁绍有矛盾，袁术向公孙瓒求助，公孙瓒派刘备屯兵高唐县，单经屯兵平原县，陶谦屯兵发干县，以此威慑袁绍。太祖与袁绍一同出兵，把他们都打败了。

初平四年(193)春，太祖屯兵鄄城县。此时，荆州牧刘表出兵，截断了袁术军队运送粮草的路线。袁术带着军队进入陈留郡，屯兵封丘县。黑山贼残部以及匈奴将领於夫罗前来援助袁术。袁术派遣部将刘详屯兵匡亭县。太祖得知后，带兵攻打刘详，袁术率领军队援助刘详，两军交战，太祖把袁术的军队打得落花流水。袁术逃到封丘县，于是太祖包围封丘县。不过，没等太祖将封丘县围起来，袁术便偷偷逃往襄邑县。太祖又紧追到太寿县，掘开渠水灌城。袁术又逃到宁陵县，太祖又追过去，于是他又跑到九江。这年夏天，太祖率军返回，屯驻定陶。

谦与共举兵，取泰山华、费，略任城。秋，太祖征陶谦，下十余城，谦守城不敢出。

是岁，孙策受袁术使渡江，数年间遂有江东[7]。

下邳县的阙宣纠集了几千人，自称天子；徐州牧陶谦还跟他一同起兵，攻占了泰山郡的华县、费县，将任城洗劫一番。到了秋天，太祖讨伐陶谦，攻下了十多座城池，陶谦入城自守，不敢出战。

这一年，孙策奉袁术之命渡过长江，数年间，孙策便占据了江东之地。

今注 **1** 公孙瓒：字伯圭（一作伯珪），辽西令支人，汉末群雄之一。公孙瓒出身贵族，因母亲地位卑贱，只当了郡中小吏。因其相貌俊美，且声音洪亮、机智善辩，得到涿郡太守赏识。后逐步做到中郎将，以强硬的态度对抗北方游牧民族，作战勇猛，威震边疆。公孙瓒好战，与主张以怀柔政策对待胡人的上司刘虞不和，二人矛盾逐渐激化。初平四年（193），公孙瓒击杀刘虞，并挟持朝廷使者，得到了总督北方四州的授权。公孙瓒与袁绍多次相争，初期占据优势，但在龙凑之战后锐气顿减，采取自保策略，渐失部下信任，被袁绍击败。最终被困高楼，引火自焚。 **2** 高唐：汉代置高唐县，在今山东聊城高唐县。 **3** 平原：汉代置平原郡，郡治设于平原县，在今山东德州平原县西南。 **4** 鄄(juàn)城：汉代置鄄城县，在今山东菏泽鄄城县北。 **5** 匡亭：在今河南长垣西南。 **6** 定陶：在今山东菏泽定陶区。 **7** 江东：指长江以东地区，又称江左。长江在今芜湖至南京间为西南南、东北北流向，人们便将自此以下的长江南岸地区称为“江东”。

兴平元年春，太祖自徐州还。初，太祖父嵩，去官后还谯，董卓之

汉献帝兴平元年（194）春，太祖从徐州班师回到兖州。当初，太祖的父亲曹嵩，从朝廷辞官之后回到老家谯县居住。

乱，避难琅邪，为陶谦所害，故太祖志在复仇东伐[1]。夏，使荀彧、程昱守鄄城，复征陶谦，拔五城，遂略地至东海。还过郯，谦将曹豹与刘备屯郯东，要太祖。太祖击破之，遂攻拔襄贲，所过多所残戮[2]。

会张邈[1]与陈宫[2]叛迎吕布，郡县皆应。荀彧、程昱保鄄城，范、东阿二县固守，太祖乃引军还。布到，攻鄄城不能下，西屯濮阳。太祖曰："布一旦得一州，不能据东平，断亢父、泰山之道，乘险要我，而乃屯濮阳，吾知其无能为也。"

遂进军攻之。布出兵战，先以骑犯青州兵。青州兵奔，太祖阵乱，驰突火出，坠马，烧左手掌。司马楼异扶太祖上

董卓之乱爆发后，曹嵩迁徙到琅邪避难，被陶谦杀害。所以太祖立志向东讨伐陶谦复仇。到了夏天，太祖命令荀彧、程昱驻守鄄城，自己再次率领大军讨伐陶谦，连续攻下五座城池，一路攻城略地，直至东海之滨。回来路过郯县的时候，陶谦的部将曹豹与刘备屯兵郯县东部，迎击太祖，但被太祖打得溃不成军。太祖因此攻占了襄贲县，一路杀害了很多士兵和百姓。

适逢张邈与陈宫背叛太祖，迎接吕布，兖州下辖的郡县纷纷响应，只有荀彧、程昱保住了鄄城，范县、东阿两县坚守城池，太祖急忙领兵返回。吕布来到兖州，攻打鄄城，但没能打下，便向西屯驻濮阳。太祖得知后说："吕布一天之内便得到一州，却不去驻扎东平，切断亢父、泰山的交通要道，在险要的路段拦击我，而去屯守濮阳，我因此知道吕布没有大的作为。"

于是，太祖率领大军攻打吕布。吕布带兵出战，先以骑兵攻打太祖的青州兵。青州兵四散奔走，打乱了太祖的阵势，太祖策马冒火突围，慌乱之中摔下马来，左手掌也烧伤了。司马楼异赶紧扶

马，遂引去[3]。未至营止，诸将未与太祖相见，皆怖。太祖乃自力劳军，令军中促为攻具，进复攻之，与布相守百余日。蝗虫起，百姓大饿，布粮食亦尽，各引去。

太祖上马，这才顺利逃脱。未到营地前，众将由于没有看到太祖，大家十分担忧。太祖回来后，勉强带伤慰劳军队，并且命令制造攻城的军械，再次发动进攻，与吕布相持了一百多天。蝗虫灾害发生，百姓们陷入大饥荒，吕布军队的粮食也吃完了，于是双方各自退兵。

今注　**1** 张邈：字孟卓，东汉名士。张邈以征辟入仕，授骑都尉，后迁陈留太守。兴平元年(194)，趁曹操讨伐徐州牧陶谦，联合陈宫发动叛乱，迎立吕布为兖州牧，遭到曹操讨伐，兵败后投奔徐州牧刘备。兴平二年(195)，张邈在向袁术借兵途中被部下所杀。　**2** 陈宫：字公台，东汉末年吕布帐下谋士。性情刚直，足智多谋，年少时与海内名士相互结交。兖州刺史刘岱在讨伐青州黄巾军时战死，陈宫等人主张曹操接任兖州牧，因而受曹操赏识。后来，陈宫游说张邈背叛曹操迎吕布入兖州。在下邳城中，吕布不听陈宫两面互补之计，以致失败。陈宫战败后，随吕布等一同被曹操所擒，拒绝曹操招降，决意赴死。

裴注　[**1**]《世语》曰："嵩在泰山华县。太祖令泰山太守应劭送家诣兖州，劭兵未至，陶谦密遣数千骑掩捕。嵩家以为劭迎，不设备。谦兵至，杀太祖弟德于门中。嵩惧，穿后垣，先出其妾，妾肥，不能得出；嵩逃于厕，与妾俱被害，阖门皆死。劭惧，弃官赴袁绍。后太祖定冀州，劭时已死。"韦曜《吴书》曰："太祖迎嵩，辎重百余两。陶谦遣都尉张闿将骑二百卫送，闿于泰山华、费间杀嵩，取财物，因奔淮南。太祖归咎于陶谦，故伐之。"　[**2**] 孙盛曰："夫伐罪吊民，古之令轨；罪谦之由，而残其属部，过矣。"　[**3**] 袁時《献帝春秋》曰："太祖围濮阳，濮阳大姓田氏为反间，太祖得入城。烧其东门，示无反意。及战，军败。布骑得太祖而不知是，问曰：'曹操何在？'太祖曰：'乘黄马走者是也。'布骑乃释太祖而追黄马者。门火犹盛，太祖突火而出。"

秋九月，太祖还鄄城。布到乘氏，为其县人李进所破，东屯山阳[1]。于是绍使人说太祖，欲连和。太祖新失兖州，军食尽，将许之。程昱止太祖，太祖从之。冬十月，太祖至东阿。是岁，谷一斛五十余万钱，人相食，乃罢吏兵新募者。陶谦死，刘备代之。

二年春，袭定陶。济阴太守吴资保南城，未拔。会吕布至，又击破之。夏，布将薛兰、李封屯巨野，太祖攻之，布救兰，兰败，布走，遂斩兰等。布复从东缗[2]，与陈宫将万余人来战。

时太祖兵少，设伏，

秋九月，太祖回到鄄城，吕布来到乘氏县，被当地人李进打败，于是向东屯驻山阳县。在此情况下，袁绍派人游说太祖，想再次跟他联合行动。太祖由于刚丢了兖州，而且军队的粮食也快用完，便打算答应袁绍。程昱知道之后赶紧制止太祖，太祖听从了他的意见。到了十月份，太祖来到东阿县。这一年，稻谷的价格极其昂贵，每斛卖到五十多万钱，竟到了人吃人的地步。太祖便解散了那些新招募的官吏和士兵。此时陶谦去世，刘备代替他做了徐州牧。

兴平二年(195)春，太祖带兵袭击定陶县。济阴太守吴资坚守南城，因此太祖没能攻下。适逢吕布带兵前来，太祖又打败了他。夏天，吕布的部将薛兰、李封屯兵巨野县，太祖带兵攻打他们，吕布救援薛兰，但太祖还是打败了他们，吕布撤退，薛兰、李封被太祖斩杀。吕布再次来到东缗，与陈宫会合，带着一万多人再次来挑战太祖。

纵奇兵击,大破之[1]。布夜走,太祖复攻,拔定陶,分兵平诸县。布东奔刘备,张邈从布,使其弟超将家属保雍丘。

当时太祖没有多少兵马,只能设下埋伏,出奇制胜,将吕布、陈宫打得溃不成军。吕布连夜逃走,太祖乘胜再次进攻,拿下了定陶县,并且分兵平定各县。吕布向东投奔刘备,张邈跟着吕布一起逃跑,命令其弟张超带着家属守卫雍丘。

今注 **1** 山阳:在今河南焦作东。 **2** 东缗:西汉属山阳郡,东汉改为侯国,在今山东金乡县。

裴注 [**1**]《魏书》曰:“于是兵皆出取麦,在者不能千人,屯营不固。太祖乃令妇人守陴,悉兵拒之。屯西有大堤,其南树木幽深。布疑有伏,乃相谓曰:‘曹操多谲,勿入伏中。’引军屯南十余里。明日复来,太祖隐兵堤里,出半兵堤外。布益进,乃令轻兵挑战,既合,伏兵乃悉乘堤,步骑并进,大破之,获其鼓车,追至其营而还。”

秋八月,围雍丘。冬十月,天子拜1太祖兖州牧。十二月,雍丘溃,超自杀,夷2邈三族。邈诣袁术请救,为其众所杀,兖州平,遂东略陈地。

是岁,长安乱,天子东迁,败于曹阳,渡河幸安邑3。

建安元年春正月,

秋八月,太祖围攻雍丘。冬十月,天子任命太祖为兖州牧。十二月,雍丘军队溃败,张超自杀,太祖诛杀了张邈三族。张邈到袁术那里请求帮助,结果被他的部众杀死,于是兖州被平定,太祖顺势向东略取陈地。

这一年,长安发生动乱,天子向东迁移,王师败绩于曹阳,于是献帝渡过黄河到达安邑。

建安元年(196)春正月,太祖率军进

太祖军临武平，袁术所置陈相袁嗣降。

太祖将迎天子，诸将或疑，荀彧、程昱劝之，乃遣曹洪将兵西迎，卫将军董承与袁术将苌奴拒险，洪不得进。

驻武平，袁术所设置的陈相袁嗣投降。

太祖打算奉迎天子，诸位将领中有人表达了疑虑，荀彧、程昱则劝他这样做。太祖于是派遣曹洪领兵向西迎接天子，但是卫将军董承和袁术的部将苌奴据守在险要的地方，曹洪没办法前进。

今注 1 拜：拜官，任命。 2 夷：诛锄，消灭。 3 安邑：在今山西夏县西北。

汝南、颍川黄巾何仪、刘辟、黄邵、何曼等，众各数万，初应袁术，又附孙坚。二月，太祖进军讨破之，斩辟、邵等，仪及其众皆降。天子拜太祖建德将军，夏六月，迁镇东将军，封费亭侯。秋七月，杨奉、韩暹以天子还洛阳[1]，奉别屯梁。太祖遂至洛阳，卫京都，暹遁走。天子假太祖节钺，录尚书事 1[2]。洛阳残破，董昭等劝太祖都许。九月，车驾出轘辕

汝南、颍川等地的黄巾军首领何仪、刘辟、黄邵、何曼等人，各有部众数万人，他们起初响应袁术，后来又归附孙坚。二月，太祖进军讨伐将其攻破，斩杀刘辟、黄邵等人，何仪和他的部众都投降了。天子任命太祖为建德将军，夏六月，迁为镇东将军，封为费亭侯。秋七月，杨奉、韩暹奉迎天子返还洛阳，杨奉另行屯驻在梁。太祖随即到洛阳，保卫京都，韩暹赶忙逃走。天子授予太祖节杖和斧钺，总领尚书事务。洛阳残破，董昭等人劝说太祖迁都到许。九月，天子车驾经由轘辕向东行进，以太祖为大将军，封为武平侯。自

而东，以太祖为大将军，封武平侯。自天子西迁，朝廷日乱，至是宗庙社稷[2]制度始立[3]。

天子之东也，奉自梁欲要之，不及。冬十月，公征奉，奉南奔袁术，遂攻其梁屯，拔之。于是以袁绍为太尉，绍耻班在公下，不肯受。公乃固辞，以大将军让绍。天子拜公司空[3]，行车骑将军。是岁用枣祗、韩浩等议，始兴屯田[4][4]。

从天子西迁，朝政逐渐衰乱，到现在宗庙社稷的各项制度才开始确立。

天子往东部迁徙时，杨奉从梁出发打算阻截，但没有赶上。冬十月，曹公征讨杨奉，杨奉向南投奔袁术，曹公就顺势攻击梁，并将其占领。这时天子以袁绍为太尉，袁绍以官职低于曹公为耻，就不肯接受。曹公就坚持辞去官职，将大将军之职让与袁绍。天子拜曹公为司空，兼任车骑将军。这一年曹公采用枣祗、韩浩等人的建议，开始推行屯田制度。

今注 1 天子假太祖节钺，录尚书事：假，授予。节，节杖。钺，斧钺。东汉时政令、政务总于尚书台，权臣加录尚书事始得总知政事。录尚书事独揽大权，无所不总。 2 宗庙社稷：宗庙象征着世系的传承，社稷指土神和谷神，代表着立国之本，因此宗庙社稷可以指代国家。 3 司空：三公之一，掌管国家的土木营建和水利工程等。 4 屯田：汉代实行的一种亦兵亦农的制度，士兵战时打仗，平时务农。曹操此时实行的是带有军事性质的民屯制，国家组织农民垦荒耕种，由专门的官员管理，收获的谷物按比例上交国家。

裴注 [1]《献帝春秋》曰："天子初至洛阳，幸城西故中常侍赵忠宅。使张杨缮治宫室，名殿曰扬安殿，八月，帝乃迁居。" [2]《献帝纪》曰："又领司隶校尉。" [3] 张璠《汉纪》曰："初，天子败于曹阳，欲浮河东下。侍中太史令王立曰:‘自去春太白犯镇星于牛斗,过天津,荧惑又逆行守北河,不可犯也。’由是天子遂不北渡河,将自轵关东出。立又谓宗正刘艾曰:‘前太白守天关,与荧惑会;金火交会,革命之象也。汉祚终矣,晋、魏必有兴者。’立后数言于帝曰:‘天命有去就,五行不常盛,代火者土也,承汉者魏也,能安天下者,曹姓也,唯委任曹氏而已。’公闻之,使人语立曰:‘知公忠于朝廷,然天道深远,幸勿多言。’” [4]《魏书》曰:“自遭荒乱,率乏粮谷。诸军并起,无终岁之计,饥则寇略,饱则弃余,瓦解流离,无敌自破者不可胜数。袁绍之在河北,军人仰食桑椹。袁术在江、淮,取给蒲蠃。民人相食,州里萧条。公曰:‘夫定国之术,在于强兵足食,秦人以急农兼天下,孝武以屯田定西域,此先代之良式也。’是岁乃募民屯田许下,得谷百万斛。于是州郡例置田官,所在积谷。征伐四方,无运粮之劳,遂兼灭群贼,克平天下。”

吕布袭刘备,取下邳。备来奔。程昱说公曰:“观刘备有雄才而甚得众心,终不为人下,不如早图之。”公曰:“方今收英雄时也,杀一人而失天下之心,不可。”

张济自关中走南阳。济死,从子[1]绣领其众。二年春正月,公到宛。张绣降,既而悔之,复反。公与战,军败,为流矢所中,长子昂、弟子安民遇害[1]。

吕布偷袭刘备,占领下邳。刘备前来投奔。程昱劝说曹公道:“我察觉刘备有雄才大略而很能够得到众人之心,终究不会屈居人下,不如早早地将他除掉。”曹公说道:“现在正是收拢英雄的时候,杀了一个人却失掉天下之心,不可以。”

张济从关中到南阳。张济死后,侄子张绣统领他的部下。建安二年(197)春正月,曹公到宛城。张绣纳降,但不久即反悔,又反叛了。曹公和他征战,结果失败,被流矢射中,长子曹昂、弟弟的儿子曹安民遇害。曹公就

公乃引兵还舞阴[2],绣将骑来钞,公击破之。绣奔穰,与刘表合。公谓诸将曰:"吾降张绣等,失不便取其质,以至于此。吾知所以败。诸卿观之,自今已后不复败矣。"遂还许[2]。

袁术欲称帝于淮南,使人告吕布。布收其使,上其书。术怒,攻布,为布所破。秋九月,术侵陈,公东征之。术闻公自来,弃军走,留其将桥蕤、李丰、梁纲、乐就;公到,击破蕤等,皆斩之。术走渡淮。公还许。

公之自舞阴还也,南阳、章陵诸县复叛为绣,公遣曹洪击之,不利,还屯叶[3],数为绣、表所侵。冬十一月,公自南征,至宛[3]。表将邓济据湖阳。攻拔之,生擒济,湖阳降。攻舞阴,下之。

领兵返回舞阴,张绣率领骑兵来突袭,曹公将他击破。张绣逃奔到穰,与刘表会合。曹公对诸将说道:"我招降张绣等人,失策在于没有立刻收取其家属作为人质,才落得这种结果。我已知道失败的原因了。诸位瞧着吧,自今以后我不会再因此而失败了。"于是返回许都。

袁术打算在淮南称帝,使人告知吕布。吕布收押他的使节,将书信上交天子。袁术大怒,攻打吕布,被吕布击破。秋九月,袁术侵犯陈地,曹公向东征讨。袁术听闻曹公亲自前来,弃军逃跑,将桥蕤、李丰、梁纲、乐就等将领留下;曹公到后,击破桥蕤等人,将他们都斩杀了。袁术渡过淮水逃跑。曹公返回许都。

曹公从舞阴返回,南阳、章陵等县又叛乱归附张绣,曹公派遣曹洪攻打,但战事不利,返回屯驻在叶,数次被张绣、刘表所侵扰。冬十一月,曹公南征,行至宛城。刘表所属将领邓济占据湖阳。曹公打下湖阳,生擒邓济,湖阳归降。又进击舞阴,并将其占领。

今注 1 从子:侄子。 2 舞阴:在今河南泌阳。 3 叶:在今河南叶县。

裴注 [1]《魏书》曰:"公所乘马名绝影,为流矢所中,伤颊及足,并中公右臂。"《世语》曰:"昂不能骑,进马于公,公故免,而昂遇害。" [2]《世语》曰:"旧制,三公领兵入见,皆交戟叉颈而前。初,公将讨张绣,入觐天子,时始复此制。公自此不复朝见。" [3]《魏书》曰:"临淯水,祠亡将士,歔欷流涕,众皆感恸。"

三年春正月,公还许,初置军师祭酒1。三月,公围张绣于穰。夏五月,刘表遣兵救绣,以绝军后[1]。公将引还,绣兵来追,公军不得进,连营稍前。公与荀彧2书曰:"贼来追吾,虽日行数里,吾策之,到安众3,破绣必矣。"到安众,绣与表兵合守险,公军前后受敌。公乃夜凿险为地道,悉过辎重,设奇兵。会明,贼谓公为遁也,悉军来追。乃纵奇兵,步骑夹攻,大破之。秋七月,公还许。荀彧问公:"前以策贼必破,何也?"公曰:"虏遏

建安三年(198)春正月,曹公返回许都,初次设置军师祭酒的官职。三月,曹公围困张绣于穰。夏五月,刘表派遣军队营救张绣,切断围军的后路。曹公率领军队返还,张绣的部队前来追击,曹公的军队不能够前进,绵延的军队慢慢向前行进。曹公给荀彧写信道:"贼寇前来追我,虽然每天只能行进数里,但我计算过,到达安众时,必定能够击破张绣。"到达安众后,张绣与刘表的军队会合起来把守险要之处,曹公军队前后受到攻击。曹公于是在夜间凿通险处为地道,将辎重全部运过去,设下奇兵。等到天亮,贼人以为曹公逃跑了,全军前来追赶。曹公就让步兵、骑兵出其不意地进行夹攻,大破敌军。秋七月,曹公回到许都。荀彧问曹公:"您前段时间说必定能够破贼,这是为什么?"曹公说:"敌人阻

吾归师，而与吾死地战，吾是以知胜矣。”

挡我军返回，而与我们处于死亡境地的军队作战，我于是得知一定能够胜利。”

今注　1 军师祭酒：古代在进行祭祀或者宴会的时候，由一名德高望重的人主祭，称为祭酒。军师祭酒是负责参谋军事的官职。　2 荀彧：字文若，颍川郡颍阴县人，东汉末杰出的政治家，曹操帐下重要谋臣，力劝曹操迎汉献帝于许，协助曹操制定了统一北方的策略，并引荐众多人才，立有重大功劳。　3 安众：在今河南邓州。

裴注　[1]《献帝春秋》曰：“袁绍叛卒诣公云：‘田丰使绍早袭许，若挟天子以令诸侯，四海可指麾而定。’公乃解绣围。”

吕布复为袁术使高顺攻刘备，公遣夏侯惇救之，不利。备为顺所败。九月，公东征布。冬十月，屠彭城[1]，获其相侯谐。进至下邳，布自将骑逆击。大破之，获其骁将成廉。追至城下，布恐，欲降。陈宫等沮[2]其计，求救于术，劝布出战，战又败，乃还固守，攻之不下。时公连战，士卒罢[3]，欲还，用荀攸、郭嘉计，遂决泗、沂水以灌城。月余，布将宋宪、魏

吕布又帮助袁术而派遣高顺攻击刘备，曹公派遣夏侯惇营救，作战不利。刘备被高顺打败。九月，曹公东征吕布。冬十月，屠彭城，俘获彭城相侯谐。进军至下邳，吕布亲自率领骑兵迎击。曹公大破吕布，俘获敌方骁将成廉。追赶到城下，吕布害怕，想要投降。陈宫等人进行劝阻，求救于袁术，力劝吕布出战，又战败，就返回城池固守，曹公不能攻下。当时曹公的军队接连征战，士卒疲劳，都想回去。于是采用荀攸、郭嘉的计策，掘开泗水、沂水灌城。一个多月后，吕布的将领宋宪、魏续等人抓住陈宫，举城投降，曹公生

续等执陈宫,举城降,生禽布、宫,皆杀之。太山[4]臧霸、孙观、吴敦、尹礼、昌豨各聚众。布之破刘备也,霸等悉从布。布败,获霸等,公厚纳待,遂割青、徐二州附于海以委焉,分琅邪、东海、北海为城阳、利城、昌虑郡。

擒了吕布、陈宫,将他们都杀死了。泰山臧霸、孙观、吴敦、尹礼、昌豨各自聚集众人。吕布击败刘备的时候,臧霸等人都跟从吕布。吕布失败后,曹公擒获了臧霸等人,厚礼相待,并分割青州、徐州以及靠近海边的地方委任给他们管理,分琅邪、东海、北海为城阳、利城、昌虑郡。

初,公为兖州,以东平毕谌为别驾[5]。张邈之叛也,邈劫谌母弟妻子;公谢遣之,曰:"卿老母在彼,可去。"谌顿首无二心,公嘉之,为之流涕。既出,遂亡归。及布破,谌生得,众为谌惧,公曰:"夫人孝于其亲者,岂不亦忠于君乎!吾所求也。"以为鲁相[1]。

当初,曹公为兖州牧时,任用东平人毕谌为别驾。张邈反叛的时候,劫持了毕谌的母亲、弟弟、妻子儿女;曹公辞谢遣散他,说道:"你的老母在那里,可以离去。"毕谌顿首并说自己没有二心,曹公很是嘉许,并为之流泪。毕谌出去后,就逃亡回去了。等到击败吕布,生擒毕谌,众人都为他感到担心,曹公说:"这个人孝顺他的亲人,难道会不忠于其君吗!这正是我所求取的。"于是让他为鲁相。

今注 1 彭城:在今江苏徐州。 2 沮:阻止。 3 罢(pí):通"疲",疲劳。 4 太山:即泰山。 5 别驾:是州牧、刺史的佐吏,州牧、刺史巡行各地的时候,别乘传车跟从,所以称为别驾。

裴注 [1]《魏书》曰:"袁绍宿与故太尉杨彪、大长秋梁绍、少府孔融有隙,欲使公以他过诛之。公曰:'当今天下土崩瓦解,雄豪并起,辅相君长,人怀怏怏，各有自为之心，此上下相疑之秋也，虽以无嫌待之，犹惧未信；如有所除，则谁不自危？且夫起布衣，在尘垢之间，为庸人之所陵陷，可胜怨乎！高祖赦雍齿之仇而群情以安，如何忘之？'绍以为公外托公义，内实离异，深怀怨望。"臣松之以为，杨彪亦曾为魏武所困，几至于死，孔融竟不免于诛灭，岂所谓"先行其言而后从之"哉！非知之难，其在行之，信矣。

四年春二月，公还至昌邑。张杨将杨丑杀杨，眭固又杀丑，以其众属袁绍，屯射犬[1]。夏四月，进军临河[2]，使史涣、曹仁渡河击之。固使杨故长史薛洪、河内太守缪尚留守，自将兵北迎绍求救，与涣、仁相遇犬城。交战，大破之，斩固。公遂济河，围射犬。洪、尚率众降，封为列侯，还军敖仓[3]。以魏种为河内太守，属[4]以河北事。

初，公举种孝廉。兖州叛，公曰："唯魏种且不弃孤也。"及闻种走，公怒曰："种不南走越、北走胡，不置[5]汝也！"既下射犬，生禽[6]种，公曰："唯其才也！"释其缚而用之。

建安四年(199)春二月，曹公返回到昌邑。张杨的将领杨丑将张杨杀死，眭固又杀掉杨丑，率他的部下归属袁绍，屯驻在射犬。夏四月，曹公进兵到黄河岸，派遣史涣、曹仁渡过黄河进攻眭固。眭固派遣张杨原来所属的长史薛洪、河内太守缪尚留守，自己率领士兵向北迎接并求救于袁绍，与史涣、曹仁在犬城相遇。双方交战，眭固大败，并被斩杀。曹公随即渡过黄河，围攻射犬。薛洪、缪尚率领众人投降，被封为列侯，接着还军敖仓。任命魏种为河内太守，托付以河北事务。

当初，曹公举荐魏种为孝廉。兖州反叛，曹公说："只有魏种不会背叛我。"等到听闻魏种逃走后，曹公发怒说："魏种除非南逃到越人那里、北逃到胡人那里，否则我不会饶恕你！"攻下射犬后，生擒魏种，曹公说："只因他人才难得啊！"于是将其释放并继续任用。

今注 1 射犬:在今河南沁阳。 2 河:古代专指黄河。 3 敖仓:古代重要粮仓,秦时所置,在今河南荥阳东北敖山上,地处黄河与济水分流处,中原漕运的粮食由此输往关中和北部地区。 4 属:通"嘱",托付。 5 置:赦罪,释放。 6 禽:通"擒"。

是时,袁绍既并公孙瓒,兼四州之地,众十余万,将进军攻许。诸将以为不可敌,公曰:"吾知绍之为人,志大而智小,色厉而胆薄,忌克[1]而少威,兵多而分画不明,将骄而政令不一,土地虽广,粮食虽丰,适足以为吾奉也。"秋八月,公进军黎阳[2],使臧霸等入青州破齐、北海、东安,留于禁屯河上。九月,公还许,分兵守官渡[3]。冬十一月,张绣率众降,封列侯。

十二月,公军官渡。

袁术自败于陈,稍困[4],袁谭自青州遣迎之。术欲从下邳北过,公遣刘备、朱灵要[5]之。会术病死。程昱、郭嘉闻公遣备,言于公曰:"刘备不可纵。"公

这时,袁绍已经兼并了公孙瓒,兼领四州之地,兵众达十余万,将要进军攻打许都。诸将领认为难以抵挡袁绍的进攻,曹公说:"我很清楚袁绍的为人,他志向远大但智识短小,外表凌厉而胆略薄弱,嫉贤妒能而缺少威信,兵将虽多却划分不明确,将领骄恣而政令不一,土地虽然广阔,粮食虽然丰富,却恰好是给我准备的。"秋八月,曹公进军黎阳,派遣臧霸等人进入青州攻破齐、北海、东安,留下于禁屯兵在黄河边上。九月,曹公回到许都,分派士兵把守官渡。冬十一月,张绣率众归降,被封为列侯。

十二月,曹公率军到官渡。

袁术自从在陈失败后,逐渐困顿,袁谭自青州遣使迎接他。袁术打算从下邳北方通过,曹公派遣刘备、朱灵中途截击。适逢袁术病死。程昱、郭嘉听闻曹公派遣刘备,就对曹公说:"不可将刘备放走。"曹公也后悔了,派人去追却没有追上。刘备在没有东进的时

悔，追之不及。备之未东也，阴与董承等谋反，至下邳，遂杀徐州刺史车胄，举兵屯沛[6]。遣刘岱、王忠击之，不克[1]。

侯，就私下与董承等人谋划反叛，到了下邳后，就杀掉徐州刺史车胄，领兵屯驻在沛县。曹公派遣刘岱、王忠进攻，没有攻下。

今注 1 忌克：心胸狭隘，多所忌恨。 2 黎阳：在今河南浚县东。 3 官渡：在今河南中牟东北。 4 困：困顿。 5 要：通“邀”，半路阻击。 6 沛：在今江苏沛县。

裴注 [1]《献帝春秋》曰：“备谓岱等曰：‘使汝百人来，其无如我何；曹公自来，未可知耳！’”《魏武故事》曰：“岱字公山，沛国人。以司空长史从征伐有功，封列侯。”《魏略》曰：“王忠，扶风人，少为亭长。三辅乱，忠饥乏啖人，随辈南向武关。值娄子伯为荆州遣迎北方客人；忠不欲去，因率等仵逆击之，夺其兵，聚众千余人以归公。拜忠中郎将，从征讨。五官将知忠尝啖人，因从驾出行，令俳取冢间髑髅系著忠马鞍，以为欢笑。”

庐江太守刘勋率众降，封为列侯。

五年春正月，董承等谋泄，皆伏诛。公将自东征备，诸将皆曰：“与公争天下者，袁绍也。今绍方来而弃之东，绍乘人后，若何？”公曰：“夫刘备，人杰也，今不击，必为后患[1]。袁绍虽有大志，而

庐江太守刘勋率领众人归降，被封为列侯。

建安五年(200)春正月，董承等人的密谋败露，都被处死。曹公打算亲自东征刘备。诸将都说：“与主公争夺天下的人，是袁绍。现今袁绍正来战却弃之东征，万一袁绍乘机进攻我们后方，该怎么办？”曹公说：“刘备，是杰出的人才，现在不进攻他，必定成为祸患。袁绍虽然有大志，却料事迟缓，一定不

见事迟，必不动也。”郭嘉亦劝公，遂东击备，破之，生禽其将夏侯博。备走奔绍，获其妻子。备将关羽屯下邳，复进攻之，羽降。昌豨叛为备，又攻破之。公还官渡，绍卒不出。

二月，绍遣郭图、淳于琼、颜良攻东郡太守刘延于白马，绍引兵至黎阳，将渡河。夏四月，公北救延。荀攸说公曰：“今兵少不敌，分其势乃可。公到延津[1]，若将渡兵向其后者，绍必西应之，然后轻兵袭白马，掩其不备，颜良可禽也。”公从之。绍闻兵渡，即分兵西应之。公乃引军兼行趣[2]白马，未至十余里，良大惊，来逆战。使张辽、关羽前登[3]，击破，斩良。遂解白马围，徙其民，循河而西。

会有所行动。”郭嘉也支持曹公，于是向东征讨刘备，将他攻破，生擒他的将领夏侯博。刘备逃奔袁绍，他的妻子儿女被俘虏。刘备的将领关羽屯驻下邳，曹公又进攻，关羽归降。昌豨反叛归附刘备，又被攻破。曹公返回官渡，袁绍最终也没有出击。

二月，袁绍派遣郭图、淳于琼、颜良在白马进攻东郡太守刘延，袁绍领兵到黎阳，打算渡过黄河。夏四月，曹公向北营救刘延。荀攸劝说曹公：“现在我方兵力较少而无法抵挡袁绍，将敌方的力量分散开来才可以。主公到达延津，如果率领军队包抄到敌军的后方，袁绍一定会分兵西进应对，然后主公率轻兵掩袭白马，趁其不备，就可以将颜良擒获。”曹公按照此计执行。袁绍听闻曹军渡河，随即分兵向西应对。曹公即刻领军疾行到白马，距离还有十余里的时候，颜良大惊，前来应战。曹公派遣张辽、关羽为先锋，击破颜良并将他斩首。于是解了白马之围，迁徙当地的百姓，沿着河岸往西行。

今注 1 延津：在今河南新乡。 2 趣：赶往。 3 前登：率先应战，此处指先锋。

裴注 ［1］孙盛《魏氏春秋》云："答诸将曰：'刘备，人杰也，将生忧寡人。'"臣松之以为，史之记言，既多润色，故前载所述有非实者矣，后之作者又生意改之，于失实也，不亦弥远乎！凡孙盛制书，多用《左氏》以易旧文，如此者非一。嗟乎，后之学者将何取信哉？且魏武方以天下励志，而用夫差分死之言，尤非其类。

绍于是渡河追公军，至延津南。公勒兵驻营南阪[1]下，使登垒[2]望之，曰："可五六百骑。"有顷，复白："骑稍多，步兵不可胜数。"公曰："勿复白[3]。"乃令骑解鞍放马。是时，白马辎重就道。诸将以为敌骑多，不如还保营。荀攸曰："此所以饵敌，如何去之！"绍骑将文丑与刘备将五六千骑前后至。诸将复白："可上马。"公曰："未也。"有顷，骑至稍多，或分趣辎重。公曰："可矣。"乃皆上马。时骑不满六百，遂纵兵击，大破之，斩丑。良、丑皆绍名将也，再战，悉禽，绍军大震。公还军官渡。绍进保阳武。

袁绍在这时渡过黄河追击曹公的军队，到达延津南。曹公将军队驻扎在南面的坡地下，使人登上营垒瞭望敌军，说："大约有五六百名骑兵。"过了一会儿，又说："骑兵增多了，步兵不计其数。"曹公说："不要再禀报了。"于是命令骑兵解下马鞍放开战马。这时，白马的辎重停放在道路上。诸将认为敌方骑兵很多，不如进入营地据守。荀攸说："这么做是为了引诱敌军，怎么可以离去！"袁绍所属骑兵将领文丑和刘备所领的五六千名骑兵先后到达。诸将又禀报说："可以上马了。"曹公说："还不可以。"过了一会儿，骑兵逐渐增多，有的骑兵分散开来趋向辎重。曹公说："可以了。"于是所有人都上马。当时骑兵不满六百，即刻纵兵出击，大败敌军，斩杀文丑。颜良、文丑都是袁绍的名将，两次战斗，都被擒杀，袁绍军队很受震动。曹公返回到官渡。袁关羽亡归刘备。

绍进军保卫阳武。关羽逃归刘备。

今注 1 阪(bǎn):山坡,斜坡。 2 垒:军营四周所筑的堡寨。 3 白:禀报。

八月,绍连营稍前,依沙塠[1]为屯,东西数十里。公亦分营与相当,合战不利[1]。时公兵不满万,伤者十二三[2]。绍复进临官渡,起土山地道。公亦于内作之,以相应。绍射营中,矢如雨下,行者皆蒙楯[2],众大惧。时公粮少,与荀彧书,议欲还许。彧以为:"绍悉众聚官渡,欲与公决胜败。公以至弱当至强,若不能制,必为所乘,是天下之大机也。且绍,布衣[3]之雄耳,能聚人而不能用。夫以公之神武明哲而辅以大顺,何向而不济[4]!"公从之。

八月,袁绍大军逐渐前进,依凭沙丘扎寨,东西绵延数十里。曹公也分开军营和敌方相对,交战不利。当时曹公兵力不足一万,受伤的有十之二三。袁绍又进军逼近官渡,堆土山挖地道。曹公也在营内这样做,以应对敌方。袁绍下令往营中射箭,矢如雨下,走路的人都需要顶着盾牌,大家都很害怕。当时曹公粮食不足,给荀彧写信,商议返回许都。荀彧认为:"袁绍率领所有人马聚集在官渡,想要与主公决战。主公以至弱抵挡至强,如果不能够抵挡得住,必定会被袁绍乘机击败,这是决定天下胜负的关键时机。况且袁绍只是普通人中的佼佼者,能聚集人才却不能充分任用。凭借主公的神武明哲再加上大义所顺,如何不能够成功!"曹公采纳了荀彧的意见。

今注 1 沙塠(duī):沙丘。 2 楯:同"盾"。 3 布衣:指普通人。 4 济:成功。

裴注　[1] 习凿齿《汉晋春秋》曰:“许攸说绍曰:‘公无与操相攻也。急分诸军持之,而径从他道迎天子,则事立济矣。’绍不从,曰:‘吾要当先围取之。’攸怒。”　[2] 臣松之以为,魏武初起兵,已有众五千,自后百战百胜,败者十二三而已矣。但一破黄巾,受降卒三十余万,余所吞并,不可悉纪;虽征战损伤,未应如此之少也。夫结营相守,异于摧锋决战。本纪云:“绍众十余万,屯营东西数十里。”魏太祖虽机变无方,略不世出,安有以数千之兵,而得逾时相抗者哉?以理而言,窃谓不然。绍为屯数十里,公能分营与相当,此兵不得甚少,一也。绍若有十倍之众,理应当悉力围守,使出入断绝,而公使徐晃等击其运车,公又自出击淳于琼等,扬旌往还,曾无抵阂,明绍力不能制,是不得甚少,二也。诸书皆云公坑绍众八万,或云七万。夫八万人奔散,非八千人所能缚,而绍之大众皆拱手就戮,何缘力能制之?是不得甚少,三也。将记述者欲以少见奇,非其实录也。案《钟繇传》云“公与绍相持,繇为司隶,送马二千余匹以给军”,本纪及《世语》并云“公时有骑六百余匹”,繇马为安在哉?

孙策闻公与绍相持,乃谋袭许,未发,为刺客所杀。

汝南降贼刘辟等叛应绍,略许下。绍使刘备助辟,公使曹仁击破之。备走,遂破辟屯。

袁绍运谷车数千乘至,公用荀攸计,遣徐晃、史涣邀击,大破之,尽烧其车。公与绍相拒连月,

孙策听闻曹公与袁绍在官渡相持,就谋划袭击许都,还没有行动,就被刺客所杀。

汝南降贼刘辟等人反叛响应袁绍,略取许都。袁绍派遣刘备帮助刘辟,曹公派遣曹仁将他击破。刘备逃走,曹公接着攻破刘辟的驻屯。

袁绍一方有数千辆运送谷物的车辆到达,曹公采用的荀攸的计策,派遣徐晃、史涣去截击,大破袁军,将所有的粮车都烧掉。曹公与袁绍相持数月,虽

虽比战斩将，然众少粮尽，士卒疲乏。公谓运者曰：“却十五日为汝破绍，不复劳汝矣。”冬十月，绍遣车运谷，使淳于琼等五人将兵万余人送之，宿绍营北四十里。绍谋臣许攸贪财，绍不能足，来奔，因说公击琼等。左右疑之，荀攸、贾诩劝公。公乃留曹洪守，自将步骑五千人夜往，会明至。

琼等望见公兵少，出阵门外。公急击之，琼退保营，遂攻之。绍遣骑救琼。左右或言：“贼骑稍近，请分兵拒之。”公怒曰：“贼在背后，乃白！”士卒皆殊死战，大破琼等，皆斩之[1]。绍初闻公之击琼，谓长子谭曰：“就彼攻琼等，吾攻拔其营，彼固无所归矣！”乃使张郃、高览攻曹洪。郃等闻琼破，遂来

然在战斗中不断地斩杀对方将领，但兵员减少粮食将尽，士卒都很疲乏。曹公对运送补给的人说：“再等十五天就为你们攻破袁绍，不会再劳烦大家了。”冬十月，袁绍派遣车辆运送谷物，让淳于琼等五人率兵一万多士兵护送，停宿在袁绍大营以北四十里。袁绍的谋臣许攸贪图钱财，袁绍不能满足他，故而前来投奔，于是劝说曹公出击淳于琼等人。左右的人表示怀疑，荀攸、贾诩力劝曹公。曹公就留下曹洪守营，亲自率领步骑兵五千人趁夜前往，恰好天亮的时候到达。

淳于琼等人看到曹公士兵较少，就在辕门外布阵。曹公急速进击，淳于琼退保营垒，曹公顺势强攻。袁绍派遣骑兵营救淳于琼。左右有人说：“贼方骑兵快到了，请分出部分兵马抵挡。”曹公大怒道：“等贼兵来到背后的时候，再禀报！”士卒都拼死战斗，大破淳于琼等人，将他们都斩杀了。袁绍起初听闻曹公进击淳于琼的时候，对长子袁谭说：“趁着敌方进攻淳于琼，我军就攻占曹军营垒，他们也就没地方可以去了！”于是派遣张郃、高览进攻曹洪。张郃等人听闻淳于琼被攻破，于是就来归降。袁

降。绍众大溃，绍及谭弃军走，渡河。追之不及，尽收其辎重图书珍宝，虏其众[2]。公收绍书中，得许下及军中人书，皆焚之[3]。冀州诸郡多举城邑降者。

绍部众大溃败，袁绍和袁谭丢弃军队逃走，渡过黄河。曹公没有追上他们，收取了留下的所有辎重、图书、珍宝，并俘虏了大量士兵。曹公所收缴袁绍的书信中，有许都和自己军队中的人写给他的，他下令将这些信全都焚烧。冀州诸郡有很多举城邑归降的人。

初，桓帝时有黄星[1]见于楚、宋之分[2]，辽东殷馗[4]，善天文，言后五十岁当有真人起于梁、沛之间[3]，其锋不可当。至是凡五十年，而公破绍，天下莫敌矣。

当初，汉桓帝时有黄星出现在楚、宋之地相对应的星域分野，辽东人殷馗，善于天文历算，说五十年后当有真人兴起在梁、沛之间，他的锋芒不可阻挡。到现在共计五十年，而曹公大败袁绍，天下再没有与曹公势均力敌的人了。

六年夏四月，扬兵河上，击绍仓亭军，破之。绍归，复收散卒，攻定诸叛郡县。九月，公还许。绍之未破也，使刘备略汝南，汝南贼共都等应之。遣蔡扬击都，不利，为都所破。公南征备。备闻公自行，走奔刘表，都等皆散。

建安六年(201)夏四月，曹公派遣大军到达黄河展示兵力，进击袁绍仓亭军，将其攻破。袁绍返回冀州，又收揽失散的士卒，攻占平定反叛的郡县。九月，曹公回到许都。袁绍没有被打败的时候，派遣刘备攻略汝南，汝南贼共都等人响应。曹公派遣蔡扬进击共都，作战不利，被共都击败。曹公南征刘备。刘备听闻曹公亲自来征讨，便逃奔刘表，共都等人都四散逃走了。

七年春正月，公军谯，令曰："吾起义兵，为

建安七年(202)春正月，曹公驻军

天下除暴乱。旧土人民,死丧略尽,国中终日行,不见所识,使吾凄怆伤怀。其举义兵已来,将士绝无后者,求其亲戚以后之,授土田,官给耕牛,置学师以教之。为存者立庙,使祀其先人,魂而有灵,吾百年之后何恨哉!”遂至浚仪[4],治睢阳渠,遣使以太牢祀桥玄[5][5]。进军官渡。

在谯,下令说:“我兴起义兵,为天下扫除暴乱。原来土地上的人民,死丧得快没有了,在国中行走一天,都见不到认识的人,使我感到十分凄凉伤感。自从兴起义兵以来,将士牺牲而没有后代的,求取他们的亲戚作为其子嗣,授予土地田产,由官府提供耕牛,设置学校配备教师进行教学。为存留下来的人建立庙宇,使他们得以祭祀先人,如果他们的神魂有灵,我死了以后还有什么遗憾呢!”于是到浚仪,治理睢阳渠,派遣使节以太牢之礼祭祀桥玄。进军官渡。

今注 1 黄星:可能是镇星,即土星。 2 分:古人将大地上的区域划分与天界的区域划分相互对应起来,称为分野,此处指与楚、宋之地相对应空域的分野。 3 梁、沛之间:相当于现在河南、安徽与江苏之间的区域。 4 浚仪:在今河南开封。 5 桥玄:曹操在不知名的时候,见到桥玄,桥玄认为天下将乱,而曹操能够安定天下。

裴注 [1]《曹瞒传》曰:“公闻攸来,跣出迎之,抚掌笑曰:‘子卿远来,吾事济矣!’既入坐,谓公曰:‘袁氏军盛,何以待之?今有几粮乎?’公曰:‘尚可支一岁。’攸曰:‘无是,更言之!’又曰:‘可支半岁。’攸曰:‘足下不欲破袁氏邪,何言之不实也!’公曰:‘向言戏之耳。其实可一月,为之奈何?’攸曰:‘公孤军独守,外无救援而粮谷已尽,此危急之日也。今袁氏辎重有万余乘在故市、乌巢,屯军无严备;今以轻兵袭之,不意而至,燔其积聚,不过三日,袁氏自败也。’公大喜,乃选精锐步骑,皆用袁军旗帜,衔枚缚马口，夜从间道出，人抱束薪，所历道有问者，绐之曰：'袁公恐曹操钞略后军，遣兵以益备。'闻者信以为然，皆自若。既至，围屯，大放火，营中惊乱。大破之，尽燔其粮谷宝货，斩督将眭元进、骑督韩莒子、吕威璜、赵叡等首，割得将军淳于仲简鼻，未死，杀士卒千余人，皆取鼻，牛马割唇舌，以示绍军。将士皆怛惧。时有夜得仲简，将以诣麾下，公谓曰：'何为如是？'仲简曰：'胜负自天，何用为问乎！'公意欲不杀。许攸曰：'明旦鉴于镜，此益不忘人。'乃杀之。" [2]《献帝起居注》曰："公上言：'大将军邺侯袁绍前与冀州牧韩馥立故大司马刘虞，刻作金玺，遣故任长毕瑜诣虞，为说命录之数。又绍与臣书云："可都鄄城，当有所立。"擅铸金银印，孝廉、计吏皆往诣绍。从弟济阴太守叙与绍书云："今海内丧败，天意实在我家，神应有征，当在尊兄。南兄臣下欲使即位，南兄言，以年则北兄长，以位则北兄重。便欲送玺，会曹操断道。"绍宗族累世受国重恩，而凶逆无道，乃至于此。辄勒兵马，与战官渡，乘圣朝之威，得斩绍大将淳于琼等八人首，遂大破溃。绍与子谭轻身迸走。凡斩首七万余级，辎重财物巨亿。'" [3]《魏氏春秋》曰："公云：'当绍之强，孤犹不能自保，而况众人乎！'" [4]馗，古逵字，见《三苍》。 [5]《褒赏令》载公祀文曰："故太尉桥公，诞敷明德，泛爱博容。国念明训，士思令谟。灵幽体翳，邈哉晞矣！吾以幼年，逮升堂室，特以顽鄙之姿，为大君子所纳。增荣益观，皆由奖助，犹仲尼称不如颜渊，李生之厚叹贾复。士死知己，怀此无忘。又承从容约誓之言：'殂逝之后，路有经由，不以斗酒只鸡过相沃酹，车过三步，腹痛勿怪！'虽临时戏笑之言，非至亲之笃好，胡肯为此辞乎？匪谓灵忿，能诒己疾，怀旧惟顾，念之凄怆。奉命东征，屯次乡里，北望贵土，乃心陵墓。裁致薄奠，公其尚飨！"

绍自军破后，发病欧[1]血，夏五月死。小子尚代，谭自号车骑将军，屯黎阳。

袁绍自从大败后，病发吐血，在夏五月死去。小儿子袁尚代立。袁谭自号车骑将军，屯驻黎阳。秋九月，曹秋九月，公征之，连战。谭、尚数败退，固守。

八年春三月，攻其郭[2]，乃出战，击，大破之，谭、尚夜遁。夏四月，进军邺[3]。五月还许，留贾信屯黎阳。

己酉，令曰："《司马法》'将军死绥[4][1]'，故赵括之母，乞不坐括。是古之将者，军破于外，而家受罪于内也。自命将征行，但赏功而不罚罪，非国典也。其令诸将出征，败军者抵罪，失利者免官爵[2]。"

秋七月，令曰："丧乱已来，十有五年，后生者不见仁义礼让之风，吾甚伤之。其令郡国各修文学，县满五百户置校官，选其乡之俊造而教学之，庶几先王之道不废，而有以益于天下。"

八月，公征刘表，军西平[5]。公之去邺而南也，谭、

公发兵征讨他们，连续发生战斗。袁谭、袁尚接连败退，只得固守城池。

建安八年(203)春三月，曹公攻打黎阳外城，袁氏兄弟于是出战，曹军奋勇进击，大败袁军，袁谭、袁尚趁夜色逃跑。夏四月，曹公进军到邺城。五月返回许都，留贾信屯驻黎阳。

己酉日，曹公下令："《司马法》中有'领兵打仗退却是死罪'的说法，所以赵括的母亲，乞求不要因为赵括而被株连。说明古代的将士，在外打仗失败的，家里人也要跟着被治罪。自从我命令将士出征，只赏功而不罚罪，这不是国家的法典常制。现在下令诸将出征的，凡失败的要治罪，失利的要免去官职和爵位。"

秋七月，曹公下令："自从动乱以来，已经十五年了，近来出生的人未曾见过仁义礼让的风习，我很伤感。现在令郡国都要修习文学，县里满五百户的要设置校官，选举乡里俊逸之才进行教授学习，先王之道或许不致堕废，而有益于天下苍生。"

八月，曹公征讨刘表，驻军西平。曹公离开邺城南下后，袁谭、袁尚争夺

尚争冀州,谭为尚所败,走保平原。尚攻之急,谭遣辛毗乞降请救。诸将皆疑,荀攸劝公许之[3],公乃引军还。冬十月,到黎阳,为子整与谭结婚[4]。尚闻公北,乃释平原还邺。东平吕旷、吕翔叛尚,屯阳平,率其众降,封为列侯[5]。

冀州,袁谭被袁尚打败,逃奔平原固守。袁尚对他展开猛烈进攻,袁谭派遣辛毗乞降请求帮助。诸将都表示怀疑,荀攸力劝曹公答应,曹公于是带兵返回。冬十月,到达黎阳,曹公为儿子曹整聘袁谭女儿为婚。袁尚听闻曹公北返,就撤平原之围而回到邺城。东平吕旷、吕翔背叛袁尚,屯驻阳平,率领部众归降,被封为列侯。

今注 1 欧:同"呕",吐。 2 郭:外城。 3 邺:在今河北邯郸临漳县。 4 绥:退却。 5 西平:在今河南驻马店西平县。

裴注 [1]《魏书》曰:"绥,却也。有前一尺,无却一寸。" [2]《魏书》载庚申令曰:"议者或以军吏虽有功能,德行不足堪任郡国之选,所谓'可与适道,未可与权'。管仲曰:'使贤者食于能则上尊,斗士食于功则卒轻于死,二者设于国则天下治。'未闻无能之人,不斗之士,并受禄赏,而可以立功兴国者也。故明君不官无功之臣,不赏不战之士;治平尚德行,有事赏功能。论者之言,一似管窥虎欤!" [3]《魏书》曰:"公云:'我攻吕布,表不为寇,官渡之役,不救袁绍,此自守之贼也,宜为后图。谭、尚狡猾,当乘其乱。纵谭挟诈,不终束手,使我破尚,偏收其地,利自多矣。'乃许之。" [4]臣松之案:绍死至此,过周五月耳。谭虽出后其伯,不为绍服三年,而于再期之内以行吉礼,悖矣。魏武或以权宜与之约言;今云结婚,未必便以此年成礼。 [5]《魏书》曰:"谭之围解,阴以将军印绶假旷。旷受印送之,公曰:'我固知谭之有小计也。欲使我攻尚,得以其间略民聚众;比尚之破,可得自强以乘我弊也。尚破我盛,何弊之乘乎?'"

九年春正月，济河，遏淇水入白沟以通粮道。二月，尚复攻谭，留苏由、审配守邺。公进军到洹水，由降。既至，攻邺，为土山、地道。武安长尹楷屯毛城，通上党[1]粮道。夏四月，留曹洪攻邺，公自将击楷，破之而还。尚将沮鹄守邯郸[1]，又击拔之。易阳令韩范、涉长梁岐举县降，赐爵关内侯。五月，毁土山、地道，作围堑，决漳水灌城，城中饿死者过半。秋七月，尚还救邺，诸将皆以为“此归师，人自为战，不如避之”。公曰：“尚从大道来，当避之；若循西山来者，此成禽耳。”尚果循西山来，临滏水为营[2]。夜遣兵犯围，公逆击破走之，遂围其营。未合，尚惧，遣故豫州刺史阴夔及陈琳乞降，公不许，为围益

建安九年(204)春正月，曹公率军渡过黄河，截断淇水引入白沟以通粮道。二月，袁尚再次进攻袁谭，留苏由、审配据守邺城。曹公进军到洹水，苏由归降。到了以后，便围攻邺城，堆土山、挖地道。武安县长尹楷屯驻在毛城，负责保卫通往上党的粮道。夏四月，曹公留曹洪攻邺城，亲自率军进击尹楷，攻破后返回。袁尚的将领沮鹄把守邯郸，曹公又把他击败并占领城池。易阳令韩范、涉县长梁岐举县归降，赐爵关内侯。五月，毁掉土山、地道，挖掘围城的壕沟，掘开漳水灌城，城中的人饿死了一大半。秋七月，袁尚返回营救邺城，诸将都认为“这是返家的军队，都在为自己战斗，不如避其锋芒”。曹公说：“袁尚如果从大道而来，应当躲避；如果沿着西山而来，正好被我擒获。”袁尚果然循着西山而来，挨着滏水安营扎寨。夜间，袁尚派遣士兵进犯围城的军队，曹公迎战而将他们打败，接着又围攻他们的营垒。包围还没有完成的时候，袁尚恐惧，派遣原豫州刺史阴夔和陈琳乞求归降，曹公不同意，围攻更加猛烈。袁尚趁着夜色逃跑，退守祁山，曹公派遣兵马追

急。尚夜遁,保祁山,追击之。其将马延、张顗等临陈降,众大溃,尚走中山。尽获其辎重,得尚印绶节钺,使尚降人示其家,城中崩沮。八月,审配兄子荣夜开所守城东门内[2]兵。配逆战,败,生禽配,斩之,邺定。公临祀绍墓,哭之流涕;慰劳绍妻,还其家人宝物,赐杂缯絮[3],廪食[4]之[3]。

击。袁尚的将领马延、张顗等人临阵归降,部众大溃,袁尚逃奔中山。曹军将对方的辎重全部缴获,并得到袁尚的印绶和节钺,让袁尚归降的人拿这些东西给城中的家属看,城中人心涣散。八月,审配哥哥的儿子审荣在夜间打开他所把守的城东门,引士兵进入。审配迎战,战败,曹军生擒了审配,并将他斩杀,于是邺城平定。曹公亲临祭祀袁绍的坟墓,痛哭流涕;他慰劳袁绍的妻子,归还她家里的仆人和宝物,赐给她许多缯帛丝绵,并由官府供给生活所需的粮食。

今注 1 上党:郡名,治所西汉时在长子,后董卓之乱,治所迁移到壶关(在今山西长治)。 2 内:"纳"的古字。 3 缯絮:缯帛丝绵。 4 廪食:指公家供给的粮食。

裴注 [1] 沮音菹,河朔间今犹有此姓。鹄,沮授子也。 [2]《曹瞒传》曰:"遣候者数部前后参之,皆曰'定从西道,已在邯郸'。公大喜,会诸将曰:'孤已得冀州,诸君知之乎?'皆曰:'不知。'公曰:'诸君方见不久也。'" [3] 孙盛云:"昔者先王之为诛赏也,将以惩恶劝善,永彰鉴戒。绍因世艰危,遂怀逆谋,上议神器,下干国纪。荐社污宅,古之制也,而乃尽哀于逆臣之家,加恩于饕餮之室,为政之道,于斯踬矣。夫匿怨友人,前哲所耻,税骖旧馆,义无虚涕,苟道乖好绝,何哭之有!昔汉高失之于项氏,魏武遵谬于此举,岂非百虑之一失也。"

初，绍与公共起兵，绍问公曰："若事不辑[1]，则方面何所可据？"公曰："足下意以为何如？"绍曰："吾南据河，北阻燕、代，兼戎狄之众，南向以争天下，庶可以济乎？"公曰："吾任天下之智力，以道御之，无所不可[1]。"九月，令曰："河北罹袁氏之难，其令无出今年租赋！"重豪强兼并之法，百姓喜悦[2]。天子以公领冀州牧，公让还兖州。

当初，袁绍和曹公共同起兵，袁绍问曹公："如果大事不顺利，那么哪里可以作为据守的地方呢？"曹公说："您认为是什么地方呢？"袁绍说："我向南占据黄河，向北依靠燕、代，兼并戎狄部众，向南以争夺天下，这样应该可以成就大事了吧？"曹公说："我任用天下有才智的人，以道义进行统御，将无所不能。"九月，曹公下令："河北地区遭受袁氏的祸患，下令不用缴纳今年的田租赋税！"曹公重视打击豪强兼并百姓的法规，百姓很喜悦。天子命曹公领冀州牧，曹公便辞掉原来担任的兖州牧职务。

公之围邺也，谭略取甘陵、安平、渤海、河间。尚败，还中山。谭攻之，尚奔故安[2]，遂并其众。公遗谭书，责以负约，与之绝婚，女还，然后进军。谭惧，拔平原，走保南皮[3]。十二月，公入平原，略定诸县。

曹公围攻邺城的时候，袁谭攻取甘陵、安平、渤海、河间。袁尚事败后，返回中山。袁谭攻击他，袁尚逃奔故安，袁谭就兼并了袁尚的部众。曹公给袁谭书信，责备他违约，和他断绝婚姻关系，将袁女遣还，然后进军。袁谭恐惧，从平原撤退，逃走固守南皮。十二月，曹公进入平原，平定诸县。

今注 1 辑：和睦，引申为顺利。 2 故安：在今河北保定易县。 3 南皮：今河北沧州有南皮县。

裴注　[1]《傅子》曰:“太祖又云:‘汤、武之王,岂同土哉?若以险固为资,则不能应机而变化也。’”　[2]《魏书》载公令曰:“有国有家者,不患寡而患不均,不患贫而患不安。袁氏之治也,使豪强擅恣,亲戚兼并;下民贫弱,代出租赋,衒鬻家财,不足应命;审配宗族,至乃藏匿罪人,为逋逃主。欲望百姓亲附,甲兵强盛,岂可得邪!其收田租亩四升,户出绢二匹、绵二斤而已,他不得擅兴发。郡国守相明检察之,无令强民有所隐藏,而弱民兼赋也。”

十年春正月,攻谭,破之,斩谭,诛其妻子,冀州平[1]。下令曰:“其与袁氏同恶者,与之更始[1]。”令民不得复私仇,禁厚葬,皆一之于法。是月,袁熙大将焦触、张南等叛攻熙、尚,熙、尚奔三郡乌丸[2]。触等举其县降,封为列侯。初讨谭时,民亡椎冰[3][2],令不得降。顷之,亡民有诣门首者,公谓曰:“听汝则违令,杀汝则诛首,归深自藏,无为吏所获。”民垂泣而去,后竟捕得。

建安十年(205)春正月,曹公进击袁谭,将其打败,并斩杀了袁谭,诛杀了他的妻子儿女,冀州被平定。曹公下令:“凡是跟袁氏一同为恶者,允许改过自新。”下令民众不得私下复仇,禁止厚葬,一切依法办事。这个月,袁熙大将焦触、张南等人反叛攻击袁熙、袁尚,袁熙、袁尚逃奔三郡乌丸。焦触等人献出所领之县归降,被封为列侯。当初征讨袁谭的时候,曾有被征调来凿破冰面的百姓逃亡,曹公下令不接受他们归降。不久,有逃亡的百姓到公门自首,曹公说:“接受你们就要违背命令,执行命令就要杀死你们,你们回去好好隐匿起来,不要被官吏捕获。”百姓都流泪而去,但是后来仍然被官吏捕获。

今注　1 更始:此指改过自新。　2 三郡乌丸:指辽西、上谷、右北平三郡的乌丸。乌丸本为东胡一支，汉初被匈奴击破后，部分迁乌桓山，故又称乌桓。 3 椎冰：河川冰冻，凿冰以通船只。

裴注 [1]《魏书》曰："公攻谭，旦及日中不决；公乃自执桴鼓，士卒咸奋，应时破陷。" [2] 臣松之以为，讨谭时，川渠水冻，使民椎冰以通船，民惮役而亡。

夏四月，黑山贼张燕率其众十余万降，封为列侯。故安赵犊、霍奴等杀幽州刺史、涿郡太守。三郡乌丸攻鲜于辅于犷平[1][1]。秋八月，公征之，斩犊等，乃渡潞河救犷平，乌丸奔走出塞。

夏四月，黑山贼张燕率领部众十余万人归降，被封为列侯。故安人赵犊、霍奴等人杀死幽州刺史、涿郡太守。三郡乌丸在犷平攻击鲜于辅。秋八月，曹公出征，斩杀赵犊等人，随后渡过潞河营救犷平，乌丸逃奔到塞外。

九月，令曰："阿党比周，先圣所疾也。闻冀州俗，父子异部，更相毁誉。昔直不疑[2]无兄，世人谓之盗嫂；第五伯鱼[3]三娶孤女，谓之挝妇翁；王凤[4]擅权，谷永比之申伯；王商[5]忠议，张匡谓之左道。此皆以白为黑，欺天罔君者也。吾欲整齐风俗，四者不除，吾以为羞。"冬十月，公还邺。

九月，曹公下令："结党营私，是先圣所痛恨的。我听闻冀州的风俗，父子立场不同，竟然相互诽谤。以前直不疑没有兄长，世人说他盗嫂；第五伯鱼三次娶的都是孤女，世人却说他殴打岳父岳母；王凤擅权，谷永却将他比作申伯；王商忠诚建言，张匡却说他是旁门左道。这些都是以白为黑，欺骗上天蒙蔽君主的人啊。我想要整顿风俗，这四者不除去，我会感到羞耻。"冬十月，曹公回到邺城。

初，袁绍以甥高幹领并

当初，袁绍任命外甥高幹为并

州牧,公之拔邺,幹降,遂以为刺史。幹闻公讨乌丸,乃以州叛,执上党太守,举兵守壶关口[6]。遣乐进、李典击之,幹还守壶关城。十一年春正月,公征幹。幹闻之,乃留其别将守城,走入匈奴,求救于单于,单于不受。公围壶关三月,拔之。幹遂走荆州,上洛都尉王琰捕斩之。

秋八月,公东征海贼管承,至淳于,遣乐进、李典击破之,承走入海岛。割东海之襄贲、郯、戚以益琅邪,省昌虑郡[2]。

州牧,曹公占领邺城后,高幹归降,就让他做刺史。高幹听闻曹公讨伐乌丸,就据州反叛,抓住上党太守,举兵把守壶关口。曹公派遣乐进、李典进击,高幹返回坚守壶关城。建安十一年(206)正月,曹公征讨高幹。高幹听闻后,就留下别将守城,自己逃入匈奴,向单于求救,单于不接受。曹公围攻壶关三个月最终攻下。高幹于是逃往荆州,上洛都尉王琰将他逮捕并斩杀。

秋八月,曹公东征海贼管承,到达淳于,派遣乐进、李典将其攻破,管承逃入海岛。分割东海郡的襄贲、郯、戚给琅邪郡,又撤销了昌虑郡。

今注 1 犷平:属渔阳郡,在今北京密云区。 2 直不疑:西汉人,为人低调内敛,当时有人说他盗嫂,他说自己并没有兄长。 3 第五伯鱼:第五伦,字伯鱼,东汉时期大臣。光武帝听闻他殴打岳父岳母,他辩解说自己三次娶的都是孤女。 4 王凤:字孝卿,是西汉成帝的舅父。王凤为大司马、大将军,专断朝政,谷永却认为他有西周宣王舅父申伯的志向。 5 王商:字子威,是西汉宣帝母亲王翁须之兄王武的儿子。当时王凤排挤王商,张匡迎合王凤,说王商以左道乱政。 6 壶关口:即壶关,在今山西黎城东北太行山口。

裴注 [1]《续汉书·郡国志》曰:"犷平,县名,属渔阳郡。" [2]《魏书》载十月乙亥令曰:"夫治世御众,建立辅弼,诫在面从,《诗》称'听用我谋,庶无大悔',斯实君臣恳恳之求也。吾充重任,每惧失中,频年已来,不闻嘉谋,岂吾开延不勤之咎邪?自今以后,诸掾属治中、别驾,常以月旦各言其失,吾将览焉。"

三郡乌丸承天下乱,破幽州,略有汉民合十余万户。袁绍皆立其酋豪为单于,以家人子为己女,妻焉。辽西单于蹋顿尤强,为绍所厚,故尚兄弟归之,数入塞为害。公将征之,凿渠,自呼沲入泒水[1],名平虏渠;又从泃河口凿入潞河[2],名泉州渠,以通海。

十二年春二月,公自淳于还邺。丁酉,令曰:"吾起义兵诛暴乱,于今十九年,所征必克,岂吾功哉?乃贤士大夫之力也。天下虽未悉定,吾当要与贤士大夫共定之;而专飨[1]其劳,吾何以安焉!其促定功行封。"于是大封功臣二十余

三郡乌丸趁着天下大乱,攻破幽州,抢掠汉民共达十多万户。袁绍将其中的豪强酋长都立为单于,以家族宗亲的女儿作为自己的女儿,嫁给单于。辽西单于蹋顿的势力尤为强大,为袁绍所厚待,所以袁尚兄弟前去投奔他,多次进入塞内为害。曹公打算亲征,开凿水道,从呼沲进入泒水,取名为平虏渠;又从泃河口凿水道至潞河,名为泉州渠,以沟通大海。

建安十二年(207)春二月,曹公自淳于返回邺城。丁酉日,曹公下令:"我起兵讨伐暴乱,到现在已经十九年了,所要征讨的必定能够攻克,这难道是我的功劳吗?这是贤明士大夫的功劳。天下虽然还没有完全平定,我要和贤明的士大夫共同安定;如果独自享受这种功绩,我怎么能够安心呢!应该尽早地论功而进行封赏。"于是

人，皆为列侯，其余各以次受封，及复[2]死事之孤，轻重各有差[3][3]。

大封功臣二十多人，都为列侯，其余的也都各以差次受封，并减免阵亡人员子女的赋税徭役，轻重各有差等。

今注　1 飨：通“享”，享受。　2 复：减免赋税徭役。　3 差：等级。

裴注　[1] 泒，音孤。　[2] 泃，音句。　[3]《魏书》载公令曰：“昔赵奢、窦婴之为将也，受赐千金，一朝散之，故能济成大功，永世流声。吾读其文，未尝不慕其为人也。与诸将士大夫共从戎事，幸赖贤人不爱其谋，群士不遗其力，是以夷险平乱，而吾得窃大赏，户邑三万。追思窦婴散金之义，今分所受租与诸将掾属及故戍于陈、蔡者，庶以畴答众劳，不擅大惠也。宜差死事之孤，以租谷及之。若年殷用足，租奉毕入，将大与众人悉共飨之。”

将北征三郡乌丸，诸将皆曰：“袁尚，亡虏耳，夷狄贪而无亲，岂能为尚用？今深入征之，刘备必说刘表以袭许。万一为变，事不可悔。”惟郭嘉策表必不能任备，劝公行。夏五月，至无终[1]。秋七月，大水，傍海道不通，田畴请为乡导[2]，公从之。引军出卢龙塞，塞外道绝不通，乃堑[3]山堙[4]谷五百余里，经白檀，历平冈，涉

曹公打算北征三郡乌丸，诸将都说：“袁尚只是逃亡的贼寇而已，夷狄贪婪而不讲亲情，难道能为袁尚所用？现在深入征讨，刘备肯定会劝说刘表袭击许都。万一局势发生变化，后悔也来不及。”只有郭嘉料定刘表肯定不会任用刘备，力劝曹公出征。夏五月，到达无终。秋七月，发大水，靠近海滨的道路不能通行，田畴请求担任向导，曹公听从。田畴引导军队经由卢龙塞，塞外道路阻绝不能通行，于是挖掘山道填塞谷地跋涉五百

鲜卑庭，东指柳城[5]。未至二百里，虏乃知之。尚、熙与蹋顿、辽西单于楼班、右北平单于能臣抵之等将数万骑逆军。

余里，经由白檀，过平冈，经过鲜卑庭，向东直指柳城。还差二百里就到达的时候，胡虏才知道。袁尚、袁熙与蹋顿、辽西单于楼班、右北平单于能臣抵之等率领数万名骑兵应战。

今注 1 无终：在今天津蓟州区。 2 乡导：即向导。 3 堑(qiàn)：挖掘。 4 堙(yīn)：填塞。 5 柳城：在今辽宁朝阳。

八月，登白狼山，卒[1]与虏遇，众甚盛。公车重在后，被甲者少，左右皆惧。公登高，望虏阵不整，乃纵兵击之，使张辽为先锋，虏众大崩，斩蹋顿及名王[2]已下，胡、汉降者二十余万口。辽东单于速仆丸及辽西、北平诸豪，弃其种人，与尚、熙奔辽东，众尚有数千骑。初，辽东太守公孙康恃远不服。及公破乌丸，或说公遂征之，尚兄弟可禽也。公曰："吾方使康斩送尚、熙首，不烦兵矣。"九月，公引兵自柳城还[1]，康即斩尚、熙及速仆

八月，曹公登上白狼山，猝然与贼寇相遇，对方兵马很多。由于曹公兵车辎重在后面，穿盔甲的士兵较少，左右的人都十分惊恐。曹公登高眺望，看到敌人战阵不整齐，于是纵兵攻击，让张辽为先锋，胡虏大崩溃，斩杀蹋顿和有名的首领以下很多人，胡人、汉人归降者达二十多万。辽东单于速仆丸和辽西、北平诸多豪强，抛弃自己部族的人，与袁尚、袁熙逃奔辽东，部众还有数千骑兵。当初，辽东太守公孙康凭借荒远而不服从朝廷的命令。等到曹公击破乌丸，有人劝说曹公对他进行征讨，袁尚兄弟也可以擒获。曹公说："我刚使公孙康斩杀袁尚、袁熙并送来首级，不用劳烦我们的军队。"九月，曹公率兵从柳城返回，公孙康就斩杀袁尚、袁熙

丸等，传其首。诸将或问：“公还而康斩送尚、熙，何也？”公曰：“彼素畏尚等，吾急之则并力，缓之则自相图，其势然也。”十一月至易水，代郡乌丸行[3]单于普富卢、上郡乌丸行单于那楼将其名王来贺。

和速仆丸等人，送来他们的首级。诸将有的问：“主公已经返回而公孙康却斩杀袁尚、袁熙，这是为什么？”曹公说：“他平素就惧怕袁尚等人，我如果急切地攻击，他们就会联合起来，如果我放缓一些，他们内部就会相互图谋，是形势导致这样啊。”十一月曹公到易水，代郡乌丸的代理单于普富卢、上郡乌丸的代理单于那楼率领各自所属名王来恭贺。

今注 1 卒(cù)：突然。 2 名王：部族中有名望的首领。 3 行：代理。

裴注 [1]《曹瞒传》曰：“时寒且旱，二百里无复水，军又乏食，杀马数千匹以为粮，凿地入三十余丈乃得水。既还，科问前谏者，众莫知其故，人人皆惧。公皆厚赏之，曰：‘孤前行，乘危以侥幸，虽得之，天所佐也，故不可以为常。诸君之谏，万安之计，是以相赏，后勿难言之。’”

十三年春正月，公还邺，作玄武池以肄[1]舟师[1]。汉罢三公官[2]，置丞相[2]、御史大夫。夏六月，以公为丞相。秋七月，公南征刘表。八月，表卒，其子琮代，屯襄阳[3]，刘备屯樊[4]。九月，公到新野[5]，琮遂降，备走夏口[6]。公进军江陵[7]，下令荆州吏民，与

建安十三年(208)春正月，曹公返回邺城，修建玄武池以训练水师。汉朝罢黜三公官，设置丞相、御史大夫。夏六月，以曹公为丞相。秋七月，曹公南征刘表。八月，刘表去世，他的儿子刘琮代立，屯驻襄阳，刘备屯驻樊城。九月，曹公到新野，刘琮随即投降，刘备逃奔夏口。曹公进军江陵，下令荆州的官吏百姓，重新

之更始。乃论荆州服从之功，侯者十五人，以刘表大将文聘为江夏太守，使统本兵，引用荆州名士韩嵩、邓义等[3]。益州牧刘璋始受征役，遣兵给军。十二月，孙权为备攻合肥。公自江陵征备，至巴丘，遣张憙救合肥。权闻憙至，乃走。公至赤壁，与备战，不利。于是大疫，吏士多死者，乃引军还。备遂有荆州江南诸郡[4]。

归属朝廷管辖。于是论定荆州服从的功劳，封十五人为侯，以刘表的大将文聘为江夏太守，使他统领原来的士兵，引用荆州名士韩嵩、邓义等人。益州牧刘璋开始接受征调徭役，派遣兵员参加战斗。十二月，孙权为刘备攻击合肥。曹公从江陵征伐刘备，到巴丘，派遣张憙营救合肥。孙权听闻张憙到达，于是离去。曹公到达赤壁，与刘备作战，失利。这个时候发生了大瘟疫，官吏军士很多都死了，于是率军返回。刘备于是就领有荆州江南诸郡。

今注　1 肄(yì)：操练，检阅。　2 三公官：西汉以丞相、御史大夫、太尉为三公，东汉时不设置丞相、御史大夫，以太尉、司徒、司空为三公，但他们基本是名义上的执政官，实权逐渐归于尚书。　3 襄阳：东汉建安十三年(208)，分南郡、南阳设置襄阳郡，治襄阳(今湖北襄阳襄城区)。　4 樊：樊城，在今湖北襄阳樊城区。　5 新野：在今河南南阳新野县。　6 夏口：古地名，在今湖北武汉，因为在夏水(汉江下游的古称)注入长江处，故称。　7 江陵：在今湖北荆州江陵故城。

裴注　[1] 肄，以四反。《三苍》曰："肄，习也。"　[2]《献帝起居注》曰："使太常徐璆即授印绶。御史大夫不领中丞，置长史一人。"《先贤行状》曰："璆字孟玉，广陵人。少履清爽，立朝正色。历任城、汝南、东海三郡，所在化行。被征当还，为袁术所劫。术僭号，欲授以上公之位，璆终不为屈。术死后，璆得术玺，致之汉朝，拜卫尉、太常；公为丞相，以位让璆焉。”[3]卫恒《四体书势序》曰：“上谷王次仲善隶书，始为楷法。至灵帝好书，世多能者。而师宜官为最，甚矜其能，每书，辄削焚其札。梁鹄乃益为版而饮之酒，候其醉而窃其札，鹄卒以攻书至选部尚书。于是公欲为洛阳令，鹄以为北部尉。鹄后依刘表。及荆州平，公募求鹄，鹄惧，自缚诣门，署军假司马，使在秘书，以勒书自效。公尝悬著帐中，及以钉壁玩之，谓胜宜官。鹄字孟黄，安定人。魏宫殿题署，皆鹄书也。”皇甫谧《逸士传》曰：“汝南王儁，字子文，少为范滂、许章所识，与南阳岑晊善。公之为布衣，特爱儁；儁亦称公有治世之具。及袁绍与弟术丧母，归葬汝南，儁与公会之，会者三万人。公于外密语儁曰：‘天下将乱，为乱魁者必此二人也。欲济天下，为百姓请命，不先诛此二子，乱今作矣。’儁曰：‘如卿之言，济天下者，舍卿复谁？’相对而笑。儁为人外静而内明，不应州郡、三府之命；公车征，不到。避地居武陵，归儁者一百余家。帝之都许，复征为尚书，又不就。刘表见绍强，阴与绍通，儁谓表曰：‘曹公，天下之雄也，必能兴霸道，继桓、文之功者也。今乃释近而就远，如有一朝之急，遥望漠北之救，不亦难乎！’表不从。儁年六十四，以寿终于武陵，公闻而哀伤。及平荆州，自临江迎丧，改葬于江陵，表为先贤也。” [4]《山阳公载记》曰：“公船舰为备所烧，引军从华容道步归，遇泥泞，道不通，天又大风，悉使羸兵负草填之，骑乃得过。羸兵为人马所蹈藉，陷泥中，死者甚众。军既得出，公大喜，诸将问之，公曰：‘刘备，吾俦也。但得计少晚；向使早放火，吾徒无类矣。’备寻亦放火而无所及。”孙盛《异同评》曰：“按《吴志》，刘备先破公军，然后权攻合肥，而此记云权先攻合肥，后有赤壁之事。二者不同，《吴志》为是。”

十四年春三月，军至谯，作轻舟，治水军。秋七月，自涡[1]入淮，出肥水[2]，

建安十四年(209)春三月，军队到达谯，制作轻便的舟船，训练水军。秋七月，从涡河进入淮河，通过肥水，屯

军合肥。辛未,令曰:“自顷已来,军数征行,或遇疫气,吏士死亡不归,家室怨旷,百姓流离,而仁者岂乐之哉?不得已也。其令死者家无基业不能自存者,县官勿绝廪,长吏存恤抚循,以称吾意。”置扬州郡县长吏,开芍陂[3]屯田。十二月,军还谯。

十五年春,下令曰:“自古受命及中兴之君,曷尝不得贤人君子与之共治天下者乎!及其得贤也,曾不出闾巷,岂幸相遇哉?上之人不求之耳。今天下尚未定,此特求贤之急时也。孟公绰[4]为赵、魏老则优,不可以为滕、薛大夫。若必廉士而后可用,则齐桓其何以霸世[5]!今天下得无有被褐怀玉而钓于渭滨者[6]乎?又得无盗嫂受金而未遇无知者[7]乎?二三子其佐我明扬仄陋[8],

驻在合肥。辛未日,曹公下令说:“近年来,军队数次出征,有的时候遇到疫病,官吏军士在外死亡而不得返归故里,家人不能团聚而致使哀怨,百姓流离失所,而仁厚的人难道乐于看到这样的景象吗?是出于不得已啊。下令死者家里因没有基业而不能够生存下去的,县官不能断绝提供资助,长吏要经常体恤安抚,以符合我的意愿。”设置扬州郡县长吏,开芍陂并行屯田。十二月,军队返回谯。

建安十五年(210)春,曹公下令:“自古以来膺受天命和中兴的君主,未尝不与贤人君子一起共同治理天下!需要得到贤才的,却连闾巷都不出,难道还能够凭借运气遇到吗?只因在上位的人不去寻找罢了。现在天下尚未平定,正是急于求取贤士的时候。孟公绰做赵、魏的贵勋则能够优容,但不可做滕、薛的大夫。如果必须要是廉洁之士才能任用,那么齐桓公如何才能够成就霸业!现今天下有身穿布衣,胸怀谋略而垂钓在渭河之滨的人吗?又有盗嫂受金而没遇到知音的人吗?你们要辅佐我发现出身卑贱或隐匿的贤人,

唯才是举,吾得而用之。”冬,作铜雀台[1]。

只要有才能就可以举荐,我得到后就任用。”冬,修建铜雀台。

今注 1 涡:淮河支流,发源于今河南开封,在今安徽怀远县注入淮河。 2 肥水:源出于今安徽合肥,有两条支流,一条流入巢湖,一条流入淮河。 3 芍陂:古代水利工程,在今安徽寿县。相传为春秋时楚相孙叔敖修建。 4 孟公绰:春秋时期鲁国的大夫,这里指他优容大度但才能不足。他如果做赵、魏这种豪门的贵勋会很从容,却不适合做滕、薛这种处境危险的小国大夫。 5 齐桓其何以霸世:齐桓公任用管仲而得以称霸诸侯,但管仲德行有缺,管仲与鲍叔牙一起经商的时候多取鲍叔牙之财,后位高权重又因奢华僭越礼制。 6 被褐怀玉而钓于渭滨者:指西周时期的姜尚,在渭河之滨垂钓,后辅佐文王、武王成就大业。 7 盗嫂受金而未遇无知者:指西汉时期的陈平。据传他和嫂子私通,并收受属下贿赂,但有大才,辅佐汉高祖刘邦成就帝业。 8 明扬仄陋:指要举荐出身卑微或隐匿的贤才。

裴注 [1]《魏武故事》载公十二月己亥令曰:“孤始举孝廉,年少,自以本非岩穴知名之士,恐为海内人之所见凡愚,欲为一郡守,好作政教,以建立名誉,使世士明知之;故在济南,始除残去秽,平心选举,违迕诸常侍。以为强豪所忿,恐致家祸,故以病还。去官之后,年纪尚少,顾视同岁中,年有五十,未名为老,内自图之,从此却去二十年,待天下清,乃与同岁中始举者等耳。故以四时归乡里,于谯东五十里筑精舍,欲秋夏读书,冬春射猎,求底下之地,欲以泥水自蔽,绝宾客往来之望,然不能得如意。后征为都尉,迁典军校尉,意遂更欲为国家讨贼立功,欲望封侯作征西将军,然后题墓道言‘汉故征西将军曹侯之墓’,此其志也。而遭值董卓之难,兴举义兵。是时合兵能多得耳,然常自损,不欲多之;所以然者,兵多意盛,与强敌争,倘更为祸始。故汴水之战数千,后还到扬州更募,亦复不过三千人,此其本志有限也。后领兖州,破降黄巾三十万众。又袁术僭号于九江,下皆称臣,名门曰建号门,衣被皆为天子之制,两妇预争为皇后。志计已定,人有劝术使遂即帝位,露布天下,答言‘曹公尚在,未可也’。后孤讨禽其四将,获其人众,遂使术穷亡解沮,发病而死。及至袁绍据河北,兵势强盛,孤自度势,实不敌之,但计投死为国,以义灭身,足垂于后。幸而破绍,枭其二子。又刘表自以为宗室,包藏奸心,乍前乍却,以观世事,据有当州,孤复定之,遂平天下。身为宰相,人臣之贵已极,意望已过矣。今孤言此,若为自大,欲人言尽,故无讳耳。设使国家无有孤,不知当几人称帝,几人称王。或者人见孤强盛,又性不信天命之事,恐私心相评,言有不逊之志,妄相忖度,每用耿耿。齐桓、晋文所以垂称至今日者,以其兵势广大,犹能奉事周室也。《论语》云‘三分天下有其二,以服事殷,周之德可谓至德矣’,夫能以大事小也。昔乐毅走赵,赵王欲与之图燕,乐毅伏而垂泣,对曰:‘臣事昭王,犹事大王;臣若获戾,放在他国,没世然后已,不忍谋赵之徒隶,况燕后嗣乎!’胡亥之杀蒙恬也,恬曰:‘自吾先人及至子孙,积信于秦三世矣;今臣将兵三十余万,其势足以背叛,然自知必死而守义者,不敢辱先人之教以忘先王也。’孤每读此二人书,未尝不怆然流涕也。孤祖父以至孤身,皆当亲重之任,可谓见信者矣,以及子桓兄弟,过于三世矣。孤非徒对诸君说此也,常以语妻妾,皆令深知此意。孤谓之言:‘顾我万年之后,汝曹皆当出嫁,欲令传道我心,使他人皆知之。’孤此言皆肝鬲之要也。所以勤勤恳恳叙心腹者,见周公有金縢之书以自明,恐人不信之故。然欲孤便尔委捐所典兵众以还执事,归就武平侯国,实不可也。何者?诚恐己离兵为人所祸也。既为子孙计,又己败则国家倾危,是以不得慕虚名而处实祸,此所不得为也。前朝恩封三子为侯,固辞不受,今更欲受之,非欲复以为荣,欲以为外援,为万安计。孤闻介推之避晋封,申胥之逃楚赏,未尝不舍书而叹,有以自省也。奉国威灵,仗钺征伐,推弱以克强,处小而禽大,意之所图,动无违事,心之所虑,何向不济?遂荡平天下,不辱主命,可谓天助汉室,非人力也。

然封兼四县，食户三万，何德堪之！江湖未静，不可让位；至于邑土，可得而辞。今上还阳夏、柘、苦三县户二万，但食武平万户，且以分损谤议，少减孤之责也。”

十六年春正月[1]，天子命公世子丕为五官中郎将[1]，置官属，为丞相副。太原商曜等以大陵叛，遣夏侯渊、徐晃围破之。张鲁据汉中，三月，遣钟繇讨之。公使渊等出河东与繇会。

是时，关中诸将疑繇欲自袭，马超遂与韩遂、杨秋、李堪、成宜等叛。遣曹仁讨之。超等屯潼关[2]，公敕诸将：“关西兵精悍，坚壁勿与战。”秋七月，公西征[2]，与超等夹关而军。公急持之，而潜遣徐晃、朱灵等夜渡蒲阪津[3]，据河西为营。公自潼关北渡，未济，超赴船急战。校尉丁斐因放牛马以饵贼，贼乱取牛马，公乃得渡[3]，循河

建安十六年(211)春正月，天子命令曹公世子曹丕为五官中郎将，设置属官，为丞相副手。太原商曜等人以大陵反叛，曹公派遣夏侯渊、徐晃围攻击破。张鲁割据汉中，三月，派遣钟繇讨伐。曹公派夏侯渊等人出河东与钟繇会合。

这时，关中诸将怀疑钟繇会袭击他们，马超就与韩遂、杨秋、李堪、成宜等人反叛。曹公派遣曹仁讨伐。马超等人屯驻潼关，曹公敕令诸将：“关西兵精干强悍，坚守壁垒而不要与他们作战。”秋七月，曹公西征，与马超等人各驻军在潼关内外。曹公一边和对方紧急相持，一边悄悄派遣徐晃、朱灵等在夜间渡过蒲阪津，占据黄河西岸扎营。曹公从潼关北渡黄河，尚未渡过的时候，马超急忙登船作战。校尉丁斐于是放开牛马以引诱贼寇，贼寇忙乱着捉取牛马，曹公才能够安全地渡过黄河，将沿河地带作为通道向南行

为甬道[4]而南。贼退，拒渭口，公乃多设疑兵，潜以舟载兵入渭，为浮桥，夜，分兵结营于渭南。贼夜攻营，伏兵击破之。超等屯渭南，遣信求割河以西请和，公不许。

军。贼寇退去，据守渭河口，曹公于是多设疑兵，悄悄地用船载着士兵进入渭河，搭设浮桥，夜间，在渭河南岸将士兵分开扎营。贼寇夜间攻营，设下伏兵将他们击破。马超等人屯驻在渭南，送书信请求割让黄河以西的土地来和解，曹公不许。

今注　1 五官中郎将：本为郎中令属官，东汉之后被广泛加于武官，不再限于禁卫统领等职，成为一种介于将军和校尉之间的职官。　2 潼关：古代著名关隘，在今陕西渭南潼关县东北，是关中地区的东大门，历来为兵家必争之地。　3 蒲阪津：古代渡口，在今山西永济蒲州镇和陕西大荔朝邑镇之间的黄河段。　4 甬道：两旁设墙的通道。

裴注　[1]《魏书》曰："庚辰，天子报：减户五千，分所让三县万五千，封三子植为平原侯，据为范阳侯，豹为饶阳侯，食邑各五千户。"　[2]《魏书》曰："议者多言'关西兵强，习长矛，非精选前锋，则不可以当也'。公谓诸将曰：'战在我，非在贼也。贼虽习长矛，将使不得以刺，诸君但观之耳。'"　[3]《曹瞒传》曰："公将过河，前队适渡，超等奄至，公犹坐胡床不起。张郃等见事急，共引公入船。河水急，比渡，流四五里，超等骑追射之，矢下如雨。诸将见军败，不知公所在，皆惶惧，至见，乃悲喜，或流涕。公大笑曰：'今日几为小贼所困乎！'"

九月，进军渡渭[1]。超等数挑战，又不许；固请割地，求送任子[1]，公用贾

九月，曹公进军渡过渭河。马超等人数次挑战，曹公又不应战；马超不停地请求割地，并交送人质，曹公采用

诩计,伪许之。韩遂请与公相见,公与遂父同岁孝廉,又与遂同时侪辈[2],于是交马语移时,不及军事,但说京都旧故,拊手欢笑。既罢,超等问遂:“公何言?”遂曰:“无所言也。”超等疑之[2]。他日,公又与遂书,多所点窜[3],如遂改定者,超等愈疑遂。公乃与克日会战,先以轻兵挑之,战良久,乃纵虎骑夹击,大破之,斩成宜、李堪等。遂、超等走凉州[4],杨秋奔安定,关中平。

贾诩的计谋,假装答应。韩遂请求和曹公相见,曹公和韩遂的父亲为同一年的孝廉,又和韩遂算是同辈,在这时马靠马谈了很长时间,并不提及军事,只是说一些在京都中的往事,拍手欢笑。各自回去后,马超问韩遂:“曹公都说了什么?”韩遂说:“没说什么。”马超等人表示怀疑。过了几日,曹公给韩遂寄去书信,信中有多处涂抹,好像韩遂所改定的,马超等人更加疑虑。曹公于是和马超约定日期会战,先以轻兵挑战,战斗了很长时间之后,才放开虎骑夹击,大败敌军,将成宜、李堪等人斩首。韩遂、马超等人逃奔凉州,杨秋逃奔安定,于是关中被平定。

今注 1 任子:人质。 2 侪(chái)辈:同辈。 3 点窜:涂改字句。 4 凉州:西汉时所置十三刺史部之一,东汉时治陇县(今甘肃张家川)。

裴注 [1]《曹瞒传》曰:“时公军每渡渭,辄为超骑所冲突,营不得立,地又多沙,不可筑垒。娄子伯说公曰:‘今天寒,可起沙为城,以水灌之,可一夜而成。’公从之,乃多作缣囊以运水,夜渡兵作城,比明,城立,由是公军尽得渡渭。或疑于时九月,水未应冻。”臣松之案《魏书》:“公军八月至潼关,闰月北渡河。”则其年闰八月也,至此容可大寒邪! [2]《魏书》曰:“公后日复与遂等会语,诸将曰:‘公与虏交语,不宜轻脱,可为木行马以为防遏。’公然之。贼将见公，悉于马上拜，秦、胡观者，前后重沓，公笑谓贼曰：‘汝欲观曹公邪？亦犹人也，非有四目两口，但多智耳！’胡前后大观。又列铁骑五千为十重阵，精光耀日，贼益震惧。”

诸将或问公曰：“初，贼守潼关，渭北道缺，不从河东击冯翊[1]而反守潼关，引日[2]而后北渡，何也？”公曰：“贼守潼关，若吾入河东，贼必引守诸津，则西河未可渡，吾故盛兵向潼关；贼悉众南守，西河之备虚，故二将得擅取西河；然后引军北渡，贼不能与吾争西河者，以有二将之军也。连车树栅，为甬道而南[1]，既为不可胜，且以示弱。渡渭为坚垒，虏至不出，所以骄之也，故贼不为营垒而求割地。吾顺言许之，所以从其意，使自安而不为备，因畜士卒之力，一旦击之，所谓疾雷不及掩耳，兵之变化，固非一道也。”始，贼每一

诸将有的问曹公：“当初，贼寇据守潼关，渭河北岸没有道路，不从河东地区进击冯翊反而把守潼关，过了数日而后北渡，这是为什么？”曹公说：“贼寇据守潼关，如果我进入河东，贼寇必定会严守各渡口，那么西河就没法渡过，所以我大张旗鼓向着潼关；贼寇都南向把守，西河的防备空虚，所以我方二位将领才能顺利取得西河；然后引兵北渡，贼寇之所以不能与我争西河，是因为有二位将领的军队啊。联结车辆，树立栅栏，修筑向南的甬道，既然不能战胜，暂且示弱。渡过渭河后修筑坚固的营垒，贼寇前来而不应战，是为了让对方骄傲，所以贼寇不修筑营垒而请求割地。我顺从请求而答应，之所以顺从他们，是为了让他们安定下来而不作防备，然后积蓄士卒的力量，一旦出兵进击，就会有迅雷不及掩耳之势，兵道变化，本来就不是一成不变的。”起初，每一部贼寇前来应战，曹公

部到,公辄有喜色。贼破之后,诸将问其故。公答曰:"关中长远,若贼各依险阻,征之,不一二年不可定也。今皆来集,其众虽多,莫相归服,军无适主,一举可灭,为功差易[3],吾是以喜。"

就有喜色。贼寇被攻破之后,诸将询问缘故。曹公回答说:"关中地区狭长辽远,如果贼寇各自依据险阻,出兵征伐,不用一二年的时间不能够平定。现在都集中前来,虽然他们人多势众,却互相不归属,军队没有集中领导者,可以一举而灭,这样反倒略微容易一些,所以我感到高兴。"

今注 **1** 冯翊(píng yì):即左冯翊,汉代三辅之一。汉代将京师附近地区分为京兆尹、左冯翊、右扶风,称为三辅。 **2** 引日:拖延时日。 **3** 差易:略微容易。

裴注 [**1**] 臣松之案:汉高祖二年,与楚战荥阳京、索之间,筑甬道属河以取敖仓粟。应劭曰:"恐敌钞辎重,故筑垣墙如街巷也。"今魏武不筑垣墙,但连车树栅以捍两面。

冬十月,军自长安北征杨秋,围安定。秋降,复其爵位,使留抚其民人[1]。十二月,自安定还,留夏侯渊屯长安。

冬十月,大军自长安北征杨秋,围攻安定。杨秋归降,曹公恢复了他的爵位,并使他留下安抚百姓。十二月,曹公从安定返回,留夏侯渊屯驻长安。

十七年春正月,公还邺。天子命公赞拜[1]不名,入朝不趋[2],剑履上殿[3],如萧何故事[4]。马超余众梁兴

建安十七年(212)春正月,曹公回到邺城。天子敕命曹公朝拜时不用通报姓名,上朝时不用快步疾走,可以佩剑穿鞋上殿,和西汉时的萧何一样

等屯蓝田，使夏侯渊击平之。割河内之荡阴、朝歌、林虑，东郡之卫国、顿丘、东武阳、发干，巨鹿之廮陶、曲周、南和，广平之任城，赵之襄国、邯郸、易阳以益魏郡。

冬十月，公征孙权。

十八年春正月，进军濡须口，攻破权江西营，获权都督公孙阳，乃引军还。诏书并十四州，复为九州。夏四月，至邺。

行事。马超的余部梁兴等人屯驻在蓝田，曹公派遣夏侯渊进击平定。割河内郡的荡阴、朝歌、林虑，东郡的卫国、顿丘、东武阳、发干，巨鹿郡的廮陶、曲周、南和，广平国的任城，赵国的襄国、邯郸、易阳以增益魏郡。

冬十月，曹公出征孙权。

建安十八年(213)春正月，曹公进军濡须口，攻破孙权江西营，擒获孙权都督公孙阳，才率兵返回。汉献帝下诏书合并十四州，恢复为九州。夏四月，曹公到达邺城。

今注　1 赞拜：古代大臣参拜天子，有司仪在旁边赞礼，直呼朝觐者的姓名。　2 趋：指大臣入朝时需要快步疾走，以表示恭敬。　3 剑履上殿：指可以佩剑穿鞋上殿，这是天子给曹操的特殊礼遇。　4 萧何故事：萧何是秦末汉初著名的政治家，曾辅佐汉高祖刘邦平定天下，并制定各项制度，汉高祖给予他特殊的待遇。

裴注　[1]《魏略》曰："杨秋，黄初中迁讨寇将军，位特进，封临泾侯，以寿终。"

五月丙申，天子使御史大夫郗虑持节策命公为魏公[1]，曰："朕以不德，少遭愍凶[1]，越在西土[2]，迁

五月丙申日，天子让御史大夫郗虑持节策命曹公为魏公，说："朕德行有亏，年少的时候便遭受忧患困苦，被劫持到西土关中，又迁于唐、卫之地。

于唐、卫[3]。当此之时，若缀旒[4]然[2]，宗庙乏祀，社稷无位；群凶觊觎，分裂诸夏，率土之民，朕无获焉，即我高祖之命将坠于地。朕用夙兴假寐，震悼于厥心，曰‘惟祖惟父，股肱先正[3]，其孰能恤朕躬’？乃诱天衷，诞育丞相，保乂[5]我皇家，弘济于艰难，朕实赖之。今将授君典礼，其敬听朕命。

在那个时候，朕受人挟制，大权旁落，宗庙得不到祭祀，社稷不得安定；群凶觊觎权位，分裂诸夏土地，天下的臣民，朕并没有管理之权，从我高祖所膺受的天命即将坠落于地。朕每日很早便醒来，晚上无法入眠，心中总是惊愕悲悼，并祈祷‘祖宗父辈，股肱大臣，谁能够怜恤朕’？于是引发上天的善意，生育丞相，保护安定我皇家，能够帮助我度过时艰，朕实在是依赖丞相。现在将要授予您魏公的典礼，请您恭敬地听取朕的命令。

今注　1 愍(mǐn)凶：危难困苦。　2 越在西土：指被董卓劫持到长安。　3 唐、卫：关中发生动乱，汉献帝迁徙到今山西南部地区，在古代为唐国故地。又从山西南部经由河内(今豫北地区)迁徙到洛阳，河内地区在古代是为卫国故地。　4 缀旒(liú)：旌旗上的飘带，比喻君主为臣下挟制。汉献帝此处指自己如同摆设，仅享有皇帝之名而无其实，为人所摆布。　5 保乂：保护安定。

裴注　[1]《续汉书》曰："虑字鸿豫，山阳高平人。少受业于郑玄，建安初为侍中。"虞溥《江表传》曰："献帝尝特见虑及少府孔融，问融曰：'鸿豫何所优长？'融曰：'可与适道，未可与权。'虑举笏曰：'融昔宰北海，政散民流，其权安在也！'遂与融互相长短，以至不睦。公以书和解之。虑从光禄勋迁为大夫。"　[2]《公羊传》曰："君若赘旒然。"何休云："赘犹缀也。旒，旂旒也。以旒譬者，言为下所执持东西也。"　[3]《文侯之命》

曰:“亦惟先正。”郑玄云:“先正,先臣,谓公卿大夫也。”

“昔者董卓初兴国难,群后1释位2以谋王室[1],君则摄进,首启戎行,此君之忠于本朝也。后及黄巾反易天常,侵我三州,延及平民,君又翦之以宁东夏,此又君之功也。韩暹、杨奉专用威命,君则致讨,克黜其难,遂迁许都,造我京畿,设官兆祀,不失旧物,天地鬼神于是获乂,此又君之功也。袁术僭逆,肆3于淮南,慑惮君灵,用丕显谋,蕲阳之役,桥蕤授首,棱威南迈,术以陨溃,此又君之功也。回戈东征,吕布就戮,乘辕将返,张杨殂毙,眭固伏罪,张绣稽服4,此又君之功也。

“先前董卓首发国难,各地郡守放弃政务以谋划安定王室,您则主事而进,率先领兵前行,这是您忠心朝廷的表现。随后黄巾军悖逆大道,入侵我三州之地,波及平民,您又将其消灭以安定东夏,这又是您的功劳。韩暹、杨奉专制滥用君威上命,您用兵讨伐,平定祸乱,于是迁都于许,按照京畿进行营建,设置官僚、安排祭祀,不失往日典章制度,天地鬼神于是获得祭祀安宁,这又是您的功劳。袁术僭越忤逆,横行于淮南,畏惧您的神威,您施展宏大的谋略,蕲阳之战,桥蕤被斩首,乘威势南下,袁术因此丧命溃败,这又是您的功劳。回军东征,斩杀吕布,车乘将要返回,张杨毙命,眭固伏其罪戾,张绣稽首顺服,这又是您的功劳。

今注 1 群后:指各地郡守、豪强。 2 释位:指放弃政务。 3 肆:横行妄为。 4 稽服:稽首顺服。

裴注 [1]《左氏传》曰:“诸侯释位以间王政。”服虔曰:“言诸侯释其私政而佐王室。”

“袁绍逆乱天常，谋危社稷，凭恃其众，称兵内侮。当此之时，王师寡弱，天下寒心，莫有固志，君执大节，精贯白日，奋其武怒，运其神策，致届官渡，大歼丑类[1]，俾我国家拯于危坠，此又君之功也。济师洪河，拓定四州，袁谭、高幹，咸枭其首，海盗奔迸，黑山顺轨[1]，此又君之功也。乌丸三种，崇乱二世，袁尚因之，逼据塞北，束马县车，一征而灭，此又君之功也。刘表背诞，不供贡职，王师首路，威风先逝，百城八郡，交臂屈膝，此又君之功也。马超、成宜，同恶相济，滨据河、潼，求逞所欲，殄之渭南，献馘[2]万计，遂定边境，抚和戎狄，此又君之功也。鲜卑、丁零，重译而至，箄于、白屋，请吏率职，此又君之功也。

“君有定天下之功，

“袁绍悖逆，变乱上天常道，图谋危害社稷，凭借兵多将广，起兵侵凌朝廷。在这个时候，国家兵少力薄，天下民众寒心，都没有坚定的志向，您秉持大节，精神贯通白日，奋扬武威，运筹神妙的计策，在官渡作战，大歼叛贼，拯救国家于危亡之际，这又是您的功劳。率军渡过洪河，拓疆平定四州之地，袁谭、高幹都被斩首，海盗逃窜流亡，黑山顺服常轨，这又是您的功劳。三郡乌丸，连续两代作乱，袁尚依附他们，占据塞北之地，您率领军马车骑，一次便将其歼灭，这又是您的功劳。刘表悖逆荒诞，不向朝廷进贡述职，王师才刚开始出发，威名已经迅速到达，百城八郡，绑缚手臂跪倒乞降，这又是您的功劳。马超、成宜，共同怀有不轨之心，占据黄河、潼关，妄图逞肆欲望，您在渭南地区将其歼灭，献上首级万数，于是平定边境，安抚和好戎狄，这又是您的功劳。鲜卑、丁零，翻译其语言而来朝，箄于、白屋，请求内附如官员般遵循其职，这又是您的功劳。

“您有安定天下的功勋，又有贤明的德操，使海内秩序井然，使风俗得以

重之以明德，班叙海内，宣美风俗，旁施勤教，恤慎刑狱，吏无苛政，民无怀慝[3]；敦崇帝族，表继绝世，旧德前功，罔不咸秩；虽伊尹[4]格于皇天，周公[5]光于四海，方之蔑如也。

美好，并且勤于施行教化，使用刑罚时谨慎而充满仁慈之心，官吏不施苛政，百姓心中没有狡诈；敦厚崇敬帝族，上表请求存续灭绝的世系，之前有德行有功勋的，无不按等级次序加以体恤；即使伊尹感通上天，周公光表四海，也没有达到这样的成就。

今注 1 顺轨：顺服常轨。 2 馘(guó)：原指割取所杀敌人的左耳，后指代敌军首级。 3 怀慝(tè)：心怀狡诈。 4 伊尹：伊尹是商朝开国功臣，辅佐商汤灭夏建商，又使商王太甲改过自新，勤于政事。 5 周公：周文王之子、周武王之弟，在周武王去世之后，辅佐周成王，平定东方武庚与管叔、蔡叔的叛乱，大封诸侯，制礼作乐，奠定了西周强盛的根基。

裴注 [1]《诗》曰："致天之届，于牧之野。"郑玄云："届，极也。"《鸿范》曰："鲧则殛死。"

"朕闻先王并建明德，胙之以土，分之以民，崇其宠章，备其礼物，所以藩卫王室，左右厥世也。其在周成，管、蔡不静[1]，惩难念功，乃使邵康公赐齐太公履，东至于海，西至于河，南至于穆陵，北至于无

"朕听闻先王对于明德之人，赏赐以土地，分封以人民，颁赐章华以示恩宠，按照礼仪规定备办礼品，是为了让他拱卫王室，辅佐王朝世系。在周成王的时候，管叔、蔡叔作乱，他们被平定后，成王难念及旧勋，派邵康公赐给齐太公封地，向东至于大海，向西至于黄河，向南至于穆陵，向北至于无棣，

棣，五侯九伯[2]，实得征之，世祚太师，以表东海。爰及襄王，亦有楚人不供王职，又命晋文登为侯伯，锡以二辂、虎贲、鈇钺、秬鬯、弓矢，大启南阳[3]，世作盟主。故周室之不坏，繄[4]二国是赖。今君称丕显德，明保朕躬，奉答天命，导扬弘烈，绥爰九域，莫不率俾[1]，功高于伊、周，而赏卑于齐、晋，朕甚恧[5]焉。朕以眇眇之身，托于兆民之上，永思厥艰，若涉渊水，非君攸济，朕无任焉。

五侯九伯，都可以进行征伐，世世承袭太师之职，以光耀东海地区。到了襄王的时候，楚人不供奉王职，周王又命晋文公为侯伯，赐以二辂、虎贲、鈇钺、香酒、弓矢，开垦南阳的大片土地封给他，让他世世担任盟主。周室之所以没有崩坏，是依靠着齐、晋两国的辅佐。现今您功德显赫，辅佐朕躬，奉承顺应天命，宣导弘扬宏大的功业，舒缓安定九州，没有不顺服的，您的功劳高于伊尹、周公，而赏赐却低于齐桓、晋文，朕感到很惭愧。朕以渺小之身，被托付于万民之上，总是感到执政艰难，如临深渊，如履薄冰，如果不是有您辅佐，朕无法担当此大任。

今注　1 管、蔡不静：指周成王时，管叔、蔡叔联合武庚和东夷发动叛乱，后被周公平定，并将武庚、管叔杀死，将蔡叔流放。　2 五侯九伯：泛指各种等级的诸侯，五、九是虚指。　3 南阳：指今天河南太行山以东，黄河以北的地区。　4 繄(yī)：语气助词，表示感叹。　5 恧(nǜ)：内心惭愧。

裴注　[1]《盘庚》曰："绥爰有众。"郑玄曰："爰，于也，安隐于其众也。"《君奭》曰："海隅出日，罔不率俾。"率，循也。俾，使也。四海之隅，日出所照，无不循度而可使也。

“今以冀州之河东、河内、魏郡、赵国、中山、常山、巨鹿、安平、甘陵、平原凡十郡，封君为魏公。锡[1]君玄土，苴以白茅，爰契尔龟，用建冢社。昔在周室，毕公、毛公入为卿佐，周、邵师保出为二伯，外内之任，君实宜之。其以丞相领冀州牧如故。又加君九锡[2]，其敬听朕命。以君经纬礼律，为民轨仪，使安职业，无或迁志，是用锡君大辂、戎辂[3]各一，玄牡二驷[4]。君劝分务本，穑人昏作[1]，粟帛滞积，大业惟兴，是用锡君衮冕之服，赤舄[5]副焉。君敦尚谦让，俾民兴行，少长有礼，上下咸和，是用锡君轩县[6]之乐，六佾[7]之舞。君翼宣风化，爰发四方，远人革面，华夏充实，是用锡君朱户以居。

“现在以冀州的河东、河内、魏郡、赵国、中山、常山、巨鹿、安平、甘陵、平原总共十郡，分封您为魏公。颁赐给您黑色土壤，包以白色茅草，通过灼烧龟甲占卜，建立大社。当年在周朝的时候，毕公、毛公入朝为卿士辅佐天子，师保周公、邵公出任为方伯，外部和内部的任命，都安排得很是妥当。丞相仍然像之前一样领冀州牧。再加赐给您九锡之礼，要恭敬地听取朕的任命。您制定礼制典律，作为百姓的规范仪则，使他们各安自己的职业，不会产生改业的想法，所以赐给您大辂、戎辂各一辆，两驷黑色公马。您劝百姓安守本分致力于本业，农人辛劳耕作，积攒粮食布帛，兴起大业，所以赐给您衮冕之服，并配以赤舄。您敦厚崇尚谦让，使得百姓欣然向学，少长有礼，上下都很和睦，所以赐给您轩悬之乐和六佾之舞。您协助朝廷宣扬风化，远达四方，远方之人都洗心革面，使得华夏充足殷实，所以赐予您红色大门的房子居住。

今注　1 锡：赏赐。　2 九锡：古代天子赏赐给臣下的最高礼遇，分为车马、衣服、乐器、朱户、纳陛、虎贲、铁钺、弓矢、秬鬯九种。 3 大辂(lù)、戎辂:大辂为天子所乘之车,戎辂为兵车。 4 玄牡二驷:玄牡,黑色的公马。驷,四匹马驾一辆车。 5 赤舄(xì):古代天子、诸侯所穿的鞋子,赤色,重底。 6 轩县:周代的用乐礼制是天子宫悬,四面均悬挂乐器,诸侯轩悬,三面悬挂乐器。县,通“悬”。 7 六佾(yì):周代乐舞礼制,天子八佾,即纵横都是八人,总共六十四人。诸侯六佾,纵横都是六人,总共三十六人。

裴注 [1]《盘庚》曰:“堕农自安,不昏作劳。”郑玄云:“昏,勉也。”

“君研其明哲,思帝所难,官才任贤,群善必举,是用锡君纳陛[1]以登。君秉国之钧,正色处中,纤毫之恶,靡不抑退,是用锡君虎贲[2]之士三百人。君纠虔天刑,章厥有罪[1],犯关干纪,莫不诛殛,是用锡君鈇钺各一。君龙骧虎视,旁眺八维,掩讨逆节,折冲四海,是用锡君彤弓[3]一,彤矢百,玈弓[4]十,玈矢千。君以温恭为基,孝友为德,明允笃诚,感于朕思,是用锡君秬鬯[5]一卣,珪瓒副焉。

“魏国置丞相已下群

“您研究贤明睿哲之人的智慧,考虑天子为难之事,按照才能授贤任官,凡是优秀的人必定能得到举用,所以赐给您登殿的台阶。您秉持国家大权,为政庄严处以中庸,有丝毫之恶,无不抑制退却,所以赐给您虎贲之士三百人。您虔敬地按照天道行刑,揭发罪恶的行为,凡是触犯法纪的,无不诛灭,所以赐给您鈇、钺各一件。您龙跃虎视,旁观八方,讨伐悖逆之人,平定四海,所以赐给您彤弓一,彤矢百,玈弓十,玈矢千。您以温良谦恭为基础,孝顺友悌为德行,贤明公允笃实诚恳,能够明了朕的思虑,所以赐给您秬鬯一卣,并副以珪瓒。

“魏国设置丞相以下群卿百官,一

卿百寮，皆如汉初诸侯王之制。往钦哉，敬服朕命！简恤尔众，时亮庶功，用终尔显德，对扬我高祖之休命[2]！”

切都按照汉初诸侯王的制度。虔诚地履行自己的职责吧，恭敬地服从朕的命令！抚恤黎民百姓，适时地建立功业，将自己的美德维持至终，称扬我高祖的宏大德命！”

今注　1 纳陛：“九锡”之一，一种说法是指凿殿基为陛级，纳于殿檐之下，使尊者不露而登；一种说法是指专门的木质阶梯，供功臣使用。2 虎贲（bēn）：勇士之称。　3 彤弓：朱红色的弓，天子赏赐给有功诸侯，使“专征伐”。　4 玈（lú）弓：黑色的弓。　5 秬鬯（jù chàng）：用黑黍和香草酿造的酒。

裴注　［1］“纠虔天刑”语出《国语》，韦昭注曰：“纠，察也。虔，敬也。刑，法也。”　［2］后汉尚书左丞潘勖之辞也。勖字元茂，陈留中牟人。《魏书》载公令曰：“夫受九锡，广开土宇，周公其人也。汉之异姓八王者，与高祖俱起布衣，创定王业，其功至大，吾何可比之？”前后三让。于是中军师陵树亭侯荀攸、前军师东武亭侯钟繇、左军师凉茂、右军师毛玠、平虏将军华乡侯刘勋、建武将军清苑亭侯刘若、伏波将军高安侯夏侯惇、扬武将军都亭侯王忠、奋威将军乐乡侯邓展、建忠将军昌乡亭侯鲜于辅、奋武将军安国亭侯程昱、太中大夫都乡侯贾诩、军师祭酒千秋亭侯董昭、都亭侯薛洪、南乡亭侯董蒙，关内侯王粲、傅巽，祭酒王选、袁涣、王朗、张承、任藩、杜袭，中护军国明亭侯曹洪、中领军万岁亭侯韩浩、行骁骑将军安平亭侯曹仁、领护军将军王图，长史万潜、谢奂、袁霸等劝进曰：“自古三代，胙臣以土，受命中兴，封秩辅佐，皆所以褒功赏德，为国藩卫也。往者天下崩乱，群凶豪起，颠越跋扈之险，不可忍言。明公奋身出命以徇其难，诛二袁篡盗之逆，灭黄巾贼乱之类，殄夷首逆，芟拨荒秽，沐浴霜露二十余年，书契以来，未有若此功者。昔周公承文、武之迹，受已成之业，高枕墨笔,拱揖群后,商、奄之勤,不过二年,吕望因三分有二之形,据八百诸侯之势,暂把旄钺,一时指麾,然皆大启土宇,跨州兼国。周公八子,并为侯伯,白牡骍刚,郊祀天地,典策备物,拟则王室,荣章宠盛如此之弘也。逮至汉兴,佐命之臣,张耳、吴芮,其功至薄,亦连城开地,南面称孤。此皆明君达主行之于上,贤臣圣宰受之于下,三代令典,汉帝明制。今比劳则周、吕逸,计功则张、吴微,论制则齐、鲁重,言地则长沙多;然则魏国之封,九锡之荣,况于旧赏,犹怀玉而被褐也。且列侯诸将,幸攀龙骥,得窃微劳,佩紫怀黄,盖以百数,亦将因此传之万世,而明公独辞赏于上,将使其下怀不自安,上违圣朝欢心,下失冠带至望,忘辅弼之大业,信匹夫之细行,攸等所大惧也。"于是公敕外为章,但受魏郡。攸等复曰:"伏见魏国初封,圣朝发虑,稽谋群寮,然后策命;而明公久违上指,不即大礼。今既虔奉诏命,副顺众望,又欲辞多当少,让九受一,是犹汉朝之赏不行,而攸等之请未许也。昔齐、鲁之封,奄有东海,疆域井赋,四百万家,基隆业广,易以立功,故能成翼戴之勋,立一匡之绩。今魏国虽有十郡之名,犹减于曲阜,计其户数,不能参半,以藩卫王室,立垣树屏,犹未足也。且圣上览亡秦无辅之祸,惩曩日震荡之艰,托建忠贤,废坠是为,愿明公恭承帝命,无或拒违。"公乃受命。《魏略》载公上书谢曰:"臣蒙先帝厚恩,致位郎署,受性疲怠,意望毕足,非敢希望高位,庶几显达。会董卓作乱,义当死难,故敢奋身出命,摧锋率众,遂值千载之运,奉役目下。当二袁炎沸侵侮之际,陛下与臣寒心同忧,顾瞻京师,进受猛敌,常恐君臣俱陷虎口,诚不自意能全首领。赖祖宗灵佑,丑类夷灭,得使微臣窃名其间。陛下加恩,授以上相,封爵宠禄,丰大弘厚,生平之愿,实不望也。口与心计,幸且待罪,保持列侯,遗付子孙,自托圣世,永无忧责。不意陛下乃发盛意,开国备锡,以贶愚臣,地比齐、鲁,礼同藩王,非臣无功所宜膺据。归情上闻,不蒙听许,严诏切至,诚使臣心俯仰逼迫。伏自惟省,列在大臣,命制王室,身非己有,岂敢自私,遂其愚意,亦将黜退,令就初服。今奉疆土,备数藩翰,非敢远期,虑有后世;至于父子相誓终身,灰躯尽命,报塞厚恩。天威在颜,悚惧受诏。"

秋七月，始建魏社稷宗庙。天子聘公三女为贵人[1]，少者待年于国[1]。九月，作金虎台，凿渠引漳水入白沟以通河。冬十月，分魏郡为东西部，置都尉。十一月，初置尚书、侍中、六卿[2]。

马超在汉阳，复因[2]羌、胡为害，氐王千万叛应超，屯兴国[3]。使夏侯渊讨之。

秋七月，开始营建魏国的社稷宗庙。天子娶魏公的三个女儿为贵人，年少的暂且在魏国，等长大后再入宫。九月，修建金虎台，凿开沟渠引漳水进入白沟以沟通黄河。冬十月，分魏郡为东西部分，设置都尉。十一月，开始设置尚书、侍中、六卿。

马超在汉阳，又依凭羌人、胡人为害，氐王千万响应马超反叛，屯驻在兴国。魏公派遣夏侯渊征讨。

今注　1 贵人：妃嫔称号，东汉光武帝时置，仅次于皇后。　2 因：依凭。　3 兴国：在今甘肃天水秦安县。

裴注　[1]《献帝起居注》曰："使使持节行太常大司农安阳亭侯王邑，赍璧、帛、玄纁、绢五万匹之邺纳娉，介者五人，皆以议郎行大夫事，副介一人。"　[2]《魏氏春秋》曰："以荀攸为尚书令，凉茂为仆射，毛玠、崔琰、常林、徐奕、何夔为尚书，王粲、杜袭、卫觊、和洽为侍中。"

十九年春正月，始耕籍田[1]。南安赵衢、汉阳尹奉等讨超，枭其妻子，超奔汉中。韩遂徙金城，入氐王千万部，率羌、胡万余骑与夏侯渊战，击，大破之，遂走西平。渊与诸将攻兴

建安十九年(214)春正月，开始行耕种的籍田礼。南安赵衢、汉阳尹奉等讨伐马超，将其妻子儿女斩首，马超逃奔汉中。韩遂迁徙到金城，收编氐王千万的部众，率领羌人、胡人万余骑与夏侯渊战斗，被夏侯渊打败，然后逃往西平。夏侯渊与诸将攻下兴国，屠城。

国，屠之。省安东、永阳郡。

安定太守毌丘兴将之官，公戒之曰："羌、胡欲与中国通，自当遣人来，慎勿遣人往。善人难得，必将教羌、胡妄有所请求，因欲以自利；不从便为失异俗意，从之则无益事。"兴至，遣校尉范陵至羌中，陵果教羌，使自请为属国都尉。公曰："吾预知当尔，非圣也，但更事多耳[1]。"

三月，天子使魏公位在诸侯王上，改授金玺、赤绂[2]、远游冠[3][2]。

秋七月，公征孙权[3]。

初，陇西宋建自称河首平汉王，聚众枹罕[4]，改元，置百官，三十余年。遣夏侯渊自兴国讨之。冬十月，屠枹罕，斩建，凉州平。公自合肥还。十一月，汉皇后伏氏坐昔与父故屯骑校尉完书，云帝以董承被诛怨恨公，辞甚丑

朝廷下令撤销安东、永阳郡。

安定太守毌丘兴将要赴任，魏公劝诫他说："羌人、胡人如果想要与内地沟通，自会派遣使节前来，注意不要主动派遣使节前去。审时度势的人才难得，如果派遣不当的人去，必定会教唆羌人、胡人提出不合理的请求，以图自利；如果不听从便会失去异俗之人的忠心，听从的话对国家也没有益处。"毌丘兴到任后，派遣校尉范陵到羌人那里，范陵果然教唆羌人，使他们自请为属国都尉。魏公说："我早就预料到会是这样，不是因为我圣明，只是经历的事情很多罢了。"

三月，天子使魏公班次在诸侯王之上，改授金玺、赤绂、远游冠。

秋七月，魏公征讨孙权。

当初，陇西宋建自称河首平汉王，聚众于枹罕，改元，设置百官，持续三十多年。魏公派遣夏侯渊自兴国进行讨伐。冬十月，屠枹罕城，将宋建斩首，凉州平定。魏公自合肥返还。十一月，汉皇后伏氏因为之前写给原屯骑校尉的父亲伏完的书信而获罪，信中说皇帝因为董承被杀而怨恨魏

恶,发闻,后废黜死,兄弟皆伏法[4]。	公,用语非常恶毒,事发之后,伏后被废黜处死,兄弟都遭诛杀。

今注 1 籍田:春耕开始的时候,天子、诸侯会象征性地行耕田之礼,以表示对农业的重视。 2 赤绂(fú):即赤绶,系官印的红色丝带。 3 远游冠:中国古代冠饰之一,为诸侯王所常戴,形制类似通天冠,有展筒横于前而无山述。 4 枹罕:在今甘肃临夏。

裴注 [1]《献帝起居注》曰:"使行太常事大司农安阳亭侯王邑与宗正刘艾,皆持节,介者五人,赍束帛驷马,及给事黄门侍郎、掖庭丞、中常侍二人,迎二贵人于魏公国。二月癸亥,又于魏公宗庙授二贵人印绶。甲子,诣魏公宫延秋门,迎贵人升车。魏遣郎中令、少府、博士、御府乘黄厩令、丞相掾属侍送贵人。癸酉,二贵人至洧仓中,遣侍中丹将冗从虎贲前后骆驿往迎之。乙亥,二贵人入宫,御史大夫、中二千石将大夫、议郎会殿中,魏国二卿及侍中、中郎二人,与汉公卿并升殿宴。" [2]《献帝起居注》曰:"使左中郎将杨宣、亭侯裴茂持节印授之。" [3]《九州春秋》曰:"参军傅幹谏曰:'治天下之大具有二,文与武也;用武则先威,用文则先德,威德足以相济,而后王道备矣。往者天下大乱,上下失序,明公用武攘之,十平其九。今未承王命者,吴与蜀也,吴有长江之险,蜀有崇山之阻,难以威服,易以德怀。愚以为可且按甲寝兵,息军养士,分土定封,论功行赏,若此则内外之心固,有功者劝,而天下知制矣。然后渐兴学校,以导其善性而长其义节。公神武震于四海,若修文以济之,则普天之下,无思不服矣。今举十万之众,顿之长江之滨,若贼负固深藏,则士马不能逞其能,奇变无所用其权,则大威有屈而敌心未能服矣。唯明公思虞舜舞干戚之义,全威养德,以道制胜。'公不从,军遂无功。幹字彦材,北地人,终于丞相仓曹属。有子曰玄。" [4]《曹瞒传》曰:"公遣华歆勒兵入宫收后,后闭户匿壁中。歆坏户发壁,牵后出。帝时与御史大夫郗虑坐,后被发徒跣过，执帝手曰：'不能复相活邪？'帝曰：'我亦不自知命在何时也。'帝谓虑曰：'郗公，天下宁有是邪！'遂将后杀之，完及宗族死者数百人。"

十二月，公至孟津。天子命公置旄头[1]，宫殿设钟虡[2]。乙未，令曰："夫有行之士未必能进取，进取之士未必能有行也。陈平岂笃行，苏秦[3]岂守信邪？而陈平定汉业，苏秦济弱燕。由此言之，士有偏短，庸可废乎！有司明思此义，则士无遗滞，官无废业矣。"又曰："夫刑，百姓之命也，而军中典狱者或非其人，而任以三军死生之事，吾甚惧之。其选明达法理者，使持典刑。"于是置理曹掾属[4]。

十二月，魏公到孟津。天子命魏公出行时可设置先驱骑兵，宫殿中得以设置钟磬。乙未日，魏公下令说："有德行的人未必有进取之才，有进取之才的人未必有德行。陈平难道是笃行之人吗，苏秦难道是守信之人吗？然而陈平辅佐刘邦成就汉朝大业，苏秦功济贫弱的燕国。由此可以得出，士有某一方面的短处，岂可因此而退黜不用！有关部门要思虑明晓此义，那么就不会遗漏阻滞士人，官职也不会有所荒废了。"又说道："刑罚，关乎百姓的性命，而军队中掌管刑狱的人如果不能胜任此职，而委任以处置三军将士的生死大事，我感到很是恐惧。应该挑选通晓法理的人，使其执行典刑。"于是设置理曹官属。

今注 1 旄头：古代皇帝仪仗中担任先驱的骑兵。 2 钟虡(jù)：悬挂钟磬的木架。 3 苏秦：字季子，战国时期著名的策士、纵横家，为了达到政治目的，经常不守诺言。 4 掾属：理曹的长官，正为掾，副为属。

二十年春正月，天子立公中女为皇后。省云中、定襄、五原、朔方郡，郡置一县领其民，合以为新兴郡。

三月，公西征张鲁，至陈仓[1]，将自武都入氐；氐人塞道，先遣张郃、朱灵等攻破之。夏四月，公自陈仓以出散关，至河池。氐王窦茂众万余人，恃险不服，五月，公攻屠之。西平、金城诸将麹演、蒋石等共斩送韩遂首[1]。秋七月，公至阳平。张鲁使弟卫与将杨昂等据阳平关[2]，横山筑城十余里，攻之不能拔，乃引军还。贼见大军退，其守备解散。公乃密遣解僄、高祚等乘险夜袭，大破之，斩其将杨任，进攻卫，卫等夜遁，鲁溃奔巴中。公军入南郑，尽得鲁府库珍宝[2]。巴、汉皆降。复汉宁郡为汉中；分汉中之安阳、西城为西城郡，置太守；分锡、上庸郡，置都尉。

建安二十年(215)春正月，天子立魏公第二个女儿为皇后。撤销云中、定襄、五原、朔方诸郡，每一郡设置一个县领其属民，合并为新兴郡。

三月，魏公西征张鲁，到达陈仓，打算自武都进入氐人地区；氐人阻塞了道路，先派遣张郃、朱灵等将其攻破。夏四月，魏公自陈仓出散关，到达河池。氐王窦茂部众万余人，凭借险要地势而不服从，五月，魏公攻破河池并屠城。西平、金城诸将麹演、蒋石等一起斩杀韩遂，并献其首级。秋七月，魏公到阳平。张鲁使其弟张卫与部将杨昂等据守阳平关，沿山腰筑城十余里，不能攻破，于是引兵返回。贼寇见大军退去，便守备松懈散漫。魏公于是秘密地派遣解僄、高祚等人乘险要之地在夜间发动偷袭，大败敌军，将其将领杨任斩首，进攻张卫，张卫趁夜逃遁，张鲁溃败退入巴中。魏公军队进入南郑，全部缴获张鲁府库中所藏珍宝。巴、汉都投降了。恢复汉宁郡为汉中；析分汉中的安阳、西城为西城郡，设置太守；析分锡、上庸郡，设置都尉。

八月，孙权围合肥，张辽、李典击破之。

八月，孙权围攻合肥，张辽、李典将其击破。

今注　1 陈仓：在今陕西宝鸡东，当关中、汉中间的交通要冲。　2 阳平关：古代著名关隘，故址在今陕西勉县西武侯镇，为汉中盆地西边门户。

裴注　[1]《典略》曰："遂字文约，始与同郡边章俱著名西州。章为督军从事。遂奉计诣京师，何进宿闻其名，特与相见。遂说进使诛诸阉人，进不从，乃求归。会凉州宋扬、北宫玉等反，举章、遂为主，章寻病卒，遂为扬等所劫，不得已，遂阻兵为乱，积三十二年，至是乃死，年七十余矣。刘艾《灵帝纪》曰：'章，一名允。'"　[2]《魏书》曰："军自武都山行千里，升降险阻，军人劳苦；公于是大飨，莫不忘其劳。"

九月，巴七姓夷王朴胡、賨邑侯杜濩举巴夷、賨民来附[1]，于是分巴郡，以胡为巴东太守，濩为巴西太守，皆封列侯。天子命公承制封拜诸侯守相[2]。

冬十月，始置名号侯至五大夫，与旧列侯、关内侯凡六等，以赏军功[3]。

十一月，鲁自巴中将其余众降。封鲁及五子皆为列侯。刘备袭刘璋，取益州，遂据巴中，遣张郃击之。

九月，巴族七姓夷王朴胡、賨邑侯杜濩带领巴夷、賨民来归附，于是析分巴郡，以朴胡为巴东太守，杜濩为巴西太守，都封为列侯。天子命令魏公按照制度封拜诸侯守相。

冬十月，开始设置侯至五大夫的名号，与之前的列侯、关内侯共六等，以赏赐军功。

十一月，张鲁自巴中率领余众归降。魏公封张鲁及其五子都为列侯。刘备袭击刘璋，攻取益州，于是占据巴中，魏公派遣张郃征讨。

十二月，公自南郑还，留夏侯渊屯汉中[4]。

二十一年春二月，公还邺[5]。三月壬寅，公亲耕籍田[6]。夏五月，天子进公爵为魏王[7]。代郡乌丸行单于普富卢与其侯王来朝。天子命王女为公主，食汤沐邑[1]。秋七月，匈奴南单于呼厨泉将其名王来朝，待以客礼，遂留魏，使右贤王去卑监其国。八月，以大理[2]钟繇为相国[8]。冬十月，治兵[9]，遂征孙权，十一月至谯。

二十二年春正月，王军居巢[3]，二月，进军屯江西[4]郝溪。权在濡须口筑城拒守，遂逼攻之，权退走。三月，王引军还，留夏侯惇、曹仁、张辽等屯居巢。

夏四月，天子命王设天子旌旗，出入称警跸[5]。五月，作泮宫[6]。六月，以军师华歆为御史大夫[10]。冬十月，天子命王冕十有二旒[7]，乘金根

十二月，魏公自南郑返还，留夏侯渊屯驻汉中。

建安二十一年(216)春二月，魏公返还邺城。三月壬寅日，魏公亲耕籍田。夏五月，天子进魏公爵位为魏王。代郡乌丸代理单于普富卢与其侯王来朝觐。天子命魏王女为魏公主，赐予汤沐邑。秋七月，匈奴南单于呼厨泉率领其名王来朝觐，魏王以客礼相待，于是留居魏，使右贤王去卑监管国内事务。八月，魏王以大理钟繇为相国。冬十月，魏王训练士兵，于是征伐孙权，十一月到达谯。

建安二十二年(217)春正月，魏王的军队到达居巢。二月，进军屯驻江西郝溪。孙权在濡须口筑城据守，于是进行强攻，孙权撤退逃走。三月，魏王引军返回，留夏侯惇、曹仁、张辽等屯驻居巢。

夏四月，天子赐命魏王使用天子的旌旗，出入的时候称警跸。五月，修建泮宫。六月，以军师华歆为御史大夫。冬十月，天子赐命魏王可以戴十二旒的冠冕，乘金根车，

车[8],驾六马[9],设五时副车[10],以五官中郎将丕为魏太子。

刘备遣张飞、马超、吴兰等屯下辩[11],遣曹洪拒之。

以六马驾驭,设置五时副车,以五官中郎将曹丕为魏太子。

刘备派遣张飞、马超、吴兰等屯驻下辩,魏王派遣曹洪抵御。

今注 **1** 汤沐邑:古时诸侯朝觐天子,天子赐予汤沐邑,用以斋戒沐浴。天子所赐予皇后、公主的租赋之地,也称汤沐邑。 **2** 大理:掌管司法刑狱之官,即汉时之廷尉。 **3** 居巢:在今安徽巢湖西北。 **4** 江西:隋唐之前,习惯上称长江下游北岸淮水以南地区为江西。 **5** 警跸:古时天子出行,侍卫人员沿途严加戒备和清道。 **6** 泮宫:古时诸侯所立的学宫。 **7** 旒:古代天子、诸侯所戴之冠前后的坠饰,天子十二旒,诸侯九旒。 **8** 金根车:皇帝专乘之车。 **9** 驾六马:古代只有天子才能够乘坐六匹马所驾的车。 **10** 五时副车:古时天子外出,其乘车之后跟从五辆车,分为东、西、南、北、中五方,搭配以青、白、红、黑、黄五色。 **11** 下辩:在今甘肃成县。

裴注 [**1**]孙盛曰:"朴,音浮。濩,音户。" [**2**]孔衍《汉魏春秋》曰:"天子以公典任于外,临事之赏,或宜速疾,乃命公得承制封拜诸侯守相。诏曰:'夫军之大事,在兹赏罚,劝善惩恶,宜不旋时,故《司马法》曰"赏不逾日"者,欲民速睹为善之利也。昔在中兴,邓禹入关,承制拜军祭酒李文为河东太守,来歙又承制拜高峻为通路将军,察其本传,皆非先请,明临事刻印也,斯则世祖神明,权达损益,盖所用速示威怀而著鸿勋也。其《春秋》之义,大夫出疆,有专命之事,苟所以利社稷安国家而已。况君秉任二伯,师尹九有,实征夷夏,军行藩甸之外,失得在于斯须之间,停赏俟诏以滞世务,固非朕之所图也。自今已后,临事所甄,当加宠号者,其便刻印章假授,咸使忠义得相奖励,勿有疑焉。'" [**3**]《魏书》曰:"置名号侯爵十八级,关中侯爵十七级,皆金印紫绶;又置关内外侯十六级,铜印龟纽墨绶；五大夫十五级，铜印环纽，亦墨绶，皆不食租，与旧列侯关内侯凡六等。”臣松之以为，今之虚封盖自此始。［4］是行也，侍中王粲作五言诗以美其事曰：“从军有苦乐，但问所从谁。所从神且武，安得久劳师？相公征关右，赫怒振天威，一举灭獯虏，再举服羌夷，西收边地贼，忽若俯拾遗。陈赏越山岳，酒肉逾川坻，军中多饶饫，人马皆溢肥，徒行兼乘还，空出有余资。拓土三千里，往反速如飞，歌舞入邺城，所愿获无违。”［5］《魏书》曰：“辛未，有司以太牢告至，策勋于庙，甲午始春祠。令曰：‘议者以为祠庙上殿当解履。吾受锡命，带剑不解履上殿。今有事于庙而解履，是尊先公而替王命，敬父祖而简君主，故吾不敢解履上殿也。又临祭就洗，以手拟水而不盥。夫盥以洁为敬，未闻拟而不盥之礼，且“祭神如神在”，故吾亲受水而盥也。又降神礼讫，下阶就幕而立，须奏乐毕，竟似若不衎烈祖，迟祭不速讫也，故吾坐俟乐阕送神乃起也。受胙纳袖，以授侍中，此为敬恭不终实也，古者亲执祭事，故吾亲纳于袖，终抱而归也。仲尼曰“虽违众，吾从下”，诚哉斯言也。’”［6］《魏书》曰：“有司奏：‘四时讲武于农隙。汉承秦制，三时不讲，唯十月都试车马，幸长水南门，会五营士为八阵进退，名曰乘之。今金革未偃，士民素习，自今已后，可无四时讲武，但以立秋择吉日大朝车骑，号曰治兵，上合礼名，下承汉制。’奏可。”［7］《献帝传》载诏曰：“自古帝王，虽号称相变，爵等不同，至乎褒崇元勋，建立功德，光启氏姓，延于子孙，庶姓之与亲，岂有殊焉。昔我圣祖受命，创业肇基，造我区夏，鉴古今之制，通爵等之差，尽封山川以立藩屏，使异姓亲戚，并列土地，据国而王，所以保乂天命，安固万嗣。历世承平，臣主无事。世祖中兴而时有难易，是以旷年数百，无异姓诸侯王之位。朕以不德，继序弘业，遭率土分崩，群凶纵毒，自西徂东，辛苦卑约。当此之际，唯恐溺入于难，以羞先帝之圣德。赖皇天之灵，俾君秉义奋身，震迅神武，捍朕于艰难，获保宗庙，华夏遗民，含气之伦，莫不蒙焉。君勤过稷、禹，忠侔伊、周，而掩之以谦让，守之以弥恭，是以往者初开魏国，锡君土宇，惧君之违命，虑君之固辞，故且怀志屈意，封君为上公，欲以钦顺高义，须俟勋绩。韩遂、宋建，南结巴、蜀，群逆合从，图危社稷，君复命将，龙骧虎奋，枭其元首，屠其窟栖。暨至西征，阳平之役，亲擐甲胄，深入险阻，芟夷蝥贼，殄其凶丑，荡定西陲，悬旌万里，声教远振，宁我区宇。盖唐、虞之盛，三后树功，文、武之兴，旦、奭作辅，二祖成业，英豪佐命；夫以圣哲之君，事为己任，犹锡土班瑞以报功臣，岂有如朕寡德，仗君以济，而赏典不丰，将何以答神祇慰万方哉？今进君爵为魏王，使使持节行御史大夫、宗正刘艾奉策玺，玄土之社苴以白茅，金虎符第一至第五，竹使符第一至第十。君其正王位，以丞相领冀州牧如故。其上魏公玺绶符策。敬服朕命，简恤尔众，克绥庶绩，以扬我祖宗之休命。”魏王上书三辞，诏三报不许。又手诏曰：“大圣以功德为高美，以忠和为典训，故创业垂名，使百世可希，行道制义，使力行可效，是以勋烈无穷，休光茂著。稷、契载元首之聪明，周、邵因文、武之智用，虽经营庶官，仰叹俯思，其对岂有若君者哉？朕惟古人之功，美之如彼，思君忠勤之绩，茂之如此，是以每将镂符析瑞，陈礼命册，寤寐慨然，自忘守文之不德焉。今君重违朕命，固辞恳切，非所以称朕心而训后世也。其抑志撙节，勿复固辞。”《四体书势序》曰：“梁鹄以公为北部尉。”《曹瞒传》曰：“为尚书右丞司马建公所举。及公为王，召建公到邺，与欢饮，谓建公曰：‘孤今日可复作尉否？’建公曰：‘昔举大王时，适可作尉耳。’王大笑。建公名防，司马宣王之父。”臣松之案：司马彪《序传》，建公不为右丞，疑此不然，而王隐《晋书》云：“赵王篡位，欲尊祖为帝，博士马平议称京兆府君昔举魏武帝为北部尉，贼不犯界。”如此则为有征。 [8]《魏书》曰：“始置奉常、宗正官。” [9]《魏书》曰：“王亲执金鼓以令进退。” [10]《魏书》曰：“初置卫尉官。秋八月，令曰：‘昔伊挚、傅说出于贱人，管仲，桓公贼也，皆用之以兴。萧何、曹参，县吏也，韩信、陈平负污辱之名，有见笑之耻，卒能成就王业，声著千载。吴起贪将，杀妻自信，散金求官，母死不归，然在魏，秦人不敢东向，在楚则三晋不敢南谋。今天下得无有至德之人放在民间，及果勇不顾，临敌力战；若文俗之吏，高才异质，或堪为将守；负污辱之名，见笑之行，或不仁不孝而有治国用兵之术：其各举所知，勿有所遗。’”

二十三年春正月，汉太医令吉本与少府耿纪、司直韦晃等反，攻许，烧丞相长史王必营[1]，必与颍川典农中郎将严匡讨斩之[2]。

曹洪破吴兰，斩其将任夔等。三月，张飞、马超走汉中，阴平氐强端斩吴兰，传其首。

夏四月，代郡、上谷乌丸无臣氐等叛，遣鄢陵侯彰讨破之[3]。

六月，令曰："古之葬者，必居瘠薄之地。其规西门豹[1]祠西原上为寿陵，因高为基，不封不树。《周礼》冢人掌公墓之地，凡诸侯居左右以前，卿大夫居后，汉制亦谓之陪陵。其公卿大臣列将有功者，宜陪寿陵，其广为兆域[2]，使足相容。"

秋七月，治兵，遂西征刘备，九月，至长安。

冬十月，宛守将侯音等反，执南阳太守，劫略吏民，

建安二十三年(218)春正月，汉太医令吉本与少府耿纪、司直韦晃等谋反，进攻许都，火烧丞相长史王必的营房，王必与颍川典农中郎将严匡讨伐并斩杀了他们。

曹洪攻破吴兰，斩杀其将领任夔等人。三月，张飞、马超进入汉中，阴平氐人强端斩杀吴兰，传送其首级。

夏四月，代郡、上谷乌丸无臣氐等反叛，魏王派遣鄢陵侯曹彰将其讨伐攻破。

六月，魏王下令说："古代丧葬，必选择土地贫瘠的地方。规划在西门豹祠西原上构筑寿陵，凭借高岗为基础，不起封土不树草木。《周礼》规定冢人掌管公墓之地，凡诸侯前居左右两列，卿大夫居后，汉制称为陪陵。公卿大臣列将有功劳的，应该陪葬寿陵，要广开陵园区域，使其足以容纳。"

秋七月，操练士兵，于是西征刘备，九月，到长安。

冬十月，宛守将侯音等反叛，抓住南阳太守，劫持抢掠吏民，据守

保宛。初,曹仁讨关羽,屯樊城,是月使仁围宛。

二十四年春正月,仁屠宛,斩音[4]。

宛城。当初,曹仁讨伐关羽,屯驻樊城,这个月派遣曹仁围攻宛城。

建安二十四年(219)春正月,曹仁屠宛城,斩杀侯音。

今注　1 西门豹:战国时魏国人,魏文侯时任邺令,开凿水渠,引漳水灌溉,并破除河伯娶妻的陋习。　2 兆域:墓地。

裴注　[1]《魏武故事》载令曰:"领长史王必,是吾披荆棘时吏也。忠能勤事,心如铁石,国之良吏也。蹉跌久未辟之,舍骐骥而弗乘,焉遑遑而更求哉?故教辟之,已署所宜,便以领长史统事如故。"　[2]《三辅决录注》曰:"时有京兆金祎字德祎,自以世为汉臣,自日磾讨莽何罗,忠诚显著,名节累叶。睹汉祚将移,谓可季兴,乃喟然发愤,遂与耿纪、韦晃、吉本、本子邈、邈弟穆等结谋。纪字季行,少有美名,为丞相掾,王甚敬异之,迁侍中,守少府。邈字文然,穆字思然,以祎慷慨有日磾之风,又与王必善,因以间之,若杀必,欲挟天子以攻魏,南援刘备。时关羽强盛,而王在邺,留必典兵督许中事。文然等率杂人及家僮千余人夜烧门攻必,祎遣人为内应,射必中肩。必不知攻者为谁,以素与祎善,走投祎,夜唤德祎,祎家不知是必,谓为文然等,错应曰:'王长史已死乎?卿曹事立矣!'必乃更他路奔。一曰:必欲投祎,其帐下督谓必曰:'今日事竟知谁门而投入乎?'扶必奔南城。会天明,必犹在,文然等众散,故败。后十余日,必竟以创死。"《献帝春秋》曰:"收纪、晃等,将斩之,纪呼魏王名曰:'恨吾不自生意,竟为群儿所误耳!'晃顿首搏颊,以至于死。"《山阳公载记》曰:"王闻王必死,盛怒,召汉百官诣邺,令救火者左,不救火者右。众人以为救火者必无罪,皆附左;王以为'不救火者非助乱,救火乃实贼也'。皆杀之。"　[3]《魏书》载王令曰:"去冬天降疫疠,民有凋伤,军兴于外,垦田损少,吾甚忧之。其令吏民男女:女年七十已上无夫子,若年十二已下无父母兄弟，及目无所见，手不能作，足不能行，而无妻子父兄产业者，廪食终身。幼者至十二止，贫穷不能自赡者，随口给贷。老耄须待养者，年九十已上，复不事，家一人。” [4]《曹瞒传》曰：“是时南阳间苦繇役，音于是执太守东里衮，与吏民共反，与关羽连和。南阳功曹宗子卿往说音曰：‘足下顺民心，举大事，远近莫不望风；然执郡将，逆而无益，何不遣之？吾与子共戮力，比曹公军来，关羽兵亦至矣。’音从之，即释遣太守。子卿因夜逾城亡出，遂与太守收余民围音，会曹仁军至，共灭之。”

夏侯渊与刘备战于阳平，为备所杀。三月，王自长安出斜谷，军遮要1以临汉中，遂至阳平。备因险拒守[1]。

夏五月，引军还长安。

秋七月，以夫人卞氏为王后。遣于禁助曹仁击关羽。八月，汉水溢，灌禁军，军没，羽获禁，遂围仁。使徐晃救之。

九月，相国钟繇坐西曹掾魏讽反免[2]。

冬十月，军还洛阳[3]。孙权遣使上书，以讨关羽自效2。王自洛阳南征羽，未至，晃攻羽，破之，羽走，仁围解。王军摩陂[4]。

夏侯渊与刘备战于阳平，被刘备斩杀。三月，魏王自长安出斜谷，大军占据险要之地向汉中进军，随即到了阳平。刘备凭借险要之地据守。

夏五月，魏王率军返回长安。

秋七月，以夫人卞氏为王后。魏王派遣于禁帮助曹仁进攻关羽。八月，汉水泛滥，关羽放水淹灌于禁的军队，大军被水淹没，关羽擒获于禁，随后围攻曹仁。魏王派遣徐晃营救。

九月，相国钟繇因为下属西曹掾魏讽谋反而被免官。

冬十月，大军返回洛阳。孙权遣使上书，希望能以讨伐关羽来贡献自己的力量。魏王自洛阳南征关羽，尚未到，徐晃已进击关羽，将其攻破，关羽逃跑，于是曹仁解围。魏王的军队屯驻在摩陂。

二十五年春正月，至洛阳。权击斩羽，传其首。

庚子，王崩于洛阳，年六十六[5]。遗令曰："天下尚未安定，未得遵古也。葬毕，皆除服。其将兵屯戍者，皆不得离屯部。有司各率乃职。敛以时服，无藏金玉珍宝。"谥曰武王。二月丁卯，葬高陵[6]。

建安二十五年(220)春正月，魏王到洛阳。孙权进攻并斩杀了关羽，传送其首级。

庚子日，魏王驾崩于洛阳，年六十六。遗命说道："天下尚未安定，未能够遵从古制。下葬完毕后，都除去丧服。在外带兵戍守的将领，都不得离开屯驻的地方。有关部门各自履行职责。用平时所穿戴之物入殓，不得陪藏金玉珠宝。"谥号为"武王"。二月丁卯日，葬于高陵。

今注　1 遮要：此处指占据险要之地。　2 自效：为他人贡献自己的力量。

裴注　[1]《九州春秋》曰："时王欲还，出令曰'鸡肋'，官属不知所谓。主簿杨脩便自严装，人惊问脩：'何以知之？'脩曰：'夫鸡肋，弃之如可惜，食之无所得，以比汉中，知王欲还也。'"　[2]《世语》曰："讽字子京，沛人，有惑众才，倾动邺都，钟繇由是辟焉。大军未反，讽潜结徒党，又与长乐卫尉陈祎谋袭邺。未及期，祎惧，告之太子，诛讽，坐死者数十人。"王昶《家诫》曰"济阴魏讽"，而此云"沛人"，未详。　[3]《曹瞒传》曰："王更修治北部尉廨，令过于旧。"　[4]《魏略》曰："孙权上书称臣，称说天命。王以权书示外曰：'是儿欲踞吾著炉火上邪！'侍中陈群、尚书桓阶奏曰：'汉自安帝已来，政去公室，国统数绝，至于今者，唯有名号，尺土一民，皆非汉有，期运久已尽，历数久已终，非适今日也。是以桓、灵之间，诸明图纬者，皆言"汉行气尽，黄家当兴"。殿下应期，十分天下而有其九，以服事汉，群生注望，遐迩怨叹，是故孙权在远称臣，此天人之应，异气齐声。臣愚以为虞、夏不以谦辞，殷、周不吝诛放，畏天知命，无所与让也。'"《魏氏春秋》曰:"夏侯惇谓王曰:'天下咸知汉祚已尽,异代方起。自古已来,能除民害为百姓所归者,即民主也。今殿下即戎三十余年,功德著于黎庶,为天下所依归,应天顺民,复何疑哉!'王曰:'"施于有政,是亦为政"。若天命在吾,吾为周文王矣。'"《曹瞒传》及《世语》并云:桓阶劝王正位,夏侯惇以为宜先灭蜀,蜀亡则吴服,二方既定,然后遵舜、禹之轨,王从之。及至王薨,惇追恨前言,发病卒。孙盛评曰:"夏侯惇耻为汉官,求受魏印,桓阶方惇,有义直之节;考其传记,《世语》为妄矣。"[5]《世语》曰:"太祖自汉中至洛阳,起建始殿,伐濯龙祠而树血出。"《曹瞒传》曰:"王使工苏越徙美梨,掘之,根伤尽出血。越白状,王躬自视而恶之,以为不祥,还遂寝疾。" [6]《魏书》曰:"太祖自统御海内,芟夷群丑,其行军用师,大较依孙、吴之法,而因事设奇,谲敌制胜,变化如神。自作兵书十万余言,诸将征伐,皆以新书从事;临事又手为节度,从令者克捷,违教者负败。与虏对阵,意思安闲,如不欲战,然及至决机乘胜,气势盈溢,故每战必克,军无幸胜。知人善察,难眩以伪,拔于禁、乐进于行阵之间,取张辽、徐晃于亡虏之内,皆佐命立功,列为名将;其余拔出细微,登为牧守者,不可胜数。是以创造大业,文武并施,御军三十余年,手不舍书,昼则讲武策,夜则思经传,登高必赋,及造新诗,被之管弦,皆成乐章。才力绝人,手射飞鸟,躬禽猛兽,尝于南皮一日射雉获六十三头。及造作宫室,缮治器械,无不为之法则,皆尽其意。雅性节俭,不好华丽,后宫衣不锦绣,侍御履不二采,帷帐屏风,坏则补纳,茵蓐取温,无有缘饰。攻城拔邑,得靡丽之物,则悉以赐有功,勋劳宜赏,不吝千金,无功望施,分毫不与,四方献御,与群下共之。常以送终之制,袭称之数,繁而无益,俗又过之,故预自制终亡衣服,四箧而已。"《傅子》曰:"太祖愍嫁娶之奢僭,公女适人,皆以皂帐,从婢不过十人。"张华《博物志》曰:"汉世,安平崔瑗、瑗子寔、弘农张芝、芝弟昶并善草书,而太祖亚之。桓谭、蔡邕善音乐,冯翊山子道、王九真、郭凯等善围棋,太祖皆与埒能。又好养性法,亦解方药,招引方术之士,庐江左慈、谯郡华佗、甘陵甘始、阳城郄俭无不毕至，又习啖野葛至一尺，亦得少多饮鸩酒。”《傅子》曰：“汉末王公，多委王服，以幅巾为雅，是以袁绍、崔钧之徒，虽为将帅，皆著缣巾。魏太祖以天下凶荒，资财乏匮，拟古皮弁，裁缣帛以为帢，合于简易随时之义，以色别其贵贱，于今施行，可谓军容，非国容也。”《曹瞒传》曰：“太祖为人佻易无威重，好音乐，倡优在侧，常以日达夕。被服轻绡，身自佩小鞶囊，以盛手巾细物，时或冠帢帽以见宾客。每与人谈论，戏弄言诵，尽无所隐，及欢悦大笑，至以头没杯案中，肴膳皆沾污巾帻，其轻易如此。然持法峻刻，诸将有计画胜出己者，随以法诛之，及故人旧怨，亦皆无余。其所刑杀，辄对之垂涕嗟痛之，终无所活。初，袁忠为沛相，尝欲以法治太祖，沛国桓邵亦轻之，及在兖州，陈留边让言议颇侵太祖，太祖杀让，族其家，忠、邵俱避难交州，太祖遣使就太守士燮尽族之。桓邵得出首，拜谢于庭中，太祖谓曰：‘跪可解死邪！’遂杀之。常出军，行经麦中，令士卒：‘无败麦，犯者死。’骑士皆下马，持麦以相付，于是太祖马腾入麦中，敕主簿议罪；主簿对以‘《春秋》之义，罚不加于尊’。太祖曰：‘制法而自犯之，何以帅下？然孤为军帅，不可自杀，请自刑。’因援剑割发以置地。又有幸姬常从昼寝，枕之卧，告之曰：‘须臾觉我。’姬见太祖卧安，未即寤，及自觉，棒杀之。常讨贼，廪谷不足，私谓主者曰：‘如何？’主者曰：‘可以小斛以足之。’太祖曰：‘善。’后军中言太祖欺众，太祖谓主者曰：‘特当借君死以厌众，不然事不解。’乃斩之，取首题徇曰：‘行小斛，盗官谷，斩之军门。’其酷虐变诈，皆此类也。”

评曰：汉末，天下大乱，雄豪并起，而袁绍虎视四州，强盛莫敌。太祖运筹演谋，鞭挞宇内，揽申、商之法术[1]，该韩、白之奇策[2]，官方授材，各因其

评论说：汉末，天下大乱，群雄四起，而袁绍虎视四州之地，没有比他更为强盛的势力了。太祖运筹谋划，鞭挞宇内，采用申不害、商鞅的法术，吸取韩信、白起的奇谋计策，根据每个人的才智授予相应的官职，能够克制自己的好

器，矫情任算，不念旧恶，终能总御皇机，克成洪业者，惟其明略最优也。抑可谓非常之人，超世之杰矣！

恶而任事，不计较之前的仇怨，最终能够总揽朝政大权，成就宏伟的功业，是贤明有谋略者中最优秀的。他的确可以说是非同寻常之人，超绝当世的雄杰呀！

今注 1 申、商之法术：申、商指的是战国时期的申不害和商鞅。两人是法家的代表人物，申不害强调国君需要运用术和势驾驭臣下，商鞅强调应以法律治理国家。 2 韩、白之奇策：韩、白指的是战国秦汉时期的韩信和白起。两人都是著名的军事家，屡出奇策。

卷二 魏书二

文帝纪

导读 文帝讳曹丕(187—226),字子桓,沛国谯县(今安徽亳州)人,三国时期政治家、文学家。曹丕是曹操的长子,曹魏开国皇帝。文帝自幼文武双全,博览经传,通晓诸子百家。他采纳吏部尚书陈群的建议,实行九品中正制,而且限制宦官、外戚的权力。文帝为了巩固魏国的基业,多次外出巡行,平定青州、徐州一带的割据势力,稳固了北方的统一,并多次出兵伐吴,期望实现南北统一。

文帝丕

原文

文皇帝讳丕,字子桓,武帝太子也。中平四年冬,生于谯1[1]。建安十六年,为五官中郎将、副丞相。二十二年,立为魏太子[2]。太祖崩,嗣位为丞相、魏王[3],尊王后曰王太后。改建安二十五年为延康元年。

元年二月[4]壬戌,以太中大夫2贾诩为太尉,御史大

译文

文皇帝讳丕,字子桓,是武帝的太子。中平四年(187)的冬天,出生在沛郡谯县。建安十六年(211),为五官中郎将、副丞相。二十二年(217),被立为魏太子。太祖驾崩后,他继位丞相、魏王,尊奉王后为王太后。改年号建安二十五年(220)为延康元年。

延康元年二月壬戌日,任命太中大夫贾诩为太尉,御史大夫华歆

夫华歆为相国，大理王朗为御史大夫。置散骑常侍[3]、侍郎各四人，其宦人为官者不得过诸署令；为金策著令，藏之石室。

初，汉熹平五年，黄龙见谯，光禄大夫桥玄问太史令单飏："此何祥也？"飏曰："其国后当有王者兴，不及五十年，亦当复见。天事恒象，此其应也。"内黄殷登默而记之。至四十五年，登尚在。

三月，黄龙见谯，登闻之曰："单飏之言，其验兹乎[5]！"己卯，以前将军夏侯惇为大将军。濊貊[4]、扶餘单于，焉耆[5]、于阗[6]王皆各遣使奉献[6]。

夏四月丁巳，饶安县[7]言白雉见[7]。庚午，大将军夏侯惇薨。

为相国，大理王朗为御史大夫。设置散骑常侍、侍郎各四人，规定凡是宦者做官的，地位不得超过署令；并将此诏令刻在金册上，收藏在石室之中。

当初，在汉灵帝熹平五年(176)的时候，有黄龙在谯县出现，光禄大夫桥玄询问太史令单飏："这是什么祥瑞？"单飏说："这个地方日后当有王者兴起，不到五十年，黄龙当再次出现。天道的运行总会和人事相应，这就是要出现王者的征兆。"内黄的殷登默默地记下了此事。过了四十五年，殷登仍然在世。

三月，黄龙出现在谯县，殷登听说后说："单飏的预言，果然应验了！"己卯日，任命前将军夏侯惇为大将军。濊貊、扶餘单于，焉耆、于阗王都各自派遣使节送来贡品。

夏天的四月丁巳日，饶安县传言出现了白雉。庚午日，大将军夏侯惇去世。

今注　1 谯：在今安徽亳州。　2 太中大夫：职官名，掌管议论。　3 散骑常侍：为汉代散骑（皇帝的骑从）和中常侍的合称。侍奉皇帝左右，规谏过失，以备顾问。　4 濊貊(wèi mò)：是中国东北地区的古老

部族。 5 焉耆:西域古国,在今新疆维吾尔自治区焉耆回族自治县。 6 于阗:西域古国,在今新疆维吾尔自治区和田县。 7 饶安县:在今河北沧州盐山县。

裴注 [1]《魏书》曰:"帝生时,有云气青色而圜如车盖当其上,终日,望气者以为至贵之证,非人臣之气。年八岁,能属文。有逸才,遂博贯古今经传诸子百家之书。善骑射,好击剑。举茂才,不行。"《献帝起居注》曰:"建安十三年,为司徒赵温所辟。太祖表'温辟臣子弟,选举故不以实'。使侍中守光禄勋郗虑持节奉策免温官。" [2]《魏略》曰:"太祖不时立太子,太子自疑。是时有高元吕者,善相人,乃呼问之,对曰:'其贵乃不可言。'问:'寿几何?'元吕曰:'其寿至四十当有小苦,过是无忧也。'后无几而立为王太子,至年四十而薨。" [3]袁宏《汉纪》载汉帝诏曰:"魏太子丕:昔皇天授乃显考以翼我皇家,遂攘除群凶,拓定九州,弘功茂绩,光于宇宙,朕用垂拱负扆二十有余载。天不慭遗一老,永保余一人,早世潜神,哀悼伤切。丕奕世宣明,宜秉文武,绍熙前绪。今使使持节御史大夫华歆奉策诏授丕丞相印绶、魏王玺绂,领冀州牧。方今外有遗虏,遐夷未宾,旗鼓犹在边境,干戈不得韬刃,斯乃播扬洪烈,立功垂名之秋也。岂得修谅闇之礼,究曾、闵之志哉?其敬服朕命,抑弭忧怀,旁祇厥绪,时亮庶功,以称朕意。於戏,可不勉与!" [4]《魏书》载庚戌令曰:"关津所以通商旅,池苑所以御灾荒,设禁重税,非所以便民。其除池篽之禁,轻关津之税,皆复什一。"辛亥,赐诸侯王将相已下大将粟万斛,帛千匹,金银各有差等。遣使者循行郡国,有违理掊克暴虐者,举其罪。 [5]《魏书》曰:"王召见登,谓之曰:'昔成风闻楚丘之繇而敬事季友,邓晨信少公之言而自纳光武。登以笃老,服膺占术,记识天道,岂有是乎!'赐登谷三百斛,遣归家。" [6]《魏书》曰:"丙戌,令史官奏修重、黎、羲、和之职,钦若昊天,历象日月星辰以奉天时。"臣松之案:《魏书》有是言而不闻其职也。丁亥令曰:"故尚书仆射毛玠,奉常王脩,凉茂,郎中令袁涣,少府谢奂、万潜，中尉徐奕、国渊等，皆忠直在朝，履蹈仁义，并早即世，而子孙陵迟，恻然愍之，其皆拜子男为郎中。” [7]《魏书》曰：“赐饶安田租，渤海郡百户牛酒，大酺三日；太常以太牢祠宗庙。” [8]《魏书》曰：“王素服幸邺东城门发哀。”孙盛曰：“在礼，天子哭同姓于宗庙门之外。哭于城门，失其所也。”

五月戊寅，天子命王追尊皇祖太尉曰太王，夫人丁氏曰太王后，封王子叡为武德侯[1]。是月，冯翊山贼郑甘、王照率众降，皆封列侯[2]。酒泉黄华、张掖张进等各执太守以叛。金城[1]太守苏则讨进，斩之。华降[3]。

六月辛亥，治兵于东郊[4]，庚午，遂南征[5]。

秋七月庚辰，令曰：“轩辕有明台之议，放勋有衢室之问[2]，皆所以广询于下也[6]。百官有司，其务以职尽规谏，将率陈军法，朝士明制度，牧守申政事，缙绅考六艺[3]，吾将兼览焉。”孙权遣使奉献。蜀将孟达率众降。武都氐王杨仆率种人内附，居汉阳郡[4][7]。

五月戊寅日，天子命令魏王（曹丕）追尊皇祖汉太尉为太王，夫人丁氏为太王后，封魏王儿子叡为武德侯。这个月，冯翊山贼郑甘、王照率领众人投降，都被封为列侯。酒泉的黄华、张掖的张进等人各自挟持太守叛乱。金城太守苏则讨伐张进，将其斩首。黄华投降。

六月辛亥日，魏王在东郊整顿军旅，庚午日，开始南征。

秋七月庚辰日，魏王下令说：“轩辕黄帝有明台会议，尧帝有衢室之问，都是在向臣下广泛地征询建议。百官有司，各自尽责以规劝纳谏，将帅陈述治军之法，朝廷士大夫深明典章制度，牧守申述为政之法，缙绅考明六艺之术，我将要兼听众人的意见。”孙权派遣使节进献贡品。蜀汉将领孟达率领众人投降。武都氐人之王杨仆率领族人内附，居住在汉阳甲午，军次于谯，大飨六军及谯父老百姓于邑东[8]。

八月，石邑县5言凤皇集。

冬十月癸卯，令曰："诸将征伐，士卒死亡者或未收敛，吾甚哀之；其告郡国给槥椟6殡敛[9]，送致其家，官为设祭[10]。"丙午，行至曲蠡。

郡。甲午日，军队驻扎在谯县，在城邑的东部大规模地犒赏六军将士和当地的父老百姓。

八月，石邑县传言凤凰云集。

冬季十月癸卯日，魏王下令说："诸位将帅征伐，死亡的士卒有的还没有收殓，我为此感到很悲痛；命令郡国提供棺材用来出殡殓葬，并送达其家，官府为其办理祭祀。"丙午日，魏王行至曲蠡。

今注 1 金城：即今甘肃兰州。 2 轩辕有明台之议，放勋有衢室之问：轩辕、放勋为传说中的黄帝、帝尧。传说中黄帝在明台听政，帝尧在衢室听取民意。 3 六艺：指《诗》《书》《礼》《乐》《易》《春秋》等儒家经典。 4 汉阳郡：属凉州，治所在今甘肃甘谷县东南。 5 石邑县：在今河北石家庄鹿泉区。 6 槥椟：小型的棺材。

裴注 [1]《魏略》曰："以侍中郑称为武德侯傅，令曰：'龙渊、太阿出昆吾之金，和氏之璧由井里之田；砻之以砥砺，错之以他山，故能致连城之价，为命世之宝。学亦人之砥砺也。称笃学大儒，勉以经学辅侯，宜旦夕入侍，曜明其志。'" [2]《魏书》曰："初，郑甘、王照及卢水胡率其属来降，王得降书，以示朝曰：'前欲有令吾讨鲜卑者，吾不从而降；又有欲使吾及今秋讨卢水胡者，吾不听，今又降。昔魏武侯一谋而当，有自得之色，见讥李悝。吾今说此，非自是也，徒以为坐而降之，其功大于动兵革也。'" [3] 华后为兖州刺史，见《王淩传》。 [4]《魏书》曰："公卿相仪，王御华盖，视金鼓之节。" [5]《魏略》曰："王将出征，度支中郎将新平霍性上疏谏曰：‘臣闻文王与纣之事，是时天下括囊无咎，凡百君子，莫肯用讯。今大王体则乾坤，广开四聪，使贤愚各建所规。伏惟先王功无与比，而今能言之类，不称为德。故圣人曰“得百姓之欢心”。兵书曰“战，危事也”。是以六国力战，强秦承弊，豳王不争，周道用兴。愚谓大王且当委重本朝而守其雌，抗威虎卧，功业可成。而今创基，便复起兵，兵者凶器，必有凶扰，扰则思乱，乱出不意。臣谓此危，危于累卵。昔夏启隐神三年，《易》有“不远而复”，《论》有“不惮改”。诚愿大王揆古察今，深谋远虑，与三事大夫算其长短。臣沐浴先王之遇，又初改政，复受重任，虽知言触龙鳞，阿谀近福，窃感所诵“危而不持”。’奏通，帝怒，遣刺奸就考竟，杀之。既而悔之，追原不及。” [6]《管子》曰：“黄帝立明台之议者，上观于兵也；尧有衢室之问者，下听于民也；舜有告善之旌，而主不蔽也；禹立建鼓于朝，而备诉讼也；汤有总街之廷，以观民非也；武王有灵台之囿，而贤者进也：此古圣帝明王所以有而勿失，得而勿忘也。” [7]《魏略》载王自手笔令曰：“日前遣使宣国威灵，而达即来。吾惟《春秋》褒仪父，即封拜达，使还领新城太守。近复有扶老携幼首向王化者。吾闻夙沙之民自缚其君以归神农，豳国之众襁负其子而入丰、镐，斯岂驱略迫胁之所致哉？乃风化动其情而仁义感其衷，欢心内发使之然也。以此而推，西南将万里无外，权、备将与谁守死乎？” [8]《魏书》曰：“设伎乐百戏，令曰：‘先王皆乐其所自生，礼不忘其本。谯，霸王之邦，真人本出，其复谯租税二年。’三老吏民上寿，日夕而罢。丙申，亲祠谯陵。”孙盛曰：“昔者先王之以孝治天下也，内节天性，外施四海，存尽其敬，亡极其哀，思慕谅闇，寄政冢宰，故曰‘三年之丧，自天子达于庶人’；夫然，故在三之义惇，臣子之恩笃，雍熙之化隆，经国之道固，圣人之所以通天地，厚人伦，显至教，敦风俗，斯万世不易之典，百王服膺之制也。是故丧礼素冠，郐人著庶见之讥，宰予降期，仲尼发不仁之叹，子颓忘戚，君子以为乐祸，鲁侯易服，《春秋》知其不终，岂不以坠至痛之诚心，丧哀乐之大节者哉？故虽三季之末，七雄之弊，犹未有废缞斩于旬朔之间，释麻杖于反哭之日者也。逮于汉文，变易古制，人道之纪，一旦而废，缞素夺于至尊，四海散其遏密，义感阙于群后，大化坠于君亲；虽心存贬约，虑在经纶，至于树德垂声，崇化变俗，固以道薄于当年，风颓于百代矣。且武王载主而牧野不阵，晋襄墨缞而三帅为俘，应务济功，服其焉害？魏王既追汉制，替其大礼，处莫重之哀而设飨宴之乐，居贻厥之始而堕王化之基，及至受禅，显纳二女，忘其至恤以诬先圣之典，天心丧矣，将何以终！是以知王龄之不遐，卜世之期促也。” ［9］槥，音卫。 ［10］《汉书》高祖八月令曰：“士卒从军死，为槥。”应劭曰：“槥，小棺也，今谓之椟。”应璩《百一诗》曰：“槥车在道路，征夫不得休。”陆机《大墓赋》曰：“观细木而闷迟，睹洪椟而念槥。”

汉帝以众望在魏，乃召群公卿士[1]，告祠高庙。使兼御史大夫张音持节奉玺绶禅位，册曰：“咨尔魏王：昔者帝尧禅位于虞舜，舜亦以命禹，天命不于常，惟归有德。汉道陵迟，世失其序，降及朕躬，大乱兹昏，群凶肆逆，宇内颠覆。赖武王神武，拯兹难于四方，惟清区夏，以保绥我宗庙，岂予一人获乂[1]，俾九服[2]实受其赐。

“今王钦承前绪，光于乃德，恢文武之大业，

汉献帝认为人心已经归服于魏，于是召集群公卿士，祭祀并禀告高皇帝的庙宇。派遣兼任御史大夫的张音持节并奉纳玺绶而禅位，在册命中说：“魏王敬听：往昔帝尧禅位于虞舜，舜又禅位于禹，天命不会常留一处，只会归于有德之人。汉朝的统治衰微陵替，已经长时间地失去秩序，皇位传到了我这儿，社会十分动荡黑暗，众多凶恶的人肆意妄行，天下的秩序都被破坏。幸亏依赖武王的英明勇武，平定四方的祸患，使华夏重回清平，汉家得以延续宗庙的祭祀，岂止我一个人获得安稳，天下九服都受到了恩惠。

“现今魏王恭敬地承续先王的功业，光大德行，发扬文武的大业，昭续尊

昭尔考之弘烈。皇灵降瑞，人神告征，诞惟亮采，师锡朕命，佥曰尔度克协于虞舜，用率我唐典[3]，敬逊尔位。於戏！天之历数在尔躬，允执其中，天禄永终；君其祗顺大礼，飨兹万国，以肃承天命[2]。”乃为坛于繁阳[4]。庚午，王升坛即阼，百官陪位。事讫，降坛，视燎[5]成礼而反。改延康为黄初，大赦[3]。

父的巨大功业。上天降下祥瑞，人神报告征验，有如神圣光亮的色彩，大家和我都认为你的气度能够相协于虞舜，能够秉承汉朝的典章，我应该恭敬让位于你。於戏！天道运数就集中在你的身上，真诚地处以中庸之道，就能够长久地享有天赐的福禄；你要恭顺接受大礼，享有万国，严肃地秉承天命。”于是在繁阳设坛。庚午日，魏王升坛受禅，文武百官陪位。礼毕，下坛，观看燎祭的礼仪后返回。改年号延康为黄初，大赦天下。

今注 1 乂(yì)：安定。 2 九服：京畿之外的九等地区，泛指天下。 3 唐典：尧帝号陶唐氏，史称唐尧。汉朝自认为与尧同属于五德中的火德，宣称“汉家尧后”。此处代指汉朝。 4 繁阳：地名，在今河南漯河郾城区。 5 燎：古代的祭天仪式，将玉帛、牺牲放在柴堆上燃烧，以享天神。

裴注 [1] 袁宏《汉纪》载汉帝诏曰：“朕在位三十有二载，遭天下荡覆，幸赖祖宗之灵，危而复存。然仰瞻天文，俯察民心，炎精之数既终，行运在乎曹氏。是以前王既树神武之绩，今王又光曜明德以应其期，是历数昭明，信可知矣。夫大道之行，天下为公，选贤与能，故唐尧不私于厥子，而名播于无穷。朕羡而慕焉，今其追踵尧典，禅位于魏王。” [2]《献帝传》载禅代众事曰：“左中郎将李伏表魏王曰：‘昔先王初建魏国，在境外者闻之未审，皆以为拜王。武都李庶、姜合羁旅汉中，谓臣曰：“必为魏公，未便王也。定天下者，魏公子桓，神之所命，当合符谶，以应天人之位。”臣以合辞语镇南将军张鲁，鲁亦问合“知书所出”，合曰：“孔子《玉版》也。天子历数，虽百世可知。”是后月余，有亡人来，写得册文，卒如合辞。合长于内学，关右知名。鲁虽有怀国之心，沈溺异道变化，不果寤合之言。后密与臣议策质，国人不协，或欲西通，鲁即怒曰：“宁为魏公奴，不为刘备上客也。”言发恻痛，诚有由然。合先迎王师，往岁病亡于邺。自臣在朝，每为所亲宣说此意，时未有宜，弗敢显言。殿下即位初年，祯祥众瑞，日月而至，有命自天，昭然著见。然圣德洞达，符表豫明，实乾坤挺庆，万国作孚。臣每庆贺，欲言合验；“事君尽礼，人以为谄”。况臣名行秽贱，入朝日浅，言为罪尤，自抑而已。今洪泽被四表，灵恩格天地，海内翕习，殊方归服，兆应并集，以扬休命，始终允臧。臣不胜喜舞，谨具表通。’王令曰：‘以示外。薄德之人，何能致此，未敢当也；斯诚先王至德通于神明，固非人力也。’魏王侍中刘廙、辛毗、刘晔，尚书令桓阶，尚书陈矫、陈群，给事黄门侍郎王毖、董遇等言：‘臣伏读左中郎将李伏上事，考图纬之言，以效神明之应，稽之古代，未有不然者也。故尧称历数在躬，璇玑以明天道；周武未战而赤乌衔书；汉祖未兆而神母告符；孝宣仄微，字成木叶；光武布衣，名已勒谶。是天之所命以著圣哲，非有言语之声，芬芳之臭，可得而知也，徒县象以示人，微物以效意耳。自汉德之衰，渐染数世，桓、灵之末，皇极不建，暨于大乱，二十余年。天之不泯，诞生明圣，以济其难，是以符谶先著，以彰至德。殿下践阼未期，而灵象变于上，群瑞应于下，四方不羁之民，归心向义，唯惧在后，虽典籍所传，未若今之盛也。臣妾远近，莫不凫藻。’王令曰：‘犁牛之驳似虎，莠之幼似禾，事有似是而非者，今日是矣。睹斯言事，良重吾不德。’于是尚书仆射宣告官寮，咸使闻知。辛亥，太史丞许芝条魏代汉见谶纬于魏王曰：‘《易传》曰：“圣人受命而王，黄龙以戊己日见。”七月四日戊寅，黄龙见，此帝王受命之符瑞最著明者也。又曰：“初六，履霜，阴始凝也。又有积虫大穴天子之宫，厥咎然。”今蝗虫见，应之也。又曰：“圣人以德亲比天下，仁恩洽普，厥应麒麟以戊己日至,厥应圣人受命。”又曰:“圣人清净行中正,贤人福至民从命,厥应麒麟来。”《春秋汉含孳》曰:“汉以魏,魏以征。”《春秋玉版谶》曰:“代赤者魏公子。”《春秋佐助期》曰:“汉以许昌失天下。”故白马令李云上事曰:“许昌气见于当涂高,当涂高者当昌于许。”当涂高者,魏也;象魏者,两观阙是也;当道而高大者魏。魏当代汉。今魏基昌于许,汉征绝于许,乃今效见,如李云之言,许昌相应也。《佐助期》又曰:“汉以蒙孙亡。”说者以蒙孙汉二十四帝,童蒙愚昏,以弱亡。或以杂文为蒙其孙当失天下,以为汉帝非正嗣,少时为董侯,名不正,蒙乱之荒惑,其子孙以弱亡。《孝经中黄谶》曰:“日载东,绝火光。不横一,圣聪明。四百之外,易姓而王。天下归功,致太平,居八甲;共礼乐,正万民,嘉乐家和杂。”此魏王之姓讳,著见图谶。《易运期谶》曰:“言居东,西有午,两日并光日居下。其为主,反为辅。五八四十,黄气受,真人出。”言午,许字。两日,昌字。汉当以许亡,魏当以许昌。今际会之期在许,是其大效也。《易运期》又曰:“鬼在山,禾女连,王天下。”臣闻帝王者,五行之精;易姓之符,代兴之会,以七百二十年为一轨。有德者过之,至于八百,无德者不及,至四百载。是以周家八百六十七年,夏家四百数十年,汉行夏正,迄今四百二十六岁。又高祖受命,数虽起乙未,然其兆征始于获麟。获麟以来七百余年,天之历数将以尽终。帝王之兴,不常一姓。太微中,黄帝坐常明,而赤帝坐常不见,以为黄家兴而赤家衰,凶亡之渐。自是以来四十余年,又荧惑失色不明十有余年。建安十年,彗星先除紫微,二十三年,复扫太微。新天子气见东南以来,二十三年,白虹贯日,月蚀荧惑,比年己亥、壬子、丙午日蚀,皆水灭火之象也。殿下即位,初践阼,德配天地,行合神明,恩泽盈溢,广被四表,格于上下。是以黄龙数见,凤皇仍翔,麒麟皆臻,白虎效仁,前后献见于郊甸;甘露醴泉,奇兽神物,众瑞并出。斯皆帝王受命易姓之符也。昔黄帝受命,风后受《河图》;舜、禹有天下,凤皇翔,洛出《书》;汤之王,白鸟为符;文王为西伯,赤鸟衔丹书;武王伐殷,白鱼升舟;高祖始起,白蛇为征。巨迹瑞应,皆为圣人兴。观汉前后之大灾,今兹之符瑞,察图谶之期运，揆河洛之所甄，未若今大魏之最美也。夫得岁星者，道始兴。昔武王伐殷，岁在鹑火，有周之分野也。高祖入秦，五星聚东井，有汉之分野也。今兹岁星在大梁，有魏之分野也。而天之瑞应，并集来臻，四方归附，襁负而至，兆民欣戴，咸乐嘉庆。《春秋大传》曰："周公何以不之鲁？盖以为虽有继体守文之君，不害圣人受命而王。"周公反政，《尸子》以为孔子非之，以为周公不圣，不为兆民也。京房作《易传》曰："凡为王者，恶者去之，弱者夺之。易姓改代，天命应常，人谋鬼谋，百姓与能。"伏惟殿下体尧、舜之盛明，膺七百之禅代，当汤、武之期运，值天命之移授，河洛所表，图谶所载，昭然明白，天下学士所共见也。臣职在史官，考符察征，图谶效见，际会之期，谨以上闻。'王令曰：'昔周文三分天下有其二，以服事殷，仲尼叹其至德；公旦履天子之籍，听天下之断，终然复子明辟，《书》美其人。吾虽德不及二圣，敢忘高山景行之义哉？若夫唐尧、舜、禹之迹，皆以圣质茂德处之，故能上和灵祇，下宁万姓，流称今日。今吾德至薄也，人至鄙也，遭遇际会，幸承先王余业，恩未被四海，泽未及天下，虽倾仓竭府以振魏国百姓，犹寒者未尽暖，饥者未尽饱。夙夜忧惧，弗敢遑宁，庶欲保全发齿，长守今日，以没于地，以全魏国，下见先王，以塞负荷之责。望狭志局，守此而已；虽屡蒙祥瑞，当之战惶，五色无主。若芝之言，岂所闻乎？心栗手悼，书不成字，辞不宣心。吾间作诗曰："丧乱悠悠过纪，白骨纵横万里，哀哀下民靡恃，吾将佐时整理，复子明辟致仕。"庶欲守此辞以自终，卒不虚言也。宜宣示远近，使昭赤心。'于是侍中辛毗、刘晔，散骑常侍傅巽、卫臻，尚书令桓阶，尚书陈矫、陈群，给事中博士骑都尉苏林、董巴等奏曰：'伏见太史丞许芝上魏国受命之符；令书恳切，允执谦让，虽舜、禹、汤、文，义无以过。然古先哲王所以受天命而不辞者，诚急遵皇天之意，副兆民之望，弗得已也。且《易》曰："观乎天文以察时变，观乎人文以化成天下。"又曰："天垂象，见吉凶，圣人则之；河出图，洛出书，圣人效之。"以为天文因人而变，至于河、洛之书，著于《洪范》，则殷、周效而用之矣。斯言，诚帝王之明符，天道之大要也。是以由德应录者代兴于前，失道数尽者迭废于后,《传》讥苌弘欲支天之所坏,而说蔡墨"雷乘乾"之说,明神器之存亡,非人力所能逮也。今汉室衰替,帝纲堕坠,天子之诏,歇灭无闻,皇天将舍旧而命新,百姓既去汉而为魏,昭然著明,是可知也。先王拨乱平世,将建洪基;至于殿下,以至德当历数之运,即位以来,天应人事,粲然大备,神灵图籍,兼仍往古,休征嘉兆,跨越前代;是芝所取《中黄》《运期》姓讳之谶,斯文乃著于前世,与汉并见。由是言之,天命久矣,非殿下所得而拒之也。神明之意,候望禋享,兆民颙颙,咸注嘉愿,惟殿下览图籍之明文,急天下之公义,辄宣令外内,布告州郡,使知符命著明而殿下谦虚之意。'令曰:'下四方以明孤款心,是也。至于览余辞,岂余所谓哉?宁所堪哉?诸卿指论,未若孤自料之审也。夫虚谈谬称,鄙薄所弗当也。且闻比来东征,经郡县,历屯田,百姓面有饥色,衣或裋褐不完,罪皆在孤;是以上惭众瑞,下愧士民。由斯言之,德尚未堪偏王,何言帝者也!宜止息此议,无重吾不德,使逝之后,不愧后之君子。'癸丑,宣告群寮。督军御史中丞司马懿,侍御史郑浑、羊祕、鲍勋、武周等言:'令如左。伏读太史丞许芝上符命事,臣等闻有唐世衰,天命在虞,虞氏世衰,天命在夏;然则天地之灵,历数之运,去就之符,惟德所在。故孔子曰:"凤鸟不至,河不出图,吾已矣夫!"今汉室衰,自安、和、冲、质以来,国统屡绝,桓、灵荒淫,禄去公室,此乃天命去就,非一朝一夕,其所由来久矣。殿下践阼,至德广被,格于上下,天人感应,符瑞并臻,考之旧史,未有若今日之盛。夫大人者,先天而天弗违,后天而奉天时,天时已至而犹谦让者,舜、禹所不为也,故生民蒙救济之惠,群类受育长之施。今八方颙颙,大小注望,皇天乃眷,神人同谋,十分而九以委质,义过周文,所谓过恭也。臣妾上下,伏所不安。'令曰:'世之所不足者道义也,所有余者苟妄也;常人之性,贱所不足,贵所有余,故曰"不患无位,患所以立"。孤虽寡德,庶自免于常人之贵。夫石可破而不可夺坚,丹可磨而不可夺赤。丹石微物,尚保斯质,况吾托士人之末列,曾受教于君子哉?且於陵仲子以仁为富,柏成子高以义为贵,鲍焦感子贡之言,弃其蔬而槁死,薪者讥季札失辞，皆委重而弗视。吾独何人？昔周武，大圣也，使叔旦盟胶鬲于四内，使召公约微子于共头，故伯夷、叔齐相与笑之曰："昔神农氏之有天下，不以人之坏自成，不以人之卑自高。"以为周之伐殷以暴也。吾德非周武而义惭夷、齐，庶欲远苟妄之失道，立丹石之不夺，迈於陵之所富，蹈柏成之所贵，执鲍焦之贞至，遵薪者之清节。故曰："三军可夺帅，匹夫不可夺志。"吾之斯志，岂可夺哉？'乙卯，册诏魏王禅代天下曰：'惟延康元年十月乙卯，皇帝曰，咨尔魏王：夫命运否泰，依德升降，三代卜年，著于《春秋》，是以天命不于常，帝王不一姓，由来尚矣。汉道陵迟，为日已久，安、顺已降，世失其序，冲、质短祚，三世无嗣，皇纲肇亏，帝典颓沮。暨于朕躬，天降之灾，遭无妄厄运之会，值炎精幽昧之期。变兴辇毂，祸由阉宦。董卓乘衅，恶甚浇、殪，劫迁省御，太仆宫庙，遂使九州幅裂，强敌虎争，华夏鼎沸，蝮蛇塞路。当斯之时，尺土非复汉有，一夫岂复朕民？幸赖武王德膺符运，奋扬神武，芟夷凶暴，清定区夏，保乂皇家。今王缵承前绪，至德光昭，御衡不迷，布德优远，声教被四海，仁风扇鬼区，是以四方效珍，人神响应，天之历数实在尔躬。昔虞舜有大功二十，而放勋禅以天下；大禹有疏导之绩，而重华禅以帝位。汉承尧运，有传圣之义，加顺灵祇，绍天明命，厘降二女，以嫔于魏。使使持节行御史大夫事太常音，奉皇帝玺绶，王其永君万国，敬御天威，允执其中，天禄永终，敬之哉！'于是尚书令桓阶等奏曰：'汉氏以天子位禅之陛下，陛下以圣明之德，历数之序，承汉之禅，允当天心。夫天命弗可得辞，兆民之望弗可得违，臣请会列侯诸将、群臣陪隶，发玺书，顺天命，具礼仪列奏。'令曰：'当议孤终不当承之意而已。犹猎，还方有令。'尚书令等又奏曰：'昔尧、舜禅于文祖，至汉氏，以师征受命，畏天之威，不敢怠遑，便即位行在所之地。今当受禅代之命，宜会百寮群司，六军之士，皆在行位，使咸睹天命。营中促狭，可于平敞之处设坛场，奉答休命。臣辄与侍中常侍会议礼仪，太史官择吉日讫，复奏。'令曰：'吾殊不敢当之，外亦何豫事也！'侍中刘廙、常侍卫臻等奏议曰：'汉氏遵唐尧公天下之议，陛下以圣德膺历数之运，天人同忻，靡不得所，宜顺灵符，速践皇阼。问太史丞许芝，今月十七日己未直成，可受禅命，辄治坛场之处，所当施行别奏。’令曰：‘属出，见外便设坛场，斯何谓乎？今当辞让不受诏也。但于帐前发玺书，威仪如常，且天寒，罢作坛士使归。’既发玺书，王令曰：‘当奉还玺绶为让章。吾岂奉此诏承此贶邪？昔尧让天下于许由、子州支甫，舜亦让于善卷、石户之农、北人无择，或退而耕颍之阳，或辞以幽忧之疾，或远入山林，莫知其处，或携子入海，终身不返，或以为辱，自投深渊；且颜阖惧太朴之不完，守知足之明分，王子搜乐丹穴之潜处，被熏而不出，柳下惠不以三公之贵易其介，曾参不以晋、楚之富易其仁：斯九士者，咸高节而尚义，轻富而贱贵，故书名千载，于今称焉。求仁得仁，仁岂在远？孤独何为不如哉？义有蹈东海而逝，不奉汉朝之诏也。亟为上章还玺绶，宣之天下，使咸闻焉。’己未，宣告群僚，下魏，又下天下。辅国将军清苑乡侯刘若等百二十人上书曰：‘伏读令书，深执克让，圣意恳恻，至诚外昭，臣等有所不安。何者？石户、北人，匹夫狂狷，行不合义，事不经见者，是以史迁谓之不然，诚非圣明所当希慕。且有虞不逆放勋之禅，夏禹亦无辞位之语，故《传》曰：“舜陟帝位，若固有之。”斯诚圣人知天命不可逆，历数弗可辞也。伏惟陛下应乾符运，至德发闻，升昭于天，是三灵降瑞，人神以和，休征杂沓，万国响应，虽欲勿用，将焉避之？而固执谦虚，违天逆众，慕匹夫之微分，背上圣之所蹈，违经谶之明文，信百氏之穿凿，非所以奉答天命，光慰众望也。臣等昧死以请，辄整顿坛场，至吉日受命，如前奏，分别写令宣下。’王令曰：‘昔柏成子高辞夏禹而匿野，颜阖辞鲁币而远迹，夫以王者之重，诸侯之贵，而二子忽之，何则？其节高也。故烈士徇荣名，义夫高贞介，虽蔬食瓢饮，乐在其中。是以仲尼师王骀，而子产嘉申徒。今诸卿皆孤股肱腹心，足以明孤，而今咸若斯，则诸卿游于形骸之内，而孤求为形骸之外，其不相知，未足多怪。亟为上章还玺绶，勿复纷纷也。’辅国将军等一百二十人又奏曰：‘臣闻符命不虚见，众心弗可违，故孔子曰：“周公其为不圣乎？以天下让。是天地日月轻去万物也。”是以舜向天下，不拜而受命。今火德气尽，炎上数终，帝迁明德，祚隆大魏。符瑞昭晢，受命既固，光天之下，神人同应，虽有虞仪凤，成周跃鱼，方今之事，未足以喻。而陛下违天命以饰小行，逆人心以守私志，上忤皇穹眷命之旨，中忘圣人达节之数，下孤人臣翘首之望，非所以扬圣道之高衢，乘无穷之懿勋也。臣等闻事君有献可替否之道，奉上有逆鳞固争之义，臣等敢以死请。’令曰：‘太古圣王之治也，至德合乾坤，惠泽均造化，礼教优乎昆虫，仁恩洽乎草木，日月所照，戴天履地，含气有生之类，靡不被服清风，沐浴玄德；是以金革不起，苛慝不作，风雨应节，祯祥触类而见。今百姓寒者未暖，饥者未饱，鳏者未室，寡者未嫁；权、备尚存，未可舞以干戚，方将整以齐斧；戎役未息于外，士民未安于内，耳未闻康哉之歌，目未睹击壤之戏，婴儿未可托于高巢，余粮未可以宿于田亩：人事未备，至如此也。夜未曜景星，治未通真人，河未出龙马，山未出象车，蓂荚未植阶庭，萐莆未生庖厨，王母未献白环，渠搜未见珍裘：灵瑞未效，又如彼也。昔东户季子、容成、大庭、轩辕、赫胥之君，咸得以此就功勒名。今诸卿独不可少假孤精心竭虑，以和天人，以格至理，使彼众事备，群瑞效，然后安乃议此乎，何遽相愧相迫之如是也？速为让章，上还玺绶，无重吾不德也。’侍中刘廙等奏曰：‘伏惟陛下以大圣之纯懿，当天命之历数，观天象则符瑞著明，考图纬则文义焕炳，察人事则四海齐心，稽前代则异世同归；而固拒禅命，未践尊位。圣意恳恻，臣等敢不奉诏？辄具章遣使者。’奉令曰：‘泰伯三以天下让，人无得而称焉，仲尼叹其至德，孤独何人？’庚申，魏王上书曰：‘皇帝陛下：奉被今月乙卯玺书，伏听册命，五内惊震，精爽散越，不知所处。臣前上还相位，退守藩国，圣恩听许。臣虽无古人量德度身自定之志，保己存性，实其私愿。不寤陛下猥损过谬之命，发不世之诏，以加无德之臣。且闻尧禅重华，举其克谐之德，舜授文命，采其齐圣之美，犹下咨四岳，上观璇玑。今臣德非虞、夏，行非二君，而承历数之咨，应选授之命，内自揆抚，无德以称。且许由匹夫，犹拒帝位，善卷布衣，而逆虞诏。臣虽鄙蔽，敢忘守节以当大命，不胜至愿。谨拜章陈情，使行相国永寿少府粪土臣毛宗奏，并上玺绶。’辛酉，给事中博士苏林、董巴上表曰：‘天有十二次以为分野，王公之国，各有所属，周在鹑火，魏在大梁。岁星行历十二次国，天子受命，诸侯以封。周文王始受命，岁在鹑火，至武王伐纣十三年，岁星复在鹑火，故《春秋传》曰：“武王伐纣，岁在鹑火；岁之所在，即我有周之分野也。”昔光和七年，岁在大梁，武王始受命，于时将讨黄巾。是岁改年为中平元年。建安元年，岁复在大梁，始拜大将军。十三年复在大梁，始拜丞相。今二十五年，岁复在大梁，陛下受命。此魏得岁与周文王受命相应。今年青龙在庚子，《诗推度灾》曰：“庚者，更也，子者，滋也，圣命天下治。”又曰：“王者布德于子，治成于丑。”此言今年天更命圣人制治天下，布德于民也。魏以改制天下，与时协矣。颛顼受命，岁在豕韦，卫居其地，亦在豕韦，故《春秋传》曰：“卫，颛顼之墟也。”今十月斗之建，则颛顼受命之分也，始魏以十月受禅，此同符始祖受命之验也。魏之氏族，出自颛顼，与舜同祖，见于《春秋世家》。舜以土德承尧之火，今魏亦以土德承汉之火，于行运，会于尧舜授受之次。臣闻天之去就，固有常分，圣人当之，昭然不疑，故尧捐骨肉而禅有虞，终无吝色，舜发陇亩而君天下，若固有之，其相受授，间不替漏，天下已传矣，所以急天命，天下不可一日无君也。今汉期运已终，妖异绝之已审，陛下受天之命，符瑞告征，丁宁详悉，反覆备至，虽言语相喻，无以代此。今既发诏书，玺绶未御，固执谦让，上逆天命，下违民望。臣谨案古之典籍，参以图纬，魏之行运及天道所在，即尊之验，在于今年此月，昭晰分明。唯陛下迁思易虑，以时即位，显告天帝而告天下，然后改正朔，易服色，正大号，天下幸甚。’令曰：‘凡斯皆宜圣德，故曰“苟非其人，道不虚行”。天瑞虽彰，须德而光；吾德薄之人，胡足以当之？今让，冀见听许，外内咸使闻知。’壬戌，册诏曰：‘皇帝问魏王言：遣宗奉庚申书到，所称引，闻之。朕惟汉家世逾二十，年过四百，运周数终，行祚已讫，天心已移，兆民望绝，天之所废，有自来矣。今大命有所底止，神器当归圣德，违天下不顺，逆众不祥。王其体有虞之盛德，应历数之嘉会，是以祯祥告符，图谶表录，神人同应，受命咸宜。朕畏上帝，致位于王；天不可违，众不可拒。且重华不逆尧命，大禹不辞舜位，若夫由、卷匹夫，不载圣籍，固非皇材帝器所当称慕。今使音奉皇帝玺绶，王其陟帝位，无逆朕命，以祗奉天心焉。’于是尚书令桓阶等奏曰：‘今汉使音奉玺书到，臣等以为天命不可稽，神器不可渎。周武中流有白鱼之应，不待师期而大号已建，舜受大麓，桑荫未移而已陟帝位，皆所以祗承天命，若此之速也。故无固让之义，不以守节为贵，必道信于神灵，符合于天地而已。《易》曰：“其受命如响，无有远近幽深，遂知来物，非天下之至精，其孰能与于此？”今陛下应期运之数，为皇天所子，而复稽滞于辞让，低回于大号，非所以则天地之道，副万国之望。臣等敢以死请，辄敕有司修治坛场，择吉日，受禅命，发玺绶。’令曰：‘冀三让，而不见听，何汲汲于斯乎？’甲子，魏王上书曰：‘奉今月壬戌玺书，重被圣命，伏听册告，肝胆战悸，不知所措。天下神器，禅代重事，故尧将禅舜，纳于大麓，舜之命禹，玄圭告功；烈风不迷，九州攸平，询事考言，然后乃命，而犹执谦让于德不嗣。况臣顽固，质非二圣，乃应天统，受终明诏；敢守微节，归志箕山，不胜大愿。谨拜表陈情，使并奉上玺绶。’侍中刘廙等奏曰：‘臣等闻圣帝不违时，明主不逆人，故《易》称“通天下之志，断天下之疑”。伏惟陛下体有虞之上圣，承土德之行运，当亢阳明夷之会，应汉氏祚终之数，合契皇极，同符两仪。是以圣瑞表征，天下同应，历运去就，深切著明；论之天命，无所与议，比之时宜，无所与争。故受命之期，时清日晏，曜灵施光，休气云蒸。是乃天道悦怿，民心欣戴，而仍见闭拒，于礼何居？且群生不可一日无主，神器不可以斯须无统，故臣有违君以成业，下有矫上以立事，臣等敢不重以死请。’王令曰：‘天下重器，王者正统，以圣德当之，犹有惧心，吾何人哉？且公卿未至乏主。斯岂小事？且宜以待固让之后，乃当更议其可耳。’丁卯，册诏魏王曰：‘天讫汉祚，辰象著明，朕祗天命，致位于王，仍陈历数于诏册，喻符运于翰墨；神器不可以辞拒，皇位不可以谦让，稽于天命，至于再三。且四海不可一日旷主，万机不可以斯须无统，故建大业者不拘小节，知天命者不系细物，是以舜受大业之命而无逊让之辞，圣人达节，不亦远乎！今使音奉皇帝玺绶，王其钦承，以答天下响应之望焉。’相国华歆、太尉贾诩、御史大夫王朗及九卿上言曰：‘臣等被召到，伏见太史丞许芝、左中郎将李伏所上图谶、符命，侍中刘廙等宣叙众心，人灵同谋。又汉朝知陛下圣化通于神明，圣德参于虞、夏，因瑞应之备至，听历数之所在，遂献玺绶，固让尊号。能言之伦，莫不抃舞，《河图》《洛书》，天命瑞应，人事协于天时，民言协于天叙。而陛下性秉劳谦，体尚克让，明诏恳切，未肯听许，臣妾小人，莫不伊邑。臣等闻自古及今，有天下者不常在乎一姓；考以德势，则盛衰在乎强弱，论以终始，则废兴在乎期运。唐、虞历数，不在厥子而在舜、禹。舜、禹虽怀克让之意迫，群后执玉帛而朝之，兆民怀欣戴而归之，率土扬歌谣而咏之，故其守节之拘，不可得而常处，达节之权，不可得而久避；是以或逊位而不吝，或受禅而不辞，不吝者未必厌皇宠，不辞者未必渴帝祚，各迫天命而不得以已。既禅之后，则唐氏之子为宾于有虞，虞氏之胄为客于夏代，然则禅代之义，非独受之者实应天福，授之者亦与有余庆焉。汉自章、和之后，世多变故，稍以陵迟，洎乎孝灵，不恒其心，虐贤害仁，聚敛无度，政在嬖竖，视民如仇，遂令上天震怒，百姓从风如归；当时则四海鼎沸，既没则祸发宫庭，宠势并竭，帝室遂卑，若在帝舜之末节，犹择圣代而授之，荆人抱玉璞，犹思良工而刊之，况汉国既往，莫之能匡，推器移君，委之圣哲，固其宜也。汉朝委质，既愿禅礼之速定也，天祚率土，必将有主；主率土者，非陛下其孰能任之？所谓论德无与为比，考功无推让矣。天命不可久稽，民望不可久违，臣等慺慺，不胜大愿。伏请陛下割抑谦之志，修受禅之礼，副人神之意，慰外内之愿。’令曰：‘以德则孤不足，以时则戎虏未灭。若以群贤之灵，得保首领，终君魏国，于孤足矣。若孤者，胡足以辱四海？至乎天瑞人事，皆先王圣德遗庆，孤何有焉？是以未敢闻命。’己巳，魏王上书曰：‘臣闻舜有宾于四门之勋，乃受禅于陶唐，禹有存国七百之功，乃承禄于有虞。臣以蒙蔽，德非二圣，猥当天统，不敢闻命。敢屡抗疏，略陈私愿，庶章通紫庭，得全微节，情达宸极，永守本志。而音重复衔命，申制诏臣，臣实战惕，不发玺书，而音迫于严诏，不敢复命。愿陛下驰传骋驿，召音还台。不胜至诚，谨使宗奉书。’相国歆、太尉诩、御史大夫朗及九卿奏曰：‘臣等伏读诏书，於邑益甚。臣等闻《易》称圣人奉天时，《论语》云君子畏天命，天命有去就，然后帝者有禅代。是以唐之禅虞，命在尔躬，虞之顺唐，谓之受终；尧知天命去已，故不得不禅舜，舜知历数在躬，故不敢不受；不得不禅，奉天时也，不敢不受，畏天命也。汉朝虽承季末陵迟之余，犹务奉天命以则尧之道，是以愿禅帝位而归二女。而陛下正于大魏受命之初，抑虞、夏之达节，尚延陵之让退，而所枉者大，所直者小，所详者轻，所略者重，中人凡士犹为陛下陋之。没者有灵，则重华必忿愤于苍梧之神墓，大禹必郁悒于会稽之山阴，武王必不悦于高陵之玄宫矣。是以臣等敢以死请。且汉政在阉宦，禄去帝室七世矣，遂集矢石于其宫殿，而二京为之丘墟。当是之时，四海荡覆，天下分崩，武王亲衣甲而冠胄，沐雨而栉风，为民请命，则活万国，为世拨乱，则致升平，鸠民而立长，筑宫而置吏，元元无过，罔于前业，而始有造于华夏。陛下即位，光昭文德，以翊武功，勤恤民隐，视之如伤，惧者宁之，劳者息之，寒者以暖，饥者以充，远人以恩复，寇敌以恩降，迈恩种德，光被四表；稽古笃睦，茂于放勋，网漏吞舟，弘乎周文。是以布政未期，人神并和，皇天则降甘露而臻四灵，后土则挺芝草而吐醴泉，虎豹鹿兔，皆素其色，雉鸠燕雀，亦白其羽，连理之木，同心之瓜，五采之鱼，珍祥瑞物，杂沓于其间者，无不毕备。古人有言：“微禹，吾其鱼乎！”微大魏，则臣等之白骨交横于旷野矣。伏省群臣外内前后章奏，所以陈叙陛下之符命者，莫不条河洛之图书，据天地之瑞应，因汉朝之款诚，宣万方之景附，可谓信矣著矣；三王无以及，五帝无以加。民命之悬于魏邦，民心之系于魏政，三十有余年矣，此乃千世时至之会，万载一遇之秋；达节广度，宜昭于斯际，拘牵小节，不施于此时。久稽天命，罪在臣等。辄营坛场，具礼仪，择吉日，昭告昊天上帝，秩群神之礼，须禋祭毕，会群寮于朝堂，议年号、正朔、服色当施行。’上复令曰：‘昔者大舜饭糗茹草，将终身焉，斯则孤之前志也。及至承尧禅，被袗裘，妻二女，若固有之，斯则顺天命也。群公卿士诚以天命不可拒,民望不可违,孤亦曷以辞焉?’庚午,册诏魏王曰:‘昔尧以配天之德,秉六合之重,犹睹历运之数,移于有虞,委让帝位,忽如遗迹。今天既讫我汉命,乃眷北顾,帝皇之业,实在大魏。朕守空名以窃古义,顾视前事,犹有惭德,而王逊让至于三四,朕用惧焉。夫不辞万乘之位者,知命达节之数也,虞、夏之君,处之不疑,故勋烈垂于万载,美名传于无穷。今遣守尚书令侍中觊喻,王其速陟帝位,以顺天人之心,副朕之大愿。’于是尚书令桓阶等奏曰:‘今汉氏之命已四至,而陛下前后固辞,臣等伏以为上帝之临圣德,期运之隆大魏,斯岂数载?《传》称周之有天下,非甲子之朝,殷之去帝位,非牧野之日也,故《诗》序商汤,追本玄王之至,述姬周,上录后稷之生,是以受命既固,厥德不回。汉氏衰废,行次已绝,三辰垂其征,史官著其验,耆老记先古之占,百姓协歌谣之声。陛下应天受禅,当速即坛场,柴燎上帝,诚不宜久停神器,拒亿兆之愿。臣辄下太史令择元辰,今月二十九日,可登坛受命,请诏王公群卿,具条礼仪别奏。’令曰:‘可。’” [3]《献帝传》曰:“辛未,魏王登坛受禅,公卿、列侯、诸将、匈奴单于、四夷朝者数万人陪位,燎祭天地、五岳、四渎,曰:‘皇帝臣丕敢用玄牡昭告于皇皇后帝:汉历世二十有四,践年四百二十有六,四海困穷,王纲不立,五纬错行,灵祥并见,推术数者,虑之古道,咸以为天之历数,运终兹世,凡诸嘉祥民神之意,比昭有汉数终之极,魏家受命之符。汉主以神器宜授于臣,宪章有虞,致位于丕。丕震畏天命,虽休勿休。群公庶尹六事之人,外及将士,洎于蛮夷君长,佥曰:“天命不可以辞拒,神器不可以久旷,群臣不可以无主,万几不可以无统。”丕祗承皇象,敢不钦承。卜之守龟,兆有大横,筮之三《易》,兆有革兆,谨择元日,与群寮登坛受帝玺绶,告类于尔大神;唯尔有神,尚飨永吉,兆民之望,祚于有魏世享。’遂制诏三公:‘上古之始有君也,必崇恩化以美风俗,然百姓顺教而刑辟厝焉。今朕承帝王之绪,其以延康元年为黄初元年,议改正朔,易服色,殊徽号,同律度量,承土行,大赦天下;自殊死以下诸不当得赦,皆赦除之。’”《魏氏春秋》曰:“帝升坛礼毕,顾谓群臣曰:'舜、禹之事,吾知之矣。'"干宝《搜神记》曰:"宋大夫邢史子臣明于天道,周敬王之三十七年,景公问曰:'天道其何祥?'对曰:'后五十年五月丁亥,臣将死;死后五年五月丁卯,吴将亡;亡后五年,君将终;终后四百年,邾王天下。'俄而皆如其言。所云邾王天下者,谓魏之兴也。邾,曹姓,魏亦曹姓,皆邾之后。其年数则错,未知邢史失其数邪,将年代久远,注记者传而有谬也?"

黄初元年十一月癸酉,以河内之山阳邑万户奉汉帝为山阳公,行汉正朔[1],以天子之礼郊祭[2],上书不称臣,京都有事于太庙,致胙;封公之四子为列侯。追尊皇祖太王曰太皇帝,考武王曰武皇帝,尊王太后曰皇太后。赐男子爵人一级,为父后及孝悌力田人二级。以汉诸侯王为崇德侯,列侯为关中侯。以颍阴[3]之繁阳亭为繁昌县。封爵增位各有差。改相国为司徒,御史大夫为司空,奉常为太常,郎中令为光禄勋,大理为廷尉,大农为大司农。郡国县邑,多所改易。更授匈奴南单于呼厨泉魏玺绶,赐青盖车、乘舆、宝剑、玉玦。

黄初元年(220)十一月癸酉日,以河内的山阳邑万户人家奉汉献帝为山阳公,遵行汉家历法,仍以天子的礼仪郊祭上天,上奏的时候不用称臣,京都在祭祀太庙的时候,会给予其胙肉;分封山阳公的四个儿子为列侯。魏文帝追尊皇祖太王为太皇帝,父亲武王为武皇帝,尊王太后为皇太后。赐天下的男子每人爵一级,嫡长子和敦行孝悌、努力耕田的人爵二级。改封汉朝的诸侯王为崇德侯,列侯为关中侯。改颍阴的繁阳亭为繁昌县。群臣分封爵位增加禄秩各有差等。改相国为司徒,御史大夫为司空,奉常为太常,郎中令为光禄勋,大理为廷尉,大农为大司农。郡国县邑也多有变更。重新授予匈奴南单于呼厨泉魏国玺绶,赐予青盖车、乘舆、宝剑、玉玦。十二十二月，初营洛阳宫，戊午幸洛阳[1]。

月，开始营建洛阳宫室，戊午日巡幸洛阳。

今注 1 正朔：一年首月为正月，一月首日为朔日，故以正朔代指历法。 2 郊祭：只有天子才能举行的在都城南郊祭祀上天的典礼。 3 颍阴：在今河南许昌。

裴注 [1] 臣松之案诸书记，是时帝居北宫，以建始殿朝群臣，门曰承明，陈思王植诗曰"谒帝承明庐"是也。至明帝时，始于汉南宫崇德殿处起太极、昭阳诸殿。《魏书》曰："以夏数为得天，故即用夏正，而服色尚黄。"《魏略》曰："诏以汉火行也，火忌水，故'洛'去'水'而加'隹'。魏于行次为土，土，水之牡也，水得土而乃流，土得水而柔，故除'隹'加'水'，变'雒'为'洛'。"

是岁，长水校尉[1]戴陵谏不宜数行弋猎，帝大怒，陵减死罪一等。

二年春正月，郊祀天地、明堂[2]。甲戌，校猎[3]至原陵，遣使者以太牢祠汉世祖。乙亥，朝日于东郊[1]。初令郡国口满十万者，岁察孝廉一人；其有秀异，无拘户口。辛巳，分三公户邑，封子弟各一人为列侯。壬午，复[4]颍川郡一年田租[2]。改许县为许

这一年，长水校尉戴陵劝谏文帝不应该经常射猎，文帝大怒，判处戴陵比死刑轻一等的刑罚。

黄初二年(221)春正月，郊祀天地、明堂。甲戌日，文帝打猎到了原陵，派遣使者以太牢之礼祭祀汉光武帝。乙亥日，到东郊去朝拜太阳。开始命令人口满十万的郡国，每年察举孝廉一人；如果有异常优秀的，无须考虑户口的限制。辛巳日，析分三公的户邑，封其子弟各一人为列侯。壬午日，免除颍川郡一年的

昌县。以魏郡东部为阳平郡，西部为广平郡[3]。

田租。改许县为许昌县。以魏郡东部为阳平郡，西部为广平郡。

今注 1 长水校尉：为京师屯兵八校尉之一，掌管骑兵。 2 明堂：古代的礼仪性建筑，用于朝会诸侯、发布政令，并举行重大的祭祀活动。 3 校猎：遮拦禽兽以猎取之，泛指打猎。 4 复：免除。

裴注 [1] 臣松之以为，礼，天子以春分朝日，秋分夕月；寻此年正月郊祀，有月无日，乙亥朝日，则有日无月，盖文之脱也。案明帝朝日夕月，皆如礼文，故知此纪为误者也。 [2]《魏书》载诏曰："颍川，先帝所由起兵征伐也。官渡之役，四方瓦解，远近顾望，而此郡守义，丁壮荷戈，老弱负粮。昔汉祖以秦中为国本，光武恃河内为王基，今朕复于此登坛受禅，天以此郡翼成大魏。" [3]《魏略》曰："改长安、谯、许昌、邺、洛阳为五都；立石表，西界宜阳，北循太行，东北界阳平，南循鲁阳，东界郯，为中都之地。令天下听内徙，复五年，后又增其复。"

诏曰："昔仲尼资大圣之才，怀帝王之器，当衰周之末，无受命之运，在鲁、卫之朝，教化乎洙、泗之上，凄凄焉，遑遑焉，欲屈己以存道，贬身以救世。于时王公终莫能用之，乃退考五代之礼，修素王1之事，因鲁史而制春秋，就太师而正《雅》《颂》，俾千载

文帝颁布诏书说："往昔仲尼具有圣贤的才能，身怀帝王的本领，处于周道衰退的末期，没有受天命的运数，仕于鲁国、卫国的朝廷，教化于洙水、泗水之上，栖栖遑遑，想着辛苦抑损自己去保存大道，降低身份去解救世人。当时的王公终究没有采纳他的主张，于是退而考据五代的礼乐，整理修订典籍，根据鲁国的史书而写成《春秋》，请教太师以订正《雅》《颂》，使得千

之后，莫不宗其文以述作，仰其圣以成谋。咨！可谓命世之大圣，亿载之师表者也。遭天下大乱，百祀堕坏，旧居之庙，毁而不修，褒成[2]之后，绝而莫继，阙里[3]不闻讲颂之声，四时不睹蒸尝[4]之位，斯岂所谓崇礼报功，盛德百世必祀者哉！其以议郎孔羡为宗圣侯，邑百户，奉孔子祀。”令鲁郡修起旧庙，置百户吏卒以守卫之，又于其外广为室屋以居学者。

载之后，人们无不本于他整理的文章典籍来撰写著作，仰赖他的圣智来成就谋划。啊！真可谓是天命注定的圣人，堪当亿万年的师表呀。遭逢天下太乱，众多的祭祀活动都堕坏了，旧有的文庙，损毁而没有得到修缮，褒成侯之后，断绝而没有承续，阙里久已不闻讲颂的声音，一年四季也看不到祭祀活动，这难道就是尊崇礼义回报功业，有大德的人世代都要祭祀应有的样子吗？于是以议郎孔羡为宗圣侯，食邑百户，奉孔子祭祀。”命令鲁郡修缮旧庙，设置百户吏卒来守卫，又在庙外大规模修建庐舍以安置学者。

今注　1 素王：战国、秦汉以来部分儒生认为，孔子虽然在生前郁郁不得志，却怀有治理天下的志向，主要蕴含在他所整理、编纂的古代经典之中。孔子是没有实际地位的王者，为后世建立了太平之基，所以称为“素王”。　2 褒成：汉平帝时封孔子的后代孔均为褒成侯，后世袭封。　3 阙里：指孔子故居。　4 蒸尝：本指秋冬二祭，泛指祭祀。

春三月，加辽东太守公孙恭为车骑将军。初复五铢钱[1]。夏四月，以车骑将军曹仁为大将军。五月，郑甘复叛，遣曹仁讨斩

春三月，文帝加封辽东太守公孙恭为车骑将军。开始复行五铢钱。夏四月，以车骑将军曹仁为大将军。五月，郑甘又反叛，派遣曹仁讨伐斩杀。六月庚子日，开始祭祀五岳和四渎，将

之。六月庚子，初祀五岳四渎²，咸秩群祀[1]。丁卯，夫人甄氏卒。戊辰晦³，日有食之，有司奏免太尉，诏曰："灾异之作，以谴元首，而归过股肱，岂禹、汤罪己之义乎？其令百官各虔厥职，后有天地之眚⁴，勿复劾三公。"

各种祭祀活动按次序安排妥当。丁卯日，夫人甄氏去世。戊辰日，发生了日食，有关部门奏请免除太尉的官职，文帝下诏书曰："灾异的发生，是为了谴责国家元首，而将过错归罪于股肱大臣，这难道是大禹、商汤归罪于自己的道理吗？命令公卿百官各自忠于本职，以后天地如果再有灾异发生，不要再弹劾三公。"

今注 1 五铢钱：古代钱币，因为钱币重五铢，而且钱币上铸有"五铢"二字而得名。汉武帝时禁止郡国和私人铸钱，统一铸造五铢钱，一直沿用至唐代改铸开元通宝。 2 五岳四渎：五岳指泰山、华山、衡山、恒山、嵩山五座大山，四渎指黄河、长江、淮河、济水四条大河。 3 晦：农历每月最后一日。 4 眚(shěng)：过失，此处指发生灾害。

裴注 [1]《魏书》："甲辰，以京师宗庙未成，帝亲祠武皇帝于建始殿，躬执馈奠，如家人之礼。"

秋八月，孙权遣使奉章，并遣于禁等还。丁巳，使太常邢贞持节拜权为大将军，封吴王，加九锡。冬十月，授杨彪光禄大夫[1]。以谷贵，罢五铢钱[2]。己卯，以大将军曹仁为大司马。

秋八月，孙权派遣使节奉章称臣，并送回于禁等人。丁巳日，文帝派遣太常邢贞持节杖拜孙权为大将军，封吴王，加九锡。冬十月，任杨彪为光禄大夫。因为谷物价高，废除五铢钱。己卯日，任大将军曹仁为大司马。十二月，巡行东方。这年筑陵十二月，行东巡。是岁筑陵云台。

三年春正月丙寅朔，日有蚀之。庚午，行幸许昌宫。诏曰：“今之计、孝，古之贡士也；十室之邑，必有忠信，若限年然后取士，是吕尚[1]、周晋不显于前世也。其令郡国所选，勿拘老幼；儒通经术，吏达文法，到皆试用。有司纠故不以实者[3]。”

二月，鄯善[2]、龟兹[3]、于阗[4]王各遣使奉献，诏曰：“西戎即叙，氐、羌来王，《诗》《书》美之。顷者西域外夷并款塞[5]内附[4]，其遣使者抚劳之。”是后西域遂通，置戊己校尉[6]。

云台。

黄初三年(222)春正月丙寅朔日，发生了日食。庚午日，驾临许昌宫。文帝下诏书说：“现在的上计吏与孝廉，相当于古代的贡士；十室之邑，一定有忠信的人，如果限定年岁然后选取士人，那么吕尚、周晋就不会显名于前世了。命令郡国选士，不必拘泥年龄老幼；儒者精通经术，吏员通达文法，凡应选的都要试用。有关部门要纠察故意不按章办事的人。”

二月，鄯善、龟兹、于阗各王都派遣使节进献贡品。文帝下诏书说：“从前西戎来朝称臣，氐、羌前来朝拜，《诗》《书》对此进行赞美。现在西域夷人都前来通好内附，应该派遣使节安抚慰劳。”从此以后西域与中原就恢复了沟通，于是设置戊己校尉。

今注 1 吕尚：即姜太公，古代著名的政治家，在晚年的时候借垂钓的机会结识周文王，帮助武王伐灭商纣。 2 鄯善：西域古国，在今新疆维吾尔自治区若羌县。 3 龟兹(qiū cí)：西域古国，在今新疆维吾尔自治区库车市。 4 于阗：西域古国，在今新疆维吾尔自治区和田县。 5 款塞：异族诚意来到边境归顺，谓外族前来通好。 6 戊己校尉：主要负责治理、安抚西域诸国，并掌管屯田事务。

裴注　[1]《魏书》曰:"己亥,公卿朝朔旦,并引故汉太尉杨彪,待以客礼,诏曰:'夫先王制几杖之赐,所以宾礼黄耇褒崇元老也。昔孔光、卓茂皆以淑德高年,受兹嘉锡。公故汉宰臣,乃祖已来,世著名节,年过七十,行不逾矩,可谓老成人矣,所宜宠异以章旧德。其赐公延年杖及冯几;谒请之日,便使杖入,又可使著鹿皮冠。'彪辞让,不听;竟著布单衣、皮弁以见。"《续汉书》曰:"彪见汉祚将终,自以累世为三公,耻为魏臣,遂称足挛,不复行。积十余年,帝即王位,欲以为太尉,令近臣宣旨。彪辞曰:'尝以汉朝为三公,值世衰乱,不能立尺寸之益,若复为魏臣,于国之选,亦不为荣也。'帝不夺其意。黄初四年,诏拜光禄大夫,秩中二千石,朝见位次三公,如孔光故事。彪上章固让,帝不听,又为门施行马,致吏卒,以优崇之。年八十四,以六年薨。子脩,事见《陈思王传》。"　[2]《魏书》曰:"十一月辛未,镇西将军曹真命众将及州郡兵讨破叛胡治元多、卢水、封赏等,斩首五万余级,获生口十万,羊一百一十一万口,牛八万,河西遂平。帝初闻胡决水灌显美,谓左右诸将曰:'昔隗嚣灌略阳,而光武因其疲弊,进兵灭之。今胡决水灌显美,其事正相似,破胡事今至不久。'旬日,破胡告檄到,上大笑曰:'吾策之于帷幕之内,诸将奋击于万里之外,其相应若合符节。前后战克获虏,未有如此也。'"　[3]《魏书》曰:"癸亥,孙权上书说:'刘备支党四万人,马二三千匹,出秭归,请往扫扑,以克捷为效。'帝报曰:'昔隗嚣之弊,祸发栒邑,子阳之禽,变起扞关,将军其亢厉威武,勉蹈奇功,以称吾意。'"　[4]应劭《汉书注》曰:"款,叩也;皆叩塞门来服从。"

三月乙丑,立齐公叡为平原王,帝弟鄢陵公彰等十一人皆为王。初制封王之庶子为乡公,嗣王之

三月乙丑日,文帝立齐公曹叡为平原王,自己的弟弟鄢陵公曹彰等十一人都封为王。开始规定分封王的庶子为乡公,继立之王的庶子为亭

庶子为亭侯，公之庶子为亭伯。甲戌，立皇子霖为河东王。甲午，行幸襄邑。夏四月戊申，立鄄城侯植为鄄城王。癸亥，行还许昌宫。五月，以荆、扬、江表八郡为荆州，孙权领牧故也。荆州江北诸郡为郢州。

闰月，孙权破刘备于夷陵[1]。初，帝闻备兵东下，与权交战，树栅连营七百余里，谓群臣曰："备不晓兵，岂有七百里营可以拒敌者乎！'苞原隰险阻而为军者为敌所禽'[2]，此兵忌也。孙权上事今至矣。"后七日，破备书到。

秋七月，冀州大蝗，民饥，使尚书杜畿持节开仓廪以振之。八月，蜀大将黄权率众降[1]。

侯，公的庶子为亭伯。甲戌日，立皇子曹霖为河东王。甲午日，亲临襄邑巡视。夏四月戊申日，立鄄城侯曹植为鄄城王。癸亥日，巡行返还许昌宫。五月，以荆、扬、江表地区的八郡合并为荆州，因为孙权领牧守的缘故。荆州的江北诸郡归郢州。

闰月，孙权在夷陵打败刘备。当初，文帝听闻刘备举兵东下，与孙权交战，树栅连营长达七百余里，就对群臣说："刘备不懂兵法，难道有用长达七百里的营地来抵御敌人的吗！'将兵力投放在险阻且低洼之处必为敌人所擒获'，这是兵家大忌。孙权很快就会上奏捷报了。"过了七天，攻破刘备的奏书果然抵达。

秋七月，冀州发生大蝗灾，民众饥荒，文帝派遣尚书杜畿持节杖打开仓廪救济灾民。八月，蜀大将黄权率众来降。

今注　1 夷陵：在今湖北宜昌。　2 "苞原隰"句：意思是在草木丛生、地势低洼潮湿、行动受限的地方安营扎寨，必定被敌方击败。

裴注　[1]《魏书》曰："权及领南郡太守史郃等三百一十八人诣荆州刺史，奉上所假印绶、棨戟、幢麾、牙门、鼓车。权等诣行在所，帝置酒设乐，引见于承光殿。权、郃等人人前自陈，帝为论说军旅成败去就之分，诸将无不喜悦。赐权金帛、车马、衣裘、帷帐、妻妾，下及偏裨皆有差。拜权为侍中、镇南将军，封列侯，即日召使骖乘；及封史郃等四十二人皆为列侯，为将军、郎将百余人。”

九月甲午，诏曰：“夫妇人与政，乱之本也。自今以后，群臣不得奏事太后，后族之家不得当辅政之任，又不得横受茅土之爵[1]；以此诏传后世，若有背违，天下共诛之[1]。”庚子，立皇后郭氏。赐天下男子爵人二级，鳏寡笃癃[2]及贫不能自存者赐谷。

冬十月甲子，表首阳山[3]东为寿陵，作终制曰：“礼，国君即位为椑[4][2]，存不忘亡也。昔尧葬穀林[5]，通树之，禹葬会稽，农不易亩[3]，故葬于山林，则合乎山林。封树[6]之制，非上古也，吾无取焉。寿陵因山为体，无为封树，无立寝殿，造园邑，通神道。夫葬也者，藏也，欲人之不得见也。骨

九月甲午日，文帝下诏书说：“妇人参与政事，是发生混乱的根本。自今以后，群臣不得再向太后奏事，太后的族人不得担当辅政的重任，也不得无故接受分封土地的爵禄；将此诏书传之后世，如果有人违背，天下共同诛杀他。”庚子日，立郭氏为皇后。赐天下的男子每人二级爵位，赐谷物给孤寡残疾和贫穷不能自给的人。

冬十月甲子日，决定以首阳山东为寿陵，发布丧葬的规定：“按照礼制，国君即位后就要制作内棺，表示存不忘亡。往昔尧葬在穀林，树木植于其中，禹葬在会稽，农民不改易田亩，所以葬在山林，就要合于山林的环境。封树的制度，不是上古传下来的，我不会采取这种葬俗。寿陵凭借山陵而为体，不封不树，不建立寝殿，修造园林陵邑，也不修通神道。埋葬的意思，是藏起来，就是不想让别人见到。尸骨并没有痛痒的知觉，坟墓

无痛痒之知，冢非栖神之宅，礼不墓祭，欲存亡之不黩也。为棺椁足以朽骨，衣衾足以朽肉而已。

并不是神灵栖息的宅邸，礼仪并不祭祀于墓地，让生死两界互不干扰。制作棺椁足以安放朽骨，装饰衣衾足以包裹朽肉而已。

今注 1 茅土之爵：国家的社坛，填以五色土，分封诸侯的时候在社坛内取土，以白茅包之，谓之茅土。此句指不得授封后族之人为诸侯。 2 鳏(guān)寡笃癃：年老无妻或丧妻的人为鳏，年老无夫或丧夫的人为寡，笃癃指年老多病之人。 3 首阳山：在今河南洛阳偃师区。 4 椑(bēi)：内棺。 5 穀林：在今山东菏泽。 6 封树：古时葬礼，堆土为坟，植树为饰。

裴注 [1] 孙盛曰："夫经国营治，必凭俊哲之辅，贤达令德，必居参乱之任，故虽周室之盛，有妇人与焉。然则坤道承天，南面罔二，三从之礼，谓之至顺，至于号令自天子出，奏事专行，非古义也。昔在申、吕，实匡有周。苟以天下为心，惟德是杖，则亲疏之授，至公一也，何至后族而必斥远之哉？二汉之季世，王道陵迟，故令外戚凭宠，职为乱阶。此自时昏道丧，运祚将移，纵无王、吕之难，岂乏田、赵之祸乎？而后世观其若此，深怀酖毒之戒也。至于魏文，遂发一概之诏，可谓有识之爽言，非帝者之宏议。" [2] 椑，音扶历反。臣松之案：礼，天子诸侯之棺，各有重数；棺之亲身者曰椑。 [3]《吕氏春秋》："尧葬于穀林，通树之；舜葬于纪，市廛不变其肆；禹葬会稽，不变人徒。"

"故吾营此丘墟不食之地，欲使易代之后不知其处。无施苇炭，无藏金银铜铁，一以瓦器，合古涂

"所以我在这种不适合耕种的荒野之地营建陵墓，要使它在朝代更迭之后便湮没无闻。埋葬时不要填充苇炭，不随葬金银铜铁，全都用陶器，以符合

车、刍灵之义。棺但漆际会三过,饭含无以珠玉,无施珠襦玉匣,诸愚俗所为也。季孙[1]以玙璠敛,孔子历级而救之,譬之暴骸中原。宋公厚葬[2],君子谓华元、乐莒不臣,以为弃君于恶。汉文帝之不发,霸陵无求也;光武之掘,原陵封树也。霸陵之完[3],功在释之;原陵之掘[4],罪在明帝。是释之忠以利君,明帝爱以害亲也。忠臣孝子,宜思仲尼、丘明、释之之言,鉴华元、乐莒、明帝之戒,存于所以安君定亲,使魂灵万载无危,斯则贤圣之忠孝矣。

古代以泥土为车、结茅草为灵的葬义。棺木只要漆三次,不以珠玉为饭含,不用珠玉装饰箱奁,这些都是无知的俗人干的事。往昔季孙氏以珍贵的玉器殓葬,孔子跑上殿堂的台阶去补救,说这样做等于曝尸在平地之中。宋公厚葬,君子认为华元、乐莒没有尽大臣之责,将国君弃之于恶地。汉文帝的陵墓没有被盗掘,因为霸陵没有可求之物;光武帝的陵墓被盗掘,因为冢墓高大封树明显。霸陵免于盗挖,功劳在张释之;原陵被盗掘,罪在明帝。所以张释之心怀忠诚才真正有利于君主,明帝心怀私爱却有害于亲人。忠臣孝子,应当思考仲尼、左丘明、张释之的言论,以华元、乐莒、汉明帝为戒,长存思念如何做到安君定亲,使逝者的魂灵万年无危,这才是贤圣所该做到的忠孝啊。

今注　1 季孙:鲁国桓公少子季友的后代,为鲁国执政上卿,掌控鲁国朝政。　2 宋公厚葬:春秋时期宋文公去世,实行厚葬,而且以人殉葬。《左传》中以君子的口吻批评华元、乐举没有尽到臣子匡扶国君的责任,而弃君于恶。　3 霸陵之完:西汉文帝采纳中郎将张释之的建议,实行俭葬,在去世后葬于霸陵。西汉末年,社会动荡,赤眉军等攻入长安,汉代皇陵多被盗掘,而霸陵因为实行俭葬得以保全。　4 原陵之掘:东汉光武帝去世后葬于原陵,因其子明帝厚葬,他的陵墓后来遭到盗掘。

"自古及今,未有不亡之国,亦无不掘之墓也。丧乱以来,汉氏诸陵无不发掘,至乃烧取玉匣金缕,骸骨并尽,是焚如之刑也,岂不重痛哉!祸由乎厚葬封树。'桑、霍为我戒'[1],不亦明乎?其皇后及贵人以下,不随王之国者,有终没皆葬涧西,前又以表其处矣。盖舜葬苍梧,二妃不从[2]。延陵[3]葬子,远在嬴、博,魂而有灵,无不之也,一涧之间,不足为远。若违今诏,妄有所变改造施,吾为戮尸地下,戮而重戮,死而重死。臣子为蔑死君父,不忠不孝,使死者有知,将不福汝。其以此诏藏之宗庙,副在尚书、秘书、三府。"

"从古至今,没有不灭亡的国家,也没有不被盗掘的陵墓。汉末动乱以来,汉家诸陵没有不被盗掘的,以致通过焚烧来取得金缕玉衣,尸骨也一并被焚毁,就像加以火烧的刑罚一样,这是多么悲痛的事情呀!祸患都由于厚葬封树。'桑弘羊、霍禹为我的鉴戒',不是已经很清楚了吗?皇后和贵人以下,没有跟随诸侯王到封国的,死后都葬在涧西,之前已经说明在何处了。往昔舜葬在苍梧,娥皇和女英没有葬在一起。延陵季子埋葬儿子,远在嬴、博,鬼魂若有灵,无所不至,一涧之隔,谈不上遥远。如果违背如今的诏书,肆意有所改变施行,使我在地下遭受戮尸之祸,这样就是再次遭到戮辱,再次经受死亡。臣子不慎重地对待已死的君父,这是不忠不孝,假使死者有知,将不会保佑你们。将此诏书收藏在宗庙里,副本放在尚书、秘书、三府。"

今注 1 桑、霍为我戒:桑弘羊、霍禹因骄奢致祸,张临每次上朝时,常叹"桑、霍为我戒"。 2 二妃不从:舜南巡时去世,葬在苍梧,他的两位妃子娥皇、女英并未与其葬在一起。 3 延陵:指吴国公子季札。季札在出使北方的时候,其子随行,但在返回经过齐国时,季札的儿子因病去世,季札就将其就地葬在嬴、博之间。

是月，孙权复叛。复郢州为荆州。帝自许昌南征，诸军兵并进，权临江拒守。十一月辛丑，行幸宛[1]。庚申晦，日有食之。是岁，穿灵芝池。

四年春正月，诏曰："丧乱以来，兵革未戢[2]，天下之人，互相残杀。今海内初定，敢有私复仇者皆族之。"筑南巡台于宛。三月丙申，行自宛还洛阳宫。癸卯，月犯心中央大星[1]。丁未，大司马曹仁薨。是月大疫。

夏五月，有鹈鹕鸟集灵芝池，诏曰："此诗人所谓污泽也。曹诗[3]'刺恭公远君子而近小人'，今岂有贤智之士处于下位乎？否则斯鸟何为而至？其博举天下俊德茂才、独行君子，以答曹人之刺[2]。"

六月甲戌，任城王彰薨于京都。甲申，太尉贾诩薨。太白昼见。是月大雨，伊、

这个月，孙权再次反叛。恢复郢州为荆州。文帝自许昌南征，诸军共同进发，孙权依长江据守。十一月辛丑日，文帝到达宛城。庚申晦日，发生了日食。这一年，凿穿灵芝池。

黄初四年(223)春正月，文帝下诏说："自丧乱以来，兵革未息，天下之人互相残杀。如今海内刚刚安定，有胆敢私下复仇的都要灭族。"在宛城修筑南巡台。三月丙申日，文帝从宛城回到洛阳宫。癸卯日，月亮冲犯心宿中央大星。丁未日，大司马曹仁去世。这个月发生了大瘟疫。

夏季五月，有鹈鹕群集于灵芝池，文帝下诏书："这就是诗人所说的污泽呀。曹诗中讲的'刺讥恭公疏远君子而亲近小人'，现在难道也有贤能智慧的士人处在下位吗？否则这种鸟为什么会到来呢？应该广博地选举天下有德行的才智之士、特立独行的君子，以应答曹人的刺讥。"

六月甲戌日，任城王曹彰在京都去世。甲申日，太尉贾诩去世。金星在白天出现。这个月雨水很大，伊水、洛水泛滥，淹死人民，毁坏房

洛溢流,杀人民,坏庐宅[3]。秋八月丁卯,以廷尉钟繇[4]为太尉[4]。辛未,校猎于荥阳,遂东巡。论征孙权功,诸将已下进爵增户各有差。九月甲辰,行幸许昌宫[5]。

屋。秋八月丁卯日,任命廷尉钟繇为太尉。辛未日,文帝去荥阳打猎,于是去东部巡行。论定征讨孙权的功劳,诸将帅以下加封爵位增加食户各有差等。九月甲辰日,文帝亲临许昌宫。

今注 1 宛:在今河南南阳。 2 戢(jí):止息。 3 曹诗:指《诗经·曹风·候人》。 4 钟繇(yáo):字元常,颍川长社人,工书法,兼善各体,尤精隶、楷,与王羲之并称"钟王"。

裴注 [1]《魏书》载丙午诏曰:"孙权残害民物,朕以寇不可长,故分命猛将三道并征。今征东诸军与权党吕范等水战,则斩首四万,获船万艘。大司马据守濡须,其所禽获亦以万数。中军、征南,攻围江陵,左将军张郃等舳舻直渡,击其南渚,贼赴水溺死者数千人,又为地道攻城,城中外雀鼠不得出入,此几上肉耳!而贼中疠气疾病,夹江涂地,恐相染污。昔周武伐殷,旋师孟津,汉祖征隗嚣,还军高平,皆知天时而度贼情也。且成汤解三面之网,天下归仁。今开江陵之围,以缓成死之禽。且休力役,罢省繇戍,畜养士民,咸使安息。" [2]《魏书》曰:"辛酉,有司奏造二庙,立太皇帝庙,大长秋特进侯与高祖合祭,亲尽以次毁;特立武皇帝庙,四时享祀,为魏太祖,万载不毁也。" [3]《魏书》曰:"七月乙未,大军当出,使太常以特牛一告祠于郊。"臣松之案:《魏郊祀奏》中,尚书卢毓议祀厉殃事云:"具牺牲祭器,如前后师出告郊之礼。"如此,则魏氏出师,皆告郊也。 [4]《魏书》曰:"有司奏改汉氏宗庙《安世乐》曰《正世乐》,《嘉至乐》曰《迎灵乐》,《武德乐》曰《武颂乐》,《昭容乐》曰《昭业乐》,《云翘舞》曰《凤翔舞》,《育命舞》曰《灵应舞》,《武德舞》曰《武颂舞》,《文始舞》曰《大韶舞》,《五行舞》曰《大武舞》。" [5]《魏书》曰:"十二月丙寅,赐山阳公夫人汤沐邑，公女曼为长乐郡公主，食邑各五百户。是冬，甘露降芳林园。”臣松之案：芳林园即今华林园，齐王芳即位，改为华林。

五年春正月，初令谋反大逆乃得相告，其余皆勿听治；敢妄相告，以其罪罪之。三月，行自许昌还洛阳宫。夏四月，立太学[1]，制五经[2]课试之法，置《春秋穀梁》博士[3]。五月，有司以公卿朝朔望日，因奏疑事，听断大政，论辨得失。秋七月，行东巡，幸许昌宫。八月，为水军，亲御龙舟，循蔡、颍，浮淮，幸寿春[4]。扬州界将吏士民，犯五岁刑已下，皆原除之。九月，遂至广陵[5]，赦青、徐二州，改易诸将守。冬十月乙卯，太白昼见。行还许昌宫[1]。十一月庚寅，以冀州饥，遣使者开仓廪振之。戊申晦，日有食之。

黄初五年(224)春正月，开始下令谋反等大逆不道的罪行可以相告发，其他的都不需要听治；胆敢妄肆相告发的，以其所告之罪惩罚告发者。三月，文帝从许昌返还洛阳宫。夏四月，设立太学，制定五经的考试之法，设置《春秋穀梁》博士。五月，有关部门因公卿在初一、十五朝见，以便奏报疑惑之事，皇帝与大臣论断重大的政事，辩论得失。秋七月，文帝到东部巡行，驾临许昌宫。八月，设立水军，文帝亲自驾龙舟，沿着蔡水、颍水，通过淮水，到达寿春。扬州地区将帅官吏士民，触犯五年以下刑罚的，都免除惩罚。九月，到广陵，大赦青州、徐州之民，调换诸将帅和郡守。冬十月乙卯日，金星白天出现。文帝返还许昌宫。十一月庚寅日，因为冀州发生饥荒，派遣使节打开粮仓赈济灾民。戊申晦日，发生日食。

今注　1 太学：中国古代全国最高教育机构。　2 五经：指《诗》《书》《礼》《易》《春秋》五部经典。汉武帝时罢黜百家，独尊儒术，儒学成为官方主流学说。 3 博士：掌管文书典籍、通晓史事并备顾问，汉武帝独尊儒术之后，成为通晓、传授儒家经典的专门学官。 4 寿春：在今安徽寿县。 5 广陵：在今江苏扬州。

裴注 [1]《魏书》载癸酉诏曰："近之不绥，何远之怀？今事多而民少，上下相弊以文法，百姓无所措其手足。昔太山之哭者，以为苛政甚于猛虎，吾备儒者之风，服圣人之遗教，岂可以目玩其辞，行违其诫者哉？广议轻刑，以惠百姓。"

十二月，诏曰："先王制礼，所以昭孝事祖，大则郊社[1]，其次宗庙，三辰五行，名山大川，非此族[2]也，不在祀典。叔世[3]衰乱，崇信巫史，至乃宫殿之内，户牖之间，无不沃酹[4]，甚矣其惑也。自今，其敢设非祀之祭，巫祝之言，皆以执左道论，著于令典。"是岁穿天渊池。

六年春二月，遣使者巡行许昌以东尽沛郡[5]，问民所疾苦，贫者振贷之[1]。三月，行幸召陵，通讨虏渠。乙巳，还许昌宫。并州刺史梁习讨鲜卑轲比能，大破之。辛未，帝为舟师东征。

十二月，文帝下诏说："先王制定礼制，用来昭示孝道侍奉先祖，大的如郊、社，其次宗庙，日月星辰，名山大川，不是这一类的，不在祀典之内。末世衰乱，崇信巫史，甚至宫殿之内，门户之间，无不祭祀，真是迷惑甚深。从现在起，再敢设置不合祀典的祭祀，传播巫祝之言，都判处以倡言左道之罪，写在法令典章中。"这一年挖通了天渊池。

黄初六年(225)春二月，文帝派遣使节从许昌往东巡视各地，一直到沛郡，询问民间疾苦，对贫苦的人给予赈济和借贷。三月，文帝到达召陵，修通讨虏渠。乙巳日，返还许昌宫。并州刺史梁习讨伐鲜卑轲比能，取得大胜。辛未日，文帝亲率舟师东征。

五月戊申,幸谯。壬戌,荧惑入太微[6]。

戊申日,到达谯县。壬戌日,荧惑进入太微分野。

今注 1 郊社:祭祀名称,郊为祭天之礼,社为祭地之礼。 2 族:类别。 3 叔世:末世。 4 沃酹(lèi):指以酒浇地进行祭奠。 5 沛郡:西汉时期设置的郡,治所在相县,在今安徽濉溪西北。 6 荧惑入太微:荧惑,指火星。太微,星官名,三垣之一。古人认为荧惑入太微是帝位不保的征兆。

裴注 [1]《魏略》载诏曰:"昔轩辕建四面之号,周武称'予有乱臣十人',斯盖先圣所以体国君民,亮成天工,多贤为贵也。今内有公卿以镇京师,外设牧伯以监四方,至于元戎出征,则军中宜有柱石之贤帅,辎重所在,又宜有镇守之重臣,然后车驾可以周行天下,无内外之虑。吾今当征贼,欲守之积年。其以尚书令颍乡侯陈群为镇军大将军,尚书仆射西乡侯司马懿为抚军大将军。若吾临江授诸将方略,则抚军当留许昌,督后诸军,录后台文书事;镇军随车驾,当董督众军,录行尚书事;皆假节鼓吹,给中军兵骑六百人。吾欲去江数里,筑宫室,往来其中,见贼可击之形,便出奇兵击之;若或未可,则当舒六军以游猎,飨赐军士。"

六月,利成郡[1]兵蔡方等以郡反,杀太守徐质。遣屯骑校尉任福、步兵校尉段昭与青州刺史讨平之;其见胁略及亡命者,皆赦其罪。

秋七月,立皇子鉴为东武阳王。八月,帝遂以舟

六月,利成郡兵卒蔡方等人据郡反叛,杀死太守徐质。文帝派遣屯骑校尉任福、步兵校尉段昭与青州刺史将其讨伐平定;被胁迫反叛和逃亡的人,皆赦免他们的罪过。

秋七月,立皇子曹鉴为东武阳王。八月,文帝率领舟师从谯县沿着

师自谯循涡入淮，从陆道幸徐。九月，筑东巡台。冬十月，行幸广陵[2]故城，临江观兵，戎卒十余万，旌旗数百里[1]。是岁大寒，水道冰，舟不得入江，乃引还。十一月，东武阳王鉴薨。十二月，行自谯过梁，遣使以太牢[3]祀故汉太尉桥玄。

涡水入淮水，再从陆路到达徐州。九月，修筑东巡台。冬十月，亲临广陵故城。临江大阅军队，士卒十余万，旌旗绵延数百里。这一年天气很冷，水道结冰，船只无法进入长江，于是就返回了。十一月，东武阳王曹鉴去世。十二月，文帝从谯县出发经过梁，派遣使节以太牢之礼祭祀故去的汉代太尉桥玄。

今注　**1** 利成郡：东汉末年设置的郡，治所在利成县，在今江苏连云港赣榆区。　**2** 广陵：在今江苏扬州西北。　**3** 太牢：古代祭祀之礼，以猪、牛、羊为牺牲，是非常高的祭祀规格。

裴注　[1]《魏书》载帝于马上为诗曰："观兵临江水，水流何汤汤！戈矛成山林，玄甲耀日光。猛将怀暴怒，胆气正从横。谁云江水广？一苇可以航！不战屈敌虏，戢兵称贤良。古公宅岐邑，实始翦殷商。孟献营虎牢，郑人惧稽颡。充国务耕植，先零自破亡。兴农淮泗间，筑室都徐方。量宜运权略，六军咸悦康；岂如《东山》诗，悠悠多忧伤。"

七年春正月，将幸许昌，许昌城南门无故自崩，帝心恶之，遂不入。壬子，行还洛阳宫。三月，筑九华台。夏五月丙辰，帝疾笃[1]，召中军大将军曹真、镇军大

黄初七年(226)春正月，文帝将要驾临许昌，许昌城的南门无缘无故崩塌了，文帝心里很厌恶，于是没有去。壬子日，返还洛阳宫。三月，修筑九华台。夏五月丙辰日，文帝病得很厉害，召集中军大将军曹真、镇军大将军

将军陈群、征东大将军曹休、抚军大将军司马宣王[2],并受遗诏辅嗣主。遣后宫淑媛、昭仪已下归其家。丁巳,帝崩于嘉福殿,时年四十[1]。六月戊寅,葬首阳陵。自殡[3]及葬,皆以终制从事[2]。

初,帝好文学,以著述为务,自所勒成垂百篇。又使诸儒撰集经传,随类相从,凡千余篇,号曰《皇览》[3]。

陈群、征东大将军曹休、抚军大将军司马宣王,一起接受遗诏辅佐嗣君。遣返后宫淑媛、昭仪以下的妃子回家。丁巳日,文帝驾崩于嘉福殿,时年四十。六月戊寅日,葬在首阳陵。从殡到葬,全都按照他确定的制度办理。

当初,文帝爱好文学,以著述为务,自己所作的文章近百篇。又令众儒生编撰经传,分门别类排列,总共千余篇,名为《皇览》。

今注 1 笃:很,甚。2 司马宣王:即司马懿,字仲达,因其孙司马炎代魏称帝,建立晋朝,追尊其为宣帝。3 殡:殓而待葬。

裴注 [1]《魏书》曰:"殡于崇华前殿。" [2]《魏氏春秋》曰:"明帝将送葬,曹真、陈群、王朗等以暑热固谏,乃止。"孙盛曰:"夫窀穸之事,孝子之极痛也,人伦之道,于斯莫重。故天子七月而葬,同轨毕至。夫以义感之情,犹尽临隧之哀,况乎天性发中,敦礼者重之哉!魏氏之德,仍世不基矣。昔华元厚葬,君子以为弃君于恶,群等之谏,弃孰甚焉!"鄄城侯植为诔曰:"惟黄初七年五月十七日,大行皇帝崩,呜呼哀哉!于时天震地骇,崩山陨霜,阳精薄景,五纬错行,百姓呼嗟,万国悲伤,若丧考妣,思慕过唐,擗踊郊野,仰想穹苍,佥曰何辜,早世殒丧,呜呼哀哉!悲夫大行,忽焉光灭,永弃万国,云往雨绝。承问荒忽,惛懵哽咽,袖锋抽刃,叹自僵毙,追慕三良,甘心同穴。感惟南风,惟以郁滞,终于偕没,指景自誓。考诸先记,寻之哲言,生若浮寄,唯德可论,朝闻夕逝,孔志所存。皇虽一没，天禄永延，何以述德？表之素旃。何以咏功？宣之管弦。乃作诔曰：皓皓太素，两仪始分，中和产物，肇有人伦，爰暨三皇，实秉道真，降逮五帝，继以懿纯，三代制作，踵武立勋。季嗣不维，网漏于秦，崩乐灭学，儒坑礼焚，二世而歼，汉氏乃因，弗求古训，嬴政是遵，王纲帝典，阒尔无闻。末光幽昧，道究运迁，乾坤回历，简圣授贤，乃眷大行，属以黎元。龙飞启祚，合契上玄，五行定纪，改号革年，明明赫赫，受命于天。仁风偃物，德以礼宣；祥惟圣质，嶷在幼妍。庶几六典，学不过庭，潜心无罔，亢志青冥。才秀藻朗，如玉之莹，听察无向，瞻睹未形。其刚如金，其贞如琼，如冰之洁，如砥之平。爵公无私，戮违无轻，心镜万机，揽照下情。思良股肱，嘉昔伊、吕，搜扬侧陋，举汤代禹；拔才岩穴，取士蓬户，唯德是萦，弗拘祢祖。宅土之表，道义是图，弗营厥险，六合是虞。齐契共遵，下以纯民，恢拓规矩，克绍前人。科条品制，褒贬以因。乘殷之辂，行夏之辰。金根黄屋，翠葆龙鳞，绋冕崇丽，衡纨维新，尊肃礼容，瞩之若神。方牧妙举，钦于恤民，虎将荷节，镇彼四邻；朱旗所剿，九壤被震，畴克不若？孰敢不臣？县旌海表，万里无尘。虏备凶彻，鸟殪江岷，权若涸鱼，干腊矫鳞，肃慎纳贡，越裳效珍，条支绝域，侍子内宾。德侪先皇，功侔太古。上灵降瑞，黄初叔祜：河龙洛龟，凌波游下；平钧应绳，神鸾翔舞；数荚阶除，系风扇暑；皓兽素禽，飞走郊野；神钟宝鼎，形自旧土；云英甘露，瀸涂被宇；灵芝冒沼，朱华荫渚。回回凯风，祁祁甘雨，稼穑丰登，我稷我黍。家佩惠君，户蒙慈父。图致太和，洽德全义。将登介山，先皇作俪。镌石纪勋，兼录众瑞，方隆封禅，归功天地，宾礼百灵，勋命视规，望祭四岳，燎封奉柴，肃于南郊，宗祀上帝。三牲既供，夏禘秋尝，元侯佐祭，献璧奉璋。鸾舆幽蔼，龙旂太常，爰迄太庙，钟鼓锽锽，颂德咏功，八佾锵锵。皇祖既飨，烈考来享，神具醉止，降兹福祥。天地震荡，大行康之；三辰暗昧，大行光之；皇纮绝维，大行纲之；神器莫统，大行当之；礼乐废弛，大行张之；仁义陆沈，大行扬之；潜龙隐凤，大行翔之；疏狄遐康，大行匡之。在位七载，元功仍举，将永太和，绝迹三五，宜作物师，长为神主，寿终金石，等算东父，如何奄忽，摧身后土，俾我茕茕，靡瞻靡顾。嗟嗟皇穹，胡宁忍务？呜呼哀哉！明监吉凶，体远存亡，深垂典制，申之嗣皇。圣上虔奉，是顺是将，乃创玄宇，基为首阳，拟迹榖林，追尧慕唐，合山同陵，不树不疆，涂车刍灵，珠玉靡藏。百神警侍，来宾幽堂，耕禽田兽，望魂之翔。于是，俟大隧之致功兮，练元辰之淑祯，潜华体于梓宫兮，冯正殿以居灵。顾望嗣之号咷兮，存临者之悲声，悼晏驾之既修兮，感容车之速征。浮飞魂于轻霄兮，就黄墟以灭形，背三光之昭晰兮，归玄宅之冥冥。嗟一往之不反兮，痛閟闼之长扃。咨远臣之眇眇兮，感凶讳以怛惊，心孤绝而靡告兮，纷流涕而交颈。思恩荣以横奔兮，阂阙塞之峣峥，顾衰绖以轻举兮，迫关防之我婴。欲高飞而遥憩兮，惮天网之远经，愿投骨于山足兮，报恩养于下庭。慨拊心而自悼兮，惧施重而命轻，嗟微躯之是效兮，甘九死而忘生，几司命之役籍兮，先黄发而陨零，天盖高而察卑兮，冀神明之我听。独郁伊而莫诉兮，追顾景而怜形，奏斯文以写思兮，结翰墨以敷诚。呜呼哀哉！'" [3]《魏书》曰："帝初在东宫，疫疠大起，时人雕伤，帝深感叹，与素所敬者大理王朗书曰：'生有七尺之形，死唯一棺之土，唯立德扬名，可以不朽，其次莫如著篇籍。疫疠数起，士人雕落，余独何人，能全其寿？'故论撰所著《典论》诗赋，盖百余篇，集诸儒于肃城门内，讲论大义，侃侃无倦。常嘉汉文帝之为君，宽仁玄默，务欲以德化民，有贤圣之风。时文学诸儒，或以为孝文虽贤，其于聪明通达国体，不如贾谊。帝由是著《太宗论》曰：'昔有苗不宾，重华舞以干戚，尉佗称帝，孝文抚以恩德，吴王不朝，锡之几杖以抚其意，而天下赖安；乃弘三章之教，恺悌之化，欲使曩时累息之民，得阔步高谈，无危惧之心。若贾谊之才敏，筹画国政，特贤臣之器，管、晏之姿，岂若孝文大人之量哉？'三年之中，以孙权不服，复颁《太宗论》于天下，明示不愿征伐也。他日又从容言曰：'顾我亦有所不取于汉文帝者三：杀薄昭；幸邓通；慎夫人衣不曳地，集上书囊为帐帷。以为汉文俭而无法，舅后之家，但当养育以恩而不当假借以权，既触罪法，又不得不害矣。'其欲秉持中道，以为帝王仪表者如此。"胡冲《吴历》曰："帝以素书所著《典论》及诗赋饷孙权,又以纸写一通与张昭。”

评曰:文帝天资文藻,下笔成章,博闻强识,才艺兼该[1];若加之旷大之度,励以公平之诚,迈志存道,克广德心,则古之贤主,何远之有哉!

评论说:文帝天生具有文学辞藻的才华,下笔成章,博闻强识,兼具才智和文艺;如果再加上宽博的气度,磨砺以公正平和的诚心,有存续大道的志向,能够扩充仁德之心,那么跻身古代贤主的行列,应该就不远了!

裴注 [**1**]《典论》帝《自叙》曰:“初平之元,董卓杀主鸩后,荡覆王室。是时四海既困中平之政,兼恶卓之凶逆,家家思乱,人人自危。山东牧守,咸以《春秋》之义,‘卫人讨州吁于濮’,言人人皆得讨贼。于是大兴义兵,名豪大侠,富室强族,飘扬云会,万里相赴;兖、豫之师战于荥阳,河内之甲军于孟津。卓遂迁大驾,西都长安。而山东大者连郡国,中者婴城邑,小者聚阡陌,以还相吞灭。会黄巾盛于海、岱,山寇暴于并、冀,乘胜转攻,席卷而南,乡邑望烟而奔,城郭睹尘而溃,百姓死亡,暴骨如莽。时余年五岁,上以世方扰乱,教余学射,六岁而知射,又教余骑马,八岁而能骑射矣。以时之多故,每征,余常从。建安初,上南征荆州,至宛,张绣降。旬日而反,亡兄孝廉子脩、从兄安民遇害。时余年十岁,乘马得脱。夫文武之道,各随时而用,生于中平之季,长于戎旅之间,是以少好弓马,于今不衰;逐禽辄十里,驰射常百步,日多体健,心每不厌。建安十年,始定冀州,濊、貊贡良弓,燕、代献名马。时岁之暮春,句芒司节,和风扇物,弓燥手柔,草浅兽肥,与族兄子丹猎于邺西,终日,手获獐鹿九,雉兔三十。后军南征次曲蠡,尚书令荀彧奉使犒军,见余,谈论之末,彧言:‘闻君善左右射,此实难能。’余言:‘执事未睹夫项发口纵、俯马蹄而仰月支也。’彧喜笑曰:‘乃尔!’余曰:‘埒有常径,的有常所,虽每发辄中,非至妙也。若驰平原,赴丰草,要狡兽,截轻禽,使弓不虚弯,所中必洞,斯则妙矣。’时军祭酒张京在坐，顾彧拊手曰‘善’。余又学击剑，阅师多矣，四方之法各异，唯京师为善。桓、灵之间，有虎贲王越善斯术，称于京师。河南史阿言昔与越游，具得其法，余从阿学之精熟。尝与平虏将军刘勋、奋威将军邓展等共饮，宿闻展善有手臂，晓五兵，又称其能空手入白刃。余与论剑良久，谓言：‘将军法非也，余顾尝好之，又得善术。’因求与余对。时酒酣耳热，方食芊蔗，便以为杖，下殿数交，三中其臂，左右大笑。展意不平，求更为之。余言：‘吾法急属，难相中面，故齐臂耳。’展言：‘愿复一交。’余知其欲突以取交中也，因伪深进，展果寻前，余却脚鄛，正截其颡，坐中惊视。余还坐，笑曰：‘昔阳庆使淳于意去其故方，更授以秘术，今余亦愿邓将军捐弃故伎，更受要道也。’一坐尽欢。夫事不可自谓己长，余少晓持复，自谓无对；俗名双戟为坐铁室，镶楯为蔽木户；后从陈国袁敏学，以单攻复，每为若神，对家不知所出，先日若逢敏于狭路，直决耳！余于他戏弄之事少所喜，唯弹棋略尽其巧，少为之赋。昔京师先工有马合乡侯、东方安世、张公子，常恨不得与彼数子者对。上雅好诗书文籍，虽在军旅，手不释卷，每每定省从容，常言：‘人少好学则思专，长则善忘。长大而能勤学者，唯吾与袁伯业耳。’余是以少诵《诗》《论》，及长而备历五经、四部，《史》《汉》诸子百家之言，靡不毕览。”《博物志》曰：“帝善弹棋，能用手巾角。时有一书生，又能低头以所冠著葛巾角撇棋。”

卷三　魏书三

明帝纪

导读　魏明帝曹叡是曹操的孙子，魏国的第二代皇帝。在他的统治下，魏国的政权进一步巩固，政治局面基本稳定，国土有所扩张，各项礼仪得到充实完备。可以说，魏明帝为魏国进一步发展做出了很大贡献。但是，曹叡也有好大喜功的一面，他不仅采信符瑞，追求神仙方术，还大兴土木，招纳宫女，在一定程度上导致了奢靡风气流行，加重了劳动人民的负担，消耗了国力。

曹叡生前没有培养出合适的皇位继承者，临终时不得已采取了任命大臣辅政、太后临朝的措施。这一举措未能保障魏国政权的平稳发展，在他死后，曹爽与司马懿发生权力斗争，导致魏国大权落入司马氏之手，最终被晋取代。

明帝叡

原文

明皇帝讳叡，字元仲，文帝太子也。生而太祖爱之，常令在左右[1]。年十五，封武德侯，黄初二年为齐公，三年为平原王。以其母诛，故未建为嗣[2]。

译文

明皇帝名叡，字元仲，是魏文帝的太子。自幼受太祖喜爱，常让他伴随身旁。十五岁时被封为武德侯，黄初二年(221)被封为齐公，黄初三年(222)被封为平原王。由于母亲被文帝赐死的缘故，他当时未被立为太子。黄初七年

七年夏五月，帝病笃，乃立为皇太子。丁巳，即皇帝位，大赦。尊皇太后曰太皇太后，皇后曰皇太后。诸臣封爵各有差[3]。癸未，追谥母甄夫人曰文昭皇后。壬辰，立皇弟蕤[1]为阳平王。

(226)夏五月，文帝病重，他才被立为皇太子。丁巳日，曹叡即皇帝位，大赦天下，尊奉皇太后为太皇太后，皇后为皇太后，诸大臣封赐爵位各有差等。癸未日，追谥生母甄夫人为文昭皇后。壬辰日，加封皇弟曹蕤为阳平王。

八月，孙权攻江夏郡[2]，太守文聘坚守。朝议欲发兵救之，帝曰："权习水战，所以敢下船陆攻者，几掩不备也。今已与聘相持，夫攻守势倍，终不敢久也。"先时遣治书侍御史[3]荀禹慰劳边方，禹到，于江夏发所经县兵及所从步骑千人，乘山举火，权退走。

八月，孙权进攻江夏郡，太守文聘坚守。朝中合议，想要发兵救援，明帝说："孙权熟悉水战，之所以敢下船从陆上进攻，是想乘江夏没有防备。现在他们和文聘对峙，所谓攻击固守之地，兵力需多对方一倍，敌人最终是不敢久攻的。"在这之前，明帝曾派治书侍御史荀禹抚慰边疆地区，荀禹到江夏后，调发所经过的各县兵卒和随从步骑千人，上山点起火把，孙权于是撤退。

今注　**1** 蕤(ruí)：即曹蕤，其事迹见《魏书·武文世王公传》。　**2** 江夏郡：汉代治西陵(在今湖北武汉新洲区西)。三国时分属吴、魏，魏郡治上昶城(在今湖北云梦西南)，吴郡治武昌(在今湖北鄂州)。　**3** 治书侍御史：御史中丞佐贰，因西汉时以重要的侍御史管理文书图籍而得名，负责监察地方、弹劾高级官员、收捕犯官，也奉命出外执行巡察、抚慰等任务。

裴注　[1]《魏书》曰："帝生数岁而有岐嶷之姿，武皇帝异之，曰：'我基于尔三世矣。'每朝宴会同，与侍中近臣并列帷幄。好学多识，特留意于法理。” [2]《魏略》曰:“文帝以郭后无子,诏使子养帝。帝以母不以道终,意甚不平。后不获已,乃敬事郭后,旦夕因长御问起居。郭后亦自以无子,遂加慈爱。文帝始以帝不悦,有意欲以他姬子京兆王为嗣,故久不拜太子。”《魏末传》曰:“帝常从文帝猎,见子母鹿。文帝射杀鹿母,使帝射鹿子,帝不从,曰:‘陛下已杀其母,臣不忍复杀其子。’因涕泣。文帝即放弓箭,以此深奇之,而树立之意定。” [3]《世语》曰:“帝与朝士素不接,即位之后,群下想闻风采。居数日,独见侍中刘晔,语尽日。众人侧听,晔既出,问:‘何如?’晔曰:‘秦始皇、汉孝武之俦,才具微不及耳。’”

辛巳,立皇子冏为清河王。吴将诸葛瑾[1]、张霸等寇襄阳,抚军大将军[2]司马宣王讨破之,斩霸,征东大将军[3]曹休[4]又破其别将于寻阳[5]。论功行赏各有差。冬十月,清河王冏薨。十二月,以太尉钟繇为太傅,征东大将军曹休为大司马,中军大将军曹真[6]为大将军,司徒华歆[7]为太尉,司空王朗[8]为司徒,镇军大将军陈群[9]为司空,抚军大将军司马宣王为骠骑大将军[10]。

辛巳日,明帝立皇子曹冏为清河王。吴国将领诸葛瑾、张霸等进攻襄阳。抚军大将军司马懿击败吴军,斩杀张霸。征东大将军曹休在寻阳击败了吴军配合作战的部队。朝廷按功劳差等都进行了封赏。冬十月,清河王曹冏去世。十二月,以太尉钟繇为太傅,征东大将军曹休为大司马,中军大将军曹真为大将军,司徒华歆为太尉,司空王朗为司徒,镇军大将军陈群为司空,抚军大将军司马懿为骠骑大将军。

今注 1 诸葛瑾:字子瑜,三国时期吴国重臣,诸葛亮之兄,为东吴效力,得到孙权的信赖。 2 抚军大将军:魏文帝黄初年间设置的官职,文帝出征时掌管首都留守事务。 3 征东大将军:文帝黄初年间设置,领兵出镇东面，职掌同于征东将军，而地位更高，可掌管数州军事。 4 曹休：字文烈，曹操族子，常追随曹操、曹丕作战，明帝太和二年(228)，征吴大败后病逝。 5 寻阳：庐江郡寻阳县(在今湖北武穴东北)。 6 曹真：字子丹，曹操养子，长期为曹操、曹丕外出作战，黄初三年(222)，被任命为上军大将军，都督中外诸军，后转任为中军大将军。受魏文帝遗诏与陈群、司马懿等辅政。 7 华歆：字子鱼，长期为曹操出谋划策，曹操去世后，上表劝曹丕称帝。 8 王朗：字景兴，通经术，学识渊博，生性简朴，长于治理刑狱、民政。 9 陈群：字长文，初为刘备别驾，后归曹操，任司空掾。举荐得当，有知人之誉。曾建议选任官吏，实行九品官人法。 10 骠骑大将军：东汉初设置的临时统兵的将军称号，魏晋时期成为定制。骠骑大将军为重号将军，地位仅在大将军之下，与三公地位相等。

太和元年春正月，郊祀[1]武皇帝以配天[2]，宗祀[3]文皇帝于明堂以配上帝。分江夏南部，置江夏南部都尉。西平麴英反，杀临羌令、西都长，遣将军郝昭、鹿磐讨斩之。二月辛未，帝耕于籍田[4]。辛巳，立文昭皇后[5]寝庙于邺。丁亥，朝日[6]于东郊。夏四月乙亥，行五铢钱。甲申，初营宗庙。秋八月，夕月于西郊。冬十月丙寅，治兵于东郊。焉耆王遣

太和元年(227)春正月，明帝在都城郊外祭祀武皇帝以配享上天，在明堂祭祀文皇帝以配享上帝。明帝将江夏郡南部分出，设江夏南部都尉。西平郡麴英反叛，杀临羌令、西都长等官员，明帝派遣将军郝昭、鹿磐讨伐并斩杀麴英。二月辛未日，明帝在籍田进行农耕。辛巳日，在邺城修建文昭皇后寝庙。丁亥日，到东郊祭祀太阳。夏四月乙亥日，发行五铢钱。甲申日，开始修建宗庙。秋八月，在西郊祭祀月亮。冬十月丙寅日，在东郊训练军队。焉耆王派遣儿子

子入侍。十一月,立皇后毛氏。赐天下男子爵人二级,鳏寡孤独不能自存者赐谷。十二月,封后父毛嘉为列侯。新城太守孟达反,诏骠骑将军司马宣王讨之[1]。

入朝侍奉。十一月,立毛氏为皇后。赐天下男子每人爵位二级,赐给丧偶、丧子、丧亲等无法生活的人粮食。十二月,封皇后的父亲毛嘉为列侯。新城太守孟达叛乱,下诏令骠骑将军司马懿讨伐他。

今注 1 郊祀:古代帝王去郊外进行大祀,分为南郊祭天、北郊祭地,五方祭五帝等。 2 配天:将武帝曹操附祀于天,以表明曹操的功德能够承担天命。 3 宗祀:指在宗庙对祖先进行的祭祀。 4 籍田:古代天子、诸侯举行籍礼而设置的田。春耕前由天子在籍田上执耒耜三推或一拨,进行示范性耕作,以示对农业的重视,这种仪式称为"籍礼"。 5 文昭皇后:指明帝生母甄氏,甄氏在曹丕登基后被立为夫人。后失宠,留居邺城,失意有怨言,又为郭贵嫔所谮,被文帝赐死,安葬于邺。明帝即位后,追谥甄氏为文昭皇后,又为其兴建陵墓。 6 朝日:古代帝王祭祀太阳的礼仪。在早上举行。后文的"夕月"与此类似,是秋季祭祀月亮的仪式。

裴注 [1]《三辅决录》曰:"伯郎,凉州人,名不令休。其注曰:'伯郎姓孟,名他,扶风人。灵帝时,中常侍张让专朝政,让监奴典护家事。他仕不遂,乃尽以家财赂监奴,与共结亲,积年家业为之破尽。众奴皆惭,问他所欲,他曰:"欲得卿曹拜耳。"奴被恩久,皆许诺。时宾客求见让者,门下车常数百乘,或累日不得通。他最后到,众奴伺其至,皆迎车而拜,径将他车独入。众人悉惊,谓他与让善,争以珍物遗他。他得之,尽以赂让,让大喜。他又以蒲桃酒一斛遗让,即拜凉州刺史。他生达,少入蜀。其处蜀事迹在《刘封传》。'"《魏略》曰:"达以延康元年率部曲四千余家归魏。文帝时初即王位,既宿知有达,闻其来,甚悦,令贵臣有识察者往观之，还曰：'将帅之才也。'或曰：'卿相之器也。'王益钦达。逆与达书曰：'近日有命，未足达旨，何者？昔伊挚背商而归周，百里去虞而入秦，乐毅感鸱夷以蝉蜕，王遵识逆顺以去就，皆审兴废之符效，知成败之必然，故丹青画其形容，良史载其功勋。闻卿姿度纯茂，器量优绝，当骋能明时，收名传记。今者翻然濯鳞清流，甚相嘉乐，虚心西望，依依若旧，下笔属辞，欢心从之。昔虞卿入赵，再见取相，陈平就汉，一觐参乘，孤今于卿，情过于往，故致所御马物以昭忠爱。'又曰：'今者海内清定，万里一统，三垂无边尘之警，中夏无狗吠之虞，以是弛罔阔禁，与世无疑，保官空虚，初无质任。卿来相就，当明孤意，慎勿令家人缤纷道路，以亲骇疏也。若卿欲来相见，且当先安部曲，有所保固，然后徐徐轻骑来东。'达既至谯，进见闲雅，才辩过人，众莫不属目。又王近出，乘小辇，执达手，抚其背戏之曰：'卿得无为刘备刺客邪？'遂与同载。又加拜散骑常侍，领新城太守，委以西南之任。时众臣或以为待之太猥，又不宜委以方任。王闻之曰：'吾保其无他，亦譬以蒿箭射蒿中耳。'达既为文帝所宠，又与桓阶、夏侯尚亲善，及文帝崩，时桓、尚皆卒，达自以羁旅久在疆埸，心不自安。诸葛亮闻之，阴欲诱达，数书招之，达与相报答。魏兴太守申仪与达有隙，密表达与蜀潜通，帝未之信也。司马宣王遣参军梁幾察之，又劝其入朝。达惊惧，遂反。"干宝《晋纪》曰："达初入新城，登白马塞，叹曰：'刘封、申耽，据金城千里而失之乎！'"

二年春正月，宣王攻破新城，斩达，传其首[1]。分新城之上庸、武陵、巫县为上庸郡，锡县为锡郡。

蜀大将诸葛亮寇边，天水、南安、安定三郡吏民叛应亮[2]。遣大将军曹真

太和二年(228)春正月，司马懿攻破新城，斩杀了孟达，传送其首级到京都。将新城郡的上庸、武陵、巫县设置为上庸郡，锡县设为锡郡。

蜀国大将诸葛亮侵犯边境，天水、南安、安定三郡官吏和百姓叛变响应诸葛亮。明帝派大将军曹真率领关

都督关右[1],并进兵。右将军张郃击亮于街亭[2],大破之。亮败走,三郡平。丁未,行幸长安[3]。夏四月丁酉,还洛阳宫[4]。赦系囚非殊死[3]以下。乙巳,论讨亮功,封爵增邑各有差。五月,大旱。六月,诏曰:"尊儒贵学,王教之本也。自顷儒官或非其人,将何以宣明圣道?其高选博士,才任侍中、常侍者。申敕郡国,贡士以经学为先。"秋九月,曹休率诸军至皖,与吴将陆议战于石亭,败绩。乙酉,立皇子穆为繁阳王。庚子,大司马曹休薨。冬十月,诏公卿近臣举良将各一人。十一月,司徒王朗薨。十二月,诸葛亮围陈仓,曹真遣将军费曜等拒之[5]。辽东太守公孙恭兄子渊,劫夺恭位,遂以渊领辽东太守。

右各军同时进攻。右将军张郃在街亭攻击并大败诸葛亮。诸葛亮败逃,三郡平定。丁未日,明帝前往长安。夏四月丁酉日,回到洛阳宫。诏令赦免严重死罪以下的在押犯人。乙巳日,讨论征讨诸葛亮之役的战功,诸将封爵增加食邑各有差等。五月,大旱。六月,明帝下诏说:"尊崇儒教、崇尚学问,是国家教化的基础。最近有的儒官不能胜任,又怎么能阐述发扬圣人的道理?通过严格选拔博士,才能可以胜任侍中、常侍这样的职位。要告诫各郡国,举荐人才以经学水平为首要标准。"秋季九月,曹休率领各军到皖地,与吴将陆议在石亭作战,遭遇失败。乙酉日,封皇子曹穆为繁阳王。庚子日,大司马曹休去世。冬十月,明帝诏令朝中公卿和亲近大臣各自举荐一员良将。十一月,司徒王朗去世。十二月,诸葛亮率军包围陈仓,曹真派遣将军费曜等人抵抗。辽东太守公孙恭兄长的儿子公孙渊,抢夺了公孙恭的官位,朝廷任命公孙渊为辽东太守。

今注 1 关右:古人以西为右,亦称"关西"。泛指函谷关或潼关以西地区。 2 街亭:在今甘肃庄浪东南。 3 殊死:严重的死罪。殊死在汉代是一个用以表示死罪严重程度的概念,其要素包括罪行性质、是否律有明文、能否赦免及处刑方式与处刑时限等。具体来说,殊死是专指律有明文的大逆不道罪,主要包括谋反、谋大逆、谋叛、恶逆等,此类死罪,性质严重,绝不赦免,处刑方式固定为腰斩,且行刑决不待时。由于受刑时罪犯的身体被斧钺断开,故曰"殊死"。

裴注 [1]《魏略》曰:"宣王诱达将李辅及达甥邓贤,贤等开门纳军。达被围旬有六日而败,焚其首于洛阳四达之衢。" [2]《魏书》曰:"是时朝臣未知计所出,帝曰:'亮阻山为固,今者自来,既合兵书致人之术;且亮贪三郡,知进而不知退,今因此时,破亮必也。'乃部勒兵马步骑五万拒亮。" [3]《魏略》载帝露布天下并班告益州曰:"刘备背恩,自窜巴蜀。诸葛亮弃父母之国,阿残贼之党,神人被毒,恶积身灭。亮外慕立孤之名,而内贪专擅之实。刘升之兄弟守空城而已。亮又侮易益土,虐用其民,是以利狼、宕渠、高定、青羌莫不瓦解,为亮仇敌。而亮反裘负薪,里尽毛殚,刖趾适屦,刻肌伤骨,反更称说,自以为能。行兵于井底,游步于牛蹄。自朕即位,三边无事,犹哀怜天下数遭兵革,且欲养四海之耆老,长后生之孤幼,先移风于礼乐,次讲武于农隙,置亮画外,未以为虞。而亮怀李熊愚勇之志,不思荆邯度德之戒,驱略吏民,盗利祁山。王师方振,胆破气夺,马谡、高祥,望旗奔败。虎臣逐北,蹈尸涉血,亮也小子,震惊朕师。猛锐踊跃,咸思长驱。朕惟率土莫非王臣,师之所处,荆棘生焉,不欲使千室之邑忠信贞良,与夫淫昏之党,同受涂炭。故先开示,以昭国诫,勉思变化,无滞乱邦。巴蜀将吏士民诸为亮所劫迫,公卿已下皆听束手。" [4]《魏略》曰:"是时讹言云帝已崩,从驾群臣迎立雍丘王植。京师自卞太后群公尽惧。及帝还,皆私察颜色。卞太后悲喜,欲推始言者,帝曰:'天下皆言,将何所推?'" [5]《魏略》曰:"先是,使将军郝昭筑陈仓城;会亮至,围昭,不能拔。昭字伯道,太原人,为人雄壮,少入军为部曲督,数有战功，为杂号将军，遂镇守河西十余年，民夷畏服。亮围陈仓，使昭乡人靳详于城外遥说之，昭于楼上应详曰：'魏家科法，卿所练也；我之为人，卿所知也。我受国恩多而门户重，卿无可言者，但有必死耳。卿还谢诸葛，便可攻也。'详以昭语告亮，亮又使详重说昭，言'人兵不敌，无为空自破灭'。昭谓详曰：'前言已定矣。我识卿耳，箭不识也。'详乃去。亮自以有众数万，而昭兵才千余人，又度东救未能便到，乃进兵攻昭，起云梯冲车以临城。昭于是以火箭逆射其云梯，梯然，梯上人皆烧死。昭又以绳连石磨压其冲车，冲车折。亮乃更为井阑百尺以射城中，以土丸填堑，欲直攀城，昭又于内筑重墙。亮又为地突，欲踊出于城里，昭又于城内穿地横截之。昼夜相攻拒二十余日，亮无计，救至，引退。诏嘉昭善守，赐爵列侯。及还，帝引见慰劳之，顾谓中书令孙资曰：'卿乡里乃有尔曹快人，为将灼如此，朕复何忧乎？'仍欲大用之。会病亡，遗令戒其子凯曰：'吾为将，知将不可为也。吾数发冢，取其木以为攻战具，又知厚葬无益于死者也。汝必敛以时服。且人生有处所耳，死复何在耶？今去本墓远，东西南北，在汝而已。'"

三年夏四月，元城王礼薨。六月癸卯，繁阳王穆薨。戊申，追尊高祖大长秋[1]曰高皇帝，夫人吴氏曰高皇后。

秋七月，诏曰："礼，王后无嗣，择建支子[2]以继大宗[3]，则当纂正统而奉公义，何得复顾私亲哉！汉宣继昭帝后，加悼

太和三年(229)夏四月，元城王曹礼去世。六月癸卯日，繁阳王曹穆去世。戊申日，明帝追尊高祖父大长秋为高皇帝，夫人吴氏为高皇后。

秋七月，明帝下诏说："按照礼制，王后没有子嗣，挑选支子继承大宗，那么继子应该代表嫡系宗族而奉行家族公义，怎么还能顾念自己私人的亲属呢！汉宣帝以旁支承嗣昭帝，却给生父加封皇帝称号；哀帝以诸侯王被立为皇

考以皇号;哀帝以外藩援立,而董宏等称引亡秦,惑误时朝,既尊恭皇,立庙京都,又宠藩妾,使比长信,叙昭穆于前殿,并四位于东宫,僭差无度,人神弗祐,而非罪师丹忠正之谏,用致丁、傅焚如之祸。自是之后,相踵行之。昔鲁文逆祀[4],罪由夏父[5];宋国非度[6],讥在华元[7]。其令公卿有司,深以前世行事为戒。后嗣万一有由诸侯入奉大统,则当明为人后之义。敢为佞邪导谀时君,妄建非正之号以干正统,谓考为皇,称妣为后,则股肱大臣,诛之无赦。其书之金策,藏之宗庙,著于令典。"

帝,董宏等人援引亡秦的例子,迷惑误导朝廷,尊哀帝父亲为恭皇,在京都立庙,又尊宠作为藩王姬妾的生母丁姬和祖母傅昭仪,使其地位与长信宫的皇太后、太皇太后相等。在前殿将生父与成帝按昭穆次序排列,在东宫将生母、祖母与皇太后、太皇太后四人并列,僭越无度,人神都不会护佑。哀帝还否定师丹忠诚正直的进谏,导致丁氏、傅氏焚尸之祸。从此以后,这种事情相继出现。当年鲁文公颠倒祭祀先祖的顺序,罪在夏父;宋国不依照法度安葬国君,时人讥刺华元无礼。我命令公卿百官深刻地以前事为戒。后嗣万一有诸侯王继承大统,则应该使他明白作为后嗣的道理。谁敢以奸邪引诱奉承当时的君主,妄图以加封来路不正的尊号来干犯正统,称生父为皇,称生母为后,那么朝廷重臣就要诛杀他们,绝不宽恕。此诏令要记录在金册上,藏在宗庙里,明示于典章法令中。"

今注 1 高祖大长秋:曹叡高祖、曹操祖父曹腾,官至大长秋。 2 支子:与"宗子"相对,嫡妻所生的长子以下的儿子,妾所生的儿子都属"支子"。 3 大宗:指嫡系长房。 4 逆祀:春秋时,鲁文公在祭祀时僭越昭穆之序，将其生父僖公置于闵公之上，称为“逆祀”。 5 夏父：夏父弗忌在鲁文公时任宗伯，掌管宗庙祭祀，声称应以明德排列昭穆次序。 6 宋国非度：宋文公葬礼奢侈不合礼制。宋文公厚葬，用蚌壳和木炭，陪葬很多车马，并以活人殉葬。椁有四面呈坡形，棺有翰、桧等装饰，这是周王才能用的礼制。 7 华元：宋国大臣，时人认为他有失为臣之道，没有为国君解除疑惑，也没有努力谏诤，放任国君作恶而不加约束，国君死后更以奢侈非礼为其下葬，陷国君于不义。魏明帝举出这些事例，是在要求大臣们应遵守礼制，正直进谏，匡正后世君主的越礼行为。

冬十月，改平望观曰听讼观。帝常言：“狱者，天下之性命也。”每断大狱，常幸观临听之。

初，洛阳宗庙未成，神主在邺[1]庙。十一月，庙始成，使太常[2]韩暨持节[3]迎高皇帝、太皇帝、武帝、文帝神主于邺，十二月己丑至，奉安神主于庙[1]。癸卯，大月氏[4]王波调遣使奉献，以调为亲魏大月氏王。

冬十月，把平望观改名为听讼观。明帝常说：“断案，关系到天下人的性命。”每有大案审断，他常前往听讼。

起初，洛阳宗庙尚未建成，神位安放在邺城宗庙。十一月，宗庙建成，明帝派太常韩暨持节到邺城迎奉高皇帝、太皇帝、武帝、文帝的神位。到了十二月己丑日，安放神位于洛阳宗庙中。癸卯日，大月氏王波调派使者来进献贡品。明帝封波调为亲魏大月氏王。

今注 1 邺：曹操被封为魏公时定都在此，曹丕称帝后仍以邺为五都之一，在今河北临漳。 2 太常：太常为汉九卿之一，魏时沿置，管辖太史、太卜等官员，负责宗庙礼仪事务。 3 持节：官员或使臣外出时持皇帝所授节杖，以示威权。魏晋时期，将领出征加持节，可以在军事行动中诛杀二千石以下官员。大臣出巡或代表皇帝进行祭祀时，持节表示尊崇。　4 大月氏(zhī)：秦汉之际游牧于敦煌、祁连间，后迁徙至中亚，在今阿姆河流域。

裴注　[1] 臣松之案：黄初四年，有司奏立二庙，太皇帝大长秋与文帝之高祖共一庙，特立武帝庙，百世不毁。今此无高祖神主，盖以亲尽毁也。此则魏初唯立亲庙，祀四室而已。至景初元年，始定七庙之制。孙盛曰："事亡犹存，祭如神在，迎迁神主，正斯宜矣。"

四年春二月壬午，诏曰："世之质文，随教而变。兵乱以来，经学废绝，后生进趣，不由典谟。岂训导未洽，将进用者不以德显乎？其郎吏学通一经，才任牧民，博士课试，擢其高第者，亟用；其浮华不务道本者，皆罢退之。"戊子，诏太傅、三公，以文帝《典论》[1]刻石，立于庙门之外。癸巳，以大将军曹真为大司马，骠骑将军司马宣王为大将军，辽东太守公孙渊为车骑将军。夏四月，太傅钟繇薨。六月戊子，太皇太后

太和四年(230)春二月壬午日，明帝下诏说："世风的淳朴和文雅，随着教化而改变。自战乱以来，经学荒废断绝，年轻人不通过学习儒家经典而求取官位，这难道不是教育引导不当，使被荐举者不因德行而获显扬的缘故吗？郎官们能够通晓一部经书，才能可以胜任管理百姓的职位，由博士进行考核，对成绩优秀的尽快重用；对那些浮华不肯致力于根本之道的人，一律罢官退职。"戊子日，明帝下诏令太傅、三公，将文帝所著《典论》刻在石碑上，立在宗庙的门外。癸巳日，任命大将军曹真为大司马，骠骑将军司马懿为大将军，辽东太守公孙渊为车骑将军。夏四月，太傅钟繇去世。六月戊

崩。丙申,省上庸郡。秋七月,武宣卞后祔葬[2]于高陵。诏大司马曹真、大将军司马宣王伐蜀。八月辛巳,行东巡,遣使者以特牛[3]祠中岳[1]。乙未,幸许昌宫。九月,大雨,伊、洛、河、汉水溢,诏真等班师。冬十月乙卯,行还洛阳宫。庚申,令:"罪非殊死听赎各有差。"十一月,太白犯岁星[4]。十二月辛未,改葬文昭甄后于朝阳陵。丙寅,诏公卿举贤良。

子日,太皇太后去世。丙申日,撤销上庸郡。秋七月,将武宣卞后葬于高陵。明帝命令大司马曹真、大将军司马懿征伐蜀国。八月辛巳日,明帝东巡,遣使者以一头公牛祭祀中岳嵩山。乙未日,驾临许昌宫。九月,下大雨,伊水、洛水、黄河、汉水泛滥,下诏书令曹真、司马懿等人回师。冬季十月乙卯日,返回洛阳宫。庚申日,明帝传令:"未至严重死刑的罪犯可以让他们各按轻重赎罪。"十一月,金星进入岁星区域。十二月辛未日,改葬文昭甄皇后于朝阳陵。丙寅日,诏令公卿举荐有德行有才能的人。

今注 1《典论》:曹丕所著的政治与文化评论著作,原有二十二篇,现存《自叙》《论文》《论方术》三篇,其中的《论文》在文学批评史上很有影响。 2 祔葬:葬于先茔之旁。 3 特牛:公牛。 4 太白犯岁星:太白即金星,岁星即木星。木星每十二年运转一周,可以用来纪年,所以又称岁星。犯,是指甲天体运行到与乙天体同度的位置,产生甲天体看上去被掩盖的现象。

裴注 [1]《魏书》曰:"行过繁昌,使执金吾臧霸行太尉事,以特牛祠受禅坛。"臣松之案:《汉纪》章帝元和三年,诏高邑县祠即位坛,五成陌,比腊祠门户。此虽前代已行故事,然为坛以祀天,而坛非神也,今无事于上帝,而致祀于虚坛,求之义典,未详所据。

五年春正月，帝耕于籍田。三月，大司马曹真薨。诸葛亮寇天水，诏大将军司马宣王拒之。自去冬十月至此月不雨，辛巳，大雩[1]。夏四月，鲜卑[2]附义王轲比能率其种人及丁零大人兒禅诣幽州贡名马。复置护匈奴中郎将[3]。秋七月丙子，以亮退走，封爵增位各有差[1]。乙酉，皇子殷生，大赦。

太和五年(231)春正月，明帝在籍田耕种。三月，大司马曹真去世，诸葛亮侵犯天水郡，明帝令大将军司马懿抵御诸葛亮。从去年冬天十月到这个月都没有下雨，所以在辛巳日举行了祈雨仪式。夏四月，鲜卑的附义王轲比能率领他的族人和丁零首领兒禅到幽州进贡名马。朝廷又设置护匈奴中郎将的职位。秋七月丙子日，因击退诸葛亮，朝廷按等次封赏爵位。乙酉日，皇子曹殷出生，大赦天下。

今注　1 大雩(yú)：雩礼，是古代吉礼的一种。祭祀能兴云降雨的“山川百源”，祈求雨水。　2 鲜卑：鲜卑族的来源与东胡、匈奴有着密切的关系。三国时期鲜卑分为三部，步度根等人居住在云中、雁门一带；轲比能等人居住在代郡、上谷等地；其他还有若干小集团，散布于辽西、右北平和渔阳塞外。　3 护匈奴中郎将：护匈奴中郎将东汉时期已有，职责为监护南匈奴单于，并助南匈奴防御北匈奴的侵扰，东汉末撤销。魏明帝此时又设置护匈奴中郎将，职责仍为监护南匈奴以及鲜卑等部族事务，一般命并州刺史兼任并使持节。

裴注　[1]《魏书》曰：“初，亮出，议者以为亮军无辎重，粮必不继，不击自破，无为劳兵；或欲自芟上邽左右生麦以夺贼食，帝皆不从。前后遣兵增宣王军，又敕使护麦。宣王与亮相持，赖得此麦，以为军粮。”

八月，诏曰："古者诸侯朝聘[1]，所以敦睦亲亲协和万国也。先帝著令，不欲使诸王在京都者，谓幼主在位，母后摄政，防微以渐，关诸盛衰也。朕惟不见诸王十有二载，悠悠之怀，能不兴思！其令诸王及宗室公侯各将適[2]子一人朝。后有少主、母后在宫者，自如先帝令，申明著于令。"冬十一月乙酉，月犯轩辕大星[3]。戊戌晦，日有蚀之。十二月甲辰，月犯镇星[4]。戊午，太尉华歆薨。

太和五年(231)八月，明帝下诏说："古时设立诸侯朝聘制度，是为了让亲戚情谊亲厚和睦，从而使各国和谐。先帝曾下令不许诸王在京城居住，因为当时国君年幼，由母后摄政，防微杜渐，与国家兴衰直接相关。我不见诸王已经十二年了，心绪忧伤，怎能不想念他们！下令诸王以及宗室公侯各派遣嫡子一人入朝侍奉，以后有少主、母后在宫中的情况，自然还是按照先帝的命令去办，这一条要明白地写在国家法律里。"冬十一月乙酉日，月亮遮住了轩辕大星。戊戌晦日，出现日食。十二月甲辰日，月亮遮住了土星。戊午日，太尉华歆去世。

今注　1 朝聘：古代诸侯按期亲自或派使臣朝见天子的制度。　2 適：通"嫡"，嫡子是正妻所生之子。　3 轩辕大星：轩辕指轩辕星官，二十八宿之一，轩辕大星，即今狮子座阿尔法星。　4 镇星：指土星。

六年春二月，诏曰："古之帝王，封建诸侯，所以藩屏王室也。《诗》不云乎：'怀德维宁，宗子维城。'秦汉继周，或强或弱，俱失厥中。大魏创业，诸王开国，

太和六年(232)春二月，明帝下诏说："古代的帝王分封建立各诸侯国，是用来保护王室的。《诗》不是说了吗：'有德则国家安宁，宗子是国家的城墙。'秦汉两代对周制的继承有强有弱，都没有恰到好处。大魏建立，诸

随时之宜，未有定制，非所以永为后法也。其改封诸侯王，皆以郡为国。”三月癸酉，行东巡，所过存问高年鳏寡孤独，赐谷帛。乙亥，月犯轩辕大星。夏四月壬寅，行幸许昌宫。甲子，初进新果于庙。五月，皇子殷薨，追封谥安平哀王。秋七月，以卫尉董昭为司徒。九月，行幸摩陂[1]，治许昌宫，起景福、承光殿。冬十月，殄夷将军田豫帅众讨吴将周贺于成山[2]，杀贺。十一月丙寅，太白昼见。有星孛[3]于翼[4]，近太微上将星。庚寅，陈思王[5]植薨。十二月，行还许昌宫。

王有开国之功，但封王制度只是随时宜设立，没有确定的制度，不能流传长久作为后世的准则。现在改封诸侯王所在的郡为王国。”三月癸卯日，明帝向东巡行，经过之处慰问当地年老、丧偶、失怙、无子者，赐给他们谷物布帛。乙亥日，月亮遮蔽轩辕大星。夏四月壬寅日，明帝驾临许昌宫。甲子日，将今年新熟的水果进献于宗庙。五月间，皇子曹殷去世，追封他为安平王并赐谥号哀。秋七月，明帝任命卫尉董昭为司徒。九月前往摩陂，修葺许昌宫，修造景福殿与承光殿。冬十月，殄夷将军田豫在成山领军征讨并杀死了吴国将领周贺。十一月丙寅日，金星在白天出现。彗星出现在翼宿，接近太微上将星。庚寅日，陈思王曹植去世。十二月，明帝返回许昌宫。

今注 1 摩陂：在今河南郏县东南。 2 成山：在今山东荣成。 3 星孛(bèi)：古代对彗星的称呼，又特指彗星中芒气四出者。古人认为星孛出现预示着灾祸降临。 4 翼：翼宿，古代二十八星宿之一，主体在现在的巨爵座，处于狮子座下方。 5 陈思王：曹植被封在陈郡，追谥为思。

青龙元年春正月甲申，青龙见郏之摩陂井中。二

青龙元年(233)春正月甲申日，在郏地摩陂的井里发现了青龙。二

月丁酉，幸摩陂观龙，于是改年，改摩陂为龙陂，赐男子爵人二级，鳏寡孤独无出今年租赋[1]。三月甲子，诏公卿举贤良、笃行之士各一人。夏五月壬申，诏祀故大将军夏侯惇、大司马曹仁、车骑将军程昱于太祖庙庭[1]。戊寅，北海王蕤薨。闰月庚寅朔，日有蚀之。丁酉，改封宗室女非诸王女皆为邑主。诏诸郡国山川不在祠典者勿祠。六月，洛阳宫鞠室[2]灾。

月丁酉日，明帝到摩陂观看青龙，于是改年号为青龙，改摩陂为龙陂，赐予天下男子每人爵位两级，丧偶、失怙、无子者今年不用缴纳租赋。三月甲子日，下令公卿举荐有才华、德行笃厚者各一人。夏五月壬申日，明帝下令在太祖宗庙庭院内祭祀去世的大将军夏侯惇、大司马曹仁、车骑将军程昱。戊寅日，北海王曹蕤去世。闰五月庚寅日是本月第一天，出现了日食。丁酉日改封非诸王之女的宗室女子为邑主。下令各郡国不得祭祀不在祀典中的山川。六月间，洛阳宫鞠室发生火灾。

今注 1 租赋：租指田租，是按照土地面积交纳的地税。赋则是依成年与否交纳的人口税。另外赋还包括算赋，即计算房屋、舟车等财产税。 2 鞠室：蹴鞠场地，《通鉴》胡注："鞠室者，画地为域以蹴鞠，因以名室。"

裴注 [1]《魏书》载诏曰："昔先王之礼，于功臣存则显其爵禄，没则祭于大蒸，故汉氏功臣，祀于庙庭。大魏元功之臣功勋优著，终始休明者，其皆依礼祀之。"于是以惇等配飨之。

保塞[1]鲜卑大人步度根[2]与叛鲜卑大人轲比能

内附的鲜卑部族首领步度根私下勾结叛乱的鲜卑首领轲比能，并州刺

私通，并州刺史毕轨表，辄出军以外威比能，内镇步度根。帝省表曰："步度根以为比能所诱，有自疑心。今轨出军，适使二部惊合为一，何所威镇乎？"促敕轨，以出军者慎勿越塞过句注[3]也。比诏书到，轨以进军屯阴馆[4]，遣将军苏尚、董弼追鲜卑。比能遣子将千余骑迎步度根部落，与尚、弼相遇，战于楼烦[5]，二将没。步度根部落皆叛出塞，与比能合寇边。遣骁骑将军秦朗[6]将中军[7]讨之，虏乃走漠北[8]。

史毕轨上表报告，要出兵威胁在外的轲比能，震慑在内的步度根。明帝看了奏表说："步度根被轲比能引诱，自己已经怀疑会受到攻击。如今毕轨出兵，正好使得两部鲜卑因为惧怕而联合起来，还怎么威慑他们呢？"明帝紧急下令毕轨，让他出兵时小心不要越过边塞，超过句注山。等诏书到达并州的时候，毕轨已经进军阴馆，并派将军苏尚、董弼追击鲜卑人。轲比能派他的儿子率领千余骑兵迎接步度根的部众，与苏尚、董弼相遇，在楼烦对战，苏、董全军覆没。步度根部众全部叛逃出塞外，与轲比能部众联合侵犯边疆。明帝派遣骁骑将军秦朗率领朝廷直辖的军队讨伐，鲜卑人逃往漠北。

今注　1 保塞：意指居住在边境，同时戍守边塞。　2 步度根：鲜卑大人之一，其部众居住在雁门等地，与轲比能联合叛乱后被击败，归降魏国，后又被轲比能所杀。　3 句注：句注山，在今山西代县西北。　4 阴馆：在今山西朔州，句注山北部。　5 楼烦：在今山西宁武。　6 秦朗：字元明，被曹操收养长大，明帝时才出仕，为人谨慎，得到明帝信赖。　7 中军：曹魏设有专门的中军制度，以中护军等为首，掌管宿卫等职责。曹魏时期的中军经常外出作战，是朝廷直属的军事力量。　8 漠北：一般指北方沙漠、戈壁地带以北的地区。

秋九月,安定[1]保塞匈奴大人胡薄居、姿职等叛,司马宣王遣将军胡遵[2]等追讨,破降之。冬十月,步度根部落大人戴胡、阿狼泥等诣并州降,朗引军还[1]。十二月,公孙渊斩送孙权所遣使张弥、许晏首,以渊为大司马乐浪[3]公[2]。

秋九月,安定的内附匈奴首领胡薄居、姿职等人叛乱,司马懿派将军胡遵等人追击讨伐,击败并降服了他们。冬季十月,步度根部落的首领戴胡、阿狼泥等人前往并州投降,秦朗率军返回。十二月,公孙渊杀死孙权派去的使节张弥、许晏,并送来他们的首级,封公孙渊为大司马乐浪公。

今注 1 安定:在今甘肃泾川北。 2 胡遵:司马懿部将,参与征辽东、征吴等战役,被封为卫将军。 3 乐浪:乐浪郡,治所朝鲜(在今朝鲜平壤南)。

裴注 [1]《魏氏春秋》曰:"朗字元明,新兴人。"《献帝传》曰:"朗父名宜禄,为吕布使诣袁术,术妻以汉宗室女。其前妻杜氏留下邳。布之被围,关羽屡请于太祖,求以杜氏为妻,太祖疑其有色,及城陷,太祖见之,乃自纳之。宜禄归降,以为铚长。及刘备走小沛,张飞随之,过谓宜禄曰:'人取汝妻,而为之长,乃蚩蚩若是邪!随我去乎?'宜禄从之数里,悔欲还,飞杀之。朗随母氏畜于公宫,太祖甚爱之,每坐席,谓宾客曰:'世有人爱假子如孤者乎?'"《魏略》曰:"朗游遨诸侯间,历武、文之世而无尤也。及明帝即位,授以内官,为骁骑将军、给事中,每车驾出入,朗常随从。时明帝喜发举,数有以轻微而致大辟者,朗终不能有所谏止,又未尝进一善人,帝亦以是亲爱;每顾问之,多呼其小字阿稣,数加赏赐,为起大第于京城中。四方虽知朗无能为益,犹以附近至尊,多赂遗之,富均公侯。"《世语》曰:"朗子秀,劲厉能直言,为晋武帝博士。"《魏略》以朗与孔桂俱在

《佞幸篇》。桂字叔林，天水人也。建安初，数为将军杨秋使诣太祖，太祖表拜骑都尉。桂性便辟，晓博弈、蹴鞠，故太祖爱之，每在左右，出入随从。桂察太祖意，喜乐之时，因言次曲有所陈，事多见从，数得赏赐，人多馈遗，桂由此侯服玉食。太祖既爱桂，五官将及诸侯亦皆亲之。其后桂见太祖久不立太子，而有意于临菑侯，因更亲附临菑侯而简于五官将，将甚衔之。及太祖薨，文帝即王位，未及致其罪。黄初元年，随例转拜驸马都尉。而桂私受西域货赂，许为人事。事发，有诏收问，遂杀之。鱼豢曰："为上者不虚授，处下者不虚受，然后外无伐檀之叹，内无尸素之刺，雍熙之美著，太平之律显矣。而佞幸之徒，但姑息人主，至乃无德而荣，无功而禄，如是焉得不使中正日朘，倾邪滋多乎！以武皇帝之慎赏，明皇帝之持法，而犹有若此等人，而况下斯者乎？" [2]《世语》曰："并州刺史毕轨送汉故度辽将军范明友鲜卑奴，年三百五十岁，言语饮食如常人。奴云：'霍显，光后小妻。明友妻，光前妻女。'"《博物志》曰："时京邑有一人，失其姓名，食啖兼十许人，遂肥不能动。其父曾作远方长吏，官徙送彼县，令故义传供食之；一二年中，一乡中辄为之俭。"《傅子》曰："时太原发冢破棺，棺中有一生妇人，将出与语，生人也。送之京师，问其本事，不知也。视其冢上树木可三十岁，不知此妇人三十岁常生于地中邪？将一朝欻生，偶与发冢者会也？"

二年春二月乙未，太白犯荧惑[1]。癸酉，诏曰："鞭作官刑，所以纠慢怠也，而顷多以无辜死。其减鞭杖之制，著于令。"三月庚寅，山阳公[2]薨，帝素服发哀，遣使持节典护丧

青龙二年(234)春二月乙未日，金星遮蔽火星。癸酉日，明帝下令说："鞭笞作为官府的刑罚，是为了纠正犯人的傲慢懈怠，然而最近犯人多无辜死于鞭打。下令减少鞭杖刑罚，将此写入国家律令。"三月庚寅日，山阳公去世，明帝着白衣为之举行哀悼仪式，派使者持节

事。己酉，大赦。夏四月，大疫。崇华殿灾。丙寅，诏有司以太牢[3]告祠文帝庙。追谥山阳公为汉孝献皇帝，葬以汉礼[1]。

是月，诸葛亮出斜谷[4]，屯渭南，司马宣王率诸军拒之。诏宣王："但坚壁拒守以挫其锋，彼进不得志，退无与战，久停则粮尽，虏略无所获，则必走矣。走而追之，以逸待劳，全胜之道也[2]。"

为他主持丧事。乙酉日，大赦天下。夏四月出现大规模瘟疫。崇华殿失火。丙寅日，下令有关机构以太牢祭告文帝曹丕的宗庙。追封山阳公汉孝献皇帝的谥号，以汉朝礼仪下葬。

在这个月，诸葛亮出兵斜谷，屯驻渭南，司马懿率领各路军队抵御诸葛亮。明帝下诏给他说："只需加强营垒防守以挫其锋芒，他们进攻不能达到目的，退却则无以为战，停留久了则粮食耗尽，掠夺又无所收获，则必然会撤退。趁他们撤退时追击，以逸待劳，才是获得完全胜利的办法。"

今注　1 荧惑：火星。　2 山阳公：汉献帝刘协禅位后被封为山阳公。山阳，在今河南焦作。　3 太牢：祭祀所用牺牲先圈养于牢，因此以牢指代祭祀的物品。太牢指祭祀时牛、羊、豕全备，为天子举行重大祭祀时所用。　4 斜谷：在今陕西眉县西南。

裴注　[1]《献帝传》曰："帝变服，率群臣哭之，使使持节行司徒太常和洽吊祭，又使持节行大司空大司农崔林监护丧事。诏曰：'盖五帝之事尚矣，仲尼盛称尧、舜巍巍荡荡之功者，以为禅代乃大圣之懿事也。山阳公深识天禄永终之运，禅位文皇帝以顺天命。先帝命公行汉正朔，郊天祀祖以天子之礼，言事不称臣，此舜事尧之义也。昔放勋殂落，四海如丧考妣，遏密八音，明丧葬之礼同于王者也。今有司奏丧礼比诸侯王，此岂古之遗制而先帝之至意哉？今谥公汉孝献皇帝。'使太尉具以一太牢告祠文帝庙，曰：‘叡闻夫礼也者，反本修古，不忘厥初，是以先代之君，尊尊亲亲，咸有尚焉。今山阳公寝疾弃国，有司建言丧纪之礼视诸侯王。叡惟山阳公昔知天命永终于己，深观历数允在圣躬，传祚禅位，尊我民主，斯乃陶唐懿德之事也。黄初受终，命公于国行汉正朔，郊天祀祖，礼乐制度率乃汉旧，斯亦舜、禹明堂之义也。上考遂初，皇极攸建，允熙克让，莫朗于兹。盖子以继志嗣训为孝，臣以配命钦述为忠，故《诗》称“匪棘其犹，聿追来孝”，《书》曰“前人受命，兹不忘大功”。叡敢不奉承徽典，以昭皇考之神灵。今追谥山阳公曰孝献皇帝，册赠玺绂。命司徒、司空持节吊祭护丧，光禄、大鸿胪为副，将作大匠、复土将军营成陵墓，及置百官群吏，车旗服章丧葬礼仪，一如汉氏故事；丧葬所供群官之费，皆仰大司农。立其后嗣为山阳公，以通三统，永为魏宾。’于是赠册曰：‘呜呼，昔皇天降戾于汉，俾逆臣董卓，播厥凶虐，焚灭京都，劫迁大驾。于时六合云扰，奸雄熛起。帝自西京，徂唯求定，臻兹洛邑。畴咨圣贤，聿改乘辕，又迁许昌，武皇帝是依。岁在玄枵，皇师肇征，迄于鹑尾，十有八载，群寇歼殄，九域咸乂。惟帝念功，祚兹魏国，大启土宇。爰及文皇帝，齐圣广渊，仁声旁流，柔远能迩，殊俗向义，乾精承祚，坤灵吐曜，稽极玉衡，允膺历数，度于轨仪，克厌帝心。乃仰钦七政，俯察五典，弗采四岳之谋，不俟师锡之举，幽赞神明，承天禅位。祚逮朕躬，统承洪业。盖闻昔帝尧，元、恺既举，凶族未流，登舜百揆，然后百揆时序，内平外成，授位明堂，退终天禄，故能冠德百王，表功嵩岳。自往迄今，弥历七代，岁暨三千，而大运来复，庸命底绩，纂我民主，作建皇极。念重光，绍咸池，继韶夏，超群后之遐踪，邈商、周之惭德，可谓高朗令终，昭明洪烈之懿盛者矣。非夫汉、魏与天地合德，与四时合信，动和民神，格于上下，其孰能至于此乎？朕惟孝献享年不永，钦若顾命，考之典谟，恭述皇考先灵遗意，阐崇弘谥，奉成圣美，以章希世同符之隆，以传亿载不朽之荣。魂而有灵，嘉兹弘休。呜呼哀哉！’八月壬申，葬于山阳国，陵曰禅陵，置园邑。葬之日，帝制锡衰弁绖，哭之恸。适孙桂氏乡侯康，嗣立为山阳公。”　[2]《魏氏春秋》曰：“亮既屡遣使交书，又致巾帼妇人之饰，以怒宣王。宣王将出战，辛毗杖节奉诏，勒宣王及军吏已下，乃止。宣王见亮使，唯问其寝食及其事之烦简，不问戎事。使对曰：'诸葛公夙兴夜寐，罚二十已上，皆亲览焉；所啖食不过数升。'宣王曰：'亮体毙矣，其能久乎？'"

五月，太白昼见。孙权入居巢湖[1]口，向合肥新城，又遣将陆议、孙韶各将万余人入淮、沔。六月，征东将军满宠[2]进军拒之。宠欲拔新城守，致贼寿春，帝不听，曰："昔汉光武遣兵县据略阳[3]，终以破隗嚣，先帝东置合肥，南守襄阳，西固祁山，贼来辄破于三城之下者，地有所必争也。纵权攻新城，必不能拔。敕诸将坚守，吾将自往征之，比至，恐权走也。"

秋七月壬寅，帝亲御龙舟东征，权攻新城，将军张颖等拒守力战，帝军未至数百里，权遁走，议、韶等亦退。群臣以为大将军方与诸葛亮相持未解，车驾可西

五月，金星在白日显现。孙权到达居巢湖口，进攻合肥、新城一带，派遣陆议、孙韶各率万余人进入淮河、沔河。六月，征东将军满宠率军抵御。满宠打算撤掉新城的防守，将敌人引诱到寿春，明帝不同意，说："当年汉光武帝派兵占据遥远的略阳，最终以此击败隗嚣。先帝在东面置防合肥，在南面驻守襄阳，在西面防守祁山，敌人一旦来犯，之所以总在这三城之下遭遇失败，是因为这些地方乃兵家必争之处。孙权就算进攻新城，也一定不能攻克。命令诸将坚守，我要亲自前往征讨他，等我到达新城，恐怕孙权已经逃走了。"

秋七月壬寅日，明帝乘坐龙舟东征，孙权进攻新城，将军张颖等人努力防守，拼死奋战，明帝的军队离新城还有数百里，孙权就逃跑了，而陆议、孙韶等人也撤退了。群臣认为大将军司马懿正与诸葛亮对峙未分胜负，车驾可以

幸长安。帝曰:“权走,亮胆破,大将军以制之,吾无忧矣。”遂进军幸寿春,录诸将功,封赏各有差。

向西前往长安。明帝说:“孙权逃跑,诸葛亮就会胆怯,有大将军对付他,我没什么好担心的。”于是进军到寿春,记录诸将功劳,按等次各予封赏。

今注 1 居巢湖:即巢湖,在今安徽中部,因湖呈鸟巢状而得名。 2 满宠:字伯宁,才兼文武,治理地方与军事行动均取得成就,以执法严酷著称。文帝、明帝时长期负责对吴国的战争。 3 略阳:在今甘肃秦安。

八月己未,大曜兵[1],飨六军,遣使者持节犒劳合肥、寿春诸军。辛巳,行还许昌宫。

司马宣王与亮相持,连围积日,亮数挑战,宣王坚垒不应。会亮卒,其军退还。

冬十月乙丑,月犯镇星及轩辕。戊寅,月犯太白。十一月,京都地震,从东南来,隐隐有声,摇动屋瓦。十二月,诏有司删定大辟[2],减死罪。

八月己未日,明帝举行大阅兵仪式,赏赐慰劳六军,派使者赏赐慰问驻扎合肥、寿春的各军。辛巳日,起行返回许昌宫。

司马懿与诸葛亮对峙,被包围了很久,诸葛亮几次挑战,司马懿坚守营垒,没有应战。适逢诸葛亮去世,蜀军撤回。

冬季十月乙丑日,月亮遮蔽了土星与轩辕诸星。戊寅日,月亮遮蔽了金星。十一月,都城发生地震,地震从东南传来,隐隐有声响,屋顶瓦片晃动。十二月,明帝下令相关官吏删减整理死刑刑罚,并减少判处死刑的条款。

今注 1 曜兵:炫耀武力。此处指阅兵。 2 大辟:指死刑。

三年春正月戊子，以大将军司马宣王为太尉。己亥，复置朔方郡。京都大疫。丁巳，皇太后崩。乙亥，陨石于寿光县。三月庚寅，葬文德郭后[1]，营陵于首阳陵[2]涧西，如《终制》[3][1]。

青龙三年(235)春天正月戊子日，任命大将军司马懿为太尉。己亥日，重新设置朔方郡。京城发生大规模瘟疫。丁巳日，皇太后去世。乙亥日，陨石坠落在寿光县境内。三月庚寅日，安葬文德郭太后，将她的陵墓建造在首阳陵溪水的西面，一切依照文帝制定的《终制》举行。

今注 **1** 文德郭后：名不详，字女王，东汉南郡太守郭永之女。因郭氏少年秀慧，其父曰："此乃我女中王也。"郭氏为文帝曹丕宠爱，被立为皇后。 **2** 首阳陵：魏文帝曹丕的陵墓，因在首阳山，故称，在今河南洛阳。**3**《终制》：魏文帝曹丕所作，规定了皇室丧葬的礼仪，见于《文帝纪》。

裴注 [**1**] 顾恺之《启蒙注》曰："魏时人有开周王冢者，得殉葬女子，经数日而有气，数月而能语，年可二十，送诣京师，郭太后爱养之。十余年，太后崩，哀思哭泣，一年余而死。"

是时，大治洛阳宫，起昭阳、太极殿，筑总章观。百姓失农时，直臣杨阜、高堂隆等各数切谏，虽不能听，常优容之[1]。

秋七月，洛阳崇华殿灾。八月庚午，立皇子芳为齐王，询为秦王。丁巳，行

当时，明帝下令大规模修缮洛阳宫，兴建昭阳、太极殿，修筑总章观。百姓为此耽误了农时，正直的大臣杨阜、高唐隆等人各自努力地多次劝谏，明帝虽然不能听从他们的建议，不过还是对他们礼敬宽容。

秋七月，洛阳宫崇华殿失火。八月庚午日，明帝立皇子曹芳为齐王，曹

还洛阳宫,命有司复崇华,改名九龙殿。冬十月己酉,中山王衮薨。壬申,太白昼见。十一月丁酉,行幸许昌宫[2]。

询为秦王。丁巳日,明帝巡行回到洛阳宫,命令有关官员重修崇华殿,改名为九龙殿。冬季十月己酉日,中山王曹衮去世。壬申日,金星显现于白昼。十一月丁酉日,明帝前往许昌宫。

四年春二月,太白复昼见,月犯太白,又犯轩辕一星,入太微[1]而出。夏四月,置崇文观,征善属文者以充之。五月乙卯,司徒董昭薨。丁巳,肃慎氏[2]献楛矢[3]。

青龙四年(236)春季二月,金星又一次显现于白昼,月亮遮蔽金星,又遮挡了轩辕诸星之一,又进入太微星垣而出。夏四月,设置崇文观,征召擅长写文章的人入内供职。五月乙卯日,司徒董昭去世。丁巳日,肃慎氏进献楛矢。

今注　**1** 太微:指太微垣,星垣是古代天文学的星空分区,有太微、紫微、天市三垣。太微垣位于北斗的南方,象征朝廷,包含现在的室女、后发、狮子等星座。　**2** 肃慎氏:中国古代东北的少数民族,周时属于“东北夷”之一,曾入贡周朝,战国后活动减少,直到三国时期才又入贡中原。肃慎氏生活在今长白山北、松嫩平原、黑龙江中下游一带。　**3** 楛(hù)矢:以东北山区的楛木为杆的箭矢。

裴注　[**1**]《魏略》曰:“是年起太极诸殿,筑总章观,高十余丈,建翔凤于其上。又于芳林园中起陂池,楫棹越歌;又于列殿之北,立八坊,诸才人以次序处其中,贵人、夫人以上,转南附焉,其秩石拟百官之数。帝常游宴在内,乃选女子知书可付信者六人,以为女尚书,使典省外奏事,处当画可,自贵人以下至尚、保,及给掖庭洒扫,习伎歌者,各有千数。通引穀水过九龙殿前,为玉井绮栏,蟾蜍含受,神龙吐出。使博士马钧作司南车，水转百戏。岁首建巨兽，鱼龙曼延，弄马倒骑，备如汉西京之制，筑阊阖诸门阙外罘罳。太子舍人张茂以吴、蜀数动，诸将出征，而帝盛兴宫室，留意于玩饰，赐与无度，帑藏空竭；又录夺士女前已嫁为吏民妻者，还以配士，既听以生口自赎，又简选其有姿首者，内之掖庭。乃上书谏曰：'臣伏见诏书，诸士女嫁非士者，一切录夺，以配战士，斯诚权时之宜，然非大化之善者也。臣请论之。陛下，天之子也，百姓吏民，亦陛下之子也。礼，赐君子小人不同日，所以殊贵贱也。吏属君子，士为小人，今夺彼以与此，亦无以异于夺兄之妻妻弟也，于父母之恩偏矣。又诏书听得以生口年纪、颜色与妻相当者自代，故富者则倾家尽产，贫者举假贷贳，贵买生口以赎其妻；县官以配士为名而实内之掖庭，其丑恶者乃出与士。得妇者未必有欢心，而失妻者必有忧色，或穷或愁，皆不得志。夫君有天下而不得万姓之欢心者，鲜不危殆。且军师在外数十万人，一日之费非徒千金，举天下之赋以奉此役，犹将不给，况复有宫庭非员无录之女，椒房母后之家，赏赐横兴，内外交引，其费半军。昔汉武帝好神仙，信方士，掘地为海，封土为山，赖是时天下为一，莫敢与争者耳。自衰乱以来，四五十载，马不舍鞍，士不释甲，每一交战，血流丹野，创痍号痛之声，于今未已。犹强寇在疆，图危魏室。陛下不兢兢业业，念崇节约，思所以安天下者，而乃奢靡是务，中尚方纯作玩弄之物，炫耀后园，建承露之盘，斯诚快耳目之观，然亦足以骋寇仇之心矣。惜乎，舍尧舜之节俭，而为汉武之侈事，臣窃为陛下不取也。愿陛下沛然下诏，万几之事有无益而有损者悉除去之，以所除无益之费，厚赐将士父母妻子之饥寒者，问民所疾而除其所恶，实仓廪，缮甲兵，恪恭以临天下。如是，吴贼面缚，蜀虏舆榇，不待诛而自服，太平之路可计日而待也。陛下可无劳神思于海表，军师高枕，战士备员。今群公皆结舌，而臣所以不敢不献瞽言者，臣昔上《要言》，散骑奏臣书，以《听谏篇》为善，诏曰"是也"，擢臣为太子舍人；且臣作书讥为人臣不能谏诤，今有可谏之事而臣不谏，此为作书虚妄而不能言也。臣年五十，常恐至死无以报国，是以投躯没命，冒昧以闻，惟陛下裁察。'书通，上顾左右曰：'张茂恃乡里故也。'以事付散骑而已。茂字彦林，沛人。"

[2]《魏氏春秋》曰："是岁张掖郡删丹县金山玄川溢涌，宝石负图，状象灵龟，广一丈六尺，长一丈七尺一寸，围五丈八寸，立于川西。有石马七，其一仙人骑之，其一羁绊，其五有形而不善成。有玉匣关盖于前，上有玉字，玉玦二，璜一。麒麟在东，凤鸟在南，白虎在西，牺牛在北，马自中布列四面，色皆苍白。其南有五字，曰：'上上三天王'；又曰'述大金，大讨曹，金但取之，金立中，大金马一匹在中，大吉开寿，此马甲寅述水'。凡'中'字六，'金'字十；又有若八卦及列宿孛彗之象焉。"《世语》曰："又有一鸡象。"《搜神记》曰："初，汉元、成之世，先识之士有言曰，魏年有和，当有开石于西三千余里，系五马，文曰'大讨曹'。及魏之初兴也，张掖之柳谷，有开石焉，始见于建安，形成于黄初，文备于太和，周围七寻，中高一仞，苍质素章，龙马、麟鹿、凤皇、仙人之象，粲然咸著，此一事者，魏、晋代兴之符也。至晋泰始三年，张掖太守焦胜上言，以留郡本国图校今石文，文字多少不同，谨具图上。按其文有五马象，其一有人平上帻，执戟而乘之，其一有若马形而不成，其字有'金'，有'中'，有'大司马'，有'王'，有'大吉'，有'正'，有'开寿'，其一成行，曰'金当取之'。"《汉晋春秋》曰："氐池县大柳谷口夜激波涌溢，其声如雷，晓而有苍石立水中，长一丈六尺，高八尺，白石画之，为十三马，一牛，一鸟，八卦玉玦之象，皆隆起，其文曰'大讨曹，适水中，甲寅'。帝恶其'讨'也，使凿去为'计'，以苍石窒之，宿昔而白石满焉。至晋初，其文愈明，马象皆焕彻如玉焉。"

六月壬申，诏曰："有虞氏[1]画象[2]而民弗犯，周人刑错[3]而不用。朕从百王之末，追望上世之风，邈乎何相去之远？

六月壬申日，明帝下诏说："舜时采用象刑而人民不敢犯法，周朝无人犯法，刑罚搁置不用。我从属于历代王者之末，想到前代的风气，总惭愧自己的治理怎么与他们相差那么远？法令越严酷，而

法令滋章[4],犯者弥多,刑罚愈众,而奸不可止。往者按大辟之条,多所蠲除[5],思济生民之命,此朕之至意也。而郡国蔽狱,一岁之中尚过数百,岂朕训导不醇,俾民轻罪,将苛法犹存,为之陷阱乎?有司其议狱缓死,务从宽简,及乞恩者,或辞未出而狱以报断,非所以究理尽情也。其令廷尉及天下狱官,诸有死罪具狱以定,非谋反及手杀人,亟语其亲治,有乞恩者,使与奏当文书俱上,朕将思所以全之。其布告天下,使明朕意。"

犯法者越多,用刑责罚的人也就更多,却不能停止奸邪的行为。之前核查死刑罪名,删减了许多内容,是想拯救百姓的性命,这是我真挚深远的用意。但是在郡国的监狱之中,一年也要死掉几百人,难道是我的训导不淳厚,本想使人民减轻罪责,却还保留了严苛的法律,结果成了诱杀他们的陷阱吗?主管刑狱诉讼的官员定罪的时候要减缓死刑,务必从宽从简。有人想请求开恩,话还没说出口就已经定罪,这不是讲求法理穷尽实情的办法。命令廷尉以及天下掌管刑狱的官员,犯有死罪而判定完毕的犯人,只要不是谋反以及亲自杀人的,赶快告诉他们本人,有请求开恩的,将他们的请求与案情的上奏文书一起呈送上来,我将考虑保全他们的办法。将这一诏令广泛地通告天下,使人们明白我的意思。"

今注 1 有虞氏:有虞氏部落活动在虞地(今山西南部、河南西北部),舜后来成为有虞氏首领,受尧的禅让成为帝。 2 画象:即象刑,传说尧舜时期,对犯法者只是在其衣服、帽子上加以特定的纹饰和记号作为象征性惩罚。 3 刑错:指无人犯法,刑罚搁置不用。 4 滋章:森严酷烈。 5 蠲除:废除。

秋七月，高句骊[1]王宫斩送孙权使胡卫等首，诣幽州。甲寅，太白犯轩辕大星。冬十月己卯，行还洛阳宫。甲申，有星孛于大辰[2]，乙酉，又孛于东方。十一月己亥，彗星见，犯宦者[3]、天纪星。十二月癸巳，司空陈群薨。乙未，行幸许昌宫。

秋季七月，高句骊王宫杀孙权使者胡卫等人，并送首级到幽州。甲寅日，金星运行到轩辕主星的位置。冬十月己卯日，明帝出发返回洛阳宫。甲申日，彗星出现在大辰星，乙酉日，彗星出现在东方。十一月己亥日，彗星出现，经过宦者星、天纪星的位置。十二月癸巳日，司空陈群去世。乙未日，明帝行至许昌宫。

今注　1 高句骊：亦作高句丽，在今朝鲜半岛北部。　2 大辰：又称大火星，即今天蝎座阿尔法星。　3 宦者：宦者星官是天市垣内的四星，分属今蛇夫座和武仙座。

景初元年春正月壬辰，山茌县[1]言黄龙见[1]。于是有司奏，以为魏得地统[2]，宜以建丑之月为正。三月，定历改年为孟夏四月[2]。服色尚黄，牺牲用白，戎事乘黑首白马，建大赤之旂，朝会建大白之旗[3]。改《太和历》曰《景初历》。其春夏秋冬孟仲季月虽与正岁不同，至于郊祀、迎气、礿祠、蒸尝、巡狩、蒐田[3]、分至启闭[4]，班宣时令、

景初元年(237)正月壬辰日，山茌县说出现了黄龙。于是掌管此事的官员上奏，认为魏国得到地统，应该以建丑之月为正月。三月，制定新的历法，改年号，将此月改为初夏四月。服饰颜色崇尚黄色，祭祀用的牺牲用白色，参加军事行动要乘黑头白身的马，使用大红旗，朝会时则用纯白色旗帜。改《太和历》为《景初历》。虽然《景初历》比正常历法在季节月份上都有不同，但是郊祀、迎气、礿祠、蒸尝、巡狩、蒐田、分至启

中气早晚[5],敬授民事,皆以正岁斗建[6]为历数之序。

闭、宣布时令与节气早晚、组织民间各项活动,都按照常用的历法顺序。

今注 1 山茌县:在今山东济南长清区。 2 地统:三统之一。《汉书·刘向传》颜师古注引张晏曰:"一曰天统,为周十一月建子为正,天始施之端也。二曰地统,谓殷以十二月建丑为正,地始化之端也。三曰人统,谓夏以十三月建寅为正,人始成之端也。"帝王统治的合法性源于天、地、人之道,三统轮流运转,所以有魏得地统之说。 3 蒐(sōu)田:春日举行的打猎活动。 4 分至启闭:分指春分、秋分,至指冬至、夏至,启指立春、立夏,闭指立秋、立冬。 5 中气早晚:二十四气配阴历十二月,阴历每月二气,在月初的叫"节",在月中的叫"气"。如立春为正月节气,雨水为正月中气。节气与历法会有时间差,所以要颁布中气早晚,保证百姓不误农时。 6 正岁斗建:古时以北斗星的运转计算月令,斗柄所指之辰谓之斗建。如正月指寅,为建寅之月,二月指卯,为建卯之月。也就是说,虽然魏改正统,以丑月为正月,比原来的《太和历》以寅月为正月岁首提前了一个月,但是各种活动仍然按照常用历法时节进行,不必计算新历日期。

裴注 [1] 茌,音仕狸反。 [2]《魏书》曰:"初,文皇帝即位,以受禅于汉,因循汉正朔弗改。帝在东宫著论,以为五帝三王虽同气共祖,礼不相袭,正朔自宜改变,以明受命之运。及即位,优游者久之,史官复著言宜改,乃诏三公、特进、九卿、中郎将、大夫、博士、议郎、千石、六百石博议,议者或不同。帝据古典,甲子诏曰:'夫太极运三辰五星于上,元气转三统五行于下,登降周旋,终则又始。故仲尼作《春秋》,于三微之月,每月称王,以明三正迭相为首。今推三统之次,魏得地统,当以建丑之月为正月。考之群艺,厥义章矣。其改青龙五年三月为景初元年四月。'"
[3] 臣松之案:魏为土行,故服色尚黄。行殷之时,以建丑为正,故牺牲旂

旗一用殷礼。《礼记》云:“夏后氏尚黑,故戎事乘骊,牲用玄;殷人尚白,戎事乘翰,牲用白;周人尚赤,戎事乘骠,牲用骍。”郑玄云:“夏后氏以建寅为正,物生色黑;殷以建丑为正,物牙色白;周以建子为正,物萌色赤。翰,白色马也,《易》曰‘白马翰如’。”《周礼·巾车》职“建大赤以朝”“大白以即戎”。此则周以正色之旗以朝,先代之旗即戎。今魏用殷礼,变周之制,故建大白以朝,大赤即戎。

五月己巳,行还洛阳宫。己丑,大赦。六月戊申,京都地震。己亥,以尚书令陈矫为司徒,尚书右仆射卫臻为司空。丁未,分魏兴之魏阳、锡郡之安富、上庸为上庸郡。省锡郡,以锡县属魏兴郡。

有司奏:“武皇帝拨乱反正,为魏太祖,乐用武始之舞。文皇帝应天受命,为魏高祖,乐用咸熙之舞。帝制作兴治,为魏烈祖,乐用章斌之舞。三祖之庙,万世不毁。其余四庙,亲尽迭[1]毁,如周后稷、文、武庙祧之制[2][1]。”

五月己巳日,明帝返回洛阳宫。己丑日,大赦天下。六月戊申日,京都发生地震。己亥日,任命尚书令陈矫为司徒,尚书右仆射卫臻为司空。丁未日,把魏兴郡的魏阳县和锡郡的安富县、上庸县合并为上庸郡。撤锡郡,将锡县归属于魏兴郡。

有关官员上奏说:“武皇帝平定乱世,恢复秩序,尊为魏太祖,祭祀时演奏武始之舞。文皇帝顺应上天,接受天命,尊为魏高祖,祭祀时用咸熙之舞。如今陛下创立制度,治理国家,尊为魏烈祖,祭祀用章斌之舞。按照周朝后稷、文王、武王宗庙制度,这三祖的宗庙传递万代也不撤除。其余的四座宗庙,亲缘关系尽了则依次毁庙,在礼仪上如同周朝的后稷、文王、武王的三座宗庙与其他宗庙的关系。”

今注 1 迭:依次。 2 庙祧(tiāo)之制:按照《礼记·祭法》的记载,天子有七庙,用来祭祀祖先,其中始祖、远祖有三庙,为祖考庙、祧庙。这三座宗庙不迁,其余四庙则为亲庙,祭祀父、祖、曾祖、高祖四代,随着皇位的迭代,四代以外的祖先之庙逐步迁出,神主迁入远祖庙内供奉。以周代来说,周天子有七庙,其中始祖后稷、文王、武王为不迁之庙,其他高、曾、祖、父为代迁之庙。

裴注 [1] 孙盛曰:"夫谥以表行,庙以存容,皆于既没然后著焉,所以原始要终,以示百世也。未有当年而逆制祖宗,未终而豫自尊显。昔华乐以厚敛致讥,周人以豫凶违礼,魏之群司,于是乎失正。"

秋七月丁卯,司徒陈矫薨。孙权遣将朱然等二万人围江夏郡,荆州刺史胡质等击之,然退走。初,权遣使浮海与高句骊通,欲袭辽东。遣幽州刺史毌丘俭率诸军及鲜卑、乌丸屯辽东南界,玺书征公孙渊。渊发兵反,俭进军讨之,会连雨十日,辽水[1]大涨,诏俭引军还。右北平[2]乌丸单于寇娄敦、辽西乌丸都督王护留等居辽东,率部众随俭内附。己卯,诏辽东将吏士民为渊

秋季七月丁卯日,司徒陈矫去世。孙权派朱然等率领两万人包围江夏郡,荆州刺史胡质等攻击朱然,朱然撤退。早先,孙权派使者渡过大海勾结高句骊,想使其突袭辽东。明帝派幽州刺史毌丘俭率领各路军队以及鲜卑、乌丸部众驻守辽东南部的边界,同时下玺书征发公孙渊出兵。公孙渊出兵反叛,毌丘俭进军讨伐他,遇上连续十天下雨,辽河水位高涨,于是下令毌丘俭带兵返回。右北平乌丸单于寇娄敦、辽西乌丸都督王护留等人居住在辽东,带领着部众追随毌丘俭进入内地依附魏国。己卯日,明帝下诏,宣布赦免所有被公孙渊胁迫不能投降魏国的辽东军人、官

所胁略不得降者,一切赦之。辛卯,太白昼见。渊自俭还,遂自立为燕王,置百官,称绍汉元年。

史、士人和百姓。辛卯日,金星显现于白昼。待毌丘俭返回后,公孙渊就自立为燕王,设置文武官员,僭立年号为绍汉元年。

今注 1 辽水:即今辽宁境内的浑河。 2 右北平:郡名,东汉时治土垠(在今河北唐山丰润区东南)。

诏青、兖、幽、冀四州大作海船。九月,冀、兖、徐、豫四州民遇水,遣侍御史1循行没溺死亡及失财产者,在所开仓振救之。庚辰,皇后毛氏2卒。冬十月丁未,月犯荧惑。癸丑,葬悼毛后于愍陵。乙卯,营洛阳南委粟山为圜丘3[1]。十二月壬子冬至,始祀。丁巳,分襄阳临沮、宜城、旍阳、邔[2]四县,置襄阳南部都尉。己未,有司奏文昭皇后4立庙京都。分襄阳郡之鄀、叶县属义阳郡[3]。

明帝命令青州、兖州、幽州、冀州四州大规模建造海船。九月,冀、兖、徐、豫四州发生洪水,明帝派遣侍御史巡回视察死于水灾以及财产遭受损失的百姓,就地开放粮仓予以赈济。庚辰日,皇后毛氏去世。冬季十月丁未日,月亮遮蔽火星。癸丑日,在愍陵为毛皇后举行了哀悼仪式并下葬。乙卯日,在洛阳南的委粟山兴建圜丘。十二月壬子日冬至,文帝首次在圜丘祭天。丁巳日,将襄阳郡的临沮、宜城、旍阳、邔四县分出,设置襄阳南部都尉。己未日,有关官员奏请在京都为文昭甄皇后立庙。将襄阳郡的鄀、叶县划归义阳郡。

今注 1 侍御史:魏晋时是御史台属官,掌管监察,同时也执行巡察地方、监视军队等专门任务。 2 皇后毛氏:明悼毛皇后,河内郡人,魏明帝曹叡第一任皇后,后来失宠,被赐死,谥号“悼皇后”。 3 圜(yuán)丘:圜丘是举行祭天等重大祭祀仪式的场所,为圆形。圜,同“圆”。 4 文昭皇后:即前面提到的明帝生母甄氏。

裴注 [1]《魏书》载诏曰:“盖帝王受命,莫不恭承天地以章神明,尊祀世统以昭功德,故先代之典既著,则禘郊祖宗之制备也。昔汉氏之初,承秦灭学之后,采摭残缺,以备郊祀,自甘泉后土、雍宫五畤,神祇兆位,多不见经,是以制度无常,一彼一此,四百余年,废无禘祀。古代之所更立者,遂有阙焉。曹氏系世,出自有虞氏,今祀圜丘,以始祖帝舜配,号圜丘曰皇皇帝天;方丘所祭曰皇皇后地,以舜妃伊氏配;天郊所祭曰皇天之神,以太祖武皇帝配;地郊所祭曰皇地之祇,以武宣皇后配;宗祀皇考高祖文皇帝于明堂,以配上帝。”至晋泰始二年,并圜丘、方丘二至之祀于南北郊。 [2] 邛,音其己反。 [3]《魏略》曰:“是岁,徙长安诸钟簴、骆驼、铜人、承露盘。盘折,铜人重不可致,留于霸城。大发铜,铸作铜人二,号曰翁仲,列坐于司马门外。又铸黄龙、凤皇各一,龙高四丈,凤高三丈余,置内殿前。起土山于芳林园西北陬,使公卿群僚皆负土成山,树松竹杂木善草于其上,捕山禽杂兽置其中。”《汉晋春秋》曰:“帝徙盘,盘折,声闻数十里,金狄或泣,因留于霸城。”《魏略》载司徒军议掾河东董寻上书谏曰:“臣闻古之直士,尽言于国,不避死亡。故周昌比高祖于桀、纣,刘辅譬赵后于人婢。天生忠直,虽白刃沸汤,往而不顾者,诚为时主爱惜天下也。建安以来,野战死亡,或门殚户尽,虽有存者,遗孤老弱。若今宫室狭小,当广大之,犹宜随时,不妨农务,况乃作无益之物,黄龙、凤皇,九龙、承露盘、土山、渊池,此皆圣明之所不兴也,其功参倍于殿舍。三公九卿侍中尚书,天下至德,皆知非道而不敢言者,以陛下春秋方刚,心畏雷霆。今陛下既尊群臣,显以冠冕,被以文绣,载以华舆,所以异于小人;而使穿方举土,面目垢黑,沾体涂足,衣冠了鸟,毁国之光以崇无益,甚非谓也。孔子曰:‘君使臣以礼,臣事君以忠。’无忠无礼,国何以立!故有君不君,臣不臣,上下不通,心怀郁结,使阴阳不和,灾害屡降,凶恶之徒,因间而起,谁当为陛下尽言事者乎?又谁当干万乘以死为戏乎?臣知言出必死,而臣自比于牛之一毛,生既无益,死亦何损?秉笔流涕,心与世辞。臣有八子,臣死之后,累陛下矣!”将奏,沐浴。既通,帝曰:“董寻不畏死邪!”主者奏收寻,有诏勿问。后为贝丘令,清省得民心。

二年春正月,诏太尉司马宣王帅众讨辽东[1]。二月癸卯,以大中大夫韩暨为司徒。癸丑,月犯心距星[1],又犯心中央大星。夏四月庚子,司徒韩暨薨。壬寅,分沛国萧、相、竹邑、符离、蕲、铚、龙亢、山桑、洨、虹[2]十县为汝阴郡[2]。宋县、陈郡苦县皆属谯郡[3]。以沛、杼秋、公丘、彭城丰国、广戚,并五县为沛王国。庚戌,大赦。五月乙亥,月犯心距星,又犯中央大星[3]。六月,省渔阳郡之狐奴县[4],复置安乐县。

景初二年(238)春正月,明帝命令太尉司马懿率领军队讨伐辽东公孙渊叛军。二月癸卯日,任命大中大夫韩暨为司徒。癸丑日,月亮遮蔽心宿距星,又遮蔽心宿的中央大星。夏四月庚子日,司徒韩暨去世。壬寅日,划出沛国的萧、相、竹邑、符离、蕲、铚、龙亢、山桑、洨、虹十个县设为汝阴郡。宋县、陈郡的苦县归属谯郡管辖。合并沛县、杼秋县、公丘县、彭城郡的丰国、广戚共五个县,作为沛王的封国。庚戌日,发布大赦令。五月乙亥日,月亮遮蔽了心宿距星,又遮蔽了心宿中央大星。六月,撤掉渔阳郡的狐奴县,恢复设置安乐县。

今注 1 距星:古代天文学用以测量赤经位置的标志星。心宿距星为心宿一,即今天蝎座西格玛星。 2 汝阴郡:治汝阳县,在今安徽阜阳。 3 谯郡:治谯县,在今安徽亳州。 4 狐奴县:在今北京顺义区。

裴注 [1] 干宝《晋纪》曰:"帝问宣王:'度渊将何计以待君?'宣王对曰:'渊弃城预走,上计也;据辽水拒大军,其次也;坐守襄平,此为成禽耳。'帝曰:'然则三者何出?'对曰:'唯明智审量彼我,乃预有所割弃,此既非渊所及;又谓今往县远,不能持久,必先拒辽水,后守也。'帝曰:'往还几日?'对曰:'往百日,攻百日,还百日,以六十日为休息,如此,一年足矣。'"《魏名臣奏》载散骑常侍何曾表曰:"臣闻先王制法,必于全慎,故建官授任,则置假辅,陈师命将,则立监贰,宣命遣使,则设介副,临敌交刃,则参御右,盖以尽谋思之功,防安危之变也。是以在险当难,则权足相济,陨缺不预,则才足相代,其为固防,至深至远。及至汉氏,亦循旧章。韩信伐赵,张耳为贰;马援讨越,刘隆副军。前世之迹,著在篇志。今懿奉辞诛罪,步骑数万,道路回阻,四千余里,虽假天威,有征无战,寇或潜遁,消散日月,命无常期,人非金石,远虑详备,诚宜有副。今北边诸将及懿所督,皆为僚属,名位不殊,素无定分,卒有变急,不相镇摄。存不忘亡,圣达所戒,宜选大臣名将威重宿著者,盛其礼秩,遣诣懿军,进同谋略,退为副佐。虽有万一不虞之灾,军主有储,则无患矣。"《毌丘俭志记》云:"时以俭为宣王副也。" [2] 洨,音胡交反。虹,音绛。 [3]《魏书》载戊子诏曰:"昔汉高祖创业,光武中兴,谋除残暴,功昭四海,而坟陵崩颓,童儿牧竖践蹈其上,非大魏尊崇所承代之意也。其表高祖、光武陵四面百步,不得使民耕牧樵采。"

秋八月,烧当羌[1]王芒中、注诣等叛,凉州刺史率诸郡攻讨,斩注诣首。

癸丑,有彗星见张宿[2][1]。

丙寅,司马宣王围公孙渊于襄平[3],大破之,传渊首

秋八月,烧当羌族首领芒中、注诣等人叛乱,凉州刺史率领各郡军队讨伐,斩下注诣的首级。

癸丑日,张宿位置出现了彗星。

丙寅日,司马懿在襄平围攻并大破公孙渊,将公孙渊的首级传送

于京都,海东[4]诸郡平。冬十一月,录讨渊功,太尉宣王以下增邑封爵各有差。初,帝议遣宣王讨渊,发卒四万人。议臣皆以为四万兵多,役费难供。帝曰:“四千里征伐,虽云用奇,亦当任力,不当稍计役费。”遂以四万人行。及宣王至辽东,霖雨不得时攻,群臣或以为渊未可卒破,宜诏宣王还。帝曰:“司马懿临危制变,擒渊可计日待[5]也。”卒皆如所策。

京都,海东各郡平定。冬十一月,登录征公孙渊一战的功绩,自太尉司马懿以下各按等次增加食邑、晋封爵位。起初,明帝与朝臣商议派遣司马懿讨伐公孙渊的事情,打算征发士兵四万人。参与廷议的大臣都认为四万士兵人数太多,相应的劳役与补给难以供应。明帝说:“出兵四千里作战,即使出其不意,也应该全力以赴,不应该计较花费多少。”于是决定派四万人出战。等司马懿到辽东时,正遇上连日大雨,得不到进攻的时机。有大臣认为既然一时不能击败公孙渊,那么应该命令司马懿率军返回。明帝说:“司马懿能够直面危局,随机应变,用不了多久就能擒获公孙渊。”结果正如明帝所预料的一样。

今注 1 烧当羌:羌族诸部的一支,以先代首领烧当之名为部落名,当时居住在令居(今甘肃永登)塞外。 2 张宿:南方七宿之一,包含今长蛇座、罗盘座内的二十颗星。 3 襄平:属辽东郡,在今辽宁辽阳。 4 海东:泛指我国古代东北地区,包含辽东郡、乐浪郡等。 5 计日待:可以数着日子等待。形容为时不远。

裴注 [1]《汉晋春秋》曰:“史官言于帝曰:‘此周之分野也,洛邑恶之。’于是大修禳祷之术以厌焉。”《魏书》曰:“九月,蜀阴平太守廖惇反,攻守善羌侯宕蕈营。雍州刺史郭淮遣广魏太守王赟、南安太守游奕将兵讨惇。

淮上书:'赟、奕等分兵夹山东西,围落贼表,破在旦夕。'帝曰:'兵势恶离。促诏淮敕奕:诸别营非要处者,还令据便地。'诏敕未到,奕军为惇所破;赟为流矢所中,死。"

壬午,以司空卫臻为司徒,司隶校尉崔林[1]为司空。闰月,月犯心中央大星。十二月乙丑,帝寝疾不豫。辛巳,立皇后。赐天下男子爵人二级,鳏寡孤独谷。以燕王宇为大将军,甲申免,以武卫将军[2]曹爽[3]代之[1]。

壬午日,任命司空卫臻为司徒,司隶校尉崔林为司空。闰月,月亮遮蔽了心宿中央大星。十二月乙丑日,明帝卧病在床,不见好转。辛巳日,册立皇后。赐天下男子爵位二级,赐给丧偶、无子、失怙者谷物。任命燕王曹宇为大将军,甲申日罢免曹宇,以武卫将军曹爽替代。

今注 1 崔林:字德儒,清河郡东武城人,为人公正清俭,崔林的后代衍生成为北方大族清河崔氏。 2 武卫将军:魏文帝时设置,掌管中军宿卫部队,负责保护皇帝。 3 曹爽:字昭伯,沛国谯县人,曹操侄孙、大司马曹真长子,后与司马懿争权,失败被杀。

裴注 [1]《汉晋春秋》曰:"帝以燕王宇为大将军,使与领军将军夏侯献、武卫将军曹爽、屯骑校尉曹肇、骁骑将军秦朗等对辅政。中书监刘放、令孙资久专权宠,为朗等素所不善,惧有后害,阴图间之,而宇常在帝侧,故未得有言。甲申,帝气微,宇下殿呼曹肇有所议,未还,而帝少间,惟曹爽独在。放知之,呼资与谋。资曰:'不可动也。'放曰:'俱入鼎镬,何不可之有?'乃突前见帝,垂泣曰:'陛下气微,若有不讳,将以天下付谁?'帝曰:'卿不闻用燕王耶?'放曰:'陛下忘先帝诏敕,藩王不得辅政。且陛下方病,而曹肇、秦朗等便与才人侍疾者言戏。燕王拥兵南面,不听臣等入,此即竖刁、赵高也。今皇太子幼弱,未能统政,外有强暴之寇,内有劳怨之民，陛下不远虑存亡，而近系恩旧。委祖宗之业，付二三凡士，寝疾数日，外内壅隔，社稷危殆，而己不知，此臣等所以痛心也。’帝得放言，大怒曰：‘谁可任者？’放、资乃举爽代宇，又白‘宜诏司马宣王使相参’，帝从之。放、资出，曹肇入，泣涕固谏，帝使肇敕停。肇出户，放、资趋而往，复说止帝，帝又从其言。放曰：‘宜为手诏。’帝曰：‘我困笃，不能。’放即上床，执帝手强作之，遂赍出，大言曰：‘有诏免燕王宇等官，不得停省中。’于是宇、肇、献、朗相与泣而归第。”

初，青龙三年中，寿春农民妻自言为天神所下，命为登女，当营卫帝室，蠲邪[1]纳福。饮人以水，及以洗疮，或多愈者。于是立馆后宫，下诏称扬，甚见优宠。及帝疾，饮水无验，于是杀焉。

三年春正月丁亥，太尉宣王还至河内[2]，帝驿马召到，引入卧内，执其手谓曰：“吾疾甚，以后事属君，君其与爽辅少子。吾得见君，无所恨！”宣王顿首流涕[1]。即日，帝崩于嘉福殿[2]，时年三十六[3]。癸丑，葬高平陵[4][3]。

起初，在青龙三年(235)的时候，寿春有一农民之妻自称是天神派遣下凡，被任命为登女，应保护皇室，祛邪招福。她给生病的人喝水，用水给生病的人洗疮，治愈了很多人。于是明帝为她在后宫设置住处，下诏书称赞她，对她很是礼遇厚待。等明帝病重，饮其水却不见效果，于是杀了这个农妇。

景初三年(239)春正月丁亥日，太尉司马懿回到河内郡，明帝用驿马召他觐见。明帝将司马懿请进卧室，牵着他的手说：“我病得太重，现在以后事托付给你，请你与曹爽一起辅佐年幼的孩子。我能来得及见到你，已经没有遗憾了！”司马懿叩头痛哭。当日，明帝在嘉福殿去世，时年三十六岁。癸丑日，下葬在高平陵。

今注 1 蠲(juān)邪:清除邪秽。 2 河内:河内郡,辖境相当于今黄河以北,京汉铁路(含卫辉)以西地区,治怀县(今河南焦作武陟县西南)。 3 高平陵:在今河南洛阳汝阳县。

裴注 [1]《魏略》曰:"帝既从刘放计,召司马宣王,自力为诏,既封,顾呼宫中常所给使者曰:'辟邪来!汝持我此诏授太尉也。'辟邪驰去。先是,燕王为帝画计,以为关中事重,宜便道遣宣王从河内西还,事以施行。宣王得前诏,斯须复得后手笔,疑京师有变,乃驰到,入见帝。劳问讫,乃召齐、秦二王以示宣王,别指齐王谓宣王曰:'此是也,君谛视之,勿误也!'又教齐王令前抱宣王颈。"《魏氏春秋》曰:"时太子芳年八岁,秦王九岁,在于御侧。帝执宣王手,目太子曰:'死乃复可忍,朕忍死待君,君其与爽辅此。'宣王曰:'陛下不见先帝属臣以陛下乎?'" [2]《魏书》曰:"殡于九龙前殿。" [3] 臣松之案:魏武以建安九年八月定邺,文帝始纳甄后,明帝应以十年生,计至此年正月,整三十四年耳。时改正朔,以故年十二月为今年正月,可强名三十五年,不得三十六也。 [4]《魏书》曰:"帝容止可观,望之俨然。自在东宫,不交朝臣,不问政事,唯潜思书籍而已。即位之后,褒礼大臣,料简功能,真伪不得相贸,务绝浮华谮毁之端,行师动众,论决大事,谋臣将相,咸服帝之大略。性特强识,虽左右小臣官簿性行,名迹所履,及其父兄子弟,一经耳目,终不遗忘。含垢藏疾,容受直言,听受吏民士庶上书,一月之中至数十百封,虽文辞鄙陋,犹览省究竟,意无厌倦。"孙盛曰:"闻之长老,魏明帝天姿秀出,立发垂地,口吃少言,而沉毅好断。初,诸公受遗辅导,帝皆以方任处之,政自己出。而优礼大臣,开容善直,虽犯颜极谏,无所摧戮,其君人之量如此之伟也。然不思建德垂风,不固维城之基,至使大权偏据,社稷无卫,悲夫!"

评曰:明帝沉毅断识,任心而行,盖有君人

评论说:明帝沉稳坚毅,果断而有见识,凭心意行事,很有君主的伟大气概。

之至概焉。于时百姓凋弊[1],四海分崩,不先聿修显祖,阐拓洪基,而遽追秦皇、汉武,宫馆是营,格之远猷[2],其殆疾乎!

当时百姓生活困苦,天下分裂,明帝却不先发扬先人的功德,开拓出更伟大的帝王基业,却急着赶超秦始皇、汉武帝,只顾着兴建宫殿房舍,放弃了远大的理想,这样一来,魏国恐怕很快就要危险了!

今注 1 凋弊:衰败,困苦。 2 远猷(yóu):远大的计划。

卷四　魏书四

三少帝纪

导读　三国曹魏政权建立后，先后历经文帝曹丕、明帝曹叡在位执政。然而明帝没有嫡亲子嗣，于是收养曹芳为嗣子，并先后册封他为齐王和皇太子，亦即本文三少帝之一。景初三年(239)明帝病逝，曹芳即皇帝位，第二年改年号为正始。曹芳登基时只有八岁，而明帝临终前诏命大将军曹爽和太尉司马懿为辅政大臣，因此朝政实际为此二人掌控。本文隐晦地记录了当时曹爽与司马懿争权的过程。在前期，曹爽先通过加封司马懿为太傅而褫夺了他的军权，后又以家族子弟掌控禁军，并重用何晏等人掌控朝政，此一时期的曹爽权倾朝野。正始十年(249)，司马懿趁曹爽随曹芳拜谒明帝高平陵的机会，发动军事政变，一举摧毁曹爽集团，独掌曹魏政权。曹芳本人在位期间喜好游玩饮宴，宠信小人。司马氏秉政后，中书令李丰和光禄大夫张缉等人曾谋划废黜司马师，结果事败族灭。曹芳也因参与其事而加剧了和司马氏之间的矛盾。公元254年，司马师联合群臣上书郭太后，废黜曹芳帝位，改复齐王藩位。据《三国志》记载，曹芳在位的十数年间，虽然政出臣下，但仍主导了一系列政事：如对内划区安置辽东迁徙而来的百姓、祭祀曹魏历代功勋，对外招降鲜卑等少数民族归附，又有毌丘俭等人讨平高句丽等地。文化上，因为曹爽重用何晏等人的缘故，形成了著名的正始文学和玄学潮流。

曹芳退位后，东海王曹霖之子曹髦被立为帝。曹髦自幼好学，通晓礼仪。在从藩国入京继位的程序上，表现出了十足的谦逊和礼让。曹髦继位后的第二年改元正元，当时的朝政实际仍为司马氏掌控。正元二年(255)，镇守江淮地区的毌丘俭、文钦因出于对司马氏剪除异己的恐惧，据寿春城反叛，司马师亲自出兵平定，但不久在许昌去世，随后司马昭继任大将军掌控朝政。此后数年，各地时常呈报祥瑞，而曹髦对司马昭的赏赐也愈加丰厚和超格。因大权旁落，《三国志》着重介绍了曹髦本人对儒学的精通，特别是他在位期间曾多次入太学和儒生探讨经典要义，甚至能在经典诠释上将儒生诘问得无法应答的过程，都有着详细记录。

随着司马氏的权势愈加炽盛，曹髦的权力不断被削减。甘露五年(260)五月，曹髦秘密部署军士，亲自率领宿卫和奴仆进攻司马昭，结果在中途被成济杀害。曹髦行动失败身亡后，司马昭等人逼迫郭太后以悖逆不德的罪名，褫夺了他的帝位，改用王礼安葬。曹髦去世后，司马昭等人选定燕王曹宇的儿子曹奂继承帝位，并于甘露五年六月在洛阳即位，当日改年号为景元，这也是本文的第三位少帝。曹奂即位后不久，司马昭及其家族子弟便被进一步加恩封爵。景元四年(263)，由司马昭主导的曹魏政权，命邓艾、钟会分兵伐蜀，不久便直取成都，刘禅出城降魏，蜀亡。咸熙二年(265)八月，司马昭去世，司马炎执掌朝政。当年十一月，司马炎逼迫本就是傀儡的曹奂禅让帝位，晋立魏亡，曹奂被改封为陈留王，居住在邺城，行魏国正朔，享天子仪制。后世史家认为，曹髦聪慧早熟，学问渊博，但在谋夺权力之时浮躁妄动，导致事败而身亡。而曹奂已经彻底沦为傀儡，后来能在魏晋换代中及时禅让，反而得到很好的待遇，实在是明智之举。

齐王芳

原文

齐王讳芳，字兰卿。明帝无子，养王及秦王询；宫省事秘，莫有知其所由来者[1]。青龙三年，立为齐王。景初三年正月丁亥朔[1]，帝病甚，乃立为皇太子。是日，即皇帝位，大赦。尊皇后曰皇太后。大将军曹爽、太尉司马宣王辅政。诏曰："朕以眇[2]身，继承鸿业，茕茕[3]在疚，靡所控告。大将军、太尉奉受末命，夹辅朕躬，司徒、司空、冢宰[4]、元辅[5]总率百寮，以宁社稷，其与群卿大夫勉勖[6]乃心，称朕意焉。诸所兴作宫室之役，皆以遗诏罢之。官奴婢六十已上，免为良人。"

译文

齐王讳芳，字兰卿。魏明帝曹叡没有子嗣，所以将曹芳和秦王曹询一并收养为皇子；因为宫廷内部事情隐秘，所以没有人知道二人的身份来历。青龙三年(235)，曹芳被册立为齐王。景初三年(239)正月丁亥朔日，魏明帝病重，于是册立齐王曹芳为皇太子。这一天，明帝驾崩，曹芳即皇帝位，大赦天下。曹芳尊奉明帝皇后为皇太后。大将军曹爽、太尉司马懿共同辅佐朝政。曹芳颁布诏令说："我以卑微的身份，继承皇帝大位，心中常感无所依靠，无处倾诉。大将军、太尉受先帝遗命，在我身边助我处理政务，司徒、司空、冢宰、元辅统领百官，以安定天下，希望你们与其他的卿大夫互相勉励，忠心朝廷，以符合我的心意。各处在建宫室的劳役，都按明帝遗诏停下来。官府中六十以上的奴婢释放为平民。"

今注　1 朔：农历每月初一称朔，十五称望。　2 眇：通"秒"，微小。　3 茕茕(qióng)：孤独无依靠的样子。　4 冢宰：职官名，按照

《周礼》记载为六卿之首，统领百官，辅助君主处理政务，后世因以称宰相。　5 元辅：指重臣，也专指宰相。　6 勖(xù)：勉励。

裴注　[1]《魏氏春秋》曰："或云任城王楷子。"

二月，西域重译[1]献火浣布[2]，诏大将军、太尉临试以示百寮[1]。

丁丑诏曰："太尉体道正直，尽忠三世[3]，南擒孟达，西破蜀虏，东灭公孙渊，功盖海内。昔周成建保傅之官，近汉显宗崇宠邓禹[4]，所以优隆隽乂[5]，必有尊也。其以太尉为太傅，持节统兵都督诸军事如故。"

三月，以征东将军满宠为太尉。夏六月，以辽东东沓县[6]吏民渡海居齐郡界，以故纵城[7]为新沓县以居徙民。秋七月，上始亲临朝，听公卿奏事。八月，大赦。冬十月，以镇南将军黄权为车骑将军。

二月，西域译使献上火浣布，皇帝曹芳诏命大将军、太尉当众试验给百官看。

丁丑日，皇帝颁布诏书说："太尉奉行大道公正无私，为武帝、文帝、明帝三朝竭尽忠心，曾经南下擒获孟达，向西打败蜀虏，向东消灭公孙渊，功劳冠绝天下。过去周成王曾设立太保、太傅的官职，汉明帝宠信邓禹，为的是优待尊崇才德杰出之人，一定使他们有尊贵的名位。现在任命太尉为太傅，和过去一样持节统率全国军队并总揽军务。"

三月，任命征东将军满宠为太尉。夏季六月，因为辽东东沓县的吏民跨海到齐郡居住，所以将原来的纵城改名为新沓县，让迁徙来的百姓居住。秋七月，皇帝才亲自主持朝政，听取百官奏报政事。八月，大赦天下。冬十月，任命镇南将军黄权为车骑将军。

今注 1 重译:辗转翻译,又指代译使。 2 火浣布:用石棉混麻苎织成的耐火布。因可用火燃法除去布上污渍,故名。 3 三世:指魏武帝、文帝、明帝三代。 4 邓禹:字仲华,东汉初开国功臣,光武帝时曾担任大司徒,明帝时任太傅。 5 隽乂(yì):才智出众的人。 6 东沓县:在今辽宁大连金州区。 7 纵城:在今山东淄博。

裴注 [1]《异物志》曰:"斯调国有火洲,在南海中。其上有野火,春夏自生,秋冬自死。有木生于其中而不消也,枝皮更活,秋冬火死则皆枯瘁。其俗常冬采其皮以为布,色小青黑;若尘垢污之,便投火中,则更鲜明也。"《傅子》曰:"汉桓帝时,大将军梁冀以火浣布为单衣,常大会宾客,冀阳争酒,失杯而污之,伪怒,解衣曰:'烧之。'布得火,炜烨赫然,如烧凡布,垢尽火灭,粲然洁白,若用灰水焉。"《搜神记》曰:"昆仑之墟,有炎火之山,山上有鸟兽草木,皆生于炎火之中,故有火浣布,非此山草木之皮枲,则其鸟兽之毛也。汉世西域旧献此布,中间久绝;至魏初,时人疑其无有。文帝以为火性酷烈,无含生之气,著之《典论》,明其不然之事,绝智者之听。及明帝立,诏三公曰:'先帝昔著《典论》,不朽之格言,其刊石于庙门之外及太学,与石经并,以永示来世。'至是西域使至而献火浣布焉,于是刊灭此论,而天下笑之。"臣松之昔从征西至洛阳,历观旧物,见《典论》石在太学者尚存,而庙门外无之,问诸长老,云晋初受禅,即用魏庙,移此石于太学,非两处立也。窃谓此言为不然。又东方朔《神异经》曰:"南荒之外有火山,长三十里,广五十里,其中皆生不烬之木,昼夜火烧,得暴风不猛,猛雨不灭。火中有鼠,重百斤,毛长二尺余,细如丝,可以作布。常居火中,色洞赤,时时出外而色白,以水逐而沃之即死,续其毛,织以为布。"

十二月,诏曰:"烈祖[1]明皇帝以正月弃背[2]天下,

十二月,皇帝下诏说:"烈祖明皇帝在正月的时候驾崩离世,作为臣子

臣子永惟忌日之哀，其复用夏正[3]。虽违先帝通三统[4]之义，斯亦礼制所由变改也。又夏正于数为得天正，其以建寅之月为正始元年正月，以建丑月为后十二月。”

要永远记住这天忌日的哀伤。现在恢复夏历。虽然违背了先帝通行三统历的意义，但这也是依据礼制做出的改变。此外夏历在历法上属于天时的正统，如今将建寅的月份作为正始元年(240)的正月，以建丑之月作为去年的十二月。”

今注　**1** 烈祖：魏明帝曹叡，庙号“烈祖”，谥号“明”。　**2** 弃背：抛弃、离弃，是死亡的婉约说法，多用于尊亲。　**3** 夏正：夏历的正月，代指夏历。　**4** 三统：中国古代三种历法的统称，具体指夏、商、周三代的历法。夏历以农历一月作为一年之首，称建寅，又叫人统；商代以农历十二月为岁首，称建丑，又叫地统；周代以农历十一月为岁首，称建子，又叫天统。

正始元年春二月乙丑，加侍中中书监[1]刘放、侍中中书令[2]孙资为左、右光禄大夫[3]。丙戌，以辽东汶、北丰县民流徙渡海，规齐郡之西安、临菑、昌国县界为新汶、南丰县，以居流民。

自去冬十二月至此月不雨。丙寅，诏令狱官亟平冤枉，理出轻微；群公卿士谠言[4]嘉谋，各悉乃心。夏四月，车骑将军黄权薨。秋

正始元年(240)春二月乙丑日，加封侍中中书监刘放、侍中中书令孙资各为左、右光禄大夫。丙戌日，因为辽东汶县、北丰县百姓流亡过海，朝廷划分齐郡中的西安、临菑、昌国县作为新汶县、南丰县，让流民居住。

自从去年冬天十二月到本月都没有下雨。丙寅日，诏令管理监狱的官员尽快为冤狱平反，清理释放轻罪之人；公卿百官若有忠言善计，尽管放心提出来。夏四月车骑将军黄权逝世。秋七月，皇帝颁诏说：“《易

七月，诏曰："《易》称损上益下，节以制度，不伤财，不害民。方今百姓不足而御府多作金银杂物，将奚以为？今出黄金银物百五十种，千八百余斤，销冶以供军用。"八月，车驾巡省洛阳界秋稼，赐高年力田各有差。

经》说减少上面的利益，增加下面的利益，用制度节约，不损耗财物，不伤害百姓。当今百姓衣食不足但府库却制作了很多金银杂物，这是要干什么用呢？现在拿出黄金白银物品一百五十种，一共一千八百多斤，熔毁后作为军费。"八月，皇帝巡查洛阳境内的秋种，并对三老、力田等人分别给予赏赐。

今注　**1** 中书监：三国时曹魏设，执掌机要，与中书令职务相等但位次略高，一般是事实上的宰相。　**2** 中书令：中书省长官之一，曹魏时文帝改秘书省置中书省，以中书令、中书监为长官，执掌收纳奏章、草拟诏令等机要事务。　**3** 左、右光禄大夫：由光禄大夫而来，原来职掌顾问应对，后成为加官或褒赠之官。曹魏齐王增设左、右光禄大夫，位在光禄大夫之上，是一种褒赠的加官。　**4** 谠(dǎng)言：正直的言论。

二年春二月，帝初通《论语》，使太常[1]以太牢祭孔子于辟雍[2]，以颜渊配。

夏五月，吴将朱然等围襄阳之樊城[3]，太傅司马宣王率众拒之[1]。六月辛丑，退。己卯，以征东将军王淩为车骑将军。冬十二月，南安郡地震。

正始二年(241)春二月，皇帝初步学完《论语》，派遣太常用猪、牛、羊三牲在辟雍祭祀孔子，以颜渊配享。

夏五月，吴国将军朱然等围攻襄阳的樊城，太傅司马懿率军抵挡。六月辛丑日，吴军撤退。己卯日，任命征东将军王淩为车骑将军。冬十二月，南安郡发生地震。

三年春正月，东平王徽薨。三月，太尉满宠薨。秋七月甲申，南安郡地震。乙酉，以领军将军[4]蒋济[5]为太尉。冬十二月，魏郡地震。

正始三年(242)春正月，东平王曹徽逝世。三月，太尉满宠逝世。秋七月甲申日。南安郡发生地震。乙酉日，任命领军将军蒋济为太尉。冬十二月，魏郡地震。

今注　**1** 太常：九卿之一，掌宗庙礼仪，兼掌选试博士，居九卿之首。　**2** 辟雍：本为周天子所设立的大学，后世一般为祭祀之所。　**3** 樊城：在今湖北襄阳樊城区。　**4** 领军将军：东汉时置，曹魏沿用为禁卫军统帅。　**5** 蒋济：字子通，曹魏时名臣，历仕四朝，以谋略见长。

裴注　[**1**] 干宝《晋纪》曰："吴将全琮寇芍陂，朱然、孙伦五万人围樊城，诸葛瑾、步骘寇柤中；琮已破走而樊围急。宣王曰：'柤中民夷十万，隔在水南，流离无主，樊城被攻，历月不解，此危事也，请自讨之。'议者咸言：'贼远围樊城不可拔，挫于坚城之下，有自破之势，宜长策以御之。'宣王曰：'军志有之：将能而御之，此为縻军；不能而任之，此为覆军。今疆埸骚动，民心疑惑，是社稷之大忧也。'六月，督诸军南征，车驾送津阳城门外。宣王以南方暑湿，不宜持久，使轻骑挑之，然不敢动。于是乃令诸军休息洗沐，简精锐，募先登，申号令，示必攻之势。然等闻之，乃夜遁。追至三州口，大杀获。"

四年春正月，帝加元服[1]，赐群臣各有差。夏四月乙卯，立皇后甄氏[2]，大赦。五月朔，日有食之，既。秋七月，诏祀故大司马曹真、曹休、征南大

正始四年(243)春正月，皇帝举行冠礼，依等次分别赏赐大臣。这年四月乙卯日，立甄氏为皇后，大赦天下。五月朔日，有日全食现象。秋七月，皇帝诏令在太祖庙的

将军夏侯尚、太常桓阶、司空陈群、太傅钟繇、车骑将军张郃、左将军徐晃、前将军张辽、右将军乐进、太尉华歆、司徒王朗、骠骑将军曹洪、征西将军夏侯渊、后将军朱灵、文聘、执金吾臧霸、破虏将军李典、立义将军庞德、武猛校尉典韦于太祖庙庭。冬十二月,倭国[3]女王俾弥呼遣使奉献。

庭院中祭祀已经亡故的大司马曹真、曹休、征南大将军夏侯尚、太常桓阶、司空陈群、太傅钟繇、车骑将军张郃、左将军徐晃、前将军张辽、右将军乐进、太尉华歆、司徒王朗、骠骑将军曹洪、征西将军夏侯渊、后将军朱灵、文聘、执金吾臧霸、破虏将军李典、立义将军庞德、武猛校尉典韦。冬十二月,倭国俾弥呼女王派遣使者献来贡品。

今注 **1** 元服:元,指头,元服就是冠,古代称举行冠礼为加元服。 **2** 甄氏:指曹芳祖母甄氏的哥哥甄俨的孙女。 **3** 倭国:即现在的日本。

五年春二月,诏大将军曹爽率众征蜀。夏四月朔,日有蚀之。五月癸巳,讲《尚书》经通,使太常以太牢祀孔子于辟雍,以颜渊配;赐太傅、大将军及侍讲者各有差。丙午,大将军曹爽引军还。秋八月,秦王询薨。九月,鲜卑内附,置辽东属国,立昌黎县以居之。冬十一月癸卯,诏祀故尚书令荀

正始五年(244)春二月,皇帝诏令大将军曹爽率军征讨蜀国。夏四月朔日,出现日食。五月癸巳日,对皇帝讲授《尚书》的工作完毕,诏令太常用太牢之礼在辟雍祭祀孔子,以颜渊配享;分等次赏赐太傅、大将军以及陪伴讲读等人。丙午日,大将军曹爽率军返回。秋八月,秦王曹询去世。九月,鲜卑族归附,朝廷为此设置辽东属国,建立昌黎县让他们居住。冬十一月癸卯日,诏令在太祖庙

攸[1]于太祖庙庭[1]。己酉，复秦国为京兆郡[2]。十二月，司空崔林薨。

庭院祭祀已故尚书令荀攸。己酉日，将秦国重改回京兆郡。十二月，司空崔林去世。

今注 **1** 荀攸：字公达，曹魏著名谋臣，深受曹操信任与器重。 **2** 京兆郡：三国魏改京兆尹置，治所在今陕西西安西北。

裴注 ［**1**］臣松之以为，故魏氏配飨不及荀彧，盖以其末年异议，又位非魏臣故也。至于升程昱而遗郭嘉，先钟繇而后荀攸，则未详厥趣也。徐佗谋逆而许褚心动，忠诚之至远同于日磾，且潼关之危，非褚不济，褚之功烈有过典韦，今祀韦而不及褚，又所未达也。

六年春二月丁卯，南安郡地震。丙子，以骠骑将军赵俨[1]为司空；夏六月，俨薨。八月丁卯，以太常高柔[2]为司空。癸巳，以左光禄大夫刘放为骠骑将军，右光禄大夫孙资为卫将军。冬十一月，祫祭[3]太祖庙，始祀前所论佐命臣二十一人。十二月辛亥，诏故司徒王朗所作《易传》，令学者得以课试。乙亥，诏曰："明日大会群臣，其令太傅乘舆上殿[4]。"

正始六年(245)春二月丁卯日，南安郡发生地震。丙子日，任命骠骑将军赵俨为司空；夏六月，赵俨去世。八月丁卯日，任命太常高柔为司空。癸巳日，以左光禄大夫刘放为骠骑将军，右光禄大夫孙资为卫将军。冬十一月，皇帝在太祖庙举行合祭祖先的祭祀，并开始祭祀前面提到的二十一位辅佐大臣。十二月辛亥日，皇帝下诏将已故司徒王朗撰写的《易传》作为学者的考试内容。乙亥日，皇帝下诏说："明天群臣朝会，让太傅乘舆上殿。"

今注 1 赵俨:字伯然,曹魏大臣。 2 高柔:字文惠,历任曹魏多种官职,以执法公允著称。 3 祫(xiá)祭:古代祭祀的一种,集合远近祖先的神主于太祖庙大合祭。 4 乘舆上殿:允许乘车或软轿上朝。古代君主赐予有功大臣的一种特殊礼仪,以示恩宠。

七年春二月,幽州刺史毌丘俭讨高句骊,夏五月,讨濊貊[1],皆破之。韩那奚等数十国各率种落降。秋八月戊申,诏曰:"属到市观见所斥卖官奴婢,年皆七十,或癃[2]疾残病,所谓天民[3]之穷者也。且官以其力竭而复鬻[4]之,进退无谓,其悉遣为良民。若有不能自存者,郡县振给之[1]。"

正始七年(246)春二月,幽州刺史毌丘俭讨伐高句骊,夏五月,讨伐濊貊,把他们都打败了。韩那奚等数十个属国率领各自部落归降。这年秋八月戊申日,皇帝下诏说:"不久前在市场上看到官府出卖的奴婢,年纪都七十多岁,有的衰老残病,这就是百姓中的穷苦人啊。而且官府因为他们体力衰竭又将他们卖掉,他们的去留对官府都已没有意义,现在把他们都释放为良民。如果他们中有人不能谋生,郡县要为他们提供救济。"

今注 1 濊貊(wèi mò):古族名,初分布于中国北方,居关外者,分布在松嫩平原、鸭绿江流域及朝鲜半岛。 2 癃(lóng):指衰老病弱。 3 天民:指普通人。 4 鬻(yù):卖。

裴注 [1] 臣松之案:帝初即位,有诏"官奴婢六十以上免为良人"。既有此诏,则宜遂为永制。七八年间,而复货年七十者,且七十奴婢及癃疾残病,并非可售之物,而鬻之于市,此皆事之难解。

己酉，诏曰："吾乃当以十九日亲祠，而昨出已见治道，得雨当复更治，徒弃功夫。每念百姓力少役多，夙夜[1]存心。道路但当期于通利，闻乃挝捶老小，务崇修饰，疲困流离，以至哀叹。吾岂安乘此而行，致馨德[2]于宗庙邪？自今已后，明申敕[3]之。"冬十二月，讲《礼记》通，使太常以太牢祀孔子于辟雍，以颜渊配[1]。

己酉日，皇帝下诏说："我本应当在十九日亲自去祭祀，可是昨天出去看到已经修整好的道路，被雨淋后又要重新修整，白白浪费了这么多时间和人力。我每每想到百姓气力少但劳役多，心中日夜挂念。道路本只求通畅便利，但听说有人竟鞭打年老、年幼之人，要求将道路修饰得好看，因而使百姓疲惫困窘，流离失所，以致发出哀叹之声。我怎么能心安地在此路上乘行，向宗庙贡献美好的品德呢？从今以后，要明确整饬这一做法。"冬十二月，对皇帝讲授《礼记》完毕，派遣太常在辟雍用太牢祭祀孔子，用颜渊配享。

今注　**1** 夙夜：早晚，朝夕。　**2** 馨德：美德。**3** 申敕：整饬，整顿。

裴注　[**1**] 习凿齿《汉晋春秋》曰："是年，吴将朱然入柤中，斩获数千；柤中民吏万余家渡沔。司马宣王谓曹爽曰：'若便令还，必复致寇，宜权留之。'爽曰：'今不修守沔南，留民沔北，非长策也。'宣王曰：'不然。凡物置之安地则安，危地则危，故兵书曰："成败，形也，安危，势也。"形势，御众之要，不可不审。设令贼二万人断沔水，三万人与沔南诸军相持，万人陆钞柤中，君将何以救之？'爽不听，卒令还。然后袭破之。袁淮言于爽曰：'吴楚之民脆弱寡能，英才大贤不出其土，比技量力，不足与中国相抗，然自上世以来常为中国患者，盖以江汉为池，舟楫为用，利则陆钞，不利则入水，攻之道远，中国之长技无所用之也。孙权自十数年以来，大畋江北，缮治甲兵，精其守御，数出盗窃，敢远其水，陆次平土，此中国所愿闻也。夫用兵者，贵以饱待饥，以逸击劳，师不欲久，行不欲远，守少则固，力专则强。当今宜捐淮、汉以南，退却避之。若贼能入居中央，来侵边境，则随其所短，中国之长技得用矣。若不敢来，则边境得安，无钞盗之忧矣。使我国富兵强，政修民一，陵其国不足为远矣。今襄阳孤在汉南，贼循汉而上，则断而不通，一战而胜，则不攻而自服，故置之无益于国，亡之不足为辱。自江夏已东，淮南诸郡，三后已来，其所亡几何以近贼疆界易钞掠之故哉！若徙之淮北，远绝其间，则民人安乐，何鸣吠之惊乎？'遂不徙。"

八年春二月朔，日有蚀之。夏五月，分河东之汾北十县为平阳郡。秋七月，尚书何晏[1]奏曰："善为国者必先治其身，治其身者慎其所习。所习正则其身正，其身正则不令而行；所习不正则其身不正，其身不正则虽令不从。是故为人君者，所与游必择正人，所观览必察正象，放郑声[2]而弗听，远佞人[3]而弗近，然后邪心不生而正道可弘也。季末暗主，不知损益，斥远君子，引近小人，忠良疏远，便辟亵狎[4]，乱生近昵，譬之社

正始八年(247)春二月朔日，出现日食。夏五月，朝廷将河东郡汾水以北的十个县分出划为平阳郡。秋七月，尚书何晏上奏说："擅长治理国家的人一定要先提高自身修养，修养自身的人则会慎重地看待自己所亲近的人和事。所亲近的人端正，自身就会端正，自身端正那么不用命令也能让臣民主动去做；所亲近的人不端正，自身就会不端正，自身不端正那么即便用命令百姓也不听从。因此，做君主的人，交游一定要选择正直的人，观看、浏览一定要放在正事上，对靡靡之音要舍弃不听，远离巧言善辩的小人，然后邪僻的心思便不会萌发，而正道便可以得到弘扬了。历朝末代君主，不知道上述取舍的道理，斥逐、远离君子，招揽、亲近小人，忠诚善良的人被疏远，谄媚逢迎的小人被宠幸，祸乱正是从君主所亲近的人中

鼠[5]；考其昏明，所积以然，故圣贤谆谆以为至虑。舜戒禹曰‘邻哉，邻哉’，言慎所近也。周公戒成王曰‘其朋，其朋’，言慎所与也。《书》云：‘一人有庆，兆民赖之。’可自今以后，御幸式乾殿及游豫后园，皆大臣侍从，因从容戏宴，兼省文书，询谋政事，讲论经义，为万世法。”

产生，就像社庙中的老鼠；推究君主昏聩或明察的道理，本是长期积累形成的，圣人以此为极大忧虑而一再教诲。舜告诫大禹说‘近臣啊，近臣啊’，说的就是要慎重挑选亲近的人。周公告诫成王说‘朋友啊，朋友啊’，说的便是慎重对待与自己交往的人。《尚书》中说：‘一个人做了好事，全国的人都跟着有好处。’建议从今以后，当您亲自驾临式乾殿以及游览后园的时候，都让大臣陪同，从而在悠闲娱乐畅饮之际，顺便审阅奏章，问询商议政务，谈论经典，为后世万代确立效法的榜样。”

今注　**1** 何晏：字平叔，三国曹魏时期大臣，著名学者，后因曹爽事件牵连被杀。　**2** 郑声：即郑卫之音，春秋战国时期，郑、卫地区的民间音乐，因其活泼、奔放的特点被儒家认为是淫靡的乐种，遭到严厉批判。　**3** 佞人：泛指有口才但心术不正之人。　**4** 亵狎：举止不严肃，行为放荡。　**5** 社鼠：寄身于社庙的老鼠，比喻有所倚恃的小人。

冬十二月，散骑常侍谏议大夫孔乂[1]奏曰：“礼，天子之宫，有斫砻[2]之制，无朱丹[3]之饰，宜循礼复古。今天下已平，君臣之分明，陛下但当不懈于位，平公正之心，审赏罚以使

冬十二月，散骑常侍、谏议大夫孔乂上奏说：“根据礼制，皇帝的宫殿，有将屋椽打磨的制度，而不用朱红色的装饰，现在应该遵循礼制恢复古代的样子。如今天下已平定，君臣的名分明确，您在位只需不懈怠，平衡公正之心，慎重地以赏罚任使官员。往后您可以断

之。可绝后园习骑乘马，出必御辇乘车，天下之福，臣子之愿也。”晏、乂咸因阙[4]以进规谏。

绝后园的骑马练习，出门一定要乘坐皇帝专门的辇车，这是天下人的福气，百官们的愿望啊！”何晏、孔乂时常针对皇帝的缺点进行劝谏。

今注 1 孔乂：字元儁，孔子后裔。 2 斫砻(zhuó lóng)：指砍削打磨。 3 朱丹：朱红色。 4 阙(quē)：过失。

九年春二月，卫将军中书令孙资，癸巳，骠骑将军中书监刘放，三月甲午，司徒卫臻[1]，各逊位，以侯就第，位特进。四月，以司空高柔为司徒；光禄大夫徐邈为司空，固辞不受。秋九月，以车骑将军王淩[2]为司空。冬十月，大风发屋折树。

正始九年(248)春二月，卫将军中书令孙资，癸巳日，骠骑将军中书监刘放，三月甲午日，司徒卫臻，相继辞官，以侯爵的身份归家，加位特进。四月，任命司空高柔为司徒，光禄大夫徐邈为司空，但他们都坚决地请辞不接受。秋九月，任命车骑将军王淩为司空。冬十月，大风吹毁了房屋，吹断了树木。

今注 1 卫臻：字公振，因其父卫兹与曹操相识，因而受曹操器重，为曹魏重臣。 2 王淩：字彦云，三国曹魏时期将领，东汉司徒王允的侄子，因不满司马懿专权，欲谋立楚王曹彪为帝，事情败露后自杀。

嘉平元年春正月甲午，车驾谒高平陵[1]。太傅司马宣王奏免大将军曹爽、爽弟中领军羲、武卫将

嘉平元年(249)春正月甲午日，皇帝车驾到高平陵拜谒。太傅司马懿上奏请求罢免大将军曹爽、曹爽弟弟中领军曹羲、武卫将军曹训、散骑常侍曹

军训、散骑常侍彦官,以侯就第。戊戌,有司奏收黄门[1]张当付廷尉[2],考实其辞,爽与谋不轨[3]。又尚书丁谧、邓飏、何晏、司隶校尉毕轨、荆州刺史李胜、大司农桓范皆与爽通奸谋,夷三族。语在《爽传》。丙午,大赦。丁未,以太傅司马宣王为丞相,固让乃止[2]。

彦的官职,让他们以侯爵的身份回家。戊戌日,有关官员奏请抓捕黄门张当交给廷尉审理,依据他的供词,证实曹爽与他图谋不轨。又有尚书丁谧、邓飏、何晏、司隶校尉毕轨、荆州刺史李胜、大司农桓范都和曹爽有密谋造反的事,因而都被诛灭三族。事情记载在《曹爽传》中。丙午日,大赦天下。丁未日,任太傅司马懿为丞相,因为他坚决不接受而作罢。

今注 1 黄门:黄门侍郎的简称,多由外戚重臣担任,职责是侍从皇帝、顾问应对、传递诏书。 2 廷尉:九卿之一,职掌刑狱,曾用“大理”之名,为两汉至曹魏时期最高司法机构长官。 3 不轨:超出常轨,不合法度,一般指谋反。

裴注 [1] 孙盛《魏世谱》曰:“高平陵在洛水南大石山,去洛城九十里。”[2] 孔衍《汉魏春秋》曰:“诏使太常王肃册命太傅为丞相,增邑万户,群臣奏事不得称名,如汉霍光故事。太傅上书辞让曰:‘臣亲受顾命,忧深责重,凭赖天威,摧弊奸凶,赎罪为幸,功不足论。又三公之官,圣王所制,著之典礼。至于丞相,始自秦政。汉氏因之,无复变改。今三公之官皆备,横复宠臣,违越先典,革圣明之经,袭秦汉之路,虽在异人,臣所宜正,况当臣身而不固争,四方议者将谓臣何!’书十余上,诏乃许之,复加九锡之礼。太傅又言:‘太祖有大功大德,汉氏崇重,故加九锡,此乃历代异事,非后代之君臣所得议也。’又辞不受。”

夏四月乙丑，改年。丙子，太尉蒋济薨。冬十二月辛卯，以司空王淩为太尉。庚子，以司隶校尉孙礼[1]为司空。

夏四月乙丑日，改年号。丙子日，太尉蒋济去世。冬十二月辛卯日，任司空王淩为太尉。庚子日，任命司隶校尉孙礼为司空。

二年夏五月，以征西将军郭淮[2]为车骑将军。冬十月，以特进孙资为骠骑将军。十一月，司空孙礼薨。十二月甲辰，东海王霖[3]薨。乙未，征南将军王昶[4]渡江，掩攻吴，破之。

嘉平二年(250)夏五月，任征西将军郭淮为车骑将军。冬十月，任特进孙资为骠骑将军。十一月，司空孙礼去世。十二月甲辰日，东海王曹霖去世。乙未日，征南将军王昶渡过长江，突袭吴国，击败吴军。

今注 1 孙礼：字德达，曹魏时军事将领。 2 郭淮：字伯济，三国时期魏国名将，曾阻止诸葛亮北伐，击退姜维。 3 东海王霖：曹霖，魏文帝曹丕之子，魏明帝时封东海王，其子高贵乡公曹髦后替代曹芳成为皇帝。 4 王昶：字文舒，曹魏时军事将领，曾平定毌丘俭及诸葛诞叛乱。

三年春正月，荆州刺史王基[1]、新城[2]太守州泰[3]攻吴，破之，降者数千口。二月，置南郡之夷陵县[4]以居降附。三月，以尚书令司马孚[5]为司空。四月甲申，以征南将军王昶为征南大将军。壬辰，大赦。丙午，闻太尉王淩谋废帝，立楚王彪[6]，太傅司马

嘉平三年(251)春正月，荆州刺史王基、新城太守州泰率军攻打吴国，击破吴军，有数千人投降。二月，设置南郡的夷陵县给投降的人居住。三月，任命尚书令司马孚为司空。四月甲申日，任征南将军王昶为征南大将军。壬辰日，大赦天下。丙午日，传言太尉王淩谋划废除皇帝，要另立楚王曹彪，太傅司马

宣王东征凌。五月甲寅，凌自杀。六月，彪赐死。秋七月壬戌，皇后甄氏崩。辛未，以司空司马孚为太尉。戊寅，太傅司马宣王薨，以卫将军司马景王为抚军大将军，录尚书事。乙未，葬怀甄后于太清陵。庚子，骠骑将军孙资薨。十一月，有司奏诸功臣应飨食于太祖庙者，更以官为次，太傅司马宣王功高爵尊，最在上。十二月，以光禄勋郑冲为司空。

懿出兵东征王淩。五月甲寅日，王淩自杀。六月，曹彪被赐死。秋七月壬戌日，皇后甄氏去世。辛未日，任命司空司马孚为太尉。戊寅日，太傅司马懿去世，任命卫将军司马师为抚军大将军，总领尚书台的事务。乙未日，将怀甄皇后安葬在太清陵。庚子日，骠骑将军孙资去世。十一月，有关官员奏请在太祖庙中享受祭祀的诸多功臣应该按官位改变座次，太傅司马懿因为功劳大、爵位高，神位被排在最前面。十二月，任命光禄勋郑冲为司空。

今注 1 王基：字伯舆，曹魏时军事将领，深受司马懿、司马师、司马昭器重，曾佐助司马氏平定毌丘俭等人叛乱。 2 新城：三国曹魏时设置，属荆州，治所在今湖北房县。 3 州泰：一作陈泰，字玄伯，曹魏名将，后因曹髦被杀忧愤而死。 4 夷陵县：在今湖北宜昌东南。 5 司马孚：字叔达，司马懿之弟，性谨慎，高平陵之变时协助司马懿控制京师，诛杀曹爽一党。 6 楚王彪：曹彪，字朱虎，曹操之子，魏明帝时封楚王，后因王淩图谋废立之事败露而被赐死。

四年春正月癸卯，以抚军大将军司马景王[1]为大将军。二月，立皇后张氏，大赦。夏五月，鱼二，见于武库屋

嘉平四年(252)春正月癸卯日，任抚军大将军司马师为大将军。二月，册立张氏为皇后，大赦天下。夏五月，有两条鱼出现在武库屋顶

上[1]。冬十一月，诏征南大将军王昶、征东将军胡遵、镇南将军毌丘俭等征吴。十二月，吴大将军诸葛恪[2]拒战，大破众军于东关[3]。不利而还[2]。

上。冬十一月，皇帝诏令征南大将军王昶、征东将军胡遵、镇南将军毌丘俭等人征讨吴国。十二月，吴国大将军诸葛恪率军抵抗，在东关大破魏军。魏军征战不利而退师。

今注 1 司马景王：司马师，字子元，司马懿长子，司马昭之兄，三国曹魏时权臣。司马昭晋封晋王时追尊司马师为晋景王。 2 诸葛恪：字元逊，三国孙吴权臣，孙权临终时曾为托孤首辅，任大将军、太傅，他是诸葛亮之兄诸葛瑾的长子。 3 东关：在今安徽含山西南濡须山上。

裴注 [1]《汉晋春秋》曰："初，孙权筑东兴堤以遏巢湖。后征淮南，坏不复修。是岁诸葛恪帅军更于堤左右结山挟筑两城，使全端、留略守之，引军而还。诸葛诞言于司马景王曰：'"致人而不致于人"者，此之谓也。今因其内侵，使文舒逼江陵，仲恭向武昌，以羁吴之上流，然后简精卒攻两城，比救至，可大获也。'景王从之。" [2]《汉晋春秋》曰："毌丘俭、王昶闻东军败，各烧屯走。朝议欲贬黜诸将，景王曰：'我不听公休，以至于此。此我过也，诸将何罪？'悉原之。时司马文王为监军，统诸军，唯削文王爵而已。是岁，雍州刺史陈泰求敕并州并力讨胡，景王从之。未集，而雁门、新兴二郡以为将远役，遂惊反。景王又谢朝士曰：'此我过也，非玄伯之责！'于是魏人愧悦，人思其报。"习凿齿曰："司马大将军引二败以为己过，过消而业隆，可谓智矣。夫民忘其败，而下思其报，虽欲不康，其可得邪？若乃讳败推过，归咎万物，常执其功而隐其丧，上下离心，贤愚解体，是楚再败而晋再克也，谬之甚矣！君人者，苟统斯理而以御国，则朝无秕政，身靡留愆，行失而名扬，兵挫而战胜，虽百败可也，况于再乎！"

五年夏四月，大赦。五月，吴太傅诸葛恪围合肥新城，诏太尉司马孚拒之[1]。秋七月，恪退还[2]。

八月，诏曰："故中郎西平郭脩[1]，砥节厉行[2]，秉心不回。乃者蜀将姜维寇钞脩郡，为所执略。往岁伪大将军费祎驱率群众，阴图窥窬[3]，道经汉寿，请会众宾，脩于广坐之中手刃击祎，勇过聂政[4]，功逾介子[5]，可谓杀身成仁，释生取义者矣。夫追加褒宠，所以表扬忠义；祚及后胤，所以奖劝将来。其追封脩为长乐乡侯，食邑千户，谥曰威侯；子袭爵，加拜奉车都尉[6]；赐银千鉼[7]，绢千匹，以光宠存亡，永垂来世焉[3]。"

自帝即位至于是岁，郡国县道多所置省，俄或还复，不可胜纪。

嘉平五年(253)夏四月，大赦天下。五月，吴国太傅诸葛恪围攻合肥新城，皇帝诏令太尉司马孚率军抵抗。秋七月，诸葛恪撤军退回。

八月，皇帝下诏说："已故中郎西平人郭脩，磨砺节操，提升品行，忠心坚定。先前蜀国将领姜维劫掠郭脩所在的郡，郭脩被俘虏带走。去年蜀国伪大将军费祎驱领众人，图谋趁机进犯，路途中经过汉寿，邀请众多宾客相会，郭脩在众人聚坐时拿利刃刺杀费祎，勇猛超过聂政，功劳超过介子推，可以说是杀身成仁，舍生取义的人了。在死后追加褒扬和尊宠，是为了表扬忠义的人；赏赐后代的子孙是为了激励以后的人。现在追封郭脩为长乐乡侯，封食邑一千户，赐谥号威侯；郭脩的儿子继承爵位，加官奉车都尉；赐给白银一千鉼，丝绢一千匹，让活着与死去的人都受到荣耀恩宠，永远作为典范流传后世。"

自皇帝继位到如今，郡、国、县、道有很多被重新设置或撤销，不久又被恢复，不能全部记录下来。

今注 1 郭脩:字孝先,有德行,本是曹魏官员,被蜀汉俘虏,后因刺杀蜀国大将军费祎被杀。 2 砥节厉行:指磨砺操守和品行。厉,"砺"的本字。 3 窥窬(yú):谓窥伺可乘之隙。 4 聂政:战国著名刺客,为报答严仲子知遇之恩,独自一人刺杀侠累。 5 介子:介子推,春秋时晋国贤臣,曾随晋文公在外逃亡多年,对晋文公重返晋国立下大功。 6 奉车都尉:职掌皇帝车舆,多由皇帝亲信充任,曹魏时期逐渐成为一种加官。 7 鉼:饼状金属块。

裴注 [1]《汉晋春秋》曰:"是时姜维亦出围狄道。司马景王问虞松曰:'今东西有事,二方皆急,而诸将意沮,若之何?'松曰:'昔周亚夫坚壁昌邑而吴楚自败,事有似弱而强,或似强而弱,不可不察也。今恪悉其锐众,足以肆暴,而坐守新城,欲以致一战耳。若攻城不拔,请战不得,师老众疲,势将自走,诸将之不径进,乃公之利也。姜维有重兵而县军应恪,投食我麦,非深根之寇也。且谓我并力于东,西方必虚,是以径进。今若使关中诸军倍道急赴,出其不意,殆将走矣。'景王曰:'善!'乃使郭淮、陈泰悉关中之众,解狄道之围;敕毌丘俭等案兵自守,以新城委吴。姜维闻淮进兵,军食少,乃退屯陇西界。" [2]是时,张特守新城。《魏略》曰:"特字子产,涿郡人。先时领牙门,给事镇东诸葛诞,诞不以为能也,欲遣还护军。会毌丘俭代诞,遂使特屯守合肥新城。及诸葛恪围城,特与将军乐方等三军众合有三千人,吏兵疾病及战死者过半,而恪起土山急攻,城将陷,不可护。特乃谓吴人曰:'今我无心复战也。然魏法,被攻过百日而救不至者,虽降,家不坐也。自受敌以来,已九十余日矣。此城中本有四千余人,而战死者已过半,城虽陷,尚有半人不欲降,我当还为相语之,条名别善恶,明日早送名,且持我印绶去以为信。'乃投其印绶以与之。吴人听其辞而不取印绶。不攻。顷之,特还,乃夜彻诸屋材栅,补其缺为二重。明日,谓吴人曰:'我但有斗死耳!'吴人大怒,进攻之,不能拔,遂引去。朝廷嘉之,加杂号将军,封列侯,又迁安丰太守。" [3]《魏氏春秋》曰："脩字孝先，素有业行，著名西州。姜维劫之，脩不为屈。刘禅以为左将军，脩欲刺禅而不得亲近，每因庆贺，且拜且前，为禅左右所遏，事辄不克，故杀祎焉。"臣松之以为，古之舍生取义者，必有理存焉，或感恩怀德，投命无悔，或利害有机，奋发以应会，诏所称聂政、介子是也。事非斯类，则陷乎妄作矣。魏之与蜀，虽为敌国，非有赵襄灭智之仇，燕丹危亡之急；且刘禅凡下之主，费祎中才之相，二人存亡，固无关于兴丧。郭脩在魏，西州之男子耳，始获于蜀，既不能抗节不辱，于魏又无食禄之责，不为时主所使，而无故规规然糜身于非所，义无所加，功无所立，可谓"折柳樊圃"，其狂也且，此之谓也。

六年春二月己丑，镇东将军毌丘俭上言："昔诸葛恪围合肥新城，城中遣士刘整出围传消息，为贼所得，考问所传，语整曰：'诸葛公欲活汝[1]，汝可具服[2]。'整骂曰：'死狗，此何言也！我当必死为魏国鬼，不苟求活，逐汝去也。欲杀我者，便速杀之。'终无他辞。又遣士郑像出城传消息，或以语恪，恪遣马骑寻围迹索，得像还。四五人靮[3]头面缚，将绕城表，敕语像，使大呼，言'大军已还洛，不如早降'。

嘉平六年(254)春二月己丑日，镇东将军毌丘俭上表说："先前诸葛恪包围合肥新城，城里派士兵刘整冲出包围去传递消息，被贼军抓住，拷问他所传消息的内容，他们对刘整说：'诸葛公想让你活着，你可以全部交代。'刘整骂道：'死狗，这是什么话！我就是死也定要做魏国的鬼，不会苟且求活而跟着你们。想要杀我，那就赶紧杀吧！'刘整最终也没有讲其他话。城里又派郑像出去传递消息，有人将此事告诉诸葛恪，诸葛恪派遣骑兵绕城搜索，将他抓捕并带回。四五个人用绳子捆住他的头，带他绕着城走，他们告诉郑像，要他大声呼喊说'魏军已经返回洛阳，你们不如早点投降'。郑像不听他们的话，

像不从其言，更大呼城中曰：'大军近在围外，壮士努力！'贼以刀筑[4]其口，使不得言，像遂大呼，令城中闻知。整、像为兵，能守义执节，子弟宜有差异。"

反而对城中大喊：'大军就在包围圈外面，壮士们要努力坚持啊！'吴军用刀击打他的嘴，使他不能说话，郑像就大声呼叫，好让城里人听到。刘整、郑像作为士兵，能坚持忠义和保持节操，他们的子弟应该有不同的赏赐。"

今注 1 活汝：使动用法，使你活命。 2 具服：具，完备；服，顺从，信服。 3 靮(dí)：马缰绳，这里作动词，指用马缰绳捆绑。 4 筑：击，捣。

诏曰："夫显爵所以褒元功，重赏所以宠烈士。整、像召募通使，越蹈重围，冒突白刃，轻身守信，不幸见获，抗节弥厉，扬六军之大势，安城守之惧心，临难不顾，毕志传命。昔解杨[1]执楚，有陨无贰，齐路中大夫[2]以死成命，方之整、像，所不能加。今追赐整、像爵关中侯，各除士名，使子袭爵，如部曲将死事科。"

皇帝下诏说："显贵的爵位是用来褒扬对国家有大功劳的人，厚重的赏赐是用来尊崇为国家献身的人。刘整、郑像被招募做通信的使者，冲破包围，迎着锋利的刀刃，不顾自身的安危而坚守信义，虽然不幸被敌人抓获，但他们更加坚守节操，弘扬了军队的气势，安定了守城将士担忧的心，面对危难奋不顾身，竭力完成传信使命。过去解杨被楚国擒住，宁死不屈，齐国路中大夫用生命完成使命，他们与刘整、郑像相比，也不能超过。现在追封刘整、郑像为关中侯，并将他们从士兵名籍上除名，让他们的儿子继承爵位，按照阵亡将领的规格办理后事。"

今注　1 解杨：春秋时晋国使者，受命传信宋国坚守城池，不要降楚。后被郑人抓住献给楚国，楚王逼迫他投降，但终未叛国。　2 路中大夫：汉代吴楚之乱时，齐王派遣路中大夫向天子求救，天子命他传信齐王坚守。他在途中被叛军拦截，最终通过诈盟的方式得以到达城下，力劝齐王坚守。

庚戌，中书令李丰与皇后父光禄大夫张缉等谋废易大臣，以太常夏侯玄[1]为大将军。事觉，诸所连及者皆伏诛。辛亥，大赦。三月，废皇后张氏。夏四月，立皇后王氏，大赦。五月，封后父奉车都尉王夔为广明乡侯、光禄大夫，位特进，妻田氏为宣阳乡君。

秋九月，大将军司马景王将谋废帝，以闻皇太后[1]。甲戌，太后令曰："皇帝芳春秋已长，不亲万机，耽淫内宠，沈漫女德[2]，日延倡优[3]，纵其丑谑；迎六宫家人留止内房，毁人伦之叙，乱男女之节；恭孝

庚戌日，中书令李丰和皇后的父亲光禄大夫张缉等人谋划废黜、更换执政大臣司马师，让太常夏侯玄做大将军。事情被发现后，众多受牵连的人都被处死。辛亥日，大赦天下。三月，废黜张氏的皇后之位。夏四月，册立王氏为皇后，大赦天下。五月，封皇后的父亲奉车都尉王夔为广明乡侯、光禄大夫，位特进，封他的妻子田氏为宣阳乡君。

秋九月，大将军司马师谋划废黜皇帝，并把这件事报告给皇太后。甲戌日，皇太后发布诏令说："皇帝曹芳已经成年，但是不亲自处理朝政，迷恋后宫姬妾，沉迷于女色，天天招揽倡优玩乐，放纵自己享乐的丑态；将六宫的家人留住在内廷，毁坏人伦的秩序，败坏男女之间的礼节；恭敬、孝顺的品德日益减少，悖逆、狂傲的心思日渐增多，这样

日亏，悖慠滋甚，不可以承天绪，奉宗庙。使兼太尉高柔奉策，用一元大武[4]告于宗庙，遣芳归藩于齐，以避皇位[2]。”是日迁居别宫，年二十三。使者持节送卫，营齐王宫于河内之重门[5]，制度皆如藩国之礼[3]。

不可以继承皇位大业，奉祭宗庙。派遣兼任太尉的高柔持策书，用一牛的祭礼向宗庙祭告，然后遣送曹芳回到他的齐国藩地，来让出皇帝之位。”这一天，曹芳迁到其他宫殿居住，年龄二十三岁。朝廷派使者持节护送他回到齐国，并在河内的重门建造齐王宫，规格与藩国的礼制一样。

丁丑，令曰：“东海王霖，高祖文皇帝之子。霖之诸子，与国至亲，高贵乡公髦有大成之量，其以为明皇帝嗣[4]。”

丁丑日，太后下诏令说：“东海王曹霖，是高祖文皇帝的儿子。曹霖的儿子们，与皇族血缘最为亲近，高贵乡公曹髦有成就帝业的气度，现在以他为明皇帝的继承人。”

今注　1 夏侯玄：字太初，夏侯尚之子，曹魏亲族，因不满司马氏专政而图谋政变，事情泄露后被杀。　2 沈(chén)漫女德：沉溺女色。沈，同“沉”。　3 倡优：倡，古代歌舞人；优，古代以乐舞戏谑为业的艺人。　4 一元大武：指祭祀时用的牛。　5 重门：重门城，在今河南辉县。

裴注　[1]《世语》及《魏氏春秋》并云：“此秋，姜维寇陇右。时安东将军司马文王镇许昌，征还击维，至京师，帝于平乐观以临军过。中领军许允与左右小臣谋，因文王辞，杀之，勒其众以退大将军。已书诏于前。文王入，帝方食栗，优人云午等唱曰：‘青头鸡，青头鸡。’青头鸡者，鸭也。帝惧不敢发。文王引兵入城，景王因是谋废帝。”臣松之案《夏侯玄传》及《魏略》，许允此年春与李丰事相连。丰既诛，即出允为镇北将军，未发，以放散官物收付廷尉，徙乐浪，追杀之。允此秋不得故为领军而建此谋。

[2]《魏书》曰:“是日,景王承皇太后令,诏公卿中朝大臣会议,群臣失色。景王流涕曰:‘皇太后令如是,诸君其若王室何!’咸曰:‘昔伊尹放太甲以宁殷,霍光废昌邑以安汉,夫权定社稷以济四海,二代行之于古,明公当之于今,今日之事,亦唯公命。’景王曰:‘诸君所以望师者重,师安所避之?’于是乃与群臣共为奏永宁宫曰:‘守尚书令太尉长社侯臣孚、大将军武阳侯臣师、司徒万岁亭侯臣柔、司空文阳亭侯臣冲、行征西安东将军新城侯臣昭、光禄大夫关内侯臣邕、太常臣晏、卫尉昌邑侯臣伟、太仆臣嶷、廷尉定陵侯臣毓、大鸿胪臣芝、大司农臣祥、少府臣袤、永宁卫尉臣桢、永宁太仆臣阁、大长秋臣模、司隶校尉颍昌侯臣曾、河南尹兰陵侯臣肃、城门校尉臣虑、中护军永安亭侯臣望、武卫将军安寿亭侯臣演、中坚将军平原侯臣德、中垒将军昌武亭侯臣廙、屯骑校尉关内侯臣陔、步兵校尉临晋侯臣建、射声校尉安阳乡侯臣温、越骑校尉睢阳侯臣初、长水校尉关内侯臣超,侍中臣小同、臣顗、臣酆,博平侯臣表、侍中中书监安阳亭侯臣诞,散骑常侍臣瓌、臣仪,关内侯臣芝、尚书仆射光禄大夫高乐亭侯臣毓,尚书关内侯臣观、臣嘏,长合乡侯臣亮、臣赞、臣骞,中书令臣康、御史中丞臣铃,博士臣范、臣峻等稽首言:臣等闻天子者,所以济育群生,永安万国,三祖勋烈,光被六合。皇帝即位,纂继洪业,春秋已长,未亲万机,耽淫内宠,沈漫女色,废捐讲学,弃辱儒士,日延小优郭怀、袁信等于建始芙蓉殿前裸袒游戏,使与保林、女尚等为乱,亲将后宫瞻观。又于广望观上,使怀、信等于观下作辽东妖妇,嬉亵过度,道路行人掩目,帝于观上以为宴笑。于陵云台曲中施帷,见九亲妇女,帝临宣曲观,呼怀、信使入帷共饮酒。怀、信等更行酒,妇女皆醉,戏侮无别。使保林李华、刘勋等与怀、信等戏,清商令令狐景呵华、勋曰:“诸女,上左右人,各有官职,何以得尔?”华、勋数谗毁景。帝常喜以弹弹人,以此恚景,弹景不避首目。景语帝曰:“先帝持门户急,今陛下日将妃后游戏无度,至乃共观倡优,裸袒为乱,不可令皇太后闻。景不爱死,为陛下计耳。”帝言:“我作天子,不得自在邪?太后何与我事!”使人烧铁灼景,身体皆烂。甄后崩后,帝欲立王贵人为

皇后。太后更欲外求，帝恚语景等："魏家前后立皇后，皆从所爱耳，太后必违我意，知我当往不也？"后卒待张皇后疏薄。太后遭郃阳君丧，帝日在后园，倡优音乐自若，不数往定省。清商丞庞熙谏帝："皇太后至孝，今遭重忧，水浆不入口，陛下当数往宽慰，不可但在此作乐。"帝言："我自尔，谁能奈我何？"皇太后还北宫，杀张美人及禺婉，帝恚望，语景等："太后横杀我所宠爱，此无复母子恩。"数往不故处啼哭，私使暴室厚殡棺，不令太后知也。每见九亲妇女有美色，或留以付清商。帝至后园竹间戏，或与从官携手共行。熙白："从官不宜与至尊相提挈。"帝怒，复以弹弹熙。日游后园，每有外文书入，帝不省，左右曰"出"，帝亦不索视。太后令帝常在式乾殿上讲学，不欲使行来，帝径去；太后来问，辄诈令黄门答言"在"耳。景、熙等畏恐，不敢复止，更共谄媚。帝肆行昏淫，败人伦之叙，乱男女之节，恭孝弥颓，凶德浸盛。臣等忧惧倾覆天下，危坠社稷，虽杀身毙命不足以塞责。今帝不可以承天绪，臣请依汉霍光故事，收帝玺绶。帝本以齐王践祚，宜归藩于齐。使司徒臣柔持节，与有司以太牢告祀宗庙。臣谨昧死以闻。'奏可。"　[3]《魏略》曰："景王将废帝，遣郭芝入白太后，太后与帝对坐。芝谓帝曰：'大将军欲废陛下，立彭城王据。'帝乃起去。太后不悦。芝曰：'太后有子不能教，今大将军意已成，又勒兵于外以备非常，但当顺旨，将复何言！'太后曰：'我欲见大将军，口有所说。'芝曰：'何可见邪？但当速取玺绶。'太后意折，乃遣傍侍御取玺绶著坐侧。芝出报景王，景王甚欢。又遣使者授齐王印绶，当出就西宫。帝受命，遂载王车，与太后别，垂涕，始从太极殿南出，群臣送者数十人，太尉司马孚悲不自胜，余多流涕。王出后，景王又使使者请玺绶。太后曰：'彭城王，我之季叔也，今来立，我当何之！且明皇帝当绝嗣乎？吾以为高贵乡公者，文皇帝之长孙，明皇帝之弟子，于礼，小宗有后大宗之义，其详议之。'景王乃更召群臣，以皇太后令示之，乃定迎高贵乡公。是时太常已发二日，待玺绶于温。事定，又请玺绶。太后令曰：'我见高贵乡公，小时识之，明日我自欲以玺绶手授之。'"　[4]《魏书》曰："景王复与群臣共奏永宁宫曰：'臣等闻人道亲亲故尊祖，尊祖故敬宗。礼，大宗无嗣，则择支子之贤者；为人后者，为之子也。东海定王子高贵乡公，文皇帝之孙，宜承正统，以嗣烈祖明皇帝后。率土有赖，万邦幸甚，臣请征公诣洛阳宫。'奏可。使中护军望、兼太常河南尹肃持节，与少府袤、尚书亮、侍中表等奉法驾，迎公于元城。"《魏世谱》曰："晋受禅，封齐王为邵陵县公。年四十三，泰始十年薨，谥曰厉公。"

高贵乡公髦

原文

高贵乡公讳髦，字彦士，文帝孙，东海定王霖子也。正始五年，封郯县高贵乡公。少好学，夙成。齐王废，公卿议迎立公。

十月己丑，公至于玄武馆[1]，群臣奏请舍前殿，公以先帝旧处，避止西厢；群臣又请以法驾[2]迎，公不听。庚寅，公入于洛阳，群臣迎拜西掖门[3]南，公下舆将答拜，傧者[4]请曰："仪不拜。"公曰："吾人臣也。"遂答拜。至止车门下舆。左右曰："旧

译文

高贵乡公讳髦，字彦士，是魏文帝的孙子，东海定王曹霖的儿子。正始五年(244)，曹髦被封为郯县高贵乡公。曹髦小时候便很好学，学业早成。齐王被废黜后，公卿大臣商议迎接高贵乡公来继承皇位。

十月己丑日，高贵乡公来到玄武馆，大臣们上奏请他居住到前殿，高贵乡公认为那里是先帝居住过的地方，自己避居到西厢房住；大臣们又奏请用皇帝的车驾迎接，高贵乡公不允许。庚寅日，高贵乡公进入洛阳，大臣们在西掖门的南边迎接拜见，高贵乡公准备下车回拜，负责引导的礼官说："按照规矩不用回拜。"高贵乡公说："我还是臣子。"于是下车回拜。到止车门下车，身边的

乘舆入。”公曰:“吾被皇太后征,未知所为!”遂步至太极东堂,见于太后。其日即皇帝位于太极前殿,百僚陪位者欣欣焉[1]。

人说:“过去是直接乘车进去。”高贵乡公说:“我受太后的征召而来,不知道要我来干什么。”于是步行到太极东堂,觐见皇太后。这一天在太极前殿举行即皇帝位的仪式,参与典礼的百官都很高兴。

今注 1 玄武馆:馆舍名,位于洛阳北郊。 2 法驾:指天子的车驾。 3 掖门:宫殿正门两旁的边门。 4 傧者:接引宾客的人。

裴注 [1]《魏氏春秋》曰:“公神明爽俊,德音宣朗。罢朝,景王私曰:‘上何如主也?’钟会对曰:‘才同陈思,武类太祖。’景王曰:‘若如卿言,社稷之福也。’”

诏曰:“昔三祖[1]神武圣德,应天受祚。齐王嗣位,肆行非度,颠覆厥德。皇太后深惟社稷之重,延纳宰辅之谋,用替厥位,集大命[2]于余一人。以眇眇之身,托于王公之上,夙夜祗畏[3],惧不能嗣守祖宗之大训,恢中兴之弘业,战战兢兢,如临于谷。今群公卿士股肱之辅,四方征镇宣力之佐,皆积德

新皇帝下诏说:“往日武帝、文帝、明帝三位祖先英明神武,道德高尚,承接天命即皇帝位。齐王即位后恣意妄为,破坏国家法度,败坏德行。皇太后深思应以国家为重,采纳辅政大臣的建议,用我取代他的皇位,将天下的命运放在我一人身上。我这身躯微小的人,被托付于王公之上,日夜心怀敬畏,害怕不能继承守护祖宗的训示告诫,恢复国家中兴的大业,战战兢兢,像面对深谷那样。今天各公卿辅政大臣,征伐、镇守四方的将领,都要修行品德、积累

累功，忠勤帝室；庶凭先祖先父有德之臣，左右小子，用保乂皇家，俾朕蒙暗，垂拱而治。盖闻人君之道，德厚侔天地，润泽施四海，先之以慈爱，示之以好恶，然后教化行于上，兆民听于下。朕虽不德，昧于大道，思与宇内共臻兹路。《书》不云乎：'安民则惠，黎民怀之。'"大赦，改元。减乘舆服御，后宫用度，及罢尚方[4]御府百工技巧靡丽无益之物。

功业，对皇室要保持忠心；希望凭借仕宦于先祖先父时期有德行的大臣，在身边辅助我，来保护皇室，使我这样昏聩的人，能够轻松地治理国家。我听说君主治国的道理，德行与天地一样厚重，恩德向全国普施，先用慈爱对待百姓，向人民展示自己的好恶，然后在上推行教化，百姓在下面听从。我虽然没有高尚德行，对大道也不太了解，但还是想着和全国的百姓共同走上这样的治国之路。《尚书》不是说：'要想百姓安定就得施以恩惠，百姓也就会怀念他。'"大赦天下，改换年号。减少乘车、服饰，以及后宫的开支，停止尚方御府制作奢华但没有实用的精巧器物。

今注　**1** 三祖：指曹魏的三位皇帝，即太祖曹操、高祖曹丕、烈祖曹叡。　**2** 大命：天命。　**3** 祇畏：敬畏。　**4** 尚方：中国古代制造帝王所用器物的官署。

正元元年冬十月壬辰，遣侍中持节分适[1]四方，观风俗，劳士民，察冤枉失职者。癸巳，假大将军司马景王黄钺[2]，入朝不趋，奏事不名[3]，剑履上殿。

正元元年(254)冬十月壬辰日，皇帝派遣侍中持节分赴四方，观察民间风俗，慰劳士人百姓，核查受冤枉或失职的人。癸巳日，授予大将军司马师黄钺，准许他进殿不用小步快走，上奏不直呼其名，允许佩剑并穿鞋上殿。戊戌日，

戊戌，黄龙见于郫井中。甲辰，命有司论废立定策之功，封爵、增邑、进位、班赐各有差。

黄龙出现在郫城的井中。甲辰日，命令有关官员评论在废立皇帝过程中官员们功劳的大小，按等次封予爵位、增加食邑、晋升官位或予以赏赐。

今注 1 适：往，去。 2 黄钺：以黄金为饰的大斧，本用于皇帝仪仗。三国时期特赐予出征重臣，以示威重，令其专主征伐，代表皇帝亲征之意。 3 奏事不名：臣子朝拜帝王时，赞礼官不直呼其名，只称官职。

二年春正月乙丑，镇东将军毌丘俭、扬州刺史文钦反。戊戌，大将军司马景王征之。癸未，车骑将军郭淮薨。闰月己亥，破钦于乐嘉[1]。钦遁走，遂奔吴。甲辰，安风津[2]都尉斩俭，传首京都[1]。壬子，复特赦淮南士民诸为俭、钦所诖误[3]者。以镇南将军诸葛诞为镇东大将军。司马景王薨于许昌。二月丁巳，以卫将军司马文王为大将军，录尚书事。

正元二年(255)春正月乙丑日，镇东将军毌丘俭、扬州刺史文钦反叛。戊戌日，大将军司马师率军征讨他们。癸未日，车骑将军郭淮去世。闰月己亥日，司马师大军在乐嘉打败文钦的军队。文钦逃走，于是逃亡到吴国。甲辰日，安风津都尉斩杀毌丘俭，并将他的首级送到京城。壬子日，又诏令特赦被毌丘俭、文钦牵连的淮南士民。任命镇南将军诸葛诞为镇东大将军。司马师在许昌去世。二月丁巳日，任命卫将军司马昭为大将军，总领尚书台政事。

今注 1 乐嘉：在今河南商水县东。 2 安风津：渡口名，在今安徽霍邱县北淮河上。 3 诖(guà)误：连累，贻误。

裴注 [1]《世语》曰:“大将军奉天子征俭,至项;俭既破,天子先还。”臣松之检诸书,都无此事。至诸葛诞反,司马文王始挟太后及帝与俱行耳。故发诏引汉二祖及明帝亲征以为前比,知明帝已后始有此行也。案:张璠、虞溥、郭颁皆晋之令史,璠、颁出为官长,溥,鄱阳内史。璠撰《后汉纪》,虽似未成,辞藻可观。溥著《江表传》,亦粗有条贯。惟颁撰《魏晋世语》,蹇乏全无宫商,最为鄙劣,以时有异事,故颇行于世。干宝、孙盛等多采其言以为《晋书》,其中虚错如此者,往往而有之。

甲子,吴大将孙峻[1]等众号十万至寿春,诸葛诞[2]拒击破之,斩吴左将军留赞,献捷于京都。三月,立皇后卞氏,大赦。夏四月甲寅,封后父卞隆为列侯。甲戌,以征南大将军王昶[3]为骠骑将军。秋七月,以征东大将军胡遵为卫将军,镇东大将军诸葛诞为征东大将军。

甲子日,吴国大将孙峻等人率领号称十万人的军队到达寿春,诸葛诞率军打败了他们,斩杀吴国左将军留赞,将俘虏和战利品送到京师。三月,册立卞氏为皇后,并大赦天下。夏四月甲寅日,封皇后的父亲卞隆为列侯。甲戌日,任征南大将军王昶为骠骑将军。秋七月,任征东大将军胡遵为卫将军,以镇东大将军诸葛诞为征东大将军。

今注 1 孙峻:字子远,三国时期吴国宗室,继诸葛恪之后掌握吴国大权,官居丞相、大将军。 2 诸葛诞:字公休,诸葛亮族弟,三国曹魏将领,后起兵讨伐司马昭兵败被杀。 3 王昶(chǎng):字文舒,三国时期曹魏将领,深得司马懿器重。

八月辛亥,蜀大将军姜维寇狄道[1],雍州刺史王

八月辛亥日,蜀国大将军姜维率军进犯狄道,雍州刺史王经与他在洮

经与战洮西，经大败，还保狄道城。辛未，以长水校尉邓艾[2]行安西将军，与征西将军陈泰并力拒维。戊辰，复遣太尉司马孚为后继。九月庚子，讲《尚书》业终，赐执经亲授者司空郑冲、侍中郑小同等各有差。甲辰，姜维退还。

冬十月，诏曰："朕以寡德，不能式遏寇虐，乃令蜀贼陆梁[3]边陲。洮西[4]之战，至取负败，将士死亡，计以千数，或没命战场，冤魂不反，或牵掣虏手，流离异域，吾深痛愍，为之悼心。其令所在郡典农及安抚夷二护军各部大吏慰恤其门户，无差赋役一年；其力战死事者，皆如旧科，勿有所漏。"

西交战，王经大败，撤军坚守狄道城。辛未日，任命长水校尉邓艾代理安西将军，与征西将军陈泰合力抵挡姜维。戊辰日，派遣太尉司马孚为后援。九月庚子日，向皇帝讲授《尚书》的课业完结，皇帝赏赐亲自持经讲授的司空郑冲、侍中郑小同等人各有差等。甲辰日，姜维退军。

冬十月，皇帝下诏说："我因为缺少德行，不能遏制敌人的侵犯，使得蜀国贼寇在边境猖狂。以致洮西之战失败，战死的将士多达千人，有的在战场上丧命，冤魂不能回归，有的被敌军俘虏，流落到异国他乡，对此，我深深地感到悲痛和怜悯，替他们伤心难过。现在命他们所在郡县的典农中郎将、安夷护军、抚夷护军及各部的高级官吏慰劳他们的家属，免除他们家的赋税、徭役一年；那些为国力战死亡的人，都要按照以前的规定办理抚恤，不要有遗漏。"

今注　1 寇狄道：寇，侵犯。狄道，在今甘肃临洮县。　2 邓艾：字士载，三国时期曹魏杰出军事将领，他率军攻破成都，灭亡蜀汉政权。　3 陆梁：跳走貌，引申为嚣张、跋扈。　4 洮西：洮河以西。洮河是黄河上游支流，流经甘肃西南。

十一月甲午，以陇右四郡及金城连年受敌，或亡叛投贼，其亲戚留在本土者不安，皆特赦之。癸丑，诏曰："往者洮西之战，将吏士民或临阵战亡，或沈溺洮水，骸骨不收，弃于原野，吾常痛之。其告征西、安西将军，各令部人于战处及水次钩求尸丧，收敛藏埋，以慰存亡。"

甘露元年春正月辛丑，青龙见轵县[1]井中。乙巳，沛王林薨[1]。

夏四月庚戌，赐大将军司马文王衮冕[2]之服，赤舄[3]副焉。

十一月甲午日，因为陇右四个郡以及金城地区连年遭受敌人侵犯，有的人逃亡投奔敌军，他们留在本地的亲戚深感不安，现在对他们都予以赦免。癸丑日，皇帝下诏说："过去洮西的战斗，将士军民有的死于战场，有的沉洮水溺亡，尸骨都没能收殓，被抛弃在野外，我常常感到痛惜。现在特告征西、安西将军，各自命令部下在战场或水边搜寻尸骨，收殓埋葬，来安慰生者和死去的人。"

甘露元年(256)春正月辛丑日，青龙出现在轵县井中。乙巳日，沛王曹林去世。

夏四月庚戌日，赐给大将军司马昭衮服和冕冠，并配以红色的鞋子。

今注　1 轵县：在今河南济源南。　2 衮冕：衮衣和冠冕，古代帝王及上公的礼服和礼帽。　3 舄(xì)：古代一种复底鞋。

裴注　[1]《魏氏春秋》曰："二月丙辰，帝宴群臣于太极东堂，与侍中荀颉，尚书崔赞、袁亮、钟毓，给事中中书令虞松等并讲述礼典，遂言帝王优劣之差。帝慕夏少康，因问颉等曰：'有夏既衰，后相殆灭，少康收集夏众，复禹之绩，高祖拔起陇亩，驱帅豪俊，芟夷秦、项，包举寓内，斯二主可谓殊才异略，命世大贤者也。考其功德，谁宜为先？'颉等对曰：'夫天下重器，王者天授，圣德应期，然后能受命创业。至于阶缘前绪，兴复旧绩，造之与因，难易不同。少康功德虽美，犹为中兴之君，与世祖同流可也。至如高祖，臣等以为优。' 帝曰：'自古帝王，功德言行，互有高下，未必创业者皆优，绍继者咸劣也。汤、武、高祖虽俱受命，贤圣之分，所觉县殊。少康、殷宗中兴之美，夏启、周成守文之盛，论德较实，方诸汉祖，吾见其优，未闻其劣；顾所遇之时殊，故所名之功异耳。少康生于灭亡之后，降为诸侯之隶，崎岖逃难，仅以身免，能布其德而兆其谋，卒灭过、戈，克复禹绩，祀夏配天，不失旧物，非至德弘仁，岂济斯勋？汉祖因土崩之势，仗一时之权，专任智力以成功业，行事动静，多违圣检；为人子则数危其亲，为人君则囚系贤相，为人父则不能卫子；身没之后，社稷几倾，若与少康易时而处，或未能复大禹之绩也。推此言之，宜高夏康而下汉祖矣。诸卿具论详之。' 翌日丁巳，讲业既毕，颉、亮等议曰：'三代建国，列土而治，当其衰弊，无土崩之势，可怀以德，难屈以力。逮至战国，强弱相兼，去道德而任智力。故秦之弊可以力争。少康布德，仁者之英也；高祖任力，智者之俊也。仁智不同，二帝殊矣。《诗》《书》述殷中宗、高宗，皆列《大雅》，少康功美过于二宗，其为大雅明矣。少康为优，宜如诏旨。' 赞、毓、松等议曰：'少康虽积德累仁，然上承大禹遗泽余庆，内有虞、仍之援，外有靡、艾之助，寒浞谗慝，不德于民，浇、豷无亲，外内弃之，以此有国，盖有所因。至于汉祖，起自布衣，率乌合之士，以成帝者之业。论德则少康优，课功则高祖多，语资则少康易，校时则高祖难。' 帝曰：'诸卿论少康因资，高祖创造，诚有之矣，然未见三代之世，任德济勋如彼之难，秦、项之际，任力成功如此之易。且太上立德，其次立功，汉祖功高，未若少康盛德之茂也。且夫仁者必有勇，诛暴必用武，少康武烈之威，岂必降于高祖哉？但夏书沦亡，旧文残缺，故勋美阙而罔载，唯有伍员粗述大略，其言复禹之绩，不失旧物，祖述圣业，旧章不愆，自非大雅兼才，孰能与于此？向令坟、典具存，行事详备，亦岂有异同之论哉！' 于是群臣咸悦服。中书令松进曰：'少康之事去世久远，其文昧如，是以自古及今，议论之士莫有言者，德美隐而不宣。陛下既垂心远鉴，考详古昔，又发德音，赞明少康之美，使显于千载之上，宜录以成篇，永垂于后。’帝曰：‘吾学不博，所闻浅狭，惧于所论未获其宜；纵有可采，亿则屡中，又不足贵，无乃致笑后贤，彰吾暗昧乎！’于是侍郎钟会退论次焉。”

丙辰，帝幸太学，问诸儒曰：“圣人幽赞神明，仰观俯察，始作八卦，后圣[1]重之为六十四，立爻以极数，凡斯大义，罔有不备，而夏有《连山》，殷有《归藏》，周曰《周易》，《易》之书，其故何也？”《易》博士[2]淳于俊对曰：“包羲[3]因燧皇[4]之图而制八卦，神农演之为六十四，黄帝、尧、舜通其变，三代随时，质文[5]各繇[6]其事。故《易》者，变易也；名曰《连山》，似山出内云气，连天地也；《归藏》者，万事莫不归藏于其中也。”

帝又曰：“若使包羲因燧皇而作《易》，孔子何以不云燧人氏没包羲氏作乎？”俊不能答。帝又问曰：

丙辰日，皇帝驾临太学，向儒生询问道：“圣人深通神明之道，仰观天象，俯察地理，然后才创作八卦，后圣把八卦重叠演变为六十四卦，设立爻辞来穷尽事物的道理，综括世间的道理，没有不完备的，可是夏代有《连山》，殷代有《归藏》，周代叫《周易》，《易》书的命名各有不同，这是为什么呢？”《易》博士淳于俊回答说：“伏羲根据燧人氏的图像制作八卦，神农氏推演成六十四卦，黄帝、尧、舜通晓这其中的变化，因而三代顺应时势，文辞的朴素、华美都依据具体的情形而定。因此《易》，也就是变易的含义；取名《连山》，是像山中吐纳出的云气，连接天地；取名《归藏》，是万事万物无不纳入其中的意思。”

皇帝又问道：“假如是伏羲依据燧人氏的图像而作《易》，那么孔子为什么不说是燧人氏死后伏羲作《易》呢？”淳于俊回答不上来。皇帝又问：“孔子

"孔子作《彖》《象》[7],郑玄[8]作注,虽圣贤不同,其所释经义一也。今《彖》《象》不与经文相连,而注连之,何也?"俊对曰:"郑玄合《彖》《象》于经者,欲使学者寻省易了[9]也。"

作《彖》《象》,郑玄作注,他们虽然有圣人和贤人的区别,但解释经典的含义是一样的。现在《彖》《象》和经文没有编订在一起,但注文却和经文相连,这是为什么呢?"淳于俊回答说:"郑玄将《彖》《象》与经文合并到一处是为了让学习的人翻阅方便,易于明白。"

今注 1 后圣:一般指周文王,相传他将八卦重叠演绎成六十四种卦象。本文则认为是神农氏。 2 博士:秦汉时期主要掌管图书,通古今,以备顾问。汉武帝以后成为专门教授儒家经典的学官。 3 包羲:中华人文始祖之一,又称伏羲氏。 4 燧皇:燧人氏,中华人文始祖之一,传说曾发明钻木取火。 5 质文:本指动物的皮毛与花纹,引申为实质内容与外在形式,又延伸为质地与文采,或质朴与华丽。 6 繇:通"由"。 7《彖》《象》:《彖》,亦称《彖传》,《十翼》的两篇,说明卦名、卦义和卦辞。《象》,亦称《象传》,《十翼》的两篇,解释卦名、卦义和爻辞。 8 郑玄:字康成,东汉著名经学家,集两汉今古文经学大成,曾遍注群经。 9 了(liǎo):明白,懂得。

帝曰:"若郑玄合之,于学诚便,则孔子曷为不合以了学者乎?"俊对曰:"孔子恐其与文王相乱,是以不合,此圣人以不合为谦。"帝曰:"若圣人以不合为谦,则郑玄何独不

皇帝说:"如果是郑玄把它们合在一起,确实方便了学习,那么孔子为什么不将它们合编到一起方便后世的学人呢?"淳于俊回答说:"孔子是担心这样做导致与周文王的卦、爻辞发生混乱,因此没有合在一处,这是圣人以不合一处为谦逊。"皇帝说:"如果圣人

谦邪？”俊对曰：“古义弘深，圣问奥远，非臣所能详尽。”

帝又问曰：“《系辞》[1]云‘黄帝、尧、舜垂衣裳而天下治[2]’，此包羲、神农之世为无衣裳。但圣人化天下，何殊异尔邪？”俊对曰：“三皇之时，人寡而禽兽众，故取其羽皮而天下用足，及至黄帝，人众而禽兽寡，是以作为衣裳以济时变也。”帝又问：“乾为天，而复为金，为玉，为老马，与细物并邪？”俊对曰：“圣人取象，或远或近，近取诸物，远则天地。”

以不合为谦逊，那么为什么唯独郑玄不谦逊呢？”淳于俊回答说：“古书的含义博大精深，陛下的问题深奥幽远，不是臣下能详尽回答的。”

皇帝又问道：“《系辞》写道‘黄帝、尧、舜垂衣裳而天下治’，这说明在伏羲、神农的时代是没有衣裳的。但是圣人教化天下，为何有这么大的区别呢？”淳于俊回答道：“三皇的时代，百姓少而鸟兽多，所以用鸟兽的皮毛做衣服就可以满足需求，等到黄帝的时候，人多而鸟兽少，因而通过制作衣服来解决时代变化带来的问题。”皇帝又问：“乾代表天，又代表金、玉、老马，天难道是和这些细碎的事物并列的吗？”淳于俊说：“圣人援用的卦象，有的远有的近，近的就是身边的事物，远的就援用天地。”

今注 **1**《系辞》：《易传》思想的代表作，分为上下两篇，主要解释《易》的基本意义、原理、功用、起源及筮法等。 **2** 垂衣裳而天下治：定衣服之制，示天下以礼，后引申为称颂帝王虽然无为但天下却得到良好治理。

讲《易》毕，复命讲《尚书》。帝问曰：“郑玄

讲解《易》完毕，皇帝又命令讲解《尚书》。皇帝问道：“郑玄说‘稽古同天，

曰'稽古同天,言尧同于天也'。王肃云'尧顺考古道而行之'。二义不同,何者为是?"博士庾峻对曰:"先儒所执,各有乖异,臣不足以定之。然《洪范》称'三人占,从二人之言'。贾、马[1]及肃皆以为'顺考古道'。以《洪范》[2]言之,肃义为长。"

帝曰:"仲尼言'唯天为大,唯尧则之'。尧之大美,在乎则天,顺考古道,非其至也。今发篇开义以明圣德,而舍其大,更称其细,岂作者之意邪?"峻对曰:"臣奉遵师说,未喻大义,至于折中[3],裁之圣思。"

是说尧的功劳和天一样'。王肃说'尧顺应、考察古代的道理来施政'。这两人的说法不一样,哪个是对的呢?"博士庾峻回答说:"古代学者对此的看法,各有不同,我不能判定谁是谁非。但《洪范》上说'三个人占卜,听从其中两个相同的看法'。贾逵、马融和王肃都认为是'顺考古道'。依据《洪范》的说法,应该是以王肃的解释为优。"

皇帝问道:"孔子说'只有天是最大的,只有尧以天为准则'。尧最大的美德在于效法上天,至于顺应考察古代的道理,不是他最好的德行。现在《尚书》第一篇阐明道理来颂扬圣人的德行,但却舍弃大的,改为称赞小的,难道这是作者的意图吗?"庾峻回答说:"臣下信奉并遵行老师所传授的说法,没能深入了解经典大义,至于折中各家的不同观点,就由圣上来裁断吧。"

今注 1 贾、马:贾逵、马融,皆是东汉著名经学家。 2《洪范》:《尚书》中的一篇,旧传为商代箕子向周武王陈述"天地之大法"的文章。 3 折中:调节过与不及,使适中。

次及四岳[1]举鲧[2],帝又问曰:"夫大人者,与

接下来谈到四岳举荐鲧的事,皇帝又问道:"伟大的人物,他的德行与天地

天地合其德，与日月合其明，思无不周，明无不照，今王肃云‘尧意不能明鲧，是以试用’。如此，圣人之明有所未尽邪？”峻对曰：“虽圣人之弘，犹有所未尽，故禹曰‘知人则哲，惟帝难之’，然卒能改授圣贤，缉熙庶绩[3]，亦所以成圣也。”帝曰：“夫有始有卒，其唯圣人。若不能始，何以为圣？其言‘惟帝难之’，然卒能改授，盖谓知人，圣人所难，非不尽之言也。经云：‘知人则哲，能官人。’若尧疑鲧，试之九年，官人失叙，何得谓之圣哲？”峻对曰：“臣窃观经传，圣人行事不能无失，是以尧失之四凶，周公失之二叔，仲尼失之宰予。”

相合，像日月那样明亮，思考没有不周全的，光明没有照不到的，现在王肃说‘尧的意思是不了解鲧，所以对他加以试用’。如此说来，圣人的英明还有不周到的地方吗？”庚峻回答说：“即便像圣人那样伟大，但也有考虑不周全的地方，所以大禹说‘能知人就是圣明，就连尧都觉得困难’，但最终尧能改用圣贤之人，振兴各种事业，这也是他能成为圣人的原因。”皇帝说：“能善始善终的恐怕只有圣人了。如果在一开始就没能做好，那怎么能成为圣人呢？他说‘惟帝难之’，但最终能改用贤人，这大概是说了解人，圣人所认为的难，并不是说有不周全的地方。《尚书》上说：‘能了解别人就是英明，便能任用人才。’如果尧对鲧的能力有疑虑，因而试用他九年，这是任官失去秩序，尧怎么能称得上英明呢？”庚峻回答说：“臣私下观看经书和传注，书上说圣人做事不是完全没有过失，如尧错误地看待四凶，周公错误地看待管叔、蔡叔，孔子错误地看待宰予。”

今注 1 四岳：传说中尧舜时期的四名部落首长。 2 鲧：大禹之父，因治水不利被舜诛杀。 3 缉熙庶绩：缉熙，光明；庶绩，各种事业。

帝曰："尧之任鲧，九载无成，汨陈[1]五行，民用昏垫[2]。至于仲尼失之宰予，言行之间，轻重不同也。至于周公、管、蔡之事，亦尚书所载，皆博士所当通也。"峻对曰："此皆先贤所疑，非臣寡见所能究论。"次及"有鳏在下曰虞舜"，帝问曰："当尧之时，洪水为害，四凶[3]在朝，宜速登贤圣济斯民之时也。舜年在既立[4]，圣德光明，而久不进用，何也？"峻对曰："尧咨嗟求贤，欲逊己位，岳曰'否德忝帝位'。尧复使岳扬举仄陋[5]，然后荐舜。荐舜之本，实由于尧，此盖圣人欲尽众心也。"

帝曰："尧既闻舜而不登用，又时忠臣亦不进达，乃使岳扬仄陋而后荐举，非急于用圣恤民之谓也。"峻对曰："非臣愚见

皇帝说："尧任用鲧，九年都没有成绩，混乱五行次序，百姓陷于洪水中。至于孔子错怪宰予，只是言语上的事，与尧的过失轻重不同。至于周公与管、蔡的事，《尚书》上有记载，这都是博士应该通晓的。"庾峻回答说："这些是古代贤人都感觉疑惑的地方，不是臣下浅薄的见解能深究评断的。"再讲到"有鳏在下曰虞舜"时，皇帝问道："当尧在位时，洪水泛滥成灾，鲧、共工等四个部落的首领在朝廷上，是应该迅速地举荐贤才拯救百姓的时候。舜当时已经三十岁，虽圣德光明，但长期得不到任用，这是为什么呢？"庾峻回答说："尧感叹求贤艰难，想让出自己的君位，四岳的首领说'我们糟糕的德行不能列居帝位'。尧又让四岳举荐出身卑微的人，然后舜才被举荐上来。举荐舜的本意，实际上是出自尧，这大概是圣人想尽量听取众人的意见吧。"

皇帝说："尧既然知道舜但不任用，而且当时的忠臣也不向他举荐，最后让四岳推举出身卑微的人时才举荐了舜，这不能说是以圣明的做法急于抚恤民众啊。"庾峻说："这不是臣下浅薄的见

所能逮及。”

解能解释的。”

今注　1 汩陈：错乱陈列。　2 昏垫：此指困于水灾。　3 四凶：指舜所流放的共工、驩兜、三苗和鲧。　4 仄陋：卑贱低微。　5 既立：指三十岁。

于是复命讲《礼记》。帝问曰：“‘太上[1]立德，其次务施报。’为治何由而教化各异，皆修何政而能致于立德，施而不报乎？”博士马照对曰：“太上立德，谓三皇五帝之世以德化民；其次报施，谓三王之世以礼为治也。”

帝曰：“二者致化薄厚不同，将主有优劣邪？时使之然乎？”照对曰：“诚由时有朴文，故化有薄厚也[1]。”

五月，邺及上洛[2]并言甘露降。夏六月丙午，改元为甘露。乙丑，青龙见元城县[3]界井中。秋七月己卯，卫将军胡遵薨。

于是又命人讲解《礼记》。皇帝问道：“‘太上立德，其次务施报。’治理国家为什么教化不同，又通过什么样的措施能树立美好的德行，是用给予恩惠而不求报答的方法吗？”博士马昭回答说：“太上立德，是说三皇五帝的时候是以德行教化民众；其次报施，是说三王时代是以礼治理天下。”

皇帝问道：“这两种方式所达到的教化效果有厚薄不同，这是因为君主有优劣的分别呢，还是时势不同造成的呢？”马照回答说：“确实是各自所处的时代造成的，有质朴时代，有文明时代，所以帝王们的教化自然有厚薄不同。”

五月，邺城和上洛同时上报有甘露降下。夏六月丙午日，更改年号为甘露。乙丑日，报告说有青龙出现在元城县境内的井中。秋七月己卯日，卫将军胡遵去世。

今注 1 太上：指上古三皇五帝时期。 2 上洛：郡名，治所在今陕西商洛。 3 元城县：在今河北大名县东。

裴注 [1]《帝集》载帝自叙始生祯祥曰："昔帝王之生，或有祯祥，盖所以彰显神异也。惟予小子，支胤末流，谬为灵祇之所相祐也，岂敢自比于前哲，聊记录以示后世焉。其辞曰：'惟正始二年九月辛未朔，二十五日乙未直成，予生。于时也，天气清明，日月辉光，爰有黄气，烟煴于堂，照曜室宅，其色煌煌。相而论之曰：未者为土，魏之行也；厥日直成，应嘉名也；烟煴之气，神之精也；无灾无害，蒙神灵也。齐王不吊，颠覆厥度，群公受予，绍继皇祚。以眇眇之身，质性顽固，未能涉道，而遵大路，临深履冰，涕泗忧惧。古人有云，惧则不亡。伊予小子，曷敢怠荒？庶不忝辱，永奉烝尝。'"傅畅《晋诸公赞》曰："帝常与中护军司马望、侍中王沈、散骑常侍裴秀、黄门侍郎钟会等讲宴于东堂，并属文论。名秀为儒林丈人，沈为文籍先生，望、会亦各有名号。帝性急，请召欲速。秀等在内职，到得及时；以望在外，特给追锋车、虎贲卒五人，每有集会，望辄奔驰而至。"

癸未，安西将军邓艾大破蜀大将姜维于上邽[1]，诏曰："兵未极武，丑虏摧破，斩首获生，动以万计，自顷战克，无如此者。今遣使者犒赐将士，大会临飨，饮宴终日，称朕意焉。"

八月庚午，命大将军司马文王[2]加号大都督，奏事不名，假黄钺。癸酉，以太尉

癸未日，安西将军邓艾在上邽大胜蜀国大将姜维，皇帝下诏说："军队没有尽全力，敌人就被打得大败，斩首和俘虏的人数要用万来计算，从最近战胜的情况看，没有哪一次比得上这次的。现在派遣使者犒劳赏赐将士，举行盛大的宴会，让将士们吃喝一整天，以符合我的心意。"

八月庚午日，命大将军司马昭加大都督称号，允许他上奏可以不称

司马孚为太傅。九月，以司徒高柔为太尉。冬十月，以司空郑冲为司徒，尚书左仆射卢毓为司空。

名，授予他黄钺。癸酉日，任命太尉司马孚为太傅。九月，任司徒高柔为太尉。冬十月，任司空郑冲为司徒，尚书左仆射卢毓为司空。

今注 1 上邽：即今甘肃天水。 2 司马文王：即司马昭，字子上，司马懿次子，专擅魏政，曹髦死后，立曹奂为帝。司马昭死后被追尊为文帝。

二年春二月，青龙见温县井中。三月，司空卢毓薨。夏四月癸卯，诏曰："玄菟郡高显县[1]吏民反叛，长郑熙为贼所杀。民王简负担熙丧，晨夜星行，远致本州，忠节可嘉。其特拜简为忠义都尉，以旌[2]殊行。"甲子，以征东大将军诸葛诞为司空。

甘露二年(257)春二月，青龙出现在温县井中。三月，司空卢毓去世。夏四月癸卯日，皇帝下诏说："玄菟郡高显县的官吏与百姓造反，县长郑熙被叛贼杀害。平民王简担负郑熙的遗体，日夜赶路，不辞遥远送到本州，王简的忠节值得嘉奖。现在特授王简忠义都尉的官职，来表彰他突出的行为。"甲子日，任征东大将军诸葛诞为司空。

今注 1 高显县：在今辽宁铁岭。 2 旌(jīng)：表彰。

五月辛未，帝幸辟雍，会命群臣赋诗。侍中和逌、尚书陈骞等作诗稽留，有司奏免官，诏曰："吾以暗昧，爱好文雅，广延诗赋，

五月辛未日，皇帝驾临辟雍，召集大臣作诗。侍中和逌、尚书陈骞等人作诗迟缓，被有关官员上奏罢免官职，皇帝下诏说："我因为愚庸，爱好艺文礼乐，广泛地征求诗赋，来知晓

以知得失，而乃尔纷纭，良用反仄[1]。其原逌等。主者宜敕自今以后，群臣皆当玩习古义，修明经典，称朕意焉。”

乙亥，诸葛诞不就征，发兵反，杀扬州刺史乐綝。丙子，赦淮南将吏士民为诞所诖误者。丁丑，诏曰：“诸葛诞造为凶乱，荡覆扬州。昔黥布[2]逆叛，汉祖亲戎，隗嚣[3]违戾，光武西伐，及烈祖明皇帝躬征吴、蜀，皆所以奋扬赫斯[4]，震耀威武也。今宜皇太后与朕暂共临戎，速定丑虏，时宁东夏。”己卯，诏曰：“诸葛诞造构逆乱，迫胁忠义，平寇将军临渭亭侯庞会、骑督偏将军路蕃，各将左右，斩门突出，忠壮勇烈，所宜嘉异。其进会爵乡侯，蕃封亭侯。”

政治得失，但现在却因此导致纷繁多事，心里实在不安。我要原谅和逌等人。主管官员应当下令自今往后，大臣们都应该研习古书中的道理，学习理解经典，以符合我的心愿。”

乙亥日，诸葛诞不接受朝廷的任命，起兵反叛，杀死扬州刺史乐綝。丙子日，朝廷赦免淮南因诸葛诞反叛而受牵连的官员与百姓。丁丑日，皇帝下诏说：“诸葛诞制造祸乱，攻毁扬州。过去黥布叛乱，汉高祖刘邦亲自讨伐，隗嚣反叛，光武帝亲自西征，到烈祖明皇帝亲自征讨吴国、蜀国，都是为了奋扬君王的怒气，显耀朝廷的威武。现在应该由皇太后和我暂时一同亲征，快速平定叛乱，迅速安定东部。”己卯日，皇帝下诏说：“诸葛诞制造叛乱，威胁逼迫忠良之人，平寇将军临渭亭侯庞会、骑督偏将军路蕃，各自带领身边的人，斩杀军营守卫突围，忠诚勇猛，应该特别嘉奖。现在晋封庞会爵位为乡侯，封路蕃为亭侯。”

今注　1 反仄：辗转翻覆，形容不安。　2 黥布：即英布，因早年犯法黥面，故称黥布。他在楚汉战争中归汉，封淮南王。汉初，彭越、韩信相继为刘邦所杀，英布起兵造反，战败逃往江南，被长沙王诱杀。 **3** 隗嚣：字季孟，东汉末割据天水、武都、金城等郡，后归汉，仍图谋割据，屡被汉军击败，忧愤而死。 **4** 赫斯：指帝王盛怒貌。

六月乙巳，诏："吴使持节都督夏口诸军事镇军将军沙羡侯孙壹，贼之枝属，位为上将，畏天知命，深鉴祸福，翻然举众，远归大国，虽微子去殷，乐毅遁燕，无以加之。其以壹为侍中车骑将军、假节、交州牧、吴侯，开府辟召仪同三司，依古侯伯八命之礼，衮冕赤舄，事从丰厚[1]。"

六月乙巳日，皇帝下诏说："吴国使节都督夏口诸军事镇军将军沙羡侯孙壹，是吴贼孙氏的亲属，列位上将，敬畏天命，深晓祸福利害，猛然悔悟，率领部属从远处归附大国，即便是微子离开殷商，乐毅逃离燕国，也没有孙壹的举动意义重大。现在任命孙壹为侍中、车骑将军、假节、交州牧、吴侯，允许建立官署征召属官以及礼仪与三公相同，依照古代侯、伯爵位八命的仪制，穿着衮服、冕帽的礼服以及红色礼鞋，凡事皆以丰厚的标准对待。"

裴注 [1] 臣松之以为，壹畏逼归命，事无可嘉，格以古义，欲盖而弥彰者也。当时之宜，未得远遵式典，固应量才受赏，足以酬其来情而已。至乃光锡八命，礼同台鼎，不亦过乎！于招携致远，又无取焉。何者？若使彼之将守，与时无嫌，终不悦于殊宠，坐生叛心，以叛而愧，辱孰甚焉？如其忧危将及，非奔不免，则必逃死苟存，无希荣利矣，然则高位厚禄何为者哉？魏初有孟达、黄权，在晋有孙秀、孙楷；达、权爵赏，比壹为轻，秀、楷礼秩，优异尤甚。及至吴平，而降黜数等，不承权舆，岂不缘在始失中乎？

甲子，诏曰："今车驾驻项[1]，大将军恭行天罚，前临淮浦[2]。昔相国大司马征讨，皆与尚书俱行，今宜如旧。"乃令散骑常侍裴秀、给事黄门侍郎钟会咸与大将军俱行。秋八月，诏曰："昔燕刺王谋反，韩谊等谏而死，汉朝显登其子。诸葛诞创造凶乱，主簿宣隆、部曲督秦絜秉节守义，临事固争，为诞所杀，所谓无比干之亲而受其戮者。其以隆、絜子为骑都尉，加以赠赐，光示远近，以殊忠义。"九月，大赦。冬十二月，吴大将全端、全怿等率众降。

甲子日，皇帝下诏说："现在我驻扎在项县，大将军恭敬地行使上天的刑罚，前往淮浦。往日相国、大司马出兵征讨，都是与尚书同行，现在也应该照旧行事。"因此命散骑常侍裴秀、给事黄门侍郎钟会都与大将军同行。秋八月，皇帝下诏说："过去燕刺王刘旦谋反，韩谊等人因为劝谏被杀，汉朝后来重用了他们的儿子。诸葛诞制造祸乱，主簿宣隆、部曲督秦絜坚守忠义，事变发生时坚决谏诤，被诸葛诞杀死，可以说是没有像比干与纣王那样亲密的关系却被杀害了。现在任命宣隆、秦絜的儿子为骑都尉，并加以赏赐，明白地告诉远近，用以特别表彰忠义的人。"九月，诏令大赦天下。冬十二月，吴国大将全端、全怿等人率领部众归降。

今注　1 项：项县，在今河南沈丘县，位于豫皖交界处。　2 淮浦：位于淮河之滨，在今江苏涟水县。

三年春二月，大将军司马文王陷寿春城，斩诸葛诞。三月，诏曰："古者克敌，收其尸以为京观[1]，所以惩昏逆而章武功也。

甘露三年(258)春二月，大将军司马昭攻陷寿春城，斩杀诸葛诞。三月，皇帝下诏书说："古时打败敌人，将敌人的尸体收集起来堆积成京观，为的是惩罚叛逆和表彰功绩。汉孝武皇帝元鼎

汉孝武元鼎中，改桐乡为闻喜，新乡为获嘉，以著南越之亡。大将军亲总六戎，营据丘头[2]，内夷群凶，外殄寇虏，功济兆民，声振四海。克敌之地，宜有令名，其改丘头为武丘，明以武平乱，后世不忘，亦京观、二邑之义也。”

年间，改桐乡为闻喜，新乡为获嘉，来昭示南越的灭亡。大将军亲自统领六军，扎营丘头，对内平定各种叛乱，对外消灭敌人，他的功劳拯救了百姓，名震天下。击败敌人的地方应该取一个好名字，现在将丘头改为武丘，表明是用武力平定叛乱，让后世都不会忘记，这与古代堆砌京观以及汉代两次更改县名是一样的意思。”

今注　**1** 京观：古代为炫耀武功，聚集敌尸，封土而成的高冢。　**2** 丘头：在今河南沈丘县东南颍水北岸。

夏五月，命大将军司马文王为相国，封晋公，食邑八郡，加之九锡[1]，文王前后九让乃止。

六月丙子，诏曰：“昔南阳郡山贼扰攘，欲劫质故太守东里衮，功曹应余独身捍衮，遂免于难。余颠沛殒毙，杀身[2]济君。其下司徒，署余孙伦吏，使蒙伏节[3]之报[1]。”

辛卯，大论淮南之功，封爵行赏各有差。

夏五月，任命大将军司马昭为相国，封晋国公，赐八郡作为食邑，加授九锡，司马昭前后九次推让才作罢。

六月丙子日，皇帝下诏说：“以前南阳郡山贼纷乱，试图劫持原太守东里衮为人质，幸得功曹应余只身保护，才使东里衮免遭祸害。应余倒地身亡，牺牲性命护卫东里衮。现将这件事通告给司徒，安排应余的孙子应伦为吏，让他得到祖父殉节的报答。”

辛卯日，广泛地讨论平定淮南叛乱的功劳，封爵行赏各有差等。

今注 1 九锡:古代天子赐给大臣的九种物品。《汉书·武帝纪》注引应劭之说:"九锡者,一曰车马,二曰衣服,三曰乐器,四曰朱户,五曰纳陛,六曰虎贲百人,七曰铁钺,八曰弓矢,九曰秬鬯。" 2 杀身:舍生,丧生。 3 伏节:殉节。

裴注 [1]《楚国先贤传》曰:"余字子正,天姿方毅,志尚仁义,建安二十三年,为郡功曹。是时吴、蜀不宾,疆埸多虞。宛将侯音扇动山民,保城以叛。余与太守东里衮当扰攘之际,迸窜得出。音即遣骑追逐,去城十里相及,贼便射衮,飞矢交流。余前以身当箭,被七创,因谓追贼曰:'侯音狂狡,造为凶逆,大军寻至,诛夷在近。谓卿曹本是善人,素无恶心,当思反善,何为受其指挥?我以身代君,以被重创,若身死君全,陨没无恨。'因仰天号哭泣涕,血泪俱下。贼见其义烈,释衮不害。贼去之后,余亦命绝。征南将军曹仁讨平音,表余行状,并修祭醊。太祖闻之,嗟叹良久,下荆州复表门闾,赐谷千斛。"衮后为于禁司马,见《魏略·游说传》。

秋八月甲戌,以骠骑将军王昶为司空。丙寅,诏曰:"夫养老兴教,三代所以树风化垂不朽也,必有三老、五更[1]以崇至敬,乞言纳诲,著在惇史[2],然后六合承流,下观而化。宜妙简德行,以充其选。关内侯王祥,履仁秉义,雅志淳固。关内侯郑小同,温恭孝友,帅礼不忒[3]。其以祥为三老,

秋八月甲戌日,任骠骑将军王昶为司空。丙寅日,皇帝下诏说:"赡养老人推行教化,是夏、商、周三代树立风化永垂不朽的原因,一定要设立三老、五更来推崇至高的敬重,征求他们的意见和教诲,把他们的良言美德记录下来,然后在全国范围内传播,百姓见到了便受到感化。应该精心挑选德行高尚的人担任三老、五更。关内侯王祥,践行仁德,保持礼义,志趣高雅淳厚坚定。关内侯郑小同,温和恭敬

小同为五更。”车驾亲率群司，躬行古礼焉[1]。

是岁，青龙、黄龙仍见顿丘、冠军、阳夏县界井中。

孝顺友善，遵守礼制没有差错。现在任命王祥为三老，小同为五更。”皇帝亲自率领百官，亲身实践古代礼仪。

这一年，青龙、黄龙多次出现在顿丘、冠军、阳夏县境内的井中。

今注 1 三老、五更：相传周天子为提倡孝悌，设三老，五更，以父兄之礼尊养年高德劭、阅世丰富的退休官员。 2 惇(dūn)史：有德行之人的言行记录。 3 不忒：没有变更，没有差错。

裴注 [1]《汉晋春秋》曰：“帝乞言于祥，祥对曰：‘昔者明王礼乐既备，加之以忠诚，忠诚之发，形于言行。夫大人者，行动乎天地；天且弗违，况于人乎？’”祥事别见《吕虔传》。小同，郑玄孙也。《玄别传》曰：“玄有子，为孔融吏，举孝廉。融之被围，往赴，为贼所害。有遗腹子，以丁卯日生；而玄以丁卯岁生，故名曰小同。”《魏名臣奏》载太尉华歆表曰：“臣闻励俗宣化，莫先于表善；班禄叙爵，莫美于显能。是以楚人思子文之治，复命其胤；汉室嘉江公之德，用显其世。伏见故汉大司农北海郑玄，当时之学，名冠华夏，为世儒宗。文皇帝旌录先贤，拜玄適孙小同以为郎中，长假在家。小同年逾三十，少有令质，学综六经，行著乡邑。海、岱之人莫不嘉其自然，美其气量。迹其所履，有质直不渝之性，然而恪恭静默，色养其亲，不治可见之美，不竞人间之名，斯诚清时所宜式叙，前后明诏所斟酌而求也。臣老病委顿，无益视听，谨具以闻。”《魏氏春秋》曰：“小同诣司马文王，文王有密疏，未之屏也。如厕还，谓之曰：‘卿见吾疏乎？’对曰：‘否。’文王犹疑而鸩之，卒。”郑玄注《文王世子》曰“三老、五更各一人，皆年老更事致仕者也”。注《乐记》曰“皆老人更知三德五事者也”。蔡邕《明堂论》云：“更”应作“叟”。叟，长老之称，字与“更”相似，书者遂误以为“更”。“嫂”字“女”傍“叟”,今亦以为“更”,以此验知应为“叟”也。臣松之以为,邕谓“更”为“叟”,诚为有似,而诸儒莫之从,未知孰是。

四年春正月,黄龙二,见宁陵县界井中[1]。夏六月,司空王昶薨。秋七月,陈留王峻薨。冬十月丙寅,分新城郡,复置上庸郡。十一月癸卯,车骑将军孙壹为婢所杀。

五年春正月朔,日有蚀之。夏四月,诏有司率遵前命,复进大将军司马文王位为相国,封晋公,加九锡。

五月己丑,高贵乡公卒[1],年二十[2]。皇太后令曰:“吾以不德,遭家不造[2],昔援立东海王子髦,以为明帝嗣,见其好书疏文章,冀[3]可成济,而情性暴戾,日月滋甚。吾数呵责,遂更忿恚[4],造作丑逆不道之言以诬谤吾,遂隔绝两宫。其所言道,不可忍听,非天地所

甘露四年(259)春正月,有两条黄龙出现在宁陵县境内的井中。夏六月,司空王昶去世。秋七月,陈留王曹峻去世。冬十月丙寅日,分出新城郡一部分,重新设置上庸郡。十一月癸卯日,车骑将军孙壹被婢女杀害。

甘露五年(260)春正月初一日,有日食现象发生。夏四月,诏令有关官员遵照之前的命令,再次晋封大将军司马昭为相国,封晋公,加授九锡。

五月己丑日,高贵乡公去世,享年二十岁。皇太后颁布诏令说:“我因为没有高尚的德行,才遭遇家庭的不幸,以前册立东海王的儿子曹髦,作为明帝的继承人,看他喜好经书注疏和文章,期望他可以成就大业,可是他性情暴虐,一天比一天厉害。我曾经多次斥责,可是他更加气愤,编造出恶毒和大逆不道的话来诽谤我,因此皇上与太后两宫之间便断绝了来往。他编造的那些话,让人听不下去,不是天地能承受的。于是我暗地里告诉大将军,

覆载。吾即密有令语大将军,不可以奉宗庙,恐颠覆社稷,死无面目以见先帝。大将军以其尚幼,谓当改心为善,殷勤执据。而此儿忿戾,所行益甚,举弩遥射吾宫,祝当令中吾项,箭亲堕吾前。吾语大将军,不可不废之,前后数十。此儿具闻,自知罪重,便图为弑逆,赂遗吾左右人,令因吾服药,密行鸩毒,重相设计。

说不能让曹髦奉祀宗庙,担心他会将社稷颠覆,死后我也没有脸面去见先帝。大将军认为他年龄还小,说他会回心转意变得善良,并反复地申说自己的理由。但是这个孩子蛮横无理,做事更加恶劣,甚至举起弓弩远远地射向我的宫殿,还希望射中我的脖子,箭就落在我的面前。我对大将军说,不能不废黜他,前前后后说了几十次。这些话这个孩子都听到了,知道自己罪孽深重,于是就试图谋害我,他贿赂我身边的人,要趁我服药的时候偷偷地放入鸩毒,一次又一次地谋划。

今注 1 高贵乡公卒:曹髦因不甘心沦为司马氏傀儡,曾说"司马昭之心,路人所知也",率宿卫数百攻打司马昭,被司马昭部下成济杀死。死后无谥号,史称"高贵乡公"。 2 不造:不幸。 3 冀:期望。 4 忿恚:愤怒。

裴注 [1]《汉晋春秋》曰:"是时龙仍见,咸以为吉祥。帝曰:'龙者,君德也。上不在天,下不在田,而数屈于井,非嘉兆也。'仍作《潜龙》之诗以自讽,司马文王见而恶之。" [2]《汉晋春秋》曰:"帝见威权日去,不胜其忿。乃召侍中王沈、尚书王经、散骑常侍王业,谓曰:'司马昭之心,路人所知也。吾不能坐受废辱,今日当与卿等自出讨之。'王经曰:'昔鲁昭公不忍季氏,败走失国,为天下笑。今权在其门,为日久矣,朝廷四方皆为之致死,不顾逆顺之理,非一日也。且宿卫空阙,兵甲寡弱,陛下何所资用？而一旦如此，无乃欲除疾而更深之邪！祸殆不测，宜见重详。’帝乃出怀中版令投地，曰：‘行之决矣。正使死，何所惧？况不必死邪！’于是入白太后。沈、业奔走告文王，文王为之备。帝遂帅僮仆数百，鼓噪而出。文王弟屯骑校尉伷入，遇帝于东止车门，左右呵之，伷众奔走。中护军贾充又逆帝战于南阙下，帝自用剑。众欲退，太子舍人成济问充曰：‘事急矣！当云何？’充曰：‘畜养汝等，正谓今日。今日之事，无所问也。’济即前刺帝，刃出于背。文王闻，大惊，自投于地曰：‘天下其谓我何！’太傅孚奔往，枕帝股而哭，哀甚，曰：‘杀陛下者，臣之罪也。’”臣松之以为，习凿齿书虽最后出，然述此事差有次第。故先载习语，以其余所言微异者次其后。《世语》曰：“王沈、王业驰告文王，尚书王经以正直不出，因沈、业申意。”《晋诸公赞》曰：“沈、业将出，呼王经。经不从，曰：‘吾子行矣！’”干宝《晋纪》曰：“成济问贾充曰：‘事急矣。若之何？’充曰：‘公畜养汝等，为今日之事也。夫何疑！’济曰：‘然。’乃抽戈犯跸。”《魏氏春秋》曰：“戊子夜，帝自将冗从仆射李昭、黄门从官焦伯等下陵云台，铠仗授兵，欲因际会，自出讨文王。会雨，有司奏却日，遂见王经等，出黄素诏于怀曰：‘是可忍也，孰不可忍也！今日便当决行此事。’入白太后，遂拔剑升辇，帅殿中宿卫苍头官僮击战鼓，出云龙门。贾充自外而入，帝师溃散，犹称天子，手剑奋击，众莫敢逼。充帅厉将士，骑督成倅弟成济以矛进，帝崩于师。时暴雨雷霆，晦冥。”《魏末传》曰：“贾充呼帐下督成济谓曰：‘司马家事若败，汝等岂复有种乎？何不出击！’倅兄弟二人乃帅帐下人出，顾曰：‘当杀邪？执邪？’充曰：‘杀之。’兵交，帝曰：‘放仗！’大将军士皆放仗。济兄弟因前刺帝，帝倒车下。”

“事已觉露，直欲因际会举兵入西宫杀吾，出取大将军，呼侍中王沈、散骑常侍王业[1]、尚书王

“事情败露后，他就试图直接率军攻进西宫来杀我，然后再出去攻打大将军，他召集侍中王沈、散骑常侍王业、尚书王经，拿出怀里黄色绸缎的诏书给他

经[1],出怀中黄素[2]诏示之,言今日便当施行。吾之危殆,过于累卵。吾老寡,岂复多惜余命邪?但伤先帝遗意不遂,社稷颠覆为痛耳。赖宗庙之灵,沈、业即驰语[3]大将军,得先严警,而此儿便将左右出云龙门,雷战鼓,躬自拔刃,与左右杂卫共入兵阵间,为前锋所害。此儿既行悖逆不道,而又自陷大祸,重令吾悼心不可言。昔汉昌邑王[4]以罪废为庶人,此儿亦宜以民礼葬之,当令内外咸知此儿所行。又尚书王经,凶逆无状,其收经及家属皆诣廷尉。"

们看,说今天就要行动。我的处境很危险,甚至超过堆积起来的蛋。我年老又寡居,难道还在乎自己残余的生命吗?只是伤心先帝的遗愿不能达成,对国家社稷被颠覆感到痛心罢了。幸好赖宗庙祖先之灵保佑,王沈、王业立刻报告给大将军,得以提前严密警戒起来,而这个孩子就率领身边人马出云龙门,擂起战鼓,亲自拔刀,和左右杂乱的卫兵一起攻进军阵当中,最后被前锋杀死。这个孩子既做出如此大逆不道的事,而且又让自己陷入大祸当中,更让我伤心得说不出话来。过去汉朝昌邑王因为犯罪被罢黜为平民,这个孩子也应该用平民的礼节安葬,让朝廷内外都知道这个孩子的所作所为。还有尚书王经,凶恶无法形容,现在收捕王经以及他的家属并全部交给廷尉查办治罪。"

今注 1 王经:字彦纬,三国魏臣。曹髦召见王沈、王经、王业,提出讨伐司马昭的计划。王经进谏,但曹髦不听。王沈、王业向司马昭告密,王经不从。曹髦死后,王经与其母一同被捕并处死。 2 黄素:黄色的绢,指诏书。 3 驰语:立即报告。 4 昌邑王:西汉刘贺,汉武帝之孙,汉昭帝驾崩,因为无子,刘贺被征召入朝,继立大统。但刘贺即位仅27天,就因为荒淫无度、不保社稷而被废黜。

裴注 [1]《世语》曰:“业,武陵人,后为晋中护军。”

庚寅,太傅孚、文王、太尉柔、司徒冲稽首言:“伏见中令,故高贵乡公悖逆不道,自陷大祸,依汉昌邑王罪废故事,以民礼葬。臣等备位,不能匡救祸乱,式遏奸逆,奉令震悚,肝心悼栗。《春秋》之义,王者无外,而书‘襄王出居于郑’[1],不能事母,故绝之于位也。今高贵乡公肆行不轨,几危社稷,自取倾覆,人神所绝,葬以民礼,诚当旧典。然臣等伏惟[2]殿下仁慈过隆,虽存大义,犹垂哀矜,臣等之心实有不忍,以为可加恩以王礼葬之。”太后从之[1]。使使持节行中护军中垒将军司马炎北迎常道乡公璜嗣明帝后。

庚寅日,太傅司马孚、大将军司马昭、太尉高柔、司徒郑冲叩头说:“臣等恭敬地看到太后的诏令,已故的高贵乡公大逆不道,使自己陷入大祸之中,现在依据汉昌邑王因为犯罪被废的故例,用平民的礼节安葬他。臣等占据官职,但不能匡正挽救祸乱,制止奸人叛逆,接到命令后震动害怕,胆战心惊。《春秋》的大义,君主不居外,但书中却记载‘襄王外出居住在郑国’,不能侍奉母亲,因而他就和天子之位断绝。现在高贵乡公任性妄为不轨之事,差点危害到国家,自取灭亡,被神灵和民众抛弃,用平民的礼节安葬确实和以前的制度相符。但臣等想到太后过于仁慈,即便采用《春秋》的大义,仍旧能保留怜悯,臣等确实有不忍之心,以为还可以加恩,用王的礼制安葬他。”太后听从了他们的意见。派遣使者持节代中护军中垒将军司马炎迎接常道乡公曹璜作为明帝继承人。

今注 1 襄王出居于郑:春秋时期,周襄王为躲避兄弟所造成的祸患而出居郑国，后来在晋文公的帮助下回到王城。 2 伏惟：俯伏思虑，下对上陈述时的敬辞。

裴注 [1]《汉晋春秋》曰："丁卯，葬高贵乡公于洛阳西北三十里瀍涧之滨。下车数乘，不设旌旐，百姓相聚而观之，曰：'是前日所杀天子也。'或掩面而泣，悲不自胜。"臣松之以为，若但下车数乘，不设旌旐，何以为王礼葬乎？斯盖恶之过言，所谓"不如是之甚"者。

辛卯，群公奏太后曰："殿下圣德光隆，宁济六合，而犹称令，与藩国同。请自今殿下令书，皆称诏制，如先代故事。"

癸卯，大将军固让相国、晋公、九锡之宠。太后诏曰："夫有功不隐，《周易》大义，成人之美，古贤所尚，今听所执，出表示外，以章公之谦光焉。"

戊申，大将军文王上言："高贵乡公率将从驾人兵，拔刃鸣金鼓向臣所止；惧兵刃相接，即敕将士不得有所伤害，违令以军法从事。骑督成倅弟太子舍人济[1]，横入兵阵伤公，

辛卯日，公卿大臣上奏皇太后说："殿下德行光明盛大，安定天下，但传书依旧称'令'，与藩国相同。请从现在开始，殿下的下令、传书，都称'诏''制'，与前代的旧例一样。"

癸卯日，大将军坚决辞让相国、晋公、加九锡的恩宠。太后下诏说："有功劳不掩盖，这是《周易》的大义，成全别人的美事，是古代贤人推崇的，现在听从大将军坚持的意见，将大将军的奏表向天下传示，来表彰他谦逊的美德。"

戊申日，大将军司马昭上奏说："高贵乡公率将士和身边的侍从，拔刀击鼓攻打臣的住所；臣担心刀兵交战，便命令将士不得伤害他，违反的人以军法处置。骑督成倅的弟弟太子舍人成济，横冲进军阵中伤到了他，以致他丧命，臣立即收捕并用军法处置了成济。臣听

遂至陨命，辄收济行军法。臣闻人臣之节，有死无二，事上之义，不敢逃难。前者变故卒至，祸同发机，诚欲委身守死，唯命所裁，然惟本谋乃欲上危皇太后，倾覆宗庙。臣忝当大任，义在安国，惧虽身死，罪责弥重。欲遵伊、周之权[2]，以安社稷之难，即骆驿申敕，不得迫近辇舆，而济遽入阵间，以致大变。哀怛[3]痛恨，五内摧裂，不知何地可以陨坠。科律大逆无道，父母妻子同产皆斩。济凶戾悖逆，干国乱纪，罪不容诛。辄敕侍御史收济家属，付廷尉，结正其罪[1]。”

太后诏曰：“夫五刑之罪，莫大于不孝。夫人有子不孝，尚告治之，此儿岂复成人主邪？吾妇人不达大义，以谓济不得便为大逆也。然大将军

说做臣子的节操，只有为君主去死没有其他选择，侍奉君主的大义，不可逃避危难。先前事变突然发生，祸乱就像箭在弓上一触即发，虽然臣本想着放弃抵抗等死，听任皇帝裁断，但是想到皇上本意是谋害皇太后，颠覆宗庙。臣愧当大任，按理应承担起安定国家的重任，惧怕自己丧命，罪责会更加深重。想着遵循伊尹、周公的权宜之法，来安定国家的危难，所以一再告诫手下不要靠近皇上的车驾，可是成济突然闯入军阵中，导致出现巨大变故。臣下伤痛悔恨，五脏像碎了一样，不知道去什么地方摔死才好。按法律犯大逆不道之罪的，父母、妻子、儿女和兄弟都要被斩首。成济暴虐悖逆，扰乱国事，触犯法律，杀了他都不能抵消他的罪过。现在请您下令侍御史逮捕成济的家属，交付廷尉，结案后治罪。”

太后下诏说：“五种刑法中惩处的罪恶，没有比不孝更大的。人如果有子不孝，还要上告惩罚他，曹髦这孩子怎么能还成为君主呢？我是个妇人不懂那些大道理，但认为成济犯的不是大逆不道的罪。但是大将军情义恳切，说

志意恳切，发言恻怆，故听如所奏。当班下远近，使知本末也[2]。”

的话十分悲怆，所以听从他的上奏。现在应该昭告远近，使大家知道事情的始末。”

六月癸丑，诏曰：“古者人君之为名字，难犯而易讳。今常道乡公讳字甚难避，其朝臣博议改易，列奏。”

六月癸丑日，太后下诏说：“古代君主起名字，要让人难以冒犯而容易避讳。现在常道乡公（名璜）讳字很难避，命令大臣广泛地讨论来改换他的名字，然后上奏。”

今注　**1** 济：指成济。曹髦率众攻打司马昭宅第，军士不敢迎战。成济问贾充应如何应对，贾充说：“司马公平日养着你们是干什么的！还用多问吗？”于是成济挥戈将曹髦刺死。事后，为平息众怒，司马昭便将成济处死，并灭三族。　**2** 伊、周之权：指商代的伊尹和西周的姬旦。伊尹辅助商王太甲，使他改过迁善而成为明君。周公姬旦在灭商之后的危急关头，东征平叛，制礼作乐，奠定了西周王朝的稳固基业。　**3** 哀怛（dá）：痛苦，哀伤。

裴注　[1]《魏氏春秋》曰：“成济兄弟不即伏罪，袒而升屋，丑言悖慢；自下射之，乃殪。”　[2]《世语》曰：“初，青龙中，石苞鬻铁于长安，得见司马宣王，宣王知焉。后擢为尚书郎，历青州刺史、镇东将军。甘露中入朝，当还，辞高贵乡公，留中尽日。文王遣人要令过。文王问苞：‘何淹留也？’苞曰：‘非常人也。’明日，发至荥阳。数日而难作。”

陈留王奂

原文

陈留王讳奂，字景明，武帝孙，燕王宇子也。甘露三年，封安次县常道乡公。高贵乡公卒，公卿议迎立公。六月甲寅，入于洛阳，见皇太后，是日即皇帝位于太极前殿，大赦，改年，赐民爵及谷帛各有差。

景元元年夏六月丙辰，进大将军司马文王位为相国，封晋公，增封二郡，并前满十，加九锡之礼，一如前诏；诸群从子弟，其未有侯者皆封亭侯，赐钱千万，帛万匹，文王固让乃止。己未，故汉献帝夫人节薨，帝临于华林园[1]，使使持节追谥夫人为献穆皇后。及葬，车服制度皆如汉氏故事。癸亥，以尚书右仆射王观为司空，冬十月，观薨。

译文

陈留王讳奂，字景明，是武帝的孙子，燕王曹宇的儿子。甘露三年(258)，册封为安次县常道乡公。高贵乡公去世后，公卿大臣商量迎立曹奂。六月甲寅日，常道乡公进入洛阳，拜见皇太后，当天在太极前殿即皇帝位，大赦天下，改年号，赐民众爵位以及粮食、布帛等各有差等。

景元元年(260)夏六月丙辰日，晋升大将军司马昭为相国，封晋公，增加两郡食邑，合之前所封共十郡，加赐九锡的礼器，一切与先前的诏赐一样；他的族人子弟，没有被封侯的都封为亭侯，赏赐钱千万，帛万匹，经司马昭坚决地推辞才作罢。己未日，已故汉献帝夫人曹节去世，皇帝亲自驾临华林园，派遣使者持节追谥夫人为献穆皇后。等到下葬时，一切车马、服饰制度都依照汉代的礼仪。癸亥日，任命尚书右仆射王观为司空，冬十月，王观去世。

今注 1 华林园:魏明帝时在洛阳建芳林园,后讳齐王曹芳名,改名华林园。园中宫殿馆舍众多,规模宏大,蔚为壮观。

十一月,燕王[1]上表贺冬至,称臣。诏曰:"古之王者,或有所不臣,王将宜依此义,表不称臣乎!又当为报。夫后大宗者,降其私亲,况所继者重邪!若便同之臣妾,亦情所未安。其皆依礼典处当,务尽其宜。"有司奏,以为:"礼莫崇于尊祖,制莫大于正典[2]。陛下稽德期运,抚临万国,绍大宗之重,隆三祖之基。伏惟燕王体尊戚属,正位藩服,躬秉虔肃,率蹈恭德以先万国;其于正典,阐济大顺,所不得制。圣朝诚宜崇以非常之制,奉以不臣之礼。臣等平议以为燕王章表,可听如旧式。中诏所施,或存好问,准之义类,则'燕觌[3]

十一月,燕王曹宇上表祝贺冬至,自称臣子。皇帝下诏说:"古代的王,对皇帝也有不称臣的,王以后应该依据这个道理,往后上表不用称臣!这也是我对您的报答。作为大宗的继承人,要降低自己的私亲,何况所继承的是更为重要的帝位呢!如果和臣妾一样对待,又在感情上觉得不安。现在一切都依据仪礼制度处理,应该尽量都做得合适。"有关官员上奏,认为:"礼仪中最重要的莫过于尊崇祖先,制度中最重要的莫过于国家法典。陛下的德行和时运契合,安抚统领国家,继承大宗的重任,光大三祖的基业。臣下恭敬地想到,身份尊贵的燕王是皇族亲属,身处藩国的王位,自己秉持谦恭、肃敬的态度,率先践行恭顺的美德来作为万国的榜样;这在国家法典中,对开创社稷并使国家安定的情况的处理,并没有现成的制度。朝廷确实应该用特别的礼仪尊崇他,用无需称臣的礼仪敬奉他。臣等讨论认为燕王上的章表,可以听从他依照旧有的惯例。陛下

之敬’也，可少顺圣敬，加崇仪称，示不敢斥，宜曰‘皇帝敬问大王侍御’。至于制书，国之正典，朝廷所以辨章公制，宣昭轨仪于天下者也，宜循法，故曰‘制诏燕王’。

“凡诏命、制书、奏事、上书诸称燕王者，可皆上平[4]。其非宗庙助祭之事，皆不得称王名，奏事、上书、文书及吏民皆不得触王讳，以彰殊礼，加于群后。上遵王典尊祖之制，俯顺圣敬烝烝[5]之心，二者不愆，礼实宜之，可普告施行。”

十二月甲申，黄龙见华阴县井中。甲午，以司隶校尉王祥为司空。

从宫中发出的诏令，有时是表示问候，按照礼仪，则是‘燕王见信，知敬’，可以稍微顺从陛下的敬意，加上合礼的称呼，表示不敢直呼其名，合适的说法是‘皇帝敬问大王侍御’。至于陛下颁布的制书，是国家的法典，是朝廷用来辨明国家制度，向天下宣告礼仪的，陛下应该遵循法度，所以应称‘制诏燕王’。

“凡是诏命、制书、奏事、上书中称呼燕王时，都可以顶格平头书写。不是宗庙助祭的事，都不得直呼燕王的名字，奏事、上书、文书以及官民都不能触犯燕王的名讳，以此来彰显对他的特殊礼节，在诸侯王之上。如此既可以遵循国家尊崇祖先的制度，又能顺从陛下淳厚美盛的孝心，两者都没有错误，礼制上也合适，可以昭告施行。”

十二月甲申日，黄龙出现在华阴县的井中。甲午日，任司隶校尉王祥为司空。

今注 1 燕王：曹宇是曹奂之父，此处称臣，于礼制不合。 2 正典：指国家法典。 3 觌(dí)：见，相见。 4 上平：顶格平头。 5 烝烝：淳厚貌，美盛貌。

二年夏五月朔，日有食之。秋七月，乐浪外夷韩、濊貊各率其属来朝贡。八月戊寅，赵王幹薨。甲寅，复命大将军进爵晋公，加位相国，备礼崇锡[1]，一如前诏，又固辞乃止。

景元二年(261)五月朔日，有日食。秋七月，乐浪郡外夷的韩、濊貊各自带领部属前来朝贡。八月戊寅日，赵王曹幹去世。甲寅日，再次诏令晋升大将军司马昭的爵位为晋公，加封相国之位，准备授予尊贵的九锡之礼，一切都与之前的诏令一样，经司马昭坚决地推辞才作罢。

三年春二月，青龙见于轵县井中。夏四月，辽东郡言肃慎国遣使重译入贡，献其国弓三十张，长三尺五寸，楛矢长一尺八寸，石砮[2]三百枚，皮骨铁杂铠二十领，貂皮四百枚。冬十月，蜀大将姜维寇洮阳[3]，镇西将军邓艾拒之，破维于侯和，维遁走。是岁，诏祀故军祭酒郭嘉于太祖庙廷[4]。

景元三年(262)春二月，青龙出现在轵县的井中。夏四月，辽东郡报告说肃慎国派遣使者入朝献贡，进献本国弓三十张，长三尺五寸，楛木做的箭矢长一尺八寸，石制箭镞三百枚，皮、骨、铁杂制的铠甲二十件，貂皮四百张。冬十月，蜀国大将姜维侵犯洮阳，镇西将军邓艾抵御，在侯和打败姜维，姜维逃走。这一年，诏令在太祖庙庭院中祭祀已故军祭酒郭嘉。

今注 1 崇锡：即崇高的九锡之礼。 2 砮：石制的箭镞。 3 洮阳：在今甘肃临潭西南。 4 廷：通“庭”。

四年春二月，复命大将军进位爵赐一如前诏，又固辞乃止。

景元四年春(263)二月，又和前次诏命一样再次赐予大将军爵位、九赐，又被大将军坚决拒绝才作罢。

夏五月，诏曰："蜀，蕞尔[1]小国，土狭民寡，而姜维虐用其众，曾无废志；往岁破败之后，犹复耕种沓中，刻剥众羌，劳役无已，民不堪命。夫兼弱攻昧，武之善经，致人而不致于人，兵家之上略。蜀所恃赖，惟维而已，因其远离巢窟，用力为易。今使征西将军邓艾督帅诸军，趣甘松[2]、沓中以罗取维，雍州刺史诸葛绪督诸军趣武都[3]、高楼[4]，首尾蹴讨。若擒维，便当东西并进，扫灭巴蜀也。"又命镇西将军钟会由骆谷伐蜀。

夏五月，皇帝下诏说："蜀国，只是一个小小的国家，地域狭小人口稀少，然而姜维过度地役使民众，竟还没有停止的打算；去年他被打败后，仍然在沓中耕种，严苛地剥削羌族部落，劳役无休止，百姓无法承受他的命令。兼并弱小攻击昏聩，是军事上的优先原则，主动攻打敌人而不被敌人攻打，是作战的上等策略。蜀国所依赖的，只有姜维而已，趁他远离大本营，攻击他较为容易。现在派遣征西将军邓艾统率各路军队，往甘松县、沓中方向捉拿姜维，雍州刺史诸葛绪督率各路军队前往武都、高楼，前后追讨。如果擒获姜维，就应该东西两路同时进军，消灭巴蜀。"又命镇西将军钟会从骆谷攻打蜀国。

今注　1 蕞(zuì)尔：小貌，多指比较小的地区。　2 甘松：在今甘肃迭部县。3 武都：在今甘肃西和县西南。　4 高楼：在今甘肃武山县。

秋九月，太尉高柔薨。冬十月甲寅，复命大将军进位爵赐一如前诏。癸卯，立皇后卞氏，十一月，大赦。

秋九月，太尉高柔去世。冬十月甲寅日，又一如前诏加封大将军的爵位并给予九赐。癸卯日，册立卞氏为皇后，十一月，大赦天下。

自邓艾、钟会率众伐

自从邓艾、钟会率军讨伐蜀国，

蜀，所至辄克。是月，蜀主刘禅诣艾降，巴蜀皆平。十二月庚戌，以司徒郑冲为太保。壬子，分益州为梁州。癸丑，特赦益州士民，复除租赋之半五年。

乙卯，以征西将军邓艾为太尉，镇西将军钟会为司徒。皇太后崩。

咸熙元年春正月壬戌，槛车[1]征邓艾。甲子，行幸长安。壬申，使使者以璧币祀华山。是月，钟会反于蜀，为众所讨，邓艾亦见杀[2]。二月辛卯，特赦诸在益土者。庚申，葬明元郭后。三月丁丑，以司空王祥为太尉，征北将军何曾为司徒，尚书左仆射荀顗为司空。己卯，进晋公爵为王，封十郡，并前二十[1]。丁亥，封刘禅为安乐公。夏五月庚申，相国晋王奏复五等爵[3]。甲戌，改年。癸未，追命舞阳宣文侯为晋宣王，舞阳忠武侯为晋

所到之处无不被攻克。当月，蜀主刘禅到邓艾处投降，巴蜀地区全部平定。十二月庚戌日，任司徒郑冲为太保。壬子日，划分益州的部分地区为梁州。癸丑日，特赦益州的军士和民众，又免除了五年一半的租赋。

乙卯日，任征西将军邓艾为太尉，镇西将军钟会为司徒。皇太后去世。

咸熙元年(264)春正月壬戌日，诏令用囚车押送邓艾回京。甲子日，皇帝驾临长安。壬申日，派遣使者用玉璧和缯帛祭祀华山。当月，钟会在蜀地造反，被众人讨伐，邓艾也在途中被杀害。二月辛卯日，特赦在益州的土著人。庚申日，安葬明元郭皇后。三月丁丑日，任司空王祥为太尉，征北将军何曾为司徒，尚书左仆射荀顗为司空。乙卯日，加封晋公的爵位为王，赐十郡食邑，加上前面的赏赐共计二十郡。丁亥日，封刘禅为安乐公。夏五月庚申日，相国晋王上奏请求恢复五等爵位制度。甲戌日，改换年号。癸未日，追命舞阳宣文侯为晋宣王，舞阳忠武侯为晋景王。六月，镇西将

景王。六月,镇西将军卫瓘4上雍州兵于成都县获璧玉印各一,印文似"成信"字,依周成王归禾之义,宣示百官,藏于相国府[2]。

军卫瓘献上雍州士兵在成都县获得的一个玉璧和一个玉印,印上的文字似乎是"成信",依照周成王将嘉禾赐给周公的道理,将它们展示给百官观看,然后收藏于相国府。

今注 1 槛车:装载猛兽或囚禁罪犯的车子。 2 邓艾亦见杀:邓艾率先攻入成都,灭亡蜀汉。后遭钟会陷害,被司马昭猜忌而被收押,最终与其子邓忠一同被卫瓘派遣的护军田续杀害。泰始九年(273)邓艾被平反。 3 五等爵:五等爵是从西周册命制度发展而来的爵位制度,以公、侯、伯、子、男五等爵位以定封地大小,魏末恢复的五等爵制度被晋所沿用,但食邑与封地一般并不一致。 4 卫瓘:字伯玉,魏末任廷尉卿,监邓艾、钟会军灭蜀。钟会在蜀地反叛,他纠集诸将平定,杀邓艾父子。晋惠帝初,为贾后所杀。

裴注 [1]《汉晋春秋》曰:"晋公既进爵为王,太尉王祥、司徒何曾、司空荀顗并诣王。顗曰:'相王尊重,何侯与一朝之臣皆已尽敬,今日便当相率而拜,无所疑也。'祥曰:'相国位势诚为尊贵,然要是魏之宰相,吾等魏之三公;公、王相去,一阶而已,班列大同,安有天子三公可辄拜人者!损魏朝之望,亏晋王之德,君子爱人以礼,吾不为也。'及入,顗遂拜,而祥独长揖。王谓祥曰:'今日然后知君见顾之重!'" [2]孙盛曰:"昔公孙述自以起成都,号曰成。二玉之文,殆述所作也。"

初,自平蜀之后,吴寇屯逼永安,遣荆、豫诸军掎角赴救。七月,贼皆

一开始,自从平定蜀国之后,吴国侵犯逼近永安,朝廷派遣荆州、豫州的军队互相呼应前去救援。七月,吴军都

遁退。八月庚寅，命中抚军司马炎副贰相国事，以同鲁公拜后[1]之义。

逃走了。八月庚寅日，任中抚军司马炎辅助相国处理政务，与封伯禽作为鲁公的道理相同。

今注　1 鲁公拜后：鲁公，指周公旦之子伯禽。周灭商后，周公封鲁公，但他并未至鲁就封，而是留在周辅佐武王和成王。于是又封其子为鲁公，伯禽至鲁就封。后世指父子先后同居一官。

癸巳，诏曰："前逆臣钟会构造反乱，聚集征行将士，劫以兵威，始吐奸谋，发言桀逆，逼胁众人，皆使下议，仓卒之际，莫不惊慑。相国左司马夏侯和[1]、骑士曹属朱抚时使在成都，中领军司马贾辅、郎中羊琇[2]各参会军事；和、琇、辅皆抗节不挠，拒会凶言，临危不顾，词指正烈。辅语散将王起，说'会奸逆凶暴，欲尽杀将士'，又云'相国已率三十万众西行讨会'，欲以称张形势，感激众心。起出，以辅言宣语诸军，遂使将士益怀奋励。宜加显宠，以彰忠义。

癸巳日，皇帝下诏说："先前逆臣钟会制造叛乱，聚集出征的将士，用武力挟持众人，向他们告知其阴谋，所讲大逆不道，逼迫众人，还让部下都要表态，仓促之间，没有人不感到震惊和害怕。相国左司马夏侯和、骑士曹属朱抚当时出使在成都，中领军司马贾辅、郎中羊琇参与钟会的军事；夏侯和、羊琇、贾辅等人都坚持节操而不屈服，拒绝钟会威胁的话，面临生命危险而不顾惜，言辞激烈严正。贾辅告诉散将王起，说'钟会狡诈凶残，想杀光将士'，又说'相国已经率领三十万大军向西征讨钟会'，打算用这些话夸张形势，激励将士。王起出来后，把贾辅的话告诉给各军，于是将士们更加振奋。现在应当对他

其进和、辅爵为乡侯，琇、抚爵关内侯。起宣传辅言，告令将士，所宜赏异，其以起为部曲将。”

们加以显耀荣宠，来表彰他们的忠义。现在晋封夏侯和、贾辅的爵位为乡侯，封羊琇、朱抚为关内侯。王起宣传贾辅的话，告知了将士，应该特别加以赏赐，现在任命他为部曲将。”

癸卯，以卫将军司马望[3]为骠骑将军。九月戊午，以中抚军司马炎为抚军大将军。

癸卯日，任卫将军司马望为骠骑将军。九月戊午日，任中抚军司马炎为抚军大将军。

今注 1 夏侯和：字义权，夏侯渊之子，任相国左司马。 2 羊琇：字稚舒，出身泰山羊氏，研究学问并有智谋。 3 司马望：字子初，本为司马孚次子，后过继给司马朗，为人吝啬，颇喜敛财。

辛未，诏曰：“吴贼政刑暴虐，赋敛无极。孙休遣使邓句，敕交阯太守锁送其民，发以为兵。吴将吕兴因民心愤怒，又承王师平定巴蜀，即纠合豪杰，诛除句等，驱逐太守长吏，抚和吏民，以待国命。九真、日南郡[1]闻兴去逆即顺，亦齐心响应，与兴协同。兴移书日南州郡，开示大计，兵临合浦[2]，告以祸福；遣都尉唐谱等诣进

辛未日，皇帝下诏说：“吴国贼寇的政治和刑罚十分残暴，赋税征收无止境。孙休派遣使者邓句，命令交阯太守用锁链捆送百姓去补充兵源。吴国将领吕兴利用百姓的愤怒，又趁我军平定巴蜀之机，就联合豪强俊杰，斩杀邓句等人，驱逐太守等长官，安抚百姓和官吏，来等候我国的命令。九真、日南郡听说吕兴脱离逆贼归顺朝廷，也同心响应，与吕兴协同一致。吕兴传递书信到日南郡，公开重大的计划，率领军队进达合浦，把福祸利害告知对方；派遣都尉唐谱等人到进乘县，通

乘县，因南中都督护军霍弋上表自陈。又交阯将吏各上表，言‘兴创造事业，大小承命。郡有山寇，入连诸郡，惧其计异，各有携贰。权时之宜，以兴为督交阯诸军事、上大将军、定安县侯。乞赐褒奖，以慰边荒’。乃心款诚，形于辞旨。

“昔仪父朝鲁，《春秋》所美；窦融归汉，待以殊礼。今国威远震，抚怀六合，方包举殊裔，混一四表。兴首向王化，举众稽服，万里驰义[3]，请吏帅职，宜加宠遇，崇其爵位。既使兴等怀忠感悦，远人闻之，必皆竞劝。其以兴为使持节、都督交州诸军事、南中大将军，封定安县侯，得以便宜从事，先行后上。”策命未至，兴为下人所杀。

过南中都督护军霍弋上书表明自己的立场。同时交阯将士官吏都各自上表，说‘吕兴开创了事业，上下都听从他的命令。郡中有山贼，窜入各郡串通，害怕他们另有谋划，各自怀有二心。为了一时的权宜，现在任命吕兴为督交阯诸军事、上大将军、定安县侯。请求赐给他奖赏，以抚慰边远地区的百姓’。他们的忠心真诚，在言辞中都流露出来。

“过去邾仪父出使鲁国，《春秋》予以赞美；窦融归附汉朝，用特别的礼仪优待。现在国家威势震动远方，安抚怀柔天下，正是囊括异族，统一四方的时候。吕兴第一个向往朝廷的教化，率领部众，跋涉万里投诚，他请求做官任职，应当给予恩宠优待，晋封他的爵位。这样做，既使吕兴等人因为心怀忠义而感到喜悦，远方的人听到了，也一定会争相勉励。现在任吕兴为使持节、都督交州诸军事、南中大将军，封定安县侯，可以自行决断政事，先施行后上报。”册命还未传到，吕兴就被部下杀死了。

今注 1 九真、日南郡：九真郡治所在今越南清化，日南郡治所在今越南广治省广治河与甘露河合流处。 2 合浦：在今广西浦北县。 3 驰义：指归顺。

冬十月丁亥，诏曰："昔圣帝明王，静乱济世，保大[1]定功，文武殊涂，勋烈[2]同归。是故或舞干戚以训不庭[3]，或陈师旅以威暴慢。至于爱民全国，康惠[4]庶类，必先修文教，示之轨仪，不得已然后用兵，此盛德之所同也。

"往者季汉分崩，九土颠覆，刘备、孙权乘间作祸。三祖绥宁中夏，日不暇给，遂使遗寇僭逆历世。幸赖宗庙威灵，宰辅忠武，爰发四方，拓定庸、蜀，役不浃时[5]，一征而克。

冬十月丁亥日，皇帝下诏说："以前圣明的帝王，平定祸乱，挽救时世，保存国统安定国家，虽然方式有文治或武功的区别，但功勋却是一样的。因此有的手执干戚亲自征讨那些不臣服的人，有的派遣军队展开阵势来威慑那些残暴傲慢的人。至于爱护民众保卫国家，使百姓得到安抚惠爱，一定是先施行文教，教导他们规范，不得已才使用武力，这是具备大德的君主共同的做法。

"以前汉朝末年，国家分崩离析，九州动荡倾覆，刘备、孙权等人乘机作乱。我朝三位先祖安定中原，每日政务繁忙不得休息，以致剩下的贼寇乘机僭越帝号数代。幸亏祖宗神灵庇佑，辅政大臣们忠心勇猛，从四方征集兵力，平定了庸、蜀地区，交战不过数月，一战就击败了敌人。

今注 1 保大：保有天下。 2 勋烈：功业，功勋。 3 不庭：不朝于王庭，指叛逆不臣服。 4 康惠：安抚惠爱。 5 浃时：一季，指为时不长。

“自顷江表衰弊，政刑荒暗[1]，巴、汉平定，孤危无援，交、荆、扬、越，靡然向风。今交阯伪将吕兴已帅三郡，万里归命；武陵邑侯相严等纠合五县，请为臣妾；豫章庐陵山民举众叛吴，以助北将军为号。又孙休病死，主帅[2]改易，国内乖违，人各有心。伪将施绩，贼之名臣，怀疑自猜，深见忌恶。众叛亲离，莫有固志，自古及今，未有亡征若此之甚。若六军[3]震曜，南临江、汉，吴会之域必扶老携幼以迎王师，必然之理也。然兴动大众，犹有劳费，宜告喻威德，开示仁信，使知顺附和同之利。

“近来江东地区衰败，政治和刑罚昏暗，巴、汉地区被平定以后，江右便孤立危急没有了援助，交州、荆州、扬州、越地，无不顺势归附朝廷。现在交阯伪将吕兴已经统领三郡，从万里外归附朝廷；武陵邑侯相严等人联合五县，请求归顺；豫章庐陵山民率领部众背叛吴国，以援助北将军作为口号。另外吴国孙休病死，主帅发生改换，国内将士离心，各怀异心。伪将施绩，是贼国的名臣，但国内自相猜忌，深受忌恨。众叛亲离，没有意志坚定之人，从古到今，没有灭亡的征兆像这样显著的。如果六军显耀威武，南进到长江、汉水一带，吴郡、会稽地区的人必定扶老携幼迎接王师，这是必然的道理。可是出动大军，仍有劳役和耗费，应该传告朝廷的威势和恩德，公开展示仁爱和信义，使他们知道归顺统一的好处。

今注　1 荒暗：荒暗，昏暗。　2 主帅：指孙吴君主。　3 六军：指天子所统率的军队。

“相国参军事徐绍、水曹掾[1]孙彧，昔在寿春，

“相国参军事徐绍、水曹掾孙彧，以前在寿春时一同被俘虏。徐绍本是

并见虏获。绍本伪南陵督,才质开壮;彧,孙权支属,忠良见事[2]。其遣绍南还,以彧为副,宣扬国命,告喻吴人,诸所示语,皆以事实,若其觉悟,不损征伐之计,盖庙胜[3]长算,自古之道也。其以绍兼散骑常侍,加奉车都尉,封都亭侯;彧兼给事黄门侍郎,赐爵关内侯。绍等所赐妾及男女家人在此者,悉听自随,以明国恩,不必使还,以开广大信。"

吴国南陵督,才行和气质豪迈;孙彧本是孙权的支属,忠诚能干,善于认清事情发展的趋势。现在命徐绍回到吴国,派孙彧为助手,宣扬朝廷的命令,告诉吴国人,所有对他们说的话,都是有事实依据的,如果他们醒悟过来,就不必采取军事计划,因为运用朝廷预先制定的谋略克敌取胜,是自古以来通行的道理。现在徐绍兼任散骑常侍,加官奉车都尉,封都亭侯;孙彧兼任给事黄门侍郎,赐关内侯爵位。此前赐给徐绍等人的妾及男女家属在这里的,任凭他携带随同,以展示国家的恩德,完成任务后不必让他们回来,以伸张朝廷广大的信义。"

今注 1 水曹掾:官名,主水曹,职掌水利。 2 见事:识别事势,认清事物。 3 庙胜:朝廷预先制定的克敌制胜的谋略。

丙午,命抚军大将军新昌乡侯炎为晋世子。是岁,罢屯田官以均政役[1],诸典农皆为太守,都尉皆为令长;劝募蜀人能内移者,给廪二年,复除二十岁。安弥[2]、福禄县[3]各言嘉禾生。

丙午日,任命抚军大将军新昌乡侯司马炎为晋国世子。这一年,废黜屯田官来统一征收赋税和徭役,各郡的典农都改为太守,都尉都改为县令或县长;鼓励招募蜀国能往内地移民的人,提供两年的口粮,免除二十年的赋役。安弥、福禄县各自报告说有嘉禾出现。

今注　1 罢屯田官以均政役：屯田制在西汉时期就已经产生，由士兵和无地农民种田以自给口粮，曹魏政权将军屯与民屯合一，在各地设屯田官专门管理屯田，收取粮食，奠定了统一北方的经济基础。此时战争停止，废除屯田制而统一以租赋代替。各地屯田官称为典农都尉，随着屯田制度的废除，改任为县令或县长。　2 安弥：在今甘肃酒泉东。　3 福禄县：在今甘肃酒泉。

二年春二月甲辰，朐䏰县[1]获灵龟以献，归之于相国府。庚戌，以虎贲张脩昔于成都驰马至诸营言钟会反逆，以至没身，赐脩弟倚爵关内侯。夏四月，南深泽县言甘露降。吴遣使纪陟[2]、弘璆[3]请和。

咸熙二年(265)春二月甲辰日，朐䏰县将获得的灵龟献给朝廷，朝廷把它送归相国府。庚戌日，因为虎贲张脩过去在成都骑马向诸军营传告钟会谋反的消息，以致丧命，现在赐张脩的弟弟张倚关内侯爵位。夏四月，南深泽县报告说有甘露降下。吴国派遣使者纪陟、弘璆求和。

今注　1 朐䏰(chǔn rèn)县：在今重庆云阳。　2 纪陟：字子上，三国时期孙吴官员，孙吴尚书令纪亮之子，出使魏国求和，因言辞得体受到司马昭赞赏。　3 弘璆：孙权外甥孙，后在吴国官至中书令、太子少傅。

五月，诏曰："相国晋王诞敷神虑，光被四海，震耀武功，则威盖殊荒，流风迈化，则旁洽[1]无外。愍恤江表，务存济育，戢武崇仁，示以威德。

五月，皇帝下诏说："相国晋王广泛地运用神妙的计策，光辉普照四方，用兵显示武功，就威震边远地区，推行教化，内外普遍沾被。怜悯体恤江南民众，尽力存护和养育他们，停用武力而推崇仁政，展示朝廷的威势和恩德。文告到达的地

文告所加,承风向慕,遣使纳献,以明委顺,方宝纤珍,欢以效意。而王谦让之至,一皆簿送,非所以慰副初附,从其款愿也。孙皓诸所献致,其皆还送,归之于王,以协古义。”王固辞乃止。又命晋王冕十有二旒[2],建天子旌旗,出警入跸[3],乘金根车、六马,备五时副车,置旄头[4]云罕[5],乐舞八佾[6],设钟虡宫县[7]。

方,无不受到教化而归附朝廷,派遣使者进献贡品,表明归顺的意图,高兴地献出各地的宝物和精细的珍品,欢悦地表达心意。但是晋王极度谦逊,对这一切都记录在册并送献朝廷,这不是抚慰刚刚归附的人,顺从他们心愿的做法。孙皓进献的所有物品,全部送还给晋王,以契合古代的道义。”晋王坚决推辞才作罢。又诏命晋王的冕冠可佩十二旒,可以立天子用的旗帜,出入设置警戒并肃清道路,乘坐六匹马拉的金根车,配备五时的副车,设置作为先驱的骑兵和前导的旗帜,乐舞用八佾的舞队,王宫中悬挂钟虡。

今注 1 旁洽:普遍沾被。 2 冕十有二旒(liú):冕是礼冠,旒是冕冠前后悬垂的玉串。按《周礼》,只有天子的衮冕用十二旒,每旒贯玉十二颗。 3 出警入跸(bì):古代天子出行时有随从警戒并肃清道路,禁止行人。 4 旄头:古代一种先驱的骑兵。 5 云罕:旌旗。 6 乐舞八佾:八佾即乐舞用纵横各八人,共六十四人,是最高规格的乐舞。 7 宫县:将乐器四方悬挂,象征宫室四面的墙壁,是帝王所用的礼制。县,同“悬”。

进王妃为王后,世子为太子,王子、王女、王孙,爵命之号如旧仪。癸未,大赦。秋八月辛卯,相国晋王薨。壬辰,晋太子炎绍

加封晋王妃为王后,世子为太子,王子、王女、王孙的爵位和封号按照过去的礼制。癸未日,大赦天下。秋八月辛卯日,相国晋王去世。壬辰日,晋王太子司马炎继承王位,总领

封袭位，总摄百揆，备物典册，一皆如前。是月，襄武县[1]言有大人见，三丈余，迹长三尺二寸，白发，著黄单衣，黄巾，柱杖，呼民王始语云："今当太平。"九月乙未，大赦。戊午，司徒何曾为晋丞相。癸亥，以骠骑将军司马望为司徒，征东大将军石苞为骠骑将军，征南大将军陈骞为车骑将军。乙亥，葬晋文王。闰月庚辰，康居[2]、大宛[3]献名马，归于相国府，以显怀万国致远之勋。

十二月壬戌，天禄永终，历数在晋。诏群公卿士具仪设坛于南郊，使使者奉皇帝玺绶册，禅位于晋嗣王，如汉魏故事。甲子，使使者奉策。遂改次于金墉城[4]，而终馆于邺，时年二十[1]。

百官，配备的器物、典籍，都和以前一样。这个月，襄武县报告说有巨人出现，高三丈多，脚印长三尺二寸，白头发，穿黄色单衣，戴黄头巾，拄着拐杖，招呼百姓王始说："现在将会太平。"九月乙未日，大赦天下。戊午日，司徒何曾任晋国丞相，癸亥日，任命骠骑将军司马望为司徒，征东大将军石苞为骠骑将军，征南大将军陈骞为车骑将军。乙亥日，安葬晋文王。闰九月庚辰日，康居、大宛进献名马，送给相国府，来彰显相国安抚万国，使远方归附的功勋。

十二月壬戌日，上天赐给魏国的福禄永远地终止了，朝代的兴替轮到了晋国。皇帝诏命公卿大臣在南郊准备禅让仪式的高台，派遣使者捧着皇帝的印玺、绶带、简册，把皇位禅让给晋王的继承人，和汉代禅位给魏国的先例一样。甲子日，派遣使者献上册命。于是陈留王改为居住在金墉城，最后在邺城居住，这一年二十岁。

今注 1 襄武县：在今甘肃陇西县。 2 康居：西域古国，大致在今巴尔喀什湖和咸海之间。 3 大宛(yuān)：西域古国，其地在今费尔干纳盆地。王治贵山城(在今塔吉克斯坦的苦盏),康居与大宛与汉朝来往密切。 4 金墉城:三国魏明帝时筑,为当时洛阳城西北角上的小城。魏晋时被废的帝、后都安置于此。

裴注 [1]《魏世谱》曰:"封帝为陈留王。年五十八,太安元年崩,谥曰元皇帝。"

评曰:古者以天下为公,唯贤是与。后代世位,立子以適[1];若適嗣不继,则宜取旁亲明德,若汉之文、宣者,斯不易之常准也。明帝既不能然,情系私爱,抚养婴孩,传以大器,托付不专,必参枝族,终于曹爽诛夷,齐王替位。高贵公才慧夙成,好问尚辞,盖亦文帝之风流也;然轻躁忿肆[2],自蹈大祸。陈留王恭己南面[3],宰辅统政,仰遵前式,揖让而禅,遂飨封大国,作宾于晋,比之山阳,班宠有加焉。

评论说:古代的时候以天下为公,只举荐贤能的人继位。后代君位世袭,以嫡长子为继承人;如果没有嫡长子,就在旁系亲属中挑选有德行的人,像汉代的文帝、宣帝,这是不可变更的常规啊。魏明帝就不能遵循,而是将感情记挂在私亲上,抚养一个婴儿,最后传给他皇位,托付的大臣权力又不统一,一定要用亲族支脉的人参与当中,最终曹爽被诛杀灭族,齐王被废黜。高贵乡公才华和智慧早成,勤学好问,爱好文辞,大概有文帝的风度;但是他轻率浮躁,任性肆怒,导致自己陷入大祸。陈留王恭敬谨慎地坐在帝位上,由宰辅大臣统领政务,恭敬地遵循过去的旧例,拱手让位给贤能,最终获封大国,成为晋朝的宾客,和山阳公刘协相比,他受到的爵位和恩宠要更好一些。

今注 1 適:嫡子。適,通"嫡"。 2 忿肆:肆怒。 3 南面:指帝位。

卷五 魏书五

后妃传

导读 男女婚姻为人伦之大节,《诗》以《关雎》为首,《春秋》中严明男女之别、夫妇之义,帝王的婚姻就更为重要,不仅关乎一家,更牵涉国家政事。本传共记有五位皇后。武宣卞皇后出身低微,却有胆识雅量,曹操处于危难时,她能够稳定诸臣,安心护养诸子;文帝为太子,能够不自以为功,曹操对她很是赞赏。文昭甄皇后出身世家,年轻时就能够洞察时势,劝说家人广施恩惠于平民。甄皇后先嫁给袁绍的次子袁熙,后嫁给文帝,生明帝和东乡公主。甄皇后失宠后,对文帝有怨言,被赐死。文德郭皇后在小的时候就被父亲认为不是平凡女子,文帝被定为太子,就有郭皇后在其中谋划。郭皇后严于律己,俭以持身,严禁族人倚仗权势而肆意妄为,不贪图居室安逸,并禁止厚葬。明悼毛皇后出身低微,因得明帝宠爱而被立为皇后,后来宠爱渐衰,对明帝和郭元后等人在后园中宴乐表达不满,被明帝赐死。明元郭皇后出身大族,明帝病重的时候被立为皇后,当时三少主幼弱,朝中大事,宰辅都要先咨询郭皇后才施行。

原文

《易》称:“男正位乎外,女正位乎内;男女正,天地之大义也。”古先哲王,莫不明后妃之制,顺

译文

《易经》中说:“男性以处理外事为正道,女性以处理内事为正道;男女各行其正道,是天地运行的大义。”古代的圣哲先王,都非常明了后妃制度,以顺应

天地之德。故二妃嫔妫[1]，虞道克隆；任、姒配姬[2]，周室用熙；废兴存亡，恒此之由。《春秋说》云天子十二女，诸侯九女，考之情理，不易之典也。而末世奢纵，肆其侈欲，至使男女怨旷，感动和气，惟色是崇，不本淑懿[3]，故风教陵迟而大纲毁泯，岂不惜哉！呜呼，有国有家者，其可以永鉴矣！

天地之德。所以娥皇、女英嫁给妫水的舜，有虞氏便大道昌隆；太任、太姒嫁给姬姓氏族，周王朝就兴旺发达；国家废兴存亡，总是与此有着紧密的关系。《春秋说》言天子十二女，诸侯九女，从情理来衡量，的确是不可改易的典制。而衰世奢侈放纵，帝王任其欲望膨胀，导致男旷女怨，扰乱了阴阳冲和之气，而且只是关注容貌，不以美好的德行为本，所以风俗教化陵替而人伦大纲毁坏泯灭，难道不是很可惜吗！唉，治理国家的君主们，应该长久地以此为借鉴啊！

今注 1 二妃嫔妫(guī)：相传帝尧的两个女儿娥皇、女英嫁给了处在妫水的虞舜。 2 任、姒配姬：太任是商朝末期挚任氏的女儿，嫁给了西伯侯季历，是周文王姬昌的母亲。太姒是商朝末期有莘氏的女儿，嫁给了周文王姬昌，是周武王姬发的母亲。 3 淑懿：贤淑美好的德行。

汉制，帝祖母曰太皇太后，帝母曰皇太后，帝妃曰皇后，其余内官十有四等。魏因汉法，母后之号，皆如旧制，自夫人以下，世有增损。太祖建国，始命王后，其下五等：有夫人，有昭仪，有倢伃，有容华，有美人。文帝增贵

按汉代的制度，皇帝的祖母称为太皇太后，皇帝的母亲称为皇太后，皇帝的元妃称为皇后，其余的宫中女官分为十四等。魏因袭汉代制度，母后的称呼，都和旧制一样，自夫人以下，各时期有增减。太祖建国，始立王后，此下有五等：夫人、昭仪、倢伃、容华、美人。文帝时增加

嫔、淑媛、修容、顺成、良人。明帝增淑妃、昭华、修仪；除顺成官。太和中始复命夫人，登其位于淑妃之上。自夫人以下爵凡十二等：贵嫔、夫人，位次皇后，爵无所视；淑妃位视相国，爵比诸侯王；淑媛位视御史大夫，爵比县公；昭仪比县侯；昭华比乡侯；修容比亭侯；修仪比关内侯；倢伃视中二千石[1]；容华视真二千石；美人视比二千石；良人视千石。

贵嫔、淑媛、修容、顺成、良人。明帝时增加淑妃、昭华、修仪；去除顺成这一女官称号。太和年间开始立夫人，将其等级升至淑妃之上。自夫人以下总共有十二等爵位：贵嫔、夫人，仅次于皇后，其爵位没有可参照的；淑妃地位相当于相国，爵位相当于诸侯王；淑媛地位相当于御史大夫，爵位相当于县公；昭仪相当于县侯；昭华相当于乡侯；修容相当于亭侯；修仪相当于关内侯；倢伃相当于中二千石；容华相当于真二千石；美人相当于比二千石；良人相当于千石。

今注 **1** 中二千石：石为官员俸禄的计量单位，一石为一百二十市斤。汉代官秩以万石为最高，往下依次是中二千石、真二千石、二千石、比二千石、千石等。

武宣卞皇后

原文

武宣卞皇后，琅邪开阳[1]人，文帝母也。本倡家[2][1]，年二十，太祖于谯纳后为妾。后随太祖至洛。

译文

武宣卞皇后，琅邪开阳人，是文帝的母亲。本来是倡家女，二十岁的时候，太祖在谯县纳她为妾。后来随太祖到了洛阳。等到董卓作乱，太祖

及董卓为乱，太祖微服东出避难。袁术传太祖凶问，时太祖左右至洛者皆欲归，后止之曰："曹君吉凶未可知，今日还家，明日若在，何面目复相见也？正使祸至，共死何苦！"遂从后言。太祖闻而善之。

乔装逃出洛阳到东部去避难。袁术传播太祖遇难的噩耗，当时跟随太祖到洛阳的人都打算回去，卞后制止说："曹君的吉凶还并未确定，如果现在返家，明日如果还安在，还有什么脸面再相见？就算祸事真的来了，一起死去又有何苦！"于是大家听从了卞后的话。太祖听说后很是赞赏。

建安初，丁夫人废，遂以后为继室。诸子无母者，太祖皆令后养之[2]。文帝为太子，左右长御[3]贺后曰："将军拜太子，天下莫不欢喜，后当倾府藏赏赐。"后曰："王自以丕年大，故用为嗣，我但当以免无教导之过为幸耳，亦何为当重赐遗[4]乎！"长御还，具以语太祖。太祖悦曰："怒不变容，喜不失节，故是最为难。"

建安初年，丁夫人被废黜，于是以卞后为继室。已经没有了母亲的儿子，太祖都让卞后抚养。文帝立为太子，左右长御恭贺卞后说："将军立太子，天下人无不欢欣鼓舞，皇后应当将府库里面所有的珍藏赏赐众人。"卞后说："大王自认为曹丕年长，所以立为嗣君，我只是庆幸没有教导的过失，又为什么要重加赏赐呢！"长御回去，把话都告诉了太祖。太祖高兴地说："愤怒而不显于面容，高兴而不失去节制，本来就是最难能可贵的。"

今注　1 开阳：在今山东临沂。　2 倡家：指从事音乐歌舞的乐人。　3 长御：皇后宫内宫女之长，也称御长，侍奉皇后左右，相当于皇帝身边的侍中。　4 遗(wèi)：赠予。

裴注　[1]《魏书》曰:"后以汉延熹三年十二月己巳生齐郡白亭,有黄气满室移日。父敬侯怪之,以问卜者王旦,旦曰:'此吉祥也。'"　[2]《魏略》曰:"太祖始有丁夫人,又刘夫人生子脩及清河长公主。刘早终,丁养子脩。子脩亡于穰,丁常言:'将我儿杀之,都不复念!'遂哭泣无节。太祖忿之,遣归家,欲其意折。后太祖就见之,夫人方织,外人传云'公至',夫人踞机如故。太祖到,抚其背曰:'顾我,共载归乎!'夫人不顾,又不应。太祖却行,立于户外,复云:'得无尚可邪!'遂不应,太祖曰:'真诀矣。'遂与绝,欲其家嫁之,其家不敢。初,丁夫人既为嫡,加有子脩,丁视后母子不足。后为继室,不念旧恶,因太祖出行,常四时使人馈遗,又私迎之,延以正坐而己下之,迎来送去,有如昔日。丁谢曰:'废放之人,夫人何能常尔邪!'其后丁亡,后请太祖殡葬,许之,乃葬许城南。后太祖病困,自虑不起,叹曰:'我前后行意,于心未曾有所负也。假令死而有灵,子脩若问"我母所在",我将何辞以答?'"《魏书》曰:"后性约俭,不尚华丽,无文绣珠玉,器皆黑漆。太祖常得名珰数具,命后自选一具,后取其中者,太祖问其故,对曰:'取其上者为贪,取其下者为伪,故取其中者。'"

二十四年,拜为王后,策曰:"夫人卞氏,抚养诸子,有母仪之德。今进位王后,太子诸侯陪位,群卿上寿,减国内死罪一等。"

二十五年,太祖崩,文帝即王位,尊后曰王太后,及践阼,尊后曰皇太后,称永寿宫[1]。明帝即位,尊太后曰太皇太后。

建安二十四年(219),太祖封她为王后,册书上说:"夫人卞氏,抚养诸子,有慈母的德行。现在晋位为王后,命太子诸侯陪位,百官上寿,减免国内犯人的死罪一等。"

建安二十五年(220),太祖驾崩,文帝即王位,尊卞后为王太后,等称帝后,尊为皇太后,居处称为永寿宫。明帝即位,尊称太后为太皇太后。

黄初年间,文帝打算追封太后的

黄初中，文帝欲追封太后父母，尚书陈群奏曰："陛下以圣德应运受命，创业革制，当永为后式。案典籍之文，无妇人分土命爵之制。在礼典，妇因夫爵，秦违古法，汉氏因之，非先王之令典[1]也。"帝曰："此议是也，其勿施行。以作著诏下藏之台阁，永为后式[2]。"至太和四年春，明帝乃追谥太后祖父广曰开阳恭侯，父远曰敬侯，祖母周封阳都君及敬侯夫人，皆赠印绶。其年五月，后崩。七月，合葬高陵。

父母，尚书陈群上奏说："陛下以圣德应运而受天命，创建大业革除旧制，应当永远作为后世的法式。查勘典籍文书，没有妇人分封土地受赐爵禄的制度。就礼典来说，妇人因丈夫而封爵，秦代违背古法，汉代因袭，这都不是先王所制定的典章法度。"文帝说："这个提议很中肯，那之前的决定就不要执行。下诏书将奏章收藏在台阁，作为后代行事的准则。"到了太和四年(230)春，明帝追谥太后祖父卞广为开阳恭侯，父亲卞远为敬侯，祖母周氏封为阳都君和敬侯夫人，都赠予印绶。这年五月，太后去世。七月，与太祖合葬于高陵。

今注　1 令典：指典章法度。　2 永为后式：永远当作后世法则。

裴注　[1]《魏书》曰："后以国用不足，减损御食，诸金银器物皆去之。东阿王植，太后少子，最爱之。后植犯法，为有司所奏，文帝令太后弟子奉车都尉兰持公卿议白太后，太后曰：'不意此儿所作如是，汝还语帝，不可以我故坏国法。'及自见帝，不以为言。"臣松之案：文帝梦磨钱，欲使文灭而更愈明，以问周宣。宣答曰："此陛下家事，虽意欲尔，而太后不听。"则太后用意，不得如此书所言也。《魏书》又曰："太后每随军征行，见高年白首，辄住车呼问，赐与绢帛，对之涕泣曰：'恨父母不及我时也。'太后每见外亲，不假以颜色，常言'居处当务节俭，不当望赏赐，念自佚也。外舍当怪吾遇之太薄，吾自有常度故也。吾事武帝四五十年，行俭日久，不能自变为奢，有犯科禁者，吾且能加罪一等耳，莫望钱米恩贷也。’帝为太后弟秉起第，第成，太后幸第请诸家外亲，设下厨，无异膳。太后左右，菜食粟饭，无鱼肉。其俭如此。”

初，太后弟秉，以功封都乡侯，黄初七年进封开阳侯，邑千二百户，为昭烈将军[1]。秉薨，子兰嗣。少有才学[2]，为奉车都尉、游击将军，加散骑常侍。兰薨，子晖嗣[3]。又分秉爵，封兰弟琳为列侯，官至步兵校尉。兰子隆女为高贵乡公皇后，隆以后父为光禄大夫，位特进[1]，封睢阳乡侯，妻王为显阳乡君。追封隆前妻刘为顺阳乡君，后亲母故也。琳女又为陈留王皇后，时琳已没，封琳妻刘为广阳乡君。

当初，太后的弟弟卞秉，因为有功被封为都乡侯，黄初七年(226)晋封为开阳侯，食邑一千二百户，为昭烈将军。卞秉去世后，儿子卞兰嗣位。年少的时候就有才学，为奉车都尉、游击将军，加散骑常侍。卞兰去世后，儿子卞晖嗣位。又分立卞秉的爵位，封卞兰的弟弟卞琳为列侯，官至步兵校尉。卞兰的儿子卞隆的女儿为高贵乡公皇后，卞隆因为是皇后的父亲而为光禄大夫，赐位特进，封为睢阳乡侯，妻子王氏为显阳乡君。追封卞隆的前妻刘氏为顺阳乡君，因为是皇后的亲生母亲的缘故。卞琳的女儿又为陈留王曹奂的皇后，当时卞琳已经去世，封卞琳的妻子刘氏为广阳乡君。

今注 1 特进：始设于西汉末，授予列侯中有特殊地位者，得自辟僚属，三国至南北朝仅为加官，无实职。

裴注 [1]《魏略》曰：“初，卞后弟秉，当建安时得为别部司马，后常对太祖怨言，太祖答言：‘但得与我作妇弟，不为多邪？’后又欲太祖给其钱帛，太祖又曰：‘但汝盗与，不为足邪？’故讫太祖世，秉官不移，财亦不益。” [2]《魏略》曰：“兰献赋赞述太子德美，太子报曰：‘赋者，言事类之所附也，颂者，美盛德之形容也，故作者不虚其辞，受者必当其实。兰此赋，岂吾实哉？昔吾丘寿王一陈宝鼎，何武等徒以歌颂，犹受金帛之赐，兰事虽不谅，义足嘉也。今赐牛一头。’由是遂见亲敬。” [3]《魏略》曰：“明帝时，兰见外有二难，而帝留意于宫室，常因侍从，数切谏。帝虽不能从，犹纳其诚款。后兰苦酒消渴，时帝信巫女用水方，使人持水赐兰，兰不肯饮。诏问其意，兰言：‘治病自当以方药，何信于此？’帝为变色，而兰终不服。后渴稍甚，以至于亡。故时人见兰好直言，谓帝面折之而兰自杀，其实不然。”

文昭甄皇后

原文

文昭甄皇后，中山无极[1]人，明帝母，汉太保甄邯后也，世吏二千石。父逸，上蔡令。后三岁失父[1]。后天下兵乱，加以饥馑，百姓皆卖金银珠玉宝物，时后家大有储谷，颇以买之。后年十余岁，白母曰：“今世乱而多买宝物，匹夫无罪，怀璧为罪[2]。又左右皆饥乏，不如以谷振给亲族邻

译文

文昭甄皇后，中山无极人，是明帝的母亲，汉代太保甄邯的后人，世代都有人做二千石的官员。父亲甄逸，是上蔡令。皇后三岁的时候父亲就去世了。后来天下兵乱，再加上饥馑，百姓大都卖掉家里的金银珠玉等宝物，当时甄后家里有丰富的粮食储存，就买了很多宝物。当时甄后十多岁，跟母亲说：“现在世道混乱而多买宝物，匹夫即使无罪，藏有宝物也是罪。而且左邻右舍都很饥乏，不如将粮食赈

里,广为恩惠也。”举家称善,即从后言[2]。

济给亲族邻里,广施恩惠。”全家都觉得很好,就听从了甄后的建议。

今注　**1** 无极:在今河北石家庄无极县。　**2** 匹夫无罪,怀璧为罪:百姓本没有罪,因身藏玉璧而获罪。指财宝能致祸,后亦比喻有才能而受迫害。

裴注　[**1**]《魏书》曰:“逸娶常山张氏,生三男五女:长男豫,早终;次俨,举孝廉,大将军掾、曲梁长;次尧,举孝廉;长女姜,次脱,次道,次荣,次即后。后以汉光和五年十二月丁酉生。每寝寐,家中仿佛见如有人持玉衣覆其上者,常共怪之。逸薨,加号慕,内外益奇之。后相者刘良相后及诸子,良指后曰:‘此女贵乃不可言。’后自少至长,不好戏弄。年八岁,外有立骑马戏者,家人诸姊皆上阁观之,后独不行。诸姊怪问之,后答言:‘此岂女人之所观邪?’年九岁,喜书,视字辄识,数用诸兄笔砚,兄谓后言:‘汝当习女工。用书为学,当作女博士邪?’后答言:‘闻古者贤女,未有不学前世成败以为己诫。不知书,何由见之?’”　[**2**]《魏略》曰:“后年十四,丧中兄俨,悲哀过制,事寡嫂谦敬,事处其劳,拊养俨子,慈爱甚笃。后母性严,待诸妇有常,后数谏母:‘兄不幸早终,嫂年少守节,顾留一子,以大义言之,待之当如妇,爱之宜如女。’母感后言流涕,便令后与嫂共止,寝息坐起常相随,恩爱益密。”

建安中,袁绍为中子熙纳之。熙出为幽州,后留养姑。及冀州平,文帝纳后于邺,有宠,生明帝及东乡公主[1]。延康元年正月,文帝即王位,六月,南征,后留邺。黄初元年

建安年间,袁绍为二儿子袁熙聘娶了甄皇后。袁熙出任幽州,皇后留居侍奉婆婆。等到冀州平定,文帝在邺城将皇后收纳为妻,受到恩宠,生明帝和东乡公主。延康元年(220)正月,文帝即王位,六月,南征,皇后留居邺

十月，帝践阼。践阼之后，山阳公奉二女以嫔于魏，郭后、李、阴贵人并爱幸，后愈失意，有怨言。帝大怒，二年六月，遣使赐死，葬于邺[2]。

明帝即位，有司奏请追谥，使司空王朗持节奉策以太牢告祠于陵，又别立寝庙1[3]。太和元年三月，以中山魏昌之安城乡户千，追封逸，谥曰敬侯；適孙像袭爵。四月，初营宗庙，掘地得玉玺，方一寸九分，其文曰"天子羡思慈亲2"，明帝为之改容，以太牢告庙。又尝梦见后，于是差次舅氏亲疏高下，叙用各有差，赏赐累巨万，以像为虎贲中郎将。是月，后母薨，帝制缌服3临丧，百僚陪位。四年十一月，以后旧陵庳下，使像兼太尉，持节诣邺，昭告后土，十二月，改葬朝阳陵。像还，迁散骑常侍。

城。黄初元年(220)十月，文帝登帝位。登基之后，山阳公刘协将两个女儿嫁给文帝，郭后、李贵人、阴贵人都得到宠幸，皇后愈加失宠，因而有怨言。文帝大怒，黄初二年(221)六月，派遣使节将甄后赐死，葬在邺城。

明帝即位，有关官员奏请为甄后追封谥号，使司空王朗持节奉册书以太牢礼告祭于陵墓，又别立寝庙。太和元年(227)三月，将中山魏昌安城乡的千户人家，追封甄逸，谥号为敬侯；嫡长孙甄像袭封爵禄。四月，开始营建宗庙，挖地而得玉玺，方一寸九分，上面有"天子羡思慈亲"的文字，明帝很受感动，以太牢礼祭祀寝庙。明帝又曾梦见甄后，于是根据舅父家亲疏高下，分别任以官职，赏赐累以巨万，以甄像为虎贲中郎将。这个月，甄后的母亲去世，明帝以缌服临丧，百官陪同。太和四年(230)十一月，以甄后的陵墓地势卑下，使甄像兼太尉，持节到邺城，昭告后土，十二月，改葬在朝阳陵。甄像返回，任散骑常侍。

今注 1 寝庙：古代宗庙有庙和寝两部分，合称寝庙。一般前称庙，后称寝。 2 天子羡思慈亲:天子非常思念慈祥的母亲。羡,富余,此表程度之深。3 缌(sī)服:以细麻布制成孝服,服丧三个月,为五种丧服中最轻者。

裴注 [1]《魏略》曰:“熙出在幽州,后留侍姑。及邺城破,绍妻及后共坐皇堂上。文帝入绍舍,见绍妻及后,后怖,以头伏姑膝上,绍妻两手自搏。文帝谓曰:‘刘夫人云何如此?令新妇举头!’姑乃捧后令仰,文帝就视,见其颜色非凡,称叹之。太祖闻其意,遂为迎取。”《世语》曰:“太祖下邺,文帝先入袁尚府,有妇人被发垢面,垂涕立绍妻刘后,文帝问之,刘答‘是熙妻’,顾擥发髻,以巾拭面,姿貌绝伦。既过,刘谓后‘不忧死矣!’遂见纳,有宠。”《魏书》曰:“后宠愈隆而弥自挹损,后宫有宠者劝勉之,其无宠者慰诲之,每因闲宴,常劝帝,言‘昔黄帝子孙蕃育,盖由妾媵众多,乃获斯祚耳。所愿广求淑媛,以丰继嗣’。帝心嘉焉。其后帝欲遣任氏,后请于帝曰:‘任既乡党名族,德、色,妾等不及也,如何遣之?’帝曰:‘任性狷急不婉顺,前后忿吾非一,是以遣之耳。’后流涕固请曰:‘妾受敬遇之恩,众人所知,必谓任之出,是妾之由。上惧有见私之讥,下受专宠之罪,愿重留意!’帝不听,遂出之。十六年七月,太祖征关中,武宣皇后从,留孟津,帝居守邺。时武宣皇后体小不安,后不得定省,忧怖,昼夜泣涕;左右骤以差问告,后犹不信,曰:‘夫人在家,故疾每动,辄历时,今疾便差,何速也?此欲慰我意耳!’忧愈甚。后得武宣皇后还书,说疾已平复,后乃欢悦。十七年正月,大军还邺,后朝武宣皇后,望幄座悲喜,感动左右。武宣皇后见后如此,亦泣,且谓之曰:‘新妇谓吾前病如昔时困邪?吾时小小耳,十余日即差,不当视我颜色乎!’嗟叹曰:‘此真孝妇也。’二十一年,太祖东征,武宣皇后、文帝及明帝、东乡公主皆从,时后以病留邺。二十二年九月,大军还,武宣皇后左右侍御见后颜色丰盈,怪问之曰:‘后与二子别久,下流之情,不可为念,而后颜色更盛,何也?’后笑答之曰:‘讳等自随夫人,我当何忧!’后之贤明以礼自持如此。” [2]《魏书》曰:“有司奏建长秋宫,帝玺书迎后,诣行在所,后上表曰:‘妾闻先代之兴，所以飨国久长，垂祚后嗣，无不由后妃焉。故必审选其人，以兴内教。今践阼之初，诚宜登进贤淑，统理六宫。妾自省愚陋，不任粢盛之事，加以寝疾，敢守微志。’玺书三至而后三让，言甚恳切。时盛暑，帝欲须秋凉乃更迎后。会后疾遂笃，夏六月丁卯，崩于邺。帝哀痛咨嗟，策赠皇后玺绶。”臣松之以为，《春秋》之义，内大恶讳，小恶必书。文帝之不立甄氏，及加杀害，事有明审。魏史若以为大恶邪，则宜隐而不言，若谓为小恶邪，则不应假为之辞，而崇饰虚文乃至于是，异乎所闻于旧史。推此而言，其称卞、甄诸后言行之善，皆难以实论。陈氏删落，良有以也。[3]《魏书》载三公奏曰："盖孝敬之道，笃乎其亲，乃四海所以承化，天地所以明察，是谓生则致其养，殁则光其灵，诵述以尽其美，宣扬以显其名者也。今陛下以圣懿之德，绍承洪业，至孝烝烝，通于神明，遭罹殷忧，每劳谦让。先帝迁神山陵，大礼既备，至于先后，未有显谥。伏惟先后恭让著于幽微，至行显于不言，化流邦国，德侔《二南》，故能膺神灵嘉祥，为大魏世妃。虽夙年登遐，万载之后，永播融烈，后妃之功莫得而尚也。案谥法：‘圣闻周达曰昭。德明有功曰昭。’昭者，光明之至，盛久而不昧者也。宜上尊谥曰文昭皇后。”是月，三公又奏曰："自古周人始祖后稷，又特立庙以祀姜嫄。今文昭皇后之于后嗣，圣德至化，岂有量哉！夫以皇家世妃之尊，而克让允恭，固推盛位，神灵迁化，而无寝庙以承享祀，非所以报显德，昭孝敬也。稽之古制，宜依《周礼》，先妣别立寝庙。"并奏可之。

青龙二年春，追谥后兄俨曰安城乡穆侯。夏，吴贼寇扬州，以像为伏波将军，持节监诸将东征，还，复为射声校尉。三年薨，追赠卫将军，改封魏昌县，谥曰贞侯，子畅

青龙二年(234)春，追谥甄后的兄长甄俨为安城乡穆侯。这年夏季，东吴入寇扬州，以甄像为伏波将军，持节监督诸将东征，返回后，又任命他为射声校尉。青龙三年(235)甄像去世，追赠卫将军，改封魏昌县，谥号为贞侯，子甄

嗣。又封畅弟温、韡、艳皆为列侯。四年，改逸、俨本封皆曰魏昌侯，谥因故[1]。封俨世妇[2]刘为东乡君，又追封逸世妇张为安喜君。

畅袭封。又分封甄畅的兄弟甄温、甄韡、甄艳都为列侯。青龙四年(236)，将甄逸、甄俨本来的封号都改为魏昌侯，谥号不变。封甄俨的妻子刘氏为东乡君，又追封甄逸的妻子张氏为安喜君。

今注 1 因故：照旧。 2 世妇：宫中女官，一说为列侯之妻。

景初元年夏，有司议定七庙。冬，又奏曰："盖帝王之兴，既有受命之君，又有圣妃协于神灵，然后克昌厥世，以成王业焉。昔高辛氏卜其四妃之子皆有天下，而帝挚、陶唐、商、周代兴。周人上推后稷[1]，以配皇天，追述王初，本之姜嫄[2]，特立宫庙，世世享尝，《周礼》所谓'奏夷则，歌中吕，舞大濩，以享先妣'者也。

"诗人颂之曰：'厥初生民，时维姜嫄。'言王化之本，生民所由。又曰：'閟宫有侐，实实枚枚，赫赫姜嫄，其德不回。'《诗》《礼》

景初元年(237)夏，有关官员建议制定七庙的制度。冬季，又奏请说："帝王兴起的时候，既有膺受天命的君主，又有贤明的妃嫔相协于神灵，然后能够昌盛世系，以成就王业。当初高辛氏占卜得知他四个妃子的儿子都将拥有天下，而帝挚、陶唐、商、周依次而兴。周人将其远祖上溯到后稷，以配享皇天，追述王的原初，本之于姜嫄，专门建立宫庙，世代祭祀，这就是《周礼》所说的'奏夷则，歌中吕，舞大濩，以享先妣'。

"诗人歌颂道：'厥初生民，时维姜嫄。'讲述王化流行的根本，生民之道的由来。又说道：'閟宫有侐，实实枚枚，赫赫姜嫄，其德不回。'《诗》《礼》所称扬姬姓宗族的盛况，就是这

所称姬宗之盛，其美如此。大魏期运，继于有虞，然崇弘帝道，三世弥隆，庙祧之数，实与周同。今武宣皇后、文德皇后各配无穷之祚，至于文昭皇后膺天灵符，诞育明圣，功济生民，德盈宇宙，开诸后嗣，乃道化之所兴也。寝庙特祀，亦姜嫄之閟宫也，而未著不毁之制，惧论功报德之义，万世或阙焉，非所以昭孝示后世也。文昭庙宜世世享祀奏乐，与祖庙同，永著不毁之典，以播圣善之风。"于是与七庙议并勒金策，藏之金匮[3]。

么美好。大魏的运数，继承自有虞氏，崇奉弘扬帝道，三世都愈加隆重，庙祧的数量，实在与周代相同。现今武宣皇后、文德皇后各自配享无穷的福祚，而文昭皇后膺受上天灵符，诞生养育圣明天子，有救济生民之功，德行充盈宇宙，开启后世的榜样，真是大道流行勃兴啊。寝庙特意祭祀，也同于姜嫄的閟宫，而没有明著不毁的法令，担心根据功劳而报德的义理，后世会有所缺失，这不是向后世昭示孝道的做法。文昭庙应该世世祭祀奏乐，采用和祖庙同样的制度，永著不毁的典制，以传播圣善的风教。"于是和七庙之议共同刻在金册上，藏在金匮之中。

今注　1 后稷：传说中周人的先祖，精于农业生产。传说姜嫄踏巨人脚印而怀孕，生子被遗弃，故后稷名"弃"。周人在祭祀上天的时候，会以后稷配享。　2 姜嫄：是传说中有邰氏之女，帝喾元妃，周人始祖后稷的母亲。　3 金匮：古代政府收藏图书档案的场所，因其箱柜蒙以铜皮，故称。

帝思念舅氏不已。畅尚幼，景初末，以畅为射声校尉，加散骑常侍，又特为起大第，车驾亲自临之。又

明帝非常思念舅氏姻亲。这时甄畅年纪还小，景初末年，以甄畅为射声校尉，加散骑常侍，又特意为其建造大宅，明帝乘车驾亲自前往。又

于其后园为像母起观庙，名其里[1]曰渭阳里，以追思母氏也。嘉平三年正月，畅薨，追赠车骑将军，谥曰恭侯；子绍嗣。太和六年，明帝爱女淑薨，追封谥淑为平原懿公主，为之立庙。取后亡从孙黄与合葬，追封黄列侯，以夫人郭氏从弟悳[2]为之后，承甄氏姓，封悳为平原侯，袭公主爵[1]。青龙中，又封后从兄子毅及像弟三人，皆为列侯。毅数上疏陈时政，官至越骑校尉。嘉平中，复封畅子二人为列侯。后兄俨孙女为齐王皇后，后父已没，封后母为广乐乡君。

在后园中为甄像的母亲建立观庙，并将所在的里命名为渭阳里，以追念母亲。嘉平三年(251)正月，甄畅去世，追赠车骑将军，谥号恭侯；儿子甄绍嗣封。太和六年(232)，明帝的爱女曹淑去世，追封她为平原懿公主，并为之立庙。将甄后已故的本家孙子甄黄与之合葬，并追封他为列侯，以夫人郭氏的堂弟郭悳为其后嗣，继承甄姓，并封郭悳为平原侯，继承公主的爵禄。青龙年间，又封甄后堂兄的儿子甄毅和甄像的三个弟弟，都为列侯。甄毅数次上疏陈说对时势的看法，官至越骑校尉。嘉平年间，又封甄畅的两个儿子为列侯。甄后的哥哥甄俨的孙女为齐王的皇后，甄后的父亲已经去世，封甄后的母亲为广乐乡君。

今注　1 里：古时县以下的基层单位。古时以县统乡，以乡统里。　2 悳(dé)：即郭悳，字彦孙，司马师辅政，以女妻悳。悳妻早亡，司马昭复以女为其继室。

裴注　[1] 孙盛曰："于礼，妇人既无封爵之典，况于孩末，而可建以大邑乎？悳自异族，援继非类，匪功匪亲，而袭母爵，违情背典，于此为甚。陈群虽抗言，杨阜引事比并，然皆不能极陈先王之礼，明封建继嗣之义，忠至之辞，犹有阙乎！《诗》云：'赫赫师尹，民具尔瞻。'宰辅之职，其可略哉！"《晋诸公赞》曰："悳字彦孙。司马景王辅政，以女妻悳。妻早亡，文王复以女继室，即京兆长公主。景、文二王欲自结于郭后，是以频繁为婚。悳虽无才学，而恭谨谦顺。甄温字仲舒，与郭建及悳等皆后族，以事宜见宠。咸熙初，封郭建为临渭县公，悳广安县公，邑皆千八百户。温本国侯，进为辅国大将军，加侍中，领射声校尉，悳镇军大将军。泰始元年，晋受禅，加建、悳、温三人位特进。悳为人贞素，加以世祖姊夫，是以遂贵当世。悳暮年官更转为宗正，迁侍中。太康中，大司马齐王攸当之藩，悳与左卫将军王济共谏请，时人嘉之。世祖以此望悳，由此出悳为大鸿胪，加侍中、光禄大夫。寻疾薨，赠中军大将军，开府侍中如故，谥恭公，子喜嗣。喜精粹有器美，历中书郎、右卫将军、侍中，位至辅国大将军，加散骑常侍。喜与国姻亲，而经赵王伦、齐王冏事故，能不豫际会，良由其才短，然亦以退静免之。"

文德郭皇后

原文

文德郭皇后，安平广宗¹人也，祖世长吏[1]。后少而父永奇之，曰："此乃吾女中王也。"遂以女王为字。早失二亲，丧乱流离，没在铜鞮侯家。太祖为魏公时，得入东宫。后有智数，时时有所献纳。文帝定为嗣，后有谋焉。太子即王位，后为夫人，及践阼，

译文

文德郭皇后，是安平广宗人，祖上世为长吏。皇后年少的时候父亲郭永就对她表示惊奇，说："这是我家女中之王啊。"于是以女王作为她的字。郭后很早失去双亲，在丧乱中流离失所，投身在铜鞮侯家。太祖为魏公时，得以进入东宫。郭后有智谋，时常能够献计供采纳。文帝定为嗣子，郭后就参与了谋划。太子即魏王位，郭后为夫人，太子后来登帝位，郭后成为贵嫔。甄后被赐死，

为贵嫔。甄后之死，由后之宠也。黄初三年，将登后位，文帝欲立为后，中郎栈潜上疏曰："在昔帝王之治天下，不惟外辅，亦有内助，治乱所由，盛衰从之。故西陵配黄[2]，英娥降妫，并以贤明，流芳上世。桀奔南巢，祸阶末喜[3]；纣以炮烙，怡悦妲己[4]。是以圣哲慎立元妃，必取先代世族之家，择其令淑以统六宫，虔奉宗庙，阴教聿修。

就与郭后受宠爱有关。黄初三年(222)，将要册立皇后，文帝打算将郭氏立为皇后，中郎栈潜上疏道："往昔帝王治理天下，不仅有外在的辅佐，也需要有内在的助手，这关乎国家的治乱，世运盛衰即由此出。所以西陵氏婚配黄帝，娥皇、女英嫁给虞舜，都因为贤惠明达，在前代芳名长传。夏桀逃奔南巢，是宠幸末喜带来的祸患，商纣用炮烙之刑，是为了取悦妲己。所以圣贤哲王谨慎地册立元妃，必须娶自先代世家大族，选择其中有美德者来统御六宫，虔敬地侍奉宗庙，以修明女教。

今注　**1** 广宗：在今河北威县东。　**2** 西陵配黄：西陵氏之女嫘祖嫁于黄帝，相传她发明了养蚕之术。　**3** 末喜：也作妹喜，有施氏的女儿，相传夏朝最后一位君主桀因宠爱妹喜而亡国。　**4** 妲己：有苏氏的女儿，相传商代最后一位君主纣宠幸妲己，严刑对待臣民，因而亡国。

裴注　[**1**]《魏书》曰："父永，官至南郡太守，谥敬侯。母姓董氏，即堂阳君，生三男二女：长男浮，高唐令；次女昱；次即后；后弟都、弟成。后以汉中平元年三月乙卯生，生而有异常。"

"《易》曰：'家道正而天下定。'由内及外，先王之令典也。《春秋》书宗人

"《易经》说：'家道正然后天下定。'由内及外，这是先王垂示的法规典章。《春秋》中记述宗人衅夏的言语，

衅夏[1]云，无以妾为夫人之礼。齐桓誓命于葵丘[2]，亦曰‘无以妾为妻’。今后宫嬖宠，常亚乘舆。若因爱登后，使贱人暴贵，臣恐后世下陵上替，开张非度，乱自上起也。”文帝不从，遂立为皇后[1]。

后蚤丧兄弟，以从兄表继永后，拜奉车都尉。后外亲刘斐与他国为婚，后闻之，敕曰：“诸亲戚嫁娶，自当与乡里门户匹敌者，不得因势，强与他方人婚也。”后姊子孟武还乡里，求小妻，后止之。遂敕诸家曰：“今世妇女少，当配将士，不得因缘[3]取以为妾也。宜各自慎，无为罚首[2]。”

没有以妾为夫人的礼制。齐桓公在葵丘会盟的誓词中，也有‘不能以妾为夫人’的内容。现今后宫受宠爱之人，经常随陛下车乘出入。如果因为私爱而登后位，使卑贱之人暴得高位，臣恐怕后世上下失序，纲纪废坠，事情的办理不遵从制度，这种祸乱从陛下发端啊。”文帝没有听从，最终立郭氏为皇后。

郭后的兄弟去世很早，于是过继堂兄郭表承续郭永的后嗣，拜为奉车都尉。郭后的表亲刘斐与外国人通婚，郭后听说后，敕诫道：“亲戚们的嫁娶，应当与乡里门当户对的人家，不得凭借权势，强行与他方人婚配。”郭后姐姐的儿子孟武返还乡里，求娶小妾，被郭后制止。并敕诫各家道：“现在妇女较少，应当配于将士，不得利用权势娶妾。每个人都要谨慎，不要成为祸首。”

今注　1 衅夏：春秋时鲁国宗人，鲁悼公宠幸公子荆之母，将以为夫人，使衅夏献其礼，衅夏以无其礼对。　2 齐桓誓命于葵丘：公元前651年，齐桓公在葵丘会盟诸侯，并作誓词，其中有“无以妾为妻”，因嫡庶之争容易导致政事混乱。　3 因缘：凭借关系，利用权势。

裴注 [1]《魏书》曰:“后上表谢曰:‘妾无皇、英厘降之节,又非姜、任思齐之伦,诚不足以假充女君之盛位,处中馈之重任。’后自在东宫及即尊位,虽有异宠,心愈恭肃,供养永寿宫,以孝闻。是时,柴贵人亦有宠,后教训奖导之。后宫诸贵人时有过失,常弥覆之,有谴让,辄为帝言其本末,帝或大有所怒,至为之顿首请罪,是以六宫无怨。性俭约,不好音乐,常慕汉明德马后之为人。” [2]《魏书》曰:“后常敕戒表、武等曰:‘汉氏椒房之家,少能自全者,皆由骄奢,可不慎乎!’”

五年,帝东征,后留许昌永始台。时霖雨[1]百余日,城楼多坏,有司奏请移止。后曰:“昔楚昭王[2]出游,贞姜留渐台,江水至,使者迎而无符,不去,卒没。今帝在远,吾幸未有是患,而便移止,奈何?”群臣莫敢复言。六年,帝东征吴,至广陵,后留谯宫。时表留宿卫,欲遏水取鱼。后曰:“水当通运漕,又少材木,奴客不在目前,当复私取官竹木作梁遏[3]。今奉车所不足者,岂鱼乎?”

黄初五年(224),文帝东征,郭后留居在许昌永始台。当时雨水绵延百余天,城楼多有损毁,有关官员奏请郭后移居他处。郭后说道:“往昔楚昭王出游,贞姜留居渐台,江水漫延过来,前来迎接的使者没有符,她不肯离去,最终被淹死。现今陛下在远方征战,我很幸运没有遭到同样的灾祸,却要贪图舒适而迁移,怎么可以?”群臣都不敢再进言。黄初六年(225),文帝东征吴国,到达广陵,郭后留居谯宫。当时郭表留下宿卫,打算拦住水捉鱼。郭后说道:“水应当用来通漕运,现在又缺少木材,奴客不在眼前,如果要拦水捉鱼,就要私自用官家竹木做鱼梁。现在奉车将军所缺少的,难道是几条鱼吗?”

今注 1 霖雨：绵延多日之雨。 2 楚昭王：春秋时期楚国君主，他在位期间，吴国在伍子胥的率领下攻破楚都郢城，申包胥哭秦廷以救楚，楚昭王也与百姓同心，中兴楚国。 3 梁遏：即鱼梁，用竹木制成栅栏置于河流中，顺水势设障孔以捕鱼。

明帝即位，尊后为皇太后，称永安宫。

太和四年，诏封表安阳亭侯，又进爵乡侯，增邑并前五百户，迁中垒将军[1]。以表子详为骑都尉。其年，帝追谥太后父永为安阳乡敬侯，母董为都乡君。迁表昭德将军，加金紫[2]，位特进，表第二子训为骑都尉。及孟武母卒，欲厚葬，起祠堂，太后止之曰："自丧乱以来，坟墓无不发掘，皆由厚葬也，首阳陵可以为法。"青龙三年春，后崩于许昌，以终制营陵，三月庚寅，葬首阳陵西[1]。帝进表爵为观津侯，增邑五百，并前千户。迁详为驸马都尉。四年，追改封永为观

明帝即位，尊郭后为皇太后，居处称永安宫。

太和四年(230)，下诏封郭表为安阳亭侯，又晋升爵位为乡侯，之前和现在增加的食邑共五百户，迁为中垒将军。以郭表的儿子郭详为骑都尉。当年，明帝追封太后父亲郭永的谥号为安阳乡敬侯，母亲董氏为都乡君。迁郭表为昭德将军，加赐金印紫绶，赐位特进，郭表第二个儿子郭训为骑都尉。后来孟武的母亲去世，想要厚葬，建立祠堂，太后制止并说道："自从丧乱以来，坟墓没有不被盗掘的，都是因为厚葬的缘故，应该将首阳陵作为法式。"青龙三年(235)春，郭后在许昌去世，按终制营建陵墓，三月庚寅日，葬在首阳陵西。明帝晋升郭表的爵位为观津侯，增加五百户食邑，和之前的加起来共一千户。任郭详为驸马都尉。青龙四年(236)，追改封郭永为观津敬侯，世

津敬侯，世妇董为堂阳君。追封谥后兄浮为梁里亭戴侯，都为武城亭孝侯，成为新乐亭定侯，皆使使者奉策，祠以太牢。表薨，子详嗣，又分表爵封详弟述为列侯。详薨，子钊嗣。

妇董氏为堂阳君。追封郭后哥哥郭浮的谥号为梁里亭戴侯，郭都为武城亭孝侯，郭成为新乐亭定侯，都派遣使节奉持册书，以太牢之礼祭祀。郭表去世，儿子郭详嗣封，又分郭表的爵禄封郭详的弟弟郭述为列侯。郭详去世后，儿子郭钊嗣封。

今注 1 中垒将军：三国魏置，主管中垒营，负责宫禁宿卫。 2 金紫：金印紫绶。

裴注 [1]《魏略》曰："明帝既嗣立，追痛甄后之薨，故太后以忧暴崩。甄后临没，以帝属李夫人。及太后崩，夫人乃说甄后见谮之祸，不获大敛，被发覆面，帝哀恨流涕，命殡葬太后，皆如甄后故事。"《汉晋春秋》曰："初，甄后之诛，由郭后之宠，及殡，令被发覆面，以糠塞口，遂立郭后，使养明帝。帝知之，心常怀忿，数泣问甄后死状。郭后曰：'先帝自杀，何以责问我？且汝为人子，可追仇死父，为前母枉杀后母邪？'明帝怒，遂逼杀之，敕殡者使如甄后故事。"《魏书》载哀策曰："维青龙三年三月壬申，皇太后梓宫启殡，将葬于首阳之西陵。哀子皇帝叡亲奉册祖载，遂亲遣奠，叩心擗踊，号咷仰诉，痛灵魂之迁幸，悲容车之向路，背三光以潜翳，就黄垆而安厝。呜呼哀哉！昔二女妃虞，帝道以彰，三母嫔周，圣善弥光，既多受祉，享国延长。哀哀慈妣，兴化闺房，龙飞紫极，作合圣皇，不虞中年，暴罹灾殃。愍予小子，茕茕摧伤，魂虽永逝，定省曷望？呜呼哀哉！"

明悼毛皇后

原文

明悼毛皇后，河内人也。黄初中，以选入东宫，明帝时为平原王，进御有宠，出入与同舆辇。及即帝位，以为贵嫔。太和元年，立为皇后。后父嘉，拜骑都尉，后弟曾，郎中。

初，明帝为王，始纳河内虞氏为妃，帝即位，虞氏不得立为后，太皇卞太后慰勉焉。虞氏曰："曹氏自好立贱，未有能以义举者也。然后职内事，君听外政，其道相由而成，苟不能以善始，未有能令终者也。殆必由此亡国丧祀矣！"虞氏遂绌还邺宫。进嘉为奉车都尉，曾骑都尉，宠赐隆渥。顷之，封嘉博平乡侯，迁光禄大夫，曾驸马都尉。嘉本典虞车工[1]，卒[2]暴富贵，明帝令朝臣会其家饮宴，其容止

译文

明悼毛皇后，是河内人。黄初年间，因被选中而进入东宫，明帝当时为平原王，毛后进见而获得宠爱，出入的时候同乘舆辇。等明帝即帝位后，他以毛后为贵嫔。太和元年(227)，立为皇后。毛后的父亲毛嘉，任骑都尉，毛后的弟弟毛曾，为郎中。

当初，明帝为王的时候，刚开始纳河内虞氏为妃，即位后，虞氏没有立为皇后，太皇卞太后为此对其进行安慰劝勉。虞氏说道："曹氏自来喜欢立出身卑贱的人，未曾按礼义行事。然而皇后主管内事，国君听取外政，其道相辅相成，如果不能够善始，就不能够有善终。恐怕必定会因此而亡国灭祀吧！"虞氏于是被贬退返还邺宫。明帝晋升毛嘉为奉车都尉，毛曾为骑都尉，宠幸赏赐隆重丰厚。不久，封毛嘉为博平乡侯，迁光禄大夫，封毛曾为驸马都尉。毛嘉本来只是典虞车工，突然暴得富贵，明帝令朝臣在他家聚会宴饮，他的表情举动

举动甚蚩呆騃[3]，语辄自谓“侯身”，时人以为笑[1]。后又加嘉位特进，曾迁散骑侍郎。青龙三年，嘉薨，追赠光禄大夫，改封安国侯，增邑五百，并前千户，谥曰节侯。四年，追封后母夏为野王君。

很是滑稽笨拙，说话的时候动不动就自称“侯身”，当时人引为笑谈。后来又加毛嘉特进，迁毛曾为散骑侍郎。青龙三年(235)，毛嘉去世，追赠光禄大夫，改封为安国侯，增加食邑五百户，加上之前的共一千户，谥号为节侯。青龙四年(236)，追封毛后的母亲夏氏为野王君。

今注　1 典虞车工：太仆下设典虞都尉、典虞丞，典虞车工应是在典虞机构从事车辆制作的工匠。　2 卒，同“猝”，突然。　3 蚩騃(ái)：滑稽笨拙。

帝之幸郭元后也，后爱宠日弛。景初元年，帝游后园，召才人以上曲宴[1]极乐。元后曰“宜延皇后”，帝弗许。乃禁左右，使不得宣。后知之，明日，帝见后，后曰：“昨日游宴北园，乐乎？”帝以左右泄之，所杀十余人。赐后死，然犹加谥，葬愍陵。迁曾散骑常侍，后徙为羽林虎贲中郎将、原武典农。

自从明帝宠幸郭元后，对毛后的宠爱逐渐减少。景初元年(237)，明帝到后园游玩，召才人以上者参加曲宴，极尽欢愉。元后说道：“应该请皇后参加”，明帝不许。而且禁止左右的人，不得宣扬出去。毛后知道了此事，第二天，明帝见到毛后，毛后说“昨天在北园游玩宴饮，快乐吗？”明帝认为是左右的人泄露了出去，为此杀了十几个人。明帝又将毛后赐死，仍然加封谥号，葬在愍陵。迁毛曾为散骑常侍，后来徙为羽林虎贲中郎将、原武典农。

今注 1 曲宴：犹言私宴，多指宫中之宴。

裴注 [1] 孙盛曰："古之王者，必求令淑，以对扬至德，恢王化于《关雎》，致淳风于《麟趾》。及臻三季，并乱兹绪，义以情溺，位由宠昏，贵贱无章，下陵上替，兴衰隆废，皆是物也。魏自武王，暨于烈祖，三后之升，起自幽贱，本既卑矣，何以长世？《诗》云：'绨兮绤兮，凄其以风。'其此之谓乎！"

明元郭皇后

原文

明元郭皇后，西平[1]人也，世河右[2]大族。黄初中，本郡反叛，遂没入宫。明帝即位，甚见爱幸，拜为夫人。叔父立为骑都尉，从父芝为虎贲中郎将。帝疾困，遂立为皇后。齐王即位，尊后为皇太后，称永宁宫。追封谥太后父满为西都定侯，以立子建绍其爵。封太后母杜为郃阳君。芝迁散骑常侍、长水校尉[1]，立，宣德将军，皆封列侯。建兄悳，出养甄氏。悳及建俱为镇护将军，皆封列侯，并掌宿卫。值三主幼

译文

明元郭皇后，是西平人，世代为河右大族。黄初年间，西平郡发生反叛，郭氏于是被没入宫。明帝即位，甚得宠幸，拜为夫人。叔父郭立为骑都尉，从父郭芝为虎贲中郎将。明帝病重，立郭氏为皇后。齐王曹芳即帝位，尊为皇太后，居所称永宁宫。追封太后父亲郭满的谥号为西都定侯，过继郭立的儿子郭建承袭爵位。封太后的母亲杜氏为郃阳君。郭芝迁为散骑常侍、长水校尉，郭立为宣德将军，都封为列侯。郭建的哥哥郭悳，过继到甄家。郭悳和郭建都为镇护将军，都封为列侯，并掌管宿卫。适逢三主年幼势弱，宰辅

弱,宰辅统政,与夺大事,皆先咨启于太后而后施行。毌丘俭、钟会等作乱,咸假其命而以为辞焉。景元四年十二月崩,五年二月,葬高平陵西[2]。

统管政事,国家大事的斟酌定夺,都会先向郭太后咨询然后才施行。毌丘俭、钟会等人作乱,都假借得到太后的命令为号召。景元四年(263)十二月郭太后去世,景元五年(264)二月,葬在高平陵西。

今注 1 西平:郡名,治所西都,在今青海西宁。 2 河右:古代泛指黄河以西的地区,汉时指今甘肃、青海二省黄河以西地区,即河西走廊与湟水流域。

裴注 [1]《魏略》曰:"诸郭之中,芝最壮直。先时自以他功封侯。"[2]《晋诸公赞》曰:"建字叔始,有器局而强问,泰始中疾薨。子嘏嗣,为给事中。"

评曰:魏后妃之家,虽云富贵,未有若衰汉乘非其据,宰割朝政者也。鉴往易轨1,于斯为美。追观陈群之议,栈潜之论,适足以为百王之规典,垂宪范乎后叶2矣。

评论说:曹魏的后妃之家,虽然称得上富贵,却没有像汉末那样趁天子年幼势弱,宰制割裂朝政。借鉴往事以改变法度,在此方面值得称颂。回过头来看陈群的建议,栈潜的议论,真是堪为百代王制的典范,垂训后世的法式啊。

今注 1 易轨:改变法度。 2 后叶:后世。

卷六 魏书六

董二袁刘传

[导读] 这一卷主要叙述了董卓、袁绍、袁术和刘表等人的生平事迹。董卓进入洛阳并执掌政权,标志着东汉末年乱世的开始。导致这一情况出现的原因,则是东汉王朝外戚与宦官之间的权力争斗。当皇权出现空隙,宦官或外戚就会乘虚而入,并且在相互斗争中消耗数代人在政治上的积累,最终导致中央力量的全面衰弱,再也无力控制地方。袁绍、袁术、刘表等人的崛起,都可以看作是董卓入京带来的政治后果。李傕、郭汜等人可以看作是董卓式的政治统治方式的延续。袁绍有深厚的政治根基,很容易得到士人的效力,并聚集强大的军事力量,但他过分重视亲信对政权的控制,忽视任用外来人才,没有建立成熟的政治制度,他的事业也因此遭到失败。袁术趁天下大乱在南方称帝,但他奢侈放纵,并没有长远的规划,所建立的官制更多是流于形式,不能作为权力的有效支撑。刘表与袁绍相似的地方在于都倚重自己的家人,不同的地方在于刘表更加犹豫不决,也缺乏志向,只想坐观成败。陈寿在评论中充分认识到这四人性格上的缺点和嫡长子继承等礼法制度的重要性,然而这些人的态度也反映出一时的政治文化风尚。他们的失败不仅是个人因素导致的结果,也是在东汉政治体系解体的背景下,新的政治统治方式尚未形成的表现。

董卓

原文

董卓，字仲颖，陇西临洮[1]人也[1]。少好侠，尝游羌中，尽与诸豪帅[2]相结。后归耕于野，而豪帅有来从之者，卓与俱还，杀耕牛与相宴乐。诸豪帅感其意，归相敛，得杂畜千余头以赠卓[2]。汉桓帝末，以六郡[3]良家子[4]为羽林郎。卓有才武，旅力[5]少比，双带两鞬[6]，左右驰射[7]。为军司马，从中郎将张奂征并州有功，拜郎中，赐缣九千匹，卓悉以分与吏士。迁广武令、蜀郡北部都尉、西域戊己校尉，免。征拜并州刺史、河东太守[3]，迁中郎将，讨黄巾，军败抵罪。

译文

董卓，字仲颖，陇西临洮人。年少时喜欢行侠仗义，曾游历羌族居住的地区，与他们的头领都有交情。后来董卓回乡，耕地度日，有羌人头领前来追随，董卓与他们一同回家，杀了耕牛与他们宴饮作乐。羌人诸首领被董卓的诚意感动，返回羌地搜集物资，将所得的各类牲畜近千头送给董卓。汉桓帝末年，董卓以六郡良家子的身份被任命为羽林郎。董卓有军事才能，气力少有人能比，马两侧带着弓囊，左右两面皆能在奔驰中拉弓射箭。董卓做了军司马之后，跟随中郎将张奂征讨并州立下军功，被任命为郎中，赏赐缣九千匹，董卓将所赐全部分给官吏和士兵。董卓历任广武令、蜀郡北部都尉、西域戊己校尉，后来免官。又被征召，任命为并州刺史、河东太守，升任中郎将，征讨黄巾军失败，以官职抵罪。

今注 1 临洮：在今甘肃岷县。 2 豪帅：与“耆帅”相同，都是当时少数民族首领的称谓。 3 六郡：是指陇西、天水、安定、北地、上郡、西河六郡，此六郡人民勇武，是汉朝重要的兵源地。 4 良家子：指不在七科谪（犯罪官吏、杀人犯、赘婿、在籍商人、曾做过商人的人、父母做过商人的人、祖父母做过商人的人）内，不是医、巫、商贾、百工之子的平民子弟。 5 旅力：同“膂力”，即气力，体力。 6 鞬（jiān）：指弓囊。 7 左右驰射：骑马时可以左右持弓射箭。

裴注 [1]《英雄记》曰：“卓父君雅，由微官为颍川纶氏尉。有三子：长子擢，字孟高，早卒；次即卓；卓弟旻，字叔颖。” [2]《吴书》曰：“郡召卓为吏，使监领盗贼。胡尝出钞，多虏民人，凉州刺史成就辟卓为从事，使领兵骑讨捕，大破之，斩获千计。并州刺史段颎荐卓公府，司徒袁隗辟为掾。” [3]《英雄记》曰：“卓数讨羌、胡，前后百余战。”

韩遂等起凉州，复为中郎将，西拒遂。于望垣硖北，为羌、胡数万人所围，粮食乏绝。卓伪欲捕鱼，堰其还道当所渡水为池，使水渟满数十里，默从堰下过其军而决堰。比羌、胡闻知追逐，水已深，不得渡。时六军上陇西，五军败绩，卓独全众而还，屯住扶风。拜前将军，封斄乡侯，征为并州牧[1]。

灵帝崩，少帝即位。大将军何进与司隶校尉

韩遂等人在凉州起兵，朝廷再次任命董卓为中郎将，向西抵御韩遂的进攻。在望垣硖北部，董卓被羌、胡诸部几万人围困，军中粮食将要断绝，于是董卓派人假装下河捕鱼，造堤坝堵塞了羌、胡各部返回所要渡过的河流，蓄水为池塘，水面漫延数十里。董卓率军悄然从堤下通过，然后掘开堤坝。等羌、胡诸部知道董卓逃脱再要追击时，河水已经很深，无法渡过了。当时有六支军队进军陇西，其中五军遭到惨败，只有董卓保全部众返回，驻扎在扶风，于是升任董卓为前将军，封斄乡侯，并被征召为并州牧。

袁绍谋诛诸阉官[1]，太后不从。进乃召卓使将兵诣京师，并密令上书曰："中常侍[2]张让等窃幸乘宠，浊乱海内。昔赵鞅兴晋阳之甲[3]，以逐君侧之恶。臣辄鸣钟鼓如洛阳，即讨让等。"欲以胁迫太后。卓未至，进败[1]。中常侍段珪等劫帝走小平津，卓遂将其众迎帝于北芒，还宫[2]。时进弟车骑将军苗为进众所杀[3]，进、苗部曲无所属，皆诣卓。卓又使吕布杀执金吾丁原，并其众，故京都兵权唯在卓。先是，进遣骑都尉太山鲍信所在募兵，适至，信谓绍曰："卓拥强兵，有异志，今不早图，将为所制；及其初至疲劳，袭之可禽也。"绍畏卓，不敢发，信遂还乡里。

汉灵帝去世，少帝即位。大将军何进与司隶校尉袁绍计划诛杀掌权的宦官，何太后不听从。于是何进召董卓领兵前往京城，并密令董卓向朝廷上书说："中常侍张让等人利用先帝的宠幸扰乱天下。当年赵鞅率领晋阳的甲士驱逐君主身边的恶人。我就鸣钟击鼓前往洛阳，讨伐张让等人。"何进想以此胁迫太后。可没等董卓来到洛阳，何进就已经事败被杀了。中常侍段珪等人劫持了少帝车驾逃往小平津，董卓就率领部众在北芒拦截他们，迎少帝回到洛阳宫中。当时何进的弟弟车骑将军何苗被何进的部众所杀，何进、何苗的部众没人统领，都投奔了董卓。董卓又派吕布杀死了执金吾丁原，兼并了他的部众，所以当时京都的兵权都归董卓统领。在此之前，何进派骑都尉泰山人鲍信在辖地募兵，此时鲍信回到洛阳，对袁绍说："董卓掌握着强大的兵力，有不轨的意图，如今不趁早诛杀他，以后就会受他压制了；董卓刚到洛阳，军队疲惫，领军突袭就能将其擒获。"但是袁绍畏惧董卓，不敢行动，鲍信就返回家乡了。

今注 1 阉官：即宦官，宦官在西汉时不全用阉人，但在东汉则全用阉人。 2 中常侍：本为皇帝侍从官，协助处理宫内诸事，并负责顾问应对，东汉后期成为高级宦官的专门官职。曹魏时又改为散骑常侍，复为侍从官，不再以宦官担任。 3 昔赵鞅兴晋阳之甲：春秋时期，晋国发生内乱，范氏、中行氏、邯郸氏攻打赵氏，赵鞅逃往晋阳避祸。最终凭借晋阳的军队，在智氏、韩氏、魏氏的帮助下，打败了范氏和中行氏。

裴注 [1]《灵帝纪》曰："中平五年，征卓为少府，敕以营吏士属左将军皇甫嵩，诣行在所。卓上言：'凉州扰乱，鲸鲵未灭，此臣奋发效命之秋。吏士踊跃，恋恩念报，各遮臣车，辞声恳恻，未得即路也。辄且行前将军事，尽心慰恤，效力行阵。'六年，以卓为并州牧，又敕以吏兵属皇甫嵩。卓复上言：'臣掌戎十年，士卒大小，相狎弥久，恋臣畜养之恩，乐为国家奋一旦之命，乞将之州，效力边陲。'卓再违诏敕，会为何进所召。"[2]《续汉书》曰："进字遂高，南阳人，太后异母兄也。进本屠家子，父曰真。真死后，进以妹倚黄门得入掖庭，有宠，光和三年，立为皇后，进由是贵幸。中平元年，黄巾起，拜进大将军。"《典略》载卓表曰："臣伏惟天下所以有逆不止者，各由黄门常侍张让等侮慢天常，操擅王命，父子兄弟并据州郡，一书出门，便获千金，京畿诸郡数百万膏腴美田皆属让等，至使怨气上蒸，妖贼蜂起。臣前奉诏讨於扶罗，将士饥乏，不肯渡河，皆言欲诣京师，先诛阉竖以除民害，从台阁求乞资直。臣随慰抚，以至新安。臣闻扬汤止沸，不如灭火去薪，溃痈虽痛，胜于养肉，及溺呼船，悔之无及。"[3]张璠《汉纪》曰："帝以八月庚午为诸黄门所劫，步出谷门，走至河上。诸黄门既投河死，时帝年十四，陈留王年九岁，兄弟独夜步行欲还宫，暗暝，逐萤火而行，数里，得民家以露车载送。辛未，公卿以下与卓共迎帝于北芒阪下。"《献帝春秋》曰："先是童谣曰：'侯非侯，王非王，千乘万骑走北芒。'卓时适至，屯显阳苑。闻帝当还，率众迎帝。"《典略》曰："帝望见卓兵，涕泣。群公谓卓曰：'有诏却兵。'卓曰：'公诸人为国大臣，不能匡正王室,至使国家播荡,何却兵之有!'遂俱入城。"《献帝纪》曰:"卓与帝语,语不可了。乃更与陈留王语,问祸乱由起;王答,自初至终,无所遗失。卓大喜,乃有废立意。"《英雄记》曰:"河南中部掾闵贡扶帝及陈留王上至雒舍止。帝独乘一马,陈留王与贡共乘一马,从雒舍南行。公卿百官奉迎于北芒阪下,故太尉崔烈在前导。卓将步骑数千来迎,烈呵使避,卓骂烈曰:'昼夜三百里来,何云"避",我不能断卿头邪?'前见帝曰:'陛下令常侍小黄门作乱乃尔,以取祸败,为负不小邪!'又趋陈留王,曰:'我董卓也,从我抱来!'乃于贡抱中取王。"《英雄记》曰:"一本云王不就卓抱,卓与王并马而行也。" [4]《英雄记》云:"苗,太后之同母兄,先嫁朱氏之子。进部曲将吴匡,素怨苗不与进同心,又疑其与宦官同谋,乃令军中曰:'杀大将军者,车骑也。'遂引兵与卓弟旻共攻杀苗于朱爵阙下。" [5]《九州春秋》曰:"卓初入洛阳,步骑不过三千。自嫌兵少,不为远近所服,率四五日,辄夜遣兵出四城门,明日陈旌鼓而入,宣言云'西兵复入至'。洛中人不觉,谓卓兵不可胜数。"

于是以久不雨,策免司空刘弘而卓代之,俄迁太尉,假节钺虎贲。遂废帝为弘农王。寻又杀王及何太后。立灵帝少子陈留王,是为献帝[1]。卓迁相国,封郿[1]侯,赞拜不名[2],剑履上殿[3]。又封卓母为池阳君,置家令、丞。卓既率精兵来,适值帝室大乱,得专废立,据

当时很久没有下雨,朝廷因此罢免司空刘弘而以董卓代替。不久又升任董卓为太尉,授予他节杖、斧钺、卫士。董卓于是废少帝为弘农王,不久又杀了弘农王及何太后。立汉灵帝小儿子陈留王,即汉献帝。董卓又被任命为相国,封为郿侯,赐予朝拜时不用通传姓名、不必卸剑除履就可以进入正殿的特权。朝廷又封董卓的母亲为池阳君,设置家令、家丞。董卓率领精锐士兵来京时正赶上皇室遭逢巨大动乱,才能专断废立皇帝的

有武库甲兵，国家珍宝，威震天下。卓性残忍不仁，遂以严刑胁众，睚眦之隙[4]必报，人不自保[2]。尝遣军到阳城。时适二月社[5]，民各在其社下，悉就断其男子头，驾其车牛，载其妇女财物，以所断头系车辕轴，连轸[6]而还洛，云攻贼大获，称万岁。入开阳城门，焚烧其头，以妇女与甲兵为婢妾。至于奸乱宫人公主。其凶逆如此。

大事，他掌握了中央武库的铠甲和兵器，占有了国家珍宝，威名震动天下。董卓性情残忍不仁，用酷刑威胁众人，即使一点小怨也要追究罪责，众人都无法保全自己。董卓曾派遣军队到阳城，当时正逢春社祭典，百姓大多聚集在社下，董卓下令将此地男子的首级全部斩下，驾驶他们的牛车，载着他们的妇人和财物，将砍下的头颅系在车辕、轮轴上，赶着庞大的车队返回洛阳，宣称进攻敌人，大获而归，还高呼万岁。进入开阳城门后，就焚烧斩下的头颅，将掳掠来的妇女分给士兵为奴婢姬妾。董卓还奸淫宫女、公主。他就是如此凶残狂悖。

今注　1 郿：在今陕西眉县。　2 赞拜不名：大臣朝见皇帝时，赞礼官不直呼其姓名，只称官职。这是皇帝给予大臣的一种特殊礼遇。　3 剑履上殿：大臣得到特许可以佩剑穿鞋上朝，是一种极高的礼遇。　4 睚眦之隙：瞪人一眼所产生的小小的不愉快。此处形容董卓度量狭小。　5 二月社：即春社，主要祭祀土地，举行庆典，时间一般为立春之后的第五个戊日，在春分前后。　6 连轸(zhěn)：指车辆众多。轸，车厢底部四面的横木。

裴注　[1]《献帝纪》曰："卓谋废帝，会群臣于朝堂，议曰：'大者天地，次者君臣，所以为治。今皇帝暗弱，不可以奉宗庙，为天下主。欲依伊尹、霍光故事，立陈留王，何如？'尚书卢植曰：'案《尚书》，太甲既立不明，伊尹放之桐宫。昌邑王立二十七日，罪过千余，故霍光废之。今上富于春秋，行未有失，非前事之比也。'卓怒，罢坐，欲诛植，侍中蔡邕劝之，得免。九月甲戌，卓复大会群臣曰：'太后逼迫永乐太后，令以忧死，逆妇姑之礼，无孝顺之节。天子幼质，软弱不君。昔伊尹放太甲，霍光废昌邑，著在典籍，佥以为善。今太后宜如太甲，皇帝宜如昌邑。陈留王仁孝，宜即尊皇祚。'"《献帝起居注》载策曰："孝灵皇帝不究高宗眉寿之祚，早弃臣子。皇帝承绍，海内侧望，而帝天姿轻佻，威仪不恪，在丧慢惰，衰如故焉；凶德既彰，淫秽发闻，损辱神器，忝污宗庙。皇太后教无母仪，统政荒乱。永乐太后暴崩，众论惑焉。三纲之道，天地之纪，而乃有阙，罪之大者。陈留王协，圣德伟茂，规矩邈然，丰下兑上，有尧图之表；居丧哀戚，言不及邪，岐嶷之性，有周成之懿。休声美称，天下所闻，宜承洪业，为万世统，可以承宗庙。废皇帝为弘农王。皇太后还政。"尚书读册毕，群臣莫有言，尚书丁宫曰："天祸汉室，丧乱弘多。昔祭仲废忽立突，《春秋》大其权。今大臣量宜为社稷计，诚合天人，请称万岁。"卓以太后见废，故公卿以下不布服，会葬，素衣而已。 [2]《魏书》曰："卓所愿无极，语宾客曰：'我相，贵无上也。'"《英雄记》曰："卓欲震威，侍御史扰龙宗诣卓白事，不解剑，立挝杀之，京师震动。发何苗棺，出其尸，枝解节弃于道边。又收苗母舞阳君，杀之，弃尸于苑枳落中，不复收敛。"

初，卓信任尚书周毖、城门校尉伍琼等，用其所举韩馥、刘岱、孔伷、张咨、张邈等出宰州郡。而馥等至官，皆合兵将以讨卓。卓闻之，以为毖、琼等通情卖己，皆斩之[1]。

起先，董卓信赖尚书周毖、城门校尉伍琼等人，任用他们所举荐的韩馥、刘岱、孔伷、张咨、张邈等人去各州郡主政。而韩馥等人到任之后，都聚集士兵将领来讨伐董卓。董卓听说之后，以为周毖、伍琼等人与他们私通情报出卖自己，将周毖、伍琼等全部斩杀。

河内[1]太守王匡，遣泰山兵屯河阳津[2]，将以图卓。卓遣疑兵若将于平阴[3]渡者，潜遣锐众从小平[4]北渡，绕击其后，大破之津北，死者略尽。卓以山东豪杰并起，恐惧不宁。初平元年二月，乃徙天子都长安。焚烧洛阳宫室，悉发掘陵墓，取宝物[2]。卓至西京，为太师，号曰尚父。乘青盖金华车，爪画两轓[5]，时人号曰竿摩[6]车[3]。卓弟旻为左将军，封鄠[7]侯；兄子璜为侍中中军校尉典兵，宗族内外并列朝廷[4]。公卿见卓，谒拜车下，卓不为礼。召呼三台、尚书[8]以下自诣卓府启事[5]。

河内太守王匡派泰山兵驻守河阳津，准备攻击董卓。董卓派士兵假装从平阴渡河，又秘密派遣精锐部队从小平北渡河，迂回到王匡的背后，在河阳津北面大败王匡军，几乎全灭王匡的部众。此时，董卓因山东豪杰共同起兵而感到害怕不安，于是在初平元年(190)二月胁迫天子迁都长安。还派人焚烧洛阳的宫殿府库，将在洛阳的皇室陵墓全部挖开，取走随葬的贵重物品。董卓到西京后被任命为太师，自称“尚父”。董卓乘坐有青色篷盖、金色纹饰的车辆，把龙爪图案画在车厢两旁的挡板上，当时的人称之为“竿摩车”。董卓之弟董旻出任左将军，受封为鄠侯；董卓兄长的儿子董璜任侍中中军校尉典兵，从此董卓的宗族成员、内外亲信全都在朝中任职。董卓出行时，即使公卿在车驾下拜谒，他也不向公卿行礼。董卓还令三台、尚书以下的官员亲自到他府邸报告公务。

今注　1 河内：河内郡，治怀县(今武陟西南)，辖境相当今河南黄河以北，京汉铁路(含卫辉)以西地区。　2 河阳津：即孟津，在今河南孟州西南、孟津东。　3 平阴：即平阴津，在今河南孟津东北。　4 小平：即小平津，在今河南孟津东北。　5 轓(fān)：车厢两旁的挡板。　6 竿摩：即“干劘”，相似、逼近的意思。是说董卓的车驾僭越等级，逼近天子车驾的形制。　7 鄠(hù):鄠县,在今西安鄠邑区北。　8 三台、尚书:此处当为太尉、司徒、司空的合称,也有将尚书台、御史台、谒者台合称三台。尚书,此指尚书令,尚书台长官,掌管政务决策,总领朝政,实际拥有丞相职权。

裴注　[1]《英雄记》曰:"毖字仲远,武威人。琼字德瑜,汝南人。"谢承《后汉书》曰:"伍孚字德瑜,少有大节,为郡门下书佐。其本邑长有罪,太守使孚出教,敕曹下督邮收之。孚不肯受教,伏地仰谏曰:'君虽不君,臣不可不臣,明府奈何令孚受教,敕外收本邑长乎?更乞授他吏。'太守奇而听之。后大将军何进辟为东曹属,稍迁侍中、河南尹、越骑校尉。董卓作乱,百僚震栗。孚著小铠,于朝服里挟佩刀见卓,欲伺便刺杀之。语阕辞去,卓送至阁中,孚因出刀刺之。卓多力,退却不中,即收孚。卓曰:'卿欲反邪?'孚大言曰:'汝非吾君,吾非汝臣,何反之有?汝乱国篡主,罪盈恶大,今是吾死日,故来诛奸贼耳,恨不车裂汝于市朝以谢天下。'遂杀孚。"谢承记孚字及本郡,则与琼同,而致死事乃与琼异也,不知孚为琼之别名,为别有伍孚也?盖未详之。　[2]华峤《汉书》曰:"卓欲迁都长安,召公卿以下大议。司徒杨彪曰:'昔盘庚五迁,殷民胥怨,故作三篇以晓天下之民。今海内安稳,无故移都,恐百姓惊动,糜沸蚁聚为乱。'卓曰:'关中肥饶,故秦得并吞六国。今徙西京,设令关东豪强敢有动者,以我强兵蹙之,可使诣沧海。'彪曰:'海内动之甚易,安之甚难。又长安宫室坏败,不可卒复。'卓曰:'武帝时居杜陵南山下,有成瓦窑数千处,引凉州材木东下以作宫室,为功不难。'卓意不得,便作色曰:'公欲沮我计邪?边章、韩约有书来,欲令朝廷必徙都。若大兵东下,我不能复相救,公便可与袁氏西行。'彪曰:'西方自彪道径也,顾未知天下何如耳!'议罢。卓敕司隶校尉宣播以灾异劾奏,因策免彪。"《续汉书》曰:"太尉黄琬、司徒杨彪、司空荀爽俱诣卓,卓言:'昔高祖都关中,十一世后中兴,更都洛阳。从光武至今复十一世,案《石苞室谶》,宜复还都长安。'坐中皆惊愕,无敢应者。彪曰:'迁都改制,天下大事,皆当因民之心,随时之宜。昔盘庚五迁,殷民胥怨,故作三篇以晓之。往者王莽篡逆,变乱五常,更始、赤眉之时,焚烧长安,残害百姓,民人流亡,百无一在。光武受命,更都洛邑,此其宜也。今方建立圣主,光隆汉祚,而无故捐宫庙,弃园陵,恐百姓惊愕,不解此意,必麋沸蚁聚以致扰乱。《石苞室谶》,妖邪之书,岂可信用?'卓作色曰:'杨公欲沮国家计邪?关东方乱,所在贼起。崤函险固,国之重防。又陇右取材,功夫不难。杜陵南山下有孝武故陶处,作砖瓦,一朝可办。宫室官府,盖何足言!百姓小民,何足与议!若有前郤,我以大兵驱之,岂得自在!'百寮皆恐怖失色。琬谓卓曰:'此大事。杨公之语,得无重思!'卓罢坐,即日令司隶奏彪及琬,皆免官。大驾即西。卓部兵烧洛阳城外面百里。又自将兵烧南北宫及宗庙、府库、民家,城内扫地殄尽。又收诸富室,以罪恶没入其财物;无辜而死者,不可胜计。"《献帝纪》曰:"卓获山东兵,以猪膏涂布十余匹,用缠其身,然后烧之,先从足起。获袁绍豫州从事李延,煮杀之。卓所爱胡,恃宠放纵,为司隶校尉赵谦所杀。卓大怒曰:'我爱狗,尚不欲令人呵之,而况人乎!'乃召司隶都官挝杀之。"

[3]《魏书》曰:"言其逼天子也。"《献帝纪》曰:"卓既为太师,复欲称尚父,以问蔡邕。邕曰:'昔武王受命,太公为师,辅佐周室,以伐无道,是以天下尊之,称为尚父。今公之功德诚为巍巍,宜须关东悉定,车驾东还,然后议之。'乃止。京师地震,卓又问邕。邕对曰:'地动阴盛,大臣逾制之所致也。公乘青盖车,远近以为非宜。'卓从之,更乘金华皂盖车也。"

[4]《英雄记》曰:"卓侍妾怀抱中子,皆封侯,弄以金紫。孙女名白,时尚未笄,封为渭阳君。于郿城东起坛,从广二丈余,高五六尺,使白乘轩金华青盖车,都尉、中郎将、刺史、二千石在郿者,各令乘轩簪笔,为白导从,之坛上,使兄子璜为使者,授印绶。"

[5]《山阳公载记》曰:"初,卓为前将军,皇甫嵩为左将军,俱征韩遂,各不相下。后卓征为少府、并州牧,兵当属嵩,卓大怒。及为太师,嵩为御史中丞,拜于车下。卓问嵩:'义真服未乎?'嵩曰:'安知明公乃至于是!'卓曰:'鸿鹄固有远志,但燕雀自

不知耳。’嵩曰:‘昔与明公俱为鸿鹄,不意今日变为凤皇耳。’卓笑曰:‘卿早服,今日可不拜也。’”张璠《汉纪》曰:“卓抵其手谓皇甫嵩曰:‘义真怖未乎?’嵩对曰:‘明公以德辅朝廷,大庆方至,何怖之有?若淫刑以逞,将天下皆惧,岂独嵩乎?’卓默然,遂与嵩和解。”

筑郿坞,高与长安城埒[1],积谷为三十年储[1]。云事成,雄据天下,不成,守此足以毕老。尝至郿行坞,公卿已下祖道[2]于横门[3]外[2]。卓豫施帐幔饮,诱降北地反者数百人,于坐中先断其舌,或斩手足,或凿眼,或镬煮之,未死,偃转杯案间,会者皆战慄亡失匕箸,而卓饮食自若。太史望气[4],言当有大臣戮死者。故太尉张温时为卫尉[5],素不善卓,卓心怨之,因天有变,欲以塞咎,使人言温与袁术交关,遂笞杀之[3]。法令苛酷,爱憎淫刑,更相被诬,冤死者千数。百姓嗷嗷,道

董卓还修筑了与长安城墙一样高的郿坞,在里面贮藏了足够支撑三十年的粮食。董卓曾说,如果他大事得成,就掌控天下,如果不成,固守郿坞也够自己享受一生。董卓有一次到郿县的坞堡,公卿及以下官员在横门外为他饯行。董卓预先准备营帐与百官宴饮,在席间将数百名被诱降的北方叛乱者先斩断舌头,然后或砍断手足,或戳瞎眼睛,或用大锅烹煮。未死的人在酒席之间仆倒翻转,在座的官员都恐惧颤抖得握不住餐具,而董卓却镇定自如地吃喝。曾有太史望气,说会有大臣被杀。当时,前太尉张温任卫尉,一向与董卓不和,遭董卓记恨。由于天象有变,董卓想以张温搪塞罪责,于是派人宣扬张温与袁术勾结,将张温杖毙。董卓施行的法令严厉残酷,随其爱憎滥施刑罚,致使人们相互诬告,受冤枉而死的人数以千计。百姓痛哭号啕,行人在路上相见不敢交谈,只以眼色示意。董卓将放置于宫室、庙宇的铜人、钟

路以目[4]。悉椎破铜人、钟虡,及坏五铢钱,更铸为小钱,大五分[6],无文章[7],肉好[8]无轮郭[9],不磨鑢[10]。于是货轻而物贵,谷一斛至数十万,自是后钱货不行。

架全部敲碎,并禁止五铢钱流通,改铸小钱,大小为五分,钱文模糊,钱币的外边和内孔既没有铸出边线,也不打磨光滑。于是货币贬值,物价腾贵,一斛谷子价格可达几十万钱,从此钱币不能用于流通。

今注　1 埒(liè):相当,与……相等。　2 祖道:为行人举行的饯别仪式。　3 横门:汉代长安城北城墙西侧之门。郿县在长安西北,故出此门。　4 望气:观测云气以占卜吉凶。　5 卫尉:掌皇宫禁卫、宫门屯驻、昼夜巡警和检查出入者门籍。　6 大五分:五分大小。汉代一寸合十分,长度为2.3~2.4厘米,董卓铸造的小钱直径为五分,即半寸,约1.2厘米。　7 无文章:有两说,一说此钱没有钱文;另一说此钱上有"五铢"文字,但钱文模糊不清。　8 肉好:肉指钱币的边,好则指中间的孔。　9 轮郭:五铢钱会在钱币的边和口周围铸出凸起的边线,以防止钱币磨损贬值或有人刻意剪边偷铸。　10 磨鑢(lǜ):此处指打磨光滑。

裴注　[1]《英雄记》曰:"郿去长安二百六十里。"　[2]横,音光。　[3]《傅子》曰:"灵帝时,榜门卖官,于是太尉段颎、司徒崔烈、太尉樊陵、司空张温之徒,皆入钱;上千万下五百万,以买三公。颎数征伐有大功,烈有北州重名,温有杰才,陵能偶时,皆一时显士,犹以货取位,而况于刘嚣、唐珍、张颢之党乎!"《风俗通》曰:"司隶刘嚣,以党诸常侍,致位公辅。"《续汉书》曰:"唐珍,中常侍唐衡弟。张颢,中常侍张奉弟。"　[4]《魏书》曰:"卓使司隶校尉刘嚣籍吏民有为子不孝,为臣不忠,为吏不清,为弟不顺,有应此者皆身诛,财物没官。于是爱憎互起,民多冤死。"

三年四月,司徒王允、尚书仆射[1]士孙瑞、卓将吕布共谋诛卓。是时,天子有疾新愈,大会未央殿。布使同郡骑都尉李肃等,将亲兵十余人,伪著卫士服守掖门[2]。布怀诏书,卓至,肃等格卓。卓惊呼布所在。布曰“有诏”,遂杀卓,夷三族。主簿[3]田景前趋卓尸,布又杀之;凡所杀三人,余莫敢动[1]。长安士庶咸相庆贺,诸阿附卓者皆下狱死[2]。

初平三年(192)四月,司徒王允、尚书仆射士孙瑞、董卓部将吕布共同策划诛杀董卓。当时,天子患病刚刚痊愈,在未央殿会见群臣。吕布命同郡骑都尉李肃等人率十余名亲兵穿着宫廷卫士的服装守在侧门。吕布怀揣诏书,董卓到后,李肃等人擒住董卓,董卓惊呼吕布何在。吕布说:“奉皇帝诏书杀你。”于是杀了董卓,灭其三族。主簿田景向前接近董卓尸体,吕布就把他也杀了;前后这样杀了三人,剩下的人才不敢给董卓收尸。长安的官员百姓听到消息都互相祝贺。依附董卓的人也全部下狱处死。

今注 **1** 尚书仆射(yè):尚书令的副官,实际负责处理朝政。 **2** 掖(yè)门:宫殿正门两旁的侧门。 **3** 主簿:是各级主官属下掌管文书的佐吏,广泛存在于汉代各级官署中。

裴注 [**1**]《英雄记》曰:“时有谣言曰:‘千里草,何青青,十日卜,犹不生。’又作《董逃》之歌。又有道士书布为‘吕’字以示卓,卓不知其为吕布也。卓当入会,陈列步骑,自营至宫,朝服导引行其中。马踬不前,卓心怪欲止,布劝使行,乃衷甲而入。卓既死,当时日月清净,微风不起。旻、璜等及宗族老弱悉在郿,皆还,为其群下所斫射。卓母年九十,走至坞门曰:‘乞脱我死’,即斩首。袁氏门生故吏,改殡诸袁死于郿者,敛聚董氏尸于其侧而焚之。暴卓尸于市。卓素肥,膏流浸地,草为之丹。守尸吏瞑以为大炷,置卓脐中以为灯,光明达旦,如是积日。后卓故部曲收所烧者灰,并以一棺棺之,葬于郿。卓坞中金有二三万斤,银八九万斤,珠玉锦绮奇玩杂物皆山崇阜积,不可知数。” [2] 谢承《汉书》曰:“蔡邕在王允坐,闻卓死,有叹惜之音。允责邕曰:‘卓,国之大贼,杀主残臣,天地所不祐,人神所同疾。君为王臣,世受汉恩,国主危难,曾不倒戈,卓受天诛,而更嗟痛乎?’便使收付廷尉。邕谢允曰:‘虽以不忠,犹识大义,古今安危,耳所厌闻,口所常玩,岂当背国而向卓也?狂瞽之词,谬出患入,愿黥首为刑以继汉史。’公卿惜邕才,咸共谏允。允曰:‘昔武帝不杀司马迁,使作谤书,流于后世。方今国祚中衰,戎马在郊,不可令佞臣执笔在幼主左右,后令吾徒并受谤议。’遂杀邕。”臣松之以为,蔡邕虽为卓所亲任,情必不党。宁不知卓之奸凶,为天下所毒,闻其死亡,理无叹惜。纵复令然,不应反言于王允之坐。斯殆谢承之妄记也。史迁纪传,博有奇功于世,而云王允谓孝武应早杀迁,此非识者之言。但迁为不隐孝武之失,直书其事耳,何谤之有乎?王允之忠正,可谓内省不疚者矣,既无惧于谤,且欲杀邕,当论邕应死与不,岂可虑其谤己而枉戮善人哉!此皆诬罔不通之甚者。张璠《汉纪》曰:“初,蔡邕以言事见徙,名闻天下,义动志士。及还,内宠恶之。邕恐,乃亡命海滨,往来依太山羊氏,积十年。卓为太尉,辟为掾,以高第为侍御史、治书,三日中遂至尚书。后迁巴东太守,卓上留拜侍中。至长安,为左中郎将。卓重其才,厚遇之,每有朝廷事,常令邕具草。及允将杀邕,时名士多为之言,允悔欲止,而邕已死。”

初,卓女婿中郎将牛辅典兵[1]别屯陕[2],分遣校尉李傕、郭汜、张济略陈留、颍川诸县。卓死,吕布使李肃至陕,欲以诏命诛辅。辅等逆与肃战,肃败走弘

起初,董卓的女婿中郎将牛辅领兵外驻于陕县,分别派遣校尉李傕、郭汜、张济进兵陈留、颍川各县。董卓死后,吕布派李肃到陕县,想以诏书下令诛杀牛辅。牛辅等人抗命攻击李肃,李肃兵败逃到弘农,吕布就杀了李肃。后

农，布诛肃[1]。其后辅营兵有夜叛出者，营中惊，辅以为皆叛，乃取金宝，独与素所厚支胡赤儿[3]等五六人相随，逾城北渡河，赤儿等利其金宝，斩首送长安。

来牛辅军中有人趁夜叛逃，军中因此受惊溃乱，牛辅以为全军都已经叛乱，就收取金银珍宝，只与平时交情较深的支胡赤儿等五六人一起翻过城墙向北渡过黄河。支胡赤儿等人贪图牛辅的金银珍宝，砍下他的头颅送往长安。

今注 **1** 典兵：领兵。 **2** 陕：即陕县，在今河南三门峡陕州区。 **3** 支(pū)胡赤儿：也被称作胡赤儿。

裴注 [**1**]《魏书》曰："辅恇怯失守，不能自安。常把辟兵符，以铁锧致其旁，欲以自强。见客，先使相者相之，知有反气与不，又筮知吉凶，然后乃见之。中郎将董越来就辅，辅使筮之，得兑下离上，筮者曰：'火胜金，外谋内之卦也。'即时杀越。"《献帝纪》云："筮人常为越所鞭，故因此以报之。"

比傕等还，辅已败，众无所依，欲各散归。既无赦书，而闻长安中欲尽诛凉州人，忧恐不知所为。用贾诩策，遂将其众而西，所在收兵，比至长安，众十余万[1]，与卓故部曲樊稠、李蒙、王方等合围长安城。十日城陷，与布战城中，布败走。傕等放兵略长安老少，杀之

等李傕等人返回，牛辅已经兵败，众将无人可以依附，想要各自解散归乡。可当时不仅没有赦免他们的文书，还有消息说长安那边要杀尽凉州人，所以忧虑害怕，不知该怎么办。李傕等人采用贾诩的计策，率领部众向西，所到之处收纳士兵，等到了长安，已经有十余万军队，与董卓之前的部曲樊稠、李蒙、王方等人联合围攻长安城。李傕等人十日后攻陷长安，与吕布在城中交战，吕布战败逃走。李傕等人发兵搜捕长安的老少，

悉尽，死者狼籍。诛杀卓者，尸王允于市[2]。葬卓于郿，大风暴雨震卓墓，水流入藏，漂其棺椁。傕为车骑将军、池阳侯，领司隶校尉、假节。汜为后将军、美阳侯。稠为右将军、万年侯。傕、汜、稠擅朝政[3]。济为骠骑将军、平阳侯，屯弘农1。

并将他们全部杀死，死者尸首狼藉。将杀死董卓的人处死之后，李傕等人又将王允陈尸街市。董卓被安葬在郿县，但有狂风暴雨震动击打在他的坟墓上，积水流入墓室，将棺椁漂没。李傕任车骑将军，封池阳侯，兼领司隶校尉，授予节杖。郭汜任后将军，封美阳侯。樊稠任右将军，封万年侯。李傕、郭汜、樊稠等人由此把持朝政。张济任骠骑将军，封平阳侯，驻军于弘农。

今注 **1** 弘农：弘农郡，辖境为今河南黄河以南，宜阳以西的洛、伊、淅川等流域和陕西洛河、社川河上游、丹江流域。治所弘农，在今河南灵宝北。

裴注 [**1**]《九州春秋》曰：“傕等在陕，皆恐怖，急拥兵自守。胡文才、杨整修皆凉州大人，而司徒王允素所不善也。及李傕之叛，允乃呼文才、整修，使东解释之，不假借以温颜，谓曰：‘关东鼠子欲何为邪？卿往呼之。’于是二人往，实召兵而还。” [**2**] 张璠《汉纪》曰：“布兵败，驻马青琐门外，谓允曰：‘公可以去。’允曰：‘安国家，吾之上愿也，若不获，则奉身以死。朝廷幼主恃我而已，临难苟免，吾不为也。努力谢关东诸公，以国家为念。’傕、汜入长安城，屯南宫掖门，杀太仆鲁馗、大鸿胪周奂、城门校尉崔烈、越骑校尉王颀。吏民死者不可胜数。司徒王允扶天子上宣平城门避兵，傕等于城门下拜，伏地叩头。帝谓傕等曰：‘卿无作威福，而乃放兵纵横，欲何为乎？’傕等曰：‘董卓忠于陛下，而无故为吕布所杀。臣等为卓报仇，弗敢为逆也。请事竟，诣廷尉受罪。’允穷逼出见傕，傕诛允及妻子宗族十余人。长安城中男女大小莫不流涕。允字子师，太原祁人也。少有大节，郭泰见而奇之，曰：'王生一日千里，王佐之才也。'泰虽先达，遂与定交。三公并辟，历豫州刺史，辟荀爽、孔融为从事，迁河南尹、尚书令。及为司徒，其所以扶持王室，甚得大臣之节，自天子以下，皆倚赖焉。卓亦推信之，委以朝廷。华峤曰：'夫士以正立，以谋济，以义成，若王允之推董卓而分其权，伺其间而弊其罪。当此之时，天下之难解矣，本之皆主于忠义也，故推卓不为失正，分权不为不义，伺间不为狙诈，是以谋济义成，而归于正也。'" [3]《英雄记》曰："傕，北地人。汜，张掖人，一名多。"

是岁，韩遂、马腾等降，率众诣长安。以遂为镇西将军，遣还凉州，腾征西将军，屯郿。侍中马宇与谏议大夫种邵、左中郎将刘范等谋，欲使腾袭长安，己为内应，以诛傕等。腾引兵至长平观[1]，宇等谋泄，出奔槐里[2]。稠击腾，腾败走，还凉州；又攻槐里，宇等皆死。时三辅[3]民尚数十万户，傕等放兵劫略，攻剽城邑，人民饥困，二年间相啖食略尽[1]。

这一年，韩遂、马腾等人投降，率领部众来到长安。朝廷任韩遂为镇西将军，派他返回凉州，任马腾为征西将军，驻扎在郿县。侍中马宇与谏议大夫种邵、左中郎将刘范等人谋划，打算让马腾攻打长安，自己在城里接应，以此来铲除李傕等人。马腾领兵到长平观时，马宇等人计谋泄露，逃到槐里。樊稠攻击马腾，马腾兵败逃跑，返回凉州；樊稠等人随后又攻陷槐里，马宇等人都被杀死。当时三辅地区的百姓还有几十万户，李傕等人放纵士兵抢劫，攻打掠夺城邑，导致百姓贫穷饥饿，两年间人与人相食，几乎死完。

今注 1 长平观：在今陕西泾阳县。 2 槐里：在今陕西兴平东南。 3 三辅:即左冯翊、京兆尹、右扶风,辖境相当今陕西中部地区。

裴注 [1]《献帝纪》曰:"是时新迁都,宫人多亡衣服,帝欲发御府缯以与之,李傕弗欲,曰:'宫中有衣,胡为复作邪?'诏卖厩马百余匹,御府大司农出杂缯二万匹,与所卖厩马直,赐公卿以下及贫民不能自存者。李傕曰:'我邸阁储偫少',乃悉载置其营。贾诩曰:'此上意,不可拒。'傕不从之。"

诸将争权,遂杀稠,并其众[1]。汜与傕转相疑,战斗长安中[2]。傕质天子于营,烧宫殿城门,略官寺,尽收乘舆[1]服御[2]物置其家[3]。傕使公卿诣汜请和,汜皆执之[4]。相攻击连月,死者万数[5]。

傕将杨奉与傕军吏宋果等谋杀傕,事泄,遂将兵叛傕。傕众叛,稍衰弱。张济自陕和解之,天子乃得出,至新丰、霸陵间[6]。郭汜复欲胁天子还都郿。天子奔奉营,奉击汜破之。汜走南山,奉及将军董承以天子还洛阳。傕、汜悔遣天子,复相与和,追及天

众将因争夺权力杀死了樊稠,兼并了他的部众。之后郭汜与李傕相互猜忌,在长安城中开战。李傕将天子扣押在军营中为人质,烧毁了宫殿和城门,洗劫了政府机关,将天子的车马服饰器用全部带回,放在自己家里。李傕派公卿前去郭汜那里请和,郭汜却把公卿们全部关押起来。李、郭二将互相攻打数月,因此而死的多达万人。

李傕的部将杨奉与军吏宋果计划杀掉李傕,事情泄露,就率军背叛了李傕。李傕因部众叛乱而势力有所衰弱,再加上张济从陕县来调解,天子才能离开长安,走到新丰、霸陵之间。郭汜又想劫持天子返回定都郿县。天子逃到杨奉的军营里,杨奉击败郭汜。郭汜逃到南山,杨奉与董承带着天子回

子于弘农之曹阳。奉急招河东故白波帅韩暹、胡才、李乐等合，与傕、汜大战。奉兵败，傕等纵兵杀公卿百官，略宫人入弘农[7]。

到洛阳。李傕与郭汜后悔放走了天子，于是相互讲和，在弘农的曹阳县追上天子。杨奉急忙召来在河东的前白波军首领韩暹、胡才、李乐等人，合兵与李傕、郭汜大战。杨奉兵败，李傕等人派兵杀死公卿百官，抢夺嫔妃宫女，将她们带到弘农。

今注　**1** 乘舆：这里特指天子的车驾。　**2** 服御：指服饰车马器用之类。

裴注　[**1**]《九州春秋》曰："马腾、韩遂之败，樊稠追至陈仓。遂语稠曰：'天地反覆，未可知也。本所争者非私怨，王家事耳。与足下州里人，今虽小违，要当大同，欲相与善语以别。邂逅万一不如意，后可复相见乎！'俱却骑前，接马交臂相加，共语良久而别。傕兄子利随稠，利还告傕：'韩、樊交马语，不知所道，意爱甚密。'傕以是疑稠与韩遂私和而有异意。稠欲将兵东出关，从傕索益兵。因请稠会议，便于坐杀稠。"　[**2**]《典略》曰："傕数设酒请汜，或留汜止宿。汜妻惧傕与汜婢妾而夺己爱，思有以离间之。会傕送馈，妻乃以豉为药，汜将食，妻曰：'食从外来，倘或有故！'遂摘药示之，曰：'一栖不二雄，我固疑将军之信李公也。'他日傕复请汜，大醉。汜疑傕药之，绞粪汁饮之乃解。于是遂生嫌隙，而治兵相攻。"　[**3**]《献帝起居注》曰："初，汜谋迎天子幸其营，夜有亡告傕者，傕使兄子暹将数千兵围宫，以车三乘迎天子。杨彪曰：'自古帝王无在人臣家者。举事当合天下心，诸君作此，非是也。'暹曰：'将军计定矣。'于是天子一乘，贵人伏氏一乘，贾诩、左灵一乘，其余皆步从。是日，傕复移乘舆幸北坞，使校尉监坞门，内外隔绝。诸侍臣皆有饥色，时盛暑热，人尽寒心。帝求米五斛、牛骨五具以赐左右，傕曰：'朝餔上饭，何用米为？'乃与腐牛骨，皆臭不可食。帝大怒，欲诘责之。侍中杨琦上封事曰：'傕，边鄙之人，习于夷风，今又自知所犯悖逆，常有怏怏之色，欲辅车驾幸黄白城以纾其愤。臣愿陛下忍之，未可显其罪也。’帝纳之。初，傕屯黄白城，故谋欲徙之。傕以司徒赵温不与己同，乃内温坞中。温闻傕欲移乘舆，与傕书曰：‘公前托为董公报仇，然实屠陷王城，杀戮大臣，天下不可家见而户释也。今争睚眦之隙，以成千钧之仇，民在涂炭，各不聊生，曾不改寤，遂成祸乱。朝廷仍下明诏，欲令和解，诏命不行，恩泽日损，而复欲辅乘舆于黄白城，此诚老夫所不解也。于《易》，一过为过，再为涉，三而弗改，灭其顶，凶。不如早共和解，引兵还屯，上安万乘，下全生民，岂不幸甚！’傕大怒，欲遣人害温。其从弟应，温故掾也，谏之数日，乃止。帝闻温与傕书，问侍中常洽曰：‘傕弗知臧否，温言太切，可为寒心。’对曰：‘李应已解之矣。’帝乃悦。” [4]华峤《汉书》曰：“汜飨公卿，议欲攻傕。杨彪曰：‘群臣共斗，一人劫天子，一人质公卿，此可行乎？’汜怒，欲手刃之，中郎将杨密及左右多谏，汜乃归之。” [5]《献帝起居注》曰：“傕性喜鬼怪左道之术，常有道人及女巫歌讴击鼓下神，祠祭六丁，符劾厌胜之具，无所不为。又于朝廷省门外，为董卓作神坐，数以牛羊祠之，讫，过省阁问起居，求入见。傕带三刀，手复与鞭合持一刃。侍中、侍郎见傕带仗，皆惶恐，亦带剑持刃，先入在帝侧。傕对帝，或言‘明陛下’，或言‘明帝’，为帝说郭汜无状，帝亦随其意答应之。傕喜，出言‘明陛下真贤圣主’，意遂自信，自谓良得天子欢心也。虽然，犹不欲令近臣带剑在帝边，谓人言：‘此曹子将欲图我邪？而皆持刀也。’侍中李祯，傕州里，素与傕通，语傕‘所以持刀者，军中不可不尔，此国家故事’。傕意乃解。天子以谒者仆射皇甫郦凉州旧姓，有专对之才，遣令和傕、汜。郦先诣汜，汜受诏命。诣傕，傕不肯，曰：‘我有吕布之功，辅政四年，三辅清静，天下所知也。郭多，盗马虏耳，何敢乃欲与吾等邪？必欲诛之。君为凉州人，观吾方略士众，足办多不？多又劫质公卿，所为如是，而君苟欲利郭多，李傕有胆自知之。’郦答曰：‘昔有穷、后羿恃其善射，不思患难，以至于毙。近董公之强，明将军目所见，内有王公以为内主，外有董旻、承、璜以为鲠毒，吕布受恩而反图之，斯须之间，头县竿端，此有勇而无谋也。今将军身为上将，把钺仗节，子孙握权，宗族荷宠，国家好爵而皆据之。今郭多劫质公卿，将军胁至尊，谁为轻重邪？张济与郭多、杨定有谋，又为冠带所附。杨奉，白波帅耳，犹知将军所为非是，将军虽拜宠之，犹不肯尽力也。’傕不纳郦言，而呵之令出。郦出，诣省门，白傕不肯从诏，辞语不顺。侍中胡邈为傕所幸，呼传诏者令饰其辞。又谓郦曰：‘李将军于卿不薄，又皇甫公为太尉，李将军力也。’郦答曰：‘胡敬才，卿为国家常伯，辅弼之臣也，语言如此，宁可用邪？’邈曰：‘念卿失李将军意，恐不易耳！我与卿何事者？’郦言：‘我累世受恩，身又常在帏幄，君辱臣死，当坐国家，为李傕所杀，则天命也。’天子闻郦答语切，恐傕闻之，便敕遣郦。郦裁出营门，傕遣虎贲王昌呼之。昌知郦忠直，纵令去，还答傕言‘追之不及’。天子使左中郎将李固持节，拜傕为大司马，在三公之右。傕自以为得鬼神之力，乃厚赐诸巫。”　[6]《献帝起居注》曰：“初，天子出到宣平门，当度桥，汜兵数百人遮桥问‘是天子邪？’车不得前。傕兵数百人皆持大戟，在乘舆车左右，侍中刘艾大呼云：‘是天子也。’使侍中杨琦高举车帷。帝言诸兵：‘汝不却，何敢迫近至尊邪？’汜等兵乃却。既度桥，士众咸呼万岁。”　[7]《献帝纪》曰：“时尚书令士孙瑞为乱兵所害。”《三辅决录注》曰：“瑞字君荣，扶风人，世为学门。瑞少传家业，博达无所不通，仕历显位。卓既诛，迁大司农，为国三老。每三公缺，瑞常在选中。太尉周忠、皇甫嵩，司徒淳于嘉、赵温，司空杨彪、张喜等为公，皆辞拜让瑞。天子都许，追论瑞功，封子萌澹津亭侯。萌字文始，亦有才学，与王粲善。临当就国，粲作诗以赠萌，萌有答，在《粲集》中。”

天子走陕，北渡河，失辎重，步行，唯皇后、贵人从，至大阳，止人家[1]屋中[1]。奉、暹等遂以天子

天子逃到陕县，向北渡过黄河，在渡河时失去了辎重，只得徒步行进，随从的只有皇后与贵人，到大阳后停留在百姓的家里。杨奉、韩暹等人于是迎接

都安邑，御乘牛车。太尉杨彪、太仆韩融近臣从者十余人。以暹为征东、才为征西、乐征北将军，并与奉、承持政。遣融至弘农，与傕、汜等连和，还所略宫人公卿百官，及乘舆车马数乘。是时蝗虫起，岁旱无谷，从官食枣菜[2]。诸将不能相率，上下乱，粮食尽。奉、暹、承乃以天子还洛阳。出箕关[2]，下轵道[3]，张杨以食迎道路，拜大司马。语在《杨传》。天子入洛阳，宫室烧尽，街陌荒芜，百官披荆棘，依丘墙间。州郡各拥兵自卫，莫有至者。饥穷稍甚，尚书郎以下，自出樵采，或饥死墙壁间。

天子住在安邑，天子只有牛车乘坐。亲近大臣与侍从只剩下太尉杨彪、太仆韩融等十余人。天子命韩暹为征东将军，胡才为征西将军，李乐为征北将军，与杨奉、董承一起管理朝政。派韩融到弘农与李傕、郭汜等人讲和，让他们归还夺去的嫔妃宫女、公卿百官，以及数驾皇室车马。当时发生了蝗灾，又加全年干旱，谷物绝收，近侍随从吃枣子、菜蔬充饥。众将互不相制，秩序混乱，粮食消耗殆尽。杨奉、韩暹、董承等人于是带天子返回洛阳。天子出箕关，走轵道，在道路上遇见张杨带着饭食迎接，就任张杨为大司马。《张杨传》中有记载。天子进入洛阳城时，宫殿府库焚毁殆尽，街道荒凉杂草丛生，随行的百官斩除荆棘，使天子暂居于土堆墙壁之间。各州郡拥兵自守，没有前来勤王的。饥饿穷困日渐严重，尚书郎以下的官员都要自己出去砍柴，甚至有的还饿死在残垣断壁之间。

今注　1 人家：百姓的家里。　2 箕关：在今河南济源西，王屋山东。　3 轵道：在今河南济源。

裴注　[1]《献帝纪》曰："初，议者欲令天子浮河东下，太尉杨彪曰：'臣弘农人，从此已东，有三十六滩，非万乘所当从也。'刘艾曰：'臣前为陕令,知其危险,有师犹有倾覆,况今无师,太尉谋是也。’乃止。及当北渡,使李乐具船。天子步行趋河岸,岸高不得下,董承等谋欲以马羁相续以系帝腰。时中宫仆伏德扶中宫,一手持十匹绢,乃取德绢连续为辇。行军校尉尚弘多力,令弘居前负帝,乃得下登船。其余不得渡者甚众,复遣船收诸不得渡者,皆争攀船,船上人以刃栎断其指,舟中之指可掬。”

[2]《魏书》曰:“乘舆时居棘篱中,门户无关闭。天子与群臣会,兵士伏篱上观,互相镇压以为笑。诸将专权,或擅笞杀。尚书、司隶校尉出入,民兵抵掷之。诸将或遣婢诣省阁,或自赍酒啖,过天子饮,侍中不通,喧呼骂詈,遂不能止。又竞表拜诸营壁民为部曲,求其礼遗。医师、走卒,皆为校尉,御史刻印不供,乃以锥画,示有文字,或不时得也。”

太祖乃迎天子都许。暹、奉不能奉王法,各出奔,寇徐、扬间,为刘备所杀[1]。董承从太祖岁余,诛。建安二年,遣谒者仆射[1]裴茂率关西诸将诛傕,夷三族[2]。汜为其将五习所袭,死于郿。济饥饿,至南阳寇略,为穰[2]人所杀,从子绣摄其众。才、乐留河东,才为怨家所杀,乐病死。遂、腾自还凉州,更相寇。后腾入为卫尉,子超领其部曲。十六年,超与关中诸将及遂等反,太祖

太祖于是迎接天子定都许。韩暹、杨奉等人不能遵守朝廷法度,分别出逃,入侵徐州、扬州一带,后被刘备所杀。董承追随太祖一年多后获罪被杀。建安二年(197),太祖派谒者仆射裴茂率领关西众将领诛杀李傕并灭其三族。郭汜被他的部将五习所攻击,死于郿县。张济缺粮饥饿,到南阳劫掠物资,被穰县人所杀,他的部众由侄子张绣统帅。胡才、李乐等人留在了河东,胡才被仇家杀死,李乐病死。韩遂、马腾等人自返回凉州,便相互攻击。后来马腾入朝担任卫尉,部曲由其子马超率领。建安十六年(211),马超与关中将领以及韩遂等人反叛,被太祖出

征破之。语在《武纪》。遂奔金城,为其将所杀。超据汉阳[3],腾坐夷三族。赵衢等举义兵讨超,超走汉中[4]从张鲁,后奔刘备,死于蜀。

征击败。这件事记载于《武帝纪》中。韩遂逃到金城,被他的部将所杀。马超占据汉阳,马腾被处以灭三族之罪。赵衢等人聚集义兵讨伐马超,马超逃到汉中成为张鲁的手下,后来投奔刘备,死在蜀地。

今注 1 谒者仆射:谒者台长官,隶属光禄勋,侍从皇帝左右,统领谒者,负责朝会司仪,传达文书。 2 穰:南阳郡穰县,在今河南邓州。 3 汉阳:汉阳郡,辖境相当今甘肃定西、陇西、礼县以东,静宁、庄浪以西,黄河以南,嶓冢山以北地区。东汉时郡治为冀县(在今甘谷东南)。 4 汉中:汉中郡,辖境相当今陕西秦岭以南,粉青河、珍珠岭以北,留坝、勉县以东,乾佑河流域以西和湖北十堰郧阳区、保康以西地区。东汉时郡治为南郑(在今陕西汉中)。

裴注 [1]《英雄记》曰:"备诱奉与相见,因于坐上执之。暹失奉,势孤,时欲走还并州,为杼秋屯帅张宣所邀杀。" [2]《典略》曰:"傕头至,有诏高县。"

袁绍

原文

袁绍,字本初,汝南汝阳人也。高祖父安,为汉司徒。自安以下四世居三公位,由是势倾天

译文

袁绍,字本初,汝南郡汝阳县人。高祖父袁安曾做过汉朝的司徒。袁家自袁安开始,四代都有人做到三公的官位,袁家因此权势遍及天下。袁绍身姿魁梧,

下[1]。绍有姿貌威容，能折节1下士，士多附之，太祖少与交焉。以大将军掾2为侍御史3[2]，稍迁中军校尉4，至司隶5。

容貌威严，又能放下身段结交士人，所以士人多投靠他，曹操年轻的时候也与他有过交往。袁绍以大将军掾的身份出任侍御史，不久升为中军校尉，又官至司隶校尉。

今注 1 折节：放下身段而尊重别人。 2 大将军掾(yuàn)：大将军的副官或大将军府属吏。 3 侍御史：御史台属官，受御史中丞管辖，掌纠察、办案。 4 中军校尉：汉灵帝设的西园八校尉之一，掌宿卫禁军。 5 司隶：司隶校尉的简称，东汉时以河南郡、河内郡、河东郡、弘农郡、京兆尹、左冯翊、右扶风等京师七郡为司隶部，司隶校尉掌管纠察京师百官及所辖司隶部，权势很重。

裴注 [1]华峤《汉书》曰："安字邵公，好学有威重。明帝时为楚郡太守，治楚王狱，所申理者四百余家，皆蒙全济，安遂为名臣。章帝时至司徒，生蜀郡太守京。京弟敞为司空。京子汤，太尉。汤四子：长子平，平弟成，左中郎将，并早卒；成弟逢，逢弟隗，皆为公。"《魏书》曰："自安以下，皆博爱容众，无所拣择；宾客入其门，无贤愚皆得所欲，为天下所归。绍即逢之庶子，术异母兄也，出后成为子。"《英雄记》曰："成字文开，壮健有部分，贵戚权豪自大将军梁冀以下皆与结好，言无不从。故京师为作谚曰：'事不谐，问文开。'" [2]《英雄记》曰："绍生而父死，二公爱之。幼使为郎，弱冠，除濮阳长，有清名。遭母丧，服竟，又追行父服，凡在家庐六年。礼毕，隐居洛阳，不妄通宾客，非海内知名，不得相见。又好游侠，与张孟卓、何伯求、吴子卿、许子远、伍德瑜等皆为奔走之友。不应辟命。中常侍赵忠谓诸黄门曰：'袁本初坐作声价，不应呼召而养死士，不知此儿欲何所为乎？'绍叔父隗闻之，责数绍曰：'且破我家！'绍于是乃起应大将军之命。"臣松之案：《魏书》云"绍，逢之庶子，出后伯父成"。如此记所言，则似实成所生。夫人追服所生，礼无其文，况于所后而可以行之？二书未详孰是。

灵帝崩，太后兄大将军何进与绍谋诛诸阉官[1]，太后不从。乃召董卓，欲以胁太后。常侍[1]、黄门[2]闻之，皆诣进谢，唯所错置。时绍劝进便可于此决之，至于再三，而进不许。令绍使洛阳方略武吏[3]，检司诸宦者。又令绍弟虎贲中郎将[4]术选温厚虎贲二百人，当入禁中，代持兵黄门陛守门户。中常侍段珪等矫太后命，召进入议，遂杀之，宫中乱[2]。术将虎贲烧南宫嘉德殿青琐门，欲以迫出珪等。珪等不出，劫帝及帝弟陈留王走小平津。绍既斩宦者所署司隶校尉许相，遂勒兵捕诸阉人，无少长皆杀之。或有无须而误死者，至自发露形体而后得免。

汉灵帝去世，太后的兄长大将军何进与袁绍谋划诛杀宦官，可是太后不同意。于是何进召董卓进京，想以此胁迫太后。常侍、黄门等宦官听说之后，都去向何进谢罪，任凭何进处置。当时袁绍数次劝何进可就这样解决他们，但是何进没有听从。何进命令袁绍安排洛阳的方略武吏关押审理这些宦官，又命令袁绍的弟弟虎贲中郎将袁术挑选温良忠厚的虎贲士卒二百人进入宫禁，替代武装把守宫门的黄门侍者。中常侍段珪等人伪造太后诏令，召何进入宫商议，趁机杀了何进，宫中大乱。袁术率领虎贲烧毁了南宫嘉德殿青琐门，想以此逼迫段珪等人出来。段珪等人不出来，劫持皇帝和皇帝的弟弟陈留王逃往小平津。袁绍斩杀宦官统属的司隶校尉许相之后，率兵捕捉阉人，无论其年龄大小全部杀死。有人因为没长胡须也被误杀，以至裸露身体才得以免死。连那些有善行，操守廉洁的宦官也牵连被杀。

宦者或有行善自守而犹见及。其滥如此,死者二千余人。急追珪等,珪等悉赴河死。帝得还宫。

此事就是波及如此广泛,死者达到两千余人。袁绍率兵急速追赶段珪等人,段珪等宦官全部投河淹死。皇帝得以回到宫中。

今注　1 常侍:西汉时常侍本为皇帝近臣,在东汉时由宦官充任,负责服务皇帝、充当顾问,因此很容易获得大权。　2 黄门:汉代有黄门令、小黄门、中黄门等官职,侍奉皇帝及其家族,皆以宦官充任。　3 洛阳方略武吏:指洛阳令的下属中负责武事的方略吏。方略吏是县官属吏,负责谋划策略。　4 虎贲中郎将:西汉时设置,统领虎贲军的长官,执掌宿卫禁宫,也领兵出征。

裴注　[1]《续汉书》曰:"绍使客张津说进曰:'黄门、常侍秉权日久,又永乐太后与诸常侍专通财利,将军宜整顿天下,为海内除患。'进以为然,遂与绍结谋。"　[2]《九州春秋》曰:"初,绍说进曰:'黄门、常侍累世太盛,威服海内,前窦武欲诛之而反为所害,但坐言语漏泄,以五营士为兵故耳。五营士生长京师,服畏中人,而窦氏反用其锋,遂果叛走归黄门,是以自取破灭。今将军以元舅之尊,二府并领劲兵,其部曲将吏皆英雄名士,乐尽死力,事在掌握,天赞其时也。今为天下诛除贪秽,功勋显著,垂名后世,虽周之申伯,何足道哉!今大行在前殿,将军以诏书领兵卫守,可勿入宫。'进纳其言,后更狐疑。绍惧进之改变,胁进曰:'今交构已成,形势已露,将军何为不早决之?事留变生,后机祸至。'进不从,遂败。"

董卓呼绍,议欲废帝,立陈留王。是时绍叔父隗为太傅,绍伪许之,曰:"此

董卓召袁绍议事,打算废黜少帝,立陈留王为皇帝。当时袁绍的叔父袁隗为太傅,袁绍假装答应董卓,说:"这

大事，出当与太傅议。”卓曰：“刘氏种不足复遗。”绍不应，横刀长揖而去[1]。绍既出，遂亡奔冀州。侍中周毖、城门校尉伍琼、议郎何颙等，皆名士也，卓信之，而阴为绍，乃说卓曰：“夫废立大事，非常人所及。绍不达大体，恐惧故出奔，非有他志也。今购之急，势必为变。袁氏树恩四世，门生故吏遍于天下，若收豪杰以聚徒众，英雄因之而起，则山东非公之有也。不如赦之，拜一郡守，则绍喜于免罪，必无患矣。”卓以为然，乃拜绍渤海[1]太守，封邟乡[2]侯。

是大事，应出来与太傅商议。”董卓说：“刘氏的后裔没有留下的必要了。”袁绍不回答，横持佩刀，作长揖行礼后离开。袁绍出门后就逃亡去了冀州。侍中周毖、城门校尉伍琼、议郎何颙等人都是当时有名望的士人，得董卓信任，但暗地里向着袁绍，他们劝董卓说：“废立皇帝这样的大事不是平常人能办得了的。袁绍不明白大事，因为害怕才潜逃出走，不是另有图谋。如果如今急于追索，他必定会反叛，袁家四代树立恩德，门生故吏遍布天下，如果袁绍收拢豪杰、聚集党徒，杰出有力之士再趁这时候起事，那么山东之地就非您所有了。不如赦免袁绍，拜他做个郡守，那样袁绍会因免罪而高兴，一定不会造成危害。”董卓觉得有道理，便任命袁绍为渤海太守，封邟乡侯。

今注　1 渤海：渤海郡，东汉时治所在南皮（今河北南皮东北）。渤海，又作“勃海”。　2 邟（káng）乡：在今河南汝州东。

裴注　[1]《献帝春秋》曰：“卓欲废帝，谓绍曰：‘皇帝冲暗，非万乘之主。陈留王犹胜，今欲立之。人有少智，大或痴，亦知复何如，为当且尔，卿不见灵帝乎？念此令人愤毒！’绍曰：‘汉家君天下四百许年，恩泽深渥，兆民戴之来久。今帝虽幼冲，未有不善宣闻天下，公欲废適立庶，恐众不从公议也。’卓谓绍曰：‘竖子！天下事岂不决我？我今为之，谁敢不从？尔谓董卓刀为不利乎！’绍曰：‘天下健者，岂唯董公！’引佩刀横揖而出。”臣松之以为，绍于时与卓未构嫌隙，故卓与之諮谋。若但以言议不同，便骂为竖子，而有推刃之心，及绍复答，屈强为甚，卓又安能容忍而不加害乎？且如绍此言，进非亮正，退违诡逊，而显其竞爽之旨，以触哮阚之锋，有志功业者，理岂然哉！此语妄之甚矣。

绍遂以渤海起兵，将以诛卓。语在《武纪》。绍自号车骑将军，主盟，与冀州牧韩馥立幽州牧刘虞为帝，遣使奉章诣虞，虞不敢受。后馥军安平，为公孙瓒所败。瓒遂引兵入冀州，以讨卓为名，内欲袭馥。馥怀不自安[1]。

会卓西入关，绍还军延津，因馥惶遽，使陈留高幹、颍川荀谌等说馥曰：“公孙瓒乘胜来向南，而诸郡应之，袁车骑引军东向，此其意不可知，窃为将军危之。”馥曰：“为之奈何？”谌曰：“公孙提燕、代之卒，其锋不可当。袁氏一时之杰，必不为将军下。夫冀

于是袁绍以渤海为根据地起兵，将要诛杀董卓。此事记载在《武帝纪》中。袁绍自称车骑将军，主持同盟反对董卓，与冀州牧韩馥一起拥立幽州牧刘虞为皇帝。袁绍派使者带着表章去见刘虞，刘虞不敢接受。后来韩馥驻军安平，被公孙瓒打败。公孙瓒率军进入冀州，打算以讨伐董卓的名义进攻韩馥。韩馥心中感到不安。

适逢董卓向西进入函谷关，袁绍率军回到延津，趁韩馥惊恐不定，派陈留高幹、颍川荀谌等去游说韩馥：“公孙瓒乘胜向南来进攻，各郡都响应他，车骑将军袁绍率军向东进发，其意图不好判断，我们私下为将军担心。”韩馥说：“那可怎么办呢？”荀谌说：“公孙瓒率领燕、代的士兵，攻势不可抵挡。袁氏是当世的杰出人物，一定不会居于将军之下。冀州虽是天下的要

州，天下之重资[1]也，若两雄并力，兵交于城下，危亡可立而待也。夫袁氏，将军之旧，且同盟也，当今为将军计，莫若举冀州以让袁氏。袁氏得冀州，则瓒不能与之争，必厚德将军。冀州入于亲交，是将军有让贤之名，而身安于泰山也。愿将军勿疑！”馥素恇怯[2]，因然其计。

地，但如果袁绍与公孙瓒两强合力来攻城，您的势力很快就会灭亡。袁绍与您是旧交，还一同参加了推翻董卓的联盟，如今为您考虑，不如把冀州让给袁绍。袁绍得了冀州，则公孙瓒无法与他相争，袁绍必然深深地感激您的恩德。将冀州交给好友，将军您还能得到让贤的美名，自身安稳如同泰山一般。希望您不要犹豫！”韩馥一向软弱胆小，便采纳了高、荀二人的建议。

今注　1 重资：指重要的地区。　2 恇怯：胆小，怯懦。

裴注　[1]《英雄记》曰：“逢纪说绍曰：‘将军举大事而仰人资给，不据一州，无以自全。’绍答云：‘冀州兵强，吾士饥乏，设不能办，无所容立。’纪曰：‘可与公孙瓒相闻，导使来南，击取冀州。公孙必至而馥惧矣，因使说利害，为陈祸福，馥必逊让。于此之际，可据其位。’绍从其言而瓒果来。”

馥长史耿武、别驾闵纯、治中李历谏馥曰：“冀州虽鄙，带甲百万，谷支十年。袁绍孤客穷军，仰我鼻息，譬如婴儿在股掌之上，绝其哺乳，立可饿杀。奈何乃欲以州

韩馥手下的长史耿武、别驾闵纯、治中李历劝谏韩馥说：“冀州虽然偏远贫穷，也有士兵百万，粮食可以支撑十年。袁绍带领一支穷困的军队远道而来，靠我们的支持才能存活，就好像在股掌之中的婴儿一样，一旦断绝喂奶，马上就会饿死。为什么要将冀州给他呢？”韩馥

与之？”馥曰：“吾，袁氏故吏，且才不如本初，度德而让，古人所贵，诸君独何病[1]焉！”从事赵浮、程奂请以兵拒之，馥又不听，乃让绍[1]，绍遂领冀州牧。

从事沮授[2]说绍曰：“将军弱冠[2]登朝，则播名海内。值废立之际，则忠义奋发，单骑出奔，则董卓怀怖，济河而北，则渤海稽首。振一郡之卒，撮[3]冀州之众，威震河朔，名重天下。虽黄巾猾乱，黑山跋扈，举军东向，则青州可定；还讨黑山，则张燕可灭；回众北首，则公孙必丧；震胁戎狄，则匈奴必从。横大河之北，合四州之地，收英雄之才，拥百万之众，迎大驾于西京，复宗庙于洛邑，号令天下，以讨未复，以此争锋，谁能敌之？比及数

说：“我原本是袁氏的属吏，而且才华不如袁绍，考量自己的才能和德行而让位正是古人所称道的行为，怎么诸位偏要反对呢！”从事赵浮、程奂等人请求派兵抵挡袁绍，韩馥也不听从，于是让位给袁绍，袁绍于是兼领冀州牧。

从事沮授劝袁绍说：“将军弱冠之年进入朝廷，声名就传遍海内。在废立皇帝的时候，您的忠义之心就张扬发露，一人一马从朝廷出走，董卓因此感到恐惧，渡过黄河向北，渤海郡就服从于您。动员一郡的士兵，就收编了冀州的力量，您的威势震动河朔一带，您的声名为天下人所敬重。即使像黄巾贼那样狡诈悖逆，黑山贼那样蛮横霸道，您领军向东进发，则可以平定青州；回来之后进攻黑山，那么张燕可以被消灭；再率军向北，公孙瓒的势力一定会灭亡；震慑胁迫戎狄，匈奴一定会服从。到时您的势力遍布黄河以北，合青州、幽州、并州、冀州的土地，收服杰出强力的人才，率领百万人的军队，从长安迎回皇帝，在洛阳重建汉室宗庙，向天下发号施令，讨伐尚未收复的地区，以这种力量来争锋，还有谁是您的敌手？等过几

年，此功不难。”绍喜曰：“此吾心也。”即表授为监军、奋威将军[3]。

卓遣执金吾胡母班、将作大匠4吴脩赍诏书喻绍，绍使河内太守王匡杀之[4]。卓闻绍得关东，乃悉诛绍宗族太傅隗等。当是时，豪侠多附绍，皆思为之报，州郡蜂起，莫不假其名。馥怀惧，从绍索去，往依张邈[5]。后绍遣使诣邈，有所计议，与邈耳语。馥在坐上，谓见图构，无何，起至溷5自杀[6]。

年之后，建立这等功绩并不困难。”袁绍高兴地说：“这正是我心中所想的。”就上表任命沮授为监军、奋威将军。

董卓派执金吾胡母班、将作大匠吴脩送来诏书劝说袁绍，袁绍令河内太守王匡将他们杀死。董卓听到袁绍尽得关东之地的消息，就将袁绍的宗族亲人包括太傅袁隗等人全部杀死。当时有很多豪侠依附袁绍，都想为他报仇，无不借袁绍之名在各州郡起事。韩馥心怀恐惧，请求袁绍放他离去投靠张邈。后来袁绍派使者去见张邈，使者在商议事情的时候与张邈耳语。正好韩馥在座，以为自己要被谋害，不久起身跑到厕所自杀了。

今注　1 病：反对，责怪。　2 弱冠：古时男子20岁称弱冠。虽然成年，但还比较年少，未及壮年，所以称“弱”，而这时已经可以行冠礼，即戴冠表示成年。　3 撮：聚合。　4 将作大匠：职掌宫室、宗庙、陵寝及重大土木工程的营建。　5 溷(hùn)：厕所。

裴注　[1]《九州春秋》曰：“馥遣都督从事赵浮、程奂将强弩万张屯河阳。浮等闻馥欲以冀州与绍，自孟津驰东下。时绍尚在朝歌清水口，浮等从后来，船数百艘，众万余人，整兵鼓夜过绍营，绍甚恶之。浮等到，谓馥曰：‘袁本初军无斗粮，各已离散，虽有张杨、於扶罗新附，未肯为用，不足敌也。小从事等请自以见兵拒之，旬日之间，必土崩瓦解；明将军但当开阁高枕，何忧何惧！’馥不从，乃避位，出居赵忠故舍。遣子赍冀州印绶于黎阳与绍。” [2] 沮，音菹。 [3]《献帝传》曰：“沮授，广平人，少有大志，多权略。仕州别驾，举茂才，历二县令，又为韩馥别驾，表拜骑都尉。袁绍得冀州，又辟焉。”《英雄记》曰：“是时年号初平，绍字本初，自以为年与字合，必能克平祸乱。” [4]《汉末名士录》曰：“班字季皮，太山人，少与山阳度尚、东平张邈等八人并轻财赴义，振济人士，世谓之八厨。”谢承《后汉书》曰：“班，王匡之妹夫，董卓使班奉诏到河内，解释义兵。匡受袁绍旨，收班系狱，欲杀之以徇军。班与匡书云：‘自古以来，未有下土诸侯举兵向京师者。《刘向传》曰“掷鼠忌器”，器犹忌之，况卓今处宫阙之内，以天子为藩屏，幼主在宫，如何可讨？仆与太傅马公、太仆赵岐、少府阴脩俱受诏命。关东诸郡，虽实嫉卓，犹以衔奉王命，不敢玷辱。而足下独囚仆于狱，欲以衅鼓，此悖暴无道之甚者也。仆与董卓有何亲戚，义岂同恶？而足下张虎狼之口，吐长蛇之毒，恚卓迁怒，何甚酷哉！死，人之所难，然耻为狂夫所害。若亡者有灵，当诉足下于皇天。夫婚姻者祸福之机，今日著矣。曩为一体，今为血仇。亡人子二人，则君之甥，身没之后，慎勿令临仆尸骸也。’匡得书，抱班二子而泣。班遂死于狱。班尝见太山府君及河伯，事在《搜神记》，语多不载。” [5]《英雄记》曰：“绍以河内朱汉为都官从事。汉先时为馥所不礼，内怀怨恨，且欲邀迎绍意，擅发城郭兵围守馥第，拔刃登屋。馥走上楼，收得馥大儿，槌折两脚。绍亦立收汉，杀之。馥犹忧怖，故报绍索去。” [6]《英雄记》曰：“公孙瓒击青州黄巾贼，大破之，还屯广宗，改易守令，冀州长吏无不望风响应，开门受之。绍自往征瓒，合战于界桥南二十里。瓒步兵三万余人为方阵，骑为两翼，左右各五千余匹，白马义从为中坚，亦分作两校，左射右，右射左，旌旗铠甲，光照天地。绍令麹义以八百兵为先登，强弩千张夹承之，绍自以步兵数万结阵于后。义久在凉州，晓习羌斗，兵皆骁锐。瓒见其兵少，便放骑欲陵蹈之。义兵皆伏楯下不动，未至数十步，乃同时俱起，扬尘大叫，直前冲突，强弩雷发，所中必倒，临阵斩瓒所署冀州刺史严纲甲首千余级。瓒军败绩，步骑奔走，不复还营。义追至界桥；瓒殿兵还战桥上，义复破之，遂到瓒营，拔其牙门，营中余众皆复散走。绍在后，未到桥十数里，下马发鞍，见瓒已破，不为设备，惟帐下强弩数十张，大戟士百余人自随。瓒部迸骑二千余匹卒至，便围绍数重，弓矢雨下。别驾从事田丰扶绍欲却入空垣，绍以兜鍪扑地曰：'大丈夫当前斗死，而入墙间，岂可得活乎？'强弩乃乱发，多所杀伤。瓒骑不知是绍，亦稍引却；会麹义来迎，乃散去。瓒每与虏战，常乘白马，追不虚发，数获戎捷，虏相告云'当避白马'。因虏所忌，简其白马数千匹，选骑射之士，号为'白马义从'。一曰，胡夷健者常乘白马，瓒有健骑数千，多乘白马，故以号焉。绍既破瓒，引军南到薄落津，方与宾客诸将共会，闻魏郡兵反，与黑山贼于毒共覆邺城，遂杀太守栗成。贼十余部，众数万人，聚会邺中。坐上诸客有家在邺者，皆忧怖失色，或起啼泣，绍容貌不变，自若也。贼陶升者，故内黄小吏也，有善心，独将部众逾西城入，闭守州门，不内他贼，以车载绍家及诸衣冠在州内者，身自扞卫，送到斥丘，乃还。绍到，遂屯斥丘，以陶升为建义中郎将。乃引军入朝歌鹿场山苍岩谷讨于毒，围攻五日，破之，斩毒及长安所署冀州牧壶寿。遂寻山北行，薄击诸贼左髭丈八等，皆斩之。又击刘石、青牛角、黄龙、左校、郭大贤、李大目、于氐根等，皆屠其屯壁，奔走得脱，斩首数万级。绍复还屯邺。初平四年，天子使太傅马日磾、太仆赵岐和解关东。岐别诣河北，绍出迎于百里上，拜奉帝命。岐住绍营，移书告瓒。瓒遣使具与绍书曰：'赵太仆以周、召之德，衔命来征，宣扬朝恩，示以和睦，旷若开云见日，何喜如之？昔贾复、寇恂亦争士卒，欲相危害，遇光武之宽，亲俱陛见，同舆共出，时人以为荣。自省边鄙，得与将军共同此福，此诚将军之眷而瓒之幸也。'麹义后恃功而骄恣，绍乃杀之。"

初，天子之立非绍意，及在河东，绍遣颍川郭图使焉。图还说绍迎天子都

当初，天子被立并非出于袁绍的意思，等袁绍到了河东以后，派遣颍川人郭图出使朝廷。郭图回来后劝袁绍

邺,绍不从[1]。会太祖迎天子都许,收河南地,关中皆附,绍悔,欲令太祖徙天子都鄄城[1]以自密近,太祖拒之。天子以绍为太尉,转为大将军,封邺侯[2],绍让侯不受。

顷之。击破瓒于易京[2],并[3]其众[3]。出长子谭为青州,沮授谏绍:"必为祸始。"绍不听,曰:"孤欲令诸儿各据一州也[4]。"又以中子熙为幽州,甥高幹为并州。众数十万,以审配、逢纪统军事,田丰、荀谌、许攸为谋主,颜良、文丑为将率,简精卒十万,骑万匹,将攻许[5]。

迎接天子到邺城,袁绍没有听从。等到曹操迎接天子定都许,趁机收复河南地区,关中各势力都依附于他,袁绍才感到后悔,想让曹操将天子迁移到鄄城,以便自己接近天子,结果被曹操拒绝了。天子任命袁绍为太尉,转任大将军,封为邺侯,袁绍辞去了侯爵。

不久,袁绍在易京击败公孙瓒,吞并了他的部众。袁绍又派出长子袁谭执掌青州,沮授劝袁绍说:"这么做一定会造成祸端。"袁绍不听从,说:"我想让几个儿子各自掌管一州之地。"又派次子袁熙掌管幽州,外甥高幹掌管并州。袁绍此时有几十万兵力,以审配、逢纪管理军事,田丰、荀谌、许攸出谋划策,颜良、文丑统率军队,选拔了十万精锐士兵,一万骑兵,准备攻打许都。

今注 **1** 鄄城:在今山东鄄城县。 **2** 易京:在今河北雄县。 **3** 并:兼并,吞并。

裴注 [1]《献帝传》曰:"沮授说绍云:'将军累叶辅弼,世济忠义。今朝廷播越,宗庙毁坏,观诸州郡,外托义兵,内图相灭,未有存主恤民者。且今州城粗定,宜迎大驾,安宫邺都,挟天子而令诸侯,畜士马以讨不庭,谁能御之!'绍悦,将从之。郭图、淳于琼曰:'汉室陵迟,为日久矣,今欲兴之,不亦难乎！且今英雄据有州郡,众动万计,所谓秦失其鹿,先得者王。若迎天子以自近,动辄表闻,从之则权轻,违之则拒命,非计之善者也。' 授曰:'今迎朝廷,至义也,又于时宜大计也,若不早图,必有先人者也。夫权不失机,功在速捷,将军其图之！' 绍弗能用。" 案此书称沮授之计,则与本传违也。 [2]《献帝春秋》曰:"绍耻班在太祖下,怒曰:'曹操当死数矣,我辄救存之,今乃背恩,挟天子以令我乎！' 太祖闻,而以大将军让于绍。" [3]《典略》曰:"自此,绍贡御希慢,私使主簿耿苞密白曰:'赤德衰尽,袁为黄胤,宜顺天意。' 绍以苞密白事示军府将吏。议者咸以苞为妖妄宜诛,绍乃杀苞以自解。"《九州春秋》曰:"绍延征北海郑玄而不礼,赵融闻之曰:'贤人者,君子之望也。不礼贤,是失君子之望也。夫有为之君,不敢失万民之欢心,况于君子乎？失君子之望,难乎以有为矣。'"《英雄记》载太祖作《董卓歌》,辞云:"德行不亏缺,变故自难常,郑康成行酒,伏地气绝,郭景图命尽于园桑。" 如此之文,则玄无病而卒。余书不见,故载录之。 [4]《九州春秋》载授谏辞曰:"'世称一兔走衢,万人逐之,一人获之,贪者悉止,分定故也。且年均以贤,德均则卜,古之制也。愿上惟先代成败之戒,下思逐兔分定之义。' 绍曰:'孤欲令四儿各据一州,以观其能。' 授出曰:'祸其始此乎！'" 谭始至青州,为都督,未为刺史,后太祖拜为刺史。其土自河而西,盖不过平原而已。遂北排田楷,东攻孔融,曜兵海隅,是时百姓无主,欣戴之矣。然信用群小,好受近言,肆志奢淫,不知稼穑之艰难。华彦、孔顺皆奸佞小人也,信以为腹心;王脩等备官而已。然能接待宾客,慕名敬士。使妇弟领兵在内,至令草窃市井而外虏掠田野;别使两将募兵下县,有赂者见免,无者见取,贫弱者多,乃至于窜伏丘野之中,放兵捕索,如猎鸟兽。邑有万户者,著籍不盈数百,收赋纳税,参分不入一。招命贤士,不就,不趋赴军期,安居族党,亦不能罪也。 [5]《世语》曰:"绍步卒五万,骑八千。" 孙盛评曰:"案魏武谓崔琰曰'昨案贵州户籍,可得三十万众'。" 由此推之,但冀州胜兵已如此,况兼幽、并及青州乎？绍之大举,必悉师而起,十万近之矣。《献帝传》曰:"绍将南师，沮授、田丰谏曰：'师出历年，百姓疲弊，仓庾无积，赋役方殷，此国之深忧也。宜先遣使献捷天子，务农逸民；若不得通，乃表曹氏隔我王路。然后进屯黎阳，渐营河南，益作舟船，缮治器械，分遣精骑，钞其边鄙，令彼不得安，我取其逸。三年之中，事可坐定也。'审配、郭图曰：'兵书之法，十围五攻，敌则能战。今以明公之神武，跨河朔之强众，以伐曹氏，譬若覆手，今不时取，后难图也。'授曰：'盖救乱诛暴，谓之义兵；恃众凭强，谓之骄兵。兵义无敌，骄者先灭。曹氏迎天子安宫许都，今举兵南向，于义则违。且庙胜之策，不在强弱。曹氏法令既行，士卒精练，非公孙瓒坐受围者也。今弃万安之术，而兴无名之兵，窃为公惧之！'图等曰：'武王伐纣，不曰不义，况兵加曹氏而云无名？且公师武臣竭力，将士愤怒，人思自骋，而不及时早定大业，虑之失也。夫天与弗取，反受其咎，此越之所以霸，吴之所以亡也。监军之计，计在持牢，而非见时知机之变也。'绍从之。图等因是谮授'监统内外，威震三军，若其浸盛，何以制之？夫臣与主不同者昌，主与臣同者亡，此《黄石》之所忌也。且御众于外，不宜知内'。绍疑焉，乃分监军为三都督，使授及郭图、淳于琼各典一军，遂合而南。"

先是，太祖遣刘备诣徐州拒袁术。术死，备杀刺史车胄，引军屯沛。绍遣骑佐之。太祖遣刘岱、王忠击之，不克。建安五年，太祖自东征备。田丰说绍袭太祖后，绍辞以子疾，不许。丰举杖击地曰："夫遭难遇之机，而以婴儿

先前，曹操派刘备到徐州抵御袁术。袁术死后，刘备杀了刺史车胄，带兵驻扎在沛县。袁绍派骑兵帮助刘备。曹操派刘岱、王忠等率军攻打刘备失利。建安五年(200)，曹操亲自东征刘备，田丰劝袁绍突袭曹操的后方，袁绍以儿子生病为由拒绝了。田丰举起手杖砸地说："遇上难得的机会，却因为婴儿生病而丧失了，可惜啊！"曹操到沛地击

之病失其会，惜哉！”太祖至，击破备，备奔绍[1]。

绍进军黎阳[1]，遣颜良攻刘延于白马[2]。沮授又谏绍：“良性促狭，虽骁勇不可独任。”绍不听。太祖救延，与良战，破斩良[2]。绍渡河，壁延津[3]南，使刘备、文丑挑战。太祖击破之，斩丑，再战，禽绍大将。绍军大震[3]。

太祖还官渡。沮授又曰：“北兵数众而果劲不及南，南谷虚少而货财不及北；南利在于急战，北利在于缓搏。宜徐持久，旷以日月。”绍不从。

连营稍前，逼官渡，合战，太祖军不利，复壁。绍为高橹[4]，起土山，射营中，营中皆蒙楯，众大惧。太祖乃为发石车，击绍楼，皆破，绍众号曰霹雳车[4]。绍为地道，欲袭太祖营。太祖辄于内为长堑

败刘备，刘备便投奔袁绍。

袁绍进军黎阳，派颜良去白马攻击刘延。沮授又建议袁绍说：“颜良性格急躁狭隘，虽然骁勇，但不能让他单独率军。”袁绍没有听从。曹操援救刘延，与颜良作战，击败并斩杀了颜良。袁绍渡过黄河，在延津南部坚守，派出刘备、文丑前去挑战。曹操击败了他们，斩杀了文丑，又与袁绍军作战，生擒袁绍麾下大将，袁绍全军大为震恐。

曹操回到官渡。沮授又进谏袁绍说：“北方军队人数众多而勇敢强劲不及南方，南方军队粮食缺乏，物资不如北方充足；南方的优势在于快速作战，北方的优势在于持久作战。我们应该做长期准备，拖延时间。”袁绍又没有听从。

袁绍联合各营逐渐向前进逼官渡，与曹操会战，曹操军队失利，又结营寨防守。袁绍命人建造楼橹，堆起土山，向曹操营寨中射箭，营中的人心中恐惧，都举着盾牌掩护。曹操于是命人制造投石车，将袁绍的楼橹全部击垮，袁绍的士兵称之为霹雳车。袁绍又挖掘地道，打算到曹操营内偷袭。曹操就在营内挖掘了长长的壕沟来阻断地道，又

以拒之,又遣奇兵袭击绍运车,大破之,尽焚其谷。	派精兵奇袭并击败了袁绍的运粮车队,将袁绍的军粮全部烧光。

今注 1 黎阳:在今河南浚县东。 2 白马:在今河南滑县城关镇东。 3 延津:古代黄河流经今河南延津县西北至滑县以北一段为重要渡口,总称延津。 4 高橹:即楼橹,古时军中用以侦察、防御或攻城的高台。

裴注 [1]《魏氏春秋》载绍檄州郡文曰:“盖闻明主图危以制变,忠臣虑难以立权。曩者强秦弱主,赵高执柄,专制朝命,威福由己,终有望夷之祸,污辱至今。及臻吕后,禄、产专政,擅断万机,决事省禁,下陵上替,海内寒心。于是绛侯、朱虚兴威奋怒,诛夷逆乱,尊立太宗,故能道化兴隆,光明显融,此则大臣立权之明表也。司空曹操祖父腾,故中常侍,与左悺、徐璜并作妖孽,饕餮放横,伤化虐民。父嵩,乞丐携养,因赃假位,舆金辇璧,输货权门,窃盗鼎司,倾覆重器。操,赘阉遗丑,本无令德,僄狡锋侠,好乱乐祸。幕府昔统鹰扬,扫夷凶逆。续遇董卓侵官暴国,于是提剑挥鼓,发命东夏。方收罗英雄,弃瑕录用,故遂与操参咨策略,谓其鹰犬之才,爪牙可任。至乃愚佻短虑,轻进易退,伤夷折衄,数丧师徒。幕府辄复分兵命锐,修完补辑,表行东郡太守、兖州刺史,被以虎文,授以偏师,奖蹙威柄,冀获秦师一克之报。而操遂乘资跋扈,肆行酷烈,割剥元元,残贤害善。故九江太守边让,英才俊逸,天下知名,以直言正色,论不阿谄,身首被枭县之戮,妻孥受灰灭之咎。自是士林愤痛,民怨弥重,一夫奋臂,举州同声,故躬破于徐方,地夺于吕布,彷徨东裔,蹈据无所。幕府唯强干弱枝之义,且不登叛人之党,故复援旌擐甲,席卷赴征,金鼓响震,布众破沮,拯其死亡之患,复其方伯之任,是则幕府无德于兖土之民,而有大造于操也。后会銮驾东反,群虏乱政。时冀州方有北鄙之警,匪遑离局,故使从事中郎徐勋就发遣操,使缮修郊庙,翼卫幼主。而便放志专行，胁迁省禁，卑侮王官，败法乱纪，坐召三台，专制朝政，爵赏由心，刑戮在口，所爱光五宗，所恶灭三族，群谈者蒙显诛，腹议者蒙隐戮，道路以目，百寮钳口，尚书记朝会，公卿充员品而已。故太尉杨彪，历典三司，享国极位，操因睚眦，被以非罪，榜楚并兼，五毒俱至，触情放慝，不顾宪章。又议郎赵彦，忠谏直言，议有可纳，故圣朝含听，改容加锡，操欲迷夺时权，杜绝言路。擅收立杀，不俟报闻。又梁孝王，先帝母弟，坟陵尊显，松柏桑梓，犹宜恭肃，而操率将校吏士亲临发掘，破棺裸尸，略取金宝，至令圣朝流涕，士民伤怀。又署发丘中郎将、摸金校尉，所过堕突，无骸不露。身处三公之官，而行桀虏之态，殄国虐民，毒流人鬼。加其细政苛惨，科防互设，缯缴充蹊，坑阱塞路，举手挂网罗，动足蹈机陷，是以兖、豫有无聊之民，帝都有嗟吁之怨。历观古今书籍，所载贪残虐烈无道之臣，于操为甚。幕府方诘外奸，未及整训，加意含覆，冀可弥缝。而操豺狼野心，潜苞祸谋，乃欲挠折栋梁，孤弱汉室，除灭中正，专为枭雄。往岁伐鼓北征，讨公孙瓒，强御桀逆，拒围一年。操因其未破，阴交书命，欲托助王师，以相掩袭，故引兵造河，方舟北济。会其行人发露，瓒亦枭夷，故使锋芒挫缩，厥图不果。屯据敖仓，阻河为固，乃欲以螳螂之斧，御隆车之隧。幕府奉汉威灵，折冲宇宙，长戟百万，胡骑千群，奋中黄、育、获之材，骋良弓劲弩之势，并州越太行，青州涉济、漯，大军泛黄河以角其前，荆州下宛、叶而掎其后，雷震虎步，并集虏庭，若举炎火以焫飞蓬，覆沧海而沃熛炭，有何不消灭者哉！当今汉道陵迟，纲弛纪绝。操以精兵七百，围守宫阙，外称陪卫，内以拘执，惧其篡逆之祸，因斯而作。乃忠臣肝脑涂地之秋，烈士立功之会也，可不勗哉！”此陈琳之辞。 [2]《献帝传》曰：“绍临发，沮授会其宗族，散资财以与之曰：‘夫势在则威无不加，势亡则不保一身，哀哉！’其弟宗曰：‘曹公士马不敌，君何惧焉！’授曰：‘以曹兖州之明略，又挟天子以为资，我虽克公孙，众实疲弊，而将骄主忲，军之破败，在此举也。扬雄有言，“六国蚩蚩，为嬴弱姬”，今之谓也。’” [3]《献帝传》曰：“绍将济河，沮授谏曰：‘胜负变化，不可不详。今宜留屯延津，分兵官渡，若其克获，还迎不晚，设其有难，众弗可还。’绍弗从。授临济叹曰：‘上盈其志，下务其功，悠悠黄河，吾其不反乎！’遂以疾辞。绍恨之，乃省其所部兵属郭图。”　[4]《魏氏春秋》曰：“以古有矢石，又《传》言‘旝动而鼓’，《说文》曰‘旝，发石也’，于是造发石车。”

太祖与绍相持日久，百姓疲乏，多叛应绍，军食乏。会绍遣淳于琼等将兵万余人北迎运车，沮授说绍：“可遣将蒋奇别为支军于表，以断曹公之钞。”绍复不从。琼宿乌巢[1]，去绍军四十里。太祖乃留曹洪守，自将步骑五千，候夜潜往攻琼。绍遣骑救之，败走。破琼等，悉斩之。

太祖还，未至营，绍将高览、张郃等率其众降。绍众大溃，绍与谭单骑退渡河。余众伪降，尽坑[2]之[1]。沮授不及绍渡，为人所执，诣太祖[2]，太祖厚待之。后谋还袁氏，见杀。

曹操与袁绍对峙的时间渐长，境内的百姓劳累穷困，有很多人背叛曹操响应袁绍，军队粮食短缺。正赶上袁绍派淳于琼等率领万余人向北接应运粮车队。沮授劝袁绍说：“可以派将军蒋奇再带领一支分队配合行动，以防曹操偷袭。”袁绍又没有采纳他的意见。淳于琼在乌巢休息，离袁绍大军四十里。曹操派曹洪留守大营，亲自带领步、骑兵五千人，等到夜里去偷袭淳于琼。袁绍派骑兵援救，被曹操击败逃跑。曹操击败淳于琼等人，将他们全部斩杀。

曹操在回营的路上，袁绍部将高览、张郃等人各自率部下来降。袁绍部众大规模溃散，袁绍与袁谭都是单骑渡河撤退。袁绍剩下的军队假意向曹操投降，被全部坑杀。沮授没来得及和袁绍一起渡过黄河，被捉去面见曹操，受到曹操厚待。后来因为图谋回到袁绍那里，于是被杀。

今注 1 乌巢：在今河南延津。 2 坑：坑杀。

裴注 [1] 张璠《汉纪》云："杀绍卒凡八万人。" [2]《献帝传》云："授大呼曰：'授不降也，为军所执耳！' 太祖与之有旧，逆谓授曰：'分野殊异，遂用圮绝，不图今日乃相禽也！' 授对曰：'冀州失策，以取奔北。授智力俱困，宜其见禽耳。' 太祖曰：'本初无谋，不用君计，今丧乱过纪，国家未定，当相与图之。' 授曰：'叔父、母、弟，县命袁氏，若蒙公灵，速死为福。' 太祖叹曰：'孤早相得，天下不足虑。'"

初，绍之南也，田丰说绍曰："曹公善用兵，变化无方，众虽少，未可轻也，不如以久持之。将军据山河之固，拥四州之众，外结英雄，内修农战，然后简其精锐，分为奇兵，乘虚迭出，以扰河南，救右则击其左，救左则击其右，使敌疲于奔命，民不得安业；我未劳而彼已困，不及二年，可坐克也。今释庙胜之策[1]，而决成败于一战，若不如志，悔无及也。"绍不从，丰恳谏，绍怒甚，以为沮众[2]，械

起初，袁绍率军南下，田丰劝谏袁绍说："曹操擅长指挥军队，战术变化多端，兵力虽少，我们也不能轻视他，不如采取拖延的战术与他对峙。将军您占有险要的山河地势，拥有四州的人力，向外联络英雄，对内发展农业、训练军队，然后选拔精锐，分成机动部队，乘曹军空虚之时轮番出击，来袭扰黄河以南，曹操援救右面就进攻他左面，援救左面就进攻他右面，使敌军在奔走应对中精疲力竭，他们的百姓无法安心于生产；这样我方还没有疲劳而对方已经疲惫了，不用两年，曹操就会被您轻易打败。如今放弃深思熟虑克敌制胜的谋略，却要倾全力决胜负于一役，万一不如所愿，可是要后悔莫及啊。"袁绍没有听从，田丰一再恳切地劝谏，袁绍十分愤怒，认为田丰动摇军心，给他戴上

系之。绍军既败，或谓丰曰："君必见重。"丰曰："若军有利，吾必全，今军败，吾其死矣。"绍还，谓左右曰："吾不用田丰言，果为所笑。"遂杀之[1]。绍外宽雅，有局度，忧喜不形于色，而内多忌害[3]，皆此类也。

冀州城邑多叛，绍复击定之。自军败后发病，七年，忧死。

枷锁拘禁起来。袁绍军队失败之后，有人对田丰说："您一定会被重用。"田丰说："我军如果胜利归来，我一定可以保全性命，如今我军失败，我要死了。"袁绍回到河北，对身边的人说："我没有采纳田丰的建议，果然要被他耻笑。"于是杀死了田丰。袁绍看上去宽和文雅，颇有度量，悲伤与高兴都不表现在脸上，但内心总是妒忌，都是诸如此类之事。

冀州境内的城邑发生了多次叛乱，袁绍又攻击平定了叛乱。自从官渡战败后，袁绍得了重病，七年后在忧愁中去世。

今注　**1** 庙胜之策：朝廷制定的克敌制胜的谋略。也指深思熟虑的谋略。　**2** 沮众：动摇人心。　**3** 忌害：妒忌。

裴注　[**1**]《先贤行状》曰："丰字元皓，巨鹿人，或云渤海人。丰天姿瑰杰，权略多奇。少丧亲，居丧尽哀，日月虽过，笑不至矧。博览多识，名重州党。初辟太尉府，举茂才，迁侍御史。阉宦擅朝，英贤被害，丰乃弃官归家。袁绍起义，卑辞厚币以招致丰，丰以王室多难，志存匡救，乃应绍命，以为别驾。劝绍迎天子，绍不纳。绍后用丰谋，以平公孙瓒。逢纪惮丰亮直，数谗之于绍，绍遂忌丰。绍军之败也，土崩奔北，师徒略尽，军皆拊膺而泣曰：'向令田丰在此，不至于是也。'绍谓逢纪曰：'冀州人闻吾军败，皆当念吾，惟田别驾前谏止吾，与众不同，吾亦惭见之。'纪复曰：'丰闻将军之退，拊手大笑，喜其言之中也。'绍于是有害丰之意。初，太祖闻丰不从戎，喜曰：'绍必败矣。'及绍奔遁，复曰：'向使绍用田别驾计，尚未可知也。'”孙盛曰:“观田丰、沮授之谋,虽良、平何以过之?故君贵审才,臣尚量主;君用忠良,则伯王之业隆,臣奉暗后,则覆亡之祸至:存亡荣辱,常必由兹。丰知绍将败,败则己必死,甘冒虎口以尽忠规,烈士之于所事,虑不存己。夫诸侯之臣,义有去就,况丰与绍非纯臣乎!'《诗》云'逝将去汝,适彼乐土',言去乱邦,就有道可也。”

绍爱少子尚,貌美,欲以为后1而未显[1]。审配、逢纪与辛评、郭图争权,配、纪与尚比2,评、图与谭比。众以谭长,欲立之。配等恐谭立而评等为己害,缘绍素意,乃奉尚代绍位。谭至,不得立,自号车骑将军。由是谭、尚有隙。太祖北征谭、尚。谭军黎阳,尚少与谭兵,而使逢纪从谭。谭求益兵,配等议不与。谭怒,杀纪[2]。太祖渡河攻谭,谭告急于尚。尚欲分兵益谭,恐谭遂夺其众,乃使审配守邺,尚自将兵助谭,与太祖相拒于黎阳。自九月至二月,大战城下,谭、尚败

袁绍偏爱貌美的幼子袁尚,有以他为继承人的心思,但没有明说。袁绍死后,审配、逢纪与辛评、郭图争夺权势,审配、逢纪支持袁尚,辛评、郭图支持袁谭。袁绍的部众因为袁谭是长子,想要立袁谭为主。审配等人害怕袁谭被立之后辛评等人谋害自己,就借着袁绍向来属意幼子的意愿,于是拥护袁尚继承了袁绍的地位。袁谭回来,没有被立,就自称车骑将军。从此袁谭与袁尚之间有了矛盾。曹操向北出兵征讨袁谭、袁尚。袁谭驻扎在黎阳,袁尚给袁谭的士兵不多,还派逢纪跟着袁谭。袁谭要求增兵,审配等人商议后没有同意。袁谭大怒,杀了逢纪。曹操渡河攻击袁谭,袁谭紧急求助于袁尚,袁尚打算分兵增援,又怕袁谭趁机夺取他的部队,就派审配驻守邺城,亲自带兵来救援袁谭,与曹操在黎阳对峙。从九月到来年二月,与曹军在黎阳城下大战,袁谭、袁尚兵败,退入城中

退,入城守。太祖将围之,乃夜遁。追至邺,收其麦,拔阴安,引军还许。太祖南征荆州,军至西平。谭、尚遂举兵相攻,谭败奔平原,尚攻之急,谭遣辛毗诣太祖请救。太祖乃还救谭,十月至黎阳[3]。

防守。曹操围困黎阳,袁谭、袁尚趁夜逃跑。曹操追击他们到邺城下,收割城外的麦子,又攻下了阴安,才领着军队返回许都。曹操向南征讨荆州,军队行进到西平,袁谭、袁尚又起兵相互攻击,袁谭被击败逃往平原,袁尚急忙追击,袁谭派辛毗去曹操那里求救。曹操于是回军援救袁谭,十月到达黎阳。

今注 1 后:继承人。 2 比:亲近、亲附,这里指结成一派。

裴注 [1]《典论》曰:"谭长而惠,尚少而美。绍妻刘氏爱尚,数称其才,绍亦奇其貌,欲以为后,未显而绍死。刘氏性酷妒,绍死,僵尸未殡,宠妾五人,刘尽杀之。以为死者有知,当复见绍于地下,乃髡头墨面以毁其形。尚又为尽杀死者之家。" [2]《英雄记》曰:"纪字元图。初,绍去董卓出奔,与许攸及纪俱诣冀州,绍以纪聪达有计策,甚亲信之,与共举事。后审配任用,与纪不睦。或有谗配于绍,绍问纪,纪称'配天性烈直,古人之节,不宜疑之'。绍曰:'君不恶之邪?'纪答曰:'先日所争者私情,今所陈者国事。'绍善之,卒不废配。配由是更与纪为亲善。" [3]《魏氏春秋》载刘表遗谭书曰:"天笃降害,祸难殷流,尊公殂殒,四海悼心。贤胤承统,遐迩属望,咸欲展布旅力,以投盟主,虽亡之日,犹存之愿也。何寤青蝇飞于干旍,无极游于二垒,使股肱分为二体,背膂绝为异身!昔三王五伯,下及战国,父子相残,盖有之矣;然或欲以成王业,或欲以定霸功,或欲以显宗主,或欲以固冢嗣,未有弃亲即异,杌其本根,而能崇业济功,垂祚后世者也。若齐襄复九世之仇,士匄卒荀偃之事,是故《春秋》美其义,君子称其信。夫伯游之恨于齐,未若文公之忿曹;宣子之承业,未若仁君之继统也。且君子之违难不适仇国，岂可忘先君之怨，弃至亲之好，为万世之戒，遗同盟之耻哉！冀州不弟之慠，既已然矣；仁君当降志辱身，以匡国为务；虽见憎于夫人，未若郑庄之于姜氏，兄弟之嫌，未若重华之于象傲也。然庄公有大隧之乐，象受有鼻之封。愿弃捐前忿，远思旧义，复为母子昆弟如初。”又遗尚书曰：“知变起辛、郭，祸结同生，追阏伯、实沈之踪，忘《常棣》死丧之义，亲寻干戈，僵尸流血，闻之哽咽，虽存若亡。昔轩辕有涿鹿之战，周武有商、奄之师，皆所以翦除秽害而定王业，非强弱之争，喜怒之忿也。故虽灭亲不为尤，诛兄不伤义。今二君初承洪业，纂继前轨，进有国家倾危之虑，退有先公遗恨之负，当唯义是务，唯国是康。何者？金木水火以刚柔相济，然后克得其和，能为民用。今青州天性峭急，迷于曲直。仁君度数弘广，绰然有余，当以大包小，以优容劣，先除曹操以卒先公之恨，事定之后，乃议曲直之计，不亦善乎！若留神远图，克己复礼，当振旆长驱，共奖王室，若迷而不反，违而无改，则胡夷将有诮让之言，况我同盟，复能戮力为君之役哉！此韩卢、东郭自困于前，而遗田父之获者也。愤踊鹤望，冀闻和同之声。若其泰也，则袁族其与汉升降乎！如其否也，则同盟永无望矣。”谭、尚尽不从。《汉晋春秋》载审配献书于谭曰：“《春秋》之义，国君死社稷，忠臣死王命。苟有图危宗庙，败乱国家，王纲典律，亲疏一也。是以周公垂泣而蔽管、蔡之狱，季友歔欷而行鍼叔之鸩。何则？义重人轻，事不得已也。昔卫灵公废蒯聩而立辄，蒯聩为不道，入戚以篡，卫师伐之。《春秋传》曰：‘以石曼姑之义，为可以拒之。’是以蒯聩终获叛逆之罪，而曼姑永享忠臣之名。父子犹然，岂况兄弟乎！昔先公废绌将军以续贤兄，立我将军以为適嗣，上告祖灵，下书谱牒，先公谓将军为兄子，将军谓先公为叔父，海内远近，谁不备闻？且先公即世之日，我将军斩衰居庐，而将军斋于垩室，出入之分，于斯益明。是时凶臣逢纪，妄画蛇足，曲辞谄媚，交乱懿亲，将军奋赫然之怒，诛不旋时，我将军亦奉命承旨，加以淫刑。自是之后，痈疽破溃，骨肉无丝发之嫌，自疑之臣，皆保生全之福。故悉遣强胡，简命名将，料整器械，选择战士，殚府库之财，竭食土之实，其所以供奉将军，何求而不备？君臣相率，共卫旌麾，战为雁行，赋为币主，虽倾仓覆库，翦剥民物，上下欣戴，莫敢告劳。何则？推恋恋忠赤之情，尽家家肝脑之计，唇齿辅车，不相为赐。谓为将军心合意同，混齐一体，必当并威偶势，御寇宁家。何图凶险谗慝之人，造饰无端，诱导奸利，至令将军翻然改图，忘孝友之仁，听豺狼之谋，诬先公废立之言，违近者在丧之位，悖纲纪之理，不顾逆顺之节，横易冀州之主，欲当先公之继。遂放兵钞拨，屠城杀吏，交尸盈原，裸民满野，或有髡鬄发肤，割截支体，冤魂痛于幽冥，创痍号于草棘。又乃图获邺城，许赐秦、胡，财物妇女，豫有分界。或闻告令吏士云：'孤虽有老母，辄使身体完具而已。'闻此言者，莫不惊愕失气，悼心挥涕，使太夫人忧哀愤懑于堂室，我州君臣士友假寐悲叹，无所措其手足，念欲静师拱默以听执事之图，则惧违《春秋》死命之节，贻太夫人不测之患，陨先公高世之业。且三军愤慨，人怀私怒，我将军辞不获已，以及馆陶之役。是时外为御难，内实乞罪，既不见赦，而屠各二三其心，临阵叛戾。我将军进退无功，首尾受敌，引军奔避，不敢告辞。亦谓将军当少垂亲亲之仁，贶以缓追之惠，而乃寻踪蹑轨，无所逃命。困兽必斗，以干严行，而将军师旅土崩瓦解，此非人力，乃天意也。是后又望将军改往修来，克己复礼，追还孔怀如初之爱；而纵情肆怒，趣破家门，企踵鹤立，连结外仇，散锋放火，播增毒螫，烽烟相望，涉血千里，遗城厄民，引领悲怨，虽欲勿救，恶得已哉！故遂引军东辕，保正疆埸，虽近郊垒，未侵境域，然望旌麾，能不永叹！配等备先公家臣，奉废立之命。而图等干国乱家，礼有常刑。故奋敝州之赋，以除将军之疾，若乃天启于心，早行其诛，则我将军匍匐悲号于将军股掌之上，配等亦袒躬布体以待斧钺之刑。若必不悛，有以国毙，图头不县，军不旋踵。愿将军详度事宜，锡以环玦。"《典略》曰："谭得书怅然，登城而泣。既劫于郭图，亦以兵锋累交，遂战不解。"

尚闻太祖北，释平原还邺。其将吕旷、吕翔叛尚归太祖，谭复阴刻将军印假旷、翔。太祖知谭诈，与结婚以安之，乃引军还。尚使审配、苏由守邺，复攻谭平原。太祖进军将攻邺，到洹水[1]，去邺五十里，由欲为内应，谋泄，与配战城中，败，出奔太祖。太祖遂进攻之，为地道，配亦于内作堑以当之。配将冯礼开突门[2]，内太祖兵三百余人，配觉之，从城上以大石击突中栅门，栅门闭，入者皆没。太祖遂围之，为堑，周四十里，初令浅，示若可越。配望而笑之，不出争利。太祖一夜掘之，广深二丈，决漳水以灌之，自五月至八月，城中饿死者过半。

袁尚听说曹操向北进军，就解围平原回到邺城。袁尚的部将吕旷、吕翔背叛了他，投降曹操，袁谭又私下刻了将军印给吕旷、吕翔。曹操知道袁谭并不是真心投降，就与其结下婚姻来安抚他，于是领军返回。袁尚派审配、苏由驻守邺城，又到平原攻击袁谭。曹操进军将要攻打邺城，苏由愿意在城内配合，军队行进到离邺城五十里的洹水时，苏由的计划泄露，与审配在邺城中作战失败，逃出来投奔曹操。曹操就进军攻打邺城，挖掘地道，审配也在城内挖掘深沟来阻断地道。审配的部将冯礼打开突门，放三百多名曹军进城，审配发现后，从城墙上用大石轰击突门的栅栏门，栅栏门被堵塞，进城的曹军被全部歼灭。曹操于是围困邺城，挖掘壕沟，周长四十里，先下令故意挖浅，让人看上去好像可以越过。审配看见之后嘲笑这一举措，并不派兵出城争取优势。于是曹操在一夜之间深挖壕沟，宽度和深度都有两丈，挖开漳水灌进壕沟，从五月到八月，城中之人过半饿死。

今注　1 洹(huán)水：即今河南北部的安阳河。东流经安阳至内黄北入卫河。 2 突门：正式城门以外的秘密出口，作突袭反击之用。

尚闻邺急，将兵万余人还救之，依西山来，东至阳平亭，去邺十七里，临滏水，举火以示城中，城中亦举火相应。配出兵城北，欲与尚对决围，太祖逆击之，败还，尚亦破走，依曲漳[1]为营，太祖遂围之。未合，尚惧，遣阴夔、陈琳乞降，不听。尚还走滥口，进复围之急，其将马延等临阵降，众大溃，尚奔中山。尽收其辎重，得尚印绶、节钺及衣物，以示其家，城中崩沮。配兄子荣守东门，夜开门内太祖兵，与配战城中，生禽配。配声气壮烈，终无挠辞[2]，见者莫不叹息。遂斩之[1]。

高幹以并州降，复以幹为刺史。

袁尚听说邺城形势危急，率领一万多名士兵返回援救，部队沿着西山行进，向东走到阳平亭，距邺城十七里，在滏水边上点起火把向城中示意，城中也以火把回应。审配出兵城北，想和袁尚相向冲破围困，被曹操迎面攻击，兵败回到城中。袁尚也被曹操击败逃跑，背靠漳水的弯曲处扎营，曹操趁机围困袁尚。包围还没完成，袁尚已经害怕了，派阴夔、陈琳请求投降，曹操没有同意。袁尚回军逃到滥口，曹军又追上并猛烈围攻他，袁尚部将马延等人在战场上投降，袁军大溃，袁尚逃奔中山。曹军缴获了袁尚的全部辎重，还得到了袁尚的印绶、节钺和衣服，把这些东西送给袁尚家人看，邺城守军混乱溃散。审配兄长的儿子审荣防守邺城东门，夜间打开城门放曹操的士兵进入，曹军与审配的部队在城中交战，最终生擒审配。审配言语气度豪迈，最终也没有屈服之语，见到的人无不感叹。于是将他斩杀。

高幹以并州投降，曹操仍以高幹为并州刺史。

今注 1 曲漳:漳水的弯曲处。 2 挠辞:屈服求饶之语。

裴注 [1]《先贤行状》曰:"配字正南,魏郡人,少忠烈慷慨,有不可犯之节。袁绍领冀州,委以腹心之任,以为治中别驾,并总幕府。初,谭之去,皆呼辛毗、郭图家得出,而辛评家独被收。及配兄子开城门内兵,时配在城东南角楼上,望见太祖兵入,忿辛、郭坏败冀州,乃遣人驰诣邺狱,指杀仲治家。是时,辛毗在军,闻门开,驰走诣狱,欲解其兄家,兄家已死。是日生缚配,将诣帐下,辛毗等逆以马鞭击其头,骂之曰:'汝今日真死矣!'配顾曰:'狗辈,正由汝曹破我冀州,恨不得杀汝也!且汝今日能杀生我邪?'有顷,公引见,谓配:'知谁开卿城门?'配曰:'不知也。'曰:'自卿子荣耳。'配曰:'小儿不足用乃至此!'公复谓曰:'曩日孤之行围,何弩之多也?'配曰:'恨其少耳!'公曰:'卿忠于袁氏父子,亦自不得不尔也。'有意欲活之。配既无挠辞,而辛毗等号哭不已,乃杀之。初,冀州人张子谦先降,素与配不善,笑谓配曰:'正南,卿竟何如我?'配厉声曰:'汝为降虏,审配为忠臣,虽死,岂若汝生邪!'临行刑,叱持兵者令北向,曰:'我君在北。'"乐资《山阳公载记》及袁暐《献帝春秋》并云,太祖兵入城,审配战于门中,既败,逃于井中,于井获之。臣松之以为,配一代之烈士,袁氏之死臣,岂当数穷之日,方逃身于井,此之难信,诚为易了。不知资、暐之徒竟为何人,未能识别然否,而轻弄翰墨,妄生异端,以行其书。如此之类,正足以诬罔视听,疑误后生矣。实史籍之罪人,达学之所不取者也。

太祖之围邺也,谭略取甘陵[1]、安平[2]、渤海、河间[3],攻尚于中山[4]。尚走故安从熙,谭悉收其众。太祖将讨之,谭乃拔平原,并

曹操围困邺城时,袁谭攻下了甘陵、安平、渤海、河间,又到中山攻击袁尚。袁尚逃往故安去投奔袁熙,袁谭将他的部众全都收归己有。曹操将要讨伐袁谭,袁谭就攻陷了平原,兼并了

南皮，自屯龙凑[5]。十二月，太祖军其门，谭不出，夜遁奔南皮，临清河而屯。十年正月，攻拔之，斩谭及图等。

南皮，自己率军驻扎在龙凑。十二月，曹操进军到他的营门前，袁谭闭门不出，趁夜逃到南皮，在清河边扎营。建安十年(205)正月，曹操攻陷袁谭的营寨，斩杀了袁谭、郭图等人。

今注　1 甘陵：在今山东临清。　2 安平：在今山东淄博临淄区东北。　3 河间：河间郡，郡治乐城(在今河北献县东南)。　4 中山：中山国，辖境相当今河北狼牙山以南，保定、安国以西，唐县、新乐以东和滹沱河以北地区。　5 龙凑：古城名，临古黄河渡口，在今山东德州东北。

熙、尚为其将焦触、张南所攻，奔辽西乌丸。触自号幽州刺史，驱率诸郡太守令长，背袁向曹，陈兵数万，杀白马盟，令曰："违命者斩！"众莫敢语，各以次歃[1]。至别驾韩珩，曰："吾受袁公父子厚恩，今其破亡，智不能救，勇不能死，于义阙矣；若乃北面于曹氏，所弗能为也。"一坐为珩失色。触曰："夫兴大事，当立大义，事之济否，不待一人，可卒珩志，以励事君。"高幹

袁熙、袁尚被部将焦触、张南攻击，投奔辽西乌丸。焦触自称幽州刺史，胁迫率领各郡的太守、县令、县长，反叛袁氏归降曹操，聚集数万士兵，杀白马进行盟誓，下令说："违抗命令的一律斩首！"众人不敢有异议，依次饮血宣誓。到别驾韩珩的时候，他说："我受袁公父子的深厚恩德，如今他们兵败灭亡，我的智谋不够援救他们，我的勇气不能让我为他们赴死，在大义上有所欠；如果要奉曹氏为主，我实在做不到。"在座的人都为他的话感到吃惊而变了神色。焦触说："要干大事，当先申明大义，大事能否成功，不取决于一两个人，可以成全韩珩的志节，来鼓励

叛,执上党[2]太守,举兵守壶口关[3]。遣乐进、李典击之,未拔。十一年,太祖征幹。幹乃留其将夏昭、邓升守城,自诣匈奴单于求救,不得,独与数骑亡,欲南奔荆州,上洛[4]都尉捕斩之[1]。十二年,太祖至辽西击乌丸。尚、熙与乌丸逆军战,败走奔辽东,公孙康诱斩之,送其首[2]。太祖高韩珩节,屡辟不至,卒于家[3]。

人们为君主忠心效力。"高幹叛乱,俘虏了上党太守,率领部队驻守壶口关。曹操派乐进、李典进攻,没能打下。建安十一年(206),曹操征讨高幹。高幹留下部将夏昭、邓升守城,自己去匈奴单于那里请求救援,被拒绝后独自与数骑逃走,打算向南逃到荆州,被上洛都尉捉住斩杀。建安十二年(207),曹操到辽西攻打乌丸。袁尚、袁熙和乌丸迎战曹军,兵败逃往辽东,被公孙康诱骗斩杀,首级被送往曹操那里。曹操敬佩韩珩的气节,多次召他都被拒绝。韩珩最后死在家中。

今注　1 歃(shà):饮,微吸。　2 上党:上党郡,辖境相当今山西和顺、榆社以南,沁水流域以东地区。东汉末郡治在壶关。　3 壶口关:在今山西黎城东北太行山口。　4 上洛:上洛县,在今陕西商洛。

裴注　[1]《典略》曰:"上洛都尉王琰获高幹,以功封侯;其妻哭于室,以为琰富贵,将更娶妾媵而夺己爱故也。"　[2]《典略》曰:"尚为人有勇力,欲夺取康众,与熙谋曰:'今到,康必相见,欲与兄手击之,有辽东犹可以自广也。'康亦心计曰:'今不取熙、尚,无以为说于国家。'乃先置其精勇于厩中,然后请熙、尚。熙、尚入,康伏兵出,皆缚之,坐于冻地。尚寒,求席,熙曰:'头颅方行万里,何席之为!'遂斩首。"谭字显思。熙字显奕。尚字显甫。《吴书》曰:"尚有弟名买,与尚俱走辽东。"《曹瞒传》云:"买,尚兄子。未详。"　[3]《先贤行状》曰:"珩字子佩,代郡人,清粹有雅量。

少丧父母，奉养兄姊，宗族称孝悌焉。”

袁术

原文

袁术，字公路，司空[1]逢子，绍之从弟也。以侠气闻，举孝廉，除郎中，历职内外，后为折冲校尉[2]、虎贲中郎将。董卓之将废帝，以术为后将军；术亦畏卓之祸，出奔南阳。会长沙太守孙坚杀南阳太守张咨，术得据其郡。南阳户口数百万，而术奢淫肆欲，征敛无度，百姓苦之。既与绍有隙，又与刘表不平而北连公孙瓒；绍与瓒不和而南连刘表。其兄弟携贰，舍近交远如此[1]。引军入陈留，太祖与绍合击，大破术军。术以余众奔九江，杀扬州刺史陈温，领其州[2]，以张勋、桥蕤等为大将军。李傕入长安，

译文

袁术，字公路，是司空袁逢的儿子，袁绍的堂弟。袁术以侠气闻名，被推举为孝廉，做了郎中，历任朝廷和地方的官职，后来任折冲校尉、虎贲中郎将。董卓要废汉帝时任袁术为后将军，袁术也因为害怕遭董卓加害，出逃到南阳。正赶上长沙太守孙坚杀了南阳太守张咨，袁术得以占据南阳郡。南阳郡户口有几百万，而袁术奢侈淫逸，放纵欲望，对百姓无节制地横征暴敛，南阳百姓深感困苦。袁术与袁绍有矛盾，又和刘表关系紧张，所以同北面的公孙瓒联合；袁绍与公孙瓒关系不和，所以与南边的刘表联合。他们兄弟就是这样各怀异心，舍弃亲近的而去结交关系疏远的。袁术率军攻入陈留，曹操与袁绍合兵出击，大败袁术军。袁术领着剩下的部队逃到九江，杀死扬州刺史陈温，占据了他的地盘，任命张勋、桥蕤为大将军。李傕进入长安，想结交袁术为外援，便

欲结术为援,以术为左将军,封阳翟侯,假节,遣太傅马日磾[3]因循行拜授。术夺日磾节,拘留不遣[3]。

任袁术为左将军,封阳翟侯,授予节杖,派太傅马日磾去按惯例举行拜授仪式。袁术抢夺了马日磾的节杖,并监禁马日磾不放还。

今注 1 司空:三公之一,掌管土木工程的辅政大臣。 2 折冲校尉:统兵武官,略低于将军,高于都尉。 3 马日(mì)磾(dī):东汉中后期大臣,经学大师马融的族子,曾参与校订《熹平石经》《东观汉记》。

裴注 [1]《吴书》曰:"时议者以灵帝失道,使天下叛乱,少帝幼弱,为贼臣所立,又不识母氏所出。幽州牧刘虞宿有德望,绍等欲立之以安当时,使人报术。术观汉室衰陵,阴怀异志,故外托公义以拒绍。绍复与术书曰:'前与韩文节共建永世之道,欲海内见再兴之主。今西名有幼君,无血脉之属,公卿以下皆媚事卓,安可复信!但当使兵往屯关要,皆自蹙死于西。东立圣君,太平可冀,如何有疑!又室家见戮,不念子胥,可复北面乎?违天不祥,愿详思之。'术答曰:'圣主聪睿,有周成之质。贼卓因危乱之际,威服百寮,此乃汉家小厄之会。乱尚未厌,复欲兴之。乃云今主"无血脉之属",岂不诬乎!先人以来,奕世相承,忠义为先。太傅公仁慈恻隐,虽知贼卓必为祸害,以信徇义,不忍去也。门户灭绝,死亡流漫,幸蒙远近来相赴助,不因此时上讨国贼,下刷家耻,而图于此,非所闻也。又曰"室家见戮,可复北面",此卓所为,岂国家哉!君命,天也,天不可仇,况非君命乎!慺慺赤心,志在灭卓,不识其他。'" [2]臣松之案《英雄记》:"陈温字元悌,汝南人。先为扬州刺史,自病死。袁绍遣袁遗领州,败散,奔沛国,为兵所杀。袁术更用陈瑀为扬州。瑀字公玮,下邳人。瑀既领州,而术败于封丘,南向寿春,瑀拒术不纳。术退保阴陵,更合军攻瑀,瑀惧走归下邳。"如此,则温不为术所杀,与本传不同。 [3]《三辅决录注》曰:"日磾字翁叔,马融之族子。少传融业,以才学进。与杨彪、卢植、蔡邕等典校中书，历位九卿，遂登台辅。”《献帝春秋》曰：“术从日磾借节观之，因夺不还，备军中千余人，使促辟之。日磾谓术曰：‘卿家先世诸公，辟士云何，而言促之，谓公府掾可劫得乎！’从术求去，而术留之不遣；既以失节屈辱，忧恚而死。”

时沛相下邳陈珪，故太尉球弟子也。术与珪俱公族子孙，少共交游，书与珪曰：“昔秦失其政，天下群雄争而取之，兼智勇者卒受其归。今世事纷扰，复有瓦解之势矣，诚英乂[1]有为之时也。与足下旧交，岂肯左右[2]之乎？若集大事，子实为吾心膂[3]。”珪中子应时在下邳，术并胁质应，图必致珪。珪答书曰：“昔秦末世，肆暴恣情，虐流天下，毒被生民，下不堪命，故遂土崩。今虽季世，未有亡秦苛暴之乱也。曹将军神武应期，兴复典刑，将拨平凶慝，清定海内，信有征矣。以为足下当戮力同心，匡翼汉室，而

当时沛国相下邳人陈珪，是前太尉陈球的侄子。袁术与陈珪都是高官大族的子孙，年少的时候就结识来往。袁术给陈珪写信说：“当年秦朝失去了政权，天下群雄争相攻取，智勇兼备的人最终成事。如今天下的局面纷乱不安，又有瓦解的趋势了，这正是才智杰出之人有所作为的时机。我和您早有交情，难道您不愿帮助我吗？如果要做大事，您实在是担任我心腹的人选。”陈珪的二儿子陈应当时在下邳，袁术胁持陈应为人质，企图一定要把陈珪收罗麾下。陈珪回信说：“当年秦朝末年，统治者滥用武力、放纵欲望，其暴虐遍布天下，残害百姓，人民不能听暴秦任使，这才使秦朝迅速灭亡。现在虽然也是末世，汉朝却没有秦朝的苛酷暴虐，曹将军英明神武，顺应时代，恢复了典章法度，将会平定凶恶奸邪之人，使全国清宁安定，已经有明确可靠的证验了。我认为你应该与曹公并立齐心，扶助汉室，可是你却偷偷图谋反叛的

阴谋不轨，以身试祸，岂不痛哉！若迷而知反，尚可以免。吾备旧知，故陈至情，虽逆于耳，骨肉之惠也。欲吾营私阿附，有犯死不能也。”

事，这是以自己的性命尝试祸患，岂不是让人痛心吗！如果你迷途知返，还可以侥幸免死。我是你的老相识，所以将最真实的想法告诉你，话虽然不好听，但却是情同骨肉的良言。想让我为了私利去逢迎依附你，死也不能。”

今注 1 英乂(yì)：才智突出。 2 左右：此处指意志相违背。 3 心膂：犹股肱，喻指亲信得力的人。

兴平二年冬，天子败于曹阳[1]。术会群下，谓曰：“今刘氏微弱，海内鼎沸。吾家四世公辅，百姓所归，欲应天顺民，于诸君意如何？”众莫敢对。主簿阎象进曰：“昔周自后稷至于文王，积德累功，三分天下有其二，犹服事殷。明公虽奕世克昌[2]，未若有周之盛，汉室虽微，未若殷纣之暴也。”术嘿然不悦。用河内张炯之符命，遂僭号[1]。以九江太守为淮南尹[3]，置公卿，祠南北郊。荒侈滋甚，后宫数百皆服

兴平二年(195)冬季，天子在曹阳被打败。袁术聚集属下说：“如今刘氏势力微弱，天下大乱。我的家族连续四代出任三公，百姓归心，我想顺应天意和民心，你们的意见如何？”众人都不敢回答。主簿阎象进言道：“从前的周朝，从后稷到文王积累德行功业，拥有天下的三分之二，尚且服从殷商。您家里虽然累世兴旺，还没有周朝那么兴盛，汉室虽然微弱，还没有殷纣那样的暴政。”袁术沉默不乐。后来用了河内张炯献上的符命，于是僭号称帝。袁术任命九江太守为淮南尹，设置公卿，在都城的南北郊兴建祠庙。自此之后，袁术荒淫奢侈更加严重，后宫内数百人都穿着绫罗绸缎，美味佳肴吃

绮縠，余粱肉[2]，而士卒冻馁，江淮间空尽，人民相食。术前为吕布所破，后为太祖所败，奔其部曲雷薄、陈兰于灊山[4]，复为所拒，忧惧不知所出。将归帝号于绍，欲至青州[5]从袁谭，发病道死[3]。妻子依术故吏庐江[6]太守刘勋，孙策破勋，复见收视。术女入孙权宫，子燿拜郎中，燿女又配于权子奋。

不完，而士兵受冻挨饿，长江淮河之间的人口所剩无几，百姓相食。袁术先被吕布打败，后来又被曹操击败，逃到灊山投奔他的部曲雷薄、陈兰，又被他们拒绝，忧愁惊恐不知该怎么办。后来他将皇帝的称号让给袁绍，想去青州投奔袁谭，生病死在路上。袁术的妻子儿女托庇于他的旧部庐江太守刘勋，孙策击败刘勋之后，又被孙策收留照顾。袁术的女儿被纳入孙权的后宫，儿子袁燿被任命为郎中，袁燿的女儿又嫁给了孙权的儿子孙奋。

今注　1 曹阳：在今河南灵宝东北。因在曹水之阳得名。　2 奕世克昌：累世子孙昌盛。　3 淮南尹：袁术效仿汉朝制度中的河南尹设立，管理首府地区。　4 灊(qián)山：亦作潜山。在今安徽潜山西北。　5 青州：汉代十三州之一，东汉治临菑(在今山东淄博临淄区北)。　6 庐江：庐江郡，治舒(在今安徽庐江西南)。

裴注　[1]《典略》曰："术以袁姓出陈，陈，舜之后，以土承火，得应运之次。又见谶文云：'代汉者，当涂高也。'自以名字当之，乃建号称仲氏。"[2]《九州春秋》曰："司隶冯方女，国色也，避乱扬州，术登城，见而悦之，遂纳焉，甚爱幸。诸妇害其宠，语之曰：'将军贵人有志节，当时时涕泣忧愁，必长见敬重。'冯氏以为然，后见术辄垂涕，术以有心志，益哀之。诸妇人因共绞杀，悬之厕梁，术诚以为不得志而死，乃厚加殡敛。"　[3]《魏书》曰："术归帝号于绍曰：'汉之失天下久矣，天子提挈，政在家门，豪雄角逐,分裂疆宇,此与周之末年,七国分势无异,卒强者兼之耳。加袁氏受命当王,符瑞炳然。今君拥有四州,民户百万,以强则无与比大,论德则无与比高。曹操欲扶衰拯弱,安能续绝命、救已灭乎?'绍阴然之。”《吴书》曰:“术既为雷薄等所拒,留住三日,士众绝粮,乃还至江亭,去寿春八十里。问厨下,尚有麦屑三十斛。时盛暑,欲得蜜浆,又无蜜。坐檽床上,叹息良久,乃大咤曰:‘袁术至于此乎!’因顿伏床下,呕血斗余,遂死。”

刘表

原文

刘表,字景升,山阳高平1人也。少知名,号八俊[1]。长八尺余,姿貌甚伟,以大将军掾为北军中候2。灵帝崩,代王叡为荆州刺史。是时山东兵起,表亦合兵军襄阳[2]。袁术之在南阳也,与孙坚合从,欲袭夺表州,使坚攻表。坚为流矢所中死,军败,术遂不能胜表。李傕、郭汜入长安,欲连表为援,乃以表为镇南将军、荆州牧,封成武侯,假节。天子都许,表虽遣使贡献,然北与袁绍

译文

刘表,字景升,山阳高平人。年轻时就很有名气,被人推为八俊之一。刘表身高八尺多,身材相貌都很雄伟,以大将军掾出任北军中候。灵帝去世,刘表继任王叡做了荆州刺史。当时山东群雄起兵讨伐董卓,刘表也在襄阳集合军队。袁术在南阳与孙坚联盟,打算趁机攻取刘表的荆州,就让孙坚攻打刘表。孙坚被流箭射中而死,军队溃败,袁术于是无法战胜刘表。李傕、郭汜进入长安,想联合刘表为外援,于是命刘表为镇南将军、荆州牧,封成武侯,授予节杖。天子定都许后,刘表虽然派使者朝贡,但与北方的袁绍联合。治中邓羲劝谏刘表,刘表没

相结。治中[3]邓羲谏表，表不听[3]，羲辞疾而退，终表之世。张济引兵入荆州界，攻穰城，为流矢所中死。荆州官属皆贺，表曰："济以穷来，主人无礼，至于交锋，此非牧意，牧受吊，不受贺也。"使人纳其众，众闻之喜，遂服从。长沙太守张羡叛表[4]，表围之连年不下。羡病死，长沙复立其子怿，表遂攻并怿，南收零[4]、桂[5]，北据汉川，地方数千里，带甲十余万[5]。

有听从，邓羲就以生病为借口引退，直到刘表去世。张济率军进入荆州地界攻打穰城，被流箭射中而死。荆州的官员都向刘表道贺，刘表说："张济因为势穷而来，我作为主人没有待之以礼，以致双方兵戎相见，这不是我的本意，我接受你们慰问，但不接受你们庆贺。"让人收编张济的部众，张济的部众听了这番话都感到高兴，就投降了刘表。长沙太守张羡背叛刘表，刘表围攻他一年多也没有攻克。张羡病死后，长沙人又拥立他的儿子张怿，刘表就打败、兼并了张怿，收取了南边的零陵、桂阳，北面占据了汉川，拥有地方几千里，士兵十几万人。

今注　**1** 高平：在今山东微山。　**2** 北军中候：掌管屯骑校尉、越骑校尉、步兵校尉、长水校尉、射声校尉所统御的北军五营，是京城常备军的长官，地位十分重要。　**3** 治中：州牧佐吏，主管选署及文书，下设书佐。　**4** 零：零陵郡，东汉治所在泉陵（在今湖南永州北）。　**5** 桂：桂阳郡，治郴县（在今湖南郴州）。

裴注　[**1**] 张璠《汉纪》曰："表与同郡人张隐、薛郁、王访、宣靖、公绪恭、刘祇、田林为八交，或谓之八顾。"《汉末名士录》云："表与汝南陈翔字仲麟、范滂字孟博、鲁国孔昱字世元、渤海苑康字仲真、山阳檀敷字文友、张俭字元节、南阳岑晊字公孝为八友。"谢承《汉书》曰："表受学于同郡王畅。畅为南阳太守，行过乎俭。表时年十七，进谏曰：‘奢不僭上，俭不逼下，盖中庸之道，是故蘧伯玉耻独为君子。府君若不师孔圣之明训，而慕夷齐之末操，无乃皎然自遗于世！’畅答曰：‘以约失之者鲜矣，且以矫俗也。’” [2] 司马彪《战略》曰：“刘表之初为荆州也，江南宗贼盛，袁术屯鲁阳，尽有南阳之众。吴人苏代领长沙太守，贝羽为华容长，各阻兵作乱。表初到，单马入宜城，而延中庐人蒯良、蒯越、襄阳人蔡瑁与谋。表曰：‘宗贼甚盛，而众不附，袁术因之，祸今至矣！吾欲征兵，恐不集，其策安出？’良曰：‘众不附者，仁不足也，附而不治者，义不足也；苟仁义之道行，百姓归之如水之趣下，何患所至之不从，而问兴兵与策乎？’表顾问越，越曰：‘治平者先仁义，治乱者先权谋。兵不在多，在得人也。袁术勇而无断，苏代、贝羽皆武人，不足虑。宗贼帅多贪暴，为下所患。越有所素养者，使示之以利，必以众来。君诛其无道，抚而用之。一州之人有乐存之心，闻君盛德，必襁负而至矣。兵集众附，南据江陵，北守襄阳，荆州八郡可传檄而定。术等虽至，无能为也。’表曰：‘子柔之言，雍季之论也。异度之计，臼犯之谋也。’遂使越遣人诱宗贼，至者五十五人，皆斩之。袭取其众，或即授部曲。唯江夏贼张虎、陈生拥众据襄阳，表乃使越与庞季单骑往说降之，江南遂悉平。” [3]《汉晋春秋》曰：“表答羲曰：‘内不失贡职，外不背盟主，此天下之达义也。治中独何怪乎？’” [4]《英雄记》曰：“张羡，南阳人。先作零陵、桂阳长，甚得江、湘间心，然性屈强不顺。表薄其为人，不甚礼也。羡由是怀恨，遂叛表焉。” [5]《英雄记》曰：“州界群寇既尽，表乃开立学官，博求儒士，使綦毋闿、宋忠等撰定《五经章句》，谓之后定。”

太祖与袁绍方相持于官渡，绍遣人求助，表许之而不至，亦不佐太祖，欲保江汉间，观天下

曹操与袁绍在官渡对峙的时候，袁绍派人向刘表求助，刘表答应了却不派兵，也不帮助曹操，只想据守长江、汉水流域，观察天下局势的变化。从事中郎

变。从事中郎韩嵩、别驾刘先说表曰："豪杰并争，两雄相持，天下之重，在于将军。将军若欲有为，起乘其弊可也；若不然，固将择所从。将军拥十万之众，安坐而观望。夫见贤而不能助，请和而不得，此两怨必集于将军，将军不得中立矣。夫以曹公之明哲，天下贤俊皆归之，其势必举袁绍，然后称兵以向江汉，恐将军不能御也。故为将军计者，不若举州以附曹公，曹公必重德将军；长享福祚，垂之后嗣，此万全之策也。"表大将蒯越[1]亦劝表。表狐疑，乃遣嵩诣太祖以观虚实。嵩还，深陈太祖威德，说表遣子入质。表疑嵩反为太祖说，大怒，欲杀嵩，考[2]杀随嵩行者，知嵩无他意，乃止[1]。表虽外貌儒雅，而心多疑忌，皆此类也。

韩嵩、别驾刘先劝刘表说："天下豪杰相争，袁、曹两大势力对峙，将军处于改变天下大势的重要位置。如果您想要有所作为，可以趁他们相持时起兵；如果不想起兵的话，应该选择一方跟随。将军率领十万军队，却安守原地观望局势。见到贤人却不去帮助，与双方讲和又做不到，这两方一定都会怨恨将军，将军是没办法保持中立的。以曹操的聪明智慧，天下有才能的人都会归附他，他的势力一定会超过袁绍，然后调兵向江汉进发，到时候恐怕将军无法抵挡。所以为了您打算，不如以荆州依附曹操，曹操一定会深深地感激将军；将军您可以长久地享有福禄，还能传给后代，这是万无一失的计策。"刘表手下的大将蒯越也这么劝他。刘表犹豫不决，派韩嵩去见曹操，趁机窥探曹军虚实。韩嵩返回后详细陈说了曹操的声威与德行，劝刘表送儿子过去当人质。刘表却怀疑韩嵩反过来为曹操游说自己，于是大怒，想杀掉韩嵩，拷打并杀死了随行的人员，才知道韩嵩并没有背叛他的想法，于是才停手。刘表虽外表儒雅，但内心多有猜忌，都跟这件事类似。

今注 **1** 蒯越:字异度,刘表部下,刘表死后与刘琮一起投降曹操。 **2** 考:拷打。

裴注 [1]《傅子》曰:"初,表谓嵩曰:'今天下大乱,未知所定,曹公拥天子都许,君为我观其衅。'嵩对曰:'圣达节,次守节。嵩,守节者也。夫事君为君,君臣名定,以死守之;今策名委质,唯将军所命,虽赴汤蹈火,死无辞也。以嵩观之,曹公至明,必济天下。将军能上顺天子,下归曹公,必享百世之利,楚国实受其祐,使嵩可也;设计未定,嵩使京师,天子假嵩一官,则天子之臣,而将军之故吏耳。在君为君,则嵩守天子之命,义不得复为将军死也。唯将军重思,无负嵩。'表遂使之,果如所言,天子拜嵩侍中,迁零陵太守,还,称朝廷、曹公之德也。表以为怀贰,大会寮属数百人,陈兵见嵩,盛怒,持节将斩之,数曰:'韩嵩敢怀贰邪!'众皆恐,欲令嵩谢。嵩不动,谓表曰:'将军负嵩,嵩不负将军!'具陈前言。表怒不已,其妻蔡氏谏之曰:'韩嵩,楚国之望也;且其言直,诛之无辞。'表乃弗诛而囚之。"

刘备奔表,表厚待之,然不能用[1]。建安十三年,太祖征表,未至,表病死。

初,表及妻爱少子琮,欲以为后,而蔡瑁、张允为之支党,乃出长子琦为江夏太守,众遂奉琮为嗣。琦与琮遂为仇隙[2]。越、嵩及东曹掾傅巽等说琮归太祖,琮曰:"今与诸君据

刘备投奔刘表,刘表给他优厚的待遇,却不任用刘备。建安十三年(208),曹操征伐刘表,还没到荆州,刘表就病死了。

起初,刘表和妻子偏爱小儿子刘琮,打算以他为继承人,而蔡瑁、张允等人是刘琮的党羽,刘表派长子刘琦外出做江夏太守,部众就拥戴刘琮为继承人。刘琦与刘琮从此产生了仇恨。蒯越、韩嵩与东曹掾傅巽等人劝刘琮

全楚之地，守先君之业，以观天下，何为不可乎？”巽对曰：“逆顺有大体，强弱有定势。以人臣而拒人主，逆也；以新造[1]之楚而御国家，其势弗当也；以刘备而敌曹公，又弗当也。三者皆短，欲以抗王兵之锋，必亡之道也。将军自料何与刘备？”琮曰：“吾不若也。”巽曰：“诚以刘备不足御曹公乎，则虽保楚之地，不足以自存也；诚以刘备足御曹公乎，则备不为将军下也。愿将军勿疑。”太祖军到襄阳，琮举州降。备走奔夏口[2][3]。太祖以琮为青州刺史，封列侯[4]。蒯越等侯者十五人。越为光禄勋[5]；嵩，大鸿胪[6]；羲，侍中[7]；先，尚书令；其余多至大官[8]。

依附曹操，刘琮说：“如今我和各位占据楚地全境，守护先君的基业，观望天下大局的变动，这怎么不可以呢？”傅巽回答说：“是叛逆还是忠顺取决于大局，实力的强弱有一定的态势。以人臣的身份反抗君主，这是叛逆；以刚兴起的楚地而抵抗全国，形势对我们不利；用刘备对抗曹操，也无法匹敌。我们在这三个方面都处于下风，想以这种实力抵抗朝廷军队的进攻，是一定会招致灭亡的做法。将军衡量自己，比刘备是强是弱？”刘琮说：“我不如刘备。”傅巽说：“要是刘备都抵挡不了曹操，即便我们拥有整个楚地，我们的势力也无法保全；要是刘备能抵挡曹操，那刘备也不愿在您的手下听令。希望将军您不要迟疑。”曹操的军队到了襄阳，刘琮便举全州投降。刘备逃往夏口。曹操任命刘琮为青州刺史，封为列侯。蒯越等十五人被封侯。蒯越做了光禄勋，韩嵩做了大鸿胪，邓羲做了侍中，刘先做了尚书令，其他人大多做到了高官。

今注 1 新造：新建立的政权。 2 夏口：又称沔口，是夏水（汉水下游的古称）入长江处，在今湖北武汉。

裴注 [1]《汉晋春秋》曰:"太祖之始征柳城,刘备说表,使袭许,表不从。及太祖还,谓备曰:'不用君言,故失此大会也。'备曰:'今天下分裂,日寻干戈,事会之来,岂有终极乎?若能应之于后者,则此未足为恨也。'" [2]《典略》曰:"表疾病,琦还省疾。琦性慈孝,瑁、允恐琦见表,父子相感,更有托后之意,谓曰:'将军命君抚临江夏,为国东藩,其任至重;今释众而来,必见谴怒,伤亲之欢心以增其疾,非孝敬也。'遂遏于户外,使不得见,琦流涕而去。" [3]《傅子》曰:"巽字公悌,瑰伟博达,有知人鉴。辟公府,拜尚书郎,后客荆州,以说刘琮之功,赐爵关内侯。文帝时为侍中,太和中卒。巽在荆州,目庞统为半英雄,证裴潜终以清行显;统遂附刘备,见待次于诸葛亮,潜位至尚书令,并有名德。及在魏朝,魏讽以才智闻,巽谓之必反,卒如其言。巽弟子嘏,别有传。"《汉晋春秋》曰:"王威说刘琮曰:'曹操得将军既降,刘备已走,必解弛无备,轻行单进;若给威奇兵数千,徼之于险,操可获也。获操即威震四海,坐而虎步,中夏虽广,可传檄而定,非徒收一胜之功,保守今日而已。此难遇之机,不可失也。'琮不纳。"《搜神记》曰:"建安初,荆州童谣曰:'八九年间始欲衰,至十三年无孑遗。'言自中平以来,荆州独全,及刘表为牧,民又丰乐,至建安八年、九年当始衰。始衰者,谓刘表妻死,诸将并零落也。十三年无孑遗者,表当又死,因以丧破也。是时,华容有女子忽啼呼云:'荆州将有大丧!'言语过差,县以为妖言,系狱月余,忽于狱中哭曰:'刘荆州今日死。'华容去州数百里,即遣马吏验视,而刘表果死,县乃出之。续又歌吟曰:'不意李立为贵人。'后无几,太祖平荆州,以涿郡李立字建贤为荆州刺史。" [4]《魏武故事》载令曰:"楚有江、汉山川之险,后服先强,与秦争衡,荆州则其故地。刘镇南久用其民矣。身没之后,诸子鼎峙,虽终难全,犹可引日。青州刺史琮,心高志洁,智深虑广,轻荣重义,薄利厚德,蔑万里之业,忽三军之众,笃中正之体,敦令名之誉,上耀先君之遗尘,下图不朽之余祚;鲍永之弃并州,窦融之离五郡,未足以喻也。虽封列侯一州之位,犹恨此宠未副其人;而比有笺求还州。监史虽尊,秩禄未优。今听所执,表琮为谏议大夫,参同军事。” [5]《傅子》曰:“越,蒯通之后也,深中足智,魁杰有雄姿。大将军何进闻其名,辟为东曹掾。越劝进诛诸阉官,进犹豫不决。越知进必败,求出为汝阳令,佐刘表平定境内,表得以强大。诏书拜章陵太守,封樊亭侯。荆州平,太祖与荀彧书曰:‘不喜得荆州,喜得蒯异度耳。’建安十九年卒。临终,与太祖书,托以门户。太祖报书曰:‘死者反生,生者不愧。孤少所举,行之多矣。魂而有灵,亦将闻孤此言也。’” [6]《先贤行状》曰:“嵩字德高,义阳人。少好学,贫不改操。知世将乱,不应三公之命,与同好数人隐居于郦西山中。黄巾起,嵩避难南方,刘表逼以为别驾,转从事中郎。表郊祀天地,嵩正谏不从,渐见违忤。奉使到许,事在前注。荆州平,嵩疾病,就在所拜授大鸿胪印绶。” [7] 羲,章陵人。 [8]《零陵先贤传》曰:“先字始宗,博学强记,尤好黄、老言,明习汉家典故。为刘表别驾,奉章诣许,见太祖。时宾客并会,太祖问先:‘刘牧如何郊天也?’先对曰:‘刘牧托汉室肺腑,处牧伯之位,而遭王道未平,群凶塞路,抱玉帛而无所聘覜,修章表而不获达御,是以郊天祀地,昭告赤诚。’太祖曰:‘群凶为谁?’先曰:‘举目皆是。’太祖曰:‘今孤有熊罴之士,步骑十万,奉辞伐罪,谁敢不服?’先曰:‘汉道陵迟,群生憔悴,既无忠义之士,翼戴天子,绥宁海内,使万邦归德,而阻兵安忍,曰莫己若,即蚩尤、智伯复见于今也。’太祖嘿然。拜先武陵太守。荆州平,先始为汉尚书,后为魏国尚书令。”先甥同郡周不疑,字元直,零陵人。《先贤传》称不疑幼有异才,聪明敏达,太祖欲以女妻之,不疑不敢当。太祖爱子仓舒,夙有才智,谓可与不疑为俦。及仓舒卒,太祖心忌不疑,欲除之。文帝谏,以为不可,太祖曰:“此人非汝所能驾御也。”乃遣刺客杀之。挚虞《文章志》曰:“不疑死时年十七,著《文论》四首。”《世语》曰:“表死后八十余年,至晋太康中,表冢见发。表及妻身形如生,芬香闻数里。”

评曰:董卓狼戾贼忍,暴虐不仁,自书契已

评论说:董卓的贪婪残忍,暴虐不顾仁义,是自有文字记录以来所未见

来,殆未之有也[1]。袁术奢淫放肆,荣不终己,自取之也[2]。袁绍、刘表,咸有威容、器观[1],知名当世。表跨蹈汉南,绍鹰扬河朔,然皆外宽内忌,好谋无决,有才而不能用,闻善而不能纳,废嫡立庶,舍礼崇爱,至于后嗣颠蹶[2],社稷倾覆,非不幸也。昔项羽背范增之谋,以丧其王业;绍之杀田丰,乃甚于羽远矣!

的。袁术奢侈放荡,生前便丧尽荣光,全是咎由自取。袁绍、刘表都有威严的仪容和雄伟的外貌,在当时也很有名。刘表占据汉水以南,袁绍纵横河朔地区,但为人都外表宽和却内心猜忌,喜欢谋划却没有决断,拥有人才却不能善加任用,听到好的建议不能采纳,废黜嫡子却以庶子为继承人,不顾礼法而放任私情,以致后代困顿受挫,势力灭亡,这不只是他们运气不好而已。从前项羽不听从范增的计谋,失去了成就帝王事业的机会;袁绍杀田丰这件事,做得比项羽更加过分!

今注　1 威容、器观:指威严的仪容,雄伟的外貌。　2 颠蹶:此指困顿挫折。

裴注　[1]《英雄记》曰:"昔大人见临洮而铜人铸,临洮生卓而铜人毁;世有卓而大乱作,大乱作而卓身灭,抑有以也。"　[2] 臣松之以为,桀、纣无道,秦、莽纵虐,皆多历年所,然后众恶乃著。董卓自窃权柄,至于陨毙,计其日月,未盈三周,而祸崇山岳,毒流四海。其残贼之性,实豺狼不若。"书契未有",斯言为当。但评既曰"贼忍",又云"不仁",贼忍、不仁,于辞为重。袁术无毫芒之功、纤介之善,而猖狂于时,妄自尊立,固义夫之所扼腕,人鬼之所同疾。虽复恭俭节用,而犹必覆亡不暇,而评但云"奢淫不终",未足见其大恶。

卷七 魏书七

吕布张邈臧洪传

导读 吕布是汉末著名武将，年轻时就因为骁勇被选入州中任职。骑都尉丁原掌兵河内时，提拔吕布为自己的主簿，并且和他交好。汉灵帝驾崩后，董卓入京行暴，他利用丁、吕之间的信任而诱使吕布杀害丁原。吕布因为斩杀丁原的功劳被封为骑都尉，并且十分受董卓信任，二人还盟誓结为父子。然而董卓性情刚烈、气量狭小，吕布曾因为一些小事惹董卓生气，后来他与董卓的婢女私通，更是害怕事发。当时司徒王允密谋诛杀董卓，于是二人联合行动，事成后吕布受封奋武将军、温侯。董卓被杀后，他的部将借叛乱攻进长安，吕布战败投奔袁术，但被拒绝。后来吕布虽与袁绍联合，也因互相猜忌而结盟失败。建安三年(198)，吕布再次背叛袁术，并派兵进攻刘备。曹操为此亲自前往征讨，结果吕布一败再败，最终被曹操擒获，命丧白门楼。吕布为人多猜忌，无谋略，既不能很好地统辖自己手下的战将，又不能坚定地侍奉君主，出仕以来，为人臣则屡屡叛变，为将帅则多次战败，几乎被所有军阀痛恨，最终走向败亡。

汉末东平人张邈，年轻时就以救济穷困、为人侠义著称乡里，因此有很多人归附他。当时张邈和曹操、袁绍都相为友善，受公府征辟任骑都尉，转升陈留太守。董卓乱政，张邈和曹操首举义兵。关东联军成立后，张邈曾劝谏盟主袁绍改正傲慢自矜的态度，结果遭后者暗杀。张邈一直担心曹操最终会为袁绍攻击自己，于是在曹操征讨陶谦时，采纳陈宫等人的建议，迎接吕布为兖州牧。后来曹操回军，在巨野彻底击败吕布。张邈因追随吕布败退而投奔刘备,但他的弟弟张超以及家人在雍丘被曹操屠灭。张邈自己也在向袁术求援的途中被下属杀害。

臧洪身材魁梧,被举荐孝廉而任郎官。东汉灵帝末年,臧洪辞官回家,又被太守张超选为郡中功曹。董卓毒杀少帝刘辩后,臧洪劝说太守张超起兵。当时张超的哥哥张邈和兖州、豫州等郡守见臧洪谈吐不凡,纷纷歃血盟誓,联合出兵,并推举臧洪为盟主。后来联军因为没有人肯做先锋,在粮草耗尽后便解散了。事后臧洪被派遣出使刘虞,结果因战乱而不得行,反而受袁绍重视,领命出任青州刺史,因能力突出而转任东郡太守。当时张邈、张超等人反叛曹操事败,张超被围困于雍丘。臧洪果断出兵救援,并且向袁绍借兵,但被拒绝,不久后,袁绍领兵围攻臧洪而不能破城。袁绍于是让陈琳写信劝臧洪投降。结果臧洪以忠孝节义和臣子节气不可动摇为理由,对袁绍的劝降予以拒绝。后来袁绍增兵急攻,但即便城破时,仍有七八千人宁死不叛。臧洪被擒后,袁绍仍以宾礼相待,试图劝降他为自己所用。结果臧洪大骂袁绍,最终被杀,其下属也都战死不降。后世史家对臧洪以弱敌强的英勇和忠良气节大加赞许,也对他的壮志未酬深表叹息。

吕布

原文

吕布,字奉先,五原郡[1]九原人也,以骁武给并州。刺史丁原[2]为骑都尉[3],屯河内,以布为主簿,大见亲待。灵帝崩,原将兵[4]诣洛阳[1]。与何进谋诛诸黄

译文

吕布,字奉先,五原郡九原人,因为勇猛威武而任职并州。并州刺史丁原任骑都尉,领兵屯驻在河内,任吕布为主簿,并对他十分亲近厚爱。汉灵帝驾崩,丁原领兵来到洛阳。丁原与何进共谋诛杀宫内宦官,被封为执金

门,拜执金吾[5]。进败,董卓入京都,将为乱,欲杀原,并其兵众。卓以布见信于原,诱布令杀原。布斩原首诣卓,卓以布为骑都尉,甚爱信之,誓为父子。

吾。何进计划失败后,董卓进京,将要作乱,想杀掉丁原,并吞并他的军队。董卓见吕布深受丁原信任,便诱使吕布杀掉丁原。吕布砍下丁原的脑袋去见董卓,董卓任吕布为骑都尉,十分喜欢和信任他,二人盟誓认作父子。

今注　**1** 五原郡:治所在九原县(今内蒙古包头西)。 **2** 丁原:字建阳,东汉末年人,以勇武善射著称,任并州刺史等职,后为吕布所杀。 **3** 骑都尉:统领骑兵的武官,官阶次于将军,无常员,属光禄勋。 **4** 将(jiàng)兵:领兵。将,率领。 **5** 执金吾:汉武帝时改中尉为执金吾,督巡三辅治安,负责宫廷以外、京城以内的警卫,管理中央武库,皇帝出巡则掌护卫仪仗。

裴注　[**1**]《英雄记》曰:“原字建阳。本出自寒家,为人粗略,有武勇,善骑射。为南县吏,受使不辞难,有警急,追寇虏,辄在其前。裁知书,少有吏用。”

布便[1]弓马,膂力过人,号为飞将。稍迁至中郎将[2],封都亭侯。卓自以遇人无礼,恐人谋己,行止常以布自卫。然卓性刚而褊[3],忿不思难,尝小失意,拔手戟掷布。布拳捷[4]避之[1],为卓顾谢,卓

吕布熟习骑射,力气超过常人,号称飞将。吕布逐渐升至中郎将,被封为都亭侯。董卓自知待人无礼,因而怕被人谋害,所以在活动时常常让吕布护卫。然而董卓性情刚烈且气量狭小,愤怒的时候不考虑后果,曾经因为一件小事不满意,拔出手戟掷向吕布。吕布迅速避开,然后向董卓谢罪,董卓气也

意亦解。由是阴怨卓。卓常使布守中阁[5],布与卓侍婢私通,恐事发觉,心不自安。

消了。吕布因此暗暗地怨恨董卓。董卓常让吕布守护内室之门,吕布与董卓的婢女私通,害怕事情被知晓,心里很不安。

今注 1 便:熟习。 2 中郎将:武官名,西汉时设置,本为禁卫军统领,东汉以后,统兵将领多用此名,位阶次于将军。 3 褊(biǎn):狭隘。 4 拳捷:勇武迅捷。 5 中阁(gé):宫中的小门,也指卧室之门。

裴注 [1]《诗》曰:"无拳无勇,职为乱阶。"注:"拳,力也。"

先是,司徒王允[1]以布州里壮健,厚接纳之。后布诣允,陈卓几见杀状。时允与仆射士孙瑞密谋诛卓,是以告布使为内应。布曰:"奈如父子何!"允曰:"君自姓吕,本非骨肉。今忧死不暇,何谓父子?"布遂许之,手刃刺卓。语在《卓传》。允以布为奋武将军,假节,仪比三司[2],进封温侯,共秉朝政。布自杀卓后,畏恶凉州人,凉州人皆怨。由是李傕等遂相结

此前,司徒王允因为吕布是州郡中英勇健壮的男子,所以对他十分厚爱。后来吕布拜访王允,诉说了董卓差点击杀他的情况。当时王允与仆射士孙瑞密谋诛杀董卓,于是告诉吕布并让他做内应。吕布说:"我和他有父子名分怎么办!"王允说:"您本来姓吕,和董卓本就没有亲骨肉的血缘关系。现在您整日担心被他杀死都没空,哪里还谈什么父子?"吕布于是答应了王允,后来亲手杀死了董卓。这事记载在《董卓传》中。王允任命吕布为奋武将军,赐予节杖,仪仗与三司比同,晋封温侯,与他共同执掌朝政。吕布自从杀了董卓之后,害怕厌恶凉州人,凉州人也都怨恨吕布。因此

还攻长安城[1]。布不能拒,傕等遂入长安。卓死后六旬,布亦败[2]。将数百骑出武关[3],欲诣袁术。

李傕等人便联合起来攻打长安城。吕布不能抵抗,李傕等人便攻进了长安。董卓死后六十天,吕布也失败了。吕布率领几百骑兵出武关,想投奔袁术。

今注 1 司徒王允:司徒,主掌民政教化,东汉时与太尉、司空并称三公。王允,字子师,董卓进京作乱时任司徒,后与吕布合谋诛杀董卓。 2 仪比三司:指仪节与司徒、太尉、司空三公相同,为极大尊荣。 3 武关:秦汉时重要关隘之一,为关中的东南门户,在今陕西丹凤东南。

裴注 [1]《英雄记》曰:"郭汜在城北。布开城门,将兵就汜,言'且却兵,但身决胜负'。汜、布乃独共对战,布以矛刺中汜,汜后骑遂前救汜,汜、布遂各两罢。" [2]臣松之案《英雄记》曰:"诸书,布以四月二十三日杀卓,六月一日败走,时又无闰,不及六旬。"

布自以杀卓为术报仇,欲以德之[1]。术恶其反覆,拒而不受。北诣袁绍,绍与布击张燕于常山。燕精兵万余,骑数千。布有良马曰赤兔[1]。常与其亲近成廉、魏越等陷锋突阵,遂破燕军。而求益兵众,将士钞掠[2],绍患忌[3]之。布觉其意,

吕布自以为杀掉董卓是为袁术报了仇,因此想要袁术感激他。袁术厌恶吕布处事反复无常,拒绝他的归附。吕布北上去见袁绍,袁绍和吕布攻打在常山的张燕。张燕有一万多精兵和数千骑兵。吕布有匹叫赤兔的好马。吕布常和亲近的成廉、魏越等人冲锋陷阵,因此击破了张燕军。此后吕布要求增加更多士兵,他手下的军士抢劫掠夺,袁绍对他有了猜忌。吕布察觉到袁绍的想法后,到袁

从绍求去。绍恐还为己害，遣壮士夜掩杀布，不获。事露，布走河内[2]，与张杨合。绍令众追之，皆畏布，莫敢逼近者[3]。

绍那里请求离开。袁绍害怕吕布再回来祸害自己，派遣强壮的军士夜里暗杀吕布，但没有成功。事情败露后，吕布逃往河内，与张杨会合。袁绍命令手下追击，但这些人都害怕吕布，没有敢逼近他的。

今注 1 欲以德之：据《后汉书》记载，董卓进京后，袁绍、袁术逃出京城力倡反卓，董卓害怕京中袁氏为内应，因而尽杀袁术叔太傅袁隗、兄太仆袁基等五十余人，袁氏与董卓由此生仇。因此吕布在诛杀董卓之后产生了让袁术感激自己的想法。 2 钞掠：抢劫掠夺。钞，亦作"抄"。 3 患忌：嫌忌，猜忌。

裴注 [1]《曹瞒传》曰："时人语曰：'人中有吕布，马中有赤兔。'" [2]《英雄记》曰："布自以有功于袁氏，轻傲绍下诸将，以为擅相署置，不足贵也。布求还洛，绍假布领司隶校尉。外言当遣，内欲杀布。明日当发，绍遣甲士三十人，辞以送布。布使止于帐侧，伪使人于帐中鼓筝。绍兵卧，布无何出帐去，而兵不觉。夜半兵起，乱斫布床被，谓为已死。明日，绍讯问，知布尚在，乃闭城门，布遂引去。" [3]《英雄记》曰："杨及部曲诸将，皆受傕、汜购募，共图布。布闻之，谓杨曰：'布，卿州里也。卿杀布，于卿弱。不如卖布，可极得汜、傕爵宠。'杨于是外许汜、傕，内实保护布。汜、傕患之，更下大封诏书，以布为颍川太守。"

张邈

原文

张邈，字孟卓，东平

译文

张邈，字孟卓，东平郡寿张县人。

寿张[1]人也。少以侠闻，振穷救急，倾家无爱，士多归之。太祖、袁绍皆与邈友。辟公府[2]，以高第拜骑都尉，迁陈留太守。董卓之乱，太祖与邈首举义兵。汴水之战[3]，邈遣卫兹将兵随太祖。袁绍既为盟主，有骄矜色，邈正议责绍。绍使太祖杀邈，太祖不听，责绍曰："孟卓，亲友也，是非当容之。今天下未定，不宜自相危也。"邈知之，益德太祖。太祖之征陶谦[4]，敕家曰："我若不还，往依孟卓。"后还，见邈，垂泣相对。其亲如此。

他年轻的时候以侠义著称，赈济穷人救济急难，倾尽家财也不吝惜，很多士人都归附他。太祖、袁绍都与张邈结交为友。张邈受公府征辟，因考核优异获封骑都尉，任陈留太守。董卓作乱，太祖和张邈首先起兵。汴水之战时，张邈派遣卫兹带兵随护太祖。袁绍当上盟主后，脸上露出骄傲的神色，张邈义正词严地指责他。袁绍派太祖诛杀张邈，太祖不听从，并指责袁绍说："孟卓是我们亲近的朋友，有错误应当包容他。现在天下还没安定，不可自相残害。"张邈知道这件事后，更加感激太祖。太祖征伐陶谦的时候，对家人下命令说："如果我没有回来，你们就去投靠孟卓。"后来太祖返回见到张邈，相对落泪。他俩的亲密到如此境地。

今注　1 寿张：东汉时改寿良县为寿张县，1964 年撤销，并入山东阳谷县和河南范县。　2 辟公府：被公府征召。辟，征召。公府，一般指司徒、司空、太尉三公府衙。　3 汴水之战：汴水，在今河南荥阳。公元 190 年，以袁绍为盟主的关东军成立，作为副盟主的曹操领兵进军到荥阳汴水，与董卓部下徐荣交锋，因双方兵力悬殊，曹军大败。　4 陶谦：字恭祖，汉末地方军阀之一，曾任徐州刺史。陶谦曾派兵掩杀曹操之父曹嵩，二人因此结仇，后曹操出兵讨伐陶谦。

吕布之舍袁绍从张杨也，过邈临别，把手共誓。绍闻之，大恨。邈畏太祖终为绍击己也，心不自安。兴平元年，太祖复征谦，邈弟超，与太祖将陈宫、从事中郎许汜、王楷共谋叛太祖。宫说邈曰："今雄杰并起，天下分崩，君以千里之众，当四战之地，抚剑顾眄[1]，亦足以为人豪，而反制于人，不以鄙乎！今州军东征，其处空虚，吕布壮士，善战无前，若权迎之，共牧兖州，观天下形势，俟[2]时事之变通，此亦纵横之一时也。"邈从之。太祖初使宫将兵留屯东郡，遂以其众东迎布为兖州牧，据濮阳[3]。郡县皆应，唯鄄城、东阿、范[4]为太祖守。太祖引军还，与布战于濮阳，太祖军不利，相持百余日。是时岁旱、虫蝗、少谷，百姓相食，布东屯山

吕布离开袁绍投奔张杨时，去跟张邈道别，两人握手发誓。袁绍听说之后，十分愤恨。张邈害怕太祖最终会为袁绍来攻击自己，因此心里十分不安。兴平元年(194)，太祖再次征讨陶谦，张邈的弟弟张超，与太祖的部将陈宫、从事中郎许汜、王楷共谋背叛太祖。陈宫劝张邈说："现在英雄豪杰群起，天下四分五裂，您凭借占据千里地域的兵众，处在四方都抢夺的战略要地，按剑四望，也能成为人中的豪杰，如今却反而受人钳制，不是太鄙陋了吗！如今州中军队东征，这里便空虚下来，吕布是勇猛的壮士，善于征战而没人可以抵挡，如果暂时把他迎请过来，与您共管兖州，观察天下的形势，等待时势的变化，这也是称雄天下的时机啊。"张邈听从了陈宫的建议。太祖一开始让陈宫领兵屯守东郡，于是陈宫就率领其部众东向迎接吕布为兖州牧，占据濮阳。各地郡县纷纷起兵响应，只有鄄城、东阿、范三地还为太祖坚守。太祖率军返回，与吕布在濮阳交战，太祖军战事不利，两方对峙一百多天。当时年岁大旱，发生蝗灾，缺乏粮食，百姓人吃人，吕布东行

阳。二年间，太祖乃尽复收诸城，击破布于巨野。布东奔刘备[1]。邈从布，留超将家属屯雍丘[5]。太祖攻围数月，屠之，斩超及其家。邈诣袁术请救未至，自为其兵所杀[2]。

屯兵在山阳。此后两年，太祖就把丢失的城池全部收复，并在巨野击败吕布。吕布向东投奔刘备。张邈跟从吕布，留弟弟张超带领家眷屯守雍丘。太祖围攻了几个月，破城后屠城，并斩杀张超及其家人。张邈奔赴袁术请求救兵还没赶到，就被自己的士兵杀死了。

今注 1 顾眄(miǎn)：转眼而视，环视。 2 俟(sì)：等待。 3 濮阳：东郡治所，在今河南濮阳县西南。 4 范：在今河南范县。 5 雍丘：在今河南杞县。

裴注 [1]《英雄记》曰："布见备，甚敬之，谓备曰：'我与卿同边地人也。布见关东起兵，欲诛董卓。布杀卓东出，关东诸将无安布者，皆欲杀布耳。'请备于帐中坐妇床上，令妇向拜，酌酒饮食，名备为弟。备见布语言无常，外然之而内不说。" [2]《献帝春秋》曰："袁术议称尊号，邈谓术曰：'汉据火德，绝而复扬，德泽丰流，诞生明公。公居轴处中，入则享于上席，出则为众目之所属，华、霍不能增其高，渊泉不能同其量，可谓巍巍荡荡，无与为贰。何为舍此而欲称制？恐福不盈眦，祸将溢世。庄周之称郊祭牺牛，养饲经年，衣以文绣，宰执鸾刀，以入庙门，当此之时，求为孤犊不可得也！'"按本传，邈诣术，未至而死；而此云谏称尊号，未详孰是。

备东击术，布袭取下邳[1]，备还归布。布遣备屯小沛[2]。布自称徐州刺史[1]。术遣将纪灵等

刘备东进攻击袁术，吕布乘机偷袭夺取了下邳，刘备回军归附吕布。吕布派遣刘备屯驻在小沛。吕布自称徐州刺史。袁术派遣部将纪灵等率领步骑

步骑三万攻备，备求救于布。布诸将谓布曰："将军常欲杀备，今可假手于术。"布曰："不然。术若破备，则北连太山[3]诸将，吾为在术围中，不得不救也。"便严[4]步兵千、骑二百，驰往赴备。灵等闻布至，皆敛兵不敢复攻。布于沛西南一里安屯，遣铃下[5]请灵等，灵等亦请布共饮食。布谓灵等曰："玄德，布弟也。弟为诸君所困，故来救之。布性不喜合斗，但喜解斗耳。"布令门候[6]于营门中举一只戟，布言："诸君观布射戟小支，一发中者诸君当解去，不中可留决斗。"布举弓射戟，正中小支。诸将皆惊，言："将军天威也！"明日复欢会，然后各罢。

兵三万多人攻击刘备，刘备向吕布求救。吕布部将们对他说："将军您常想杀掉刘备，现在可以借袁术之手。"吕布说："不能这样。如果袁术打败刘备，那么他就和北边泰山等势力联合起来了，我们就被袁术围困当中，所以刘备不能不救。"因此吕布急调一千步兵、二百骑兵，急速救援刘备。纪灵等听说吕布来了，都收兵不敢继续进攻。吕布在小沛西南一里的地方安营驻扎，派遣侍卫请纪灵等人，纪灵等也请吕布一起宴饮。吕布对纪灵等人说："玄德是我的弟弟。弟弟被诸位围困，所以我来解救他。我性格不喜欢挑起斗争，但是喜欢化解斗争。"吕布命令门候在营门中竖起一根戟，吕布说："诸位看我用箭射戟的小支，一箭射中的话诸位就率军离去，如果不中那就留下来决战。"吕布举弓射戟，正射中小支。诸将都十分惊愕，说："将军真是天生的神威啊！"第二天又欢聚宴饮，然后罢兵停战。

今注　1 下邳：东汉时为徐州治所，在今江苏睢宁北。　2 小沛：汉代沛县的别称，在今江苏沛县。　3 太山：郡名，即泰山郡，治所在奉高县

(今山东泰安东)。 **4** 严:急调。 **5** 铃下:随从的护卫部队。 **6** 门候:守门的军兵。

裴注 [**1**]《英雄记》曰:“布初入徐州,书与袁术。术报书曰:‘昔董卓作乱,破坏王室,祸害术门户,术举兵关东,未能屠裂卓。将军诛卓,送其头首,为术扫灭仇耻,使术明目于当世,死生不愧,其功一也。昔将金元休向兖州,甫诣封丘,为曹操逆所拒破,流离迸走,几至灭亡。将军破兖州,术复明目于遐迩,其功二也。术生年已来,不闻天下有刘备,备乃举兵与术对战;术凭将军威灵,得以破备,其功三也。将军有三大功在术,术虽不敏,奉以生死。将军连年攻战,军粮苦少,今送米二十万斛,迎逢道路,非直此止,当骆驿复致;若兵器战具,佗所乏少,大小唯命。’布得书大喜,遂造下邳。”《典略》曰:“元休名尚,京兆人也。尚与同郡韦休甫、第五文休俱著名,号为三休。尚,献帝初为兖州刺史,东之郡,而太祖已临兖州。尚南依袁术。术僭号,欲以尚为太尉,不敢显言,私使人讽之,尚无屈意,术亦不敢强也。建安初,尚逃还,为术所害。其后尚丧与太傅马日磾丧俱至京师,天子嘉尚忠烈,为之咨嗟,诏百官吊祭,拜子玮郎中,而日磾不与焉。”《英雄记》曰:“布水陆东下,军到下邳西四十里。备中郎将丹阳许耽夜遣司马章诳来诣布,言:‘张益德与下邳相曹豹共争,益德杀豹,城中大乱,不相信。丹阳兵有千人,屯西白城门内,闻将军来东,大小踊跃,如复更生。将军兵向城西门,丹阳军便开门内将军矣。’布遂夜进,晨到城下。天明,丹阳兵悉开门内布兵。布于门上坐,步骑放火,大破益德兵,获备妻子、军资,及部曲将吏士家口。建安元年六月夜半时,布将河内郝萌反,将兵入布所治下邳府,诣厅事阁外,同声大呼,攻阁,阁坚不得入。布不知反者为谁,直牵妇,科头袒衣,相将从溷上排壁出,诣都督高顺营,直排顺门入。顺问:‘将军有所隐不?’布言‘河内儿声’。顺言‘此郝萌也’。顺即严兵入府,弓弩并射萌众;萌众乱走,天明还故营。萌将曹性反萌,与对战,萌刺伤性,性斫萌一臂。顺斫萌首,床舆性,送诣布。布问性,言

'萌受袁术谋','谋者悉谁?'性言'陈宫同谋'。时宫在坐上,面赤,旁人悉觉之。布以宫大将,不问也。性言'萌常以此问,性言吕将军大将有神,不可击也,不意萌狂惑不止'。布谓性曰:'卿,健儿也!'善养视之。创愈,使安抚萌故营,领其众。"

术欲结布为援,乃为子索布女,布许之。术遣使韩胤以僭号[1]议告布,并求迎妇。沛相陈珪恐术、布成婚,则徐、扬合从[2],将为国难,于是往说布曰:"曹公奉迎天子,辅赞[3]国政,威灵命世,将征四海,将军宜与协同策谋,图太山之安。今与术结婚,受天下不义之名,必有累卵之危[4]。"布亦怨术初不已受也,女已在涂[5],追还绝婚,械送韩胤,枭首许市。珪欲使子登诣太祖,布不肯遣。会使者至,拜布左将军。布大喜,即听登往,并令奉章谢恩[1]。登见太祖,

袁术想结交吕布作为援助,于是为自己的儿子求娶吕布的女儿,吕布答应了。袁术派遣使者韩胤把自己僭越称帝的想法告诉了吕布,并且请求迎娶吕布的女儿。沛相陈珪害怕袁术和吕布结成亲家,那么徐州和扬州的势力便会联合到一起,这样对国家来说将造成危难,于是前往说服吕布说道:"曹公迎请皇帝,辅佐襄助国家政务,声名显耀当世,即将征讨四海,将军您应该与他共同谋划,求得泰山那样的安稳。现在与袁术结为亲家,遭受天下不义的名声,这必定有像累卵那样的危险。"吕布也怨恨袁术当初不接纳自己,虽然女儿已经出嫁在途中,但还是将她追回并断绝婚姻,并给韩胤戴上枷锁送走,最终在许都的集市斩首。陈珪想让儿子陈登出使拜见太祖,吕布却不肯派遣。恰巧太祖的使者到来,封吕布为左将军。吕布极为高兴,立即派陈登前往,并且让他奉上谢恩的表章。陈登见到太祖,趁机

因陈布勇而无计，轻于去就，宜早图之。太祖曰：“布，狼子野心，诚难久养，非卿莫能究其情也。”即增珪秩中二千石，拜登广陵太守。临别，太祖执登手曰：“东方之事，便以相付。”令登阴合部众以为内应。

陈说吕布虽勇猛但没有谋略，且轻易地和别人联盟或决裂，应该趁早把他铲除。太祖说：“吕布狼子野心，确实不能长久纵容下去，如果不是您就不能知道这个情况啊。”太祖立即增加陈珪的俸禄品秩为中两千石，将陈登任命为广陵太守。临别时，太祖抓着陈登的手说：“东方的事情就托付给你了。”太祖让陈登偷偷地聚集将士作为内应。

今注　1 僭(jiàn)号：一般指私称帝王的名号。僭，超越本分。　2 合从：又作“合纵”，此指联合。　3 赞：佐助。　4 累卵之危：比喻情势十分危急，像堆起来的鸡蛋，随时都有倒塌破碎的危险。　5 涂：通“途”。

裴注　[1]《英雄记》曰：“初，天子在河东，有手笔版书召布来迎。布军无畜积，不能自致，遣使上书。朝廷以布为平东将军，封平陶侯。使人于山阳界亡失文字，太祖又手书厚加慰劳布，说起迎天子，当平定天下意，并诏书购捕公孙瓒、袁术、韩暹、杨奉等。布大喜，复遣使上书于天子曰：‘臣本当迎大驾，知曹操忠孝，奉迎都许。臣前与操交兵，今操保傅陛下，臣为外将，欲以兵自随，恐有嫌疑，是以待罪徐州，进退未敢自宁。’答太祖曰：‘布获罪之人，分为诛首，手命慰劳，厚见褒奖。重见购捕袁术等诏书，布当以命为效。’太祖更遣奉车都尉王则为使者，赍诏书，又封平东将军印绶来拜布。太祖又手书与布曰：‘山阳屯送将军所失大封，国家无好金，孤自取家好金更相为作印，国家无紫绶，自取所带紫绶以籍心。将军所使不良。袁术称天子，将军止之，而使不通章。朝廷信将军，使复重上，以相明忠诚。’布乃遣登奉章谢恩，并以一好绶答太祖。”

始，布因[1]登求徐州牧，登还，布怒，拔戟斫几曰："卿父劝吾协同曹公，绝婚公路[2]；今吾所求无一获，而卿父子并显重，为卿所卖耳！卿为吾言，其说云何？"登不为动容[3]，徐喻[4]之曰："登见曹公言：'待将军譬如养虎，当饱其肉，不饱则将噬[5]人。'公曰：'不如卿言也。譬如养鹰，饥则为用，饱则扬[6]去。'其言如此。"布意乃解。

一开始，吕布想通过陈登为自己求封徐州牧，陈登回来后，吕布大怒，拔出戟砍到桌子上说："你的父亲劝我协助曹公，断绝了和袁术家的婚事；现在我所求一无所获，但你父子的声名和职位却一同变得显耀和贵重，我是被你出卖了啊！你现在跟我说说，曹公讲了什么？"陈登没有因为吕布的举止而变脸色，反而缓缓地劝导说："我见到曹公时说：'您对待吕布将军就像养虎，应当用肉把它喂饱，如果虎吃不饱就将要吃人了。'曹公说：'不是像您说的。应该是像养鹰，饿着的时候才能为我所用，饱了就飞走了。'曹公的话就是这样。"吕布听后怒气才消了。

今注　1 因：依靠，凭借。　2 公路：袁术，字公路。　3 动容：变脸色。　4 喻：告知，开导。　5 噬(shì)：咬，吞。　6 扬：飞。

术怒，与韩暹、杨奉[1]等连势，遣大将张勋攻布。布谓珪曰："今致术军，卿之由也，为之奈何？"珪曰："暹、奉与术，卒合之军耳，策谋不素定，不能相维持，子登策[2]之，比之连鸡[3]，势不俱栖，可解离

袁术知道绝婚之事后大怒，于是和韩暹、杨奉等人联合起来，派遣大将张勋攻打吕布。吕布对陈珪说："现在招来袁术的军队，都是您的原因，该怎么办啊？"陈珪说："韩暹、杨奉与袁术，是仓促联合到一起的军队，谋划不是一早就定好的，不能维持长久，以我儿子陈登的推测，他们好比是绑在一起的鸡，定不能

也。”布用珪策,遣人说暹、奉,使与己并力共击术军,军资所有,悉许暹、奉。于是暹、奉从之,勋大破败[1]。

待在一起,可以分化离间。”吕布采用陈珪的计策,派人劝说韩暹、杨奉,让他们与自己联合共同攻击袁术,承诺缴获的军需物资等都归韩暹、杨奉。于是韩暹、杨奉听从了吕布的话,张勋大败。

今注 1 韩暹、杨奉:韩暹,初为黄巾军将领,后因护汉献帝归洛,任司隶校尉,献帝受迎到许后,投奔袁术。杨奉,初与韩暹同为黄巾军白波军将领,因护送献帝回洛受封为车骑将军,曹操迎献帝到许后,投奔袁术。 2 策:估计,推测。 3 连鸡:绑在一起的鸡,比喻相互牵制,难以共处。

裴注 [1]《九州春秋》载布与暹、奉书曰:“二将军拔大驾来东,有元功于国,当书勋竹帛,万世不朽。今袁术造逆,当共诛讨,奈何与贼臣还共伐布?布有杀董卓之功,与二将军俱为功臣,可因今共击破术,建功于天下,此时不可失也。”暹、奉得书,即回计从布。布进军,去勋等营百步,暹、奉兵同时并发,斩十将首,杀伤堕水死者不可胜数。《英雄记》曰:“布后又与暹、奉二军向寿春,水陆并进,所过虏略。到钟离,大获而还。既渡淮北,留书与术曰:‘足下恃军强盛,常言猛将武士,欲相吞灭,每抑止之耳!布虽无勇,虎步淮南,一时之间,足下鼠窜寿春,无出头者。猛将武士,为悉何在?足下喜为大言以诬天下,天下之人安可尽诬?古者兵交,使在其间,造策者,非布先唱也。相去不远,可复相闻。’布渡毕,术自将步骑五千扬兵淮上,布骑皆于水北大咍笑之而还。时有东海萧建为琅邪相,治莒,保城自守,不与布通。布与建书曰:‘天下举兵,本以诛董卓耳。布杀卓,来诣关东,欲求兵西迎大驾,光复洛京,诸将自还相攻,莫肯念国。布,五原人也,去徐州五千余里,乃在天西北角,今不来共争天东南之地。莒与下邳相去不远,宜当共通。君如自遂以为郡郡作帝、县县自王也？昔乐毅攻齐，呼吸下齐七十余城，唯莒、即墨二城不下，所以然者，中有田单故也。布虽非乐毅，君亦非田单，可取布书与智者详共议之。’建得书，即遣主薄赍笺上礼，贡良马五匹。建寻为臧霸所袭破，得建资实。布闻之，自将步骑向莒。高顺谏曰：‘将军躬杀董卓，威震夷狄，端坐顾盼，远近自然畏服，不宜轻自出军；如或不捷，损名非小。’布不从。霸畏布引还抄暴，果登城拒守。布不能拔，引还下邳。霸后复与布和。”

建安三年，布复叛为术，遣高顺攻刘备于沛，破之。太祖遣夏侯惇救备，为顺所败。太祖自征布，至其城下，遗布书，为陈祸福。布欲降，陈宫等自以负罪深，沮[1][1]其计。布遣人求救于术，自将千余骑出战，败走，还保城，不敢出[2]。术亦不能救。布虽骁猛，然无谋而多猜忌，不能制御其党，但信诸将。诸将各异意自疑，故每战多败。太祖堑[2]围之三月，上下离心，其将侯成、宋宪、魏续缚陈宫，将其众降。布与其麾下登白门楼[3]。兵围急，乃下降。遂生缚[3]布，布曰：“缚太

建安三年(198)，吕布又反叛帮助袁术，派遣高顺攻打在小沛的刘备，击败了他。太祖派遣夏侯惇援救刘备，被高顺打败。太祖亲自征讨吕布，进军到城下，派人送信给吕布，陈述利害关系。吕布想投降，陈宫等人自认为负罪深重，便阻止吕布投降的打算。吕布派人向袁术求救，自己带领一千多骑兵出战，但被打败后逃跑，仍旧退守城池，不敢出城。袁术也没办法救援。吕布虽然骁勇威猛，但没有计谋且性格多疑，不能掌控自己的部属，只相信众将领。众将领各自也互相猜忌，所以每次打仗多是失败。太祖在城外挖深沟围困吕布三个月，城内将士上下离心，吕布的部将侯成、宋宪、魏续绑住陈宫，率领自己的部下投降。吕布与部将登上白门楼。太祖率兵围困得更严密，吕布这才下来投降。于是将吕布生擒绑

急，小缓之。”太祖曰：“缚虎不得不急也。”布请曰：“明公所患不过于布，今已服矣，天下不足忧。明公将步，令布将骑，则天下不足定也。”太祖有疑色。刘备进曰：“明公不见布之事丁建阳及董太师乎！”太祖颔[4]之。布因指备曰：“是儿最叵[5]信者[4]。”于是缢杀布。布与宫、顺等皆枭首送许，然后葬之[5]。

住，吕布说：“捆得太紧了，稍微松一点。”太祖说：“捆绑老虎不得不紧啊。”吕布请求说：“明公担心的人没有超过我的，现在我已经降服，天下已经没有什么可担忧的了。您率领步兵，我率领骑兵，那么天下不难平定。”太祖脸上有疑难不决的神色。刘备上前进言说：“明公没看见吕布侍奉丁原、董卓的结果吗！”太祖听后点点头。吕布于是指着刘备说：“这小子是最不可信任的人。”于是勒死了吕布。吕布、陈宫、高顺等人都被砍下脑袋送到许都，然后再安葬。

太祖之禽宫也，问宫欲活老母及女不，宫对曰：“宫闻孝治天下者不绝人之亲，仁施四海者不乏人之祀，老母在公，不在宫也。”太祖召养其母终其身，嫁其女。

太祖擒获陈宫的时候，问陈宫是否想让老母和女儿活命。陈宫回答说：“我听说用孝道治理天下的人不会杀害别人的亲属，施行仁政遍及四海的人不会断绝别人的祭祀，我老母的生死取决于您，不在我。”太祖下诏赡养陈宫老母到死，并帮他嫁女。

今注 1 沮(jǔ)：阻止。 2 堑(qiàn)：壕沟。 3 生缚：生擒捆绑。 4 颔(hàn)：点头。 5 叵(pǒ)：不可。

裴注 [1]《献帝春秋》曰：“太祖军至彭城。陈宫谓布：‘宜逆击之，以逸击劳，无不克也。’布曰：‘不如待其来攻，蹙著泗水中。’及太祖军攻之急，布于白门楼上谓军士曰：‘卿曹无相困，我当自首明公。’陈宫曰：‘逆贼曹操，何等明公！今日降之，若卵投石，岂可得全也！'" [2]《英雄记》曰："布遣许汜、王楷告急于术。术曰：'布不与我女，理自当败，何为复来相闻邪？'汜、楷曰：'明上今不救布，为自败耳！布破，明上亦破也。'术时僭号，故呼为明上。术乃严兵，为布作声援。布恐术为女不至，故不遣兵救也，以绵缠女身，缚著马上，夜自送女出与术，与太祖守兵相触，格射不得过，复还城。布欲令陈宫、高顺守城，自将骑断太祖粮道。布妻谓曰：'将军自出断曹公粮道是也。宫、顺素不和，将军一出，宫、顺必不同心共城守也，如有蹉跌，将军当于何自立乎？愿将军谛计之，无为宫等所误也。妾昔在长安，已为将军所弃，赖得庞舒私藏妾身耳，今不须顾妾也。'布得妻言，愁闷不能自决。"《魏氏春秋》曰："陈宫谓布曰：'曹公远来，势不能久。若将军以步骑出屯，为势于外，宫将余众闭守于内。若向将军，宫引兵而攻其背，若来攻城，将军为救于外。不过旬日，军食必尽，击之可破。'布然之。布妻曰：'昔曹氏待公台如赤子，犹舍而来。今将军厚公台不过于曹公，而欲委全城，捐妻子，孤军远出，若一旦有变，妾岂得为将军妻哉！'布乃止。" [3]《九州春秋》曰："初，布骑将侯成遣客牧马十五匹，客悉驱马去，向沛城，欲归刘备。成自将骑逐之，悉得马还。诸将合礼贺成，成酿五六斛酒，猎得十余头猪，未饮食，先持半猪五斗酒自入诣布前，跪言：'间蒙将军恩，逐得所失马，诸将来相贺，自酿少酒，猎得猪，未敢饮食，先奉上微意。'布大怒曰：'布禁酒，卿酿酒，诸将共饮食作兄弟，共谋杀布邪？'成大惧而去，弃所酿酒，还诸将礼。由是自疑，会太祖围下邳，成遂领众降。" [4]《英雄记》曰："布谓太祖曰：'布待诸将厚也，诸将临急皆叛布耳。'太祖曰：'卿背妻，爱诸将妇，何以为厚？'布默然。"《献帝春秋》曰："布问太祖：'明公何瘦？'太祖曰：'君何以识孤？'布曰：'昔在洛，会温氏园。'太祖曰：'然。孤忘之矣。所以瘦，恨不早相得故也。'布曰：'齐桓舍射钩，使管仲相；今使布竭股肱之力，为公前驱，可乎？'布缚急，谓刘备曰：'玄德，卿为坐客，我为执虏，不能一言以相宽乎？'太祖笑曰：'何不相语，而诉明使君乎？'意欲活之，命使宽缚。主簿王必趋进曰:‘布,勍虏也。其众近在外,不可宽也。’太祖曰:‘本欲相缓,主簿复不听,如之何?’” [5]《英雄记》曰:“顺为人清白有威严,不饮酒,不受馈遗。所将七百余兵,号为千人,铠甲斗具皆精练齐整,每所攻击无不破者,名为陷阵营。顺每谏布,言‘凡破家亡国,非无忠臣明智者也,但患不见用耳。将军举动,不肯详思,辄喜言误,误不可数也’。布知其忠,然不能用。布从郝萌反后,更疏顺。以魏续有外内之亲,悉夺顺所将兵以与续。及当攻战,故令顺将续所领兵,顺亦终无恨意。” [6]鱼氏《典略》曰:“陈宫字公台,东郡人也。刚直烈壮,少与海内知名之士皆相连结。及天下乱,始随太祖,后自疑,乃从吕布,为布画策,布每不从其计。下邳败,军士执布及宫,太祖皆见之,与语平生,故布有求活之言。太祖谓宫曰:‘公台,卿平常自谓智计有余,今竟何如?’宫顾指布曰:‘但坐此人不从宫言,以至于此。若其见从,亦未必为禽也。’太祖笑曰:‘今日之事当云何?’宫曰:‘为臣不忠,为子不孝,死自分也。’太祖曰:‘卿如是,奈卿老母何?’宫曰:‘宫闻将以孝治天下者不害人之亲,老母之存否,在明公也。’太祖曰:‘若卿妻子何?’宫曰:‘宫闻将施仁政于天下者不绝人之祀,妻子之存否,亦在明公也。’太祖未复言。宫曰:‘请出就戮,以明军法。’遂趋出,不可止。太祖泣而送之,宫不还顾。宫死后,太祖待其家皆厚于初。”

陈登者,字元龙,在广陵[1]有威名。又掎角[2]吕布有功,加伏波将军,年三十九卒。后许汜[3]与刘备并在荆州牧刘表坐,表与备共论天下人,汜曰:“陈元龙湖海之士,豪气不除。”备谓表曰:“许君论是非?”表曰:“欲言非,

陈登,字元龙,在广陵郡有威名。因为牵制吕布有功,加封伏波将军,三十九岁的时候去世。后来许汜与刘备一同在荆州牧刘表那里坐谈,刘表与刘备品评天下人物,许汜说:“陈元龙是气概豪放之人,逞豪的习气没有改掉。”刘备对刘表说:“许君所说对不对啊?”刘表说:“想要说不对,但许君是品行端正的人,不会随便说别人假话的;想说

此君为善士，不宜虚言；欲言是，元龙名重天下。”备问汜：“君言豪，宁有事邪？”汜曰：“昔遭乱过下邳，见元龙。元龙无客主之意，久不相与语，自上大床卧，使客卧下床。”备曰：“君有国士之名，今天下大乱，帝主失所，望君忧国忘家，有救世之意，而君求田问舍 4，言无可采，是元龙所讳也，何缘当与君语？如小人，欲卧百尺楼上，卧君于地，何但上下床之间邪？”表大笑。备因言曰：“若元龙文武胆志，当求之于古耳，造次 5 难得比也[1]。”

对，可是元龙的名气受天下人推崇。”刘备问许汜：“您说的逞豪，是确有其事吗？”许汜说：“我曾经在遭难时经过下邳，见到过陈登。陈登没有主人礼待客人的意思，很长时间也不同我说话，自己到大床上睡，让客人到下床睡。”刘备说：“您有国士的名望，如今天下大乱，皇帝失去安身的地方，希望您忧虑国家而不顾自家，拥有拯救世道的志向，但是您却求购田产、置办房屋，言论也没什么可以采用的，这是陈登忌讳的，所以还拿什么与您说话啊？要是我，就会想睡在百尺的高楼上，让您睡在地上，何止是上下床的距离啊？”刘表听完大笑。刘备乘机说：“像陈登这样文韬武略，胆量和志向都具备的，恐怕要到古人中才能找到吧，仓促间很难找到能与他相比拟的。”

今注 1 广陵：郡名，属徐州，治所为广陵县，在今江苏扬州西北。 2 掎(jǐ)角：又作“犄角”。古代捕兽时拉住兽腿叫“掎”，抓住兽角叫“角”，“掎角”比喻两头牵制或两面夹击。 3 许汜(sì)：东汉末襄阳人，为吕布谋士，曾任兖州从事中郎，与张超、陈宫等背叛曹操而迎吕布为兖州牧。吕布败亡之后，许汜前往荆州投靠刘表。 4 求田问舍：本指多方购买田地，到处问询房价，比喻没有远大志向。 5 造次：此处指匆忙、急切。

裴注　[1]《先贤行状》曰:“登忠亮高爽,沈深有大略,少有扶世济民之志。博览载籍,雅有文艺,旧典文章,莫不贯综。年二十五,举孝廉,除东阳长,养耆育孤,视民如伤。是时,世荒民饥,州牧陶谦表登为典农校尉,乃巡土田之宜,尽凿溉之利,粳稻丰积。奉使到许,太祖以登为广陵太守,令阴合众以图吕布。登在广陵,明审赏罚,威信宣布。海贼薛州之群万有余户,束手归命。未及期年,功化以就,百姓畏而爱之。登曰:‘此可用矣。’太祖到下邳,登率郡兵为军先驱。时登诸弟在下邳城中,布乃质执登三弟,欲求和同。登执意不挠,进围日急。布刺奸张弘,惧于后累,夜将登三弟出就登。布既伏诛,登以功加拜伏波将军,甚得江、淮间欢心,于是有吞灭江南之志。孙策遣军攻登于匡琦城。贼初到,旌甲覆水,群下咸以今贼众十倍于郡兵,恐不能抗,可引军避之,与其空城。水人居陆,不能久处,必寻引去。登厉声曰:‘吾受国命,来镇此土。昔马文渊之在斯位,能南平百越,北灭群狄,吾既不能遏除凶慝,何逃寇之为邪!吾其出命以报国,仗义以整乱,天道与顺,克之必矣。’乃闭门自守,示弱不与战,将士衔声,寂若无人。登乘城望形势,知其可击。乃申令将士,宿整兵器。昧爽,开南门,引军诣贼营,步骑钞其后。贼周章,方结阵,不得还船。登手执军鼓,纵兵乘之,贼遂大破,皆弃船迸走。登乘胜追奔,斩虏以万数。贼忿丧军,寻复大兴兵向登。登以兵不敌,使功曹陈矫求救于太祖。登密去城十里治军营处所,令多取柴薪,两束一聚,相去十步,纵横成行。令夜俱起火,火然其聚。城上称庆,若大军到。贼望火惊溃,登勒兵追奔,斩首万级。迁登为东城太守。广陵吏民佩其恩德,共拔郡随登,老弱襁负而追之。登晓语令还,曰:‘太守在卿郡,频致吴寇,幸而克济。诸卿何患无令君乎?’孙权遂跨有江外。太祖每临大江而叹,恨不早用陈元龙计,而令封豕养其爪牙。文帝追美登功,拜登息肃为郎中。”

臧洪

原文

臧洪，字子源，广陵射阳[1]人也。父旻，历匈奴中郎将，中山、太原太守，所在有名[1]。洪体貌魁梧，有异于人，举孝廉为郎。时选三署郎[2]以补县长，琅邪赵昱为莒长，东莱刘繇下邑长，东海王朗菑丘[3]长，洪即丘[4]长。灵帝末，弃官还家，太守张超请洪为功曹。

译文

臧洪，字子源，广陵郡射阳县人。父亲名旻，曾做过匈奴中郎将，中山、太原太守，并且在任职的地方都很有名望。臧洪身材魁梧，和常人不太一样，被察举为孝廉而任郎官。当时挑选三署的郎官来补充县长职务，琅邪的赵昱被任莒长，东莱的刘繇任下邑长，东海的王朗任菑丘长，臧洪任即丘长。灵帝末期，臧洪放弃官职回家，太守张超请他任功曹。

今注 1 射阳：属广陵郡，在今江苏宝应。 2 三署郎：三署是指光禄勋（郎中令）的属官五官中郎将，以及左、右中郎将三个署的合称。三署郎即这三个署所属的郎官。 3 菑丘：位于今安徽宿州。 4 即丘：属东海郡，治所在今山东郯城。

裴注 [1] 谢承《后汉书》曰："旻有干事才，达于从政，为汉良吏。初从徐州从事辟司徒府，除卢奴令，冀州举尤异，迁扬州刺史、丹阳太守。是时边方有警，羌、胡出寇，三府举能，迁旻匈奴中郎将。讨贼有功，征拜议郎，还京师。见太尉袁逢，逢问其西域诸国土地、风俗、人物、种数。旻具答言西域本三十六国，后分为五十五，稍散至百余国；其国大小，道里近远，人数多少，风俗燥湿，山川、草木、鸟兽、异物名种不与中国同者，悉口陈其状，手画地形。逢奇其才，叹息言：'虽班固作《西域传》，何以加此？'

旻转拜长水校尉,终太原太守。”

董卓杀帝[1],图危社稷,洪说超曰:“明府[2]历世受恩,兄弟并据大郡,今王室将危,贼臣未枭,此诚天下义烈报恩效命之秋也。今郡境尚全,吏民殷富,若动枹鼓[3],可得二万人,以此诛除国贼,为天下倡先,义之大者也。”超然其言,与洪西至陈留,见兄邈计事。邈亦素有心,会于酸枣[4],邈谓超曰:“闻弟为郡守,政教威恩,不由己出,动任臧洪,洪者何人?”超曰:“洪才略智数优超,超甚爱之,海内奇士也。”邈即引见洪,与语,大异之。致之于刘兖州公山、孔豫州公绪,皆与洪亲善。乃设坛场[5],方共盟誓,诸州郡更相让,莫敢当,咸共推洪。

董卓杀害少帝,图谋危害国家,臧洪劝张超说:“您家历代受到国家恩惠,兄弟都在大郡任职,如今王室有危险,作乱的贼人没有被消灭,这正是天下忠义刚烈的人报恩效命的时候。如今本郡辖境完整,官吏和百姓殷实富裕,如果击响战鼓号召民众,能征到两万人,用此诛杀国贼,为天下人反正的先导,这是大义啊。”张超认可了他的话,与臧洪一起西行到陈留,会见哥哥张邈谋划起兵之事。张邈也一直有这样的想法,他们在酸枣会面,张邈对张超说:“听说你当郡守,政令、教化、恩赏及刑罚并不是自己定夺,都是交由臧洪处理,臧洪是什么人啊?”张超说:“臧洪的才智谋略都胜过我,我特别喜欢他,他是天下奇才啊。”张邈于是接见了臧洪,与他交谈后对他感到十分惊异。张邈派遣臧洪到兖州刺史刘公山、豫州刺史孔公绪那里,他们都与臧洪交好。于是设置祭坛,一起盟誓,各州郡的长官互相推让,没人敢担任盟誓的主持人,于是共推臧洪担任。

今注 1 董卓杀帝：董卓在废黜少帝刘辩而改立刘协之后，因各路人马起兵讨伐自己，心中害怕而用毒酒杀害少帝刘辩。 2 明府：汉代对郡守的尊称。此处指代张超。 3 枹(fú)鼓：即鼓槌和鼓，引申为报警之鼓，引喻为军旅，此处指宣传、号召。 4 酸枣：古县名，治今河南延津西南。 5 坛场：土筑的高台，一般用作祭祀、结盟等事。

洪乃升坛操槃歃血[1]而盟曰："汉室不幸，皇纲[2]失统，贼臣董卓乘衅[3]纵害，祸加至尊，虐流百姓，大惧沦丧社稷，翦覆[4]四海。兖州刺史岱、豫州刺史伷、陈留太守邈、东郡太守瑁、广陵太守超等，纠合义兵，并赴国难。凡我同盟，齐心勠力[5]，以致臣节，殒首丧元[6]，必无二志。有渝此盟，俾坠其命，无克遗育。皇天后土，祖宗明灵，实皆鉴之！"洪辞气慷慨，涕泣横下，闻其言者，虽卒伍厮养[7]，莫不激扬，人思致节[1]。顷之，诸军莫适先进[8]，而食尽众散。

臧洪于是登上祭坛端起木盘喝掉牲血而宣誓说："汉家不幸，皇权失去统绪，贼臣董卓乘机作乱，将灾祸加到皇帝身上，虐待百姓，如今众人十分担心国家将因此灭亡，天下大乱。兖州刺史刘岱、豫州刺史孔伷、陈留太守张邈、东郡太守桥瑁、广陵太守张超等人，聚集义军，共同奔赴国难。凡是我们一同盟誓的人，齐心合力，恪尽臣子的忠节，即便是头颅被砍掉，也没有其他想法。如果有背叛此誓言的，一定会丢掉性命，断绝后人。天地神祇，祖宗神明，一同作见证！"臧洪言辞慷慨，泪涕横流，听到他说话的人，即便是普通士兵和杂役，也没有不激昂振奋的，人人都想着尽自己的忠节。不久，联军没有人做主领先进攻，粮食吃完了就解散了。

今注　1 歃(shà)血:中国古代盟会中的一种仪式,盟会者用口微吸所杀牲之血,以示诚意,或说用手指蘸血,涂在口旁。　2 皇纲:纲,网口的总绳,引申为权力。皇纲即皇帝的权柄。　3 乘衅:趁机。　4 翦覆:剪断倾覆,意为灭亡。　5 勠力:合力。　6 丧元:丢脑袋。元,脑袋。　7 厮养:指为人服役,地位低微的人。　8 莫适先进:没有人决定当先锋。适,做主。

裴注　[1] 臣松之案:于时此盟,止有刘岱等五人而已。《魏氏春秋》横内刘表等数人,皆非事实。表保据江、汉,身未尝出境,何由得与洪同坛而盟乎?

超遣洪诣大司马刘虞[1]谋,值公孙瓒之难。至河间[2],遇幽、冀二州交兵,使命不达。而袁绍见洪,又奇重之,与结分合好。会青州刺史焦和[3]卒,绍使洪领青州以抚其众[1]。洪在州二年,群盗奔走。绍叹其能,徙为东郡太守,治东武阳。

张超派遣臧洪拜见大司马刘虞共谋计策,刚好碰上公孙瓒发起的战乱。到河间,遇上幽州和冀州两方打仗,臧洪的使命没有完成。而袁绍见到臧洪,又特别地重视他,与他结下情分,成为好友。恰巧此时青州刺史焦和去世,袁绍派遣臧洪兼领青州刺史来安抚焦和留下的部众。臧洪在青州任职两年,盗贼们都逃亡出州。袁绍感叹他的才能,转任他为东郡太守,治所在东武阳。

今注　1 刘虞:字伯安,为东汉宗室,曾任幽州牧,后为公孙瓒所杀。　2 河间:治所在乐城,在今河北献县东南。　3 焦和:汉末地方军阀,汉献帝初平中期任青州刺史。焦和为官不善领兵,黄巾军起义时,虽然自己兵多器锐,粮食充足,但见黄巾军便逃,不敢与其交战。天下大乱后，焦和所辖土广人稠，兵多将广，坐拥青州，但总被弱小势力欺凌。后来焦和因被敌军追击，生病而卒。

裴注 [1]《九州春秋》曰："初平中，焦和为青州刺史。是时英雄并起，黄巾寇暴，和务及同盟，俱入京畿，不暇为民保障，引军逾河而西。未久，而袁、曹二公与卓将战于荥阳，败绩。黄巾遂广，屠裂城邑。和不能御，然军器尚利，战士尚众，而耳目侦逻不设，恐动之言妄至，望寇奔走，未尝接风尘、交旗鼓也。欲作陷冰丸沉河，令贼不得渡，祷祈群神，求用兵必利，蓍筮常陈于前，巫祝不去于侧；入见其清谈干云，出则浑乱，命不可知。州遂萧条，悉为丘墟也。"

太祖围张超于雍丘，超言："唯恃臧洪，当来救吾。"众人以为袁、曹方睦，而洪为绍所表用，必不败好招祸，远来赴此。超曰："子源，天下义士，终不背本者，但恐见禁制，不相及逮耳。"洪闻之，果徒跣[1]号泣，并勒所领兵，又从绍请兵马，求欲救超，而绍终不听许。超遂族灭。洪由是怨绍，绝不与通。绍兴兵围之，历年不下。绍令洪邑人陈琳[2]书与洪，喻

太祖把张超围困在雍丘，张超说："我唯一的依恃就是臧洪，他一定会来救我。"众人认为袁绍和曹操刚和好，而臧洪为袁绍所表彰举荐，一定不会破坏这层关系而给自己招来祸端，从远地赶到这里来。张超说："子源，是天下间有义气的人，终究不会背叛自己的根本，只是怕他被人禁止，不能及时赶过来罢了。"臧洪听说张超被围的消息后，果然光着脚大哭，并且调动自己所统领的军队，又向袁绍借兵马，请求去救张超，但袁绍始终不同意。张超因此被灭族。臧洪因此怨恨袁绍，绝不肯与他来往。袁绍出兵包围了臧洪，但历经一年都没有攻下。袁绍命臧洪同邑人陈琳写信

以祸福，责以恩义。洪答曰：

给臧洪，告诉他利害关系，责备他背恩负义。臧洪回信说：

今注 1 徒跣(xiǎn)：光着脚。 2 陈琳：字孔璋，东汉文学家，“建安七子”之一。起初跟从袁绍，为袁作檄文斥责曹操。后归曹操，任司空军谋祭酒、丞相门下督。诗作以《饮马长城窟行》为代表，明人辑有《陈记室集》。

“隔阔[1]相思，发于寤寐[2]。幸相去步武[3]之间耳，而以趣舍异规[4]，不得相见，其为怆恨[5]，可为心哉！前日不遗，比辱雅贶，述叙祸福，公私切至。所以不即奉答者，既学薄才钝，不足塞诘[6]；亦以吾子携负侧室[7]，息肩[8]主人，家在东州[9]，仆为仇敌。以是事人，虽披中情，堕肝胆，犹身疏有罪，言甘见怪，方首尾不救，何能恤人？且以子之才，穷该典籍，岂将暗于大道，不达余趣哉！然犹复云云者，仆以是知足下之言，信不由衷，将以救祸也。必欲

“阻隔阔别的相思，日夜不息。幸好相距不远，只是由于志趣好恶不同，才不能相见。这种悲伤的心情，完全出于内心啊！前些日子您不嫌弃，屈尊给我写信，讲述福祸利害，在公在私都是深切诚恳。之所以没能立即回信，既是自己学识浅薄才华不够，不能回答您的责问；也是因为您携带家室在身边，依靠主家，我们都是家在东州的同乡，我却成为您的仇敌。在这样的情势下，虽然表露衷情，献出肝胆，但还是会遭到疏远和怪罪，话说得好也会被责怪，我正首尾不能兼顾，哪里还能体恤别人呢？况且以您的才华，穷究典籍，难道还会不明白大道理，不了解我的志向吗！然而您还是一再地劝说，由此我知道您说的话，不是出于自己的内心，只是要挽救我于灾祸罢了。如果一定要

算计长短，辩諮[10]是非，是非之论，言满天下，陈之更不明，不言无所损。又言伤告绝之义，非吾所忍行也，是以捐弃[11]纸笔，一无所答。亦冀遥忖[12]其心，知其计定，不复渝[13]变也。重获来命，援引古今，纷纭六纸，虽欲不言，焉得已哉！

计算长短得失，争辩是非，是非之论早已充满天下，陈说起来反而更不明朗，不说话反而没有什么损失。您又说了可能会断绝交情的话，这不是我能忍心做到的，因此我丢弃纸笔，一句话也不回复。也是希望您遥遥地揣度我的心意，知道我的想法已定，不会再改变了。如今重新获得您的来信，信中援引古今事例，满满写了六张纸，虽然想不说话，但又怎么能不回答呢！

今注 1 隔阔：阻隔阔别。 2 寤寐：寤，醒；寐，睡。寤寐，一般指日夜，引申指日夜思念、渴望。 3 步武：很短的距离。古代以六尺为一步，半步为武。 4 趣舍异规：趣舍，即取舍；异规，不同的打算。 5 怆悢(chuàng liàng)：悲伤。 6 塞诘(jié)：塞，搪塞；诘，追问。意即回答问题。 7 侧室：本意为古代燕寝旁侧的房室，引申为嫡子外的众子、正妻外的妾，此处代指妻子儿女。 8 息肩：把肩上的东西卸下来休息。此指依靠，仰赖。 9 东州：臧洪和陈琳都是广陵郡射阳县人，当时同属徐州，在东部地区，故称东州。 10 辩諮：争辩商讨。諮，同"咨"。 11 捐弃：抛弃，放弃。 12 忖：揣度(duó)，思量。 13 渝：改变，违背。

"仆小人也，本因行役[1]，寇窃大州，恩深分[2]厚，宁乐今日自还接刃！每登城勒兵，望主人之旗鼓，感故友之周旋，抚

"我本是个小人物，本来是外出服役，巧合之下才窃取到了大州的官职，袁绍对我恩情深厚，难道现在我忍心和他刀刃相接吗！我每每登上城楼调遣军队，看见主人的旗帜和战鼓，想着与老友

弦搦[3]矢，不觉流涕之覆面也。何者？自以辅佐主人，无以为悔。主人相接，过绝等伦。当受任之初，自谓究竟大事，共尊王室。岂悟天子不悦，本州见侵，郡将遘[4]牖里之厄[5]，陈留克创兵之谋，谋计栖迟，丧忠孝之名，杖策携背，亏交友之分。揆此二者，与其不得已，丧忠孝之名与亏交友之道，轻重殊涂，亲疏异画，故便收泪告绝。若使主人少垂故人，住者侧席，去者克己，不汲汲[6]于离友，信刑戮以自辅，则仆抗季札[7]之志，不为今日之战矣。

的交往，抚摸着弓手握着箭，不觉就泪流满面了。为什么呢？自以为辅佐主人，觉得没什么后悔的。主人对待我，恩情超过同辈人很多。在接受任命之初，自以为能明晓国家大事，共同尊奉王室。岂料天子却不高兴，本州遭受侵扰，太守遭遇到了像当年周文王被困牖里的危难，陈留遭到武力侵犯的谋划，我的计谋耽误，丧失了忠孝的名声，如今执鞭策马背弃主人，又亏损了友人的情分。权衡这两个方面，与其在不得已之时丧失忠孝的名声和亏损了朋友情分，不如衡量轻重的不同，亲疏的差异，因此止住眼泪和主人诀别。如果主人能稍微顾念一下故人，对手下共事的朋友以礼相待，对离开的友人能够宽宏大量，不急切地追究离开的友人，施用刑罚来使自己获得帮助，那么我也会表现出像季札那样的志气，也就不会有今天的这场战争了。

今注 1 行役：指因服兵役、劳役而在外跋涉。 2 分(fèn)：情谊，亲友间的情感。 3 搦(nuò)：握，持。 4 遘(gòu)：遭遇。 5 牖里之厄：牖里，一作羑里，古地名，在今河南安阳汤阴县北。厄，灾难。商代末期，周族领袖西伯姬昌，因广施仁政，引起殷纣猜忌，被囚在羑里七年。 6 汲汲：心情急切貌，引申为急切追求。 7 季札：春秋时吴王寿梦的第四子，又称公子札、延陵季子。传说他为避王位“弃其室而耕”。

"何以效[1]之？昔张景明[2]亲登坛歃血，奉辞奔走，卒使韩牧让印[3]，主人得地；然后但以拜章朝主，赐爵获传之故，旋时之间，不蒙观过之贷[4]，而受夷灭之祸[1]。吕奉先讨卓来奔，请兵不获，告去何罪？复见斫刺，滨于死亡。刘子璜[5]奉使逾时，辞不获命，畏威怀亲，以诈求归，可谓有志忠孝，无损霸道者也；然辄僵毙麾下，不蒙亏除[2]。

"用什么来证明呢？以前张景明曾亲自登坛饮血盟誓，受命四处奔走，最终使得冀州牧韩馥让出了印绶，主人得到了冀州；后来因为呈送表章和朝拜君主，被赐予爵位和符信，一时间，没有得到改过的宽恕，反而遭到灭族的灾祸。吕布杀董卓后前来投奔，请求统领更多士兵没有被允许，离开又有什么罪过？又被围攻，差点丧命。刘子璜奉命出使超过时间，回去又得不到许可，畏惧主人的威势又想念自己的亲人，于是撒谎请求回家，可以说是有忠孝的志向了，也不损害主人的权威；但是他却被打死在主人的将旗之下，没有获得饶恕。

今注 1 效：验证。 2 张景明：张导，字景明，曾参与关东军联盟征讨董卓，因而有"奉辞奔走"的说法。 3 韩牧让印：韩馥先在京中任御史中丞，后被董卓外派为冀州牧，但在各路诸侯讨伐董卓时，韩馥亦参与其中。后袁绍用计引公孙瓒进逼冀州与韩馥交战，韩氏失利，又派高幹、荀谌等人以利害关系游说韩氏，最终袁绍不费一兵一卒便迫使韩馥让出冀州，故而称"让印"。 4 观过之贷：观过，观察错误，语出《论语·里仁》"观过，斯知仁矣"，意为察看一个人所犯过错的性质，就可以了解他的为人。贷，饶恕。 5 刘子璜：刘勋，字子璜，袁绍部将，曾任京兆虎牙都尉，是在反董卓联盟中推举袁绍为盟主的核心人物之一，后为袁绍所害。

裴注 [1] 臣松之案《英雄记》云:“袁绍使张景明、郭公则、高元才等说韩馥,使让冀州。”然则馥之让位,景明亦有其功。其余之事未详。 [2] 臣松之案:公孙瓒表列绍罪过云:“绍与故虎牙将军刘勋首共造兵,勋仍有效,而以小忿枉害于勋,绍罪七也。”疑此是子璜也。

“仆虽不敏[1],又素不能原始见终,睹微知著,窃度[2]主人之心,岂谓三子宜死,罚当刑中哉?实且欲一统山东[3],增兵讨仇,惧战士狐疑,无以沮劝,故抑废王命以崇承制[4],慕义者蒙荣,待放[5]者被戮,此乃主人之利,非游士之愿也。故仆鉴戒前人,困穷死战。仆虽下愚,亦尝闻君子之言矣。此实非吾心也,乃主人招焉。凡吾所以背弃国民,用命此城者,正以君子之违,不适敌国[6]故也。是以获罪主人,见攻逾时,而足下更引此义以为吾规,无乃辞同趋异,非君子所为休戚者哉!

“我虽然不聪明,又一直不能通过推测起始而预见结果,不能在小事中看到发展趋势,我私下推测主人的想法,难道说这三个人该死,惩罚得当量刑合理吗?实际上主人是想统领整个崤山以东的地区,通过增加兵力来征讨自己的仇人,害怕战士犹豫怀疑,没有什么办法加以阻止和劝留,因此就废弃君主的命令而按自己的想法行事,仰慕归附的就得到荣耀恩宠,想要离开的就被杀害,这是为了主人的利益,不是游士所希望的。因此我要借鉴前人,即使在困境中也要死战到底。我虽然愚钝,但是也听过君子说的话。这实在不是我内心的本意,是主人自己招惹来的。我之所以背叛国家和百姓,在这座城里拼命,正是因为君子即便是逃亡也不去敌国。我也因此得罪了主人,长久地被围攻,而您又引用这个道理来规劝我,恐怕同样的话但意思相反,这不是君子对待祸福的态度啊!

今注 1 敏:动作快捷,引申为反应快,聪明。 2 度(duó):计算,推测。 3 山东:汉时称崤山或华山以东地区为山东,又称关东。 4 承制:秉承皇帝旨意而便宜行事。此处指袁绍按自己好恶行事。 5 待放:臣下有罪辞职等待放逐,这里指不遵命令离去。 6 君子之违,不适敌国:有德的人即使逃避战乱,也不会逃到敌国去。违,逃亡;适,到,往。语出《左传·哀公八年》"君子违,不适仇国"。

"吾闻之也,义不背亲,忠不违君,故东宗[1]本州以为亲援,中扶郡将以安社稷,一举二得以徽[2]忠孝,何以为非?而足下欲使吾轻本破家,均君主人。主人之于我也,年为吾兄,分为笃友,道乖告去,以安君亲,可谓顺矣。若子之言,则包胥[3]宜致命于伍员[4],不当号哭于秦庭矣。苟区区于攘患,不知言乖乎道理矣。足下或者见城围不解,救兵未至,感婚姻之义,惟平生之好,以屈节而苟生,胜守义而倾覆也。

"我听说,忠义的人不会背弃自己的父母,忠心的人不会违背自己的君主,因此我向东宗奉本州的张超作为自己的至亲外援,在中扶持郡将来安定社稷,一举两得,以求取忠孝的名声,这有什么不对呢?但是您想让我轻视根本毁坏家业,只奉袁绍为君主。主人对我来说,年龄上是我的兄长,情分上是感情深笃的好友,因为志趣不同而分别,以使君主和父母都得到安宁,可以说十分合理。如果像您说的,那么申包胥应该为伍子胥效力,不应当在秦国的朝廷上痛哭了。如果你仅仅是为了去除祸患,却不知自己的话已经违背道理了。您或许看到城池被围而不得解困,救兵也没有来到,感念有姻亲关系的情义,想到我们平生是好友,所以劝我损失节义而苟全活命,胜过坚持道义而灭亡啊。

今注　1 宗：尊崇。　2 徼(yāo)：同“邀”，求取。　3 包胥：即申包胥，为楚厉王之后，又称王孙包胥，春秋时期楚国大夫。申包胥好友伍子胥引吴军攻楚，入楚都郢后掘楚平王墓鞭尸。申包胥为复国到秦国求助，为求得秦国出兵，申包胥哭了七天七夜，终于感动了秦国君臣，史称“哭秦庭”。　4 伍员：即伍子胥，名员，字子胥。伍子胥父、兄因受谗言被楚平王杀害，伍子胥逃吴后为吴国重臣，后同孙武带兵攻入楚都，掘楚平王墓而鞭尸，以报父兄之仇。

“昔晏婴[1]不降志于白刃，南史[2]不曲笔以求生，故身著图象，名垂后世。况仆据金城之固，驱士民之力，散三年之畜，以为一年之资，匡困补乏，以悦天下，何图筑室反耕[3]哉！但惧秋风扬尘，伯珪马首南向，张杨、飞燕[4]，膂力作难，北鄙将告倒县[5]之急，股肱奏乞归之诚耳。主人当鉴我曹辈，反旌退师，治兵邺垣，何宜久辱盛怒，暴威于吾城下哉？足下讥吾恃黑山以为救，独不念黄巾之合从邪！加飞燕之属悉以受王命矣。昔高

“从前，晏婴面对刀斧而不屈服，南史也不因为求生而扭曲史实，因此他们的容貌被画在图上，名字流传后世。况且我占据着坚固的城池，指挥调动军士和百姓的力量，拿出三年积累的物资，作为一年的开支，救助窘困补充缺乏，以此来让天下人高兴，哪里还考虑建造房屋让军士返回耕种呢！只是担心秋风吹起尘土，公孙瓒率军南下，张杨、飞燕依恃气力兴兵作乱，北部边将报告形势如倒悬般危急，主人的得力部将一心奏请离开。主人应当以我们这样的人为借鉴，反过战旗班师回朝，在邺城训练军兵，怎么能因长久地受委屈而大起怒火，在我的城墙下大施威风呢？您讥讽我依恃黑山军为援兵，唯独不说袁绍也曾和黄巾军联合起来呢！再者张燕等人都已经接受朝廷的命令。当年高祖在巨野收取彭

祖取彭越[6]于巨野，光武创基兆于绿林，卒能龙飞中兴，以成帝业，苟可辅主兴化，夫何嫌哉！况仆亲奉玺书[7]，与之从事。

越，光武帝依靠绿林军奠定国家基业，最终能如龙一样飞起复兴国家，成就帝王的大业，如果能辅助君主实施教化，那又有什么嫌弃的呢！何况我是亲自接受玺书，与他们谈事交往的。

今注 1 晏婴：字平仲，春秋时期齐国大夫。齐国权臣崔杼在杀死庄公之后，为巩固自己的权势威信，逼迫文武大臣在太公庙内歃血盟誓，若有违迕便被处死，晏婴宁死不从。 2 南史：春秋时齐国的史官，齐国太史因为忠实地记录崔杼弑君的事而接连被害，南史准备冒死续书，后因已有记录方止，但仍为后世史家典范。 3 筑室反耕：建筑房舍，分兵归田。语出《左传·宣公十五年》"筑室反耕者，宋必听命"。 4 飞燕：指黑山起义军首领张燕。 5 倒县：即"倒悬"，指人头脚倒置或物上下倒置地悬挂着，比喻处境极其困苦或危急。 6 彭越：字仲，秦末反秦将领，曾落草为寇，因协助刘邦赢得楚汉战争，与韩信、英布并称汉初三大名将。 7 玺书：古代长途传递文书，易于破损，所以书于竹简、木牍，两片合一，缚以绳，在绳结上用泥封固，钤以玺，故称"玺书"。钤(qián)，盖印章。

"行矣孔璋！足下徼利于境外，臧洪授命于君亲；吾子托身于盟主，臧洪策名[1]于长安[2]。子谓余身死而名灭，仆亦笑子生死而无闻焉，悲哉！本同而末离，努力努力，夫复何言！"

"告辞了，孔璋！您在境外邀取名利，臧洪只从君主那里接受命令；您把身家托付给盟主，我则效忠于朝廷。您说我会身死名灭，我也笑您生前身后都默默无闻，可悲啊！我们原来志趣相投，但最终分道扬镳，各自努力吧，还有什么可说的呢！"

今注 1 策名:即出仕,此指效命。 2 长安:东汉都城,这里代指朝廷。

绍见洪书,知无降意,增兵急攻。城中粮谷以尽,外无强救,洪自度必不免,呼吏士谓曰:"袁氏无道,所图不轨,且不救洪郡将。洪于大义,不得不死,今诸君无事空与此祸!可先城未败,将[1]妻子出。"将吏士民皆垂泣曰:"明府与袁氏本无怨隙,今为本朝郡将之故,自致残困,吏民何忍当舍明府去也!"初尚掘鼠煮筋角,后无可复食者。主簿启内厨米三斗,请中分稍以为糜粥[2],洪叹曰:"独食此何为!"使作薄粥,众分歠[3]之,杀其爱妾以食将士。将士咸流涕,无能仰视者。男女七八千人相枕而死,莫有离叛。

袁绍看到臧洪的书信,知道他没有投降的意思,于是增加兵力更急促地攻城。城中粮食谷物吃完,城外又没有强大的救援,臧洪自己忖度一定免不了城破身死,于是召集官吏和士兵说:"袁氏大逆不道,图谋不轨,并且也不愿意解救太守。我从大义上来说,不得不死,但如今诸位却平白无故而遭遇此祸!你们可以趁着城池没有被攻破,带着妻子儿女逃命去。"将士官吏和百姓都落着泪说道:"您和袁氏本来没有什么仇恨,如今为了本朝太守的缘故,导致自己被困在此地,我们怎么能忍心舍下您而自己逃命去呢!"一开始城内还能抓捕老鼠煮筋角充饥,后来实在没有什么可吃的。主簿拿出内厨的三斗米,吩咐拿出一部分为臧洪煮些稠粥,臧洪叹息道:"我怎么能自己独吃呢!"于是命人煮成稀粥,和大家分着吃,又把爱妾杀死让将士吃。将士都感动流泪,没有能抬头仰望他的。最后男女七八千人相互靠着而死,没有背叛逃离的。

今注 1 将：率领，携带。 2 糜粥：米粥的一种，也指将米和菜汤肉汁一起熬烂为糜粥，此处应该为稠粥。 3 歠(chuò)：啜，饮。

城陷，绍生执洪。绍素亲洪，盛施帷幔，大会诸将见洪，谓曰："臧洪，何相负若此！今日服未？"洪据地瞋目曰："诸袁事汉，四世五公[1]，可谓受恩。今王室衰弱，无扶翼[2]之意，欲因际会[3]，希冀非望[4]，多杀忠良以立奸威。洪亲见呼张陈留[5]为兄，则洪府君亦宜为弟，同共戮力，为国除害，何为拥众观人屠灭！惜洪力劣，不能推刃为天下报仇，何谓服乎！"绍本爱洪，意欲令屈服，原之；见洪辞切，知终不为己用，乃杀之[1]。

城破后，袁绍生擒了臧洪。袁绍一直很喜欢臧洪，于是隆重地布置下帷幕，广泛召集将领和臧洪见面，对他说："臧洪，你么能如此辜负我！现在服气没有？"臧洪靠在地上瞪着他说："袁氏先人侍奉汉朝，四代里面出了五位三公高官，可以说是深受恩宠。现在王室势力衰微，您没有扶持帮助的想法，却想利用这个机会，抱着不该有的企图，杀害众多忠良来树立自己奸邪的权威。我亲眼看到你称呼陈留太守张邈为兄长，那么我的上司张超也应该是你的弟弟，大家应该共同努力，为国家除去危害，可你为什么率领着众多将士坐视他被杀害呢！可惜我力量薄弱，不能拿起兵刃为天下人报仇，这样还怎么说服气！"袁绍本来喜爱臧洪，想着让他屈服，再原谅他；见到臧洪言辞峻切，知道他最终都不会为自己效力，于是就杀了他。

今注 1 四世五公：袁绍的高祖父袁安曾为司徒，曾祖父袁敞为司空，祖父袁汤为太尉，父亲袁逢为司空，叔父袁隗为太傅，他们刚好分列为四代人,故称四世五公。 2 扶翼:匡扶辅助。 3 际会:机遇,时机。 4 非望:非分的希望,指谋求帝位。 5 张陈留:张邈,字孟卓,东汉末年任陈留太守,故称。

裴注 [1] 徐众《三国评》曰:"洪敦天下名义,救旧君之危,其恩足以感人情,义足以励薄俗。然袁亦知己亲友,致位州郡,虽非君臣,且实盟主,既受其命,义不应贰。袁、曹方睦,夹辅皇室,吕布反覆无义,志在逆乱,而邈、超擅立布为州牧,其于王法,乃一罪人也。曹公讨之,袁氏弗救,未为非理也。洪本不当就袁请兵,又不当还为怨仇。为洪计者,苟力所不足,可奔他国以求赴救。若谋力未展以待事机,则宜徐更观衅,效死于超。何必誓守穷城而无变通,身死殄民,功名不立,良可哀也!"

洪邑人陈容少为书生,亲慕洪,随洪为东郡丞;城未败,洪遣出。绍令在坐,见洪当死,起谓绍曰:"将军举大事,欲为天下除暴,而专先诛忠义,岂合天意!臧洪发举为郡将,奈何杀之!"绍惭,左右使人牵出,谓曰:"汝非臧洪俦,空复尔为!"容顾曰:"夫仁义岂有常,蹈[1]之则君子,背之则小人。今日宁与臧洪同日而死,不与将军同日

与臧洪同乡的陈容年轻时是个书生,爱慕臧洪,跟随臧洪做东郡丞;城未破时被臧洪派遣出去。袁绍让陈容陪坐,看到臧洪将被杀死,陈容于是站起来对袁绍说:"将军您干大事,想为天下除去暴害,但专门先诛杀忠义的人,这样怎么会合乎天意!臧洪起兵是为了自己的太守,怎么能杀他呢!"袁绍听完感到惭愧,身边的人把陈容带出去,对他说:"你不是臧洪的同伴,又何必白白地做这些!"陈容回头说:"仁义哪有固定不变的,遵行它就是君子,背离它就是小人。今天我宁愿和臧洪同日而死,也不和将军同一天活着!"于是陈

而生!”复见杀。在绍坐者无不叹息,窃相谓曰:“如何一日杀二烈士!”先是,洪遣司马[2]二人出,求救于吕布;比还,城已陷,皆赴敌死。

容也被杀害。在袁绍身边陪坐的人没有不叹息的,私下相互说:“怎么能一天之内杀死两位忠烈之人!”在此之前,臧洪派遣两个司马出城,到吕布那里求救;等到他们回来城已经被攻陷,二人都奔赴敌军战死。

今注 1 蹈:践行。 2 司马:军队中主将的幕僚属官。

评曰:吕布有虓[1]虎之勇,而无英奇之略,轻狡反覆,唯利是视。自古及今,未有若此不夷灭也。昔汉光武谬[2]于庞萌[3],近魏太祖亦蔽于张邈[4]。知人则哲,唯帝难之[5],信矣!陈登、臧洪并有雄气壮节,登降年夙陨,功业未遂,洪以兵弱敌强,烈志不立,惜哉!

评论说:吕布有咆哮着的老虎那样的勇猛,却没有不凡的谋略,轻浮狡诈反复无常,且唯利是图。从古到今,没有像这样还不被消灭的。当年汉光武帝对庞萌的判断有误,近前魏太祖也被张邈蒙蔽。能识别人的智愚好坏是一种智慧,连尧帝都感到困难,确实如此啊!陈登、臧洪都有英雄气概与壮节,陈登短命而死,功业还没有建立,臧洪用弱兵和强敌对抗,壮志也没有实现,可惜啊!

今注 1 虓(xiāo):虎啸,引申表示勇猛。 2 谬:错失。 3 庞萌:刘秀部将,曾与盖延领军出击董宪,因为受到猜疑而反叛,最后被刘秀部将吴汉击杀。 4 蔽于张邈:张邈年轻的时候和曹操、袁绍是朋友,后来与曹操首先起兵讨伐董卓,受曹操信任,曹操曾将全家性命托付给他。但是兴平元年(194),张邈和弟弟张超以及陈宫、许汜等背叛曹操,迎奉吕布,后兵败为部下所杀。 5 知人则哲,唯帝难之:语出《尚书 · 皋陶谟》,意为能识别人的智愚好坏,才算明智,这一点就连帝尧也难做到。表示知人不易。哲,明智;帝,指唐尧。

卷八　魏书八

二公孙陶四张传

导读　本传所记皆为汉末战乱之际割据一方的豪强酋帅，最后都被曹操所灭亡或收服。

公孙瓒出身小吏，但得到郡太守器重，后来太守遭难，公孙瓒行义共同赴难，为时人所称赞。无论在辽东征讨鲜卑，还是讨伐张纯，他都作战勇猛。后公孙瓒与主张以怀柔政策对待胡人的刘虞不和，二人的矛盾逐渐激化，最终公孙瓒击杀刘虞，并挟持朝廷使者，得到总督北方诸州的授权。公孙瓒与袁绍多次相争，最后采取自保策略，终被袁绍击败，被迫自杀。

陶谦最初为诸生，历任诸官职，适逢黄巾军起义，而为徐州刺史，后领徐州牧。但陶谦背道任情，政事逐渐衰乱，后为曹操击败，最后病死。

张杨以勇武而用事于当时，奉大将军何进之命在并州募兵，在上党攻打山贼，后因率兵护佑汉献帝而封官拜爵。曹操围攻吕布的时候，张杨与吕布遥相呼应，最后被部将杨丑杀死。

公孙度初为小吏，后为辽东太守，他采取严刑峻法，打击豪强势力，攻伐高句丽、乌丸，逐渐形成割据势力并以王者自居。公孙度死后，公孙康、公孙恭、公孙渊相继继承其位。公孙渊与孙吴互通，并对朝廷使节不敬，朝廷派遣司马懿出兵征讨，斩杀公孙渊父子，辽东地区悉数平定。

张燕在黄巾军兴起的时候，聚合少年而为群盗，流窜在河北诸郡。张燕帮助公孙瓒而与袁绍为敌，后被攻破。后来帮助曹操平定冀州，得以封官拜爵。

张绣初为县吏，因诛杀叛贼而闻名县邑。后归降曹操，在官渡之战中，力战有功，得以封官拜爵。

张鲁的祖父张陵以五斗米道行世，张鲁继承其道并割据汉中地区，建立了政教合一的地方政权，不置官吏，而以祭酒进行管理，并对民众多行劝诱之道，百姓得以休养生息。后曹操征伐张鲁，张鲁封藏宝物仓库，退而自保，得到曹操的赞赏。张鲁以礼归降，最后得以善终。

公孙瓒

原文

公孙瓒，字伯珪，辽西令支1人也[1]。为郡门下书佐。有姿仪，大音声，侯太守器之，以女妻焉[2]，遣诣涿郡卢植2读经。后复为郡吏。刘太守坐事征诣廷尉，瓒为御车，身执徒养。及刘徙日南3，瓒具米肉，于北芒4上祭先人，举觞祝曰："昔为人子，今为人臣，当诣日南。日南瘴气，或恐不还，与先人辞于此。"再拜慷慨而起，时见者莫不歔欷。刘道得赦还。瓒以孝廉为郎，除辽东属

译文

公孙瓒，字伯珪，辽西令支人。在郡中任门下书佐。他样貌风度很好，声音洪亮，侯太守很器重他，便将女儿嫁给了他，派他到涿郡卢植那里去研读经书。后又任职为郡中官吏。刘太守因事犯罪被征召到廷尉那里，公孙瓒为他驾车，亲自服侍。后来等刘太守徙往日南，公孙瓒准备好米和肉，在北邙山上祭祀先人，举起酒杯祷祝道："以前为人子，现在为人臣，应当随从到日南。日南瘴气浓重，恐怕没法返还，在这里与先人辞别了。"拜了两拜慷慨而起，当时见到的人没有不唏嘘慨叹的。刘太守在途中得到赦免归还。于是公孙瓒以孝廉举为郎官，授官辽东属国

国长史。尝从数十骑出行塞，见鲜卑数百骑，瓒乃退入空亭中，约其从骑曰："今不冲之，则死尽矣。"瓒乃自持矛，两头施刃，驰出刺胡，杀伤数十人，亦亡其从骑半，遂得免。

长史。公孙瓒曾经与数十骑兵到塞上，遇到了鲜卑数百骑兵，于是退入空亭中，与随从的骑兵说道："今天如果不冲刺突击，肯定会全死在这里。"于是公孙瓒就手持长矛，两头均装上利刃，奔驰出去刺杀胡人，杀伤数十人，也有一半的随从骑兵阵亡，于是得以逃脱。

今注　1 令支：在今河北迁安西。　2 卢植：字子干，东汉末年著名的经学家。　3 日南：治西卷，在今越南广治省。　4 北芒：即"北邙"，在今河南洛阳北，东汉及北魏王侯公卿多葬于此。

裴注　[1] 令，音郎定反。支，音其兒反。　[2]《典略》曰："瓒性辩慧，每白事，不肯稍入，常总说数曹事，无有忘误，太守奇其才。"

鲜卑惩艾，后不敢复入塞。迁为涿令。光和[1]中，凉州贼起，发幽州突骑三千人，假瓒都督行事传，使将之。军到蓟中[2]，渔阳张纯诱辽西乌丸丘力居等叛，劫略蓟中，自号将军[1]，略吏民攻右北平、辽西属国诸城，所至残破。瓒将所领，追讨纯等有功，迁骑都尉[3]。属国乌丸贪至王率种人诣瓒降。

鲜卑受到教训，不敢再入塞。公孙瓒迁为涿令。光和年间，凉州贼兵兴起，派遣幽州突骑三千人，给予公孙瓒都督行事之权，让他统领所部兵马。军队行到蓟中，渔阳张纯诱导辽西乌丸丘力居等人反叛，攻打蓟中，自称将军，裹挟吏民攻击右北平、辽西属国的诸多城池，所到之处多所残损。公孙瓒指挥所统领的军队，追讨张纯等人有功，升迁为骑都尉。属国乌丸贪至王率领族人到公孙瓒那里投降。于是公迁中郎将[4],封都亭侯,进屯属国,与胡相攻击五六年。丘力居等钞略青、徐、幽、冀,四州被其害,瓒不能御。

孙瓒迁为中郎将,被封为都亭侯,到属国地区屯驻,和胡人相互攻击达五六年。丘力居等人劫掠青、徐、幽、冀,四州之地颇受其害,公孙瓒不能够抵御。

今注　1 光和:汉灵帝的年号,公元178—184年。　2 蓟(jì)中:指蓟城,在今北京大兴。　3 骑都尉:统领骑兵之武职,无固定职掌,秩比二千石。　4 中郎将:最初统领禁卫军,东汉以后统兵将领多用此名,其上加有各种称号,品阶在将军与校尉之间。

裴注　[1]《九州春秋》曰:"纯自号弥天将军、安定王。"

朝议以宗正[1]东海刘伯安既有德义,昔为幽州刺史,恩信流著,戎狄附之,若使镇抚,可不劳众而定,乃以刘虞为幽州牧[1]。虞到,遣使至胡中,告以利害,责使送纯首。丘力居等闻虞至,喜,各遣译自归。瓒害[2]虞有功,乃阴使人徼杀[3]胡使。胡知其情,间行诣虞。虞上罢诸屯兵,但留瓒将步骑万人屯右北平。纯乃弃妻子,逃入鲜卑,为其客王政所

朝议认为宗正东海刘伯安行有德义,之前曾为幽州刺史,恩义信誉流播广布,戎狄多有归附他,如果派他镇守安抚,能够不劳顿众将而实现安定,于是任刘虞为幽州牧。刘虞到达后,派遣使节到胡人中,告诉他们利害得失,责令他们送上张纯的首级。丘力居等人听闻刘虞到来,很高兴,各自派遣译使并返归本处。公孙瓒妒忌刘虞立下大功,便暗地使人截杀胡使。胡人知道其中的情由,从小路赶到刘虞那里。刘虞上表解除了各地的驻军,只留下公孙瓒统领万名步骑兵屯驻右北平。张纯于是抛弃妻子儿女,逃到鲜卑,被他的门

杀,送首诣虞。封政为列侯。虞以功即拜太尉,封襄贲侯[2]。会董卓至洛阳,迁虞大司马,瓒奋武将军,封蓟侯。

客王政所杀,将其首级送到刘虞那里。封王政为列侯。刘虞因为有功而官拜太尉,被封为襄贲侯。适逢董卓到洛阳,迁刘虞为大司马,公孙瓒为奋武将军,被封为蓟侯。

今注 1 宗正:古代掌管君主宗室亲族事务,为皇族事务机关长官,位列九卿。 2 害:妒忌。 3 徼杀:截杀。

裴注 [1]《吴书》曰:"虞,东海恭王之后也。遭世衰乱,又与时主疏远,仕县为户曹吏。以能治身奉职,召为郡吏,以孝廉为郎,累迁至幽州刺史,转甘陵相,甚得东土戎狄之心。后以疾归家,常降身隐约,与邑党州闾同乐共恤,等齐有无,不以名位自殊,乡曲咸共宗之。时乡曲有所诉讼,不以诣吏,自投虞平之;虞以情理为之论判,皆大小敬从,不以为恨。尝有失牛者,骨体毛色,与虞牛相似,因以为是,虞便推与之;后主自得本牛,乃还谢罪。会甘陵复乱,吏民思虞治行,复以为甘陵相,甘陵大治。征拜尚书令、光禄勋,以公族有礼,更为宗正。"《英雄记》曰:"虞为博平令,治正推平,高尚纯朴,境内无盗贼,灾害不生。时邻县接壤,蝗虫为害,至博平界,飞过不入。"《魏书》曰:"虞在幽州,清静俭约,以礼义化民。灵帝时,南宫灾,吏迁补州郡者,皆责助治宫钱,或一千万,或二千万,富者以私财办,或发民钱以备之,贫而清慎者,无以充调,或至自杀。灵帝以虞清贫,特不使出钱。" [2]《英雄记》曰:"虞让太尉,因荐卫尉赵谟、益州牧刘焉、豫州牧黄琬、南阳太守羊续,并任为公。"

关东义兵起,卓遂劫帝西迁,征虞为太傅,道路隔塞,信命不得至。

关东义兵兴起,董卓便劫持皇帝西迁,征召刘虞为太傅,道路阻隔,信息命令不能够传达。袁绍、韩馥商议,认为少袁绍、韩馥议，以为少帝制于奸臣，天下无所归心。虞，宗室知名，民之望也，遂推虞为帝。遣使诣虞，虞终不肯受。绍等复劝虞领尚书事，承制封拜，虞又不听，然犹与绍等连和[1]。虞子和为侍中[1]，在长安。天子思东归，使和伪逃卓，潜出武关[2]诣虞，令将兵来迎。和道经袁术，为说天子意。术利虞为援，留和不遣，许兵至俱西，令和为书与虞。虞得和书，乃遣数千骑诣和。瓒知术有异志，不欲遣兵，止虞，虞不可。瓒惧术闻而怨之，亦遣其从弟越将千骑诣术以自结，而阴教术执和，夺其兵。由是虞、瓒益有隙。和逃术来北，复为绍所留。

帝被奸臣挟持，天下民心并不归附。刘虞，在刘姓宗室中很有名望，民众多归心于他，于是打算推举刘虞为帝。派遣使节到达刘虞那里，刘虞始终不肯接受。袁绍等人又劝刘虞领尚书一职，代行天子之权进行封官拜爵，刘虞也不听从，但是仍然和袁绍等人保持联系。刘虞的儿子刘和做侍中，当时在长安。天子想要东归，使刘和乔装逃离董卓，潜行出武关到达刘虞那里，命他率领军队迎驾。刘和路经袁术那里，告知他天子的意图。袁术认为可以利用刘虞为外援，扣留刘和不让其离开，答应刘虞那边的兵马到了以后一起西进迎接汉帝，让刘和给刘虞写信。刘虞得到刘和的书信后，就派遣数千骑兵到刘和那里。公孙瓒知道袁术有其他的主意，不想派兵过去，便制止刘虞，刘虞不答应。公孙瓒担心袁术听说后会埋怨自己，也派遣他的堂弟公孙越率领千名骑兵到袁术那里以相互联络，同时暗地里让袁术把刘和抓起来，夺取他的兵马。因此刘虞和公孙瓒之间就有了嫌隙。刘和逃离袁术到北方去，又为袁绍所收留。

今注 1 侍中：东汉时掌管殿内门下众事，负责侍从左右、顾问应对。东汉末与给事黄门侍郎组成侍中寺，管理宫内外事务。 2 武关：在今陕西商洛丹凤县东南，与函谷关、萧关、大散关并称“秦之四塞”，为“秦楚咽喉”，历来为兵家所必争之地。

裴注 [1]《九州春秋》曰：“绍、馥使故乐浪太守甘陵张岐赍议诣虞，使即尊号。虞厉声呵岐曰：‘卿敢出此言乎！忠孝之道，既不能济，孤受国恩，天下扰乱，未能竭命以除国耻，望诸州郡烈义之士戮力西面，援迎幼主，而乃妄造逆谋，欲涂污忠臣邪！’”《吴书》曰：“馥以书与袁术云，帝非孝灵子，欲依绛、灌诛废少主，迎立代王故事；称虞功德治行，华夏少二，当今公室枝属，皆莫能及。又云：‘昔光武去定王五世，以大司马领河北，耿弇、冯異劝即尊号，卒代更始。今刘公自恭王枝别，其数亦五，以大司马领幽州牧，此其与光武同。’是时有四星会于箕尾，馥称《谶》云‘神人将在燕分’。又言济阴男子王定得玉印，文曰‘虞为天子’。又见两日出于代郡，谓虞当代立。绍又别书报术。是时，术阴有不臣之心，不利国家有长主，外托公义以答拒之。绍亦使人私报虞，虞以国有正统，非人臣所宜言，固辞不许；乃欲图奔匈奴以自绝，绍等乃止。虞于是奉职修贡，愈益恭肃；诸外国羌、胡有所贡献，道路不通，皆为传送，致之京师。”

是时，术遣孙坚屯阳城[1]拒卓，绍使周昂夺其处。术遣越与坚攻昂，不胜，越为流矢所中死。瓒怒曰：“余弟死，祸起于绍。”遂出军屯磐河，将以报[2]绍。绍惧，以所佩渤海

这个时候，袁术派遣孙坚屯驻阳城抗拒董卓，袁绍使周昂夺取了他的驻地。袁术派遣公孙越和孙坚进攻周昂，没有获胜，公孙越被飞箭射中而死。公孙瓒愤怒地说道：“我弟弟的死，是袁绍起的祸端。”于是出兵屯驻磐河，将要向袁绍报复。袁绍害怕，便将自己所佩

太守印绶授瓒从弟范，遣之郡，欲以结援。范遂以渤海兵助瓒，破青、徐黄巾，兵益盛，进军界桥3[1]。以严纲为冀州，田楷为青州，单经为兖州，置诸郡县。绍军广川4，令将麹义先登与瓒战，生禽纲。瓒军败走渤海，与范俱还蓟，于大城东南筑小城，与虞相近，稍相恨望。

的渤海太守印绶给了公孙瓒的堂弟公孙范，让他去就任，打算以此和他相互援助。于是公孙范用渤海兵帮助公孙瓒，攻破青州、徐州的黄巾军，军队愈加强盛，进驻界桥。以严纲为冀州刺史，田楷为青州刺史，单经为兖州刺史，并设置诸郡县官。袁绍驻军广川，令大将麹义为先锋与公孙瓒开战，生擒了严纲。公孙瓒兵败逃到渤海，与公孙范一起回到蓟中，在大城东南建筑小城，和刘虞相近，逐渐产生怨恨嫌隙。

今注　1 阳城：在今河南登封东南告成镇。　2 报：报复。　3 界桥：在今河北威县。　4 广川：在今河北景县西南广川镇。

裴注　[1]《典略》载瓒表绍罪状曰："臣闻皇、羲以来，始有君臣上下之事，张化以导民，刑罚以禁暴。今行车骑将军袁绍，托其先轨，寇窃人爵，既性暴乱，厥行淫秽。昔为司隶校尉，会值国家丧祸之际，太后承摄，何氏辅政，绍专为邪媚，不能举直，至令丁原焚烧孟津，招来董卓，造为乱根，绍罪一也。卓既入雒，而主见质，绍不能权谲以济君父，而弃置节传，迸窜逃亡，忝辱爵命，背上不忠，绍罪二也。绍为渤海太守，默选戎马，当攻董卓，不告父兄，至使太傅门户、太仆母子，一旦而毙，不仁不孝，绍罪三也。绍既兴兵，涉历二年，不恤国难，广自封殖，乃多以资粮专为不急，割剥富室，收考责钱，百姓吁嗟，莫不痛怨，绍罪四也。韩馥之迫，窃其虚位，矫命诏恩，刻金印玉玺，每下文书，皂囊施检，文曰'诏书一封，邟(口浪反)乡侯印'。昔新室之乱，渐以即真，今绍所施，拟而方之，绍罪五也。

绍令崔巨业候视星日，财货赂遗，与共饮食，克期会合，攻钞郡县，此岂大臣所当宜为？绍罪六也。绍与故虎牙都尉刘勋首共造兵，勋仍有效，又降伏张杨，而以小忿枉害于勋，信用谗慝，杀害有功，绍罪七也。绍又上故上谷太守高焉、故甘陵相姚贡，横责其钱，钱不备毕，二人并命，绍罪八也。《春秋》之义，子以母贵。绍母亲为婢使，绍实微贱，不可以为人后，以义不宜，乃据丰隆之重任，忝污王爵，损辱袁宗，绍罪九也。又长沙太守孙坚，前领豫州刺史，驱走董卓，扫除陵庙，其功莫大；绍令周昂盗居其位，断绝坚粮，令不得入，使卓不被诛，绍罪十也。臣又每得后将军袁术书，云绍非术类也。绍之罪戾，虽南山之竹不能载。昔姬周政弱，王道陵迟，天子迁都，诸侯背叛，于是齐桓立柯亭之盟，晋文为践土之会，伐荆楚以致菁茅，诛曹、卫以彰无礼。臣虽阘茸，名非先贤，蒙被朝恩，当此重任，职在铁钺，奉辞伐罪，辄与诸将州郡兵讨绍等。若事克捷，罪人斯得，庶续桓、文忠诚之效，攻战形状，前后续上。”遂举兵与绍对战，绍不胜。

虞惧瓒为变，遂举兵袭瓒。虞为瓒所败，出奔居庸。瓒攻拔居庸，生获虞，执虞还蓟。会卓死，天子遣使者段训增虞邑，督六州；瓒迁前将军，封易侯。瓒诬虞欲称尊号，胁训斩虞[1]。瓒上训为幽州刺史。瓒遂骄矜，记过忘善，多所贼害[2]。虞从事渔阳鲜于辅、齐周、骑都尉鲜于银等，率州

刘虞怕公孙瓒生变，便举兵袭击公孙瓒。刘虞被公孙瓒打败，逃亡跑到居庸。公孙瓒又攻下居庸，生擒刘虞，执拘刘虞回到蓟城。恰逢董卓死去，天子派遣使节段训增加刘虞封邑，都督六州之地；公孙瓒升为前将军，封为易侯。公孙瓒诬称刘虞打算称帝，威胁段训斩杀了刘虞。公孙瓒上奏推荐段训为幽州刺史。公孙瓒于是变得骄傲自大，总是记住别人的过失而忘记善行，对人多有戕害。刘虞的从事渔阳鲜于辅、齐周、骑都尉鲜于银等人，率领州兵想要报

兵欲报瓒，以燕国阎柔素有恩信，共推柔为乌丸司马。柔招诱乌丸、鲜卑，得胡、汉数万人，与瓒所置渔阳太守邹丹战于潞北，大破之，斩丹。袁绍又遣麹义及虞子和，将兵与辅合击瓒。

瓒军数败，乃走还易京[1]固守[3]。为围堑[2]十重，于堑里筑京[3]，皆高五六丈，为楼其上；中堑为京，特高十丈，自居焉，积谷三百万斛[4]。瓒曰："昔谓天下事可指麾而定，今日视之，非我所决，不如休兵，力田畜谷。兵法，百楼不攻。今吾楼橹[4]千重，食尽此谷，足知天下之事矣。"欲以此弊绍。绍遣将攻之，连年不能拔[5]。

复公孙瓒，认为燕国阎柔向来有恩义信用，共同推举他为乌丸司马。阎柔招降乌丸、鲜卑，得到胡、汉数万人，与公孙瓒所置的渔阳太守邹丹在潞北大战，大破其军，斩杀了邹丹。袁绍又派遣麹义和刘虞的儿子刘和，率领士兵与鲜于辅共同攻击公孙瓒。

公孙瓒的军队数次败北，于是逃回易京固守。挖了十重壕沟，在壕沟中修筑高大的土台，都高达五六丈，在上面建有望楼；在中间的壕沟中建筑大土岗，高达十丈，自己居住在里面，存放着三百万斛的谷物。公孙瓒说道："以前认为天下之事我可以很容易平定，现在看来，这不是我的能力可以解决的，不如暂且休兵，努力耕田存储谷物。兵法所讲，百座楼台不易被攻破。现在我有千重楼台，等吃尽这些存粮时，就足以知道天下的大势。"公孙瓒打算用这种方法使袁绍困顿。袁绍派遣兵将攻打他，连年不能攻破。

今注　1 易京：在今河北雄县西北。　2 堑(qiàn)：壕沟。　3 京：夯土所筑高台。　4 楼橹：古时军中用以侦察、防御或攻城的高台。

裴注 [1]《魏氏春秋》曰:“初,刘虞和辑戎狄,瓒以胡夷难御,当因不宾而讨之,今加财赏,必益轻汉,效一时之名,非久长深虑。故虞所赏赐,瓒辄钞夺。虞数请会,称疾不往。至是战败,虞欲讨之,告东曹掾右北平人魏攸。攸曰:‘今天下引领,以公为归,谋臣爪牙,不可无也。瓒文武才力足恃,虽有小恶,固宜容忍。’乃止。后一年,攸病死。虞又与官属议,密令众袭瓒。瓒部曲放散在外,自惧败,掘东城门欲走。虞兵无部伍,不习战,又爱民屋,敕令勿烧。故瓒得放火,因以精锐冲突。虞众大溃,奔居庸城。瓒攻及家属以还,杀害州府,衣冠善士殆尽。”《典略》曰:“瓒曝虞于市而祝曰:‘若应为天子者,天当降雨救之。’时盛暑,竟日不雨,遂杀虞。”《英雄记》曰:“虞之见杀,故常山相孙瑾,掾张逸、张瓒等忠义奋发,相与就虞,骂瓒极口,然后同死。” [2]《英雄记》曰:“瓒统内外,衣冠子弟有材秀者,必抑困使在穷苦之地。或问其故,答曰:‘今取衣冠家子弟及善士富贵之,皆自以为职当得之,不谢人善也。’所宠遇骄恣者,类多庸儿,若故卜数师刘纬台、贩缯李移子、贾人乐何当等三人,与之定兄弟之誓,自号为伯,谓三人者为仲、叔、季,富皆巨亿,或取其女以配己子,常称‘古者曲周、灌婴之属’以譬也。” [3]《英雄记》曰:“先是有童谣曰:‘燕南垂,赵北际,中央不合大如砺,惟有此中可避世。’瓒以易当之,乃筑京固守。瓒别将有为敌所围,义不救也。其言曰:‘救一人,使后将恃救不力战;今不救此,后将当念在自勉。’是以袁绍始北击之时,瓒南界上别营,自度守则不能自固,又知必不见救,是以或自杀其将帅,或为绍兵所破,遂令绍军径至其门。”臣松之以为,童谣之言,无不皆验;至如此记,似若无征。谣言之作,盖令瓒终始保易,无事远略。而瓒因破黄巾之威,意志张远,遂置三州刺史,图灭袁氏,所以致败也。 [4]《英雄记》曰:“瓒诸将家家各作高楼,楼以千计。瓒作铁门,居楼上,屏去左右,婢妾侍侧,汲上文书。” [5]《汉晋春秋》曰:“袁绍与瓒书曰:‘孤与足下,既有前盟旧要,申之以讨乱之誓,爱过夷、叔,分著丹青,谓为旅力同轨,足踵齐、晋,故解印释绂,以北带南,分割膏腴,以奉执事,此非孤赤情之明验邪?

岂寤足下弃烈士之高义，寻祸亡之险踪，辍而改虑，以好易怨，盗遣士马，犯暴豫州。始闻甲卒在南，亲临战阵，惧于飞矢迸流，狂刃横集，以重足下之祸，徒增孤之咎衅也，故为荐书恳恻，冀可改悔。而足下超然自逸，矜其威诈，谓天罔可吞，豪雄可灭，果令贵弟殒于锋刃之端。斯言犹在于耳，而足下曾不寻讨祸源，克心罪己，苟欲逞其无疆之怒，不顾逆顺之津，匿怨害民，骋于余躬。遂跃马控弦，处我疆土，毒遍生民，辜延白骨。孤辞不获已，以登界桥之役。是时足下兵气霆震，骏马电发；仆师徒肇合，机械不严，强弱殊科，众寡异论，假天之助，小战大克，遂陵蹑奔背，因垒馆谷，此非天威棐谌，福丰有礼之符表乎？足下志犹未厌，乃复纠合余烬，率我蛑贼，以焚爇渤海。孤又不获宁，用及龙河之师。羸兵前诱，大军未济，而足下胆破众散，不鼓而败，兵众扰乱，君臣并奔。此又足下之为，非孤之咎也。自此以后，祸隙弥深，孤之师旅，不胜其忿，遂至积尸为京，头颅满野，愍彼无辜，未尝不慨然失涕也。后比得足下书，辞意婉约，有改往修来之言。仆既欣于旧好克复，且愍兆民之不宁，每辄引师南驾，以顺简书。弗盈一时，而北边羽檄之文，未尝不至。孤是用痛心疾首，靡所错情。夫处三军之帅，当列将之任，宜令怒如严霜，喜如时雨，臧否好恶，坦然可观。而足下二三其德，强弱易谋，急则曲躬，缓则放逸，行无定端，言无质要，为壮士者固若此乎！既乃残杀老弱，幽土愤怨，众叛亲离，孑然无党。又乌丸、濊貊，皆足下同州，仆与之殊俗，各奋迅激怒，争为锋锐；又东西鲜卑，举踵来附。此非孤德所能招，乃足下驱而致之也。夫当荒危之世，处干戈之险，内违同盟之誓，外失戎狄之心，兵兴州壤，祸发萧墙，将以定霸，不亦难乎！前以西山陆梁，出兵平讨，会麹义余残，畏诛逃命，故遂住大军，分兵扑荡，此兵孤之前行，乃界桥搴旗拔垒，先登制敌者也。始闻足下镌金纡紫，命以元帅，谓当因兹奋发，以报孟明之耻，是故战夫引领，竦望旌旆，怪遂含光匿影，寂尔无闻，卒臻屠灭，相为惜之。夫有平天下之怒，希长世之功，权御师徒，带养戎马，叛者无讨，服者不收，威怀并丧，何以立名？今旧京克复，天罔云补，罪人斯亡，忠干翼化，华夏俨然，望於穆之作，将戢干戈，放散牛马，足下独何守区区之土，保军内之广，甘恶名以速朽，亡令德之久长？壮而筹之，非良策也。宜释憾除嫌，敦我旧好。若斯言之玷，皇天是闻。'瓒不答，而增修戎备。谓关靖曰：'当今四方虎争，无有能坐吾城下，相守经年者，明矣。袁本初其若我何！'"

建安四年，绍悉军围之。瓒遣子求救于黑山贼，复欲自将突骑直出，傍西南山，拥黑山之众，陆梁[1]冀州，横断绍后。长史关靖说瓒曰："今将军将士，皆已土崩瓦解，其所以能相守持者，顾恋其居处老小，以将军为主耳。将军坚守旷日，袁绍要当自退；自退之后，四方之众必复可合也。若将军今舍之而去，军无镇重，易京之危，可立待也。将军失本，孤在草野，何所成邪！"瓒遂止不出[1]。救至，欲内外击绍。遣人与子书，刻期[2]兵至，举火为应[2]。绍候者得其书，如期举火。瓒以为救兵至，遂出欲战。绍

建安四年(199)，袁绍率领所有军队去围攻。公孙瓒派遣自己的儿子求救于黑山贼，又打算自己率领突骑冲出重围，依傍西南山，率领黑山的人马，直捣冀州，切断袁绍的后路。长史关靖劝公孙瓒道："现在将军的将士们，都已经没有了战斗的意志，之所以能够守护城池，是因为顾恋家中的老小，以将军为主心骨。将军如果长时间地坚守，袁绍就会自己退去；退去之后，四方之众必定可以复合。如果将军现在弃之而去，军中没有主将镇抚，易京陷落，危亡的日子马上到来。将军失去了凭依的根本，独处草莽，还能够成就什么大业呢！"公孙瓒于是止军不出。救援的兵马到来，打算内外夹击袁绍。公孙瓒派人给儿子送去书信，定下军队到达的时间，到后举火把响应。袁绍一方的探子得到了书信，于是按期举起火把。公孙瓒以为是救兵到了，于是出城想要出战。袁绍设下埋伏，大破其军，公孙瓒

设伏击，大破之，复还守。绍为地道，突坏其楼，稍至中京[3]。瓒自知必败，尽杀其妻子，乃自杀[4]。

又回城坚守。袁绍开挖地道，摧毁城中楼台，逐渐地接近公孙瓒所居住的中京。公孙瓒料定自己必败，将妻子儿女全部杀死，然后自杀了。

今注　1 陆梁：跳走，引申为嚣张、跋扈，此处指挥军直捣。　2 刻期：按期，约定时间。

裴注　[1]《英雄记》曰："关靖字士起，太原人。本酷吏也，谄而无大谋，特为瓒所信幸。"　[2]《典略》曰："瓒遣行人文则赍书告子续曰：'袁氏之攻，似若神鬼，鼓角鸣于地中，梯冲舞吾楼上。日穷月蹴，无所聊赖。汝当碎首于张燕，速致轻骑，到者当起烽火于北，吾当从内出。不然，吾亡之后，天下虽广，汝欲求安足之地，其可得乎！'"《献帝春秋》曰："瓒梦蓟城崩，知必败，乃遣间使与续书。绍候者得之，使陈琳更其书曰：'盖闻在昔衰周之世，僵尸流血，以为不然，岂意今日身当其冲！'"其余语与《典略》所载同。　[3]《英雄记》曰："袁绍分部攻者，掘地为道，穿穴其楼下，稍稍施木柱之，度足达半，便烧所施之柱，楼辄倾倒。"　[4]《汉晋春秋》曰："关靖曰：'吾闻君子陷人于危，必同其难，岂可独生乎！'乃策马赴绍军而死。绍悉送其首于许。"

鲜于辅将其众奉王命。以辅为建忠将军，督幽州六郡。太祖与袁绍相拒于官渡[1]，阎柔遣使诣太祖受事，迁护乌丸校尉。而辅身诣[2]太祖，拜左度辽将军，封

鲜于辅率领部下遵奉王命。朝廷任命他为建忠将军，都督幽州六郡。太祖和袁绍在官渡相持的时候，阎柔派遣使者到太祖那里接受调遣，任乌丸校尉。鲜于辅亲自到太祖那里，官拜左度辽将军，封为亭侯，被太

亭侯,遣还镇抚本州[1]。太祖破南皮,柔将部曲及鲜卑献名马以奉军,从征三郡乌丸,以功封关内侯[2]。辅亦率其众从。

文帝践阼,拜辅虎牙将军,柔度辽将军,皆进封县侯,位特进。

祖遣还镇抚本州。太祖攻破南皮,阎柔率领部曲归附并献出鲜卑贡献的名马以壮大军力,跟随征伐三郡乌丸,因功而封为关内侯。鲜于辅也率领部下跟从。

文帝登基,拜鲜于辅为虎牙将军,阎柔为度辽将军,都进封为县侯,位特进。

今注　1 官渡:在今河南中牟东北,临古官渡水,建安五年(200),曹操与袁绍在官渡展开决战,曹操以弱胜强,击败袁绍,奠定了统一北方的基础。　2 身诣:亲自前往。

裴注　[1]《魏略》曰:"辅从太祖于官渡。袁绍破走,太祖喜,顾谓辅曰:'如前岁本初送公孙瓒头来,孤自视忽然耳,而今克之。此既天意,亦二三子之力。'"　[2]《魏略》曰:"太祖甚爱阎柔,每谓之曰:'我视卿如子,亦欲卿视我如父也。'柔由此自托于五官将,如兄弟。"

陶谦

原文

陶谦,字恭祖,丹阳1人[1]。少好学,为诸生,仕州郡,举茂才,除卢令[2],迁幽州刺史,征拜议郎,参车骑将军张温军事,西讨

译文

陶谦,字恭祖,丹阳人。他年少时勤奋好学,诸生出身,在州郡里任官,被举为茂才,授官卢县令,又迁幽州刺史,征召拜为议郎,为车骑将军张温的参军,西征讨伐韩遂。恰遇到

韩遂[3]。会徐州黄巾起，以谦为徐州刺史，击黄巾，破走之。董卓之乱，州郡起兵，天子都长安，四方断绝，谦遣使间行致贡献，迁安东将军、徐州牧，封溧阳侯。是时，徐州百姓殷盛，谷米丰赡[2]，流民多归之，而谦背道任情。广陵太守琅邪赵昱，徐方名士也，以忠直见疏[4]；曹宏等，谗慝小人也，谦亲任之。刑政失和，良善多被其害，由是渐乱。下邳阙宣自称天子，谦初与合从寇钞，后遂杀宣，并其众。

初平四年，太祖征谦，攻拔十余城，至彭城[3]大战。谦兵败走，死者万数，泗水[4]为之不流。谦退守郯[5]。太祖以粮少引军还[6]。兴平元年，复东征，略定琅邪、东海诸县。谦恐，欲走归丹阳。会张邈叛迎吕布，太祖还击布。是岁，谦病死[6]。

徐州黄巾军起义，朝廷以陶谦为徐州刺史，攻打黄巾军，将其击破驱赶。董卓之乱时，各地州郡纷纷起兵，天子西迁长安，与四方的联系断绝，陶谦派遣使者潜行向天子献贡，于是升为安东将军、徐州牧，封为溧阳侯。这个时候，徐州百姓殷实富足，谷米丰厚，很多流民都来归附，而陶谦却悖逆道义，徒任性情。广陵太守琅邪赵昱，是徐州一带的名士，因为忠心直谏被疏远；曹宏等人，是邪恶奸佞的小人，陶谦却亲信任用。政教刑罚多有违和，很多良善之人遭难，所以政局逐渐混乱。下邳阙宣自称天子，陶谦起初和他一起四处劫掠，后来杀掉了阙宣，兼并了他的部众。

初平四年(193)，太祖征讨陶谦，攻占了十余座城池，来到彭城进行了一场大战。陶谦兵败逃走，死者数万，泗水都因为尸体阻隔而断流。陶谦退守郯城。太祖因为缺少粮食而退兵。兴平元年(194)，太祖再次东征，平定琅邪、东海等县。陶谦内心惶恐，打算回到丹阳。恰逢张邈叛变迎来吕布，太祖撤回攻击吕布。这一年，陶谦病死。

今注 1 丹阳:在今安徽马鞍山博望区西北丹阳镇。 2 丰赡:丰富,充足。 3 彭城:在今江苏徐州。 4 泗水:古水名,在今山东西南。 5 郯:在今山东郯城北。

裴注 [1]《吴书》曰:"谦父,故余姚长。谦少孤,始以不羁闻于县中。年十四,犹缀帛为幡,乘竹马而戏,邑中儿童皆随之。故苍梧太守同县甘公出,遇之涂,见其容貌,异而呼之,住车与语,甚悦,因许妻以女。甘公夫人闻之,怒曰:'妾闻陶家儿敖戏无度,如何以女许之?'公曰:'彼有奇表,长必大成。'遂妻之。" [2]《吴书》曰:"谦性刚直,有大节,少察孝廉,拜尚书郎,除舒令。郡守张磐,同郡先辈,与谦父友,意殊亲之,而谦耻为之屈。与众还城,因以公事进见,坐罢,磐常私还入,与谦饮宴,或拒不为留。常以舞属谦,谦不为起,固强之;及舞,又不转。磐曰:'不当转邪?'曰:'不可转,转则胜人。'由是不乐,卒以构隙。谦在官清白,无以纠举,祠灵星,有羸钱五百,欲以臧之。谦委官而去。" [3]《吴书》曰:"会西羌寇边,皇甫嵩为征西将军,表请武将。召拜谦扬武都尉,与嵩征羌,大破之。后边章、韩遂为乱,司空张温衔命征讨,又请谦为参军事,接遇甚厚,而谦轻其行事,心怀不服。及军罢还,百寮高会,温属谦行酒,谦众辱温。温怒,徙谦于边。或说温曰:'陶恭祖本以材略见重于公,一朝以醉饮过失,不蒙容贷,远弃不毛,厚德不终,四方人士,安所归望?不如释憾除恨,克复初分,于以远闻德美。'温然其言,乃追还谦。谦至,或人谓谦曰:'足下轻辱三公,罪自己作,今蒙释宥,德莫厚矣;宜降志卑辞以谢之。'谦曰:'诺。'又谓温曰:'陶恭祖今深自罪责,思在变革。谢天子礼毕,必诣公门。公宜见之,以慰其意。"时温于宫门见谦,谦仰曰:"谦自谢朝廷,岂为公邪?'温曰:'恭祖痴病尚未除邪?'遂为之置酒,待之如初。" [4]谢承《汉书》曰:"昱年十三,母尝病,经涉三月。昱惨戚消瘠,至目不交睫,握粟出卜,祈祷泣血,乡党称其孝。就处士东莞綦毋君受《公羊传》,兼该群业。至历年潜志,不窥园圃,亲疏希见其面。时入定省父母,须臾即还。高洁廉正,抱礼而立,清英俨恪,莫干其志;旌善以兴化,弹邪以矫俗。州郡请召,常称病不应。国相檀谟、陈遵共召,不起;或兴盛怒,终不回意。举孝廉,除莒长,宣扬五教,政为国表。会黄巾作乱,陆梁五郡,郡县发兵,以为先办。徐州刺史巴祇表功第一,当受迁赏,昱深以为耻,委官还家。徐州牧陶谦初辟别驾从事,辞疾逊遁。谦重令扬州从事会稽吴范宣旨,昱守意不移;欲威以刑罚,然后乃起。举茂才,迁广陵太守。贼笮融从临淮见讨,进入郡界,昱将兵拒战,败绩见害。” [5]《吴书》曰:“曹公父于泰山被杀,归咎于谦。欲伐谦而畏其强,乃表令州郡一时罢兵。诏曰:‘今海内扰攘,州郡起兵,征夫劳瘁,寇难未弭,或将吏不良,因缘讨捕,侵侮黎民,离害者众;风声流闻,震荡城邑,丘墙惧于横暴,贞良化为群恶,此何异乎抱薪救焚,扇火止沸哉!今四民流移,托身佗方,携白首于山野,弃稚子于沟壑,顾故乡而哀叹,向阡陌而流涕,饥厄困苦,亦已甚矣。虽悔往者之迷谬,思奉教于今日,然兵连众结,锋镝布野,恐一朝解散,夕见系虏,是以阻兵屯据,欲止而不敢散也。诏书到,其各罢遣甲士,还亲农桑,惟留常员吏以供官署,慰示远近,咸使闻知。’谦被诏,乃上书曰:‘臣闻怀远柔服,非德不集;克难平乱,非兵不济。是以涿鹿、阪泉、三苗之野有五帝之师,有扈、鬼方、商、奄四国有王者之伐,自古在昔,未有不扬威以弭乱,震武以止暴者也。臣前初以黄巾乱治,受策长驱,匪遑启处。虽宪章敕戒,奉宣威灵,敬行天诛,每伐辄克,然妖寇类众,殊不畏死,父兄歼殪,子弟群起,治屯连兵,至今为患。若承命解甲,弱国自虚,释武备以资乱,损官威以益寇,今日兵罢,明日难必至,上忝朝廷宠授之本,下令群凶日月滋蔓,非所以强干弱枝、遏恶止乱之务也。臣虽愚蔽,忠恕不昭,抱恩念报,所不忍行。辄勒部曲,申令警备。出芟强寇,惟力是视,入宣德泽,躬奉职事,冀效微劳,以赎罪负。’又曰:‘华夏沸扰,于今未弭,包茅不入,职贡多阙,寤寐忧叹,无日敢宁。诚思贡献必至,荐羞获通,然后销锋解甲,臣之愿也。臣前调谷百万斛,已在水次,辄敕兵卫送。’曹公得谦上事,知不罢兵。乃进攻彭城,多杀人民。谦引兵击之,青州刺史田楷亦以兵救谦。

公引兵还。”臣松之案：此时天子在长安，曹公尚未秉政。罢兵之诏，不得由曹氏出。 [6]《吴书》曰：“谦死时，年六十三，张昭等为之哀辞曰：‘猗欤使君，君侯将军，膺秉懿德，允武允文，体足刚直，守以温仁。令舒及卢，遗爱于民；牧幽暨徐，甘棠是均。憬憬夷貊，赖侯以清；蠢蠢妖寇，匪侯不宁。唯帝念绩，爵命以章，既牧且侯，启土溧阳。遂升上将，受号安东，将平世难，社稷是崇。降年不永，奄忽殂薨，丧覆失恃，民知困穷。曾不旬日，五郡溃崩，哀我人斯，将谁仰凭？追思靡及，仰叫皇穹。呜呼哀哉！’谦二子：商、应，皆不仕。”

张杨

原文

张杨，字稚叔，云中[1]人也。以武勇给并州，为武猛从事。灵帝末，天下乱，帝以所宠小黄门蹇硕[2]为西园上军校尉，军京都，欲以御四方，征天下豪杰以为偏裨。太祖及袁绍等皆为校尉，属之[1]。并州刺史丁原遣杨将兵诣硕，为假司马[3]。灵帝崩，硕为何进所杀。杨复为进所遣，归本州募兵，得千余人，因留上党[4]，击山贼。进败，董卓作乱。杨遂以所将攻上党太守于壶关，不下，略诸县，众至数千人。

译文

张杨，字稚叔，云中人。因为勇武而供职并州，为武猛从事。灵帝末年，天下大乱，灵帝以所宠信的小黄门蹇硕为西园上军校尉，驻军京师，以此来统御四方，征召天下豪杰为偏将、裨将。太祖和袁绍等人都任校尉，归他管理。并州刺史丁原派遣张杨到蹇硕那里，为假司马。灵帝驾崩，蹇硕被何进杀死。张杨又被何进派遣，回本州募兵，得到千余人，于是便留在上党，打击山贼。何进事败，董卓作乱。张杨于是率领所部兵马在壶关攻打上党太守，没有攻下，便攻略诸县，人数增至数千。

今注 1 云中:郡名,治所云中县,在今内蒙古托克托东北古城镇。 2 蹇硕:东汉末宦官,汉灵帝命其领诸校尉,监督百官。 3 假司马:又称军假司马,是司马的副职,在正式任命为司马前的代理试用期内称假司马。 4 上党:郡名,西汉时治所长子县,在今山西长子县西南。东汉末移治壶关。

裴注 [1]《灵帝纪》曰:"以虎贲中郎将袁绍为中军校尉,屯骑校尉鲍鸿为下军校尉,议郎曹操为典军校尉,赵融、冯芳为助军校尉,夏牟、淳于琼为左右校尉。"

山东[1]兵起,欲诛卓。袁绍至河内,杨与绍合,复与匈奴单于於夫罗屯漳水。单于欲叛,绍、杨不从。单于执杨与俱去,绍使将麴义追击于邺南,破之。单于执杨至黎阳,攻破度辽将军耿祉军,众复振。卓以杨为建义将军、河内太守。天子之在河东,杨将兵至安邑[2],拜安国将军,封晋阳侯。杨欲迎天子还洛,诸将不听,杨还野王[3]。

建安元年,杨奉、董承、韩暹挟天子还旧京,粮乏。杨以粮迎道路,遂至洛阳。

山东地区起兵,打算诛灭董卓。袁绍到达河内,张杨与袁绍会合,又与匈奴单于於夫罗屯驻漳水。单于想叛变,袁绍、张杨不同意。单于执拘了张杨一起离开,袁绍使将领麴义追击到邺南,将其打败。单于执拘张杨到黎阳,攻破度辽将军耿祉的军队,于是势力复振。董卓任命张杨为建义将军、河内太守。天子在河东地区,张杨率领士兵到达安邑,拜为安国将军,封晋阳侯。张杨想迎奉天子回洛阳,诸将不同意,张杨于是回到野王。

建安元年(196),杨奉、董承、韩暹挟持天子回到旧京,粮食短缺。张杨带着粮食上路迎驾,就到了洛阳。他对各将领说:"天子应当与天下共存,

谓诸将曰："天子当与天下共之，幸有公卿大臣，杨当捍外难，何事京都？"遂还野王。即拜为大司马[1]。杨素与吕布善。太祖之围布，杨欲救之，不能。乃出兵东市，遥为之势。其将杨丑，杀杨以应太祖。杨将眭固杀丑，将其众，欲北合袁绍。太祖遣史涣邀击[4]，破之于犬城[5]，斩固，尽收其众也[2]。

朝内幸有公卿大臣，我应当捍御外难，留在京都做什么？"于是回到野王。当即被任为大司马。张杨平素与吕布关系比较好。太祖围困吕布的时候，张杨打算救助他，却不能实现。就出兵到东市，遥相为他造势。部将杨丑杀掉了张杨以响应太祖。张杨的另一位部将眭固杀掉了杨丑，率领他的部众，打算北进和袁绍会合。太祖派遣史涣出兵截击，在犬城将其打败，斩杀眭固，将他的部下尽数收编。

今注　1 山东：秦汉时期称崤山或华山以东为山东。　2 安邑：在今山西夏县西北。　3 野王：古县名，在今河南沁阳。　4 邀击：拦击。　5 犬城：即"射犬"，是河内郡野王县的一个聚邑，在今河南沁阳。

裴注　[1]《英雄记》曰："杨性仁和，无威刑。下人谋反，发觉，对之涕泣，辄原不问。"　[2]《典略》曰："固字白兔，既杀杨丑，军屯射犬。时有巫诫固曰：'将军字兔而此邑名犬，兔见犬，其势必惊，宜急移去。'固不从，遂战死。"

公孙度

原文

公孙度，字升济，本辽东襄平[1]人也。度父延，

译文

公孙度，字升济，本来是辽东襄平人。公孙度的父亲公孙延，为了逃

避吏居玄菟[2]，任度为郡吏。时玄菟太守公孙域，子豹，年十八岁，早死。度少时名豹，又与域子同年，域见而亲爱之，遣就师学，为取妻。后举有道[3]，除尚书郎，稍迁冀州刺史，以谣言免。同郡徐荣为董卓中郎将，荐度为辽东太守。度起玄菟小吏，为辽东郡所轻。先时，属国公孙昭守[4]襄平令，召度子康为伍长。度到官，收昭，笞杀于襄平市。郡中名豪大姓田韶等宿遇无恩，皆以法诛，所夷灭百余家，郡中震栗。东伐高句骊[5]，西击乌丸，威行海外。

避当地官吏而迁居玄菟，公孙度出任郡中官吏。当时玄菟太守是公孙域，儿子公孙豹，年十八岁，较早去世了。公孙度小时候取名为豹，又和公孙域年龄相仿，公孙域见到他后就十分亲近喜爱他，让他去拜师学习，并为他娶妻。后来公孙度被举荐为有道，任尚书郎，逐渐做到冀州刺史，因为谣言被黜免。同郡徐荣为董卓中郎将，荐举公孙度为辽东太守。公孙度起自玄菟小吏，被郡中吏民轻视。早先，辽东属国公孙昭署理襄平令，征召公孙度的儿子公孙康为伍长。公孙度任辽东太守后，收押公孙昭，在襄平的集市将他鞭杀。郡中豪族大姓田韶等平素与他没有恩义的，都按照法律诛杀，被诛灭的达百余家，一郡之中为之震惊战栗。公孙度向东边讨伐高句骊，向西边攻打乌丸，威严行于海外。

今注 1 襄平：县名，在今辽宁辽阳。 2 玄菟：郡名，东汉时治所在今辽宁沈阳东。 3 有道：汉代人才选拔科目之一，有道德、才艺之人可由此科被举荐为官。 4 守：署理职务。 5 高句骊：亦作“高句丽”，汉武帝时属玄菟郡，北魏时迁都平壤。

初平元年，度知中国扰攘，语所亲吏柳毅、阳仪等曰："汉祚将绝，当与诸卿图王耳[1]。"时襄平延里社生大石，长丈余，下有三小石为之足。或谓度曰："此汉宣帝冠石之祥[1]，而里名与先君同。社主土地，明当有土地，而三公为辅也。"度益喜。故河内太守李敏，郡中知名，恶度所为，恐为所害，乃将家属入于海。度大怒，掘其父冢，剖棺焚尸，诛其宗族[2]。分辽东郡为辽西、中辽郡，置太守。越海收东莱诸县，置营州刺史。自立为辽东侯、平州牧，追封父延为建义侯。立汉二祖庙，承制设坛墠[2]于襄平城南，郊祀天地，藉田，治兵，乘鸾路[3]，九旒[4]，旄头羽骑[5]。太祖表度为武威将军，封永宁乡侯，度曰："我王辽东，何永宁也！"藏印绶武库。度死，

初平元年(190)，公孙度看到中国混乱，对亲近的官吏柳毅、阳仪等人说道："汉祚将要断绝，当与诸卿图谋称王之事了。"当时襄平延里的社中有一块大石，长一丈多，下面有三个小石为足。有人对公孙度说道："这是汉宣帝冠石的祥瑞，延里的名称与您的父亲同名。社主管土地，这说明您当占据土地，而有三公为您辅佐。"公孙度更加高兴。原河内太守李敏，在郡中很有声望，嫌恶公孙度的所为，怕被他加害，就率领家属入于海。公孙度大怒，掘开他父亲的坟墓，剖开棺木焚烧尸体，诛杀他的宗族。划分辽东郡的土地置辽西郡、中辽郡，设置太守。越海收服东莱诸县，设置营州刺史。公孙度自立为辽东侯、平州牧，追封父亲公孙延为建义侯。建立汉朝二祖庙，按照制度在襄平城南设置坛墠，在郊外祭祀天地，行籍田礼，操练士兵，乘坐銮车舆，戴九旒冠，以羽林骑兵为先驱骑士。太祖上表推荐公孙度为武威将军，封为永宁乡侯，公孙度说道："我在辽东称王，要永宁的封号干什么！"便把印绶藏在武库中。公孙度死后，儿

子康嗣位,以永宁乡侯封弟恭。是岁建安九年也。

子公孙康嗣位,给了弟弟公孙恭永宁乡侯的封号。这一年是建安九年(204)。

今注 1 汉宣帝冠石之祥:西汉昭帝时泰山有大石自立,学者眭孟认为这是汉帝应当禅让的征兆,当有贤人自民间而为天子。眭孟虽然被朝廷处死,但昭帝死后,宣帝刘询的确起自民间而成为汉朝天子。 2 坛墠(shàn):祭祀的场所,筑土为坛,除地为墠。 3 鸾路:古代天子、王侯所乘之车。 4 九旒:古代诸侯王所戴之冠冕。 5 旄(máo)头羽骑:旄头为古代一种先驱的骑士,羽骑为羽林军骑兵,此处指帝王才能享有的仪仗队伍。

裴注 [1]《魏书》曰:"度语毅、仪:'《谶书》云:"孙登当为天子。"太守姓公孙,字升济,升即登也。'" [2]《晋阳秋》曰:"敏子追求敏,出塞,越二十余年不娶。州里徐邈责之曰:'不孝莫大于无后,何可终身不娶乎!'乃娶妻,生子胤而遣妻,常如居丧之礼,不胜忧,数年而卒。胤生,不识父母,及有识,蔬食哀戚,亦如三年之丧。以祖父不知存亡,设主奉之。由是知名,仕至司徒。"臣松之案:本传云敏将家入海,而复与子相失,未详其故。

十二年,太祖征三郡乌丸,屠柳城[1]。袁尚等奔辽东,康斩送尚首。语在《武纪》。封康襄平侯,拜左将军。康死,子晃、渊等皆小,众立恭为辽东太守。文帝践阼,遣使即拜恭为车骑将军、假节,封平郭侯,追赠康大司马。

建安十二年(207),太祖征讨三郡乌丸,屠灭柳城。袁尚等人逃奔去辽东,公孙康斩杀他们的首级送给太祖。记载于《武帝纪》中。封公孙康为襄平侯,官拜左将军。公孙康去世后,儿子公孙晃、公孙渊年纪还小,众人拥立公孙恭为辽东太守。文帝即位,派遣使者拜公孙恭为车骑将军、授予节杖,封为平郭侯,追赠公孙康为大司马。

初，恭病阴消为阉人，劣弱不能治国。太和二年，渊胁夺恭位。明帝即拜渊扬烈将军、辽东太守。渊遣使南通孙权，往来赂遗[1]。权遣使张弥、许晏等，赍金玉珍宝，立渊为燕王。渊亦恐权远不可恃，且贪货物，诱致其使，悉斩送弥、晏等首[2]，明帝于是拜渊大司马，封乐浪公，持节、领郡如故[3]。使者至，渊设甲兵为军阵，出见使者，又数对国中宾客出恶言[4]。

当初，公孙恭染上阴茎缩减的疾病而像太监一样，身体孱弱不能治理政事。太和二年(228)，公孙渊胁迫夺取了公孙恭的地位。明帝即位后拜公孙渊为扬烈将军、辽东太守。公孙渊派遣使者南下与孙权沟通，相互往来馈赠。孙权派遣使节张弥、许晏等人，带来金玉珍宝，立公孙渊为燕王。公孙渊认为与孙权相距太远而不能凭恃，但又贪图财物，将使者诱骗过来，将张弥、许晏等人的首级斩杀后送上，明帝于是拜公孙渊为大司马，封为乐浪公，持节，仍旧领有所属郡县。明帝派遣的使者到达的时候，公孙渊设列甲兵为军阵，然后出来接见使者，又数次对国中宾客恶言相向。

今注　1 柳城：在今辽宁朝阳西南。

裴注　[1]《吴书》载渊表权曰："臣伏惟遭天地反易，遇无妄之运；王路未夷，倾侧扰攘。自先人以来，历事汉、魏，阶缘际会，为国效节，继世享任，得守藩表，犹知符命未有攸归。每感厚恩，频辱显使，退念人臣交不越境，是以固守所执，拒违前使。虽义无二信，敢忘大恩！陛下镇抚，长存小国，前后裴校尉、葛都尉等到，奉被敕诫，圣旨弥密，重纨累素，幽明备著，所以申示之事，言提其耳。臣昼则讴吟，宵则发梦，终身诵之，志不知足。季末凶荒，乾坤否塞，兵革未戢，人民荡析。仰此天命将有眷顾，私从一隅永瞻云日。今魏家不能采录忠善，褒功臣之后，乃令谗谄得行其志,听幽州刺史、东莱太守诳误之言,猥兴州兵,图害臣郡。臣不负魏,而魏绝之。盖闻人臣有去就之分;田饶适齐,乐毅走赵,以不得事主,故保有道之君;陈平、耿况,亦睹时变,卒归于汉,勒名帝籍。伏惟陛下德不再出,时不世遇,是以慺慺,怀慕自纳,望远视险,有如近易。诚愿神谟蚤定洪业,奋六师之势,收河、洛之地,为圣代宗。天下幸甚!"《魏略》曰:"国家知渊两端,而恐辽东吏民为渊所误,故公文下辽东,因赦之曰:'告辽东、玄菟将校吏民:逆贼孙权遭遇乱阶,因其先人劫略州郡,遂成群凶,自擅江表。含垢藏疾,冀其可化,故割地王权,使南面称孤,位以上将,礼以九命。权亲叉手,北向稽颡。假人臣之宠,受人臣之荣,未有如权者也。狼子野心,告令难移,卒归反覆,背恩叛主,滔天逆神,乃敢僭号。恃江湖之险阻,王诛未加。比年已来,复远遣船,越渡大海,多持货物,诳诱边民。边民无知,与之交关。长吏以下,莫肯禁止。至使周贺浮舟百艘,沈滞津岸,贸迁有无。既不疑拒,赍以名马,又使宿舒随贺通好。十室之邑,犹有忠信,陷君于恶,《春秋》所书也。今辽东、玄菟奉事国朝,纡青拖紫,以千百为数,戴纚垂缨,咸佩印绶,曾无匡正纳善之言。龟玉毁于匵,虎兕出于匣,是谁之过欤?国朝为子大夫羞之!昔狐突有言:"父教子贰,何以事君?策名委质,贰乃辟也。"今乃阿顺邪谋,胁从奸惑,岂独父兄之教不详,子弟之举习非而已哉!若苗秽害田,随风烈火,芝艾俱焚,安能自别乎?且又此事固然易见,不及鉴古成败,书传所载也。江南海北有万里之限,辽东君臣无怵惕之患,利则义所不利,贵则义所不贵,此为厌安乐之居,求危亡之祸,贱忠贞之节,重背叛之名。蛮貊之长,犹知爱礼,以此事人,亦难为颜!且又宿舒无罪,挤使入吴,奉不义之使,始与家诀,涕泣而行。及至贺死之日,覆众成山,舒虽脱死,魂魄离身。何所逼迫,乃至于此!今忠臣烈将,咸忿辽东反覆携贰,皆欲乘桴浮海,期于肆意。朕为天下父母,加念天下新定,既不欲劳动干戈,远涉大川,费役如彼,又悼边陲遗余黎民,迷误如此,故遣郎中卫慎、邵瑁等且先奉诏示意。若股肱忠良,能效节立信以辅时君,反邪就正以建大功,福莫大焉。傥恐自嫌,已为恶逆所见染污，不敢倡言，永怀伊戚。其诸与贼使交通，皆赦除之，与之更始。'" [2]《魏略》载渊表曰："臣前遣校尉宿舒、郎中令孙综，甘言厚礼，以诱吴贼。幸赖天道福助大魏，使此贼虏暗然迷惑，违戾群下，不从众谏，承信臣言，远遣船使，多将士卒，来致封拜。臣之所执，得如本志，虽忧罪衅，私怀幸甚。贼众本号万人，舒、综伺察，可七八千人，到沓津。伪使者张弥、许晏与中郎将万泰、校尉裴潜将吏兵四百余人，赍文书命、服、什物，下到臣郡。泰、潜别赍致遗货物，欲因市马。军将贺达、虞咨领余众在船所。臣本欲须凉节乃取弥等，而弥等人兵众多，见臣不便承受吴命，意有猜疑。惧其先作，变态妄生，即进兵围取，斩弥、晏、泰、潜等首级。其吏从兵众，皆士伍小人，给使东西，不得自由，面缚乞降，不忍诛杀，辄听纳受，徙充边城。别遣将韩起等率将三军，驰行至沓。使领长史柳远设宾主礼，诱请达、咨，三军潜伏以待其下，又驱群马货物，欲与交市。达、咨怀疑不下，使诸市买者五六百人下，欲交市。起等金鼓始震，锋矢乱发，斩首三百余级，被创赴水没溺者可二百余人，其散走山谷，来归降及藏窜饥饿死者，不在数中。得银印、铜印、兵器、资货，不可胜数。谨遣西曹掾公孙珩奉送贼权所假臣节、印绶、符策、九锡、什物，及弥等伪节、印绶、首级。"又曰："宿舒、孙综前到吴，贼权问臣家内小大，舒、综对臣有三息，脩别属亡弟。权敢奸巧，便擅拜命。谨封送印绶、符策。臣虽无昔人洗耳之风，惭为贼权污损所加，既行天诛，犹有余忿。"又曰："臣父康，昔杀权使，结为仇隙。今乃谲欺，遣使诱致，令权倾心，虚国竭禄，远命上卿，宠授极位，震动南土，备尽礼数。又权待舒、综，契阔委曲，君臣上下，毕欢竭情。而令四使见杀，枭示万里，士众流离，屠戮津渚，惭耻远布，痛辱弥天。权之怨疾，将刻肌骨。若天衰其业，使至丧陨，权将内伤愤激而死。若期运未讫，将播毒螫，必恐长蛇来为寇害。徐州诸屯及城阳诸郡，与相接近，如有船众后年向海门，得其消息，乞速告臣，使得备豫。"又曰："臣门户受恩，实深实重，自臣承摄即事以来，连被荣宠，殊特无量，分当陨越，竭力致死。而臣狂愚，意计迷暗，不即禽贼，以至见疑。前章表所陈情趣事势,实但欲罢弊此贼,使困自绝,诚不敢背累世之恩,附僭盗之虏也。而后爱憎之人,缘事加诬,伪生节目,卒令明听疑于市虎,移恩改爱,兴动威怒,几至沈没。长为负忝。幸赖慈恩,犹垂三宥,使得补过,解除愆责。如天威远加,不见假借,早当麋碎,辱先废祀,何缘自明,建此微功。臣既喜于事捷,得自申展,悲于畴昔,至此变故,余怖踊跃,未敢便宁。唯陛下既崇春日生全之仁,除忿塞隙,抑弭纤介,推今亮往,察臣本心,长令抱戴,衔分三泉。"又曰:"臣被服光荣,恩情未报,而以罪衅,自招谴怒,分当即戮,为众社戒。所以越典诡常,伪通于吴,诚自念穷迫,报效未立,而为天威督罚所加,长恐奄忽不得自洗。故敢自阙替废于一年,遣使诱吴,知其必来。权之求郡,积有年岁,初无倡答一言之应,今权得使,来必不疑,至此一举,果如所规,上卿大众,翕赫丰盛,财货赂遗,倾国极位,到见禽取,流离死亡,千有余人,灭绝不反。此诚暴猾贼之锋,摧矜夸之巧,昭示天下,破损其业,足以惭之矣。臣之慺慺,念效于国,虽有非常之过,亦有非常之功,愿陛下原其逾阙之愆,采其毫毛之善,使得国恩,保全终始矣。" [3]《魏名臣奏》载中领军夏侯献表曰:"公孙渊昔年敢违王命,废绝计贡者,实挟两端。既恃阻险,又怙孙权。故敢跋扈,恣睢海外。宿、舒亲见贼权军众府库,知其弱少不足凭恃,是以决计斩贼之使。又高句丽、濊貊与渊为仇,并为寇钞。今外失吴援,内有胡寇,心知国家能从陆道,势不得不怀惶惧之心。因斯之时,宜遣使示以祸福。奉车都尉鲏弘,武皇帝时始奉使命,开通道路。文皇帝即位,欲通使命,遣弘将妻子还归乡里,赐其车、牛,绢百匹。弘以受恩,归死国朝,无有还意,乞留妻子,身奉使命。公孙康遂称臣妾。以弘奉使称意,赐爵关内侯。弘性果烈,乃心于国,夙夜拳拳,念自竭效。冠族子孙,少好学问,博通书记,多所关涉,口论速捷,辩而不俗,附依典诰,若出胸臆,加仕本郡,常在人右,彼方士人素所敬服。若当遣使,以为可使弘行。弘乃自旧土,习其国俗,为说利害,辩足以动其意,明足以见其事,才足以行之,辞足以见信。若其计从,虽郦生之降齐王,陆贾之说尉佗,亦无以远过也。欲进远路,不宜释骐骥;

将已笃疾，不宜废扁鹊。愿察愚言也。” [4]《吴书》曰：“魏遣使者傅容、聂夔拜渊为乐浪公。渊计吏从洛阳还，语渊曰：‘使者左骏伯，使皆择勇力者，非凡人也。’渊由是疑怖。容、夔至，住学馆中。渊先以步骑围之，乃入受拜。容、夔大怖，由是还洛言状。”

景初元年，乃遣幽州刺史毌丘俭等赍玺书征渊。渊遂发兵，逆[1]于辽隧[2]，与俭等战。俭等不利而还。渊遂自立为燕王，置百官有司。遣使者持节，假鲜卑单于玺，封拜边民，诱呼鲜卑，侵扰北方[1]。二年春，遣太尉司马宣王征渊。六月，军至辽东[2]。渊遣将军卑衍、杨祚等步骑数万屯辽隧，围堑二十余里。宣王军至，令衍逆战。宣王遣将军胡遵等击破之。宣王令军穿围，引兵东南向，而急东北，即趋襄平。衍等恐襄平无守，夜走。诸军进至首山，渊复遣衍等迎军殊死战。复击，大破之，遂进军造城下，为围堑。会霖雨三十

景初元年(237)，明帝派遣幽州刺史毌丘俭等人奉带着玺书征讨公孙渊。公孙渊于是发兵，在辽隧迎击，和毌丘俭等战斗。毌丘俭等战事不利而返还。公孙渊就自立为燕王，设置百官。派遣使者持节杖，颁给鲜卑单于印玺，封给边民官爵，诱使鲜卑人侵扰魏国北方边境。景初二年(238)春，明帝派遣太尉司马懿征讨公孙渊。六月，军队到达辽东。公孙渊遣将军卑衍、杨祚等率步兵、骑兵数万人驻屯在辽隧，围城的壕沟长达二十余里。司马懿的军队到达辽隧，公孙渊命卑衍迎战。司马懿派遣将军胡遵等将其击破。司马懿命令军队突破包围，引兵向东南突进，然后突然折向东北，即刻赶向襄平。卑衍等怕襄平失守，在夜晚撤走。各路军队行至首山，公孙渊又命卑衍等人迎击魏国军队，殊死战斗。司马懿再次进攻又大破其军，于是进军到城下，挖掘围堑工事。这个时候恰逢连

余日，辽水暴长，运船自辽口径至城下。雨霁，起土山、修橹[3]，为发石连弩射城中。渊窘急，粮尽，人相食，死者甚多。将军杨祚等降。八月丙寅夜，大流星长数十丈，从首山东北坠襄平城东南。壬午，渊众溃，与其子修将数百骑突围东南走，大兵急击之，当流星所坠处，斩渊父子。城破，斩相国以下首级以千数，传渊首洛阳，辽东、带方、乐浪、玄菟悉平。

续三十多日下雨，辽水暴涨，运输船从辽河口直接到达城下。雨停之后，魏军堆土山、修望楼，制造连弩以发射石头到城中。公孙渊很是窘迫危急，粮食吃完，人相食，死亡的人很多。将军杨祚等人投降。八月丙寅夜，长数十丈的大流星，从首山东北方向坠落到襄平城东南。壬午日，公孙渊部众溃散，公孙渊与儿子公孙修率数百骑兵突围向东南方向逃去，大军紧急追击，在流星坠落的地方，斩杀了公孙渊父子。襄平城被攻破后，斩杀相国以下首级数千，将公孙渊的首级传送到洛阳，辽东、带方、乐浪、玄菟全部平定。

今注 1 逆：迎。 2 辽隧：在今辽宁海城。 3 橹：望楼。

裴注 [1]《魏书》曰："渊知此变非独出俭，遂为备。遣使谢吴，自称燕王，求为与国。然犹令官属上书自直于魏曰：'大司马长史臣郭昕、参军臣柳浦等七百八十九人言：奉被今年七月己卯诏书，伏读恳切，精魄散越，不知身命所当投措！昕等伏自惟省，蝼蚁小丑，器非时用，遭值千载，被受公孙渊祖考以来光明之德，惠泽沾渥，滋润荣华，无寸尺之功，有负乘之累；遂蒙褒奖，登名天府，并以驽蹇，附龙托骥，纡青拖紫，飞腾云梯，感恩惟报，死不择地。臣等闻明君在上，听政采言，人臣在下，得无隐情，是以因缘诉让，冒犯诉冤。郡在藩表，密迩不羁，平昔三州，转输费调，以供赏赐，岁用累亿，虚耗中国。然犹跋扈，虔刘边陲，烽火相望，羽檄相逮，城门昼闭，路无行人，州郡兵戈，奔散覆没。渊祖父度，初来临郡，承受荒残，开日月之光，建神武之略，聚乌合之民，扫地为业，威震耀于殊俗，德泽被于群生。辽土之不坏，实度是赖。孔子曰："微管仲，吾其被发左衽。"向不遭度，则郡早为丘墟，而民系于虏廷矣。遗风余爱，永存不朽。度既薨殂，吏民感慕，欣戴子康，尊而奉之。康践统洪绪，克壮徽猷，文昭武烈，迈德种仁；乃心京辇，翼翼虔恭，佐国平乱，效绩纷纭，功隆事大，勋藏王府。度、康当值武皇帝休明之会，合策名之计，夹辅汉室，降身委质，卑己事魏。匪处小厌大，畏而服焉，乃慕托高风，怀仰盛懿也。武皇帝亦虚心接纳，待以不次，功无巨细，每不见忘。又命之曰："海北土地，割以付君，世世子孙，实得有之。"皇天后土，实闻德音。臣庶小大，豫在下风，奉以周旋，不敢失坠。渊生有兰石之姿，少含恺悌之训，允文允武，忠惠且直；生民钦仰，莫弗怀爱。渊纂戎祖考，君临万民，为国以礼，淑化流行，独见先睹，罗结遐方，勤王之义，视险如夷，世载忠亮，不陨厥名。孙权慕义，不远万里，连年遣使，欲自结援，虽见绝杀，不念旧怨，纤纤往来，求成恩好。渊执节弥固，不为利回，守志匪石，确乎弥坚。犹惧丹心未见保明，乃卑辞厚币，诱致权使，枭截献馘，以示无二。吴虽在远，水道通利，举帆便至，无所隔限。渊不顾敌仇之深，念存人臣之节，绝强吴之欢，昭事魏之心，灵祇明鉴，普天咸闻。陛下嘉美洪烈，懿兹武功，诞锡休命，宠亚齐、鲁，下及陪臣，普受介福。诚以天覆之恩，当卒终始，得竭股肱，永保禄位，不虞一旦，横被残酷。惟育养之厚，念积累之效，悲思不遂，痛切见弃，举国号咷，拊膺泣血。夫三军所伐，蛮夷戎狄，骄逸不虔，于是致武，不闻义国反受诛讨。盖圣王之制，五服之域，有不供职，则修文德，而又不至，然后征伐。渊小心翼翼，恪恭于位，勤事奉上，可谓勉矣。尽忠竭节，还被患祸。《小弁》之作，《离骚》之兴，皆由此也。就或佞邪，盗言孔甘，犹当清览，憎而知善；谗巧似直，惑乱圣听，尚望文告，使知所由。若信有罪，当垂三宥；若不改寤，计功减降，当在八议。而潜军伺袭，大兵奄至，舞戈长驱，冲击辽土。犬马恶死，况于人类！吏民昧死，挫辱王师。渊虽冤枉，方临危殆,犹恃圣恩,怅然重奔,冀必奸臣矫制,妄肆威虐,乃谓臣等曰:"汉安帝建光元年,辽东属国都尉庞奋,受二月乙未诏书曰,收幽州刺史冯焕、玄菟太守姚光。推案无乙未诏书,遣侍御史幽州收考奸臣矫制者。今刺史或傥谬承矫制乎?"臣等议:以为刺史兴兵,摇动天下,殆非矫制,必是诏命。渊乃俯仰叹息,自伤无罪。深惟土地所以养人,窃慕古公杖策之岐,乃欲投冠释绂,逝归林麓。臣等维持,誓之以死,屯守府门,不听所执。而七营虎士,五部蛮夷,各怀素饱,不谋同心,奋臂大呼,排门遁出。近郊农民,释其耨镈,伐薪制梃,改案为櫓,奔驰赴难,军旅行成,虽蹈汤火,死不顾生。渊虽见孤弃,怨而不怒,比遣敕军,勿得干犯,及手书告语,恳恻至诚。而吏士凶悍,不可解散,期于毕命,投死无悔。渊惧吏士不从教令,乃躬驰骛,自往化解,仅乃止之。一饭之惠,匹夫所死,况渊累叶信结百姓,恩著民心?自先帝初兴,爰暨陛下,荣渊累叶,丰功懿德,策名褒扬,辩著廊庙,胜衣举履,诵咏明文,以为口实。埋而掘之,古人所耻。小白、重耳,衰世诸侯,犹慕著信,以隆霸业。《诗》美文王作孚万邦,《论语》称仲尼去食存信;信之为德,固亦大矣。今吴、蜀共帝,鼎足而居,天下摇荡,无所统一,臣等每为陛下惧此危心。渊据金城之固,仗和睦之民,国殷兵强,可以横行。策名委质,守死善道,忠至义尽,为九州表。方今二敌窥窬,未知孰定,是之不戒,而渊是害。茹柔吐刚,非王者之道也。臣等虽鄙,诚窃耻之。若无天乎?臣一郡吉凶,尚未可知;若云有天,亦何惧焉!臣等闻仕于家者,二世则主之,三世则君之。臣等生于荒裔之土,出于圭窦之中,无大援于魏,世隶于公孙氏,报生与赐,在于死力。昔蒯通言直,汉祖赦其诛;郑詹辞顺,晋文原其死。臣等顽愚,不达大节,苟执一介,披露肝胆,言逆龙鳞,罪当万死。惟陛下恢崇抚育,亮其控告,使疏远之臣,永有保恃。'"　[2]《汉晋春秋》曰:"公孙渊自立,称绍汉元年。闻魏人将讨,复称臣于吴,乞兵北伐以自救。吴人欲戮其使,羊衜曰:'不可,是肆匹夫之怒而捐霸王之计也。不如因而厚之,遣奇兵潜往,以要其成。若魏伐渊不克,而我军远赴,是恩结遐夷,义盖万里;若兵连不解,首尾离隔,则我虏其傍郡，驱略而归，亦足以致天之罚，报雪曩事矣。’权曰：‘善。’乃勒兵大出。谓渊使曰：‘请俟后问，当从简书，必与弟同休戚，共存亡，虽陨于中原，吾所甘心也。’又曰：‘司马懿所向无前，深为弟忧也。’”

初，渊家数有怪，犬冠帻1绛衣2上屋，炊有小儿蒸死甑3中。襄平北市生肉，长围各数尺，有头目口喙，无手足而动摇。占曰：“有形不成，有体无声，其国灭亡。”始，度以中平六年据辽东，至渊三世，凡五十年而灭[1]。

当初，公孙渊家里数次发生怪异的事，有犬戴着帽子、头巾，穿着红色的衣服登上屋顶，做饭的时候有小孩在甑中被蒸死。襄平北市长出一块肉，长度和围度各有数尺，有头并且头上长着眼睛和嘴，没有手脚却可以动摇。占卜者说：“有形而不能成功，有体而没有声响，其国终究灭亡。”起初，公孙度在中平六年(189)占据辽东，到公孙渊时共历三世，总共五十年而覆灭。

今注　1 冠帻(zé)：帽子，头巾。 2 绛衣：深红色的衣服。 3 甑(zèng)：蒸煮食物的炊具，类似现代的蒸锅。

裴注　[1]《魏略》曰：“始渊兄晃为恭任子，在洛，闻渊劫夺恭位，谓渊终不可保，数自表闻，欲令国家讨渊。帝以渊已秉权，故因而抚之。及渊叛，遂以国法系晃。晃虽有前言，冀不坐，然内以骨肉，知渊破则己从。及渊首到，晃自审必死，与其子相对啼哭。时上亦欲活之，而有司以为不可，遂杀之。”

张燕

原文

张燕，常山真定[1]人也，本姓褚。黄巾起，燕合聚少年为群盗，在山泽间转攻，还真定，众万余人。博陵[2]张牛角亦起众，自号将兵从事，与燕合。燕推牛角为帅，俱攻瘿陶[3]。牛角为飞矢所中，被创且死，令众奉燕，告曰："必以燕为帅。"牛角死，众奉燕，故改姓张。燕剽捍捷速过人，故军中号曰飞燕。其后人众寖广，常山、赵郡、中山、上党、河内诸山谷皆相通，其小帅孙轻、王当等，各以部众从燕，众至百万，号曰黑山。灵帝不能征，河北诸郡被其害。燕遣人至京都乞降，拜燕平难中郎将[1]。是后，董卓迁天子于长安，天下兵数起，燕遂以其众与豪杰相结。袁绍与公孙瓒争冀州，燕遣将杜

译文

张燕，常山真定人，本来姓褚。黄巾军兴起，张燕聚集了很多少年做寇盗，在山泽之间转相攻战，返回真定后，人数达万余。博陵人张牛角也聚集众人，自称将兵从事，和张燕会合。张燕推张牛角为帅，一起攻打瘿陶。张牛角被飞箭射中，受伤将要去世的时候，命令众人遵奉张燕，告诉他们说："一定要以张燕为主帅。"张牛角死后，众人遵奉张燕，所以他改姓张。张燕比常人剽悍敏捷，所以军中都叫他飞燕。后来人数逐渐增多，常山、赵郡、中山、上党、河内诸地的山谷都相互通达，所属小帅孙轻、王当等人，各自带着所属部众跟从张燕，人数达百万，号曰黑山。灵帝无力征伐，河北诸郡常遭其害。张燕派人到京都请求投降，朝廷任张燕为平难中郎将。之后，董卓胁迫天子到长安，天下义兵云起，张燕率领他的部属和豪杰相联结。袁绍与公孙瓒争夺冀州，张燕派遣将领杜长等帮助公

长等助瓒，与绍战，为绍所败，人众稍散，太祖将定冀州，燕遣使求佐王师，拜平北将军；率众诣邺，封安国亭侯，邑五百户。燕薨，子方嗣。方薨，子融嗣[2]。

孙瓒，和袁绍相战，被袁绍打败，部众渐渐散去，太祖将要平定冀州时，张燕遣使请求辅佐王师，被任为平北将军；率领众人到邺城，封为安国亭侯，食邑五百户。张燕去世后，儿子张方嗣位。张方去世后，儿子张融嗣位。

今注　1 真定：在今河北正定南。　2 博陵：博陵郡治，在今河北蠡县南。　3 癭陶：巨鹿郡治，在今河北宁晋西南。

裴注　[1]《九州春秋》曰："张角之反也，黑山、白波、黄龙、左校、牛角、五鹿、羝根、苦蝤、刘石、平汉、大洪、司隶、缘城、罗市、雷公、浮云、飞燕、白爵、杨凤、于毒等各起兵，大者二三万，小者不减数千。灵帝不能讨，乃遣使拜杨凤为黑山校尉，领诸山贼，得举孝廉、计吏。后遂弥漫，不可复数。"《典略》曰："黑山、黄巾诸帅，本非冠盖，自相号字，谓骑白马者为'张白骑'，谓轻捷者为'张飞燕'，谓声大者为'张雷公'，其饶须者则自称'于羝根'，其眼大者自称'李大目'。"张璠《汉纪》云："又有左校、郭大贤、左髭丈八三部也。"　[2] 陆机《晋惠帝起居注》曰："门下通事令史张林，飞燕之曾孙。林与赵王伦为乱，未及周年，位至尚书令、卫将军，封郡公。寻为伦所杀。"

张绣

原文

张绣，武威祖厉[1]人，骠骑将军济族子也。边章、韩

译文

张绣，武威郡祖厉县人，是骠骑将军张济同族子弟。边章、韩遂在凉州作

遂为乱凉州,金城[2]麴胜袭杀祖厉长刘隽。绣为县吏,间伺杀胜,郡内义之。遂招合少年,为邑中豪杰。董卓败,济与李傕等击吕布,为卓报仇。语在《卓传》。绣随济,以军功稍迁至建忠将军,封宣威侯。济屯弘农[3],士卒饥饿,南攻穰[4],为流矢所中死。绣领其众,屯宛[5],与刘表合。

乱,金城人麴胜袭杀了祖厉县长刘隽。张绣当时是县吏,暗中伺机杀掉了麴胜,郡中人士认为他忠义。张绣于是召集少年,成为郡邑中的豪杰。董卓败亡后,张济与李傕等攻击吕布,为董卓报仇。事迹记载在《董卓传》中。张绣追随张济,因为军功而逐渐升至建忠将军,封宣威侯。张济驻屯在弘农,士卒饥饿,向南攻打穰城,被飞箭射中而死。张绣率领部众,屯驻于宛城,与刘表联合。

今注　1 祖厉:在今甘肃白银靖远县。　2 金城:在今甘肃兰州西北。　3 弘农:郡名,治所在弘农县,在今河南灵宝北。　4 穰(ráng):在今河南邓州。　5 宛:在今河南南阳。

太祖南征,军淯水,绣等举众降。太祖纳济妻,绣恨之。太祖闻其不悦,密有杀绣之计。计漏,绣掩袭太祖。太祖军败,二子没。绣还保穰[1],太祖比年攻之,不克。太祖拒袁绍于官渡,绣从贾诩[1]计,复以众降。语在《诩传》。绣至,太祖执其手,

太祖南征,驻军在淯水,张绣等率领众人投降。太祖收纳了张济的妻子,张绣心中愤恨。太祖听说张绣对这件事心怀不满,密谋杀死张绣。谋划泄露后,张绣袭击太祖。太祖兵败,两个儿子遇难。张绣返还驻守穰城,太祖连年攻打,却不能攻克。太祖在官渡和袁绍相持,张绣听从贾诩的计谋,再次率部众投降。事迹记载在《贾诩传》。张绣到达后,太祖握着张绣的手,与他

与欢宴，为子均取绣女，拜扬武将军。官渡之役，绣力战有功，迁破羌将军。从破袁谭于南皮，复增邑凡二千户。是时天下户口减耗，十裁[2]一在，诸将封未有满千户者，而绣特多。从征乌丸于柳城，未至，薨，谥曰定侯[2]。子泉嗣，坐与魏讽谋反诛，国除。

宴饮欢乐，让自己的儿子曹均娶了张绣的女儿，并拜他为扬武将军。官渡之战，张绣力战有功，升为破羌将军。跟从太祖在南皮攻破袁谭，又增食邑共二千户。当时天下户口减损虚耗，只剩下了十分之一，诸将封邑没有满一千户的，而张绣封邑特别多。他跟从太祖到柳城征伐乌丸，还没有到达，就去世了，谥号为定侯。儿子张泉嗣封，因为和魏讽谋反被杀，封国被除去。

今注　1 贾诩：字文和，东汉末年至三国时期的著名谋士、战略家，曹魏开国功臣，位列三公。　2 裁：通“才”，仅仅。

裴注　[1]《傅子》曰：“绣有所亲胡车儿，勇冠其军。太祖爱其健，手以金与之。绣闻而疑太祖欲因左右刺之，遂反。”《吴书》曰：“绣降，淩统用贾诩计，乞徙军就高道，道由太祖屯中。绣又曰：‘车少而重，乞得使兵各被甲。’太祖信绣，皆听之。绣乃严兵入屯，掩太祖。太祖不备，故败。”[2]《魏略》曰：“五官将数因请会，发怒曰：‘君杀吾兄，何忍持面视人邪！’绣心不自安，乃自杀。”

张鲁

原文

张鲁，字公祺，沛国丰[1]人也。祖父陵，客蜀，学道

译文

张鲁，字公祺，沛国丰邑人。祖父张陵，客居蜀地，在鹄鸣山中学道，造作

鹄鸣山[2]中，造作道书以惑百姓，从受道者出五斗米，故世号“米贼”。陵死，子衡行其道。衡死，鲁复行之。益州牧刘焉以鲁为督义司马，与别部司马张脩将兵击汉中太守苏固，鲁遂袭脩杀之，夺其众。焉死，子璋代立，以鲁不顺，尽杀鲁母家室。鲁遂据汉中，以鬼道教民，自号“师君”。其来学道者，初皆名“鬼卒”。受本道已信，号“祭酒”。各领部众，多者为治头大祭酒。皆教以诚信不欺诈，有病自首其过，大都与黄巾相似。诸祭酒皆作义舍，如今之亭传[3]。又置义米肉，县于义舍，行路者量腹取足；若过多，鬼道辄病之。犯法者，三原，然后乃行刑。不置长吏，皆以祭酒为治，民夷便乐之。雄据巴、汉垂三十年[1]。

道书迷惑百姓，跟从他学道的人要交纳五斗米，所以世人称其为“米贼”。张陵死后，儿子张衡继续推行他的道术。张衡死后，张鲁又继续行此术。益州牧刘焉任张鲁为督义司马，与别部司马张脩领兵攻击汉中太守苏固，张鲁趁机袭杀张脩，并夺取了他的部众。刘焉去世后，儿子刘璋代立，因张鲁不听从他的命令，将他母亲的族人全部杀死。张鲁就占据汉中，以鬼道教化民众，自号“师君”。来这里学道的，起初都叫“鬼卒”。对于本道术深信不疑的人，号为“祭酒”。各自率领部众，人数众多的为治头大祭酒。都以诚信不欺诈为内容进行教化，有病的人就忏悔自己的过错，大部分与黄巾军类似。诸祭酒都修建义舍，如同现在的亭传。又将义米和肉悬挂在义舍中，过往的行人根据自己的需要而拿取食用；如果贪图过量，就会遭受鬼道的病害。犯法的人，可以原谅三次，仍不改正的才施以刑罚。不设置官吏，都是用祭酒进行治理，百姓、夷人都乐于这种简易的治理方式。张鲁雄踞巴、汉近三十年。

今注 1 丰：在今江苏徐州丰县。 2 鹄鸣山：又名鹤鸣山，在今四川大邑县,属岷山山脉。 3 亭传:古代供旅客和传递公文之人途中歇宿的处所。

裴注 [1]《典略》曰:"熹平中,妖贼大起,三辅有骆曜。光和中,东方有张角,汉中有张脩。骆曜教民缅匿法,角为太平道,脩为五斗米道。太平道者,师持九节杖为符祝,教病人叩头思过,因以符水饮之,得病或日浅而愈者,则云此人信道,其或不愈,则为不信道。脩法略与角同,加施静室,使病者处其中思过。又使人为奸令祭酒,祭酒主以《老子》五千文,使都习,号为奸令。为鬼吏,主为病者请祷。请祷之法,书病人姓名,说服罪之意。作三通,其一上之天,著山上,其一埋之地,其一沉之水,谓之三官手书。使病者家出米五斗以为常,故号曰五斗米师。实无益于治病,但为淫妄,然小人昏愚,竞共事之。后角被诛,脩亦亡。及鲁在汉中,因其民信行脩业,遂增饰之。教使作义舍,以米肉置其中以止行人;又教使自隐,有小过者,当治道百步,则罪除;又依《月令》,春夏禁杀;又禁酒。流移寄在其地者,不敢不奉。"臣松之谓,张脩应是张衡,非《典略》之失,则传写之误。

汉末,力不能征,遂就宠鲁为镇民中郎将,领汉宁太守,通贡献而已。民有地中得玉印者,群下欲尊鲁为汉宁王。鲁功曹巴西阎圃谏鲁曰:"汉川之民,户出十万,财富土沃,四面险固;上匡天子,则为桓、文[1],次及窦融[2],不失富贵。今承制署

汉末,朝廷无力征讨,于是就荣任张鲁为镇民中郎将,兼领汉宁太守,对朝廷只要通使纳贡就可以了。有百姓在地中得到了一枚玉印,张鲁的众多属下都想尊奉他为汉宁王。张鲁的功曹巴西人阎圃谏止张鲁道:"汉川的民众,有十万户,富有资财土地肥沃,四面险要而牢固;上以匡扶天子,可以成就齐桓、晋文的功业,其次也可以像窦融那样,保有富贵。现今秉承朝廷制度设置僚属,有着

置，势足斩断，不烦于王。愿且不称，勿为祸先。”鲁从之。韩遂、马超之乱，关西民从子午谷奔之者数万家。

足以割据自守的形势，又没有称王的烦扰。希望您暂且不要称王，不要成为祸首。”张鲁听从了他的劝阻。韩遂、马超之乱，关西有数万家民众从子午谷来投奔张鲁。

今注 1 桓、文：春秋时期的齐桓公与晋文公，行尊王攘夷之事，上以匡扶周天子，下以安抚众诸侯。 2 窦融：字周公，累世为河西官吏，王莽时期曾割据河西五郡，后归降汉光武帝，封为安丰侯。

建安二十年，太祖乃自散关[1]出武都征之，至阳平关[2]。鲁欲举汉中降，其弟卫不肯，率众数万人拒关坚守。太祖攻破之，遂入蜀[1]。鲁闻阳平已陷，将稽颡[3]归降，圃又曰：“今以迫往，功必轻；不如依杜濩赴朴胡相拒，然后委质，功必多。”于是乃奔南山入巴中。左右欲悉烧宝货仓库，鲁曰：“本欲归命国家，而意未达。今之走，避锐锋，非有恶意。宝货仓库，国家之有。”遂封藏而去。太祖入南郑，甚嘉之。又

建安二十年(215)，太祖从散关通过武都征伐张鲁，到达阳平关。张鲁打算举汉中归降，他的弟弟张卫不同意，率领数万人在关隘坚守抵抗。太祖将其攻破，于是进入蜀地。张鲁听闻阳平关陷落，将要稽颡归降，阎圃又说道：“现在迫于形势前去，肯定会被轻视；不如依附杜濩到朴胡那里相据守，然后再派遣人质归降，功劳一定很多。”于是就前往南山进入巴中。左右的人打算把仓库宝货都烧掉，张鲁说道：“本来我就打算归附国家，而心意尚未传达。现在撤走，是为了避开大军的锋芒，并没有恶意。宝货仓库，本来就属于国家所有。”于是就封闭藏好而离开。太祖进入南郑，对张鲁这种做法很赞赏。又认

以鲁本有善意，遣人慰喻。鲁尽将家出，太祖逆拜鲁镇南将军，待以客礼，封阆中侯，邑万户。封鲁五子及阎圃等皆为列侯[2]。为子彭祖取鲁女。鲁薨，谥之曰原侯。子富嗣[3]。

为张鲁本来就有意归降，就派遣人去安慰告谕。张鲁率领全家人出降，太祖出迎并拜张鲁为镇南将军，以客礼相待，封为阆中侯，食邑万户。封张鲁的五个儿子和阎圃都为列侯。为自己的儿子彭祖迎娶张鲁的女儿。张鲁去世后，定谥号为原侯。儿子张富继承爵位。

今注 1 散关：即大散关，在今陕西宝鸡西南大散岭上，关中四关之一。自古为“川陕咽喉”。这里山势险峻，有“一夫当关，万夫莫开”之势。刘邦“明修栈道，暗度陈仓”就从这里经过。 2 阳平关：在今陕西勉县西武侯镇，为汉中盆地西边门户。 3 稽颡：古时一种跪拜礼，屈膝下拜，以额触地。

裴注 [1]《魏名臣奏》载董昭表曰：“武皇帝承凉州从事及武都降人之辞，说‘张鲁易攻，阳平城下南北山相远，不可守也’，信以为然。及往临履，不如所闻，乃叹曰：‘他人商度，少如人意。’攻阳平山上诸屯，既不时拔，士卒伤夷者多。武皇帝意沮，便欲拔军，截山而还，遣故大将军夏侯惇、将军许褚呼山上兵还。会前军未还，夜迷惑，误入贼营，贼便退散。侍中辛毗、刘晔等在兵后，语惇、褚，言‘官兵已据得贼要屯，贼已散走’。犹不信之。惇前自见，乃还白武皇帝，进兵定之，幸而克获。此近事，吏士所知。”又杨暨表曰：“武皇帝始征张鲁，以十万之众，身亲临履，指授方略，因就民麦以为军粮。张卫之守，盖不足言。地险守易，虽有精兵虎将，势不能施。对兵三日，欲抽军还，言‘作军三十年，一朝持与人，如何’。此计已定，天祚大魏，鲁守自坏，因以定之。”《世语》曰：“鲁遣五官掾降，弟卫横山筑阳平城以拒，王师不得进。鲁走巴中。军粮尽，太祖将还。西曹掾东郡郭谌曰:‘不可。鲁已降,留使既未反,卫虽不同,偏携可攻。县军深入,以进必克,退必不免。’太祖疑之。夜有野麋数千突坏卫营,军大惊。夜,高祚等误与卫众遇,祚等多鸣鼓角会众。卫惧,以为大军见掩,遂降。” [2] 臣松之以为,张鲁虽有善心,要为败而后降,今乃宠以万户,五子皆封侯,过矣。习凿齿曰:“鲁欲称王,而阎圃谏止之,今封圃为列侯。夫赏罚者,所以惩恶劝善也,苟其可以明轨训于物,无远近幽深矣。今阎圃谏鲁勿王,而太祖追封之,将来之人孰不思顺!塞其本源而末流自止,其此之谓与!若乃不明于此而重燋烂之功,丰爵厚赏止于死战之士,则民利于有乱,俗竞于杀伐,阻兵仗力,干戈不戢矣。太祖之此封,可谓知赏罚之本,虽汤武居之,无以加也。”《魏略》曰:“黄初中,增圃爵邑,在礼请中。后十余岁病死。”《晋书》云:“西戎司马阎缵,圃孙也。” [3]《魏略》曰:“刘雄鸣者,蓝田人也。少以采药射猎为事,常居覆车山下,每晨夜,出行云雾中,以识道不迷,而时人因谓之能为云雾。郭、李之乱,人多就之。建安中,附属州郡,州郡表荐为小将。马超等反,不肯从,超破之。后诣太祖,太祖执其手谓之曰:‘孤方入关,梦得一神人,即卿邪!’乃厚礼之,表拜为将军,遣令迎其部党,部党不欲降,遂劫以反,诸亡命皆往依之,有众数千人,据武关道口。太祖遣夏侯渊讨破之,雄鸣南奔汉中。汉中破,穷无所之,乃复归降。太祖捉其须曰:‘老贼,真得汝矣!’复其官,徙渤海。时又有程银、侯选、李堪,皆河东人也,兴平之乱,各有众千余家。建安十六年,并与马超合。超破走,堪临阵死。银、选南入汉中,汉中破,诣太祖降,皆复官爵。”

评曰:公孙瓒保京,坐待夷灭。度残暴而不节,渊仍业以载凶[1],只足覆其族也。陶谦昏乱而忧死,

评论说:公孙瓒保守京邑,坐等被诛灭。公孙度残暴而没有操行,公孙渊仍然承袭不改而行凶,只能是覆灭其宗族。陶谦昏乱而忧心死去,张杨

张杨授首于臣下，皆拥据州郡，曾匹夫之不若，固无可论者也。燕、绣、鲁舍群盗，列功臣，去危亡，保宗祀，则于彼为愈[2]焉。

被臣下杀死，虽然都拥兵占据州郡，却连普通百姓都不如，本来就没有什么好评论的。张燕、张绣、张鲁抛却盗贼的身份，名列功臣，躲避危亡，保全宗族祭祀，要比前面那几位强多了。

今注 1 载凶：凶残作恶。 2 愈：胜过。

卷九　魏书九

诸夏侯曹传

导读　这一卷记载了辅助曹操建立魏国的亲贵大臣夏侯惇、夏侯渊、曹仁、曹洪、曹纯、曹休、曹真、曹爽、夏侯尚等人的事迹。这些亲信为曹操势力的崛起与巩固建立了重要的功绩。夏侯惇致力于经营屯田,使得北方地区的农业生产得到恢复,安定了百姓生活,增强了曹魏的经济实力。夏侯渊、曹仁、曹洪在对外战争中立下功劳,开拓并巩固了曹魏政权的疆域。曹休、曹真在文帝、明帝时期继续进行对外战争并取得了一定成果,但他们过早去世,使明帝后期的政治局势出现失衡,朝中缺乏能与司马懿抗衡的曹氏、夏侯氏等宗室大臣,影响了权力交接。曹爽被明帝任命为辅政大臣,掌握大权,但他不具备与之相应的政治才能,任用的也都是浮华之士,终使司马氏掌握了曹魏政权。

夏侯惇

原文

夏侯惇,字元让,沛国谯[1]人,夏侯婴[2]之后也。年十四,就师学,人有辱其师者,惇杀之,由是以烈气闻。太祖初起,惇常为裨将,从征伐。太

译文

夏侯惇,字元让,沛国谯县人,是夏侯婴的后代。十四岁时从师学习,有人侮辱他的老师,夏侯惇就把那个人杀了,因为这件事,夏侯惇以性情刚烈闻名。太祖刚起事的时候,夏侯惇经常作为副将跟随他出征。太祖代理奋武将军时让

祖行奋武将军[3]，以惇为司马，别屯白马，迁折冲校尉，领东郡太守。太祖征陶谦，留惇守濮阳。张邈叛迎吕布，太祖家在鄄城，惇轻军往赴，适与布会，交战。布退还，遂入濮阳，袭得惇军辎重。遣将伪降，共执持惇，责以宝货，惇军中震恐。惇将韩浩[4]乃勒兵屯惇营门，召军吏诸将，皆案甲当部不得动，诸营乃定。遂诣惇所，叱持质者曰："汝等凶逆，乃敢执劫大将军，复欲望生邪！且吾受命讨贼，宁能以一将军之故，而纵汝乎？"因涕泣谓惇曰："当奈国法何！"促召兵击持质者。持质者惶遽叩头，言："我但欲乞资用去耳！"浩数责，皆斩之。惇既免，太祖闻之，谓浩曰："卿此可为万世法。"乃著令：自今已

夏侯惇做了司马，在外驻扎在白马，后来夏侯惇转任折冲校尉，兼领东郡太守。太祖征伐陶谦，留夏侯惇守濮阳。张邈背叛太祖，投靠吕布，太祖的家人都在鄄城，夏侯惇率领部队轻装赶赴，恰逢与吕布的部队相遇交战。吕布退回，趁机攻入濮阳，偷袭得到了夏侯惇军队的辎重。吕布又派部将假装投降，他们一同劫持了夏侯惇，索要财物珍宝，夏侯惇军中震动惊恐。夏侯惇的部将韩浩率兵守住他的营门，召集军官和诸将，命令他们监察本部人马，不许妄动，各营才安稳下来。韩浩到夏侯惇所在的地方，呵斥胁持者说："你们凶狠狂悖，竟敢劫持大将军，还想有活路吗！况且我奉命令讨伐叛贼，怎么能因为一个将军的缘故放你们逃走呢？"又哭着对夏侯惇说："有国家法令在，实在没办法啊！"连忙召唤士兵攻杀挟持夏侯惇的人。挟持夏侯惇的人惊慌恐惧，连忙磕头说："我等只是想求取财物之后逃跑而已！"韩浩陈说他们的罪过，将他们全部斩杀，夏侯惇因此幸免于难。太祖听说这件事后，对韩浩说："你的做法可以被世世代代效仿。"就发布命令：今后军中遇到劫持人质的情况，要一

后有持质者，皆当并击，勿顾质。由是劫质者遂绝[1]。

起上前攻击，不要顾虑人质。自此劫持将领的事情再也没有出现。

今注 1 谯：即谯县，在今安徽亳州。 2 夏侯婴：西汉开国将领，泗水郡沛县人，从刘邦起兵，屡立战功，被封为汝阴侯。 3 奋武将军：杂号将军之一，是高阶称谓，职责类似监军。曹操在与袁绍等诸侯联合攻击董卓时曾担任此职。 4 韩浩：字元嗣，东汉末聚众起兵自保，后归曹操，任中护军。

裴注 [1] 孙盛曰："案《光武纪》，建武九年，盗劫阴贵人母弟，吏以不得拘质迫盗，盗遂杀之也。然则合击者，乃古制也。自安、顺已降，政教陵迟，劫质不避王公，而有司莫能遵奉国宪者，浩始复斩之，故魏武嘉焉。"

太祖自徐州还，惇从征吕布，为流矢所中，伤左目[1]。复领陈留、济阴太守，加建武将军，封高安乡侯。时大旱，蝗虫起，惇乃断太寿水作陂[1]，身自负土，率将士劝种稻，民赖其利。转领河南尹。太祖平河北，为大将军后拒[2]。邺破，迁伏波将军，领尹如故，使得以便宜从事，不拘科制。建安十二年，录惇前后功，增封邑

太祖从徐州返回，夏侯惇跟随他征讨吕布，被流箭射中，左眼受伤。又兼领陈留、济阴太守，加建武将军，封高安乡侯。当时天气大旱，发生了蝗灾，夏侯惇截断太寿河为蓄水池，亲自挑土，率领将士鼓励百姓种植水稻，人民因此获利。转兼河南尹。太祖平定河北，夏侯惇担任大将军后拒。邺城被攻陷之后任伏波将军，继续兼领河南尹，使他得以乘便行事，不受职责规定的约束。建安十二年(207)，记录夏侯惇先后的功绩，增加封邑一千八百户，与之前的合计两千五百户。建安二十一年

千八百户，并前二千五百户。二十一年，从征孙权还，使惇都督二十六军，留居巢。赐伎乐名倡，令曰："魏绛[3]以和戎之功，犹受金石之乐，况将军乎！"二十四年，太祖军于摩陂[4]，召惇常与同载，特见亲重，出入卧内，诸将莫得比也。拜前将军[5][2]，督诸军还寿春，徙屯召陵。文帝即王位，拜惇大将军，数月薨。

(216)，夏侯惇随太祖征讨孙权返回，太祖命夏侯惇总管二十六军，留驻居巢。太祖赐给夏侯惇歌姬、女乐，下令说："魏绛因为与诸戎结盟而有功劳，还接受了晋侯赐予他的金石之乐，何况将军功劳更大呢！"建安二十四年(219)，太祖进军摩陂，常叫夏侯惇与他同乘一辆车，特别受亲信重视，夏侯惇能够出入太祖寝室，诸将都不能与他相比。夏侯惇被任命为前将军，率领各军返回寿春，后迁到召陵驻扎。文帝即王位后，任夏侯惇为大将军，之后过了几个月，夏侯惇去世。

今注　1 陂(bēi)：圩岸，池塘。　2 后拒：居后以抗击敌人的部队。　3 魏绛：春秋时晋国大夫，曾力主与诸戎结盟。　4 摩陂：在今河南郏县东南，亦名龙陂。　5 前将军：汉代为重号将军之一，与后、左、右将军并列，位次大将军及骠骑、车骑、卫将军。在内掌管禁军戍卫京师，外出则率军征伐。下设长史、司马等僚属。

裴注　[1]《魏略》曰："时夏侯渊与惇俱为将军，军中号惇为'盲夏侯'。惇恶之，每照镜恚怒，辄扑镜于地。"　[2]《魏书》曰："时诸将皆受魏官号，惇独汉官，乃上疏自陈，不当不臣之礼。太祖曰：'吾闻太上师臣，其次友臣。夫臣者，贵德之人也，区区之魏，而臣足以屈君乎？'惇固请，乃拜为前将军。"

惇虽在军旅，亲迎师受业[1]。性清俭，有余财辄以分施，不足资之于官，不治产业。谥曰忠侯。子充嗣。帝追思惇功，欲使子孙毕侯，分惇邑千户，赐惇七子二孙爵皆关内侯。惇弟廉及子楙素自封列侯。初，太祖以女妻楙，即清河公主也。楙历位侍中尚书、安西镇东将军，假节[1]。充薨，子廙嗣。廙薨，子劭嗣[2]。

夏侯惇虽然身在军中，但亲自延请老师学习文化。他生性淡泊节俭，有多余的财物就分送给他人，钱财不足就从官府中领取，不经营产业。死后谥号为忠侯，爵位由其子夏侯充继承。文帝追思夏侯惇的功劳，想要将他的子孙都封为侯，就将夏侯惇的食邑分出一千户，赐给他的七个儿子、两个孙子关内侯的爵位。夏侯惇的弟弟夏侯廉和夏侯廉的儿子夏侯楙也被封为列侯。早些时候，太祖把自己的女儿清河公主嫁给了夏侯楙。夏侯楙历任侍中尚书、安西镇东将军，授予节杖。夏侯充去世后，其子夏侯廙继承爵位。夏侯廙去世后，其子夏侯劭承袭爵位。

韩浩者，河内人。沛国史涣[2]与浩俱以忠勇显。浩至中护军，涣至中领军，皆掌禁兵，封列侯[3]。

韩浩是河内人，沛国的史涣和韩浩都以忠诚勇敢闻名。韩浩官至中护军，史涣做到中领军，二人都掌管禁卫，被封为列侯。

今注　1 受业：从师学习。　2 史涣：字公刘，豫州沛国人，以门客随曹操起兵，屡立战功。

裴注　[1]《魏略》曰："楙字子林，惇中子也。文帝少与楙亲，及即位，以为安西将军、持节，承夏侯渊处都督关中。楙性无武略，而好治生。至太和二年，明帝西征，人有白楙者，遂召还为尚书。楙在西时，多畜伎妾，公主由此与楙不和。其后群弟不遵礼度，楙数切责，弟惧见治，乃共构楙以诽谤，令主奏之，有诏收楙。帝意欲杀之，以问长水校尉京兆段默，默以为'此必清河公主与楙不睦，出于谮构，冀不推实耳。且伏波与先帝有定天下之功，宜加三思'。帝意解，曰：'吾亦以为然。'乃发诏推问为公主作表者，果其群弟子臧、子江所构也。" [2]《晋阳秋》曰："泰始二年，高安乡侯夏侯佐卒，惇之孙也，嗣绝。诏曰：'惇，魏之元功，勋书竹帛。昔庭坚不祀，犹或悼之，况朕受禅于魏，而可以忘其功臣哉！宜择惇近属绍封之。'" [3]《魏书》曰："韩浩字元嗣。汉末起兵，县近山薮，多寇，浩聚徒众为县藩卫。太守王匡以为从事，将兵拒董卓于盟津。时浩舅杜阳为河阴令，卓执之，使招浩，浩不从。袁术闻而壮之，以为骑都尉。夏侯惇闻其名，请与相见，大奇之，使领兵从征伐。时大议损益，浩以为当急田。太祖善之，迁护军。太祖欲讨柳城，领军史涣以为道远深入，非完计也，欲与浩共谏。浩曰：'今兵势强盛，威加四海，战胜攻取，无不如志，不以此时遂除天下之患，将为后忧。且公神武，举无遗策，吾与君为中军主，不宜沮众。'遂从破柳城，改其官为中护军，置长史、司马。从讨张鲁，鲁降。议者以浩智略足以绥边，欲留使都督诸军镇汉中，太祖曰：'吾安可以无护军？'乃与俱还。其见亲任如此。及薨，太祖愍惜之。无子，以养子荣嗣。史涣字公刘。少任侠，有雄气。太祖初起，以客从，行中军校尉，从征伐，常监诸将，见亲信，转拜中领军。十四年薨，子静嗣。"

夏侯渊

原文

夏侯渊，字妙才，惇族弟也。太祖居家，曾有县官事，渊代引重罪，太

译文

夏侯渊，字妙才，是夏侯惇族弟。太祖在家时，县里出了官司，夏侯渊替人受了重罪。太祖营救夏侯渊，他得以免

祖营救之，得免[1]。太祖起兵，以别部司马、骑都尉从，迁陈留、颍川太守。及与袁绍战于官渡，行督军校尉。绍破，使督兖、豫、徐州军粮；时军食少，渊传馈[1]相继，军以复振。昌豨[2]反，遣于禁击之，未拔，复遣渊与禁并力，遂击豨，降其十余屯，豨诣禁降。渊还，拜典军校尉[2]。

罪。太祖起兵后，夏侯渊担任别部司马、骑都尉从，做过陈留、颍川的太守。太祖与袁绍在官渡交战，夏侯渊暂代督军校尉。袁绍被打败后，太祖让夏侯渊督管兖、豫、徐三州军粮；当时曹军粮食缺乏，夏侯惇接连不断地转运粮食，曹军士气才又振作起来。昌豨反叛，太祖派于禁去攻打，未能攻克，又派夏侯渊与于禁合力进攻，于是打败了昌豨，收降了昌豨十几个屯，昌豨面见于禁投降。夏侯渊率军返回，被任命为典军校尉。

今注 1 传馈：指转运粮食。 2 昌豨(xī)：又名昌霸，原为泰山群寇之一，后降曹操，拜东海太守，屡次叛乱，终为于禁和夏侯渊所败，投降被杀。

裴注 [1]《魏略》曰："时兖、豫大乱，渊以饥乏，弃其幼子，而活亡弟孤女。" [2]《魏书》曰："渊为将，赴急疾，常出敌之不意，故军中为之语曰：'典军校尉夏侯渊，三日五百，六日一千。'"

济南、乐安黄巾徐和、司马俱等攻城，杀长吏，渊将泰山、齐、平原郡兵击，大破之，斩和，平诸县，收其粮谷以给军士。十四年，以渊为行领军[1]。

济南、乐安的黄巾军首领徐和、司马俱率军攻打城池，杀死地方长官，夏侯渊率领泰山、齐、平原郡兵的士兵进攻他们，将他们打得大败，斩杀了徐和，平定诸县，收缴黄巾军的粮食供给军中士卒。建安十四年(209)，太祖命夏侯渊

太祖征孙权还，使渊督诸将击庐江叛者雷绪，绪破，又行征西护军，督徐晃击太原贼，攻下二十余屯，斩贼帅商曜，屠其城。从征韩遂等，战于渭南。又督朱灵平隃麋[2]、汧氐[3]。与太祖会安定，降杨秋。

暂代领军。太祖征讨孙权回来，派夏侯渊总领诸将攻击庐江的叛军雷绪，雷绪被击败，又暂代征西护军，率徐晃攻击太原的贼寇，攻下了二十余屯，斩杀叛军首领商曜，并屠城。夏侯渊跟随太祖征讨韩遂等人，与他们在渭南交战。又率领朱灵平定隃麋、汧氐，与太祖在安定会和，迫使杨秋投降。

今注 1 领军：即中领军，东汉末曹操为丞相时所设，为相府属官，统领亲兵卫士和禁军。 2 隃麋(yú mí)：在今陕西千阳县东。3 汧(qiān)氐：汧指汧县，在今陕西陇县南。一说指汧水，流经陕西汇入渭河，有氐人在此区域活动。

十七年，太祖乃还邺，以渊行护军将军，督朱灵、路招等屯长安，击破南山贼刘雄，降其众。围遂、超余党梁兴于鄠，拔之，斩兴，封博昌亭侯。马超围凉州刺史韦康[1]于冀，渊救康，未到，康败。去冀[2]二百余里，超来逆战，军不利。汧氐反，渊引军还。十九年，赵衢、尹奉等谋讨超，姜叙起兵

建安十七年(212)，太祖返回邺城，以夏侯渊暂代护军将军，督率朱灵、路招等人屯驻长安，击败南山贼刘雄，收降他的部众。在鄠县围困韩遂、马超的余党梁兴，并攻陷鄠县，斩杀梁兴，夏侯渊因此受封为博昌亭侯。马超在冀县围攻凉州刺史韦康，夏侯渊前往营救，还没到达，韦康就失败了。夏侯渊在离冀县二百里的地方，遇上马超前来迎击，作战不利，又赶上汧氐反叛，夏侯渊领兵返回。建安十九年(214)，赵衢、尹奉等人谋划攻击马超，姜叙在卤城中起

卤城[3]以应之。衢等谲说超，使出击叙，于后尽杀超妻子。超奔汉中，还围祁山。叙等急求救，诸将议者欲须太祖节度。渊曰："公在邺，反覆四千里，比报，叙等必败，非救急也。"遂行，使张郃督步骑五千在前，从陈仓[4]狭道入，渊自督粮在后。郃至渭水上，超将氐羌数千逆郃。未战，超走，郃进军收超军器械。渊到，诸县皆已降。

兵响应。赵衢等人欺骗马超，让他出兵攻击姜叙，等出城后尽杀马超的妻子儿女，马超逃往汉中，返还围困祁山。姜叙等人赶忙向夏侯渊求救，诸将商议认为这件事该归太祖决断，夏侯渊说："曹公远在邺城，来回要四千里，等报告到了，姜叙他们必定被击败，这不是救急的办法。"于是率军前往，派张郃率五千步骑在前，从陈仓小路进入汉中，夏侯渊亲自在后面押运军粮。军队到达渭河边，马超率领数千氐羌士兵迎战张郃，还没开战，马超就逃跑了，张郃进军并收缴马超军队的武器装备。夏侯渊到达时，各县都已经投降了。

今注 1 韦康：字元将，韦端之子，任凉州刺史时受马超攻击，为保全百姓，执意出降，遭马超杀害。 2 冀：翼县，在今甘肃天水甘谷县。 3 卤城：在今甘肃天水与礼县之间。 4 陈仓：在今陕西宝鸡东。

韩遂在显亲[1]，渊欲袭取之，遂走。渊收遂军粮，追至略阳[2]城，去遂二十余里，诸将欲攻之，或言当攻兴国氐。渊以为遂兵精，兴国城固，攻不可卒拔，不如击长离[3]

韩遂在显亲县，夏侯渊想偷袭攻下那里，韩遂于是逃跑了。夏侯渊又收缴了韩遂军队的粮食，追击到略阳城，离韩遂二十多里的地方，诸将打算攻击，有人说应该先攻打兴国的氐人。夏侯渊认为韩遂的士兵精锐，兴国城墙坚固，进攻则短期不能攻克，不如攻击长离的各羌族部

诸羌。长离诸羌多在遂军,必归救其家。若舍羌独守则孤,救长离则官兵得与野战,可必虏也。渊乃留督将守辎重,轻兵步骑到长离,攻烧羌屯,斩获甚众。诸羌在遂军者,各还种落。遂果救长离,与渊军对阵。诸将见遂众,恶之,欲结营作堑乃与战。渊曰:"我转斗千里,今复作营堑,则士众罢弊,不可久。贼虽众,易与耳。"乃鼓之,大破遂军,得其旌麾,还略阳,进军围兴[4]国。氐王千万逃奔马超,余众降。转击高平屠各[5],皆散走,收其粮谷牛马。乃假渊节。

落。长离羌人多在韩遂军中,一定会回救自己的老家。韩遂若没有羌人的帮助,凭自己的力量守城,就势单力孤,羌人回救长离,则官军就能够与他们野战,一定能俘虏他们。夏侯渊就留下督将守护辎重,率轻步骑兵到长离,进攻焚烧羌人聚落,斩杀俘虏了很多人。在韩遂军中的各部羌人于是回到了各自的部落。韩遂果然发兵援救长离,与夏侯渊军在野外对阵。诸将见韩遂人多,有心回避,想扎营掘壕之后再跟他开战。夏侯渊说:"我军跨越千里作战,如今再修建营寨、挖掘壕沟,则士兵会很疲劳,不能持久。敌人虽多,其实很好对付。"于是击鼓进军,大败韩遂军,缴获了韩遂的帅旗,回到略阳,又进军围攻兴国。氐王千万逃走投奔马超,余下的部众纷纷投降。夏侯渊又转而攻击高平的修屠匈奴部落,匈奴人都分散逃走了,夏侯渊收缴了他们的粮食和牛马,朝廷授予夏侯渊节杖。

今注 1 显亲:汉阳郡显亲县,在今甘肃秦安县。 2 略阳:天水郡略阳县,在今甘肃秦安县东北陇城。 3 长离:指长离水一带,今甘肃东南渭水支流葫芦河流域。 4 兴国:东汉末略阳氐人筑,在今甘肃秦安县。 5 高平屠各:高平,在今宁夏固原市。屠各,即匈奴休屠部。

初，枹罕[1]宋建因凉州乱，自号河首平汉王。太祖使渊帅诸将讨建。渊至，围枹罕，月余拔之，斩建及所置丞相已下。渊别遣张郃等平河关，渡河入小湟中[2]，河西诸羌尽降，陇右平。太祖下令曰："宋建造为乱逆三十余年，渊一举灭之，虎步关右，所向无前。仲尼有言：'吾与尔不如也。[3]'"二十一年，增封三百户，并前八百户。还击武都氐羌下辩，收氐谷十余万斛。太祖西征张鲁，渊等将凉州诸将侯王已下，与太祖会休亭。太祖每引见羌、胡，以渊畏之。会鲁降，汉中平，以渊行都护将军，督张郃、徐晃等平巴郡[4]。太祖还邺，留渊守汉中，即拜渊征西将军。二十三年，刘备军阳平关，渊率诸将拒之，相守连年。二十四

早先，枹罕人宋建据凉州叛乱，自称河首平汉王。太祖派夏侯渊率领诸将讨伐宋建。夏侯渊到达后围困了枹罕，经过一个多月攻陷了城池，斩杀宋建和他设置的丞相以下官员。夏侯渊又派遣张郃等人平定河关，渡过黄河进入小湟中，河西各羌族部落全部投降，于是陇右地区平定。太祖下令说："宋建叛乱三十多年，夏侯渊一举消灭了他，威势遍及关右，兵锋所向，无人敢当。孔子曾说：'我比不上你啊。'"建安二十一年(216)，增加夏侯渊食邑三百户，算上前面所受的一共有八百户。夏侯渊返还下辩攻打武都的氐羌部落，缴获氐族人的粮食十万多斛。太祖西征张鲁，夏侯渊等人率领凉州各将领、侯王以下人员与太祖在休亭会合。太祖每次接见羌人、胡人的时候，都以夏侯渊的战功威吓他们。恰逢张鲁投降，汉中平定，太祖命夏侯渊代理都护将军，率领张郃、徐晃等人平定巴郡。太祖回到邺城，留夏侯渊驻守汉中，随即任他为征西将军。建安二十三年(218)，刘备进攻阳平关，夏侯渊率各将领抵御，防守刘备一整年。建安二十四年(219)正

年正月,备夜烧围鹿角[5]。渊使张郃护东围,自将轻兵护南围。备挑郃战,郃军不利。渊分所将兵半助郃,为备所袭,渊遂战死。谥曰愍侯。

月,刘备趁夜烧毁夏侯渊营前的鹿角。夏侯渊让张郃防守营寨东面,亲自率领轻装士兵守护南面。刘备挑战张郃,张郃的军队作战失利,夏侯渊把率领的一半士兵分去帮助张郃,被刘备趁机突袭,夏侯渊战死,谥号为愍侯。

今注 1 枹罕:治所在今甘肃临夏。 2 小湟中:指今青海大通地区。 3 吾与尔不如也:出自《论语·公冶长》:"子谓子贡曰:'女与回也孰愈?'对曰:'赐也何敢望回?回也闻一以知十,赐也闻一以知二。'子曰:'弗如也,吾与女弗如也。'"。 4 巴郡:治所江州,在今重庆北嘉陵江北岸。 5 鹿角:军事防御设备,形似鹿角。用带枝杈的树木植在地上,以阻止敌人行动。

初,渊虽数战胜,太祖常戒曰:"为将当有怯弱时,不可但恃勇也。将当以勇为本,行之以智计;但知任勇,一匹夫敌耳。"

渊妻,太祖内妹。长子衡,尚太祖弟海阳哀侯[1]女,恩宠特隆。衡袭爵,转封安宁亭侯。黄初中,赐中子霸,太和中,赐霸四弟,爵皆

起初,夏侯渊虽然屡次作战胜利,太祖经常劝诫他说:"作为统帅应该有胆小畏惧的时候,不能只凭勇猛。将领应该以勇猛为根本,再以智慧谋略行事;光依靠勇猛,只能匹敌一个平常男子而已。"

夏侯渊的妻子是太祖的妻子的妹妹。夏侯渊的长子夏侯衡娶了太祖弟弟海阳哀侯的女儿,受到很隆重的恩宠。夏侯衡继承了爵位,转封为安宁亭侯。黄初年间,赐给夏侯渊中子夏侯霸爵位,太和年间,赐给夏侯霸四弟爵位,所赐爵位都是关内侯。夏侯霸在正始年间做了征伐蜀国的护

关内侯。霸,正始中为讨蜀护军右将军,进封博昌亭侯,素为曹爽所厚。闻爽诛,自疑,亡入蜀。以渊旧勋赦霸子,徙乐浪郡2[1]。霸弟威,官至兖州刺史[2]。威弟惠,乐安太守[3]。惠弟和,河南尹[4]。衡薨,子绩嗣,为虎贲中郎将。绩薨,子褒嗣。

军右将军,晋封为博昌亭侯,一直被曹爽厚待。夏侯霸听说曹爽被杀,疑心自己也会遇害,便逃往蜀国。当时因夏侯渊往日功绩卓著,便赦免了夏侯霸的儿子,将他迁移到了乐浪郡。夏侯霸的弟弟夏侯威官至兖州刺史。夏侯威的弟弟夏侯惠官至乐安太守,夏侯惠的弟弟夏侯和官至河南尹。夏侯衡去世后,儿子夏侯绩承袭了爵位,他被任命为虎贲中郎将。夏侯绩死后,儿子夏侯褒承袭爵位。

今注 **1** 海阳哀侯:可能是曹操幼弟曹德,早年与曹操父亲曹嵩一同被陶谦杀死。 **2** 乐浪郡:西汉时置,治所在朝鲜(今朝鲜平壤南)。

裴注 [**1**]《魏略》曰:“霸字仲权。渊为蜀所害,故霸常切齿,欲有报蜀意。黄初中为偏将军。子午之役,霸召为前锋,进至兴势围,安营在曲谷中。蜀人望知其是霸也,指下兵攻之。霸手战鹿角间,赖救至,然后解。后为右将军,屯陇西,其养士和戎,并得其欢心。至正始中,代夏侯儒为征蜀护军,统属征西。时征西将军夏侯玄,于霸为从子,而玄于曹爽为外弟。及司马宣王诛曹爽,遂召玄,玄来东。霸闻曹爽被诛而玄又征,以为祸必转相及,心既内恐;又霸先与雍州刺史郭淮不和,而淮代玄为征西,霸尤不安,故遂奔蜀。南趣阴平而失道,入穷谷中,粮尽,杀马步行,足破,卧岩石下,使人求道,未知何之。蜀闻之,乃使人迎霸。初,建安五年,时霸从妹年十三四,在本郡,出行樵采,为张飞所得。飞知其良家女,遂以为妻,产息女,为刘禅皇后。故渊之初亡,飞妻请而葬之。及霸入蜀,禅与相见,释之曰:‘卿父自遇害于行间耳,非我先人之手刃也。’指其儿子以示之曰:‘此夏侯氏之甥也。’厚加爵宠。” [2]《世语》曰:“威字季权,任侠。贵历荆、兖二州刺史。子骏,并州刺史。次庄,淮南太守。庄子湛,字孝若,以才博文章,至南阳相、散骑常侍。庄,晋景阳皇后姊夫也。由此一门侈盛于时。” [3]《文章叙录》曰:“惠字稚权,幼以才学见称,善属奏议。历散骑黄门侍郎,与钟毓数有辩驳,事多见从。迁燕相、乐安太守。年三十七卒。” [4]《世语》曰:“和字义权,清辩有才论。历河南尹、太常。渊第三子称,第五子荣。从孙湛为其序曰:‘称字叔权。自孺子而好合聚童儿,为之渠帅,戏必为军旅战阵之事,有违者辄严以鞭捶,众莫敢逆。渊阴奇之,使读《项羽传》及兵书,不肯,曰:“能则自为耳,安能学人?”年十六,渊与之田,见奔虎,称驱马逐之,禁之不可,一箭而倒。名闻太祖,太祖把其手喜曰:“我得汝矣!”与文帝为布衣之交,每宴会,气陵一坐,辩士不能屈。世之高名者多从之游。年十八卒。弟荣,字幼权。幼聪惠,七岁能属文,诵书日千言,经目辄识之。文帝闻而请焉。宾客百余人,人一奏刺,悉书其乡邑、名氏,世所谓爵里刺也,客示之,一寓目,使之遍谈,不谬一人。帝深奇之。汉中之败,荣年十三,左右提之走,不肯,曰:“君亲在难,焉所逃死!”乃奋剑而战,遂没阵。’”

曹仁

原文

曹仁,字子孝,太祖从弟也[1]。少好弓马弋猎。后豪杰并起,仁亦阴结少年,得千余人,周旋淮、泗之间,遂从太祖为别部司马[1],行厉锋校尉。太祖之破袁术,

译文

曹仁,字子孝,是太祖的堂弟。少年时喜欢骑射打猎,后来豪杰云起,曹仁私下结交少年,集结起了一千多人,在淮、泗之间活动,后来就跟随太祖做了别部司马,代理厉锋校尉。太祖击败袁术,曹仁斩首俘获很多。追随太

仁所斩获颇多。从征徐州，仁常督骑，为军前锋。别攻陶谦将吕由，破之，还与大军合彭城，大破谦军。从攻费[2]、华[3]、即墨[4]、开阳[5]，谦遣别将救诸县，仁以骑击破之。太祖征吕布，仁别攻句阳[6]，拔之，生获布将刘何。太祖平黄巾，迎天子都许，仁数有功，拜广阳太守。太祖器其勇略，不使之郡，以议郎督骑。太祖征张绣，仁别徇旁县，虏其男女三千余人。太祖军还，为绣所追，军不利，士卒丧气，仁率厉将士甚奋，太祖壮之，遂破绣。

祖出征徐州时，曹仁经常率领骑兵为大军做前锋。攻击并击败了陶谦的部将吕由，返回与大军在彭城会合，大败陶谦军。随太祖攻击费、华、即墨、开阳，陶谦派部将援救各县，被曹仁以骑兵击败。太祖征讨吕布，曹仁为别将攻陷了句阳，生擒吕布的部将刘何。太祖平定黄巾，迎接天子定都许，因曹仁累次立功，任命他为广阳太守。太祖看重曹仁的勇武谋略，不让他到郡中任职，安排他以议郎的身份率领骑兵。太祖征讨张绣，曹仁巡行周围各县，俘虏县中男女三千余人。太祖率军返回，被张绣追击，军情失利，士气低落，曹仁努力地统率激励士兵，太祖认为他气魄豪壮，于是击败了张绣。

今注 1 别部司马：领兵武官，别部即将军直属营之外的营(部)，每部置校尉一人，军司马一人，即别部司马。 2 费：东海郡费县，在今山东费县。 3 华：泰山郡华县，在今山东费县。 4 即墨：在今山东平度东南。 5 开阳：东海郡开阳县，在今山东临沂。 6 句阳：在今山东菏泽。

裴注 [1]《魏书》曰："仁祖褒，颍川太守。父炽，侍中、长水校尉。"

太祖与袁绍久相持于官渡，绍遣刘备徇㶏强

太祖与袁绍在官渡长期对峙，袁绍派刘备巡行㶏强各县，各县多集合部众诸县，多举众应之。自许以南，吏民不安，太祖以为忧。仁曰："南方以大军方有目前急，其势不能相救，刘备以强兵临之，其背叛固宜也。备新将绍兵，未能得其用，击之可破也。"太祖善其言，遂使将骑击备，破走之，仁尽复收诸叛县而还。绍遣别将韩荀钞断西道，仁击荀于鸡洛山[1]，大破之。由是绍不敢复分兵出。复与史涣等钞绍运车，烧其粮谷。

河北既定，从围壶关[2]。太祖令曰："城拔，皆坑之。"连月不下。仁言于太祖曰："围城必示之活门，所以开其生路也。今公告之必死，将人自为守。且城固而粮多，攻之则士卒伤，守之则引日久；今顿兵[3]坚城之下，以攻必死之虏，非良计也。"太祖

响应刘备。自许都以南的各县，官民骚动不安，太祖为此担忧。曹仁说："南方各县以为我们的大军现在处于紧急状态，其势不容回援，刘备率领强大的军队到来，他们背叛是意料之中的事。刘备刚率领袁绍的士兵，还没有得到他们的效命，很容易打败他。"太祖赞同他的话，就让他率领骑兵攻击刘备，刘备兵败逃跑，曹仁收服了所有反叛的县后返回。袁绍派别将韩荀包抄截断向西的道路，曹仁大败韩荀于鸡洛山，从此袁绍不再敢分兵外出。曹仁又与史涣等人迂回攻击袁绍的运输车队，烧毁了他们的粮食。

河北平定之后，曹仁随太祖围攻壶关，太祖下令说："壶关攻克之后，将守军全部活埋。"曹军几个月没有攻克，曹仁对太祖说："围城一定要故意留下一门不攻，用来给城里的人留下逃生的道路。现在您宣称一定要杀光他们，他们每个人都会奋力守城。而且壶关城墙坚固，粮食充足，强攻则士兵伤亡严重，围困的话则要很长时间。如今在坚固的城下驻军，来进攻怀有必死之心的敌寇，不是好计策。"太祖采纳了曹仁的建

从之，城降。于是录仁前后功，封都亭侯。

议，壶关投降。于是记录曹仁前后的功绩，封他为都亭侯。

今注 1 鸡洛山：在今河南新密。 2 壶关：在今山西黎城东北太行山口。因山形险狭如壶口得名。 3 顿兵：驻屯军队。

从平荆州，以仁行征南将军，留屯江陵[1]，拒吴将周瑜。瑜将数万众来攻，前锋数千人始至，仁登城望之，乃募得三百人，遣部曲将牛金逆与挑战。贼多，金众少，遂为所围。长史陈矫[2]俱在城上，望见金等垂没，左右皆失色。仁意气奋怒甚，谓左右取马来，矫等共援持之，谓仁曰："贼众盛，不可当也。假使弃数百人何苦，而将军以身赴之！"仁不应，遂被甲上马，将其麾下壮士数十骑出城。去贼百余步，迫沟，矫等以为仁当住沟上，为金形势[3]也，仁径渡沟直前，冲入贼围，金等乃得解。余众未尽出，

曹仁跟随太祖平定荆州，暂行征南将军职权，留驻在江陵防御吴国将领周瑜。周瑜率领数万人来攻，数千先锋才赶到，被曹仁登上城墙望见，于是征募三百余人，派遣部曲将牛金迎上去挑战，敌人众多，牛金人少，于是被敌人围困。长史陈矫等人都在城墙上，看见牛金就要全军覆没，左右都吓得变了脸色。曹仁怒气勃发，让左右的人牵马来，陈矫等人一起拉扯着曹仁说："敌人太多，无法抵挡，就算抛弃数百人又有什么危害呢，而将军你却要亲自前去涉险！"曹仁没有回应，于是披甲上马，带着他麾下的数十骑壮士出城，逼近城外的壕沟，离敌人百余步的距离，陈矫等人认为他会停在壕沟边，为牛金压阵助威，曹仁却径直跨过壕沟向前，冲入敌人的包围，将牛金等人解救了出来，牛金还有部众没冲出来，曹仁又返回冲击敌阵，将牛金手

仁复直还突之，拔出金兵，亡其数人，贼众乃退。矫等初见仁出，皆惧，及见仁还，乃叹曰："将军真天人也！"三军服其勇。太祖益壮之，转封安平亭侯。

下的士兵救出，只失去了几个人，敌军这才退去。陈矫等人之前见曹仁出城，都为他感到害怕，等见到曹仁回城，便纷纷叹服说："将军真是天神一样的人物啊！"全军都叹服他的勇武。太祖更敬佩他的雄壮，转封他为安平亭侯。

今注 1 江陵：江陵郡，治所在江陵县（今湖北荆州）。 2 陈矫：字季弼，被曹操辟为丞相掾属，历仕曹魏三帝。 3 形势：行军的阵势。此指压阵助威。

太祖讨马超，以仁行安西将军，督诸将拒潼关[1]，破超渭南[2]。苏伯、田银反，以仁行骁骑将军，都督七军讨银等，破之。复以仁行征南将军，假节，屯樊[3]，镇荆州。侯音以宛叛，略傍县众数千人，仁率诸军攻破音，斩其首，还屯樊，即拜征南将军。关羽攻樊，时汉水暴溢，于禁等七军皆没，禁降羽。仁人马数千人守城，城不没者数板。羽乘船临城，围数重，外内断绝，粮食欲尽，

太祖征讨马超，任命曹仁为安西将军，率诸将守潼关，在渭水南岸击败马超。苏伯、田银反叛，曹仁暂领骁骑将军，总领七路军队击败田银等人。此后太祖又以曹仁暂领征南将军，授予节杖，让他屯驻在樊城镇守荆州。侯音占据宛城反叛，抢夺近旁各县民众数千人，曹仁率军击败侯音，斩下他的首级，返回屯驻樊城，被任命为征南将军。关羽攻击樊城，当时汉水暴涨漫出河岸，于禁等七军全都被淹没，于禁投降了关羽。曹仁率领数千人马守樊城，城墙只差几板的高度就要被淹没。关羽乘船到城边，围困数重，城内与城外的往来被切断，粮食将要吃完，援军无

救兵不至。仁激厉将士，示以必死，将士感之皆无二。徐晃救至，水亦稍减，晃从外击羽，仁得溃围出，羽退走。

法到达。曹仁鼓励整饬将士，向他们展示必死之心，将士们全都被他感动而无二心。徐晃的援兵抵达后，水势也逐渐减弱，徐晃从外侧进攻关羽，曹仁得以破围而出，于是关羽撤退。

今注 1 潼关：在今陕西潼关县东北，当陕西、山西、河南三省要冲。 2 渭南：指渭水南岸。 3 樊：樊城，在今湖北襄阳樊城区。

仁少时不修行检，及长为将，严整奉法令，常置科于左右，案以从事。鄢陵侯彰北征乌丸，文帝在东宫，为书戒彰曰："为将奉法，不当如征南邪！"及即王位，拜仁车骑将军，都督荆、扬、益州诸军事，进封陈侯，增邑二千，并前三千五百户。追赐仁父炽谥曰陈穆侯，置守冢十家。后召还屯宛。孙权遣将陈邵据襄阳，诏仁讨之。仁与徐晃攻破邵，遂入襄阳，使将军高迁等徙汉南附化民于汉[1]北，文帝遣使即拜仁大将军。又诏

曹仁年轻时不检点约束自己的行为，等长大做了将军后严谨整肃，恪守法令，他常把法令放在身边，照着上面的规定处理事情。鄢陵侯曹彰北征乌丸，文帝还在做太子，写信劝诫曹彰说："做将领要遵守法令，不就该效法征南将军曹仁吗！"等即魏王位后，任曹仁为车骑将军，总领荆州、扬州、益州军务，晋封为陈侯，增加两千户食邑，与之前的一共为三千五百户。追赐曹仁的父亲曹炽谥号为陈穆侯，设置十家人为他守护坟冢。后来文帝将曹仁召回，驻扎在宛城。孙权派部将陈邵占领襄阳，文帝下诏令曹仁攻击陈邵，曹仁与徐晃一起击败了他，进入襄阳后，派将军高迁等人将汉水以南内附归化的百姓转移到汉水以北，文帝派遣使者就地任命

仁移屯临颍2,迁大司马,复督诸军据乌江3,还屯合肥。黄初四年薨,谥曰忠侯[1]。子泰嗣,官至镇东将军,假节,转封甯陵侯。泰薨,子初嗣。又分封泰弟楷、范,皆为列侯,而牛金官至后将军。

曹仁为大将军。又下诏令曹仁移驻临颍,任大司马,又统帅各军据守乌江县,后回到合肥驻扎。曹仁死于黄初四年(223),谥号为忠侯,爵位由儿子曹泰继承,曹泰官至镇东将军,授予节杖,转封为甯陵侯。曹泰去世后,其子曹初嗣封,曹泰的封地还被分给了他的弟弟曹楷、曹范,他们都是列侯。牛金官至后将军。

今注 **1** 汉:汉水,又称汉江。长江最长支流。上源玉带河从陕西西南部宁强县流出,东流到勉县东与褒河汇合后称汉江。东南流经陕西南部、湖北西北部和中部,在武汉入长江。 **2** 临颍:在今河南临颍县,以临颍水得名。 **3** 乌江:乌江县,在今安徽和县东北乌江镇。

裴注 [1]《魏书》曰:"仁时年五十六。"《傅子》曰:"曹大司马之勇,贲、育弗加也。张辽其次焉。"

仁弟纯[1],初以议郎参司空军事1,督虎豹骑从围南皮2。袁谭出战,士卒多死。太祖欲缓之,纯曰:"今千里蹈敌,进不能克,退必丧威;且县师深入,难以持久。彼胜而骄,我败而惧,以惧敌骄,必可克也。"太

曹仁的弟弟曹纯,早先以议郎身份参与司空府军务,曾率领虎豹骑跟从太祖围攻南皮。袁谭出来与曹纯作战,士兵死了很多,太祖想要放缓进攻,曹纯说:"如今我们千里行军奔袭敌军,进攻不能攻克,撤退一定会丧失军威,而且我们没有外援,深入敌人腹地,难以长期作战。他们获胜了就会骄傲,我们打输了就会畏惧,以畏惧的军队对抗骄傲的军队,一

祖善其言，遂急攻之，谭败。纯麾下骑斩谭首。及北征三郡，纯部骑获单于蹋顿。以前后功封高陵亭侯，邑三百户。从征荆州，追刘备于长坂[3]，获其二女辎重，收其散卒，进降江陵，从还谯。建安十五年薨。文帝即位，追谥曰威侯[2]。子演嗣，官至领军将军[4]，正元中进封平乐乡侯。演薨，子亮嗣。

定能够得胜。”太祖赞赏他的议论，就加紧进攻，将袁谭打败。曹纯麾下的骑兵斩下了袁谭的首级。到了北征三郡的时候，曹纯部下骑兵擒获单于蹋顿。曹纯凭借先后功绩获封高陵亭侯，食邑三百户。曹纯随太祖攻打荆州，在长坂追击刘备，擒获了他的两个夫人与辎重，收降了刘备溃散的士兵，进军迫使江陵投降，之后随太祖回到谯县。建安十五年(210)，曹纯去世，文帝即位，追谥他为威侯。曹纯的儿子曹演继承爵位，官至领军将军，正元年间晋封为平乐乡侯。曹演去世后，其子曹亮继承了爵位。

今注 **1** 议郎参司空军事：议郎，高级郎官，负责顾问应对，参与议政。在这里指以议郎官阶担任司空府军事幕僚。 **2** 南皮：在今河北南皮县。 **3** 长坂：在今湖北当阳东北。 **4** 领军将军：曹魏时设置的武官，负责管理禁军，职掌与中领军同，但任职者资望重于中领军。

裴注 [**1**]《英雄记》曰：“纯字子和。年十四而丧父，与同产兄仁别居。承父业，富于财，僮仆、人客以百数，纯纲纪督御，不失其理，乡里咸以为能。好学问，敬爱学士，学士多归焉，由是为远近所称。年十八，为黄门侍郎。二十，从太祖到襄邑募兵，遂常从征战。” [**2**]《魏书》曰：“纯所督虎豹骑，皆天下骁锐，或从百人将补之，太祖难其帅，纯以选为督，抚循甚得人心。及卒，有司白选代，太祖曰：‘纯之比，何可复得！吾独不中督邪？’遂不选。”

曹洪

原文

曹洪，字子廉，太祖从弟也[1]。太祖起义兵讨董卓，至荥阳[1]，为卓将徐荣所败。太祖失马，贼追甚急，洪下，以马授太祖，太祖辞让，洪曰："天下可无洪，不可无君。"遂步从到汴水[2]，水深不得渡，洪循水得船，与太祖俱济，还奔谯。扬州刺史陈温素与洪善，洪将家兵千余人，就温募兵，得庐江上甲二千人，东到丹阳复得数千人，与太祖会龙亢[3]。太祖征徐州，张邈举兖州叛迎吕布。

译文

曹洪，字子廉，是太祖的堂弟。太祖兴起义军讨伐董卓，到了荥阳，被董卓部将徐荣击败，太祖失去了坐骑，敌人追击，情势十分紧急。曹洪下马，将自己的马让给太祖，太祖推辞，曹洪说："天下可以没有曹洪，但不能没有您。"于是步行跟随太祖跑到汴水，水深无法渡河，曹洪沿着河流搜索，找到渡船，与太祖一起渡河，逃回了谯县。扬州刺史陈温一向与曹洪交好，曹洪领着家兵一千余人到陈温那里去募兵，募集了庐江地区甲士两千人，又往东到丹阳募集了几千人，与太祖在龙亢会合。太祖征讨徐州，张邈举兖州反叛，迎接吕布。

今注 1 荥(xíng)阳：在今河南荥阳。 2 汴水：即今河南荥阳西南的索河。 3 龙亢：龙亢县，在今安徽怀远龙亢镇。

裴注 [1]《魏书》曰："洪伯父鼎为尚书令，任洪为蕲春长。"

时大饥荒，洪将兵在前，先据东平、范，聚粮谷以

当时出现了大饥荒，曹洪领兵在前，先占领了东平、范，积攒粮食谷物

继军。太祖讨邈、布于濮阳，布破走，遂据东阿[1]，转击济阴、山阳、中牟、阳武、京、密十余县，皆拔之。以前后功拜鹰扬校尉，迁扬武中郎将。天子都许，拜洪谏议大夫。别征刘表，破表别将于舞阳、阴叶、堵阳、博望[2]，有功，迁厉锋将军，封国明亭侯。累从征伐，拜都护将军。文帝即位，为卫将军，迁骠骑将军，进封野王侯，益邑千户，并前二千一百户，位特进，后徙封都阳侯。

供应军队。太祖到濮阳攻打张邈、吕布，吕布败逃，曹洪趁机占领东阿，转而攻打济阴、山阳、中牟、阳武、京、密等十几个县，全都攻克，曹洪因前后功绩被任命为鹰扬校尉，升任扬武中郎将。天子定都许，拜曹洪为谏议大夫。曹洪领偏师征讨刘表，在舞阳、阴叶、堵阳、博望击败刘表部将，立下功劳，升任厉锋将军，封为国明亭侯。曹洪多次随太祖出兵征伐，后任都护将军。文帝即位，任曹洪为卫将军，后升为骠骑将军，晋封野王侯，增加千户食邑，与前面所封共计两千一百户，位居特进，后转封都阳侯。

今注 1 东阿：在今山东阳谷县东阿城镇。 2 博望：在今河南方城西南。

始，洪家富而性吝啬，文帝少时假求不称，常恨之，遂以舍客犯法，下狱当死。群臣并救莫能得。卞太后谓郭后曰："令曹洪今日死，吾明日敕帝废后矣。"于是泣

起初，曹洪家境富裕但生性吝啬，文帝年少时向他借贷没有借到，常为此怨恨曹洪，于是以曹洪门客犯法为借口，将曹洪关进监狱准备处死。群臣一起营救都没有成功。卞太后对郭皇后说："如果曹洪今天被处死，我第二天就下诏皇帝废掉你。"于是郭皇后屡次哭泣着哀

涕屡请，乃得免官削爵土[1]。洪先帝功臣，时人多为觖望[1]。明帝即位，拜后将军，更封乐城侯，邑千户，位特进，复拜骠骑将军。太和六年薨，谥曰恭侯。子馥，嗣侯。初，太祖分洪户封子震列侯。洪族父瑜，修慎[2]笃敬，官至卫将军，封列侯。

求文帝，曹洪才得以免去官职削去爵土来保全性命。曹洪是先帝的功臣，所以当时人多对他有不满。明帝即位，任曹洪为后将军，再将他封为乐城侯，食邑千户，位居特进，后来又任他为骠骑将军。太和六年(232)曹洪去世，谥号为恭侯。曹洪的儿子曹馥继承侯爵。早先，太祖分曹洪的食邑给其子曹震，将他封为列侯。曹洪同族叔父曹瑜，谨慎笃厚，恭敬自修，官做到卫将军，被封为列侯。

今注　1 觖(jué)望：不满意，怨恨。　2 修慎：注重修养，处事谨慎。

裴注　[1]《魏略》曰："文帝收洪，时曹真在左右，请之曰：'今诛洪，洪必以真为谮也。'帝曰：'我自治之，卿何豫也？'会卞太后责怒帝，言'梁、沛之间，非子廉无有今日'。诏乃释之。犹尚没入其财产。太后又以为言，后乃还之。初，太祖为司空时，以己率下，每岁发调，使本县平赀。于时谯令平洪赀财与公家等，太祖曰：'我家赀那得如子廉邪！'文帝在东宫，尝从洪贷绢百匹，洪不称意。及洪犯法，自分必死，既得原，喜，上书谢曰：'臣少不由道，过在人伦，长窃非任，遂蒙含贷。性无检度知足之分，而有豺狼无厌之质，老惛倍贪，触突国网，罪迫三千，不在赦宥，当就辜诛，弃诸市朝，犹蒙天恩，骨肉更生。臣仰视天日，愧负灵神，俯惟愆阙，惭愧怖悸，不能雉经以自裁割，谨涂颜阙门，拜章陈情。'"

曹休

原文

曹休，字文烈，太祖族子也。天下乱，宗族各散去乡里。休年十余岁，丧父，独与一客担丧假葬，携将老母，渡江至吴[1]。以太祖举义兵，易姓名转至荆州，间行北归，见太祖。太祖谓左右曰："此吾家千里驹也。"使与文帝同止，见待如子。常从征伐，使领虎豹骑宿卫。刘备遣将吴兰屯下辩[1]，太祖遣曹洪征之，以休为骑都尉，参洪军事。太祖谓休曰："汝虽参军，其实帅也。"洪闻此令，亦委事于休。备遣张飞屯固山[2]，欲断军后。众议狐疑，休曰："贼实断道者，当伏兵潜行。今乃先张声势，此其不能也。宜及其未集，促击兰，兰破

译文

曹休，字文烈，是太祖族人的儿子。天下大乱，太祖的族人各自逃亡离开家乡。曹休十几岁的时候父亲去世，他自己与一个田客办理丧事，将父亲下葬，带着老母渡江到了吴地。因为太祖兴起义军，就改变姓名辗转到荆州，走小路返回北方，见到太祖。太祖对身边的人说："这是我家的千里马啊。"于是让他和文帝一起出入，对待他就像对待自己的儿子一样。曹休常常随太祖征伐，率领虎豹骑保卫太祖。刘备派部将吴兰驻扎在下辩，太祖派曹洪前去征讨，让曹休做骑都尉协助曹洪处理军务。太祖对曹休说："你虽然名为协理军事，实际上是主帅。"曹洪听说此命令后，也将军务交给曹休处理。刘备派张飞驻扎在固山，打算截断曹休的后路，众将议论犹豫不定，曹休说："敌人如果真的要截断我军道路，应该设伏兵隐蔽行进。如今却先张扬声势，因此他们未能截断道路。我们应该趁他们还没集结，急速进攻吴兰，吴兰被击败，张

则飞自走矣。”洪从之，进兵击兰，大破之，飞果走。太祖拔汉中，诸军还长安，拜休中领军。文帝即王位，为领军将军，录前后功，封东阳亭侯。

飞自然会撤退。”曹洪听从了他的建议，进军攻击吴兰，大破敌军，张飞果然撤走。太祖攻陷汉中，各军返回长安，任曹休为中领军。文帝即王位后，任命曹休为领军将军，记录他前后功勋，封为东阳亭侯。

今注 1 下辩：武都郡下辩县，在今甘肃成县。 2 固山：在今甘肃成县。

裴注 [1]《魏书》曰：“休祖父尝为吴郡太守。休于太守舍见壁上祖父画像，下榻拜，涕泣，同坐者皆嘉叹焉。”

夏侯惇薨，以休为镇南将军，假节都督诸军事，车驾临送，上乃下舆执手而别。孙权遣将屯历阳[1]，休到，击破之，又别遣兵渡江，烧贼芜湖[2]营数千家。迁征东将军，领扬州刺史，进封安阳乡侯[1]。帝征孙权，以休为征东大将军，假黄钺，督张辽等及诸州郡二十余军，击权大将吕范等于洞浦[3]，破之，拜扬州牧。明帝即位，进封长平

夏侯惇去世后，文帝任命曹休为镇南将军，授予节杖，让他总管各军，文帝乘车亲自给曹休送行，下车与曹休握手而别。孙权派部将驻扎在历阳，曹休到后击败吴军，又分兵渡江，烧毁敌人在芜湖设置的营地数千家。曹休升任征东将军，兼领扬州刺史，封为安阳乡侯。文帝征讨孙权，任命曹休为征东大将军，授予黄钺，率领张辽等人以及各州郡二十多支军队，在洞浦击败孙权大将吕范等，被拜为扬州牧。明帝即位，封曹休为长平侯。吴国将领审德驻扎在皖县，曹休将他

侯。吴将审德屯皖[4],休击破之,斩德首,吴将韩综、翟丹等前后率众诣休降。增邑四百,并前二千五百户,迁大司马,都督扬州如故。太和二年,帝为二道征吴,遣司马宣王从汉水下,休督诸军向寻阳[5]。贼将伪降,休深入,战不利,退还宿石亭[6]。军夜惊,士卒乱,弃甲兵辎重甚多。休上书谢罪,帝遣屯骑校尉杨暨慰谕,礼赐益隆。休因此痈[7]发背薨,谥曰壮侯。子肇嗣[2]。

肇有当世才度,为散骑常侍、屯骑校尉。明帝寝疾,方与燕王宇等属以后事。帝意寻变,诏肇以侯归第。正始中薨,追赠卫将军。子兴嗣。初,文帝分休户三百封肇弟纂为列侯,后为殄吴将军,薨,追赠前将军[3]。

击败并斩首,吴将韩综、翟丹等人先后率众来投降曹休。明帝增加曹休食邑四百户,与之前的一共二千五百户,任命他为大司马,仍旧都督扬州诸军。太和二年(228),明帝分两路征伐吴国,派司马懿沿着汉水进攻,曹休率诸军攻向寻阳。敌将假装投降,曹休深入敌境,作战失利,退军返回石亭驻扎。军队夜里受到惊扰,士兵慌乱,丢弃很多铠甲兵器和辎重。曹休上书朝廷谢罪,明帝派屯骑校尉杨暨宣诏慰问,更加隆重地给予他礼遇和赏赐。曹休因为愧悔交加导致背后长了脓疮而去世,谥号为壮侯。他的儿子曹肇继承了爵位。

曹肇才华气度杰出当世,出任散骑常侍、屯骑校尉。明帝病重,向他和燕王曹宇嘱托死后的事情,后来明帝心意改变,命曹肇以长平侯的身份回家。曹肇死于正始年间,死后追赠卫将军,爵位由儿子曹兴继承。早些时候,文帝分曹休食邑三百户给曹肇的弟弟曹纂,封他为列侯,曹纂后来任殄吴将军,去世后追赠前将军。

今注 1 历阳:在今安徽和县。 2 芜湖:在今安徽芜湖。因“地卑蓄水,而生芜藻”得名。 3 洞浦:在今安徽和县南,临长江。 4 皖:庐江郡皖县,在今安徽潜山。 5 寻阳:庐江郡寻阳县,在今湖北武穴东北。 6 石亭:在今安徽潜山。 7 痈(yōng):指脓疮。

裴注 [1]《魏书》曰:“休丧母,至孝。帝使侍中夺丧服,使饮酒食肉,休受诏而形体益憔悴。乞归谯葬母,帝复遣越骑校尉薛乔奉诏,节其忧哀,使归家治丧,一宿便葬,葬讫诣行在所。帝见,亲自宽慰之。其见爱重如此。” [2]《世语》曰:“肇字长思。” [3]张隐《文士传》曰:“肇孙摅,字颜远,少厉志操,博学有才藻。仕晋,辟公府,历洛阳令,有能名。大司马齐王冏辅政,摅与齐人左思俱为记室督。从中郎出为襄阳太守、征南司马。值天下乱,摅讨贼向吴,战败死。”

曹真

原文

曹真,字子丹,太祖族子也。太祖起兵,真父邵募徒众,为州郡所杀[1]。太祖哀真少孤,收养与诸子同,使与文帝共止。常猎,为虎所逐,顾射虎,应声而倒。太祖壮其鸷勇[1],使将虎豹骑。讨灵丘[2]贼,拔之,封灵寿亭侯,以偏将军将兵击刘备别将于下辩,破之,拜中

译文

曹真,字子丹,是太祖族人的儿子。太祖起兵时,曹真的父亲曹邵招募部下想要响应,被州郡官员杀死。太祖哀怜曹真年幼丧父,便收养曹真,视如亲子,让他和文帝一同出入。曹真有次打猎,被老虎追逐,转身射虎,老虎应声而倒。太祖激赏他的勇猛,便让他率领虎豹骑。曹真讨伐灵丘的贼寇,攻克了城池,被封为灵寿亭侯,后来任偏将军,率军在下辩击

坚将军。从至长安,领中领军。是时,夏侯渊没于阳平,太祖忧之。以真为征蜀护军,督徐晃等破刘备别将高详于阳平。太祖自至汉中,拔出诸军,使真至武都[3]迎曹洪等还屯陈仓。文帝即王位,以真为镇西将军,假节都督雍、凉州诸军事。录前后功,进封东乡侯。张进等反于酒泉[4],真遣费曜讨破之,斩进等。黄初三年还京都,以真为上军大将军,都督中外诸军事,假节钺。与夏侯尚等征孙权,击牛渚屯,破之。转拜中军大将军,加给事中[5]。七年,文帝寝疾,真与陈群、司马宣王等受遗诏辅政。明帝即位,进封邵陵侯[2],迁大将军。

败刘备部将,被拜为中坚将军。曹真随太祖到长安,兼领中领军。当时,夏侯渊在阳平阵亡,太祖为此担忧,任曹真为征蜀护军,率领徐晃等在阳平击败刘备别将高详。太祖亲自赶到汉中,将诸军营救出来,让曹真到武都接应曹洪等返回驻扎陈仓。文帝即王位后,任命曹真为镇西将军,授予节杖,都督雍州、凉州各军事,记录曹真前后功勋,晋封他为东乡侯。张进等在酒泉叛乱,曹真派费曜击败了他们,斩杀张进等人。黄初三年(222),曹真返回京都,文帝任命他为上军大将军,都督中外各军事,授予节杖和斧钺。曹真与夏侯尚等人征伐孙权,攻破牛渚屯。后转任中军大将军,加给事中。黄初七年(226),文帝病重,曹真与陈群、司马懿等受遗诏辅政。明帝即位,曹真被晋封为邵陵侯,升任大将军。

今注 1 鸷(zhì)勇:勇猛。 2 灵丘:代郡灵丘县,在今山西灵丘。 3 武都:武都郡武都县,在今甘肃西和西南。 4 酒泉:酒泉郡,治禄福(在今甘肃酒泉)。 5 给事中:本为皇帝侍从,备顾问、应对,分平尚书奏事,负责实际政务,为中朝要职。魏晋时期或为加官,或为正官。

裴注 [1]《魏略》曰:"真本姓秦,养曹氏。或云:其父伯南夙与太祖善。兴平末,袁术部党与太祖攻劫,太祖出,为寇所追,走入秦氏,伯南开门受之。寇问太祖所在,答云:'我是也。'遂害之。由此太祖思其功,故变其姓。"《魏书》曰:"邵以忠笃有才智,为太祖所亲信。初平中,太祖兴义兵,邵募徒众,从太祖周旋。时豫州刺史黄琬欲害太祖,太祖避之,而邵独遇害。" [2]臣松之案:真父名邵,封邵陵侯,若非书误,则事不可论。

诸葛亮围祁山,南安[1]、天水[2]、安定[3]三郡反应亮。帝遣真督诸军军郿,遣张郃击亮将马谡,大破之。安定民杨条等略吏民,保月支城,真进军围之。条谓其众曰:"大将军自来,吾愿早降耳。"遂自缚出。三郡皆平。真以亮惩于祁山,后出必从陈仓,乃使将军郝昭、王生守陈仓,治其城。明年春,亮果围陈仓,已有备而不能克。增邑,并前二千九百户。四年,朝洛阳,迁大司马,赐剑履上殿,入朝不趋。真以"蜀连出侵边境,宜遂伐之。数道并入,可大克

诸葛亮围攻祁山,南安、天水、安定三郡反叛响应他。明帝派曹真总领各军进军郿县,曹真派张郃进攻诸葛亮部将马谡,将他打得大败。安定平民杨条等人劫掠官吏百姓,驻守月支城,曹真进军包围了他们,杨条对部下说:"大将军来了也好,我早就想投降他了。"就把自己捆绑起来,出城投降,三郡全都被平定。曹真认为诸葛亮在祁山受挫,之后必然会从陈仓出兵,就让将军郝昭、王生驻守陈仓,修缮城墙。第二年春天,诸葛亮果然围攻陈仓,而陈仓已有准备,诸葛亮无法攻克。明帝下诏给曹真增加封邑,与之前的共计两千九百户。太和四年(230),曹真去洛阳朝见明帝,升任大司马,赐予他可以穿鞋佩剑上殿,入朝不用急步而行的特权。曹真进谏说:"蜀国连年出兵侵略边境,应该出兵讨伐,几路军队一齐进攻,可以大败

也”。帝从其计。真当发西讨,帝亲临送。真以八月发长安,从子午道[4]南入。司马宣王溯汉水,当会南郑[5]。诸军或从斜谷道[6],或从武威[7]入。会大霖雨三十余日,或栈道断绝,诏真还军。

蜀军。”明帝采纳了他的建议。明帝在曹真出兵西征的时候亲自送行。曹真八月从长安出发,从子午道南面攻入,司马懿由汉水而上,应该与曹真在南郑会合。各军有的从斜谷道,有的从武威郡攻入,正赶上天降大雨,连续下了三十多天,有的栈道被冲毁不能通行。明帝下诏令曹真返回。

今注 1 南安:南安郡,治豲道(在今陇西渭水东岸)。 2 天水:天水郡,治平襄(在今甘肃通渭西北)。 3 安定:在今甘肃泾川北。 4 子午道:古代从关中到汉中的南北通道。古人以“子”为北,“午”为南,故名。 5 南郑:在今陕西汉中。 6 斜谷道:在今陕西眉县西南。 7 武威:在今甘肃民勤县东北。

真少与宗人曹遵、乡人朱赞并事太祖。遵、赞早亡,真愍之,乞分所食邑封遵、赞子。诏曰:“大司马有叔向[1]抚孤之仁,笃晏平久要之分[2]。君子成人之美,听分真邑赐遵、赞子爵关内侯,各百户。”真每征行,与将士同劳苦,军赏不足,辄以家财班赐,士卒皆愿为用。真

曹真少年时与同族曹遵、同乡朱赞一起为太祖效力。曹遵、朱赞等人早死,曹真同情他们,请求将食邑分封给曹遵、朱赞的儿子。明帝下诏说:“大司马有叔向抚恤孤儿的仁慈,晏平守约的诚笃。君子成全他人的美德,同意分曹真食邑,赐爵曹遵、朱赞的儿子为关内侯,食邑各百户。”曹真每次出征,都和将士们同受劳苦,军队的赏赐不够,就用自己的家财分赐,士卒都乐意为他效命。曹真生病回到洛阳,明帝亲自到他

病还洛阳，帝自幸其第省疾。真薨，谥曰元侯。子爽嗣。帝追思真功，诏曰："大司马蹈履忠节，佐命二祖，内不恃亲戚之宠，外不骄白屋之士，可谓能持盈守位，劳谦其德者也。其悉封真五子羲、训、则、彦、皑皆为列侯。"初，文帝分真邑二百户，封真弟彬为列侯。

家中看望病情。曹真去世后，谥号为元侯，他的儿子曹爽继承爵位。明帝追思曹真的功劳，下诏说："大司马践行忠诚的节操，辅助两位先帝，对内不倚仗自己与他们的亲戚恩宠，对外不轻慢贫寒之士，可以说是能保持盛业而平安守位、谦虚任劳的人了。现在将他五个儿子曹羲、曹训、曹则、曹彦、曹皑全部封为列侯。"早先，文帝还分曹真食邑二百户给他的弟弟曹彬，曹彬被封为列侯。

今注　**1** 叔向：春秋时期晋国大夫，羊舌氏，名肸(xī)，字叔向。食邑于杨，故称"杨肸"。他曾经尽心抚育朋友汝齐的儿子。　**2** 晏平久要之分：出自《论语·公冶长》："晏平仲善与人交，久而敬之。"意思是说晏婴与人交往，时间越长，人们越尊敬他。

爽，字昭伯，少以宗室谨重，明帝在东宫，甚亲爱之。及即位，为散骑侍郎，累迁城门校尉[1]，加散骑常侍[2]，转武卫将军，宠待有殊。帝寝疾，乃引爽入卧内，拜大将军，假节钺，都督中外诸军事，录尚书事[3]，与太尉司马宣王并

曹爽，字昭伯，自小因为宗室身份谨慎持重，明帝还是太子的时候就很亲近喜欢他。等明帝即位，曹爽任散骑侍郎，累计升为城门校尉、散骑常侍、武卫将军，格外受宠爱厚待。明帝病重时，将曹爽召入卧室议事，拜曹爽为大将军，授予节杖、斧钺，让他总管内外各军事，加录尚书事，与太尉司马懿一起接受明帝临终诏命辅佐少主。明

受遗诏辅少主。明帝崩，齐王即位，加爽侍中，改封武安侯，邑万二千户，赐剑履上殿，入朝不趋，赞拜不名。丁谧[4]画策，使爽白天子，发诏转宣王为太傅[5]，外以名号尊之，内欲令尚书奏事，先来由己，得制其轻重也[1]。爽弟羲为中领军，训武卫将军，彦散骑常侍侍讲，其余诸弟，皆以列侯侍从，出入禁闼，贵宠莫盛焉。

帝去世，齐王即位，给曹爽加官侍中，改封武安侯，食邑一万二千户，赐给他穿鞋佩剑上殿，入朝不必疾走，朝拜时不称名的特权。丁谧给曹爽出主意，让曹爽进言天子，下诏改任司马懿为太傅，表面是以此名号显示对他的尊崇，实际上是要由尚书管辖奏事，这样司马懿奏事要先经过己方，就可以制衡司马懿的权力。曹爽的弟弟曹羲任中领军，曹训做了武卫将军，曹彦为散骑常侍侍讲，其余几个弟弟都以列侯身份做侍从，出入禁宫，地位尊贵，无比受宠。

今注 1 城门校尉：负责京城诸门警卫，领城门屯兵。 2 散骑常侍：三国魏置，是将散骑与中常侍合并的官职。侍奉皇帝左右，谏诤得失，备顾问应对。 3 录尚书事：东汉时，尚书台为处理政务的主要机构，录尚书事则为高位大臣的加官，使其得以总理政务，具备宰相职权。 4 丁谧：字彦靖，曹爽亲信，架空司马懿、囚禁郭后的计谋均出其手，故遭司马懿记恨，高平陵之变后被诛杀。 5 太傅：东汉时授给元老重臣的官位，居百官之首，一般加录尚书事，但此时司马懿不加，说明已无具体职权。

裴注 [1]《魏书》曰："爽使弟羲为表曰：'臣亡父真，奉事三朝，入备冢宰，出为上将。先帝以臣肺腑遗绪，奖饬拔擢，典兵禁省，进无忠恪积累之行，退无羔羊自公之节。先帝圣体不豫，臣虽奔走，侍疾尝药，曾无精诚翼日之应，猥与太尉懿俱受遗诏，且惭且惧，靡所底告。臣闻虞舜序贤，以稷、契为先，成汤褒功，以伊、吕为首，审选博举，优劣得所，斯诚辅世长民之大经，录勋报功之令典，自古以来，未之或阙。今臣虚暗，位冠朝首，顾惟越次，中心愧惕，敢竭愚情，陈写至实。夫天下之达道者三，谓德、爵、齿也。懿本以高明中正，处上司之位，名足镇众，义足率下，一也。包怀大略，允文允武，仍立征伐之勋，遐迩归功，二也。万里旋旆，亲受遗诏，翼亮皇家，内外所向，三也。加之耆艾，纪纲邦国，体练朝政；论德则过于吉甫、樊仲，课功则逾于方叔、召虎。凡此数者，懿实兼之。臣抱空名而处其右，天下之人，将谓臣以宗室见私，知进而不知退。陛下岐嶷，克明克类，如有以察臣之言，臣以为宜以懿为太傅、大司马，上昭陛下进贤之明，中显懿身文武之实，下使愚臣免于谤诮。'于是帝使中书监刘放令孙资为诏曰：'昔吴汉佐光武，有征定四方之功，为大司马，名称于今。太尉体履正直，功盖海内，先帝本以前后欲更其位者，辄不弥久，是以迟迟不施行耳。今大将军荐太尉宜为大司马，既合先帝本旨，又放推让，进德尚勋，乃欲明贤良、辩等列、顺长少也。虽旦、奭之属，宗师吕望，念在引领以处其下，何以过哉！朕甚嘉焉。朕惟先帝固知君子乐天知命，纤介细疑，不足为忌，当顾柏人、彭亡之文，故用低徊，有意未遂耳！斯亦先帝敬重大臣，恩爱深厚之至也。昔成王建保傅之官，近汉显宗以邓禹为太傅，皆所以优崇俊乂，必有尊也。其以太尉为太傅。'"

南阳何晏、邓飏[1]、李胜[2]，沛国丁谧、东平毕轨[3]咸有声名，进趣于时，明帝以其浮华，皆抑黜之；及爽秉政，乃复进叙，任为腹心[4]。飏等欲令爽立威名于天下，劝使伐蜀，爽从其言，宣王止之不能禁。

南阳何晏、邓飏、李胜，沛国丁谧、东平毕轨都有声望，他们在当时热衷于做官，明帝因为这些人浮华，都不予任用；到曹爽执政的时候，就又任命他们做官，引为亲信，让他们担任重要职位。邓飏等人想让曹爽在天下立有威名，劝他攻伐蜀国，曹爽听从了他的建议，司马懿劝阻无果。

正始五年，爽乃西至长安，大发卒六七万人，从骆谷入。是时，关中及氐、羌转输不能供，牛马骡驴多死，民夷号泣道路。入谷行数百里，贼因山为固，兵不得进。爽参军杨伟为爽陈形势，宜急还，不然将败[1]。飏与伟争于爽前，伟曰："飏、胜将败国家事，可斩也。"爽不悦，乃引军还[2]。

正始五年(244)，曹爽西至长安，大规模征发六七万士兵，从骆谷攻入蜀国，当时，关中与氐、羌转运无法满足大军粮草供应，运输的牛马骡驴死了很多，百姓和氐、羌民众在道路上大哭。曹爽率军进入骆谷行军数百里，敌人依靠山岭固守，军队无法前进。曹爽的参军杨伟为曹爽说明形势，认为应该尽快返回，否则就会失败。邓飏与杨伟在曹爽面前争论，杨伟说："邓飏、李胜等人会败坏国家大事，应该处斩。"曹爽很不高兴，就率军返回。

今注 1 邓飏：字玄茂，曹爽执政时任侍中、尚书。 2 李胜：字公昭，为征西长史，曾建议曹爽伐蜀。 3 毕轨：字昭先，曹爽时任中护军、司隶校尉。高平陵之变后与何晏、邓飏、李胜等人同被诛杀。 4 腹心：亲信，也指机要职位。

裴注 [1]《世语》曰："伟字世英，冯翊人。明帝治宫室，伟谏曰：'今作宫室，斩伐生民墓上松柏，毁坏碑兽石柱，辜及亡人，伤孝子心，不可以为后世之法则。'" [2]《汉晋春秋》曰："司马宣王谓夏侯玄曰：'《春秋》责大德重，昔武皇帝再入汉中，几至大败，君所知也。今兴平路势至险，蜀已先据；若进不获战，退见徼绝，覆军必矣。将何以任其责！'玄惧，言于爽，引军退。费祎进兵，据三岭以截爽，爽争崄苦战，仅乃得过。所发牛马运转者，死失略尽，羌、胡怨叹，而关右悉虚耗矣。"

初，爽以宣王年德并高，恒父事之，不敢专行。及晏等进用，咸共推戴，说爽以权重不宜委之于人。乃以晏、飏、谧为尚书，晏典选举，轨司隶校尉，胜河南尹，诸事希复由宣王。宣王遂称疾避爽[1]。晏等专政，共分割洛阳、野王典农部[1]桑田数百顷，及坏汤沐地[2]以为产业，承势窃取官物，因缘求欲州郡。有司望风，莫敢忤旨。晏等与廷尉卢毓素有不平，因毓吏微过，深文[3]致毓法，使主者先收毓印绶，然后奏闻。其作威如此。

早先，曹爽因为司马懿年纪与德行都高，总像对待父亲那样事奉他，遇事不敢专擅。到何晏等人被任用后，都一起拥戴曹爽，劝曹爽说大权不应该交与他人。曹爽便以何晏、邓飏、丁谧为尚书，何晏负责选举，毕轨任司隶校尉，李胜任河南尹，大小事务很少再由司马懿决断。司马懿于是称病躲避曹爽。何晏等人专政后，一起私分了洛阳、野王属于典农部的数百顷田地，甚至夺取皇室汤沐地为私产，还凭借权势盗取官府物资，向有意出任州郡官员的人索求贿赂。相关官员畏惧他们的威势，不敢违背他们的意思。何晏等人与廷尉卢毓一直有矛盾，借着卢毓属吏犯了小错，给卢毓罗织重罪，派主事者先收缴了卢毓的印绶，然后上奏朝廷。他们就是如此滥用威权。

今注 1 典农部：曹魏在各郡国设立的屯田机构，行政独立于各郡国，长官为典农中郎将或典农校尉，负责屯田生产。 2 汤沐地：皇帝、皇后、公主等收取赋税的私邑。 3 深文：制定或援用法条苛细严峻。

裴注 [1] 初，宣王以爽魏之肺腑，每推先之，爽以宣王名重，亦引身卑下，当时称焉。丁谧、毕轨等既进用，数言于爽曰："宣王有大志而甚得民心，不可以推诚委之。"由是爽恒猜防焉。礼貌虽存，而诸所兴造，皆不复由宣王。宣王力不能争，且惧其祸，故避之。

爽饮食车服，拟于乘舆[1]；尚方珍玩，充牣其家；妻妾盈后庭，又私取先帝才人七八人，及将吏、师工、鼓吹、良家子女三十三人，皆以为伎乐。诈作诏书，发才人五十七人送邺台，使先帝倢伃[2]教习为伎。擅取太乐乐器，武库禁兵。作窟室，绮疏[3]四周，数与晏等会其中，饮酒作乐。

羲深以为大忧，数谏止之。又著书三篇，陈骄淫盈溢之致祸败，辞旨甚切，不敢斥爽，托戒诸弟以示爽。爽知其为己发也，甚不悦。羲或时以谏喻不纳，涕泣而起。宣王密为之备。九年冬，李胜出为荆州刺史，往诣宣王。宣王称疾困笃，示以羸形，胜不能觉，谓之信然[1]。

曹爽饮食、车驾、服饰都模仿天子，尚方的珍奇收藏堆满曹爽家里，曹爽妻妾众多，还自行娶了七八名先帝后宫的才人，以及军官、工匠、乐师、良家子女三十三人，都充作自己的伎乐。后来还伪作诏书，征发五十七名才人送到邺台，让先帝的婕妤传授她们伎乐。曹爽还私自取用太乐令的乐器和武库中的武器，挖地下室，四面都以花纹装饰。曹爽常与何晏等人在其中聚会，饮酒作乐。

曹羲很为此担忧，多次劝谏曹爽收手，又写了三篇文章，述说骄傲放纵、自满奢侈会招致祸患的道理，言辞十分严厉，曹羲不敢直接责备曹爽，以警告弟弟们的名义给曹爽看。曹爽知道这是为自己所写，很不高兴。曹羲当时以为建议没得到采纳，哭泣着起身离去。司马懿则悄悄地防备着曹爽。正始九年(248)冬，李胜外出担任荆州刺史，临行前去看望司马懿。司马懿借口病得很重，向他展示自己瘦弱的身形，李胜没有发觉司马懿的伪装，以为果真如此。

今注 1 乘舆：皇帝、诸侯所用的车马器具。后代指天子。 2 倢伃(jié yú)：亦作"婕妤"，妃嫔称号，曹魏太和中定为视中两千石。 3 绮疏：雕刻有空心花纹的窗户，此处指花纹装饰。

裴注 [1]《魏末传》曰："爽等令胜辞宣王，并伺察焉。宣王见胜，胜自陈无他功劳，横蒙时恩，当为本州，诣阁拜辞，不悟加恩，得蒙引见。宣王令两婢侍边，持衣，衣落；复上指口，言渴求饮，婢进粥，宣王不持杯饮粥，粥皆流出沾胸。胜愍然，为之涕泣，谓宣王曰：'今主上尚幼，天下恃赖明公。然众情谓明公方旧风疾发，何意尊体乃尔！'宣王徐更宽言，才令气息相属，说：'年老沈疾，死在旦夕。君当屈并州，并州近胡，好善为之，恐不复相见，如何！'胜曰：'当还忝本州，非并州也。'宣王仍复阳为昏谬，曰：'君方到并州，努力自爱！'错乱其辞，状如荒语。胜复曰：'当忝荆州，非并州也。'宣王乃若微悟者，谓胜曰：'懿年老，意荒忽，不解君言。今还为本州刺史，盛德烈壮，好建功勋。今当与君别，自顾气力转微，后必不更会，因欲自力，设薄主人，生死共别。令师、昭兄弟结君为友，不可相舍去，副懿区区之心。'因流涕哽咽。胜亦长叹，答曰：'辄当承教，须待敕命。'胜辞出，与爽等相见，说：'太傅语言错误，口不摄杯，指南为北。又云吾当作并州，吾答言当还为荆州，非并州也。徐徐与语，有识人时，乃知当还为荆州耳。又欲设主人祖送。不可舍去，宜须待之。'更向爽等垂泪云：'太傅患不可复济，令人怆然。'"

十年正月，车驾朝高平陵，爽兄弟皆从[1]。宣王部勒兵马，先据武库，遂出屯洛水浮桥。奏爽曰："臣昔从辽东还，先帝诏陛下、秦王及臣升御床，把臣臂，

正始十年(249)正月，天子去高平陵朝拜，曹爽兄弟都随行。司马懿调度兵马，先占领了武库，然后守住了洛水浮桥。上奏弹劾曹爽说："我当年从辽东返回，先帝召集陛下、秦王和我到御床边，拉着我的手臂，十分担

深以后事为念。臣言:‘二祖亦属臣以后事,此自陛下所见,无所忧苦;万一有不如意,臣当以死奉明诏。’黄门令董箕等,才人侍疾者,皆所闻知。今大将军爽背弃顾命,败乱国典,内则僭拟,外专威权,破坏诸营,尽据禁兵,群官要职,皆置所亲;殿中宿卫,历世旧人皆复斥出,欲置新人以树私计;根据槃牙,纵恣日甚。外既如此,又以黄门张当为都监,专共交关,看察至尊,候伺神器,离间二宫,伤害骨肉。

“天下汹汹,人怀危惧,陛下但为寄坐,岂得久安!此非先帝诏陛下及臣升御床之本意也。臣虽朽迈,敢忘往言?昔赵高[1]极意,秦氏以灭;吕、霍早断,汉祚永世,此乃陛下之大鉴。臣受命之时也,太尉臣济、尚书令臣孚等,皆以爽

心后事。我说:‘武帝、文帝也将后事托付给我,这都是陛下看见的,您不用担忧,如果您去世后事情有变,我就是死也会遵奉您的旨意。’当时黄门令董箕等,后宫侍候护理的才人都听见了。如今大将军曹爽背弃了先帝的嘱托遗命,破坏扰乱国家法度,对内僭越名位,自比皇帝,对外专擅权力,破坏各军营,全部占有禁军,重要职位都以自己亲信担任;皇宫宿卫以及数代的旧人全被赶走,打算安插新人培植私人势力;他的势力互相勾结,一日比一日放肆。曹爽对外如此,对内以黄门张当为都监,专管内外交往沟通的事情,监视皇帝,等待机会夺取大权,离间二宫,伤害陛下骨肉亲情。

“天下纷扰,人人心中惧怕,陛下只是暂且身处天子之位,怎能长久安宁!这不是先帝在御床上诏命陛下和我的本意啊。我虽然衰老,怎么敢忘记以前的诺言?当年赵高志得意满,秦朝因此灭亡;吕氏、霍光弄权结束得早,汉朝的国祚才得以长久,这些都是陛下的前车之鉴。我受命的时候,太尉臣济、尚书令臣孚等人都

为有无君之心，兄弟不宜典兵宿卫，奏永宁宫。皇太后令敕臣如奏施行。臣辄敕主者及黄门令罢爽、羲、训吏兵，以侯就第，不得逗留以稽[2]车驾；敢有稽留，便以军法从事。臣辄力疾，将兵屯洛水浮桥，伺察非常[2]。”

认为曹爽有不忠于君主的心思，他的兄弟不应该率领士兵掌管宿卫，当时就上奏永宁宫。皇太后命令我照着上奏的内容执行。我命令主管的官员和黄门令免去曹爽、曹羲、曹训的军权，让他们以侯爵身份回家，不能留在宫中迟滞天子；如果停留不走，就按照军法处理。我会尽力率兵驻守洛水浮桥，以防非常情况出现。”

今注 1 赵高：秦朝权臣，秦始皇死后逼秦始皇长子扶苏自杀，另立始皇幼子胡亥为帝，执政时赋役繁重，刑罚苛暴，后又逼迫秦二世自杀。赵高的专权加速了秦朝灭亡。 2 稽：留止，延迟。

裴注 [1]《世语》曰：“爽兄弟先是数俱出游，桓范谓曰：‘总万机，典禁兵，不宜并出，若有闭城门，谁复内入者？’爽曰：‘谁敢尔邪！’由此不复并行。至是乃尽出也。” [2]《世语》曰：“初，宣王勒兵从阙下趋武库，当爽门，人逼车住。爽妻刘怖，出至厅事，谓帐下守督曰：‘公在外。今兵起，如何？’督曰：‘夫人勿忧。’乃上门楼，引弩注箭欲发。将孙谦在后牵止之曰：‘天下事未可知！’如此者三，宣王遂得过去。”

爽得宣王奏事，不通，迫窘不知所为[1]。

大司农沛国桓范[1]闻兵起，不应太后召，矫诏开平昌门，拔取剑戟，略

曹爽看到了司马懿的奏文后没有向皇帝上报，感到紧迫困窘，不知道该做什么。

大司农沛国人桓范听说司马懿起兵，没有听从太后的诏令，假传诏书骗开

将门候，南奔爽。宣王知，曰：“范画策，爽必不能用范计。”范说爽使车驾幸许昌，招外兵。爽兄弟犹豫未决，范重谓羲曰：“当今日，卿门户求贫贱复可得乎？且匹夫持质一人，尚欲望活，今卿与天子相随，令于天下，谁敢不应者？”羲犹不能纳。侍中许允、尚书陈泰说爽，使早自归罪。爽于是遣允、泰诣宣王，归罪[2]请死，乃通宣王奏事[2]。遂免爽兄弟，以侯还第[3]。

平昌门，拿出武器劫持了守门官，向南去见曹爽。司马懿知道了这件事，说：“桓范出谋划策，曹爽一定不会采纳。”桓范劝曹爽带天子去许昌，招外地兵马援助。曹爽兄弟犹豫未决，桓范对曹羲说：“遭遇今天的情况，你们一家就算想乞求作为贫民活下去，还有可能吗？而且普通男子劫持一个人质，还想期望活命，如今你和天子在一起，向天下发布命令，谁敢不听从呢？”曹羲仍旧不能采纳他的意见。侍中许允、尚书陈泰也劝说曹爽，让他早些回去认罪。于是曹爽派许允、陈泰去见司马懿，承认罪责，请求免死，使将司马懿的奏书交给皇帝。于是曹爽兄弟被免职，以侯爵身份回到宅第。

【今注】 1 桓范：字元则，正始年间任大司农，为曹爽出谋划策，号称智囊，后被诛杀。 2 归罪：承认罪责。

【裴注】 [1] 干宝《晋纪》曰：“爽留车驾宿伊水南，伐木为鹿角，发屯甲兵数千人以为卫。”《魏末传》曰：“宣王语弟孚：‘陛下在外，不可露宿。促送帐幔、太官食具诣行在所。’” [2] 干宝《晋纪》曰：“桓范出赴爽，宣王谓蒋济曰：‘智囊往矣。’济曰：‘范则智矣，驽马恋栈豆，爽必不能用也。’”《世语》曰：“宣王使许允、陈泰解语爽，蒋济亦与书达宣王之旨，又使爽所信殿中校尉尹大目谓爽，唯免官而已，以洛水为誓。爽信之，罢兵。”《魏氏春秋》曰：“爽既罢兵，曰：‘我不失作富家翁。’范哭曰：‘曹子丹佳人,生汝兄弟,犊耳!何图今日坐汝等族灭矣!'" [3]《魏末传》曰:"爽兄弟归家。敕洛阳县发民八百人,使尉部围爽第四角,角作高楼,令人在上望视爽兄弟举动。爽计穷愁闷,持弹到后园中,楼上人便唱言'故大将军东南行!'爽还厅事上,与兄弟共议,未知宣王意深浅,作书与宣王曰:'贱子爽哀惶恐怖,无状招祸,分受屠灭。前遣家人迎粮,于今未反,数日乏匮,当烦见饷,以继旦夕。'宣王得书大惊,即答书曰:'初不知乏粮,甚怀踧踖。令致米一百斛,并肉脯、盐豉、大豆。'寻送。爽兄弟不达变数,即便喜欢,自谓不死。"

初,张当私以所择才人张、何等与爽。疑其有奸,收当治罪。当陈爽与晏等阴谋反逆,并先习兵,须[1]三月中欲发,于是收晏等下狱。会公卿朝臣廷议,以为"《春秋》之义,'君亲无将,将而必诛'[2]。爽以支属,世蒙殊宠,亲受先帝握手遗诏,托以天下,而包藏祸心,蔑弃顾命,乃与晏、飏及当等谋图神器,范党同罪人,皆为大逆不道"。于是收爽、羲、训、晏、飏、谧、轨、胜、范、当等,皆伏诛,夷三族[1]。嘉平中,绍功臣世,封真族孙熙为新

早些时候,张当偷偷挑选才人张氏、何氏送给曹爽。司马懿怀疑张当与曹爽勾结,将他收押治罪。张当报告说曹爽与何晏等人阴谋反叛,并提前演练军事,等到三月中起事,于是将何晏等人抓捕入狱。司马懿召集公卿朝臣商议,认为"按照《春秋》之义,君王的近亲不能领兵,一旦领兵必定诛杀'。曹爽身为皇室旁支,累世受到优越的宠信,亲自接受先帝握手嘱托天下大事,但他却暗藏反叛的心思,轻易地背弃了所受的使命,和何晏、邓飏等人图谋皇权,桓范与这些罪人结党,都是大逆不道的罪人"。于是关押曹爽、曹羲、曹训、何晏、邓飏、丁谧、毕轨、李胜、桓范、张当等人,将他们全部处死,并灭其三族。嘉平年间,为追续功臣的世系,封

昌亭侯,邑三百户,以奉真后[2]。

晏,何进孙也。母尹氏,为太祖夫人。晏长于宫省,又尚公主,少以才秀知名,好老庄言,作《道德论》及诸文赋著述凡数十篇[3]。

曹真族孙曹熙为新昌亭侯,食邑三百户,以此来延续曹真的后嗣。

何晏,是何进的孙子。他母亲尹氏,是太祖的夫人。何晏在宫中长大,又娶了公主,年轻时以才华出众闻名,喜欢老子、庄子的书,写了《道德论》以及文章诗赋共几十篇。

今注　1 须:等待。　2 君亲无将,将而必诛:见于《公羊传》,是说君王的亲信不能有自己的军队,否则一定要处死。

裴注　[1]《魏略》曰:"邓飏字玄茂,邓禹后也。少得士名于京师。明帝时为尚书郎,除洛阳令,坐事免,拜中郎,又入兼中书郎。初,飏与李胜等为浮华友,及在中书,浮华事发,被斥出,遂不复用。正始初,乃出为颍川太守,转大将军长史,迁侍中尚书。飏为人好货,前在内职,许臧艾授以显官,艾以父妾与飏,故京师为之语曰:'以官易妇邓玄茂。'每所荐达,多如此比。故何晏选举不得人,颇由飏之不公忠,遂同其罪,盖由交友非其才。丁谧字彦靖。父斐,字文侯。初,斐随太祖,太祖以斐乡里,特饶爱之。斐性好货,数请求犯法,辄得原宥。为典军校尉,总摄内外,每所陈说,多见从之。建安末,从太祖征吴。斐随行,自以家牛羸困,乃私易官牛,为人所白,被收送狱,夺官。其后太祖问斐曰:'文侯,印绶所在?'斐亦知见戏,对曰:'以易饼耳。'太祖笑,顾谓左右曰:'东曹毛掾数白此家,欲令我重治,我非不知此人不清,良有以也。我之有斐,譬如人家有盗狗而善捕鼠,盗虽有小损,而完我囊贮。'遂复斐官,听用如初。后数岁,病亡。谧少不肯交游,但博观书传。为人沈毅,颇有才略。太和中,常住邺,借人空屋,居其中。而诸王亦欲借之,不知谧已得,直开门入。谧望见王,交脚卧而不起,而呼其奴客曰:'此何等人?促呵使去。'王怒其无礼,还具上言。明帝收谧,系邺狱,以其功臣子,原出。后帝闻其有父风,召拜度支郎中。曹爽宿与相亲,时爽为武卫将军,数为帝说其可大用。会帝崩,爽辅政,乃拔谧为散骑常侍,遂转尚书。谧为人,外似疏略而内多忌。其在台阁,数有所弹驳,台中患之,事不得行。又其意轻贵,多所忽略,虽与何晏、邓飏等同位,而皆少之,唯以势屈于爽。爽亦敬之,言无不从。故于时谤书,谓'台中有三狗,二狗崖柴不可当,一狗凭默作疽囊'。三狗,谓何、邓、丁也。默者,爽小字也。其意言三狗皆欲啮人,而谧尤甚也。奏使郭太后出居别宫,及遣乐安王使北诣邺,又遣文钦令还淮南,皆谧之计。司马宣王由是特深恨之。毕轨字昭先。父字子礼,建安中为典农校尉。轨以才能,少有名声。明帝在东宫时,轨在文学中。黄初末,出为长史。明帝即位,入为黄门郎,子尚公主,居处殷富。迁并州刺史。其在并州,名为骄豪。时杂虏数为暴,害吏民,轨辄出军击鲜卑轲比能,失利。中护军蒋济表曰:'毕轨前失,既往不咎,但恐是后难可以再。凡人材有长短,不可强成。轨文雅志意,自为美器。今失并州,换置他州,若入居显职,不毁其德,于国事实善。此安危之要,唯圣恩察之。'至正始中,入为中护军,转侍中尚书,迁司隶校尉。素与曹爽善,每言于爽,多见从之。李胜字公昭。父休字子朗,有智略。张鲁前为镇北将军,休为司马,家南郑。时汉中有甘露降,子朗见张鲁精兵数万人,有四塞之固,遂建言赤气久衰,黄家当兴,欲鲁举号,鲁不听。会鲁破,太祖以其劝鲁内附,赐爵关内侯,署散官骑从,诣邺。至黄初中,仕历上党、巨鹿二郡太守,后以年老,还拜议郎。胜少游京师,雅有才智,与曹爽善。明帝禁浮华,而人白胜党有四窗八达,各有主名。用是被收,以其所连引者多,故得原,禁锢数岁。帝崩,曹爽辅政,胜为洛阳令。夏侯玄为征西将军,以胜为长史。玄亦宿与胜厚。骆谷之役,议从胜出,由是司马宣王不悦于胜。累迁荥阳太守、河南尹。胜前后所宰守,未尝不称职,为尹岁余,厅事前屠苏坏,令人更治之,小材一枚激堕,正挞受符吏石虎头,断之。后旬日,迁为荆州刺史,未及之官而败也。桓范字元则,世为冠族。建安末,入丞相府。延康中,为羽林左监。以有文学,与王象等典集《皇览》。明帝时为中领军、尚书,迁征虏将军、东中郎将,使持节都督青、徐诸军事,治下邳。与徐州刺史邹岐争屋,引节欲斩岐,为岐所奏,不直,坐免还。复为兖州刺史,怏怏不得意。又闻当转为冀州牧。是时冀州统属镇北,而镇北将军吕昭才实仕进,本在范后。范谓其妻仲长曰:'我宁作诸卿,向三公长跪耳,不能为吕子展屈也。'其妻曰:'君前在东,坐欲擅斩徐州刺史,众人谓君难为作下,今复羞为吕屈,是复难为作上也。'范忿其言触实,乃以刀环撞其腹。妻时怀孕,遂堕胎死。范亦竟称疾,不赴冀州。正始中拜大司农。范前在台阁,号为晓事,及为司农,又以清省称。范尝抄撮《汉书》中诸杂事,自以意斟酌之,名曰《世要论》。蒋济为太尉,尝与范会社下,群卿列坐有数人,范怀其所撰,欲以示济,谓济当虚心观之。范出其书以示左右,左右传之示济,济不肯视,范心恨之。因论他事,乃发怒谓济曰:'我祖薄德,公辈何似邪?'济性虽强毅,亦知范刚毅,睨而不应,各罢。范于沛郡,仕次在曹真后。于时曹爽辅政,以范乡里老宿,于九卿中特敬之,然不甚亲也。及宣王起兵,闭城门,以范为晓事,乃指召之,欲使领中领军。范欲应召,而其子谏之,以为车驾在外,不如南出。范疑,有顷,儿又促之。范欲去,而司农丞吏皆止范。范不从,乃突出至平昌城门,城门已闭。门候司蕃,故范举吏也,范呼之,举手中版以示之,矫曰:'有诏召我,卿促开门!'蕃欲求见诏书,范呵之,言:'卿非我故吏邪,何以敢尔?'乃开之。范出城,顾谓蕃曰:'太傅图逆,卿从我去!'蕃徒行不能及,遂避侧。范南见爽,劝爽兄弟以天子诣许昌,征四方以自辅。爽疑,羲又无言。范自谓羲曰:'事昭然,卿用读书何为邪!于今日卿等门户倒矣!'俱不言。范又谓羲曰:'卿别营近在阙南,洛阳典农治在城外,呼召如意。今诣许昌,不过中宿,许昌别库,足相被假;所忧当在谷食,而大司农印章在我身。'羲兄弟默然不从,中夜至五鼓,爽乃投刀于地,谓诸从驾群臣曰:'我度太傅意,亦不过欲令我兄弟向己也。我独有以不合于远近耳!'遂进谓帝曰:'陛下作诏免臣官,报皇太后令。'范知爽首免,而己必坐唱义也。范乃曰:'老子今兹坐卿兄弟族矣！’爽等既免，帝还宫，遂令范随从。到洛水浮桥北，望见宣王，下车叩头而无言。宣王呼范姓曰：‘桓大夫何为尔邪！’车驾入宫，有诏范还复位。范诣阙拜章谢，待报。会司蕃诣鸿胪自首，具说范前临出所道。宣王乃忿然曰：‘诬人以反，于法何应？’主者曰：‘科律，反受其罪。’乃收范于阙下。时人持范甚急，范谓部官曰：‘徐之，我亦义士耳。’遂送廷尉。”《世语》曰：“初，爽梦二虎衔雷公，雷公若二升椀，放著庭中。爽恶之，以问占者。灵台丞马训曰：‘忧兵。’训退，告其妻曰：‘爽将以兵亡，不出旬日。’”《汉晋春秋》曰：“安定皇甫谧以九年冬梦至洛阳，自庙出，见车骑甚众，以物呈庙云：‘诛大将军曹爽。’寤而以告其邑人，邑人曰：‘君欲作曹人之梦乎？朝无公孙彊，如何？且爽兄弟典重兵，又权尚书事，谁敢谋之？’谧曰：‘爽无叔振铎之请，苟失天机，则离矣，何恃于彊？昔汉之阎显，倚母后之尊，权国威命，可谓至重矣，阉人十九人一旦尸之，况爽兄弟乎？’”《世语》曰：“初，爽出，司马鲁芝留在府，闻有事，将营骑斫津门出赴爽。爽诛，擢为御史中丞。及爽解印绶，将出，主簿杨综止之曰：‘公挟主握权，舍此以至东市乎？’爽不从。有司奏综导爽反，宣王曰：‘各为其主也。’宥之，以为尚书郎。芝字世英，扶风人也。以后仕进至特进光禄大夫。综字初伯，后为安东将军司马文王长史。”臣松之案：夏侯湛为芝铭及干宝《晋纪》并云‘爽既诛，宣王即擢芝为并州刺史，以综为安东参军’，与《世语》不同。 ［2］干宝《晋纪》曰：“蒋济以曹真之勋力，不宜绝祀，故以熙为后。济又病其言之失信于爽，发病卒。” ［3］晏字平叔。《魏略》曰：“太祖为司空时，纳晏母并收养晏，其时秦宜禄儿阿苏，亦随母在公家，并见宠如公子。苏即朗也。苏性谨慎，而晏无所顾惮，服饰拟于太子，故文帝特憎之，每不呼其姓字，常谓之为‘假子’。晏尚主，又好色，故黄初时无所事任。及明帝立，颇为冗官。至正始初，曲合于曹爽，亦以才能，故爽用为散骑侍郎，迁侍中尚书。晏前以尚主得赐爵为列侯，又其母在内，晏性自喜，动静粉白不去手，行步顾影。晏为尚书，主选举，其宿与之有旧者，多被拔擢。”《魏末传》曰：“晏妇金乡公主，即晏同母妹。公主贤,谓其母沛王太妃曰:‘晏为恶日甚,将何保身?’母笑曰:‘汝得无妒晏邪?’俄而晏死。有一男,年五六岁,宣王遣人录之。晏妇归藏其子王宫中,向使者搏颊,乞白活之,使者具以白宣王。宣王亦闻晏妇有先见之言,心常嘉之;且为沛王故,特原不杀。”《魏氏春秋》曰:“初,夏侯玄、何晏等名盛于时,司马景王亦预焉。晏尝曰:‘唯深也,故能通天下之志,夏侯泰初是也;唯幾也,故能成天下之务,司马子元是也;惟神也,不疾而速,不行而至,吾闻其语,未见其人。’盖欲以神况诸己也。初,宣王使晏典治爽等狱。晏穷治党与,冀以获宥。宣王曰:‘凡有八族。’晏疏丁、邓等七姓。宣王曰:‘未也。’晏穷急,乃曰:‘岂谓晏乎?’宣王曰:‘是也。’乃收晏。”臣松之案:《魏末传》云晏取其同母妹为妻,此搢绅所不忍言,虽楚王之妻媦,不是甚也已。设令此言出于旧史,犹将莫之或信,况底下之书乎!案《诸王公传》,沛王出自杜夫人所生。晏母姓尹,公主若与沛王同生,焉得言与晏同母?皇甫谧《列女传》曰:“爽从弟文叔,妻谯郡夏侯文宁之女,名令女。文叔早死,服阕,自以年少无子,恐家必嫁己,乃断发以为信。其后,家果欲嫁之,令女闻,即复以刀截两耳,居止常依爽。及爽被诛,曹氏尽死。令女叔父上书与曹氏绝婚,强迎令女归。时文宁为梁相,怜其少,执义,又曹氏无遗类,冀其意沮,乃微使人讽之。令女叹且泣曰:‘吾亦惟之,许之是也。’家以为信,防之少懈。令女于是窃入寝室,以刀断鼻,蒙被而卧。其母呼与语,不应,发被视之,血流满床席。举家惊惶,奔往视之,莫不酸鼻。或谓之曰:‘人生世间,如轻尘栖弱草耳,何至辛苦乃尔!且夫家夷灭已尽,守此欲谁为哉?’令女曰:‘闻仁者不以盛衰改节,义者不以存亡易心,曹氏前盛之时,尚欲保终,况今衰亡,何忍弃之!禽兽之行,吾岂为乎?’司马宣王闻而嘉之,听使乞子字养,为曹氏后,名显于世。”

夏侯尚

原文

夏侯尚，字伯仁，渊从子也。文帝与之亲友[1]。太祖定冀州，尚为军司马[1]，将骑从征伐，后为五官将文学。魏国初建，迁黄门侍郎。代郡胡叛，遣鄢陵侯彰征讨之，以尚参彰军事，定代地，还。太祖崩于洛阳，尚持节，奉梓宫[2]还邺。并录前功，封平陵亭侯，拜散骑常侍，迁中领军。

文帝践阼，更封平陵乡侯，迁征南将军，领荆州刺史，假节都督南方诸军事。尚奏："刘备别军在上庸[3]，山道险难，彼不我虞，若以奇兵潜行，出其不意，则独克之势也。"遂勒诸军击破上庸，平三郡九县，迁征南大将军。孙权虽称藩，尚益修攻讨之备，权后果有贰心。

译文

夏侯尚，字伯仁，是夏侯渊的侄子。文帝和夏侯尚关系很好。太祖平定冀州，夏侯尚担任军司马，率领骑兵随太祖出征，后担任五官将文学。魏国刚建立时，升任黄门侍郎。代郡胡人叛乱，太祖派鄢陵侯曹彰征讨他们，以夏侯尚辅佐曹彰，军队平定代地之后返回。太祖在洛阳去世，夏侯尚手持节杖，迎接太祖的棺椁回到邺城。朝廷登录夏侯尚前后的功劳，封他为平陵亭侯，官拜散骑常侍，后升任中领军。

文帝登基后，加封他为平陵乡侯，任征南将军，兼领荆州刺史，授予节杖，总管南方各军。夏侯尚上奏说："刘备分兵到上庸，山路险峻难行，他对我们肯定没有防备，如果派奇兵悄悄前进，出其不意地发起进攻，肯定能将上庸攻克。"于是他率领各军攻破上庸，平定三郡九县，升为征南大将军。孙权虽然向魏国称藩，夏侯尚却加强了攻击讨伐的准备，后来孙权果然怀有背叛的心思。

今注　1 军司马：领兵武官，为校尉的副官，不设校尉的营部则为长官。2 梓宫：帝、后的棺椁。　3 上庸：在今湖北竹山西南。

裴注　[1]《魏书》曰："尚有筹画智略，文帝器之，与为布衣之交。"

黄初三年，车驾幸宛，使尚率诸军与曹真共围江陵。权将诸葛瑾与尚军对江，瑾渡入江中渚，而分水军于江中。尚夜多持油船，将步骑万余人，于下流潜渡，攻瑾诸军，夹江烧其舟船，水陆并攻，破之。城未拔，会大疫，诏敕尚引诸军还。益封六百户，并前千九百户，假钺，进为牧。荆州残荒，外接蛮夷，而与吴阻汉水为境，旧民多居江南。尚自上庸通道，西行七百余里，山民蛮夷多服从者，五六年间，降附数千家。五年，徙封昌陵乡侯。

尚有爱妾嬖幸[1]，宠

黄初三年(222)，文帝到宛城，命令夏侯尚率领各军与曹真一起围困江陵。孙权部将诸葛瑾与夏侯尚隔江对峙，诸葛瑾派人渡江，到达江中的小岛，分出一部分水军停在江中。夏侯尚趁夜派出多艘载满油的船，并领步骑万余人，从下游偷偷渡江，攻击诸葛瑾各军，并从长江两岸放火烧毁诸葛瑾的船只。随后水军与陆军一同进攻诸葛瑾，将他打败。江陵城还没攻下，恰逢大规模疫病流行，文帝下令夏侯尚率各军返回。朝廷给夏侯尚增加六百户食邑，加上之前所封一共一千九百户，并授予夏侯尚斧钺，晋升为州牧。荆州残破荒芜，边境与蛮夷接壤，与东吴控制的地区以汉水为分界，荆州本地的百姓多半住在汉水以南。夏侯尚从上庸开通道路，向西延伸七百多里，山民蛮夷有很多人服从他，五六年间，有几千家来投降依附。黄初五年(224)，转封夏侯尚为昌陵乡侯。

夏侯尚有个小妾很受宠爱，超过了正

夺適[2]室；適室，曹氏女也，故文帝遣人绞杀之。尚悲感，发病恍惚，既葬埋妾，不胜思见，复出视之。文帝闻而恚之曰："杜袭[3]之轻薄尚，良有以也。"然以旧臣，恩宠不衰。

妻；他的正妻是曹氏宗亲的女儿，所以文帝派人绞杀了夏侯尚的小妾。夏侯尚悲痛伤感，生病而精神恍惚，埋葬小妾之后，由于对她太过思念，又挖开坟墓看视。文帝听说这件事后怒骂道："杜袭轻视苛待夏侯尚，果然是有原因的。"但因为夏侯尚是旧臣，对他的恩宠并未减少。

六年，尚疾笃，还京都，帝数临幸，执手涕泣。尚薨，谥曰悼侯[1]。子玄嗣。又分尚户三百，赐尚弟子奉爵关内侯。

黄初六年(225)，夏侯尚病重返回京都，文帝多次去看他，拉着他的手为之落泪。夏侯尚死后，谥号为悼侯。其子夏侯玄继承爵位，朝廷又分出夏侯尚的三百户食邑，给他弟弟的儿子夏侯奉，赐爵关内侯。

今注 1 嬖幸：宠爱狎昵。 2 適：通"嫡"。 3 杜袭：字子绪，三国魏臣，他见曹丕与夏侯尚关系友好，便将此事告诉曹操，认为夏侯尚为人轻薄，不值得特殊对待。

裴注 [1]《魏书》载诏曰："尚自少侍从，尽诚竭节，虽云异姓，其犹骨肉，是以入为腹心，出当爪牙。智略深敏，谋谟过人，不幸早殒，命也奈何！赠征南大将军、昌陵侯印绶。"

玄，字太初，少知名，弱冠为散骑黄门侍郎。尝进见，与皇后弟毛曾并坐，玄耻之，不悦形之于色。明帝恨之，

夏侯玄，字太初，年少时就很有名气，二十岁时担任散骑黄门侍郎。夏侯玄曾觐见皇帝，和皇后的弟弟毛曾坐在一起，夏侯玄以此为耻，露出不高兴的神色。明帝为此记恨夏侯玄，将他贬为羽

左迁为羽林监。正始初，曹爽辅政。玄，爽之姑子也，累迁散骑常侍、中护军[1]。

太傅司马宣王问以时事，玄议以为："夫官才用人，国之柄[1]也，故铨衡[2]专于台阁，上之分也，孝行存乎闾巷，优劣任之乡人，下之叙也。夫欲清教审选，在明其分叙，不使相涉而已。何者？上过其分，则恐所由之不本，而干势驰骛[3]之路开；下逾其叙，则恐天爵之外通，而机权之门多矣。夫天爵下通，是庶人议柄也；机权多门，是纷乱之原也。

"自州郡中正品度官才之来，有年载矣，缅缅纷纷，未闻整齐，岂非分叙参错，各失其要之所由哉！若令中正但考行伦辈，伦辈当行均，斯可官矣。何者？夫孝行著

林监。正始初年，曹爽辅政。夏侯玄是曹爽姑姑的儿子，先后升为散骑常侍、中护军。

太傅司马懿曾问他对当时政事的看法，夏侯玄议论说："依才选官授职是国家政治的根本，所以品鉴衡量人才的事情要由尚书台专门负责，这是朝廷在上所管的事。一个人的孝行施行于乡里，名声好坏交给同乡的人评断，这是下面民间议论的事情。想要教化清明，选举得人，就要明确上下职责和评议的分别，不让两者相互影响。为什么呢？在上者评判过度，就怕有人脱离实际行事，走上竞逐权势的道路；在下者评议人物逾越次序，就要小心任官用人之权外泄，而机巧权变的门道就多了。民间干涉任官之事，使百姓有得以议论朝廷的权力；权力分散，由多处管理，是事务繁多混乱的原因。

"州郡以中正品评衡量才干授予官职的制度实行了多年，事情却繁多混乱，没听说对此加以整顿，这难道不是职责和评议相互夹杂，都失去了各自的关键导致的吗！如果让中正只考核平辈中人，平辈之人应该与中正德行一致，这样

于家门，岂不忠恪于在官乎？仁恕称于九族，岂不达于为政乎？义断行于乡党，岂不堪于事任乎？三者之类，取于中正，虽不处其官名，斯任官可知矣。行有大小，比有高下，则所任之流，亦涣然明别矣。奚必使中正干铨衡之机于下，而执机柄者有所委仗于上，上下交侵，以生纷错哉？

才可以让他任官。为什么呢？在家有很好的孝行，任官时怎么会不忠诚严谨呢？仁慈宽和被族人称赞，怎么会不将这种品德发挥到施政上呢？处理乡里事务公正明断，怎么不能担任政府事务呢？这三类情况，取决于中正，虽然不给他官名，也知道他能够胜任了。行为有大小，评比有高下，则所任的官位也可以明确判断了。为什么一定要让中正在下面干涉考评官员的权力，而掌权的人却对上面的人有所依赖，导致上下相互扰乱，产生混乱和错误呢？

今注 **1** 柄：关键，根本。 **2** 铨衡：品鉴衡量，考评。 **3** 干势驰骛：干涉国家事务，四处拉关系、走人情以谋取私利。

裴注 [1]《世语》曰："玄世名知人，为中护军，拔用武官，参戟牙门，无非俊杰，多牧州典郡。立法垂教，于今皆为后式。"

"且台阁临下，考功校否，众职之属，各有官长，旦夕相考，莫究于此。闾阎之议，以意裁处，而使匠宰失位，众人驱骇，欲风俗清静，其可得乎？天台[1]县远，众所绝意。所

"而且尚书台管理下级，考察功过，各个职位都有长官经常考察，早晚不断努力，对此也还不能彻底弄清楚。乡里的评议以个人意见决定，这就使匠人和管理者各失其位，众人奔竞慌乱，想让风俗清静平稳，怎么能做到呢？朝廷与百姓相距遥远，民众的意见无法传达，能够

得至者，更在侧近，孰不修饰以要所求？所求有路，则修己[2]家门者，已不如自达于乡党矣。自达乡党者，已不如自求之于州邦矣。苟开之有路，而患其饰真离本，虽复严责中正，督以刑罚，犹无益也。

“岂若使各帅其分，官长则各以其属能否献之台阁，台阁则据官长能否之第，参以乡闾德行之次，拟其伦比，勿使偏颇。中正则唯考其行迹，别其高下，审定辈类，勿使升降。台阁总之，如其所简，或有参错，则其责负自在有司。官长所第，中正辈拟，比随次率而用之，如其不称，责负[3]在外。然则内外相参，得失有所，互相形检，孰能相饰？斯则人心定而事理得，庶可以静风俗而审官才矣。”

传到朝廷中的人，也是临近台阁的官员，他们谁不修饰自己以获取所求呢？在上的人有办法谋求官位，则在家中修养品德的人，便不如在乡里直接买通四邻乡亲走后门的人，买通乡里的人，便不如能径直去请托州郡中正的人了。如果打开求官的途径，那就会担心他们伪饰真情而偏离本来面目，即使严格要求中正，以刑罚督责，也没有用处了。

“不如使他们各自尽职，长官则各自向尚书台报告他们属下称职与否，尚书台则根据长官汇报的才能次序，与乡里德行的次序相互参照，议定官员的次序，避免偏颇。中正则只考察官员的行为，分别高下，审定类别，而无升降之权。人事任免由尚书台总管，按照长官的汇报结果予以升降，如果出现差错，则各主管官员承担责任。长官的出身品第，中正的分类高低，也按照报告中相应的品级予以任用，如果官员不能胜任，则由推举的人负责。那么内外评价相互参照，官员得失各有依据，内外检验之下，谁还能伪饰自己？这样做人心安定而事理得当，差不多可以使风俗清静而审查官员的才能了。”

今注 1 天台：指朝廷。 2 修己：修养自身品德。 3 责负：责任。

又以为：

“古之建官，所以济育群生，统理民物也，故为之君长以司牧之。司牧之主，欲一而专，一则官任定而上下安，专则职业修而事不烦。夫事简业修，上下相安而不治者，未之有也。先王建万国，虽其详未可得而究，然分疆画界，各守土境，则非重累羁绊[1]之体也。下考殷、周五等之叙，徒有小大贵贱之差，亦无君官臣民，而有二统互相牵制者也。夫官统不一，则职业不修；职业不修，则事何得而简？事之不简，则民何得而静？民之不静，则邪恶并兴，而奸伪滋长矣。先王达其如此，故专其职司而一其统业。

“始自秦世，不师圣

夏侯玄又说：

“古代设立官职，是为了帮助和养育民众，总管百姓和物产的，所以要有君主、长官来进行管理。管理的长官，想要职责统一，职责统一则官职稳定，上下秩序和谐，事权统一则职责明确事务不会紊乱。从来没有事务简省、职责顺利履行，上下秩序稳定而治理失当的情况。先王建立国家，虽然详细情况未能深入了解，但是划分疆界，让官员各自管理辖境，而不是靠重叠牵扯的制度。向下考察殷、周五等爵位的制度，只有大小贵贱的分别，也没有君主与官员、官员与百姓有两种不同的制度互相牵制的情况。官制不统一，则职责不能顺利履行；职责不能顺利履行，事务怎么能够简省？事务不简省，百姓怎么能够清静？百姓不能清静，则混乱罪恶将纷纷出现，而诡诈虚伪的人就会逐渐增多。先王了解这些道理，所以使职责统一而权力集中。

“从秦朝开始，统治者不学习圣人之道，以私意设立官职，以狡诈之心对道，私以御职，奸以待下；惧宰官之不修，立监牧以董之，畏督监之容曲[2]，设司察以纠之；宰牧相累，监察相司，人怀异心，上下殊务。汉承其绪，莫能匡改。魏室之隆，日不暇及，五等之典[3]，虽难卒复，可粗立仪准以一治制。

待属下；担心主政官员行为不检点，就设立监察官监察他们，担心监察官包庇，就设立司察官员监督他们，主政官员和监察官员相互牵制，监察官员又相互监督，使得人们各自有防范的心思，上下之间政务不能统一。汉朝继承了秦朝的传统，没能改正。魏国兴起，每天忙得顾不过来，五等爵位的制度，虽然不容易很快恢复，但可以粗略地制定标准来统一治理的制度。

今注　1 重累羁绊：重叠牵扯。　2 容曲：包庇偏袒。　3 五等之典：指《周礼》记载的公、侯、伯、子、男五等爵位。

“今之长吏，皆君吏民，横重以郡守，累以刺史。若郡所摄，唯在大较，则与州同，无为再重。宜省郡守，但任刺史，刺史职存则监察不废，郡吏万数，还亲农业，以省烦费，丰财殖谷，一也。大县之才，皆堪郡守，是非之讼，每生意异，顺从则安，直己[1]则争。夫和

“现在的县令、县长都是直接治理下属官吏和百姓的，中间重复设置郡守，还要再加上刺史。如果郡所管辖的事务只是县官的扩大，则其职责与州相同，不必再重复设置。应该撤销郡守职位，只设置刺史，刺史职位保留则监察功能也就得以保留，郡一级的官吏有一万多人，可回去从事农业生产，则减省了多余的消耗，增加了粮食、财富的产出，这是其一。能够管理大县的人才都能够胜任郡守，在诉讼上与郡守常常产生不同意见，要是顺从郡守的决定还能上下相安，坚持自己的意见

羹之美，在于合异，上下之益，在能相济，顺从乃安，此琴瑟一声也。荡而除之，则官省事简，二也。又干郡之吏，职监诸县，营护党亲、乡邑旧故，如有不副[2]，而因公掣顿[3]，民之困弊，咎生于此，若皆并合，则乱原自塞，三也。

则上下不和。调和美味的汤羹，关键在调和不同的味道，上下关系的和谐在于两者能够相互帮助，上下顺从而相安无事，就好像琴瑟合奏出同样的音调。将郡守撤除，则官员减少、事务简省，这是第二。此外，郡级官吏有监督各县的职责，容易包庇偏袒自己的亲朋故旧，如果有人违逆了他的心意，则借公事予以打压。民众的穷困凋敝便从这里面产生，如果全部合并为州县两级，则混乱的源头自然被堵塞，这是第三。

今注 1 直己：坚持己见。 2 不副：不匹配，不称心。 3 掣顿：困顿，此指打压。

"今承衰弊，民人凋落，贤才鲜少，任事者寡，郡县良吏，往往非一，郡受县成，其剧[1]在下，而吏之上选，郡当先足，此为亲民之吏，专得底下[2]，吏者民命，而常顽鄙，今如并之，吏多选清良者造职[3]，大化宣流，民物获宁，四也。制使万户之县，名之郡守，五千

"如今魏国继承了衰弱困顿的局面，人口凋落，有才能的人不多，能处理政事的人稀少，但郡县中往往还有些优秀官吏，郡府坐享县官之成，而繁重的事务都交给下面处理，官吏升迁却是从郡府优先选拔，这样直接治理百姓的官员，只能由下等人才充当，基层官吏是百姓命运所系，却常常由愚钝卑下之人充当。如果合并为州县两级，官吏多选择清廉有才干的人就职，则国家教化通畅，百姓安宁，物产增加，这是第四。按现在的制度，管辖万

以上,名之都尉,千户以下,令、长如故,自长以上,考课迁用,转以能升,所牧亦增,此进才效功之叙也,若经制一定,则官才有次,治功齐明,五也。

"若省郡守,县皆径达,事不拥隔,官无留滞,三代之风,虽未可必,简一之化,庶几可致,便民省费,在于此矣。"

户人口的县的长官可称为郡守,五千户以上的则称为都尉,一千户以下的仍旧叫令、长,自县长以上,考察政绩、升迁任命都以才能决定,其辖境也随之增加,这是鼓励人才立功的制度,如果制度确定,官吏能按照能力水平任职,使治理水平与功绩相当,这是第五。

"如果省去郡守,县中事务都直达于州,下面的事情不会与上面隔绝,官府政务不会留滞,三代的风气虽然不一定能恢复,但差不多能做到简省统一的治理,便利百姓,减省开支,都在这种制度的施行。"

今注 **1** 剧:繁重的事务。 **2** 底下:指下等的人才。 **3** 造职:就职,到任。

又以为:

"文质之更用,犹四时之迭兴也,王者体天理物,必因弊而济通之,时弥质则文之以礼,时泰侈则救之以质。今承百王之末,秦汉余流,世俗弥文,宜大改之以易民望。今科制自公、列侯以下,

夏侯玄又说:

"文华与质朴交替使用,如同四季相继运转,王者体察上天的运行来管理万物,一定会因为事情出现弊病而加以救济变通,有时人民太过质朴则以礼乐来文饰,有时文饰太过,流于奢侈则以质朴来补救。如今我们处于前朝事业几乎灭亡的情况下,秦汉所剩无几的传统中,世俗普遍崇尚文华,应该大力改

位从大将军以上，皆得服绫锦、罗绮、纨素、金银饰镂之物。自是以下，杂采之服，通于贱人，虽上下等级，各示有差，然朝臣之制，已得侔至尊矣，玄黄[1]之采，已得通于下矣。欲使市不鬻华丽之色，商不通难得之货，工不作雕刻之物，不可得也。

“是故宜大理其本，准度古法，文质之宜，取其中则，以为礼度。车舆服章，皆从质朴，禁除末俗华丽之事，使干朝[2]之家，有位之室，不复有锦绮之饰，无兼采之服，纤巧之物，自上以下，至于朴素之差，示有等级而已，勿使过一二之觉。若夫功德之赐，上恩所特加，皆表之有司，然后服用之。夫上之化下，犹风之靡草[3]。朴素之教兴于本朝，则弥侈之心自消于

革来改变人民的趋向。如今制度规定爵位自公、列侯之下，官位从大将军以上，都可以穿各式各样的绫罗绸缎，使用金银装饰镶嵌的器物。自此之下，各种色彩鲜艳的衣服连贱民也可以穿，虽然依上下等级，衣物各有差别，但朝臣的用度已经可以与皇帝相比，深黄色已经可以被下面的人使用了。要想让市场上不得售卖华丽颜色的衣物，商人不流通难得的货物，工匠不制作雕刻精美的器物，已经做不到了。

“所以应该大力治理根本，以古代制度为准则，在文华与质朴之间取其中道作为礼仪制度。车驾、服装、纹饰都以质朴为准，禁止并消除末流的风俗习气和追求华丽之事，使在朝廷做官的人家，享有爵位的人家，不再有华美绮丽的佩饰，也没有五颜六色的服装，以及精巧纤细的器物，从上到下，达到只有朴素的差别，只用来显示等级尊卑不同而已，不让它超过一二等的差别。如果要赏赐有功德的人，皇帝可特地加以恩赐，都要报告给相关官员，然后才能穿戴使用。从上往下推行教化，犹如风把草吹倒。朴素的教化从本朝兴起，那么

下矣。”

下面奢侈之心自然就会消失。”

今注 1 玄黄:此指深黄色。 2 干朝:在朝廷做官的人,泛指官员。 3 风之靡草:风把草吹倒。靡,倒下。

宣王报书曰:“审官择人,除重官,改服制,皆大善。礼乡闾本行,朝廷考事,大指如所示。而中间一相承习,卒不能改。秦时无刺史,但有郡守长吏。汉家虽有刺史[1],奉六条[2]而已,故刺史称传车[3],其吏言从事,居无常治,吏不成臣,其后转更为官司耳。昔贾谊亦患服制,汉文虽身服弋绨[4],犹不能使上下如意。恐此三事,当待贤能然后了耳。”玄又书曰:“汉文虽身衣弋绨,而不革正法度,内外有僭拟之服,宠臣受无限之赐,由是观之,似指立在身之名,非笃齐治制之意也。今公侯

司马懿回信说:“审核官员选择人才,裁撤重复的官职,改变服饰器用的制度,这些都很好。礼敬在乡里的笃行之人,朝廷考察官员政务的问题,大都如你所说的那样。这中间有着一贯相承的习俗,短时间内无法改变。秦朝时没有刺史,只有郡守长官。汉朝虽然有刺史,但只是以六条法令监督地方而已,所以刺史又被称作传车,其属吏被叫作从事,刺史没有固定的办公场所,属吏不能被看作官员,后来才转变成正式政府机构的。当年贾谊也为服制担忧,汉文帝虽然身穿黑色的粗厚绸衣,仍不能让朝廷上下如他所想崇尚简朴。恐怕这三件事情要等到有才能的人来做才能完成了。”夏侯玄又写信说:“汉文帝虽然身穿深色粗丝制成的衣服,但不变更改正法令制度,朝廷内外都有僭越地位而不该穿的衣服,对受宠的大臣不加限制地赏赐,从这些事情上看,似乎文帝只树立自身的简朴名声,而不是诚心想要整齐治国的法度啊。如今您有治国之才,

命世作宰，追踪上古，将隆至治，抑末正本，若制定于上，则化行于众矣。夫当宜改之时，留殷勤之心，令发之日，下之应也犹响寻声耳，犹垂谦谦，曰‘待贤能’，此伊周不正殷、姬之典也。窃未喻焉。”

主管朝政，效仿上古，将要实现兴盛的治世，限制末节而端正根本，如果在上制定这样的制度，则教化便畅行于民众。在应该改变制度的时候，热情勤恳地加以关心，发布命令的时候，民众的顺应就如同回音追随原声一样，您还表示谦虚地说‘等待有才能的人’，这就相当于伊尹、周公不去修正殷商、姬周的制度。我私下对此并不理解。”

今注 1 刺史：西汉元封五年（前106）始置。除京师附近七郡外，将全国分为十三部（州），分别是：冀州、幽州、并州、兖州、徐州、青州、扬州、荆州、豫州、益州、凉州、交趾、朔方。十三部各置刺史一人，巡察境内地方官吏与强宗豪右，称十三刺史部。 2 六条：汉武帝给刺史规定了明确的监察职责，叫“六条问事”，具体内容是：一条，强宗豪右田宅逾制，以强凌弱，以众暴寡。二条，二千石不奉诏书遵承典制，倍公向私，旁诏守利，侵渔百姓，聚敛为奸。三条，二千石不恤疑狱，风厉杀人，怒则任刑，喜则淫赏，烦扰刻暴，剥截黎元，为百姓所疾，山崩石裂，妖祥讹言。四条，二千石选署不平，苟阿所爱，蔽贤宠顽。五条，二千石子弟恃怙荣势，请托所监。六条，二千石违公下比，阿附豪强，通行货赂，割损政令。 3 传车：起初，刺史的秩级仅为六百石，相当于中下级的县令。刺史每年八月起巡察自己部内的郡国，年底回中央报告工作，只有监察权，没有处置权。刺史出巡时“乘传周流”，即坐着驿站的马车到处巡视。 4 弋绨（yì tí）：指粗丝制成的深色衣服。

顷之，为征西将军，假节，都督雍、凉州诸军事[1]。与曹爽共兴骆谷之役，时人讥之。爽诛，征玄为大鸿胪，数年徙太常。玄以爽抑绌，内不得意。中书令李丰虽宿为大将军司马景王所亲待，然私心在玄，遂结皇后父光禄大夫张缉，谋欲以玄辅政。丰既内握权柄，子尚公主，又与缉俱冯翊[1]人，故缉信之。丰阴令弟兖州刺史翼求入朝，欲使将兵入，并力起。会翼求朝，不听。嘉平六年二月，当拜贵人，丰等欲因御临轩，诸门有陛兵，诛大将军，以玄代之，以缉为骠骑将军。丰密语黄门监[2]苏铄、永宁署令[3]乐敦、冗从仆射[4]刘贤等曰："卿诸人居内，多有不法，大将军严毅，累以为言，张当可以为诫。"铄等皆许以从命[2]。大将军微闻其

不久，夏侯玄任征西将军，授予节杖，总管雍州、凉州各军事，与曹爽一起发起了骆谷之役，被当时的人讥讽。曹爽被杀后，夏侯玄被任命为大鸿胪，过了几年后转任太常。夏侯玄因为曹爽的缘故受到抑黜，心中不满。中书令李丰虽然一直受到大将军司马师亲信厚待，但私下心里偏向夏侯玄，于是勾结皇后的父亲光禄大夫张缉，图谋让夏侯玄来辅政。李丰在朝内掌握大权，儿子娶了公主，又和张缉都是冯翊人，所以得到张缉信任。李丰偷偷命令弟弟兖州刺史李翼请求入京朝见，想让他率军入内，一起举事。李翼请求朝见，没有被允许。嘉平六年(254)二月，皇帝要任命贵人，李丰等人想趁皇帝驾临前殿时，在各门阶埋下伏兵，诛杀司马师，以夏侯玄替代他，以张缉为骠骑将军。李丰偷偷对黄门监苏铄、永宁署令乐敦、冗从仆射刘贤等人说："你们几个人在宫内做了不少犯法的事情，大将军严厉刚毅，几次说到你们，你们要以张当的事情为教训。"苏铄等人都答应服从他的命令。司马师稍稍得知他们的图谋，请李丰与他会

谋,请丰相见,丰不知而往,即杀之[3]。事下有司,收玄、缉、铄、敦、贤等送廷尉[3]。廷尉钟毓奏:“丰等谋迫胁至尊,擅诛冢宰,大逆无道,请论如法。”

见,李丰不知情,便前往相见,于是被杀。案件下达到有关官员,捉拿夏侯玄、张缉、苏铄、乐敦、刘贤等人送到廷尉处审理。廷尉钟毓上奏:“李丰等人图谋劫持逼迫皇帝,擅自杀死冢宰大臣,大逆不道,请将他们依法论罪。”

今注 1 冯翊:原为三辅的左冯翊,魏改为冯翊郡,治临晋(在今陕西大荔)。辖境相当今陕西韩城、黄龙以南,白水、蒲城以东和渭河以北地区。 2 黄门监:三国魏置,为黄门宦者长官,负责呈递奏章。 3 永宁署令:永宁署,即永宁宫之官署,长官为永宁署令,掌永宁宫诸事。当时永宁宫为郭太后居所。 4 冗从仆射:掌管皇宫禁卫。

裴注 [1]《魏略》曰:“玄既迁,司马景王代为护军。护军总统诸将,任主武官选举,前后当此官者,不能止货赂。故蒋济为护军时,有谣言‘欲求牙门,当得千匹;百人督,五百匹’。宣王与济善,闻以问济,济无以解之,因戏曰:‘洛中市买,一钱不足则不行。’遂相对欢笑。玄代济,故不能止绝人事。及景王之代玄,整顿法令,人莫犯者。” [2]《魏书》曰:“玄素贵,以爽故废黜,居常怏怏不得意。中书令李丰与玄及后父光禄大夫张缉阴谋为乱,缉与丰同郡,倾巧人也,以东莞太守召,为后家,亦不得意,故皆同谋。初,丰自以身处机密,息韬又以列侯给事中,尚齐长公主,有内外之重,心不自安。密谓韬曰:‘玄既为海内重人,加以当大任,年时方壮而永见废,又亲曹爽外弟,于大将军有嫌。吾得玄书,深以为忧。缉有才用,弃兵马大郡,还坐家巷。各不得志,欲使汝以密计告之。’缉尝病创卧,丰遣韬省病,韬屏人语缉曰:‘韬尚公主,父子在机近,大将军秉事,常恐不见明信,太常亦怀深忧。君侯虽有后父之尊,安危未可知,皆与韬家同虑者也,韬父欲与君侯谋之。’缉默然良久曰:‘同舟之难,吾焉所逃?此大事，不捷即祸及宗族。'韬于是往报丰。密语黄门监苏铄等，苏铄等答丰：'惟君侯计。'丰言曰：'今拜贵人，诸营兵皆屯门。陛下临轩，因此便共迫胁，将群寮人兵，就诛大将军。卿等当共密白此意。'铄等曰：'陛下傥不从人，奈何？'丰等曰：'事有权宜，临时若不信听，便当劫将去耳。那得不从？'铄等许诺。丰曰：'此族灭事，卿等密之。事成，卿等皆当封侯常侍也。'丰复密以告玄、缉。缉遣子邈与丰相结，同谋起事。"《世语》曰："丰遣子韬以谋报玄，玄曰'宜详之耳'，而不以告也。"　[3]《世语》曰："大将军闻丰谋，舍人王羕请以命请丰：'丰若无备，情屈势迫，必来，若不来，羕一人足以制之；若知谋泄，以众挟轮，长戟自卫，径入云龙门，挟天子登凌云台，台上有三千人仗，鸣鼓会众，如此，羕所不及也。'大将军乃遣羕以车迎之。丰见劫迫，随羕而至。"《魏氏春秋》曰："大将军责丰，丰知祸及，遂正色曰：'卿父子怀奸，将倾社稷，惜吾力劣，不能相禽灭耳！'大将军怒，使勇士以刀环筑丰腰，杀之。"《魏略》曰："丰字安国，故卫尉李义子也。黄初中，以父任召随军。始为白衣时，年十七八，在邺下名为清白，识别人物，海内翕然，莫不注意。后随军在许昌，声称日隆。其父不愿其然，遂令闭门，敕使断客。初，明帝在东宫，丰在文学中。及即尊位，得吴降人，问：'东闻中国名士为谁？'降人云：'闻有李安国者。'是时丰为黄门郎，明帝问左右'安国所在？'左右以丰对。帝曰：'丰名乃被于吴、越邪？'后转骑都尉、给事中。帝崩后，为永宁太仆，以名过其实，能用少也。正始中，迁侍中尚书仆射。丰在台省，常多托疾。时台制，疾满百日当解禄，丰疾未满数十日，辄暂起，已复卧，如是数岁。初，丰子韬以选尚公主，丰虽外辞之，内不甚惮也。丰弟翼及伟，仕数岁间，并历郡守。丰尝于人中显诫二弟，言'当用荣位为！'及司马宣王久病，伟为二千石，荒于酒，乱新平、扶风二郡，而丰不召，众人以为恃宠。曹爽专政，丰依违二公间，无有适莫，故于时有谤书曰：'曹爽之势热如汤，太傅父子冷如浆，李丰兄弟如游光。'其意以为丰虽外示清净，而内图事，有似于游光也。及宣王奏诛爽，住车阙下，与丰相闻，丰怖遽气索，足委地不能起。至嘉平四年宣王终后,中书令缺,大将军諮问朝臣‘谁可补者?’或指向丰。丰虽知此非显选,而自以连婚国家,思附至尊,因伏不辞,遂奏用之。丰为中书二岁,帝比每独召与语,不知所说。景王知其议己,请丰,丰不以实告,乃杀之。其事秘。丰前后仕历二朝,不以家计为意,仰俸廪而已。韬虽尚公主,丰常约敕不得有所侵取,时得赐钱帛,辄以外施亲族;及得赐宫人,多与子弟,而丰皆以与诸外甥。及死后,有司籍其家,家无余积。”《魏氏春秋》曰:“夜送丰尸付廷尉,廷尉钟毓不受,曰:‘非法官所治也。’以其状告,且敕之,乃受。帝怒,将问丰死意,太后惧,呼帝入,乃止。遣使收翼。”《世语》曰:“翼后妻,散骑常侍荀廙姊,谓翼曰:‘中书事发,可及书未至赴吴,何为坐取死亡!左右可共同赴水火者谁?’翼思未答,妻曰:‘君在大州,不知可与同死生者,去亦不免。’翼曰:‘二儿小,吾不去。今但从坐身死,二儿必免。’果如翼言。”翼子斌,杨骏外甥也。晋惠帝初,为河南尹,与骏俱死,见《晋书》。 [4]《世语》曰:“玄至廷尉,不肯下辞。廷尉钟毓自临治玄。玄正色责毓曰:‘吾当何辞?卿为令史责人也,卿便为吾作。’毓以其名士,节高不可屈,而狱当竟,夜为作辞,令与事相附,流涕以示玄。玄视,颔之而已。毓弟会,年少于玄,玄不与交,是日,于毓坐狎玄,玄不受。”孙盛《杂语》曰:“玄在囹圄,会因欲狎而友玄,玄正色曰:‘钟君何相逼如此也!’”

于是会公卿朝臣廷尉议,咸以为“丰等各受殊宠,典综[1]机密,缉承外戚椒房[2]之尊,玄备世臣,并居列位,而包藏祸心,构图凶逆,交关阉竖,授以奸计,畏惮天威,不敢显谋,

于是司马师召集公卿朝臣和廷尉讨论,都认为“李丰等人都格外受到宠信,总管重要而秘密的事务,张缉居皇后外戚之位,夏侯玄几代都是朝中大臣,身居高位,却怀有反叛的野心,图谋凶恶悖逆之事,结交阉人,让他们执行邪恶的计划,害怕朝廷的威严,不敢显

乃欲要君胁上，肆其诈虐，谋诛良辅，擅相建立，将以倾覆京室，颠危社稷。毓所正皆如科律，报毓施行”。诏书：“齐长公主，先帝遗爱，原其三子死命。”于是丰、玄、缉、敦、贤等皆夷三族[1]，其余亲属徙乐浪郡。玄格量弘济[3]，临斩东市，颜色不变，举动自若，时年四十六[2]。正元中，绍功臣世，封尚从孙本为昌陵亭侯，邑三百户，以奉尚后。

露自己的阴谋，想要威胁皇帝，实现自己奸诈暴虐的想法，谋划杀害贤良的辅政大臣，自作主张任命官员，将要覆灭皇室，危害国家。钟毓的裁断与法令完全一致，应把他的意见报告皇帝执行”。皇帝下诏书说：“齐长公主是先帝留下的爱女，可赦免她的三个儿子死罪。”于是李丰、夏侯玄、张缉、乐敦、刘贤等人都被夷灭三族，其余的亲属迁徙到乐浪郡。夏侯玄品格度量宏大，到东市被处斩时神色不改，举动和平时一样，死时四十六岁。正元年间，为接续功臣后世，封夏侯尚从孙夏侯本为昌陵亭侯，食邑三百户，以承续夏侯尚的后嗣。

今注　1 典综：总管。　2 椒房：指皇后宫室。用椒和泥涂壁，取其温暖有香气，兼有多子之意。　3 格量弘济：指品格度量宏大。

裴注　[1]《魏书》曰：“丰子韬，以尚主，赐死狱中。”　[2]《魏略》曰：“玄自从西还，不交人事，不蓄华妍。”《魏氏春秋》曰：“初，夏侯霸将奔蜀，呼玄欲与之俱。玄曰：‘吾岂苟存，自客于寇虏乎？’遂还京师。太傅薨，许允谓玄曰：‘无复忧矣。’玄叹曰：‘士宗，卿何不见事乎？此人犹能以通家年少遇我，子元、子上不吾容也。’玄尝著《乐毅》《张良》及《本无肉刑论》，辞旨通远，咸传于世。玄之执也，卫将军司马文王流涕请之，大将军曰：‘卿忘会赵司空葬乎？’先是，司空赵俨薨，大将军兄弟会葬，宾客以百数，玄时后至，众宾客咸越席而迎，大将军由是恶之。”臣松之案：曹爽以正始五年伐蜀，时玄已为关中都督，至十年，爽诛灭后，方还洛耳。案《少帝纪》，司空赵俨以六年亡，玄则无由得会俨葬，若云玄入朝，纪、传又无其事。斯近妄不实。

初，中领军高阳许允与丰、玄亲善。先是有诈作尺一诏书，以玄为大将军，允为太尉，共录尚书事[1]。有何人天未明乘马以诏版付允门吏，曰“有诏”，因便驰走。允即投书烧之，不以开呈司马景王。后丰等事觉，徙允为镇北将军，假节督河北诸军事。未发，以放散官物，收付廷尉，徙乐浪，道死[1]。

清河王经亦与允俱称冀州名士。甘露中为尚书，坐高贵乡公事诛。始经为郡守，经母谓经曰：“汝田家子，今仕至二千石，物太过不祥，可以止矣。”经不能从，历二州刺史、司隶校尉，终以致败[2]。允友人同郡崔赞，亦尝以处世太盛戒允云[3]。

起初，中领军高阳人许允与李丰、夏侯玄关系亲密，早先有人伪造了长一尺一寸的诏书，任命夏侯玄为大将军，许允为太尉，让他们一起管理尚书台。有人天没亮的时候骑马将诏书交给许允的门吏，说“有诏令”，就骑马离开了。许允随即将诏书烧毁，没将诏书公开交给司马师。后来李丰等人的事情败露，许允改任镇北将军，授予节杖，总管河北诸军事。还没出发，许允就因私自发放官府物资，被捉拿交给廷尉审判，流放乐浪郡，死在路上。

清河人王经与许允并称冀州名士，在甘露年间官至尚书，受高贵乡公的事情牵连被杀。王经一开始做郡守，他母亲对他说：“你是农家子弟，如今做到两千石的大官，事物发展太过会招致不祥，你可以停下了。”王经不听从母亲的劝告，历任两州的刺史、司隶校尉，最终导致败亡的下场。许允同郡的朋友崔赞也曾告诫他处世不要太过隆盛。

今注　**1** 录尚书事:东汉自和帝起,政令、政务总于尚书台,太傅、太尉、大将军等加此名义始得总知政事。录为"总领"之意,录尚书事独揽大权,无所不总。三国、晋、南北朝时,凡掌朝权臣每带此名号。南齐时始有单拜录尚书事者,成为正式官名,为尚书省长官。

裴注　[**1**]《魏略》曰:"允字士宗,世冠族。父据,仕历典农校尉、郡守。允少与同郡崔赞俱发名于冀州,召入军。明帝时为尚书选曹郎,与陈国袁侃对,同坐职事,皆收送狱,诏旨严切,当有死者,正直者为重。允谓侃曰:'卿,功臣之子,法应八议,不忧死也。'侃知其指,乃为受重。允刑竟复吏,出为郡守,稍迁为侍中、尚书、中领军。允闻李丰等被收,欲往见大将军,已出门,回遑不定,中道还取裤,丰等已收讫。大将军闻允前遽,怪之曰:'我自收丰等,不知士大夫何为忿忿乎?'是时朝臣遽者多耳,而众人咸以为意在允也。会镇北将军刘静卒,朝廷以允代静。已受节传,出止外舍。大将军与允书曰:'镇北虽少事,而都典一方,念足下震华鼓,建朱节,历本州,此所谓著绣昼行也。'允心甚悦,与台中相闻,欲易其鼓吹、旌旗。其兄子素颇闻众人说允前见嫌意,戒允'但当趣耳,用是为邪!'允曰:'卿俗士不解,我以荣国耳,故求之。'帝以允当出,乃诏会群臣,群臣皆集,帝特引允以自近;允前为侍中,顾当与帝别,涕泣歔欷。会讫,罢出,诏促允令去。会有司奏允前擅以厨钱谷乞诸俳及其官属,故遂收送廷尉,考问竟,减死徙边。允以嘉平六年秋徙,妻子不得自随,行道未到,以其年冬死。"《魏氏春秋》曰:"允为吏部郎,选郡守。明帝疑其所用非次,召入,将加罪。允妻阮氏跣出,谓曰:'明主可以理夺,难以情求。'允颔之而入。帝怒诘之,允对曰:'某郡太守虽限满,文书先至,年限在后,某守虽后,日限在前。'帝前取事视之,乃释遣出。望其衣败,曰:'清吏也。'赐之。允之出为镇北也,喜谓其妻曰:'吾知免矣!'妻曰:'祸见于此,何免之有?'允善相印,将拜,以印不善,使更刻之,如此者三。允曰:'印虽始成,而已被辱。'问送印者,果怀之而坠于厕。"《相印书》曰:"相印法本出陈长文,长文以语韦仲将,印工杨利从仲将受法,以语许士宗。利以法术占吉凶,十可中八九。仲将问长文'从谁得法',长文曰:'本出汉世,有《相印》《相笏经》,又有《鹰经》《牛经》《马经》。印工宗养以法语程申伯,是故有一十二家相法传于世。'允妻阮氏贤明而丑,允始见愕然,交礼毕,无复入意。妻遣婢觇之,云'有客姓桓',妻曰:'是必桓范,将劝使入也。'既而范果劝之。允入,须臾便起,妻捉裾留之。允顾谓妇曰:'妇有四德,卿有其几?'妇曰:'新妇所乏唯容。士有百行,君有其几?'允曰:'皆备。'妇曰:'士有百行,以德为首,君好色不好德,何谓皆备?'允有惭色,知其非凡,遂雅相亲重。生二子:奇、猛,少有令问。允后为景王所诛,门生走入告其妇,妇正在机,神色不变,曰:'早知尔耳。'门生欲藏其子,妇曰:'无预诸儿事。'后移居墓所,景王遣钟会看之,若才艺德能及父,当收。儿以语母,母答:'汝等虽佳,才具不多,率胸怀与会语,便自无忧,不须极哀,会止便止。又可多少问朝事。'儿从之。会反命,具以状对,卒免其祸,皆母之教也。虽会之识鉴,而输贤妇之智也。果庆及后嗣,追封子孙而已。"《世语》曰:"允二子:奇字子泰,猛字子豹,并有治理才学。晋元康中,奇为司隶校尉,猛幽州刺史。"傅畅《晋诸公赞》曰:"猛礼乐儒雅,当时最优。奇子遐,字思祖,以清尚称,位至侍中。猛子式,字仪祖,有才干,至濮阳内史、平原太守。" [2]《世语》曰:"经字彦纬,初为江夏太守。大将军曹爽附绢二十匹,令交市于吴,经不发书,弃官归。母问归状,经以实对。母以经典兵马而擅去对,送吏杖经五十,爽闻,不复罪。经为司隶校尉,辟河内向雄为都官从事,王业之出,不申经意以及难。经刑于东市,雄哭之,感动一市。刑及经母,雍州故吏皇甫晏以家财收葬焉。"《汉晋春秋》曰:"经被收,辞母。母颜色不变,笑而应曰:'人谁不死?往所以止汝者,恐不得其所也。以此并命,何恨之有哉?'晋武帝泰始元年诏曰:'故尚书王经,虽身陷法辟,然守志可嘉。门户堙没,意常愍之,其赐经孙郎中。'" [3]荀绰《冀州记》曰:"赞子洪,字良伯,清恪有匪躬之志,为晋吏部尚书、大司农。"

评曰：夏侯、曹氏，世为婚姻，故惇、渊、仁、洪、休、尚、真等并以亲旧肺腑，贵重于时，左右勋业，咸有效劳。爽德薄位尊，沈溺盈溢，此固《大易》所著，道家所忌也。玄以规格局度，世称其名，然与曹爽中外缱绻[1]；荣位如斯，曾未闻匡弼其非，援致良才。举兹以论，焉能免之乎！

评论说：夏侯氏与曹氏世代联姻，所以夏侯惇、夏侯渊、曹仁、曹洪、曹休、夏侯尚、曹真等人都以太祖近亲旧臣的身份在当时位高权重，辅助太祖建立功业，他们都做出了贡献。曹爽德行浅薄却地位尊贵，沉溺于满溢的境地，他的灾祸是《易经》明确记载的，是道家畏惧避免的。夏侯玄以度量格局广大而被世人称道，但和曹爽是情谊深厚的中表兄弟，享有这样的声誉地位，却没听说他辅助曹爽改正错误，录取优秀的人才，就从这些方面来说，怎么能免祸呢！

今注　1 缱绻(qiǎn quǎn)：指感情深厚。

三國志

二

魏书【二】

岳麓書社 · 长沙

[晋]陈寿 著
[南朝宋]裴松之 注
黄宁宁 刘光 吴南泽等 译注

卷十 魏书十

荀彧荀攸贾诩传

导读 荀彧是曹操帐下的重要谋士,杰出的战略家。荀彧自小就有很大的名气,南阳何颙认为他有“王佐之才”,曹操称他为“吾之子房”。因为他任尚书令十数年,人们敬称他为“荀令君”。

曹操能够成就大业,荀彧功不可没。他在战略上为曹操制定并规划了统一北方的蓝图,曾多次修正曹操的战略方针而得到曹操的赞赏。荀彧面对吕布叛乱,力保兖州三城;力劝曹操迎献帝到许,实现挟天子以令诸侯;用奇谋助曹操击败袁绍于官渡,并策划奇袭荆州。

荀彧心存汉室,将曹操看作是匡扶汉室的英杰,他坚持仁义德行,因此与曹操在对待汉室和自身定位等问题上有着分歧。曹操南征孙权,以慰军的名义将荀彧留在军中,荀彧最后因疾病忧思在寿春去世,谥号为敬侯。第二年,曹操就进爵为魏公。

荀攸是荀彧的侄子,曹操帐下重要谋士。何进掌权时,荀攸任黄门侍郎,后因密谋刺杀董卓而入狱,出狱后弃官归乡。曹操挟天子以令诸侯,征辟荀攸为军师。荀攸跟随曹操征战天下,屡献奇策:征伐吕布时荀攸劝阻了曹操的退兵计划,并献计水淹下邳城,活捉吕布;官渡之战中荀攸献策声东击西,斩杀文丑;派徐晃突袭敌人的运粮部队,同时力主曹操接纳许攸的归降,立下大功;袁谭、袁尚兄弟内讧,荀攸主张先消灭袁绍诸子,再图刘表,为平定北方奠定基础。荀攸行事周密低调,深受曹操器重,被封为陵树亭侯。荀攸在随曹操伐吴途中去世。

贾诩是三国时期著名谋士。贾诩早年虽然名声不显著,但是他在青年时就已经表现出卓越的随机应变能力。东汉末年,贾诩本是董卓阵营中的谋士,董卓失败后,献计李傕、郭汜反攻长安,实现自救。他不贪图名利,得以及时脱离险境,归到张绣麾下。曹操攻打宛城,贾诩通过战术分析,使张绣赢得了对曹军的胜利。“官渡之战”前夕,贾诩分析利弊,劝张绣归降曹操。对于曹军面临的困境,贾诩指出曹操优势所在,力主决战,最终促成曹军大胜。赤壁之战前,贾诩向曹操劝谏,主张安抚百姓不可轻易用兵,曹操不听,结果赤壁一战损失惨重。

贾诩身历东汉末与曹氏父子两代,在动荡的时局中,屡出妙计,曾助曹操击败关中联军平定关中,帮助曹丕稳定继承人地位,他对曹操、曹丕父子南下用兵的劝谏体现出高超的战略眼光。难能可贵的是,贾诩在仕宦生涯中,不慕荣利,谦逊自保,陈寿认为他与张良、陈平属同一类人物,《唐会要》尊他为魏晋八君子之首。

荀彧

原文

荀彧,字文若,颍川颍阴1人也。祖父淑,字季和,朗陵2令3。当汉顺、桓之间,知名当世。有子八人,号曰八龙。彧父绲,济南相。叔父爽,司空[1]。

译文

荀彧,字文若,颍川郡颍阴县人。祖父荀淑,字季和,官至朗陵令。在汉顺帝、汉桓帝的时候,荀淑在社会上有很高的名望。有八个儿子,号称八龙。荀彧的父亲荀绲,官至济南相。荀彧的叔父荀爽,官至司空。

今注 1 颍川颍阴:颍川郡颍阴县。颍川郡以颍水而得名,东汉时治所在阳翟(今河南禹州)。颍阴,在今河南许昌。 2 朗陵:侯国名。在今河南确山县。 3 令:汉代制度,以县为侯国者,设置相一人,治理该侯国政事,其职权与县令相同,所以也可称为令。

裴注 [1]《续汉书》曰："淑有高才，王畅、李膺皆以为师，为朗陵侯相，号称神君。"张璠《汉纪》曰："淑博学有高行，与李固、李膺同志友善，拔李昭于小吏，友黄叔度于幼童。以贤良方正征，对策讥切梁氏，出补朗陵侯相，卒官。八子：俭、绲、靖、焘、汪、爽、肃、旉(音敷)。爽字慈明，幼好学，年十二，通《春秋》《论语》，耽思经典，不应征命，积十数年。董卓秉政，复征爽，爽欲遁去，吏持之急。诏下郡，即拜平原相。行至苑陵，又追拜光禄勋。视事三日，策拜司空。爽起自布衣，九十五日而至三公。淑旧居西豪里，县令苑康曰：'昔高阳氏有才子八人，署其里为高阳里。'靖字叔慈，亦有至德，名几亚爽，隐居终身。"皇甫谧《逸士传》："或问许子将，靖与爽孰贤？子将曰：'二人皆玉也，慈明外朗，叔慈内润。'"

彧年少时，南阳何颙异之，曰"王佐才也[1]"。永汉元年，举孝廉，拜守宫令。董卓之乱，求出补吏，除亢父令，遂弃官归，谓父老曰："颍川，四战之地也，天下有变，常为兵冲[1]，宜亟去之，无久留。"乡人多怀土犹豫，会冀州牧同郡韩馥遣骑迎之，莫有随者，彧独将宗族至冀州。而袁绍已夺馥位，待彧以上宾之礼。彧弟谌及同郡辛评、郭图，皆为绍所任。彧度绍终不能

荀彧年少的时候，南阳何颙就认为他非同寻常，说他"有辅佐成就帝王之业的才干"。永汉元年(189)，他被举为孝廉，任守宫令。董卓之乱时，荀彧请求外出补吏员，授官亢父县令，于是他弃官还乡，对家乡父老说："颍川，处在四面受敌的位置，天下出现动乱的时候，常会成为激战的地区，应该及早离去，不要久留在这里。"家乡父老多怀恋故土而犹豫不决，恰好这个时候同郡的冀州牧韩馥派遣车骑来迎接乡民，没有人愿意跟随，唯独荀彧率领宗族迁到了冀州。这时袁绍夺取了韩馥的职位，用上宾之礼对待荀彧。荀彧的弟弟荀谌和同郡的辛评、郭图，都为袁绍所任

成大事,时太祖为奋武将军,在东郡,初平二年,彧去绍从太祖。太祖大悦曰:“吾之子房[2]也。”以为司马,时年二十九。是时,董卓威陵天下,太祖以问彧,彧曰:“卓暴虐已甚,必以乱终,无能为也。”卓遣李傕等出关东,所过虏略,至颍川、陈留而还。乡人留者多见杀略。明年,太祖领兖州牧,后为镇东将军,彧常以司马从。

用。荀彧推测袁绍终究不能够成就大业,当时太祖为奋武将军,驻扎在东郡,初平二年(191),荀彧离开袁绍投奔太祖。太祖非常高兴地说:“你就相当于我的子房啊。”于是委任荀彧做司马,他当时二十九岁。在这个时候,董卓的权势凌驾天下,太祖以此情况询问荀彧,荀彧说:“董卓过于凶残暴虐,一定会以动乱终结,不可能有大的作为。”董卓派遣李榷等人出兵关东地区,对经过的地方抢夺掳掠,到达颍川、陈留才返回。留在当地的乡民很多都被杀害掳掠。第二年,太祖兼领兖州牧,后来又任镇东将军,荀彧常以司马的身份跟从他。

今注 1 兵冲:用兵的要冲之地。 2 子房:张良,字子房,秦末汉初杰出的谋士,与韩信、萧何并称“汉初三杰”。张良是汉高祖刘邦的重要谋臣,辅佐刘邦平定天下,建立汉朝。

裴注 [1]《典略》曰:“中常侍唐衡欲以女妻汝南傅公明,公明不娶,转以与彧。父绲慕衡势,为彧娶之。彧为论者所讥。”臣松之案:《汉记》云唐衡以桓帝延熹七年死,计彧于时年始二岁,则彧婚之日,衡之没久矣。慕势之言为不然也。臣松之又以为,绲八龙之一,必非苟得者也,将有逼而然,何云慕势哉?昔郑忽以违齐致讥,隽生以拒霍见美,致讥在于失援,见美嘉其虑远,并无交至之害,故得各全其志耳。至于阉竖用事,四海屏气;左悺、唐衡,杀生在口。故于时谚云“左回天,唐独坐”,言威权莫二也。顺之则六亲以安,忤违则大祸立至;斯诚以存易亡,蒙耻期全之日。昔蒋诩姻于王氏,无损清高之操,绲之此婚,庸何伤乎!

兴平元年,太祖征陶谦,任彧留事。会张邈、陈宫以兖州反,潜迎吕布。布既至,邈乃使刘翊告彧曰:"吕将军来助曹使君[1]击陶谦,宜亟供其军食。"众疑惑。彧知邈为乱,即勒兵设备,驰召东郡太守夏侯惇,而兖州诸城皆应布矣。时太祖悉军攻谦,留守兵少,而督将大吏多与邈、宫通谋。惇至,其夜诛谋叛者数十人,众乃定。豫州刺史郭贡帅众数万来至城下,或言与吕布同谋,众甚惧。贡求见彧,彧将往。惇等曰:"君,一州镇也,往必危,不可。"彧曰:"贡与邈等,分非素结也,今来速,计必未定;及其未定说之,纵不为用,

兴平元年(194),太祖征伐陶谦,任命荀彧留守处理事宜。恰逢张邈、陈宫在兖州反叛,暗自迎接吕布。吕布到达兖州后,张邈派遣刘翊告诉荀彧说:"吕布将军来帮助曹使君攻伐陶谦,应该赶快给他提供军食。"众人都对此疑惑不解。荀彧知道张邈阴谋叛乱,立即调遣兵马设置防备,急速请东郡太守夏侯惇前来,但是兖州的许多城池都已经响应吕布。当时太祖将大部分军队都率领去攻打陶谦,留在兖州的士兵很少,而且重要的将领、官员大多与张邈、陈宫勾结谋反。夏侯惇赶到兖州,当夜诛杀数十名谋反者,众人才安定下来。豫州刺史郭贡率领数万人赶到兖州城下,有人认为他与吕布同谋,大家都很害怕。郭贡请求与荀彧相见,荀彧将要前去。夏侯惇等人说:"您镇守一州,前去必定危险,不能去。"荀彧说:"郭贡与张邈等人,并不是平时就有很好的关系,现在匆忙赶来,肯定还未下定决心;在他犹豫不决的时候进行劝说,即使他不为我所用,也可以

可使中立，若先疑之，彼将怒而成计。”贡见彧无惧意，谓鄄城[2]未易攻，遂引兵去。又与程昱计，使说范、东阿，卒全三城，以待太祖。太祖自徐州还击布濮阳，布东走。二年夏，太祖军乘氏[3]，大饥，人相食。

使他保持中立，如果先猜疑他，他将会因为愤怒而打定主意和反叛者合作。”郭贡见荀彧并没有害怕，认为鄄城不好攻打，就率军离去了。荀彧又和程昱谋划，派人游说范、东阿，最终将三座城池保全下来，以等待太祖回军。太祖从徐州返回，在濮阳攻打吕布，吕布向东逃走。第二年夏，太祖驻扎在乘氏，发生了大饥荒，人与人相食。

今注 1 使君：汉代称呼太守、刺史以及州牧为使君，汉以后用作对州郡长官的尊称。 2 鄄(juàn)城：在今山东鄄城北旧城镇，东汉末曹操曾迁兖州治于此。 3 乘氏：古县名。在今山东巨野西南。

陶谦死，太祖欲遂取徐州，还乃定布。彧曰：“昔高祖保关中，光武据河内，皆深根固本以制天下，进足以胜敌，退足以坚守，故虽有困败而终济大业。将军本以兖州首事，平山东之难[1]，百姓无不归心悦服。且河、济，天下之要地也，今虽残坏，犹易以自保，是亦将军之关中、河内也，

陶谦去世，太祖打算先攻取徐州，再回来平定吕布。荀彧说：“当年汉高祖保有关中地区，光武帝占据河内地区，都是依靠有着深厚稳固的根基来控制天下，进击能够打败敌人，退却能够坚守地盘，所以虽然会有困难失败，却最终能够成就大业。将军本来就是在兖州率先起事，平定了山东地区的祸乱，百姓都欢心归服。而且黄河与济水，是天下的紧要之处，现在虽然残破毁坏，但还是很容易据此自保，这也相当于是将军的关中和河内啊，不可以不先平定。现在您已经攻

不可以不先定。今以破李封、薛兰，若分兵东击陈宫，宫必不敢西顾，以其间勒兵收熟麦，约食畜谷，一举而布可破也。破布，然后南结扬州，共讨袁术，以临淮、泗。若舍布而东，多留兵则不足用，少留兵则民皆保城，不得樵采。布乘虚寇暴，民心益危，唯鄄城、范、卫可全，其余非己之有，是无兖州也。若徐州不定，将军当安所归乎？且陶谦虽死，徐州未易亡也。彼惩往年之败，将惧而结亲，相为表里。今东方皆以收麦，必坚壁清野[2]以待将军，将军攻之不拔，略之无获，不出十日，则十万之众未战而自困耳[1]。前讨徐州，威罚实行[2]，其子弟念父兄之耻，必人自为守，无降心，就能

破李封、薛兰，如果分兵向东攻打陈宫，陈宫肯定不敢再往西觊觎，在这个间隙率兵收割成熟的麦子，节约并储备粮食，可以一举攻破吕布。攻破吕布，然后向南结交扬州，共同讨伐袁术，这样就可以兵临淮水、泗水。如果舍弃吕布而向东发展，将大量士兵留在这里则前方兵力不够用，留少量士兵在这里就需要大量民众来保护城池，而没办法砍柴采薪。如果这个时候吕布乘虚抢掠施暴，民心就会更加动摇，到那时就只能保全鄄城、范和卫，其余的地区都将失去，这样也就失掉了对兖州的控制。如果徐州不能平定，将军将归身何处呢？而且陶谦虽然已经死去，徐州并不是那么容易就可以攻取的。他们肯定会接受之前失败的教训，因恐惧而和其他的势力紧密联合，内外相应。现在东部地区都已经将麦子收割完毕，必定会以坚壁清野的战术对待将军，那个时候将军无法攻下城池，也不能靠抢掠获得物资，不超过十天，十万将士还没有攻战自己就已经陷入困境了。之前讨伐徐州的时候，因严厉惩罚而给当地人造成了很大伤害，他们的子弟想到父兄的耻辱，各自一定会坚定守城的决心，而

破之，尚不可有也。夫事固有弃此取彼者，以大易小可也，以安易危可也，权一时之势，不患本之不固可也。今三者莫利，愿将军熟虑之。”

不会有投降的想法，即使能攻破城池，也不能够长期占有。做事情本来就是有取有舍，可以用大利换取小利，用安定换取危险，权衡一时的形势，可以不用担心根基不稳固。现在这三个方面都处于不利的局面，希望将军深思熟虑。”

太祖乃止。大收麦，复与布战，分兵平诸县。布败走，兖州遂平。

太祖于是就放弃了原来的打算。大规模地收割麦子，再和吕布交战，派军队平定各县。吕布失败逃走，兖州于是平定。

今注　1 平山东之难：指鲍信等迎曹操领兖州牧，曹操攻破青州的黄巾军。　2 坚壁清野：坚守营垒或据点，并将周围地区的粮食、牲口等物资转移或收藏起来，使入侵之敌不能掠夺和利用。

裴注　[1] 臣松之以为，于时徐州未平，兖州又叛，而云“十万之众”，虽是抑抗之言，要非寡弱之称。益知官渡之役，不得云“兵不满万”也。　[2]《曹瞒传》云：“京师遭董卓之乱，人民流移东出，多依彭城间。遇太祖至，坑杀男女数万口于泗水，水为不流。陶谦帅其众军武原，太祖不得进。引军从泗南攻取虑、睢陵、夏丘诸县，皆屠之；鸡犬亦尽，墟邑无复行人。”

建安元年，太祖击破黄巾。汉献帝自河东还洛阳。太祖议奉迎都许，或以山东未平，韩暹、杨奉新将天子到洛阳，北连张杨，未可卒制。彧劝太祖曰：

建安元年(196)，太祖攻破黄巾军。汉献帝从河东回到洛阳。太祖提议将献帝奉迎到许，有人认为山东地区还没有平定，韩暹、杨奉刚送天子到洛阳，和北方的张杨联系紧密，不可能很快控制局势。荀彧劝说太祖：“以前晋文

"昔晋文纳周襄王[1]而诸侯景从[2],高祖东伐为义帝缟素而天下归心。自天子播越[3],将军首唱义兵,徒以山东扰乱,未能远赴关右,然犹分遣将帅,蒙险通使,虽御难于外,乃心无不在王室,是将军匡天下之素志也。今车驾旋轸,东京榛芜,义士有存本之思,百姓感旧而增哀。诚因此时,奉主上以从民望,大顺也;秉至公以服雄杰,大略也;扶弘义以致英俊,大德也。天下虽有逆节,必不能为累,明矣。韩暹、杨奉其敢为害!若不时定,四方生心,后虽虑之,无及。"太祖遂至洛阳,奉迎天子都许。天子拜太祖大将军,进彧为汉侍中,守[4]尚书令。常居中持重[1],太祖虽征伐在外,军国事皆与彧筹焉[2]。太祖问彧:"谁能代卿为我谋者?"彧

公尊奉周襄王到洛阳,诸侯紧相追随,汉高祖东伐项羽为义帝发丧,然后天下归心。自从天子流亡在外,将军首先组织义兵勤王,只是因为山东地区处于战乱,才没能够亲自到关右,然而仍然派遣将帅,冒着危险派遣使者联络,虽然在外抵御祸患,但是心志一直都放在王室上,这是将军一直都坚持的匡正天下的志向。现在天子返还京师,但洛阳破败荒芜,有志之士考虑着怎样巩固国家的根本,平民百姓想到国家往日的辉煌而感到哀伤。正是应在这种时候,尊奉主上以顺从民众的期望,是大顺;秉承至公的志向以使众多豪杰顺服,是大略;匡扶大义以招致英才俊杰,是大德。天下虽有人反对,必不能有什么阻碍,这是很明显的。韩暹、杨奉怎么敢阻挠!如果不及时下定决心,等到其他势力抢夺先机,那个时候再谋划,就已经来不及了。"太祖于是到洛阳,奉迎天子迁都到许。天子任命太祖为大将军,提拔荀彧为侍中,代理尚书令。荀彧经常在朝中决断大事,太祖虽然在外征伐,军情国事都和荀彧一起筹划。太祖询问荀彧:"谁能够代替您为我谋事?"

言:“荀攸、钟繇。”先是,彧言策谋士,进戏志才。志才卒,又进郭嘉。太祖以彧为知人,诸所进达皆称职,唯严象为扬州,韦康为凉州,后败亡[3]。

荀彧说:“荀攸、钟繇。”先前,荀彧引荐谋略之士,推荐了戏志才。戏志才去世后,又推荐了郭嘉。太祖认为荀彧有知人的才能,他推荐的人才都很称职,只有任职扬州的严象,任职凉州的韦康,后来败亡。

今注 **1** 晋文纳周襄王:春秋时期,周襄王与母弟王子带有矛盾,襄王出奔到郑。狐偃对晋文公说:“求诸侯莫如勤王,诸侯信之,且大义也。”晋文公于是迎立襄王返回王城,杀死王子带。于是诸侯服从,成就霸业。 **2** 景从:如同影子跟随形体,比喻紧相追随。 **3** 天子播越:指天子流亡在外。 **4** 守:代理。

裴注 [**1**]《典略》曰:“彧折节下士,坐不累席。其在台阁,不以私欲挠意。彧有群从一人,才行实薄,或谓彧:‘以君当事,不可不以某为议郎邪?’彧笑曰:‘官者所以表才也,若如来言,众人其谓我何邪!’其持心平正,皆类此。” [**2**]《典略》曰:“彧为人伟美。”又《平原祢衡传》曰:“衡字正平,建安初,自荆州北游许都,恃才傲逸,臧否过差,见不如己者不与语,人皆以是憎之。唯少府孔融高贵其才,上书荐之曰:‘淑质贞亮,英才卓荦。初涉艺文,升堂睹奥;目所一见,辄诵于口,耳所暂闻,不忘于心。性与道合,思若有神。弘羊心计,安世默识,以衡准之,诚不足怪。’衡时年二十四。是时许都虽新建,尚饶人士。衡尝书一刺怀之,字漫灭而无所适。或问之曰:‘何不从陈长文、司马伯达乎?’衡曰:‘卿欲使我从屠沽儿辈也!’又问曰:‘当今许中,谁最可者?’衡曰:‘大儿有孔文举,小儿有杨德祖。’又问:‘曹公、荀令君、赵荡寇皆足盖世乎?’衡称曹公不甚多,又见荀有仪容,赵有腹尺,因答曰:‘文若可借面吊丧,稚长可使监厨请客。’其意以为荀但有貌,赵健啖肉也。于是众人皆切齿。衡知众不悦,将南还荆州。装束临发，众人为祖道，先设供帐于城南，自共相诫曰：'衡数不逊，今因其后到，以不起报之。'及衡至，众人皆坐不起，衡乃号咷大哭。众人问其故，衡曰：'行尸柩之间，能不悲乎？'衡南见刘表，表甚礼之。将军黄祖屯夏口，祖子射与衡善，随到夏口。祖嘉其才，每在坐，席有异宾，介使与衡谈。后衡骄蹇，答祖言俳优饶言，祖以为骂己也，大怒，顾伍伯捉头出。左右遂扶以去，拉而杀之。"臣松之以为，本传不称彧容貌，故载《典略》与《衡传》以见之。又潘勖为彧碑文，称彧"瑰姿奇表"。张衡《文士传》曰："孔融数荐衡于太祖，欲与相见，而衡疾恶之，意常愤懑。因狂疾不肯往，而数有言论。太祖闻其名，图欲辱之，乃录为鼓吏。后至八月朝，大宴，宾客并会。时鼓吏击鼓过，皆当脱其故服，易著新衣。次衡，衡击为《渔阳参挝》，容态不常，音节殊妙。坐上宾客听之，莫不慷慨。过不易衣，吏呵之，衡乃当太祖前，以次脱衣，裸身而立，徐徐乃著裈帽毕，复击鼓参挝，而颜色不怍。太祖大笑，告四坐曰：'本欲辱衡，衡反辱孤。'至今有《渔阳参挝》，自衡造也。融深责数衡，并宣太祖意，欲令与太祖相见。衡许之，曰：'当为卿往。'至十月朝，融先见太祖，说'衡欲求见'。至日晏，衡著布单衣、疏巾履，坐太祖营门外，以杖捶地，数骂太祖。太祖敕外厩急具精马三匹，并骑二人，谓融曰：'祢衡竖子，乃敢尔！孤杀之无异于雀鼠，顾此人素有虚名，远近所闻，今日杀之，人将谓孤不能容。今送与刘表，视卒当何如？'乃令骑以衡置马上，两骑扶送至南阳。"《傅子》曰："衡辩于言而克于论，见荆州牧刘表日，所以自结于表者甚至，表悦之，以为上宾。衡称表之美盈口，而论表左右不废绳墨。于是左右因形而谮之，曰：'衡称将军之仁，西伯不过也，唯以为不能断；终不济者，必由此也。'是言实指表智短，而非衡所言也。表不详察，遂疏衡而逐之。衡以交绝于刘表，智穷于黄祖，身死名灭，为天下笑者，谮之者有形也。" [3]《三辅决录注》曰："象字文则，京兆人。少聪博，有胆智。以督军御史中丞诣扬州讨袁术，会术病卒，因以为扬州刺史。建安五年，为孙策庐江太守李术所杀，时年三十八。象同郡赵岐作《三辅决录》，恐时人不尽其意，故隐其书，唯以示象。康字元将，亦京兆人。孔融与康父端书曰：'前日元将来，渊才亮茂，雅度弘毅，伟世之器也。昨日仲将又来，懿性贞实，文敏笃诚，保家之主也。不意双珠，近出老蚌，甚珍贵之。'端从凉州牧征为太仆，康代为凉州刺史，时人荣之。后为马超所围，坚守历时，救军不至，遂为超所杀。"仲将名诞，见《刘邵传》。

自太祖之迎天子也，袁绍内怀不服。绍既并河朔，天下畏其强。太祖方东忧吕布，南拒张绣，而绣败太祖军于宛。绍益骄，与太祖书，其辞悖慢[1]。太祖大怒，出入动静变于常，众皆谓以失利于张绣故也。钟繇以问彧，彧曰："公之聪明，必不追咎往事，殆有他虑。"则见太祖问之，太祖乃以绍书示彧，曰："今将讨不义，而力不敌，何如？"彧曰："古之成败者，诚有其才，虽弱必强，苟非其人，虽强易弱，刘、项之存亡，足以观矣。今与公争天下者，唯袁绍尔。绍貌外宽而内忌，任人而疑其

自从太祖奉迎天子到许，袁绍内心就不服气。袁绍吞并了河朔地区，天下都害怕袁绍的强大。当时太祖在东方比较担心吕布，在南方抵御张绣，而且张绣在宛城打败了太祖的军队。袁绍更加骄横，寄给太祖书信，言辞无理且傲慢。太祖非常生气，出入行为和平常很不一样，大家都以为是被张绣打败的缘故。钟繇问荀彧，荀彧说："主公聪慧明达，必定不会被往事所烦扰，可能是有其他的顾虑。"于是面见太祖询问，太祖就将袁绍的书信给荀彧看，并说："我打算征讨不义，但是力量不如对方，该怎么办呢？"荀彧说："观览古代成败之人，如果的确很有才能，即使弱小也能变得强大，如果是庸人，即使强大也会变得弱小，通过刘邦、项羽的存亡，已经能够看出来了。现在与主公争夺天下的人，只有袁绍了。袁绍表面宽大但内心猜忌，任用人才却狐疑不定；主公聪慧明达不拘小节，人才

心;公明达不拘,唯才所宜,此度胜也。绍迟重[2]少决,失在后机,公能断大事,应变无方,此谋胜也。绍御军宽缓,法令不立,士卒虽众,其实难用;公法令既明,赏罚必行,士卒虽寡,皆争致死,此武胜也。绍凭世资,从容饰智,以收名誉,故士之寡能好问[3]者多归之;公以至仁待人,推诚心不为虚美,行己谨俭,而与有功者无所吝惜,故天下忠正效实之士咸愿为用,此德胜也。夫以四胜辅天子,扶义征伐,谁敢不从?绍之强其何能为!"太祖悦。

都能被恰当使用,这是在气度上胜过袁绍。袁绍行动迟缓决断犹豫,失在错过机会,主公能够决断大事,对各种状况能够随机应变,这是在谋略上胜过袁绍。袁绍治军疏阔,法令得不到严格执行,士卒虽然众多,但很难有效使用;主公法令严明,赏罚得到切实执行,士卒虽然较少,但士兵却争相赴死,这是在武力上胜过袁绍。袁绍凭借雄厚的家世,假装镇定有智慧,以沽名钓誉,所以少有才能而喜好虚名的士人多归附于他;主公以至仁之心待人,推诚布公而不求虚美,对自己要求谨严简朴,而对有功之人赏赐毫不吝惜,所以天下忠诚正直而有真实才干的士人都愿意为您效劳,这是在德行上胜过袁绍。凭借这四个方面的优势辅佐天子,匡扶道义而征伐,谁敢不服从?袁绍虽然强大又能怎么样呢!"太祖听了很高兴。

今注 1 悖慢:无理且傲慢。 2 迟重:迟疑犹豫。 3 好问:喜好声誉虚名。问,通"闻",声誉。

彧曰:"不先取吕布,河北亦未易图也。"太祖曰:"然。吾所惑者,

荀彧说:"不先把吕布打败,河北地区也不容易谋取啊。"太祖说:"是这样的。我所疑惑的是,又恐怕袁绍会侵扰

又恐绍侵扰关中，乱羌、胡，南诱蜀、汉[1]，是我独以兖、豫抗天下六分之五也。为将奈何？”彧曰：“关中将帅以十数，莫能相一，唯韩遂、马超最强。彼见山东方争，必各拥众自保。今若抚以恩德，遣使连和，相持虽不能久安，比公安定山东[2]，足以不动。钟繇可属以西事。则公无忧矣。”

关中地区，扰乱羌人、胡人，向南引诱占据蜀、汉的刘璋，这样的话我将以兖州、豫州抗衡天下六分之五的区域。这该怎么办呢？”荀彧说：“关中地区的将帅有十几个，但是并不能统一起来，只有韩遂、马超最为强大。他们看到山东地区正在争斗，必会各自拥兵自保。现在如果主公用恩德安抚他们，派遣使者联络讲和，即使不能够长久地保持安定，但直到主公平定山东地区，足以保证不会发生动乱。可以把处理西部的事情托付给钟繇。主公就可以不再忧虑了。”

今注 1 蜀、汉：蜀郡与汉中郡，指当时割据这二郡的刘璋。 2 山东：战国、秦、汉指崤山或华山以东的地区。

三年，太祖既破张绣，东禽吕布，定徐州，遂与袁绍相拒。孔融谓彧曰：“绍地广兵强，田丰、许攸，智计之士也，为之谋；审配、逢纪，尽忠之臣也，任其事；颜良、文丑，勇冠三军，统其兵；殆难克乎！”彧曰：“绍兵虽多而法不整。田丰刚而犯上，许攸

建安三年(198)，太祖攻破张绣，向东擒获吕布，平定徐州，于是与袁绍直接对抗。孔融对荀彧说：“袁绍地盘广大兵马强壮；田丰、许攸，是有才智计谋的人，为他谋划；审配、逢纪，是竭尽忠心的臣子，为他任事；颜良、文丑，在三军中最为勇猛，为他统兵；看来是很难战胜啊！”荀彧说：“袁绍虽然兵多但军法不严整。田丰刚毅而触犯上司，许攸贪婪而不能自我约束。审配专断而

贪而不治。审配专而无谋，逢纪果而自用，此二人留知后事，若攸家犯其法，必不能纵也，不纵，攸必为变。颜良、文丑，一夫之勇耳，可一战而禽也。”五年，与绍连战。太祖保官渡，绍围之。太祖军粮方尽，书与彧，议欲还许以引绍。彧曰：“今军食虽少，未若楚、汉在荥阳、成皋[1]间也。是时刘、项莫肯先退，先退者势屈也。公以十分居一之众，画地而守之，扼其喉而不得进，已半年矣。情见势竭，必将有变，此用奇之时，不可失也。”太祖乃住。遂以奇兵袭绍别屯，斩其将淳于琼等，绍退走。审配以许攸家不法，收其妻子，攸怒叛绍；颜良、文丑临阵授首；田丰以谏见诛，皆如彧所策。

没有谋略，逢纪果敢但自以为是，这二人留在后方处理事务，如果许攸家人犯法的话，他们一定不会放纵，不放纵的话，许攸必定会变节。颜良、文丑，只有匹夫之勇，可以一战擒获。”建安五年(200)，太祖与袁绍接连交战。太祖守卫官渡，被袁绍围困。太祖军粮快要吃完了，给荀彧写信，讨论返回许都以引袁绍退兵。荀彧认为：“现在军粮虽少，却并不像当年楚、汉在荥阳、成皋对峙那样紧迫。当时刘邦、项羽都不肯先退让，谁先退让谁就陷入被动。主公用十分之一的力量，就地坚守，控制咽喉要地使其不能前进，已经半年了。敌人的情况已经清楚，势头已经枯竭，必将会有转机，这是实行奇谋的时候，不可丧失呀。”太祖这才坚持住。于是运用奇兵袭击袁绍其他的屯兵之处，斩杀将领淳于琼等人，袁绍于是撤退。审配因为许攸的家人犯法，而将他的妻子儿女逮捕，许攸愤怒之下叛离袁绍；颜良、文丑在战场上被杀；田丰也因为劝谏被杀，都如荀彧所预料的那样。

今注　1 成皋(gāo)：在今河南荥阳汜水镇西。刘邦与项羽争天下时，曾在荥阳、成皋之间相持很久，后来项羽与刘邦盟约，中分天下，鸿沟以西为汉地，以东为楚地，项羽因此退兵，刘邦却乘机而进，打败项羽。

六年，太祖就谷[1]东平之安民，粮少，不足与河北相支，欲因绍新破，以其间击讨刘表。彧曰："今绍败，其众离心，宜乘其困，遂定之；而背兖、豫，远师江、汉[2]，若绍收其余烬，承虚以出人后，则公事去矣。"太祖复次于河上。绍病死。太祖渡河，击绍子谭、尚，而高幹、郭援侵略河东，关右震动，钟繇帅马腾等击破之。语在《繇传》。八年，太祖录彧前后功，表封彧为万岁亭侯[1]。

建安六年(201)，太祖到东平国的安民县去找粮食，因为粮食短缺，没办法和河北敌军相持，打算利用袁绍刚刚被攻破的间歇，讨伐刘表。荀彧认为："现在袁绍失败，部众离心，应该趁着他困顿，一举平定；却要远离兖州、豫州，去远征江、汉地区，如果袁绍聚集残存的力量，乘虚而攻入后方，那么主公的大事就完了。"太祖于是又驻扎在黄河畔。袁绍病死。太祖渡过黄河，攻击袁绍的儿子袁谭、袁尚，这时高幹、郭援侵略河东地区，关右震动，钟繇率领马腾等人将其击破。事情记在《钟繇传》里。建安八年(203)，太祖记录荀彧前后的功劳，上表封他为万岁亭侯。

今注　**1** 就谷：指荒年到粮谷多的地方去就食。　**2** 江、汉：指荆州，因其境内有长江、汉水而得名。

裴注　[**1**]《彧别传》载太祖表曰："臣闻虑为功首，谋为赏本，野绩不越庙堂，战多不逾国勋。是故曲阜之锡，不后营丘，萧何之土，先于平阳。珍策重计，古今所尚。侍中守尚书令彧，积德累行，少长无悔，遭世纷扰，怀忠念治。臣自始举义兵,周游征伐,与彧戮力同心,左右王略,发言授策,无施不效。彧之功业,臣由以济,用披浮云,显光日月。陛下幸许,彧左右机近,忠恪祇顺,如履薄冰,研精极锐,以抚庶事。天下之定,彧之功也。宜享高爵,以彰元勋。”彧固辞无野战之劳,不通太祖表。太祖与彧书曰:“与君共事已来,立朝廷,君之相为匡弼,君之相为举人,君之相为建计,君之相为密谋,亦以多矣。夫功,未必皆野战也,愿君勿让。”彧乃受。

九年,太祖拔邺,领冀州牧。或说太祖:“宜复古置九州,则冀州所制者广大,天下服矣。”太祖将从之,彧言曰:“若是,则冀州当得河东、冯翊、扶风、西河、幽、并之地,所夺者众。前日公破袁尚,禽审配,海内震骇,必人人自恐不得保其土地,守其兵众也;今使分属冀州,将皆动心。且人多说关右诸将以闭关之计,今闻此,以为必以次见夺。一旦生变,虽有善守者,转相胁为非,则袁尚得宽其死,而袁谭怀贰,刘表遂保江、汉之间,天下未易图也。愿公急引兵先

建安九年(204),太祖攻下邺城,兼领冀州牧。有人劝说太祖:“应该恢复古制设置九州,那么冀州所管辖的地方广大,天下就会服从。”太祖将要这样做,荀彧说:“如果这样,冀州将要取得河东、冯翊、扶风、西河、幽州、并州这些地区,所要夺取的太多。之前主公击破袁尚,擒获审配,海内已经震动恐惧,必定人人害怕不能够再保有自己的土地,不能再拥有自己的军队;现在打算将他们的地盘划分给冀州,人心将会动摇。而且许多人都用闭关的计策来劝说关右地区的将领,现在听到这个消息,他们一定会认为要被逐渐剥夺属地。一旦发生变故,即使有立场坚定的人,也抵不住相互胁迫而作乱,那么袁尚就能够得到喘息,袁谭会怀有二心,刘表会保有江、汉之间的区域,天下并不容易平定。希望主公即刻率领军队先平定

定河北,然后修复旧京,南临荆州,责贡之不入,则天下咸知公意,人人自安。天下大定,乃议古制,此社稷长久之利也。”太祖遂寝九州议。

河北地区,然后修复旧都,向南兵临荆州,指责刘表不向朝廷纳贡,那么天下人都会知道主公的志向,人人都会安定下来。等到天下安定之后,再讨论古制,这才是社稷长治久安的道理。”太祖于是放弃了划置九州的提议。

是时荀攸常为谋主。彧兄衍以监军校尉[1]守邺,都督河北事。太祖之征袁尚也,高幹密遣兵谋袭邺,衍逆觉[2],尽诛之,以功封列侯[1]。太祖以女妻彧长子恽,后称安阳公主。彧及攸并贵重,皆谦冲节俭,禄赐散之宗族知旧,家无余财。十二年,复增彧邑千户,合二千户[2]。

这个时候荀攸常为太祖谋划。荀彧的兄长荀衍以监军校尉的身份留守邺城,统管河北地区事务。太祖去征伐袁尚,高幹秘密谋划派遣军队偷袭邺城,荀衍事先觉察,将他们都诛杀了,因功劳被封为列侯。太祖将女儿嫁给荀彧的长子荀恽,后来称为安阳公主。荀彧和荀攸地位都很尊贵,他们都谦和节俭,将俸禄赏赐分发给亲朋故旧,家里没有什么储蓄。建安十二年(207),又增加荀彧食邑一千户,总共有食邑二千户。

太祖将伐刘表,问彧策安出,彧曰:“今华夏已平,南土知困矣。可显出宛、叶[3]而间行轻进[4],以掩其不意。”太祖遂行。会表病死,太祖直趋宛、叶如彧计,表子琮以州逆降。

太祖将要征伐刘表,问荀彧该怎样谋划,荀彧说:“现在华夏已经平定,南方知道自己的处境危险。可以大张旗鼓地取道宛、叶,而从小道进行突袭,以出其不意。”太祖于是出征。恰逢刘表病死,太祖按荀彧的计策直奔宛城、叶城,刘表的儿子刘琮献上荆州投降。

十七年，董昭等谓太祖宜进爵国公，九锡备物，以彰殊勋，密以谘彧。彧以为太祖本兴义兵以匡朝宁国，秉忠贞之诚，守退让之实；君子爱人以德，不宜如此。太祖由是心不能平。会征孙权，表请彧劳军于谯，因辄留彧，以侍中光禄大夫持节，参丞相军事。太祖军至濡须5，彧疾留寿春，以忧薨，时年五十。谥曰敬侯。明年，太祖遂为魏公矣[3]。

建安十七年(212)，董昭等人认为太祖应该进爵位为国公，赐以九锡大礼，用来表彰太祖的不世功勋，他们秘密地向荀彧咨询。荀彧认为太祖本来兴起义兵是为了匡扶朝廷安定国家，秉承着赤诚的忠贞信念，谦逊地保守实功；君子应该按照道德标准去爱护人，认为不应该这样做。太祖因为此事而心里不能平复。恰逢去征伐孙权，太祖上表请荀彧到谯县慰劳军队，趁机将他留在军中，以侍中光禄大夫持节，参谋丞相军事。太祖进军到濡须，荀彧因疾病留在寿春，因忧思而去世，时年五十岁。谥号为敬侯。第二年，太祖就进爵魏公。

今注 1 监军校尉：曹操所设官职，领兵并监督军事。 2 逆觉：事先发觉。 3 叶(shè)：县名，在今河南叶县南。 4 间行轻进：从小道秘密前行突袭。 5 濡须：古水名，源出今安徽西巢湖，经无为东南流入长江，当江淮间交通要道。

裴注 [1]《荀氏家传》曰："衍字休若，彧第三兄。彧第四兄谌，字友若，事见《袁绍传》。陈群与孔融论汝、颍人物，群曰：'荀文若、公达、休若、友若、仲豫，当今并无对。'衍子绍，位至太仆。绍子融，字伯雅，与王弼、钟会俱知名，为洛阳令，参大将军军事，与弼、会论《易》《老》义，传于世。谌子闳，字仲茂，为太子文学掾。时有甲乙疑论，闳与钟繇、王朗、袁涣议各不同。文帝与繇书曰：'袁、王国士，更为唇齿，荀闳劲悍，往来锐师，真君侯之勍敌,左右之深忧也。'终黄门侍郎。闳从孙恽,字景文,太子中庶子,亦知名。与贾充共定音律,又作《易集解》。仲豫名悦,朗陵长俭之少子,彧从父兄也。"张璠《汉纪》称悦清虚沈静,善于著述。建安初为秘书监侍中,被诏删《汉书》,作《汉纪》三十篇,因事以明臧否,致有典要;其书大行于世。 [2]《彧别传》曰:"太祖又表曰:'昔袁绍侵入郊甸,战于官渡。时兵少粮尽,图欲还许,书与彧议,彧不听臣。建宜住之便,恢进讨之规,更起臣心,易其愚虑,遂摧大逆,覆取其众。此彧睹胜败之机,略不世出也。及绍破败,臣粮亦尽,以为河北未易图也,欲南讨刘表。彧复止臣,陈其得失,臣用反斾,遂吞凶族,克平四州。向使臣退于官渡,绍必鼓行而前,有倾覆之形,无克捷之势。后若南征,委弃兖、豫,利既难要,将失本据。彧之二策,以亡为存,以祸致福,谋殊功异,臣所不及也。是以先帝贵指踪之功,薄搏获之赏;古人尚帷幄之规,下攻拔之捷。前所赏录,未副彧巍巍之勋,乞重平议,畴其户邑。'彧深辞让,太祖报之曰:'君之策谋,非但所表二事。前后谦冲,欲慕鲁连先生乎?此圣人达节者所不贵也。昔介子推有言"窃人之财,犹谓之盗"。况君密谋安众,光显于孤者以百数乎!以二事相还而复辞之,何取谦亮之多邪!'太祖欲表彧为三公,彧使荀攸深让,至于十数,太祖乃止。" [3]《魏氏春秋》曰:"太祖馈彧食,发之,乃空器也,于是饮药而卒。咸熙二年,赠彧太尉。"《彧别传》曰:"彧自为尚书令,常以书陈事,临薨,皆焚毁之,故奇策密谋不得尽闻也。是时征役草创,制度多所兴复,彧尝言于太祖曰:'昔舜分命禹、稷、契、皋陶以揆庶绩,教化征伐,并时而用。及高祖之初,金革方殷,犹举民能善教训者,叔孙通习礼仪于戎旅之间,世祖有投戈讲艺、息马论道之事,君子无终食之间违仁。今公外定武功,内兴文学,使干戈戢睦,大道流行,国难方弭,六礼俱治,此姬旦宰周之所以速平也。既立德立功,而又兼立言,诚仲尼述作之意;显制度于当时,扬名于后世,岂不盛哉!若须武事毕而后制作,以稽治化,于事未敏。宜集天下大才通儒,考论六经,刊定传记,存古今之学,除其烦重,以一圣真,并隆礼学,渐敦教化,则王道两济。’彧从容与太祖论治道，如此之类甚众，太祖常嘉纳之。彧德行周备，非正道不用心，名重天下，莫不以为仪表，海内英俊咸宗焉。司马宣王常称：‘书传远事，吾自耳目所从闻见，逮百数十年间，贤才未有及荀令君者也。’前后所举者，命世大才，邦邑则荀攸、钟繇、陈群，海内则司马宣王，及引致当世知名郗虑、华歆、王朗、荀悦、杜袭、辛毗、赵俨之俦，终为卿相，以十数人。取士不以一揆，戏志才、郭嘉等有负俗之讥，杜畿简傲少文，皆以智策举之，终各显名。荀攸后为魏尚书令，亦推贤进士。太祖曰：‘荀令之论人，久而益信，吾没世不忘。’钟繇以为颜子既没，能备九德，不贰其过，唯荀彧然。或问繇曰：‘君雅重荀君，比之颜子，自以不及，可得闻乎？’曰：‘夫明君师臣，其次友之。以太祖之聪明，每有大事，常先諮之荀君，是则古师友之义也。吾等受命而行，犹或不尽，相去顾不远邪！’”《献帝春秋》曰：“董承之诛，伏后与父完书，言司空杀董承，帝方为报怨。完得书以示彧，彧恶之，久隐而不言。完以示妻弟樊普，普封以呈太祖，太祖阴为之备。彧后恐事觉，欲自发之，因求使至邺，劝太祖以女配帝。太祖曰：‘今朝廷有伏后，吾女何得以配上？吾以微功见录，位为宰相，岂复赖女宠乎！’彧曰：‘伏后无子，性又凶邪，往常与父书，言辞丑恶，可因此废也。’太祖曰：‘卿昔何不道之？’彧阳惊曰：‘昔已尝为公言也。’太祖曰：‘此岂小事而吾忘之？’彧又惊曰：‘诚未语公邪？昔公在官渡与袁绍相持，恐增内顾之念，故不言尔。’太祖曰：‘官渡事后何以不言？’彧无对，谢阙而已。太祖以此恨彧，而外含容之，故世莫得知。至董昭建立魏公之议，彧意不同，欲言之于太祖。及赍玺书犒军，饮飨礼毕，彧留请间。太祖知彧欲言封事，揖而遣之，彧遂不得言。彧卒于寿春，寿春亡者告孙权，言太祖使彧杀伏后，彧不从，故自杀。权以露布于蜀，刘备闻之，曰：‘老贼不死，祸乱未已。’”臣松之案：《献帝春秋》云：“彧欲发伏后事而求使至邺，而方诬太祖云‘昔已尝言’。”言既无征，回托以官渡之虞，俯仰之间，辞情顿屈，虽在庸人，犹不至此，何以玷累贤哲哉！凡诸云云，皆出自鄙俚，可谓以吾侪之言而厚诬君子者矣。袁暐虚罔之类，此最为甚也。

子恽，嗣侯，官至虎贲中郎将。初，文帝与平原侯植并有拟论，文帝曲礼[1]事彧。及彧卒，恽又与植善，而与夏侯尚不穆，文帝深恨恽。恽早卒，子甝、霬[1]，以外甥故犹宠待。恽弟俣，御史中丞，俣弟诜，大将军从事中郎，皆知名，早卒[2]。诜弟顗，咸熙中为司空[3]。恽子甝嗣，为散骑常侍，进爵广阳乡侯，年三十薨。子頵嗣[4]。霬官至中领军，薨，谥曰贞侯，追赠骠骑将军。子恺嗣。霬妻，司马景王、文王之妹也，二王皆与亲善。咸熙中，开建五等，霬以著勋前朝，改封恺南顿子[5]。

荀彧的儿子荀恽，嗣封侯爵，官职做到虎贲中郎将。当初，文帝和平原侯曹植同时被太祖考虑为继承人选，文帝以超规格的礼节对待荀彧。荀彧去世后，荀恽却和曹植友善，而和夏侯尚不和睦，文帝很怨恨荀恽。荀恽较早去世，有子荀甝、荀霬，因为他们是外甥而仍得到宠信优待。荀恽的弟弟荀俣，官至御史中丞，荀俣的弟弟荀诜，官至大将军从事中郎，都有名于当世，但都较早去世。荀诜的弟弟荀顗，咸熙年间为司空。荀恽的儿子荀甝嗣封，为散骑常侍，进爵为广阳乡侯，三十岁的时候去世。儿子荀頵继承爵位。荀霬官至中领军，去世后，谥号为贞侯，追赠骠骑将军。儿子荀恺继承爵位。荀霬的妻子，是司马景王、文王的妹妹，二王都和他关系亲密友善。咸熙年间，开始建立五等爵制，荀霬因为在前朝有显著的功勋，改封荀恺为南顿子爵。

今注 1 曲礼：此处指超规格的礼节。

裴注 ［1］霬，音翼。 ［2］《荀氏家传》曰：“恽字长倩，俣字叔倩，诜字曼倩，俣子寓，字景伯。”《世语》曰：“寓少与裴楷、王戎、杜默俱有名京邑。仕晋，位至尚书，名见显著。子羽嗣，位至尚书。” ［3］《晋阳秋》曰：“顗字景倩,幼为姊夫陈群所异。博学洽闻,意思慎密。司马宣王见颛,奇之,曰:'荀令君之子也。近见袁偘,亦曜卿之子也。'擢拜散骑侍郎。颛佐命晋室,位至太尉,封临淮康公。尝难钟会'《易》无互体',见称于世。颛弟粲,字奉倩。"何劭为《粲传》曰:"粲字奉倩。粲诸兄并以儒术论议,而粲独好言道,常以为'子贡称"夫子之言性与天道,不可得闻",然则六籍虽存,固圣人之糠秕'。粲兄俣难曰:'《易》亦云"圣人立象以尽意,系辞焉以尽言",则微言胡为不可得而闻见哉?'粲答曰:'盖理之微者,非物象之所举也。今称"立象以尽意",此非通于意外者也;"系辞焉以尽言",此非言乎系表者也;斯则象外之意,系表之言,固蕴而不出矣。'及当时能言者不能屈也。又论父彧不如从兄攸。彧立德高整,轨仪以训物,而攸不治外形,慎密自居而已。粲以此言善攸,诸兄怒而不能回也。太和初,到京邑与傅嘏谈。嘏善名理而粲尚玄远,宗致虽同,仓卒时或有格而不相得意。裴徽通彼我之怀,为二家骑驿,顷之,粲与嘏善。夏侯玄亦亲。常谓嘏、玄曰:'子等在世涂间,功名必胜我,但识劣我耳!'嘏难曰:'能盛功名者,识也。天下孰有本不足而末有余者邪?'粲曰:'功名者,志局之所奖也。然则志局自一物耳,固非识之所独济也。我以能使子等为贵,然未必齐子等所为也。'粲常以妇人者,才智不足论,自宜以色为主。骠骑将军曹洪女有美色,粲于是娉焉,容服帷帐甚丽,专房欢宴。历年后,妇病亡,未殡,傅嘏往唁粲,粲不哭而神伤。嘏问曰:'妇人才色并茂为难。子之娶也,遗才而好色。此自易遇,今何哀之甚?'粲曰:'佳人难再得!顾逝者不能有倾国之色,然未可谓之易遇。'痛悼不能已,岁余亦亡,时年二十九。粲简贵,不能与常人交接,所交皆一时俊杰。至葬夕,赴者裁十余人,皆同时知名士也。哭之,感恸路人。" [4]《荀氏家传》曰:"颙字温伯,为羽林右监,早卒。颙子崧,字景猷。《晋阳秋》称崧少有志操,雅好文学,孝义和爱,在朝恪勤,位至左右光禄大夫、开府仪同三司。崧子羡,字令则,清和有才。尚公主,少历显位,年二十八为北中郎将,徐、兖二州刺史,假节都督徐、兖、青三州诸军事。在任十年,遇疾解职,卒于家,追赠骠骑将军。羡孙伯子,今御史中丞也。”　[5]《荀氏家传》曰:“恺,晋武帝时为侍中。”干宝《晋纪》曰:“武帝使侍中荀顗、和峤俱至东宫,观察太子。顗还称太子德识进茂,而峤云圣质如初。”孙盛曰:“遣荀勖。”其余语则同。臣松之案:和峤为侍中,荀顗亡没久矣。荀勖位亚台司,不与峤同班,无缘方称侍中。二书所云,皆为非也。考其时位,恺实当之。恺位至征西大将军。恺兄憺,少府。弟悝,护军将军,追赠车骑大将军。

荀攸

原文

荀攸,字公达,彧从子也。祖父昙1,广陵太守[1],攸少孤。及昙卒,故吏张权求守昙墓。攸年十三,疑之,谓叔父衢曰:“此吏有非常之色,殆将有奸!”衢寤,乃推问,果杀人亡命。由是异之[2]。何进秉政,征海内名士攸等二十余人。攸到,拜黄门侍郎。董卓之乱,关东兵起,卓徙都长安。攸与议郎郑泰、何颙、侍中种辑、越骑校尉伍琼等谋曰:“董卓无道,甚于桀纣,天下皆怨之,虽资

译文

荀攸,字公达,是荀彧的侄子。祖父荀昙,官至广陵太守,荀攸年少时就成为孤儿。等荀昙去世的时候,故吏张权主动请求为荀昙守墓。当时荀攸只有十三岁,对此事感到疑惑,对叔父荀衢说:“这个属吏面色异常,应该有奸邪之谋。”荀衢有所省悟,就对其进行推问,果然是杀人后逃亡。荀衢由此觉得荀攸非同一般。何进掌权后,征召荀攸等二十多位海内名士。荀攸到后,官拜黄门侍郎。董卓乱政,关东地区起兵讨伐,董卓迁都长安。荀攸与议郎郑泰、何颙、侍中种辑、越骑校尉伍琼等谋划说:“董卓无道,甚于桀纣,天下之人都对他十分怨恨,董卓虽然有强兵为后盾,但实际上只是一介匹夫而已。现今直接将董卓刺

强兵,实一匹夫耳。今直刺杀之以谢百姓,然后据殽、函[2],辅王命,以号令天下,此桓、文之举也。”事垂就[3]而觉,收颙、攸系狱,颙忧惧自杀[3],攸言语饮食自若,会卓死得免。弃官归,复辟公府,举高第,还任城相,不行。攸以蜀汉险固,人民殷盛,乃求为蜀郡太守,道绝不得至,驻荆州。

杀以告慰天下百姓,然后据崤山、函谷关之险,辅佐王命,以号令天下,这是齐桓公、晋文公的做法啊。”事情快要成功的时候被发觉了,何颙、荀攸被捕入狱,何颙因忧惧而自杀,荀攸言语饮食如同平常,恰逢董卓死去而免于罹难。荀攸弃官而归,又被公府征辟,举为高等,迁为任城相,但他没有就任。荀攸认为蜀汉地势险要易于固守,人口殷盛,就求任蜀郡太守,因为道路隔绝无法到达,便停留在荆州。

今注　1 昙:即荀昙,字元智,出身颍川荀氏,官至广陵太守。与兄昱并有俊才,荀昙为官清正,极力打击宦官势力。后因兄昱谋诛宦官未遂,被禁锢终身。　2 殽、函:殽,指崤山,在今河南西部,秦岭东段支脉,中有谷道,坂坡峻陡,为古代军事要地。函,即函谷关,古关位于今河南灵宝,该关西据高原,东临绝涧,南接秦岭,北塞黄河,因其地处“两京古道”,紧靠黄河岸边,关在谷中,深险如函,故称函谷关。新关在今河南新安东,西汉元鼎三年(前114)徙关于此,去故关300里。　3 垂就:将要成功之时。

裴注　[1]《荀氏家传》曰:“昙字元智。兄昱,字伯脩。”张璠《汉纪》称昱、昙并杰俊有殊才。昱与李膺、王畅、杜密等号为八俊,位至沛相。攸父彝,州从事。彝于彧为从祖兄弟。　[2]《魏书》曰:“攸年七八岁,衢曾醉,误伤攸耳,而攸出入游戏,常避护不欲令衢见。衢后闻之,乃惊其夙智如此。”《荀氏家传》曰:“衢子祈,字伯旗,与族父愔俱著名。祈与孔融论肉刑，愔与孔融论圣人优劣，并在《融集》。祈位至济阴太守；愔后征有道，至丞相祭酒。” [3] 张璠《汉纪》曰：“颙字伯求，少与郭泰、贾彪等游学洛阳，泰等与同风好。颙显名太学，于是中朝名臣太傅陈蕃、司隶李膺等皆深接之。及党事起，颙亦名在其中，乃变名姓亡匿汝南间，所至皆交结其豪桀。颙既奇太祖而知荀彧，袁绍慕之，与为奔走之友。是时天下士大夫多遇党难，颙常岁再三私入洛阳，从绍计议，为诸穷窘之士解释患祸。而袁术亦豪侠，与绍争名。颙未常造术，术深恨之。”《汉末名士录》曰：“术尝于众坐数颙三罪，曰：‘王德弥先觉俊老，名德高亮，而伯求疏之，是一罪也。许子远凶淫之人，性行不纯，而伯求亲之，是二罪也。郭、贾寒窭，无他资业，而伯求肥马轻裘，光曜道路，是三罪也。’陶丘洪曰：‘王德弥大贤而短于济时，许子远虽不纯而赴难不惮濡足。伯求举善则以德弥为首，济难则以子远为宗。且伯求尝为虞伟高手刃复仇，义名奋发。其怨家积财巨万，文马百驷，而欲使伯求羸牛疲马，顿伏道路，此为披其胸而假仇敌之刃也。’术意犹不平。后与南阳宗承会于阙下，术发怒曰：‘何伯求，凶德也，吾当杀之。’承曰：‘何生英俊之士，足下善遇之，使延令名于天下。’术乃止。后党禁除解，辟司空府。每三府掾属会议，颙策谋有余，议者皆自以为不及。迁北军中候，董卓以为长史。后荀彧为尚书令，遣人迎叔父司空爽丧，使并置颙尸，而葬之于爽冢傍。” [4]《魏书》云“攸使人说卓得免”，与此不同。

太祖迎天子都许，遗攸书曰：“方今天下大乱，智士劳心之时也，而顾观变蜀汉，不已久乎！”于是征攸为汝南太守，入为尚书。太祖素闻攸名，与语，

太祖迎立天子到许县建都，给荀攸写信说：“当今天下大乱，正是智谋之士劳心的时候，而您在蜀汉静观天下之变，不也太久了吗！”于是征辟荀攸为汝南太守，入朝为尚书。太祖久闻荀攸大名，和他交谈后非常高兴，对

大悦，谓荀彧、钟繇曰："公达，非常人也，吾得与之计事，天下当何忧哉！"以为军师。建安三年，从征张绣。攸言于太祖曰："绣与刘表相恃为强，然绣以游军仰食[1]于表，表不能供也，势必离。不如缓军以待之，可诱而致也；若急之，其势必相救。"太祖不从，遂进军之穰，与战。绣急，表果救之，军不利。太祖谓攸曰："不用君言至是。"乃设奇兵复战，大破之。

荀彧、钟繇说："公达，不是平常之人，我能够与他谋划大事，何愁天下不平啊！"于是任荀攸为军师。建安三年(198)，跟随出征张绣。荀攸对太祖说："张绣与刘表相互依恃方为强大，但是张绣以游军仰仗刘表供应军粮，刘表无法长久供养，势必会相离。不如放缓行军以等待时机，可以将张绣劝诱过来；如果急于强攻，两人势必相互救助。"太祖没有听从，于是进军到穰，与之交战，张绣情势危急，刘表果然发兵相救，战事失利。太祖对荀攸说："因为没有采纳您的计谋以至于此。"于是设置奇兵再战，大破张绣。

是岁，太祖自宛征吕布[1]，至下邳，布败退固守，攻之不拔，连战，士卒疲，太祖欲还。攸与郭嘉说曰："吕布勇而无谋，今三战皆北，其锐气衰矣。三军以将为主，主衰则军无奋意。夫陈宫有智而迟，今及布气之未复，宫谋之未定，进急攻之，布可拔也。"乃引沂、泗灌城，城

这年，太祖自宛城出征吕布，攻至下邳，吕布败退固守，强攻无法攻克，因为连日苦战，士卒非常疲乏，太祖打算退军。荀攸与郭嘉一起劝说太祖："吕布有勇而无谋，现今三战皆败，其锐气已经衰竭。三军以将领为主，主将气衰则军队无战意。陈宫虽有智谋而反应迟缓，现在可以趁吕布锐气没有恢复，陈宫的谋划还未确定，紧急强攻，可以击败吕布。"于是掘开沂水、泗水灌城，城墙被冲垮，生擒吕布。

溃[2]，生擒布。后从救刘延于白马，攸画策斩颜良。语在《武纪》。

后来跟随大军到白马救援刘延，荀攸谋划斩杀颜良。这些事记载在《武帝纪》里。

今注　**1** 仰食：依靠他人而得食。　**2** 溃：指城墙被水冲垮。

裴注　[**1**]《魏书》曰："议者云'表、绣在后而远袭吕布，其危必也'。攸以为表、绣新破，势不敢动。布骁猛，又恃袁术，若纵横淮、泗间，豪杰必应之。今乘其初叛，众心未一，往可破也。太祖曰：'善。'比行，布以败刘备，而臧霸等应之。"

太祖拔白马还，遣辎重循河而西。袁绍渡河追，卒与太祖遇。诸将皆恐，说太祖还保营，攸曰："此所以禽敌，奈何去之！"太祖目攸而笑。遂以辎重饵贼，贼竞奔之，阵乱。乃纵步骑击，大破之，斩其骑将文丑，太祖遂与绍相拒于官渡。军食方尽，攸言于太祖曰："绍运车旦暮至，其将韩莫锐而轻敌，击可破也[1]。"太祖曰："谁可使？"攸曰："徐晃[1]可。"乃遣晃及史涣邀击破走

太祖攻下白马后返回，派遣辎重部队沿着黄河西行。袁绍率军渡过黄河追击，与太祖突然相遇。诸位将领都很恐慌，劝说太祖赶快返回军营，荀攸说："正可以在这个时候擒获敌军，为何要撤离！"太祖注视荀攸而笑。于是以辎重引诱敌军，敌军争相抢夺，战阵散乱。此时太祖就大纵步兵、骑兵出击，大破敌军，将骑将文丑斩杀，太祖便与袁绍在官渡对峙，军粮将尽，荀攸对太祖说："袁绍的运粮车很快就要到了，押运将领韩莫虽然勇猛但轻敌，可以将其击破。"太祖问："可以派遣谁去？"荀攸回答："徐晃可以。"于是派遣徐晃和史涣在中途截击袁绍的运粮队，韩莫战败逃走，将其辎重烧毁。

之，烧其辎重。会许攸来降，言绍遣淳于琼等将万余兵迎运粮，将骄卒惰，可要击也。众皆疑，唯攸与贾诩劝太祖。太祖乃留攸及曹洪守，太祖自将攻破之，尽斩琼等。绍将张郃[2]、高览烧攻橹降，绍遂弃军走。郃之来，洪疑不敢受，攸谓洪曰："郃计不用，怒而来，君何疑？"乃受之。

恰巧这个时候许攸前来归降，说袁绍派遣淳于琼等人率万余人迎接运粮队，将领骄傲士卒懈怠，可以在中途袭击。众人都疑惑不定，唯有荀攸与贾诩力劝太祖。太祖就让许攸与曹洪留守，亲自率军击破敌军，将淳于琼等人斩杀殆尽。袁绍将领张郃、高览烧掉战船而前来归降，袁绍就弃军而逃。张郃前来归降，曹洪心疑不敢接受，荀攸对曹洪说："张郃因计谋不被采纳，所以一气之下前来投奔，您还怀疑什么？"这才接受。

今注　**1** 徐晃：字公明，三国时期曹魏名将。徐晃早年跟随杨奉征战，并说服杨奉护送汉献帝东归洛阳，受封都亭侯。后来归顺曹操，参与徐州之战、官渡之战、白狼山之战、南郡之战、渭南之战、凉州之战、汉中之战等一系列重大战役，屡立功勋。　**2** 张郃：字儁乂，三国时期曹魏名将。早年参与镇压黄巾起义，后归属袁绍，参加官渡之战，攻曹洪不下，随后投降曹操。他跟随曹操攻河北，跟随张辽定淮南，跟随夏侯渊平凉州，跟随曹操夺汉中，屡立战功。

裴注　[**1**] 臣松之案：诸书，韩莫或作韩猛，或云韩若，未详孰是。

七年，从讨袁谭、尚于黎阳。明年，太祖方征刘表，谭、尚争冀州。谭遣辛毗[1]乞降请救，太祖将

建安七年(202)，荀攸随军到黎阳征讨袁谭、袁尚。第二年，太祖正在征讨刘表，袁谭、袁尚争夺冀州。袁谭派遣辛毗乞降求救，太祖准备答应，就问

许之，以问群下。群下多以为表强，宜先平之，谭、尚不足忧也。攸曰："天下方有事，而刘表坐保江、汉之间，其无四方志可知矣。袁氏据四州之地，带甲十万，绍以宽厚得众，借使二子和睦以守其成业，则天下之难未息也。今兄弟遘恶[2]，此势不两全。若有所并则力专，力专则难图也。及其乱而取之，天下定矣，此时不可失也。"太祖曰："善。"乃许谭和亲，遂还击破尚。其后谭叛，从斩谭于南皮。冀州平，太祖表封攸曰："军师荀攸，自初佐臣，无征不从，前后克敌，皆攸之谋也。"于是封陵树亭侯。十二年，下令大论功行封，太祖曰："忠正密谋，抚宁内外，文若是也。公达其次也。"增邑四百，并前七百户[1]，转为中军师。魏国初建，

属下的意见。属下大多认为刘表势力强大，应该先将其平定，袁谭、袁尚不足为虑。荀攸却说："天下正值多事之秋，而刘表坐保于江、汉之间，可见他没有运筹四方之志。袁氏占据四州之地，有十万带甲之士，袁绍因为人宽厚而得部众拥戴，如果他的两个儿子能够和睦相处以守成基业，则天下割据之势必难平息。现今袁氏兄弟交恶，势必不能两全。如果两者合并则力量会被整合起来，整合为一后将很难打败。现在趁他们内斗而将其平定，则天下可定矣，不能失去这个宝贵的机会。"太祖说："好。"就允许了袁谭的和亲请求，于是帮助他还军击破袁尚。后来袁谭反叛，荀攸随军到南皮斩杀袁谭。平定冀州后，太祖上表为荀攸请封说："军师荀攸，自从辅佐我后，大小征战无不随从，前后克敌，都是荀攸的谋划。"于是封荀攸为陵树亭侯。建安十二年(207)，下令大规模论功行赏，太祖说："为人忠厚正直，缜密谋划，能够安抚内外，文若就是这样的人啊。其次则是公达。"增加他的食邑四百户，加上之前的总共七百户，转为中军师。

为尚书令。

魏国初建，任荀攸为尚书令。

今注 1 辛毗：辛毗起初跟随其兄辛评为袁绍效力。曹操任司空时，征召辛毗，他不受命。官渡之战后，辛毗为袁绍的儿子袁谭效力，后归曹操。公元204年，曹操攻下邺城，上表推荐辛毗任议郎，后为丞相长史。
2 遘恶：结怨，交恶。

裴注 [1]《魏书》曰："太祖自柳城还，过攸舍，称述攸前后谋谟劳勋，曰：'今天下事略已定矣，孤愿与贤士大夫共飨其劳。昔高祖使张子房自择邑三万户，今孤亦欲君自择所封焉。'"

攸深密有智防，自从太祖征伐，常谋谟帷幄，时人及子弟莫知其所言[1]。太祖每称曰："公达外愚内智，外怯内勇，外弱内强，不伐善1，无施劳2，智可及，愚不可及，虽颜子、宁武3不能过也。"文帝在东宫，太祖谓曰："荀公达，人之师表也，汝当尽礼敬之。"攸曾病，世子问病，独拜床下，其见尊异如此。攸与钟繇善，繇言："我每有所行，反覆思惟，自谓无以易；以咨

荀攸多谋深算，心思缜密且能保守机密，自从跟随太祖征伐，常常运筹帷幄，旁人和子弟都不知道他有何建言。太祖经常称赞说："公达外表愚钝而内心有智慧，外表怯懦而内心实则勇毅，外弱内强，不夸耀自己的长处和功劳，他的智慧可以达到，但他的愚拙很难达到，即使颜子、宁武也不能超过他。"文帝做太子时，太祖对他说："荀公达，是人之师表，你应当尽心礼敬他。"荀攸曾经生病，世子探问病情，独自拜于床下，他就是这样为人所敬重。荀攸与钟繇关系很好，钟繇曾说："我每次有所谋划的时候，反复思考，自认为已经无须更改；但咨询过公达后，就

公达,辄复过人意。”公达前后凡画奇策十二,唯繇知之。繇撰集未就,会薨,故世不得尽闻也[2]。攸从征孙权,道薨。太祖言则流涕[3]。

长子缉,有攸风,早没。次子適嗣,无子,绝。黄初中,绍封攸孙彪为陵树亭侯,邑三百户,后转封丘阳亭侯。正始中,追谥攸曰敬侯。

感觉他的谋划更超出我的意料。”公达前后总共出奇策十二次,只有钟繇知晓。钟繇将荀攸所作编纂成册,但还没有完结就去世了,所以世人无法尽知荀攸所出奇策。荀攸随军出征孙权,在途中去世。太祖每言及此就会伤心流泪。

荀攸长子荀缉,有荀攸的风范,很早便去世了。次子荀适嗣封,无子,绝封。黄初年间,续封荀攸的孙子荀彪为陵树亭侯,食邑三百户,后来转封丘阳亭侯。正始年间追谥荀攸为敬侯。

今注 1 伐善:夸耀自己的长处。 2 施劳:夸耀自己的功劳。 3 宁武:宁俞,春秋卫国大夫,谥武子。《论语·公冶长》:“子曰:‘宁武子,邦有道,则知;邦无道,则愚。其知可及也,其愚不可及也’”。

裴注 [1]《魏书》曰:“攸姑子辛韬,曾问攸说太祖取冀州时事。攸曰:‘佐治为袁谭乞降,王师自往平之,吾何知焉?’自是韬及内外莫敢复问军国事也。” [2]臣松之案:攸亡后十六年,钟繇乃卒,撰攸奇策,亦有何难?而年造八十,犹云“未就”,遂使攸从征机策之谋不传于世,惜哉![3]《魏书》曰:“时建安十九年,攸年五十八。计其年大或六岁。”《魏书》载太祖令曰:“孤与荀公达周游二十余年,无毫毛可非者。”又曰:“荀公达真贤人也,所谓‘温良恭俭让以得之’。孔子称‘晏平仲善与人交,久而敬之’,公达即其人也。”《傅子》曰:“或问近世大贤君子,答曰:‘荀令君之仁,荀军师之智,斯可谓近世大贤君子矣。荀令君仁以立德,明以举贤,行无谄黩，谋能应机。孟轲称五百年而有王者兴，其间必有命世者，其荀令君乎！太祖称荀令君之进善，不进不休，荀军师之去恶，不去不止也。'"

贾诩

原文

贾诩，字文和，武威姑臧1人也。少时人莫知，唯汉阳2阎忠异之，谓诩有良、平3之奇[1]。察孝廉为郎，疾病去官，西还至汧4，道遇叛氐，同行数十人皆为所执。诩曰："我段公外孙也，汝别埋我，我家必厚赎之。"时太尉段颎，昔久为边将，威震西土，故诩假以惧氐。氐果不敢害，与盟而送之，其余悉死。诩实非段甥，权以济事5，咸此类也。

译文

贾诩，字文和，是武威郡姑臧县人。贾诩年轻的时候并不出名，不为人所知，只有汉阳郡的阎忠认为他与众不同，说他有像张良、陈平那样奇特的才能。贾诩后来被察举为孝廉而做了郎官，因病辞职，他西归到汧县时，途中遭遇叛变的氐人，同行的几十人全都被抓住。贾诩对氐人说："我是段公的外孙，你们别埋我，我家一定会用丰厚的财物来赎我的。"当时的太尉段颎，曾长期担任戍边的将领，名声威震西土，所以贾诩假借他来恐吓氐人。氐人听后果然不敢伤害他，并且和他盟誓后送他回去，而其他被抓住的人都被杀害。贾诩其实并不是段颎的外孙，他通过随机应变解决问题，事迹大多与此类似。

今注　1 姑臧：武威郡治，在今甘肃武威。　2 汉阳：东汉汉阳郡，治所在今甘肃甘谷东南。　3 良、平：指西汉开国谋臣张良和陈平，二人对西汉的建立做出了重要贡献。　4 汧：汧县，在今陕西陇县南。又有汧水，源自甘肃,流经陕西入渭河。根据贾诩回乡遇到氐人的情形判断,此处应是指汧县。　**5** 权以济事:指通过随机应变妥善解决事务。

裴注　[1]《九州春秋》曰:“中平元年,车骑将军皇甫嵩既破黄巾,威震天下。阎忠时罢信都令,说嵩曰:‘夫难得而易失者时也,时至而不旋踵者机也,故圣人常顺时而动,智者必因机以发。今将军遭难得之运,蹈易解之机,而践运不抚,临机不发,将何以享大名乎?’嵩曰:‘何谓也?’忠曰:‘天道无亲,百姓与能,故有高人之功者,不受庸主之赏。今将军授钺于初春,收功于末冬,兵动若神,谋不再计,旬月之间,神兵电扫,攻坚易于折枯,摧敌甚于汤雪,七州席卷,屠三十六方,夷黄巾之师,除邪害之患,或封户刻石,南向以报德,威震本朝,风驰海外。是以群雄回首,百姓企踵,虽汤、武之举,未有高于将军者。身建高人之功,北面以事庸主,将何以图安?’嵩曰:‘心不忘忠,何为不安?’忠曰:‘不然。昔韩信不忍一餐之遇,而弃三分之利,拒蒯通之忠,忽鼎跱之势,利剑已揣其喉,乃叹息而悔,所以见烹于儿女也。今主势弱于刘、项,将军权重于淮阴,指麾可以振风云,叱咤足以兴雷电;赫然奋发,因危抵颓,崇恩以绥前附,振武以临后服;征冀方之士,动七州之众,羽檄先驰于前,大军震响于后,蹈迹漳河,饮马孟津,举天网以网罗京都,诛阉宦之罪,除群怨之积忿,解久危之倒悬。如此则攻守无坚城,不招必影从,虽儿童可使奋空拳以致力,女子可使其褰裳以用命,况厉智能之士,因迅风之势,则大功不足合,八方不足同也。功业已就,天下已顺,乃燎于上帝,告以天命,混齐六合,南面以制,移神器于己家,推亡汉以定祚,实神机之至决,风发之良时也。夫木朽不雕,世衰难佐,将军虽欲委忠难佐之朝,雕画朽败之木,犹逆坂而走丸,必不可也。方今权宦群居,同恶如市,主上不自由,诏命出左右。如有至聪不察,机事不先,必婴后悔,亦无及矣。’嵩不从,忠乃亡去。”《英雄记》曰:“凉州贼王国等起兵,共劫忠为主,统三十六部,号车骑将军。忠感慨发病而死。”

董卓之入洛阳，诩以太尉掾为平津都尉，迁讨虏校尉。卓婿中郎将牛辅屯陕[1]，诩在辅军。卓败，辅又死，众恐惧，校尉李傕、郭汜、张济[2]等欲解散，间行[3]归乡里。诩曰："闻长安中议欲尽诛凉州人，而诸君弃众单行，即一亭长能束君矣。不如率众而西，所在收兵，以攻长安，为董公报仇，幸而事济，奉国家以征天下，若不济，走未后也。"众以为然。傕乃西攻长安。语在《卓传》[1]。

董卓进入洛阳后，贾诩以太尉掾的身份任平津都尉，后来升迁为讨虏校尉。当时，董卓的女婿中郎将牛辅屯兵在陕县，贾诩在牛辅军中。董卓失败后，牛辅也被杀死，牛辅手下的人都惊恐不安，校尉李傕、郭汜、张济等人想解散军队，然后偷偷地回家乡去。贾诩说："听说长安城中的人正在议论想要杀尽凉州人，如果诸位离开部众独自回乡，一个小小的亭长都能把你们抓起来。不如率领军队向西，途中收拢士兵，攻打长安，为董公报仇。如果有幸做成这件事，那么可以遵奉朝廷的命令征讨天下；如果事情不成，到时候大家逃回去也不晚。"大家都觉得贾诩说得对。李傕因此率兵向西攻打长安，事情记录在《董卓传》中。

今注　1 陕：陕县，在今河南三门峡陕州区。　2 李傕、郭汜、张济：三人原都是董卓属下，董卓被杀后各拥兵自重，成为东汉献帝时期的军阀。3 间行：偷偷地离开或抄小路走。

裴注　[1] 臣松之以为，《传》称"仁人之言，其利博哉！"然则不仁之言，理必反是。夫仁功难著，而乱源易成，是故有祸机一发而殃流百世者矣。当是时，元恶既枭，天地始开，致使厉阶重结，大梗殷流，邦国遘殄悴之哀，黎民婴周余之酷，岂不由贾诩片言乎？诩之罪也，一何大哉！自古兆乱，未有如此之甚。

后诩为左冯翊，傕等欲以功侯之，诩曰："此救命之计，何功之有！"固辞不受。又以为尚书仆射，诩曰："尚书仆射，官之师长，天下所望，诩名不素重，非所以服人也。纵诩昧于荣利，奈国朝何！"乃更拜诩尚书，典选举，多所匡济，傕等亲而惮之[1]。会母丧去官，拜光禄大夫。傕、汜等斗长安中[2]，傕复请诩为宣义将军[3]。傕等和，出天子，祐护大臣，诩有力焉[4]。天子既出，诩上还印绶。是时将军段煨1屯华阴[5]，与诩同郡，遂去傕托煨。诩素知名，为煨军所望。煨内恐其见夺，而外奉诩礼甚备，诩愈不自安。

后来贾诩担任左冯翊，李傕等人觉得贾诩有功想封他为侯，贾诩说："这只是救自己性命用的计策，哪里有什么功劳啊！"贾诩坚决地拒绝了封侯。后来又想让他做尚书仆射，贾诩说："尚书仆射是百官师长，为天下人仰望，我贾诩名声一向不大，不能让大家信服。即便我贪图名利而接受这个职位，但是对朝廷又有什么好处呢！"于是改任贾诩为尚书，主管选拔官员，对过去很多问题做了改正，李傕等人因此既和他亲近又忌惮他。恰逢遇到母亲去世，贾诩辞去官职，后来又改任光禄大夫。李傕与郭汜等人在长安城中内斗时，李傕又请贾诩任宣义将军。后来李傕等人讲和，送汉献帝离开长安，以及保护大臣，这些事贾诩都出了很多力。皇帝离开长安后，贾诩归还自己的官印和绶带。当时在华阴屯兵的将军段煨和贾诩同是武威郡人，贾诩就离开李傕投靠段煨。贾诩向来有声名，他的到来很受段煨军队的期盼。然而段煨内心害怕贾诩夺取自己的权力，所以表面上对贾诩十分礼敬，而贾诩更加不安了。

今注 1 段煨：字忠明，东汉末将领，迎接汉献帝归洛阳，又击杀李傕。

段煨屯兵华阴时，勤修农业，不掳掠百姓，竟得善终。

裴注 ［1］《献帝纪》曰："郭汜、樊稠与傕互相违戾，欲斗者数矣。诩辄以道理责之，颇受诩言。"《魏书》曰："诩典选举，多选旧名以为令仆，论者以此多诩。" ［2］《献帝纪》曰："傕等与诩议迎天子置其营中，诩曰：'不可。胁天子，非义也。'傕不听。张绣谓诩曰：'此中不可久处，君胡不去？'诩曰：'吾受国恩，义不可背。卿自行，我不能也。'" ［3］《献帝纪》曰："傕时召羌、胡数千人，先以御物缯彩与之，又许以宫人妇女，欲令攻郭汜。羌、胡数来窥省门，曰：'天子在中邪！李将军许我宫人美女，今皆安在？'帝患之，使诩为之方计。诩乃密呼羌、胡大帅饮食之，许以封爵重宝，于是皆引去。傕由此衰弱。" ［4］《献帝纪》曰："天子既东，而李傕来追，王师败绩。司徒赵温、太常王伟、卫尉周忠、司隶荣邵皆为傕所嫌，欲杀之。诩谓傕曰：'此皆天子大臣，卿奈何害之？'傕乃止。" ［5］《典略》称煨在华阴时，修农事，不虏略。天子东还，煨迎道贡遗周急。《献帝纪》曰："后以煨为大鸿胪、光禄大夫，建安十四年，以寿终。"

张绣在南阳，诩阴结绣，绣遣人迎诩。诩将行，或谓诩曰："煨待君厚矣，君安去之？"诩曰："煨性多疑，有忌诩意，礼虽厚，不可恃，久将为所图。我去必喜，又望吾结大援于外，必厚吾妻子。绣无谋主，亦愿得诩，则家

当时张绣在南阳，贾诩私下和他结交，于是张绣派人来迎接贾诩。贾诩将要动身，有人对贾诩说："段煨对您非常好，您为什么还要离开他呢？"贾诩说："段煨性格多疑，有猜忌我的心思，虽然他对我很礼敬，但不是我可以依赖的，时间久了肯定会遇害。反而我的离开必定使他高兴，并且他期望我结交强大的势力为外援，所以肯定会厚待我的妻子和孩子。张绣没有出谋划策的人，所以也想得到我，那么我的家室

与身必俱全矣。”诩遂往，绣执子孙礼[1]，煨果善视其家。

和自身都得到了保全。”贾诩于是去了张绣那里，张绣用晚辈对待长辈的礼节待他，而段煨也确实妥善地照顾贾诩的家人。

今注 1 子孙礼：儿子、孙子对待父亲、祖父的礼节，形容张绣对贾诩十分尊崇。

诩说绣与刘表连和[1]。太祖比征之，一朝引军退，绣自追之。诩谓绣曰：“不可追也，追必败。”绣不从，进兵交战，大败而还。诩谓绣曰：“促更追之，更战必胜。”绣谢曰：“不用公言，以至于此。今已败，奈何复追？”诩曰：“兵势有变，亟往必利。”绣信之，遂收散卒赴追，大战，果以胜还。问诩曰：“绣以精兵追退军，而公曰必败；退以败卒击胜兵，而公曰必克。悉如公言，何其反而皆验也？”诩曰：“此易知耳。将军虽善

贾诩劝说张绣和刘表联合。太祖当时正攻打张绣，一天早上太祖领兵撤退，张绣要亲自率军追击。贾诩对张绣说：“不能追击，追击必然失败。”张绣不听，率军和曹军交战，结果被打得大败。回来后贾诩对张绣说：“赶紧去追击曹军，再战肯定获胜。”张绣带有歉意地说：“前面我没有听您的话导致失败。如今已经败了，怎么还要再去追击呢？”贾诩说：“战场的形势有变化，赶紧追击一定会胜。”张绣信了贾诩的话，就收编离散的兵卒去追击，和曹军大战，果然获得了胜利。回来后张绣问贾诩：“我率领精锐的兵卒追击撤退的曹军，您说我肯定会失败；用战败的士兵和先前获胜的军队交战，您却说肯定能胜。情况和您说的完全符合，但为什么和常理相反的事都应验了呢？”贾诩说：“这很容易明白。将军您虽然擅长领兵作战，但不是曹公的对手。曹军虽然才撤退，但曹公肯

用兵,非曹公敌也。军虽新退,曹公必自断后[1];追兵虽精,将既不敌,彼士亦锐,故知必败。曹公攻将军无失策,力未尽而退,必国内[2]有故;已破将军,必轻军速进,纵留诸将断后,诸将虽勇,亦非将军敌,故虽用败兵而战必胜也。”绣乃服。

定亲自在后面掩护;您的追兵虽然精锐,但将领已不如对手,对方的士兵也精锐,所以我知道您肯定会失败。曹公攻打您没有失策,兵力也没消耗完却撤退了,那么肯定是许都那边出了事;曹公既然已经打败您的追击,他必定会让军队轻装快速前进,纵使留下将领在后掩护,这些将领虽然勇猛却也不是您的对手,所以您即便率领战败的士兵也一定能取胜。”张绣听后很信服。

今注 1 断后:军队撤退时,派一部分人在后面掩护。 2 国内:此指许都。

裴注 [1]《傅子》曰:“诩南见刘表,表以客礼待之。诩曰:‘表,平世三公才也;不见事变,多疑无决,无能为也。’”

是后,太祖拒袁绍于官渡,绍遣人招绣,并与诩书结援。绣欲许之,诩显于绣坐上谓绍使曰:“归谢袁本初,兄弟不能相容[1],而能容天下国士乎?”绣惊惧曰:“何至于此!”窃谓诩曰:“若此,当何归?”

此后,太祖和袁绍在官渡对峙,袁绍派人招揽张绣,并且写信给贾诩希望双方能结援。张绣想答应袁绍,贾诩在张绣的坐席上对袁绍使者说:“你回去替我们辞谢袁绍,他们兄弟都不能相容,难道还能容纳天下的国士吗?”张绣惊恐地说:“怎么能说这样的话!”他又偷偷地问贾诩:“如果拒绝袁绍,那么我们该投靠谁?”贾诩说:“不如投靠曹公。”张绣

诩曰:"不如从曹公。"绣曰:"袁强曹弱,又与曹为仇,从之如何?"诩曰:"此乃所以宜从也。夫曹公奉天子以令天下,其宜从一也。绍强盛,我以少众从之,必不以我为重。曹公众弱,其得我必喜,其宜从二也。夫有霸王之志者,固将释私怨,以明德于四海,其宜从三也。愿将军无疑!"绣从之,率众归太祖。太祖见之,喜,执诩手曰:"使我信重于天下者,子也。"表诩为执金吾[2],封都亭侯,迁冀州牧。冀州未平,留参司空军事[3]。

说:"袁绍势力强盛曹公弱小,我又和曹公结下仇怨,为何要投靠他?"贾诩说:"这正是适合投靠曹公的原因啊。曹公现在靠尊奉皇帝的名义号令天下,这是适合投靠他的第一个原因。袁绍势力强盛,我们这么少的人前去投靠,他肯定不重视我们。曹公人少,得到我们的军队肯定会高兴,这是适合投靠他的第二个原因。有称霸天下志向的人肯定能放下私人的恩怨,来向天下表明自己品德高尚,这是适合投靠曹公的第三个原因。希望您不要再疑虑了!"张绣听从了贾诩的建议,率领兵马投靠太祖。太祖看到贾诩后非常高兴,握着贾诩的手说:"是您让我的信誉被天下人尊重啊!"太祖上表任命贾诩为执金吾,封为都亭侯,又改任冀州牧。当时冀州还没平定,所以太祖留贾诩做自己的军事参谋。

今注 1 兄弟不能相容:袁绍与袁术本是同父异母兄弟,但是袁术既不赞同袁绍的政治策略,又和公孙瓒等人结盟与袁绍争雄,兄弟二人因此争斗不断。 2 执金吾:汉武帝改中尉为执金吾,主管三辅治安和宫廷以外、京城之内的警卫。 3 参司空军事:简称参军事,公元196年曹操任司空,贾诩为曹操参谋军务,所以被授予参司空军事的职务。

袁绍围太祖于官渡,太祖粮方尽,问诩计焉出,诩曰:"公明胜绍,勇胜绍,用人胜绍,决机胜绍,有此四胜而半年不定者,但顾万全故也。必决其机,须臾可定也。"太祖曰:"善!"乃并兵出,围击绍三十余里营,破之。绍军大溃,河北平。太祖领冀州牧,徙诩为太中大夫。建安十三年,太祖破荆州,欲顺江东下。诩谏曰:"明公昔破袁氏,今收汉南,威名远著,军势既大;若乘旧楚之饶,以飨吏士,抚安百姓,使安土乐业,则可不劳众而江东稽服矣。"太祖不从,军遂无利[1]。太祖后与韩遂、马超战于渭南,超等索割地以和,并求任子。诩以为可伪许之。又问诩计策,诩曰:"离之而已。"太祖曰:"解。"一承用诩谋。

太祖被袁绍围困在官渡,军粮即将耗尽,于是问贾诩有什么计策,贾诩说:"您的聪明才智超过袁绍,勇猛也超过他,任用人才的能力也超过他,遇事果断也超过他,您有这四个长处却没能在半年内平定袁绍,是因为您想做到万无一失啊。只要您果断地抓住时机出击,那么很快就能平定袁绍。"太祖说:"好!"于是太祖集中兵力全力出击,围攻袁绍三十多里长的军营,攻破了营垒。袁绍的军队全面崩溃,河北地区被平定。太祖兼领冀州牧,改任贾诩为太中大夫。建安十三年(208),太祖攻下荆州,准备顺长江东下,贾诩劝谏说:"您以前打败袁绍,现在收取了汉水以南地区,威名远播,军队势力扩大;如果凭借昔日楚国土地的富饶,供养贤吏良士,安抚百姓,使他们安居乐业,那么不必动用军队就可以让江东归附了!"太祖没有听从贾诩的劝谏,结果军队没有取得胜利。太祖后来与韩遂、马超在渭南交战,马超等人想割让土地来讲和,并派遣人质。贾诩认为可以假装答应他们。太祖又问贾诩有什么计策,贾诩说:"离间他们的关系罢了。"太祖说:"明白语在《武纪》。卒破遂、超，诩本谋也。

是时，文帝为五官将[1]，而临菑侯植[2]才名方盛，各有党与，有夺宗之议[3]。文帝使人问诩自固之术，诩曰："愿将军恢崇德度，躬素士之业，朝夕孜孜，不违子道。如此而已。"文帝从之，深自砥砺。太祖又尝屏除左右问诩，诩嘿[4]然不对。太祖曰："与卿言而不答，何也？"诩曰："属适有所思，故不即对耳。"太祖曰："何思？"诩曰："思袁本初、刘景升父子[5]也。"太祖大笑，于是太子遂定。诩自以非太祖旧臣，而策谋深长，惧见猜疑，阖门自守，退无私交，男女嫁娶，不结高门，天下之论智计者归之。

了。"太祖对贾诩的计策一一接受，这些事记载在《武帝纪》中。后来太祖终于打败韩遂、马超，用的就是贾诩的计谋。

当时，文帝担任五官中郎将，而临菑侯曹植名声正值显赫，二人各有党羽，都有争夺太子的打算。文帝派人问贾诩巩固自身地位的方法，贾诩说："希望您崇尚美德，提高气度，像普通人那样亲身修行学业，日夜勤勉，不违背做儿子的规矩。这样做就行了。"文帝听从了贾诩的建议，刻苦磨砺自己。太祖曾经支开身边的人问贾诩，贾诩默然不答。太祖说："我和你说话而你不回答，这是为什么？"贾诩说："刚才恰巧在思考问题，所以没来得及回答。"太祖说："你想的什么事？"贾诩说："我在想袁绍、刘表父子的事。"太祖听后大笑，于是太子的事就这样定下来。贾诩认为自己不是追随太祖的旧臣，但自己谋划深远，因此害怕受到猜忌，所以闭门自守，下朝后也不和别人私下交往，子女的嫁娶也不和高门攀亲，天下讨论有智谋的人都推许贾诩。

今注　**1** 五官将：五官中郎将的简称，主要负责宫廷警卫和出行车骑，东汉末曹操任命曹丕为五官将，作为丞相的副手，地位在其他官员之上。

2 临菑侯植:指曹植,曹丕胞弟,才华横溢,封临菑侯,是建安文学的代表人物之一,深受曹操喜爱,曾和曹丕争夺太子之位。 3 夺宗之议:夺宗,指古代诸侯之家,原本不是大宗的变为大宗,即本不是继承人而变成继承人。这里指曹植和嫡长子曹丕争夺太子的事。 4 嘿(mò):同“默”,不出声。 5 袁本初、刘景升父子:袁绍与刘表两人都因喜爱小儿子而不喜欢大儿子,引发权力继承过程中儿子们的争斗,结果二人建立起的势力被外人消灭。

裴注 [1] 臣松之以为,诩之此谋,未合当时之宜。于时韩、马之徒尚狼顾关右,魏武不得安坐郢都以威怀吴会,亦已明矣。彼荆州者,孙、刘之所必争也。荆人服刘主之雄姿,惮孙权之武略,为日既久,诚非曹氏诸将所能抗御。故曹仁守江陵,败不旋踵,何抚安之得行,稽服之可期?将此既新平江、汉,威慑扬、越,资刘表水战之具,藉荆楚楫棹之手,实震荡之良会,廓定之大机。不乘此取吴,将安俟哉?至于赤壁之败,盖有运数。实由疾疫大兴,以损凌厉之锋,凯风自南,用成焚如之势。天实为之,岂人事哉?然则魏武之东下,非失算也。诩之此规,为无当矣。魏武后克平张鲁,蜀中一日数十惊,刘备虽斩之而不能止,由不用刘晔之计,以失席卷之会,斤石既差,悔无所及,即亦此事之类也。世咸谓刘计为是,即愈见贾言之非也。

文帝即位,以诩为太尉[1],进爵魏寿乡侯,增邑三百,并前八百户。又分邑二百,封小子访为列侯。以长子穆为驸马都尉1。帝问诩曰:“吾

文帝即位,任贾诩为太尉,爵位升为魏寿乡侯,食邑增加三百户,加上以前的共八百户。文帝又分出二百户,封贾诩小儿子贾访为列侯。文帝还封贾诩的长子贾穆为驸马都尉。文帝曾问贾诩:“我想讨伐那些不听命令的地区以统一天下,应该

欲伐不从命以一天下，吴、蜀何先？”对曰：“攻取者先兵权，建本者尚德化。陛下应期受禅，抚临率土[2]，若绥之以文德而俟其变，则平之不难矣。吴、蜀虽蕞尔小国，依阻山水，刘备有雄才，诸葛亮善治国，孙权识虚实，陆议[3]见兵势，据险守要，泛舟江湖，皆难卒谋也。用兵之道，先胜后战，量敌论将，故举无遗策。臣窃料群臣，无备、权对，虽以天威临之，未见万全之势也。昔舜舞干戚而有苗服，臣以为当今宜先文后武。”文帝不纳。后兴江陵之役，士卒多死。诩年七十七，薨，谥曰肃侯，子穆嗣，历位郡守。穆薨，子模嗣[2]。

先攻打吴国还是蜀国？”贾诩回答道：“攻伐夺取领土的人首先要重视用兵的权谋，建立根本大业的人要崇尚德行教化。陛下承接天命受汉帝禅让，安抚天下，如果推行文德教化然后等待局势的变化，那么平定吴、蜀并不难。吴、蜀虽然国土渺小，但有山川险要的阻隔，并且刘备有雄才，诸葛亮又擅长治理国家，孙权懂得敌我的虚实，陆议了解军情形势，他们占据险要的地势，江河湖泊上布满水军，这些都是我们难以仓促谋取的。用兵的原则，是自己的实力超越敌人然后再去战斗，考量敌人的实力和将领的优劣，所以每有举动都不会失策。我私下考量了我们的群臣，都没有能和刘备、孙权做对手的，因而即便您用天子的威势亲自率军征伐，也不能说万无一失。以前舜舞着斧和盾就让有苗氏臣服，我认为现在应该先实行文治，然后动用武力。”文帝没有听从贾诩的建议。后来发动江陵战役，魏国死伤了很多士兵。贾诩七十七岁时去世，谥号为肃侯，长子贾穆继承爵位，他后来做到郡守。贾穆死后，儿子贾模继承爵位。

今注 1 驸马都尉：汉武帝设，掌管皇帝出行时副车之马，后多作为加官授予宗室、外戚、功臣子等。 2 率土：指境域内，引申指天下。3 陆议：即陆逊，字伯言，本名议，三国时期吴国著名将领，曾协助吕蒙击败关羽，占据荆州，后来又以少胜多击败刘备，官至吴国丞相。

裴注 [1]《魏略》曰："文帝得诩之对太祖，故即位首登上司。"《荀勖别传》曰："晋司徒阙，武帝问其人于勖。答曰：'三公具瞻所归，不可用非其人。昔魏文帝用贾诩为三公，孙权笑之。'" [2]《世语》曰："模，晋惠帝时为散骑常侍、护军将军，模子胤，胤弟龛，从弟疋，皆至大官，并显于晋也。"

评曰：荀彧清秀通雅，有王佐之风，然机鉴先识，未能充其志也[1]。荀攸、贾诩，庶乎算无遗策1，经达权变，其良、平之亚2欤[2]！

评论说：荀彧品性清秀不俗，为人通达雅正，有辅助君王的风度，但是他对时事的预判，并未能和他的志向契合。荀攸、贾诩，差不多称得上计谋精准，不出偏差，筹划随机应变，大概跟汉代的张良、陈平是同一水平吧！

今注 1 算无遗策：形容策划精准，没有失算。 2 亚：次于，引申为侪匹，指可与相比者。

裴注 [1] 世之论者，多讥彧协规魏氏，以倾汉祚；君臣易位，实彧之由。虽晚节立异，无救运移；功既违义，识亦疚焉。陈氏此评，盖亦同乎世识。臣松之以为，斯言之作，诚未得其远大者也。彧岂不知魏武之志气，非衰汉之贞臣哉？良以于时王道既微，横流已极，雄豪虎视，人怀异心，不有拨乱之资，仗顺之略，则汉室之亡忽诸，黔首之类殄矣。夫欲翼赞时英，一匡屯运，非斯人之与而谁与哉！是故经纶急病，若救身首，用能动于崄中，至于大亨，苍生蒙舟航之接，刘宗延二纪之祚，岂非荀生之本图，仁恕之远致乎？及至霸业既隆，翦汉迹著，然后亡身殉节，以申素情，全大正于当年，布诚心于百代，可谓任重道远，志行义立。谓之未充，其殆诬欤！

[2] 臣松之以为，列传之体，以事类相从。张子房青云之士，诚非陈平之伦。然汉之谋臣，良、平而已。若不共列，则余无所附，故前史合之，盖其宜也。魏氏如诩之俦，其比幸多。诩不编程、郭之篇，而与二荀并列，失其类矣。且攸、诩之为人，其犹夜光之与蒸烛乎！其照虽均，质则异焉。今荀、贾之评，共同一称，尤失区别之宜也。

卷十一　魏书十一

袁张凉国田王邴管传

导读　本传所记诸人虽然未能出奇策，领兵作战，但多恬淡守节，敦行礼义，堪为世范。

袁涣为人清雅自正，能够与世俯仰，刘备举荐其为茂才，历事袁术、吕布、曹操，不为荣华富贵所动，虽未出奇谋，但每每以兴礼乐教化和爱护百姓为志，大有裨益于世道。袁涣貌似柔弱谦和，但遇到有关名节道义之事时，会坚持己见而不向强力屈服，比之古代的勇士孟贲、夏育有过之而无不及。

张范为人恬淡乐道，不重视功名利禄，他曾派遣弟弟张承劝说袁术以德义安抚天下。他为人勇敢忠义，对贫弱孤寡多有照顾，受曹操看重。

凉茂自小就好学，常常引述经典，为官有德政，百姓多有归附，在辽东时，曾反对公孙度袭击邺城的谋划。在为文帝太子太傅的时候，很受尊重。

国渊从经学大师郑玄受学，敢于直谏，而不私下议论，在置屯田、守河间等事情上都立有功劳。

田畴爱好读书和击剑，有侠肝义胆，天子被董卓挟持至长安，田畴代幽州牧刘虞前往长安表示臣节，刘虞为公孙瓒所害后，田畴尽为臣之礼。田畴后归附曹操，协助太祖攻破乌丸，田畴为人高节，虽屡立大功，但并不以功劳自居，曹操终完其节。

王脩为人孝悌，任官时能够不畏豪强，数次帮助孔融度过危难，并劝说袁谭、袁尚兄弟停止自相攻击，后归附曹操，申明赏罚，抑强扶弱。

邴原以高节知名，避难于辽东，庇佑贤良，教授后学，后归附曹操，能够以礼义典训为行事规范。

管宁少年孤贫，但并不自弃，仍然游学远方。天下大乱时，避居辽东，后返回中原，恬淡自守，不慕名利，屡次拒绝朝廷征召，怡然而终。

张琗、胡昭也都隐居守静，不汲汲于功名。

袁涣

原文

袁涣，字曜卿，陈郡扶乐[1]人也。父滂，为汉司徒[2][1]。当时诸公子多越法度，而涣清静，举动必以礼。郡命为功曹[3]，郡中奸吏皆自引去。后辟公府，举高第，迁侍御史。除谯令，不就。刘备之为豫州，举涣茂才[4]。后避地江、淮间，为袁术所命。术每有所咨访，涣常正议，术不能抗，然敬之不敢不礼也。顷之，吕布击术于阜陵，涣往从之，遂复为布所拘留。布初与刘备和亲，后离隙。布欲使涣作书詈辱[5]备，涣

译文

袁涣，字曜卿，陈郡扶乐人。父亲袁滂，为汉时司徒。当时诸多豪门贵族子弟大都僭越法度，而袁涣清静自守，举动都要依于礼制。郡中任命他为功曹，郡中的奸邪之吏都纷纷主动离开。后来他任事公府，考绩被列入优等，迁侍御史。拜官谯令，没有赴任。刘备在豫州时，袁涣被举荐为茂才。后来避世在江、淮之间，被袁术所任命。袁术每每有所咨询访问，袁涣大都持中正议论，袁术即使不同意也没法反驳，但仍然尊敬他而不敢不礼遇。不久，吕布在阜陵截击袁术，袁涣前往随从，又被吕布拘留。吕布起初的时候与刘备关系和睦，后来产生了嫌隙。吕布打算让袁涣写信诟骂侮辱刘备，

不可,再三强之,不许。布大怒,以兵胁涣曰:“为之则生,不为则死。”涣颜色不变,笑而应之曰:“涣闻唯德可以辱人,不闻以骂。使彼固君子邪,且不耻将军之言,彼诚小人邪,将复将军之意,则辱在此不在于彼。且涣他日之事刘将军,犹今日之事将军也,如一旦去此,复骂将军,可乎?”布惭而止。

袁涣认为不可以,吕布再三强迫,袁涣都不答应。吕布大怒,用兵器威胁袁涣说:“写了就能活,不写就得死。”袁涣面不改色,笑着回答说:“我听闻只有德行可以侮辱人,没听说过凭借辱骂的。如果对方果真是君子,就会不以将军的言语为耻,如果对方真的是小人,将会以同样的方式对待将军,那个时候受辱的就在将军而不在对方。况且我之前侍奉刘将军,就如同今日侍奉将军,如果有一天离开这里,又辱骂将军,这样也可以吗?”吕布感到惭愧就停止了。

今注 1 扶乐:古县名,在今河南周口太康县。 2 司徒:三公之一,分掌宰相职能,秩万石。东汉末罢,改置丞相。 3 功曹:汉代郡守下有功曹史,简称“功曹”,相当于郡守的总务长,除掌人事外,并得与闻一郡的政务。 4 茂才:即秀才,因避汉光武帝刘秀讳而改。 5 詈(lì)辱:辱骂。

裴注 [1] 袁宏《汉纪》曰:“滂,字公熙,纯素寡欲,终不言人之短。当权宠之盛,或以同异致祸,滂独中立于朝,故爱憎不及焉。”

布诛,涣得归太祖[1]。涣言曰:“夫兵者,凶器也,不得已而用之。鼓之以道德,征之以仁义,兼抚其

吕布被杀,袁涣得以归附太祖。袁涣说:“武器,是凶恶之器,不得已的时候才可以使用。通过道德进行鼓舞劝诱,凭借仁义进行讨逆征伐,同时安抚

民而除其害。夫然，故可与之死而可与之生。自大乱以来十数年矣，民之欲安，甚于倒悬[1]，然而暴乱未息者，何也？意者政失其道欤！涣闻明君善于救世，故世乱则齐之以义，时伪则镇之以朴；世异事变，治国不同，不可不察也。夫制度损益，此古今之不必同者也。若夫兼爱天下而反之于正，虽以武平乱而济之以德，诚百王不易之道也。公明哲超世，古之所以得其民者，公既勤之矣，今之所以失其民者，公既戒之矣，海内赖公，得免于危亡之祸，然而民未知义，其惟公所以训之，则天下幸甚！”太祖深纳焉，拜为沛南部都尉[2]。

民众而除去祸害。这样的话，就可以与百姓共生死存亡。自从社会大动乱以来已经十几年了，百姓渴望实现安定，比被倒挂着的人渴望被救更为迫切，然而暴乱并没有得到止息，这是为什么？我认为是为政未得其道导致的！我听闻贤明的君主善于救世，所以世道衰乱就以仁义来治理，时风虚伪就用质朴来镇定；世势变迁事类不同，则治国之术需要做出改变，不可不详察。对制度进行增减，这在古今是不必相同的。至于兼爱天下而使之归于正道，虽然以武力平定动乱但也要济之以德行，诚然是百代帝王不变的方法呀。您贤明睿哲、超越世人，古人得到民心的做法，您已经勤勉地实行，现在会失掉民心的做法，您已经戒除了，全国百姓都依赖着您，得以免于遭受陷入危亡的祸患，然而百姓尚未知晓大义，希望您能够对他们进行训导，那么这真是天下人的幸运！”太祖很诚恳地采纳了建议，任命袁涣为沛南部都尉。

今注 1 倒悬：头朝下挂着，比喻处境极其困苦危急。 2 都尉：秦汉为高级武官，或冠以各种名号，皆临时设置。

裴注 [1]《袁氏世纪》曰:“布之破也,陈群父子时亦在布之军,见太祖皆拜。涣独高揖不为礼,太祖甚严惮之。时太祖又给众官车各数乘,使取布军中物,唯其所欲。众人皆重载,唯涣取书数百卷,资粮而已。众人闻之,大惭。涣谓所亲曰:‘脱我以行陈,令军发足以为行粮而已,不以此为我有。由是厉名也,大悔恨之。’太祖益以此重焉。”

是时新募民开屯田,民不乐,多逃亡。涣白太祖曰:“夫民安土重迁,不可卒1变,易以顺行,难以逆动,宜顺其意,乐之者乃取,不欲者勿强。”太祖从之,百姓大悦。迁为梁相。涣每敕诸县:“务存鳏寡高年,表异孝子贞妇。常谈曰‘世治则礼详,世乱则礼简’,全在斟酌之间耳。方今虽扰攘,难以礼化,然在吾所以为之。”为政崇教训,恕思2而后行,外温柔而内能断[1]。以病去官,百姓思之。后征为谏议大夫3、丞相军祭酒。前后得赐甚多,皆散尽之,家

这时太祖正开始招募百姓开荒屯田,百姓不乐意,多有逃亡。袁涣禀告太祖:“百姓安于本乡,不轻易迁移离去,不可以突然改变,顺应民心才能够容易推行,违逆民心则难以推行,应该顺应民意,百姓所乐意的便推行,百姓不乐意的不要强行实施。”太祖听从了他的意见,百姓都感到很高兴。袁涣升迁为梁国相。袁涣每每告诫诸县:“务必要慰问鳏夫、寡妇和年长之人,表彰孝顺的子女和贞洁的烈妇。常言道‘世道隆治则礼数周详,世道衰乱则礼数简略’,这都在于我们考虑事情得当与否之间了。当今虽然局势动荡,很难施行礼乐道德教化,但是关键还是在于我们怎么做。”袁涣为政之时崇尚教化,以宽厚之心仔细斟酌过后才实行,对外温柔而内心能够明断。袁涣因为疾病而离任,百姓都很怀念他。后来他被征召为谏议大夫、丞相军祭酒。袁涣前后得到很多赏赐,都散发给了别

无所储，终不问产业，乏则取之于人，不为皦察[4]之行，然时人服其清。

人，家里并没有多少储藏，他始终都不问家产，贫乏的时候才取之于人，没有刻意苛求的行为，然而当时的人都佩服他的清廉。

今注　1 卒：突然的意思，后多作“猝”。　2 恕思：谓以宽厚之心去考虑事情。　3 谏议大夫：属光禄勋，掌侍从顾问，参与谋议。　4 皦察：明察。引申为苛求。

裴注　[1]《魏书》曰：“谷熟长吕岐善朱渊、爰津，遣使行学，还，召用之，与相见，出署渊师友祭酒，津决疑祭酒。渊等因各归家，不受署。岐大怒，将吏民收渊等，皆杖杀之，议者多非焉。涣教勿劾，主簿孙徽等以为‘渊等罪不足死，长吏无专杀之义，孔子称“唯器与名，不可以假人”。谓之师友而加大戮，刑名相伐，不可以训’。涣教曰：‘主簿以不请为罪，此则然矣。谓“渊等罪不足死”，则非也。夫师友之名，古今有之。然有君之师友，有士大夫之师友。夫君置师友之官者，所以敬其臣也；有罪加于刑焉，国之法也。今不论其罪而谓之戮师友，斯失之矣。主簿取弟子戮师之名，而加君诛臣之实，非其类也。夫圣哲之治，观时而动，故不必循常，将有权也。间者世乱，民陵其上，虽务尊君卑臣，犹或未也，而反长世之过，不亦谬乎！’遂不劾。”

魏国初建，为郎中令[1]，行御史大夫[2]事。涣言于太祖曰：“今天下大难已除，文武并用，长久之道也。以为可大收篇籍，明先圣之教，以易民

魏国刚立国的时候，袁涣做郎中令，兼行御史大夫的职责。袁涣对太祖说：“如今天下大难已经去除，文武并用，才是治国的长久之道。我认为可以大规模地收集文献典籍，昭明先辈圣人的教化，以改变百姓的所见所闻，使国内翩

视听，使海内斐然向风，则远人不服，可以文德来之。”太祖善其言。时有传刘备死者，群臣皆贺；涣以尝为备举吏，独不贺。居官数年卒，太祖为之流涕，赐谷二千斛，一教“以太仓谷千斛赐郎中令之家”，一教“以垣下谷千斛与曜卿家”，外不解其意。教曰：“以太仓谷者，官法也；以垣下谷者，亲旧也。”又帝闻涣昔拒吕布之事，问涣从弟敏：“涣勇怯何如？”敏对曰：“涣貌似和柔，然其临大节，处危难，虽贲育[3]不过也。”

然地崇尚良好的社会风尚，那么远方不顺服之人，可以用文德把他们招来。”太祖认为他说得很好。当时有传言刘备去世了，群臣都道贺；袁涣因为曾经被刘备举荐为官吏，只有他不庆贺。袁涣做官数年后去世，太祖也为他感伤落泪，赏赐二千斛谷物，一者标明“以国家粮仓的谷物一千斛赐予郎中令之家”，一者标明“以垣下我的粮仓里的谷物一千斛赐予曜卿之家”，大家不知道是什么用意。太祖说道：“以太仓的谷物，是依据官法；以垣下的谷物，是因为亲旧的关系。”文帝听闻了袁涣拒绝吕布要他写信辱骂刘备的事，问袁涣的堂弟袁敏：“袁涣是勇毅还是怯懦？”袁敏回答说：“袁涣表面上看起来柔和，但是当他面临需要表明自己坚贞节操的大事，处在危难的时候，即使孟贲和夏育也不如他。”

今注 1 郎中令：秦代时设置，为九卿之一，掌管宫廷戍卫，侍从皇帝左右，职甚亲重。 2 御史大夫：古代三公之一，主要掌管监察工作。 3 贲育：指战国时期勇士孟贲和夏育。

涣子侃，亦清粹闲素，有父风，历位郡守尚书[1]。

袁涣的儿子袁侃，也是清高纯正而悠闲纯朴，有他父亲的风度，历任郡守、尚书。

初，涣从弟霸，公恪有功干，魏初为大司农[1]，及同郡何夔并知名于时。而霸子亮，夔子曾，与侃复齐声友善。亮贞固有学行，疾何晏[2]、邓飏[3]等，著论以讥切之，位至河南尹、尚书[2]。霸弟徽，以儒素称。遭天下乱，避难交州。司徒辟[4]，不至[3]。徽弟敏，有武艺而好水功，官至河堤谒者。

当初，袁涣的堂弟袁霸，恪守公义而有能力功劳，魏国初期任大司农，与同郡的何夔在当时都很有名气。而袁霸的儿子袁亮，何夔的儿子何曾，和袁侃一样有名声，而且相互友好。袁亮坚守正道，有学问和品行，不满何晏、邓飏等人，写文章论著以讥讽切责他们，官位升至河南尹、尚书。袁霸的弟弟袁徽，平素以儒者的风范见称。他遭天下动乱，避难于交州。司徒征召他，他不肯就职。袁徽的弟弟袁敏，有武艺而喜好兴建水利，官至河堤谒者。

今注 1 大司农：西汉改大农令置，简称"大农"。秩中二千石。位列九卿，掌管全国租赋收支和国家财政开支。 2 何晏：字平叔，南阳宛县（今河南南阳）人，魏玄学家。袁宏在《名士传》中将何晏称为正始名士，认为他是魏晋玄学重要的开创者。 3 邓飏：字玄茂，南阳新野（今河南新野）人，魏大臣。邓飏年少即有名气，但为人贪财好色，作风浮华，后为曹爽重用，因高平陵事变而被杀。 4 辟：征召。

裴注 [1]《袁氏世纪》曰："涣有四子，侃、寓、奥、准。侃，字公然，论议清当，柔而不犯，善与人交。在废兴之间，人之所趣务者，常谦退不为也。时人以是称之。历位黄门选部郎，号为清平。稍迁至尚书，早卒。寓，字宣厚，精辩有机理，好道家之言，少被病，未官而卒。奥，字公荣，行足以厉俗，言约而理当，终于光禄勋。准，字孝尼，忠信公正，不耻下问，唯恐人之不胜己。以世事多险，故常恬退而不敢求进。著书十余万言，论治世之务，为《易》《周官》《诗》传，及论五经滞义，圣人之微言，以传于世。此准之自序也。荀绰《九州记》称准有隽才，泰始中为给事中。袁氏子孙世有名位，贵达至今。” [2]《晋诸公赞》曰：“亮子粲，字仪祖，文学博识，累为儒官，至尚书。” [3]袁宏《汉纪》曰：“初，天下将乱，涣慨然叹曰：‘汉室陵迟，乱无日矣。苟天下扰攘，逃将安之？若天未丧道，民以义存，唯强而有礼，可以庇身乎！’徽曰：‘古人有言，“知幾其神乎”！见机而作，君子所以元吉也。天理盛衰，汉其亡矣！夫有大功必有大事，此又君子之所深识，退藏于密者也。且兵革既兴，外患必众，徽将远迹山海，以求免身。’及乱作，各行其志。”

张范

原文

张范，字公仪，河内修武[1]人也。祖父歆，为汉司徒。父延，为太尉。太傅袁隗欲以女妻范，范辞不受。性恬静乐道，忽于荣利，征命无所就。弟承，字公先，亦知名，以方正征，拜议郎[2]，迁伊阙都尉。董卓作乱，承欲合徒众，与天下共诛卓。承弟昭时为议郎，适从长安来，谓承曰：“今欲诛卓，众寡不敌，且起一

译文

张范，字公仪，河内修武人。祖父张歆，为汉朝司徒。父亲张延，为太尉。太傅袁隗想把女儿嫁给张范，他推辞没有接受。张范性情恬静，乐于坚守自己的信仰，不在意荣华利禄，朝廷征聘召命他，都没有去。弟弟张承，字公先，也很有名气，因为为人方正被朝廷征召，官拜议郎，迁任伊阙都尉。董卓作乱，张承打算集合他的部众，与天下之人共同诛杀董卓。张承的弟弟张昭当时为议郎，正好从长安归来，对张承说：“现在想诛杀董卓，势必寡不敌众，而且靠一时轻率地做出决定，选用只会在田间耕作

朝之谋，战阡陌之民[3]，士不素抚，兵不练习，难以成功。卓阻兵而无义，固不能久；不若择所归附，待时而动，然后可以如志。”承然之，乃解印绶间行归家，与范避地扬州。袁术备礼招请，范称疾不往，术不强屈也。遣承与相见，术问曰：“昔周室陵迟，则有桓、文之霸[4]；秦失其政，汉接而用之。今孤以土地之广，士民之众，欲徼福齐桓，拟迹高祖，何如？”承对曰：“在德不在强。夫能用德以同天下之欲，虽由匹夫之资，而兴霸王之功，不足为难。若苟僭拟，干时而动，众之所弃，谁能兴之？”术不悦。是时，太祖将征冀州，术复问曰：“今曹公欲以弊兵数千，敌十万之众，可谓不量力矣！子以为何如？”承

的百姓作战，士人没有预先安抚，士兵没有经过训练，很难取得成功。董卓依仗兵力而不讲道义，肯定无法长久支撑；不如选择一个可归附的处所，等待时机而行动，然后可以实现志愿。”张承表示同意，就解下印绶而抄小路返回家乡，与张范在扬州避难。袁术准备礼物招请他，张范称有病而不前往，袁术也没有强迫他屈从。张范派遣张承与袁术相见，袁术问道：“当初周室衰颓，则有齐桓公、晋文公成为霸主；秦朝政治混乱，汉朝接续而立。现在孤凭借广袤的土地，众多的士兵和百姓，打算向齐桓公求得那样的福分，仿效汉高祖成就功业，怎么样？”张承回答说：“统一天下在于德行而不在于强力。如果能够以仁德来满足天下人的向往，虽然出于平民百姓的资质，但要兴起霸王的功业，也不足为难。如果僭越拟称帝号，违背时势而动，那么众人都会抛弃他，谁能够使他兴起呢？”袁术听了不高兴。这时，太祖将要征讨冀州，袁术又问道：“现今曹公打算以数千疲弊之兵，与十万之众为敌，可以说是不自量力呀！你认为怎么样？”张承于是说：“汉朝的德运虽然已经衰

乃曰："汉德虽衰，天命未改，今曹公挟天子以令天下，虽敌百万之众可也。"术作色不怿，承去之。

颓，而天命仍未改变，现今曹公挟制天子以命令天下，即使与百万之众为敌也是可以的。"袁术露出很不高兴的脸色，张承就离开了他。

今注 1 修武：在今河南焦作修武县。 2 议郎：郎官的一种，属于光禄勋，掌管顾问应对，参与议政，指陈得失。东汉时地位提升，得参与朝政。 3 阡陌之民：阡陌，田间纵横交错的小路。此处泛指平民百姓。 4 桓、文之霸：春秋时期，周天子权威衰落，齐桓公、晋文公相继称霸，尊王攘夷，安定天下秩序。

太祖平冀州，遣使迎范。范以疾留彭城[1]，遣承诣太祖，太祖表以为谏议大夫。范子陵及承子戬为山东贼所得，范直诣贼请二子，贼以陵还范。范谢曰："诸君相还儿厚矣。夫人情虽爱其子，然吾怜戬之小，请以陵易之。"贼义其言，悉以还范。太祖自荆州还，范得见于陈，以为议郎，参丞相军事，甚见敬重。太祖征伐，常令范及邴原留，与世子居

太祖平定冀州，派遣使节迎接张范。张范因病留在彭城，派遣张承到太祖那里，太祖表奏朝廷任命他为谏议大夫。张范的儿子张陵和张承的儿子张戬被山东乱贼抓住，张范直接到乱贼那里请求放回二子，乱贼将张陵放回还给张范。张范答谢道："诸位放回我的儿子真的是恩情深厚。从人之常情来说虽然爱惜自己的儿子，但我怜悯张戬年纪幼小，我请求以张陵替换张戬。"乱贼认为他的话合乎道义，就将他俩都放回还给张范。太祖从荆州回来，在陈郡见到张范，任用他为议郎，参知丞相府军事，很被尊敬器重。太祖征伐，常常让张范和邴原留下，与世子曹丕一起镇守京都。太祖

守。太祖谓文帝:“举动必諮[2]此二人。”世子执子孙礼。救恤穷乏,家无所余,中外孤寡皆归焉。赠遗无所逆,亦终不用,及去,皆以还之。建安十七年,卒。魏国初建,承以丞相参军祭酒领赵郡太守,政化大行。太祖将西征,征承参军事,至长安,病卒[1]。

对文帝说:“你有任何举动一定要询问这二人。”世子曹丕对他们行子孙礼。张范救济体恤贫穷困乏的人,家里没有什么多余的财产,各地孤独鳏寡之人很多归附于他。别人送东西给他,他不拒绝,最终也不用,等自己要离开的时候,都返还给他们。建安十七年(212),张范去世。魏国刚建立的时候,张承以丞相参军祭酒兼领赵郡太守,政教风化大行。太祖准备西征时,征召张承参知军事,张承到长安后,因病去世。

今注 1 彭城:古县名,在今江苏徐州。 2 諮:同“咨”。询问,商量。

裴注 [1]《魏书》曰:“文帝即位,以范子参为郎中。承孙邵,晋中护军,与舅杨骏俱被诛。”事见《晋书》。

凉茂

原文

凉茂,字伯方,山阳昌邑[1]人也。少好学,论议常据经典,以处是非。太祖辟为司空掾[2],举高第,补侍御史。时泰山多盗贼,以

译文

凉茂,字伯方,山阳昌邑人。少时好学,常常根据经典而发表议论,来判断是非。太祖征辟为司空掾,在官员考核中被推选为优等,补官侍御史。当时泰山郡多盗贼,太祖任命凉

茂为泰山太守，旬月[3]之间，襁负[4]而至者千余家[1]。转为乐浪太守。公孙度在辽东，擅留茂，不遣之官，然茂终不为屈。度谓茂及诸将曰："闻曹公远征，邺无守备，今吾欲以步卒三万，骑万匹，直指邺，谁能御之？"诸将皆曰："然。"[2]又顾谓茂曰："于君意何如？"茂答曰："比者海内大乱，社稷将倾，将军拥十万之众，安坐而观成败，夫为人臣者，固若是邪！曹公忧国家之危败，愍百姓之苦毒，率义兵为天下诛残贼，功高而德广，可谓无二矣。以海内初定，民始安集，故未责将军之罪耳！而将军乃欲称兵西向，则存亡之效，不崇朝而决。将军其勉之！"诸将闻茂言，皆震动。良久，度曰："凉君言是也。"后征迁为魏郡太守、甘陵相，所在有绩。文帝为五官将，茂以

茂为泰山郡太守，一个月之间，拖家带口归附他的百姓有一千多户。他调任为乐浪太守。公孙度在辽东郡，擅自留住凉茂，不让他赴任，然而凉茂始终不屈服。公孙度对凉茂和诸将说："听闻曹公远征，邺城没有守备，现在我打算以三万步卒，一万骑兵，直接攻打邺城，谁能够阻挡得了呢？"诸将都说："的确。"公孙度又看向凉茂说："您认为怎么样？"凉茂回答道："之前国内大乱，国家将要灭亡，将军拥有十万兵士，安然地坐观成败，作为人臣的，难道应该这样吗！曹公忧心国家的危急衰败，怜悯百姓遭此苦难，率领义兵为天下诛灭残贼，功劳高大而德行广远，可以说是没有超过他的。因为现在国内刚刚平定，百姓刚刚获得安宁，所以尚未责备将军的罪过！然而将军竟然打算向西出兵，那么生死存亡，不到一个早上便可分晓。希望将军好自为之吧！"诸将听闻凉茂的言论，都很震惊。过了好久，公孙度说："凉君所言有道理。"后来凉茂升迁为魏郡太守、甘陵相，他所到之处都很有政绩。文帝为五官将时，

选为长史[5],迁左军师。魏国初建,迁尚书仆射[6],后为中尉奉常。文帝在东宫,茂复为太子太傅,甚见敬礼。卒官[3]。

凉茂被选为长史,迁为左军师。魏国刚建立时,凉茂迁为尚书仆射,后来为中尉奉常。文帝在东宫的时候,凉茂又为太子太傅,很受敬重礼遇。后在官任上去世。

今注 1 昌邑:古县名,在今山东巨野南。 2 司空掾(yuàn):掾,古代属官的通称。司空的辅佐官职。 3 旬月:满一月。 4 襁负:用布幅把婴儿兜负在背上。 5 长史:职官名,其职责不一,但多为幕僚性质的官员。 6 尚书仆射:起于秦代,凡侍中、尚书、博士、谒者、郎等官皆有仆射,依所领职事为称号,意即其首长。东汉尚书仆射为尚书令副贰,职权渐重。

裴注 [1]《博物记》曰:"襁,织缕为之,广八寸,长尺二,以约小儿于背上,负之而行。" [2] 臣松之案:此传云公孙度"闻曹公远征,邺无守备",则太祖定邺后也。案《度传》,度以建安九年卒,太祖亦以此年定邺,自后远征,唯有北征柳城耳。征柳城之年,度已不复在矣。 [3]《英雄记》曰:"茂名在八友中。"

国渊

原文

国渊,字子尼,乐安盖[1]人也。师事郑玄[2][1]。后与邴原、管宁等避乱辽东[2]。既还旧土,太祖

译文

国渊,字子尼,乐安郡盖人。他以师礼侍奉郑玄。后来与邴原、管宁等人到辽东避乱。后来返回故土,太祖征辟他为司空掾属,每次在朝廷议论的时候,

辟为司空掾属，每于公朝论议，常直言正色，退无私焉。太祖欲广置屯田，使渊典其事。渊屡陈损益，相土处民，计民置吏，明功课之法，五年中仓廪丰实，百姓竞劝乐业。太祖征关中，以渊为居府长史，统留事。田银、苏伯反河间[3]，银等既破，后有余党，皆应伏法。渊以为非首恶，请不行刑。太祖从之，赖渊得生者千余人。破贼文书，旧以一为十，及渊上首级，如其实数。太祖问其故，渊曰："夫征讨外寇，多其斩获之数者，欲以大武功，且示民听也。河间在封域之内，银等叛逆，虽克捷有功，渊窃耻之。"太祖大悦，迁魏郡[4]太守。

他常常直言不讳，神情严肃，退朝后不会私下议论。太祖打算广泛地设置屯田，让国渊管理此事。国渊多次陈述利弊，根据土地状况而安置百姓，根据百姓的多寡设置官吏，公布根据功绩考核官吏的办法，五年中仓廪丰实，百姓争相劝勉安居乐业。太祖征伐关中地区时，以国渊为居府长史，统领留守事务。田银、苏伯在河间地区反叛，田银等人被打败后，尚有余党，都应该依罪处罚。国渊认为他们不是首恶分子，请求不要行刑。太祖听从他的意见，幸赖国渊而得生的有一千多人。攻破贼寇后上表文书，之前的人往往在数量上以一当十，到国渊上表首级数量的时候，和实际数目相符。太祖问他这样做是什么原因，国渊说："征讨域外的贼寇，夸大斩获敌人的人数，是为了夸大武功，并且表现给百姓看。河间在我们自己的封域之内，田银等人反叛，虽然攻克战胜他们有功劳，但我私下里觉得是耻辱。"太祖听了很高兴，升迁他为魏郡太守。

今注　1 盖(gě)：古地名，故城在今山东沂水县西北。　2 郑玄：字康成，北海高密(今山东高密)人，东汉时著名的经学大师，以古文经学家的立场遍注群经，融会今古文，对后世影响深远。　3 河间：郡、国名。治东城(今河北沧州献县东南)。　4 魏郡:郡名,治邺县(今河北邯郸临漳县西南)。

裴注　[1]《玄别传》曰:"渊始未知名,玄称之曰:'国子尼,美才也,吾观其人,必为国器。'"　[2]《魏书》曰:"渊笃学好古,在辽东,常讲学于山岩,士人多推慕之,由此知名。"

时有投书[1]诽谤者,太祖疾之,欲必知其主。渊请留其本书,而不宣露。其书多引《二京赋》[2],渊敕功曹曰:"此郡既大,今在都辇[3],而少学问者。其简开解年少[4],欲遣就师。"功曹差三人,临遣引见,训以"所学未及,《二京赋》,博物之书也,世人忽略,少有其师,可求能读者从受之。"又密喻旨。旬日得能读者,遂往受业。吏因请使作笺,比方其书,与投书人同手。收摄案问,具得情理。迁太仆。居列卿位,布衣

当时有投寄信件来诽谤的人,太祖痛恨这人,想一定要查出幕后主使。国渊请求留下这封诽谤信,而不宣扬泄露出去。信中多处引用了《二京赋》,国渊敕令功曹:"此郡虽然地域广大,现今在国都地区,有学问的人却很少。你选择几位领悟能力强的少年,派遣他们去跟随老师学习。"功曹差遣了三人,临行前接见三人,教诲他们说:"你们要学的还有许多没学到,《二京赋》是可以通晓群物之书,而世人往往忽略,很少有以此教授的老师,可以去寻求能读懂的人,跟从他学习。"又秘密地告诉他们此行的目的。十天左右就寻到能够读懂《二京赋》的人,于是前往学习。吏员便请这人写了一封信,然后比对这封信和诽谤信的字迹,和之前写诽谤信的人字迹相符。于是把他抓住审问,得到了全部的真实情况。国渊升任太仆。虽然国渊处在列卿的地位,却穿布衣吃

蔬食，禄赐散之旧故宗族，以恭俭自守，卒官[1]。

粗食，俸禄赏赐也多散给故旧朋友和宗族亲戚，严守恭谨简朴的习惯，在任的时候去世。

今注 1 投书：投递书信。 2《二京赋》：东汉张衡所作。包括《西京赋》《东京赋》两篇。 3 都辇：谓国都。 4 开解年少：领悟能力强的年轻人。

裴注 [1]《魏书》曰："太祖以其子泰为郎。"

田畴

原文

田畴，字子泰，右北平无终[1]人也。好读书，善击剑。

初平元年，义兵起，董卓迁帝于长安。幽州牧刘虞叹曰："贼臣作乱，朝廷播荡，四海俄然，莫有固志。身备宗室遗老，不得自同于众。今欲奉使展效臣节，安得不辱命之士乎？"众议咸曰："田畴虽年少，多称其奇。"畴时年二十二矣。虞乃备礼请与相见，大悦之，遂署为从

译文

田畴，字子泰，右北平郡无终人。喜好读书，擅长击剑。

初平元年(190)，义兵兴起，董卓把汉帝迁到长安。幽州州牧刘虞哀叹道："贼臣作乱，朝廷流离动荡，国内人心浮动，没人有坚定的意志。我身为宗室遗老，不能把自己看得和普通大众一样。现在打算派遣使节去向皇帝表达臣子效忠朝廷之节，怎样才能够寻到不辱使命的志士呢？"众人商议时都说道："田畴虽然年少，但许多人都称赞他是个奇才。"田畴当时二十二岁。刘虞就准备礼品与田畴相见，对他很满意，于是让他暂任从事，为他备齐车马。将要出发

事，具其车骑。将行，畴曰："今道路阻绝，寇虏纵横，称官奉使，为众所指名。愿[2]以私行，期于得达而已。"虞从之。畴乃归，自选其家客与年少之勇壮慕从者二十骑俱往。虞自出祖而遣之[1]。既取道，畴乃更上西关，出塞，傍北山，直趣朔方，循间径去，遂至长安致命。诏拜骑都尉[3]。畴以为天子方蒙尘未安，不可以荷佩荣宠，固辞不受。朝廷高其义。三府并辟，皆不就。

的时候，田畴说："现在道路阻绝不通，贼寇横行，如果以官方的名义出使，将为众人所瞩目而引来麻烦。我希望能够以隐秘的方式前行，希望能够到达那里就好。"刘虞听从了他。田畴于是回家，从自家宾客和愿意跟从的勇敢健壮的少年中选取二十名一起骑马前往。刘虞亲自为他们送行。出发之后，田畴就改从西关而出，到塞外，沿着北山，直接去往朔方，沿着小路前行，终于到达长安完成使命。天子下诏拜田畴为骑都尉。田畴认为天子正蒙尘未得安定，不可以接受荣誉恩宠，坚决推辞不肯接受。朝廷赞赏他的德义。三公府一同征辟他，他都不接受。

今注　**1** 无终：古县名。秦置，治今天津蓟州区。　**2** 愿：希望。　**3** 骑都尉：属光禄勋，秩比二千石，掌管羽林骑兵。

裴注　[**1**]《先贤行状》曰："畴将行，引虞密与议。畴因说虞曰：'今帝主幼弱，奸臣擅命，表上须报，惧失事机。且公孙瓒阻兵安忍，不早图之，必有后悔。'虞不听。"

得报[1]，驰还，未至，虞已为公孙瓒所害。畴至，谒祭虞墓，陈发[2]章

田畴得到朝廷的回复后，快马赶回，还没有到幽州，刘虞已经被公孙瓒杀害。田畴回来后，拜谒祭祀刘虞的墓，述说朝

表，哭泣而去。瓒闻之大怒，购求获畴，谓曰："汝何自哭刘虞墓，而不送章报于我也？"畴答曰："汉室衰颓，人怀异心，唯刘公不失忠节。章报所言，于将军未美，恐非所乐闻，故不进也。且将军方举大事以求所欲，既灭无罪之君，又仇守义之臣，诚行此事，则燕、赵之士将皆蹈东海而死耳，岂忍有从将军者乎！"瓒壮其对，释不诛也，拘之军下，禁其故人莫得与通。或说瓒曰："田畴义士，君弗能礼，而又囚之，恐失众心。"瓒乃纵遣畴。

廷的章表，哭泣致哀后离开。公孙瓒听说后大怒，悬赏抓住了田畴，公孙瓒对他说："你为什么私自去哭祭刘虞的墓，而不把朝廷章表报告给我？"田畴回答说："汉室衰颓，人人怀有异心，只有刘公不失忠孝之节。朝廷章报上的内容，对将军来说并不是好事，恐怕不是将军乐意听的，所以没有呈交给你。况且将军正举兵行大事以实现自己的欲望，你已经杀害了没有罪恶的刘虞，又仇视坚守礼义的下臣，如果真的这样做了，那么燕、赵的志士将都要跳进东海自尽了，难道还会有能容忍跟随将军的吗！"公孙瓒认为他的回答很有胆识，就给他松绑不将他诛杀，将田畴拘禁在军中，禁止他的故交与他来往。有人对公孙瓒说："田畴是位义士，主君不能以礼相待，而又将他囚禁，恐怕会失掉众心。"公孙瓒于是就释放了田畴。

今注　1 报：传达信息的文件，这里指朝廷回复刘虞的公文。　2 陈发：述说。

畴得北归，率举宗族他附从数百人，扫地[1]而盟曰："君仇不报，吾不可以

田畴得以北归故乡，率领宗族和归附跟随他的几百人，全部都立盟誓："主君的仇不报，我们不可以立于当

立于世！”遂入徐无山[2]中，营深险平敞地而居，躬耕以养父母。百姓归之，数年间至五千余家。畴谓其父老曰：“诸君不以畴不肖，远来相就。众成都邑[3]，而莫相统一，恐非久安之道，愿推择其贤长者以为之主。”皆曰：“善。”同佥[4]推畴。畴曰：“今来在此，非苟安而已，将图大事，复怨雪耻。窃恐未得其志，而轻薄之徒自相侵侮，偷快[5]一时，无深计远虑。畴有愚计，愿与诸君共施之，可乎？”皆曰：“可。”畴乃为约束相杀伤、犯盗、诤讼之法，法重者至死，其次抵罪，二十余条。又制为婚姻嫁娶之礼，兴举学校讲授之业，班行其众，众皆便之，至道不拾遗。北边翕然[6]服其威信，乌丸、鲜卑并各遣译使致贡遗，畴悉抚纳，令不为寇。

世！”于是进入徐无山中，在山林深处地势险要而平坦开阔的地方营建房屋而居，亲自耕种以奉养父母。百姓多来归附他，数年间达到五千多家。田畴对父老乡亲说：“诸君不以为田畴没有才能，远道而来归附我。人口众多就成为了城邑，但是没有统一的管理，恐怕不是长治久安的办法，希望大家推举选择贤达年长的人为主君。”大家都说“好”。大家都推举田畴。田畴说：“现在来到此地，不是为了苟且安顿，而是将要图谋大事，复仇雪耻。我担心尚未得以实现志向，而轻浮鄙薄之人自相侵犯侮辱，只图眼前一时痛快，没有深谋远虑。我有一个愚笨的计策，希望能够与诸君共同施行，可以吗？”大家都说“可以”。田畴就制定约束杀伤、盗窃、诤讼的法规，罪行严重的处以死刑，其次抵罪，总共二十多条。又制定婚姻嫁娶的礼节，兴办学校讲授课业，在民众中颁布实行，大家都觉得很便利适宜，以至于民风淳厚到人们在路上不去捡别人遗失的东西。连北方边塞地区都一致佩服他的威信，乌丸人、鲜卑人都各自派遣译使送上供品礼物，田畴全都加以安抚进纳，使他们不得侵犯百姓。

今注 1 扫地：尽数，全部。 2 徐无山：在今河北遵化。 3 众成都邑：人多就形成了城镇。 4 佥(qiān)：全；都。 5 偷快：只求眼前畅快。 6 翕(xī)然：统一、协调的样子。

袁绍数遣使招命，又即授将军印，因安辑[1]所统，畴皆拒不受。绍死，其子尚又辟焉，畴终不行。

畴常忿乌丸昔多贼杀其郡冠盖[2]，有欲讨之意而力未能。建安十二年，太祖北征乌丸，未至，先遣使辟畴，又命田豫喻指。畴戒其门下趣[3]治严[4]。门人谓曰："昔袁公慕君，礼命五至，君义不屈；今曹公使一来，而君若恐弗及者，何也？"畴笑而应之曰："此非君所识也。"遂随使者到军，署司空户曹掾，引见諮议。明日出令曰："田子泰非吾所宜吏者。"即举茂才，拜为蓨令，不之官，随军次无终。

袁绍数次派遣使节招请任命他，又立即授予将军印，借此安抚他所统领的部众，田畴都拒绝不接受。袁绍死后，他儿子袁尚又征辟田畴，田畴都始终不前往。

田畴常常愤恨乌丸人曾经残杀了很多郡中的官员名流，有打算讨伐之心但力量不足。建安十二年(207)，太祖北征乌丸，未到的时候，先派遣使节征辟田畴，又命令田豫表明旨意。田畴告诫他的部下赶快整理行装。部下对他说："之前袁公仰慕您，五次备礼前来，您出于大义不肯屈从；现今曹公的使节才刚来，而您则唯恐来不及，为什么？"田畴笑着回答说："这不是你所能够洞识的。"然后跟随使者来到军中，被任命为司空户曹属官，并被引见咨询意见。第二天太祖发出命令说："田子泰不应该跟随我做普通吏员。"随即推荐他为茂才，官拜蓨县县令，田畴没有即刻赴任，而是跟随大军驻扎在无终县。

今注 1 安辑:安抚。 2 冠盖:指官吏的冠服和车乘,借指官员和社会名流。 3 趣:催促、赶快。 4 治严:即治装。东汉时避明帝刘庄讳,以“装”与“庄”同声,多改作“严”,后遂沿用。

时方夏水雨,而滨海洿下,泞滞不通,虏亦遮守蹊要[1],军不得进。太祖患之,以问畴。畴曰:“此道,秋夏每常有水,浅不通车马,深不载舟船,为难久矣。旧北平郡治在平冈,道出卢龙[2],达于柳城[3];自建武以来,陷坏断绝,垂二百载,而尚有微径可从。今虏将以大军当由无终,不得进而退,懈弛无备。若嘿回军,从卢龙口越白檀之险,出空虚之地,路近而便,掩其不备,蹋顿[4]之首可不战而禽也。”太祖曰:“善。”乃引军还,而署大木表于水侧路傍曰:“方今暑夏,道路不通,且俟秋冬,乃复进军。”虏候骑见之,诚以为大军去也。太祖令

当时正是夏季多雨水,而沿海地区地势低下,道路泥泞不能通行,寇虏也正隐蔽驻守在险要的地方,军队不得前进。太祖很担心,以这事向田畴询问。田畴说:“这条道路,夏秋季节经常有积水,水浅时也不能通车马,即使水深也不能通舟船,一直都是个让人为难的问题。之前北平郡的治所在平冈,有条路经由卢龙,可到达柳城;建武年间以来,道路塌陷损坏断绝不通,将近两百年,但尚且有小路可走。现在寇虏将认为大部队应该会经过无终,如果不得前进就只能后退,所以松懈不加防备。如果我们暗中撤回军队,从卢龙口越过白檀险要之处,经过敌人防备空虚的地方,道路较近而且方便行军,乘其不备而进行攻击,蹋顿的首级可以不战而擒获。”太祖说:“好。”于是领军队返回,而且在水边的道路旁侧竖立大木牌,并写道:“现在正值炎热夏季,道路不通,且等到秋冬季节,再进军。”寇虏的侦察骑兵看到了大木牌,真的以为曹军离开了。太

畴将其众为乡导，上徐无山，出卢龙，历平冈，登白狼堆，去柳城二百余里，虏乃惊觉。单于身自临陈，太祖与交战，遂大斩获，追奔逐北，至柳城。军还入塞，论功行封，封畴亭侯，邑五百户[1]。畴自以始为居难，率众遁逃，志义不立，反以为利，非本意也，固让。太祖知其至心，许而不夺[2]。

祖命令田畴率领其部众为向导，登上徐无山，出卢龙，经过平冈，登上白狼堆，离柳城仅二百多里的时候，寇虏才惊觉。单于亲自到战场，太祖与他交战，于是大量地斩杀和俘获敌人，追击败北的敌军，直到柳城。大军返回入塞，太祖论功封赏，封田畴为亭侯，食邑五百户。田畴认为自己当初是因为遇到危难，才率众遁逃，志向和大义尚未实现，反倒以此受赏获利，这不是自己的本意，坚决推辞。太祖了解他的心志，也就答应他的推辞而不勉强。

今注 1 蹊要：险要。 2 卢龙：古塞名。在今河北迁西北喜峰口附近。 3 柳城：在今辽宁朝阳。 4 蹋顿：辽西乌桓首领。

裴注 [1]《先贤行状》载太祖表论畴功曰："文雅优备，忠武又著，和于抚下，慎于事上，量时度理，进退合义。幽州始扰，胡、汉交萃，荡析离居，靡所依怀。畴率宗人避难于无终山，北拒卢龙，南守要害，清静隐约，耕而后食，人民化从，咸共资奉。及袁绍父子威力加于朔野，远结乌丸，与为首尾，前后召畴，终不陷挠。后臣奉命，军次易县，畴长驱自到，陈讨胡之势，犹广武之建燕策，薛公之度淮南。又使部曲持臣露布，出诱胡众，汉民或因亡来，乌丸闻之震荡。王旅出塞，涂由山中九百余里，畴帅兵五百，启导山谷，遂灭乌丸，荡平塞表。畴文武有效，节义可嘉，诚应宠赏，以旌其美。" [2]《魏书》载太祖令曰："昔伯成弃国，夏后不夺，将欲使高尚之士，优贤之主，不止于一世也。其听畴所执。"

辽东斩送袁尚首，令“三军敢有哭之者斩”。畴以尝为尚所辟，乃往吊祭。太祖亦不问[1]。畴尽将其家属及宗人三百余家居邺。太祖赐畴车马谷帛，皆散之宗族知旧。

从征荆州还，太祖追念畴功殊美，恨前听畴之让，曰：“是成一人之志，而亏王法大制也。”于是乃复以前爵封畴[2]。畴上疏陈诚，以死自誓。太祖不听，欲引拜之，至于数四，终不受。

有司劾畴狷介违道，苟立小节，宜免官加刑。太祖重其事，依违者久之。乃下世子及大臣博议，世子以畴同于子文辞禄[1]，申胥逃赏[2]，宜勿夺以优其节。尚书令[3]荀彧、司隶校尉[4]钟繇亦以为可听[3]。太祖犹欲侯之。

辽东公孙康斩杀并送来袁尚首级，太祖下令“三军中敢有为之哭祭的人斩首”。田畴因为曾经被袁尚征辟，就前往吊丧祭奠。太祖也并未过问。田畴带着他的全部家人和宗族三百多户都定居在了邺城。太祖赐给田畴的车马谷物绢帛，他都分发给了宗族和故旧。

田畴跟随太祖征伐荆州返回之后，太祖想到田畴的功劳实在是特别出色，悔恨自己之前听从了田畴的辞让，说道：“这真是成就了一人的志向，而损害了王法制度呀。”于是又重新将之前的爵位封给田畴。田畴上疏陈述自己的诚意，以死明志。太祖不听从，想将他引见授爵，前后达四次之多，田畴还是不接受。

有官员弹劾田畴过于洁身自好而违背道义，随意地树立小节，应该免去官职处以刑罚。太祖很重视这件事，犹豫很久无法决断。于是让世子和群臣广泛商议，世子认为田畴的行为和令尹子文辞让爵禄、申包胥逃避封赏是一样的，应该不要勉强他改变意愿而是尊重他的节操。尚书令荀彧、司隶校尉钟繇也认为可以听任他的意愿。太祖仍然想将他封侯。田畴平素与夏侯惇关系很畴素与夏侯惇善，太祖语惇曰："且往以情喻之，自从君所言，无告吾意也。"

好，太祖对夏侯惇说："你去田畴那里以情理劝说他，他自然会听从你的劝说，不要告诉他这是我的意思。"

今注 1 子文辞禄：子文是春秋时期著名的楚国令尹，曾析分家业帮助国家度过艰难时期，留下了"毁家纾难"的典故。子文三次担任令尹，三次辞去令尹，不在乎个人的荣辱而以国家的兴衰为己任，为后世所称扬。 2 申胥逃赏：春秋时期吴国攻入楚国都城，君民离散，楚人申包胥到秦国去求援，立于秦庭墙外哀哭七日，秦人出兵帮助楚国解脱危急。楚昭王复国后要封赏申包胥，他坚辞不受，带领家人进入山中隐居。 3 尚书令：秦、西汉为尚书之长官，掌收发文书，隶少府。东汉为尚书台长官，总领朝政，无所不统。 4 司隶校尉：汉武帝时始置，秩二千石。掌纠察京师百官及所辖三辅、三河、弘农七郡，相当于州刺史。东汉比二千石，威权尤重，宫廷内外，无所不纠，并为司隶州行政长官。

裴注 [1] 臣松之以为，田畴不应袁绍父子之命，以其非正也。故尽规魏祖，建卢龙之策。致使袁尚奔迸，授首辽东，皆畴之由也。既以明其为贼，胡为复吊祭其首乎？若以尝被辟命，义在其中，则不应为人设谋，使其至此也。畴此举止，良为进退无当，与王脩哭袁谭，貌同而心异也。[2]《先贤行状》载太祖令曰："蓨令田畴，至节高尚，遭值州里戎夏交乱，引身深山，研精味道，百姓从之，以成都邑。袁贼之盛，命召不屈，慷慨守志，以徼真主。及孤奉诏征定河北，遂服幽都，将定胡寇，时加礼命，畴即受署。陈建攻胡蹊路所由，率齐山民，一时向化，开塞导送，供承使役，路近而便，令虏不意。斩蹋顿于白狼，遂长驱于柳城，畴有力焉。及军入塞，将图其功，表封亭侯，食邑五百，而畴恳恻，前后辞赏。出入三载，历年未赐。此为成一人之高，甚违王典，失之多矣。宜从表封，无久留吾过。"[3]《魏书》载世子议曰："昔薳敖逃禄，传载其美，所以激浊世，励贪夫，贤于尸禄素餐之人也。故可得而小,不可得而毁。至于田畴,方斯近矣。免官加刑,于法为重。"《魏略》载教曰:"昔夷、齐弃爵而讥武王,可谓愚暗,孔子犹以为'求仁得仁'。畴之所守,虽不合道,但欲清高耳。使天下悉如畴志,即墨翟兼爱尚同之事,而老聃使民结绳之道也。外议虽善,为复使令司隶以决之。"《魏书》载荀彧议,以为"君子之道,或出或处,期于为善而已。故匹夫守志,圣人各因而成之"。钟繇以为"原思辞粟,仲尼不与,子路拒牛,谓之止善,虽可以激清励浊,犹不足多也。畴虽不合大义,有益推让之风,宜如世子议"。臣松之案《吕氏春秋》:"鲁国之法,鲁人有为臣妾于诸侯,有能赎之者取其金于府。子贡赎人而辞不受金,孔子曰:'赐失之矣。自今以来,鲁人不赎矣。'子路拯溺者,其人拜之以牛,子路受之。孔子曰:'鲁人必拯溺矣。'"案此语不与繇所引者相应,未详为繇之事误邪,而事将别有所出耳。

惇就畴宿,如太祖所戒[1]。畴揣知其指,不复发言。惇临去,乃拊畴背曰:"田君,主意[2]殷勤,曾不能顾乎!"畴答曰:"是何言之过也!畴,负义逃窜之人耳,蒙恩全活,为幸多矣。岂可卖卢龙之塞,以易赏禄哉?纵国私畴,畴独不愧于心乎?将军雅知畴者,犹复如此,若必不得已,请愿效死刎首于前。"言未卒,涕泣

夏侯惇来到田畴住所,如同太祖所命令的那样去做。田畴揣摩到了他的用意,就不再说话了。夏侯惇临走的时候,拍着田畴的背说:"田君,主君情义深厚,你就不能加以顾念吗!"田畴回答说:"这话说得过分了!我田畴,是个背负道义而逃窜的人,蒙受恩宠得以活命,已经很幸运了。难道可以出卖卢龙塞北之誓,来换取封赏爵禄吗?纵然国家偏爱我,我难道不愧对自己的内心吗?将军平素知道我的为人,可还是这样做,如果逼不得已,请让我用死来表达自己的心意,自刎在您面前。"话未说完,已经涕泗横流。

横流。惇具答太祖。太祖喟然,知不可屈,乃拜为议郎。年四十六卒。子又早死。文帝践阼[3],高畴德义,赐畴从孙[4]续爵关内侯,以奉其嗣。

夏侯惇把经过都告诉了太祖。太祖感叹,知道实在不能使田畴屈服,就拜他为议郎。田畴四十六岁的时候去世。儿子也较早地去世。文帝登基后,赞赏田畴的品德仁义,就赐封田畴的侄孙田续为关内侯,让他承继田畴做他的子嗣。

今注 1 戒:命令。 2 主意:主上的情意。 3 践阼:登基即位。 4 从孙:侄孙。

王脩

原文

王脩,字叔治,北海营陵[1]人也。年七岁丧母。母以社日[2]亡,来岁邻里[3]社,脩感念母,哀甚。邻里闻之,为之罢社。年二十,游学南阳,止张奉舍。奉举家得疾病,无相视者,脩亲隐恤[4]之,病愈乃去。初平中,北海孔融召以为主簿,守高密令。高密孙氏素豪侠,人客数犯法。民

译文

王脩,字叔治,北海营陵人。七岁的时候母亲就去世了。母亲是在乡里举行社祭的时候去世的,第二年邻里举行社祭的时候,王脩因有所感触而思念母亲,非常地哀伤。邻里乡亲听到他的哀哭声后,就为之停止了社祭。二十岁的时候,王脩到南阳游学,借宿在张奉家。张奉全家得了一种疾病,没有人敢前来探望,王脩亲自照顾且怜悯他,直到他们全家疾病痊愈后才离开。初平年间,北海孔融征召王脩为主簿,代理高密令。高密孙氏一向豪强任侠,他的门客数次犯法。

有相劫者，贼入孙氏，吏不能执。脩将吏民围之，孙氏拒守，吏民畏惮不敢近。脩令吏民："敢有不攻者与同罪。"孙氏惧，乃出贼。由是豪强慑服。举孝廉，脩让邴原，融不听[1]。时天下乱，遂不行。顷之，郡中有反者。脩闻融有难，夜往奔融。贼初发，融谓左右曰："能冒难来，唯王脩耳！"言终而脩至。复署功曹。时胶东多贼寇，复令脩守胶东令。胶东人公沙卢宗强，自为营堑，不肯应发调。脩独将数骑径入其门，斩卢兄弟，公沙氏惊愕莫敢动。脩抚慰其余，由是寇少止。融每有难，脩虽休归在家，无不至。融常赖脩以免。

一次有人打劫，贼人躲入孙氏家里，官吏不敢去逮捕。王脩率领官吏百姓包围了孙氏家，孙氏抗拒坚守，官吏百姓害怕不敢前进。王脩命令官吏百姓："敢有不进攻的与贼人同罪。"孙氏害怕了，于是将贼人交了出来。从此当地豪强因畏惧而屈服。孔融举荐王脩为孝廉，王脩让与邴原，孔融不同意。当时天下大乱，王脩就没有前往赴任。不久，郡中有人谋反。王脩听说孔融有危难，连夜赶往孔融处。当时贼人刚刚起事，孔融对身边的人说："能够不顾危难前来助我的，只有王脩！"话说完王脩就到了。王脩又代理功曹。当时胶东有很多贼寇，孔融又命令王脩为胶东令。胶东人公沙卢宗族强大，自己修筑营建沟堑，不肯接受政府的征调。王脩独自率领数名骑兵径直进入他家，斩杀公沙卢兄弟，公沙氏都很惊恐害怕而不敢有所举动。王脩安抚劝慰其他的族人，于是寇乱稍微减轻。孔融每次有难的时候，王脩即使回家休假，也没有不前往营救的。孔融常常依靠王脩才幸免于难。

今注　1 营陵：在今山东潍坊昌乐县。　2 社日：古时春、秋两次祭祀土神的日子，一般在立春、立秋后第五个戊日。　3 邻里：同一乡里的人。　4 隐恤：怜悯照顾。

裴注 [1]《融集》有融答脩教曰:“原之贤也,吾已知之矣。昔高阳氏有才子八人,尧不能用,舜实举之。原可谓不患无位之士。以遗后贤,不亦可乎!”脩重辞,融答曰:“掾清身洁己,历试诸难,谋而鲜过,惠训不倦。余嘉乃勋,应乃懿德,用升尔于王庭,其可辞乎!”

袁谭在青州,辟脩为治中从事[1],别驾[2]刘献数毁短脩。后献以事当死,脩理之,得免。时人益以此多焉。袁绍又辟脩除即墨令,后复为谭别驾。绍死,谭、尚有隙[3]。尚攻谭,谭军败,脩率吏民往救谭。谭喜曰:“成吾军者,王别驾也。”谭之败,刘询起兵漯阴,诸城皆应。谭叹息曰:“今举州背叛,岂孤之不德邪!”脩曰:“东莱太守管统虽在海表,此人不反,必来。”后十余日,统果弃其妻子来赴谭,妻子为贼所杀,谭更以统为乐安太守。

袁谭在青州时,征辟王脩为治中从事,别驾刘献数次诋毁贬低王脩。后来刘献因为犯事当处以死刑,王脩处理这件事,免去他的死罪。当时的人因此更加敬佩王脩。袁绍又征辟王脩为即墨令,后又为袁谭别驾。袁绍死后,袁谭、袁尚之间有嫌隙。袁尚进击袁谭,袁谭兵败,王脩率领官吏百姓前往搭救袁谭。袁谭高兴地说:“能够保全我的人,肯定是王别驾。”袁谭失败后,刘询在漯阴起兵,诸多城池都响应。袁谭叹息说:“现在全州之人都背叛我,难道是因为我没有德行吗?”王脩说:“东莱太守管统虽然在海滨,但此人不会反叛,必会前来。”十余日后,管统果然离开妻子儿女前来奔赴袁谭,妻子儿女被贼人杀害,袁谭改任管统为乐安太守。

今注 1 治中从事:汉代为州刺史助理。秩百石,主选署及文书案卷。 2 别驾:汉置别驾从事史,为刺史佐吏,刺史巡视辖境时乘驿车随行，故名。 3 隙：感情上的裂痕。

谭复欲攻尚，脩谏曰：“兄弟还相攻击，是败亡之道也。”谭不悦，然知其志节。后又问脩：“计安出？”脩曰：“夫兄弟者，左右手也。譬人将斗而断其右手，而曰‘我必胜’，若是者可乎？夫弃兄弟而不亲，天下其谁亲之！属有谗人[1]，固将交斗其间[2]，以求一朝之利，愿明使君塞耳勿听也。若斩佞臣数人，复相亲睦，以御四方，可以横行天下。”谭不听，遂与尚相攻击，请救于太祖。太祖既破冀州，谭又叛。太祖遂引军攻谭于南皮。脩时运粮在乐安，闻谭急，将所领兵及诸从事数十人往赴谭。至高密，闻谭死，下马号哭曰：“无君焉归？”遂诣太祖，乞收葬谭尸。太祖欲观脩意，默然不应。

袁谭又打算攻打袁尚，王脩劝谏说：“兄弟之间互相攻击，是失败灭亡的道路啊。”袁谭不高兴，但知道他的志向和节操。后来又问王脩：“有什么计策？”王脩说：“兄弟，就如同左右手。譬如一个人将要搏斗而折断右手，却说‘我必胜’，像这样也可以取胜吗？离弃兄弟而不亲近，天下谁会亲近这样的人！属下中有说别人坏话之人，必定会在中间大肆挑起争斗，以求一时的利益，希望您这样英明的长官把耳朵塞住不要去听。如果斩杀几个佞臣，兄弟间再相亲和睦，以抵御四方，就可以横行天下。”袁谭不听从，于是与袁尚互相攻击，并求救于太祖。太祖攻破冀州后，袁谭又反叛了太祖。太祖于是率军在南皮攻打袁谭。王脩当时在乐安运送粮草，听说袁谭情况危急，率领兵士和几十名从事前往奔赴袁谭处。到高密时，听说袁谭已死，王脩下马哀号痛哭说：“没有了主君我将归附何处？”于是到太祖那里，乞求收殓埋葬袁谭的尸骨。太祖想观察

脩复曰:“受袁氏厚恩,若得收敛谭尸,然后就戮,无所恨。”太祖嘉其义,听之[1]。以脩为督军粮,还乐安。

王脩的意向,默然不回答。王脩又说:“我受袁氏的深厚恩情,如果能够收殓袁谭的尸骨,接着被杀,我没有什么遗憾。”太祖嘉奖他的义气,答应了他。任王脩为督察军粮的官员,返回乐安。

今注 1 谗人:说别人的坏话的人。 2 交斗其间:在中间大肆挑拨。

裴注 [1]《傅子》曰:“太祖既诛袁谭,枭其首,令曰:‘敢哭之者,戮及妻子!’于是王叔治、田子泰相谓曰:‘生受辟命,亡而不哭,非义也。畏死忘义,何以立世?’遂造其首而哭之,哀动三军。军正白‘行其戮’,太祖曰:‘义士也!’赦之。”臣松之案《田畴传》,畴为袁尚所辟,不被谭命。《傅子》合而言之,有违事实。

谭之破,诸城皆服,唯管统以乐安不从命。太祖命脩取统首,脩以统亡国之忠臣,因解其缚,使诣太祖。太祖悦而赦之。袁氏政宽,在职势者多畜聚。太祖破邺,籍没审配等家财物赀1以万数。及破南皮,阅脩家,谷不满十斛,有书数百卷。太祖叹曰:“士不妄有名。”乃礼辟为司空掾,行司金

袁谭兵败后,诸城都投降,只有管统在乐安不听从命令。太祖命令王脩去砍下管统首级,王脩认为管统是亡国之忠臣,因此为他松绑,让他到太祖那里。太祖就高兴地赦免了他。袁氏为政宽松,职位权势重的人都积蓄了许多财产。太祖攻破邺城,查抄没收审配等人的家产财物数以万计。等到攻破南皮的时候,查抄王脩的家产,只有不满十斛的谷物,有数百卷书。太祖感叹道:“高士果真不徒有虚名。”于是按礼征辟王脩为司空掾属,兼任司金中郎将,升

中郎将[2]，迁魏郡太守。为治，抑强扶弱，明赏罚，百姓称之[1]。魏国既建，为大司农郎中令。太祖议行肉刑，脩以为时未可行，太祖采其议。徙为奉尚[3]。其后严才反，与其徒属数十人攻掖门[4]。脩闻变，召车马未至，便将官属步至宫门。太祖在铜爵台望见之，曰："彼来者必王叔治也。"相国钟繇谓脩："旧，京城有变，九卿各居其府。"脩曰："食其禄，焉避其难？居府虽旧，非赴难之义。"顷之，病卒官。子忠，官至东莱太守、散骑常侍。初，脩识高柔于弱冠[5]，异王基于幼童，终皆远至，世称其知人[2]。

迁为魏郡太守。王脩为政的时候，抑制豪强帮扶寡弱，严明赏罚，百姓都很称赞他。魏国建立后，王脩拜官大司农郎中令。太祖商议施行肉刑，王脩认为当时还不能实行，太祖听从他的意见。王脩迁官为奉尚。后来严才谋反，与他的部下几十人进攻掖门。王脩听到事变后，召集的车马还没到，便率领属官步行到宫门。太祖在铜爵台远远地望见他，说："那个匆匆赶来的肯定是王叔治。"相国钟繇对王脩说："按照旧制，京城有突发事变，九卿应该各居其府、各守其职。"王脩说："吃朝廷的俸禄，怎么能逃避危难？虽然守在府宅里是旧制，但并不是拯救国难的正义行为。"不久，王脩在任上病逝。他的儿子王忠，官至东莱太守、散骑常侍。当初，王脩在高柔二十岁的时候就很赏识他，在王基还是幼童的时候就认为他不同凡俗，最终他们都有所成就，世人都称扬王脩有知人之明。

今注　1 訾(zī)：计算，估量。　2 中郎将：秦置中郎，至西汉分五官、左、右三署，各置中郎将以统领皇帝的侍卫，隶属光禄勋。东汉末年，置诸名号中郎将为统兵将领，遂为次于将军，高于校尉的统兵武职。　3 奉尚:即奉常,为九卿之一,掌管宗庙礼仪。 4 掖门:宫殿正门两旁的边门。 5 弱冠:古代男子二十岁行冠礼,故用以指男子二十岁左右的年龄。

裴注 [1]《魏略》曰:"脩为司金中郎将,陈黄白异议,因奏记曰:'脩闻枳棘之材,无梁柱之质;涓流之水,无洪波之势。是以在职七年,忠谠不昭于时,功业不见于事,欣于所受,俯惭不报,未尝不长夜起坐,中饭释餐。何者?力少任重,不堪而惧也。谨贡所议如左。'太祖甚然之,乃与脩书曰:'君澡身浴德,流声本州,忠能成绩,为世美谈,名实相副,过人甚远。孤以心知君,至深至熟,非徒耳目而已也。察观先贤之论,多以盐铁之利,足赡军国之用。昔孤初立司金之官,念非屈君,余无可者。故与君教曰"昔遏父陶正,民赖其器用,及子妫满,建侯于陈;近桑弘羊,位至三公"。此君元龟之兆先告者也,是孤用君之本言也,或恐众人未晓此意。自是以来,在朝之士,每得一显选,常举君为首,及闻袁军师众贤之议,以为不宜越君。然孤执心将有所底,以军师之职,闲于司金,至于建功,重于军师。孤之精诚,足以达君;君之察孤,足以不疑。但恐傍人浅见,以蠡测海,为蛇画足,将言前后百选,辄不用之,而使此君沉滞冶官。张甲李乙,尚犹先之,此主人意待之不优之效也。孤惧有此空声冒实,淫蛙乱耳。假有斯事,亦庶钟期不失听也;若其无也,过备何害?昔宣帝察少府萧望之才任宰相,故复出之,令为冯翊。从正卿往,似于左迁。上使侍中宣意曰:"君守平原日浅,故复试君三辅,非有所间也。"孤揆先主中宗之意,诚备此事。既君崇勋业以副孤意。公叔文子与臣俱升,独何人哉!'后无几而迁魏郡太守。" [2] 王隐《晋书》曰:"脩一子,名仪,字朱表,高亮雅直。司马文王为安东,仪为司马。东关之败,文王曰:'近日之事,谁任其咎?'仪曰:'责在军帅。'文王怒曰:'司马欲委罪于孤邪?'遂杀之。子裒,字伟元。少立操尚,非礼不动。身长八尺四寸,容貌绝异。痛父不以命终,绝世不仕。立屋墓侧,以教授为务。旦夕常至墓前拜,辄悲号断绝。墓前有一柏树，裒常所攀援，涕泣所著，树色与凡树不同。读《诗》至‘哀哀父母，生我劬悴’，未尝不反覆流涕，泣下沾襟。家贫躬耕，计口而田，度身而蚕。诸生有密为裒刈麦者，裒遂弃之；自是莫敢复佐刈者。裒门人为本县所役，求裒为属，裒曰：‘卿学不足以庇身，吾德薄不足以荫卿，属之何益？且吾不捉笔已四十年。’乃步担干饭，儿负盐豉，门徒从者千余人。安丘令以为见己，整衣出，迎之于门。裒乃下道至土牛，磬折而立。云：‘门生为县所役，故来送别。’执手涕泣而去。令即放遣诸生，一县以为耻。同县管彦，少有才力，未知名，裒独以为当自达，常友爱之；男女各始生，共许为婚。彦果为西夷校尉。裒后更以女嫁人，彦弟馥问裒，裒曰：‘吾薄志毕，愿山薮自处，姊妹皆远，吉凶断绝，以此自誓。贤兄子葬父于帝都，此则洛阳之人也，岂吾欲婚之本指邪？’馥曰：‘嫂，齐人也。当还临淄。’裒曰：‘安有葬父河南，随母还齐！用意如此，何婚之有？’遂不婚。邴春者，根矩之后也。少立志操，寒苦自居，负笈游学，身不停家，乡邑翕然，以为能系其先也。裒以为春性险狭，慕名意多，终必不成，及后，春果无学业，流离远外，有识以此归之。裒常以为人所行，其当归于善道，不可以己所能而责人所不能也。有致遗者，皆不受。及洛都倾覆，寇贼蜂起，裒宗亲悉欲移江东，裒恋坟垅。贼大盛，乃南达泰山郡。裒思土不肯去，贼害之。”《汉晋春秋》曰：“裒与济南刘兆字延世，俱以不仕显名。裒以父为文王所滥杀，终身不应征聘，未尝西向坐，以示不臣于晋也。”《魏略·纯固传》以脂习、王脩、庞淯、文聘、成公英、郭宪、单固七人为一传。其脩、淯、聘三人自各有传，成公英别见《张既传》，单固见《王淩传》，余习、宪二人列于《脩传》后也。脂习，字元升，京兆人也。中平中仕郡，公府辟，举高第，除太医令。天子西迁，及东诣许昌，习常随从。与少府孔融亲善。太祖为司空，威德日盛，而融故以旧意，书疏倨傲。习常责融，欲令改节，融不从。会融被诛，当时许中百官先与融亲善者，莫敢收恤，而习独往，抚而哭之曰：“文举，卿舍我死，我当复与谁语者？”哀叹无已。太祖闻之，收习，欲理之，寻以其事直见原，徙许东土桥下。习后见太祖，陈谢前愆。太祖呼其字曰："元升，卿故慷慨！"因问其居处，以新移徙，赐谷百斛。至黄初，诏欲用之，以其年老，然嘉其敦旧，有栾布之节，赐拜中散大夫。还家，年八十余卒。郭宪，字幼简，西平人，为其郡右姓。建安中为郡功曹，州辟不就，以仁笃为一郡所归。至十七年，韩约失众，从羌中还，依宪。众人多欲取约以徼功，而宪皆责怒之，言："人穷来归我，云何欲危之？"遂拥护，厚遇之。其后约病死，而田乐、阳逵等就斩约头，当送之。逵等欲条疏宪名，宪不肯在名中，言："我尚不忍生图之，岂忍取死人以要功乎？"逵等乃止。时太祖方攻汉中，在武都，而逵等送约首到。太祖宿闻宪名，及视条疏，怪不在中，以问逵等，逵具以情对。太祖叹其志义，乃并表列，与逵等并赐爵关内侯，由是名震陇右。黄初元年病亡。正始初，国家追嘉其事，复赐其子爵关内侯。

邴原

原文

邴原，字根矩，北海朱虚[1]人也。少与管宁俱以操尚[2]称，州府辟命皆不就。

黄巾起，原将家属入海，住郁洲[3]山中。时孔融为北海相，举原有道。原以黄巾方盛，遂至辽东，与同郡刘政俱有勇略雄气。辽东太守公孙度畏恶欲杀之，尽收捕其家，

译文

邴原，字根矩，北海朱虚人。年少的时候与管宁都以节操高尚著称，州府征辟都没有去。

黄巾军兴起，邴原带着家人入海避难，住在郁洲山中。当时孔融为北海相，认为邴原知道义而举荐他。邴原认为黄巾军正是强盛的时候，于是就去了辽东，和同郡的刘政都有勇气谋略和英雄气概。辽东太守公孙度害怕和憎恶刘政，想要把他杀死，把他的家人都抓捕了起来，而刘政得以逃脱。公孙度遍告

政得脱。度告诸县:“敢有藏政者与同罪。”政窘急,往投原[1],原匿之月余,时东莱太史慈[4]当归,原因以政付之。既而谓度曰:“将军前日欲杀刘政,以其为己害。今政已去,君之害岂不除哉!”度曰:“然。”原曰:“君之畏政者,以其有智也。今政已免,智将用矣,尚奚拘政之家?不若赦之,无重怨[5]。”度乃出之。原又资送政家,皆得归故郡。原在辽东,一年中往归原居者数百家,游学之士,教授之声,不绝。

诸县:“敢有藏匿刘政的人与他一起治罪。”刘政的处境很窘迫危急,就前往邴原处投奔,邴原将他藏匿了一个多月,恰逢东莱人太史慈要回去,邴原就趁机将刘政托付给他照顾。然后对公孙度说:“将军之前想杀死刘政,因为他对您有威胁。现在刘政已经离开,您的祸害岂不就除去了吗?”公孙度说:“是这样的。”邴原说:“您之所以畏惮刘政,是因为他有智谋。现在刘政已经离开,将军可以施展自己的智谋了,为什么还要将刘政的家人拘留着?不如将他们赦免,没必要增加怨恨。”公孙度就放了他们。邴原又出资送还刘政的家人,使他们都得以返回故里。邴原在辽东,一年之中归附他的有数百家,游学的士人不断,传授学业的声音萦绕不绝。

今注　**1** 朱虚:在今山东临朐东南。　**2** 操尚:操行、志趣。　**3** 郁洲:古洲名。“洲”一作“州”。相传秦末田横居此,故又名“田横岛”。在今江苏连云港东云台山一带。　**4** 太史慈:字子义,东莱黄县(今山东龙口)人,东汉末年著名将领,后为孙吴大将,帮助孙策扫平江东。　**5** 重怨:加深愁怨。

裴注　[1]《魏氏春秋》曰:“政投原曰:‘穷鸟入怀。’原曰:‘安知斯怀之可入邪?’”

后得归，太祖辟为司空掾。原女早亡，时太祖爱子仓舒亦没，太祖欲求合葬，原辞曰："合葬，非礼也。原之所以自容于明公1，公之所以待原者，以能守训典而不易也。若听明公之命，则是凡庸也，明公焉以为哉？"太祖乃止，徙署丞相征事2[1]。崔琰为东曹掾3，记让曰："征事邴原、议郎张范，皆秉德纯懿，志行忠方，清静足以厉俗，贞固足以干事，所谓龙翰凤翼，国之重宝。举而用之，不仁者远。"代凉茂为五官将长史，闭门自守，非公事不出。太祖征吴，原从行，卒[2]。

邴原后来返归，太祖征辟他为司空属官。邴原的女儿早亡，当时太祖的爱子仓舒也去世了，太祖想要求将他们合葬，邴原推辞说："合葬，是不符合礼义的。邴原之所以能够为明公所容纳，明公之所以接待我，都是因为我能够信守古人训导的典章而不加更改。如果我听从了明公的命令，那么就是凡俗平庸之人，明公认为怎么样呢？"太祖于是就不再勉强，邴原迁官至丞相征事。崔琰为东曹掾，上奏记推让说："征事邴原、议郎张范，都秉承美好的德行，志向忠贞、行为方正，清约宁静足以移风易俗，坚守忠贞足以担负重任，这就是大家常说的龙翰凤翼，是国家的珍贵财宝。推举任用这样的人才，不仁义的人就会远离。"邴原代替凉茂为五官将长史，闭门自守，没有公事就不出门。太祖征伐吴国，邴原随从出行，后去世。

是后大鸿胪4巨鹿张泰、河南尹扶风庞迪以清贤称[3]，永宁太仆5东郡张阁以简质闻[4]。

之后大鸿胪巨鹿人张泰、河南尹扶风人庞迪以清静贤明为人称扬，永宁太仆东郡人张阁以简易质朴闻名。

【今注】 1 明公：古代对有名位者的尊称。 2 丞相征事：汉置，为丞相属官，秩比六百石。 3 东曹掾：在汉朝公府办事分曹，有东曹、西曹等。 4 大鸿胪:汉武帝时改典客置,原掌接待少数民族等事,位列九卿,秩中二千石。后渐变为赞襄礼仪之官。新莽时改为“典乐”。东汉属官仅置太行令、丞。 5 太仆:亦称“大仆”“太仆正”。秦汉沿置位列九卿,掌皇帝舆马及马政,秩中二千石。

裴注 [1]《献帝起居注》曰:“建安十五年,初置征事二人,原与平原王烈俱以选补。” [2]《原别传》曰:“原十一而丧父,家贫,早孤。邻有书舍,原过其旁而泣。师问曰:‘童子何悲?’原曰:‘孤者易伤,贫者易感。夫书者,必皆具有父兄者,一则羡其不孤,二则羡其得学,心中恻然而为涕零也。’师亦哀原之言,而为之泣曰:‘欲书可耳!’答曰:‘无钱资。’师曰:‘童子苟有志,我徒相教,不求资也。’于是遂就书。一冬之间,诵《孝经》《论语》,自在童龀之中,嶷然有异。及长,金玉其行。欲远游学,诣安丘孙崧。崧辞曰:‘君乡里郑君,君知之乎?’原答曰:‘然。’崧曰:‘郑君学览古今,博闻强识,钩深致远,诚学者之师模也。君乃舍之,蹑屣千里,所谓以郑为东家丘者也。君似不知,而曰“然”者何?’原曰:‘先生之说,诚可谓苦药良针矣,然犹未达仆之微趣也。人各有志,所规不同,故乃有登山而采玉者,有入海而采珠者,岂可谓登山者不知海之深,入海者不知山之高哉!君谓仆以郑为东家丘,君以仆为西家愚夫邪?’崧辞谢焉。又曰:‘兖、豫之士,吾多所识,未有若君者,当以书相介。’原重其意,难辞之,持书而别。原心以为求师启学,志高者通,非若交游待介而成也。书何为哉?乃藏书于家而行。原旧能饮酒,自行之后,八九年间,酒不向口。单步负笈,苦身持力,至陈留则师韩子助,颍川则宗陈仲弓,汝南则交范孟博,涿郡则亲卢子幹。临别,师友以原不饮酒,会米肉送原。原曰:‘本能饮酒,但以荒思废业,故断之耳。今当远别,因见贶饯,可一饮燕。’于是共坐饮酒,终日不醉。归,以书还孙崧,解不致书之意。后为郡所召,署功曹主簿。时鲁国孔融在郡,教选计当任公卿之才,乃以郑玄为计掾,彭璆为计吏,原为计佐。融有所爱一人,常盛嗟叹之。后恚望,欲杀之,朝吏皆请。时其人亦在坐,叩头流血,而融意不解。原独不为请。融谓原曰:‘众皆请而君何独不?’原对曰:‘明府于某,本不薄也,常言岁终当举之,此所谓“吾一子”也。如是,朝吏受恩未有在某前者矣,而今乃欲杀之。明府爱之,则引而方之于子,憎之,则推之欲危其身。原愚,不知明府以何爱之?以何恶之?’融曰:‘某生于微门,吾成就其兄弟,拔擢而用之,某今孤负恩施。夫善则进之,恶则诛之,固君道也。往者,应仲远为泰山太守,举一孝廉,旬月之间而杀之。夫君人者,厚薄何常之有!’原对曰:‘仲远举孝廉,杀之,其义焉在?夫孝廉,国之俊选也。举之若是,则杀之非也;若杀之是,则举之非也。《诗》云:“彼己之子,不遂其媾。”盖讥之也。《语》云:“爱之欲其生,恶之欲其死。”既欲其生,又欲其死,是惑也。仲远之惑甚矣,明府奚取焉?’融乃大笑曰:‘吾直戏耳!’原又曰:‘君子于其言,出乎身,加乎民;言行,君子之枢机也。安有欲杀人而可以为戏者哉?’融无以答。是时汉朝陵迟,政以贿成,原乃将家人入郁洲山中。郡举有道,融书喻原曰:‘修性保真,清虚守高,危邦不入,久潜乐土。王室多难,西迁镐京。圣朝劳谦,畴咨隽乂。我徂求定,策命恳恻。国之将陨,嫠不恤纬,家之将亡,缇萦跋涉,彼匹妇也,犹执此义。实望根矩,仁为己任,授手援溺,振民于难。乃或晏晏居息,莫我肯顾,谓之君子,固如此乎!根矩,根矩,可以来矣!’原遂到辽东。辽东多虎,原之邑落独无虎患。原尝行而得遗钱,拾以系树枝,此钱既不见取,而系钱者愈多。问其故,答者谓之神树。原恶其由己而成淫祀,乃辨之,于是里中遂敛其钱以为社供。后原欲归乡里,止于三山。孔融书曰:‘随会在秦,贾季在翟,諮仰靡所,叹息增怀。顷知来至,近在三山。《诗》不云乎,“来归自镐,我行永久”。今遣五官掾,奉问榜人舟楫之劳,祸福动静告慰。乱阶未已,阻兵之雄,若棋弈争枭。’原于是遂复反还。积十余年,后乃遁还。南行已数日,而度甫觉。度知原之不可复追也,因曰:‘邴君所谓“云中白鹤”,非鹑鷃之网所能罗矣。又吾自遣之,勿复求也。’遂免危难。自反国土,原于是讲述礼乐,吟咏诗书,门徒数百,服道数十。时郑玄博学洽闻,注解典籍,故儒雅之士集焉。原亦自以高远清白,颐志澹泊,口无择言,身无择行,故英伟之士向焉。是时海内清议,云青州有邴、郑之学。魏太祖为司空,辟原署东阁祭酒。太祖北伐三郡单于,还住昌国,燕士大夫。酒酣,太祖曰:‘孤反,邺守诸君必将来迎,今日明旦,度皆至矣。其不来者,独有邴祭酒耳!’言讫未久,而原先至。门下通谒,太祖大惊喜,揽履而起,远出迎原曰:‘贤者诚难测度!孤谓君将不能来,而远自屈,诚副饥虚之心。’谒讫而出,军中士大夫诣原者数百人。太祖怪而问之,时荀文若在坐,对曰:‘独可省问邴原耳!’太祖曰:‘此君名重,乃亦倾士大夫心?’文若曰:‘此一世异人,士之精藻,公宜尽礼以待之。’太祖曰:‘固孤之宿心也。’自是之后,见敬益重。原虽在军历署,常以病疾,高枕里巷,终不当事,又希会见。河内张范,名公之子也,其志行有与原符,甚相亲敬。令曰:‘邴原名高德大,清规邈世,魁然而峙,不为孤用。闻张子颇欲学之,吾恐造之者富,随之者贫也。’魏太子为五官中郎将,天下向慕,宾客如云,而原独守道持常,自非公事,不妄举动。太祖微使人从容问之,原曰:‘吾闻国危不事冢宰,君老不奉世子,此典制也。’于是乃转五官长史,令曰:‘子弱不才,惧其难正,贪欲相屈,以匡励之。虽云利贤。能不恧恧!’太子燕会,众宾百数十人,太子建议曰:‘君父各有笃疾,有药一丸,可救一人,当救君邪,父邪?’众人纷纭,或父或君。时原在坐,不与此论。太子谘之于原,原悖然对曰:‘父也。’太子亦不复难之。” [3] 荀绰《冀州记》曰:“巨鹿张貔,字邵虎。祖父泰,字伯阳,有名于魏。父邈,字叔辽,辽东太守。著名《自然好学论》,在《嵇康集》。为人弘深有远识,恢恢然,使求之者莫之能测也。宦历二宫,元康初为城阳太守,未行而卒。” [4] 杜恕著《家戒》称阁曰:“张子台,视之似鄙朴人,然其心中不知天地间何者为美,何者为好,敦然似如与阴阳合德者。作人如此,自可不富贵,然而患祸当何从而来?世有高亮如子台者,皆多力慕,体之不如也。”

管宁

原文

管宁，字幼安，北海朱虚人也[1]。年十六丧父，中表愍其孤贫，咸共赠赗[1]，悉辞不受，称财[2]以送终。长八尺，美须眉。与平原华歆、同县邴原相友，俱游学于异国[3]，并敬善陈仲弓。天下大乱，闻公孙度令行于海外，遂与原及平原王烈等至于辽东。度虚馆以候之。既往见度，乃庐于山谷。时避难者多居郡南，而宁居北，示无迁志，后渐来从之。太祖为司空，辟宁，度子康绝命[4]不宣[2]。

王烈者，字彦方，于时名闻在原、宁之右。辞公孙度长史，商贾自秽。太祖命为丞相掾，征事，未至，卒于海表[3]。

译文

管宁，字幼安，北海朱虚人。十六岁的时候他父亲去世，表亲怜悯他孤弱贫困，都一起送来了丧葬的财物，他都辞谢不接受，借债办理丧事。管宁身高八尺，须眉丰美。和平原郡华歆、同县邴原相友好，一同到外地游学，都对陈仲弓尊敬友善。天下大乱，管宁听闻公孙度在海外能施行法令，就与邴原和平原郡王烈等人来到辽东。公孙度空出馆舍以等候他们。他们在拜见公孙度后，就在山谷中结庐而居。当时避难的人大多居住在郡南部，而管宁居住在北部，并表示不会再迁往他处的意志，后来逐渐有更多的人跟从归附他。太祖为司空时，征辟管宁，但公孙度的儿子公孙康将太祖的征召令扣下没有宣扬。

王烈，字彦方，在当时的名声超过了邴原、管宁。他辞去在公孙度处所任的长史一职，经营商业来贬低自己，无意为官。太祖命他为丞相掾，征事，任命的文书还未到，他就在海滨去世。

今注　1 赗(fèng):送给丧家助葬的财物。　2 称财:即称贷;借款。　3 异国:本郡国以外的地方。　4 绝命:扣下曹操任命管宁的文书。

裴注　[1]《傅子》曰:"齐相管仲之后也。昔田氏有齐而管氏去之,或适鲁,或适楚。汉兴,有管少卿为燕令,始家朱虚,世有名节,九世而生宁。"　[2]《傅子》曰:"宁往见度,语惟经典,不及世事。还乃因山为庐,凿坏为室。越海避难者,皆来就之而居,旬月而成邑。遂讲《诗》《书》,陈俎豆,饰威仪,明礼让,非学者无见也。由是度安其贤,民化其德。邴原性刚直,清议以格物,度已下心不安之。宁谓原曰:'潜龙以不见成德,言非其时,皆招祸之道也。'密遣令西还。度庶子康代居郡,外以将军太守为号,而内实有王心,卑己崇礼,欲官宁以自镇辅,而终莫敢发言,其敬惮如此。"皇甫谧《高士传》曰:"宁所居屯落,会井汲者,或男女杂错,或争井斗阋。宁患之,乃多买器,分置井傍,汲以待之,又不使知。来者得而怪之,问,知宁所为,乃各相责,不复斗讼。邻有牛暴宁田者,宁为牵牛着凉处,自为饮食,过于牛主。牛主得牛,大惭,若犯严刑。是以左右无斗讼之声,礼让移于海表。"　[3]《先贤行状》曰:"烈通识达道,秉义不回。以颍川陈太丘为师,二子为友。时颍川荀慈明、贾伟节、李元礼、韩元长皆就陈君学,见烈器业过人,叹服所履,亦与相亲。由是英名著于海内。道成德立,还归旧庐,遂遭父丧,泣泪三年。遇岁饥馑,路有饿殍,烈乃分釜庾之储,以救邑里之命。是以宗族称孝,乡党归仁。以典籍娱心,育人为务,遂建学校,敦崇庠序。其诱人也,皆不(疑为"必")因其性气,诲之以道,使之从善远恶。益者不自觉,而大化隆行,皆成宝器。门人出入,容止可观,时在市井,行步有异,人皆别之。州闾成风,咸竞为善。时国中有盗牛者,牛主得之。盗者曰:'我邂逅迷惑,从今已后将为改过。子既已赦宥,幸无使王烈闻之。'人有以告烈者,烈以布一端遗之。或问:'此人既为盗,畏君闻之,反与之布,何也?'烈曰:'昔秦穆公,人盗其骏马食之,乃赐之酒。盗者不爱其死,以救穆公之难。今此盗人能悔其过,惧吾闻之，是知耻恶。知耻恶，则善心将生，故与布劝为善也。’间年之中，行路老父担重，人代担行数十里，欲至家，置而去，问姓名，不以告。顷之，老父复行，失剑于路。有人行而遇之，欲置而去，惧后人得之，剑主于是永失，欲取而购募，或恐差错，遂守之。至暮，剑主还，见之，前者代担人也。老父擥其袂，问曰：‘子前者代吾担，不得姓名，今子复守吾剑于路，未有若子之仁，请子告吾姓名，吾将以告王烈。’乃语之而去。老父以告烈，烈曰：‘世有仁人，吾未之见。’遂使人推之，乃昔时盗牛人也。烈叹曰：‘韶乐九成，虞宾以和：人能有感，乃至于斯也！’遂使国人表其闾而异之。时人或讼曲直，将质于烈，或至涂而反，或望庐而还，皆相推以直，不敢使烈闻之。时国主皆亲骖乘适烈私馆，畴諮政令。察孝廉，三府并辟，皆不就。会董卓作乱，避地辽东，躬秉农器，编于四民，布衣蔬食，不改其乐。东域之人，奉之若君。时衰世弊，识真者少，朋党之人，互相谗谤。自避世在东国者，多为人所害，烈居之历年，未尝有患。使辽东强不凌弱，众不暴寡，商贾之人，市不二价。太祖累征召，辽东为解而不遣。以建安二十三年寝疾，年七十八而终。”

中国少安，客人[1]皆还，唯宁晏然[2]若将终焉。黄初四年，诏公卿举独行君子[3]，司徒华歆荐宁。文帝即位，征宁，遂将家属浮海[4]还郡，公孙恭送之南郊，加赠服物。自宁之东也，度、康、恭前后所资遗，皆受而藏诸。既已西渡，尽封

中原稍微安定了一些，客居辽东的人都返回故土，只有管宁安然处之，好像将要以待终老。黄初四年(223)，魏文帝下诏公卿荐举节操高尚、与众不同的人，司徒华歆荐举管宁。文帝即位，征辟管宁，于是管宁通过海路与家属一起返回故郡，公孙恭送他们到南郊，赠送了许多衣服物品。自从管宁到辽东后，公孙度、公孙康、公孙恭先后所资助、馈赠的物品，他都接受后收藏了起来。西渡之后，都原封不动

还之[1]。诏以宁为太中大夫[5],固辞不受[2]。

地归还给他们。文帝下诏任管宁为太中大夫,管宁坚决辞让而不接受。

今注 1 客人:客居辽东的中原人。 2 晏然:安定,安闲。 3 独行君子:曹魏时选拔人才的察举科目之一。被荐举者要节操高尚、与众不同。 4 浮海:渡海。 5 太中大夫:职官名,掌管议论。

裴注 [1]《傅子》曰:"是时,康又已死,嫡子不立而立弟恭,恭懦弱,而康孽子渊有隽才。宁曰:'废嫡立庶,下有异心,乱之所由起也。'乃将家属乘海即受征。宁在辽东,积三十七年乃归,其后渊果袭夺恭位,叛国家而南连吴,僭号称王,明帝使相国宣文侯征灭之。辽东之死者以万计,如宁所筹。宁之归也,海中遇暴风,船皆没,唯宁乘船自若。时夜风晦冥,船人尽惑,莫知所泊。望见有火光,辄趣之,得岛。岛无居人,又无火烬,行人咸异焉,以为神光之祐也。皇甫谧曰:'积善之应也。'" [2]《傅子》曰:"宁上书天子,且以疾辞,曰:'臣闻傅说发梦,以感殷宗,吕尚启兆,以动周文,以通神之才悟于圣主,用能匡佐帝业,克成大勋。臣之器朽,实非其人。虽贪清时,释体蝉蜕。内省顽病,日薄西山。唯陛下听野人山薮之愿,使一老者得尽微命。'书奏,帝亲览焉。"

明帝即位,太尉华歆逊位让宁[1],遂下诏曰:"太中大夫管宁,耽怀道德,服膺[1]六艺,清虚足以侔古,廉白可以当世。曩[2]遭王道衰缺,浮海遁居,大魏受命,则襁负而至,斯盖应龙潜升之道,圣贤

明帝即位,太尉华歆将官位让与管宁,于是明帝下诏说:"太中大夫管宁,恭行道义仁德,铭记六艺在心,清静虚无足以媲美古代贤人,廉洁清白堪为当世楷模。之前王道衰废,管宁渡海隐居,如今大魏膺受天命,就携儿带女返回,这大概是应龙或潜或升之道,圣贤或出仕或隐居的道义。可是黄初以来,征辟

用舍[3]之义。而黄初以来，征命屡下，每辄辞疾，拒违不至。岂朝廷之政，与生殊趣，将安乐山林，往而不能反乎！夫以姬公之圣[4]，而耇德[5]不降，则鸣鸟弗闻[2]。以秦穆之贤[6]，犹思询乎黄发。况朕寡德，曷能不愿闻道于子大夫哉！今以宁为光禄勋[7]。礼有大伦，君臣之道，不可废也。望必速至，称朕意焉。"

的命令下达多次，每每以有病在身而推辞，拒绝违抗诏命而不到任。难道是在朝廷为政，与先生的志趣相异，将要在山林中安居享乐，往而不能返了吗！以周公那样的圣德，如果年老有德之人不指示治国的法则，那么他也听不到凤鸟的鸣声。以秦穆公那样贤明，仍然想着向老年人进行征询。更何况朕是寡德之人，怎么能不希望向尊敬的大夫询问大道呀！现在管宁为光禄勋。礼义有大的原则，君臣之间的准则，不可以废弃。希望你一定迅速地赶来，以满足朕的心愿。"

今注　1 服膺：铭记在心。　2 曩(nǎng)：之前。　3 用舍：即用行舍藏，意为被任用即行其道，不被用即退而隐居。　4 姬公之圣：指周公渴慕人才，留下"一日三吐哺"的美名。　5 耇(gǒu)德：年老有德之人。　6 秦穆之贤：指秦穆公虚心延请人才，见于《尚书·秦誓》。　7 光禄勋：官名。即郎中令。掌宿卫侍从之职。

裴注　[1]《傅子》曰："司空陈群又荐宁曰：'臣闻王者显善以消恶，故汤举伊尹，不仁者远。伏见征士北海管宁，行为世表，学任人师，清俭足以激浊，贞正足以矫时。前虽征命，礼未优备。昔司空荀爽，家拜光禄，先儒郑玄，即授司农，若加备礼，庶必可致。至延西序，坐而论道，必能昭明古今，有益大化。'"　[2]《尚书·君奭》曰："耇造德不降我，则鸣鸟不闻，矧曰其有能格。"郑玄曰："耇，老也。造，成也。《诗》云'小子有造'。

老成德之人，不降志与我并在位，则鸣鸟之声不得闻，况乃曰有能德格于天者乎！言必无也。鸣鸟，谓凤也。”

又诏青州刺史曰：“宁抱道怀贞，潜翳[1]海隅，比下征书，违命不至，盘桓利居[2]，高尚其事。虽有素履[3]幽人之贞，而失考父兹恭之义[4]，使朕虚心引领[5]历年，其何谓邪？徒欲怀安，必肆其志，不惟古人亦有翻然改节以隆斯民乎！日逝月除，时方已过，澡身浴德，将以曷为？仲尼有言：‘吾非斯人之徒与而谁与哉！’其命别驾从事郡丞掾奉诏，以礼发遣宁诣行在所[6]，给安车、吏从、茵蓐[7]、道上厨食，上道先奏。”

明帝又给青州刺史下诏说：“管宁抱有道义心怀贞节，却隐居在海滨，朝廷屡次征辟，他都违抗命令不肯来，徘徊不前而以闲居在家为利，自守着高洁的操行。虽然有着平凡质朴的言行和隐幽之人的贞洁，却有失正考父辅佐国君，地位越尊贵为人越恭谨的道理，使得朕数年来虚心地翘首以盼，这是什么用意呢？只是想着过安乐的日子，一定要顺着自己的心志行事，其实古人也有幡然改变自己的志节而使百姓兴盛的呢！日月迁移，时光不停地流逝，洁净身心、修养品德，将是为了什么呢？仲尼说过：‘我不与这些人相处还能与谁相处呢！’命令别驾、从事、郡丞掾属奉行诏令，按照礼节送管宁到天子所在的地方，配给他安车、吏从、褥垫、道路上所需饮食，启程前就上奏书。”

今注　1 潜翳(yì)：隐藏，此指隐居。　2 利居：以居家不出为有利。　3 素履：平凡质朴的言行。　4 考父兹恭之义：指孔子的先祖正考父忠心辅佐宋国戴、武、宣三位君主，地位越尊贵为人越是恭谨。　5 引领：伸颈盼望。　6 行在所：指天子所在的地方。代指朝廷。　7 茵蓐(rù)：褥垫。

宁称草莽臣[1]上疏曰："臣海滨孤微，罢农无伍，禄运幸厚。横蒙陛下纂承洪绪，德侔三皇[2]。化溢有唐[3]。久荷渥泽，积祀[4]一纪[5]，不能仰答陛下恩养之福。沈委笃痾[6]，寝疾弥留，逋违臣隶颠倒之节，夙宵战怖，无地自厝。臣元年十一月，被公车司马令所下州郡，八月甲申诏书征臣，更赐安车、衣被、茵蓐，以礼发遣，光宠并臻，优命屡至，怔营竦息，悼心失图。思自陈闻，申展愚情，而明诏抑割，不令稍修章表，是以郁滞，讫于今日。诚谓乾覆，恩有纪极，不意灵润，弥以隆赫。奉今年二月被州郡所下三年十二月辛酉诏书，重赐安车、衣服，别驾从事与郡功曹以礼发遣，又特被玺书，以臣

管宁自称草莽之臣而上疏说："臣是处在海滨的孤僻卑微之人，不事农作而又无人为伍，很幸运地享受到社会丰厚的福祉。又意外地蒙受陛下登基帝位承续洪业，德行可与三皇相比。教化之功超过唐尧。我长时间地享受恩泽，为陛下祭祀祈福达十二年之久，也不能报答陛下的恩泽养育之福佑。我身患重病，卧病在床久久不愈，有违于臣隶不能颠倒君臣关系的礼节，早晚感到战栗恐惧，无地自容。臣在元年十一月，承蒙公车司马令下达州郡，八月甲申朝廷下诏书征辟下臣，而且赐以安车、衣被、褥垫，按照礼节发遣，荣光恩宠一同到来，优渥的征命屡次下达，臣惶恐紧张得屏住了呼吸，心中恐惧而失去了主张。臣想着自己上表陈述，申诉表达我的愚情曲衷。而诏书明令禁止，不得书写章表推辞，所以郁结迟疑，迁延到今日。臣心里想着陛下的恩赐会有终极之时，没想到却更加丰厚显明。奉命今年二月经由州郡下达的青龙三年(235)十二月辛酉的诏书，加赐安车、衣服，要求别驾从事与郡中功曹按照礼节发遣，又特意发下玺书，任命臣为光禄勋，有劳陛下亲自谦虚劝喻，援引周公、

为光禄勋，躬秉劳谦，引喻周、秦，损上益下。受诏之日，精魄飞散，靡所投死。臣重自省揆，德非园、绮[7]而蒙安车之荣，功无窦融[8]而蒙玺封之宠，棨棁[9]驽下，荷栋梁之任，垂没之命，获九棘[10]之位，惧有朱博[11]鼓妖之眚。又年疾日侵，有加无损，不任扶舆进路以塞元责。望慕阊阖[12]，徘徊阙庭，谨拜章陈情，乞蒙哀省，抑恩听放，无令骸骨填于衢路[13]。”

秦穆公的事例，谦抑自身而褒扬臣下。收到诏书的那天，为臣我震惊得精魄飞散，无所寻死。臣下深刻地自我反省，没有东园公、绮里季那样的德行而受安车的赏赐荣耀，没有窦融那样的功业却受下达玺书分封的恩宠，像柱头抖拱和梁上的短柱一样材小低下，却要担负栋梁的责任，生命将要走到尽头，却获得九卿的高位，害怕犯有朱博鼓动妖言的罪过。而且臣年老患病日益严重，病情有增无减，不能胜任带病乘车上路以完成自己的职责。臣遥望着宫门，徘徊在朝廷之上，恭敬地上表陈述衷情，希望陛下哀怜省察我的请求，减少恩惠放臣归于山野，不要让我的骨头埋葬在进京的路上。”

今注 1 草莽臣：平民对君主的自称。 2 三皇：通指上古时代对古华夏族的形成和发展有重要贡献的三位先祖，具体所指有不同的说法，有伏羲、神农、黄帝等。 3 有唐：帝尧，号陶唐氏，名放勋，史称“唐尧”。相传尧以施行教化于民而著称。 4 积祀：一年又一年增加。 5 一纪：十二年。从黄初四年(223)初受魏文帝征召，到管宁上疏的青龙三年(235)，历时十二年。 6 笃疴(kē)：顽固性疾病。 7 园、绮：指商山四皓中的东园公与绮里季，这里是指隐居不仕的高人。 8 窦融：字周公，新莽至东汉时期的著名将领，割据河西，后归附刘秀。 9 棨棁(jié zhuō)：柱头抖拱和梁上短柱，比喻小材。 10 九棘(jí)：九卿的代称。古代群臣在外朝之位，树九棘为标识，以区分等级职位。 11 朱博：字子元，曾任丞相，为人节俭，敢于诛杀，后因依附傅太后，弹劾大将军傅喜，汉哀帝派廷尉前去调查，朱博自杀。 **12** 阊阖(cháng hé)：皇宫正门。 **13** 衢路：四通八达的道路，这里指仕途。

自黄初至于青龙，征命相仍，常以八月赐牛酒。诏书问青州刺史程喜："宁为守节高乎，审老疾尪顿[1]邪？"喜上言："宁有族人管贡为州吏，与宁邻比，臣常使经营[2]消息。贡说：'宁常着皂帽、布襦袴、布裙，随时单复[3]，出入闺庭，能自任杖，不须扶持。四时祠祭，辄自力强，改加衣服，著絮巾，故在辽东所有白布单衣，亲荐馔馈，跪拜成礼。宁少而丧母，不识形象，常特加觞[4]，泫然流涕。又居宅离水七八十步，夏时诣水中澡洒手足，窥于园圃。'臣揆宁前后辞让之意，独自以生长潜逸，耆艾[5]智衰，是以

自文帝黄初年间到明帝青龙年间，朝廷征辟管宁的命令不停下达，而且常在八月的时候赐以牛酒。朝廷下诏书问青州刺史程喜说："管宁是以坚守节操为高尚？还是真的老迈患病、衰弱疲惫而无法任职？"程喜上书说："管宁有族人管贡为州中官吏，与管宁比邻而居，臣经常让他去探问消息。管贡说：'管宁经常戴着黑帽，穿着布衣布裙，按时令季节穿单衣或添加衣服，出入门庭，能够自己拄着拐杖，不需要别人扶持。四时的祠祭，总是能够自己勉强完成，改添衣服，戴絮巾，穿上以前在辽东所做的白布单衣，亲自进献供祭的食品，能够跪拜以成礼。管宁很小的时候母亲就去世，已经不记得母亲的样子，祭祀时常常特地为母亲加以祭酒，感伤得泪流满面。还有管宁居住的宅子离水边有七八十步，夏天的时候到水中去清洗手足，观赏园圃。'臣揣摩管宁前后辞让的意思，只是因为他一直都是在隐逸的状态中生活，年老之后又神智衰颓，所以就想着老于山林，对朝廷

栖迟，每执谦退。此宁志行所欲必全，不为守高[1]。”

的征召一直在谦让退却。这是管宁想要保全自己平素的志向操行，不是为了表现自己的自守清高。”

今注　1 尪(wāng)顿：衰弱疲惫。 2 经营：打探。 3 单复：单衣和夹衣，此用作动词，换穿单衣和夹衣。 4 加觞：用酒祭奠。 5 耆艾：古称六十岁为耆，五十岁为艾。《礼记·曲礼上》：“五十曰艾，服官政；六十曰耆，指使。”因此泛指老年。

裴注　[1]《高士传》曰：“管宁自越海及归，常坐一木榻，积五十余年，未尝箕股，其榻上当膝处皆穿。”

正始二年，太仆陶丘一、永宁卫尉孟观、侍中孙邕、中书侍郎王基荐宁曰：

“臣闻龙凤隐耀，应德而臻，明哲潜遁，俟时而动。是以鸑鷟鸣岐，周道隆兴[1]，四皓[2]为佐，汉帝用康。伏见太中大夫管宁，应二仪之中和，总九德之纯懿，含章素质，冰洁渊清，玄虚澹泊，与道逍遥；娱心黄老[3]，游志六艺，升堂入室，究其阃

正始二年(241)，太仆陶丘一、永宁卫尉孟观、侍中孙邕、中书侍郎王基荐举管宁说：

“臣听闻龙凤隐藏着自己的光辉，会顺应大德而到达出现，明哲之人潜藏隐遁，也会等待有利时机而行动。所以凤鸟鸣于岐山，周朝的治国之道就昌隆兴起，四皓成为辅佐，汉帝因此而康泰。臣见太中大夫管宁，顺应了天地二仪的中和之象，具备了九德的纯洁美好，深含美好的素养和品质，有冰洁渊清之德，玄虚澹泊的志向，依随道学而无拘无束。以黄老之道愉悦身心，以六艺之术驰骋心志，升堂入室，深究其中深奥的道理，

奥，韬古今于胸怀，包道德之机要。中平之际，黄巾陆梁，华夏倾荡，王纲弛顿。遂避时难，乘桴越海，羁旅辽东三十余年。在《乾》之《姤》[4]，匿景藏光，嘉遁养浩，韬韫儒墨，潜化傍流，畅于殊俗。

胸怀中有古今之韬略，包容道德之精义要旨。中平年间，黄巾军肆虐，华夏倾覆动荡，王纲废弛。管宁于是躲避当时的祸乱，乘船越海而去，旅居辽东三十多年。正如同在《乾》之《姤》的卦象，藏匿住自己的形影和光芒，合乎正道地退隐以养浩然之气，心中内涵儒墨之道，能够教化旁人，通晓异乡的风情风俗。

今注　1 周道隆兴：据传周朝将兴盛时，有凤凰感于周文王的德行而在岐山栖息鸣叫。　2 四皓：即商山四皓，为秦末隐居不仕的四位有德高人，指东园公、夏黄公、绮里季、角(lù)里先生，他们曾经劝谏汉高祖刘邦不可废黜太子刘盈。后来人们用商山四皓泛指有名望德行的隐居之人。　3 黄老：指黄帝、老子等道家之学，融合诸家，淡泊明志，清虚自守。　4《姤》(gòu)：《姤》卦主卦为《巽》，客卦为《乾》。卦象为天下有风，吹遍大地，阴阳相交，但不能长久相处。

“黄初四年，高祖文皇帝畴諮群公，思求隽乂[1]，故司徒华歆举宁应选，公车[2]特征，振翼遐裔[3]，翻然来翔。行遇屯厄[4]，遭罹疾病，即拜太中大夫。烈祖明皇帝嘉美其德，登为光禄勋。宁疾弥留，未能进

“黄初四年(223)，高祖文皇帝向群公讨论咨询，渴求才能出众之士，所以司徒华歆荐举管宁应选，朝廷以公车特别征召，管宁如同飞鸟在边陲振动翅膀，翩然飞翔前来。在路途中却遇到危难，而且身患疾病，朝廷当即拜为太中大夫。烈祖明皇帝嘉奖他的美德，升任他为光禄勋。管宁生病久久未愈，未能上路。现今管宁旧病已经痊愈，虽然年近八十，志气并没有

道。今宁旧疾已瘳[5]，行年八十，志无衰倦。环堵筚门，偃息[6]穷巷，饭鬻糊口，并日而食，吟咏《诗》《书》，不改其乐。困而能通，遭难必济，经危蹈险，不易其节，金声玉色，久而弥彰。揆其终始，殆天所祚，当赞大魏，辅亮[7]雍熙。衮职[8]有阙，群下属望。昔高宗刻象[9]，营求贤哲，周文启龟[10]，以卜良佐。况宁前朝所表，名德已著，而久栖迟，未时引致，非所以奉遵明训，继成前志也。陛下践阼，纂承洪绪。圣敬日跻，超越周成。每发德音，动諮师傅。若继二祖招贤故典，宾礼俊迈，以广缉熙[11]，济济[12]之化，侔于前代。

衰倦。管宁的居室很简陋，生活在穷乡陋巷之中，粥饭糊口，甚至两天才吃一顿饭，但仍然吟咏《诗经》《尚书》，不改其乐。管宁处在困顿之中而能够通达，遭遇危难也能够顺利渡过，在遭逢困境的时候，能够不改变自己的节操，有金声玉色之节，时间越久越得以彰显。思考他自始至终的行为举止，大概是上天所赐予的贤人，应当辅佐大魏，成就天下和乐兴盛的大业。朝廷三公之职有空缺，管宁是众望所归的人选。往昔高宗刻下梦中贤人的形象，寻求贤明的人才，周文王用龟甲，来占卜获得良佐。况且管宁受前朝所表彰，名声德行已经为世人所知，如果总是栖居乡野，未能及时引荐征辟，这就不是遵行明训，继承先帝遗志的做法呀。陛下登基以来，继承帝业大统。恭敬之心不断增强，超过了周成王。每有施加德泽的文告，都咨询太师、太傅。如果能够继承二位先祖招揽贤才的典范，礼敬俊秀豪迈之士，以扩大光明圣业，我朝众多昌明的教化，肯定可以和前代相比。

今注 1 隽乂(yì)：才能出众者。 2 公车：官署名。李贤注引《汉官仪》："公平掌殿司马门，天下上事及征召皆总领之。" 3 遐裔：边远的地方。 4 屯厄:艰难困苦。 5 瘳(chōu):病愈。 6 偃息:安居。 7 辅亮:辅佐。 8 衮(gǔn)职:三公之职。 9 刻象:相传殷商高宗武丁在梦中遇到贤臣,就让臣下刻画出梦中之人,去各处寻找,最终在傅岩找到傅说,辅佐武丁成为殷商中兴之主。 10 周文启龟:周文王通过占卜以选用贤才。 11 缉熙:光明的样子。 12 济济:盛大美好的样子。

"宁清高恬泊,拟迹前轨,德行卓绝,海内无偶。历观前世玉帛所命,申公、枚乘、周党、樊英之俦,测其渊源,览其清浊,未有厉俗独行若宁者也。诚宜束帛加璧,备礼征聘,仍授几杖,延登东序,敷陈坟素[1],坐而论道,上正璇玑,协和皇极[2],下阜群生,彝伦攸叙,必有可观,光益大化。若宁固执匪石,守志箕山[3],追迹洪崖,参踪巢、许[4]。斯亦圣朝同符唐、虞[5],优贤扬历,垂声千载[1]。虽出处殊涂,俯仰异体,至于兴治美俗,其揆一也。"

"管宁清高恬淡,追迹前贤的典范,品德行卓尔不群,海内没有可以匹敌的。历观前代赐予瑞玉和束帛,执礼征召入朝的贤人,如申公、枚乘、周党、樊英等人,观察他们学问的深广,考察他们品行的清浊,还没有在不落世俗、志节高尚、独特不群方面像管宁一样的。实在应该准备好绢帛玉璧,准备礼节加以征召聘请,仍然授以几杖,延请他登上东序讲筵,讲解叙述古代先贤的经典,坐而论道,上可以匡正政务,以协调帝王统治国家的准则,下可以福佑百姓,条叙规范人伦常理,必定成效有所可观,光大进益教化。如果管宁执意坚持自己的志向,不像石头那样可以转动,像许由避居箕山一样不慕高位,像洪崖先生一样隐居避世,追随巢父、许由的行迹。这也表明圣朝与唐尧、虞舜之世一样不相上下,优待贤能并显扬他们的事迹,足可以留下千载的美名声教。虽然出仕与隐居途径不一,行为举止表现不一样,但对于振兴国家的治理,美

于是特具安车蒲轮，束帛加璧聘焉。会宁卒，时年八十四。拜子邈郎中[6]，后为博士。初，宁妻先卒，知故劝更娶，宁曰："每省曾子、王骏之言，意常嘉之，岂自遭之而违本心哉[2]？"

化风俗，却有着共同的标准和尺度。"

于是朝廷特意准备安车蒲轮，束帛和玉璧贵重的礼品聘请管宁。恰逢这时管宁去世了，时年八十四岁。朝廷拜管宁的儿子管邈为郎中，后来为博士。当初，管宁的妻子先去世，知心朋友劝他再娶，管宁说："我每次省察曾子、王骏的言论，心中都常常赞赏他们，难道自己碰到这种事情的时候反而要违背本心吗？"

今注　1 坟素：即三坟五典，指上古以来的经典著作。　2 皇极：帝王统治的法则。　3 守志箕山：相传尧打算将天下让给许由，许由不接受而避居于箕山。所以后世以"箕山之志"指称隐居避世、不慕荣华的高尚节操。　4 巢、许：传说中帝尧时期的隐士巢父、许由。　5 唐、虞：指古代五帝之中的唐尧、虞舜。　6 郎中：东汉时，尚书台有三十六郎，称郎中，协助诸曹尚书处理政务，职显权重。魏晋时为尚书省郎曹长官，与"尚书郎"互称。

裴注　[1]《今文尚书》曰"优贤扬历"，谓扬其所历试。左思《魏都赋》曰"优贤著于扬历"也。　[2]《傅子》曰："宁以衰乱之时，世多妄变氏族者，违圣人之制，非礼命姓之意，故著《氏姓论》以原本世系，文多不载。每所居姻亲、知旧、邻里有困穷者，家储虽不盈担石，必分以赡救之。与人子言，教以孝；与人弟言，训以悌；言及人臣，诲以忠。貌甚恭，言甚顺，观其行，邈然若不可及，即之，熙熙然，甚柔而温，因其事而导之于善，是以渐之者无不化焉。宁之亡，天下知与不知，闻之无不嗟叹。醇德之所感若此，不亦至乎！"

时巨鹿[1]张臶，字子明，颍川[2]胡昭，字孔明，亦养志不仕。臶少游太学[3]，学兼内外，后归乡里。袁绍前后辟命，不应，移居上党。并州牧高幹表除乐平令，不就，徙遁常山，门徒且[4]数百人，迁居任县。太祖为丞相，辟，不诣。太和中，诏求隐学之士能消灾复异者，郡累上臶，发遣，老病不行。广平太守卢毓到官三日，纲纪[5]白承前致版谒臶。毓教曰："张先生所谓上不事天子，下不友诸侯者也。此岂版谒所可光饰哉！"但遣主簿奉书致羊酒之礼。

当时巨鹿人张臶，字子明，颍川人胡昭，字孔明，都保持隐逸的志趣而不愿出仕。张臶年少的时候游学于太学，学问兼习修己治人之学，后来返归乡里。袁绍前后数次征辟任命他，他都不应征，移到上党居住。并州牧高幹上表拜官乐平县令，他不赴任，徙居常山，门徒近数百人，又迁居于任县。太祖为丞相，征辟他，他没有去。太和年间，朝廷下诏寻求能够消除灾难祸变的隐逸之士，郡中数次举荐上报张臶。将要发遣，因年老体病而未行。广平太守卢毓到任三天，纲纪禀告请卢毓应该继续像前任太守那样持手版亲自拜谒张臶。卢毓训教说："张先生是所谓的上不侍奉天子，下不与诸侯交友的人。对这样的人难道投版拜谒就能使他感到光彩荣耀吗！"于是派遣主簿带着书信并送去羊酒之礼。

今注　**1** 巨鹿：郡名，秦时治巨鹿（今河北平乡西南），东汉时移治瘿陶（今河北宁晋西南）。　**2** 颍川：郡名，治所在阳翟（今河南禹州）。　**3** 太学：汉代时国家最高教育机构。　**4** 且：将近。　**5** 纲纪：古时称综理一府或州郡之事的官吏。汉末三国时通常指州郡主簿。

青龙四年辛亥诏书："张掖郡玄川 1 溢涌，激波奋荡，宝石负图 2，状像灵龟，宅于川西，嶷然 3 磐峙，仓质素章，麟凤龙马，焕炳成形，文字告命，粲然著明。太史令高堂隆上言：'古皇圣帝所未尝蒙，实有魏之祯命，东序之世宝[1]。'"事班天下。任令于绰连赍 4 以问鸡，鸡密谓绰曰："夫神以知来，不追已往，祯祥先见而后废兴从之。汉已久亡，魏已得之，何所追兴征祥乎！此石当今之变异，而将来之祯瑞也。"

正始元年，戴鵀 5 之鸟，巢鸡门阴。鸡告门人曰："夫戴鵀阳鸟，而巢门阴，此凶祥也。"乃援琴歌咏，作诗二篇，旬日而卒，时年一百五岁。是岁，广平太守王肃至官，教下县曰："前在京都，闻张子

青龙四年(236)辛亥日下诏书："张掖郡河水暴涨翻涌，波浪激荡，冲上来的宝石上面带有图形，形状像灵龟一样，停留在河川的西面，高峻地安然耸立着，在青色的石面上有白色的纹路，有麒麟凤凰和飞龙奔马，光彩夺目，惟妙惟肖，上天诏命的文字，鲜明光亮。太史令高堂隆上疏言：这是古代的贤皇圣帝所未曾蒙恩的，这实在是大魏受天福佑的符命，东序世代可以相传的宝物。'"此事班告天下。任县县令于绰带着诏书和石头上的图形询问张鸡，张鸡秘密地对于绰说："神明知晓将来，不追问往昔，都是吉祥的征兆先出现而后废旧兴新随之而来。汉朝已经灭亡很久，魏室已得大命，在何处追兴吉兆呢！这块宝石是应验了现在的变异，将来吉祥的征兆。"

正始元年(240)，戴鵀鸟在张鸡家门的背后阴处筑巢。张鸡告诉门人说："戴鵀鸟是喜欢阳处的，现在在门阴处筑巢是凶险的征兆。"于是弹琴歌咏，作诗二篇，十日后去世，时年105岁。这一年，广平太守王肃到职，教谕所属县说："之前在京都，就听闻张子明，现在来到这里

明，来至问之，会其已亡，致痛惜之。此君笃学隐居，不与时竞，以道乐身。昔绛县老人屈在泥涂，赵孟升之，诸侯用睦。[6]愍其耄勤好道，而不蒙荣宠，书到，遣吏劳问其家，显题门户，务加殊异，以慰既往，以劝将来。"

询问他，却恰巧他已去世，真的很让人痛惜。这位先生笃实于学而隐居不仕，不与时人相争，以道义乐身。往昔绛县老人屈于下位，过苦日子，赵孟将他升迁，诸侯因此很和睦。我怜悯他到年老都一直勤奋好道，却没有蒙受荣华恩宠，书信到了之后，派遣吏员慰劳他家人，光耀他家的门户，务必加以特殊恩宠，以告慰已去世的贤人，以劝谕将来的人们。"

今注　1 玄川：指黑河，即今张掖河。　2 负图：带有图形。　3 嶷然：高峻的样子。　4 连赍：把皇帝下达的诏书连同石头上图形一起带着。　5 戴鵀(rén)：古籍中鸟名，即戴胜。外形像雀，有冠，羽毛黑褐而杂有棕、白色斑。　6 "昔绛县老人"句：事情见于《左传》，鲁襄公三十年(前543)，诸侯国帮助杞国筑城，晋国绛县的一位七十多岁的老人也应征前往。赵武听说了这件事情后就向这位老人道歉，并让其担任了绛县的地方官员，诸侯听说这件事情后，更加服从于晋国。

裴注　[1]《尚书·顾命篇》曰："大玉、夷玉、天球、《河图》在东序。"注曰："《河图》，图出于河，帝王圣者之所受。"

胡昭始避地冀州，亦辞袁绍之命，遁还乡里。太祖为司空丞相，频加礼辟。昭往应命，既至，自陈一介野生，无军国之用，归

胡昭一开始避难到冀州，也推辞袁绍的诏命，逃归乡里。太祖为司空丞相，多次以礼征辟他。胡昭前往应召，到了之后，陈述自己只是一介乡野之人，不具有治军经国之用，诚恳地请求归去。太

诚求去。太祖曰:“人各有志,出处异趣,勉卒雅尚,义不相屈。”昭乃转居陆浑山中,躬耕乐道,以经籍自娱。闾里敬而爱之[1]。建安二十三年,陆浑长张固被书调丁夫,当给汉中。百姓恶惮远役,并怀扰扰。民孙狼等因兴兵杀县主簿,作为叛乱,县邑残破。固率将十余吏卒,依昭住止,招集遗民,安复社稷。狼等遂南附关羽。羽授印给兵,还为寇贼,到陆浑南长乐亭,自相约誓,言:“胡居士[1]贤者也,一不得犯其部落。”一川赖昭,咸无怵惕。天下安辑,徙宅宜阳[2]。正始中,骠骑将军赵俨、尚书黄休、郭彝、散骑常侍[2]荀顗、钟毓、太仆庾嶷[3]、弘农太守何桢等[4]递荐昭曰:“天真高洁,老而弥笃。玄虚静素,有夷、皓

祖说:“人各有志,出仕或在野,有着不同的人生志趣,我勉励你能够成就自己平素的志尚,从道义上也就不勉强你屈就了。”胡昭就转居到陆浑山中,亲自耕田而乐于道义,以研读经籍当作自己的快乐。邻里都尊敬而爱戴他。建安二十三年(218),陆浑县长张固接到文书奉命调遣丁夫,应当补给汉中服役。百姓厌恶害怕这过远的徭役,心中都很不安定。百姓孙狼等人因此起兵杀掉县主簿,发起叛乱,县邑遭到破坏。张固率领十多个吏员士卒,依凭胡昭居留下来,召集遗留的百姓,平定叛乱,安定恢复县内统治秩序。孙狼等人于是向南归附关羽。关羽授给他官印和兵士,让他回去当寇贼,孙狼到达陆浑南的长乐亭,自己约定起誓,说道:“胡居士是贤达名士,都不可以对他居住的村落有所侵犯。”整个河川的百姓都依赖胡昭,都没有担惊受怕的。天下安定和睦后,胡昭徙居宜阳。正始年间,骠骑将军赵俨、尚书黄休、郭彝、散骑常侍荀顗、钟毓、太仆庾嶷、弘农太守何桢等人相继推荐胡昭说:“先生天性纯真高洁,老而更加笃实。玄虚静素,恬静淡泊,有伯夷、商山

之节[3]。宜蒙征命,以励风俗[5]。”至嘉平二年,公车特征,会卒,年八十九。拜子纂郎中。初,昭善史书,与钟繇、邯郸淳、卫觊、韦诞并有名,尺牍之迹,动见模楷焉[6]。

四皓的节操。应受到朝廷的征辟,以激励风俗。”到嘉平二年(250),朝廷用公车特加征召,但这时恰逢胡昭去世了,时年八十九岁。朝廷拜他的儿子胡纂为郎中。当初,胡昭擅长书法,与钟繇、邯郸淳、卫觊、韦诞一同都有名气,尺牍上的墨迹,往往被当作临摹的楷模。

今注 1 居士:指未做官的人。 2 散骑常侍:为汉代散骑和中常侍合称,入则规谏过失,以备顾问,出则骑马侍从。 3 夷、皓之节:伯夷、叔齐兄弟认为周武王伐灭商纣是不义的,所以坚持不食周粟而饿死在首阳山上。商山四皓是秦朝末年四位信奉黄老之学的博士,后来隐居在商山,曾经劝谏汉高祖刘邦不可废黜太子刘盈。这里泛指节操高洁的隐逸之士。

裴注 [1]《高士传》曰:“初,晋宣帝为布衣时,与昭有旧。同郡周生等谋害帝,昭闻而步陟险,邀生于崤、渑之间,止生,生不肯。昭泣与结诚,生感其义,乃止。昭因与斫枣树共盟而别。昭虽有阴德于帝,口终不言,人莫知之。信行著于乡党。建安十六年,百姓闻马超叛,避兵入山者千余家,饥乏,渐相劫略,昭常逊辞以解之,是以寇难消息,众咸宗焉。故其所居部落中,三百里无相侵暴者。” [2]《高士传》曰:“幽州刺史杜恕尝过昭所居草庐之中,言事论理,辞意谦敬,恕甚重焉。太尉蒋济辟,不就。” [3]案《庾氏谱》:嶷,字劭然,颍川人。子龘,字玄默,晋尚书、阳翟子。嶷弟遁,字德先,太中大夫。遁胤嗣克昌,为世盛门。侍中峻、河南尹纯,皆遁之子,豫州牧长史颛,遁之孙,太尉文康公亮、司空冰,皆遁之曾孙,贵达至今。 [4]《文士传》曰:“桢,字元幹,庐江人,有文学器干,容貌甚伟。历幽州刺史、廷尉,入晋为尚书、光禄大夫。桢子龛,后将军;

勖，车骑将军；恽，豫州刺史；其余多至大官。自后累世昌阜，司空文穆公充，恽之孙也，贵达至今。”　[5]《高士传》曰：“朝廷以戎车未息，征命之事，且须后之，昭以故不即征。后颉、休复与庾嶷荐昭，有诏访于本州评议。侍中韦诞驳曰：‘礼贤征士，王政之所重也，古者考行于乡。今颉等位皆常伯纳言，嶷为卿佐，足以取信。附下罔上，忠臣之所不行也。昭宿德耆艾，遗逸山林，诚宜嘉异。’乃从诞议也。”　[6]《傅子》曰：“胡征君怡怡，无不爱也，虽仆隶，必加礼焉。外同乎俗，内秉纯洁，心非其好，王公不能屈，年八十而不倦于书籍者，吾于胡征君见之矣。”时有隐者焦先，河东人也。《魏略》曰：“先字孝然。中平末，白波贼起。时先年二十余，与同郡侯武阳相随。武阳年小，有母，先与相扶接，避白波，东客扬州，取妇。建安初来西还，武阳诣大阳占户，先留陕界。至十六年，关中乱，先失家属，独窜于河渚间，食草饮水，无衣履。时大阳长朱南望见之，谓为亡士，欲遣船捕取。武阳语县：‘此狂痴人耳！’遂注其籍。给廪，日五升。后有疫病，人多死者，县常使埋藏，童儿竖子皆轻易之。然其行不践邪径，必循阡陌；及其捃拾，不取大穗；饥不苟食，寒不苟衣，结草以为裳，科头徒跣。每出，见妇人则隐翳，须去乃出。自作一瓜牛庐，净扫其中。营木为床，布草蓐其上。至天寒时，构火以自炙，呻吟独语。饥则出为人客作，饱食而已，不取其直。又出于道中，邂逅与人相遇，辄下道藏匿。或问其故，常言‘草茅之人，与狐兔同群’。不肯妄语。太和、青龙中，尝持一杖南渡浅河水，辄独云‘未可也’，由是人颇疑其不狂。至嘉平中，太守贾穆初之官，故过其庐。先见穆再拜。穆与语，不应；与食，不食。穆谓之曰：‘国家使我来为卿作君。我食卿，卿不肯食；我与卿语，卿不应我。如是，我不中为卿作君，当去耳！’先乃曰：‘宁有是邪？’遂不复语。其明年，大发卒，将伐吴。有窃问先：‘今讨吴何如？’先不肯应，而谬歌曰：‘祝衄祝衄，非鱼非肉，更相追逐，本心为当杀牂羊，更杀其羖䍽邪！’郡人不知其谓。会诸军败，好事者乃推其意，疑牂羊谓吴，羖䍽谓魏，于是后人佥谓之隐者也。议郎河东董经特嘉异节，与先非故人，密往观之。经到，乃奋其白须，为如与之有旧者，谓曰：'阿先阔乎！念共避白波时不？'先熟视而不言。经素知其昔受武阳恩，因复曰：'念武阳不邪？'先乃曰：'已报之矣。'经又复挑，欲与语，遂不肯复应。后岁余病亡，时年八十九矣。"《高士传》曰："世莫知先所出。或言生乎汉末，自陕居大阳，无父母兄弟妻子。见汉室衰，乃自绝不言。及魏受禅，常结草为庐于河之湄，独止其中。冬夏恒不著衣，卧不设席，又无草蓐，以身亲土，其体垢污皆如泥漆，五形尽露，不行人间。或数日一食，欲食则为人赁作，人以衣衣之，乃使限功受直，足得一食辄去，人欲多与，终不肯取，亦有数日不食时。行不由邪径，目不与女子逆视。口未尝言，虽有惊急，不与人语。遗以食物，皆不受。河东太守杜恕尝以衣服迎见，而不与语。司马景王闻，而使安定太守董经因事过视，又不肯语，经以为大贤。其后野火烧其庐，先因露寝。遭冬雪大至，先袒卧不移，人以为死，就视如故，不以为病，人莫能审其意。度年可百岁余乃卒。或问皇甫谧曰：'焦先何人？'曰：'吾不足以知之也。考之于表，可略而言矣。夫世之所常趣者荣味也，形之所不可释者衣裳也，身之所不可离者室宅也，口之所不能已者言语也，心之不可绝者亲戚也。今焦先弃荣味，释衣服，离室宅，绝亲戚，闭口不言，旷然以天地为栋宇，暗然合至道之前，出群形之表，入玄寂之幽，一世之人不足以挂其意，四海之广不能以回其顾，妙乎与夫三皇之先者同矣。结绳已来，未及其至也，岂群言之所能仿佛，常心之所得测量哉！彼行人所不能行，堪人所不能堪，犯寒暑不以伤其性，居旷野不以恐其形，遭惊急不以迫其虑，离荣爱不以累其心，捐视听不以污其耳目，舍足于不损之地，居身于独立之处，延年历百，寿越期颐，虽上识不能尚也。自羲皇已来，一人而已矣！'"《魏氏春秋》曰："故梁州刺史耿黼以先为仙人也，北地傅玄谓之'性同禽兽'，并为之传，而莫能测之。"《魏略》又载扈累及寒贫者。累，字伯重，京兆人也。初平中，山东人有青牛先生者，字正方，客三辅。晓知星历、风角、鸟情。常食青葙芫华。年似如五六十者，人或亲识之，谓其已百余岁矣。初，累年四十余，随正方游学，人谓之得其术。有妇，无子。建安十六年，三辅乱，又随正方南入汉中。汉中坏，正方入蜀，累与相失，随徙民诣邺，遭疾疫丧其妇。至黄初元年，又徙诣洛阳，遂不复娶妇。独居道侧，以甂砖为障，施一厨床，食宿其中。昼日潜思，夜则仰视星宿，吟咏内书。人或问之，闭口不肯言。至嘉平中，年八九十，裁若四五十者。县官以其孤老，给廪日五升。五升不足食，颇行佣作以裨粮，粮尽复出，人与不取。食不求美，衣弊缊，故后一二年病亡。寒贫者，本姓石，字德林，安定人也。建安初，客三辅。是时长安有宿儒栾文博者，门徒数千，德林亦就学，始精《诗》《书》。后好内事，于众辈中最玄默。至十六年，关中乱，南入汉中。初不治产业，不畜妻孥，常读《老子》五千文及诸内书，昼夜吟咏。到二十五年，汉中破，随众还长安，遂痴愚不复识人。食不求味，冬夏常衣弊布连结衣。体如无所胜，目如无所见。独居穷巷小屋，无亲里。人与之衣食，不肯取。郡县以其鳏穷，给廪日五升，食不足，颇行乞，乞不取多。人问其姓字，又不肯言，故因号之曰寒贫也。或素有与相知者，往存恤之，辄拜跪，由是人谓其不痴。车骑将军郭淮以意气呼之，问其所欲，亦不肯言。淮因与脯糒及衣，不取其衣，取其脯一朐、糒一升而止。臣松之案《魏略》云：焦先及杨沛，并作瓜牛庐，止其中。以为瓜当作蜗；蜗牛，螺虫之有角者也，俗或呼为黄犊。先等作圜舍，形如蜗牛蔽，故谓之蜗牛庐。《庄子》曰："有国于蜗之左角者曰触氏，有国于右角者曰蛮氏，时相与争地而战，伏尸数万，逐北，旬有五日而后反。"谓此物也。

评曰：袁涣、邴原、张范躬履清蹈，进退以道[1]，盖是贡禹1、两龚2之匹。凉茂、国渊亦其次也。张承名行亚范，可谓能弟矣。田畴抗节，王脩忠贞，足

评论说：袁涣、邴原、张范亲身践行清高的操行，出仕或退隐都依于道义，是贡禹、龚舍、龚胜这一类的人物。凉茂、国渊也仅次于他们。张承的名声操行次于张范，可以说是贤能的弟弟。田畴坚守节操，王脩忠诚坚贞，足

以矫俗；管宁渊雅高尚，确然[3]不拔；张臶、胡昭阖门守静，不营当世：故并录焉。

以矫正世俗；管宁学问渊深、品德高尚，刚强坚定、不同凡俗；张臶、胡昭隐居自守清静，不汲汲于功名：所以一并记录。

今注 1 贡禹：字少翁，西汉时人，以"明经洁行"著称。 2 两龚：指龚胜、龚舍，两人关系很好，都以名节著称于世，后来两龚便成为高节之士的代称。 3 确然：刚强坚定。

裴注 [1] 臣松之以为，蹈犹履也，"躬履清蹈"，近非言乎！

卷十二　魏书十二

崔毛徐何邢鲍司马传

导读　这一卷记载了崔琰、毛玠、徐奕、何夔、邢颙、鲍勋、司马芝等人的生平事迹，他们都是当时的名士，受人推崇。崔琰多次进谏曹操，推动他采取休养生息的政策，确定曹丕为继承人。毛玠与崔琰共同掌管选举官吏，生活清廉俭朴，为士人做出表率。徐奕历任丞相长史、尚书令、中尉，以公平正直闻名。何夔为选官制度奠定了基础。邢颙品德高尚，遵守礼法。鲍勋能够正言直谏，不计个人得失。司马芝处事练达。这些士人各以其才能和德行为安定乱世做出了贡献，为陈寿所推崇。

崔琰

原文

崔琰，字季珪，清河东武城[1]人也。少朴讷，好击剑，尚武事。年二十三，乡移为正，始感激，读《论语》《韩诗》。至年二十九，乃结公孙方等就郑玄受学。学未期，徐州黄巾贼攻破北海，玄与门人到不其山[2]避难。时谷籴[3]县

译文

崔琰，字季珪，清河郡东武城县人。年少时质朴寡言，喜欢击剑，热衷于武功。二十三岁时，乡里按规定将他转为正兵，才开始受到激励，读《论语》《韩诗》。二十九岁时，结交公孙方等人一起去郑玄门下求学。学了不久，徐州黄巾军攻陷了北海，郑玄与其弟子到不其山避难。当时买入的粮食缺乏，郑玄停止讲学，遣散学生。崔琰

乏[4],玄罢谢诸生。琰既受遣,而寇盗充斥,西道不通。于是周旋青、徐、兖、豫之郊,东下寿春,南望江、湖。自去家四年乃归,以琴书自娱。

已经被遣散,但到处都是贼寇强盗,西去的道路不通,于是在青、徐、兖、豫四州郊野游荡,向东到过寿春,向南到了长江、大湖地区。崔琰离开家乡四年后才返回,过着弹琴读书,自得其乐的生活。

今注 1 东武城:在今河北故城。 2 不其山:在今山东崂山西北部。 3 谷籴(dí):买入粮食。 4 县乏:缺乏。

大将军袁绍闻而辟之。时士卒横暴,掘发丘陇[1]。琰谏曰:"昔孙卿[2]有言:'士不素教,甲兵不利,虽汤武不能以战胜。'今道路暴骨,民未见德,宜敕郡县掩骼埋胔[3],示憯怛[4]之爱,追文王之仁。"绍以为骑都尉。后绍治兵黎阳,次于延津,琰复谏曰:"天子在许,民望助顺,不如守境述职,以宁区宇"。绍不听,遂败于官渡。及绍卒,二子交争,争欲得琰。琰称疾固辞,

大将军袁绍听到他的名声后征辟他做官。当时士兵霸道残忍,挖掘坟墓,崔琰进谏说:"以前荀子说过:'平日不训练士兵,不养护兵器铠甲,即使是商汤、周武王来统帅也不能用这样的士兵取得胜利。'如今道路上可见没有掩埋的尸骨,百姓也没得到您的德政,应该命令各个郡县掩埋尸骨,表示您为死者感到忧伤悲痛的爱心,效法周文王的仁德之举。"袁绍任崔琰为骑都尉。后来袁绍在黎阳训练军队,驻扎在延津,崔琰又规劝说:"天子正在许都,民众希望支持顺从朝廷,我们不如防守辖境,履行臣子的职责,安定地方。"袁绍不听从他的意见,于是在官渡战败。等到袁绍死后,他的两个儿子互相争斗,争相想让崔琰效力。崔琰声称病重,

由是获罪，幽于囹圄[5]，赖阴夔、陈琳营救得免。

坚决推辞，因此得罪了他们，被关在狱中，依靠阴夔、陈琳营救才幸免于难。

今注 1 丘陇：即坟墓。 2 孙卿：即荀子，名况，被当时的人尊称为“荀卿”。汉代人因避汉宣帝刘询讳，借“荀”与“孙”二字古音相通，称他为孙卿。 3 掩骼埋胔(zì)：出自《礼记·月令》，指收葬暴露于野的尸骨，是古代统治者的恤民之举。 4 憯怛(cán dá)：忧伤、痛苦。 5 囹圄(líng yǔ)：监狱。

太祖破袁氏，领冀州牧，辟琰为别驾从事，谓琰曰：“昨案[1]户籍，可得三十万众，故为[2]大州也。”琰对曰：“今天下分崩，九州幅裂[3]，二袁兄弟亲寻干戈，冀方蒸庶[4]暴骨原野。未闻王师仁声先路，存问风俗，救其涂炭，而校计甲兵，唯此为先，斯岂鄙州士女所望于明公哉！”太祖改容谢之。于时宾客皆伏失色。

太祖击败袁氏势力后，兼领冀州牧，征召崔琰任别驾从事，对崔琰说：“昨天核查户籍，可以有三十万户，所以冀州依然是大州。”崔琰回答说：“现在天下分崩离析，九州分裂割据，袁尚、袁谭亲兄弟互相开战，冀州的黎民百姓尸骨暴露在原野。我还没听到朝廷军队以仁爱的名声为先导，慰问了解当地风俗，拯救百姓于困境，反而核查计算军队装备，只把这个当作急事，这难道是冀州士人百姓所期望于您的吗？”太祖连忙脸色改变向他道歉，当时在座宾客都低头变了神色。

今注 1 案：核查。 2 故为：依然算是。 3 幅裂：谓如布幅的撕裂。 4 蒸庶：老百姓。

太祖征并州，留琰傅文帝于邺。世子仍出田猎，变易服乘[1]，志在驱逐[2]。琰书谏曰："盖闻盘于游田，《书》之所戒[3]，鲁隐观鱼，《春秋》讥之[4]。此周、孔之格言，二经之明义。殷鉴夏后，《诗》称不远[5]，子卯不乐，《礼》以为忌[6]，此又近者之得失，不可不深察也。袁族富强，公子宽放，盘游滋侈，义声不闻，哲人君子，俄有色斯之志，熊罴壮士，堕于吞噬之用，固所以拥徒百万，跨有河朔，无所容足也。今邦国殄瘁[7]，惠康未洽，士女企踵[8]，所思者德。况公亲御戎马，上下劳惨，世子宜遵大路，慎以行正，思经国之高略，内鉴近戒，外扬远节，深惟储副，以身为

太祖征讨并州，留崔琰在邺城辅佐文帝曹丕。曹丕仍然外出打猎，更换服装骑上马，心思都在追逐野兽上面。崔琰上疏劝谏他说："我曾听说过，周文王不敢沉溺于田猎游乐，《尚书》记载此事以劝诫后人，鲁隐公外出去观看捕鱼，《春秋》因此讥讽他。这是周公、孔子规范后世的格言，是两部经典明示的大义。夏王朝的败亡使殷商王朝引以为戒，所以《诗经》说'殷鉴不远'，子日、卯日不吉，这两天不应奏乐，《礼记》记载此事作为禁忌，这又是近来失败的教训，不可以不深入考察。袁氏家族富有而强大，而其公子放纵，游赏行乐更加过分，没听说他们有什么仁义的行为，智慧有德的君子，很快就有远遁避世的志向，如熊罴一样勇武的壮士却在他们手下沦为剥夺百姓的工具。因为这些，袁氏即使拥有百万大军，占有黄河以北的土地，最后却没有立足之地。如今国家困穷，施予恩惠尚不周全，男女踮着脚跟盼望我们施予恩德。况且曹公亲自率领军队，上下操劳辛苦，世子应遵循正道，谨慎地端正品行，思量高明的治国方略，在内借鉴近处的教训引以为戒，对外发扬高远的节操，仔细深入考虑到王位继承人的身

宝。而猥袭虞旅之贱服，忽驰骛而陵险，志雉兔之小娱，忘社稷之为重，斯诚有识所以恻心也。唯世子燔翳[9]捐褶，以塞众望，不令老臣获罪于天。"世子报曰："昨奉嘉命，惠示雅数，欲使燔翳捐褶。翳已坏矣，褶亦去焉。后有此比，蒙复诲诸。"

份，珍惜你自己的身份。而你降低身份随意穿着专门狩猎的卑贱服装，匆忙地驱马奔驰到险地，追求猎获野鸡兔子这种小快乐，忘了治理国家才是最重要的，这实在让有见识的人痛心。希望你烧毁猎具丢弃猎装，来实现民众的期望，不要让老臣犯下愧对上天的罪行。"世子曹丕答复说："昨天受到您善意的教诲，赐予展示美好的道理，想让我烧毁猎具、丢弃猎服。现在猎具已焚毁，猎装也已丢掉了。以后再有类似的错误，还望您再次给我教诲。"

今注　1 变易服乘：指脱下正式的礼服改穿猎装，不坐礼仪专车而改骑马。　2 驱逐：赶马追逐野兽。　3 盘于游田，《书》之所戒：《尚书·无逸》记载，周公告诫周成王说："文王不敢盘于游田。"要求成王不放松自己，不耽于游乐，修养德行，勤政爱民，继承先王的政治传统。　4 鲁隐观鱼，《春秋》讥之：据《左传》记载，鲁隐公想去棠地观看渔民捕鱼，臧僖伯从国家礼制的立场出发对他进行了劝谏，认为国君对待事物，要考虑是否符合国家礼制，是否对国民有积极影响。国君只有能够做到"轨物"而不"乱政"，才能将人民引导到正确的轨道上去。　5 殷鉴夏后，《诗》称不远：出自《诗经·大雅·荡》："殷鉴不远，在夏后之世。"意思是说，夏代的灭亡，是殷代的前车之鉴，周人更要以前事为借鉴，吸取历史教训。　6 子卯不乐，《礼》以为忌：见于《礼记·檀弓》《左传》等，意思是子、卯日不吉，所以礼制规定这几天不弹奏音乐，不举行宴会，不从事娱乐活动。　7 殄瘁：困穷。　8 企踵：踮起脚跟。形容希望迫切。　9 燔翳（fán yì）：烧掉猎具。翳是指古时盛放弓箭的器具。

太祖为丞相，琰复为东西曹掾属征事[1]。初授东曹时，教曰："君有伯夷[2]之风，史鱼[3]之直。贪夫慕名而清，壮士尚称而厉，斯可以率时者已。故授东曹，往践厥职。"魏国初建，拜尚书。时未立太子，临菑侯植有才而爱。太祖狐疑，以函令密访于外。唯琰露板答曰："盖闻《春秋》之义，立子以长，加五官将仁孝聪明，宜承正统。琰以死守之。"植，琰之兄女婿也。太祖贵其公亮，喟然叹息[1]，迁中尉。

太祖做了丞相，崔琰又以丞相府征事而任东西曹掾的属官。当初授予他东曹职务时，太祖教训说："你有伯夷的风范，史鱼的正直。贪婪的人仰慕您的声名就会变得清廉，壮士推崇您的名声而被激励奋起，你的品德可以作为当代人的表率。所以授予你东曹之职，去履行职务吧。"魏国刚建立，崔琰被任命为尚书。这时尚未立太子，临菑侯曹植有才华因而受到太祖的宠爱。太祖犹豫不定，秘密发出信函往朝廷外询问意见。只有崔琰不将信密封，答复说："据我所知，《春秋》大义规定确立继承人要以嫡长子优先，并且五官中郎将曹丕仁慈孝顺聪明，应当承继魏国统治。崔琰将用死来坚持这一原则。"曹植是崔琰哥哥的女婿，太祖珍视崔琰的公正坦荡，为之叹息有声，将他升任为中尉。

今注 1 东西曹掾属征事：即以丞相府征事为东西曹掾属官。 2 伯夷：商周之际孤竹国王子，因周灭商而不食周粟，与弟弟叔齐饿死首阳山。 3 史鱼：春秋时期卫国大夫，劝谏卫灵公任用贤人，多次进谏未果，死后以尸体向国君进谏，以其忠诚正直获得孔子赞叹。

裴注 [1]《世语》曰："植妻衣绣，太祖登台见之，以违制命，还家赐死。"

琰声姿高畅，眉目疏朗，须长四尺，甚有威重，朝士瞻望，而太祖亦敬惮焉[1]。

琰尝荐巨鹿杨训，虽才好不足，而清贞守道，太祖即礼辟之。后太祖为魏王，训发表称赞功伐，褒述盛德。时人或笑训希世浮伪[1]，谓琰为失所举。琰从训取表草视之，与训书曰："省表，事佳耳！时乎时乎，会当有变时。"琰本意讥论者好谴呵而不寻情理也。有白琰此书傲世怨谤者，太祖怒曰："谚言'生女耳'，'耳'非佳语。'会当有变时'，意指不逊。"于是罚琰为徒隶[2]，使人视之，辞色不挠。太祖令曰："琰虽见刑，而通宾客，门若市人，对宾客虬须[3]直视，若有所瞋。"遂赐琰死[2]。

崔琰声音洪亮体态雄伟，眉毛清晰眼睛有神，留着四尺长须，有威严持重的神态，受到朝廷中的人仰慕，而且太祖也敬畏他。

崔琰曾经举荐过巨鹿人杨训，认为他虽然才能不足，但操行清廉忠贞，遵守规矩，太祖以礼征召了杨训。后来太祖被封为魏王，杨训上表称赞太祖的功德功绩，夸奖太祖盛大的德业。当时有人讥笑杨训为了世俗荣宠，浮夸虚伪地迎合，认为崔琰举荐不当。崔琰从杨训那里取来表章的底稿看，写信给杨训说："读了你的表文，事情做得不错！但是时运总有变化的时候。"崔琰的本意是讽刺那些议论批评者只喜欢指责他人，而不去探求其中的情理。有人却报告说崔琰这封信是在傲视世事，含怨诽谤。太祖发怒说："谚语说'生了个女儿罢了'。'罢了'不是个好词。'一定有变化的时候'，意思更不谦恭。"于是罚崔琰为徒隶，派人去监视他，崔琰的言语神色也没有屈服的意思。太祖下令说："崔琰虽然受刑，却交往宾客，门前像市场那样热闹，面见客人时抖动着胡子，两眼直视，好像怀有怒气的样子。"于是将崔琰赐死。

今注 1 希世浮伪:希世,谓逢迎世俗。浮伪,虚伪。 2 徒隶:服劳役的犯人。 3 虬须:卷曲的胡子。此处指抖动胡须。

裴注 [1]《先贤行状》曰:"琰清忠高亮,雅识经远,推方直道,正色于朝。魏氏初载,委授铨衡,总齐清议,十有余年。文武群才,多所明拔,朝廷归高,天下称平。" [2]《魏略》曰:"人得琰书,以裹帻笼,持其笼行都道中。时有与琰宿不平者,遥见琰名著帻笼,从而视之,遂白之。太祖以为琰腹诽心谤,乃收付狱,髡刑输徒。前所白琰者又复白之云:'琰为徒,虬须直视,心似不平。'时太祖亦以为然,遂欲杀之。乃使清公大吏往经营琰,敕吏曰:'三日期消息。'琰不悟,后数日,吏故白琰平安。公忿然曰:'崔琰必欲使孤行刀锯乎!'吏以是教告琰,琰谢吏曰:'我殊不宜,不知公意至此也!'遂自杀。"

始琰与司马朗善,晋宣王方壮,琰渭朗曰:"子之弟,聪哲明允,刚断英跱1,殆非子之所及也[1]。"朗以为不然,而琰每秉此论。琰从弟林,少无名望,虽姻族犹多轻之,而琰常曰:"此所谓大器晚成者也,终必远至。"涿郡孙礼、卢毓始入军府2,琰又名之曰:"孙疏亮亢烈,刚简能断,卢清警明理,百炼不消3,皆公才

早些时候,崔琰与司马朗友好,晋宣王司马懿正当壮年,崔琰对司马朗说:"你的弟弟聪敏有智慧,贤能而公允,刚强果断而才智特出,恐怕不是你所赶得上的。"司马朗认为不是这样,而崔琰经常秉持这个观点。崔琰的堂弟崔林,年少时没有名望,即使是联姻的亲族也大多轻视他,崔琰却常说:"这就是所谓大器晚成的人,最终一定会大有成就。"涿郡的孙礼、卢毓刚刚进入军府时,崔琰又评论他们说:"孙礼耿直刚烈,简约果断,卢毓精明警惕,明察事理,久经磨炼志气也不消沉,都是可做三公的人才。"后来

也。”后林、礼、毓咸至鼎辅。及琰友人公孙方、宋阶早卒，琰抚其遗孤，恩若己子。其鉴识笃义，类皆如此[2]。

初，太祖性忌，有所不堪者，鲁国孔融[3]、南阳许攸[4]、娄圭，皆以恃旧不虔见诛[5]。而琰最为世所痛惜，至今冤之[6]。

崔林、孙礼、卢毓都官至辅政大臣。另外，崔琰的朋友公孙方、宋阶去世得早，崔琰抚养他们留下的孩子，对他们的宠爱与对待自己的孩子一样。他见识高明、笃守道义的风貌，都像这个样子。

当初，太祖性好猜忌，对他有不恭敬行为的人，如鲁国的孔融、南阳的许攸、娄圭，都因为自恃是太祖的旧交，对他不够尊敬而被杀，而崔琰最被世人所悲痛惋惜，至今还有人为他感到冤屈。

今注　1 英跱：犹英特。才智特出。　2 军府：将军的办公官署。这里指曹操的办公官署。　3 百炼不消：经过上百次冶炼的铁异常坚韧，比喻人意志坚强。

裴注　[1] 臣松之案："跱"或作"特"。窃谓"英特"为是也。　[2]《魏略》曰："明帝时，崔林尝与司空陈群共论冀州人士，称琰为首。群以'智不存身'贬之。林曰：'大丈夫为有邂逅耳，即如卿诸人，良足贵乎！'"　[3] 融，字文举。《续汉书》曰："融，孔子二十世孙也。高祖父尚，巨鹿太守。父宙，太山都尉。融幼有异才。时河南尹李膺有重名，敕门下简通宾客，非当世英贤及通家子孙弗见也。融年十余岁，欲观其为人，遂造膺门，语门者曰：'我，李君通家子孙也。'膺见融，问曰：'高明父祖，尝与仆周旋乎？'融曰：'然。先君孔子与君先人李老君，同德比义而相师友，则融与君累世通家也。'众坐奇之，佥曰：'异童子也。'太中大夫陈炜后至，同坐以告炜，炜曰：'人小时了了者，大亦未必奇也。'融答曰：'即如所言，君之幼时，岂实慧乎！'膺大笑，顾谓曰：'高明长大，必为伟器。'山阳张俭，以中正为中常侍侯览所忿疾,览为刊章下州郡捕俭。俭与融兄褒有旧,亡投褒。遇褒出,时融年十六,俭以其少,不告也。融知俭长者,有窘迫色,谓曰:'吾独不能为君主邪!'因留舍藏之。后事泄,国相以下密就掩捕,俭得脱走,登时收融及褒送狱。融曰:'保纳藏舍者融也,融当坐之。'褒曰:'彼来求我,罪我之由,非弟之过,我当坐之。'兄弟争死,郡县疑不能决,乃上谳,诏书令褒坐焉。融由是名震远近,与平原陶丘洪、陈留边让,并以俊秀,为后进冠盖。融持论经理不及让等,而逸才宏博过之。司徒、大将军辟,举高第,累迁北军中候、虎贲中郎将、北海相,时年二〔三〕十八。承黄巾残破之后,修复城邑,崇学校,设庠序,举贤才,显儒士。以彭璆为方正,邴原为有道,王脩为孝廉。告高密县为郑玄特立一乡,名为郑公乡。又国人无后,及四方游士有死亡者,皆为棺木而殡葬之。郡人甄子然孝行知名,早卒,融恨不及之,乃令配食县社。其礼贤如此。在郡六年,刘备表融领青州刺史。建安元年征还,为将作大匠,迁少府。每朝会访对,辄为议主,诸卿大夫寄名而已。"司马彪《九州春秋》曰:"融在北海,自以智能优赡,溢才命世,当世豪俊皆不能及。亦自许大志,且欲举军曜甲,与群贤要功,自于海岱结殖根本,不肯碌碌如平居郡守,事方伯、赴期会而已。然其所任用,好奇取异,皆轻剽之才。至于稽古之士,谬为恭敬,礼之虽备,不与论国政也。高密郑玄,称之郑公,执子孙礼。及高谈教令,盈溢官曹,辞气温雅,可玩而诵。论事考实,难可悉行。但能张磔网罗,其自理甚疏。租赋少稽,一朝杀五部督邮。奸民污吏,猾乱朝市,亦不能治。幽州精兵乱,至徐州,卒到城下,举国皆恐。融直出说之,令无异志。遂与别校谋夜覆幽州,幽州军败,悉有其众。无几时,还复叛亡。黄巾将至,融大饮醇酒,躬自上马,御之涞水之上。寇令上部与融相拒,两翼径涉水,直到所治城。城溃,融不得入,转至南县,左右稍叛。连年倾覆,事无所济,遂不能保障四境,弃郡而去。后徙徐州,以北海相自还领青州刺史,治郡北陲。欲附山东,外接辽东,得戎马之利,建树根本,孤立一隅,不与共也。于时曹、袁、公孙共相首尾,战士不满数百,谷不至万斛。王子法、刘孔慈凶辩小才，信为腹心。左丞祖、刘义逊，清儁之士，备在坐席而已，言此民望，不可失也。丞祖劝融自托强国，融不听而杀之。义逊弃去，遂为袁谭所攻，自春至夏，城小寇众，流矢雨集。然融凭几安坐，读书论议自若。城坏众亡，身奔山东，室家为谭所虏。”张璠《汉纪》曰：“融在郡八年，仅以身免。帝初都许，融以为宜略依旧制，定王畿，正司隶所部为千里之封，乃引公卿上书言其义。是时天下草创，曹、袁之权未分，融所建明，不识时务。又天性气爽，颇推平生之意，狎侮太祖。太祖制酒禁，而融书嘲之曰：‘天有酒旗之星，地列酒泉之郡，人有旨酒之德，故尧不饮千钟，无以成其圣。且桀纣以色亡国，今令不禁婚姻也。’太祖外虽宽容，而内不能平。御史大夫郗虑知旨，以法免融官。岁余，拜太中大夫。虽居家失势，而宾客日满其门，爱才乐酒。常叹曰：‘坐上客常满，樽中酒不空，吾无忧矣。’虎贲士有貌似蔡邕者，融每酒酣，辄引与同坐，曰：‘虽无老成人，尚有典刑。’其好士如此。”《续汉书》曰：“太尉杨彪与袁术婚姻，术僭号，太祖与彪有隙，因是执彪，将杀焉。融闻之，不及朝服，往见太祖曰：‘杨公累世清德，四叶重光，《周书》“父子兄弟，罪不相及”，况以袁氏之罪乎？《易》称“积善余庆”，但欺人耳。’太祖曰：‘国家之意也。’融曰：‘假使成王欲杀召公，则周公可得言不知邪？今天下缨緌缙绅之士所以瞻仰明公者，以明公聪明仁智，辅相汉朝，举直措枉，致之雍熙耳。今横杀无辜，则海内观听，谁不解体？孔融鲁国男子，明日便当褰衣而去，不复朝矣。’太祖意解，遂理出彪。”《魏氏春秋》曰：“袁绍之败也，融与太祖书曰：‘武王伐纣，以妲己赐周公。’太祖以融学博，谓书传所纪。后见，问之，对曰：‘以今度之，想其当然耳！’十三年，融对孙权使，有讪谤之言，坐弃市。二子年八岁，时方弈棋，融被收，端坐不起。左右曰：‘而父见执，不起何也？’二子曰：‘安有巢毁而卵不破者乎！’遂俱见杀。融有高名清才，世多哀之。太祖惧远近之议也，乃令曰：‘太中大夫孔融既伏其罪矣，然世人多采其虚名，少于核实，见融浮艳，好作变异，眩其诳诈，不复察其乱俗也。此州人说平原祢衡受传融论，以为父母与人无亲，譬若缻器，寄盛其中，又言若遭饥馑，而父不肖，宁赡活余人。融违天反道，败伦乱理，虽肆市朝，犹恨其晚，更以此事列上，宣示诸军将校掾属，皆使闻见。'"《世语》曰："融二子，皆龆龀。融见收，顾谓二子曰：'何以不辞？'二子俱曰：'父尚如此，复何所辞！'以为必俱死也。"臣松之以为，《世语》云融二子不辞，知必俱死，犹差可安。如孙盛之言，诚所未譬。八岁小儿，能玄了祸福，聪明特达，卓然既远，则其忧乐之情，宜其有过成人，安有见父收执而曾无变容，弈棋不起，若在暇豫者乎？昔申生就命，言不忘父，不以己身将死而废念父之情也。父安犹尚若兹，而况于颠沛哉？盛以此为美谈，无乃贼夫人之子与！盖由好奇情多，而不知言之伤理。［4］《魏略》曰："攸，字子远，少与袁绍及太祖善。初平中随绍在冀州，尝在坐席言议。"官渡之役，谏绍勿与太祖相攻，语在《绍传》。绍自以强盛，必欲极其兵势。攸知不可为谋，乃亡诣太祖。绍破走，及后得冀州，攸有功焉。攸自恃勋劳，时与太祖相戏，每在席，不自限齐，至呼太祖小字，曰："某甲，卿不得我，不得冀州也。"太祖笑曰："汝言是也。"然内嫌之。其后从行出邺东门，顾谓左右曰："此家非得我，则不得出入此门也。"人有白者，遂见收之。［5］《魏略》曰："娄圭，字子伯，少与太祖有旧。初平中在荆州北界合众，后诣太祖。太祖以为大将，不使典兵，常在坐席言议。及河北平定，随在冀州。其后太祖从诸子出游，子伯时亦随从。子伯顾谓左右曰：'此家父子，如今日为乐也。'人有白者，太祖以为有腹诽意，遂收治之。"《吴书》曰："子伯少有猛志，尝叹息曰：'男儿居世，会当得数万兵千匹骑著后耳！'侪辈笑之。后坐藏亡命，被系当死，得逾狱出，捕者追之急，子伯乃变衣服如助捕者，吏不能觉，遂以得免。会天下义兵起，子伯亦合众与刘表相依。后归曹公，遂为所用，军国大计常与焉。刘表亡，曹公向荆州。表子琮降，以节迎曹公，诸将皆疑诈，曹公以问子伯。子伯曰：'天下扰攘，各贪王命以自重，今以节来，是必至诚。'曹公曰：'大善。'遂进兵。宠秩子伯，家累千金，曰：'娄子伯富乐于孤，但势不如孤耳！'从破马超等，子伯功为多。曹公常叹曰：'子伯之计，孤不及也。'后与南郡习授同载，见曹公出，授曰：

'父子如此,何其快耳!'子伯曰:'居世间,当自为之,而但观他人乎!'授乃白之,遂见诛。"鱼豢曰:"古人有言曰:'得鸟者,罗之一目也,然张一目之罗,终不得鸟矣。鸟能远飞,远飞者,六翮之力也,然无众毛之助,则飞不远矣。'以此推之,大魏之作,虽有功臣,亦未必非兹辈胥附之由也。"

[6]《世语》曰:"琰兄孙谅,字士文,以简素称,仕晋为尚书、大鸿胪。"荀绰《冀州记》云:"谅即琰之孙也。"

毛玠

原文

毛玠,字孝先,陈留平丘人也。少为县吏,以清公称。将避乱荆州。未至,闻刘表政令不明,遂往鲁阳。

太祖临兖州,辟为治中从事[1]。玠语太祖曰:"今天下分崩,国主迁移,生民废业,饥馑流亡,公家无经岁之储,百姓无安固之志,难以持久。今袁绍、刘表,虽士民众强,皆无经远之虑,未有树基建本者也。夫兵义者胜,守位以财,宜奉[2]天子以令不臣,修耕植,畜军资,如此则霸王之

译文

毛玠,字孝先,陈留郡平丘县人。年轻时担任县吏,以清廉公正著称。他本来想去荆州躲避战乱,尚未到达,听说刘表的政令不清明,就逃往鲁阳。

太祖到兖州,征召他为治中从事。毛玠对太祖说:"如今国家分裂,君主居无定所,百姓荒废生产,忍受着饥饿四处逃亡,政府没有能维持一年的物资储备,百姓没有安居乐业的心思,这样政权很难持久。现在袁绍、刘表虽然兵民众多而强大,都没有长远的计划,没有建设国家根本的人。合乎正义的军队才能取胜,巩固地位要靠物质财富的支持,应当拥戴天子以命令那些不肯臣服的人,致力于耕种生产,积累军队物资,这样成王成霸的事业

业可成也。”太祖敬纳其言，转幕府功曹[3]。

就可以实现。”太祖郑重地采纳了他的建议，任他为幕府功曹。

今注 1 治中从事：简称治中，是州刺史佐吏，主管诸曹文书。 2 奉：拥戴。 3 幕府功曹：将军出战在外临时设立的行政机关称作幕府，这里则是曹操外出设立的幕府。功曹为汉代地方行政机构常设职位，职掌选举，并参与其他各曹事务。

太祖为司空丞相，玠尝为东曹掾，与崔琰并典[1]选举。其所举用，皆清正之士。虽于时有盛名而行不由本者，终莫得进。务以俭率[2]人，由是天下之士莫不以廉节自励，虽贵宠之臣，舆服[3]不敢过度。太祖叹曰：“用人如此，使天下人自治，吾复何为哉！”

太祖任司空丞相时，毛玠曾经出任东曹掾，与崔琰一起主持选举。他举荐的都是清廉正直之士。即使那些在当时有盛名而行为虚浮不务根本的人，最终也没有得到任用。他力求以俭朴作风为表率，因此天下士人无不以廉洁的节操来勉励自己，即使是尊贵受宠的大臣，车马服饰也不敢超越常度。太祖感叹说：“能这样任用人才，将会使天下人自己管理自己，我又有什么可做的呢！”

文帝为五官将，亲自诣玠，属所亲眷。玠答曰：“老臣以能守职。幸得免戾，今所说人非迁次，是以不敢奉命。”

文帝做五官中郎将时，亲自去见毛玠，请托他给自己亲属提升官职。毛玠答复说：“老臣我因为能够严守职责，才能侥幸免于获罪。现在你所说的人不在升迁次序中，因此我不敢遵从您的命令。”

大军还邺，议所并省。玠请谒不行，时人惮

大军返回邺城，朝廷商议裁撤减省官职。毛玠拒绝一切的请托，当时的人

之，咸欲省东曹。乃共白曰："旧西曹为上，东曹为次，宜省东曹。"太祖知其情，令曰："日出于东，月盛于东，凡人言方，亦复先东，何以省东曹？"遂省西曹。

都忌惮他，都想裁撤东曹，于是一起上报说："按照旧制度，西曹地位为上，东曹次之，应该裁撤东曹。"曹操知道真实情况，说："太阳出于东方，月亮在东方时最明亮，只要人说到方位，也是先说东方，那为什么要裁撤东曹？"于是撤掉了西曹。

今注　1 典：主持，主管。　2 率：指作为表率。　3 舆服：车舆冠服和各种仪仗。古代有车服制度，表明尊卑等级。

初，太祖平柳城，班所获器物，特以素屏风素冯几赐玠，曰："君有古人之风，故赐君古人之服。"玠居显位，常布衣蔬食，抚育孤兄子甚笃，赏赐以振施贫族，家无所余。迁右军师[1]。魏国初建，为尚书仆射，复典选举[1]。时太子未定，而临菑侯植有宠，玠密谏曰："近者袁绍以嫡庶不分，覆宗灭国。废立大事，非所宜闻。"后群僚会，玠起更衣。太

早些时候，太祖平定柳城，分赐缴获的珍贵器物，特意把不施彩饰的屏风、冯几赐给毛玠，说："你有古人的风范，所以将古人的器用送给你。"毛玠身居显贵的职位，却常穿布衣、吃粗食，用心抚育死去兄长的儿子，有了赏赐就拿去接济穷困的族人，家里没有多余的财物。后来升任右军师。到魏国刚建立时，毛玠被任命为尚书仆射，又职掌选举。当时太祖还没有确立太子，而临菑侯曹植很受太祖宠爱，毛玠秘密地进谏太祖说："近来袁绍因为不区分对待嫡子庶子导致宗族倾覆和国家灭亡的事情才刚过去。废立太子的事情关系重大，我不愿意听到有废长子而另立这样的事情。"后来群臣集会，毛玠离席

祖目指曰："此古所谓国之司直[2]，我之周昌[3]也。"

去厕所。太祖注视他说："这就是古人所说的国家的司直，我的周昌啊。"

今注 1 右军师：曹操丞相府的主要下属，负责军事参谋。 2 司直：西汉时掌佐丞相检举百官、纠察不法，东汉时改属司徒，协助督录州郡上奏。 3 周昌：西汉初期大臣，为人正直，多次劝谏刘邦，并劝阻刘邦废太子。

裴注 [1]《先贤行状》曰："玠，雅亮公正，在官清恪。其典选举，拔贞实，斥华伪，进逊行，抑阿党。诸宰官治民功绩不著而私财丰足者，皆免黜停废，久不选用。于时四海翕然，莫不励行。至乃长吏还者，垢面羸衣，常乘柴车。军吏入府，朝服徒行。人拟壶飡之洁，家象濯缨之操，贵者无秽欲之累，贱者绝奸货之求，吏洁于上，俗移乎下，民到于今称之。"

崔琰既死，玠内不悦。后有白玠者："出见黥面[1]反者，其妻子没为官奴婢，玠言曰'使天不雨者盖此也。'"太祖大怒，收玠付狱。

崔琰死后，毛玠心里不高兴。后有人揭发毛玠说："毛玠出门看见因谋反犯罪，脸上刺字的犯人，其妻子儿女被抄没入官作奴婢，就说：'大概是因为如此，上天才不下雨吧。'"太祖很愤怒，抓捕毛玠关进牢狱里。

大理钟繇诘玠曰："自古圣帝明王，罪及妻子。《书》云：'左不共左，右不共右，予则孥戮女[2]。'司寇之职，男子入于罪隶，女子入于舂槁[3]。

大理寺卿钟繇责问毛玠说："自古神圣英明的帝王，治罪都牵连罪犯的妻儿。《尚书》说：'车左不尽到车左的职责，车右不尽到车右的职责，我就诛及你的子女。'《周礼》中司寇的职责是要将犯罪的男子没入官府为奴，女子没入舂槁服苦役。汉

汉律,罪人妻子没为奴婢,黥面。汉法所行黥墨之刑,存于古典。今真奴婢祖先有罪,虽历百世,犹有黥面供官,一以宽良民之命,二以宥并罪之辜。此何以负于神明之意,而当致旱?案典谟,急恒寒若[4],舒恒燠若[5],宽则亢阳,所以为旱。玠之吐言,以为宽邪,以为急也?急当阴霖,何以反旱?成汤圣世,野无生草,周宣令主,旱魃[6]为虐。亢旱以来,积三十年,归咎黥面,为相值不?卫人伐邢,师兴而雨[7],罪恶无征,何以应天?玠讥谤之言,流于下民,不悦之声,上闻圣听。玠之吐言,势不独语,时见黥面,凡为几人?黥面奴婢,所识知邪?何缘得见,对之叹言?时以语

朝法律规定,罪人的妻子儿女没入官府作奴婢,脸上刺字。汉朝法律中脸上刺字的刑罚,在古代典籍中已有记载保存。现在真是奴婢祖先有罪,即使经历百代,还是要接受脸上刺字,没入官府为奴的惩罚,这么做一则可以宽恕百姓罪责,保全他们性命,二则怜悯他们受到祖上牵连,这么做怎么会违背神明意思而应该招致旱灾?根据《尚书》的说法,法令苛急则天气寒冷,法令宽大则天气温暖,法令宽大,阳气过盛,才造成旱灾。毛玠的言论,是认为法令过宽了呢,还是过严了呢?如果是过严了,应当阴雨不断,为什么反而天旱?成汤时代世道修明,但野外不生青草,周宣王是优秀君主,但大旱肆虐成灾。大旱发生已经三十年,将此归因于对罪犯黥面的刑罚,这对应得上吗?卫国人征伐邢国,刚出兵天就下雨,要是罪恶没有征兆,怎么会与上天感应?毛玠讽刺诽谤的言论已流传到百姓当中,你心中不满的抱怨,已经被圣上听到。你毛玠的话一定不是自言自语,当时看见脸上刺字的罪犯总共是几人?刺字的奴婢,你认识吗?为什么能够见到他们,对他们发感叹牢骚?当时你的话是对谁

谁？见答云何？以何日月？于何处所？事已发露，不得隐欺，具以状对。”

说的？他们是怎么回答的？是在几月几日？在什么地方？事情既然已经暴露，你不要再隐瞒欺骗，全都招供出来。”

今注 1 黥(qíng)面：古代的一种肉刑。用刀刺刻面部，然后涂以墨。 2 左不共左，右不共右，予则孥戮女：出自《尚书·甘誓》，原文为："左不攻于左，汝不恭命；右不攻于右，汝不恭命；御非其马之正，汝不恭命。用命，赏于祖；弗用命，戮于社。予则孥戮汝。"原是对战车上的士兵说的话，意思是左右的士兵要奋力作战，中间驾车的人要专心驾驭战车，不能尽职责就是不服从命令，服从命令的人我会在祖庙中赏赐，不服从的人我会在祭祀的地方惩罚，贬为奴隶或处死。 3 舂槁(chōng gǎo)：周代舂人、槁人的合称。借称因罪而服苦役。 4 急恒寒若：统治者使用刑罚过严，就会造成持续的严寒。 5 舒恒燠(yù)若：统治者使用刑罚过宽，就会造成持续的炎热。以上两句出自《尚书·洪范》。 6 旱魃(bá)：传说中能造成旱灾的怪物。 7 卫人伐邢，师兴而雨：见于《左传·僖公十九年》，是说卫国当年大旱，宁庄子认为卫国有道而邢国无道，因此可以讨伐邢国来祈求上天的赏赐。结果卫军刚刚出发，卫国就下了大雨。

玠曰："臣闻萧生缢死，困于石显[1]；贾子放外，谗在绛、灌[2]；白起赐剑于杜邮[3]；晁错致诛于东市[4]；伍员绝命于吴都[5]。斯数子者，或妒其前，或害其

毛玠说："我听说萧望之自杀身亡，是因为石显的迫害；贾谊被逐出朝廷，是因为周勃、灌婴进了谗言；白起在杜邮被赐剑时自杀；晁错在东市被诛杀；伍子胥在吴都送命。这几位要么是当面有人忌妒中伤，要么是背后被人陷害。我从少年起手执简策出来做官，靠长期勤奋努力获得升官，我在

后。臣垂龆执简，累勤取官，职在机近，人事所窜。属臣以私，无势不绝，语臣以冤，无细不理。人情淫利，为法所禁，法禁于利，势能害之。青蝇横生，为臣作谤，谤臣之人，势不在他。昔王叔陈生争正王廷，宣子平理，命举其契，是非有宜，曲直有所，《春秋》嘉焉，是以书之。臣不言此，无有时、人。说臣此言，必有征要。乞蒙宣子之辨，而求王叔之对。若臣以曲闻，即刑之日，方之安驷之赠；赐剑之来，比之重赏之惠。谨以状对。”

时桓阶、和洽进言救玠。玠遂免黜，卒于家[1]。太祖赐棺器钱帛，拜子机郎中。

机要近臣的位置上供职，置身于复杂的人事关系中。以私情请托官职的，没有哪个有权势的人不被我拒绝，以冤情向我陈述的，没有哪件细小的事我不会去处理。人的内心无限制地追求名利，这是被法律禁止的，以法律禁止谋私求利，势必有人会去陷害他。陷害我的人和绿头苍蝇一样多，对臣进行诽谤，诽谤我的人势必也没有出于其他动机的。当年王叔陈生与伯舆在周王朝廷上争论是非，范宣子评论双方的理据，命双方举证，从而使是非曲直得到适当的判断，被《春秋》称赞，因此记载了这件事。我没有说过这些诽谤朝廷的话，也没有时间、证人。说我讲过这些话的人一定有证据。我乞求得到范宣子那样的人来判断是非，如王叔陈生那样与议论者对质。如果臣是用歪曲事实欺骗朝廷，那我将把行刑的日子，当作像被赠与豪华车马那样快乐；送来赐死的宝剑，我将把它当成重赏的恩惠。谨将实情回答如上。”

当时桓阶、和洽等人进谏营救毛玠。毛玠于是被罢免废黜，后来死在家中。太祖还赐给他棺木、祭器、钱和绢帛，拜他的儿子毛机为郎中。

今注 1 萧生缢死,困于石显:即石显迫害萧望之,致其自杀的事情,两人都是西汉元帝时期人,事迹见《汉书》。 2 贾子放外,谗在绛、灌:西汉文帝时期的贾谊,因为才华过人,建议文帝重农抑商、厉行节俭而遭到绛侯周勃、大臣灌婴等人的诽谤,而被汉文帝外放为长沙王太傅。 3 白起赐剑于杜邮:秦国大将白起受迫害,在杜邮被秦昭王赐剑自杀。 4 晁错致诛于东市:汉景帝时晁错建议中央削减诸侯国,激起诸侯叛乱,景帝被迫将晁错在东市腰斩。 5 伍员绝命于吴都:春秋时的伍子胥帮助吴王成为霸主,但后来越国贿赂吴国太宰伯嚭(pǐ),挑唆吴王,称伍子胥有背叛之心,导致伍子胥自杀。

裴注 [1] 孙盛曰:"魏武于是失政刑矣。《易》称'明折庶狱',《传》有'举直措枉',庶狱明则国无怨民,枉直当则民无不服,未有征青蝇之浮声,信浸润之谮诉,可以允釐四海,惟清缉熙者也。昔者汉高狱萧何,出复相之,玠之一责,永见摈放,二主度量,岂不殊哉!"

徐奕

原文

徐奕,字季才,东莞人也。避难江东,孙策礼命之。奕改姓名,微服还本郡。太祖为司空,辟为掾属,从西征马超。超破,军还。时关中新服,未甚安,留奕为丞相长史,镇抚西京,西京称其威信。转

译文

徐奕,字季才,东莞人。到江东避难,孙策礼聘任命他做官。徐奕改名换姓,穿着平民的衣服回到本郡。太祖任司空,征召徐奕为掾属,随太祖西征马超。马超被打败,大军返回。当时关中刚被征服,局势不太安定,太祖留下徐奕,任命他为丞相长史,镇抚西京,西京人都赞扬他的威信。后徐奕

为雍州1刺史，复还为东曹属。丁仪等见宠于时，并害之，而奕终不为动[1]。出为魏郡太守。太祖征孙权，徙为留府长史，谓奕曰："君之忠亮，古人不过也，然微太严。昔西门豹2佩韦3以自缓，夫能以柔弱制刚强者，望之于君也。今使君统留事，孤无复还顾之忧也。"魏国既建，为尚书，复典选举，迁尚书令。

升任雍州刺史，回来又被任命为东曹掾。丁仪等人在当时很受宠信，一起陷害徐奕，而徐奕始终不受影响动摇。徐奕出外任魏郡太守。太祖征讨孙权，转任徐奕为留府长史，太祖对他说："你的忠诚坚贞，古人也不能超过，但有点过于严厉。以前西门豹随身佩戴皮绳以提醒自己性情要和缓，我希望于你的是能够以柔弱之气控制刚强。现在让你统管留守的事情，我不再有对后方的担心了。"魏国建立之后，徐奕任尚书，还掌管选举事宜，后升尚书令。

今注 1 雍州：东汉兴平元年(194)分凉州河西四郡置，建安十八年(213)复设九州，省凉州及司隶，秦岭以北弘农以西诸郡悉属雍州。三国魏文帝复置凉州，弘农还属司隶，雍州治长安(今陕西西安西北)。 2 西门豹：战国时魏国人，魏文侯时任邺令，破除河伯娶妻陋习，并开凿水渠十二条，引漳水灌溉，发展农业生产。 3 佩韦：韦，熟牛皮。韦皮性柔韧，性急者佩之于身，用以自戒。

裴注 [1]《魏书》曰："或谓奕曰：'夫以史鱼之直，孰与蘧伯玉之智？丁仪方贵重，宜思所以下之。'奕曰：'以公明圣，仪岂得久行其伪乎！且奸以事君者，吾所能御也，子宁以他规我！'"《傅子》曰："武皇帝至明也，崔琰、徐奕，一时清贤，皆以忠信显于魏朝；丁仪间之，徐奕失位而崔琰被诛。"

太祖征汉中，魏讽等谋反，中尉杨俊左迁。太祖叹曰："讽所以敢生乱心，以吾爪牙之臣无遏奸防谋者故也。安得如诸葛丰[1]者，使代俊乎！"桓阶曰："徐奕其人也。"太祖乃以奕为中尉，手令曰："昔楚有子玉，文公为之侧席而坐；汲黯在朝，淮南为之折谋[2]。《诗》称'邦之司直'，君之谓与！"在职数月，疾笃[3]乞退，拜谏议大夫，卒[1]。

太祖征讨汉中，魏讽等人谋划造反，中尉杨俊被降职。太祖感慨说："魏讽之所以敢萌生叛乱的心思，是因为我的得力之臣中没有能遏制奸邪，防备谋反的人。怎么能得到一个像诸葛丰那样的人来替代杨俊呢？"桓阶说："徐奕就是这样的人。"曹操于是任用徐奕为中尉，手书下令说："从前楚国有子玉在，晋文公为此不安，以致在席上侧坐；汉代有汲黯，淮南王因此造反的图谋受挫。《诗经》说'邦之司直'，指的就是您吧！"徐奕在中尉职务上工作了几个月，因病重请求卸任，朝廷任命他为谏议大夫后，去世。

今注 1 诸葛丰：字少季，西汉元帝时任司隶校尉，为人刚正不阿，执法公允，不畏权贵，后罢官免为庶人。 2 折谋：图谋受挫。 3 疾笃：病重。

裴注 [1]《魏书》曰："文帝每与朝臣会同，未尝不嗟叹，思奕之为人。奕无子，诏以其族子统为郎，以奉奕后。"

何夔

原文

何夔，字叔龙，陈郡阳夏[1]人也。曾祖父熙，

译文

何夔，字叔龙，陈郡阳夏县人。曾祖父何熙，汉安帝时官至车骑将军。何

汉安帝时官至车骑将军[1]。夔幼丧父，与母兄居，以孝友称。长八尺三寸，容貌矜严[2]。避乱淮南。后袁术至寿春，辟之，夔不应，然遂为术所留。久之，术与桥蕤俱攻围蕲阳[2]，蕲阳为太祖固守。术以夔彼郡人，欲胁令说蕲阳。夔谓术谋臣李业曰：“昔柳下惠闻伐国之谋而有忧色，曰：‘吾闻伐国不问仁人，斯言何为至于我哉[3]？’”遂遁匿灊山[4]。术知夔终不为己用，乃止。术从兄山阳太守遗母，夔从姑也，是以虽恨夔而不加害。

夔幼年时父亲去世，和母亲、哥哥一起生活，以孝顺母亲友爱兄长而著称。何夔身高八尺三寸，容貌庄重严肃。为躲避战乱逃到淮南，后来袁术占领寿春，征辟他做官，何夔没有答应，但随即被袁术扣留。过了很久，袁术和桥蕤一起围攻被太祖严密防守的蕲阳。袁术因为何夔是蕲阳郡人，想要胁迫他去游说蕲阳人投降。何夔对袁术的谋臣李业说：“当年柳下惠听说征伐别国的图谋后脸上就显现出忧虑的神色，说‘我听说征伐别国的事情不能向仁厚之人询问，这样的话为什么传到我这里来呢？’”于是就逃到灊山躲藏起来。袁术知道何夔终究不会为自己效力，就中止了原来的打算。袁术的堂兄山阳太守袁遗的母亲是何夔的堂姑，所以袁术虽记恨何夔但不加害他。

今注 **1** 阳夏：在今河南太康。 **2** 蕲(qí)阳：在今安徽宿州东南。 **3** 吾闻伐国不问仁人，斯言何为至于我哉：出自董仲舒《春秋繁露》：“昔者鲁君问于柳下惠曰：‘我欲攻齐，何如？’柳下惠对曰：‘不可。’退而有忧色，曰：‘吾闻伐国不问于仁人也，此何为至于我？’”柳下惠认为讨伐别人国家这样的事情是仁人君子所不应该思虑谋划的，别人要去讨伐他国的话，君子也不应该听取。 **4** 灊(qián)山：即潜山，在今安徽潜山西北。

裴注 [1]华峤《汉书》曰："熙，字孟孙，少有大志，不拘小节。身长八尺五寸，体貌魁梧，善为容仪。举孝廉，为谒者，赞拜殿中，音动左右。和帝佳之，历位司隶校尉、大司农。永初三年，南单于与乌丸俱反，以熙行车骑将军征之，累有功。乌丸请降，单于复称臣如旧。会熙暴疾卒。"[2]《魏书》曰："汉末阉宦用事，夔从父衡为尚书，有直言，由是在党中，诸父兄皆禁锢。夔叹曰：'天地闭，贤人隐。'故不应宰司之命。"

建安二年，夔将还乡里，度术必急追，乃间行得免，明年到本郡。顷之，太祖辟为司空掾属。时有传袁术军乱者，太祖问夔曰："君以为信不？"夔对曰："天之所助者顺，人之所助者信。术无信顺之实，而望天人之助，此不可以得志于天下。夫失道之主，亲戚叛之，而况于左右乎！以夔观之，其乱必矣。"太祖曰："为国失贤则亡。君不为术所用；乱，不亦宜乎！"太祖性严，掾属公事，往往加杖；夔常畜毒药，誓死无辱，是以终不见及[1]。

建安二年(197)，何夔将要返回家乡，料到袁术一定会急迫地将他追回，于是从小路逃跑才得以逃脱，第二年回到了本郡。不久，太祖征召他为司空掾属。当时有袁术军中发生叛乱的传言，太祖问何夔说："你认为这传言可信吗？"何夔回答说："上天帮助顺应天意的人，人民帮助取信于人民的人。袁术没做出取信于民与顺应天意的实事，却希望得到上天和人民的帮助，这样的人在天下是不能实现志愿的。不守正道的君主，至亲和亲戚都要背叛他，何况是手下的人呢！在我看来，袁术的军队一定发生叛乱了。"曹操说："治理国家，失去了贤才就会灭亡。你不被袁术所任用；他如今遇上叛乱，不也理所当然吗！"太祖性格严厉，掾属处理公务有误，常受杖刑，何夔经常带着毒药，决心宁可一死也不愿受杖刑之辱，所以最终也没受杖刑。

出为城父[1]令[2]。迁长广[2]太守。郡滨山海，黄巾未平，豪杰多背叛，袁谭就加以官位。长广县人管承，徒众三千余家，为寇害。议者欲举兵攻之。夔曰：“承等非生而乐乱也，习于乱，不能自还，未被德教，故不知反善。今兵迫之急，彼恐夷灭，必并力战。攻之既未易拔，虽胜，必伤吏民。不如徐喻以恩德，使容自悔，可不烦兵而定。”乃遣郡丞黄珍往，为陈成败，承等皆请服。夔遣吏成弘领校尉，长广县丞等郊迎[3]奉牛酒，诣郡。牟平贼从钱，众亦数千，夔率郡兵与张辽共讨定之。东牟人王营，众三千余家，胁昌阳县为乱。夔遣吏王钦等，授以计略，使离散之。旬月皆平定。

何夔出外担任城父县令。又升任长广郡太守。长广郡依山靠海，黄巾军还没有被平定，地方豪强势力多数反叛，袁谭还授给这些豪强官职。长广县人管承，有三千多家部众，借此抢掠侵害地方。有人计议带兵攻打他的事情。何夔说：“管承等人不是天生乐于作乱，而是习惯了作乱的生活，无法自己努力改回来，没受过仁德教化，所以不知道怎么改回善道。如今用兵逼迫得他们太急，他们畏惧被全灭的下场，必定会合力作战。攻打他们不容易取胜，即使获胜也一定造成官吏百姓的损伤。不如慢慢用恩德开导他们，让他们有时间自行悔改，可以不用劳烦军队出兵就平定。”就派遣郡丞黄珍前去，为他们陈说成败兴亡的道理，管承等人都请求降服。何夔派属吏成弘兼领校尉，长广县丞等官员带着牛和酒到郊外迎接，把他们送到郡城。牟平县贼寇从钱，也有数千部下，何夔带领长广郡的部队和张辽一同进攻平定了他们。东牟人王营，有三千多家部众，胁持昌阳县的人作乱。何夔派遣属吏王钦等人出动，教给他们计谋方略，使王营的势力分离溃散了。不到一个月的时间将王营等人全部平定。

【今注】 1 城父：在今安徽亳州东南。 2 长广：长广郡，东汉建安初置。治长广（今山东莱阳东），旋废。 3 郊迎：出郊迎宾，以示尊敬。

【裴注】 [1] 孙盛曰："夫君使臣以礼，臣事君以忠，是以上下休嘉，道光化洽。公府掾属，古之造士也，必擢时隽，搜扬英逸，得其人则论道之任隆，非其才则覆悚之患至。苟有疵衅，刑黜可也。加其捶扑之罚，肃以小惩之戒，岂'导之以德，齐之以礼'之谓与！然士之出处，宜度德投趾；可不之节，必审于所蹈。故高尚之徒，抗心于青云之表，岂王侯之所能臣，名器之所羁绁哉！自非此族，委身世涂，否泰荣辱，制之由时，故箕子安于孥戮，柳下夷于三黜，萧何、周勃亦在缧绁，夫岂不辱，君命故也。夔知时制，而甘其宠，挟药要君，以避微耻。《诗》云'唯此褊心'，何夔其有焉。放之，可也；宥之，非也。" [2]《魏书》曰："自刘备叛后，东南多变。太祖以陈群为酂令，夔为城父令，诸县皆用名士以镇抚之，其后吏民稍定。"

是时太祖始制新科下州郡，又收租税绵绢。夔以郡初立，近以师旅之后，不可卒绳以法，乃上言曰："自丧乱已来，民人失所，今虽小安，然服教日浅。所下新科，皆以明罚敕法，齐一大化也。所领六县，疆域初定，加以饥馑，若一切齐以科禁，恐或有不从教者。有不从教者不

当时太祖开始制定新的法令下达各州郡，又征收租税和绵绢。何夔以长广郡刚建立，近来又经过战事为理由，认为不能仓促用法令管理，于是上奏说："自从天下动乱以来，人民流离失所，现在生活虽然稍微安定，但是接受我们归服教化的时间不长。朝廷下达的新法令，都是用严明的刑罚来推行法令，使国家治理得到统一。我所管辖的六县界域才刚刚划定，加上出现了饥荒，如果一切用法律禁令来管理，恐怕会有不服从教化管理的人。有不服从管理的人就不得不处

得不诛，则非观民设教随时之意也。先王辨九服[1]之赋以殊远近，制三典[2]之刑以平治乱，愚以为此郡宜依远域新邦之典，其民间小事，使长吏临时随宜，上不背正法，下以顺百姓之心。比及[3]三年，民安其业，然后齐之以法，则无所不至矣。”太祖从其言。

死，这就不是观察民情设立教化顺应时势的意思。古代帝王在京畿之外划分出九等征收赋税来区别远近，制定轻重不同的刑法来使治安混乱的地区获得平定，我认为这个郡应该按照边远地区、新封王国的法律原则对待，这里的民间小事，让县官临时根据情况灵活处理，对上不违背正式的法令，对下顺应百姓的心愿。等到三年后，人民安居乐业，然后用法令管理他们，就没有无法施行之处了。”太祖采纳了他的建议。

征还，参丞相军事。海贼郭祖寇暴乐安、济南界，州郡苦之。太祖以夔前在长广有威信，拜乐安太守。到官数月，诸城悉平。

后来朝廷召他回京参与丞相府军事。海贼郭祖在乐安、济南境内劫掠作乱，州郡官吏百姓都受到困扰。太祖因为之前何夔在长广有威信，拜他为乐安太守。何夔到任几个月，各城全都被平定。

今注　1 九服：相传古代天子所住京都以外的地方按远近分为九等，即侯服、甸服、男服、采服、卫服、蛮服、夷服、镇服、藩服。　2 三典：古代刑法分轻、中、重三类。　3 比及：等到。

入为丞相东曹掾。夔言于太祖曰：“自军兴以来，制度草创，用人未详其本，是以各引其类，

何夔入朝担任丞相东曹掾，对太祖说：“自从起兵以来，各项制度刚刚建立，用人也没有详细了解其本来面目，所以人们各自引荐和自己意气相投之人，经常忽略

时忘道德。夔闻以贤制爵1,则民慎德;以庸制禄2,则民兴功。以为自今所用,必先核之乡闾,使长幼顺叙,无相逾越。显忠直之赏,明公实3之报,则贤不肖之分,居然4别矣。又可修保举故不以实之令,使有司别受其负。在朝之臣,时受教与曹并选者,各任其责。上以观朝臣之节,下以塞争竞之源,以督群下,以率万民,如是则天下幸甚。”太祖称善。魏国既建,拜尚书仆射[1]。

忘记被援引者的道德水平。我听说如果以德行确定爵禄,则百姓谨慎注重道德修养;以才能功用确定爵禄,则人们争先建立功勋。我认为从今以后,我们任用的人一定要先核查他的家乡门第,使他们按长幼顺序来任官,不逾越其身份地位。彰显对忠诚正直之人的奖励,明确对奉公朴实之人的报答,那么有德与无德的区分可以被明显清楚地判别。又能修正举荐人因亲旧而不据实保举的法令,使相关的官员承担举荐不实的责任。在朝的大臣,当时接受教令的与参加各曹选官的,各自承担其责任。这样上可以观察朝臣的操行,下可以断绝奔走竞逐官位的根源,借以督察属下,治理万民,如果能这样去做,则是天下的幸运。”太祖赞同他的话。魏国建立后,何夔被授任尚书仆射。

今注 1 以贤制爵:按照贤德的高低授予爵位。 2 以庸制禄:按照功劳的大小发给俸禄。 3 公实:奉公而朴实。 4 居然:显然,清楚。

裴注 [1]《魏书》曰:“时丁仪兄弟方进宠,仪与夔不合。尚书傅巽谓夔曰:‘仪不相好已甚,子友毛玠,玠等仪已害之矣。子宜少下之!’夔曰:‘为不义适足害其身,焉能害人?且怀奸佞之心,立于明朝,其得久乎!’夔终不屈志,仪后果以凶伪败。”

文帝为太子，以凉茂为太傅[1]，夔为少傅[2]；特命二傅与尚书东曹并选太子诸侯官属。茂卒，以夔代茂。每月朔，太傅入见太子，太子正法服[3]而礼焉；他日无会仪。夔迁太仆，太子欲与辞，宿戒供，夔无往意；乃与书请之，夔以国有常制，遂不往。其履正如此。然于节俭之世，最为豪汰[4]。

文帝践阼，封成阳亭侯，邑三百户。疾病，屡乞逊位。诏报曰："盖礼贤亲旧，帝王之常务也。以亲则君有辅弼之勋焉，以贤则君有醇固[5]之茂焉。夫有阴德者必有阳报，今君疾虽未瘳[6]，神明听之矣。君其即安，以顺朕意。"薨，谥曰靖侯。子曾嗣，咸熙中为司徒[1]。

文帝做太子的时候，以凉茂为太傅，何夔为少傅；太祖特地命令太傅、少傅与尚书东曹一起选择太子与诸侯的属官。凉茂去世后，何夔替代凉茂为太傅。每月初一，太傅入宫进见太子，太子着正式法定的礼服向太傅行礼；其他日子太傅与太子不进行会面的礼仪。何夔升任太仆之后，太子想与他话别，并在住所准备了斋戒的食物，何夔没有前往的想法；于是太子就写信请何夔进宫，何夔以国家立法有固定制度为由，最终没有前往。何夔就是这样行为正直的人。但他在应该节俭的时代，生活却最为奢华浪费。

文帝登基为帝，封何夔为成阳亭侯，食邑三百户。何夔病重，几次请求辞官。文帝下诏回复说："礼遇贤能亲近旧臣，是帝王应该常做的事情。从亲而论，您有辅佐的功劳，说到贤明，您有淳朴坚贞的美德。话说有阴德的人必定在阳间有所回报，如今您的病虽然没有痊愈，但神明已经知道您的情况了。您的病情很快就会转为平安，当是顺应我的心意。"何夔去世后，谥号为靖侯，他的儿子何曾继承爵位，在咸熙年间官至司徒。

今注　1 太傅:指太子太傅,负责教导、监护、辅翼太子,与太子少傅率领东宫各官属,管理太子宫府事务。　2 少傅:太子少傅,是太子太傅的副官。　3 法服:礼法规定的不同等级的服饰。　4 豪汰:生活豪华奢侈。　5 醇固:纯正坚贞。　6 瘳(chōu):病愈。

裴注　[1] 干宝《晋纪》曰:"曾,字颖考。正元中为司隶校尉。时毌丘俭孙女适刘氏,以孕系廷尉。女母荀,为武卫将军荀顗所表活,既免,辞诣廷尉,乞为官婢以赎女命。曾使主簿程咸为议,议曰:'大魏承秦、汉之弊,未及革制。所以追戮已出之女,诚欲殄丑类之族也。若已产育,则成他家之母。于防则不足惩奸乱之源,于情则伤孝子之思,男不御罪于他族,而女独婴戮于二门,非所以哀矜女弱,均法制之大分也。臣以为在室之女,可从父母之刑,既醮之妇,使从夫家之戮。'朝廷从之,乃定律令。"《晋诸公赞》曰:"曾以高雅称,加性纯孝,位至太宰,封朗陵县公。年八十余薨,谥曰元公。子邵嗣。邵,字敬祖,才识深博,有经国体仪。位亦至太宰,谥康公。子蕤嗣。邵庶兄遵,字思祖,有干能。少经清职,终于太仆。遵子绥,字伯蔚,亦以干事称。永嘉中为尚书,为司马越所杀。《傅子》称曾及荀顗曰:'以文王之道事其亲者,其颍昌何侯乎!其荀侯乎!古称曾、闵,今曰荀、何。内尽其心以事其亲,外崇礼让以接天下。孝子,百世之宗;仁人,天下之令也。有能行仁孝之道者,君子之仪表矣。'"

邢颙

原文

邢颙,字子昂,河间鄚[1]人也。举孝廉,司徒辟,皆不就。易姓字,适右北

译文

邢颙,字子昂,河间郡鄚县人。他被举为孝廉,司徒征召他,都没有接受。后来他改名换姓,去右北平郡师

平，从田畴游。积五年，而太祖定冀州。颙谓畴曰："黄巾起来二十余年，海内鼎沸，百姓流离。今闻曹公法令严。民厌乱矣，乱极则平。请以身先。"遂装[2]还乡里。田畴曰："邢颙，民之先觉也。"乃见太祖，求为乡导以克柳城。

从田畴游学。五年后，太祖平定冀州，邢颙对田畴说："黄巾军起事二十多年以来，国家动荡不安，百姓流离失所。现在听说曹公法令严明。民众已经厌恶了动乱，动乱到了极点就会安定。请您让我先去效力。"于是整理行装返回故乡。田畴说："邢颙，是民众中能先知先觉的人。"于是拜见太祖，请求作为向导来攻克柳城。

太祖辟颙为冀州从事，时人称之曰："德行堂堂邢子昂。"除广宗长，以故将丧弃官[3]。有司举正[4]，太祖曰："颙笃于旧君，有一致之节。勿问也。"更辟司空掾，除行唐令，劝民农桑，风化大行。入为丞相门下督，迁左冯翊，病，去官。

太祖征召邢颙为冀州从事，当时的人称赞他说："德行堂堂邢子昂。"邢颙任广宗县县长，因为以前的长官去世而弃官。有关官员举报这件事，太祖说："邢颙对旧长官感情深厚，有前后一致的节操。不予追究。"邢颙后又被征辟为司空掾，任行唐县县令，他劝导百姓务农植桑，普遍推行教化。后来他入京任丞相门下督，升任左冯翊，生病离官。

今注　1 鄚(mào)：战国赵邑，西汉置县，在今河北任丘鄚州镇。　2 装：行装，此谓整理行装。　3 以故将丧弃官：故将，指过去举邢颙为孝廉的河间郡太守。当时的郡太守往往兼任军职，故又被称为郡将。孝廉与举主之间有"君臣"之义，所以邢颙为故去的郡将服丧。　4 举正：举报弹劾。

是时，太祖诸子高选官属，令曰："侯家吏，宜得渊深法度如邢颙辈。"遂以为平原侯植家丞。颙防闲[1]以礼，无所屈挠，由是不合。庶子[2]刘桢书谏植曰："家丞邢颙，北土之彦，少秉高节，玄静澹泊，言少理多，真雅士也。桢诚不足同贯[3]斯人，并列左右。而桢礼遇殊特，颙反疏简，私惧观者将谓君侯习近不肖，礼贤不足，采庶子之春华[4]，忘家丞之秋实[5]。为上招谤，其罪不小，以此反侧。"后参丞相军事，转东曹掾。

当时太祖几个儿子以高标准选用属官，太祖有诏令说："诸侯家的属吏，应该选到像邢颙那样深通法令政制的人。"于是任命邢颙为平原侯曹植的家丞。邢颙按照礼法防备约束曹植，不屈不挠，因此与曹植关系不和。庶子刘桢写信劝告曹植说："家丞邢颙，是北方地区的杰出人物，少年时就保有高尚的节操，性情高远安静，淡泊世俗，话语虽少但富有哲理，是一位真正的高雅之士。我实在不足以和他这样的人同一位次并列居于您的左右。但我受到的礼遇十分优厚，邢颙的待遇反而疏漏简慢，我怕旁观的人将会说你惯于亲近没有才能的人，对贤者礼遇不够，任用我一个庶子，像采摘春天的花朵，却怠慢家丞邢颙，就像忘掉了秋天的果实。这样会为主上招来诽谤，罪过不小，因此辗转反侧。"邢颙后来参与丞相府军事，转任东曹掾。

初，太子未定，而临菑侯植有宠，丁仪等并赞翼其美。太祖问颙，颙对曰："以庶代宗，先世之戒也。愿殿下深重察之！"太祖识其意，后遂以为太子少傅，迁

早些时候，太子人选尚未确定，而临菑侯曹植受太祖宠爱，丁仪等人一起参赞辅助他的美事。太祖询问邢颙，邢颙回答说："以庶子代替嫡长子，是前代所禁戒的。希望殿下仔细慎重地考虑这件事。"太祖明白他的意思，任邢颙为太子

太傅。

文帝践阼，为侍中尚书仆射，赐爵关内侯，出为司隶校尉，徙太常。黄初四年薨，子友嗣[1]。

少傅，又升为太傅。

曹丕登基后，邢颙任侍中、尚书仆射，赐予关内侯爵位，出任司隶校尉，后调任太常。黄初四年(223)去世，他的儿子邢友继承爵位。

今注　1 防闲：防备约束。　2 庶子：本为太子侍从官，三国魏时诸公子也有庶子。　3 同贯：并列，同列。　4 春华：华，同“花”。比喻刘桢之文采。　5 秋实：比喻邢颙之操行。

裴注　[1]《晋诸公赞》曰：“颙曾孙乔，字曾伯。有体量局干，美于当世。历清职。元康中，与刘涣俱为尚书吏部郎，稍迁至司隶校尉。”

鲍勋

原文

鲍勋，字叔业，泰山平阳[1]人也，汉司隶校尉鲍宣九世孙。宣后嗣有从上党徙泰山者，遂家焉。勋父信，灵帝时为骑都尉，大将军何进遣东募兵。后为济北[2]相，协规[3]太祖，身以遇害。语在《董卓传》《武帝纪》[1]。

译文

鲍勋，字叔业，泰山郡平阳县人，是汉司隶校尉鲍宣的第九代孙。鲍宣后人有从上党迁移到泰山的，于是就安了家。鲍勋的父亲鲍信，在汉灵帝时任骑都尉，大将军何进曾派遣他去东方招募士兵。后任济北相，协助太祖谋划，因此遇害。关于鲍信的记载见于《董卓传》《武帝纪》。

今注　1 平阳：即今山东新泰。　2 济北：治所在卢县(今山东济南长清区西南)。 3 协规:协助谋划。

裴注 [1]《魏书》曰:"信父丹,官至少府侍中,世以儒雅显。信少有大节,宽厚爱人,沈毅有谋。大将军何进辟,拜骑都尉,遣归募兵,得千余人,还到成皋,而进已遇害。信至京师,董卓亦始到。信知卓必为乱,劝袁绍袭卓,绍畏卓不敢发。"语在《卓传》。信乃引军还乡里,收徒众二万,骑七百,辎重五千余乘。是岁,太祖始起兵于己吾,信与弟韬以兵应太祖。太祖与袁绍表信行破虏将军,韬裨将军。时绍众最盛,豪杰多向之。信独谓太祖曰:"夫略不世出,能总英雄以拨乱反正者,君也。苟非其人,虽强必毙。君殆天之所启!"遂深自结纳,太祖亦亲异焉。汴水之败,信被创,韬在阵战亡。绍劫夺韩馥位,遂据冀州。信言于太祖曰:"奸臣乘衅,荡覆王室,英雄奋节,天下响应者,义也。今绍为盟主,因权专利,将自生乱,是复有一卓也。若抑之,则力不能制,衹以遘难,又何能济?且可规大河之南,以待其变。"太祖善之。太祖为东郡太守,表信为济北相。会黄巾大众入州界,刘岱欲与战,信止之,岱不从,遂败。语在《武纪》。太祖以贼恃胜而骄,欲设奇兵挑击之于寿张。先与信出行战地,后步军未至,而卒与贼遇,遂接战。信殊死战,以救太祖,太祖仅得溃围出,信遂没,时年四十一。虽遭乱起兵,家本修儒,治身至俭,而厚养将士,居无余财,士以此归之。"

建安十七年,太祖追录信功,表封勋兄邵新都亭侯[1]。辟勋丞相掾[2]。二十二年,立太子,以勋为中庶子。徙黄门侍郎,出为魏郡西部都尉。太子郭夫人弟为

建安十七年(212),太祖追记鲍信的功劳,上表封鲍勋的哥哥鲍邵为新都亭侯。征召鲍勋为丞相掾。建安二十二年(217),太祖立曹丕为太子,任命鲍勋为中庶子。转任黄门侍郎,出任魏郡西部都尉。太子郭夫人的弟弟当时做曲周县吏,被判偷盗官府布匹,依法应在闹市处

曲周[1]县吏,断盗官布,法应弃市[2]。太祖时在谯,太子留邺,数手书为之请罪。勋不敢擅纵,具列上。勋前在东宫,守正不挠,太子固不能悦,及重此事,恚望[3]滋甚。会郡界休兵有失期者,密敕中尉奏免勋官。久之,拜侍御史。

死公开示众。太祖当时在谯县,太子留在邺城,几次亲自写信为妻弟请求免罪。鲍勋不敢擅自释放,将他的罪行都写下来上报。鲍勋先前在东宫时坚持正道毫不妥协,太子本来就不喜欢,再加上这件事,太子更加对他愤怒责怪。适逢魏郡边境军队休整,有人过了规定期限才回到军中,太子就秘密示意中尉上奏罢免鲍勋官职。过了很久,任命鲍勋为侍御史。

延康元年,太祖崩,太子即王位,勋以驸马都尉兼侍中。

延康元年(220),太祖去世,太子即位为王,鲍勋以驸马都尉的身份兼任侍中。

今注 1 曲周:在今河北曲周东北。 2 弃市:在闹市公开处死,见《礼记》:“刑人于市,与众弃之。” 3 恚望:怨恨。

裴注 [1]《魏书》曰:“邵有父风,太祖嘉之,加拜骑都尉,使持节。邵薨,子融嗣。” [2]《魏书》曰:“勋清白有高节,知名于世。”

文帝受禅,勋每陈:“今之所急,唯在军农,宽惠百姓。台榭苑囿,宜以为后。”文帝将出游猎,勋停车上疏曰:“臣闻五帝三王,靡不明本立教,

曹丕受禅让为帝,鲍勋经常劝谏他说:“现在急需要做的只有军事和农业,宽厚仁惠照顾百姓。修建亭台水榭林苑园圃的事情应该放在后面。”文帝将要出宫巡游打猎,鲍勋拦住车驾上疏说:“臣听说三皇五帝,无不明确治国根本,

以孝治天下。陛下仁圣恻隐，有同古烈。臣冀当继踪前代，令万世可则也。如何在谅闇之中，修驰骋之事乎！臣冒死以闻，唯陛下察焉。”帝手毁其表而竟行猎，中道顿息，问侍臣曰：“猎之为乐，何如八音也？”侍中刘晔对曰：“猎胜于乐。”勋抗辞曰：“夫乐，上通神明，下和人理，隆治致化，万邦咸乂。故移风易俗，莫善于乐。况猎，暴华盖于原野，伤生育之至理，栉风沐雨，不以时隙哉？昔鲁隐观渔于棠，《春秋》讥之。虽陛下以为务，愚臣所不愿也。”因奏：“刘晔佞谀不忠，阿顺陛下过戏之言。昔梁丘据取媚于遄台[1]，晔之谓也。请有司议罪以清皇朝。”帝怒作色，罢还，即出勋为右中郎将[2]。

树立教化，以孝道治理天下。陛下仁爱圣明同情百姓，有与古人一样的志节。臣希望陛下应当效仿前人的事业，让以后万世都能效法。怎么却在守丧中骑马追猎呢！我冒死让陛下听到这些，希望陛下明察。”文帝亲手撕毁了鲍勋的奏表继续行猎，中途停下暂时休息时，问侍臣说：“游猎作为娱乐，与音乐相比怎么样？”侍中刘晔回答说：“游猎的乐趣胜过音乐。”鲍勋语气严厉地说：“音乐上能通达于神明的感知，下能调和人的情理，兴盛政治，实现教化，使万邦都得到安定。所以移风易俗，没有比音乐更好的了。况且游猎的事，将帝王车盖暴露在原野中，有害于生息化育的原理，迎风冒雨，不是有违时间的规律吗？过去鲁隐公到棠地去观看捕鱼，《春秋》讽刺了他。虽然陛下把打猎看作必做的事，但这是愚臣所不希望做的。”接着上奏：“刘晔献媚阿谀，没有向陛下尽忠，只是奉承顺从陛下的话。从前梁丘据在遄台谄媚主君，如今刘晔做的就是这样的事情。请求有关部门将刘晔论罪以澄清皇朝政治。”文帝愤怒得变了脸色，停止游猎返回后，立即就让鲍勋出外担任右中郎将。

今注 1 梁丘据取媚于遄(chuán)台:梁丘据是春秋时期齐景公大臣,齐景公到遄台,梁丘据也驾车前往,所以时人说他取媚国君。晏子认为这是迎合国君而非与国君协和。遄台,位于今山东淄博临淄区齐都镇。 2 右中郎将:西汉置,隶光禄勋,分领中郎,更值宿卫,协助光禄勋考核郎官。东汉领右署中郎、郎中,训练、管理、考核后备官员。

黄初四年,尚书令陈群、仆射司马宣王并举勋为宫正,宫正即御史中丞[1]也。帝不得已而用之,百寮[2]严惮,罔不肃然。

六年秋,帝欲征吴,群臣大议,勋面谏曰:"王师屡征而未有所克者,盖以吴、蜀唇齿相依,凭阻山水,有难拔之势故也。往年龙舟飘荡,隔在南岸,圣躬蹈危,臣下破胆。此时宗庙几至倾覆,为百世之戒。今又劳兵袭远,日费千金,中国虚耗,令黠虏[3]玩威,臣窃以为不可。"帝益忿之,左迁勋为治书执法。

黄初四年(223),尚书令陈群、仆射司马宣王一同推荐鲍勋为宫正,宫正就是御史中丞。文帝不得已而任用他,百官都尊敬畏惧,无不严肃恭敬的样子。

黄初六年(225)秋,文帝想要征讨吴国,集合群臣商议,鲍勋当着文帝的面劝谏说:"朝廷军队屡次征伐而没攻克敌人,大概是因为吴国、蜀国像嘴唇和牙齿那样相互借助,凭借山水的险阻有难以攻陷的形势。往年陛下乘坐的船只遇到危险,受阻于长江南岸,陛下自身陷入危险的境地,群臣惊吓万分。这时候魏国统治几乎到了倾覆灭亡的地步,是百代人所鉴戒的。如今陛下又要出动军队袭击远处敌人,每天耗费千金,导致中原物力消耗空虚,使狡猾的敌人轻视耍弄威风,我私下认为不能这样。"文帝更怨恨鲍勋,将他降职为治书执法。

今注 1 御史中丞:御史台长官,主管监察、执法,也常受命领兵,并监督军队。 2 百寮：百官。寮，通“僚”。 3 黠(xiá)虏：狡猾的敌人。

帝从寿春还，屯陈留郡界。太守孙邕见，出过勋。时营垒未成，但立标埒[1]，邕邪[2]行不从正道，军营令史刘曜欲推之，勋以堑垒未成，解止不举。大军还洛阳，曜有罪，勋奏绌遣[3]，而曜密表勋私解邕事。诏曰：“勋指鹿作马，收付廷尉。”廷尉法议：“正刑五岁。”三官驳：“依律罚金二斤。”帝大怒曰：“勋无活分，而汝等敢纵之！收三官已下付刺奸，当令十鼠同穴。”太尉钟繇、司徒华歆、镇军大将军陈群、侍中辛毗、尚书卫臻、守廷尉[4]高柔等并表“勋父信有功于太祖”，求请勋罪。帝不许，遂诛勋。勋内行既修，廉而能施，死之日，家无余财。后二旬，文帝亦崩，莫不为勋叹恨。

文帝从寿春返回，驻军在陈留郡边界。太守孙邕来觐见文帝，出来后探访鲍勋。当时营垒还没建成，只设立了外城的标记，孙邕走斜道而不从正道上过。军营令史刘曜想追究他的罪责，鲍勋认为壕堑营垒还没建成，调解制止了刘曜，没有举报。大军回到洛阳，刘曜犯了罪，鲍勋上奏要求将他贬退，而刘曜却秘密上表，报告鲍勋私下纵容孙邕一事。文帝下诏说：“鲍勋指鹿为马，逮捕交给廷尉。”廷尉按法律论罪说：“应判处正刑五年。”三官反驳说：“依照律条罚金二斤。”文帝大怒说：“鲍勋没有活命的余地，但你们竟敢宽纵他！逮捕三官以下官员交付刺奸官，应当让他们像十鼠同穴一样被关起来。”太尉钟繇、司徒华歆、镇军大将军陈群、侍中辛毗、尚书卫臻、代理廷尉高柔等人一同上奏说：“鲍勋的父亲鲍信对太祖有功劳”，请求赦免鲍勋的罪过。文帝没有答应，将鲍勋处死。鲍勋自身行为美好，为政廉洁而能施舍他人，死的时候，家里没有多余的财物。过了二十天，文帝也崩逝了，人们无不为鲍勋的死叹息遗憾。

今注　1 标埒(liè):标记外城。　2 邪:通“斜”。　3 绌遣:贬斥发遣。绌,通“黜”,贬退。　4 守廷尉:官阶低而担任高级官职称为守某官,反之则成为行某官。

司马芝

原文

司马芝,字子华,河内温人也。少为书生,避乱荆州,于鲁阳山遇贼,同行者皆弃老弱走,芝独坐守老母。贼至,以刃临芝,芝叩头曰:“母老,唯在诸君!”贼曰:“此孝子也,杀之不义。”遂得免害,以鹿车推载母。居南方十余年,躬耕守节。

太祖平荆州,以芝为菅[1]长。时天下草创,多不奉法。郡主簿刘节,旧族豪侠,宾客千余家,出为盗贼,入乱吏治。顷之,芝差节客王同等为兵,掾史[2]据白:“节家

译文

司马芝,字子华,河内郡温县人。少年时做书生,到荆州躲避战乱,在鲁阳山遇到盗贼,同行的人都丢下老人弱小逃走,只有司马芝坐着守护老母亲。盗贼来了,用刀对着司马芝,司马芝磕头说:“我母亲老迈,活命全靠你们各位!”盗贼说:“这是个孝子,杀他有违正义。”于是司马芝免于被害,推着小车载着母亲逃走。司马芝住在南方十多年,亲自耕种谋生,保持着高尚的操行。

太祖平定荆州后,以司马芝任菅县县长。当时国家制度刚刚建立,很多人不遵守法纪。郡主簿刘节,原先家族强横任侠,有一千多家宾客,他们出门在外抢劫掠夺,进入官府则扰乱吏治。不久,司马芝差遣刘节的门客王同等人做县兵,掾史据实汇报说:“刘节家一直没有服过徭役,如果到时候王同被他藏匿

前后未尝给繇[3]，若至时藏匿，必为留负。”芝不听，与节书曰：“君为大宗，加股肱郡，而宾客每不与役，既众庶怨望，或流声上闻。今(条)[调]同等为兵，幸时发遣。”兵已集郡，而节藏同等，因令督邮以军兴诡责县，县掾史穷困，乞代同行。芝乃驰檄[4]济南，具陈节罪。太守郝光素敬信芝，即以节代同行，青州号芝“以郡主簿为兵”。

起来，兵额一定会有亏欠。”司马芝没有听从，写信给刘节说：“您是世家大族，再加上是郡中的重要官员，但您的宾客宗室常常不参加兵役，既让百姓怨怪，也会有流言被上官听见。现在调遣王同等人当兵，希望您按时派遣。”服兵役的人已在郡府里集合，而刘节把王同等人藏匿起来，还为此趁机让督邮以军令责问县官。县掾史没有办法，请求让自己代替王同从军。司马芝于是派人骑马迅速传檄济南，详细陈述了刘节的罪行。太守郝光素来敬重信任司马芝，就让刘节代替王同服役，青州人称司马芝“让郡主簿当兵”。

今注 1 菅(jiān)：菅县，在今山东单县北。 2 掾史：汉代职权较重的长官属吏分曹治事，通称“掾史”。多由长官自行辟举。 3 给繇(yáo)：供给徭役。繇，通“徭”。 4 驰檄：迅速传檄。檄，征召、声讨的文书。

迁广平[1]令。征虏将军刘勋，贵宠骄豪，又芝故郡将，宾客子弟在界数犯法。勋与芝书，不著姓名，而多所属托，芝不报其书，一皆如法。

后来司马芝升任广平县令。征虏将军刘勋地位尊贵受到宠信，为人放纵强横，又是司马芝故乡河内郡出身的大将，他的宾客子弟在境内多次犯法。刘勋给司马芝写信不署姓名，而常请托他办事，司马芝不回信给他，全都依法处理。后来

后勋以不轨诛，交关者皆获罪，而芝以见称[1]。

迁大理正[2]。有盗官练置都厕上者，吏疑女工，收以付狱。芝曰："夫刑罪之失，失在苛暴。今赃物先得而后讯其辞，若不胜掠，或至诬服[3]。诬服之情，不可以折狱。且简而易从，大人之化也。不失有罪，庸世之治耳。今宥所疑，以隆易从之义，不亦可乎！"太祖从其议。

历甘陵、沛、阳平太守，所在有绩。

刘勋以图谋不轨被处死，与他有交往有关联的人都获罪，司马芝则以有见识而被人称赞。

司马芝升任大理正，有人偷盗了官府的白绢放在厕所上，属吏怀疑是女工做的，将她逮捕关押。司马芝说："惩罚犯罪的过错，在于用刑苛刻暴虐。现在先得到赃物然后问讯口供，如果人经不住拷打，有可能导致无辜认罪。无辜而被迫认罪是不能用来断案的。况且简明而易服从，是伟人教化的要旨。不放掉有罪的人，只是平庸的朝代施行的治理办法，现在宽恕有嫌疑的人来光大使人容易服从的义理，不也是可以的吗！"太祖听从了他的建议。

司马芝历任甘陵、沛、阳平太守，在他任职的地方都有政绩。

今注 1 广平:广平县为广平郡治所，在今河北鸡泽东南。 2 大理正：也称廷尉正，是廷尉属官，负责审问，判决讼狱。 3 诬服:无辜认罪。诬，加罪于无辜。

裴注 [1]《魏略》曰:"勋，字子台，琅邪人。中平末，为沛国建平长，与太祖有旧。后为庐江太守，为孙策所破，自归太祖，封列侯，遂从在散伍议中。勋兄为豫州刺史，病亡。兄子威，又代从政。勋自恃与太祖有宿，日骄慢，数犯法，又诽谤。为李申成所白，收治，并免威官。"

黄初中，入为河南尹，抑强扶弱，私请不行。会内官欲以事托芝，不敢发言，因[1]芝妻伯父董昭。昭犹惮芝，不为通。芝为教与群下曰："盖君能设教，不能使吏必不犯也。吏能犯教，而不能使君必不闻也。夫设教而犯，君之劣也；犯教而闻，吏之祸也。君劣于上，吏祸于下，此政事所以不理也。可不各勉之哉！"于是下吏莫不自励。门下循行[2]尝疑门干[3]盗簪，干辞不符，曹执为狱。芝教曰："凡物有相似而难分者，自非离娄[4]，鲜能不惑。就其实然，循行何忍重惜一簪，轻伤同类乎！其寝勿问。"

黄初年间，司马芝入朝任河南尹，抑制豪强，扶助弱小，拒绝私下请托。适逢宫内官员想要托司马芝办事，不敢发言开口请求，想通过司马芝妻子的伯父董昭疏通。董昭也畏惧司马芝，不敢为内官疏通传话。司马芝教导属下们说："君主能设立政令，不能让属吏一定不犯法。属吏能违犯政令，却做不到让君主一定不知道。设立政令而有人违犯，是君主的弱点；官吏触犯政教而让君主知道，是官吏的灾祸。君主在上不良无能，在下有官吏祸害，这就是政事无法得到治理的原因。难道不能不各自勉励自己吗！"从此属吏没有不勉励自己的。司马芝属下循行曾怀疑门干偷头簪，门干的口供与事实不符，执法官吏将他拘捕下狱。司马芝说："凡是事物有的互相类似而难以分辨的，不是离娄那样视力好的人，很少不被迷惑。如果这事是真的，循行怎么忍心看重爱惜一支簪子，而轻易地伤害他的同僚呢？这事就作罢不再追究吧。"

今注 1 因：通过某人为中介。 2 循行：河南尹的属官，一说为巡视随从。 3 门干：守门的吏役。 4 离娄：传说中黄帝时期的人，眼力非常好，能视于百步之外，见秋毫之末。

明帝即位，赐爵关内侯。顷之，特进曹洪乳母当，与临汾公主侍者共事[1]无涧神[2][1]，系狱。卞太后遣黄门诣府传令，芝不通，辄敕洛阳狱考竟[3]，而上疏曰："诸应死罪者，皆当先表须报。前制书禁绝淫祀[4]以正风俗，今当等所犯妖刑，辞语始定，黄门吴达诣臣，传太皇太后令。臣不敢通，惧有救护，速闻圣听，若不得已，以垂宿留。由事不早竟，是臣之罪，是以冒犯常科，辄敕县考竟，擅行刑戮，伏须诛罚。"帝手报曰："省表，明卿至心，欲奉诏书，以权行事，是也。此乃卿奉诏之意，何谢之有？后黄门复往，慎勿通也。"芝居官十一年，数议科条所不便者。其在公卿间，直道而行。

明帝即位后，封司马芝为关内侯。不久，特进曹洪的乳母当氏，与临汾公主侍者共同祭祀无涧山神，被拘捕入狱。卞太后派遣黄门宦官到司马芝官署中传令，司马芝不让他进来通报，直接命洛阳狱官拷问致死，上疏说："各种应判死罪的情况，都应事先上表申报。之前皇帝制书下令禁止并杜绝不合礼制的祭祀以纠正风俗，如今当氏等人触犯惩治妖妄行为的刑法，供辞才审定，黄门宦官吴达就来见我，传达太皇太后命令。我不敢接见吴达，恐怕太皇太后有营救庇护他们的意思，急速将此事报告圣上知晓，如果圣上不得已要宽容他们，请将我留下。此事没有尽早处理完毕，罪过在我，为此违反常规制度，直接命令县吏拷问致死，臣擅自执行死刑，我请求受死刑惩处。"明帝手书答复说："看了奏表，明白了你诚恳的心意，想遵照诏书规定，由权宜之计行事，是正确的。你的本意是按诏书行事，何用谢罪？以后黄门宦官再去你处，谨记不要让他们通报。"司马芝在任上十一年，多次讨论法令中的不合理之处。他在公卿间遵循正道依照法度行事。有一次恰逢遇到诸王来朝见，与京都人会诸王来朝，与京都人交通，坐免。

交往串通，司马芝因没有阻止而获罪被免职。

今注 1 事：祭祀。 2 无涧神：据陈寅恪《金明馆丛稿二编》，疑本作“无间神”。无间神，佛教的地狱神。 3 考竟：拷问后死于狱中。 4 淫祀：不合礼制规定的祭祀。

裴注 [1] 臣松之案：无涧，山名，在洛阳东北。

后为大司农。先是诸典农各部吏民，末作[1]治生，以要利入。芝奏曰：“王者之治，崇本抑末，务农重谷。《王制》：‘无三年之储，国非其国也。’《管子·区言》[2]以积谷为急。方今二虏未灭，师旅不息，国家之要，唯在谷帛。武皇帝特开屯田之官，专以农桑为业。建安中，天下仓廪充实，百姓殷足。自黄初以来，听诸典农治生，各为部下之计，诚非国家大体所宜也。夫王者以海内为家，故《传》[3]曰：‘百姓不足，君谁与足？’

司马芝后来任大司农。之前典农各部属下安排指挥吏民从事工商业获取利益。司马芝上奏说：“圣明帝王治理天下，致力本业，抑制末业，以发展农耕，粮食生产为重要事务。《礼记·王制》记载：‘没有积攒下三年的粮食，国家就不是国家了。’《管子·区言》提出要以积累粮食为急务。如今吴、蜀两个国家还没被消灭，军事活动没有停息，国家的要务只在于粮谷布帛上。武皇帝特别开创设立屯田官员，专门以管理农耕与种植蚕桑为职责。建安年间，天下仓廪充实，百姓殷实。从黄初以来，听任各典农部经营生产，各自为部属考虑，实在不是国家大局应有的情况。君王以天下为自己的家，所以《论语》说：‘百姓不富足，君主依靠谁来富足呢？’富富足之由,在于不失天时而尽地力。今商旅所求,虽有加倍之显利,然于一统之计,已有不赀[4]之损,不如垦田益一亩之收也。夫农民之事田,自正月耕种,耘锄条桑,耕熯种麦,获刈筑场,十月乃毕。治廪系桥,运输租赋,除道理梁,墐涂室屋,以是终岁,无日不为农事也。今诸典农,各言'留者为行者宗田计,课其力,势不得不尔。不有所废,则当素有余力。'臣愚以为不宜复以商事杂乱,专以农桑为务,于国计为便。"明帝从之。

足的原因在于不耽误天时而且充分利用地力。如今商人往来所追求的,虽然有成倍的明显获利,但对于统一全国的大计,已经有不可估量的损失,比不上多开垦一亩田地的收获。农民耕作田地,从正月开始耕种,除草采桑,耕地烧荒,播撒麦种,收割庄稼,修筑禾场,到十月才完成。修仓建桥,运输粮食,交纳租税田赋,维护道路整修桥梁,用泥土涂抹房屋,这样过完一年,没有一天不为农事操劳的。如今各典农部各自说:'留下务农的为出外行商的管理田地,国家要征用他们的劳力,情势上不得不如此。如果农人不荒废农事,则平日应当有余力。'我认为不应该再让商业间杂扰乱农业,应专门以发展农业为紧要任务,有利于国家大计。"明帝听从了这个建议。

今注 **1** 末作:犹"末业"。指工商业。 **2**《管子·区言》:今作《管子·枢言》。 **3**《传》:指《论语》。"百姓不足,君谁与足"出自《论语·颜渊》。 **4** 不赀:不可估量。

每上官有所召问,常先见掾史,为断其意故[1],教其所以答塞之

每当上级官员有召问的时候,司马芝常常先召见掾史,替他们判断召问的原因,教给他们回答应付的办法,都像他所

状,皆如所度[2]。芝性亮直,不矜廉隅[3]。与宾客谈论,有不可意[4],便面折其短,退无异言。卒于官,家无余财,自魏迄今为河南尹者莫及芝。

预料的那样。司马芝生性光明正直,但不以品行端正自矜。与宾客谈论时,有不合意的地方,就当面批评宾客的错误,事后却没有批评的言语。司马芝在任上去世,死后家里没有多余的钱财,从魏国建立开始到现在的河南尹没有比得上司马芝的。

今注 1 意故:缘故,原因。 2 度:预料。 3 廉隅:棱角。后以喻人品行端方,有志节。 4 可意:合意,中意。

芝亡,子岐嗣,从河南丞转廷尉正,迁陈留相。梁郡有系囚,多所连及,数岁不决。诏书徙狱[1]于岐属县,县请豫治[2]牢具[3]。岐曰:"今囚有数十,既巧诈难符,且已倦楚毒[4],其情易见。岂当复久处囹圄邪!"及囚至,诘之,皆莫敢匿诈,一朝决竟[5],遂超为廷尉。

司马芝死后,他的儿子司马岐继承爵位,从河南丞转任廷尉正,后升任陈留相。梁郡有个被关押的囚犯牵连很广,几年不能判决结案。皇帝下诏书命令将囚犯转到司马岐下属的县里,该县请求预先准备监牢器具。司马岐说:"现在囚犯有几十人,既机巧诈伪,以致供述难以相符,又已经不能忍受酷刑的痛苦,他们的实情显而易见。怎么能让他们长期关在狱中呢?"等到囚犯到了,司马岐审问他们,都不敢隐瞒欺骗,一天就断案完毕,司马岐于是被破格提拔为廷尉。

是时大将军爽专权,尚书何晏、邓飏等为之辅翼。南阳圭泰尝以言迕指,考系廷尉。飏

当时大将军曹爽专权,尚书何晏、邓飏等人辅佐他。南阳人圭泰曾因言辞忤逆曹爽他们的意旨,被拘捕于廷尉处查究。邓飏审讯案件,将要给圭泰判重刑。

讯狱，将致泰重刑。岐数[6]飏曰："夫枢机大臣，王室之佐，既不能辅化成德，齐美古人，而乃肆其私忿，枉论无辜。使百姓危心，非此焉在？"飏于是惭怒而退。岐终恐久获罪，以疾去官。居家未期而卒，年三十五。子肇嗣[1]。

司马岐几次责备邓飏说："掌管机要大臣是王室的辅佐，既然不能辅助皇上推行教化，成就恩德，达到与古人相同的美德，却发泄自己的私忿，将无辜的人冤枉论罪。使百姓忧惧不安的，不是你们这种做法又是什么呢？"邓飏于是羞愧恼怒地退下。司马岐最后还是害怕时间久了会获罪，就借口生病辞官。在家里不到一年就去世，时年三十五岁。他的儿子司马肇继承爵位。

今注　1 徙狱：将罪犯转移。　2 豫治：预先准备。　3 牢具：监牢中囚禁犯人的用具。　4 楚毒：指刑讯的痛苦。　5 决竟：判决完毕。　6 数：责备，数说。

裴注　[1] 肇，晋太康中为冀州刺史、尚书，见《百官志》。

评曰：徐奕、何夔、邢颙贵尚峻厉，为世名人。毛玠清公素履，司马芝忠亮不倾，庶乎不吐刚茹柔。崔琰高格最优，鲍勋秉正无亏，而皆不免其身，惜哉！《大雅》贵"既明且哲[1]"，《虞

评论说：徐奕、何夔、邢颙等人尊贵高尚，为人严厉，是当世的名士。毛玠清白公正，行为朴素，司马芝忠诚光明，没有偏私，他们都不是欺软怕硬的人。崔琰品格高尚最为优秀，鲍勋秉持正义，德行无缺，但他们都免不了遭受杀身之祸，可惜啊！《诗经·大雅》以"既聪明又有智慧，能保全自己"为贵，《尚书·虞书》崇尚"正直

书》尚“直而能温[2]”，自非兼才，畴克备诸！

而能温厚”，如果不是兼有各种才能的人，还有什么人能具备这些呢？

今注 1 既明且哲：出自《诗经·大雅·烝民》：“既明且哲，以保其身。”意思是君子聪明睿智，能够保全自己的生命。 2 直而能温：出自《尚书·尧典》：“帝曰：‘夔，命汝典乐，教胄子，直而温，宽而栗。’”意思是让夔来掌管音乐，教育子弟，让他们正直而温厚，宽和又恭敬。

卷十三　魏书十三

钟繇华歆王朗传

导读　钟繇是汉魏时期著名的政治家、书法家。钟繇年幼时曾被相面者预言有富贵之相，后来受族父资助得以专心学习。钟繇曾受三公征辟任廷尉正、黄门侍郎等职，叛将李傕、郭汜等人劫持汉献帝，幸赖钟繇与韩斌合谋才使献帝逃出长安。当时关中地区马腾、韩遂拥兵自重，钟繇受荀彧举荐出任侍中、司隶校尉，持节督镇关中。钟繇到任后，以福祸利弊劝喻马、韩，二人因此派出子嗣到许都为人质。后来曹操和袁绍在官渡对峙，钟繇为前线送去两千多匹战马助军。曹操因此盛赞钟繇有前汉萧何的风范与功勋。

自洛阳遭劫，汉献帝移驾许都，中原地区迅速凋敝。钟繇主政后大力迁徙关中以及流亡的百姓充实洛阳，几年之后洛阳户口得以逐渐恢复。后来曹操征讨关中，就深赖洛阳地区的物资援助。魏国受封后，钟繇转任大理、相国，后受牵连罢职。曹丕即王位后，钟繇复任大理。文帝受禅建魏，钟繇升任太尉，与华歆、王朗并为三公。太和四年(230)，钟繇去世，明帝曹叡服素亲自登府吊唁。钟繇生前因为腿病不便行礼，明帝因此特许他乘车朝见，再由侍卫抬入殿中就坐。钟繇除了长于政务，同时也精通书法。他数十年勤学苦练，对真、草、隶、篆等多种书体甚为精熟。特别是对汉字从篆书、隶书向楷书的转变，起到了承前启后的重要作用。后世称赞他为“正书之祖”，其书艺被誉为“神品”。

钟毓为钟繇之子，继承父亲爵位。钟毓年轻时就机敏聪慧，谈笑风生，有钟繇遗风。钟毓历任散骑侍郎、黄门侍郎等职。他在任期间，对明帝打算亲征西蜀和大兴宫室的举措都有劝谏。后来因为反对曹爽伐蜀而遭排挤，被外放任职。毌丘俭等人据寿春反叛，钟毓力劝司马懿亲自出兵淮南。事平论功，钟毓升任青州刺史、都督荆州。景元四年(263)，钟毓去世，谥惠侯。

华歆是汉魏时期的名士与重臣。他在出任县吏的时候，只要府衙放假，他就回家闭门谢客，不与人结交，并且对人对事都持论平和，不会有所诋伤。汉灵帝驾崩后，华歆被辅政的大将军何进征辟为尚书郎。董卓进京后祸乱朝政，华歆曾劝说袁术起兵讨伐董卓，但事终不成。孙策平定江东后，华歆被迎为上宾。官渡之战时，曹操以天子的名义征辟华歆为议郎。当时孙权不想放人，华歆后以巩固东南与中央情义的理由劝得孙氏同意。临别时，朋友赠送的财物都被华歆一一封还。文帝建魏后，华歆从相国转任司徒。华歆虽然身居三公高位，但生活俭朴，将食禄和朝廷的赏赐接济给贫困的亲朋。后来朝廷诏群臣举荐贤良，华歆举荐了管宁。明帝时，华歆自告退休并请求让位于管宁。后来曹真征蜀，华歆上书劝谏明帝要以百姓为根本，慎重用兵。太和五年(231)，华歆去世，谥号敬侯。

王朗因为精通经学，被朝廷选为郎中，转任菑丘县长。王朗曾师从太尉杨赐学习经学，后来杨赐去世，王朗辞官并亲穿孝服，对地方的举荐和三公府的征辟都加以拒绝。汉献帝被劫持到长安后，身为徐州刺史治中的王朗依据《春秋》大义，劝说陶谦遣使侍奉献帝。孙策略地江东时，王朗坚决守城并与孙策交战，败而出海逃亡。魏国建立后，王朗升任少府、大理等职。王朗主政理狱期间，力求宽恕，疑罪从轻，和钟繇一起以善于处理狱案著称。曹丕继魏王位后，王朗以《易》《书》等儒家经典为依据，劝说文帝简省刑罚，治民以宽。文帝受禅后，王朗转任司空，与钟繇、华歆并为当朝三公。当时文帝喜欢外出游猎，有时候甚至要到夜里才回宫，王朗对此进行劝谏。明帝即位后，王朗转任司徒。针对明帝时期大兴宫殿和后宫子嗣不兴等事，王朗多援引三代史事和儒家经典进行规劝。王肃为王朗长子，承袭了父亲的爵位。王肃年轻时随宋忠学习《太玄》,聪明好学,长于经学。太和四年(230),曹真起兵征蜀,王肃上书劝谏,最终使得征蜀事歇。后来王肃以常侍领秘书监,兼任崇文观祭酒,主管图书秘籍以及侍从文士。齐王时期,大将军曹爽专权,重用何晏、邓飏等人,王肃不与他们结交。后来毌丘俭等人据淮南反叛,王肃以三国吴、蜀旧事极力劝谏司马师亲往平定,以免政局动荡。王肃在学问上偏爱贾逵、马融等经师,不喜郑玄,后来特别汇集各家异同,遍注群经,所撰著述都被列入学官,对后世经学产生了深远的影响。

钟繇

原文

钟繇,字元常,颍川长社1人也[1]。尝与族父瑜俱至洛阳,道遇相者,曰:“此童有贵相,然当厄于水,努力慎之!”行未十里,度桥,马惊,堕水几死。瑜以相者言中,益贵繇,而供给资费,使得专学。举孝廉[2],除尚书郎、阳陵令,以疾去。辟三府2,为廷尉正、黄门侍郎3。

译文

钟繇,字元常,颍川郡长社县人。他曾经和同族中的父辈钟瑜一起到洛阳去,途中遇到一个看面相的人,说:“此童(钟繇)有贵人的相貌,但是路途中有被水淹的灾祸,要小心谨慎啊!”还未行走十里,过桥,马受到惊吓,钟繇落水差点被淹死。钟瑜认为这被看面相的人说中,因此更加器重钟繇,并且为他提供资助和费用,让他能专心学习。钟繇被举荐为孝廉,授尚书郎、阳陵县令,因为生病而辞官不做。钟繇后来被三府征辟,做廷尉正、黄门侍郎。

今注 1 长社:本春秋郑长葛邑,相传因社庙树木猛长,改名长社。在今河南长葛东。 2 辟(bì)三府:辟,征召。三府,汉代制度,西汉以丞相、太尉、御史大夫为三公,东汉以太尉、司徒、司空为三公,都可开府(成立府署,选置僚属),故称三公为“三府”。 3 黄门侍郎:官名,为中朝官员,给事于宫门之内,侍从皇帝、顾问应对,出则陪乘,是皇帝近侍之臣,多以外戚、重臣为之。

裴注 [1]《先贤行状》曰:“钟皓,字季明,温良笃慎,博学《诗》、律,教授门生千有余人,为郡功曹。时太丘长陈寔为西门亭长,皓深独敬异。寔少皓十七岁,常礼待与同分义。会辟公府,临辞,太守问:‘谁可代君?’皓曰:‘明府欲必得其人,西门亭长可用。’寔曰:‘钟君似不察人为意,不知何独识我?’皓为司徒掾,公出,道路泥泞,导从恶其相洒,去公车绝远。公椎轼言:‘司徒今日为独行耳!’还府向阁,铃下不扶,令揖掾属,公奋手不顾。时举府掾属皆投劾出,皓为西曹掾,即开府门分布晓语已出者,曰:‘臣下不能得自直于君,若司隶举绳墨,以公失宰相之礼,又不胜任,诸君终身何所任邪?’掾属以故皆止。都官果移西曹掾,问空府去意,皓召都官吏,以见掾属名示之,乃止。前后九辟三府,迁南乡、林虑长,不之官。时郡中先辈为海内所归者,苍梧太守定陵陈稚叔、故黎阳令颍阴荀淑及皓。少府李膺常宗此三人,曰:‘荀君清识难尚,陈、钟至德可师。’膺之姑为皓兄之妻,生子觐,与膺年齐,并有令名。觐又好学慕古,有退让之行。为童幼时,膺祖太尉脩言:‘觐似我家性,国有道不废,国无道免于刑戮者也。’复以膺妹妻之。觐辟州宰,未尝屈就。膺谓觐曰:‘孟轲以为人无好恶是非之心,非人也。弟于人何太无皂白邪!’觐尝以膺之言白皓,皓曰:‘元礼,祖公在位,诸父并盛,韩公之甥,故得然耳。国武子好招人过,以为怨本,今岂其时!保身全家,汝道是也。’觐早亡,膺虽荷功名,位至卿佐,而卒陨身世祸。皓年六十九,终于家。皓二子迪、敷,并以党锢不仕。繇则迪之孙。” [2]谢承《后汉书》曰:“南阳阴脩为颍川太守,以旌贤擢俊为务,举五官掾张仲方正,察功曹钟繇、主簿荀彧、主记掾张礼、贼曹掾杜祐、孝廉荀攸、计吏郭图为吏,以光国朝。”

是时,汉帝在西京[1],李傕、郭汜等乱长安中,与关东断绝。太祖领兖州牧,始遣使上书[1]。傕、汜等以为“关东欲自立天子,今曹操虽有使命,非其至实”,议留太祖使,拒绝其意。繇说傕、汜等曰:“方今英雄并起,各矫命专制,唯曹兖州乃心王室[2],而逆其忠款,非所以副将来之望也。”傕、汜等用繇言,厚加答报,由是太祖使命遂得通。

太祖既数听荀彧之称繇,又闻其说傕、汜,益虚心。后傕胁天子,繇与尚书郎韩斌同策谋。天子得出长安,繇有力焉。拜御史中丞,迁侍中尚书仆射[3],并录前功封东武亭侯。

当时,汉献帝在西京长安,李傕、郭汜等人在长安城中作乱,和关东地区已经断绝了联系。太祖兼领兖州牧,才派遣使者给皇帝上书。李傕、郭汜等人认为“关东地方势力是想自己册立天子,现在虽然曹操派遣使者过来,但并非出于实意”,商议扣留太祖的使者,拒绝太祖提出的意见。钟繇劝李傕、郭汜等人说:“如今天下英雄群聚而起,各自假借天子的命令而实行自己的统治,只有兖州牧曹操是真心向着皇室,而我们反而拒绝了他的诚心,那么这不符合将来的期望。”李傕、郭汜等人听从了钟繇的话,对使者郑重地给予回复,因此太祖的使命才能得以通达。

太祖已多次听荀彧称赞钟繇,又听说他劝李傕、郭汜的话,于是更加敬佩他。后来李傕威胁皇帝,钟繇和尚书郎韩斌一起谋划对策。天子能得以离开长安,钟繇是有功劳的。后来钟繇受封御史中丞,转任侍中尚书仆射,并追录前面的功劳,封东武亭侯。

今注 **1** 西京:都城名,即今陕西西安。西汉都长安,东汉改都洛阳,洛阳在长安之东,因而称洛阳为东京,长安为西京。 **2** 乃心王室:语出《尚书·康王之诰》"虽尔身在外,乃心罔不在王室",意为忠心朝廷。 3 仆射(yè):凡侍中、尚书、博士、郎等官皆有仆射,依所领职事为称号,意即其首长。东汉尚书仆射为尚书令副贰,职权渐重。

裴注 [1]《世语》曰:"太祖遣使从事王必致命太子。"

时关中[1]诸将马腾、韩遂等,各拥强兵相与争。太祖方有事山东[2],以关右[3]为忧。乃表繇以侍中守司隶校尉[4],持节督关中诸军,委之以后事,特使不拘科制。

繇至长安,移书腾、遂等,为陈祸福,腾、遂各遣子入侍。太祖在官渡,与袁绍相持,繇送马二千余匹给军。太祖与繇书曰:"得所送马,甚应其急。关右平定,朝廷无西顾之忧,足下之勋也。昔萧何镇守关中,足食成军,亦适当尔。"

当时在关中的各路将领马腾、韩遂等人,各自拥有强兵相互争斗。太祖正在崤山以东征讨,对关右的争斗局面感到忧虑。因此上表让钟繇以侍中的身份代行司隶校尉职务,持节督领关中军马,并把后方的事务都委托给他,且特别让他行事不用受条规制度的拘束。

钟繇到长安,传送书信给马腾、韩遂等人,给他们说明福祸利害,马腾、韩遂看后各自把儿子送到长安侍奉皇帝。太祖在官渡与袁绍对峙,钟繇送来两千多匹马助资军用。太祖给钟繇写信说:"得到您送来的马,很应军事急需。关右被平定,朝廷没有了西边的忧虑,这都是您的功劳啊。以前萧何镇守关中,为军队提供充足的食物最终促成胜利,您的功劳与他差不多啊。"

今注 1 关中:地区名,指代范围不一,这里指函谷关以西。 2 山东:地区名,一般指崤山或者华山以东为山东。 3 关右:地区名,汉唐时泛指函谷关或潼关以西地区。　4 司隶校尉：汉武帝时始置，掌纠察京师百官及所辖三辅（京兆尹、左冯翊、右扶风）、三河（河东、河南、河内）、弘农七郡，相当于州刺史。东汉比二千石，威权尤重，宫廷内外无所不纠，并为司隶州行政长官。

其后匈奴单于作乱平阳，繇率诸军围之，未拔；而袁尚所置河东太守郭援到河东，众甚盛。诸将议欲释之去，繇曰："袁氏方强，援之来，关中阴与之通，所以未悉叛者，顾吾威名故耳。若弃而去，示之以弱，所在之民，谁非寇仇？纵吾欲归，其得至乎！此为未战先自败也。且援刚愎好胜，必易吾军，若渡汾为营，及其未济击之，可大克也。"张既说马腾会击援，腾遣子超将精兵逆之。援至，果轻渡汾，众止之，不从。济水未半，击，大破之[1]，斩援，降单于。语在《既传》。其

后来匈奴单于在平阳郡作乱，钟繇率领各路军马将其围困，没能攻破城池；而袁尚表任的河东太守郭援领兵到达河东，军队人数众多。各将领商议打算放弃围困平阳率军离开，钟繇说："袁氏势力正是强大，郭援的到来，关中的将领偷偷地与他私下勾结，到现在没有全部背叛，是顾忌我的威名罢了。如果现在撤平阳而去，就是向他们显示自己的软弱，那么我们所在之地的老百姓，谁还不会是我们的敌人？这样即便是我们想回去，难道还能实现吗！这是还没有开战自己就先失败了。况且郭援性情刚愎自用，求胜心切，因此一定会对我军掉以轻心，如果郭援渡过汾河扎营，那么等他未到岸时攻击他，一定可以获得大胜。"张既劝说马腾一起攻击郭援，马腾派儿子马超率领精兵迎击郭援。郭援到达后，果然轻率地准备渡河，部众劝止他，郭援不听。渡河没到一半的时候，钟繇率军攻击，把郭援打得大败，斩杀郭援，令单于降服。这件

后河东卫固作乱,与张晟、张琰及高幹等并为寇,繇又率诸将讨破之[2]。

事具体记录在《张既传》中。后来河东人卫固作乱,与张晟、张琰以及高幹等人一起劫掠地方,钟繇又率领各路将领打败了他。

裴注 [1] 司马彪《战略》曰:"袁尚遣高幹、郭援将兵数万人,与匈奴单于寇河东,遣使与马腾、韩遂等连和,腾等阴许之。傅幹说腾曰:'古人有言:"顺道者昌,逆德者亡。"曹公奉天子诛暴乱,法明国治,上下用命,有义必赏,无义必罚,可谓顺道矣。袁氏背王命,驱胡虏以陵中国,宽而多忌,仁而无断,兵虽强,实失天下心,可谓逆德矣。今将军既事有道,不尽其力,阴怀两端,欲以坐观成败,吾恐成败既定,奉辞责罪,将军先为诛首矣。'于是腾惧。幹曰:'智者转祸为福。今曹公与袁氏相持,而高幹、郭援独制河东,曹公虽有万全之计,不能禁河东之不危也。将军诚能引兵讨援,内外击之,其势必举。是将军一举,断袁氏之臂,解一方之急,曹公必重德将军。将军功名,竹帛不能尽载也。唯将军审所择!'腾曰:'敬从教。'于是遣子超将精兵万余人,并将遂等兵,与繇会击援等,大破之。"

[2]《魏略》曰:"诏征河东太守王邑。邑以天下未定,心不愿征,而吏民亦恋邑,郡掾卫固、中郎将范先等各诣繇求乞邑。而诏已拜杜畿为太守,畿已入界。繇不听先等,促邑交符。邑佩印绶,径从河北诣许自归。繇时治在洛阳,自以威禁失督司之法,乃上书自劾曰:'臣前上言故镇北将军领河东太守安阳亭侯王邑巧辟治官,犯突科条,事当推劾,检实奸诈。被诏书当如所纠。以其归罪,故加宽赦。又臣上言吏民大小,各怀顾望,谓邑当还,拒太守杜畿,今皆反悔,共迎畿之官。谨按文书,臣以空虚,被蒙拔擢,入充近侍,兼典机衡,忝膺重任,总统偏方。既无德政以惠民物,又无威刑以检不恪,至使邑违犯诏书,郡掾卫固诳迫吏民,讼诉之言,交驿道路,渐失其礼,不虔王命。今虽反悔,丑声流闻,咎皆由臣威刑不摄。臣又疾病,前后历年,气力日微,尸素重禄,旷废职任,罪明法正。谨按侍中守司隶校尉东武亭侯钟繇,幸得蒙恩,以斗筲之才,仍见拔擢,显从近

密，衔命督师。明知诏书深疾长吏政教宽弱，检下无刑，久病淹滞，众职荒顿，法令失张。邑虽违科，当必绳正法，既举文书，操弹失理，至乃使邑远诣阙廷。隳忝使命，挫伤爪牙。而固诳迫吏民，拒畿连月，今虽反悔，犯顺失正，海内凶赫，罪一由繇威刑暗弱。又繇久病，不任所职，非繇大臣当所宜为。繇轻慢宪度，不畏诏令，不与国同心，为臣不忠，无所畏忌，大为不敬。又不承用诏书，奉诏不谨。又聪明蔽塞，为下所欺，弱不胜任。数罪谨以劾，臣请法车征诣廷尉治繇罪，大鸿胪削爵土。臣久婴笃疾，涉夏盛剧，命县呼吸，不任部官。辄以文书付功曹从事马适议，免冠徒跣，伏须罪诛。'诏不听。"

自天子西迁[1]，洛阳人民单尽[2]，繇徙关中民，又招纳亡叛以充之，数年间民户稍实。太祖征关中，得以为资，表繇为前军师[3]。

魏国初建，为大理[4]，迁相国。文帝在东宫，赐繇五熟釜[5]，为之铭曰："于赫有魏，作汉藩辅。厥相惟钟，实干心膂。靖恭夙夜，匪遑安处。百寮师师，楷兹度矩[1]。"数年，坐西曹掾[6]魏讽谋反，策罢就第[2]。

自从天子向西迁都长安，洛阳的人口很少，钟繇迁徙关中的百姓到洛阳，又招纳流亡叛逃的人进行补充，几年间洛阳百姓便稍微充实起来。太祖征讨关中，也因此得到洛阳人民作为军士的资用，太祖上表任命钟繇为前军师。

魏国建立之初，钟繇任大理卿，升任魏国相国。魏文帝还是东宫太子时，赐钟繇五熟釜，为他在釜上铭刻文字说："威名显赫的魏国，担当汉朝的藩屏辅助。那丞相钟繇，确实是国家信得过的能干大臣。日日夜夜恭谨地尽职尽责，没有闲居的时候。百官都向他学习，把他视作学习的楷模。"几年后，因为受西曹掾魏讽谋反案的牵连影响，钟繇被皇帝下策书免官还家。

今注 1 天子西迁:指董卓胁迫汉献帝迁都长安。 2 单尽:竭尽。单,通“殚”。 3 前军师:官名,建安中曹操设置,为丞相府主要僚属,在中军师下,参议军国大事。 4 大理:官名,汉称廷尉,主刑罚狱讼。 5 五熟釜(fǔ):古代一种炊具,釜内分数格,可以同时烹调多种食物。釜,古代的一种炊器。 6 西曹掾:汉代丞相属吏分曹理事,有西曹,吏员正职称掾,副者称属。魏时丞相、大将军及司徒、司空等府内置西曹掾。

裴注 [1]《魏略》曰:“繇为相国,以五熟釜鼎范因太子铸之,釜成,太子与繇书曰:‘昔有黄三鼎,周之九宝,咸以一体使调一味,岂若斯釜五味时芳?盖鼎之烹饪,以飨上帝,以养圣贤,昭德祈福,莫斯之美。故非大人,莫之能造;故非斯器,莫宜盛德。今之嘉釜,有逾兹美。夫周之尸臣,宋之考父,卫之孔悝,晋之魏颗,彼四臣者,并以功德勒名钟鼎。今执事寅亮大魏,以隆圣化。堂堂之德,于斯为盛。诚太常之所宜铭,彝器之所宜勒。故作斯铭,勒之釜口,庶可赞扬洪美,垂之不朽。’臣松之案《汉书·郊祀志》,孝宣时,美阳得鼎,京兆尹张敞上议曰:“按鼎有刻书曰:‘王命尸臣:官此栒邑。(尸,主事之臣。栒,音荀,幽地。)赐尔鸾旂,黼黻雕戈。尸臣拜手,稽首曰:“敢对扬天子丕显休命!”此殆周之所以褒赐大臣,大臣子孙刻铭其先功,藏之于宫庙也。”考父铭见《左氏传》,孔悝铭在《礼记》,事显故不载。《国语》曰:“昔克潞之役,秦来图败晋功,魏颗以其身追秦师于辅氏,亲止杜回;其勒铭于景钟,至于今不遗类,其子孙不可不兴也。”太子所称四铭者也。《魏略》曰:“后太祖征汉中,太子在孟津,闻繇有玉玦,欲得之而难公索,密使临菑侯转因人说之,繇即送之。太子与繇书曰:‘夫玉以比德君子,见美诗人。晋之垂棘,鲁之玙璠,宋之结绿,楚之和璞,价越万金,贵重都城,有称畴昔,流声将来。是以垂棘出晋,虞、虢双禽;和璧入秦,相如抗节。窃见玉书,称美玉白若截肪,黑譬纯漆,赤拟鸡冠,黄侔蒸栗。侧闻斯语,未睹厥状。虽德非君子,义无诗人,高山景行,私所慕仰。然四宝邈焉以远,秦、汉未闻有良匹。是以求之旷年,未遇厥真，私愿不果，饥渴未副。近见南阳宗惠叔称君侯昔有美玦，闻之惊喜，笑与抃俱。当自白书，恐传言未审，是以令舍弟子建因荀仲茂转言鄙旨。乃不忽遗，厚见周称，邺骑既到，宝玦初至，捧跪发匣，烂然满目。猥以蒙鄙之姿，得观希世之宝，不烦一介之使，不损连城之价，既有秦昭章台之观，而无蔺生诡夺之诳。嘉贶益腆，敢不钦承！’繇报书曰：‘昔忝近任，并得赐玦。尚方耆老，颇识旧物。名其符采，必得处所。以为执事有珍此者，是以鄙之，用未奉贡。幸而纡意，实以悦怿。在昔和氏，殷勤忠笃，而繇待命，是怀愧耻。’”　[2]《魏略》曰：“孙权称臣，斩送关羽。太子书报繇，繇答书曰：‘臣同郡故司空荀爽言：“人当道情，爱我者一何可爱！憎我者一何可憎！”顾念孙权，了更妩媚。’太子又书曰：‘得报，知喜南方。至于荀公之清谈，孙权之妩媚，执书嗢噱，不能离手。若权复黠，当折以汝南许劭月旦之评。权优游二国，俯仰荀、许，亦已足矣。’”

文帝即王位，复为大理。及践阼，改为廷尉，进封崇高乡侯。迁太尉，转封平阳乡侯。时司徒华歆、司空王朗，并先世名臣。文帝罢朝，谓左右曰：“此三公者，乃一代之伟人也，后世殆难继矣[1]！”

明帝即位，进封定陵侯，增邑五百，并前千八百户，迁太傅。繇有膝疾，拜起不便。时华歆亦以高年疾病，朝见皆使载舆车，虎

文帝即魏王位后，恢复钟繇的大理官职。等到魏文帝登皇帝位，改授钟繇为廷尉，进封崇高乡侯。又升太尉，转封平阳乡侯。与当时的司徒华歆、司空王朗，都是前代名臣。文帝退朝后，对左右的人说：“这三公，都是一代英伟的人物，后世恐怕很难有人能接替他们的了！”

魏明帝即位，进封钟繇为定陵侯，增加五百户食邑，合先前所封共一千八百户，升太傅。钟繇膝部有疾患，跪拜起立都不方便。当时华歆也因为年老体病，朝见时都让他们乘坐

贲舁[1]上殿就坐。是后三公有疾，遂以为故事[2]。

舆车，让虎贲抬着上殿就坐。自此以后，三公有疾病的都以此做法为惯例。

今注 1 虎贲(bēn)舁(yú)：虎贲，勇士的称谓，又指侍卫国君及保卫王宫之官。舁，抬。 2 故事：先例，旧日的典章制度。

裴注 [1]陆氏《异林》曰："繇尝数月不朝会，意性异常，或问其故，云：'常有好妇来，美丽非凡。'问者曰：'必是鬼物，可杀之。'妇人后往，不即前，止户外。繇问何以，曰：'公有相杀意。'繇曰：'无此。'乃勤勤呼之，乃入。繇意恨，有不忍之心，然犹斫之，伤髀。妇人即出，以新绵拭血竟路。明日使人寻迹之，至一大冢，木中有好妇人，形体如生人，著白练衫，丹绣裲裆，伤左髀，以裲裆中绵拭血。叔父清河太守说如此。清河，陆云也。"

初，太祖下令，使平议[1]死刑可宫割[2]者。繇以为"古之肉刑[3]，更历圣人，宜复施行，以代死刑"。议者以为非悦民之道，遂寝。及文帝临飨群臣，诏谓："大理欲复肉刑，此诚圣王之法。公卿当善共议。"议未定，会有军事，复寝。

起初，魏太祖下令，让百官讨论死刑是否能改为宫刑。钟繇认为"古代的宫刑，历代圣人都有所采用，应当恢复实施，用它代替死刑"。参与讨论的人认为这种做法并不是能让百姓高兴的办法，于是就被搁置了起来。等到魏文帝亲自宴请群臣，下诏说："大理卿想恢复肉刑代替死刑，这确实是圣王们曾采用过的措施。公卿们应当一道好好商议一下。"商议还没有确定下来，刚好遇上有战事，于是这个讨论又被搁置起来。

今注 1 平议：公平论断，讨论。平，通"评"。 2 宫割：即宫刑，中国古代五刑之一，是一种破坏生殖机能的酷刑。 3 肉刑：残害肉体的刑罚，古代通常指墨、劓、刵、宫、大辟等刑罚。

太和中，繇上疏曰："大魏受命，继踪虞、夏。孝文革法[1]，不合古道。先帝圣德，固天所纵，坟典之业，一以贯之。是以继世，仍发明诏，思复古刑，为一代法。连有军事，遂未施行。陛下远追二祖遗意，惜斩趾可以禁恶，恨入死之无辜，使明习律令，与群臣共议。出本当右趾而入大辟者，复行此刑。《书》云：'皇帝清问下民，鳏寡有辞于苗。'此言尧当除蚩尤、有苗之刑，先审问于下民之有辞者也。若今蔽狱之时，讯问三槐[2]、九棘[3]、群吏、万民，使如孝景之令，其当弃市，欲斩右趾者许之。其黥、劓、左趾、宫刑者，

太和年间，钟繇上奏疏说："大魏承接天命，继承虞、夏先代的踪迹。汉孝文帝改革法度，不符合古代的原则。先帝仁德圣明，本为上天所赐，古代典籍中记录的功业制度，一定要贯彻到底。因此文帝继位后，仍然下发英明诏书，想要恢复古代的刑法，确立起一代法令。因为接连遇到战事，所以没能施行。陛下深深追念武、文二位先帝的遗愿，惜爱用斩下脚趾便可禁防邪恶的刑法，痛恨无辜的人被惩处以死刑，让熟悉法律条令的人，和群臣共同商议。释放那些本应当被砍掉右趾却被判砍头的人，重新实施这种砍脚的刑法。《尚书》中说：'尧帝详细地询问百姓，没有妻子或丈夫的老人们都对有苗氏有怨言。'这是说尧在废黜蚩尤、有苗氏刑法时，先向对此有意见的百姓进行询问。如果现在判案时，讯问三公、九卿、群臣、百姓，使他们遵行汉孝景帝时的法令，对那些应该被处死且陈尸街市的人，许可他们愿意斩下右脚趾的刑法来代替死刑的请求。那些被判

自如孝文，易以髡、笞。能有奸者，率年二十至四五十，虽斩其足，犹任生育。今天下人少于孝文之世，下计所全，岁三千人。张苍除肉刑，所杀岁以万计。臣欲复肉刑，岁生三千人。子贡问能济民可谓仁乎？子曰：'何事于仁，必也圣乎，尧、舜其犹病诸！'又曰：'仁远乎哉？我欲仁，斯仁至矣。'若诚行之，斯民永济。"书奏，诏曰："太傅学优才高，留心政事，又于刑理深远。此大事，公卿群僚善共平议。"

黥刑、劓刑、砍左趾、宫刑的人，自然按照孝文帝的法令，用髡、笞的刑罚代替。对那些有奸邪行径的人，一般年龄在二十到四五十岁之间，即便斩下了脚，依旧允许他们生育。现在天下的人口少于孝文帝的时候，我估计每年能保全三千人的性命。张苍废黜肉刑，导致每年刑杀的人数以万计。我想恢复肉刑，每年能让三千人活命。子贡问能拯救百姓的人能说是具有仁德吗？孔子说：'这哪里是仁德，这一定是圣德了，尧舜大概都没能做到呢！'又说：'仁爱离我们远吗？只要我们践行仁爱，那么仁爱就来了。'如果真能施行它，那么老百姓永远都能享受到这个好处。"奏疏上奏后，皇帝下诏说："太傅学识渊博才华高大，关心政务又对刑法律令研究深入广泛。这是大事，公卿大臣要好好地一起商讨一下。"

今注　1 孝文革法：孝文，西汉孝文帝刘恒，因受淳于意事件影响，诏命废除肉刑。　2 三槐：传说周代宫廷外有三棵槐树，三公朝见天子时，面向三槐而立，后世因以三槐喻三公。　3 九棘：古代群臣外朝之位，树九棘为标识，以区分等级职位，因此作为九卿的代称。

司徒王朗议，以为"繇欲轻减大辟之条，以

司徒王朗认为："钟繇想减轻死刑的处罚，来增加刖刑数量，这是让倒下

增益刖[1]刑之数，此即起偃[2]为竖，化尸为人矣。然臣之愚，犹有未合微异之意。夫五刑[3]之属，著在科律，自有减死一等之法，不死即为减。施行已久，不待远假[4]斧凿于彼肉刑，然后有罪次也。前世仁者，不忍肉刑之惨酷，是以废而不用。不用已来，历年数百。今复行之，恐所减之文未彰于万民之目，而肉刑之问已宣于寇仇之耳，非所以来远人也。今可按繇所欲轻之死罪，使减死之髡、刖。嫌其轻者，可倍其居作[5]之岁数。内有以生易死不訾[6]之恩，外无以刖易釱[7]骇耳之声。”议者百余人，与朗同者多。帝以吴、蜀未平，且寝[1]。

太和四年，繇薨。帝素服临吊，谥曰成侯[2]。子毓嗣。初，文帝分毓户

的人站起来，使死人活命啊。但我愚笨，仍然有和这不太一致的意见。五种刑法的应用范围，写明在法律条令上，本来就有减免死刑一等的条例，不处死就是减刑。这种刑法已经实施了很久，用不着借斧凿实施肉刑，然后才有罪刑惩罚的等次不同。前代有仁德的人，不忍心肉刑的残酷，所以废除它而不用。从不施用肉刑到现在已经过了数百年。现在又要施行它，恐怕减免死刑的条文还没在百姓面前明确宣布，而实施肉刑的消息便已经传到敌人的耳朵里了，这不是让远方人来归附的好方法啊。现在可以按照钟繇所想减轻的死罪，把死刑减为髡刑、刖刑惩罚。如果嫌弃这样惩罚过轻，可以增加犯人服劳役的时间。这样对内就有用生换死的不可计量的恩德，对外就没有用刖刑来换取锁脚镣的骇人听闻的恶名。”参与商议的一百多人，赞同王朗的意见占多数。明帝认为吴国、蜀国还没有平定，所以把这件事又搁置起来。

太和四年(230)，钟繇去世。明帝穿着丧服亲自吊丧，为他谥号成侯。钟繇的儿子钟毓继承爵位。起初，文帝分出

邑,封繇弟演及子劭、孙豫列侯。

部分钟毓的食邑,封钟繇的弟弟钟演及其儿子钟劭、孙子钟豫为列侯。

今注 1 刖(yuè):古代把脚砍掉的一种刑罚。 2 偃:仰面倒下。 3 五刑:五种刑罚历代说法不一,秦汉时指代墨、劓、剕、宫、大辟。 4 假:假借。 5 居作:罚囚犯服劳役。 6 訾(zī):计算,估量。 7 釱(dì):脚镣。

裴注 [1] 袁宏曰:"夫民心乐全而不能常全,盖利用之物县于外,而嗜欲之情动于内也。于是有进取贪竞之行,希求放肆之事。进取不已,不能充其嗜欲,则苟且侥幸之所生也;希求无厌,无以惬其欲,则奸伪忿怒之所兴也。先王知其如此,而欲救其弊,或先德化以陶其心;其心不化,然后加以刑辟。《书》曰:'百姓不亲,五品不逊。汝作司徒而敬敷五教。蛮夷猾夏,寇贼奸宄。汝作士,五刑有服。'然则德、刑之设,参而用之者也。三代相因,其义详焉。《周礼》:'使墨者守门,劓者守关,宫者守内,刖者守囿。'此肉刑之制可得而论者也。荀卿亦云:'杀人者死,伤人者刑,百王之所同,未有知其所由来者也。'夫杀人者死,而相杀者不已,是大辟可以惩未杀,不能使天下无杀也。伤人者刑,而害物者不息,是黥、劓可以惧未刑,不能使天下无刑也。故将欲止之,莫若先以德化。夫罪过彰著,然后入于刑辟,是将杀人者不必死,欲伤人者不必刑。纵而弗化,则陷于刑辟。故刑之所制,在于不可移之地。礼教则不然,明其善恶,所以潜劝其情,消之于未杀也;示之耻辱,所以内愧其心,治之于未伤也。故过微而不至于著,罪薄而不及于刑。终入罪辟者,非教化之所得也,故虽残一物之生,刑一人之体,是除天下之害,夫何伤哉!率斯道也,风化可以渐淳,刑罚可以渐少,其理然也?苟不能化其心,而专任刑罚,民失义方,动罹刑网,求世休和,焉可得哉?周之成、康,岂按三千之文而致刑错之美乎?盖德化渐渍,致斯有由也。汉初惩酷刑之弊,务宽厚之论,公卿大夫,相与耻言人过。文帝登朝,加以玄默。张武受赂,赐金以愧其心;吴王不朝，崇礼以训其失。是以吏民乐业，风流笃厚，断狱四百，几致刑措，岂非德刑兼用已然之效哉？世之欲言刑罚之用，不先德教之益，失之远矣。今大辟之罪，与古同制。免死已下，不过五岁，既释钳锁，复得齿于人伦。是以民无耻恶，数为奸盗，故刑徒多而乱不治也。苟教之所去，罚当其罪，一离刀锯，没身不齿，邻里且犹耻之，而况于乡党乎？而况朝廷乎？如此，则夙沙、赵高之俦，无施其恶矣。古者察其言，观其行，而善恶彰焉。然则君子之去刑辟，固已远矣。过误不幸，则八议之所宥也。若夫卞和、史迁之冤，淫刑之所及也。苟失其道，或不免于大辟，而况肉刑哉！《汉书》：'斩右趾及杀人先自言告，吏坐受赇，守官物而即盗之，皆弃市。'此班固所谓当生而令死者也。今不忍刻截之惨，而安剿绝之悲，此最治体之所先，有国所宜改者也。" ［2］《魏书》曰："有司议谥，以为繇昔为廷尉，辨理刑狱，决嫌明疑，民无怨者，由于、张之在汉也。诏曰：'太傅功高德茂，位为师保，论行赐谥，当先依此，兼叙廷尉于、张之德耳。'乃策谥曰成侯。"

毓，字稚叔。年十四为散骑侍郎，机捷谈笑，有父风。

钟毓，字稚叔。十四岁时任散骑侍郎，机智敏捷能谈笑风生，有父亲钟繇的风度。

太和初，蜀相诸葛亮围祁山，明帝欲西征，毓上疏曰："夫策贵庙胜[1]，功尚帷幄[2]，不下殿堂之上，而决胜千里之外。车驾宜镇守中土，以为四方威势之援。今大军西征，虽有百倍之威，

太和初年(227)，蜀国丞相诸葛亮率军围攻祁山，明帝打算亲自西征，钟毓上疏说："计策可贵在能在朝堂上制定克敌制胜的谋略，功劳崇尚在帷幕之中运筹施行，不用从朝堂上走下来，而能在千里之外取得胜利。皇帝您应该镇守中原，以此作为四方威力强势的后援。现在大军西征，虽然有百倍的威力，但在关中地

于关中之费，所损非一。且盛暑行师，诗人所重，实非至尊动轫[3]之时也。”迁黄门侍郎。

区的耗费也不是一点点。况且正当夏季炎热时行军，是《诗经》的作者所慎重的，确实不是皇帝您亲自动身出发的时候。”后来钟毓升任黄门侍郎。

今注 1 庙胜：指朝廷预先制定的克敌制胜的谋略。 2 帷幄：室内悬挂的帐幕。天子居处必设帷幄，因此引申为朝堂。 3 动轫(rèn)：启动，起行。轫，古代车驾停车时为防止车轮滚动而垫的木塞。

时大兴洛阳宫室，车驾便幸许昌，天下当朝正许昌。许昌逼狭，于城南以毡为殿，备设鱼龙曼延[1]，民罢劳役。毓谏，以为“水旱不时，帑藏[2]空虚，凡此之类，可须丰年”。又上“宜复关内开荒地，使民肆力[3]于农”。事遂施行。

当时正在大规模营造洛阳的宫殿，皇帝便来到许昌，各地官员要朝见皇帝便在许昌进行。许昌的宫殿狭窄，因此在城南用毛毡帐搭起宫殿，设置了鱼龙曼延的杂耍项目，百姓被这些劳役弄得十分疲惫。钟毓向皇帝进谏，认为“水旱灾害不时地出现，国库空虚，凡是像这类事，可以等到丰收年份时再进行”。又上疏说“应该恢复开垦关内荒地，让百姓在农耕上尽全力”。钟毓的这些建议都得到了实施。

今注 1 鱼龙曼延：古代百戏杂耍名，由艺人持制作的珍异动物模型表演，有幻化的情节，也作“漫衍鱼龙”。 2 帑(tǎng)藏：古代指国家收藏钱财的府库。 3 肆力：尽力。

正始中，为散骑常侍。大将军曹爽盛夏

正始年间，钟毓任散骑常侍。大将军曹爽在夏季正盛的时候率军讨伐蜀国，蜀

兴军伐蜀，蜀拒守，军不得进。爽方欲增兵，毓与书曰：“窃以为庙胜之策，不临矢石；王者之兵，有征无战。诚以干戚可以服有苗[1]，退舍足以纳原寇[2]，不必纵吴汉于江关[3]，骋韩信于井陉[4]也。见可而进，知难而退，盖自古之政。惟公侯详之！”爽无功而还。后以失爽意，徙侍中，出为魏郡太守。爽既诛，入为御史中丞、侍中、廷尉。听君父已没，臣子得为理谤，及士为侯，其妻不复配嫁，毓所创也。

国坚守不出，曹爽军队不能前进。曹爽正打算增加兵力，钟毓写信给他说：“我私下认为在朝堂上制定克敌制胜的计策，不用亲自面对箭矢和石头；圣明君主的军队，有征讨而不用开战。如大禹确实是用挥舞干戚的方式便让有苗氏臣服，晋侯退兵三十里后原国便投降，不必像吴汉那样在江关纵横厮杀，也不用像韩信那样在井陉驰骋战斗。看到情况尚可便前进，知道困难便后退，这大概是自古以来征战一贯的策略。希望您慎重仔细考虑！”曹爽没有获得胜利而回师。后来因为不符合曹爽的心意，钟毓被转任侍中，出任魏郡太守。曹爽被杀后，钟毓被调回任御史中丞、侍中、廷尉。听到君父死后，臣子可以为他辩解所遭受的诽谤，以及士人封侯后，他们的妻子不得再改嫁等条例，都是钟毓创制出来的。

今注 **1** 干戚可以服有苗：干，盾。戚，像斧的一种兵器，这里都是舞具。《尚书·大禹谟》载，大禹在朝堂上演舞干、戚，不久有苗氏就来归服。比喻不用通过武力征伐，以文德教化就能吸引敌人来归。 **2** 退舍足以纳原寇：《左传·僖公二十五年》载，晋国包围了原国，命士兵携带三天粮食。第三天原国不投降，晋国准备撤军，但谍报说原国即将投降，晋侯为表诚信坚持退兵一舍，后原国未战而降。舍，古代距离单位，三十里为一舍。 **3** 纵吴汉于江关：吴汉，字子颜，后归刘秀，为偏将军曾助刘秀消灭在邯郸称帝的王郎，并镇压铜马、重连等部起义军。后任大司马，封广平侯。江关，即瞿塘关，在今重庆奉节东。此处指建武十一年(35)，吴汉征讨公孙述，在岑彭击破荆门后，率军进入江关。 **4** 骋韩信于井陉(xíng)：韩信，西汉开国功臣，曾助刘邦战胜项羽，后封为齐王。井陉，山名，太行山的支脉，有隘名井陉口，又称土门关，为秦汉时军事战略要地。韩信曾率数万军队和赵国二十万大军相战于井陉口，大获全胜。

正元中，毌丘俭、文钦反，毓持节至扬、豫州班行赦令，告谕士民，还为尚书。诸葛诞反，大将军司马文王议自诣寿春讨诞。会吴大将孙壹率众降，或以为“吴新有衅[1]，必不能复出军。东兵已多，可须后问”。毓以为“夫论事料敌，当以己度人。今诞举淮南之地以与吴国，孙壹所率，口不至千，兵不过三百。吴之所失，盖为无几。若寿春之围未解，而吴国之内转安，未可必其不出也”。大将军曰：“善。”遂将毓行[1]。

正元年间，毌丘俭、文钦反叛，钟毓持拿符节到扬州、豫州颁布赦免的敕令，昭告给军士百姓，回来后担任尚书。诸葛诞反叛，大将军司马文王商议后亲自领军到寿春征讨他。恰逢吴国大将孙壹率领部下归降，有人认为“吴国新近发生争端斗乱，一定不能再次出军。我们留驻在东边的军队已经很多，可以等以后的消息再说”。钟毓认为“研讨事务预判敌情，应当依据自己的情况忖度他人。现在诸葛诞将整个淮南地区送给吴国，孙壹率领归降的部队人口不到一千，军兵也不到三百。吴国损失出去的，大概没有多少。如果寿春的包围没有解除，而吴国国内也转为安定，那不能肯定他们不会出兵”。大将军说：“好。”于是带着钟毓一起出发。

淮南既平，为青州[2]刺史，加后将军，迁都督徐

淮南被平定后，朝廷任钟毓为青州刺史，加封后将军，又转任统领徐州

州诸军事，假节，又转都督荆州。景元四年薨，追赠车骑将军，谥曰惠侯。子骏嗣。毓弟会，自有传。

诸军事，授予节杖，又转任统领荆州。景元四年(263)钟毓去世，朝廷追赠他为车骑将军，谥号称惠侯。儿子钟骏继承爵位。钟毓弟弟钟会，自己有传。

今注 1 衅：间隙，事端。 2 青州：汉武帝所置十三刺史部之一，东汉时治所在临菑县(今山东淄博临淄区北)。

裴注 [1] 臣松之以为，诸葛诞举淮南以与吴，孙壹率三百人以归魏，谓吴有衅，本非有理之言。毓之此议，盖何足称耳！

华歆

原文

华歆，字子鱼，平原高唐1人也。高唐为齐名都，衣冠无不游行市里。歆为吏，休沐2出府，则归家阖3门。议论持平，终不毁伤人[1]。同郡陶丘洪亦知名，自以明见过歆。时王芬与豪杰谋废灵帝。语在《武纪》[2]。芬阴呼歆、洪共定计，洪欲行，歆止之曰："夫废立大事，伊、霍4之所难。

译文

华歆，字子鱼，平原郡高唐县人。高唐县是齐国的名城，士大夫们没有不到市巷中游历的。华歆任官吏时，休假时离开府衙，回家就关上门。议论问题时能保持公正平允，始终不诋毁中伤他人。同郡人陶丘洪也很有名，自以为聪明见识超过华歆。当时王芬和豪杰人士谋划废黜汉灵帝。这件事的具体情况在《武帝纪》中有记载。王芬偷偷地叫上华歆和陶丘洪一起商量对策，陶丘洪想参与，华歆劝阻他说："废黜或册立天子是大事，连伊尹、霍光都觉得困难。王芬性格粗疏且不勇猛，

芬性疏而不武，此必无成，而祸将及族。子其无往！”洪从歆言而止。后芬果败，洪乃服。

这件事一定不成，而且祸害将连累到整个家族。您还是不要去了！”陶丘洪听从了华歆的话而没有去。后来王芬果然失败了，陶丘洪就对华歆服气了。

今注　1 高唐：在今山东高唐县。　2 休沐：休息洗沐，犹休假。　3 阖(hé)：关闭。　4 伊、霍：商初大臣伊尹和西汉中期权臣霍光。伊尹曾放逐太甲，霍光曾废昌邑王而立汉宣帝，因此后常并称，泛指能左右朝政的重臣。

裴注　[1]《魏略》曰：“歆与北海邴原、管宁俱游学，三人相善，时人号三人为‘一龙’，歆为龙头，原为龙腹，宁为龙尾。”臣松之以为，邴根矩之徽猷懿望，不必有愧华公，管幼安含德高蹈，又恐弗当为尾。《魏略》此言，未可以定其先后也。　[2]《魏书》称芬有大名于天下。

举孝廉，除郎中，病，去官。灵帝崩，何进辅政，征河南郑泰、颍川荀攸及歆等。歆到，为尚书郎。董卓迁天子长安，歆求出为下邽令，病不行，遂从蓝田至南阳[1]。时袁术在穰，留歆。歆说术使进军讨卓，术不能用。歆欲弃去，会天子使太傅马日磾安集关东，日

后来华歆被举荐为孝廉，被任为郎中，因为生病，辞去官职。汉灵帝驾崩，何进辅佐朝政，征召河南郡人郑泰、颍川郡人荀攸以及华歆等。华歆进京后，任尚书郎。董卓将皇帝迁到长安，华歆请求外任下邽县令，因为疾病而未能成行，于是从蓝田来到南阳。当时袁术在穰县，把华歆留了下来。华歆劝袁术进军征讨董卓，袁术没有听从。华歆想离开袁术，恰逢天子派太傅马日磾去安抚关东，马日磾征辟华歆为掾官。向东到

碑辟歆为掾。东至徐州，诏即拜歆豫章太守，以为政清静不烦，吏民感而爱之[2]。

孙策略地江东[1]，歆知策善用兵，乃幅巾[2]奉迎。策以其长者，待以上宾之礼[3]。后策死。太祖在官渡，表天子征歆。孙权欲不遣，歆谓权曰："将军奉王命，始交好曹公，分义未固，使仆得为将军效心，岂不有益乎？今空留仆，是为养无用之物，非将军之良计也。"权悦，乃遣歆。宾客旧人送之者千余人，赠遗[3]数百金。歆皆无所拒，密各题识，至临去，悉聚诸物，谓诸宾客曰："本无拒诸君之心，而所受遂多。念单车远行，将以怀璧为罪，愿宾客为之计。"众乃各留所赠，而服其德。

达徐州，朝廷下诏任华歆为豫章太守，因为华歆处理政务清明简约，官吏和百姓都感激和爱戴他。

孙策占据江东时，华歆知道孙策善于领兵作战，于是头戴幅巾去迎接他。孙策因为华歆年长，所以用上宾的礼节接待他。后来孙策去世。太祖在官渡，上表天子征召华歆。孙权不想放他走，华歆对孙权说："您尊奉天子诏令，才开始和曹公交好，情分和友谊还不稳固，如果能让我为您效劳，难道没有好处吗？现在如果白白地留下我，这是在留养没有用处的东西，这不是对您有利的计策啊。"孙权听了很高兴，这才放华歆他走。临行前，宾客旧友来送行的有一千多人，赠送了好几百金。华歆都没有拒绝，但秘密地各自写好标记，等到离开时，把礼物都聚集到一起，对诸多宾客朋友说："本来没有拒绝诸位的意思，因此接受的礼品便多了起来。但是想到独自一人乘车远行，带着这些贵重物品反而会招来灾祸，希望宾客们替我考虑啊。"众人于是留下各自的所赠送的物品，但佩服他美好的德行。

今注 1 江东:地域名,长江在芜湖、南京间作西南南、东北北流向,一般称自此以下的长江南岸地区为江东。三国时孙权建都于建业,故当时又称孙吴统治下的全部地区为江东。 2 幅巾:古代男子以全幅细绢束头。 3 赠遗(wèi):赠送,赠予,亦指赠送的财物。

裴注 [1] 华峤《谱叙》曰:"歆少以高行显名,避西京之乱,与同志郑泰等六七人,间步出武关。道遇一丈夫独行,愿得俱,皆哀欲许之。歆独曰:'不可。今已在危险之中,祸福患害,义犹一也。无故受人,不知其义。既以受之,若有进退,可中弃乎!'众不忍,卒与俱行。此丈夫中道堕井,皆欲弃之。歆曰:'已与俱矣,弃之不义。'相率共还出之,而后别去。众乃大义之。" [2]《魏略》曰:"扬州刺史刘繇死,其众愿奉歆为主。歆以为因时擅命,非人臣之宜。众守之连月,卒谢遣之,不从。" [3] 胡冲《吴历》曰:"孙策击豫章,先遣虞翻说歆。歆答曰:'久在江表,常欲北归;孙会稽来,吾便去也。'翻还报策,策乃进军。歆葛巾迎策,策谓歆曰:'府君年德名望,远近所归;策年幼稚,宜修子弟之礼。'便向歆拜。"华峤《谱叙》曰:"孙策略有扬州,盛兵徇豫章,一郡大恐。官属请出郊迎,教曰:'无然。'策稍进,复白发兵,又不听。及策至,一府皆造阁,请出避之。乃笑曰:'今将自来,何遽避之?'有顷,门下白曰:'孙将军至。'请见,乃前与歆共坐,谈议良久,夜乃别去。义士闻之,皆长叹息而心自服也。策遂亲执子弟之礼,礼为上宾。是时四方贤士大夫避地江南者甚众,皆出其下,人人望风。每策大会,坐上莫敢先发言,歆时起更衣,则论议喧哗。歆能剧饮,至石余不乱,众人微察,常以其整衣冠为异,江南号之曰'华独坐'。"虞溥《江表传》曰:"孙策在椒丘,遣虞翻说歆。翻既去,歆请功曹刘壹入议。壹劝歆住城,遣檄迎军。歆曰:'吾虽刘刺史所置,上用,犹是剖符吏也。今从卿计,恐死有余责矣。'壹曰:'王景兴既汉朝所用,且尔时会稽人众盛强,犹见原恕,明府何虑?'于是夜逆作檄,明旦出城,遣吏赍迎。策便进军,与歆相见,待以上宾,接以朋友之礼。"孙盛曰:"夫大雅之处世也,必先审隐显之期，以定出处之分，否则括囊以保其身，泰则行义以达其道。歆既无夷、皓韬邈之风，又失王臣匪躬之操，故挠心于邪儒之说，交臂于陵肆之徒，位夺于一竖，节堕于当时。昔许、蔡失位，不得列于诸侯；州公实来，鲁人以为贱耻。方之于歆，咎孰大焉！”

歆至，拜议郎[1]，参司空军事，入为尚书，转侍中，代荀彧为尚书令[2]。太祖征孙权，表歆为军师。魏国既建，为御史大夫[3]。

华歆到了太祖那里，被任为议郎，在司空府参谋军事，入朝后任尚书，转任侍中，代替荀彧任尚书令。太祖征讨孙权，上表任华歆为军师。魏国建立之后，华歆任御史大夫。

今注　1 议郎：为光禄勋所属郎官之一，掌顾问应对。　2 尚书令：东汉为尚书台长官，总领朝政，无所不统。三国沿置或代行宰相之职。　3 御史大夫：本为中央最高监察长官，为副相。东汉改称司空，参议朝政，不复领御史、掌监察。

文帝即王位，拜相国，封安乐乡侯。及践阼，改为司徒[1]。歆素清贫，禄赐以振施亲戚故人，家无担石[1]之储。公卿尝并赐没入生口[2]，唯歆出而嫁之。帝叹息[2]，下诏曰：“司徒，国之俊老，所与和阴阳理庶事也。今大官重膳[3]，而司徒蔬食，甚无

文帝即魏王位，华歆任相国，封安乐乡侯。等到文帝即帝位，华歆改任司徒。华歆一向清贫，受到的赏赐和俸禄都拿来接济亲戚朋友，自己家中没有多少储蓄。公卿曾一道被赏赐没入官府的奴婢，只有华歆释放她们出去嫁人。皇帝知道后感叹，下诏说：“司徒，是国家杰出的元老，是肩负协调国家内外，处理大小政务的人。如今职位高的官员都有丰厚的食禄，但司徒却吃着蔬菜

谓也。”特赐御衣，及为其妻子男女皆作衣服[3]。三府议：“举孝廉，本以德行，不复限以试经。”歆以为“丧乱以来，六籍堕废，当务存立，以崇王道。夫制法者，所以经盛衰。今听孝廉不以经试，恐学业遂从此而废。若有秀异，可特征用。患于无其人，何患不得哉？”帝从其言。

黄初中，诏公卿举独行[4]君子，歆举管宁[5]，帝以安车[6]征之。

粗粮，实在是没有意义。”于是皇帝特地赐给华歆御衣，以及为他的妻子儿女们都做了衣服。三公官府商议：“举荐孝廉，以德行为根本，不用再以经义测试来限制。”华歆认为“国家自祸乱动荡以来，六经被毁坏废弃，现在应当尽力保存，来尊崇王道。凡制定法令的人，目的是整治世间的衰败。如今听闻举孝廉但不测试经书，恐怕学业就从此荒废。如果有特别优异的人才，可以特别征召使用。只怕没有这样的人，怎么怕得不到呢？”文帝听从了华歆的意见。

黄初年间，皇帝下诏让公卿举荐品行高洁、有才能的人，华歆举荐了管宁，皇帝用安车征召他。

今注　1 担石：一石为石，两石为儋，形容米粟不多。　2 没(mò)入生口：谓没收财物、人口等入官。　3 重(zhòng)膳：两个或两个以上的菜肴，泛指丰盛的膳食。　4 独行：形容节操高尚，不随俗浮沉。　5 管宁：字幼安，北海朱虚(今山东临朐东南)人，魏文帝曾征他为太中大夫，明帝又征他为光禄勋，都坚辞不就。　6 安车：古代可以坐乘的小车。古代乘车为立乘，此为坐乘，故称安车，一般供年老的高级官员或德高望重的人乘用，以示礼尊。

裴注　[1]《魏书》曰：“文帝受禅，歆登坛相仪，奉皇帝玺绶，以成受命之礼。”华峤《谱叙》曰：“文帝受禅，朝臣三公已下并受爵位；歆以形色忤时，徙为司徒，而不进爵。魏文帝久不怿，以问尚书令陈群曰：‘我应天受禅，百辟群后，莫不人人悦喜，形于声色，而相国及公独有不怡者，何也？’群起离席长跪曰：‘臣与相国曾臣汉朝，心虽悦喜，义形其色，亦惧陛下实应且憎。’帝大悦，遂重异之。” [2]孙盛曰：“盛闻庆赏威刑，必宗于主，权宜宥恕，出自人君。子路私馈，仲尼毁其食器；田氏盗施，《春秋》著以为讥。斯褒贬之成言，已然之显义也。孥戮之家，国刑所肃，受赐之室，乾施所加，若在哀矜，理无偏宥。歆居股肱之任，同元首之重，则当公言皇朝，以彰天泽，而默受嘉赐，独为君子，既犯作福之嫌，又违必去之义，可谓匹夫之仁，蹈道则未也。”《魏书》曰：“歆性周密，举动详慎，常以为‘人臣陈事，务以讽谏合道为贵，就有所言，不敢显露’。故其事多不见。”华峤《谱叙》曰：“歆淡于财欲，前后宠赐，诸公莫及，然终不殖产业。陈群常叹曰：‘若华公，可谓通而不泰，清而不介者矣。’”《傅子》曰：“‘敢问今之君子？’曰：‘袁郎中积德行俭，华太尉积德居顺，其智可及也，其清不可及也。事上以忠，济下以仁，晏婴、行父何以加诸？’” [3]《魏书》曰：“又赐奴婢五十人。”

明帝即位，进封博平侯，增邑三百户，并前千三百户，转拜太尉[1]。歆称病乞退，让位于宁。帝不许。临当大会，乃遣散骑常侍缪袭奉诏喻指曰：“朕新莅庶事，一日万幾[1]，惧听断[2]之不明。赖有德之臣，左右朕躬，而君屡以疾辞位。夫量

明帝即位后，进封华歆为博平侯，增加三百户食邑，合计先前所封共一千三百户，不久转任太尉。华歆上表称病乞求退休，让出职位给管宁。明帝不同意。明帝参加群臣的朝会，就派遣散骑常侍缪袭持诏命向华歆宣明皇上的旨意：“我最近亲自处理众多政务，日理万机，害怕听到意见做不出准确的判断。希望有德行的大臣能在我的身边辅助我。可是您却常常以疾病为由辞职。通

主择君，不居其朝，委荣弃禄，不究其位，古人固有之矣，顾以为周公、伊尹则不然。洁身徇节，常人为之，不望之于君。君其力疾[3]就会，以惠予一人。将立席几筵，命百官总己，以须君到，朕然后御坐。”又诏袭：“须歆必起，乃还。”歆不得已，乃起。

过衡量君主德行以挑选君主，不愿意身居朝堂，放弃荣誉和利禄，不贪求职位，这种人古代确实有，但我认为周公、伊尹就不是这样的人。使自身清白，保持节操，这是平常人做的，但这不是我对您所期望的。您勉强支撑病体与会，以此惠顾我。我将站立在筵席旁，命令百官各尽其职，以等候您的到来，然后我才就坐。”又诏命缪袭说：“必须等到华歆起行，才可以回来。”华歆不得已，才起身参会。

今注　1 万幾：指帝王日常处理的纷繁的政务。幾，亦作“机”。　2 听断：听取陈述而做出决定。　3 力疾：勉强支撑病体。

裴注　[1]《列异传》曰：“歆为诸生时，尝宿人门外。主人妇夜产。有顷，两吏诣门，便辟易却，相谓曰：‘公在此。’踌躇良久，一吏曰：‘籍当定，奈何得住？’乃前向歆拜，相将入。出并行，共语曰：‘当与几岁？’一人曰：‘当三岁。’天明，歆去。后欲验其事，至三岁，故往问儿消息，果已死。歆乃自知当为公。”臣松之案：《晋阳秋》说魏舒少时寄宿事，亦如之。以为理无二人俱有此事，将由传者不同。今宁信《列异》。

太和中，遣曹真从子午道[1]伐蜀，车驾东幸许昌。歆上疏曰：“兵乱以来，过逾二纪[2]。大魏

太和年间，明帝派遣曹真从子午道讨伐蜀国，明帝东行来到许昌。华歆上疏说：“战乱以来，已经过了二十多年。魏国承接上天的命令，陛下的圣明与德行让本

承天受命，陛下以圣德当成康之隆[3]，宜弘一代之治，绍三王之迹。虽有二贼负险延命，苟圣化日跻[4]，远人怀德，将襁负[5]而至。夫兵不得已而用之，故戢[6]而时动。臣诚愿陛下先留心于治道，以征伐为后事。且千里运粮，非用兵之利；越险深入，无独克之功。如闻今年征役，颇失农桑之业。为国者以民为基，民以衣食为本。使中国无饥寒之患，百姓无离土之心，则天下幸甚，二贼之衅，可坐而待也。臣备位宰相，老病日笃，犬马之命将尽，恐不复奉望銮盖[7]，不敢不竭臣子之怀，唯陛下裁察！”

朝处在像周成王、周康王那样的盛世，应该继续弘扬光大这一代的政治，远追禹、汤、文王的功绩。虽然有吴、蜀二贼寇依附地形艰险而苟延性命，如果您的圣明教化日日高涨，远方的人感怀陛下的恩德，那样就会携妻带子而来归附。军队到万不得已才动用它，所以息兵等到需要时再行动。臣下诚心希望陛下首先关注国家的治理之道，把征讨的事放后面。况且在超过千里的路途上运输粮草，不是用兵的有利条件；穿越险要地形深入敌人腹地，没有谁能取得胜利的功效。像听说今年的征召兵役，就很大程度地影响了农桑的本业。治理国家的人要以百姓为基础，百姓以穿衣吃饭为根本。让国家没有受饥饿、寒冷的忧患，老百姓没有离开家乡故土的想法，这就是天下的幸运了，蜀、吴二贼寇的内乱，就能坐等出现了。臣下任职宰相，年老多病日渐严重，能像犬、马那样效奉的生命将要耗尽，恐怕不能再侍奉陛下了，所以不敢不竭尽臣子的心意，希望陛下裁断明察！”

今注　**1** 子午道：也称子午栈道，汉唐时长安通往汉中、巴蜀及其他南方各地的一条重要通道。古人以“子”为北，以“午”为南，故称。从今陕西西安东南直绝秦岭至汉中。 2 二纪：指二十多年。纪，十二年。 3 成康之隆：周成王、康王那样的兴盛时代。 4 跻(jī)：登，上升。 5 襁(qiǎng)负：用襁褓背负，代指老弱幼小。 6 戢(jí)：收敛，收藏。 7 銮(luán)盖：天子车驾的车盖。亦借指天子。

帝报曰："召深虑国计，朕甚嘉之。贼凭恃山川，二祖劳于前世，犹不克平，朕岂敢自多[1]，谓必灭之哉！诸将以为不一探取，无由自弊[2]，是以观兵以窥其衅。若天时未至，周武还师[3]，乃前事之鉴，朕敬不忘所戒。"时秋大雨，诏真引军还。

明帝回复说："您对国家大事思虑深远，我十分赞赏。贼人依仗山川险要，两代先帝辛劳用兵在前，都没能平定，我岂敢自夸，说一定能消灭他们呢！众多将领认为不去试探地攻打一下，就不能让他们自己衰败，因此才通过展示兵力来窥探他们的破绽。如果时机没到，那么周武王那样的撤军，就是可以借鉴的往事，我恭敬地不忘您的告诫。"当时正值秋雨淋漓，明帝诏命曹真率军返还。

太和五年，歆薨，谥曰敬侯[1]。子表嗣。初，文帝分歆户邑，封歆弟缉列侯。表，咸熙中为尚书[2]。

太和五年(231)，华歆去世，谥号称敬侯。儿子华表继承华歆的爵位。起初，文帝分出华歆的部分封邑，封华歆的弟弟华缉为列侯。华表，在咸熙年间担任尚书。

今注 1 自多：自满，自夸。 2 弊：衰败，疲困。 3 周武还师：周武王曾在孟津大会天下诸侯，以检验自己的号召力和试探各诸侯对自己与商纣的态度。虽然一下聚集了八百诸侯，但仍有几个大的诸侯没有前来，于是毅然收兵回师，继续积蓄力量等待时机。史称这一事件为"孟津观兵"，也即"周武还师"。

裴注 [1]《魏书》云:"歆时年七十五。" [2]华峤《谱叙》曰:"歆有三子。表字伟容,年二十余,为散骑侍郎。时同寮诸郎共平尚书事,年少,并兼厉锋气,要召名誉。尚书事至,或有不便,故遗漏不视,及传书者去,即入深文论驳。惟表不然,事来有不便,辄与尚书共论尽其意,主者固执,不得已,然后共奏议。司空陈群等以此称之。仕晋,历太子少傅、太常。称疾致仕,拜光禄大夫。性清淡,常虑天下退理。司徒李胤、司隶王弘等常称曰:'若此人者,不可得而贵,不可得而贱,不可得而亲,不可得而踈。'中子博,历三县内史,治有名迹。少子周,黄门侍郎、常山太守,博学有文思,中年遇疾,终于家。表有三子。长子廙,字长骏。"《晋诸公赞》曰:"廙有文翰,历位尚书令、太子少傅,追赠光禄大夫开府。峤,字叔骏,有才学,撰《后汉书》,世称为良史。为秘书监、尚书。澹,字玄骏,最知名,为河南尹。廙三子。昆,字敬伦,清粹有检,为尚书。荟,字敬叔。《世语》称荟贵正。恒,字敬则,以通理称。昆,尚书;荟,河南尹;恒,左光禄大夫开府。澹子轶,字彦夏。有当世才志,为江州刺史。"

王朗

原文

王朗,字景兴,东海郯[1]人也。以通经,拜郎中,除菑丘长。师太尉杨赐[2],赐薨,弃官行服[3]。举孝廉,辟公府,不应。徐州刺史陶谦察[4]朗茂才[5]。

时汉帝在长安,关东兵起,朗为谦治中[6],

译文

王朗,字景兴,东海郡郯县人。因精通经传,被授予郎中,任菑丘县长。王朗拜太尉杨赐为师,杨赐去世后,王朗辞官并为杨赐服丧。后来王朗被举荐为孝廉,三公府征召辟用他,他都没有答应。徐州刺史陶谦考察王朗后举荐他为茂才。

当时汉献帝在长安,关东战事兴

与别驾[7]赵昱等说谦曰：“《春秋》之义，求诸侯莫如勤王。今天子越在西京，宜遣使奉承王命。”谦乃遣昱奉章至长安。天子嘉其意，拜谦安东将军。以昱为广陵太守，朗会稽太守[1]。

起，王朗任陶谦的治中从事史，和别驾从事史赵昱等人劝陶谦说：“根据《春秋》经义，要求得诸侯的地位，没有比起兵救天子更有效的方式了。现在天子流亡到长安，应该派遣使者去承接天子的命令。”陶谦于是派遣赵昱带着奏章到长安。天子赞赏陶谦的心意，授任陶谦为安东将军。授赵昱为广陵太守，王朗为会稽太守。

今注 1 东海郯(tán)：东海郡治所郯县，在今山东郯城北。 2 杨赐：字伯献，弘农华阴人，杨秉之子。少传家学，笃志博闻，精通经学。后历任尚书令、廷尉、司空等高位。 3 行服：谓穿孝服居丧。 4 察：察举，中国古代选拔官吏的制度，由官吏荐举，经过考核，任以官职。 5 茂才：即秀才，因避汉光武帝名讳改。秀才是汉时开始与孝廉并为举士的一种科名。 6 治中：官名，州治中从事之省称，掌州选署及文书案卷众事。 7 别驾：官名，即别驾从事、别驾从事史简称，为州部佐吏，与治中职事相近。

裴注 [1]《朗家传》曰：“会稽旧祀秦始皇，刻木为像，与夏禹同庙。朗到官，以为无德之君，不应见祀，于是除之。居郡四年，惠爱在民。”

孙策渡江略地。朗功曹[1]虞翻以为力不能拒，不如避之。朗自以身为汉吏，宜保城邑，遂

孙策渡江抢占地盘。王朗的功曹虞翻认为自己的力量不能抵挡，不如避开孙策的锋芒。王朗认为自己身为汉朝官吏，应该保卫城邑，于是率军与孙策交

举兵与策战，败绩，浮海至东冶。策又追击，大破之。朗乃诣策。策以朗儒雅，诘让而不害[1]。虽流移2穷困，朝不谋夕，而收恤3亲旧，分多割少，行义甚著。

战，战斗失败，渡海到了东冶。孙策又率军追击，把王朗打得大败。王朗于是到了孙策那里。孙策因为王朗博学文雅，责问他却不伤害他。王朗虽然颠沛流离，处境穷困，朝不保夕，但仍旧收留和救济亲戚朋友，财物分给他人多，留给自己少，践行道义非常有名。

今注 1 功曹：州郡官名，掌管文书及记簿籍等工作，相当于郡守的总务长。 2 流移：流亡，迁移。 3 收恤：收容救济。

裴注 [1]《献帝春秋》曰："孙策率军如闽、越讨朗。朗泛舟浮海，欲走交州，为兵所逼，遂诣军降。策令使者诘朗曰：'问逆贼故会稽太守王朗：朗受国恩当官，云何不惟报德而阻兵安忍？大军征讨，幸免枭夷，不自扫屏，复聚党众，屯住郡境。远劳王诛，卒不悟顺。捕得云"降"，庶以欺诈，用全首领。得尔与不，具以状对。'朗称'禽虏'，对使者曰：'朗以琐才，误窃朝私，受爵不让，以遘罪网。前见征讨，畏死苟免。因治人物，寄命须臾。又迫大兵，惶怖北引。从者疾患，死亡略尽。独与老母共乘一欐，流矢始交，便弃欐就俘，稽颡自首于征役之中。朗惶惑不达，自称"降虏"，缘前迷谬，被诘惭惧。朗愚浅驽怯，畏威自惊。又无良介，不早自归；于破亡之中，然后委命下隶。身轻罪重，死有余辜。申脰就鞅，蹴足入绊，叱咤听声，东西是命。'"

太祖表征之，朗自曲阿展转江海，积年乃至[1]。拜谏议大夫，参

太祖上表征召王朗，王朗从曲阿县出发一路辗转江海，耗费一年多才到达。封谏议大夫，任司空军事。魏国刚刚建

司空军事[2]。魏国初建，以军祭酒领魏郡太守，迁少府、奉常、大理。务在宽恕，罪疑从轻。钟繇明察当法，俱以治狱见称[3]。

文帝即王位，迁御史大夫，封安陵亭侯。上疏劝育民省刑曰："兵起已来三十余年，四海荡覆，万国殄瘁[1]。赖先王芟除[2]寇贼，扶育孤弱，遂令华夏复有纲纪。鸠集兆民，于兹魏土，使封鄙[3]之内，鸡鸣狗吠，达于四境，蒸庶[4]欣欣，喜遇升平。今远方之寇未宾，兵戎之役未息，诚令复除[5]足以怀远人，良宰足以宣德泽，阡陌咸修，四民殷炽，必复过于曩时而富于平日矣。《易》称敕法，《书》著祥刑[6]，一人有庆，兆民赖之，慎法狱之谓也。昔曹相国[7]以

立的时候，王朗以军祭酒的身份兼领魏郡太守，迁任少府、奉常、大理。王朗处理案件力求宽恕，遇到不能确定的罪案就从轻处罚。钟繇处理案件明察秋毫，处置合乎法度，与王朗都以善于处理案件著称。

文帝即魏王位，王朗升任御史大夫，封安陵亭侯。王朗在劝谏文帝养育百姓、简省刑法的上疏中说："战事爆发以来已经有三十多年，国家动荡不安，各地都十分困苦。幸赖先王消灭贼寇，抚育孤小老弱，才使国家又恢复了法度。聚集亿万百姓，在魏国这片土地上，使疆域之内，鸡鸣狗叫的声音，远传到四方边境，百姓欢欣，高兴遇到升平的时代。如今远方的敌寇还没有投降称臣，战事的征役还没有停歇，如果真能免除徭役来招附远方的人，有才德的官员足以宣扬陛下的恩德，土地得到修整，士农工商生活富足，这样一定是超过往日且比平常更富足了。《周易》提倡修订法令，《尚书》赞许慎用刑法，天子一个人做了好事，诸多的人都能得到好处，就是说要慎重地执法断案啊。过去曹相国把狱市托付给后来的官员，路温舒痛恨严苛审案的官

狱市为寄，路温舒[8]疾治狱之吏。夫治狱者得其情，则无冤死之囚；丁壮者得尽地力，则无饥馑之民；穷老者得仰食仓廪，则无馁饿之殍[9]；嫁娶以时，则男女无怨旷[10]之恨；胎养必全，则孕者无自伤之哀；新生必复，则孩者无不育之累；壮而后役，则幼者无离家之思；二毛[11]不戎，则老者无顿伏之患。医药以疗其疾，宽繇以乐其业，威罚以抑其强，恩仁以济其弱，赈贷以赡其乏。十年之后，既笄[12]者必盈巷。二十年之后，胜兵者必满野矣。"

吏。审案的人能够得悉案件的详情，那么就没有受冤而死的囚犯；这样健壮的男子能尽全力在田地上耕作，那么就没有受饥饿的人；穷困且年老的人能依靠国家仓库中的粮食，那么就不会有饿死的人；婚姻嫁娶合乎年龄，那么男女就没有未能婚配的怨愤；胎儿养育周全，那么孕妇就不会有自身伤痛的哀叹；免除新生儿家庭的徭役，那么就不会有孩子无人抚养的忧患；成年以后再服徭役，那么年幼的人就不会有离开家庭的思念；白发的老人不用参军，那么老年人就不会有处境困窘的忧虑。提供医药治疗他们的疾患，减轻徭役让他们安居乐业，以严厉的刑罚抑制强横，用恩义仁德救济弱小，释放救济钱粮来供给那些贫穷的人。十年之后，成年待嫁的女子一定充满巷里。二十年之后，能参军的人一定遍满乡野。"

今注　1 殄瘁(tiǎn cuì)：也作"殄悴"，困苦。　2 芟(shān)除：消灭。芟，割草，引申为除去。　3 封鄙：疆域。封，封界。鄙，郊野之处，边远的地方。　4 蒸庶：民众，百姓。　5 复除：免除赋税、徭役。　6 祥刑：即"详刑"，谓慎用刑罚。祥，通"详"。　7 曹相国：即曹参，字敬伯，西汉初曾任齐国相并继萧何为汉相国，故以"相国"代称。他在离任齐相时曾将齐国的狱政托付给继任者，并嘱咐说不要制造新的困扰。　8 路温舒：字长君，通《春秋》经义，曾任县狱史、太守等职。他曾上疏主张“尚德缓刑”“省法制，宽刑罚”，反对刑讯逼供，并提出废除诽谤罪，以广开言路。 **9** 殍(piǎo)：饿死的人。 **10** 怨旷：长期别离，也指女无夫，男无妻。 **11** 二毛：斑白的头发，常指老年人。 **12** 既笄(jī)：古代女子到了十五岁，即把披垂的头发梳上去，插上簪子，表示成人待嫁。

裴注 ［**1**］朗被征未至。孔融与朗书曰：“世路隔塞，情问断绝，感怀增思。前见章表，知寻汤武罪己之迹，自投东裔同鲧之罚，览省未周，涕陨潸然。主上宽仁，贵德宥过。曹公辅政，思贤并立。策书屡下，殷勤款至。知棹舟浮海，息驾广陵，不意黄能突出羽渊也。谈笑有期，勉行自爱！”《汉晋春秋》曰：“孙策之始得朗也，谴让之。使张昭私问朗，朗誓不屈，策忿而不敢害也，留置曲阿。建安三年，太祖表征朗，策遣之。太祖问曰：‘孙策何以得至此邪？’朗曰：‘策勇冠一世，有俊才大志。张子布，民之望也，北面而相之。周公瑾，江淮之杰，攘臂而为其将。谋而有成，所规不细，终为天下大贼，非徒狗盗而已。’” ［**2**］《朗家传》曰：“朗少与沛国名士刘阳交友。阳为莒令，年未三十而卒，故后世鲜闻。初，阳以汉室渐衰，知太祖有雄才，恐为汉累，意欲除之而事不会。及太祖贵，求其嗣子甚急。其子惶窘，走伏无所。阳亲旧虽多，莫敢藏者。朗乃纳受积年，及从会稽还，又数开解。太祖久乃赦之，阳门户由是得全。” ［**3**］《魏略》曰：“太祖请同会，啁朗曰：‘不能效君昔在会稽折粳米饭也。’朗仰而叹曰：‘宜适难值！’太祖问：‘云何？’朗曰：‘如朗昔者，未可折而折；如明公今日，可折而不折也。’太祖以孙权称臣遣贡詺朗，朗答曰：‘孙权前笺，自诡躬讨虏以补前愆，后疏称臣，以明无二。牙兽屈膝，言鸟告欢，明珠、南金，远珍必至。情见乎辞，效著乎功，三江五湖，为沼于魏，西吴东越，化为国民。鄢、郢既拔，荆门自开。席卷巴、蜀，形势已成。重休累庆，杂沓相随。承旨之日，抚掌击节。情之畜者，辞不能宣。’”

及文帝践阼，改为司空，进封乐平乡侯[1]。时帝颇出游猎，或昏夜还宫。朗上疏曰：“夫帝王之居，外则饰周卫，内则重禁门，将行则设兵而后出幄，称警而后践墀，张弧而后登舆，清道而后奉引[1]，遮列[2]而后转毂，静室而后息驾，皆所以显至尊，务戒慎，垂法教也。近日车驾出临捕虎，日昃[3]而行，及昏而反，违警跸[4]之常法，非万乘之至慎也。”

帝报曰：“览表，虽魏绛称虞箴以讽晋悼[5]，相如陈猛兽以戒汉武[6]，未足以喻。方今二寇未殄，将帅远征，故时入原野以习戎备。至于夜还之戒，已诏有司施行[2]。”

等到文帝登基以后，王朗改任司空，进封乐平乡侯。当时文帝常常外出游玩打猎，有时候到天黑才回宫。王朗上疏说：“帝王居住的地方，外面会布设周密的禁卫，内里则严格把守宫门，将要出行的时候要先布置好卫兵然后才走出帷帐，传呼警戒然后才下台阶，张弓布箭后才登上车舆，清除道路后再随导引前行，列队遮拦后才发车，清净居室后才停驾休息，这些都是为了显示帝王至高尊严，力求警戒谨慎，是教化垂范后世的做法。最近您外出狩猎捕虎，太阳西斜时出发，等到天黑后才回，这违反了帝王出行时的警戒常规，不是帝王最谨慎的做法。”

文帝回复王朗说：“我看了你的奏章，即使魏绛援引虞人的箴言来劝诫晋悼公，司马相如陈述用猛兽来劝诫汉武帝，都不足以和你说的相比。如今蜀、吴两个贼寇还没有被消灭，将帅们远出征战，因此有时还需要到原野上演习备战。至于等待夜晚回城时的警戒，已经诏命有关官员施行。”

今注　1 奉引：为皇帝前导引车，泛指在前导引。　2 遮列：列队遮拦。　3 日昃(zè)：指太阳偏西，相当于未时，13点至15点。　4 警跸

(bì):古代帝王出入时,侍卫人员沿途严加戒备和清道。 5 魏绛称虞箴(zhēn)以讽晋悼:魏绛,即魏庄子,春秋时晋国大夫,曾用虞人的箴言来劝谏晋悼公不要沉迷田猎。虞,又称虞人,掌山泽苑囿之官。箴,劝告,劝诫,后来成为一种文体,以告诫劝谏为主。 6 相如陈猛兽以戒汉武:相如,司马相如,西汉文学家,曾奏陈田猎赋劝谏汉武帝。

裴注 [1]《魏名臣奏》载朗节省奏曰:"诏问所宜损益,必谓东京之事也。若夫西京云阳、汾阴之大祭,千有五百之群,祀通天之台,入阿房之宫,斋必百日,养牺五载,牛则三千,其重玉则七千;其器文绮以饰重席,童女以蹈舞缀;酿酎必贯三时而后成,乐人必三千四百而后备;内宫美人数至近千,学官博士弟子七千余人;中厩则骓騄驸马六万余匹,外牧则扈养三万而马十之;执金吾从骑六百,走卒倍焉;太常行陵赤车千乘,太官赐官奴婢六千,长安城内治民为政者三千,中二千石蔽罪断刑者二十有五狱。政充事猥,威仪繁富,隆于三代,近过礼中。夫所以极奢者,大抵多受之于秦余。既违茧栗悫诚之本、扫地简易之指,又失替质而损文、避泰而从约之趣。岂夫当今隆兴盛明之时,祖述尧舜之际,割奢务俭之政,除繁崇省之令,详刑慎罚之教所宜希慕哉?及夫寝庙日一太牢之祀,郡国并立宗庙之法,丞相御史大夫官属吏从之数,若此之辈,既已屡改于哀、平之前,不行光武之后矣。谨按图牒所改奏,在天地及五帝、六宗、宗庙、社稷,既已因前代之兆域矣。夫天地则扫地而祭,其余则皆坛而埒之矣。明堂所以祀上帝,灵台所以观天文,辟雍所以修礼乐,太学所以集儒林,高禖所以祈休祥,又所以察时务,扬教化。稽古先民,开诞庆祚,旧时皆在国之阳,并高栋夏屋,足以肆飨射,望云物。七郊虽尊祀尚质,犹皆有门宇便座,足以避风雨。可须军罢年丰,以渐修治。旧时虎贲、羽林、五营兵及卫士并合,虽且万人,或商贾惰游子弟,或农野谨钝之人;虽有乘制之处,不讲戎阵,既不简练,又希更寇难,名实不副,难以备急。有警而后募兵,军行而后运粮,或乃兵既久屯,而不务营佃,不修器械,无有贮聚，一隅驰羽檄，则三面并荒扰，此亦汉氏近世之失而不可式者也。当今诸夏已安，而巴蜀在画外。虽未得偃武而弢甲，放马而戢兵，宜因年之大丰，遂寄军政于农事。吏士小大，并勤稼穑，止则成井里于广野，动则成校队于六军，省其暴繇，赡其衣食。《易》称‘悦以使民，民忘其劳；悦以犯难，民忘其死’，今之谓矣。粮畜于食，勇畜于势，虽坐曜烈威而众未动，画外之蛮，必复稽颡以求改往而效用矣。若畏威效用，不战而定，则贤于交兵而后威立，接刃而后功成远矣。若奸凶不革，遂迷不反，犹欲以其所虐用之民，待大魏投命报养之士，然后徐以前歌后舞乐征之众，临彼倒戟折矢乐服之群，伐腐摧枯，未足以为喻。” ［2］《王朗集》载朗为大理时上“主簿赵郡张登，昔为本县主簿，值黑山贼围郡，登与县长王儁帅吏兵七十二人直往赴救，与贼交战，吏兵散走。儁殆见害，登手格二贼，以全儁命。又守长夏逸，为督邮所枉，登身受考掠，理逸之罪。义济二君，宜加显异”。太祖以所急者多，未遑擢叙。至黄初初，朗又与太尉钟繇连名表闻，兼称登在职勤劳。诏曰：“登忠义彰著，在职功勤。名位虽卑，直亮宜显。饔膳近任，当得此吏。今以登为太官令。”

初，建安末，孙权始遣使称藩，而与刘备交兵。诏议“当兴师与吴并取蜀不[1]？”朗议曰：“天子之军，重于华、岱，诚宜坐曜天威，不动若山。假使权亲与蜀贼相持，搏战旷日，智均力敌，兵不速决，当须军兴以成其势者，然后宜选持重之将，

起初，建安末年，孙权才开始派遣使者朝见并自称藩属，而和刘备交战。文帝诏命群臣商议“是否应该出兵和吴国一起攻取蜀国？”王朗议论说：“天子的军队，比华山、泰山还要重大，实在应该坐着展现天子的威严，像山一样安然不动。假如孙权亲自与蜀贼交战，搏杀征战旷日持久，双方计谋和军力相当，战事不能很快地解决，需要动用大军实现平定天下大势，然后应当挑选沉着稳

承[2]寇贼之要，相时而后动，择地而后行，一举更无余事。今权之师未动，则助吴之军无为先征。且雨水方盛，非行军动众之时。”帝纳其计。黄初中，鹈鹕集灵芝池[3]，诏公卿举独行君子。朗荐光禄大夫杨彪，且称疾，让位于彪。帝乃为彪置吏卒，位次三公。诏曰：“朕求贤于君而未得，君乃翻然[4]称疾，非徒不得贤，更开失贤之路，增玉铉[5]之倾。无乃[6]居其室出其言不善，见违于君子乎！君其勿有后辞。”朗乃起。

重的将领，袭击贼寇的要害，观察时机然后行动，依地形而进军，一战成功就没有留后患。如今孙权的军队还没有行动，那援助吴国的军队就先不要调动。况且此时雨水正多，并不是兴师动众的好时候。”文帝听从了王朗的建议。黄初年间，鹈鹕聚集在灵芝池，皇帝诏命公卿举荐品行高尚的君子。王朗举荐了光禄大夫杨彪，并声称自己生病，将职位让给杨彪。皇帝为杨彪设置了官吏兵卒，地位比次三公。文帝下诏说：“我向您求取贤良之人还没有得到。您却反倒称病，这不但没有得到贤才，反而又开了失去有才德之人的路径，增加玉铉倾斜的忧虑。莫非我在宫中说了不好的话，被您怨恨了吧！您再不要有后面的推辞了。”王朗于是起身继续任职。

今注　1 不(fǒu)：同“否”，不如此，不然。　2 承：通“惩”，惩击，惩戒。　3 灵芝池：魏黄初三年(222)建，在今河南洛阳东北汉魏洛阳故城内。　4 翻然：反倒，反而。　5 玉铉(xuàn)：玉制的举鼎之具。状如钩，用以提鼎之两耳，比喻处于高位的大臣。　6 无乃：相当于“莫非”。

孙权欲遣子登入侍，不至。是时车驾徙许昌，大兴屯田，欲举军

孙权打算派遣儿子孙登入京侍奉文帝，没有到达。当时汉献帝居住在许昌，大规模地设置军屯开垦土地，打算率军东

东征。朗上疏曰："昔南越守善，婴齐入侍，遂为家嗣，还君其国[1]。康居骄黠，情不副辞，都护奏议以为宜遣侍子，以黜无礼。且吴濞之祸[2]，萌于子入，隗嚣之叛[3]，亦不顾子。往者闻权有遣子之言而未至，今六军戒严，臣恐舆人[4]未畅圣旨，当谓国家愠于登之逋留[5]，是以为之兴师。设师行而登乃至，则为所动者至大，所致者至细，犹未足以为庆。设其傲狠，殊无入志，惧彼舆论之未畅者，并怀伊邑[6]。臣愚以为宜敕别征诸将，各明奉禁令，以慎守所部。外曜烈威，内广耕稼，使泊然若山，澹然若渊，势不可动，计不可测。"是时，帝以成军遂行，权子不至，车驾临江而还[1]。

征。王朗上疏说："当初南越王秉持善道，派遣儿子婴齐入京侍奉皇帝，于是婴齐成为王位继承人，被送回去统治他的国家。康居王骄横狡诈，言行不一，都护上奏认为应该让他遣送他入京侍奉的儿子回国，来贬斥他的无礼。况且吴王刘濞引发的祸乱，就是因为他儿子入京侍奉后引发的，隗嚣反叛的时候，也不顾及他的儿子。过去听孙权有派遣儿子入京侍奉的话，但没有来，现在国家军队戒备森严，臣担心众人没有明白陛下的旨意，认为国家是为孙登没有来而感到恼怒，因为此事出兵。假如军队刚出发而孙登到了，那为此采取的准备行动很大，但收到的效果很小，这是不值得庆幸的。假如孙权傲慢凶狠，根本没有派遣儿子入朝侍奉的意图，臣担心那些不明白陛下心意的舆论，都带着忧郁的心绪。臣愚笨地认为应该诏命各路东征的将领，各自严明奉行禁令，谨慎地坚守各自所统领的部属。对外展现我军的威势，对内扩大粮食的耕种，使我方将士像山一样淡泊，像深渊一样沉静，威势不可动摇，计策不能被揣测。"当时，文帝已经调集好军队出发，但孙权的儿子还没有到达，文帝率军到长江边就返回了。

今注 1 昔南越守善，婴齐入侍，遂为冢嗣，还君其国：据《汉书》载，南越王赵胡派太子婴齐入汉廷宿卫，胡死，婴齐成为继承人。 2 吴濞(bì)之祸：指汉景帝时，刘濞发动的吴楚等七国之乱，后为周亚夫所平，史称“七国之乱”。汉文帝时，吴王派太子刘贤入朝，但在和刘启玩博戏的时候，因吴太子在棋桌上争胜，态度不恭，被刘启拿棋盘砸死。儿子被太子刘启误杀后，吴王从此不遵臣仪，称病不朝，后来惶恐不安，起了反叛之心。 3 隗嚣(wěi áo)之叛：隗嚣，字季孟，东汉初占据陇地，曾派长子隗恂入侍朝廷，后隗嚣叛汉，隗恂被杀。 4 舆人：造车工人，泛指众人。 5 逋(bū)留：稽留，逗留。逋，拖延。 6 伊邑：郁悒，忧闷。

裴注 [1]《魏书》曰：“车驾既还，诏三公曰：‘三世为将，道家所忌。穷兵黩武，古有成戒。况连年水旱，士民损耗，而功作倍于前，劳役兼于昔，进不灭贼，退不和民。夫屋漏在上，知之在下，然迷而知反，失道不远，过而能改，谓之不过。今将休息，栖备高山，沉权九渊，割除摈弃，投之画外。车驾当以今月中旬到谯，淮、汉众军亦各还反，不腊西归矣。’”

明帝即位，进封兰陵侯，增邑五百，并前千二百户。使至邺省文昭皇后陵，见百姓或有不足。是时方营修宫室，朗上疏曰：“陛下即位已来，恩诏屡布，百姓万民莫不欣欣。臣顷奉使北行，往反道路，闻众徭役，其可得蠲除省减者甚多。愿

明帝即位后，进封王朗为兰陵侯，增加五百户食邑，合并以前的共计一千二百户。明帝派王朗到邺城去扫祭文昭皇后的陵墓，看见有的百姓缺吃少穿。当时正营造修建宫室，王朗上疏说：“陛下即位以来，施行恩德的诏书多次颁布，老百姓没有不开心欢喜的。臣不久前奉命到北方去。在往返的道路上，听到有众多徭役，其中可以废黜减免的有很多。希望陛下重视留心古代帝王

陛下重留日昃之听，以计制寇。昔大禹将欲拯天下之患，故乃先卑其宫室，俭其衣食，用能尽有九州，弼成五服[1]。句践[2]欲广其御儿[3]之疆[1]，馘夫差于姑苏[4]，故亦约其身以及家，俭其家以施国，用能囊括五湖[5]，席卷三江[6]，取威中国，定霸华夏。汉之文、景亦欲恢弘祖业，增崇洪绪，故能割意于百金之台[7]，昭俭于弋绨[8]之服，内减太官[9]而不受贡献，外省徭赋而务农桑，用能号称升平，几致刑错[10]。孝武之所以能奋其军势，拓其外境，诚因祖考畜积素足，故能遂成大功。霍去病[11]，中才之将，犹以匈奴未灭，不治第宅。明恤远者略近，事外者简内。自汉之初及其中兴，皆于金革略寝之后，然后凤阙猥闶[12]，德

勤于政务而忙到太阳西下也没空吃饭的故事，用计策制服敌寇。过去大禹想要拯救天下的祸患，因此就先将宫室建造得低矮，在自己的衣物和饮食方面节俭，因而能尽拥九州，四周的属国形成五服。勾践希望拓展御儿的疆土，到姑苏砍下吴王夫差的首级，所以也是约束自己及家人，把自己家里节省的财物拿给国家，因此才能囊括五湖，占据三江，在中原取得威信，在华夏赢得霸权。汉代的文帝、景帝也想光大先祖的帝业，增加和拓展世代相传的帝业，所以能舍弃建造耗费百金的露台，穿着黑色的粗厚衣服来昭示节俭，对内减少太官的数量而不接受贡奉，对外减轻徭役赋税而重视农桑，因此社会能号称太平，几乎让刑罚废置不用。孝武帝之所以能振奋国家军队威势，开拓边疆，实在是因为祖父辈积累的国力一直充足，所以能成就伟业。霍去病，才能中等的将领，尚且因为匈奴未被消灭，而不建造自己的宅院。这说明考虑长远的人先思考眼前的事，要处理外部事务的人先要求内部进行省简。自汉代初期到中兴时期，都是在战乱全都平息之后，然后楼

阳[13]并起。今当建始之前足用列朝会，崇华[14]之后足用序内官[15]，华林、天渊[16]足用展游宴，若且先成阊阖[17]之象魏[18]，使足用列远人之朝贡者，修城池，使足用绝逾越，成国险，其余一切，且须丰年。一以勤耕农为务，习戎备为事，则国无怨旷，户口滋息，民充兵强，而寇戎不宾，缉熙[19]不作，未之有也。”转为司徒。

阙高筑，宫殿兴建。如今建始殿前面足以用于百官布列朝会，崇华殿后面足够按等次安置内官，华林园、天渊池足以进行游玩宴饮，如果暂且先建造成宫殿前的观阙，使它足以布列远方前来朝贡的人，修建城池，足以阻止敌人攀越，成为都城的险阻之处，其余的一切，姑且等到丰收的年份再去考虑。始终把努力发展农桑作为要务，把演练军队作为大事，那国内就没有长期别离的男女，百姓人口也会不断增长，百姓富足军队强大，至此敌人不臣服，陛下的光辉不普照，那是不会有的事。”王朗改任司徒。

今注　1 五服：古代王畿外围，以五百里为一区划，由近及远分为侯服、甸服、绥服、要服、荒服，合称五服。　2 句(gōu)践：即勾践，姒姓，春秋末越国国君，曾败军于吴王夫差，后卧薪尝胆，转弱为强，最终灭吴，会诸侯于徐州，成为霸主。　3 御儿：又作语儿，在今浙江桐乡西南，春秋时曾为越国北境。　4 馘(guó)夫差于姑苏：馘，古代战争中割取敌人的左耳以计数献功，这里指斩获。夫差，姬姓，吴氏，春秋时期吴国末代国君，阖闾之子，虽曾战胜越国，但后来被勾践打败，被迫自刎。姑苏，地名，今江苏苏州的别称，因西南姑苏山得名。　5 五湖：泛指太湖流域一带所有湖泊。　6 三江：这里指吴江、钱塘江、浦阳江。　7 割意于百金之台：据《史记》载，汉文帝曾打算建造露台，经过计算需要费百金，文帝认为这相当于十户中等人家的资产，所以就放弃了。　8 弋绨(yì tì)：黑色粗厚的丝织物。　9 太官：官名，少府的属官，职掌皇帝的饮食宴会。　10 刑错:亦作“刑措”,指没人犯法,置刑法而不用。 **11** 霍去病:西汉名将,官至骠骑将军,封冠军侯。他曾率军大破匈奴,控制河西走廊地区,打开了通西域的道路。 **12** 凤阙猥闶(wěi kàng):凤阙,泛指皇宫殿宇。猥闶,指高大的建筑物重叠,形容其多。 **13** 德阳:殿名,是汉代洛阳北宫最大的宫殿,高大雄伟。 **14** 建始、崇华:皆是洛阳北宫殿名。 **15** 内官:指宫中的女官属。 **16** 华林、天渊:指华林园、天渊池,前者为故洛阳城内园林,而天渊池为华林园内一景。 **17** 阊阖(chāng hé):传说中的天门,泛指宫门或京都城门,借指京城、宫殿、朝廷等。 **18** 象魏:古代天子、诸侯宫门外的一对高建筑,亦称“阙”或“观”,为宣示教令之地。 **19** 缉熙:光明,光辉。

裴注 [1] 御儿,吴界边戍之地名。

时屡失皇子,而后宫就馆[1]者少,朗上疏曰:“昔周文十五而有武王,遂享十子之祚,以广诸姬之胤。武王既老而生成王,成王是以鲜于兄弟。此二王者,各树圣德,无以相过,比其子孙之祚,则不相如。盖生育有早晚,所产有众寡也。陛下既德祚兼彼二圣,春秋高于姬文育武之时矣,而子发未举于椒兰之奥房[2],藩王未繁于掖

当时明帝的皇子经常夭折,而后宫妃嫔移居宫殿分娩生产的少,王朗上疏说:“过去周文王十五岁的时候便生有武王,于是享受了十个儿子的福分,也因此增多了姬姓的后代。武王到年老的时候才有成王,成王也因此缺少兄弟。文、武两位帝王,各自树立起圣德,没有谁超过谁的,但比较他们享受子孙的福分,则就不同了。因为生育的时间有早晚,生育的子女有多有少。陛下您既然已经兼具二王的圣德福运,年纪也比文王生育武王时的年龄大,但如姬发那样的太子还没有出生于后宫,藩王也

庭[3]之众室。以成王为喻，虽未为晚，取譬伯邑，则不为夙。《周礼》六宫内官百二十人，而诸经常说，咸以十二为限，至于秦汉之末，或以千百为数矣。然虽弥猥[4]，而就时于吉馆者或甚鲜，明'百斯男'之本，诚在于一意，不但在于务广也。老臣慺慺[5]，愿国家同祚于轩辕之五五，而未及周文之二五，用为伊邑。且少小常苦被褥泰温，泰温则不能便柔肤弱体，是以难可防护，而易用感慨。若常令少小之缊袍[6]，不至于甚厚，则必咸保金石之性，而比寿于南山矣。"

没有在嫔妃的宫室内多出。拿武王生成王时作比喻，虽然不算晚，但以文王生育伯邑考时作比喻，那就不算早了。《周礼》规定六宫内可有一百二十内官，但据诸经书上说，都是以十二人为限度，等到了秦汉末年，有的帝王的后妃数以千百计算。虽然后妃人数很多，但应时到吉馆生产的很少，这表明'生子之多'的根本，实在是在于专心一意，不在于求多。老臣诚恳意切，希望国家像黄帝轩辕有二十五个儿子那样相同的福气，但现在还不及周文王有十个儿子，因此感到郁闷。而且孩子小时候常常苦于被褥太过温暖，太暖和不利于小孩柔弱的身体成长，因此难以防病养护，于是容易有夭折的感叹。如果经常让小孩穿的棉袍，不太过厚实，那必定能保持像金石那样健壮的身体，而寿命像终南山一样长久。"

今注　1 就馆：妇人临产时移住侧室分娩，指生子。　2 椒兰：即椒房。椒兰，指椒与兰，皆芳香之物，亦代指后妃居住处。古代用椒和泥涂壁，取其温香，兼有多子之意。　3 掖庭：宫中旁舍，妃嫔居住的地方。　4 弥猥(wěi)：更多。　5 慺慺(lóu)：恭谨的样子。　6 缊(yùn)袍：以乱麻为絮的袍子。古为贫者所服。

帝报曰："夫忠至者辞笃，爱重者言深。君既劳思虑，又手笔将顺[1]，三复德音[2]，欣然无量。朕继嗣未立，以为君忧，钦纳[3]至言，思闻良规。"

朗著《易》《春秋》《孝经》《周官》传，奏议论记，咸传于世[1]。太和二年薨，谥曰成侯。

子肃嗣。初，文帝分朗户邑，封一子列侯，朗乞封兄子详。

明帝回信说："忠心至极的人言辞笃实，爱意深重的人言语深切。您既因思虑而劳累，又亲笔上奏而顺势助成君王的美德，多次重复善言，朕感到无限欣喜。我的继承人还没有册立，因而让您感到忧虑，我敬佩地听取您的至理名言，愿意听到您有益的规劝。"

王朗著有《周易》《春秋》《孝经》《周官》传，奏疏议论，都流传到后世。太和二年(228)王朗去世，谥号称成侯。

王朗的儿子王肃继承爵位。当初，文帝分出王朗的部分食邑，封他的一个儿子为列侯，王朗乞求改封他哥哥的儿子王详。

今注　1 将顺：顺势促成。　2 德音：美善之言。　3 钦纳：钦佩敬服地接纳。

裴注　[1]《魏略》曰："朗本名严，后改为朗。"《魏书》曰："朗高才博雅，而性严整慷慨，多威仪，恭俭节约，自婚姻中表礼贽无所受。常讥世俗有好施之名，而不恤穷贱，故用财以周急为先。"

王肃

原文

肃，字子雍。年十八，

译文

王肃，字子雍。十八岁的时候，跟

从宋忠[1]读《太玄》[2],而更为之解[1]。黄初中,为散骑黄门侍郎。太和三年,拜散骑常侍。

四年,大司马曹真征蜀,肃上疏曰:"前志有之,'千里馈粮,士有饥色,樵苏后爨,师不宿饱',此谓平涂[3]之行军者也。又况于深入阻险,凿路而前,则其为劳必相百也。今又加之以霖雨,山坂峻滑,众逼[4]而不展,粮县而难继,实行军者之大忌也。闻曹真发已逾月而行裁[5]半谷,治道功夫,战士悉作。是贼偏得以逸而待劳,乃兵家之所惮也。言之前代,则武王伐纣,出关而复还;论之近事,则武、文征权,临江而不济。岂非所谓顺天知时,通于权变者哉!兆民知圣上以雨水艰剧之故,休而息之,后日有衅,乘

从宋忠学习《太玄》,并进一步为这部书重作注解。黄初年间,王肃任散骑黄门侍郎。太和三年(229),任散骑常侍。

太和四年(230),大司马曹真征讨蜀国,王肃上疏说:"以前的书上曾这样说:'从千里之外运送粮食,士兵会有饥饿的面色,砍柴割草后再生火做饭,军士就不能吃饱了过夜',这说的是在平坦道路上行军的状况。更何况是深入地势险要、困难的境地,要开凿道路行军,那这个一定比在平路上行军增加辛劳百倍。如今又是连天降雨,山陡坡滑,军队拥挤在狭窄之处而不得前进,粮食相距遥远而很难供应,这实在是行军大为忌讳的情况。听说曹真出发已经超过一个月,但只走了子午谷一半的路,修路的工程,军士们都要参与。这样蜀贼刚好能以逸待劳,这更是军事将领所忌惮的。说到前代,就有武王征讨商纣,出了函谷关就返回了;说的近一点的事,那就是魏武帝、文帝征讨孙权,到了长江边但不渡江。这难道不是所谓的顺从天意,明了时势,通晓随机应变的实例吗!亿万百姓知道陛下因为暴雨而行军艰难的缘故,让军队停止行军进行休整,等往后再有机会,乘

而用之,则所谓悦以犯难,民忘其死者矣。”于是遂罢。

机再动用他们,这就是所谓在遇到困难时让他们高兴,百姓就会忘死效力了。”于是明帝就停止了进军。

今注　1 宋忠:一作衷,字仲子,东汉末年大儒,撰有《五经章句》,曾任荆州五业从事。　2《太玄》:古代哲学著作,汉代扬雄撰,也称《扬子太玄经》。　3 平涂:平坦的道路。涂,通“途”。　4 逼:狭窄。　5 裁:通“才”。

裴注　[1] 肃父朗与许靖书云:“肃生于会稽。”

又上疏:“宜遵旧礼,为大臣发哀,荐果宗庙。”事皆施行。

又上疏陈政本曰:“除无事之位,损不急之禄,止浮食[1]之费,并从容之官;使官必有职,职任其事,事必受禄,禄代其耕,乃往古之常式,当今之所宜也。官寡而禄厚,则公家之费鲜,进仕之志劝。各展才力,莫相倚仗。敷奏[2]以言,明试以功,能之与否,简在帝心。是以唐、虞之设

王肃又上疏说:“应该遵循过去的礼节,为死去的大臣举行哀悼仪式,在宗庙进献果品进行祭祀。”这些事都得到了施行。

王肃又上疏陈述处理政务的根本道理说:“废除无事可干的职位,减免不急需的俸禄,停止支出不干事白吃饭的人的费用,摒弃悠闲自在的官员;让官员一定要承担与其才干能力相匹配的职务,各司其职,能处理职事的一定领受俸禄,用俸禄代替耕作,这是古代的常规,也是适合如今情况的。官员少但俸禄厚实,那么国家的开支变少,天下人出仕做官的愿望就得到鼓励。各自展现才华能力,不相互依赖。让官员们陈奏自己的政

官分职，申命公卿，各以其事，然后惟龙为纳言[3]，犹今尚书也，以出内帝命而已。夏、殷不可得而详。《甘誓》曰'六事之人'，明六卿亦典事者也。《周官》则备矣，五日视朝，公卿大夫并进，而司士[4]辨其位焉。其《记》曰：'坐而论道，谓之王公；作而行之，谓之士大夫。'及汉之初，依拟前代，公卿皆亲以事升朝。故高祖躬追反走之周昌[5]，武帝遥可奉奏之汲黯[6]，宣帝使公卿五日一朝，成帝始置尚书五人。自是陵迟，朝礼遂阙。可复五日视朝之仪，使公卿尚书各以事进。废礼复兴，光宣圣绪，诚所谓名美而实厚者也。"

见，明确考核他们的政绩，是否能胜任职位，由陛下决定。因此这就是唐尧、虞舜设置官职，划分职务，再任命公卿，各自承担自己的职事，然后任命龙为纳言，如现在的尚书，只是传达皇帝的诏命而已。夏、商的职官情况不太清楚。《甘誓》说'六事之人'，说明六卿也是掌管政务的人。《周官》中就记录得很详细了，天子每五天上朝听政，公卿大夫一同上朝觐见，而有司士辨察他们排列的位次。《考工记》说：'坐着与天子议论政务的，称作王公；执行办事的，称作士大夫。'等到汉代初年，依照前代旧例，公卿大夫都亲自上朝奏事。因此汉高祖亲自追回离身的周昌，汉武帝虽与之相隔甚远，但也能批阅同意汲黯的呈送奏疏，汉宣帝命公卿每五天一次朝会，汉成帝开始时才设置五位尚书。自此以后朝会制度废弛，朝见的礼仪也残缺不全。如今陛下可以恢复五日一听朝政的仪制，让公卿尚书呈报各自的职事。废弛的礼仪得到复兴，光大和宣扬了圣王的事业，这实在是人们所说名声好而实效又好的措施啊。"

今注　1 浮食：多指不事耕作而食，代指尸位素餐。　2 敷(fū)奏：陈奏,向君上报告。 3 纳言:喉舌之官,主宣达王命。 4 司士:掌管纠察百官的辅政大臣,相传商代已置,西周时掌百官狱讼刑罚。 5 周昌:汉初大将,随刘邦起义,后为御史大夫,封汾阴侯。周昌为人倔强,敢直言。 6 汲黯:字长孺,为人耿直,好直谏廷诤,汉武帝称其为“社稷之臣”。

青龙中,山阳公[1]薨,汉主也。肃上疏曰:“昔唐禅[2]虞,虞禅夏,皆终三年之丧,然后践天子之尊。是以帝号无亏,君礼犹存。今山阳公承顺天命,允答民望,进禅大魏,退处宾位。公之奉魏,不敢不尽节。魏之待公,优崇而不臣。既至其薨,榇敛之制,舆徒之饰,皆同之于王者,是故远近归仁,以为盛美。且汉总帝皇之号,号曰皇帝。有别称帝,无别称皇,则皇是其差轻者也。故当高祖之时,土无二王,其父见在而使称皇,明非二王之嫌也。况今以赠终,可使称皇以配其谥。”明帝不

青龙年间,山阳公刘协去世,他本是汉朝的皇帝。王肃上疏说:“过去尧把天下禅让给舜,舜禅让给禹,都是等三年服丧期满再继位为天子。因此皇帝的称号没有缺损,君主的礼仪仍然有保存。如今山阳公承续顺应上天的命令,满足民众的愿望,将皇位禅让给大魏,自己退下来处在宾客的位置上。他事奉魏国不敢不尽到臣节。魏国对待山阳公,非常优厚崇敬而且不把他当作臣子。等到山阳公去世,他的棺椁和殓葬的规格,灵车和徒役,都与王相同,因此让远近的人都来归附,认为这是非常美好的。况且汉朝把皇帝的名号合在一起,称皇帝。有另外称帝的,没有另外称皇的,那是因为皇比帝的称号要差些。因此在汉高祖的时候,天下没有两个君王,他的父亲在世而让他称皇,明确不是两个帝王的嫌疑。何况如今是用来死后的追赠,可以称皇来和他的谥号相配合。”魏明帝没

从使称皇，乃追谥曰汉孝献皇帝[1]。

有听从称皇的意见，仍旧追赠他谥号为汉孝献皇帝。

今注 1 山阳公：指东汉献帝刘协。公元220年，曹丕代汉建魏，汉献帝被废除帝位而改封山阳公。 2 禅(shàn)：古代帝位传承的一种方式，帝王择贤者以让位。传说上古唐尧禅位给虞舜，虞舜又禅位给夏禹，禹传位给自己的儿子启，自此开启家天下模式。

裴注 [1] 孙盛曰："化合神者曰皇，德合天者曰帝。是故三皇创号，五帝次之。然则皇之为称，妙于帝矣。肃谓为轻，不亦谬乎！"臣松之以为，上古谓皇皇后帝，次言三、五，先皇后帝，诚如盛言。然汉氏诸帝，虽尊父为皇，其实则贵而无位，高而无民，比之于帝，得不谓之轻乎！魏因汉礼，名号无改。孝献之崩，岂得远考古义？肃之所云，盖就汉制而为言耳。谓之为谬，乃是讥汉，非难肃也。

后肃以常侍领秘书监1，兼崇文观祭酒2。

景初间，宫室盛兴，民失农业，期信3不敦，刑杀仓卒。肃上疏曰："大魏承百王之极，生民无几，干戈未戢4，诚宜息民而惠之以安静遐迩5之时也。夫务畜积而息疲民，在于省徭役而勤稼穑。今宫室未就，功业未讫，

后来王肃以常侍的身份兼任秘书监，还兼任崇文观祭酒。

景初年间，朝廷大兴宫殿建设，百姓的农业生产被耽误，约定的劳役期限没有得到执行，刑罚处理仓促。王肃上疏说："大魏承续百代先王的末期，老百姓剩下的不多，战事没有停息，确实应该让百姓休养生息并给予恩惠，现在是使远近的人民安定生活的时候了。要尽力积蓄财物而让疲敝的百姓得到休息，在于减省徭役并勤勉耕作。如今宫殿还未建

运漕[6]调发，转相供奉。是以丁夫疲于力作，农者离其南亩[7]，种谷者寡，食谷者众，旧谷既没，新谷莫继。斯则有国之大患，而非备豫之长策也。今见作者三四万人，九龙可以安圣体，其内足以列六宫，显阳之殿，又向将毕，惟泰极已前，功夫尚大，方向盛寒，疾疢[8]或作。诚愿陛下发德音，下明诏，深愍[9]役夫之疲劳，厚矜兆民之不赡[10]，取常食廪之士，非急要者之用，选其丁壮，择留万人，使一期而更之，咸知息代有日，则莫不悦以即事，劳而不怨矣。计一岁有三百六十万夫，亦不为少。当一岁成者，听且三年。分遣其余，使皆即农，无穷之计也。仓有溢粟，民有余力：以此兴功，何功不

成，功业没有成就，漕运征调运输粮食，辗转供给。因此服劳役的人被繁重的劳作弄得疲惫不堪，耕种的人离开自己的田地，种粮食的人少，吃粮食的人多，陈粮已经吃完，新粮还没接续上。这种情况对国家有莫大的祸患，而不是准备好的长远之计。现在看到服劳役的人有三四万人，九龙殿可以让陛下安居，宫内足以安排六宫妃嫔，显阳殿又即将建成，只是泰极殿的前面，工程还很大，现在天气严寒，疾病时有发作流行。臣下诚恳地希望陛下发布仁德的声音，下达英明的诏命，深切地怜悯服役者的疲惫劳累，多同情百姓的衣食不足，裁去那些经常吃公家俸禄的人和不急需的费用，选择其中精壮的，留下一万人，让他们服役一期就替换，都知道休息替换有确切的时间，那他们就没有人不高兴地去做事，即便感到辛苦也不会怨恨。算下来一年有三百六十万个民工，也是不少了。本来一年完成的工程，姑且听任三年完成。分别派遣余下的农夫，让他们从事耕作，这是好处无尽的计策啊。粮仓里有满溢出来的粮食，百姓有多余的劳力：用这种方法去建立功业，有什么功业建立不了

立？以此行化，何化不成？夫信之于民，国家大宝也。仲尼曰：'自古皆有死，民非信不立。'夫区区之晋国，微微之重耳[11]，欲用其民，先示以信，是故原虽将降，顾信而归，用能一战而霸，于今见称。前车驾当幸洛阳，发民为营，有司命以营成而罢。既成，又利其功力，不以时遣。有司徒营其目前之利，不顾经国之体。

呢？用这种办法来推行教化，有什么教化推行不了呢？对民众讲信用，是国家的大法宝啊。孔子说：'自古以来人都有一死，百姓没有信用就不能立足世上。'那小小的晋国，微不足道的重耳，想要役使民众，先要向他们展示信誉，因此原国即使将要投降，重耳也顾及信用而撤军返回，也因此打一次仗就能称霸中原，到今天还受人称颂。先前陛下亲临洛阳，征发百姓布设营地，有关官员命令建成营地后就停止征用。等到营地建成，又继续利用百姓的劳力，不按约定的时间遣放他们回去。有关官员机构只谋取眼前的利益，不考虑治国安邦的根本大计。

【今注】 1 秘书监：东汉延熹二年(159)置，掌典图书秘记，后省。曹魏文帝时置为秘书署长官，掌管艺文图籍。 2 崇文观祭酒：崇文观为安置文学之士处，其长官称祭酒。 3 期信：约定的期限。 4 戢(jí)：止息。 5 遐迩(ěr)：远近。 6 运漕：谓由水路运粮。 7 南亩：谓农田。因为南坡向阳，利于农作物生长，古人田土多向南开辟，故称。 8 疾疢(chèn)：病害，泛指疾病。 9 愍(mǐn)：同"悯"，哀怜。 10 赡(shàn)：富足，足够。 11 重耳：指晋文公，姬姓，名重耳，是春秋五霸中第二位霸主。

"臣愚以为自今以后，傥复使民，宜明其令，

"臣愚昧地认为从今以后，如果役使百姓，应该明确法令，使他们能按期

使必如期。若有事以次，宁复更发，无或失信。凡陛下临时之所行刑，皆有罪之吏，宜死之人也。然众庶不知，谓为仓卒。故愿陛下下之于吏而暴其罪。钧[1]其死也，无使污于宫掖[2]而为远近所疑。且人命至重，难生易杀，气绝而不续者也，是以圣贤重之。孟轲[3]称杀一无辜以取天下，仁者不为也。汉时有犯跸[4]惊乘舆马者，廷尉张释之奏使罚金，文帝怪其轻，而释之曰：'方其时，上使诛之则已。今下廷尉。廷尉，天下之平也，一倾之，天下用法皆为轻重，民安所措其手足？'臣以为大失其义，非忠臣所宜陈也。廷尉者，天子之吏也，犹不可以失平，而天子之身，反可以惑谬乎？斯重于为己，而轻于为君，不忠之

回去。如果有事需要接着干，宁可重新征召，也不要失去信誉。凡是陛下临时需要执行的刑罚，都是有罪的官吏和应该处死的人。但是民众不知道，认为是仓促执行。所以希望陛下把罪犯交给执法官吏并曝光他们的罪行。同样是判处死刑，不要让朝廷受到玷污且被远近的人怀疑。况且人命至关重要，活着困难但被杀死容易，断气之后就不能复生了，因此圣贤都重视人命。孟子说杀掉一个无辜的人就能取得天下，有仁德的人是不会做的。汉代有人冲撞了皇上的车驾而让乘车的人受惊，廷尉张释之上奏报说判处罚金，文帝责怪他判处得轻微，张释之解释说：'正当事件发生的那个时候，陛下命人杀了他也就算了。如今交给了廷尉处理。廷尉，是在天下执法要公正的人，一有不公正的地方，天下的法律都会随意判轻判重了，百姓又怎么处理自己的一举一动呢？'臣以为这样做非常不合道义，不是忠臣应该陈奏的。廷尉，是天子的官吏，尚且不能有失公正，而贵为天子，反倒可以受迷惑而出错吗？这是对身为臣子的自己看得重，而把天子看得轻了，这样是

甚也。周公曰：'天子无戏言；言则史书之，工诵之，士称之。'言犹不戏，而况行之乎？故释之之言不可不察，周公之戒不可不法也。"又陈"诸鸟兽无用之物，而有刍谷人徒之费，皆可蠲[5]除。"

极不忠诚的了。周公说：'天子没有戏说玩笑话；一说话史官就记录下来，乐师唱诵它，士人称赞它。'说话都不能作儿戏，何况行动呢？因此张释之的话不能不省察，周公的告诫不能不效法。"王肃又陈述说："皇家园林中各种鸟兽都是没有用的东西，饲养它们却有草料、粮食和人工等花费，这些都可以去除。"

今注 1 钧：通"均"。平均，平等。 2 宫掖：指皇宫。掖，掖庭，宫中的旁舍，嫔妃居住的地方。 3 孟轲：即孟子，名轲，字子舆，战国时期思想家、教育家。孟子曾受业于孔子之孙子思的门人，是继孔子之后儒家学派的又一代表人物，与孔子并称"孔孟"。 4 犯跸：冲犯皇帝的车驾。据《史记》记载，汉文帝有一次车驾经过中渭桥，有一人从桥下走出，导致乘舆马惊。文帝于是派人追捕，交给廷尉张释之定罪。 5 蠲(juān)：除去，免除。

帝尝问曰："汉桓帝时，白马令李云[1]上书言：'帝者，谛也。是帝欲不谛。'当何得不死？"肃对曰："但为言失逆顺之节。原其本意，皆欲尽心，念存补国。且帝者之威，过于雷霆，杀一匹夫，无异蝼蚁。宽而宥之，可

明帝曾经问王肃说："汉桓帝的时候，白马县县令李云上书说：'帝，是谛的意思。现在帝王却不想明辨听审。'当时怎么没有被处死？"王肃回答说："李云的话只是失去了臣子直谏或顺从的礼节。考察他的本意，都是想尽忠心，思考如何对国家有益。况且皇帝的威仪，超过雷霆，杀死一介匹夫，和杀死一只蝼蚁没什么区别。桓帝宽恕了他，

以示容受切言，广德宇于天下。故臣以为杀之未必为是也。”帝又问：“司马迁以受刑之故，内怀隐切，著《史记》非贬孝武，令人切齿。”对曰：“司马迁记事，不虚美，不隐恶。刘向、扬雄服其善叙事，有良史之才，谓之实录。汉武帝闻其述《史记》，取孝景及己本纪览之，于是大怒，削而投之。于今此两纪有录无书。后遭李陵[2]事，遂下迁蚕室[3]。此为隐切在孝武，而不在于史迁也。”

可以展示自己能容纳接受激切的言辞，向天下广施仁德。因此臣以为杀了李云并不一定是对的。”明帝又问：“司马迁因为受到宫刑，心里怀着怨恨，写《史记》贬低诋毁孝武帝，令人切齿痛恨。”王肃回答说：“司马迁记录史事，没有凭空赞美，没有隐藏过失。刘向、扬雄佩服司马迁擅长叙事，有做优秀史官的才能，说他是如实记录。汉武帝听说他著《史记》，取其中孝景皇帝本纪和自己的本纪阅览，于是大怒，气得把简册上的文字削了并扔掉。于是如今这两篇本纪有目录但是没有记载内容。后来司马迁因为李陵的事，被送到蚕室施以宫刑。这说明有怨恨的是在于孝武帝，而不是在于司马迁。”

今注　1 李云：字行祖，性好学，素有贤良方正之名。汉桓帝时政治黑暗，单超等五人同时封侯，他露布上书，指斥宦官专权，因此被捕下狱，后死狱中。　2 李陵：字少卿，为李广孙。李陵曾率五千士兵出击匈奴，受单于大军围攻，后矢尽粮绝，战败投降，汉武帝杀其母弟妻子。司马迁曾为李陵辩护，因此激怒汉武帝而被问罪受宫刑。　3 蚕室：指罪犯受宫刑的地方。宫刑者畏风，须暖，作密室蓄火如蚕室，故名。司马迁在此受宫刑。

正始元年，出为广平太守。公事征还，拜议郎。顷之，为侍中，迁太常。时大将军曹爽专权，任用何晏、邓飏等。肃与太尉蒋济、司农桓范论及时政，肃正色曰："此辈即弘恭[1]、石显[2]之属，复称说邪！"爽闻之，戒何晏等曰："当共慎之！公卿已比诸君前世恶人矣。"坐宗庙事免。

后为光禄勋。时有二鱼长尺，集于武库[3]之屋，有司以为吉祥。肃曰："鱼生于渊而亢于屋，介鳞之物失其所也。边将其殆有弃甲之变乎？"其后果有东关[4]之败。

正始元年(240)，王肃出任广平太守。后因公事被征召回京，授议郎职。不久，任侍中，迁任太常。当时大将军曹爽独揽大权，任用何晏、邓飏等人。王肃与太尉蒋济、司农桓范讨论到时政时，王肃神色严厉地说道："这些人都是弘恭、石显那类人，还有什么可说的！"曹爽听到后，告诫何晏等人说："你们都要谨慎啊！公卿大夫已经把你们比作前朝的恶人了。"后来王肃因为宗庙祭祀的事受牵累被免职。

后来王肃担任光禄勋。当时有两条一尺长的鱼，落到武器库的屋顶上，有官员认为这是吉兆。王肃说："鱼本生活在深潭里，现在却出现在了屋顶上，这是鳞甲动物失去了他们生活的地方。边境将领大概有丢盔弃甲打败仗的变故吧！"这以后果然有东关的战败。

今注 1 弘恭：西汉宦官，青年时为中黄门，后任中尚书，宣帝时任为中书令。弘恭为人明习法令，善为奏请，长期在内朝专政，甚至连丞相、御史大夫都对他阿附敬容。 2 石显：字君房，为西汉元帝时宦官，掌权期间结党营私，打击异己，扰乱朝政。 3 武库：指储藏兵器的仓库。 4 东关：关隘名，三国吴诸葛恪筑，为战略要冲，故址在今安徽含山西南濡须山上。

徙为河南尹。嘉平六年，持节兼太常，奉法驾，迎高贵乡公于元城[1]。是岁，白气经天，大将军司马景王[2]问肃其故，肃答曰："此蚩尤之旗也，东南其有乱乎？君若修己以安百姓，则天下乐安者归德，唱乱者先亡矣。"

王肃迁任河南尹。嘉平六年(254)，王肃持节兼任太常，奉引皇帝的车驾，到元城迎接高贵乡公。当年，有白色的气贯穿天空，大将军司马景王问王肃其中的原因，王肃回答说："这是蚩尤的战旗，东南难道有叛乱吗？您如果通过修养自己来安抚百姓，那天下喜欢安定的人都会来归附您的仁德，发动叛乱的人就会先灭亡。"

今注 1 元城：因战国时为魏公子元食邑而得名。在今河北大名东。三国魏晋为阳平郡治所。 2 司马景王：司马师，字子元，三国时期曹魏权臣，西晋王朝的奠基人之一，死后被追尊为晋景王。西晋建立后，司马师被追尊为景皇帝，庙号世宗。

明年春，镇东将军毌丘俭、扬州刺史文钦反，景王谓肃曰："霍光[1]感夏侯胜之言，始重儒学之士，良有以也。安国宁主，其术焉在？"肃曰："昔关羽率荆州之众，降于禁于汉滨，遂有北向争天下之志。后孙权袭取其将士家属，羽士众一旦瓦解。今淮南将士父母妻子皆

第二年春天，镇东将军毌丘俭、扬州刺史文钦反叛，司马景王对王肃说："霍光感念夏侯胜的话，才开始重视儒家读书人，这确实有原因的。使国家稳定、君主安宁的方法在哪里呢？"王肃说："曾经关羽率领荆州的军士，在汉水边降服了于禁，于是有了北上争夺天下的想法。后来孙权偷袭劫取关羽将士们的家属，关羽的军队一下子就土崩瓦解了。如今淮南将士的父母妻儿都在内地各州，只要迅速前去抵御保卫，

在内州，但急往御卫，使不得前，必有关羽土崩之势矣。”景王从之，遂破俭、钦。后迁中领军[2]，加散骑常侍，增邑三百，并前二千二百户。

甘露元年薨，门生缞绖[3]者以百数。追赠卫将军，谥曰景侯。子恽嗣。恽薨，无子，国绝。景元四年，封肃子恂为兰陵侯。咸熙中，开建五等，以肃著勋前朝，改封恂为丞子[1]。

使他们不能前进，那叛军们也必定有像关羽那样土崩瓦解的局势了。”司马景王听从了王肃的建议，因此击破了毌丘俭、文钦的叛乱。后来王肃任中领军，加封散骑常侍，增加三百户食邑，合并先前的封邑一共有两千两百户。

甘露元年(256)王肃去世，他的门生中服丧的有数百人。朝廷追赠他为卫将军，谥号称景侯。王肃的儿子王恽承嗣。王恽死后没有子嗣继位，封地就被取消了。景元四年(263)，朝廷封王肃的儿子王恂为兰陵侯。咸熙年间，朝廷开始建立五等爵位，因为王肃在前朝功勋卓著，改封王恂为丞县子爵。

今注 1 霍光：字子孟，西汉中叶权臣，政治家，霍去病异母弟。汉武帝临终时，霍光被拜为大将军、大司马，受命辅佐昭帝。昭帝死后，霍光先立后废昌邑王刘贺，拥立汉宣帝即位，掌权摄政，权倾朝野。 2 中领军：东汉建安年间曹操改领军置，与中护军共典禁兵，属丞相府。 3 缞绖(cuī dié)：丧服。古人丧服前当心处缀有长六寸、广四寸的麻布，名衰，因名此衣为衰；围在头上的麻绳为首绖，缠在腰间的散麻绳为腰绖。缞，同“衰”。

裴注 [1]《世语》曰：“恂，字良夫，有通识，在朝忠正。历河南尹、侍中，所居有称。乃心存公，有匪躬之节。鬲令袁毅馈以骏马，知其贪财，不受。毅竟以黩货而败。建立二学，崇明五经，皆恂所建。卒时年四十余，赠车骑将军。肃女适司马文王,即文明皇后,生晋武帝、齐献王攸。"《晋诸公赞》曰:"恂兄弟八人。其达者,虔,字恭祖,以功干见称,位至尚书。弟恺,字君夫,少有才力而无行检,与卫尉石崇友善,俱以豪侈竞于世,终于后将军。虔子康、隆,仕亦宦达,为后世所重。"

初,肃善贾、马[1]之学,而不好郑氏[2],采会同异,为《尚书》《诗》《论语》《三礼》《左氏》解,及撰定父朗所作《易传》,皆列于学官。其所论驳朝廷典制、郊祀、宗庙、丧纪、轻重[3],凡百余篇。时乐安[4]孙叔然[1],受学郑玄之门,人称东州大儒。征为秘书监,不就。肃集《圣证论》以讥短玄,叔然驳而释之,及作《周易》《春秋例》《毛诗》《礼记》《春秋三传》《国语》《尔雅》诸注,又注书十余篇。自魏初征士[5]燉煌[6]周生烈[2],明帝时大司农弘农董遇等,亦历注经传,颇传于世[3]。

起初,王肃喜欢贾逵、马融的学问,但不喜欢郑玄的学说,因此采集汇合几家的同异,写成《尚书》《诗》《论语》《三礼》《左传》的注解,以及编订自己父亲王朗所作的《易传》,都被朝廷列为官方学习的经典。王肃的议论驳斥纠正朝廷典章制度、郊祀、宗庙、丧纪、轻重等文章,有一百多篇。当时乐安人孙叔然,在郑玄门下学习,人们称他是东州的大儒。朝廷征召他为秘书监,他没有接受。王肃撰著《圣证论》来讥讽指责郑玄,孙叔然对王肃的言论加以反驳和解释,王肃又作《周易》《春秋例》《毛诗》《礼记》《春秋三传》《国语》《尔雅》等书的注解,另外还注书十几篇。自魏国初征召士人燉煌郡周生烈,到魏明帝时大司农弘农、董遇等人,也是遍注经传,在世间流传也很广泛。

今注　1 贾、马:指东汉著名经学家贾逵、马融,二人同为古文经学名家。后世称“通儒”。 2 郑氏:指郑玄,字康成,为汉末经学大师。 3 轻重:物体重量的大小,引申为度量衡。 4 乐安:郡名,三国魏改乐安国置,治高苑县,在今山东邹平东北。 5 征士:指学行并高而不出仕的隐士。 6 燉煌:郡名,治所在敦煌县(今甘肃敦煌西)。

裴注 [1] 臣松之案:叔然与晋武帝同名,故称其字。 [2] 臣松之案:此人姓周生,名烈。何晏《论语集解》有烈《义例》,余所著述,见晋武帝《中经簿》。 [3]《魏略》曰:“遇,字季直,性质讷而好学。兴平中,关中扰乱;与兄季中依将军段煨。采梠负贩,而常挟持经书,投闲习读。其兄笑之而遇不改。及建安初,王纲小设,郡举孝廉,稍迁黄门侍郎。是时,汉帝委政太祖,遇旦夕侍讲,为天子所爱信。至二十二年,许中百官矫制,遇虽不与谋,犹被录诣邺,转为冗散。常从太祖西征,道由孟津,过弘农王冢。太祖疑欲谒,顾问左右,左右莫对,遇乃越第进曰:‘《春秋》之义,国君即位未逾年而卒,未成为君。弘农王即阼既浅,又为暴臣所制,降在藩国,不应谒。’太祖乃过。黄初中,出为郡守。明帝时,入为侍中、大司农。数年,病亡。初,遇善治《老子》,为《老子》作训注。又善《左氏传》,更为作朱墨别异。人有从学者,遇不肯教,而云‘必当先读百遍’。言‘读书百遍而义自见’。从学者云:‘苦渴无日。’遇言‘当以三余’。或问三余之意,遇言‘冬者岁之余,夜者日之余,阴雨者时之余也’。由是诸生少从遇学,无传其朱墨者。”《世语》曰:“遇子绥,位至秘书监,亦有才学。齐王冏功臣董艾,即绥之子也。”《魏略》以遇及贾洪、邯郸淳、薛夏、隗禧、苏林、乐详等七人为儒宗,其序曰:“从初平之元,至建安之末,天下分崩,人怀苟且,纲纪既衰,儒道尤甚。至黄初元年之后,新主乃复,始扫除太学之灰炭,补旧石碑之缺坏,备博士之员录,依汉甲乙以考课。申告州郡,有欲学者,皆遣诣太学。太学始开,有弟子数百人。至太和、青龙中,中外多事,人怀避就,虽性非解学,多求诣太学。太学诸生有千数,而诸博士率皆粗疏,无以教弟子。弟子本亦避役,竟无能习学,冬来春去,岁岁如是。又虽有精者，而台阁举格太高，加不念统其大义，而问字指墨法点注之间，百人同试，度者未十。是以志学之士，遂复陵迟，而末求浮虚者各竞逐也。正始中，有诏议圜丘，普延学士。是时郎官及司徒领吏二万余人，虽复分布，见在京师者尚且万人，而应书与议者略无几人。又是时朝堂公卿以下四百余人，其能操笔者未有十人，多皆相从饱食而退。嗟夫！学业沉陨，乃至于此。是以私心常区区贵乎数公者，各处荒乱之际，而能守志弥敦者也。”贾洪，字叔业，京兆新丰人也。好学有才，而特精于《春秋左传》。建安初，仕郡，举计掾，应州辟。时州中自参军事以下百余人，唯洪与冯翊严苞交通，材学最高。洪历守三县令，所在辄开除厩舍，亲授诸生。后马超反，超劫洪，将诣华阴，使作露布。洪不获已，为作之。司徒钟繇在东，识其文，曰：“此贾洪作也。”及超破走，太祖召洪署军谋掾。犹以其前为超作露布文，故不即叙。晚乃出为阴泉长。延康中，转为白马王相。善能谈戏。王彪亦雅好文学，常师宗之，过于三卿。数岁病亡，亡时年五十余，时人为之恨仕不至二千石。而严苞亦历守二县，黄初中，以高才入为秘书丞，数奏文赋，文帝异之。出为西平太守，卒官。薛夏，字宣声，天水人也。博学有才。天水旧有姜、阎、任、赵四姓，常推于郡中，而夏为单家，不为降屈。四姓欲共治之，夏乃游逸，东诣京师。太祖宿闻其名，甚礼遇之。后四姓又使囚遥引夏，关移颍川，收捕系狱。时太祖已在冀州，闻夏为本郡所质，抚掌曰：“夏无罪也。汉阳儿辈直欲杀之耳！”乃告颍川使理出之，召署军谋掾。文帝又嘉其才，黄初中为秘书丞，帝每与夏推论书传，未尝不终日也。每呼之不名，而谓之薛君。夏居甚贫，帝又顾其衣薄，解所御服袍赐之。其后征东将军曹休来朝，时帝方与夏有所咨论，而外启休到，帝引入。坐定，帝顾夏言之于休曰：“此君，秘书丞天水薛宣声也，宜共谈。”其见遇如此。寻欲用之，会文帝崩。至太和中，尝以公事移兰台。兰台自以台也，而秘书署耳，谓夏为不得移也，推使当有坐者。夏报之曰：“兰台为外台，秘书为内阁，台、阁，一也，何不相移之有？”兰台屈无以折。自是之后，遂以为常。后数岁病亡，敕其子无还天水。隗禧，字子牙，京兆人也。世单家，少好学。初平中，三辅乱，禧南客荆州，不以荒扰，担负经书，每以采梠余日，则诵习之。太祖定荆州，召署军谋掾。黄初中，为谯王郎中。王宿闻其儒者，常虚心从学。禧亦敬恭以授王，由是大得赐遗。以病还，拜郎中。年八十余，以老处家，就之学者甚多。禧既明经，又善星官，常仰瞻天文，叹息谓鱼豢曰："天下兵戈尚犹未息，如之何？"豢又常从问《左氏传》，禧答曰："欲知幽微莫若《易》，人伦之纪莫若《礼》，多识山川草木之名莫若《诗》，《左氏》直相斫书耳，不足精意也。"豢因从问《诗》，禧说齐、韩、鲁、毛四家义，不复执文，有如讽诵。又撰作诸经解数十万言，未及缮写而得聋，后数岁病亡也。其邯郸淳事在《王粲传》，苏林事在《刘邵》《高堂隆传》，乐详事在《杜畿传》。鱼豢曰："学之资于人也，其犹蓝之染于素乎！故虽仲尼，犹曰'吾非生而知之者'，况凡品哉！且世人所以不贵学者，必见夫有'诵诗三百而不能专对于四方'故也。"余以为是则下科耳，不当顾中庸以上，材质适等，而加之以文乎！今此数贤者，略余之所识也。检其事能，诚不多也。但以守学不辍，乃上为帝王所嘉，下为国家名儒，非由学乎！由是观之，学其胡可以已哉！

评曰：钟繇开达[1]理干[2]，华歆清纯德素，王朗文博富赡，诚皆一时之俊伟也。魏氏初祚，肇登三司，盛矣夫！王肃亮直多闻，能析薪[3]哉[1]！

评论说：钟繇开明豁达，办事能力强，华歆清正纯洁，德性素朴，王朗学识渊博，富有才华，确实都是那时候的俊杰伟才。魏国初建时，他们开始位列三公，人才真是兴盛啊！王肃忠诚正直，见识广博，能继承父业啊！

今注　1 开达：开明豁达。　2 理干：具有行政上的才干。　3 析薪：本义为劈柴，后谓继承父业。

裴注　[1] 刘寔以为肃方于事上而好下佞己，此一反也；性嗜荣贵而不求苟合，此二反也；吝惜财物而治身不秽，此三反也。

卷十四 魏书十四

程郭董刘蒋刘传

导读 本卷所载皆智谋之士。

程昱有谋略，能识大势，而且胆识过人，在遇到紧急状况时能冷静做出决断。初平年间，兖州刺史想要任用程昱，程昱不为所动，但曹操在兖州的时候，程昱却跟随他而去。曹操征伐徐州的时候，张邈等人背叛，与吕布等人一起攻城略地，程昱与荀彧坚守住鄄城、范、东阿三城，程昱因此任东平相。程昱反对与袁绍讲和，天子都许后，因为兖州尚未平定，曹操就让程昱都督兖州军事，程昱能够做到守土有责，等到天下逐渐安定，程昱不居功而主动引退。

程晓在嘉平年间为黄门侍郎，当时校事官霸道蛮横，程晓上疏陈述《周礼》任官之法，《春秋》尊卑之义，反对校事官越权插手各种事务。程晓所陈深得治官之要，于是朝廷罢免校事官，程晓迁为汝南太守。

郭嘉刚开始在袁绍那里任职，但感到袁绍志大才疏，难以成就大业，就离开了，后又跟随曹操，才找到自己的归宿。征伐吕布的时候，士卒疲劳，郭嘉力劝曹操一鼓作气，擒拿吕布。官渡之战的时候，郭嘉料定孙策无法渡江而奔袭曹军，果如其言。郭嘉用缓兵之计，使袁谭、袁尚自相残杀，曹操从而顺利平定冀州。郭嘉又劝阻曹操不用担心刘表而应全力去征讨袁尚与三郡乌丸，获得大胜。

董昭是举孝廉出身，在袁绍手下时，即有谋略、胆识，能安定一方。后受到谗言诽谤，离开袁绍，跟随天子左右，并劝说曹操将天子迎接到许。曹操每次遇到事情的时候，董昭总能够提出合理的建议。董昭建议曹操按照古制建立五等爵制，后来曹操所接受的魏公、魏王封号，都是董昭所谋划创制。文帝时，董昭继续任职，曾上疏劝阻夏侯尚的军事冒进行为，并力倡忠信质朴的风气。

刘晔自小便有胆识，汝南许劭认为他有佐世之才。刘晔在扬州的时候就能够平定、安抚当地的豪强大族。刘晔曾劝说曹操平定庐江郡内的山贼，还力劝曹操攻取汉中。刘晔有识人之明，认为降将孟达将为祸患，料定刘备会为关羽复仇，后来都有应验。

蒋济历任多种官职，于政事深得其理，以计解合肥之围，劝阻曹操迁徙江、淮之民。蒋济敢于直言，屡屡劝谏文帝，对政事多有匡扶。明帝时中书监、令权势过重，蒋济上疏劝谏，认为大臣权力太重对国事不利。明帝景初年间，对外大举征伐，对内大修宫室，蒋济又上疏劝谏。蒋济反对轻易修改法度，不言灾异，主张治国以民事为重。

刘放能断大势，劝说渔阳王松归附曹操，起初历任地方官职，文帝时，入掌机密。他曾劝说明帝讨伐公孙渊，刘放还善于写作诏御檄文。刘放在明帝以及齐王在位时，都深受重用。

程昱

原文

程昱，字仲德，东郡东阿[1]人也。长八尺三寸，美须髯。黄巾起，县丞王度反应之，烧仓库。县令逾城走，吏民负老幼东奔渠丘山。昱使人侦视度，度等得空城不能守，出城

译文

程昱，字仲德，东郡东阿人。身高八尺三寸，有一脸漂亮的胡须。黄巾军兴起，县丞王度造反响应，烧毁仓库。县令越过城墙逃跑，官吏百姓扶老携幼向东奔往渠丘山。程昱派人侦察王度的动向，王度等人只是得到空城而不能据守，于是出城到城西五六里的地方屯

西五六里止屯[2]。昱谓县中大姓[3]薛房等曰:"今度等得城郭不能居,其势可知。此不过欲虏掠财物,非有坚甲利兵攻守之志也。今何不相率还城而守之?且城高厚,多谷米,今若还求令,共坚守,度必不能久,攻可破也。"房等以为然。吏民不肯从,曰:"贼在西,但有东耳。"昱谓房等:"愚民不可计事。"乃密遣数骑举幡[4]于东山上,令房等望见,大呼言"贼已至",便下山趣[5]城,吏民奔走随之,求得县令,遂共城守。度等来攻城,不能下,欲去。昱率吏民开城门急击之,度等破走。东阿由此得全。

驻。程昱对县中大族薛房等人说:"现在王度等人得到了县城却不能据守,凭这就知道他们势单力薄。他们只不过打算抢夺财物,并没有利用坚甲利兵去攻城略地的志向。现在为什么不率领人们返回城中而据守?况且城墙又高又厚,多存有谷物稻米,现在如果返回去找到县令,一起坚守,王度必不能持久,我们进攻就可以打败他们。"薛房等人认为他说得对。官吏百姓不肯从行,都说:"贼寇在西边,我们只能留在东边。"程昱对薛房等人说:"不能与愚民一起谋事。"于是秘密派遣数名骑兵到东山上举起旗帜,让薛房等人能够远远望见,大声呼喊"贼寇到了",于是急忙下山转移到城里,官吏百姓都奔跑着跟随他们,找到县令后,就一起守城。王度等人来攻城,不能得逞,打算离去。程昱率吏民打开城门猛烈攻打他们,王度等人战败而逃。东阿县城因此得以保全。

今注　1 东阿:今山东聊城有东阿县。　2 止屯:停下来驻守。　3 大姓:旧称世家大族。　4 幡(fān):旗帜。　5 趣(qū):疾行。

初平中，兖州[1]刺史刘岱辟昱，昱不应。是时岱与袁绍、公孙瓒和亲，绍令妻子居岱所，瓒亦遣从事范方将骑助岱。后绍与瓒有隙[2]。瓒击破绍军，乃遣使语岱，令遣绍妻子，使与绍绝。别敕[3]范方："若岱不遣绍家，将骑还。吾定绍，将加兵于岱。"岱议连日不决，别驾王彧白岱："程昱有谋，能断大事。"岱乃召见昱，问计，昱曰："若弃绍近援而求瓒远助，此假人于越以救溺子之说也。夫公孙瓒，非袁绍之敌也。今虽坏绍军，然终为绍所禽[4]。夫趣一朝之权而不虑远计，将军终败。"岱从之。范方将其骑归，未至，瓒大为绍所破。岱表昱为骑都尉，昱辞以疾。

汉献帝初平年间，兖州刺史刘岱征辟程昱，程昱没有应召。当时刘岱与袁绍、公孙瓒和睦相亲，袁绍让妻子儿女留居在刘岱那里，公孙瓒也派遣从事范方率领骑兵协助刘岱。后来袁绍与公孙瓒产生嫌隙。公孙瓒攻击打败了袁绍军队，于是派遣使者告诉刘岱，让他遣送袁绍的妻子儿女回去，以表示同袁绍绝交。另外告诫范方："如果刘岱不遣送袁绍家人，你就将骑兵带回。等我平定袁绍后，就加兵于他。"刘岱一连商论几天而不能决断，别驾王彧对刘岱说："程昱有智谋，能够决断大事。"刘岱于是召见程昱，询问计策，程昱说："如果放弃袁绍的就近援助而求取公孙瓒的遥远帮助，这就好比有小孩子溺水，却要远道求助越国人来救的说法一样。公孙瓒不是袁绍的对手。虽然现在打败了袁绍军队，但终归会被袁绍擒拿。如果只顾一时的权宜而不考虑长远之计，将军终究会失败。"刘岱听从了程昱的意见。范方率骑兵返回，还没抵达，公孙瓒已被袁绍打得大败。刘岱于是上表推荐程昱为骑都尉，程昱以有病为由而推辞。

今注 1 兖州:汉武帝所置十三刺史部之一,东汉时治所在昌邑(今山东巨野南)。 2 隙:嫌隙,怨恨。 3 敕:告诫。 4 禽:通“擒”,擒拿。

刘岱为黄巾所杀。太祖临兖州,辟昱。昱将行,其乡人谓曰:“何前后之相背也!”昱笑而不应。太祖与语,说之,以昱守寿张[1]令。太祖征徐州,使昱与荀彧留守鄄城[2]。张邈等叛迎吕布,郡县响应,唯鄄城、范[3]、东阿不动。布军降者言陈宫欲自将兵取东阿,又使汎嶷取范,吏民皆恐。

刘岱被黄巾军所杀。太祖到兖州,征辟程昱。程昱准备前往,他的同乡人对他说:“你为何前后所行不一致!”程昱笑而不答。太祖与他谈话,很高兴,任命程昱为寿张令。太祖征讨徐州,使程昱和荀彧留守鄄城。张邈等人背叛曹操,迎接吕布,各郡县纷纷响应,只有鄄城、范、东阿三城没有动摇。吕布军中投降的人说陈宫打算亲自率兵夺取东阿,又使汎嶷夺取范城,官吏和百姓都很惊恐。

今注 1 寿张:东汉由寿良县改称,在今山东西部、黄河北岸。 2 鄄(juàn)城:在今山东鄄城北旧城镇。 3 范:在今河南范县。

彧谓昱曰:“今兖州反,唯有此三城。宫等以重兵临之,非有以深结其心,三城必动。君,民之望也,归[1]而说之,殆可!”昱乃归,过范,说其令靳允曰:“闻吕布执君母弟妻子,孝子诚不可为心!

荀彧对程昱说:“现今兖州反叛,只有这三城未动。陈宫等人以重兵围攻,如果不能够与他们真心实意地结成联盟,三城必会动摇。您,是老百姓所景仰的人,只有你回去游说他们,大概才能奏效!”程昱就返回东阿,经过范城的时候,对范城令靳允说:“听闻吕布抓了您的母亲、兄弟和妻子、儿女,这实在是

今天下大乱,英雄并起,必有命世[2],能息天下之乱者,此智者所详择也。得主者昌,失主者亡。陈宫叛迎吕布而百城皆应,似能有为,然以君观之,布何如人哉!夫布,粗中少亲,刚而无礼,匹夫之雄耳。宫等以势假合,不能相君也。兵虽众,终必无成。曹使君智略不世出,殆天所授!君必固范,我守东阿,则田单之功[3]可立也。孰与违忠从恶而母子俱亡乎?唯君详虑之!”允流涕曰:“不敢有贰心。”时汎嶷已在县,允乃见嶷,伏兵刺杀之,归勒兵守[1]。昱又遣别骑绝仓亭津,陈宫至,不得渡。昱至东阿,东阿令枣祗已率厉吏民,拒城坚守。又兖州从事薛悌与昱协谋,卒完三城,以待太祖。太祖还,执昱手

让孝子很痛心的事情!现今天下大乱,群雄并起,必定要有治国之才的人,才能平息天下的动乱,这正是贤智之士所应当谨慎选择的。得明主方能昌盛,失明主便会失败。陈宫反叛迎立吕布而百城都响应,似乎能够有所作为,然而以您看来,吕布是怎样的人呢!那吕布,粗鲁而少有亲近,刚愎而待人无礼,只是匹夫之雄罢了。陈宫等人因吕布势力大而暂时相纠合在一起,但不能定下君臣之分。他们士兵虽多,终究必定会无所成功。曹使君才智谋略当世无匹,大概是上天所授予的吧!先生一定要固守范城,我坚守东阿,那么我们便可以建立田单那样的功业。与违背忠良顺从恶人而导致母子俱亡相比怎么样呢?恳请先生仔细思考!”靳允流着泪说:“我不敢有二心。”当时汎嶷已经在县中,靳允于是去见汎嶷,埋伏下士兵将他刺杀,然后归衙整治军队防守。程昱又另外派遣骑兵截断仓亭津,陈宫到后,却不能渡过。程昱到东阿,东阿令枣祗已经率领并劝勉官吏百姓,凭借城池坚守。另外兖州从事薛悌和程昱共同谋划,最终保住三城,以等待太祖归来。太祖返回后,握着程昱

曰："微[4]子之力，吾无所归矣。"乃表昱为东平[5]相，屯范[2]。

的手说："如果不是先生的努力，我将会无处可归了。"于是上表奏请程昱为东平相，屯驻在范城。

今注 1 归：回家乡。程昱是东阿县人，所以荀彧这么说。 2 命世：指命世之才。即有治国之才者。 3 田单之功：田单，战国时齐国临淄人。燕国联合赵、魏、韩、秦进攻齐国，连下数十城，齐闵王为楚将淖齿所杀，田单据守即墨进行抵抗，最终以此为基地光复齐国。 4 微：如果不是。 5 东平：汉代时的诸侯封国，属于兖州刺史部，治所在无盐(今山东东平东南)。

裴注 [1] 徐众评曰："允于曹公，未成君臣。母，至亲也，于义应去。昔王陵母为项羽所拘，母以高祖必得天下，因自杀以固陵志。明心无所系，然后可得成事人尽死之节。卫公子开方仕齐，积年不归，管仲以为不怀其亲，安能爱君，不可以为相。是以求忠臣必于孝子之门，允宜先救至亲。徐庶母为曹公所得，刘备乃遣庶归，欲为天下者，恕人子之情也。曹公亦宜遣允。" [2]《魏书》曰："昱少时常梦上泰山，两手捧日。昱私异之，以语荀彧。及兖州反，赖昱得完三城。于是彧以昱梦白太祖。太祖曰：'卿当终为吾腹心。'昱本名立，太祖乃加其上'日'，更名昱也。"

太祖与吕布战于濮阳，数不利。蝗虫起，乃各引去。于是袁绍使人说太祖连和，欲使太祖迁家居邺。太祖新失兖州，军食尽，将许之。时昱使适[1]

太祖与吕布战于濮阳，数次都失利。这时蝗虫泛起，于是双方各自引兵归去。这时袁绍派人游说太祖进行连和，想让太祖迁家到邺城居住。太祖刚丢失兖州，军粮都吃光了，打算同意袁绍的建议。当时程昱出使恰好返

还，引见，因言曰："窃闻将军欲遣家，与袁绍连和，诚有之乎？"太祖曰："然。"昱曰："意者将军殆临事而惧，不然何虑之不深也！夫袁绍据燕、赵之地，有并天下之心，而智不能济也。将军自度能为之下乎？将军以龙虎之威，可为韩、彭[2]之事邪？今兖州虽残，尚有三城。能战之士，不下万人。以将军之神武，与文若[3]、昱等，收而用之，霸王之业可成也。愿将军更虑之！"太祖乃止[1]。

回，求见太祖，趁机说："我听说将军打算迁移家属，与袁绍连和，确实有这事吗？"太祖说："有。"程昱说："想来是将军大概遇到困难而害怕了吧，不然为何考虑得如此不深远呢！那袁绍占据燕、赵之地，有吞并天下的野心，他的智谋却不足以使他成事。将军自问能够处在袁绍之下吗？将军凭龙虎之威，愿意像韩信、彭越那样屈居人臣之位吗？现今兖州虽然残破，尚且保有三城，能够战斗之士不下万人。凭借将军的神武，加上文若、程昱等人的谋划，将他们收为己用，霸王之业可以成就。希望将军再慎重考虑一下！"太祖就打消了这个念头。

今注　1 适：恰好。　2 韩、彭：指在秦末战争和楚汉之争中立下大功的韩信、彭越，二人有才能，不甘心屈居人下，最后因谋反被杀。3 文若：指曹操重要谋臣荀彧，文若是其字。

裴注　[1]《魏略》载昱说太祖曰："昔田横，齐之世族，兄弟三人更王，据千里之地，拥百万之众，与诸侯并南面称孤。既而高祖得天下，而横顾为降虏。当此之时，横岂可为心哉！"太祖曰："然，此诚丈夫之至辱也。"昱曰："昱愚，不识大旨，以为将军之志，不如田横。田横，齐一壮士耳，犹羞为高祖臣。今闻将军欲遣家往邺，将北面而事袁绍。夫以将军之聪明神武，而反不羞为袁绍之下，窃为将军耻之！"其后语与本传略同。

天子都许，以昱为尚书[1]。兖州尚未安集，复以昱为东中郎将，领济阴太守，都督兖州事。

天子迁到许都，任程昱为尚书。兖州尚未平定，又以程昱为东中郎将，兼领济阴太守，都督兖州事宜。

刘备失徐州，来归太祖。昱说太祖杀备，太祖不听。语在《武纪》。后又遣备至徐州要击[2]袁术，昱与郭嘉说太祖曰："公前日不图备，昱等诚不及也。今借之以兵，必有异心。"太祖悔，追之不及。会[3]术病死，备至徐州，遂杀车胄，举兵背太祖。

刘备丢失徐州，前来归附太祖。程昱劝说太祖杀掉刘备，太祖没有听从。事情记在《武帝纪》里。后又派遣刘备到徐州截击袁术，程昱和郭嘉一起劝说太祖："主公前日不图谋除掉刘备，我们的确是不如主公有气度。现在借给他兵马，刘备一定会有二心。"太祖后悔，但派兵追赶没有追上。恰逢袁术病死，刘备到徐州，杀掉徐州刺史车胄，举兵背叛太祖。

今注　**1** 尚书：尚书本来为少府的属官，掌管文书，东汉时尚书台分六曹，尚书身兼宫官与朝官双重身份，既掌拟诏纳奏出令，又可向行政机构直接下达政令，秩位虽轻，职权颇重。　**2** 要击：中途拦截，遮留。要，通"邀"。　**3** 会：恰逢。

顷之[1]，昱迁振威将军。袁绍在黎阳[2]，将南渡。时昱有七百兵守鄄城，太祖闻之，使人告昱，欲益二千兵。昱不肯，曰："袁绍拥十万众，自以所向无前。今见昱兵少，必轻易

不久，程昱迁为振威将军。袁绍在黎阳，准备渡江南下。当时程昱有七百士兵守护鄄城，太祖听说后，派人告诉程昱，打算增加两千士兵。程昱不肯，说："袁绍拥兵十万，自以为所向无敌。现今见程昱兵少，必定会轻视而不来进攻。如果增加我的士兵，袁

不来攻。若益昱兵，过则不可不攻，攻之必克，徒两损其势。愿公无疑！”太祖从之。绍闻昱兵少，果不往。太祖谓贾诩曰：“程昱之胆，过于贲、育[3]。”昱收山泽亡命，得精兵数千人，乃引军与太祖会黎阳，讨袁谭、袁尚。谭、尚破走，拜昱奋武将军，封安国亭侯。

绍大军经过时不得不进攻，攻打就一定会攻破，只会白白造成双倍的损害。希望主公不要疑虑！”太祖听从了他的建议。袁绍听说程昱士兵很少，果然不前往进攻。太祖对贾诩说：“程昱的胆识，超过古代的勇士孟贲、夏育。”程昱收揽处在山泽之中的亡命之人，得到数千名精兵，于是率军到黎阳与太祖会合，讨伐袁谭、袁尚。袁谭、袁尚失败逃走，太祖拜程昱为奋武将军，封他为安国亭侯。

今注 1 顷之：不多久。 2 黎阳：在今河南浚县东南。 3 贲、育：贲指孟贲，战国时齐国勇士，力大无穷，相传能生拔牛角。育指夏育，卫国勇士，传说能力举千钧。

太祖征荆州，刘备奔吴。论者以为孙权必杀备，昱料之曰：“孙权新在位，未为海内所惮。曹公无敌于天下，初举荆州，威震江表，权虽有谋，不能独当也。刘备有英名，关羽、张飞皆万人敌也，权必资之以御我。难解势分，备资以成，又不可得而杀也。”

太祖征讨荆州，刘备逃奔吴国。大家议论说孙权一定会杀掉刘备，程昱料定说：“孙权新即位，还不为国内的人所忌惮。曹公无敌于天下，刚刚占据荆州，威震长江以南地区，孙权虽然有谋略，也不能独自抵挡。刘备素有英名，关羽、张飞都能够敌过万人，孙权一定会帮助刘备他们来抵御我们。孙刘联合的局面难以分化，刘备正是借此形成势力，孙权又无法将他杀掉了。”孙权

权果多与备兵，以御太祖。是后中夏渐平，太祖拊昱背曰：“兖州之败，不用君言，吾何以至此？”宗人奉牛酒大会，昱曰：“知足不辱，吾可以退矣。”乃自表归兵，阖[1]门不出[1]。

昱性刚戾，与人多迕[2]。人有告昱谋反，太祖赐待益厚。魏国既建，为卫尉[3]，与中尉[4]邢贞争威仪，免。文帝践阼，复为卫尉，进封安乡侯，增邑三百户，并前八百户。分封少子延及孙晓列侯。方欲以为公，会薨，帝为流涕，追赠车骑将军，谥曰肃侯[2]。子武嗣。武薨，子克嗣。克薨，子良嗣。

果然给刘备很多兵力，来抵御太祖。此后中原逐渐平定，太祖拍着程昱的背说：“兖州之败，如果不采用先生的计策，我怎么能够得到今日的成功呀？”宗人敬奉牛酒聚会，程昱说：“知足的人不会被羞辱，我可以引退了。”于是自己上表归还兵权，闭门不出。

程昱个性刚强暴戾，和人相处多有抵触。有人告发程昱谋反，太祖反倒对他的赏赐和待遇更加优厚。魏国建立后，程昱为卫尉，和中尉邢贞争威仪，被免官。文帝登基后，又复职为卫尉，进封为安乡侯，增食邑三百户，加上之前的共有八百户。分封少子程延和孙子程晓为列侯。将要封他为公，他却正好去世了，文帝为之流泪，追赠为车骑将军，谥号为肃侯。儿子程武接替程昱的职务。程武去世后，儿子程克继承爵位。程克去世后，儿子程良继承爵位。

今注 1 阖(hé)：关闭。 2 迕(wǔ)：抵触。 3 卫尉：汉时为九卿之一，掌管宫门警卫，主南军。 4 中尉：主管京畿治安，汉代掌北军，位列九卿，武帝时改称“执金吾”。东汉末复为中尉。

裴注 [1]《魏书》曰:"太祖征马超,文帝留守,使昱参军事。田银、苏伯等反河间,遣将军贾信讨之。贼有千余人请降,议者皆以为宜如旧法,昱曰:'诛降者,谓在扰攘之时,天下云起,故围而后降者不赦,以示威天下,开其利路,使不至于围也。今天下略定,且在邦域之中,此必降之贼,杀之无所威惧,非前日诛降之意。臣以为不可诛也;纵诛之,宜先启闻。'众议者曰:'军事有专,无请。'昱不答。文帝起入,特引见昱曰:'君有所不尽邪?'昱曰:'凡专命者,谓有临时之急,呼吸之间者耳。今此贼制在贾信之手,无朝夕之变,故老臣不愿将军行之也。'文帝曰:'君虑之善。'即白太祖,太祖果不诛。太祖还,闻之甚悦,谓昱曰:'君非徒明于军计,又善处人父子之间。'" [2]《魏书》曰:"昱时年八十。"《世语》曰:"初,太祖乏食,昱略其本县,供三日粮,颇杂以人脯,由是失朝望,故位不至公。"

晓,嘉平中为黄门侍郎[1]。时校事[1]放横[2],晓上疏曰:"《周礼》云:'设官分职,以为民极。'《春秋传》曰:'天有十日,人有十等。'愚不得临贤,贱不得临贵。于是并建圣哲,树之风声。明试以功,九载考绩。各修厥业[3],思不出位。故栾书[4]欲拯晋侯,其子不听;死人横于街路,邴吉[5]不问。上不责非职之功,

程晓,嘉平年间为黄门侍郎。当时校事放肆骄横,程晓上疏说:"《周礼》中说:'设置官员划分职责,作为老百姓的准则。'《春秋传》说:'天有十个太阳,人有十个等级。'愚笨的人不得监理贤明的人,低贱的人不得监理尊贵的人。于是共同建立良好的道德风气,树立良善的风尚。公开以实际政绩来进行考察,每九年考核一次功绩。每人各自修习自己的本业,思考问题不得越出本职。所以栾书打算帮助晋侯脱困,他的儿子不允许;死人躺在街道上,邴吉不去过问。在上者不责问非职责之内的

下不务分外之赏，吏无兼统之势，民无二事之役，斯诚为国要道，治乱所由也。远览典志，近观秦汉，虽官名改易，职司不同，至于崇上抑下，显分明例，其致一也。初无校事之官干与庶政者也。昔武皇帝大业草创，众官未备，而军旅勤苦，民心不安，乃有小罪，不可不察，故置校事，取其一切耳，然检御有方，不至纵恣也。此霸世之权宜，非帝王之正典。其后渐蒙见任，复为疾病，转相因仍，莫正其本。遂令上察宫庙，下摄众司，官无局业，职无分限，随意任情，唯心所适。法造于笔端，不依科诏；狱成于门下，不顾覆讯。其选官属，以谨慎为粗疏，以謥詷[6]为贤能。其治事，以刻暴为公严，以循理为

功绩，在下者不贪心于分外的劳赏，官吏没有兼管总揽各职的权势，百姓没有同时干两种事情的劳役，这实在是治理国家的重要道理，是天下安定或动乱的根由。远观典章书志，近览秦汉之政，虽然官职的名称发生改变，所司职能也发生变化，但于崇敬君主，抑制臣下，明晰职权范围和律例，却是一致的。当初校事之官不得干预诸多政事。过去武帝初创大业，各种官职未设置完备，而军队行军打仗十分辛苦，百姓心中不安定，于是常犯小罪，不可不纠察，所以设置校事官职，这只是用的权宜之计，但是由于实行有力的检查管制办法，还不至于使其纵容肆恣。这是为了称霸天下的权宜之计，而不是帝王之道的正式法则。从这以后校事逐渐地受到信任，却成为了吏治的弊端，转相因袭，而不纠正它的根本。于是允许校事官上则审察宫廷宗庙，下则统摄百官，官员不分具体的职责，职分没有具体的权限，随意听任私情，按照自己的心意行事。法令从他们的笔端炮制出来，不依据科条诏令；在自己的部门判定刑狱，不顾及二次讯问。他们选定官属，以行事谨

怯弱。外则托天威以为声势，内则聚群奸以为腹心。大臣耻与分势，含忍而不言；小人畏其锋芒，郁结而无告。至使尹模公于目下肆其奸慝；罪恶之著，行路皆知，纤恶之过，积年不闻。既非《周礼》设官之意，又非《春秋》十等之义也。今外有公卿将校总统诸署，内有侍中尚书综理万机，司隶校尉督察京辇，御史中丞董摄宫殿，皆高选贤才以充其职，申明科诏以督其违。若此诸贤犹不足任，校事小吏，益不可信。若此诸贤各思尽忠，校事区区，亦复无益。若更高选国士以为校事，则是中丞司隶重增一官耳。若如旧选，尹模之奸今复发矣。进退推算，无所用之。昔桑弘羊[7]为汉求利，卜式以为独烹弘羊，天乃

慎为粗疏，以说话夸诞为贤能。治理政事的时候，以苛刻暴虐为公正严明，以遵循法理为胆小怯懦。外则依托天威为自己造声势，内则聚集奸佞作为亲信心腹。大臣耻于和他们分掌权利，容忍而不发言；小人害怕他们的锋芒，忧虑积在心中而无处申告。致使尹模公然在众目之下肆行邪恶的勾当；那些明显的罪恶，路人皆知，而小的过错恶行，常年不闻不问。这既不是《周礼》设置官职的用意，也不是《春秋》说的人有十个等级的道理。现在外有公卿将校总理统御各个官署，内有侍中尚书综合办理诸事，司隶校尉督察京师，御史中丞管理宫殿，都是选举高才之人担当这些职务，申明科条诏令以督察他们的违法行为。如果这种贤能的人都不能完全胜任，校事这样的小官，就更加不能相信了。如果诸位贤达都各自尽忠职守，那么区区的校事之官，也就没有什么用处了。如果变为高要求地选举国士作为校事官，那么就是中丞司隶之外重复增加一员官职。如果还照过去一样选任，那么像尹模这样的奸佞就还会出现。从进退两方面考虑，这个官职的确没什

可雨。若使政治得失必感天地,臣恐水旱之灾,未必非校事之由也。曹恭公远君子,近小人,《国风》托以为刺。卫献公舍大臣,与小臣谋,定姜谓之有罪。纵令校事有益于国,以礼义言之,尚伤大臣之心,况奸回暴露,而复不罢,是衮阙不补,迷而不返也。”于是遂罢校事官。晓迁汝南太守,年四十余薨[2]。

么用处。当年桑弘羊为汉王朝谋求利益,卜式认为只有烹杀桑弘羊,上天才会降雨。如果政治得失与天地有所感应的话,臣恐怕水旱之灾,未必不是由校事所引起的。曹恭公远离君子,亲近小人,《国风》托言讽刺他。卫献公舍弃大臣,与小臣谋划,定姜认为他有罪。即使校事官有益于国家,以礼义而言,尚且会伤到大臣的心,更何况奸邪已经暴露,而再不罢黜,这就是天子有过失而不弥补,迷失道路而不知返回了。”于是便罢黜校事官。程晓迁为汝南太守,四十多岁的时候去世。

今注 1 校事:三国时,魏、吴所置,掌侦察刺探官民情事,是皇帝或执政的耳目。俞正燮《癸巳存稿》中认为:魏、吴有校事官,似北魏之候官,明之厂卫。 2 放横:放肆骄横。 3 厥业:自己的职业。厥,其。 4 栾书:即栾武子。栾书是春秋时期晋国执政大夫,在晋楚鄢陵之战中,晋侯所乘的车陷入泥淖之中,在旁的栾书打算以自己所乘之车载晋侯,他的儿子认为栾书有自己的职责,不能擅离职守而妨害各自的职掌,然后自己帮助晋侯所乘之车脱离泥淖。 5 邴吉:邴吉是西汉宣帝时的丞相,他一次外出,遇到有人在街市上斗殴,邴吉不过问,在路上碰到有人赶牛,牛喘气吐舌,邴吉却询问牛走了多少里程。随从不理解,他解释说百姓斗殴这种事情有长安令、京兆尹管理,自己无须过问,而当时刚入春季,牛却喘气吐舌,自己担心季节失调,需要为自然灾害做防备,这是丞相关注的事情。 6 謥詷(còng tóng):说话急遽、夸诞。 7 桑弘羊:桑弘羊是西汉武帝时期掌管财政的大臣，通过盐铁专营、均输、平准等政策为朝廷积聚大量财富，为汉武帝实行讨伐匈奴等政策提供了雄厚的财政支撑，但是也深深地影响了社会的正常运行。有一年关中大旱，御史大夫卜式就上疏说只有烹杀桑弘羊，才能使上天降雨。

裴注 [1]《世语》曰："晓，字季明，有通识。" [2]《晓别传》曰："晓大著文章多亡失，今之存者不能十分之一。"

郭嘉

原文

郭嘉，字奉孝，颍川阳翟1人也[1]。初，北见袁绍，谓绍谋臣辛评、郭图曰："夫智者审于量主2，故百举百全而功名可立也。袁公徒欲效周公之下士，而未知用人之机。多端寡要，好谋无决，欲与共济天下大难，定霸王之业，难矣！"于是遂去之。

先是时，颍川戏志才，筹画士3也，太祖甚器之。早卒。太祖与荀彧书曰："自志才亡后，莫可与计事者。汝、颍固多奇

译文

郭嘉，字奉孝，颍川阳翟人。当初，他北上去见袁绍，对袁绍的谋臣辛评、郭图说："明智的人应该审慎地衡量选择侍奉的主公，所以才能做一百件事，成功一百件，并且可以建立功名。袁公只是效仿周公礼贤下士，而并不知晓用人之机。头绪繁多，但抓不到要领，喜爱谋略却不能决断，如果想与他共同救济天下的大难，建立霸王的大业，很困难啊！"于是就离开了袁绍。

早先的时候，颍川人戏志才，是个善于谋划的人，太祖很是器重他。戏志才年纪很轻就去世了。太祖给荀彧写信说："自从志才去世后，就没有了可以一起谋划事情的人。汝南、颍川本来有很

士,谁可以继之?”彧荐嘉。召见,论天下事。太祖曰:“使孤成大业者,必此人也。”嘉出,亦喜曰:“真吾主也。”表为司空军祭酒[2]4。

多奇谋之士,谁可以继任戏志才呢?”荀彧推荐了郭嘉。于是太祖召见郭嘉,谈论天下之事。太祖说:“能够帮助我成就大业的,必定是此人。”郭嘉出来后,也高兴地说:“这才真的是我想要投奔的主公。”太祖上表荐举他为司空军祭酒。

今注　1 阳翟:在今河南禹州。　2 量主:衡量主公值不值得辅佐。　3 筹画士:即谋士。　4 司空军祭酒:也称司空军师祭酒,为了避司马师讳,又称军祭酒,曹操所设,是其首席参谋。

裴注　[1]《傅子》曰:“嘉少有远量。汉末天下将乱。自弱冠匿名迹,密交结英俊,不与俗接,故时人多莫知,惟识达者奇之。年二十七,辟司徒府。”　[2]《傅子》曰:“太祖谓嘉曰:‘本初拥冀州之众,青、并从之,地广兵强,而数为不逊。吾欲讨之,力不敌,如何?’对曰:‘刘、项之不敌,公所知也。汉祖唯智胜;项羽虽强,终为所擒。嘉窃料之,绍有十败,公有十胜,虽兵强,无能为也。绍繁礼多仪,公体任自然,此道胜一也。绍以逆动,公奉顺以率天下,此义胜二也。汉末政失于宽,绍以宽济宽,故不摄,公纠之以猛而上下知制,此治胜三也。绍外宽内忌,用人而疑之,所任唯亲戚子弟,公外易简而内机明,用人无疑,唯才所宜,不间远近,此度胜四也。绍多谋少决,失在后事,公策得辄行,应变无穷,此谋胜五也。绍因累世之资,高议揖让以收名誉,士之好言饰外者多归之,公以至心待人,推诚而行,不为虚美,以俭率下,与有功者无所吝,士之忠正远见而有实者皆愿为用,此德胜六也。绍见人饥寒,恤念之形于颜色,其所不见,虑或不及也,所谓妇人之仁耳。公于目前小事,时有所忽,至于大事,与四海接,恩之所加,皆过其望,虽所不见,虑之所周,无不济也,此仁胜七也。绍大臣争权,谗言惑乱,公御下以道,浸润不行,此明胜八也。绍是非不可知,公所是进之以礼，所不是正之以法，此文胜九也。绍好为虚势，不知兵要，公以少克众，用兵如神，军人恃之，敌人畏之，此武胜十也。’太祖笑曰：‘如卿所言，孤何德以堪之也！’嘉又曰：‘绍方北击公孙瓒，可因其远征，东取吕布。不先取布，若绍为寇，布为之援，此深害也。’太祖曰：‘然。’”

征吕布，三战破之，布退固守。时士卒疲倦，太祖欲引军还，嘉说太祖急攻之，遂禽布。语在《荀攸传》[1]。

太祖征讨吕布，三次交战都将他打败，吕布撤退坚守。当时士卒疲倦，太祖打算带领军队返回，郭嘉劝说太祖迅速进击，终于擒住吕布。这件事记在《荀攸传》中。

孙策转斗千里，尽有江东，闻太祖与袁绍相持于官渡[1]，将渡江北袭许。众闻皆惧，嘉料之曰：“策新并江东，所诛皆英豪雄杰，能得人死力者也。然策轻而无备，虽有百万之众，无异于独行中原[2]也。若刺客伏起，一人之敌耳。以吾观之，必死于匹夫之手。”策临江未济[3]，果为许贡客所杀[2]。

孙策辗转斗争千里，尽数占据江东地区，听闻太祖和袁绍在官渡相持不下，打算渡过长江北上偷袭许都。大家听闻后都很害怕。郭嘉料定说：“孙策刚刚占据江东，所诛杀的都是英雄豪杰，是因为能够得到死士的佑助效力。但是孙策轻狂而不注重防备，虽然有百万军队，也和单独行走于中原没有什么区别。如果有刺客埋伏，他也只能够抵挡一人。在我看来，他一定会死在匹夫的手中。”孙策到了长江还没渡江，果然被许贡的刺客所杀。

从破袁绍，绍死，又从讨谭、尚于黎阳，连战数克。诸将欲乘胜遂攻之，嘉曰：“袁绍爱此二

郭嘉跟随太祖击破袁绍，袁绍去世后，又跟从太祖去黎阳讨伐袁谭、袁尚，连战告捷。诸将都想乘胜继续进攻，郭嘉说：“袁绍喜爱这两个儿子，没有确定

子，莫适立也。有郭图、逢纪为之谋臣，必交斗其间，还相离也。急之则相持，缓之而后争心生。不如南向荆州若征刘表者，以待其变；变成而后击之，可一举定也。”太祖曰：“善。”乃南征。军至西平，谭、尚果争冀州。谭为尚军所败，走保平原，遣辛毗乞降。太祖还救之，遂从定邺。又从攻谭于南皮，冀州平。封嘉洧阳亭侯[3]。

到底立谁为继承人。有郭图、逢纪作为谋臣，一定会在他们中间进行挑斗，相互离间。我们急忙进攻会使他们相互支持联合起来，我们暂缓进攻之后反倒会生出争权夺利之心。不如南下向荆州好像要去征伐刘表，以等待势变；势变后再进击，就可以一举平定了。”太祖说：“好。”于是带兵南征。军队到达西平，袁谭、袁尚果然争夺冀州。袁谭被袁尚打败，退却驻守平原，派遣辛毗向太祖乞求归降。太祖返回营救袁谭，于是郭嘉跟随太祖平定了邺城。又在南皮攻打袁谭，平定了冀州。封郭嘉为洧阳亭侯。

今注　**1** 官渡：在今河南中牟东北，临古官渡水。　**2** 中原：原野之中。**3** 未济：没有渡过。

裴注　［**1**］《傅子》曰：“太祖欲引军还，嘉曰：‘昔项籍七十余战，未尝败北，一朝失势而身死国亡者，恃勇无谋故也。今布每战辄破，气衰力尽，内外失守。布之威力不及项籍，而困败过之，若乘胜攻之，此成禽也。’太祖曰：‘善。’”《魏书》曰：“刘备来奔，以为豫州牧。或谓太祖曰：‘备有英雄志，今不早图，后必为患。’太祖以问嘉，嘉曰：‘有是。然公提剑起义兵，为百姓除暴，推诚仗信以招俊杰，犹惧其未也。今备有英雄名，以穷归己而害之，是以害贤为名，则智士将自疑，回心择主，公谁与定天下？夫除一人之患，以沮四海之望，安危之机，不可不察！’太祖笑曰：‘君得之矣。'"《傅子》曰:"初,刘备来降,太祖以客礼待之,使为豫州牧。嘉言于太祖曰:'备有雄才而甚得众心。张飞、关羽者,皆万人之敌也,为之死用。嘉观之,备终不为人下,其谋未可测也。古人有言:"一日纵敌,数世之患。"宜早为之所。'是时,太祖奉天子以号令天下,方招怀英雄以明大信,未得从嘉谋。会太祖使备要击袁术,嘉与程昱俱驾而谏太祖曰:'放备,变作矣!'时备已去,遂举兵以叛。太祖恨不用嘉之言。"案《魏书》所云,与《傅子》正反也。 [2]《傅子》曰:"太祖欲速征刘备,议者惧军出,袁绍袭其后,进不得战而退失所据。语在《武纪》。太祖疑,以问嘉。嘉劝太祖曰:'绍性迟而多疑,来必不速。备新起,众心未附,急击之,必败。此存亡之机,不可失也。'太祖曰:'善。'遂东征备。备败奔绍,绍果不出。"臣松之案《武纪》,决计征备,量绍不出,皆出自太祖。此云用嘉计,则为不同。又本传称嘉料孙策轻佻,必死于匹夫之手,诚为明于见事。然自非上智,无以知其死在何年也。今正以袭许年死,此盖事之偶合。 [3]《傅子》曰:"河北既平,太祖多辟召青、冀、幽、并知名之士,渐臣使之,以为省事掾属。皆嘉之谋也。"

太祖将征袁尚及三郡乌丸,诸下[1]多惧刘表使刘备袭许以讨太祖,嘉曰:"公虽威震天下,胡[2]恃其远,必不设备。因其无备,卒[3]然击之,可破灭也。且袁绍有恩于民夷,而尚兄弟生存。今四州之民,徒以威附,德施未加,舍而南征,尚因乌

太祖将要征讨袁尚和三郡乌丸。诸位僚属都害怕刘表会派遣刘备偷袭许都以讨伐太祖,郭嘉说:"主公虽然威震天下,但胡人凭借他们地处偏远,必定不会认真防备。我们可以趁其不备,突然出击,可以攻破消灭他们。况且袁绍对胡人百姓有恩惠,而袁尚兄弟都还存活在世。现今四州的百姓,只是迫于威力而归附我们,还没有对他们施以恩德,如果舍弃征讨而南征,那么袁尚依靠乌丸的

丸之资，招其死主之臣，胡人一动，民夷俱应，以生蹋顿之心，成觊觎之计，恐青、冀非己之有也。表，坐谈客耳，自知才不足以御备，重任之则恐不能制，轻任之则备不为用，虽虚国远征，公无忧矣。”太祖遂行。至易，嘉言曰：“兵贵神速。今千里袭人，辎重多，难以趋利，且彼闻之，必为备；不如留辎重，轻兵兼道以出，掩其不意。”太祖乃密出卢龙塞[4]，直指单于庭。虏卒闻太祖至，惶怖合战。大破之，斩蹋顿及名王已下。尚及兄熙走辽东。

资助，招揽甘愿为之舍命的臣下，胡人一有举动，那里胡人百姓都会响应，这样会使蹋顿产生野心，会有觊觎之心，这样恐怕青州、冀州就不再属于自己了。刘表，只是具有坐着空谈的才能，自知才能不足以驾驭刘备，委以他重任则怕不能进行管制，委任轻职则恐怕刘备不会为其所用，即使我们全军出动远征乌丸，主公也不必担忧。”太祖就决定前行。到达易县，郭嘉说：“用兵贵在神速。现今远行千里袭击敌人，带的军用物资很多，难以快速取胜，而且对方得知后，必定会设置防备；不如留下辎重，率领部队轻装兼道而出，出其不意进行打击。”太祖于是秘密地从卢龙塞出发，直捣单于的驻地。寇虏突然听闻太祖的大军到达，惊恐惶惑地仓促应战。太祖大破敌军，斩杀蹋顿和名王以下等将领。袁尚和他的兄长袁熙逃往辽东。

今注　1 诸下：各位下属。　2 胡：指辽西、右北平和辽东属国这三处的乌丸部族。　3 卒(cù)：突然。　4 卢龙塞：古塞名，在今河北迁西北喜峰口附近，古有塞道，是从河北通向东北的一条交通要道。

嘉深通有算略，达于事情。太祖曰：“唯奉

郭嘉思考深邃有谋略，通达于事物情理。太祖说：“只有奉孝能知晓我的孝为能知孤意。”

年三十八，自柳城[1]还，疾笃，太祖问疾者交错。及薨，临其丧，哀甚，谓荀攸[2]等曰：“诸君年皆孤辈也，唯奉孝最少。天下事竟，欲以后事属之，而中年夭折，命也夫！”乃表曰：“军祭酒郭嘉，自从征伐，十有一年。每有大议，临敌制变。臣策未决，嘉辄成之。平定天下，谋功为高。不幸短命，事业未终。追思嘉勋，实不可忘。可增邑八百户，并前千户[1]。”谥曰贞侯。子奕嗣[2]。

后太祖征荆州还，于巴丘遇疾疫，烧船，叹曰：“郭奉孝在，不使孤至此[3]。”初，陈群[3]非嘉不治行检，数廷诉嘉，嘉意自若。太祖愈益重之，然以群能持正，亦悦焉[4]。奕为太子文学，早薨。子深嗣。深薨，子猎嗣[5]。

心意。”

三十八岁那年，郭嘉从柳城返回，生了很重的病，太祖频繁地派人去问候探视。等到郭嘉去世的时候，太祖亲临丧礼，十分哀痛，对荀攸等人说：“诸君和我都是同辈人，只有奉孝年纪最小。本来想着天下平定之后，将后事托付给他，可是他中年夭折，这真是命呀！”于是上表说：“军祭酒郭嘉，自从跟随我征伐，共历十一年。每次有重大的商议，他面对敌情都能灵活应变。我的决策还没决定，他已经谋划得当促成我做出决定。平定天下，他的谋略之功很大。但他不幸短命早逝，而事业还没有完成。追思郭嘉的功劳，实在是不能忘记。可以增加给他食邑八百户，加上之前的共一千户。”赐给郭嘉的谥号为贞侯。他的儿子郭奕嗣封。

后来太祖征讨荆州归来，在巴丘遇到瘟疫，只能把船烧掉，他感叹说：“如果郭奉孝在的话，我就不会落到这样的地步。”当初，陈群非难郭嘉行为不检点，数次在朝堂上控诉郭嘉，但郭嘉镇定自若。太祖更加器重郭嘉，同时认为陈群能够以正持身，也很欣赏他。郭奕为太子文学，很早就去世。儿子郭深嗣封。郭深去世后，他的儿子郭猎嗣封。

今注　1 柳城：在今辽宁朝阳西南。　2 荀攸：字公达，三国时曹魏重要谋士，行事低调周密，深受曹操称赞。　3 陈群：字长文，三国时曹魏重臣，是九品中正制和魏律的重要创制人。

裴注　[1]《魏书》载，太祖表曰："臣闻褒忠宠贤，未必当身，念功惟绩，恩隆后嗣。是以楚宗孙叔，显封厥子；岑彭既没，爵及支庶。故军祭酒郭嘉，忠良渊淑，体通性达。每有大议，发言盈庭，执中处理，动无遗策。自在军旅，十有余年，行同骑乘，坐共幄席，东禽吕布，西取眭固，斩袁谭之首，平朔土之众，逾越险塞，荡定乌丸，震威辽东，以枭袁尚。虽假天威，易为指麾，至于临敌，发扬誓命，凶逆克殄，勋实由嘉。方将表显，短命早终。上为朝廷悼惜良臣，下自毒恨丧失奇佐。宜追增嘉封，并前千户，褒亡为存，厚往劝来也。"　[2]《魏书》称奕通达见理。奕，字伯益，见王昶《家诫》。　[3]《傅子》曰："太祖又云：'哀哉奉孝！痛哉奉孝！惜哉奉孝！'"　[4]《傅子》曰："太祖与荀彧书，追伤嘉曰：'郭奉孝年不满四十，相与周旋十一年，阻险艰难，皆共罹之。又以其通达，见世事无所疑滞，欲以后事属之，何意卒尔失之，悲痛伤心。今表增其子满千户，然何益亡者，追念之感深。且奉孝乃知孤者也，天下人相知者少，又以此痛惜。奈何！奈何！'又与彧书曰：'追惜奉孝，不能去心。其人见时事兵事，过绝于人。又人多畏病，南方有疫，常言"吾往南方，则不生还"。然与共论计，云当先定荆。此为不但见计之忠厚，必欲立功，分弃命定。事人心乃尔，何得使人忘之！'"　[5]《世语》曰："嘉孙敞，字泰中，有才识，位散骑常侍。"

董昭

原文

董昭，字公仁，济阴定陶[1]人也。举孝廉，除

译文

董昭，字公仁，济阴定陶人。举为孝廉，拜官廮陶长、柏人令，袁绍任命他

廮陶长、柏人令，袁绍以为参军事。绍逆公孙瓒于界桥，巨鹿太守李邵及郡冠盖[2]，以瓒兵强，皆欲属瓒。绍闻之，使昭领巨鹿。问："御以何术？"对曰："一人之微，不能消[3]众谋，欲诱致其心，唱[4]与同议，及得其情，乃当权以制之耳。计在临时，未可得言。"

为参军事。袁绍在界桥迎接公孙瓒，巨鹿太守李邵和郡中望族，认为公孙瓒兵马强壮，都想归属公孙瓒。袁绍听闻后，使董昭兼领巨鹿。并问他："你打算以什么策略进行治理？"董昭回答说："一个人的智谋力量微薄，不能抵得上众人的思虑，所以打算劝诱当地的人心，提倡一起商议政事，才能得到地方实情，这样就可以根据具体情况而控制住当地。具体的计策需要到时候才能确定，现在不能说出来。"

今注 1 定陶：在今山东菏泽定陶区。 2 冠盖：冠服和车盖。这里代指官绅名流。 3 消：抵得上。 4 唱：通"倡"，倡导。

时郡右姓[1]孙伉等数十人专为谋主，惊动吏民。昭至郡，伪作绍檄告郡云："得贼罗候安平张吉辞，当攻巨鹿，贼故孝廉孙伉等为应，檄到收行军法，恶止其身，妻子勿坐。"昭案檄告令，皆即斩之。一郡惶恐，乃以次安慰，遂皆平集[2]。事讫白绍，绍称善。

当时郡中豪强大族孙伉等数十人专断当地事务，官员和百姓对他们都很忌惮震惊。董昭到任后，假造袁绍的檄文对郡中告喻："我们得到贼寇罗候安平人张吉的书信，打算进攻巨鹿，贼人故孝廉孙伉等人为内应，檄文到后即刻收捕孙伉等人以军法处置，只惩罚他们本人，不连累他们的妻子儿女。"董昭根据檄文告令，将他们都即刻处斩。整个郡中的人都很惶恐，董昭就依次进行安慰，于是郡中都安定下来。事情办完后告诉袁绍，袁绍认为

会魏郡太守栗攀为兵所害，绍以昭领魏郡太守。时郡界大乱，贼以万数，遣使往来，交易市买。昭厚待之，因用为间，乘虚掩讨，辄大克破。二日之中，羽檄[3]三至。

处置得当。恰逢魏郡太守栗攀被叛兵所害，袁绍让董昭兼领魏郡太守。当时魏郡边界大乱，有数万贼寇，派遣使者同魏郡往来，交易买卖货物。董昭对他们都加以厚待，利用他们作为间谍，乘敌人内部空虚而迅速出兵讨伐，总是大克贼人。两天之中，三次收到捷报。

今注 1 右姓：指世家大族。 2 平集：平息，安定。 3 羽檄：古代军事文书，插鸟羽以示紧急，必须迅速传递。此处指捷报。

昭弟访，在张邈军中。邈与绍有隙，绍受谗将致罪于昭。昭欲诣汉献帝，至河内，为张杨所留。因杨上还印绶[1]，拜骑都尉[2]。时太祖领兖州，遣使诣杨，欲令假涂西至长安，杨不听。昭说杨曰："袁、曹虽为一家，势不久群[3]。曹今虽弱，然实天下之英雄也，当故结之。况今有缘，宜通其上事，并表荐之；若事有成，永为深分[4]。"杨于是通太祖上事，表荐太祖。昭为太祖

董昭的弟弟董访，在张邈军队中。张邈与袁绍有嫌隙，袁绍听信谗言将怪罪于董昭。董昭打算到汉献帝处，到河内时，被张杨留住。通过张杨将印绶还给袁绍，官拜骑都尉。当时太祖兼领兖州，派遣使节到张杨那里，希望借路张杨的地盘而西到长安，张杨不答应。董昭对张杨说："袁绍、曹操虽然表面上亲近，但终究不能长久共存。曹操现在虽然势力弱小，实际上却是天下的英雄，应当和他结交。况且现在正好有这个机缘，应该为曹操向朝廷上书奏事开通道路，并上表荐举；如果事情成功，就能够结下长久的友谊。"张杨于是为太祖疏通跟朝廷的关系，上表推荐太祖。董昭为太祖

作书与长安诸将李傕、郭汜等，各随轻重[5]致殷勤。杨亦遣使诣太祖。太祖遗杨犬马金帛，遂与西方往来。天子在安邑，昭从河内往，诏拜议郎。

给长安的李傕、郭汜等将领写了书信，根据他们的身份地位尊卑而送礼。张杨也派遣使节到太祖处。太祖送给张杨犬马金帛，然后就和西部进行往来。当时天子在安邑，董昭从河内前往，天子下诏书任命他为议郎。

今注　1 上还印绶：上交袁绍发给的印绶。意思是与袁绍断绝关系。　2 骑都尉：属光禄勋，掌管羽林骑兵。　3 群：共存。　4 深分：深交，长久的情谊。　5 轻重：指各人身份以及地位高低。

建安元年，太祖定黄巾于许，遣使诣河东。会天子还洛阳，韩暹、杨奉、董承及杨各违戾不和。昭以奉兵马最强而少党援，作太祖书与奉曰："吾与将军闻名慕义，便推赤心。今将军拔万乘[1]之艰难，反之旧都，翼佐之功，超世无畴[2]，何其休[3]哉！方今群凶猾夏[4]，四海未宁，神器[5]至重，事在维辅；必须众贤以清王轨，诚非一人所能独建。心腹四支[6]，实相恃赖[7]，一物不备，则有阙焉。

建安元年(196)，太祖在许地平定黄巾军，于是派使者到河东。这时天子恰好返回洛阳，韩暹、杨奉、董承和张杨关系都有矛盾而不和睦。董昭看到杨奉兵马最强而缺少同党的支援，以太祖的名义写信给杨奉说："我和将军彼此互闻大名仰慕大义，便推心置腹以诚相待。现今将军您把天子从艰难困苦中拯救出来，返回旧都，辅佐的功劳，举世无匹，是多么了不起呀！现今群凶扰乱华夏，四海不宁，天子的尊位至关重要，而事情全在于扶持辅佐；必须要依靠众多贤才厘清王道，这实在不是个人所能够做到的。心腹四肢，实际上相互依赖，一物不完备，都算是

将军当为内主，吾为外援。今吾有粮，将军有兵，有无相通，足以相济，死生契阔，相与共之。”奉得书喜悦，语诸将军曰：“兖州诸军近在许耳，有兵有粮，国家所当依仰也。”遂共表太祖为镇东将军，袭父爵费亭侯；昭迁符节令。

有缺损。将军应当在内为主谋，我为外援。现今我有粮草，将军有兵马，粮草兵力互通有无，足以相互支持，死生契阔，我们共同承担。”杨奉得到书信后很高兴，对诸将说：“兖州诸军近在许地，有兵有粮，这正是国家所可依赖的。”于是一起上表举荐太祖为镇东将军，承袭他父亲的爵位为费亭侯；董昭迁为符节令。

今注　1 万乘：周制，天子地方千里，兵车万乘，后常以万乘指代皇帝，这里指汉献帝。　2 无畴：没有谁比得上。畴，通“俦”。　3 休：指吉庆，美善，福禄。　4 猾夏：侵扰华夏。　5 神器：指帝位。　6 支：通“肢”。　7 恃赖：依靠。

太祖朝天子于洛阳，引昭并坐，问曰：“今孤来此，当施何计？”昭曰：“将军兴义兵以诛暴乱，入朝天子，辅翼王室，此五伯[1]之功也。此下诸将，人殊意异，未必服从，今留匡弼，事势不便，惟有移驾幸许耳。然朝廷播越[2]，新还旧京，远近跂望[3]，冀一朝获安。今复

太祖到洛阳朝拜天子，和董昭并排而坐，问他说：“现在我来到这里，应该施行什么样的计策？”董昭说：“将军兴起正义之师以诛灭暴乱，入朝觐见天子，辅佐王室，这是相当于春秋五霸的功业。但是其他的诸位将军，各有自己的打算，未必会服从于您，现在如果留下来辅佐，事情会多有不便，只有把天子移驾到许地才可以。然而天子流亡之后，刚刚返回旧都，远近之人都举足翘望，希望获得迅速的安宁。现在如果天子再次移驾，

徙驾，不厌众心。夫行非常之事，乃有非常之功，愿将军算其多者。”太祖曰：“此孤本志也。杨奉近在梁耳，闻其兵精，得无为孤累乎？”昭曰：“奉少党援，将独委质。镇东、费亭之事，皆奉所定，又闻书命申束，足以见信。宜时遣使厚遗答谢，以安其意。说‘京都无粮，欲车驾暂幸鲁阳[4]，鲁阳近许，转运稍易，可无县乏之忧’。奉为人勇而寡虑，必不见疑，比使往来，足以定计。奉何能为累！”太祖曰：“善。”即遣使诣奉。徙大驾至许。奉由是失望，与韩暹等到定陵[5]钞暴。太祖不应，密往攻其梁营，降诛即定。奉、暹失众，东降袁术。

就会令很多人不满。行非常之事，才能有非常之功，希望将军能够从大处着眼行事。”太祖说：“我本来也是这么想的。杨奉在附近的梁地，听说他的兵马精悍，会不会成为我的障碍？”董昭说：“杨奉党援很少，将会独自归顺您。您之前被封为镇东将军、袭封费亭侯的事情，都是杨奉促成的，他又收到书信申明约束，足见受到他的信任。应该适时派遣使节送厚礼答谢，以安定他的心意。就说‘京都现在缺少粮食，希望汉献帝暂时迁到鲁阳，鲁阳靠近许地，转运粮食比较方便，可以免去缺少粮食的忧虑’。杨奉为人勇猛但缺少谋略，一定不会怀疑，遣使互相往来，足以完成大计。杨奉怎能成为障碍！”太祖说：“好。”随即派遣使者到杨奉那里。最后把天子迁到许地。杨奉因此很失望，就与韩暹等人到定陵抄掠施暴。太祖不作反应，秘密地进攻杨奉在梁地的营地，杨奉的军队有的投降，有的被杀，很快被平定。杨奉、韩暹失去部下，向东归降袁术。

今注　1 五伯：春秋时期的五位霸主，具体所指有多种说法，一般指齐桓公、晋文公、楚庄王、吴王阖闾、越王勾践。他们大都以礼义行事，靖国安民，成为对当时的局势有深刻影响的诸侯领袖。　2 播越：流亡。 3 跂望：举足翘望。 4 鲁阳：县名，治今河南鲁山。 5 定陵：县名，治今河南舞阳东北。

三年，昭迁河南尹。时张杨为其将杨丑所杀，杨长史薛洪、河内太守缪尚城守待绍救。太祖令昭单身入城，告谕洪、尚等，即日举众降。以昭为冀州牧。

建安三年(198)，董昭迁为河南尹。当时张杨被他的部将杨丑杀死，张杨所属长史薛洪、河内太守缪尚固守城池等待袁绍救援。太祖令董昭独自入城，告谕薛洪、缪尚等人，他们即日率众归降。董昭被任命为冀州牧。

太祖令刘备拒袁术，昭曰："备勇而志大，关羽、张飞为之羽翼，恐备之心未可得论[1]也！"太祖曰："吾已许之矣。"备到下邳[2]，杀徐州刺史车胄，反。太祖自征备，徙昭为徐州牧。袁绍遣将颜良攻东郡，又徙昭为魏郡太守，从讨良。良死后，进围邺城。

太祖令刘备抵挡袁术，董昭说："刘备勇敢而有大志，关羽、张飞作为他的辅佐，恐怕刘备的心志未可预料！"太祖说："我已经答应他了。"刘备到达下邳，杀掉徐州刺史车胄，反叛太祖。太祖亲自征讨刘备，调董昭担任徐州牧。袁绍派遣颜良进攻东郡，太祖又调董昭为魏郡太守，跟从讨伐颜良。颜良死后，太祖进而围攻邺城。

今注 1 未可得论：未可预料。 2 下邳：东汉永平十五年(72)分东海郡置国。建初四年(79)益以临淮郡和九江郡地，治下邳(今江苏睢宁北)。

袁绍同族春卿为魏郡太守，在城中，其父元长在扬州，太祖遣人迎

当时袁绍同族人春卿为魏郡太守，在城中，他的父亲元长在扬州，太祖派遣人迎接他父亲。董昭给春卿写信说：

之。昭书与春卿曰:“盖闻孝者不背亲以要利,仁者不忘君以徇私,志士不探乱以徼幸,智者不诡道以自危。足下大君[1],昔避内难,南游百越,非疏骨肉,乐彼吴会,智者深识,独或宜然。曹公愍其守志清恪,离群寡俦[2],故特遣使江东,或迎或送,今将至矣。就令足下处偏平之地,依德义之主,居有泰山之固,身为乔松之偶[3],以义言之,犹宜背彼向此,舍民趣父也。且郑仪父始与隐公盟,鲁人嘉之,而不书爵,然则王所未命,爵尊不成,《春秋》之义也。况足下今日之所托者乃危乱之国,所受者乃矫诬之命乎!苟不逞之与群,而厥父之不恤,不可以言孝。忘祖宗所居之本朝,安非正之奸职,难可以言忠。忠孝

“听闻孝顺的人不违背亲族而获利,仁义的人不遗忘主君以徇私利,有志之士不趁乱而侥幸成功,智谋之士不用诡诈的手段而让自己处于危险的境地。足下的父亲,之前为了躲避内地的战乱,南下游历百越地区,并不是疏远自己的亲生儿女,而是喜欢那吴会之地,智者深谋远虑,有着自己的打算。曹公感慨他笃守着淡泊的志向,清白恭谨,离群索居,无人陪伴,所以特意派遣使者到江东,有人迎接,有人护送,现在快到此地了。即使足下处在偏安之地,依凭仁义道德之主,居住的环境犹如泰山那样稳固,自己与王子乔、赤松子这样高洁的人为友,但以道义看来,仍然应该背弃那边而来到这里,舍弃民众而亲近父亲。况且如郑仪父开始与鲁隐公结盟,鲁人赞赏他,而不书写记录他的爵位,是因为周王还没有册命,所以不能给他尊称和爵位,这是《春秋》所阐明的大义呀。况且足下现在所托付的是危险纷乱之国,所受的是矫诈假称的诏命啊!如果和不贤的人处在一起,而不体恤自己的父亲,不可以说是孝顺。忘记祖宗所处的本朝,安心担任不正经的奸邪职

并替[4]，难以言智。又足下昔日为曹公所礼辟[5]，夫戚族人而疏所生，内所寓而外王室，怀邪禄而叛知己，远福祚而近危亡，弃明义而收大耻，不亦可惜邪？若能翻然易节，奉帝养父，委身曹公，忠孝不坠，荣名彰矣。宜深留计，早决良图。”邺既定，以昭为谏议大夫。后袁尚依乌丸蹋顿，太祖将征之。患军粮难致，凿平虏、泉州二渠入海通运，昭所建也。太祖表封千秋亭侯，转拜司空军祭酒。

位，不可以说是忠义。不顾忠孝，很难说是智慧。而且足下之前为曹公礼遇征辟，如果亲近族人而疏远至亲，亲近自己的暂居之地而远离王室，接受奸邪之人的俸禄而背叛知己，远离福禄而接近危亡，丢弃圣明大义而接受奇耻大辱，不也很可惜吗？如果能够幡然悔悟改变志节，尊奉天子孝养父亲，辅佐曹公，忠孝德义没有舍弃，荣誉得以显扬。应该深思熟虑留心谋划，早早地做出好的打算。”平定邺城后，太祖以董昭为谏议大夫。后来袁尚投靠乌丸蹋顿，太祖将要征讨。但是担忧粮草难以供应，开凿平虏、泉州两个沟渠沟通海运，就是董昭所督建的。太祖上表封他为千秋亭侯，转拜司空军祭酒。

今注 1 大君：对别人父亲的尊称。 2 寡俦：同伴很少。俦，同辈、伴侣。 3 乔松之偶：乔松指的是古代仙人王子乔、赤松子。这里是说生活恬淡闲适，与神仙一样的人一起生活。 4 替：废弃。 5 礼辟：以礼相征召。

后昭建议：“宜修古建封五等[1]。”太祖曰：“建设五等者，圣人也，又非人臣所制，吾何以堪

后来董昭建议：“应该按照古代礼制重建分封五等爵位的制度。”太祖说：“建设五等分封，这是圣人才能做的，不是人臣所能够制定的，我怎么能去做呢？”董

之？”昭曰：“自古以来，人臣匡世，未有今日之功。有今日之功，未有久处人臣之势者也。今明公耻有惭德而未尽善，乐保名节而无大责，德美过于伊、周[2]，此至德之所极也。然太甲、成王[3]未必可遭，今民难化，甚于殷、周，处大臣之势，使人以大事疑己，诚不可不重虑也。明公虽迈威德，明法术，而不定其基，为万世计，犹未至也。定基之本，在地与人，宜稍建立，以自藩卫。明公忠节颖露，天威在颜，耿弇床下之言，朱英无妄之论，不得过耳。昭受恩非凡，不敢不陈[1]。”后太祖遂受魏公、魏王之号，皆昭所创。

昭说：“自古以来，人臣匡扶世道，都没有您今日所建的功劳。有了现在这样的功业，不会有长久地处在人臣之位的情况。现在明公耻于自己德行有亏感到惭愧而未尽善，乐于保住名节而没有大的失误，德行之美已经超过伊尹、周公，这是至德的最高表现了。然而太甲、成王这样的君主未必能够遇到，现在百姓比殷、周时代还难以教化，处在大臣的权位，让别人在大事上怀疑自己，实在不能不慎重考虑呀。明公虽然有威严德行，明晓法术，可是如果不奠定基业，为万世而考虑，也就还未尽善。奠定基业的根本，在于地利与人和，应该逐步建立，以作为自己的藩篱护卫。明公有着忠孝的操行，才华显露，有着威严的相貌，就像耿弇在床下劝说汉光武帝夺取天下的言谈，朱英对春申君取代楚王无妄的言论，对您来说也不算过分。董昭受到非比寻常的恩惠，所以不敢不陈说。”后来太祖就接受了魏公、魏王的封号，都是董昭首先提议的。

今注 1 五等：指公、侯、伯、子、男五等爵制。 2 伊、周：指辅佐国君成就大业的商代伊尹与周代周公。 3 太甲、成王：指能够接受宰臣伊尹、周公劝谏而成就功业的商代国君太甲和周代国君成王。

裴注　[1]《献帝春秋》曰:“昭与列侯诸将议,以丞相宜进爵国公,九锡备物,以彰殊勋。书与荀彧曰:‘昔周旦、吕望,当姬氏之盛,因二圣之业,辅翼成王之幼,功勋若彼,犹受上爵,锡土开宇。末世田单,驱强齐之众,报弱燕之怨,收城七十,迎复襄王;襄王加赏于单,使东有掖邑之封,西有菑上之虞。前世录功,浓厚如此。今曹公遭海内倾覆,宗庙焚灭,躬擐甲胄,周旋征伐,栉风沐雨,且三十年,芟夷群凶,为百姓除害,使汉室复存,刘氏奉祀。方之曩者数公,若太山之与丘垤,岂同日而论乎?今徒与列将功臣,并侯一县,此岂天下所望哉!’”

及关羽围曹仁于樊[1],孙权遣使辞以“遣兵西上,欲掩取羽。江陵、公安[2]累重,羽失二城,必自奔走,樊军之围,不救自解。乞密不漏,令羽有备”。太祖诘[3]群臣,群臣咸言宜当密之。昭曰:“军事尚权[4],期[5]于合宜。宜应权以密,而内露之。羽闻权上,若还自护,围则速解,便获其利。可使两贼相对衔持[6],坐待其弊。秘而不露,使权得志,非计之上。又,围中将吏不知有救,计粮

当关羽在樊城围困曹仁,孙权派遣使者说:“本来打算派兵西上,想趁关羽不备突然袭击打败他。江陵、公安两城很重要,如果关羽失掉这两座城池,必定会逃走,樊城军队被围,不用出兵营救自会解除。请求您保密不要泄露这个计划,以免让关羽有所防备。”太祖询问群臣怎么办,群臣都认为应该事先保密。董昭说:“军事以权变为上,务必要合乎时宜。应该答应孙权对这件事保密,而偷偷地泄露出去。关羽听闻了孙权派兵西上的计谋,如果返回守护自己的城池,围困自然会解除,这样我们就可以得到好处。可以使两方相互牵制僵持,我们等待他们劳弊。保密而不泄露,使孙权达到目的,不是上策。而且,被围困城中的将帅官吏不知道有救援,考虑到粮草匮乏而引起军心恐惧

怖惧,傥有他意,为难不小。露之为便。且羽为人强梁,自恃二城守固,必不速退。”太祖曰:“善。”即敕救将徐晃以权书射著围里及羽屯中,围里闻之,志气百倍。羽果犹豫。权军至,得其二城,羽乃破败。

惊慌,如果他们产生了其他的想法,将会造成很大的灾难。还是泄露出去比较好。况且关羽为人强悍固执,自认为两城守护很坚固,必定不会很快退兵。”太祖说:“好。”随即命令救援的将军徐晃将孙权的书信射到被围困的城中和关羽的屯驻地,围城中的将士听闻后,士气增强百倍。关羽果然犹豫起来。孙权大军赶到,攻占了那两座城池,关羽就被攻破失败了。

今注 1 樊:在今湖北襄阳樊城区。 2 江陵、公安:江陵,在今湖北荆州江陵故城。公安,在今湖北荆州公安县。 3 诘:询问。 4 尚权:重视权变。 5 期:必定,务须。 6 衔持:僵持、对峙。

文帝即王位,拜昭将作大匠[1]。及践阼,迁大鸿胪[2],进封右乡侯。二年,分邑百户,赐昭弟访爵关内侯,徙昭为侍中。三年,征东大将军曹休临江在洞浦口,自表:“愿将锐卒虎步[3]江南,因敌取资[4],事必克捷;若其无臣[5],不须为念。”帝恐休便渡江,驿马诏止。时昭侍侧,因曰:“窃见陛下有忧色,独

文帝即王位,拜董昭为将作大匠。登帝位后,迁为大鸿胪,进封为右乡侯。黄初二年(221),分得采邑百户,赐董昭的弟弟董访为关内侯,迁董昭为侍中。黄初三年(222),征东大将军曹休在江边的洞浦口,自己上表说:“希望率领精锐将士横行江南,夺取敌人的军资,征战一定能够成功;万一我战死,陛下也不要挂念我。”文帝恐怕曹休会即刻渡江,令驿马传诏制止。当时董昭在文帝身旁,于是说道:“我见陛下面有忧色,只是因为曹休要渡江吗?现在渡江,人们

以休济江故乎？今者渡江，人情所难，就休有此志，势不独行，当须诸将。臧霸等既富且贵，无复他望，但欲终其天年，保守禄祚而已，何肯乘危自投死地，以求徼幸？苟霸等不进，休意自沮。臣恐陛下虽有敕渡之诏，犹必沈吟[6]，未便从命也。”是后无几，暴风吹贼船，悉诣休等营下，斩首获生，贼遂迸散。诏敕诸军促渡。军未时进，贼救船遂至。

会多有畏惧，即使曹休有渡江之志，势必不能独自行动，还必须依靠其他将领。臧霸等人已经家财富足又地位显贵，没有其他的奢望，只是打算终老天年，保住禄位而已，怎么可能会冒险自投死地，以求取侥幸成功呢？如果臧霸等人不愿意渡江，曹休的意图自然也就打消了。臣恐怕即使陛下下达渡江的诏令，他们还一定会犹豫不定，未必就马上服从命令呢。”没过多长时间，暴风将贼寇的船舶都吹到了曹休的兵营附近，于是被斩首和活捉的很多，贼寇就逃散殆尽。文帝下诏书敕令诸军即刻渡江。大军还未按时进发，敌方救援的船已经到了。

今注 1 将作大匠：职掌宫室、宗庙、陵寝及重大土木营建。 2 大鸿胪：汉武帝时改典客置，掌接待少数民族等事务。后渐变为赞襄礼仪之官。 3 虎步：比喻横行无敌。 4 取资：夺取军用的粮草物资。 5 无臣：指战死捐躯。 6 沈吟：犹豫不决。沈，同“沉”。

大驾幸宛[1]，征南大将军夏侯尚等攻江陵，未拔[2]。时江水浅狭，尚欲乘船将步骑入渚[3]中安屯，作浮桥，南北往来，议者多以为城必可拔。昭上

文帝到达宛地，征南大将军夏侯尚等人进攻江陵，没有攻取。当时江水较浅而江面狭窄，夏侯尚打算用船把步兵、骑兵运到江中沙洲驻屯，再造浮桥，南北连通，议事者都认为这样一定能够攻破城池。董昭上疏说：“武皇帝智勇过人，

疏曰："武皇帝智勇过人，而用兵畏敌，不敢轻之若此也。夫兵好进恶退，常然之数[4]。平地无险，犹尚艰难，就当深入，还道宜利，兵有进退，不可如意。今屯渚中，至深也；浮桥而济，至危也；一道而行，至狭也：三者兵家所忌，而今行之。贼频攻桥，误有漏失，渚中精锐，非魏之有，将转化为吴矣。臣私戚[5]之，忘寝与食，而议者怡然不以为忧，岂不惑哉！加江水向长，一旦暴增，何以防御？就不破贼，尚当自完。奈何乘危，不以为惧？事将危矣，惟陛下察之！"帝悟昭言，即诏尚等促出。贼两头并前，官兵一道引去，不时得泄，将军石建、高迁仅得自免。军出旬日，江水暴长。帝曰："君论此事，何其审也！正使张、陈当之，何以复加。"

而用兵的时候仍然小心谨慎避开敌人，不敢如此轻敌。行军打仗偏好进攻而厌恶后退，这是通常的道理。在没有险阻的平地，尚且会很艰难，在适当的时候前进，在得利的时候后退，兵事有进有退，不能尽如人意。现在屯驻在江中小洲上，是入敌最深；搭浮桥而渡江，是最危险的；只利用一条道路前行，是最促狭的：这三条都是兵家所忌惮的，而现在都实行了。贼人如果频频攻打浮桥，一旦有所失误疏漏，江中小洲中的精锐部队，就不再为魏国所有，将变为吴军的力量了。臣私下感到很忧虑，忘记了睡觉和吃饭，而议事的人却怡然自得，不加忧虑，岂不是很糊涂吗！加上江水将要上涨，一旦暴涨，拿什么来防御？即使不能破贼，也应当想着自我保全。为什么置于危险境地，却毫不畏惧？事情现在将会很危急，希望陛下明察！"文帝领悟董昭说的话，随即诏令夏侯尚等人赶快撤出。贼人这时从两头进发，魏军官兵只能从一条道路退却，无法快速撤出，将军石建、高迁等人仅自身脱离危险。军队撤出去十日左右，江水暴涨。文帝说："您议论这件事，怎么如此周密！即使让张良、陈平谋划此事，也不会超过您。"

今注 1 宛:魏时为南阳郡治,在今河南南阳。 2 拔:攻克。 3 渚:指江中露出水面的沙洲。 4 常然之数:通常的道理。 5 戚:忧愁,悲伤。

五年,徙封成都乡侯,拜太常。其年,徙光禄大夫、给事中。从大驾东征,七年还,拜太仆。

黄初五年(224),董昭徙封为成都乡侯,官拜太常。当年,调任光禄大夫、给事中。跟从曹丕东征,黄初七年(226)的时候返回,官拜太仆。

明帝即位,进爵乐平侯,邑千户,转卫尉。分邑百户,赐一子爵关内侯。

明帝即位,进爵为乐平侯,食邑千户,转任卫尉。分出食邑一百户,赐封一个儿子为关内侯。

太和四年,行司徒事,六年,拜真。昭上疏陈末流之弊曰:"凡有天下者,莫不贵尚敦朴忠信之士,深疾虚伪不真之人者,以其毁教乱治,败俗伤化也。近魏讽[1]则伏诛建安之末,曹伟[2]则斩戮黄初之始。伏惟前后圣诏,深疾浮伪,欲以破散邪党,常用切齿;而执法之吏皆畏其权势,莫能纠擿,毁坏风俗,侵欲滋甚。窃见当今年少,不复以学问为

太和四年(230),董昭代理司徒事务,太和六年(232),正式任命司徒职。董昭上疏陈述衰乱时代不良风气的影响:"但凡拥有天下的,没有谁不崇尚敦厚朴实,忠孝有信的士人,特别痛恨虚伪不真诚的人,因为他们毁坏教化,扰乱治理,败坏风气。近来像魏讽在建安末年被处死,曹伟在黄初之始被处斩。我思考皇帝前后诛杀两人的诏书,都表明痛恨浮夸虚伪,想以此来清除拆散邪佞的党人,常有切齿之恨;而执法的官吏都畏惧他们的权势,不敢纠正检举揭发他们毁坏风俗,变本加厉的情况。我看到现在的年轻人,不再以学问为根本,而

本，专更以交游为业；国士不以孝悌清修为首，乃以趋势游利为先。合党连群，互相褒叹，以毁訾为罚戮，用党誉为爵赏，附己者则叹之盈言，不附者则为作瑕衅。至乃相谓‘今世何忧不度邪？但求人道不勤，罗之不博耳；又何患其不知己矣，但当吞之以药而柔调耳’。又闻或有使奴客名作在职家人，冒之出入，往来禁奥，交通书疏，有所探问。凡此诸事，皆法之所不取，刑之所不赦，虽讽、伟之罪，无以加也。”帝于是发切诏，斥免诸葛诞、邓飏等。

昭年八十一薨，谥曰定侯。子胄嗣。胄历位郡守、九卿。

专门以交游为正业；国士不以孝悌清修为首要之事，而以趋炎附势营求私利为先。纠集同党、结帮拉派，互相吹捧，以诋毁诽谤作为对别人的惩罚，以党同称誉为自己的爵禄奖赏，附和自己的就满口地赞赏他们，不附和自己的就指摘挑衅他们。甚至互相称说‘当今世上有什么忧愁不能度过呢？只是你不能尽力结交朋友，网罗和交往不够广博罢了；又何必忧虑别人不了解自己呢，只要你像给他们服下药剂一样，柔服调顺他们’。又听说有的让家奴门客充作有官职家人的名字，冒名出入，在禁宫中往来，以书信交流互通，探问消息。所有的这些事情，都是法度所不容许的，是刑罚所不能赦免的，即使像魏讽、曹伟这种人的罪过，也不比他们更大。”明帝于是发布紧急诏令，斥责罢免诸葛诞、邓飏等人。

董昭八十一岁时去世，谥号为定侯。儿子董胄继承了他的爵位。董胄历任郡守、九卿等职位。

今注 1 魏讽：字子京，其为人颇有智谋，口才出众。汉中之战后，关羽率兵攻打襄樊，水淹于禁所部，围困樊城曹仁，引发中原震动。建安二十四年(219)，魏讽与长乐卫尉陈祎谋划袭击邺城，陈祎因为害怕而向曹丕告发,曹丕展开政治清洗,杀死魏讽和镇压反曹势力,为曹丕代汉建魏奠定了基础。 2 曹伟:黄初二年(221)孙权遣使至魏,奉表称藩。曹伟以平民身份与孙权交书而求取贿赂,说帮他结交京师权贵,魏文帝听闻后将其处死。魏讽与曹伟被时人视为浮伪邪妄之徒。

刘晔

原文

刘晔,字子扬,淮南成悳1人[1]。汉光武子阜陵王延后也。父普,母修,产涣及晔。涣九岁,晔七岁,而母病困。临终,戒涣、晔以"普之侍人,有谄害之性。身死之后,惧必乱家。汝长大能除之,则吾无恨矣"。晔年十三,谓兄涣曰:"亡母之言,可以行矣。"涣曰:"那可尔!"晔即入室杀侍者,径出拜墓。舍内大惊,白普。普怒,遣人追晔。晔还拜谢曰:"亡母顾命之言,敢受不请擅行之罚。"普心异之,遂不责也。汝

译文

刘晔,字子扬,淮南成悳人。是汉光武帝的儿子阜陵王刘延的后人。父亲刘普,母亲名修,生下刘涣和刘晔。刘涣九岁,刘晔七岁的时候,母亲病重。临终时,告诫刘涣、刘晔说:"你们父亲刘普的侍妾,有谄媚害人的本性。我死之后,家里恐怕会被她祸乱。你们长大后能够除掉他的话,我就没有遗憾了。"刘晔十三岁时,对哥哥刘涣说:"亡母的遗言,可以付诸行动了。"刘涣说:"可以了!"刘晔随即进入家中杀掉侍妾,直接出门去拜谒母亲的坟墓。家里人大惊,告诉刘普。刘普很生气,派人去追刘晔。刘晔返回拜见父亲并请罪说:"这是亡母临终时的遗言,我甘愿接受没有请示禀告而擅自行动的惩罚。"刘普对他很惊异,也就没有责备他。汝南人许

南[2]许劭[3]名知人，避地扬州，称晔有佐世之才。

劭以善于相人而知名，避祸来到扬州，称赞刘晔有匡扶世事的才能。

今注 1 成悳：在今安徽寿县东南。 2 汝南：郡名，西汉文帝十二年(前168)分淮阳郡置，治平舆(今河南平舆北)。 3 许劭：字子将，东汉末年著名人物评论家。据说他每月都要对当时的人物进行品评，被称为“月旦评”。

裴注 [1] 悳，音德。

扬士多轻侠狡桀，有郑宝、张多、许乾之属，各拥部曲。宝最骁果[1]，才力过人，一方所惮。欲驱略百姓越赴江表，以晔高族名人，欲强逼晔使唱导此谋。晔时年二十余，心内忧之，而未有缘。会太祖遣使诣州，有所案问。晔往见，为论事势，要将与归，驻止数日。宝果从数百人赍[2]牛酒来候使，晔令家僮将其众坐中门外，为设酒饭；与宝于内宴饮。密勒健儿，令因行觞[3]而斫宝。宝性不甘

扬州的士人大多轻率任侠，狡黠残暴，有郑宝、张多、许乾这些人，各自拥有武装。郑宝最为骁勇果敢，才力过人，当地人都很忌惮。郑宝打算将百姓驱赶到长江以南去，因为刘晔是当地大族中有名望的人，想强迫他出面倡导这个谋划。刘晔当时二十多岁，内心很忧虑，但不知如何处理。恰逢太祖派遣使节到扬州，调查询问有关情况。刘晔前往面见使者，讨论有关形势，打算与使节一起回去，使者需要在他家驻留几天。郑宝果然率领数百人携带牛酒来问候使节，刘晔令家僮带领郑宝的部下坐在中门外，为他们安排酒饭；自己与郑宝在内室宴饮。刘晔秘密地命令勇健的部下，趁自己和郑宝喝酒的时候杀死他。郑宝

酒,视候甚明,觞者不敢发。晔因自引取佩刀斫杀宝,斩其首以令其军,云:“曹公有令,敢有动者,与宝同罪。”众皆惊怖,走还营。营有督将精兵数千,惧其为乱,晔即乘宝马,将家僮数人,诣宝营门,呼其渠帅,喻以祸福,皆叩头开门内[4]晔。晔抚慰安怀,咸悉悦服,推晔为主。

生性不爱饮酒,观察酒宴中的举动十分清醒,行酒的人不敢行动。刘晔趁机就拔出自己身上的佩刀将郑宝砍死,将他斩首并告令他的部下说:“曹公有命令,敢有反抗者,和郑宝同罪。”众人都很惊恐,逃跑回到营地去了。营地内有数千名督将精兵,刘晔害怕他们作乱,就立即乘着郑宝的马,领着家僮数人,到郑宝营地门前,呼喊营内的头领,以祸福利害开导他们,他们都叩头开门迎接刘晔入内。刘晔抚慰安抚他们,他们都心悦诚服,推举刘晔为主帅。

今注 1 骁果:勇健果敢。 2 赍(jī):携带。 3 行觞:行酒,依次敬酒。 4 内:“纳”的古字。

晔睹汉室渐微,己为支属,不欲拥兵,遂委其部曲与庐江太守刘勋。勋怪其故,晔曰:“宝无法制,其众素以钞略为利,仆[1]宿无资,而整齐[2]之,必怀怨难久,故相与耳。”

时勋兵强于江、淮之间。孙策恶之,遣使

刘晔看到汉室逐渐衰微,自己身为汉室余脉,不想拥有军队,于是将他所领军队委托给庐江太守刘勋。刘勋对他这样做感到很奇怪,刘晔说:“郑宝行无法制,他的部下素来以抢劫掠夺为利,我并没有很雄厚的资本,现在将他们整治统一起来,心中必定怀有怨恨而难以持久,所以才把他们托付给您。”

当时刘勋的兵马在江、淮地区很强盛。孙策很憎恶他,于是派遣使节言词谦

卑辞厚币,以书说勋曰:"上缭[3]宗民,数欺下国[4],忿之有年矣。击之,路不便,愿因大国伐之。上缭甚实,得之可以富国,请出兵为外援。"勋信之,又得策珠宝、葛越[5],喜悦。外内尽贺,而晔独否。勋问其故,对曰:"上缭虽小,城坚池深,攻难守易,不可旬日而举,则兵疲于外,而国内虚。策乘虚而袭我,则后不能独守。是将军进屈于敌,退无所归。若军必出,祸今至矣。"勋不从。兴兵伐上缭,策果袭其后。勋穷踧[6],遂奔太祖。

恭地赠送丰厚的礼物,并在给刘勋的书信中说:"上缭地方的土著居民,数次欺侮我的领土,很多年以来都感到很气愤。我想讨伐他们,但道路不便,希望借助贵国的力量来讨伐。上缭地区很殷实,得到它后可以使国家富强,请您出兵作为我的外援。"刘勋听信了孙策的话,又得到孙策的珠宝、葛越,很高兴。里外的人都恭贺他,只有刘晔没这样做。刘勋问他原因,他说:"上缭虽然小,但城墙坚固护城河很深,易守难攻,不能够在短时间内夺取,那么就会使得兵员久劳在外,而国内兵力空虚。孙策乘虚而袭击我们的话,那么后方就无法守住。这样的话将军前进就会被敌人遏制住,而后退的话又没有归处了。如果非得要出兵,那么祸患很快就会到来。"刘勋没有听从刘晔的意见。率兵讨伐上缭,孙策果然偷袭他的后方。刘勋的处境很困窘,就去投奔太祖。

今注 1 仆:自己的谦称。 2 整齐:整顿约束。 3 上缭:地名,在今江西九江永修县。 4 下国:指孙策当时统治的吴、会稽、丹阳、豫章、庐陵五郡。 5 葛越:南方的一种布,用葛制成。 6 踧(cù):通"蹙"。

太祖至寿春,时庐江界有山贼陈策,众数万

太祖到寿春,当时庐江界内有山贼陈策,聚众数万人,据守险要之处。先人,临险而守。先时遣偏将[1]致诛,莫能禽克。太祖问群下,可伐与不,咸云:"山峻高而溪谷深隘,守易攻难;又无之不足为损,得之不足为益。"晔曰:"策等小竖[2],因乱赴险,遂相依为强耳,非有爵命威信相伏也。往者偏将资轻,而中国未夷,故策敢据险以守。今天下略定,后伏先诛。夫畏死趋赏,愚知所同,故广武君[3]为韩信画策,谓其威名足以先声后实而服邻国也。岂况明公之德,东征西怨,先开赏募,大兵临之,令宣之日,军门启而虏自溃矣。"太祖笑曰:"卿言近之!"遂遣猛将在前,大军在后,至则克策,如晔所度。太祖还,辟晔为司空仓曹掾[4][1]。

是派遣偏将讨伐,但没能擒获。太祖询问臣下,能不能出兵讨伐,大家都说:"山势高峻而溪谷陡深狭窄,易守难攻;况且不占据那里也不是什么损失,占据了那里也没什么好处。"刘晔说:"陈策等小儿,趁世乱而占据险要之地,依靠险地又称强割据,没有封爵授官和有威信的人征讨而使他们降服。之前派出的偏将资质较轻,而当时天下又没有安定下来,所以陈策敢于据险而守。现在天下大致安定下来,后被降服的要先被诛杀。害怕死亡而追求奖赏,无论愚笨还是智慧的人都是一样的,所以广武君为韩信出谋划策,认为凭借他的威名足以先用声名而后用实际行动就能够降服邻国。更何况凭明公的德行,先征讨东边则西边的百姓会产生怨言,可以先公开赏募,再以大军压境进逼,命令宣达之日,军门必会打开而敌寇自会溃散。"太祖笑着说:"你的言论很切实际!"于是派遣猛将先行,大军压后,到达后便攻克陈策,正如刘晔所预计的那样。太祖返回后,征召刘晔为司空仓曹掾。

今注　1 偏将:副将。　2 小竖:对人的鄙称。　3 广武君:即李左车,是秦汉之际的谋士，赵国名将李牧的孙子，因为辅佐赵王歇有功而被封为广武君。赵亡后，韩信俘虏了李左车，并向李左车求问计策，李左车帮助韩信不出兵而降服了燕地。 **4** 司空仓曹掾：职官名，是司空下属中掌管谷仓的官员。

裴注 [**1**]《傅子》曰："太祖征晔及蒋济、胡质等五人，皆扬州名士。每舍亭传，未曾不讲，所以见重。内论国邑先贤、御贼固守、行军进退之宜，外料敌之变化、彼我虚实、战争之术，夙夜不解。而晔独卧车中，终不一言。济怪而问之，晔答曰：'对明主非精神不接，精神可学而得乎？'及见太祖，太祖果问扬州先贤、贼之形势，四人争对，待次而言，再见如此。太祖每和悦，而晔终不一言。四人笑之。后一见太祖，止无所复问，晔乃设远言以动太祖，太祖适知便止。若是者三。其旨趣以为远言宜征精神，独见以尽其机，不宜于猥坐说也。太祖已探见其心矣，坐罢，寻以四人为令，而授晔以心腹之任；每有疑事，辄以函问晔，至一夜数十至耳。"

太祖征张鲁，转晔为主簿[1]。既至汉中，山峻难登，军食颇乏。太祖曰："此妖妄之国[2]耳，何能为有无？吾军少食，不如速还。"便自引归，令晔督后诸军，使以次出。晔策鲁可克，加粮道不继，虽出，军犹不能皆全，驰白太祖："不如致攻。"遂进兵，多出弩以射其营。鲁奔走，汉中

太祖征讨张鲁，转任刘晔为主簿。到达汉中后，山路陡峻难行，军队粮食很匮乏。太祖说："这是个妖妄的国家，能不能占据它有什么区别呢？大军缺少食粮，不如赶快撤回。"于是自己率领军队返回，令刘晔都督后面的军队，使他们依次退出。刘晔认为能够攻克张鲁，加上粮道不通畅，即使退出，军队也不能保全，于是赶往太祖那里说："不如进攻。"于是进军，多派弩手向张鲁兵营射箭。张鲁逃走，汉

遂平。

中于是被平定。

今注 1 主簿:是各级主官属下掌管文书的佐吏。 2 妖妄之国:张鲁在汉中以五斗米道组织民众,当时称为"鬼道",所以曹操这样说。

晔进曰:"明公以步卒五千,将诛董卓,北破袁绍,南征刘表,九州百郡,十并其八,威震天下,势慑海外。今举汉中,蜀人望风[1],破胆失守,推此而前,蜀可传檄而定[2]。刘备,人杰也,有度而迟,得蜀日浅,蜀人未恃也。今破汉中,蜀人震恐,其势自倾。以公之神明,因其倾而压之,无不克也。若小缓之,诸葛亮明于治而为相,关羽、张飞勇冠三军而为将,蜀民既定,据险守要,则不可犯矣。今不取,必为后忧。"太祖不从[1],大军遂还。晔自汉中还,为行军长史[3],兼领军。

刘晔进言说:"明公以步兵五千,诛杀董卓,北上打败袁绍,南下征讨刘表,九州中百余郡,已经十有其八被统一,威震天下,威势使海外都感到畏惧。现在占据汉中,蜀人观察声势,已经没有胆量坚守,大军顺势而前,蜀地可传檄而定。刘备,是人中雄杰,有度量而行动迟缓,占据蜀地时日不久,蜀人并不依恃他。现在攻破汉中,蜀人感到震惊恐惧,坚守之势已经颓丧。以您的神明,趁着大好的形势大兵压境,能够攻无不克。如果稍微迟缓,诸葛亮通晓治国之道而为丞相,关羽、张飞勇冠三军而为将领,蜀地民众安定下来,占据险要之地固守,就很难再被攻克了。现在不出兵进攻,必定会成为后患。"太祖没有听从刘晔的意见,率大军返回。刘晔从汉中返回后,担任行军长史,兼任领军。

今注 1 望风:观察声势。 2 传檄而定:传送一篇檄文就可平定。形容取胜非常容易。 3 长史:职官名,其职责不一,但多为幕僚性质的官员。

裴注 [1]《傅子》曰:"居七日,蜀降者说:'蜀中一日数十惊,备虽斩之而不能安也。'太祖延问晔曰:'今尚可击不?'晔曰:'今已小定,未可击也。'"

延康元年,蜀将孟达率众降。达有容止才观,文帝甚器爱之,使达为新城太守,加散骑常侍。晔以为"达有苟得之心,而恃才好术,必不能感恩怀义。新城与吴、蜀接连,若有变态,为国生患"。文帝竟不易,后达终于叛败[1]。

黄初元年,以晔为侍中[1],赐爵关内侯。诏问群臣令料刘备当为关羽出报吴不[2]。众议咸云:"蜀,小国耳,名将唯羽。羽死军破,国内忧惧,无缘复出。"晔独曰:"蜀虽狭弱,而备之谋欲以威武

延康元年(220),蜀将孟达率众归降。孟达有非凡的容貌举止和才华仪表,文帝很是器重他,任他为新城太守,加任散骑常侍。刘晔认为"孟达有苟且妄得之心,而且恃才喜好权术,必定不能感激恩德牢记仁义。新城和吴、蜀两国接壤,一旦边界发生叛变,恐怕会给国家生出祸乱"。文帝最终没有改变决定,后来孟达果然反叛而失败。

黄初元年(220),任命刘晔为侍中,赐给关内侯的爵位。文帝下诏询问群臣,让他们推测刘备是否会为了关羽被杀害而出兵报复孙吴。大家都说:"蜀国只不过是个小国罢了,名将只有关羽。关羽身死军败,国内都很忧愁害怕,没有机会再出兵。"只有刘晔认为:"蜀国虽然地盘狭小势弱,但刘备图谋想用武力使自己强大,势必会出动大军以显示自己有

自强，势必用众以示其有余。且关羽与备，义为君臣，恩犹父子；羽死不能为兴军报敌，于终始之分不足。”后备果出兵击吴。吴悉国应之，而遣使称藩。朝臣皆贺，独晔曰：“吴绝在江、汉之表，无内臣[3]之心久矣。陛下虽齐德有虞，然丑虏之性，未有所感。因难求臣，必难信也。彼必外迫内困，然后发此使耳，可因其穷，袭而取之。夫一日纵敌，数世之患，不可不察也。”备军败退，吴礼敬转废，帝欲兴众伐之，晔以为“彼新得志，上下齐心，而阻带江湖，必难仓卒”。帝不听[2]。

多余的实力。而且关羽与刘备，虽然在名义上是君臣，却有如父子之恩亲；如果不能为死去的关羽出兵报仇，这对于他们共始终的情谊就显得不够。”后来刘备果然出兵攻打吴国。吴国集中全国的力量应对，而且派遣使者到魏国上表称藩属。朝臣都表示祝贺，只有刘晔说：“吴国处在江、汉地区，一直都没有归附之心。陛下虽然有像虞舜一样的德行，但是丑虏的本性，是不会被感化。他们在有困难的时候称臣，一定难以相信。必定是因为外部受到蜀国威逼而且内部困窘，然后才派遣使节前来。可以趁着吴国的困局，出兵袭击而攻取。一旦放纵了敌人，就会带来数代的祸患，不能不明察呀。”刘备军队失败撤退，吴国的礼仪尊崇就废弛了，文帝打算兴兵讨伐，刘晔认为“吴国刚刚得志，上下正齐心，而且有江湖作为屏障，必定难以短期迅速取胜”。文帝没有听从。

今注 1 侍中：秦汉时是宫廷里应对顾问、往来奏事的官员，为皇帝近臣，后来地位渐重，甚至在实际上有宰相之权。 2 不：同“否”。 3 内臣：纳臣。内，“纳”的古字。指向魏国朝廷臣服。

裴注 [1]《傅子》曰:“初,太祖时,魏讽有重名,自卿相以下,皆倾心交之。其后孟达去刘备归文帝,论者多称有乐毅之量。晔一见讽、达而皆云必反,卒如其言。” [2]《傅子》曰:“孙权遣使求降,帝以问晔。晔对曰:‘权无故求降,必内有急。权前袭杀关羽,取荆州四郡,备怒,必大兴师伐之。外有强寇,众心不安,又恐中国承其衅而伐之,故委地求降,一以却中国之兵,二则假中国之援,以强其众而疑敌人。权善用兵,见策知变,其计必出于此。今天下三分,中国十有其八。吴、蜀各保一州,阻山依水,有急相救,此小国之利也。今还自相攻,天亡之也。宜大兴师,径渡江袭其内。蜀攻其外,我袭其内,吴之亡不出旬月矣。吴亡则蜀孤。若割吴半,蜀固不能久存,况蜀得其外,我得其内乎!’帝曰:‘人称臣降而伐之,疑天下欲来者心,必以为惧,其殆不可!孤何不且受吴降,而袭蜀之后乎?’对曰:‘蜀远吴近,又闻中国伐之,便还军,不能止也。今备已怒,故兴兵击吴,闻我伐吴,知吴必亡,必喜而进与我争割吴地,必不改计抑怒救吴,必然之势也。’帝不听,遂受吴降,即拜权为吴王。晔又进曰:‘不可。先帝征伐,天下兼其八,威震海内;陛下受禅即真,德合天地,声暨四远,此实然之势,非卑臣颂言也。权虽有雄才,故汉骠骑将军、南昌侯耳,官轻势卑。士民有畏中国心,不可强迫与成所谋也。不得已受其降,可进其将军号,封十万户侯,不可即以为王也。夫王位,去天子一阶耳,其礼秩服御相乱也。彼直为侯,江南士民未有君臣之义也。我信其伪降,就封殖之,崇其位号,定其君臣,是为虎傅翼也。权既受王位,却蜀兵之后,外尽礼事中国,使其国内皆闻之,内为无礼以怒陛下。陛下赫然发怒,兴兵讨之,乃徐告其民曰:“我委身事中国,不爱珍货重宝,随时贡献,不敢失臣礼也,无故伐我,必欲残我国家,俘我民人子女以为僮隶仆妾。”吴民无缘不信其言也。信其言而感怒,上下同心,战加十倍矣。’又不从。遂即拜权为吴王。权将陆议大败刘备,杀其兵八万余人,备仅以身免。权外礼愈卑,而内行不顺,果如晔言。”

五年，幸广陵[1]泗口[2]，命荆、扬州诸军并进。会群臣，问：“权当自来不？”咸曰：“陛下亲征，权恐怖，必举国而应。又不敢以大众[3]委之臣下，必自将而来。”晔曰：“彼谓陛下欲以万乘之重牵己，而超越江湖者在于别将，必勒兵待事，未有进退也。”大驾停住积日，权果不至，帝乃旋师。云：“卿策之是也。当念为吾灭二贼，不可但知其情而已。”

黄初五年(224)，文帝到达广陵泗口，命令荆州、扬州诸郡军队一起进发。召集群臣，问道：“孙权会亲自来战吗？”众人都说：“陛下亲征，孙权惊恐不安，必定会以举国之力应战。他又不敢将大军委任给部下，必定会亲自来战。”刘晔说：“孙权会认为陛下将要以天子之尊来牵制自己，而将跨越江湖作战的任务交给别的将领，所以必定会整顿军备而等待事态的变化，不会随便进退。”文帝停留了好几天，孙权果然没到，就班师返回了。对刘晔说：“你的判断是对的。要想着为我考虑如何将两个逆贼诛灭，不能只知道敌情而已。”

今注 **1** 广陵：郡名，三国魏时治淮阴(今江苏淮安淮阴区西南)。 **2** 泗口：地名。古泗水汇入淮河处。在今江苏淮安西南。 **3** 大众：指大军。

明帝即位，进爵东亭侯，邑三百户。诏曰：“尊严祖考[1]，所以崇孝表行也；追本敬始，所以笃教流化也。是以成汤、文、武[2]，实造商、周，《诗》《书》之义，追尊稷、契[3]，歌颂有娀、姜嫄[4]之事，明盛德之源流，

明帝即位，进刘晔爵位为东亭侯，食邑三百户。下诏书说：“尊崇祖先，是为了推崇孝道表彰孝行；追溯家族本源，尊重始祖，是为了敦行坚持教化移风易俗。所以成汤、文王、武王，创建了商朝、周朝，《诗》《书》的义理，追奉尊崇后稷、商契，歌颂有娀氏、姜嫄的事迹，这是因为昌明盛德的源流，

受命所由兴也。自我魏室之承天序，既发迹于高皇、太皇帝，而功隆于武皇、文皇帝。至于高皇之父处士君，潜修德让，行动神明，斯乃乾坤所福飨，光灵所从来也。而精神幽远，号称罔[5]记，非所谓崇孝重本也。其令公卿已下，会议号谥。”

能够膺受天命而兴盛。自从我魏室上承天命，发迹在高皇帝、太皇帝，而功业在武帝、文帝时昌隆。至于高皇帝的父亲处士君，深修美德谦让，一举一动如同神明，这真是乾坤之运所赐予的福佑，也是光辉灵运的来由。但他的精神幽深久远，名号都没有记载，这不是人们所说尊崇孝道重视本源的做法。诏令公卿以下大臣，一起商议他的谥号。”

今注 1 祖考：泛指父祖之辈。 2 成汤、文、武：指建立商王朝的商汤和建立周王朝的周文王、周武王。 3 稷、契：指周人的先祖后稷与商人的先祖契。 4 有娀(sōng)、姜嫄：指商人先祖契的母亲有娀氏女简狄和周人先祖弃的母亲有邰氏女姜嫄。 5 罔：无，没有。

晔议曰：“圣帝孝孙之欲褒崇先祖，诚无量已。然亲疏之数，远近之降，盖有礼纪，所以割断私情，克成公法，为万世式也。周王所以上祖后稷者，以其佐唐有功，名在祀典故也。至于汉氏之初，追谥之义，不过其父[1]。上比周室，则大魏

刘晔建议说：“圣帝孝孙想要褒扬尊崇先祖，实在是功德无量。然而亲疏的礼数，远近的依次差别，都是依据礼义法度而来的，是为了割断私情，成为公行的法规，作为万世遵循的法式。周王之所以往上追尊其祖后稷，是因为他辅佐唐尧有功，名在祀典中。至于汉氏之初，追尊谥号的规则，也不会超越父辈。往前比之周王室，大魏的发迹自高皇帝开始；往下而论汉朝，则追尊谥号的典礼不及

发迹自高皇始；下论汉氏，则追谥之礼不及其祖。此诚往代之成法，当今之明义也。陛下孝思中发，诚无已已，然君举[2]必书，所以慎于礼制也。以为追尊之义，宜齐高皇而已。”尚书卫臻与晔议同，事遂施行。辽东太守公孙渊夺叔父位，擅自立，遣使表状。晔以为公孙氏汉时所用，遂世官相承，水则由海，陆则阻山，故胡夷绝远难制，而世权日久。今若不诛，后必生患。若怀贰阻兵，然后致诛，于事为难。不如因其新立，有党有仇，先其不意，以兵临之，开设赏募，可不劳师而定也。后渊竟反。

其祖辈。这实在是历代遵循的成法，当今所应当效法的大义啊。陛下的孝亲之思发自内心，诚然是不会有终止的时候，但是国君的言行是一定要记录下来的，这是为了慎重对待礼制。臣认为追尊谥号的礼仪，到高皇帝就可以了。”尚书卫臻和刘晔的建议相同，所以追尊谥号的事情就按照他们说的实行。辽东太守公孙渊夺取了叔父的权位，擅立自己为太守，派遣使者上表奏报。刘晔认为公孙氏在汉时已经为官，世代承袭官职，辽东水路有海阻隔，陆路有山岭阻隔，所以像胡人夷狄那样相隔遥远难以控制，导致长久以来世袭权位。现在如果不加以诛杀，以后必生祸患。如果等到公孙渊有二心而拥兵自重，然后去讨伐他的话，事情会有很多困难。不如趁着他刚刚自立，虽有党羽但也有仇敌，先出其不意，率领军队去讨伐，并以公开奖赏来劝诱对方的军士，可以不用劳师动众而平定辽东。后来公孙渊果然反叛了。

今注　1 不过其父：不超过他的父亲那一辈。指刘邦尊称其父为太上皇事。　2 君举：君主的举动。

晔在朝，略不交接时人。或问其故，晔答曰："魏室即阼尚新1，智者知命，俗或未咸2。仆在汉为支叶，于魏备腹心，寡偶少徒，于宜未失也。"太和六年，以疾拜太中大夫3。有间，为大鸿胪4，在位二年逊位，复为太中大夫，薨。谥曰景侯。子寓嗣[1]。少子陶，亦高才而薄行，官至平原太守[2]。

刘晔在朝中，不怎么和当时的人交流接触。有人问他这样做的原因，刘晔说："魏室刚刚登基称帝还不久，有智识的人固然知晓天命，但一般的人未必都明晓。我在汉时是宗室的旁支，在魏是心腹亲信，缺少朋友和跟随者，不会有什么不适当的地方。"太和六年(232)，因生病而官拜太中大夫。没多久，任大鸿胪，在位两年后逊位，再次担任太中大夫，不久后去世。谥号为景侯。儿子刘寓嗣位。少子刘陶，也有很高的才能但品行不好，官至平原太守。

今注　1 尚新：指时间还不久。　2 咸：都。　3 太中大夫：职官名，掌管议论。　4 大鸿胪：东汉时为赞襄礼仪之官。

裴注　[1]《傅子》曰："晔事明皇帝，又大见亲重。帝将伐蜀，朝臣内外皆曰'不可'。晔入与帝议，因曰'可伐'；出与朝臣言，因曰'不可伐'。晔有胆智，言之皆有形。中领军杨暨，帝之亲臣，又重晔，持不可伐蜀之议最坚，每从内出，辄过晔，晔讲不可之意。后暨从驾行天渊池，帝论伐蜀事，暨切谏。帝曰：'卿书生，焉知兵事！'暨谦谢曰：'臣出自儒生之末，陛下过听，拔臣群萃之中，立之六军之上，臣有微心，不敢不尽言。臣言诚不足采，侍中刘晔，先帝谋臣，常曰蜀不可伐。'帝曰：'晔与吾言蜀可伐。'暨曰：'晔可召质也。'诏召晔至，帝问晔，终不言。后独见，晔责帝曰：'伐国，大谋也，臣得与闻大谋，常恐眯梦漏泄以益臣罪，焉敢向人言之？夫兵，诡道也，军事未发，不厌其密也。陛下显然露之，臣恐敌国已闻之矣。'于是帝谢之。晔见出,责暨曰:'夫钓者中大鱼,则纵而随之,须可制而后牵,则无不得也。人主之威,岂徒大鱼而已!子诚直臣,然计不足采,不可不精思也。'暨亦谢之。晔能应变持两端如此。或恶晔于帝曰:'晔不尽忠,善伺上意所趋而合之。陛下试与晔言,皆反意而问之,若皆与所问反者,是晔常与圣意合也;复每问皆同者,晔之情必无所逃矣。'帝如言以验之,果得其情,从此疏焉。晔遂发狂,出为大鸿胪,以忧死。谚曰'巧诈不如拙诚',信矣。以晔之明智权计,若居之以德义,行之以忠信,古之上贤,何以加诸!独任才智,不与世士相经纬,内不推心事上,外困于俗,卒不能自安于天下,岂不惜哉!"　[2]《王弼传》曰:"淮南人刘陶,善论纵横,为当时所推。"《傅子》曰:"陶,字季冶,善名称,有大辩。曹爽时为选部郎,邓飏之徒称之,以为伊、吕。当此之时,其人意陵青云,谓玄曰:'仲尼不圣。何以知其然?智者图国。天下群愚,如弄一丸于掌中,而不能得天下。'玄以其言大惑,不复详难也。谓之曰:'天下之质变无常也。今见卿穷!'爽之败,退居里舍,乃谢其言之过。"干宝《晋纪》曰:"毌丘俭之起也,大将军以问陶,陶答依违。大将军怒曰:'卿平生与吾论天下事,至于今日而更不尽乎?'乃出为平原太守,又追杀之。"

蒋济

原文

蒋济,字子通,楚国平阿[1]人也。仕郡计吏[2]、州别驾[3]。

建安十三年,孙权率众围合肥。时大军征荆州,遇疾疫,唯遣将军张喜单

译文

蒋济,字子通,楚国平阿人。历任郡中计吏、州中别驾。

建安十三年(208),孙权率众围困合肥。当时太祖率大军征讨荆州,遇到瘟疫,就只派遣将军张喜单独带着千名骑兵,去率领汝南士兵以解围,

将千骑，过领汝南兵以解围，颇复疾疫。济乃密白刺史伪得喜书，云步骑四万已到雩娄[4]，遣主簿迎喜。三部使赍书语城中守将，一部得入城，二部为贼所得。权信之，遽烧围走，城用得全。

瘟疫越来越严重。蒋济秘密地告诉刺史假装已经得到张喜的书信，说有四万步骑兵已经到达雩娄，要派遣主簿迎接张喜。派三部使者持书信递交城中守军，一部得以进入城中，另两部被贼人截获。孙权相信了信中的话，即刻烧毁围城工事而撤退，城池因此得以保全。

今注　1 平阿：地名，在今安徽怀远。　2 计吏：州郡中掌管簿籍并负责上计的官吏。　3 别驾：又称别驾从事，为州刺史的佐官。　4 雩(yú)娄：地名，在今河南商城。一说在今河南固始东南。

明年，使于谯，太祖问济曰："昔孤与袁本初对官渡，徙燕[1]、白马[2]民，民不得走，贼亦不敢钞。今欲徙淮南民，何如？"济对曰："是时兵弱贼强，不徙必失之。自破袁绍，北拔柳城[3]，南向江、汉，荆州交臂[4]，威震天下，民无他志。然百姓怀土，实不乐徙，惧必不安。"太祖不从，而江、淮间十余万众，皆惊走吴。后济使

第二年，蒋济出使到谯，太祖问蒋济说："之前我与袁本初在官渡对阵，迁徙燕、白马的民众，民众行走不便，但贼人也不敢抄掠。现在我打算迁徙淮南的民众，怎么样？"蒋济回答说："那时我方兵弱而贼强，不迁徙老百姓必会有损失。自从攻破袁绍，北向攻取柳城，南向征伐江、汉地区，荆州守军拱手臣服，您威震天下，百姓没有二心。然而百姓怀恋故土，心里其实不愿意迁徙，如果要迁徙，一定会产生恐惧不安的心理。"太祖没有听从，导致江、淮地区的十余万民众，都因惊恐而投奔东吴。后来蒋济出使到邺

诣邺，太祖迎见大笑曰："本但欲使避贼，乃更驱尽之。"拜济丹阳太守。

城，太祖迎见他而大笑着说："我本来想着使百姓远离贼人，反而驱赶他们全都到了那里。"于是任命蒋济为丹阳太守。

今注 1 燕：地名，在今河南延津。 2 白马：地名，在今河南滑县。 3 柳城：地名，在今辽宁朝阳西南。 4 交臂：叉手、拱手，表示恭敬。

大军南征还，以温恢为扬州刺史，济为别驾。令曰："季子为臣，吴宜有君。今君还州，吾无忧矣。"民有诬告济为谋叛主率者，太祖闻之，前令，与左将军于禁、沛相封仁等曰："蒋济宁有此事！有此事，吾为不知人也。此必愚民乐乱，妄引之耳。"促理出之。辟为丞相主簿西曹属。令曰："舜举皋陶[1]，不仁者远；臧否得中[2]，望于贤属矣。"关羽围樊、襄阳。太祖以汉帝在许，近贼，欲徙都。司马宣王[3]及济说太祖曰："于禁等为水所没，非战攻之失，于国家大计未足

大军南征返回，任命温恢为扬州刺史，蒋济为别驾。太祖下令说："季子作为臣子，吴国就应当有君主。现在蒋济返回扬州，我就没有什么好忧虑的了。"有百姓诬告蒋济是图谋反叛的主帅，太祖听说后，相信自己之前的命令，对左将军于禁、沛相封仁等说："蒋济怎么可能做这种事！如果出了这样的事，我就没有识人之明。这一定是愚民想要生乱，胡乱引祸到他身上罢了。"便督促即刻处理查清这件事。太祖征辟蒋济为丞相主簿西曹属官。下令说："舜推举皋陶，使不仁义的人远离；对官员的评判得当，全寄望你们这些有才能的下属了。"关羽围困樊城、襄阳。太祖认为汉帝在许都，靠近贼人，打算迁都。司马宣王和蒋济劝太祖说："于禁等人被水所淹没，并不是进攻作战的失误，对于国家大计来说并没有损失。刘备

有损。刘备、孙权，外亲内疏，关羽得志，权必不愿也。可遣人劝蹑其后，许割江南以封权，则樊围自解。”太祖如其言。权闻之，即引兵西袭公安、江陵。羽遂见禽。

和孙权，表面亲近而实际疏远，关羽得志，孙权必定会不愿意。可以派人劝他在关羽后方出兵，答应割让江南地区封赏给孙权，那么樊城的围困自然就解除了。”太祖照这样去做了。孙权听说后，即刻率军往西袭击公安、江陵。关羽于是被吴军擒拿。

今注 1 舜举皋陶：相传舜举皋陶为士师，掌管刑狱。 2 臧否得中：褒贬、评论合适得当。 3 司马宣王：即司马懿。司马昭封晋王后，追尊司马懿为宣王。

文帝即王位，转为相国长史。及践阼，出为东中郎将。济请留，诏曰：“高祖歌曰‘安得猛士守四方’[1]。天下未宁，要须良臣以镇边境。如其无事，乃还鸣玉[2]，未为后也。”济上《万机论》，帝善之。入为散骑常侍。时有诏，诏征南将军夏侯尚曰：“卿腹心重将，特当任使。恩施足死，惠爱可怀。作威作福，杀人活人。”尚以示济。济既至，帝问

文帝即王位，蒋济转为相国长史。文帝登帝位后，派蒋济外出担任东中郎将。蒋济请求留下，诏书说：“汉高祖的歌中说‘安得猛士守四方’。现在天下尚未安宁，需要良臣镇守边境。等到边境平安无事之后，再返回京城，继续任职畅言国事，也不为迟。”蒋济递上《万机论》，文帝予以称扬。返回京城任散骑常侍。当时有诏书，诏令征南将军夏侯尚说：“你作为心腹大将，担负着特别的职任。这种恩情能让你为我效力而死，这种惠爱可以让你怀记在心。施行威福，对民众有生杀之权。”夏侯尚将诏书给蒋济看。蒋济见到文帝之后，文帝

曰:"卿所闻见天下风教何如?"济对曰:"未有他善,但见亡国之语耳。"帝忿然作色而问其故,济具以答,因曰:"夫'作威作福',《书》之明诫。'天子无戏言',古人所慎。惟陛下察之!"于是帝意解,遣追取前诏。

问道:"你所听所见的天下风俗教化如何?"蒋济回答说:"没有看见别的什么好的现象,只是听到了亡国之语而已。"文帝愤怒地改变了脸色问为什么,蒋济详细地回答说:"那'作威作福',是《尚书》中明白的教诫。'天子无戏言',是古人很慎重的训言。希望陛下明察这件事!"于是文帝才明白其意,派人追回之前的诏书。

今注 1 "高祖歌"句:汉高祖刘邦在平定淮南王英布反叛后,回师途经家乡沛县,与昔日的尊长、朋友宴饮时创作了《大风歌》,其辞为:"大风起兮云飞扬,威加海内兮归故乡,安得猛士兮守四方!"寥寥数句,表现了汉高祖豪迈、苍劲的情怀。 2 鸣玉:古人佩玉饰于腰间,行走时发出撞击声。比喻出仕在朝。

黄初三年,与大司马曹仁征吴,济别袭羡溪。仁欲攻濡须[1]洲中,济曰:"贼据西岸,列船上流,而兵入洲中,是为自内[2]地狱,危亡之道也。"仁不从,果败。仁薨,复以济为东中郎将,代领其兵。诏曰:"卿兼资文武,志节忼忾,常有超越江湖吞吴会

黄初三年(222),与大司马曹仁征讨吴国,蒋济另去袭击羡溪。曹仁准备攻打濡须的江中小洲,蒋济说:"贼人占据西岸,把战船排列在上游,而我们的士兵攻入洲中,这是将自己纳入地狱,是很危险的做法。"曹仁不听,果然战败。曹仁去世,又任蒋济为东中郎将,代领曹仁的军队。诏书中说:"你兼有文武之才,有着慷慨的志气节操,常有渡过江湖以吞并东吴的志向,所以再

之志，故复授将率之任。”顷之，征为尚书。车驾幸广陵，济表水道难通，又上《三州论》以讽帝。帝不从，于是战船数千皆滞不得行。议者欲就留兵屯田，济以为东近湖，北临淮，若水盛时，贼易为寇，不可安屯。帝从之，车驾即发。还到精湖，水稍尽，尽留船付济。船本历适数百里中，济更凿地作四五道，蹴船令聚；豫作土豚遏断湖水，皆引后船，一时开遏入淮中。帝还洛阳，谓济曰：“事不可不晓。吾前决谓分半烧船于山阳池中，卿于后致之，略与吾俱至谯。又每得所陈，实入吾意。自今讨贼计画，善思论之。”

次授予你领兵之任。”不久，征为尚书。文帝出行到广陵，蒋济上表说水道难通，又上《三州论》以劝谏文帝。文帝不听从他的意见，于是数千条战船都阻滞不得前行。群臣议论主张留下士兵进行屯田，蒋济认为东边靠近湖泊，北边临近淮河，一旦水势大的时候，贼人很容易进犯，军队没法安心地屯驻。文帝听从建议，车驾即刻进发。到了精湖，水势逐渐退尽，文帝将船都留给了蒋济。船本来横亘于数百里的水道中，蒋济另外凿开四五条水道，让船聚集到一起；预先做土埂以阻断湖水，把后面船只都牵引过来，一时间开坝放水则船只都顺水进入了淮河。文帝返回洛阳，对蒋济说：“事情不可不通晓。我之前决定说将有一半的船只烧毁在山阳池中，你却随后把船都带回来了，又差不多和我一起到了谯县。而且你每次有所陈述，都符合我的心意。自今以后讨贼的计策谋划，你都要妥善地思考议论。”

今注 1 濡须：古水名，源出今安徽巢湖，经无为东南流入长江，当江淮间交通要道。 2 内：“纳”的古字。

明帝即位，赐爵关内侯。大司马曹休帅军向皖[1]，济表以为“深入虏地，与权精兵对，而朱然[2]等在上流，乘休后，臣未见其利也”。军至皖，吴出兵安陆，济又上疏曰：“今贼示形于西，必欲并兵图东，宜急诏诸军往救之。”会休军已败，尽弃器仗辎重退还。吴欲塞夹石，遇救兵至，是以官军得不没。迁为中护军[3]。

明帝即位，赐蒋济关内侯的爵位。大司马曹休率军到皖地，蒋济上表认为“深入敌境，和孙权的精兵对抗，而吴军将领朱然等人又在上游，从后面偷袭曹休军队，臣看不出来这样做的好处”。军队到皖地，吴军出兵到安陆，蒋济又上疏说：“现在敌人在表面上进攻西面，必定是打算集结部队图谋进攻东面，应该紧急诏令诸军前往救援。”恰逢曹休军队已经失败，将武器仪仗物资尽数遗弃，退兵返还。吴军打算以石头堵塞退路，这时遇上曹军的救兵到达，因此官军这才免于全军覆灭。迁蒋济为中护军。

今注 1 皖：古地名，在今安徽潜山。 2 朱然：原名施然，字义封，吴国名将。 3 中护军：东汉置，掌军中参谋，协调诸部，主持选拔武官，监督诸武将，隶中领军。

时中书监、令[1]号为专任，济上疏曰：“大臣太重者国危，左右太亲者身蔽，古之至戒也。往者大臣秉事，外内扇动。陛下卓然自览万机，莫不祗肃[2]。夫大臣非不忠也，然威权在下，则众

当时中书监、中书令号称专权，蒋济上疏说：“大臣权力太重会危及国家，君王和左右的人太亲近会受到蒙蔽，这是自古以来最为重要的训诫。以前大臣执掌政事，朝廷内外人心骚动。陛下英明地亲自处理各种政事，大家都很恭谨严肃。并不是说大臣不忠诚，但是威势和权力落在臣下手里，就会使得众人怠慢君上，这是势

心慢上，势之常也。陛下既已察之于大臣，愿无忘于左右。左右忠正远虑，未必贤于大臣，至于便辟取合，或能工之。今外所言，辄云中书，虽使恭慎不敢外交，但有此名，犹惑世俗。况实握事要，日在目前，傥[3]因疲倦之间有所割制，众臣见其能推移于事，即亦因时而向之。一有此端，因当内设自完，以此众语，私招所交，为之内援。若此，臧否毁誉，必有所兴，功负赏罚，必有所易；直道而上者或壅，曲附左右者反达。因微而入，缘形而出，意所狎信[4]，不复猜觉。此宜圣智所当早闻，外以经意，则形际自见。或恐朝臣畏言不合而受左右之怨，莫适以闻。臣窃亮陛下潜神默思，公

态发展的常理使然。陛下已经对大臣专权的事严格审察，希望不要忘记了身边的近臣。身边的近臣忠诚正直而有远谋，未必能比大臣贤明，至于他们逢迎谄媚迎合君上，或许能够很精通。现在外朝所谈论的，总是说到中书，即使他们恭敬谨慎不敢与外朝结交，但是有这样的名声，已经足以使世俗之人感到惶惑。况且实际上他们掌握着机要事权，每天都在君王跟前，假如因为陛下一时疲倦而让他们决定或改变某些事情，众臣看到他们能够擅自行事，也就根据时势跟随这种风向依附。一旦事情有了这种迹象，就会考虑在内怎样保全自己，因此大家纷纷议论，私自招引所结交之人，作为自己的内援。像这样的话，就必定会兴起随意褒贬毁誉的风气，根据功过而进行的赏罚也必会发生错位；耿直走正道的人会被阻塞上升的渠道，而左右趋炎附势的人反倒会飞黄腾达。他们通过微小的机会就入朝进谗言，在朝外凭借陛下的威势发布命令，只是因为君王内心亲近信任，就不加以怀疑觉察。这应当是圣智之人所早早听闻的，只要对外事加以关注留意，那么这些人的行迹自会暴露。恐怕朝臣会因为畏惧言语不当而受到左

听并观，若事有未尽于理而物有未周于用，将改曲易调，远与黄、唐[5]角功，近昭武、文[6]之迹，岂近习而已哉！然人君犹不可悉天下事以适己明，当有所付。三官任一臣，非周公旦之忠，又非管夷吾之公，则有弄机败官之弊。当今柱石之士虽少，至于行称一州，智效一官，忠信竭命，各奉其职，可并驱策，不使圣明之朝有专吏之名也。”诏曰：“夫骨鲠之臣，人主之所仗也。济才兼文武，服勤尽节，每军国大事，辄有奏议，忠诚奋发，吾甚壮之。”就迁为护军将军，加散骑常侍[1]。

右之人的怨恨，就不敢向上直言不讳。臣私下相信陛下潜心静默思考，公正地听取各种意见并一视同仁地加以观察，如果事情不完全符合道理而事物没有尽于其用，就会改变做法，远可以和黄帝、唐尧比较功绩，近则光大武帝、文帝的功业，岂只宠信左右侍臣就行了呢？然而人君仍然不能尽知天下所有的事来体现自己的英明，应当有所托付。把三公的职务任命给一位大臣，他没有周公旦的忠信，又没有管夷吾的公心，就会有弄权玩术而败坏吏治的弊端。当今堪当柱石承担国家重任的士人虽少，至于说在一州中都为人所称扬其品行，才智能够胜任一官一职，忠诚老实并竭力地完成命令，各自奉职办事，可以使他们共同努力，不使圣明的朝廷有专权之吏的名声。”明帝下诏书说：“忠良刚直之臣，是人君所倚仗的。蒋济有文武之才，辛勤地工作，尽力保持节操，每有军国大事，都有奏议，忠诚奋发有为，我很是佩服。”立即迁为护军将军，加散骑常侍。

今注 1 中书监、令：中书监，与中书令职务相等而位次略高，事实上为宰相，号称为“凤凰池”。中书令，为中书省长官，掌收纳奏章，草拟、发布诏令，权任甚重。 2 祗肃：恭谨而严肃。 3 傥(tǎng)：假如。 4 狎信：亲近、信任。 5 黄、唐：指黄帝、唐尧。 6 武、文：指魏武帝、魏文帝。

裴注 [1]司马彪《战略》曰:"太和六年,明帝遣平州刺史田豫乘海渡,幽州刺史王雄陆道,并攻辽东。蒋济谏曰:'凡非相吞之国,不侵叛之臣,不宜轻伐。伐之而不制,是驱使为贼。故曰"虎狼当路,不治狐狸"。先除大害,小害自已。今海表之地,累世委质,岁选计孝,不乏职贡,议者先之。正使一举便克,得其民不足益国,得其财不足为富;倘不如意,是为结怨失信也。'帝不听,豫行竟无成而还。"

景初中,外勤征役,内务宫室,怨旷[1]者多,而年谷饥俭。济上疏曰:"陛下方当恢崇前绪,光济遗业,诚未得高枕而治也。今虽有十二州,至于民数,不过汉时一大郡。二贼未诛,宿兵边陲,且耕且战,怨旷积年。宗庙宫室,百事草创,农桑者少,衣食者多,今其所急,唯当息耗百姓,不至甚弊。弊攰[2]之民,傥有水旱,百万之众,不为国用。凡使民必须农隙,不夺其时。夫欲大兴功之君,先料其民力而燠休[3]之。句践养胎以待用,昭王

景初年间,朝廷向外频繁征伐和征调徭役,向内则建设宫室,长期别离之人很多,而且谷物收成不好发生饥荒。蒋济上疏说:"陛下正应当发扬推崇之前的功业,光大祖先遗留的事业,实在还没到可以高枕无忧的时候。现在虽然占有十二州,至于百姓的数量,不过相当于汉代的一个大郡而已。二贼还没伏诛,士兵驻扎在边境,一边耕种一边作战,长期别离的人累年增加。宗庙宫室,众多的事情都还是刚开始做起,从事农桑的人较少,而需要衣食的人很多,当务之急,只有停止消耗百姓,使他们不过于疲弊。贫乏疲弊的百姓,一旦发生水旱等天灾,百万民众,就不再会听命于国家了。但凡役使民众应当在农忙的间隙,不要侵夺农时。那些想要建立大功业的君主,应当先考察民力而安抚他们。勾践鼓励生育以等待国家使用,燕昭王体恤困难的家庭得以报仇雪

恤病以雪仇，故能以弱燕服强齐，羸越灭劲吴[4]。今二敌不攻不灭，不事即侵，当身不除，百世之责也。以陛下圣明神武之略，舍其缓者，专心讨贼，臣以为无难矣。又欢娱之耽，害于精爽；神太用则竭，形太劳则弊。愿大简贤妙，足以充‘百斯男’[5]者。其冗散未齿，且悉分出，务在清静。”诏曰：“微[6]护军，吾弗闻斯言也[1]。”

恨，所以能够以贫弱的燕国打败强大的齐国，羸弱的越国能够打败强劲的吴国。现在吴蜀两个敌人不攻打就不能消灭，不防备就会侵犯我们，在陛下当政的时候不能除去二贼，会受到百世的责难。以陛下圣明神武的谋略，舍弃那些可以暂缓的事情，专心于讨贼，臣认为没有什么困难的。而且沉溺于享乐，会有害于精神；精神过分消耗就会枯竭，身体过分劳累就会困顿。希望陛下能够广泛地挑选贤惠佳美，足以承担生育‘百斯男’的女子。至于多余的以及未成年的宫女，都遣散出去，生活应当追求清静。”诏书说：“如果没有护军，我就听不到这样的言论了。”

今注 1 怨旷：长期别离。 2 弊攲(qī)：此处为精疲力尽之义。 3 燠(yù)休：抚慰病痛者的声音，这里指抚慰。 4 弱燕服强齐，羸越灭劲吴：齐宣王在燕国内乱的时候发起进攻，差点灭掉燕国，燕昭王即位后励精图治，最后乐毅率领诸侯联军攻破齐国，导致齐国险些亡国而实力大衰。吴王夫差打败越王勾践，勾践卧薪尝胆，最终击败吴王夫差，灭掉吴国。 5 百斯男：出自《诗经 · 思齐》，原文是“大姒嗣徽音，则百斯男”。诗人赞叹大姒能够生养众多儿女。 6 微：无。

裴注 [1]《汉晋春秋》曰：“公孙渊闻魏将来讨，复称臣于孙权，乞兵自救。帝问济：‘孙权其救辽东乎？’济曰：‘彼知官备以固，利不可得，深入则非力所能，浅入则劳而无获。权虽子弟在危，犹将不动，况异域之人，兼以往者之辱乎！今所以外扬此声者，谲其行人疑于我，我之不克，冀其折节事已耳。然沓渚之间，去渊尚远。若大军相持，事不速决，则权之浅规，或能轻兵掩袭，未可测也。'"

齐王即位，徙为领军将军，进爵昌陵亭侯[1]，迁太尉。初，侍中高堂隆论郊祀事，以魏为舜后，推舜配天。济以为舜本姓妫，其苗曰田，非曹之先，著文以追诘隆[2]。是时，曹爽专政，丁谧、邓飏等轻改法度。会有日蚀变，诏群臣问其得失，济上疏曰："昔大舜佐治，戒在比周[1]；周公辅政，慎于其朋[2]；齐侯问灾，晏婴对以布惠[3]；鲁君问异，臧孙答以缓役[4]。应天塞变，乃实人事。今二贼未灭，将士暴露已数十年，男女怨旷，百姓贫苦。夫为国法度，惟命世大才，乃能张其纲维以垂于后，岂中下之吏所宜改易哉？终无益于治，适足伤民，望宜使文武之臣各

齐王即位，蒋济调任为领军将军，进爵为昌陵亭侯，迁为太尉。当初，侍中高堂隆议论郊祀的事情，认为魏是舜帝的后代，推尊舜以配天。蒋济认为舜本来姓妫，他的后代为田氏，并非曹氏祖先，写文章以追问诘难高堂隆。当时，曹爽专政，丁谧、邓飏等人随意变更法度。正好当时发生了日食，诏问群臣有何得失，蒋济上疏说："以前大舜辅佐治理的时候，所戒除的是结党营私；周公辅政的时候，谨慎地对待朋党问题；当年齐侯询问灾变，晏婴回答说要广布恩惠；鲁国君主询问灾异，臧孙辰回答说要减缓役使百姓。应对上天的灾变，确实是人力所及的事情。现在二贼未灭，将士已经连年征战在外几十年，男女长期别离，百姓生活贫苦。为国家制作法度，只有治世之大才，才能够将他所主张的纲纪垂范于后世，这岂是中下之才的官吏所能够轻易更改的？最终无益于治理，只会伤害百姓，希望让文武大臣各守其职，

守其职,率以清平,则和气祥瑞可感而致也。”

以清廉公平作表率,那么和气祥瑞自会感应而来。”

今注　1 比周:指结党营私。　2 朋:指朋党。　3 齐侯问灾,晏婴对以布惠:春秋时期齐国出现彗星,齐景公打算举行禳灾的祭祀,晏子认为只有美德、爱民才能够缓解灾患。　4 鲁君问异,臧孙答以缓役:春秋时期鲁国发生灾异现象,臧孙辰认为只有减损徭役才能够缓解灾害。

裴注　[1]《列异传》曰:“济为领军,其妇梦见亡儿涕泣曰:‘死生异路,我生时为卿相子孙,今在地下为泰山伍伯,憔悴困辱,不可复言。今太庙西讴士孙阿,今见召为泰山令,愿母为白侯,属阿令转我得乐处。’言讫,母忽然惊寤,明日以白济。济曰:‘梦为尔耳,不足怪也。’明日暮,复梦曰:‘我来迎新君,止在庙下。未发之顷,暂得来归。新君明日日中当发,临发多事,不复得归,永辞于此。侯气强,难感悟,故自诉于母,愿重启侯,何惜不一试验之?’遂道阿之形状,言甚备悉。天明,母重启侯:‘虽云梦不足怪,此何太适!适,亦何惜不一验之?’济乃遣人诣太庙下,推问孙阿,果得之,形状证验悉如儿言。济涕泣曰:‘几负吾儿!’于是乃见孙阿,具语其事。阿不惧当死,而喜得为泰山令,惟恐济言不信也。曰:‘若如节下言,阿之愿也。不知贤子欲得何职?’济曰:‘随地下乐者与之。’阿曰:‘辄当奉教。’乃厚赏之,言讫遣还。济欲速知其验,从领军门至庙下,十步安一人,以传阿消息。辰时传阿心痛,巳时传阿剧,日中传阿亡。济泣曰:‘虽哀吾儿之不幸,且喜亡者有知。’后月余,儿复来语母曰:‘已得转为录事矣。’”　[2]臣松之案:蒋济《立郊议》称《曹腾碑文》云“曹氏族出自邾”,《魏书》述曹氏胤绪亦如之。魏武作《家传》,自云曹叔振铎之后。故陈思王作《武帝诔》曰:“於穆武皇,胄稷胤周。”此其不同者也。及至景初,明帝从高堂隆议,谓魏为舜后,后魏为《禅晋文》,称“昔我皇祖有虞”,则其异弥甚。寻济难隆,及与尚书缪袭往反,并有理据,文多不载。

济亦未能定氏族所出，但谓“魏非舜后而横祀非族，降黜太祖，不配正天，皆为缪妄”。然于时竟莫能正。济又难郑玄注《祭法》云“有虞以上尚德，禘郊祖宗，配用有德，自夏已下，稍用其姓氏”。济曰：“夫虬龙神于獭，獭自祭其先，不祭虬龙也。骐驎、白虎仁于豺，豺自祭其先，不祭骐、虎也。如玄之说，有虞已上，豺獭之不若邪？臣以为，《祭法》所云，见疑学者久矣，郑玄不考正其违而就通其义。”济豺獭之譬，虽似俳谐，然其义旨，有可求焉。

以随太傅司马宣王屯洛水浮桥，诛曹爽等，进封都乡侯，邑七百户。济上疏曰：“臣忝[1]宠上司，而爽敢苞[2]藏祸心，此臣之无任也。太傅奋独断之策，陛下明其忠节，罪人伏诛，社稷之福也。夫封宠庆赏，必加有功。今论谋则臣不先知，语战则非臣所率，而上失其制，下受其弊。臣备[3]宰司[4]，民所具瞻，臣恐冒赏之渐自此而兴，推让之风由此而废。”固辞，不许[1]。是岁薨，谥曰景侯[2]。子秀嗣。秀薨，子凯嗣。咸熙中，开建五等，以济著勋前朝，改封凯为下蔡子。

因蒋济跟随太傅司马宣王屯驻洛水浮桥，诛杀曹爽等人，进封为都乡侯，食邑七百户。蒋济上疏说：“臣对上司的宠信深感有愧，曹爽竟敢包藏祸心，这是臣没有尽职的结果。太傅勇敢地独自做出决断，陛下明察他的忠信操行，罪人已经伏法，这是社稷的福分。封赏恩赐，必须加在有功之人的身上。如今论谋略臣并未预先料到，说到战功则军队不是臣所率领，如果在上面失掉分封功臣的制度，下面的人就会承受其弊。臣作为宰司，是众人所仰望的，实在是害怕冒领封赏的风气从我开始兴起，而谦让的风俗从此废弃。”他坚决推辞加封，但不被允许。当年蒋济去世，谥号景侯。儿子蒋秀嗣封。蒋秀去世后，儿子蒋凯嗣封。咸熙年间，开始建立五等爵制，因为蒋济在前朝功勋卓著，改封蒋凯为下蔡子。

今注 1 忝(tiǎn):有愧于。自谦之词。 2 苞:通“包”。 3 备:担任。 4 宰司:宰相之职。

裴注 [1]孙盛曰:“蒋济之辞邑,可谓不负心矣。语曰‘不为利回,不为义疚’,蒋济其有焉。” [2]《世语》曰:“初,济随司马宣王屯洛水浮桥,济书与曹爽,言宣王旨‘惟免官而已’,爽遂诛灭。济病其言之失信,发病卒。”

刘放

原文

刘放,字子弃,涿郡[1]人,汉广阳顺王子西乡侯宏后也。历郡纲纪[2],举孝廉。遭世大乱,时渔阳[3]王松据其土,放往依之。

译文

刘放,字子弃,涿郡人,是汉朝广阳顺王的儿子西乡侯刘宏的后代。历任涿郡主簿,被推举孝廉。遭逢世事大乱,当时渔阳人王松占据当地,刘放前往归附他。

今注 1 涿郡:郡名,治涿县,在今河北涿州。 2 纲纪:此指公府及州郡主簿。 3 渔阳:郡名,治所在今北京密云区。

太祖克冀州,放说松曰:“往者董卓作逆,英雄并起,阻兵擅命,人自封殖,惟曹公能拔拯危乱,翼戴天子,奉辞伐罪,所向必克。以二袁之强,

太祖攻克冀州,刘放对王松说:“之前董卓作乱,英雄并起,拥兵自重,擅自发号施令,人人各自分封敛财,只有曹公能拯救危乱的局势,尊奉拥戴天子,奉天子诏令讨伐罪逆,所向无敌。袁绍、袁术虽然强大,据守则袁术在淮南的势力冰

守则淮南冰消，战则官渡大败；乘胜席卷，将清河朔，威刑既合，大势以见。速至者渐福，后服者先亡，此乃不俟终日驰骛之时也。昔黥布[1]弃南面之尊，仗剑归汉，诚识废兴之理，审去就之分也。将军宜投身委命，厚自结纳。”松然之。会太祖讨袁谭于南皮，以书招松，松举雍奴、泉州、安次以附之。放为松答太祖书，其文甚丽。太祖既善之，又闻其说，由是遂辟放。

建安十年，与松俱至。太祖大悦，谓放曰：“昔班彪[2]依窦融而有河西之功，今一何相似也！”乃以放参司空军事，历主簿记室，出为郃阳、祋祤[1]、赞令。

消瓦解，作战则袁绍在官渡大败；曹公乘胜追击，将能够荡清河朔地区，他结合使用威权和刑罚，统一天下的趋势已显现出来。快速前去归附他的人能够逐渐得到好处，后来归降的可能要遭到灭亡，这是一天都不能等到结束就应该迅速投奔的时机。以前黥布放弃南面做天子的尊贵，仗剑归附大汉，实在是洞识兴盛衰废的道理，明察进退的命数啊。将军应该投靠曹公效命，和他结下深厚的情谊。”王松表示赞同。恰逢太祖在南皮讨伐袁谭，写书信招揽王松，王松奉上雍奴、泉州、安次归附太祖。刘放为王松给太祖写回信，文辞很是华丽。太祖很是赞叹，又听闻了他对王松的劝谏，于是征召刘放。

建安十年(205)，刘放与王松一起前往拜见太祖，太祖很高兴，对刘放说：“当年班彪依靠窦融而成就了河西之功，现在是何等相似呀！”于是任命刘放为参司空军事，历任主簿记室，后又外出为郃阳、祋祤、赞的县令。

今注　1 黥布：即英布，秦末汉初名将，因早年犯罪而遭受黥刑，所以又称黥布。他在秦末反秦战争中屡立战功，被封为九江王，后来归附刘邦，被封为淮南王，从刘邦击灭项羽。　2 班彪：东汉时著名史学家、文学家，年轻时到河西窦融处避难，极力劝说窦融归附光武帝。

裴注　[1] 祋，音都活反。栩，音诩。

魏国既建，与太原孙资俱为秘书郎 1。先是，资亦历县令，参丞相军事[1]。文帝即位，放、资转为左右丞 2。数月，放徙为令。黄初初，改秘书为中书，以放为监，资为令，各加给事中 3；放赐爵关内侯，资为关中侯，遂掌机密。三年，放进爵魏寿亭侯，资关内侯。明帝即位，尤见宠任，同加散骑常侍；进放爵西乡侯，资乐阳亭侯[2]。太和末，吴遣将周贺浮海诣辽东，招诱公孙渊。帝欲邀讨之，朝议多以为不可。惟资决行策，果大破之，进爵左乡侯[3]。

魏国建立后，刘放与太原孙资一起为秘书郎。之前，孙资也是历任县令，参丞相军事。文帝即位，刘放、孙资转任左右丞。几个月后，刘放迁为令。黄初初年，改秘书为中书，任刘放为中书监，孙资为中书令，两人各加官给事中；刘放赐爵为关内侯，孙资为关中侯，一起掌管机密。黄初三年(222)，刘放进爵为魏寿亭侯，孙资为关内侯。明帝即位后，尤其受宠信，一起加官为散骑常侍；进爵刘放为西乡侯，孙资为乐阳亭侯。太和末年，吴国派遣将领周贺通过海道到辽东，招降引诱公孙渊归附。明帝打算进行拦截，朝议多认为不可以。只有孙资赞同决策，果然大破敌军，孙资进爵为左乡侯。

今注　1 秘书郎：职官名，属秘书省，掌管文书机要。　2 左右丞：即左丞、右丞，东汉时，分置左右丞主持尚书台，监察百官。　3 给(jǐ)事中：职官名，秦汉时为列侯、将军、谒者等的加官。侍从皇帝左右，备顾问应对，参议政事，负责实际政务，为中朝要职。

裴注 [1]《资别传》曰:“资,字彦龙。幼而岐嶷,三岁丧二亲,长于兄嫂。讲业太学,博览传记,同郡王允一见而奇之。太祖为司空,又辟资。会兄为乡人所害,资手刃报仇,乃将家属避地河东,故遂不应命。寻复为本郡所命,以疾辞。友人河东贾逵谓资曰:‘足下抱逸群之才,值旧邦倾覆,主将殷勤,千里延颈,宜崇古贤桑梓之义。而久盘桓,拒违君命,斯犹曜和璧于秦王之庭,而塞以连城之价耳。窃为足下不取也!’资感其言,遂往应之。到,署功曹,举计吏。尚书令荀或见资,叹曰:‘北州承丧乱已久,谓其贤智零落,今日乃复见孙计君乎!’表留以为尚书郎。辞以家难,得还河东。” [2]《资别传》曰:“诸葛亮出在南郑,时议者以为可因大发兵,就讨之,帝意亦然,以问资。资曰:‘昔武皇帝征南郑,取张鲁,阳平之役,危而后济。又自往拔出夏侯渊军,数言“南郑直为天狱,中斜谷道为五百里石穴耳”,言其深险,喜出渊军之辞也。又武皇帝圣于用兵,察蜀贼栖于山岩,视吴虏窜于江湖,皆挠而避之,不责将士之力,不争一朝之忿,诚所谓见胜而战,知难而退也。今若进军就南郑讨亮,道既险阻,计用精兵,又转运镇守南方四州遏御水贼,凡用十五六万人,必当复更有所发兴。天下骚动,费力广大,此诚陛下所宜深虑。夫守战之力,力役参倍。但以今日见兵,分命大将据诸要险,威足以震慑强寇,镇静疆埸,将士虎睡,百姓无事。数年之间,中国日盛,吴蜀二虏必自罢弊。’帝由是止。时吴人彭绮又举义江南,议者以为因此伐之,必有所克。帝问资,资曰:‘鄱阳宗人前后数有举义者,众弱谋浅,旋辄乖散。昔文皇帝尝密论贼形势,言洞浦杀万人,得船千万,数日间船人复会;江陵被围历月,权裁以千数百兵住东门,而其土地无崩解者。是有法禁,上下相奉持之明验也。以此推绮,惧未能为权腹心大疾也。’绮果寻败亡。” [3]《魏氏春秋》曰:“乌丸校尉田豫帅西部鲜卑泄归尼等出塞,讨轲比能、智郁筑鞬,破之,还至马邑故城,比能帅三万骑围豫。帝闻之,计未有所出,如中书省以问监、令。令孙资对曰:‘上谷太守阎志,柔弟也,为比能素所归信。令驰诏使说比能,可不劳师而自解矣。’帝从之,比能果释豫而还。”

放善为书檄，三祖诏命有所招喻，多放所为。青龙初，孙权与诸葛亮连和，欲俱出为寇。边候[1]得权书，放乃改易其辞，往往换其本文而傅合之，与征东将军满宠，若欲归化，封以示亮。亮腾[2]与吴大将步骘等，骘等以见权，权惧亮自疑，深自解说。是岁，俱加侍中、光禄大夫[1]。景初二年，辽东平定，以参谋之功，各进爵，封本县，放方城侯，资中都侯。

刘放善于书写檄文，武帝、文帝、明帝发出的招讨告谕，大多是刘放所写。青龙初年，孙权和诸葛亮联合，打算一起出兵讨伐魏国。边地侦察人员刺探敌情时截获孙权的书信，刘放就更改其中的内容，处处换掉信中的原文而附上新意，寄给征东将军满宠，好像要归顺魏国，封好后再把信交给诸葛亮看。诸葛亮寄信给吴国大将步骘等人，步骘等人去见孙权，孙权害怕诸葛亮怀疑，深刻地自我辩解。这一年，刘放、孙资都加官侍中、光禄大夫。景初二年(238)，辽东平定，因为有参谋之功，分别进封爵位，封于本县，刘放为方城侯，孙资为中都侯。

今注　1 边候：边境的侦察人员。　2 腾：传送，寄送。

裴注　[1]《资别传》曰："是时，孙权、诸葛亮号称剧贼，无岁不有军征。而帝总摄群下，内图御寇之计，外规庙胜之画，资皆管之。然自以受腹心，常让事于帝曰：'动大众，举大事，宜与群下共之；既以示明，且于探求为广。'既朝臣会议，资奏当其是非，择其善者推成之，终不显己之德也。若众人有谴过及爱憎之说，辄复为请解，以塞谮润之端。如征东将军满宠、凉州刺史徐邈，并有谮毁之者，资皆盛陈其素行，使卒无纤介。宠、邈得保其功名者，资之力也。初，资在邦邑，名出同类之右。乡人司空掾田豫、梁相宗艳皆妒害之，而杨丰党附豫等，专为资构造谤端，怨隙甚重。资既不以为言，而终无恨意。豫等惭服，求释宿憾，结为婚姻。资谓之曰：'吾无憾心，不知所释。此为卿自薄之，卿自厚之耳！'乃为长子宏娶其女。及当显位，而田豫老疾在家。资遇之甚厚，又致其子于本郡，以为孝廉。而杨丰子后为尚方吏，帝以职事谴怒，欲致之法，资请活之。其不念旧恶如此。"

其年，帝寝疾，欲以燕王宇为大将军，及领军将军夏侯献、武卫将军曹爽、屯骑校尉曹肇、骁骑将军秦朗共辅政。宇性恭良，陈诚固辞。帝引见放、资，入卧内，问曰："燕王正尔为？"放、资对曰："燕王实自知不堪大任故耳。"帝曰："曹爽可代宇不？"放、资因赞成之。又深陈宜速召太尉司马宣王，以纲维皇室。帝纳其言，即以黄纸[1]授放作诏。放、资既出，帝意复变，诏止宣王勿使来。寻更见放、资曰："我自召太尉，而曹肇等反使吾止之，几败吾事！"命更为诏，帝独召爽与放、资俱受诏命，遂免宇、献、肇、朗官。太尉亦至，登床受诏，然后帝崩[1]。

这一年，明帝卧病不起，打算任命燕王曹宇为大将军，与领军将军夏侯献、武卫将军曹爽、屯骑校尉曹肇、骁骑将军秦朗共同辅政。曹宇性格谦恭温良，诚恳地表示坚决推辞。明帝引见刘放、孙资，进入内室，问道："燕王为什么偏偏这么做？"刘放、孙资回答说："燕王确实知道自己不堪当此大任。"明帝说："曹爽可以代替曹宇吗？"刘放、孙资表示赞同。又深切地表示应该急速召回太尉司马宣王，以维持皇室。明帝采纳了他们的建议，即刻以黄纸授予刘放起草诏书。刘放、孙资出去之后，明帝又改变主意，下诏阻止司马宣王不要前来。不久又召见刘放、孙资说："我自己召太尉回来，而曹肇等人反倒让我不要这么做，差点坏了我的大事！"命令重写诏书，明帝独自召见曹爽与刘放、孙资一起接受诏命，免去曹宇、夏侯献、曹肇、秦朗的官职。太尉也到了，登床接受诏命，然后明帝驾崩。

今注 **1** 黄纸:古代以五色配五行、五方,土居中,故以黄为中央正色。因而当时皇帝的手诏,用黄纸或黄绢书写。

裴注 [**1**]《世语》曰:"放、资久典机任,献、肇心内不平。殿中有鸡栖树,二人相谓:'此亦久矣,其能复几?'指谓放、资。放、资惧,乃劝帝召宣王。帝作手诏,令给使辟邪至,以授宣王。宣王在汲,献等先诏令于轵关西还长安,辟邪又至,宣王疑有变,呼辟邪具问,乃乘追锋车驰至京师。帝问放、资:'谁可与太尉对者?'放曰:'曹爽。'帝曰:'堪其事不?'爽在左右,流汗不能对。放蹑其足,耳之曰:'臣以死奉社稷。'曹肇弟纂为大将军司马,燕王颇失指。肇出,纂见,惊曰:'上不安,云何悉共出?宜还。'已暮,放、资宣诏宫门,不得复内肇等,罢燕王。肇明日至门,不得入,惧,诣廷尉,以处事失宜免。帝谓献曰:'吾已差,便出。'献流涕而出,亦免。"案《世语》所云,树置先后,与本传不同。《资别传》曰:"帝诏资曰:'吾年稍长,又历观书传中,皆叹息无所不念。图万年后计,莫过使亲人广据职势,兵任又重。今射声校尉缺,久欲得亲人,谁可用者?'资曰:'陛下思深虑远,诚非愚臣所及。书传所载,皆圣听所究,向使汉高不知平、勃能安刘氏,孝武不识金、霍付属以事,殆不可言!文皇帝始召曹真还时,亲诏臣以重虑,及至晏驾,陛下即阼,犹有曹休外内之望,赖遭日月,御勒不倾,使各守分职,纤介不间。以此推之,亲臣贵戚,虽当据势握兵,宜使轻重素定。若诸侯典兵,力均衡平,宠齐爱等,则不相为服;不相为服,则意有异同。今五营所领见兵,常不过数百,选授校尉,如其辈类,为有畴匹。至于重大之任,能有所维纲者,宜以圣意简择,如平、勃、金、霍、刘章等一二人,渐殊其威重,使相镇固,于事为善。'帝曰:'然。如卿言,当为吾远虑所图。今日可参平、勃,侔金、霍,双刘章者,其谁哉?'资曰:'臣闻"知人则哲,惟帝难之"。唐虞之圣,凡所进用,明试以功。陈平初事汉祖,绛、灌等谤平有受金盗嫂之罪。周勃以吹箫引强,始事高祖,亦未知名也;高祖察其行迹,然后知可付以大事。霍光给事中二十余年,小心谨慎,乃见亲信。日磾夷狄，以至孝质直，特见擢用，左右尚曰“妄得一胡儿而重贵之”。平、勃虽安汉嗣，其终，勃被反名，平劣自免于吕须之谗。上官桀、桑弘羊与霍光争权，几成祸乱。此诚知人之不易，为臣之难也。又所简择，当得陛下所亲，当得陛下所信，诚非愚臣之所能识别。’”臣松之以为，孙、刘于时号为专任，制断机密，政事无不综。资、放被托付之间，当安危所断，而更依违其对，无有适莫。受人亲任，理岂得然？案本传及诸书并云放、资称赞曹爽，劝召宣王，魏室之亡，祸基于此。资之别传，出自其家，欲以是言掩其大失，然恐负国之玷，终莫能磨也。

齐王即位，以放、资决定大谋，增邑三百，放并前千一百，资千户；封爱子一人亭侯，次子骑都尉，余子皆郎中。正始元年，更加放左光禄大夫，资右光禄大夫，金印紫绶[1]，仪同三司。六年，放转骠骑，资卫将军，领监、令如故。七年，复封子一人亭侯，各年老逊位，以列侯朝朔望，位特进[2][1]。曹爽诛后，复以资为侍中，领中书令。嘉平二年，放薨，谥曰敬侯。子正嗣[2]。资复逊位归第[3]，就拜骠骑将军，转侍中，特进如故。三年

齐王即位，因刘放、孙资决定选择辅政大臣的大策，增加食邑三百户，刘放加上之前的共一千一百户，孙资共一千户；封一位爱子为亭侯，次子为骑都尉，其他的儿子都为郎中。正始元年(240)，又加官刘放为左光禄大夫，孙资为右光禄大夫，佩金印紫绶，享受同于三司的礼节。正始六年(245)，刘放担任骠骑将军，孙资为卫将军，和之前一样兼领中书监、令。正始七年(246)，再加封一子为亭侯，各因年老逊位，以列侯的身份在每月初一和十五上朝，加赐位特进(250)。诛杀曹爽后，又以孙资为侍中，兼领中书令。嘉平二年(250)，刘放去世，谥号为敬侯。儿子刘正嗣封。孙资再次逊位归家，担任骠骑将军，转为侍中，官位特进和之前一样。嘉平三年(251)

薨,谥曰贞侯。子宏嗣。

放才计优资,而自修不如也。放、资既善承顺主上,又未尝显言得失,抑辛毗而助王思,以是获讥于世。然时因群臣谏诤,扶赞其义,并时密陈损益,不专导谀言云。及咸熙中,开建五等,以放、资著勋前朝,改封正方城子,宏离石子[3]。

去世,谥号为贞侯。儿子孙宏嗣封。

刘放的才智计谋优于孙资,而自身修养则不如他。刘放、孙资善于承顺主上的旨意,又不曾明确地言说为政得失,贬抑辛毗而帮助王思,因此而被世人讥讽。然而时常在群臣谏诤的时候,赞同促成他们的建议,并且时常私密地向皇帝陈说得失,不专门阿谀奉承。咸熙年间,建立五等爵位,以刘放、孙资在前朝有功勋,改封刘正为方城子,孙宏为离石子。

今注 1 金印紫绶:以金为印,印柄系着紫色丝带。秦汉时相国、丞相、太尉、大司空、太傅、列侯等皆金印紫绶。 2 特进:职官名。以授列侯有特殊地位者,得自辟僚属,三国魏晋时为加官名号,无实职。 3 归第:归家。

裴注 [1]《资别传》曰:"大将军爽专事,多变易旧章。资叹曰:'吾累世蒙宠,加以豫闻属托,今纵不能匡弼时事,可以坐受素餐之禄邪?'遂固称疾。九年二月,乃赐诏曰:'君掌机密三十余年,经营庶事,勋著前朝。暨朕统位,动赖良谋。是以曩者增崇宠章,同之三事,外帅群官,内望谠言。属以年耆疾笃,上还印绶,前后郑重,辞旨恳切。天地以大顺成德,君子以善恕成仁,重以职事,违夺君志,今听所执,赐钱百万,使兼光禄勋少府亲策诏君养疾于第。君其勉进医药,颐神和气,以永无疆之祚。置舍人官骑,加以日秩肴酒之膳焉。'" [2]臣松之案:《头责子羽》曰:"士卿刘许,字文生,正之弟也。与张华六人,并称文辞可观,意思详序。晋惠帝世,许为越骑校尉。" [3]案《孙氏谱》:宏为南阳太守。宏子楚,字子荆。《晋阳秋》曰:"楚乡人王济,豪俊公子也,为本州大中正。访问关求楚品状,济曰:'此人非卿所能名。'自状之曰:'天才英博,亮拔不群。'楚位至讨虏护军、冯翊太守。楚子洵,颍川太守。洵子盛,字安国,给事中,秘书监。盛从父弟绰,字兴公,廷尉正。楚及盛、绰,并有文藻,盛又善言名理,诸所论著并传于世。"

评曰:程昱、郭嘉、董昭、刘晔、蒋济才策谋略,世之奇士,虽清治[1]德业,殊于荀攸,而筹画所料,是其伦也。刘放文翰,孙资勤慎,并管喉舌,权闻当时,雅亮非体,是故讥谀[2]之声,每过其实矣。

评论说:程昱、郭嘉、董昭、刘晔、蒋济都有才智谋略,是世间的奇才,虽然在清明的政绩和德行功业上,和荀攸不同,但说到筹划料事,则是和荀攸相当的。刘放富于文采,孙资勤劳谨慎,两人都掌管喉舌机要,权势闻名于当时,但正直诚信的名声,他们还够不上,所以非议和阿谀他们的言论,往往是言过其实。

今注 1 清治:清明的政绩和德行。 2 讥谀:讥,非议。谀,阿谀。

卷十五 魏书十五

刘司马梁张温贾传

导读 本卷记载了刘馥、刘靖、司马朗、梁习、张既、温恢、贾逵等人的生平事迹。他们都曾在当时出任郡县地方官员。他们在治理地方时，充分发挥自己的职权，对内安抚百姓、兴修水利、恢复生产、选用贤能，对外领兵征伐，守卫国境。他们都具有政治军事方面的才能，总管一地的大小事务，是曹魏时期地方治理的重要力量。他们之中有些人进入朝廷，参与中央政治，也为魏国的政权稳定贡献了力量。应该注意的是，他们之所以能取得这些治绩也和当时处于战乱之中，政治制度不完备，个人能力有更大的发挥空间这一现实情况有着一定的联系。

刘馥

原文

刘馥，字元颖，沛国相[1]人也。避乱扬州，建安初，说袁术将戚寄、秦翊，使率众与俱诣太祖。太祖悦之，司徒辟为掾[2]。后孙策所置庐江太守李述[3]，攻杀扬州刺史严象，庐江梅乾、雷绪、陈兰等聚众数万

译文

刘馥，字元颖，沛国相县人。他为躲避战乱逃到扬州，建安初年(196)，游说袁术部将戚寄、秦翊，让他们率领部众与自己一起投奔太祖。太祖很高兴，以大司徒府名义征召他为掾史。后来孙策设置的庐江太守李述，攻击杀死了扬州刺史严象，庐江的梅乾、雷绪、陈兰等人趁势在江淮地区聚集起几万

在江、淮间，郡县残破。太祖方有袁绍之难，谓馥可任以东南之事，遂表为扬州刺史。

人马，导致郡县残破。当时太祖正被袁绍围攻，认为刘馥可以担负治理东南方面的事务，于是上表请朝廷任命刘馥为扬州刺史。

今注 1 相：相县，在今安徽濉溪西北。 2 掾：掾史。汉以后重要职位的官员都有掾属，分曹治事。 3 李述：时为受孙策管辖的庐江太守。

馥既受命，单马造合肥空城，建立州治。南怀绪等，皆安集之，贡献相继。数年中恩化大行，百姓乐其政，流民越江山而归者以万数。于是聚诸生，立学校，广屯田，兴治芍陂[1]及茄陂[2]、七门[3]、吴塘[4]诸堨[5]以溉稻田，官民有畜。又高为城垒，多积木石，编作草苫数千万枚，益贮鱼膏数千斛，为战守备。

刘馥接受任命后，只骑着一匹马赶到合肥这座空城，建立起扬州的治所。怀柔合肥南部的雷绪等人，让他们安稳地集结起来，雷绪等人的进贡接连不断。几年中，刘馥的恩德教化广泛推行，百姓乐于接受刘馥的治理，流亡的百姓渡江翻山返回归附的以万人计数。于是刘馥聚集书生，建立学校，扩大屯田，兴修治理芍陂、茄陂、七门、吴塘等拦水土堰来灌溉稻田，官府和百姓都有粮食积蓄。刘馥又加高城墙和防御工事，大量储存木材石料，编制了数千万张草苫，并增加储备了几千斛鱼膏，为作战守城准备。

今注 1 芍陂：淮河流域著名的水利工程。在今安徽寿县南部，因引淠河经古白芍亭东积而成湖，故名。 2 茄陂：古代水利灌溉工程，在今河南固始东南。 3 七门：七门堰，在今安徽舒城西南七门山下。 4 吴塘：在今江苏太仓西。 5 堨（è）：拦水土堰。

建安十三年卒。孙权率十万众攻围合肥城百余日，时天连雨，城欲崩，于是以苫蓑[1]覆之，夜然[2]脂照城外，视贼所作而为备，贼以破走。扬州士民益追思之，以为虽董安于[3]之守晋阳，不能过也。及陂塘之利，至今为用。

刘馥去世于建安十三年(208)。孙权率领十万军队围攻合肥城一百多天。当时连日下雨，城墙快要崩塌了。于是守军用苫蓑盖住城墙，夜间点燃鱼脂照亮城外，观察敌方的动向而做出相应的防备，敌人兵败逃走。扬州的官吏和百姓更加思念怀念刘馥，认为春秋时董安于在晋阳的防守也比不上刘馥。还有他兴修的水坝、蓄水池等水利工程，直到今天还在发挥作用。

今注　1 苫蓑(shān suō)：茅草所编用以遮雨的覆盖物。　2 然："燃"的本字，点燃。　3 董安于：春秋时晋国执政大臣赵鞅的家臣。公元前497年，赵鞅的政敌范氏、中行氏联合进攻赵鞅，围晋阳，董安于力战有功。

馥子靖，黄初中从黄门侍郎迁庐江太守，诏曰："卿父昔为彼州，今卿复据此郡，可谓克负荷[1]者也。"转在河内，迁尚书，赐爵关内侯，出为河南尹。散骑常侍应璩书与靖曰："入作纳言，出临京任。富民之术，日引月长。藩落高

刘馥的儿子刘靖，黄初年间由黄门侍郎升任庐江太守，文帝下诏说："你父亲曾在那个州任职，现在你又管理这个郡，可以说是能担负重任的人家。"后来刘靖转任河内郡太守，升为尚书，被赐予关内侯爵位，又出任河南尹。散骑常侍应璩给刘靖写信说："你入朝则担任纳言的官位，出外则承担治理京畿的重任。采用日积月累的方法，使百姓富足。你筑起又高又陡的篱笆屏障，断绝盗贼偷窃的企图。黍、

峻，绝穿窬[2]之心。五种别出，远水火之灾。农器必具，无失时之阙。蚕麦有苫备之用，无雨湿之虞。封符指期，无流连之吏。鳏寡孤独，蒙廪振之实。加之以明擿[3]幽微，重之以秉宪不挠；有司供承王命，百里垂拱仰办。虽昔赵、张、三王之治[4]，未足以方也。"靖为政类如此。初虽如碎密，终于百姓便之，有馥遗风。

稷、稻、麦、豆五类种子按照时节不同而播种，使百姓远离了水火带来的灾害。农耕器具完备充足，没有耽误农时的过失。为养蚕、种麦准备了覆盖防雨的用具，作物没有遭雨淋湿的隐患。升迁考核都按期进行，官吏无人滞留原位。鳏寡孤独，都享受到官仓赈济的实惠，再加上你明察隐微的不法行为，更能依法惩治而不屈不挠。有关官员遵奉朝廷命令，百里范围内的事情你能从容地处理妥当。即使是前代的赵广汉、张敞、王尊、王章、王骏等人对京畿的治理也不能同你相比。"刘靖施政大概如此。最初虽然好像琐碎繁复的样子，但最后给百姓带来便利，有刘馥做事的风格。

今注 1 克负荷：谓能担当重任。 2 穿窬(yú)：指盗窃行为。 3 明擿(tī)：明察。擿，揭发。 4 赵、张、三王之治：见《汉书·王吉传》："先是京兆有赵广汉、张敞、王尊、王章，至骏皆有能名，故京师称曰：'前有赵、张，后有三王。'"

母丧去官，后为大司农卫尉，进封广陆亭侯，邑三百户。上疏陈儒训之本，曰："夫学者，治乱之轨仪[1]，圣人之大教也。自黄初以

刘靖因为母亲去世而辞官，后来又担任大司农卫尉，进封广陆亭侯，食邑三百户。刘靖上疏陈说儒家教化的根本道理，他说："儒学，是关系到治乱的法则，是圣人重要的教诲。自从黄初以来，朝廷崇尚儒道，设立太学已有二十多年，但很少培养出

来，崇立太学二十余年，而寡有成者，盖由博士选轻[2]，诸生避役[3]，高门子弟，耻非其伦，故无学者。虽有其名而无其人，虽设其教而无其功。宜高选博士，取行为人表，经任人师者，掌教国子。依遵古法，使二千石以上子孙，年从十五，皆入太学。明制黜陟[4]荣辱之路；其经明行修者，则进之以崇德；荒教废业者，则退之以惩恶。举善而教不能则劝，浮华交游，不禁自息矣。阐弘大化，以绥未宾，六合承风，远人来格，此圣人之教，致治之本也。”

人才，大概是因为博士挑选的标准较低，学生为了逃避赋役来太学，高门大族的子弟耻于诸生的身份和他们不相配，所以不来求学。太学虽然有此名义，但没有真正来学习的人，虽然有儒学的传授，却没取得教育人才的成果。应该用高标准来选拔博士，选择那些在行为上可以为人表率，经学造诣能够教导他人的人来执掌太学教育。遵照古代的制度，让两千石以上官员的子孙，从十五岁开始，都进入太学。明确地制定升降奖惩的途径，对那些能明白经学、德行高尚的人，则要提高他们的地位以崇奖道德；荒废教学放弃学业的人，则废黜他们来惩罚不良行为。选出品行好的来教学，这样学问不好的就会得到劝勉，追求浮华不实、交友游乐的风气不用禁止就会消除。阐发弘扬圣人的教化以安抚还没有归服的人，各地都受到我们的教化，边远的人也会来归附，这就是圣人的教化，是达到国家长治久安的根本。”

今注 1 轨仪：法则，仪制。 2 选轻：指人员的选择标准低下。 3 诸生避役：前来就读的学生主要目的是逃避徭役。当时正式在太学列名就读的学生可以免除徭役。 4 黜陟：进退。古代贬官曰黜，升官曰陟。

后迁镇北将军，假节都督河北诸军事。靖以为“经常之大法，莫善于守防，使民夷有别。”遂开拓边守，屯据险要。又修广戾陵渠[1]大堨，水溉灌蓟[2]南北；三更种稻，边民利之。

刘靖后来升任镇北将军，假节都督河北各军事。他认为“能够持久有效的根本方略，没有什么比坚守边防更好的，这可以让百姓和外族人区分开来”。他就开拓边境防线，让士兵驻扎占领险要的地方。又修建拓宽了戾陵渠大堰，引水灌溉蓟县南北的田地，使田地能够一年三次轮作种植水稻，边地百姓因此获利。

嘉平六年薨，追赠征北将军，进封建成乡侯，谥曰景侯。子熙嗣[1]。

嘉平六年(254)，刘靖去世，朝廷追赠他为征北将军，进封他为建成乡侯，谥号景侯，他的儿子刘熙继承了爵位。

今注 1 戾陵渠：即戾陵堰，在今北京石景山永定河附近。 2 蓟：蓟县，在今北京西南。

裴注 [1]《晋阳秋》曰：“刘弘，字叔和，熙之弟也。弘与晋世祖同年，居同里，以旧恩屡登显位。自靖至弘，世不旷名，而有政事才。晋西朝之末，弘为车骑大将军开府，荆州刺史，假节都督荆、交、广州诸军事，封新城郡公。其在江、汉，值王室多难，得专命一方，尽其器能。推诚群下，历以公义，简刑狱，务农桑。每有兴发，手书郡国，丁宁款密，故莫不感悦，颠倒奔赴，咸曰：‘得刘公一纸书，贤于十部从事也。’时帝在长安，命弘得选用宰守。征士武陵伍朝高尚其事，牙门将皮初有勋江、汉，弘上朝为零陵太守，初为襄阳太守。诏书以襄阳显郡，初资名轻浅，以弘婿夏侯陟为襄阳。弘曰：‘夫统天下者当与天下同心，治一国者当与一国推实。吾统荆州十郡，安得十女婿，然后为治哉！’乃表‘陟姻亲，旧制不得相监临事，初勋宜见酬’。报听之，众益服其公当。广汉太守辛冉以天子蒙尘，四方云扰，进从横计于弘。弘怒斩之，时人莫不称善。”《晋诸公赞》曰：“于时天下虽乱，荆州安全。弘有刘景升保有江、汉之志，不附太傅司马越。越甚衔之。会弘病卒。子璠，北中郎将。”

司马朗

原文

司马朗，字伯达，河内温人也[1]。九岁，人有道其父字者，朗曰：“慢人亲者，不敬其亲者也。”客谢之。十二，试经为童子郎[1]，监试者以其身体壮大，疑朗匿年[2]，劾问。朗曰：“朗之内外，累世长大，朗虽稚弱，无仰高之风，损年以求早成，非志所为也。”监试者异之。后关东兵起，故冀州刺史李邵，家居野王，近山险，欲徙居温。朗谓邵曰：“唇齿之喻，岂唯虞、虢[3]，温与野王即是也。今去彼而居此，是为避朝亡之期耳。且君，国

译文

司马朗，字伯达，河内温县人。九岁的时候，有人说起他父亲时直接称字，司马朗说：“轻慢别人父母的人，也是不尊重自己父母的人。”于是来客向他道歉。他十二岁的时候，通过试经，取得童子郎的身份。监考官员因为司马朗身体强壮高大，怀疑他隐瞒了年龄，就劾问他。司马朗说：“我内外的亲戚，历代人都长得高大。我虽然年纪小，但没有高攀的习性，通过少报年龄来谋求早有成就，这不是我愿意做的。”监考者觉得他与众不同。后来关东兴起兵事，原来的冀州刺史李邵在野王县家里居住，临近险要山地，打算迁到温县居住。司马朗对李邵说：“唇亡齿寒的比喻，难道只是说春秋的虞国和虢国吗？温县与野王县就是一种唇齿相依的关系。如今你离开那边而迁居到这里，只不过是躲避一时的危害，

人之望也，今寇未至而先徙，带山之县必骇，是摇动民之心而开奸宄之原也，窃为郡内忧之。”邵不从。边山之民果乱，内徙，或为寇钞。

而且你是一郡人民的指望，现在贼寇还没到就先迁徙，沿山的几个县必然恐惧，这会动摇民心，成为引发坏人作奸犯科的根源啊！我私下里为郡内事务担忧。”李邵不听从，边境山民果然发生动乱，向郡内迁徙，有的人被强盗劫掠。

今注　1 童子郎：汉、魏时授予通晓儒经的年幼者的称号。汉法，孝廉试经者为郎。对于聪明好学的达官子孙，虽未成年，经过经学考试后也授予郎的官衔，为童子郎。　2 匿年：隐瞒年龄。　3 唇齿之喻，岂唯虞、虢(guó)：指春秋时期晋国向虞国借道攻打虢国，虞国大臣宫之奇反对，用唇齿来比喻虞、虢两国关系的事情。

裴注　［1］司马彪《序传》曰：“朗祖父儁，字元異，博学好古，倜傥有大度。长八尺三寸，腰带十围，仪状魁岸，与众有异，乡党宗族咸景附焉。位至颍川太守。父防，字建公，性质直公方，虽闲居宴处，威仪不忒。雅好《汉书》名臣列传，所讽诵者数十万言。少仕州郡，历官洛阳令、京兆尹，以年老转拜骑都尉。养志闾巷，阖门自守。诸子虽冠成人，不命曰进不敢进，不命曰坐不敢坐，不指有所问不敢言，父子之间肃如也。年七十一，建安二十四年终。有子八人，朗最长，次即晋宣皇帝也。”

是时董卓迁天子都长安，卓因留洛阳。朗父防为治书御史，当徙西，以四方云扰[1]，乃遣朗将家属还本县。或有告朗

这时董卓迁移天子改都长安，董卓借此留在洛阳。司马朗的父亲司马防是治书御史，应随皇帝迁往长安。由于四方动荡不安，就派司马朗带着家属先回家乡温县。有人报告说司马朗要逃跑，

欲逃亡者,执以诣卓,卓谓朗曰:"卿与吾亡儿同岁,几大相负!"朗因曰:"明公以高世之德,遭阳九之会[2],清除群秽,广举贤士,此诚虚心垂虑,将兴至治也。威德以隆,功业以著,而兵难日起,州郡鼎沸,郊境之内,民不安业,捐弃居产,流亡藏窜,虽四关设禁,重加刑戮,犹不绝息,此朗之所以于邑也。愿明公监观[3]往事,少加三思,即荣名并于日月,伊、周不足侔[4]也。"卓曰:"吾亦悟之,卿言有意[1]!"

董卓的手下就抓住他见董卓。董卓对司马朗说:"你与我死去的儿子同岁,怎么相差这么大。"司马朗回答说:"您凭着超乎世俗的品德,在阳九灾厄之年,消灭大批的邪恶之人,广泛地举用有才能的人,这真是虚心深思,将建立大治之世了。您的威望品德因此更加隆盛,功业因此更加卓著。但战争的灾难一天天兴起,州郡形势纷扰动乱,境内的百姓不能安居乐业,抛弃了居室产业,到处流浪逃窜,即使四边的城门禁止出入,用死刑来重罚逃亡的人,百姓逃亡的现象仍不能停止消除。这就是我忧郁悲伤的原因。希望您能借鉴过去的事情,略加考虑,那您的光荣声誉将与日月同辉,连伊尹、周公也难和您相比。"董卓说:"我也明白了,你的话很有道理!"

今注　1 云扰:像云一样纷乱。比喻动荡不安。　2 阳九之会:古代术数中推算出的灾厄之年。　3 监观:观察借鉴。　4 侔:齐等。

裴注　[1] 臣松之案:朗此对,但为称述卓功德,未相箴诲而已。了不自申释,而卓便云:"吾亦悟之,卿言有意!"客主之辞,如为不相酬塞也。

朗知卓必亡,恐见留,即散财物以赂遗卓用

司马朗知道董卓一定会灭亡,担心被他留下,就分送财物贿赂董卓手下管

事者,求归乡里。到,谓父老曰:“董卓悖逆,为天下所仇,此忠臣义士奋发之时也。郡与京都境壤相接,洛东有成皋[1],北界大河,天下兴义兵者若未得进,其势必停于此。此乃四分五裂战争之地,难以自安,不如及道路尚通,举宗东到黎阳。黎阳有营兵,赵威孙乡里旧婚,为监营谒者[2],统兵马,足以为主。若后有变,徐复观望未晚也。”父老恋旧,莫有从者,惟同县赵咨,将家属俱与朗往焉。后数月,关东诸州郡起兵,众数十万,皆集荥阳及河内。诸将不能相一,纵兵钞掠,民人死者且半。久之,关东兵散,太祖与吕布相持于濮阳,朗乃将家还温。时岁大饥,人相食,朗收恤宗族,教训诸弟,不为衰世解业。

事的官吏,请求回归故乡。司马朗回到家乡,对父老们说:“董卓犯上作乱,被天下人看作仇敌,这正是忠臣义士奋发有为的时候。我们郡边境土地同京都相连接。洛阳的东边有成皋,北边直到黄河,天下兴起的义军如果不能前进,按这样的形势来讲必然要停留此地,所以这里是交战争夺,将要四分五裂的地方,我们在这里难以安稳。不如趁道路还畅通,带着整个家族往东到黎阳。黎阳有军队驻扎,监营谒者赵威孙过去同我们乡里有姻亲,他统领兵马,足以做我们的首领。今后如果遇到什么变故,再慢慢观望形势也不晚。”父老留恋故土,没人跟从司马朗,只有同县的赵咨带着家属和司马朗一同前往。几个月后,关东各州郡纷纷起兵,聚众几十万,都汇集在荥阳和河内郡。各军将领互不统属,有的放纵士兵抢劫掳掠,导致百姓死亡近半。过了很久,关东的军队分散返回,曹操和吕布的军队在濮阳对峙,司马朗于是携带家眷回到温县。当年出现大饥荒,出现了人吃人的情况。司马朗收留照顾宗族成员,教育训导弟弟们,不想因为世道衰败就懈怠了学业。

今注　1 成皋:古邑名,在今河南荥阳汜水镇西。　2 监营谒者:即外出监督常备军队的谒者。谒者,汉制,谒者掌宾赞受事,选孝廉中年少有威容能大声者为之。

年二十二,太祖辟为司空掾属,除成皋令,以病去,复为堂阳[1]长。其治务宽惠,不行鞭杖,而民不犯禁。先时,民有徙充都内者,后县调当作船,徙民恐其不办,乃相率私还助之,其见爱如此。迁元城[2]令,入为丞相主簿。

朗以为天下土崩之势,由秦灭五等之制,而郡国无蒐狩[3]习战之备故也。今虽五等未可复行,可令州郡并置兵,外备四夷,内威不轨,于策为长。又以为宜复井田。往者以民各有累世之业,难中夺之,是以至今。今承大乱之后,民人分散,土业无主,皆为

司马朗二十二岁时,太祖征召他为司空掾属,任命他为成皋县令,因病离职,又任堂阳县长。他治理地方务求宽厚仁爱,不用鞭、杖刑罚,而百姓不违犯禁令。早先,百姓有迁徙充作都内人的,后来堂阳县的人被调派制造船只,迁走的民众担心司马朗不能完成,就相继私下回来帮助他。司马朗被百姓爱戴到了这种地步。后来他升任元城县令,入朝担任丞相主簿。

司马朗认为天下崩溃的局势是因为秦朝废除了五等爵位制,而郡国都不进行打猎习武等军备训练而导致的。现在虽然已经不再实行五等爵位制,可以令州、郡设置军队,对外防备四方夷人,对内威慑有不轨企图的人,这样在策略上比较有利。司马朗还认为应当恢复井田制,过去由于百姓各自有世代继承的田产,难以从中夺取过来,所以延续到今天。现在经历了大的动乱,百姓分散在各处,土地产业很多没有主人,都成了公田,应该趁这个

公田,宜及此时复之。议[4]虽未施行,然州郡领兵,朗本意也。

时候恢复井田制。他的建议虽然没有得到实施,但后来州郡领有自己军队的制度,是采纳了司马朗之前的想法。

今注 **1** 堂阳:县名,在今河北新河。 **2** 元城:县名,治今河北大名东。 **3** 蒐狩:本指狩猎。春猎为蒐,冬猎为狩。这里指军队的演习训练。西汉时各郡国都设有地方军队,由都尉统领,负责维持地方治安。东汉建立,光武帝裁撤除边境地区以外的各郡都尉及地方军队,以加强中央集权。现在司马朗鉴于动荡的社会局面,建议重新设置地方军队。 **4** 议:指恢复井田的建议。

迁兖州刺史,政化大行,百姓称之。虽在军旅,常粗衣恶食[1],俭以率下。雅好人伦[2]典籍,乡人李觌等盛得名誉,朗常显贬下之;后觌等败,时人服焉。钟繇、王粲著论云:"非圣人不能致太平。"朗以为"伊、颜[3]之徒虽非圣人,使得数世相承,太平可致[1]"。

司马朗升任兖州刺史,政令文教得到全面推行,百姓都称赞他。司马朗即使在军中作战,也总是穿着粗布衣服,吃下等的饭食,用俭朴的行为给部下作出表率。他很喜欢有关评论人物的典籍学问,他的同乡李觌等人很有声望,司马朗却经常公开贬低这些人;后来李觌等人果然身败名裂,当时的人们都佩服司马朗的见识。钟繇、王粲写文章议论说:"非圣人不能实现世道太平。"司马朗认为"伊尹、颜渊等人虽然不是圣人,假使几代都有这样的人前后承接,也可以实现太平世道"。

建安二十二年,与夏侯惇、臧霸等征吴。到居巢,军士大疫,朗

建安二十二年(217),司马朗与夏侯惇、臧霸等人征伐吴国,行军到居巢的时候,士兵中出现大规模疫情,司马朗亲自

躬巡视，致医药。遇疾卒，时年四十七。遗命布衣幅巾4，敛以时服，州人追思之[2]。

巡视，调来医生和药物。后来染病去世，当时四十七岁。留下遗言说入殓的时候只穿粗布衣服，头裹幅巾，用普通服装殡殓，兖州百姓很思念他。

明帝即位，封朗子遗昌武亭侯，邑百户。朗弟孚又以子望继朗后。遗薨，望子洪嗣[3]。

魏明帝即位，封司马朗的儿子司马遗为昌武亭侯，食邑百户。司马朗的弟弟司马孚又把自己的儿子司马望过继给司马朗为后。司马遗死后，司马望的儿子司马洪继承了爵位。

初，朗所与俱徙赵咨。官至太常5，为世好士[4]。

早些时候，与司马朗一起迁徙的赵咨，官位做到太常，是当时的优秀士人。

今注 1 恶食：粗劣的食物。 2 人伦：指品评人才。 3 伊、颜：指伊尹、颜渊。按照儒家标准，尧、舜、禹、汤、周文王、周武王、周公、孔子等，才能算是圣人。伊尹、颜渊，只能算是次一等的仁人。 4 幅巾：古代男子用绢一幅束发，称为幅巾。 5 太常：主管礼乐，祭祀宗庙、社稷，负责朝会和丧葬礼仪，兼掌选试博士。

裴注 [1]《魏书》曰："文帝善朗论，命秘书录其文。"孙盛曰："繇既失之，朗亦未为得也。昔'汤举伊尹，而不仁者远矣'。《易》称'颜氏之子，其殆庶几乎！有不善未尝不知，知之未尝复行'。由此而言，圣人之与大贤，行藏道一，舒卷斯同，御世垂风，理无降异；升泰之美，岂俟积世哉？'善人为邦百年，亦可以胜残去杀'。又曰'不践迹，亦不入于室'。数世之论，其在斯乎！方之大贤，固有间矣。" [2]《魏书》曰："朗临卒，谓将士曰：'刺史蒙国恩厚，督司万里，微功未效，而遭此疫疠，既不能自救，辜负国恩。身没之后，其布衣幅巾，敛以时服，勿违吾志也。'" [3]《晋诸公赞》曰:“望,字子初,孚之长子。有才识,早知名。咸熙中位至司徒,入晋封义阳王,迁太尉、大司马。时孚为太宰,父子居上公位,自中代以来未之有也。洪,字孔业,封河间王。” [4]咨,字君初。子鄮,字子晋,骠骑将军,封东平陵公。并见《百官志》。

梁习

原文

梁习,字子虞,陈郡柘[1]人也,为郡纲纪。太祖为司空,辟召为漳长,累转乘氏、海西、下邳令,所在有治名。还为西曹令史[2],迁为属。并土新附,习以别部司马领并州刺史。时承高幹荒乱之余,胡狄在界,张雄跋扈,吏民亡叛,入其部落;兵家拥众,作为寇害,更相扇动,往往棋跱。习到官,诱谕招纳,皆礼召其豪右,稍稍荐举,使诣幕府;豪右已尽,乃次发诸丁强以为义从;又因大军出征,分

译文

梁习,字子虞,陈郡柘县人。担任郡中纲纪。太祖任司空时,征召他为漳县县长,之后几次转任乘氏、海西、下邳县令,在任上治理地方被人称道。后来返回朝廷担任西曹令史,升为属官。并州地方刚刚归服,梁习以别部司马兼任并州刺史。当时正继高幹反叛之后,地方荒芜混乱之余,胡狄在并州界内,行为放肆霸道,并州官吏百姓逃亡叛离,加入他们的部落;军阀聚集士兵,侵犯祸乱地方,他们还互相煽动,导致各方势力相持不下。梁习到任后,对这些势力采取劝诱、告谕、招抚、任用的策略,以礼招来豪强,逐渐对他们予以推荐,让他们到幕府中任职;豪强势力安置完毕后,就依次征发壮丁,使他们自愿跟随自己从军;又借着大军出征的机会,分别去让他们充当

请以为勇力。吏兵已去之后，稍移其家，前后送邺，凡数万口；其不从命者，兴兵致讨，斩首千数，降附者万计。单于恭顺，名王稽颡[3]，部曲服事供职，同于编户。边境肃清，百姓布野，勤劝农桑，令行禁止。贡达名士，咸显于世，语在《常林传》。太祖嘉之，赐爵关内侯，更拜为真[4]。长老称咏，以为自所闻识，刺史未有及习者。

勇士。官吏和当兵的人离去后，梁习又逐渐迁移他们的家人，前后共有好几万人被送去邺城；有不服从命令的，梁习就派兵征讨，斩首以千计，迫使数以万计的人降服归附。单于恭敬地服从于梁习，各部首领俯首听命，部民为州官做事供职，和被编入户籍的百姓一样。边境局势肃清安稳，百姓都在田里耕作，勤奋努力地务农养蚕，有命令立刻行动，有禁令立刻停止。举荐的名士都扬名于世，相关情况记载在《常林传》。太祖嘉奖梁习，赐给他关内侯的爵位，并实授他刺史官位。州中的年长乡老称颂梁习的事迹，认为从来没听说过任何一个刺史能赶得上梁习的。

今注 1 柘：柘县，在今河南柘城北。 2 西曹令史：丞相府西曹低级官吏，位低于掾、属，负责文书事务。 3 稽颡(qǐ sǎng)：屈膝下拜，以额触地的礼仪。 4 更拜为真：指真除实授官职，此处指正式任命为刺史。汉朝官吏有真、守之分，守、行、领等皆为代理，转正则为真。

建安十八年，州并属冀州，更拜议郎、西部都督从事，统属冀州，总故部曲。又使于上党取大材供邺宫室。习表置屯田都尉[1]二人，领客[2]

建安十八年(213)，并州合并隶属于冀州，朝廷任命梁习为议郎、西部都督从事，管辖冀州并且总管原来的部曲。又派他到上党砍伐大木材以供修建邺城宫殿。梁习上表请求设置屯田都尉二人，带领部民六百男子，在大道边耕六百夫，于道次耕种菽粟[3]，以给[4]人牛之费。后单于入侍，西北无虞，习之绩也[1]。文帝践阼，复置并州，复为刺史，进封申门亭侯，邑百户；政治常为天下最。太和二年，征拜大司农。习在州二十余年，而居处贫穷，无方面珍物，明帝异之，礼赐甚厚。四年，薨，子施嗣。

种粮食，供应来往人畜的需要。后来单于遣送儿子入朝侍奉，西北边境没有忧患，这都是梁习的功绩。曹丕登基为帝，重新设置并州，梁习再次担任刺史，进封为申门亭侯，食邑百户；并州治绩在考课中总是全国最好的。太和二年(228)，朝廷征召他担任大司农。梁习在并州任职二十多年，他家中却很贫穷，没有当地的珍贵物品，魏明帝为此感到惊异，对他加以礼遇，赏赐丰厚。太和四年(230)，梁习去世，其子梁施继承爵位。

今注　1 屯田都尉：东汉末及三国魏置，掌屯田事务。　2 客：指屯田民。　3 菽(shū)粟：指豆类和小米，泛指粮食。　4 给(jǐ)：供应。

裴注　[1]《魏略》曰："鲜卑大人育延，常为州所畏，而一旦将其部落五千余骑诣习，求互市。习念不听则恐其怨，若听则州下又恐为所略，于是乃许之，往与会空城中交市。遂敕郡县，自将治中以下军往就之。市易未毕，市吏收缚一胡。延骑皆惊，上马弯弓，围习数重，吏民惶怖，不知所施。习乃徐呼市吏，问缚胡意，而胡实侵犯人。习乃使译呼延，延到，习责延曰：'汝胡自犯法，吏不侵汝，汝何为使诸骑惊骇邪？'遂斩之，余胡破胆不敢动。是后无寇虏。至二十二年，太祖拔汉中，诸军还到长安，因留骑督太原乌丸王鲁昔，使屯池阳，以备卢水。昔有爱妻，住在晋阳。昔既思之，又恐遂不得归，乃以其部五百骑叛还并州，留其余骑置山谷间，而单骑独入晋阳，盗取其妻。已出城，州郡乃觉；吏民又畏昔善射，不敢追。习乃令从事张景，募鲜卑使逐昔。昔马负其妻，重骑行迟，未及与其众合，而为鲜卑所射死。始太祖闻昔叛,恐其为乱于北边;会闻已杀之,大喜,以习前后有策略,封为关内侯。”

初,济阴王思与习俱为西曹令史。思因直日[1]白事[2],失太祖指[3]。太祖大怒,教召主者,将加重辟。时思近出,习代往对,已被收执矣,思乃驰还,自陈己罪,罪应受死。太祖叹习之不言,思之识分,曰:“何意吾军中有二义士乎[1]?”后同时擢为刺史,思领豫州,思亦能吏,然苛碎无大体,官至九卿,封列侯[2]。

早些时候,济阴郡的王思与梁习都担任西曹令史,王思因为当值,向太祖汇报事务,言论不合太祖意旨。太祖大怒,下令传唤主事官吏,要以死罪论处王思。当时王思刚刚外出,梁习代替他接受闻讯,已经被关押起来了,王思快马赶回来,自己说明罪责,按他的罪过应该被处以死刑。太祖感叹梁习代人受过不加分说的行为,以及王思敢于承担责任的品格,说:“怎么能想到我军中有两名忠义之士呢?”后来两个人同时被升任为刺史,王思掌管豫州,也是贤能的官吏,只是苛刻琐碎,不识大体。他后来官至九卿,被封为列侯。

今注　1 直日:当值的日子。　2 白事:呈报公务文书。此指汇报工作。　3 指:意旨。

裴注　[1] 臣松之以为,习与王思,同寮而已,亲非骨肉,义非刎颈,而以身代思,受不测之祸。以之为义,无乃乖先哲之雅旨乎!史迁云“死有重于太山,有轻于鸿毛”,故君子不为苟存,不为苟亡。若使思不引分,主不加恕,则所谓自经于沟渎而莫之知也。习之死义者,岂其然哉!　[2]《魏略·苛吏传》曰:“思与薛悌、郤嘉俱从微起,官位略等。三人中,悌差挟儒术,所在名为闲省。嘉与思事行相似。文帝诏曰:'薛悌驳吏,王思、郤嘉纯吏也,各赐关内侯,以报其勤。'思为人虽烦碎,而晓练文书,敬贤礼士,倾意形势,亦以是显名。正始中,为大司农,年老目瞑,瞋怒无度,下吏嗷然,不知何据。性少信,时有吏父病笃,近在外舍,自白求假。思疑其不实,发怒曰:'世有思妇病母者,岂此谓乎!'遂不与假。吏父明日死,思无恨意。其为刻薄类如此。思又性急,尝执笔作书,蝇集笔端,驱去复来,如是再三。思恚怒,自起逐蝇,不能得,还取笔掷地,蹋坏之。时有丹阳施畏、鲁郡倪颉、南阳胡业,亦为刺史、郡守,时人谓之苛暴。又有高阳刘类,历位宰守,苛慝尤甚,以善修人事,不废于世。嘉平中,为弘农太守。吏二百余人,不与休假,专使为不急。过无轻重,辄捽其头,又乱杖挝之,牵出复入,如是数四。乃使人掘地求钱,所在市里,皆有孔穴。又外托简省,每出行,阳敕督邮不得使官属曲修礼敬,而阴识不来者,辄发怒中伤之。性又少信,每遣大吏出,辄使小吏随覆察之,白日常自于墙壁间窥闪,夜使干廉察诸曹,复以干不足信,又遣铃下及奴婢使转相检验。尝案行,宿止民家。民家二狗逐猪,猪惊走,头插栅间,号呼良久。类以为外之吏擅共饮食,不复征察,便使伍百曳五官掾孙弼入,顿头责之。弼以实对,类自愧不详,因托问以他事。民尹昌,年垂百岁,闻类出行,当经过,谓其儿曰:'扶我迎府君,我欲陈恩。'儿扶昌在道左,类望见,呵其儿曰:'用是死人,使来见我!'其视人无礼,皆此类也。旧俗,民谤官长者有三不肯,谓迁、免与死也。类在弘农,吏民患之,乃题其门曰:'刘府君有三不肯。'类虽闻之,犹不能自改。其后安东将军司马文王西征,路经弘农,弘农人告类荒耄不任宰郡,乃召入为五官中郎将。"

张既

原文

张既，字德容，冯翊高陵人也。年十六，为郡小吏[1]，后历右职[1]，举孝廉，不行。太祖为司空，辟，未至，举茂才[2]，除新丰[3]令，治为三辅第一。袁尚拒太祖于黎阳，遣所置河东太守郭援、并州刺史高幹及匈奴单于取平阳，发使西与关中诸将合从。司隶校尉钟繇遣既说将军马腾等，既为言利害，腾等从之。腾遣子超将兵万余人，与繇会击幹、援，大破之，斩援首，幹及单于皆降。其后幹复举并州反。河内张晟众万余人无所属，寇崤、渑[4]间，河东卫固、弘农张琰各起兵以应之。太祖以既为议郎，参繇军事，使西征诸将马腾等，皆引兵会击晟等，破之。斩琰、固

译文

张既，字德容，冯翊高陵人，十六岁时在郡中做小吏，后来转任更高级的职位。乡里推举他为孝廉，他没接受。太祖做司空时，征召他进京，他也没有去，后被推举为茂才，任新丰县令，治绩为三辅地区第一。袁尚在黎阳抵抗太祖，派他设置的河东郡太守郭援、并州刺史高幹和匈奴的单于攻取平阳，并派遣使者到西边与关中各路将领商议联合抵抗太祖。司隶校尉钟繇派张既去劝说马腾等人，张既为马腾等人分析利害，马腾等人听从了他的劝告。马腾派儿子马超带领一万多士兵，与钟繇的部队会合攻击高幹、郭援，大败敌军，将郭援斩首，高幹和匈奴的单于都降服了。后来高幹以并州全境再次反叛。河内郡的张晟拥兵一万多人不服从朝廷，侵犯崤山、渑水地区，河东郡的卫固、弘农郡的张琰都起兵响应他。太祖任命张既为议郎，参谋钟繇军事，让西征的马腾等将领与钟繇联合攻击张晟等势力，大败敌

首，斡奔荆州。封既武始亭侯。

人。将张琰、卫固斩首，高斡逃往荆州。张既因功被封为武始亭侯。

今注 1 右职：指郡府中的高级官吏。 2 茂才：汉朝选举科目。西汉称秀才，东汉避光武帝刘秀讳，改为茂才。 3 新丰：新丰县，在今陕西西安临潼区东北。 4 崤(xiáo)、渑(miǎn)：指今河南洛宁县西北地区，因为在崤山山谷之底，所以也称崤底、渑池。

裴注 [1]《魏略》曰："既世单家，为人有容仪。少小工书疏，为郡门下小吏，而家富。自惟门寒，念无以自达，乃常畜好刀笔及版奏，伺诸大吏有乏者辄给与，以是见识焉。"

太祖将征荆州，而腾等分据关中。太祖复遣既喻腾等，令释部曲求还。腾已许之而更犹豫，既恐为变，乃移[1]诸县促储偫[2]，二千石郊迎。腾不得已，发东。太祖表腾为卫尉，子超为将军，统其众。后超反，既从太祖破超于华阴，西定关右。以既为京兆尹，招怀流民，兴复县邑，百姓怀之。

太祖将要讨伐荆州，但马腾等人分别占领关中。太祖再次派张既劝导马腾等人，让他们解散部曲请求入朝，马腾已经答应了而又犹豫了起来，张既担心事情有变化，就把移文送到沿途各县催促准备好所需的物资，派两千石官员到边境迎接。马腾不得已，启程向东。太祖上表任命马腾为卫尉，任命他的儿子马超为将军，统帅部队。后来马超反叛，张既随太祖在华阴县击败马超，西征平定了关右一带。太祖命张既为京兆尹，张既招抚流散的百姓，修建恢复原来的城镇，百姓都来归顺他。

今注　1 移：官府文书的一种，适用于不相统属的官署间。　2 储偫(zhì)：储备的物资。

魏国既建，为尚书，出为雍州刺史。太祖谓既曰："还君本州，可谓衣绣昼行[1]矣。"从征张鲁，别从散关入讨叛氐，收其麦以给军食。鲁降，既说太祖拔汉中民数万户以实长安及三辅。其后与曹洪破吴兰于下辩，又与夏侯渊[讨]宋建、别攻临洮[2]、狄道[3]，平之。是时，太祖徙民以充河北，陇西、天水、南安民相恐动，扰扰不安，既假三郡人为将吏者休课，使治屋宅，作水碓[4]，民心遂安。

太祖将拔汉中守，恐刘备北取武都氐以逼关中，问既。既曰："可劝使北出就谷以避贼，前至者厚其宠赏，则先者知利，后必慕之。"太祖从

魏国建立后，张既担任尚书，外出担任雍州刺史。太祖对他说："让您回去治理家乡所在的州，可以说是穿着锦绣的衣服白天出行了。"张既随太祖征讨张鲁，单独领兵从散关攻入讨伐叛乱的氐族，收获氐族人的麦子供给军队食用。张鲁投降后，张既劝说太祖迁移汉中几万户人口充实长安及三辅地区。此后张既与曹洪在下辩打败了吴兰，又与夏侯渊讨伐宋建，率分队攻击平定了临洮、狄道两县。当时太祖正迁徙人口充实河北地区，陇西、天水、南安各郡的人民都惊恐骚动，扰乱不安，张既将将领、官吏中这三郡出身的人免去赋税，让他们修建房屋宅第，兴建水碓，民心于是安定下来。

太祖要攻克刘备军在汉中的守备部队，担心刘备向北收服武都氐人而威胁关中，就询问张既。张既说："可以劝氐人向北出关到有粮食的地方谋生，以此躲避敌人，先到的人予以重赏厚待，这样使人们知道先去的有利可图，后面的

其策，乃自到汉中引出诸军。令既之武都，徙氐五万余落出居扶风、天水界[1]。

人一定会羡慕效仿他们。”太祖听从了张既的计策，亲自到汉中领各路军队外出。命令张既到武都郡，迁出五万多户氐人到扶风、天水郡等地居住。

今注 1 衣绣昼行：谓在家乡做官，属于荣归故里。 2 临洮：县名，治今甘肃岷县。 3 狄道：县名，治今甘肃临洮。 4 水碓(duì)：利用水流舂米的设备。

裴注 [1]《三辅决录注》曰：“既为儿童，为郡功曹游殷察异之，引既过家，既敬诺。殷先归，敕家具设宾馔。及既至，殷妻笑曰：‘君其悖乎！张德容童昏小儿，何异客哉！’殷曰：‘卿勿怪，乃方伯之器也。’殷遂与既论霸王之略。飨讫，以子楚托之；既谦不受，殷固托之。既以殷邦之宿望，难违其旨，乃许之。殷先与司隶校尉胡轸有隙，轸诬构杀殷。殷死月余，轸得疾患，自说但言‘伏罪，伏罪，游功曹将鬼来’。于是遂死。于时关中称曰：‘生有知人之明，死有贵神之灵。’子楚，字仲允，为蒲阪令。太祖定关中时，汉兴郡缺，太祖以问既，既称楚才兼文武，遂以为汉兴太守。后转陇西。”《魏略》曰：“楚为人慷慨，历位宰守，所在以恩德为治，不好刑杀。太和中，诸葛亮出陇右，吏民骚动。天水、南安太守各弃郡东下，楚独据陇西，召会吏民，谓之曰：‘太守无恩德。今蜀兵至，诸郡吏民皆已应之，此亦诸卿富贵之秋也。太守本为国家守郡，义在必死，卿诸人便可取太守头持往。’吏民皆涕泪，言：‘死生当与明府同，无有二心。’楚复言：‘卿曹若不愿，我为卿画一计。今东二郡已去，必将寇来，但可共坚守。若国家救到，寇必去，是为一郡守义，人人获爵宠也。若官救不到，蜀攻日急，尔乃取太守以降，未为晚也。’吏民遂城守。而南安果将蜀兵，就攻陇西。楚闻贼到，乃遣长史马颙出门设阵，而自于城上晓谓蜀帅，言：‘卿能断陇，使东兵不上，一月之中，则陇西吏人不攻自服；卿若不能，虚自疲弊耳。'使颙鸣鼓击之,蜀人乃去。后十余日,诸军上陇,诸葛亮破走。南安、天水皆坐应亮破灭,两郡守各获重刑,而楚以功封列侯,长史掾属皆赐拜。帝嘉其治,诏特听朝,引上殿。楚为人短小而大声,自为吏,初不朝觐,被诏登阶,不知仪式。帝令侍中赞引,呼'陇西太守前',楚当言'唯',而大应称'诺'。帝顾之而笑,遂劳勉之。罢会,自表乞留宿卫,拜驸马都尉。楚不学问,而性好游遨音乐。乃畜歌者,琵琶、筝、箫,每行来将以自随。所在樗蒲、投壶,欢欣自娱。数岁,复出为北地太守,年七十余卒。"

是时,武威颜俊、张掖和鸾、酒泉黄华、西平麹演等并举郡反,自号将军,更相攻击。俊遣使送母及子诣太祖为质,求助。太祖问既,既曰:"俊等外假国威,内生傲悖[1],计定势足,后即反耳。今方事定蜀,且宜两存而斗之,犹卞庄子[2]之刺虎,坐收其毙也。"太祖曰:"善。"岁余,鸾遂杀俊,武威王祕又杀鸾。是时不置凉州,自三辅拒[3]西域,皆属雍州。

当时,武威郡的颜俊、张掖郡的和鸾、酒泉郡的黄华、西平郡的麹演等人一起率领本郡谋反,自称将军,还互相攻击。颜俊派人将自己的母亲、儿子送给太祖作人质,请求援助。太祖询问张既,张既说:"颜俊等人在外借助国家威势,在内却生傲慢悖逆之心,只等计策确定、势力强大,之后就会造反。现在您致力于平定蜀地,应该让颜俊等势力并存而互相争斗,就像春秋时鲁国的卞庄子刺虎,坐等两虎毙命的收获。"太祖说:"好。"过了一年多,和鸾果然杀了颜俊,武威郡的王祕又杀了和鸾。当时朝廷还没设置凉州,从三辅地区直到西域,都属于雍州。

今注 1 傲悖:傲慢悖逆。 2 卞庄子:春秋时鲁国卞邑大夫。据《史记·张仪列传》载:"庄子欲刺虎,馆竖子止之,曰:'两虎方且食牛,食甘必争，争则必斗，斗则大者伤，小者死。从伤而刺之，一举必有双虎之名。’卞庄子以为然，立须之。有顷，两虎果斗，大者伤，小者死。庄子从伤者而刺之，一举果有双虎之功。” 3 拒：引申为到、抵。

文帝即王位，初置凉州，以安定太守邹岐为刺史。张掖张进执郡守举兵拒岐，黄华、麹演各逐故太守，举兵以应之。既进兵为护羌校尉[1]苏则声势，故则得以有功。既进爵都乡侯[2]。凉州卢水胡[3]伊健妓妾、治元多等反，河西大扰。帝忧之，曰：“非既莫能安凉州。”乃召邹岐，以既代之。诏曰：“昔贾复请击郾贼，光武笑曰：‘执金吾击郾，吾复何忧？’卿谋略过人，今则其时。以便宜从事，勿复先请。”遣护军夏侯儒、将军费曜等继其后。既至金城，欲渡河，诸将守以为“兵少道险，未可深入”。既曰：“道虽险，非

文帝即王位，开始设置凉州，任命安定太守邹岐为凉州刺史。张掖人张进胁持郡守，率兵抵抗邹岐，黄华、麹演等人各自驱逐原来的太守，率兵响应张进。张既进军声援，为护羌校尉苏则的部队制造声势，所以苏则能够平乱立功。张既也被加封为都乡侯。凉州、卢水一带的胡人伊健妓妾、治元多等人反叛，河西地区被严重扰乱。文帝为此担忧，说：“除了张既没人能安定凉州。”于是便招来邹岐，让张既代替他凉州刺史的职位。下诏说：“当年贾复请令去攻打郾县贼寇，光武帝笑着说：‘执金吾去攻打郾县，我还有什么忧虑？’你的谋略胜过别人，如今正是施展才干的时候。允许你根据情况自行处理，不用事先请示。”又派护军夏侯儒、将军费曜等人紧跟在后面接应。张既率军到达金城，想要渡过黄河，各部将认为“我军兵少道路艰险，不能深入敌方”。张既说：“道路虽然险峻，却不像井陉关那么狭

井陉之隘，夷狄乌合，无左车之计，今武威危急，赴之宜速。”遂渡河。贼七千余骑逆拒军于鹯阴口，既扬声军从鹯阴，乃潜由且次出至武威。胡以为神，引还显美。

窄，夷狄都是乌合之众，不会有李左车的智谋，如今武威情势危急，应该尽快赶到。”于是渡过黄河。敌人有七千多骑兵在鹯阴口迎击，张既传出消息扬言要由鹯阴口渡河，却悄悄地经过且次县到达武威。胡人认为张既是神人，率军回到显美。

今注 1 护羌校尉：武官名，持节统领羌族事务，下设长史、司马二人，多以边郡太守、都尉转任。除监护内附羌人各部落外，还率领羌兵作战，戍卫边塞。 2 都乡侯：爵名，东汉置。都乡侯为乡侯的一种，封地在野者称乡侯，封地在城郊或靠近城郊的称都乡侯。位在县侯之下，关内侯之上。 3 卢水胡：匈奴的一支。卢水为地名，胡指匈奴。西汉时为张掖属国都尉所辖。魏晋时游牧于张掖、安定等郡。

既已据武威，曜乃至，儒等犹未达。既劳赐将士，欲进军击胡。诸将皆曰：“士卒疲倦，虏众气锐，难与争锋。”既曰：“今军无见粮，当因敌为资。若虏见兵合，退依深山，追之则道险穷饿，兵还则出候寇钞。如此，兵不得解，所谓‘一日纵敌，患在数

张既占领了武威，费曜的军队才赶到，而夏侯儒的部队还没到达。张既慰劳赏赐将士，打算进军攻击胡人。众部将们说：“我方士卒疲倦，敌人部队气势正强，我们很难和他们争斗取胜。”张既说：“现在军中没有现成的粮食，应当从敌人那里获取。如果敌人发现我方军队集合，就要退入深山据守，那么追击他们则会面临道路险峻，士兵困顿饥饿，率军返回，敌人又会出来攻击抢夺。这样下去，军队无法解脱，正所谓‘一旦放走敌人，祸患累及

世’也。”遂前军显美。胡骑数千，因大风欲放火烧营，将士皆恐。既夜藏精卒三千人为伏，使参军成公英督千余骑挑战，敕使阳退[1]。胡果争奔之，因发伏截其后，首尾进击，大破之，斩首获生以万数[1]。帝甚悦，诏曰：“卿逾河历险，以劳击逸，以寡胜众，功过南仲[2]，勤逾吉甫。此勋非但破胡，乃永宁河右[3]，使吾长无西顾之念矣。”徙封西乡侯，增邑二百，并前四百户。

几代。’”于是向前进军显美。胡人派出几千骑兵，要趁着大风放火烧毁军营，张既军队将士都感到恐惧。张既夜间埋伏三千精锐士卒，让参军成公英领一千多骑兵向胡兵挑战，命令他们假装逃跑，胡人果然互相争先追击。张既于是发动伏兵截断了敌人后路，同时攻击他们的前后部队，大败敌军，斩首俘虏胡兵上万。文帝很高兴，下诏说：“你渡过黄河历经艰险，用疲劳的军队攻击力量充沛的敌人，用少数部队胜过了多数敌人，功绩盖过了周宣王时的南仲，辛劳超过了尹吉甫。这次胜利不仅击败了胡人，更使河西地区获得长久安宁，让我长期不用顾虑西面的形势。”转封张既为西乡侯，增加食邑二百户，加上之前获封的，一共四百户。

今注　1 阳退：假装退却。阳，通“佯”。　2 南仲：周宣王时期的军事统帅，出兵讨伐西戎，并筑城巩固地方统治，是辅佐宣王实现中兴的功臣。　3 河右：即河西，汉唐时指今河西走廊与湟水流域。

裴注　[1]《魏略》曰：“成公英，金城人也。中平末，随韩约为腹心。建安中，约从华阴破走，还湟中，部党散去，唯英独从。”《典略》曰：“韩遂在湟中，其婿阎行欲杀遂以降，夜攻遂，不下。遂叹息曰：‘丈夫困厄，祸起婚姻乎！’谓英曰：‘今亲戚离叛，人众转少，当从羌中西南诣蜀耳。’英曰：‘兴军数十年，今虽罢败，何有弃其门而依于人乎！’遂曰：‘吾年老矣，子欲何施？’英曰：‘曹公不能远来，独夏侯尔。夏侯之众，不足以追我，又不能久留；且息肩于羌中，以须其去。招呼故人，绥会羌、胡，犹可以有为也。’遂从其计，时随从者男女尚数千人。遂宿有恩于羌，羌卫护之。及夏侯渊还，使阎行留后。乃合羌、胡数万将攻行，行欲走，会遂死，英降太祖。太祖见英，甚喜，以为军师，封列侯。从行出猎，有三鹿走过前，公命英射之，三发三中，皆应弦而倒。公抵掌谓之曰：‘但韩文约可为尽节，而孤独不可乎？’英乃下马而跪曰：‘不欺明公。假使英本主人在，实不来在此也。’遂流涕哽噎。公嘉其敦旧，遂亲敬之。延康、黄初之际，河西有逆谋。诏遣英佐凉州平陇右，病卒。”《魏略》曰：“阎行，金城人也，后名艳，字彦明。少有健名，始为小将，随韩约。建安初，约与马腾相攻击。腾子超亦号为健。行尝刺超，矛折，因以折矛挝超项，几杀之。至十四年，为约所使诣太祖，太祖厚遇之，表拜犍为太守。行因请令其父入宿卫，西还见约，宣太祖教云：‘谢文约：卿始起兵时，自有所逼，我所具明也。当早来，共匡辅国朝。’行因谓约曰：‘行亦为将军兴军以来，三十余年，民兵疲瘁，所处又狭，宜早自附。是以前在邺，自启当令老父诣京师，诚谓将军亦宜遣一子，以示丹赤。’约曰：‘且可复观望数岁中！’后遂遣其子，与行父母俱东。会约西讨张猛，留行守旧营，而马超等结反谋，举约为都督。及约还，超谓约曰：‘前钟司隶任超使取将军，关东人不可复信也。今超弃父，以将军为父，将军亦当弃子，以超为子。’行谏约，不欲令与超合。约谓行曰：‘今诸将不谋而同，似有天数。’乃东诣华阴。及太祖与约交马语，行在其后，太祖望谓行曰：‘当念作孝子。’及超等破走，行随约还金城。太祖闻行前意，故但诛约子孙在京师者。乃手书与行曰：‘观文约所为，使人笑来。吾前后与之书，无所不说，如此何可复忍！卿父谏议，自平安也。虽然，牢狱之中，非养亲之处，且又官家亦不能久为人养老也。’约闻行父独在，欲使并遇害，以一其心，乃强以少女妻行，行不获已。太祖果疑行。会约使行别领西平郡，遂勒其部曲，与约相攻击。行不胜，乃将家人东诣太祖。太祖表拜列侯。”

酒泉苏衡反,与羌豪邻戴及丁令[1]胡万余骑攻边县。既与夏侯儒击破之,衡及邻戴等皆降。遂上疏请与儒治左城,筑障塞[2],置烽候[3]、邸阁以备胡[1]。西羌恐,率众二万余落降。其后西平麹光等杀其郡守,诸将欲击之,既曰:"唯光等造反,郡人未必悉同。若便以军临之,吏民羌胡必谓国家不别是非,更使皆相持著,此为虎傅翼也。光等欲以羌胡为援,今先使羌胡钞击,重其赏募,所虏获者皆以畀之。外沮其势,内离其交,必不战而定。"乃檄告谕诸羌,为光等所诖误[4]者原之;能斩贼帅送首者当加封赏。于是光部党斩送光首,其余咸安堵[5]如故。

酒泉郡人苏衡叛乱,与羌族首领邻戴以及丁令胡人一万多名骑兵进攻边境各县。张既与夏侯儒攻击并击败了他们,苏衡、邻戴等都投降了。张既于是上疏请求与夏侯儒兴建左城,修筑边境要塞,设置烽火台和军需仓库来防备胡人。西羌为此恐慌,率领两万多人投降。后来西平人麹光等人杀掉他们的郡守,张既部下要去攻打他们,张既说:"造反的只有麹光等人,郡中的百姓未必都跟随他们造反。如果这样就派军队前往,当地的官吏百姓、羌人和胡人一定会说国家不分辨是非对错,更会让他们相互联合支持,这是为虎添翼。麹光等人想让羌人、胡人援助他们,现在我们先派羌人、胡人迂回攻打他们,用重金招募奖赏,俘虏和缴获所得也全送给羌人、胡人。从外面阻止他们的势力发展,从内部离间他们的同盟,一定能不战而胜,平定他们。"于是便发布檄文通告各部落的羌人,凡是被麹光等人连累的一律免罪,将贼寇头领杀死送来首级的会有封赏。于是麹光的部下杀死了他并送来首级,其余各部落都和过去一样安居下来。

今注　1 丁令:亦作丁灵、丁零。秦汉时的北方少数民族部落。　2 障塞:指边塞险要处用于防御的小城,是边城的哨所。　3 烽候:烽火台。　4 诖(guà)误:连累。　5 安堵:相安,安居。

裴注　[1]《魏略》曰:"儒,字俊林,夏侯尚从弟。初为鄢陵侯彰骁骑司马,宣王为征南将军,都督荆、豫州。正始二年,朱然围樊城,城中守将乙修等求救甚急。儒进屯邓塞。以兵少不敢进,但作鼓吹,设导从,去然六七里,翱翔而还,使修等遥见之,数数如是。月余,及太傅到,乃俱进,然等走。时谓儒为怯,或以为晓以少疑众,得声救之宜。儒犹以此召还,为太仆。"

既临二州十余年,政惠著闻,其所礼辟扶风庞延、天水杨阜、安定胡遵、酒泉庞淯、燉煌张恭、周生烈等,终皆有名位[1]。黄初四年薨。诏曰:"昔荀桓子[1]立勋翟土,晋侯赏以千室之邑;冯异[2]输力汉朝,光武封其二子。故凉州刺史张既,能容民畜众,使群羌归土,可谓国之良臣。不幸薨陨,朕甚愍之,其赐小子翁归爵关内侯。"

明帝即位,追谥曰肃侯。子缉嗣。缉以中书郎稍迁东莞太守。嘉平中,

张既治理雍、凉二州十多年,施政惠民,很有名声,他依礼征召的扶风人庞延、天水人杨阜、安定人胡遵、酒泉人庞淯、燉煌人张恭、周生烈等,到最后都有名望官位。黄初四年(223)张既去世。皇帝下诏说:"当年荀桓子在翟土建立功勋,晋侯赏给他千户的食邑,冯异为汉朝效力,光武帝赐封他的两个儿子。原凉州刺史张既,能够收容养育民众,使各部羌人归附内地,可以说是国家的良臣。他不幸去世,我很痛惜,赐给他小儿子张翁归关内侯的爵位。"

明帝即位,追谥张既为肃侯,由他的儿子张缉继承爵位。张缉从中书郎逐步升迁至东莞太守。嘉平年间,他的

女为皇后，征拜光禄大夫，位特进，妻向为安城乡君。缉与中书令李丰同谋，诛。语在《夏侯玄传》[2]。

女儿做了皇后，他被拜为光禄大夫，赐位特进，他的妻子向氏也被封为安城乡君。后来张缉与中书令李丰同谋造反，被处死。事情记载在《夏侯玄传》中。

今注 1 荀桓子：指荀林父，是春秋时期晋国的中军将，他曾率军攻破赤狄潞氏（今山西长治潞城区东北），被晋景公赏赐“狄臣千室”。 2 冯异：东汉开国将领，战功卓著，两个儿子皆封侯。

裴注 [1]《魏略》曰：“初，既为郡小吏，功曹徐英尝自鞭既三十。英，字伯济，冯翊著姓，建安初为蒲阪令。英性刚爽，自见族氏胜既，于乡里名行在前，加以前辱既，虽知既贵显，终不肯求于既。既虽得志，亦不顾计本原，犹欲与英和。尝因醉欲亲狎英，英故抗意不纳。英由此遂不复进用。故时人善既不挟旧怨，而壮英之不挠。” [2]《魏略》曰：“缉，字敬仲，太和中为温令，名有治能。会诸葛亮出，缉上便宜，诏以问中书令孙资，资以为有筹略，遂召拜骑都尉，遣参征蜀军。军罢，入为尚书郎，以称职为明帝所识。帝以为缉之材能，多所堪任，试呼相工相之。相者云：‘不过二千石。’帝曰：‘何材如是而位止二千石乎？’及在东莞，领兵数千人。缉性吝于财而矜于势，一旦以女征去郡，还坐里舍，悒悒躁扰。数为国家陈击吴、蜀形势，又尝对司马大将军料诸葛恪虽得胜于边土，见诛不久。大将军问其故，缉云：‘威震其主，功盖一国，欲不死，可得乎？’及恪从合肥还，吴果杀之。大将军闻恪死，谓众人曰：‘诸葛恪多辈耳！近张敬仲县论恪，以为必见杀，今果然。如此，敬仲之智为胜恪也。’缉与李丰通家，又居相侧近。丰时取急出，子藐往见之，有所咨道。丰被收，事与缉连，遂收送廷尉，赐死狱中，其诸子皆并诛。缉孙殷，晋永兴中为梁州刺史，见《晋书》。”

温恢

原文

温恢，字曼基，太原祁人也。父恕，为涿郡太守，卒。恢年十五，送丧还归乡里，内足于财。恢曰："世方乱，安以富为？"一朝尽散，振[1]施宗族。州里高之，比之郇越[2]。

举孝廉，为廪丘长，鄢陵、广川令，彭城、鲁相，所在见称。

入为丞相主簿，出为扬州刺史。太祖曰："甚欲使卿在亲近，顾以为不如此州事大。故《书》云：'股肱良哉！庶事康哉！'得无当得蒋济为治中[3]邪？"时济见为丹阳太守，乃遣济还州。又语张辽、乐进等曰："扬州刺史晓达军事，动静与共咨议。"

译文

温恢，字曼基，是太原祁县人。父亲温恕，任涿郡太守，后来去世。温恢当年十五岁，送父丧回乡，家里财产富足。温恢说："世间正有大乱，怎么能够以富裕为满足呢？"很快将家财全部散发，用来救济布施宗族里的人。州里人认为他品德高尚，把他和郇越相比。

温恢被推举为孝廉，做过廪丘县长，鄢陵、广川县的县令，彭城、鲁国的相，所到之处都有赞誉。

他入朝担任丞相府主簿，出任扬州刺史。太祖对他说："我很想让你在我身边，考虑后又认为扬州的事情更为重要。因此《尚书》上说：'股肱之臣贤良，那么诸事都会安宁！'莫非还应该让蒋济来担任治中吗？"当时蒋济正任丹阳太守，就调他回到扬州。太祖又对张辽、乐进等人说："扬州刺史通晓擅长军事，你们有什么行动要和他共同商议。"

今注 1 振："赈"的本字，救济。 2 郇越：字臣仲，西汉时太原郡人，被推举为孝廉，多次托病去官。并分散家产给九族、州里，以德行著称于当时。 3 治中：官名，全称治中从事史，亦称治中从事，为州刺史的助理，主管文书案卷。

建安二十四年，孙权攻合肥，是时诸州皆屯戍。恢谓兖州刺史裴潜曰："此间虽有贼，不足忧，而畏征南方有变。今水生，而子孝县[1]军，无有远备。关羽骁锐，乘利而进，必将为患。"于是有樊城之事[2]。诏书召潜及豫州刺史吕贡等，潜等缓之。恢密语潜曰："此必襄阳之急[3]欲赴之也。所以不为急会[4]者，不欲惊动远众。一二日必有密书促卿进道，张辽等又将被召。辽等素知王意，后召前至，卿受其责矣！"潜受其言，置辎重，更为轻装速发，果被促令。辽等寻各见召，如恢所策。

建安二十四年(219)，孙权统兵攻打合肥。那时各州都屯兵守卫。温恢对兖州刺史裴潜说："这里虽然有贼人，但还不足忧虑，我害怕的是征南将军那里情况有变。现在雨季到来江水暴涨，而曹仁成了孤军，没有做长期的防备。关羽骁勇精强，借着有利时机进攻，一定会造成祸患。"于是有了樊城失守的事情。朝廷下诏书征召裴潜以及豫州刺史吕贡等人，裴潜等人拖延出发的时间。温恢私下悄悄地对裴潜说："这一定是襄阳形势危急，想要让你们赶去支援襄阳。之所以没有急着征召你们，是因为朝廷不愿惊动远处的部队。一两天内一定会有秘密文书催你上路，张辽等人也会被召去援助。张辽等人一向知道魏王的心思，到时候他们后奉召而先赶到，你可要受责罚了！"裴潜听从了温恢的话，放弃车马物资，让部下改换轻装迅速出发，后来果然被命令催促出发，张辽等人接着也分别被征召，和温恢所预料的一样。

今注　1 县：同“悬”。　2 樊城之事：指关羽围攻樊城生俘曹魏大将于禁之事。　3 襄阳之急：建安二十四年(219)八月，关羽攻陷樊城后，又遣别将，包围襄阳，魏荆州刺史等人投降。　4 急会：紧急会合。这里指下达紧急调军命令。

文帝践阼，以恢为侍中，出为魏郡太守。数年，迁凉州刺史，持节领护羌校尉。道病卒，时年四十五。诏曰：“恢有柱石[1]之质，服事先帝，功勤明著。及为朕执事[2]，忠于王室，故授之以万里之任[3]，任之以一方之事。如何不遂，吾其愍之！”赐恢子生爵关内侯。生早卒，爵绝。恢卒后，汝南孟建为凉州刺史，有治名，官至征东将军[1]。

文帝登基，任命温恢为侍中，让他出任魏郡太守。过了几年，升任凉州刺史，持节兼任护羌校尉。温恢在赴任途中病死，时年四十五岁。文帝下诏说：“温恢有如同国家柱石担负国家重任的资质，他事奉先帝，功劳勤苦显著，在为我处理事务的时候，尽忠于王室，所以任命他远在万里之外的职务，将一方大事全权交给他，这份心意竟然不能实现，我非常痛惜！”文帝赐他儿子温生关内侯爵位，温生早死，爵位无人继承。温恢去世以后，汝南人孟建担任凉州刺史，治理地方很有政绩名声，官至征东将军。

今注　1 柱石：如柱支梁，如石承柱，比喻担当国家重任的人。　2 执事：承担服务。此指温恢曾任侍中。　3 万里之任：指州刺史或州牧的职务。当时常以万里指一州之地，千里指一郡之地，百里指一县之地。

裴注　[1]《魏略》曰：“建，字公威，少与诸葛亮俱游学。亮后出祁山，答司马宣王书，使杜子绪宣意于公威也。”

贾逵

原文

贾逵，字梁道，河东襄陵人也。自为儿童，戏弄常设部伍，祖父习异之，曰："汝大必为将率[1]。"口授兵法数万言[1]。

初为郡吏，守绛邑[2]长。郭援之攻河东，所经城邑皆下，逵坚守，援攻之不拔，乃召单于并军急攻之。城将溃，绛父老与援要，不害逵。绛人既溃，援闻逵名，欲使为将，以兵劫之，逵不动。左右引逵使叩头，逵叱之曰："安有国家长吏为贼叩头！"援怒，将斩之。绛吏民闻将杀逵，皆乘城呼曰："负要[3]杀我贤君，宁俱死耳！"左右义逵，多为请，遂得免[2]。初，逵过皮氏，曰："争地[4]先据者胜。"

译文

贾逵，字梁道，河东郡襄陵县人。从他还是个孩子起，做游戏时就经常设置军队打仗，他的祖父贾习对此感到惊异，说："你长大了一定会成为将帅。"口授他好几万字的兵法。

贾逵起初担任郡吏，代理绛邑的长官。郭援攻打河东郡的时候，所经过的城邑都被攻破，只有贾逵据城坚守，郭援攻打很长时间都没有攻克，就招来单于的部队一起猛烈攻击。在城邑将要被攻破的时候，城中父老与郭援约定，不得杀害贾逵。绛邑的人兵败以后，郭援听说了贾逵的名声，想让他当自己的部将，派兵把他劫来，贾逵不肯动摇。郭援部下按住贾逵让他给郭援叩头，贾逵叱骂说："哪里有国家长吏对强盗叩头的！"郭援大怒，要杀了他。绛邑的官吏百姓听说要杀贾逵，都登上城墙大声呼喊说："背信弃义杀死我们贤良的长官，我们宁愿一起去死！"郭援的部下认为贾逵是义士，很多人为他求情，贾逵这才得以幸免。之前，贾逵路过皮氏，说："两军作战，先占据有利的地

及围急，知不免，乃使人间行[5]送印绶归郡，且曰：“急据皮氏。”援既并绛众，将进兵。逵恐其先得皮氏，乃以他计疑援谋人祝奥，援由是留七日。郡从逵言，故得无败[3]。

形得胜。”等到郭援包围绛邑，形势危急的时候，贾逵知道绛邑无法避免被攻破的下场，就派人抄小路把印绶送回河东郡，并传消息说：“赶快占领皮氏。”郭援吞并了绛邑的军队，将要进军。贾逵怕他先攻占皮氏，就用别的计策扰乱郭援的谋士祝奥，郭援因此在绛邑停留了七天。河东郡郡守听从了贾逵的劝告，所以没被击败。

今注　1 率：同“帅”。　2 绛邑：在今山西侯马西。一说在今山西翼城东南。　3 负要：违背约定。　4 争地：指战争双方必然争夺的险要之地。　5 间行：秘密地行走。

裴注　[1]《魏略》曰：“逵世为著姓，少孤，家贫，冬常无绔，过其妻兄柳孚宿，其明无何，著孚绔去，故时人谓之通健。”　[2]《魏略》曰：“援捕得逵，逵不肯拜，谓援曰：‘王府君临郡积年，不知足下曷为者也？’援怒曰：‘促斩之。’诸将覆护，乃囚于壶关，闭著土窖中，以车轮盖上，使人固守。方将杀之，逵从窖中谓守者曰：‘此间无健儿邪，而当使义士死此中乎？’时有祝公道者，与逵非故人，而适闻其言，怜其守正危厄，乃夜盗往引出，折械遣去，不语其姓名。”　[3]《孙资别传》曰：“资举河东计吏，到许，荐于相府曰：‘逵在绛邑，帅厉吏民，与贼郭援交战，力尽而败，为贼所俘，挺然直志，颜辞不屈；忠言闻于大众，烈节显于当时，虽古之直发据鼎，罔以加也。其才兼文武，诚时之利用。’”《魏略》曰：“郭援破后，逵乃知前出己者为祝公道。公道，河南人也。后坐他事，当伏法。逵救之，力不能解，为之改服焉。”

后举茂才，除渑池[1]令。高幹之反，张琰将举兵以应之。逵不知其谋，往见琰。闻变起，欲还，恐见执，乃为琰画计，如与同谋者，琰信之。时县寄治蠡城[2]，城堑不固，逵从琰求兵修城。诸欲为乱者皆不隐其谋，故逵得尽诛之，遂修城拒琰。琰败，逵以丧祖父去官，司徒辟为掾，以议郎参司隶军事。

后来贾逵被推举为茂才，任渑池县令。高幹谋反，张琰要起兵响应他，贾逵不知张琰的阴谋，前去见他。贾逵听说发生了叛乱，想回本县，担心被扣留，就替张琰出谋划策，表现得像是与他同谋的人，张琰相信了他。当时渑池县暂时将治所寄设在蠡城，城墙和壕沟都不坚固，贾逵请求让他带兵去修治城防，城中想要叛乱的人都不隐瞒他们的阴谋，所以贾逵能够把他们全部杀死，之后修城抵抗张琰。张琰失败后，贾逵因为祖父去世而离官，后来司徒府征召他为掾属，以议郎职位参与司隶校尉军事。

今注　1 渑池：在今河南渑池西。　2 蠡(lǐ)城：在今河南洛宁。

太祖征马超，至弘农，曰："此西道之要。"以逵领弘农太守。召见计事，大悦之，谓左右曰："使天下二千石悉如贾逵，吾何忧？"其后发兵，逵疑屯田都尉藏亡民，都尉自以不属郡，言语不顺。逵怒，收之，数以罪，挝[1]折脚，

太祖征讨马超，到达弘农郡，说："这是向西道路的关键之地。"让贾逵兼领弘农太守。太祖召见他商议大事，为他的能力感到很高兴，对身边的人说："如果天下的二千石官吏都能像贾逵一样，那我还担忧什么呢？"之后军队出发，贾逵怀疑屯田都尉藏匿逃亡的百姓，屯田都尉仗着自己不归郡守管辖，言辞不恭顺。贾逵大怒，扣押了他并

坐免。然太祖心善逵,以为丞相主簿[1]。太祖征刘备,先遣逵至斜谷观形势。道逢水衡[2],载囚人数十车,逵以军事急,辄竟重者一人,皆放其余。太祖善之,拜谏议大夫,与夏侯尚并掌军计。太祖崩洛阳,逵典丧事[2]。时鄢陵侯彰行越骑将军,从长安来赴,问逵先王玺绶所在。逵正色曰:"太子在邺,国有储副。先王玺绶,非君侯所宜问也。"遂奉梓宫[3]还邺。

一一列举他的罪过,将他的脚打断。因此犯法被免官。但太祖心里对贾逵有好感,任命他为丞相府主簿。太祖征讨刘备,先派贾逵去斜谷观察形势。路上遇到水衡官押解几十车犯人,贾逵认为军事紧急,就让水衡官只把一名重犯押走,其余的都释放了。太祖赞许他的做法,任命他为谏议大夫,与夏侯尚一起掌管军事谋划。太祖在洛阳去世,贾逵主持丧事,当时鄢陵侯曹彰代理越骑将军职务,从长安赶来,询问贾逵先王的玉玺印绶在什么地方。贾逵神情严肃地说:"太子在邺城,国家已有储君,先王的玺绶,不是你应当过问的。"于是就护送太祖的棺材回邺城。

今注　1 挝(zhuā):击,打。　2 水衡:水衡都尉,当时主管铸钱,兼管皇室财政。　3 梓宫:古代帝王、皇后以梓木制作的棺椁。

裴注　[1]《魏略》曰:"太祖欲征吴而大霖雨,三军多不愿行。太祖知其然,恐外有谏者,教曰:'今孤戒严,未知所之,有谏者,死。'逵受教,谓其同寮三主簿曰:'今实不可出,而教如此,不可不谏也。'乃建谏草以示三人,三人不获已,皆署名,入白事。太祖怒,收逵等。当送狱,取造意者,逵即言'我造意',遂走诣狱。狱吏以逵主簿也,不即著械。谓狱吏曰:'促械我。尊者且疑我在近职,求缓于卿,今将遣人来察我。'逵著械适讫,而太祖果遣家中人就狱视逵。既而教曰:'逵无恶意,原复其职。'始,逵为诸生，略览大义，取其可用。最好《春秋左传》，及为牧守，常自课读之，月常一遍。逵前在弘农，与典农校尉争公事，不得理，乃发愤生瘿，后所病稍大，自启愿欲令医割之。太祖惜逵忠，恐其不活，教谢主簿'吾闻"十人割瘿九人死"'。逵犹行其意，而瘿愈大。逵本名衢，后改为逵。" [2]《魏略》曰："时太子在邺，鄢陵侯未到，士民颇苦劳役，又有疾疠，于是军中骚动。群寮恐天下有变，欲不发丧。逵建议为不可秘，乃发哀，令内外皆入临，临讫，各安叙不得动。而青州军擅击鼓相引去。众人以为宜禁止之，不从者讨之。逵以为'方大丧在殡，嗣王未立，宜因而抚之'。乃为作长檄，告所在给其廪食。"

文帝即王位，以邺县户数万在都下，多不法，乃以逵为邺令。月余，迁魏郡太守[1]。大军出征，复为丞相主簿祭酒1。逵尝坐人为罪，王曰："叔向犹十世宥之2，况逵功德亲在其身乎？"从至黎阳，津渡者乱行，逵斩之，乃整。至谯，以逵为豫州刺史[2]。是时天下初复，州郡多不摄。逵曰："州本以御史出监诸郡，以六条诏书察长吏二千石已下，故其状皆言严能鹰扬有督察之才，不言安静宽

文帝即魏王位后，因为邺县的几万户人在都城居住，很多人不守法令，就命令贾逵为邺城县令。一个多月以后，升任为魏郡太守。大军出征时，贾逵再次担任丞相府主簿祭酒。贾逵曾受牵连获罪，魏王知道后说："晋国大夫叔向那样的大臣，他后代十世子孙的过错还能被原谅，何况贾逵自己建立了功德呢？"贾逵随曹丕到黎阳，过河的人秩序混乱，贾逵杀了这些人，于是秩序得到整顿。到达谯郡，曹丕任命贾逵为豫州刺史。那时国家刚刚恢复安定，州郡大多不听管束。贾逵说："州原来是以御史出外监督各郡，依据六条诏书监察长吏食禄二千石及以下官员的，所以他们的委任状上都写着严厉能干如老鹰一样威武，有监

仁,有恺悌[3]之德也。今长吏慢法,盗贼公行,州知而不纠,天下复何取正乎?”兵曹从事受前刺史假,逵到官数月,乃还;考竟其二千石以下阿纵不如法者,皆举奏免之。帝曰:“逵真刺史矣。”布告天下,当以豫州为法。赐爵关内侯。

督检察的才能,不说他们安静宽厚仁爱,有和蔼可亲的品德。现在长吏轻慢法令,盗贼公然进行活动,州里知道却不纠正,天下又怎么来用作典范呢?”兵曹从事得到前任刺史的批准休假,贾逵到任几个月才回来。贾逵刑讯食禄二千石以下官员中偏私放纵不守法规的人,上奏朝廷都免去了他们的职务。文帝说:“贾逵是真正的刺史啊。”就通告天下各州都以豫州为效法榜样,赐贾逵关内侯爵位。

今注 1 主簿祭酒:丞相府属官,以资深主簿充任,检查记录相府各类事务,管理主簿。 2 叔向犹十世宥之:指春秋时晋国大夫范宣子杀叔向之弟羊舌虎并囚禁了叔向(羊舌肸)。祁奚向范宣子求情,认为叔向有安定国家的大功,即使下十世子孙犯罪,也要宽恕。 3 恺悌:态度和蔼,容易亲近。

裴注 [1]《魏略》曰:“初,魏郡官属颇以公事期会,有所急切,会闻逵当为郡,举府皆诣县门外。及迁书到,逵出门,而郡官属悉当门,谒逵于车下。逵抵掌曰:‘诣治所,何宜如是!’” [2]《魏略》曰:“逵为豫州。逵进曰:‘臣守天门,出入六年,天门始开,而臣在外。唯殿下为兆民计,无违天人之望。’”

州南与吴接,逵明斥候[1],缮甲兵,为守战之备,贼不敢犯。外修军旅,

豫州南面与吴国接壤,贾逵选拔敏锐的侦察人员,修整铠甲武器,为防守和作战做了准备,敌人不敢进攻。贾逵

内治民事，遏鄢、汝，造新陂，又断山溜[2]长溪水，造小弋阳陂[3]，又通运渠二百余里，所谓贾侯渠者也。黄初中，与诸将并征吴，破吕范于洞浦，进封阳里亭侯，加建威将军。

在外训练军队，在内治理民事，遏阻鄢水、汝水，修造新池蓄水，又截断山间的流水，引接溪水，修建了小弋阳陂，又修通了二百多里长的运河，这就是人们所说的贾侯渠。黄初年间，贾逵与各将领一起征伐吴国，在洞浦击败吕范，贾逵进封为阳里亭侯，加官建威将军。

今注 **1** 斥候：侦察敌情的士兵。 **2** 山溜：山间向下倾注的细小水流。**3** 小弋阳陂：在今河南潢川。

明帝即位，增邑二百户，并前四百户。时孙权在东关[1]，当豫州南，去江四百余里。每出兵为寇，辄西从江夏，东从庐江。国家征伐，亦由淮、沔。是时州军在项[2]，汝南、弋阳诸郡，守境而已。权无北方之虞，东西有急，并军相救，故常少败。逵以为宜开直道临江，若权自守，则二方[3]无救；若二方无救，则东关可取。乃移屯潦口，陈攻取之计，帝善之。

明帝即位，给贾逵增加二百户食邑，连同从前的一共四百户。当时孙权在东关，正在豫州的南面，离长江四百多里，他每次出兵侵扰，总是西面从江夏打进来、东面从庐江打过来。魏国征伐吴国，也从淮河、沔水进军。那时豫州的军队驻扎在项城，汝南、弋阳各郡，只能守卫边境而已。孙权没有来自北面的威胁，东边或西边出现危急，就全军一起援救，所以很少被打败。贾逵认为应该开通到江边的直路，如果孙权军队原地防守，那么东西两边就没有救援；如果东西两边没有援助，就可以夺取东关。于是贾逵移兵驻扎潦口，陈述进攻占领东关的计划，得到明帝赞同。

今注　1 东关:关隘名,故址在今安徽含山西南濡须山上。　2 项:项城,当时豫州治所,在今河南项城。　3 二方:谓江夏、庐江。

吴将张婴、王崇率众降。太和二年,帝使逵督前将军满宠、东莞太守胡质等四军,从西阳[1]直向东关,曹休从皖,司马宣王从江陵。逵至五将山[2],休更表贼有请降者,求深入应之。诏宣王驻军,逵东与休合进。逵度贼无东关之备,必并军于皖;休深入与贼战,必败。乃部署诸将,水陆并进,行二百里,得生贼[3],言休战败,权遣兵断夹石[4]。诸将不知所出,或欲待后军。逵曰:"休兵败于外,路绝于内,进不能战,退不得还,安危之机,不及终日。贼以军无后继,故至此;今疾进,出其不意,此所谓先人以夺其心也,贼见吾兵

吴国将领张婴、王崇率领部下向魏国投降。太和二年(228),明帝命贾逵总督前将军满宠、东莞太守胡质等四路军队,从西阳出发直接向东关进军,同时派曹休从皖、司马懿从江陵进军。贾逵到达五将山,曹休又上表说敌人有请求投降的,要求深入敌境去接应他们。朝廷命令司马宣王驻扎原地,贾逵向东会合曹休后一起进军。贾逵估计吴军在东关没有防备,就一定会在皖县聚集,曹休如果深入同敌军作战,必然失败。于是他调遣各将,水陆两路一齐进军,走了二百里,擒获敌人,说曹休被打败,孙权派兵截断了夹石,诸将不知如何出兵,有的人想等待后面的援军。贾逵说:"曹休兵败在夹石口外,出路断绝在口内,我们前进不能和敌人作战,后退又退不回来,这正是影响安危的关键时刻,不能等到一天结束。敌人认为我军没有后备部队,所以都到这里;现在我们迅速进军,出其不意,这就是所谓快敌人一步来震慑敌人,敌人见我军出现一定会逃跑。如果等待

必走。若待后军,贼已断险,兵虽多何益!”乃兼道进军,多设旗鼓为疑兵,贼见逵军,遂退。逵据夹石,以兵粮给休,休军乃振。初,逵与休不善。黄初中,文帝欲假逵节,休曰:“逵性刚,素侮易诸将,不可为督。”帝乃止。及夹石之败,微逵,休军几无救也[1]。

后面的援军,敌人已经据险截断道路,军队虽多又有什么用!”于是下令倍速进军,多设置旗帜战鼓迷惑敌军,敌人发现贾逵的军队就撤退了。贾逵占据了夹石,以军粮补给曹休,曹休军队才声势复振。起初,贾逵与曹休不和。黄初年间,文帝想授予贾逵节杖,曹休说:“贾逵性格刚强,一向轻视侮辱诸将,不能让他做都督。”文帝就中止了这件事。到了这次夹石兵败时,如果没有贾逵,曹休的部队几乎无法获救了。

今注 1 西阳:在今河南光山西。 2 五将山:在今陕西岐山东北,与麟游县接界。此处五将山似另有所指。 3 生贼:俘虏。 4 夹石:即北硖山。在今安徽桐城北,与舒城接界。

裴注 [1]《魏略》曰:“休怨逵进迟,乃呵责逵,遂使主者敕豫州刺史往拾弃仗。逵恃心直,谓休曰:‘本为国家作豫州刺史,不来相为拾弃仗也。’乃引军还。遂与休更相表奏,朝廷虽知逵直,犹以休为宗室,任重,两无所非也。”《魏书》云:“休犹挟前意,欲以后期罪逵,逵终无言,时人益以此多逵。”习凿齿曰:“夫贤人者,外身虚己,内以下物,嫌忌之名,何由而生乎?有嫌忌之名者,必与物为对,存胜负于己身者也。若以其私憾败国殄民,彼虽倾覆,于我何利?我苟无利,乘之曷为?以是称说,臧获之心耳。今忍其私忿而急彼之忧,冒难犯危而免之于害,使功显于明君,惠施于百姓,身登于君子之涂,义愧于敌人之心,虽豺虎犹将不觉所复,而况于曹休乎?然则济彼之危,所以成我之胜,不计宿憾,所以服彼之心,公义既成，私利亦弘，可谓善争矣。在于未能忘胜之流，不由于此而能济胜者，未之有也。”

会病笃。谓左右曰：“受国厚恩，恨不斩孙权以下见先帝。丧事一不得有所修作[1]。”薨，谥曰肃侯[1]。子充嗣。豫州吏民追思之，为刻石立祠。青龙中，帝东征，乘辇入逵祠，诏曰：“昨过项，见贾逵碑像，念之怆然。古人有言，患名之不立，不患年之不长。逵存有忠勋，没而见思，可谓死而不朽者矣。其布告天下，以劝将来[2]。”充，咸熙中为中护军[3]。

恰逢贾逵病重，他对身边人说：“我受国家的厚恩，只恨不能斩杀孙权去黄泉下见先帝。我的丧事一概不能兴办。”贾逵去世后，被谥为肃侯。他的儿子贾充继承爵位。豫州的官吏百姓追念贾逵，为他刻碑立像、建立祠堂。青龙年间，魏明帝东征吴国，乘车进入贾逵祠堂，下诏说：“昨天经过项城，看到贾逵的墓碑石像，悲痛地怀念他。古人曾说，人担心自己不能建立名声，不担心自己寿命不长。贾逵的忠诚和功绩至今还在，死后受到人们的思念，可说是虽死而不朽的人了。把他的事迹宣告全国，来勉励将来的人。”贾充于咸熙年间担任中护军。

今注　1 修作：兴办。

裴注　[1]《魏书》曰：“逵时年五十五。”　[2]《魏略》曰：“甘露二年，车驾东征，屯项，复入逵祠下，诏曰：‘逵没有遗爱，历世见祀。追闻风烈，朕甚嘉之。昔先帝东征，亦幸于此，亲发德音，褒扬逵美，徘徊之心，益有慨然！夫礼贤之义，或扫其坟墓，或修其门闾，所以崇敬也。其扫除祠堂，有穿漏者补治之。’”　[3]《晋诸公赞》曰：“充，字公闾，甘露中为大将军长史。高贵乡公之难,司马文王赖充以免。为晋室元功之臣,位至太宰,封鲁公。谥曰武公。"《魏略列传》以逵及李孚、杨沛三人为一卷,今列孚、沛二人继逵后耳。孚,字子宪,巨鹿人也。兴平中,本郡人民饥困。孚为诸生,当种薤,欲以成计。有从索者,亦不与一茎,亦不自食,故时人谓能行意。后为吏。建安中,袁尚领冀州,以孚为主簿。后尚与其兄谭争斗,尚出军诣平原,留别驾审配守邺城,孚随尚行。会太祖围邺,尚还欲救邺。行未到,尚疑邺中守备少,复欲令配知外动止,与孚议所遣。孚答尚言:"今使小人往,恐不足以知外内,且恐不能自达。孚请自往。"尚问孚:"当何所得?"孚曰:"闻邺围甚坚,多人则觉,以为直当将三骑足矣。"尚从其计。孚自选温信者三人,不语所之,皆敕使具脯粮,不得持兵仗,各给快马。遂辞尚来南,所在止亭传。及到梁淇,使从者斫问事杖三十枚,系著马边,自著平上帻,将三骑,投暮诣邺下。是时大将军虽有禁令,而刍牧者多。故孚因此夜到,以鼓一中,自称都督,历北围,循表而东,从东围表,又循围而南,步步呵责守围将士,随轻重行其罚。遂历太祖营前,径南过,从南围角西折,当章门,复责怒守围者,收缚之。因开其围,驰到城下,呼城上人,城上人以绳引,孚得入。配等见孚,悲喜,鼓噪称万岁。守围者以状闻,太祖笑曰:"此非徒得入也,方且复得出。"孚事讫,欲得还,而顾外围必急,不可复冒。谓己使命当速反,乃阴心计,请配曰:"今城中谷少,无用老弱为也,不如驱出之以省谷也。"配从其计,乃复夜简别数千人,皆使持白幡,从三门并出降。又使人人持火,孚乃无何将本所从作降人服,随辈夜出。时守围将士,闻城中悉降,火光照曜。但共观火,不复视围。孚出北门,遂从西北角突围得去。其明,太祖闻孚已得出,抵掌笑曰:"果如吾言也。"孚北见尚,尚甚欢喜。会尚不能救邺,破走至中山,而袁谭又追击尚,尚走。孚与尚相失,遂诣谭,复为谭主簿,东还平原。太祖进攻谭,谭战死。孚还城,城中虽必降,尚扰乱未安。孚权宜欲得见太祖,乃骑诣牙门,称冀州主簿李孚欲口白密事。太祖见之,孚叩头谢。太祖问其所白,孚言"今城中强弱相陵,心皆不定",以为"宜令新降为内所识信者宣传明教"。公谓孚曰:"卿便还宣之。"孚跪请教,公曰:"便以卿意宣也。"孚还入城,宣教"各安故业,不得相侵陵"。城中以安,乃还报命,公以孚为良足用也。会为所间,裁署冗散。出守解长,名为严能。稍迁至司隶校尉,时年七十余矣,其于精断无衰,而术略不损于故。终于阳平太守。孚本姓冯,后改为李。杨沛,字孔渠,冯翊万年人也。初平中,为公府令史,以牒除为新郑长。兴平末,人多饥穷,沛课民益蓄干椹,收豋豆,阅其有余以补不足,如此积得千余斛,藏在小仓。会太祖为兖州刺史,西迎天子,所将千余人皆无粮。过新郑,沛谒见,乃皆进干椹。太祖甚喜。及太祖辅政,迁沛为长社令。时曹洪宾客在县界,征调不肯如法,沛先挝折其脚,遂杀之。由此太祖以为能。累迁九江、东平、乐安太守,并有治迹。坐与督军争斗,髡刑五岁。输作未竟,会太祖出征在谯,闻邺下颇不奉科禁,乃发教:"选邺令,当得严能如杨沛比。"故沛从徒中起为邺令。已拜,太祖见之,问曰:"以何治邺?"沛曰:"竭尽心力,奉宣科法。"太祖曰:"善。"顾谓坐席曰:"诸君,此可畏也。"赐其生口十人,绢百匹,既欲以励之,且以报干椹也。沛辞去,未到邺,而军中豪右曹洪、刘勋等畏沛,各遣家驰骑告子弟,使各自检敕。沛为令数年,以功能转为护羌都尉。十六年,马超反,大军西讨,沛随军,都督孟津渡事。太祖已南过,其余未毕,而中黄门前渡,忘持行轩,私北还取之,从吏求小船,欲独先渡。吏呵不肯,黄门与吏争言。沛问黄门:"有疏邪?"黄门云:"无疏。"沛怒曰:"何知汝不欲逃邪?"遂使人捽其头,与杖欲捶之,而逸得去,衣帻皆裂坏,自诉于太祖。太祖曰:"汝不死为幸矣。"由是声名益振。及关中破,代张既领京兆尹。黄初中,儒雅并进,而沛本以事能见用,遂以议郎冗散里巷。沛前后宰历城守,不以私计介意,又不肯以事贵人,故身退之后,家无余积。治疾于家,借舍从儿,无他奴婢。后占河南夕阳亭部荒田二顷,起瓜牛庐,居止其中,其妻子冻饿。沛病亡,乡人亲友及故吏民为殡葬也。

评曰：自汉季[1]以来，刺史总统诸郡，赋政[2]于外，非若曩时司察之而已。太祖创基，迄终魏业，此皆其流称誉有名实者也。咸精达事机，威恩兼著，故能肃齐万里，见述于后也。

评论说：从汉朝末年以来，刺史总管各郡，对外颁布政令，不像以往只是掌管监察郡县而已。太祖创立基业，直到最终实现魏国大业，靠的都是美名流传，名实相符的那一类人。他们都精明通达处理事务的关键，威信与恩义并施颇著成效，所以能整治安定万里国土，被后人称述。

今注 1 汉季：汉末。 2 赋政：颁布政令或处理政务。

卷十六　魏书十六

任苏二杜郑仓传

导读　任峻为人宽厚有度且通晓事理。汉末战乱频繁，郡县的守令不堪其扰而欲弃逃。任峻认为当时人人对以董卓为首的乱贼深恶痛绝，只是不敢率先起兵反抗而已，于是劝说守令整备战士，备战出军。后来曹操大军途经中牟，任峻力主归顺，甚至召集宗族宾客数百人归附，于是得到曹操的信任。官渡对峙期间，任峻运输军器粮草有方，为曹军的胜利奠定坚实基础。任峻以诚信有义气著称，常常周济宗族内外的贫困者，对朋友的遗孤也尽力收养、抚恤。建安九年(204)任峻去世，曹操为此长久地落泪叹息，文帝即位后更是对任峻加以追谥并封其后嗣。

苏则年轻时便以文才和德行闻名，但他对三公等府衙的征辟都予以拒绝。出仕后，苏则主要在西北地区任职，历任酒泉、安定、武都等郡的太守，且在任时都留下威名。曹操去世后，西北麴演反复叛乱。苏则受命前往征讨。因为羌胡等少数民族和西北边郡叛军联合叛乱，时人都认为此事难以平定。苏则准确地看到叛军新合不团结的弱点，于是违诏而发兵，救武威，破张掖，最终成功平定河西。苏则为人耿直忠介，文帝受禅代汉时，苏则为此服丧痛哭。后来文帝想购买珠宝，苏则却以德为重进行劝谏。黄初四年(223)，苏则病逝于赴任途中，谥号为刚侯。

杜畿年幼时就成了孤儿，继母让他吃了很多苦，但他依旧孝顺有加。二十岁的时候，他出仕魏郡功曹，代理县令。当时县里羁押了几百人而相关案件却没有处理。杜畿对此亲自进行审理，并在判决后尽快释放了罪犯。建安年间，杜畿被荀彧举荐给曹操，转任西平太守。

官渡之战后，河东郡人卫固、范先与高幹密谋叛乱，为此阻挡转任河东太守的杜畿到任。杜畿为了减少战争对河东地区的伤害,于是不等朝廷援军的到来而孤身前往。到任后,杜畿利用征兵等一系列计谋,成功分化卫固等人的军事力量,并利用钱财和众人畏惧的心理,将郡内从恶的人逐渐分散。最终,杜畿收拢郡内力量和卫固对峙,并成功诛杀卫固及其党羽。杜畿以宽厚恩惠治郡,推崇教化。河东郡的风气发生了显著变化。韩遂、马超叛乱之后,与他们地域相连的河东地区没有响应。曹操在渭河两岸与敌军对峙时,军粮全靠河东支持,战后军粮甚至还有二十余万斛。文帝即位后,杜畿以尚书仆射身份留守理事。后来因督造御用楼船,杜畿在试船时因遇大风而覆没身亡。杜畿去世后,儿子杜恕继承了他的爵位。杜恕为人诚实质朴,不喜造作。在朝为官一心为公,不结私党,受侍中辛毗等人器重。

杜恕在朝任职八年,上疏言辞刚正,直言不讳,因此不受君王与上级喜爱而转任地方。杜恕主政只存大体,不拘细节。友人曾对他有所提醒,但未获重视。杜恕后来果然因为小事而受弹劾,被判死刑,因父亲杜畿的旧功才得以免死。

郑浑是东汉著名经学家郑兴、郑众的后人。汉末战乱时,郑浑弃袁术而投奔华歆,继而被曹操征辟。后来郑浑出任地方,劝勉农桑,鼓励生养,政绩斐然。曹操征讨汉中时,以郑浑为京兆尹。郑浑制定了移居法令,鼓励农业生产,使百姓休养生息、盗贼消弭。文帝即位后,郑浑转任阳平、沛郡等地太守。郑浑到任后,因地制宜,兴建陂塘,消除水患,百姓安居乐业,殷实富足。百姓将他的功绩刻石纪念,并将他主持修建的水利工程称为“郑陂”。郑浑一生为官清廉自律,就连自己的妻子儿女都不免受冻挨饿。

黄初末年,长安令仓慈为政廉明俭约,行事有方,治下百姓对他既畏惧又喜爱。太和年间,仓慈升任燉煌太守。当时西北经历了长久战乱,缺少太守二十年,而境内豪门大姓骄横跋扈,政府官员对此也不敢监管过问。仓慈到任后,抑制豪强、减免赋役、判决积案、轻省刑罚、保护贸易。数年之后,仓慈在任上去世,当地吏民和西域胡人都深为哀痛。

任峻

原文

任峻，字伯达，河南中牟[1]人也。汉末扰乱，关东皆震。中牟令杨原愁恐，欲弃官走。峻说原曰："董卓首乱，天下莫不侧目[2]，然而未有先发者，非无其心也，势未敢耳。明府若能唱[3]之，必有和[4]者。"原曰："为之奈何？"峻曰："今关东有十余县，能胜兵者不减[5]万人，若权行[6]河南尹事，总[7]而用之，无不济矣。"原从其计，以峻为主簿。峻乃为原表行尹事，使诸县坚守，遂发兵。

译文

任峻，字伯达，河南中牟人。汉代末年天下纷乱，关东地区都有所震动。中牟令杨原对此愁恼恐惧，想放弃官位逃走。任峻劝说杨原说："董卓首先作乱，天下人没有不仇视他的，但是没有人第一个站出来反对，这不是大家都没有这个想法，而是势力太弱不敢起兵罢了。您要是能首先站出来反对，一定会有响应您的人。"杨原说："那该怎么办呢？"任峻说："如今关东地区有十几个县，能够被征召为士兵的人不少于一万人，如果您暂时行使河南尹的职权，把招募的人聚集起来指挥他们，事情没有不成的。"杨原采纳了他的建议，任命任峻为主簿。于是任峻为杨原上表奏请代行河南尹，命各县坚守，然后派兵讨伐董卓。

今注 1 中牟：县名，在河南中部、黄河南岸。 2 侧目：斜目而视，形容愤恨。 3 唱：同"倡"，倡导。 4 和（hè）：和谐地跟着唱，引申为跟随、跟从。 5 不减：不次于，不少于。 6 权行：原意为审时度势，变通而行，引申为暂代、暂任。 7 总：聚合，聚在一起。

会太祖起关东，入中牟界，众不知所从，峻独与同郡张奋议，举郡以归太祖。峻又别收宗族及宾客家兵数百人，愿从太祖。太祖大悦，表峻为骑都尉，妻以从妹，甚见亲信。太祖每征伐，峻常居守以给军。是时岁饥旱，军食不足，羽林监[1]颍川枣祗建置屯田，太祖以峻为典农中郎将[2]，募百姓屯田于许下，得谷百万斛，郡国列置田官，数年中所在积粟，仓廪皆满。官渡之战，太祖使峻典军器粮运。贼数寇钞绝粮道，乃使千乘为一部，十道方行，为复阵以营卫之，贼不敢近。军国之饶，起于枣祗而成于峻[1]。太祖以峻功高，乃表封为都亭侯，邑三百户，迁长水校尉[3]。

恰好这时候太祖在关东起兵，并进入中牟界内，众人不知道跟从谁才好，任峻单独和同郡人张奋商议，要让全郡都归附太祖。任峻又另外招揽自己的同族和门下宾客及家兵数百人，愿意跟从太祖。太祖见此非常高兴，上表举荐任峻为骑都尉，把自己的堂妹嫁给他，对他非常亲近信任。太祖每次外出征讨，任峻常常留守为前方输送军需物资。当时干旱收成不好而发生饥荒，军队的粮草不够，羽林监颍川人枣祗建议设置屯田，太祖任命任峻为典农中郎将，招募百姓在许都附近屯田，收获百万斛粮食，后来在各个郡国设置屯田官，几年里屯田的地方到处积贮着粮食，仓库都装满了。官渡战役时，太祖命令任峻职掌军队的武器和粮食运输。敌人几次抢夺粮食和断绝曹军的粮道，任峻于是将一千辆粮车编为一队，排成十路并进的方阵，又派双重军阵护卫运粮队，敌人不敢靠近。军队和国家的富饶，是由枣祗开始谋划，而由任峻最终实现。太祖因为任峻功勋卓著，于是上表封他为都亭侯，食邑三百户，升任长水校尉。

今注 **1** 羽林监：掌宿卫送从。东汉设羽林左监、羽林右监。 **2** 典农中郎将：汉末曹操设此官，掌管屯田区的农业生产、民政和田租等，职权相当于太守。 **3** 长水校尉：三国时掌宿卫禁兵。初领长水宣曲胡骑，故称。下设司马、胡骑司马各一员，多以宗室外戚近臣充任。

裴注 [1]《魏武故事》载令曰："故陈留太守枣祗，天性忠能。始共举义兵，周旋征讨。后袁绍在冀州，亦贪祗，欲得之。祗深附托于孤，使领东阿令。吕布之乱，兖州皆叛，惟范、东阿完在，由祗以兵据城之力也。后大军粮乏，得东阿以继，祗之功也。及破黄巾，定许，得贼资业，当兴立屯田，时议者皆言当计牛输谷，佃科以定。施行后，祗白以为僦牛输谷，大收不增谷，有水旱灾除，大不便。反覆来说，孤犹以为当如故，大收不可复改易。祗犹执之，孤不知所从，使与荀令君议之。时故军祭酒侯声云：'科取官牛，为官田计。如祗议，于官便，于客不便。'声怀此云云，以疑令君。祗犹自信，据计画还白，执分田之术。孤乃然之，使为屯田都尉，施设田业。其时岁则大收，后遂因此大田，丰足军用，摧灭群逆，克定天下，以隆王室。祗兴其功，不幸早没，追赠以郡，犹未副之。今重思之，祗宜受封，稽留至今，孤之过也。祗子处中，宜加封爵，以祀祗为不朽之事。"《文士传》曰："祗本姓棘，先人避难，易为枣。孙据，字道彦，晋冀州刺史。据子嵩，字台产，散骑常侍。并有才名，多所著述。嵩兄腆，字玄方，襄阳太守，亦有文采。"

峻宽厚有度[1]而见事理，每有所陈，太祖多善之。于饥荒之际，收恤朋友孤遗，中外贫宗，周急[2]继乏，信义见称。建安九年薨，太祖

任峻为人宽厚有气度，而又通达事理，每当他有什么建议，太祖大多都能认可。任峻在饥荒年份，都能收容救济朋友的遗孤，对于自己贫穷的中表亲戚和同族人，周济急难，接济贫乏，以诚信仁义为人称赞。建安九年(204)，任峻去世，太祖为

流涕者久之。子先嗣。先薨,无子,国除。文帝追录功臣,谥峻曰成侯。复以峻中子览为关内侯。

此流了很久的眼泪。任峻的儿子任先继承爵位。任先去世后,没有子嗣,食邑和爵位被撤除。文帝追认过往功臣,为任峻谥号成侯。又封任峻的第二子任览为关内侯。

今注 1 度:器量。 2 周急:周济困急。

苏则

原文

苏则,字文师,扶风[1]武功人也。少以学行闻,举孝廉、茂才,辟公府,皆不就。起家为酒泉太守,转安定、武都[1],所在有威名。太祖征张鲁,过其郡,见则悦之,使为军导。鲁破,则绥定下辩诸氐,通河西道,徙为金城太守。

译文

苏则,字文师,扶风武功人。苏则年轻时因为学识和品行优良闻名,被推举为孝廉和茂才,被公府征召,他都不去。后来苏则直接从家中被征召担任酒泉太守,后转任安定、武都太守,他在任职的地方都有治理威严的名声。太祖征讨张鲁,路过他任职的郡,召见苏则后就很赏识他,让他担任军中的先导。张鲁被打败后,苏则负责平定安抚下辩地区各个氐人部族,疏通河西的道路,后又改任金城太守。

今注 1 扶风:即右扶风,别称右辅,汉代三辅之一,治槐里(今陕西兴平东南),职权相当于郡太守,辖区相当于一郡,因地属畿辅,故不称郡。三国魏时,右扶风改名扶风郡。

裴注　[1]《魏书》曰:“则刚直疾恶,常慕汲黯之为人。”《魏略》曰:“则世为著姓,兴平中,三辅乱,饥穷,避难北地。客安定,依富室师亮。亮待遇不足,则慨然叹曰:‘天下会安,当不久尔,必还为此郡守,折庸辈士也。’后与冯翊、吉茂等隐于郡南太白山中,以书籍自娱。及为安定太守,而师亮等皆欲逃走。则闻之,豫使人解语,以礼报之。”

是时丧乱之后,吏民流散饥穷,户口损耗,则抚循[1]之甚谨。外招怀[2]羌胡,得其牛羊,以养贫老。与民分粮而食,旬月之间,流民皆归,得数千家。乃明为禁令,有干犯[3]者辄戮,其从教者必赏。亲自教民耕种,其岁大丰收,由是归附者日多。李越以陇西反,则率羌胡围越,越即请服。太祖崩,西平麹演[4]叛,称护羌校尉。则勒兵讨之。演恐,乞降。文帝以其功,加则护羌校尉,赐爵关内侯[1]。

当时天下正是经历战乱祸患之后,官吏百姓流离失散并且面临着饥饿和穷困,人口减少得厉害,苏则十分认真地抚恤他们。苏则对外招抚羌胡族人,得到了他们的牛羊,用此供养穷人和老人。自己和民众分着粮食吃,一个月后,流离失散的百姓都回来了,以此得到数千户人口。苏则于是颁布明文禁令,有违反禁令的就立刻处以刑罚,遵从教化的人必定会被奖赏。苏则亲自教导民众耕田种地,当年就获得了大丰收,于是归附的人越来越多。李越以陇西为根据地谋反,苏则率领羌胡部族围攻李越,李越立刻就向他投降。太祖去世后,西平人麹演反叛,自称护羌校尉。苏则率军讨伐他。麹演感到恐惧,向苏则请求降服。文帝因为他的功劳,加授他为护羌校尉,赐他关内侯的爵位。

今注　1 抚循:安抚存恤。　2 招怀:招使归顺而安抚之。　3 干犯:冒犯,触犯。　4 麹(qū)演:韩遂部下,先降曹操,最终复叛。

裴注 [1]《魏名臣奏》载文帝令问雍州刺史张既曰:“试守金城太守苏则,既有绥民平夷之功,间又出军西定湟中,为河西作声势,吾甚嘉之。则之功效,为可加爵邑未邪?封爵重事,故以问卿。密白意,且勿宣露也。”既答曰:“金城郡昔为韩遂所见屠剥,死丧流亡,或窜戎狄,或陷寇乱,户不满五百。则到官,内抚雕残,外鸠离散,今见户千余。又梁烧杂种羌,昔与遂同恶,遂毙之后,越出障塞。则前后招怀,归就郡者三千余落,皆恤以威恩,为官效用。西平麹演等倡造邪谋,则寻出军,临其项领,演即归命送质,破绝贼粮。则既有恤民之效,又能和戎狄,尽忠效节。遭遇圣明,有功必录。若则加爵邑,诚足以劝忠臣,励风俗也。”

后演复结旁郡为乱,张掖张进执太守杜通,酒泉黄华不受太守辛机,进、华皆自称太守以应之。又武威三种胡并寇钞,道路断绝。武威太守毌丘兴告急于则。时雍、凉诸豪皆驱略羌胡以从进等,郡人咸以为进不可当。又将军郝昭、魏平先是各屯守金城,亦受诏不得西度。则乃见郡中大吏及昭等与羌豪帅谋曰:“今贼虽盛,然皆新合,或有胁从,

后来麹演又联结附近的郡发动叛乱,张掖人张进抓住张掖太守杜通,酒泉人黄华不接受新来的太守辛机,张进和黄华都自称是太守而响应麹演。又有武威郡三个部落的胡人一同起来攻抢劫掠,使得道路断绝不通。武威太守毌丘兴向苏则告急求救。当时雍州、凉州地方的豪强都驱使羌胡部族随从张进等人作乱,郡里的人都觉得张进势力强大不能抵挡。又有将军郝昭、魏平先前各自驻守在金城,也接到诏命不能西去救援。苏则于是召见郡中的主要官吏和郝昭等人与羌族豪强首领谋划说:“现在敌寇虽然强盛,但是他们都只是刚刚纠合到一起,有的人是被胁迫来的,他们未必齐心;我们可以利用他们之间的不和来攻击他们,那他们中的善人和恶人就自然会

未必同心；因衅击之，善恶必离，离而归我，我增而彼损矣。既获益众之实，且有倍气之势，率以进讨，破之必矣。若待大军，旷日持久，善人无归，必合于恶，善恶既合，势难卒离。虽有诏命，违而合权，专之可也。”

于是昭等从之，乃发兵救武威，降其三种胡，与兴击进于张掖。演闻之，将步骑三千迎则，辞[1]来助军，而实欲为变。则诱与相见，因斩之，出以徇[2]军，其党皆散走。则遂与诸军围张掖，破之，斩进及其支党，众皆降。演军败，华惧，出[3]所执乞降，河西平。乃还金城。进封都亭侯，邑三百户。

分离，分离后就会有人归附到我们这边，我们的势力就得到了增强而敌人势力就被削弱了。我们既获得了人数增长的实效，又有成倍增加的气势，率领这样的军士来征讨他们，打败他们是肯定的。如果等大军的到来，荒废时日，拖延很久，这样善人没法归附，一定会和恶人融合，善人恶人一旦融合，那势必难以把他们分开。你们虽然受诏命不让去援助，但如果违命能合乎权宜的话，那么我们这次专断行事还是可行的。”

就这样郝昭等人听从了苏则的话，于是派兵援救武威，降服了三个部落的胡人叛军，与毌丘兴一道在张掖攻击张进。麹演听到后，率领步兵、骑兵三千人迎接苏则，口头上说是来援助苏则，实际是想作乱叛变。苏则诱使麹演和他相见，然后趁机杀死了麹演，拿出他的首级在军中示众，麹演的部属见后都逃散了。苏则就与各军围攻张掖，攻下了张掖，斩杀了张进和他的党羽，张进的部属都投降了。麹演叛乱失败，黄华等人很害怕，便释放了他们抓住的酒泉太守，乞求投降，河西也因此被平定。苏则于是返回金城。朝廷进封苏则为都亭侯，食邑三百户。

今注 1 辞：声称。指口头上说。 2 徇(xùn)：对众宣示。 3 出：放出，释放。

征拜侍中，与董昭同寮[1]。昭尝枕则膝卧，则推下之，曰："苏则之膝，非佞人[2]之枕也。"初，则及临菑侯植闻魏氏代汉，皆发服[3]悲哭，文帝闻植如此，而不闻则也。帝在洛阳，尝从容言曰："吾应天受禅，而闻有哭者，何也？"则谓为见问，须髯悉张，欲正论以对。侍中傅巽掐[1]则曰："不谓卿也。"于是乃止[2]。文帝问则曰："前破酒泉、张掖，西域通使，燉煌献径寸大珠，可复求市益得不？"则对曰："若陛下化洽[4]中国，德流沙漠，即不求自至；求而得之，不足贵也。"帝默然。

苏则被征召任侍中，与董昭是同僚。董昭曾枕着苏则的膝盖躺着，苏则把他的头推了下去，说："我苏则的膝盖，不是谄媚之人的枕头。"起初，苏则和临菑侯曹植听说魏要取代汉朝，两人都穿上丧服痛哭，文帝听说曹植这样做，但没听说苏则这么做。文帝在洛阳，曾神色从容地说："我是顺应天命而承受帝位的禅让，但听说有人痛哭，这是为什么啊？"苏则认为被问的是自己，胡须都被气得竖起来了，准备用维护正统的观点来回答。侍中傅巽掐着苏则说："不是说你呢！"于是苏则这才不出声。文帝问苏则说："先前攻破了酒泉、张掖，西域的使者过来，燉煌献上一寸大的珍珠，能再去市场上买一些吗？"苏则回答说："如果陛下能将教化遍布中国，恩德流布沙漠，那么像这样的珍珠不用求自己就能来；求来的东西，不算是珍贵的啊。"文帝听完后沉默不语。

今注 1 同寮(liáo)：同"同僚"。旧称同朝或同官署做官的人。寮，通"僚"。 2 佞人：善于花言巧语、阿谀奉承的人。 3 发服：指拿出丧服穿上，丧服。　4 化洽：使教化普沾。洽，沾润。

裴注　[1] 掐，音苦洽反。　[2]《魏略》曰："旧仪，侍中亲省起居，故俗谓之执虎子。始则同郡吉茂者，是时仕甫历县令，迁为冗散。茂见则，嘲之曰：'仕进不止执虎子。'则笑曰：'我诚不能效汝，蹇蹇驱鹿车驰也。'初，则在金城，闻汉帝禅位，以为崩也，乃发丧；后闻其在，自以不审，意颇默然。临菑侯植自伤失先帝意，亦怨激而哭。其后文帝出游，追恨临菑，顾谓左右曰：'人心不同，当我登大位之时，天下有哭者。'时从臣知帝此言有为而发也，而则以为为己，欲下马谢。侍中傅巽目之，乃悟。"孙盛曰："夫士不事其所非，不非其所事，趣舍出处，而岂徒哉！则既策名新朝，委质异代，而方怀二心生忿，欲奋爽言，岂大雅君子去就之分哉？《诗》云：'士也罔极，二三其德。'士之二三，犹丧妃偶，况人臣乎？"

后则从行猎，槎桎[1]拔，失鹿，帝大怒，踞胡床[2]拔刀，悉收督吏，将斩之。则稽首[3]曰："臣闻古之圣王不以禽兽害人，今陛下方隆唐尧之化，而以猎戏多杀群吏，愚臣以为不可。敢以死请！"帝曰："卿，直臣也。"遂皆赦之。然以此见惮。

后来苏则随从文帝打猎，拦截猎物的栅栏被拔出开了一个口子，让鹿跑走了，文帝大怒，蹲坐在胡床上拔出刀来，把主管围猎的官员全部拘拿起来，准备斩杀他们。苏则向文帝稽首行礼说："臣听说古代圣王不会因为禽兽的事而伤害人，如今陛下刚兴隆唐尧的教化，却因为围猎的游戏而杀害这么多官吏，愚昧的臣下认为不应该。我斗胆以死向您请求！"文帝说："你是个耿直的臣下啊。"于是把他们全都赦免了。但是苏则也因此受到文帝的忌惮。

黄初四年，左迁[4]东平相，未至，道病薨，

黄初四年(223)，苏则被降任为东平相，还未到任，就在路上病死了，谥号刚

谥曰刚侯。子怡嗣。怡薨,无子,弟愉袭封。愉,咸熙中为尚书[1]。

侯。苏则的儿子苏怡继承了爵位。苏怡去世,没有子嗣,弟弟苏愉继承了封爵。苏愉在咸熙年间被任命为尚书。

今注 1 槎枑(chá zhì):关野兽的栅栏。 2 胡床:一种可以折叠的轻便坐具,又称交床。 3 稽(qǐ)首:古代的一种礼节,跪下,拱手至地,头也至地。 4 左迁:降官,贬职。

裴注 [1] 愉,字休豫,历位太常、光禄大夫,见《晋百官名》。《山涛启事》称愉忠笃有智意。臣松之案:愉子绍,字世嗣,为吴王师。石崇妻,绍之女兄也。绍有诗在《金谷集》。绍弟慎,左卫将军。

杜畿

原文

杜畿,字伯侯,京兆杜陵1人也[1]。少孤2,继母苦之3,以孝闻。年二十,为郡功曹,守郑县令。县囚系数百人,畿亲临狱,裁其轻重,尽决遣4之,虽未悉当,郡中奇其年少而有大意5也。举孝廉,除汉中府丞。会天下乱,遂弃官客荆州,建安中乃还。荀彧进之太

译文

杜畿,字伯侯,是京兆杜陵人。年少时父母就去世了,继母让他吃了很多苦,但他以孝顺在乡里闻名。杜畿二十岁时,在郡里任功曹,代职郑县令。县里羁押了数百人,杜畿亲自到监狱,对他们罪名的轻重进行裁断,尽数判决后发落了他们,虽然这些裁决不是全部恰当,郡中人因为他年少但有大志而感觉他不寻常。杜畿被推举为孝廉,任汉中府丞。当时恰逢天下大乱,杜畿于是放弃官职跑到荆州居住,建安年间才返回。荀彧

祖[2],太祖以畿为司空司直6,迁护羌校尉,使持节,领西平太守[3]。

把杜畿推荐给太祖,太祖任命杜畿为司空司直,不久升任护羌校尉,授予节杖,兼领西平太守。

今注 1 杜陵:西汉元康元年(前65)改杜县置,在今陕西西安东南。因修有汉宣帝陵,故称杜陵。三国魏复名杜县。 2 孤:幼年丧父或父母双亡。 3 苦之:使杜畿受苦。 4 决遣:判决发落。 5 大意:大志。 6 司空司直:官名,东汉末曹操置为司空府僚属,掌监察。

裴注 [1]《傅子》曰:"畿,汉御史大夫杜延年之后。延年父周,自南阳徙茂陵,延年徙杜陵,子孙世居焉。" [2]《傅子》曰:"畿自荆州还,后至许,见侍中耿纪,语终夜。尚书令荀彧与纪比屋,夜闻畿言,异之,旦遣人谓纪曰:'有国士而不进,何以居位?'既见畿,知之如旧相识者,遂进畿于朝。" [3]《魏略》曰:"畿少有大志。在荆州数岁,继母亡后,以三辅开通,负其母丧北归。道为贼所劫略,众人奔走,畿独不去。贼射之,畿请贼曰:'卿欲得财耳,今我无物,用射我何为邪?'贼乃止。畿到乡里,京兆尹张时,河东人也,与畿有旧,署为功曹。尝嫌其阔达,不助留意于诸事,言:'此家疏诞,不中功曹也。'畿窃云:'不中功曹,中河东太守也。'"

太祖既定河北,而高幹举并州反。时河东太守王邑被征,河东人卫固、范先外以请邑为名,而内实与幹通谋。太祖谓荀彧曰:"关西诸将1,恃险与马,征必为乱。张

太祖平定黄河以北地区后,高幹以并州反叛。当时河东太守王邑被征入朝,河东人卫固、范先对外以请求王邑回河东为名义,对内实际上与高幹联合谋反。太祖对荀彧说:"关西地区的那些将领,依仗地形险要和战马优良,征讨他们必定引发叛乱。张晟劫掠崤山、渑

晟寇殽、渑间，南通刘表，固等因之，吾恐其为害深。河东被山带河[2]，四邻多变，当今天下之要地也。君为我举萧何、寇恂[3]以镇之。”彧曰：“杜畿其人也[1]。”于是追拜畿为河东太守。

池一带，向南勾结刘表，卫固等人凭借他们的势力，我担心他们的叛乱会造成很大的危害。河东地区背山靠水，四周地区常常发生动乱，是当今天下的战略要地。您为我举荐一个像萧何、寇恂那样的人来镇守它。”荀彧说：“杜畿就是这样的人。”于是太祖追加任命杜畿任河东太守。

今注　1 关西诸将：指占据关中一带的马腾、韩遂等将领。　2 被山带河：谓山势起伏，黄河如带，形容地势险固。被，通“披”。河东郡东靠太行山、王屋山，西、北两面有黄河，因此说它披山带河。　3 寇恂：字子翼，上谷昌平（今北京昌平区）人，为东汉名将，任河内太守，曾佐助刘秀平定燕、代。

裴注　[1]《傅子》曰：“或称畿‘勇足以当大难，智能应变，其可试之’。”

固等使兵数千人绝陕津[1]，畿至不得渡。太祖遣夏侯惇讨之，未至。或谓畿曰：“宜须大兵。”畿曰：“河东有三万户，非皆欲为乱也。今兵迫之急，欲为善者无主，必惧而听于固。固等势专，必以死战。讨之不胜，

卫固等人派兵数千人切断了陕津渡口，杜畿到达后不能渡河。太祖派夏侯惇征讨卫固，还没到达。有人对杜畿说：“应该要等到大军到来再渡河。”杜畿说：“河东有三万户的人口，不是都想作乱的。现在军队要是逼得太急迫，想要从善的人没有人替他们做主，一定会因害怕而听命于卫固。卫固等人独拥河东势力后，一定会拼死作战不肯降服。如果征讨他们不能

四邻应之,天下之变未息也;讨之而胜,是残一郡之民也。且固等未显绝[2]王命,外以请故君[3]为名,必不害新君。吾单车[4]直往,出其不意。固为人多计而无断,必伪受吾。吾得居郡一月,以计縻[5]之,足矣。"遂诡道[6]从郖津[7]度[1]。

取胜,四边的敌人便会响应他们,这样天下的动乱就不能平息了;如果征讨他们能够获胜,也残害了一郡的民众。况且卫固等人并没有公开地抵抗王命,对外是以挽留旧太守为名义,这样一定不会伤害新来的太守。我一个人前去,定会出乎他们的预料。卫固为人擅长谋划但不够决断,一定会假装接受我。我在郡中居住一个月,用计谋牵制他,这样就足够了。"于是杜畿走隐秘的小道从郖津渡河。

今注　1 陕津:汉以前称"茅津",古黄河津渡名。以南岸在古陕县城(今河南三门峡的陕州老城)西北,故名。　2 显绝:公开拒绝。　3 故君:指原河东太守王邑。　4 单车:单独一辆车,亦指孤身。　5 縻(mí):牵系,束缚。　6 诡道:隐秘的小路。　7 郖津:又作"浢津",为黄河渡口,因河北有浢水流入,故名。故址在今河南灵宝西北。

裴注　[1] 郖,音豆。《魏略》曰:"初,畿与卫固少相侮狎,固尝轻畿。畿尝与固博而争道,畿尝谓固曰:'仲坚,我今作河东也。'固褰衣骂之。及畿之官,而固为郡功曹。张时故在京兆。畿迎司隶,与时会华阴,时、畿相见,于仪当各持版。时叹曰:'昨日功曹,今为郡将军也!'"

范先欲杀畿以威众[1],且观畿去就,于门下斩杀主簿已下三十余人,畿举动自若。于

范先想杀掉杜畿来威吓部属,又想观察杜畿的去向,于是在门下杀死主簿以下官吏三十多人,杜畿举动如常。于是卫固说:"杀了杜畿无损于他们,但我们却白

是固曰："杀之无损，徒有恶名；且制之在我。"遂奉之。畿谓卫固、范先曰："卫、范，河东之望也，吾仰成[1]而已。然君臣有定义，成败同之，大事当共平议。"以固为都督，行丞事，领功曹；将校吏兵三千余人，皆范先督之。固等喜，虽阳事[2]畿，不以为意。固欲大发兵，畿患之，说固曰："夫欲为非常之事，不可动众心。今大发兵，众必扰，不如徐以资募兵。"固以为然，从之，遂为资调发[3]，数十日乃定，诸将贪，多应募而少遣兵。又入喻固等曰："人情顾家，诸将掾吏，可分遣休息，急缓召之不难。"固等恶逆众心，又从之。于是善人在外，阴为己援；恶人分散，各还其家，则众离矣。

白地背上不好的名声；况且他一直被控制在我手里。"于是大家就推举杜畿做了太守。杜畿对卫固、范先说："卫、范两家，在河东是有名望的大族，我只有依靠你们才能完成自己的职责。但是君臣之间有着确定的规矩，成败我们同担，遇大事我们应当一同商议。"杜畿任卫固为都督，行使郡丞的职权，兼领功曹；郡中将卫兵吏三千多人，都由范先统领。卫固等人非常高兴，虽然表面上听从杜畿，但并不把他放在心上。卫固想大举征兵，杜畿对此感到不安，劝卫固说："如果想做不同凡响的事，不可以动摇了人心。现在大举征兵，众人一定会受到侵扰，不如慢慢地用钱财招募士兵。"卫固认为杜畿说得正确，听从了他的建议，于是筹集钱财征调军兵，几十天后才安定下来，将领们贪图钱财，名册上登记的很多但实际招募到的新兵很少。杜畿又进来对卫固等人说："顾念家庭是人之常情，可以让众位将领掾吏分批回家休息，遇到紧急情况再召集他们也不难。"卫固等人害怕违逆了大家的心愿，又听从了杜畿的建议。于是那些心里想从善的人都去了外地，暗地里成为杜畿的援助；那些从恶的人被分散开来，各自回家，就这样众人被分离开来。

今注 1 仰成:谓依赖别人取得成功。 2 阳事:表面上听从。 3 为资调发:筹集资财,征调兵力。

裴注 [1]《傅子》曰:"先云:'既欲为虎而恶食人肉,失所以为虎矣。今不杀,必为后患。'"

会白骑[1]攻东垣[2],高幹入濩泽[3],上党[4]诸县杀长吏,弘农执郡守,固等密调兵未至。畿知诸县附已,因出,单将数十骑,赴张辟拒守,吏民多举城助畿者,比数十日,得四千余人,固等与幹、晟共攻畿,不下,略诸县,无所得。会大兵至,幹、晟败,固等伏诛,其余党与皆赦之,使复其居业。

恰逢白骑攻打东垣,高幹侵入濩泽,上党等县杀了自己的长官,弘农郡拘捕了自己的郡守,卫固等人秘密调兵还没有到达。杜畿知道各县会归附自己,因而出了郡城,独自率领了几十个骑兵,赶到张辟抵抗守卫阵地,官吏百姓有很多带动全城的人来援助杜畿,等过了几十天,得到四千多人,卫固等人与高幹、张晟一起攻打杜畿,但攻不破,抢夺了几个县,也没有什么收获。恰逢大军赶到,高幹、张晟被打败,卫固等人被杀,其余的党羽都被赦免了,杜畿让他们恢复自己的产业。

今注 1 白骑:指张白骑,黑山黄巾军首领,从弘农郡起兵叛乱,为庞德所破。 2 东垣(yuán):东汉时改垣县置,属河东郡,在今山西垣曲县东南。 3 濩(huò)泽:县名,在今山西阳城,属河东郡。 4 上党:郡名,治壶关县(今山西长治北)。

是时天下郡县皆残破,河东最先定,少

当时天下的郡县都受到了动乱的摧残破坏,但河东地区最先得到安定,因此

耗减。畿治之，崇宽惠，与民无为[1]。民尝辞讼[2]，有相告者，畿亲见为陈大义，遣令归谛思[3]之，若意有所不尽，更来诣府。乡邑父老自相责怒曰："有君如此，奈何不从其教？"自是少有辞讼。班[4]下属县，举孝子、贞妇、顺孙，复其繇役，随时慰勉之。渐课民[5]畜牸牛、草马[6]，下逮鸡豚犬豕，皆有章程。百姓勤农，家家丰实。畿乃曰："民富矣，不可不教也。"于是冬月修戎讲武，又开学宫，亲自执经教授，郡中化之[1]。

损失较少。杜畿治理河东地区，施行宽厚仁惠的政策，不干扰百姓的生产，无为而治。老百姓曾因为纠纷而打官司，来到官府来互相告状，杜畿亲自接见他们并为他们讲述道理，让他们回去仔细思考，如果心中还是有疑虑和不平，再来官府找他。乡里的父老都责怪自己说："有这样的太守，我们怎么还不听他的教诲呢？"于是在这之后就很少有人打官司了。杜畿又向郡下的各县颁布命令，让他们举荐孝子、贞妇、顺孙，免除他们的徭役，还经常对他们进行慰问和勉励。杜畿还逐步督促百姓畜养母牛、母马，以及鸡、狗、猪等，这些都有一定的条例。老百姓勤劳耕作，家家户户生活丰裕殷实。杜畿于是说："百姓现在富裕了，不能不进行教化啊。"于是在冬季的时候整修武器讲习武艺，又设立学校，亲自手执经书讲授，郡中的百姓普遍受到了教化。

今注　1 无为：指施行不干扰百姓生产生活的政策。　2 辞讼：诉讼，打官司。　3 谛思：仔细思考。　4 班：颁布。　5 课民：这里指让县令引导督促百姓。　6 牸(zì)牛、草马：母牛、母马。

裴注　[1]《魏略》曰："博士乐详，由畿而升。至今河东特多儒者，则畿之由矣。"

韩遂、马超之叛也，弘农、冯翊[1]多举县邑以应之。河东虽与贼接，民无异心。太祖西征至蒲阪[2]，与贼夹渭为军，军食一仰河东。及贼破，余畜二十余万斛。太祖下令曰："河东太守杜畿，孔子所谓'禹，吾无间然矣'。增秩中二千石。"太祖征汉中，遣五千人运，运者自率勉曰："人生有一死，不可负我府君。"终无一人逃亡，其得人心如此[1]。魏国既建，以畿为尚书。事平，更有令曰："昔萧何定关中，寇恂平河内，卿有其功，间[3]将授卿以纳言之职，顾念河东吾股肱郡，充实之所，足以制天下，故且烦卿卧镇[4]之。"畿在河东十六年，常为天下最。

韩遂、马超叛乱的时候，弘农、冯翊两郡有很多县响应他们起来作乱。河东郡虽然和敌寇接近，但百姓却没有反叛的心思。太祖向西征讨到达蒲阪，与敌人隔着渭河互摆军阵，军队的粮草全部依仗河东郡的输送。等敌人被击败，还有二十多万斛粮食的结余。太祖下令说："河东太守杜畿，就是孔子所说的'大禹，我没有什么可以批评指责的了'那样的人。现在增加他的俸禄为二千石。"太祖征讨汉中，杜斛派遣五千人运送粮草，押运物资的人互相勉励说："人生下来就免不了有一死，但我们不能辜负我们的府君。"于是他们在押送中到最后没有一人逃跑，杜畿深得人心到了这种地步。魏国建立后，任杜畿为尚书。天下安定之后，太祖又下令说："过去萧何帮助高祖平定关中，寇恂帮助光武帝平定河内，杜畿也有这样的功劳，不久前我准备授予杜畿纳言的职位，但考虑到河东是国家十分重要的地区，是能为军备与国库提供补给的地方，足以控制天下局势，所以还是暂且劳烦您去镇守。"杜畿在河东任职十六年，政绩常常是天下最好的。

今注　1 冯翊(píng yì):西汉太初元年(前 104)改左内史置左冯翊,职位相当于郡太守,辖区相当于一郡,因地属畿辅,故不称郡,为三辅之一,治长安(今陕西西安西北)。东汉时治高陵县(今陕西西安高陵区西南)。三国魏去"左"字,改辖区为冯翊郡。　2 蒲阪:在今山西永济西南蒲州镇。　3 间(jiān):不久,近来。　4 卧镇:形容治理毫不费力,无为而治。

裴注　[1]《杜氏新书》曰:"平虏将军刘勋,为太祖所亲,贵震朝廷。尝从畿求大枣,畿拒以他故。后勋伏法,太祖得其书,叹曰:'杜畿可谓"不媚于灶"者也。'称畿功美,以下州郡,曰:'昔仲尼之于颜子,每言不能不叹,既情爱发中,又宜率马以骥。今吾亦冀众人仰高山,慕景行也。'"

文帝即王位,赐爵关内侯,征为尚书。及践阼,进封丰乐亭侯,邑百户[1],守司隶校尉。帝征吴,以畿为尚书仆射1,统留事2。其后帝幸许昌,畿复居守3。受诏作御楼船,于陶河试船,遇风没。帝为之流涕[2],诏曰:"昔冥4勤其官而水死,稷5勤百谷而山死[3]。故尚书仆射杜畿,于孟津6试船,遂至覆没,忠之至也。朕甚愍焉。"追赠太仆,谥曰戴侯。子恕嗣[4]。

文帝即魏王位后,赐封杜畿关内侯的爵位,征召他为尚书。等文帝登上帝位时,加封杜畿为丰乐亭侯,食邑百户,代任司隶校尉。文帝征讨吴国,任杜畿为尚书仆射,统管留守的事务。后来文帝驾临许昌,杜畿又负责留守的事务。杜畿受命建造皇帝御用的楼船,在陶河上进行试船,船遇到大风覆没。皇帝为此伤心流泪,下诏说:"以前冥勤于治水而溺亡,稷勤劳地耕作百谷后死在山上。已故的尚书仆射杜畿,在孟津试测楼船,竟至于船翻而沉没,这是忠心到了极点啊。我感到十分地痛惜。"追赠杜畿为太仆,谥号戴侯。儿子杜恕继承爵位。

今注　1 尚书仆射(pú yè):东汉为尚书令副贰,魏晋以后令、仆同居宰相之任。　2 统留事:统管留守的事务。　3 居守:留置守护,特指皇帝出征或巡幸时,重臣镇守京都或行部。　4 冥:商的祖先,又称商侯冥,商族领袖曹圉(yǔ)之子。相传冥曾任夏司空,因勤于王事,死于水中。　5 稷(jì):又称后稷,姬姓,名弃,古代周族始祖,好农耕,善于稼穑,舜时曾任稷官,教民耕种,是农耕始祖,后世祀为谷神。　6 孟津:古黄河津渡名,在今河南孟津东、孟州市西南。

裴注　[1]《魏略》曰:"初,畿在郡,被书录寡妇。是时,他郡或有已自相配嫁,依书皆录夺,啼哭道路。畿但取寡者,故所送少;及赵俨代畿而所送多。文帝问畿:'前君所送何少,今何多也?'畿对曰:'臣前所录皆亡者妻,今俨送生人妇也。'帝及左右顾而失色。"　[2]《魏氏春秋》曰:"初,畿尝见童子谓之曰:'司命使我召子。'畿固请之,童子曰:'今将为君求相代者。君其慎勿言!'言卒,忽然不见。至此二十年矣,畿乃言之。其日而卒,时年六十二。"　[3]韦昭《国语注》称《毛诗传》曰:"冥,契六世孙也,为夏水官,勤于其职而死于水。稷,周弃也,勤播百谷,死于黑水之山。"　[4]《傅子》曰:"畿与太仆李恢、东安太守郭智有好。恢子丰交结英俊,以才智显于天下。智子冲有内实而无外观,州里弗称也。畿为尚书仆射,二人各修子孙礼见畿。既退,畿叹曰:'孝懿无子!非徒无子,殆将无家。君谋为不死也,其子足继其业。'时人皆以畿为误。恢死后,丰为中书令,父子兄弟皆诛;冲为代郡太守,卒继父业,世乃服畿知人。"《魏略》曰"李丰父名义",与此不同,义盖恢之别名也。

杜恕

原文

恕,字务伯,太和中

译文

杜恕,字务伯,太和年间任散骑黄门

为散骑黄门侍郎[1]。恕推诚以质，不治饰，少无名誉。及在朝，不结交援，专心向公。每政有得失，常引纲维以正言，于是侍中辛毗等器重之。

时公卿以下大议损益，恕以为"古之刺史，奉宣[1]六条[2]，以清静为名，威风著称，今可勿令领兵，以专民事"。俄而镇北将军吕昭又领冀州[2]，乃上疏曰：

"帝王之道，莫尚乎安民；安民之术，在于丰财。丰财者，务本而节用也。方今二贼未灭，戎车亟驾，此自熊虎之士[3]展力之秋也。然搢绅[4]之儒，横加荣慕，扼腕抗论，以孙、吴为首，州郡牧守，咸共忽恤民之术，修将率之事。农桑之民，竞干戈之业，不

侍郎。杜恕为人诚实质朴，不矫饰自己，年轻时没有什么名声。等到他入朝为官时，不交朋结党，专心为公。每当朝廷政策有什么偏差，他常引用国家法度进行规劝，因此侍中辛毗等人都很器重他。

当时公卿以下的官员聚集讨论刺史职权的增减问题，杜恕认为"古代的刺史，奉命宣谕六条规定，以清正恬静有名，以威严气派著称，如今可以让刺史不再兼掌兵权，让他们专管民事"。不久，镇北将军吕昭又兼领冀州刺史，杜恕于是上疏说：

"帝王治理国家的方法，没有比安定百姓更重要的了；而安定百姓的方法，就在于让他们的财富增加。增加财富的途径就在专心致力于农耕并俭省开销。如今还有吴、蜀二贼没有被消灭，军队兵马得赶快出征，这正是如熊虎般的军士展现他们力量的时候。但是那些绅带间插着笏板的儒士们却无端地对用兵习武表示羡慕，激动地大声议论，将孙武、吴起视作崇敬的人物，而州郡的长官，都不重视体恤百姓的举措，反而热心于演军统兵的事务。于是原本耕种织布的百姓去追逐军事武功，这不能说是致力于根

可谓务本。帑藏[5]岁虚而制度岁广，民力岁衰而赋役岁兴，不可谓节用。

本。国库一年年地空虚而法令年年增多，百姓的财力年年衰减而赋税徭役年年加重，这不能算是节省开销和用度。

今注　1 奉宣：接受帝王告谕。　2 六条：汉制，刺史颁行六条诏书，以考察官吏。　3 熊虎之士：形容勇猛的人。　4 搢绅：插笏板于绅带，为旧时官宦或儒者的装束。亦用作官宦或儒者的代称。搢，插。绅，大带。　5 帑(tǎng)藏：国库。

裴注　[1]《杜氏新书》曰："恕少与冯翊李丰俱为父任，总角相善。及各成人，丰砥砺名行以要世誉，而恕诞节直意，与丰殊趣。丰竟驰名一时，京师之士多为之游说。而当路者或以丰名过其实而恕被褐怀玉也，由此为丰所不善。恕亦任其自然，不力行以合时。丰以显仕朝廷，恕犹居家自若。明帝以恕大臣子，擢拜散骑侍郎，数月，转补黄门侍郎。"　[2]《世语》曰："昭，字子展，东平人。长子巽，字长悌，为相国掾，有宠于司马文王。次子安，字仲悌，与嵇康善，与康俱被诛。次子粹，字季悌，河南尹。粹子预，字景虞，御史中丞。"

"今大魏奄[1]有十州之地，而承丧乱之弊，计其户口不如往昔一州之民，然而二方僭逆，北虏未宾[2]，三边[3]遘难，绕天略匝[4]；所以统一州之民，经营九州之地，其为艰难，譬策羸马[5]以取道里，

"如今魏国拥有十个州的疆域，但承受了祸乱以来的各种损失，总计这些人口还不如以前一个州的百姓数量，然而吴、蜀两国伪称国号兴兵作乱，北方的胡虏也没有归顺，他们在幽、并、凉三州的边境上作乱，纷乱几乎围绕着魏国一圈；因此我们是统领着一州的百姓，管理着九州的地域，这是很艰难的事，就像用

岂可不加意爱惜其力哉？以武皇帝之节俭，府藏充实，犹不能十州拥兵；郡且二十也。今荆、扬、青、徐、幽、并、雍、凉缘边诸州皆有兵矣，其所恃内充府库外制四夷者，惟兖、豫、司、冀而已。

鞭子驱使瘦弱的马来赶路，难道还不特别注意爱惜它的气力么？以武皇帝的节省，国库储备充实，依然不能让十州都拥有自己的军队；也就仅仅二十个郡能拥兵罢了。如今荆州、扬州、青州、徐州、幽州、并州、雍州、凉州等沿着边境的各州都拥有了自己的军队，国家能依靠的对内充实府军，对外管控四方夷狄的，也只有兖州、豫州、司州、冀州等四州而已。

今注 1 奄(yǎn)：覆盖，包括。 2 未宾：未归顺。宾，宾服，归顺。 3 三边：幽、并、凉三州的合称。 4 绕天略匝：指环绕着魏国，处处都受到侵略。 5 羸马：瘦弱的马。羸，瘦弱。

“臣前以州郡典兵，则专心军功，不勤民事，宜别置将守，以尽治理之务；而陛下复以冀州宠秩吕昭。冀州户口最多，田多垦辟[1]，又有桑枣之饶，国家征求[2]之府，诚不当复任以兵事也。若以北方当须镇守，自可专置大将以镇安之。计所置吏士之费，与兼官

“臣先前说让州郡掌管军队，就会专心于建立军功，而对百姓的事不上心，应该另外设置将领掌军，让牧守专心处理治理百姓的事务；但是陛下又用冀州刺史的职权作为对吕昭的恩宠和加禄。冀州是各州中人口最多的，州中的田地多被开垦，又有很多的桑树、枣树等作物，这里是国家征收赋税的主要来源之地，实在不应该再管军事。如果陛下认为北方需要军队驻扎镇守，完全可以另外安排专门的将领来镇守安定它。预计这样单独设置将领的费用和让一人兼管军政二职的耗费差不多。

无异。然昭于人才尚复易;中朝苟乏人,兼才者势不独多。以此推之,知国家以人择官,不为官择人也。官得其人,则政平讼理;政平故民富实,讼理故囹圄[3]空虚。陛下践阼,天下断狱百数十人,岁岁增多,至五百余人矣。民不益多,法不益峻。以此推之,非政教陵迟[4],牧守不称之明效欤?往年牛死,通率[5]天下十能损二;麦不半收,秋种未下。若二贼游魂于疆埸,飞刍挽粟[6],千里不及。究此之术,岂在强兵乎?武士劲卒愈多,愈多愈病耳。

但是吕昭这样有才能的人还是容易找到的;如果朝廷里缺乏这样的人才,那么文武兼通的人才一定更少。由此推论,可以知道国家是根据人的受宠与否来选任官职,而不是为官职挑选适当的人。如果官职由合适的人担任,那么政治清明而诉讼公平;政治清明百姓就能实现富裕,诉讼公平监狱就会空闲。陛下即帝位时,天下被审理判决的仅有一百几十人,往后年年增加,如今有五百多人了。百姓人口没有增加,刑法也没有变得更严峻。由此推知,这难道不是政治教化衰落,牧守不称职的明显结果吗?过去天下耕牛死亡的数量,通常的比例是全部的十分之二;如今麦子收获的数量不到过去的一半,秋种也还没有播下。如果吴、蜀二贼像游魂一样在边境骚扰,那就是用车船装运粮食飞一般地运输,这远隔千里也会来不及。因此深究治国安邦的办法,怎么会全在强壮军队呢?勇武强劲的军士越来越多,反而给国家带来的弊病越多。

今注　1 垦辟:开垦。　2 征求:征调赋役。　3 囹圄(líng yǔ):指监狱。　4 政教陵迟:政治与教化衰败、败坏。　5 通率(lǜ):通常的比例。　6 飞刍挽粟:指迅速运送粮草。刍,喂牲畜的草。

"夫天下犹人之体，腹心充实，四支虽病，终无大患；今兖、豫、司、冀亦天下之腹心也。是以愚臣慺慺[1]，实愿四州之牧守，独修务本之业，以堪四支之重。然孤论难持，犯欲[2]难成，众怨难积，疑似难分，故累载不为明主所察。凡言此者，类皆疏贱；疏贱之言，实未易听。若使善策必出于亲贵，亲贵固不犯四难以求忠爱，此古今之所常患也。"

"这国家就像人的身体，腹心充实健康，四肢虽然有点疾病，终究不会有什么大问题；现在兖、豫、司、冀四州就像是国家的腹心啊。因此愚臣恭敬地呈上这封奏疏，实在希望这四州的牧守，专心于根本工作，以承受四肢的重负。然而孤单的奏论难以持久，冒犯陛下意愿更是难以成功，招致众人怨恨的建议难以存留，似是而非的道理难以区分，因此臣下的建议多年不能被明主接纳和采用。凡是说这样话的人，大多和君主关系疏远、地位低下；而这种出于既疏远又卑贱之人的话，陛下确实不容易听到。如果好的计策必定都是出于与陛下亲近、地位尊贵的人，而这些亲贵的人自然不会冒犯上面说的四难，去追求对陛下的忠诚和陛下的宠爱，这正是古往今来人们所担心的情况啊。"

今注　1 慺慺(lóu lóu)：勤恳貌，恭谨貌。　2 犯欲：冒犯上级的想法。

时又大议考课[1]之制，以考内外众官。恕以为用不尽其人，虽才且无益，所存非所务[2]，所务非世要[3]。上疏曰：

当时又集会讨论官员考核制度，以便考核朝廷内外众多官员。杜恕认为任用的人不能充分发挥他们的才干，即使有才能也没有益处，目前朝廷考核官员的制度不是官员应该达到的要求，而官员所致力

“《书》称‘明试以功，三考黜陟[4]’，诚帝王之盛制。使有能者当其官，有功者受其禄，譬犹乌获[5]之举千钧，良、乐[6]之选骥足也。虽历六代[7]而考绩之法不著，关七圣[8]而课试之文不垂，臣诚以为其法可粗依，其详难备举故也。语曰：‘世有乱人而无乱法。’若使法可专任，则唐、虞可不须稷、契[9]之佐，殷、周无贵伊、吕之辅矣。今奏考功者，陈周、汉之法为，缀京房之本旨，可谓明考课之要矣。于以崇揖让之风，兴济济之治，臣以为未尽善也。其欲使州郡考士，必由四科，皆有事效，然后察举，试辟公府，为亲民长吏，转以功次补郡

达到的要求又与社会需要不相符。因此上疏说：

“《尚书》说‘用功绩为标准公开地加以考核，三次考核以后再决定是升是降’，这确实是帝王非常重要的制度啊。让有才能的人担任适合他的官职，有功劳的就会得到自己应得的禄位，就像让乌获那样的大力士举起千钧重鼎，让王良、伯乐那样善于御马相马的人挑选千里马一样。虽经六代但考核政绩的法令没有被著录，与尧、舜、禹等七位圣人相关的这种考核办法也没有留存下来，臣的确认为这是因为这套方法虽然可以大体遵循，但详情却难以完全列举。俗话说：‘世界上只有作乱的人但没有作乱的法令。’如果治国单靠法令就可以进行，那尧、舜就不需要后稷、契的辅佐，商汤、周文王也不会重视伊尹、吕尚（姜子牙）的辅助了。如今奏论考核官员政绩的人，陈述周、汉时采用的法令，续结着汉代京房考核办法的核心主旨，可以说是通晓考核办法的要旨了。但对于推崇谦让的风气，兴盛美好的德治来说，臣认为还不是尽善尽美的啊。如果要让州郡考核士人，必须要经过四科的考试，都要在事实上有效果，然后观察选拔，再由公府征召选试，合

守者,或就增秩赐爵,此最考课之急务也。臣以为便当显其身,用其言,使具为课州郡之法,法具施行,立必信之赏,施必行之罚。至于公卿及内职大臣,亦当俱以其职考课之也。

格的再担任贴近百姓的官职,后来按政绩高低转任郡守,有的增加俸禄封赐爵位,这才是考核官吏中最为紧要的事。臣认为应该对那些考核优秀的人显扬他们的事迹,采纳他们的意见,使得这种方法成为州郡考核官吏的法令,法令一旦制定就施行,确立起必定兑现的赏赐,实施必定执行的刑罚。至于公卿大夫及供职禁中的朝廷重臣,也应当都根据他们的职责进行考核。

[今注] 1 考课:按一定的标准对官吏的政绩进行考核,以决定其升降赏罚。 2 所务:指现在官员所致力达到的要求。 3 世要:社会的需要。 4 三考黜陟(chù zhì):指三年一考,经三次考核后决定人才的进退,官吏的升降。 5 乌获:战国时秦国人,为秦武王时勇士。当时武王有力好戏,而传说乌获能举千钧之重,所以受到秦武王重用,并与力士任鄙、孟说齐名。 6 良、乐:指王良和伯乐,都善于相马。 7 六代:指唐、虞、夏、殷、周、汉。 8 七圣:指尧、舜、禹、汤、周文王、周武王、周公。 9 契:子姓,名契,居于商(今河南商丘南),为商族始祖,曾助禹治水有功,被舜任为司徒,掌管教化。

"古之三公,坐而论道[1],内职大臣,纳言补阙[2],无善不纪,无过不举。且天下至大,万机至众,诚非一明所能遍照。故君为元首,臣

"古代的三公,是陪坐着和帝王一起商论国事,供职禁中,内参机要的大臣,向君主进呈意见来补救君王过失,帝王的善行没有不被记录的,帝王的过错没有不被揭露的。况且天下地域辽阔,事物繁多不能计数,实在不是君王一个人的贤明就能治

作股肱,明其一体相须而成也。是以古人称廊庙之材,非一木之枝;帝王之业,非一士之略。由是言之,焉有大臣守职辨课[3]可以致雍熙者哉!且布衣之交,犹有务信誓而蹈水火,感知己而披肝胆,徇[4]声名而立节义者;况于束带立朝,致位卿相,所务者非特匹夫之信,所感者非徒知己之惠,所徇者岂声名而已乎!

理的。因此君王像人的头脑,大臣像人的胳膊与大腿,表明君主与大臣是一个整体而相辅相成。因此古人说建造庙宇的材料,不是一棵树的枝干便能完成;帝王的大业,也不是一个谋士的计策就能成功。由此来说,怎么能依靠大臣谨守职位、严格考核就能使得国家和乐太平呢!况且平民百姓之间的交往,尚且信守誓言甚至不惜赴汤蹈火,能为感遇知己而披肝沥胆,为了自己的名节不惜殉死以保持忠节信义的人;何况系带于腰,穿着整肃地站在朝堂上,位列公卿相国的人,他们所追求的不只是平民百姓间的那种信义,也不只图报知己的恩惠,他们所谋求的难道只是自己的声名而已吗!

今注 1 坐而论道:古指大臣陪侍帝王议论政事。 2 纳言补阙:纳言,古官名,主出纳王命。这里指传达上下言语信息。补阙,匡补君王的缺失。 3 守职辨课:守职,忠于职守。辨课,考核。 4 徇:通"殉"。以身从物。

"诸蒙宠禄、受重任者,不徒欲举明主于唐、虞之上而已;身亦欲厕稷、契之列。是以古人不患于念治之心不尽,患于自任之意不足,此

"诸位蒙受陛下恩宠和俸禄,是职居重位的人,并非只是想协助君主达到尧、舜那样的高度而已;他们自己也想成为和后稷、契那样的名臣。因此古人并不担心自己对国政的谋划不尽心,而是害怕自己忠于职守的决心不足,这实在是君主让

诚人主使之然也。唐、虞之君,委任稷、契、夔、龙[1]而责成功,及其罪也,殛[2]鲧而放四凶。今大臣亲奉明诏,给事目下,其有夙夜在公,恪勤特立[3],当官不挠[4]贵势,执平不阿所私[5],危言危行[6]以处朝廷者,自明主所察也。若尸禄[7]以为高,拱嘿[8]以为智,当官苟在于免负,立朝不忘于容身,洁行逊言以处朝廷者,亦明主所察也。诚使容身保位,无放退之辜,而尽节在公,抱见疑之势,公义不修而私议成俗,虽仲尼为谋,犹不能尽一才,又况于世俗之人乎!今之学者,师商、韩而上[9]法术,竞以儒家为迂阔,不周世用。此最风俗之流弊,创业者之所致慎也。"

后考课竟不行[1]。

他们这样的。尧、舜这样的君主,委任稷、契、夔、龙并督促他们建立功业,如臣子犯了罪,尧、舜也曾杀了鲧和流放四凶。如今公卿大臣亲自接受陛下的明诏,在陛下眼前供职行事,他们中有日夜操劳公事,恭敬勤劳而坚持操守,为官不向权贵屈从,执法公正无私,在朝廷直言不讳处事公正的人,明主自然能察觉到。如果有人将荒废职事而领食俸禄视作高明,以拱手不言为聪明,任职只是想着免于责任,站在朝堂上只想着保全自己,只做能让自己不受牵连的事和小心翼翼地说话,这样的人明主也能察觉得出来。假如让这些只想着保身守位的人,没有被免职流放的罪责,而那些尽力公事保全节操的人士,却处于被怀疑的情况下,这样公正的道义就得不到弘扬而自私的议论却成为了风尚,在此情况下,即使是孔子来出谋划策也难以充分发挥他的才能,又何况那些世俗中的人呢!现在的学者都向商鞅、韩非学习而尊崇法术,争着视儒家的言论为迂腐而不合实际,难以符合现实的需要。这是当今风俗中最大的弊端,是需要创立基业的人慎重对待的。"

后来对官员的考核最终没能施行。

今注　1 夔(kuí)、龙：夔，传说中尧舜时的乐官，能通五音，以诗歌声律和舞蹈教导人民，使人民正直而温和，宽厚而勤谨。龙，舜命为纳言，掌帝命之出入。　2 殛(jí)：杀戮。　3 恪勤特立：恪勤，恭敬勤恳。特立，坚定的志向和操守。　4 不挠：不弯曲，形容刚正不屈。　5 不阿所私：不阿，不屈从，不逢迎。所私，自己的、私人的。　6 危言危行：言行正直。危，正直。说正直的话，做正直的事。　7 尸禄：空食俸禄。成语有“尸禄素餐”，谓空食俸禄而不尽其职，无所事事。　8 拱嘿：亦作“拱默”，拱手缄默。　9 上：通“尚”，崇尚。

裴注　[1]《杜氏新书》曰：“时李丰为常侍，黄门郎袁侃见转为吏部郎，荀俣出为东郡太守，三人皆恕之同班友善。”

乐安廉昭以才能拔擢[1]，颇好言事[2]。恕上疏极谏曰：

“伏见尚书郎廉昭奏左丞曹璠以罚当关不依诏，坐判问。又云‘诸当坐者别奏’。尚书令陈矫自奏不敢辞罚，亦不敢以处重为恭，意至恳恻。臣窃悯然为朝廷惜之！夫圣人不择世而兴，不易民而治，然而生必有贤智之佐者，盖进之以道，帅之以礼

乐安人廉昭因为才能突出而被提拔，他喜欢议论政务。杜恕上疏极力劝谏说：

“臣先前见尚书郎廉昭上奏检举尚书左丞曹璠因为罪罚应当上奏禀告时没有依照诏命的事，认为曹璠应获罪被审判询问。又说‘其他应当连坐判罪的人也要另行奏报’。尚书令陈矫自己奏报说不敢推脱处罚，也不敢对自己处以重罚以表示对陛下的尊重，心意十分恳切。臣私下对他感到怜悯并为朝廷感到可惜！圣人不会挑选时世再去振兴它，不会先更换百姓再去治理他们，然而圣人一出现便会有贤良聪明的人来辅佐，这大概是圣人按照道德来举用他们，按照礼义来率领他们的缘

故也。古之帝王之所以能辅世长民者,莫不远得百姓之欢心,近尽群臣之智力。诚使今朝任职之臣皆天下之选,而不能尽其力,不可谓能使人;若非天下之选,亦不可谓能官人。陛下忧劳万机,或亲灯火,而庶事不康,刑禁日弛,岂非股肱不称之明效欤?原其所由,非独臣有不尽忠,亦主有不能使。百里奚[3]愚于虞而智于秦,豫让[4]苟容中行而著节智伯,斯则古人之明验矣。

故吧。古代的帝王之所以能统领国家、管理民众,没有一个不是远得百姓的欢心爱戴,近则能竭尽群臣的智慧和能力的。假如使如今朝廷中任职的大臣都是全天下最优秀的人才,但不能充分发挥他们的才力,也不能说善于任用人;假如大臣并非天下最好的人选,也不能称作善于量才授官。陛下在各种政务上忧思操劳,有时候还要夜以继日,但依旧有些事务处理得并不稳妥,刑罚禁令日益松弛,这难道不是臣下不称职的明显表现吗?分析其中原因,不只是臣下没有对陛下尽忠心,就是主上也有不能择人善用的一面。过去百里奚在虞国时表现愚笨却在秦国时变得聪明,豫让在中行氏那里苟且生活但为了智伯展现出忠节,这些都是古代是否善于用人的明显实例啊。

今注 1 拔擢(zhuó):选拔提升。 2 言事:古代专指向君王进谏或议论政事。 3 百里奚:一作百里傒,春秋时人,原为虞国大夫。晋献公灭虞,百里奚被俘入晋。晋嫁穆姬于秦,百里奚作为陪嫁之臣入秦。后逃至楚国宛地,为楚人所执。秦穆公用五张羊皮赎回,用为大夫,世称“五羖大夫”。与蹇叔、由余等共佐秦穆公以建霸业。 4 豫让:春秋战国时晋国人。豫让初为范吉射和荀寅(中行氏)家臣,后任晋卿智瑶(即智伯)家臣,甚受宠信。赵、魏、韩共灭智氏,豫让矢志为智氏报仇,一再谋刺智氏主要政敌赵襄子,后被赵氏拘捕,他求取赵襄子衣服,拔剑击衣后自杀。

“今臣言一朝皆不忠，是诬一朝也；然其事类，可推而得。陛下感帑藏之不充实，而军事未息，至乃断四时之赋衣[1]，薄御府之私谷，帅[2]由圣意，举朝称明，与闻政事密勿大臣，宁有恳恳[3]忧此者乎？骑都尉王才、幸乐人孟思所为不法，振动京都，而其罪状发于小吏，公卿大臣初无一言。自陛下践阼以来，司隶校尉、御史中丞宁有举纲维[4]以督奸宄[5]，使朝廷肃然者邪？若陛下以为今世无良才，朝廷乏贤佐，岂可追望稷、契之遐踪[6]，坐待来世之俊乂[7]乎！

“现在臣下说朝中所有的大臣都不忠心，这是诬陷整个朝廷的大臣；但类似的事可以推断出来。陛下有感于国库的储藏不充实，而军事上又没有停歇，以至于诏命停止四季进奉的衣物，减少内府的粮食开销，遵循陛下的心意，满朝大臣都称赞陛下圣明，而那些参与政务机要的大臣，又有谁如此恳切地忧思国事呢？骑都尉王才与受宠的乐人孟思所做的违法事情，轰动京城，但他们的罪状却是由一个低阶小官吏举报出来的，朝中公卿大臣起初没有人对这件事说过一句话。自从陛下登基以来，司隶校尉、御史中丞难道有依据法律督查这些违法作乱的人，让朝廷得到整肃吗？如果陛下认为当今世上没有优秀的人才，朝廷缺乏贤良辅佐，难道能追慕仰望稷、契的先贤事迹，坐着等待后世的俊杰吗！

今注　1 四时之赋衣：即四季进贡的衣物。　2 帅：遵循。　3 恳恳：诚挚殷切貌。　4 纲维：总纲和四维，比喻法度。　5 奸宄(guǐ)：违法作乱的人或事。　6 遐踪：先贤的事迹。　7 俊乂(yì)：亦作“俊艾”，才德出众的人。

“今之所谓贤者，尽有大官而享厚禄矣，然而奉上之节[1]未立，向公之心不一者，委任之责不专，而俗多忌讳故也。臣以为忠臣不必亲，亲臣不必忠。何者？以其居无嫌[2]之地而事得自尽也。今有疏者毁人不实其所毁，而必曰私报所憎；誉人不实其所誉，而必曰私爱所亲，左右或因之以进憎爱之说。非独毁誉有之，政事损益，亦皆有嫌。陛下当思所以阐广[3]朝臣之心，笃厉[4]有道之节，使之自同古人，望与竹帛[5]耳。反使如廉昭者扰乱其间，臣惧大臣遂将容身保位，坐观得失，为来世戒也！

“现在所谓贤能的人，都是官居高位、享受丰厚俸禄的人而已，但是他们侍奉君上的忠节还没有树立，一意为公的忠心还不统一，这是委任给他们的职责不专一，世俗又有很多忌讳的缘故啊。臣以为忠心的臣子不一定与君主亲近，与陛下亲近的臣子不一定忠心。为什么呢？因为与陛下不亲近的人处在不受人猜忌的位置，反而能竭尽自己的忠心。现在有与您疏远的人检举别人，但是检举的问题又与事实不相符，别人一定说这是在私心报复所憎恶的人；他要是赞美别人但与事实不相符，人们一定会说这是偏爱自己亲近的人，陛下身边的人或许就会趁机陈述憎爱的说法。不仅是毁誉人如此，政事得失也都要惹上猜忌。陛下应当思考如何开阔朝臣的心胸，真诚地勉励坚持道义之人的节气，使他们自觉向古代的贤臣看齐，名望载于史册。如果陛下反过来让廉昭这样的人在朝臣中扰乱，臣害怕群臣都只保全自己的性命与官位，对朝廷政治得失袖手旁观，让它成为后世的鉴戒！

今注　1 奉上之节：谓忠于君主的志节。　2 无嫌：没有猜疑。　3 阐广：充分扩充。　4 笃厉：真诚勉励。　5 望与竹帛：名声载于史册。竹帛，竹简和白绢，古代初无纸，文字书写在竹、帛上。后亦用以指史书。

“昔周公戒鲁侯[1]曰：‘无使大臣怨乎不以[2]。’不言贤愚，明皆当世用也。尧数[3]舜之功，称去四凶，不言大小，有罪则去也。今者朝臣不自以为不能，以陛下为不任也；不自以为不智，以陛下为不问也。陛下何不遵周公之所以用，大舜之所以去？使侍中、尚书坐则侍帷幄[4]，行则从华辇[5]，亲对诏问，所陈必达，则群臣之行，能否皆可得而知；忠能者进，暗劣[6]者退，谁敢依违[7]而不自尽？以陛下之圣明，亲与群臣论议政事，使群臣人得自尽，人自以为亲，人思所以报，贤愚能否，在陛下之所用。以此治事，何事不办？以此建功，何功不成？

“过去周公曾告诫鲁侯说：‘不要让大臣抱怨自己不被任用。’周公不用贤良、愚笨来区别他们，表明无论贤愚都能在当世被任用。尧一一列举舜的功劳，称赞他驱逐四凶，但不说他们罪恶的大小，只是有罪便应该被放逐。现在朝中大臣不认为自己没有才能，而认为陛下不任用自己；不认为自己没有智慧，而认为陛下不向自己询问。陛下何不遵循周公举荐用人，舜放逐凶恶的方法？让侍中、尚书在陛下留居宫内时便陪侍在您身边，出行时便跟随在车驾后，亲自面答陛下的询问，他们的陈述一定能传达到陛下耳中，这样群臣的品行，优劣高下便都能知道了；如此，忠心能干的人得到提拔，昏庸低劣的人被贬黜，这样谁还敢迟疑而不对陛下尽心竭力？以陛下的圣明，亲自与大臣们讨论政务，让群臣人人都能尽到自己的力量，人人都认为和陛下亲近，人人都思考着如何报答陛下，这样大臣无论是贤良还是愚笨，都能被陛下任用。用这样的方法去办事，什么事办不成？用这样的方法建立功业，什么样的功业建不成？

今注　1 鲁侯：指鲁国初封国君伯禽，为周公旦的儿子。　2 怨乎不以:抱怨不被任用。 3 数(shǔ):谈论,述说。 4 帷幄:指代帝王。因为天子居处必设帷幄,故称。 5 华辇:有画饰的车子,这里也指代帝王。 6 暗劣:愚昧低劣。 7 依违:迟疑。

“每有军事,诏书常曰:‘谁当忧此者邪?吾当自忧耳。’近诏又曰:‘忧公忘私者必不然,但先公后私即自办也。’伏读明诏,乃知圣思究尽下情,然亦怪陛下不治其本而忧其末也。人之能否,实有本性,虽臣亦以为朝臣不尽称职也。明主之用人也,使能者不敢遗[1]其力,而不能者不得处非其任。选举非其人,未必为有罪也;举朝共容非其人,乃为怪耳。陛下知其不尽力也,而代之忧其职,知其不能也,而教之治其事,岂徒主劳而臣逸哉?虽圣贤并世,终不能以此为治也。

“每次遇到军务,诏书上常常说:‘谁应该为这些事忧虑?我应当自己为此忧虑。’最近诏书又说:‘忧虑公事忘记自己私事的人一定不是这样,但先考虑公事再顾虑私事的人就能自觉去办理。’臣拜读诏书,才知道陛下对底下的情形知道得十分清楚,但是也对陛下不治根本反而对细枝末节过分忧虑而感到奇怪。一个人有没有才能,实在是有他的本性,即使是臣下也认为朝臣并非全都称职。圣明的君主举用人才,会让有才能的人不敢留有余力,而没有才能的人不能处在不适合他的职位上。选拔举荐出不适合的人,不一定就有罪过;整个朝廷的大臣都容忍不适合的人担任官职,这才是奇怪的事啊。陛下知道这些人不能尽力供职,却替他们忧虑职事,知道他们才能不足,但却让他们职掌政务,这岂不是白白使主上劳累而让臣下安逸吗?即使圣明贤良的人都出现在世上,那也终究不能在这种情况下让国家得到治理。

今注 1 遗:保留。

“陛下又患台阁[1]禁令之不密,人事请属[2]之不绝,听伊尹作迎客出入之制,选司徒更恶吏以守寺门,威禁由之,实未得为禁之本也。昔汉安帝时,少府窦嘉辟廷尉郭躬无罪之兄子,犹见举奏,章劾纷纷。近司隶校尉孔羡辟大将军狂悖之弟,而有司嘿尔[3],望风希指[4],甚于受属。选举不以实,人事之大者也[1]。嘉有亲戚之宠,躬非社稷重臣,犹尚如此;以今况古,陛下自不督必行之罚以绝阿党之原耳。伊尹之制,与恶吏守门,非治世之具也。使臣之言少蒙察纳,何患于奸不削灭,而养若昭等乎!

“陛下又担忧尚书台的禁令不够严密,人事请托难以杜绝,就听从伊尹的建议制定客人出入来往的制度,任命司徒更换面目凶狠的官员来守护官署大门,由他们严厉地禁护大门,但实际没有得到制定禁令的根本意义。过去汉安帝时,少府窦嘉征辟廷尉郭躬一个没有罪嫌的侄子,但仍被上奏举报,弹劾他的奏章纷纷不断。近来司隶校尉孔羡征辟大将军狂妄乖戾的弟弟,但相关官员却沉默不言,观察上头的风向,迎合当权者意旨,超过接受君主授予的职位责任。选举人才不依据实际才能,这是人事政务中的大问题。窦嘉有身为陛下亲属的宠幸,郭躬也不是国家重要的大臣,尚且不能免于被弹劾;用现在的情况和古时候相比,则是陛下自己没有督查必定执行的惩罚来杜绝阿谀结党的原因。伊尹的制度,与凶恶官员守护官署大门的方法,不是太平盛世应该存在的制度。如果臣下的建言能稍许被陛下体察采纳,何愁奸邪的人不被消灭,还滋养了廉昭这样的人呢!

今注 1 台阁:尚书台(省)的别称。 2 人事请属:人事请托。请属,私相嘱托。 3 嘿尔(mò ěr):指沉默无言的样子。 4 望风希指:谓见机迎合他人意旨。

裴注 [1]臣松之案:大将军,司马宣王也。《晋书》云:"宣王第五弟名通,为司隶从事。"疑恕所云狂悖者。通子顺,封龙阳亭侯。晋初受禅,以不达天命,守节不移,削爵土,徙武威。

"夫纠擿[1]奸宄,忠事也,然而世憎小人行之者,以其不顾道理而苟求容进也。若陛下不复考其终始,必以违众忤世为奉公,密行白人[2]为尽节,焉有通人[3]大才而更不能为此邪?诚顾道理而弗为耳。使天下皆背道而趋利,则人主之所最病[4]者,陛下将何乐焉,胡不绝其萌乎?夫先意承旨以求容美,率皆天下浅薄无行义者,其意务在于适人主之心而已,非欲治天下安百姓也。陛下何不试变业而示之,彼岂执其所守以违圣意哉?夫人

"纠察揭发违法作乱的人,是对陛下忠心的事,但是世人都讨厌小人做这样的事,因为他们不顾道理而只求自己保身升官。如果陛下不再核查这些事的来龙去脉,必然会把违背众意,抵触社会视为忠心奉公,将秘密行动和告发别人当作是为君主尽节,哪里有学问渊博、堪当重任的人不能这么做呢?实在是他们顾虑道义而不愿意做而已。假如天下的人都违背道义而趋附势利,这是君主最担心的事,陛下您又怎么开心得了,何不把它灭绝在萌芽状态呢?那些先揣摩君上心意然后去迎合而追求表面光鲜的人,大多都是天下浅薄无知没有品行道义的人,他们只是追求契合君主的心意而已,不是想着治理天下安定百姓。陛下何不试着改变自己的主张而展示给他们,他们难道还会坚持自己的意见而违背陛下

臣得人主之心，安业也；处尊显之官，荣事也；食千钟之禄，厚实也。人臣虽愚，未有不乐此而喜于迕[5]者也，迫于道，自强耳。诚以为陛下当怜而佑之，少委任焉，如何反录昭等倾侧之意，而忽若人者乎？今者外有伺隙之寇，内有贫旷之民，陛下当大计天下之损益，政事之得失，诚不可以怠也。”

的想法吗？人臣得到君主的欢心，就能稳定自己的官位；处在尊贵显赫的官位上，是荣耀的事；享受千钟的俸禄，是丰厚的待遇。人臣即便愚笨，也没有喜欢得到这样的境遇而乐于去冒犯违抗陛下的，如果有人这样，那是迫于道义，自己勉强做出来的罢了。实在希望陛下能怜悯护佑他们，对他们稍稍地委任官职，为什么反而采纳廉昭这样邪僻不正的意见，而忽视这些自强的人呢？如今外部有敌寇窥伺可乘之机，内部有贫困的百姓，陛下应当大力谋划国家的损益，政事的妥当与否，实在不能懈怠啊。”

今注　1 纠擿(tī)：纠举揭发。　2 密行白人：秘密地报告他人的言行。白，告。　3 通人：学识渊博通达的人。　4 最病：最担心、最担忧的。　5 迕：违背忤逆。

恕在朝八年，其论议亢直，皆此类也。

出为弘农太守，数岁转赵相[1]，以疾去官[2]。起家为河东太守，岁余，迁淮北都督护军，复以疾去。恕所在，务存大体而已，其树惠爱，益得百姓

杜恕在朝廷任职八年，他的疏论刚直不屈，都是像这样。

杜恕出任弘农太守，几年后转任赵国丞相，因为患病辞去官职。后又被任河东太守，一年多后，转任淮北都督护军，又因为疾病离职。杜恕在他任职的地方，只是力求保住政事的重要之处而已，他在树立恩惠慈爱，大得百姓的

欢心,不及于畿。顷之,拜御史中丞。恕在朝廷,以不得当世之和,故屡在外任。复出为幽州刺史,加建威将军,使持节,护乌丸校尉。时征北将军程喜屯蓟,尚书袁侃等戒恕曰:"程申伯处先帝之世,倾田园让[1]于青州。足下今俱杖节[2],使共屯一城,宜深有以待之。"而恕不以为意。至官未期,有鲜卑大人儿,不由关塞,径将数十骑诣州,州斩所从来小子一人,无表言上。喜于是劾奏恕,下廷尉,当死。以父畿勤事水死,免为庶人,徙章武郡,是岁嘉平元年[3]。恕倜傥任意[3],而思不防患,终致此败。

欢心方面,比不上杜畿。不久,他被授任御史中丞。杜恕在朝中,因为得不到当权者喜欢,所以多次外出任职。又出任幽州刺史,加封建威将军,持有节杖,兼任护乌丸校尉。当时征北将军程喜在蓟县驻军,尚书袁侃等告诫杜恕说:"程申伯在先帝的时候,在青州倾轧田园让。您现在和他都持有节杖,如果与他同城驻扎,您应该对他多加防备。"但是杜恕不以为意。在杜恕任职还没到期限的时候,有鲜卑部落首领的儿子,未经关塞检查,就直接率领数十骑兵到幽州城,州里杀了一个跟他来的随从,杜恕没有将这件事上表奏报。程喜于是以此弹劾杜恕,朝廷下令将杜恕交给廷尉治罪,被判处死刑。杜恕因为父亲杜畿为公事勤奋尽力而落水溺死,被免为庶人,流放到章武郡,这一年是嘉平元年(249)。杜恕为人任性而不拘小节,没有考虑预防祸患,最终导致这样的灾祸挫败。

今注 1 田园让:疑为田国让,即田豫。 2 杖节:执持旌节。古代帝王授予将帅兵权或遣使四方,给旌节以为凭信。 3 倜傥任意:倜傥,豪爽洒脱而不受世俗礼法拘束。任意,任随其意,不受约束。

裴注　[1]《魏略》曰:"恕在弘农,宽和有惠爱。及迁,以孟康代恕为弘农。康,字公休,安平人。黄初中,以于郭后有外属,并受九亲赐拜,遂转为散骑侍郎。是时,散骑皆以高才英儒充其选,而康独缘妃嫱杂在其间,故于时皆共轻之,号为阿九。康既才敏,因在冗官,博读书传,后遂有所弹驳,其文义雅而切要,众人乃更加意。正始中,出为弘农,领典农校尉。康到官,清己奉职,嘉善而矜不能,省息狱讼,缘民所欲,因而利之。郡领吏二百余人,涉春遣休,常四分遣一。事无宿诺,时出案行,皆豫敕督邮、平水,不得令属官遣人探候,修设曲敬。又不欲烦损吏民,常豫敕吏卒,行各持镰,所在自刈马草,不止亭传,露宿树下,又所从常不过十余人。郡带道路,其诸过宾客,自非公法无所出给;若知旧造之,自出于家。康之始拜,众人虽知其有志量,以其未尝宰牧,不保其能也;而康恩泽治能乃尔,吏民称歌焉。嘉平末,徙渤海太守,征入为中书令,后转为监。"　[2]《杜氏新书》曰:"恕遂去京师,营宜阳一泉坞,因其垒堑之固,小大家焉。明帝崩,时人多为恕言者。"　[3]《杜氏新书》曰:"喜欲恕折节谢己,讽司马宋权示之以微意。恕答权书曰:'况示委曲。夫法天下事,以善意相待,无不致快也;以不善意相待,无不致嫌隙也。而议者言,凡人天性皆不善,不当待以善意,更堕其调中。仆得此辈,便欲归蹈沧海乘桴耳,不能自谐在其间也。然以年五十二,不见废弃,颇亦遭明达君子亮其本心,若不见亮,使人刳心著地,正与数斤肉相似,何足有所明,故终不自解说。程征北功名宿著,在仆前甚多,有人出征北乎!若令下官事无大小,咨而后行,则非上司弹绳之意;若咨而不从,又非上下相顺之宜。故推一心,任一意,直而行之耳。杀胡之事,天下谓之是邪,是仆谐也;呼为非邪,仆自受之,无所怨咎。程征北明之亦善,不明之亦善,诸君子自共为其心耳,不在仆言也。'喜于是遂深文劾恕。"

初,恕从赵郡还,陈留[1]阮武[2]亦从清河太守

起初,杜恕从赵郡任上回京,陈留人阮武也从清河太守任上被召回,他们

征,俱自薄[3]廷尉。谓恕曰:"相观[4]才性[5]可以由公道而持之不厉,器能可以处大官而求之不顺,才学可以述古今而志之不一,此所谓有其才而无其用。今向闲暇,可试潜思,成一家言。"在章武,遂著《体论》八篇[1],又著《兴性论》一篇,盖兴于为己也。四年,卒于徙所。甘露二年,河东乐详年九十余,上书讼[6]畿之遗绩,朝廷感焉。诏封恕子预[7]为丰乐亭侯,邑百户[2]。恕奏议论驳皆可观,掇其切世大事著于篇[3]。

都到廷尉署对证。阮武对杜恕说:"从相貌上看,您的才能禀赋能遵循公道但践行得不够严格,器量能力可以任高官但求取的过程不顺利,才学见识能叙述古今,但志趣不能专一,这就是所谓的有才能却没有发挥作用的地方。现在你将有空闲时间,可以尝试潜心沉思,成就一家之言。"在章武郡的时候,杜恕就著《体论》八篇,又作《兴性论》一篇,这些大概都是结合自己经历有感而发作的。嘉平四年(252),杜恕在流放的地方去世。甘露二年(257),河东人九十多岁的乐详,上书称颂杜畿遗留的功绩,朝廷受此感动。朝廷诏封杜恕的儿子杜预为丰乐亭侯,食邑一百户。杜恕的奏议论驳都值得一读,这里选取了其中切合时世的重要政事内容著录于篇。

今注 1 陈留:郡名,治所在陈留县(今河南开封祥符区东南)。 2 阮武:字文业,为"竹林七贤"之一的阮籍的族兄,三国魏时官清河太守。 3 薄:对证。 4 相观:指从面相上观察。 5 才性:才能禀赋。 6 讼:赞扬。 7 预:杜预,字元凯,京兆杜陵(今陕西西安东南)人,魏幽州刺史杜恕子。杜预初仕魏,为尚书郎,娶司马昭妹为妻,入晋任河南尹。杜预曾任镇南大将军,都督荆州诸军事,后发兵平吴,以功封当阳县侯。杜预耽思经籍,博学多闻,著有《春秋左氏经传集解》等。

裴注　[1]《杜氏新书》曰:"以为人伦之大纲,莫重于君臣;立身之基本,莫大于言行;安上理民,莫精于政法;胜残去杀,莫善于用兵。夫礼也者,万物之体也,万物皆得其体,无有不善,故谓之《体论》。"　[2]《魏略》曰:"乐详,字文载。少好学,建安初,详闻公车司马令南郡谢该善《左氏传》,乃从南阳步诣该,问疑难诸要,今《左氏乐氏问七十二事》,详所撰也。所问既了而归乡里,时杜畿为太守,亦甚好学,署详文学祭酒,使教后进,于是河东学业大兴。至黄初中,征拜博士。于时太学初立,有博士十余人,学多褊狭,又不熟悉,略不亲教,备员而已。惟详五业并授,其或难解,质而不解,详无愠色,以杖画地,牵譬引类,至忘寝食,以是独擅名于远近。详学既精悉,又善推步三五,别授诏与太史典定律历。太和中,转拜骑都尉。详学优能少,故历三世,竟不出为宰守。至正始中,以年老罢归于舍,本国宗族归之,门徒数千人。"　[3]《杜氏新书》曰:"恕弟理,字务仲。少而机察精要,畿奇之,故名之曰理。年二十一而卒。弟宽,字务叔。清虚玄静,敏而好古。以名臣门户,少长京师,而笃志博学,绝于世务,其意欲探赜索隐,由此显名,当涂之士多交焉。举孝廉,除郎中。年四十二卒。经传之义,多所论驳,皆草创未就,惟删集《礼记》及《春秋左氏传解》,今存于世。预,字元凯,司马宣王女婿。王隐《晋书》称预智谋渊博,明于理乱,常称'德者非所以企及,立功立言,所庶几也'。大观群典,谓《公羊》《穀梁》,诡辩之言。又非先儒说《左氏》未究丘明意,而横以二《传》乱之。乃错综微言,著《春秋左氏经传集解》,又参考众家,谓之《释例》,又作《盟会图》《春秋长历》,备成一家之学,至老乃成。尚书郎挚虞甚重之,曰:'左丘明本为《春秋》作传,而《左传》遂自孤行;《释例》本为传设,而所发明,何但《左传》! 故亦孤行。'预有大功名于晋室,位至征南大将军,开府,封当阳侯,食邑八千户。子锡,字世嘏,尚书左丞。"《晋诸公赞》曰:"嘏有器局。预从兄斌,字世将,亦有才望,为黄门郎,为赵王伦所枉杀。嘏子乂,字弘治。少有令名,为丹阳丞,早卒。阮武者,亦拓落大才也。"案《阮氏谱》:武父谌,字士信,征辟无所就,造《三礼图》

传于世。《杜氏新书》曰:"武,字文业,阔达博通,渊雅之士。位止清河太守。武弟炳,字叔文,河南尹。精意医术,撰药方一部。炳子坦,字弘舒,晋太子少傅,平东将军。坦弟柯,字士度。"荀绰《兖州记》曰:"坦出绍伯父,亡,次兄当袭爵,父爱柯,言名传之,遂承封。时幼小,不能让,及长悔恨,遂幅巾而居,后虽出身,未尝释也。性纯笃闲雅,好礼无违,存心经诰,博学洽闻。选为濮阳王文学,迁领军长史,丧官。王衍时为领军,哭之甚恸。"

郑浑

原文

郑浑,字文公,河南开封人也。高祖父众1,众父兴2,皆为名儒[1]。浑兄泰3,与荀攸等谋诛董卓,为扬州刺史,卒[2]。浑将泰小子袤避难淮南,袁术宾礼甚厚。浑知术必败。时华歆为豫章太守,素与泰善,浑乃渡江投歆。太祖闻其笃行,召为掾,复迁下蔡长、邵陵令。天下未定,民皆剽轻,不念产殖;其生子无以相活,率皆不举。浑所在夺其渔猎之具,课使耕桑,又兼开稻田,重去子之

译文

郑浑,字文公,河南开封人。高祖父郑众,郑众的父亲郑兴,都是著名的儒家学者。郑浑的哥哥郑泰,曾与荀攸等人谋划诛杀董卓,后任扬州刺史,不过早逝。郑浑带着郑泰的小儿子郑袤到淮南避难,袁术用优厚的宾客礼节对他。郑浑知道袁术一定会失败。当时华歆担任豫章太守,他向来与郑泰交好,郑浑于是渡江投奔华歆。太祖听说郑浑品行纯正,征召他为掾吏,又任他为下蔡县长、邵陵县令。天下还没安定,百姓都剽悍轻佻,无心耕种生产;他们生下了孩子但是没办法养活,于是都不愿意抚养。郑浑在自己任职的地方收缴百姓们打鱼狩猎的工具,督促他们耕田种桑,又开垦稻田,颁布法令加重处罚弃子之人。百姓一开

法。民初畏罪，后稍丰给，无不举赡。所育男女，多以郑为字。辟为丞相掾属，迁左冯翊。

始畏惧犯法获罪，后来生活逐渐富裕，就没有人再弃子不养。他们新出生的孩子，多用“郑”作为名字。后来郑浑被征辟为丞相掾属，升任左冯翊。

今注　1 郑众：郑众，字仲师，郑兴子，少从父受学《左氏春秋》，兼通《易》《诗》，著有《春秋难记条例》《春秋删》等，为当时著名经学家。　2 郑兴：郑兴，字少赣，好古学，尤明《左氏》《周官》，长于历数，为著名经学家，与大儒贾逵齐名，所学并称“郑贾之学”。　3 郑泰：字公业，郑浑兄，少有才略，多智谋。郑泰曾与荀攸谋诛董卓，后被袁术举为扬州刺史，未到任而卒。

裴注　[1]《续汉书》曰：“兴，字少赣，谏议大夫。众，字子师，大司农。”[2] 张璠《汉纪》曰：“泰，字公业。少有才略，多谋计，知天下将乱，阴交结豪杰。家富于财，有田四百顷，而食常不足，名闻山东。举孝廉，三府辟，公车征，皆不就。何进辅政，征用名士，以泰为尚书侍郎，加奉车都尉。进将诛黄门，欲召董卓为助，泰谓进曰：‘董卓强忍寡义，志欲无厌，若借之朝政，授之大事，将肆其心以危朝廷。以明公之威德，据阿衡之重任，秉意独断，诛除有罪，诚不待卓以为资援也。且事留变生，其鉴不远。’又为陈时之要务，进不能用，乃弃官去。谓颍川人荀攸曰：‘何公未易辅也。’进寻见害，卓果专权，废帝。关东义兵起，卓会议大发兵，群寮咸惮卓，莫敢忤旨。泰恐其强，益将难制，乃曰：‘夫治在德，不在兵也。’卓不悦，曰：‘如此，兵无益邪？’众人莫不变容，为泰震栗。泰乃诡辞对曰：‘非以无益，以山东不足加兵也。今山东议欲起兵，州郡相连，人众相动，非不能也。然中国自光武以来，无鸡鸣狗吠之警，百姓忘战日久。仲尼有言“不教民战，是谓弃之”，虽众，不能为害，一也。明公出自西州，少为国将，闲习军事，数践战场，名称当世；以此威民，民怀慑服，二也。袁本初公卿子弟，生处京师，体长妇人；张孟卓东平长者，坐不窥堂；孔公绪能清谈高论，嘘枯吹生，无军帅之才，负霜露之勤；临锋履刃，决敌雌雄，皆非明公敌，三也。察山东之士，力能跨马控弦，勇等孟贲，捷齐庆忌，信有聊城之守，策有良、平之谋；可任以偏师，责以成功，未闻有其人者，四也。就有其人，王爵不相加，妇姑位不定，各恃众怙力，将人人棋跱，以观成败，不肯同心共胆，率徒旅进，五也。关西诸郡，北接上党、太原、冯翊、扶风、安定，自顷以来，数与胡战，妇女载戟挟矛，弦弓负矢，况其悍夫。以此当山东忘战之民，譬驱群羊向虎狼，其胜可必，六也。且天下之权勇，今见在者，不过并、凉、匈奴屠各、湟中义从、八种西羌，皆百姓素所畏服，而明公权以为爪牙，壮夫震慄，况小丑乎！七也。又明公之将帅，皆中表腹心，周旋日久，自三原、硖口以来，恩信醇著，忠诚可远任，智谋可特使，以此当山东假合之虚诞，实不相若，八也。夫战有三亡：以乱攻治者亡，以邪攻正者亡，以逆攻顺者亡。今明公秉国政平，讨夷凶宦，忠义克立；以三德待于三亡，奉辞伐罪，谁人敢御？九也。东州有郑康成，学该古今，儒生之所以集；北海邴根矩，清高直亮，群士之楷式。彼诸将若询其计画，案典校之强弱，燕、赵、齐、梁非不盛，终见灭于秦，吴、楚七国非不众，而不敢逾荥阳，况今德政之赫赫，股肱之邦良，欲造乱以徼不义者，必不相然赞成其凶谋，十也。若十事少有可采，无事征兵以惊天下，使患役之民，相聚为非，弃德恃众，以轻威重。’卓乃悦，以泰为将军，统诸军击关东。或谓卓曰：‘郑泰智略过人，而结谋山东，今资之士马，使就其党，窃为明公惧之。’卓收其兵马，留拜议郎。后又与王允谋共诛卓，泰脱身自武关走，东归。后将军袁术以为扬州刺史，未至官，道卒，时年四十二。”

时梁兴等略吏民五千余家为寇钞，诸县不能御，皆恐惧，寄治郡下[1]。议者悉以为当

当时梁兴等人劫掠官民五千多家，各县不能抵抗，都感到害怕，就把县治挪到郡城。参与讨论的人都认为应该把郡治迁移到地势险要的地方去，郑浑说：“梁兴

移就险[2]，浑曰："兴等破散，窜在山阻。虽有随者，率胁从[3]耳。今当广开降路，宣喻恩信。而保险[4]自守，此示弱也。"乃聚敛吏民，治城郭，为守御之备。遂发民逐贼，明赏罚，与要誓，其所得获，十以七赏。百姓大悦，皆愿捕贼，多得妇女、财物。贼之失妻子者，皆还求降。浑责其得他妇女，然后还其妻子，于是转相寇盗，党与离散。又遣吏民有恩信者，分布山谷告喻，出者相继，乃使诸县长吏各还本治以安集之。兴等惧，将余众聚鄜城[5]。

等人已经被击败流散，逃窜到山中险地。虽然有追随的人，但都是被胁迫的罢了。现在我们应当向他们敞开投降的门路，宣示恩德和信义。如果只是凭借险要地势来自保，那就是向敌人显示软弱了。"于是聚集官吏和百姓，修造城郭，作为守护防御的准备。随即征调百姓追击敌寇，明确恩赏和罪罚，与他们立约结誓，缴获的战利品，十成中七成作为赏赐。百姓听后十分高兴，都愿意去追捕贼寇，以获得很多妇女、财物。贼寇中失去妻儿的，都返回请求投降。郑浑命令他们去追捕其他贼寇的妇女，然后再归还他们的妻儿，因此贼寇互相劫掠，梁兴的同伙很快就分崩离析。郑浑又派遣官民中有恩德信义的人，到贼寇藏身的山谷中宣传告示，因此出来投降的贼寇接连不断，于是让众县官员回到本县治所去安抚归降的贼寇。梁兴等人感到害怕，率领余下的贼寇聚集到鄜城。

今注 1 寄治郡下：将县治移到郡城。 2 就险：靠近地势险要的地方。 3 胁从：指被迫相从。 4 保险：凭借险要地势。 5 鄜(fū)城：鄜城县，在今陕西洛川。

太祖使夏侯渊就助郡击之，浑率吏民前登[1]，斩兴及其支党。又贼靳富等，胁将夏阳[2]长、邵陵令并其吏民入硙山，浑复讨击破富等，获二县长吏，将其所略还。及赵青龙者，杀左内史[3]程休，浑闻，遣壮士就枭其首。前后归附四千余家，由是山贼皆平，民安产业。转为上党太守。

太祖派夏侯渊帮助本郡进攻鄜城，郑浑率领吏民冲锋在前，斩杀梁兴及其部属。又有贼寇靳富等人，胁迫夏阳县长、邵陵县令及县中吏民进入硙山，郑浑又率军击败靳富等人，收获夏阳、邵陵二县的官员和百姓，将靳富等人抢夺的物品归还各县。另有余党赵青龙，杀左内史程休，郑浑听到后，派遣健壮的战士前去砍下赵氏的脑袋示众。前后有四千多户贼寇归顺，从此山贼都被平定，百姓安居乐业。郑浑转任上党太守。

今注 1 前登：先锋，打头阵。 2 夏阳：在今陕西韩城南，三国魏属冯翊郡。 3 左内史：官名，即左内史郡长官，郡治所在高陵（今陕西西安高陵区）。

太祖征汉中，以浑为京兆尹。浑以百姓新集，为制移居之法，使兼复[1]者与单轻[2]者相伍，温信[3]者与孤老为比，勤稼穑[4]，明禁令，以发奸者。由是民安于农，而盗贼止息。及大军入汉中，运转军粮为最。又

太祖征讨汉中，任郑浑为京兆尹。郑浑认为京兆地区的百姓是由各地新聚集而来，因此特别为他们制定移居的法令，让大户与小户编成一伍，温和有信义的人与孤寡的老人做邻居，勉励百姓耕种庄稼，明示官府的禁止法令，以便检举奸恶的人。因此之后百姓才安心地务农，而抢劫偷窃等情况消失。等太祖军队进入汉中后，以郑浑管辖的京兆地区转运输送的

遣民田[5]汉中，无逃亡者。太祖益嘉之，复入为丞相掾。

粮草最多。郑浑又派遣民众去汉中开垦耕种，途中没有逃亡的人。于是太祖更加赞许郑浑，又征调任用他为丞相掾。

今注　1 兼复：宗支众多的大家族。　2 单轻：单薄，这里指家庭单薄贫困。　3 温信：温和诚实。　4 稼穑：耕种和收获，泛指农业劳动。　5 田：开垦耕种。

文帝即位，为侍御史，加驸马都尉，迁阳平、沛郡二太守。郡界下湿[1]，患水涝，百姓饥乏。浑于萧[2]、相[3]二县界，兴陂遏[4]，开稻田。郡人皆以为不便，浑曰：“地势洿下[5]，宜溉灌，终有鱼稻经久之利，此丰民之本也。”遂躬率吏民，兴立功夫[6]，一冬间皆成。比年[7]大收，顷亩岁增，租入倍常，民赖其利，刻石颂之，号曰郑陂。转为山阳、魏郡太守，其治放[8]此。又以郡下百姓，苦乏材木，乃课树榆为篱，并益树五

文帝即位后，郑浑任侍御史，加封驸马都尉，开任阳平、沛郡两郡的太守。郑浑治理的郡县地势低洼而积水，遭受水涝的灾患，百姓饥困贫乏。郑浑打算在萧县和相县两县交界的地方，兴修蓄水塘，开垦出稻田。郡中的人都说这样做不合适，郑浑说：“这里地势低下，适合灌溉，这样做终究会有种田养鱼上的长久的收益，这是让民众富裕的根本大事。”于是郑浑率领官吏百姓，开工建造，一个冬天的时间就完成了。第二年获得了大丰收，田地的产量每年都有增加，获得的税收比往常多一倍，百姓依靠这一工事获得了实利，于是在石头上镌刻文字称颂郑浑，陂池也被称作“郑陂”。郑浑又转任山阳、魏郡太守，他的治理方法与在前郡相仿。又因为郡中的百姓，苦于缺乏木料，于是督促百姓种植榆树作为篱笆，并

果[9];榆皆成藩,五果丰实。入魏郡界,村落齐整如一,民得财足用饶。明帝闻之,下诏称述,布告天下。迁将作大匠。浑清索[10]在公,妻子不免于饥寒。及卒,以子崇为郎中[1]。

且鼓励多种五种果树;后来榆树都长成了藩篱,五种果树也获得了丰收。进入魏郡境内,村子聚落整齐划一,百姓财物充足、物用富饶。明帝听说后,下诏褒扬他,并在全国范围内通告。郑浑转任将作大匠。郑浑清廉不党,一心为公,妻子儿女尚且不免要受冻挨饿。等到他去世后,朝廷任他的儿子郑崇为郎中。

今注 1 下湿:谓地势低而潮湿。 2 萧:县名,三国魏属谯郡,在今安徽萧县西北。 3 相:县名,在今安徽濉溪西北。 4 陂遏(bēi è):即“陂堨”,蓄水塘。 5 洿(wū)下:低洼。 6 功夫:此处指工程。 7 比年:年年。 8 放:通“仿”,效仿、效法。 9 五果:指桃、李、杏、栗、枣五种果树。 10 清索:清廉不党。索,单独。

裴注 [1]《晋阳秋》曰:“泰子袤,字林叔。泰与华歆、荀攸善。见袤曰:‘郑公业为不亡矣。’初为临菑侯文学,稍迁至光禄大夫。泰始七年,以袤为司空,固辞不受,终于家。子默,字思玄。”《晋诸公赞》曰:“默遵守家业,以笃素称,位至太常。默弟质、舒、诩,皆为卿。默子球,清直有理识,尚书右仆射、领选。球弟豫,为尚书。”

仓慈

原文

仓慈,字孝仁,淮南[1]人也。始为郡吏。建安

译文

仓慈,字孝仁,淮南人。起初任郡中小吏。建安年间,太祖在淮南招募屯

中，太祖开募屯田于淮南，以慈为绥集都尉[2]。黄初末，为长安令，清约[3]有方，吏民畏而爱之。太和中，迁燉煌太守。郡在西陲，以丧乱隔绝，旷无太守二十岁，大姓雄张[4]，遂以为俗。前太守尹奉等，循故而已，无所匡革。慈到，抑挫权右，抚恤贫羸，甚得其理。旧大族田地有余，而小民无立锥之土；慈皆随口割赋[5]，稍稍使毕其本直[6]。

田，任仓慈为绥集都尉。黄初末年，仓慈任长安县令，廉明俭约，做事有原则，官吏和百姓既畏惧又敬爱他。太和年间，仓慈升任燉煌太守。燉煌郡在西部边陲，因为动乱和中原断绝了联系，空缺太守二十年，郡中豪强大族骄横跋扈，已经成为习俗。前太守尹奉等人，只是遵循旧有的规章做事，没有什么匡正和改革。仓慈到任后，抑制打击贵族豪强，抚恤贫民弱小，事情做得十分得当。过去大家族中田地有余，但普通百姓却没立锥之地；仓慈到任后，都按照人口多少将豪家大族的多余田地分配给百姓以便征收赋税，并让他们慢慢偿还原来的地价。

今注 1 淮南：淮南郡，治所在今安徽寿县。 2 绥集都尉：官名，东汉末年曹操置，掌淮南屯田事。绥集，安抚集聚。 3 清约：廉明俭约。 4 雄张：势力扩张，旺盛。这里指嚣张跋扈。 5 随口割赋：根据人口的多少给百姓划拨豪族的土地。 6 本直：指田土本来的价格。

先是属城狱讼众猥[1]，县不能决，多集治下；慈躬往省阅，料简[2]轻重，自非殊死，但鞭杖遣之，一岁决刑曾不满十人。又常日西域

在此之前郡中各县积压的诉讼案件多而杂乱，县里无法判决，多数集中在治所；仓慈亲自前往查阅，清理检查案件的轻重，只要不是死罪，就都责以鞭杖遣送回家，一年中判处死刑的还不到十个人。又有往日杂居郡中的西域胡人想去都城

杂胡欲来贡献[3],而诸豪族多逆[4]断绝;既与贸迁,欺诈侮易,多不得分明。胡常怨望,慈皆劳之。欲诣洛者,为封过所[5],欲从郡还者,官为平取[6],辄以府见物[7]与共交市,使吏民护送道路,由是民夷翕然称其德惠。数年卒官,吏民悲感如丧亲戚,图画其形,思其遗像。及西域诸胡闻慈死,悉共会聚于戊己校尉及长吏治下发哀,或有以刀画面,以明血诚,又为立祠,遥共祠之[1]。

进贡,可是豪强经常事先在途中就把他们劫掠;即便是与他们进行贸易,豪强大族也常常欺诈、侮辱轻视他们,很多事弄得不清不楚。胡人心中常常怨恨,仓慈来后都对他们进行安抚。他们中想去洛阳拜谒的,仓慈给他们颁发过境的凭证,想从郡中交易后返还的,官府与他们公平贸易,就用官府中现有的货物与他们交换,并让官吏百姓在途中护送,因此郡中百姓和胡人都称赞他的恩德仁惠。数年之后仓慈在任上去世,官吏百姓悲伤得像失去了自己的亲戚,为此绘制出他的图像,追念他生前的容颜。当西域的各族胡人听说仓慈去世,都聚集到戊己校尉和长吏的治所前悼念,有的人用刀划破自己的脸,表达对仓慈的诚恳思念,又为他建立祠庙,一同遥拜祭祀他。

今注　1 众猥(wěi):多而杂乱。　2 料简:清理检查,清点察看。　3 贡献:进奉,进贡。　4 逆:事先。　5 过所:古代过关津时所用的凭证,类似近代的通行证。　6 平取:公平贸易。　7 见物:现有的物品。见,同“现”。

裴注　[1]《魏略》曰:“天水王迁承代慈,虽循其迹,不能及也。金城赵基承迁后,复不如迁。至嘉平中,安定皇甫隆代基为太守。初,燉煌不甚晓田;常灌溉滀水,使极濡洽,然后乃耕。又不晓作耧犁,用水,及种,人牛功力既费，而收谷更少。隆到，教作耧犁，又教衍溉，岁终率计，其所省庸力过半，得谷加五。又燉煌俗，妇人作裙，挛缩如羊肠，用布一匹；隆又禁改之，所省复不訾。故燉煌人以为隆刚断严毅不及于慈，至于勤恪爱惠，为下兴利，可以亚之。”

自太祖迄于咸熙，魏郡太守陈国吴瓘、清河[1]太守乐安任燠、京兆太守济北[2]颜斐、弘农太守太原令狐邵、济南相鲁国孔乂，或哀矜折狱，或推诚惠爱，或治身清白，或擿奸发伏[3]，咸为良二千石[1]。

自太祖到元帝咸熙年间，魏郡太守陈国人吴瓘、清河太守乐安人任燠、京兆太守济北人颜斐、弘农太守太原人令狐邵、济南相鲁国人孔乂，他们中有的人怜悯百姓、判案公正，有的人待人以诚、施行恩惠慈爱，有的人严格律己、保持清白，有的人检举奸恶，揭发隐藏的罪犯，他们都是优秀的二千石官员。

今注　1 清河：郡名，治所在清河县（今山东临清东北）。　2 济北：郡名，治所在博阳县（今山东泰安岱岳区）。　3 发伏：揭露隐蔽的坏人坏事。

裴注　[1] 瓘、燠事行无所见。《魏略》曰：“颜斐，字文林。有才学。丞相召为太子洗马，黄初初，转为黄门侍郎，后为京兆太守。始，京兆从马超破后，民人多不专于农殖，又历数四二千石，取解目前，亦不为民作久远计。斐到官，乃令属县整阡陌，树桑果。是时民多无车牛。斐又课民以闲月取车材，使转相教匠作车。又课民无牛者，令畜猪狗，卖以买牛。始者民以为烦，一二年间，家家有丁车、大牛。又起文学，听吏民欲读书者，复其小徭。又于府下起菜园，使吏役闲锄治。又课民当输租时，车牛各因便致薪两束，为冬寒冰炙笔砚。于是风化大行，吏不烦民，民不求吏。京兆与冯翊、扶风接界，二郡道路既秽塞，田畴又荒莱，人民饥冻，而京兆皆整顿开明，丰富常为雍州十郡最。斐又清己，仰奉而已，于是吏民恐其迁转也。至青龙中,司马宣王在长安立军市,而军中吏士多侵侮县民,斐以白宣王。宣王乃发怒,召军市候,便于斐前杖一百。时长安典农与斐共坐,以为斐宜谢,乃私推筑斐。斐不肯谢,良久乃曰:'斐意观明公受分陕之任,乃欲一齐众庶,必非有所左右也。而典农窃见推筑,欲令斐谢;假令斐谢,是更为不得明公意也。'宣王遂严持吏士。自是之后,军营、郡县各得其分。后数岁,迁为平原太守,吏民啼泣遮道,车不得前,步步稽留,十余日乃出界,东行至崤而疾困。斐素心恋京兆,其家人从者见斐病甚,劝之,言:'平原当自勉励作健。'斐曰:'我心不愿平原,汝曹等呼我,何不言京兆邪?'遂卒,还平原。京兆闻之,皆为流涕,为立碑,于今称颂之也。"令狐邵,字孔叔。父仕汉,为乌丸校尉。建安初,袁氏在冀州,邵去本郡,家居邺。九年,暂出到武安毛城中。会太祖破邺,遂围毛城。城破,执邵等辈十余人,皆当斩。太祖阅见之,疑其衣冠也,问其祖考,而识其父,乃解放,署军谋掾。仍历宰守,后徙丞相主簿,出为弘农太守。所在清如冰雪,妻子希到官省,举善而教,恕以待人,不好狱讼,与下无忌。是时,郡无知经者,乃历问诸吏,有欲远行就师,辄假遣,令诣河东就乐详学经,粗明乃还,因设文学。由是弘农学业转兴。至黄初初,征拜羽林郎,迁虎贲中郎将,三岁,病亡。始,邵族子愚为白衣时,常有高志,众人谓愚必荣令狐氏,而邵独以为"愚性倜傥,不修德而愿大,必灭我宗"。愚闻邵言,其心不平。及邵为虎贲郎将,而愚仕进已多所更历,所在有名称。愚见邵,因从容言次,微激之曰:"先时闻大人谓愚为不继,愚今竟云何邪?"邵熟视而不答也。然私谓其妻子曰:"公治性度犹如故也。以吾观之,终当败灭。但不知我久当坐之不邪?将逮汝曹耳!"邵没之后,十余年间,愚为兖州刺史,果与王淩谋废立,家属诛灭。邵子华时为弘农郡丞,以属疏得不坐。案《孔氏谱》:孔乂,字元儁,孔子之后。曾祖畴,字元矩,陈相。汉桓帝立老子庙于苦县之赖乡,画孔子像于壁;畴为陈相,立孔子碑于像前,今见存。乂父、祖皆二千石,乂为散骑常侍,上疏规谏,语在《三少帝纪》。至大鸿胪。子恂,字士信,晋平东将军、卫尉也。

评曰：任峻始兴义兵，以归太祖，辟土殖[1]谷，仓庾[2]盈溢，庸绩致矣。苏则威以平乱，既政事之良，又矫矫[3]刚直，风烈[4]足称。杜畿宽猛克济[5]，惠以康民。郑浑、仓慈，恤理有方。抑皆魏代之名守乎！恕屡陈时政，经论治体，盖有可观焉。

评论说：任峻首先发起义军，归顺太祖，开垦土地，种植谷物，充实粮仓，功绩很大。苏则有威严而平定祸乱，既有很好的治理政绩，又刚直勇猛，风范和功绩都值得称颂。杜畿的宽厚和严厉相互补充，能用恩惠安定百姓。郑浑、仓慈，抚恤治理百姓有方法。他们大概都称得上魏代有名的太守了吧！杜恕经常陈谏时政的得失，用儒家经典规范治理国家政务，也有可以借鉴的地方。

今注 1 殖：种植。 2 仓庾(yǔ)：贮藏粮食的仓库。庾，露天的谷仓。 3 矫矫：勇武貌。 4 风烈：功绩，遗风。 5 宽猛克济：宽厚和严厉相互补充。

卷十七 魏书十七

张乐于张徐传

导读 本卷所载皆勇武善战之将，在曹操建立功业的过程中，其麾下众多良将里，有五位拔得头筹。

张辽勇猛异常，有胆识谋略，临危不乱，遇事沉着而有决断。他面对危局能够不退缩而沉着应对，收降昌豨，讨伐袁谭、袁尚，大破孙权，屡立战功，得到武帝、文帝的嘉奖与恩宠。

乐进身材短小却有胆识，跟随曹操东征西讨，击吕布、张超、桥蕤，征张绣、刘备、高幹、孙权，破袁绍、黄巾军，身先士卒，屡立战功。

于禁治军严整，在乱局之中能够稳住阵脚，严整军队纪律，重责军队中的劫掠行为，能够奉法而行，不因私情而枉法。但于禁在与关羽作战失利后投降，文帝时，于禁返回魏国，最终因惭愧忧愤而死。

张郃有计谋，能识大势，因不容于袁绍而归顺曹操，跟从曹操东征西讨，在汉中抵御蜀汉的进攻，在街亭之战中打败蜀将马谡。张郃不仅长于战阵征伐，而且还爱好儒术，奖掖后学。

徐晃洞悉时势，跟随太祖征讨吕布、刘备、袁绍等人，参与平定河北、荆州、河东地区，屡立战功，尤其是在抵御蜀汉的进攻方面功勋卓著。徐晃生活简朴，率军则纪律严明，谨慎行事，总是在做好充分准备后全力出击。

张辽

原文

张辽，字文远，雁门[1]马邑人也。本聂壹之后，以避怨变姓。少为郡吏。汉末，并州刺史丁原以辽武力过人，召为从事，使将兵诣京都。何进遣诣河北募兵，得千余人。还，进败，以兵属董卓。卓败，以兵属吕布，迁骑都尉。布为李傕所败，从布东奔徐州，领鲁相，时年二十八。

太祖破吕布于下邳，辽将其众降，拜中郎将，赐爵关内侯。数有战功，迁裨将军[2]。袁绍破，别遣辽定鲁国诸县。与夏侯渊围昌豨于东海，数月粮尽，议引军还，辽谓渊曰："数日已来，每行诸围，豨辄属目视辽。又其射矢更稀，此必豨计犹豫，故不力战。辽欲挑与语，傥可诱

译文

张辽，字文远，雁门马邑人。他本是聂壹的后人，为了躲避仇怨而改变姓氏。张辽年少时为郡吏。东汉末年，并州刺史丁原认为张辽武力过人，召为从事，使他率兵到京都。何进派遣他到河北地区招募兵员，招到一千多人。他返回后，何进事败，率兵归附了董卓。董卓失败后，率士兵归附了吕布，升任骑都尉。吕布被李傕所打败，张辽跟随吕布逃奔徐州，兼领鲁相，当时二十八岁。

太祖在下邳击败吕布，张辽率其部众归降，被任命为中郎将，赐爵关内侯。因为数次有战功，升任裨将军。袁绍失败后，太祖派张辽另率军平定鲁国诸县。他与夏侯渊在东海围困昌豨，数月后粮食将尽，大家商量率军返回，张辽对夏侯渊说："数日以来，每次巡行我军包围圈，昌豨都一直注视着我，而且他们射箭愈加稀疏，这必定是昌豨犹豫了，所以不尽力战斗。我打算用言语挑动他，或许可以将他诱降？"张辽就让

也？”乃使谓豨曰：“公有命，使辽传之。”豨果下与辽语，辽为说“太祖神武，方以德怀四方，先附者受大赏”。豨乃许降。辽遂单身上三公山，入豨家，拜妻子。豨欢喜，随诣太祖。太祖遣豨还，责辽曰：“此非大将法也。”辽谢曰：“以明公威信著于四海，辽奉圣旨，豨必不敢害故也。”

人对昌豨说：“曹公有命令，派张辽传达给您。”昌豨果然下山与张辽交谈，张辽说：“太祖神明威武，正在以德行怀柔四方，先归附的将受大赏。”昌豨果然愿意归降。张辽于是只身一人上三公山，进入昌豨的家里，拜访他的妻子儿女。昌豨很是欢喜，就跟随张辽一起拜谒太祖。太祖遣还昌豨，责备张辽说：“这不是大将应该采用的方法。”张辽道歉说：“因为您的威信在四海内传扬，张辽尊奉圣旨，昌豨必定不敢加害于我。”

今注 1 雁门：郡名，东汉治阴馆（今山西朔州东南），三国魏移治广武（今山西代县西南）。 2 裨（pí）将军：职官名，初指相对于主将的副将，后来成为低级将军的名号。

从讨袁谭、袁尚于黎阳[1]，有功，行中坚将军。从攻尚于邺，尚坚守不下。太祖还许，使辽与乐进拔阴安，徙其民河南。复从攻邺，邺破，辽别徇赵国、常山，招降缘山诸贼及黑山孙轻等。从攻袁谭，谭破，别将徇海滨，破辽东贼柳毅等。还邺，

张辽跟随太祖在黎阳讨伐袁谭、袁尚，有功劳，代行中坚将军。他跟随太祖在邺城进攻袁尚，袁尚坚守力抗没能攻克。太祖返回许都，使张辽、乐进攻战阴安，将其中百姓迁往河南。张辽又跟随太祖攻击邺城，邺城被攻破，张辽率军去攻占赵国、常山，招降沿山盘踞的诸贼和黑山孙轻等人。他跟随太祖进攻袁谭，袁谭被击破后，另外率军占领海滨各地，击破辽东贼柳毅等人。张

太祖自出迎辽，引共载，以辽为荡寇将军。复别击荆州，定江夏诸县，还屯临颍[2]，封都亭侯。从征袁尚于柳城[3]，卒[4]与虏遇，辽劝太祖战，气甚奋，太祖壮之，自以所持麾[5]授辽。遂击，大破之，斩单于蹋顿[1]。

辽返回邺城，太祖亲自出来迎接张辽，带着他共同乘坐一辆车，任命张辽为荡寇将军。他又去进击荆州，平定江夏诸县，返回屯驻在临颍，封为都亭侯。张辽跟随太祖在柳城征讨袁尚，突然和敌人相遇，张辽劝说太祖力战，气势很激奋，太祖鼓励他，将自己指挥用的大旗授予张辽。张辽就率兵出击，大破胡兵，斩杀单于蹋顿。

今注　1 黎阳：在今河南浚县东。　2 临颍：在今河南临颍县。　3 柳城：在今辽宁朝阳西南。　4 卒：突然。　5 麾：旌旗之类，古代用以指挥军队。

裴注　[1]《傅子》曰："太祖将征柳城，辽谏曰：'夫许，天下之会也。今天子在许，公远北征，若刘表遣刘备袭许，据之以号令四方，公之势去矣。'太祖策表必不能任备，遂行也。"

时荆州未定，复遣辽屯长社[1]。临发，军中有谋反者，夜惊乱起火，一军尽扰。辽谓左右曰："勿动。是不一营尽反，必有造变者，欲以动乱人耳。"乃令军中，其不反者安坐。辽将亲兵数十人，中

当时荆州尚未安定，太祖又派遣张辽屯驻长社。临行出发时，军中有谋反者，夜间惊乱起火，整个军队都被扰动。张辽对身边的人说："不要惊动。这并不是全营都谋反，必定有主谋的人制造兵变，想以动乱惊扰众人。"就下令军中，不谋反的人安静地坐下。张辽带着数十个亲兵，在军营中间站立着。不久大

阵而立。有顷定，即得首谋者杀之。陈兰、梅成以氐六县叛，太祖遣于禁、臧霸等讨成，辽督张郃、朱盖等讨兰。成伪降禁，禁还。成遂将其众就兰，转入灊山[2]。灊中有天柱山，高峻二十余里，道险狭，步径裁通[3]，兰等壁其上。辽欲进，诸将曰："兵少道险，难用深入。"辽曰："此所谓一与一，勇者得前耳。"遂进到山下安营，攻之，斩兰、成首，尽虏其众。太祖论诸将功，曰："登天山，履峻险，以取兰、成，荡寇功也。"增邑，假节。

家安静下来，就立即发现了主谋反叛的人并将其杀掉。陈兰、梅成据守氐人六县反叛，太祖派遣于禁、臧霸等人讨伐梅成，张辽都督张郃、朱盖等人讨伐陈兰。梅成假装归降于禁，于禁撤军返回。梅成就率领他的部众到陈兰那里，潜入灊县山区。灊县山区中有天柱山，山势高峻，通达山顶的路长达二十多里，道路险峻狭窄，只有勉强行走的小路，陈兰等人在山上筑起营寨。张辽打算进击，诸将说："我们士兵少而道路险阻，难以深入。"张辽说："这就是所谓一对一的拼搏，勇猛的人能够抢先一步。"于是进到山下安营，随即进击，斩杀陈兰、梅成首级，尽数俘获其部下。太祖论诸将的功劳，说："登如天高的山，践履险峻的山路，攻取陈兰、梅成，有荡涤贼寇的大功。"就增加他的食邑，授予他节杖。

今注　1 长社：地名，在今河南长葛东。　2 灊(qián)山：灊县附近的山区。灊，古地名，在今安徽霍山县东北。　3 裁通：勉强通行。裁，通"才"，仅仅。

太祖既征孙权还，使辽与乐进、李典等将七千余人屯合肥。太祖征张

太祖征伐孙权后返回，派遣张辽与乐进、李典等率领七千人屯驻合肥。太祖征伐张鲁，下命令给护军薛悌一封

鲁，教与护军薛悌，署函边曰“贼至乃发”。俄而权率十万众围合肥，乃共发教，教曰：“若孙权至者，张、李将军出战；乐将军守护军，勿得与战。”诸将皆疑。辽曰：“公远征在外，比救至，彼破我必矣。是以教指及其未合逆击之，折其盛势，以安众心，然后可守也。成败之机，在此一战，诸君何疑？”李典亦与辽同。于是辽夜募敢从之士，得八百人，椎牛飨将士。

明日大战。平旦[1]，辽被甲持戟，先登陷陈，杀数十人，斩二将，大呼自名[2]，冲垒入，至权麾下。权大惊，众不知所为，走登高冢，以长戟自守。辽叱权下战，权不敢动，望见辽所将众少，乃聚围辽数重。辽左右麾围，直前急击，围开，辽将麾下数

信函，在信函的外面写着“贼人到了才能打开”。不久孙权率领十万兵众围困合肥，于是就一同打开信函，里面写道：“如果孙权来战，张辽、李典将军出去作战；乐进将军守护军，不要出战。”诸位将领都疑惑不解。张辽说：“曹公远征在外，如果等救兵赶到，对方早已经将我们击破了。所以信函中指出要等对方还未会合形成包围的时候前去攻击他们，打压对方强盛的气势，以安定众人之心，然后才能够守住城池。成败之机，在此一战，诸君有什么可犹疑的？”李典也和张辽的看法相同。于是张辽连夜招募勇猛果敢之士，得到八百人，杀牛犒劳将士。

第二天大战。清晨的时候，张辽披甲持戟，率先攻进敌方战阵，杀死数十人，斩杀二位将领，大声称呼自己的名号，接着冲入营垒，到达孙权的麾下。孙权大惊，众人不知道该怎么办，逃到较高的土岗上，用长戟保护自己。张辽怒斥孙权下来战斗，孙权不敢移动，望见张辽所率领的将士很少，就聚集士兵包围张辽数重。张辽左右出击，迅速向前进击，突出重围，张辽带领麾下数十

十人得出，余众号呼曰："将军弃我乎！"辽复还突围，拔出余众。权人马皆披靡，无敢当者。自旦战至日中，吴人夺气[3]，还修守备，众心乃安，诸将咸服。权守[4]合肥十余日，城不可拔，乃引退。辽率诸军追击，几复获权。太祖大壮辽，拜征东将军[1]。建安二十一年，太祖复征孙权，到合肥，循行辽战处，叹息者良久。乃增辽兵，多留诸军，徙屯居巢[5]。

人闯出，其余的众人呼号说："将军不要我们了吗！"张辽又返回重围，救出剩下的士兵。孙权那边人马都失去斗志，没有敢阻挡的。从天亮一直战至中午，吴军被打得丧失了士气，张辽返回营地修整守备，众人方才心安，诸将都佩服他。孙权包围合肥十余日，不能攻占城池，就率军返回了。张辽率领各军追击，几乎再次捉到孙权。太祖很佩服张辽的胆识，拜为征东将军。建安二十一年(216)，太祖再次征伐孙权，到达合肥，顺着张辽战斗的地方视察，感叹了很长时间。于是太祖增加张辽的兵力，留下很多军队，迁徙到居巢驻扎。

今注　**1** 平旦：清晨。　**2** 自名：自己的姓名。古代勇将上阵冲杀时，常大呼自己的姓名，以震慑敌人。　**3** 夺气：因失败而丧气。　**4** 守：这里指包围。　**5** 居巢：在今安徽巢湖，一说在今安徽六安。

裴注　[1] 孙盛曰："夫兵固诡道，奇正相资，若乃命将出征，推毂委权，或赖率然之形，或凭掎角之势，群帅不和，则弃师之道也。至于合肥之守，县弱无援，专任勇者则好战生患，专任怯者则惧心难保。且彼众我寡，必怀贪惰。以致命之兵，击贪惰之卒，其势必胜。胜而后守，守则必固。是以魏武推选方员，参以同异，为之密教，节宣其用；事至而应，若合符契，妙矣夫！"

关羽围曹仁于樊[1]，会权称藩，召辽及诸军悉还救仁。辽未至，徐晃已破关羽，仁围解。辽与太祖会摩陂[2]。辽军至，太祖乘辇出劳之，还屯陈郡[3]。

关羽在樊城围困曹仁，恰逢孙权上表向魏国称藩臣，召集张辽和诸军共同返回营救曹仁。张辽还未到，徐晃已经击破了关羽，曹仁之围解除。张辽与太祖在摩陂会合。张辽军队到达后，太祖乘辇出迎慰劳，然后张辽返回屯驻陈郡。

文帝即王位，转前将军[1]。分封兄汎及一子列侯。孙权复叛，遣辽还屯合肥，进辽爵都乡侯。给辽母舆车及兵马，送辽家诣屯，敕辽母至，导从出迎。所督诸军将吏皆罗拜[4]道侧，观者荣之。文帝践阼，封晋阳侯，增邑千户，并前二千六百户。

文帝即王位，张辽转任前将军。分封兄长张汎和一子为列侯。孙权又反叛，文帝派遣张辽屯驻合肥，进封张辽爵位都乡侯。赐给张辽的母亲舆车，派兵马护送张辽的家人到屯驻地，下令诸军将士等张辽母亲到达的时候，要引队出门迎接。张辽所督率的诸军将士都排列在道路旁拜迎，旁观的人都认为是很大的荣耀。文帝即位后，封张辽为晋阳侯，增加食邑千户，加上之前的共两千六百户。

今注 1 樊：在今湖北襄阳樊城区。 2 摩陂(bēi)：河南郏县东南。 3 陈郡：治所在陈县，在今河南周口淮阳县。 4 罗拜：环绕跪拜。

裴注 [1]《魏书》曰：“王赐辽帛千匹，谷万斛。”

黄初二年，辽朝洛阳宫，文帝引辽会建始殿，亲问破吴意状。帝叹息顾

黄初二年(221)，张辽到洛阳宫朝拜文帝，文帝带领张辽到建始殿，亲自询问他破吴的情况。文帝叹息着回头

左右曰："此亦古之召虎[1]也。"为起第舍，又特为辽母作殿，以辽所从破吴军应募步卒，皆为虎贲。孙权复称藩。辽还屯雍丘[2]，得疾。帝遣侍中刘晔将太医视疾，虎贲问消息，道路相属。疾未瘳[3]，帝迎辽就行在所，车驾亲临，执其手，赐以御衣，太官日送御食。疾小差[4]，还屯。孙权复叛，帝遣辽乘舟，与曹休至海陵，临江。权甚惮焉，敕诸将："张辽虽病，不可当也，慎之！"是岁，辽与诸将破权将吕范。辽病笃，遂薨于江都[5]。帝为流涕，谥曰刚侯。子虎嗣。

六年，帝追念辽、典在合肥之功，诏曰："合肥之役，辽、典以步卒八百，破贼十万，自古用兵，未之有也。使贼至今夺气，可谓国之爪牙矣。其分

对身边的人说："这相当于古代的召虎一样的勇士呀。"为他建造宅邸，又特意为张辽的母亲建造宫殿，跟从张辽破吴的步士兵卒，都封为虎贲。孙权又称藩臣。张辽返回屯驻在雍丘，得了病。文帝派遣侍中刘晔带着太医去为张辽看病，前往探望张辽病情的虎贲，络绎不绝。张辽病未愈，文帝将张辽迎接到自己的行宫，亲自乘车探望，握着他的手，赐给他御衣，太官每日给张辽送御食。病稍微好了一些，又返回屯驻地。孙权又再次反叛，文帝派遣张辽坐船，与曹休一起到海陵，靠近江边。孙权很忌惮张辽，敕令诸将："张辽虽然生病了，勇猛仍不可抵挡，要小心他！"这一年，张辽与诸将击破孙权的将领吕范。张辽病得很厉害，于是在江都去世。文帝为之流泪，谥号为刚侯。他的儿子张虎嗣封。

黄初六年(225)，文帝追念张辽、李典在合肥的功绩，下诏说："合肥之役，张辽、李典以步卒八百，击破贼寇十万，自古用兵作战，从来没有过这样的战例。使贼寇至今还很害怕而丧失勇气，这可谓是国家的得力勇将了。应该分

辽、典邑各百户，赐一子爵关内侯。”虎为偏将军，薨。子统嗣。

给张辽、李典食邑各一百户，赐一子关内侯的爵位。”张虎为偏将军，后来去世。他的儿子张统嗣封。

今注　1 召虎：即召穆公，召公奭的后裔。周厉王暴虐，引发“国人暴动”，召虎将太子靖藏匿其家，以己子替死。厉王死后，拥立靖继位，即周宣王。曾率军战胜淮夷，对宣王中兴贡献甚大。　2 雍丘：在今河南开封杞县。　3 瘳(chōu)：病愈。　4 小差：病情稍微好转。　5 江都：地名，在今江苏扬州。

乐进

原文

乐进，字文谦，阳平卫国[1]人也。容貌短小，以胆烈从太祖，为帐下吏。遣还本郡募兵，得千余人，还为军假司马、陷阵都尉。从击吕布于濮阳，张超于雍丘，桥蕤于苦[2]，皆先登有功，封广昌亭侯。从征张绣于安众[3]，围吕布于下邳，破别将，击眭固于射犬[4]，攻刘备于沛，皆破之，拜讨寇校尉。渡河攻获嘉，还，从击袁绍于官渡，

译文

乐进，字文谦，阳平卫国人。身材短小，凭借有胆识勇气跟从太祖，为帐下吏员。太祖派遣他回本郡招募士兵，得到千余人，返回后为代理军司马、陷阵都尉。乐进跟随太祖在濮阳进击吕布，在雍丘进击张超，在苦县进击桥蕤，都冲锋陷阵而有功，封为广昌亭侯。跟随太祖在安众征伐张绣，在下邳围困吕布，打败他的别将，在射犬进击眭固，在沛县攻击刘备，都取得胜利，拜官讨寇校尉。渡过黄河进攻获嘉，返回后，跟随在官渡进击袁绍，他战斗勇猛，斩杀袁绍将领淳于琼。跟随太祖

力战，斩绍将淳于琼。从击谭、尚于黎阳，斩其大将严敬，行游击将军。别击黄巾，破之，定乐安郡。从围鄴，鄴定，从击袁谭于南皮，先登，入谭东门。谭败，别攻雍奴，破之。

在黎阳进击袁谭、袁尚，斩杀其大将严敬，兼任游击将军。他另外去进击黄巾军，大败对方，平定乐安郡。跟随太祖围困鄴城，平定鄴城后，跟随太祖在南皮进击袁谭，他率先登上城墙，攻入袁谭的东门。打败袁谭后，乐进另外又去进攻雍奴，一举击破。

今注 1 卫国：古县名，在今河南清丰县东南。 2 苦(gǔ)：古县名，在今河南鹿邑县。 3 安众：地名，在今河南南阳。 4 射犬：地名，在今河南博爱县东，一说在今河南许昌。

建安十一年，太祖表汉帝，称进及于禁、张辽曰："武力既弘，计略周备，质忠性一，守执节义，每临战攻，常为督率，奋强突固，无坚不陷，自援枹鼓[1]，手不知倦。又遣别征，统御师旅，抚众则和，奉令无犯，当敌制决，靡有遗失。论功纪用，宜各显宠。"于是禁为虎威[2]；进，折冲[3]；辽，荡寇将军。

建安十一年(206)，太祖上表给汉帝，称扬乐进和于禁、张辽说："既有勇猛的武力，谋划周密而考虑完备，秉性忠信守一，保持忠节信义，每次亲临战斗进攻，经常为都督表率，奋勇进击、冲入险固的敌阵，无坚不摧，亲自擂鼓，手臂不知疲倦。又派遣他去别处征讨，统帅师旅，抚慰众人使其团结一致，遵奉命令不会有所触犯，面对敌人制定决策，不会有所失误。论定功劳记录功用，应该各自加以恩宠显荣。"于是册封于禁为虎威将军，乐进为折冲将军，张辽为荡寇将军。

今注 1 自援枹(fú)鼓:亲自拿起鼓槌敲战鼓。 2 虎威:官名,即虎威将军,领兵征伐。 3 折冲:使敌方的战车折还,意谓抵御、击退敌人。此为官名,即折冲将军。

进别征高幹,从北道入上党,回出其后。幹等还守壶关[1],连战斩首。幹坚守未下,会太祖自征之,乃拔。太祖征管承,军淳于[2],遣进与李典击之。承破走,逃入海岛,海滨平,荆州未服,遣屯阳翟[3]。后从平荆州,留屯襄阳,击关羽、苏非等,皆走之,南郡诸县山谷蛮夷诣进降。又讨刘备临沮长杜普、旌阳长梁太,皆大破之。后从征孙权,假进节。太祖还,留进与张辽、李典屯合肥,增邑五百,并前凡千二百户。以进数有功,分五百户,封一子列侯;进迁右将军。

建安二十三年薨,谥曰威侯。子綝嗣。綝果毅

乐进另外征讨高幹,从北面的道路进入上党地区,回军出击其后。高幹等人后撤坚守壶关,乐进连续作战而都有所斩杀。高幹坚守而未能被攻下,等到太祖亲自征讨,才攻下。太祖征讨管承,驻扎在淳于,派遣乐进和李典进攻。管承失败而逃走,逃入海岛,海滨地区得以平定,当时荆州还未归服,派遣乐进屯驻在阳翟。后来乐进跟随太祖平定荆州,留居屯驻襄阳,进攻关羽、苏非等,都使其败走,南郡等地区山谷中的蛮夷都前来归降。又率军征讨刘备任命的临沮长杜普、旌阳长梁太,都将其击破。后来跟随太祖征讨孙权,太祖授给他符节。太祖撤军,留下乐进与张辽、李典屯驻合肥。增加食邑五百户,加上之前的共一千二百户。因为乐进数次有功,分五百户,封其一子为列侯;乐进升任右将军。

建安二十三年(218)去世,谥号为威侯。儿子乐綝嗣封。乐綝果敢坚毅

有父风，官至扬州刺史。诸葛诞反，掩袭[4]杀綝，诏悼惜之，追赠卫尉，谥曰愍侯。子肇嗣。

有如他父亲的风度，官至扬州刺史。诸葛诞反叛，偷袭杀掉了乐綝，太祖下诏表示哀痛，追赠卫尉，谥号为愍侯。儿子乐肇嗣封。

今注 1 壶关：古关名，在今山西黎城东北太行山口。 2 淳于：地名，在今山东安丘东北杞城村。 3 阳翟：地名，在今河南禹州。 4 掩袭：乘人不备，突然袭击。

于禁

原文

于禁，字文则，泰山巨平[1]人也。黄巾起，鲍信招合徒众，禁附从焉。及太祖领兖州，禁与其党俱诣为都伯[2]，属将军王朗。朗异之，荐禁才任大将军。太祖召见与语，拜军司马，使将兵诣徐州，攻广威，拔之，拜陷陈都尉。从讨吕布于濮阳，别破布二营于城南，又别将破高雅于须昌。从攻寿张、定陶、离狐[3]，围张超于雍丘，皆拔

译文

于禁，字文则，泰山巨平人。黄巾军兴起，鲍信招募集结兵众，于禁归服跟从。等到太祖兼领兖州牧，于禁和他的朋友一起前往投靠太祖，担任都伯，归属于将军王朗。王朗很赏识于禁的才能，举荐他任大将军。太祖召见他并交谈，拜官军司马，派他率兵到徐州，进攻广威，并将其占领，拜官陷阵都尉。于禁跟随太祖在濮阳讨伐吕布，在城南击破吕布的二营兵力，又另外在须昌率军击破高雅。他跟随太祖进攻寿张、定陶、离狐，在雍丘围困张超，都取得成功。跟随太祖征讨刘辟、

之。从征黄巾刘辟、黄邵等，屯版梁，邵等夜袭太祖营，禁帅麾下击破之，斩辟、邵等，尽降其众。迁平虏校尉。从围桥蕤于苦，斩蕤等四将。从至宛，降张绣。

黄邵等率领的黄巾军，屯驻版梁，黄邵等人夜袭太祖营地，于禁率领麾下士兵将其击破，斩杀刘辟、黄邵等人，使其部众都归降。于禁升迁为平虏校尉。跟随太祖在苦县围困桥蕤，斩杀桥蕤等四名将领。跟随太祖到宛县，招降张绣。

今注 1 巨平：地名，在今山东泰安西南。 2 都伯：职官名，掌管刑狱。 3 离狐：地名，在今山东菏泽东明县。

绣复叛，太祖与战不利，军败，还舞阴。是时军乱，各间行求太祖，禁独勒所将数百人，且战且引，虽有死伤不相离。虏追稍缓，禁徐整行队，鸣鼓而还。未至太祖所，道见十余人被创裸走，禁问其故，曰："为青州兵所劫。"初，黄巾降，号青州兵，太祖宽之，故敢因缘[1]为略。禁怒，令其众曰："青州兵同属曹公，而还为贼乎！"乃讨之，数[2]之以罪。青州兵遽走诣

张绣又反叛，太祖与他交战失利，军队战败，回到舞阴。这时军中发生动乱，将士们各自从小道逃走，去寻找太祖，于禁独自带领所部数百人，一边战斗一边撤退，虽有死伤而不相离散。等敌人的追捕稍微慢下来，于禁慢慢整顿行伍，鸣鼓而回。还没到太祖那里，在路上见到十几个受伤而且赤身逃跑的士兵，于禁问发生了什么，他们说："被青州兵劫掠。"当初，黄巾军归降，号为青州兵，太祖对待他们比较宽容，所以依凭这个缘由而敢行抢掠。于禁很愤怒，对部众下令说："青州兵同属于太祖，难道还要变为贼寇吗！"于是率军征讨他们，一一列举他们的罪过。青州兵立马到太祖那

太祖自诉。禁既至，先立营垒，不时谒太祖。或谓禁："青州兵已诉君矣，宜促诣公辨之。"禁曰："今贼在后，追至无时[3]，不先为备，何以待敌？且公聪明，谮诉何缘！"徐凿堑安营讫，乃入谒，具陈其状。太祖悦，谓禁曰："淯水之难，吾其急也，将军在乱能整，讨暴坚垒，有不可动之节，虽古名将，何以加之！"于是录禁前后功，封益寿亭侯。复从攻张绣于穰[4]，禽吕布于下邳，别与史涣、曹仁攻眭固于射犬，破斩之。

里控诉。于禁赶到后，先建立营垒，没有即刻去见太祖。有人对于禁说："青州兵已经向太祖控诉了你，应当赶快到太祖那里辩解。"于禁说："现在贼人在后面，不知什么时候就追过来了，不事先做好准备，如何能够抵抗强敌？而且主公明察秋毫，怎么会听信那些诽谤的话！"于禁按部就班地开凿堑沟完善营地，完毕后才入见太祖，将事情的原委详细讲明。太祖很高兴，对于禁说："淯水之难，我都感觉很急迫，将军能够理乱就整，讨伐暴乱，坚固营垒，有不可撼动的操行，即使古代的名将，也不会超过这样！"于是奏录于禁前后的功绩，封为益寿亭侯。于禁又跟随太祖在穰县进攻张绣，在下邳擒获吕布，又另率军和史涣、曹仁在射犬进攻眭固，将其斩杀。

今注 1 因缘：凭借这个缘由。 2 数：列举。 3 无时：时间无法预测。意思是随时可以追上。 4 穰：古县名，在今河南邓州。

太祖初征袁绍，绍兵盛，禁愿为先登。太祖壮之，乃选步骑二千人，使禁将，守延津[1]以拒绍，太祖引军还官渡。刘备以徐州

太祖开始征讨袁绍时，袁绍兵马强盛，于禁自愿作为先锋。太祖很器重他，就调拨两千步骑，使于禁率领，守卫延津以抵御袁绍，太祖引军返回官渡。刘备据守徐州反叛，太祖向东征

叛，太祖东征之。绍攻禁，禁坚守，绍不能拔。复与乐进等将步骑五千，击绍别营，从延津西南缘河至汲、获嘉二县，焚烧保聚[2]三十余屯，斩首获生各数千，降绍将何茂、王摩等二十余人。太祖复使禁别将屯原武，击绍别营于杜氏津，破之。迁裨将军，后从还官渡。太祖与绍连营，起土山相对。绍射营中，士卒多死伤，军中惧。禁督守土山，力战，气益奋。绍破，迁偏将军[3]。

讨他。袁绍进攻于禁，于禁坚守，袁绍不能攻破。于禁又和乐进等率领步骑五千人，袭击袁绍大本营以外的营地，从延津西南沿着黄河到达汲、获嘉二县，焚烧袁绍营垒三十多屯，斩首俘虏获得新兵各数千人，招降袁绍将领何茂、王摩等二十余人。太祖又使于禁另外率军屯驻原武，袭击袁绍在杜氏津的营地，都将其击破。于禁迁为裨将军，后来跟随太祖返回官渡。太祖和袁绍各自安营扎寨相连，双方筑起土山相对峙。袁绍下令向太祖营中射箭，士卒多有死伤，军中十分恐惧。于禁监督守卫土山，奋力作战，士气不断高涨。袁绍失败后，于禁迁为偏将军。

今注　1 延津：古津渡名。古代黄河流经今河南延津西北至滑线北的一段渡口，总称延津。　2 保聚：营垒。保，通“堡”。　3 偏将军：官名，将军之副职，主征伐。

冀州平。昌豨复叛，遣禁征之。禁急进攻豨；豨与禁有旧[1]，诣禁降。诸将皆以为豨已降，当送诣太祖，禁曰：“诸君不知公常令[2]乎！围而后降者不

冀州平定。昌豨又反叛，太祖派遣于禁去征讨。于禁快速进军攻打昌豨；昌豨和于禁之前有交情，就到于禁那里归降。诸将都认为昌豨已经决意归降，应当送到太祖那里，于禁说：“诸君难道忘了主公平素的命令了吗？不会赦免

敖。夫奉法行令,事上之节也。豨虽旧友,禁可失节乎!”自临与豨诀,陨涕而斩之。是时太祖军淳于,闻而叹曰:“豨降不诣吾而归禁,岂非命耶!”益重禁[1]。东海平,拜禁虎威将军。

被围攻而后归降的人。遵奉军法去执行命令,这是事奉主上的操行。昌豨虽然是我的旧友,我怎么能不按法办事而失节!”于禁亲自与昌豨诀别,流着泪将他斩杀。这时太祖驻军淳于,听到后感叹说:“昌豨不向我归降而到于禁那里,这难道不是命吗!”太祖更加器重于禁。东海平定,拜于禁为虎威将军。

今注 1 有旧:过去有交情。 2 常令:长期实施的命令。指下句所说的受到包围再投降的俘虏一律处死不赦免。

裴注 [1] 臣松之以为,围而后降,法虽不赦,囚而送之,未为违命。禁曾不为旧交,希冀万一,而肆其好杀之心,以戾众人之议,所以卒为降虏,死加恶谥,宜哉。

后与臧霸等攻梅成,张辽、张郃等讨陈兰。禁到,成举众三千余人降。既降复叛,其众奔兰。辽等与兰相持,军食少,禁运粮前后相属,辽遂斩兰、成。增邑二百户,并前千二百户。是时,禁与张辽、乐进、张郃、徐晃俱为名将,太祖每征伐,咸递

后来于禁与臧霸等进攻梅成,张辽、张郃等讨伐陈兰。于禁到后,梅成率三千多人归降。梅成归降后又反叛,部众又投奔陈兰。张辽等和陈兰相互对峙,军中缺少粮食,于禁的运粮军队前后不断,张辽因而斩杀陈兰、梅成等人。增加于禁食邑二百户,加上之前的共一千二百户。这时,于禁与张辽、乐进、张郃、徐晃都为名将。太祖每次征伐,都交替任命他们为军队先锋,返回

行[1]为军锋，还为后拒；而禁持军严整，得贼财物，无所私入，由是赏赐特重。然以法御下，不甚得士众心。太祖常恨朱灵，欲夺其营。以禁有威重，遣禁将数十骑，赍[2]令书，径诣灵营夺其军，灵及其部众莫敢动；乃以灵为禁部下督，众皆震服，其见惮[3]如此。迁左将军，假节钺[4]，分邑五百户，封一子列侯。

时为后卫；于禁持军严整，得到贼人的财物，不会私自占有，因此他得到的赏赐特别多。然而他以严法统御部下，不是很能让士兵的心服。太祖平时很讨厌朱灵，打算夺取他的兵权。因为于禁持重有威名，让于禁率数十骑兵，拿着令书，直接到朱灵的兵营夺取兵权，朱灵和他的部下都不敢有所行动；太祖就以朱灵归为于禁的部下接受监督，众人都被震慑而服气，于禁就是这样被人们忌惮。他迁为左将军，授予符节斧钺，分封食邑五百户，封一儿子为列侯。

今注　1 递行：交替，轮换。　2 赍(jī)：带着。　3 见惮：令人畏惧。　4 节钺：符节和斧钺。古代授予将帅，作为加重权力的标志。

建安二十四年，太祖在长安，使曹仁讨关羽于樊，又遣禁助仁。秋，大霖雨，汉水溢，平地水数丈，禁等七军皆没。禁与诸将登高望水，无所回避，羽乘大船就攻禁等，禁遂降，惟庞德不屈节而死。太祖闻之，哀叹者久之，曰：“吾知禁三十年，何意临危处难，

建安二十四年(219)，太祖在长安，使曹仁在樊城讨伐关羽，又派遣于禁协助曹仁。正值秋季，雨水很大，汉水暴涨，地面上的水深达数丈，于禁等七军都被水淹。于禁与诸将登高望水，没有可以回避的地方，关羽乘大船进攻于禁等，于禁就投降了，只有庞德不屈服而被杀。太祖听闻后，哀叹了很久，说：“我知晓于禁已经三十年了，谁料到面临危难，反倒不如庞德能够以

反不如庞德邪！”会孙权禽羽，获其众，禁复在吴。文帝践阼，权称藩，遣禁还。帝引见禁，须发皓白，形容憔悴，泣涕顿首。帝慰谕以荀林父、孟明视故事1[1]，拜为安远将军。欲遣使吴，先令北诣邺谒高陵。帝使豫于陵屋画关羽战克、庞德愤怒、禁降服之状。禁见，惭恚2，发病薨。子圭嗣封益寿亭侯。谥禁曰厉侯。

死守节！”恰逢孙权擒住关羽，俘获了他的部众，于禁又到了吴地。文帝即位，孙权向魏国称藩，遣归于禁。文帝引见于禁，于禁胡须头发都已经花白，脸色憔悴，流泪磕头。文帝以荀林父、孟明视的故事来宽慰他，拜为安远将军。打算派遣他出使吴国，先让他向北到邺城拜谒太祖高陵。文帝先让人在陵园的屋内画关羽战胜、庞德愤怒、于禁投降的情状。于禁看到后，惭愧愤懑，病发去世。儿子于圭嗣封益寿亭侯。追谥于禁为厉侯。

今注　1 荀林父、孟明视故事：荀林父是春秋时期晋国执政大夫，在与楚国作战的时候被俘；孟明视是春秋时期秦国将领，在与晋国作战的时候被俘。但是他们都被释放归国，并且能够忍辱负重，最终为国事鞠躬尽瘁。　2 惭恚(huì)：惭愧忧愤。

裴注　[1]《魏书》载制曰："昔荀林父败绩于邲，孟明丧师于殽，秦、晋不替，使复其位。其后晋获狄土，秦霸西戎，区区小国，犹尚若斯，而况万乘乎？樊城之败，水灾暴至，非战之咎，其复禁等官。"

张郃

原文

张郃，字儁乂，河间

译文

张郃，字儁乂，河间郡鄚县人。东

鄚[1]人也。汉末应募讨黄巾，为军司马[2]，属韩馥。馥败，以兵归袁绍。绍以郃为校尉，使拒公孙瓒。瓒破，郃功多，迁宁国中郎将。

太祖与袁绍相拒于官渡[1]，绍遣将淳于琼等督运屯乌巢，太祖自将急击之。郃说绍曰："曹公兵精，往必破琼等；琼等破，则将军事去矣，宜急引兵救之。"郭图曰："郃计非也。不如攻其本营，势必还，此为不救而自解也。"郃曰："曹公营固，攻之必不拔，若琼等见禽，吾属尽为虏矣。"绍但遣轻骑救琼，而以重兵攻太祖营，不能下。太祖果破琼等，绍军溃。图惭，又更谮郃曰："郃快军败，出言不逊。"郃惧，乃归太祖[2]。

汉末年应招募讨伐黄巾军，为军司马，属韩馥部下。韩馥失败后，以士兵归降袁绍。袁绍任命张郃为校尉，派他抵御公孙瓒。公孙瓒被打败，张郃功劳很大，迁为宁国中郎将。

太祖与袁绍在官渡相持，袁绍派遣淳于琼等人监督运送军粮的事务驻扎在乌巢，太祖打算亲自率领军队即刻进行攻击。张郃对袁绍劝说："曹公兵力精锐，如果前往必会击破淳于琼；一旦淳于琼等人被击败，将军就会失去对大势的控制，应该即刻率军救援。"郭图说："张郃的计策不合理。不如进攻曹军的本营，曹操势必会返回救援，这样不用前去解救，围困自然就解除了。"张郃说："曹公兵营坚固，必定不能攻下，如果淳于琼等人被擒住，我们都会成为俘虏。"袁绍只是派遣轻装的骑兵去解救淳于琼，而以重兵进攻太祖大本营，不能攻下。太祖果然击破淳于琼，袁绍军队溃败。郭图很惭愧，又反过来诬陷张郃说："张郃诅咒我军会失败，出言不逊。"张郃害怕，于是就归服了太祖。

今注 1 鄚(mào)：古县名，在今河北任丘北鄚州镇。 2 军司马：职官名，为大将军属官。其余将军领兵征伐时，所属也有司马领兵。

裴注 [1]《汉晋春秋》曰:"郃说绍曰:'公虽连胜,然勿与曹公战也,密遣轻骑钞绝其南,则兵自败矣。'绍不从之。" [2]臣松之案:《武纪》及《袁绍传》并云袁绍使张郃、高览攻太祖营,郃等闻淳于琼破,遂来降,绍众于是大溃。是则缘郃等降而后绍军坏也。至如此传,为绍军先溃,惧郭图之谮,然后归太祖,为参错不同矣。

太祖得郃甚喜,谓曰:"昔子胥[1]不早寤,自使身危,岂若微子[2]去殷、韩信归汉邪?"拜郃偏将军,封都亭侯。授以众,从攻邺,拔之。又从击袁谭于渤海,别将军围雍奴,大破之。从讨柳城,与张辽俱为军锋,以功迁平狄将军。别征东莱,讨管承,又与张辽讨陈兰、梅成等,破之。从破马超、韩遂于渭南。围安定,降杨秋。与夏侯渊讨鄜贼梁兴及武都氐[3]。又破马超,平宋建。

太祖得到张郃后很高兴,对他说:"之前伍子胥不早早觉悟,使自己陷于危难,岂能比微子离开殷商归周、韩信离开项羽归附于汉?"拜张郃为偏将军,封为亭侯。授予他兵力,跟随太祖去攻打邺城,一举攻克。又跟随太祖到渤海进击袁谭,他另外率军去围攻雍奴,大破雍奴。他跟随讨伐柳城,与张辽一同都为军中先锋,因为军功升迁为平狄将军。另外征讨东莱,讨伐管承,又与张辽一起讨伐陈兰、梅成等,都取得胜利。跟随太祖到渭南击破马超、韩遂。围困安定,招降杨秋。与夏侯渊讨伐鄜贼梁兴和驻守武都的氐人。又击破马超,平定宋建。

今注 1 子胥:伍子胥,春秋时期吴国大夫,因屡次劝谏吴王而被杀。 2 微子:名启,商朝王室贵族,因为纣王无道而归顺于周,周灭商后封微子于商故都商丘,国号"宋"。 3 武都氐:氐人的一支,又称白马氐,其首领自称氐王。秦汉时活动在今四川西北部、甘肃南部,汉武帝在元鼎六年(前111)在其地设置武都郡。

太祖征张鲁，先遣郃督诸军讨兴和氐王窦茂。太祖从散关[1]入汉中，又先遣郃督步卒五千于前通路。至阳平[2]，鲁降，太祖还，留郃与夏侯渊等守汉中，拒刘备。郃别督诸军，降巴东、巴西二郡，徙其民于汉中。进军宕渠，为备将张飞所拒，引还南郑。拜荡寇将军。刘备屯阳平，郃屯广石。备以精卒万余，分为十部，夜急攻郃。郃率亲兵搏战，备不能克。其后备于走马谷烧都围[3]，渊救火，从他道与备相遇，交战，短兵接刃。渊遂没，郃还阳平[1]。当是时，新失元帅，恐为备所乘，三军皆失色。渊司马郭淮乃令众曰："张将军，国家名将，刘备所惮；今日事急，非张将军不能安也。"遂推郃为军主。郃出，勒兵安陈，诸将皆受郃节度，众心乃定。

太祖征伐张鲁，先派遣张郃都督诸军讨伐兴和氐王窦茂。太祖从散关进入汉中，又先派遣张郃都督步卒五千人在前面扫通道路。军队到达阳平，张鲁归降，太祖返回，留下张郃与夏侯渊等驻守汉中，抵御刘备。张郃另外都督诸军，招降巴东、巴西二郡，将那里的百姓迁徙到汉中。张郃进军宕渠时，被刘备的将领张飞抵挡，就引军返回南郑。拜官荡寇将军。刘备屯驻阳平，张郃屯驻广石。刘备以万余名精兵，分为十部，在夜间猛攻张郃。张郃率领亲兵奋力拼搏抵抗，刘备不能攻破。然后刘备在走马谷放火烧曹军营垒外的屏障，夏侯渊去救火，在别的路上与刘备相遇，双方交战，短兵相接。夏侯渊于是战死，张郃率军返回阳平。这个时候，刚刚失去元帅，担心被刘备偷袭，三军将士都很惊慌。夏侯渊属下司马郭淮下令给众将士说："张将军，是国家的名将，刘备都很忌惮；现在形势紧急，不是张将军指挥，局势不能安定。"于是推举张郃为军队主帅。张郃挺身而出，整顿军马安排战阵，诸将都受张郃指挥，大家的心里太祖在长安，遣使假郃节。太祖遂自至汉中，刘备保高山不敢战。太祖乃引出汉中诸军，郃还屯陈仓[4]。

才安定下来。太祖在长安，派遣使节授予张郃节杖。太祖于是亲自到汉中，刘备屯驻高山不敢应战。太祖就将汉中地区诸军撤出，张郃返回屯驻陈仓。

今注　1 散关：宋以后习称"大散关"，位于今陕西宝鸡西南大散岭上，自古为"川陕咽喉"，兵家必争之地。　2 阳平：古代重要的关隘，故址在今陕西勉县西武侯镇，为汉中盆地西边门户，形势险要。　3 都围：营垒外围用树木构成的屏障。　4 陈仓：在今陕西宝鸡东。

裴注　[1]《魏略》曰："渊虽为都督，刘备惮郃而易渊。及杀渊，备曰：'当得其魁，用此何为邪！'"

文帝即王位，以郃为左将军，进爵都乡侯。及践阼，进封鄚侯。诏郃与曹真讨安定卢水胡及东羌，召郃与真并朝许宫，遣南与夏侯尚击江陵。郃别督诸军渡江，取洲上屯坞。

明帝即位，遣南屯荆州，与司马宣王击孙权别将刘阿等，追至祁口，交战，破之。

文帝即王位，任命张郃为左将军，进爵都乡侯。文帝登帝位后，进封张郃为鄚侯。文帝诏命张郃与曹真讨伐安定卢水胡和东羌，召张郃与曹真一起到许宫朝见，派遣他南下与夏侯尚进击江陵。张郃都督诸军渡江，并夺取沙洲上吴军屯驻的坞堡。

明帝即位，派遣张郃南下屯驻荆州。他与司马宣王进攻孙权别将刘阿等人，追到祁口，双方交战，打败了刘阿。

诸葛亮出祁山[1]。加郃位特进，遣督诸军，拒亮将马谡于街亭[2]。谡依阻南山，不下据城。郃绝其汲道，击，大破之。南安、天水、安定郡反应亮，郃皆破平之。诏曰："贼亮以巴蜀之众，当虓虎[3]之师。将军被坚执锐，所向克定，朕甚嘉之。益邑千户，并前四千三百户。"司马宣王治水军于荆州，欲顺沔入江伐吴，诏郃督关中诸军往受节度。至荆州，会冬水浅，大船不得行，乃还屯方城。诸葛亮复出，急攻陈仓，帝驿马召郃到京都。帝自幸河南城，置酒送郃，遣南北军士三万及分遣武卫、虎贲使卫郃，因问郃曰："迟[4]将军到，亮得无已得陈仓乎！"郃知亮县军无谷，不能久攻，对曰："比臣未到，亮已走矣，屈指计亮

诸葛亮出兵祁山。明帝加封张郃特进，派遣他都督诸军，在街亭抵御诸葛亮部将马谡。马谡依靠南山为屏障，不下山占据城池。张郃断绝他的取水通道，发起进攻，大败马谡。南安、天水、安定诸郡都反叛来响应诸葛亮，张郃都将他们打败平定。明帝下诏说："贼人诸葛亮依靠巴蜀地区的民众，抵挡虎狼之师。将军被坚执锐，所到之处立即平定，朕要大大奖赏你。增加食邑一千户，加上之前的共四千三百户。"司马宣王在荆州训练水军，打算顺着沔水进入长江来讨伐吴国，诏令张郃都督关中地区诸军前往接受节制调度。到达荆州后，正值冬季水浅，大船无法通行，张郃就返回屯驻方城。诸葛亮就再次出击，急速进攻陈仓，明帝派遣驿马通知张郃到京都。明帝亲自到河南城，置酒为张郃送行，派遣南北军士三万人，又分遣武卫、虎贲让他们保护张郃，明帝趁机问张郃："等将军到达之后，诸葛亮不会已经占领陈仓了吧！"张郃知晓诸葛亮孤军深入而缺少粮食，不能持久作战，回答说："臣还未到时，诸葛亮已经逃走了，屈指算来诸葛亮的军粮支撑不了十

粮不至十日。”郃晨夜进至南郑,亮退。诏郃还京都,拜征西车骑将军。

天。”张郃日夜兼程赶路到达南郑,诸葛亮已经退兵。明帝下诏令张郃返回京都,拜为西车骑将军。

[今注] 1 祁山:在今甘肃礼县东、西汉水北侧,地处蜀、陇咽喉之处,成为魏、蜀的必争之地,相传诸葛亮曾六出祁山以图进军中原。 2 街亭:古地名,故址在今甘肃庄浪东南,具有得失陇右,安危关中的战略地位。 3 虓(xiāo)虎:咆哮怒吼的老虎。 4 迟:等待。

郃识变数,善处营阵,料战势地形,无不如计,自诸葛亮皆惮之。郃虽武将而爱乐儒士,尝荐同乡卑湛经明行修1。诏曰:“昔祭遵2为将,奏置五经大夫,居军中,与诸生雅歌3投壶。今将军外勒戎旅,内存国朝。朕嘉将军之意,今擢湛为博士。”

诸葛亮复出祁山,诏郃督诸将西至略阳,亮还保祁山,郃追至木门,与亮军交战,飞矢中郃右膝,薨[1],谥曰壮侯。子雄嗣。郃前后征伐有功,明帝分郃户,封郃四子列

张郃通晓势变,善于安排兵营战阵,分析战争形势和地形,没有不如他所料的情况,自诸葛亮以下蜀国将领都很忌惮他。张郃虽然是武将但喜欢儒士,曾经举荐明于经术而有德行的同乡卑湛。皇帝下诏书说:“往昔祭遵为将领,上奏请求设置五经大夫,在军中的时候,与诸生一起歌唱着《大雅》《小雅》中的诗歌投壶取兴。现今将军在外领军作战,内心思念着国事。朕嘉奖将军的意志,现在提拔卑湛为博士。”

诸葛亮又出兵祁山,皇帝诏令张郃督帅诸将西到略阳,诸葛亮退守祁山,张郃追击到木门,和诸葛亮军交战,流矢射中张郃右膝,因而去世,谥号为壮侯。儿子张雄嗣封。张郃前后征伐有功,明帝析分张郃所食之户,封张郃的四个

侯。赐小子爵关内侯。

儿子都为列侯。赐小儿子爵位关内侯。

今注 1 经明行修:指通晓经学,品行端正。 2 祭(zhài)遵:人名,字弟孙,东汉开国名将,为“云台二十八将”之一,克己奉公,爱好儒术。 3 雅歌:伴以雅乐歌唱的诗歌。此指歌唱《诗经》中《大雅》《小雅》部分的诗歌。这是一种重视儒家礼乐的行为。

裴注 [1]《魏略》曰:“亮军退,司马宣王使郃追之,郃曰:‘《军法》,围城必开出路,归军勿追。’宣王不听。郃不得已,遂进。蜀军乘高布伏,弓弩乱发,矢中郃髀。”

徐晃

原文

徐晃,字公明,河东杨[1]人也。为郡吏,从车骑将军杨奉讨贼有功,拜骑都尉。李傕、郭汜之乱长安也,晃说奉,令与天子还洛阳,奉从其计。天子渡河至安邑,封晃都亭侯。及到洛阳,韩暹、董承日争斗,晃说奉令归太祖。奉欲从之,后悔。太祖讨奉于梁,晃遂归太祖。

太祖授晃兵,使击

译文

徐晃,字公明,河东杨县人。为郡中官吏,跟随车骑将军杨奉讨伐贼人有功,拜为骑都尉。李榷、郭汜在长安作乱,徐晃劝说杨奉,与天子一起返回洛阳,杨奉听从了他的计策。天子渡过黄河到达安邑,封徐晃为都亭侯。到达洛阳后,韩暹、董承争斗不休,徐晃劝说杨奉归附太祖。杨奉打算听从他的意见,但又后悔了。太祖在梁讨伐杨奉,徐晃就归附于太祖。

太祖授予徐晃军队,使他进击卷、原武的贼人,将其击破,拜为裨将军。

卷2[1]、原武贼，破之，拜裨将军。从征吕布，别降布将赵庶、李邹等。与史涣斩眭固于河内。从破刘备，又从破颜良，拔白马，进至延津，破文丑，拜偏将军。与曹洪击㶏强贼祝臂，破之，又与史涣击袁绍运车于故市，功最多，封都亭侯。太祖既围邺，破邯郸，易阳令韩范伪以城降而拒守，太祖遣晃攻之。晃至，飞矢城中，为陈成败。范悔，晃辄降之。既而言于太祖曰："二袁未破，诸城未下者倾耳而听，今日灭易阳，明日皆以死守，恐河北无定时也。愿公降易阳以示诸城，则莫不望风。"太祖善之。别讨毛城，设伏兵掩击，破三屯。从破袁谭于南皮，讨平原叛贼，克之。从征蹋顿，拜横野将军。

他跟随征伐吕布，又招降吕布的部将赵庶、李邹等人。他与史涣在河内斩杀眭固。他跟随太祖击破刘备，又击破颜良，攻取白马，进至延津，击破文丑，拜为偏将军。徐晃与曹洪一起攻击㶏强的贼人祝臂，打败了他，又与史涣在故市进击袁绍的补给运输车辆，功劳最多，被封为都亭侯。太祖围困邺城，击破邯郸，易阳令韩范假装率城归降然后又坚持防守，太祖派遣徐晃去进攻。徐晃到达后，用飞矢将书信射进城中，为他陈述成败利害的道理。韩范后悔了，徐晃就将他招降。然后徐晃对太祖说："二袁尚未攻破，还没有攻下的城池百姓都在侧耳倾听，现在处死易阳投降者，明天这些城池的百姓都会拼死坚守，恐怕河北地区就没有安定的时候了。希望主公招降易阳以向诸城示范，那么他们没有不望风而降的。"太祖表示赞同。徐晃另外去讨伐毛城，设伏兵包抄偷袭，攻破三处驻防地。徐晃跟随太祖在南皮攻破袁谭，讨伐平原的叛贼，取得成功。他跟随太祖征伐蹋顿，拜为横野将军。

今注 1 杨:地名,在今山西洪洞县。 2 卷(quān):古邑名,在今河南原阳西南。

裴注 [1] 卷,音墟权反。

从征荆州,别屯樊,讨中庐、临沮、宜城贼。又与满宠讨关羽于汉津,与曹仁击周瑜于江陵。十五年,讨太原反者,围大陵,拔之,斩贼帅商曜。

韩遂、马超等反关右,遣晃屯汾阴以抚河东,赐牛、酒,令上先人墓[1]。太祖至潼关,恐不得渡,召问晃。晃曰:"公盛兵于此,而贼不复别守蒲坂,知其无谋也。今假臣精兵渡蒲坂津[2][1],为军先置,以截其里,贼可禽也。"太祖曰:"善。"使晃以步骑四千人渡津。作堑栅未成,贼梁兴夜将步骑五千余人攻晃,晃击走之,太祖军得渡。遂破超等,使晃与夏

徐晃跟随太祖征伐荆州,另外屯驻樊城,讨伐中庐、临沮、宜城的贼寇。又与满宠到汉津讨伐关羽,与曹仁到江陵进击周瑜。建安十五年(210),徐晃讨伐太原的反叛者,围攻大陵,攻占了它,斩杀贼帅商曜。

韩遂、马超等人在关右反叛,太祖派遣徐晃屯驻汾阴以安抚河东地区,赐予他牛、酒,令他祭拜先人之墓。太祖到潼关,担心无法渡过黄河,召见徐晃询问。徐晃说:"主公率领大量军队到此,而贼寇不再分别防守蒲坂,可以知道他们并没有谋略。现在授予我精兵渡过蒲坂津,作为军队的先锋,以拦截里面的兵力,贼人就可以被擒住。"太祖说:"好。"于是让徐晃率领步骑兵四千人渡过蒲坂津。还没有挖好壕沟立好栅栏,贼人梁兴就在夜间率领步骑兵五千多人进攻徐晃,被徐晃击退,太祖的军队才得以渡过。然后击破马超等人,派遣徐晃与夏

侯渊平隃麋、汧[3]诸氐，与太祖会安定。太祖还邺，使晃与夏侯渊平鄜、夏阳余贼，斩梁兴，降三千余户。从征张鲁。别遣晃讨攻椟、仇夷诸山氐，皆降之，迁平寇将军。解将军张顺围。击贼陈福等三十余屯，皆破之。

侯渊平定隃麋、汧县各地的氐人，并约定在安定与太祖会合。太祖返回邺城，派遣徐晃与夏侯渊平定鄜、夏阳地区的残余贼寇，斩杀梁兴，招降三千多户百姓。徐晃跟随太祖征伐张鲁。太祖另外派遣徐晃讨伐椟、仇夷诸山的氐人，徐晃都将他们招降，迁为平寇将军。徐晃解救被围困的将军张顺。进击贼人陈福等三十多处屯堡，都将其攻破。

今注　1 上先人墓：徐晃的家乡杨县，在汾阴东北不远，所以曹操恩准他回家乡祭扫祖坟。　2 蒲坂津：古代重要的渡口，在今山西永济西南蒲州镇。　3 汧(qiān)：县名，在今陕西陇县南。

裴注　[1]臣松之云：案晃于时未应称臣，传写者误也。

太祖还邺，留晃与夏侯渊拒刘备于阳平。备遣陈式等十余营绝马鸣阁道[1]，晃别征破之，贼自投山谷，多死者。太祖闻，甚喜，假晃节，令曰："此阁道，汉中之险要咽喉也。刘备欲断绝外内，以取汉中。将军一举，克夺贼计，善之善者也。"

太祖返回邺城，留下徐晃与夏侯渊在阳平抵御刘备。刘备派遣陈式等十余营的兵力断绝马鸣阁的道路，徐晃单独带兵征讨攻破陈式的队伍，贼人失败后自己跳入山谷中，死了很多人。太祖听说后，很高兴，授予他节杖，下令说："这条阁道，是汉中地区的咽喉要道。刘备打算从这里断绝内外的联系，以夺取汉中。将军一举攻下了它，打破了贼人的计划，真是太好了。"太祖于是亲自到阳太祖遂自至阳平，引出汉中诸军。复遣晃助曹仁讨关羽，屯宛。

会汉水暴溢，于禁等没。羽围仁于樊，又围将军吕常于襄阳。晃所将多新卒，以羽难与争锋，遂前至阳陵陂[2]屯。太祖复还，遣将军徐商、吕建等诣晃，令曰："须兵马集至，乃俱前。"贼屯偃城。晃到，诡道作都堑，示欲截其后，贼烧屯走。晃得偃城，两面连营，稍前，去贼围三丈所。未攻，太祖前后遣殷署、朱盖等凡十二营诣晃。贼围头有屯，又别屯四冢。晃扬声当攻围头屯，而密攻四冢。羽见四冢欲坏，自将步骑五千出战，晃击之，退走，遂追陷与俱入围，破之，或自投沔水死。

平，带出汉中地区的各路军队。又派遣徐晃协助曹仁讨伐关羽，屯驻在宛城。

恰逢汉水暴涨，于禁等人被淹没。关羽将曹仁围困在樊城，又把将军吕常围困在襄阳。徐晃所率领的多是新兵，很难与关羽争锋，于是前往阳陵陂屯驻。太祖又返回来，派遣将军徐商、吕建等到徐晃那里，下令说："等兵马都到齐后，再一起前进。"贼人屯驻在偃城，徐晃到了后，采用诡诈的手法假装挖掘沟堑，做出要截住他们后路的样子，贼人烧掉屯营而撤走。徐晃占领偃城，从两个方向将营房连起来，慢慢向前移动，到了距离贼人包围圈三丈远的地方。没有展开进攻，太祖前后共派遣殷署、朱盖等所率领的十二营士兵到徐晃处。贼人在围头有兵驻屯，又另外屯驻四冢。徐晃扬言应该攻打围头屯驻的军队，却秘密地进攻四冢。关羽眼见四冢驻军快要支撑不住了，亲自率领五千步骑出战，徐晃反击他们，关羽败退逃走，徐晃于是乘胜追击和关羽一道进入重围，大破敌军，有的人自己跳到沔水中淹死。

今注　1 马鸣阁道：在今四川广元昭化区。地势险要，是当时汉中通往巴蜀的要道。　2 阳陵陂：陂塘名，在今湖北襄阳。

太祖令曰:“贼围堑鹿角[1]十重,将军致战全胜,遂陷贼围,多斩首虏。吾用兵三十余年,及所闻古之善用兵者,未有长驱径入敌围者也。且樊、襄阳之在围,过于莒、即墨[2],将军之功,逾孙武、穰苴。”晃振旅还摩陂,太祖迎晃七里,置酒大会。太祖举卮酒劝晃,且劳之曰:“全樊、襄阳,将军之功也。”时诸军皆集,太祖案行[3]诸营,士卒咸离阵观,而晃军营整齐,将士驻阵不动。太祖叹曰:“徐将军可谓有周亚夫[4]之风矣。”

太祖下令说:“贼人设置壕沟和鹿角,包围圈达十重,将军奋力作战而取得全胜,攻陷贼人重围,斩杀众多敌人的首级。我用兵三十多年,以及听说过的古代善于用兵之人,都还没有长驱直入敌人重围中的。而且樊城、襄阳被围困,形势比当年莒、即墨之围还严峻得多,将军的功劳,超过了孙武、司马穰苴。”徐晃整顿军旅返回摩陂,太祖前行七里迎接,大设酒宴会饮。太祖举杯劝徐晃饮酒,并且慰劳他说:“保全樊城、襄阳,是将军的功劳。”当时诸军都在,太祖巡视诸营,士卒都离开阵营来看太祖,而徐晃军营保持整齐,将士们驻守在阵营中没有移动。太祖感叹说:“徐将军可以说是有周亚夫的遗风呀。”

今注 1 鹿角:古代阵地、营寨前的一种防卫工事。把带枝的树木削尖,半埋入地,以阻拦敌人。 2 莒(jǔ)、即墨:地名,均在今山东境内。战国时期,燕国将领乐毅率领诸侯联军进攻齐国,占领大小七十余城,只有莒、即墨没有被攻下,而齐人即以此二城为基地进行反攻。 3 案行:巡视。 4 周亚夫:西汉时期著名军事将领,周勃的儿子,以纪律严明著称,在平定吴楚七国之乱中立有战功。

文帝即王位，以晃为右将军，进封逯乡侯。及践阼，进封杨侯。与夏侯尚讨刘备于上庸[1]，破之。以晃镇阳平，徙封阳平侯。明帝即位，拒吴将诸葛瑾于襄阳。增邑二百，并前三千一百户。病笃，遗令敛以时服。

性俭约畏慎，将军[2]常远斥候[3]，先为不可胜，然后战，追奔争利，士不暇食。常叹曰："古人患不遭明君，今幸遇之，当以功自效，何用私誉为！"终不广交援。太和元年薨，谥曰壮侯。子盖嗣。盖薨，子霸嗣。明帝分晃户，封晃子孙二人列侯。

初，清河朱灵为袁绍将。太祖之征陶谦，绍使灵督三营助太祖，战有功。绍所遣诸将各罢归，灵曰："灵观人多矣，无若曹公者，此乃真明主也。今已

文帝即王位，任徐晃为右将军，进封逯乡侯。等到文帝即帝位后，进封杨侯。徐晃与夏侯尚到上庸讨伐刘备，将其击破。文帝命徐晃镇守阳平，加封阳平侯。明帝即位，派遣徐晃在襄阳抵御吴将诸葛瑾。增加食邑二百户，加上之前的共三千一百户。在病危之时，徐晃下令以平时所穿衣物入殓。

徐晃生性节俭谨慎，领军作战时常把侦察兵派到很远的地方，先做好不能取胜的准备，然后再奋力作战，追赶敌人争夺胜利，士兵常常无暇吃饭。他时常感叹说："古人担心不能遇到明君，现在我有幸遇到，总是想建功效力，要个人的荣誉有何用！"他始终不广泛交友攀附。太和元年(227)去世，谥号为壮侯。他的儿子徐盖嗣封。徐盖去世后，他的儿子徐霸嗣封。明帝析分徐晃的食邑，封徐晃的子孙二人为列侯。

早年，清河人朱灵为袁绍的将领。太祖征伐陶谦的时候，袁绍使朱灵率三营的兵力协助太祖，战斗立下功劳。袁绍所派遣的诸将都在任务结束后返回，朱灵说："我所见过的人很多了，却没有超过曹公的，这真是明主啊。现在已经

遇，复何之？"遂留不去。所将士卒慕之，皆随灵留。灵后遂为好将，名亚晃等，至后将军，封高唐亭侯[1]。

遇到，还往哪里去？"于是留下不走。朱灵所率领的士卒也都很仰慕他，都随朱灵留下。朱灵后来成为名将，名声次于徐晃，后来做到将军，封为高唐亭侯。

今注 **1** 上庸：在今湖北竹山县西南。 **2** 将军：统率军队。 **3** 远斥候：在距军营很远的地方布置侦察兵。斥候，侦察人员。

裴注 [**1**]《九州春秋》曰："初，清河季雍以鄃叛袁绍而降公孙瓒，瓒遣兵卫之。绍遣灵攻之。灵家在城中，瓒将灵母弟置城上，诱呼灵。灵望城涕泣曰：'丈夫一出身与人，岂复顾家耶！'遂力战，拔之，生擒雍，而灵家皆死。"《魏书》曰："灵，字文博。太祖既平冀州，遣灵将新兵五千人、骑千匹守许南。太祖戒之曰：'冀州新兵，数承宽缓，暂见齐整，意尚快快。卿名先有威严，善以道宽之，不然，即有变。'灵至阳翟，中郎将程昂等果反，即斩昂，以状闻。太祖手书曰：'兵中所以为危险者，外对敌国，内有奸谋不测之变。昔邓禹中分光武军西行，而有宗歆、冯愔之难，后将二十四骑还洛阳，禹岂以是减损哉？来书恳恻，多引咎过，未必如所云也。'文帝即位，封灵鄃侯，增其户邑。诏曰：'将军佐命先帝，典兵历年，威过方、邵，功逾绛、灌。图籍所美，何以加焉？朕受天命，帝有海内，元功之将，社稷之臣，皆朕所与同福共庆，传之无穷者也。今封鄃侯。富贵不归故乡，如夜行衣绣。若平常所志，愿勿难言。'灵谢曰：'高唐，宿所愿。'于是更封高唐侯，薨，谥曰威侯。子术嗣。"

评曰：太祖建兹武功，而时之良将，五子为先。于禁最号毅重[1]，然弗克其终。张郃以巧变[2]为称，乐

评论说：太祖建立这样的战功，当时的良将中，以上五人最为突出。于禁号称最为刚毅稳重，但却没有守节至终。张郃以机巧应变著称，乐进以

进以骁果[3]显名，而鉴其行事，未副所闻[4]。或注记[5]有遗漏，未如张辽、徐晃之备详也。

骁勇果敢显名，而观察他们的行事，却名不副实。或许是因为记载有所遗漏，不如张辽、徐晃的记载那么详细完备吧。

今注　1 毅重：刚毅稳重。　2 巧变：指用兵变化巧妙。　3 骁果：勇猛果敢。　4 未副所闻：此指不能与所听到的两人的声名相符合。副，符合。　5 注记：记载。

卷十八 魏书十八

二李臧文吕许典二庞阎传

导读 本卷记载了李典、李通、臧霸、文聘、吕虔、许褚、典韦、庞德、庞淯、阎温等人的事迹。其中李典、李通、臧霸、文聘、庞德为曹操领军作战，许褚、典韦则担负护卫曹操的职责，庞淯、阎温是州郡官员，他们的职责不同，但都具备陈寿所高度赞扬的忠诚刚烈的品德。李典举族归附曹操，为公事放下私怨。李通不因私阿法，在曹操处于困境时也不曾动摇忠心。臧霸有忠信的品质，文聘有忠诚的品德，吕虔能够尽忠职守。许褚多次护卫曹操免于危难，典韦为掩护曹操而死。庞德下决心击败关羽，在被俘后拒绝投降，有忠诚的气节。庞淯为请求援兵甘愿自杀，阎温以死鼓励城中守军，他们尽忠职守的精神令人感动。

李典

原文

李典，字曼成，山阳巨野[1]人也。典从父[2]乾，有雄气，合宾客数千家在乘氏[3]。初平中，以众随太祖，破黄巾于寿张，又从击袁术，征徐州。吕布之乱，太祖遣乾还乘氏，慰劳诸县。布

译文

李典，字曼成，山阳郡巨野人。他的叔父李乾，有雄心豪气，在乘氏县聚集几千家宾客。初平年间，李乾带着部众投奔了太祖。在寿张打败了黄巾军，又跟随太祖攻打袁术，讨伐徐州。吕布作乱，太祖派李乾回到乘氏县，慰问犒劳附近各县。吕布的别驾薛兰、治

别驾薛兰、治中李封招乾，欲俱叛，乾不听，遂杀乾。太祖使乾子整将乾兵，与诸将击兰、封。兰、封破，从平兖州诸县有功，稍迁青州刺史。整卒，典徙颍阴[4]令，为中郎将，将整军[1]，迁离狐太守。

中李封招揽李乾，想与他一起反叛，李乾没有答应，于是被二人杀害。太祖让李乾的儿子李整统率李乾的部队，与众将进攻薛兰、李封。薛兰、李封被击败后，李整随太祖平定兖州各县，立下功劳，逐步升任青州刺史。李整去世，李典任颍阴县令，担任中郎将，统领李整的部队，后升任离狐郡太守。

今注　1 巨野：县名，在今山东巨野。　2 从父：父亲的兄弟。即伯父、叔父。　3 乘氏：县名，在今山东巨野西南。　4 颍阴：县名，在今河南许昌。

裴注　[1]《魏书》曰："典少好学，不乐兵事，乃就师读《春秋左氏传》，博观群书。太祖善之，故试以治民之政。"

时太祖与袁绍相拒官渡，典率宗族及部曲输谷帛供军。绍破，以典为裨将军，屯安民。太祖击谭、尚于黎阳，使典与程昱等以船运军粮。会尚遣魏郡太守高蕃将兵屯河上，绝水道，太祖敕典、昱："若船不得过，下[1]从陆道。"典与诸将议曰："蕃军少甲而

当时太祖同袁绍在官渡对峙，李典率领宗族成员和部曲运输粮食布匹供给军需。袁绍被打败以后，李典被任命为裨将军，屯驻安民。太祖在黎阳进攻袁谭、袁尚，派李典与程昱等用船运送军粮。恰逢袁尚派魏郡太守高蕃领兵驻扎在黄河的上游，断绝了水路。太祖命令李典、程昱说："如果船不能通过，就下船走陆路。"李典同众将商议说："高蕃的部队缺少铠甲而依仗着水道，内心松懈怠

恃水，有懈怠之心，击之必克。军不内御，苟利国家，专之可也，宜亟击之。”昱亦以为然。遂北渡河，攻蕃，破之，水道得通。

慢，进攻他必然能取胜。军队在外不受朝廷控制，只要有利于国家，我们一时作出专断也可以，应迅速攻击他们。”程昱也赞同他的提议。便向北渡河击败了高蕃，水路得以畅通。

刘表使刘备北侵，至叶[2]，太祖遣典从夏侯惇拒之。备一旦烧屯去，惇率诸军追击之，典曰：“贼无故退，疑必有伏。南道狭窄，草木深，不可追也。”惇不听，与于禁追之，典留守。惇等果入贼伏里，战不利，典往救，备望见救至，乃散退。从围邺，邺定，与乐进围高幹于壶关，击管承于长广，皆破之。迁捕虏将军[3]，封都亭侯。

刘表派刘备向北进攻，到达叶县。太祖派李典随夏侯惇抵御他。刘备一天早上烧毁营寨撤退，夏侯惇率领各军追击他们，李典说：“敌军无故撤退，恐怕一定有埋伏。南边道路狭窄，草木茂盛，不能追赶。”夏侯惇不听李典的劝告，同于禁追击刘备，让李典留守。夏侯惇果然陷入敌人埋伏，战况不利，李典前去营救，刘备望见救兵来到才分兵撤退。李典随太祖围攻邺城被平定，又同乐进在壶关包围高幹，在长广攻击管承，都击溃了敌人。李典升任捕虏将军，被封为都亭侯。

今注　**1** 下：下船。　**2** 叶：叶县，在今河南叶县。　**3** 捕虏将军：杂号将军，负责统兵出征。

典宗族部曲三千余家，居乘氏，自请愿徙诣魏郡。太祖笑曰：“卿欲

李典有宗族部曲三千多家，住在乘氏县，李典自愿请求把他们迁徙到魏郡。太祖笑着说：“你要追慕效法耿纯

慕耿纯[1]邪?"典谢曰:"典驽怯功微,而爵宠过厚,诚宜举宗陈力[2]。加以征伐未息,宜实郊遂之内,以制四方,非慕纯也。"遂徙部曲宗族万三千余口居邺。太祖嘉之,迁破虏将军[3]。与张辽、乐进屯合肥,孙权率众围之,辽欲奉教出战。进、典、辽皆素不睦,辽恐其不从,典慨然曰:"此国家大事,顾君计何如耳,吾可以私憾而忘公义乎!"乃率众与辽破走权。增邑百户,并前三百户。

典好学问,贵儒雅,不与诸将争功。敬贤士大夫,恂恂[4]若不及,军中称其长者。年三十六薨,子祯嗣。文帝践阼,追念合肥之功,增祯邑百户,赐典一子爵关内侯,邑百户,谥典曰愍侯。

吗?"李典道歉说:"我愚钝胆小,功劳低微,而所受爵位宠信太过深厚,实在应该举全族效力。加上现在战争没有停止,应当充实城郊以内的地方,以此控制四方,而不是要效仿耿纯。"于是迁徙部曲宗族一万三千多人到邺城居住。太祖对此很称赞,升任他为破虏将军。李典与张辽、乐进驻扎合肥,孙权率军围攻合肥,张辽想奉行太祖的指令出战,乐进、李典、张辽一向关系不和,张辽怕他们不听自己指挥。李典感慨地说:"这是国家大事,只看你如何决策,我难道会因为私人成见而忘记公义吗!"于是他率领军队和张辽一起击败赶走了孙权。之后增封李典食邑一百户,连同以前的共三百户。

李典喜好学问,看重儒学文雅之士,不和众将争功。尊敬有才德的士大夫,对他们恭谨有礼,唯恐失礼,军中都称许他有长者之风。三十六岁时去世,他的儿子李祯继承爵位。文帝即位,追念李典守卫合肥的功劳,增加李祯食邑一百户,赐予李典一个儿子关内侯的爵位,食邑一百户,赐予李典愍侯的谥号。

今注　1 耿纯：东汉初将领，曾举家追随刘秀，他怕自己的宗人部属思念故乡，又将族人和部属在家乡的庐舍焚烧殆尽。　2 陈力：贡献才力。　3 破虏将军：官名，统兵出征的杂号将军。4 恂恂：同“逊逊”。谦恭谨慎貌。

李通

原文

李通，字文达，江夏平春1人也[1]。以侠闻于江、汝之间。与其郡人陈恭共起兵于朗陵2，众多归之。时有周直者，众二千余家，与恭、通外和内违3。通欲图杀直而恭难之。通知恭无断，乃独定策，与直克会4，酒酣杀直。众人大扰，通率恭诛其党帅，尽并其营。后恭妻弟陈郃，杀恭而据其众。通攻破郃军，斩郃首以祭恭墓。又生禽黄巾大帅吴霸而降其属。遭岁大饥，通倾家振施，与士分糟糠，皆争为用。由是盗贼不敢犯。

译文

李通，字文达，江夏郡平春人。在长江、汝水之间有任侠之名。他与同郡人陈恭一起在朗陵起兵，很多人来投奔归附他。当时有个叫周直的人，部众有两千多户人家，与陈恭、李通表面和睦而内里有矛盾。李通想设法杀掉周直，但陈恭感到为难。李通知道陈恭办事不果断，就独自定下计划，与周直约定日期相会，在周直酒醉的时候杀了他。众人大受惊扰，李通率领陈恭杀了周直部下的主要头目，全部兼并了他的队伍。后来陈恭的妻弟陈郃杀了陈恭，并且占有了他的部下。李通进攻打败了陈郃的部队，斩下他的首级在陈恭的坟墓前祭奠。后来李通又活捉了黄巾军大头领吴霸并收降了他的部下。当年遇上大饥荒，李通拿出全部家产赈济，和将士们分食糟糠，将士都争先为他效力。因此，盗贼不敢攻击他。

今注　1 平春：县名，在今河南信阳。　2 朗陵：县名，在今河南确山县。　3 内违：内有矛盾不和。　4 克会：约定日期相会。

裴注　[1]《魏略》曰："通，小字万亿。"

建安初，通举众诣太祖于许。拜通振威中郎将[1]，屯汝南西界。太祖讨张绣，刘表遣兵以助绣，太祖军不利。通将兵夜诣太祖，太祖得以复战。通为先登，大破绣军。拜裨将军，封建功侯，分汝南二县，以通为阳安[2]都尉。通妻伯父犯法，朗陵长赵俨收治，致之大辟。是时杀生之柄，决于牧守，通妻子号泣以请其命，通曰："方与曹公戮力，义不以私废公。"嘉俨执宪[3]不阿，与为亲交。

建安初年，李通率全体部众到许地面见太祖，太祖任命他为振威中郎将，屯驻汝南郡西界。太祖讨伐张绣，刘表派兵援助张绣，太祖军队战况不利，李通率军连夜赶到太祖那里，太祖才得以再战。李通亲自为先登部队，大败张绣军队。太祖任命他为裨将军，封建功侯，分出汝南郡的两个县，任李通为阳安都尉。李通妻子的伯父犯了法，朗陵县长赵俨将他关押治罪，判处死刑。当时决定犯人生死的权力掌握在州牧、太守的手中，李通妻子哭着向李通请求免去伯父的死罪，李通说："我正在为太祖效力，按道理不能以私废公。"李通称赞赵俨执法不徇私情，和他成为亲近的朋友。

今注　1 振威中郎将：曹操置，掌率军征伐或驻守。　2 阳安：县名，在今河南确山县。　3 执宪：执行法令。

太祖与袁绍相拒于官渡。绍遣使拜通征南将军,刘表亦阴招之,通皆拒焉。通亲戚部曲流涕曰:“今孤危独守,以失大援,亡可立而待也,不如亟从绍。”通按剑以叱之曰:“曹公明哲,必定天下。绍虽强盛,而任使无方,终为之虏耳。吾以死不贰。”即斩绍使,送印绶诣太祖。又击郡贼瞿恭、江宫、沈成等,皆破残其众,送其首,遂定淮、汝之地。改封都亭侯,拜汝南太守。时贼张赤等五千余家聚桃山,通攻破之。刘备与周瑜围曹仁于江陵,别遣关羽绝北道。通率众击之,下马拔鹿角入围,且战且前,以迎仁军,勇冠诸将。通道得病薨,时年四十二。追增邑二百户,并前四百户。

文帝践阼,谥曰刚

太祖与袁绍在官渡对峙,袁绍派使者拜李通为征南将军,刘表也私下招揽他,李通都拒绝了。李通的亲戚部曲流着泪说:“现在我们孤军独守险境,失去大军援助,随时面临灭亡,不如尽早投奔袁绍。”李通按剑怒叱他们说:“曹公聪明智慧,一定能平定天下。袁绍虽然势力强大,但统率调遣没有章法,终究要被曹公俘虏。我就是死也不另投他人。”就立刻杀了袁绍的使者,把印绶送交太祖。李通又攻打郡中的贼寇瞿恭、江宫、沈成等人,把他们的部队全部击败击溃,砍下他们的首级送到太祖那里,于是平定了淮河、汝水一带。朝廷改封李通为都亭侯,任命他为汝南郡太守。当时贼盗张赤等五千多家在桃山聚集,被李通攻击并打败。刘备和周瑜围攻在江陵的曹仁,派关羽另外领军阻断北面的道路。李通率领部下出击关羽,下马拔除鹿角冲进敌军包围中,一边战斗一边前进,以接应曹仁的部队,是众将中表现最勇武的。李通行军途中染病去世,当时四十二岁。朝廷在他死后追加食邑二百户,连同之前所有共四百户。

文帝登基,赐谥号为刚侯。下诏说:

侯。诏曰："昔袁绍之难，自许、蔡以南，人怀异心。通秉义不顾，使携贰[1]率服[2]，朕甚嘉之。不幸早薨，子基虽已袭爵，未足酬其庸勋[3]。基兄绪，前屯樊城，又有功，世笃其劳，其以基为奉义中郎将，绪平虏中郎将，以宠异焉[1]。"

"当初袁绍作乱大兵压境，从许县、蔡县以南，人人都怀有异心。只有李通秉持正义不顾劝诱，使怀有二心的人都敬服，我很赞赏他。他不幸早逝，儿子李基虽然已经承袭了爵位，但仍不足以报答他的功勋。李基的哥哥李绪，之前屯驻樊城，又有战功，举世都认为他有很大功劳，任命李基为奉义中郎将，李绪为平虏中郎将，用来表示对他们的特殊的恩宠。"

今注　1 携贰：怀有二心的人。　2 率服：一概服从。　3 庸勋：功勋。

裴注　[1] 王隐《晋书》曰："绪子秉，字玄胄，有俊才，为时所贵，官至秦州刺史。秉尝答司马文王问，因以为《家诫》曰：'昔侍坐于先帝，时有三长吏俱见。临辞出，上曰："为官长当清、当慎、当勤，修此三者，何患不治乎？"并受诏。既出，上顾谓吾等曰："相诫敕正当尔不？"侍坐众贤，莫不赞善。上又问曰："必不得已，于斯三者何先？"或对曰："清固为本。"次复问吾，对曰："清慎之道，相须而成，必不得已，慎乃为大。夫清者不必慎，慎者必自清，亦由仁者必有勇、勇者不必有仁，是以《易》称括囊无咎，藉用白茅，皆慎之至也。"上曰："卿言得之耳。可举近世能慎者谁乎？"诸人各未知所对，吾乃举故太尉荀景倩、尚书董仲连、仆射王公仲，并可谓为慎。上曰："此诸人者，温恭朝夕，执事有恪，亦各其慎也。然天下之至慎，其惟阮嗣宗乎！每与之言，言及玄远，而未曾评论时事，臧否人物，真可谓至慎矣。"吾每思此言，亦足以为明诫。凡人行事，年少立身，不可不慎，勿轻论人，勿轻说事，如此，则悔吝何由而生？患祸无从而至矣。'秉子重，字茂曾。少知名，历位吏部郎、平阳太守。"《晋诸公赞》曰："重以清尚称。相国赵王伦以重望取为右司马。重以伦将为乱,辞疾不就。伦逼之不已,重遂不复自活,至于困笃,扶曳受拜,数日卒,赠散骑常侍。重二弟,尚字茂仲,矩字茂约,永嘉中并典郡;矩至江州刺史。重子式,字景则,官至侍中。"

臧霸

原文

臧霸,字宣高,泰山华人也。父戒,为县狱掾[1],据法不听太守欲所私杀。太守大怒,令收戒诣府,时送者百余人。霸年十八,将客数十人,径于费[2]西山中要夺之,送者莫敢动,因与父俱亡命东海,由是以勇壮闻。黄巾起,霸从陶谦击破之,拜骑都尉。遂收兵于徐州,与孙观、吴敦、尹礼等并聚众,霸为帅,屯于开阳[3]。太祖之讨吕布也,霸等将兵助布。既擒布,霸自匿。

译文

臧霸,字宣高,泰山郡华县人。父亲臧戒,为县狱掾,秉公执法,不肯依从太守处死他私自想杀的人。太守大怒,下令拘捕臧戒到府中,当时有一百多人押送。臧霸那年十八岁,率领几十名门客,直接到费地西部山中截夺父亲臧戒,押送的人不敢阻拦,于是他同父亲一起逃亡到东海,从此他以勇武壮烈闻名。黄巾军起事,臧霸跟随陶谦打败黄巾军,被任为骑都尉。臧霸收兵回到徐州,与孙观、吴敦、尹礼等人一起合兵聚众,臧霸任统帅,驻扎在开阳。太祖讨伐吕布的时候,臧霸等领兵援助吕布。吕布被擒后,臧霸躲藏起来。

今注 1 狱掾:管理监狱的小吏。 2 费(bì):在今山东费县西北。 3 开阳:在今山东临沂。

太祖募索[1]得霸，见而悦之，使霸招吴敦、尹礼、孙观、观兄康等，皆诣太祖。太祖以霸为琅邪相，敦利城、礼东莞、观北海、康城阳太守。割青、徐二州，委之于霸。太祖之在兖州，以徐翕、毛晖为将，兖州乱，翕、晖皆叛。后兖州定，翕、晖亡命投霸。太祖语刘备，令语霸送二人首。霸谓备曰："霸所以能自立者，以不为此也。霸受公生全之恩，不敢违命，然王霸之君可以义告[2]，愿将军为之辞。"备以霸言白太祖，太祖叹息，谓霸曰："此古人之事，而君能行之，孤之愿也。"乃皆以翕、晖为郡守。

太祖招募寻找到了臧霸，见面后很高兴，让他招引吴敦、尹礼、孙观、孙观的哥哥孙康等人，他们都投奔了太祖。太祖任命臧霸为琅邪相，吴敦为利城郡太守，尹礼为东莞郡太守，孙观为北海郡太守，孙康为城阳郡太守。把青州、徐州分割出来委托给臧霸治理。太祖在兖州时，任用徐翕、毛晖为将领，兖州发生动乱，徐翕、毛晖都背叛了太祖。后来兖州平定，徐翕、毛晖逃亡到臧霸那里，太祖告诉刘备，让他通知臧霸送上徐、毛二人的首级。臧霸对刘备说："我之所以能够自立，就是因为不干这种事。我受曹公保全性命的恩德，不敢违抗命令，但能成就王霸大业的君主可以用信义请求。希望将军替我说明情况。"刘备把臧霸的话告诉太祖，太祖为之叹息，他对臧霸道："这是古人所做的事情，而你能这样做，正是我所希望的。"便将徐翕、毛晖都任命为郡守。

今注　1 募索：招募，寻求。　2 告：请求。

时太祖方与袁绍相拒，而霸数以精兵入青州，故太祖得专事绍，不

当时，太祖正与袁绍对峙，臧霸几次率精兵进入青州，所以太祖能够专心对付袁绍，不用顾虑东部的局势。太祖

以东方为念。太祖破袁谭于南皮,霸等会贺。霸因求遣子弟及诸将父兄家属诣邺,太祖曰:“诸君忠孝,岂复在是!昔萧何遣子弟入侍,而高祖不拒,耿纯焚室舆榇[1]以从,而光武不逆,吾将何以易之哉!”东州扰攘,霸等执义征暴,清定海岱,功莫大焉,皆封列侯。霸为都亭侯,加威虏将军。又与于禁讨昌豨,与夏侯渊讨黄巾余贼徐和等,有功,迁徐州刺史。沛国武周为下邳令,霸敬异周,身诣令舍。部从事謥詷[2]不法,周得其罪,便收考竟[3],霸益以善周。

在南皮击败袁谭,臧霸等人前往聚会庆贺。臧霸借这个机会请求派遣自己的子弟和部将的父兄等家属到邺城居住。太祖说:“各位都是忠孝之人,难道还要用这样的方式来证明吗!过去萧何派子弟入京侍奉,汉高祖没有拒绝。耿纯焚烧了家宅,用车载着棺材跟随光武帝,光武帝也没有阻拦,那我又凭什么改变呢!”东部州郡出现动乱,臧霸等主持正义,征伐暴乱,肃清平定海滨、泰山一带,功绩很大,都被封为列侯。臧霸被封为都亭侯,加授威虏将军。他又同于禁讨伐昌豨,与夏侯渊讨伐黄巾军残党徐和等人,立下战功,升任徐州刺史。沛国人武周担任下邳县令,臧霸尊敬优待武周,亲自到县令居所见他。臧霸属下从事有人说话夸诞,行为不守法度,武周知道了他的罪状,将他拘捕审讯,臧霸更加看重善待武周。

今注 1 舆榇(yú chèn):用车装着棺材,表示必死的决心。 2 謥詷(còng tóng):说话急促,内容夸诞。 3 考竟:拷掠审问以穷竟其狱事。指审讯。

从讨孙权,先登,再入巢湖,攻居巢,破之。张

臧霸跟随太祖征讨孙权,冲杀在前率先占领敌军阵地,又进入巢湖,攻

辽之讨陈兰，霸别遣至皖，讨吴将韩当，使权不得救兰。当遣兵逆[1]霸，霸与战于逢龙，当复遣兵邀[2]霸于夹石，与战破之，还屯舒。权遣数万人乘船屯舒口，分兵救兰，闻霸军在舒，遁还。霸夜追之，比明，行百余里，邀贼前后击之。贼窘急，不得上船，赴水者甚众。由是贼不得救兰，辽遂破之。霸从讨孙权于濡须口，与张辽为前锋，行遇霖雨[3]，大军先及，水遂长，贼船稍进，将士皆不安。辽欲去，霸止之曰："公明于利钝，宁肯捐吾等邪？"明日果有令。辽至，以语太祖。太祖善之，拜扬威将军，假节。后权乞降，太祖还，留霸与夏侯惇等屯居巢[4]。

文帝即王位，迁镇东将军，进爵武安乡侯，都督青州诸军事。及践阼，

打居巢，打败了吴军。张辽进攻陈兰，臧霸被分派到皖县攻击吴将韩当，使孙权无法援救陈兰。韩当派兵迎战臧霸，臧霸在逢龙与之作战，韩当又派兵在夹石口阻击臧霸，臧霸打败了他们，撤回军队屯驻舒口。孙权派几万人乘船也去屯驻舒口，分兵救援陈兰，听说臧霸的部队在舒口，就悄悄撤军了。臧霸连夜追击逃敌，等到天明，行军一百多里，从前后两面攻击敌人。敌军形势窘迫紧急，无法上船，掉落水中的人很多。因此吴军没办法援救陈兰，张辽于是就击败了陈兰的军队。臧霸随军到濡须口征讨孙权，和张辽一起担任先锋，途中遇到大雨，大军先赶到了，水势渐涨，敌船渐渐逼近，魏军将士都很不安。张辽想要撤退，臧霸阻止他说："曹公非常清楚形势的顺利与困难，怎么肯舍弃我们？"第二天果然接到了命令。张辽回去后，把臧霸的表现告诉太祖，太祖很赞赏臧霸，拜他为扬威将军，授予节杖。后来孙权请求投降，太祖率军返回，留下臧霸与夏侯惇屯驻居巢。

文帝即王位，升臧霸为镇东将军，进封他为武安乡侯，总领青州各军事。

进封开阳侯，徙封良成侯。与曹休讨吴贼，破吕范于洞浦，征为执金吾，位特进。每有军事，帝常咨访焉[1]。明帝即位，增邑五百，并前三千五百户。薨，谥曰威侯。子艾嗣[2]。艾官至青州刺史、少府。艾薨，谥曰恭侯。子权嗣。霸前后有功，封子三人列侯，赐一人爵关内侯[3]。而孙观亦至青州刺史，假节，从太祖讨孙权，战被创，薨。子毓嗣，亦至青州刺史[4]。

等到文帝即皇帝位后，又进封臧霸为开阳侯，转封良成侯。臧霸与曹休讨伐吴国贼人，在洞浦击败吕范，朝廷征召他为执金吾，赐位特进。每次朝廷有军事行动，文帝总询问他。魏明帝即位后，为他增加五百户食邑，连同以前的共三千五百户。臧霸死后，被谥为威侯，儿子臧艾继承爵位。臧艾官至青州刺史、少府，死后谥号恭侯，他的儿子臧权继承爵位。臧霸前后立有战功，三个儿子被封为列侯，一个儿子被赐爵关内侯。而孙观也官至青州刺史，授予符节，随太祖征讨孙权，在战斗中受伤，去世。他的儿子孙毓继承爵位，后来也做到青州刺史。

今注　1 逆：迎战。　2 邀：拦阻。　3 霖雨：久下不停的雨。　4 居巢：古县名，在今安徽巢湖西北。

裴注　［1］《魏略》曰："霸一名奴寇。孙观名婴子。吴敦名黯奴。尹礼名卢儿。建安二十四年，霸遣别军在洛。会太祖崩，霸所部及青州兵，以为天下将乱，皆鸣鼓擅去。文帝即位，以曹休都督青、徐，霸谓休曰：'国家未肯听霸耳！若假霸步骑万人，必能横行江表。'休言之于帝，帝疑霸军前擅去，今意壮乃尔。遂东巡，因霸来朝而夺其兵。"　［2］《魏书》曰："艾少以才理称，为黄门郎，历位郡守。"　［3］霸一子舜，字太伯，晋散骑常侍，见《武帝百官名》。此《百官名》，不知谁所撰也，皆有题目，称舜"才颖条畅，识赞时宜”也。［4］《魏书》曰：“孙观，字仲台，泰山人。与臧霸俱起，讨黄巾，拜骑都尉。太祖破吕布，使霸招观兄弟，皆厚遇之。与霸俱战伐，观常为先登，征定青、徐群贼，功次于霸，封吕都亭侯。康亦以功封列侯。与太祖会南皮，遣子弟入居邺，拜观偏将军，迁青州刺史。从征孙权于濡须口，假节。攻权，为流矢所中，伤左足，力战不顾，太祖劳之曰：‘将军被创深重，而猛气益奋，不当为国爱身乎？’转振威将军，创甚，遂卒。”

文聘

原文

文聘，字仲业，南阳宛人也，为刘表大将，使御北方。表死，其子琮立。太祖征荆州，琮举州降，呼聘欲与俱，聘曰：“聘不能全[1]州，当待罪[2]而已。”太祖济汉，聘乃诣太祖，太祖问曰：“来何迟邪？”聘曰：“先日不能辅弼刘荆州[3]以奉国家，荆州虽没，常愿据守汉川，保全土境，生不负于孤弱，死无愧于地下，而计不得已，以至于此。实怀悲惭，无颜早见耳。”遂歔欷流涕。太祖为之怆然，曰：“仲业，卿

译文

文聘，字仲业，南阳郡宛县人，是刘表手下的重要将领，刘表派他守御北方。刘表死后，他的儿子刘琮继位。太祖讨伐荆州，刘琮献出全州投降，呼吁文聘想和他一起投降，文聘说：“我不能保全荆州，应该等着治我的罪。”太祖渡过汉水，文聘才前去拜见太祖。太祖问他：“为何来迟了？”文聘说：“早先没能辅助刘荆州为国家效力，荆州虽然被攻陷，但我总希望固守汉川，保全州境，生不亏欠孤弱的刘琮，死不愧疚于地下的旧主刘表。但我的愿望不能实现，以至于到了现在这个地步。我实在感到悲伤羞愧，没脸早来求见。”然后感叹流泪。太祖为之悲伤，

真忠臣也。”厚礼待之。授聘兵,使与曹纯追讨刘备于长阪。

说:“仲业,你真是忠臣啊。”于是以厚礼待他。交给文聘兵马,让他同曹纯到长阪追击讨伐刘备。

今注 1 全:保全。 2 待罪:听候治罪。此为不愿离开职位的委婉说法。 3 刘荆州:指曾经当过荆州牧的刘表。

太祖先定荆州,江夏与吴接,民心不安,乃以聘为江夏太守,使典北兵1,委以边事,赐爵关内侯[1]。与乐进讨关羽于寻口,有功,进封延寿亭侯,加讨逆将军。又攻羽辎重于汉津,烧其船于荆城。文帝践阼,进爵长安乡侯,假节。与夏侯尚围江陵,使聘别屯沔口,止石梵,自当一队2,御贼有功,迁后将军,封新野侯。孙权以五万众自围聘于石阳3,甚急。聘坚守不动,权住二十余日乃解去,聘追击破之[2]。增邑五百户,并前千九百户。聘在江夏数十年,有

太祖先平定了荆州,江夏郡与吴国接壤,这里的老百姓人心不安,就任命文聘为江夏太守,让他统领北方军队,把守边事务托付给他,又赐他关内侯的爵位。文聘与乐进到寻口征讨关羽,立下战功,进封为延寿亭侯,加授讨逆将军。他又在汉津攻击关羽军的辎重物资,在荆城烧毁关羽军的战船。文帝登基后,进封文聘为长安乡侯,授予节杖。他又同夏侯尚围攻江陵,文帝命文聘率领部队另去屯驻沔口,中途在石梵停留时,文聘独自抵御一支敌军,抵御贼人立下战功,升任后将军,封为新野侯。孙权率领五万人马在石阳城包围了文聘,形势十分急迫。文聘坚守不动,孙权停留了二十多天后才解围撤退,文聘追击将其打败。朝廷为他增加食邑五百户,连同以前的共一千九百户。文聘在江夏郡几十年,有威名恩德,名声震慑敌国,敌人不敢入

威恩，名震敌国，贼不敢侵。分聘户邑封聘子岱为列侯，又赐聘从子厚爵关内侯。聘薨，谥曰壮侯。岱又先亡，聘养子休嗣。卒，子武嗣。

嘉平中，谯郡桓禺为江夏太守，清俭有威惠[4]，名亚于聘。

侵。文帝将文聘的食邑分出一部分赐给他的儿子文岱，封文岱为列侯，又赐给文聘侄子文厚关内侯的爵位。文聘死后谥为壮侯。文岱先他而死，朝廷让文聘的养子文休承袭了爵位。文休死后，他的儿子文武继承爵位。

嘉平年间，谯郡人桓禺担任江夏太守，为人清廉俭朴，有声威和恩泽，名声稍逊于文聘。

今注　1 北兵：指曹操从北方带来的军队。　2 自当一队：独自抵御一支敌军。　3 石阳：古城名，故址在今湖北武汉黄陂区西。　4 威惠：声威和恩泽。

裴注　[1] 孙盛曰："资父事君，忠孝道一。臧霸少有孝烈之称，文聘著垂涕之诚，是以魏武一面，委之以二方之任，岂直壮武见知于仓卒之间哉！"　[2]《魏略》曰："孙权尝自将数万众卒至。时大雨，城栅崩坏，人民散在田野，未及补治。聘闻权到，不知所施，乃思惟莫若潜默可以疑之。乃敕城中人使不得见，又自卧舍中不起。权果疑之，语其部党曰：'北方以此人忠臣也，故委之以此郡。今我至而不动，此不有密图，必当有外救。'遂不敢攻而去。"《魏略》此语，与本传反。

吕虔

原文

吕虔，字子恪，任城[1]

译文

吕虔，字子恪，任城人。太祖在兖

人也。太祖在兖州，闻虔有胆策，以为从事，将家兵守湖陆[2]。襄贲校尉杜松部民炅母等作乱，与昌豨通。太祖以虔代松，虔到，招诱炅母渠率[3]及同恶数十人，赐酒食。简壮士伏其侧，虔察炅母等皆醉，使伏兵尽格杀之，抚其余众，群贼乃平。

州，听说吕虔有胆量智谋，任命他为从事，他率领自己的家兵防守湖陆。襄贲校尉杜松部下的平民炅母等人叛乱，与昌豨相勾结。太祖命吕虔代替杜松，吕虔到达后，诱招炅母等叛乱头领以及一同作恶的几十个人，赐给他们酒饭，提前挑选强壮的士兵在旁边埋伏，吕虔见炅母等人都喝醉了，令伏兵把他们全部杀死，然后安抚其余参加叛乱的人，平定了这群盗贼。

今注　1 任城：旧县名，在今山东济宁任城区。　2 湖陆：县名，在今山东鱼台县东南。　3 渠率：即渠帅，古时对武装反叛者首领的称呼。率，同“帅”。

太祖以虔领泰山太守，郡接山海，世乱，闻民人多藏窜。袁绍所置中郎将郭祖、公孙犊等数十辈，保山为寇，百姓苦之。虔将家兵到郡，开恩信[1]，祖等党属皆降服，诸山中亡匿者尽出安土业[2]。简其强者补战士，泰山由是遂有精兵，冠名州郡。济南黄巾徐和等，所在劫长吏，攻

太祖让吕虔兼领泰山太守，该郡挨着泰山和大海，世道混乱，听说郡民有很多人躲藏逃窜。袁绍所设置的中郎将郭祖、公孙犊等几十人，占山为寇，百姓深受其害。吕虔率领家兵到泰山郡，施予恩德信义，郭祖等党羽都来投降归顺，躲藏在山里的百姓也都出来安居生产。吕虔挑选强壮的人补充到军队中，泰山郡于是便有了精兵，在各州郡中名气很大。济南的黄巾军首领徐和等人，在所到之处劫持长吏，攻打城

城邑。虔引兵与夏侯渊会击之,前后数十战,斩首获生数千人。太祖使督青州诸郡兵以讨东莱群贼李条等,有功。太祖令曰:“夫有其志,必成其事。盖烈士[3]之所徇也。卿在郡以来,禽奸讨暴,百姓获安,躬蹈矢石[4],所征辄克。昔寇恂立名于汝、颍,耿弇建策于青、兖,古今一也。”举茂才,加骑都尉,典郡如故。虔在泰山十数年,甚有威惠。

文帝即王位,加裨将军,封益寿亭侯,迁徐州刺史,加威虏将军。请琅邪王祥为别驾,民事一以委之,世多其能任贤[1]。讨利城叛贼,斩获有功。明帝即位,徙封万年亭侯,增邑二百,并前六百户。虔薨,子翻嗣。翻薨,子桂嗣。

邑。吕虔率兵与夏侯渊联合进攻他们,前后与他们作战几十次,斩首俘虏几千人。太祖派吕虔总督青州郡兵,讨伐李条等东莱群盗,吕虔立下战功。太祖下令说:“有志向的人,一定能成就事业,这大概是烈士勇于献身的原因吧。你掌管泰山郡以来,擒获奸贼讨伐暴虐,百姓获得安宁,亲自冒着箭矢垒石,每次出征都能取胜。过去寇恂在汝水、颍水一带建立威名,耿弇在青州、兖州出谋献策名留青史,古今都是一样的。”吕虔被推举为茂才,加授骑都尉,仍旧管辖泰山郡。吕虔在泰山郡十几年,很有威信恩惠。

文帝即王位,加授吕虔裨将军,封他为益寿亭侯,升任徐州刺史,再加授威虏将军衔。吕虔请琅邪人王祥担任别驾,将民政事务全部委托给他,世人称赞他能任用贤人。吕虔征讨利城的叛贼,斩首叛贼缴获有功。明帝即位后,转封他为万年亭侯,增加二百户食邑,连同之前封给他的,一共六百户。吕虔去世后,他儿子吕翻继承爵位。吕翻去世后,其子吕桂继承爵位。

今注 1 开恩信:给予恩德信义,谓赦免其罪过,且说到做到。 2 安土业：安居故土从事生产。 3 烈士：愿意为功业献身，或忠贞刚毅之士。 4 躬蹈矢石：指亲自冒着敌人的箭矢和垒石去打仗。石，即垒石，置在高处便于下击敌人的石块。也作“礌石”。

裴注 [1] 孙盛《杂语》曰：“祥，字休徵。性至孝，后母苛虐，每欲危害祥，祥色养无怠。盛寒之月，后母曰：‘吾思食生鱼。’祥脱衣，将剖冰求之，有少，坚冰解，下有鱼跃出，因奉以供，时人以为孝感之所致也。供养三十余年，母终乃仕，以淳诚贞粹见重于时。”王隐《晋书》曰：“祥始出仕，年过五十矣，稍迁至司隶校尉。高贵乡公入学，以祥为三老，迁司空、太尉。司马文王初为晋王，司空荀顗要祥尽敬，祥不从。”语在《三少帝纪》。晋武践阼，拜祥为太保，封睢陵公。泰始四年，年八十九薨。祥弟览，字玄通，光禄大夫。《晋诸公赞》称览率素有至行。览子孙繁衍，颇有贤才相系，奕世之盛，古今少比焉。

许褚

原文

许褚，字仲康，谯国谯[1]人也。长八尺余，腰大十围，容貌雄毅，勇力绝人。汉末，聚少年及宗族数千家，共坚壁以御寇。时汝南葛陂贼万余人攻褚壁，褚众少不敌，力战疲极。兵矢尽，乃令壁中男女，聚治石如杅[2]

译文

许褚，字仲康，谯国谯县人。他身高八尺多，腰粗十围，相貌雄伟刚毅，勇气力量远超常人。东汉末年，许褚聚集少年和自己宗族成员共几千家，一起坚守堡垒抵抗盗贼。那时汝南葛陂一带的强盗一万多人来进攻许褚的堡垒，许褚部众人少，打不过敌人，奋力作战，非常疲劳。武器箭矢用尽了，许褚就让堡中的男女聚集起来，制作杅斗大小的石块

斗者置四隅。褚飞石掷之,所值皆摧碎。贼不敢进。粮乏,伪与贼和,以牛与贼易食,贼来取牛,牛辄奔还。褚乃出陈前,一手逆曳牛尾,行百余步。贼众惊,遂不敢取牛而走。由是淮、汝、陈、梁间,闻皆畏惮之。

放在堡垒四角。许褚用石头投掷敌人,被石头击中的人身体都被砸碎,于是强盗不敢进攻。后来堡中缺少粮食,许褚假装同敌人讲和,用牛和贼人交换食物,贼人来取牛,牛立刻跑了回去。许褚于是走出阵前,一手倒拽牛尾,走了一百多步,贼人大惊,于是不敢取走牛就逃跑了。从此,淮河、汝水、陈国、梁国一带,听过许褚事迹的人都惧怕他。

今注 1 谯:县名,在今安徽亳州。 2 杅(yú):盛汤浆或食物的器皿。杅,同"盂"。

太祖徇[1]淮、汝,褚以众归太祖。太祖见而壮之,曰:"此吾樊哙也。"即日拜都尉,引入宿卫。诸从褚侠客,皆以为虎士[2]。从征张绣,先登,斩首万计,迁校尉。从讨袁绍于官渡。时常从士徐他等谋为逆,以褚常侍左右,惮之不敢发。伺褚休下日,他等怀刀入。褚至下舍[3]心动,即还侍。他

太祖带兵占领淮、汝地区,许褚率部众归顺太祖,太祖见到他,认为他气魄雄壮,说:"这是我的樊哙啊。"当天就任命许褚为都尉,让他进入自己的行营值宿守卫。跟随许褚的侠客,都用为虎士。许褚跟随太祖讨伐张绣,抢先登城,斩杀敌人以万计,升任校尉。他又跟随太祖在官渡讨伐袁绍。当时平常随从太祖的谋士徐他等人图谋反叛,因许褚总是护卫在太祖身旁,忌惮他的勇武而不敢起事。徐他等人趁许褚回去休息的时候,怀揣着刀子进了太祖的营帐,许褚到居所后有所怀疑,就回来保护太祖。徐他等人不知此事,进

等不知,入帐见褚,大惊愕。他色变,褚觉之,即击杀他等。太祖益亲信之,出入同行,不离左右。从围邺,力战有功,赐爵关内侯。

入帐内见到许褚,十分惊慌错愕。徐他变了脸色,许褚觉察到异常,就当即击杀了徐他等人。太祖因此对许褚更加亲切信赖,出入都让许褚同行,不让他离开身边。许褚跟随太祖围攻邺城,奋力作战有功,太祖赐他关内侯的爵位。

今注 1 徇:带兵占领敌方土地。 2 虎士:谓勇猛如虎之战士。 3 下舍:家,私宅。

从讨韩遂、马超于潼关。太祖将北渡,临济河,先渡兵,独与褚及虎士百余人留南岸断后。超将步骑万余人,来奔[1]太祖军,矢下如雨。褚白太祖,贼来多,今兵渡已尽,宜去,乃扶太祖上船。贼战急,军争济船,船重欲没。褚斩攀船者,左手举马鞍蔽太祖。船工为流矢所中死,褚右手并溯船[2],仅乃得渡。是日,微[3]褚几危。其后太祖与遂、超等单马会语,左右皆不得从,唯将褚。超

许褚跟随太祖在潼关讨伐韩遂、马超。太祖准备北渡黄河,要过河的时候,先让士兵渡过,太祖自己和许褚及一百多名虎士留在南岸断后。马超率领一万多名步骑兵来追击太祖军队,射来的箭矢好像下雨一样。许褚报告太祖说敌人来了很多,现在士兵都已经渡过河,我们也应该离去,就扶着太祖上船。敌军攻势猛烈,士兵都争着渡河上船,太祖乘坐的船因为过重而将要沉没。许褚斩杀攀船的士兵,左手举着马鞍遮蔽掩护太祖,船工被流箭射中死去,许褚右手逆流划船,才勉强渡到对岸。那天,如果没有许褚,太祖几乎要遇难。后来太祖同韩遂、马超单人独马相会交谈,左右的侍卫都不许跟随,只带了许褚过去。马超自恃

负[4]其力，阴欲前突太祖，素闻褚勇，疑从骑是褚。乃问太祖曰："公有虎侯者安在？"太祖顾指褚，褚瞋目盻[5]之。超不敢动，乃各罢。后数日会战，大破超等，褚身斩首级，迁武卫中郎将。武卫之号，自此始也。军中以褚力如虎而痴，故号曰虎痴。是以超问虎侯，至今天下称焉，皆谓其姓名也。

勇力，暗中想要上前突袭太祖，但一直听说许褚勇猛，怀疑太祖随从的骑士就是他。马超就问太祖说："你手下有一位号称虎侯的勇士在哪？"太祖回过头指示许褚，许褚瞪眼怒冲冲地盯着马超，马超不敢轻易动手，于是各自返回。过了几天两军会战，太祖大败马超等人，许褚亲自斩下敌人首级，升任武卫中郎将。武卫的称号，是从这开始设立的。军中因为许褚力大如虎而貌似痴傻，所以称他为虎痴。因此马超问虎侯，至今人们还这样称呼他，都以为这是他的姓名。

今注　1 奔：冲击。　2 溯船：逆流划船。　3 微：没有。　4 负：凭借，倚恃。　5 盻(xì)：怒视。

褚性谨慎奉法，质重少言。曹仁自荆州来朝谒，太祖未出，入与褚相见于殿外。仁呼褚入便坐[1]语，褚曰："王将出。"便还入殿，仁意恨之。或以责褚曰："征南[2]宗室重臣，降意[3]呼君，君何故辞？"褚曰："彼虽亲重，外藩也。褚备内臣，众谈足矣，入

许褚生性谨慎守法，质朴稳重，寡言少语。曹仁从荆州来朝见太祖，太祖还没出来，曹仁进入，在殿外碰上许褚，就招呼许褚进别室谈话，许褚说："魏王就要出来了。"便返身进殿，于是曹仁在心里记恨他。有人因此责备许褚说："征南将军是宗室重臣，降低身份来招呼，您怎么推辞了呢？"许褚说："他虽然是亲戚重臣，却是朝外的藩臣。我担任内臣，在众人面前谈话就足够了，难

室何私[4]乎？”太祖闻，愈爱待之，迁中坚将军。太祖崩，褚号泣欧血。

文帝践阼，进封万岁亭侯，迁武卫将军，都督中军宿卫禁兵，甚亲近焉。初，褚所将为虎士者从征伐，太祖以为皆壮士也，同日拜为将，其后以功为将军封侯者数十人，都尉、校尉百余人，皆剑客也。

明帝即位，进封牟乡侯，邑七百户，赐子爵一人关内侯。褚薨，谥曰壮侯。子仪嗣。褚兄定，亦以军功为振威将军，都督徼道虎贲[5]。太和中，帝思褚忠孝，下诏褒赞，复赐褚子孙二人爵关内侯。仪为钟会所杀。泰始初，子综嗣。

道还要进屋去和他谈私事吗？”太祖听说以后，更加厚待许褚，升他为中坚将军。太祖去世，许褚痛哭流涕口吐鲜血。

文帝登基后，进封他为万岁亭侯，升武卫将军，总督中军宿卫禁兵，对他十分亲近。起初，许褚统率的虎士跟随太祖征伐，太祖认为他们都是壮士，在同一天将他们都任为将官。后来，其中因军功授任将军封侯的有几十人，任都尉、校尉的有一百多人，他们都是剑客出身。

明帝即位，进封许褚为牟乡侯，食邑七百户，赐他一个儿子关内侯的爵位。许褚死后，谥号为壮侯，他的儿子许仪继承了爵位。许褚的哥哥许定也因军功被任命为振威将军，都督巡查警戒道路的虎贲士兵。太和年间，明帝追思许褚的忠孝品德，下诏夸奖赞美他，又赐他子孙二人关内侯爵位。许仪后来被钟会所杀，泰始初年，许仪的儿子许综继承爵位。

今注　1 便坐：别室，厢房。 2 征南：指曹仁，当时任征南将军。 3 降意：犹今语放下架子，降低身份。 4 何私：私下还谈什么。 5 徼道虎贲：在道路上巡逻警戒以保卫皇帝的卫士。

典韦

原文

典韦,陈留己吾[1]人也。形貌魁梧,旅力[2]过人,有志节任侠。襄邑[3]刘氏与睢阳[4]李永为仇,韦为报之。永故富春长,备卫甚谨。韦乘车载鸡酒,伪为候者,门开,怀匕首入杀永,并杀其妻,徐出,取车上刀戟,步去。永居近市,一市尽骇。追者数百,莫敢近。行四五里,遇其伴,转战得脱。由是为豪杰所识。

译文

典韦是陈留郡己吾县人。身材相貌高大雄壮,力气超过常人,有志向气节,行侠仗义。襄邑的刘氏和睢阳的李永有仇,典韦替刘氏报了仇。李永之前是富春县长,警卫防备得很严密,典韦坐着车运来鸡和酒,伪装成迎送宾客的人,等大门打开,就怀揣匕首进去杀了李永,还杀了他的妻子。之后慢慢走出来,取出车上的刀戟,步行离去。李永的住处接近集市,整个集市的人都被典韦的举动震惊了。有几百人追着典韦,但没人敢靠近他,典韦走了四五里路,遇到他的伙伴,边打边走,最后逃脱。从此他被英雄豪杰所知晓。

今注 1 己吾:县名,在今河南商丘宁陵县西南。 2 旅力:同“膂力”,体力,筋力的意思。 3 襄邑:县名,在今河南商丘睢县。 4 睢阳:县名,在今河南商丘南。

初平中,张邈举义兵,韦为士,属司马赵宠。牙门旗[1]长大,人莫能胜,韦一手建之,宠异

初平年间,张邈起义兵,典韦在司马赵宠部下担任军士。军营有根高大的牙门旗,别人无法举起,典韦只用一只手就把它立了起来,赵宠觉得他气力与众不

其才力。后属夏侯惇，数斩首有功，拜司马。太祖讨吕布于濮阳。布有别屯在濮阳西四五十里，太祖夜袭，比明破之。未及还，会布救兵至，三面掉战。时布身自搏战，自旦至日昳[2]数十合，相持急。太祖募陷阵，韦先占，将应募者数十人，皆重衣两铠，弃楯，但持长矛撩戟[3]。时西面又急，韦进当之，贼弓弩乱发，矢至如雨，韦不视，谓等人曰："虏来十步，乃白之。"等人[4]曰："十步矣。"又曰："五步乃白。"等人惧，疾言："虏至矣！"韦手持十余戟，大呼起，所抵无不应手倒者。布众退。会日暮，太祖乃得引去。

同。后来典韦做了夏侯惇的部下，屡次斩首立功，被拜为司马。太祖在濮阳讨伐吕布。吕布在濮阳西边四五十里的地方另外驻扎了部队，太祖夜间突袭，到天亮击溃了敌人。还没有来得及返回，恰逢吕布的救兵来到，从三面交替向太祖进攻。当时吕布亲自上阵厮杀，从早晨打到午后，两军交战几十次，相持不下十分激烈。太祖招募敢于冲击敌阵的勇士，典韦首先应募，率领应募的几十个人，都穿上两层衣服双层铠甲，不带盾牌，只拿长矛撩戟。这时西面的战斗又十分激烈，典韦前进抵挡敌人，敌人弓弩乱发，箭像雨点一样飞来，典韦看都不看，对同伴说："敌人冲到离我十步的时候再告诉我。"一起冲锋的同伴们说："十步了。"典韦又说："离我五步再告诉我。"一起冲锋的同伴们都害怕了，急忙喊："敌人到了！"典韦手持十几支戟，大喊着起身，遇上他的没有不随着他手一挥而倒下的。吕布军队这才退却。当时也已经傍晚，太祖才得以撤退。

今注　1 牙门旗：帝王出巡或将帅出征时作为仪仗或标识的大旗。2 日昳(dié)：古时分一日为十二时，日昳指太阳偏西的午后末时。　3 撩戟：类似于投枪的兵器。　4 等人：一起冲锋的同伴。

拜韦都尉,引置左右,将亲兵数百人,常绕大帐。韦既壮武,其所将皆选卒[1],每战斗,常先登陷阵。迁为校尉。

后来太祖任命典韦为都尉,带在自己身边,让他率领亲兵几百人,常常围绕大帐左右护卫。典韦雄壮勇武,部下也都是精选的壮士,每次战斗,总是先登城或带头冲锋。典韦升迁为校尉。

性忠至谨重,常昼立侍终日,夜宿帐左右,稀归私寝。好酒食,饮啖兼人,每赐食于前,大饮长歠[2],左右相属,数人益乃供,太祖壮之。韦好持大双戟与长刀等,军中为之语曰:"帐下壮士有典君,提一双戟八十斤。"

他性情十分忠诚谨慎稳重,经常整个白天都站在太祖身边护卫,夜晚就睡在大帐左右,很少回到自己住处休息。典韦喜欢喝酒吃肉,酒量和食量都有平常两个人那么多。太祖每次当面赐他给酒菜,他都大吃大喝,身边的人给他添酒加菜,要几个人加菜才供应得上,太祖认为他很豪壮。典韦好使大双戟和长刀等兵器,军中为他编谚语说:"帐下壮士有典君,提一双戟八十斤。"

今注　1 选卒:挑选出来的精兵。　2 长歠(chuò):大口地喝。歠,饮。

太祖征荆州,至宛,张绣迎降。太祖甚悦,延绣及其将帅,置酒高会[1]。太祖行酒[2],韦持大斧立后,刃径尺,太祖所至之前,韦辄举斧目之。竟酒[3],绣及其将帅莫敢仰视。后十余

太祖征伐荆州,到达宛城,张绣出城投降,太祖很高兴,宴请张绣和他的将帅,设置酒席举行盛大宴会。太祖依次斟酒,典韦握着大斧站在他背后,斧刃长一尺,太祖举酒到谁前面,典韦就举起长斧盯着那人。直到酒宴结束,张绣和他手下将帅都不敢抬头看他。

日，绣反，袭太祖营，太祖出战不利，轻骑引去。韦战于门中，贼不得入。兵遂散从他门并入。时韦校尚有十余人，皆殊死战，无不一当十。贼前后至稍多，韦以长戟左右击之，一叉入，辄十余矛摧。左右死伤者略尽。韦被数十创，短兵接战，贼前搏之。韦双挟两贼击杀之，余贼不敢前。韦复前突贼，杀数人，创重发，瞋目大骂而死。贼乃敢前，取其头，传观之，覆军就视其躯。

十多天后，张绣反叛，偷袭太祖大营，太祖战斗失利，轻装骑马逃出。典韦在营门中作战，贼人攻不进去，士兵就散开从别的门一齐攻入。当时典韦身边校尉还有十多人，都拼死作战，无不以一敌十。贼人先后到达，越聚越多，典韦用长戟左右攻击，他一叉击入，就有十几支矛被击断。他左右的人死伤殆尽，典韦受伤几十处，就用短兵器作战，贼人上前进攻与他搏斗，典韦用双臂挟住两人将其击杀，剩下的贼人不敢上前。典韦又上前冲击贼人，杀死几人，这时他伤重发作，瞪视贼人大骂而死。贼人这才敢上前，割下他的头，互相传看，全军都来看他的躯体。

今注　1 高会：盛会。　2 行酒：依次斟酒。　3 竟酒：直到酒宴结束。

太祖退住舞阴[1]，闻韦死，为流涕，募间取其丧[2]，亲自临哭之，遣归葬襄邑，拜子满为郎中。车驾每过，常祠以中牢[3]。太祖思韦，拜满为司马，引自近。

太祖退到舞阴，听说典韦战死，为他痛哭流涕，招募人去偷偷取回他的遗体，亲自到遗体前痛哭。派人送典韦尸体回襄邑安葬，任其子典满为郎中。太祖每次经过他家，总用中牢之礼来祭奠典韦。太祖思念典韦，授任典满为司马，让他在自己身旁。

文帝即王位，以满为都尉，赐爵关内侯。

文帝即王位，任命典满为都尉，赐予他关内侯的爵位。

今注 1 舞阴：县名，在今河南泌阳。 2 丧：遗体。 3 中牢：指以猪、羊二牲祭祀，次于太牢。

庞德[1]

原文

庞德，字令明，南安狟道[2]人也[1]。少为郡吏、州从事。初平中，从马腾击反羌叛氐，数有功，稍迁至校尉。建安中，太祖讨袁谭、尚于黎阳，谭遣郭援、高幹等略取河东，太祖使钟繇率关中诸将讨之。德随腾子超拒援、幹于平阳，德为军锋，进攻援、幹，大破之，亲斩援首[2]。拜中郎将，封都亭侯。后张白骑叛于弘农，德复随腾征之，破白骑于两殽[3]间。每战，常陷阵却敌，勇冠腾军。后腾征为卫尉，德留属超。太祖破

译文

庞德，字令明，南安郡狟道县人。年轻时担任郡吏、州从事。初平年间，跟随马腾攻击反叛的羌人、氐人，屡次立功，逐渐升到校尉。建安年间，太祖在黎阳征讨袁谭、袁尚，袁谭派郭援、高幹等劫掠并攻打河东，太祖命钟繇率关中诸将讨伐他们。庞德随马腾的儿子马超在平阳对抗郭援、高幹，庞德为先锋，进攻郭援、高幹，将他们打得大败，亲自斩下郭援的首级。他被任命为中郎将，封都亭侯。后来张白骑在弘农郡反叛，庞德又随马腾征讨张白骑，在两殽山间击败敌军。每次作战，庞德总是冲入敌阵，打退敌人，在马腾军中最为勇猛。后来马腾被朝廷征召为卫尉，庞德留下来做了马超部

超于渭南，德随超亡入汉阳[4]，保冀城。后复随超奔汉中，从张鲁。太祖定汉中，德随众降。太祖素闻其骁勇，拜立义将军，封关门亭侯，邑三百户。

属。太祖在渭南打败马超，庞德随马超逃入汉阳，据守冀城。后来他又跟马超逃入汉中，依附张鲁。太祖平定汉中，庞德随部队投降。太祖一直听说庞德骁勇，于是任命他为立义将军，封他为关门亭侯，食邑三百户。

今注　1 庞德：亦作"庞悳"。　2 狟(huán)道：县名，一作"獂道"，在今甘肃陇西。　3 两殽(yáo)：殽山，即崤山。崤山有东西两段，西崤在今河南三门峡陕州区东南硖石乡东；其东为东崤，在今陕州区东南观音堂镇附近。　4 汉阳：郡名，治所在冀县(今甘肃甘谷东南)。

裴注　[1]狟，音桓。　[2]《魏略》曰："德手斩一级，不知是援。战罢之后，众人皆言援死而不得其首。援，钟繇之甥。德晚后于鞬中出一头，繇见之而哭。德谢繇，繇曰：'援虽我甥，乃国贼也。卿何谢之？'"

侯音、卫开等以宛叛，德将所领与曹仁共攻拔宛，斩音、开，遂南屯樊，讨关羽。樊下诸将以德兄在汉中，颇疑之[1]。德常曰："我受国恩，义在效死。我欲身自击羽。今年我不杀羽，羽当杀我。"后亲与羽交战，射羽中额。时德常乘白马，羽军谓之白

侯音、卫开等人占据宛城反叛，庞德率领部下与曹仁一起攻陷宛城，斩杀侯音、卫开，就向南驻扎在樊城，后来讨伐关羽。樊城的众将因为庞德的哥哥在汉中为刘备效力，很怀疑庞德的忠诚。庞德常说："我受到国家恩遇，活着的意义当以死卫国效力。我想自己击败关羽，今年我不杀关羽，关羽就该杀我了。"后来他亲自同关羽交战，射中关羽前额。当时庞德总骑白马，关羽军

马将军，皆惮之。

仁使德屯樊北十里，会天霖雨十余日，汉水暴溢，樊下平地五六丈，德与诸将避水上堤。羽乘船攻之，以大船四面射堤上。德被甲持弓，箭不虚发。将军董衡、部曲将[1]董超等欲降，德皆收斩之。自平旦力战至日过中，羽攻益急，矢尽，短兵接战。德谓督将成何曰："吾闻良将不怯死以苟免，烈士不毁节以求生。今日，我死日也。"战益怒，气愈壮，而水浸盛，吏士皆降。德与麾下将一人，五伯[2]二人，弯弓傅矢[3]，乘小船欲还仁营。水盛船覆，失弓矢，独抱船覆水中，为羽所得，立而不跪。羽谓曰："卿兄在汉中，我欲以卿为将，不早降何为？"德骂羽曰："竖子，何谓降也！魏王带甲百万，威振天下。汝刘备庸才耳，

中称他为白马将军，都忌惮他。

曹仁让庞德驻防在樊城北边十里处，赶上连着下了十几天大雨，汉水猛涨，樊城下平地水深五六丈，庞德同众将上堤躲避洪水。关羽乘船进攻他们，用大船从四面往堤上射箭。庞德身披铠甲手持弓箭，箭无虚发。将军董衡、部曲将董超等人想投降，庞德把他们都关押并处死了他们。庞德领军从清晨一直奋力战斗到过午时分，关羽攻势越发猛烈，庞德把箭用完了，就面对面地用短兵器激烈战斗。庞德对督将成何说："我听说良将不会因为怕死而侥幸存活，烈士不辱没气节来苟求活命。今天就是我死的日子。"他作战越发勇猛，气势越发雄壮，但水势越来越大，他手下的官吏将士都投降了。庞德同部下一名将领、两名伍长弯弓搭箭，乘小船打算回到曹仁营中。因为水大翻船，弓箭丢失，庞德一人抱船在水中，被关羽俘获，庞德站着而不给关羽下跪。关羽对他说："您兄长在汉中，我想让你做将军，不早投降还想做什么呢？"庞德骂关羽说："小子，说什么投降呢！魏王有百万甲兵，威势震动天下。你们的刘备

岂能敌邪？我宁为国家鬼，不为贼将也。”遂为羽所杀。太祖闻而悲之，为之流涕，封其二子为列侯。

只是个平庸的人罢了，怎么能是魏王敌手？我宁肯为国家做鬼，也不当贼寇将军。”于是被关羽所杀。太祖听说后很悲痛，为之流泪，封他两个儿子为列侯。

今注 1 部曲将：汉魏时泛指部校尉和军候。 2 五伯：即伍伯，指伍长。 3 傅矢：把箭按在弓弦上，只等发箭。傅，通“附”。

裴注 [1]《魏略》曰：“其从兄名柔，时在蜀。”

文帝即王位，乃遣使就德墓赐谥，策曰：“昔先轸[1]丧元，王蠋[2]绝脰，陨身[3]徇节，前代美之。惟侯式昭[4]果毅，蹈难成名，声溢当时，义高在昔，寡人愍焉，谥曰壮侯。”又赐子会等四人爵关内侯，邑各百户。会勇烈有父风，官至中卫将军，封列侯[1]。

文帝即王位，派使者到庞德墓前赐予谥号。策书说：“从前先轸为国捐躯，王蠋上吊自杀，他们以死殉节，前代人都赞美他们。你将果敢坚毅发扬光大，投身危难成就英名，当时人都听过你的名声，曾有崇高的节义，寡人十分怜悯你，谥号称为壮侯。”又赐给庞德的儿子庞会等四人关内侯的爵位，食邑各一百户。庞会勇猛刚烈有父亲遗风，官至中卫将军，被封为列侯。

今注 1 先轸：春秋时期晋国将领，因冒犯晋襄公而自责，在与狄人的战斗中冲阵而死，首级被斩下送回晋国。 2 王蠋(zhú)：战国时齐国大夫，燕将乐毅攻破临淄，厚礼聘请王蠋。王蠋不愿服从敌人，以上吊自杀来激励国人。他以死感动了齐国的大夫民众，共同图谋复国。 3 陨身：死亡。陨，通“殒”。4 式昭：用以光大。

裴注　[1] 王隐《蜀记》曰："钟会平蜀，前后鼓吹，迎德尸丧还葬邺，冢中身首如生。"臣松之案：德死于樊城，文帝即位，又遣使至德墓所，则其尸丧不应在蜀。此王隐之虚说也。

庞淯

原文

庞淯，字子异，酒泉表氏[1]人也。初以凉州从事守破羌[2]长，会武威太守张猛反，杀刺史邯郸商，猛令曰："敢有临商丧，死不赦。"淯闻之，弃官，昼夜奔走，号哭丧所讫，诣猛门，衷匕首，欲因见以杀猛。猛知其义士，敕遣不杀，由是以忠烈闻[1]。太守徐揖请为主簿。后郡人黄昂反，围城。淯弃妻子，夜逾城出围，告急于张掖、燉煌二郡。初疑未肯发兵，淯欲伏剑[3]，二郡感其义，遂为兴兵。军未至而郡城邑已陷，揖死。淯乃收敛揖丧，送还

译文

庞淯，字子异，酒泉郡表氏县人，起初以凉州从事的职衔代理防御破羌的长官。当时有武威郡太守张猛造反，杀死了凉州刺史邯郸商，并下令说："敢有到邯郸商尸旁哭丧的，处死不予赦免。"庞淯听说后，放弃官位，昼夜不分地赶路，到邯郸商尸旁号啕痛哭致哀，事后到张猛府门前求见，怀中藏着匕首，想借见面机会杀死张猛。张猛知道他是义士，下令把他送走，没有杀他，从此庞淯以忠诚刚烈闻名。酒泉太守徐揖请他任主簿。后来郡里的黄昂反叛，包围郡城，庞淯抛下妻子儿女，趁夜越城逃出包围，向张掖、燉煌两郡告急。两郡的太守一开始心中怀疑而不肯发兵，庞淯因此想用剑自刎，两郡的太守被他的高义所感动，就为他派兵。援军未到酒泉而城池已被攻陷，徐揖被杀。庞淯便收

本郡，行服三年乃还。太祖闻之，辟为掾属。文帝践阼，拜驸马都尉，迁西海太守，赐爵关内侯。后征拜中散大夫[4]，薨。子曾嗣。

殓徐揖的遗体，送回他的本郡，为他穿了三年孝服后才返回。太祖听说后，征召他为掾属。文帝当皇帝后，封他为驸马都尉，升任西海太守，赐予他关内侯的爵位，后来又征拜他为中散大夫。他死后，儿子庞曾承袭了爵位。

今注　1 表氏：县名，在今甘肃高台县西。　2 破羌：县名，在今青海海东乐都区。　3 伏剑：用剑自刎。　4 中散大夫：与光禄、太中、谏议大夫及议郎等皆掌顾问应对，无常事，是给老年大臣的加官。

裴注　［1］《魏略》曰："猛兵欲来缚淯，猛闻之，叹曰：'猛以杀刺史为罪。此人以至忠为名，如又杀之，何以劝一州履义之士邪！'遂使行服。"《典略》曰："张猛，字叔威，本燉煌人也。猛父奂，桓帝时仕历郡守、中郎将、太常，遂居华阴，终因葬焉。建安初，猛仕郡为功曹，是时河西四郡以去凉州治远，隔以河寇，上书求别置州。诏以陈留人邯郸商为雍州刺史，别典四郡。时武威太守缺，诏又以猛父昔在河西有威名，乃以猛补之。商、猛俱西。初，猛与商同岁，每相戏侮，及共之官，行道更相责望。暨到，商欲诛猛。猛觉之，遂勒兵攻商。商治舍与猛侧近，商闻兵至，恐怖登屋，呼猛字曰：'叔威，汝欲杀我耶？然我死者有知，汝亦族矣。请和解，尚可乎？'猛因呼曰：'来。'商逾屋就猛，猛因责数之，语毕，以商属督邮。督邮录商，闭置传舍。后商欲逃，事觉，遂杀之。是岁建安十四年也。至十五年，将军韩遂自上讨猛，猛发兵遣军东拒。其吏民畏遂，乃反，共攻猛。初，奂为武威太守，时猛方在孕。母梦带奂印绶，登楼而歌，旦以告奂。奂讯占梦者，曰：'夫人方生男，后当复临此郡，其必死官乎！'及猛被攻，自知必死，曰：'使死者无知则已矣，若有知，岂使吾头东过华阴历先君之墓乎？'乃登楼自烧而死。"

初，淯外祖父赵安为同县李寿所杀，淯舅兄弟三人同时病死，寿家喜。淯母娥自伤父仇不报，乃帏车[1]袖剑，白日刺寿于都亭[2]前，讫，徐诣县，颜色不变，曰："父仇已报，请受戮。"禄福[3]长尹嘉解印绶纵娥，娥不肯去，遂强载还家。会赦得免，州郡叹贵，刊石[4]表闾[1]。

早些时候，庞淯的外祖父赵安被同县的李寿所杀，庞淯的三个舅舅同时病死，李寿家很高兴。庞淯的母亲赵娥伤感杀父之仇不能报，于是乘坐帏车，袖子里藏着短剑，白天在都亭前刺死了李寿，事毕，从容到县府自首，神情不变，说："父仇已报，请求受死。"禄福县长尹嘉解下印绶要放她离开，赵娥不肯离去，县长于是就强制将她用车载回家。恰逢遇上朝廷大赦，赵娥得以免罪，州郡中的人叹服看重她，把她的事迹刻在石碑上在闾里展示。

今注　**1** 帏车：在车上挂帘子，以隐蔽自己。　**2** 都亭：都邑中的传舍。　**3** 禄福：县名，在今甘肃酒泉。　**4** 刊石：指把赵娥的事迹刻在石碑上。

裴注　［**1**］皇甫谧《列女传》曰："酒泉烈女庞娥亲者，表氏庞子夏之妻，禄福赵君安之女也。君安为同县李寿所杀，娥亲有男弟三人，皆欲报仇，寿深以为备。会遭灾疫，三人皆死。寿闻大喜，请会宗族，共相庆贺，云：'赵氏强壮已尽，唯有女弱，何足复忧！'防备懈弛。娥亲子淯出行，闻寿此言，还以启娥亲。娥亲既素有报仇之心，及闻寿言，感激愈深，怆然陨涕曰：'李寿，汝莫喜也，终不活汝！戴履天地，为吾门户，吾三子之羞也。焉知娥亲不手刃杀汝，而自儌幸邪？'阴市名刀，挟长持短，昼夜哀酸，志在杀寿。寿为人凶豪，闻娥亲之言，更乘马带刀，乡人皆畏惮之。比邻有徐氏妇，忧娥亲不能制，恐逆见中害，每谏止之，曰：'李寿，男子也，凶恶有素，加今备卫在身。赵虽有猛烈之志，而强弱不敌。邂逅不制，则为重受祸于寿，绝灭门户，痛辱不轻也。愿详举动，为门户之计。’娥亲曰：‘父母之仇，不同天地、共日月者也。李寿不死，娥亲视息世间，活复何求！今虽三弟早死，门户泯绝，而娥亲犹在，岂可假手于人哉！若以卿心况我，则李寿不可得杀；论我之心，寿必为我所杀明矣。’夜数磨砺所持刀讫，扼腕切齿，悲涕长叹，家人及邻里咸共笑之。娥亲谓左右曰：‘卿等笑我，直以我女弱不能杀寿故也。要当以寿颈血污此刀刃，令汝辈见之。’遂弃家事，乘鹿车伺寿。至光和二年二月上旬，以白日清时，于都亭之前，与寿相遇，便下车扣寿马，叱之。寿惊愕，回马欲走。娥亲奋刀斫之，并伤其马。马惊，寿挤道边沟中。娥亲寻复就地斫之，探中树兰，折所持刀。寿被创未死，娥亲因前欲取寿所佩刀杀寿，寿护刀瞋目大呼，跳梁而起。娥亲乃挺身奋手，左抵其额，右椿其喉，反覆盘旋，应手而倒。遂拔其刀以截寿头，持诣都亭，归罪有司，徐步诣狱，辞颜不变。时禄福长汉阳尹嘉不忍论娥亲，即解印绶去官，弛法纵之。娥亲曰：‘仇塞身死，妾之明分也。治狱制刑，君之常典也。何敢贪生以枉官法？’乡人闻之，倾城奔往，观者如堵焉，莫不为之悲喜慷慨嗟叹也。守尉不敢公纵，阴语使去，以便宜自匿。娥亲抗声大言曰：‘枉法逃死，非妾本心。今仇人已雪，死则妾分，乞得归法以全国体。虽复万死，于娥亲毕足，不敢贪生为明廷负也。’尉故不听所执，娥亲复言曰：‘匹妇虽微，犹知宪制。杀人之罪，法所不纵。今既犯之，义无可逃。乞就刑戮，陨身朝市，肃明王法，娥亲之愿也。’辞气愈厉，面无惧色。尉知其难夺，强载还家。凉州刺史周洪、酒泉太守刘班等并共表上，称其烈义，刊石立碑，显其门闾。太常弘农张奂贵尚所履，以束帛二十端礼之。海内闻之者，莫不改容赞善，高大其义。故黄门侍郎安定梁宽追述娥亲，为其作传。玄晏先生以为父母之仇，不与共天地，盖男子之所为也。而娥亲以女弱之微，念父辱之酷痛，感仇党之凶言，奋剑仇颈，人马俱摧，塞亡父之怨魂，雪三弟之永恨，近古已来，未之有也。《诗》云：‘修我戈矛，与子同仇。’娥亲之谓也。”

阎温

原文

阎温，字伯俭，天水西城人也。以凉州别驾守上邽令。马超走奔上邽，郡人任养等举众迎之。温止之，不能禁，乃驰还州。超复围州所治冀城甚急，州乃遣温密出，告急于夏侯渊。贼围数重，温夜从水中潜出。明日，贼见其迹，遣人追遮[1]之，于显亲[2]界得温，执还诣超。超解其缚，谓曰："今成败可见，足下为孤城请救而执于人手，义何所施？若从吾言，反谓城中'东方[3]无救'，此转祸为福之计也。不然，今为戮矣。"温伪许之，超乃载温诣城下。温向城大呼曰："大军不过三日至，勉之！"城中皆泣，称万岁。超怒数[4]之曰："足下不为命计邪？"温不应。

译文

阎温，字伯俭，是天水郡西城县人。他以凉州别驾的官职代理上邽县令。马超逃奔来到上邽，郡人任养等率众迎接他。阎温劝阻任养，但没有将他拦住，于是快马回到州城。马超又急着围攻凉州的治所冀城。州刺史派阎温秘密出城，向夏侯渊告急。敌人将城池包围了几层，阎温趁夜潜水出城。第二天，敌人发现他的踪迹，派人追踪拦截他，在显亲界内捉住了阎温，押送他去见马超。马超解开他的捆绑，对他说："现在双方胜败已经可以看出来了，你为孤城请求救兵却被人捉住，坚持道义还有什么用呢？如果听我的话，反过来告诉城里'东方不会有救兵来了'，这对你是转祸为福的计策。不然，现在就把你杀掉。"阎温假装答应了，马超便用车载着他来到城下。阎温朝着城内大声喊："大军不出三天就会来，大家尽力坚守呀！"城中人听了都感动哭泣，口称万岁。马超愤怒地责问他："你不为自己的性命考虑吗？"阎温不回答。

时超攻城久不下，故徐诱温，冀其改意。复谓温曰："城中故人，有欲与吾同者不[5]？"温又不应。遂切责之，温曰："夫事君有死无贰，而卿乃欲令长者出不义之言，吾岂苟生者乎？"超遂杀之。

当时马超攻城很久也没有攻下，所以慢慢劝诱阎温，期望他改变心意。又对他说："你在城里的朋友，有想跟我一起的吗？"阎温又不回应，马超就严厉地责骂他，阎温说："为主君做事，只有以死尽忠，没有别的选择，而你想要让长者说出违背道义的话，我难道是苟且偷生的人吗？"马超就杀了他。

今注 1 追遮：追截。 2 显亲：县名，在今甘肃秦安西北。 3 东方：曹操在关东，故称东方。 4 数：责骂。 5 不：同"否"。

先是，河右扰乱，隔绝不通，燉煌太守马艾卒官，府又无丞。功曹张恭素有学行，郡人推行长史事，恩信甚著，乃遣子就东诣太祖，请太守。时酒泉黄华、张掖张进各据其郡，欲与恭并势。就至酒泉，为华所拘执，劫以白刃。就终不回，私与恭疏曰："大人率厉[1]燉煌，忠义显然，岂以就在困厄之中而替之哉？昔乐羊食子[2]，李通[3]覆家，经国

之前，河西动荡不安，道路隔绝，交往不通。燉煌太守马艾死在任上，太守府里又没有郡丞。功曹张恭素来有学问品行，郡人推举他暂行长史职务，他施政有很好的恩德信用，就派儿子张就往东去见太祖，请求委派新太守。当时酒泉郡的黄华、张掖郡的张进各自占领本郡，想要与张恭联合自立。张就到了酒泉，被黄华扣押，用利刃相威胁，张就始终不屈服，私下给张恭写信说："大人治理燉煌，忠义显然。怎能因为儿子在困难祸患之中就改变自己的行为呢？从前乐羊吃了他儿子的肉，李通全家被王莽杀害，治理国家的大臣怎能顾虑妻

之臣,宁怀妻孥邪?今大军垂至,但当促兵以掎之耳,愿不以下流之爱,使就有恨于黄壤也。”恭即遣从弟华攻酒泉沙头、乾齐二县。恭又连兵寻继华后,以为首尾之援。别遣铁骑二百,迎吏官属,东缘酒泉北塞,径出张掖北河,逢迎太守尹奉。于是张进须黄华之助,华欲救进,西顾恭兵,恐急击其后,遂诣金城太守苏则降。就竟平安。奉得之官。

子儿女呢?如今朝廷大军很快到达,您只应赶快调兵牵制他们,希望您不要因为这种儿辈的私爱,让儿子死后仍感到遗憾。”张恭就派从弟张华领兵攻打酒泉郡的沙头、乾齐两县,张恭又连续派兵跟在张华的后面,作为首尾相援的态势。另派铁骑二百人,迎接新来的官吏和家属,往东沿着酒泉郡的北部边塞,直接出张掖郡的北河,迎接新任太守尹奉。这样,张进需要黄华的援助,黄华想要去救张进,又顾虑西面张恭的部队,担心他们突击自己的后方,就到金城太守苏则那里投降。张就最终平安无事。尹奉得以到达官所。

今注　1 率厉:率领督促,此处为治理。　2 乐羊食子:乐羊,战国时期魏国将领,其子在中心国,两国开战后,中山国杀乐羊之子,做成肉羹送给乐羊。乐羊为表示忠心,将肉羹吃下。　3 李通:东汉初将领,为辅佐光武帝刘秀举事,导致王莽杀尽自己全家。

黄初二年,下诏褒扬,赐恭爵关内侯,拜西域戊已校尉。数岁征还,将授以侍臣[1]之位,而以子就代焉。恭至燉煌,固辞疾笃[2]。太和中卒,赠

黄初二年(221),朝廷下诏褒奖张恭,赐他关内侯的爵位,授任他为西域戊己校尉。过了几年后又征召他回朝,要授予他侍臣的职位,他让儿子张就代替自己。张恭到了燉煌,以病重为由坚决推辞了朝廷的征召。太和年间张恭去世,

执金吾。就后为金城太守,父子著称于西州3[1]。

朝廷赠他执金吾官位。张就后来担任金城太守,父子二人在凉州都很受人称赞。

今注 1 侍臣:皇帝左右侍从之臣的通称。 2 固辞疾笃:以病重为理由坚决辞职。 3 西州:指凉州。东汉时治陇县(今甘肃张家川),三国魏文帝移治姑臧(今甘肃武威)。

裴注 [1]《世语》曰:"就子斅,字祖文,弘毅有干正,晋武帝世为广汉太守。王濬在益州,受中制募兵讨吴,无虎符,斅收濬从事列上。由此召斅还。帝责斅:'何不密启而便收从事?'斅曰:'蜀汉绝远,刘备尝用之。辄收,臣犹以为轻。'帝善之。官至匈奴中郎将。斅子固,字元安,有斅风,为黄门郎,早卒。斅,一本作勃。"《魏略·勇侠传》载孙宾硕、祝公道、杨阿若、鲍出等四人,宾硕虽汉人,而鱼豢编之《魏书》,盖以其人接魏事,义相类故也。论其行节,皆庞、阎之流。其祝公道一人,已见《贾逵传》。今列宾硕等三人于后。孙宾硕者,北海人也,家素贫。当汉桓帝时,常侍左悺、唐衡等权侔人主。延熹中,衡弟为京兆虎牙都尉,秩比二千石,而统属郡。衡弟初之官,不修敬于京兆尹,入门不持版,郡功曹赵息呵廊下曰:"虎牙仪如属城,何得放臂入府门?"促收其主簿。衡弟顾促取版。既入见尹,尹欲修主人,敕外为市买。息又启云:"衡、悺子弟来为虎牙,非德选,不足为特酤买,宜随中舍菜食而已。"及其到官,遣吏奉笺谢尹,息又敕门,言:"无常见此无阴儿辈子弟邪,用其笺记为通乎?"晚乃通之,又不得即令报。衡弟皆知之,甚恚,欲灭诸赵。因书与衡,求为京兆尹,旬月之间,得为之。息自知前过,乃逃走。时息从父仲台,见为凉州刺史,于是衡为诏征仲台,遣归。遂诏中都官及郡部督邮,捕诸赵尺儿以上及仲台,皆杀之,有藏者与同罪。时息从父岐为皮氏长,闻有家祸,因从官舍逃,走之河间,变姓字,又转诣北海,著絮巾布袴,常于市中贩胡饼。宾硕时年二十余,乘犊车,将骑入市。观见岐,疑其非常人也。因问之曰:"自有饼邪,贩之邪?”岐曰:“贩之。”宾硕曰:“买几钱?卖几钱?”岐曰:“买三十,卖亦三十。”宾硕曰:“视处士之望,非似卖饼者,殆有故!”乃开车后户,顾所将两骑,令下马扶上之。时岐以为是唐衡耳目也,甚怖,面失色。宾硕闭车后户,下前襜,谓之曰:“视处士状貌,既非贩饼者,加今面色变动,即不有重怨,则当亡命。我北海孙宾硕也,阖门百口,又有百岁老母在堂,势能相度者也,终不相负,必语我以实。”岐乃具告之。宾硕遂载岐驱归。住车门外,先入,白母言:“今日出,得死友在外,当来入拜。”乃出,延岐入,椎牛钟酒,快相娱乐,一二日,因载著别田舍,藏置复壁中。后数岁,唐衡及弟皆死。岐乃得出,还本郡。三府并辟,展转仕进,至郡守、刺史、太仆,而宾硕亦从此显名于东国,仕至青州刺史。初平末,宾硕以东方饥荒,南客荆州。至兴平中,赵岐以太仆持节使安慰天下,南诣荆州,乃复与宾硕相遇,相对流涕。岐为刘表陈其本末,由是益礼宾硕。顷之,宾硕病亡,岐在南,为行丧也。杨阿若,后名丰,字伯阳,酒泉人。少游侠,常以报仇解怨为事,故时人为之号曰:“东市相斫杨阿若,西市相斫杨阿若。”至建安年中,太守徐揖诛郡中强族黄氏。时黄昂得脱在外,乃以昂家粟金数斛,募众得千余人以攻揖。揖城守。丰时在外,以昂为不义,乃告揖,捐妻子走诣张掖求救。会张掖又反,杀太守,而昂亦陷城杀揖,二郡合势。昂恚丰不与己同,乃重募取丰,欲令张掖以麻系其头,生致之。丰遂逃走。武威太守张猛假丰为都尉,使赍檄告酒泉,听丰为揖报仇。丰遂单骑入南羌中,合众得千余骑,从乐涫南山中出,指趋郡城。未到三十里,皆令骑下马,曳柴扬尘。酒泉郡人望见尘起,以为东大兵到,遂破散。昂独走出,羌捕得昂,丰谓昂曰:“卿前欲生系我颈,今反为我所系,云何?”昂惭谢,丰遂杀之。时黄华在东,又还领郡。丰畏华,复走依燉煌。至黄初中,河西兴复,黄华降,丰乃还郡。郡举孝廉,州表其义勇,诏即拜驸马都尉。后二十余年,病亡。鲍出,字文才,京兆新丰人也。少游侠。兴平中,三辅乱,出与老母兄弟五人家居本县,以饥饿,留其母守舍,相将行采蓬实,合得数升,使其二兄初、雅及其弟成持归,为母作食,独与小弟在后采蓬。初等到家，而啖人贼数十人，已略其母，以绳贯其手掌，驱去。初等怖恐，不敢追逐。须臾，出从后到，知母为贼所略，欲追贼。兄弟皆云："贼众，当如何？"出怒曰："有母而使贼贯其手，将去煮啖之，用活何为！"乃攘臂结衽，独追之，行数里，及贼。贼望见出，乃共布列待之。出到，回从一头斫贼四五人。贼走，复合聚围出，出跳越围斫之，又杀十余人。时贼分布，驱出母前去。贼连击出，不胜，乃走与前辈合。出复追击之，还见其母与比舍妪同贯相连，出遂复奋击贼。贼问出曰："卿欲何得？"出责数贼，指其母以示之，贼乃解还出母。比舍妪独不解，遥望出求哀。出复斫贼，贼谓出曰："已还卿母，何为不止？"出又指求哀妪："此我嫂也。"贼复解还之。出得母还，遂相扶侍，客南阳。建安五年，关中始开，出来北归，而其母不能步行，兄弟欲共舆之。出以舆车历山险危，不如负之安稳，乃以笼盛其母，独自负之，到乡里。乡里士大夫嘉其孝烈，欲荐州郡，郡辟召出，出曰："田民不堪冠带。"至青龙中，母年百余岁乃终，出时年七十余，行丧如礼，于今年八九十，才若五六十者。鱼豢曰："昔孔子叹颜回，以为三月不违仁者，盖观其心耳，孰如孙、祝菜色于市里，颠倒于牢狱，据有实事哉！且夫濮阳周氏不敢匿迹，鲁之朱家不问情实，是何也？惧祸之及，且心不安也。而太史公犹贵其竟脱季布，岂若二贤，厥义多乎？今故远收孙、祝，而近录杨、鲍，既不欲其泯灭，且敦薄俗。至于鲍出，不染礼教，心痛意发，起于自然，迹虽在编户，与笃烈君子何以异乎？若夫杨阿若，少称任侠，长遂蹈义，自西徂东，摧讨逆节，可谓勇力而有仁者也。"

评曰：李典贵尚儒雅，义忘私隙，美矣。李通、臧霸、文聘、吕虔镇卫州郡，并著威惠。许褚、典韦折冲[1]左右，抑亦汉

评论说：李典崇尚儒雅，坚守正义，不记私仇，值得赞美啊。李通、臧霸、文聘、吕虔镇守保卫州郡，都有显赫的威名恩德。许褚、典韦在太祖身边克敌制胜，应该也是汉朝樊哙那样的人了。庞德即

之樊哙也。庞德授命叱敌,有周苛[2]之节。庞淯不惮伏剑,而诚感邻国。阎温向城大呼,齐解、路[3]之烈焉。

使性命不保,仍叱骂敌人,有周苛的忠节。庞淯不怕伏剑自杀,其诚意感动了邻国。阎温向城内大声呼喊,有与晋国解扬、齐国路中大夫同样的刚烈品德。

今注　1 折冲:制敌取胜。　2 周苛:秦汉之际人,曾追随刘邦征战,被任命为御史大夫,后被项羽俘虏,宁死不屈,被烹杀。　3 解、路:解指解扬,春秋时期晋国大夫,当时楚国攻宋,晋国解扬去宋国传递消息。解扬在路上被楚军抓获,假意答应向城内宣称没有援军。但解扬在城下告诉宋人援军来临的消息,要求宋人坚守。路指路中大夫,西汉初年诸侯国齐国大臣,当时吴、楚、胶西等国以"诛晁错"的名义反叛,捉住了路中大夫,让他向齐国假传消息,说长安已经被攻破,要齐国投降。路中大夫在城下告诉齐王吴、楚军队失败,汉朝援军前来的消息后被杀。

卷十九　魏书十九

任城陈萧王传

导读　曹彰为曹操与正妻卞氏生的第二子,是曹操长子曹昂与文帝曹丕之弟,陈思王曹植的哥哥。曹彰自幼喜好军旅,勇猛善战,多次跟随曹操东征西讨。曹操曾数次询问儿子们的志向,曹彰都直言自己喜好军事而不爱读书。建安年间,乌丸反叛,曹彰作为主将前往平定。战争中曹彰不避危险,只以一千多人的军队,成功击败敌军,并追击数百里。后来更是坚决出兵远追,大破敌军,斩首过千。因为曹彰的勇猛表现,少数民族都自动请服,北方边境由此得到平定。曹操病逝于洛阳后,文帝继承魏王位,曹彰受命归藩就国。黄初三年(222),曹彰受封为任城王,后一年病逝于京邸,谥威,故又称任城威王。曹彰少年时就英武非凡,青年时以过人战力和军事才能威震北境,后来归藩就国,增邑封王,但不久病逝于京。曹彰自幼不喜读书文治而好军武,性格直朗豪爽,甚至留有以美姬换好马的逸闻。

曹植是魏文帝曹丕的同胞弟,曹操第四子。他自幼熟读诗书辞赋,善于写作。当时铜雀台刚刚建成,曹操命子侄们就台作赋,曹植能提笔直接写就。曹植性格疏略平易,不注重礼仪威严,车马用具不喜欢奢侈华丽,且曹操提问的时候往往能应声而答,因此深受曹操宠爱,甚至多次想立他为世子。后来曹植虽然得到丁仪等人作为佐助争立太子,但他自己任性随意,嗜酒不节,恩宠日衰,而曹丕能掩饰自持,善于逢迎,最终被曹操定为嗣君。文帝即位后,曹植曾经的羽翼被强力剪除,他自己也被勒令归藩。黄初年间,曹植在封国中被人举报醉酒悖慢使者而被贬为侯爵。曹植自幼才华横溢,深受曹操宠爱,心气高傲。世子嗣位之争，虽然植败丕胜，但文帝依旧对他十分猜忌，既不让他进京朝觐，更不让他身受重任。黄初四年(223)之后，曹植多次向曹丕上书陈情，用赋体诗文，援引经典，一方面逢迎、吹捧文帝对他的恩情，反复强调自己对兄长的孺慕之感；另一方面又对自己不能荷负重任，出藩就位以至才情不得施展的遭遇和怨念渲染不已。上书传达之后，文帝也只是诏文嘉勉而不为所动。太和六年(232)，曹丕命诸侯王朝觐，且加封曹植为陈王。曹植借此机会曾多次要求与文帝单独会谈，以求得重用，但都未能被允许，因此心情郁结。此外，文帝对诸侯王特别是曹植事事苛求，常常借机责备、削免。最终郁郁不欢的曹植在四十一岁时病逝。后世史家评价曹植文才卓著足以传世，但为人疏略而谦逊不足，终招致猜忌而不得志。

曹彰

原文

任城威王彰，字子文。少善射御，膂力过人，手格猛兽，不避险阻。数从征伐，志意慷慨。太祖尝抑之曰："汝不念读书慕圣道，而好乘汗马击剑，此一夫之用，何足贵也！"课彰读《诗》《书》，彰谓左右曰："丈夫一为卫、霍[1]，将十万骑驰沙漠，驱戎狄，立功建号[2]

译文

任城威王曹彰，字子文。年少的时候擅长射箭和骑马，气力超越常人，能徒手和猛兽打斗，不避艰难险阻。曹彰曾多次跟随太祖征战讨伐，志气激昂。太祖曾经告诫他说："你不读书追慕圣贤的大道，却喜欢乘马击剑，这只能起到一介武夫的作用，有什么值得重视的！"于是督促曹彰学习《诗经》《尚书》，曹彰对身边的人说："大丈夫就应该是卫青、霍去病那样，统率十万骑兵驰骋沙漠之中，驱除匈奴夷狄，建立功业和受封爵号，怎么

耳,何能作博士[3]邪?"太祖尝问诸子所好,使各言其志。彰曰:"好为将。"太祖曰:"为将奈何?"对曰:"被坚执锐,临难不顾,为士卒先,赏必行,罚必信。"太祖大笑。

能去做博士呢?"太祖曾询问几个儿子的喜好,让他们陈说自己的志向。曹彰说:"喜欢当将军。"太祖说:"怎样当将军?"曹彰回答说:"穿着坚固的铠甲,拿着锐利的武器,面对危险毫不在意,战斗中身先士卒,一定奖赏有功的人,也必定惩罚有罪过的人。"太祖听后大笑。

今注 1 卫、霍:指卫青、霍去病。卫青,字仲卿,西汉武帝卫皇后之弟,原是平阳公主家奴,后被武帝重用,官至大将军,封长平侯。曾率军大败匈奴,夺取河套地区,解除了匈奴对西汉的威胁。霍去病,卫青的外甥,官至骠骑将军,封冠军侯。 2 建号:授封爵号。 3 博士:这里指古代学官名,战国时便设有博士,如诸子、诗赋、术数、方伎皆立博士。西汉武帝时期专门设立五经博士,作为教授儒家经典的学官。

建安二十一年,封鄢陵侯。二十三年,代郡乌丸反,以彰为北中郎将,行骁骑将军。临发,太祖戒彰曰:"居家为父子,受事为君臣,动以王法从事,尔其戒[1]之!"彰北征,入涿郡[2]界,叛胡数千骑卒至。时兵马未集,唯有步卒千人,骑数百匹。用田豫[3]计,固守要

建安二十一年(216),封曹彰为鄢陵侯。建安二十三年(218),代郡的乌丸部反叛,太祖任曹彰为北中郎将,代理骁骑将军。出发的时候,太祖告诫曹彰说:"在家的时候你我是父子,授任国事就是君臣,一切举动都要遵从国家法令,你要谨慎小心啊!"曹彰到北方征讨,进入涿郡境界,几千胡人叛军突然到来。当时曹彰的军队尚未集合,只有步兵一千人,战马几百匹。曹彰采用田豫的计策,坚守要地,胡虏这才退散。曹彰率军追

隙，虏乃退散。彰追之，身自搏战，射胡骑，应弦而倒者前后相属。战过半日，彰铠中数箭，意气益厉，乘胜逐北，至于桑乾[1]，去代二百余里。长史诸将皆以为新涉远，士马疲顿，又受节度，不得过代，不可深进，违令轻敌。彰曰："率师而行，唯利所在，何节度乎？胡走未远，追之必破。从令纵敌，非良将也。"遂上马，令军中："后出者斩。"一日一夜与虏相及，击，大破之，斩首获生以千数。彰乃倍常科大赐将士，将士无不悦喜。时鲜卑大人轲比能，将数万骑，观望强弱，见彰力战，所向皆破，乃请服。北方悉平。

击，亲身参加战斗，射杀胡人骑兵，被射中而倒下的人前后接连不断。战斗了半天，曹彰的铠甲虽然被射中几箭，但他斗志却更加昂扬，乘胜向北追击，到达桑乾，离代郡有二百多里。长史等将领都认为军队刚刚经过长途跋涉，兵马都很疲惫，又受指挥的节制调度，不能越过代郡，不可继续深入进军，否则是违抗军令和轻视敌人。曹彰说："率军作战，只为争取胜利，受什么节度限制呢？反叛的胡人还没逃远，现在追击必定能击败他们。如果遵从命令却放跑敌人，这不是好的将领。"于是骑上马，对军队宣令："后出击的处斩。"军队奔袭一日一夜追上了胡人，发起攻击，把敌人打得大败，斩杀和俘虏数千人。于是曹彰比平常加倍地奖赏将士，将士没有不欢喜的。当时鲜卑统领轲比能，率领几万骑兵，通过观察两军交战来看双方强弱，看见曹彰奋勇作战，所到之处无不得胜，于是请求归附。北方因此被全部平定。

今注　**1** 戒：谨慎。　**2** 涿郡：郡名，治所在涿县（今河北涿州）。　**3** 田豫：字国让，渔阳雍奴（今天津武清区）人。历仕刘备、公孙瓒，后为曹操丞相府军谋掾。田豫长期镇守边地，采用分化瓦解策略，屡败乌丸。

裴注 [1] 臣松之案：桑乾县属代郡，今北虏居之，号为索干之都。

时太祖在长安，召彰诣行在所[1]。彰自代过邺，太子谓彰曰："卿新有功，今西见上，宜勿自伐[2]，应对常若不足者。"彰到，如太子言，归功诸将。太祖喜，持彰须曰："黄须儿竟大奇也[1]！"太祖东还，以彰行越骑将军，留长安。太祖至洛阳，得疾，驿[3]召彰，未至，太祖崩[2]。

当时太祖在长安，召曹彰到自己的行营。曹彰从代郡经过邺城，太子曹丕对曹彰说："你刚刚建立了功勋，现在西行去见父王，最好不要自夸，回应问答的时候要经常表现自己还有做得不足的地方。"曹彰到达后，依照太子的话做，将功劳归给众将领。太祖听了十分高兴，捏着曹彰的胡须说："黄须儿竟然做出让我意外的奇特之事啊！"太祖向东返回，任命曹彰代理越骑将军，留守长安。太祖到洛阳后患病，派驿使召曹彰来见，未等曹彰到达，太祖就去世了。

今注 1 行在所：天子所在的地方，此处指曹操的行营。 2 自伐：自矜，自夸。 3 驿：旧时供传递公文的人中途休息、换马的地方。此处指驿使。

裴注 [1]《魏略》曰："太祖在汉中，而刘备栖于山头，使刘封下挑战。太祖骂曰：'卖履舍儿，长使假子拒汝公乎！待呼我黄须来，令击之。'乃召彰。彰晨夜进道，西到长安，而太祖已还，从汉中而归。彰须黄，故以呼之。" [2]《魏略》曰："彰至，谓临菑侯植曰：'先王召我者，欲立汝也。'植曰：'不可。不见袁氏兄弟乎！'"

文帝即王位，彰与

文帝即魏王位，曹彰与各诸侯回到

诸侯就国1[1]。诏曰："先王之道，庸勋2亲亲3，并建母弟，开国承家，故能藩屏4大宗5，御侮厌难6。彰前受命北伐，清定朔土，厥功茂焉。增邑五千，并前万户。"黄初二年，进爵为公。三年，立为任城王。四年，朝京都，疾薨于邸，谥曰威[2]。至葬，赐銮辂7、龙旂8，虎贲百人，如汉东平王故事。子楷嗣，徙封中牟。五年，改封任城县。太和六年，复改封任城国，食五县二千五百户。青龙三年，楷坐私遣官属诣中尚方作禁物，削县二千户。正始七年，徙封济南，三千户。正元、景元初，连增邑，凡四千四百户[3]。

封地。魏王下诏说："先王治国的方法，是酬赏功臣、亲近血亲，一并封赐自己同母兄弟，创建封国承续家业，因此能护卫长房嫡宗，抵御外来侵略与克服艰难。曹彰先前奉命北伐，清除敌寇、安定北方，功劳非常大。现在加授封邑五千户，与先前封邑合计一万户。"黄初二年(221)，进升爵位为公。黄初三年(222)，册立为任城王。黄初四年(223)，进京朝拜，在官邸中因病去世，谥号威。等到安葬的时候，文帝赐给他銮辂、龙旂以及虎贲将士一百人，依照汉东平王的旧例。曹彰的儿子曹楷继承爵位，改封到中牟。黄初五年(224)，改封任城县。太和六年(232)，又改封为任城国，有五个县的二千五百户作为食邑。青龙三年(235)，曹楷因为私自派遣手下官员到中尚方制作超越礼制的器物而获罪，被削减食邑二千户。正始七年(246)，转封济南，食邑三千户。正元年间和景元初年，接连加封食邑，总共合计有四千四百户。

今注 1 就国：返回封国。 2 庸勋：酬赏有功的人。 3 亲亲：第一个亲为动词，指亲近、亲切；第二个亲为名词，指亲属、亲戚。 4 藩屏：捍卫。 5 大宗：宗法社会以嫡系长房为"大宗"，其余皆为"小宗"。 6 厌难:克服困难。 7 銮辂(lù):銮驾,天子的车驾。 8 龙旂(qí):古时旗帜的一种,画有两龙蟠结,竿头系有铜铃。

裴注 [1]《魏略》曰:"太子嗣立,既葬,遣彰之国。始,彰自以先王见任有功,冀因此遂见授用,而闻当随例,意甚不悦,不待遣而去。时以鄢陵瘠薄,使治中牟。及帝受禅,因封为中牟王。是后大驾幸许昌,北州诸侯上下,皆畏彰之刚严,每过中牟,不敢不速。" [2]《魏氏春秋》曰:"初,彰问玺绶,将有异志,故来朝不即得见。彰忿怒,暴薨。" [3] 楷,泰始初为崇化少府,见《百官名》。

曹植

原文

陈思王植,字子建。年十岁余,诵读《诗》《论》及辞赋数十万言,善属文[1]。太祖尝视其文,谓植曰:"汝倩人[2]邪?"植跪曰:"言出为论,下笔成章,顾[3]当面试,奈何倩人?"时邺铜爵台[4]新成,太祖悉将诸子登台,使各为赋。植援笔[5]立成,可观,太祖甚异之[1]。性简易,不治威仪。舆马服饰,不

译文

陈思王曹植,字子建。他十多岁的时候,就能诵读《诗经》《论语》以及辞赋几十万字,擅长写文章。太祖曾看他写的文章,对他说:"这是你请人代作的吗?"曹植跪着说:"我的话说出来就是论点,动笔就能写成文章,只要当面考我便可知道,怎么会要请人代作呢?"当时邺城的铜雀台刚建成,太祖将儿子们都带到台上,让他们各自以铜雀台为题写赋。曹植拿起笔一挥而就,而且写得很好,太祖对他的才华感到十分惊讶。曹植性情简单随意,不注重威严仪仗。他的车马服饰,不喜欢华丽。每次觐见太祖,对于太祖的提问都

尚华丽。每进见难问，应声而对，特见宠爱。

能很快反应过来并给出回答，因而特别受太祖宠爱。

今注　1 属(zhǔ)文：撰写文章。　2 倩人：谓请托别人。　3 顾：特，只是。　4 铜爵台：也作“铜雀台”，曹操所建，因台上铸孔雀置于楼顶，舒翼奋尾，势若飞动，故名铜雀台。故址在今河北临漳。　5 援笔：执笔。

裴注　[1] 阴澹《魏纪》载植赋曰“从明后而嬉游兮，登层台以娱情。见太府之广开兮，观圣德之所营。建高门之嵯峨兮，浮双阙乎太清。立中天之华观兮，连飞阁乎西城。临漳水之长流兮，望园果之滋荣。仰春风之和穆兮，听百鸟之悲鸣。天云垣其既立兮，家愿得而获逞。扬仁化于宇内兮，尽肃恭于上京。惟桓文之为盛兮，岂足方乎圣明！休矣，美矣！惠泽远扬。翼佐我皇家兮，宁彼四方。同天地之规量兮，齐日月之晖光。永贵尊而无极兮，等年寿于东王”云云。太祖深异之。

建安十六年，封平原侯。十九年，徙封临菑侯。太祖征孙权，使植留守邺，戒之曰：“吾昔为顿丘令，年二十三。思此时所行，无悔于今。今汝年亦二十三矣，可不勉与！”植既以才见异，而丁仪、丁廙、杨脩等为之羽翼[1]。太祖狐疑，几为太子者数

建安十六年(211)，曹植被封为平原侯。建安十九年(214)，转封临菑侯。太祖征讨孙权，让曹植留下镇守邺城，并告诫他说：“过去我当顿丘令的时候，正好二十三岁。想想当年的作为，今天我没有什么后悔的。现在你也二十三岁了，能不努力吗！”曹植因为才华突出受到太祖重视，因而丁仪、丁廙、杨脩等人就来辅佐他。太祖对太子人选的事犹豫不定，曹植好几次差点被立为太

矣。而植任性而行，不自雕励[2]，饮酒不节。文帝御之以术，矫情自饰[3]，宫人左右，并为之说，故遂定为嗣。二十二年，增植邑五千，并前万户。植尝乘车行驰道[4]中，开司马门出。太祖大怒，公车令[5]坐死。由是重诸侯科禁[6]，而植宠日衰[1]。太祖既虑终始之变，以杨脩颇有才策，而又袁氏之甥也，于是以罪诛修。植益内不自安[2]。二十四年，曹仁为关羽所围。太祖以植为南中郎将，行征虏将军。欲遣救仁，呼有所敕戒。植醉不能受命，于是悔而罢之[3]。

子。但是曹植做事任性随意，不能砥砺言行，好饮酒而没有节制。文帝通过各种手段计谋侍奉太祖，掩饰真情粉饰自我，宫中太祖身边的人，都替他说话，因此被立为太子。建安二十二年(217)，增加曹植封邑五千户，合计先前食邑共计一万户。曹植曾乘车行驶在驰道上，打开司马门出宫。太祖知道后大怒，公车令被处死。由此之后加重了对诸侯的禁令惩罚，而太祖对曹植的宠爱日渐衰落。太祖已经考虑到后来可能发生祸患，因为杨脩相当具有才华谋略，而且又是袁氏的外甥，于是假借罪名杀死了杨脩。曹植因此心里更加不安。建安二十四年(219)，曹仁被关羽围困。太祖任曹植为南中郎将代理征虏将军，想派遣他去救曹仁，召他来见并有所告诫。然而曹植喝醉酒不能领命，太祖因此感到后悔，派遣的事也就作罢。

今注　1 羽翼：禽鸟的翼翅，引申为辅佐的人或力量。　2 雕励：砥砺言行。　3 矫情自饰：掩饰真情，粉饰自己。　4 驰道：古代供帝王行驶车马的道路。　5 公车令：为公车司马令的省称，汉属卫尉，掌南阙门(司马门)，受吏民奏章及四方贡献等。　6 科禁：戒律，禁令。

裴注 [1]《魏武故事》载令曰:“始者,谓子建儿中最可定大事。”又令曰:“自临菑侯植私出,开司马门至金门,令吾异目视此儿矣。”又令曰:“诸侯长史及帐下吏,知吾出辄将诸侯行意否?从子建私开司马门来,吾都不复信诸侯也。恐吾适出,便复私出,故摄将行。不可恒使吾以谁为心腹也!” [2]《典略》曰:“杨脩,字德祖,太尉彪子也。谦恭才博。建安中,举孝廉,除郎中,丞相请署仓曹属主簿。是时,军国多事,脩总知外内,事皆称意。自魏太子已下,并争与交好。又是时临菑侯植以才捷爱幸,来意投脩,数与脩书,书曰:‘数日不见,思子为劳,想同之也。仆少好辞赋,迄至于今二十有五年矣。然今世作者,可略而言也。昔仲宣独步于汉南,孔璋鹰扬于河朔,伟长擅名于青土,公干振藻于海隅,德琏发迹于大魏,足下高视于上京。当此之时,人人自谓握灵蛇之珠,家家自谓抱荆山之玉也。吾王于是设天网以该之,顿八纮以掩之,今尽集兹国矣。然此数子,犹不能飞翰绝迹,一举千里也。以孔璋之才,不闲辞赋,而多自谓与司马长卿同风,譬画虎不成还为狗者也。前为书啁之,反作论盛道仆赞其文。夫钟期不失听,于今称之。吾亦不敢妄叹者,畏后之嗤余也。世人著述,不能无病。仆常好人讥弹其文;有不善者,应时改定。昔丁敬礼尝作小文,使仆润饰之,仆自以才不能过若人,辞不为也。敬礼云:“卿何所疑难乎!文之佳丽,吾自得之。后世谁相知定吾文者邪?”吾常叹此达言,以为美谈。昔尼父之文辞,与人通流;至于制《春秋》,游、夏之徒不能错一字。过此而言不病者,吾未之见也。盖有南威之容,乃可以论于淑媛;有龙渊之利,乃可以议于割断。刘季绪才不逮于作者,而好诋呵文章,掎摭利病。昔田巴毁五帝,罪三王,呰五伯于稷下,一旦而服千人,鲁连一说,使终身杜口。刘生之辩未若田氏,今之仲连求之不难,可无叹息乎!人各有所好尚。兰茝荪蕙之芳,众人之所好,而海畔有逐臭之夫;《咸池》《六英》之发,众人所乐,而墨翟有非之之论。岂可同哉!今往仆少小所著辞赋一通相与。夫街谈巷说,必有可采,击辕之歌,有应风雅,匹夫之思,未易轻弃也。辞赋小道,固未足以揄扬大义,彰示来世也。昔扬子云,先朝执戟之臣耳，犹称“壮夫不为”也；吾虽薄德，位为藩侯，犹庶几戮力上国，流惠下民，建永世之业，流金石之功，岂徒以翰墨为勋绩，辞颂为君子哉？若吾志不果，吾道不行，亦将采史官之实录，辨时俗之得失，定仁义之衷，成一家之言。虽未能藏之名山，将以传之同好，此要之白首，岂可以今日论乎！其言之不怍，恃惠子之知我也。明早相迎，书不尽怀。’脩答曰：‘不侍数日，若弥年载，岂独爱顾之隆，使系仰之情深邪！损辱来命，蔚矣其文。诵读反覆，虽讽《雅》《颂》，不复过也。若仲宣之擅江表，陈氏之跨冀域，徐、刘之显青、豫，应生之发魏国，斯皆然矣。至如脩者，听采风声，仰德不暇，目周章于省览，何惶骇于高视哉？伏惟君侯，少长贵盛，体旦、发之质，有圣善之教。远近观者，徒谓能宣昭懿德，光赞大业而已，不谓复能兼览传记，留思文章。今乃含王超陈，度越数子；观者骇视而拭目，听者倾首而耸耳；非夫体通性达，受之自然，其谁能至于此乎？又尝亲见执事握牍持笔，有所造作，若成诵在心，借书于手，曾不斯须少留思虑。仲尼日月，无得逾焉。脩之仰望，殆如此矣。是以对鹖而辞，作《暑赋》弥日而不献，见西施之容，归憎其貌者也。伏想执事不知其然，猥受顾赐，教使刊定。《春秋》之成，莫能损益。《吕氏》《淮南》，字直千金；然而弟子钳口，市人拱手者，圣贤卓荦，固所以殊绝凡庸也。今之赋颂，古诗之流，不更孔公，风雅无别耳。脩家子云，老不晓事，强著一书，悔其少作。若此，仲山、周旦之徒，则皆有愆乎！君侯忘圣贤之显迹，述鄙宗之过言，窃以为未之思也。若乃不忘经国之大美，流千载之英声，铭功景钟，书名竹帛，此自雅量素所蓄也，岂与文章相妨害哉？辄受所惠，窃备矇瞍诵歌而已。敢忘惠施，以忝庄氏！季绪琐琐，何足以云。’其相往来，如此甚数。植后以骄纵见疏，而植故连缀脩不止，脩亦不敢自绝。至二十四年秋，公以脩前后漏泄言教，交关诸侯，乃收杀之。脩临死，谓故人曰：‘我固自以死之晚也。’其意以为坐曹植也。脩死后百余日而太祖薨，太子立，遂有天下。初，脩以所得王髦剑奉太子，太子常服之。及即尊位，在洛阳，从容出宫，追思脩之过薄也，抚其剑，驻车，顾左右曰：‘此杨德祖昔所说王髦剑也。

髦今焉在？’及召见之，赐髦谷帛。”挚虞《文章志》曰：“刘季绪名脩，刘表子。官至东安太守。著诗、赋、颂六篇。”臣松之案：《吕氏春秋》曰：“人有臭者，其兄弟妻妾皆莫能与居，其人自苦而居海上。海上人有悦其臭者，昼夜随之而不能去。”此植所云“逐臭之夫”也。田巴事出《鲁连子》，亦见《皇览》，文多故不载。《世语》曰：“脩年二十五，以名公子有才能，为太祖所器。与丁仪兄弟，皆欲以植为嗣。太子患之，以车载废簏，内朝歌长吴质与谋。脩以白太祖，未及推验。太子惧，告质，质曰：‘何患？明日复以簏受绢车内以惑之，脩必复重白，重白必推，而无验，则彼受罪矣。’世子从之，脩果白，而无人，太祖由是疑焉。脩与贾逵、王淩并为主簿，而为植所友。每当就植，虑事有阙，忖度太祖意，豫作答教十余条，敕门下，教出以次答。教裁出，答已入，太祖怪其捷，推问始泄。太祖遣太子及植各出邺城一门，密敕门不得出，以观其所为。太子至门，不得出而还。脩先戒植：‘若门不出侯，侯受王命，可斩守者。’植从之。故脩遂以交构赐死。脩子嚻，嚻子准，皆知名于晋世。嚻，泰始初为典军将军，受心膂之任，早卒。准字始丘，惠帝末为冀州刺史。”荀绰《冀州记》曰：“准见王纲不振，遂纵酒，不以官事为意，逍遥卒岁而已。成都王知准不治，犹以其为名士，惜而不责，召以为军谋祭酒。府散停家，关东诸侯议欲以准补三事，以示怀贤尚德之举。事未施行而卒。准子峤，字国彦，髦，字士彦，并为后出之俊。准与裴頠、乐广善，遣往见之。頠性弘方，爱峤之有高韵，谓准曰：‘峤当及卿，然髦小减也。’广性清淳，爱髦之有神检，谓准曰：‘峤自及卿，然髦尤精出。’准叹曰：‘我二儿之优劣，乃裴、乐之优劣也。’评者以为峤虽有高韵，而神检不逮，广言为得。”傅畅云：“峤似准而疏。”峤弟俊，字惠彦，最清出。峤、髦皆为二千石。俊，太傅掾。［3］《魏氏春秋》曰：“植将行，太子饮焉，逼而醉之。王召植，植不能受王命，故王怒也。”

文帝即王位，诛丁仪、丁廙并其男口[1]。植

文帝即魏王位后，诛杀丁仪、丁廙以及他们家的男丁。曹植和各诸侯全都

与诸侯并就国。黄初二年，监国谒者灌均希指，奏“植醉酒悖慢，劫胁使者”。有司请治罪，帝以太后故，贬爵安乡侯[2]。其年改封鄄城侯。三年，立为鄄城王，邑二千五百户。

四年，徙封雍丘王。其年，朝京都。上疏曰：

“臣自抱衅[1]归藩，刻肌刻骨，追思罪戾，昼分而食，夜分而寝。诚以天网不可重离[2]，圣恩难可再恃。窃感《相鼠》之篇，无礼遄死[3]之义，形影相吊[4]，五情愧赧[5]。以罪弃生，则违古贤‘夕改’之劝，忍活苟全，则犯诗人‘胡颜’之讥。伏惟陛下德象天地，恩隆父母，施畅春风，泽如时雨。是以不别荆棘者，庆云之惠也；七子均养者，尸鸠之仁也；舍罪责功者，明君

回到自己的封地。黄初二年(221)，监国谒者灌均迎合文帝旨意，上奏说：“曹植喝醉酒后傲慢无礼，胁迫朝廷的使者。”有关官员奏请治曹植的罪，文帝因为太后，将他的爵位贬为安乡侯。当年又改封为鄄城侯。黄初三年(222)，立为鄄城王，食邑二千五百户。

黄初四年(223)，曹植转封为雍丘王。当年，进京朝觐。曹植上疏说：“臣自从获罪回到封地，感受十分深刻，反思先前犯下的罪过，中午才吃得下饭，深夜才睡得着觉。实在是认为国家的法律不能再触犯，君主的恩德难以依恃。我私下领会到《相鼠》篇中，人不遵守礼法就不如速死的道理，自己孤苦无依，感到万分惭愧。如果因罪自杀，就违背了古代贤人所说‘早上犯错，晚上就改正’的劝勉，如果忍受苟且偷生，那又触犯了诗人‘有何颜面活下去’的讥讽。我俯伏想到陛下的圣德像天地般博大，恩惠如父母般深厚，施予仁慈如春风般畅行，恩泽像及时雨般普降。因此对有害无用的荆棘都不作区别对待，这是瑞云般的恩惠；七个孩子同等养育，这是鸤鸠般的仁爱；不追求罪过而责令建功，这是明君的

之举也；矜愚爱能者，慈父之恩也：是以愚臣徘徊于恩泽而不能自弃者也。	举措；哀怜愚笨爱惜贤才，这是慈父的恩德：所以这是愚臣徘徊在君上的恩德中而不能自弃的缘故。

今注　1 抱衅：负罪。　2 离：同罹(lí)，遭受。　3 遄(chuán)死：速死。遄，快，迅。　4 形影相吊：形容孤单无依。　5 五情愧赧(nǎn)：五情，指喜、怒、哀、乐、怨五种情感。愧赧，因羞惭而面红耳赤。

裴注　[1]《魏略》曰："丁仪，字正礼，沛郡人也。父冲，宿与太祖亲善。时随乘舆，见国家未定，乃与太祖书曰：'足下平生，常喟然有匡佐之志，今其时矣。'是时，张杨适还河内，太祖得其书，乃引军迎天子东诣许，以冲为司隶校尉。后数来过诸将饮，酒美不能止，醉，烂肠死。太祖以冲前见开导，常德之。闻仪为令士，虽未见，欲以爱女妻之；以问五官将，五官将曰：'女人观貌，而正礼目不便，诚恐爱女未必悦也。以为不如与伏波子楙。'太祖从之。寻辟仪为掾，到与论议，嘉其才朗，曰：'丁掾，好士也，即使其两目盲，尚当与女，何况但眇？是吾儿误我。'时仪亦恨不得尚公主，而与临菑侯亲善。数称其奇才。太祖既有意欲立植，而仪又共赞之。及太子立，欲治仪罪，转仪为右刺奸掾，欲仪自裁而仪不能。乃对中领军夏侯尚叩头求哀，尚为涕泣而不能救。后遂因职事收付狱，杀之。"廙，字敬礼，仪之弟也。《文士传》曰："廙少有才姿，博学洽闻。初辟公府，建安中为黄门侍郎。廙尝从容谓太祖曰：'临菑侯天性仁孝，发于自然，而聪明智达，其殆庶几。至于博学渊识，文章绝伦。当今天下之贤才君子，不问少长，皆愿从其游而为之死，实天所以钟福于大魏，而永授无穷之祚也。'欲以劝动太祖。太祖答曰：'植，吾爱之，安能若卿言！吾欲立之为嗣，何如？'廙曰：'此国家之所以兴衰，天下之所以存亡，非愚劣琐贱者所敢与及。廙闻知臣莫若于君，知子莫若于父。至于君不论明暗，父不问贤愚，而能常知其臣子者何？盖由相知非一事一物，相尽非一旦一夕。况明公加之以圣哲，习之以人子。今发明达之命，吐永安之言，可谓上应天命，下合人心，得之于须臾，垂之于万世者也。廙不避斧钺之诛，敢不尽言！'太祖深纳之。" [2]《魏书》载诏曰："植，朕之同母弟。朕于天下无所不容，而况植乎？骨肉之亲，舍而不诛，其改封植。"

"前奉诏书，臣等绝朝[1]，心离志绝，自分黄耇[2]无复执珪[3]之望。不图圣诏猥垂齿召[4]，至止之日，驰心辇毂[5]。僻处西馆[6]，未奉阙廷，踊跃之怀，瞻望反仄。谨拜表献诗二篇。

"先前接到诏书，臣等被禁止来京觐见，臣心灰意冷，自以为直到人老发黄都不会再有执珪上朝的希望。想不到圣旨下达征召，诏命下达的当天，臣就心驰神往，想要见到陛下。现在居住在僻静的西馆，没有入宫侍奉，心中急切不已，以致时时张望，辗转不安。臣恭谨地奏呈表章并献诗二首。

今注 1 绝朝：禁止来京朝见。 2 黄耇(gǒu)：指老人。黄，黄发。耇，老人背伛偻。 3 执珪：以手持圭。古代诸侯朝见天子手里持圭，因此持圭也有朝见的含义。珪，同"圭"。 4 齿召：引为同类而征召。 5 辇毂：皇帝的车舆，代指皇帝。 6 西馆：曹植的邸第称"西馆"，后成为亲王邸第的代称。

"其辞曰：'於穆显考[1]，时惟武皇[2]，受命于天，宁济[3]四方。朱旗[4]所拂，九土披攘[5]，玄化滂流[6]，荒服来王。超商越周，与唐比踪。笃生

"诗是这样说的：'美好的父亲，就是先皇武帝，承接上天的命令，安定拯救天下。红旗飘扬，九州都来归降，圣德教化广布四方，边远地区的人都来归附。他的功绩超过商、周两朝，与唐尧时代齐步。我皇得天独厚，世代聪明，武则严肃

我皇，奕世载聪，武则肃烈，文则时雍，受禅炎汉[7]，临君万邦。万邦既化，率由旧则；广命懿亲，以藩王国。帝曰尔侯，君兹青土，奄有海滨，方周于鲁[8]，车服有辉，旗章有叙[9]，济济隽乂[10]，我弼我辅。伊予小子[11]，恃宠骄盈，举挂时网[12]，动乱国经。作藩作屏，先轨是堕，傲我皇使，犯我朝仪。国有典刑，我削我绌，将置于理，元凶是率。明明天子，时笃同类，不忍我刑，暴之朝肆，违彼执宪，哀予小子。改封兖邑，于河之滨，股肱弗置，有君无臣，荒淫之阙，谁弼予身？茕茕仆夫，于彼冀方，嗟予小子，乃罹斯殃。赫赫天子，恩不遗物，冠我玄冕[13]，要我朱绂[14]。朱绂光大，使我荣

威风，文则天下太平，受汉帝禅位，登临君位统治天下。天下已经得到教化，是因为遵循旧制；广泛地分封至亲兄弟，以保卫王国。皇帝说封你为侯，统领青州，直达海边，像周公被封在鲁国，车马服饰光彩熠熠，旗帜展布有序，众多才智出众的人，一同辅助我。我这个小子啊，依仗恩宠，骄傲自满，举措违反法令，扰乱国家制度。作为藩王却破坏先帝定下的法度，傲慢对待皇帝的使者，触犯朝廷的仪制。国家有法典刑律，削减我的食邑，贬低我的爵位，将我入狱，和元凶同罪。圣明的天子，因为怜悯同胞兄弟，不忍心让我受刑，暴尸在朝廷和市肆，改变执法者的判决，实在是为了哀怜我这小子。改封到兖州，在黄河的边上，不设辅助臣僚，有封君没有封臣，犯下荒诞不经的罪过，谁能辅助、纠正我？和孤单无靠的驾车夫来到冀州，可叹我这小子遭到如此祸害。英明显赫的天子，恩德遍施万物而没有遗落，让我戴上黑色礼冠，系着红色丝带。红色丝带鲜艳显耀，让我获得恩荣光彩，剖开符节授予玉圭，加封我王爵。仰头接受金玺，俯身捧着策书，深感皇帝的恩德浩大深厚，我恭谨地接受而

华，剖符授玉[15]，王爵是加。仰齿金玺，俯执圣策，皇恩过隆，祗承怵惕[16]。咨我小子，顽凶是婴，逝惭陵墓，存愧阙廷。匪敢慠德，实恩是恃，威灵改加，足以没齿。昊天罔极[17]，性命不图，常惧颠沛，抱罪黄垆。愿蒙矢石，建旗东岳，庶立豪氂[18]，微功自赎。危躯授命，知足免戾，甘赴江、湘，奋戈吴、越。天启其衷，得会京畿，迟奉圣颜，如渴如饥。心之云慕，怆矣其悲，天高听卑，皇肯照微！'

又心中惶恐。像我这样的人，顽劣罪恶缠身，就是死了也愧对先帝，活着愧对朝廷。不是胆敢藐视陛下的恩德，实在是依仗陛下的宠爱，威严的陛下对我改封加爵，已经足以让我没齿难忘。您的恩情无边无际，我的寿命又不能预计，常常恐惧早死，带着罪过下到黄泉。我愿意冒着射过来的箭矢与投过来的石头，在东岳树起大旗，或许能建立些许功绩，用这微小的功劳给自己赎罪。即使身临危境献出身家性命，若能为自己减免罪过也就知足，甘愿奔赴长江、湘江，对吴、越挥动长戈。陛下启念爱护兄弟之心，让我来京城朝觐，而我等待侍奉陛下的愿望，如饥似渴。心中满怀对陛下的思念，非常悲痛哀伤。高远的上天能听到人间的声音，陛下也一定能察觉到卑微的我。'

今注 1 於穆显考：於，表示感叹的语气词。穆，美。显考，古代对亡父的美称。 2 时惟武皇：时，是。惟，语中助词。武皇，指太祖曹操，谥号武王，曹丕称帝后追尊为武帝。 3 宁济：安定匡济。 4 朱旗：红旗，因汉以火德为居，故尚红。曹操为汉丞相，故建用红旗。 5 九土披攘：九土，九州的土地。披攘，犹披靡，草木倒伏。 6 玄化滂流：玄化，圣德教化。滂流，广泛流布。 7 受禅炎汉：指受汉王朝禅让。 8 方周于鲁：这里指西周建国之初，周武王弟弟周公旦封于鲁国的特别恩遇。 9 旗章有叙：旗章，旗帜。叙，等次。 10 隽乂(yì)：才智出众的人。 11 伊予小子：伊，发语词。予小子，曹植的自称。 12 举挂时网：举挂，触犯。时网，制度法令。 13 玄冕：泛指黑色冠冕。 14 朱绂(fú)：古代系佩玉或印章的红色丝带。 15 剖符授玉：剖符，古代帝王分封诸侯、功臣时，以竹符为凭证，剖分为二，君臣各执其一，后因以“剖符”“剖竹”为分封、授官之称。授玉，赐予玉圭。古代诸侯朝聘，以玉互相授受为礼。 16 祗承怵惕(chù tì)：祗承，祗奉。怵惕，惊惧。 17 昊天罔极：谓君主养育恩德深广，欲报而无可报答。昊天，苍天。古代君主以天子自居，因此也指代君主。 18 庶立豪氂(lí)：庶，近似，差不多。豪氂，通“毫厘”，一毫一厘，形容极少的数量。

“又曰：‘肃承明诏，应会皇都，星陈夙驾[1]，秣马脂车[2]。命彼掌徒，肃我征旅，朝发鸾台，夕宿兰渚。芒芒原隰[3]，祁祁士女，经彼公田，乐我稷黍。爰有樛木，重阴匪息；虽有糇粮[4]，饥不遑食。望城不过，面邑匪游，仆夫警策，平路是由。玄驷[5]蔼蔼，扬镳漉沫；流风翼衡，轻云承盖。涉涧之滨，缘山之隈[6]，遵彼河浒，黄阪是阶。西济关谷，或降

“又说：‘恭敬地接受诏命，到京城来觐见，夜里准备好行装，清晨驾车出发，喂马吃草料，给车轴上油脂。命令从行官员，准备好我的出行，早上从鸾台出发，晚上在兰渚休息。广阔的平原上，散布着众多的男男女女，路过那些公田，田里的粮食作物让人看着高兴。道旁枝叶繁茂的树木，即便有阴凉也不休息；虽然带有粮食，肚子饿了也没空吃。遇到城镇也不进去，路过乡邑也不去游玩，车夫挥动长鞭，沿平坦道路奔驰。驾车的四匹黑马齐整地奔跑，累得口溢白沫；疾风在车前横木吹拂，天上的白云像在托着车盖。经过山涧水边，沿着曲折的山路，顺着河岸行进，登上黄土高坡。向西渡过关口与大谷，地势

或升；骓骖倦路，再寝再兴。将朝圣皇，匪敢晏宁；弭节长骛[7]，指日遄征[8]。前驱举燧，后乘抗旌；轮不辍运，鸾无废声。爰暨帝室，税此西墉；嘉诏未赐，朝觐莫从。仰瞻城阈，俯惟阙廷；长怀永慕，忧心如酲[9]。’”

帝嘉其辞义，优诏答勉之[1]。

或起或伏；驾车的马匹十分劳累，稍微歇息后便再次赶路。将要朝觐圣明的陛下，不敢在途中谋求安逸；一刻也不停留，驾车催马，限定日期快速赶路。前车高举着火把，后者插着旌旗，车轮不停地运转，车铃不停地响动。达到京师后，居住在西墉；陛下的诏书没有下达，臣不能前来觐见。抬头仰望着城门，低头思念陛下；久久地怀念思慕，忧心如同刚刚酒醒一样。’”

文帝赞赏他的文辞和情义，于是下诏好言答复并勉励他。

今注　1 星陈夙驾：星夜准备车驾。　2 秣(mò)马脂车：秣马，饲马。秣，喂牲口的饲料，这里作动词，喂马。脂车，用油涂车轴，以利运转。　3 原隰(xí)：原野。　4 糇(hóu)粮：食粮，干粮。　5 玄驷：同驾一车的四匹黑马。　6 隈(wēi)：弯曲的地方。　7 弭节长骛：弭节，少停，一会儿。长骛，向远方急驰。　8 遄(chuán)征：迅速赶路。　9 酲(chéng)：酒醒后困惫如病的状态。

裴注　[1]《魏略》曰："初，植未到关，自念有过，宜当谢帝。乃留其从官著关东，单将两三人微行，入见清河长公主，欲因主谢。而关吏以闻，帝使人逆之，不得见。太后以为自杀也，对帝泣。会植科头负铁锧，徒跣诣阙下，帝及太后乃喜。及见之，帝犹严颜色，不与语，又不使冠履。植伏地泣涕，太后为不乐。诏乃听复王服。"《魏氏春秋》曰："是时待遇诸国法峻。任城王暴薨，诸王既怀友于之痛。植及白马王彪还国，欲同路东归，以叙隔阔之思，而监国使者不听。植发愤告离而作诗曰：'谒帝承明庐，逝将归旧疆。清晨发皇邑，日夕过首阳。伊、洛旷且深，欲济川无梁。泛舟越洪涛，怨彼东路长。回顾恋城阙，引领情内伤。大谷何寥廓，山树郁苍苍。霖雨泥我涂，流潦浩从横。中田绝无轨，改辙登高冈。修阪造云日，我马玄以黄。玄黄犹能进，我思郁以纡。郁纡将何念？亲爱在离居。本图相与偕，中更不克俱。鸱枭鸣衡轭，豺狼当路衢；苍蝇间白黑，谗巧反亲疏。欲还绝无蹊，揽辔止踟蹰。踟蹰亦何留，相思无终极。秋风发微凉，寒蝉鸣我侧。原野何萧条，白日忽西匿。孤兽走索群，衔草不遑食。归鸟赴高林，翩翩厉羽翼。感物伤我怀，抚心长叹息。叹息亦何为，天命与我违。奈何念同生，一往形不归！孤魂翔故域，灵柩寄京师。存者勿复过，亡没身自衰。人生处一世，忽若朝露晞。年在桑榆间，影响不能追。自顾非金石，咄咤令心悲。心悲动我神，弃置莫复陈。丈夫志四海，万里犹比邻。恩爱苟不亏，在远分日亲。何必同衾帱，然后展殷勤。仓卒骨肉情，能不怀苦辛？苦辛何虑思，天命信可疑。虚无求列仙，松子久吾欺。变故在斯须，百年谁能持？离别永无会，执手将何时？王其爱玉体，俱享黄发期。收涕即长涂，援笔从此辞。’”

六年，帝东征，还过雍丘，幸植宫，增户五百。

太和元年，徙封浚仪[1]。二年，复还雍丘。植常自愤怨，抱利器[2]而无所施，上疏求自试曰：

“臣闻士之生世，入则事父，出则事君；事父尚于荣亲，事君贵于

黄初六年(225)，文帝东征，回来时经过雍丘，亲临曹植的王宫，并增加他五百户食邑。

太和元年(227)，曹植转封浚仪。太和二年(228)，又回到雍丘。曹植经常抱怨愤懑，认为自己拥有才华却无处施展，于是上疏请求任用自己，说道：

“臣听说士人活在世上，在家侍奉父亲，在外任职侍奉君主；侍奉父亲以能让亲人获得荣耀为上，侍奉君主以能振兴国

兴国。故慈父不能爱无益之子,仁君不能畜无用之臣。夫论德而授官者,成功之君也;量能而受爵者,毕命[3]之臣也。故君无虚授,臣无虚受;虚授谓之谬举[4],虚受谓之尸禄[5],《诗》之‘素餐’[6]所由作也。昔二虢[7]不辞两国之任,其德厚也;旦、奭[8]不让燕、鲁之封,其功大也。今臣蒙国重恩,三世于今矣。正值陛下升平之际,沐浴圣泽,潜润德教,可谓厚幸矣。而窃位东藩,爵在上列,身被轻暖,口厌百味,目极华靡,耳倦丝竹者,爵重禄厚之所致也。退念古之授爵禄者,有异于此,皆以功勤济国,辅主惠民。今臣无德可述,无功可纪,若此终年无益国朝,将挂风人‘彼其’[9]之讥。是以上惭玄冕,俯愧朱绂。

家为贵。因而慈父不会疼爱没用的儿子,仁君不能容纳无能的大臣。依据德行授予官职的,是能成就功业的君主;按照能力获得官爵的,是能尽忠效命的大臣。因此君主不会无功而授官,大臣不能无能而获爵;无功授官称作错误地举荐,无能获爵叫作空享俸禄,《诗经》中的‘素餐’的诗句就是为讥刺这种人而作的。过去虢仲、虢叔不辞让两国的任命,是因为他们德行深厚;周公旦、召公奭不谦让燕国、鲁国的封赐,是因为他们功劳很大。如今臣蒙受国家的重恩,到现在已经有三朝了。正值陛下太平的时候,我沐浴皇上的恩泽,深受德义教化,可以说是十分幸运了。我却非分地占据东藩,爵位处在上等,身上穿着轻软暖和的衣服,口中尝遍了各种美味,眼睛看遍华靡的景色,耳朵听厌了各种丝竹之声,这都是爵位高贵、俸禄优厚致使的。回想古代授封爵位和俸禄的情况,与这不同,那都是凭借建功助国,辅佐君主、施惠百姓而来。现在臣没有德行可以称述,没有功劳可以记录,如果像这样到终老都没有功劳于国家,那就应了诗人‘那些身居高位的人,不配穿上他的官服’的讥讽。所以我上愧对头戴的黑色冠冕,下愧对自己佩戴的红色丝带。

今注　1 浚仪：县名，在今河南开封。　2 利器：此处指才华。　3 毕命：尽忠效命。　4 谬举：妄加举荐。　5 尸禄：指空食俸禄而不尽其职。　6 素餐：指不做事而白吃饭。　7 二虢(guó)：指周文王的两个弟弟虢仲、虢叔，周武王伐纣灭商后，封两个叔叔为东、西虢国国君。东、西虢国正处于王畿左右，作为周王室藩屏。　8 旦、奭(shì)：指周公旦和召公奭，都为周初功勋大臣，分别被封鲁国和燕国。　9 彼其：指居官者的才德与其官服不匹配。取自《诗经》“彼其之子，不称其服”。

“方今天下一统，九州晏如[1]，而顾[2]西有违命之蜀，东有不臣之吴，使边境未得脱甲，谋士未得高枕者，诚欲混同[3]宇内以致太和也。故启灭有扈[4]而夏功昭，成克商、奄[5]而周德著。今陛下以圣明统世，将欲卒文、武之功，继成、康之隆，简贤授能，以方叔、召虎[6]之臣镇御四境，为国爪牙者，可谓当矣。然而高鸟未挂于轻缴[7]，渊鱼未县于钩饵者，恐钓射之术或未尽也。

“如今天下统一，国家安定太平，但西边有违抗王命的蜀国，东边有不能臣服的吴国，边境地区的将士不能卸下盔甲，谋士不能高枕无忧，人们实在想让天下一统而达到太平。所以启灭掉有扈氏而让夏朝的功德得到昭显，成王击败商、奄而使周朝的恩德显著。如今陛下以圣明统一天下，将完成文王、武王那样的功业，继承成王、康王时代的盛况，选拔贤能，授官任职，命方叔、召虎那样的大臣镇防四方边境，作为国家得力的武将，可以说用人十分得当。然而，高飞的鸟儿还没有被带丝绳的箭射中，深渊中的鱼儿还没有悬挂在鱼钩上，这恐怕是钓鱼和射鸟的技艺尚不够完善啊。

今注　1 晏如：安然，太平。　2 顾：文言连词，但。　3 混同：统一。　4 启灭有扈：指夏启继位之后，有扈氏不服而起兵叛乱，后被启平定。　5 奄：古代的氏族。周武王去世不久，管叔、蔡叔以及纣子武庚反叛，徐、奄两部族响应，后被成王平定。 6 方叔、召虎：都为周宣王的卿士，曾为宣王平定猃狁、荆蛮和淮夷等少数民族的叛乱，于王室有大功。 7 缴(zhuó)：系在箭上的生丝绳，用以射鸟。

“昔耿弇[1]不俟光武，亟击张步，言不以贼遗于君父。故车右[2]伏剑于鸣毂，雍门[3]刎首于齐境，若此二士，岂恶生而尚死哉？诚忿其慢[4]主而陵君也[1]。夫君之宠臣，欲以除患兴利；臣之事君，必以杀身靖[5]乱，以功报主也。昔贾谊弱冠，求试属国，请系单于之颈而制其命；终军以妙年使越，欲得长缨缨其王，羁致北阙。此二臣，岂好为夸主而耀世哉？志或郁结，欲逞其才力，输能于明君也。昔汉武为霍去病治第，辞曰：‘匈奴未灭，臣无以家为！’夫忧国忘家，捐躯济难，忠臣之志也。今臣居外，非不厚也，

“过去耿弇不等光武帝到来，就加急攻打张步，说是不把贼寇留给君主。所以有车右卫士因为车轮发出声响而拔剑自刎，雍门子狄因越国侵犯齐国边境而自杀，像这两个人，难道是厌恶生命而崇尚死亡吗？诚然是愤恨自己对君主不敬或欺凌罢了。君主宠爱臣下，是想任用他们革除弊政，兴起善利；臣下侍奉君主，必定能献出生命来平定祸乱，以功劳报答君主。过去贾谊二十岁时，请求到属国任职，声言要用绳子套住单于的脖子制服他；终军在年少时便出使南越，想用长绳捆住南越王，羁押到京城。这两位臣子，难道是喜欢向君主吹嘘而向世人炫耀吗？是因为他们郁郁不得志，所以想展现自己的才能，为明君效力啊。过去汉武帝想为霍去病建造宅院，霍去病推辞说：‘匈奴还未被消灭，臣下不想考虑自己家的事！’为国家谋虑而忘记家事，为解救危难而献身，这是忠臣的志愿啊。现在臣身处藩国，爵禄不是不够

而寝不安席，食不遑味者，伏以二方未克为念。

优厚，但睡不踏实，吃东西无暇品味，全是因为惦念着吴、蜀两国还没被消灭啊。

今注　1 耿弇(yǎn)：字伯昭，光武帝刘秀即位后，任他为建威大将军，封好畤侯，击破齐地割据势力张步，攻占城阳、琅邪等十二郡。　2 车右：古时车乘位置在御者右边的武士。　3 雍门：指雍门子狄，战国时期齐国人。据刘向《说苑》记载，越军攻进齐境，雍门子狄听说后，亲赴越军营前自刎而死，越军见了后感慨齐国有如此忠君的义士，因此判断齐国不易战胜，于是撤军。　4 慢：轻慢。　5 靖：平定。

裴注　[1] 刘向《说苑》曰："越甲至齐，雍门狄请死之。齐王曰：'鼓铎之声未闻，矢石未交，长兵未接，子何务死？知为人臣之礼邪？'雍门狄对曰：'臣闻之，昔者王田于囿，左毂鸣，车右请死之，王曰："子何为死？"车右曰："为其鸣吾君也。"王曰："左毂鸣者，此工师之罪也。子何事之有焉？"车右对曰："吾不见工师之乘，而见其鸣吾君也。"遂刎颈而死。有是乎？'王曰：'有之。'雍门狄曰：'今越甲至，其鸣吾君，岂左毂之下哉？车右可以死左毂，而臣独不可以死越甲邪？'遂刎颈而死。是日，越人引军而退七十里，曰：'齐王有臣，钧如雍门狄，疑使越社稷不血食。'遂归。齐王葬雍门狄以上卿之礼。"

"伏见先武皇帝武臣宿将，年耆[1]即世者有闻矣。虽贤不乏世，宿将旧卒，犹习战阵，窃不自量，志在效命，庶立毛发之功，以报所受之恩。若

"已故武皇帝的武臣老将，因年老去世的消息时有听闻。世间虽然不缺乏贤良之才，老将旧卒还熟悉作战，但我还是不自量力，志在为国效命，希望能立下微小的功劳，以此报答所受的恩惠。如果陛下能颁布非同寻常的诏命，

使陛下出不世之诏，效臣锥刀之用，使得西属大将军，当一校[2]之队，若东属大司马[3]，统偏舟[4]之任，必乘危蹈险，骋舟奋骊[5]，突刃触锋，为士卒先。虽未能禽权馘[6]亮，庶将虏其雄率，歼其丑类，必效须臾之捷，以灭终身之愧，使名挂史笔，事列朝策。虽身分蜀境，首县吴阙，犹生之年也。如微才弗试，没世无闻，徒荣其躯而丰其体，生无益于事，死无损于数，虚荷上位而忝重禄，禽息鸟视，终于白首，此徒圈牢之养物，非臣之所志也。流闻东军失备，师徒小衄[7]，辍食弃餐，奋袂攘衽，抚剑东顾，而心已驰于吴、会矣。

让臣能发挥锥刀那般微小的效用，使我能在西归属大将军，统领一校军队，或东属大司马，指挥一艘战船，必定不顾危险，急行战船，快驰战马，和敌人刀刃相接地战斗，身先士卒。这样即使未能擒获孙权或诸葛亮，也希望能俘虏敌人的统帅，歼灭贼寇，必须取得哪怕一时的胜利，来消除我终身的愧疚，使我的姓名载入史册，事迹写进朝廷的策书。臣哪怕身体被分裂在蜀国，头颅悬挂在吴国的城楼上，也还如同活着一样。如果臣微小的才能无法施展，终生默默无闻，如此只是白白地享受了荣华而丰腴了躯体而已，活着没有为国家做出贡献，死了对国家也没有损失，白白地占据着高官，愧对优厚的俸禄，如鸟雀一样活着，直到头发变白老去，这不过是被圈养的宠物，并非臣的志向所在。传闻东征军队因失去防备，将士遭到小败，臣听闻后吃不下饭，急得挽起袖子提起衣襟，抚剑向东看去，心已经飞到吴郡、会稽了。

今注 1 年耆(qí)：指年老。古代年六十曰耆。 2 一校(xiào)：古代军队编制单位，约五百人为一校。 3 大司马：指曹休，此时正东征吴国。 4 偏舟：古代两船相并曰方舟，单船曰偏舟，后泛指小船。这里指极小一部分水军。 5 骊(lí)：纯黑的马，也泛指马。 6 馘(guó)：古代战争中割取敌人的左耳以计数献功，亦泛俘虏、斩获。 7 小衄(nǜ)：小败。衄，挫折、失败。

“臣昔从先武皇帝南极赤岸，东临沧海，西望玉门[1]，北出玄塞[2]，伏见所以行军用兵之势，可谓神妙矣。故兵者不可豫言，临难而制变者也。志欲自效于明时，立功于圣世。每览史籍，观古忠臣义士，出一朝之命，以徇国家之难，身虽屠裂[3]，而功铭著于鼎钟[4]，名称垂于竹帛[5]，未尝不拊心而叹息也。

“臣过去曾随先皇武帝南到赤岸，东到沧海，西望玉门，北出玄塞，看到先皇行军布阵、用兵作战的方法，可以说十分神妙。因此用兵不能预先推论，应该在遭遇危难时随机应变。臣立志要在陛下治政清明的时代效力，在圣明的时代立功。臣每每阅览史书，看到古代的忠臣义士，献出自己短暂的生命，为解救国家的危难捐躯，虽然身体被裂解，但功劳铭刻在钟鼎之上，姓名载入史册，臣未尝不抚胸叹息。

今注 1 玉门：即玉门关，故址在今甘肃敦煌西北小方盘城。 2 玄塞：指北方边塞。古人以五色配五方，北方配黑色，故曰玄塞。 3 屠裂：屠杀肢解。 4 功铭著于鼎钟：古代将功劳铸刻在钟鼎等青铜器上，用以纪念或表彰。 5 竹帛：古代在使用纸张之前，多以竹帛记录文字，所以用“竹帛”代指史书。

“臣闻明主使臣，不废有罪。故奔北败军之

“臣听说明君选用臣子，不会废弃有罪的人。过去秦国与鲁国任用曾战败的

将用[1],秦、鲁以成其功[1];绝缨盗马之臣赦[2],楚、赵以济其难[2]。臣窃感先帝早崩,威王[3]弃世,臣独何人,以堪长久!常恐先朝露[4],填沟壑[5],坟土未干,而身名并灭。臣闻骐骥长鸣,则伯乐照其能;卢狗悲号,则韩国知其才。是以效之齐、楚之路,以逞千里之任;试之狡兔之捷,以验搏噬之用。今臣志狗马之微功,窃自惟度,终无伯乐、韩国之举,是以於邑[6]而窃自痛者也。

孟明视、曹沫等将领,最终取得了成功;楚国、赵国因为赦免过揪断帽缨、偷盗马匹的人而得以度过危难。臣私下感伤先帝过早崩殂,任城威王曹彰离弃人世,唯独臣算什么人,怎么敢长寿久存!常常担心突然死去,被填入沟壑当中,坟土还没有干,而身体和声名就已经都消失。臣听说良马长嘶而伯乐能察觉到它的才能;卢狗悲伤地嚎叫,而韩国人知晓它的才干。因此用远到齐国、楚国的长路来考验良马,展现它奔驰千里的能力;用矫捷的兔子来试验卢狗,证明它扑咬的本事。如今臣志向如犬马那样,希望能立下些微小的功劳,然而私下忖度,却没有伯乐、韩国那样的人来举荐,所以心中愁闷而伤痛不已。

今注 **1** 故奔北败军之将用:指春秋时,秦将孟明视等人偷袭郑国反遭晋军埋伏而大败,其后秦穆公没有怪罪,反而数次派他们伐晋,最终将晋军打败。鲁国曹沫曾被齐军三次击败,但鲁国仍旧任曹沫为将领,后鲁、齐会盟,曹沫挟持齐桓公而收复所有鲁国失地。 **2** 绝缨盗马之臣赦:绝缨,指战国楚庄王有次设宴,因所派敬酒的许姬在灯烛熄灭时被人(唐狡)扯衣调戏,而许姬扯掉那人的冠缨作为事后追责的依据,可是楚庄王却让大家全部脱下帽缨而不追究此事。后来唐狡在伐郑的时候奋勇作战。盗马,指秦穆公丢失的几匹好马被岐山乡人吃了,秦穆公不仅赦免了他们,还赐酒设宴招待了他们。后来秦国与晋国交战,晋军围困秦穆公乘，经这些乡人的帮助秦穆公得以脱困。秦国又为“赵姓”，因此下文称赵。　3 威王：指曹彰。　4 先朝露：比早上的露水干得还快，比喻死得快。　5 填沟壑：填尸于沟壑，指死亡。　6 於(wū)邑：忧愁烦闷。

裴注　[1] 臣松之案：秦用败军之将，事显，故不注。鲁连与燕将书曰：“曹子为鲁将，三战三北而亡地五百里，向使曹子计不反顾，义不旋踵，刎颈而死，则亦不免为败军之将矣。曹子弃三北之耻，而退与鲁君计。桓公朝天子，会诸侯，曹子以一剑之任，披桓公之心于坛坫之上，颜色不变，辞气不悖。三战之所亡，一朝而复之，天下震动，诸侯惊骇，威加吴、越。若此二士者，非不能成小廉而行小节也。”　[2] 臣松之案：楚庄掩绝缨之罪，事亦显，故不书。秦穆公有赦盗马事，赵则未闻。盖以秦亦赵姓，故互文以避上“秦”字也。

“夫临博而企竦[1]，闻乐而窃抃者，或有赏音而识道也。昔毛遂[2]，赵之陪隶[3]，犹假锥囊之喻，以寤主立功，何况巍巍大魏多士之朝，而无慷慨死难之臣乎！夫自衒[4]自媒者，士女之丑行也。干时求进者，道家之明忌也。而臣敢陈闻于陛下者，诚与国分形同气[5]，忧患共之者也。冀以尘雾之微补益山海，荧

“看到有人博戏就踮起脚后跟观看，听到音乐就暗自打节拍，这当中或许就有通音律、明博戏道理的人。过去的毛遂，只是赵国平原君的末等奴隶，但仍然能借尖锥子处于囊中的比喻，来打动主人，最后立下功劳，更何况如今巍巍大魏朝中人才众多，难道没有能慷慨为国捐躯的大臣吗！自我吹嘘自我作媒，是普通男女可耻的举止。违反时势谋取官职的人，是道家明确的忌讳。但臣敢于向陛下上表奏闻，实在是因为我和国家虽身形相分却呼吸相通，忧患与共。希望自己能用尘埃、露水般的微小功劳增补山海，以萤

烛末光增辉日月,是以敢冒其丑而献其忠[1]。"

火虫、蜡烛般的微光为日月增辉,因此才敢冒着受辱的风险来奉献忠心。"

今注 1 企竦(sǒng):踮起脚后跟(观看)。 2 毛遂:战国时赵国人,为平原君门下食客。秦军围赵都邯郸,赵王使平原君向楚国求救,平原君出行前毛遂自荐同往。后平原君与楚王议而不决。毛遂按剑而上,陈说救赵击秦的利害关系,楚国因此才肯定约,发兵救赵。 3 陪隶:亦即陪台。指末等奴隶,也泛指微贱罪隶。 4 自衒(xuàn):指炫耀自己,自我吹嘘。 5 分形同气:从一个形体里分出来而气血相同,指曹植和魏明帝是骨肉血亲。

裴注 [1]《魏略》曰:"植虽上此表,犹疑不见用,故曰:'夫人贵生者,非贵其养体好服,终竟年寿也,贵在其代天而理物也。夫爵禄者,非虚张者也,有功德然后应之,当矣。无功而爵厚,无德而禄重,或人以为荣,而壮夫以为耻。故太上立德,其次立功,盖功德者所以垂名也。名者不灭,士之所利,故孔子有夕死之论,孟轲有弃生之义。彼一圣一贤,岂不愿久生哉?志或有不展也。是用喟然求试,必立功也。呜呼!言之未用,欲使后之君子知吾意者也。'"

三年,徙封东阿。五年,复上疏求存问亲戚,因致其意曰:

"臣闻天称其高者,以无不覆;地称其广者,以无不载;日月称其明者,以无不照;江海称其

太和三年(229),转封东阿。太和五年(231),又上疏请求问候亲属,并借此表达自己的心意说:

"臣听说天称为高,是因为它无处不能覆盖;地称为广,是因为它无处不能承载;日月称为光明,是因为它们无处不能照耀;江海称为大,是因为它们无所不

大者，以无不容。故孔子曰：‘大哉尧之为君！惟天为大，惟尧则之。’夫天德之于万物，可谓弘广矣。盖尧之为教，先亲后疏，自近及远。其《传》曰：‘克明峻德，以亲九族；九族既睦，平章百姓[1]。’及周之文王亦崇厥化，其《诗》曰：‘刑于寡妻[2]，至于兄弟，以御于家邦。’是以雍雍穆穆[3]，风人咏之。昔周公吊管、蔡之不咸[4]，广封懿亲[5]以藩屏王室，《传》曰：‘周之宗盟，异姓为后。’诚骨肉之恩爽而不离，亲亲之义实在敦固，未有义而后其君，仁而遗其亲者也。

能容纳的。因此孔子说：‘尧作为君主，真是伟大啊！只有天是最大的，只有尧能效法天。’天对万物的恩德，可以说是非常广大。尧布施教化，从亲属开始再到疏远的人，由近及远。《传》说：‘他能显现大德，来让九族亲近；九族亲密和睦以后，再辨明百姓，定姓别族。’到周文王时也推崇这一教化方法，《诗经》中说：‘自己在妻子面前做榜样，再推广到自己的兄弟，最后推行到整个家族和国家。’天下因此和睦融洽，诗人作诗赞颂。过去周公痛心管叔、蔡叔不能与自己同心同德，因此广泛地分封亲属来屏卫王室，《传》说：‘周代时盟誓，异姓诸侯排在后面。’这诚然是骨肉血亲即使恩义有失但也不能分离，使亲族亲密的道理在于忠厚而坚贞，没有看重道义却把君主摆在后面，崇尚仁德却遗弃自己亲属的人啊。

今注　1 平章百姓：即定姓别族之义。平章，辨别彰明。百姓，百官。　2 刑于寡妻：为妻子做出榜样。刑，通“型”，树立榜样。寡妻，妻子的谦称。　3 雍雍穆穆：形容和睦融洽。　4 不咸：不和。　5 懿亲：特指皇室宗亲、外戚。

“伏惟陛下资帝唐

“希望陛下凭借尧帝敬肃明察的德

钦明[1]之德，体文王翼翼[2]之仁，惠洽椒房，恩昭九族，群后百寮，番休递上，执政不废于公朝，下情得展于私室，亲理之路通，庆吊之情展，诚可谓恕己治人，推惠施恩者矣。至于臣者，人道绝绪，禁锢明时，臣窃自伤也。不敢过望交气类，修人事，叙人伦。近且婚媾不通，兄弟乖绝，吉凶之问塞，庆吊之礼废，恩纪之违，甚于路人，隔阂之异，殊于胡越。今臣以一切之制[3]，永无朝觐之望，至于注心皇极，结情紫闼，神明知之矣。然天实为之，谓之何哉！退唯诸王常有戚戚具尔[4]之心，愿陛下沛然[5]垂诏，使诸国庆问，四节得展，以叙骨肉之欢恩，全怡怡[6]之笃义。妃妾之家，膏沐之遗，岁得再

行，承纳周文王谨慎的仁爱之心，恩惠遍及后宫，恩德遍施亲族，王侯百官，轮番休息依次入值，在公开的朝议上处理政事没有荒废，在私室里民间百姓的情况能够得到展现，亲族之间的交往畅通，庆贺、吊慰的情绪得到舒展，实在是称得上推己及人，广施恩惠了。至于臣下我，断绝了与亲属间的联系，在圣明的时代遭受禁锢，臣常常暗自伤感啊。我不敢奢望和志气相投的人交往，修善与亲友之间的关系，叙论人伦。有姻亲关系的亲戚更是不相往来，兄弟之间的音讯绝断，吉凶的问候之路被堵塞，庆贺吊慰的礼节被废除，亲情恩义的疏远，超过路上的陌生人，亲属之间的隔阂，比胡地、越地还要遥远。如今臣下因为一时的制度，永远没有了朝觐陛下的希望，至于臣下对帝王统治天下的准则倾注心意，情系皇宫，神明是知道的。然而上天要这么做，臣下又能怎么办呢！退一步想到诸王常常互有思念兄弟的心情，想要亲近友爱的心意，希望陛下能尽快下诏，让各封国可以互相庆贺问候，四时都能得以探望，畅叙血亲骨肉的欢愉恩爱，成全兄弟间的和乐深情。妃妾的家人，都能得

通，齐义于贵宗，等惠于百司，如此，则古人之所叹，风雅之所咏，复存于圣世矣。

到陛下的恩赐，每年可以相见两次，与公卿贵族一样，与百官获得同样的恩惠。如果这样，那古人称赞、风雅咏唱的事情，就又出现在圣明的时代了。

今注　1 钦明：敬肃明察。　2 翼翼：谨慎的样子。　3 一切之制：临时的制度。　4 戚戚具尔：语出《诗经·大雅·行苇》："戚戚兄弟，莫远具尔。"戚戚，互相亲爱的样子。具，俱，都。尔，通"迩"，近。　5 沛然：急速的样子。　6 怡怡：指兄弟间的友爱情谊。

"臣伏自惟省，无锥刀之用。及观陛下之所拔授[1]，若以臣为异姓，窃自料度，不后于朝士矣。若得辞远游[2]，戴武弁[3]，解朱组[4]，佩青绂[5]，驸马、奉车，趣得一号，安宅京室，执鞭珥笔[6]，出从华盖，入侍辇毂，承答圣问，拾遗左右，乃臣丹诚之至愿，不离于梦想者也。远慕《鹿鸣》君臣之宴，中咏《常棣》匪他之诫，下思《伐木》友生之义，终怀《蓼莪》罔极之哀；每

"臣私下反省，自己连锥子、刻刀那般微小的作用也没有。再看陛下选拔出来并授予官职的人，如果将臣看作是与陛下异姓的人，臣私自猜测，自己并不比朝堂上的大臣差。如果臣能脱掉远游冠，戴上武冠，解下王侯佩戴的红色绶带，系上大臣用的青色绶带，在驸马都尉、奉车都尉中，取得一个职号，在京城安家，手拿马鞭，帽冠插笔，外出跟随陛下的华盖，入内侍奉陛下的车驾，奉答陛下的提问，在陛下身边弥补过失，这是臣最赤心诚意的愿望，在梦里都不曾放弃。臣首先思慕《鹿鸣》篇中君臣相聚的宴会，继而咏颂《常棣》篇中所说兄弟不是外人的告诫，然后思索《伐木》篇中珍惜朋友的道理，最后感怀《蓼莪》篇中无法报答父母恩情的哀

四节之会，块然[7]独处，左右惟仆隶，所对惟妻子，高谈无所与陈，发义无所与展，未尝不闻乐而拊心，临觞而叹息也。臣伏以为犬马之诚不能动人，譬人之诚不能动天。崩城[8]、陨霜[9]，臣初信之，以臣心况，徒虚语耳。若葵、藿之倾叶，太阳虽不为之回光，然向之者诚也。窃自比于葵、藿，若降天地之施，垂三光之明者，实在陛下。

痛；每逢四季亲属聚集宴会，臣都是孤单独处，左右只有仆人，面对的只有妻儿，想高谈阔论却没有听我述说的人，想发表深刻的见解却不能尽情阐述，臣未尝不听到乐曲而拊胸，面对酒杯而叹气啊。臣私以为狗马的忠诚不能打动人心，就像人的诚心不能感动上天。像杞梁的妻子哭泣而城墙崩塌，为蒙冤的人夏天降霜这些事，臣起初还相信，但和臣现在的心境相比，都是虚假不实的传言。像葵、藿一直朝阳的叶子，太阳虽然不会给它们回转阳光，但葵、藿朝阳的心是真诚的。臣私下将自己比作葵、藿，如果能降下天地那样大的恩惠，赐予日月星辰那样的光辉，确实仰赖陛下。

今注　1 拔授：选拔，授职。　2 远游：指远游冠，是诸侯王所戴冠冕。　3 武弁(biàn)：武冠。　4 朱组：红色丝带，为古代达官贵人用以系冠、佩玉、佩印之用。　5 青绂：青色丝带，古代用来佩系官印用。　6 珥笔：古代史官、谏官上朝，常插笔在冠侧，以便记录，因此称为“珥笔”。　7 块然：孤独的样子。　8 崩城：指杞妇崩城。据《列女传》记载，春秋末，齐庄公偷袭莒国，齐国大夫杞梁战死。杞梁不仅无子，且五服亲属断绝，因此杞梁的妻子伤心地在城下痛哭，十日而城崩。此事后演变为孟姜女哭长城故事。　9 陨霜：相传战国时邹衍因受谗言而向天痛哭，致使夏天降霜。

"臣闻《文子》曰:'不为福始,不为祸先。'今之否隔[1],友于同忧,而臣独倡言者,窃不愿于圣世使有不蒙施之物。有不蒙施之物,必有惨毒之怀,故《柏舟》[2]有'天只'之怨,《谷风》[3]有'弃予'之叹。故伊尹耻其君不为尧舜,孟子曰:'不以舜之所以事尧事其君者,不敬其君者也。'臣之愚蔽,固非虞、伊,至于欲使陛下崇光被[4]时雍[5]之美,宣缉熙[6]章明之德者,是臣慺慺之诚,窃所独守,实怀鹤立企伫之心。敢复陈闻者,冀陛下傥发天聪而垂神听也。"

"臣听《文子》上说:'不首先取得幸福,不首先招致灾祸。'如今彼此隔绝不通,兄弟们都同样忧愁,而只有臣独自先说出来,是臣不愿在陛下圣明的时代有未受恩惠的人。有不受恩惠的人,便必会引发深切怨恨的心思,因此《柏舟》有'天啊'的怨言,《谷风》有'遗弃我'的叹息。因此伊尹为自己的君主不是尧舜而感到耻辱,孟子说:'不用舜对待尧的态度来对待自己的君主,便是不尊重自己的君主。'臣下愚笨蒙昧,本来就不是虞舜、伊尹,至于说到想着让陛下推崇恩泽遍施,时世太平的美政,发扬光明显著的德行,这是出于臣恭谨的诚心,臣之所以独自坚持,实在是怀着像鹤一样站立、殷切企盼的心愿。臣冒昧地再次上疏陈奏,希望陛下或许能留意倾听臣下的心愿。"

今注　1 否(pǐ)隔:亦作"否鬲(gé)",指隔绝不通。　2《柏舟》:出自《诗经 · 邶风》,主要描述主人公因遭受小人陷害,心中愤懑,且才华不得施展的怨怒。　3《谷风》:出自《诗经 · 邶风》,主要抒发朋友间先共患难后遭抛弃的愤怒不满之情。　4 光被(pī):遍及。被,通"披"。　5 时雍:也作"时邕",时世太平。　6 缉熙:光明。

诏报曰:"盖教化

明帝下诏说:"教化的发展,各有兴

所由，各有隆弊，非皆善始而恶终也，事使之然。故夫忠厚仁极草木，则《行苇》[1]之诗作；恩泽衰薄，不亲九族，则《角弓》[2]之章刺。今令诸国兄弟，情理简怠，妃妾之家，膏沐[3]疏略，朕纵不能敦而睦之，王援古喻义备悉矣，何言精诚不足以感通哉？夫明贵贱，崇亲亲，礼贤良，顺少长，国之纲纪，本无禁固诸国通问之诏也，矫枉过正，下吏惧谴，以至于此耳。已敕有司，如王所诉。”

盛和衰落，并非都是开始很好而最终变坏了，这是事物发展趋势使它这样的缘故。所以忠厚仁爱遍及草木，于是《行苇》的诗篇产生；恩情衰败竭尽，不亲善九族，于是《角弓》的篇章就来加以讽刺。如今使各封国兄弟，在感情上有所怠慢，对后宫妃妾的家属，膏沐馈赠的恩赐有所疏略，朕即使不能让他们亲善和睦，你援引古代事例说明的道义就已经很详尽了，为什么还说至极的诚心不能感动人呢？清楚富贵与贫贱，崇尚亲族和睦，对贤良以礼相待，使长幼和顺，这是国家的法纪，本来就没有禁止诸侯国互通问讯的诏书，只是纠正错误过了头，底下的官吏怕遭到惩罚，才导致事情发展到如此地步罢了。朕已经命令有关官员，依照你所说的去做。”

今注　1《行苇》：出自《诗经·大雅》，主要以芦苇为兴，表现家族成员的和睦友爱。　2《角弓》：出自《诗经·小雅》，全诗主要讥谏周幽王亲近谗佞而疏远族亲。　3 膏沐：洗沐，润泽。谓施惠。

植复上疏陈审举之义，曰：

“臣闻天地协气而万物生，君臣合德而庶政[1]

曹植又上疏陈述审查和举荐官员的道理，说：

“臣听说天地之气协调则万物才能生长，君主和臣子同心同德则各种政事成；五帝之世非皆智，三季之末非皆愚，用与不用，知与不知也。既时有举贤之名，而无得贤之实，必各援其类而进矣。谚曰：'相门有相，将门有将。'夫相者，文德昭者也；将者，武功烈者也。文德昭，则可以匡国朝，致雍熙，稷、契、夔、龙是也；武功烈，则所以征不庭[2]，威四夷，南仲[3]、方叔[4]是矣。昔伊尹之为媵臣[5]，至贱也，吕尚之处屠钓，至陋也，及其见举于汤武、周文，诚道合志同，玄谟[6]神通，岂复假近习[7]之荐，因左右之介哉！《书》曰：'有不世之君，必能用不世之臣；用不世之臣，必能立不世之功。'殷周二王是矣。若夫龌龊[8]近步[9]，遵常守故，安足为陛下言哉？

才能处理好；上古五帝的时代并非人人都聪明，夏、商、周三代末年的人也并非都蠢笨，但盛衰的不同全在于有没有选用人才，能不能了解人才。既然当时有举荐贤良的名义，但没有得到贤才的实效，必然是举荐和自己亲密熟悉的人去做官。谚语说：'丞相家里出丞相，将军门里出将军。'丞相，是文采、德行昭著的人；将军，是武艺、功勋显赫的人。文采与德行昭显，就可以辅助朝廷，使国家太平和乐，像后稷、契、夔、龙都是这样的；武艺功勋卓著，就可以讨伐不归顺朝廷的人，威服四夷，像南仲、方叔就是这样的。过去伊尹作为陪嫁的奴仆，地位最为低贱，吕尚当屠夫钓者的时候，身份最为卑微。等到他们被商汤、周文王任用，实在是志同道合，谋略心神相通，哪里是假借亲近的人举荐，依靠君主身边的人介绍啊！《尚书》说：'有非凡的明君，必定能任用不寻常的能臣；任用非凡的臣子，必定能建立不寻常的功业。'殷商的成汤和周代的文王就是这样的人。至于那些拘谨浅陋，墨守成规的人，怎么值得对陛下举荐呢？

今注 **1** 庶政：各种政务。 **2** 不庭：不朝于王庭者，指叛逆不臣服的人或势力。 3 南仲:人名,周宣王时曾领军到朔方筑城讨伐西戎。 4 方叔:人名,周宣王时卿士,曾率兵南征荆楚。 5 媵(yìng)臣:古代随嫁的臣仆。 6 玄谟:深远的谋略。 7 近习:君主宠爱亲信的人。 8 龌龊:器量局狭,拘于小节。 9 近步:这里指浅陋无远略。

"故阴阳不和,三光不畅,官旷无人,庶政不整者,三司[1]之责也。疆埸[2]骚动,方隅[3]内侵,没军丧众,干戈不息者,边将之忧也。岂可虚荷国宠而不称其任哉?故任益隆者负益重,位益高者责益深,《书》称'无旷庶官',《诗》有'职思其忧',此其义也。

"因此阴阳不调和,日、月、星的光辉不畅达,官职空置无人,各种政务没有处理好,这都是三司的责任。边疆发生骚乱动荡,周边向内地侵犯,军队战败,士卒伤亡,战事不能停歇,这是守边将领的忧患啊。难道可以白白享受国家的恩宠而不称职吗?因此任职越高承担的事务越重,地位越高责任也就越大,《尚书》说'不要空设百官职位',《诗经》有'在职位上的人要考虑自己的责任'的诗句,讲的都是这个意思。

今注 1 三司:指司徒、司马、司空三公。 2 疆埸(yì):边境。埸,田界,疆界。 3 方隅:四方和四隅,借指边疆。

"陛下体天真之淑圣,登神机[1]以继统,冀闻'康哉之歌'[2],偃武行文之美。而数年以来,水旱不时,民困衣食,师徒[3]之发,岁岁增调,加东有覆败之

"陛下具有天生的圣明贤达,登上皇位以继承帝业,希望听到太平颂歌,享受停止战争、振兴文教的美誉。但这几年来,水灾、旱灾不时出现,民众缺衣短食,军队的征调,年年都在增加兵员和赋税,加上东边伐吴有战事的失败,

军[4],西有殪没之将[5],至使蚌蛤[6]浮翔于淮、泗,鼲鼬[7]讙哗于林木。臣每念之,未尝不辍食而挥餐,临觞而扼腕矣。昔汉文发代[8],疑朝有变,宋昌曰:'内有朱虚[9]、东牟[10]之亲,外有齐、楚、淮南、琅邪,此则磐石之宗,愿王勿疑。'臣伏惟陛下远览姬文二虢之援,中虑周成召、毕之辅,下存宋昌磐石之固。昔骐骥之于吴阪,可谓困矣,及其伯乐相之,孙邮[11]御之,形体不劳而坐取千里。盖伯乐善御马,明君善御臣;伯乐驰千里,明君致太平;诚任贤使能之明效也。若朝司惟良,万机内理,武将行师,方难克弭。陛下可得雍容[12]都城,何事劳动銮驾,暴露于边境哉?

西边伐蜀有大将的折损,致使蚌蛤漂浮在淮河、泗水,鼲鼬在林中喧哗。臣每想到这些,没有不停止饮食而挥手让人撤下饭菜,面对酒杯而扼腕叹息啊。过去汉文帝从代国出发去继承皇位,疑虑朝中有变乱,宋昌说:'朝内有朱虚侯、东牟侯这样的亲族,朝外有齐、楚、淮南、琅邪诸王,有这些坚如磐石的宗亲,希望大王不要疑虑。'臣恭敬地希望陛下远观周文王时虢仲、虢叔的援助,再考虑成王时召公、毕公的辅助,近想宋昌关于宗亲像磐石一样坚固的说法。以前良马在吴国的山坡上,可以说身处困境,等遇到伯乐相中了它,孙邮驾驭着它,身体不受劳累就能坐着到达千里之外。伯乐善于驾驭良马,明君善于任用臣子;伯乐能奔驰出千里之外,明君治国能实现太平;这确实是任贤用能的效果啊!如果朝中的臣子都是贤能的人,国家政事便能得到处理,武将行军作战,边境的危难就能得到解决。陛下就可以在京中悠闲自若,怎么会劳烦陛下的车驾,暴露在边境上呢?

今注 1 神机:指帝位。 2 康哉之歌:指太平颂歌,语出《尚书·益稷》:“乃赓载歌曰:‘元首明哉,股肱良哉,庶事康哉。’” 3 师徒:士卒。 4 东有覆败之军:指曹休东征吴国,战败于石亭。 5 西有殪(yì)没之将:指诸葛亮出祁山与张郃相战,张郃在追击过程中被飞箭击中而死。 6 蚌蛤(bèng gé):蚌与蛤,都为淡水生物,代指吴国。 7 鼲(hún)鼬:两种鼠类动物,代指蜀国。 8 汉文发代:指西汉周勃等人平定吕氏之乱后,迎请代王刘恒继位,即为后来的汉文帝。 9 朱虚:汉朱虚侯刘章。 10 东牟:指东牟侯,即齐悼惠王刘肥的儿子刘兴居。刘章和刘兴居都是平定吕氏之乱、拥立文帝的在京王室重臣。 11 孙邮:古代传说中善驾马的人。 12 雍容:从容不迫,悠闲自若。

“臣闻羊质虎皮[1],见草则悦,见豺则战,忘其皮之虎也。今置将不良,有似于此。故语曰:‘患为之者不知,知之者不得为也。’昔乐毅奔赵[2],心不忘燕;廉颇在楚[3],思为赵将。臣生乎乱,长乎军,又数承教于武皇帝,伏见行师用兵之要,不必取孙、吴而暗与之合。窃揆[4]之于心,常愿得一奉朝觐,排金门,蹈玉陛,列有职之臣,赐须臾之问,使臣得一散所怀,摅[5]舒蕴积,死不恨矣。

“臣听说羊披上虎皮,见到青草就高兴,见到豺狼就战栗,忘记自己的皮是虎皮。如今选用的将领不称职,就和羊披上虎皮一样。因此俗话说:‘就怕做事的人不懂,懂的人又没机会做。’过去乐毅投奔赵国,心中不忘燕国;廉颇在楚国,但依旧想着做赵国的将军。臣生在乱世,成长在军旅中,又多次受先帝教诲,看到他行军用兵的要诀,是不必拿孙子、吴起的兵书比较就能同他们的兵法暗合。臣在心中揣测,常常希望得到诏命朝觐陛下,推开金门,站上玉阶,位列在有职务的大臣之中。陛下赐给臣短暂的问候时间,使臣能施展胸中抱负,抒发心中的郁闷,如此死了也没有遗憾了。

今注　1 羊质虎皮：羊披上虎皮，比喻外强内弱，虚有其表。　2 乐毅奔赵：燕国名将乐毅因受燕惠王猜忌而逃亡赵国，惠王担心乐毅帮助赵国伐燕而去信责备，乐毅则回信说不会背德攻燕。　3 廉颇在楚：指赵国名将廉颇因受排挤而离开赵国，投奔魏、楚，曾为楚将而无功，以致感叹说“我思用赵人”。　4 揆(kuí)：揣测。　5 摅(shū)：抒发。

“被鸿胪所下发士息[1]书，期会甚急。又闻豹尾[2]已建，戎轩骛驾，陛下将复劳玉躬，扰挂神思。臣诚竦息，不遑宁处。愿得策马执鞭，首当尘露，撮风后[3]之奇，接孙、吴之要，追慕卜商[4]起予左右，效命先驱，毕命轮毂，虽无大益，冀有小补。然天高听远，情不上通，徒独望青云而拊心，仰高天而叹息耳。屈平曰：‘国有骥而不知乘，焉皇皇[5]而更索！’昔管、蔡放诛，周、召作弼；叔鱼陷刑，叔向匡国[6]。三监之衅[7]，臣自当之；二南之辅[8]，求必不远。华宗贵族，藩王之中，必有应斯举者。故

“看到鸿胪下达的征发士兵之子的文书，期限十分急促。又听说豹尾已经建立，战车也即将出发，陛下又将要劳累玉体，侵扰精神。臣实在感到惊恐，无心安居。希望我能为陛下驱马执鞭，最先承受征途上的风尘霜露，采用风后的奇策，掌握孙子、吴起兵法的精要，追慕子夏启发孔子的遗风，做前锋效命，哪怕为陛下献出性命，即便没有大的好处，也希望能有小的补益。然而天高在上，要听到的声音隔得太远，臣的情意不能上达陛下，只能徒劳地看着白云而捶胸，仰望高天而叹息。屈平说：‘国内有良马却不知道驾乘，为什么还要惊恐匆忙地再去别处寻找呢！’过去管叔、蔡叔一个被放逐，一个是被杀，周公、召公做辅政大臣；叔鱼受罚，叔向匡扶国家。像管叔、蔡叔、霍叔这三监一样的罪过，臣来承担；周公、召公一样的辅政名臣，必定不在远处。皇亲贵族、藩王诸侯当中，一定有这

《传》曰：‘无周公之亲，不得行周公之事。’唯陛下少留意焉。

样合适的人。所以《传》说：‘没有像周公那样的至亲，就不要做周公做的事。’希望陛下对此稍微留意。

今注 1 士息：士兵的儿子。 2 豹尾：古代将帅旌旗上的饰物，或悬以豹尾，或在旗上画豹纹。 3 风后：指传说中黄帝的三公之一，曾助黄帝战胜蚩尤。 4 卜商：指孔子的弟子子夏，晋国温邑（今河南温县）人。 5 皇皇：惊恐匆忙貌。 6 叔鱼陷刑，叔向匡国：叔鱼、叔向都是春秋时晋国的大夫，叔鱼为叔向的弟弟。当时刑侯和雍子争田，雍子向叔鱼行贿而使刑侯获罪，刑侯因此怒杀叔鱼和雍子。韩宣子派叔向评判三人罪过，叔向认为三人都有罪，表现出公正无私的品格。 7 三监之衅：指周初武王派蔡叔、霍叔、管叔三人去监视纣王儿子武庚，称“三监”，后管叔、蔡叔和武庚发动叛乱。 8 二南之辅：指周公与召公，二人同为周初辅政重臣，后《诗经》中有《周南》《召南》二篇，分别为周公、召公管辖区域的民歌，故以二南代指二公。

“近者汉氏广建藩王，丰则连城数十，约则飨食[1]祖祭而已，未若姬周之树国，五等之品制也。若扶苏之谏始皇[2]，淳于越之难周青臣[3]，可谓知时变矣。夫能使天下倾耳注目者，当权者是矣，故谋能移主，威能慑下。豪右执政，不在亲

“近世汉朝广泛地分封藩王，大的封国接连有数十城，少的只够祭祀祖先而已，不像周朝分封诸侯国，分公、侯、伯、子、男五等爵位。像扶苏劝谏始皇帝，淳于越驳斥周青臣，都可以说是知晓时势的变化了。能使天下人倾耳侧目的，就是掌握权力的人，因此他们的谋略能改变君主的想法，威势能震慑下属。豪门大族执掌朝政，权力不在亲族手中；得到权力的人，即便疏远也必然

戚；权之所在，虽疏必重，势之所去，虽亲必轻，盖取齐者田族[4]，非吕宗也。分晋者赵、魏，非姬姓也[5]。唯陛下察之。苟吉专其位，凶离其患者，异姓之臣也。欲国之安，祈家之贵，存共其荣，没同其祸者，公族之臣也。今反公族疏而异姓亲，臣窃惑焉。

受到重视，权势丢失了，即便血缘亲近也受轻视，就像夺取齐国政权的田氏，就不是吕氏的宗亲。瓜分晋国的赵、魏，都不属于姬姓。希望陛下觉察到这一点。假如顺利时便占据职位，一遇困难就避开祸患，这都是异姓之臣所为。期望国家安定，祈求家族显贵，得势时同享富贵，遇难时同受灾祸，这一定都是皇室的公族大臣。如今反而疏远皇亲宗族而亲近异姓的人，臣私下对此感到很困惑。

今注　1 飨食：举行飨食之礼。　2 扶苏之谏始皇：扶苏为秦始皇长子，为人宽厚信义，曾经劝谏始皇，反对坑杀犯禁的人。　3 淳于越之难周青臣：指淳于越反驳周青臣的事。周青臣颂扬秦始皇平定海内、放逐蛮夷，以诸侯国为郡县，人人自安乐。淳于越则反驳郡县制，赞成分封制。　4 田族：指齐国公卿田氏，后经过数代发展，代替吕氏为齐国国君。　5 分晋者赵、魏，非姬姓也：指三家分晋。晋国君主姓姬，春秋末晋国由赵、韩、魏等六卿专权，后赵、韩、魏三家相继击败和吞并其他三家，从此晋国为赵、韩、魏三家所分，晋君成为附庸。

“臣闻孟子曰：‘君子穷则独善其身，达则兼善天下。’今臣与陛下践冰履炭，登山浮涧，寒温燥湿，高下

“臣见《孟子》上说：‘君子不得志的时候就独自修养自己的品德，发达的时候将要让天下人都得到好处。’如今臣和陛下脚下像踩着薄薄的冰面、火红的热炭，登高山、涉深渊，寒冷、温暖、干燥、湿热，无论哪

共之，岂得离陛下哉？不胜愤懑，拜表陈情。若有不合，乞且藏之书府[1]，不便灭弃，臣死之后，事或可思。若有豪氂少挂圣意者，乞出之朝堂，使夫博古之士，纠臣表之不合义者。如是，则臣愿足矣。”

帝辄优文答报[1]。

种情况都共同承受，难道我还会离开陛下吗？臣心中非常愤怒不平，所以上表陈奏实情。如果不合陛下心意，还乞求陛下将书奏收入书府，不要立刻丢弃毁掉，等臣死去之后，这件事或许可以再考虑。如果有一丝一毫能稍稍符合陛下的心意，那乞求您拿出来在朝堂上公布，让通晓历史的有识之士，纠正臣所上奏的表中不合道理的地方。如果这样，臣的心愿就满足了。”

文帝于是就下诏好言答复。

今注　1 书府：收藏文书图籍的府库。

裴注　[1]《魏略》曰：“是后大发士息，及取诸国士。植以近前诸国士息已见发，其遗孤稚弱，在者无几，而复被取，乃上书曰：‘臣闻古者圣君，与日月齐其明，四时等其信，是以戮凶无重，赏善无轻，怒若惊霆，喜若时雨，恩不中绝，教无二可，以此临朝，则臣下知所死矣。受任在万里之外，审主之所受官，必己之所以投命，虽有构会之徒，泊然不以为惧者，盖君臣相信之明效也。昔章子为齐将，人有告之反者，威王曰：“不然。”左右曰：“王何以明之？”王曰：“闻章子改葬死母；彼尚不欺死父，顾当叛生君乎？”此君之信臣也。昔管仲亲射桓公，后幽囚从鲁槛车载，使少年挽而送齐。管仲知桓公之必用己，惧鲁之悔，谓少年曰：“吾为汝唱，汝为和，声和声，宜走。”于是管仲唱之，少年走而和之，日行数百里，宿昔而至。至则相齐，此臣之信君也。臣初受封，策书曰：“植受兹青社，封于东土，以屏翰皇家，为魏藩辅。”而所得兵百五十人，皆年在耳顺，或不逾矩，虎贲官骑及亲事凡二百余人。正复不老，皆使年壮，备有不虞，检校乘城，顾不足以自救，况皆复耄耋罢曳乎？而名为魏东藩，使屏翰王室，臣窃自羞矣。就之诸国，国有士子，合不过五百人，伏以为三军益损，不复赖此。方外不定，必当须办者，臣愿将部曲倍道奔赴，夫妻负襁，子弟怀粮，蹈锋履刃，以徇国难，何但习业小儿哉！愚诚以挥涕增河，鼷鼠饮海，于朝万无损益，于臣家计甚有废损。又臣士息前后三送，兼人已竭。惟尚有小儿，七八岁已上，十六七已还，三十余人。今部曲皆年耆，卧在床席，非糜不食，眼不能视，气息裁属者，凡三十七人；疲瘵风靡，疣盲聋聩者，二十三人。惟正须此小儿，大者可备宿卫，虽不足以御寇，粗可以警小盗；小者未堪大使，为可使耘锄秽草，驱护鸟雀。休候人则一事废，一日猎则众业散，不亲自经营则功不摄；常自躬亲，不委下吏而已。陛下圣仁，恩诏三至，士子给国，长不复发。明诏之下，有若皦日，保金石之恩，必明神之信，画然自固，如天如地。定习业者并复见送，晻若昼晦，怅然失图。伏以为陛下既爵臣百寮之右，居藩国之任，为置卿士，屋名为宫，冢名为陵，不使其危居独立，无异于凡庶。若柏成欣于野耕，子仲乐于灌园；蓬户茅牖，原宪之宅也；陋巷箪瓢，颜子之居也；臣才不见效用，常慨然执斯志焉。若陛下听臣，悉还部曲，罢官属，省监官，使解玺释绂，追柏成、子仲之业，营颜渊、原宪之事，居子臧之庐，宅延陵之室。如此，虽进无成功，退有可守，身死之日，犹松、乔也。然伏度国朝终未肯听臣之若是，固当羁绊于世绳，维系于禄位，怀屑屑之小忧，执无已之百念，安得荡然肆志，逍遥于宇宙之外哉？此愿未从，陛下必欲崇亲亲，笃骨肉，润白骨而荣枯木者，惟遂仁德以副前恩诏。'皆遂还之。"

其年[1]冬，诏诸王朝六年正月。其二月，以陈[2]四县封植为陈王，邑三千五百户。

植每欲求别见独

这年冬天，诏命各王在太和六年(232)正月来朝觐。同年二月，用陈地四个县封曹植为陈王，食邑三千五百户。

曹植经常想请求另见文帝单独叙谈，谈论朝政时事，期望能有幸获得任谈，论及时政，幸冀试用，终不能得。既还，怅然绝望。时法制，待藩国既自峻迫[3]，寮属皆贾竖[4]下才，兵人给其残老，大数不过二百人。又植以前过，事事复减半，十一年中而三徙都，常汲汲[5]无欢，遂发疾薨，时年四十一[1]。遗令薄葬。以小子志，保家之主也，欲立之。初，植登鱼山，临东阿，喟然有终焉之心，遂营为墓。子志嗣，徙封济北王。

用，但终究没能如愿。返回封地后，曹植心中感到惆怅绝望。当时的法律制度，对待藩国已经非常严厉，封国的属官都是鄙俗无能的人，提供的士兵又都是老弱病残，人数最多也不过两百人。又因曹植之前的过错，各方面的待遇又减半，十一年之中就三次迁徙封国，曹植常常忧惶不安，苦闷不悦，于是发病而死，当时年龄仅四十一岁。曹植的遗嘱吩咐薄葬。曹植认为小儿子曹志，是能保住家业的人，打算立他为继承人。当初，曹植登上鱼山，俯视东阿，喟然叹息而有死后葬在这里的意思，于是便在这里建造了坟墓。后来儿子曹志继承爵位，转封济北王。

今注　1 其年：指太和五年，即公元231年。　2 陈：指陈国，治所在陈县(今河南淮阳)。　3 峻迫：严厉。　4 贾(gǔ)竖：过去对商人的贱称。指鄙俗之人。　5 汲汲：此指忧惶不安的样子。

裴注　[1] 植尝为《琴瑟调歌》，辞曰："吁嗟此转蓬，居世何独然！长去本根逝，夙夜无休闲。东西经七陌，南北越九阡，卒遇回风起，吹我入云间。自谓终天路，忽焉下沉渊。惊飙接我出，故归彼中田。当南而更北，谓东而反西，宕宕当何依，忽亡而复存。飘飖周八泽，连翩历五山，流转无恒处，谁知吾苦艰。愿为中林草，秋随野火燔，糜灭岂不痛，愿与株荄连。"孙盛曰："异哉，魏氏之封建也！不度先王之典，不思藩屏之术，违敦睦之风，背维城之义。汉初之封，或权侔人主，虽云不度，时势然也。魏氏诸侯，陋同匹夫，虽惩七国，矫枉过也。且魏之代汉，非积德之由，风泽既微，六合未一，而雕剪枝干，委权异族，势同瘣木，危若巢幕，不嗣忽诸，非天丧也。五等之制，万世不易之典。六代兴亡，曹冏论之详矣。”

景初中诏曰：“陈思王[1]昔虽有过失，既克己慎行，以补前阙，且自少至终，篇籍不离于手，诚难能也。其收黄初中诸奏植罪状，公卿已下议尚书、秘书、中书三府，大鸿胪者皆削除[2]之。撰录植前后所著赋颂诗铭杂论凡百余篇，副藏内外。”

志累增邑，并前九百九十户[1]。

萧怀王熊，早薨。黄初二年追封谥萧怀公。太和三年，又追进爵为王。青龙二年，子哀王炳嗣，食邑二千五百户。六年[3]薨，无子，国除。

景初年间皇帝下诏说：“陈思王虽然以前有过失，但之后能谨言慎行，弥补之前的过错，并且从小直到去世，书不离手，确实十分难得。收取黄初年间上奏曹植罪状的奏书，公卿以下在尚书、秘书、中书三府，以及大鸿胪处议论曹植的文书全部销毁。编撰曹植前后所写的赋、颂、诗、铭、杂论共一百多篇，抄录副本收藏入宫廷内外的藏书处。”

曹志后来多次被增加食邑，合计先前所封共有九百九十户。

萧怀王曹熊，去世很早。黄初二年(221)被追谥为萧怀公。太和三年(229)又追封爵位为王。青龙二年(234)，儿子哀王曹炳继承爵位，食邑两千五百户。青龙六年(238)，曹炳去世，没有儿子，封国被撤销。

今注　**1** 陈思王：即曹植，生前曾为陈王，去世后谥号为思。　**2** 削除：销毁。　**4** 六年：青龙年号一共有五年，此处“六年”不知所指，疑有误。

裴注 [1]《志别传》曰:“志字允恭,好学有才行。晋武帝为中抚军,迎常道乡公于邺,志夜与帝相见,帝与语,从暮至旦,甚器之。及受禅,改封鄄城公。发诏以志为乐平太守,历章武、赵郡,迁散骑常侍、国子博士,后转博士祭酒。及齐王攸当之藩,下礼官议崇锡之典,志叹曰:‘安有如此之才,如此之亲,而不得树本助化而远出海隅者乎!’乃建议以谏,辞旨甚切。帝大怒,免志官,后复为散骑常侍。志遭母忧,居丧尽哀,因得疾病,喜怒失常,太康九年卒,谥曰定公。”

评曰:任城武艺壮猛,有将领之气。陈思文才富艳,足以自通后叶,然不能克让[1]远防,终致携隙[2]。《传》曰“楚则失之矣,而齐亦未为得也”[3],其此之谓欤[1]!

评论说:任城王曹彰武艺高强而雄壮勇猛,有当将领的气质。陈思王曹植文才富艳,足以流传后世,但不能谦虚谨慎谦让,早作防范,最终招来嫌隙。《传》说“楚国有过失,齐国也不算正确”,大概说的就是这个吧!

今注 1 克让:谨慎,谦让。 2 携隙:嫌隙。 3 楚则失之矣,而齐亦未为得也:典出司马相如《上林赋》《子虚赋》。传说楚国使者子虚出使齐国,齐王向他夸耀本国“车骑之盛”。子虚不甘示弱,也夸赞楚国云梦的富丽,对齐王进行反讥,却遭到为齐国辩护的乌有先生的反驳。最后亡是公出来说:“楚则失矣,齐亦未为得也。”表示双方各有偏执,都有失误。作者在这里是说曹植虽有过失,但曹魏统治者对他的态度也不正确。

裴注 [1] 鱼豢曰:“谚言‘贫不学俭,卑不学恭’,非人性分也,势使然耳。此实然之势,信不虚矣。假令太祖妨遏植等,在于畴昔,此贤之心,何缘有窥望乎!彰之挟恨,尚无所至;至于植者,岂能兴难!乃令杨脩以倚注遇害,丁仪以希意族灭,哀夫!余每览植之华采,思若有神,以此推之,太祖之动心,亦良有以也。”

三國志

三

魏书【三】

[晋]陈寿 著
[南朝宋]裴松之 注
黄宁宁 刘光 吴南泽等 译注

岳麓書社·长沙

卷二十 魏书二十

武文世王公传

导读 尊尊之等与亲亲之义是中国古代王朝的重要议题，王室（皇室）成员之间的关系，既是其家事，也会在很大程度上影响到国政。古代王朝多分封子弟、功臣为王侯，以作为支援、藩屏。西周时期实行分封制，最终成尾大不掉之势，这是造成春秋战国时期几百年动乱的重要原因。汉代时皇室认为秦二世而亡是因为没有分封宗室为诸侯，故而分封宗亲，实行郡国并行制，却也造成“七国之乱”。汉武帝时期遂大力削减王侯势力。曹魏分封子弟诸侯，但并未给予其重要的权力，并且对诸侯王严加管理、防范，努力在亲亲之义与朝纲之正之间维持一种平衡。

原文

武皇帝[1]二十五男：卞皇后生文皇帝、任城威王彰、陈思王植、萧怀王熊，刘夫人生丰愍[2]王昂、相殇王铄，环夫人生邓哀王冲、彭城王据、燕王宇，杜夫人生沛穆王林、中山恭王衮，秦夫人生济阳怀王玹、陈留恭王峻，尹夫人生范阳闵王矩，王昭仪生赵王幹，孙姬生临邑殇公子上、楚王

译文

武皇帝曹操共有二十五个儿子：卞皇后生文皇帝曹丕、任城威王曹彰、陈思王曹植、萧怀王曹熊，刘夫人生丰愍王曹昂、相殇王曹铄，环夫人生邓哀王曹冲、彭城王曹据、燕王曹宇，杜夫人生沛穆王曹林、中山恭王曹衮，秦夫人生济阳怀王曹玹、陈留恭王曹峻，尹夫人生范阳闵王曹矩，王昭仪生赵王曹幹，孙姬生临邑殇公子曹上、楚

彪、刚殇公子勤，李姬生谷城殇公子乘、郿戴公子整、灵殇公子京，周姬生樊安公均，刘姬生广宗殇公子棘，宋姬生东平灵王徽，赵姬生乐陵王茂。

王曹彪、刚殇公子曹勤，李姬生谷城殇公子曹乘、郿戴公子曹整、灵殇公子曹京，周姬生樊安公曹均，刘姬生广宗殇公子曹棘，宋姬生东平灵王曹徽，赵姬生乐陵王曹茂。

今注　1 武皇帝：指曹操。 2 愍(mǐn)：谥号。下文“殇”“哀”“穆”“恭”“怀”等皆为谥号。

丰愍王昂

丰愍王昂，字子脩。弱冠[1]举孝廉[2]。随太祖南征，为张绣所害。无子。黄初二年追封，谥为丰悼公。三年，以樊安公均子琬奉昂后，封中都公。其年徙封长子公。五年，追加昂号曰丰悼王。太和三年改昂谥曰愍王。嘉平六年，以琬袭昂爵为丰王。正元、景元[3]中，累增邑，并前二千七百户。琬薨，谥曰恭王。子廉嗣。

丰愍王曹昂，字子脩。弱冠时举孝廉。跟随太祖南征，为张绣所害。无子。黄初二年(221)追加封号，定谥号为丰悼公。三年(222)，以樊安公曹均之子曹琬作为曹昂之后，封为中都公。当年徙封长子公。五年(224)，为曹昂追加封号为丰悼王。太和三年(229)，改曹昂谥号为愍王。嘉平六年(254)，以曹琬袭封曹昂爵位为丰王。正元、景元年间，不断增加曹琬的食邑，加上之前的，共二千七百户。曹琬去世，谥号为恭王。儿子曹廉嗣封。

今注　1 弱冠：弱，年少。古代男子二十岁的时候行冠礼以表示成年，故以“弱冠”指男子二十岁左右的年龄。 2 孝廉：汉代察举制度中的科目之一，孝谓善事父母者，廉谓清洁有廉隅者。 3 正元、景元：正元为高贵乡公曹髦的年号，使用时间为公元 254 至 255 年；景元为魏元帝曹奂的年号，使用时间为公元 260 至 264 年。

相殇王铄

相殇王铄，早薨，太和三年追封谥。青龙元年，子愍王潜嗣，其年薨。二年，子怀王偃嗣，邑二千五百户，四年薨。无子，国除。正元二年，以乐陵王茂子阳都乡公竦继铄后。

相殇王曹铄，很早就去世了，太和三年(229)追封谥号。青龙元年(233)，儿子愍王曹潜嗣封，当年去世。二年(234)，曹潜之子怀王曹偃嗣封，食邑二千五百户，四年(236)去世。曹偃没有子嗣，削去封国。正元二年(255)，将乐陵王曹茂的儿子阳都乡公曹竦过继为曹铄的后代。

邓哀王冲

邓哀王冲，字仓舒。少聪察岐嶷[1]，生五六岁，智意所及，有若成人之智。时孙权曾致巨象，太祖欲知其斤重，访之群下，咸莫能出其理。冲曰："置象大船之上，而刻其水痕所至，称物以载之，则校可知矣。"太祖大悦，

邓哀王曹冲，字仓舒。少年时就明察聪慧，五六岁的时候，智慧见识，已经如同成年人一般。那时孙权曾经馈赠一头大象，太祖想知道它的重量，访问群臣，大家都想不出办法来。曹冲说："将大象放置在大船上，然后在船体浸入水中的地方做上记号，再称量其他的物品装上船达到同样的刻度，那么一比较就知道大象的重量了。"太祖很高兴，随即

即施行焉。

时军国多事，用刑严重。太祖马鞍在库，而为鼠所啮[2]，库吏惧必死，议欲面缚[3]首罪，犹惧不免。冲谓曰："待三日中，然后自归。"冲于是以刀穿单衣，如鼠啮者，谬为失意，貌有愁色。太祖问之，冲对曰："世俗以为鼠啮衣者，其主者不吉。今单衣见啮，是以忧戚。"太祖曰："此妄言耳，无所苦也。"俄而库吏以啮鞍闻，太祖笑曰："儿衣在侧，尚啮，况鞍县[4]柱乎？"一无所问。冲仁爱识达[5]，皆此类也。凡应罪戮，而为冲微所辨理，赖以济宥[6]者，前后数十[1]。

采用了这个办法。

当时军政事务繁多，用刑严苛。太祖的马鞍放在库房中，结果被老鼠啃咬，管理库房的官吏担心会被处死，商议着打算反绑双手前去自首认罪，但仍然担心不会被饶恕。曹冲对他们说："等过三天，然后你再去自首认罪。"曹冲于是用刀刺穿自己的单衣，像老鼠咬的一样，假装很是失意，面上有愁容。太祖问怎么回事，曹冲回答说："世俗之人认为被老鼠啃咬了衣服，其主人会不吉利。现在单衣被咬，所以我很忧愁烦恼。"太祖说："这是虚妄的观点，不要为此忧苦。"不久管理库房的官吏将马鞍被啃咬的事情上报，太祖笑着说："我儿的衣服就在身边，尚且被啃咬，更何况悬挂在柱上的马鞍呢？"再没有追究什么。曹冲仁爱有识见，都是像这样。总计本应被判罪处罚，而经过曹冲委婉含蓄地辨析理论，得到救助宽宥的，前后达到几十人。

今注　1 岐嶷(yí)：形容幼年聪慧。　2 啮(niè)：啃咬。　3 面缚：双手反绑于背而面向前。此处表示认罪。　4 县：同"悬"，悬挂。　5 识达：有识见，能洞达事理。　6 济宥(yòu)：宽恕。

裴注 [1]《魏书》曰："冲每见当刑者，辄探睹其冤枉之情而微理之。及勤劳之吏以过误触罪，常为太祖陈说宜宽宥之。辨察仁爱与性俱生，容貌姿美有殊于众，故特见宠异。"臣松之以"容貌姿美"一类之言，而分以为三，亦叙属之一病也。

太祖数对群臣称述，有欲传后意。年十三，建安十三年，疾病，太祖亲为请命[1]。及亡，哀甚。文帝宽喻太祖，太祖曰："此我之不幸，而汝曹之幸也[1]。"言则流涕，为娉甄氏亡女与合葬，赠骑都尉印绶，命宛侯据子琮奉冲后。二十二年，封琮为邓侯。

黄初二年，追赠谥冲曰邓哀侯，又追加号为公[2]。三年，进琮爵，徙封冠军公。四年，徙封己氏公。太和五年，加冲号曰邓哀王。景初元年，琮坐[2]于中尚方[3]作禁物，削户三百，贬爵为都乡侯。三年，复为己氏公。正始七年，转封平阳公。景初、正元、

太祖数次对群臣称道曹冲的所行，有立他为继承人的打算。曹冲十三岁的时候，即建安十三年(208)，生了场重病，太祖亲自为他祈祷。曹冲去世时，太祖特别伤心。文帝宽慰太祖，太祖说："这是我的不幸，却是你们的幸运。"太祖说到曹冲的时候就不禁流泪，还为曹冲聘了甄氏亡女与他合葬，追赠他骑都尉印绶，命宛侯曹据的儿子曹琮奉祀曹冲做他的后代。建安二十二年(217)，封曹琮为邓侯。

黄初二年(221)，追赠谥号给曹冲为邓哀侯，又追加爵号为邓公。黄初三年(222)，晋升曹琮的爵位，改封为冠军公。四年(223)，徙封己氏公。太和五年(231)，加封曹冲号为邓哀王。景初元年(237)，曹琮因为在中尚方为自己制作违禁之物而犯罪，被削去食邑三百户，贬爵位为都乡侯。三年(239)，复为己氏公。正始七年(246)，转封为

景元中，累增邑，并前千九百户。

平阳公。景初、正元、景元年间，不断增加食邑，加上之前的共一千九百户。

今注 1 请命：请求保全生命或解除疾苦。 2 坐：特指办罪的因由。 3 尚方：官署名。秦置，汉代沿置。东汉末年分为中、左、右三尚方。掌管宫内营造皇室所用刀剑等兵器及玩好器物。

裴注 [1] 孙盛曰："《春秋》之义，立嫡以长不以贤。冲虽存也，犹不宜立；况其既没，而发斯言乎？《诗》云：'无易由言。'魏武其易之也。"[2]《魏书》载，策曰："惟黄初二年八月丙午，皇帝曰：咨尔邓哀侯冲，昔皇天钟美于尔躬，俾聪哲之才，成于弱年。当永享显祚，克成厥终。如何不禄，早世夭昏！朕承天序，享有四海，并建亲亲，以藩王室，惟尔不逮斯荣，且葬礼未备。追悼之怀，怆然攸伤。今迁葬于高陵，使使持节兼谒者仆射郎中陈承，追赐号曰邓公，祠以太牢。魂而有灵，休兹宠荣。呜呼哀哉！"《魏略》曰："文帝常言：'家兄孝廉，自其分也。若使仓舒在，我亦无天下。'"

彭城王据

彭城王据，建安十六年封范阳侯。二十二年，徙封宛侯。

黄初二年，进爵为公。三年，为章陵王，其年徙封义阳[1]。文帝以南方下湿，又以环太妃彭城人，徙封彭

彭城王曹据，建安十六年(211)封为范阳侯。二十二年(217)，改封宛侯。

黄初二年(221)，晋封爵位为公。三年(222)，为章陵王，同年徙封义阳。文帝认为南方低下潮湿，又因为环太妃是彭城人，所以徙封他到彭城。又徙封济阴。五年(224)，文帝下诏说：

城[2]。又徙封济阴[3]。五年，诏曰："先王建国，随时而制。汉祖增秦所置郡，至光武，以天下损耗，并省郡县。以今比之，益不及焉。其改封诸王，皆为县王。"据改封定陶县[4]。

"前代帝王建立国家，随着时势而建立制度。汉祖增加秦朝时所设置的郡数，到光武帝的时候，因为天下损耗很多，就合并减省郡县的数量。拿现在来说，更不及汉光武帝之时。所以改封诸王，都为县王。"曹据改封到定陶县。

太和六年，改封诸王，皆以郡为国，据复封彭城。景初元年，据坐私遣人诣中尚方作禁物，削县二，千户[1]。三年，复所削户邑。正元、景元中累增邑，并前四千六百户。

太和六年(232)，改封诸王，都以郡为国，曹据再次分封到彭城。景初元年(237)，曹据因为私自派遣人到中尚方制作违禁之物，被削去两个县的封邑，共一千户。三年(239)，又恢复了所削去的户邑。正元、景元年间多次增加食邑，加上之前的共四千六百户。

今注　1 义阳：古县名，在今河南信阳市北。　2 彭城：古郡、国名，在今江苏徐州。　3 济阴：古郡、国名，在今山东菏泽附近。　4 定陶县：古县名，在今山东菏泽市定陶区。

裴注　[1]《魏书》载玺书曰："制诏彭城王：有司奏，王遣司马董和，赍珠玉来到京师中尚方，多作禁物，交通工官，出入近署，逾侈非度，慢令违制，绳王以法。朕用怃然，不宁于心。王以懿亲之重，处藩辅之位，典籍日陈于前，勤诵不辍于侧。加雅素奉修，恭肃敬慎，务在蹈道，孜孜不衰，岂忘率意正身，考终厥行哉？若然小疵，或谬于细人，忽不觉悟，以斯为失耳。《书》云：'惟圣罔念作狂，惟狂克念作圣。'古人垂诰，乃至于此，故君子思心无斯须远道焉。常虑所以累德者而去之，则德明矣；开心所以为塞者而通之，则心夷矣；慎行所以为尤者而修之，则行全矣。三者，王之所能备也。今诏有司宥王，削县二，千户，以彰八柄与夺之法。昔羲、文作《易》，著休复之语，仲尼论行，既过能改。王其改行，茂昭斯义，率意无怠。”

燕王宇

燕王宇，字彭祖。建安十六年，封都乡侯。二十二年，改封鲁阳侯。

黄初二年，进爵为公。三年，为下邳王。五年，改封单父县[1]。太和六年，改封燕王。明帝少与宇同止[2]，常爱异之。及即位，宠赐与诸王殊。青龙三年，征入朝。景初元年，还邺。二年夏，复征诣京都。冬十二月，明帝疾笃，拜宇为大将军，属以后事。受署[3]四日，宇深固让；帝意亦变，遂免宇官。三年夏，还邺。景初、正元、景元中，累增邑，并前五千五百户。常道乡公奂，宇之子，入继大宗。

燕王曹宇，字彭祖。建安十六年(204)，封为都乡侯。二十二年(210)，改封为鲁阳侯。

黄初二年(221)，晋封爵位为公。三年(222)，为下邳王。五年(224)，改封单父县。太和六年(232)，改封为燕王。明帝曹叡年少的时候与曹宇在一起居住，常常爱护器重他。等明帝即位后，对他的恩宠赏赐要超过诸王。青龙三年(235)，征召曹宇入朝。景初元年(237)，返回邺城。二年(238)夏，又征召曹宇至京都。冬十二月，明帝病重，任命曹宇为大将军，将后事嘱托给他。接受委任才四天，曹宇坚决辞让；明帝的主意也发生改变，就免去了曹宇的官职。三年(239)夏，返回邺城。景初、正元、景元年间，多次增加食邑，加上之前的共五千五百户。常道乡公曹奂，就是曹宇的儿子，入继大统。

今注 1 单(shàn)父县：古县名，在今山东单县。 2 同止：同住。 3 受署：接受委任。

沛穆王林

沛穆王林，建安十六年封饶阳侯。二十二年，徙封谯[1]。黄初二年，进爵为公。三年，为谯王。五年，改封谯县。七年，徙封鄄城[2]。太和六年，改封沛[3]。景初、正元、景元中，累增邑，并前四千七百户。

林薨，子纬嗣[1]。

沛穆王曹林，建安十六年(211)封为饶阳侯。二十二年(217)徙封谯县。黄初二年(221)，晋封爵位为公。三年(222)，为谯王。五年(224)，改封谯县。七年(226)，徙封鄄城。太和六年(232)，改封到沛。景初、正元、景元年间，多次增加食邑，加上之前的共四千七百户。

曹林去世，儿子曹纬嗣封。

今注 1 谯：古县名，在今安徽亳州。 2 鄄(juàn)城：古县名，在今山东菏泽鄄城县。 3 沛：古县名，在今江苏沛县。

裴注 [1] 案《嵇氏谱》：嵇康妻，林子之女也。

中山恭王衮

中山恭王衮，建安二十一年封平乡侯。少好学，年十余岁能属文。每读书，文学[1]左右常恐以

中山恭王曹衮，建安二十一年(216)封为平乡侯。年少时好学，十多岁的时候就能写文章。每次读书的时候，文学侍读及左右近侍常常担心他会因过度

精力为病，数谏止之，然性所乐，不能废也。二十二年，徙封东乡侯，其年又改封赞侯。

黄初二年，进爵为公，官属皆贺，衮曰："夫生深宫之中，不知稼穑[2]之艰难，多骄逸之失。诸贤既庆其休[3]，宜辅其阙。"每兄弟游娱，衮独覃思[4]经典。文学防辅[5]相与言曰："受诏察公举错，有过当奏，及有善，亦宜以闻，不可匿其美也。"遂共表称陈衮美。衮闻之，大惊惧，责让文学曰："修身自守，常人之行耳，而诸君乃以上闻，是适所以增其负累也。且如有善，何患不闻，而遽共如是，是非益我者。"其戒慎如此。

用功而损伤身体，数次劝谏制止他，然而他天性喜欢读书，不能够放弃。二十二年(217)，徙封东乡侯，当年又改封赞侯。

黄初二年(221)，曹衮晋升爵位为公，官员、属吏都表示庆贺，曹衮说："我生长在深宫之中，不知晓农民耕种收获的艰辛，多有骄奢逸乐的过失。诸位先生既要庆贺我的喜庆事，也需要辅弼我的过失呀。"每当兄弟们游玩娱乐的时候，曹衮都独自深思经典。文学防辅都相互说道："我们接受诏命监察公爵的行事，有过失应当上奏，而有善行的话，也应该上达，不可藏匿他的美德。"于是一起上表称述曹衮的善行。曹衮听闻后，非常惊讶恐惧，责备文学先生说："修身以保守操行，这是平常人都需要做到的，然而诸君以此上奏，这只能增加我的负担累赘。况且如果真有善行，何须担心不能闻达，但是诸君突然一起这样做，这不是对我有益处的事。"曹衮的警惕谨慎就像这样。

今注　1 文学：官名。汉代于州郡及王国置"文学"，或称"文学掾"，或称"文学史"，为后世教官由来。三国魏武帝置太子文学。　2 稼穑(sè)：指种植与收割，泛指农业劳动。　3 休：指吉庆，福禄。　4 覃(tán)思：深思。　5 防辅：官名。设于诸王之国中，以监察诸王之行动。

三年，为北海王。其年，黄龙见邺西漳水，衮上书赞颂。诏赐黄金十斤，诏曰："昔唐叔归禾[1]，东平献颂[2]，斯皆骨肉赞美，以彰懿亲。王研精坟典[3]，耽味道真，文雅焕炳[4]，朕甚嘉之。王其克慎明德，以终令闻。"四年，改封赞王。七年，徙封濮阳。太和二年就国，尚约俭，教敕妃妾纺绩织纴，习为家人之事。五年冬，入朝。六年，改封中山。

黄初三年(222)，曹衮被封为北海王。这年，黄龙出现在邺西漳水，曹衮上书赞颂。明帝下诏赏赐黄金十斤，诏书中说："以前唐叔归禾，东平献颂，都是骨肉至亲的赞美，以表彰美好的亲人。北海王精心地研读古代的典籍，沉浸于对道真的探究，文雅而词采明丽，朕非常赞赏他。希望北海王能够修持完美的德性，保有美好的名声。"四年(223)，改封为赞王。七年(226)，徙封到濮阳。太和二年(228)他到达封地，崇尚简约，教化规劝妃妾纺线织布，习惯于像平常家人一样行事。五年(231)冬，曹衮入朝。六年(232)，改封到中山。

今注 1 唐叔归禾：周成王叔父唐叔的封地内生出象征天下和同的嘉禾，唐叔献于周王，周王认为是因周公之德所致，将嘉禾赐予周公。 2 东平献颂：东汉东平宪王刘苍献给汉光武帝《光武受命中兴颂》，以颂扬光武帝的功业。以上两则典故成为了宗室歌颂帝德的典范。 3 坟典：指三坟五典，泛指上古以来的经典著作。 4 焕炳：明亮。引申指文采明丽。

初，衮来朝，犯京都禁。青龙元年，有司奏衮。诏曰："王素敬慎，邂逅[1]至此，其以议亲[2]之

当初，曹衮来朝，触犯了京都的禁令。青龙元年(233)，有关官员上奏曹衮之事。明帝下诏说："中山王平素恭敬谨慎，不经意而触犯禁令，就按照议亲的

典议之。”有司固执。诏削县二，户七百五十[1]。衮忧惧，戒敕官属愈谨。帝嘉其意，二年，复所削县。三年秋，衮得疾病，诏遣太医视疾，殿中、虎贲赍手诏、赐珍膳相属，又遣太妃[3]、沛王林并就省疾。衮疾困，敕令官属曰：“吾寡德忝宠，大命将尽。吾既好俭，而圣朝著终诰之制[4]，为天下法。吾气绝之日，自殡及葬，务奉诏书。昔卫大夫蘧瑗[5]葬濮阳，吾望其墓，常想其遗风，愿托贤灵以弊发齿，营吾兆域，必往从之。《礼》：‘男子不卒妇人之手。’亟以时成东堂。”堂成，名之曰遂志之堂，舆疾往居之。

常理处置吧。”有关官员固执本意。于是下诏削去其封邑两个县，七百五十户。曹衮忧伤恐惧，对官员属吏的教诫敕命更加谨严。明帝赞赏他的志意，二年(234)，恢复所削去的县。三年(235)秋，曹衮得了重病，明帝诏令派遣太医去诊治，殿中、虎贲不断地给以手诏、赐以珍贵的膳食，又派遣太妃、沛王曹林一起去探问病情。曹衮病重的时候，敕令属下官员说：“我少有美德却承受很大的恩宠，生命即将走到尽头。我本身就爱好俭朴，而且圣朝制定了终诰之制，作为天下遵行的法典。我去世之后，从入殓停柩到埋葬，务必要遵奉诏书的规定。往昔卫国大夫蘧瑗葬在濮阳，我望见他的坟墓，常常思慕他的遗风，希望仿效贤良来处置自己的尸骨，给我营建坟墓的时候，一定要向他学习。《礼记》上说：‘男子不在妇人手中离世。’赶快抓紧时间营建东堂。”东堂建成后，曹衮将它命名为遂志之堂，抱病登车到那里去居住。

今注 1 邂逅：偶然。 2 议亲：审议犯罪的宗室亲属。这句话意思是要从宽处理。 3 太妃：指曹衮的生母杜氏。 4 终诰之制：指曹丕在生前为自己今后丧葬礼制所做的规定，又称终制。 5 蘧(qú)瑗：春秋时期卫国贤大夫蘧伯玉。

裴注 [1]《魏书》载玺书曰:“制诏中山王:有司奏,王乃者来朝,犯交通京师之禁。朕惟亲亲之恩,用寝吏议。然法者,所与天下共也,不可得废。今削王县二,户七百五十。夫克己复礼,圣人称仁;朝过夕改,君子与之。王其戒诸,无贰咎悔也。”

又令世子曰:“汝幼少,未闻义方[1],早为人君,但知乐,不知苦;不知苦,必将以骄奢为失也。接大臣,务以礼。虽非大臣,老者犹宜答拜。事兄以敬,恤弟以慈;兄弟有不良之行,当造膝[2]谏之。谏之不从,流涕喻之;喻之不改,乃白其母。若犹不改,当以奏闻,并辞国土。与其守宠罹祸,不若贫贱全身也。此亦谓大罪恶耳。其微过细故,当掩覆之。嗟尔小子,慎修乃身,奉圣朝以忠贞,事太妃以孝敬。闺闱之内,奉令于太妃;阃阈[3]之外,受教于沛王。无怠乃心,以慰予灵。”其年薨。诏沛王林留讫葬,使大鸿胪[4]持节典

曹衮又命令世子说:“你年纪小,不了解行事应遵守的规矩法度,过早地为人君,就会只知道享乐,不知晓困苦;不知晓困苦,必定会有骄横奢侈的过失。接见大臣的时候,一定要按照礼数。即使不是大臣,面对老者仍然应该以礼答拜。以恭敬侍奉兄长,以慈爱体恤幼弟;兄弟如果有不良的作为,应当亲切谈心加以劝谏。如果劝谏不听从,就要流着泪给他们讲道理;如果这样还不改,就要告诉他们的母亲。如果仍然不改,就当奏闻朝廷,并且辞去封土。与其因为守着宠爱而遭受祸患,不如贫贱而保全性命。这说的是很大的罪恶。对于一些细微的过失,应当掩盖过去。唉,你这小子,要谨慎地修养身心,以忠贞之节侍奉朝廷,以孝敬之情侍奉太妃。家门之内,要听从太妃的命令;家门之外,要听从沛王的教诲。内心不要懈怠,以安慰我的魂灵。”曹衮当年去世。明帝诏令沛王曹林留下处理完丧事,使大鸿

护丧事，宗正[5]吊祭，赗赙[6]甚厚。凡所著文章二万余言，才不及陈思王[7]，而好与之侔[8]。	胪持节杖典礼护卫丧事，宗正吊祭，给予丰厚的助葬财物。曹衮所著文章共有两万余言，才思不如陈思王，但对文学的喜好与他相当。
子孚嗣。景初、正元、景元中，累增邑，并前三千四百户。	曹衮之子曹孚嗣封。景初、正元、景元年间，多次增加食邑，加上之前的共三千四百户。

今注　1 义方：指行事应遵守的规矩法度。　2 造膝：犹促膝。谓对坐而膝与膝相接。形容亲切交谈。　3 阃(kǔn)阈：指妇女所居内宅的门户。　4 大鸿胪：职官名，原掌少数民族、诸侯及藩属国事务，后渐变为赞襄礼仪之官。　5 宗正：职官名，掌君主宗室亲族事务。　6 赗(fèng)：送给丧家助葬的财物。　7 陈思王：即曹植，字子建，生前曾为陈王，去世后谥号为"思"，所以又称陈思王。有文采，是三国时期著名的文学家。　8 侔(móu)：齐等；相当。

济阳怀王玹

济阳怀王玹，建安十六年封西乡侯。早薨，无子。二十年，以沛王林子赞袭玹爵邑，早薨，无子。文帝复以赞弟壹绍[1]玹后。黄初二年，改封济阳侯。四年，进爵为公。太和四年，追进玹爵，谥曰	济阳怀王曹玹，建安十六年(211)封为西乡侯。很早就去世了，没有子嗣。二十年(215)，以沛王曹林之子曹赞承袭曹玹的爵位食邑，曹赞也很早就去世了，没有子嗣。文帝又以曹赞的弟弟曹壹承袭曹玹，做他的后代。黄初二年(221)，改封为济阳侯。四年(223)，晋升爵位为公。太和四年(230)，追封曹玹的

怀公。六年，又进号曰怀王，追谥赞曰西乡哀侯。壹薨，谥曰悼公。子恒嗣。景初、正元、景元中，累增邑，并前千九百户。

爵位，谥号为怀公。六年(232)，又晋封为怀王，追封曹赞的谥号为西乡哀侯。曹壹去世，谥号为悼公。儿子曹恒继承爵位。景初、正元、景元年间，多次增加食邑，加上之前的共一千九百户。

今注 1 绍：继承。

陈留恭王峻

陈留恭王峻，字子安，建安二十一年封郿侯。二十二年，徙封襄邑[1]。黄初二年，进爵为公。三年，为陈留王。五年，改封襄邑县。太和六年，又封陈留[2]。甘露四年薨。子澳嗣。景初、正元、景元中，累增邑，并前四千七百户。

陈留恭王曹峻，字子安，建安二十一年(216)封为郿侯。二十二年(217)，徙封襄邑。黄初二年(221)，晋升爵位为公。三年(222)，为陈留王。五年(224)，改封襄邑县。太和六年(232)，又封陈留。甘露四年(259)去世。儿子曹澳继承爵位。景初、正元、景元年间，多次增加食邑，加上之前的共四千七百户。

今注 1 襄邑：古县名，治今河南睢县。 2 陈留：古郡名，治今河南开封市祥符区东南。

范阳闵王矩

范阳闵王矩，早薨，无

范阳闵王曹矩，很早就去世了，没

子。建安二十二年，以樊安公均子敏奉矩后，封临晋侯。黄初三年，追封谥矩为范阳闵公。五年，改封敏范阳王。七年，徙封句阳[1]。太和六年，追进矩号曰范阳闵王，改封敏琅邪王。景初、正元、景元中，累增邑，并前三千四百户。敏薨，谥曰原王。子焜嗣。

有子嗣。建安二十二年(217)，以樊安公曹均之子曹敏奉祀曹矩做他的后代，封为临晋侯。黄初三年(222)，追封曹矩的谥号为范阳闵公。五年(224)，改封曹敏为范阳王。七年(226)，徙封句阳。太和六年(232)，追加晋封曹矩为范阳闵王，改封曹敏为琅邪王。景初、正元、景元年间，多次增加其食邑，加上之前的共三千四百户。曹敏去世，谥号为原王。其子曹焜继承爵位。

今注 1 句阳：治今山东菏泽西北。

赵王幹

赵王幹，建安二十年封高平亭侯。二十二年，徙封赖亭侯。其年改封弘农侯。黄初二年，进爵，徙封燕公[1]。三年，为河间王。五年，改封乐城县。七年，徙封巨鹿。太和六年，改封赵王。

幹母有宠于太祖。及文帝为嗣，幹母有力。文

赵王曹幹，建安二十年(215)封为高平亭侯。二十二年(217)，徙封赖亭侯。当年改封弘农侯。黄初二年(221)，晋升爵位，徙封燕公。三年(222)，为河间王。五年(224)，改封乐城县。七年(226)，徙封巨鹿。太和六年(232)，改封赵王。

曹幹的母亲得宠于太祖。文帝立为嗣君，曹幹的母亲有很大功劳。文帝驾崩的时候，留下遗诏，所以明帝对

帝临崩，有遗诏，是以明帝常加恩意。

青龙二年，私通宾客，为有司所奏，赐幹玺书诫诲之，曰："《易》称'开国承家，小人勿用'，《诗》著'大车惟尘'[1]之诫。自太祖受命创业，深睹治乱之源，鉴存亡之机，初封诸侯，训以恭慎之至言，辅以天下之端士，常称马援之遗诫[2]，重诸侯宾客交通之禁，乃使与犯妖恶同。夫岂以此薄骨肉哉？徒欲使子弟无过失之愆，士民无伤害之悔耳。高祖践阼，祗慎万机，申著诸侯不朝之令。朕感诗人《常棣》之作[3]，嘉《采菽》之义[4]，亦缘诏文曰'若有诏得诣京都'，故命诸王以朝聘之礼。而楚、中山并犯交通之禁，赵宗、戴捷咸伏其辜。近东平王复使属官殴寿张吏，有司举奏，朕裁削

曹幹常常给以恩惠。

青龙二年(234)，曹幹私自结交宾客，被有关官员上奏，明帝赐给曹幹玺书加以劝诫教诲，说："《周易》中说'创建国家和继承家业，不要任用小人'，《诗经》中有'大车惟尘'的劝诫。自从太祖受天命创业，深刻地看到治乱的源头，明鉴于国家存亡的关键，才分封诸侯，以恭敬谨慎的至言加以训诫，又以天下的正直端庄之士加以辅佐，常常称述马援的遗诫，重视诸侯与宾客相互交往的禁令，于是使这种行为与犯妖恶之罪相同。他难道是要用这些使骨肉之情淡薄吗？只是为了让子弟不要犯过失之罪，使士民不要有被伤害的追悔罢了。高祖文皇帝即位，恭敬谨慎地处理各种事宜，申明诸侯不朝觐的命令。我有感于诗人《常棣》之作，赞赏《采菽》之义，又因为先帝诏文中有'若有诏可以到京都'，所以定下诸王定期朝见的礼制。而楚王、中山王都触犯了私自交往的禁令，赵宗、戴捷都伏法了。近来东平王又指使属官殴打寿张官员，有关官员上奏，我裁撤了他的属县。现今有关官员认

县。今有司以曹纂、王乔等因九族时节，集会王家，或非其时，皆违禁防。朕惟王幼少，有恭顺之素，加受先帝顾命，欲崇恩礼，延乎后嗣，况近在王之身乎？且自非圣人，孰能无过？已诏有司宥王之失。古人有言：‘戒慎乎其所不睹，恐惧乎其所弗闻，莫见乎隐，莫显乎微，故君子慎其独焉。’[5] 叔父兹率先圣之典，以纂乃先帝之遗命，战战兢兢，靖恭厥位，称朕意焉。”景初、正元、景元中，累增邑，并前五千户。

为曹纂、王乔等因为九族时节，集会于赵王家，因为时节不合，都属于违反禁令。我认为赵王年纪小，而且平素恭敬顺从，加上受到先帝的遗命，想要加重恩礼，延续到其后嗣之中，更何况近在赵王的身上呢？况且又不是圣人，谁能不犯过错呢？我已经下诏给有关官员宽宥赵王的过失。古人有言：‘对于自己没有看到的要保持谨慎，对于自己没有听到的要保持敬畏，不要让隐微的不良念头和行为表现出来，所以君子独处的时候要谨慎。’叔父遵循先圣的典则，以继承先帝的遗命，要战战兢兢，恭敬地对待您的爵位，就满足我的心愿了。”景初、正元、景元年间，多次增加曹幹的食邑，加上之前的共五千户。

今注 1 大车惟尘：《诗经·小雅·无将大车》：“无将大车，维尘冥冥。”郑玄笺：“冥冥者，蔽人目明，令无所见也。犹进举小人，蔽伤己之功德。”即告诫人们不要推举小人，以免被蒙蔽。 2 马援之遗诫：马援是东汉时期著名的将领，他的两个侄子马严、马敦，喜欢议论别人，爱结交轻薄侠客，马援曾给两位侄子写信进行劝诫。 3《常棣》：指《诗经》中的诗篇《常棣》，诗的内容是歌咏兄弟之间的情义。 4《采菽》：指《诗经》中的诗篇《采菽》，诗的内容是歌咏天子亲切接见诸侯的情景。 5“戒慎”句：该句出自《礼记·中庸》，告诫人们自觉地注意自己的思想、言行，做到慎独修身。

裴注 [1]《魏略》曰："幹一名良。良本陈妾子，良生而陈氏死，太祖令王夫人养之。良年五岁而太祖疾困，遗令语太子言：'此儿三岁亡母，五岁失父，以累汝也。'太子由是亲待，隆于诸弟。良年小，常呼文帝为阿翁，帝谓良曰：'我，汝兄耳。'文帝又愍其如是，每为流涕。"臣松之案：此传以母贵贱为次，不计兄弟之年，故楚王彪年虽大，传在幹后。寻《朱建平传》，知彪大幹二十岁。

临邑殇公子上

临邑殇公子上，早薨。太和五年，追封谥。无后。

临邑殇公子曹上，很早就去世了。太和五年(231)，为其追封谥号。没有子嗣。

楚王彪

楚王彪，字朱虎。建安二十一年，封寿春侯。黄初二年，进爵，徙封汝阳公。三年，封弋阳王。其年徙封吴王。五年，改封寿春县。七年，徙封白马[1]。太和五年冬，朝京都。六年，改封楚。

初，彪来朝，犯禁，青龙元年，为有司所奏，诏削县三，户千五百。二年，大赦，

楚王曹彪，字朱虎。建安二十一年(216)，封为寿春侯。黄初二年(221)，晋爵位，徙封汝阳公。三年(222)，封弋阳王。当年徙封吴王。五年(224)，改封寿春县。七年(226)，徙封白马。太和五年(231)冬，到京都朝见天子。六年(232)，改封楚。

当初，曹彪来朝见，触犯禁令，青龙元年(233)，被有关官员所参奏，下诏削去三个属县，共一千五百户。二年(234)，遇到大赦，又恢复了所削属县。

复所削县。景初三年，增户五百，并前三千户。

嘉平元年，兖州刺史令狐愚与太尉王淩谋迎彪都许昌。语在《淩传》。乃遣傅及侍御史[2]就国案验，收治诸相连及者。廷尉[3]请征彪治罪。于是依汉燕王旦[4]故事，使兼廷尉大鸿胪持节赐彪玺书切责之，使自图焉[1]。彪乃自杀。妃及诸子皆免为庶人，徙平原。彪之官属以下及监国谒者，坐知情无辅导之义，皆伏诛。国除为淮南郡。正元元年诏曰："故楚王彪，背国附奸，身死嗣替，虽自取之，犹哀矜[5]焉。夫含垢藏疾，亲亲之道也；其封彪世子嘉为常山真定王。"景元元年，增邑，并前二千五百户[2]。

景初三年(239)，增加封邑五百户，加上之前的共三千户。

嘉平元年(249)，兖州刺史令狐愚与太尉王淩谋划迎立曹彪，建都许昌。事情记载在《王淩传》中。于是明帝派遣王傅以及侍御史到其封国查验，逮捕处置与案件相关的人员。廷尉请求征召曹彪治罪。于是依照汉时燕王刘旦的事情，派兼任廷尉大鸿胪的人持节杖赐曹彪玺书而深切地谴责他，让他自己决定。曹彪于是自杀了。他的妃子和诸子都免为庶人，徙居平原。曹彪的官属部下及监国谒者，因为犯了知情却不辅正劝导的罪，都被处决。撤销他的封国，改为淮南郡。正元元年(254)皇帝下诏说："故楚王曹彪，背叛国家亲附奸佞，自己死去也连累后代，虽然是咎由自取，仍然令人怜悯。帮助隐藏罪恶，是亲亲之道；特此封曹彪世子曹嘉为常山真定王。"景元元年(260)，增加曹嘉的封邑，加上之前的共二千五百户。

今注　1 白马：古县名，治今河南滑县城关镇东。　2 侍御史：职官名，在御史大夫之下，掌受公卿奏事，监察文武官员，或供临时差遣，出监郡国。 3 廷尉：职官名，九卿之一，掌管刑狱审勘。 4 汉燕王旦：刘旦是汉武帝的第三子，被封为燕王，但屡次谋求帝位，最终在密谋败露后，刘旦自杀身亡，朝廷废除燕国。 5 哀矜：犹怜悯。

裴注 [1] 孔衍《汉魏春秋》载玺书曰："夫先王行赏不遗仇雠，用戮不违亲戚，至公之义也。故周公流涕而决二叔之罪，孝武伤怀而断昭平之狱，古今常典也。惟王，国之至亲，作藩于外，不能祗奉王度，表率宗室，而谋于奸邪，乃与太尉王凌、兖州刺史令狐愚构通逆谋，图危社稷，有悖忒之心，无忠孝之意。宗庙有灵，王其何面目以见先帝？朕深痛王自陷罪辜，既得王情，深用怃然。有司奏王当就大理，朕惟公族甸师之义，不忍肆王市朝，故遣使者赐书。王自作孽，匪由于他，燕刺之事，宜足以观。王其自图之！" [2] 臣松之案：嘉入晋，封高邑公。元康中，与石崇俱为国子博士。嘉后为东莞太守，崇为征虏将军，监青、徐军事，屯于下邳，嘉以诗遗崇曰："文武应时用，兼才在明哲。嗟嗟我石生，为国之俊杰。入侍于皇闼，出则登九列。威检肃青、徐，风发宣吴裔。畴昔谬同位，情至过鲁、卫。分离逾十载，思远心增结。愿子鉴斯诚，寒暑不逾契。"崇答曰："昔常接羽仪，俱游青云中。敦道训胄子，儒化涣以融。同声无异响，故使恩爱隆。岂惟敦初好，款分在令终。孔不陋九夷，老氏适西戎。逍遥沧海隅，可以保王躬。世事非所务，周公不足梦。玄寂令神王，是以守至冲。"王隐《晋书》载吏部郎李重启云："魏氏宗室屈滞，每圣恩所存。东莞太守曹嘉，才干学义，不及志、翕，而良素修洁，性业逾之，又已历二郡。臣以为优先代之后，可以嘉为员外散骑侍郎。"

刚殇公子勤

刚殇公子勤，早薨。太和五年追封谥。无后。

刚殇公子曹勤，很早就去世了。太和五年(231)追封谥号。没有子嗣。

谷城殇公子乘

谷城殇公子乘，早薨。太和五年追封谥。无后。

谷城殇公子曹乘，很早就去世了。太和五年(231)追封谥号，没有子嗣。

郿戴公子整

郿戴公子整，奉从叔父郎中绍后。建安二十二年，封郿侯。二十三年薨。无子。黄初二年追进爵，谥曰戴公。以彭城王据子范奉整后。三年，封平氏侯。四年，徙封成武[1]。太和三年，进爵为公。青龙三年薨。谥曰悼公。无后。四年，诏以范弟东安乡公阐为郿公，奉整后。正元、景元中累增邑，并前千八百户。

郿戴公子曹整，做了他堂叔父郎中曹绍的后代。建安二十二年(217)，封为郿侯。二十三年(218)去世。没有子嗣。黄初二年(221)追封晋升爵位，谥号为戴公。让彭城王曹据之子曹范做了曹整的后代。三年(222)，封为平氏侯。四年(223)，徙封成武。太和三年(229)，晋升爵位为公。青龙三年(235)去世。谥号为悼公。没有子嗣。四年(236)，下诏以曹范的弟弟东安乡公曹阐为郿公，做曹整的后代。正元、景元年间多次增加曹阐的食邑，加上之前的共一千八百户。

今注　1 成武：古县名。在今山东成武县。

灵殇公子京

灵殇公子京，早薨。太和五年追封谥。无后。

灵殇公子曹京，很早就去世了。太和五年(231)追封谥号。没有子嗣。

樊安公均

樊安公均，奉叔父蓟恭公彬后。建安二十二年，封樊侯。二十四年薨。子抗嗣。黄初二年，追进公爵，谥曰安公。三年，徙封抗蓟公。四年，徙封屯留公。景初元年薨，谥曰定公。子谌嗣。景初、正元、景元中，累增邑，并前千九百户。

樊安公曹均，做了叔父蓟恭公曹彬的后代。建安二十二年(217)，封为樊侯。二十四年(219)去世。儿子曹抗嗣封。黄初二年(221)，追封晋为公爵，谥号为安公。三年(222)，徙封曹抗为蓟公。四年(223)，徙封屯留公。景初元年(237)去世，谥号为定公。儿子曹谌嗣封。景初、正元、景元年间，多次增加曹谌的食邑，加上之前的共一千九百户。

广宗殇公子棘

广宗殇公子棘，早薨。太和五年追封谥。无后。

广宗殇公子曹棘，很早就去世了。太和五年(231)追封谥号。没有子嗣。

东平灵王徽

东平灵王徽，奉叔父朗陵哀侯玉后。建安二十二年，封历城侯。黄初二年，进爵为公。三年，为庐江王。四年，徙封寿张王。五年，改封寿张县。太和六年，改封东平[1]。青龙二年，徽使官属挝[2]寿张县吏，为有司所奏。诏削县一，户五百。其年复所削县。正始三年薨。子翕嗣。景初、正元、景元中，累增邑，并前三千四百户[1]。

东平灵王曹徽，做了叔父朗陵哀侯曹玉的后代。建安二十二年(217)，封为历城侯。黄初二年(221)，晋爵位为公。三年(222)，为庐江王。四年，徙封寿张王。五年(224)，改封寿张县。太和六年(232)，改封东平。青龙二年(234)，曹徽指使官员属吏殴打寿张县吏，被有关官员所参奏。明帝下诏削去他的一个属县，食户共五百户。当年恢复了他所削去属县。正始三年(242)去世。儿子曹翕嗣封。景初、正元、景元年间，多次增加食邑，加上之前的共三千四百户。

今注　1 东平：古郡、国名。治今山东东平县。　2 挝(zhuā)：殴打。

裴注　[1] 臣松之案：翕入晋，封廪丘公。魏宗室之中，名次鄄城公。至泰始二年，翕遣世子琨奉表来朝。诏曰："翕秉德履道，魏宗之良。今琨远至，其假世子印绶，加骑都尉，赐朝服一具，钱十万，随才叙用。"翕撰《解寒食散方》，与皇甫谧所撰并行于世。

乐陵王茂

乐陵王茂，建安二十二年封万岁亭侯。二十三年，改封平舆侯。黄初三年，进爵，徙封乘氏公。七年，徙封中丘[1]。

茂性傲佷[2]，少无宠于太祖。及文帝世，又独不王。

太和元年，徙封聊城公，其年为王。诏曰："昔象之为虐至甚，而大舜犹侯之有庳。[3]近汉氏淮南、阜陵，皆为乱臣逆子，而犹或及身而复国，或至子而锡土。[4]有虞建之于上古，汉文、明、章行之乎前代，斯皆敦叙亲亲之厚义也。聊城公茂少不闲礼教，长不务善道。先帝以为古之立诸侯也，皆命贤者，故姬姓有未必侯者，是以独不王茂。太皇太后数以为言。如闻茂顷来少知悔昔之

乐陵王曹茂，建安二十二年(217)封为万岁亭侯。二十三年(218)，改封平舆侯。黄初三年(222)，晋升爵位，徙封乘氏公。七年(226)，徙封中丘。

曹茂性情傲慢凶狠，年少的时候没有得到太祖的宠爱。等到文帝即位，又独独没有被立为王。

太和元年(227)，徙封聊城公，当年被封为王。明帝下诏说："往昔象为人非常暴虐，然而大舜仍然将他封侯在有庳。近世汉代淮南王、阜陵王，都为乱臣逆子，然而有的在生前就复国，有的到子辈又赐予封土。有虞氏分封之事在上古时期，汉代文帝、明帝、章帝分封之事在前代，这都是使亲人之间亲睦和顺的仁厚之义啊。聊城公曹茂年少的时候不遵循礼教，年长后不务行善道。先帝认为古代封立诸侯，都是策命贤能的人，所以姬姓之亲也有没被封侯的，因此唯独不封曹茂为王。太皇太后数次提到这个事情。听闻曹茂近来逐渐知道悔恨以前的过失，想要在将来修养改善。君子应赞许他的

非，欲修善将来。君子与其进，不保其往也。今封茂为聊城王，以慰太皇太后下流[5]之念。”六年，改封曲阳王。正始三年，东平灵王薨，茂称嗌[6]痛，不肯发哀，居处出入自若。有司奏除国土，诏削县一，户五百。五年，徙封乐陵，诏以茂租奉少，诸子多，复所削户，又增户七百。嘉平、正元、景元中，累增邑，并前五千户。

进步，而不执着于他的过往。现在分封曹茂为聊城王，以慰藉太皇太后对于子孙后辈的挂念。”六年(232)，改封为曲阳王。正始三年(242)，东平灵王去世，曹茂称自己咽喉痛，不肯参加哀悼仪式，像平常一样起居出入。有关官员参奏请消除封国，明帝下诏削去他的一个属县，食户共五百户。五年(244)，徙封乐陵，因为曹茂食邑收入少，子嗣又多，下诏恢复了他削去的属县，又增加食户七百户。嘉平、正元、景元年间，多次增加曹茂的食邑，加上之前的共五千户。

今注　1 中丘：古县名，治所在今河北内丘县西。　2 慠佷(ào hěn)：傲慢凶狠。慠，同“傲”。　3 “昔象”句：帝舜的弟弟象傲慢狠毒，总是想要找到机会与其母亲、父亲一起杀死舜，而舜仍然不计前嫌，将象封到有庳。　4 “近汉氏”句：“淮南”指刘邦的少子刘长，初被封为淮南王，因为谋反而被废掉。后汉文帝又分封刘长的儿子刘安为淮南王。“阜陵”指东汉光武帝刘秀之子刘延，刘延初封淮阳王，明帝时因招纳奸猾而徙封为阜陵王，此后虽然经历了贬谪和继承人的问题，但王国一直持续到汉献帝建安年间。　5 下流：魏晋人称子孙后代。　6 嗌(yì)：咽喉。

文皇帝九男：甄氏皇后生明帝，李贵人生赞哀王协，潘淑媛生北海悼王蕤，朱淑媛

文帝有九个儿子：甄皇后生明帝曹叡，李贵人生赞哀王曹协，潘淑媛生北海悼王曹蕤，朱淑媛

生东武阳怀王鉴，仇昭仪生东海定王霖，徐姬生元城哀王礼，苏姬生邯郸怀王邕，张姬生清河悼王贡，宋姬生广平哀王俨。

生东武阳怀王曹鉴，仇昭仪生东海定王曹霖，徐姬生元城哀王曹礼，苏姬生邯郸怀王曹邕，张姬生清河悼王曹贡，宋姬生广平哀王曹俨。

赞哀王协

赞哀王协，早薨。太和五年追封谥曰经殇公。青龙二年，更追改号谥。三年，子殇王寻嗣。景初三年，增户五百，并前三千户。正始九年薨。无子。国除。

赞哀王曹协，很早就去世了。太和五年(231)追封谥号为经殇公。青龙二年(234)，更改追封的谥号。三年(235)，儿子殇王曹寻嗣封。景初三年(239)，增加食邑五百户，加上之前的共三千户。正始九年(248)曹寻去世。没有子嗣。封国废除。

北海悼王蕤

北海悼王蕤，黄初七年，明帝即位，立为阳平县王。太和六年，改封北海。青龙元年薨。二年，以琅邪王子赞奉蕤后，封昌乡公。景初二年，立为饶安王。正始七年，徙封文安。

北海悼王曹蕤，黄初七年(226)，明帝即位时，立他为阳平县王。太和六年(232)，改封北海。青龙元年(233)去世。二年(234)，以琅邪王之子曹赞继承曹蕤之后，封为昌乡公。景初二年(238)，立曹赞为饶安王。正始七年(246)，徙封文安。正元、景元年间，多正元、景元中，累增邑，并前三千五百户。

次增加曹赞的食邑，加上之前的共三千五百户。

东武阳怀王鉴

东武阳怀王鉴，黄初六年立。其年薨。青龙三年赐谥。无子。国除。

东武阳怀王曹鉴，黄初六年(225)立为王。当年去世。青龙三年(235)赐以谥号。没有子嗣，封国废除。

东海定王霖

东海定王霖，黄初三年立为河东王。六年，改封馆陶县[1]。明帝即位，以先帝遗意，爱宠霖异于诸国。而霖性粗暴，闺门之内，婢妾之间，多所残害。太和六年，改封东海。嘉平元年薨。子启嗣。景初、正元、景元中，累增邑，并前六千二百户。高贵乡公髦，霖之子也，入继大宗。

东海定王曹霖，黄初三年(222)立为河东王。六年(225)，改封馆陶县。明帝即位，因为先帝的遗命，相对于其他封国的诸王更加宠爱曹霖。然而曹霖性情粗暴，在家庭之内，婢妾之中，很多人被他所残害。太和六年(232)，改封东海。嘉平元年(249)去世。儿子曹启嗣封。景初、正元、景元年间，多次增加曹启的食邑，加上之前的共六千二百户。高贵乡公曹髦，是曹霖之子，入继为帝位继承人。

今注 1 馆陶县：在今河北邯郸馆陶县。

元城哀王礼

元城哀王礼，黄初二年封秦公，以京兆郡[1]为国。三年，改为京兆王。六年，改封元城王。太和三年薨。五年，以任城王楷子悌嗣礼后。六年，改封梁王。景初、正元、景元中，累增邑，并前四千五百户。

元城哀王曹礼，黄初二年(221)封为秦公，以京兆郡为封地。三年(222)，改为京兆王。六年(225)，改封元城王。太和三年(229)去世。五年(231)，以任城王曹楷之子曹悌入继为曹礼之后。六年(232)，改封为梁王。景初、正元、景元年间，多次增加曹悌的食邑，加上之前的共四千五百户。

今注 1 京兆郡：两汉时期京兆尹辖区，因地属畿辅，故不称郡，为三辅之一。三国魏改称“京兆郡”，治所在长安(今陕西西安西北)。

邯郸怀王邕

邯郸怀王邕，黄初二年封淮南公，以九江郡[1]为国。三年，进为淮南王。四年，改封陈。六年，改封邯郸。太和三年薨。五年，以任城王楷子温嗣邕后。六年，改封鲁阳[2]。景初、正元、景元中，累增邑，并前四千四百户。

邯郸怀王曹邕，黄初二年(221)封为淮南公，以九江郡为国。三年(222)，晋升爵位为淮南王。四年(223)，改封陈。六年(225)，改封邯郸。太和三年(229)去世。五年(231)，以任城王曹楷之子曹温入继为曹邕之后。六年(232)，改封鲁阳。景初、正元、景元年间，多次增加曹温的食邑，加上之前的共四千四百户。

今注　1 九江郡：治所在寿春（今安徽寿县）。　2 鲁阳：古邑名，治今河南鲁山县。

清河悼王贡

清河悼王贡，黄初三年封。四年薨。无子。国除。

清河悼王曹贡，黄初三年(222)封为王。四年(223)去世。没有子嗣，封国废除。

广平哀王俨

广平哀王俨，黄初三年封。四年薨。无子。国除。

评曰：魏氏王公，既徒有国土之名，而无社稷之实，又禁防壅隔，同於囹圄[1]；位号靡定，大小岁易；骨肉之恩乖，《常棣》之义废。为法之弊，一至于此乎[1]！

广平哀王曹俨，黄初三年(222)封为王。四年(223)去世。没有子嗣，封国废除。

评曰：魏朝的王公，空有封国的名头，而没有管理国家之权，又被施以禁令防备，等同于被困牢狱之中；爵位封号变更不定，封地大小经常变动；骨肉之间的亲情乖离，《常棣》诗中歌颂的兄弟应互相友爱的道理被废弃。制定法令的弊端，竟然达到这样的程度呀！

今注　1 囹圄：牢狱。

裴注　[1]《袁子》曰："魏兴，承大乱之后，民人损减，不可则以古始。于是封建侯王，皆使寄地空名，而无其实。王国使有老兵百余人，以卫其国。虽有王侯之号，而乃侪于匹夫。县隔千里之外，无朝聘之仪，邻国无会同之制。诸侯游猎不得过三十里,又为设防辅监国之官以伺察之。王侯皆思为布衣而不能得。既违宗国藩屏之义,又亏亲戚骨肉之恩。"《魏氏春秋》载宗室曹冏上书曰:"臣闻古之王者,必建同姓以明亲亲,必树异姓以明贤贤。故《传》曰'庸勋亲亲,昵近尊贤';《书》曰'克明俊德,以亲九族';《诗》云'怀德维宁,宗子维城'。由是观之,非贤无与兴功,非亲无与辅治。夫亲亲之道,专用则其渐也微弱;贤贤之道,偏任则其弊也劫夺。先圣知其然也,故博求亲疏而并用之。近则有宗盟藩卫之固,远则有仁贤辅弼之助,盛则有与共其治,衰则有与守其土,安则有与享其福,危则有与同其祸。夫然,故能有其国家,保其社稷,历纪长久,本枝百世也。今魏尊尊之法虽明,亲亲之道未备。《诗》不云乎?'鹡鸰在原,兄弟急难'。以斯言之,明兄弟相救于丧乱之际,同心于忧祸之间,虽有阋墙之忿,不忘御侮之事。何则?忧患同也。今则不然,或任而不重,或释而不任,一旦疆埸称警,关门反拒,股肱不扶,胸心无卫。臣窃惟此,寝不安席,思献丹诚,贡策朱阙。谨撰合所闻,叙论成败。论曰:昔夏、殷、周历世数十,而秦二世而亡。何则?三代之君,与天下共其民,故天下同其忧。秦王独制其民,故倾危而莫救。夫与民共其乐者,人必忧其忧;与民同其安者,人必拯其危。先王知独治之不能久也,故与人共治之;知独守之不能固也,故与人共守之。兼亲疏而两用,参同异而并建。是以轻重足以相镇,亲疏足以相卫,并兼路塞,逆节不生。及其衰也,桓、文帅礼;苞茅不贡,齐师伐楚;宋不城周,晋戮其宰。王纲弛而复张,诸侯傲而复肃。二霸之后,浸以陵迟。吴、楚凭江,负固方城,虽心希九鼎,而畏迫宗姬,奸情散于胸怀,逆谋消于唇吻。斯岂非信重亲戚,任用贤能,枝叶硕茂,本根赖之与?自此之后,转相攻伐,吴并于越,晋分为三,鲁灭于楚,郑兼于韩。暨于战国,诸姬微矣,惟燕、卫独存,然皆弱小,西迫强秦,南畏齐、楚,忧惧灭亡,匪遑相恤。至于王赧,降为庶人,犹枝干相持,得居虚位,海内无主,四十余年。秦据势胜之地,骋谲诈之术,征伐关东,蚕食九国,至于始皇,乃定天位。旷日若彼,用力若此,岂非深固根蒂不拔之道乎?《易》曰:'其亡其亡,系于苞桑。’周德其可谓当之矣。秦观周之弊,以为小弱见夺,于是废五等之爵,立郡县之官,弃礼乐之教,任苛刻之政。子弟无尺寸之封,功臣无立锥之地,内无宗子以自毗辅,外无诸侯以为藩卫,仁心不加于亲戚,惠泽不流于枝叶。譬犹芟刈股肱,独任胸腹,浮舟江海,捐弃楫棹,观者为之寒心,而始皇晏然自以为关中之固,金城千里,子孙帝王万世之业也,岂不悖哉!是时淳于越谏曰:‘臣闻殷、周之王封子弟功臣,千有余岁。今陛下君有海内而子弟为匹夫,卒有田常六卿之臣,而无辅弼,何以相救?事不师古而能长久者,非所闻也。’始皇听李斯偏说而绌其议,至于身死之日,无所寄付,委天下之重于凡夫之手,托废立之命于奸臣之口,至令赵高之徒,诛锄宗室。胡亥少习刻薄之教,长遵凶父之业,不能改制易法,宠任兄弟,而乃师谭申、商,諮谋赵高,自幽深宫,委政谗贼,身残望夷,求为黔首,岂可得哉?遂乃郡国离心,众庶溃叛,胜、广倡之于前,刘、项弊之于后。向使始皇纳淳于之策,抑李斯之论,割裂州国,分王子弟,封三代之后,报功臣之劳,士有常君,民有定主,枝叶相扶,首尾为用,虽使子孙有失道之行,时人无汤、武之贤,奸谋未发,而身已屠戮,何区区之陈、项而复得措其手足哉!故汉祖奋三尺之剑,驱乌集之众,五年之中,遂成帝业。自开辟以来,其兴立功勋,未有若汉祖之易也。夫伐深根者难为功,摧枯朽者易为力,理势然也。汉监秦之失,封殖子弟,及诸吕擅权,图危刘氏,而天下所以不倾动,百姓所以不易心者,徒以诸侯强大,盘石胶固,东牟、朱虚受命于内,齐、代、吴、楚作卫于外故也。向使高祖踵亡秦之法,忽先王之制,则天下已传,非刘氏有也。然高祖封建,地过古制,大者跨州兼郡,小者连城数十,上下无别,权侔京室,故有吴、楚七国之患。贾谊曰:‘诸侯强盛,长乱起奸。夫欲天下之治安,莫若众建诸侯而少其力,令海内之势,若身之使臂,臂之使指,则下无背叛之心,上无诛伐之事。’文帝不从。至于孝景,猥用晁错之计,削黜诸侯,亲者怨恨,疏者震恐,吴、楚倡谋,五国从风。兆发高帝,衅钟文、景,由宽之过制,急之不渐故也。所谓末大必折,尾大难掉。尾同于体,犹或不从,况乎非体之尾，其可掉哉？武帝从主父之策，下推恩之令，自是之后，齐分为七，赵分为六，淮南三割，梁、代五分，遂以陵迟。子孙微弱，衣食租税，不预政事，或以酎金免削，或以无后国除。至于成帝，王氏擅朝。刘向谏曰：'臣闻公族者，国之枝叶，枝叶落则本根无所庇荫。方今同姓疏远，母党专政，排摈宗室，孤弱公族，非所以保守社稷，安固国嗣也。'其言深切，多所称引，成帝虽悲伤叹息而不能用。至于哀、平，异姓秉权，假周公之事，而为田常之乱，高拱而窃天位，一朝而臣四海。汉宗室王侯，解印释绂，贡奉社稷，犹惧不得为臣妾，或乃为之符命，颂莽恩德，岂不哀哉！由斯言之，非宗子独忠孝于惠、文之间，而叛逆于哀、平之际也，徒权轻势弱，不能有定耳。赖光武皇帝挺不世之姿，禽王莽于已成，绍汉嗣于既绝，斯岂非宗子之力也？而曾不监秦之失策，袭周之旧制，踵王国之法，而徼幸无疆之期。至于桓、灵，阉竖执衡，朝无死难之臣，外无同忧之国，君孤立于上，臣弄权于下，本末不能相御，身首不能相使。由是天下鼎沸，奸凶并争，宗庙焚为灰烬，宫室变为榛薮，居九州之地，而身无所安处，悲夫！魏太祖武皇帝躬圣明之资，兼神武之略，耻王纲之废绝，愍汉室之倾覆，龙飞谯、沛，凤翔兖、豫，扫除凶逆，翦灭鲸鲵，迎帝西京，定都颍邑，德动天地，义感人神。汉氏奉天，禅位大魏。大魏之兴，于今二十有四年矣。观五代之存亡而不用其长策，睹前车之倾覆而不改于辙迹。子弟王空虚之地，君有不使之民，宗室窜于闾阎，不闻邦国之政，权均匹夫，势齐凡庶。内无深根不拔之固，外无盘石宗盟之助，非所以安社稷，为万世之业也。且今之州牧、郡守，古之方伯、诸侯，皆跨有千里之上，兼军武之任，或比国数人，或兄弟并据；而宗室子弟曾无一人闲厕其间，与相维持，非所以强干弱枝，备万一之虞也。今之用贤，或超为名都之主，或为偏师之帅，而宗室有文者必限小县之宰，有武者必置百人之上，使夫廉高之士，毕志于衡轭之内，才能之人，耻与非类为伍，非所以劝进贤能，褒异宗室之礼也。夫泉竭则流涸，根朽则叶枯；枝繁者荫根，条落者本孤。故语曰'百足之虫，至死不僵'，以扶之者众也。此言虽小，可以譬大。且墉基不可仓卒而成，威名不可一朝而立，皆为之有渐，建之有素。譬之种树，久则深固其本根，茂盛其枝叶，若造次徙于山林之中，植于宫阙之下，虽壅之以黑坟，煖之以春日，犹不救于枯槁，而何暇繁育哉？夫树犹亲戚，土犹士民，建置不久，则轻下慢上，平居犹惧其离叛，危急将若之何？是以圣王安而不逸，以虑危也，存而设备，以惧亡也。故疾风卒至而无摧拔之忧，天下有变而无倾危之患矣。”冏，中常侍兄叔兴之后，少帝族祖也。是时天子幼稚，冏冀以此论感悟曹爽，爽不能纳。

卷二十一　魏书二十一

王卫二刘傅传

导读　本卷记载了王粲、卫觊、刘廙、刘劭、傅嘏等人的生平事迹。这些人是魏国的重要文士，他们或少年时即有才名，或从学于名师大儒，并将他们的才能发挥于魏国的政治建设中。王粲具有超常的天资，在文学和分析当时形势方面有着优长之处，很好地担负起顾问应对的责任。卫觊在曹操时期谏言经营关中，为曹魏势力的发展起到了重要作用，后来他还曾主持制定朝廷仪礼制度，谏言设立刑律博士，劝诫统治者减省赋役，有很多惠民之举。刘廙更为重视内政，强调要整顿纲纪，安定百姓。刘劭熟悉经典文献，提出了改革官制的考课之法。傅嘏则捍卫已有的选举制度，在对外方面，强调以屯田边境作为征伐吴国的主要战略。纵观他们的事迹，可以发现，魏国在文帝、明帝时期逐渐由军事扩张转向内政治理，政治“立本”的色彩更加突出。他们对选官制度、军事策略的议论深刻影响了魏晋政治。

王粲

原文

王粲，字仲宣，山阳高平[1]人也。曾祖父龚，祖父畅，皆为汉三公[1]。父谦，为大将军何进长史[2]。

译文

王粲，字仲宣，山阳郡高平县人。曾祖父王龚，祖父王畅，在汉朝都曾做到三公的高位。父亲王谦担任大将军何进的长史。何进因为王谦是名门公卿家族进以谦名公之胄，欲与为婚，见其二子，使择焉。谦弗许。以疾免，卒于家。

的后裔，想和他结成姻亲，就把两个儿子引见给他，让他从中挑选一个做女婿，王谦没有答应。后因疾病免官，死在家里。

今注　1 山阳高平：山阳郡高平县。山阳郡，治昌邑（今山东巨野东南）。辖境相当今山东独山湖以西，郓城以南，成武、曹县以东，单县以北，兼有湖东的邹城市、济宁市兖州区的一部。高平县，治所在今山东微山县西北。　2 长史：职官名。汉代丞相、太尉、御史大夫属官均置，为所在府署诸掾属之长，掌府中诸务。

裴注　[1] 张璠《汉纪》曰："龚字伯宗，有高名于天下。顺帝时为太尉。初，山阳太守薛勤丧妻不哭，将殡，临之曰：'幸不为夭，复何恨哉？'及龚妻卒，龚与诸子并杖行服，时人或两讥焉。畅字叔茂，名在八俊。灵帝时为司空，以水灾免，而李膺亦免归故郡，二人以直道不容当时。天下以畅、膺为高士，诸危言危行之徒皆推宗之，愿涉其流，惟恐不及。会连有灾异，而言事者皆言三公非其人，宜因其变，以畅、膺代之，则祯祥必至。由是宦竖深怨之。及膺诛死，而畅遂废，终于家。"

献帝西迁，粲徙长安，左中郎将[1]蔡邕见而奇之。时邕才学显著，贵重朝廷，常车骑填巷，宾客盈坐。闻粲在门，倒屣[2]迎之。粲至，年既幼弱，容状短小，一坐尽惊。邕曰："此王公

汉献帝西迁，王粲跟着移居长安。左中郎将蔡邕与他见面，感到惊奇。当时蔡邕才能学识很有名，被朝廷器重，来访问他的客人车马经常堵塞了他家门前的巷子，宾客将他家的座位都坐满了。一天，蔡邕听说王粲在门外求见，急于迎接他，鞋都穿倒了。王粲到了之后，只见他年纪又轻，身材又矮小，满座的人都感到吃惊。

孙也，有异才，吾不如也。吾家书籍文章，尽当与之。”

年十七，司徒辟，诏除黄门侍郎[3]，以西京扰乱，皆不就。乃之荆州依刘表。表以粲貌寝而体弱通侻[4]，不甚重也[1]。表卒，粲劝表子琮，令归太祖[2]。

太祖辟为丞相掾，赐爵关内侯。太祖置酒汉滨，粲奉觞贺曰：“方今袁绍起河北，仗大众，志兼天下，然好贤而不能用，故奇士去之。刘表雍容荆楚，坐观时变，自以为西伯[5]可规。士之避乱荆州者，皆海内之俊杰也，表不知所任，故国危而无辅。明公定冀州之日，下车即缮其甲卒，收其豪杰而用之，以横行天下。及平江、汉，引其贤俊而置之列

蔡邕说：“这是王畅公的孙子王粲，有特别出众的才能，我比不上他。我家里的书籍文章，全都该送给他。”

十七岁的时候，王粲被司徒征辟，皇帝下诏任命他为黄门侍郎，王粲以长安动乱为由，都没有赴任。后来他到荆州去投奔刘表。刘表因为他容貌丑陋，身体瘦弱，又行事不拘小节，不太看重他。刘表死后，王粲劝刘表的儿子刘琮归附曹操。

曹操任命他为丞相掾，赐给他关内侯的爵位。曹操在汉水边设酒宴，王粲捧起酒杯给曹操祝酒说：“如今袁绍从黄河以北起兵，掌握众多军队，志在兼并天下，但他虽爱惜贤才却不能重用，因此非常之士会离开他。刘表稳守荆楚，坐观时局变化，自以为可以仿效周文王。那些避难到荆州的贤士，都是天下贤能杰出之辈，刘表不知道任用他们，所以当国家危难时却没人出来辅助他。明公您平定冀州的时候，刚刚下车就整顿冀州的军队，收拢当地才能出众之士任用他们，所以能横行天下。等到平定了江、汉，又征召这一带的贤能杰出的人使他们各居其位，使海内人心向往于您，听到您的教化就愿意服从统治，文才武将一起为您所用，英雄人物竭

位，使海内回心，望风而愿治，文武并用，英雄毕力，此三王之举也。”后迁军谋祭酒⁶。

魏国既建，拜侍中。博物多识，问无不对。时旧仪废弛，兴造制度，粲恒典之[3]。

力效命，这是夏、商、周三代开国君王的功业啊。”后来，王粲升任参谋军事的军谋祭酒。

魏国建立以后，他被任命为侍中，他博学多识，凡有提问，没有回答不上来的。当时旧的礼仪制度荒废，需要制定新的规章制度，王粲经常主管制定修整礼仪的事情。

今注 1 左中郎将：官名，当时为率领左署中郎、侍郎、郎中的外朝官，职掌训练、管理、考核后备官员。 2 倒屣：屣，鞋子。古人家居脱鞋席地而坐。倒屣，谓急于迎客，把鞋子穿倒了。 3 黄门侍郎：亦称“黄门郎”，在宫门内从事事务性工作，侍从皇帝，顾问应对，出则陪乘，地位重要。 4 通侻(tuō)：放达不拘小节。 5 西伯：即周文王姬昌，纣王时为西伯。 6 军谋祭酒：曹操设置军师祭酒，陈寿因避讳司马师改称“军谋祭酒”。为司空府属官，在军师之下，负责参谋军事军法。

裴注 [1] 臣松之曰：貌寝，谓貌负其实也。通侻者，简易也。 [2]《文士传》载：“粲说琮曰：‘仆有愚计，愿进之于将军，可乎？’琮曰：‘吾所愿闻也。’粲曰：‘天下大乱，豪杰并起，在仓卒之际，强弱未分，故人各各有心耳。当此之时，家家欲为帝王，人人欲为公侯。观古今之成败，能先见事机者，则恒受其福。今将军自度，何如曹公邪？’琮不能对。粲复曰：‘如粲所闻，曹公故人杰也。雄略冠时，智谋出世，摧袁氏于官渡，驱孙权于江外，逐刘备于陇右，破乌丸于白登，其余枭夷荡定者，往往如神，不可胜计。今日之事，去就可知也。将军能听粲计，卷甲倒戈，应天顺命，以归曹公，曹公必重德将军。保己全宗，长享福祚，垂之后嗣，此万全之策也。

粲遭乱流离，托命此州，蒙将军父子重顾，敢不尽言！’琮纳其言。”臣松之案：孙权自此以前，尚与中国和同，未尝交兵，何云“驱权于江外”乎？魏武以十三年征荆州，刘备却后数年方入蜀，备身未尝涉于关、陇。而于征荆州之年，便云“逐备于陇右”，既已乖错；又白登在平城，亦魏武所不经，北征乌丸，与白登永不相豫。以此知张骘假伪之辞，而不觉其虚之自露也。凡骘虚伪妄作，不可覆疏，如此类者，不可胜纪。［3］挚虞《决疑要注》曰：“汉末丧乱，绝无玉珮。魏侍中王粲识旧珮，始复作之。今之玉珮，受法于粲也。”

初，粲与人共行，读道边碑，人问曰：“卿能暗诵乎？”曰：“能。”因使背而诵之，不失一字。观人围棋，局坏，粲为覆之。棋者不信，以帊[1]盖局，使更以他局为之。用相比较，不误一道[2]。其强记默识如此。性善算，作算术，略尽其理。善属文，举笔便成，无所改定，时人常以为宿构；然正复精意覃思，亦不能加也[1]。著诗、赋、论、议垂六十篇。

建安二十一年，从征吴。二十二年春，道

早些时候，王粲和别人同行，诵读路边一座石碑的碑文，同行的人问他：“你能背诵吗？”王粲回答：“能。”同行的人当即让他转过身去背诵碑文，结果一字不差。王粲看别人下围棋，棋局被扰乱，他能帮人将棋局重新摆好。下棋的人不信，用手帕盖在棋盘上，让他用另一个棋盘重摆，之后两相比较，连一个棋子都没出错。王粲记忆出众大概如此。王粲生性善于计算，做算术时，大致能将原理全部推出。他还擅长写文章，拿起笔就能写成，文章也没有要修改的地方，当时的人常以为他是提前写好的，但别人尽管反复精心深思，写出的文章也没法超过他。他撰写了诗、赋、论、议近六十篇。

建安二十一年(216)，王粲跟随曹操征伐吴国。二十二年(217)春，病死在伐病卒，时年四十一。粲二子，为魏讽[3]所引，诛。后绝[2]。

吴的路上，时年四十一岁。王粲的两个儿子，因为受到魏讽谋反的牵连被杀。王粲后嗣因此断绝。

今注　1 帊(pà)：手巾；手帕。　2 道：围棋局上下子的交叉点，此代指棋子。　3 魏讽：人名。素有才智，魏相国钟繇辟为西曹掾。建安二十四年(219)曹操西征刘备未返，魏讽私结徒党准备谋反。后事发被诛。

裴注　[1]《典略》曰："粲才既高，辩论应机。钟繇、王朗等虽各为魏卿相，至于朝廷奏议，皆阁笔不能措手。"　[2]《文章志》曰："太祖时征汉中，闻粲子死，叹曰：'孤若在，不使仲宣无后。'"

始文帝为五官将[1]，及平原侯[2]植皆好文学。粲与北海[3]徐幹字伟长，广陵[4]陈琳字孔璋，陈留[5]阮瑀字元瑜，汝南[6]应玚字德琏[1]，东平[7]刘桢字公幹并见友善。

幹为司空军谋祭酒掾属，五官将文学[8][2]。

琳前为何进主簿。进欲诛诸宦官，太后不听，进乃召四方猛将，并使引兵向京城，欲以劫恐太后。

早些时候，文帝曹丕担任五官中郎将，与平原侯曹植都爱好文学。王粲与北海徐幹（字伟长）、广陵陈琳（字孔璋）、陈留阮瑀（字元瑜）、汝南应玚（字德琏）、东平刘桢（字公幹）一起被曹丕、曹植兄弟友爱善待。

徐幹曾当过司空府的军谋祭酒、司空掾属，还当过五官将文学。

陈琳之前是何进的大将军府主簿。何进要杀诸位宦官，太后不同意，何进就去召集各地的猛将，让他们一起领兵前往京城，想以此来要挟恐吓太后。

今注　1 五官将：即五官中郎将，俸二千石，负责值班宿卫，出外则充车骑。东汉末曹操以曹丕任五官中郎将，置官属，位在诸臣之上。　2 平原侯：曹植曾于建安十六年(211)被封为平原侯。平原，治今山东平原县西南。　3 北海：北海国，辖境相当今山东潍坊、安丘、昌乐、寿光、昌邑等地。　4 广陵：广陵郡，治今江苏扬州。　5 陈留：陈留郡，治今河南开封。　6 汝南：汝南郡，治今河南平舆县北。　7 东平：东平国，治今山东东平县东南。　8 五官将文学：官名，曹操置，五官中郎将属官，负责侍从顾问并兼领兵。

裴注　[1] 玚，音徒哽反，一音畅。　[2]《先贤行状》曰："幹清玄体道，六行修备，聪识洽闻，操翰成章，轻官忽禄，不耽世荣。建安中，太祖特加旌命，以疾休息。后除上艾长，又以疾不行。"

琳谏进曰："《易》称'即鹿无虞'[1]。谚有'掩目捕雀'。夫微物尚不可欺以得志，况国之大事，其可以诈立乎？今将军总皇威，握兵要，龙骧虎步，高下在心。以此行事，无异于鼓洪炉以燎毛发。但当速发雷霆[2]，行权立断，违经合道，天人顺之；而反释其利器，更征于他。大兵合聚，强者为雄，所谓倒持干戈，授人

陈琳劝何进说："《周易》说'即鹿无虞'。谚语说'掩目捕雀'。这些小的生物尚且不能靠欺骗来获得，何况是国家大事，怎么可以用谎言办成呢？如今将军集中皇室权威，掌握兵权，气概雄武威风，可以随意升降官员。以这样的权威行事，无异于为大火炉鼓风来燃烧毛发。只需要迅速发兵，行权宜之计而当机立断，虽然违背常法但合乎道义，上天和百姓都会顺应；可您反而放弃优势，另外征召兵马。到时候大军集合，势力强大的称雄，这可正所谓倒着拿兵器，将把柄送给别人了，事情肯定不能成功，只怕

以柄，必不成功，只为乱阶。”进不纳其言，竟以取祸。琳避难冀州，袁绍使典文章。袁氏败，琳归太祖。太祖谓曰：“卿昔为本初移书，但可罪状孤而已，恶恶止其身，何乃上及父祖邪？”琳谢罪，太祖爱其才而不咎。

反而成了祸乱的开端。”何进不采纳他的建议，终究自取其祸。陈琳逃往冀州躲避战乱，袁绍让他主管文书典籍。袁氏败亡后，陈琳归附曹操。曹操对他说：“你原先为袁绍写文书，只罗列我的罪状就可以了，反对罪恶仅止于罪恶之人而已，为什么还往上追溯到我父亲和祖父呢？”陈琳认罪，曹操爱惜他的才华，没有怪罪他。

今注 **1** 即鹿无虞：出自《易·屯》，意思是进山打鹿，没有熟悉地形和鹿的虞官帮助，就会白费气力。虞，古时掌管山林川泽之官。 **2** 雷霆：比喻威力或怒气。

瑀少受学于蔡邕。建安中都护曹洪欲使掌书记，瑀终不为屈。太祖并以琳、瑀为司空军谋祭酒，管记室[1]，军国书檄，多琳、瑀所作也[2]。琳徙门下督[1]，瑀为仓曹掾属[2]。

玚、桢各被太祖辟，为丞相掾属[3]。玚转为平原侯庶子[4]，后为五官将文学[3]。桢以不敬被刑，刑竟署吏[4]。咸著文赋数十篇。

阮瑀年轻时受学于蔡邕。建安年间都护曹洪想让他为自己主管文书工作，阮瑀却始终不愿屈从。曹操后来让他和陈琳一起担任司空军谋祭酒，主管文书工作，军国的文书公告，大多是陈琳、阮瑀写作的。后陈琳调任门下督，阮瑀调任仓曹掾属。

应玚、刘桢分别被曹操征召为丞相掾属。应玚转为平原侯庶子，后来又任五官将文学。刘桢后来因不敬被处以刑罚，刑罚结束后又做了官。应玚和刘桢都撰有文赋数十篇。

今注 1 门下督:本为郡县所属职吏,主管捕捉盗贼。东汉末年丞相府、将军府也设置这一官职,改为执掌侍从护卫长官。 2 仓曹掾属:官名。主管仓库粮草事务。 3 丞相掾属:丞相府属吏,按照职责不同分曹处理公务,各曹长官为掾。 4 平原侯庶子:是侯的家臣,主管侯府家事。

裴注 [1]《文士传》曰:“太祖雅闻瑀名,辟之,不应,连见逼促,乃逃入山中。太祖使人焚山,得瑀,送至,召入。太祖时在长安,大延宾客,怒瑀不与语,使就技人列。瑀善解音,能鼓琴,遂抚弦而歌,因造歌曲曰:‘奕奕天门开,大魏应期运。青盖巡九州,在东西人怨。士为知己死,女为悦者玩。恩义苟敷畅,他人焉能乱?’为曲既捷,音声殊妙,当时冠坐,太祖大悦。”臣松之案:鱼氏《典略》、挚虞《文章志》并云:“瑀建安初辞疾避役,不为曹洪屈。得太祖召,即投杖而起。”不得有逃入山中,焚之乃出之事也。又《典略》载,太祖初征荆州,使瑀作书与刘备,及征马超,又使瑀作书与韩遂,此二书今具存。至长安之前,遂等破走,太祖始以十六年得入关耳。而张骘云初得瑀时太祖在长安,此又乖戾。瑀以十七年卒,太祖十八年策为魏公,而云瑀歌舞辞称“大魏应期运”,愈知其妄。又其辞云“他人焉能乱”,了不成语。瑀之吐属,必不如此。 [2]《典略》曰:“琳作诸书及檄,草成呈太祖。太祖先苦头风,是日疾发,卧读琳所作,翕然而起曰:‘此愈我病。’数加厚赐。太祖尝使瑀作书与韩遂,时太祖适近出,瑀随从,因于马上具草,书成呈之。太祖擥笔欲有所定,而竟不能增损。” [3]华峤《汉书》曰:“玚祖奉,字世叔。才敏善讽诵,故世称‘应世叔读书,五行俱下’。著《后序》十余篇,为世儒者。延熹中,至司隶校尉。子劭,字仲远,亦博学多识,尤好事。诸所撰述《风俗通》等,凡百余篇,辞虽不典,世服其博闻。”《续汉书》曰:“劭又著《中汉辑叙》、《汉官仪》及《礼仪故事》,凡十一种,百三十六卷。朝廷制度,百官仪式,所以不亡者,由劭记之。官至泰山太守。劭弟珣,字季瑜,司空掾,即玚之父。” [4]《文士传》曰:“桢父名梁,字曼山,一名恭。少有清才,以文学见贵,终于野王令。”

《典略》曰："文帝尝赐桢廓落带，其后师死，欲借取以为像，因书嘲桢云：'夫物因人为贵。故在贱者之手，不御至尊之侧。今虽取之，勿嫌其不反也。'桢答曰：'桢闻荆山之璞，曜元后之宝；随侯之珠，烛众士之好；南垠之金，登窈窕之首；鼲貂之尾，缀侍臣之帻：此四宝者，伏朽石之下，潜污泥之中，而扬光千载之上，发彩畴昔之外，亦皆未能初自接于至尊也。夫尊者所服，卑者所修也；贵者所御，贱者所先也。故夏屋初成而大匠先立其下，嘉禾始熟而农夫先尝其粒。恨桢所带，无他妙饰，若实殊异，尚可纳也。'桢辞旨巧妙皆如是，由是特为诸公子所亲爱。其后太子尝请诸文学，酒酣坐欢，命夫人甄氏出拜。坐中众人咸伏，而桢独平视。太祖闻之，乃收桢，减死输作。"

瑀以十七年卒。幹、琳、玚、桢二十二年卒。文帝书与元城令吴质曰："昔年疾疫，亲故多离[1]其灾，徐、陈、应、刘，一时俱逝。观古今文人，类不护细行，鲜能以名节自立。而伟长独怀文抱质，恬淡寡欲，有箕山之志[2]，可谓彬彬君子矣。著《中论》二十余篇，辞义典雅，足传于后。德琏常斐然有述作意，其才学足以著书，美志不遂，良可痛惜！孔璋章表殊健，微为繁

阮瑀死于建安十七年(212)。徐幹、陈琳、应玚、刘桢死于建安二十二年(217)。文帝曹丕在给元城令吴质的书信中说："当年瘟疫流行，亲朋故旧大多遇灾，徐幹、陈琳、应玚、刘桢一时全都亡故。纵观古今文人，大都不拘小节，很少有人能以名声气节立于世。但是唯独徐幹能够文质兼备，性情恬淡，少有物欲，有许由隐居箕山的志节，可以说是个文雅君子了。他著有《中论》二十余篇，文辞内涵高雅深刻，足以流传后世。应玚很有文采，常有著书立说的意图，他的才学也足够著书立说，但他美好的意愿没有实现，实在令人感到痛惜！陈琳的章表很健朗有力，行文稍有

富。公幹有逸气，但未遒耳。元瑜书记翩翩[3]，致足乐也。仲宣独自善于辞赋，惜其体弱，不起其文；至于所善，古人无以远过也。昔伯牙绝弦于钟期[4]，仲尼覆醢于子路[5]，痛知音之难遇，伤门人之莫逮也。诸子但为未及古人，自一时之俊也[1]。"

繁复。刘桢文章俊逸奔放，但还不够强劲。阮瑀的文书记录写得文采优美，足以让人欣悦。王粲自身善于写作辞赋，可惜他身体孱弱，导致文章气势也不够奋发，至于他写得好的地方，即使古人也不能远超过他。从前俞伯牙为钟子期之死摔断琴弦，孔子为子路之死倒掉肉酱，这是痛惜知音难遇，哀伤门人不及于逝者的感情。他们几位只是不及古人，但无疑都是一代俊才。"

今注　1 离：通"罹"。遭受。　2 箕山之志：相传唐尧时的隐士许由，住在"颍水之阳，箕山之下"。后因以"箕山之志"谓隐居不仕的志向。　3 翩翩：形容文采的优美。　4 伯牙绝弦于钟期：出自《列子·汤问》，伯牙因为知音钟子期死了，就把琴摔碎再不弹奏。表示没有知音，就不再从事某项活动。　5 仲尼覆醢（hǎi）于子路：出自《礼记·檀弓上》，子路进入卫国去见叛乱的蒯聩，被杀死，身体被剁碎，孔子听闻之后痛哭，不忍食肉酱，命人倒去肉酱。

裴注　[1]《典论》曰："今之文人，鲁国孔融、广陵陈琳、山阳王粲、北海徐幹、陈留阮瑀、汝南应玚、东平刘桢，斯七子者，于学无所遗，于辞无所假，咸自以骋骐骥于千里，仰齐足而并驰。粲长于辞赋。幹时有逸气，然非粲匹也。如粲之《初征》《登楼》《槐赋》《征思》，幹之《玄猿》《漏卮》《圆扇》《橘赋》，虽张、蔡不过也，然于他文未能称是。琳、瑀之章表书记，今之俊也。应玚和而不壮；刘桢壮而不密。孔融体气高妙，有过人者，然不能持论，理不胜辞，至于杂以嘲戏，及其所善，扬、班之俦也。"

自颍川[1]邯郸淳[1]、繁钦[2]，陈留路粹[3]，沛国[2]丁仪、丁廙，弘农[3]杨脩，河内[4]荀纬等，亦有文采，而不在此七人之例[4]。

场弟璩，璩子贞，咸以文章显。璩官至侍中。贞咸熙中参相国军事[5]。

瑀子籍，才藻艳逸，而倜傥放荡，行己[5]寡欲，以庄周为模则。官至步兵校尉[6][6]。

时又有谯郡嵇康，文辞壮丽，好言老、庄，而尚奇任侠。至景元中，坐事诛[7]。

景初中，下邳桓威出自孤微，年十八而著《浑舆经》，依道以见意。从齐国门下书佐[7]、司徒署吏[8]，后为安成[9]令。

吴质，济阴人。以文才为文帝所善，官至振威将军，假节，都督河北诸军事，封列侯[8]。

颍川的邯郸淳、繁钦，陈留的路粹，沛国的丁仪、丁廙，弘农的杨脩，河内的荀纬等，也都很有文采，但都不在这七人之列。

应玚的弟弟应璩，应璩的儿子应贞，都以文章出名。应璩官至侍中。应贞在魏咸熙年间任相国府军事参谋。

阮瑀的儿子阮籍，文才辞藻艳丽超群，但洒脱不拘，放恣任性，立身行事恬淡寡欲，以庄周为楷模。官至步兵校尉。

当时还有谯郡人嵇康，文辞壮丽，喜欢谈论老、庄，而崇尚奇伟的节操，行侠义之事。到魏元帝景元年间，犯罪被杀。

魏明帝景初年间，下邳人桓威，出身低微贫寒，十八岁写成《浑舆经》，阐发天道表达自己的见解。曾做过齐国门下书佐、司徒署吏，后来任安成令。

吴质，济阴人，因文才优秀被文帝曹丕重视，官至振威将军，持有节杖，总管河北各军，并被封为列侯。

今注 1 颍川：颍川郡，治今河南禹州，辖境相当今河南登封、宝丰以东，尉氏、漯河市以西，新密以南，叶县、舞阳以北。 2 沛国：东汉时改沛郡置，治所在相县(今安徽濉溪县西北)。 3 弘农：郡名。治今河南灵宝市北。 4 河内：郡名。治今河南武陟县西南。 5 行己：立身行事。 6 步兵校尉：掌宿卫禁兵，下设司马一员，隶属中领军管辖。魏晋时期逐渐变为闲职。 7 门下书佐：郡国属吏，负责缮写文书。 8 司徒署吏：司徒府的属吏。 9 安成：县名。治今江西安福县。

裴注 [1]《魏略》曰："淳一名竺，字子叔。博学有才章，又善《苍》、《雅》、虫、篆、许氏字指。初平时，从三辅客荆州。荆州内附，太祖素闻其名，召与相见，甚敬异之。时五官将博延英儒，亦宿闻淳名，因启淳欲使在文学官属中。会临菑侯植亦求淳，太祖遣淳诣植。植初得淳甚喜，延入坐，不先与谈。时天暑热，植因呼常从取水自澡讫，傅粉。遂科头拍袒，胡舞五椎锻，跳丸击剑，诵俳优小说数千言。讫，谓淳曰：'邯郸生何如邪？'于是乃更著衣帻，整仪容，与淳评说混元造化之端，品物区别之意，然后论羲皇以来贤圣名臣烈士优劣之差，次颂古今文章赋诔及当官政事宜所先后，又论用武行兵倚伏之势。乃命厨宰，酒炙交至，坐席默然，无与伉者。及暮，淳归，对其所知，叹植之材，谓之'天人'。而于时世子未立。太祖俄有意于植，而淳屡称植材。由是五官将颇不悦。及黄初初，以淳为博士给事中。淳作《投壶赋》千余言奏之，文帝以为工，赐帛千匹。" [2]繁，音婆。《典略》曰："钦字休伯，以文才机辩，少得名于汝、颍。钦既长于书记，又善为诗赋。其所与太子书，记喉转意，率皆巧丽。为丞相主簿。建安二十三年卒。" [3]《典略》曰："粹字文蔚，少学于蔡邕。初平中，随车驾至三辅。建安初，以高才与京兆严像擢拜尚书郎。像以兼有文武，出为扬州刺史。粹后为军谋祭酒，与陈琳、阮瑀等典记室。及孔融有过，太祖使粹为奏，承指数致融罪，其大略言：'融昔在北海，见王室不宁，招合徒众，欲图不轨，言"我大圣之后也，而灭于宋。有天下者何必卯金刀”?’又云:‘融为九列,不遵朝仪,秃巾微行,唐突宫掖。又与白衣祢衡言论放荡,衡与融更相赞扬。衡谓融曰:“仲尼不死也。”融答曰:“颜渊复生。”’凡说融诸如此辈,辞语甚多。融诛之后,人睹粹所作,无不嘉其才而畏其笔也。至十九年,粹转为秘书令,从大军至汉中,坐违禁贱请驴伏法。太子素与粹善,闻其死,为之叹惜。及即位,特用其子为长史。鱼豢曰:‘寻省往者,鲁连、邹阳之徒,援譬引类,以解缔结,诚彼时文辩之俊也。今览王、繁、阮、陈、路诸人前后文旨,亦何昔不若哉?其所以不论者,时世异耳。余又窃怪其不甚见用,以问大鸿胪卿韦仲将。’仲将云:‘仲宣伤于肥戆,休伯都无格检,元瑜病于体弱,孔璋实自粗疏,文蔚性颇忿鸷,如是彼为,非徒以脂烛自煎糜也,其不高蹈,盖有由矣。然君子不责备于一人,譬之朱漆,虽无桢干,其为光泽亦壮观也。’”　［4］仪、廙、脩事,并在《陈思王传》。荀勖《文章叙录》曰:“纬字公高。少喜文学。建安中,召署军谋掾、魏太子庶子,稍迁至散骑常侍、越骑校尉。年四十二,黄初四年卒。”　［5］《文章叙录》曰:“璩字休琏,博学好属文,善为书记。文、明帝世,历官散骑常侍。齐王即位,稍迁侍中、大将军长史。曹爽秉政,多违法度,璩为诗以讽焉。其言虽颇谐合,多切时要,世共传之。复为侍中,典著作。嘉平四年卒,追赠卫尉。贞字吉甫,少以才闻,能谈论。正始中,夏侯玄盛有名势,贞尝在玄坐,作五言诗,玄嘉玩之。举高第,历显位。晋武帝为抚军大将军,以贞参军事。晋室践阼,迁太子中庶子、散骑常侍。又以儒学与太尉荀颉撰定新礼,事未施行。泰始五年卒。贞弟纯。纯子绍,永嘉中为黄门侍郎,为司马越所杀。纯弟秀。秀子詹,镇南大将军、江州刺史。”　［6］籍字嗣宗。《魏氏春秋》曰:“籍旷达不羁,不拘礼俗。性至孝,居丧虽不率常检,而毁几至灭性。兖州刺史王昶请与相见,终日不得与言,昶叹赏之,自以不能测也。太尉蒋济闻而辟之,后为尚书郎、曹爽参军,以疾归田里。岁余,爽诛,太傅及大将军乃以为从事中郎。后朝论以其名高,欲显崇之,籍以世多故,禄仕而已,闻步兵校尉缺,厨多美酒,营人善酿酒,求为校尉,遂纵酒昏酣,遗落世事。尝登广武,观楚、汉战处，乃叹曰：‘时无英才，使竖子成名乎！’时率意独驾，不由径路，车迹所穷，辄恸哭而反。籍少时尝游苏门山，苏门山有隐者，莫知姓名，有竹实数斛、臼杵而已。籍从之，与谈太古无为之道，及论五帝三王之义，苏门生萧然曾不经听。籍乃对之长啸，清韵响亮，苏门生逌尔而笑。籍既降，苏门生亦啸，若鸾凤之音焉。至是，籍乃假苏门先生之论，以寄所怀。其歌曰：‘日没不周西，月出丹渊中。阳精蔽不见，阴光代为雄。亭亭在须臾，厌厌将复隆。富贵俯仰间，贫贱何必终。’又叹曰：‘天地解兮六合开，星辰陨兮日月颓，我腾而上将何怀？’籍口不论人过，而自然高迈，故为礼法之士何曾等深所仇疾。大将军司马文王常保持之，卒以寿终。子浑，字长成。”《世语》曰：“浑以闲澹寡欲，知名京邑。为太子庶子。早卒。” ［7］康字叔夜。案《嵇氏谱》：“康父昭，字子远，督军粮持书侍御史。兄喜，字公穆，晋扬州刺史、宗正。”喜为《康传》曰：“家世儒学，少有俊才，旷迈不群，高亮任性，不修名誉，宽简有大量。学不师授，博洽多闻，长而好老、庄之业，恬静无欲。性好服食，尝采御上药。善属文论，弹琴咏诗，自足于怀抱之中。以为神仙者，禀之自然，非积学所致。至于导养得理，以尽性命，若安期、彭祖之伦，可以善求而得也。著《养生篇》。知自厚者所以丧其所生，其求益者必失其性，超然独达，遂放世事，纵意于尘埃之表。撰录上古以来圣贤、隐逸、遁心、遗名者，集为传赞，自混沌至于管宁，凡百一十有九人，盖求之于宇宙之内，而发之乎千载之外者矣。故世人莫得而名焉。”虞预《晋书》曰：“康家本姓奚，会稽人。先自会稽迁于谯之铚县，改为嵇氏，取‘稽’字之上，加‘山’以为姓，盖以志其本也。一曰铚有嵇山，家于其侧，遂氏焉。”《魏氏春秋》曰：“康寓居河内之山阳县，与之游者，未尝见其喜愠之色。与陈留阮籍、河内山涛、河南向秀、籍兄子咸、琅邪王戎、沛人刘伶相与友善，游于竹林，号为七贤。钟会为大将军所昵，闻康名而造之。会，名公子，以才能贵幸，乘肥衣轻，宾从如云。康方箕踞而锻，会至，不为之礼。康问会曰：‘何所闻而来？何所见而去？’会曰：‘有所闻而来，有所见而去。’会深衔之。大将军尝欲辟康。康既有绝世之言,又从子不善,避之河东,或云避世。及山涛为选曹郎,举康自代,康答书拒绝,因自说不堪流俗,而非薄汤、武。大将军闻而怒焉。初,康与东平吕昭子巽及巽弟安亲善。会巽淫安妻徐氏,而诬安不孝,囚之。安引康为证,康义不负心,保明其事,安亦至烈,有济世志力。钟会劝大将军因此除之,遂杀安及康。康临刑自若,援琴而鼓,既而叹曰:'雅音于是绝矣!'时人莫不哀之。初,康采药于汲郡共北山中,见隐者孙登。康欲与之言,登默然不对。逾时将去,康曰:'先生竟无言乎?'登乃曰:'子才多识寡,难乎免于今之世。'及遭吕安事,为诗自责曰:'欲寡其过,谤议沸腾。性不伤物,频致怨憎。昔惭柳下,今愧孙登。内负宿心,外赧良朋。'康所著诸文论六七万言,皆为世所玩咏。"《康别传》云:孙登谓康曰:"君性烈而才俊,其能免乎?"称康临终之言曰:"袁孝尼尝从吾学《广陵散》,吾每固之不与。《广陵散》于今绝矣!"与盛所记不同。又《晋阳秋》云:"康见孙登,登对之长啸,逾时不言。康辞还,曰:'先生竟无言乎?'登曰:'惜哉!'"此二书皆孙盛所述,而自为殊异如此。《康集目录》曰:"登字公和,不知何许人,无家属,于汲县北山土窟中得之。夏则编草为裳,冬则被发自覆。好读《易》、鼓琴,见者皆亲乐之。每所止家,辄给其衣服食饮,得无辞让。"《世语》曰:"毌丘俭反,康有力,且欲起兵应之,以问山涛,涛曰:'不可。'俭亦已败。"臣松之案:本传云康以景元中坐事诛,而干宝、孙盛、习凿齿诸书皆云正元二年,司马文王反自乐嘉,杀嵇康、吕安。盖缘《世语》云康欲举兵应毌丘俭,故谓破俭便应杀康也。其实不然。山涛为选官,欲举康自代,康书告绝,事之明审者也。案《涛行状》,涛始以景元二年除吏部郎耳。景元与正元相较七八年,以《涛行状》检之,如本传为审。又《钟会传》亦云会作司隶校尉时诛康;会作司隶,景元中也。干宝云:"吕安兄巽善于钟会,巽为相国掾,俱有宠于司马文王,故遂抵安罪。"寻文王以景元四年钟、邓平蜀后,始授相国位;若巽为相国掾时陷安,焉得以破毌丘俭年杀嵇、吕?此又干宝之疏谬,自相违伐也。康子绍,字延祖,少知名。山涛启以为秘书郎,称绍平简温敏,有文思,又晓音,当成济者。帝曰:"绍如此，便可以为丞，不足复为郎也。”遂历显位。《晋诸公赞》曰：“绍与山涛子简、弘农杨准同好友善，而绍最有忠正之情。以侍中从惠帝北伐成都王，王师败绩，百官皆走，惟绍独以身捍卫，遂死于帝侧。故累见褒崇，追赠太尉，谥曰忠穆公。” [8]《魏略》曰：“质字季重，以才学通博，为五官将及诸侯所礼爱。质亦善处其兄弟之间，若前世楼君卿之游五侯矣。及河北平定，五官将为世子，质与刘桢等并在坐席。桢坐谴之际，质出为朝歌长，后迁元城令。其后大军西征，太子南在孟津小城，与质书曰：‘季重无恙！途路虽局，官守有限，愿言之怀，良不可任。足下所治僻左，书问致简，益用增劳。每念昔日南皮之游，诚不可忘。既妙思六经，逍遥百氏，弹棋间设，终以博弈，高谈娱心，哀筝顺耳。驰骛北场，旅食南馆，浮甘瓜于清泉，沈朱李于寒水。皦日既没，继以朗月，同乘并载，以游后园，舆轮徐动，宾从无声，清风夜起，悲笳微吟，乐往哀来，凄然伤怀。余顾而言，兹乐难常，足下之徒，咸以为然。今果分别，各在一方。元瑜长逝，化为异物，每一念至，何时可言？方今蕤宾纪辰，景风扇物，天气和暖，众果具繁。时驾而游，北遵河曲，从者鸣笳以启路，文学托乘于后车，节同时异，物是人非，我劳如何！今遣骑到邺，故使枉道相过。行矣，自爱！’二十三年，太子又与质书曰：‘岁月易得，别来行复四年。三年不见，《东山》犹叹其远，况乃过之，思何可支？虽书疏往反，未足解其劳结。昔年疾疫，亲故多离其灾，徐、陈、应、刘，一时俱逝，痛何可言邪！昔日游处，行则同舆，止则接席，何尝须臾相失！每至觞酌流行，丝竹并奏，酒酣耳热，仰而赋诗。当此之时，忽然不自知乐也。谓百年已分，长共相保，何图数年之间，零落略尽，言之伤心。顷撰其遗文，都为一集。观其姓名，已为鬼录，追思昔游，犹在心目，而此诸子化为粪壤，可复道哉！观古今文人，类不护细行，鲜能以名节自立。而伟长独怀文抱质，恬淡寡欲，有箕山之志，可谓彬彬君子矣。著《中论》二十余篇，成一家之业，辞义典雅，足传于后，此子为不朽矣。德琏常斐然有述作意，才学足以著书，美志不遂，良可痛惜。间历观诸子之文，对之抆泪，既痛逝者，行自念也。孔璋章表殊健，微为繁富。公幹有逸气，但未遒耳，至其五言诗，妙绝当时。元瑜书记翩翩，致足乐也。仲宣独自善于辞赋，惜其体弱，不足起其文，至于所善，古人无以远过也。昔伯牙绝弦于钟期，仲尼覆醢于子路，愍知音之难遇，伤门人之莫逮也。诸子但为未及古人，自一时之俊也，今之存者，已不逮矣。后生可畏，来者难诬，然吾与足下不及见也。行年已长大，所怀万端，时有所虑，至乃通夕不瞑。何时复类昔日！已成老翁，但未白头耳。光武言“年已三十，在军十年，所更非一”，吾德虽不及，年与之齐。以犬羊之质，服虎豹之文，无众星之明，假日月之光，动见瞻观，何时易邪？恐永不复得为昔日游也。少壮真当努力，年一过往，何可攀援？古人思秉烛夜游，良有以也。顷何以自娱？颇复有所造述不？东望於邑，裁书叙心。’”臣松之以本传虽略载太子此书，美辞多被删落，今故悉取《魏略》所述以备其文。太子即王位，又与质书曰：“南皮之游，存者三人，烈祖龙飞，或将或侯。今惟吾子，栖迟下仕，从我游处，独不及门。瓶罄罍耻，能无怀愧。路不云远，今复相闻。”初，曹真、曹休亦与质等俱在渤海游处，时休、真亦以宗亲并受爵封，出为列将，而质故为长史。王顾质有望，故称二人以慰之。始质为单家，少游遨贵戚间，盖不与乡里相沉浮。故虽已出官，本国犹不与之士名。及魏有天下，文帝征质，与车驾会洛阳。到，拜北中郎将，封列侯，使持节督幽、并诸军事，治信都。太和中，入朝。质自以不为本郡所饶，谓司徒董昭曰：“我欲溺乡里耳。”昭曰：“君且止，我年八十，不能老为君溺攒也。”《世语》曰：“魏王尝出征，世子及临菑侯植并送路侧。植称述功德，发言有章，左右属目，王亦悦焉。世子怅然自失，吴质耳曰：‘王当行，流涕可也。’及辞，世子泣而拜，王及左右咸歔欷，于是皆以植辞多华，而诚心不及也。”《质别传》曰：“帝尝召质及曹休欢会，命郭后出见质等。帝曰：‘卿仰谛视之。’其至亲如此。质黄初五年朝京师，诏上将军及特进以下皆会质所，大官给供具。酒酣，质欲尽欢。时上将军曹真性肥，中领军朱铄性瘦，质召优，使说肥瘦。真负贵，耻见戏，怒谓质曰：‘卿欲以部曲将遇我邪？’骠骑将军曹洪、轻车将军王忠言：‘将军必欲使上将军服肥，即自宜为瘦。’真愈恚，拔刀瞋目，言：‘俳敢轻脱，吾斩尔。’遂骂坐。质案剑曰：‘曹子丹，汝非屠机上肉？吴质吞尔不摇喉，咀尔不摇牙，何敢恃势骄邪？’铄因起曰：‘陛下使吾等来乐卿耳，乃至此邪！’质顾叱之曰：‘朱铄，敢坏坐！’诸将军皆还坐。铄性急，愈恚，还拔剑斩地，遂便罢也。及文帝崩，质思慕作诗曰：‘怆怆怀殷忧，殷忧不可居。徙倚不能坐，出入步踟蹰。念蒙圣主恩，荣爵与众殊。自谓永终身，志气甫当舒。何意中见弃，弃我归黄垆。茕茕靡所恃，泪下如连珠。随没无所益，身死名不书。慷慨自俛俛，庶几烈丈夫。’太和四年，入为侍中。时司空陈群录尚书事，帝初亲万机，质以辅弼大臣，安危之本，对帝盛称：‘骠骑将军司马懿，忠智至公，社稷之臣也。陈群从容之士，非国相之才，处重任而不亲事。’帝甚纳之。明日，有切诏以督责群，而天下以司空不如长文，即群，言无实也。质其年夏卒。质先以怙威肆行谥曰丑侯，质子应仍上书论枉，至正元中乃改谥威侯。应字温舒，晋尚书。应子康，字子仲，知名于时，亦至大位。”

卫觊

卫觊，字伯儒，河东安邑[1]人也。少夙成，以才学称。太祖辟为司空掾属，除茂陵[2]令、尚书郎[3]。太祖征袁绍，而刘表为绍援，关中诸将又中立。益州牧刘璋与表有隙，觊以治书侍御史使益州，令璋下兵以缀表军。至长安，

卫觊，字伯儒，是河东郡安邑县人。少年时表现出天赋的智慧，以才学著称。曹操征召他为司空掾属，授予茂陵令、尚书郎职位。曹操征讨袁绍，刘表帮助袁绍，关中的各路将领居中观望。益州牧刘璋和刘表有矛盾，卫觊以治书侍御史的身份出使益州，让刘璋发兵以牵制刘表的军队。到长安时，因道路不通，卫觊无法前进，就留下来镇守关中。

道路不通,觊不得进,遂留镇关中。

时四方大有还民,关中诸将多引为部曲,觊书与荀彧曰:“关中膏腴之地,顷遭荒乱,人民流入荆州者十万余家,闻本土安宁,皆企望思归。而归者无以自业,诸将各竞招怀,以为部曲。郡县贫弱,不能与争,兵家遂强。一旦变动,必有后忧。夫盐,国之大宝也,自乱来散放。宜如旧置使者监卖,以其直益市犁牛。若有归民,以供给之,勤耕积粟,以丰殖关中。远民闻之,必日夜竞还。又使司隶校尉留治关中以为之主,则诸将日削,官民日盛,此强本弱敌之利也。”

当时各地有很多返回故乡的百姓,关中诸将多将他们招纳为自己的部属,卫觊写信给荀彧说:“关中是富饶肥沃之地,刚受过战乱,百姓流亡进入荆州的有十万余户,他们听说故乡安定,都盼着返回家乡。可是回来的人没有生计,关中各将领竞相招纳他们,让他们做自己的部属。郡县贫困软弱,无法与他们相争,这些军将的势力便逐渐强大。一旦局势改变,这必然给我们造成后患。盐,是国家重要的宝物,自战乱以来管理废弛宽松。如今应该像从前那样设使者监管买卖,再用收入添置农具耕牛。如果有归来的百姓,就用这些供给他们,鼓励百姓勤劳耕作,积累粮食,来使关中地区富裕繁荣。远方的百姓听说这些事,一定会日夜兼程竞相返回。再派司隶校尉留下作为治理关中的主官,那么各路将领的势力就能日渐消减,官府和民众日渐富强,这有强壮根本、削弱敌人的好处啊。”

今注　1 河东安邑:河东,郡名。辖境相当今山西阳城、沁水浮山以西,永和、隰县、霍山以南地区,治所在安邑县。安邑,县名。在今山西夏县西北。　2 茂陵:茂陵县,治今陕西兴平东北一带。　3 尚书郎:尚书台的事务官员,负责文书起草和传递,分部门负责不同职务,升迁迅速。

彧以白太祖。太祖从之，始遣谒者仆射[1]监盐官，司隶校尉治弘农。关中服从，乃白召觊还，稍迁尚书[1]。魏国既建，拜侍中，与王粲并典制度。文帝即王位，徙为尚书。顷之，还汉朝为侍郎，劝赞禅代之义，为文诰之诏。文帝践阼[2]，复为尚书，封阳吉亭侯。

荀彧把卫觊的建议报告给曹操。曹操采纳了他的意见，开始派谒者仆射主管盐官，派司隶校尉在弘农处理政务。关中势力服从朝廷后，曹操把卫觊召回，逐步将他提升为尚书。魏国建立以后，卫觊被任命为侍中，和王粲一起主持各项礼仪制度的修订。文帝曹丕即王位后，他改任尚书。不久，回到汉朝担任侍郎，劝说汉献帝禅位于曹丕，并为汉献帝起草了禅让的诏书。曹丕登基后，又被任命为尚书，封阳吉亭侯。

今注 1 谒者仆射：郎中令属官，统领诸谒者，负责朝会司仪，传达策书，侍从皇帝左右，掌管内外传递。 2 践阼：即位，登基。

裴注 [1]《魏书》曰："初，汉朝迁移，台阁旧事散乱。自都许之后，渐有纲纪，觊以古义多所正定。是时关西诸将，外虽怀附，内未可信。司隶校尉钟繇求以三千兵入关，外托讨张鲁，内以胁取质任。太祖使荀彧问觊，觊以为：'西方诸将，皆竖夫屈起，无雄天下意，苟安乐目前而已。今国家厚加爵号，得其所志，非有大故，不忧为变也。宜为后图。若以兵入关中，当讨张鲁，鲁在深山，道径不通，彼必疑之。一相惊动，地险众强，殆难为虑。'彧以觊议呈太祖。太祖初善之，而以繇自典其任，遂从繇议。兵始进而关右大叛，太祖自亲征，仅乃平之，死者万计。太祖悔不从觊议，由是益重觊。"

明帝即位，进封閺乡[1]侯，三百户[1]。觊奏曰：“九章之律，自古所传，断定刑罪，其意微妙[2]。百里长吏，皆宜知律。刑法者，国家之所贵重，而私议之所轻贱。狱吏者，百姓之所县命，而选用者之所卑下。王政之弊，未必不由此也。请置律博士，转相[3]教授。”事遂施行。

明帝曹叡即位，卫觊被晋封为閺乡侯，食邑三百户。卫觊上奏说：“九章刑律，是从古时候遗留下来的，用来判定刑罚，含义很细致深刻。因此县级官员都应熟悉法律。刑法是国家重视的法令，但执行中受到私自解释的轻慢对待。主管刑狱官员是掌握老百姓生死的人物，但他们被授予的职位很低微。国家政治的弊端，未必不是由此产生的啊。请求设置律博士，层层教授刑律方面的知识。”这事就此实施。

今注　1 閺(wén)乡：閺乡县，在今河南灵宝。　2 微妙：细致深刻。　3 转相：递相，表示一个轮迭连续的行为。

裴注　[1] 閺，音闻。

时百姓凋匮而役务方殷，觊上疏曰：“夫变情厉性，强所不能。人臣言之既不易，人主受之又艰难。且人之所乐者富贵显荣也，所恶者贫贱死亡也，然此四者，君上之所制也。君爱之则富贵显荣，君恶之则贫贱死亡。顺指

当时老百姓困苦贫穷，但要服很多劳役，卫觊上疏说：“使人性情发生大的改变，是强迫人去做他所办不到的事情。大臣给君主进言不容易，君主采纳意见更难。况且人们喜欢富贵显荣，厌恶贫贱死亡，但这四种境况是君主掌握的。君主宠爱他，他便富贵显荣；君主厌恶他，他便贫贱死亡。喜爱来自顺从君主心意，厌恶来自违背

者爱所由来，逆意者恶所从至也。故人臣皆争顺指而避逆意，非破家为国，杀身成君者，谁能犯颜色，触忌讳，建一言，开一说哉？陛下留意察之，则臣下之情可见矣。今议者多好悦耳，其言政治则比陛下于尧舜，其言征伐则比二虏于狸鼠。臣以为不然。昔汉文之时，诸侯强大，贾谊累息以为至危。况今四海之内，分而为三，群士陈力，各为其主。其来降者，未肯言舍邪就正，咸称迫于困急，是与六国分治，无以为异也。当今千里无烟，遗民困苦，陛下不善留意，将遂凋弊不可复振。礼，天子之器必有金玉之饰，饮食之肴必有八珍之味，至于凶荒，则彻膳降服。然则奢俭之节，必视世之丰约也。武皇帝之时，后宫食不过一肉，衣不

君主的意志。因此大臣争着顺从君主旨意而避免违逆，除了那些肯破家为国、杀身成君的忠臣，谁还敢冒犯君主的心意，触犯忌讳，来提建议，作陈述呢？陛下留心体察，那么我说的情况就能看出来了。如今发议论的人大都爱说悦耳之言，他们说起政事治理来，就把陛下比作尧舜，说起出征作战，就把孙、刘二敌比作狸鼠。我认为不是这样。当年汉文帝时，诸侯势力强大，贾谊恐惧谨慎，认为遇到了最危急的情况。何况现在天下三分，士人们各自为其君主效力。那些来归降的，也不愿意说是离开邪恶归附正义，都说是穷急所迫，这和当初战国之时六国分治，没有什么区别啊。当今千里之内少见人烟，幸存的百姓穷困辛苦，陛下不仔细注意，国家就会衰落贫穷，再难重新兴起了。按礼制，天子的器具一定要有金玉装饰，饮食的菜肴一定要有八珍之味。遇到荒年和战乱，就撤去佳肴，降低服饰的要求。但是奢俭的程度，一定要看社会是丰饶还是贫困。武皇帝的时候，后宫吃饭时只能有不超过一个肉菜，衣服不用锦

用锦绣，茵褥[1]不缘饰，器物无丹漆，用能平定天下，遗福子孙。此皆陛下之所亲览也。当今之务，宜君臣上下，并用筹策，计校府库，量入为出。深思句践滋民之术，由恐不及，而尚方所造金银之物，渐更增广，工役不辍，侈靡日崇，帑藏[2]日竭。昔汉武信求神仙之道，谓当得云表之露以餐玉屑，故立仙掌[3]以承高露。陛下通明，每所非笑[4]。汉武有求于露，而由尚见非，陛下无求于露而空设之，不益于好而糜费功夫，诚皆圣虑所宜裁制也。”觊历汉、魏，时献忠言，率如此。

绣，褥垫不加花边，器物不涂丹漆，因此能平定天下，为子孙留下福祉。这些都是陛下亲眼见过的。当前应该做的事，应该是君臣上下一起考虑策划，统计核查国库物资，量入为出。仔细思考勾践增益百姓的办法犹恐不及，而尚方所造的金银器物，数量和品种却逐渐增加，工人服役劳动不停，奢侈浮华的风气一日高过一日，国库财富日渐耗尽。从前汉武帝迷信探求神仙之道，说是要用云彩上的露水来服食玉石碎末，因此树立承露金人来承接露水。陛下通达贤明，总是讥笑这事。然而汉武帝有求于甘露，尚且被人指责，陛下不求甘露却空设承露金人，不能增添好处反而浪费力量时间，这些事实在都应该由您好好思考而下令制止啊。”卫觊经历汉、魏两朝，时常向皇帝进献忠直之言，都像上面说的那样。

今注 1 茵褥(rù)：褥垫。茵，垫子、褥子、毯子等的通称。 2 帑藏(tǎng zàng)：储藏财产的府库，通常指国库。 3 仙掌：汉武帝为求仙，在建章宫神明台上造铜仙人，舒掌捧铜盘玉杯，以承接天上的仙露，后称承露金人为仙掌。 4 非笑：讥笑。

受诏典著作1，又为《魏官仪》，凡所撰述数十篇。好古文、鸟篆、隶草，无所不善。建安末，尚书右丞2河南潘勖[1]，黄初时，散骑常侍3河内王象，亦与觊并以文章显[2]。觊薨，谥曰敬侯。子瓘嗣。瓘咸熙中为镇西将军[3]。

卫觊曾受命主管国史的编写工作，又写了《魏官仪》，总共撰写了几十篇文章。他还喜好古文、鸟篆、隶草，没有不擅长的。建安末年的尚书右丞河南郡人潘勖，黄初年间的散骑常侍河内郡人王象，也和卫觊一样以文章出名。卫觊死后，被谥为敬侯。他的儿子卫瓘继承了爵位。卫瓘咸熙年间出任镇西将军。

今注　1 典著作：主管本朝国史的编纂。三国时魏明帝设著作郎，属中书省，掌编纂国史。亦省称"著作"。　2 尚书右丞：尚书台副官，在尚书左丞之下，掌管尚书台诸财用库藏，与左丞通掌台内庶务，保管文书章奏。　3 散骑常侍：魏文帝时设置，为汉代散骑（皇帝的骑从）和中常侍合称，是皇帝的侍从、顾问官。

裴注　[1]《文章志》曰："勖字元茂，初名芝，改名勖，后避讳。或曰勖献帝时为尚书郎，迁右丞。诏以勖前在二千石曹，才敏兼通，明习旧事，敕并领本职，数加特赐。二十年，迁东海相。未发，留拜尚书左丞。其年病卒，时年五十余。魏公九锡策命，勖所作也。勖子满，平原太守，亦以学行称。满子尼，字正叔。"《尼别传》曰："尼少有清才，文辞温雅。初应州辟，后以父老归供养。居家十余年，父终，晚乃出仕。尼尝赠陆机诗，机答之，其四句曰：'猗欤潘生，世笃其藻，仰仪前文，丕隆祖考。'位终太常。尼从父岳，字安仁。"《岳别传》曰："岳美姿容，夙以才颖发名。其所著述，清绮绝伦。为黄门侍郎，为孙秀所杀。尼、岳文翰，并见重于世。尼从子滔，字汤仲。"《晋诸公赞》："滔以博学才量为名。永嘉末，为河南尹,遇害。” [2]王象事别见《杨俊传》。 [3]《晋阳秋》曰:“瓘字伯玉。清贞有名理,少为傅嘏所知。弱冠为尚书郎,遂历位内外,为晋尚书令、司空、太保。惠帝初辅政,为楚王玮所害。”《世语》曰:“瓘与扶风内史燉煌索靖并善草书。瓘子恒,字巨山,黄门侍郎。恒子玠,字叔宝,有盛名,为太子洗马,早卒。”

刘廙

刘廙字恭嗣,南阳安众人也。年十岁,戏于讲堂上,颍川司马德操[1]拊其头曰:“孺子,孺子,‘黄中通理’[2],宁自知不?”廙兄望之,有名于世,荆州牧刘表辟为从事。而其友二人皆以谗毁为表所诛,望之又以正谏不合,投传告归。廙谓望之曰:“赵杀鸣犊,仲尼回轮[3][1]。今兄既不能法柳下惠[4]和光同尘于内,则宜模范蠡[5]迁化于外。坐而自绝于时,殆不可也!”望之不从,寻复见害。廙惧,奔扬州[2],遂归太祖。太祖辟为丞相掾属,转五官将文学。文帝

刘廙,字恭嗣,南阳郡安众县人。十岁时,在课堂上玩耍,颍川郡名士司马德操抚摸着他的头说:“小孩子,小孩子,《周易》‘黄中通理’的意思,你自己知道吗?”刘廙的兄长刘望之,在当时很有名气,荆州牧刘表征召他为从事。而他的两个朋友都因为受到谗言诽谤被刘表杀害,刘望之又因为秉正进谏不受采纳,递交辞呈回乡。刘廙对他说:“从前赵简子杀窦鸣犊,孔子回车而返。如今兄长既然不能仿效柳下惠在那里和光同尘,就应该学习范蠡迁移到偏远的地方。自己坐等而放弃时机,不能这样啊!”刘望之不听从,不久被害。刘廙害怕,逃到扬州,于是归附了曹操。曹操任他为丞相掾属,后转任五官将文学。曹丕很器重他,让他与自己通信用草书。刘廙写信回答说:“我当初认为

器之,命廙通草书。廙答书曰:“初以尊卑有逾,礼之常分也。是以贪守区区之节,不敢修草。必如严命。诚知劳谦之素,不贵殊异若彼之高,而惇白屋如斯之好。苟使郭隗不轻于燕[6],九九不忽于齐[7],乐毅[8]自至,霸业以隆[3]。亏匹夫之节,成巍巍之美,虽愚不敏,何敢以辞?”魏国初建,为黄门侍郎。

尊卑之间有界限,是礼制不变的规定。所以固守小小的节操,不敢写草书。我一定听从您的指示。我确实明白了您平日的辛劳谦和,您不看重与您高贵地位间的差异,而重视像我这样的寒士的优点。假如能像郭隗不为燕昭王所轻视,献九九之术的人不被齐桓公忽略,那么乐毅那样的人才自然会前来效力,霸业因此也就会兴盛。损伤我一个人的节操,成就您崇高的美德,我虽然愚钝,又怎么敢拒绝呢?”魏国初建,刘廙被授予黄门侍郎之职。

今注 1 司马德操:司马徽,字德操。颍川阳翟(今河南禹州)人。善知人。久居荆州,曾荐诸葛亮、庞统于刘备。 2 黄中通理:出自《易·坤》:“君子黄中通理,正位居体,美在其中,而畅于四支,发于事业,美之至也。”黄中通理,意为内在品德美好且通晓事理。 3 仲尼回轮:见于《史记·孔子世家》,是说孔子在卫国不得任用,想要见赵简子,还没见到,听说晋国贤大夫窦鸣犊、舜华被赵简子杀死,于是返回卫国。 4 柳下惠:春秋时鲁国大夫展氏,名获,字禽。食邑于柳下,私谥惠,故称。在朝因为正直被多次降职贬官,但他采取不以君主昏庸为耻,不以官位卑微而去职的态度,随遇而安又尽己所能。 5 范蠡:春秋末楚国人,帮助越王勾践复国灭吴,成功后退隐。事迹见于《史记》。 6 郭隗(wěi)不轻于燕:郭隗,战国中期燕国大臣。燕昭王访求贤才向其问计,郭隗对曰:“请先自隗始。”燕昭王即为其筑宫而敬以为师,于是乐毅等相继而至,燕得以富强。 7 九九不忽于齐:见于《韩诗外传》,是说齐桓公招求贤人,有人以九九算数来应招,劝说桓公礼贤下士以示求贤心切的事情。 **8** 乐(yuè)毅:战国中期燕国将领,曾统率燕国等军队攻陷齐国七十多城,几乎灭亡齐国。后来因谗言离开燕国军队,齐国收复了绝大部分国土。

裴注 [1]刘向《新序》曰:"赵简子欲专天下,谓其相曰:'赵有犊犨,晋有铎鸣,鲁有孔丘,吾杀三人者,天下可王也。'于是乃召犊犨、铎鸣而问政焉,已即杀之。使使者聘孔子于鲁,以胖牛肉迎于河上。使者谓船人曰:'孔子即上船,中河必流而杀之。'孔子至,使者致命,进胖牛之肉。孔子仰天而叹曰:'美哉水乎,洋洋乎,使丘不济此水者,命也夫!'子路趋而进曰:'敢问何谓也?'孔子曰:'夫犊犨、铎鸣,晋国之贤大夫也,赵简子未得意之时,须而后从政,及其得意也,杀之。黄龙不反于涸泽,凤皇不离其罻罗。故刳胎焚林,则麒麟不臻;覆巢破卵,则凤皇不翔;竭泽而渔,则龟龙不见。鸟兽之于不仁,犹知避之,况丘乎?故虎啸而谷风起,龙兴而景云见。击庭钟于外,而黄钟应于内。夫物类之相感,精神之相应,若响之应声,影之象形,故君子违伤其类者。今彼已杀吾类矣,何为之此乎?'于是遂回车不渡而还。" [2]《廙别传》载廙道路为笺谢刘表曰:"考匑过蒙分遇荣授之显,未有管、狐、桓、文之烈,孤德陨命,精诚不遂。兄望之见礼在昔,既无堂构昭前之绩,中规不密,用坠祸辟。斯乃明神弗祐,天降之灾。悔吝之负,哀号靡及。廙之愚浅,言行多违,惧有浸润三至之间。考匑之爱已衰,望之之责犹存,必伤天慈既往之分,门户殪灭,取笑明哲。是用迸窜,永涉川路,即日到庐江寻阳。昔钟仪有南音之操,椒举有班荆之思,虽远犹迩,敢忘前施?"《傅子》曰:"表既杀望之,荆州士人皆自危也。夫表之本心,于望之不轻也,以直迕情,而谗言得入者,以无容直之度也。据全楚之地,不能以成功者,未必不由此也。夷、叔迕武王以成名,丁公顺高祖以受戮,二主之度远也。若不远其度,惟褊心是从,难乎以容民畜众矣。" [3]《战国策》曰:"有以九九求见齐桓公,桓公不纳。其人曰:'九九小术,而君纳之,况大于九九者乎?'于是桓公设庭燎之礼而见之。居无几，隰朋自远而至，齐遂以霸。”

太祖在长安，欲亲征蜀，廙上疏曰：“圣人不以智轻俗，王者不以人废言。故能成功于千载者，必以近察远，智周于独断者，不耻于下问，亦欲博采必尽于众也。且韦弦[1]非能言之物，而圣贤引以自匡。臣才智暗浅，愿自比于韦弦。昔乐毅能以弱燕破大齐，而不能以轻兵定即墨者，夫自为计者虽弱必固，欲自溃者虽强必败也。自殿下起军以来，三十余年，敌无不破，强无不服。今以海内之兵，百胜之威，而孙权负险于吴，刘备不宾于蜀。夫夷狄之臣，不当冀州之卒，权、备之籍，不比袁绍之业。然本初以亡，而二寇未捷，非暗弱于今而智

曹操在长安时，打算亲自带兵征伐蜀地，刘廙上疏说：“圣人不因为自己的睿智而轻视普通人，王者不因为人的地位无视他的议论。因此，能够建立千载功业的人，一定能从近处察知远处的情景，比独自决策的人思虑周详，不以向比自己身份低的人请教为耻辱，也想要广博地采纳众人的全部想法。皮带、弓弦不是能说话的东西，但古代的圣贤用它们校正自己。我虽然才智浅薄，但愿意把自己比作皮带和弓弦。从前乐毅能够以弱小的燕国打败强大的齐国，却不能用少量军队平定即墨，其原因在于，为自己谋划的，即使弱小也能坚固，想要放纵自己的，即使实力强大也必然失败。自从您起兵以来，三十余年，没有未能击败的敌人，没有制服不了的强敌。现在您拥有全国的军队，屡次获胜的声威，而孙权在吴凭借天险，刘备在蜀不愿臣服。夷狄的臣子，抵挡不了冀州的军队，孙权、刘备的势力，也比不上袁绍当时的基业。但是袁绍灭亡了，而孙、刘两敌还未被战胜，并不是我们现在愚昧弱小而当

武于昔也，斯自为计者，与欲自溃者异势耳。故文王伐崇，三驾不下，归而修德，然后服之。秦为诸侯，所征必服，及兼天下，东向称帝，匹夫大呼而社稷用隳。是力毙于外，而不恤民于内也。臣恐边寇非六国之敌，而世不乏才，土崩之势，此不可不察也。天下有重得，有重失，势可得而我勤之，此重得也；势不可得而我勤之，此重失也。于今之计，莫若料四方之险，择要害之处而守之，选天下之甲卒，随方面而岁更焉。殿下可高枕于广夏，潜思于治国，广农桑，事从节约，修之旬年，则国富民安矣。”太祖遂进前而报廙曰：“非但君当知臣，臣亦当知君。今欲使吾坐行西伯之德[2]，恐非其人也。”

初聪明勇武，只因为自己谋划的与放纵自己的两者地位交换了。所以当年周文王征伐崇，三次进攻没有攻克，就返回去修养德行，然后让崇归服。秦作为诸侯之一，征伐一定能够取胜，到兼并天下，向东称帝的时候，平民大声呼喊就颠覆了秦朝的统治。这是对外用尽力量，对内不爱护体恤百姓导致的啊。我担心边境敌人的力量虽比不上先秦的六国，但当世不缺少有才能的人，我们的统治会不会土崩瓦解，这些情况都不可以不加以审察。天下有重大胜利，有重大失败，形势有利而我努力争取，这就能获得重大胜利；形势不利，而去努力争取，这就会有重大的失败。当今之计，不如审查四方险要，选择要害之地防守，再挑选国内的士兵，按驻防的方位每年轮换驻守。殿下可以在高大的殿堂里安居，潜心考虑治国的方略，拓展农桑的种植，推行节约开支的举措，治理十年之后，国家就会富裕，百姓便会安定了。”太祖就到刘廙面前对他说：“不但君主应该了解大臣，大臣也应了解君主。如今你想要让我坐在这里实行西伯的德政，恐怕我不是这样的人啊。”

今注 1 韦弦:《韩非子·观行》:“西门豹之性急,故佩韦以自缓;董安于之性缓,故佩弦以自急。”韦,皮带。弦,弓弦。韦求软韧,弦求紧张,佩戴韦弦,以随时警诫自己。 2 西伯之德:西伯指周文王姬昌,纣王时为西伯。其德行崇高纯洁,厚待百姓,躬行仁义而诸侯都前来归附。

魏讽反,廙弟伟为讽所引,当相坐诛。太祖令曰:“叔向不坐弟虎[1],古之制也。”特原不问[1],徙署丞相仓曹属。廙上疏谢曰:“臣罪应倾宗,祸应覆族。遭乾坤之灵,值时来之运,扬汤止沸使不燋烂[2],起烟于寒灰之上,生华于已枯之木。物不答施于天地,子不谢生于父母,可以死效,难用笔陈[3][2]。”廙著书数十篇,及与丁仪共论刑礼,皆传于世。文帝即王位,为侍中,赐爵关内侯。黄初二年卒[3],无子。帝以弟子阜嗣[4]。

魏讽谋反,刘廙之弟刘伟受魏讽任用,刘廙应该连坐被杀。太祖下令说:“叔向不因其弟羊舌虎犯罪而受牵连,这是古时的制度。”特地赦免他不予论罪,转任刘廙为丞相仓曹属。刘廙上疏致谢说:“我犯的罪、闯下的祸,应该颠覆整个宗族。却遇上天地有灵,碰上时机变化的好运,您好比舀起沸水让它不再沸腾,使我幸免于死,在寒灰之上复燃烟火,让已枯之木重开鲜花。万物不答谢供养自己的天地,子女不为父母生身的恩德表达谢意,您的恩德我可以以死报效,却难以用书写表达。”刘廙著作有几十篇,还和丁仪一起讨论刑礼,著作都流传于世。文帝即魏王位,任命他为侍中,赐爵关内侯。刘廙黄初二年(221)去世,没有儿子。文帝让他弟弟的儿子刘阜继承他的爵位。

今注 1 叔向不坐弟虎:叔向,羊舌氏,春秋后期晋国贤臣。他的异母弟叔虎是栾盈的党羽,栾盈因为受到迫害,逃去楚国,遗留的党羽被范宣子杀尽,叔虎也在其中,叔向受到异母弟的牵连遭到囚禁,后被释放。
2 燋(jiāo)烂:指死亡,灭亡。 3 笔陈:书写表达。

裴注 [1]《廙别传》曰:"初,廙弟伟与讽善,廙戒之曰:'夫交友之美,在于得贤,不可不详。而世之交者,不审择人,务合党众,违先圣人交友之义,此非厚己辅仁之谓也。吾观魏讽,不修德行,而专以鸠合为务,华而不实,此直搅世沽名者也。卿其慎之,勿复与通。'伟不从,故及于难。" [2]《廙别传》载廙表论治道曰:"昔者周有乱臣十人,有妇人焉,九人而已,孔子称才难,不其然乎!明贤者难得也。况乱弊之后,百姓凋尽,士之存者盖亦无几。股肱大职,及州郡督司,边方重任,虽备其官,亦未得人也。此非选者之不用意,盖才匮使之然耳。况于长吏以下,群职小任,皆能简练备得其人也?其计莫如督之以法。不尔而数转易,往来不已,送迎之烦,不可胜计。转易之间,辄有奸巧,既于其事不省,而为政者亦以其不得久安之故,知惠益不得成于己,而苟且之可免于患,皆将不念尽心于恤民,而梦想于声誉,此非所以为政之本意也。今之所以为黜陟者,近颇以州郡之毁誉,听往来之浮言耳。亦皆得其事实而课其能否也。长吏之所以为佳者,奉法也,忧公也,恤民也。此三事者,或州郡有所不便,往来者有所不安。而长吏执之不已,于治虽得计,其声誉未为美;屈而从人,于治虽失计,其声誉必集也。长吏皆知黜陟之在于此也,亦何能不去本而就末哉?以为长吏皆宜使小久,足使自展。岁课之能,三年总计,乃加黜陟。课之皆当以事,不得依名。事者,皆以户口率其垦田之多少及盗贼发兴、民之亡叛者,为得负之计。如此行之,则无能之吏,修名无益;有能之人,无名无损。法之一行,虽无部司之监,奸誉妄毁,可得而尽。"事上,太祖甚善之。 [3]《廙别传》云:"时年四十二。" [4]案《刘氏谱》:"阜字伯陵,陈留太守。阜子乔,字仲彦。"《晋阳秋》曰:"乔有赞世志力。惠帝末,为豫州刺史。乔胄胤丕显,贵盛至今。"

刘劭

刘劭，字孔才，广平邯郸[1]人也。建安中，为计吏[2]，诣许。太史上言："正旦当日蚀。"劭时在尚书令荀彧所，坐者数十人，或云当废朝，或云宜却会。劭曰："梓慎[3]、裨灶[4]，古之良史，犹占水火错失天时。《礼记》曰诸侯旅见天子，及门不得终礼者四，日蚀在一[5]。然则圣人垂制，不为变异豫废朝礼者，或灾消异伏，或推术谬误也。"彧善其言，敕朝会如旧，日亦不蚀[1]。

刘劭，字孔才，是广平郡邯郸县人。建安时以计吏身份来到许都。太史向献帝上奏说："正月初一早晨将有日食。"刘劭正在尚书令荀彧那里，在座的有几十人，听到这个消息，有的说应停止岁首的朝庙祭祀，有的说应废除各地官员进京的朝会。刘劭说："梓慎、裨灶都是古代优秀的史官，占卜水火灾害还会出现时间差错。《礼记》说诸侯一同朝见天子，到了宫门不完成朝见仪式的情况有四种，日食是其一。但圣人传下的制度，不因为有变异而提前废止朝礼，或者是灾祸消除转移，或者是推测有错误。"荀彧赞同他的议论，下令朝会照常举行，到那一天也没有发生日食。

今注　1 广平邯郸：广平郡邯郸县，在今河北邯郸。　2 计吏：古代州郡掌簿籍并负责上计的官员。　3 梓(zǐ)慎：鲁国大夫，春秋时期著名的天文历法家，曾在日食时预测将有水灾，没有应验。　4 裨(pí)灶：郑国大夫，曾预测将会发生火灾，也没有应验。　5 日蚀在一：见于《礼记·曾子问》："曾子问曰：'诸侯旅见天子，入门，不得终礼，废者几？'孔子曰：'四。'请问之。曰：'太庙火，日食，后之丧，雨沾服失容，则废。'"意思是说诸侯觐见天子，在太庙失火、日食、皇后去世、下雨沾湿衣服致使仪容不整的情况下要停止行礼。

裴注 [1] 晋永和中，廷尉王彪之与扬州刺史殷浩书曰："太史上元日合朔，谈者或有疑应却会与不。昔建元元年，亦元日合朔，庾车骑写刘孔才所论以示八座，于时朝议有谓孔才所论为不得礼议，荀令从之，是胜人之一失也。何者？《礼》云：'诸侯旅见天子，入门不得终礼而废者四：太庙火，日蚀，后之丧，雨沾服失容。'寻此四事之指，自谓诸侯虽已入门而卒暴有之，则不得终礼。非为先存其事而徼幸史官推术错谬，故不豫废朝礼也。夫三辰有灾，莫大日蚀，史官告谴，而无惧容，不修豫防之礼，而废消救之术，方大飨华夷，君臣相庆，岂是将处天灾罪己之谓？且检之事实，合朔之仪，至尊静躬殿堂，不听政事，冕服御坐门阙之制，与元会礼异。自不得兼行，则当权其事宜。合朔之礼，不轻于元会。元会有可却之准，合朔无可废之义。谓应依建元故事，却元会。"浩从之，竟却会。

御史大夫郗虑辟劭，会虑免，拜太子舍人[1]，迁秘书郎[2]。黄初中，为尚书郎、散骑侍郎[3]。受诏集五经群书，以类相从，作《皇览》。明帝即位，出为陈留太守，敦崇教化，百姓称之。征拜骑都尉[4]，与议郎[5]庾嶷、荀诜等定科令，作《新律》十八篇，著《律略论》。迁散骑常侍。时闻公孙渊受孙权燕王之号，议者欲留渊计吏，遣兵讨之。劭以为："昔

御史大夫郗虑征辟刘劭，正赶上郗虑免官，朝廷拜刘劭为太子舍人，后又升任秘书郎。黄初年间，刘劭先后任尚书郎、散骑侍郎。他受命汇集五经群书，按类别整理排列，编成《皇览》。明帝即位后，他出任陈留太守，崇尚教化，被百姓称颂。后被征召拜为骑都尉，与议郎庾嶷、荀诜等制定法规条令，编写《新律》十八篇，著有《律略论》。刘劭升任散骑常侍。当时传闻公孙渊接受了孙权所授的燕王称号，议事者想要扣留公孙渊的计吏，并派兵讨伐他。刘劭认为："当初袁尚、袁熙兄弟归附公孙渊的父亲公孙康，公孙康将他们斩首并送来首级，

袁尚兄弟归渊父康，康斩送其首，是渊先世之效忠也，又所闻虚实，未可审知。古者要荒未服，修德而不征，重劳民也。宜加宽贷，使有以自新。"后渊果斩送权使张弥等首。

这表明了公孙渊前代对朝廷的忠心，而且这件传闻的真假还没调查清楚。古代对于不臣服的远方之国，施行德政而不事征伐，是因为征伐让百姓十分辛劳。对公孙渊应予以宽容厚待，让他有机会改正错误。"后来公孙渊果然将孙权使臣张弥等斩首，并将首级送到朝廷。

【今注】 **1** 太子舍人：太子的侍从官。 **2** 秘书郎：秘书令属官，掌管文书机要。 **3** 散骑侍郎：与散骑常侍共同侍从皇帝，负责顾问、进谏等事务。 **4** 骑都尉：侍卫武官，侍从宿卫皇帝。 **5** 议郎：掌顾问应对，多以贤良方正之士任之。

劭尝作《赵都赋》，明帝美之，诏劭作《许都》《洛都赋》。时外兴军旅，内营宫室，劭作二赋，皆讽谏焉。青龙中，吴围合肥，时东方吏士皆分休，征东将军[1]满宠表请中军兵，并召休将士，须集击之。劭议以为："贼众新至，心专气锐。宠以少人自战其地，若便进击，不必能制。宠求待兵，未有所失也。以为可先遣

刘劭曾作《赵都赋》，很受明帝欣赏，就下诏让他写《许都赋》《洛都赋》。当时魏国对外发起征伐，在内营造宫室，刘劭写了两篇赋，都含有讽谕劝谏的意思。青龙年间，吴国军队围攻合肥，当时魏军东方官吏士兵都在分批休假，征东将军满宠上表请求调遣中央军队，并召集休假的将士，一定要合力迎击敌军。刘劭提议认为："敌人的部队刚刚赶到，心志专一，士气高涨。满宠带着少数部队在本地作战，如果就此进攻，不一定能取胜。满宠请求并等待援军，没有什么过失。我认为可以先派五千步兵、三千精

步兵五千，精骑三千，军前发，扬声进道，震曜[2]形势。骑到合肥，疏其行队，多其旌鼓，曜兵城下，引出贼后，拟其归路，要其粮道。贼闻大军来，骑断其后，必震怖遁走，不战自破贼矣。”帝从之。兵比至合肥[3]，贼果退还。

骑率先出发，高扬声势进军，显耀势力。骑兵到了合肥，就采用疏松的行军队形，多置旗帜战鼓，在城下展示兵力，将敌人引出后，就包抄他们返回的道路，截击他们运输粮食的通道。敌人听说大军到来，又有骑兵切断他们的后路，一定会震动恐惧而逃跑，不用作战就能击败敌人了。”明帝采纳了他的建议。当魏军到合肥时，敌人果然撤退返回。

今注 1 征东将军：四征将军之一，曹魏时为重号将军，持节都督一方军事，掌管征伐。 2 震曜：震动，显耀。 3 合肥：淮南郡合肥县，在今安徽合肥。

时诏书博求众贤。散骑侍郎夏侯惠荐劭曰：“伏见常侍刘劭，深忠笃思，体周于数，凡所错综，源流弘远，是以群才大小，咸取所同而斟酌焉。故性实之士服其平和良正，清静之人慕其玄虚退让，文学之士嘉其推步详密，法理之士明其分数精比，意思之士知其沈深[1]笃固，文章之士爱其著论属辞，制度之士

当时皇帝下诏广求贤才。散骑侍郎夏侯惠推荐刘劭说：“我见常侍刘劭，为人敦厚忠诚善于思考，周全地体察事理，凡是他所谋划的事，源流广大深远，所以大小人才，都能够选取相同之处而加以考虑任用。所以本性诚实的人佩服他的平和善良公正，清静的人仰慕他的玄虚谦退，擅长文学的人称赞他的推断详密，从事法理的人知道他的条理和精密推论，有思想的人知道他的深沉坚定，写文章的人喜爱他的著作议论和修辞，讨论制度的人看重他的策略权衡，

贵其化略较要，策谋之士赞其明思通微。凡此诸论，皆取适己所长而举其支流者也。臣数听其清谈，览其笃论，渐渍[2]历年，服膺弥久，实为朝廷奇其器量。以为若此人者，宜辅翼机事，纳谋帏幄，当与国道俱隆，非世俗所常有也。惟陛下垂优游[3]之听，使劭承清闲之欢，得自尽于前。则德音上通，辉耀日新矣[1]。”

出谋划策的人称赞他思想高明而通达细微。这些评论，都是取自己所擅长的和他的某方面才能相比较而已。我多次听他清谈，看他的论著，经过几年的影响，越来越长久地佩服他，实在为朝廷珍重他的才能。我认为像他这样的人应该协助处理重要事务，在内庭中采纳他的计谋，他的地位应该和国势一起日益隆盛，这种人才不是世俗中常有的。请陛下从容听取我的谏言，使刘劭能得您清明悠闲的欢心，得以在您面前竭尽其才华。那样贤德的声音上达于您，您光明的圣德也会日益增进。”

今注　1 沈深：深沉，沉着。沈，同“沉”。　2 渐渍(zì)：逐渐受到影响或感化。　3 优游：悠闲。

裴注　[1] 臣松之以为，凡相称荐，率多溢美之辞，能不违中者或寡矣。惠之称劭云“玄虚退让”及“明思通微”，近于过也。

景初中，受诏作《都官考课》。劭上疏曰：“百官考课，王政之大较，然而历代弗务，是以治典阙而未补，能否混而相蒙。陛下以上圣之宏略[1]，愍王

景初年间，刘劭受诏令制定《都官考课》。刘劭上疏说：“百官治绩的考评，是皇朝政治的大事，但是历代未能实施，所以没能弥补治国法典的疏漏，有才干和能力差的官吏混杂，人事情况不明。陛下以古代圣贤那样宏大的谋

纲之弛颓，神虑内鉴，明诏外发。臣奉恩旷然[2]，得以启蒙，辄作《都官考课》七十二条，又作《说略》一篇。臣学寡识浅，诚不足以宣畅圣旨，著定典制。”又以为宜制礼作乐，以移风俗，著《乐论》十四篇，事成未上，会明帝崩，不施行。正始中，执经讲学，赐爵关内侯。凡所撰述，《法论》《人物志》之类百余篇。卒，追赠光禄勋。子琳嗣。

劭同时东海缪袭亦有才学，多所述叙，官至尚书、光禄勋[1]。袭友人山阳仲长统，汉末为尚书郎，早卒。著《昌言》，词佳可观省[2]。散骑常侍陈留苏林[3]、光禄大夫京兆韦诞[4]、乐安太守谯国夏侯惠[5]、陈郡太守任城孙该[6]、郎中令河东杜挚等亦著文赋，颇传于世[7]。

略，痛惜国家法度的松懈败坏，内心进行考虑而明确地发布诏令于外。臣承蒙广大的皇恩，得以进行这项开创性的工作，于是制定《都官考课》七十二条，又写作《说略》一篇。臣才学寡少，见识浅薄，实在不足以明白流畅地宣扬皇上的旨意，来制定这项典章制度。”刘劭还认为应该制定礼制，创作音乐，来改变风俗，于是写了《乐论》十四篇，写完了还没来得及上呈，适逢明帝去世，这件事便没有施行。正始年间，刘劭主管讲解经学，被赐爵关内侯。刘劭还撰有《法论》《人物志》等著作百余篇。死后，他被追赠为光禄勋。他的儿子刘琳继承了他的爵位。

与刘劭同时的东海人缪袭也有才华学识，有很多著述言论，官至尚书、光禄勋。缪袭的朋友山阳人仲长统，在汉末曾做过尚书郎，早逝。他写了《昌言》，文辞优美可以观看考察。散骑常侍陈留人苏林、光禄大夫京兆人韦诞、乐安太守谯国人夏侯惠、陈郡太守任城人孙该、郎中令河东人杜挚等人也著有文章辞赋，很为后世所传诵。

今注 1 宏略：宏伟的谋略。 2 旷然：宽宏的样子。

裴注 [1]《先贤行状》曰："缪斐字文雅。该览经传，事亲色养。征博士，六辟公府。汉帝在长安，公卿博举名儒。时举斐任侍中，并无所就。即袭父也。"《文章志》曰："袭字熙伯。辟御史大夫府，历事魏四世。正始六年，年六十卒。子悦，字孔怿，晋光禄大夫。袭孙绍、播、征、胤等，并皆显达。" [2]袭撰《统昌言表》，称："统字公理，少好学，博涉书记，赡于文辞。年二十余，游学青、徐、并、冀之间，与交者多异之。并州刺史高幹，素贵有名，招致四方游士，多归焉。统过幹，幹善待遇之，访以世事。统谓幹曰：'君有雄志而无雄才，好士而不能择人，所以为君深戒也。'幹雅自多，不纳统言。统去之，无几而幹败。并、冀之士，以是识统。大司农常林与统共在上党，为臣道统性倜傥，敢直言，不矜小节，每列郡命召，辄称疾不就。默语无常，时人或谓之狂。汉帝在许，尚书令荀彧领典枢机，好士爱奇，闻统名，启召以为尚书郎。后参太祖军事，复还为郎。延康元年卒，时年四十余。"统每论说古今世俗行事，发愤叹息，辄以为论，名曰《昌言》，凡二十四篇。 [3]《魏略》曰："林字孝友，博学多通，古今字指，凡诸书传文间危疑，林皆释之。建安中，为五官将文学，甚见礼待。黄初中，为博士给事中。"文帝作《典论》所称苏林者是也。以老归第，国家每遣人就问之，数加赐遗。年八十余卒。 [4]《文章叙录》曰："诞字仲将，太仆端之子。有文才，善属辞章。建安中，为郡上计吏，特拜郎中，稍迁侍中、中书监，以光禄大夫逊位，年七十五卒于家。"初，邯郸淳、卫觊及诞并善书，有名。觊孙恒撰《四体书势》，其序古文曰："自秦用篆书，焚烧先典，而古文绝矣。汉武帝时，鲁恭王坏孔子宅，得《尚书》《春秋》《论语》《孝经》，时人已不复知有古文，谓之科斗书，汉世秘藏，希得见之。魏初传古文者，出于邯郸淳。敬侯写淳《尚书》，后以示淳，而淳不别。至正始中，立三字石经，转失淳法。因科斗之名，遂效其法。太康元年，汲县民盗发魏襄王冢，得策书十余万言。案敬侯所书，犹有仿佛。"敬侯谓觊也。其序篆书曰:“秦时李斯号为工篆,诸山及铜人铭皆斯书也。汉建初中,扶风曹喜少异于斯而亦称善。邯郸淳师焉,略究其妙。韦诞师淳而不及也。太和中,诞为武都太守,以能书留补侍中,魏氏宝器铭题皆诞书云。汉末又有蔡邕采斯、喜之法,为古今杂形,然精密简理不如淳也。”其序录隶书,已略见《武纪》。又曰:“师宜官为大字,邯郸淳为小字。梁鹄谓淳得次仲法,然鹄之用笔尽其势矣。”其序草书曰:“汉兴而有草书,不知作者姓名。至章帝时,齐相杜度号善作篇,后有崔瑗、崔寔亦皆称工。杜氏结字甚安而书体微瘦,崔氏甚得笔势而结字小疏。弘农张伯英者因而转精其巧。凡家之衣帛,必书而后练之,临池学书,池水尽黑。下笔必为楷则,号匆匆不暇草,寸纸不见遗,至今世人尤宝之,韦仲将谓之草圣。伯英弟文舒者,次伯英。又有姜孟颖、梁孔达、田彦和及韦仲将之徒,皆伯英弟子,有名于世,然殊不及文舒也。”　[5]惠,渊子。事在《渊传》。[6]《文章叙录》曰:“该字公达。强志好学。年二十,上计掾,召为郎中。著《魏书》。迁博士、司徒右长史,复还入著作。景元二年卒官。”　[7]《文章叙录》曰:“挚字德鲁。初上《笳赋》,署司徒军谋吏。后举孝廉,除郎中,转补校书。挚与毌丘俭乡里相亲,故为诗与俭,求仙人药一丸,欲以感切俭求助也。其诗曰:‘骐骥马不试,婆娑槽枥间。壮士志未伸,坎轲多辛酸。伊挚为媵臣,吕望身操竿;夷吾困商贩,宁戚对牛叹;食其处监门,淮阴饥不餐;买臣老负薪,妻畔呼不还。释之宦十年,位不增故官。才非八子伦,而与齐其患。无知不在此,袁盎未有言。被此笃病久,荣卫动不安。闻有韩众药,信来给一丸。’俭答曰:‘凤鸟翔京邑,哀鸣有所思。才为圣世出,德音何不怡!八子未遭遇,今者遘明时。胡康出垄亩,杨伟无根基。飞腾冲云天,奋迅协光熙。骏骥骨法异,伯乐观知之。但当养羽翮,鸿举必有期。体无纤微疾,安用问良医?联翩轻栖集,还为燕雀嗤。韩众药虽良,或更不能治。悠悠千里情,薄言答嘉诗。信心感诸中,中实不在辞。’挚竟不得迁,卒于秘书。”《庐江何氏家传》曰:“明帝时,有谯人胡康,年十五,以异才见送,又陈损益,求试剧县。诏特引见。众论翕然,号为神童。

诏付秘书,使博览典籍。帝以问秘书丞何祯:'康才何如?' 祯答曰:'康虽有才,性质不端,必有负败。'后果以过见谴。"臣松之案:魏朝自微而显者,不闻胡康;疑是孟康。康事见《杜恕传》。杨伟见《曹爽传》。

傅嘏

傅嘏,字兰石,北地泥阳1人,傅介子2之后也。伯父巽,黄初中为侍中、尚书[1]。嘏弱冠知名[2],司空陈群辟为掾。时散骑常侍刘劭作考课法,事下三府。嘏难劭论曰:"盖闻帝制宏深,圣道奥远,苟非其才,则道不虚行,神而明之,存乎其人。暨乎王略亏颓而旷载罔缀,微言既没,六籍泯玷。何则?道弘致远而众才莫晞也。案劭考课论,虽欲寻前代黜陟之文,然其制度略以阙亡。礼之存者,惟有周典,外建侯伯,藩屏九服,内立列司,管齐六职,土有恒

傅嘏,字兰石,北地郡泥阳县人,是傅介子的后代。伯父傅巽,黄初年间先后担任侍中、尚书。傅嘏二十岁时就有了名气,司空陈群征聘他为自己的僚属。当时散骑常侍刘劭正在制定《都官考课》,此事交由三公府讨论。傅嘏质疑刘劭说:"听说帝王的法度广大深刻,圣人之道玄奥深远,如果制定的人不具备相应的才能,那么治道就不会没有原因地施行,要了解神妙的道理,全靠具备这种才能的人。到如今国家法度欠缺衰败,多年没有弥补,圣人的旨趣不得见,六经也亡失篡改。这是为什么?因为圣人之道弘远而众人的才能无法企及。我看刘劭的考课之论,虽然想要寻求前代进退升降官吏的条文,但是这些制度大多已经残缺遗失。礼制方面,尚存的只有周典,讲的是在外封建侯伯来护卫九服,在内设立各主管部门来管理治、教、礼、政、刑、事六种职事,土地有一定的贡赋,官

贡，官有定则，百揆均任，四民殊业，故考绩可理而黜陟易通也。大魏继百王之末，承秦、汉之烈，制度之流，靡所修采。自建安以来，至于青龙，神武拨乱，肇基皇祚，扫除凶逆，芟夷遗寇，旌旗卷舒，日不暇给。及经邦治戎，权法并用，百官群司，军国通任，随时之宜，以应政机。以古施今，事杂义殊，难得而通也。所以然者，制宜经远，或不切近，法应时务，不足垂后。夫建官均职，清理民物，所以立本也；循名考实，纠励成规，所以治末也。本纲未举而造制未呈，国略不崇而考课是先，惧不足以料贤愚之分，精幽明之理也。昔先王之择才，必本行于州闾，讲道于庠

员有一定的准则，百官各司其职，四民各安其业，因此可以考察治绩，容易实施升降官职的措施。大魏在百王之后，继承秦、汉两朝的功业，对流传下来的制度无不整理采纳。自建安年间到青龙年间，武皇帝神圣英武地平定乱局，奠定皇业基础，扫除凶残叛逆，清除灭绝残余的敌人，屡次进军，事务繁多，没有空闲。在治理国家、整治军旅上，朝廷权变与常法并用，使百官各部能够同样担任政务和军务，以合乎时宜，灵活施政。用古代的制度施用于今日的情况，事务繁杂而旧义已经改变，这种做法很难行得通。之所以如此，是因为制度应该以规划长远发展为目的，有的地方就不切合近时的情况，法规则用以应对当时的事务，不足以流传于后。设立官位，调整职务，治理百姓，管理财物，这是政务的根本；按照官职考察官员治绩，纠正或改善施政的做法，是用来治理政务末端的。根本大纲尚未建立，制度预设还没做出来，不注重治国大略却先行考核官员，恐怕不足以判断贤愚之人的区别，精察施政明暗的道理。从前先王选拔人才，一定根据此人在州里、闾里的行为，在学校里讲说

序。行具而谓之贤，道修则谓之能。乡老献贤能于王，王拜受之，举其贤者，出使长之，科其能者，入使治之，此先王收才之义也。方今九州之民，爰及京城，未有六乡[3]之举，其选才之职，专任吏部，案品状则实才未必当，任薄伐则德行未为叙，如此则殿最之课，未尽人才。述综王度，敷赞国式，体深义广，难得而详也。”

的道理来考察。行为端正者称为贤才，道德高尚者则称为能士。然后由乡老把贤能之人推荐给帝王，帝王按礼仪接纳他们后，再选拔他们之中的贤者，让他们做地方长官，考评他们中有能力的人，让他们入朝治理国家，这是先王招纳人才的方法。当今天下的人都到京城，没有乡人举荐，选拔贤才由吏部专门负责，按照品德则实际才能未必具备，授予官职的高低也未必和他的德行相符，这样考察他们谁是第一谁是最后，没有尽用人才。让他们全面叙述国家法度，陈奏国家法规，考察深奥的内容，发挥广阔的法义，很难做到详尽。”

今注　1 北地泥阳：北地郡泥阳县，在今陕西铜川市耀州区。　2 傅介子：西汉北地郡义渠人。出任军官，被派出使西域，当时西域龟兹、楼兰曾联合匈奴，杀汉使者。昭帝元凤年间，傅介子奉诏责备楼兰、龟兹，并杀死匈奴使者。元凤四年（前77），傅介子又奉命以赏赐为名，袭杀楼兰国王。因功被封为义阳侯。　3 六乡：周制，王城之外百里以内分为六乡，每乡设乡大夫管理。

裴注　[1]《傅子》曰：“嘏祖父睿，代郡太守。父充，黄门侍郎。”　[2]《傅子》曰：“是时何晏以材辩显于贵戚之间，邓飏好变通，合徒党，鬻声名于闾阎，而夏侯玄以贵臣子少有重名，为之宗主，求交于嘏，而不纳也。嘏友人荀粲，有清识远心，然犹怪之。谓嘏曰：‘夏侯泰初一时之杰，虚心交子，合则好成，不合则怨至。二贤不睦，非国之利，此蔺相如所以下廉颇也。'嘏答之曰：'泰初志大其量，能合虚声而无实才。何平叔言远而情近，好辩而无诚，所谓利口覆邦国之人也。邓玄茂有为而无终，外要名利，内无关钥，贵同恶异，多言而妒前；多言多衅，妒前无亲。以吾观此三人者，皆败德也，远之犹恐祸及，况昵之乎？'"

正始初，除尚书郎，迁黄门侍郎。时曹爽秉政，何晏为吏部尚书。嘏谓爽弟羲曰："何平叔外静而内铦巧[1]，好利，不念务本。吾恐必先惑子兄弟，仁人将远，而朝政废矣。"晏等遂与嘏不平，因微事以免嘏官。起家拜荥阳[2]太守，不行。太傅司马宣王请为从事中郎[3]。曹爽诛，为河南尹[1]，迁尚书。嘏常以为："秦始罢侯置守，设官分职，不与古同。汉、魏因循，以至于今。然儒生学士，咸欲错综以三代之礼，礼弘致远，不应时务，事与制违，名实未附，故历代而不至于治者，盖由

正始初年，傅嘏被授予尚书郎职位，后升任黄门侍郎。当时曹爽掌管政权，何晏为吏部尚书。傅嘏对曹爽的弟弟曹羲说："何晏外表恬静，但是内心讨巧，贪图私利，不考虑固守根本。我害怕他一定会先迷惑你们兄弟，那时仁人贤士将会远离你们，而朝政局势就会大坏。"何晏等人因此与他不和，以小事为借口将傅嘏免官。后又被征召为荥阳太守，未去就职。太傅司马懿把他请去担任从事中郎。曹爽被诛杀后，傅嘏被任命为河南尹，后升任尚书。傅嘏经常说："秦开始废除诸侯，设置郡守，设置官职划分职务，不同于古代的制度。汉、魏沿袭秦制，一直到如今。但是儒生学士，都想把三代礼制融合到现在的制度中，然而礼制广大深远，不适合当下的情况，具体事务和制度不统一，设计和实际不符合，所以经过了几代也不能达到大治，大概是出于这些原因。我想大规模改变并制

是也。欲大改定官制，依古正本，今遇帝室多难，未能革易。”

定官制，依据古代制度从根本上改正，如今遇到帝室多次遭遇危难，没能进行改革。”

今注 1 铦(xiān)巧：讨巧，取巧。 2 荥(xíng)阳：郡名，三国魏正始三年(242)设置，治所荥阳，在今河南郑州市惠济区西北古荥。 3 从事中郎：三公、大将军府属官，负责参议事务。

裴注 [1]《傅子》曰：“河南尹内掌帝都，外统京畿，兼古六乡六遂之士。其民异方杂居，多豪门大族，商贾胡貊，天下四会，利之所聚，而奸之所生。前尹司马芝，举其纲而太简，次尹刘静，综其目而太密，后尹李胜，毁常法以收一时之声。嘏立司马氏之纲统，裁刘氏之纲目以经纬之，李氏所毁以渐补之。郡有七百吏，半非旧也。河南俗，党五官掾功曹典选职，皆授其本国人，无用异邦人者，嘏各举其良而对用之，官曹分职，而后以次考核之。其治以德教为本，然持法有恒，简而不可犯，见理识情，狱讼不加榎楚而得其实。不为小惠，有所荐达及大有益于民事，皆隐其端迹，若不由己出。故当时无赫赫之名，吏民久而后安之。”

时论者议欲自伐吴，三征献策，各不同。诏以访嘏，嘏对曰：“昔夫差陵齐胜晋，威行中国，终祸姑苏；齐闵[1]兼土拓境，辟地千里，身蹈颠覆。有始不必善终，古之明效也。孙权自破

当时有人议论想要攻打吴国，多次征求献策，内容各不相同。朝廷下诏询问傅嘏，傅嘏回答说：“当年夫差威压齐国，战胜晋国，威名在中原广为流传，最终还是在姑苏遭遇祸患；齐闵兼并土地开拓边境，辟地千里，自己却遭颠覆之祸。有始不一定能善终，这是古史明确表现出来的。孙权自从击败关羽吞并荆州之后，意

关羽并荆州之后，志盈欲满，凶宄[2]以极，是以宣文侯深建宏图大举之策。今权以死，托孤于诸葛恪。若矫权苛暴，蠲其虐政，民免酷烈，偷安新惠，外内齐虑，有同舟之惧，虽不能终自保完，犹足以延期挺命于深江之外矣。而议者或欲泛舟径济，横行江表；或欲四道并进，攻其城垒；或欲大佃疆埸，观衅而动，诚皆取贼之常计也。然自治兵以来，出入三载，非掩袭之军也。贼之为寇，几六十年矣，君臣伪立，吉凶共患，又丧其元帅，上下忧危，设令列船津要，坚城据险，横行之计，其殆难捷。惟进军大佃，最差完牢。兵出民表，寇钞不犯；坐食积谷，不烦运士；乘衅讨袭，无远劳费，此军之

气风发，欲望满足，凶横奸邪到了极点，因此宣文侯（司马懿）精深地谋划了目标深远举动广大的计划。如今孙权已死，把继承人托付给诸葛恪。假如他能改正孙权苛刻暴虐的做法，废除他苛虐的政策，使人民免遭狠毒的对待，实行新的惠政谋求苟且偷安，又能内外齐心，有同舟共济的危机意识，虽然最后不能保全自身，也足以在长江以南延长寿命了。而议论的人，有的想划船直接渡过大江，直接向长江以南进军；有的想要四路并进，攻击吴国的城垒；有的说要在边境上大规模屯田，等吴国出现破绽就进攻，这些确实是常用的破敌办法。但自练兵以来，前后经过三年，我方已经不是突击偷袭的军队了。孙吴抵抗我们几乎六十年了，他们伪立君臣，共同承担吉凶，现在他们失去了首脑，上下都忧虑畏惧，假使他们把战船安排在重要的渡口，坚固城池，据守险地，那么直接攻击长江以南那样的计划，恐怕难以取胜。只有进军边境，一边大规模屯田一边等待时机的办法，差不多最为完备安全。这样士兵从屯田的民众中选出，就不会侵夺抢掠百姓；大军在原地食用屯田积聚的粮食，不用劳烦运输的士卒；在边界上乘

急务也。昔樊哙愿以十万之众,横行匈奴,季布面折其短。今欲越长江,涉虏庭,亦向时之喻也。未若明法练士,错计于全胜之地,振长策以御敌之余烬,斯必然之数也[1]。"

机进攻突袭,没有出兵远征的花费,这是军事上应该急于做的事。当年樊哙想要带十万大军横行匈奴,季布当面指出他的短处。如今想跨越长江,进入敌人的巢穴,也就和当时的事情一样。不如严明法令,训练士卒,制定万无一失的计划,实行我们优势的策略来对抗敌人残余的力量,获胜就是必然的了。"

今注 1 齐闵:即齐湣王,也作齐闵王,战国时齐国君主,曾联合韩、魏进攻秦,一度与秦昭王并称"东西帝"。最终被燕将乐毅率五国联军击败,出奔到莒(今山东莒县),不久被杀。 2 凶宄(guǐ):凶恶奸邪。

裴注 [1]司马彪《战略》载嘏此对,详于本传,今悉载之以尽其意。彪曰:"嘉平四年四月,孙权死。征南大将军王昶、征东将军胡遵、镇南将军毌丘俭等表请征吴。"朝廷以三征计异,诏访尚书傅嘏,嘏对曰:"昔夫差胜齐陵晋,威行中国,不能以免姑苏之祸;齐闵辟土兼国,开地千里,不足以救颠覆之败:有始不必善终,古事之明效也。孙权自破蜀兼平荆州之后,志盈欲满,罪戮忠良,诛及胤嗣,元凶已极。相国宣文侯先识取乱侮亡之义,深建宏图大举之策。今权已死,托孤于诸葛恪。若矫权苛暴,蠲其虐政,民免酷烈,偷安新惠,外内齐虑,有同舟之惧,虽不能终自保完,犹足以延期挺命于深江之表矣。昶等或欲泛舟径渡,横行江表,收民略地,因粮于寇;或欲四道并进,临之以武,诱间携贰,待其崩坏;或欲进军大佃,逼其项领,积谷观衅,相时而动:凡此三者,皆取贼之常计也。然施之当机,则功成名立,苟不应节,必贻后患。自治兵已来,出入三载,非掩袭之军也。贼丧元帅,利存退守,若撰饰舟楫,罗船津要,坚城清野,以防卒攻,横行之计，殆难必施。贼之为寇，几六十年，君臣伪立，吉凶同患，若恪蠲其弊，天去其疾，崩溃之应，不可卒待。今边壤之守，与贼相远，贼设罗落，又持重密，间谍不行，耳目无闻。夫军无耳目，校察未详，而举大众以临巨险，此为希幸徼功，先战而后求胜，非全军之长策也。唯有进军大佃，最差完牢。可诏昶、遵等择地居险，审所错置，及令三方一时前守。夺其肥壤，使还耕塉土，一也；兵出民表，寇钞不犯，二也；招怀近路，降附日至，三也；罗落远设，间构不来，四也；贼退其守，罗落必浅，佃作易之，五也；坐食积谷，士不运输，六也；衅隙时闻，讨袭速决，七也：凡此七者，军事之急务也。不据则贼擅便资，据之则利归于国，不可不察也。夫屯垒相逼，形势已交，智勇得陈，巧拙得用，策之而知得失之计，角之而知有余不足，虏之情伪，将焉所逃？夫以小敌大，则役烦力竭，以贫敌富，则敛重财匮。故'敌逸能劳之，饱能饥之'，此之谓也。然后盛众厉兵以震之，参惠倍赏以招之，多方广似以疑之。由不虞之道，以间其不戒；比及三年，左提右挈，虏必冰散瓦解，安受其弊，可坐算而得也。昔汉氏历世常患匈奴，朝臣谋士早朝晏罢，介胄之将则陈征伐，搢绅之徒咸言和亲，勇奋之士思展搏噬。故樊哙愿以十万之众横行匈奴，季布面折其短；李信求以二十万独举楚人，而果辱秦军。今诸将有陈越江陵险，独步虏庭，即亦向时之类也。以陛下圣德，辅相忠贤，法明士练，错计于全胜之地，振长策以御之，虏之崩溃，必然之数。故兵法曰：'屈人之兵，而非战也；拔人之城，而非攻也。'若释庙胜必然之理，而行万一不必全之路，诚愚臣之所虑也。故谓大佃而逼之计最长。"时不从嘏言。其年十一月，诏昶等征吴。五年正月，诸葛恪拒战，大破众军于东关。

后吴大将诸葛恪新破东关，乘胜扬声欲向青、徐，朝廷将为之备。嘏议以为："淮海非贼轻

后来吴国的大将诸葛恪攻破东关不久，趁着胜利宣称要杀向青州、徐州，朝廷将要对此进行防备。傅嘏参议时认为："淮海并不是敌军敢于轻易行进

行之路，又昔孙权遣兵入海，漂浪沉溺，略无孑遗[1]，恪岂敢倾根竭本，寄命洪流，以徼干没[2]乎[1]？恪不过遣偏率小将素习水军者，乘海溯淮，示动青、徐，恪自并兵来向淮南耳。”后恪果图新城[3]，不克而归。

的道路，加上当年孙权派兵入海，兵船遇浪沉溺，几乎没人剩下，诸葛恪怎敢倾尽吴国的根本，将士兵的性命寄托于洪水，而求侥幸呢？诸葛恪不过是要派平时熟悉水军的偏将小官，带领小部分人马从海路上溯淮水，佯攻青州、徐州，诸葛恪自己合并各军来进攻淮南罢了。”后来诸葛恪果然带兵攻击新城，没有攻克而撤退。

今注 1 孑遗：残存者，遗民。 2 干没：侥幸。 3 新城：新城郡，治房陵（今湖北房县）。

裴注 [1]《汉书·张汤传》曰：“汤始为小吏，干没，与长安富贾田甲、鱼翁叔之属交私。服虔说曰：‘干没，射成败也。’如淳曰：‘得利为干，失利为没。’”臣松之以虔直以干没为射成败，而不说干没之义，于理犹为未畅。淳以得利为干，又不可了。愚谓干读宜为干燥之干。盖谓有所徼射，不计干燥之与沈没而为之。

嘏常论才性同异，钟会集而论之[1]。嘉平末，赐爵关内侯。高贵乡公即尊位，进封武乡亭侯。正元二年春，毌丘俭、文钦作乱，或以司马景王不宜自行，可遣太尉孚往，

傅嘏时常谈论才能与本性的关系，钟会把这些言论收集起来并加以评论。嘉平末年，傅嘏被赐予关内侯爵位。高贵乡公曹髦即皇帝位后，他又被晋封为武乡亭侯。正元二年(255)春，毌丘俭、文钦作乱，有人认为司马景王（司马师）不宜亲自出征，可以派太尉司马孚前

惟嘏及王肃劝之。景王遂行[2]，以嘏守尚书仆射，俱东。俭、钦破败，嘏有谋焉。及景王薨，嘏与司马文王径还洛阳，文王遂以辅政，语在《钟会传》[3]。会由是有自矜色，嘏戒之曰："子志大其量，而勋业难为也，可不慎哉！"嘏以功进封阳乡侯，增邑六百户，并前千二百户。是岁薨，时年四十七，追赠太常，谥曰元侯[4]。子祗嗣。咸熙中开建五等1，以嘏著勋前朝，改封祗泾原子[5]。

去，只有傅嘏与王肃劝司马景王亲自出征。司马景王于是带兵前往，让傅嘏担任尚书仆射，一起东征。毌丘俭、文钦被击败，就有傅嘏出谋划策的功劳。司马景王去世，傅嘏与司马文王（司马昭）直接回到洛阳，文王便让他辅佐朝政，相关事情记录在《钟会传》里。钟会因此有自傲的神情，傅嘏劝诫他说："你的志向大于你的能力，功业难以成就，难道可以不谨慎吗！"傅嘏又因功被晋封为阳乡侯，增加食邑六百户，加上先前的共有一千二百户。傅嘏这一年去世，当时四十七岁，被追赠为太常，谥号元侯。儿子傅祗继承了他的爵位。咸熙年间实行五等爵制，因为傅嘏在前朝功勋卓著，改封傅祗为泾原子。

今注 1 开建五等：曹魏咸熙元年(264)进行的爵位制度改革，恢复了西周的公、侯、伯、子、男五等爵制度，有六百余人受封，受封者虽拥有封国，但只食租税。

裴注 [1]《傅子》曰："嘏既达治好正，而有清理识要，好论才性，原本精微，鲜能及之。司隶校尉钟会年甚少，嘏以明智交会。"臣松之案：《傅子》前云嘏了夏侯之必败，不与之交，而此云与钟会善。愚以为夏侯玄以名重致患，衅由外至；钟会以利动取败，祸自己出。然则夏侯之危兆难睹，而钟氏之败形易照也。嘏若了夏侯之必危，而不见钟会之将败，则为识有所蔽，难以言通；若皆知其不终，而情有彼此，是为厚薄由于爱憎，奚豫于成败哉？以爱憎为厚薄，又亏于雅体矣。《傅子》此论，非所以益嘏也。[2]《汉晋春秋》曰："嘏固劝景王行，景王未从。嘏重言曰：'淮、楚兵劲，而俭等负力远斗，其锋未易当也。若诸将战有利钝，大势一失，则公事败矣。'是时景王新割目瘤，创甚，闻嘏言，蹶然而起曰：'我请舆疾而东。'"[3]《世语》曰："景王疾甚，以朝政授傅嘏，嘏不敢受。及薨，嘏秘不发丧，以景王命召文王于许昌，领公军焉。"孙盛评曰："晋宣、景、文王之相魏也，权重相承，王业基矣。岂蕞尔傅嘏所宜间厕？"《世语》所云，斯不然矣。　[4]《傅子》曰："初，李丰与嘏同州，少有显名，早历大官，内外称之，嘏又不善也。谓同志曰：'丰饰伪而多疑，矜小失而昧于权利，若处庸庸者可也，自任机事，遭明者必死。'丰后为中书令，与夏侯玄俱祸，卒如嘏言。嘏自少与冀州刺史裴徽、散骑常侍荀彪善，徽、彪早亡。又与镇北将军何曾、司空陈泰、尚书仆射荀颛、后将军钟毓并善。相与综朝事，俱为名臣。"　[5]《晋诸公赞》曰："祗字子庄，嘏少子也。晋永嘉中至司空。祗子宣，字世弘。"《世语》称宣以公正知名，位至御史中丞。宣弟畅，字世道，秘书丞，没在胡中。著《晋诸公赞》及《晋公卿礼秩故事》。

评曰：昔文帝、陈王以公子之尊，博好文采，同声相应，才士并出，惟粲等六人最见名目。而粲特处常伯之官[1]，兴一代之制，然其冲虚德宇，未若徐幹之粹也。卫觊亦以多识典故，相时王之式。刘劭该览学籍，文质

评论说：从前魏文帝、陈王曹植因为身居公子的尊崇地位，很爱好文章，志趣相同者互相响应，出了很多有才能的士人，只有王粲等六人最出名。王粲身居常伯的官位，主持创立一代的制度规章，但在谦抑清虚的道德修养上，他还不能像徐幹那么纯粹。卫觊也因为通晓古代的典故，而辅佐了当时的君主建立制度规章。刘劭遍览学术典籍，文学德行周

周洽。刘廙以清鉴[2]著，傅嘏用才达显云[1]。

遍融洽。刘廙以见识高明知名，傅嘏因才能通达显耀。

今注　1 常伯之官：常伯，官名，周代指君主左右掌管民事的大臣，后世为皇帝近臣泛称。王粲担任过侍中，故称。　2 清鉴：高明的鉴别力。

裴注　[1] 臣松之以为，傅嘏识量名辈，实当时高流。而此评但云"用才达显"，既于题目为拙，又不足以见嘏之美也。

卷二十二　魏书二十二

桓二陈徐卫卢传

导读　汉末长沙郡人桓阶为人十分注重义气。他在郡功曹小官任上，受孙坚举荐为孝廉，任尚书郎。后来孙坚在攻击荆州牧刘表的战斗中死去，守丧在家的桓阶冒死向刘表乞求归还孙坚的尸身。曹操与袁绍对峙期间，刘表支持袁绍，但桓阶却认为袁绍必败，全力劝说本郡太守张羡支持力量薄弱的曹操。后来刘表攻城，张羡病死而城破，桓阶逃跑。刘表并未怪罪他，反而征辟他为自己的属官，并打算和他结为姻亲，桓阶都拒而不受。曹操平定荆州后，征辟桓阶为自己的属员。曹植十分受曹操喜爱，但桓阶坚持认为曹丕年长有德，宜为储君，因此对曹丕多有维护。曹丕受禅后，桓阶受到重用，任尚书令，封侯。桓阶病疾加重，曹丕很难过，亲自前往慰勉，对他及其子孙一再加封，以示恩宠。

许昌陈群家祖孙三代在汉末魏初时期皆有盛名。陈群在年少时便以才气闻名乡里，连高才倨傲的孔融都降辈与他交友。陈群入仕后先后被刘备、曹操征辟为属员，他曾针对二人的军事战略和人事任免提出过高明见解，但都未能被采纳。后来事情果然如陈群所料，而刘、曹二人都因此更加钦重他。魏国建立后，陈群任御史中丞。当时曹操想恢复肉刑，就此向陈群征求建议。陈群认为，自西汉以来，废除肉刑而增入笞刑，实际上是名轻而实重，并未能真正地为百姓减轻刑罚，反而鼓励了犯罪，加重了惩处。因此他建议恢复肉刑，不过后来因为其他事耽误而未能施行。魏文帝曹丕还是太子的时候，就因为陈群不党不群、重视名节的操行而和他友善。文帝继位后，陈群担任尚书令等高官。文帝临终前，陈群受命和曹真、司马懿等人共同为辅政大臣，辅佐曹叡。

魏明帝曹叡继位后，喜好宫室，大兴土木，行止时常违背礼仪。陈群对此多次予以劝谏。陈群一心为公，无所偏党，气量宽宏而不自夸，深受敬重。

陈泰为曹魏时名将，明帝时期以雍州刺史身份持节镇守西北地区。魏、蜀对峙期间，姜维曾率兵依托山川地利侵犯魏国西北、西南边郡。陈泰审时度势，一方面安排军兵截断蜀国的粮草物资运输，另一方面利用西蜀与羌夷少数民族之间的隔阂，围城引援，最终成功迫使来兵撤降。魏将郭淮去世后，陈泰代任征西将军，统领雍州、凉州各路军马。当时传言姜维、夏侯霸分兵侵犯祁山、金城等地。陈泰在军事部署中既强调敌军动向信息的准确性，又严令雍州等地军队不得擅自与来军交战。当时姜维兵势正盛，陈泰准确判定姜维的轻骑兵军队会极力谋求速战速决，因此采用退守和避其锋芒的拖延战术，最后险胜姜维而守住疆土。陈泰一生博雅清峻，与司马师、司马昭兄弟十分友善，多次总署尚书台及行宫，身荷重任。

陈矫年轻时曾为逃避战乱而迁居江东，力辞孙策、袁术的举荐征辟。本郡太守陈登雅意高傲，轻视天下，但对陈矫却十分敬重，并举荐他出任功曹。后来本郡被孙权围困，陈矫从地势战略的重要性上成功地说服曹操出兵救援。此后，陈矫历任曹操掾属、乐陵太守、西部都尉等职。曹操病逝于洛阳时，群臣因拘泥于常例而无所决断。陈矫力陈太子继位的重要性和迫切性，并成功拥立文帝，消弭了一场政治危机。陈矫耿直正诚，遇事不乱，为人有气节和谋略，深受文帝器重。

广陵郡人徐宣和陈矫一样，战乱时逃避到江东，不受孙策的征辟而回到本郡。徐宣和陈矫一时齐名而同受太守器重，但二人喜好不同。马超作乱时，曹操选任徐宣镇守诸军。魏明帝继位后，徐宣因忠厚清亮而任宰执仆射。在任期间，他对明帝的一些举措进行了劝谏。明帝曾打算重用徐宣而不许他辞官，但未及策命而徐宣病逝。

卫臻在汉末时受夏侯惇举荐任职。魏文帝受禅即位后，群臣多用贬损言辞形容前代汉朝，只有卫臻强调文帝受禅的大义和前汉授让的美德。魏明帝即位后，卫臻晋升仆射，职掌人事选任。当时将军蒋济、幽州刺史毌丘俭都在信件和奏疏中，提倡武战功劳，反对守文，主张对辽东等地用兵。卫臻则倡导施行王政而非小道。

卢毓是东汉末著名经学家、军事将领卢植的儿子，年幼时丧父而孤，后来独力敬养寡嫂，抚育侄子，以学问和品行出众闻名于乡里。文帝即位后，因为谯郡是自己的故乡，打算大量迁入百姓来充实本郡人口。卢毓认为谯郡土地贫瘠、百姓穷困，于是建议迁徙民众到土地肥沃的梁国，结果引得文帝记恨而遭贬。卢毓一生刚断耿介，为官心系百姓，亲事亲为，通晓事理，明法能谏。

桓阶

原文

桓阶，字伯绪，长沙临湘[1]人也[1]。仕郡功曹[2]。太守孙坚举阶孝廉[3]，除尚书郎。父丧还乡里。会坚击刘表战死，阶冒难诣表乞坚丧，表义而与之。后太祖与袁绍相拒于官渡，表举州以应绍。阶说其太守张羡曰："夫举事而不本于义，未有不败者也。故齐桓率诸侯以尊周[4]，晋文逐叔带以

译文

桓阶，字伯绪，是长沙郡临湘县人。他做过本郡功曹。太守孙坚推举桓阶为孝廉，他被朝廷任命为尚书郎。后因父亲去世返回家乡。当时恰值孙坚因攻打刘表而战死，桓阶冒着危险去拜见刘表，乞求让自己来埋葬孙坚，刘表感念他的义气而把孙坚的遗体给了他。后来太祖和袁绍在官渡对峙，刘表带领荆州支持袁绍。桓阶劝长沙郡的太守张羡说："起兵不从道义出发，没有不失败的。因此齐桓公率领诸侯尊奉周天子，晋文公放逐叔带来护送周襄王回都。现在袁绍却

纳王[5]。今袁氏反此，而刘牧应之，取祸之道也。明府[6]必欲立功明义，全福远祸，不宜与之同也。”羡曰：“然则何向而可？”阶曰：“曹公虽弱，仗义而起，救朝廷之危，奉王命而讨有罪，孰敢不服？今若举四郡保三江以待其来，而为之内应，不亦可乎！”羡曰：“善。”乃举长沙及旁三郡以拒表，遣使诣太祖。太祖大悦。会绍与太祖连战，军未得南。而表急攻羡，羡病死。城陷，阶遂自匿。久之，刘表辟为从事祭酒[7]，欲妻以妻妹蔡氏。阶自陈已结婚，拒而不受，因辞疾告退。

与此相反，而刘表响应他，这是自取灾祸的做法。您如果定要想建立功勋、申明大义，保全福禄而免于祸患，那就不应该与他们同流合污啊。”张羡说：“那应该何去何从呢？”桓阶说：“曹公虽然势弱，但为支持正义而起兵，要解救朝廷的危难，奉天子之命来征讨有罪的人，谁敢不服从？现在您如果能将长沙、武陵、零陵、桂阳四郡联合，保住湘江、沅江、澧水流域，等待曹公的到来，做他的内应，不是也可以吗！”张羡说：“好。”于是率领长沙和旁边的三个郡来抵抗刘表，并派遣使者拜访太祖。太祖非常高兴。恰逢袁绍和太祖接连交战，太祖军队没能南下。而刘表则加紧攻击张羡，张羡病死。长沙城被攻陷，桓阶于是自己躲藏起来。很久之后，刘表征召桓阶为从事祭酒，想将妻子的妹妹蔡氏嫁给他。桓阶说自己已经结了婚，拒不接受，还以生病为借口辞官回家。

今注 1 临湘：古县名，在今湖南长沙，因地临湘水得名。 2 功曹：官名，亦称功曹史，为郡守、县令的主要佐吏，主管人事及政务。 3 孝廉：汉代察举考试中，任用官员的一种科目，孝廉即“孝顺亲长、廉能正直”之意。 4 齐桓率诸侯以尊周：春秋时期，周平王东迁之后，王室权威大弱。齐桓公在管仲的辅佐下确立起齐国的霸主地位，以盟主身份保卫周王室，对王室多有贡献。 5 晋文逐叔带以纳王：公元前636年，周襄王废翟后，翟人因此借故侵犯周室，杀谭伯等人。周襄王逃奔到郑，周襄王弟叔带自立为王。后晋文公接纳周襄王，并派兵平定周室动乱，诛杀了叔带，故称“纳王”。 6 明府：为“明府君”的简称，汉时用于对太守的尊称。 7 从事祭酒：东汉末为州府属吏，散职，多任以年高博学者。

裴注 [1]《魏书》曰：“阶祖父超，父胜，皆历典州郡。胜为尚书，著名南方。”

太祖定荆州，闻其为张羡[1]谋也，异之，辟为丞相掾主簿[2]，迁赵郡[3]太守。魏国初建，为虎贲中郎将、侍中。时太子未定，而临菑侯植有宠。阶数陈文帝德优齿长，宜为储副[4]，公规密谏，前后恳至[1]。又毛玠、徐奕以刚蹇[5]少党，而为西曹掾丁仪所不善，仪屡言其短，赖阶左右[6]以自全保。其将顺匡救，多此类也。迁尚书，典选举。

曹仁为关羽所围，太祖遣徐晃救之，不解。太祖欲自南征，以问群下。群下皆谓：“王不亟

太祖平定荆州后，听说桓阶曾为张羡出谋划策，很看重他，征辟他为丞相掾主簿，升为赵郡太守。魏国建立之初，他出任虎贲中郎将、侍中。当时太子人选没有确定，而临菑侯曹植很受太祖宠爱。桓阶多次向太祖陈述文帝曹丕品德优良，年纪为长，适合立为太子，无论在公开场合还是在秘密上书中，他都诚恳地劝说太祖。又有毛玠、徐奕因为刚健正直、不结党营私而被西曹掾丁仪仇视，丁仪多次在太祖面前说他们的坏话，他们全靠桓阶保护才得以保全。桓阶顺势匡救忠良的举动，多与此相似。后来他升任尚书，主管人事选举。

曹仁被关羽围困，太祖派遣徐晃去解救，但未成功。太祖打算亲自南下征讨，向大臣们征询意见。大臣们都说：“大王不赶紧出征，就要失败了。”只

行，今败矣。”阶独曰：“大王以仁等为足以料事势不也？”曰：“能。”“大王恐二人遗力邪？”曰：“不。”“然则何为自往？”曰：“吾恐虏众多，而晃等势不便耳。”阶曰：“今仁等处重围之中而守死无贰者，诚以大王远为之势也。夫居万死之地，必有死争之心。内怀死争，外有强救，大王案六军以示余力，何忧于败而欲自往？”太祖善其言，驻军于摩陂[7]。贼遂退。

有桓阶说：“大王认为曹仁等人能否判断军事形势？”太祖回答说：“能。”“大王担心他们二人不尽力？”太祖回答说：“不是。”桓阶又问：“既然这样您为什么要亲自前去？”太祖说：“我担心贼寇人多，而徐晃等人所处的形势不利罢了。”桓阶说：“现在曹仁等人处在重重包围当中仍然死守无二心，就是因为大王在远处声援他们。人处在极其危险的境地，便一定有拼死争斗的决心。在内怀有拼死斗争的决心，在外有强大的援军，大王只消按兵不动显示自己兵力充足，何必担忧失败而要亲自前往呢？”太祖认为他说得对，于是将军队驻扎在摩陂。敌军于是就撤退了。

今注 1 张羡：东汉末南阳人，为刘表部将。历任零陵、桂阳、长沙太守，性格倔强，与刘表不和。后支持曹操，据守四郡与刘表对抗。 2 丞相掾(yuàn)主簿：此为丞相府直属官员，录省众事，职权甚重。 3 赵郡：治邯郸县（今河北邯郸）。 4 储副：国之副君，指太子。 5 刚蹇(jiǎn)：亦作“刚謇”，刚直。蹇，通“謇”，忠正。 6 左右：袒护，保护。 7 摩陂(bēi)：地名，在今河南郏(jiá)县东南。

裴注 [1]《魏书》称阶谏曰：“今太子位冠群子，名昭海内，仁圣达节，天下莫不闻；而大王甫以植而问臣，臣诚惑之。”于是太祖知阶笃于守正，深益重焉。

文帝践阼，迁尚书令，封高乡亭侯，加侍中。阶疾病，帝自临省，谓曰："吾方托六尺之孤，寄天下之命于卿。勉之！"徙封安乐乡侯，邑六百户，又赐阶三子爵关内侯。祐以嗣子不封，病卒，又追赠关内侯。后阶疾笃，遣使者即拜太常。薨，帝为之流涕，谥曰贞侯。子嘉嗣。以阶弟纂为散骑侍郎，赐爵关内侯。嘉尚[1]升迁亭公主，会嘉平中，以乐安太守与吴战于东关[2]，军败，没[3]，谥曰壮侯。子翊嗣[1]。

文帝即位后，桓阶升任尚书令，封高乡亭侯，加授侍中职衔。桓阶生了病，文帝亲自去看望，对他说："我正要把儿子托付给您，将天下的重任托付给您。您要保重啊！"晋封桓阶为安乐乡侯，食邑六百户，又赐桓阶的三个儿子关内侯的爵位。桓祐因为是嫡长子而没有封侯，但他病故后，也被追封为关内侯。后来桓阶病重，文帝派遣使者到他家任命他为太常。桓阶去世时，文帝伤心流泪，谥号为贞侯。儿子桓嘉继承爵位。文帝任桓阶弟弟桓纂为散骑侍郎，赐封关内侯。桓嘉娶迁亭公主为妻，在嘉平年间，因为乐安太守和吴国在东关交战，大军战败，桓嘉去世，谥号为壮侯。儿子桓翊继承爵位。

今注　1 尚：古代娶公主为妻称"尚"，以表尊崇。　2 东关：故址在今安徽含山县西南濡须山上，北控巢湖，南扼长江，为吴、魏两国兵争要冲。　3 没(mò)：同"殁"，即死亡。

裴注　[1]《世语》曰："阶孙陵，字元徽，有名于晋武帝世，至荥阳太守，卒。"

陈群

陈群，字长文，颍川许昌人也。祖父寔，父纪，叔父谌，皆有盛名[1]。群为儿时，寔常奇异之，谓宗人父老曰："此儿必兴吾宗。"鲁国孔融高才倨傲，年在纪、群之间，先与纪友，后与群交，更为纪拜，由是显名。刘备临豫州[1]，辟群为别驾[2]。时陶谦病死，徐州迎备，备欲往，群说备曰："袁术尚强，今东，必与之争。吕布若袭将军之后，将军虽得徐州，事必无成。"备遂东，与袁术战。布果袭下邳[3]，遣兵助术，大破备军，备恨不用群言。

陈群，字长文，颍川郡许昌县人。祖父名陈寔，父亲名陈纪，叔父叫陈谌，都有很高的名望。陈群小的时候，陈寔就时常感到他很特别，对亲族父老说："这个孩子一定能让我们宗族兴盛。"鲁国孔融才智过人但很高傲，年龄在陈纪和陈群之间，他先和陈纪是朋友，后来又和陈群有深交，就改拜陈纪为长辈，陈群因此名声显扬。刘备任豫州牧的时候，征召陈群为别驾。当时陶谦因病去世，徐州的官民准备迎请刘备来做州牧，刘备想去，陈群劝刘备说："袁术如今势力还很强大，如果现在东去徐州，一定会与袁术发生冲突。假如吕布在背后偷袭将军，将军那时就算得到徐州，也成不了大事。"刘备还是东去了徐州，一到就和袁术开战。吕布果然偷袭下邳，并派遣兵士援助袁术，把刘备打得大败，刘备这才后悔没有采纳陈群的建议。

今注　1 豫州：为汉"十三刺史部"之一，东汉治所在谯（今安徽亳州）。　2 别驾：为刺史的佐吏，因刺史巡视辖境时，别驾乘驿车随行，故称。魏晋后总理州中众务，职权甚重。　3 下邳（pī）：在今江苏睢宁北。

裴注 [1] 寔字仲弓，纪字元方，谌字季方。《魏书》曰："寔德冠当时，纪、谌并名重于世。寔为太丘长，遭党锢，隐居荆山，远近宗师之。灵帝崩，何进辅政，引用天下名士，征寔，欲以为参军，以老病，遂不屈节。谌为司空掾，早卒。"纪历位平原相、侍中、大鸿胪，著书数十篇，世谓之《陈子》。寔之亡也，司空荀爽、太仆令韩融并制缌麻，执子孙礼。四方至者车数千乘，自太原郭泰等无不造门。《傅子》曰："寔亡，天下致吊，会其葬者三万人，制缞麻者以百数。"《先贤行状》曰："大将军何进遣属吊祠，谥曰文范先生。于时，寔、纪高名并著，而谌又配之，世号曰三君。每宰府辟命，率皆同时，羔雁成群，丞掾交至。"豫州百姓皆图画寔、纪、谌之形象。

举茂才[1]，除柘令，不行，随纪避难徐州。属[2]吕布破，太祖辟群为司空西曹掾属。时有荐乐安王模、下邳周逵者，太祖辟之。群封还教，以为模、逵秽德，终必败，太祖不听。后模、逵皆坐奸宄[3]诛，太祖以谢群。群荐广陵陈矫、丹阳[4]戴乾，太祖皆用之。后吴人叛，乾忠义死难，矫遂为名臣，世以群为知人。除萧、赞、长平令，父卒去官。后以司徒掾举高第，为治书侍御史[5]，转参

后来陈群被举荐为茂才，任柘县令，他没有去上任，而是跟随陈纪去徐州避难。恰好这时吕布被打败，太祖征辟陈群为司空西曹掾属。当时有人向太祖举荐乐安人王模、下邳人周逵，太祖准备任用他们。陈群把太祖的召令原封不动退还，认为王模、周逵品德不好，最终一定会身败名裂，太祖没有听从。后来王模、周逵都因为犯法作乱被杀，太祖为此向陈群致歉。陈群举荐广陵人陈矫、丹阳人戴乾，太祖都任用了他们。后来吴国人叛乱，戴乾坚守忠义而为国殉难，陈矫最后成为当时名望很高的大臣，世人因此都认为陈群善于鉴识人。陈群先后任萧、赞、长平令，因为父亲去世而辞官。后来在司徒掾任上被评为优等，任治书

丞相军事。魏国既建，迁为御史中丞[6]。

侍御史，又转任丞相府的军事参谋。魏国建立后，升任御史中丞。

今注　1 茂才：西汉称“秀才”，与孝廉同为汉魏时察举的重要科名，东汉因避光武帝名讳而改“秀”为“茂”。　2 属(zhǔ)：恰好。　3 奸宄(guǐ)：亦作“奸轨”。犯法作乱的人或事。　4 丹阳：郡名，治所在宛陵(今安徽宣城)。　5 治书侍御史：也称治书御史，职掌审理疑狱。　6 御史中丞：御史台长官，职掌监察，常受命领兵，出督军旅。

时太祖议复肉刑[1]，令曰：“安得通理君子达于古今者，使平[2]斯事乎！昔陈鸿胪以为死刑有可加于仁恩者，正谓此也。御史中丞能申其父之论乎？”群对曰：“臣父纪以为汉除肉刑而增加笞，本兴仁恻而死者更众，所谓名轻而实重者也。名轻则易犯，实重则伤民。《书》曰：‘惟敬五刑，以成三德。’《易》著劓、刖、灭趾之法，所以辅政助教，惩恶息杀也。且杀人偿死，合于古制；至于伤人，或

当时太祖正和大臣商议是否该恢复肉刑，对陈群下令说：“怎么才能得到一位明晓事理通达古今的君子，来评议恢复肉刑这件事啊！过去您父亲陈鸿胪认为死刑犯中也有可以施恩而免于一死的，说的正是对他们施以肉刑。御史中丞能申述一下您父亲的见解吗？”陈群回答说：“臣的父亲认为汉代废除肉刑而增加笞刑，本是出于仁爱恻隐之意但死的人却更多，这就是所谓名义上减轻了刑罚而实际上却加重了。名义上减轻了，那么百姓就更容易触犯；实际上加重了，那么百姓就容易被伤害。《尚书》上说：‘慎重地使用五刑，来成就三德。’《易经》上写着劓、刖、灭趾的刑法，这些都是用来辅助政治教化，惩罚罪恶，制止杀人行凶的。况且杀人偿命，合乎古代的制

残毁其体而裁翦毛发，非其理也。若用古刑，使淫者下蚕室[3]，盗者刖其足，则永无淫放穿窬[4]之奸矣。夫三千之属，虽未可悉复，若斯数者，时之所患，宜先施用。汉律所杀殊死[5]之罪，仁所不及也，其余逮死者，可以刑杀。如此，则所刑之与所生足以相贸矣。今以笞死之法易不杀之刑，是重人支体而轻人躯命也。”时钟繇与群议同，王朗及议者多以为未可行。太祖深善繇、群言，以军事未罢，顾众议，故且寝。

度；至于伤人，有的人残害毁伤他人身体才只被剪去毛发，就不合道理了。如果采用古代的刑法，让犯淫罪的人被送进蚕室受宫刑，盗窃的人被砍掉脚，那么就会永远没有淫乱和盗窃之事发生了。古代三千条刑法，虽然不能全部得到恢复，但像这几条，是现在正需要的，应当先拿来施行。汉代法律规定要处死的罪大恶极的人，是不能施以仁德宽大处理的，但对其他刚够判死罪的人，可以用肉刑。这样一来，被处死的罪犯和得以活命的罪犯在人数上就相互抵消了。现在用鞭笞至死的刑法来代替肉刑，是重视人的躯体而轻视人的生命。”当时钟繇和陈群的意见相同，王朗和参与讨论的大臣大多认为肉刑不可行。太祖非常赞同钟繇、陈群的建议，只是因为战事没有停止，又顾及众人的意见，所以就将此事搁置了起来。

今注　1 肉刑：指损害肉体的刑罚，古代一般指墨、劓、刵、宫、大辟五种刑罚。　2 平：通“评”，评议。　3 蚕室：指受宫刑的牢房。　4 穿窬(yú)：翻墙头和钻墙洞，指盗窃行为。　5 殊死：指斩首的死刑。

群转为侍中，领丞相东西曹掾。在朝无适无莫[1]，雅杖名义[2]，不以非道

陈群转任侍中，领任丞相东西曹掾。在朝中待人不分厚薄，十分重视自己的名节，不用不道德的手段对待别

假人[3]。文帝在东宫,深敬器焉,待以交友之礼,常叹曰:“自吾有回,门人日以亲。”及即王位,封群昌武亭侯,徙为尚书。制九品官人之法[4],群所建也。及践阼,迁尚书仆射,加侍中,徙尚书令,进爵颍乡侯。帝征孙权,至广陵,使群领中领军[5]。帝还,假节,都督水军。还许昌,以群为镇军大将军,领中护军,录尚书事[6]。帝寝疾,群与曹真、司马宣王等并受遗诏辅政。明帝即位,进封颍阴侯,增邑五百,并前千三百户,与征东大将军曹休、中军大将军曹真、抚军大将军司马宣王并开府[7]。顷之,为司空,故录尚书事。

人。文帝做太子的时候,就十分敬重和器重他,以朋友的礼节对待他,经常借用孔子的话感叹说:“自从我有了颜回,门下的人与我日益亲近。”等到文帝继位为魏王,封陈群为昌武亭侯,升任他为尚书。后来制定的九品官人的法令,就是陈群建议的。等文帝即位为皇帝,任命陈群为尚书仆射,加封侍中,后又升任尚书令,加封颍乡侯。文帝征讨孙权,到达广陵,命陈群兼领中领军。文帝返回的时候,赐给陈群节杖,让他统领水军。文帝回到许昌,任陈群为镇军大将军,统领中护军,总管尚书事。文帝病重,陈群和曹真、司马宣王等人一同接受遗命辅助朝政。明帝继位,陈群晋封颍阴侯,增加五百户食邑,加上先前所封食邑共一共一千三百户,和征东大将军曹休、中军大将军曹真、抚军大将军司马宣王一同设立办公的官署。不久,又任命他为司空,依旧总管尚书事。

今注 1 无適(dí)无莫:语出《论语·里仁》:“君子之于天下也,无適也,无莫也,义之与比。”指待人处事不分厚薄,一视同仁。適,厚;莫,薄。 2 雅杖名义:指很重视名节。雅,很;甚。杖,凭倚。 3 非道假人:非道,不正当的手段。假人,对人。 4 九品官人之法:指施行于魏晋时期的“九品中正制”，具体指由各州郡分别设立中正官，由中正将各地人才分为上上、上中、上下、中上、中中、中下、下上、下中、下下九等进行评定。 5 中领军：与中护军同掌禁军。 6 录尚书事：总领尚书台政务，独揽大权，无所不总。 7 开府：指古代三公等极高级别官员建立府衙并自选僚属。

是时，帝初莅政[1]，群上疏曰：“《诗》称‘仪刑文王，万邦作孚’；又曰‘刑于寡妻，至于兄弟，以御于家邦’。道自近始，而化洽于天下。自丧乱已来，干戈未戢[2]，百姓不识王教之本，惧其陵迟[3]已甚。陛下当盛魏之隆，荷二祖[4]之业，天下想望至治，唯有以崇德布化，惠恤黎庶，则兆民幸甚。夫臣下雷同，是非相蔽，国之大患也。若不和睦则有仇党，有仇党则毁誉无端，毁誉无端则真伪失实，不可不深防备，有以绝其源流。”太和中，曹真表欲数道伐蜀，从斜谷[5]入。群以为：“太祖昔到阳平[6]攻张鲁，多收豆

这时，明帝刚刚开始处理朝政，陈群上书说：“《诗经》上说‘效法周文王，万国都会信服’；又说‘做自己妻子的表率，再推广到兄弟，最后治理国家’。治国的道理也是同样从近处开始，然后才能广布于天下。自从战乱以来，争斗未歇，老百姓不知道国家政教的根本，我怕政教已衰败得非常厉害了。陛下正值大魏兴盛的时候，继承太祖、高祖的基业，百姓都盼望天下大治，如果能崇尚德行、布施教化，施惠和体恤百姓，那天下百姓真是太幸运了。而臣子们随声附和，是非不分，这是国家的大患。如果臣下不和，就会结成帮派；有帮派存在，就会不据事实进行贬损、赞誉；赞誉、贬损没有依据，就会使真伪失实，所以不能不多加防备，以阻断产生这种情形的根源。”太和年间，曹真上表，想要分兵几路征伐蜀国，从斜谷进攻。陈群认为：“太祖曾经到阳平关进攻张鲁，收割了敌人的大量豆麦来增加军粮，但张

麦以益军粮，鲁未下而食犹乏。今既无所因，且斜谷阻险，难以进退，转运必见钞截，多留兵守要，则损战士，不可不熟虑也。”帝从群议。真复表从子午道。群又陈其不便，并言军事用度之计。诏以群议下真，真据之遂行。会霖雨积日，群又以为宜诏真还，帝从之。

鲁还没有被打败军粮就不够了。如今收割不到敌人的豆麦，并且斜谷道路艰险，难以进军和撤退，运输粮草又必被劫掠，多留军士把守要地，又使参战军士减少，这些都不能不深思熟虑。”明帝听从了陈群的建议。曹真又上表奏请从子午道进军。陈群又陈奏这个方案的种种不便，并陈述了军事开支问题。明帝把陈群的建议转给曹真，曹真却以此为依据出兵。恰逢连日降雨，陈群认为应该把曹真召回，明帝听从了他的建议。

今注　1 莅政：掌管政事。　2 戢(jí)：收敛，止息。　3 陵迟：败坏，衰败。　4 二祖：指太祖曹操、高祖曹丕。　5 斜谷：古道名，在今陕西眉县西南。　6 阳平：即阳平关，在今陕西勉县西武侯镇。

后皇女淑薨，追封谥平原懿公主。群上疏曰：“长短有命，存亡有分。故圣人制礼，或抑或致，以求厥中[1]。防墓有不修之俭[2]，嬴、博有不归之魂[3]。夫大人[4]动合天地，垂之无穷，又大德不逾闲[5]，动为师表故也。八岁下殇[6]，礼所不

后来明帝的女儿曹淑去世，被追谥为平原懿公主。陈群上书说：“寿命的长短是命中注定，生与死也有定数。因此圣人制定礼制，有的加以限制，有的加以提倡，以求适中。孔子对父母在防地的坟墓不加修饰，非常俭朴，延陵季子将儿子安葬在嬴、博之间，远离家乡。圣人的一举一动都符合天地间的规律法则，因此能流传千古，而品德高尚的人做事不超越规范，是因为要为他人做表率。八

备，况未期月？而以成人礼送之，加为制服，举朝素衣，朝夕哭临[7]，自古已来，未有此比。而乃复自往视陵，亲临祖载[8]。愿陛下抑割无益有损之事，但悉听群臣送葬，乞车驾不行，此万国之至望也。闻车驾欲幸摩陂，实到许昌，二宫上下，皆悉俱东，举朝大小，莫不惊怪。或言欲以避衰，或言欲于便处移殿舍，或不知何故。臣以为吉凶有命，祸福由人，移徙求安，则亦无益。若必当移避，缮治金墉城[9]西宫，及孟津[10]别宫，皆可权时分止。可无举宫暴露野次，废损盛节蚕农之要。又贼地闻之，以为大衰。加所烦费，不可计量。且吉士贤人，当盛衰，处安危，秉道信命，非徒其家以宁，乡

岁的孩子夭折，丧礼尚且简略，何况是还没满月的孩子？陛下用成人的礼节为她送葬，还为她制作丧服，令满朝文武穿上素衣，早晚哭泣祭祀，自古以来，从没有这样的事。而且陛下还亲自去查看陵墓，亲自行礼送葬。希望陛下抑制这种有害无益的事，让群臣去送葬，不要亲自前往，这是天下臣民最大的愿望。我还听说陛下想去摩陂，实际上是到许昌，而且太后和皇后宫中的上下人等，都要东行，朝中大小官员，没有人不感到惊讶奇怪的。有的说您想要躲避灾祸，有的说您想找个合适的地方迁移宫殿，有的人不知道您为何如此。臣认为吉凶自有定数，福祸依赖人为，靠迁居求平安，这是没有用的。如果一定要迁居避祸，那好好修缮金墉城西宫，以及孟津别宫，都可以分给宫中的人员暂时居住。这样就不用让全宫的人都暴露在旷野之中，荒废、损害农耕和养蚕的大事。另外要是蜀国、吴国听到这个消息，会误认为是皇帝驾崩。加上东行之费，也是多得难以计算。况且有吉福和贤良的人，面对兴盛或衰败的局面，在平安或危险的处境中，都能坚持正道，信从天命，并不靠搬家来求安

邑从其风化，无恐惧之心。况乃帝王万国之主，静则天下安，动则天下扰，行止动静，岂可轻脱哉？”帝不听。

宁，本乡的百姓也会受其影响和感化，而没有害怕担忧的心理。何况陛下是天下的君主，您安静则天下安宁，您躁动则天下扰乱，您的行动举止，怎么能轻率呢？”明帝不听从。

今注　1 厥(jué)中：厥，其；中，中正。指不偏不倚的中正之道。　2 防墓有不修之俭：防墓，防地之墓，为春秋末孔子父母的合葬墓。据《礼记》记载，防墓因大雨崩塌，而孔子尊古礼认为不应修。　3 嬴、博有不归之魂：指春秋时期吴国公子延陵季子在从齐国返程的途中，长子去世，季子便把他安葬在嬴、博两地之间，而没有归国安葬。　4 大人：指圣人。　5 大德不逾闲：语出《论语·子张》，指最高的道德节操不会超越规范。闲，规范。多指道德、法度。　6 八岁下殇(shāng)：据《仪礼·丧服》载：“年十九至十六为长殇，十五至十二为中殇，十一至八岁为下殇，不满八岁以下，皆为无服之殇。”　7 哭临：古代帝、后丧期中，集臣民定时举哀称哭临，后亦泛称人死后集众举哀或至灵前吊祭。　8 祖载(zǎi)：将葬之际，以车载柩行祖祭之礼，称祖载。　9 金墉城：城名，三国曹魏明帝时筑，在今河南洛阳东。　10 孟津：地名，在今河南西部，北临黄河。

青龙中，营治宫室，百姓失农时。群上疏曰：“禹承唐、虞之盛，犹卑宫室[1]而恶衣服[2]，况今丧乱之后，人民至少，比汉文、景之时，不过一大郡[1]。加边境

青龙年间，明帝修建宫殿，使百姓错过了耕作的时间。陈群上书说：“夏禹继承了唐尧、虞舜的盛业，但仍然住在简陋的宫室，穿着粗制的衣服，何况如今是战乱之后，百姓人口极少，全国人口数量和汉朝文帝、景帝的时候相比，还不及那时的一个大郡。加上边境战事不断，将士劳

有事，将士劳苦，若有水旱之患，国家之深忧也。且吴、蜀未灭，社稷不安。宜及其未动，讲武劝农，有以待之。今舍此急而先宫室，臣惧百姓遂困，将何以应敌？昔刘备自成都至白水[3]，多作传舍[4]，兴费人役，太祖知其疲民也。今中国劳力，亦吴、蜀之所愿。此安危之机也，惟陛下虑之。”帝答曰：“王者宫室，亦宜并立。灭贼之后，但当罢守耳，岂可复兴役邪？是故君之职，萧何之大略[5]也。”

累辛苦，如果再发生水旱灾害，那国家的忧患就深重了。况且吴国、蜀国还没有被消灭，社稷还没有安定。应该在他们还没有出动人马侵犯之时，训练军队，鼓励农事，做好准备，用以防备他们。现在陛下舍弃这么着急的事反而先修宫殿，臣担心百姓因此会更加困苦，那将来又用什么来抵御敌人？过去刘备从成都到白水，修建了很多驿站，耗费大量人力，太祖知道这会使百姓疲困。如今我们也这样役使百姓，正是吴国、蜀国希望的。这是关系到国家安危的大事，希望陛下慎重考虑。”明帝回复说：“平定吴、蜀和建立宫室，应该一并进行。消灭敌人之后，只能停止征调百姓守备，难道还能再征调百姓修建宫殿吗？因此您的职责，和萧何督造未央宫差不多啊。”

今注　1 卑宫室：建造低矮的宫殿。　2 恶衣服：穿不华丽、粗制的衣服。　3 白水：古县名，在今四川青川县东北。　4 传舍(chuán shè)：为行人提供休息住宿的处所。　5 萧何之大略：萧何，西汉初开国功臣，曾为汉高祖刘邦督造未央宫。时陈群为司空，职司与萧何相近。

裴注　[1] 臣松之案：《汉书·地理志》云：“元始二年，天下户口最盛，汝南郡为大郡，有三十余万户。则文、景之时不能如是多也。”案：《晋太康三年地记》，晋户有三百七十七万，吴、蜀户不能居半。以此言之，魏虽始承丧乱，方晋亦当无乃大殊。长文之言，于是为过。

群又曰："昔汉祖唯与项羽争天下，羽已灭，宫室烧焚，是以萧何建武库、太仓1，皆是要急，然犹非其壮丽。今二虏未平，诚不宜与古同也[1]。夫人之所欲，莫不有辞，况乃天王，莫之敢违。前欲坏武库，谓不可不坏也；后欲置之，谓不可不置也。若必作之，固非臣下辞言所屈；若少留神，卓然回意2，亦非臣下之所及也。汉明帝欲起德阳殿，钟离意谏3，即用其言，后乃复作之；殿成，谓群臣曰：'钟离尚书在，不得成此殿也。'夫王者岂惮一臣，盖为百姓也。今臣曾不能少凝圣听，不及意远矣。"帝于是有所减省。

陈群又上书说："过去汉高祖和项羽争夺天下，项羽被消灭后，宫殿都被焚烧，因此萧何在长安修建了武库、太仓，这都是要紧的事，但高祖还是指责他建得太华丽。现在吴、蜀两个敌寇还没有被平定，实在不应该像萧何那样大兴土木啊。人想做一件事，不会找不到借口，何况您是陛下，没有人敢违背。您先前想拆掉武库，说不能不拆；现在想建造它，说不能不建。如果您一定要修建宫殿，自然不是臣的言辞能劝阻的；如果陛下能稍微留心注意，突然回心转意，那也不是臣下能料到的。汉明帝想修建德阳殿，钟离意劝谏，明帝就采纳了他的建议，后来还是修建了；德阳殿建成后，明帝对群臣说：'要是钟离尚书还在，这座宫殿就不能建成。'做帝王的岂会忌惮一个臣子，其实都是为了百姓考虑啊。现在臣不能让陛下稍微听取一下臣的意见，和钟离意相比差远了。"明帝于是减少了要修建的宫殿数量。

今注　1 武库、太仓：武库，储藏兵器的仓库。太仓，京师储藏谷物的大仓。据《汉书·高帝纪》载，萧何曾在京都督建未央宫，立东阙、北阙、前殿、

武库、太仓。 2 卓然回意：突然回转心意。卓然，突然。 3 钟离意谏：钟离意，字子阿，东汉会稽山阴（今浙江绍兴）人。东汉明帝时任尚书，敢于谏争。永平三年(60)，明帝大建宫阙，钟离意免冠而谏争。

裴注 [1] 孙盛曰："《周礼》，天子之宫，有斫礲之制。然质文之饰，与时推移。汉承周、秦之弊，宜敦简约之化，而何崇饰宫室，示侈后嗣。此乃武帝千门万户所以大兴，岂无所复增之谓邪？况乃魏氏方有吴、蜀之难，四海罹涂炭之艰，而述萧何之过议，以为令轨，岂不惑于大道而昧得失之辨哉？使百代之君，眩于奢俭之中，何之由矣。"《诗》云："斯言之玷，不可为也。"其斯之谓乎！

初，太祖时，刘廙坐弟与魏讽谋反，当诛。群言之太祖，太祖曰："廙，名臣也，吾亦欲赦之。"乃复位。廙深德群，群曰："夫议刑为国，非为私也；且自明主之意，吾何知焉？"其弘博不伐1，皆此类也。青龙四年薨，谥曰靖侯。子泰嗣。帝追思群功德，分群户邑，封一子列侯[1]。

起初，太祖还在时，刘廙因为弟弟参与魏讽谋反的事受株连，本应被诛杀。陈群为刘廙向太祖求情，太祖说："刘廙，是有名望的大臣，我也想赦免他。"于是恢复了刘廙的官职。刘廙非常感念陈群的恩德，陈群说："议论如何用刑，是为了国家，并非为了私人；况且赦免你是明主的意思，跟我有什么关系呢？"陈群心胸宽广，不自骄自夸，都是如此。青龙四年(236)，陈群去世，谥号为靖侯。儿子陈泰继承爵位。明帝追思陈群的功德，将他的食邑分出一部分，又封他的另一个儿子为列侯。

今注 1 不伐：不自夸。

裴注　[1]《魏书》曰："群前后数密陈得失，每上封事，辄削其草，时人及其子弟莫能知也。论者或讥群居位拱默，正始中诏撰群臣上书，以为《名臣奏议》，朝士乃见群谏事，皆叹息焉。"《袁子》曰："或云'故少府杨阜岂非忠臣哉？见人主之非，则勃然怒而触之，与人言未尝不道也，岂非所谓'王臣謇謇，匪躬之故'者欤！'答曰：'然可谓直士，忠则吾不知也。夫仁者爱人，施于君谓之忠，施于亲谓之孝。忠孝者，其本一也。故仁爱之至者，君亲有过，谏而不入，求之反覆，不得已而言，不忍宣也。今为人臣，见人主失道，直诋其非而播扬其恶，可谓直士，未为忠臣也。故司空陈群则不然，其谈论终日，未尝言人主之非；书数十上，而外人不知。君子谓群于是乎长者矣。'"

泰，字玄伯。青龙中，除散骑侍郎。正始中，徙游击将军，为并州[1]刺史，加振威将军，使持节，护匈奴中郎将。怀柔夷民，甚有威惠。京邑贵人多寄宝货，因泰市奴婢，泰皆挂之于壁，不发其封，及征为尚书，悉以还之。嘉平初，代郭淮为雍州[2]刺史，加奋威将军。蜀大将军姜维率众依麴山[3]筑二城，使牙门将句安、李歆等守之，聚羌胡质任等寇逼诸郡。征西

陈泰，字玄伯。青龙年间，他出任散骑侍郎。正始年间，他转任游击将军，又出任并州刺史，加封振威将军，授持符节，兼任护匈奴中郎将。他采用怀柔之策安抚夷狄等少数民族的百姓，在那里十分有威望恩德。京城中的权贵有很多给他寄来宝物钱财，让他在当地代买奴仆婢女，陈泰把这些财物都挂在墙上，连上面的封印也不打开，等到他升任为尚书回京后，把这些都全部归还原主。嘉平年初，陈泰代替郭淮为雍州刺史，加封奋威将军。蜀国大将军姜维率领军队依傍着麴山筑造了两座城池，派牙门将句安、李歆等人守城，聚集羌胡的人质等人侵犯魏国边境的各郡。征西将军郭淮和

将军郭淮与泰谋所以御之，泰曰："麹城虽固，去蜀险远，当须运粮。羌夷患维劳役，必未肯附。今围而取之，可不血刃而拔其城；虽其有救，山道阻险，非行兵之地也。"

陈泰谋划抵御敌寇的方法，陈泰说："麹城虽然坚固，但距离蜀国遥远，道路险峻，肯定需要长途运送粮草。羌族害怕为姜维服劳役，一定不肯长期依附。现在围住两座城池，可以不使刀口沾血就能攻破城池；即便有军队来救援，但山路险阻，并不是行军作战的好地方。"

今注 1 并州：汉武帝所置十三刺史部之一，东汉治晋阳（今山西太原西南）。 2 雍州：州名，治所长安（在今陕西西安西北）。 3 麹山：地名，在今甘肃临洮东。

淮从泰计，使泰率讨蜀护军徐质、南安太守邓艾等进兵围之，断其运道及城外流水。安等挑战，不许，将士困窘，分粮聚雪以稽[1]日月。维果来救，出自牛头山[2]，与泰相对。泰曰："兵法贵在不战而屈人。今绝牛头，维无反道，则我之禽[3]也。"敕诸军各坚垒勿与战，遣使白淮，欲自南渡白水，循水而东，使淮趣[4]牛头，截其

郭淮听从了陈泰的计策，派陈泰率领讨蜀护军徐质、南安太守邓艾等人进军围困麹山两城，截断向城中运粮的通道和城外的水源。句安等人出来挑战，陈泰也不应战，城中将士陷入困难窘迫的境地，只好把一个人的粮食分给几个人，把积雪融化当水饮，以此来拖延时间。姜维果然前来救援，从牛头山出兵，与陈泰对峙。陈泰说："兵法贵在不用战斗就能让敌人屈服。现在我们只要截断牛头山，姜维就没有了退路，那他就会被我们俘获。"陈泰命令各路军队坚守堡垒不许出战，并派遣使者告诉郭淮，说自己想南渡白水，沿着水路向东前进，请郭淮直奔牛头山，截断

还路，可并取维，不惟安等而已。淮善其策，进率诸军军洮水[5]。维惧，遁走，安等孤县[6]，遂皆降。

姜维的退路，这样就可以一同俘虏姜维，而不止是句安等人了。郭淮赞许他的计策，率军在洮水驻扎。姜维得知后很害怕，赶紧撤离，句安等人孤立无援，于是就都投降了。

今注　1 稽(jī)：拖延。　2 牛头山：地名，在今甘肃省岷县南。　3 禽：通"擒"。俘获。　4 趣(qū)：赴；前往。　5 洮(táo)水：河名，今甘肃省西南洮河。　6 孤县(xuán)：即孤悬。

淮薨，泰代为征西将军，假节，都督雍、凉诸军事。后年，雍州刺史王经白泰，云姜维、夏侯霸欲三道向祁山、石营、金城，求进兵为翅，使凉州军至枹罕[1]，讨蜀护军向祁山。泰量贼势终不能三道，且兵势恶分，凉州未宜越境，报经："审其定问，知所趣向，须东西势合乃进。"时维等将数万人至枹罕，趣狄道[2]。泰敕经进屯狄道，须军到，乃规取之。泰进军陈仓[3]。会经所统诸军于故关与贼战

郭淮去世，陈泰代替他担任征西将军，持有节杖，统领雍州、凉州各路兵马。明年，雍州刺史王经禀报陈泰，说姜维、夏侯霸打算兵分三路向祁山、石营、金城进军，请求向为翅进军，再派凉州的军队前进到枹罕，讨蜀护军向祁山进军。陈泰估量蜀国的兵力肯定不能分为三路，并且军力最忌分散，所以凉州的军队不宜越过州界，因此回复王经说："查清楚敌人的准确信息，弄明白敌军进兵的真实方向，必须等到我方东西两军会合后才可以进兵。"当时姜维等人率军几万人进兵到枹罕，直奔狄道。陈泰命令王经向狄道进军屯驻，等到大军来后，再谋划攻击敌人。陈泰则进兵陈仓。恰逢王经所统领的军队在故关和敌军

不利，经辄渡洮。泰以经不坚据狄道，必有他变，并遣五营在前，泰率诸军继之。

交战失利，王经于是带兵渡过洮水。陈泰认为王经没有坚守狄道，一定会发生变故，就派遣五营军队先赶去支援，陈泰自己则率领大军随后接应。

今注 1 枹(fú)罕：古县名，在今甘肃临夏。 2 狄道：古县名，在今甘肃临洮。 3 陈仓：古县名，在今陕西宝鸡东。

经已与维战，大败，以万余人还保狄道城，余皆奔散。维乘胜围狄道。泰军上邽[1]，分兵守要，晨夜进前。邓艾、胡奋、王祕亦到，即与艾、祕等分为三军，进到陇西[2]。艾等以为："王经精卒破衄[3]于西，贼众大盛，乘胜之兵既不可当，而将军以乌合之卒，继败军之后，将士失气，陇右倾荡。古人有言：'蝮蛇螫手，壮士解其腕。'《孙子》曰：'兵有所不击，地有所不守。'盖小有所失而大有所全故也。今陇右之害，过于蝮蛇，狄道之地，非徒不

王经和姜维交战，被打得大败，带着剩下的一万多人返回狄道守城，其余的都四散逃跑了。姜维乘胜围攻狄道。陈泰率军到达上邽，分派军士把守紧要关口，又日夜向前进军。邓艾、胡奋、王祕也先后领军赶到，陈泰就和邓艾、王祕等人将军队分为三路，一直进军到陇西。邓艾等人认为："王经的精兵在洮水以西被击败，敌军现在气势正盛，乘胜的军队不可以抵挡，而将军您率领临时聚合的士卒，又处在战败之后，军队士气低落，陇右地区局势动荡不安。古人有话这么说：'蝮蛇咬住了手，壮士会砍断自己的手腕。'《孙子》说：'敌军有的虽可打而不打，地方有的虽可守而不守。'这是损小而保大的缘故。现在陇右地区敌军的危害，比蝮蛇咬手还要严重，狄道这个地方，不只是不能驻守的问题。姜维的军队，

守之谓。姜维之兵，是所辟[4]之锋。不如割险自保，观衅待弊，然后进救，此计之得者也。”

是我们应该避开的锋芒。现在我们不如割据险要地区来防守，查看敌贼的破绽，等待他们疲敝，然后再进军救援狄道，这才是可以成功的策略。”

今注 1 上邽：古县名，在今甘肃天水。 2 陇西：郡名，原治狄道（今甘肃临洮），因在陇山之西而得名。三国魏时移治襄武（今甘肃陇西南）。 3 衄（nǜ）：损伤，挫败。 4 辟：通“避”。

泰曰：“姜维提轻兵深入，正欲与我争锋原野，求一战之利。王经当高壁深垒，挫其锐气。今乃与战，使贼得计，走破王经，封之狄道。若维以战克之威，进兵东向，据栎阳[1]积谷之实，放兵收降，招纳羌胡，东争关、陇，传檄四郡，此我之所恶也。而维以乘胜之兵，挫峻城之下，锐气之卒，屈力致命，攻守势殊，客主不同。兵书云‘修橹轒辒[2]，三月乃成，拒堙[3]，三月而后已’。诚非轻军远入，维之诡谋仓卒所办。

陈泰说：“姜维率领装备轻巧的军队深入边境，正是想和我们在旷野交战，企图一战得胜。王经本应加高城墙，挖深沟壑，挫败敌人的锐气。现在他却非要出战，结果使敌人的计划得逞，王经被击败，并被围困在狄道城中。如果姜维攻克狄道，乘胜向东进军，占据栎阳储积的粮草，派兵收降军卒，招纳羌族人，再向东攻占关、陇，占据陇西、南安、天水、广魏四郡，这是我畏惧的啊。而姜维以得胜的军队，在高城受到挫败，我军士气正盛，竭力拼命，攻守的局势已经改变，主客地位也和之前不同。兵书上说‘制造大盾和战车，三个月才能成功，构筑攻城的土山也要三个月之后才能完成’。这些都不是轻兵深入的姜维能用诡计仓促办到的。敌人孤军

县军[4]远侨[5]，粮谷不继，是我速进破贼之时也，所谓疾雷不及掩耳，自然之势也。洮水带其表，维等在其内，今乘高据势，临其项领[6]，不战必走。寇不可纵，围不可久，君等何言如此？”

深入，粮草供应不上，这正是我们快速进军击败敌人的时机，所谓雷声来得太快来不及塞住耳朵，这是必然的情势。洮水环绕在外，姜维等人被围在内，现在我们占据高处和有利地势，进攻他们的要害，蜀军必会不战而逃。敌人不能放跑，他们对狄道的包围不能持久，你们怎么说出回避等待的话呢？”

今注 1 栎(yuè)阳：古县名。按胡三省说，应为略阳，即略阳县，属天水郡，治今甘肃秦安县东北。 2 修橹樻榅(fén wēn)：修，造。橹，古代兵器，指大楯。樻榅，应作“轒辒”，古代攻城用的一种兵车。 3 堙(yīn)：土山。这里指人工建造的土山。 4 县军：指深入敌营而没有助援的孤军。县，同“悬”。 5 远侨：这里指进军深入。 6 项领：比喻要害之地。

遂进军度高城岭[1]，潜行，夜至狄道东南高山上，多举烽火，鸣鼓角。狄道城中将士见救者至，皆愤踊[2]。维始谓官救兵当须众集乃发，而卒[3]闻已至，谓有奇变宿谋[4]，上下震惧。自军之发陇西也，以山道深险，贼必设伏。泰诡从南道，维果三日施

于是陈泰率军越过高城岭，一路隐蔽前进，夜里到达狄道东南方向的高山上，举起很多火把，吹打战鼓号角。狄道城中的将士见到援军到来，都愤发踊跃。姜维起初还断定魏国的救兵应该会等到大军集合完毕才出发，现在突然听到魏军已经到来，认为对方有出奇的变术和预先想好的谋划，全军上下都感到震惊和惧怕。大军从陇西出发时，陈泰认为山路路途遥远艰险，敌人一定会设下伏兵。陈泰假装要从南面进军，姜维果然派兵在这一路埋伏

伏[1]。定军潜行，卒出其南。维乃缘山突至，泰与交战，维退还。凉州军从金城南至沃干阪[5]。泰与经共密期，当共向其还路，维等闻之，遂遁，城中将士得出。经叹曰："粮不至旬，向不应机，举城屠裂，覆丧一州矣。"泰慰劳将士，前后遣还，更差军守，并治城垒，还屯上邽。

了三天。陈泰安定军心，悄悄行军，最终出现在狄道的南边。姜维于是带兵沿着山路冲过来抵挡，陈泰和他交战，姜维败退。凉州的魏军已从金城南赶到沃干阪。陈泰和王经秘密约定日期，在敌人返回的路上同时出击，姜维等人听说了，于是逃走，城中的将士得以出城。王经感叹说："粮食已经不够十天了，如果不是陈将军抓住时机援救解围，全城的人都将要被屠灭，整个雍州也将要丧失了。"陈泰一面慰劳将士，一面将狄道守军遣还，另派军队驻守，并下令修筑城墙堡垒，然后返回上邽驻守。

今注 **1** 高城岭：地名，在今甘肃渭源县西。 **2** 愤踊：愤发踊跃。 **3** 卒(cù)：突然。 **4** 宿谋：预先想好的计谋。 **5** 沃干阪：古山名，即沃干岭，在今甘肃兰州南。

裴注 [1] 臣松之案：此传云"谓救兵当须众集，而卒闻已至，谓有奇变，上下震惧"，此则救至出于不意。若不知救至，何故伏兵深险乃经三日乎？设伏相伺，非不知之谓。此皆语之不通也。

初，泰闻经见围[1]，以州军将士素皆一心，加得保城，非维所能卒倾[2]。表上进军晨夜速到

起初，陈泰听说王经被包围，认为雍州军队的将士一向很齐心，又有坚固的城池作凭依，不是姜维一下子就能攻下的。于是他上表朝廷，请求日夜兼程赶

还。众议以经奔北[3]，城不足自固，维若断凉州之道，兼四郡民夷，据关、陇之险，敢能没经军而屠陇右[4]。宜须大兵四集，乃致攻讨。大将军司马文王[5]曰："昔诸葛亮常有此志，卒亦不能。事大谋远，非维所任也。且城非仓卒所拔，而粮少为急，征西速救，得上策矣。"泰每以一方有事，辄以虚声[6]扰动天下，故希简[7]白上事，驿书不过六百里。司马文王语荀顗曰："玄伯沈勇能断，荷方伯[8]之重，救将陷之城，而不求益兵，又希简上事，必能办贼故也。都督大将，不当尔邪！"

去救援，迅速返回。朝中群臣商议认为王经被打败后，城池已经坚守不住，姜维如果截断通往凉州的道路，兼并陇西、南安、天水、广魏四郡的百姓，占据关、陇的险要地形，就可能消灭王经的军队，占领陇右。因此应该等到各处援军会合后，再去攻打敌军。大将军司马文王说："过去诸葛亮常有占据陇右的志向，最终也没能得逞。事关重大，需要深谋远虑，这绝不是姜维能做到的。况且狄道城不是短时间就能被攻破的，而城中缺少粮草才是最使人着急的，让征西将军快速去救援，才是上策。"陈泰经常认为一方有了战事，就会虚张声势而扰动整个天下，所以很少呈送紧急军情报告，用驿站传递文书，一昼夜的行程不超过六百里。司马文王对荀顗说："玄伯沉着勇敢，遇事果断，肩负地方长官的重任，解救将要被攻陷的城池，而不用朝廷增派援军，又很少呈送紧急军情报告，这是他必定有办法对付敌人的缘故啊。统领军队的大将，不应该就是这样的吗！"

今注　1 见围：被围。　2 倾：这里指攻克，取下。　3 奔北：败逃。　4 陇右：中国古代以西为右，故称陇山以西地区为陇右。　5 司马文王：即司马昭。　6 虚声：虚假的声势。　7 希简：减少。　8 方伯：在殷周时代，称一方诸侯之长为方伯，后泛称地方长官。

后征泰为尚书右仆射[1],典选举,加侍中、光禄大夫。吴大将孙峻出淮、泗。以泰为镇军将军,假节,都督淮北诸军事,诏徐州监军已下受泰节度。峻退,军还,转为左仆射[2]。诸葛诞作乱寿春,司马文王率六军军丘头[3],泰总署行台[4]。司马景王、文王[5]皆与泰亲友,及沛国武陔亦与泰善。文王问陔曰:“玄伯何如其父司空也?”陔曰:“通雅博畅,能以天下声教为己任者,不如也;明统简至,立功立事,过之。”泰前后以功增邑二千六百户,赐子弟一人亭侯,二人关内侯。景元元年薨,追赠司空,谥曰穆侯[1]。子恂嗣。恂薨,无嗣,弟温绍封。咸熙中开建五等,以泰著勋前朝,改封温为慎子[2]。

后来朝廷征辟陈泰为尚书右仆射,职掌选举,加封侍中、光禄大夫。孙吴大将孙峻从淮河、泗水出兵。朝廷任陈泰为镇军将军,授予节杖,统领淮北诸路军马,诏命徐州监军以下官员都受陈泰调遣。孙峻退兵,陈泰率军返回,转任尚书左仆射。诸葛诞在寿春叛乱,司马文王亲自率领六军驻扎在丘头,让陈泰统领随行的尚书台。当时司马景王、司马文王都和陈泰关系很好,沛国武陔也和陈泰关系好。司马文王问武陔说:“玄伯和他的父亲司空相比怎么样?”武陔说:“若论通达高雅,豁达爽快,能将推行天下的声威教化作为自己的责任,那玄伯不如他的父亲;若论通晓纲纪,文辞简练周到,所建功勋和事业,那玄伯超过了他的父亲。”陈泰前后因军功使食邑增加到两千六百户,子弟中有一人被封为亭侯,两人被封为关内侯。景元元年(260),陈泰去世,朝廷追赠他为司空,谥号为穆侯。儿子陈恂继承了他的爵位。陈恂去世后,没有子嗣,弟弟陈温继承了爵位。咸熙年间,设立公、侯、伯、子、男五等爵位,因为陈泰在前朝功勋卓著,于是改封陈温为慎县子爵。

【今注】 1 尚书右仆射：官职名，为尚书台长官尚书令的副官，职责为协助尚书令处理政务。 2 左仆射：即尚书左仆射，与右仆射同为尚书台副官。 3 丘头：地名，在今河南沈丘县东南。 4 总署行台：总，总领、总理。署，代理、暂任。行台，伴随皇帝外出的尚书台。此处指诸葛诞叛乱后，司马昭亲率军队平乱，但挟持魏少帝和太后同行，因此尚书台也同时随军。 5 景王、文王：指司马师与司马昭。

【裴注】 [1] 干宝《晋纪》曰："高贵乡公之杀，司马文王会朝臣谋其故。太常陈泰不至，使其舅荀颉召之。颉至，告以可否。泰曰：'世之论者，以泰方于舅，今舅不如泰也。' 子弟内外咸共逼之，垂涕而入。王待之曲室，谓曰：'玄伯，卿何以处我？' 对曰：'诛贾充以谢天下。' 文王曰：'为吾更思其次。' 泰曰：'泰言惟有进于此，不知其次。' 文王乃不更言。"《魏氏春秋》曰："帝之崩也，太傅司马孚、尚书右仆射陈泰枕帝尸于股，号哭尽哀。时大将军入于禁中，泰见之悲恸，大将军亦对之泣，谓曰：'玄伯，其如我何？' 泰曰：'独有斩贾充，少可以谢天下耳。' 大将军久之曰：'卿更思其他。'泰曰：'岂可使泰复发后言。'遂呕血薨。"臣松之案：本传泰不为太常，未详干宝所由知之。孙盛改易泰言，虽为小胜，然检盛言诸所改易，皆非别有异闻，率更自以意制，多不如旧。凡记言之体，当使若出其口。辞胜而违实，固君子所不取，况复不胜而徒长虚妄哉？案《博物记》曰："太丘长陈寔、寔子鸿胪纪、纪子司空群、群子泰四世，于汉、魏二朝并有重名，而其德渐渐小减。时人为其语曰：'公惭卿，卿惭长。'" [2] 案《陈氏谱》："群之后，名位遂微。谌孙佐，官至青州刺史。佐弟坦，廷尉。佐子准，太尉，封广陵郡公。准弟戴、征及从弟堪，并至大位。准孙逵，字林道，有誉江左，为西中郎将，追赠卫将军。"

陈矫

陈矫，字季弼，广陵东阳[1]人也。避乱江东及东城[2]，辞孙策、袁术之命，还本郡。太守陈登请为功曹，使矫诣许，谓曰：“许下论议，待吾不足；足下相为观察，还以见诲。”矫还曰：“闻远近之论，颇谓明府骄而自矜。”登曰：“夫闺门雍穆，有德有行，吾敬陈元方兄弟；渊清玉洁，有礼有法，吾敬华子鱼；清修疾恶，有识有义，吾敬赵元达；博闻强记，奇逸卓荦[3]，吾敬孔文举；雄姿杰出，有王霸之略，吾敬刘玄德：所敬如此，何骄之有！余子琐琐[4]，亦焉足录哉？”登雅意如此，而深敬友矫。

陈矫，字季弼，广陵郡东阳县人。因避乱来到江东和东城，先后推掉孙策、袁术的征召，回到本郡。本郡太守陈登请他出任功曹，派遣他去许都，对他说：“许都那里的官员评论人物，对我的评价不够友好；请您代我观察了解一下，回来后告诉我。”陈矫回来报告说：“在那里听到各处的议论，都说您骄傲自满。”陈登说：“在家庭和睦、德行兼备方面，我敬佩陈元方、陈季方兄弟；在为人清白高洁、举止遵行礼法方面，我敬佩华子鱼；在操行洁美、嫉恶如仇，有见识有气节方面，我敬佩赵元达；在博学强记，奇特超俗、卓越不群方面，我敬佩孔文举；在容貌威武不凡，有建立王霸事业的谋略方面，我敬佩刘玄德：我敬佩的是这些人，哪里谈得上什么骄傲自满啊！其他的人都平庸卑微，又哪里值得一说？”陈登平素的为人就像这样，但非常敬重亲善陈矫。

今注 1 广陵东阳：广陵郡东阳县，在今江苏盱眙。 2 东城：古县名，治今安徽定远东南。 3 卓荦(luò)：超绝出众。 4 琐琐：形容人品卑微、平庸。

郡为孙权所围于匡奇[1]，登令矫求救于太祖。矫说太祖曰："鄗郡虽小，形便[2]之国也，若蒙救援，使为外藩，则吴人铿谋[3]，徐方永安，武声远震，仁爱滂流，未从之国，望风景附[4]，崇德养威，此王业也。"太祖奇矫，欲留之。矫辞曰："本国倒悬[5]，本奔走告急，纵无申胥[6]之效，敢忘弘演[7]之义乎[1]？"太祖乃遣赴救。吴军既退，登多设间伏，勒兵追奔，大破之。

孙权将陈登围困于广陵郡的匡奇城，陈登命陈矫向太祖求救。陈矫劝太祖说："鄗郡虽然地域狭小，但却是地理形势很有利的地方，如果能得到您的救援，使它成为您的外藩，那吴国的阴谋就会挫败，徐州的百姓就会永得安宁，也会使您的声威远震，仁爱遍及四方，还没有归顺的地方会望风归顺，崇尚品德而养护威望，这是成就帝王之业的事啊。"太祖很看重陈矫，想留下他。陈矫推辞说："鄗郡危险万分，我本是来告急求救的，纵使没有收到申胥那样的效果，又怎么敢忘记弘演舍身救国的忠正呢？"太祖于是派军去救援陈登。吴军撤退时，陈登设置了很多伏兵，并亲自率军追击，大破吴军。

今注 1 匡奇：地名，大致在今江苏宝应。 2 形便：有利的地理形势。 3 铿(cuò)谋：计谋失败。 4 景附：犹景从。紧相依附，如影附形。 5 倒悬：指人头脚倒置或物上下倒置悬挂，比喻处境极其困苦或危急。 6 申胥：即申包胥，春秋时期楚国大夫，曾在秦国宫廷痛哭而为楚国借到援军。 7 弘演：春秋时期卫国人，奉命远使时，狄人攻卫，杀卫懿公，尽食其肉而弃其肝。弘演返回后，向公肝报使毕，剖腹取出自己的内脏纳卫懿公之肝于腹中。齐桓公受感动而出兵救卫，并在楚丘复建卫。

裴注　[1] 刘向《新序》曰:“齐桓公求婚于卫,卫不与,而嫁于许。卫为狄所伐,桓公不救,至于国灭君死。懿公尸为狄人所食,惟有肝在。懿公有臣曰弘演,适使反,致命于肝曰:‘君为其内,臣为其外。’乃刳腹内肝而死。齐桓公曰:‘卫有臣若此而尚灭,寡人无有,亡无日矣!’乃救卫,定其君。”

太祖辟矫为司空掾属,除相令,征南长史,彭城、乐陵太守,魏郡西部都尉。曲周[1]民父病,以牛祷,县结正[2]弃市。矫曰:“此孝子也。”表赦之。

迁魏郡太守。时系囚千数,至有历年。矫以为周有三典之制[3],汉约三章之法[4],今惜轻重之理,而忽久系之患,可谓谬矣。悉自览罪状,一时论决。大军东征,入为丞相长史。军还,复为魏郡,转西曹属。从征汉中,还为尚书。行前未到邺,太祖崩洛阳,群臣拘常,以为太子即位,当须诏命[5]。矫曰:“王薨于外,

太祖征辟陈矫为司空掾属,此后又出任丞相令,征南长史,彭城、乐陵太守,魏郡西部都尉。曲周有个人的父亲生了病,杀牛祷告,县里定案判决他死罪。陈矫说:“这是个孝子啊。”上书请求赦免他。

陈矫升任魏郡太守。当时监狱里关押着数千人,有的已经关押了很多年。陈矫认为周代有三典之制,汉朝有约法三章,如今只重视罪行判决的轻重,而忽视了未判但长久关押的弊端,可以说是荒谬的。他于是亲自审阅了所有犯人的案卷,很快便将所有犯人都判决完毕。大军东征,陈矫被召任丞相长史。大军返回后,他再次担任魏郡太守,后转任西曹属。后来他跟随太祖征讨汉中,返回后任尚书。还没到达邺城,太祖在洛阳驾崩,大臣们拘泥于常礼,认为太子继承王位,应该等汉献帝下诏批准。陈矫说:“魏王在外去世,天下惶惶不安。太子应

天下惶惧。太子宜割哀[6]即位,以系远近之望。且又爱子在侧[7],彼此生变,则社稷危矣。"即具官备礼,一日皆办。

该抑制哀痛立即继承王位,来满足远近臣民的期望。况且太祖的几位爱子就在身边,要是兄弟之间发生争夺王位的变故,那国家就危险了。"于是立即让官员准备典礼用品,一天内就全都备办好了。

今注 1 曲周:县名,在今河北曲周县东北。 2 结正:定案判决。古时禁杀耕牛。 3 三典之制:据《周官·秋官》载,大司寇"掌建邦之三典,以佐王刑邦国,诘四方。一曰刑新国,用轻典;二曰刑平国,用中典;三曰刑乱国,用重典"。 4 三章之法:指汉高祖刘邦进入秦都咸阳时宣布的法令,即"杀人者死,伤人及盗抵罪",故称"约法三章"。 5 须诏命:当时虽然曹丕已经被曹操立为魏国太子,即魏王位的继承人,但按惯例,曹丕的继位还需要汉献帝的任命册封才符合礼制。 6 割哀:抑制哀伤。 7 爱子在侧:爱子指曹彰。曹操病重时,曾急召驻守长安的曹彰来见,但曹彰到时曹操已死。

明旦,以王后令,策太子即位,大赦荡然。文帝曰:"陈季弼临大节[1],明略过人,信一时之俊杰也。"帝既践阼,转署吏部,封高陵亭侯,迁尚书令。明帝即位,进爵东乡侯,邑六百户。车驾尝卒至尚书门,矫跪问帝曰:"陛下欲何之?"帝曰:"欲案行文书

第二天一早,用魏王王后的诏令,策命太子继承王位,大赦天下。文帝说:"陈季弼在大事面前,胆略超过常人,确实是一时的俊杰啊。"文帝即皇帝位后,任陈矫代理吏部,封高陵亭侯,后又升任尚书令。明帝继位,陈矫封为东乡侯,食邑六百户。明帝的车驾曾经来到尚书台门口,陈矫跪着问明帝说:"陛下要去哪里啊?"明帝说:"就是想来看一下公文而已。"陈矫说:

耳。”矫曰：“此自臣职分，非陛下所宜临也。若臣不称其职，则请就黜退。陛下宜还。”帝惭，回车而反。其亮直2如此[1]。加侍中、光禄大夫，迁司徒。景初元年薨，谥曰贞侯[2]。

“这是为臣的职责，不适合陛下亲自处理。如果陛下认为我不称职，那就请将臣罢职。陛下还是回去吧。”明帝感到很惭愧，调转车头返回皇宫。陈矫的为人就像这样诚实正直。后来他又加任侍中、光禄大夫，升任司徒。景初元年(237)，陈矫去世，谥号为贞侯。

今注 1 大节：关系存亡安危的大事。 2 亮直：诚实正直。

裴注 [1]《世语》曰：“刘晔以先进见幸，因谮矫专权。矫惧，以问长子本，本不知所出。次子骞曰：‘主上明圣，大人大臣，今若不合，不过不作公耳。’后数日，帝见矫，矫又问二子，骞曰：‘陛下意解，故见大人也。’既入，尽日，帝曰：‘刘晔构君，朕有以迹君，朕心故已了。’以金五饼授之，矫辞。帝曰：‘岂以为小惠？君已知朕心，顾君妻子未知故也。’帝忧社稷，问矫：‘司马公忠正，可谓社稷之臣乎？’矫曰：‘朝廷之望；社稷，未知也。’” [2]《魏氏春秋》曰：“矫本刘氏子，出嗣舅氏而婚于本族。徐宣每非之，庭议其阙。太祖惜矫才量，欲拥全之，乃下令曰：‘丧乱已来，风教雕薄，谤议之言，难用褒贬。自建安五年已前，一切勿论。其以断前诽议者，以其罪罪之。’”

子本嗣，历位郡守、九卿1。所在操纲领，举大体，能使群下自尽2。有统御之才，不亲小事，不读法律而得廷尉之称，优

陈矫的儿子陈本继承爵位，历任郡守、九卿等官职。他在职任上能秉持法令，从大局着眼，能让属下尽心竭力工作。他有领导的才能，不亲自处理小事，虽未读过法律文书，但担任廷尉却很称

于司马岐等，精练文理。迁镇北将军，假节，都督河北[3]诸军事。薨，子粲嗣。本弟骞，咸熙中为车骑将军[1]。

职，好过司马岐等人，对法律条文的道理很熟悉。他后来升任镇北将军，持有节杖，统领黄河以北各路军队。陈本去世后，他的儿子陈粲继承爵位。陈本的弟弟陈骞，咸熙年间任车骑将军。

今注 1 九卿：秦汉时期中央主要政务部门长官的总称，各个时期的职官名不一。两汉时期多将奉常（太常）、郎中令（光禄勋）、太仆、廷尉、典客（大鸿胪）、宗正、治粟内史（大司农）、少府、卫尉、中尉（执金吾）以及三辅长官等中二千石一级的中央行政机构长官并列为“九卿”，并非专指九种官职，故亦称“列卿”。 2 自尽：各自尽力。 3 河北：泛指今黄河以北地区。

裴注 ［1］案《晋书》曰：“骞字休渊，为晋佐命功臣，至太傅，封高平郡公。”

初，矫为郡功曹，使过泰山[1]。泰山太守东郡[2]薛悌异之，结为亲友。戏谓矫曰：“以郡吏而交二千石，邻国君屈从陪臣[3]游，不亦可乎！”悌后为魏郡及尚书令，皆承代矫云[1]。

起初，陈矫任广陵郡功曹，受命出使途中路过泰山郡。泰山郡太守东郡人薛悌对他很看重，和他结为好友。薛悌曾对陈矫开玩笑说：“你一个小小的郡吏竟然和我这个两千石的郡守结为朋友，让邻郡的太守屈尊与你交游，不也可以吗！”陈悌后来任魏郡太守以及尚书令，都是接替陈矫的职位。

今注 1 泰山：郡名，治奉高（今山东泰安东）。 2 东郡：郡名，治濮阳（今河南濮阳西南）。 3 陪臣：古代诸侯的卿大夫，对天子自称陪臣，大夫的家臣也可称陪臣。当时陈登为太守，陈矫为陈登征辟的属官，因此与古代的陪臣相似，故称。

裴注　[1]《世语》曰：悌字孝威。年二十二，以兖州从事为泰山太守。初，太祖定冀州，以悌及东平王国为左、右长史，后至中领军，并悉忠贞练事，为世吏表。

徐宣

徐宣，字宝坚，广陵海西[1]人也。避乱江东，又辞孙策之命，还本郡。与陈矫并为纲纪[2]，二人齐名而私好不协，然俱见器于太守陈登，与登并心于太祖。海西、淮浦[3]二县民作乱，都尉卫弥、令梁习夜奔宣家，密送免之。太祖遣督军扈质来讨贼，以兵少不进。宣潜见责之，示以形势，质乃进破贼。

太祖辟为司空掾属，除东缗、发干令，迁齐郡太守，入为门下督，从到寿春。会马超作乱，大

徐宣，字宝坚，广陵郡海西县人。为避乱来到江东，又推辞了孙策的任命，回到本郡。他和陈矫一起担任郡中的主簿，二人名望相当但私人关系不好，然而都受到太守陈登的器重，和陈登齐心协力为太祖效命。海西、淮浦两县发生百姓叛乱，郡都尉卫弥、海西县县令梁习乘夜逃到徐宣家，徐宣秘密地把他们送走，使他们幸免于难。太祖派遣督军扈质前来征讨叛贼，扈质以兵少为由犹豫不前。徐宣偷偷地去见扈质，责备他贻误军机，并向他分析了形势，扈质这才进兵击败了叛贼。

太祖征辟徐宣为司空掾属，又任命他为东缗、发干县令，后来则升任齐郡太守，又进京任门下督，跟随太祖到达寿春。恰逢马超作乱，朝廷派大军西进征

军西征，太祖见官属曰：“今当远征，而此方未定，以为后忧，宜得清公大德以镇统之。”乃以宣为左护军，留统诸军。还，为丞相东曹掾，出为魏郡太守。

太祖崩洛阳，群臣入殿中发哀。或言可易诸城守，用谯、沛人。宣厉声曰：“今者远近一统，人怀效节，何必谯、沛，而沮宿卫者心！”文帝闻曰：“所谓社稷之臣也。”

帝既践阼，为御史中丞，赐爵关内侯，徙城门校尉[4]，旬月迁司隶校尉[5]，转散骑常侍。从至广陵，六军乘舟，风浪暴起，帝船回倒。宣病在后，陵波而前，群寮[6]莫先至者。帝壮之，迁尚书。

讨，太祖召见下属官员说：“如今我即将远征，但这里还没有平定，使人忧虑，应该让一位清明公正、德行高超的人来镇守这里。”于是任命徐宣为左护军，留下来统摄各军。太祖西征回来后，任徐宣为丞相东曹掾，后来又任魏郡太守。

太祖在洛阳驾崩，群臣进入宫殿中表示哀悼。有人建议应该撤换各地的守军将领，改用谯县、沛县人。徐宣声音严厉地说：“现在国家统一，人人怀抱报效国家、为朝廷尽忠的心意，为什么非得专用谯县、沛县的人，而使现在的守将灰心失望呢！”文帝听到后说：“这就是能担负国家重任的大臣啊。”

文帝即皇帝位后，徐宣任御史中丞，赐封为关内侯，转任城门校尉，一个月后任司隶校尉，转任散骑常侍。后来他跟随文帝到广陵，六军乘船，水面突然掀起巨浪，文帝乘的船回旋而有倾倒的风险。徐宣当时生病了，在后面的船上，他冒着风浪上前去护驾，群臣中他最先赶到。文帝赞许他的勇猛，升任他为尚书。

今注 1 广陵海西：指广陵郡海西县，在今江苏灌云县与灌南县一带。 2 纲纪：古代公府及州郡主簿又称“纲纪”。 3 淮浦：县名，在今江苏涟水县西。　4 城门校尉：职掌京城诸城门（除隶属于卫尉的北门外）警卫。　5 司隶校尉：掌纠察京师百官及京师附近的三辅、三河以及弘农七郡，东汉时威权尤重，宫廷内外，无所不纠，并为司隶州行政长官。　6 寮：通“僚”。

明帝即位，封津阳亭侯，邑二百户。中领军桓范荐宣曰：“臣闻帝王用人，度世授才：争夺之时，以策略为先；分定之后，以忠义为首。故晋文行舅犯[1]之计而赏雍季[2]之言[1]，高祖用陈平之智而托后于周勃也[3]。窃见尚书徐宣，体忠厚之行，秉直亮之性；清雅特立，不拘世俗；确然难动，有社稷之节；历位州郡，所在称职。今仆射缺，宣行掌后事，腹心任重，莫宜宣者。”帝遂以宣为左仆射，后加侍中、光禄大夫。车驾幸许昌，总统留事。帝还，主者奏呈文书。诏曰：“吾省与仆射何异？”

明帝即位，徐宣被封为津阳亭侯，食邑二百户。中领军桓范举荐徐宣说：“臣听说帝王用人，会根据形势需要而任用人才：在争夺天下时，会以是否有谋略作为前提条件；平定天下之后，会以忠心正义作为首要条件。因此晋文公采纳舅犯的计谋成就了大业，却奖赏了批评过舅犯的雍季；汉高祖善纳陈平的智谋，却在临死前把身后事托付给周勃。臣私下认为尚书徐宣，能践行忠厚的品行，秉承正直清高的德性；高雅超群，不受世俗拘束；意志坚定难以动摇，有为国家尽心竭力的节操；历任州郡长官，在任都很称职。如今尚书仆射缺位，徐宣曾代行过留守事务，仆射职大责重，没有比徐宣更合适的人了。”明帝于是任徐宣为尚书左仆射，后加封侍中、光禄大夫。明帝车驾去许昌，徐宣留守统领政务。明帝返回，主管官员将机要文书呈送他审阅。明帝下诏说：“我审阅和仆射审阅有什么区别？”最终连看也不看。尚方令因为滥造器物

竟不视。尚方令坐猥见考竟[4]，宣上疏陈威刑大过，又谏作宫殿穷尽民力，帝皆手诏嘉纳。宣曰："七十有县车之礼[5]。今已六十八，可以去矣。"乃固辞疾逊位，帝终不许。青龙四年薨，遗令布衣疏巾，敛以时服。诏曰："宣体履至实，直内方外，历在三朝，公亮正色，有托孤寄命之节，可谓柱石臣也。常欲倚以台辅，未及登之，惜乎大命不永！其追赠车骑将军，葬如公礼。"谥曰贞侯。子钦嗣。

受到严刑拷打，死在狱中，徐宣上书陈奏说使用刑罚过度，又谏言建造宫殿耗费民力，明帝都亲笔下诏嘉奖他并采纳了他的谏言。徐宣说："古人有七十岁时把车辆悬挂起来的礼节。我现在已经有六十八岁了，可以去职了。"于是以有病为由坚决请求辞官，明帝始终不同意。青龙四年(236)，徐宣去世，临时死令家人给他穿上布衣，裹上头巾，用与时令相应的衣服入殓。明帝下诏说："徐宣做事非常实在，内心正直，处事方正，历官三朝，公正严明，有着可以托付遗孤、委任国命的节操，可以说是国家的柱石般的大臣。我常常想提升他为三公，还没来得及任命，可惜他就离去了啊！追赠他为车骑将军，按照公爵的礼仪安葬。"谥号为贞侯。他的儿子徐钦继承了爵位。

今注　1 舅犯：狐偃，姬姓，狐氏，字子犯，是晋文公的舅舅，又称舅犯，晋国重臣。曾助晋文公避难流亡，为文公主要谋士，所提多项建议促成了晋文公成就春秋霸业。　2 雍季：春秋时晋国重臣，曾在晋楚大战中，以"竭泽而渔"的比喻反对狐偃的计划，晋文公取胜后反而对雍季大加赞赏。　3 "高祖"句：陈平为汉高祖刘邦的重要谋士，曾"六出奇计"，帮助刘邦夺取天下和稳定汉初的统治。周勃敦厚有将才，刘邦遗言安定刘氏江山的必为周勃，故而临终前将后事托付给他。　4 考竟：拷问后死在监狱中。　5 县车之礼：把车悬置起来不用，指辞官家居。

裴注 [1]《吕氏春秋》曰:“昔晋文公将与楚人战于城濮,召咎犯而问曰:‘楚众我寡,奈何而可?’咎犯对曰:‘臣闻繁礼之君,不足于文,繁战之君,不足于诈,君亦诈之而已。’文公以咎犯言告雍季,雍季曰:‘竭泽而渔,岂不得鱼?而明年无鱼。焚薮而田,岂不得兽?而明年无兽。诈伪之道,虽今偷可,后将无复,非长术也。’文公用咎犯之言,而败楚人于城濮。反而为赏,雍季在上。左右谏曰:‘城濮之功,咎犯之谋也。君用其言而后其身,或者不可乎!’文公曰:‘雍季之言,百代之利也;咎犯之言,一时之务也。焉有以一时之务,先百代之利乎?’”

卫臻

卫臻,字公振,陈留襄邑[1]人也。父兹,有大节,不应三公之辟。太祖之初至陈留,兹曰:“平天下者,必此人也。”太祖亦异之,数诣兹议大事。从讨董卓,战于荥阳而卒。太祖每涉郡境,辄遣使祠焉[1]。夏侯惇为陈留太守,举臻计吏。命妇出宴,臻以为“末世之俗,非礼之正”。惇怒,执臻,既而赦之。后为汉黄门侍郎。东郡朱越谋反,引臻。太祖令曰:“孤与卿君同共

卫臻,字公振,陈留郡襄邑人。父亲卫兹,有高尚节操,曾拒绝三公的征辟。太祖初到陈留,卫兹说:“平定天下的人,一定是这个人。”太祖也很看重他,多次拜访他商量大事。卫兹跟从太祖征讨董卓,在荥阳的战斗中去世。太祖每次路过陈留,都会派人去祭祀他。夏侯惇任陈留太守,举荐卫臻担任本郡的计吏。夏侯惇曾令夫人出席宴会,卫臻认为“这是世道衰微时才有的礼俗,不合正礼”。夏侯惇大怒,把卫臻抓了起来,但不久又放了他。后来卫臻任汉朝的黄门侍郎。东郡朱越谋反,牵涉到卫臻。太祖命令说:“我和你的父亲一同起兵讨伐董卓,又钦佩你的美名。一开始

举事，加钦令问[2]。始闻越言，固自不信。及得荀令君[3]书，具亮忠诚。”会奉诏命，聘贵人[4]于魏，因表留臻参丞相军事[5]。追录臻父旧勋，赐爵关内侯，转为户曹掾[6]。

文帝即王位，为散骑常侍。及践阼，封安国亭侯。时群臣并颂魏德，多抑损前朝。臻独明禅授[7]之义，称扬汉美。帝数目臻曰：“天下之珍，当与山阳共之。”迁尚书，转侍中、吏部尚书。帝幸广陵，行中领军，从。征东大将军曹休表得降贼辞，孙权已在濡须口[8]。臻曰：“权恃长江，未敢抗衡，此必畏怖伪辞耳。”考核降者，果守将诈所作也。

听到朱越的话，我就完全不相信。等拿到荀令君的书信，就完全清楚了你的忠诚。”恰好卫臻奉诏去魏郡聘娶太祖的女儿，太祖因此上表奏请留卫臻任丞相军事。又追录卫臻父亲过去的功绩，赐封卫臻为关内侯，转任户曹掾。

文帝即魏王位，卫臻任散骑常侍。等到文帝即皇帝位，封卫臻为安国亭侯。当时群臣共同称赞魏国的功德，多数人贬低汉朝。唯独卫臻阐明汉献帝禅让的道义，称颂汉朝的美德。文帝多次对卫臻使眼色说：“天下的珍宝，我应该和山阳公平分共享。”于是任卫臻为尚书，转任侍中、吏部尚书。文帝去广陵，卫臻代任中领军，陪同前往。征东大将军曹休上表说得到吴国降将的报告，说孙权已经在濡须口。卫臻说：“孙权虽可依仗长江的险要，但并不敢和我们对抗，这一定是吴军因为害怕而散布的谣言。”拷问吴国投降的人，果然是吴国守将编出来的。

今注 1 襄邑：县名，在今河南睢县。 2 令问：美好的声名。问，通“闻”。声誉。 3 荀令君：指荀彧。因荀彧长期担任尚书令，故称。 4 贵人：宫内妃嫔名号之一，东汉及魏时，贵人仅次于皇后。 5 参丞相军事：即丞相府军事参军。 6 户曹掾：丞相府属官，为户曹最高长官，职掌民户、祭祀等事。　7 禅(shàn)授：即禅让，以帝位让人。　8 濡须口：地名，在今安徽含山县西南六十里濡须山与无为市西北五十里七宝山之间，因两山夹峙，濡须水从中流过而入长江，古称濡须水口，是魏、吴必争的军事要地。

裴注　[1]《先贤行状》曰："兹字子许。不为激诡之行，不徇流俗之名；明虑渊深，规略宏远。为车骑将军何苗所辟，司徒杨彪再加旌命。董卓作乱，汉室倾荡，太祖到陈留，始与兹相见，遂同盟，计兴武事。兹答曰：'乱生久矣，非兵无以整之。'且言'兵之兴者，自今始矣'。深见废兴，首赞弘谋。合兵三千人，从太祖入荥阳，力战终日，失利，身殁。"《郭林宗传》曰："兹弱冠与同郡圈文生俱称盛德。林宗与二人共至市，子许买物，随价酬直，文生訾呵，减价乃取。林宗曰：'子许少欲，文生多情，此二人非徒兄弟，乃父子也。'后文生以秽货见损，兹以烈节垂名。"

明帝即位，进封康乡侯，后转为右仆射，典选举，如前加侍中。中护军蒋济遗臻书曰："汉祖遇亡虏为上将[1]，周武拔渔父为太师[2]。布衣厮养[3]，可登王公，何必守文，试而后用？"臻答曰："古人遗智慧而任度量，须考绩而加黜陟。今子同牧野于成、康[4]，喻断蛇于文、景[5]，好不经之

明帝即位，晋封卫臻为康乡侯，后转任右仆射，主管选举，仍和先前一样加任侍中。中护军蒋济写信给卫臻说："汉高祖任命逃亡的俘虏韩信为上将，周武王提拔渔翁姜太公为太师。出身低微的人，也可以当上王公，您又何必墨守成规，经过考核后才任用？"卫臻回答说："古人在政局稳定时用人忽视智慧而重视度量，必须经过考核才决定升职或罢免。现在您拿周武王牧野之战的情形和周成王、康王政局稳定时期相比，将汉高祖斩白蛇起义的情形与文帝、景帝政局稳定时

举，开拔奇之津，将使天下驰骋而起矣。”诸葛亮寇天水，臻奏：“宜遣奇兵入散关，绝其粮道。”乃以臻为征蜀将军，假节，督诸军事。到长安，亮退。还，复职，加光禄大夫。

期相比，喜好不合常规的举动，开了任用奇才的先河，将会使天下人热衷于功名的争夺啊。”诸葛亮侵犯天水，卫臻上奏说：“应该派遣奇兵进入散关，断绝蜀军的运粮通道。”于是任命卫臻为征蜀将军，授予节杖，统领各路军马。他到达长安，诸葛亮退兵。卫臻返回洛阳，官复原职，加任光禄大夫。

今注 1 汉祖遇亡虏为上将：指楚汉争霸时期，汉高祖刘邦拜曾为项羽部下而后逃走的韩信为大将。 2 周武拔渔父为太师：指周文王拜曾在渭水垂钓的姜子牙为太师。周武，应作周文王。 3 厮养：为人服役、地位低微的人。 4 同牧野于成、康：牧野，地名，在今河南淇县西南，周武王曾在此地大败殷商军队。成、康，周成王、周康王，后世认为成、康时为天下太平的善政时代。 5 喻断蛇于文、景：据《史记·高祖本纪》记载，刘邦在任秦泗水亭长时，曾斩白蛇而起义。文、景，指汉文帝、汉景帝。二帝统治时期，社会安定，经济发展较好，史称“文景之治”。

是时，帝方隆意于殿舍，臻数切谏。及殿中监[1]擅收兰台令史[2]，臻奏案之。诏曰：“殿舍不成，吾所留心，卿推之何？”臻上疏曰：“古制侵官[3]之法，非恶其勤事也，诚以所益者小，所堕者大也。

当时，明帝正把心思放在建造宫殿上，卫臻多次诚恳劝谏。等到殿中监擅自逮捕兰台令史，卫臻上奏请求审问殿中监。明帝下诏说：“宫殿还没有建成，我对此很关心，你为什么要追究督建宫殿的殿中监呢？”卫臻上书说：“古代制定禁止越职侵权的规定，不是厌恶他们做事勤勉，实在是因为这样做的好处小

臣每察校事[4],类皆如此,惧群司将遂越职[5],以至陵迟矣。”亮又出斜谷,征南上:“朱然等军已过荆城[6]。”臻曰:“然,吴之骁将,必下从权,且为势以缀征南耳。”权果召然入居巢[7],进攻合肥。帝欲自东征,臻曰:“权外示应亮,内实观望。且合肥城固,不足为虑。车驾可无亲征,以省六军之费。”帝到寻阳而权竟退。

而害处大。臣每次察看校事的处事,大都是这样,我担心各个官署都越权行事,这样就会使政务废弛。”诸葛亮又率军出兵斜谷,征南将军上书说:“吴国的朱然等军队已经过了荆城开始北上。”卫臻说:“朱然是吴国的猛将,一定会东下长江与孙权会合,现在只是虚张声势来牵住征南将军罢了。”孙权果然召朱然进军居巢,进攻合肥。明帝打算亲自东征,卫臻说:“孙权明面上是在响应诸葛亮,其实是在观望。况且合肥城池十分坚固,不用担心。陛下不需要亲征,这可以节省大军出征的军费。”文帝出兵到达寻阳,而孙权果真撤军了。

今注 1 殿中监:三国曹魏始置,掌殿中张设监护之事,统领禁兵。 2 兰台令史:属御史中丞,掌书奏及印工文书,兼校定宫廷藏书文字。 3 侵官:超越权限而侵犯其他官员的职权。 4 校事:职官名,东汉建安年间曹操置,掌侦察刺探官民情事。 5 越职:超出职权范围。 6 荆城:地名,在今湖北钟祥西南。 7 居巢:古县名,治今安徽巢湖市西北。

幽州刺史毌丘俭上疏曰:“陛下即位已来,未有可书。吴、蜀恃险,未可卒平,聊可以此方无用之士克定辽东。”臻

幽州刺史毌丘俭上书说:“陛下即位以来,还没有什么值得记载的大功绩。吴、蜀两国依仗地势险峻,还不能短时间平定,不如让闲置的幽州军队去平定辽东。”卫臻说:“毌丘俭所说的都是战国

曰："俭所陈皆战国细术[1]，非王者之事也。吴频岁称兵，寇乱边境，而犹案甲养士，未果寻致讨者，诚以百姓疲劳故也。且渊生长海表，相承三世[2]，外抚戎夷，内修战射，而俭欲以偏军长驱，朝至夕卷，知其妄矣。"俭行军遂不利。

时各国用的细小手段，不是帝王应该做的大事。吴国年年用兵，侵犯边境，而我们还在按兵不动，休养将士，不能立即去征讨，实在是因为百姓困窘疲惫的缘故。况且公孙渊从小生长在海边，对辽东的统治已经传了三代，对外镇抚戎夷等少数民族，对内整顿武备，但毌丘俭却想用并非主力的幽州军队深入作战，以为早上到达，晚上就能得胜，一听就知道他说的很荒谬。"毌丘俭出兵辽东果然失利。

今注 1 细术：小道，末技。 2 相承三世：指公孙度、公孙康、公孙渊祖孙三代。

臻迁为司空，徙司徒。正始中，进爵长垣侯，邑千户，封一子列侯。初，太祖久不立太子，而方奇贵临菑侯[1]。丁仪等为之羽翼，劝臻自结，臻以大义拒之。及文帝即位，东海王霖有宠，帝问臻："平原侯何如？"臻称明德美而终不言。曹爽辅政，使夏侯玄宣指，欲引臻入守尚

后来卫臻升为司空，转任司徒。正始年间，他晋爵为长垣侯，食邑一千户，他的一个儿子被封为列侯。起初，太祖很长时间没有册立太子，又很宠爱临菑侯曹植。丁仪等人是曹植的亲信，劝卫臻攀附曹植，卫臻以君臣大义拒绝了。等到文帝即位，东海王曹霖受宠，文帝问卫臻说："他和平原侯曹叡相比怎么样？"卫臻称赞曹霖德行美好但始终不表态支持立他为太子。曹爽辅助朝政，派夏侯玄传达自己的意图，想引荐卫臻担任尚书令，并为自己的弟弟向卫臻家

书令，及为弟求婚，皆不许，固乞逊位。诏曰："昔干木[2]偃息，义压强秦；留侯[3]颐神，不忘楚事。谠言[4]嘉谋，望不吝焉。"赐宅一区，位特进[5]，秩如三司。薨，追赠太尉，谥曰敬侯。子烈嗣，咸熙中为光禄勋[1]。

求婚，卫臻都没有答应，还坚定地请求辞官。文帝下诏说："过去段干木隐居不仕，也能使强秦放弃入侵的打算；留侯张良卧床养病，也未忘记谋划平定楚地叛军的策略。您如果有正直的言论和好的谋略，希望不要吝惜。"赐给他宅邸一座，加特进的职位，食俸和三公一样。卫臻去世后，被追赠为太尉，谥号为敬侯。他的儿子卫烈继承爵位，咸熙年间任光禄勋。

今注 1 临菑侯：指文帝胞弟曹植，曾深受曹操喜爱。 2 干木：即战国时魏人段干木，隐居不仕，魏文侯对他很尊敬。后来秦国准备攻打魏国，司马康劝谏秦君说，魏文侯对像段干木这样的贤士礼敬有加，天下都知道。秦国因此没有进军。 3 留侯：即汉初开国功臣张良。汉高祖十一年(前196)，英布造反，刘邦亲征，张良因病不能随行，但在大军出发前对刘邦说要注意楚人。 4 谠(dǎng)言：正直之言。 5 特进：西汉末始置，授予列侯或大臣中有特殊地位的人，得自辟僚属。三国时为正式加官名号，用作安置闲退大臣，无实职。

裴注 [1] 臣松之案《旧事》及《傅咸集》，烈终于光禄勋。烈二弟京、楷，皆二千石。楷子权，字伯舆。晋大司马汝南王亮辅政，以权为尚书郎。傅咸与亮笺曰："卫伯舆，贵妃兄子，诚有才章，应作台郎，然未得东宫官属。东宫官属，前患杨骏，亲理塞路，今有伯舆，复越某作郎。一犬吠形，群犬吠声，惧于群吠，遂至回听。"权作左思《吴都赋》叙及注，叙粗有文辞，至于为注，了无所发明，直为尘秽纸墨，不合传写也。

卢毓

卢毓，字子家，涿郡涿[1]人也。父植，有名于世[1]。毓十岁而孤，遇本州乱，二兄死难。当袁绍、公孙瓒交兵，幽冀饥荒，养寡嫂孤兄子，以学行见称。文帝为五官将，召毓署门下贼曹。崔琰举为冀州主簿。时天下草创，多逋逃[2]，故重士亡法，罪及妻子。亡士妻白等，始适[3]夫家数日，未与夫相见，大理奏弃市。毓驳之曰："夫女子之情，以接见而恩生，成妇而义重。故《诗》云'未见君子，我心伤悲；亦既见止，我心则夷'。又《礼》'未庙见[4]之妇而死，归葬女氏之党[5]，以未成妇也'。今白等生有未见之悲，死有非妇之痛，而吏议欲

卢毓，字子家，涿郡涿县人。父亲卢植，在当时很有名望。卢毓十岁的时候父亲去世，遭遇本州动乱，两个哥哥都死在动乱之中。当时袁绍和公孙瓒交战，幽州、冀州发生饥荒，卢毓担负起供养守寡的嫂子和侄子的责任，以学问和品德出众而受人赞誉。文帝任五官将时，让卢毓代理门下贼曹的职务。后来崔琰举荐卢毓为冀州主簿。当时魏国刚刚建立，军中兵士大量逃亡，因此对逃亡者的惩罚很重，还会牵连到妻儿。逃亡兵士的妻子白氏等人，刚刚嫁到丈夫家没几天，还没和丈夫见面，大理就奏请在市口处死她们。卢毓上书驳斥大理的判决说："女子的感情，和丈夫见面后才会产生恩爱，成为妻子后才会与丈夫关系亲密。因此《诗经》上说'没见到丈夫，我心里感到悲伤；见到丈夫后，心情就平静了下来'。《礼记》上也说'还没有在宗庙里参拜公婆的新嫁过来的女子，死了要回到娘家安葬，因为她还没成为男家正式的妻子'。如今白氏等人活着的时候没有与丈夫见面的悲伤，死了又有不是正式妻子的痛苦，

肆之大辟，则若同牢合卺[6]之后，罪何所加？且《记》曰‘附从轻’，言附人之罪，以轻者为比也。又《书》云‘与其杀不辜，宁失不经’，恐过重也。苟以白等皆受礼聘，已入门庭，刑之为可，杀之为重。”太祖曰：“毓执之是也，又引经典有意，使孤叹息。”由是为丞相法曹议令史，转西曹议令史。

但执法的官吏却要对她们实施死刑，那么若白氏等人与丈夫完婚之后，又该怎么加重处罚呢？况且《礼记》上说‘施刑要从轻’，是说对人的罪过施用刑罚时，要依据较轻的法令。又《尚书》上说‘与其杀死无辜的人，宁可犯不守法规的过错’，这是担心惩罚过重了。假如白氏等人已经接受了聘礼，已经进了丈夫的家门，那么对她们进行处罚是可以的，但处死就太重了。”太祖说：“卢毓驳得很有道理，而且引经据典很有深意，让我感叹。”因此任卢毓为丞相法曹议令史，后又转任西曹议令史。

今注 1 涿：古县名。治今河北涿州。 2 逋(bū)逃：逃亡，流亡。 3 适：女子出嫁。 4 庙见：古代婚姻礼仪中的一种重要仪式，指女子嫁到夫家之后，如果公婆已经去世，就在婚期三个月后在宗庙里参拜，并选择吉日祭祀。 5 党：亲族。 6 合卺(jǐn)：古代婚仪的一种，仪式中把一个匏瓜剖成两个瓢，又以线连柄，新郎新娘各拿一个饮酒，同饮一卺，象征婚姻将两人连为一体。

裴注 [1]《续汉书》曰：“植字子幹。少事马融，与郑玄同门相友。植刚毅有大节，常喟然有济世之志，不苟合取容，不应州郡命召。建宁中，征博士，出补九江太守，以病去官。作《尚书章句》《礼记解诂》。稍迁侍中、尚书。张角起，以植为北中郎将征角，失利抵罪。顷之，复以为尚书。张让劫少帝奔小平津，植手剑责数让等，让等皆放兵，垂泣谢罪，遂自杀。

董卓议欲废帝，众莫敢对，植独正言，语在《卓传》。植以老病去位，隐居上谷军都山，初平三年卒。太祖北征柳城，过涿郡，令告太守曰：'故北中郎将卢植，名著海内，学为儒宗，士之楷模，乃国之桢干也。昔武王入殷，封商容之闾，郑丧子产而仲尼陨涕。孤到此州，嘉其余风。《春秋》之义，贤者之后，有异于人。敬遣丞掾修坟墓，并致薄醊，以彰厥德。'植有四子，毓最小。"

魏国既建，为吏部郎[1]。文帝践阼，徙黄门侍郎，出为济阴相，梁、谯二郡太守。帝以谯旧乡，故大徙民充之，以为屯田。而谯土地墝瘠[2]，百姓穷困，毓愍之，上表徙民于梁国就沃衍[3]，失帝意。虽听毓所表，心犹恨之，遂左迁[4]毓，使将徙民为睢阳典农校尉[5]。毓心在利民，躬自临视，择居美田，百姓赖之。迁安平、广平太守，所在有惠化。

魏国建立后，卢毓任吏部郎。文帝即位后，他升任黄门侍郎，后又出任济阴相和梁、谯两郡太守。文帝因为谯郡是自己的故乡，所以迁徙了大量的民众来谯郡屯田。然而谯郡土地贫瘠，百姓贫穷困窘，卢毓怜悯他们，上表请求迁移百姓到土地肥沃平坦的梁国去，但这个请求不合文帝的心意。文帝虽然听从了卢毓的请求，但心里还是记恨他，因此给卢毓降了官，派他担任带领移民屯田的睢阳典农校尉。卢毓一心想着为百姓谋取利益，亲自视察和督促，挑选肥沃的土地让百姓居住和耕种，百姓十分信赖他。后来卢毓升任安平、广平太守，他任职过的地方百姓都得到了恩惠和教化。

今注　1 吏部郎：即尚书吏部郎，职掌起草文书。　2 墝(qiāo)瘠：指土地瘠薄。　3 沃衍：土地肥沃平坦。　4 左迁：降职。　5 典农校尉：汉末曹操置，职掌屯田事务，职掌及僚属同典农中郎将，但职位低于后者。郡国大者置中郎将，小者置校尉，秩比二千石。

青龙二年，入为侍中。先是，散骑常侍刘劭受诏定律，未就。毓上论古今科律之意，以为法宜一正，不宜有两端，使奸吏得容情。及侍中高堂隆数以宫室事切谏，帝不悦，毓进曰："臣闻君明则臣直，古之圣王恐不闻其过，故有敢谏之鼓[1]。近臣尽规，此乃臣等所以不及隆。隆诸生，名为狂直，陛下宜容之。"在职三年，多所驳争。诏曰："官人秩才，圣帝所难，必须良佐，进可替否。侍中毓禀性贞固，心平体正，可谓明试有功，不懈于位者也。其以毓为吏部尚书。"使毓自选代，曰："得如卿者乃可。"毓举常侍郑冲[2]，帝曰："文和，吾自知之，更举吾所未闻者。"乃举阮武、孙邕，帝于是用邕。

青龙二年(234)，卢毓进京担任侍中。先前，散骑常侍刘劭受诏制定律法，还没有完成。卢毓上书论说古今法律的情况，认为法律应该统一准确，不应该模棱两可，使得奸猾的官吏徇私枉法。侍中高堂隆多次因建造宫殿的事上书劝谏明帝，明帝很不高兴，卢毓上书说："臣听说君主贤明则臣下正直，古代的圣王害怕听不到臣下指出自己的过失，因此设置了鼓励人谏言的鼓。作为陛下身边的臣子本该尽心劝谏，这是臣等比不上高堂隆的地方。高堂隆等众多儒生，有着疏狂率直的名声，陛下应该多包容。"卢毓任侍中三年，多次对朝廷政事辩驳争论。文帝下诏说："依据才能授予官职，连圣明的帝王也感到很难，必须有贤良的大臣辅助，才能进用有才能的人，贬斥不称职的人。侍中卢毓禀性正直坚定，心地平和，为人方正，可以说是一个功绩卓著而毫不懈怠的人。因此任命卢毓为吏部尚书。"明帝让卢毓自己挑选一个合适的人接替他原来的职务，明帝说："要像您这样的人才行。"卢毓举荐常侍郑冲，说："文和，我本身很了解他，您再举荐些我未听说过的人吧。"于是卢毓举荐了阮武、孙邕，明帝于是任用了孙邕。

今注 1 敢谏之鼓：古代击宫门之鼓以进谏。据《淮南子·主术》载："尧置敢谏之鼓，舜立诽谤之木。" 2 郑沖：字文和，博学洽闻，通晓儒术及百家之言，历任司空、太保等。

前此诸葛诞、邓飏等驰名誉，有四聪八达之诮[1]，帝疾之。时举中书郎[2]，诏曰："得其人与否，在卢生耳。选举莫取有名，名如画地作饼，不可啖[3]也。"毓对曰："名不足以致异人[4]，而可以得常士。常士畏教慕善，然后有名，非所当疾也。愚臣既不足以识异人，又主者正以循名案常为职，但当有以验其后。故古者敷奏[5]以言，明试以功。今考绩之法废，而以毁誉相进退，故真伪浑杂，虚实相蒙。"帝纳其言，即诏作考课法。会司徒缺，毓举处士[6]管宁，帝不能用。更问其次，毓对曰："敦笃至行，则太中大夫[7]韩暨；

在此之前，有诸葛诞、邓飏等人追逐名誉，被人讥诮为"四聪""八达"，明帝很厌恶他们。当时朝中正在推举中书郎，明帝下诏说："能否得到合适的人，全在卢毓了。选举人才不要依据名声，名声就像在地上画的饼，不能吃的。"卢毓回答说："凭名声不足以招揽奇才，但可以得到常见的人才。常见的人才听从教化，欣慕善行，然后才有了名声，不应该厌恶他们。臣既不能识别奇才异士，主持的事情又是以依据名声按照常规选拔人才为职责，只不过应当对他们任职以后的政绩进行考察和核验而已。因此古代先让官员报告自己的政绩，再考核他们实际的功绩。现在考核官员的办法已经废弛，而是根据名声的好坏来进行提拔或贬斥，因此真伪混杂不明，虚实分辨不清。"明帝听从了卢毓的建议，立即下诏制定考核官吏的法律。恰逢司徒职位空缺，卢毓举荐处士管宁，明帝没有采纳。明帝又问其他的人选，卢毓回答说："品性忠厚，行为高尚，要数太中大夫韩

亮直清方，则司隶校尉崔林；贞固纯粹，则太常常林。”帝乃用暨。毓于人及选举，先举性行，而后言才。黄门李丰尝以问毓，毓曰：“才所以为善也，故大才成大善，小才成小善。今称之有才而不能为善，是才不中器也。”丰等服其言。

暨；诚实正直，清廉方正，要数司隶校尉崔林；坚贞朴实，要数太常常林。”明帝于是任用了韩暨。卢毓对人的评价和任用，总是先论述他们的品德，再论说他们的才能。黄门李丰曾经问卢毓为什么这么做，卢毓说：“才能是用来做好事的，因此大的才能做大的好事，小的才能做小的好事，现在被称为有才能的人却做不出好事，这样的才能是不中用的。”李丰等人对他的见解很钦佩。

今注　1 诮(qiào)：责备。　2 中书郎：为中书侍郎的简称，三国曹魏设中书省，长官中书监之下有中书侍郎，掌草拟诏令。　3 啖(dàn)：吃。　4 异人：不寻常的人，有异才的人。　5 敷奏：陈奏。　6 处士：有才而不仕的人。　7 太中大夫：官名，亦作“大中大夫”，掌顾问应对，参谋议政。

齐王[1]即位，赐爵关内侯。时曹爽秉权，将树其党，徙毓仆射，以侍中何晏[2]代毓。顷之，出毓为廷尉，司隶毕轨又枉奏免官。众论多讼之，乃以毓为光禄勋。爽等见收，太傅司马宣王使毓行司隶校尉，治其狱。复为吏部尚书，

齐王即位，赐卢毓关内侯的爵位。当时曹爽掌握朝政大权，打算培植自己的党羽，于是调卢毓为尚书仆射，让侍中何晏代替卢毓。不久，又让卢毓担任廷尉，司隶校尉毕轨诬告卢毓，卢毓被免职。许多大臣为卢毓申辩，于是朝廷又任卢毓为光禄勋。曹爽等人被逮捕之后，太傅司马宣王任卢毓为司隶校尉，审理曹爽的案子。之后又重

加奉车都尉[3]，封高乐亭侯，转为仆射，故典选举，加光禄大夫。高贵乡公[4]即位，进封大梁乡侯。封一子亭侯。毌丘俭作乱，大将军司马景王出征，毓纲纪后事，加侍中。正元三年，疾病，逊位。迁为司空，固推骠骑将军王昶、光禄大夫王观、司隶校尉王祥。诏使使者即授印绶，进爵封容城侯，邑二千三百户。甘露二年薨，谥曰成侯。孙藩嗣。毓子钦、珽，咸熙中钦为尚书，珽泰山太守[1]。

新任命他为吏部尚书，加授奉车都尉，封高乐亭侯，又转任尚书仆射，仍旧负责官员选拔，加封光禄大夫。高贵乡公即位，卢毓晋封大梁乡侯。又封他的一个儿子为亭侯。毌丘俭发动叛乱，大将军司马景王出兵征讨，卢毓留守京城统管后方事务，加封侍中。正元三年(256)，卢毓生病，辞去职位。之后他又升任司空，卢毓坚决地推辞并推荐骠骑将军王昶、光禄大夫王观、司隶校尉王祥担任此职。朝廷下诏命使者到卢毓家赐予印绶，晋封他为容城侯，食邑两千三百户。甘露二年(257)，卢毓去世，谥号为成侯。他的孙子卢藩继承了爵位。卢毓有儿子卢钦、卢珽，咸熙年间，卢钦任尚书，卢珽任泰山太守。

今注　1 齐王：即曹芳，字兰卿，三国曹魏第三任君主。　2 何晏：字平叔，南阳宛县(今河南南阳)人，少以才华知名，好老、庄之学。曹爽当政后，何晏被任为心腹，参与策划排斥司马懿势力之事，事败被杀，灭族。　3 奉车都尉：掌御皇帝车舆，入侍左右，多由皇帝亲信充任。东汉后职权渐轻，地位降低，多作为加官。　4 高贵乡公：即曹髦，字彦士，三国曹魏第四位君主。

裴注　[1]《世语》曰："钦字子若，珽字子笏。钦泰始中为尚书仆射，领选，咸宁四年卒，追赠卫将军，开府。"虞预《晋书》曰："钦少居名位，不顾财利，清虚淡泊，动修礼典。同郡张华，家单少孤，不为乡邑所知，惟钦贵异焉。钦子浮，字子云。"《晋诸公赞》曰："张华博识多闻，无物不知。浮高朗经博，有美于华，起家太子舍人，病疽，截手，遂废。朝廷器重之，就家以为国子博士，迁祭酒。永平中为秘书监。斑及子皓、志并至尚书。志子谌，字子谅。温峤表称谌清出有文思。"《谌别传》曰："谌善著文章。洛阳倾覆，北投刘琨，琨以为司空从事中郎。琨败，谌归段末波。元帝之初，累召为散骑、中书侍郎，不得南赴。永和六年，卒于胡，胡中子孙过江。妖贼帅卢循，谌之曾孙。"

评曰：桓阶识睹成败，才周当世。陈群动仗名义，有清流雅望；泰弘济简至，允克堂构[1]矣。魏世事统台阁，重内轻外，故八座尚书[2]，即古六卿之任也。陈、徐、卫、卢，久居斯位，矫、宣刚断骨鲠，臻、毓规鉴清理，咸不忝[3]厥职云。

评论说：桓阶能预先看出成败，在当时是个才能完备的人。陈群的举止都合乎道义，有着高洁名士的美好声望；陈泰广为救济而为政从简，确实能继承父祖的遗业。魏国的政务统归于尚书台，重内朝轻外朝，因此设立了八位尚书，就相当于古代的六卿。陈矫、徐宣、卫臻、卢毓，曾长期担任尚书职位，陈矫、徐宣刚强果断而为人正直，卫臻、卢毓多次规谏，明于事理，都无愧于自己的职责。

今注　1 堂构：指继承祖先的遗业。　2 八座尚书：指尚书令、尚书仆射加六曹尚书，合为八座尚书。　3 忝(tiǎn)：有愧于。

卷二十三　魏书二十三

和常杨杜赵裴传

导读　本卷所载数人皆有智谋，敦德行，为一时才士之选。

和洽为人诚恳正直，不虚伪矫饰，敢谏直言，明辨是非曲直，关注本业民生，力主节俭，去除不必要的奢华耗费，本人则过着清贫的生活。

常林为人聪颖有胆识，帮助叔父脱离险境，能够保全族人，周济百姓，不拘于小节，而以大义为上。

杨俊为人有见识，能够见义疏财，同时以人伦自任，为官之时立学校，宣德教，为时人所称扬。

杜袭为人目光长远，不只顾及眼前的安乐，遇事能够临危不乱。在任内保城克敌、都督军事，还敢于直言进谏。

赵俨在太祖迎献帝到许都时归附，处事时能够做到轻重有节，入参军事时能够和合诸将，安抚军士，攻破敌军，与诸将解曹仁襄阳之围，抵御孙权侵犯，屡有功绩。

裴潜能够洞悉时势，治理代郡时，只身前往降伏乌丸，胆识智慧过人。无论是在朝为官还是在地方任职，他都干练严谨。在丧事上，他主张简葬。

和洽

原文

和洽，字阳士，汝南西平[1]人也。举孝廉，大将军辟，皆不就。袁绍在冀州，遣使迎汝南士大夫。洽独以“冀州土平民强，英桀所利，四战之地。本初乘资，虽能强大，然雄豪方起，全未可必也。荆州刘表无他远志，爱人乐士，土地险阻，山夷民弱，易依倚也”。遂与亲旧俱南从表，表以上客待之。洽曰：“所以不从本初，辟争地也。昏世之主，不可黩近，久而阽危[1]，必有谗慝[2]间其中者。”遂南度武陵[3]。

译文

和洽，字阳士，汝南郡西平县人。他曾被举为孝廉，受到大将军的征召，但他都拒绝了。袁绍在冀州，派遣使节去迎接故乡汝南的士大夫来冀州任职。和洽认为“冀州土地平坦人民富强，英雄豪杰之士都想占据，是四方畅通而便于作战的地方。袁本初凭借这种优势，虽然能够强大起来，然而如今豪杰四起，他未必能够保全这个地区。荆州的刘表没有什么远大的志向，爱护百姓乐交贤士，加之地势险要，山区夷人人少力弱，比较适宜依靠”。于是和亲族故旧一起南下投靠刘表，刘表以上宾之礼接待他。和洽说：“我之所以不投奔袁本初，是为了躲避容易发生战争的地方。乱世的主上，不可以亲近，时间一长就会有危险，必然会有邪恶奸佞之人杂处其间挑拨离间。”于是又向南到武陵。

今注　1 西平：县名，在今河南驻马店西平县。　2 谗慝(tè)：指邪恶奸佞之人。　3 武陵：郡名，东汉移治临沅(今湖南常德西)。

裴注 [1] 臣松之案:《汉书·文纪》曰“阽于死亡”,《食货志》曰“阽危若是”。注曰:“阽,音盐,如屋檐,近边欲堕之意也。”一曰“临危曰阽”。

太祖定荆州[1],辟为丞相掾属。时毛玠、崔琰并以忠清干事,其选用先尚俭节。洽言曰:“天下大器,在位与人,不可以一节俭也。俭素过中,自以处身则可,以此节格物,所失或多。今朝廷之议,吏有著新衣、乘好车者,谓之不清;长吏过营,形容不饰,衣裘敝坏者,谓之廉洁。至令士大夫故污辱其衣,藏其舆服[2];朝府大吏,或自挈壶餐以入官寺。夫立教观俗,贵处中庸,为可继也。今崇一概难堪之行以检殊涂,勉而为之,必有疲瘁[3]。古之大教,务在通人情而已。凡激诡之行,则容隐伪矣[1]。”

太祖平定荆州后,征辟和洽为丞相属官。当时毛玠、崔琰都以忠信清廉为原则做事,他们选用官员时最为看重其是否节俭。和洽认为:“天下最重要的政务就是选拔人才和任免官员,不可以仅仅以节俭作为衡量标准。过于节俭,作为修养自身的原则是可以的,然而以此原则来考察人才,或许会造成很多偏失。现在朝廷的评议,看到有的官吏穿着新衣服、乘坐着好车,就认为其不清廉;看到有的官吏刻意装得节俭,不修饰容貌,穿着破旧的衣服,就认为其廉洁。以至于士大夫故意将衣服弄脏,而将好的衣服车驾藏匿起来;朝廷各官署的长官,有的甚至亲自带着饭食水壶进入官府办公。树立教化移风易俗,贵在适中适度,这样才能够持续下去。现今推崇单一而难以忍受的行为来考察各类人才,即使勉强能实行,也一定会带来一些弊病。古来施行教化,务必在于顺应人情。大凡激进反常的行为,其中则容易藏匿着虚伪。”

今注　1 荆州:汉为十三刺史部之一。辖境约相当于今湘、鄂二省及豫、桂、黔、粤的一部分,汉末以后辖境渐小。东汉治汉寿(今湖南常德东北),三国时魏、蜀各有荆州,西晋合二为一。　2 舆服:车舆冠服与各种仪仗。古代车舆与冠服都有定式,以表尊卑等级。　3 疲瘁:弊病。

裴注　[1] 孙盛曰:"昔先王御世,观民设教,虽质文因时,损益代用,至于车服礼秩,贵贱等差,其归一揆。魏承汉乱,风俗侈泰,诚宜仰思古制,训以约简,使奢不陵肆,俭足中礼,进无蜉蝣之刺,退免采莫之讥。如此则治道隆而颂声作矣。夫矫枉过正则巧伪滋生,以克训下则民志险隘,非圣王所以陶化民物,闲邪存诚之道。和洽之言,于是允矣。"

魏国既建,为侍中,后有白毛玠谤毁太祖,太祖见近臣,怒甚。洽陈玠素行有本,求案实其事。罢朝,太祖令曰:"今言事者白玠不但谤吾也,乃复为崔琰觖望[1]。此损君臣恩义,妄为死友怨叹,殆不可忍也。昔萧、曹与高祖并起微贱,致功立勋。高祖每在屈笮[2],二相恭顺,臣道益彰,所以祚及后世也。和侍中比求实之,所以不听,欲重参之耳。"洽对

魏国建立后,和洽为侍中,后来有人状告毛玠诽谤诋毁太祖,太祖召见近臣时,非常愤怒。和洽却陈述毛玠平素的行为很守本分,请求查清事情的真实情况。罢朝后,太祖下令说:"现今报告此事的人说毛玠不仅诽谤我,还为崔琰被贬而抱怨。这种有损于君臣之间的恩义,又妄自为死去的朋友哀怨感叹的行为,实在是不能容忍。往昔萧何、曹参与高祖都出身微贱,最后建立功勋。高祖每次处境困顿的时候,二人都十分恭顺,为臣之道愈加彰显,所以使后世子孙能享有福祚。和侍中主张调查清楚毛玠一案,我之所以没有听从,是因为看重他而不忍心使他丧失体面。"和洽回答说:"如

曰："如言事者言，玠罪过深重，非天地所覆载。臣非敢曲理玠以枉大伦也，以玠出群吏之中，特见拔擢，显在首职，历年荷宠，刚直忠公，为众所惮，不宜有此。然人情难保，要宜考核，两验其实。今圣恩垂含垢之仁，不忍致之于理，更使曲直之分不明，疑自近始。"太祖曰："所以不考，欲两全玠及言事者耳。"洽对曰："玠信有谤上之言，当肆之市朝；若玠无此，言事者加诬大臣以误主听。二者不加检核，臣窃不安。"太祖曰："方有军事，安可受人言便考之邪？狐射姑刺阳处父于朝[3]，此为君之诫也。"

果真的像报告此事的人说的那样，那么毛玠罪过非常深重，为天地所不容。臣不敢包庇毛玠而违背君臣之大伦，臣主要是认为毛玠是因在群臣中出类拔萃而被提拔，出任显要官职，多年来蒙受恩宠，为人刚直忠诚公正，为众人所忌惮，论理不应该会做出这样的事情。然而人情难以揣测，应该加以核实，令毛玠与告发者对质。现今圣恩垂仁爱以容忍垢耻，不忍心把他交给司法官审问，这样更会使曲直之分不能明晰，怀疑之心将从您的近旁产生。"太祖说："之所以不对这件事加以追究，是想使毛玠和告发者都得以保全。"和洽回答说："毛玠如果当真有诽谤主上之言，就应当在市场中公开处死；如果毛玠没有这回事，说明告发者诬陷大臣欺骗主上。对双方都不加以核查，臣感到不妥当。"太祖说："现在正有军事，怎么能听了告发就审问告发者？当年狐射姑在朝堂上刺杀了阳处父，这是君主应当引以为戒的。"

今注　1 觖(jué)望：因不满意而怨恨。　2 屈笮(zé)：指处在困苦危难之中。　3 狐射姑刺阳处父于朝：狐射姑与阳处父都是春秋时期晋国的大夫，晋襄公本来以狐射姑为将军，以赵盾为辅佐，阳处父劝说晋襄公以赵盾为将军，以狐射姑为辅佐，晋襄公听从后又将事情的原委告诉了狐射姑。晋襄公去世后，狐射姑派人杀死了阳处父。古人批评晋襄公因为言语不慎而导致朝臣不和，曹操也借此事说明自己不想让当事的双方不和。

太祖克张鲁，洽陈便宜以时拔军徙民，可省置守之费。太祖未纳，其后竟徙民弃汉中。出为郎中令[1]。文帝践阼，为光禄勋，封安城亭侯。明帝即位，进封西陵乡侯，邑二百户。

太祖平定了汉中的张鲁，和洽建议应该及时撤走军队迁徙百姓，这样可以省去设置守卫的费用。太祖没有采纳，后来还是迁出了百姓而放弃了汉中。和洽又出任郎中令。文帝即位，和洽为光禄勋，被封为安城亭侯。明帝即位，和洽晋封为西陵乡侯，食邑二百户。

太和中，散骑常侍高堂隆奏："时风不至，而有休废之气，必有司不勤职事以失天常也。"诏书谦虚引咎，博諮异同。洽以为"民稀耕少，浮食者多。国以民为本，民以谷为命。故费一时之农，则失育命之本。是以先王务蠲[2]烦费，以专耕农。自春夏以来，民穷于役，农业有废，百姓嚣然，时风不至，未必不由此也。消复之术，莫大于节俭。太祖建立

太和年间，散骑常侍高堂隆上奏说："时风不来，却有衰败之气，必定是有关官员不勤于职事而使天道失常。"明帝下诏书谦虚地责备自己，并广泛地征求不同的意见。和洽认为"现在人口稀少，从事耕种的人更少，而吃粮食却不耕作的人很多。国家以百姓为根本，百姓以粮食为命脉。所以一旦耽误了农民的耕作，就失掉了养育生命的根本。所以先代的君王一心要去除繁杂的费用，使民众专心务农。自今年春夏以来，百姓疲于徭役，农业荒废，百姓骚动，时风不至，未必不是这个原因。消弭灾祸恢复正常的方法，没有比节俭更好的。太祖建立宏伟基业，提供军费，

洪业，奉师徒之费，供军赏之用，吏士丰于资食，仓府衍于谷帛，由不饰无用之宫，绝浮华之费。方今之要，固在息省劳烦之役，损除他余之务，以为军戎之储。三边守御，宜在备豫。料贼虚实，蓄士养众，算庙胜之策，明攻取之谋，详询众庶以求厥中。若谋不素定，轻弱小敌，军人数举，举而无庸，所谓'悦武无震'，古人之诫也。"

供给军中赏赐的用度，官吏士民资财食物充足，仓库里面粮食布帛充盈，是因为太祖不修整无用的宫室，坚决去除奢华享乐的费用。当今的要务，就是减省劳烦百姓的徭役，减损去除没有必要的杂务，以充实军事储备。南、西、北三边的守御，应该提前做好准备。预测敌人的虚实，养精蓄锐，谋划制胜的策略，明了攻取的谋划，详细地询问众臣以求对策适中。如果不预先谋划，轻视小看敌人，军队多次出动，出动又没有战果，就是所谓的'总是炫耀武力最终会丧失震慑力'，这是古人的告诫。"

转为太常，清贫守约，至卖田宅以自给。明帝闻之，加赐谷帛。薨，谥曰简侯。子禽嗣[1]。禽弟逌，才爽开济，官至廷尉、吏部尚书[2]。

和洽后又转任太常，他清贫节俭，以至于要靠卖掉田宅来维持生计。明帝听说后，加赐给他粮食布帛。和洽去世后，谥号为简侯。他的儿子和禽继承了爵位。和禽的弟弟和逌，有才能而且为人通达，官至廷尉、吏部尚书。

洽同郡许混者，许劭子也。清醇有鉴识，明帝时为尚书[3]。

和洽同郡之人许混，是许劭的儿子。他为人清廉醇厚，有审察辨识的能力，明帝时曾任尚书。

今注 1 郎中令：为郎中长官，掌管宫廷戍卫，守卫宫殿门户。 2 蠲(juān)：废除。

裴注 [1] 禽，音离。 [2]《晋诸公赞》曰："和峤字长舆，逌之子也。少知名，以雅重称。常慕其舅夏侯玄之为人，厚自封植，嶷然不群。为黄门郎迁中书令，转尚书。愍怀太子初立，以峤为少保，加散骑常侍。家产丰富，拟于王公，而性至俭吝。峤同母弟郁，素无名，峤轻侮之，以此为损。卒于官，赠光禄大夫。郁以公强当世，致位尚书令。" [3] 劭字子将。《汝南先贤传》曰："召陵谢子微，高才远识，见劭年十八时，乃叹息曰：'此则希世出众之伟人也。'劭始发明樊子昭于鬻帻之肆，出虞永贤于牧竖，召李淑才乡闾之间，擢郭子瑜鞍马之吏，援杨孝祖，举和阳士，兹六贤者，皆当世之令懿也。其余中流之士，或举之于淹滞，或显之于童齿，莫不赖劭顾叹之荣。凡所拔育，显成令德者，不可殚记。其探擿伪行，抑损虚名，则周之单襄，无以尚也。劭宗人许栩，沉没荣利，致位司徒。举宗莫不匍匐栩门，承风而驱，官以贿成，惟劭不过其门。广陵徐孟玉来临汝南，闻劭高名，请为功曹。饕餮放流，洁士盈朝。袁绍公族好名，为濮阳长，弃官来还，有副车从骑，将入郡界，绍乃叹曰：'吾之舆服，岂可使许子将见之乎？'遂单车而归。辟公府掾，拜鄢陵令，方正征，皆不就。避乱江南，所历之国，必翔而后集。终于豫章，时年四十六。有子曰混，显名魏世。"

常林

常林，字伯槐，河内温[1]人也。年七岁，有父党[2]造门，问林："伯先在否？汝何不拜！"林曰："虽当下客，临子字父，何拜之有？"于是咸共嘉之[1]。太守王匡起

常林，字伯槐，河内郡温县人。他七岁的时候，有父亲的朋友登门造访，问常林："伯先在吗？你见了我为何不行拜礼！"常林说："虽说对客人应以礼相待，但你当着我的面直呼我父亲的表字，我为什么还要下拜？"于是大家都很赞赏常林。太守王匡起兵讨伐董卓，派遣诸

兵讨董卓，遣诸生于属县微伺[3]吏民罪负，便收之，考责钱谷赎罪，稽迟则夷灭宗族，以崇威严。林叔父挝[4]客，为诸生所白，匡怒收治。举宗惶怖，不知所责多少，惧系者不救。林往见匡同县胡母彪曰："王府君以文武高才，临吾鄙郡。鄙郡表里山河，土广民殷，又多贤能，惟所择用。今主上幼冲，贼臣虎据，华夏震栗，雄才奋用之秋也。若欲诛天下之贼，扶王室之微，智者望风，应之若响，克乱在和，何征不捷？苟无恩德，任失其人，覆亡将至，何暇匡翼朝廷，崇立功名乎？君其藏之！"因说叔父见拘之意。彪即书责匡，匡原林叔父。林乃避地上党[5]，耕种山阿。当时旱蝗，林独丰收，尽呼比

生在所属各县暗中探察官吏民众的罪过，一旦发现就收押起来，然后拷问并判决，让他们以钱财谷物赎罪，若是延期不交就夷灭宗族，以树立威严。常林的叔父殴打宾客，为诸生告发，王匡愤怒地将其收押。常氏全族上下都很惶恐，不知道会被判罚多少钱粮，生怕救不出常林的叔父。常林去见王匡的同乡胡母彪说："王府君以文武高才，临治鄙郡。鄙郡依山傍河，土地广阔，百姓众多，又有很多贤能之才，可以随他选用。如今主上年幼，贼臣董卓虎据京师，整个华夏感到震惊恐惧，这正是雄才之人奋起的好时机。如果打算诛灭天下的贼人董卓，辅助衰微的汉室，才智之士定会望风而归附，纷纷响应，克敌平乱在于人和，具备了人和，什么征伐不能取胜？如果不施恩德，任用非人，很快就会覆亡，哪里还会有闲暇匡扶朝廷，建立功名呢？您还是躲藏起来吧！"接着常林说到自己的叔父被关押的事。胡母彪当即写书信责备王匡，王匡只好释放了常林的叔父。常林于是到上党地区避难，在山间弯曲处垦地而耕。当时遇到旱灾蝗灾，唯独常林家获得丰收，他将周围所有的邻居都喊过来，

邻，升斗分之。依故河间太守陈延壁。陈、冯二姓，旧族冠冕。张杨利其妇女，贪其资货。林率其宗族，为之策谋。见围六十余日，卒全堡壁。

将收获的粮食一升一斗地分给大家。常林家依附故河间太守陈延的坞堡而居。陈、冯二姓，都是当地历史悠久的头等大族。军阀张杨觊觎这两家的妇女，贪图他们的财物。常林率领宗族人众，为这两家出谋划策。虽然他们被围困了六十多天，但最终保全了坞堡。

今注　1 温：河内郡温县，即今河南焦作温县。　2 党：朋友。　3 微伺：暗中观察。　4 挝(zhuā)：打。　5 上党：郡名，西汉治长子（今山西长治长子县），东汉末移治壶关（今长治市北）。

裴注　[1]《魏略》曰："林少单贫。虽贫，自非手力，不取之于人。性好学，汉末为诸生，带经耕锄。其妻常自馈饷之，林虽在田野，其相敬如宾。"

并州刺史高幹表为骑都尉，林辞不受。后刺史梁习荐州界名士林及杨俊、王淩、王象、荀纬，太祖皆以为县长。林宰南和[1]，治化有成，超迁博陵[2]太守、幽州刺史，所在有绩。文帝为五官将，林为功曹。太祖西征，田银、苏伯反，幽、冀扇动。文帝欲亲自讨之，林曰："昔忝博陵，又

并州刺史高幹上表推荐常林为骑都尉，常林推辞不接受。后来刺史梁习又荐举州内名士常林及杨俊、王淩、王象、荀纬，太祖都任命他们为县长。常林在南和任县长，在治理和教化方面很有成绩，被越级升迁为博陵太守、幽州刺史，所任之地都有政绩。文帝任五官将的时候，常林为功曹。太祖西征，田银、苏伯谋反，幽州、冀州动荡。文帝打算亲自去征讨，常林说："臣以前在博陵做官，后来又在幽州做官，所以对贼人

在幽州，贼之形势，可料度也。北方吏民，乐安厌乱，服化已久，守善者多。银、伯犬羊相聚，智小谋大，不能为害。方今大军在远，外有强敌，将军为天下之镇[3]也，轻动远举，虽克不武。”文帝从之，遣将往伐，应时克灭。

的形势，能够预料。北方的官吏民众，喜欢安定而厌烦动荡，顺服归化已经很长时间，大多能够安分守己。田银、苏伯是犬羊之辈，相聚为乱，才智不足而野心很大，不会造成什么大的祸患。如今大军远征，外有强敌，将军是天下的根本，轻易地去远征，即使取胜也算不上威武。”文帝听从了他的建议，派遣将领去讨伐，叛乱很快就被平定。

今注 1 南和：县名，在今河北邢台市南和区。 2 博陵：郡名，治博陵（今河北保定蠡县南）。 3 镇：指根本，基础。

出为平原太守、魏郡东部都尉，入为丞相东曹属。魏国既建，拜尚书。文帝践阼，迁少府[1]，封乐阳亭侯[1]，转大司农[2]。明帝即位，进封高阳乡侯，徙光禄勋太常。晋宣王[3]以林乡邑耆德，每为之拜。或谓林曰：“司马公贵重，君宜止之。”林曰：“司马公自欲敦长幼之叙，为后生之法。贵非吾之所畏，拜非吾之所制

常林又任平原太守、魏郡东部都尉，后又为丞相府的东曹属。魏国建立后，常林担任尚书。文帝登基后，他升任少府，封为乐阳亭侯，后又转任大司农。明帝即位后，他晋封为高阳乡侯，又改任光禄勋太常。晋宣王司马懿认为常林是乡邑中的有德长者，每次遇到他都要下拜。有人对常林说：“司马公地位高贵，您应该劝止他不要向您下拜。”常林说：“司马公自己想要注重长幼之序，为年轻人树立榜样。我并不惧怕他地位高贵，他向我行下拜之礼也不是我所能制止的。”说此话的人恭敬而

也。”言者踧踖4而退[2]。时论以林节操清峻，欲致之公辅，而林遂称疾笃。拜光禄大夫。年八十三，薨，追赠骠骑将军，葬如公礼，谥曰贞侯。子旹5嗣，为泰山太守，坐法诛。旹弟静绍封[3]。

不安地退下了。当时朝臣议论说常林节操清廉高尚，打算推举他担任公辅，但是常林称自己有重病而拒绝了。后来他又官拜光禄大夫。八十三岁的时候，常林去世，被追赠骠骑将军，以公爵之礼下葬，谥号为贞侯。他的儿子常旹继承爵位，为泰山太守，因为犯法而被诛杀。常旹的弟弟常静继承了爵位。

今注　1 少府：为皇室管理财务和生活事务的官职，一方面负责征收山海池泽的税赋，一方面负责宫廷中衣食起居、游猎玩好的供给，具体的职能也随着时势而有所变迁。　2 大司农：官名。管理国家租赋收支和国家财政开支。　3 晋宣王：指司马懿。　4 踧踖(cù jí)：指恭敬而不安的样子。　5 旹(shí)：“时”的古字。

裴注　[1]《魏略》曰：“林性既清白，当官又严。少府寺与鸿胪对门，时崔林为鸿胪。崔性阔达，不与林同，数数闻林挝吏声，不以为可。林夜挝吏，不胜痛，叫呼敖敖彻曙。明日，崔出门，与林车相遇，乃啁林曰：‘闻卿为廷尉，尔邪？’林不觉，答曰：‘不也。’崔曰：‘卿不为廷尉，昨夜何故考囚乎！’林大惭，然不能自止。”　[2]《魏略》曰：“初，林少与司马京兆善。太傅每见林，辄欲跪。林止之曰：‘公尊贵矣，止也！’及司徒缺，太傅有意欲以林补之。”案《魏略》此语，与本传反。臣松之以为，林之为人，不畏权贵者也。论其然否，谓本传为是。　[3]案《晋书》，诸葛诞反，大将军东征，旹坐称疾，为司马文王所法。《魏略》以林及吉茂、沐並、时苗四人为《清介传》。吉茂字叔畅，冯翊池阳人也，世为著姓。好书，不耻恶衣恶食，而耻一物之不知。建安初，关中始平，茂与扶风苏则共入武功南山，隐处精思数岁。州举茂才，除临汾令，居官清静，吏民不忍欺。转为武德侯庶子。二十二年，坐其宗人吉本等起事被收。先是科禁内学及兵书，而茂皆有，匿不送官。及其被收，不知当坐本等，顾谓其左右曰："我坐书也。"会钟相国证茂、本服第已绝，故得不坐。后以茂为武陵太守，不之官。转鄭相，以国省，拜议郎。景初中病亡。自茂修行，从少至长，冬则被裘，夏则裋褐，行则步涉，食则茨藿，臣役妻子，室如悬磬。其或馈遗，一不肯受。虽不以此高人，亦心疾不义而贵且富者。先时国家始制九品，各使诸郡选置中正，差叙自公卿以下，至于郎吏，功德材行所任。茂同郡护羌校尉王琰，前数为郡守，不名为清白。而琰子嘉仕历诸县，亦复为通人。嘉时还为散骑郎，冯翊郡移嘉为中正。嘉叙茂虽在上第，而状甚下，云："德优能少。"茂愠曰："痛乎，我效汝父子冠帻劫人邪！"初，茂同产兄黄，以十二年中从公府掾为长陵令。是时科禁长吏擅去官，而黄闻司徒赵温薨，自以为故吏，违科奔丧，为司隶钟繇所收，遂伏法。茂时为白衣，始有清名于三辅，以为兄坐追义而死，怨怒不肯哭。至岁终，繇举茂。议者以为茂必不就，及举既到，而茂就之，故时人或以茂为畏繇，或以茂为髦士也。沐並字德信，河间人也。少孤苦。袁绍父子时，始为名吏。有志介，尝过姊，姊为杀鸡炊黍而不留也。然为人公果，不畏强御，丞相召署军谋掾。黄初中，为成皋令。校事刘肇出过县，遣人呼县吏，求索槁谷。是时蝗旱，官无有见。未办之间，肇人从入並之阁下，呴呼骂吏。並怒，因躧履提刀而出，多从吏卒，欲收肇。肇觉知驱走，具以状闻。有诏："肇为牧司爪牙吏，而並欲收缚，无所忌惮，自恃清名邪！"遂收，欲杀之。肇髡决减死，刑竟复吏，由是放散十余年。至正始中，为三府长史。时吴使朱然、诸葛瑾攻围樊城，遣船兵于岘山东斫材。牂牁人兵作食，有先熟者呼后熟者，言："共食来。"后熟者答言："不也。"呼者曰："汝欲作沐德信邪？"其名流布，播于异域如此。虽自华夏，不知者以为前世人也。为长史八年，晚出为济阴太守，召还，拜议郎。年六十余，自虑身无常，豫作终制，戒其子以俭葬，曰："告云、仪等：夫礼者，生民之始教，而百世之中庸也。

故力行者则为君子，不务者终为小人，然非圣人，莫能履其从容也。是以富贵者有骄奢之过，而贫贱者讥于固陋，于是养生送死，苟窃非礼。由斯观之，阳虎玙璠，甚于暴骨；桓魋石椁，不如速朽。此言儒学拨乱反正、鸣鼓矫俗之大义也，未臻夫穷理尽性、陶冶变化之实论也。若能原始要终，以天地为一区，万物为刍狗，该览玄通，求形景之宗，同祸福之素，一死生之命，吾有慕于道矣。夫道之为物，惟恍惟忽，寿为欺魄，夭为凫没，身沦有无，与神消息，含悦阴阳，甘梦太极。奚以棺椁为牢，衣裳为缠？尸系地下，长幽桎梏，岂不哀哉！昔庄周闳达，无所適莫；又杨王孙裸体，贵不久客耳。至夫末世，缘生怨死之徒，乃有含珠鳞柙，玉床象衽，杀人以徇；圹穴之内，锢以纻絮，藉以蜃炭，千载僵燥，托类神仙。于是大教陵迟，竞于厚葬，谓庄子为放荡，以王孙为戮尸，岂复识古有衣薪之鬼，而野有狐狸之啮乎哉？吾以材质滓浊，污于清流。昔忝国恩，历试宰守，所在无效，代匠伤指，狼跋首尾，无以雪耻。如不可求，从吾所好。今年过耳顺，奄忽无常，苟得获没，即以吾身袭于王孙矣。上冀以赎市朝之逋罪，下以亲道化之灵祖。顾尔幼昏，未知臧否，若将逐俗，抑废吾志，私称从令，未必为孝；而犯魏颗听治之贤，尔为弃父之命，谁或矜之！使死而有知，吾将尸视。”至嘉平中，病甚。临困，又敕豫掘坎。戒“气绝，令二人举尸即坎，绝哭泣之声，止妇女之送，禁吊祭之宾，无设抟治粟米之奠”。又戒“后亡者不得入藏，不得封树”。妻子皆遵之。时苗字德胄，巨鹿人也。少清白，为人疾恶。建安中，入丞相府。出为寿春令，令行风靡。扬州治在其县，时蒋济为治中。苗以初至，往谒济，济素嗜酒，适会其醉，不能见苗。苗恚恨还，刻木为人，署曰“酒徒蒋济”，置之墙下，旦夕射之。州郡虽知其所为不恪，然以其履行过人，无若之何。又其始之官，乘薄畚（音饭）车，黄牸牛，布被囊。居官岁余，牛生一犊。及其去，留其犊，谓主簿曰：“令来时本无此犊，犊是淮南所生有也。”群吏曰：“六畜不识父，自当随母。”苗不听，时人皆以为激，然由此名闻天下。还为太官令，领其郡中正，定九品，于叙人才不能宽，然纪人之短，虽在久远，衔之不置。如所忿蒋济者，仕进至太尉，济不以苗前毁己为嫌，苗亦不以济贵更屈意。为令数岁，不肃而治。迁典农中郎将。年七十余，以正始中病亡也。

杨俊

杨俊，字季才，河内获嘉[1]人也。受学陈留边让，让器异之。俊以兵乱方起，而河内处四达之衢，必为战场，乃扶持老弱诣京、密山间，同行者百余家。俊振济贫乏，通共有无。宗族知故为人所略作奴仆者凡六家，俊皆倾财赎之。司马宣王年十六七，与俊相遇，俊曰："此非常之人也。"又司马朗早有声名，其族兄芝，众未之知，惟俊言曰："芝虽夙望不及朗，实理但有优耳。"俊转避地并州。本郡王象，少孤特，为人仆隶，年十七八，见使牧羊而私读书，因被棰楚[2]。俊嘉其才质，即赎象著家，聘娶立屋，然后与别。

杨俊，字季才，河内郡获嘉县人。受学于陈留人边让，边让格外器重他。杨俊认为兵乱逐渐兴起，而河内正处在四通八达的要冲，必定会成为战场，于是扶持老弱迁徙到京、密二县的山里，同行的有百余家。杨俊接济贫困的人家，与他们互通有无。宗族和故交中被人掳掠而成为奴仆的共有六家，杨俊倾尽财物把他们赎了回来。司马懿当时十六七岁，与杨俊相遇，杨俊说："这是个不同寻常的人。"司马朗早有名声，但他的族兄司马芝，众人却不了解，只有杨俊认为："虽然司马芝平素的声望不及司马朗，但他实际的才能只会超过司马朗。"杨俊又转到并州避难。本郡人王象，年少时就孤独无依，给人当仆隶，十七八岁时，被派去放羊，而他却偷偷读书，因此被主人笞打。杨俊赞赏王象的才能品质，就将他赎出并带回自己家中，为他娶了妻子建了房屋，然后与他告别。

今注　1 获嘉：今河南新乡获嘉县。　2 棰(chuí)楚：指鞭杖之类刑具，亦以称鞭杖之刑。

太祖除俊曲梁长，入为丞相掾属。举茂才，安陵令，迁南阳太守。宣德教，立学校，吏民称之。徙为征南军师。魏国既建，迁中尉[1]。太祖征汉中，魏讽反于邺，俊自劾诣行在所。俊以身方罪免，笺辞太子。太子不悦，曰："杨中尉便去，何太高远邪！"遂被书左迁平原太守。文帝践阼，复在南阳。时王象为散骑常侍，荐俊曰："伏见南阳太守杨俊，秉纯粹之茂质，履忠肃之弘量，体仁足以育物，笃实足以动众，克长后进，惠训不倦，外宽内直，仁而有断。自初弹冠，所历垂化，再守南阳，恩德流著，殊邻异党，襁负[2]而至。今境守清静，无所

太祖任命杨俊为曲梁县县长，后又为丞相属官。他被本州荐举为茂才，出任安陵令，迁为南阳太守。任职期间，他推行德教，建立学校，受到官吏民众的称赞。后又改任征南将军府军师。魏国建立后，杨俊升任中尉。太祖征讨汉中，魏讽在邺城谋反，杨俊前往太祖的行军驻地长安承认自己的失职之罪。杨俊因刚刚被太祖免罪，就给太子曹丕写信要辞官。太子很不高兴，说道："杨中尉想走便走，未免显得太高傲离俗了！"不久他接到文书被降为平原太守。文帝登基后，杨俊再次担任南阳太守。当时王象为散骑常侍，向文帝举荐杨俊说："微臣观察南阳太守杨俊，秉持着纯粹的丰茂资质，有着忠信恭肃的宽宏度量，其仁德之心足以化育众生，笃实之性足以感动百姓，提携后进，不知疲倦地教诲和广施恩惠于后生，外表宽和而内心耿直，有仁德而能决断。自从他初次任官至今，所任职的地方都得到教化，再次任职于南阳，恩德广布，邻近地区的士人百姓，都背驮小孩和财物前来。现在南阳境内清静无事，

展其智能，宜还本朝，宣力辇毂[3]，熙帝之载。”

没法施展他的才智，应该让他返回朝廷，在陛下左右效力，辅佐光辉的帝业。”

今注 1 中尉：秦汉时期主管京畿治安，指挥禁卫军，为负责京师安全的高级军官。汉武帝时改称“执金吾”，东汉末复为中尉。 2 襁负：泛指用肩背驮。 3 辇毂(niǎn gǔ)：皇帝的车舆。此处代指皇帝。

俊自少及长，以人伦自任。同郡审固、陈留卫恂本皆出自兵伍，俊资拔奖致，咸作佳士。后固历位郡守，恂御史、县令。其明鉴行义，多此类也。初，临菑侯与俊善，太祖适[1]嗣未定，密访群司。俊虽并论文帝、临菑才分所长，不適[2]有所据当，然称临菑犹美，文帝常以恨之。黄初三年，车驾至宛，以市不丰乐，发怒收俊。尚书仆射司马宣王，常侍王象、荀纬请俊，叩头流血，帝不许。俊曰：“吾知罪矣。”遂自杀。众冤痛之[1]。

杨俊从小到大，都以识别选拔人才为己任。同郡的审固、陈留的卫恂原本都出自行伍，杨俊加以资助提拔和奖励，二人都成了优秀人才。后来审固历任郡守，卫恂做过御史、县令。杨俊明于鉴识人才而躬行仁义，都是像这样。当初，临菑侯曹植和杨俊要好，太祖还没有立太子，曾就此秘密咨询官员们的意见。杨俊虽然论说文帝、临菑侯的才能各有所长，并未明言谁当为太子，但是夸赞临菑侯更多，文帝对此常常怨恨他。黄初三年(222)，文帝驾临南阳郡治所宛县，认为街市上不够繁华安乐，大怒，就逮捕了杨俊。尚书仆射司马懿，常侍王象、荀纬都为杨俊求情，叩头以致流血，文帝仍不听从。杨俊说：“臣知道自己有什么罪过了。”于是自杀。众人都为他的死感到冤屈而悲痛。

今注　1 適(dí)：通“嫡”，嫡长子。　2 適(dí)：专主，此指明言、确言。

裴注　[1]《世语》曰：“俊二孙：览字公质，汝阴太守；猗字公彦，尚书，晋东海王越舅也。览子沈，字宣弘，散骑常侍。”《魏略》曰：“王象字羲伯。既为俊所知拔，果有才志。建安中，与同郡荀纬等俱为魏太子所礼待。及王粲、陈琳、阮瑀、路粹等亡后，新出之中，惟象才最高。魏有天下，拜象散骑侍郎，迁为常侍，封列侯。受诏撰《皇览》，使象领秘书监。象从延康元年始撰集，数岁成，藏于秘府，合四十余部，部有数十篇，通合八百余万字。象既性器和厚，又文采温雅，用是京师归美，称为儒宗。车驾南巡，未到宛，有诏百官不得干豫郡县。及车驾到，而宛令不解诏旨，闭市门。帝闻之，忿然曰：‘吾是寇邪！’乃收宛令及太守杨俊。诏问尚书：‘汉明帝杀几二千石？’时象见诏文，知俊必不免。乃当帝前叩头，流血竟面，请俊减死一等。帝不答，欲释入禁中。象引帝衣，帝顾谓象曰：‘我知杨俊与卿本末耳。今听卿，是无我也。卿宁无俊邪？无我邪？’象以帝言切，乃缩手。帝遂入，决俊法，然后乃出。象自恨不能济俊，遂发病死。”

杜袭

杜袭，字子绪，颍川定陵[1]人也。曾祖父安，祖父根，著名前世[1]。袭避乱荆州，刘表待以宾礼。同郡繁钦数见奇于表，袭喻之曰：“吾所以与子俱来者，徒欲龙蟠幽薮，待时凤翔。岂谓刘牧

杜袭，字子绪，颍川郡定陵县人。曾祖父杜安，祖父杜根，生前都是有名的人物。杜袭避乱于荆州，刘表以宾客之礼相待。同郡繁钦多次在刘表面前有意表现自己的才能，杜袭对他说：“我之所以和你一起来到这里，只是打算像潜龙潜藏幽深的湖泽一样暂时隐居不显，等到时机成熟再像凤凰一样翱翔。难道你

当为拨乱之主，而规长者委身哉？子若见能不已，非吾徒也，吾其与子绝矣！”钦慨然曰：“请敬受命。”袭遂南适长沙。

会认为刘表能成为平定乱世的英主，而打算长久辅佐他吗？你如果不停止表现自己的才能，那我们就不是同类人，我就要与你绝交！”繁钦感慨地说：“我听从你的指教。”杜袭于是南下到了长沙。

建安初，太祖迎天子都许。袭逃还乡里，太祖以为西鄂长。县滨南境，寇贼纵横。时长吏皆敛民保城郭，不得农业，野荒民困，仓庾[2]空虚。袭自知恩结于民，乃遣老弱各分散就田业，留丁强备守，吏民欢悦。会荆州出步骑万人来攻城，袭乃悉召县吏民任拒守者五十余人，与之要誓。其亲戚在外欲自营护者，恣听遣出；皆叩头愿致死。于是身执矢石，率与戮力。吏民感恩，咸为用命，临阵斩数百级，而袭众死者三十余人，其余十八人尽被创，贼得入城。袭帅伤痍吏民决围得出，死丧略

建安初年，太祖迎接天子定都于许县。杜袭从荆州逃回乡里，太祖任命他为西鄂县县长。该县临近南部边境，寇贼很是猖狂。当时的长官都将民众聚合起来保护城郭，不能进行农业生产，致使田野荒芜，民众困乏，仓库空虚。杜袭自知自己得到百姓拥护，就遣散老弱之人去进行农业劳作，留下壮丁防备守卫，官吏百姓都很高兴。恰逢荆州刘表派出万名步兵骑兵前来攻城，杜袭就召集了县中担任守城任务的官吏百姓五十多人，和他们立誓要坚守城池。如果他们有亲属在城外需要照顾的，任听他们离去；大家都叩头表示愿意以死效命。杜袭就亲自操持弓矢，与大家一起力战。官吏百姓都非常感动，都愿为他效命，临阵斩杀数百首级，而杜袭这边也死亡三十多人，其余十八人也都受伤，贼人得以攻入城中。杜袭率领受伤的官吏百姓突围出城，几乎全部死亡殆

尽,而无反背者。遂收散民,徙至摩陂营,吏民慕而从之如归[2]。

尽,也没有一个背叛者。杜袭就收拢散失的民众,迁到摩陂扎营,官吏百姓都慕名而纷纷归附他。

今注　**1** 颍川定陵:颍川郡定陵县,在今河南漯河市郾城区。　**2** 仓庾:贮藏粮食的仓库。

裴注　[**1**]《先贤行状》曰:"安年十岁,名称乡党。至十三,入太学,号曰神童。既名知人,清高绝俗。洛阳令周纡数候安,安常逃避不见。时贵戚慕安高行,多有与书者,辄不发,以虑后患,常凿壁藏书。后诸与书者果有大罪,推捕所与交通者,吏至门,安乃发壁出书,印封如故,当时皆嘉其虑远。三府并辟,公车特征,拜宛令。先是宛有报仇者,其令不忍致理,将与俱亡。县中豪强有告其处者,致捕得。安深疾恶之,到官治戮,肆之于市。惧有司绳弹,遂自免。后征拜巴郡太守,率身正下,以礼化俗。以病卒官,时服薄敛,素器不漆,子自将车。州郡贤之,表章坟墓。根举孝廉,除郎中。时和熹邓后临朝,外戚横恣,安帝长大,犹未归政。根乃与同时郎上书直谏,邓后怒,收根等,伏诛。诛者皆绢囊盛,于殿上扑地。执法者以根德重事公,默语行事人,使不加力。诛讫,车载城外,根以扑轻得苏息,遂闭目不动摇。经三日,乃密起逃窜,为宜城山中酒家客,积十五年,酒家知其贤,常厚敬待。邓后崩,安帝谓根久死。以根等忠直,普下天下,录见诛者子孙。根乃自出,征诣公车,拜符节令。或问根:'往日遭难,天下同类知故不少,何至自苦历年如此?'根答曰:'周旋人间,非绝迹之处。邂逅发露,祸及亲知,故不为也。'迁济阴太守,以德让为政,风移俗改。"年七十八,以寿终,棺不加漆,敛以时服。长吏下车,常先诣安、根墓致祠。　[**2**]《九州春秋》曰:"建安六年,刘表攻西鄂,西鄂长杜子绪帅县男女婴城而守。时南阳功曹柏孝长亦在城中,闻兵攻声,恐惧,入室闭户,牵被覆头。相攻半日,稍敢出面。其明,侧立而听。二日,往出户问消息。至四五日，乃更负楯亲斗，语子绪曰：‘勇可习也。’”

司隶钟繇表拜议郎参军事。荀彧又荐袭，太祖以为丞相军祭酒[1]。魏国既建，为侍中，与王粲、和洽并用。粲强识博闻，故太祖游观出入，多得骖乘，至其见敬不及洽、袭。袭尝独见，至于夜半。粲性躁竞，起坐曰：“不知公对杜袭道何等也？”洽笑答曰：“天下事岂有尽邪？卿昼侍可矣，悒悒[2]于此，欲兼之乎？”后袭领丞相长史，随太祖到汉中讨张鲁。太祖还，拜袭驸马都尉，留督汉中军事。绥怀开导，百姓自乐出徙洛、邺者，八万余口。夏侯渊为刘备所没，军丧元帅，将士失色。袭与张郃、郭淮纠摄诸军事，权宜以郃为督，以一众心，三军遂定。太祖东还，当选留府长史[3]，镇守长

司隶钟繇上表请求任命杜袭为议郎，参谋军事。荀彧也举荐杜袭，太祖就任命他为丞相府的军祭酒。魏国建立后，杜袭担任侍中，与王粲、和洽一起供职。王粲博闻强识，所以太祖出入游玩，经常让他在车右陪乘，但太祖对他的敬重不及和洽、杜袭。杜袭曾经被太祖单独召见，一直交谈到半夜。王粲性情急躁而且好争，站起来说：“不知主公在对杜袭说些什么？”和洽笑着说：“天下之事岂能谈得完？先生白天侍奉主公就可以了，何必郁郁不乐，难道是想晚上也陪在主公身边吗？”后来杜袭兼领丞相府长史，跟随太祖到汉中讨伐张鲁。太祖返回后，拜杜袭为驸马都尉，留在汉中统领汉中军事。经他的安抚开导，当地百姓自愿迁到洛阳、邺城的，达到八万余人。夏侯渊为刘备所杀，汉中的军队丧失元帅，将士们都惶恐不安。杜袭与张郃、郭淮督责整饬诸军军务，权且以张郃为都督，以统一军心，全军将士才得以定下心来。太祖东还邺城，需要选择一位留府长史，以镇守长

安，主者所选多不当，太祖令曰：“释骐骥而不乘，焉皇皇而更索？”遂以袭为留府长史，驻关中。

安，主事者挑选的人大多不太合适，太祖下令说：“骐骥在眼前而不骑，为何还要去别处寻找呢？”就以杜袭为留府长史，驻守关中。

今注　1 军祭酒：职官名，为幕僚参谋之职。　2 悒(yì)悒：忧愁郁闷。　3 留府长史：三国两晋时期诸公、军府均设长史，为幕僚之长，府主出征，则置留府长史，以处理政务。

时将军许攸拥部曲，不附太祖而有慢言。太祖大怒，先欲伐之。群臣多谏：“可招怀[1]攸，共讨强敌。”太祖横刀于膝，作色不听。袭入欲谏，太祖逆谓之曰：“吾计以定，卿勿复言。”袭曰：“若殿下计是邪，臣方助殿下成之；若殿下计非邪，虽成宜改之。殿下逆臣，令勿言之，何待下之不阐乎？”太祖曰：“许攸慢吾，如何可置乎？”袭曰：“殿下谓许攸何如人邪？”太祖曰：“凡人也。”袭曰：“夫惟贤知贤，惟圣知圣，凡

当时将军许攸自拥部曲，不归附太祖，还说了许多对太祖不敬的话。太祖大怒，打算先去征讨许攸。群臣大都劝谏说：“可以招抚许攸，共同讨伐强敌。”太祖把大刀放在膝上，面色严厉而不听劝谏。杜袭走进来打算进行劝谏，太祖先开口说：“我主意已定，您不要再说了。”杜袭说：“如果殿下的主张得当，臣就辅佐殿下使之成功；如果殿下的主张不当，即使决定了也应当改正。殿下阻止我，不想让我说，为何对待下属的度量这么不宽宏呢？”太祖说：“许攸侮辱我，怎么可以放之不管呢？”杜袭说：“殿下认为许攸是什么样的人呢？”太祖说：“凡人。”杜袭说：“只有贤人才能识得贤人，而只有圣人才能识得圣人，许攸这个凡人怎么会识得您这个不凡

人安能知非凡人邪？方今豺狼当路而狐狸是先，人将谓殿下避强攻弱，进不为勇，退不为仁。臣闻千钧之弩不为鼷鼠发机，万石之钟不以莛[2]撞起音，今区区之许攸，何足以劳神武哉？”太祖曰：“善。”遂厚抚攸，攸即归服。时夏侯尚昵于太子，情好至密。袭谓尚非益友，不足殊待[3]，以闻太祖。文帝初甚不悦，后乃追思。语在《尚传》。其柔而不犯，皆此类也。

文帝即王位，赐爵关内侯。及践阼，为督军粮御史，封武平亭侯，更为督军粮执法，入为尚书。明帝即位，进封平阳乡侯。诸葛亮出秦川，大将军曹真督诸军拒亮，徙袭为大将军军师，分邑百户赐兄基爵关内侯。真薨，司马宣王代之，袭复为军

的人呢？如今豺狼挡道而要先消灭狐狸，大家会认为殿下是躲避强敌而进攻弱者，这样会使进攻算不上勇武，退守也算不上仁德。臣听闻千钧之弩不会为小小的鼷鼠而发，万石之钟不会因草茎的敲击而发出声音，现在区区一个许攸，何足劳烦神武的殿下呢？”太祖说：“好吧。”就以丰厚的封赏安抚许攸，许攸于是归附了太祖。当时夏侯尚得宠于太子，两人感情非常亲密。杜袭认为夏侯尚并非良友，不值得这样优待，并将此事告知太祖。文帝起初很不高兴，后来才有所反省。此事记载在《夏侯尚传》中。杜袭做事柔和但不能以违背道义的事强迫他，都像这样。

文帝即位为魏王后，封杜袭为关内侯。文帝登基为帝后，杜袭担任督军粮御史，被封为武平亭侯，后又为督军粮执法，又入宫担任尚书。明帝即位，杜袭晋封为平阳乡侯。诸葛亮出兵秦川，大将军曹真统领诸军抵抗蜀军，改任杜袭为大将军府军师，又将杜袭的食邑分出一百户赐予其兄杜基，并封杜基为关内侯。曹真去世后，司马懿接代了他的职务，杜袭再次为军师，并增加食邑三

师，增邑三百，并前五百五十户。以疾征还，拜太中大夫。薨，追赠少府，谥曰定侯。子会嗣。

百户，加上之前的共五百五十户。杜袭因为生病而被征召回朝，担任太中大夫。他去世后，被追赠为少府，谥号为定侯。他的儿子杜会继承了爵位。

今注 1 招怀：招抚，怀柔。 2 莛(tíng)：草茎。 3 殊待：特别优待。

赵俨

赵俨，字伯然，颍川阳翟人也。避乱荆州，与杜袭、繁钦通财同计，合为一家。太祖始迎献帝都许，俨谓钦曰："曹镇东应期命世，必能匡济华夏，吾知归矣。"建安二年，年二十七，遂扶持老弱诣太祖，太祖以俨为朗陵[1]长。县多豪猾，无所畏忌。俨取其尤甚者，收缚案验，皆得死罪。俨既囚之，乃表府解放，自是威恩并著。

时袁绍举兵南侵，遣使招诱豫州诸郡，诸

赵俨，字伯然，颍川郡阳翟县人。他因避乱而到了荆州，与杜袭、繁钦互通财物共同记账，合为一家。太祖刚迎献帝到许都时，赵俨对繁钦说："镇东将军曹操顺应天命世道，必定能够匡扶华夏，我知道自己的归宿了。"建安二年(197)，赵俨年二十七岁，扶老携幼归附太祖，太祖以赵俨为朗陵县县长。县中多有豪横奸猾之徒，无所畏忌。赵俨选择其中闹得最凶的，抓起来审问，都够得上判处死罪。赵俨将他们囚禁了一段时间后，又上报郡太府，请求释放他们，从此同时树立了威严和恩信。

当时袁绍举兵南侵，派遣使节招抚豫州诸郡，诸郡大多愿意支持他。只有阳安郡没有动静，而都尉李通却急着按

郡多受其命。惟阳安郡不动，而都尉李通急录户调。俨见通曰："方今天下未集，诸郡并叛，怀附者复收其绵绢，小人乐乱，能无遗恨！且远近多虞[2]，不可不详也。"通曰："绍与大将军相持甚急，左右郡县背叛乃尔。若绵绢不调送，观听者必谓我顾望，有所须待也。"俨曰："诚亦如君虑，然当权其轻重，小缓调，当为君释此患。"乃书与荀彧曰："今阳安郡当送绵绢，道路艰阻，必致寇害。百姓困穷，邻城并叛，易用倾荡，乃一方安危之机也。且此郡人执守忠节，在险不贰。微善必赏，则为义者劝。善为国者，藏之于民。以为国家宜垂慰抚，所敛绵绢，皆俾还之。"彧报曰："辄白曹公，公文下郡，绵绢悉以

户征收税赋。赵俨面见李通说："当今天下并未安定，诸郡一起反叛，再对那些一心归附朝廷的地方征收绵绢，小人唯恐天下不乱，怎会没有令人遗恨的事发生！而且现在远近的情况都使人担忧，做事不可不考虑周详。"李通说："袁绍正和大将军曹公在官渡相持，情况紧急，左右郡县叛变者很多。如果我不将绵绢及时调送朝廷，那些探听消息的人必然认为我是在观望形势，等待机会另有打算。"赵俨说："确实有您说的那样的问题，然而还是应当权衡轻重，征收户调可以稍微迟缓一些，我当为您解除此忧患。"于是给尚书荀彧写信说："现今阳安郡应当征收绵绢送到朝廷，但是道路险阻，必定会招致寇盗。当前百姓穷困，相邻的城池都相继叛变，安阳郡也很容易出现动荡，这是关系一方安危的关键时候。而且本郡百姓执守忠义之节，虽在险境之中而没有二心。如果微小的善意一定能得到奖赏，那么为义之人就会受到鼓励。善于治国的人，会藏富于民。我认为国家应该对百姓加以慰劳抚恤，已经征收的绵绢，应该都还给百姓。"荀彧回信说："已经报告曹公，公文将下发

还民。”上下欢喜，郡内遂安。

到郡里，绵绢都还给百姓。”全郡上下都很欢喜，郡内人心于是安定下来。

今注　1 朗陵：在今河南驻马店确山县南。　2 虞：忧虑。

入为司空掾属主簿[1][1]。时于禁屯颍阴，乐进屯阳翟，张辽屯长社，诸将任气，多共不协。使俨并参三军，每事训喻，遂相亲睦。太祖征荆州，以俨领章陵[2]太守，徙都督护军，护于禁、张辽、张郃、朱灵、李典、路招、冯楷七军。复为丞相主簿，迁扶风[3]太守。太祖徙出故韩遂、马超等兵五千余人，使平难将军殷署等督领，以俨为关中护军，尽统诸军。羌虏数来寇害，俨率署等追到新平，大破之。屯田客吕并自称将军，聚党据陈仓，俨复率署等攻之，贼即破灭。

后来赵俨入朝担任司空掾属主簿。当时于禁屯驻颍阴，乐进屯驻阳翟，张辽屯驻长社，诸将都任气而行，大多不能团结协作。朝廷派赵俨任三军参谋，每当有事就对将领加以训诫劝谕，于是三位将领渐渐和睦起来。太祖征讨荆州，让赵俨兼领章陵郡太守，又升为都督护军，监督于禁、张辽、张郃、朱灵、李典、路招、冯楷七军。后又为丞相主簿，迁扶风太守。太祖将原属韩遂、马超等人的五千多兵丁调出来，让平难将军殷署等督领，又以赵俨为关中护军，统领关中所有军队。羌虏数次来侵害，赵俨率领殷署等一直追到新平郡，大破敌军。有个屯田的农民吕并自称将军，聚集党徒占据陈仓，赵俨又率领殷署等发起进攻，吕并等人很快就被消灭。

今注　1 司空掾属主簿：东汉末曹操设置，掌簿录诸事。此处“司空”即“丞相”，《后汉书》中丞相、司徒之属官，在《三国志·魏书》中均称为“司空”官属。 2 章陵：郡名，治所在章陵县，在今湖北枣阳南。 3 扶风：郡名，治所在槐里县，在今陕西兴平东南。

裴注 [1]《魏略》曰：“太祖北拒袁绍，时远近无不私遗笺记通意于绍者。俨与领阳安太守李通同治，通亦欲遣使。俨为陈绍必败意，通乃止。及绍破走，太祖使人搜阅绍记室，惟不见通书疏，阴知俨必为之计，乃曰：‘此必赵伯然也。’”臣松之案《魏武纪》，破绍后，得许下军中人书，皆焚之。若故使人搜阅，知其有无，则非所以安人情也。疑此语为不然。

时被书差千二百兵往助汉中守，署督送之。行者卒[1]与室家别，皆有忧色。署发后一日，俨虑其有变，乃自追至斜谷口，人人慰劳，又深戒署。还宿雍州刺史张既舍。署军复前四十里，兵果叛乱，未知署吉凶。而俨自随步骑百五十人，皆与叛者同部曲，或婚姻，得此问，各惊，被甲持兵，不复自安。俨欲还，既等以为“今本营党已扰乱，一身赴之无益，可须定问”。俨曰：“虽疑本营与叛者同谋，

当时赵俨接到文书，令他带一千二百士兵前往汉中协助防守，殷署监督护送他们。被选中的士兵要与家人分别，都面有愁容。殷署出发一日后，赵俨担心士兵会哗变，就亲自追到斜谷口，对士兵挨个慰劳，又深切告诫殷署。返回时，赵俨留宿雍州刺史张既处。殷署所领军队又前进了四十里，士兵果然发动叛乱，一时不知殷署的生死如何。而跟随赵俨的一百五十个步骑兵，都与叛乱者同属一个部队或者是姻亲，听到叛乱的消息后，都很惊慌，披上铠甲手持武器，内心很不安。赵俨打算返回平定叛乱，张既等人认为“现在本营士兵已经发生骚乱，你只身前去没有什么用处，还是等有确切的消息后再做打算”。赵俨说：“我虽然怀疑本营士兵与叛乱者是同谋，一听

要当闻行者变，乃发之。又有欲善不能自定，宜及犹豫，促抚宁之。且为之元帅，既不能安辑，身受祸难，命也。”遂去。行三十里止，放马息，尽呼所从人，喻以成败，慰励恳切。皆慷慨曰：“死生当随护军，不敢有二。”前到诸营，各召料简诸奸结叛者八百余人，散在原野，惟取其造谋魁率[2]治之，余一不问。郡县所收送，皆放遣，乃即相率还降。	说出发的士兵叛乱，也会跟着叛乱。但还有些士兵不愿反叛而举棋不定，应该趁他们还在犹豫，赶紧去安抚他们。况且作为元帅，如果不能安抚他们，就算身受祸难，也是命该如此。”于是毅然前行。前进三十里后停下来，放马休息，将跟随的人都召集起来，晓之以成败利害，十分恳切地安慰勉励他们。大家都激昂慷慨地说：“无论生死都会跟随护军，不敢有二心。”赵俨带兵前进到先行的各营，让主将分别召集各自部属，将聚众叛乱的八百余人分散在原野中，只把主谋抓起来加以治罪，其余的一概不予惩处。郡县抓获并送来的逃兵都被释放了，于是这些士兵相继回营投降。

今注 1 卒：后多作“猝”，突然。 2 魁率：犹“魁帅”。首领。

俨密白：“宜遣将诣大营，请旧兵镇守关中。”太祖遣将军刘柱将二千人，当须到乃发遣，而事露，诸营大骇，不可安喻[1]。俨谓诸将曰：“旧兵既少，东兵未到，是以诸	赵俨秘密地向朝廷报告说：“宜派大将到我营，再请旧兵镇守关中。”太祖派遣将军刘柱率领二千人支援赵俨，让他等刘柱到达后再遣士兵去汉中，而消息走漏了，诸营士兵都很惊骇，无法安抚劝谕。赵俨对诸将说：“我们这里旧兵比较少，东面的援兵还没有到，所以

营图为邪谋。若或成变，为难不测。因其狐疑，当令早决。”遂宣言当差留新兵之温厚者千人镇守关中，其余悉遣东。便见主者，内诸营兵名籍，案累重，立差别之。留者意定，与俨同心。其当去者亦不敢动，俨一日尽遣上道，因使所留千人，分布罗落之。东兵寻至，乃复胁喻[2]，并徙千人，令相及共东，凡所全致二万余口[1]。

诸营都有兵士图谋反叛。如果一旦叛乱得逞，后果难以预料。应该趁着他们还在犹豫不决之际，及早解决。”于是当众宣布留下温厚的新兵一千人镇守关中，其他的全都派去汉中。于是召见主管官员，交出诸兵营士兵的名册，核查其家属资产，使他们有所区别。留下的人主意已决，和赵俨同心。应当离开的也不敢有所行动，赵俨在一日之中将他们尽数遣送上路，又将留下的一千人分派各处防守警戒。刘柱的援兵不久就到了，赵俨又以强迫和劝谕的手段将留下的一千人也派去汉中，总共迁徙的有两万多口。

今注　1 安喻：安抚晓谕。　2 胁喻：威吓并劝谕。

裴注　[1] 孙盛曰：“盛闻为国以礼，民非信不立。周成不弃桐叶之言，晋文不违伐原之誓，故能隆刑措之道，建一匡之功。俨既诈留千人，使效心力，始虽权也，宜以信终。兵威既集，而又逼徙，信义丧矣，何以临民？”

关羽围征南将军曹仁于樊[1]。俨以议郎参仁军事南行，与平寇将军徐晃俱前。既到，羽围仁遂坚，余救兵未到。

关羽将征南将军曹仁围在樊城。赵俨以议郎身份南下去任曹仁的参谋，与平寇将军徐晃一起前往。到了樊城之后，关羽把曹仁围困得更加严实，其他救兵还未赶到。徐晃所率领的人马不足以解

晃所督不足解围，而诸将呵责晃促救。俨谓诸将曰：“今贼围素固，水潦犹盛。我徒卒单少，而仁隔绝不得同力，此举适所以弊内外耳。当今不若前军逼围，遣谍通仁，使知外救，以励将士。计北军不过十日，尚足坚守。然后表里俱发，破贼必矣。如有缓救之戮，余为诸军当之。”诸将皆喜，便作地道，箭飞书与仁。消息数通，北军亦至，并势大战。羽军既退，舟船犹据沔水，襄阳[2]隔绝不通，而孙权袭取羽辎重，羽闻之，即走南还。仁会诸将议，咸曰：“今因羽危惧，必可追禽也。”俨曰：“权邀羽连兵之难，欲掩制其后，顾[3]羽还救，恐我承其两疲，故顺辞求效，乘衅因变，以观利钝耳。今

围，而诸将却呵责徐晃赶紧去救援。赵俨对诸将说：“现在敌人的围困很严实，而樊城外的洪水又很大。我方兵力单薄，而曹仁与我们隔绝，不能够与我们同心协力，现在去救援只会使城内城外都陷入困境。现在不如让先头部队逼近敌军的包围圈，并暗中派间谍通知曹仁，使他知道救兵已到，以激励被围的将士。算来北面的援军不过十日便能到达，在这期间樊城足以坚守。到时里应外合，一定能够攻破敌寇。如果因为救援迟缓而获罪，我会为诸位承担罪责。”诸将都很高兴，于是开挖地道，同时用箭射飞书给曹仁。多次相互通信后，北面的援军也赶到，各军集中力量与敌人大战。关羽的步兵退却后，水军仍然占据沔水，襄阳与樊城隔绝而无法往来，这时孙权袭取了关羽的军用物资，关羽得知后，就向南撤退。曹仁与诸将会合议事，都认为：“现在关羽处境危急惊慌失措，追击他定能将他擒获。”赵俨说：“孙权趁关羽处境困难，打算偷袭他的后方，又顾虑到关羽前去救援，担心我方趁着他们激战疲劳之际发起进攻，所以以卑顺的言辞请求为朝廷效力，实则想随机应变，以观胜败。

羽已孤迸，更宜存之以为权害。若深入追北，权则改虞于彼，将生患于我矣。王必以此为深虑。”仁乃解严。太祖闻羽走，恐诸将追之，果疾敕仁，如俨所策。

现在关羽已经逃遁，更应该留下他以作为孙权的祸患。如果深入追赶关羽，孙权就会改变想法，而将为我方制造麻烦。魏王此时也一定在为此事深深忧虑。”曹仁就撤销了追击计划。太祖听闻关羽败走，担心诸将会去追赶，果然急速敕令曹仁，正如赵俨所预料的那样。

今注 1 樊：即樊城，在今湖北襄阳市樊城区。 2 襄阳：郡名。东汉建安十三年(208)分南郡、南阳两郡置，治襄阳(今湖北襄阳市襄城区)。 3 顾：顾虑，考量。

文帝即王位，为侍中。顷之，拜驸马都尉，领河东太守、典农中郎将[1]。黄初三年，赐爵关内侯。孙权寇边，征东大将军曹休统五州军御之，征俨为军师。权众退，军还，封宜土亭侯，转为度支中郎将[2]，迁尚书。从征吴，到广陵，复留为征东军师。明帝即位，进封都乡侯，邑六百户，监荆州诸军事，假节。会疾，不行，复为尚书，出监豫州诸军事，转大司马军师，入为大

文帝即魏王位后，赵俨担任侍中。不久，他出任驸马都尉，兼领河东太守、典农中郎将。黄初三年(222)，赐封为关内侯。孙权侵扰边境，征东大将军曹休统领五州之兵抵御，征召赵俨为军师。孙权退兵后，大军返回，封赵俨为宜土亭侯，转任度支中郎将，又升为尚书。他跟随文帝征伐孙吴，到达广陵后，又留下来担任征东军的军师。明帝即位，赵俨晋封为都乡侯，食邑六百户，统领荆州诸军事，持有节杖。恰逢他生病，不能前行，又重新担任尚书，之后又出京统领豫州诸军事，转任大司马军师，又入朝担任

司农。齐王即位，以俨监雍、凉诸军事，假节，转征蜀将军，又迁征西将军，都督雍、凉。正始四年，老疾求还，征为骠骑将军[1]，迁司空。薨，谥曰穆侯。子亭嗣。初，俨与同郡辛毗、陈群、杜袭并知名，号曰辛、陈、杜、赵云。

大司农。齐王即位，任命赵俨统领雍州、凉州诸军事，持有节杖，又转任征蜀将军，又升任征西将军，统领雍州、凉州各路军队。正始四年(243)，赵俨以年老有疾请求还京，被征召为骠骑将军，又升任司空。他去世后，谥号为穆侯。他的儿子赵亭继承了爵位。当初，赵俨与同郡的辛毗、陈群、杜袭一起闻名于世，号称辛、陈、杜、赵。

今注　**1** 典农中郎将：东汉末曹操所设官职，在施行屯田的地区，掌管农业生产、民政和税收，职权如太守。　**2** 度支中郎将：三国曹魏设置，掌诸军兵田，职能与典农中郎将相通。

裴注　[1]《魏略》曰："旧故四征有官厨财籍，迁转之际，无不因缘。而俨又手上车，发到霸上，忘持其常所服药，雍州闻之，乃追送杂药材数箱。俨笑曰：'人言语殊不易，我偶问所服药耳，何用是为邪？'遂不取。"

裴潜

裴潜，字文行，河东闻喜[1]人也[1]。避乱荆州，刘表待以宾礼。潜私谓所亲王粲、司马芝曰："刘牧非霸王之才，乃欲西伯[2]自处，其败无日矣。"遂南适长沙。太

裴潜，字文行，河东郡闻喜县人。他为避乱到了荆州，刘表以宾客之礼对待他。裴潜私下对亲近的王粲、司马芝说："刘州牧不具备霸王之才，却以周文王自居，不久就会失败。"于是南徙长沙。太祖平定荆州，以裴潜

祖定荆州，以潜参丞相军事，出历三县令，入为仓曹属。太祖问潜曰："卿前与刘备俱在荆州，卿以备才略何如？"潜曰："使居中国，能乱人而不能为治也。若乘间守险，足以为一方主。"

为丞相府军事参谋，后来历任三县县令，又入京担任丞相府仓曹属。太祖问裴潜："您之前与刘备都在荆州，您认为刘备的才智谋略怎么样？"裴潜说："假使他在中原，足以扰乱局势而不足以靖乱安民。如果他趁机占据险要地区，足以成为一方之主。"

今注 1 河东闻喜：河东郡闻喜县，在今山西运城闻喜县。 2 西伯：指周文王姬昌。

裴注 [1]《魏略》曰："潜世为著姓。父茂，仕灵帝时，历县令、郡守、尚书。建安初，以奉使率导关中诸将讨李傕有功，封列侯。"潜少不修细行，由此为父所不礼。

时代郡[1]大乱，以潜为代郡太守。乌丸王及其大人，凡三人，各自称单于，专制郡事，前太守莫能治正，太祖欲授潜精兵以镇讨之。潜辞曰："代郡户口殷众，士马控弦，动有万数。单于自知放横日久，内不自安。今多将兵往，必惧而拒境，少将则不见惮。宜以计谋图之，不可

当时代郡大乱，太祖以裴潜为代郡太守。乌丸族的王及其首领，共三人，都自称单于，专权控制代郡政务，前太守不能加以治理，太祖打算授予裴潜精兵以镇抚讨伐。裴潜推辞说："代郡人口众多，能够拉弦射箭的人，可集齐上万人。单于深知自己放肆专横日久，内心并不踏实。如果现在率领很多精兵前往，他们必定会害怕而拒绝我军入境，率领少量兵士前往则无法威慑对方。依我看应该用计谋来解决此事，不

以兵威迫也。”遂单车之郡。单于惊喜。潜抚之以静。单于以下脱帽稽颡[2]，悉还前后所掠妇女、器械、财物。潜案诛郡中大吏与单于为表里者郝温、郭端等十余人，北边大震，百姓归心。在代三年，还为丞相理曹掾。太祖褒称治代之功，潜曰：“潜于百姓虽宽，于诸胡为峻。今计者必以潜为理过严，而事加宽惠。彼素骄恣，过宽必弛，既弛又将摄之以法，此讼争所由生也。以势料之，代必复叛。”于是太祖深悔还潜之速。后数十日，三单于反问至，乃遣鄢陵侯彰为骁骑将军征之。

可以用武力来胁迫。”于是他只身乘车前往代郡上任。单于很惊喜。裴潜以镇定的态度进行安抚。单于以下都脱帽跪迎，全部返还了之前所掳掠的妇女、器械、财物。裴潜审查并诛杀了与单于勾结的郡中大吏郝温、郭端等十余人，北部边地受到很大震慑，百姓从此归服。裴潜在代郡做了三年太守后，回京任丞相府理曹掾，太祖称赞裴潜治理代郡的功劳，裴潜说：“臣对于百姓虽然宽和，而对胡人却很严厉。现在的继任者必定会认为臣过于严厉，而遇事更加宽厚。胡人平素就很骄横恣肆，对他们过于宽厚就会导致秩序松弛，秩序松弛后又将他们绳之以法，这就会产生矛盾。以现在的形势判断，代郡一定还会发生叛乱。”于是太祖很后悔不该这么快将裴潜召回。几十日后，三单于反叛的消息传到，太祖只好派遣鄢陵侯曹彰任骠骑将军去征讨他们。

今注 1 代郡：东汉时郡治在高柳（今山西大同阳高县）。 2 稽颡（qǐ sǎng）：古代一种跪拜礼，屈膝下拜，以额触地，表示极度虔诚。

潜出为沛国相，迁兖州刺史。太祖次摩陂，

裴潜出任沛国相，又升任兖州刺史。太祖驻扎在摩陂，赞叹他所领军队

叹其军陈齐整，特加赏赐。文帝践阼，入为散骑常侍。出为魏郡、颍川典农中郎将，奏通贡举，比之郡国，由是农官进仕路泰。迁荆州刺史，赐爵关内侯。明帝即位，入为尚书。出为河南尹，转太尉军师、大司农，封清阳亭侯，邑二百户。入为尚书令，奏正分职，料简名实，出事使断官府者百五十余条。丧父去官，拜光禄大夫。正始五年薨，追赠太常，谥曰贞侯[1]。子秀嗣。遗令俭葬，墓中惟置一坐，瓦器数枚，其余一无所设。秀，咸熙中为尚书仆射[2]。

评曰：和洽清和干理[1]，常林素业[2]纯固，杨俊人伦行义，杜袭温粹识统，赵俨刚毅有度，裴潜平恒贞干，皆一世之美士也。至林能不系心

阵势齐整，特地加以赏赐。文帝即位，裴潜入朝担任散骑常侍。又出任魏郡、颍川郡典农中郎将，上奏请求从屯田官员中向朝廷输送、举荐人才，与郡国一样，从此屯田官的仕途变得顺畅起来。迁为荆州刺史，赐爵关内侯。明帝即位，裴潜入朝担任尚书。又出任河南尹，转任太尉军师、大司农，封为清阳亭侯，食邑二百户。后又入朝任尚书令，上奏请求明确官员的职责，依据名声和实绩来考核官员，并列出各官署处理公务时应遵守的规定共一百五十多条。后来他因父丧而离职，又改任光禄大夫。正始五年(244)，裴潜去世，被追赠为太常，谥号为贞侯。他的儿子裴秀继承爵位。裴潜临终前留下遗言，要求家人办丧事从简，因此他的墓室中只设置一处座位，数枚瓦器，其余什么都没有。裴秀在咸熙年间曾任尚书仆射。

评论说：和洽清廉和畅而处事干练，常林操守清白而纯粹坚定，杨俊崇信人伦行事有义，杜袭温和纯粹而能够洞识大统，赵俨刚毅而行有大度，裴潜中正平和而忠贞干练，都是一代的优秀人才。尤其是常林能够不贪求三公的高

于三司，以大夫告老，美矣哉！

位，只以大夫的身份告老还乡，真是值得赞美啊！

今注　1 干理：谓干练有理事之才。　2 素业：清白的操守。

裴注　[1]《魏略》曰："时远近皆云当为公，会病亡。始潜自感所生微贱，无舅氏，又为父所不礼，即折节仕进，虽多所更历，清省恪然。每之官，不将妻子。妻子贫乏，织藜芘以自供。又潜为兖州时，尝作一胡床，及其去也，留以挂柱。又以父在京师，出入薄軬车；群弟之田庐，常步行；家人小大或并日而食；其家教上下相奉，事有似于石奋。其履检校度，自魏兴少能及者。潜为人才博有雅容，然但如此而已，终无所推进，故世归其洁而不宗其余。"　[2]《文章叙录》曰："秀字季彦。弘通博济，八岁能属文，遂知名。大将军曹爽辟。丧父，服终，推财与兄弟。年二十五，迁黄门侍郎。爽诛，以故吏免。迁卫国相，累迁散骑常侍，尚书仆射、令，光禄大夫。咸熙中，晋文王始建五等，命秀典为制度，封广川侯。晋室受禅，进左光禄大夫，改封巨鹿公，迁司空。著《易》及《乐》论，又画《地域图》十八篇，传行于世。《盟会图》及《典治官制》皆未成。年四十八，泰始七年薨，谥元公，配食宗庙。少子頠，字逸民，袭封。"荀绰《冀州记》曰："頠为人弘雅有远识，博学稽古，履行高整，自少知名。历位太子中庶子、侍中、尚书。元康末，为尚书左仆射。赵王伦以其望重，畏而恶之，知其不与贾氏同心，犹被枉害。"臣松之案：陆机《惠帝起居注》称"頠雅有远量，当朝名士也"，又曰"民之望也"。頠理具渊博，赡于论难，著《崇有》《贵无》二论，以矫虚诞之弊，文辞精富，为世名论。子嵩，字道文。荀绰称嵩有父祖风。为中书郎，早卒。頠从父弟邈，字景声，有隽才，为太傅司马越从事中郎，假节，监中外营诸军事。潜少弟徽，字文季，冀州刺史。有高才远度，善言玄妙。事见荀粲、傅嘏、王弼、管辂诸传。徽长子黎，字伯宗，一名演，游击将军。次康，字仲豫，太子左卫率。次楷，字叔则，侍中、中书令、光禄大夫，开府。次绰，字季舒，黄门侍郎，早卒，追赠长水校尉。康、楷、绰皆为名士，而楷才望最重。《晋诸公赞》曰："康有弘量，绰以明达为称，楷少与琅邪王戎俱为掾发名，钟会致之大将军司马文王曰：'裴楷清通，王戎简要。'文王即辟为掾，进历显位。谢鲲为《乐广传》，称楷俊朗有识具，当时独步。黎子苞，秦州刺史。康子纯，黄门侍郎。次盾，徐州刺史。次邵，有器望。晋元帝为安东将军，邵为长史，侍中王旷与司马越书曰：'裴邵在此，虽不治事，然识量弘达，此下人士大敬附之。'次廓，中垒将军。楷子瓒，中书郎。次宪，豫州刺史。绰子遐，太傅主簿。瓒、遐并有盛名，早卒。"《晋诸公赞》称宪有清识。《魏略》列传以徐福、严幹、李义、张既、游楚、梁习、赵俨、裴潜、韩宣、黄朗十人共卷，其既、习、俨、潜四人自有传，徐福事在《诸葛亮传》，游楚事在《张既传》。余幹等四人载之于后。严幹字公仲，李义字孝懿，皆冯翊东县人也。冯翊东县旧无冠族，故二人并单家，其器性皆重厚。当中平末，同年二十余，幹好击剑，义好辨护丧事。冯翊甲族桓、田、吉、郭及故侍中郑文信等，颇以其各有器实，共纪识之。会三辅乱，人多流宕，而幹、义不去，与诸知故相浮沈，采樵自活。逮建安初，关中始开。诏分冯翊西数县为左内史郡，治高陵；以东数县为本郡，治临晋。义于县分当西属，义谓幹曰："西县儿曹，不可与争坐席，今当共作方床耳。"遂相附结，皆仕东郡为右职。司隶辟幹，不至。岁终，郡举幹孝廉，义上计掾。义留京师，为平陵令，迁冗从仆射，遂历显职。逮魏封十郡，请义以为军祭酒，又为魏尚书左仆射。及文帝即位，拜谏议大夫、执金吾、卫尉，卒官。义子丰，字宣国，见《夏侯玄传》。幹以孝廉拜蒲阪令，病，去官。复举至孝，为公车司马令。为州所请，诏拜议郎，还参州事。会以建策捕高幹，又追录前讨郭援功，封武乡侯，迁弘农太守。及马超反，幹郡近超，民人分散。超破，为汉阳太守。迁益州刺史，以道不通，黄初中，转为五官中郎将。明帝时，迁永安太仆，数岁卒。始，李义以直道推诚于人，故于时陈群等与之齐好。虽无他材力，而终仕进不顿踬。幹从破乱之后，更折节学问，特善《春秋公羊》。司隶钟繇不好《公羊》而好《左氏》，谓《左氏》为太官，而谓《公羊》为卖饼家，故数与幹共辩析长短。繇为人机捷，善持论，而幹讷口，临时屈无以应。繇谓幹曰："公羊高竟为左丘明服矣。"幹曰："直故吏为明使君服耳，公羊未肯也。"韩宣字景然，渤海人也。为人短小。建安中，丞相召署军谋掾，冗散在邺。尝于邺出入宫，于东掖门内与临菑侯植相遇。时天新雨，地有泥潦。宣欲避之，阂潦不得去。乃以扇自障，住于道边。植嫌宣既不去，又不为礼，乃驻车，使其常从问宣何官，宣云："丞相军谋掾也。"植又问曰："应得唐突列侯否？"宣曰："《春秋》之义，王人虽微，列于诸侯之上，未闻宰士而为下土诸侯礼也。"植又曰："即如所言，为人父吏，见其子应有礼否？"宣又曰："于礼，臣、子一例也，而宣年又长。"植知其枝柱难穷，乃释去。具为太子言，以为辩。黄初中，为尚书郎，尝以职事当受罚于殿前，已缚，束杖未行。文帝辇过，问："此为谁？"左右对曰："尚书郎渤海韩宣也。"帝追念前临菑侯所说，乃寤曰："是子建所道韩宣邪！"特原之，遂解其缚。时天大寒，宣前以当受杖，豫脱袴，缠裈面缚；及其原，裈腰不下，乃趋而去。帝目而送之，笑曰："此家有瞻谛之士也。"后出为清河、东郡太守。明帝时，为尚书、大鸿胪，数岁卒。宣前后当官，在能否之间，然善以己恕人。始，南阳韩暨以宿德在宣前为大鸿胪，暨为人贤，及宣在后，亦称职，故鸿胪中为之语曰："大鸿胪，小鸿胪，前后治行曷相如！"案本志，宣名都不见，惟《魏略》有此传，而《世语》列于名臣之流。黄朗字文达，沛郡人也。为人弘通有性实。父为本县卒，朗感其如此，抗志游学，由是为方国及其郡士大夫所礼异。特与东平右姓王惠阳为硕交，惠阳亲拜朗母于床下。朗始仕黄初中，为长吏，迁长安令，会丧母不赴，复为魏令，迁襄城典农中郎将、涿郡太守。以明帝时疾病卒。始朗为君长，自以父故，常忌不呼铃下伍伯，而呼其姓字，至于忿怒，亦终不言。朗既仕至二千石，而惠阳亦历长安令、酒泉太守。故时人谓惠阳外似粗疏而内坚密，能不顾朗之本末，事朗母如己母，为通度也。鱼豢曰："世称'君子之德，其犹龙乎'，盖以其善变也。昔长安市侩有刘仲始者，一为市吏所辱，乃感激，蹋其尺折之，遂行学问，经明行修，流名海内。后以有道征，不肯就，众人归其高。余以为前世偶有此耳，而今徐、严复参之，若皆非似龙之志也，其何能至于此哉？李推至道，张工度主，韩见识异，黄能拔萃，各著根于石上，而垂阴乎千里，亦未为易也。游翁慷慨，展布腹心，全躯保郡，见延帝王，又放陆生，优游宴戏，亦一实也。梁、赵及裴，虽张、杨不足，至于检己，老而益明，亦难能也。”

卷二十四　魏书二十四

韩崔高孙王传

导读　本卷是魏国大臣韩暨、崔林、高柔、孙礼、王观等人的传记。韩暨改良了冶铸用的鼓风方法，提高了效率，减轻了人力负担，后来又参与了魏国宗庙礼仪的制定。崔林主要从事礼仪制度方面的工作，整理了以往接待少数民族首领觐见的礼仪，为魏国对外交往提供了制度借鉴。他还在祭祀孔子的问题上发表意见，反映了当时魏国朝廷对儒家文化的态度。高柔是魏国的重要大臣，他主张采取宽容的执法原则，建议魏明帝取消鼓励告发的法令，并多次处理冤狱。在内政上，高柔建议三公参与议政，要求朝廷建立学校、崇奉儒学。他还曾参与罢黜曹爽的政变，为魏国政局的平稳做出了努力。孙礼与以上诸人相比，具有更加刚直的性格和强烈的政治抱负，他曾自发地遣散了为明帝修建宫殿的民夫，之后又因为正直的品行被曹爽分派到地方任职。孙礼在战斗中身先士卒，对待部属如同亲人。王观在担任太守时能够从治下百姓的利益出发，而不回避年幼的儿子要被送入中央做质子的后果。在担任少府时，他不畏权势，收回被曹爽等人占据的内府财产，可以说是忠于职守的典范。

韩暨

原文

韩暨，字公至，南阳堵阳人也[1]。同县豪右

译文

韩暨，字公至，南阳郡堵阳县人。同县豪强大户陈茂诬陷韩暨的父兄，使他

陈茂，谮[1]暨父兄，几至大辟。暨阳不以为言，庸赁积资，阴结死士，遂追呼寻禽茂，以首祭父墓，由是显名。举孝廉，司空辟，皆不就。乃变名姓，隐居避乱鲁阳山中[2]。山民合党，欲行寇掠，暨散家财以供牛酒，请其渠帅，为陈安危。山民化之，终不为害。避袁术命召，徙居山都之山。荆州牧刘表礼辟，遂遁逃，南居孱陵[3]界，所在见敬爱，而表深恨之。暨惧，应命，除宜城[4]长。

们几乎被处以死刑。韩暨表面上不说什么，受雇于人劳作来积攒财物，暗中结交敢死之士，后来追赶呼喊而寻获了陈茂，用他的人头祭奠父亲的坟墓，从此声名显扬。韩暨被推举为孝廉，又被司空府征召，他都没去任官。于是改换姓名，隐居在鲁阳山中躲避战乱。山民纠集在一起，想要做侵夺抢劫的事，韩暨花光自己的家财买来牛肉酒食，请来他们的首领，为其陈说形势安危。山民们被他感化，最终没有祸害地方。韩暨为了躲避袁术的征召，迁居到山都县的山中。荆州牧刘表以礼征召，他就逃跑了，向南迁居到孱陵县界内，所到之处他都受到人们敬爱，但刘表很怨恨他。韩暨害怕刘表对自己不利，于是应承了征召，担任宜城县县长。

今注 1 谮(zèn)：诬陷。 2 鲁阳山中：即鲁阳县的山中，鲁阳县在今河南平顶山鲁山县。 3 孱陵：孱陵县，在今湖北公安县西。 4 宜城：秦置鄀县，西汉改宜城县，在今湖北宜城。

裴注 [1]《楚国先贤传》曰："暨，韩王信之后。祖术，河东太守。父纯，南郡太守。"

太祖平荆州，辟为丞相士曹属[1]。后迁乐陵[2]太守，徙监冶谒者[3]。旧时冶，作马排[4][1]，每一熟石用马百匹；更作人排，又费功力。暨乃因长流为水排，计其利益，三倍于前。在职七年，器用充实。制书褒叹，就加司金都尉[5]，班亚九卿。文帝践阼，封宜城亭侯。黄初七年，迁太常，进封南乡亭侯，邑二百户。

太祖平定了荆州，韩暨被征召为丞相士曹属。后升任乐陵太守，又任监冶谒者。以前冶铸，是用马拉的鼓风工具，每次将炭点燃吹旺，都要用一百匹马，改用人来推引，又太费人力。韩暨于是凭借长长的流水来制作水力鼓风工具，计算效率，是之前的三倍。韩暨在职七年，供国家使用的器械和工具充足。朝廷下令褒奖，加授他为司金都尉，地位次于九卿。文帝即位后，封他为宜城亭侯。黄初七年(226)，韩暨又被升为太常，晋封南乡亭侯，食邑二百户。

今注 **1** 丞相士曹属：士曹为曹操设置的丞相府下属机构，负责考课、兴建工程。士曹属为士曹长官。 **2** 乐陵：指乐陵郡，治所在今山东乐陵市东南。 **3** 监冶谒者：谒者台属官，负责宾赞司仪、上章报问、奉命出使。这里韩暨是以谒者之职管理冶铸事务。 **4** 马排：用马拉动的鼓风器具。 **5** 司金都尉：曹操设置，主管铁器铸造和金属冶炼。

裴注 [1] 排，蒲拜反。为排以吹炭。

时新都洛阳，制度未备，而宗庙主祏[1][1]皆在邺都。暨奏请迎邺四庙神主，建立洛阳庙，四时蒸尝[2]，亲奉粢盛[3]。崇

当时魏国刚定都洛阳，礼仪制度尚未完备，宗庙和祖先神主牌位都还在邺城旧都。韩暨上奏请求迎接邺城四庙中的先祖牌位，在洛阳建立宗庙，四季祭祀，供奉祭品。他崇奉宣明正礼，废除

明正礼,废去淫祀[4],多所匡正。在官八年,以疾逊位。景初二年春,诏曰:"太中大夫韩暨,澡身浴德,志节高洁,年逾八十,守道弥固,可谓纯笃,老而益劭者也。其以暨为司徒。"夏四月薨,遗令敛以时服,葬为土藏。谥曰恭侯[2]。子肇嗣。肇薨,子邦嗣[3]。

不合礼制的祭祀,在礼仪制度上有很多改正的地方。官居太常八年,因病退位。景初二年(238)春天,魏明帝下诏说:"太中大夫韩暨,平素有道德修养,志向高远,保持节操,年过八十,坚守道义更加坚定,真可谓纯朴笃实,到了老年而品德更加美好。授予韩暨司徒之职。"夏季四月韩暨去世,遗嘱指令入殓时只穿平时的衣服,下葬只用土掩埋。谥为恭侯。儿子韩肇继承爵位。韩肇去世后,其子韩邦继承爵位。

今注 1 主祏(shí):古代宗庙中所藏的神主。神主为木制,以石匣收藏。 2 蒸尝:指秋、冬二祭,也泛称祭祀。 3 粢盛(zī chéng):装在祭器中的谷物,泛指祭品。 4 淫祀:不合礼制的祭祀。

裴注 [1] 祏,音石。《春秋传》曰:"命我先人典司宗祏。注曰:'宗庙所以藏主石室者。'" [2]《楚国先贤传》曰:"暨临终遗言曰:'夫俗奢者,示之以俭,俭则节之以礼。历见前代送终过制,失之甚矣。若尔曹敬听吾言,敛以时服,葬以土藏,穿毕便葬,送以瓦器,慎勿有增益。'又上疏曰:'生有益于民,死犹不害于民。况臣备位台司,在职日浅,未能宣扬圣德以广益黎庶。寝疾弥留,奄即幽冥。方今百姓农务,不宜劳役,乞不令洛阳吏民供设丧具。惧国典有常,使臣私愿不得展从,谨冒以闻,惟蒙哀许。'帝得表嗟叹,乃诏曰:'故司徒韩暨,积德履行,忠以立朝,至于黄发,直亮不亏。既登三事,望获毗辅之助,如何奄忽,天命不永!曾参临没,易箦以礼;晏婴尚俭,遣车降制。今司徒知命,遗言恤民,必欲崇约,可谓善始令终者也。其丧礼所设，皆如故事，勿有所阙。特赐温明秘器、衣一称、五时朝服、玉具剑佩。'"　[3]《楚国先贤传》曰："邦字长林。少有才学。晋武帝时为野王令，有称绩。为新城太守，坐举野王故吏为新城计吏，武帝大怒，遂杀邦。暨次子繇，高阳太守。繇子洪，侍御史。洪子寿，字德真。"《晋诸公赞》曰："自暨已下，世治素业，寿能敦尚家风，性尤忠厚。早历清职，惠帝践阼，为散骑常侍，迁守河南尹。病卒，赠骠骑将军。寿妻，贾充女。充无后，以寿子谧为嗣，弱冠为秘书监侍中，性骄佚而才出众。少子蔚，亦有器望，并为赵王伦所诛。韩氏遂灭。"

崔林

崔林，字德儒，清河东武城人也。少时晚成，宗族莫知，惟从兄琰异之。太祖定冀州，召除邬[1]长。贫无车马，单步之官。太祖征壶关[2]，问长吏德政最者，并州刺史张陟以林对，于是擢为冀州主簿，徙署别驾、丞相掾属。魏国既建，稍迁御史中丞。

崔林，字德儒，清河郡东武城人。少年时才华未显露，所以宗族中人都不了解他，只有堂兄崔琰对他特别重视。太祖平定冀州，征召任命他为邬县县长。崔林贫穷得没有车马，只好步行上任。太祖进攻壶关，询问地方官员德行政绩最好的是谁，并州刺史张陟回答说是崔林，于是提拔崔林为冀州主簿，又改任代理别驾、丞相掾属。魏国建立后，崔林逐渐升为御史中丞。

今注　1 邬：邬县，在今山西介休东北。　2 壶关：即"壶关山"，在今山西长治东南，跨壶关县界，因两峰夹峙，中如壶口得名。

文帝践阼，拜尚书，出为幽州刺史。北中郎将吴质统河北军事，涿郡太守王雄谓林别驾曰："吴中郎将，上所亲重，国之贵臣也，杖节统事，州郡莫不奉笺致敬，而崔使君初不与相闻。若以边塞不修斩卿，使君宁能护卿邪？"别驾具以白林，林曰："刺史视去此州如脱屣[1]，宁当相累邪？此州与胡虏接，宜镇之以静，扰之则动其逆心，特为国家生北顾忧，以此为寄。"在官一期，寇窃寝息[1]。犹以不事上司，左迁河间太守，清论[2]多为林怨也[2]。

魏文帝即位后，崔林被任命为尚书，出任幽州刺史。北中郎将吴质统领黄河以北军务，涿郡太守王雄对崔林的别驾说："吴中郎将受到皇上亲近倚重，是国家的显贵大臣，持节统领军事，州郡官员没有不写信来表示敬意的，而早先崔刺史却不与他联系。如果吴质以不整治边塞的罪名杀你，崔林怎能保护得了你呢？"别驾将这番话告诉了崔林，崔林说："你家刺史将辞职离开幽州，看得如同脱鞋一样，怎会拖累你呢？幽州与胡虏相邻，应该用平静的姿态来镇守，扰乱他们则会让胡虏产生叛逆之心，额外给国家生出防备北方的忧虑，要托付给你的只有这件事。"崔林任职期间，胡虏侵略盗窃的事情都平息了。但崔林还是因为不讨好上司，被降职为河间太守，公正的舆论多是为崔林抱不平。

今注　1 脱屣：比喻看得很轻，无所顾恋，犹如脱掉鞋子。　2 清论：公正的评论，亦指公正的舆论。

裴注　[1] 按《王氏谱》："雄字元伯，太保祥之宗也。"《魏名臣奏》载安定太守孟达荐雄曰："臣闻明君以求贤为业，忠臣以进善为效，故《易》称'拔茅连茹'，《传》曰'举尔所知'。臣不自量，窃慕其义。臣昔以人乏，谬充备部职。时涿郡太守王雄为西部从事，与臣同僚。雄天性良固，果而有谋。历试三县，政成人和。及在近职，奉宣威恩，怀柔有术，清慎持法。臣往年出使，经过雄郡。自说特受陛下拔擢之恩，常励节精心，思投命为效。言辞激扬，情趣款恻。臣虽愚暗，不识真伪，以谓雄才，兼资文武，忠烈之性，逾越伦辈。今涿郡领户三千，孤寡之家，参居其半，北有守兵藩卫之固，诚不足舒雄智力，展其勤干也。臣受恩深厚，无以报国，不胜慺慺浅见之情，谨冒陈闻。”诏曰：“昔萧何荐韩信，邓禹进吴汉，惟贤知贤也。雄有胆智技能，文武之姿，吾宿知之。今便以参散骑之选，方使少在吾门下知指归，便大用之矣。天下之士，欲使皆先历散骑，然后出据州郡，是吾本意也。”雄后为幽州刺史。子浑，凉州刺史。次乂，平北将军。司徒安丰侯戎，浑之子。太尉武陵侯衍、荆州刺史澄，皆乂之子。［2］《魏名臣奏》载侍中辛毗奏曰：“昔桓阶为尚书令，以崔林非尚书才，迁以为河间太守。”与此传不同。

迁大鸿胪[1]。龟兹[2]王遣侍子来朝，朝廷嘉其远至，褒赏其王甚厚。余国各遣子来朝，间使连属。林恐所遣或非真的，权取疏属贾胡，因通使命，利得印绶。而道路护送，所损滋多。劳所养之民，资无益之事，为夷狄所笑，此曩时[3]之所患也。乃移书燉煌[4]喻指，并录前世待遇

崔林升任大鸿胪。龟兹王派侍子来朝见，朝廷嘉奖他们远道而来，重重奖赏了龟兹王。其余各国也都派侍子来朝，来往使节络绎不绝。崔林担心这些国家派来的并非真的侍子，权且是从旁系亲属中或做买卖的胡人中临时挑来的，假借互通使节，求得魏国封的印绶来取利。而朝廷派人一路上护送使者，损失更多。这是在烦劳本国的民众，来助益这些对国家没有好处的事，只会被夷狄取笑，这正是过去所忧虑的事。于是他发文书到敦煌郡说明意图，并抄录前代给予诸国

诸国丰约故事，使有恒常。明帝即位，赐爵关内侯，转光禄勋、司隶校尉。属郡皆罢非法除过员吏。林为政推诚，简存大体，是以去后每辄见思。

赏赐或丰厚或俭约的旧事，使这件事有常规可循。魏明帝即位后，赐给崔林关内侯的爵位，又先后任命他为光禄勋、司隶校尉。他治下各郡都精简了不合规的超编官员。崔林施政以诚相待，政务简易但注重大体，所以他离职后常被人们怀念。

今注　1 大鸿胪：汉武帝时改典客置，掌管接待少数民族事务，后渐变为赞襄礼仪之官。　2 龟兹(qiū cí)：古代西域国名。也作“鸠兹”“归兹”“丘兹”等。王城在今新疆库车一带。居民主要务农，兼营畜牧，能冶铸、酿酒。有文字，擅长音乐舞蹈。　3 曩(nǎng)时：以往，从前。　4 燉煌：指敦煌郡，治所在敦煌县（今甘肃敦煌西）。

散骑常侍刘劭作《考课论》，制下百僚。林议曰：“案《周官》[1]考课，其文备矣，自康王以下，遂以陵迟，此即考课之法存乎其人也。及汉之季，其失岂在乎佐吏之职不密哉？方今军旅，或猥或卒，备之以科条，申之以内外，增减无常，固难一矣。且万目不张举其纲，众毛不整振其

散骑常侍刘劭作《考课论》，魏明帝诏令下达给各级官吏。崔林议论说：“查《周官》中关于考核官吏成绩的内容，条文已经很完备了，自周康王以后，就逐渐地衰落，这就说明考核官吏治绩的法令，要依靠人来维系。到了汉末，其过错难道是在于辅佐官员职责划分不够细密吗？如今军队还有长期的或突然的战事，准备法令条规，要在内外都发布命令，事情或增或减，本来就难以一致。而且，网的各个网眼没有张开时，应当提起网口的总绳；衣服上的毛不整齐时，应当

领。皋陶仕虞，伊尹臣殷，不仁者远。五帝三王未必如一，而各以治乱。《易》曰：‘易简，而天下之理得矣。’太祖随宜设辟，以遗来今，不患不法古也。以为今之制度，不为疏阔，惟在守一勿失而已。若朝臣能任仲山甫[2]之重，式是百辟[3]，则孰敢不肃？”

抖振衣领。皋陶在虞舜手下当官，伊尹在殷为臣，不仁的人都远离而去。三王五帝未必一致，而都治理了乱世。《易经》上说：‘做到平易简单，就能合乎天下万物之理了。’太祖根据情况制定法令，到今天还在使用，并不担心没有效法古代制度。我认为如今的法令制度并不疏略，关键只在于一贯地推行而不发生偏差。如果朝中大臣都能像仲山甫那样承担重任，为百官做出榜样，又有谁敢不公正严肃呢？”

今注 **1**《周官》：即《周礼》，因为记载了周代的官制，故称为《周官》。 **2** 仲山甫：或作仲山父。周宣王时大臣，因封于樊，亦称“樊仲”“樊仲山父”“樊穆仲”。尹吉甫尝作《烝民》之诗以称扬其德。 **3** 式是百辟：意思是做诸侯的好榜样。后也指做百官的表率。式，法式，这里用作动词，是“做……榜样”的意思。百辟，指诸侯。

景初元年，司徒、司空并缺，散骑侍郎孟康荐林曰：“夫宰相者，天下之所瞻效，诚宜得秉忠履正本德杖义之士，足为海内所师表者。窃见司隶校尉崔林，禀自然之正性，体高雅之弘量。论其所长以比

景初元年(237)，司徒、司空的位置都空缺，散骑侍郎孟康推荐崔林说：“宰相，是天下人所仰望效仿的对象，实在应找到内心忠诚行为端正，依据德行道义行事，足以被国人师法学习的人来担任。我私下观察司隶校尉崔林，秉持天生正直的品性，具有高远雅致的修养和博大的胸怀。论其长处较之于古代贤

古人，忠直不回则史鱼[1]之俦，清俭守约则季文[2]之匹也。牧守州郡，所在而治，及为外司，万里肃齐，诚台辅之妙器，衮职[3]之良才也。”后年遂为司空，封安阳亭侯，邑六百户。三公封列侯，自林始也[1]。顷之，又进封安阳乡侯。

人，忠诚正直的品质则可与史鱼相提并论，清廉俭朴遵守法约则比得上季文。他任州郡的长官时，所在的州郡都得到治理，出任地方官时，辖区内和顺整齐，实在是台辅重臣的杰出人选，是担任三公之职的良才。”第二年崔林就做了司空，封为安阳亭侯，食邑六百户。三公被封为列侯，是从崔林开始的。不久，崔林又被晋封为安阳乡侯。

今注　**1** 史鱼：春秋时卫国大夫，以正直进谏出名，多次向卫灵公进谏，后来向卫灵公推荐贤人，死后还尸谏卫灵公，受到孔子的赞叹。　**2** 季文：指季文子，又称季孙行父，春秋时期鲁国的正卿，他执掌鲁国政治多年，性格谨慎，生活朴素，在国内倡导节俭，促进了鲁国的发展。　**3** 衮职：三公的职位。古代天子以衮衣赐三公，故称三公的职位为“衮职”。亦借指三公。

裴注　[**1**] 臣松之以为，汉封丞相邑，为荀悦所讥。魏封三公，其失同也。

鲁相上言：“汉旧立孔子庙，褒成侯[1]岁时奉祠，辟雍[2]行礼，必祭先师，王家出谷，春秋祭祀。今宗圣侯[3]奉嗣，未有命祭之礼，宜给牲

鲁国相上书说：“汉朝过去立孔子庙，褒成侯一年四季祭祀，学校举行礼仪活动，必定祭祀先师，由王家提供谷物等，春秋两季举行大祭仪式。如今宗圣侯继承孔子，却没有领受君命祭祀的礼仪，应该给予他祭祀用的牲畜，让高级官

牢[4]，长吏奉祀，尊为贵神。”制三府[5]议，博士傅祇以《春秋传》言立在祀典[6]，则孔子是也。宗圣适足继绝世，章盛德耳。至于显立言，崇明德，则宜如鲁相所上。林议以为：“宗圣侯亦以王命祀，不为未有命也。周武王封黄帝、尧、舜之后，及立三恪[7]，禹、汤之世，不列于时，复特命他官祭也。今周公已上，达于三皇，忽焉不祀，而其礼经亦存其言。今独祀孔子者，以世近故也。以大夫之后，特受无疆之祀，礼过古帝，义逾汤、武，可谓崇明报德矣，无复重祀于非族也[1]。”

明帝又分林邑，封一子列侯。正始五年薨，谥曰孝侯。子述嗣[2]。

吏去供奉祭祀，将孔子尊奉为贵神。”魏明帝命令太尉、司空、司徒三府讨论这件事情，博士傅祇认为，《春秋传》说祭祀要合乎祀典，孔子是符合条件的。宗圣侯刚好足以承续断绝的世祀，彰明孔子的盛德。至于显扬孔子的学说，推崇孔子美好的德行，则应该依鲁相上书中所说的那样去做。崔林的意见认为：“宗圣侯也是按照王命祭祀的，不能说没有王命。周武王加封黄帝、尧、舜的后代，并且设立三恪。而在夏禹、商汤的时代，并没有给古帝王的后代加封王侯名号，又特意命令没有专职的官员去祭祀。如今周公以上，直到三皇，忽略而不祭祀，而《周礼》也记载着相关礼仪。现在唯独祭祀孔子，是由于时代相近的缘故。以大夫的后代，享受如此盛大的祭祀，礼仪上超过了古代的帝王，道义上也超过了商汤、周武，可以说是尊崇他且回报了他的德行了，不要再让不是他后代的人祭祀了。”

魏明帝又封崔林的一个儿子为列侯，封地从崔林的封地中分出。正始五年(244)崔林去世，谥为孝侯。儿子崔述继承爵位。

今注 1 褒成侯:汉平帝时封孔子后人孔均为褒成侯。 2 辟雍:本为周天子所设的大学。《礼记·王制》:"大学在郊,天子曰辟雍,诸侯曰頖宫。"此处指皇家祭祀的场所。东汉建安年间,曹操在洛阳城南平昌门外就曾建立辟雍。 3 宗圣侯:三国魏文帝黄初二年(221)设置,邑百户,奉祀孔子。 4 牲牢:供祭祀用的牲畜,通常指牛、羊、猪三牲。 5 三府:即太尉、司徒、司空三公府。 6《春秋传》言立在祀典:《春秋传》,此处指《国语》,司马迁有"左丘失明,厥有《国语》"的说法,汉代人认为《国语》与《左传》都是《春秋》的传,加以重视。祀典,出自《国语·鲁语上》:"凡禘、郊、祖、宗、报,此五者国之典祀也……非是,不在祀典。"指记载祭祀仪礼的典籍。 7 三恪:周朝册封之前三个王朝的后代于蓟、祝、陈,给以王侯名号,称三恪,以示敬重。

裴注 [1] 臣松之以为,孟轲称宰我之辞曰:"以予观夫子,贤于尧、舜远矣。"又曰:"生民以来,未有盛于孔子者也。"斯非通贤之格言,商较之定准乎!虽妙极则同,万圣犹一,然淳薄异时,质文殊用,或当时则荣,没则已焉,是以遗风所被,实有深浅。若乃经纬天人,立言垂制,百王莫之能违,彝伦资之以立,诚一人而已耳。周监二代,斯文为盛。然于六经之道,未能及其精致。加以圣贤不兴,旷年五百,道化陵夷,宪章殆灭,若使时无孔门,则周典几乎息矣。夫能光明先王之道,以成万世之功,齐天地之无穷,等日月之久照,岂不有逾于群圣哉!林曾无史迁洞想之诚,梅真慷慨之志,而守其蓬心以塞明义,可谓多见其不知量也。 [2]《晋诸公赞》曰:"述弟随,晋尚书仆射。为人亮济。赵王伦篡位,随与其事。伦败,随亦废锢而卒。林孙玮,性率而疏,至太子右卫率也。初,林识拔同郡王经于民伍之中,卒为名士,世以此称之。"

高柔

高柔，字文惠，陈留圉[1]人也。父靖，为蜀郡都尉[1]。柔留乡里，谓邑中曰："今者英雄并起，陈留四战之地也。曹将军虽据兖州，本有四方之图，未得安坐守也。而张府君先得志于陈留，吾恐变乘间作也，欲与诸君避之。"众人皆以张邈与太祖善，柔又年少，不然其言。柔从兄幹，袁绍甥也[2]，在河北呼柔，柔举宗从之。会靖卒于西州，时道路艰涩[2]，兵寇纵横，而柔冒艰险诣蜀迎丧，辛苦荼毒，无所不尝，三年乃还。

高柔，字文惠，陈留郡圉县人。父亲高靖，曾任蜀郡都尉。高柔留在家乡，对同乡人说："如今英雄并起，陈留在战乱中是四面受敌的地方。曹将军虽然占据兖州，但他本来有安定天下的图谋，不会安于坐守一地的。而太守张邈先得了陈留郡，我担心变故将会乘机发生，想与各位一起出去躲避。"众人都认为张邈与太祖亲善，高柔又年轻，不同意他的意见。高柔的堂兄高幹是袁绍的外甥，在河北召唤高柔前去，高柔于是带着全体族人跟从他。适逢高靖在西州去世，当时道路阻塞，通行困难，沿途有乱兵与贼寇劫掠横行，而高柔冒着艰难危险到蜀郡迎葬父亲，受尽了各种艰难痛楚，经过三年才返回故里。

今注　1 圉(yǔ)：圉县，在今河南杞县西南。　2 艰涩：指道路阻塞，通行困难。

裴注　[1]《陈留耆旧传》曰："靖高祖父固，不仕王莽世，为淮阳太守所害，以烈节垂名。固子慎，字孝甫。敦厚少华，有沈深之量。抚育孤兄子五人，恩义甚笃。琅邪相何英嘉其行履，以女妻焉。英即车骑将军熙之父也。慎历二县令、东莱太守。老病归家，草屋蓬户，瓮缶无储。其妻谓之曰：'君累经宰守，积有年岁，何能不少为储畜，以遗子孙乎？'慎曰：'我以勤身清名为之基，以二千石遗之，不亦可乎！'子式，至孝，常尽力供养。"永初中，螟蝗为害，独不食式麦，圉令周疆以表州郡。太守杨舜举式孝子，让不行。后以孝廉为郎。次子昌，昌弟赐，并为刺史、郡守。式子弘，孝廉。弘生靖。 [2] 谢承《汉书》曰："幹字元才。才志弘邈，文武秀出。父躬，蜀郡太守。祖赐，司隶校尉。"案《陈留耆旧传》及谢承书，幹应为柔从父，非从兄也。未知何者为误。

太祖平袁氏，以柔为菅长。县中素闻其名，奸吏数人，皆自引去。柔教曰："昔邴吉临政[1]，吏尝有非，犹尚容之，况此诸吏，于吾未有失乎！其召复之。"咸还，皆自励，咸为佳吏。

高幹既降，顷之以并州叛。柔自归太祖，太祖欲因事诛之，以为刺奸令史[2]。处法允当，狱无留滞，辟为丞相仓曹属[1]。太祖欲遣钟繇等讨张鲁，柔谏，以为今猥遣大兵，西有韩遂、马超，谓为己举，将相扇动

太祖平定袁氏，任命高柔为菅县县长。县里的人早就听过高柔的名声，有几个奸邪的小吏，都自行离职逃走。高柔教导属下说："过去邴吉为政时，官吏曾经有过失，他都能够容忍，何况如今这几个县吏对我并无过失啊！召他们回来依旧任职。"这几个县吏都回来了，并自觉改过，都成为了良吏。

高幹投降太祖后，不久又在并州反叛。高柔自己投归太祖，太祖想借故杀掉他，就任命高柔为刺奸令史。高柔执法公允得当，处理刑狱没有滞留的案件，太祖又征召他为丞相仓曹属。太祖准备派钟繇等人去讨伐张鲁，高柔进谏，认为现在轻率地派遣大军，西边有韩遂、马超，他们会以为是冲着自己发兵，将会相互煽动叛乱，应该先招集安抚三辅地区

作逆，宜先招集三辅，三辅苟平，汉中可传檄而定也。繇入关，遂、超等果反。

的百姓，三辅地区平定后，汉中地带就可以不用发兵，只需要传送文书告示而平定。钟繇率军进入函谷关，韩遂、马超等人果然反叛。

今注　1 邴(bǐng)吉临政：邴吉是西汉著名大臣，通律令，曾出任廷尉右监，保护并拥立汉宣帝，后升任丞相。他施政宽大，属官不称职并不加以惩罚，只是给予长假。　2 刺奸令史：曹操设置的丞相府僚属，掌管司法事务。

裴注　[1]《魏氏春秋》曰："柔既处法平允，又夙夜匪懈，至拥膝抱文书而寝。太祖尝夜微出，观察诸吏，见柔，哀之，徐解裘覆柔而去。自是辟焉。"

魏国初建，为尚书郎，转拜丞相理曹掾。令曰："夫治定之化，以礼为首；拨乱之政，以刑为先。是以舜流四凶[1]族，皋陶作士[2]。汉祖除秦苛法，萧何定律[3]。掾清识平当，明于宪典，勉恤之哉！"

鼓吹[4]宋金等在合肥亡逃。旧法，军征士亡，考竟其妻子。太祖患犹不息，更重其刑。金有母

魏国刚建立，高柔任尚书郎，转任丞相理曹掾。太祖下令说："承平时期的治理和教化，应以礼为首；匡正乱世的措施，以刑罚为先。所以舜流放四凶之族，任命皋陶为士师；汉高祖消除秦代苛刻的刑法，让萧何制定法律。丞相理曹掾高柔见识高明，公平恰当，明了法令典章，勤勉谨慎地努力吧！"

演奏军乐的官员宋金等人在合肥逃跑。依旧法，军队出征而军士逃跑者，要将其妻儿投入狱中拷问。太祖担心这样做并不能制止士兵逃跑，又加重了刑罚。

妻及二弟皆给官，主者奏尽杀之。柔启曰："士卒亡军，诚在可疾，然窃闻其中时有悔者。愚谓乃宜贷其妻子，一可使贼中不信，二可使诱其还心。正如前科，固已绝其意望，而猥复重之，柔恐自今在军之士，见一人亡逃，诛将及己，亦且相随而走，不可复得杀也。此重刑非所以止亡，乃所以益走耳。"太祖曰："善。"即止不杀金母、弟，蒙活者甚众。

宋金的母亲、妻子和两个弟弟都被抓到官府，主管官员上奏要将他们全部处死。高柔陈述说："士卒逃离军队，实在可恨，然而我私下听说这些人中常有后悔的。我认为应该宽恕他的妻儿，一来使这些逃兵在贼人中不受信任，二来可以引起逃兵返回军中的心思。像先前那样的规定，已经断绝了他们回返的希望，而再轻易地加重刑罚，我恐怕从今以后在军中的士兵，看见一个人逃跑，将会牵连自己被杀，也就跟着逃兵跑掉了，到时候我们想杀也没人可杀了。这种重刑并不能制止士兵逃跑，而是助长了逃跑啊。"太祖说："很好。"就停止命令，不杀宋金的母亲、弟弟，因此而活下来的人很多。

今注　1 舜流四凶：据说舜摄政时流放了四个敌对氏族首领，即驩兜、共工、鲧、三苗。　2 皋陶作士：尧舜时期的皋陶出任士师，执法公正平允，在政治和文化上多有建树。　3 萧何定律：是指萧何制定《九章律》，成为汉朝治理社会的基本法律。　4 鼓吹：鼓吹署，掌管皇帝仪仗所用鼓吹乐队。此处宋金等人应为鼓吹署属吏。

迁为颍川太守，复还为法曹掾[1]。时置校事卢洪、赵达等，使察群下，柔谏曰："设官分职，各有所

高柔升任颍川太守，后又回到洛阳任法曹掾。此时任命了校事官卢洪、赵达等人，让他们监察群臣，高柔进谏说："任命官员，分配职守，让他们各自有主

司。今置校事，既非居上信下之旨，又达等数以憎爱擅作威福，宜检治之。”太祖曰：“卿知达等，恐不如吾也。要能刺举而辨众事，使贤人君子为之，则不能也。昔叔孙通用群盗[2]，良有以也。”达等后奸利发，太祖杀之以谢于柔。

管的事务。如今任命校事，既不是上面领导对下面官员信任的做法，而且赵达等人屡屡以自己的爱憎擅自作威作福，应该查办他们。”太祖说：“你对赵达等人的了解，恐怕不如我。他们能刺探、揭发并且辨别各种事情，让贤德的人和君子去做，是不能做到的。过去叔孙通任用了许多盗贼，是有原因的。”赵达等人后来作恶贪财的事情暴露，太祖杀了他们向高柔致歉。

今注 1 法曹掾：即之前的丞相理曹掾，丞相府僚属之一。 2 叔孙通用群盗：指西汉初叔孙通推荐壮士给刘邦使用。这里的意思是因用任官，不拘泥君子、小人的品格问题。

文帝践阼，以柔为治书侍御史，赐爵关内侯，转加治书执法[1]。民间数有诽谤妖言，帝疾之，有妖言辄杀，而赏告者。柔上疏曰：“今妖言者必戮，告之者辄赏。既使过误无反善之路，又将开凶狡之群相诬罔之渐，诚非所以息奸省讼，缉熙[2]治道也。昔周公作诰，称

文帝即位后，任命高柔为治书侍御史，赐爵关内侯，又将他转官，加授治书执法。民间常有以不实的言辞非议朝廷、妖言惑众，文帝深恨这种情况，下令有散播妖言的人就杀掉，奖赏告发的人。高柔上疏说：“如今妖言惑众的人必定处死，告发的人就奖赏。这既使有过错的人没有改正返回善道的途径，又将助长凶残狡诈的人相互诬陷欺骗的趋势，实在不是用来消除奸伪、减少诉讼的光明的治国之道。过去周公发布诰书，称颂

殷之祖宗，咸不顾小人之怨[3]。在汉太宗，亦除妖言诽谤之令[4]。臣愚以为宜除妖谤赏告之法，以隆天父养物之仁。”帝不即从，而相诬告者滋甚。帝乃下诏：“敢以诽谤相告者，以所告者罪罪之。”于是遂绝。校事[5]刘慈等，自黄初初数年之间，举吏民奸罪以万数，柔皆请惩虚实。其余小小挂法者，不过罚金。四年，迁为廷尉。

殷代的祖宗，完全不顾小人的怨言。在汉代，太宗也废除了制裁妖言诽谤的法令。我认为应废除制裁妖言诽谤和奖赏告发者的法令，以推崇上天养育万物的仁德。”文帝没有马上听从，而相互诬告的人越来越多。文帝于是下诏书说：“有敢以诽谤罪告发别人的，以其告发别人的罪名给他治罪。”于是，诬告的现象就消除了。校事刘慈等人，在黄初初年的几年中，检举了官吏民众中奸恶有罪的人数以万计，高柔都请求将他们分清虚实再进行惩罚。其余犯法较轻的人，惩罚不过是罚钱。黄初四年(223)，高柔升为廷尉。

今注 1 治书执法：三国魏设置的御史台属官，与治书侍御史同列，负责奏劾官吏。 2 缉熙：光明貌。《诗·周颂·敬之》：“学有缉熙于光明。”郑玄笺：“且欲学于有光明之光明者，谓贤中之贤也。” 3 周公作诰，称殷之祖宗，咸不顾小人之怨：周公作诰《多士》，其中称颂从汤到帝乙的商代帝王，认为是他们的后代失德失政，导致了商朝毁灭。周公将殷的遗民迁徙至洛邑，完全不在意他们怨恨诽谤自己。 4 在汉太宗，亦除妖言诽谤之令：指汉文帝二年(前178)废除了妖言诽谤之法的事情，详情记载在《史记·孝文本纪》。 5 校事：东汉建安中曹操设置，以身边地位较低的亲信充任。负责监察百官及吏民，直接隶属于曹操。三国魏沿置，又称抚军校事或抚军都尉，仍负责监察，遇事直接向皇帝汇报，权势很重。

魏初，三公无事，又希与朝政。柔上疏曰："天地以四时成功，元首以辅弼兴治。成汤仗阿衡[1]之佐，文、武凭旦、望之力。逮至汉初，萧、曹[2]之俦并以元勋代作心膂。此皆明王圣主任臣于上，贤相良辅股肱于下也。今公辅之臣，皆国之栋梁，民所具瞻，而置之三事，不使知政，遂各偃息养高，鲜有进纳，诚非朝廷崇用大臣之义，大臣献可替否之谓也。古者刑政有疑，辄议于槐棘[3]之下。自今之后，朝有疑议及刑狱大事，宜数以咨访三公。三公朝朔望之日[4]，又可特延入，讲论得失，博尽事情，庶有裨起天听，弘益大化。"帝嘉纳焉。

魏国初建时，三公没有什么事务，又很少参与朝政。高柔上疏说："天地因为有四季而完成生化万物的事业，国家元首依靠辅弼大臣来治理天下。成汤倚仗伊尹的辅佐，周文王、周武王依靠周公、姜子牙的力量。到了汉初，萧何、曹参等人一起以开国功臣的身份相继成为高祖、惠帝信赖的重臣。这都是明王圣主在上任用贤臣，贤良的宰相和辅弼大臣在下辅佐效劳的事例。如今三公等辅政大臣都是国家的栋梁，为民众所敬仰，而如今设置三公，不让他们执掌国政，他们只得各自安闲地休息颐养天年，很少有进言献策的，这实在不是朝廷崇奉任用大臣的本意，也不是大臣进谏劝善规过的表现。古时候国家刑法、政令有疑难问题，官员们就聚集在三槐九棘之下商议。从今以后，朝廷中有什么疑难问题以及刑罚大事，应该经常询问三公。在每月的初一、十五三公朝见之日，还可以特地请他们入宫，让他们议论国家政事的得失，广泛地了解情况，也许能够有益于陛下对政事的听取，补益天下的教化。"文帝赞许并采纳了他的建议。

今注 1 阿衡：商代官名，是古代辅弼帝王、教导王室子弟之官。一说伊尹曾任此职，此处指伊尹。 2 萧、曹：指萧何和曹参，两人都是汉初宰相，贤能大臣。 3 槐棘(huái jí)：周代朝廷种三槐九棘，三公九卿分坐其下。这里指朝廷议政的地方。 4 朔望之日：朔日和望日，即农历每月初一和十五。

帝以宿嫌，欲枉法诛治书执法鲍勋，而柔固执不从诏命。帝怒甚，遂召柔诣台，遣使者承指至廷尉考竟勋，勋死，乃遣柔还寺。

明帝即位，封柔延寿亭侯。时博士执经，柔上疏曰："臣闻遵道重学，圣人洪训；褒文崇儒，帝者明义。昔汉末陵迟，礼乐崩坏，雄战虎争，以战阵为务，遂使儒林之群，幽隐而不显。太祖初兴，愍其如此，在于拨乱之际，并使郡县立教学之官。高祖即位，遂阐其业，兴复辟雍，州立课试。于是天下之士，复闻庠序之教，亲俎豆

文帝因为过去的嫌隙，想曲解法律处死治书执法鲍勋，而高柔坚持己见，不服从文帝的诏命。文帝非常恼怒，就召高柔到尚书台，派遣使者秉承皇帝的旨意到廷尉府拷打鲍勋，鲍勋死后，才派高柔返回自己的官署。

魏明帝即位后，封高柔为延寿亭侯。此时博士负责儒家经典的讲授，高柔上疏说："我听说遵循先王之道、重视学术，是圣人宏大的教诲；褒扬文化、崇奉儒学，是帝王的圣明大义。汉末政治衰乱，礼乐典章被破坏，群雄交战，像老虎一样争斗，注重战阵军旅之事，致使天下儒生学士被埋没，得不到重视。太祖刚创业时，怜悯他们的处境，在治理乱世的同时，让各郡县一起设立教学之官。高祖刚即位，就进一步发展这一事业，恢复兴建学校，每州都设有考试制度。于是天下学士，又能接受学校的教育，亲自践行祭祀的各种礼仪。陛下执掌国政，发挥

之礼焉。陛下临政，允迪睿哲，敷弘大猷，光济先轨，虽夏启之承基，周成之继业[1]，诚无以加也。然今博士皆经明行修，一国清选，而使迁除限不过长，惧非所以崇显儒术，帅励怠惰也。孔子称：'举善而教，不能则劝。'故楚礼申公[2]，学士锐精；汉隆卓茂[3]，搢绅竞慕。臣以为博士者，道之渊薮，六艺所宗，宜随学行优劣，待以不次之位。敦崇道教，以劝学者，于化为弘。"帝纳之。

聪明才智，传布弘扬治国大道，将前代的制度发扬光大，即使是夏启、周成王那样继承了前人事业的，也实在不能比您做得更好了。然而现在博士都通晓经术、品行端正，是从全国精选出来的人才，而他们升迁担任官职又限定不超过县长一级，恐怕这不是用来尊崇显扬儒术，鞭策激励懈怠懒惰者的方法。孔子说：'提拔优秀的来教人，没有才能的就加以勉励。'所以楚国礼遇申公，而文人学士锐意进取；汉代尊重卓茂，士大夫竞相仰慕。我认为所谓博士，是道义的集大成者，是六艺的宗师，应该依照他们学业和品行的优劣，不拘常规来安排官职。这样才能尊崇伦理道德的教化，来勉励学者，使国家教化弘扬光大。"魏明帝采纳了他的建议。

今注 1 夏启之承基，周成之继业：指夏朝的第二代统治者启和周朝的第二代君主成王，他们都顺利地继承了前代的事业。 2 楚礼申公：申公指申培，西汉初期重要经学家，今文诗学"鲁诗学"的开创者，他曾经在楚国任中大夫，受到礼遇，教育出众多有才能的弟子。 3 汉隆卓茂：卓茂，字子康，他曾前往长安求学，师从博士江生学习《诗经》《礼记》和历算，晚年受到汉光武帝礼遇，被任命为太傅，死后汉光武帝着丧服为他送葬。

后大兴殿舍，百姓劳役，广采众女，充盈后宫，后宫皇子连夭，继嗣未育。柔上疏曰："二虏狡猾，潜自讲肄，谋动干戈，未图束手。宜畜养将士，缮治甲兵，以逸待之。而顷兴造殿舍，上下劳扰；若使吴、蜀知人虚实，通谋并势，复俱送死，甚不易也。昔汉文惜十家之资，不营小台之娱[1]；去病虑匈奴之害，不遑治第之事[2]。况今所损者非惟百金之费，所忧者非徒北狄之患乎？可粗成见所营立，以充朝宴之仪。乞罢作者，使得就农。二方平定，复可徐兴。昔轩辕以二十五子[3]，传祚弥远；周室以姬国四十[4]，历年滋多。陛下聪达，穷理尽性，而顷皇子连多夭逝，熊罴之祥[5]又未感应。群下之心，莫不悒戚。《周

后来明帝大建宫殿，百姓劳役繁重，又大选女子，充实后宫，而后宫的皇子连连夭折，明帝一直没有继承人。高柔上疏说："吴、蜀这两个敌人奸诈狡猾，暗中练兵习武，谋划挑动战事，还没有停止抵抗的意思。我们应招集培养将士，修缮整治兵器铠甲，以安逸的态势准备应敌。而近来修造宫殿，上下劳苦烦扰，如果让吴、蜀了解了虚实，合谋联军，再次一同来拼死，就很不容易对付了。过去汉文帝爱惜足够十家人生活的资财，不营造小小的台榭供自己娱乐；霍去病忧虑匈奴的祸害，来不及考虑修建府第的事情。何况如今所花费的不只是百两黄金的费用，所忧患的也并不只是北狄这样的祸害呢？可以粗略完成现在正营建的宫殿，用作举办朝会和宴会的场所。请求遣返修造者，让他们得以务农。等吴、蜀平定了，可以再逐渐修缮。过去黄帝轩辕因为有二十五个儿子，帝位才能传承久远；周王室因为有四十个姬姓诸侯国，所以周朝传承了很长的时间。陛下聪慧贤达，深究事物的义理，穷尽人的本性，而近来皇子接连夭折，又没有出现生育皇子的祥兆。群臣的心情无不抑郁悲

礼》，天子后妃以下百二十人，嫔嫱之仪，既以盛矣。窃闻后庭之数，或复过之，圣嗣不昌，殆能由此。臣愚以为可妙简淑媛，以备内宫之数，其余尽遣还家。且以育精养神，专静为宝。如此，则螽斯之征[6]，可庶而致矣。”帝报曰：“知卿忠允，乃心王室，辄克昌言，他复以闻。”

伤。按照《周礼》上所说，天子后宫有后妃以下一百二十人，嫔嫱的数目已经很多了。我私下听说如今后宫妃嫔的数目，或许还超过这个数，皇上后嗣不昌盛，恐怕是因为这个原因。臣认为可以从优选择贤淑有德的女子，来填补妃嫔的员额，把其余的人全部遣送回家。而且陛下要培育精力，养护精神，以专一安静为宝。这样的话，子孙众多的征兆，差不多就会来临。”魏明帝答复说：“我知道你忠诚公允，内心牵挂着王室，常常能够直言无隐，有其他意见再上奏给我。”

今注　1 汉文惜十家之资，不营小台之娱：西汉文帝要兴建高台，但因为建筑要花费百金，相当于十户中等人家的财产而停止。　2 去病虑匈奴之害，不遑治第之事：指西汉武帝时期霍去病拒绝汉武帝为他修建府第的事情，见于《史记 · 卫将军骠骑列传》：“天子为治第，令骠骑视之，对曰：‘匈奴未灭，无以家为也。’”　3 昔轩辕以二十五子：传说中轩辕黄帝有二十五个儿子，获得姓氏的有十四人。现代有学者认为，这反映了轩辕氏部族衍生出二十五个支族的历史。　4 周室以姬国四十：周初分封诸侯国，周王的兄弟被封十五国，与周同为姬姓的亲戚被封四十国。　5 熊罴之祥：要生男孩的吉兆。见于《诗 · 小雅 · 斯干》：“大人占之，维熊维罴，男子之祥。”　6 螽(zhōng)斯之征：螽斯，一种产卵甚多的昆虫名。《诗 · 周南》有《螽斯》篇，诗中以螽斯比喻子孙众多，后多用为多子之典实。这里指子孙众多的好兆头。

时猎法甚峻。宜阳典农刘龟窃于禁内射兔，其功曹张京诣校事言之。帝匿京名，收龟付狱。柔表请告者名，帝大怒曰："刘龟当死，乃敢猎吾禁地！送龟廷尉，廷尉便当考掠，何复请告者主名，吾岂妄收龟邪？"柔曰："廷尉，天下之平也，安得以至尊喜怒而毁法乎？"重复为奏，辞指深切。帝意寤，乃下京名。即还讯，各当其罪。

时制，吏遭大丧者，百日后皆给役。有司徒吏解弘遭父丧，后有军事，受敕当行，以疾病为辞。诏怒曰："汝非曾、闵[1]，何言毁邪？"促收考竟。柔见弘信甚羸劣[2]，奏陈其事，宜加宽贷。帝乃诏曰："孝哉弘也，其原之。"

当时狩猎的法令非常严厉。宜阳县典农刘龟私下在禁苑中射兔，他手下的功曹张京到校事那里告发。魏明帝隐匿了张京的名字，把刘龟抓来关在狱中。高柔上表请求魏明帝说出告发者的名字，明帝大怒说："刘龟应该处死，他竟敢在我的禁苑内狩猎！将刘龟送到廷尉处，廷尉就应该拷问他，为什么还要打听告发者的名字，难道我是胡乱抓他的吗？"高柔说："廷尉，是天下最讲求公平的官吏，怎么能够以皇帝的喜怒来破坏法律呢？"他再上奏表，言辞深刻恳切。明帝心中醒悟，就将张京的名字告诉了高柔。高柔回去审讯，使刘龟、张京两人各承担自己的罪责。

当时法令规定，官吏遇上大丧的，一百天后都要开始工作。有个司徒吏叫解弘，父亲去世，后来有军队事务，受命应该前往，他却以生病为由推辞不去。明帝下诏书愤怒地说："你又不是曾参和闵子骞，为何辩称因过度哀痛而身体有病呢？"催促有关官员赶紧抓获解弘拷问。高柔见解弘确实身体非常虚弱，就上奏表陈述这件事，认为应该宽恕解弘。明帝于是下诏说："解弘真是孝子啊，宽恕他的罪过吧。"

今注 1 曾、闵:指曾参和闵子骞,两人都是孔子弟子,都以孝行著称。事迹见《史记·仲尼弟子列传》。 2 羸劣:瘦弱,虚弱。

初,公孙渊兄晃,为叔父恭任内侍。先渊未反,数陈其变。及渊谋逆,帝不忍市斩,欲就狱杀之。柔上疏,曰:"《书》称:'用罪伐厥死,用德彰厥善'[1],此王制之明典也。晃及妻子叛逆之类,诚应枭县,勿使遗育。而臣窃闻晃先数自归,陈渊祸萌,虽为凶族,原心可恕。夫仲尼亮司马牛之忧,祁奚明叔向之过,在昔之美义也。臣以为晃信有言,宜贷其死;苟自无言,便当市斩。今进不赦其命,退不彰其罪,闭著囹圄,使自引分,四方观国,或疑此举也。"帝不听,竟遣使赍金屑[2]饮晃及

早些时候,公孙渊的哥哥公孙晃替叔父公孙恭到宫内做内侍。起初公孙渊还没反叛,公孙晃几次向魏明帝陈述了他想反叛的情况。等到公孙渊叛乱时,魏明帝不忍心在街市斩杀公孙晃,想把他在狱中杀死。高柔上疏说:"《尚书》中说:'用刑罚惩处那些犯了死罪的人,用奖赏表彰那些有善举的人。'这是王朝制度明白公正的法则。公孙晃及其妻儿都是叛逆者的亲族,实在是应该斩首示众,不要留下他们的族人繁衍。而我听说公孙晃先前几次主动表示归附,陈述公孙渊准备叛逆的情况,虽然是叛逆者的同族,但推究本心来说是可以宽恕的。孔子体谅司马牛的忧愁,祁奚辨明叔向的过失,在过去是良好高尚的义节。我认为公孙晃如确实陈述过公孙渊的情况,就应该赦免他的死罪;如没有陈述过,就应该在街市当众斩首。现在进不发布赦免他的命令,退又不公布他的罪行,关押在监狱中,让他自杀,各地观察国政的人,也许会对这种举动产生疑惑。"明帝没有采纳,最终派人送给公孙晃

其妻子,赐以棺、衣,殡敛于宅[1]。

以及妻儿金屑酒,让他们饮下,又赐给棺木、衣服,在公孙晃自己家中入殓殡葬。

今注 1 用罪伐厥死,用德彰厥善:出自《尚书·盘庚上》,意思是说用刑罚惩处那些犯了死罪的人,用奖赏表彰那些有善举的人。 2 金屑:即“金屑酒”,古代帝王用以赐死之酒。

裴注 [1] 孙盛曰:“闻五帝无诰誓之文,三王无盟祝之事。然则盟誓之文,始自三季;质任之作,起于周微。夫贞夫之一,则天地可动;机心内萌,则鸥鸟不下。况信不足焉而祈物之必附,猜生于我而望彼之必怀,何异挟冰求温、抱炭希凉者哉?且夫要功之伦、陵肆之类,莫不背情任计、昧利忘亲。纵怀慈孝之爱,或虑倾身之祸。是以周、郑交恶,汉高请羹,隗嚣捐子,马超背父,其为酷忍如此之极也,安在其因质委诚、取任永固哉?世主若能远览先王闲邪之至道,近鉴狡肆徇利之凶心,胜之以解网之仁,致之以来苏之惠,耀之以雷霆之威,润之以时雨之施,则不恭可敛衽于一朝,炰哮可屈膝于象魏矣。何必拘厥亲以来其情、逼所爱以制其命乎?苟不能然,而仗夫计术,笼之以权数,检之以一切,虽览一室而庶征于四海,法生鄙局,冀或半之暂益,自不得不有不忍之刑,以遂孥戮之罚,亦犹渎盟由乎一人,而云‘俾坠其师,无克遗育’之言耳。岂得复引四罪不及之典、司马牛获宥之义乎?假令任者皆不保其父兄,辄有二三之言,曲哀其意而悉活之,则长人子危亲自存之悖。子弟虽质,必无刑戮之忧,父兄虽逆,终无剿绝之虑。柔不究明此术非盛王之道,宜开张远义,蠲此近制,而陈法内之刑以申一人之命,可谓心存小善,非王者之体。古者杀人之中,又有仁焉。刑之于狱,未为失也。”臣松之以为:辨章事理,贵得当时之宜,无为虚唱大言,而终归无用。浮诞之论不切于实,犹若画魑魅之象,而踬于犬马之形也。质任之兴,非仿近世,况三方鼎峙,辽东偏远,羁其亲属以防未然,不为非矣。柔谓晃有先言之善,宜蒙原心之宥。而盛责柔不能开张远理，斸此近制。不达此言，竟为何谓？若云猜防为非，质任宜废，是谓应大明先王之道，不预任者生死也。晃之为任，历年已久，岂得于杀活之际，方论至理之本？是何异丛棘既繁，事须判决，空论刑措之美，无闻当不之实哉？其为迂阔，亦已甚矣。汉高事穷理迫，权以济亲，而总之"酷忍"之科，既已大有所诬。且自古以来，未有子弟妄告父兄以图全身者，"自存之悖"，未之或闻。晃以兄告弟，而其事果验。谓晃应杀，将以遏防。若言之亦死，不言亦死，岂不杜归善之心，失正刑之中哉？若赵括之母以先请获免，钟会之兄以密言全子，古今此比，盖为不少。晃之前言，事同斯例，而独遇否闭，良可哀哉！

是时，杀禁地鹿者身死，财产没官，有能觉告者厚加赏赐。柔上疏曰："圣王之御世，莫不以广农为务，俭用为资。夫农广则谷积，用俭则财畜，畜财积谷而有忧患之虞者，未之有也。古者，一夫不耕，或为之饥；一妇不织，或为之寒。中间已来，百姓供给众役，亲田者既减，加顷复有猎禁，群鹿犯暴，残食生苗，处处为害，所伤不赀。民虽障防，力不能御。至如荥阳左右，周数百里，岁略

当时，猎杀禁地中鹿的人都要被处死，财产没收入官，有能够发觉并且告发的人，给予丰厚的赏赐。高柔上疏说："圣明的帝王治理国家，无不以发展农业为首要事务，以节俭用度为积累资财的手段。农业发展了，则粮食增加，用度节俭则资财蓄存，蓄存资财、囤积粮食而依然有忧虑祸患，这是从没有的事情。在古代，一个农夫不耕作，就有人因此受饿；一个妇女不织布，就有人因此而受冻。最近以来，百姓服众多劳役，种田的人已经减少，加上近来又有了狩猎的禁令，群鹿作恶，祸害食用秧苗，到处毁坏，损失无法计算。百姓虽然设障防备，但力量不足以抵挡。至于像荥阳附近地区，周围几百里，全年几乎颗粒

不收，元元之命，实可矜伤。方今天下生财者甚少，而麋鹿之损者甚多。卒有兵戎之役，凶年之灾，将无以待之。惟陛下览先圣之所念，愍[1]稼穑之艰难，宽放民间，使得捕鹿，遂除其禁，则众庶久济，莫不悦豫[2]矣[1]。”

无收，百姓的命运，实在令人哀怜感伤。如今天下生产物质财富的人很少，而因麋鹿受损害的又很多。若突然发生战争，或遇上凶年灾祸，将没有办法来应对。只求陛下察览前代圣明君主所想，怜惜百姓耕种劳作的艰难，放宽对民间百姓的管束，让他们得以捕捉麋鹿，解除禁令，那么百姓们就会得到长久的帮助，无人不欢欣鼓舞。”

今注 1 愍：哀怜。 2 悦豫：喜悦，愉快。

裴注 [1]《魏名臣奏》载柔上疏曰：“臣深思陛下所以不早取此鹿者，诚欲使极蕃息，然后大取，以为军国之用。然臣窃以为今鹿但有日耗，终无从得多也。何以知之？今禁地广轮且千余里，臣下计无虑其中有虎大小六百头，狼有五百头，狐万头。使大虎一头三日食一鹿，一虎一岁百二十鹿，是为六百头虎一岁食七万二千头鹿也。使十狼日共食一鹿，是为五百头狼一岁共食万八千头鹿。鹿子始生，未能善走，使十狐一日共食一子，比至健走，一月之间，是为万狐一月共食鹿子三万头也。大凡一岁所食十二万头。其雕鹗所害，臣置不计。以此推之，终无从得多，不如早取之为便也。”

顷之，护军营士窦礼近出不还。营以为亡，表言逐捕，没其妻盈及男女为官奴婢。盈连至州府，

不久，护军营士窦礼出营后没有回来。军营里以为他逃走了，上表说要追捕他，收没他的妻子盈和儿女为官家奴婢。盈接连到州府，自称冤枉，为自己

称冤自讼，莫有省者。乃辞诣廷尉。柔问曰："汝何以知夫不亡？"盈垂泣对曰："夫少单特，养一老妪为母，事甚恭谨，又哀儿女，抚视不离，非是轻狡不顾室家者也。"柔重问曰："汝夫不与人有怨仇乎？"对曰："夫良善，与人无仇。"又曰："汝夫不与人交钱财乎？"对曰："尝出钱与同营士焦子文，求不得。"时子文适坐小事系狱，柔乃见子文，问所坐。言次，曰："汝颇曾举人钱不？"子文曰："自以单贫，初[1]不敢举人钱物也。"柔察子文色动，遂曰："汝昔举窦礼钱，何言不邪？"子文怪知事露，应对不次。柔曰："汝已杀礼，便宜早服。"子文于是叩头，具首杀礼本末，埋藏处所。柔便遣吏卒承子文辞往掘礼，即

申诉，却没有人过问此事。于是她又申诉到廷尉处。高柔问道："你怎知道你丈夫没有逃走？"盈流泪回答说："我丈夫年少时就孤独没有亲人，奉养一个老太太当作母亲，侍奉她很恭谨，又怜爱儿女，抚养照顾从不远离，他不是轻薄狡诈不顾家室的人。"高柔又问道："你丈夫莫非与别人有怨仇？"回答说："我丈夫很善良，与别人没有怨仇。"又问道："你丈夫与别人在钱财上没有来往吗？"回答说："他曾经借钱给同营军士焦子文，催他偿还而不得。"这时焦子文正好因为一件小事被关押在监狱中，高柔于是去见焦子文，问他所犯的罪行。焦子文回答完后，高柔又问道："你是不是曾经向人借钱了？"焦子文说："我自知贫困，从不敢向人借钱物。"高柔看到焦子文脸色有变，就说："你过去就借过窦礼的钱，怎么能说没有？"焦子文惊异于事情败露，应对语无伦次。高柔说："你已经杀了窦礼，应该趁早坦白认罪。"焦子文于是叩头，招供了杀害窦礼的经过，以及埋藏尸体的地方。高柔便派遣官吏和衙役，按照焦子文所说的地点前往挖掘窦礼，果然找到了他的尸体。明

得其尸。诏书复盈母子为平民，班下天下，以礼为戒。

帝下诏书恢复盈母子为平民，并向全国发布告，要求官员审察时要以窦礼的事情为戒。

今注 1 初：全；始终。

在官二十三年，转为太常，旬日[1]迁司空，后徙司徒。太傅司马宣王奏免曹爽，皇太后诏召柔假节行大将军事，据爽营。太傅谓柔曰："君为周勃[2]矣。"爽诛，进封万岁乡侯。高贵乡公即位，进封安国侯，转为太尉。常道乡公即位，增邑，并前四千，前后封二子亭侯。

景元四年，年九十薨，谥曰元侯。孙浑嗣。咸熙中，开建五等，以柔等著勋前朝，改封浑昌陆子[1]。

高柔担任廷尉一职长达二十三年，后来转任为太常，十天后又升为司空，后来又改任司徒。太傅司马懿上奏请求罢免曹爽的职务，皇太后诏令征召高柔并授予节杖，暂代大将军职务，进据曹爽的军营。司马懿对高柔说："你成周勃了。"曹爽被杀后，高柔晋封为万岁乡侯。高贵乡公曹髦即位后，晋封为安国侯，转任太尉。常道乡公曹奂即位后，增加高柔的食邑，加上以前的共有四千户，先后封他的两个儿子为亭侯。

景元四年(263)，高柔九十岁时去世，谥元侯。孙子高浑继承爵位。咸熙年间，开始设立五等爵位，因为高柔等人在前朝有卓著功绩，改封高浑为昌陆县子。

今注 1 旬日：十天，亦指较短的时日。 2 周勃：西汉开国将领。周勃在刘邦、吕后死后与陈平一起掌握了军权并发动政变，诛杀外戚诸吕，拥立汉文帝，使汉朝刘氏政权得以延续。

裴注 [1]《晋诸公赞》曰:“柔长子儁,大将军掾;次诞,历三州刺史、太仆。诞放率不伦,而决烈过人。次光,字宣茂,少习家业,明练法理。晋武帝世,为黄沙御史,与中丞同,迁守廷尉,后即真。兄诞与光异操,谓光小节,常轻侮之,而光事诞愈谨。终于尚书令。追赠司空。”

孙礼

孙礼,字德达,涿郡容城[1]人也。太祖平幽州,召为司空军谋掾。初丧乱时,礼与母相失,同郡马台求得礼母,礼推家财尽以与台。台后坐法当死,礼私导令逾狱自首,既而曰:“臣无逃亡之义。”径诣刺奸主簿[2]温恢。恢嘉之,具白太祖,各减死一等。

孙礼,字德达,涿郡容城县人。太祖平定幽州后,征召孙礼为司空军谋掾。早些时候,社会动乱,孙礼与母亲走散,同郡人马台找到了孙礼的母亲,孙礼便把家财全部给了马台。马台后来犯法应处死刑,孙礼私下指引马台,让他越狱后再去自首,马台照办后,孙礼说:“我没有逃跑的打算。”然后直接来到刺奸主簿温恢处投案陈说罪行。温恢赞许他们的行为,将这些情况如实向太祖汇报,于是各给他们减死罪一等。

今注 1 容城:古县名。在今河北容城县北。　2 刺奸主簿:东汉末曹操设置的丞相府僚属,掌管司法。

后除河间郡丞,稍迁荥阳都尉。鲁山中贼数百人,保固险阻,为民作害,乃徙礼为鲁相。礼

后来孙礼担任河间郡丞,不久升为荥阳都尉。鲁山中有几百名贼寇,固守险要地势,作乱侵害百姓,于是调孙礼为鲁国相。到任后,孙礼拿出自己的薪

至官，出俸谷，发吏民，募首级，招纳降附，使还为间，应时平泰[1]。历山阳、平原、平昌、琅邪太守。从大司马曹休征吴于夹石，礼谏以为不可深入，不从而败。迁阳平[2]太守，入为尚书。	俸和粮食，动员官吏和百姓，悬赏贼寇人头，招收接纳归降的人，再让他们回去作为间谍刺探情报，鲁国不久就恢复了太平。孙礼历任山阳、平原、平昌、琅邪太守。跟从大司马曹休在夹石征讨东吴时，孙礼劝谏曹休，认为不可深入敌境，曹休没有采纳他的建议而遭到失败。孙礼转任阳平太守，入朝任尚书。

今注 1 平泰：和平安宁。 2 阳平：郡名。黄初二年(221)，以魏郡东部为阳平郡，治所在馆陶（今河北邯郸馆陶县）。

明帝方修宫室，而节气不和，天下少谷。礼固争罢役，诏曰："敬纳谠言，促遣民作。"时李惠监作，复奏留一月，有所成讫。礼径至作所，不复重奏，称诏罢民，帝奇其意而不责也。	魏明帝开始修建宫殿时，节气反常，全国粮食歉收。孙礼力争停止了修建宫殿的劳役，明帝下诏书说："采纳正直的进言，尽快遣返百姓去从事农业生产。"当时李惠监督宫殿的修建，又上奏要求将百姓多留一个月，使部分工程完毕。孙礼直接来到修建的地方，不再上奏表请示，声称明帝已下诏书遣散了服劳役的百姓，明帝认为孙礼的用意不同寻常，便没有责怪他。
帝猎于大石山，虎趋乘舆，礼便投鞭下马，欲奋剑斫虎，诏令礼上马。明帝临崩之时，以曹爽为大将军，宜得良佐，于床下受遗诏，拜礼	明帝在大石山狩猎，有一只虎直奔他所乘坐的车驾，孙礼就扔掉鞭子下马，想挥剑砍老虎，明帝下令让他上马。明帝临死之时，任命曹爽为大将军，又认为他应该有优秀的辅佐人才，曹爽就在明帝病床

大将军长史，加散骑常侍。礼亮直[1]不挠，爽弗便也，以为扬州刺史，加伏波将军，赐爵关内侯。吴大将全琮帅数万众来侵寇，时州兵休使，在者无几。礼躬勒卫兵御之，战于芍陂，自旦及暮，将士死伤过半。礼犯蹈白刃，马被数创，手秉枹鼓[2]，奋不顾身，贼众乃退。诏书慰劳，赐绢七百匹。礼为死事者设祀哭临，哀号发心，皆以绢付亡者家，无以入身。

下接受遗命，任命孙礼为大将军长史，加授散骑常侍。孙礼磊落正直无所屈服，曹爽觉得行事不便，就让孙礼任扬州刺史，加授伏波将军，赐关内侯爵位。东吴大将全琮率领几万军队前来入侵，此时州里的士兵或者休假，或者外出，留在州内的没多少。孙礼亲自率领卫兵抵御，在芍陂与全琮交战，从日出战到日落，将士死伤过半。孙礼在兵刃丛中冲锋陷阵，战马多处受伤，他依然手执战鼓，奋勇不顾性命，敌军这才退兵。皇帝下诏书慰劳，赏赐绢七百匹。孙礼为死于这场战事的将士们举行祭祀，痛哭致哀，悲情发自内心，把赏赐的绢全部送到战亡者家里，自己没有带走任何赏赐。

今注 1 亮直：磊落正直。 2 枹(fú)鼓：指战鼓。

征拜少府，出为荆州刺史，迁冀州牧。太傅司马宣王谓礼曰："今清河、平原争界八年，更二刺史，靡能决之。虞、芮待文王而了[1]，宜善令分明。"礼曰："讼者据

孙礼被征召任命为少府，出任荆州刺史，转任冀州牧。太傅司马懿对孙礼说："如今清河、平原二郡争夺边界已经八年，更换了两任刺史，都没能解决。就像殷末虞国和芮国争夺地界的事情是由周文王来决断一样，你应该妥善地分清两郡的地界。"孙礼说："诉讼者以荒废的

墟墓为验，听者以先老为正，而老者不可加以榎楚[2]，又墟墓或迁就高敞，或徙避仇雠。如今所闻，虽皋陶犹将为难。若欲使必也无讼，当以烈祖初封平原时[3]图决之。何必推古问故，以益辞讼？昔成王以桐叶戏叔虞，周公便以封之[4]。今图藏在天府，便可于坐上断也，岂待到州乎？”宣王曰：“是也，当别下图。”礼到，案图宜属平原。而曹爽信清河言，下书云：“图不可用，当参异同。”

坟墓为凭证，听讼者以先辈长老所说为准，而又不能对先辈长老加以拷打，冢墓也有的为了靠近高敞之地而迁移，有的为了避开仇敌而迁走。如今所听到的这些事情，即使是皋陶也会很为难。如果想要让争端了结而人无怨言，应当依据烈祖曹叡当初被封为平原王时的地图来决断。又何必要推论古代询问过去而增加纷争呢？过去周成王用桐叶与叔虞开玩笑，周公就把唐地封给了叔虞。如今地图藏在天子府库中，可以在这里就决断，难道还要等到了州郡才解决吗？”司马懿说：“是啊，应当另外送去地图。”孙礼到了冀州，根据地图判定争执的土地应该属平原郡。而曹爽相信清河郡的说辞，便下文书说：“地图不能用，应当参考不同的意见。”

今注　1 虞、芮待文王而了：周初，虞、芮两国有人因为争夺土地兴讼，不能决断，于是去请西伯断定。两人刚到周境，见周人相互谦让，尊敬长者，感到惭愧，于是和解返回。这个典故表示有德者能够平息人们的纷争。　2 榎(jiǎ)楚：同“槚楚”。用槚木、荆条制成的刑具，用以笞打。　3 烈祖初封平原时：烈祖指魏明帝曹叡，他曾在魏文帝黄初三年(222)被封为平原王。　4 昔成王以桐叶戏叔虞，周公便以封之：周成王拿着桐叶和自己的弟弟叔虞玩耍，戏称要给他封地，周公就将叔虞封在唐地，表示天子重诺。叔虞成为晋国的始祖。

礼上疏曰："管仲霸者之佐，其器又小，犹能夺伯氏骈邑，使没齿无怨言。[1]臣受牧伯之任，奉圣朝明图，验地著之界，界实以王翁河为限；而鄃[2]以马丹候为验，诈以鸣犊河[3]为界。假虚讼诉，疑误台阁。窃闻众口铄金[4]，浮石沉木[5]，三人成市虎，慈母投其杼[6]。今二郡争界八年，一朝决之者，缘有解书图画，可得寻案擿校也。平原在两河向东上，其间有爵堤[7]，爵堤在高唐[8]西南，所争地在高唐西北，相去二十余里，可谓长叹息流涕者也。案解与图奏而鄃不受诏，此臣软弱不胜其任，臣亦何颜尸禄素餐？"辄束带着履，驾车待放。爽见礼奏，大怒，劾礼怨望，结刑五岁。在家期

孙礼上疏说："管仲不过是霸主的辅佐重臣，他的度量又小，却还能够夺取伯偃的骈邑封地，使他到死都没有怨言。我被天子任命为州牧长官，按照朝廷明确的地图，来验别二郡土地的分界，郡界确实以王翁河为界限；而鄃县却以马丹候为凭据，谎称以鸣犊河为界限。用虚假作伪来争执上告，使尚书台产生疑惑，判断失误。我听说众人的言论能够使金属熔化，石头漂浮而木头沉入水中；是非颠倒，三人的传言就可以让人相信集市上有老虎；流言所至，慈母也会不信任她贤能的儿子，扔掉织布的梭逃走。如今平原、清河两郡争界八年，之所以一天就能得到解决，是因为有记载着规定的文书和地图，可以用来查考核对。平原在两河之间，沿河东上溯，其间有爵堤，爵堤在高唐西南，而二郡所争之地却在高唐西北，两地相距二十多里，可谓令人长叹，为之流泪了。根据文书与地图情况的判决而上奏表，而鄃县却拒不接受诏令，这是我软弱无能不称职，我还有什么脸面尸位素餐？"于是立即束好腰带穿上鞋子，驾车等待解职离任。曹爽看了孙礼上的奏表，大怒，弹劾孙礼对上司心怀不满，判处五年徒刑。孙礼在家

年,众人多以为言,除城门校尉。

一年,众人为他多次进言,于是又被任命为城门校尉。

今注 1“管仲”句:管仲是春秋时期齐国大臣,辅佐齐桓公成为诸侯霸主。孔子却说:“管仲之器小哉。”可见孔子认为他器量不大。管仲曾剥夺不善管理、任用小人的伯偃三百户骈地封邑,这一合理举措使伯氏心悦诚服,即使生活贫困也不曾对此有怨言。 2 鄃(shū):鄃县,在今山东平原县西南。 3 鸣犊河:古河道。南出今山东高唐县南,北至河北景县南入屯氏河。 4 众口铄金:意思是说众人的言论力量之大,连金属都能熔化。 5 浮石沉木:出自西汉陆贾的《新语·辨惑》,意思是人的言论可以颠倒是非黑白。 6 慈母投其杼:相传曾参的母亲听到很多人说她儿子杀了人,于是害怕得扔了织布梭翻墙逃走。 7 爵堤:在今山东省高唐县西。 8 高唐:高唐县,在今山东禹城西南。

时匈奴王刘靖部众强盛,而鲜卑[1]数寇边,乃以礼为并州刺史,加振武将军,使持节,护匈奴中郎将。往见太傅司马宣王,有忿色而无言。宣王曰:“卿得并州,少邪?恚理分界失分乎?今当远别,何不欢也!”礼曰:“何明公言之乖细也!礼虽不德,岂以官位往事为意邪?本谓明公齐踪伊、

当时匈奴王刘靖部众强大兴盛,而鲜卑族多次侵犯边境,于是任命孙礼为并州刺史,加授振武将军,让他持有符节,行使护匈奴中郎将的职权。孙礼去见太傅司马懿,有愤怒的神色而不说话。司马懿说:“你得到了并州,觉得少吗?是为之前按理划分郡界而受到不公正的处分感到愤怒吗?如今将要远别,为什么不高兴啊!”孙礼说:“您所言是多么荒谬啊!我虽然没有德行,难道会在意官位和往事吗?本来我认为您能向伊尹、姜太公看齐,匡正辅助魏

吕，匡辅魏室，上报明帝之托，下建万世之勋。今社稷将危，天下凶凶，此礼之所以不悦也。”因涕泣横流。宣王曰：“且止，忍不可忍。”爽诛后，入为司隶校尉，凡临七郡五州，皆有威信。迁司空，封大利亭侯，邑一百户。礼与卢毓同郡时辈，而情好不睦，为人虽互有长短，然名位略齐云。嘉平二年薨，谥曰景侯。孙元嗣。

室，向上回报明帝的重托，在下建立万世景仰的功绩。如今国家将要遇到危难，天下动荡不安，这才是我不高兴的原因啊。”然后痛哭流涕。司马懿说：“暂且止住，忍下难以忍受的事。”曹爽被杀后，孙礼入朝任司隶校尉，他总共在七郡五州当过行政长官，所到之处都有威信。升任司空，封大利亭侯，食邑一百户。孙礼与卢毓是同郡同辈，而关系却不和，他们为人虽然各有短长，但名声和官位大体上相同。嘉平二年(250)孙礼去世，谥号为景侯。孙子孙元继承爵位。

今注　1 鲜卑：古族名，东胡的一支。秦汉时，游牧于今西拉木伦河与洮儿河之间。北匈奴西迁后，进入匈奴故地，并其余众，势力渐盛。汉桓帝时，首领檀石槐建庭立制，组成军事行政联合体。分为东、中、西三部，各置大人率领。檀石槐死后，联合体瓦解，由步度根、轲比能等首领各领部众，附属汉魏。

王观

王观，字伟台，东郡廪丘[1]人也。少孤贫励志，太祖召为丞相文学掾，出为高唐、阳泉、酂、任令，

王观，字伟台，东郡廪丘县人。年少时丧父，生活贫困，但能砥砺志节。太祖征召他为丞相文学掾，出任高唐、阳泉、酂、任诸县县令，所到之处都有治绩。文

所在称治。文帝践阼，入为尚书郎、廷尉监，出为南阳、涿郡太守。涿北接鲜卑，数有寇盗，观令边民十家已上屯居，筑京候。时或有不愿者，观乃假遣朝吏，使归助子弟，不与期会，但敕事讫各还。于是吏民相率不督自劝，旬日之中，一时俱成。守御有备，寇钞以息。

明帝即位，下诏书使郡县条为剧、中、平者。主者欲言郡为中、平，观教曰："此郡滨近外虏，数有寇害，云何不为剧邪？"主者曰："若郡为外剧，恐于明府有任子[2]。"观曰："夫君者，所以为民也。今郡在外剧，则丁役条当有降差。岂可为太守之私而负一郡之民乎？"遂言为外剧郡，后送任子诣邺，时观但有一子而又幼弱。其公心如

帝即位后，入朝任尚书郎、廷尉监，出任南阳、涿郡太守。涿郡北面与鲜卑相接，多次有入侵抢掠的事情，王观命令边境居民十家以上聚居一处，在高丘修建哨所。当时有的人不愿意，王观便给郡府的官员放假，派遣他们回家帮助自己的子弟，不约定返回官府的期限，只命令要把交代的事情做完了再各自回来。于是属吏和百姓相互协助，不用监督而自相勉励，十天之内就都完成了。防御有了准备，侵犯掠夺的事也就不再发生。

明帝即位后，下诏书将各郡县按事务的多少分成剧、中、平三等。主事者想把涿郡列为中或平，王观教诲地说："涿郡靠近外族敌人，经常遭其侵犯祸害，为什么不列为剧呢？"主事者说："如果把涿郡列为边境的剧郡，恐怕太守要派质子。"王观说："主政者应该以百姓为重。如果现在我郡列为边境的剧郡，那么在服役方面标准就要有所降低。怎么能为了我个人的利益而亏负一郡的百姓呢？"于是上奏将涿郡列为外剧郡，后来王观送自己的儿子到邺城去当人质，当时王观只有一个儿子，还年幼体弱。他的内心就是这样公正无私。王观修身自

此。观治身清素，帅下以俭，僚属承风，莫不自励。

好，清静素朴，以俭约为下属做表率，下属官员学习他的作风，无不勉励自己。

今注　1 廪丘：古县名，治今山东郓城西北。　2 任子：指质任，魏晋南北朝时期，出征将领、地方长官、少数民族首领向君主或长官提供人质，由任子馆、保宫等机构看管，有的委以官职。纳质者若军败降敌或反叛，质任要受惩罚或被斩首。

明帝幸许昌，召观为治书侍御史，典行台狱。时多有仓卒喜怒，而观不阿意顺指。太尉司马宣王请观为从事中郎，迁为尚书，出为河南尹，徙少府。大将军曹爽使材官张达斫家屋材，及诸私用之物，观闻知，皆录夺以没官。少府统三尚方[1]御府内藏玩弄之宝，爽等奢放，多有干求，惮观守法，乃徙为太仆。司马宣王诛爽，使观行中领军，据爽弟羲营，赐爵关内侯，复为尚书，加驸马都尉。

明帝到许昌，征召王观为治书侍御史，主管行台狱。当时明帝多有突然之下凭个人喜怒做出的决定，而王观从不逢迎顺从明帝的旨意。太尉司马懿奏请王观为从事中郎，升为尚书，又出任河南尹，转任少府。大将军曹爽让材官张达砍伐建造房屋的木材，并制作各种私用的器物，王观听说后，全部记录并将财物没收充公。少府统管三尚方御府内所藏的供皇室赏玩的珍宝，曹爽等人奢侈放纵，多次求取，但又忌惮王观固守法规，于是调任王观为太仆。司马懿杀了曹爽，派王观行使中领军的职权，占据曹爽弟弟曹羲的军营，赐给他关内侯的爵位，重新任命他为尚书，加授驸马都尉。

高贵乡公即位，封中乡亭侯。顷之，加光禄

高贵乡公曹髦即位后，封王观为中乡亭侯。不久，加授光禄大夫，转任为大夫，转为右仆射。常道乡公即位，进封阳乡侯，增邑千户，并前二千五百户。迁司空，固辞，不许，遣使即第拜授。就官数日，上送印绶，辄自舆归里舍。薨于家，遗令藏足容棺，不设明器，不封不树。谥曰肃侯。子悝嗣。咸熙中，开建五等，以观著勋前朝，改封悝胶东子。

右仆射。常道乡公曹奂即位后，晋封他为阳乡侯，增加食邑一千户，加上以前所封的合计二千五百户。升任司空，王观坚决推辞，未获允许，朝廷便派使者到他家去授予官职。他上任几天后，上交官印绶带，就自己坐车回到住宅。后来在家里去世，遗嘱只要有一口棺材就行了，不设随葬器物，坟墓上不封土不植树。王观被谥为肃侯。儿子王悝继承爵位。咸熙年间，设立五等爵位，因为王观在前朝功勋卓著，改封王悝为胶东县子爵。

今注 1 三尚方：指隶属少府，负责制造贵重手工艺品、精美宫廷器用、御用兵器的尚方中、左、右三署。

评曰：韩暨处以静居行化，出以任职流称；崔林简朴知能；高柔明于法理；孙礼刚断伉厉[1]；王观清劲贞白。咸克致公辅。及暨年过八十，起家就列；柔保官二十年，元老终位。比之徐邈[2]、常林[3]，于兹为疚矣。

评论说：韩暨在家中时宁静而以德行感化众人，出来做官则以胜任职守而受到称赞；崔林简朴，有见识和能力；高柔明白法律和义理；孙礼刚强果断而又刚直严厉；王观高洁刚直，忠贞清白。他们都能够做到三公大臣。韩暨年过八十，还出任司徒；高柔任职二十年，以朝廷元老的身份终于任上。与徐邈、常林比较起来，在留恋官位方面他俩应当感到惭愧。

今注　1 伉厉:刚直、严厉。　2 徐邈:字景山,燕国蓟(今北京城西南隅)人。曹操时,历任丞相军谋掾、尚书郎、陇西太守。曹丕称帝后,任谯国相、安平太守等。每任一官,皆政绩卓著。晚年被授司空时,徐邈因自己年老多病,坚决推辞三公之位。　3 常林:字伯槐,河内温县(今河南温县西南)人。东汉末任南和县县长,有政绩。魏明帝时曾官光禄勋、太常、光禄大夫。晚年时也曾称病推辞公辅之位。

卷二十五　魏书二十五

辛毗杨阜高唐隆传

导读　辛毗在汉末时曾和哥哥辛评一起投靠袁绍,参与反对董卓的战事。袁绍病死后二子相争,辛毗受命出使曹操为袁谭求救,凭借对袁尚、袁谭二兄弟势力的战略分析而争得曹操出兵,辛毗也因此受曹氏重视而纳归曹营。魏文帝曹丕受禅后,打算迁徙十万户民众充实河南,辛毗急谏不可,甚至在朝会上牵扯文帝衣襟,逼迫甚切,文帝最终只得迁徙一半人口。后来文帝准备大兴军兵讨平孙吴,辛毗则从历史经验的角度,以时机和战备不成熟为由劝谏文帝,并建议实行与民休息的内政而非武力,则可让孙吴归附。魏明帝曹叡继位后,大兴土木。辛毗性格正直刚强,对此屡屡劝谏,但他也因为不爱依附权贵而受执政者排挤,不得重用。后司马懿领军与蜀军对峙,屡屡请战,赖辛毗为军师持节不许而止。回师后,辛毗卒于京城,谥肃侯。

杨阜在担任州从事小官的时候,就已经认识到,宽而不果的袁绍,难以战胜多智能决的曹操,于是辞官回家。后来马超在渭南败逃,杨阜出使曹操时劝他撤军时要谨慎防备,结果大军因回退仓促而遭到马超反击。冀州城被围,杨阜誓言死守,城降后又借表兄的军马回击马超。马超利用杨阜母亲的性命来胁迫杨阜投降,结果杨母被杀,杨阜率宗族兄弟与马超激战,马超兵败南奔。战后论功行赏,杨阜以城破主死的理由拒封。杨阜为人正直敢言,即便是自己的长官曹氏宗亲曹洪也对他敬重忌惮。文帝时期,朝廷本因其才干要擢升他为公辅,但因文帝突然去世而最终不得重任。明帝继位后,爱好华服,大兴宫室,杨阜常以尧舜、两汉故事进行劝谕。曹真征蜀不利,任职少府的杨阜更是以文、武伐商的灾异图谶来劝谏明帝去奢行简，终使大军撤回。杨阜去世后，明帝常常感叹和怀念他的忠心直谏。

高堂隆是西汉著名礼学家高堂伯的后人，年少时便能知礼行义，后来受征召任曹操丞相府属官和曹徽文学从事。曹操去世时，曹徽不仅不悲伤且还照常游戏田猎，高堂隆以礼义直谏，因而受人赞赏。魏明帝继位后大兴殿舍，高堂隆认为周景王、单穆公等人不听臣下劝谏，崇尚奢靡，劳民力费财物，大伤德政，致使周衰。而殿阁火难，更是上位不俭、上天降灾警示的表现，君主应该慎重其事，务从节约。明帝对他的谏言多有采纳。后来国家多事，高堂隆从经学与历史的角度，建议更改正朔、变换服色，依三代旧例修建明堂、郊庙，演习射、养老之礼，以应正朝廷正统，明帝对此照准施行。在明帝时期，针对君主大兴土木等崇尚奢靡的风气和纷乱的灾祸异象，高堂隆多次从利、弊两个角度，以历史的兴衰为例，正言直谏，甚至直到临死前都还在口述上书劝谕。

辛毗

原文

辛毗，字佐治，颍川阳翟人也。其先建武[1]中，自陇西东迁。毗随兄评从袁绍。太祖为司空，辟毗，毗不得应命。及袁尚攻兄谭于平原，谭使毗诣太祖求和[1]。太祖将征荆州，次于西平[2]。毗见太祖致谭意，太祖大悦。后数日，更

译文

辛毗，字佐治，颍川郡阳翟县人。他的祖先在建武年间，从陇西向东迁居。辛毗随哥哥辛评跟从袁绍。太祖任司空时，征辟辛毗，辛毗推辞不接受。等到袁尚在平原攻打哥哥袁谭，袁谭派遣辛毗拜访太祖求和。太祖正准备率军征讨荆州，驻扎在西平。辛毗见到太祖后转达了袁谭的想法，太祖十分高兴。过了几天，太祖又想要先平定荆州，

欲先平荆州，使谭、尚自相弊。他日置酒，毗望太祖色，知有变，以语郭嘉。嘉白太祖，太祖谓毗曰："谭可信？尚必可克不？"

让袁谭、袁尚自相损耗。一天在酒宴上，辛毗观察太祖的脸色，知道事情发生了变化，并把这事告诉了郭嘉。郭嘉报告给太祖，太祖对辛毗说："袁谭可以相信吗？袁尚必定会被击败吗？"

今注 1 建武：东汉光武帝年号，起讫时间为公元25年至公元56年。 2 西平：县名，在今河南西平县。

裴注 [1]《英雄记》曰："谭、尚战于外门，谭军败，奔北。郭图说谭曰：'今将军国小兵少，粮匮势弱，显甫之来，久则不敌。愚以为可呼曹公来击显甫。曹公至，必先攻邺，显甫还救。将军引兵而西，自邺以北皆可虏得。若显甫军破，其兵奔亡，又可敛取以拒曹公。曹公远侨而来，粮饷不继，必自逃去。比此之际，赵国以北皆我之有，亦足与曹公为对矣。不然，不谐。'谭始不纳，后遂从之。问图：'谁可使？'图答：'辛佐治可。'谭遂遣毗诣太祖。"

毗对曰："明公无问信与诈也，直当论其势耳。袁氏本兄弟相伐，非谓他人能间其间，乃谓天下可定于己也。今一旦求救于明公，此可知也。显甫[1]见显思[2]困而不能取，此力竭也。兵革败于外，谋臣诛于

辛毗回答说："明公您不要问能否信任或是否有欺诈，只应该直接讨论当下形势。袁尚兄弟自相残杀，并不认为其他人能在当中进行离间，而是认为天下可以由自己平定。现在突然向您求救，就可以知道形势不妙了。袁尚眼见袁谭被围困但不能攻取，说明他的力量用尽了。外面的军事失败，内部谋臣被杀，兄弟间相互争斗，势力被一分为二；年年发

内，兄弟谗阋[3]，国分为二；连年战伐，而介胄[4]生虮虱，加以旱蝗，饥馑并臻，国无囷仓[5]，行无裹粮，天灾应于上，人事困于下，民无愚智，皆知土崩瓦解，此乃天亡尚之时也。兵法称有石城汤池[6]带甲百万而无粟者，不能守也。今往攻邺，尚不还救，即不能自守。还救，即谭踵其后。以明公之威，应困穷之敌，击疲弊之寇，无异迅风之振秋叶矣。天以袁尚与明公，明公不取而伐荆州。荆州丰乐，国未有衅。《仲虺》有言：'取乱侮亡[7]。'方今二袁不务远略而内相图，可谓乱矣；居者无食，行者无粮，可谓亡矣。朝不谋夕，民命靡继，而不绥[8]之，欲待他年；他年或登，又自知亡而改修厥

生战争，而将士的铠甲和头盔里都生满了虮虱，加上旱灾、蝗灾，饥饿和灾害一并到来，境内没有储存粮食的仓库，人们外出也没有干粮充饥，上天显现灾异，地上人事窘迫，百姓不论聪明还是愚笨，都知道袁氏势力将要土崩瓦解，这是上天要灭亡袁尚的时候啊。兵书上说即使有石筑的城墙、护城河环绕，以及百万穿着甲胄的战士，如果没有粮食，城池依然是守不住的。现在去攻打邺城，袁尚不返回救援，邺城就不能守住。而一旦返回援救，袁谭就会跟随反击。凭借您的威望，面对处在困窘中的敌人，攻击疲惫中的敌寇，就像急风摇落秋天的树叶一样。上天将袁尚交予您，您不接受反而去征伐荆州。荆州地区富裕安宁，没有内乱。《尚书·仲虺之诰》篇中有一句话说：'攻取动乱的，欺侮将亡的。'现在二袁不考虑长远的事务反而内部互相算计，可以说是混乱的了；定居的人没有食物，外出的人没有干粮，可以说是要灭亡了。早上不考虑晚上的事，百姓的性命不能保住，却不安抚他们，想着等到将来；将来或许会丰收，他们又知道自己即将会灭亡，因此改正错误、施行德政，我们就失

德，失所以用兵之要矣。今因其请救而抚之，利莫大焉。且四方之寇，莫大于河北；河北平，则六军盛而天下震。”

去用兵的机会了。现在趁着袁谭求救的机会来安抚他，获得的利益将是极大的。况且四方的敌寇，没有比河北袁氏更强大的；河北被平定，那军队的威势就会更加强盛，天下也会震动。”

今注 1 显甫：袁尚的字。 2 显思：袁谭的字。 3 谗阋(xì)：攻讦争吵。 4 介胄：铠甲和头盔。 5 囷(qūn)仓：贮存粮食的仓库。囷，古代一种圆形谷仓。 6 汤池：比喻难以逾越的护城河。 7 取乱侮亡：意为攻伐乱国，欺侮要灭亡的国家。 8 绥：安抚。

太祖曰：“善。”乃许谭平[1]，次于黎阳[2]。明年攻邺，克之，表毗为议郎。

久之，太祖遣都护[3]曹洪平下辩[4]，使毗与曹休参之，令曰：“昔高祖贪财好色，而良、平匡其过失。今佐治、文烈[5]忧不轻矣。”军还，为丞相长史。

太祖说：“讲得好。”于是答应和袁谭议和，驻军在黎阳。第二年攻打邺城，把城池攻下，太祖上表推荐辛毗担任议郎。

过了很久之后，太祖派遣都护曹洪平定下辩，让辛毗和曹休为参军，并下令说：“过去汉高祖贪财好色，有张良、陈平匡正他的过失。现在该佐治、文烈忧虑的事可不轻松啊。”军队回来后，辛毗任丞相长史。

今注 1 平：议和。 2 黎阳：古县名，在今河南浚县东。 3 都护：统率诸将之官。 4 下辩：古县名，在今甘肃成县西北，东汉时为武都郡治。 5 文烈：曹休的字。

文帝践阼，迁侍中，赐爵关内侯。时议改正朔。毗以魏氏遵舜、禹之统，应天顺民；至于汤、武，以战伐定天下，乃改正朔。孔子曰“行夏之时[1]”，《左氏传》曰“夏数为得天正[2]”，何必期于相反？帝善而从之。

帝欲徙冀州士家十万户实河南[3]。时连蝗民饥，群司以为不可，而帝意甚盛。毗与朝臣俱求见，帝知其欲谏，作色以见之，皆莫敢言。毗曰：“陛下欲徙士家，其计安出？”帝曰：“卿谓我徙之非邪？”毗曰：“诚以为非也。”帝曰：“吾不与卿共议也。”毗曰：“陛下不以臣不肖，置之左右，厕之谋议之官，安得不与臣议邪！臣所言非私也，乃社稷之虑也，安得怒臣！”帝不答，起入内；毗随而

文帝即位之后，辛毗升任侍中，赐关内侯爵位。当时朝议更改历法制度。辛毗认为魏国应该遵循虞舜、夏禹的道统，顺应天意和民心；至于商汤、周武王，是以征战平定天下，因此才改定历法。孔子说“实行夏朝的历法制度”，《左传》中说“夏朝的历法和天象匹配”，何必期望施行与它相反的历法呢？文帝觉得他说得对并听从了他的建议。

文帝打算迁徙冀州十万户世代当兵的家庭充实河南郡。当时连年蝗灾，百姓受饥，百官都认为这事行不通，但文帝的心意很坚决。辛毗和朝中大臣们都想求见，文帝知道他们要进行劝谏，于是满脸愤怒地接见了他们，大臣见到后都不敢说话。辛毗说：“陛下想迁徙士家，怎么会想到这个计划呢？”文帝说：“你认为我的迁徙计划不对吗？”辛毗：“臣确实认为不对。”文帝说：“我不和你一起商议这件事。”辛毗说：“陛下不认为我无能，把我安排在身边，列身在出谋划策的官员的位置，怎么能不和我商议呢！臣说的话不是私事，是为国家忧虑的事，陛下怎么能对臣发怒！”文帝不回答，起身回到后宫，辛毗跟上去并扯着文帝的衣

引其裾，帝遂奋衣不还，良久乃出，曰："佐治，卿持[4]我何太急邪？"毗曰："今徙，既失民心，又无以食也。"帝遂徙其半。尝从帝射雉，帝曰："射雉乐哉！"毗曰："于陛下甚乐，而于群下甚苦。"帝默然，后遂为之稀出。

襟，文帝用力挣脱后进去不回来，过了很久才出来，说："佐治，你为什么把我逼得这么急迫呢？"辛毗说："现在进行迁徙，既失去了民心，又没有粮食供给他们。"文帝因此只迁徙一半的人口。辛毗曾经跟随文帝射野鸡，文帝说："射野鸡真开心啊！"辛毗说："对陛下来说是很高兴，但对底下的臣民却十分辛苦。"文帝听了沉默不语，后来就很少出来射猎了。

今注 1 行夏之时：语出《论语·卫灵公》，意为实行夏朝历法。 2 夏数为得天正：语出《左传·昭公十七年》，意为夏朝制定的历法和天地的自然秩序相符合。 3 河南：郡名，治雒阳（今河南洛阳东北），时属司隶校尉部。 4 持：拿着、握住，引申为坚持，这里指逼迫。

上军大将军曹真征朱然于江陵，毗行军师。还，封广平亭侯。帝欲大兴军征吴，毗谏曰："吴、楚之民，险而难御，道隆后服，道洿[1]先叛，自古患之，非徒今也。今陛下祚有海内，夫不宾者，其能久乎？昔尉佗称帝[2]，子阳僭号[3]，历年未几，或臣或诛，何

上军大将军曹真去江陵征讨朱然，辛毗随军任军师。回来之后，封广平亭侯。文帝想大兴军旅征讨吴国，辛毗劝谏说："吴、楚地区的民众，凶险而很难控制，国家兴隆的时候最后才臣服，国家政治衰落就最先反叛，自古以来都让国家感到忧虑，不只是现在才这样。现在陛下享有天下，那些不臣服的人，还能长久吗？过去赵佗自称皇帝，公孙述也冒称天子名号，没过几年，或臣服或被杀，这是为什么？因为叛逆的道路不能长久，

则？违逆之道不久全，而大德无所不服也。方今天下新定，土广民稀。夫庙算而后出军，犹临事而惧，况今庙算有阙而欲用之，臣诚未见其利也。先帝屡起锐师，临江而旋。今六军不增于故，而复循之，此未易也。今日之计，莫若修范蠡之养民，法管仲之寄政，则充国[4]之屯田，明仲尼之怀远。十年之中，强壮未老，童龀[5]胜战，兆民知义，将士思奋，然后用之，则役不再举矣。”帝曰：“如卿意，更当以虏遗子孙邪？”毗对曰：“昔周文王以纣遗武王，唯知时也。苟时未可，容得已乎！”帝竟伐吴，至江而还。

而拥有美好德行的人们无不来归顺。现在天下刚刚平定，地广人稀。就算在朝堂上计划好之后才出兵，面临战事还会感到惧怕，何况现在朝堂上的计划还不充分就想要动用军队，臣实在没有看到有利的地方。先帝多次动用精锐部队，都是抵达长江边就撤回。现在军队数量没有比之前增加，但又照着之前的方法行动，这是不容易成功的。现在的计策，不如学习范蠡让百姓休养生息的方法，师法管仲养兵在农事当中的做法，仿照赵充国设置屯田的制度，彰明孔子用怀柔手段让远方归附的政策。这样坚持十年，强壮的年轻人还没有老去，小孩成长起来能战斗，百姓都懂得道义，将军士兵想着参战报国，那时候再用兵，那么一战即可成功了。”文帝说：“按你的话说，还要把敌人留给后世子孙吗？”辛毗回答说：“过去周文王把商纣留给武王，只因为知道要等待时机。假如时机不允许，那他能成功吗！”文帝最终还是发兵征伐吴国，果然到江边就撤回了。

今注　1 洿(wū)：同“污”。此处指衰败。　2 尉佗称帝：尉佗，即赵佗，秦时曾任南海都尉，秦亡后自立为南越王，曾受汉朝廷招抚，吕后时期背汉称南越武帝，且发兵攻打长沙郡。文帝时，尉佗又向汉廷谢罪称臣。 3 子阳僭号：子阳，即公孙述，字子阳。汉末新莽时期，公孙述占据益州称帝，国号"成家"。汉光武帝多次招降公孙述被拒，因此派吴汉等进攻成都，公孙述战伤而死。僭号，即僭越本分，冒称帝号。 4 充国：即汉代大将赵充国，曾击破匈奴有功，又屯田西北，与西部羌族作战。 5 童龀(chèn)：儿童。

明帝即位，进封颍乡侯，邑三百户。时中书监刘放[1]、令孙资见信于主，制断时政，大臣莫不交好，而毗不与往来。毗子敞谏曰："今刘、孙用事，众皆影附，大人宜小降意，和光同尘，不然必有谤言。"毗正色曰："主上虽未称聪明，不为暗劣。吾之立身，自有本末。就与刘、孙不平，不过令吾不作三公而已，何危害之有？焉有大丈夫欲为公而毁其高节者邪？"冗从仆射[2]毕轨表言："尚书仆射王思精勤旧吏，忠亮计略不如辛毗，毗宜代思。"帝以访放、资，放、资对曰："陛下用思者，

明帝即位，晋封辛毗为颍乡侯，食邑三百户。当时中书监刘放、中书令孙资受明帝信任，把持专断朝政，大臣没有不巴结交好的，但辛毗却不和他们往来。辛毗的儿子辛敞劝谏说："现在刘放、孙资掌握朝政，众人都依附他们，父亲您应该稍稍委屈一下自己，要和大家保持一致，否则一定会受到诽谤。"辛毗脸色严肃地说："陛下虽然称不上明察秋毫，但也不是昏庸愚劣的人。我处世立身，自有素来奉行的原则。就算和刘放、孙资不和，最多不过是让我不能做三公罢了，还能有什么危害呢？哪有大丈夫因为想当三公却损毁高尚节操的？"冗从仆射毕轨上表说："尚书仆射王思是专心勤勉的老臣，但在忠诚坚贞和计谋上不如辛毗，辛毗适合代替王思。"明帝询问刘放、孙资意见，刘放、孙资回答说："陛下任用王思，是想让他

诚欲取其效力,不贵虚名也。毗实亮直,然性刚而专,圣虑所当深察也。”遂不用。出为卫尉。

发挥实干才能,不看重虚妄的名声。辛毗确实诚信正直,但性格刚烈倔强,陛下应该慎重地考虑啊。”明帝于是不任用辛毗。辛毗出任卫尉。

今注 1 刘放:字子弃,三国曹魏重臣,历任参司空军事、秘书郎、中书监加给事中等职。魏明帝继位后,刘放权势盛极一时。三国曹魏文帝分秘书置中书,以秘书左、右丞刘放、孙资分任中书监、令,命其共掌收纳章奏、草拟及发布政令之务。 2 冗从仆射:属光禄勋,负责宫禁侍卫。东汉时多以宦者任职,曹魏时多授予士人。

帝方修殿舍,百姓劳役,毗上疏曰:“窃闻诸葛亮讲武治兵,而孙权市马辽东,量其意指,似欲相左右。备豫不虞,古之善政,而今者宫室大兴,加连年谷麦不收。《诗》云:‘民亦劳止,迄可小康。惠此中国,以绥四方。’[1]唯陛下为社稷计。”帝报曰:“二虏未灭而治宫室,直谏者立名之时也。夫王者之都,当及民劳兼办,使后世无所复增,是萧何为汉规摹[2]之略也。

明帝当时正在建造宫殿,老百姓因此遭受劳役之苦,辛毗上疏说:“臣私下听说诸葛亮在讲论军事、整顿兵马,而孙权到辽东买马,揣测他们的意图,似乎是想从左右夹击我们。预防不测的事,是古代的善政,但现在大规模地建造宫殿,加上粮食连年歉收。《诗经》上说:‘百姓已经疲劳不堪,应当让他们稍稍安闲。善待国都的百姓,才可以进而安定天下。’希望陛下为国家考虑。”明帝回应说:“吴、蜀两个敌人还没被消灭而建造宫殿,正是谏言之人立名的时候。帝王都城的建造,应该在百姓劳苦的时候同时进行,让后世不用再重复增建,这就是萧何为汉朝建造皇宫的谋

今卿为魏重臣，亦宜解其大归[3]。"帝又欲平北芒[4]，令于其上作台观，则见孟津。毗谏曰："天地之性，高高下下，今而反之，既非其理，加以损费人功，民不堪役。且若九河盈溢，洪水为害，而丘陵皆夷，将何以御之？"帝乃止[1]。

略。现在你是魏国的重臣，也应该理解我这么做的主要意思。"明帝又想削平北邙山，命令在这上面建造楼台，那样就能直接观看到孟津。辛毗劝谏说："天地的本性，是高的高，低的低，现在却要违反它，不仅不符合天地常理，而且加上损耗人力，百姓承受不住这样的劳役。况且如果九河之水充满溢出，洪水成灾，而丘陵都被削平，那将用什么来阻挡呢？"明帝这才停止了工程。

今注　1 "《诗》云"句：语出《诗经·大雅·民劳》，当时周厉王大加百姓赋役，召穆公因作此诗劝谏。　2 规摹：制度、程式，这里作动词用，即为汉朝拟定制度。　3 大归：大旨。　4 北芒：即北邙山，为邙山东段，在今河南洛阳北，东汉及北魏之王侯公卿多葬于此。

裴注　[1]《魏略》曰："诸葛亮围祁山，不克，引退。张郃追之，为流矢所中，死。帝惜郃，临朝而叹曰：'蜀未平而郃死，将若之何！'司空陈群曰：'郃诚良将，国所依也。'毗心以为郃虽可惜，然已死，不当内弱主意，而示外以不大也。乃持群曰：'陈公，是何言欤！当建安之末，天下不可一日无武皇帝也，及委国祚，而文皇帝受命。黄初之世，亦谓不可无文皇帝也，及委弃天下，而陛下龙兴。今国内所少，岂张郃乎？'陈群曰：'亦诚如辛毗言。'帝笑曰：'陈公可谓善变矣。'"臣松之以为：拟人必于其伦，取譬宜引其类，故君子于其言，无所苟而已矣。毗欲弘广主意，当举若张辽之畴，安有于一将之死而可以祖宗为譬哉？非所宜言，莫过于兹。进违其类，退似谄佞，佐治刚正之体，不宜有此。《魏略》既已难信，习氏又从而载之，窃谓斯人受诬不少。

青龙二年，诸葛亮率众出渭南1。先是，大将军司马宣王数请与亮战，明帝终不听。是岁恐不能禁，乃以毗为大将军军师，使持节。六军皆肃，准毗节度，莫敢犯违[1]。亮卒，复还为卫尉。薨，谥曰肃侯。子敞嗣，咸熙2中为河内太守[2]。

青龙二年(234)，诸葛亮率军出击渭水以南。一开始，大将军司马懿几次要求和诸葛亮战斗，明帝始终不允许。这年担心阻止不了，于是命辛毗为大将军军师，授予其节杖。全军军纪严肃，听从辛毗的指挥，没有人敢违背。诸葛亮死后，辛毗又回朝担任卫尉。辛毗去世后，谥号肃侯。儿子辛敞继承爵位，咸熙年间任河内太守。

今注　1 渭南：指渭水以南地区，在今陕西南部。　2 咸熙：魏元帝年号，起讫时间为公元264年至公元265年。

裴注　[1]《魏略》曰："宣王数数欲进攻，毗禁不听。宣王虽能行意，而每屈于毗。"　[2]《世语》曰："敞字泰雍，官至卫尉。毗女宪英，适太常泰山羊耽，外孙夏侯湛为其传曰：'宪英聪明有才鉴。初，文帝与陈思王争为太子，既而文帝得立，抱毗颈而喜曰："辛君知我喜不？"毗以告宪英，宪英叹曰："太子代君主宗庙社稷者也。代君不可以不戚，主国不可以不惧，宜戚而喜，何以能久？魏其不昌乎！"弟敞，为大将军曹爽参军。司马宣王将诛爽，因爽出，闭城门。大将军司马鲁芝将爽府兵，犯门斩关，出城门赴爽，来呼敞俱去。敞惧，问宪英曰："天子在外，太傅闭城门，人云将不利国家，于事可得尔乎？"宪英曰："天下有不可知，然以吾度之，太傅殆不得不尔！明皇帝临崩，把太傅臂，以后事付之，此言犹在朝士之耳。且曹爽与太傅俱受寄托之任，而独专权势，行以骄奢，于王室不忠，于人道不直，此举不过以诛曹爽耳。"敞曰："然则事就乎？"宪英曰："得无殆就！爽之才，非太傅之偶也。"敞曰："然则敞可以无出乎？"宪英曰："安可以不出？职守，人之大义也。凡人在难，犹或恤之；为人执鞭而弃其事，不祥，不可也。且为人死，为人任，亲昵之职也，从众而已。”敞遂出。宣王果诛爽。事定之后，敞叹曰：“吾不谋于姊，几不获于义。”逮钟会为镇西将军，宪英谓从子羊祜曰：“钟士季何故西出？”祜曰：“将为灭蜀也。”宪英曰：“会在事纵恣，非持久处下之道，吾畏其有他志也。”祜曰：“季母勿多言。”其后会请子琇为参军，宪英忧曰：“他日见钟会之出，吾为国忧之矣。今日难至吾家，此国之大事，必不得止也。”琇固请司马文王，文王不听。宪英语琇曰：“行矣，戒之！古之君子，入则致孝于亲，出则致节于国，在职思其所司，在义思其所立，不遗父母忧患而已。军旅之间，可以济者，其惟仁恕乎！汝其慎之！”琇竟以全身。宪英年至七十有九，泰始五年卒。’”

杨阜

杨阜，字义山，天水 1 冀人也[1]。以州从事为牧韦端使诣许，拜安定 2 长史。阜还，关右诸将问袁、曹胜败孰在，阜曰：“袁公宽而不断，好谋而少决；不断则无威，少决则失后事，今虽强，终不能成大业。曹公有雄才远略，决机无疑，法一而兵精，能用度外之人，所任各尽其力，必能济大事者也。”长史非其好，遂

杨阜，字义山，天水郡冀县人。起初以州从事的身份被州牧韦端作为使者派遣到许，被任命为安定长史。杨阜回来后，关右的众将领问袁绍和曹操之间胜败在哪一边，杨阜说：“袁绍宽厚但不够果断，喜欢谋划但缺少决断；不果断就没有威势，下不了决断就会耽误大事，现在虽然比较强势，但终究不能成就大业。曹操有出众的才能、有远见，决断无疑虑，军法严明而兵将勇猛，能破格用人，任用的人都能竭尽自己的才力，一定能成就大事。”长史的职位不是杨阜喜欢的，所以辞官而去。而韦端被

去官。而端征为太仆，其子康代为刺史，辟阜为别驾。察孝廉，辟丞相府，州表留参军事。

征辟为太仆，他的儿子韦康代替他任刺史，征辟杨阜为别驾。后来杨阜被举荐为孝廉，被丞相府征辟，州里上书奏请留他任参军。

今注　1 天水：郡名，西汉元鼎三年(前114)置。东汉改为汉阳郡，治冀县(今甘肃天水甘谷县东)。三国魏仍改为天水郡。　2 安定：郡名，汉、魏时属凉州，治临泾县(今甘肃镇原县东南)。

裴注　[1]《魏略》曰："阜少与同郡尹奉次曾、赵昂伟章俱发名，伟章、次曾与阜俱为凉州从事。"

马超之战败渭南也，走保诸戎。太祖追至安定，而苏伯反河间，将引军东还。阜时奉使，言于太祖曰："超有信、布之勇，甚得羌、胡心，西州畏之。若大军还，不严为之备，陇上[1]诸郡非国家之有也。"太祖善之，而军还仓卒，为备不周。超率诸戎渠帅[2]以击陇上郡县，陇上郡县皆应之，惟冀城奉州郡[3]以固守。超尽兼陇右之众，而张鲁又遣大将杨昂以助

马超在渭南战败，逃往戎族地区据守。太祖率兵追击到安定，而苏伯在河间造反，太祖于是领军东返。杨阜当时受命出使，对太祖说："马超有韩信、季布那样的勇猛，十分受羌、胡的拥戴，西州之人都很怕他。如果您大军返回后，不对其严加防备，那陇上的各郡就不属于国家了。"太祖觉得他说得对，可是军队回撤很仓促，防备得不周备。马超率领各戎族头领攻打陇上各郡县，陇上各郡县都响应他，只有冀城拥护州郡而坚守。马超完全兼并了陇右军众，张鲁又派遣大将杨昂来援助他，一共有一万多人，前来攻打冀

之，凡万余人，攻城。阜率国士大夫及宗族子弟胜兵者千余人，使从弟岳于城上作偃月营[4]，与超接战，自正月至八月拒守而救兵不至。州遣别驾阎温循水潜出求救，为超所杀，于是刺史、太守失色，始有降超之计。阜流涕谏曰："阜等率父兄子弟以义相励，有死无二；田单之守[5]，不固于此也。弃垂成之功，陷不义之名，阜以死守之。"遂号哭。刺史、太守卒遣人请和，开城门迎超。超入，拘岳于冀，使杨昂杀刺史、太守。

城。杨阜率领城中官员以及能战斗的宗族子弟一千多人，派堂弟杨岳在城上布置半月形的营垒，和马超交战，自正月坚守至八月而没有援兵到来。州里派遣别驾阎温潜水出城求救，但被马超杀死，刺史、太守因此被吓得脸变了色，于是开始有了向马超投降的打算。杨阜流泪劝谏说："我等率领父子兄弟守城而以道义相互激励，只有战死没有二心，就算田单对即墨城的坚守，也没有比我们更牢固了。你们为何要放弃马上就要成就的功勋，落下不忠不义的罪名，我杨阜要死守冀城。"说完大哭。刺史、太守最后还是派人求和，打开城门迎接马超。马超进城后，把杨岳拘禁在冀城，派遣杨昂杀了刺史、太守。

今注　1 陇上：地域名，一般以陇关之西称陇上。据胡三省注文，陇上诸郡指陇西、南安、汉阳等郡。　2 渠帅：对武装反叛的首领或部落酋长的称谓。　3 奉州郡：三国曹魏时，冀县为州郡双治所在，故称"奉州郡"。　4 偃月营：一种半月形的阵营。　5 田单之守：战国时，燕将乐毅率军攻打齐国，攻下七十余城。齐将田单坚守即墨，以火牛阵大破燕军，收复七十余城，被拜为相国，封安平君。

阜内有报超之志，而未得其便。顷之，阜以丧妻求葬假。阜外兄[1]姜叙屯历城[2]，阜少长叙家，见叙母及叙，说前在冀中时事，歔欷悲甚。叙曰："何为乃尔？"阜曰："守城不能完，君亡不能死，亦何面目以视息[3]于天下！马超背父叛君，虐杀州将，岂独阜之忧责，一州士大夫皆蒙其耻。君拥兵专制而无讨贼心，此赵盾所以书弑君也[4]。超强而无义，多衅[5]易图耳。"叙母慨然，敕叙从阜计。计定，外与乡人姜隐、赵昂、尹奉、姚琼、孔信，武都人李俊、王灵结谋，定讨超约，使从弟谟至冀语岳，并结安定梁宽、南安赵衢、庞恭等。约誓既明，十七年九月，与叙起兵于卤城[6]。超闻阜等兵起，自将出。而衢、宽等解岳，闭

杨阜内心有向马超报仇的想法，但没有合适的机会。不久，杨阜以妻子去世安葬的理由来请假。杨阜的表兄姜叙屯兵在历城，杨阜小时候在姜叙家长大，他见到姜叙的母亲和姜叙，诉说先前在冀城的事情，不禁哽咽，十分悲痛。姜叙说："为什么会这样呢？"杨阜说："守城不能保全，郡守被杀不能与他们一同死去，我还有什么脸面苟活在世上！马超背叛父亲和君王，虐待并杀害州将，哪里只是我杨阜一个人的忧虑和责任，全州的官员都蒙受耻辱。您现在统领兵将却没有讨伐叛贼的打算，这正是赵盾被晋国史官记录下杀害君主的原因啊。马超强横且不讲道义，多有破绽，很容易打败。"姜叙的母亲听闻后很感慨，命姜叙听从杨阜的安排。计划确定后，另外还和同乡人姜隐、赵昂、尹奉、姚琼、孔信，武都人李俊、王灵合谋，商定讨伐马超的日期，派堂弟姜谟到冀城告知杨岳，并联合安定梁宽，南安赵衢、庞恭等人。日期和誓言明确后，建安十七年(212)九月，杨阜和姜叙在卤城起兵攻打马超。马超听说杨阜等人起兵，自己率军出城。而赵衢、梁宽等

冀城门，讨超妻子。超袭历城，得叙母。叙母骂之曰：“汝背父之逆子，杀君之桀贼，天地岂久容汝，而不早死，敢以面目视人乎！”超怒，杀之。阜与超战，身被五创，宗族昆弟死者七人。超遂南奔张鲁。

人先解救杨岳，关闭冀城城门，捕杀了马超的妻儿。马超只好攻打历城，抓住了姜叙的母亲。姜叙的母亲骂马超说：“你这个违背父亲的逆子，杀害君主的贼寇，天地怎么会让你久活，还不早死，怎么现在还有脸面见人！”马超被激怒，杀了她。杨阜和马超交战，身上受了五处伤，宗族中的兄弟战死七人。马超于是向南投奔张鲁。

今注 1 外兄：表兄。 2 历城：在今甘肃西和县北。 3 视息：仅存视觉、呼吸，意谓苟全活命。 4 此赵盾所以书弑君也：据《左传·宣公二年》载，晋灵公因残暴被大臣赵穿所杀，而晋国正卿赵盾（春秋时诸侯国的执政大臣，权力仅次于国君）逃亡在外。晋国史官记载此事为“赵盾弑其君”。赵盾认为记载不合事实，史官说：“子为正卿，亡不越竟，反不讨贼，非子而谁？” 5 衅：间隙，破绽。 6 卤城：在今甘肃天水市与礼县之间。

陇右平定，太祖封讨超之功，侯者十一人，赐阜爵关内侯。阜让曰：“阜君存无捍难[1]之功，君亡无死节之效，于义当绌[2]，于法当诛；超又不死，无宜苟荷爵禄。”太祖报曰：“君与群贤共

陇右平定之后，太祖封赏曾征讨马超而有功的人，封侯爵的有十一人，赐爵杨阜为关内侯。杨阜推辞说：“我杨阜在州郡长官在世的时候没有建立御敌的功劳，长官死时又没有一同殉节的节操，从道义上来说我应该被罢黜，从法律上来说应该被诛杀；再说马超还没有死，不宜随便接受爵位和官禄。”太祖回答说：“你和众位

建大功，西土之人以为美谈。子贡辞赏[3]，仲尼谓之止善。君其剖心以顺国命。姜叙之母，劝叙早发，明智乃尔，虽杨敞之妻[4]盖不过此。贤哉，贤哉！良史记录，必不坠于地矣[1]。"

贤良共同建立了大功，西部地区的人都将这件事传为美谈。子贡推辞赏赐，孔子认为是断绝了别人的善行。你还是开诚相见顺应朝廷诏命吧。姜叙的母亲，劝姜叙早早发兵征讨，像这样聪明睿智，即使是杨敞的妻子大概也不过如此。贤明啊，贤明！好的史官在撰录历史的时候，一定不会把这件事废弃不写的。"

今注　1 捍(hàn)难：指抵御外侮。　2 绌(chù)：通"黜"，罢免，贬退。　3 子贡辞赏：据《吕氏春秋·察微》记载："鲁国之法，鲁人为人臣妾于诸侯，有能赎之者，取其金于府。子贡赎鲁人于诸侯，来而让不取其金。孔子曰：'赐失之矣，自今以往，鲁人不赎人矣！'"子贡，复姓端木，名赐，字子贡，孔子弟子。　4 杨敞之妻：杨敞，字子明，西汉中期政治家，曾任丞相。汉昌邑王无道，霍光等人准备废王另立，并将此事告知杨敞，但杨敞怕事不敢决断，杨敞之妻劝他当机立断，支持废昌邑王，拥立宣帝。

裴注　[1] 皇甫谧《列女传》曰："姜叙母者，天水姜伯奕之母也。建安中，马超攻冀，害凉州刺史韦康，州人凄然，莫不感愤。叙为抚夷将军，拥兵屯历。叙姑子杨阜，故为康从事，同等十余人，皆略属超，阴相结为康报仇，未有间。会阜妻死，辞超宁归西，因过至历，候叙母，说康被害及冀中之难，相对泣良久。姜叙举室感悲，叙母曰：'咄！伯奕，韦使君遇难，岂一州之耻，亦汝之负，岂独义山哉？汝无顾我，事淹变生。人谁不死？死国，忠义之大者。但当速发，我自为汝当之，不以余年累汝也。'因敕叙与阜参议，许诺，分人传语乡里尹奉、赵昂及安定梁宽等，令叙先举兵叛超，超怒，必自来击叙，宽等因从后闭门。约誓以定，叙遂进兵入卤，昂、奉守祁山。超闻，果自出击叙，宽等从后闭冀门。超失据，过卤；叙守卤，超因进至历。历中见超往，以为叙军还；又传闻超以走奔汉中，故历无备。及超入历，执叙母，母怒骂超。超被骂，大怒，即杀叙母及其子，烧城而去。阜等以状闻。太祖甚嘉之，手令褒扬。语如本传。”臣松之案：谧称阜为叙姑子，而本传云叙为阜外兄，与今名内外为不同。谧又载赵昂妻曰：“赵昂妻异者，故益州刺史天水赵伟璋妻，王氏女也。昂为羌道令，留异在西。会同郡梁双反，攻破西城，害异两男。异女英，年六岁，独与异在城中。异见两男已死，又恐为双所侵，引刀欲自刎，顾英而叹曰：‘身死尔弃，当谁恃哉！吾闻西施蒙不洁之服，则人掩鼻，况我貌非西施乎？’乃以溷粪涅麻而被之，鲜食瘠形，自春至冬。双与州郡和，异竟以是免难。昂遣吏迎之。未至三十里，止，谓英曰：‘妇人无符信保傅，则不出房闱。昭姜沈流，伯姬待烧，每读其传，心壮其节。今吾遭乱不能死，将何以复见诸姑？所以偷生不死，惟怜汝耳。今官舍已近，吾去汝死矣。’遂饮毒药而绝。时适有解毒药良汤，撅口灌之，良久乃苏。建安中，昂转参军事，徙居冀。会马超攻冀，异躬着布韝，佐昂守备，又悉脱所佩环、黼黻以赏战士。及超攻急，城中饥困，刺史韦康素仁，愍吏民伤残，欲与超和。昂谏不听，归以语异，异曰：‘君有争臣，大夫有专利之义，专不为非也。焉知救兵不到关陇哉？当共勉卒高勋，全节致死，不可从也。’比昂还，康与超和。超遂背约害康，又劫昂，质其嫡子月于南郑。欲要昂以为己用，然心未甚信。超妻杨闻异节行，请与宴终日。异欲信昂于超以济其谋，谓杨曰：‘昔管仲入齐，立九合之功；由余适秦，穆公成霸。方今社稷初定，治乱在于得人，凉州士马，乃可与中夏争锋，不可不详也。’杨深感之，以为忠于己，遂与异重相接结。昂所以得信于超，全功免祸者，异之力也。及昂与杨阜等结谋讨超，告异曰：‘吾谋如是，事必万全，当奈月何？’异厉声应曰：‘忠义立于身，雪君父之大耻，丧元不足为重，况一子哉？夫项橐、颜渊，岂复百年，贵义存耳。’昂曰：‘善。’遂共闭门逐超，超奔汉中，从张鲁得兵还。

異复与昂保祁山，为超所围三十日，救兵到，乃解。超卒杀异子月。凡自冀城之难，至于祁山，昂出九奇，異辄参焉。”

太祖征汉中，以阜为益州刺史。还，拜金城[1]太守，未发，转武都太守。郡滨蜀汉，阜请依龚遂故事[2]，安之而已。会刘备遣张飞、马超等从沮道[3]趣下辩，而氐雷定等七部万余落反应之。太祖遣都护曹洪御超等，超等退还。洪置酒大会，令女倡著罗縠[4]之衣，蹋鼓，一坐皆笑。阜厉声责洪曰：“男女之别，国之大节，何有于广坐之中裸女人形体！虽桀、纣之乱，不甚于此。”遂奋衣[5]辞出。洪立罢女乐，请阜还坐，肃然惮焉。

太祖征讨汉中，任杨阜为益州刺史。回来后，改任他为金城太守，杨阜还没出发任职，又转武都太守。武都郡靠近蜀汉，杨阜请求仿照龚遂管理渤海郡的办法，保持地方安稳平静。恰巧刘备派遣张飞、马超等人从沮道急攻下辩，而氐族首领雷定等七个部族一万多人的聚落反叛响应。太祖派遣都护曹洪抵抗马超等人，马超等人撤军。曹洪大摆酒宴，命令歌伎舞女穿着薄薄的丝衣，踩着鼓点跳舞，满座的人都笑起来。杨阜见到了严厉大声地斥责曹洪说：“男女之间有所分别，关涉国家礼法的根本，哪里能在大庭广众中显露女人的裸体！即便是桀、纣那样淫乱，也没有超过这个。”于是挥摆衣服告辞出去。曹洪立刻停止了女子的音乐舞蹈，并请杨阜返回坐下，对他恭敬且忌惮。

今注　**1** 金城：郡名，治允吾（今甘肃永靖西北）。　**2** 龚遂故事：龚遂，字少卿，西汉官员。汉宣帝时，渤海和附近各郡连年饥荒，农民起兵反抗，官不能制。龚遂任渤海太守，到郡后开仓放粮，鼓励生产，劝课农桑，结果百姓回归，狱讼减少，郡内大治。　**3** 沮道：即沮县，在今陕西略阳县东。汉代在氐族聚居区设县称道，又称氐道。 4 罗縠(hú)：一种疏细的丝织品。 5 奋衣：犹拂袖。表示气愤。

及刘备取汉中以逼下辩，太祖以武都孤远，欲移之，恐吏民恋土。阜威信素著，前后徙民、氐，使居京兆、扶风、天水界者万余户，徙郡小槐里，百姓襁负而随之。为政举大纲而已，下不忍欺也。文帝问侍中刘晔等：“武都太守何如人也？”皆称阜有公辅之节。未及用，会帝崩。

等刘备攻取汉中并逼近下辩，太祖认为武都郡地处偏远没有援助，打算迁徙民众，又担心官员百姓留恋乡土。杨阜在此一向很有威信，先后迁徙汉人、氐人，让他们居住到京兆、扶风、天水郡境内，共有一万多户，把郡治改到小槐里，百姓都抱儿带女跟随着他。杨阜处理政务只是抓重要的事而已，而下级也不忍心欺骗他。文帝问侍中刘晔等人：“武都太守是什么样的人？”都说杨阜有三公、辅政大臣那样的节操。还没来得及提拔任用杨阜，文帝就去世了。

在郡十余年，征拜城门校尉[1]。阜常见明帝著绣帽，被[2]缥绫[3]半褎[4]，阜问帝曰：“此于礼何法服[5]也？”帝默然不答，自是不法服不以见阜。

杨阜在郡任职十几年，后被征调回京任城门校尉。杨阜经常看到明帝戴绣花的帽子，穿缥绫做的短袖衣，就问明帝说：“这些在礼制上属于哪种礼服呢？”明帝沉默不回答，从此不穿符合礼制的衣服就不见杨阜。

今注 1 城门校尉：官职名，掌京城诸城门（除属于卫尉的北门外）警卫。 2 被(pī)：通“披”。 3 缥(piǎo)绫：一种淡青色的轻薄而有花纹的丝织品。缥，淡青色。 4 半褎(xiù)：短袖衣，褎，同“袖”。 5 法服：礼服。

迁将作大匠[1]。时初治宫室，发美女以充后庭，数出入弋猎。秋，大雨震电，多杀鸟雀。阜上疏曰："臣闻明主在上，群下尽辞。尧、舜圣德，求非索谏；大禹勤功，务卑[2]宫室；成汤遭旱，归咎责己；周文刑[3]于寡妻，以御家邦；汉文躬行节俭，身衣弋绨[4]。此皆能昭令问，贻厥孙谋者也。伏惟陛下奉武皇帝开拓之大业，守文皇帝克终之元绪，诚宜思齐往古圣贤之善治，总观季世放荡之恶政。所谓善治者，务俭约、重民力也；所谓恶政者，从心恣欲，触情而发也。惟陛下稽[5]古世代之初所以明赫，及季世所以衰弱至于泯灭，近览汉末之变，足以动心诫惧矣。曩使桓、灵不废高祖之法，

杨阜升任将作大匠。当时明帝开始建造宫殿，征选美女充实后宫，多次外出打猎。这年秋天，连下大雨，雷电交加，杀死了很多鸟雀。杨阜上疏说："臣听说圣明的君主处在上位，底下的大臣能尽情直言。尧、舜德行极高，还征求臣下的批评和指责；大禹勤勉地建立功勋，但只建造低矮的宫殿；成汤面对旱灾，归罪责备自己；周文王为妻子做榜样，以此治理国家；汉文帝自身奉行节俭，穿着黑色粗厚的衣服。这些都是能够显示他们的美好声誉，并传给子孙的考虑啊。臣希望陛下能承续武皇帝开拓的宏大基业，守护文皇帝绵延至今的国脉，实在应该考虑向过去那些圣贤的善政看齐，全面观察各王朝末期放纵动荡的恶政。所谓善政，就是要奉行节俭、重视民力；所谓恶政，不外乎随心所欲，任情宣泄。希望陛下考察古代王朝初期政治清明昌盛的缘由，以及末世衰弱以致灭亡的原因，并观察近世汉代末期的变乱，足以让人心惊胆战，警戒畏惧。假如从前汉桓帝、灵帝没有废弃汉高祖遗留的法度，不抛弃汉文帝、景帝恭敬节俭的品德，太祖虽然聪明威武，又能在哪里施展他的才能呢？

文、景之恭俭，太祖虽有神武，于何所施其能邪？而陛下何由处斯尊哉？今吴、蜀未定，军旅在外，愿陛下动则三思，虑而后行，重慎出入，以往鉴来，言之若轻，成败甚重。顷者天雨，又多卒暴，雷电非常，至杀鸟雀。天地神明，以王者为子也，政有不当，则见灾谴。克己内讼[6]，圣人所记。惟陛下虑患无形之外，慎萌纤微之初，法汉孝文出惠帝美人[7]，令得自嫁。顷所调送小女，远闻不令，宜为后图。诸所缮治，务从约节。《书》曰：'九族既睦，协和万国。'事思厥宜，以从中道，精心计谋，省息费用。吴、蜀以定，尔乃上安下乐，九亲熙熙。如此以往，祖考心欢，尧、舜其犹病[8]诸？今宜

而陛下又从哪里获得这样尊贵的地位呢？现在吴国、蜀国还没有平定，将士守战在外，希望陛下举动之前要多思量，考虑之后再行动，出入要慎重，用过去的经验教训作为将来的借鉴，这些话虽然听起来很轻便，但却事关成败，十分重要。不久前又降下大雨，下得既多又急，雷电也不正常，以至于杀死了鸟雀。天地和神明，将帝王作为自己的子嗣，政务有处理不好的地方，就会发出灾异来显示谴责。能约束自己，对自己的过失作自我批评，这是圣人记录下来要遵循的美德。希望陛下考虑尚未显露出的忧患，谨慎对待灾祸才发生时的细微萌芽，效法汉文帝释放惠帝宫中的美人，让她们得以自己去嫁人。最近甄选进宫一批少女，传到远方名声不太好，陛下应该为后来考虑。修建的各种宫殿，务必遵循俭省的原则。《尚书》中说：'自己的宗族和睦之后，才能协和万国。'遇事考虑如何处理合适，遵照中庸的原则，仔细谋划，俭省费用。吴国、蜀国平定之后，这时陛下才得以安宁，百姓获得安乐，宗族亲属和睦。照这样发展下去，先祖欢喜欣慰，就算尧、舜又能责备什么呢？现在应该向

开大信于天下，以安众庶，以示远人。”

天下宣示广大的诚信，以此安抚百姓，展现给远方的人看。”

今注　1 将作大匠：掌管宫室、宗庙、陵寝及重大土木修建。　2 卑：低矮。　3 刑：通“型”，典范，榜样。引申为示范。　4 弋绨(yì tí)：黑色粗厚的丝织衣物。弋，通“黓”，黑色。　5 稽：考核、考察。　6 内讼：内心自责。此指自我反省、批评。　7 汉孝文出惠帝美人：据《汉书·文帝纪》载，文帝十二年（前168）二月，“出孝惠皇帝后宫美人，令得嫁”。　8 病：责备，不满。

时雍丘王植怨于不齿[1]，藩国至亲，法禁峻密，故阜又陈九族[2]之义焉。诏报曰：“间得密表，先陈往古明王圣主，以讽暗政，切至之辞，款诚笃实。退思补过，将顺匡救，备至悉矣。览思苦言，吾甚嘉之。”后迁少府。

当时雍丘王曹植抱怨自己不受任用，即便是藩国至亲，仍然受到法令的严密禁锢，因此杨阜又陈奏宗族亲密的道理。文帝下诏说：“最近得到你秘密的报告，先陈述古代圣明的帝王，来批评昏暗的政治，直白恳切的言辞，真诚笃实。退下来反思并弥补自己的过失，顺势匡扶改正朝政，说得非常详细全面了。看你良苦用心的言语，我非常赞赏。”后来杨阜升任少府。

今注　1 不齿：不与同列，不收录。这里指曹植不满自己得不到任用。　2 九族：具体含义历来不一，一说以自己为本位，上推至四世之高祖，下推至四世之玄孙为九族；一说是父族四，母族三，妻族二，合计有九族之亲。

是时大司马曹真伐蜀，遇雨不进。阜上疏曰：“昔文王有赤乌之符[1]，而犹日昃不暇食[2]；武王白鱼入舟[3]，君臣变色。而动得吉瑞，犹尚忧惧，况有灾异而不战竦者哉？今吴、蜀未平，而天屡降变，陛下宜深有以专精应答，侧席而坐，思示远以德，绥迩以俭。间者诸军始进，便有天雨之患，稽阂[4]山险，以积日矣。转运之劳，担负之苦，所费以多，若有不继，必违本图。《传》曰：‘见可而进，知难而退，军之善政也。’[5]徒使六军困于山谷之间，进无所略，退又不得，非主兵之道也。武王还师，殷卒以亡[6]，知天期也。今年凶民饥，宜发明诏损膳减服，技巧珍玩之物，皆可罢之。

当时大司马曹真征讨蜀国，遇上大雨而不能前进。杨阜上疏说：“过去文王时有火团化作赤色乌鸦的吉兆，他仍然忙得过了正午都没空吃饭；武王遇到白鱼跳进船里，君主和臣子反而变了脸色。他们行动的时候遇到祥瑞，尚且担忧惧怕，何况遇到灾异能不害怕得打战吗？现在吴国、蜀国还没有平定，而上天多次降下灾异，陛下应该专心地考虑用什么措施来消除上天的谴责，坐在侧席的位置上，思考用德行昭示远方，用节俭安抚近民。之前各路军队开始进发，就有天下大雨的忧患，军队滞留在艰险的山岭上，已经过了很多天了。辗转运输的劳累，担挑的辛苦，人力物力耗费很多，假如粮食物资输送跟不上，事情的结果就会与最初的打算相违背。《左传》说：‘看见形势有利就进军，发觉困难就退兵，这是领军的上策。’白白地让大军困在山谷当中，既没有前进攻打的目标，又不能后退，这不是统率军队的方法。武王虽然撤军，但殷商最终还是灭亡，因为武王知道这是上天注定的。今年收成不好，百姓饥困，应该公开发布诏书减省陛下的餐食和衣物，至于巧妙精致的宝贵玩物，都可撤下不用。过去邵信臣

昔邵信臣为少府于无事之世，而奏罢浮食；今者军用不足，益宜节度。”帝即召诸军还。

在天下安定的时候任少府，尚且上书请求裁撤无事食禄的职位；现在军队的物资都不充足，就更应该减省开支。”明帝立即召回各路军马。

今注　**1** 赤乌之符：据《尚书大传》载，周武王伐纣，大会诸侯于孟津观兵，“有火流于王屋，化为赤乌，三足”。赤乌被认为是祥瑞，表示行事的顺利和正义。此句所说“文王”，当为“武王”之误。　**2** 日昃不暇食：据《史记·周本纪》载，周文王礼贤下士，常常忙得太阳都偏西了仍没空吃饭。　**3** 白鱼入舟：据《史记·周本纪》载，周武王征讨商纣，渡黄河时，到中流，白鱼跃入舟中，武王俯取以祭。此事与赤乌相似，主要被附会为周武王伐纣灭殷的征兆，后常喻用兵必胜的吉兆。　**4** 稽阂(hé)：延滞阻隔。　**5**“传曰”句：语出《左传·宣公十二年》，为随武子之言，意谓领兵的上策是可行便行，知难则退。　**6** 武王还师，殷卒以亡：指周武王即位后，在孟津大会天下诸侯，但见有几路诸侯没有到，便撤军而回，史称“孟津观兵”。两年后武王再次领兵而召天下诸侯，最终一举灭商建周。

后诏大议政治之不便于民者，阜议以为：“致治[1]在于任贤，兴国在于务农。若舍贤而任所私，此忘治之甚者也。广开宫馆，高为台榭，以妨民务，此害农之甚者也。百工不敦[2]其器，而竞作奇巧，以合上欲，此

后来明帝诏命群臣讨论不利于百姓的政治措施，杨阜认为：“要达到政治安定清平在于任用贤良，使国家兴盛在于重视农业。假如君主放弃贤才而任用自己喜爱的人，这是相当败坏治理的做法。到处修建宫殿，筑造高耸的亭台楼榭，妨碍百姓生产，这是十分损害农业的事。各行各业的工匠如果不勤勉地制作实用的器具，反而争相制作奇异精巧的器物，

伤本之甚者也。孔子曰：‘苛政甚于猛虎。[3]’今守功文俗[4]之吏，为政不通治体，苟好烦苛，此乱民之甚者也。当今之急，宜去四甚，并诏公卿郡国，举贤良方正[5]敦朴之士而选用之，此亦求贤之一端也。”

来满足陛下的欲望，这是十分伤害国家根本的事。孔子说：‘苛刻的政治比猛虎还厉害。’现在这些拘守功利、安于习俗的官吏，施政不懂得政治的根本，只喜欢繁琐苛细的事，这是十分扰乱百姓的啊。现在最要紧的，应该是去除这四件扰民的事，并下诏书命公卿郡国，举荐贤良公正、敦厚朴素的人并任用他们，这也是求取贤良的一个方面啊。”

今注 1 致治：使国家在政治上安定清平。 2 敦：勤勉。 3 苛政甚于猛虎：语出《礼记・檀弓下》。意谓苛刻的政令对百姓的伤害比猛虎还要厉害。 4 文俗：谓拘守礼法而安于习俗。 5 贤良方正：本为汉代察举制下选拔人才任官的一种名目，名目的字面含义亦为察举的核心要素，无定名，亦有作“贤良文学”，非常科。与后面“敦朴”相连，取其意，非科目名。

阜又上疏欲省宫人诸不见幸[1]者，乃召御府吏问后宫人数。吏守旧令，对曰：“禁密，不得宣露。”阜怒，杖吏一百，数[2]之曰：“国家不与九卿为密，反与小吏为密乎？”帝闻而愈敬惮阜。

帝爱女淑，未期[3]而

杨阜又上疏想释放那些宫女中没有被宠幸的人，于是召来御府吏询问后宫中的人数。御府吏遵守过去的法令，对杨阜说：“这是宫禁中的秘密，不允许透露。”杨阜听后震怒，杖打御府吏一百下，并批评他说：“国家的事务不交给九卿保密，反而交给小吏来保密吗？”明帝听说这件事后更加敬重和忌惮杨阜了。

夭，帝痛之甚，追封平原公主，立庙洛阳，葬于南陵。将自临送，阜上疏曰："文皇帝、武宣皇后崩，陛下皆不送葬，所以重社稷、备不虞也。何至孩抱之赤子[4]而可送葬也哉？"帝不从。

明帝喜爱的女儿曹淑，没满周岁就夭折了，明帝十分难过，追封她为平原公主，在洛阳建庙，葬在南陵。明帝将要亲自去送葬，杨阜上疏说："文皇帝、武宣皇后驾崩后，陛下都没去送葬，这是以社稷为重，防备意外啊。对还抱在怀里的孩子怎么能去送葬呢？"明帝没有听从杨阜的谏言。

今注　1 见幸：被宠幸。　2 数(shǔ)：责备。　3 期(jī)：一周年。　4 赤子：婴儿。《书·康诰》："若保赤子，惟民其康乂。"孔颖达疏："子生赤色，故言赤子。"

帝既新作许宫，又营洛阳宫殿观阁。阜上疏曰："尧尚茅茨[1]而万国安其居，禹卑宫室而天下乐其业；及至殷、周，或堂崇三尺[2]，度以九筵[3]耳。古之圣帝明王，未有极宫室之高丽以凋弊[4]百姓之财力者也。桀作璇室、象廊，[5]纣为倾宫、鹿台，[6]以丧其社稷。楚灵以筑章华而身受其祸。秦始皇作阿房而殃及其子，天

明帝才刚建造了许都的宫殿，又在洛阳建造宫殿阁楼。杨阜上疏说："尧崇尚居住在茅草屋而各国人民安居，大禹建造低矮的宫殿而天下的百姓开心地劳作；等到商代、周代，有的正堂只高三尺，长度也只有九筵。古代圣明的帝王，没有为把宫殿建造得极其高大华丽而损耗百姓的财力的。夏桀建造璇室、象廊，商纣筑造倾宫、鹿台，都因为这些丧失了国家社稷。楚灵王因为筑造章华台而遭受灾祸。秦始皇建造阿房宫而使灾祸连累他的子孙，天下都反叛秦朝，到二世就灭亡了。那些不计算使用天下民力，只想

下叛之，二世而灭。夫不度万民之力，以从[7]耳目之欲，未有不亡者也。陛下当以尧、舜、禹、汤、文、武为法则，夏桀、殷纣、楚灵、秦皇为深诫。高高在上，实监[8]后德。慎守天位，以承祖考，巍巍大业，犹恐失之。不夙夜敬止，允恭恤民，而乃自暇自逸，惟宫台是侈是饰，必有颠覆危亡之祸。《易》曰：'丰其屋，蔀[9]其家，窥其户，阒其无人。'王者以天下为家，言丰屋之祸，至于家无人也。方今二虏合从，谋危宗庙，十万之军，东西奔赴，边境无一日之娱；农夫废业，民有饥色。陛下不以是为忧，而营作宫室，无有已时。使国亡而臣可以独存，臣又不言也[1]；君作元首，臣为股肱，存亡一体，得失同之。《孝经》

着放纵自己耳目的欲望的君主，最后没有不灭亡的。陛下应当以尧、舜、禹、汤、文王、武王为学习的榜样，以夏桀、殷纣、楚灵王、秦始皇为深刻教训。陛下处在至高无上的地位，实在要借鉴前代圣王的美德。谨慎地保守帝位，以继承祖宗的基业，基业盛大，仍要担心会失去它。没有日夜恭敬谨慎地体恤百姓，反而自己悠闲安逸，只是一心想着建造奢侈的宫殿楼台，一定会有颠覆灭亡的灾难。《易经》上说：'把房屋建造得高大，用草覆盖房顶，从门缝里偷看，静悄悄的没有人。'帝王以天下为家，这几句是说大建房屋的灾患，会导致家中衰败得没有人了。现在吴、蜀两贼联合，一起图谋危害国家社稷，我朝十万大军，东奔西走，边境上没有一天可以安乐；农民废弃耕种，百姓饿得面黄肌瘦。陛下不为这些事忧虑，反而建造宫殿，没有停止的时候。假如国家灭亡了而臣下能独自存活下来，臣也就不会说了；君主好像人的头颅，臣下好像人的胳膊和大腿，生存与灭亡是一个整体，得失也相同。《孝经》上说：'天子有七个敢于劝谏的大臣，即使天子不行道义也不会亡国灭家。'臣虽然愚

曰：‘天子有争臣[10]七人，虽无道不失其天下。’臣虽驽怯，敢忘争臣之义？言不切至，不足以感寤陛下。陛下不察臣言，恐皇祖烈考之祚，将坠于地。使臣身死有补万一，则死之日，犹生之年也。谨叩棺沐浴，伏俟重诛。”

奏御，天子感其忠言，手笔诏答。每朝廷会议，阜常侃然[11]以天下为己任。数谏争，不听，乃屡乞逊位，未许。会卒，家无余财。孙豹嗣。

笨胆小，但怎么敢忘记作为直言进谏的臣子的责任呢？言辞不中肯贴切，不足以让陛下感动醒悟。陛下不听从臣下的谏言，恐怕祖宗传下的帝业，将会坠落于地。假如臣的死能有哪怕万分之一的补救，那么死亡的那天，就是再生之日。臣恭谨地靠近棺木，沐浴洁身，伏身等待陛下的诛戮。”

谏书交达明帝，明帝被他的忠言感动，手写诏书回复。每次朝廷会议讨论，杨阜常常耿直地发言，把国家大事作为自己的责任。多次上书劝谏，明帝不听从，于是多次请求辞职，不被允许。等到杨阜去世，家中没有多余的财产。孙子杨豹继承爵位。

今注　1 茅茨(cí)：茅草盖的屋顶，亦指茅屋，泛指简陋的居室。　2 三尺：据《周礼·考工记·匠人》载：“殷人重屋，堂修七寻，堂崇三尺。”即殷商时期的重屋(重檐之屋)，堂深七寻，高三尺。尺、寻都为中国古代长度单位，西汉时一尺十寸，八尺一寻，一尺约合今0.231米。　3 九筵：据《周礼·考工记·匠人》载，筵是一种竹席，长九尺。九筵，即八十一尺。　4 凋弊：衰败困苦。　5 璇室：玉饰的宫室，一说为能旋转的宫室。相传为夏桀、商纣所建。象廊：即用象牙装饰的廊殿。　6 倾宫：高耸巍峨的宫殿。因望之似欲倾坠，故称。鹿台：殷纣王贮藏珠玉钱帛的地方。据刘向《新序》载，鹿台“其大三里，高千尺”。　7 从(zòng)：“纵”的古字，放任。　8 监(jiàn)：同“鉴”。借鉴；参考。　9 蔀(bù)：覆盖于棚架上以遮蔽阳光的草席。此处引申为覆盖。 **10** 争(zhèng)臣:能直言诤谏的大臣。争,通“诤”。 **11** 侃然:刚直的样子。

裴注 [1] 臣松之以为:忠至之道,以亡己为理。是以匡救其恶,不为身计。而阜表云“使国亡而臣可以独存,臣又不言也”,此则发愤为己,岂为国哉?斯言也,岂不伤说烈之义,为一表之病乎!

高堂隆

高堂隆,字升平,泰山平阳[1]人,鲁高堂生[2]后也。少为诸生[3],泰山太守薛悌命为督邮[4]。郡督军与悌争论,名悌[5]而呵之。隆按剑叱督军曰:“昔鲁定见侮,仲尼历阶[6];赵弹秦筝,相如进缶[7]。临臣名君,义之所讨也。”督军失色,悌惊起止之。后去吏,避地济南。

高堂隆,字升平,泰山郡平阳县人,是西汉鲁国高堂生的后人。他年轻时是在官府学校学习的儒生,泰山太守薛悌任命他为督邮。郡督军和薛悌发生争论,直呼他的名字且呵斥他。高堂隆按着剑斥责督军说:“过去鲁定公受侮辱,孔子登上台阶去维护;赵王被秦国强迫弹筝,蔺相如拿着缶让秦王为赵王击打。你当着下属的面直呼长官的名字,是道义所谴责的。”督军吓得变了脸色,薛悌惊讶地过来制止。后来高堂隆辞去职务,避居在济南。

今注 **1** 泰山平阳:泰山郡平阳县,在今山东新泰市。 **2** 高堂生:人名,复姓高堂,字伯,著名经学家,曾传《士礼》十七篇(即今本《仪礼》),为当时今文礼学最早传授者。 **3** 诸生:古代经考试录取而进入中央、府、州、县各级学校学习的儒生。 **4** 督邮:官名,全称督邮书掾(或督邮曹掾），省称督邮掾、督邮，主要掌督送邮书，兼代表郡太守督察所属各县，纠举违法，宣达教令，并兼司狱讼、捕亡等事。　5 名悌：指直呼薛悌的名字。在中国传统社会，直呼他人姓名被视为极不礼貌的举止，被称呼者视此为受侮辱。　6 仲尼历阶：据《史记·孔子世家》记载，孔子曾陪同鲁定公和齐景公在夹谷会盟，见齐国所奏乐曲不合礼仪，便两次登上坛阶让齐景公下令处罚有关官员。　7 相如进缶：据《史记·廉颇蔺相如列传》记载，战国时期，蔺相如陪同赵王和秦王在渑池会盟，秦王以让赵王鼓瑟侮辱赵国。蔺相如强请秦王击缶，为赵国争回颜面。

建安十八年，太祖召为丞相军议掾，后为历城侯徽文学[1]，转为相。徽遭太祖丧，不哀，反游猎驰骋，隆以义正谏，甚得辅导之节。黄初中，为堂阳[2]长，以选为平原王[3]傅。王即尊位，是为明帝。以隆为给事中、博士、驸马都尉。帝初践阼，群臣或以为宜飨会，隆曰："唐、虞有遏密之哀[4]，高宗有不言之思[5]，是以至德雍熙，光于四海。"以为不宜为会，帝敬纳之。迁陈留太守，犊民酉牧[6]，

建安十八年(213)，太祖征召他任丞相军议掾，后来任历城侯曹徽的文学从事，又转任国相。曹徽遇到太祖的丧事，没有哀痛的表现，反而到处游玩打猎，高堂隆以道义正色劝谏，很能尽到辅助引导的职责。黄初年间，任堂阳县县长，又被选任平原王傅。平原王即皇帝位，就是魏明帝。明帝任命高堂隆为给事中、博士、驸马都尉。明帝刚刚即位，大臣中有人认为应该举行宴会，高堂隆说："唐尧、虞舜时期，君主去世后，百姓三年停止音乐演奏以表哀悼，殷高宗继位三年不发一言以寄托对父亲的思念，因此崇高的德行能够使百姓和乐升平，光明遍照天下。"高堂隆认为不适合举行宴会，明帝恭敬地接受了他的意见。他转任陈留太守，郡中有个放牛的人叫酉牧，年龄有七

年七十余，有至行，举为计曹掾[7]。帝嘉之，特除郎中以显焉。征隆为散骑常侍，赐爵关内侯[1]。

十多岁，有很高的德行，高堂隆举荐他为计曹掾。明帝对他的做法很赞赏，特意任他为郎中以示表彰。又征召高堂隆为散骑常侍，赐予关内侯的爵位。

今注 1 历城侯徽文学：历城侯徽，即曹操儿子曹徽，曾封历城侯。文学，官名，文学掾、文学史及太子文学、诸王文学的简称，多以通晓经书者担任，备顾问侍从。 2 堂阳：古县名，在今河北新河县。 3 平原王：三国曹魏明帝曹叡曾受封平原王。 4 唐、虞有遏密之哀：遏密，指帝王死后停止举乐。据《尚书·舜典》载，上古唐尧死后，百姓像自己父母去世一样悲痛，因此停止了三年音乐。 5 高宗有不言之思：高宗，即殷商君主武丁。据《史记·殷本纪》载，帝乙去世后，武丁继位，因为想复兴殷商，但没有合适的辅政大臣，于是三年不曾言语，政务全部交付冢宰处理。 6 犊民西牧：据清人钱大昕考证，"犊民"可能为"尉氏"（县名，属陈留郡，在今河南尉氏县）误。今不据改，仍从字面意解。 7 计曹掾：官职名，三国魏置，计曹掾为计曹长官，职掌财政会计事务。

裴注 [1]《魏略》曰："太史上汉历不及天时，因更推步弦望朔晦，为《太和历》。帝以隆学问优深，于天文又精，乃诏使隆与尚书郎杨伟、太史待诏骆禄参共推校。伟、禄是太史，隆故据旧历更相劾奏，纷纭数岁。伟称'禄得日蚀而月晦不尽，隆不得日蚀而月晦尽'，诏从太史。隆所争虽不得，而远近犹知其精微也。"

青龙中，大治殿舍，西取长安大钟。隆上疏曰："昔周景王[1]不仪刑文、武之明德，忽公旦[2]

青龙年间，明帝大肆建造宫殿，又到西边的长安取来大钟。高堂隆上疏说："过去周景王不效法文王、武王的圣明德行，忽视周公旦制定的法度，既筑造

之圣制，既铸大钱，又作大钟，单穆公[3]谏而弗听，泠州鸠[4]对而弗从，遂迷不反，周德以衰，良史记焉，以为永鉴。然今之小人，好说秦、汉之奢靡以荡圣心，求取亡国不度[5]之器，劳役费损，以伤德政，非所以兴礼乐之和，保神明之休也。”是日，帝幸上方[6]，隆与卞兰从。帝以隆表授兰，使难隆曰：“兴衰在政，乐何为也？化之不明，岂钟之罪？”隆曰：“夫礼乐者，为治之大本也。故箫韶九成[7]，凤皇来仪；雷鼓六变，天神以降。政是以平，刑是以错，和之至也。新声发响，商辛[8]以陨；大钟既铸，周景以弊。存亡之机，恒由斯作，安在废兴之不阶也？君举必书，古之道也，作而不法，

大钱，又筑造大钟，单穆公劝谏也不听，泠州鸠当面劝说也不听从，于是陷入迷乱而不能返回，周朝的德政也从此衰落，优秀的史官把这件事记录下来，作为后世永远的借鉴。然而现在的小人，喜欢陈说秦、汉时期的奢靡来动摇陛下的心，索取这种灭亡国家不合法度的器物，损耗民力，损伤国家的德政，这可不是用礼乐促进和谐，保守神明的美好的举措啊。”这天，明帝到上方署，高堂隆和卞兰随从。明帝将高堂隆的奏表转给卞兰，让他反驳高堂隆说：“国家的兴衰在于政务，与音乐有什么关系呢？教化不昌明，难道是钟的罪过吗？”高堂隆说：“礼乐是国家治理的根本。因此箫韶的乐曲演奏九遍，就会有凤凰出现的吉兆；雷鼓演奏变化六次，天神也会降临。政治因此得到稳定，刑法因此放置不用，天下和谐到了极点。新的乐曲一响，商朝的辛纣因此丧命；大钟筑好，周景王的政治就走向衰落。国家兴亡的关键，常常就是由此产生的，怎么能说礼乐不是兴衰的缘由呢？君王的一举一动都会被记录下来，这是古代就有的规矩，举止不合法度，又怎么能让后世观摩效法呢？圣明的君主

何以示后？圣王乐闻其阙，故有箴规之道；忠臣愿竭其节，故有匪躬之义也。”帝称善。

喜欢听别人指出他的缺点，因此有了劝谏的途径；忠心的臣子希望竭尽全力保全自己的节操，因此有为尽忠而奋不顾身的道义。”明帝赞赏他说得好。

今注　1 周景王：姬姓，名贵，周灵王之子，继位后为东周第十二任君主，在位期间不听单穆公、乐官等劝谏，执意筑造大钱和无射大钟等，致使民用匮乏，国政不稳。　2 公旦：即周公旦，周文王之子，武王之弟，曾佐武王灭商，封鲁国，成王继位后曾短暂摄政，并制礼作乐，奠定周王朝国家基本制度。　3 单穆公：春秋时期单国国君，名旗，曾任周王朝卿士，对周景王多有劝谏。　4 泠州鸠：据《左传·昭公二十一年》载，泠州鸠时任司乐之官，又作“伶州鸠”。　5 不度：不合法度。　6 上方：即“尚方”，官署名，隶少府，掌使役工徒，制造手工艺品及宫廷器用以及刀剑等兵器，专供皇室所用。　7 箫韶：即大韶，简称韶。西周制定的六舞之一，由九段组成，即所谓“箫韶九成”。相传为舜时代的乐舞。　8 商辛：即商纣王，名受，亦称帝辛，是殷商最后一代君主。纣王在位期间穷奢极欲，宠信奸佞，曾命师涓“作新淫声，北里之舞，靡靡之乐”。

迁侍中，犹领太史令[1]。崇华殿[2]灾，诏问隆：“此何咎？于礼，宁有祈禳之义乎？”隆对曰：“夫灾变之发，皆所以明教诫也，惟率礼修德，可以胜之。《易传》[3]曰：‘上不俭，下不节，孽火烧其

高堂隆升任侍中，仍然兼任太史令。崇华殿发生火灾，明帝下诏询问高堂隆：“这是什么灾？在礼法上，有什么方法可以祈福消灾的吗？”高堂隆回答说：“灾祸的发生，都是上天显示的教训和告诫，只有遵循礼法，修养道德，才可以克服灾难。《易传》上说：‘上位者不节俭，下面的人不节制，大火就会烧毁他们的房

室。'又曰:'君高其台,天火为灾。'此人君苟饰宫室,不知百姓空竭,故天应之以旱,火从高殿起也。上天降鉴,故谴告陛下,陛下宜增崇人道[4],以答天意。昔太戊有桑穀生于朝[5],武丁有雊雉登于鼎[6],皆闻灾恐惧,侧身修德,三年之后,远夷朝贡,故号曰中宗、高宗。此则前代之明鉴也。今案旧占,灾火之发,皆以台榭宫室为诫。然今宫室之所以充广者,实由宫人猥多之故。宜简择留其淑懿[7],如周之制,罢省其余。此则祖己[8]之所以训高宗,高宗之所以享远号也。"

子。'又说:'君主建造高台,上天就降下火灾。'这是说如果人君只重视修饰宫殿,不知道百姓物力的枯竭,那么上天就会降下旱灾,大火就会从高高的殿阁烧起。上天降下鉴戒,因此谴责告诫陛下,陛下应该增加对百姓的关注,以此来回应上天的意愿。过去商朝太戊时朝堂上长出桑树和谷子,武丁看到野鸡飞到鼎上鸣叫,他们都是听闻这些灾异就感到恐惧,于是恭谨地修养德行,三年之后政治清明,远方的异族前来朝贡,太戊、武丁因此被称为中宗、高宗。这都是前代留下可供借鉴的事例。现在考察过去的占卜事例,火灾的发生,都是对修筑亭台宫殿进行告诫。现在之所以兴建这么多宫殿,实在是因为宫女太多的缘故。应该挑选她们当中贤惠有德的留下来,效仿周代的制度,释放剩余的宫女。这正是祖己所告诫高宗的,也是高宗能长久享有美誉的原因。"

今注　1 太史令:掌天文、历法以及编写史书。魏晋以后修史的任务划归著作郎。　2 崇华殿:三国魏都洛阳宫城内北宫中殿名,遗址在今河南洛阳东北。　3《易传》:指西汉京房所撰《京氏易传》。京房为西汉今文易学"京氏学"的开创者,好以灾异推论时政得失。　4 人道:指社会中要求人们遵循的道德规范。这里引申为对百姓民众的关心。　5 昔太戊有桑穀生于朝：据《史记·殷本纪》载，商代国君太戊继位后，任伊陟为相。当时亳地出现桑树、穀树共生，一夜之间就长到合抱之粗。太戊听闻惊惧，伊陟建言说“妖不胜德”，劝太戊修行德政。后桑、穀果然枯死，殷商也得以复兴，诸侯来归。太戊因此功勋，故庙号称“中宗”。 6 武丁有雊(gòu)雉登于鼎：据《史记·殷本纪》载，殷商君主武丁祭祀成汤，第二天有雉(野鸡)飞到鼎耳上鸣叫。武丁见此害怕，长子祖己劝其“先修政事”。后武丁施行德政，天下欢心，“殷道复兴”。武丁因此功勋，被立庙称“高宗”。雊，野鸡鸣叫。 7 淑懿：有美德。 8 祖己：即殷商高宗武丁的长子，有孝名，后受继母谗言而遭流放，忧愤而终。

诏问隆：“吾闻汉武帝时，柏梁灾[1]，而大起宫殿以厌之，其义云何？”隆对曰：“臣闻西京柏梁既灾，越巫陈方，建章[2]是经，以厌火祥。乃夷越之巫所为，非圣贤之明训也。《五行志》曰：‘柏梁灾，其后有江充巫蛊卫太子事。[3]’如《志》之言，越巫建章无所厌也。孔子曰：‘灾者修类应行，精祲[4]相感，以戒人君。’是以圣主睹灾责躬，退而修德，以消复之。今宜罢散民役。宫室之制，务从约

明帝下诏询问高堂隆：“我听说汉武帝的时候，柏梁台发生火灾，但却大建宫殿来镇压灾祸，这是什么道理呢？”高堂隆回答说：“臣听说西京柏梁台遭受火灾后，越地巫师上奏应对的办法，说可以建造建章宫，来镇压火灾显示的灾祸。这是夷越巫师的举措，不是圣明贤良之人的训导。《五行志》说：‘柏梁火灾，然后就发生了江充用巫蛊诬陷卫太子的事。’按照《五行志》的记载来说，越地巫师建议修建的建章宫并没有镇压住祸难。孔子说：‘灾异与人的行为相感应，阴阳精气与人相互感应，以此告诫君王。’因此圣明的君主见到灾祸就批评自己，退而修养德行，以此消除灾害，恢复正常。现在应该减免民众的劳

节，内足以待风雨，外足以讲礼仪。清扫所灾之处，不敢于此有所立作，萐莆、嘉禾[5]必生此地，以报陛下虔恭之德。岂可疲民之力，竭民之财！实非所以致符瑞而怀远人也。”帝遂复崇华殿，时郡国有九龙见，故改曰九龙殿。

役。宫殿建造的规模，务必遵从简约和节俭，内部可以避风挡雨，外面可以讲演礼仪就够了。清除打扫火灾发生的地方，不敢在这里建筑宫殿，那样萐莆、嘉禾这样的祥瑞就一定会在这里出现，来报答陛下虔诚恭谨的美德。怎么能让百姓疲惫，民财穷尽呢！这实在不是招来祥瑞，安抚远方民众的方法啊。”明帝因此重建了崇华殿，当时郡国中有九龙出现，因此又改称九龙殿。

今注　1 柏梁灾：据《史记·孝武本纪》载，太初元年（前104）未央宫柏梁台发生火灾，越巫勇之建言说，越地风俗，凡遭受火灾后，建造更大的宫室可消除灾祸。武帝因此更建规模宏大的建章宫。　2 建章：即建章宫，始建于武帝太初元年，宫在未央宫西，长安城外，跨城筑有飞阁辇道，可从未央宫直至建章宫，宫殿规制宏大，有“千门万户”之称。　3 其后有江充巫蛊也卫太子事：汉武帝晚年，因惧怕遭巫蛊陷害而派江充治巫蛊事。江充与武帝太子刘据有隙，故诬陷太子用木人咒武帝，太子惊惧而捕杀江充并起兵，后战败自杀。　4 精祲（jīn）：阴阳之气。旧谓阴阳相侵为灾异的征兆。　5 萐莆（shà pú）：古代传说中一种表示吉祥的异草。嘉禾：古代将三苗共穗等生长异常的禾苗称为“嘉禾”，被认为是吉祥的征兆。

陵霄阙[1]始构，有鹊巢其上，帝以问隆，对曰：“《诗》云‘维鹊有巢，

陵霄阙开建的时候，有喜鹊在上面筑巢，明帝以这件事询问高堂隆，高堂隆回答说：“《诗经》上说‘喜鹊建了巢，斑鸠却

维鸠居之'[2]。今兴宫室，起陵霄阙，而鹊巢之，此宫室未成身不得居之象也。天意若曰，宫室未成，将有他姓制御之，斯乃上天之戒也。夫天道无亲，惟与善人，不可不深防，不可不深虑。夏、商之季，皆继体也，不钦承上天之明命，惟谗谄是从，废德适欲，故其亡也忽[3]焉。太戊、武丁，睹灾竦惧，祗承[4]天戒，故其兴也勃[5]焉。今若休罢百役，俭以足用，增崇德政，动遵帝则，除普天之所患，兴兆民之所利，三王[6]可四，五帝[7]可六，岂惟殷宗转祸为福而已哉！臣备腹心，苟可以繁祉[8]圣躬，安存社稷，臣虽灰身破族，犹生之年也。岂惮忤逆之灾，而令陛下不闻至言乎？”于是帝改容动色。

霸占住在里面'。现在兴建宫殿，刚开始修筑陵霄阙，就有喜鹊在上面筑巢，这是宫殿没有建好且自己不能居住在里面的征兆。天意好似在说，宫殿没有建成，将会有别的姓氏的人拥有它，这是上天降下的警戒啊。上天无所偏爱，只赐福给品德高尚的人，因此举动不能不多加防备，不能不慎重思虑。夏、商两代的末期，君主都继承了先祖的基业，但不恭敬地承接上天的明训，只是听从好谗毁谄媚的人说的话，废弃德行而满足欲望，因此他们的灭亡就很快速。太戊、武丁，看到灾祸后心惊胆战，恭谨地承接上天的告诫，因此他们的兴盛也很迅速。现在如果罢免各种劳役，实行节俭使国家有充足的财力，增加和推行德政，行动遵循帝王的准则，除去让天下所担忧的弊政，推行让百姓获利的事，那三王之后就会变成四个，五帝也可以成为六个，哪里只有殷代帝王可以转祸为福而已呢！臣作为陛下的心腹，如果能为陛下增加福祉，安稳国家，臣即便化为灰烬，家族被诛，也像是重获新生一样。怎么会因为害怕违背陛下的心意而受到惩罚，便不让陛下听到恳切的言论呢？”明帝听完神色严肃起来。

今注　1 陵霄阙：宫阙名。阙，皇宫门前两边供瞭望的高楼。　2 维鹊有巢，维鸠居之：语出《诗经·召南·鹊巢》。这两句是说，鸠鸟不善于筑巢，而鹊鸟筑好巢后，却被鸠鸟占据了。　3 忽：迅速，突然。　4 祇(zhī)承：祇奉，即恭敬地承奉。　5 勃：突然，忽然。　6 三王：历代关于三王的具体指称不一。东晋经学家范宁《春秋穀梁传集解》注认为三王为夏、商、周三代之君。汉人赵岐《孟子章句》注认为三王具体指夏禹、商汤、周文王。综合而言，三王是古人对三代圣明君主的代称。　7 五帝：上古传说中的五位帝王，说法不一。司马迁认为"五帝"是黄帝、颛顼、帝喾、唐尧、虞舜。《礼记》载太昊(伏羲)、炎帝(神农)、黄帝、少昊(挚)、颛顼为五帝。综合而言，五帝也是古人对上古时代明君的代称。　8 繁祉：多福，这里作动词，即增福。

是岁，有星孛于大辰[1]。隆上疏曰："凡帝王徙都立邑，皆先定天地社稷[2]之位，敬恭以奉之。将营宫室，则宗庙[3]为先，厩库[4]为次，居室为后。今圜丘[5]、方泽[6]、南北郊[7]、明堂[8]、社稷，神位未定，宗庙之制又未如礼，而崇饰居室，士民失业。外人咸云宫人之用，与兴戎军国之费，所尽略齐。民不堪命，皆有怨怒。《书》曰'天聪明自我民聪明，天

这年，有彗星出现在心宿附近。高堂隆上疏说："凡是帝王迁都建城，都会先确定天地社稷之神的位置，恭敬地祭祀它们。将要建造宫殿，会先筑宗庙，再建马厩和仓库，居住的宫室在最后。现在圜丘、方泽、南北郊、明堂、社稷等祭祀的位置还没有确定，宗庙的规格又不合礼制，反而大加修饰居住的宫室，使百姓不能从事本职。外人都说宫人的开销和出兵打仗的费用差不多。百姓难以承受沉重的负担，都有愤怒和抱怨。《尚书》说'上天听取意见观察问题是从百姓中听取和观察的，上天表彰好人惩罚恶人也是依据百姓意见来进行表彰

明畏自我民明威’，舆人作颂，则向[9]以五福[10]，民怒吁嗟，则威[11]以六极[12]，言天之赏罚，随民言，顺民心也。是以临政务在安民为先，然后稽古之化，格于上下，自古及今，未尝不然也。夫采椽[13]卑宫，唐、虞、大禹之所以垂皇风也；玉台琼室，夏癸、商辛之所以犯昊天也。今之宫室，实违礼度，乃更建立九龙，华饰过前。天彗章灼，始起于房心[14]，犯帝坐而干紫微[15]，此乃皇天子爱陛下，是以发教戒之象，始卒皆于尊位，殷勤郑重，欲必觉寤陛下；斯乃慈父恳切之训，宜崇孝子祗耸[16]之礼，以率先天下，以昭示后昆[17]，不宜有忽，以重天怒。”

惩罚的’，众人唱起赞颂，上天就会用五福加以劝勉，百姓愤怒怨叹，上天就会降下六极作为惩罚，这就是说上天的赏罚，依从百姓的言语，顺应百姓的心意。所以处理政务一定要把安抚百姓放在首位，然后考察古代教化的方法，将它在百官和民众之间推行，从古到今，没有不是这样的。用没经加工的椽木建造低矮的宫殿，这是尧、舜、禹的风范能流传至今的缘由；建造玉石的台阁宫室，这是夏癸、商辛触犯上天的原因。现在的宫殿，实在违背礼法制度，还要建造九龙殿，装饰华丽超过以前。天上彗星彰明显著，从东方七宿的房宿和心宿开始，进犯帝坐星又侵入紫微星，这是上天像对待儿子那样爱护陛下，因此显示出告诫的现象，从始至终都出现在天空中的帝位附近，殷切郑重，一定要陛下觉悟过来，这是如慈父般的诚恳直切的训导，应该遵照孝子敬重父亲那样的礼节，以此为天下做出表率，明确地照示后代，不应该有所忽视轻慢，以致加重上天的愤怒。”

今注 1 星孛(bèi)于大辰：即有彗星在心宿附近出现。孛，谓彗星出现时光芒四射的现象。旧以为不祥之兆。大辰，即中国古代天文学中星域内的心宿，有星三颗。因为心宿二是一颗红巨星，呈红色，是一等星，古人称之为火、大火，也即大辰。 **2** 社稷：即土地神和谷神。中国古代崇尚自然，故把天、地和与生产相关的土地神、谷神都放于祭祀活动的核心位置。 **3** 宗庙：古代帝王、诸侯祭祀祖宗的庙宇。 **4** 厩库：牲口房和库房。 **5** 圜(yuán)丘：古代帝王冬至祭天的地方。 **6** 方泽：即方丘。古代夏至祭地祇的方坛。 **7** 南北郊：即南郊与北郊，分别为古代帝王祭天、祭地之处。 **8** 明堂：古代帝王宣明政教的地方。 **9** 向：劝导。 **10** 五福：据《尚书·洪范》："五福：一曰寿，二曰富，三曰康宁，四曰攸好德，五曰考终命。"即长寿、富贵、平安、美德、善终五种福分。 **11** 威：警戒，惩罚。 **12** 六极：据《尚书·洪范》："六极：一曰凶短折，二曰疾，三曰忧，四曰贫，五曰恶，六曰弱。"即早亡、疾病、忧愁、贫穷、不行善德、愚懦六种不好的情况。一说"极"通"殛"，谓上天所给予人的六种惩罚。 **13** 采椽(chuán)：栎木或柞木椽子。《韩非子·五蠹》载："尧之王天下也，茅茨不剪，采椽不斫。"因此以"采椽"言俭朴。 **14** 房心：即房宿和心宿。 **15** 犯帝坐而干(gān)紫微：帝坐，即"帝座"，古星名，属天市垣，即武仙座α星。紫微，即紫微垣，古星官名，三垣中的中垣。该天区在北天极附近，居于北天中央，中国古代认为此象征帝王。犯，侵犯。干，冲犯。 **16** 祗耸：恭敬惶恐。此指敬重。 **17** 后昆：后代，后嗣。

时军国多事，用法深重。隆上疏曰："夫拓迹垂统[1]，必俟圣明，辅世匡治，亦须良佐，用能庶绩其凝而品物康乂[2]也。夫移风易俗，宣明

当时国家军政事务繁多，使用的刑法严苛。高堂隆上疏说："开创帝业并留下继承统绪，一定是等待着圣明的君主才能实行；辅助世道匡扶政治，也需要有贤良的大臣才可实现，因为他们能完成各项事业并能让万物安治。移风易俗，

道化，使四表[3]同风，回首面内，德教光熙，九服[4]慕义，固非俗吏之所能也。今有司务纠刑书，不本大道，是以刑用而不措，俗弊而不敦。宜崇礼乐，班叙明堂，修三雍、大射、养老[5]，营建郊庙，尊儒士，举逸民，表章制度，改正朔，易服色，布恺悌，尚俭素，然后备礼封禅，归功天地，使雅颂[6]之声盈于六合[7]，缉熙之化混于后嗣。斯盖至治之美事，不朽之贵业也。然九域之内，可揖让而治[8]，尚何忧哉！不正其本而救其末，譬犹棼丝[9]，非政理也。可命群公卿士通儒，造具其事，以为典式。”隆又以为改正朔，易服色，殊徽号[10]，异器械，自古帝王所以神明其政，变民耳目，故三春

宣扬道德，推行教化，让天下风俗统一，向中央归附臣服，恩德教化大盛，远方的人也钦服于道义，本来就不是一般的官员所能做到的。现在有的官员行政只僵硬地照搬刑律文书，不能遵循大道，因此使用刑法却不能阻止犯罪，风俗衰败而不朴实。陛下应该推重礼乐，在明堂上按序行礼，修建三雍，演习大射、养老等礼仪，建造祭天地的郊宫和祭祖先的宗庙，尊重儒士，举荐隐居的人才，推广各项制度，改变历法，变易服饰颜色，倡导平和友善的风气，崇尚节俭朴素，然后准备礼仪举行封禅，将功劳归于天地，让盛世之乐遍布四方，光明的教化流传到后世。大概这就是国家得到最好治理的美事，不会磨灭的盛大事业。此时九州之内，可以靠礼乐文德便能得到治理，还有什么可以忧虑的呢！不改正政务中的根本却补救细枝末节，就像整理乱丝，这不是为政的正确办法。可以命令公卿大夫及博学的儒生，制定完备的制度，成为后世的典范。”高堂隆又认为改历法，变换服饰的颜色，区别旗帜的名号，变更器械，是自古以来帝王令其政治神圣，改变百姓所见所闻的办法，所以夏、商、周三

称王[11],明三统[12]也。于是敷演旧章,奏而改焉。帝从其议,改青龙五年春三月为景初元年孟夏四月,服色尚黄,牺牲用白,从地正[13]也。

代春正月各异,以使正朔分明清晰。于是他加以发挥地陈奏过去的制度,上书请求更改。明帝听从了他的建议,改青龙五年(237)春三月为景初元年孟夏四月,服饰推崇黄色,祭祀的牲畜用白色,使用以殷商的丑月为正月的历法纪年。

今注　1 拓迹垂统:即开拓基业,并传给后代子孙。　2 康乂(yì):安治。　3 四表:四方极远之地,亦泛指天下。　4 九服:王畿以外的九等地区。据《周礼·夏官》载,自京畿向远方递推,分别为侯服、甸服、男服、采服、卫服、蛮服、夷服、镇服、藩服。　5 三雍:汉时对辟雍、明堂、灵台的总称。大射:为祭祀择士而举行的射礼。养老:古代为年高德著的老者举行饷以酒食的礼仪。　6 雅颂:是《诗经》中两部分内容分类的名称,也是乐曲分类的名称。雅乐是朝廷的乐曲,颂为宗庙祭祀的乐曲。后亦以"雅颂"指盛世之乐。　7 六合:即上天下地,东西南北四方,合称六合,泛指整个天下。　8 揖让而治:指用礼乐文德而不需要武力便能使天下大治。揖让,宾主相见的礼仪,后比喻礼乐文德。　9 棼(fén)丝:乱丝。　10 徽号:旗帜的名号,指旗帜的式样、图案、颜色,作为新兴朝代或某个帝王新政的一种标志。　11 三春称王:因为夏、商、周三代所定正朔各异,夏建寅月,商建丑月,周建子月,故三代春正月也各不相同,但三代为治世代表。　12 三统:指夏、商、周三代的正朔。　13 地正:指殷代以丑月(即夏历十二月)为正月的历法。

迁光禄勋。帝愈增崇宫殿,雕饰观阁,凿太行之石英,采谷城之文石,起

高堂隆升任光禄勋。明帝越来越多地修建宫殿,雕刻装饰观光的楼阁,开凿太行山的石英石,开采谷城带花纹

景阳山于芳林之园，建昭阳殿于太极之北，铸作黄龙凤皇奇伟之兽，饰金墉、陵云台、陵霄阙。百役繁兴，作者万数，公卿以下至于学生，莫不展力，帝乃躬自掘土以率之。而辽东不朝，悼皇后崩，天作淫雨，冀州水出，漂没民物。隆上疏切谏曰：

“盖天地之大德曰生，圣人之大宝曰位。何以守位？曰仁。何以聚人？曰财。然则士民者，乃国家之镇也；谷帛者，乃士民之命也。谷帛非造化[1]不育，非人力不成。是以帝耕以劝农，后桑以成服，所以昭事上帝，告虔报施也。昔在伊唐，世值阳九[2]厄运之会，洪水滔天，使鲧[3]治之，绩用不成，乃举文命[4]，随山刊木，前后历年二十二载。灾眚[5]之甚，莫过于彼，力役之兴，

的石头，在芳林园中堆积出景阳山，在太极殿的北边建昭阳殿，铸造黄龙、凤凰等奇伟神兽的造像，装饰金墉、陵云台、陵霄阙。各种劳役频繁兴起，服役的民夫有数万人，上至公卿下至太学生，没有不出力的，明帝甚至亲自挖土来作为表率。然而此时辽东地区不来朝觐，悼皇后驾崩，上天降下连日大雨，冀州发生水灾，百姓的财物被冲没。高堂隆上书恳切地劝谏说：

“天地最大的恩德是生养万物，圣人最宝贵的是名位。怎么来守住名位呢？用仁。怎么聚集百姓呢？用财。由此可知百姓是国家的基础；谷物布帛，是百姓的生命。谷物布帛没有天地不能产出，没有人力不能成形。因此帝王亲自耕作来劝勉百姓务农，皇后亲自采桑来促进布帛衣服的生产，这是勤勉地服事上天，用虔诚的行动报答上天赐予恩惠的办法。过去在唐尧的时候，人世间遭受各种灾祸，洪水泛滥，让鲧去治理，没有成功，于是举荐大禹，沿着山陵砍伐树木，前后经历二十二年。灾害的严重程度，没有超过这回的，百姓劳役的时长，也没有比这更长的，然而尧、

莫久于此，尧、舜君臣，南面而已。禹敷九州[6]，庶士庸勋[7]，各有等差，君子小人，物有服章。今无若时之急，而使公卿大夫并与厮徒共供事役，闻之四夷，非嘉声也，垂之竹帛，非令名[8]也。是以有国有家者，近取诸身，远取诸物，妪煦[9]养育，故称“恺悌君子，民之父母”。今上下劳役，疾病凶荒，耕稼者寡，饥馑荐臻[10]，无以卒岁；宜加愍恤，以救其困。

舜这些君臣都只是坐着颁发号令而已。大禹划分九州，上下官员的功劳，各有等级差别，官员和平民，各有不同的服饰。现在没有那时候的紧急情况，但让公卿大夫以及百姓共同服役劳动，让四方的少数民族听到了，不是好的名声，记录在史册上，也不是好的名誉。因此统领家国的诸侯大夫，近则向身边人学习，远则效法自然万物，生养抚育，因此被称作“和蔼友善的君子，是百姓的父母”。现在从上到下服劳役，疾病和灾荒蔓延，耕作的人少，饥荒接连到来，百姓没有办法度过年关，陛下应该怜悯体恤他们，解救他们的困苦。

今注　**1** 造化：自然界的创造者。亦指天地、自然。　**2** 阳九：指有灾荒或厄运的年景。中国古代术数家认为，四千六百一十七岁为一元，初入元一百零六岁，内有旱灾九年，谓之“阳九”，其灾即为厄。　**3** 鲧(gǔn)：鲧为上古唐尧时期有崇部落的首领，曾经领导治水九年，但没有成功，后被尧处死。　**4** 文命：相传为大禹的名字。　**5** 灾眚(shěng)：灾殃，祸患。　**6** 禹敷九州：据《尚书·禹贡》载，大禹治水时，为了便于统一管理，将天下划分为九州，即冀州、兖州、青州、徐州、扬州、荆州、梁州、雍州、豫州。敷，分。　**7** 庸勋：功勋。　**8** 令名：美好的声誉。　**9** 妪(yù)煦：生养抚育。妪，指地赋物以形体；煦，指天降气以养物。　**10** 荐臻：接连来到。

“臣观在昔书籍所载，天人之际[1]，未有不应也。是以古先哲王，畏上天之明命，循阴阳之逆顺，矜矜业业[2]，惟恐有违。然后治道用兴，德与神符，灾异既发，惧而修政，未有不延期流祚者也。爰及末叶[3]，暗君荒主，不崇先王之令轨[4]，不纳正士之直言，以遂其情志，恬忽[5]变戒，未有不寻[6]践祸难，至于颠覆者也。

“天道既著，请以人道论之。夫六情五性[7]，同在于人，嗜欲廉贞，各居其一。及其动也，交争于心。欲强质弱，则纵滥不禁；精诚不制，则放溢无极。夫情之所在，非好则美，而美好之集，非人力不成，非谷帛不立。情苟无极，则人不堪其劳，物不充其

“臣看过去书上的记载，天象和人事之间，没有不相互感应的。因此古代贤明的帝王，敬畏上天显示出的命令，遵循阴阳顺逆的规律，谨慎戒惧，只怕有违背的地方。然后国政就兴盛起来，德行与神明的要求一致，灾异发生了，便警惧地改善政务，因此没有不让王朝延续流传到后代的。等到了末期，君主昏暗荒淫，不尊崇先王制定的法令，不接纳正直人士的劝谏，随心所欲，对上天的训诫和灾异毫不在意，没有不很快就遭受祸难，导致国家灭亡的。

“上天的道理已经明白了，请再用人伦的道理来论说。喜、怒、哀、乐、爱、恶的六情和仁、义、礼、智、信这五性，同时具备在一个人身上，嗜好欲望和清廉忠贞各占据人的一部分。到了它们活动的时候，在心中交替争斗。欲望强而意志弱，那就会纵情泛滥不能停止；精纯的诚心不能控制欲望，那就会放荡没有边界。人的情欲，不是喜欢好的就是爱美的，但美好的东西，没有人力便不能生成，没有粮食布帛也不能成立。假如情欲没有边际，那人就承受不住所引起的劳苦，有再多物品也满足不了他的追求。劳苦和追

求。劳求并至，将起祸乱。故不割情，无以相供。仲尼云：‘人无远虑，必有近忧。’由此观之，礼义之制，非苟拘分，将以远害而兴治也。

求同时出现，祸乱就会发生。因此若不割舍情欲，就无法得到满足。孔子说：‘人没有长久的打算，就一定有即将到来的忧患。’由此来看，礼义的制定，不只是为了个人安守本分，还是为了远离祸患而让国家兴盛啊。

今注　1 天人之际：天道与人事之间的关系。　2 矜矜业业：谨慎戒惧貌。　3 末叶：末世，即王朝末期。　4 令轨：良好的法度、制度。　5 恬忽：此处指忽视、轻视。　6 寻：不久。　7 六情五性：六情，即喜、怒、哀、乐、爱、恶。五性，即仁、义、礼、智、信。

“今吴、蜀二贼，非徒白地[1]小虏、聚邑之寇，乃据险乘流，跨有士众，僭号称帝，欲与中国争衡。今若有人来告，权、禅并修德政，复履清俭，轻省租赋，不治玩好，动咨耆贤[2]，事遵礼度。陛下闻之，岂不惕然[3]恶其如此，以为难卒讨灭，而为国忧乎？若使告者曰，彼二贼并为无道，崇侈无度，役其士民，重其征赋，下不堪命，吁嗟[4]日甚。陛

“现在吴、蜀国两个敌贼，不是没有地盘的小贼、聚集在城邑的寇盗而已，而是占据着险要的地势和凭借着长江的有利条件，拥有着大量军队，僭越称帝，想和魏国争夺天下的敌人。现在如果有人来报告说，孙权、刘禅都在修治德政，又践行节俭，减轻租赋，不制造玩物，凡有行动就向年老贤能的人咨询，行事遵循礼法规定。陛下听到了，难道不惶恐和厌恶他们这么做，并认为最终难以消灭他们，而成为国家的忧患吗？如果来报告的人说，这两个敌人都不修德政，崇尚奢侈没有限度，劳役官员和百姓，加重征收赋税，下面的人负担沉重，活不下去，

下闻之,岂不勃然忿其困我无辜之民,而欲速加之诛,其次,岂不幸彼疲弊而取之不难乎?苟如此,则可易心而度,事义之数亦不远矣。

怨叹日益严重。陛下听到了,难道不会十分愤怒他们使我们无辜的百姓遭受困苦,而因此想加快消灭他们,其次,难道不会庆幸他们疲惫衰败而容易征讨吗?假如是这样,那就可以换位思考,那距离弄清事情的道理就不远了。

今注 1 白地:指没有地盘。 2 耆(qí)贤:年高贤德之人。耆,六十岁称耆,泛指老人。 3 惕(tì)然:惶恐的样子。 4 吁嗟:哀叹,叹息。

“且秦始皇不筑道德之基,而筑阿房之宫,不忧萧墙之变[1],而修长城之役。当其君臣为此计也,亦欲立万世之业,使子孙长有天下,岂意一朝匹夫大呼,而天下倾覆哉?故臣以为,使先代之君知其所行必将至于败,则弗为之矣。是以亡国之主自谓不亡,然后至于亡;贤圣之君自谓将亡,然后至于不亡。昔汉文帝称为贤主,躬行约俭,惠下养民,而贾谊方[2]之,以为天下倒县[3],可为痛哭者一,

“秦始皇不修筑道德的基础,反而建造阿房宫,不忧虑内部的变乱,反而发起兴修长城的劳役。在他们君臣谋划这些事的时候,也想着建立流传万代的基业,让子孙后代长久地拥有天下,哪里会预料到有一天一介匹夫大呼一声,国家就颠覆灭亡了呢?因此臣认为,假使那些先代的君主知道自己的行事一定会导致失败,那他们就不会再做了。因此亡国的君主自己说不会灭亡,但最终还是走向灭亡;贤圣的君主自认为将会灭亡,但最终没有走向灭亡。过去汉文帝被称为是贤明的君主,亲自践行节俭,爱护和抚育百姓,但贾谊还是上书用危言作比,认为天下的百姓处于危急之中,可为痛哭的事有一,可为流

可为流涕者二，可为长叹息者三。况今天下凋弊，民无儋石[4]之储，国无终年之畜，外有强敌，六军暴边，内兴土功，州郡骚动，若有寇警，则臣惧版筑[5]之士不能投命虏庭矣。

泪的事有二，可为长叹息的事有三。何况现在天下凋零疲敝，百姓没有多少储藏，国家没有一年的积蓄，在外有强劲的敌人，军队露宿在边境，在内却大兴土木，州郡动乱，假如再有敌人侵犯的警报传来，则臣担心那些修筑宫殿的人不能为抗击敌人舍生忘死了。

今注　1 萧墙之变：比喻由内部原因导致的灾祸、变乱。萧墙，古代宫室内作为屏障的矮墙。　2 方：比拟；比喻。　3 倒县：指人头脚倒置地或物上下倒置地悬挂着，比喻处境极其困苦或危急。县，同“悬”。　4 儋(dàn)石：计量单位，十斗一石，二石为儋，形容存粮不多。　5 版筑：本义为两种筑土墙的工具，借指土木工匠。

“又，将吏奉禄，稍见折减，方之于昔，五分居一；诸受休者又绝廪赐[1]，不应输[2]者今皆出半：此为官入兼多于旧，其所出与参少于昔。而度支经用，更每不足，牛肉小赋[3]，前后相继。反而推之，凡此诸费，必有所在。且夫禄赐谷帛，人主所以惠养吏民而为之司命者也，若今有废，是夺其

“此外，官吏将领的俸禄，日趋减少，和过去相比，只有五分之一；已去职的人又被断绝了俸禄供给，之前不应该缴纳赋税的现在也要缴纳一半：这就是说官府的收入比过去要多一倍，但支出却只有以前的三分之一。但计划的支出费用，反而常常不够，而像新出的牛肉小税，前后接连不断。反过来推算，凡是这些多收的税，一定被用在了某些地方。况且俸禄中赏赐粮食布帛，是君主赐予官吏士民的恩惠，使他们能维持生存，如果现在有所减废，那就是夺取他们的生命啊。

命矣。既得之而又失之，此生怨之府也。《周礼》，大府掌九赋之财，以给九式之用，入有其分，出有其所，不相干乘而用各足。各足之后，乃以式贡之余，供王玩好。又上用财，必考于司会[4][1]。今陛下所与共坐廊庙[5]治天下者，非三司九列[6]，则台阁[7]近臣，皆腹心造膝[8]，宜在无讳。若见丰省而不敢以告，从命奔走，惟恐不胜，是则具臣[9]，非鲠辅[10]也。昔李斯教秦二世曰：'为人主而不恣睢[11]，命之曰天下桎梏。'二世用之，秦国以覆，斯亦灭族。是以史迁议其不正谏，而为世诫。"

书奏，帝览焉，谓中书监、令曰："观隆此奏，使朕惧哉！"

已经得到之后却又失去，这就是产生怨恨的根源。《周礼》上说，大府掌管的各种赋税收入，是为给各种开销提供供给的，征收有一定的规定，使用也有一定规定，不相互干扰而各自取用充足。各自取用充足之后，才用所征收财物中多余的部分，供给帝王享乐。并且君主的财务支出，一定要经过有关部门考察审核。现在和陛下一起在朝堂上治理天下的，不是三公九卿，就是台阁近臣，都是陛下最亲近的人，应该毫无避讳。如果见到财税的增减而不敢报告，唯唯诺诺地听命行事，只担心不能保住官位，这只是占据官位充数的人，并非刚直有力的辅臣。过去李斯教导秦二世说：'作为君主而不能随心所欲，这就叫让天下成为自己的脚镣手铐。'秦二世遵循这样的思想治国，秦国因此灭亡，李斯也因此被灭族。因此司马迁批评他不能正直地劝谏，应该作为后世的借鉴。"

奏疏呈报上去，明帝看后，对中书监、中书令说："看了高堂隆的这份奏疏，使我十分惊惧啊！"

今注　1 廪(lǐn)赐：俸禄和赏赐。　2 输：缴纳赋税。　3 牛肉小赋：据胡三省《资治通鉴》注，古代犒飨役使民工，若经费不足，就征牛肉补充。　4 司会：官名，管理财政，以及对群官政绩进行考察。　5 廊庙：指朝廷。　6 三司九列：即三公九卿。　7 台阁：即尚书台大臣。　8 造膝：即促膝。形容亲近。　9 具臣：备位充数的大臣。　10 骾辅：刚直有力的辅佐者。　11 恣睢(zì suī)：放纵，放任。

裴注　[1] 会，音脍。

隆疾笃，口占[1]上疏曰："曾子有疾，孟敬子问之。曾子曰：'鸟之将死，其鸣也哀；人之将死，其言也善。'臣寝疾病[2]，有增无损，常惧奄忽[3]，忠款不昭。臣之丹诚，岂惟曾子？愿陛下少垂省览！涣然改往事之过谬，勃然兴来事之渊塞[4]，使神人向应，殊方[5]慕义，四灵[6]效珍，玉衡[7]曜精，则三王可迈，五帝可越，非徒继体守文[8]而已也。臣常疾世主莫不思绍尧、舜、汤、武之治，而蹈踵桀、纣、幽、厉之迹，莫不蚩笑季世

高堂隆疾病加重，口述上疏说："曾子生病了，孟敬子前来问候。曾子说：'鸟将要死的时候，它的鸣叫声是悲哀的；人将要死的时候，他说的话是和善的。'臣卧床病重，病情不断加重而没有减轻，常常担心突然死去，而忠心不能表白。臣的赤诚之心，难道只像曾子？希望陛下能稍微省察审视一番！能猛然更改过去的错误，忽然兴起对未来之事的深远见识，能让神明和百姓响应，远方仰慕，龙、凤、龟、麟前来献宝，玉衡光芒闪耀，那么就能赶上三王的事业，超越五帝的功绩，不是只单单继承帝业墨守成规而已。臣常常痛心世上的君主没有不想接续尧、舜、汤、武那样的治世，但却常走上桀、纣、幽、厉的旧路，他们无不嘲笑王朝末期迷乱亡国的君主，

惑乱亡国之主，而不登践虞、夏、殷、周之轨。悲夫！以若所为，求若所致，犹缘木求鱼[9]，煎水作冰，其不可得，明矣。

但却不能遵循和实践虞、夏、商、周那样的正轨。可悲啊！用这样的行为，求取那样的结果，就像爬到树上去找鱼，煮着水想得到冰，这是显而易见不能达成的。

今注 1 口占：谓口授其辞。 2 寝疾病：卧病在床。 3 奄忽：此指死亡。 4 渊塞：即“塞渊”，谓笃厚诚实，见识深远。 5 殊方：远方，异域。 6 四灵：指麟、凤、龟、龙四种灵畜。 7 玉衡：北斗七星中的第五星，又泛指北斗。 8 继体守文：继承帝业，遵循先王法度。 9 缘木求鱼：爬到树上去找鱼。比喻方向或办法不对，不可能达到目的。缘木，爬树。

“寻观三代之有天下也，圣贤相承，历载数百，尺土莫非其有，一民莫非其臣，万国咸宁，九有有截[1]，鹿台[2]之金，巨桥[3]之粟，无所用之，仍旧南面[4]，夫何为哉！然癸、辛[5]之徒，恃其旅力，知足以拒谏，才足以饰非，谄谀是尚，台观是崇，淫乐是好，倡优是说[6]，作靡靡之乐[7]，安濮上之音[8]。上天不蠲[9]，眷然回顾，宗国为墟，下夷

“考察夏商周三代取得天下的缘由，圣明贤良的君主接续不断，历经数百年，大地上没有一尺土地不归他们所有，没有一个百姓不是他们的臣民，各诸侯国都安定平稳，九州整齐划一，鹿台上的金银财宝，巨桥的粮食，没有了用处，但仍然可以面朝南边称帝，这是为什么啊！然而夏桀、商纣这类人，依仗着自己的勇武，智力足以拒绝劝谏，才能足以掩饰过错，喜欢阿谀奉承，崇尚高台楼观，爱好淫靡的音乐，喜爱歌舞杂戏，制作靡靡之音，沉迷于濮水地区的乐曲。上天不赦免他们的罪过，回头关注人世，宗庙与国家都已化为废墟，他们也被手下的奴隶杀

于隶，纣县[10]白旗，桀放鸣条[11]；天子之尊，汤、武有之，岂伊异人，皆明王之胄[12]也。

死，商纣被砍头而挂在白旗上，夏桀被放逐到鸣条；尊贵的天子身份，商汤、周武王都拥有，难道他们是特别的人吗，同样都是英明君主的后代啊。

今注 1 有截：整齐、齐一。 2 鹿台：相传为殷纣王所筑高台。 3 巨桥：古代粮仓名。相传为殷纣聚敛粮食之所，武王克殷后散其粟赈民。 4 南面：中国古代座次中，以坐北朝南为尊位。因此在帝王会见群臣时，都是面南而坐，故多用以指居帝位。 5 癸、辛：即夏桀和商纣。 6 说："悦"的古字。 7 靡靡之乐：指柔弱、颓靡的音乐。 8 濮上之音：相传春秋时期，卫灵公出访晋国途中，在濮水之上夜宿时听到琴声，并命乐师记录下来。后卫灵公在见晋平公时让乐师复奏出来，但一曲未终，便被乐师师旷制止。师旷解释说，这曲子为武王伐纣时，向东逃逸后在濮水自溺的师延（殷纣时乐官）所作，因此后世听到此曲，国家必定衰亡。后以此比喻颓废亡国之音。濮上，指濮水之滨。 9 蠲(juān)：通"捐"。除去；减免。 10 县：同"悬"，张挂。 11 鸣条：地名，在今山西运城安邑镇北。 12 胄：帝王或贵族的后裔。

"且当六国之时[1]，天下殷炽，秦既兼之，不修圣道，乃构阿房之宫，筑长城之守，矜夸中国，威服百蛮[2]，天下震竦，道路以目[3]。自谓本枝百叶，永垂洪晖，岂寤二世而灭，社稷崩圮哉？近

"在六国争霸的时代，天下战乱激烈，秦国兼并了各国之后，不遵行圣贤制定的正道，就营建阿房宫，筑造守备用的长城，以中原王朝自夸，用威势震慑边境部族，天下震动恐惧，百姓走在路上只敢用眼神交流。自认为能根深叶茂，能永久闪耀光辉的秦朝，哪里预料到传到二世就灭亡，国家就崩溃了呢？近来的汉武帝

汉孝武乘文、景之福，外攘夷狄，内兴宫殿，十余年间，天下嚣然。乃信越巫，怼天迁怒，起建章之宫，千门万户，卒致江充妖蛊之变，至于宫室乖离，父子相残，殃咎之毒，祸流数世。

“臣观黄初之际，天兆其戒，异类之鸟，育长燕巢，口爪胸赤，此魏室之大异也，宜防鹰扬[4]之臣于萧墙之内。可选诸王，使君国典兵，往往棋跱[5]，镇抚皇畿，翼亮[6]帝室。昔周之东迁，晋、郑是依[7]，汉吕之乱，实赖朱虚[8]，斯盖前代之明鉴。夫皇天无亲，惟德是辅。民咏德政，则延期过历，下有怨叹，掇录授能。由此观之，天下之天下，非独陛下之天下也。臣百疾所钟，气力稍微，辄自舆出，归还

凭借文帝、景帝的福气，对外驱逐夷狄，在内兴建宫殿，十多年间，天下扰攘不宁。然而他却信从越地巫师的话，怨恨上天并将怒气施加在别人身上，修建建章宫，宫殿千门万户，最后引发江充用巫蛊诬陷太子的事变，导致宫内众叛亲离，父子之间相互残杀，灾祸的危害绵延几代。

“臣考察黄初年间，上天降下警戒的征兆，其他种类的鸟，在燕窝里发育成长，鸟嘴、鸟爪和胸部都是红色，这是魏国的大灾异啊，应该防备国内出现跋扈逞威的大臣。可以挑选诸侯王，让他们执掌封国内的军队，势力散布在各地，以此镇守护卫京城，辅助皇室。过去周王朝向东迁都，是依靠着晋国、郑国辅助，汉代吕氏作乱被平定，实在是依仗朱虚侯刘章，这些都是前代留下的可以借鉴的明白事例。上天无所偏私，只辅助有德行的人。百姓歌颂德政，皇统就能得到延续，百姓抱怨哀叹，上天就会另选并交给有才能的人统治天下。从这方面来看，天下是天下人的，不只是陛下一个人的啊。臣各种疾病聚集在身，力气渐微，就要坐车出都，回到自己的故乡，假如就这么死了，魂魄还有知觉，也一定要像那位老人

里舍，若遂沈沦，魂而有知，结草以报[9]。”

为魏颗打草结抓获秦将一样，来报答陛下的恩德。”

今注 1 六国之时：即战国时期，天下群雄并立，后秦国一统天下，才结束了内乱纷争的局面。 2 百蛮：古代南方少数民族的总称。后也泛称其他少数民族。 3 道路以目：路上相见，以目示意，不敢交谈。据《国语·周语》载：“(周)厉王虐，国人谤王，邵公告曰：‘民不堪命矣！’王怒，得卫巫，使监谤者，以告，则杀之。国人莫敢言，道路以目。” 4 鹰扬：威武的样子，这里指跋扈逞威的权臣。 5 棋跱：谓处相持之势，如弈棋之交互对峙。 6 翼亮：辅佐。 7 晋、郑是依：事指公元前770年，周平王迁都至东都雒邑，当时王室衰微，全靠晋文侯、郑武公辅助，才最终维持了东周王朝的稳定。 8 朱虚：汉初刘氏宗室刘章，受封为朱虚侯。当时吕后新丧，诸吕谋乱，刘章知晓后一方面联系齐王发兵西进，一方面在京内和周勃、陈平作为内应，最终成功平定祸乱，并亲自诛杀吕产。 9 结草以报：比喻感恩报德，虽死犹报。据《左传·宣公十五年》载，春秋时期，晋国大夫魏颗在父亲死后未将他的一个爱妾殉葬，反而令其改嫁。后魏颗与秦将杜回作战，一老人结草将杜回绊倒，使得杜回被俘。后来魏颗在夜里梦见老人对他解释说，自己就是那个小妾的父亲。

诏曰：“生廉追伯夷[1]，直过史鱼[2]，执心坚白，謇謇匪躬[3]，如何微疾未除，退身里舍？昔邴吉[4]以阴德，疾除而延寿；贡禹[5]以守节，疾笃而济愈。生其强饭[6]专精以自持。”隆卒，

明帝下诏说：“先生的廉洁赶得上伯夷，正直超过史鱼，用心坚贞清白，忠心正直不顾私利，为什么一点小病没有痊愈，就要辞位回乡？过去邴吉因为有阴德，所以疾病痊愈并寿命延长；贡禹因为保持气节，病重而愈。先生要勉强进食，专心保养自己。”高堂隆去世，遗

遗令薄葬,敛以时服[1]。

初,太和中,中护军蒋济上疏曰:"宜遵古封禅。"诏曰:"闻济斯言,使吾汗出流足。"事寝历岁,后遂议修之,使隆撰其礼仪。帝闻隆没,叹息曰:"天不欲成吾事,高堂生舍我亡也。"子琛嗣爵。

嘱要求丧葬从简,用平常的衣服入殓。

起初,太和年间,中护军蒋济上疏说:"应该遵循古代仪式进行封禅。"明帝下诏说:"听到蒋济的话,使我出汗都流到了脚上。"这件事停了几年,后来又讨论举行此事,让高堂隆撰写封禅的礼仪。明帝听说高堂隆去世,叹气说:"是上天不想成就我这件事,高先生舍弃我先走了。"高堂隆的儿子高琛继承了爵位。

今注　**1** 伯夷:商末孤竹国君长子,后与兄弟叔齐互相谦让国君之位而同奔周。时武王伐纣,伯夷、叔齐叩马苦谏。商亡,两人隐居于首阳山,不食周粟,最后饿死。　**2** 史鱼:春秋末卫国史官,以正直著称。　**3** 謇謇匪躬:忠心耿耿,不顾自身。謇謇,忠贞、正直。　**4** 邴吉:又作"丙吉"。西汉鲁国(今山东曲阜)人,字少卿。汉武帝末期因巫蛊事,数月大的皇曾孙刘病已亦被关在狱中,赖丙吉得全。后大将军霍光废昌邑王立刘病已为帝,丙吉因前事为太子太傅,迁御史大夫,后封博阳侯,神爵三年(前59)任丞相。丙吉受封博阳侯时正病重,皇帝担心他会去世而赶不及。夏侯胜劝谏说有阴德的人,必定能享受到福禄,丙吉的病不会太严重。后来丙吉果然病愈。　**5** 贡禹:字少翁,西汉琅邪(今山东诸城)人,官至御史大夫。为人耿直敢谏,曾对朝政多有批评。　**6** 强饭:努力加餐,勉强进食。

裴注　[1] 习凿齿曰:"高堂隆可谓忠臣矣。君侈每思谏其恶,将死不忘忧社稷,正辞动于昏主,明戒验于身后,謇谔足以励物,德音没而弥彰,可不谓忠且智乎!"《诗》云:"听用我谋,庶无大悔。"又曰:"曾是莫听,大命以倾。"其高堂隆之谓也。

始，景初中，帝以苏林、秦静等并老，恐无能传业者。乃诏曰："昔先圣既没，而其遗言余教，著于六艺[1]。六艺之文，礼又为急，弗可斯须离者也。末俗背本，所由来久。故闵子讥原伯之不学[2]，荀卿丑秦世之坑儒[3]，儒学既废，则风化曷由兴哉？方今宿生巨儒，并各年高，教训之道，孰为其继？昔伏生[4]将老，汉文帝嗣以晁错[5]；《穀梁》寡畴[6]，宣帝承以十郎。其科郎吏高才解经义者三十人，从光禄勋隆、散骑常侍林、博士静，分受四经三礼[7]，主者具为设课试之法。夏侯胜[8]有言：'士病不明经术，经术苟明，其取青紫如俯拾地芥耳。'今学者有能究极经道，则爵禄荣宠，不期而至。可不勉哉！"数年，隆等皆卒，学者遂废。

起初，景初年间，明帝认为苏林、秦静等人都已经年老，害怕没有人能传授他们的学问。于是下诏说："过去先圣孔子逝世后，他留下的言论和教化，都写在了六经上。六经的文字中，又以"礼"最为重要，不能片刻离开。末代的风俗违背礼制根本，已经很久了。因此闵子马讥讽原伯闭口不谈学问，荀子憎恶秦代坑害儒生，儒学已经被废弃，那么风俗教化该如何兴起呢？当今老一辈的学者和大儒，都年事已高，在学问教化方面，谁能继承他们呢？过去伏生快老死的时候，汉文帝派晁错去学习和继承他的学问；《穀梁传》缺少研究者，汉宣帝挑选十个郎官学习。现在从郎官中选出才能卓著、通晓经义的三十人，跟从光禄勋高堂隆、散骑常侍苏林、博士秦静，分别受学"四经三礼"，主授的人都要为这些郎官安排考试。夏侯胜有句话说：'儒生最怕不懂经术，假如通晓经术，那取得高官职位就像弯腰捡草芥那么简单。'现在有学者能精通经术，那么爵位、俸禄以及恩宠，不用期望就能到来。大家还能不勉励自己吗！"几年后，高堂隆等人都去世了，跟随学习的人便废弃了学业。

【今注】 1 六艺：即《诗》《书》《礼》《易》《春秋》《乐》六种经典。 2 闵子讥原伯之不学：闵子，名马，春秋时期鲁国人。原伯，名鲁，春秋时周人，景王大夫。据《左传·昭公十八年》载，曹平公去世后，原伯鲁曾参与葬礼。有人见他不乐于学，归来就告诉了闵子马。闵子马认为学则有所进，不学则退。原伯不学是原氏将亡的征兆。后原伯之子参与王子朝之乱，被诛，原氏因此而亡。 3 荀卿丑秦世之坑儒：荀卿，即荀子，战国后期思想家，儒家学者。但荀子与秦始皇二者之间存在时间差，前者不可能见到坑儒之事且进行批评，因而此处可能是古人的误用。 4 伏生：名胜，西汉济南人，秦朝时为博士，入汉后传授《尚书》于齐鲁间。今本今文《尚书》二十八篇，即由他传授而存。 5 晁错：西汉政治家、文学家。伏生年老，汉文帝曾派晁错向伏生学习《尚书》。 6《穀梁》寡畴：《穀梁》，即《春秋穀梁传》，对《春秋》进行传注的三传之一，相传为战国穀梁赤撰，故称。汉代自武帝开始，尊崇儒学，经董仲舒等人推动，《春秋》三传中的《公羊传》成为显学，而《穀梁传》却传承乏任。据《汉书·儒林传》记载，汉宣帝继位后，因为自己喜欢《穀梁》学说，便命郎中蔡千秋选郎十人授《穀梁传》。 7 四经三礼：《易经》《诗经》《尚书》《春秋》为四经；《周礼》《仪礼》《礼记》合称三礼。 8 夏侯胜：字长公，西汉今文尚书学的代表学者。

初，任城栈潜，太祖世历县令[1]，尝督守邺城。时文帝为太子，耽乐田猎，晨出夜还。潜谏曰："王公设险以固其国，都城禁卫，用戒不虞。《大雅》云：'宗子维城，无俾城坏。'又曰：'犹之未远，

起初，任城人栈潜，在太祖的时候历任县令，曾督守邺城。当时文帝还是太子，沉迷于打猎，早出晚归。栈潜谏言道："王公会在险要的地方布防来守护自己的国家，在都城设置禁卫，用来防备意外。《诗经·大雅》中说：'嫡长子就像城墙，不要让城墙受到毁坏。'又说：'如果不能作长远的谋划，就要极力

是用大谏。’若逸于游田，晨出昏归，以一日从禽之娱，而忘无垠之衅，愚窃惑之。”太子不悦，然自后游出差简。黄初中，文帝将立郭贵嫔为皇后，潜上疏谏，语在《后妃传》。明帝时，众役并兴，戚属疏斥，潜上疏曰：

“天生蒸民[1]而树之君，所以覆焘[2]群生，熙育兆庶，故方制[3]四海匪为天子，裂土分疆匪为诸侯也。始自三皇，爰暨唐、虞，咸以博济加于天下，醇德以洽，黎元[4]赖之。三王既微，降逮于汉，治日益少，丧乱弘多，自时厥后，亦罔克乂[5]。太祖浚哲[6]神武，芟[7]除暴乱，克复王纲，以开帝业。

劝谏。’如果在打猎上放纵自己，早出晚归，因为一天中追逐禽兽的乐趣，而忘记了无尽的祸患，臣私下感到困惑。”太子看了不高兴，但自此以后出游打猎的次数略微减少。黄初年间，文帝将要册立郭贵嫔为皇后，栈潜上疏劝谏，他的话记载在《后妃传》中。明帝时，各种劳役一起兴起，宗族亲属被疏远排斥，栈潜上疏说：

“上天生育百姓并给他们树立君主，是用来恩惠民众，养育万民的，因此掌控四海之内的土地并不是为天子一人，划分疆土也不是为了诸侯等少数人。从三皇开始，延续到尧、舜，都是将广博的恩惠施加给天下，醇厚的美德得以遍行，老百姓都依赖他们。三王衰微后，到了汉朝，天下安定的时间越来越少，动乱不安越来越多，从此之后，就没有得到很好的治理。太祖聪明神武，铲除暴动祸乱，恢复朝廷纲纪，开创了帝王基业。

今注　1 蒸民：众民，百姓。　2 覆焘：亦作“覆帱”，施恩，加惠。　3 方制：统制，掌控。　4 黎元：即黎民。　5 克乂(yì)：治理。　6 浚哲：深沉智慧。　7 芟(shān)：割草，引申为除去。

裴注 [1]潜字彦皇,见应璩《书林》。

"文帝受天明命,廓恢[1]皇基,践阼七载,每事未遑。陛下圣德,纂承[2]洪绪,宜崇晏晏,与民休息。而方隅[3]匪宁,征夫远戍,有事海外,县旌万里,六军骚动,水陆转运,百姓舍业,日费千金。大兴殿舍,功作万计,徂来之松,刊山穷谷,怪石珷玞[4],浮于河、淮,都圻[5]之内,尽为甸服,当供稿秸铚[6]粟之调,而为苑囿择禽之府,盛林莽之秽,丰鹿兔之薮;伤害农功,地繁茨棘,灾疫流行,民物大溃,上减和气,嘉禾不植。臣闻文王作丰,经始勿亟,百姓子来,不日而成。灵沼、灵囿,与民共之。今宫观崇侈,雕镂

"文帝承接上天的命令,扩大先帝的基业,在位七年,经常处理政务没有时间休息。陛下圣明厚德,承续大业,应该尊崇安定太平,让百姓休养生息。但现在边境不安宁,征战的将士在远方戍守,境外出现战事,常常悬挂军旗出征万里之外,军队调动频繁,通过水陆通道转运物资,百姓舍弃家业,每天的损耗多达千金。此外又大规模地建造宫殿,征调上万工匠,徂来山上的松树,山上和谷中的树木都被砍伐殆尽,形状怪异的石头和珷玞等玉石,从黄河、淮河上运输,京都千里之内,都是京师的外围,本来应当为军队供给草料粮食,现在却成为陛下挑选禽兽充实苑囿的府库,使草木茂盛,杂草丛生,兔鹿等野兽聚集,损害了农业生产,土地上长满荆棘,灾祸瘟疫流行,百姓的财物消耗极大,上天气候不和,生长不出好的禾苗。臣听说文王建设丰邑,开始规划得不慌不忙,但百姓却如子女趋事父母般不召自来,没几天就建成了。灵沼、灵囿,和百姓共同使用。现在宫殿追求奢侈,雕镂都极其精巧,忘记了舜用草盖的举行礼仪的明

极妙，忘有虞之总期[7]，思殷辛之琼室，禁地千里，举足投网，丽拟阿房，役百乾谿，臣恐民力雕尽，下不堪命也。

堂，却想着殷纣用美玉装饰的宫殿，设置的禁地方圆千里，人民的一举一动都会触犯法令，宫殿的华丽却比拟阿房宫，耗费的人力是建乾谿台的一百倍，臣担心民力被耗尽，百姓承受不住这样的劳役啊。

今注　1 廓恢：扩大，发展。　2 纂承：继承。　3 方隅：四方和四隅，引申指边疆。　4 珷玞(wǔ fū)：同“碔砆”。似玉的美石。　5 圻(qí)：方千里之地。　6 铚：短镰刀。借指割下的稻穗。　7 总期：即总章，舜时的明堂，用草盖成。

“昔秦据殽函以制六合，自以德高三皇，功兼五帝，欲号谥至万叶，而二世颠覆，愿为黔首，由枝干既扤[1]，本实先拔也。盖圣王之御世也，克明俊德，庸勋[2]亲亲；俊乂在官，则功业可隆，亲亲显用，则安危同忧。深根固本，并为干翼，虽历盛衰，内外有辅。昔成王幼冲，未能莅政[3]，周、吕、召、毕，并在左右；今既无卫侯、康叔之监，分陕[4]

“过去秦国占据崤山与函谷关而牵制天下，秦始皇自认为德行高过三皇，功绩超越五帝，想称号与谥号流传万世，却在二世就灭亡了，子孙反而情愿做普通的百姓，这就像树木的枝干已经动摇，而根实际上已经先被拔出。圣明的君主统治天下，应发扬广大的美德，酬赏有功之人，使亲族和睦相亲；有才德的人担任官职，那么功业就能兴盛，宗亲被提拔重用，那么安危就能共同担当。国家的根本得到巩固了，众人都来辅助，即使历经盛衰，内外也有人辅佐。过去成王年幼的时候，未能处理朝政，周公、吕望、召公、毕公，都在左右辅佐；现在既没有卫侯、康叔那样的人在身边监护，又没有像周公、召公那样的所任，又非旦、奭。东宫未建，天下无副。愿陛下留心关塞，永保无极，则海内幸甚。”

后为燕中尉，辞疾不就，卒。

人能出镇地方。东宫太子还没有确立，国家还没有储君。希望陛下留心边塞之事，永久地守护好无尽的基业，那么这就是天下百姓的大幸了。”

后来栈潜被任命为燕国中尉，他因病辞任，不久去世。

今注 1 扤(wù)：摇。 2 庸勋：酬赏有功之人。 3 莅政：掌管政事。 4 分陕：相传周初，周公旦、召公奭分陕而治，周公治陕以东，召公治陕以西。后用来指中央官员出任地方官。

评曰：辛毗、杨阜，刚亮公直，正谏匪躬，亚[1]乎汲黯[2]之高风焉。高堂隆学业修明，志在匡君，因变陈戒，发于恳诚，忠矣哉！及至必改正朔，俾魏祖虞，所谓意过其通者欤！

评论说：辛毗、杨阜，刚毅忠诚而公正耿直，直言劝谏而不顾自身的安危，有汲黯那样的高风亮节啊。高堂隆学术高深，以匡正君主为志向，借用灾异陈述劝谏，出于诚恳，真是忠诚啊！至于上书一定要改变历法，使魏国追宗虞舜，这就是常说的坚持自己的意见而缺乏变通吧！

今注 1 亚：匹敌；相当。 2 汲黯：字长孺，西汉濮阳(今河南濮阳西南)人。历任太子洗马、东海太守、主爵都尉等，为人好直言切谏，不能容人之过。

卷二十六　魏书二十六

满田牵郭传

导读　本卷所载数人大都任职一方，而且多处边郡，能够外御强敌，内安百姓。

满宠执法严格，不畏权势，能够在危急时刻不退缩而克敌制胜，解救关羽对襄阳的围困。满宠长期在南方战线上防御孙吴政权的侵扰，能够做到有进有退，有勇有谋。同时，他生活简朴，不敛财货。

田豫能识天下大势，效命于曹魏。他长期任职于东北部边疆，防御少数部族的侵扰，并防止当地部族兼并坐大，使其分离相互制衡。曾讨伐辽东公孙渊的反叛，防御孙吴的侵扰，都能够审时度势，屡立战功。

牵招有义行，不忘旧恩。打击并招降乌丸、鲜卑等辽东、雁门地区的少数部族，安定边疆。在任期间重视教化，并且注意解决民众日常生活中的困苦。

郭淮跟随曹操平定汉中地区，平定、安抚西部边陲的羌人、氐人等少数部族，并且抵御诸葛亮、姜维的进攻，外征强敌，内抚民夷，功绩卓著。

满宠

原文

满宠，字伯宁，山阳昌邑[1]人也。年十八，为郡

译文

满宠，字伯宁，山阳郡昌邑县人。十八岁的时候，为郡中督邮。当时郡中

督邮。时郡内李朔等各拥部曲[2]，害于平民，太守使宠纠焉。朔等请罪，不复钞略。守高平令。县人张苞为郡督邮，贪秽受取，干乱吏政。宠因其来在传舍，率吏卒出收之，诘责所犯，即日考竟，遂弃官归。

太祖临兖州，辟为从事。及为大将军，辟署西曹属，为许令。时曹洪宗室亲贵，有宾客在界，数犯法，宠收治之。洪书报宠，宠不听。洪白太祖，太祖召许主者。宠知将欲原，乃速杀之。太祖喜曰："当事不当尔邪？"故太尉杨彪收付县狱，尚书令荀彧、少府孔融等并属宠："但当受辞，勿加考掠。"宠一无所报，考讯如法。数日，求见太祖，言之曰："杨彪考讯无他辞语。当杀者宜先彰其罪，此人有

李朔等人各拥部曲自重，侵害百姓，太守派满宠对他们进行纠察。李朔等人前来请罪，不再抢劫百姓。满宠代理高平县令。县中张苞为郡中督邮，贪污受贿，扰乱政事。满宠趁他住进传舍时，率领吏卒将其收捕，责问他所犯罪行，当日刑讯拷问，将其打死，于是就弃官归乡。

太祖来到兖州，征辟满宠为从事。等到太祖做大将军的时候，辟满宠为西曹属，任许县县令。当时曹洪是宗室亲贵，有门客在辖区内数次犯法，满宠将其收捕治罪。曹洪给满宠写信，满宠没有理会。曹洪告知太祖，太祖召许县主事之人前来。满宠知道将要判此人无罪，就快速将其处死。太祖惊喜地说："承担公事的人难道不应该这样做吗？"原太尉杨彪被收捕到县里的监狱，尚书令荀彧、少府孔融等都嘱咐满宠说："只要向他询问罪辞，不要加以拷打。"满宠都没有理会，按照常法进行拷问。过了几天，满宠求见太祖，说："杨彪经过拷打审讯并没有说什么。对该杀的人需要先彰明他的罪责，此人在海内有盛名，如果罪责不清楚而处死他，

名海内，若罪不明，必大失民望，窃为明公惜之。”太祖即日赦出彪。初，彧、融闻考掠彪，皆怒，及因此得了，更善宠[1]。

必定会大失民心，我私下为明公感到痛惜。”太祖当日便赦免并释放了杨彪。刚开始的时候，荀彧、马融听闻满宠拷打杨彪，都很愤怒，等到最后案子因此了结，都更加赞赏满宠。

时袁绍盛于河朔，而汝南绍之本郡，门生宾客布在诸县，拥兵拒守。太祖忧之，以宠为汝南太守。宠募其服从者五百人，率攻下二十余壁，诱其未降渠帅，于坐上杀十余人，一时皆平。得户二万，兵二千人，令就田业。

当时袁绍在河朔地区势力强大，而汝南是袁绍的家乡，门生宾客分布在诸县之中，拥兵据守。太祖为此感到忧虑，便任命满宠为汝南太守。满宠招募服从自己的士兵五百人，相率攻下二十多座营垒，诱捕尚未归降的首领，在宴席上杀掉十余人，一时郡内武装势力都被平定。得人口二万户，兵丁二千人，命令他们参加农业生产。

今注　**1** 山阳昌邑：山阳郡昌邑县，在今山东巨野县南。　**2** 部曲：地方豪强组织百姓而形成的私人武装。

裴注　[1] 臣松之以为，杨公积德之门，身为名臣，纵有愆负，犹宜保祐，况淫刑所滥，而可加其楚掠乎？若理应考讯，荀、孔二贤，岂其妄有相请属哉？宠以此为能，酷吏之用心耳。虽有后善，何解前虐？

建安十三年，从太祖征荆州。大军还，留宠行奋威将军，屯当阳¹。孙权数扰东陲，复召宠还为汝

建安十三年(208)，满宠跟从太祖征伐荆州。大军返回，留下满宠代任奋威将军，屯驻在当阳。孙权数次侵扰东部边陲，又召满宠回来担任汝南

南太守，赐爵关内侯。关羽围襄阳，宠助征南将军曹仁屯樊城拒之，而左将军于禁等军以霖雨水长为羽所没。羽急攻樊城，樊城得水，往往崩坏，众皆失色。或谓仁曰："今日之危，非力所支。可及羽围未合，乘轻船夜走，虽失城，尚可全身。"宠曰："山水速疾，冀其不久。闻羽遣别将[2]已在郏下，自许以南，百姓扰扰，羽所以不敢遂进者，恐吾军掎[3]其后耳。今若遁去，洪河以南，非复国家有也，君宜待之。"仁曰："善。"宠乃沈白马，与军人盟誓。会徐晃等救至，宠力战有功，羽遂退。进封安昌亭侯。

文帝即王位，迁扬武将军。破吴于江陵有功，更拜伏波将军，屯新野[4]。大军南征，到精湖，宠帅诸军在前，与贼隔水相对。宠敕诸将曰："今夕风甚猛，

太守，赐爵关内侯。关羽围攻襄阳，满宠协助征南将军曹仁屯驻樊城抵御，而左将军于禁等军因为连日阴雨水势上涨而被关羽消灭。关羽猛攻樊城，樊城一旦被水淹没，城墙往往会崩坏，众人都大惊失色。有人对曹仁说："现在面临的危难，是我们力不能及的。可趁关羽尚未合围之时，乘坐小船在夜间出走，虽然失掉城池，但可以保全自身。"满宠说："山中之水流速很快，料定不久水势就会退去。听闻关羽已经派遣别将来到郏城下，自许县以南，百姓纷扰，关羽之所以不敢贸然进攻，是害怕我军从他后面牵制。现在如果逃走，洪河以南，就不会再属于国家所有了，将军应该再等待时日。"曹仁说："好。"满宠就将白马沉入水中祭河，与军人盟誓。这时徐晃等救兵也赶到了，满宠力战有功，关羽于是退却。晋封满宠为安昌亭侯。

文帝即王位，迁满宠为扬武将军。满宠在江陵破吴有功，再拜为伏波将军，屯驻新野。大军南征，到达精湖，满宠率领诸军在前，与贼寇隔水相对。满宠敕令诸将说："今晚风很大，贼寇

贼必来烧军，宜为其备。”诸军皆警。夜半，贼果遣十部伏夜来烧，宠掩击破之，进封南乡侯。黄初三年，假宠节钺[5]。五年，拜前将军。明帝即位，进封昌邑侯。

必会来火烧我军，应该早做准备。”各军都加强了警戒。半夜之时，贼寇果然派遣十支队伍趁夜色前来烧营，满宠突然袭击而将其打败，晋封为南乡侯。黄初三年(222)，授予满宠符节和斧钺。黄初五年(224)，拜为前将军。明帝即位，晋封他为昌邑侯。

今注　1 当阳：旧县名。治今湖北荆门市南。　2 别将：配合主力军作战的部队将领。　3 掎：牵制。　4 新野：在今河南新野。　5 节钺：符节和斧钺。古代授予将帅，作为加重权力的标志。

太和二年，领豫州刺史。三年春，降人称吴大严，扬声[1]欲诣江北猎，孙权欲自出。宠度其必袭西阳而为之备，权闻之，退还。秋，使曹休从庐江南入合肥，令宠向夏口。宠上疏曰：“曹休虽明果而希用兵，今所从道，背湖旁江，易进难退，此兵之洼地也。若入无强口[2]，宜深为之备。”宠表未报，休遂深入。贼果从无强口断夹石，要[3]休还路。休战不利，

太和二年(228)，满宠兼领豫州刺史。太和三年(229)春，归降的人说吴国戒严，扬言要进攻江北，孙权打算亲征。满宠认为其必会偷袭西阳而早做好准备，孙权听闻后，就退回去了。当年秋季，明帝令曹休从庐江向南入合肥，令满宠到夏口。满宠上疏说：“曹休虽然明智果敢但很少用兵，如今要经过的道路，背靠湖而旁临江，易于进发而难于撤退，这是用兵所忌讳的洼地呀。如果进入无强口，一定要加强戒备。”满宠上疏还没有回应，曹休就率大军深入。贼寇果然从无强口切断了去夹石的道路，截断了曹休的退路。曹休战事

退走。会朱灵等从后来断道，与贼相遇。贼惊走，休军乃得还。是岁休薨，宠以前将军代都督扬州诸军事。汝南兵民恋慕，大小相率，奔随道路，不可禁止。护军表上，欲杀其为首者。诏使宠将亲兵千人自随，其余一无所问。四年，拜宠征东将军。其冬，孙权扬声欲至合肥，宠表召兖、豫诸军，皆集，贼寻退还，被诏罢兵。宠以为今贼大举而还，非本意也，此必欲伪退以罢吾兵，而倒还乘虚，掩不备也，表不罢兵。后十余日，权果更来，到合肥城，不克而还。

不利，只得退走。这时朱灵等从后面来邀击敌军，与贼寇相遇。贼寇害怕而逃走，曹休的军队才得以返回。当年曹休去世，满宠以前将军代理统领扬州各军军事。汝南兵民留恋爱戴满宠，携老扶幼，在路上奔走跟随，无法禁止。护军上表，想杀掉为首的人。明帝下诏让满宠率领千名亲兵跟随，其他的不加过问。太和四年(230)，拜满宠为征东将军。当年冬，孙权扬言要征伐合肥，满宠上表请求召集兖州、豫州诸军，军队都聚集起来，贼寇只得退还，明帝于是下诏退兵。满宠认为这次贼寇大举用兵却又退回，这不是他们的本意，一定是假装退兵以让我军撤退，然后趁我军防备空虚，再返回进攻，所以上表请求不要罢兵。十数天后，孙权果然再次前来，到达合肥，没有攻克而返回。

今注 1 扬声：放出风声。 2 无强口：地名，在今安徽庐江县西南。 3 要(yāo)：截断。

其明年，吴将孙布遣人诣扬州求降，辞云："道远不能自致，乞兵见迎。"刺史王凌腾布书，请兵马

第二年，吴将孙布遣人到扬州归降，降辞中说道："道路漫长而不能亲自到达，请求派兵迎接。"刺史王凌把书信传送过来，请求派兵马迎接。满宠认

迎之。宠以为必诈，不与兵，而为淩作报书曰：“知识邪正，欲避祸就顺，去暴归道，甚相嘉尚。今欲遣兵相迎，然计兵少则不足相卫，多则事必远闻。且先密计以成本志，临时节度其宜。”宠会被书当入朝，敕留府长史：“若淩欲往迎，勿与兵也。”淩于后索兵不得，乃单遣一督将步骑七百人往迎之。布夜掩击，督将迸走，死伤过半。初，宠与淩共事不平，淩支党毁宠疲老悖谬，故明帝召之。既至，体气康强，见而遣还[1]。宠屡表求留，诏报曰：“昔廉颇强食[1]，马援据鞍[2]，今君未老而自谓已老，何与廉、马之相背邪？其思安边境，惠此中国。”

为其中必定有诈，不派兵马，而替王淩给孙布回信说：“你知道分明邪正，想避开祸患而靠近顺遂，离开暴虐而归于有道，很值得嘉奖。如今本来打算派兵相迎，然而想到兵少的话不足以护卫你们，兵多的话一定会引起注意。先秘密商议计划以成全你的志向，到时候再具体视情况而定。”满宠正好这时接到文书要入朝，敕令留府长史：“如果王淩打算前往迎接，不要给他兵士。”王淩后来索要兵士不得，就单独派遣一督将率步骑兵七百人前往迎接。孙布在夜间进行偷袭，督将败逃，军队死伤过半。当初，满宠与王淩共事的时候关系不好，王淩党羽诋毁满宠年纪老迈言行荒谬，所以明帝召他入朝。到京师后，满宠身体健康强壮，明帝召见他后又将其遣还。满宠屡次上表请求留下，明帝下诏说：“往昔廉颇老了仍强力饮食，马援老了仍勉力跨上马鞍，现在您并没有老迈却说自己老了，为何与廉颇、马援相背呢？您要想着安定边境，为国家带来福利。”

今注 1 廉颇强食：战国时期赵国名将，多次成功抵御秦国、燕国对赵国的进攻，屡立战功。赵悼襄王即位后，解除了廉颇的军职，廉颇在受到排挤的情况下投奔魏国，魏不能用。后来因赵国多次被秦军围困，赵王派遣使者前去请回廉颇，廉颇为了显示自己仍然年富力强，就在使者面前一顿饭吃了一斗米、十斤肉，然后披甲上马。但是廉颇的仇人郭开却贿赂使节，使赵王以为廉颇已经年老不堪任用，廉颇就失去了为国效命的机会。　**2** 马援据鞍：马援是东汉开国功臣。汉光武帝建武二十四年(48)，马援年六十二，请求出兵征讨武陵五溪蛮夷，光武帝认为他已经年纪大了，马援披甲上马，跨着马鞍四顾，表示自己仍然身体强健，光武帝就答应了马援的请求。后世将其视为老当益壮、思建功业的典范。

裴注　[**1**]《世语》曰："王凌表宠年过耽酒，不可居方任。帝将召宠，给事中郭谋曰：'宠为汝南太守、豫州刺史二十余年，有勋方岳。及镇淮南，吴人惮之。若不如所表，将为所窥。可令还朝，问以方事以察之。'帝从之。宠既至，进见，饮酒至一石不乱。帝慰劳之，遣还。"

明年，吴将陆逊向庐江[1]，论者以为宜速赴之。宠曰："庐江虽小，将劲兵精，守则经时。又贼舍船二百里来，后尾空县，尚欲诱致，今宜听其遂进，但恐走不可及耳。"整军趋杨宜口。贼闻大兵东下，即夜遁。时权岁有来计。青龙元年，宠上疏曰："合肥城南临江湖，北远寿春，贼攻围之，得据水为势；官兵救之，当先破贼大

第二年，吴国将领陆逊进军庐江，议事的人认为应该急速前往救援。满宠说："庐江虽然小，但将领强劲兵卒精良，能够防守很长时间。而且贼寇舍船二百里而来，后方空虚，我方本来就想将其引诱前来，现在更应该任由其前进，唯恐他们撤退而无法追上。"于是整顿军队赶往杨宜口。贼寇听闻大兵东下，连夜逃遁。当时孙权每年都派兵前来侵扰。青龙元年(233)，满宠上疏说："合肥城南临江湖，向北远离寿春，如果贼寇围攻合肥，能够依靠水域的优势；如果官兵营救，应当先攻破敌军主力，

辈,然后围乃得解。贼往甚易,而兵往救之甚难,宜移城内之兵,其西三十里,有奇险可依,更立城以固守,此为引贼平地而掎其归路,于计为便。”护军将军蒋济议,以为:“既示天下以弱,且望贼烟火而坏城,此为未攻而自拔。一至于此,劫略无限,必以淮北为守。”

然后才能解围。贼寇很容易前往,而官兵前往营救却很难,应该将城内士兵移出来,往西三十里,有奇险之地可凭依,再筑新城以固守,这样就可以将贼寇引到平地而牵制他们的退路,这样于计策更为便利。”护军将军蒋济有异议,认为:“这样做是向天下示弱,而且望见贼寇的烟火就自毁城池,这是还没有被进攻就自己先退却。到了如此地步,敌军就可以大肆劫掠,我们就必定会退到淮水以北防守了。”

今注　1 庐江:郡名,治今安徽庐江县西南。

帝未许。宠重表曰:“孙子言,兵者,诡道也。故能而示之以弱不能,骄之以利,示之以慑。此为形实不必相应也。又曰‘善动敌者形之’。今贼未至而移城却内,此所谓形而诱之也。引贼远水,择利而动,举得于外,则福生于内矣。”尚书赵咨以宠策为长,诏遂报听。其年,权自出,欲围新城,以

明帝没有同意满宠的计策。满宠再次上表说:“孙子说过,用兵,应该善用奇诡之道。所以有能力也要示人以弱小无能,以利益使对方骄纵,显示自己为对方所威慑。这是形象和实际不一定要相应的策略。孙子还说‘要善于诱引敌人示以假象’。现在趁敌人没到而将士兵撤出城池,这就是以假象引诱敌人。引诱敌人远离水路,择机而行动,对外可以御敌,而对内能够收到好的效果。”尚书赵咨认为满宠的计策很好,明帝就下诏同意了。当年,孙权亲

其远水，积二十日不敢下船。宠谓诸将曰："权得吾移城，必于其众中有自大之言，今大举来，欲要一切之功，虽不敢至，必当上岸耀兵[1]以示有余。"乃潜遣步骑六千，伏肥城隐处以待之。权果上岸耀兵，宠伏军卒起击之，斩首数百，或有赴水死者。明年，权自将号十万，至合肥新城。宠驰往赴，募壮士数十人，折松为炬，灌以麻油，从上风[2]放火，烧贼攻具，射杀权弟子孙泰。贼于是引退。三年春，权遣兵数千家佃[3]于江北。至八月，宠以为田向收熟，男女布野，其屯卫兵去城远者数百里，可掩击也。遣长史督三军循江东下，摧破诸屯，焚烧谷物而还。诏美之，因以所获尽为将士赏。

自出征，打算围攻新城，因为新城远离水域，吴人过了二十多天都不敢下船。满宠对诸将说："孙权得知我迁兵城外，必定会在众人中夸下海口要攻下它，现在大举前来，想要夺取战功，即便不敢前来，也肯定会上岸向我们炫耀兵力以示强盛。"于是暗中派遣六千步骑兵，埋伏在合肥城的隐秘之处等待。孙权果真上岸炫耀兵力，满宠设下的伏兵突然出击，斩首数百人，有的逃到河中而被淹死。第二年，孙权亲自率领大军，号称十万之众，到达合肥新城。满宠疾驰赶往，招募壮士数十人，折松木为火把，灌上麻油，顺风放火，焚烧敌人的攻城器械，并射杀了孙权的侄子孙泰。贼寇于是退却。青龙三年(235)春，孙权派遣数千兵卒到长江北岸屯田。到了八月的时候，满宠认为庄稼将要成熟，男女都布满田野，屯驻的士兵远离城池达数百里，可以进行袭击。于是派遣长吏督率三军沿江东下，摧毁吴人许多屯营，并焚烧谷物而回。明帝下诏嘉奖，满宠于是将所缴获的都赏赐给了将士。

今注 1 耀兵：指炫耀兵力。 2 上风：风吹来的方向，即顺风。 3 佃：屯田。

景初二年，以宠年老征还，迁为太尉。宠不治产业，家无余财。诏曰：“君典兵在外，专心忧公，有行父、祭遵[1]之风。赐田十顷，谷五百斛，钱二十万，以明清忠俭约之节焉。”宠前后增邑，凡九千六百户，封子孙二人亭侯。正始三年薨，谥曰景侯。子伟嗣。伟以格度知名，官至卫尉[1]。

景初二年(238)，明帝因满宠年老而将他召回京师，升为太尉。满宠不经营产业，家中没有余财。明帝下诏说：“您领兵在外，专心忧虑公事，有季孙行父、祭遵的遗风。赐给您田地十顷，谷物五百斛，钱二十万，以彰显清廉忠信俭朴节约的节操。”满宠前后增加的食邑，共九千六百户，子孙二人封为亭侯。满宠正始三年(242)去世，谥号为景侯。儿子满伟继承了爵位。满伟以有节操度量而知名，官至卫尉。

今注　1 行父、祭(zhài)遵：行父，即季文子，季孙氏，字行父。春秋时期鲁国大夫。他专心于公事而不聚敛钱财，去世的时候家中也没有什么积蓄。《左传》称赞：“君子是以知季文子之忠于公室也，相三君矣，而无私积，可不谓忠乎！”祭遵，东汉名将，生活简朴，执法严格，喜爱儒术。《后汉书·祭遵传》称赞：“遵为人廉约小心，克己奉公，赏赐辄尽与士卒，家无私财。”

裴注　[1]《世语》曰：“伟字公衡。伟子长武，有宠风，年二十四，为大将军掾。高贵乡公之难，以掾守阊阖掖门，司马文王弟安阳亭侯幹欲入。幹妃，伟妹也。长武谓幹曰：‘此门近，公且来，无有入者，可从东掖门。’幹遂从之。文王问幹入何迟，幹言其故。参军王羡亦不得入，恨之。既而羡因王左右启王：‘满掾断门不内人，宜推劾。’寿春之役，伟从文王至许，以疾不进。子从，求还省疾，事定乃从归，由此内见恨。收长武考死杖下，伟免为庶人。时人冤之。伟弟子奋，晋元康中至尚书令、司隶校尉。

宠、伟、长武、奋，皆长八尺。”荀绰《冀州记》曰：“奋性清平，有识检。”《晋诸公赞》曰：“奋体量通雅，有宠风也。”

田豫

田豫字国让，渔阳雍奴[1]人也。刘备之奔公孙瓒也，豫时年少，自托于备，备甚奇之。备为豫州刺史，豫以母老求归，备涕泣与别，曰：“恨不与君共成大事也。”

公孙瓒使豫守东州令，瓒将王门叛瓒，为袁绍将万余人来攻。众惧欲降。豫登城谓门曰：“卿为公孙所厚而去，意有所不得已也；今还作贼，乃知卿乱人耳。夫挈瓶之智，守不假器[2]，吾既受之矣，何不急攻乎？”门惭而退。瓒虽知豫有权谋而不能任也。瓒败而鲜于辅为国人所推，行太守事，素善豫，以为长史。时雄杰并起，辅莫知所从。豫谓

田豫字国让，渔阳郡雍奴县人。刘备投奔公孙瓒的时候，田豫还年少，自己投向刘备，刘备很看重他。刘备为豫州刺史，田豫因母亲老迈请求回家，刘备挥泪与他分别，说道：“很遗憾不能与您共同成就大事。”

公孙瓒让田豫代理东州令，公孙瓒的将领王门反叛，为袁绍率领万余人前来攻击。众人都很害怕而想投降。田豫登上城楼向王门说：“你受公孙瓒的优待却背弃了他，本以为你有不得已之处，现在返回来做贼寇，才知道你是有意作乱的人。虽然我见识浅薄，但也要忠于职守，我已经接受了守城的任务，你为何不赶快进攻？”王门听后很惭愧就退去了。公孙瓒虽然知道田豫有权谋却不能加以任用。公孙瓒失败后，鲜于辅为国人所推举，代行渔阳郡太守的职权，他平素就很欣赏田豫，便任命田豫为长史。当时豪杰并起，鲜于辅不确定归附于谁。田豫对他说：“最终能够

辅曰："终能定天下者，必曹氏也。宜速归命，无后祸期。"辅从其计，用受封宠。太祖召豫为丞相军谋掾，除颍阴、朗陵令，迁弋阳[3]太守，所在有治。

平定天下的人，必定是曹操。应该尽早地归附，不要因为延误而带来祸患。"鲜于辅听从了他的话，然后受到了任用恩宠。太祖征召田豫为丞相军谋掾，田豫又任颍阴、朗陵令，升任弋阳太守，所到之处皆有治绩。

今注　1 雍奴：古县名。治今天津市武清区西北。　2 挈(qiè)瓶之智，守不假器：虽仅有一点挈瓶取水的浅薄见识，犹能守住汲器不外借。比喻慎其所有，忠于职守。挈瓶，汲水用的小瓶。比喻知识浅薄。　3 弋阳：郡名。治弋阳(今河南信阳潢川县西)。

鄢陵侯彰征代郡，以豫为相[1]。军次[2]易北，虏伏骑击之，军人扰乱，莫知所为。豫因地形，回车[3]结圜阵，弓弩持满于内，疑兵塞其隙。胡不能进，散去。追击，大破之，遂前平代，皆豫策也。

迁南阳太守。先时，郡人侯音反，众数千人在山中为群盗，大为郡患。前太守收其党与五百余人，表奏皆当死。豫悉见诸系囚，慰谕，开其自新

鄢陵侯曹彰征伐代郡，以田豫为辅佐之人。大军驻扎在易水以北，敌人埋伏骑兵截击，军士们慌乱，不知道该如何应对。田豫根据地形，将车调头排列成圆阵，弓弩手在阵内拉满弓弩严阵以待，并在空隙处设置疑兵。胡人不能攻进来，就散去了。田豫派兵追击，大破敌军，然后进军平定了代郡，这都是田豫的计策。

田豫升任南阳太守。之前，郡中的侯音谋反，率数千人聚集在山中为盗贼，成为郡中的大患。前太守收捕其党羽五百多人，上表奏请全部处死。田豫去看望被拘捕的囚犯，进行慰问教谕，

之路，一时破械遣之。诸囚皆叩头，愿自效，即相告语，群贼一朝解散，郡内清静。具以状上，太祖善之。

开导他们以自新之路，立刻将枷锁打开将他们遣散。诸囚犯都叩头谢恩，希望为他效命，然后大家相互转告，群贼很快就自行解散了，郡内恢复了清静。田豫将情况如实上奏，太祖很是赞赏。

今注 1 相(xiàng)：辅助，此指辅佐的人。 2 次：在行程中停留、驻扎。 3 回车：将车掉转头。

文帝初，北狄强盛，侵扰边塞，乃使豫持节护乌丸校尉，牵招、解儁并护鲜卑。自高柳[1]以东，濊貊[2]以西，鲜卑数十部，比能、弥加、素利割地统御，各有分界，乃共要誓，皆不得以马与中国市。豫以戎狄为一，非中国之利，乃先构离之，使自为仇敌，互相攻伐。素利违盟，出马千匹与官，为比能所攻，求救于豫。豫恐遂相兼并，为害滋深，宜救善讨恶，示信众狄。单将锐卒，深入虏庭，胡人众多，钞军前后，断截归路。豫乃进军，去虏十

文帝初期，北狄强盛，侵扰边塞，就让田豫持符节护卫乌丸校尉，又让牵招、解儁一起护卫鲜卑。自高柳以东，濊貊以西，有鲜卑数十部之众，比能、弥加、素利分割土地而统御，各自划分边界，而且共同盟誓，都不能以马与中国进行交易。田豫认为戎狄结为一体，对中国不利，就决定将他们离间开来，使他们自为仇敌，互相攻伐。素利违背盟约，出售一千匹马给官府，被比能进攻，就向田豫求救。田豫恐怕他们之间互相兼并，会为害更大，应该救护良善而讨伐邪恶，向众狄人显示威信。田豫独自率领精锐部队，深入胡虏境内，胡人众多，包抄了军队的前后，将归路截断。田豫就率军进击，在离胡虏十余里的地方扎营，收集很多

余里结屯营，多聚牛马粪然[3]之，从他道引去。胡见烟火不绝，以为尚在，去，行数十里乃知之。追豫到马城，围之十重，豫密严，使司马建旌旗，鸣鼓吹，将步骑从南门出，胡人皆属目往赴之。豫将精锐自北门出，鼓噪[4]而起，两头俱发，出虏不意，虏众散乱，皆弃弓马步走，追讨二十余里，僵尸蔽地。

牛马的粪便点燃，然后从其他的道路离去。胡人看到烟火不绝，以为大军还在，便离去了，等田豫率军已经离去数十里，胡人才觉察。追赶田豫到马城，围困城池十重，田豫严密布防，让司马竖立旌旗，吹打乐器，率领步骑兵从南门出，胡人都紧紧盯着他们而前往追赶。田豫率领精锐从北门出，擂鼓呐喊，两头一起进发，出其不意，胡虏众人因受惊吓而散乱，都丢弃弓矢马匹徒步逃走了，田豫追讨二十余里，伏尸遍野。

今注　1 高柳：古县名，东汉代郡郡治，治今山西省大同市阳高县。　2 濊(wèi)貊：我国古代东北地区的少数民族名。　3 然："燃"的本字。燃烧。　4 鼓噪：古代出战时擂鼓呐喊，以张声势。

又乌丸王骨进桀黠[1]不恭，豫因出塞案行，单将麾下百余骑入进部。进逆拜，遂使左右斩进，显其罪恶以令众。众皆怖慑[2]不敢动，便以进弟代进。自是胡人破胆，威震沙漠。山贼高艾，众数千人，寇钞，为幽、冀害，

又有乌丸王骨进凶悍狡诈，对官府不恭敬，田豫借出塞巡视的机会，单独率领麾下百余名骑兵突入骨进营地。骨进前来迎接跪拜，田豫命左右将其斩杀，并向众人宣布他的罪状。众人都很恐惧而不敢擅动，于是令骨进的弟弟代替骨进当部落首领。从此胡人都吓破了胆，而朝廷威震沙漠。山贼高艾，聚众数千人，常烧杀抢掠，为害幽州、冀州地

豫诱使鲜卑素利部斩艾，传首京都。封豫长乐亭侯。为校尉九年，其御夷狄，恒摧抑兼并，乖散强猾。凡逋亡奸宄，为胡作计不利官者，豫皆构刺搅离，使凶邪之谋不遂，聚居之类不安。事业未究，而幽州刺史王雄支党欲令雄领乌丸校尉，毁豫乱边，为国生事。遂转豫为汝南太守，加殄夷将军。

区，田豫诱使鲜卑素利部斩杀高艾，将其首级传送京师。田豫因此被封为长乐亭侯。田豫任校尉九年，在统御夷狄方面，一直是摧毁抑制兼并，离散奸猾强大的势力。凡是逃亡的犯法作乱之人，为胡人谋划而不利于朝廷的人，田豫都设计进行搅乱离间，使邪恶的谋划不能得逞，聚集在一起而不得安宁。治理边境的事业还没完成，幽州刺史王雄的党羽想让王雄兼领乌丸校尉，于是诋毁田豫扰乱边境，为国家生事。朝廷就转任田豫为汝南太守，加封殄夷将军。

今注　1 桀黠：凶悍而狡猾。　2 怖慑：恐惧。

太和末，公孙渊以辽东叛，帝欲征之而难其人，中领军杨暨举豫应选[1]。乃使豫以本官督青州诸军，假节，往讨之。会吴贼遣使与渊相结，帝以贼众多，又以渡海，诏豫使罢军。豫度贼船垂还，岁晚风急，必畏漂浪，东随无岸，当赴成山。成山无藏船之处，辄

太和末年，公孙渊在辽东反叛，明帝打算征讨而难以决定人选，中领军杨暨举荐田豫应选。明帝就委任田豫以汝南郡太守的身份指挥青州各路军队，授予节杖，前往讨伐。恰巧吴国派遣使节与公孙渊相勾结，明帝认为贼人众多，而且又要渡海，就下诏给田豫让他停止进军。田豫考虑到贼船将要返回，年末的时候海风很大，必定会害怕遇到漂浪，沿着东部没有岸适合停船，应当会去成山停靠。成山没有藏匿船只的地方，敌人就会沿

便循海，案行地势，及诸山岛，徼截险要，列兵屯守。自入成山，登汉武之观。贼还，果遇恶风，船皆触山沈没，波荡着岸，无所蒙窜，尽虏其众。

初，诸将皆笑于空地待贼，及贼破，竞欲与谋，求入海钩取浪船。豫惧穷虏死战，皆不听。初，豫以太守督青州，青州刺史程喜内怀不服，军事之际，多相违错。喜知帝宝爱明珠，乃密上："豫虽有战功而禁令宽弛，所得器仗珠金甚多，放散皆不纳官。"由是功不见列。

后孙权号十万众攻新城，征东将军满宠欲率诸军救之。豫曰："贼悉众大举，非徒投射小利，欲质新城以致大军耳。宜听使攻城，挫其锐气，不当与争锋也。

着海岸线停靠，田豫便巡察地势，以及诸多山岛，凡是利于截击的险要之处，都派兵屯驻把守。田豫入驻成山，登上当年汉武帝所筑观海之台。贼人返回的时候，果然遇到狂风，船都触碰山石而沉没，船上的人随海浪漂荡被冲到岸上，没有地方可以逃窜，尽数被田豫俘虏。

起初的时候，诸将都讥笑田豫在空地等待贼寇，等到破贼的时候，都争相想和田豫谋划，请求入海夺取敌人船只。田豫恐怕处于穷途的贼虏殊死奋战，就没有听从他们的意见。当初，田豫以太守身份统领青州诸军事，青州刺史程喜内心不服气，在打仗的时候，对命令多有违背。程喜知道明帝喜爱明珠，就秘密上奏说："田豫虽然有战功但禁令宽松废弛，获得了很多的兵器、珠宝、金银，却散掉而没有上缴官府。"所以此战田豫的功劳没有得到嘉奖。

后来孙权率领号称十万之众攻打新城，征东将军满宠想率领诸军前往营救。田豫说："贼人全军出动，并不是只图小利，是想要以新城为诱饵来吸引大军。应该听任他们攻城，挫伤他们的锐气，而不应与他们争锋。城池无法攻下，众人

城不可拔，众必罢怠；罢怠然后击之，可大克也。若贼见计，必不攻城，势将自走。若便进兵，适入其计。又大军相向，当使难知，不当使自画也。”豫辄上状，天子从之。会贼遁走。后吴复来寇，豫往拒之，贼即退。诸军夜惊，云：“贼复来！”豫卧不起，令众“敢动者斩”。有顷，竟无贼。

景初末，增邑三百，并前五百户。正始初，迁使持节护匈奴中郎将[1]，加振威将军，领并州刺史。外胡闻其威名，相率来献。州界宁肃，百姓怀之。征为卫尉。屡乞逊位，太傅司马宣王以为豫克壮[2]，书喻未听。豫书答曰：“年过七十而以居位，譬犹钟鸣漏尽而夜行不休，是罪人也。”遂固称疾笃。拜太中大

必然会疲劳怠惰；趁着敌军疲劳怠惰而进攻，必定能够取得大胜。如果贼人识破我们的计谋，就不会再攻城，势必会自行撤退。如果我们现在就大举进军，就恰好中了他们的计策。而且大军对战，应当使对方琢磨不透我们的谋划，我们不应被敌人调动。”田豫于是递上计策，天子同意了他的意见。贼人这时也自动退走了。后来吴人再次来侵扰，田豫前往抵御，贼人就退去。军营夜间忽然大乱，有人喊：“贼人又来了！”田豫躺卧不起，下令众人“敢擅动者处斩”。过了一会儿，果然没有贼人前来。

景初末年，朝廷增加田豫的食邑三百户，加上之前的共五百户。正始初年，迁为使持节护匈奴中郎将，加封振威将军，兼领并州刺史。远处的胡人听闻他的威名，都相继前来进贡。州界安宁整肃，百姓都很感念他。征调为卫尉。田豫屡次请求辞官，太傅司马懿认为田豫还比较强壮，没有同意他的上书。田豫再次上书说：“年纪过了七十还待在官位之上，就像时钟鸣响，滴漏已尽，却还在夜间不停行走，不知休止，这是有罪的人呀。”就坚持称自己患有重病。朝廷改

夫，食卿禄。年八十二薨。子彭祖嗣[2]。

豫清俭约素，赏赐皆散之将士。每胡、狄私遗，悉簿³藏官，不入家，家常贫匮。虽殊类，咸高豫节[3]。嘉平六年，下诏褒扬，赐其家钱谷。语在《徐邈传》。

任他为太中大夫，俸禄与九卿相同。八十二岁的时候去世。儿子田彭祖嗣封。

田豫平素清廉简约，得到的赏赐都散给将士。每当胡人、狄人私自相赠，都记册入官，而不藏于家，家中常常贫困匮乏。即使与田豫关系不好的人，也都赞赏田豫的节操。嘉平六年(254)，天子下诏褒扬，赐予其家钱财和谷物。事情记在《徐邈传》中。

今注　1 护匈奴中郎将：东汉置，负责监护匈奴单于，也可参与司法事务。　2 克壮：强盛。　3 簿(bù)：书写，记册。

裴注　[1] 臣松之案：暨字休先，荥阳人，事见《刘晔传》。暨子肇，晋荆州刺史。《山涛启事》称肇有才能。肇子潭，字道元；次歆，字公嗣。潭子彧，字长文；次经，字仲武，皆见《潘岳集》。　[2]《魏略》曰："豫罢官归，居魏县。会汝南遣健步诣征北，感豫宿恩，过拜之。豫为杀鸡炊黍，送诣至陌头，谓之曰：'罢老，苦汝来过。无能有益，若何？'健步愍其贫羸，流涕而去，还为故吏民说之。汝南为具资数千匹，遣人饷豫，豫一不受。会病亡，戒其妻子曰：'葬我必于西门豹祠边。'妻子难之，言：'西门豹古之神人，那可葬于其边乎？'豫言：'豹所履行，与我敌等耳，使死而有灵，必与我善。'妻子从之。汝南闻其死也，悲之，既为画像，又就为立碑铭。" [3]《魏略》曰："鲜卑素利等数来客见，多以牛马遗豫；豫转送官。胡以为前所与豫物显露，不如持金。乃密怀金三十斤，谓豫曰：'愿避左右，我欲有所道。'豫从之，胡因跪曰：'我见公贫，故前后遗公牛马，公辄送官，今密以此上公，可以为家资。'豫张袖受之，答其厚意。胡去之后，皆悉付外，具以状闻。于是诏褒之曰：‘昔魏绛开怀以纳戎赂，今卿举袖以受狄金，朕甚嘉焉。’乃即赐绢五百匹。豫得赐，分以其半藏小府，后胡复来，以半与之。”

牵招

牵招，字子经，安平观津[1]人也。年十余岁，诣同县乐隐受学。后隐为车骑将军何苗长史，招随卒业。值京都乱，苗、隐见害[2]，招俱与隐门生史路等触蹈锋刃，共殡敛隐尸，送丧还归。道遇寇钞，路等皆悉散走。贼欲斫棺取钉，招垂泪请赦。贼义之，乃释而去。由此显名。

冀州牧袁绍辟为督军从事，兼领乌丸突骑。绍舍人犯令，招先斩乃白，绍奇其意而不见罪也。绍卒，又事绍子尚。建安九年，太祖围邺。尚遣招至上党，督致军粮。未还，尚破走，到中山。时尚外兄高幹为并州刺史，招以并州左有

牵招，字子经，安平郡观津县人。十多岁的时候，到同县的乐隐处求学。后来乐隐为车骑将军何苗的长史，牵招跟随而完成学业。正当京都发生动乱，何苗、乐隐被害，牵招与乐隐的门生史路等人一起冒着刀锋之险，将乐隐的尸体收殓，并送回家乡安葬。路上遇到盗贼抢掠，史路等人都逃散而去。贼寇想要斫开棺木取走棺钉，牵招哭泣着请求放过。贼人被他的道义感动，就释放他而去。牵招由此扬名。

冀州牧袁绍征辟牵招为督军从事，兼领乌丸突骑。袁绍舍人触犯法令，牵招先斩杀然后上报，袁绍惊奇他的果决而没有怪罪。袁绍去世后，又事奉袁绍的儿子袁尚。建安九年(204)，太祖围攻邺城。袁尚派遣牵招到上党，监督押送军粮。还没有返回，袁尚被击败而退走到中山。当时袁尚的外兄高幹为并州刺史，牵招认为并州左有恒

恒山之险，右有大河之固，带甲五万，北阻强胡，劝幹迎尚，并力观变。幹既不能，而阴欲害招。招闻之，间行而去，道隔不得追尚，遂东诣太祖。

山之险，右有大河之固，又有五万带甲之兵，向北可阻拦强悍的胡人，就劝高幹迎接袁尚，双方合力以观世变。高幹不仅不采纳，还想暗地里加害牵招。牵招知道后，择机潜行离开，因道路阻隔无法追上袁尚，就向东归附太祖。

今注 1 安平观津：安平郡观津县，在今河北衡水武邑县东。 2 见害：被害。

太祖领冀州，辟为从事。太祖将讨袁谭，而柳城[1]乌丸欲出骑助谭。太祖以招尝领乌丸，遣诣柳城。到，值峭王严，以五千骑当遣诣谭。又辽东太守公孙康自称平州牧，遣使韩忠赍单于印绶往假[2]峭王。峭王大会群长，忠亦在坐。峭王问招："昔袁公言受天子之命，假我为单于；今曹公复言当更白天子，假我真单于，辽东复持印绶来。如此，谁当为正？"招答曰："昔袁公承制，得有所拜假[3]；中间违错，天子命曹公代之，言

太祖兼领冀州牧，征辟牵招为从事。太祖将要讨伐袁谭，而柳城的乌丸打算出骑兵帮助袁谭。太祖因为牵招曾兼领乌丸突骑，就派遣牵招到柳城劝阻。牵招到的时候，正赶上峭王严备军队，将五千骑兵派遣到袁谭处。同时辽东太守公孙康自称平州牧，派遣使节韩忠带着单于印绶赐予峭王。峭王就举行大会召集众首领，韩忠也在其中。峭王问牵招："往昔袁公说受天子之命，赐我为单于；现今曹公又说要重新上奏天子，赐我为真单于，辽东又持印绶而来。这样的话，谁才是真正的呢？"牵招回答说："之前袁公秉承制诏，所以能够有所拜授官职；中间有些差错，所以天子

当白天子，更假真单于，是也。辽东下郡，何得擅称拜假也？”忠曰：“我辽东在沧海之东，拥兵百万，又有扶餘、濊貊之用。当今之势，强者为右，曹操独何得为是也？”

命令曹公取而代之，所以说当上奏天子，赐以真单于，这才是真正的。辽东只是下郡，怎么能擅自进行拜授官职呢？”韩忠说：“我们辽东在沧海之东，拥兵百万，又有扶餘、濊貊支持。现今的形势，实力强者为尊，凭什么说曹操是正宗呢？”

今注 1 柳城：古县名，在今辽宁朝阳西南。 2 假：给予。 3 拜假：拜授临时性官职。

招呵忠曰：“曹公允恭明哲，翼戴天子，伐叛柔服，宁静四海，汝君臣顽嚚[1]，今恃险远，背违王命，欲擅拜假，侮弄神器[2]，方当屠戮，何敢慢易咎毁大人？”便捉忠头顿筑，拔刀欲斩之。峭王惊怖，徒跣抱招，以救请忠，左右失色。招乃还坐，为峭王等说成败之效，祸福所归，皆下席跪伏，敬受敕教，便辞辽东之使，罢所严骑。

牵招呵斥韩忠说：“曹公信实恭勤而且明理睿哲，辅佐天子，讨伐叛贼安抚各地，使四海安宁，你们君臣愚顽奸诈，现在凭着偏远险要，违背王命，擅自拜授官职，侮辱轻视皇帝的权威，理应治罪斩杀，怎么还敢侮慢诽谤大人？”便捉住韩忠的头按在地上，拔刀就要斩首。峭王惊恐，没来得及穿鞋就抱住牵招，以请求赦免韩忠，左右之人都大惊失色。牵招这才返回座位，为峭王等人说明成败的影响，祸福的所在，他们都下席跪拜，敬受敕命教诲，然后便谢绝了辽东使节，并解散戒严的骑兵不去援助袁谭。

太祖灭谭于南皮，署

太祖在南皮灭掉袁谭，任命牵招为

招军谋掾，从讨乌丸。至柳城，拜护乌丸校尉。还邺，辽东送袁尚首，县[3]在马市，招睹之悲感，设祭头下。太祖义之，举为茂才。从平汉中，太祖还，留招为中护军[4]。事罢，还邺，拜平虏校尉，将兵督青、徐州郡诸军事，击东莱贼，斩其渠率，东土宁静。

军谋掾，跟从讨伐乌丸。到达柳城，拜牵招为护乌丸校尉。返回邺城，辽东送来袁尚首级，悬挂在马市，牵招看到后十分悲伤感怀，在头下进行祭拜。太祖认为他有仁义，举荐他为茂才。牵招跟随平定汉中，太祖返回，留下牵招为中护军。事情完成后，返回邺城，拜为平虏校尉，率军都督青州、徐州郡中诸军事，进击东莱贼寇，斩杀其首领，使得东土宁静。

今注 1 顽嚚(yín)：愚顽奸诈。 2 神器：此指帝王的权威。 3 县：同“悬”，悬挂。 4 中护军：与中领军同为重要军事长官，其职务为掌管禁军，主持武将选拔，监督管制诸武将等。

文帝践阼，拜招使持节护鲜卑校尉，屯昌平。是时，边民流散山泽，又亡叛在鲜卑中者，处有千数。招广布恩信，招诱降附。建义中郎将公孙集等，率将部曲，咸各归命，使还本郡。又怀来鲜卑素利、弥加等十余万落，皆令款塞。

大军欲征吴，召招还，至，值军罢，拜右中郎将，

文帝即位，任牵招为使持节护鲜卑校尉，屯驻昌平。当时，边民流散在山间河谷之中，又有流亡在鲜卑部落的，每处都有千人。牵招广施恩惠信用，招降归附之民。建义中郎将公孙集等人，率领各自所属部曲，都前来归附，牵招让他们各还本郡。又通过怀柔政策招抚鲜卑素利、弥加等十余万部落，都令他们前来归顺通好。

大军要征讨东吴，便召回牵招，他到了后，军事正好作罢，就任牵招为右

出为雁门[1]太守。郡在边陲，虽有候望之备，而寇钞不断。招既教民战阵，又表复[2]乌丸五百余家租调[3]，使备鞍马，远遣侦候[4]。虏每犯塞，勒兵逆击，来辄摧破，于是吏民胆气日锐，荒野无虞。又构间离散，使虏更相猜疑。鲜卑大人步度根、泄归泥等与轲比能为隙，将部落三万余家诣郡附塞。敕令还击比能，杀比能弟苴罗侯，及叛乌丸归义侯王同、王寄等，大结怨仇。是以招自出，率将归泥等讨比能于云中[5]故郡，大破之。招通河西鲜卑附头等十余万家，缮治陉北故上馆城，置屯戍以镇内外，夷虏大小，莫不归心。诸叛亡虽亲戚不敢藏匿，咸悉收送。于是野居晏闭，寇贼静息。招乃简选有才识者，诣太学受业，还相授教，数年中庠序[6]大

中郎将，出任雁门太守。该郡处在边境，虽然有观察瞭望的防备，但仍然被不断侵扰掳掠。牵招一边教百姓作战的阵法，一边上表免除乌丸五百多家的租调，使他们装备鞍马，派遣他们进行远距离侦察。胡虏每次侵犯边塞，就整兵出击，前来的都被击败，于是官吏民众胆气不断增强，四野日渐安宁。牵招又施以离间之计，使胡虏之间相互猜疑。鲜卑大人步度根、泄归泥等人与轲比能之间有嫌隙，率领部落三万余家来到郡界归附。牵招敕令他们还击轲比能，杀掉轲比能的弟弟苴罗侯，以及反叛的乌丸归义侯王同、王寄等人，他们彼此结下了很深的仇怨。然后牵招亲自出征，率将领归泥等人到云中故郡讨伐轲比能，大破其众。牵招与河西鲜卑附头等十余万家相互联络，修缮治理陉北的上馆故城，设置屯戍以镇抚内外，大小夷虏，都安心归附。诸多叛逃的胡虏即使是亲戚也不敢藏匿，都收捕送交官府。于是边塞得以安宁，寇贼逐渐平息。牵招还挑选有才识的人，送到太学接受教育，返回之后教授他人，数年之中学校教育

兴。郡所治广武，井水咸苦，民皆担辇远汲流水，往返七里。招准望地势，因山陵之宜，凿原开渠，注水城内，民赖其益。

大兴。郡治所在的广武，井水咸苦，民众都挑担或赶车到很远的地方去打取流水，往返七里之远。牵招勘察地形，根据山陵的地势，开凿水渠，将水引至城内，民众都深受其利。

今注　1 雁门：郡名，秦、西汉治善无(今山西右玉南)，东汉移治阴馆(今山西朔州东南)。　2 复：免除徭役。　3 租调：古代税收名目，指田租与户调。　4 侦候：侦察；侦探。　5 云中：郡名，治所在云中县(今内蒙古托克托东北古城镇)。　6 庠序：指学校教育。

明帝即位，赐爵关内侯。太和二年，护乌丸校尉田豫出塞，为轲比能所围于故马邑城[1]，移招求救。招即整勒兵马，欲赴救豫。并州以常宪禁招，招以为节将见围，不可拘于吏议，自表辄行。又并驰布羽檄[2]，称陈形势，云当西北掩取虏家，然后东行，会诛虏身。檄到，豫军踊跃。又遗一通于虏蹊要，虏即恐怖，种类离散。军到故平城[3]，便皆溃走。比能复大合骑来，

明帝即位，赐牵招关内侯的爵位。太和二年(228)，护乌丸校尉田豫出塞，被轲比能围困在原马邑城，田豫送信向牵招求救。牵招就整顿兵马，打算前去营救。并州根据通常的法规禁止牵招前往，牵招认为持节的将领被围困，不可拘泥于庸吏的议论，自行上表后便前往救援。又疾驰送文书给田豫，说明战争形势，说应当从西北方向袭取胡虏的大本营，然后东行，共同诛杀轲比能。书信送到后，田豫军队很受鼓舞。牵招又故意在胡虏经过的要道上遗留一封书信，胡虏看到后很害怕，然后就各自离散。牵招大军到达原平城，胡虏就都溃败而逃了。轲比能再次集合大量骑

到故平州塞北。招潜行扑讨,大斩首级。招以蜀虏诸葛亮数出,而比能狡猾,能相交通,表为防备,议者以为县远,未之信也。会亮时在祁山[4],果遣使连结比能。比能至故北地石城,与相首尾。帝乃诏招,使从便宜讨之。时比能已还漠南,招与刺史毕轨议曰:"胡虏迁徙无常。若劳师远追,则迟速不相及。若欲潜袭,则山溪艰险,资粮转运,难以密办。可使守新兴、雁门二牙门,出屯陉北,外以镇抚,内令兵田,储畜资粮,秋冬马肥,州郡兵合,乘衅征讨,计必全克。未及施行,会病卒。招在郡十二年,威风远振。其治边之称,次于田豫,百姓追思之。而渔阳傅容在雁门有名绩,继招后,在辽东又有事功云。

兵前来,到原平州塞北。牵招悄悄进击讨伐,斩获很多首级。牵招认为蜀中诸葛亮数次侵扰,而轲比能非常狡猾,两者之间应该会互相勾结,上表请求防备,参与讨论的人认为两者相隔很远,并不相信此说。当时诸葛亮正在祁山,果真派遣使节联络轲比能。轲比能到原北地石城,与诸葛亮首尾相呼应。明帝就下诏给牵招,令他根据具体形势灵活处置征讨轲比能。当时轲比能已经返回漠南,牵招与刺史毕轨商议说:"胡虏迁徙无常。如果劳师远追,就会因为快慢不一而无法追上。如果要偷袭,则有山溪险阻,需要转运粮食,难以秘密地进行。可以让守卫新兴、雁门的两位牙门将外出屯驻陉北,对外加以镇抚,对内命令兵士屯田,储存粮食物资,在秋冬季节马匹肥壮的时候,州郡士兵集合在一起,趁机征讨,一定能够取得胜利。还没有来得及实施,牵招就因病去世了。牵招在郡中任职十二年,威名远播。他治理边塞的名声,仅次于田豫,百姓都很怀念他。而渔阳傅容在雁门有声名功绩,功继牵招之后,在辽东也立有功劳。

招子嘉嗣。次子弘，亦猛毅有招风，以陇西太守随邓艾伐蜀有功，咸熙中为振威护军。嘉与晋司徒李胤同母，早卒[1]。

牵招的儿子牵嘉嗣封。次子牵弘，也勇猛刚毅，有牵招的风度，以陇西太守跟随邓艾讨伐蜀地而立有功劳，咸熙年间为振威护军。牵嘉与晋司徒李胤是同母兄弟，较早去世。

今注　1 马邑：古县名，治今山西朔州。　2 羽檄：古时军事文书。插鸟羽以示紧急，须速递。　3 平城：古县名，治今山西大同东北。　4 祁山：在今甘肃礼县东、西汉水北侧，为三国时期魏、蜀争夺的军事要地，诸葛亮多次由此北伐。

裴注　[1] 按《晋书》："弘后为扬州、凉州刺史，以果烈死事于边。嘉子秀，字成叔。"荀绰《冀州记》曰："秀有隽才，性豪侠有气，弱冠得美名。于太康中为卫瓘、崔洪、石崇等所提携，以新安令、博士为司空从事中郎，与帝舅黄门侍郎王恺素相轻侮。恺讽司隶荀恺，令都官诬奏秀夜在道中载高平国守士田兴妻。秀即表诉被诬陷之由，论恺秽行，文辞尤厉。于时朝臣虽多证明，秀名誉由是而损。后张华请为长史，稍迁至尚书。河间王以秀为平北将军，假节，在冯翊遇害。世人玩其辞赋，惜其材干。"

郭淮

郭淮，字伯济，太原阳曲1人也[1]。建安中举孝廉，除平原府丞。文帝为五官将，召淮署为门下贼曹，转为丞相兵曹议令

郭淮，字伯济，太原郡阳曲县人。建安年间举为孝廉，任平原府丞。文帝为五官将，召郭淮为门下贼曹，转为丞相兵曹议令史，跟随讨伐汉中。太祖返回洛阳时，留下征西将军夏侯渊抵御刘

史，从征汉中。太祖还，留征西将军夏侯渊拒刘备，以淮为渊司马。渊与备战，淮时有疾不出。渊遇害，军中扰扰，淮收散卒，推荡寇将军张郃为军主，诸营乃定。其明日，备欲渡汉水来攻。诸将议众寡不敌，备便乘胜，欲依水为阵以拒之。淮曰："此示弱而不足挫敌，非算也。不如远水为阵，引而致之，半济而后击，备可破也。"既阵，备疑不渡，淮遂坚守，示无还心。以状闻，太祖善之，假郃节，复以淮为司马。文帝即王位，赐爵关内侯，转为镇西长史。又行征羌护军，护左将军张郃、冠军将军杨秋讨山贼郑甘、卢水叛胡，皆破平之。关中始定，民得安业。

备，以郭淮为夏侯渊司马。夏侯渊与刘备作战，郭淮因为时常生病而不能随同出战。夏侯渊遇害后，军中纷扰不安，郭淮收聚离散的士卒，推举荡寇将军张郃为主帅，各军营才安定下来。第二天，刘备打算渡过汉水前来进攻。诸将认为敌我力量悬殊，害怕刘备乘势进攻，于是主张沿着汉水排开阵势以抗拒刘备。郭淮说："这样反倒会显示我军势弱而无法挫败敌人，不算好计谋。不如远离汉水列阵，将敌人吸引过来，等到敌人渡河到一半的时候再发起进攻，就可以将刘备打败。"列好阵后，刘备生疑心而没有渡河，郭淮就坚守阵地，表示不再返回的意思。事情上报朝廷后，太祖很赞赏，授予张郃节杖，又任命郭淮为司马。文帝即王位，赐郭淮关内侯的爵位，转为镇西长史。又代理征羌护军，协助左将军张郃、冠军将军杨秋讨伐山贼郑甘和卢水叛胡，将他们尽数击败平定。关中这才安定下来，民众得以安居乐业。

今注　1 太原阳曲：太原郡阳曲县（治今山西太原阳曲县南）。

裴注　[1] 按《郭氏谱》："淮祖全，大司农；父缊，雁门太守。"

黄初元年，奉使贺文帝践阼，而道路得疾，故计远近为稽留。及群臣欢会，帝正色责之曰："昔禹会诸侯于涂山，防风后至，便行大戮。今溥天同庆而卿最留迟，何也？"淮对曰："臣闻五帝先教导民以德，夏后政衰，始用刑辟。今臣遭唐虞之世，是以自知免于防风之诛也。"帝悦之，擢[1]领雍州刺史，封射阳亭侯，五年为真。安定[2]羌大帅辟蹏反，讨破降之。每羌、胡来降，淮辄先使人推问其亲理，男女多少，年岁长幼；及见，一二知其款曲，讯问周至，咸称神明[3]。

黄初元年(220)，郭淮奉命庆贺文帝登基，但在道路上得了疾病，因此按路程远近计算认定他在途中逗留过长。群臣欢会的时候，文帝严肃地责备他说："往昔大禹在涂山大会诸侯，防风氏后到，便被诛杀。现今普天同庆的日子而你最后才到，这是为什么？"郭淮回答说："臣听闻五帝先以德行教诲引导民众，夏后氏政治衰落，开始使用刑罚。如今臣生逢唐虞的时代，所以自知能够免于防风氏的诛戮。"文帝听了后很高兴，提拔他兼领雍州刺史，封为射阳亭侯，到黄初五年(224)的时候正式任命他为雍州刺史。安定郡羌大帅辟蹏谋反，郭淮将其击破并招降。每当有羌人、胡人前来归降，郭淮就先使人推问他们亲属的情况，比如男女各有多少，年岁长幼，等到接见他们的时候，就大概知道了他们的情况，对他们的讯问就很周全，他们都称赞郭淮如神之明，无所不知。

今注　1 擢：提拔升迁。　2 安定：郡名，西汉治高平(今宁夏固原)，东汉移治临泾(今甘肃镇原东南)。　3 神明：如神之明，无所不知。

太和二年，蜀相诸葛亮出祁山，遣将军马谡至

太和二年(228)，蜀相诸葛亮出祁山，派遣将军马谡到街亭，高详屯驻在

街亭[1]，高详屯列柳城。张郃击谡，淮攻详营，皆破之。又破陇西名羌唐蹏于枹罕[2]，加建威将军。五年，蜀出卤城。是时，陇右无谷，议欲关中大运，淮以威恩抚循羌、胡，家使出谷，平其输调[3]，军食用足，转扬武将军。青龙二年，诸葛亮出斜谷，并田于兰坑。是时司马宣王屯渭南，淮策亮必争北原，宜先据之，议者多谓不然。淮曰："若亮跨渭登原，连兵北山，隔绝陇道，摇荡民、夷，此非国之利也。"宣王善之，淮遂屯北原。堑垒未成，蜀兵大至，淮逆击之。后数日，亮盛兵西行，诸将皆谓欲攻西围，淮独以为此见形于西，欲使官兵重应之，必攻阳遂耳。其夜果攻阳遂，有备不得上。

柳城。张郃进攻马谡，郭淮进攻高详营地，都将他们打败。又在枹罕击败陇西名羌唐蹏，加郭淮为建威将军。太和五年(231)，蜀军出卤城。这时，陇右缺少粮食，有人提议从关中大量运送粮食，郭淮对羌人、胡人施以恩威，使他们每家出谷物，均衡地征调赋税，使军粮供应充足，转任郭淮为扬威将军。青龙二年(234)，诸葛亮出斜谷，并且在兰坑屯田。这时司马懿屯驻在渭南，郭淮认为诸葛亮必定会争夺北原，应该先去占领，议者大多不以为然。郭淮说："如果诸葛亮跨过渭河占领北原，并且在北山集结军队，隔断陇道，动摇汉、夷民心，这就会使国家陷入不利境地。"司马懿表示赞同，郭淮就屯驻北原。沟渠堡垒等还未完工，蜀兵就大举前来，郭淮迎战出击。数日后，诸葛亮大军西行，诸将都认为他将攻西围，唯独郭淮认为诸葛亮是故意装作向西进攻，想吸引官兵重兵应敌，其实是要进攻阳遂。这天夜里诸葛亮果然进攻阳遂，因守军早有准备而没有得逞。

今注　1 街亭：故址在今甘肃庄浪东南。　2 枹(fú)罕：古县名。治今甘肃临夏市。　3 输调：赋税。

正始元年，蜀将姜维出陇西。淮遂进军，追至强中，维退，遂讨羌迷当等，按抚柔氐三千余落，拔徙以实关中。迁左将军。凉州休屠胡梁元碧等，率种落二千余家附雍州。淮奏请使居安定之高平[1]，为民保障，其后因置西州都尉。转拜前将军，领州如故。

五年，夏侯玄伐蜀，淮督诸军为前锋。淮度势不利，辄拔军出，故不大败。还假淮节。八年，陇西[2]、南安[3]、金城[4]、西平[5]诸羌饿何、烧戈、伐同、蛾遮塞等相结叛乱，攻围城邑，南招蜀兵，凉州名胡治无戴复叛应之。讨蜀护军夏侯霸督诸军屯为翅。淮军始到狄道，议者佥谓宜先讨定枹罕，内平恶羌，外折贼谋。淮策维必来攻霸，遂入沨中，转南迎霸。维果

正始元年(240)，蜀将姜维出兵陇西。郭淮于是进军，追到强中，姜维退去，郭淮就顺势讨伐羌族首领迷当等部，安抚柔氐三千多个聚落，将其迁徙以充实关中地区。郭淮迁为左将军。凉州休屠胡人梁元碧等，率领种落两千余家归附雍州。郭淮奏请让他们居住在安定郡的高平县，作为民众的屏障，后来就顺势设置西州都尉。转任前将军，仍然兼领原来的州刺史官职。

正始五年(244)，夏侯玄讨伐蜀地，郭淮统领诸军为前锋。郭淮估计形势不利，即刻率军退出，所以没有遭到大败。返回后赐郭淮节杖。正始八年(247)，陇西、南安、金城、西平诸羌饿何、烧戈、伐同、蛾遮塞等相互联合反叛，围攻城邑，并向南招致蜀兵为援助，凉州著名少数民族首领治无戴又反叛响应。讨蜀护军夏侯霸统领诸军屯驻为翅。郭淮率军刚到狄道，议者都认为应该先讨伐平定枹罕，向内平定恶羌，向外阻挠贼寇的计谋。郭淮认为姜维必定会前来进攻夏侯霸，就进入沨中，转而向南迎接夏侯霸。姜维果然进攻为翅，恰好郭淮军队赶到，

攻为翅，会淮军适至，维遁退。进讨叛羌，斩饿何、烧戈，降服者万余落。九年，遮塞等屯河关、白土故城，据河拒军。淮见形上流，密于下渡兵据白土城，击，大破之。

姜维逃遁撤退。郭淮进而讨伐反叛的羌人，斩杀饿何、烧戈，投降归附的有一万多个聚落。正始九年(248)，遮塞等人屯驻河关、白土故城，沿河抵御官军。郭淮装作要去上游进攻，实际上秘密地去下游渡河占据白土城，突然出击，大败敌人。

今注 1 高平：古县名。治今宁夏固原市。 2 陇西：郡名，因在陇山之西而得名。三国魏时治襄武，在今甘肃陇西南。 3 南安：郡名，治獂道，在今甘肃陇西渭水东岸。 4 金城：郡名，治允吾，在今甘肃永靖西北。 5 西平：郡名，治西都，在今青海西宁。

治无戴围武威，家属留在西海。淮进军趋西海，欲掩取其累重，会无戴折还，与战于龙夷之北，破走之。令居[1]恶虏在石头山之西，当大道止，断绝王使。淮还过讨，大破之。姜维出石营，从强川，乃西迎治无戴，留阴平太守廖化于成重山筑城，敛破羌保质。淮欲分兵取之。诸将以维众西接强胡，化以据险[2]，分军

治无戴围攻武威，家属留在西海。郭淮进军到西海，打算夺取他的辎重，恰好这时治无戴折回来，郭淮与他在龙夷之北交战，治无戴战败逃走。令居县凶恶的贼人在石头山之西，正好处在大道上，断绝了朝廷的使者。郭淮返回的时候对他进行征讨，将其打得大败。姜维出兵石营，经由强川，往西迎接治无戴，留下阴平太守廖化在成重山筑城，集结分散的羌人并加以保护。郭淮打算分兵攻取姜维和廖化。诸将都认为姜维之众西接强胡，廖化占据险要之地，分兵两路进行攻击，就会导致兵力

两持，兵势转弱，进不制维，退不拔化，非计也，不如合而俱西，及胡、蜀未接，绝其内外，此伐交之兵也。淮曰：“今往取化，出贼不意，维必狼顾[3]。比维自致，足以定化，且使维疲于奔命。兵不远西，而胡交自离，此一举而两全之策也。”乃别遣夏侯霸等追维于沓中[4]，淮自率诸军就攻化等。维果驰还救化，皆如淮计。进封都乡侯。

减弱，进不能牵制姜维，退不能攻下廖化，不是好的计谋，不如合力西进，在胡人、蜀人还没有联合的时候，断绝他们内外的联系，这才是讨伐对方联合的好计策。郭淮说：“现在去攻取廖化，出其不意，姜维必定会有所顾忌。等到姜维来到，我们足以平定廖化，而且可以使姜维疲于奔命。我方军队不用往西远行，而姜维与胡人联合的打算自然会落空，这才是一举两全之策。”于是另外派遣夏侯霸等到沓中追赶姜维，郭淮亲自率诸军进攻廖化等。姜维果然疾驰救援廖化，一切都如郭淮所谋划的那样。朝廷晋封他为都乡侯。

今注 1 令居：古县名。西汉置。治今甘肃永登西北。 2 据险：依凭险要之地而防守。 3 狼顾：狼行走时，常转过头看，以防袭击。比喻人有所畏惧。 4 沓中：古地区名。在今甘肃舟曲以西、岷县以南。

嘉平元年，迁征西将军，都督雍、凉诸军事。是岁，与雍州刺史陈泰协策，降蜀牙门将句安等于翅上。二年，诏曰：“昔汉川之役，几至倾覆。淮临危济难，功书王府。在关右三十余年，

嘉平元年(249)，郭淮迁为征西将军，都督雍州、凉州诸军事。这一年，他与雍州刺史陈泰协调谋划，在翅上招降蜀牙门将句安等人。嘉平二年(250)，下诏说：“往昔汉川之役，几乎全军覆没。郭淮临危而救难，功劳记录在王府。在关右任职三十多年，向

外征寇虏，内绥民夷。比岁以来，摧破廖化，禽虏句安，功绩显著，朕甚嘉之。今以淮为车骑将军、仪同三司[1]，持节、都督如故。”进封阳曲侯，邑凡二千七百八十户，分三百户，封一子亭侯[1]。正元二年薨，追赠大将军，谥曰贞侯。子统嗣。统官至荆州刺史，薨，子正嗣。咸熙中，开建五等[2]，以淮著勋前朝，改封汾阳子[2]。

外征讨寇虏，在内安抚民众。近年来，击败廖化，擒获胡虏句安，功劳显著，朕很是赞赏。现在以郭淮为车骑将军，享受和三公同等的礼遇，和之前一样持节、都督军事。”晋封为阳曲侯，食邑共二千七百八十户，分出三百户，封一子为亭侯。郭淮在正元二年(255)去世，追赠大将军，谥号为贞侯。儿子郭统继承爵位。郭统官至荆州刺史，去世后，儿子郭正继承爵位。咸熙年间，建立五等爵制，因为郭淮在前朝功勋卓著，改封汾阳县子爵。

今注　1 仪同三司：指非三公(太尉、司徒、司空)而给予与三公同等的礼遇。魏晋以后，将军开府置官属者称“开府仪同三司”。　2 开建五等：司马昭命裴秀制定五等爵制。五等爵制后来成为九品中正制选官的依据。

裴注　[1]《世语》曰：“淮妻，王凌之妹。凌诛，妹当从坐，御史往收。督将及羌、胡渠帅数千人，叩头请淮表留妻，淮不从。妻上道，莫不流涕，人人扼腕，欲劫留之。淮五子叩头流血请淮，淮不忍视，乃命左右追妻。于是追者数千骑，数日而还。淮以书白司马宣王曰：‘五子哀母，不惜其身；若无其母，是无五子；无五子，亦无淮也。今辄追还，若于法未通，当受罪于主者，觐展在近。’书至，宣王亦宥之。”　[2]《晋诸公赞》曰：“淮弟配，字仲南，有重名，位至城阳太守。裴秀、贾充皆配女婿。子展，字泰舒。有器度干用，历职著绩，终于太仆。次弟豫，字泰宁，相国参军，知名，早卒。女适王衍。配弟镇，字季南，谒者仆射。镇子奕，字泰业。"《山涛启事》称奕高简有雅量，历位雍州刺史、尚书。

评曰：满宠立志刚毅，勇而有谋。田豫居身清白，规略[1]明练。牵招秉义壮烈，威绩显著。郭淮方策精详，垂问[2]秦、雍。而豫位止小州，招终于郡守，未尽其用也。

评论说：满宠立志刚毅，勇敢而有谋略。田豫处身清白，规划谋略明达干练。牵招秉承道义行为壮烈，有着显著的威名功绩。郭淮谋划计策精详，管理秦、雍之地。而田豫只是位居小州的刺史，牵招在郡守任上去世，他们都没有充分展示才能啊。

今注　1 规略：规划谋略。　2 垂问：俯问，此处指管理、经营。

卷二十七　魏书二十七

徐胡二王传

导读　本卷是魏国统管一方事务的大臣徐邈、胡质、王昶、王基四人的传记。徐邈性格疏放，好饮酒，但操行高尚，治理地方很有成绩。胡质长于考核事理，决断是非，曾多次判断疑难案件，也具备军事眼光。王昶开垦田地、安抚流民，为恢复生产做出了贡献，后来又建言魏国改革内政。他劝诫子侄的《诫子书》也很有名，其中劝告晚辈遵守不求速成、不贪功利、不毁誉他人、不计较他人议论的处世原则，树立仁义与谨慎并重的稳健的人生理想，体现出他对儒、道两家的推崇。直至今日，这些告诫对我们仍有借鉴价值。王基的军事才能在这几人中最为突出，在魏国的几次大规模战役中，他的谏言皆被采纳，这使魏对吴、蜀两国的军事优势进一步扩大。王基同时也很重视举荐人才，在内政方面有所建树。综观本卷，所记载的四人都是具备多方面才能、能审时度势、做事果决干练的统帅人才，他们为魏国的发展做出了贡献，他们身上的优秀品质也值得后人学习。

徐邈

原文

徐邈，字景山，燕国蓟[1]人也。太祖平河朔，召为丞相军谋掾，试守奉高

译文

徐邈，字景山，燕国蓟县人。太祖平定河朔，征辟徐邈为丞相府军谋掾，朝廷让他试着代理奉高县令，后又入朝

令，入为东曹议令史[2]。魏国初建，为尚书郎。时科禁酒，而邈私饮至于沈醉。校事赵达问以曹事，邈曰"中圣人[3]"。达白之太祖，太祖甚怒。度辽将军鲜于辅进曰："平日醉客谓酒清者为圣人，浊者为贤人，邈性修慎[4]，偶醉言耳。"竟坐得免刑。后领陇西太守，转为南安。文帝践阼，历谯相，平阳、安平太守，颍川典农中郎将，所在著称，赐爵关内侯。车驾幸许昌，问邈曰："颇复中圣人不？"邈对曰："昔子反毙于谷阳，御叔罚于饮酒[5]，臣嗜同二子，不能自惩，时复中之。然宿瘤以丑见传[6]，而臣以醉见识。"帝大笑，顾左右曰："名不虚立。"迁抚军大将军军师。

任丞相府东曹议令史。魏国刚建立时，他出任尚书郎。当时朝廷下令禁酒，但徐邈常私下饮酒以至于大醉。校事赵达询问他东曹的事务，徐邈称自己为"中圣人"。赵达把这话报告给太祖，太祖很愤怒。度辽将军鲜于辅进言说："平日爱喝酒的人称清酒为圣人，浊酒为贤人。徐邈为人注重修养，处世谨慎，这只是偶尔酒醉乱说罢了。"徐邈最终没有被判刑。徐邈后来兼领陇西太守，又转任南安太守。文帝曹丕即位后，历任谯国相，平阳、安平太守，颍川典农中郎将，所到之处都有好名声，被赐予关内侯爵位。文帝驾临许昌，问徐邈："您还任中圣人吗？"徐邈回答说："从前子反在谷阳醉酒失职而自杀，御叔饮酒被罚以重赋。我的嗜好和这两人相同，不能自我克制，时常会喝醉。然而宿瘤女因为生得丑陋而被记述，而我因为醉酒而被陛下认识。"文帝大笑，对身边的人说："果然名不虚传。"不久徐邈又升任抚军大将军府的军师。

今注　1 蓟：蓟县，在今北京城西南。　2 东曹议令史：东汉末年曹操置。东曹掌二千石官员的任命和调动及军吏事。东曹议令史掌对东曹事务的顾问应对和参谋议论，其长官为东曹掾。 3 中圣人：酒醉的隐语。 4 修慎：谓注重修养，处世谨慎。 5 昔子反毙于谷阳，御叔罚于饮酒：子反，春秋时楚国大臣，随楚共王出征，战事激烈时，他口渴欲饮水。竖谷阳知道他喜爱饮酒，便进上美酒。子反喝醉酒不能议事，因贻误战机而受到楚王责备，最后自杀。御叔，春秋时鲁国大夫，因为喝酒而慢待了臧武仲，叔孙豹得知后，责备并处罚了御叔。 6 宿瘤以丑见传：宿瘤女本为齐国采桑女，脖子上长着一个大肉瘤，后来成为齐闵王的王后。

明帝以凉州绝远，南接蜀寇，以邈为凉州刺史，使持节，领护羌校尉。至，值诸葛亮出祁山，陇右三郡反，邈辄遣参军及金城太守等击南安贼，破之。河右[1]少雨，常苦乏谷。邈上修武威[2]、酒泉盐池以收虏谷，又广开水田，募贫民佃之，家家丰足，仓库盈溢。乃支度州界军用之余，以市金帛犬马，通供中国之费。以渐收敛民间私仗，藏之府库。然后率以仁义，立学明训，禁厚葬，断淫祀，进善黜恶，风化大行，百姓归心

魏明帝认为凉州离内地遥远，南面又和蜀国接壤，就任命徐邈为凉州刺史，持有节杖，兼领护羌校尉。徐邈到任后，正遇上诸葛亮率兵出祁山，陇右的南安、天水、安定三郡反叛，徐邈便紧急派遣参军以及金城太守等人率部进攻南安郡叛军，将他们击败。河西地区少雨，常受到粮食不足的困扰。徐邈上书请求修筑武威、酒泉的盐池，用以换取敌人的粮食，又开垦大片水田，招募贫民租种，使百姓家家丰足，仓库粮食充裕。又支取州中军费盈余的部分，来购买金帛犬马，供中原的朝廷使用。逐步收缴民间的私人武器，将其保存在官府仓库里。然后用仁义劝导百姓，建立学校推行教育，禁止厚葬，取缔不合规的祭祀，任用善者，罢黜恶人，当地社会风气大为改观，百姓都信服他。与西域交流互市，边远的少数

焉。西域流通，荒戎入贡，皆邈勋也。讨叛羌柯吾有功，封都亭侯[3]，邑三百户，加建威将军。邈与羌、胡从事，不问小过。若犯大罪，先告部帅，使知，应死者乃斩以徇[4]，是以信服畏威。赏赐皆散与将士，无入家者，妻子衣食不充。天子闻而嘉之，随时供给其家。弹邪绳枉，州界肃清。

民族向朝廷进贡，这些都是徐邈的功劳。后来他因讨伐反叛的羌人柯吾有功，被封为都亭侯，食邑三百户，加授建威将军。徐邈和羌人、胡人交往，不追究小过失。但如果犯了大罪，先通报他们的首领，让他们知道，罪当处死的就斩首宣示于众，因此各部都对他信服而畏惧。朝廷赏赐给徐邈的东西，他都分给将士，从不带回自己家，而自己的妻子儿女却往往衣食不足。天子得知后很赞赏他，经常供给他家衣食。徐邈惩治邪恶，纠正冤屈，州内安定太平，法纪严明。

今注　1 河右：河西的别称。汉唐时，指今甘肃、青海二省黄河以西区域，即河西走廊和湟水流域。　2 武威：辖境相当今甘肃黄河以西、武威市以东及大东河、大西河流域地区。初治武威县(今甘肃民勤县东北)。　3 都亭侯：东汉置，地位在乡侯之下。　4 徇：宣示于众。

正始元年，还为大司农[1]。迁为司隶校尉，百寮敬惮之，公事去官。后为光禄大夫，数岁即拜司空，邈叹曰："三公论道之官，无其人则缺，岂可以老病忝之哉？"遂固辞不受。嘉平元年，年七十八，

正始元年(240)，回朝中任大司农。又升任司隶校尉，官吏们都很敬畏他，后因公事离职。接着又任光禄大夫，几年后就升任司空，徐邈感叹说："三公是议论、谋划治国大道的官员，没有合适的人就应当空缺，怎能因为我年老且多病就让我担任呢？"于是坚决推辞不接受任命。嘉平元年(249)，徐邈七十八岁，以

以大夫薨于家，用公礼[2]葬，谥曰穆侯。子武嗣。六年，朝廷追思清节之士，诏曰："夫显贤表德，圣王所重；举善而教，仲尼所美。故司空徐邈、征东将军胡质、卫尉田豫皆服职前朝，历事四世，出统戎马，入赞庶政，忠清在公，忧国忘私，不营产业，身没之后，家无余财，朕甚嘉之。其赐邈等家谷二千斛，钱三十万，布告天下。"

光禄大夫的身份在家中去世，朝廷以三公的礼仪安葬他，谥号为穆侯。他的儿子徐武继承爵位。嘉平六年(254)，朝廷追怀清廉有节操的官员，下诏说："宣传贤能旌表道德，是圣王历来重视的事务；崇仰善行而教育后世，是孔子也赞美的事情。已故的司空徐邈、征东将军胡质、卫尉田豫都在前朝任职，又奉事我朝四代君主，出外则统率军队，入朝则辅佐政务，处理公务忠诚清廉，为国事忧劳而无私心，不经营产业，身死之后，家里没有多余的财产，朕很赞赏他们。现赐给徐邈等人的家属粮食二千斛，钱三十万，遍告全天下。"

今注　**1** 大司农：西汉太初元年(前104)改大农令置。九卿之一，掌管全国租赋收支和国家财政开支，百官俸禄、军费、各级政府机构经费等皆由其支付，并管理各地仓储、水利，官府农业、手工业、商业的经营，还负责调运货物，管制物价等。　**2** 公礼：三公的礼仪。

邈同郡韩观曼游[1]，有鉴识器干，与邈齐名，而在孙礼、卢毓先。为豫州刺史，甚有治功，卒官[1]。卢钦著书，称邈曰："徐公志高行洁，才博气猛。其施

徐邈同郡的韩观，字曼游，有辨识人才的能力和才干，与徐邈齐名，而在孙礼、卢毓之上。他曾担任豫州刺史，很有政绩，死在官任上。卢钦著书时，称赞徐邈说："徐公志向高远，行为清白，才学广博，气概勇猛。他的为人，

之也，高而不狷[2]，洁而不介，博而守约，猛而能宽。圣人以清为难，而徐公之所易也。”或问钦：“徐公当武帝之时，人以为通，自在凉州及还京师，人以为介，何也？”钦答曰：“往者毛孝先、崔季珪等用事，贵清素之士，于时皆变易车服以求名高，而徐公不改其常，故人以为通。比来天下奢靡，转相仿效，而徐公雅尚自若，不与俗同，故前日之通，乃今日之介也。是世人之无常，而徐公之有常也。”

高尚而不急躁，高洁而不耿介，广博而能掌握要领，威猛又能宽容。圣人认为做人要达到清正很难，而徐公却轻易地做到了。”有人问卢钦：“徐公在武帝时，人们认为他通达，自从任凉州刺史后回到京城，人们又认为他耿介，这是为什么呢？”卢钦回答说：“以前毛孝先、崔季珪等掌管政事，看重清正高洁之士，所以当时的人们都改变自己的车驾服饰来求取高名，而徐公却不改常态，所以人们认为他通达。近来天下崇尚奢侈豪华，大家互相效仿，而徐公依然如故，不盲从世俗，所以前日的通达，就变成今日的耿介了。这是因为世人变化无常，而徐公始终如一。”

今注　1 曼游：韩观的字。当时提说人的全称，常用这种姓名加字的形式。　2 狷：性情急躁。

裴注　[1]《魏名臣奏》载黄门侍郎杜恕表，称：“韩观、王昶，信有兼才，高官重任，不但三州。”

胡质

胡质，字文德，楚国寿春[1]人也。少与蒋济、朱绩俱知名于江、淮间，仕州郡。蒋济为别驾，使见太祖。太祖问曰："胡通达，长者[2]也，宁有子孙不？"济曰："有子曰质，规模大略不及于父，至于精良综事过之[1]。"太祖即召质为顿丘令。县民郭政通于从妹，杀其夫程他，郡吏冯谅系狱为证。政与妹皆耐掠隐抵，谅不胜痛，自诬，当反其罪。质至官，察其情色，更详其事，检验具服。

胡质，字文德，楚国寿春县人。他少年时即与蒋济、朱绩闻名于江淮间，并在州郡做官。蒋济任扬州别驾，受命去见太祖。太祖问："胡通达是长者，有子孙没有？"蒋济说："有个儿子叫胡质，在气势谋略上不如他父亲，但在综理事务的精细完善方面超过他父亲。"太祖就任胡质为顿丘县令。县民郭政与堂妹通奸，杀死了堂妹夫程他，郡吏冯谅被关在监狱做证人。郭政和堂妹都忍受着拷打隐瞒抵赖，冯谅受不了拷打的痛楚，被迫承认是自己诬陷他们，反而要遭受罪责。胡质到任后，仔细考察了案件相关人员的表情神色，重新详细审问了事情的原委，与当事人相互核验，使得他们全部认罪。

今注 1 寿春：即今安徽寿县。 2 长者：这里指有道德而性情温和的人。

裴注 [1] 案《胡氏谱》："通达名敏，以方正征。"

入为丞相东曹议令史，州请为治中。将军

胡质入朝为丞相府东曹议令史，他的家乡扬州又请他任治中。将军张辽

张辽与其护军[1]武周有隙。辽见刺史温恢求请质，质辞以疾。辽出谓质曰："仆委意于君，何以相辜如此？"质曰："古人之交也，取多知其不贪[2]，奔北知其不怯，闻流言而不信，故可终也。武伯南身为雅士，往者将军称之不容于口，今以睚眦之恨，乃成嫌隙[1]，况质才薄，岂能终好？是以不愿也。"辽感言，复与周平[2]。

与其护军武周有矛盾。张辽见到扬州刺史温恢，请求温恢让胡质做自己的幕僚，胡质以病推辞。张辽对胡质说："我很属意你，你为什么如此辜负我？"胡质说："古人对待朋友，看他多取利益也知道他不贪婪，看他临阵脱逃也知道他不胆怯，听到关于他的流言也不相信，这样的交情才可以长久。武周本为高雅之士，以前将军您对他赞不绝口，而今只为一点小小的怨恨就有了嫌隙，何况我胡质才能浅薄，怎么能始终与您友好相处呢？因此我不愿意从命。"张辽听了他的话有所触动，重新与武周和好。

今注　1 护军：此指军中监督官。　2 取多知其不贪：尽管朋友多取利益也知道这不是出于贪婪。意思是朋友之间相知极深，因而能充分信任和理解。相传春秋时期，管仲和鲍叔牙曾在一起经商。由于管仲家境贫寒且需要赡养老母，所以在分配利润时常常多取，鲍叔牙却并不因此认为管仲贪婪。

裴注　[1] 睚，五卖反。眦，士卖反。　[2] 虞预《晋书》曰："周字伯南，沛国竹邑人。位至光禄大夫。子陔，字元夏。陔及二弟韶、茂，皆总角见称，并有器望，虽乡人诸父，未能觉其多少。时同郡刘公荣，名知人，尝造周。周谓曰：'卿有知人之明，欲使三儿见卿，卿为目高下，以效郭、许之听，可乎？'公荣乃自诣陔兄弟，与共言语，观其举动。出语周曰：'君三子皆国士也。元夏器量最优，有辅佐之风，展力仕宦，可为亚公。叔夏、季夏，不减常伯、纳言也。’陔少出仕宦，历职内外，泰始初为吏部尚书，迁左仆射、右光禄大夫，开府仪同三司，卒于官。陔以在魏已为大臣，本非佐命之数，怀逊让，不得已而居位，故在官职，无所荷任，夙夜思恭而已。终始全洁，当世以为美谈。韶历二官吏部郎。”《山涛启事》称：“韶清白有诚，终于散骑常侍。茂至侍中、尚书。颍川荀恺，宣帝外孙，世祖姑子，自负贵戚，要与茂交。茂拒而不答，由是见怒。元康元年，杨骏被诛。恺时为尚书仆射，以茂骏之姨弟，陷为骏党，遂枉见杀，众咸冤痛之。”

太祖辟为丞相属。黄初中，徙吏部郎[1]，为常山[2]太守，迁任东莞[3]。士卢显为人所杀，质曰：“此士无仇而有少妻，所以死乎？”悉见其比居年少。书吏李若见问而色动，遂穷诘情状，若即自首，罪人斯得。每军功赏赐，皆散之于众，无入家者。在郡九年，吏民便安，将士用命。

太祖征召胡质任丞相府僚属。黄初年间，他转任吏部郎，出任常山太守，又迁任东莞太守。士人卢显被人杀害，胡质说：“这个人没有仇人而有个年轻的妻子，这大概是他的死因吧？”于是逐一召见与卢显相邻居住的年轻人。书吏李若在被问话的时候神色改变，于是胡质追问事情原委，李若就承认了自己的罪责，罪犯便这样被查获了。胡质每次因为军功得到的赏赐，全都分给众人，从未拿回家中。在郡任职九年，吏民安居乐业，将士尽力效劳。

今注 1 吏部郎：尚书省吏部曹的长官。 2 常山：常山郡，三国魏移治真定（今河北石家庄东）。 3 东莞：郡名。东汉建安初分琅邪、齐郡置，治今沂水东北。

迁荆州刺史，加振威将军，赐爵关内侯。吴大将朱然围樊城，质轻军赴之。议者皆以为贼盛不可迫，质曰："樊城卑下，兵少，故当进军为之外援。不然，危矣。"遂勒兵临围，城中乃安。迁征东将军，假节，都督青、徐诸军事。广农积谷，有兼年之储。置东征台，且佃且守。又通渠诸郡，利舟楫，严设备以待敌。海边无事。

性沉实内察，不以其节检物，所在见思。嘉平二年薨，家无余财，惟有赐衣书箧[1]而已。军师以闻，追进封阳陵亭侯，邑百户，谥曰贞侯。子威嗣。六年，诏书褒述质清行，赐其家钱谷。语在《徐邈传》。威，咸熙中官至徐州刺史[1]，有殊绩[2]，历三郡守，所在有名，卒于安定。

胡质升任荆州刺史，加振威将军官衔，赐封为关内侯。东吴大将朱然包围樊城，胡质率军轻装前往救援。很多人都认为敌军强大不可靠近，胡质说："樊城地势低下，兵力又少，所以应当率军前去给予外援。不然，樊城就危险了。"于是率兵逼近敌人的包围圈，城内军民因此才安定下来。他又升任征东将军，持有节杖，督管青州、徐州各军。胡质扩大农业生产以积聚粮食，所积粮食够吃两年。设置东征台，让士兵一面屯田一面戍守。又疏通通往各郡的河渠，便利船只往来，还做了严密布置来防备敌人。滨海地区因此安宁无事。

胡质性情深沉，洞察世事，不以自己的节操去要求他人，所到之处都受到人们的怀念。他在嘉平二年(250)去世。家里没有多余的财产，只有朝廷所赐的衣物和书箱而已。他属下的军师把这些情况报告给朝廷，朝廷追封他为阳陵亭侯，食邑百户，谥号为贞侯。他的儿子胡威继承了爵位。嘉平六年(254)，皇帝下诏书褒扬胡质清正的品行，赐给他家钱粮。此事记载在《徐邈传》中。胡威在咸熙年间官至徐州刺史，在任有特别优秀的政绩，历任三郡太守，所到之处都有贤名，死在安定郡。

今注　1 书箧(qiè)：书箱。　2 殊绩：特出的政绩、功绩。

裴注　[1]《晋阳秋》曰："威字伯虎。少有志尚，厉操清白。质之为荆州也，威自京都省之。家贫，无车马僮仆，威自驱驴单行，拜见父。停厩中十余日，告归。临辞，质赐其绢一匹，为道路粮。威跪曰：'大人清白，不审于何得此绢？'质曰：'是吾俸禄之余，故以为汝粮耳。'威受之，辞归。每至客舍，自放驴，取樵炊爨，食毕，复随旅进道，往还如是。质帐下都督，素不相识，先其将归，请假还家，阴资装百余里要之，因与为伴，每事佐助经营之，又少进饮食，行数百里。威疑之，密诱问，乃知其都督也，因取向所赐绢答谢而遣之。后因他信，具以白质。质杖其都督一百，除吏名。其父子清慎如此。于是名誉著闻，历位宰牧。晋武帝赐见，论边事，语及平生。帝叹其父清，谓威曰：'卿清孰与父清？'威对曰：'臣不如也。'帝曰：'以何为不如？'对曰：'臣父清，恐人知，臣清，恐人不知，是臣不如者远也。'官至前将军、青州刺史。太康元年卒，追赠镇东将军。威弟罴，字季象，征南将军；威子奕，字次孙，平东将军；并以洁行垂名。"

王昶

王昶，字文舒，太原晋阳人也[1]。少与同郡王淩俱知名。淩年长，昶兄事之。文帝在东宫，昶为太子文学，迁中庶子[1]。文帝践阼，徙散骑侍郎，为洛阳典农[2]。时都畿树木成林，昶斫开荒莱，勤

王昶，字文舒，太原郡晋阳县人。少年时与同郡的王淩都很有名。王淩年纪比他大，王昶把他当兄长对待。文帝曹丕当太子时，王昶任太子文学，后升任中庶子。文帝即位，王昶升任散骑侍郎，出任洛阳典农。当时都城洛阳周边地区树木茂密成林，王昶带头砍树开辟荒地，勤于鼓励百姓，开垦出了很多

劝百姓,垦田特多。迁兖州刺史。明帝即位,加扬烈将军,赐爵关内侯。昶虽在外任,心存朝廷,以为魏承秦、汉之弊,法制苛碎,不大厘改国典以准先王之风,而望治化复兴,不可得也。乃著《治论》,略依古制而合于时务者二十余篇。又著兵书十余篇,言奇正[3]之用[2],青龙中奏之。

农田。后升任兖州刺史。魏明帝曹叡即位,加任他为扬烈将军,赐他关内侯的爵位。王昶虽然在外地做官,但是关心朝廷政治,他认为曹魏继承了秦、汉制度的弊病,法制苛刻而又烦琐,如果不大规模改革国家制度以接近先王政治的风范,而希望政治教化再次振兴,是不可能的。于是撰著《治论》,大体依照古代制度,选取其中能用于当前政治的内容,著成二十余篇。又著兵书十几篇,讨论作战中奇和正的用法,青龙年间上奏朝廷。

今注　1 中庶子:太子中庶子省称,负责辅佐太子。 2 洛阳典农:即在洛阳附近设立的典农校尉。 3 奇正:古时兵法术语。古代作战以对阵交锋为正,设伏掩袭等为奇。

裴注　[1] 案《王氏谱》:“昶伯父柔,字叔优;父泽,字季道。”《郭林宗传》曰:“叔优、季道幼少之时,闻林宗有知人之鉴,共往候之,请问才行所宜,以自处业。林宗笑曰:‘卿二人皆二千石才也,虽然,叔优当以仕宦显,季道宜以经术进,若违才易务,亦不至也。’叔优等从其言。叔优至北中郎将,季道代郡太守。” [2]《孙子兵法》曰:“兵以正合,以奇胜;奇正还相生,若循环之无端。”

其为兄子及子作名字,皆依谦实,以见其意。

他为兄长的儿子和自己的儿子所取的名和字,都依据谦虚和诚实,用以表现

故兄子默字处静,沈字处道,其子浑字玄冲,深字道冲。遂书戒之曰:

“夫人为子之道,莫大于宝身[1]全行[2],以显父母。此三者人知其善,而或危身破家,陷于灭亡之祸者,何也?由所祖习非其道也。夫孝敬仁义,百行之首,行之而立,身之本也。孝敬则宗族安之,仁义则乡党重之,此行成于内,名著于外者矣。人若不笃于至行,而背本逐末,以陷浮华焉,以成朋党焉。浮华则有虚伪之累,朋党则有彼此之患。此二者之戒,昭然著明,而循覆车滋众,逐末弥甚,皆由惑当时之誉,昧目前之利故也。夫富贵声名,人情所乐,而君子或得而不处,何也?恶不由其道耳。患人知进而不

他的志向。所以他兄长的儿子一个叫王默,字处静,一个叫王沈,字处道,而他自己的儿子,一个叫王浑,字玄冲,一个叫王深,字道冲。他写信劝诫他们说:

“作为儿子,没有比珍爱自己的身体,养成各种美德,显扬父母的名誉更重要的了。这三件事任何人都知道是好的,可还是有人身死家破,陷入灭亡的灾祸中,这是为什么呢?因为他们所崇尚学习的并非正道。孝敬仁义,是诸多德行中最重要的,是立身行事的根本。做到孝敬,则宗族内部安定;讲究仁义,则会受到同乡人的敬重,如此则说明内在的德行修养好了,自然会使名声传到外面。人如果不专注于最重要的德行,而舍本逐末,就会陷入虚浮奢华,由此结成朋党。陷于虚浮奢华则人就会有虚伪的风险,结成朋党就有彼此争夺利益的隐患。这两样弊病的鉴戒明白而清楚,但仍有很多人重蹈覆辙,越发执着于追求末利,这都是被一时的虚名、眼前的利益所迷惑蒙蔽导致的。富贵和声名,是人们都喜欢的,而君子有时得到了这些却不接受,为什么呢?因为他们厌恶这些不由正道而得到的名利。人生值得忧虑的是

知退，知欲而不知足，故有困辱之累，悔吝之咨。语曰："如不知足，则失所欲。

只知进而不知退，只知追求欲望，而不知满足，所以才会遭遇困顿折辱的磨难、后悔顾惜的悲叹。常言道："如果不知足，得到的也会失去。

今注 1 宝身：珍爱自身。 2 全行：养成各种好的品行。

"故知足之足常足矣。览往事之成败，察将来之吉凶，未有干名要利，欲而不厌，而能保世持家，永全福禄者也。欲使汝曹立身行己，遵儒者之教，履道家之言，故以玄、默、冲、虚为名，欲使汝曹顾名思义，不敢违越也。古者盘杅[1]有铭，几杖有诫，俯仰察焉，用无过行。况在己名，可不戒之哉？夫物速成则疾亡，晚就则善终。朝华之草，夕而零落；松柏之茂，隆寒不衰。是以大雅君子恶速成，戒阙党也[2]。若范匄对秦客而武子击

"所以知足的人才会长久满足。纵览过去的成败，预见未来的吉凶，没有哪个追名逐利、欲求无度的人，没有谁能保全家族不衰而长久享有福禄的。我希望你们立身行事，遵从儒家的教诲，践行道家的主张，所以给你们起名叫玄、默、冲、虚，这是想让你们看到自己的名字就想起它的含义，不敢违越。古时，盘盂上有铭文，几杖上有诫文，为的是低头抬头就能看见它们，使自己的行为没有过失。更何况是自己的名字，怎能不以此为戒呢？事物成长得快消亡得也快，成长得慢，就会有好的结果。清晨开花的草，傍晚就凋落；而松柏茂盛，即使在严冬也不衰枯。因此高雅的君子厌恶短期内很快获得成就，这是以阙党童子为戒。像范文子解答秦客的谜语而范武子杖击他，折断了他委貌冠上的簪子，那是因为范

之[3],折其委笄,恶其掩人也[1]。夫人有善鲜不自伐,有能者寡不自矜。伐则掩人,矜则陵人。掩人者人亦掩之,陵人者人亦陵之。故三郤为戮于晋,王叔负罪于周,不惟矜善自伐好争之咎乎?故君子不自称,非以让人,恶其盖人也。夫能屈以为伸,让以为得,弱以为强,鲜不遂矣。夫毁誉,爱恶之原而祸福之机也,是以圣人慎之。孔子曰:'吾之于人,谁毁谁誉?如有所誉,必有所试。'又曰:'子贡方人。赐也贤乎哉,我则不暇。'以圣人之德,犹尚如此,况庸庸之徒而轻毁誉哉?

武子厌恶范文子表现自己而掩盖了别人的优点。有善行的人很少有不自夸的,有才能的人很少有不自傲的。自夸就会看不起人,自傲就会盛气凌人。看不起人的人,人们也看不起他,盛气凌人的人,别人也会欺凌他。所以晋国的三郤死于非命,王叔在周朝获罪,这不正是自夸自傲而喜欢争名夺利的过错吗?所以君子不称赞自己,不是为了谦让他人,而是讨厌处处显示胜过别人。若是能以屈为伸,以让为得,以弱为强,那就很少有不顺利的事了。非议和赞扬他人,是产生爱与憎的来源,也是决定祸与福的关键,所以圣人对此很谨慎。孔子说:'我对别人,赞誉了谁又非议了谁?如果有所赞誉,也一定是有所考验的。'又说:'子贡讥论别人。那他自己贤能吗?我则没有这闲工夫。'像孔子这样的圣德之人尚且如此,更何况那些平庸之人怎么能轻易诋毁或赞誉别人呢?

今注 1 杅(yú):同"盂"。盛汤浆或食物的器皿。 2 戒阙党也:见于《论语·宪问》:"阙党童子将命,或问之曰:'益者与?'子曰:'吾见其居于位也,见其与先生并行也,非求益者也,欲速成者也。'"阙党,即孔子所居住的阙里的邻居。孔子邻里的童子不虚心求教,而是急于求成,与长者并行。这里要引以为戒。 3 范匄(gài)对秦客而武子击之:范匄,士氏,名匄，即范宣子，其父士燮，即范文子。武子，即范武子，士燮之父，春秋时期晋国正卿。《国语》记载，范文子曾向范武子自夸说："秦国来的一位客人在朝堂上出谜语，大夫们没有一个能对答出来，而我解答了其中三条。"因为他以才华胜人，不谦让父兄前辈的行为，范武子杖责了他。此处将范文子误为范匄。

裴注 [1]《国语》曰："范文子暮退于朝，武子曰：'何暮也？'对曰：'有秦客廋辞于朝，大夫莫之能对也，吾知三焉。'武子怒曰：'大夫非不能也，让父兄也。尔童子，而三掩人于朝。吾不在晋，国亡无日也。'击之以杖，折其委笄。"臣松之案：对秦客者，范燮也。此云范匄，盖误也。

"昔伏波将军马援[1]戒其兄子，言：'闻人之恶，当如闻父母之名，耳可得而闻，口不可得而言也。'斯戒至矣[1]。人或毁己，当退而求之于身。若己有可毁之行，则彼言当矣。若己无可毁之行，则彼言妄矣。当则无怨于彼，妄则无害于身，又何反报焉？且闻人毁己而忿者，恶丑声之加人也，人报者滋甚，不如默而自修己也。谚曰：'救寒莫如重裘，止谤莫如自

"从前伏波将军马援告诫他的侄子说："听见关于别人不好的地方，应该和听见自己父母的名字一样，耳朵可以听，嘴上却不能说出去。"这个告诫太深刻了。别人有时候非议自己，自己应该回去省察自身。如果自己有可以被人非议的言行，别人的非议就是恰当的。如果自己没有可被非议的行为，那么他的言论就是虚妄不实的。非议恰当，就不要埋怨他人；非议虚妄，则无害于自己，又为什么要去报复呢？而且，听见别人非议自己就发怒，因为厌恶坏名声而将之加在别人身上，人家的报复会更加激烈，不如沉默并修养自身。谚语说："解除寒冷的最好方式就是穿上厚皮衣，阻止别人

修。’斯言信矣。若与是非之士，凶险之人，近犹不可，况与对校乎？其害深矣。夫虚伪之人，言不根道，行不顾言，其为浮浅较可识别。而世人惑焉，犹不检之以言行也。近济阴[2]魏讽、山阳曹伟皆以倾邪败没，荧惑当世，挟持奸慝[3]，驱动后生。虽刑于鈇钺[4]，大为炯戒，然所污染，固以众矣。可不慎与[2]！

诽谤的最好方式就是修养自己的德行。”这话是很对的。和那些搬弄是非、凶狠险毒的人接近都是危险的，更何况和他们面对面争论是非曲直呢？这样做的危害很深啊。那些虚伪的人，言论不依循道义，行为不符合自己的言语，他们的轻浮浅薄是很容易识别的。而世人被他们所迷惑，而不愿认真鉴别他们的言行。最近济阴魏讽、山阳曹伟都以邪恶而被处死，他们迷惑世人，心怀奸恶，煽动年轻人。虽然他们受到斩杀之刑，对当世之人是明显的鉴戒，但受到他们不良影响的人，已经很多了。怎能不谨慎呢！

今注 1 马援：字文渊，东汉初年著名军事家，封伏波将军，东汉开国功臣之一。 2 济阴：济阴郡，治定陶（今山东菏泽市定陶区西北）。 3 奸慝（tè）：邪恶的心术或行为。 4 鈇钺（fū yuè）：古代军法用以斩杀罪犯的斧子。亦泛指刑戮。

裴注 [1] 臣松之以为，援之此诫，可谓切至之言，不刊之训也。凡道人过失，盖谓居室之愆，人未之知，则由己而发者也。若乃行事，得失已暴于世，因其善恶，即以为诫，方之于彼，则有愈焉。然援诫称龙伯高之美，言杜季良之恶，致使事彻时主，季良以败。言之伤人，孰大于此？与其所诫，自相违伐。 [2]《世语》曰："黄初中，孙权通章表。伟以白衣登江上，与权交书求赂，欲以交结京师，故诛之。"

“若夫山林之士，夷、叔之伦，甘长饥于首阳[1]，安赴火于绵山[2]，虽可以激贪励俗，然圣人不可为，吾亦不愿也。今汝先人世有冠冕，惟仁义为名，守慎为称，孝悌于闺门，务学于师友。吾与时人从事，虽出处不同，然各有所取。颍川郭伯益，好尚通达，敏而有知。其为人弘旷[3]不足，轻贵有余。得其人重之如山，不得其人忽之如草。吾以所知亲之昵之，不愿儿子为之[1]。北海徐伟长，不治名高，不求苟得，澹然自守，惟道是务。其有所是非，则托古人以见其意，当时无所褒贬。吾敬之重之，愿儿子师之。东平刘公幹，博学有高才，诚节有大意，然性行不均，少所拘忌，得失足以

“那些隐逸山林的人，像伯夷、叔齐之类，甘愿在首阳山常年挨饿，还有像介子推那样安心烧死在绵山也不愿出仕，虽然他们的言行可以抑制贪婪，改正世风，但是圣人不赞成这么做，我也不愿你们这样做。如今你们的先辈世代做官，有仁义的美名，以谨慎自守为人所赞扬，在家讲究孝悌之道，在外向老师朋友学习。我和世人交往，虽大家出身各有不同，但都能从对方身上学到一些东西。颍川人郭伯益，崇尚通达，聪明而有智慧。但他的心胸还不够宽广，对富贵也有些过分轻视。遇见他所喜爱之人则如高山一般看重，遇到他不喜欢之人则如草芥一样忽视。我因为和他相知，所以和他来往密切，但不希望你们像他这样。北海人徐伟长，不求高名，不求不当得的财利，淡然自处，坚守节操，一心追求道义。他有所批评，则假借古人言论来表达自己的意见，而对人不直接褒贬。我很尊敬看重他，希望你们能向他学习。东平的刘公幹，有渊博的学识和出众的才能，有真诚的品德且有大志，然而他的本性和品行不是很端正，很少有约束和顾忌，优点和缺点相互抵消。我喜欢且

相补。吾爱之重之，不愿儿子慕之[2]。乐安任昭先，淳粹履道，内敏外恕，推逊恭让，处不避洿，怯而义勇，在朝忘身。吾友之善之，愿儿子遵之[3]。若引而伸之，触类而长之，汝其庶几举一隅耳。及其用财先九族，其施舍务周急，其出入存故老，其论议贵无贬，其进仕尚忠节，其取人务实道，其处世戒骄淫，其贫贱慎无戚，其进退念合宜，其行事加九思，如此而已。吾复何忧哉？"

看重他，但不愿你们效法他。乐安的任昭先，深厚纯粹地践行道义，内心敏锐而行为宽厚，谦恭辞让，居处不避开污浊的凹地，好像胆怯而有实行道义的勇气，在朝理政则忘记自己的私利。我把他视为好友而推重他，愿你们效法他。如果你们能将我所讲的道理加以引申，经由同类的道理而领悟更多的内容，你们差不多就能举一反三了。在使用钱财方面要优先族内之人，施舍时要周济急需的人，出外和回家都要慰问长辈，议论时以不贬低别人为贵，做官崇尚忠诚有节操，与人交往以诚实为本，处世一定不要骄傲放肆，贫贱时不可悲伤，进取退让要想到是否合乎时宜，做事之前要反复思量。你们如果这样做了，我还有什么忧虑呢？"

今注 1 长饥于首阳：伯夷、叔齐是商末孤竹君的两位王子。周武王伐纣，二人叩马谏阻。武王灭商后，他们耻食周粟，采薇而食，饿死于首阳山。 2 赴火于绵山：晋国大臣介子推在晋国公子重耳（晋文公）流亡期间忠心协助，晋文公复国后，介子推归隐绵山。据说晋文公为了让介子推出仕，下令焚烧绵山，介子推与其母被烧死在山中。 3 弘旷：心胸宽阔。

裴注　[1] 伯益名奕，郭嘉之子。　[2] 臣松之以为，文舒复拟则文渊，显言人之失。魏讽、曹伟，事陷恶逆，著以为诫，差无可尤。至若郭伯益、刘公幹，虽其人皆往，善恶有定；然既友之于昔，不宜复毁之于今，而乃形于翰墨，永传后叶，于旧交则违久要之义，于子孙则扬人前世之恶。于夫鄙怀，深所不取。善乎东方之诫子也，以首阳为拙，柳下为工，寄旨古人，无伤当时。方之马、王，不亦远哉！　[3] 昭先名嘏。《别传》曰："嘏，乐安博昌人。世为著姓，夙智早成，故乡人为之语曰：'蒋氏翁，任氏童。'父旐，字子旟，以至行称。汉末，黄巾贼起，天下饥荒，人民相食。寇到博昌，闻旐姓字，乃相谓曰：'宿闻任子旟，天下贤人也。今虽作贼，那可入其乡邪？'遂相帅而去。由是声闻远近，州郡并招，举孝廉，历酸枣、祝阿令。嘏八岁丧母，号泣不绝声，自然之哀，同于成人，故幼以至性见称。年十四始学，疑不再问，三年中诵五经，皆究其义，兼包群言，无不综览，于时学者号之神童。遂遇荒乱，家贫卖鱼，会官税鱼，鱼贵数倍，嘏取直如常。又与人共买生口，各雇八匹。后生口家来赎，时价直六十匹。共买者欲随时价取赎，嘏自取本价八匹。共买者惭，亦还取本价。比居者擅耕嘏地数十亩种之，人以语嘏，嘏曰：'我自以借之耳。'耕者闻之，惭谢还地。及邑中争讼，皆诣嘏质之，然后意厌。其子弟有不顺者，父兄窃数之曰：'汝所行，岂可令任君知邪！'其礼教所化，率皆如此。会太祖创业，召海内至德，嘏应其举，为临菑侯庶子、相国东曹属、尚书郎。文帝时，为黄门侍郎。每纳忠言，辄手书怀本，自在禁省，归书不封。帝嘉其淑慎，累迁东郡、赵郡、河东太守，所在化行，有遗风余教。嘏为人淳粹，凯悌虚己若不足，恭敬如有畏。其修身履义，皆沈默潜行，不显其美，故时人少得称之。著书三十八篇，凡四万余言。嘏卒后，故吏东郡程威、赵国刘固、河东上官崇等，录其事行及所著书奏之。诏下秘书，以贯群言。"

青龙四年，诏："欲得有才智文章，谋虑渊深，	青龙四年(236)，魏明帝下诏说："朝廷想要得到有才智擅长文章，能深谋远

料远若近，视昧而察，筹不虚运，策弗徒发，端一小心，清修密静，乾乾不解，志尚在公者，无限年齿，勿拘贵贱，卿校已上各举一人。”太尉司马宣王以昶应选。正始中，转在徐州[1]，封武观亭侯，迁征南将军，假节，都督荆、豫诸军事。昶以为国有常众，战无常胜；地有常险，守无常势。今屯宛，去襄阳三百余里，诸军散屯，船在宣池，有急不足相赴，乃表徙治新野，习水军于二州，广农垦殖，仓谷盈积。

虑，有远见卓识，能洞察事物，策划事情没有疏漏，计划目的明确不虚，庄重专一谨慎小心，操行洁美稳重安详，不停努力毫不懈怠，有志为朝廷效劳的人，不论年龄大小与出身贵贱，九卿和校尉以上的官员各推举一人。”太尉司马懿推举王昶应选。正始年间，王昶转任徐州刺史，被封为武观亭侯，又升任征南将军，持有节杖，总管荆州、豫州各军军务。王昶认为，国家总会有人的，但是战争未必总能获胜；地势险峻是不变的，但是防守形势不能长久不变。如今自己屯兵宛城，离襄阳三百多里，各军营分散驻屯，水军的船只停在宣池，襄阳有紧急情况则来不及赶去救援，于是上表请求将荆州治所迁到新野，在二州内练习水军，广开农田，仓库中积蓄了大量粮食。

今注　1 徐州：东汉治郯（今山东郯城），三国魏移治彭城（今江苏徐州）。

嘉平初，太傅司马宣王既诛曹爽，乃奏博问大臣得失。昶陈治略五事：其一，欲崇道笃学，抑绝浮华，使国子入太学而修

嘉平初年(249)，太傅司马懿处死曹爽之后，上奏请求朝廷广泛向大臣询问政治得失。王昶陈述了五条治国方略：第一，希望朝廷崇尚儒道，加强教育，抑制浮华，让公卿大夫的子弟进入太学学

庠序。其二，欲用考试，考试犹准绳也，未有舍准绳而意正曲直，废黜陟而空论能否也。其三，欲令居官者久于其职，有治绩则就增位赐爵。其四，欲约官实禄，励以廉耻，不使与百姓争利。其五，欲绝侈靡，务崇节俭，令衣服有章，上下有叙，储谷畜帛，反民于朴。诏书褒赞，因使撰百官考课事。昶以为唐虞虽有黜陟之文，而考课之法不垂。周制冢宰之职，大计群吏之治而诛赏，又无校比之制。由此言之，圣主明于任贤，略举黜陟之体，以委达官之长，而总其统纪，故能否可得而知也。其大指如此。

二年，昶奏："孙权流放良臣，適庶分争，可乘衅而制吴、蜀。白帝[1]、夷陵[2]之间，黔、巫、秭归[3]、房

习，在地方修建学校。第二，设立官员考核制度，考核如准绳，不可能丢掉准绳来判断事物的曲直，也不可能废除官员升降制度而空论官员能否称职。第三，要让官员任职的时间长一些，有政绩的就提高位次赐给爵位。第四，要精简官员，发放俸禄不打折扣，再以廉耻激励他们，不使他们和百姓争利。第五，杜绝奢侈享受，致力提倡节俭，使官员的服饰有别，上下有序，储备粮食和布匹，让人们回归淳朴的风气。皇帝下诏夸奖称赞王昶，让王昶制定百官考核的制度。王昶认为，唐尧、虞舜时期虽然有升降官吏的记录，但是如何考核官吏的方法未流传下来。周朝的制度规定冢宰的职务时，有说考核各官吏的政绩并给予惩处或奖励，但没有说明考核的具体制度。由此而言，圣主明白如何任用贤人，只是大概制定升降官员的办法，而把具体工作交给贤达的执政大臣，而自己总揽大政方针，这样官员是否贤能就可以清楚知晓了。王昶的想法大体是这样。

嘉平二年(250)，王昶又上奏说："孙权流放贤良之臣，嫡子与庶子争夺继承权，可以乘此机会制服吴、蜀。白帝与

陵皆在江北，民夷与新城郡接，可袭取也。”乃遣新城太守州泰袭巫[4]、秭归、房陵，荆州刺史王基诣夷陵，昶诣江陵[5]。两岸引竹絙[6]为桥，渡水击之。贼奔南岸，凿七道并来攻。于是昶使积弩同时俱发，贼大将施绩夜遁入江陵城，追斩数百级。昶欲引致平地与合战，乃先遣五军案大道发还，使贼望见以喜之，以所获铠马甲首，驰环城以怒之，设伏兵以待之。绩果追军，与战，克之。绩遁走，斩其将钟离茂、许旻，收其甲首旗鼓珍宝器仗，振旅而还。王基、州泰皆有功。于是迁昶征南大将军，仪同三司，进封京陵侯。

毌丘俭、文钦作乱，引兵拒俭、钦有功，封二子亭侯、关内侯，进位骠骑将军。诸葛诞反，昶据

夷陵之间的黔、巫、秭归、房陵等地都在江北，民众与新城郡来往密切，可以进攻夺取此地。”于是朝廷派新城太守州泰进攻巫、秭归、房陵，荆州刺史王基进逼夷陵，王昶进逼江陵。魏军在两岸拉起竹索做桥，渡水攻击敌军。敌人逃到南岸，又开凿七条道路同时来进攻。王昶让布置好的弩箭同时发射，东吴大将施绩连夜逃进江陵城，王昶派兵追击，斩首数百。王昶想把敌人引到平旷之地与之交战，于是先派五军沿大道撤军，故意让敌人望见而高兴，又用获得的军马载着首级绕江陵城奔驰以激怒敌人，暗中则埋设伏兵，等待时机袭击。施绩果然派兵去追赶大军，王昶指挥伏兵与之交战，大获全胜。施绩逃跑，王昶斩杀了他的部将钟离茂、许旻，缴获了敌人的铠甲、旗、鼓、珍宝、武器仪仗，整顿军队后凯旋。王基、州泰都有战功。王昶于是被任命为征南大将军，仪仗队的规格等同于三公，晋封为京陵侯。

毌丘俭、文钦反叛，王昶率兵抵抗有功，他的两个儿子被封为亭侯和关内侯，他则升为骠骑将军。诸葛诞反叛，王昶占据夹石，逼近江陵，牵制施

夹石以逼江陵，持施绩、全熙使不得东。诞既诛，诏曰："昔孙膑佐赵，直凑大梁7。西兵骤进，亦所以成东征之势也。"增邑千户，并前四千七百户。迁司空，持节、都督如故。甘露四年薨，谥曰穆侯。子浑嗣，咸熙中为越骑校尉[1]。

绩、全熙，使他们不敢向东进军援救诸葛诞。诸葛诞被杀后，明帝下诏说："从前孙膑为帮助赵国，直逼大梁。现在王基率领的军队在敌人的西面向前推进，也促成了东征的取胜之势。"于是增加王昶的食邑一千户，加上以前的，共四千七百户。他又升任司空，和以前一样持有节杖并都督诸军。王昶于甘露四年(259)去世，谥号为穆侯。他的儿子王浑继承爵位，咸熙年间任越骑校尉。

今注 1 白帝：白帝城，在今重庆奉节东白帝山上。 2 夷陵：古县名。治今湖北宜昌东南。 3 秭归：古县名。治今湖北秭归县。 4 巫：巫县，治今重庆巫山县北。 5 江陵：古县名。在今湖北荆州江陵故城。 6 竹絙(gēng)：竹子编制的粗索。 7 孙膑佐赵，直凑大梁：公元前353年魏国攻破赵国首都邯郸，孙膑趁魏军兵力空虚，直接进攻其首都大梁，迫使魏军撤退，这就是"围魏救赵"的典故。

裴注 [1] 案《晋书》：浑自越骑入晋，累居方任，平吴有功，封一子江陵侯，位至司徒。浑子济，字武子，有隽才令望，为河南尹、太仆。早卒，追赠骠骑将军。浑弟深，冀州刺史。深弟湛，字处冲，汝南太守。湛子承，字安期，东海内史。承子述，字怀祖，尚书令、卫将军。述子坦之，字文度，北中郎将，徐、兖二州刺史。昶诸子中，湛最有德誉，而承亦自为名士，述及坦之并显重于世，为时盛门云。自湛已下事，见《晋阳秋》也。

王基

王基，字伯舆，东莱曲城[1]人也。少孤，与叔父翁居。翁抚养甚笃，基亦以孝称。年十七，郡召为吏，非其好也，遂去，入琅邪界游学。黄初中，察孝廉，除郎中。是时青土初定，刺史王凌特表请基为别驾，后召为秘书郎，凌复请还。顷之，司徒王朗辟基，凌不遣。朗书劾州曰："凡家臣之良，则升于公辅；公臣之良，则入于王职，是故古者侯伯有贡士之礼。今州取宿卫之臣，留秘阁[2]之吏，所希闻也。"凌犹不遣。凌流称青土，盖亦由基协和之辅也。大将军司马宣王辟基，未至，擢为中书侍郎[3]。

王基，字伯舆，东莱郡曲城县人。少年时父亲去世，与叔父王翁一起生活。王翁抚养他很用心，王基也以孝顺著称。十七岁时，王基被郡里征召为吏，但这不是王基所喜欢的，他就辞职离去，到琅邪郡境内游学。黄初年间，他被郡守荐举为孝廉，被任命为郎中。当时，青州刚刚平定，刺史王凌特意上奏请求任命王基为青州的别驾，后来朝廷征召他为秘书郎，王凌再次请求让他回青州任职。不久，司徒王朗征召王基为下属，王凌不让王基前往。王朗上书劾奏青州刺史王凌说："凡是卿大夫的家臣中有优秀的人，应把他们提升为诸侯国国君的辅臣；诸侯国国君的辅臣有优秀的人，应把他们提升为天子的朝臣，因此古代有侯伯进贡人才的礼制。而今青州截取应护卫朝廷的臣子，留下应该任朝廷秘书郎的官员不放，真是很少听说。"王凌还是不派王基前往。王凌之所以得到青州士人的称赞，也是王基协助辅佐的结果。大将军司马懿征召王基为下属，还没正式上任，朝廷又任命他为中书侍郎。

【今注】 1 东莱曲城：东莱郡曲城县（今山东莱州东北）。 2 秘阁：古代宫廷中收藏珍贵图书之处。 3 中书侍郎：中书省属官，掌草拟诏令。

明帝盛修宫室，百姓劳瘁。基上疏曰：“臣闻古人以水喻民，曰水所以载舟，亦所以覆舟。故在民上者，不可以不戒惧。夫民逸则虑易，苦则思难。是以先王居之以约俭，俾不至于生患。昔颜渊云东野子之御[1]，马力尽矣而求进不已，是以知其将败。今事役劳苦，男女离旷[2]，愿陛下深察东野之弊，留意舟水之喻，息奔驷于未尽，节力役于未困。昔汉有天下，至孝文时唯有同姓诸侯，而贾谊忧之曰：‘置火积薪之下而寝其上，因谓之安也。’今寇贼未殄，猛将拥兵，检之则无以应敌，久之则难以遗后。当盛明之世，不务以除患，若

魏明帝大规模修建宫室，百姓劳苦不堪。王基上疏说：“我听说古人把百姓比作水，说水可以承载船只，同时也可以使船只覆没。所以统治人民的居上位者，不能不随时警戒畏惧。百姓安逸则诸事易办，民众生活辛苦则会犯上作乱。因此先王的居处简朴，为的是防止祸患发生。从前颜渊说，东野子驾驭马车，马已筋疲力尽了，他仍驱赶不止，因此知道他将失败。而今劳役繁重辛苦，男女长期分离，希望陛下能深思东野子的弊病，留心舟和水的比喻，让奔跑的马匹在体力耗尽之前休息，让民众在还没有困苦不堪的时候减少劳役。从前汉代拥有天下，到汉孝文帝时只有同姓的诸侯力量过强值得担忧，而贾谊仍忧虑地说：‘现在的形势好比在堆积着的柴火下面点火，而在上面睡觉，还自以为安全。’而今敌人还没消灭，勇猛的武将拥兵自重，约束他们则难以应敌，长此以往，则将给后人留下隐患。在这盛明之世，不致力于消除祸患，如果你的子孙

子孙不竞，社稷之忧也。使贾谊复起，必深切于曩时矣。”

能力不强，国家就会有忧患。如果让贾谊再生，他的忧虑一定会比之前更加深切啊。”

今注 1 颜渊云东野子之御：颜渊认为东野子虽然擅长驾驭马车，但是马力竭尽之后还逼迫马奔跑，因此其驭使的马将会逃跑。颜渊以此劝告统治者不要过度逼迫百姓。颜渊，即颜回，孔子弟子，有贤德，不幸早死。 2 离旷：丈夫离家，妇人独处。形容孤独。

散骑常侍王肃著诸经传解及论定朝仪，改易郑玄旧说，而基据持玄义，常与抗衡。迁安平太守，公事去官。大将军曹爽请为从事中郎，出为安丰[1]太守。郡接吴寇，为政清严有威惠，明设防备，敌不敢犯，加讨寇将军。吴尝大发众集建业[2]，扬声欲入攻扬州[3]，刺史诸葛诞使基策之，基曰：“昔孙权再至合肥，一至江夏，其后全琮出庐江，朱然寇襄阳，皆无功而还。今陆逊等已死，而权年老，内无贤嗣，中无谋主。权自出则惧内衅卒起，

散骑常侍王肃撰写了儒家各经传的注解，又论述、制定了朝廷礼仪，修改郑玄的旧说，王基则依据郑玄的观点，经常与王肃争论。后来他又任安平太守，因公辞职。大将军曹爽请求他出任从事中郎，后又出任安丰太守。安丰郡界与吴国接壤，王基施政清正严明，很有威名恩德，加之防备森严，敌人不敢进犯，被加封为讨寇将军。吴国曾大规模动员军队会集于建业，声称要攻打扬州，刺史诸葛诞让王基谋划，王基说：“以前孙权两次进攻合肥，一次进攻江夏，之后全琮出击庐江，朱然进犯襄阳，都没有成功，只得撤军而返。如今陆逊等人已死，孙权年老，内部没有贤能的继承者，军中又没有出谋划策的人。孙权亲自率兵出击则怕内部突发

痈疽发溃。遣将则旧将已尽，新将未信。此不过欲补定支党，还自保护耳。”后权竟不能出。时曹爽专柄，风化陵迟，基著《时要论》以切世事。以疾征还，起家为河南尹，未拜，爽伏诛。基尝为爽官属，随例罢。

变故，好像毒疮破了那样导致崩溃。若派将领率兵，则老将已经死尽，新将还没有获得信任。他不过是想借此安排党羽来保护自己而已。”后来孙权果然没有出击。当时曹爽专权，风气大坏，王基撰写《时要论》来讥刺时事。他因病被召回京城，在家中又被任命为河南尹，还没有受职，曹爽被杀。王基因为曾经是曹爽的属官，也照例被免职。

今注　1 安丰：古县名。治今河南固始县东南。　2 建业：吴国都城，在今江苏南京。　3 扬州：汉武帝所置十三刺史部之一，三国魏、吴各置扬州，魏治寿春（今寿县），吴治建业（今南京）。

其年为尚书，出为荆州刺史，加扬烈将军，随征南王昶击吴。基别袭步协于夷陵，协闭门自守。基示以攻形，而实分兵取雄父邸阁[1]，收米三十余万斛，虏安北将军谭正，纳降数千口。于是移其降民，置夷陵县。赐爵关内侯。基又表城上昶，徙江夏治之，以逼夏口，由是贼不敢轻越

这年王基被任命为尚书，离开朝廷担任荆州刺史，加授扬烈将军，随征南将军王昶进攻东吴。王基独自率领一路兵马前往夷陵袭击步协，步协紧闭城门坚守。王基假装摆出进攻的样子，实际则分兵攻占敌军位于雄父的粮仓，缴获粮食三十余万斛，抓获安北将军谭正，接纳投降敌军几千人。王基把这些降民迁徙到自己所辖境内，并设置夷陵县安置他们。王基因此被赐封为关内侯。王基又上表修筑上昶城，将江夏郡的治所迁至此处，以威逼孙吴的夏口，从此，敌人便

江。明制度，整军农，兼修学校，南方称之。时朝廷议欲伐吴，诏基量进趣之宜。基对曰："夫兵动而无功，则威名折于外，财用穷于内，故必全而后用也。若不资通川聚粮水战之备，则虽积兵江内，无必渡之势矣。今江陵有沮、漳二水，溉灌膏腴[2]之田以千数。安陆左右，陂池沃衍。若水陆并农，以实军资，然后引兵诣江陵、夷陵，分据夏口，顺沮、漳，资水浮谷而下。贼知官兵有经久之势，则拒天诛者意沮，而向王化者益固。然后率合蛮夷以攻其内，精卒劲兵以讨其外，则夏口以上必拔，而江外之郡不守。如此，吴、蜀之交绝，交绝而吴禽矣。不然，兵出之利，未可必矣。"于是遂止。

不敢轻易过江。他申明制度法令，整顿军事和农业，又修治学校，南方人士纷纷称赞他。当时朝廷商议准备大举伐吴，下诏命王基考虑进攻的策略。王基回答说："如果出兵而不能获胜，则在外有损威名，在内耗费财用，因此必须考虑周全才行。如果不凭借开通的河道聚积粮食，做好水战的准备，即使在江北聚集大军也不一定能渡过长江。如今江陵有沮水、漳水，灌溉着肥沃的良田有数千亩。安陆县周围，也有池塘和大片沃土。如果水军和陆军同时经营农业来充实军队物资，然后率军攻向江陵、夷陵，分兵占据夏口，沿沮水、漳水运输粮食。敌人知道我军有持久作战的条件，则那些抗拒朝廷征伐的人必然会沮丧，而那些想弃暗投明、归顺天子教化的人必然会更加坚定。之后再联合孙吴的蛮夷从其内部攻击，用我方精锐的士兵从外面进攻，则夏口以西的地区一定可以攻取，长江之南的州郡也都守不住了。这样一来，吴、蜀的交通断绝，两国交通一断绝，孙吴只能束手就擒了。不这样的话，这时出兵还不能保证一定会取得胜利。"于是朝廷打消了进攻孙吴的念头。

今注 1 邸阁：古代官府所设存放粮食等物资的仓库。 2 膏腴：肥沃。

司马景王新统政，基书戒之曰：“天下至广，万机至猥[1]，诚不可不矜矜业业，坐而待旦[2]也。夫志正则众邪不生，心静则众事不躁，思虑审定则教令不烦，亲用忠良则远近协服。故知和远在身，定众在心。许允、傅嘏、袁侃、崔赞皆一时正士，有直质[3]而无流心，可与同政事者也。”景王纳其言。

司马师刚执掌朝政，王基上书劝诫他说：“天下广大，政事纷杂，实在不能不兢兢业业，勤恳谨慎。如果志向纯正则不会滋生各种邪念，心里安静则不会因事多急躁，深思熟虑则政策法令不会繁杂，亲近重用贤能之士则远近之民都会臣服。所以知道安定远方在于自身，安定众人在于如何用心。许允、傅嘏、袁侃、崔赞等都是当代的正直之士，有公正朴实的品质，没有游移放纵的心性，是可以一起处理政事的人。”司马师采纳了王基的建议。

今注 1 猥：琐碎繁杂。 2 坐而待旦：坐着等待天亮。用以表示勤谨。 3 直质：正直朴实的资质。

高贵乡公即尊位，进封常乐亭侯。毌丘俭、文钦作乱，以基为行监军，假节，统许昌军，适与景王会于许昌。景王曰：“君筹俭等何如？”基曰：“淮南之逆，非吏民思乱也，俭等诳胁迫惧，畏目下之

高贵乡公曹髦即皇帝位，晋封王基为常乐亭侯。毌丘俭、文钦反叛，朝廷任命王基为代理监军，持有节杖，统领许昌地区的军队，正好与司马师在许昌会合。司马师说：“你预测毌丘俭等会怎么样呢？”王基说：“淮南叛乱，不是当地吏民想要作乱，而是毌丘俭等人欺骗威胁逼迫吓唬他们，他们害怕马上被杀，

戮，是以尚群聚耳。若大兵临逼，必土崩瓦解，俭、钦之首，不终朝而县于军门矣。”景王曰：“善。”乃令基居军前。议者咸以俭、钦慓悍，难与争锋。诏基停驻。基以为：“俭等举军足以深入，而久不进者，是其诈伪已露，众心疑沮也。今不张示威形以副民望，而停军高垒，有似畏懦，非用兵之势也。若或虏略民人，又州郡兵家为贼所得者，更怀离心。俭等所迫胁者，自顾罪重，不敢复还，此为错兵无用之地，而成奸宄之源。吴寇因之，则淮南非国家之有，谯、沛、汝、豫危而不安，此计之大失也。军宜速进据南顿[1]，南顿有大邸阁，计足军人四十日粮。保坚城，因积谷，先人有夺人之心，此平贼之要也。”基屡请，乃听进据濦水[2]。

因此随大流聚在一起而已。如果大军逼近，他们必然土崩瓦解，毌丘俭、文钦的头颅不久就会悬在军门前了。”司马师说：“说得好。”于是派王基为先锋。议论的人都以为毌丘俭、文钦等人矫捷勇猛，很难与他们争胜。朝廷下诏让王基停止进军。王基认为：“毌丘俭等人有足够的力量长驱直入，但他至今不进军，是因为他的巧诈虚伪已经暴露，部众产生怀疑。如今我们不声张威势以满足百姓的愿望，反而停止进军修筑高垒，好像我们心中畏惧怯懦，这不是用兵的道理。如果他们掳掠了大量民众，又有各州郡士兵家属被敌人俘获，那州郡士兵就更会有离叛之心。被毌丘俭胁迫而反叛的人，觉得自己罪责深重，也不敢再回来，这会使我们的州郡军队失去用武之地，同时会助长叛军的势力。如果孙吴军队趁机出兵，那淮南的大片国土就会被敌人占据了，如此，谯、沛、汝、豫等地就面临危险而不能安定，这是严重的失策啊。我军应快速占据南顿，南顿有大粮仓，足够军队吃四十天。驻守南顿的坚固城池，凭借储存的粮食，造成先声夺人的气势，这是平定叛乱的关键。”王基多次请战，朝廷同意他进军占据濦水。

今注 1 南顿：古县名。治今河南项城西。 2 濦(yīn)水：古水名。水源即今河南登封市颍水三源中的中源。

既至，复言曰："兵闻拙速，未睹工迟之久。方今外有强寇，内有叛臣，若不时决，则事之深浅未可测也。议者多欲将军持重。将军持重是也，停军不进非也。持重非不行之谓也，进而不可犯耳。今据坚城，保壁垒，以积实资虏，县运军粮，甚非计也。"景王欲须诸军集到，犹尚未许。基曰："将在军，君令有所不受。彼得则利，我得亦利，是谓争城，南顿是也。"遂辄进据南顿。俭等从项亦争欲往，发十余里，闻基先到，复还保项[1]。时兖州刺史邓艾屯乐嘉，俭使文钦将兵袭艾。基知其势分，进兵逼项，俭众遂败。钦等已平，迁镇南将军，都督豫

到了濦水以后，王基又说："只听说用兵宁可拙于机智而贵在神速，没见过精于战术而进军缓慢的。而今外有强敌，内有叛臣，如果再不当机立断，那后果就难以预知了。议政的人大多想让将军谨慎稳重一些。将军谨慎稳重当然是对的，但是停军不进就错了。谨慎稳重不是说不进军，是进军时不给敌人侵犯的机会。而今我军就算占据坚固的城池，依靠壁垒，却将积蓄的粮食供给敌人，我们自己却要远道运粮，这很不是办法。"司马师想等各路军队到齐后再发兵，还是不听王基的建议。王基对部下说："将领在外指挥军队，君主的命令有时可以依据具体情况而不接受。得城对敌人有利，对我也有利，这就要争城，目标就是南顿。"于是自行进军并占据了南顿。毌丘俭等从项县发兵也想争夺南顿，走了十来里，听说王基已经先到，只好退回项县防守。当时兖州刺史邓艾屯兵乐嘉，毌丘俭派文钦率兵袭击邓艾。王基知道他们已分散了兵力，就率兵进逼项县，毌丘俭的军队惨遭失败。文钦等被平定后，王基

州诸军事，领豫州刺史，进封安乐乡侯。上疏求分户二百，赐叔父子乔爵关内侯，以报叔父拊育[2]之德。有诏特听。

任镇南将军，都督豫州诸军事，兼领豫州刺史，晋封安乐乡侯。他上疏请求从自己的封邑中分出二百户给叔父的儿子王乔，并封王乔为关内侯，以报答叔父的养育之恩。朝廷下令特许他的请求。

今注 1 项：项县，在今河南沈丘县。 2 拊育：抚育。拊，同"抚"，抚养。

诸葛诞反，基以本官行镇东将军，都督扬、豫诸军事。时大军在项，以贼兵精，诏基敛军坚垒。基累启求进讨。会吴遣朱异来救诞，军于安城。基又被诏引诸军转据北山。基谓诸将曰："今围垒转固，兵马向集，但当精修守备以待越逸[1]，而更移兵守险，使得放纵，虽有智者不能善后矣。"遂守便宜上疏曰："今与贼家对敌，当不动如山[2]。若迁移依险，人心摇荡，于势大损。诸军并据深沟高垒，众心皆定，

诸葛诞反叛，王基以镇南将军的身份代行镇东将军职权，都督扬州、豫州各军。当时大军在项县，朝廷认为敌军精锐，下令王基集合军队坚守壁垒。王基反复上书请求进攻。适逢孙吴派朱異来援救诸葛诞，驻扎在安城。王基又接到诏书，令他率军转移占据北山。王基对诸将说："而今城垒已修筑坚固，兵马也即将在此会合，只应该精心防守以防敌人逃跑，如果再派兵戍守险峻的北山，就会使敌人有可能冲破包围，那时即使聪明的人也不能收拾这个局面了。"于是等候适当时机又上疏说："今天我们与敌人对峙，应该像山那样稳重。如果这时转移到险要的北山，则会动摇人心，会对现在的形势造成很大破坏。各路军队这时应各自据守深沟高垒，人心都要安定，

不可倾动，此御兵之要也。”书奏，报听。大将军司马文王进屯丘头，分部围守，各有所统。基督城东、城南二十六军，文王敕军吏入镇南部界，一不得有所遣。城中食尽，昼夜攻垒，基辄拒击，破之。

不能动摇，这是当前统领军队的关键。”报告上奏后，朝廷同意了他的请求。大将军司马昭进军屯守丘头，分派部队设围据守，各部都有统帅。王基指挥城东、城南的二十六支军队，司马昭命自己的下属进入镇南将军的管辖区域时，一律不得向他派遣任务。城中的敌人粮食吃尽，昼夜攻击包围的营垒，王基反击，大破敌军。

今注　1 越逸：逃跑，逃窜。　2 不动如山：形容防守坚固，军心稳定。

寿春既拔，文王与基书曰：“初议者云云，求移者甚众，时未临履，亦谓宜然。将军深算利害，独秉固志，上违诏命，下拒众议，终至制敌禽贼。虽古人所述，不是过也。”文王欲遣诸将轻兵深入，招迎唐咨等子弟，因衅有荡覆吴之势。基谏曰：“昔诸葛恪乘东关之胜，竭江表之兵，以围新城，城既不拔，而众死

攻下寿春后，司马昭写信给王基说：“当初人们议论纷纷，要求移兵至北山的人很多，那时我没有亲自前来察看，也以为应该这样。将军周密地计算了利害，独自坚持正确的主张，向上违抗诏命，对下拒绝众人的意见，终于战胜并擒获了敌人。就算古人所叙述的战例，也没有比这更好的了。”司马昭想派将领率领精锐部队轻装深入敌境，招迎唐咨等人，乘机造成颠覆孙吴的局势。王基劝谏说：“以前吴将诸葛恪乘着东关的胜利，倾尽江左的兵力，包围合肥新城，结果城没有攻下来，自己的军队

者太半。姜维因洮上之利，轻兵深入，粮饷不继，军覆上邽[1]。夫大捷之后，上下轻敌，轻敌则虑难不深。今贼新败于外，又内患未弭，是其修备设虑之时也。且兵出逾年，人有归志，今俘馘[2]十万，罪人斯得，自历代征伐，未有全兵独克如今之盛者也。武皇帝克袁绍于官渡，自以所获已多，不复追奔，惧挫威也。”文王乃止。以淮南初定，转基为征东将军，都督扬州诸军事，进封东武侯。基上疏固让，归功参佐，由是长史、司马等七人皆侯。

是岁，基母卒，诏秘其凶问，迎基父豹丧合葬洛阳，追赠豹北海太守。甘露四年，转为征南将军，都督荆州诸军事。常道乡公即尊位，增邑千户，并前五千七百户。

却死伤过半。蜀将姜维借洮上胜利之势，派轻兵深入，结果军队粮饷供应不上，全军在上邽覆没。每当大胜之后，军队上下往往会轻敌，轻敌则考虑困难不深入。而今敌人在外刚失败，内患又未平息，正是他们整治武备用心谋划戒备的时候。而且军队外出作战已有一年多，人人都有回家的意愿，如今俘获斩杀十万敌军，又杀了诸葛诞这个罪人，自从汉末兴起战事以来，还没这样既保全了军队又大获全胜的局面。武皇帝在官渡大败袁绍，自以为收获很多，不再追剿，就是怕万一受挫会损害军威。”司马昭听后停止派兵。由于淮南地区刚刚平定，朝廷转任王基为征东将军，指挥扬州各路军队，晋封为东武侯。王基上疏坚决辞让，把功劳归于自己的参谋和下属，于是他的长史、司马等七人都得以封侯。

这年，王基的母亲去世。朝廷下诏不让王基知道此事，把他父亲王豹的遗骨迁到洛阳与他母亲合葬，追赠王豹为北海太守。甘露四年(259)，王基转任征南将军，指挥荆州各路军队。常道乡公曹奂即皇帝位，为王基增加食邑一千前后封子二人亭侯、关内侯。

户，加上以前的共有五千七百户。前后又封他的两个儿子为亭侯、关内侯。

今注　1 上邽(guī)：古县名。在今甘肃天水市。　2 俘馘(guó)：俘获斩杀。馘，割下左耳用以计算战功。

景元二年，襄阳太守表吴贼邓由等欲来归化，基被诏，当因此震荡江表。基疑其诈，驰驿[1]陈状，且曰："嘉平以来，累有内难。当今之务，在于镇安社稷，绥宁百姓，未宜动众以求外利。"文王报书曰："凡处事者，多曲相从顺，鲜能确然共尽理实。诚感忠爱，每见规示，辄敬依来指。"后由等竟不降[1]。

景元二年(261)，襄阳太守上表说吴将邓由等想要前来投降朝廷，王基接受朝廷命令，要他借此机会进攻江东。王基怀疑其中有诈，于是派使者乘驿马迅速向朝廷陈述情况，又上奏说："嘉平以来，经常有内乱。如今的当务之急，是安定国家，安抚百姓，不应该动员军队来谋求对外作战的胜利。"司马昭回信说："和我共事的人，多是曲意顺从我，很少有人能向我充分讲明道理和事实。我真切地感受到您对我的忠诚厚爱，每次您给我规劝告诫，我就决定照您说的意思办。"后来，邓由等果然没有来投降。

是岁基薨，追赠司空，谥曰景侯。子徽嗣，早卒。咸熙中，开建五等，以基著勋前朝，改封基孙廙，而以东武余邑赐一子爵关内侯。晋室践阼，下诏曰："故司空王基既著

这年，王基去世，追赠为司空，谥号为景侯。他的儿子王徽继承爵位，早死。咸熙年间，设五等爵位，因为王基在前朝有卓著的功绩，改封王基的孙子王廙为侯，又把东武侯其余的民户分给王基的另一个儿子，赐他为关内侯。晋朝建立以后，皇帝下诏说："已故司空王基功

德立勋，又治身清素，不营产业，久在重任，家无私积，可谓身没行显[2]，足用励俗者也。其以奴婢二人赐其家。”

勋卓著，又洁身自好、清正廉洁，不经营产业，长期官居要职，但家中没有多余的财产，真可称得上是人虽死去而品行更加显著，足以激励世俗之人。现将两个奴婢赐给他家。”

今注 1 驰驿：驾乘驿马疾行。 2 身没行显：指身死之后，品行更加显著。

裴注 ［1］司马彪《战略》载基此事，详于本传。曰：“景元二年春三月，襄阳太守胡烈表上‘吴贼邓由、李光等同谋十八屯，欲来归化，遣将张吴、邓生，并送质任。克期欲令郡军临江迎拔’。大将军司马文王启闻。诏征南将军王基部分诸军，使烈督万人径造沮水，荆州、义阳南屯宜城，承书夙发。若由等如期到者，便当因此震荡江表。基疑贼诈降，诱致官兵，驰驿止文王，说由等可疑之状，‘且当清澄，未宜便举重兵深入应之’。又曰：‘夷陵东道，当由车御，至赤岸乃得渡沮，西道当出箭溪口，乃趣平土，皆山险狭，竹木丛蔚，卒有要害，弩马不陈。今者筋角濡弱，水潦方降，废盛农之务，徼难必之利，此事之危者也。昔子午之役，兵行数百里而值霖雨，桥阁破坏，后粮腐败，前军县乏。姜维深入，不待辎重，士众饥饿，覆军上邽。文钦、唐咨，举吴重兵，昧利寿春，身没不反。此皆近事之鉴戒也。嘉平以来，累有内难。当今之宜，当镇安社稷，抚宁上下，力农务本，怀柔百姓，未宜动众以求外利也。得之未足为多，失之伤损威重。’文王累得基书，意疑。寻敕诸军已上道者，且权停住所在，须后节度。基又言于文王曰：‘昔汉祖纳郦生之说，欲封六国，寤张良之谋而趣销印。基谋虑浅短，诚不及留侯，亦惧襄阳有食其之谬。’文王于是遂罢军严，后由等果不降。”

评曰：徐邈清尚弘通[1]，胡质素业贞粹[2]，王昶开济[3]识度，王基学行坚白[4]，皆掌统方任，垂称著绩，可谓国之良臣，时之彦士矣。

评论说：徐邈清正高尚宽宏通达，胡质操守清白纯洁粹美，王昶见识度量广大，王基学问德行坚贞，他们都曾担任镇守的要职，建立了优异的功绩被人传颂，真可以说是国家的贤良之臣，当时的有才之士了。

今注　1 弘通：宽宏通达。　2 贞粹：纯洁粹美。　3 开济：开通美好，此处指度量广大。　4 坚白：形容志节坚贞。

卷二十八　魏书二十八

王毌丘诸葛邓钟传

导读　王淩是东汉末司徒王允的侄子，幼时因董卓入京作乱而逃命归乡，后受曹操欣赏而被举荐任职。曹丕代汉称帝后，王淩逐渐身受重任，历任兖州刺史等地方要职，并在历次征吴的战争中，沉勇力战，屡建功勋。魏明帝去世后，王淩受辅政大臣曹休的笼络而担任抗吴要职，以征东将军、都督扬州诸军事等身份镇守淮南。正始年间，王淩凭借击退出兵芍陂的全琮的功劳，职爵屡升，后代高柔为司空而位列三公。高平陵政变后，司马氏擅权专政，王淩有感于齐王曹芳暗弱而谋划另立楚王。后反叛计划遭心腹杨弘等人泄露，司马懿亲领大军势压淮南寿春，王淩为保全寿春城而自到丘头请罪，后饮药自杀于回京途中的项县。时人蒋济曾美誉王淩文武双全、当世无双。陈寿、王应麟等史家也都称赞他节义高尚。

毌丘俭与魏明帝曹叡相友善，他继承父亲爵位出任当时还是平原侯的曹叡的文学侍郎。明帝继位后，毌丘俭以东宫故旧历仕尚书郎、羽林监等职。他行政公廉，关注民生。明帝大兴土木，俭屡屡上书劝谏。毌丘俭兼具文才武略，景初年间，多次持节守护乌桓，并与司马懿合力消灭公孙渊。正始年间，毌丘俭两征高句丽，灭其国，不仅收复汉地，还拓野千里。后孙吴太傅诸葛恪北犯，他解合肥新城之围。正元年间，毌丘俭因念明帝知遇，反对司马师擅废齐王曹芳而在淮南起兵，后因实力不足而兵败身死。后世史家多赞誉他为魏国之名将与忠臣。

诸葛诞是三国曹魏著名将领，与族弟孙吴大将军诸葛瑾、西蜀丞相诸葛亮，被后世史家美称为“龙虎狗”。诸葛诞为人谨慎重义，当时浮华好名风气盛行，诸葛诞因与夏侯玄等人交好而为魏明帝所恶，致免官。嘉平年间，太尉王淩起兵反抗司马氏专权，诸葛诞受命为镇东将军东讨。后毌丘俭与文钦在寿春起兵反叛，诸葛诞率军先行攻占寿春，并击退孙吴来援部队，因功升征东大将军，镇守淮南。甘露年间，诸葛诞有感于友人被杀与王淩等朝廷功将相继被诛，外加司马氏专擅朝政，虽然身处高位仍心不安宁，于是据寿春以自保，拒绝朝廷征调入京任职的诏令，杀扬州刺史并向孙吴求援。后寿春城被围粮尽，诸葛诞等人突围时被部属杀害。后世史家评价他坚毅有威严，能得人效死命。

邓艾本名范，因与同乡人重名而改称艾，幼而孤，但勤勉自学不辍，才名逐渐显著，受举荐为典农都尉学士。正始年间，邓艾因向司马懿上两条在东南地区屯田的建议，自此深受司马氏信任和重用，历任参征西军事、南安太守等军政要职。此后十数年内，邓艾帮助陈泰击退蜀国大将姜维的数次西犯，并在平定淮南叛乱中立下功勋而封侯。景元四年(263)曹魏分三道征蜀，邓艾以征西将军身份领兵牵制姜维。钟会与姜维僵持于剑阁时，邓艾以计从阴平取道绕过剑阁深入，进军时身先士卒，不畏艰险，攀山越岭，架桥修栈，屡次陷入险境，终于成功抵达江由而迫使蜀国守将马邈投降，进而攻陷绵竹，彻底击散蜀军士气，直逼成都，蜀后主出城纳降。邓艾入城后循旧例以天子名义封授蜀国君臣，约束部下，安抚民众，但骄傲滋生，恃才夸功。后钟会因嫉妒和野心篡改邓艾与司马昭书信，进而诬陷邓艾有谋反情状。邓艾受诬被槛送洛阳，后成都内乱，卫瓘心惧诬陷事泄，遣人杀艾父子于绵竹。

钟会出生于汉末三国时期颍川郡名族钟氏，其祖父为汉魏著名书法家、政治家钟繇。年少时便聪慧而有才名，博学多闻，精通玄学，弱冠时便和玄学名士王弼齐名。曹魏时期，钟会开始担任秘书郎，后受司马师赏识而成为司马氏重要谋士。正始年间，毌丘俭等人据淮南反叛，钟会力劝司马师亲征并随军职掌机要，后与傅嘏合力协助司马昭继任大将军之职。景元年间，司马昭兴兵征蜀，钟会受封镇西将军、都督关中军事，担任大军主将，与邓艾、诸葛绪等人总计五路大军攻蜀。在此期间，钟会一方面调兵遣将攻破汉城、乐城等西蜀据点，逼迫姜维退守剑阁，另一方面则通过发布劝降檄文和保护诸葛亮墓地等手段，削弱西蜀抵抗情绪。西蜀投降后，钟会进入成都全面主持战后事宜，严禁士兵抢掠，安抚蜀国官民。后钟会因功自傲，心生反意，与姜维合谋反叛，但事泄而死于兵乱。

王淩

原文

王淩，字彦云，太原祁[1]人也。叔父允[2]，为汉司徒，诛董卓。卓将李傕、郭汜等为卓报仇，入长安，杀允，尽害其家。淩及兄晨，时年皆少，逾城得脱，亡命归乡里。淩举孝廉，为发干[3]长[1]，稍迁至中山太守，所在有治，太祖辟为丞相掾属。

译文

王淩，字彦云，太原郡祁县人。他的叔父王允，是汉朝司徒，设计诛杀了董卓。董卓的部将李傕、郭汜等人为了给董卓报仇，攻入长安，杀死王允，并诛灭其全家。王淩和哥哥王晨，当时还很年轻，翻过城墙脱身，逃命回到故乡。王淩被举荐为孝廉，任发干县县长，逐渐升到中山太守，所到之处都有政绩，太祖征辟他为丞相府的掾属。

今注 **1** 祁：县名，在今山西祁县东南。 **2** 允：即王允，字子师，在东汉灵帝时任豫州刺史，献帝时升为司徒，曾与吕布谋杀董卓。 **3** 发干：县名，在今山东冠县东南。

裴注 [**1**]《魏略》曰："淩为长，遇事，髡刑五岁，当道扫除。时太祖车过，问：'此何徒？'左右以状对。太祖曰：'此子师兄子也，所坐亦公耳。'于是主者选为骁骑主簿。"

文帝践阼，拜散骑常侍，出为兖州刺史，与张辽等至广陵讨孙权。临江，夜大风，吴将吕范等船漂至北岸。淩与诸将逆击，捕斩首虏，获舟船，有功，封宜城亭侯，加建武将军，转在青州。是时，海滨乘丧乱之后，法度未整。淩布政施教，赏善罚恶，甚有纲纪，百姓称之，不容于口。后从曹休征吴，与贼遇于夹石[1]，休军失利，淩力战决围，休得免难。仍徙为扬、豫州刺史，咸得军民之欢心。始至豫州，旌[2]先贤之后，求未显之士，各有条教，意义甚美。初，淩与司马朗、贾逵友善，及临兖、豫，继其名迹。正始初，为征东将军，假节，都督扬州诸军事。二年，吴大将全琮数万众寇芍陂[3]，淩率诸军逆讨，与贼争塘，力战

文帝即位后，王淩任散骑常侍，又出任兖州刺史，和张辽等人到广陵征讨孙权。军队到了长江边后，夜里刮起大风，吴国将领吕范等人的船只漂到了北岸。王淩和其他将领率军迎击，斩杀敌军将领，缴获敌军战船，立下战功，被封为宜城亭侯，加封建武将军，转任青州刺史。当时，海滨地区因受汉末大乱的影响，法度很不健全。王淩发布政令推行教化，奖赏善行，惩罚罪恶，使得当地秩序井然，百姓交口称赞。后来跟随曹休征讨吴国，和敌军在夹石相遇，曹休军队失利，王淩拼死力战突破包围，曹休因此得以幸免。他又先后转任扬州、豫州刺史，都很受当地军民的拥护。王淩刚到豫州的时候，就表彰当地先贤的后人，寻访未出名的人才，下达各项指示和命令，名声很好。起初，王淩和司马朗、贾逵友好，等他到了兖州、豫州任职，继承和发扬了他们在任时的名声和政绩。正始初年(240)，王淩出任征东将军，持有节杖，监督统领扬州各路军马。正始二年(241)，吴国大将全琮率领数万人马进犯芍陂，王淩率领各路军马迎战，和敌人争夺芍陂的水面，连续奋力

连日，贼退走。进封南乡侯，邑千三百五十户，迁车骑将军，仪同三司。

交战几天，敌人撤退。王凌因功晋封为南乡侯，食邑一千三百五十户，又升任车骑将军，仪仗队的规格和三公相同。

今注 1 夹石：即今北硖山，在今安徽桐城北与舒城交界处。 2 旌(jīng)：表彰。 3 芍陂(què bēi)：相传为春秋时楚相孙叔敖主持修建的水利工程，在今安徽寿县南。

是时，淩外甥令狐愚[1]以才能为兖州刺史，屯平阿[2]。舅甥并典兵，专淮南之重。淩就迁为司空。司马宣王既诛曹爽，进淩为太尉，假节钺。淩、愚密协计，谓齐王不任天位，楚王彪长而才，欲迎立彪都许昌。嘉平元年九月，愚遣将张式至白马[3]，与彪相问往来。淩又遣舍人劳精诣洛阳，语子广。广言："废立大事，勿为祸先[1]。"其十一月，愚复遣式诣彪，未还，会愚病死[2]。二年，荧惑[4]守南斗，淩谓："斗中有星，当有暴贵

当时，王凌的外甥令狐愚因为才能卓著而出任兖州刺史，屯兵平阿。舅舅和外甥同时领兵，独掌淮南边境要地的重任。王凌不久升任为司空。司马宣王诛杀曹爽后，晋升王凌为太尉，赐予节杖、斧钺。王凌、令狐愚秘密商议，认为齐王曹芳不适宜再当皇帝，而楚王曹彪年长且有才能，打算迎接曹彪在许都称帝。嘉平元年(249)九月，令狐愚派张式到白马县，和曹彪往来联络。王凌又派舍人劳精到洛阳，把这件事告诉儿子王广。王广说："拥立或废黜皇帝都是大事，不要成为祸事的带头人。"当年十一月，令狐愚又派张式去拜访曹彪，还没回来，恰逢令狐愚因病去世。嘉平二年(250)，火星移动到南斗星的位置上，王凌说："斗宿中有星，预示会出现一位突然显贵的人。"嘉平三年(251)春天，吴国出动大

者[3]。”三年春，吴贼塞涂水[5]。淩欲因此发，大严诸军，表求讨贼，诏报不听。淩阴谋滋甚，遣将军杨弘以废立事告兖州刺史黄华，华、弘连名以白太傅司马宣王。宣王将中军乘水道讨淩，先下赦赦淩罪，又将尚书广东，使为书喻淩，大军掩至百尺[6]逼淩。

军堵塞涂水。王淩想借此机会行动，因此大规模整饬军队，上表请求征讨孙吴，朝廷下诏不允许。王淩暗中加紧行动，派遣将军杨弘把自己打算废立皇帝的事告诉了兖州刺史黄华，黄华和杨弘联名把这件事报告了司马宣王。司马宣王率领京城驻军从水路进攻王淩，先下达赦令赦免王淩的罪过，又带着王淩的儿子尚书王广东进，让王广写信劝说父亲投降，大军暗中快速抵达百尺堰，对王淩形成威逼之势。

今注　1 令狐愚：字公治，太原人，为弘农太守令狐邵之侄，历任和戎护军、兖州刺史。　2 平阿：古县名，在今安徽怀远县西南。　3 白马：县名，在今河南滑县城关镇东。　4 荧惑：即火星。因其光亮变化不定，运行方向不定，情况复杂，令人迷惑，故称“荧惑”。　5 涂水：水名，即今安徽、江苏两省境内的滁河。　6 百尺：即百尺堰，在今河南沈丘县西北。

裴注　[1]《汉晋春秋》曰：“淩、愚谋，以帝幼，制于强臣，不堪为主，楚王彪长而才，欲迎立之，以兴曹氏。淩使人告广，广曰：‘凡举大事，应本人情。今曹爽以骄奢失民，何平叔虚而不治，丁、毕、桓、邓虽并有宿望，皆专竞于世。加变易朝典，政令数改，所存虽高而事不下接，民习于旧，众莫之从。故虽势倾四海，声震天下，同日斩戮，名士减半，而百姓安之，莫或之哀，失民故也。今懿情虽难量，事未有逆，而擢用贤能，广树胜己，修先朝之政令，副众心之所求。爽之所以为恶者，彼莫不必改，夙夜匪懈，以恤民为先。父子兄弟，并握兵要，未易亡也。’淩不从。”臣松之以为，如此言之类，皆前史所不载，而犹出习氏。且制言法体不似于昔，疑悉凿齿所自造者也。 [2]《魏书》曰："愚字公治，本名浚，黄初中，为和戎护军。乌丸校尉田豫讨胡有功，小违节度，愚以法绳之。帝怒，械系愚，免官治罪，诏曰：'浚何愚！'遂以名之。正始中，为曹爽长史，后出为兖州刺史。"《魏略》曰："愚闻楚王彪有智勇。初，东郡有讹言云：'白马河出妖马，夜过官牧边鸣呼，众马皆应。明日见其迹，大如斛，行数里，还入河中。'又有谣言：'白马素羁西南驰，其谁乘者朱虎骑。'楚王小字朱虎，故愚与王淩阴谋立楚王。乃先使人通意于王，言：'使君谢王，天下事不可知，愿王自爱！'彪亦阴知其意，答言：'谢使君，知厚意也。'" [3]《魏略》曰："淩闻东平民浩详知星，呼问详。详疑淩有所挟，欲悦其意，不言吴当有死丧，而言'淮南、楚分也，今吴、楚同占，当有王者兴'。故淩计遂定。"

淩自知势穷，乃乘船单出迎宣王，遣掾王彧谢罪，送印绶、节钺。军到丘头，淩面缚[1]水次。宣王承诏遣主簿解缚反服，见淩，慰劳之，还印绶、节钺，遣步骑六百人送还京都。淩至项[2]，饮药死[1]。宣王遂至寿春。张式等皆自首，乃穷治其事。彪赐死，诸相连者悉夷三族[3][2]。朝议咸以为《春秋》之义，齐崔杼、郑归生[4]皆

王淩知道大势已去，于是只身乘船来迎接司马宣王，先派下属王彧去谢罪，送还印绶、节杖、斧钺。司马宣王的大军到达丘头，王淩将自己双手反绑站在河岸边。司马宣王秉承皇帝的诏命，派主簿给王淩解绑，返还给他朝服，召见了王淩，劝勉安慰他，还将印绶、节杖、斧钺还给他，派遣步兵、骑兵共六百人送王淩回京都。王淩到达项县，喝毒药自杀。宣王继续前进到寿春。张式等人都前来自首，宣王于是彻底追查这件事。曹彪被赐死，其他和这件事有牵连的人都被诛灭三族。朝廷大臣商议后都认为根据《春秋》的大义，齐国崔杼、郑国归生在死后都被

加追戮，陈尸斫棺，载在方策。凌、愚罪宜如旧典。乃发凌、愚冢，剖棺，暴尸于所近市三日，烧其印绶、朝服，亲土埋之[3]。进弘、华爵为乡侯。广有志尚学行，死时年四十余[4]。

追加羞辱，剖开棺木，暴露尸体，这些都记载在典籍中。王凌、令狐愚也应该像典籍中说的那样进行惩罚。于是挖开王凌、令狐愚的坟墓，剖开棺木，在附近的市场上暴尸三天，烧毁他们的印绶、官服，然后直接把裸露的尸体草草掩埋。加封杨弘、黄华为乡侯。王广有志向、学问和品行，死的时候四十多岁。

今注 1 面缚：双手反绑于背而面向前，古代常用以表示投降。 2 项：即项县，在今河南沈丘县。 3 三族：一说为父、子、孙；一说为父族、母族、妻族。 4 齐崔杼(zhù)、郑归生：崔杼，齐国大夫，曾专权齐国，杀齐庄公。后崔氏内乱，庆封灭其族，崔杼自杀。归生，即公子归生，春秋时郑国公族，曾与公子宋合谋杀郑灵公。

裴注 [1]《魏略》载："凌与太傅书曰：'卒闻神军密发，已在百尺，虽知命穷尽，迟于相见，身首分离，不以为恨，前后遣使，有书未得还报，企踵西望，无物以譬。昨遣书之后，便乘船来相迎，宿丘头，旦发于浦口，奉被露布赦书，又得二十三日况，累纸诲示，闻命惊愕，五内失守，不知何地可以自处。仆久忝朝恩，历试无效，统御戎马，董齐东夏，事有阙废，中心犯义，罪在二百，妻子同县，无所祷矣。不图圣恩，天覆地载，横蒙视息，复睹日月。亡甥令狐愚，携惑群小之言，仆即时呵抑，使不得竟其语。既人已知，神明所鉴，夫非事无阴，卒至发露，知此枭夷之罪也。生我者父母，活我者子也。'又重曰：'身陷刑罪，谬蒙赦宥。今遣掾送印绶，顷至，当如诏书自缚归命。虽足下私之，官法有分。'及到，如书。太傅使人解其缚。凌既蒙赦，加怙旧好，不复自疑，径乘小船自趣太傅。太傅使人逆止之，住船淮中，相去十余丈。淩知见外，乃遥谓太傅曰：‘卿直以折简召我，我当敢不至邪？而乃引军来乎！’太傅曰：‘以卿非肯逐折简者故也。’淩曰：‘卿负我！’太傅曰：‘我宁负卿，不负国家。’遂使人送来西。淩自知罪重，试索棺钉，以观太傅意，太傅给之。淩行到项，夜呼掾属与决曰：‘行年八十，身名并灭邪！’遂自杀。”干宝《晋纪》曰：“淩到项，见贾逵祠在水侧，淩呼曰：‘贾梁道，王淩固忠于魏之社稷者，唯尔有神，知之。’其年八月，太傅有疾，梦淩、逵为厉，甚恶之，遂薨。” [2]《魏略》载：“山阳单固，字恭夏，为人有器实。正始中，兖州刺史令狐愚与固父伯龙善，辟固，欲以为别驾。固不乐为州吏，辞以疾。愚礼意愈厚，固不欲应。固母夏侯氏谓固曰：‘使君与汝父久善，故命汝不止，汝亦故当仕进，自可往耳。’固不获已，遂往，与兼治中从事杨康并为愚腹心。后愚与王淩通谋，康、固皆知其计。会愚病，康应司徒召诣洛阳，固亦以疾解禄。康在京师露其事，太傅乃东取王淩。到寿春，固见太傅，太傅问曰：‘卿知其事为邪？’固对‘不知’。太傅曰：‘且置近事。问卿，令狐反乎？’固又曰‘无’。而杨康白事，事与固连。遂收捕固及家属，皆系廷尉，考实数十，固故云‘无有’。太傅录杨康，与固对相诘。固辞穷，乃骂康曰：‘老庸，既负使君，又灭我族，顾汝当活邪！’辞定，事上，须报廷尉，以旧皆听得与其母妻子相见。固见其母，不仰视，其母知其惭也，字谓之曰：‘恭夏，汝本自不欲应州郡也，我强故耳。汝为人吏，自当尔耳。此自门户衰，我无恨也。汝本意与我语。’固终不仰，又不语，以至于死。初，杨康自以白其事，冀得封拜，后以辞颇参错，亦并斩。临刑，俱出狱，固又骂康曰：‘老奴，汝死自分耳。若令死者有知，汝何面目以行地下也！’” [3]干宝《晋纪》曰：“兖州武吏东平马隆，托为愚家客，以私财更殡葬，行服三年，种植松柏。一州之士愧之。” [4]《魏氏春秋》曰：“广字公渊。弟飞枭、金虎，并才武过人。太傅尝从容问蒋济，济曰：‘淩文武俱赡，当今无双。广等志力，有美于父耳。’退而悔之，告所亲曰：‘吾此言，灭人门宗矣。’”《魏末传》曰：“淩少子字明山，最知名。善书，多技艺，人得其书，皆以为法。走向太原，追军及之，时有飞鸟集桑树，随枝低卬，举弓射之即倒，追人乃止不复进。明山投亲家食，亲家告吏，乃就执之。”

毌丘俭

毌丘俭，字仲恭，河东闻喜[1]人也。父兴，黄初中为武威太守，伐叛柔服，开通河右，名次金城太守苏则。讨贼张进及讨叛胡有功，封高阳乡侯[1]。入为将作大匠[2]。俭袭父爵，为平原侯文学。明帝即位，为尚书郎，迁羽林监[3]。以东宫之旧，甚见亲待。出为洛阳典农。时取农民以治宫室，俭上疏曰：“臣愚以为天下所急除者二贼，所急务者衣食。诚使二贼不灭，士民饥冻，虽崇美宫室，犹无益也。”迁荆州刺史。

毌丘俭，字仲恭，河东郡闻喜县人。父亲毌丘兴，黄初年间曾任武威太守，征讨叛乱，安抚民众，开辟河西地区，名声仅次于金城太守苏则。因为征讨叛乱的张进以及胡人有功，被封为高阳乡侯。又入朝任将作大匠。毌丘兴死后，毌丘俭继承了父亲的爵位，任平原侯曹叡的文学从事。明帝即位后，毌丘俭任尚书郎，升任羽林监。因为他是明帝任太子时的下属，所以受到明帝的厚待。他又出任洛阳典农。当时明帝征调百姓修建宫殿，毌丘俭上疏说：“臣愚笨地认为天下最急需铲除的是吴、蜀两大敌寇，最急需实现的是丰衣足食。假如二贼不灭，百姓受饿挨冻，即便有高大华丽的宫殿，也是没有什么好处的。”后来他升任荆州刺史。

今注　1 闻喜：在今山西闻喜县。　2 将作大匠：掌修建宫室、宗庙、陵寝及其他土木工程。　3 羽林监：官名，为羽林卫长官，本分左、右监，三国曹魏合并为一，置羽林监，职掌宿卫送从。

裴注 [1]《魏名臣奏》载雍州刺史张既表曰："河右遐远，丧乱弥久，武威当诸郡路道喉辖之要，加民夷杂处，数有兵难。领太守毌丘兴到官，内抚吏民，外怀羌、胡，卒使柔附，为官效用。黄华、张进初图逆乱，扇动左右，兴志气忠烈，临难不顾，为将校民夷陈说祸福，言则涕泣。于时男女万口，咸怀感激，形毁发乱，誓心致命。寻率精兵踧胁张掖，济拔领太守杜通、西海太守张睦。张掖番和、骊靬二县吏民及郡杂胡弃恶诣兴，兴皆安恤，使尽力田。兴每所历，尽竭心力，诚国之良吏。殿下即位，留心万机，苟有毫毛之善，必有赏录，臣伏缘圣旨，指陈其事。"

青龙中，帝图讨辽东，以俭有干策，徙为幽州刺史，加度辽将军，使持节，护乌丸校尉。率幽州诸军至襄平[1]，屯辽隧[2]。右北平[3]乌丸单于寇娄敦、辽西乌丸都督率众王护留等，昔随袁尚奔辽东者，率众五千余人降。寇娄敦遣弟阿罗槃等诣阙朝贡，封其渠率二十余人为侯、王，赐舆马、缯彩各有差。公孙渊逆与俭战，不利，引还。明年，帝遣太尉司马宣王统中军及俭等众数万讨渊，定辽东。俭以功进封安邑侯，食邑三千九百户。

青龙年间，明帝打算征讨辽东的公孙渊，认为毌丘俭有才能和谋略，转调他为幽州刺史，加封度辽将军，授予他节杖，兼任护乌丸校尉。毌丘俭率领幽州各路军马到达襄平，驻军在辽隧。右北平郡的乌丸单于寇娄敦、辽西郡的乌丸都督率众王护留等人，以及过去跟随袁尚逃奔到辽东的将领，带领五千多人来投降。寇娄敦派遣弟弟阿罗槃等人到京师朝见天子并进贡，明帝赐给同来的二十多位首领侯、王的名号，又按等级赐给他们车马、丝绸以及彩缎等。公孙渊迎战毌丘俭，毌丘俭战败，率军撤退。第二年，明帝派遣太尉司马宣王统率京城驻军和毌丘俭的幽州军马共数万人征讨公孙渊，最终平定辽东。毌丘俭因为战功晋封为安邑侯，食邑有三千九百户。

今注 **1** 襄平：县名，为辽东郡治，在今辽宁辽阳。 **2** 辽隧：三国曹魏改辽队县设，属辽东郡，在今辽宁海城西北。 **3** 右北平：郡名，西汉治平刚（今宁城西南），东汉移治土垠（今河北唐山市丰润区东南）。

正始中，俭以高句骊[1]数侵叛，督诸军步骑万人出玄菟[2]，从诸道讨之。句骊王宫将步骑二万人，进军沸流水[3]上，大战梁口[4][1]，宫连破走。俭遂束马县车，以登丸都[5]，屠句骊所都，斩获首虏以千数。句骊沛者[6]名得来，数谏宫[2]，宫不从其言。得来叹曰："立见此地将生蓬蒿。"遂不食而死，举国贤之。俭令诸军不坏其墓，不伐其树，得其妻子，皆放遣之。宫单将妻子逃窜。俭引军还。六年，复征之，宫遂奔买沟[7]。俭遣玄菟太守王颀追之[3]，过沃沮千有余里，至肃慎氏南界，刻石纪功，刊丸

正始年间，毌丘俭因为高句丽多次入侵边境，于是督率步兵、骑兵万人从玄菟郡出发，兵分几路去征讨高句丽。高句丽的国王位宫率领步兵、骑兵两万人，进军到沸流水的上游，双方在梁口发生大战，位宫连连败退，只好逃走。毌丘俭于是令人用布裹马蹄，牵引车身，登上险峻易滑的丸都山，进入丸都城，在城中大肆屠杀，斩杀和俘虏的敌军有数千人。高句丽有个叫得来的官员，曾经多次劝谏位宫，位宫不听。得来叹息说："很快就会看到这里长出蒿草了。"于是绝食而死，所有高句丽人都把他当作贤良的人。毌丘俭命令各路军队不许破坏得来的坟墓，不许砍伐得来墓地边上的树木，又把被俘虏的得来的妻子儿女全部释放。位宫独自带着妻子儿女逃跑了。毌丘俭领军返回。正始六年(245)，毌丘俭再次征讨高句丽，位宫于是逃到买沟。毌丘俭派遣玄菟太守王颀追赶他，穿过了沃沮国又追了一千多里，到了肃慎国的南部边界，在石头上刻下文字记录这次功劳，并在丸都山上、不

都之山，铭不耐[8]之城。诸所诛纳八千余口，论功受赏，侯者百余人。穿山溉灌，民赖其利。

耐城中刻石纪念。这次所诛杀和所接纳的人共有八千多，朝廷按照功劳来奖赏，封侯的有一百多人。毌丘俭在那里凿山引水灌溉农田，老百姓因此得到了好处。

今注 1 高句(gōu)骊：即“高句丽”。古国名。西汉建昭二年(前37)夫餘人邹牟建高句丽国，都纥升骨城。西汉元始三年(3)迁都国内城(今中国吉林集安)，又于城北修筑丸都城。 2 玄菟(tú)：郡名，东汉时治今辽宁沈阳东。 3 沸流水：古水名，又名盐难水，即今辽宁、吉林的浑江。 4 梁口：地名，在今吉林通化江口村附近。 5 丸都：山名，在今吉林集安西北。 6 沛者：高句丽国官职名。 7 买沟：一作置沟楼，即今朝鲜咸镜北道图们江南岸会宁。 8 不耐：城名，在今朝鲜江原道安边郡。

裴注 [1] 梁，音渴。[2] 臣松之按《东夷传》：“沛者，句骊国之官名。”[3]《世语》曰：“颀字孔硕，东莱人。晋永嘉中大贼王弥，颀之孙。”

迁左将军，假节，监豫州诸军事，领豫州刺史，转为镇南将军。诸葛诞战于东关[1]，不利，乃令诞、俭对换：诞为镇南，都督豫州；俭为镇东，都督扬州。吴太傅诸葛恪围合肥新城，俭与文钦御之，太尉司马孚督中

毌丘俭升任左将军，持有节杖，监督统领豫州各路军马，兼领豫州刺史，又转任镇南将军。诸葛诞在东关作战，不顺利，于是朝廷令诸葛诞和毌丘俭对调职位：诸葛诞任镇南将军，统领豫州；毌丘俭为镇东将军，统领扬州。吴国太傅诸葛恪围困合肥新城，毌丘俭和文钦共同抵御，太尉司马孚率领京城驻军东下来解围，诸葛恪才撤军返回。

军东解围，恪退还。

初，俭与夏侯玄、李丰等厚善。扬州刺史前将军文钦，曹爽之邑人也，骁果粗猛，数有战功，好增虏获，以徼[2]宠赏，多不见许，怨恨日甚。俭以计厚待钦，情好欢洽。钦亦感戴，投心无贰。正元二年正月，有彗星数十丈，西北竟天，起于吴、楚之分。俭、钦喜，以为己祥。遂矫太后诏，罪状大将军司马景王，移[3]诸郡国，举兵反。迫胁淮南将守诸别屯者，及吏民大小，皆入寿春城，为坛于城西，歃血[4]称兵为盟，分老弱守城，俭、钦自将五六万众渡淮，西至项。俭坚守，钦在外为游兵[1]。

起初，毌丘俭和夏侯玄、李丰等人友谊深厚。扬州刺史兼前将军文钦，和曹爽是同县老乡，骁勇果敢、粗犷勇猛，多次立下战功，但是喜欢增报俘虏的人数，以求获得更多的恩宠赏赐，而朝廷往往不给，因此文钦的怨恨日渐增长。毌丘俭千方百计笼络文钦，两人关系十分融洽。文钦对毌丘俭感恩戴德，诚心归附没有二心。正元二年(255)正月，有超过几十丈大的彗星，在西北的天空上贯穿，最开始出现在吴、楚两地对应的星区。毌丘俭和文钦十分高兴，认为这对自己而言是吉祥的征兆。于是假称奉太后的诏命，历数大将军司马景王的罪行，发布檄文到各个郡国，宣布起兵造反。他们胁迫驻守淮南各军营的将领以及官员百姓，都进入寿春城，在城西建造祭坛，歃血为盟，宣布举兵，然后分配老弱的士兵守备寿春城，毌丘俭和文钦亲自率五六万人的军队渡过淮河，向西进军到项县。毌丘俭在项县守城，文钦领兵在城外游动作战。

【今注】 1 东关：关塞名，故址在今安徽含山县西南濡须山上。关塞南扼长江，北控巢湖，是魏、吴两国兵争要冲。　2 徼(yāo)：同“邀”，求取。　3 移：即移文，旧时公文的一种，行于不相统属的官署间。亦指平行文书。 4 歃血：古代盟会中的一种仪式。盟约宣读后，参加者用口微吸所杀牲之血，以示诚意。

裴注 [1] 俭、钦等表曰："故相国懿，匡辅魏室，历事忠贞，故烈祖明皇帝授以寄托之任。懿戮力尽节，以宁华夏。又以齐王聪明，无有秽德，乃心勤尽，忠以辅上，天下赖之。懿欲讨灭二虏以安宇内，始分军粮，克时同举，未成而薨。齐王以懿有辅己大功，故遂使师承统懿业，委以大事。而师以盛年在职，无疾托病，坐拥强兵，无有臣礼，朝臣非之，义士讥之，天下所闻，其罪一也。懿造计取贼，多舂军粮，克期有日。师为大臣，当除国难，又为人子，当卒父业。哀声未绝而便罢息，为臣不忠，为子不孝，其罪二也。贼退过东关，坐自起众，三征同进，丧众败绩，历年军实一旦而尽，致使贼来，天下骚动，死伤流离，其罪三也。贼举国悉众，号五十万，来向寿春，图诣洛阳，会太尉孚与臣等建计，乃杜塞要险，不与争锋，还固新城。淮南将士，冲锋履刃，昼夜相守，勤瘁百日，死者涂地。自魏有军已来，为难苦甚，莫过于此。而师遂意自由，不论封赏，权势自在，无所领录，其罪四也。故中书令李丰等，以师无人臣节，欲议退之。师知而请丰，其夕拉杀，载尸埋棺。丰等为大臣，帝王腹心，擅加酷暴，死无罪名，师有无君之心，其罪五也。懿每叹说齐王自堪人主，君臣之义定。奉事以来十有五载，始欲归政，按行武库，诏问禁兵不得妄出。师自知奸慝，人神所不祐，矫废君主，加之以罪。孚，师之叔父，性甚仁孝，追送齐王，悲不自胜。群臣皆怒，而师怀忍，不顾大义，其罪六也。又故光禄大夫张缉，无罪而诛，夷其妻子，并及母后，逼恐至尊，强催督遣，临时哀愕，莫不伤痛；而师称庆，反以欢喜，其罪七也。陛下践阼，聪明神武，事经圣心，欲崇省约，天下闻之，莫不欢庆；而师不自改悔，修复臣礼，而方征兵募士，毁坏宫内，列侯自卫。陛下即阼，初不朝觐。陛下欲临幸师舍以省其疾，复拒不通，不奉法度，其罪八也。近者领军许允，当为镇北，以厨钱给赐，而师举奏加辟，虽云流徙，道路饿杀，天下闻之，莫不哀伤，其罪九也。三方之守，一朝阙废，多选精兵，以自营卫，五营领兵，阙而不补，多载器杖，充聚本营，天下所闻，人怀愤怨，讹言盈路，以疑海内，其罪十也。多休守兵，以占高第，以空虚四表，欲擅强势，以逞奸心，募取屯田，加其复赏，阻兵安忍，坏乱旧法。合聚诸藩王公以著邺，欲悉诛之，一旦举事废主。天不长恶，使目肿不成，其罪十一也。臣等先人皆随从太祖武皇帝征讨凶暴，获成大功，与高祖文皇帝即受汉禅，开国承家，犹尧、舜相传也。臣与安丰护军郑翼、庐江护军吕宣、太守张休、淮南太守丁尊、督守合肥护军王休等议，各以累世受恩，千载风尘，思尽躯命，以完全社稷，安主为效。斯义苟立，虽焚妻子，吞炭漆身，死而不恨也。按师之罪，宜加大辟，以彰奸慝。《春秋》之义，一世为善，十世宥之。懿有大功，海内所书，依古典议，废师以侯就第。弟昭，忠肃宽明，乐善好士，有高世君子之度，忠诚为国，不与师同。臣等碎首所保，可以代师辅导圣躬。太尉孚，忠孝小心，所宜亲宠，授以保傅。护军散骑常侍望，忠公亲事，当官称能，奉迎乘舆，有宿卫之功，可为中领军。《春秋》之义，大义灭亲，故周公诛弟，石碏戮子，季友鸩兄，上为国计，下全宗族。殛鲧用禹，圣人明典，古今所称。乞陛下下臣等所奏，朝堂博议。臣言当道，使师逊位避贤者，罢兵去备，如三皇旧法，则天下协同。若师负势恃众，不自退者，臣等率将所领，昼夜兼行，惟命是授。臣等今日所奏，惟欲使大魏永存，使陛下得行君意，远绝亡之祸，百姓安全，六合一体，使忠臣义士，不愧于三皇五帝耳。臣恐兵起，天下扰乱，臣辄上事，移三征及州郡国典农，各安慰所部吏民，不得妄动，谨具以状闻。惟陛下爱养精神，明虑危害，以宁海内。师专权用势，赏罚自由，闻臣等举众，必下诏禁绝关津，使驿书不通，擅复征调，有所收捕。此乃师诏，非陛下诏书，在所皆不得复承用。臣等道远，惧文书不得皆通，辄临时赏罚，以便宜从事，须定集上也。”

大将军统中外军讨之，别使诸葛诞督豫州

大将军司马师统领京城内外的各路军马征讨毌丘俭等，另外派遣诸葛诞统

诸军从安风津[1]拟寿春，征东将军胡遵督青、徐诸军出于谯、宋之间，绝其归路。大将军屯汝阳[2]，使监军王基督前锋诸军据南顿以待之。令诸军皆坚壁勿与战。俭、钦进不得斗，退恐寿春见袭，不得归，计穷不知所为。淮南将士，家皆在北，众心沮散，降者相属，惟淮南新附农民为之用。大将军遣兖州刺史邓艾督泰山诸军万余人至乐嘉[3]，示弱以诱之，大将军寻自洙至。钦不知，果夜来，欲袭艾等，会明，见大军兵马盛，乃引还[1]。大将军纵骁骑追击，大破之，钦遁走。是日，俭闻钦战败，恐惧夜走，众溃。比至慎县[4]，左右人兵稍弃俭去，俭独与小弟秀及孙重藏水边草中。安风

领豫州各路军马从安风津进攻寿春，征东将军胡遵统领青州、徐州军马从谯县、宋县之间出击，以断绝毌丘俭等人的退路。大将军司马师驻扎在汝阳，派遣监军王基统领前锋各军队据守南顿，严阵以待。司马师命令各路军马都守备城池不要和叛军交战。毌丘俭、文钦进军则不能和朝廷军马交战，退回寿春又担心被袭击，进退两难，无计可施，不知道该怎么办。他们统率的淮南各路将士，其家属都在北方，军心涣散，投降的人接连不断，只有淮南新归附的农民愿意为他们效力。大将军司马师派遣兖州刺史邓艾统领泰山郡各路军马一万多人到达乐嘉，假装兵力薄弱以引诱毌丘俭等人出击，而自己则很快率军从洙水赶到。文钦不知道这是对方的计，果然在夜间出动，想偷袭邓艾等人，恰好这时天亮，看到大军兵强马盛，于是率军后退。大将军司马师派勇猛的骑兵追击，大败文钦，文钦仓皇逃跑了。当天，毌丘俭听说文钦战败，心中很害怕，趁夜黑逃跑，军队因此溃散。逃到慎县，身边的士兵逐渐弃他而去，毌丘俭只和小弟毌丘秀以及孙子毌丘重三人一起藏在水边的野草

津都尉部民张属就射杀俭,传首京都。属封侯。秀、重走入吴。将士诸为俭、钦所迫胁者,悉归降[2]。俭子甸为治书侍御史,先时知俭谋将发,私出将家属逃走新安[5]灵山上。别攻下之,夷俭三族[3]。钦亡入吴,吴以钦为都护,假节,镇北大将军、幽州牧、谯侯[4]。

中。安风津都尉管辖下的百姓张属乘机射死了毌丘俭,他的头颅被用驿传送到了京城。张属因此被封为侯。毌丘秀和毌丘重逃到了吴国。那些被毌丘俭、文钦胁迫的将领士兵,都投降了。毌丘俭的儿子毌丘甸当时任治书侍御史,提前得知其父要发兵反叛,于是偷偷地带着家属逃到新安县的灵山上。后来大将军的军队攻下了灵山,于是诛灭了毌丘俭的三族。文钦逃亡到吴国,吴国任他为都护,授予节杖,同时任镇北大将军、幽州牧,封为谯侯。

今注 1 安风津:渡口名,在今安徽霍邱县北淮河上。 2 汝阳:县名,在今河南商水县西北。 3 乐嘉:城名,在今河南商水县东。 4 慎县:县名,属汝南郡,在今安徽颍上县西北。 5 新安:县名,在今河南义马。

裴注 [1]《魏氏春秋》曰:"钦中子俶,小名鸯。年尚幼,勇力绝人,谓钦曰:'及其未定,击之可破也。'于是分为二队,夜夹攻军。俶率壮士先至,大呼大将军,军中震扰。钦后期不应。会明,俶退,钦亦引还。"《魏末传》曰:"殿中人姓尹,字大目,小为曹氏家奴,常侍在帝侧,大将军将俱行。大目知大将军一目已突出,启云:'文钦本是明公腹心,但为人所误耳,又天子乡里。大目昔为文钦所信,乞得追解语之,令还与公复好。'大将军听,遣大目单身往,乘大马,被铠胄,追文钦,遥相与语。大目心实欲曹氏安,谬言:'君侯何苦,不可复忍数日中也!'欲使钦解其旨。钦殊不悟,乃更厉声骂大目:'汝先帝家人,不念报恩,而反与司马师作逆,不顾上天，天不祐汝！’乃张弓傅矢欲射大目，大目涕泣曰：‘世事败矣，善自努力也。’”　［2］钦与郭淮书曰：“大将军昭伯与太傅俱受顾命，登床把臂，托付天下，此远近所知。后以势利，乃绝其祀，及其亲党，皆一时之俊，可为痛心，奈何奈何！公侯恃与大司马公恩亲分著，义贯金石，当此之时，想益毒痛，有不可堪也。王太尉嫌其专朝，潜欲举兵，事竟不捷，复受诛夷，害及楚王，想甚追恨。太傅既亡，然其子师继承父业，肆其虐暴，日月滋甚，放主杀后，残戮忠良，包藏祸心，遂至篡弑。此可忍也，孰不可忍？钦以名义大故，事君有节，忠愤内发，忘寝与食，无所吝顾也。会毌丘子邦自与父书，腾说公侯，尽事主之义，欲奋白发，同符太公，惟须东问，影响相应，闻问之日，能不慷慨！是以不顾妻孥之痛，即与毌丘镇东举义兵三万余人，西趋京师，欲扶持王室，扫除奸逆。企踵西望，不得声问，鲁望高子，不足喻急。夫当仁不让，况救君之难，度道远艰，故不果期要耳。然同舟共济，安危势同，祸痛已连，非言饰所解，自公侯所明也。共事曹氏，积信魏朝，行道之人，皆所知见。然在朝之士，冒利偷生，烈士所耻，公侯所贱，贾竖所不忍为也，况当涂之士邪？军屯住项，小人以闰月十六日别进兵，就于乐嘉城讨师，师之徒众，寻时崩溃，其所斩截，不复訾原，但当长驱，径至京师。而流言先至，毌丘不复详之，更谓小人为误，诸军便尔瓦解。毌丘还走，追寻释解，无所及。小人还项，复遇王基等十二军，追寻毌丘，进兵讨之，即时克破，所向全胜，要那后无继何？孤军梁昌，进退失所，还据寿春，寿春复走，狼狈踬阂，无复他计，惟当归命大吴，借兵乞食，继踵伍员耳。不若仆隶，如何快心！复君之仇、永使曹氏少享血食，此亦大国之所祐念也。想公侯不使程婴、杵臼擅名于前代，而使大魏独无鹰扬之士与？今大吴敦崇大义，深见愍悼。然仆于国大分连接，远同一势，日欲俱举，瓜分中国，不愿偏取以为己有。公侯必欲共忍师胸怀，宜广大势，恐秦川之卒，不可孤举。今者之计，宜屈己伸人，托命归汉，东西俱举尔，乃可克定师党耳。深思鄙言，若愚计可从，宜使汉军克制期要，使六合校考，与周、召同封，以托付儿孙。此亦非小事也，大丈夫宁处其落落，是以远呈忠心，时望嘉应。”时郭淮已卒，钦未知，故有此书。《世语》曰：“毌丘俭之诛，党与七百余人，传侍御史杜友治狱，惟举首事十人，余皆奏散。友字季子，东郡人，仕晋，冀州刺史、河南尹。子默，字世玄，历吏部郎、卫尉。” [3]《世语》曰：“甸字子邦，有名京邑。齐王之废也，甸谓俭曰：‘大人居方岳重任，国倾覆而晏然自守，将受四海之责。’俭然之。大将军恶其为人也。及俭起兵，问屈顺所在，云‘不来，无能为也’。俭初起兵，遣子宗四人入吴。太康中，吴平，宗兄弟皆还中国。宗字子仁，有俭风，至零陵太守。宗子奥，巴东监军、益州刺史。”习凿齿曰：“毌丘俭感明帝之顾命，故为此役。君子谓毌丘俭事虽不成，可谓忠臣矣。夫竭节而赴义者我也，成之与败者时也，我苟无时，成何可必乎？忘我而不自必，乃所以为忠也。古人有言：‘死者复生，生者不愧。’若毌丘俭，可谓能不愧也。” [4] 钦降吴表曰：“禀命不幸，常隶魏国，两绝于天。虽侧伏隅都，自知无路。司马师滔天作逆，废害二主，辛、癸、高、莽，恶不足喻。钦累世受魏恩，乌鸟之情，窃怀愤踊，在三之义，期于弊仆。前与毌丘俭、郭淮等俱举义兵，当共讨师，扫除凶孽，诚臣愯愯愚管所执。智虑浅薄，微节不骋，进无所依，悲痛切心。退惟不能扶翼本朝，抱愧俯仰，靡所自厝。冒缘古义，固有所归，庶假天威，得展万一，僵仆之日，亦所不恨。辄相率将，归命圣化，惭偷苟生，非辞所陈。谨上还所受魏使持节、前将军、山桑侯印绶。临表惶惑，伏须罪诛。”《魏书》曰：“钦字仲若，谯郡人。父稷，建安中为骑将，有勇力。钦少以名将子材武见称。魏讽反，钦坐与讽辞语相连，及下狱，掠笞数百，当死，太祖以稷故赦之。太和中，为五营校督，出为牙门将。钦性刚暴无礼，所在倨傲陵上，不奉官法，辄见奏遣，明帝抑之。后复以为淮南牙门将，转为庐江太守、鹰扬将军。王淩奏钦贪残，不宜抚边，求免官治罪，由是征钦还。曹爽以钦乡里，厚养待之，不治钦事。复遣还庐江，加冠军将军，贵宠逾前。钦以故益骄，好自矜伐，以壮勇高人，颇得虚名于三军。曹爽诛后，进钦为前将军以安其心，后代诸葛诞为扬州刺史。自曹爽之诛，钦常内惧，与诸葛诞相恶，无所与谋。会诞去兵，毌丘俭往，乃阴共结谋。战败走，昼夜间行，追者不及，遂得入吴，孙峻厚待之。钦虽在他国，不能屈节下人，自吕据、朱异等诸大将皆憎疾之，惟峻常左右之。”

诸葛诞

诸葛诞，字公休，琅邪阳都[1]人，诸葛丰[2]后也。初以尚书郎为荥阳令[1]，入为吏部郎。人有所属托，辄显其言而承用之，后有当否，则公议其得失以为褒贬，自是群僚莫不慎其所举。累迁御史中丞、尚书，与夏侯玄、邓飏等相善，收名朝廷，京都翕然[3]。言事者以诞、飏等修浮华，合虚誉，渐不可长。明帝恶之，免诞官[2]。会帝崩，正始初，玄等并在职。复以诞为御史中丞、尚书，出为扬州刺史，加昭武将军。王淩之阴谋也，太傅司马宣王潜军东伐，以诞为镇东将军，假节，都督扬州诸军事，封山阳亭侯。诸葛

诸葛诞，字公休，琅邪郡阳都县人，是诸葛丰的后人。起初他任尚书郎，以转任荥阳令，又入朝任吏部郎。凡是有人来嘱托推举某人，他总是把别人的嘱托公开说出来，然后再任用被推荐的人，以后此人做官是否称职，他也会公开予以评价褒贬，从此官员们向他推荐人才都非常慎重。后来他升迁至御史中丞、尚书，和夏侯玄、邓飏等人相友善，在朝廷中有很高的名声，京城中的人都一致称赞他。谏官认为诸葛诞、邓飏等人崇尚浮华，享有不合实际的名声，此风不可长。明帝对此很厌恶，免除了诸葛诞的官职。恰逢明帝去世，正始初年，夏侯玄等人都在朝廷担任职务，朝廷才重新任命诸葛诞为御史中丞、尚书，出任扬州刺史，加封昭武将军。王淩密谋叛乱，太傅司马宣王暗地领军东征，任命诸葛诞为镇东将军，授予节杖，统领扬州各路军马，加封山阳

恪兴东关,遣诞督诸军讨之,与战,不利。

亭侯。孙吴大将诸葛恪攻打东关,朝廷派诸葛诞领军迎战,结果作战失利。

今注　1 阳都:县名,在今山东沂南县南。　2 诸葛丰:字少季,西汉琅邪人。历任郡文学、侍御史、司隶校尉等职。其为人刚直,不畏权贵,后任光禄大夫。　3 翕(xī)然:指一致称颂。

裴注　[1]《魏氏春秋》曰:"诞为郎,与仆射杜畿试船陶河,遭风覆没,诞亦俱溺。虎贲浮河救诞,诞曰:'先救杜侯。'诞飘于岸,绝而复苏。"
[2]《世语》曰:"是时,当世俊士散骑常侍夏侯玄、尚书诸葛诞、邓飏之徒,共相题表,以玄、畴四人为四聪,诞、备八人为八达,中书监刘放子熙、孙资子密、吏部尚书卫臻子烈三人,咸不及比,以父居势位,容之为三豫,凡十五人。帝以构长浮华,皆免官废锢。"

还,徙为镇南将军。后毌丘俭、文钦反,遣使诣诞,招呼豫州士民。诞斩其使,露布天下,令知俭、钦凶逆。大将军司马景王东征,使诞督豫州诸军,渡安风津向寿春。俭、钦之破也,诞先至寿春。寿春中十余万口,闻俭、钦败,恐诛,悉破城门出,流迸山泽,或散走入吴。以诞久在淮南,

撤回后,诸葛诞转任镇南将军。后来毌丘俭、文钦造反,派遣使者来联络诸葛诞,劝他召集豫州士民造反。诸葛诞斩杀使者,把毌丘俭、文钦的阴谋昭告天下,让大家都知道他们的凶恶悖逆之行。大将军司马师东征平叛,派诸葛诞统领豫州各路军马,从安风津渡河进攻寿春。毌丘俭、文钦被打败后,诸葛诞率先到达寿春。寿春城中十几万人,听说毌丘俭、文钦战败,害怕被杀,于是打破城门逃出,流亡到山间草泽当中,有的跑到了吴国。因为诸葛诞曾长期在淮南任职,于

乃复以为镇东大将军，仪同三司，都督扬州。吴大将孙峻、吕据、留赞等闻淮南乱，会文钦往，乃帅众将钦径至寿春。时诞诸军已至，城不可攻，乃走。诞遣将军蒋班追击之，斩赞，传首，收其印节。进封高平侯，邑三千五百户，转为征东大将军。

诞既与玄、飏等至亲，又王凌、毌丘俭累见夷灭，惧不自安，倾帑藏振施以结众心，厚养亲附及扬州轻侠者数千人为死士[1]。

甘露元年冬，吴贼欲向徐堨[1]，计诞所督兵马，足以待之，而复请十万众守寿春，又求临淮筑城以备寇，内欲保有淮南。朝廷微知诞有自疑心，以诞旧臣，欲入度[2]之。

是又任他为镇东大将军，仪仗队的规格和三公相同，统领扬州各路军马。吴国大将孙峻、吕据、留赞等人听说淮南发生动乱，恰逢文钦又前来投降，于是率领将士带着文钦一起赶往寿春城。这时诸葛诞的军队已经占据了寿春，吴军无法攻下，只得撤退。诸葛诞派遣将军蒋班追击，斩杀了留赞，并将其头颅用驿传送到京城，还缴获了留赞的印绶、节杖。诸葛诞因功晋封为高平侯，食邑三千五百户，又转任征东大将军。

诸葛诞不仅同夏侯玄、邓飏等人十分友好，又看到王凌、毌丘俭等人及其家族相继被诛灭，心里非常恐惧不安，于是把公家仓库中储藏的财物都拿出来接济他人以收拢人心，并用优厚的条件供养亲附者以及扬州的侠客，共有数千人，作为敢死队。

甘露元年(256)冬天，孙吴打算攻打徐堨，朝廷估计诸葛诞统领的兵马足以对付他们，而他又向朝廷请求派十万军马驻守寿春城，又请求在淮河边上修筑城池来防备吴军，心里实则打算占据淮南。朝廷暗中获悉诸葛诞心里对朝廷有所疑惧，但考虑到他是老臣，就想把他调

二年五月，征为司空。诞被诏书，愈恐，遂反。召会诸将，自出攻扬州刺史乐綝，杀之[2]。敛淮南及淮北郡县屯田口十余万官兵，扬州新附胜兵³者四五万人，聚谷足一年食，闭城自守。遣长史吴纲将小子靓至吴请救[3]。吴人大喜，遣将全怿、全端、唐咨、王祚等，率三万众，密与文钦俱来应诞，以诞为左都护、假节、大司徒、骠骑将军、青州牧、寿春侯。是时，镇南将军王基始至，督诸军围寿春，未合。咨、钦等从城东北，因山乘险，得将其众突入城。

入京城。

甘露二年(257)五月，他被征辟为司空。诸葛诞拿到诏书，心中更加恐惧，于是起兵反叛。他召集各军将领举行会议，然后亲自率兵攻击扬州刺史乐綝，把他杀了。诸葛诞聚集淮南以及淮北各郡县中的十几万屯田官兵，以及扬州新近归附的能参与作战的四五万人，储存了足够一年食用的粮食，关闭城门坚守。他还派遣长史吴纲带着自己的小儿子诸葛靓到孙吴请求救援。吴国人十分高兴，派遣将军全怿、全端、唐咨、王祚等人，率领三万人，秘密地和文钦一起来接应诸葛诞，又任命诸葛诞为左都护，授予节杖，还任命他为大司徒、骠骑将军、青州牧，封为寿春侯。当时镇南将军王基刚到，正统领各路军马围攻寿春城，包围圈还没形成。唐咨、文钦等人从城的东北，凭借山势的险要，率领士兵冲进城中。

今注　1 徐堨(è)：又名徐塘，在今安徽含山县南。　2 入度：调入京城为官。古代任职，进京为“入”，离京为“出”。　3 胜兵：指能充当兵士参加作战的人。

裴注　[1]《魏书》曰：“诞赏赐过度。有犯死者，亏制以活之。”　[2]《世语》曰：“司马文王既秉朝政，长史贾充以为宜遣参佐慰劳四征，于是遣充至寿春。充还启文王：'诞再在扬州，有威名，民望所归。今征，必不来，祸小事浅；不征，事迟祸大。'乃以为司空。书至，诞曰：'我作公当在王文舒后，今便为司空！不遣使者，健步赍书，使以兵付乐綝，此必綝所为。'乃将左右数百人至扬州，扬州人欲闭门，诞叱曰：'卿非我故吏邪！'径入，綝逃上楼，就斩之。"《魏末传》曰："贾充与诞相见，谈说时事，因谓诞曰：'洛中诸贤，皆愿禅代，君所知也。君以为云何？'诞厉色曰：'卿非贾豫州子？世受魏恩，如何负国，欲以魏室输人乎？非吾所忍闻。若洛中有难，吾当死之。'充默然。诞既被征，请诸牙门置酒饮宴，呼牙门从兵，皆赐酒令醉，谓众人曰：'前作千人铠仗始成，欲以击贼，今当还洛，不复得用，欲暂出，将见人游戏，须臾还耳，诸君且止。'乃严鼓将士七百人出。乐綝闻之，闭州门。诞历南门宣言曰：'当还洛邑，暂出游戏，扬州何为闭门见备？'前至东门，东门复闭，乃使兵缘城攻门，州人悉走，因风放火，焚其府库，遂杀綝。诞表曰：'臣受国重任，统兵在东。扬州刺史乐綝专诈说臣与吴交通，又言被诏当代臣位，无状日久。臣奉国命，以死自立，终无异端。忿綝不忠，辄将步骑七百人，以今月六日讨綝，即日斩首，函头驿马传送。若圣朝明臣，臣即魏臣；不明臣，臣即吴臣。不胜发愤有日，谨拜表陈愚，悲感泣血，哽咽断绝，不知所如，乞朝廷察臣至诚。'"臣松之以为，《魏末传》所言，率皆鄙陋。疑诞表言曲，不至于此也。 [3]《世语》曰："黄初末，吴人发长沙王吴芮冢，以其砖于临湘为孙坚立庙。芮容貌如生，衣服不朽。后豫发者见吴纲，曰：'君何类长沙王吴芮？但微短耳。'纲瞿然曰：'是先祖也，君何由见之？'见者言所由，纲曰：'更葬不？'答曰：'即更葬矣。'自芮之卒年至冢发，四百余年。纲，芮之十六世孙矣。"

六月，车驾东征，至项。大将军司马文王督中外诸军二十六万众，临淮讨之。大将军屯丘

甘露二年(257)六月，皇帝御驾亲征，到达项城。大将军司马文王率领京城内外二十六万军马，进军淮南征讨诸葛诞。大将军本人在丘头驻扎。他派遣

头[1]。使基及安东将军陈骞等四面合围，表里再重，堑垒[2]甚峻。又使监军石苞、兖州刺史州泰等，简[3]锐卒为游军，备外寇。钦等数出犯围，逆击走之。吴将朱异再以大众来迎诞等，渡黎浆水，泰等逆与战，每摧其锋。孙綝以异战不进，怒而杀之。城中食转少，外救不至，众无所恃。将军蒋班、焦彝，皆诞爪牙计事者也，弃诞，逾城自归大将军[1]。大将军乃使反间，以奇变说全怿等，怿等率众数千人开门来出。城中震惧，不知所为。

王基和安东将军陈骞等人从四面围攻寿春城，里外围了两层，包围圈的壕沟和壁垒建得又深又高。又派监军石苞、兖州刺史州泰等人，挑选精锐的士兵作为流动作战的军队，以防备吴军的进犯。文钦等人多次冲击包围圈，都被击退了。吴国将军朱异又领兵来接应诸葛诞等人，渡过黎浆水，州泰等人和他正面交战，屡次挫败吴军的进攻。吴军统帅孙綝认为朱异出战没有取得成果，一怒之下杀了他。寿春城中粮食逐渐减少，外援又不能到来，城中将士没有指望。将军蒋班、焦彝，都是为诸葛诞领兵作战、出谋划策的亲信下属，这时他们舍弃了诸葛诞，翻出城投降了大将军。大将军于是利用他们使用反间计，用奇计劝说全怿等人，全怿等人率领数千人打开城门出来投降。城中的人感到震惊恐惧，但不知道该怎么办。

今注　1 丘头：一名武丘，在今河南沈丘县东南四十里颍水北岸。　2 堑垒：深壕高垒的防御工事。　3 简：挑选。

裴注　[1]《汉晋春秋》曰："蒋班、焦彝言于诸葛诞曰：'朱异等以大众来而不能进，孙綝杀异而归江东，外以发兵为名，而内实坐须成败，其归可见矣。今宜及众心尚固，士卒思用，并力决死，攻其一面，虽不能尽克，犹可有全者。’文钦曰：‘江东乘战胜之威久矣，未有难北方者也。况公今举十余万之众内附，而钦与全端等皆同居死地，父兄子弟尽在江表，就孙綝不欲，主上及其亲戚岂肯听乎？且中国无岁无事，军民并疲，今守我一年，势力已困，异图生心，变故将起，以往准今，可计日而望也。’班、彝固劝之，钦怒，而诞欲杀班。二人惧，且知诞之必败也，十一月，乃相携而降。”

三年正月，诞、钦、咨等大为攻具，昼夜五六日攻南围，欲决围而出[1]。围上诸军，临高以发石车火箭逆烧破其攻具，弩矢及石雨下，死伤者蔽地，血流盈堑。复还入城，城内食转竭，降出者数万口。钦欲尽出北方人，省食，与吴人坚守，诞不听，由是争恨。钦素与诞有隙，徒以计合[1]，事急愈相疑。钦见诞计事，诞遂杀钦。钦子鸯及虎将兵在小城[2]中，闻钦死，勒兵驰赴之，众不为用。鸯、虎单走，逾城出，自归大将军。军吏请诛之，大

甘露三年(258)正月，诸葛诞、文钦、唐咨等人制造了大量的进攻器具，连续五六天日夜不停地进攻包围圈的南面，想突围而出。包围的军士在高处用投石车和火箭砸坏或烧毁他们的进攻器具，弓箭和石头像雨点一样落下来，城中死伤的人满地都是，血水把壕沟都流满了。于是他们只好又退回城中，城内的粮食逐渐吃光，出去投降的人前后有好几万。文钦想把北方人全部驱赶出去，以节省粮食，和吴国人一起坚守城池，诸葛诞不同意，于是两人发生了争执，彼此都心怀怨恨。文钦向来和诸葛诞不和，这次只是出于权宜之计才一起反叛，事情越是危急，互相就越猜疑。文钦去见诸葛诞商议事情，诸葛诞却趁机杀了他。文钦的儿子文鸯和文虎领兵驻扎在内城中，听说父亲被杀，领兵要去攻打诸葛诞，但他们的部下不愿效力。于是文鸯、文虎独自逃走，翻墙出城，

将军令曰："钦之罪不容诛，其子固应当戮，然鸯、虎以穷归命，且城未拔，杀之是坚其心也。"乃赦鸯、虎，使将兵数百骑驰巡城，呼语城内云："文钦之子犹不见杀，其余何惧？"表鸯、虎为将军，各赐爵关内侯。城内喜且扰，又日[3]饥困，诞、咨等智力穷。大将军乃自临围，四面进兵，同时鼓噪登城，城内无敢动者。诞窘急，单乘马，将其麾下突小城门出。大将军司马胡奋部兵逆击，斩诞，传首，夷三族。诞麾下数百人，坐[4]不降见斩，皆曰："为诸葛公死，不恨。"其得人心如此。[2]唐咨、王祚及诸裨将皆面缚降，吴兵万众，器仗军实山积。

投奔大将军。军中将官请求杀了他们，大将军下令说："文钦罪大恶极，处死犹不足抵偿，他的儿子本来也应该被诛杀，但文鸯、文虎是在走投无路时来投降，况且寿春城还没有被攻破，杀了他们反而会坚定了城内将士坚守的决心。"于是赦免了文鸯、文虎，派他们率领几百骑兵在城外飞驰，对城内喊话说："文钦的儿子尚且不被杀死，其余的人还怕什么呢？"大将军上表举荐文鸯、文虎为将军，并封为关内侯。城中的人欢喜不已而蠢蠢欲动，加之日益饥饿困顿，而诸葛诞、唐咨等人毫无对策。大将军于是亲自来到包围圈，从四面进兵，同时击鼓攻城，城内没有人敢抵抗。诸葛诞困窘慌急，一个人骑着马，带领着自己的侍卫从小城门冲出。大将军手下的司马胡奋率兵追击，斩杀了诸葛诞，并用驿传将他的头颅送到京师，诛灭了他的三族。诸葛诞手下的几百侍卫，因为拒不投降而被杀，都说："为了诸葛公而死，死而无憾。"他得人心的情况就像这样。唐咨、王祚以及各副将都反绑着双手前来投降，俘获的吴军有一万多人，缴获的武器和物资堆积如山。

今注 1 以计合：因一时计划而聚合。 2 小城：城中的内城。 3 日：日益。 4 坐：因某某原因获罪。

裴注 [1]《汉晋春秋》曰："文钦曰：'蒋班、焦彝谓我不能出而走，全端、全怿又率众逆降，此敌无备之时也，可以战矣。'诞及唐咨等皆以为然，遂共悉众出攻。" [2] 干宝《晋纪》曰："数百人拱手为列，每斩一人，辄降之，竟不变，至尽，时人比之田横。吴将于诠曰：'大丈夫受命其主，以兵救人，既不能克，又束手于敌，吾弗取也。'乃免胄冒阵而死。"

初围寿春，议者多欲急攻之，大将军以为："城固而众多，攻之必力屈[1]，若有外寇，表里受敌，此危道也。今三叛[2]相聚于孤城之中，天其[3]或者将使同就戮，吾当以全策縻[4]之，可坐而制也。"诞以二年五月反，三年二月破灭。六军按甲[5]，深沟高垒，而诞自困，竟不烦攻而克[1]。及破寿春，议者又以为淮南仍[6]为叛逆，吴兵室家在江南，不可纵，宜悉坑之。大将军以为古之用兵，全国为上[7]，

当初大军刚包围寿春城的时候，很多人主张立即攻城，大将军却认为："寿春城城池坚固且守军众多，攻城一定会力量耗尽，假如再有外敌来攻，我们会内外受敌，这是很危险的做法。现在三个叛贼聚集在被孤立起来的城中，是上天将要让他们一同灭亡，我应该用周密的计策困住他们，那样就可以安然坐着制服他们了。"诸葛诞从甘露二年(257)五月反叛，到三年(258)二月被平定。朝廷的大军按兵不动，挖掘深深的沟壑，建筑高高的壁垒，就使诸葛诞自己陷入到困窘当中，最后不用强攻就平定了。等到寿春城被攻破，很多人又认为淮南地区多次出现反叛，被俘虏的吴军的家属又都在江南，不能放过他们，应该把他们全部活埋。大将军认为古来用兵之道，以保全敌国民众为上策，仅

戮其元恶[8]而已。吴兵就得亡还，适[9]可以示中国之弘耳。一无所杀，分布三河[10]近郡以安处之。

仅诛杀罪魁祸首就行了。吴国的士兵即便逃亡回去，也正好可以显示我魏国的宽厚。于是一个吴兵都没有杀害，把他们分散到京城附近的河东、河南、河内三郡居住。

今注　1 屈：穷尽。　2 三叛：指诸葛诞、文钦、唐咨。　3 其：表推测语气。　4 縻(mí)：困，束缚。这里指使军队不能前进。　5 按甲：停止进军。　6 仍：屡次；频繁。　7 全国为上：典出《孙子·谋攻》，意即以完整取得敌国为上策。此处指保全敌国民众。　8 元恶：首恶。　9 适：正好。　10 三河：汉人称河内、河南、河东三郡为“三河”，与三辅、弘农同为畿辅之地。

裴注　[1] 干宝《晋纪》曰：“初，寿春每岁雨潦，淮水溢，常淹城邑。故文王之筑围也，诞笑之曰：‘是固不攻而自败也。’及大军之攻，亢旱逾月。城既陷，是日大雨，围垒皆毁。诞子靓，字仲思，吴平还晋。靓子恢，字道明，位至尚书令，追赠左光禄大夫开府。”

唐咨本利城[1]人。黄初[2]中，利城郡反[3]，杀太守徐箕，推咨为主。文帝遣诸军讨破之，咨走入海，遂亡至吴，官至左将军[4]，封侯、持节。诞、钦屠戮，咨亦生禽[5]，三叛皆获，天下快焉[1]。拜

唐咨本来是利城郡人。黄初年间，利城郡发生叛乱，叛军杀死太守徐箕，推举唐咨为首领。文帝派遣各路军马攻破了利城郡，唐咨逃亡海上，又从海上逃到吴国，官至左将军，被封为侯，持有节杖。诸葛诞、文钦被杀，唐咨也被生擒，三个叛贼都被消灭，天下人拍手称快。朝廷任唐咨为安远将军，其余投降的低级将

咨安远将军，其余裨将咸假号位[6]，吴众悦服。江东感之，皆不诛其家。其淮南将吏士民诸为诞所胁略[7]者，惟诛其首逆[8]，余皆赦之。听鸯、虎收敛钦丧[9]，给其车牛，致葬旧墓[10][2]。

领也都得到了官位封号，连吴国人都感到心悦诚服。孙吴也被魏国的做法感动，没有杀害这些投降魏国的吴国将士的家属。那些被诸葛诞胁迫参与叛乱的淮南官兵百姓，只杀了他们当中的头领，其余的都被赦免了。还让文鸯、文虎为文钦收殓尸体，并且提供车、牛给他们，让他们送尸体到祖坟安葬。

今注 1 利城：郡名，治利城县(今江苏连云港市赣榆区西古城)。 2 黄初：三国曹魏文帝年号，起讫时间为公元220年至公元226年。 3 利城郡反：事发在公元225年，时曹丕督军东进攻吴，利城郡蔡方等人乘机反叛，并推举唐咨为首。 4 左将军：官职名，汉朝时为重要武职，位上卿，有战事则典掌禁兵，戍卫京师，或率兵出征。魏晋时为一般武官名号，略高于一般杂号将军，不典禁兵，不与朝政。 5 禽：同“擒”。 6 假号位：暂时授封称号和官位。 7 胁略：掳掠，胁从。 8 首逆：指造反作乱的为首者。 9 敛：通“殓”。丧：这里指尸身。 10 旧墓：即祖坟。

裴注 [1]《傅子》曰：“宋建椎牛祷赛，终自焚灭。文钦日祠祭事天，斩于人手。诸葛诞夫妇聚会神巫，淫祀求福，伏尸淮南，举族诛夷。此天下所共见，足为明鉴也。” [2]习凿齿曰：“自是天下畏威怀德矣。君子谓司马大将军于是役也，可谓能以德攻矣，夫建业者异矣，各有所尚，而不能兼并也。故穷武之雄毙于不仁，存义之国丧于懦退。今一征而禽三叛，大虏吴众，席卷淮浦，俘馘十万，可谓壮矣。而未及安坐，丧王基之功；种惠吴人，结异类之情；宠鸯葬钦，忘畴昔之隙；不咎诞众，使扬土怀愧。功高而人乐其成，业广而敌怀其德，武昭既敷，文算又洽，推此道也，天下其孰能当之哉？”丧王基，语在《基传》。鸯一名俶。《晋诸公赞》曰：“俶后为将军，破凉州虏，名闻天下。太康中为东夷校尉，假节。当之职，入辞武帝，帝见而恶之，托以他事免俶官。东安公繇，诸葛诞外孙，欲杀俶，因诛杨骏，诬俶谋逆，遂夷三族。”

邓艾

邓艾，字士载，义阳棘阳1人也。少孤。太祖破荆州，徙汝南，为农民养犊。年十二，随母至颍川，读故太丘长陈寔2碑文，言“文为世范，行为士则”，艾遂自名范，字士则。后宗族有与同者，故改焉。为都尉学士，以口吃，不得作干佐3，为稻田守丛草吏。同郡吏父怜其家贫，资给甚厚，艾初不称谢。每见高山大泽，辄规度指画军营处所，时人多笑焉。后为典农纲纪4、上计吏5，因使见太尉司马宣王。宣王奇之，辟之为掾[1]，迁尚书郎。

邓艾，字士载，义阳郡棘阳县人。他小的时候父亲就去世了。太祖曹操攻破荆州的时候，他迁徙到汝南郡，为当地农民家放牛。十二岁的时候，他跟随母亲到了颍川郡，读到已故太丘县县长陈寔墓前的碑文，其中有“文章是世间的典范，品行是士人的准则”这两句，邓艾于是自己改名为范，字士则。后来因他的宗族中已有叫这个名字的，所以他又改了回来。做都尉的学士时，他因为口吃，不能做主管官员的副手，于是担任了稻田守丛草吏。一个和他同郡的官吏的父亲可怜他家贫困，给他很多资助，邓艾起初并不表示感谢。每当见到高大的山峰和广大的湖泽，他总是比画着，考虑打仗时军队该驻扎何处等问题，当时的人大多嘲笑他。后来他担任典农纲纪、上计吏，受派遣出使而见到了太尉司马宣王。司马宣王认为他很有才能，征辟他为自己府中的掾官，后又升任尚书郎。

今注 1 义阳棘阳：义阳郡棘阳县（治今河南新野东），因在棘水之阳（北）得名。 2 陈寔（shí）：字仲弓，东汉颍川许县（治今河南许昌东）人，历任县吏、郡功曹。东汉桓帝时任太丘长。后因党锢祸起入狱，在士林中享有盛誉。 3 干佐：谓主管某项事务的辅佐官员。 4 典农纲纪：官名。为典农中郎将的属官，掌屯田事。 5 上计吏：官名。地方政府派赴中央呈递计簿的官员。

裴注 [1]《世语》曰："邓艾少为襄城典农部民，与石苞皆年十二三。谒者阳翟郭玄信，武帝监军郭诞元奕之子。建安中，少府吉本起兵许都，玄信坐被刑在家，从典农司马求人御，以艾、苞与御，行十余里，与语，悦之，谓二人皆当远至为佐相。艾后为典农功曹，奉使诣宣王，由此见知，遂被拔擢。"

时欲广[1]田畜谷，为灭贼资，使艾行[2]陈、项已[3]东至寿春。艾以为："田良水少，不足以尽地利，宜开河渠，可以引水浇溉，大积军粮，又通运漕之道。"乃著《济河论》以喻其指[4]。又以为："昔破黄巾，因为屯田，积谷于许都以制四方。今三隅已定，事在淮南，每大军征举，运兵过半，功费巨亿，

当时朝廷想大规模地开垦土地，积蓄粮食，作为诛灭孙吴的物资储备，于是派邓艾巡查陈、项县以东直至寿春一带。邓艾认为："这一带虽土地肥沃，但是缺水，不能充分发挥土地的效益，应该开挖沟渠，用来引水灌溉，广积粮草，又能疏通运输粮草的水路。"于是撰《济河论》来阐述自己的想法。他又认为："从前太祖消灭黄巾军后，实施屯田制，在许都积累了大量粮食以征服和掌控四方。现在东、北、西三方的局势已经安定，重大战事都集中在淮南，每次大军征伐出动，负责运输粮草的士兵就超过了总兵力的一半，所耗费

以为大役。陈、蔡之间，土下田良，可省许昌左右诸稻田，并水东下。令淮北屯二万人，淮南三万人，十二分休[5]，常有四万人，且田且守。水丰常收三倍于西，计除众费，岁完五百万斛[6]以为军资。六七年间，可积三千万斛于淮上，此则十万之众五年食也。以此乘吴，无往而不克矣。”宣王善之，事皆施行。正始二年，乃开广漕渠，每东南有事，大军兴众，泛舟而下，达于江、淮，资食有储而无水害，艾所建也。

的人力和财力巨大，成为百姓承担的一种沉重的劳役。陈、蔡两县之间，地势低平且土壤肥沃，我认为可以减少许昌附近的稻田，将这里的河水引向东边的陈、蔡两县去灌溉田地。在淮河以北派两万人屯守，淮南派三万人，按十分之二的比例轮休，平常保持有四万人，一边屯田一边戍守。水量充沛的时候粮食能比西边的土地产量高出三倍，除去各种花费，每年能有五百万斛粮食作为军事储备。六七年的时间，就可以在淮河两岸积累三千万斛的粮食，这是十万军马五年的军粮啊。凭借这些储备去攻打吴国，就会无往而不克。”司马宣王认为他的建议很好，就都按他所说的去实行。正始二年(241)，开凿了广漕渠，每当东南地区发生战事，魏国大军出动，就可以乘船而下，直达长江、淮河地区，不仅灌溉了农田，储积了粮食，而且消除了水害，这都是邓艾的建议。

今注　1 广：扩大。　2 行：巡视。　3 已：同“以”。　4 指：通“旨”。意图。　5 分休：轮休。　6 斛(hú)：中国古代量器名，也是容量单位之一，一斛本为十斗，南宋末又改为五斗。

出参征西军事，迁南安[1]太守。嘉平元年，

后来邓艾出任征西将军郭淮的参军，又升任南安太守。嘉平元年(249)，

与征西将军郭淮拒蜀偏将军姜维。维退，淮因西击羌。艾曰："贼去未远，或能复还，宜分诸军以备不虞。"于是留艾屯白水北。三日，维遣廖化自白水南向艾结营。艾谓诸将曰："维今卒还，吾军人少，法当来渡而不作桥。此维使化持吾，令不得还。维必自东袭取洮城。"洮城在水北，去艾屯六十里。艾即夜潜军径到，维果来渡，而艾先至据城，得以不败。赐爵关内侯，加讨寇将军，后迁城阳[2]太守。

他和征西将军郭淮一起抵挡蜀国偏将军姜维的进犯。姜维退兵后，郭淮想乘机西进去袭击羌族人。邓艾说："敌人撤退后还未走远，可能还会杀回，应该分军防备，以免发生意外。"于是留下邓艾驻守在白水河北岸。三天后，姜维派遣廖化从白水河南岸逼近邓艾军后扎营。邓艾对各将领说："姜维现在突然返回，我们人少，按兵法他们应该渡过河来进攻而不必架桥。这是姜维想让廖化来牵制我们，使我们不能撤退。姜维自己必定会从东面偷袭攻取洮城。"洮城在白水的北面，离邓艾驻守的地方有六十里。邓艾当夜就悄悄领军直接到达洮城，姜维果然渡过白水来偷袭，而邓艾先抵达并占据了洮城，才得以免遭失败。朝廷封赐邓艾为关内侯，加封讨寇将军，又升任城阳太守。

今注 1 南安：郡名，治豲道（今甘肃陇西渭水东岸）。 2 城阳：郡名，西汉初置，治莒县（今山东莒县），三国曹魏时移治东武县（今山东诸城）。

是时并州右贤王刘豹并为一部，艾上言曰："戎狄兽心，不以义亲，强则侵暴，弱则

当时并州境内的匈奴右贤王刘豹将匈奴的几个分部合并为一部，邓艾上书说："戎狄具有野兽之心，不能用道义来让他们亲附，他们一旦强大了就侵犯边境，衰弱时

内附，故周宣有玁狁[1]之寇，汉祖有平城之围[2]。每匈奴一盛，为前代重患。自单于在外，莫能牵制长卑。诱而致之，使来入侍。由是羌夷失统，合散无主。以单于在内，万里顺轨。今单于之尊日疏，外土之威寖重，则胡虏不可不深备也。闻刘豹部有叛胡，可因叛割为二国，以分其势。去卑功显前朝，而子不继业，宜加其子显号，使居雁门[3]。离国弱寇，追录旧勋，此御边长计也。”又陈：“羌胡[4]与民同处者，宜以渐出之，使居民表崇廉耻之教，塞奸宄[5]之路。”大将军司马景王新辅政，多纳用焉。迁汝南太守，至则寻求昔所厚己吏父，久

就会归附朝廷，因此周宣王时有玁狁的入侵，汉高祖曾被围困于平城。每当匈奴强盛，就会成为前代的大祸患。匈奴单于远居塞外，就没有办法牵制住他及其部属。所以引诱他前来，使他归顺，其部属就会失去统帅。从此羌夷等部族失去了匈奴这个依靠，时分时合没有首领。因为单于在内地，所以才使万里外的少数民族都顺从朝廷的法度。现在单于的地位日渐降低，边外的王侯的权威日渐加重，那胡虏就不能不慎重地加以防备了。听说刘豹的部下有反叛的，可以趁机将他们分割成两个国家，以削弱刘豹的势力。匈奴右贤王去卑在前朝曾保护过汉献帝建立了显赫的功劳，但他的儿子未能继承他的爵位，应该赐给他儿子显贵的名号，让他在雁门郡驻守。离析匈奴以削弱他们的势力，追赏他们旧有的功勋，这是防御边疆的长远策略啊。”又上奏说：“和中原百姓杂处在一起的羌胡，应该逐渐把他们分离出来，让他们居住在外围，以便对他们实行礼义廉耻的教化，从而堵塞违法乱纪的途径。”大将军司马景王刚担任辅政大臣，对邓艾的建议多有采纳。邓艾转任汝南太守，一上任就去寻找那位曾经资助过自己的官吏的父亲，发现已经

已死，遣吏祭之，重遗其母，举其子与计吏。艾所在，荒野开辟，军民并丰。

去世很久了，邓艾于是派遣府吏去祭拜他，还送给那位官吏的母亲很多礼物，又把他的儿子举荐给计吏。邓艾任职期间，当地的荒野得到开垦，将士和百姓都丰衣足食。

今注 1 玁狁(xiǎn yǔn)：又作“猃狁”，中国古代北方部族名，主要活动于今陕、甘一带。猃狁部族在西周初期开始兴盛，对周朝多有侵犯，周宣王曾多次出兵抵抗。 2 平城之围：即“白登之围”。高祖七年(前200)，汉高祖领兵追击企图内侵的匈奴，后被困于平城白登山(在今山西大同东北)。 3 雁门：郡名，三国魏治广武(今山西代县西南)。 4 羌胡：指我国古代的羌族和匈奴族，亦用以泛称我国古代西北部的少数民族。 5 奸宄(guǐ)：亦作“奸轨”。犯法作乱的人或事。

诸葛恪围合肥新城，不克，退归。艾言景王曰：“孙权已没，大臣未附，吴名宗大族，皆有部曲，阻兵[1]仗势，足以建命[2]。恪新秉国政，而内无其主，不念抚恤上下以立根基，竞于外事，虐用其民，悉国之众，顿于坚城，死者万数，载祸而归，此恪获罪之日也。昔子胥、吴起、商鞅、乐

孙吴将领诸葛恪围攻合肥新城，没有攻下来，于是撤军。邓艾对司马景王说：“孙权已死，大臣们还没有归附新主孙亮，吴国的世家大族，都有私人武装，他们凭借自己的兵力和权势，足以违抗朝廷的命令。诸葛恪刚刚执掌朝政，但对内不尊重君主，不想着抚恤上下臣民以建立起政治根基，却着急对外用兵，过度地役使全国的百姓，动用全国的军民来攻打坚固的合肥城，死了上万人，结果带着灾祸狼狈而归，这正是诸葛恪承受其罪过的时候啊。过去伍子胥、吴起、商鞅、乐毅都受到当时君主的信任和重用，君主一死就身败名裂。何况诸葛恪

毅[3]皆见任时君，主没而败。况恪才非四贤，而不虑大患，其亡可待也。”恪归，果见诛。

的才能还比不上上述四位贤人，却不考虑自己大祸将临，他的败亡指日可待了。”诸葛恪回国后，果然被诛杀了。

迁兖州刺史，加振威将军。上言曰：“国之所急，惟农与战，国富则兵强，兵强则战胜。然农者，胜之本也。孔子曰‘足食足兵’，食在兵前也。上无设爵之劝，则下无财畜之功。今使考绩之赏，在于积粟富民，则交游之路绝，浮华之原塞矣。”

邓艾升任兖州刺史，加封为振威将军。他又上书说：“国家目前最要紧的事就是发展农业和加强战备，国家富裕，军队就会强大，军队强大，战争就能取得胜利。因此，农业是战争取胜的根本。孔子说‘足够的粮食、足够的兵力’，就是把粮食的重要性放在兵力的前面。若朝廷不设置爵位奖赏鼓励，那么下面的人就不会发展农业、积蓄钱财来建立功业。现在应把对官员政绩的考核，集中在积累粮食、富裕百姓上面，这样请托的途径就会断绝，浮躁不实的根源就会被堵塞。”

今注 1 阻兵：仗恃军队。 2 建命：即违命。建为“违”字之误。 3 子胥、吴起、商鞅、乐毅：子胥，即伍子胥，春秋时楚国人。其父伍奢被诬谋叛遭杀害，后逃至吴国，受吴君信任，领兵击败楚国而报仇。吴起，战国时军事家、政治家，受楚悼王信任而主持变法，兴国强军。商鞅，战国时秦国政治家，受秦孝公信任在秦国推行变法，实现富国强兵。乐毅，战国时燕国将领，曾领军攻占齐国七十余城。

高贵乡公[1]即尊位，进封方城亭侯。毌丘俭作乱，遣健步赍书，欲疑惑大众。

高贵乡公即位，晋封邓艾为方城亭侯。毌丘俭发动叛乱，派遣善于奔走的使者给邓艾送去书信，想迷惑众人耳艾斩之，兼道进军，先趣乐嘉城，作浮桥。司马景王至，遂据之。文钦以后大军破败于城下，艾追之至丘头。钦奔吴。吴大将军孙峻等号十万众，将渡江，镇东将军诸葛诞遣艾据肥阳[2]，艾以与贼势相远，非要害之地，辄移屯附亭[3]，遣泰山太守诸葛绪等于黎浆拒战，遂走之。其年，征拜长水校尉。以破钦等功，进封方城乡侯，行安西将军。解雍州刺史王经围于狄道，姜维退驻钟提[4]，乃以艾为安西将军，假节，领护东羌校尉。

目。邓艾将使者斩首，日夜不歇地进军，先一步抵达乐嘉城，建造了浮桥。司马景王到达后，就占据了乐嘉城。文钦因后到一些的缘故，被大军击败于城下，邓艾乘胜追击，一直追到丘头。文钦逃往吴国。吴国大将军孙峻等人率领号称有十万人马的大军，将要渡江，镇东将军诸葛诞派邓艾据守肥阳，邓艾认为这里和敌人距离太远，不是紧要的地方，于是就移兵到附亭驻扎，并派遣泰山太守诸葛绪等人在黎浆抵挡敌军，将其击退。这一年，邓艾被任命为长水校尉。又因他击破文钦有功，被加封为方城乡侯，代任安西将军。邓艾解救了被围在狄道的雍州刺史王经，姜维率军退守钟提，于是朝廷正式任命邓艾为安西将军，授予节杖，兼领护东羌校尉。

今注 1 高贵乡公：即三国曹魏皇帝曹髦。曹髦，字彦士，为文帝曹丕孙。曹髦在齐王曹芳正始年间受封为高贵乡公。嘉平六年(254)，司马师废齐王，立曹髦为帝。后曹髦不能忍受司马昭专权而起兵被杀。 2 肥阳：古城名，旧址在今河南杞县东北。 3 附亭：旧址在今安徽寿县西南。 4 钟提：城名，在今甘肃临洮县南。

议者多以为维力已竭，未能更出。艾曰：

当时很多人认为姜维的军队已经精疲力竭，不能再发动进攻了。邓艾说：“我

“洮西之败[1]，非小失也，破军杀将，仓廪空虚，百姓流离，几于危亡。今以策言之，彼有乘胜之势，我有虚弱之实，一也。彼上下相习，五兵[2]犀利，我将易兵新，器杖未复，二也。彼以船行，吾以陆军，劳逸不同，三也。狄道、陇西、南安、祁山，各当有守，彼专为一，我分为四，四也。从南安、陇西，因食羌谷，若趣祁山，熟麦千顷，为之县饵，五也。贼有黠数，其来必矣。”顷之，维果向祁山，闻艾已有备，乃回从董亭[3]趣南安，艾据武城山以相持。维与艾争险，不克，其夜，渡渭东行，缘山趣上邽。艾与战于段谷[4]，大破之。

军在洮水西边的失败，不是一次小失败：将领被杀，军队溃散，粮仓空虚，百姓流离失所，几乎一败涂地。就现在的形势来看，敌人还有乘胜出击的势力，我方实则虚弱不堪，这是第一点。敌人将士之间相互熟悉，兵器精良锋利，我方的将领则是新更换的，士兵也是新补充的，兵器还没有修复好，这是第二点。敌人乘船而来，我们在陆地上行军，敌逸我劳，这是第三点。狄道、陇西、南安、祁山，我们都得派军驻守，敌人可以集中兵力专门攻击一处，而我们的兵力则分散为四，这是第四点。如果敌人从南安、陇西进军，那么他们可以食用羌族人的谷物，如果向祁山进军，那里有千顷的熟麦，很容易得到充足的军粮，这是第五点。敌人一向有狡猾的计谋，他们一定会再次发动进攻的。”不久，姜维果然向祁山进军，听说邓艾已经有准备，于是退回从董亭进攻南安郡，邓艾占据武城山和他对峙。姜维出兵和邓艾争夺险要据点，未能成功，当夜，他率军渡过渭河向东进军，沿着山路直奔上邽县。邓艾和姜维在段谷大战，大败蜀军。

【今注】 1 洮西之败：指公元255年姜维在洮水西大败魏雍州刺史王经。 2 五兵：五种兵器。具体历代所指不一，东汉郑玄等人认为“五兵者，戈、殳、戟、酋矛、夷矛也”。晋范宁认为是矛、戟、钺、楯、弓矢。唐人颜师古则注五兵为矛、戟、弓、剑、戈。亦泛指各种兵器。 3 董亭：地名，在今甘肃武山县南。 4 段谷：地名，在今甘肃天水东南。

甘露元年诏曰：“逆贼姜维连年狡黠，民夷骚动，西土不宁。艾筹画有方，忠勇奋发，斩将十数，馘首千计；国威震于巴、蜀，武声扬于江、岷。今以艾为镇西将军、都督陇右诸军事，进封邓侯。分五百户封子忠为亭侯。”二年，拒姜维于长城，维退还。迁征西将军，前后增邑凡六千六百户。景元三年，又破维于侯和[1]，维却保沓中[2]。四年秋，诏诸军征蜀，大将军司马文王皆指授节度，使艾与维相缀连[3]，雍州刺史诸葛绪要维，令不得归。艾遣天水太守王颀等直攻维营，陇西

甘露元年(256)，朝廷下诏说：“逆贼姜维连年使用变化多端的诡计入侵，使得边境百姓骚动不安，西部地区不得安宁。邓艾筹划有方，忠诚英勇，奋发有为，斩杀敌人将领数以十计，消灭敌军数以千计，使国家的威势震动巴蜀地区，让国家的威名显扬于长江、岷江一带。现在任邓艾为镇西将军，统领陇右各路军马，晋封为邓侯。从他的食邑中分出五百户，封他的儿子邓忠为亭侯。”甘露二年(257)，邓艾在长城抵御姜维入侵，姜维退军。邓艾升任征西将军，前后增加的食邑共计六千六百户。景元三年(262)，他又在侯和击败姜维，姜维退守沓中。景元四年(263)秋天，朝廷下诏命令各路军马征讨蜀国，由大将军司马文王统一指挥调度，令邓艾率军去牵制姜维，雍州刺史诸葛绪截断姜维后路，让他不能撤退。邓艾派遣天水太守王颀等人直接攻打姜维的大营，陇西太守牵弘等人在姜维军

太守牵弘等邀其前，金城太守杨欣等诣甘松[4]。

前方的道路拦击，金城太守杨欣等人前往甘松岭。

今注　1 侯和：地名，在今甘肃临潭县东南。　2 沓中：地区名，在今甘肃舟曲以西、岷县以南。因其地东控陇蜀通道，为魏、蜀两国战略要地。　3 缀连：组合，连属。这里指牵制。　4 甘松：又名甘松岭，在今四川松潘县，以产甘松得名。

维闻钟会诸军已入汉中，引退还。欣等追蹑于强川口[1]，大战，维败走。闻雍州已塞道，屯桥头，从孔函谷[2]入北道，欲出雍州后。诸葛绪闻之，却还三十里。维入北道三十余里，闻绪军却，寻还，从桥头过，绪趣截维，较一日不及[3]。维遂东引，还守剑阁[4]。钟会攻维未能克。艾上言："今贼摧折，宜遂乘之，从阴平[5]由邪径经汉德阳亭[6]趣涪[7]，出剑阁西百里，去成都三百余里，奇

姜维听说钟会统领的军马已经进入汉中，于是率军回撤。杨欣等人追击到强川口，双方发生大战，姜维战败逃跑。姜维听说雍州刺史诸葛绪已经阻断了前方的道路，并驻兵在桥头，于是便从孔函谷进入北道，打算从雍州刺史诸葛绪军后面绕过去。诸葛绪听说了，退军三十里再度堵截。姜维进入北道行进三十多里，听说诸葛绪向后撤退了，立即掉头去走原路，从桥头经过，诸葛绪赶紧又奔回桥头拦截姜维，不过迟了一天没有追赶上。姜维因此得以东撤，返回后驻守剑阁。钟会进攻姜维没有取胜。邓艾上书说："现在贼寇已经被挫败了锐气，应该乘胜追击，从阴平沿小路经过汉代的德阳亭可以直趋涪县，从剑阁西边一百多里处南下，距离成都就只有三百多里，请派一支精兵走此路而出其不意地进攻敌人的心脏成都。这样，剑阁的守军一定会

兵冲其腹心。剑阁之守必还赴涪，则会方轨而进；剑阁之军不还，则应涪之兵寡矣。军志有之曰：'攻其无备，出其不意。'今掩其空虚，破之必矣。"

返回奔赴涪县增援，那么钟会的军马正好可以经剑阁前进；要是剑阁的军队不返回增援，那么守在涪县应对我们的敌军就会很少。兵书上记载说：'攻击敌人没有防备的地方，计划要超出敌人的预料。'现在要是沿小路去进攻他们防备空虚的地方，那么打败蜀军就是确定无疑的了。"

今注　1 强川口：地名，又作彊川口，即今四川、甘肃两省境内白龙江与其干流嘉陵江的交汇处，因白龙江古称强川而得名。　2 孔函谷：地名，在今甘肃舟曲县南。　3 较一日不及：即迟了一天。　4 剑阁：即今四川剑阁县东北剑门关。因其地在大、小剑山之间，故称。　5 阴平：郡名，治阴平（今甘肃文县西北）。　6 德阳亭：东汉因亭设县，在今四川江油东北雁门坝一带。　7 涪（fú）：县名，在今四川绵阳东涪江东岸。

冬十月，艾自阴平道行无人之地七百余里，凿山通道，造作桥阁[1]。山高谷深，至为艰险，又粮运将匮，频[2]于危殆。艾以毡自裹，推转而下。将士皆攀木缘[3]崖，鱼贯而进。先登至江由[4]，蜀守将马邈降。蜀卫将军诸葛瞻自涪还绵竹[5]，列陈待艾。艾遣子惠唐亭侯忠等出其

这年冬十月，邓艾从阴平出发，在荒无人烟的山区行军七百多里，凿山开路，建造栈道。山高谷深，极其艰险，加之运粮非常困难，手中的粮食将尽，面临危亡的风险。邓艾用毡布包裹自己，然后从山上滚下去。将士们都攀着树木紧贴崖壁，一个接一个前进。先锋部队到达江由后，蜀国守将马邈投降。蜀国卫将军诸葛瞻从涪县撤回绵竹，摆开阵势等待邓艾。邓艾派遣自己的儿子惠唐亭侯邓忠等人从右边攻击，让司马

右，司马师纂等出其左。忠、纂战不利，并退还，曰："贼未可击。"艾怒曰："存亡之分，在此一举，何不可之有？"乃叱忠、纂出，将斩之。忠、纂驰还更战，大破之，斩瞻及尚书张遵等首，进军到雒[6]。刘禅遣使奉皇帝玺绶，为笺诣艾请降。

师纂等人从左边攻击。邓忠、师纂和蜀军交战失利，都退了回来，说："现在还不能去攻击敌军。"邓艾大怒道："生死存亡，在此一举，还有什么能不能？"于是斥令邓忠和师纂出去，要将他们斩首。邓忠和师纂赶紧率军再次出战，大败敌军，斩下了诸葛瞻和尚书张遵等人的头颅，并乘胜进军到雒县。刘禅派遣使者献上皇帝的印玺，写信给邓艾请求投降。

今注 1 桥阁：即栈道。 2 频：通"濒"。 3 缘：沿，顺着。 4 江由：亦作"江油"，为蜀汉境内一处戍所，在今四川江油北。 5 绵竹：在今四川绵竹。 6 雒：县名，在今四川广汉。

艾至成都，禅率太子诸王及群臣六十余人面缚舆榇[1]诣军门，艾执节解缚焚榇，受而宥之。检御[2]将士，无所虏略，绥纳降附，使复旧业，蜀人称焉。辄依邓禹[3]故事，承制[4]拜禅行骠骑将军，太子奉车，诸王驸马都尉。蜀群司各随高下拜为王官，或领艾官属。

邓艾到达成都，刘禅率领太子、亲王以及群臣六十多人反绑双手，以车载空棺，亲自到邓艾军营的门口投降，邓艾手持朝廷所赐给的节杖，为刘禅等人解开绳索，并将棺木焚烧，接受了他们的投降并宽宥了他们。邓艾又约束军士，不准抢掠百姓，又派人安抚投降的士兵，让他们重操旧业，蜀国人交口称赞。他又依照东汉邓禹的旧事，以皇帝的名义任命刘禅为骠骑将军，太子为奉车都尉，各亲王为驸马都尉。蜀国的官员都依照其本来的官职

以师纂领益州刺史，陇西太守牵弘等领蜀中诸郡。使于绵竹筑台以为京观[5]，用彰战功。士卒死事者，皆与蜀兵同共埋藏。艾深自矜伐[6]，谓蜀士大夫曰：“诸君赖遭某，故得有今日耳。若遇吴汉之徒，已殄灭矣。”又曰：“姜维自一时雄儿也，与某相值，故穷耳。”有识者笑之。

高低被任命为魏国官员，有的兼领邓艾的属官。又让师纂兼领益州刺史，陇西太守牵弘等人兼领蜀国各郡的太守。邓艾又派人在绵竹堆积敌人的尸首，封土筑成高冢，以显示战功。魏国战死的军士，也和蜀国的兵卒一同埋葬。邓艾居功自傲，极力夸耀自己的功绩，对蜀国的士大夫说：“各位全赖遇到了我，才有了今天。如果遇到的是吴汉一类的人，那就会被全部诛杀了。”又说：“姜维自然能称得上一时的英雄，但和我相遇后，就陷入困境了。”有见识的人听了都暗中讥笑他。

今注 1 面缚舆榇(chèn)：谓双手反绑，车载空棺，表示投降并自请极刑。 2 检御：督察驾驭，约束检阅。 3 邓禹：字仲华，为东汉光武帝刘秀手下大将，以军功封酂侯，明帝时拜为太傅。 4 承制：谓秉承皇帝旨意而便宜行事。 5 京观：古代战争中，战胜者为炫耀武功，收集敌人尸首，封土而成的高冢。 6 矜伐：恃才夸功，夸耀。

十二月，诏曰：“艾曜威奋武，深入虏庭，斩将搴旗[1]，枭其鲸鲵[2]，使僭号之主，稽首系颈，历世逋诛，一朝而平。兵不逾时，战不终日，云彻席卷，荡定巴蜀。虽

景元四年(263)十二月，朝廷下诏说：“邓艾显扬魏国国威，应用武力，深入敌境，斩杀敌将拔掉军旗，消灭诸葛瞻、姜维等人，让僭越礼仪自称帝号的人跪在地上颈系绳索，使多年逃脱诛罚的罪犯一下子都受到了惩处。出兵未超过规定的时限，攻战不到一天，就席卷敌境，荡平巴

白起破强楚，韩信克劲赵，吴汉禽子阳[3]，亚夫灭七国[4]，计功论美，不足比勋也。其以艾为太尉，增邑二万户，封子二人亭侯，各食邑千户[1]。”艾言司马文王曰：“兵有先声而后实者，今因平蜀之势以乘吴，吴人震恐，席卷之时也。然大举之后，将士疲劳，不可便用，且徐缓之；留陇右兵二万人，蜀兵二万人，煮盐兴冶，为军农要用，并作舟船，豫顺流之事，然后发使告以利害，吴必归化，可不征而定也。今宜厚刘禅以致孙休，安士民以来远人，若便送禅于京都，吴以为流徙，则于向化之心不劝。宜权停留，须来年秋冬，比尔，吴亦足平。以为可封禅为扶风王，锡[5]其资财，供其

蜀。即便是从前白起攻破强大的楚国，韩信击败强劲的赵国，吴汉擒杀公孙述，周亚夫平定七国叛乱，论其功业的大小和完善，都不足以和邓艾相比。现在任邓艾为太尉，增加两万户食邑，封他的两个儿子为亭侯，各赐食邑一千户。”邓艾给司马文王写信说：“用兵有时要先张扬声势再发动实际的进攻，现在借着平定蜀国的声势去攻打吴国，吴国必然震惊恐惧，正是席卷江南的大好时机。但是大规模用兵征伐之后，将士们都很疲惫劳累，不能立刻动用，还是缓缓再说，可以在益州留下我们陇右的两万士兵，蜀国的两万士兵，煮盐炼铁，为军需和农业提供必需物品，同时建造大量战船，先做好顺江而下征讨的准备，然后派遣使者到吴国告知形势晓以利害，吴国一定会归附朝廷，那样就可以不用征讨而平定吴国了。现在应厚待刘禅来招引孙休投降，安定蜀国的官员和百姓来让江南的人归附，假如立刻送刘禅到京城，吴国会以为他遭到流放，这对鼓励他们归附不利。应该暂时将刘禅留下，等到明年的秋冬，那时吴国也足以被平定了。臣认为可以封刘禅为扶风王，赐给他财物，以便他供养左右侍从。扶风郡有一

左右。郡有董卓坞[6],为之宫舍。爵其子为公侯,食郡内县,以显归命之宠。开广陵、城阳以待吴人,则畏威怀德,望风而从矣。”

个董卓坞,可以作为刘禅的宫殿。封刘禅的儿子为公侯,以扶风郡中的县为食邑,以此来显示魏国对归附者的恩宠。开放广陵、城阳两郡来接待吴国的归附者,那么吴国人既畏惧朝廷的威严,又感恩朝廷的恩宠,就会望风来降了。”

今注 1 搴(qiān)旗:拔取敌方旗帜。 2 鲸鲵(ní):动物名,即鲸。雄曰鲸,雌曰鲵。这里比喻为凶恶的敌人,此处代指蜀国诸葛瞻、姜维等人。 3 吴汉禽子阳:指东汉开国名将吴汉(字子颜)扫灭公孙述(字子阳)等地方割据势力。 4 亚夫灭七国:西汉景帝时期名将周亚夫,善领兵,曾平定吴楚七国之乱,后受冤下狱,绝食而死。 5 锡:赐。 6 董卓坞(wù):又称郿坞、万岁坞,为汉末董卓在迁都至长安后,于长安以西建的院邸。据载,坞内聚积三十年粮储。董卓自谓“事成,雄据天下;不成,守此足以毕老”。后卓败坞毁,旧址在今陕西眉县东北。

裴注 [1]《袁子》曰:“诸葛亮,重人也,而骤用蜀兵,此知小国弱民难以久存也。今国家一举而灭蜀,自征伐之功,未有如此之速者也。方邓艾以万人入江由之危险,钟会以二十万众留剑阁而不得进,三军之士已饥,艾虽战胜克将,使刘禅数日不降,则二将之军难以反矣。故功业如此之难也。国家前有寿春之役,后有灭蜀之劳,百姓贫而仓廪虚,故小国之虑,在于时立功以自存,大国之虑,在于既胜而力竭,成功之后,戒惧之时也。”

文王使监军卫瓘喻艾:“事当须报,不宜辄行。”艾重言曰:“衔

司马文王收到信后派遣监军卫瓘去告诫邓艾:“你的建议应当上报朝廷,等待批复,不能擅自行动。”邓艾又写信给司马

命征行，奉指授之策，元恶既服；至于承制拜假[1]，以安初附，谓合权宜。今蜀举众归命，地尽南海，东接吴会[2]，宜早镇定。若待国命，往复道途，延引日月。《春秋》之义，大夫出疆，有可以安社稷，利国家，专之可也。今吴未宾，势与蜀连，不可拘常以失事机。兵法，进不求名，退不避罪，艾虽无古人之节，终不自嫌以损于国也。”钟会、胡烈、师纂等皆白艾所作悖逆，变衅以结[3]。诏书槛车[4]征艾[1]。

文王说：“我奉诏出征，有皇帝的策命，敌人首领已经投降，至于我以皇帝的名义授予蜀人官职，是为了安定刚刚归附的人，这是合乎时宜的。现在蜀国全国归降，魏国的领土南至南海，东连东吴，应该早日使局势安定。如果等待朝廷指令，来回往返，必然耗费时日。《春秋公羊传》中曾说，大夫到了国境之外，如果遇到可以安定国家、有利于国家的事，是可以自行决定的。现在吴国没有臣服，地势和蜀国相连，不能拘泥于常规而失去时机。兵书上说，前进不是为了求得名声，后退不是为了逃避罪责，我邓艾虽然没有古人那样的节操，但是也不会因为担心自己会被猜疑而损害国家的利益。”钟会、胡烈、师纂等人都相继报告说邓艾的所作所为违背了命令，反叛的征兆已经形成。朝廷下诏命令将邓艾用囚车押送回京。

今注　1 承制拜假：秉承皇帝旨意而授予临时性官爵。　2 吴会(kuài)：东汉时分会稽郡为吴、会稽二郡，并称“吴会”，后亦泛称此两郡故地为吴会。　3 变衅以结：反叛的征兆已经形成。变衅，发生变乱的事端或征兆，这里指杀死牲畜，歃血结盟。　4 槛车：用栅栏封闭的车，用于囚禁犯人或装载猛兽。

裴注 [1]《魏氏春秋》曰:“艾仰天叹曰:‘艾,忠臣也,一至此乎!白起之酷,复见于今日矣。’”

艾父子既囚,钟会至成都,先送艾,然后作乱。会已死,艾本营将士追出艾槛车,迎还。瓘遣田续等讨艾,遇于绵竹西,斩之。子忠与艾俱死,余子在洛阳者悉诛,徙艾妻子及孙于西域[1]。

初,艾当伐蜀,梦坐山上而有流水,以问殄虏护军爰邵。邵曰:“按《易》卦,山上有水曰《蹇》[1]。《蹇》繇[2]曰:‘《蹇》利西南,不利东北。’孔子曰:‘《蹇》利西南,往有功也;不利东北,其道穷也。’往必克蜀,殆不还乎!”艾怃然[3]不乐[2]。

邓艾父子被囚禁起来后,钟会抵达成都,先派人送走邓艾,然后举兵叛乱。钟会不久被杀后,邓艾部下的将士追上邓艾的囚车,把他放出来并接回成都。卫瓘派遣田续等人征讨邓艾,在绵竹的西边和邓艾相遇,将他斩杀。邓艾的儿子邓忠也和邓艾同时被杀,其他的儿子在洛阳的也都被诛杀,邓艾的妻子和孙子被流放到西域。

起初,邓艾受诏征讨蜀国,梦到自己坐在山上而山上有流水,他问殄虏护军爰邵这是什么征兆。爰邵说:“按照《周易》的卦象,山上有水是《蹇》卦。其卦辞说:‘《蹇》卦是在西南有利,东北不利。’孔子说:‘《蹇》卦在西南有利,是说去西南能建立功勋;在东北不利,是说转往东北将穷途末路。’这次征蜀一定能成功,但转往东北可能就回不来了!”邓艾听了怅然若失,闷闷不乐。

今注 1 蹇(jiǎn):《周易》六十四卦之一,上艮下坎,艮象山,坎象水,故称山上有水。 2 繇(zhòu):通“籀”。占卜的文辞。 3 怃然:怅然失意的样子。

裴注　[1]《汉晋春秋》曰："初，艾之下江由也，以续不进，欲斩，既而舍之。及瓘遣续，谓曰：'可以报江由之辱矣。'杜预言于众曰：'伯玉其不免乎！身为名士，位望已高，既无德音，又不御下以正，是小人而乘君子之器，将何以堪其责乎？'瓘闻之，不俟驾而谢。"《世语》曰："师纂亦与艾俱死。纂性急少恩，死之日体无完皮。"　[2]荀绰《冀州记》曰："邵起自干吏，位至卫尉。长子翰，河东太守。中子敞，大司农。少子倩，字君幼，宽厚有器局，勤于当世，历位冀州刺史、太子右卫率。翰子俞，字世都，清贞贵素，辩于论议，采公孙龙之辞，以谈微理。少有能名，辟太尉府，稍历显位，至侍中、中书令，迁为监。"臣松之按：《蹇》彖辞云"《蹇》利西南，往得中也"，不云"有功"；下云"利见大人，往有功也"。

泰始元年，晋室践阼[1]，诏曰："昔太尉王淩谋废齐王，而王竟不足以守位。征西将军邓艾，矜功失节，实应大辟。然被书之日，罢遣人众，束手受罪，比于求生遂为恶者，诚复不同。今大赦得还，若无子孙者听使立后，令祭祀不绝。"三年，议郎段灼上疏理艾曰："艾心怀至忠而荷反逆之名，平定巴蜀而受夷灭之诛，臣窃悼之。惜哉，言艾之反

泰始元年(265)，晋国建立，下诏说："过去太尉王淩谋划废黜齐王，齐王最终确实也未能守住帝位。征西将军邓艾夸耀自己的功劳，丧失了臣子的节操，实在应该被处死。但是他接到诏书的那天，遵命遣散自己的属下，束手就擒接受罪责，和那些为了活命而造反的人，确实不相同。现在大赦王、邓二人的家属，得以返回，如果他们没有子孙，就可以选立继承人，使对他们的祭祀不断绝。"泰始三年(267)，议郎段灼上疏为邓艾申述说："邓艾胸怀至诚的忠心却背着反叛的罪名，平定了巴蜀却遭受被诛灭的灾祸，臣私下为此感到悲伤。可惜啊，竟然说邓艾要造反！邓艾的性格刚强急躁，容易

也！艾性刚急，轻犯雅俗，不能协同朋类，故莫肯理之。臣敢言艾不反之状。昔姜维有断陇右之志，艾修治备守，积谷强兵。值岁凶旱，艾为区种[2]，身被乌衣[3]，手执耒耜[4]，以率将士。上下相感，莫不尽力。艾持节守边，所统万数，而不难仆虏之劳，士民之役，非执节忠勤，孰能若此？故落门[5]、段谷[6]之战，以少击多，摧破强贼。先帝知其可任，委艾庙胜[7]，授以长策。艾受命忘身，束马县车，自投死地，勇气陵云，士众乘势，使刘禅君臣面缚，叉手屈膝。

冒犯无论雅人还是俗人，不能和同僚融洽相处，因此他们没有人为他申诉。臣冒昧陈述邓艾没有谋反的情状。过去姜维有攻占陇西的打算，邓艾认真治理当地，守备严密，积蓄粮草，训练兵马。当时正逢干旱，邓艾推行区种的方法，亲自穿着乌衣，手拿着耒耜，率领将士耕种。上上下下都很受鼓舞，没有不尽力耕作的。邓艾手持节杖镇守边疆，统领数万人，不怕受奴仆贱民才会受的苦，不怕干士兵百姓才会干的活儿，如果不是坚守节操、忠心勤劳，谁能做到这样呢？因此在落门、段谷的战役，邓艾都以少胜多，击败强敌。先帝知道他可以担当重任，所以每次出兵都要预先制定出克敌制胜的谋略，并让他领兵出征。邓艾接受诏令后不顾自身安危，把马蹄包好，挂牢车子，深入危险的敌境，勇气直冲云天，军士乘胜前进，迫使刘禅君臣反绑双手，跪地投降。

今注 1 晋室践阼：指泰始元年十二月司马炎废黜魏元帝曹奂而建立晋朝。 2 区种：按一定距离开沟挖穴，播入种子。 3 乌衣：古代贫贱者穿的衣服。 4 耒耜(lěi sì)：一种农耕工具，耒是耒耜的柄，耜是耒耜下端的起土部分。 5 落门：地名，又作“洛门”，在今甘肃武山县洛门镇。　6 段谷：地名，在今甘肃天水。甘露元年(256)，邓艾在段谷狙击姜维，大获全胜。　7 庙胜：指朝廷预先制定的克敌制胜的谋略。

“艾功名以成，当书之竹帛，传祚万世。七十老公，反欲何求！艾诚恃养育之恩，心不自疑，矫命承制，权安社稷；虽违常科，有合古义，原心定罪，本在可论。钟会忌艾威名，构[1]成其事。忠而受诛，信而见疑，头县马市，诸子并斩，见之者垂泣，闻之者叹息。陛下龙兴，阐弘大度，释诸嫌忌，受诛之家，不拘叙用。昔秦民怜白起之无罪，吴人伤子胥之冤酷，皆为立祠。今天下民人为艾悼心痛恨，亦犹是也。臣以为艾身首分离，捐弃草土，宜收尸丧，还其田宅，以平蜀之功，绍封其孙，使阖棺定谥[2]，死无余恨。赦冤魂

“此时邓艾已经功成名就，事迹可载入史册，万世子孙永享福祚。他这个七十多岁的老人，谋反又想得到什么！邓艾确实依仗朝廷的养育之恩，心中不避嫌疑，假传皇帝诏命，以暂且安定社稷，虽然违背常规，但符合古人讲的道理，推究其本心来定罪，原本是可以被饶恕的。钟会嫉妒邓艾的威名，虚构谋反的罪名加害邓艾。忠心反而被杀，诚信却被猜忌，头被悬在马市示众，儿子全都被杀，看到这种惨状的人无不流下眼泪，听到这个悲剧的人无不叹息。陛下代魏称帝，宽宏大度，不顾嫌疑和忌讳，连死刑犯的亲属，也不拘常规予以任用。过去秦国百姓怜悯白起无罪被杀，吴国人感伤伍子胥蒙冤而死，都为他们建立祠庙。现在天下的民众为邓艾的遭遇痛心遗憾，也像那样。臣认为邓艾身首分离，被抛弃在荒草野地之中，应该收殓他的尸骨，归还他的田地和宅院，按平定蜀国的功劳，重新封赐他的孙子，并盖棺定论追加一个谥号，使他死而无憾。赦免黄

于黄泉，收信义于后世，葬一人而天下慕其行，埋一魂而天下归其义，所为者寡而悦者众矣。”九年，诏曰：“艾有功勋，受罪不逃刑，而子孙为民隶[3]，朕常愍之。其以嫡孙朗为郎中。”

艾在西时，修治障塞，筑起城坞。泰始中，羌虏大叛，频杀刺史，凉州道断。吏民安全者，皆保艾所筑坞焉[1]。

艾州里时辈南阳州泰，亦好立功业，善用兵，官至征虏将军、假节都督江南诸军事。景元二年薨，追赠卫将军，谥曰壮侯[2]。

泉下的冤魂，使后世都知道我朝的信义，安葬一人而使天下人都钦佩仰慕陛下的德行，为一个冤魂平反而天下人归服于陛下的仁义，这样做并不费心，但能获得民众的欢心啊。”泰始九年(273)，晋武帝下诏说：“邓艾建有功勋，束手服罪而不逃避刑罚，而他的子孙却沦为平民，朕常常怜悯他们。现在任命他的嫡孙邓朗为郎中。”

邓艾在陇西边境驻守的时候，修建关塞，筑造城堡。泰始年间，羌族大规模叛乱，多次杀死刺史，凉州的道路被截断。那些活下来的官员百姓，都是靠邓艾修筑的城堡才幸免于难。

与邓艾同州同辈的南阳人州泰，也喜好建功立业，擅长用兵打仗，官至征虏将军，持有节杖，统领江南各路军马。景元二年(261)州泰去世，朝廷追封他为卫将军，谥号为壮侯。

今注　1 构：这里指诬陷。　2 阖棺定谥：盖棺赐谥。即对邓艾重新评价和定位。　3 民隶：指平民。

裴注　[1]《世语》曰：“咸宁中，积射将军樊震为西戎牙门，得见辞，武帝问震所由进，震自陈曾为邓艾伐蜀时帐下将，帝遂寻问艾，震具申艾之忠，言之流涕。先是以艾孙朗为丹水令，由此迁为定陵令。次孙千秋有时望，光禄大夫王戎辟为掾。永嘉中，朗为新都太守，未之官，在襄阳失火，朗及母妻子举室烧死，惟子韬、子行得免。千秋先卒，二子亦烧死。”

[2]《世语》曰：“初，荆州刺史裴潜以泰为从事，司马宣王镇宛，潜数遣诣宣王，由此为宣王所知。及征孟达，泰又导军，遂辟泰。泰频丧考、妣、祖，九年居丧，宣王留缺待之，至三十六日擢为新城太守。宣王为泰会，使尚书钟毓调泰：‘君释褐登宰府，三十六日拥麾盖，守兵马郡；乞儿乘小车，一何驶乎？’泰曰：‘诚有此。君，名公之子，少有文采，故守吏职；猕猴骑土牛，又何迟也！’众宾咸悦。后历兖、豫州刺史，所在有筹算绩效。”

钟会

钟会，字士季，颍川长社[1]人，太傅繇小子也。少敏惠[2]夙成[1]。中护军蒋济著论，谓“观其眸子，足以知人”。会年五岁，繇遣见济，济甚异之，曰：“非常人也。”及壮，有才数技艺，而博学精练名理[3]，以夜续昼，由是获声誉。正始中，以为秘书郎，迁尚书中书侍郎[2]。高贵乡公即尊位，赐爵关内侯。

钟会，字士季，颍川郡长社县人，太傅钟繇的小儿子。他小时候就聪明早慧。中护军蒋济曾发表议论，说“只要看了一个人的瞳仁，就可以知道这个人是什么人”。钟会五岁的时候，钟繇让他去见蒋济，蒋济很器重他，说：“他不是个寻常的人啊。”钟会长大了，很有才华谋略，学识广博而精通名理，夜以继日地钻研学习，并因此收获到声名和赞誉。正始年间，他被任为秘书郎，又升任尚书中书侍郎。高贵乡公继承帝位后，封他为关内侯。

今注　1 长社：县名，在今河南长葛东。　2 惠：通“慧”。　3 名理：指魏晋时期玄学思潮下，清谈家辨析事物名和理的是非同异。

裴注 [1] 会为其母传曰:“夫人张氏,字昌蒲,太原兹氏人,太傅定陵成侯之命妇也。世长吏二千石。夫人少丧父母,充成侯家,修身正行,非礼不动,为上下所称述。贵妾孙氏,摄嫡专家,心害其贤,数谗毁,无所不至。孙氏辨博有智巧,言足以饰非成过,然竟不能伤也。及妊娠,愈更嫉妒,乃置药食中,夫人中食,觉而吐之,瞑眩者数日。或曰:‘何不向公言之?’答曰:‘嫡庶相害,破家危国,古今以为鉴诫。假如公信我,众谁能明其事?彼以心度我,谓我必言,固将先我;事由彼发,顾不快耶!’遂称疾不见。孙氏果谓成侯曰:‘妾欲其得男,故饮以得男之药,反谓毒之!’成侯曰:‘得男药佳事,暗于食中与人,非人情也。’遂讯侍者,具服,孙氏由是得罪出。成侯问夫人何能不言,夫人言其故,成侯大惊,益以此贤之。黄初六年,生会,恩宠愈隆。成侯既出孙氏,更纳正嫡贾氏。”臣松之按:钟繇于时老矣,而方纳正室。盖《礼》所云宗子虽七十,无无主妇之义也。《魏氏春秋》曰:会母见宠于繇,繇为之出其夫人。卞太后以为言,文帝诏繇复之。繇恚愤,将引鸩,弗获,餐椒致噤,帝乃止。 [2]《世语》曰:“司马景王命中书令虞松作表,再呈辄不可意,命松更定。以经时,松思竭不能改,心苦之,形于颜色。会察其有忧,问松,松以实答。会取视,为定五字。松悦服,以呈景王,王曰:‘不当尔邪,谁所定也?’松曰:‘钟会。向亦欲启之,会公见问,不敢饕其能。’王曰:‘如此,可大用,可令来。’会问松王所能,松曰:‘博学明识,无所不贯。’会乃绝宾客,精思十日,平旦入见,至鼓二乃出。出后,王独拊手叹息曰:‘此真王佐材也!’松字叔茂,陈留人,九江太守边让外孙。松弱冠有才,从司马宣王征辽东,宣王命作檄,及破贼,作露布。松从还,宣王辟为掾,时年二十四,迁中书郎,遂至太守。松子濬,字显弘,晋廷尉。”臣松之以为,钟会名公之子,声誉夙著,弱冠登朝,已历显位,景王为相,何容不悉,而方于定虞松表,然后乃蒙接引乎?设使先不相识,但见五字而便知可大用,虽圣人其犹病诸,而况景王哉!

毌丘俭作乱，大将军司马景王东征，会从，典知密事，卫将军司马文王为大军后继。景王薨于许昌，文王总统六军，会谋谟[1]帷幄[2]。时中诏[3]敕尚书傅嘏，以东南新定，权留卫将军屯许昌为内外之援，令嘏率诸军还。会与嘏谋，使嘏表上，辄与卫将军俱发，还到洛水南屯住。于是朝廷拜文王为大将军、辅政，会迁黄门侍郎，封东武亭侯，邑三百户。

甘露二年，征诸葛诞为司空，时会丧宁[4]在家，策[5]诞必不从命，驰白文王。文王以事已施行，不复追改[1]。及诞反，车驾住项，文王至寿春，会复从行。

毌丘俭作乱，大将军司马景王率军东征讨伐，钟会跟从，负责机要文书，卫将军司马文王为大军的后援。司马景王在许昌去世后，司马文王统领全军，钟会为他在军帐中出谋划策。当时皇帝发布诏令给尚书傅嘏，说因为东南的叛乱刚刚被平定，暂时让卫将军留在许昌屯守，以便对内拱卫京都，对外控制地方，让傅嘏率各路军马返回洛阳。钟会和傅嘏密谋，让傅嘏上书给皇帝，说自己会和卫将军一同返回，到洛水南岸驻扎。于是朝廷任文王为大将军，辅佐治理朝政，钟会升任黄门侍郎，被封为东武亭侯，食邑三百户。

甘露二年(257)，朝廷征辟诸葛诞为司空，当时钟会在家守丧，预料诸葛诞一定不会服从朝廷的任命，于是骑马急报司马文王。文王认为诏命已经下发，不好追回更改。等到诸葛诞造反，皇帝亲征驻扎在项城，文王统率大军前去包围寿春，钟会再次随行。

今注　1 谋谟：谋划，谋略。　2 帷幄：这里指将帅的幕府或军帐。　3 中诏：宫中直接发出的帝王亲笔诏令。亦泛指诏命。　4 丧宁：按古代礼制，五服之内亲属去世，必须在家服丧一段时间，丧满后才能继续任职。　5 策：此处指预料。

裴注 [1]会时遭所生母丧。其母传曰："夫人性矜严，明于教训，会虽童稚，勤见规诲。年四岁授《孝经》，七岁诵《论语》，八岁诵《诗》，十岁诵《尚书》，十一诵《易》，十二诵《春秋左氏传》《国语》，十三诵《周礼》《礼记》，十四诵成侯《易记》，十五使入太学，问四方奇文异训。谓会曰：'学猥则倦，倦则意怠；吾惧汝之意怠，故以渐训汝，今可以独学矣。'雅好书籍，涉历众书，特好《易》《老子》，每读《易》孔子说'鸣鹤在阴''劳谦君子''籍用白茅''不出户庭'之义，每使会反复读之，曰：'《易》三百余爻，仲尼特说此者，以谦恭慎密，枢机之发，行己至要，荣身所由故也，顺斯术已往，足为君子矣。'正始八年，会为尚书郎，夫人执会手而诲之曰：'汝弱冠见叙，人情不能不自足，则损在其中矣，勉思其戒！'是时大将军曹爽专朝政，日纵酒沉醉，会兄侍中毓宴还，言其事。夫人曰：'乐则乐矣，然难久也。居上不骄，制节谨度，然后乃无危溢之患。今奢僭若此，非长守富贵之道。'嘉平元年，车驾朝高平陵，会为中书郎，从行。相国宣文侯始举兵，众人恐惧，而夫人自若。中书令刘放，侍郎卫瓘、夏侯和等家皆怪问：'夫人一子在危难之中，何能无忧？'答曰：'大将军奢僭无度，吾常疑其不安。太傅义不危国，必为大将军举耳。吾儿在帝侧，何忧？闻且出兵无他重器，其势必不久战。'果如其言，一时称明。会历机密十余年，颇豫政谋。夫人谓曰：'昔范氏少子为赵简子设伐邾之计，事从民悦，可谓功矣。然其母以为乘伪作诈，末业鄙事，必不能久。其识本深远，非近人所言，吾常乐其为人。汝居心正，吾知免矣。但当修所志以辅益时化，不忝先人耳。'常言'人谁能皆体自然，但力行不倦，抑亦其次。虽接鄙贱，必以言信。取与之间，分画分明。'或问：'此无乃小乎？'答曰：'君子之行，皆积小以致高大，若以小善为无益而弗为，此乃小人之事耳。希通慕大者，吾所不好。'会自幼少，衣不过青绀，亲营家事，自知恭俭。然见得思义，临财必让。会前后赐钱帛数百万计，悉送供公家之用，一无所取。年五十有九，甘露二年二月暴疾薨。比葬，天子有手诏，命大将军高都侯厚加赗赠，丧事无巨细，一皆供给。议者以为公侯有夫人，有世妇，有妻，有妾，所谓外命妇也。依《春秋》成风、定姒之义，宜崇典礼，不得总称妾名。于是称成侯命妇。殡葬之事，有取于古制，礼也。”

初，吴大将全琮，孙权之婚亲[1]重臣也。琮子怿，孙静，从子端、翩、缉等，皆将兵来救诞。怿兄子辉、仪留建业，与其家内争讼[2]，携其母，将部曲数十家渡江，自归文王。会建策，密为辉、仪作书，使辉、仪所亲信赍入城告怿等，说吴中怒怿等不能拔寿春，欲尽诛诸将家，故逃来归命。怿等恐惧，遂将所领开东城门出降，皆蒙封宠，城中由是乖离。寿春之破，会谋居多，亲待日隆，时人谓之子房[3]。军还，迁为太仆，固辞不就。以中郎在大将军府管记室事，为腹心之任。以讨诸葛诞功，进爵陈侯，屡让不受。诏曰：“会典综军事，参同计策，料

起初，吴国大将全琮，是孙权的女婿和重臣。全琮的儿子全怿，孙子全静，侄子全端、全翩、全缉等人，一起率兵来救诸葛诞。全怿哥哥的儿子全辉、全仪留在建业，因为和家里人发生争吵，就带着母亲，率领部曲几十家渡过长江，投降司马文王。钟会借机提出一个计策，即偷偷地替全辉、全仪写一封信，派全辉、全仪的亲信带着信溜进寿春城，告诉全怿等人，说东吴朝廷对全怿等人不能解寿春城之围很愤怒，打算把参战将领的家属们全部诛杀，因此我们才渡江逃出来投降魏国。全怿等人看到信后很恐惧，于是带领下属打开东城门投降，他们都受到了优厚的封赏，自此，城中守军开始出现分裂不和。在攻破寿春城的过程中，钟会出的计谋最多，他因此日益得到司马文王的宠信，当时人称呼他为子房。军队凯旋后，钟会升任太仆，但他坚辞不受。后来他以中郎的身份在大将军府担任记室一职，成为大将军的心腹。因讨伐诸葛诞有功，他被晋封为陈侯，他一再推辞不受。皇帝下诏说：“钟会负责军

敌制胜，有谋谟之勋，而推宠固让，辞指款实，前后累重，志不可夺。夫成功不处，古人所重，其听会所执，以成其美。”迁司隶校尉。虽在外司，时政损益，当世与夺，无不综典。嵇康[4]等见诛，皆会谋也。

务，参与谋划，克敌制胜，有出谋划策的功劳，但他不受封赏坚决辞让，言辞诚恳质朴，前后多次，志向难以改变。成就了功业而不夸耀自己的功劳，这是古人推崇的品质，那就听从钟会的坚持，成全他的美德。”后来他升任司隶校尉。虽然属于地方官，但当时政治的兴革，官吏的任免，他无不参与。嵇康等人被杀，也是钟会出的主意。

今注 1 婚亲：有婚姻关系。全琮曾迎娶孙权长女孙鲁班，故二人在君臣关系之外，又为翁婿关系。 2 争讼：因争论而诉讼。亦指争吵、争论。 3 子房：张良，字子房，有谋略，多次为汉高祖刘邦出谋划策，立下败楚安汉之功。 4 嵇康：字叔夜，为魏晋时期著名高士，“竹林七贤”之一。因与钟会有隙，故受谗被杀。

文王以蜀大将姜维屡扰边陲，料蜀国小民疲，资力单竭，欲大举图蜀。惟会亦以为蜀可取，豫共[1]筹度地形，考论事势。景元三年冬，以会为镇西将军，假节，都督关中诸军事。文王敕青、徐、兖、豫、荆、扬诸州，并使作船，又令唐咨作浮海

司马文王因蜀国大将姜维多次侵扰西部边境，估计蜀国国土狭小，百姓疲惫，人力物力都将要枯竭，于是想派大军伐蜀。朝臣中只有钟会也认为蜀国可以攻取，因此他与文王一起研究地形，分析形势。景元三年(262)冬天，朝廷任命钟会为镇西将军，授予节杖，统领关中各路军马。文王下令让青、徐、兖、豫、荆、扬各州建造战船，又下令让唐咨制作航海用的大船，对外装作要讨

大船，外为将伐吴者。四年秋，乃下诏使邓艾、诸葛绪各统诸军三万余人，艾趣甘松、沓中连缀维，绪趣武街[2]、桥头绝维归路。会统十余万众，分从斜谷、骆谷[3]入。先命牙门将许仪在前治道，会在后行，而桥穿，马足陷，于是斩仪。仪者，许褚之子，有功王室，犹不原贷[4]。诸军闻之，莫不震竦。蜀令诸围皆不得战，退还汉、乐二城守。魏兴[5]太守刘钦趣子午谷，诸军数道平行，至汉中。蜀监军王含守乐城，护军蒋斌守汉城，兵各五千。会使护军荀恺、前将军李辅各统万人，恺围汉城，辅围乐城。会径过，西出阳安口，遣人祭诸葛亮之墓。使护军胡烈等行前，攻破关城，得库藏积谷。姜维自沓中还，至阴平，合集士众，欲

伐吴国的样子。景元四年(263)秋天，朝廷下诏派邓艾、诸葛绪各自统率三万多人马，邓艾直趋甘松山、沓中牵制姜维统领的蜀军主力，诸葛绪直趋武街、桥头以截断姜维的退路。钟会则统率十万多人马，分别从斜谷、骆谷向南进军。钟会先派牙门将许仪在前面修路，自己率大军在后，但是走到许仪负责架设的桥上时，桥板穿了个洞，马蹄陷了下去，他立即下令斩了许仪。许仪，是许褚的儿子，诸褚曾为朝廷立下汗马功劳，钟会依旧不予宽恕。各路军队听到了消息，无不震惊恐惧。蜀国命令各路守军不要出战，全部退到汉城、乐城守卫。魏兴太守刘钦从子午谷进兵，各路军马齐头并进，到达汉中。蜀国监军王含驻守乐城，护军蒋斌驻守汉城，各自领兵五千。钟会派护军荀恺、前将军李辅各自统率一万人，荀恺去围攻汉城，李辅去围攻乐城。钟会则率大军径直向前，向西进军经过阳安口时，派人祭奠诸葛亮的坟墓。他派遣护军胡烈等人打头阵，攻破关城，得到府库中积蓄的大量谷物。姜维从沓中回撤，到阴平，纠集将士，想去关城防守。还没有到达，

赴关城。未到，闻其已破，退趣白水，与蜀将张翼、廖化等合守剑阁拒会。	他就听说关城已经被攻破，于是向白水撤退，和蜀国将领张翼、廖化等人会合后一起守护剑阁抵抗钟会。

今注 1 豫共：共同参与。 2 武街：即汉下辨县。在今甘肃成县西北。 3 骆谷：地名，在今陕西周至县西南。谷长四百余里，是关中与汉中之间的交通要道。 4 原贷：宽恕。 5 魏兴：本称西城郡，治西城县（今陕西安康西北），三国魏改名魏兴郡。

会移檄蜀将吏士民曰："往者汉祚衰微，率土[1]分崩，生民[2]之命，几于泯灭。太祖武皇帝[3]神武圣哲，拨乱反正，拯其将坠，造我区夏。高祖文皇帝应天顺民，受命践阼。烈祖明皇帝奕世重光，恢拓洪业。然江山之外，异政殊俗，率土齐民未蒙王化，此三祖所以顾怀遗恨也。今主上圣德钦明，绍隆前绪，宰辅忠肃明允，劬劳[4]王室，布政垂惠而万邦协和，施德百蛮而肃慎[5]致贡。悼彼巴蜀，独	这时钟会向蜀国的将士、官吏、士兵、百姓发布檄文说："过去汉朝的国运衰微，天下分崩瓦解，活着的百姓，差点都死掉。太祖武皇帝神圣威武、聪明智慧，拨乱反正，拯救了即将崩溃的王朝，在华夏建立国家。高祖文皇帝秉承天意顺应民心，受禅为帝。烈祖明皇帝继承二祖的文武功德，再次散发光辉，开拓宏图伟业。然而在魏国的江山之外，还有其他的政权和风俗，天下的百姓并未全部蒙受天子的教化，这是上述三位先帝念念不忘并深感遗憾的事。现在的君主德行高尚、敬肃明察，继承并光大先帝的事业，辅政大臣忠诚恭敬、贤明公正，为王朝大业辛勤操劳，发布政令给予恩惠而使万邦团结亲睦，对少数民族广施恩德而使地处偏远的肃慎族也前来进贡。可悲啊巴蜀的百姓，唯独你们

为匪民，愍此百姓，劳役未已。是以命授六师，龚行天罚，征西、雍州、镇西诸军，五道[6]并进。古之行军，以仁为本，以义治之；王者之师，有征无战[7]；故虞舜舞干戚而服有苗，周武有散财、发廪、表闾[8]之义。今镇西奉辞衔命，摄统戎重，庶弘文告之训，以济元元之命，非欲穷武极战，以快一朝之政，故略陈安危之要，其敬听话言。

不被当人看待，劳役没有止境。因此才出动大军，恭敬地奉天命而实行讨伐，征西将军、雍州刺史、镇西将军所属各路军马，兵分五路齐头并进。古代用兵，以仁德为根本，以道义为规矩；王者的军队，虽然出兵征讨但总是避免交战屠杀。因此虞舜只是在殿堂上挥动着盾牌和长斧，有苗族就臣服，周武王灭商后有散布钱财、发放粮食、在闾里表彰商容的义行。现在镇西将军我奉天子的命令，统领大军，想弘扬光大先用文德告喻敌方民众的古训，来拯救百姓的生命，并非想滥用武力苦战，来求得一时的快意，因此才大略向你们陈述一下形势的安危，请你们恭敬地听我说。

今注 1 率土：即“率土之滨”的省写，意为境域之内。 2 生民：百姓。 3 太祖武皇帝：即曹操。曹丕建魏后，追尊曹操为武皇帝，庙号太祖。 4 劬(qú)劳：劳累。 5 肃慎：古族名。古代居于我国东北地区。亦泛指远方之国。 6 五道：指征西将军邓艾从甘松、沓中进军，雍州刺史诸葛绪从武街、桥头进军，镇西将军钟会分别从斜谷、骆谷进军，魏兴太守刘钦从子午谷进军，合计五路大军。 7 有征无战：指虽然进军问罪，但只是为了让被征讨者认罪，并不是要用武力消灭他们。 8 散财、发廪、表闾：指周武王伐纣成功之后，分散聚集在鹿台的财物和钜桥的粮食，以及在闾里表彰商容等高义之事。闾，里巷的大门。

“益州先主以命世英才，兴兵朔野[1]，困踬[2]冀、徐之郊，制命绍、布之手，太祖拯而济之，与隆大好。中更背违[3]，弃同即异，诸葛孔明仍规秦川，姜伯约屡出陇右，劳动[4]我边境，侵扰我氐、羌，方国家多故，未遑修九伐之征也。今边境乂清，方内无事，畜力待时，并兵一向，而巴蜀一州之众，分张守备，难以御天下之师。段谷、侯和沮伤之气，难以敌堂堂之陈。比年以来，曾无宁岁，征夫勤瘁[5]，难以当子来[6]之民。此皆诸贤所亲见也。蜀相壮见禽于秦，公孙述授首于汉，九州之险，是非一姓。

“益州先主刘备凭借闻名当世的才干，从北方起兵，后来在冀州、徐州困窘受挫，受制于袁绍、吕布，太祖拯救并帮助了他，待他十分友善。后来他背叛太祖，抛弃共同的目标而另谋他路，诸葛孔明频繁出兵想夺取秦川，姜伯约多次出兵陇右，使我国边境不得安宁，侵扰我国氐、羌等部族，只不过当时国家多难，没有空暇出兵征讨。现在边境安定，国内太平，朝廷积蓄力量等待时机，决定现在会合大军讨伐巴蜀，而巴蜀只凭借一州的兵力，还要分兵防守各处，显然难以抵挡天子的军队。段谷、侯和的失败挫伤了蜀军气势，更难抵挡我军强大的阵势。近年来，你们不断出兵而没有一年安宁，出征的将士辛劳疲惫，也难以和我们的自愿归附朝廷的百姓相比。这些情况都是诸位亲眼所见。战国时蜀相陈壮被秦国擒获，后来割据益州的公孙述被汉光武帝斩首，可见九州里最险要的益州，不是某一姓的统治者可以长久占据的。

今注　1 朔野：北方荒野之地，泛指北方。　2 困踬(zhì)：受挫，颠沛窘迫。　3 背违：事指建安四年(199)，刘备与董承等人合谋反叛曹操，后与袁绍联手抗曹。　4 劳动：侵扰，使不安宁。　5 勤瘁(cuì)：辛苦劳累。　6 子来：谓民心归附，如子女趋事父母，不召自来，竭诚效忠。

“此皆诸贤所备闻也。明者见危于无形，智者规祸于未萌，是以微子[1]去商，长为周宾，陈平[2]背项，立功于汉。岂晏安鸩毒[3]，怀禄而不变哉？今国朝隆天覆之恩，宰辅弘宽恕之德，先惠后诛，好生恶杀。往者吴将孙壹举众内附，位为上司，宠秩殊异。文钦、唐咨为国大害，叛主仇贼，还为戎首。咨困逼禽获，钦二子还降，皆将军、封侯，咨与闻国事。壹等穷踧归命，犹加盛宠，况巴蜀贤知见机而作者哉！诚能深鉴成败，邈然高蹈，投迹微子之踪，错身陈平之轨，则福同古人，庆流来裔，百姓士民，安堵旧业，农不易亩，市不回肆，去累卵之危，就永安之

“这些史实诸位都很清楚。聪明的人能在危险没有成形时看到它，睿智的人能在祸害没有萌生时看到它，所以微子离开殷商，长久地在周朝做宾客。陈平背弃项羽，在汉朝立下功劳。他们怎么会苟且偷安，留恋那一点儿利禄而不弃暗投明呢？现在魏朝降下天那样大的恩德，辅政大臣想弘扬宽恕仁厚的德行，先施与恩德后进行诛灭，爱惜生命而厌恶残杀。过去东吴将领孙壹率领众人投降归附，被任命为高官，恩宠优厚。文钦、唐咨本是国家的大害，背叛君主成为贼党，投降回到魏国后仍为军队的主帅。唐咨受困而被擒获，文钦的两个儿子投降，都成为将军，被封侯，唐咨现今还参与商讨国家大事。孙壹等人在走投无路的情形下归降，也还得到很大的恩宠，何况你们这些巴蜀的贤良智慧见机行事的人呢！假如真的能够深入借鉴前人的成败，远走高飞，追随微子的踪迹，循着陈平走过的道路，那么就能获得古人那样的福气，并把福泽传给后人，百姓官民，安居乐业，农民不需要逃到别处去耕作，市场不需要改变店铺的位置，脱离像堆叠起来的禽蛋那样的危险，就能走向永久的安宁和幸福，这样不是很美好

福，岂不美与！若偷安旦夕，迷而不反，大兵一发，玉石皆碎，虽欲悔之，亦无及已。其详择利害，自求多福，各具宣布，咸使闻知。”

吗！假如为了贪图片刻的安逸，迷途而不知返，大军一旦发起进攻，玉石俱焚，那时候即便想反悔，也来不及了。希望诸位详细慎重地辨别这当中的利害，自己谋求幸福，各处都要将这篇文告向民众宣布，让当地所有人都知道。”

今注　1 微子：姓子，名启，为商纣王庶兄，封于微（今山西长治市潞城区东北），故称微子。纣王无道，微子屡劝无果，于是出走，后周公封微子于商丘，国号宋。　2 陈平：西汉初刘邦重要谋士，本为项羽部下，献计不被采纳而投奔刘邦，后屡出奇计，因功封侯拜相。　3 晏安鸩（zhèn）毒：意为苟且偷安就如饮用毒酒一样。鸩，传说中的一种毒鸟，把它的羽毛放在酒里，可以毒杀人。

邓艾追姜维到阴平，简选精锐，欲从汉德阳入江由、左儋道[1]诣绵竹，趣成都，与诸葛绪共行。绪以本受节度邀姜维，西行非本诏，遂进军前向白水，与会合。会遣将军田章等从剑阁西径出江由。未至百里，章先破蜀伏兵三校[2]，艾使章先登。遂长驱而前。会与绪军向剑阁，会欲

邓艾追击姜维直至阴平，在这里挑选精锐士兵，想从东汉的德阳亭进入江由、左儋道到达绵竹，直趋成都，和诸葛绪一起行军。诸葛绪因自己本来受命去拦截姜维，向西进军不是朝廷的命令，于是与邓艾分开而向白水进军，和钟会会合。钟会派遣将军田章等人从剑阁的西边直趋江由，在距离江由还有一百里的地方，田章率先击败了蜀国的三支伏兵，邓艾派田章先攻打江由城。钟会则长驱直入。钟会和诸葛绪率军向剑阁进发，钟会想独占军权，秘密向朝廷报告说诸葛

专军势，密白绪畏懦不进，槛车征还。军悉属会[1]，进攻剑阁，不克，引退，蜀军保险拒守。艾遂至绵竹，大战，斩诸葛瞻。维等闻瞻已破，率其众东入于巴。会乃进军至涪，遣胡烈、田续、庞会等追维。艾进军向成都，刘禅诣艾降，遣使敕维等令降于会。维至广汉郪县3，令兵悉放器仗，送节传于胡烈，便从东道诣会降。

绪畏惧懦弱不敢前进，朝廷下诏把诸葛绪用槛车押送回京。于是各路军便全部归钟会指挥，他统率大军进攻剑阁，没能取胜，率军向后撤退，蜀军依仗险要地形继续坚守。邓艾的部队进军至绵竹，和蜀军大战，斩杀诸葛瞻。姜维等人听说诸葛瞻被击败，于是率领军队向东转移到巴郡。钟会于是迅速南下到达涪县，同时派遣胡烈、田续、庞会等人追击姜维。邓艾向成都进军，刘禅出城向邓艾投降后，又派遣使者令姜维等人向钟会投降。姜维到达广汉郡的郪县，命令全军放下兵器，把玺节、传言交给胡烈，自己则从东道到钟会那里投降。

今注　1 左儋(dān)道：古道名，在今甘肃文县东南至四川平武县东，因山路狭窄，行人无法在由北向南的行进中更换左肩所担，故称。儋，“担”的古字，肩挑。　2 三校：校，本古代军队编制单位，一校人数历代不一，七百至一千两百人不等。　3 郪(cī)县：在今四川三台县南。

裴注　[1] 按《百官名》：绪入晋为太常、崇礼卫尉。子冲，廷尉。荀绰《兖州记》曰：“冲子诠，字德林，玫字仁林，并知名显达。诠，兖州刺史。玫，侍中、御史中丞。”

会上言曰：“贼姜维、张翼、廖化、董厥等

钟会向朝廷上书说：“贼将姜维、张翼、廖化、董厥等人侥幸逃脱，想回到成

逃死遁走，欲趣成都。臣辄遣司马夏侯咸、护军胡烈等，经从剑阁，出新都[1]、大渡截其前，参军爰彭、将军句安等蹑[2]其后，参军皇甫闿、将军王买等从涪南出冲其腹，臣据涪县为东西势援。维等所统步骑四五万人，擐[3]甲厉兵，塞川填谷，数百里中首尾相继，凭恃其众，方轨而西。臣敕咸、闿等令分兵据势，广张罗网，南杜走吴之道，西塞成都之路，北绝越逸之径，四面云集，首尾并进，蹊路[4]断绝，走伏无地。臣又手书申喻，开示生路，群寇困逼，知命穷数尽，解甲投戈，面缚委质，印绶万数，资器山积。昔舜舞干戚，有苗自服；牧野之师，商旅倒戈；有征无战，帝王之盛业。全国

都。臣于是派司马夏侯咸、护军胡烈等人，经过剑阁，赶往新都、大渡截断他们的去路，参军爰彭、将军句安等人则在后面追击，参军皇甫闿、将军王买等人从涪县以南攻击他们的腹部，臣据守涪县作为东西两路军队的后援。姜维等人统领的步兵、骑兵有四五万人，他们身穿铠甲，手拿锋刃，布满了河川和山谷，首尾相连绵延数百里，依仗着自己人多势众，沿着大路向西进军。臣让夏侯咸、皇甫闿等人分兵占据有利地形，张开罗网，在南边堵塞他们向吴国逃跑的通道，在西边堵住他们撤回成都的道路，在北边截断他们逃逸的小路，从四面包围，首尾并进，道路全部断绝，敌人走投无路。臣又手写文告进行劝说，指给他们一条生路，群贼被围困紧逼，知道气数已尽，解下盔甲放下兵器，反绑双手前来投降，缴获的印绶数以万计，军事物资和兵器堆积如山。过去虞舜挥舞着盾牌和长斧，有苗氏就自动来归附；周武王征伐纣王到达牧野，商朝的军队就纷纷倒戈投降；出兵征讨而不交战，这是帝王的伟大功业。能保全敌国为上，攻破敌国为下；不和敌军战斗就能让他们投降为上，击败敌军

为上，破国次之；全军为上，破军次之。用兵之令典。陛下圣德，侔踪前代，翼辅忠明，齐轨公旦，仁育群生，义征不譓[5]，殊俗向化，无思不服。师不逾时，兵不血刃，万里同风，九州共贯[6]。臣辄奉宣诏命，导扬恩化，复其社稷，安其闾伍[7]，舍其赋调，弛其征役，训之德礼以移其风，示之轨仪以易其俗，百姓欣欣，人怀逸豫，后来其苏[8]，义无以过。”

为下。这是用兵最好的典范。陛下具有圣明的德行，能够与前代帝王的事迹相媲美，辅政大臣忠心贤明，能和周公旦相比，仁爱地抚育众生，用道义征讨叛逆，少数民族也向往中原的教化，没有人不想归附的。这次出师没有超过规定的时间，兵不血刃，就使万里的疆域内风俗相同，九州内的习惯一致。臣就自行决定宣告陛下的诏命，传扬陛下的恩德教化，恢复蜀国的秩序，安抚当地的民众，免除他们的赋税，减轻他们的劳役，用道德和礼仪教导他们，用法规制度规范他们，来改易他们的风俗，百姓欢欣鼓舞，人们都欢欣愉悦，圣明的君主到来而百姓得以脱离疾苦，休养生息，恩义没有谁能超得过。”

今注　1 新都：县名，在今四川成都市新都区。　2 蹑：追踪。　3 擐(huàn)：穿，套。　4 蹊路：小路；狭路。亦泛指道路。　5 不譓(huì)：指不顺服者。　6 贯：通“惯”，习惯、习俗。　7 闾伍：古代民户编次的单位，据《周礼·地官》，五家为伍，二十五家为一闾。泛指百姓。　8 后来其苏：语出《尚书·仲虺之诰》：“徯予后，后来其苏。”谓贤明君主到来，百姓得以脱离疾苦，休养生息。苏，苏息。

会于是禁检士众不得钞略，虚己诱纳，以接蜀之群司，与维情好欢甚[1]。

于是钟会下令禁止抢掠，接待蜀地官吏时，虚心劝诱，他与姜维的关系非常好。十二月，朝廷下诏说：“钟

十二月诏曰："会所向摧弊，前无强敌，缄制[1]众城，罔[2]罗迸逸[3]，蜀之豪帅，面缚归命。谋无遗策，举无废功。凡所降诛，动以万计，全胜独克，有征无战。拓平西夏[4]，方隅清晏。其以会为司徒，进封县侯，增邑万户。封子二人亭侯，邑各千户。"

会所向披靡，势不可当，控制了很多城池，搜网了很多逃跑的士兵，蜀国的将领，反绑双手投降。他制定谋略没有失算过，领兵作战没有不成功的。他招降和歼灭的敌人，动辄数以万计，大获全胜，不费兵力。开拓平定西部疆域，使边疆从此太平无事。现在任钟会为司徒，晋封为县侯，增加食邑一万户。封他的两个儿子为亭侯，食邑各一千户。"

今注 1 缄(jiān)制：封锁控制。缄，封，闭。 2 罔：同"网"。 3 迸逸：指逃跑的人。 4 西夏：指西蜀。

裴注 [1]《世语》曰："夏侯霸奔蜀，蜀朝问：'司马公如何德？'霸曰：'自当作家门。''京师俊士？'曰：'有钟士季，其人管朝政，吴、蜀之忧也。'"《汉晋春秋》曰："初，夏侯霸降蜀，姜维问之曰：'司马懿既得彼政，当复有征伐之志不？'霸曰：'彼方营立家门，未遑外事。有钟士季者，其人虽少，终为吴、蜀之忧，然非非常之人，亦不能用也。'后十五年而会果灭蜀。"按习凿齿此言，非出他书，故采用《世语》而附益也。

会内有异志，因邓艾承制专事，密白艾有反状[1]，于是诏书槛车征艾。司马文王惧艾或不从命，敕会并进军成

钟会怀有割据蜀地反叛朝廷的想法，他见邓艾以皇帝名义擅自行事，秘密报告朝廷说邓艾有反叛的迹象，朝廷于是下令把邓艾用囚车押送回京。司马文王担心邓艾可能会抗命不从，于是命令

都，监军卫瓘在会前行，以文王手笔令宣喻艾军，艾军皆释仗，遂收艾入槛车。会所惮惟艾，艾既禽[1]而会寻至，独统大众，威震西土。自谓功名盖世，不可复为人下，加猛将锐卒皆在己手，遂谋反。欲使姜维等皆将蜀兵出斜谷，会自将大众随其后。既至长安，令骑士从陆道，步兵从水道顺流浮渭入河，以为五日可到孟津[2]，与骑会洛阳，一旦天下可定也。会得文王书云："恐邓艾或不就征，今遣中护军贾充将步骑万人径入斜谷，屯乐城，吾自将十万屯长安，相见在近。"

钟会一起向成都进军，监军卫瓘打前阵，拿着司马文王的手令通告邓艾的部下，邓艾的部下都放下武器，于是邓艾被关进囚车。钟会所畏惧的只有邓艾，邓艾被擒后钟会随后到达成都，独自统率全军，威名震动蜀地。钟会认为自己的功勋盖世无双，不能再屈居人下，加之勇猛的将领和精锐的士兵都在自己的手上，于是就谋划反叛。他想让姜维等人率领原来的蜀军担任先锋从斜谷出兵，自己率领大军跟随在后。到达长安后，再令骑兵从陆路，步兵从水路顺着渭河进入黄河，估计五天就能到达孟津，与骑兵在洛阳会师，那样一下子就可以平定天下。恰巧这时钟会收到司马文王的书信说："我担心邓艾可能会不服从诏命，现在派遣中护军贾充率领步兵、骑兵一万人直接进入斜谷，在乐城驻扎，我亲自统率十万大军在长安驻扎，我们相见的时间不远了。"

今注　1 禽：通"擒"。　2 孟津：古黄河渡口名，在今河南洛阳市孟津区东、孟州市西南。

裴注　[1]《世语》曰："会善效人书，于剑阁要艾章表白事，皆易其言，令辞指悖傲，多自矜伐。又毁文王报书，手作以疑之也。"

会得书，惊呼所亲语之曰："但取邓艾，相国知我能独办之；今来大重[1]，必觉我异矣，便当速发。事成，可得天下；不成，退保蜀汉，不失作刘备也。我自淮南以来，画无遗策，四海所共知也。我欲持此安归乎！"会以五年正月十五日至，其明日，悉请护军、郡守、牙门骑督以上及蜀之故官，为太后[2]发丧于蜀朝堂，矫太后遗诏，使会起兵废文王，皆班示[3]坐上人，使下议讫，书版署置[4]，更使所亲信代领诸军。所请群官，悉闭著益州诸曹屋中，城门宫门皆闭，严兵围守。会帐下督丘建本属胡烈，烈荐之文王，会请以自随，任爱之。建愍烈独坐，启会，使听内一亲兵出

钟会得到信件后，惊恐地叫来自己的亲信说："只是捕捉邓艾，相国知道我完全可以独自办好；现在派重兵前来，一定是觉察到我有异心，应该立刻起兵。事情成功了，我们就可以得到天下；要是不成功，就退军据守蜀汉，也不失去像刘备割据一方的时机。我从平定淮南叛乱以来，谋划从来没有失算过，这是四海之内都知道的。我带着这么大的名声和功劳，哪儿能有更好的归宿呢！"钟会在景元五年(264)正月十五日到达成都，第二天，他召请护军、郡守、牙门骑督以上的将领和蜀国原来的官员，在蜀国的朝堂上为刚死的郭太后发丧，并假传太后的遗诏，说是让钟会起兵废黜司马文王，并把假诏书给在座的人传看，待他们商议完，又使赞成者在木板上签字作为凭证，又派遣自己的亲信统领各路军马。他所请来的官员，都被关在益州的官署中，城门宫门都关闭起来，派遣军士严加防守。钟会的账下督丘建本是胡烈的部下，胡烈把他推荐给司马文王，钟会请求文王让丘建跟随自己伐蜀，非常信任和喜爱他。丘建可怜胡烈被单独关在一处，于是禀告钟会，说服他同意派一名胡烈原来的亲兵给胡烈送水送饭，

取饮食，诸牙门随例各内一人。烈绐[5]语亲兵及疏与其子曰："丘建密说消息，会已作大坑，白棓[6][1]数千，欲悉呼外兵入，人赐白帢[7][2]，拜为散将，以次棓杀坑中。"

各牙门将也按例配备了一名亲兵。胡烈编假话告诉这名亲兵并写信给他的儿子说："丘建秘密地告诉了我一个消息，说钟会已经挖好了一个大坑，准备了数千条白棒，打算把外面的军兵依次全部叫进来，然后每人赏给一顶白帢帽，假意授予散将的虚衔，然后挨个用棍子打死在坑中。"

今注　1 大重：重兵、大军，形容兵多。　2 太后：指魏明帝皇后，齐王曹芳继位后被尊为太后。　3 班示：颁示。　4 书版署置：指将赞同盟誓者的名字签在纸或木板上。　5 绐(dài)：欺骗。　6 棓(bàng)：通"棒"，棍子。　7 帢(qià)：同"帢"，一种丝织的便帽。

裴注　[1] 棓，与棒同。　[2] 帢，苦洽反。

诸牙门亲兵亦咸说此语，一夜传相告，皆遍。或谓会："可尽杀牙门骑督以上。"会犹豫未决。十八日日中，烈军兵与烈儿雷[1]鼓出门，诸军兵不期皆鼓噪出，曾无督促之者，而争先赴城。时方给与姜维铠杖[2]，白外有匈匈声[3]，似失火，有顷，白兵走向

各牙门将的亲兵也在传此事，消息一夜之间便互相传遍。有人对钟会说："可以把牙门骑督以上的将领全部杀死。"钟会犹豫未决。十八日的中午，胡烈的部下和胡烈的儿子敲着军鼓冲出了军营，其他各路士兵也不约而同地捶鼓喧哗冲了出来，并没有将领督促，他们争先恐后涌向关押魏军将领的蜀治宫城。当时钟会刚发给姜维铠甲兵器，有人前来报告说外面有喧嚷之声，像起了火灾，不久，又报告说士兵都冲进宫城里来了。钟会大惊，对姜

城。会惊，谓维曰："兵来似欲作恶，当云何？"维曰："但当击之耳。"会遣兵悉杀所闭诸牙门、郡守，内人共举机以柱[4]门，兵斫门，不能破。斯须，门外倚梯登城，或烧城屋，蚁附乱进，矢下如雨，牙门、郡守各缘屋出，与其卒兵相得。姜维率会左右战，手杀五六人。众既格斩维，争赴杀会。会时年四十，将士死者数百人[1]。

维说："这些士兵冲进来好像要作乱，该怎么办？"姜维说："只能攻击他们。"钟会派兵去将关押着的牙门将领和郡太守全部杀掉，这时被关在屋里的人一起抬着几案顶着门，外面的士兵砍门，也不能砍开。不久，宫城外有士兵依靠梯子爬上城墙，有的人放火将城中的房子烧毁，哗变的士兵像蚂蚁一样爬上宫城涌进来，弓箭像雨一样地射下，那些还未被杀的牙门将和郡守都爬上房顶跑了出来，和自己原来的部下会合。姜维带着钟会身边的侍从力战，亲手杀了五六个人。众人先杀了姜维，争着冲上去杀死了钟会。钟会死时四十岁，同时被杀的将士有数百人。

今注 1 雷(lèi)：通"擂"。敲击。 2 铠杖：铠甲和兵器。 3 匈匈声：即吵嚷声。 4 柱(zhǔ)：支撑；顶住。

裴注 [1]《晋诸公赞》曰："胡烈儿名渊，字世元，遵之孙也。遵，安定人，以才兼文武，累居藩镇，至车骑将军。子奋，字玄威，亦历方任。女为晋武帝贵人，有宠。太康中，以奋为尚书仆射，加镇军大将军，开府。弟广，字宣祖，少府。次烈，字玄武，秦州刺史。次岐，字玄嶷，并州刺史。广子喜，凉州刺史。渊小字鹞鸱，时年十八，既杀会救父，名震远近。后赵王伦篡位，三王兴义，伦使渊与张泓将兵御齐王，屡破齐军。会成都战克，渊乃归降伏法。"

初，艾为太尉，会为司徒，皆持节，都督诸军如故，咸未受命[1]而毙。会兄毓，以四年冬薨，会竟未知问。会兄子邕，随会与俱死，会所养兄子毅及峻、辿[1]等下狱，当伏诛。司马文王表天子下诏曰："峻等祖父繇，三祖之世，极位台司[2]，佐命立勋，飨食[3]庙庭。父毓，历职内外，干事有绩。昔楚思子文[4]之治，不灭斗氏之祀；晋录成宣[5]之忠，用存赵氏之后。以会、邕之罪，而绝繇、毓之类，吾有愍然！峻、辿兄弟特原，有官爵者如故。惟毅及邕息伏法。"或曰，毓曾密启司马文王，言会挟术难保，不可专任，故宥峻等云[2]。

平定蜀国之初，邓艾被任命为太尉，钟会被任命为司徒，都持有节杖，像往常一样统领各路军队，但他们都没有正式举行就职仪式就死了。钟会的哥哥钟毓，在景元四年(263)冬天去世，远在蜀地的钟会竟然不知道这个消息。钟会哥哥的儿子钟邕，跟随钟会一并被杀，钟会所收养的哥哥的儿子钟毅、钟峻以及钟辿等人，都被逮捕入狱，应当被处死。司马文王上奏后天子下诏说："钟峻等人的祖父钟繇，在太祖、高祖、烈祖三朝，出任三公，辅佐先帝建立魏朝，功勋卓著，死后在皇家宗庙附祭。他们的父亲钟毓，历任宫廷内外职务，很有政绩。过去楚王怀念子文治理楚国有功，所以没有灭绝斗氏一脉的祭祀；晋侯感念赵成子、赵宣子的忠心，因而保存了赵氏的后代。如果因为钟会、钟邕的罪过，断绝了钟繇、钟毓的后代，我不忍心啊！钟峻、钟辿两兄弟可以予以特赦，有官爵的恢复如初。只把钟毅本人和钟邕的儿子依法惩处。"有人说，钟毓曾经秘密报告司马文王，说钟会依仗自己的智谋权术很难保证不会反叛，因此不可以单独委以重任，因此朝廷才赦免了钟毓的儿子钟峻等人。

今注　1 未受命：即没有得到朝廷的正式任命。　2 极位台司：指担任极高的官职。台司即台辅，因钟繇曾任太尉，位列三公，故称。　3 飨食：举行飨食之礼。这里指附在太庙中享受帝王祭礼的待遇。　4 子文：即春秋时楚国令尹（相当于上卿、丞相）鬬穀於菟(dòu gòu wū tú)，因为治楚有功，其后子文侄子鬬越椒反叛，楚王出兵平定而灭鬬氏。此事中只有子文的孙子鬬克黄因出使而免，后回国请罪，楚王念子文功劳而赦免了他。　5 成宣：成指春秋时晋国赵衰，谥为“成季”，宣指衰子赵盾，谥为“宣孟”。二人都对晋国建有功勋，后晋侯惩罚赵氏家族时，因念二人功劳而立赵盾之孙赵武为赵氏后，并归还了没收的土地给他。

裴注　[1] 辿，敕连反。　[2]《汉晋春秋》曰：“文王嘉其忠亮，笑答毓曰：‘若如卿言，必不以及宗矣。’”

初，文王欲遣会伐蜀，西曹属邵悌求见曰：“今遣钟会率十余万众伐蜀，愚谓会单身无重任，不若使余人行。”文王笑曰：“我宁当复不知此耶？蜀为天下作患，使民不得安息，我今伐之，如指掌耳，而众人皆言蜀不可伐。夫人心豫怯则智勇并竭，智勇并竭而强[1]使之，适为敌禽耳。惟钟会与人[2]意同，今遣

起初，司马文王想派遣钟会征讨蜀国，西曹属邵悌求见文王说：“现在派遣钟会率领十多万大军征讨蜀国，臣愚笨地认为他是单身汉而未有特别亲近的家属留在京城，不宜委以重任，不如派其他的人去。”文王笑着说：“难道我还不知道这一点吗？蜀国是当今天下的一大祸患，使我们的百姓不得安宁休息，我现在讨伐它，获得胜利易如反掌，但众人都说不可以出兵。人心要是一开始就怯懦，那么智慧和勇敢就会枯竭，智慧和勇敢已枯竭而勉强派其出征，那就只会使其被敌人擒获罢了。只有钟会的想法和我

会伐蜀,必可灭蜀。灭蜀之后,就如卿所虑,当何所能一办耶?凡败军之将,不可以语勇,亡国之大夫,不可与图存,心胆以破故也。若蜀以破,遗民震恐,不足与图事;中国[3]将士各自思归,不肯与同也。若作恶,只自灭族耳。卿不须忧此,慎莫使人闻也。"

及会白邓艾不轨,文王将西,悌复曰:"钟会所统,五六倍于邓艾,但可敕会取艾,不足自行。"文王曰:"卿忘前时所言邪,而更云可不须行乎?虽尔,此言不可宣也。我要自当以信义待人,但人不当负我,我岂可先人生心哉!近日贾护军问我,言:'颇疑钟会不?'我答言:'如今遣卿行,宁可复疑卿邪?'贾亦无以易我语也。我

相同,现在派遣他讨伐蜀国,必定可以灭亡蜀国。灭亡蜀国之后,即使如您所忧虑的那样,钟会一下子又能做什么呢?凡是战败的将军不要和他讨论勇气,亡国的大夫不要和他商讨保存国家,因为他们的雄心和胆量都已经被吓破了。如果蜀国已经被击破,活下来的人感到震惊和恐惧,就不足以和他们商量谋反的事了;从中原去的将领和士兵都各自想着早日回家,也不肯和钟会一起反叛。可见若是钟会谋反,那只是自取灭族罢了。你不需要担心这些,但千万不要让别人知道。"

等到钟会报告说邓艾要作乱,文王打算领兵西进,邵悌又说:"钟会统领的兵马,是邓艾的五六倍,您只要命令钟会去逮捕邓艾就行,不必亲自去。"文王说:"您难道忘了先前对我说的话了吗,怎么又说我不必亲自去呢?虽然是这样,这些话不可以泄露出去。我自己一定要以信义对待他人,只要别人不辜负我,我怎么能先怀疑别人呢!最近贾护军问我,说:'是不是很怀疑钟会?'我回答说:'现在我如果派您出征,难道我也怀疑您吗?'贾护军也就没法反驳我了。等我

到长安，则自了矣。”军至长安，会果已死，咸如所策[1]。

到了长安，事情自然会解决。”文王的大军到达长安，钟会果然已经死了，完全如文王预料的那样。

今注 1 强(qiǎng)：迫使，勉强。 2 人：指司马文王(司马昭)。 3 中国：即中原，此即魏国。

裴注 [1] 按《咸熙元年百官名》：邵悌字元伯，阳平人。《汉晋春秋》曰："文王闻钟会功曹向雄之收葬会也，召而责之，曰：'往者王经之死，卿哭于东市而我不问。今钟会躬为叛逆，而又辄收葬，若复相容，其如王法何！'雄曰：'昔先王掩骼埋胔，仁流朽骨，当时岂先卜其功罪而后收葬哉？今王诛既加，于法已备，雄感义收葬，教亦无阙。法立于上，教弘于下，以此训物，雄曰可矣！何必使雄背死违生，以立于时。殿下仇对枯骨，捐之中野，百岁之后，为臧获所笑，岂仁贤所掩哉？'王悦，与宴谈而遣之。"习凿齿曰："向伯茂可谓勇于蹈义也，哭王经而哀感市人，葬钟会而义动明主，彼皆忠烈奋劲，知死而往，非存生也。况使经、会处世，或身在急难而有不赴者乎？故寻其奉死之心，可以见事生之情，览其忠贞之节，足以愧背义之士矣。王加礼而遣，可谓明达也。"

会尝论《易》无互体[1]、才性[2]同异。及会死后，于会家得书二十篇，名曰《道论》，而实刑名家[3]也，其文似会。初，会弱冠与山阳王弼[4]并知名。弼好论儒道，辞

钟会曾经论说《易经》的卦体没有互体、才能与品性同异的问题。等到钟会死后，在钟会家里搜到一部书稿，共有二十篇，书名叫《道论》，但这部书里的实际内容却属于论述名理的刑名学派，从文章的风格看很像钟会写的。起初，钟会二十岁左右时和山阳郡的王弼都很出

才逸辩，注《易》及《老子》，为尚书郎，年二十余卒[1]。

名。王弼喜欢议论儒家、道家学说，有文才，擅长辩论，曾为《易经》《老子》作注，担任过尚书郎，二十多岁就去世了。

今注　1 互体：中国古代《周易》学说中，认为卦中上下两体可以相互交错取象而成新卦，称为“互体”。　2 才性：才能和品性。　3 刑名家：亦称“名家”，为先秦时期诸子学派之一。以正名辨义为主，主要代表人物为邓析、惠施、公孙龙等。　4 王弼：字辅嗣，魏晋时期著名玄学家，以注《老子》享誉当世。

裴注　[1] 弼字辅嗣。何劭为其传曰：“弼幼而察惠，年十余，好“老氏”，通辩能言。父业，为尚书郎。时裴徽为吏部郎，弼未弱冠，往造焉。徽一见而异之，问弼曰：‘夫无者诚万物之所资也，然圣人莫肯致言，而老子申之无已者何？’弼曰：‘圣人体无，无又不可以训，故不说也。老子是有者也，故恒言无所不足。’寻亦为傅嘏所知。于时何晏为吏部尚书，甚奇弼，叹之曰：‘仲尼称后生可畏，若斯人者，可与言天人之际乎？’正始中，黄门侍郎累缺。晏既用贾充、裴秀、朱整，又议用弼。时丁谧与晏争衡，致高邑王黎于曹爽，爽用黎。于是以弼补台郎。初除，觐爽，请间，爽为屏左右，而弼与论道，移时无所他及，爽以此嗤之。时爽专朝政，党与共相进用，弼通俊不治名高。寻黎无几时病亡，爽用王沈代黎，弼遂不得在门下，晏为之叹恨。弼在台既浅，事功亦雅非所长，益不留意焉。淮南人刘陶善论纵横，为当时所推。每与弼语，常屈弼。弼天才卓出，当其所得，莫能夺也。性和理，乐游宴，解音律，善投壶。其论道附会文辞，不如何晏，自然有所拔得，多晏也。颇以所长笑人，故时为士君子所疾。弼与钟会善，会论议以校练为家，然每服弼之高致。何晏以为圣人无喜怒哀乐，其论甚精，钟会等述之。弼与不同，以为圣人茂于人者神明也，同于人者五情也,神明茂故能体冲和以通无,五情同故不能无哀乐以应物,然则圣人之情,应物而无累于物者也。今以其无累,便谓不复应物,失之多矣。弼注《易》,颍川人荀融难弼《大衍义》。弼答其意,白书以戏之曰:'夫明足以寻极幽微,而不能去自然之性。颜子之量,孔父之所预在,然遇之不能无乐,丧之不能无哀。又常狭斯人,以为未能以情从理者也,而今乃知自然之不可革。足下之量,虽已定乎胸怀之内,然而隔逾旬朔,何其相思之多乎?故知尼父之于颜子,可以无大过矣。'弼注《老子》,为之指略,致有理统。著《道略论》,注《易》,往往有高丽言。太原王济好谈,病老、庄,常云:'见弼《易注》,所悟者多。'然弼为人浅而不识物情,初与王黎、荀融善,黎夺其黄门郎,于是恨黎,与融亦不终。正始十年,曹爽废,以公事免。其秋遇疠疾,亡,时年二十四,无子,绝嗣。弼之卒也,晋景王闻之,嗟叹者累日,其为高识所惜如此。"孙盛曰:"《易》之为书,穷神知化,非天下之至精,其孰能与于此?世之注解,殆皆妄也。况弼以附会之辨而欲笼统玄旨者乎?故其叙浮义则丽辞溢目,造阴阳则妙赜无间,至于六爻变化,群象所效,日时岁月,五气相推,弼皆摈落,多所不关。虽有可观者焉,恐将泥夫大道。"《博物记》曰:"初,王粲与族兄凯俱避地荆州,刘表欲以女妻粲,而嫌其形陋而用率,以凯有风貌,乃以妻凯。凯生业,业即刘表外孙也。蔡邕有书近万卷,末年载数车与粲,粲亡后,相国掾魏讽谋反,粲子与焉,既被诛,邕所与书悉入业。业字长绪,位至谒者仆射。子宏字正宗,司隶校尉。宏,弼之兄也。"《魏氏春秋》曰:"文帝既诛粲二子,以业嗣粲。"

评曰:王凌风节格尚,毌丘俭才识拔干,诸葛诞严毅威重,钟会精练策数[1],咸以显名,致兹荣任,而皆心大志迂[2],不

评论说:王凌有风骨、有节操,为人方正高尚,毌丘俭的才能和见识格外突出,诸葛诞严厉刚毅威严庄重,钟会精明干练有谋略,都因此获得显耀的名声,担任重要的职位,但他们都志向高远不切

虑祸难，变如发机[3]，宗族涂地[4]，岂不谬惑邪！邓艾矫然强壮，立功立事，然暗于防患，咎败旋至。岂远知乎诸葛恪而不能近自见，此盖古人所谓目论[5]者也[1]。

实际，不考虑祸患灾难，发动变乱就像拨动弩弓的发矢机那样突然仓促，宗族因此被诛灭，岂不荒谬糊涂吗！邓艾坚毅刚强，建功立业，但不善于防患于未然，失败和罪过很快就到来了。他能准确预料到远方的诸葛恪将有灾祸，却不能看见自己身边的危险，他大概就是古人所说的目论者吧。

今注　1 策数：谋略。　2 迂：指言行、见解或思想陈旧不合时宜。　3 发机：拨动弩弓的发矢机。　4 涂地：涂抹、漫布于地，引申为惨死，遭受残害。　5 目论：谓像眼睛一样只见毫毛不见睫毛之论。比喻不自见其过失，无自知之明。

裴注　[1]《史记》曰："越王无疆与中国争强，当楚威王时，越北伐齐，齐威王使人说越云，越王不纳。齐使者曰：'幸也，越之不亡也。吾不贵其用智之如目，目见毫毛而不自见其睫也。今王知晋之失计，不自知越之过，是目论也。'"

卷二十九　魏书二十九

方技传

导读　司马迁所著《史记》曾为扁鹊、仓公、日者作传记，陈寿也踵迹其后，作《方技传》，将善于医术、音律、相术、卜筮者的事迹记载下来。

华佗为我国古代著名的医生，在治疗疾病、实行外科手术方面均有着高超的技艺，并且发明了麻醉药“麻沸散”，创制了强身健体的导引之术“五禽戏”。

杜夔博通音律，精通乐器的铸造，着意于恢复并发展古代的雅乐，同时能够以尊卑礼义规范音乐的演奏，当时的善于音律者很少能够像他一样好古存正。

朱建平善相术，对人的寿数、祸福、前途均能做出奇妙的预测，同时还善于相马之术。

周宣善于占梦，通过分析梦中之象而预测时局、吉凶、祸福，多有应验。

管辂善于占筮，他能结合卦象、干支、星域等方面对疾病、怪异、梦境等现象进行分析，以预测吉凶、祸福、虚实。同时不囿于占筮，而能够以德义为本。

华佗

原文

华佗，字元化，沛国谯人也，一名旉[1]。游学

译文

华佗，字元化，沛国谯人，又名旉。他早年在徐州游学，兼通几部儒家经典。

徐土，兼通数经。沛相陈珪举孝廉，太尉黄琬辟，皆不就。晓养性之术，时人以为年且百岁而貌有壮容。又精方药，其疗疾，合汤不过数种，心解分剂，不复称量，煮熟便饮，语其节度，舍去辄愈。若当灸，不过一两处，每处不过七八壮[1]，病亦应除。若当针，亦不过一两处，下针言“当引某许，若至，语人”。病者言“已到”，应便拔针，病亦行差。若病结积在内，针药所不能及，当须刳[2]割者，便饮其麻沸散，须臾，便如醉死，无所知，因破取。病若在肠中，便断肠湔[3]洗，缝腹膏摩，四五日差[4]，不痛，人亦不自寤[5]，一月之间，即平复矣。

沛相陈珪举荐他为孝廉，太尉黄琬征辟他为下属，他都没有接受。华佗通晓养生之术，当时的人认为他年近百岁而容貌看上去很年轻。他又精通医药，治病时，不过以数味药熬煮，心中估计好药的剂量，一抓即准，不必再称，药物煮熟后便喝，交代一下应注意的事项，他离开没多久，病人便能痊愈。如果需要施灸，他不过灼一两处，每处不过七八壮，疾病也能很快去除。如果需要施针，也不过刺一两处，下针的时候对病人说“胀麻的感觉会传到某处，如果传到了，就告诉我”。病人说“已经到了”，他立即拔针，疾病也就好了很多。如果是体内结了肿瘤的病，扎针吃药不能治好，需要进行剖开切割的，便让病人饮用麻沸散，片刻后，病人便像醉死一样，没有知觉，然后再进行刮除切割。如果肿瘤在肠中，便要切断肠子进行清洗，然后缝上腹部抹上膏药，四五日就能好转，不再疼痛，病人也没有什么异常感觉，一个月左右，就完全康复了。

今注　1 壮：中医艾灸法术语，一灼称为“一壮”。　2 刳(kū)：剖开。　3 湔(jiān)：洗濯。　4 差：好转。　5 寤(wù)：醒来，此处指伤痛的感觉。

裴注 [1] 臣松之案：古“敷”字与“尃”相似，写书者多不能别。寻佗字元化，其名宜为“尃”也。

故甘陵相夫人有娠[1]六月，腹痛不安。佗视脉，曰：“胎已死矣。”使人手摸知所在，在左则男，在右则女。人云：“在左。”于是为汤下之，果下男形，即愈。

县吏尹世苦四支[2]烦，口中干，不欲闻人声，小便不利。佗曰：“试作热食，得汗则愈；不汗，后三日死。”即作热食而不汗出，佗曰：“藏气已绝于内，当啼泣而绝。”果如佗言。

府吏兒寻、李延共止，俱头痛身热，所苦正同。佗曰：“寻当下之，延当发汗。”或难其异，佗曰：“寻外实，延内实，故治之宜殊。”即各与药，明旦并起。

原甘陵国国相的夫人有六个月的身孕，腹部疼痛日夜不安。华佗诊脉后，说：“胎儿已经死了。”使人用手抚摸胎儿的位置，如在左则为男胎，如在右则为女胎。这人说：“在左边。”华佗于是调制好打胎药让病人服下，果然打下一个男胎，这位夫人的病就好了。

县吏尹世苦于四肢胀肿不适，口中焦干，不想听到人的声音，小便也不利索。华佗说：“您试着做些热食吃，能出汗，病就会好；不能出汗，三日后就会死亡。”这人立即做了热食吃，却没有出汗，华佗说：“内脏器官已没有生气，应该会哭泣着死去。”果然如华佗所说的那样。

府吏兒寻、李延在一起居住，两人都头痛发烧，病症完全相同。华佗说：“兒寻应当下泻，李延应当发汗。”有人问他们的治疗方法为什么不一样，华佗说：“兒寻是外实，李延是内实，所以治疗方法不同。”然后分别给他们下药，第二天早晨他们就都好起来了。

盐渎县的严昕与几个人一起等候华

盐渎严昕与数人共候佗，适至，佗谓昕曰："君身中佳否？"昕曰："自如常。"佗曰："君有急病见于面，莫多饮酒。"坐毕归，行数里，昕卒头眩堕车，人扶将还，载归家，中宿死。

佗，华佗刚到，就对严昕说："您的身体还好吗？"严昕说："和平常一样。"华佗说："从面部来看你有得急病的征兆，不要多喝酒。"几人坐了一会儿后起身回家，走了几里远，严昕突然一阵头晕而从车上跌下来，人们扶着他又上了车，载回家，半夜就去世了。

故督邮[3]顿子献得病已差，诣佗视脉，曰："尚虚，未得复，勿为劳事，御内即死。临死，当吐舌数寸。"其妻闻其病除，从百余里来省之，止宿交接，中间三日发病，一如佗言。

原督邮顿子献得病已经差不多好了，到华佗那里去诊脉，华佗说："您的身体还是虚弱，并没有完全康复，不要做使身体疲劳的事，如果行房就会死。临死的时候，舌头会吐出几寸长。"他的妻子听说他的病已经好了，从百余里外前来探望他，当晚与他同房，隔了三天顿子献就病发了，结果和华佗所说的一样。

今注　1 娠(shēn)：怀孕。　2 四支：即四肢。支，通"肢"。　3 督邮：是督邮书掾、督邮曹掾的简称，为汉代郡府的属吏。每郡分为若干部，每一部设一督邮，代表太守督察各县乡，宣达政令，兼管司法，职任甚重。

督邮徐毅得病，佗往省之。毅谓佗曰："昨使医曹吏刘租针胃管讫，便苦咳嗽，欲卧不安。"佗曰："刺不得胃

督邮徐毅生了病，华佗前往省视。徐毅对华佗说："昨天让医曹吏刘租在胃管下针后，就一直受咳嗽困扰，想睡也睡不安稳。"华佗说："他的针并没有扎准胃管，而是误伤了肝脏，您的饮食会逐日

管，误中肝也。食当日减，五日不救。”遂如佗言。

东阳陈叔山小男二岁得疾，下利常先啼，日以羸困[1]。问佗，佗曰：“其母怀躯，阳气内养，乳中虚冷，儿得母寒，故令不时愈。”佗与四物女宛丸，十日即除。

彭城夫人夜之厕，虿[2]螫其手，呻呼无赖[3]。佗令温汤近热，渍手其中，卒可得寐，但旁人数为易汤，汤令暖之，其旦即愈。

军吏梅平得病，除名还家。家居广陵，未至二百里，止亲人舍。有顷，佗偶至主人许，主人令佗视平，佗谓平曰：“君早见我，可不至此。今疾已结，促去可得与家相见，五日卒。”应时归，如佗所刻。

减少，五天后就没得救了。”后来果然如华佗所言。

东阳县陈叔山两岁的小儿子生了病，腹泻前时常啼哭，身体逐渐瘦弱困乏。陈叔山询问华佗病因，华佗说：“他母亲怀他的时候，阳气过于内养，乳汁过于虚冷，孩子受到了母亲寒气的影响，所以身体没有及时康复。”华佗给他开了四物女宛丸，服药十天后病就好了。

彭城夫人在夜间去厕所，被毒蝎子咬伤了手，痛苦呻吟无可奈何。华佗让人把水烧热，让她把手放入水中，她终于能够入睡，旁人反复给她换水，使水保持一定的温度，第二天就不疼了。

军吏梅平生了病，被除名后回家休养。他家在广陵，走到离家二百里的地方，在一个亲戚家里歇宿。不久，华佗偶然到房主人这里来，主人让华佗看看梅平的病，华佗对梅平说：“如果你早点儿遇到我，就不至于如此严重。现在你的病已经无法医治了，赶快回家还可以与家人相见，五天后就会去世。“梅平即刻启程回家，结果正是在华佗所说的那个时间死去。

今注 1 羸困：瘦弱困乏。 2 虿(chài)：蝎子一类的毒虫。 3 无赖：无可奈何。

佗行道，见一人病咽塞，嗜食而不得下，家人车载欲往就医。佗闻其呻吟，驻车往视，语之曰：“向来道边有卖饼家蒜齑[1]大酢[2]，从取三升饮之，病自当去。”即如佗言，立吐蛇一枚，县[3]车边，欲造佗。佗尚未还，小儿戏门前，逆[4]见，自相谓曰：“似逢我公，车边病是也。”疾者前入坐，见佗北壁县此蛇辈约以十数。

华佗在路上行走的时候，看到一个人得了咽喉阻塞的病，很想吃东西而咽不下去，家人正用车载着他准备去看医生。华佗听到他的呻吟声，就停下来上前探视，对他们说：“刚才我来的路边上有家卖饼的，那里有调了蒜末的酸醋，去买三升喝下去，病自然就会好了。”病人家属按照华佗所说的去做，病人当即吐出一条蛇状的寄生虫，他们将它挂在车旁，打算去拜访华佗。当时华佗还没有回来，有几个小孩在门前戏耍，迎面遇见，就相互说：“这些人应该是碰到我家爷爷了，看那车旁挂的致病的东西就知道了。”病人进屋坐下，看见华佗家里的北墙上悬挂着几十条这种蛇状的寄生虫。

又有一郡守病，佗以为其人盛怒则差[5]，乃多受其货而不加治，无何弃去，留书骂之。郡守果大怒，令人追捉杀佗。郡守子知之，属使勿逐。守瞋恚[6]既甚，吐黑血数升而愈。

又有一位郡守病了，华佗认为他必须大发怒火才能够康复，于是就接受了他的很多钱却没给治疗，不久就离开他家跑了，还留下一封信将太守大骂一顿。郡守果然大怒，令人去追杀华佗。郡守的儿子知道内情，嘱咐他们不要去追赶华佗。郡守愤怒至极，吐出数升黑血就康复了。

又有一士大夫不快，佗云："君病深，当破腹取。然君寿亦不过十年，病不能杀君，忍病十岁，寿俱当尽，不足故自刳裂。"士大夫不耐痛痒，必欲除之。佗遂下手，所患寻差，十年竟死。

广陵太守陈登得病，胸中烦懑[7]，面赤不食。佗脉之曰："府君胃中有虫数升，欲成内疽[8]，食腥物所为也。"即作汤二升，先服一升，斯须尽服之。食顷，吐出三升许虫，赤头皆动，半身是生鱼脍也，所苦便愈。佗曰："此病后三期当发，遇良医乃可济救。"依期果发动，时佗不在，如言而死。

太祖闻而召佗，佗常在左右。太祖苦头风，每发，心乱目眩，佗针鬲，随手而差[1]。

又有一位士大夫身体不舒服，华佗说："您的病已经深入体内，应当剖开腹部而割除病根。但您的寿命原本也不会超过十年，这个病要不了您的命，忍受十年病痛，您的寿命也就差不多了，没有必要剖腹动手术。"士大夫不能忍受痛苦，坚持要除去病根。华佗就施以手术，他的病很快就好了，但他十年后终究去世了。

广陵太守陈登生了病，胸中郁结烦闷，面色发红，没有食欲。华佗给他诊脉后说："您的胃中有数升虫子，快要形成毒性肿块了，是食用生腥之物导致的。"随即熬制汤药二升，先让他服用一升，过一会儿再全部喝完。约过了一顿饭的工夫，陈登吐出三升多虫子，红色的头还在不停地动，身躯有半边是切细的生鱼肉，他的病便好了。华佗说："这个病三年后还会再次发作，遇到良医才能够救治。"三年后，陈登果然又发病，当时华佗不在，结果如华佗所说不治而死了。

太祖曹操听说华佗的名声后就把他召来，让他常在自己身边。太祖苦于头痛，每次发作，心中慌乱眼睛昏花，华佗就用针扎鬲穴，立即就会缓解。

今注 1 齑(jī):切碎的姜、蒜或韭菜的细末。 2 酢(cù):"醋"的本字。 3 县:同"悬",悬挂。 4 逆:迎。 5 差(chài):同"瘥",病愈。 6 瞋恚(huì):愤怒。 7 烦懑:郁结愤闷。 8 内疽(jū):体内脏器的毒性肿块。

裴注 [1]《佗别传》曰:"有人病两脚躄,不能行,轝诣佗,佗望见云:'已饱针灸服药矣。不复须看脉。'便使解衣,点背数十处,相去或一寸,或五寸,纵邪不相当。言:'灸此各十壮,灸创愈即行。'后灸处夹脊一寸上下,行端直均调如引绳也。"

李将军妻病甚,呼佗视脉[1],曰:"伤娠而胎不去。"将军言:"闻实伤娠,胎已去矣。"佗曰:"案脉,胎未去也。"将军以为不然。佗舍去,妇稍小差。百余日复动,更呼佗,佗曰:"此脉故事有胎。前当生两儿,一儿先出,血出甚多,后儿不及生。母不自觉,旁人亦不寤[2],不复迎,遂不得生。胎死,血脉不复归,必燥着母脊,故使多脊痛。今当与汤,并针一处,此死胎必

李将军的妻子得了重病,请华佗为她诊脉,华佗诊脉后说:"怀孕的时候小产了,但胎儿仍留在腹中。"将军说:"最近她确实小产了,但胎儿已经出来了。"华佗说:"根据脉象,胎儿并没有出来。"将军不以为然。华佗就离去了,病人稍微好转。但一百多天后又复发了,于是又请来华佗,华佗说:"看这个脉象,确实有胎儿还没出来。之前应当是该生两个孩子,一个胎儿先出来,因孕妇出血太多,后一个胎儿还没有来得及出生。母亲没有觉察出来,旁人也不知道,就没有再接生,所以这个胎儿一直没生下来。胎儿已经死了,血脉不能回流母体,必定在干燥后附着在母亲的脊骨上,所以病人会经常腰脊疼。现在应当喝点儿汤药,再在一处扎几针,

出。”汤针既加，妇痛急如欲生者。佗曰：“此死胎久枯，不能自出，宜使人探之。”果得一死男，手足完具，色黑，长可尺所[3]。

死胎就会流出。”汤药喝过、针扎过后，妇人非常疼痛就像要生孩子一样。华佗说：“这个死胎已经干枯很久了，无法自动流出，应当让人伸手进去取出。”果然取出一个死去的男胎，手足齐全，通体发黑，有一尺左右长。

今注 1 视脉：诊脉。 2 寤：发觉。 3 所：不定数词，表示大概的数目。

佗之绝技，凡此类也。然本作士人，以医见业，意常自悔。后太祖亲理，得病笃重，使佗专视。佗曰：“此近难济，恒事攻治，可延岁月。”佗久远家思归，因曰：“当得家书，方欲暂还耳。”到家，辞以妻病，数乞期不反。太祖累书呼，又敕郡县发遣。佗恃能厌食事，犹不上道。太祖大怒，使人往检。若妻信病，赐小豆四十斛，宽假限日；若其虚诈，便收送之。于是传付许

华佗的高超医术，都像上面所说的那样。然而华佗本来想读书做官，后来以行医为业，心中时常懊悔。后来太祖亲自处理国事，得了重病，让华佗专门诊视。华佗说：“这个疾病很难快速除去病根，要长期不断治疗，才可以延年益寿。”这时华佗离开家乡很久了，想要返回，就说：“我刚收到家书，想暂时回趟家。”回到家后，他以妻子患病为由，数次请求宽限时日不愿返回。太祖多次写信叫他回来，还敕令当地郡县遣送他上路。华佗自恃医术高明，而又厌恶为衣食而役使于人，还是不动身。太祖大怒，使人前往勘验。如果华佗的妻子确实有病，就赐以小豆四十斛，同时宽限时日；如果华佗弄虚作假，就把他抓起来解送至都城。

狱，考验首服。荀彧请曰：“佗术实工，人命所县，宜含宥[1]之。”太祖曰：“不忧，天下当无此鼠辈耶？”遂考竟佗。

结果华佗被抓进囚车押送许都监狱，经拷问后，他坦白认罪。荀彧为华佗求情说：“华佗医术确实高明，能救治人命，应该加以宽宥。”太祖说：“不用担心，天下就再也没有这样的鼠辈了吗？”于是把华佗拷问处死。

佗临死，出一卷书与狱吏，曰：“此可以活人。”吏畏法不受，佗亦不强，索火烧之。佗死后，太祖头风未除。太祖曰：“佗能愈此。小人养吾病，欲以自重，然吾不杀此子，亦终当不为我断此根原耳。”及后爱子仓舒[2]病困，太祖叹曰：“吾悔杀华佗，令此儿强死[3]也。”

华佗在临死的时候，拿出一卷医书递给狱吏，说：“这卷书可以救人之命。”狱吏害怕犯法而不肯接受，华佗也不强求，要来一把火将其烧掉。华佗死后，太祖的头痛病就没法治愈了。太祖说：“华佗本来能够治好我的病。这个小人留着我的病根，是想借此抬高身价，然而就算我不杀死他，他也终究不会为我去除病根的。”后来太祖的爱子仓舒病危，太祖感叹说：“我后悔杀了华佗，结果使我的儿子早早去世。”

今注　1 宥：宽恕。　2 仓舒：即曹冲，字仓舒，曹操与环夫人之子。自小聪明仁爱，深受曹操喜爱，留有“曹冲称象”的典故。死时年仅十三岁。　3 强死：人尚壮健而死于非命。

初，军吏李成苦咳嗽，昼夜不寤，时吐脓血，以问佗。佗言：“君病肠臃[1]，咳之所吐，非从肺

当初，军吏李成咳嗽得很厉害，昼夜睡不着觉，还不时会吐出脓血，他就向华佗问询。华佗说：“您的病是肠中生了肿块，咳出来的脓血，不是来自肺部。

来也。与君散两钱，当吐二升余脓血讫，快自养，一月可小起，好自将爱，一年便健。十八岁当一小发，服此散，亦行复差。若不得此药，故当死。”复与两钱散，成得药去。五六岁，亲中人有病如成者，谓成曰：“卿今强健，我欲死，何忍无急去药[1]，以待不祥？先持贷我，我差，为卿从华佗更索。”成与之。已故到谯，适值²佗见收，匆匆³不忍从求。后十八岁，成病竟发，无药可服，以至于死[2]。

给您两钱散剂，食用后会吐出二升多脓血，然后好好调养，一个月后能够好转，好好地爱惜身体，一年后就会康健。十八年后会轻微复发，服用此散剂，也能再次痊愈。如果不能得到此药，就会有生命危险。”华佗又给了李成两钱散剂，李成得到药后就离开了。五六年后，李成的亲戚中有人得了这种病，就对李成说：“你现在还很强壮健康，我却快要死了，你怎么忍心在疾病未发时藏着这个药，以等待将来病发呢？先把药借给我，我病愈后，再为你去向华佗索要此药。”李成就将药给了亲戚。那人病好后赶到谯县，正好碰上华佗被逮捕，华家忙乱，他不忍心再向华佗求药。十八年后，李成果然病发，没有药物可以服用，最后就死了。

今注　1 肠臃：即“肠痈”。发生于肠道的痈肿。　2 适值：正值，恰好遇到。　3 匆匆：仓卒，急急忙忙。

裴注　[1] 臣松之案：古语以“藏”为“去”。　[2]《佗别传》曰：“人有在青龙中见山阳太守广陵刘景宗，景宗说中平日数见华佗，其治病，手脉之候，其验若神。琅邪刘勋为河内太守，有女年几二十，左脚膝里上有疮，痒而不痛。疮愈数十日复发，如此七八年，迎佗使视。佗曰：‘是易治之。当得稻糠黄色犬一头，好马二匹。’以绳系犬颈，使走马牵犬，马极辄易，计马走三十余里，犬不能行，复令步人拖曳，计向五十里。乃以药饮女，女即安卧不知人。因取大刀断犬腹近后脚之前，以所断之处向疮口，令去二三寸，停之须臾，有若蛇者从疮中而出，便以铁椎横贯蛇头。蛇在皮中动摇良久，须臾不动，乃牵出，长三尺所，纯是蛇，但有眼处而无童子，又逆鳞耳。以膏散著疮中，七日愈。又有人苦头眩，头不能举，目不能视，积年。佗使悉解衣倒悬，令头去地一二寸，濡布拭身体，令周匝，候视诸脉，尽出五色。佗令弟子数人以铍刀决脉，五色血尽，视赤血，乃下，以膏摩被覆，汗自出周匝，饮以亭历犬血散，立愈。又有妇人长病经年，世谓寒热注病者。冬十一月中，佗令坐石槽中，平旦用寒水汲灌，云当满百。始七八灌，会战欲死，灌者惧，欲止。佗令满数。将至八十灌，热气乃蒸出，嚣嚣高二三尺。满百灌，佗乃使然火温床，厚覆，良久汗洽出，著粉，汗燥便愈。又有人病腹中半切痛，十余日中，须眉堕落。佗曰：'是脾半腐，可刳腹养治也。'使饮药令卧，破腹就视，脾果半腐坏。以刀断之，刮去恶肉，以膏傅疮，饮之以药，百日平复。"

广陵吴普、彭城[1]樊阿皆从佗学。普依准佗治，多所全济。佗语普曰："人体欲得劳动，但不当使极尔。动摇则谷气得消，血脉流通，病不得生，譬犹户枢不朽是也。是以古之仙者为导引之事，熊颈鸱顾，引挽[2]腰体，动诸关节，以求难老。吾有一术，名五禽之戏，一曰

广陵人吴普、彭城人樊阿都跟着华佗学医。吴普按照华佗的方法治病，大多都有效果。华佗对吴普说："人体需要一定的体力劳动，但不能劳累过度。经常活动，谷物才能消化，血脉才会通畅，这样才不会生病，就像门窗经常转动而不会腐朽一样。所以古代修仙的人经常做导引运动，像熊和鸱一样活动脖颈，伸展腰肢，活动诸多关节，以保持身体年轻不易衰老。我有一套养生术，叫作五禽戏，第一节叫虎戏，第二节叫鹿

虎，二曰鹿，三曰熊，四曰猿，五曰鸟，亦以除疾，并利蹄足，以当导引。体中不快，起作一禽之戏，沾濡汗出，因上着粉，身体轻便，腹中欲食。”普施行之，年九十余，耳目聪明，齿牙完坚。阿善针术。凡医咸言背及胸藏之间不可妄针，针之不过四分，而阿针背入一二寸，巨阙胸藏针下五六寸，而病辄皆瘳[3]。阿从佗求可服食益于人者，佗授以漆叶青黏散：漆叶屑一升，青黏屑十四两，以是为率，言久服去三虫，利五藏，轻体，使人头不白。阿从其言，寿百余岁。漆叶处所而有，青黏生于丰、沛、彭城及朝歌云[1]。

戏，第三节叫熊戏，第四节叫猿戏，第五节叫鸟戏，即可以治疗疾病，又可以使腿脚灵便，可起到导引的功效。身体不适的时候，起身做一节禽戏，身上会微微出汗，接着涂上药粉，就会感到浑身轻便，食欲也大增。”吴普练习五禽戏，活到九十多岁，还耳目聪明，牙齿完好坚利。樊阿善于针术。凡懂得医术的人都认为背部和胸脏之间不可以随便扎针，即使扎针也不能深过四分，而樊阿在背部下针深入一二寸，在前胸正中下方的巨阙穴下针可深达五六寸，扎针后病就好了。樊阿向华佗求取平时可食用并对身体有益的方子，华佗给了他一种漆叶青黏散：漆叶屑一升，青黏屑十四两，按这个比例搭配，说是长久服用可以去除三种体内的寄生虫，有益于五脏，使人身体轻盈，还使人头发乌黑不白。樊阿按华佗说的去做，活了一百多岁。漆叶到处都有，青黏据说多生长在丰、沛、彭城和朝歌等地。

今注 1 彭城：地名，在今江苏徐州。 2 挽(wǎn)：牵引。 3 瘳(chōu)：病愈。

裴注 [1]《佗别传》曰:“青黏者,一名地节,一名黄芝,主理五藏,益精气。本出于迷入山者,见仙人服之,以告佗。佗以为佳,辄语阿,阿又秘之。近者人见阿之寿而气力强盛,怪之,遂责阿所服,因醉乱误道之。法一施,人多服者,皆有大验。”文帝《典论》论郤俭等事曰:“颍川郤俭能辟谷,饵伏苓。甘陵甘始亦善行气,老有少容。庐江左慈知补导之术。并为军吏。初,俭之至,市伏苓价暴数倍。议郎安平李覃学其辟谷,餐伏苓,饮寒水,中泄利,殆至陨命。后始来,众人无不鸱视狼顾,呼吸吐纳。军谋祭酒弘农董芬为之过差,气闭不通,良久乃苏。左慈到,又竞受其补导之术,至寺人严峻,往从问受。阉竖真无事于斯术也,人之逐声,乃至于是。光和中,北海王和平亦好道术,自以当仙。济南孙邕少事之,从至京师。会和平病死,邕因葬之东陶,有书百余卷,药数囊,悉以送之。后弟子夏荣言其尸解。邕至今恨不取其宝书仙药。刘向惑于《鸿宝》之说,君游眩于子政之言,古今愚谬,岂惟一人哉!”东阿王作《辩道论》曰:“世有方士,吾王悉所招致,甘陵有甘始,庐江有左慈,阳城有郤俭。始能行气导引,慈晓房中之术,俭善辟谷,悉号三百岁。卒所以集之于魏国者,诚恐斯人之徒,接奸宄以欺众,行妖慝以惑民,岂复欲观神仙于瀛洲,求安期于海岛,释金辂而履云舆,弃六骥而美飞龙哉?自家王与太子及余兄弟咸以为调笑,不信之矣。然始等知上遇之有恒,奉不过于员吏,赏不加于无功,海岛难得而游,六黻难得而佩,终不敢进虚诞之言,出非常之语。余尝试郤俭绝谷百日,躬与之寝处,行步起居自若也。夫人不食七日则死,而俭乃如是。然不必益寿,可以疗疾而不惮饥馑焉。左慈善修房内之术,差可终命,然自非有志至精,莫能行也。甘始者,老而有少容,自诸术士咸共归之。然始辞繁寡实,颇有怪言。余常辟左右,独与之谈,问其所行,温颜以诱之,美辞以导之,始语余:‘吾本师姓韩,字世雄,尝与师于南海作金,前后数四,投数万斤金于海。’又言:‘诸梁时,西域胡来献香罽、腰带、割玉刀,时悔不取也。’又言:‘车师之西国,儿生,擘背出脾,欲其食少而努行也。’又言:‘取鲤鱼五寸一双,合其一煮药,俱投沸膏中,有药者奋尾鼓鳃,游行沉浮,有若处渊,其一者已熟而可啖。’余时问:‘言宁可试不?’言:‘是药去此逾万里,当出塞,始不自行不能得也。’言不尽于此,颇难悉载,故粗举其巨怪者。始若遭秦始皇、汉武帝,则复为徐市、栾大之徒也。”

杜夔

杜夔,字公良,河南人也。以知音为雅乐郎,中平五年,疾去官。州郡司徒礼辟,以世乱奔荆州。荆州牧刘表令与孟曜为汉主合雅乐,乐备,表欲庭观之,夔谏曰:“今将军号不为天子合乐,而庭作之,无乃不可乎!”表纳其言而止。后表子琮降太祖,太祖以夔为军谋祭酒,参太乐事,因令创制雅乐。

夔善钟律[1],聪思过人,丝竹八音,靡所不能,惟歌舞非所长。时散郎邓静、尹齐善咏雅乐,歌师尹胡能歌宗庙郊祀之曲,舞师冯肃、服养晓知先代诸舞,夔总统研精,远考诸

杜夔,字公良,河南人。因为懂得音律而担任雅乐郎,中平五年(188),因病辞去官职。州、郡、司徒府都礼聘他为下属,他因世事纷乱而不接受任命,逃奔荆州。荆州牧刘表让他与孟曜为汉朝天子合奏雅乐,他们准备好后,刘表打算在庭院中观赏,杜夔劝谏说:“如今将军声称不为天子演奏雅乐,而想在庭院中自己观赏,恐怕不可以吧!”刘表听从了他的劝谏而打消了念头。后来刘表的儿子刘琮归降太祖,太祖任命杜夔为军谋祭酒,参与太乐署的事务,还令他创制新的雅乐。

杜夔善于音律,聪明过人,各种乐器无所不能,只是不善于歌舞。当时散骑侍郎邓静、尹齐善于歌咏雅乐,歌师尹胡能够歌咏宗庙郊祀的歌曲,舞师冯肃、服养通晓历代的乐舞,杜夔统领这些人精心研习,从远的方面考察古代的

经，近采故事，教习讲肄[2]，备作乐器。绍复先代古乐，皆自夔始也。

经典，从近的方面采用过去的事例，然后讲授研习，制作相应的乐器。继承恢复前代的古乐，都是从杜夔开始的。

今注 1 钟律：原指编钟十二律，后泛指音律。 2 肄：研习，学习。

黄初中，为太乐令、协律都尉。汉铸钟工柴玉巧有意思，形器之中，多所造作，亦为时贵人见知。夔令玉铸铜钟，其声均[1]清浊多不如法，数毁改作。玉甚厌之，谓夔清浊任意，颇拒捍[2]夔。夔、玉更相白于太祖，太祖取所铸钟，杂错更试，然后知夔为精而玉之妄也，于是罪玉及诸子，皆为养马士。文帝爱待玉，又尝令夔与左愿等于宾客之中吹笙鼓琴，夔有难色，由是帝意不悦。后因他事系夔，使愿等就学，夔自谓所习者雅，仕宦有本，意犹不满，遂黜

魏文帝黄初年间，杜夔担任太乐令、协律都尉。在汉朝就从事铸乐钟的工匠柴玉心灵手巧，当时的很多乐器，多是他制作的，当时的达官贵人也很赏识他。杜夔令柴玉铸造铜钟，但是铸成的铜钟的声韵清浊都不合古法，所以被数次毁掉并重铸。柴玉很是厌烦，认为杜夔审定声韵的清浊没有一定标准，很抗拒杜夔的指示。杜夔、柴玉相继报告太祖，太祖让人取来柴玉所铸铜钟，进行了各种测试，然后才知道杜夔的判断精准而柴玉的判断荒谬，于是惩罚柴玉和他的儿子们，让他们去当养马的士兵。文帝宠爱柴玉，又曾经让杜夔与左愿等人当着宾客的面吹笙鼓琴，杜夔面有难色，因此文帝对他很不满。后来文帝借其他的事情把杜夔囚禁起来，让左愿等人去监狱向杜夔学习，杜夔自认为所从事的事很高雅，做官也循规蹈矩，对眼前的屈辱很不

免以卒。

弟子河南邵登、张泰、桑馥，各至太乐丞，下邳陈颃，司律中郎将。自左延年等虽妙于音，咸善郑声3，其好古存正莫及夔[1]。

满，结果被罢官而死。

杜夔的弟子有河南人邵登、张泰、桑馥，都官至太乐丞，还有下邳人陈颃，曾为司律中郎将。当时魏国乐官左延年等人虽然精于音律，却都喜好通俗的音乐，在喜好和保存古乐正声方面都比不上杜夔。

今注 1 声均：即“声韵”，指乐调。 2 拒捍(hàn)：抗拒，抵抗。 3 郑声：原指春秋战国时郑国的音乐。因与孔子等提倡的雅乐（正声）不同，故受儒家排斥。此后，凡与雅乐相背的音乐，均为崇“雅”黜“俗”者斥为“郑声”。

裴注 [1] 时有扶风马钧，巧思绝世。傅玄序之曰：“马先生，天下之名巧也，少而游豫，不自知其为巧也。当此之时，言不及巧，焉可以言知乎？为博士，居贫，乃思绫机之变，不言而世人知其巧矣。旧绫机五十综者五十蹑，六十综者六十蹑。先生患其丧功费日，乃皆易以十二蹑。其奇文异变，因感而作者，犹自然之成形，阴阳之无穷，此轮、扁之对不可以言言者，又焉可以言校也。先生为给事中，与常侍高堂隆、骁骑将军秦朗争论于朝，言及指南车，二子谓古无指南车，记言之虚也。先生曰：‘古有之，未之思耳，夫何远之有！’二子哂之曰：‘先生名钧，字德衡。钧者器之模，而衡者所以定物之轻重，轻重无准而莫不模哉！’先生曰：‘虚争空言，不如试之易效也。’于是二子遂以白明帝，诏先生作之，而指南车成。此一异也，又不可以言者也，从是天下服其巧矣。居京都，城内有地，可以为园，患无水以灌之，乃作翻车，令童儿转之，而灌水自覆，更入更出，其巧百倍于常。此二异也。其后人有上百戏者，能设而不能动也。帝以问先生：‘可动否？’对曰：‘可动。’帝曰：‘其巧可益否？’对曰：‘可益。’受诏作之。以大木雕构，使其形若轮，平地施之，潜以水发焉。设为歌乐舞象，至令木人击鼓吹箫；作山岳，使木人跳丸掷剑，缘絙倒立，出入自在；百官行署，舂磨斗鸡，变巧百端。此三异也。先生见诸葛亮连弩，曰：‘巧则巧矣，未尽善也。’言作之可令加五倍。又患发石车，敌人之于楼边县湿牛皮，中之则堕，石不能连属而至。欲作一轮，县大石数十，以机鼓轮为常，则以断县石飞击敌城，使首尾电至。尝试以车轮县瓴甓数十，飞之数百步矣。有裴子者，上国之士也，精通见理，闻而哂之。乃难先生，先生口屈不对。裴子自以为难得其要，言之不已。傅子谓裴子曰：‘子所长者言也，所短者巧也。马氏所长者巧也，所短者言也。以子所长，击彼所短，则不得不屈。以子所短，难彼所长，则必有所不解者矣。夫巧，天下之微事也，有所不解而难之不已，其相击刺，必已远矣。心乖于内，口屈于外，此马氏所以不对也。’傅子见安乡侯，言及裴子之论，安乡侯又与裴子同。傅子曰：‘圣人具体备物，取人不以一揆也。有以神取之者，有以言取之者，有以事取之者。有以神取之者，不言而诚心先达，德行颜渊之伦是也。以言取之者，以变辩是非，言语宰我、子贡是也。以事取之者，若政事冉有、季路，文学子游、子夏。虽圣人之明尽物，如有所用，必有所试，然则试冉、季以政，试游、夏以学矣。游、夏犹然，况自此而降者乎！何者？悬言物理，不可以言尽也，施之于事，言之难尽而试之易知也。今若马氏所欲作者，国之精器，军之要用也。费十寻之木，劳二人之力，不经时而是非定。难试易验之事而轻以言抑人异能，此犹以己智任天下之事，不易其道以御难尽之物，此所以多废也。马氏所作，因变而得是，则初所言者不皆是矣。其不皆是，因不用之，是不世之巧无由出也。夫同情者相妒，同事者相害，中人所不能免也。故君子不以人害人，必以考试为衡石；废衡石而不用，此美玉所以见诬为石，荆和所以抱璞而哭之也。’于是安乡侯悟，遂言之武安侯，武安侯忽之，不果试也。此既易试之事，又马氏巧名已定，犹忽而不察，况幽深之才，无名之朴乎？后之君子其鉴之哉！马先生之巧，虽古公输般、墨翟、王尔，近汉世张平子，不能过也。公输般、墨翟皆见用于时，乃有益于世。平子虽为侍中，马先生虽给事省中，俱不典工官，巧无益于世。用人不当其才，闻贤不试以事，良可恨也。"裴子者，裴秀。安乡侯者，曹羲。武安侯者，曹爽也。

朱建平

朱建平，沛国[1]人也。善相术，于闾巷之间，效验非一。太祖为魏公，闻之，召为郎。文帝为五官将，坐上会客三十余人。文帝问己年寿，又令遍相众宾。建平曰："将军当寿八十，至四十时当有小厄，愿谨护之。"谓夏侯威曰："君四十九位为州牧，而当有厄，厄若得过，可年至七十，致位公辅。"谓应璩曰："君六十二位为常伯[2]，而当有厄。先此一年，当独见一白狗，而旁人不见也。"谓曹彪曰："君据藩国，至五十七当厄于兵，宜善防之。"

初，颍川荀攸、钟繇

朱建平是沛国人。他擅长相术，在民间应验很多次。太祖为魏公时，听说他的事迹后，召他到京城担任郎官。文帝为五官将时，召集三十多位宾客聚会。文帝先问朱建平自己能活多少岁，然后又让他给所有宾客看相。朱建平说："将军应该能活八十岁，在四十岁的时候会有小灾祸，希望小心保护自己。"对夏侯威说："您四十九岁时能担任州牧，而到时会有灾祸，如果能躲过这场灾祸，就可以活到七十，位居三公。"对应璩说："您六十二岁时能担任侍中，但会有灾祸。在这前一年，会独自看到一条白狗，而旁人无法看到。"对曹彪说："您住在自己的藩国，在五十七岁时会有被兵器伤到的灾祸，要好好防备。"

当初，颍川荀攸、钟繇关系很好。

相与亲善。攸先亡，子幼。繇经纪其门户，欲嫁其妾。与人书曰：“吾与公达[3]曾共使朱建平相，建平曰：‘荀君虽少，然当以后事付钟君。’吾时啁[4]之曰：‘惟当嫁卿阿骛耳。’何意此子竟早陨没，戏言遂验乎！今欲嫁阿骛，使得善处。追思建平之妙，虽唐举、许负[5]何以复加也！”

荀攸先去世，儿子年幼。钟繇帮助钟家料理家中事务，想把荀攸的小妾阿骛嫁出去。他给人写信说：“我与公达曾一同让朱建平看相，朱建平说：‘荀君虽然比钟君年轻，然而他会将后事托付给钟君。’我当时对公达开玩笑说：‘到时我只把你的阿骛嫁出去。’谁曾想他竟真的早早去世了，当时的戏言真要应验了！现在我要把阿骛嫁出去，让她有个好归宿。回想朱建平相术的奇妙，即使是唐举、许负又怎能超过他呢！”

今注　**1** 沛国：治所在相县(今安徽濉溪西北)。　**2** 常伯：官名。周代指君主左右掌管民事的大臣。秦汉时称侍中。　**3** 公达：荀攸字公达。　**4** 啁(diào)：开玩笑。　**5** 唐举、许负：唐举是战国时期梁人，许负是西汉初年人，二人都善于相术。

文帝黄初七年，年四十，病困，谓左右曰：“建平所言八十，谓昼夜也，吾其决矣。”顷之，果崩。夏侯威为兖州刺史，年四十九，十二月上旬得疾，念建平之言，自分必死，豫作遗令及送丧之备，咸使素办。至下旬转差，垂

文帝黄初七年(226)，文帝四十岁时，得了重病，对身边的人说：“朱建平说我能活八十岁，其实是把白天和黑夜加起来计算啊，我要和你们永别了。”不久，果然驾崩。夏侯威出任兖州刺史，正好四十九岁，当年十二月上旬，他突然生了病，想到朱建平的话，他估计自己必死无疑，赶紧预先写下遗书，准备丧葬之事，都让人按常规来办。但到本月

以平复。三十日日昃[1]，请纪纲大吏设酒，曰："吾所苦渐平，明日鸡鸣，年便五十。建平之戒，真必过矣。"威罢客之后，合瞑疾动，夜半遂卒。璩六十一为侍中，直省内，欻[2]见白狗，问之众人，悉无见者。于是数聚会，并急游观田里[3]，饮宴自娱。过期一年，六十三卒。曹彪封楚王，年五十七，坐与王凌通谋，赐死。凡说此辈，无不如言，不能具详，故粗记数事。惟相司空王昶、征北将军程喜、中领军王肃有蹉跌[4]云。肃年六十二，疾笃，众医并以为不愈。肃夫人问以遗言，肃云："建平相我逾七十，位至三公，今皆未也，将何虑乎！"而肃竟卒。

建平又善相马。文帝将出，取马外入，建平

下旬，他的病情却好转了，差不多痊愈了。三十日那天下午，他请州中重要官员赴宴，席间说："我的病差不多好了，明早鸡叫后，我就五十岁了。朱建平告诫的灾祸，一定会躲过去的。"夏侯威送走宾客后，合眼入睡时病又犯了，半夜时就去世了。应璩六十一岁时果然当上了侍中，在宫内值班的时候，突然看见一条白狗，他问其他人，都说没有看到。于是他与友人频繁聚会，并忙着到乡间四处游玩观赏，饮酒宴乐。过了一年，他在六十三岁时去世。曹彪被封为楚王，五十七岁时，因为与王凌合谋反叛，被赐死。朱建平对这些人所作的预言，无不应验，不能一一记述，只能粗略记叙上述几件事情。只有给司空王昶、征北将军程喜、中领军王肃看相所作的预言有所失误。王肃六十二岁的时候，生了重病，好多医生都认为治不好了。王肃的夫人问他有什么遗言，王肃说："朱建平给我看相时说我能活七十多岁，位至三公，现在都还没有实现，你担心什么！"但王肃却终究去世了。

朱建平还善于相马。文帝将要外出，取马从外面进入，朱建平在路上遇道遇之，语曰："此马之相，今日死矣。"帝将乘马，马恶衣香，惊啮文帝膝，帝大怒，即便杀之。建平黄初中卒。

到，说："看这匹马的样子，今日必死。"文帝正要上马，马嫌恶他衣服上的香味，惊乱而咬到了文帝的膝盖，文帝大怒，当时就把马杀了。朱建平在黄初年间去世。

今注　1 昃(zè)：太阳西斜。　2 欻(xū)：忽然。　3 田里：泛指乡间、民间。　4 蹉跌：失足跌倒。比喻失误。

周宣

周宣，字孔和，乐安[1]人也。为郡吏。太守杨沛梦人曰："八月一日曹公当至，必与君杖，饮以药酒。"使宣占之。是时黄巾贼起，宣对曰："夫杖起弱者，药治人病。八月一日，贼必除灭。"至期，贼果破。

后东平刘桢梦蛇生四足，穴居门中，使宣占之，宣曰："此为国梦，非君家之事也。当杀女子而作贼者。"顷之，女贼郑、姜遂俱夷讨[2]，以蛇女

周宣，字孔和，乐安郡人。曾担任郡吏。太守杨沛梦见有人对他说："八月一日曹公会来，来了必会给您一根手杖，并给您药酒喝。"杨沛让周宣占卜这个梦的吉凶。当时黄巾军纷纷起事，周宣说："手杖可以使体弱的人站起来，药酒可以为人医治疾病。到八月一日，黄巾军必会被消灭。"到那一天，黄巾军果然被击破。

后来东平国的刘桢梦到一条长了四只脚的蛇，在门内的洞中住着，就让周宣占卜，周宣说："这是与国事有关的梦，与您家的事无关。当会有女子造反作乱而被杀。"不久，女贼郑、姜都被诛杀，因为蛇象征女子有凶灾，而足不是

子之祥，足非蛇之所宜故也。

文帝问宣曰："吾梦殿屋两瓦堕地，化为双鸳鸯，此何谓也？"宣对曰："后宫当有暴死者。"帝曰："吾诈卿耳！"宣对曰："夫梦者，意耳，苟以形言，便占吉凶。"言未毕，而黄门令奏宫人相杀。无几，帝复问曰："我昨夜梦青气自地属天。"宣对曰："天下当有贵女子冤死。"是时，帝已遣使赐甄后玺书，闻宣言而悔之，遣人追使者不及。帝复问曰："吾梦摩钱文，欲令灭而更愈明，此何谓邪？"宣怅然不对。帝重问之，宣对曰："此自陛下家事，虽意欲尔，而太后不听，是以文欲灭而明耳。"时帝欲治弟植之罪，逼于太后，但加贬爵。以宣为中郎，属太史。

蛇所应该具有的。

文帝问周宣说："我梦到大殿屋顶的两片瓦掉在地上，化作一对鸳鸯，这是什么预兆？"周宣回答说："后宫中会有人突然死亡。"文帝说："我是骗你的！"周宣回答说："梦也是心中的一种意念，如果将意念说出来，就可以用来占卜吉凶。"话还没有说完，黄门令就来报告说后宫宫女相互杀害。没过多久，文帝又问周宣："我昨天晚上梦到有一股青气从地上升到天上。"周宣回答说："天下应当有位富贵的女子冤死。"这时，文帝已经派遣使者赐给甄后诏书，令她自杀，听了周宣的话很后悔，派人去追使者，却没有赶上。文帝又问道："我梦到自己在磨铜钱上的文字，想要它们消失却越磨越明显，这是为什么？"周宣听了有些怅然而没有回答。文帝再次询问，周宣回答说："这是陛下的家事，虽然陛下想按自己的意思去做，而太后却不许，所以铜钱上的文字越磨越明显。"当时文帝想要把弟弟曹植抓起来治罪，碍于太后的态度，而只是贬了曹植的爵位。文帝以周宣为中郎，隶属于太史令。

今注 **1** 乐安:郡名。三国时治所在高苑县(今山东邹平东北)。 **2** 夷讨:诛杀;诛灭。

尝有问宣曰:"吾昨夜梦见刍狗[1],其占何也?"宣答曰:"君欲得美食耳!"有顷,出行,果遇丰膳。后又问宣曰:"昨夜复梦见刍狗,何也?"宣曰:"君欲堕车折脚,宜戒慎之。"顷之,果如宣言。后又问宣:"昨夜复梦见刍狗,何也?"宣曰:"君家失火,当善护之。"俄遂火起。语宣曰:"前后三时,皆不梦也。聊试君耳,何以皆验邪?"宣对曰:"此神灵动君使言,故与真梦无异也。"又问宣曰:"三梦刍狗而其占不同,何也?"宣曰:"刍狗者,祭神之物。故君始梦,当得余食也。祭祀既讫,则刍狗为车所轹[2],故中

曾经有人问周宣说:"我昨晚梦到刍狗,这是什么征兆?"周宣回答说:"你将要尝到美食了!"不久,这人出去办事,果然遇到丰盛的筵席。后来他又问周宣:"昨晚又梦见了刍狗,这是什么征兆?"周宣说:"你将会从车上跌下,摔断脚,应当小心。"不久,果然像周宣所说的那样。后来他又问周宣:"昨晚我又梦见了刍狗,这是什么征兆?"周宣说:"你家将要失火,应当小心防备。"不久他家就失火了。这人对周宣说:"其实我前后三次所说的,都是谎话而并没有真的做梦。我只是想试试您的占卜术,为什么都应验了呢?"周宣回答说:"这是神灵促使你这样说的,所以和真梦并没有什么差别。"这人又问周宣说:"三次梦到刍狗而占卜的结果并不同,这是为什么呢?"周宣说:"刍狗,是用来祭神的物品。所以你第一次梦见它,会得到很多祭祀后剩下的供奉神灵的食品。祭祀结束后,刍狗会被丢到地上,被车子轧过去,所以你第二次梦见它预示着你将从车上跌落而

梦当堕车折脚也。刍狗既车轹之后，必载以为樵，故后梦忧失火也。”宣之叙梦，凡此类也。十中八九，世以比建平之相矣。其余效故不次列。明帝末卒。

摔折脚。刍狗被车轧过之后，就会被捡走作为柴火烧掉，所以你第三次梦见它预示着会有火灾。”周宣解梦，大都是这样。十次之中能够有八九次被言中，当时人把他的相梦术与朱建平的看相术相提并论。其余应验的梦就不列举了。周宣在明帝末年去世。

今注 1 刍狗：古代祭祀时用草扎成的狗。 2 轹(lì)：车轮碾过。

管辂

管辂，字公明，平原[1]人也。容貌粗丑，无威仪而嗜酒，饮食言戏，不择非类，故人多爱之而不敬也[1]。

父为利漕，利漕民郭恩兄弟三人，皆得躄[2]疾，使辂筮[3]其所由。辂曰：“卦中有君本墓，墓中有女鬼，非君伯母，当叔母也。昔饥荒之世，当有利其数升米者，排著井中，啧啧有声，推一大石，下破

管辂，字公明，平原郡人。他相貌粗俗丑陋，毫无威严和风度，嗜好饮酒，吃喝时喜欢开玩笑，和什么人都能结交，所以大家都很喜爱他而不尊敬他。

管辂的父亲在利漕渠做事，利漕渠附近的百姓郭恩兄弟三人，都有跛脚的毛病，请管辂占卦为什么会这样。管辂说：“卦中显示出你家的祖坟，坟中有一女鬼，不是你的伯母，就是你的叔母。以前发生饥荒的时候，有人贪图她的几升米，将她推入井中，听到井中尚有呼喊声，这人就推入一块大石头，落下去将她的头砸破了，她的孤魂冤屈痛苦，亲自向

其头，孤魂冤痛，自诉于天。”于是恩涕泣服罪4[2]。

广平刘奉林妇病困，已买棺器。时正月也，使辂占，曰：“命在八月辛卯日日中之时。”林谓必不然，而妇渐差，至秋发动，一如辂言[3]。

辂往见安平太守王基，基令作卦。辂曰：“当有贱妇人，生一男儿，堕地便走入灶中死。又床上当有一大蛇衔笔，小大共视，须臾去之也。又乌来入室中，与燕共斗，燕死，乌去。有此三怪。”基大惊，问其吉凶。辂曰：“直客舍久远，魑魅魍魉为怪耳。儿生便走，非能自走，直宋无忌5之妖将其入灶也。大蛇衔笔，直老书佐6耳。乌与燕斗，直老铃下7耳。今卦中见象而不见其凶，知非妖咎之征，自无所忧也。”后卒无患[4]。

上天控诉了。”于是郭恩哭泣着承认了罪责。

广平郡的刘奉林的妻子病得很重，已经买好了棺材。当时是正月，刘奉林让管辂占卜，管辂说：“她可以活到八月辛卯那天的中午时分。”刘奉林认为不可能，但他妻子的病却渐渐好起来，到了秋天才病发而死，和管辂所说的一样。

管辂去见安平郡太守王基，王基让管辂算卦。管辂说：“您家会有一个卑贱的女人，生下一个男孩，刚落地便会走进灶中而死。另外，您家床上会有一条大蛇衔着一支笔，全家老小都会看到，蛇不一会儿就会爬走。还有一只乌鸦会飞入房中，和燕子争斗，燕子死去，而乌鸦飞走。您家会有这三件怪事。”王基大惊，询问这三件怪事的吉凶。管辂说：“这只是因为您的官邸年代久远，所以有魑魅魍魉作怪罢了。小男孩生下来便会走路，不是他自己会走，只是火怪宋无忌把他带到灶中而已。大蛇嘴中衔笔，不过是死去的老书吏的魂灵变的而已。乌鸦与燕子争斗，也只是死去的老侍从的魂灵变的而已。这个卦中只看见这些形象而没有显示吉凶，可见这不是灾祸的征兆，不必忧虑。”后来果然没发生灾祸。

今注 1 平原:平原郡,治所在平原县(今山东德州平原县西南)。 2 蹩(bié):跛脚。 3 筮(shì):用蓍草占卦。 4 恩涕泣服罪:从裴注引《辂别传》"皇汉之末,实有斯事。君不名主,讳也。我不得言,礼也"中推测,将郭恩伯母或叔母推入井中的可能是其父亲或母亲。 5 宋无忌:古代传说中的精灵,晋张华所著《博物志》中记载"火之怪为宋无忌"。 6 书佐:主办文书的佐吏。 7 铃下:指侍卫、门卒或仆役。

裴注 [1]《辂别传》曰:"辂年八九岁,便喜仰视星辰,得人辄问其名,夜不肯寐。父母常禁之,犹不可止。自言:'我年虽小,然眼中喜视天文。'常云:'家鸡野鹄,犹尚知时,况于人乎?'与邻比儿共戏土壤中,辄画地作天文及日月星辰。每答言说事,语皆不常,宿学者人不能折之,皆知其当有大异之才。及成人,果明《周易》,仰观风角、占相之道,无不精微。体性宽大,多所含受;憎己不仇,爱己不褒,每欲以德报怨。常谓:'忠孝信义,人之根本,不可不厚;廉介细直,士之浮饰,不足为务也。'自言:'知我者稀,则我贵矣,安能断江、汉之流,为激石之清?乐与季主论道,不欲与渔父同舟,此吾志也。'其事父母孝,笃兄弟,顺爱士友,皆仁和发中,终无所阙。臧否之士,晚亦服焉。父为琅邪即丘长,时年十五,来至官舍读书。始读《诗》、《论语》及《易本》,便开渊布笔,辞义斐然。于时黉上有远方及国内诸生四百余人,皆服其才也。琅邪太守单子春雅有材度,闻辂一黉之隽,欲得见,辂父即遣辂造之。大会宾客百余人,坐上有能言之士,辂问子春:'府君名士,加有雄贵之姿,辂既年少,胆未坚刚,若欲相观,惧失精神,请先饮三升清酒,然后言之。'子春大喜,便酌三升清酒,独使饮之。酒尽之后,问子春:'今欲与辂为对者,若府君四座之士邪?'子春曰:'吾欲自与卿旗鼓相当。'辂言:'始读《诗》《论》《易本》,学问微浅,未能上引圣人之道,陈秦、汉之事,但欲论金、木、水、火、土、鬼神之情耳。'子春言:'此最难者,而卿以为易邪?'于是唱大论之端,遂经于阴阳,文采葩流,枝叶横生,少引圣籍,多发天然。子春及众士互共攻劫,论难锋起，而辂人人答对，言皆有余。至日向暮，酒食不行。子春语众人曰：‘此年少盛有才器，听其言论，正似司马犬子游猎之赋，何其磊落雄壮，英神以茂，必能明天文、地理变化之数，不徒有言也。’于是发声徐州，号之神童。”　[2]《辂别传》曰：“利漕民郭恩，字义博，有才学，善《周易》《春秋》，又能仰观。辂就义博读《易》，数十日中，意便开发，言难逾师。于此分蓍下卦，用思精妙，占黉上诸生疾病、死亡、贫富、丧衰，初无差错，莫不惊怪，谓之神人也。又从义博学仰观，三十日中通夜不卧，语义博：‘君但相语墟落处所耳，至于推运会，论灾异，自当出吾天分。’学未一年，义博反从辂问《易》及天文事要。义博每听辂语，未尝不推机慷慨。自言：‘登闻君至论之时，忘我笃疾，明暗之不相逮，何其远也！’义博设主人，独请辂，具告辛苦，自说：‘兄弟三人俱得躄疾，不知何故？试相为作卦，知其所由。若有咎殃者，天道赦人，当为吾祈福于神明，勿有所爱。兄弟俱行，此为更生。’辂便作卦，思之未详。会日夕，因留宿，至中夜，语义博曰：‘吾以此得之。’既言其事，义博悲涕沾衣，曰：‘皇汉之末，实有斯事。君不名主，讳也。我不得言，礼也。兄弟躄来三十余载，脚如棘子，不可复治，但愿不及子孙耳。’辂言：‘火形不绝，水形无余，不及后也。’”　[3]《辂别传》曰：“鲍子春为列人令，有明思才理，与辂相见，曰：‘闻君为刘奉林卜妇死亡日，何其详妙！试为论其意义。’辂论爻象之旨，说变化之义，若规圆矩方，无不合也。子春自言：‘吾少好谭《易》，又喜分蓍，可谓盲者欲视白黑，聋者欲听清浊，苦而无功也。听君语后，自视体中，真为愦愦者也。’”　[4]《辂别传》曰：“基与辂共论《易》，数日中，大以为喜乐，语辂言：‘俱相闻善卜，定共清论。君一时异才，当上竹帛也。’辂为基出卦，知其无咎，因谓基曰：‘昔高宗之鼎，非雉所鸲，殷之阶庭，非木所生，而野鸟一鸲，武丁为高宗，桑榖暂生，太戊以兴。焉知三事不为吉祥？愿府君安身养德，从容光大，勿以知神奸污累天真。’”

时信都[1]令家妇女惊恐，更互疾病，使辂筮之。辂曰："君北堂西头，有两死男子，一男持矛，一男持弓箭，头在壁内，脚在壁外。持矛者主刺头，故头重痛不得举也。持弓箭者主射胸腹，故心中县痛不得饮食也。昼则浮游，夜来病人，故使惊恐也。"于是掘徙骸骨，家中皆愈[1]。

清河[2]王经去官还家，辂与相见。经曰："近有一怪，大不喜之，欲烦作卦。"卦成，辂曰："爻吉，不为怪也。君夜在堂户前，有一流光如燕爵者，入君怀中，殷殷有声，内神不安，解衣彷徉，招呼妇人，觅索余光。"经大笑曰："实如君言。"辂曰："吉，迁官之征也，其应行至。"顷之，经为江夏太守[2]。

辂又至郭恩家，有飞

当时信都县令家的女眷无不惊恐，轮番生病，就让管辂占卦。管辂说："您家北堂屋的西面地下，埋了两个死去的男子，一个手持矛，一个手持弓箭，头在墙壁内，脚在墙壁外。持矛的人掌管刺人头部，所以您家中女眷会头部沉重疼痛而抬不起来。持弓箭的人掌管射人胸腹部，所以您家中女眷会心中悬荡疼痛而不能吃喝。这两个人白天到处游荡，晚上来祸害人，所以女眷们会惊恐不安。"县令于是派人将尸骨挖出来迁到别处，家中的女眷就都好了。

清河人王经离职还家，管辂去看他。王经说："近来有一个怪异之处，我很不喜欢，想要劳烦您算一卦。"算完后，管辂说："卦中的爻象显示很吉祥，不是怪异之事。您夜间站在堂屋门前，有一道像燕雀一样的流光，进入您的怀中，还发出声音，您心神不安，解开衣服徘徊不停，还招呼女眷前来，一起帮您搜寻流光的痕迹。"王经大笑说："的确像您所说的那样。"管辂说："这是吉兆，是升官的征兆，很快就要应验了。"不久，王经升任为江夏太守。

管辂又到郭恩家，有只斑鸠飞到房梁上，叫声很悲伤。管辂说："会有一位

鸠来在梁头，鸣甚悲。辂曰："当有老公从东方来，携豚一头，酒一壶。主人虽喜，当有小故。"明日果有客，如所占。恩使客节酒、戒肉、慎火，而射鸡作食，箭从树间激中数岁女子手，流血惊怖[3]。

老者从东方来，携带着一头猪，一壶酒。主人虽然高兴，但会有小事故发生。"第二天果然有客人前来，和管辂说的一样。郭恩招待客人时要求家人少饮酒、不食肉、谨慎用火，但在射杀一只鸡来做菜时，箭从树间穿过，射中了一个只有几岁的女孩的手，流了很多血，让人有些担惊受怕。

辂至安德令刘长仁家，有鸣鹊来在阁屋上，其声甚急。辂曰："鹊言东北有妇昨杀夫，牵引西家人夫离娄，候不过日在虞渊³之际，告者至矣。"到时，果有东北同伍民来告，邻妇手杀其夫，诈言西家人与夫有嫌，来杀我婿[4]。

管辂到安德县令刘长仁家，有只喜鹊飞到他家卧房上鸣叫，声音很急促。管辂说："喜鹊说东北方向有一位妇人昨天杀了她的丈夫，会牵连到西边邻居家另一个妇人的丈夫离娄，等不到太阳下山之时，告状的人就会来到这里。"日落前，果然有东北方向同村的民众前来告状，说邻居家的妇人杀害了她的丈夫，却诬陷说西边邻居家的离娄与丈夫有嫌隙，前来杀了她的丈夫。

今注　1 信都：信都郡信都县，在今河北衡水市冀州区。　2 清河：清河郡清河县，在今山东临清市东北。　3 虞渊：传说中的日落之处。

裴注　[1]《辂别传》曰："王基即遣信都令迁掘其室中，入地八尺，果得二棺，一棺中有矛，一棺中有角弓及箭，箭久远，木皆消烂，但有铁及角完耳。及徙骸骨，去城一十里埋之，无复疾病。基曰：'吾少好读《易》，玩之以久，不谓神明之数，其妙如此。'便从辂学《易》，推论天文。辂每开变化之象，演吉凶之兆，未尝不纤微委曲，尽其精神。基曰：‘始闻君言，如何可得，终以皆乱，此自天授，非人力也。’于是藏《周易》，绝思虑，不复学卜筮之事。辂乡里乃太原问辂：‘君往者为王府君论怪，云老书佐为蛇，老铃下为乌，此本皆人，何化之微贱乎？为见于爻象，出君意乎？’辂言：‘苟非性与天道，何由背爻象而任胸心者乎？夫万物之化，无有常形，人之变异，无有常体，或大为小，或小为大，固无优劣。夫万物之化，一例之道也。是以夏鲧，天子之父，赵王如意，汉祖之子，而鲧为黄熊，如意为苍狗，斯亦至尊之位而为黔喙之类也。况蛇者协辰巳之位，乌者栖太阳之精，此乃腾黑之明象，白日之流景，如书佐、铃下，各以微躯化为蛇、乌，不亦过乎！’” [2]《辂别传》曰：“经欲使辂卜，而有疑难之言。辂笑而答之，曰：‘君侯州里达人，何言之鄙！昔司马季主有言，夫卜者必法天地，象四时，顺仁义。伏羲作八卦，周文王三百八十四爻，而天下治。病者或以愈，且死或以生，患或以免，事或以成，嫁女娶妻或以生长，岂直数千钱哉？以此推之，急务也。苟道之明，圣贤不让，况吾小人，敢以为难！’彦纬敛手谢辂：‘前言戏之耳。’于是辂为作卦，其言皆验。经每论辂，以为得龙云之精，能养和通幽者，非徒合会之才也。” [3]《辂别传》曰：“义博从辂学鸟鸣之候。辂言：‘君虽好道，天才既少，又不解音律，恐难为师也。’辂为说八风之变，五音之数，以律吕为众鸟之商，六甲为时日之端，反覆谴曲，出入无穷。义博静然沈思，驰精数日，卒无所得。义博言：‘才不出位，难以追征于此。’遂止。” [4]《辂别传》曰：“渤海刘长仁有辩才，初虽闻辂能晓鸟鸣，后每见难辂曰：‘夫生民之音曰言，鸟兽之声曰鸣，故言者则有知之贵灵，鸣者则无知之贱名，何由以鸟鸣为语，乱神明之所异也？孔子曰“吾不与鸟兽同群”，明其贱也。’辂答曰：‘夫天虽有大象而不能言，故运星精于上，流神明于下，验风云以表异，役鸟兽以通灵。表异者必有浮沈之候，通灵者必有宫商之应，是以宋襄失德，六鹢并退，伯姬将焚，鸟唱其灾，四国未火，融风已发，赤鸟夹日，殃在荆楚。此乃上天之所使，自然之明符。考之律吕，则音声有本，求之人事，则吉凶不失。昔在秦祖，以功受封，葛卢听音，著在《春秋》，斯皆典谟之实，非圣贤之虚名也。商之将兴，由一燕卵也。文王受命，丹乌衔书，此乃圣人之灵祥，周室之休祚，何贱之有乎？夫鸟鸣之听，精在鹑火，妙在八神，自非斯伦，犹子路之于死生也。’长仁言：‘君辞虽茂，华而不实，未敢之信。’须臾，有鸣鹊之验，长仁乃服。”

辂至列人[1]典农王弘直许，有飘风高三尺余，从申[2]上来，在庭中幢幢回转，息以复起，良久乃止。直以问辂，辂曰：“东方当有马吏至，恐父哭子，如何！”明日胶东吏到，直子果亡。直问其故，辂曰：“其日乙卯，则长子之候也。木落于申，斗建申，申破寅，死丧之候也。日加午而风发，则马之候也。离为文章，则吏之候也。申未为虎，虎为大人，则父之候也。”有雄雉飞来，登直内铃柱头，直大以不安，令辂作卦，辂曰：“到五月必迁。”时三月也，至期，直果为渤海太守[1]。

管辂到列人县的典农王弘直家，看到一股高达三尺多的旋风，从西南方吹来，在庭院中回旋往复，停止后又再次刮起，很久才完全止息。王弘直问管辂这是什么征兆，管辂说：“东方当有官吏乘着马前来，恐怕是父亲要为儿子哭丧了，怎么办！”第二天，有胶东县的官吏来到，王弘直在那里做官的大儿子果然去世了。王弘直问管辂怎么知道的，管辂说：“那一天是乙卯日，是长子的征兆。树叶飘落在申月，而申月时北斗星的斗柄正好指向西南方，飘风从西南方吹来，又朝东北方吹去，是有人死亡的征兆。午时起风，而午在地支中与马对应。起的卦是离卦，象征花纹图案，与官服相对应，预示有官员会来到。西方又对应白虎，虎代表长辈，因此应在父亲身上。”有雄雉飞来，登上王弘直家中系铃的柱头上，王弘直心中很不安，让管辂算卦，管辂说：“您到五月必定会升迁。”当时是三

馆陶令诸葛原迁新兴太守，辂往祖饯之，宾客并会。原自起取燕卵、蜂窠、蜘蛛著器中，使射覆。卦成，辂曰："第一物，含气须变，依乎宇堂，雄雌以形，翅翼舒张，此燕卵也。第二物，家室倒县，门户众多，藏精育毒，得秋乃化，此蜂窠也。第三物，觳觫[3]长足，吐丝成罗，寻网求食，利在昏夜，此蜘蛛也。"举坐惊喜[2]。

辂族兄孝国，居在斥丘，辂往从之，与二客会。客去后，辂谓孝国曰："此二人天庭及口耳之间同有凶气，异变俱起，双魂无宅[3]，流魂于海，骨归于家。少许时当并死也。"复数十日，二人饮酒醉，夜共载车，牛惊下道入漳河中，皆即溺死也。

月，到了五月，王弘直果然升任渤海太守。

馆陶令诸葛原升任新兴太守，管辂前去参加送别宴，宾客都到了。诸葛原亲自拿来燕子蛋、蜂巢、蜘蛛放在器皿中，让管辂猜里面是什么。算完卦后，管辂说："第一个东西，内含生命元气而等待变化，平时依附在屋顶之上，雌雄的性别已形成，翅膀已舒张开来，这是燕子蛋。第二个东西，它的家倒挂着，有很多的门，收藏着精华但也培育着毒汁，到秋天就会死亡，这个是蜂巢。第三个东西，长着吓人的长长的足，吐出长丝形成网，沿着网丝搜寻食物，最有利的时候在夜晚，这个是蜘蛛。"在座的人听了都又惊又喜。

管辂的族兄管孝国，居住在斥丘县，管辂前去看他，恰巧与两位客人碰见。客人走后，管辂对管孝国说："这二人天庭和口耳之间都有凶气，他们会同时遭遇不测，魂魄没有居所，还会流亡海外，只有尸骨可以回到家中。过不了多久，他们就会一起死去。"过了几十天后，他们俩喝醉了酒，在夜里一同乘车，驾车的牛受到惊吓而跑离道路，翻到漳河中，两人当时就淹死了。

今注　1 列人：古县名，在今河北邯郸市肥乡区东北。　2 申：阴阳家将十二地支、八天干（不用戊、己）以及八卦中的乾、艮、坤、巽四卦相配，表示方位，即“二十四方位说”，其中“申”指西南方向。　3 觳觫（hú sù）：指因恐惧而颤抖的样子，这里指可怕的形状。

裴注　[1]《辂别传》曰：“辂又曰：‘夫风以时动，爻以象应，时者神之驱使，象者时之形表，一时其道，不足为难。’王弘直亦大学问，有道术，皆不能精。问辂：‘风之推变，乃可尔乎？’辂言：‘此但风之毛发，何足为异？若夫列宿不守，众神乱行，八风横起，怒气电飞，山崩石飞，树木摧倾，扬尘万里，仰不见天，鸟兽藏窜，兆民骇惊，于是使梓慎之徒，登高台，望风气，分灾异，刻期日，然后知神思遐幽，灵风可惧。’”　[2]《辂别传》曰：“诸葛原，字景春，亦学士。好卜筮，数与辂共射覆，不能穷之。景春与辂有荣辱之分，因辂饯之，大有高谭之客。诸人多闻其善卜、仰观，不知其有大异之才，于是先与辂共论圣人著作之源，又叙五帝、三王受命之符。辂解景春微旨，遂开张战地，示以不固，藏匿孤虚，以待来攻。景春奔北，军师摧衄，自言吾睹卿旌旗，城池已坏也。其欲战之士，于此鸣鼓角，举云梯，弓弩大起，牙旗雨集。然后登城曜威，开门受敌，上论五帝，如江如汉，下论三王，如翮如翰；其英者若春华之俱发，其攻者若秋风之落叶。听者眩惑，不达其义，言者收声，莫不心服，虽白起之坑赵卒，项羽之塞潍水，无以尚之。于时客皆欲面缚衔璧，求束手于军鼓之下。辂犹总干山立，未便许之。至明日，离别之际，然后有腹心始终，一时海内俊士，八九人矣。蔡元才在朋友中最有清才，在众人中言：‘本闻卿作狗，何意为龙？’辂言：‘潜阳未变，非卿所知，焉有狗耳，得闻龙声乎！’景春言：‘今当远别，后会何期？且复共一射覆。’辂占既皆中。景春大笑：‘卿为我论此卦意，纾我心怀。’辂为开爻散理，分赋形象，言征辞合，妙不可述。景春及众客莫不言‘听后论之美，胜于射覆之乐’。景春与辂别，戒以二事，言：

‘卿性乐酒，量虽温克，然不可保，宁当节之。卿有水镜之才，所见者妙，仰观虽神，祸如膏火，不可不慎。持卿睿才，游于云汉之间，不忧不富贵也。’辂言：‘酒不可极，才不可尽，吾欲持酒以礼，持才以愚，何患之有也？’”

[3]《辂别传》曰：“辂又曰：‘厚味腊毒，天精幽夕，坎为棺椁，兑为丧车。’”

当此之时，辂之邻里，外户不闭，无相偷窃者。清河太守华表，召辂为文学掾。安平赵孔曜荐辂于冀州刺史裴徽曰：“辂雅性宽大，与世无忌，仰观天文，则同妙甘公、石申[1]；俯览《周易》，则齐思季主[2]。今明使君方垂神幽薮[3]，留精九皋[4]，辂宜蒙阴和[5]之应，得及羽仪[6]之时。”徽于是辟为文学从事，引与相见，大善友之。徙部巨鹿，迁治中、别驾。

初应州召，与弟季儒共载，至武城西，自卦吉凶，语儒云：“当在故城中见三狸，尔者乃显。”前到河西故城角，正见三狸共踞城侧，兄弟并喜。正始九年举秀才[1]。

当时，管辂的邻里，大门都不关闭，没有敢偷窃的。清河太守华表，任命管辂为文学掾。安平郡的赵孔曜向冀州刺史裴徽举荐管辂说：“管辂素性宽宏大量，与世人相交而没有忌讳，仰观天文，其神妙可与甘公、石申相比；俯览《周易》，其精妙的想法可与司马季主相比。我知道使君您正留神于隐没的人才，留心于隐居的贤人，管辂正宜被邀出仕，使他也能居于高位。”裴徽于是任命管辂为文学从事，两人见面后，关系非常好。裴徽又调管辂到巨鹿去任职，后来又升管辂为治中、别驾。

管辂当初应州里征召时，与弟弟管季儒一起前去上任，到了武城西，他算了一卦占卜吉凶，对季儒说：“我们会在旧城中见到三只野猫，这样的话，我就会出名。”两人前行到河西旧城城角，正好见到三只野猫一起蹲在城墙边，兄弟俩都很欢喜。正始九年(248)，管辂被荐举为秀才。

今注 1 甘公、石申：甘公即甘德，与石申同为战国时期著名的天文学家。 2 季主：西汉时楚人司马季主，善于《易》道，司马迁所著《史记·日者列传》中记载司马季主“通《易经》，术黄帝、老子，博闻远见”。 3 幽薮：僻静的草泽。此指隐没的人才。 4 九皋：曲折深远的沼泽。后用来称美隐士或贤人。 5 阴和：指隐者应贤者之邀而出仕。 6 羽仪：《易·渐》：“鸿渐于陆，其羽可用为仪。”孔颖达疏：“其羽可用为物之仪表，可贵可法也。”后因以“羽仪”喻居高位而有才德，被人尊重或堪为楷模。

裴注 [1]《辂别传》曰：“辂为华清河所召，为北黉文学，一时士友无不叹慕。安平赵孔曜，明敏有思识，与辂有管、鲍之分，故从发干来，就郡黉上与辂相见，言：‘卿腹中汪汪，故时死人半，今生人无双，当去俗腾飞，翱翔昊苍，云何在此？闻卿消息，使吾食不甘味也。冀州裴使君才理清明，能释玄虚，每论《易》及老、庄之道，未尝不注精于严、瞿之徒也。又眷吾意重，能相明信者。今当故往，为卿陈感虎开石之诚。’辂言：‘吾非四渊之龙，安能使白日昼阴？卿若能动东风，兴朝云，吾志所不让也。’于是遂至冀州见裴使君。使君言：‘君颜色何以消减于故邪？’孔曜言：‘体中无药石之疾，然见清河郡内有一骐骥，拘絷后厩历年，去王良、伯乐百八十里，不得骋天骨，起风尘，以此憔悴耳。’使君言：‘骐骥今何在也？’孔曜言：‘平原管辂，字公明，年三十六，雅性宽大，与世无忌，可谓士雄。仰观天文，则能同妙甘公、石申，俯览《周易》，则能思齐季主，游步道术，开神无穷，可谓士英。抱荆山之璞，怀夜光之宝，而为清河郡所录北黉文学，可为痛心疾首也。使君方欲流精九皋，垂神幽薮，欲令明主不独治，逸才不久滞，高风遐被，莫不草靡，宜使辂特蒙阴和之应，得及羽仪之时，必能翼宣隆化，扬声九围也。’裴使君闻言，则慷慨曰：‘何乃尔邪！虽在大州，未见异才可用释人郁闷者，思还京师，得共论道耳，况草间自有清妙之才乎？如此便相为取之，莫使骐骥更为凡马，荆山反成凡石。’即檄召辂为文学从事。一相见，清论终日，不觉罢倦。天时大热，移床在庭前树下，乃至鸡向晨，然后出。再相见，便转为巨鹿从事。三见，转治中。四见，转为别驾。至十月，举为秀才。辂辞裴使君，使君言：‘何、邓二尚书，有经国才略，于物理无不精也。何尚书神明精微，言皆巧妙，巧妙之志，殆破秋毫，君当慎之！自言不解《易》九事，必当以相问。比至洛，宜善精其理也。’辂言：‘何若巧妙，以攻难之才，游形之表，未入于神。夫入神者，当步天元，推阴阳，探玄虚，极幽明，然后览道无穷，未暇细言。若欲差次老、庄而参爻、象，爱微辩而兴浮藻，可谓射侯之巧，非能破秋毫之妙也。若九事皆至义者，不足劳思也。若阴阳者，精之以久。辂去之后，岁朝当有时刑大风，风必摧破树木。若发于乾者，必有天威，不足共清谭者。’”

十二月二十八日，吏部尚书何晏请之，邓飏在晏许。晏谓辂曰：“闻君著爻神妙，试为作一卦，知位当至三公不？”又问：“连梦见青蝇数十头，来在鼻上，驱之不肯去，有何意故？”辂曰：“夫飞鸮[1]，天下贱鸟，及其在林食椹[2]，则怀我好音，况辂心非草木，敢不尽忠？昔元、凯之弼重华[3]，宣惠慈和，周公之翼成王，坐而待旦[4]，故能流光六合，万国咸宁。此乃履道休应。非卜筮之所明也。

十二月二十八日，吏部尚书何晏请管辂去做客，邓飏也在何晏家。何晏对管辂说：“听说您算卦很神妙，请试着算一卦，看看我能不能位至三公？”又问：“我最近接连梦到几十只青蝇，落在我的鼻尖上，赶也赶不走，这是什么征兆？”管辂说：“飞鸮，是天下的低贱之鸟，当它在林中吃了桑椹，就会叫出很美妙的声音，何况我的内心不是草木，岂敢不向您进忠言？从前有八元、八凯辅佐帝舜，广布恩惠使民和睦；周公辅佐成王时，夜以继日地勤奋工作，所以能够使福泽流传天下，使万国都来归顺。这就是履行道义而获得的好报应，这不是卜筮所能做到的。现今您的官位重如山岳，权势如雷霆般使人畏惧，

今君侯位重山岳，势若雷电，而怀德者鲜，畏威者众，殆非小心翼翼多福之仁。又鼻者艮，此天中之山[1]，高而不危，所以长守贵也。今青蝇臭恶，而集之焉。位峻者颠，轻豪者亡，不可不思害盈之数，盛衰之期。是故山在地中曰谦，雷在天上曰壮；谦则裒多益寡5，壮则非礼不履。未有损己而不光大，行非而不伤败。愿君侯上追文王六爻之旨6，下思尼父彖象之义7，然后三公可决，青蝇可驱也。”飏曰：“此老生之常谭。”辂答曰：“夫老生者见不生，常谭者见不谭。”晏曰：“过岁更当相见[2]。”辂还邑舍，具以此言语舅氏，舅氏责辂言太切至。辂曰：“与死人语，何所畏邪？”舅大怒，谓辂狂悖。岁朝，西北大风，尘埃蔽天。十

而感念您恩德的人很少，畏惧您威势的人很多，这恐怕不是小心翼翼享有福分的仁义之道。鼻子与《周易》中的艮卦对应，是天中之山，虽然高峻但不危险，所以常守富贵。青蝇是脏臭的，却聚集在鼻子上。位高者容易跌下，轻率豪奢者容易灭亡，您不可不思量骄恣取祸、盛极必衰的道理。所以我给您算了两卦，山在地中为谦卦，雷在天上为壮卦；谦卦应该损有余而补不足，壮卦则应该不做违礼的事。从来没有损己利人而不使祸患增大的，也没有为非作歹而不失败灭亡的。希望您考虑文王作六爻的意旨，思量孔子作《彖辞》《象传》的义理，这样就能够登上三公的高位，青蝇也可被赶走。”邓飏说：“这些都是老生常谈了。”管辂回答说：“老生看见了不能生存的人，常谈者看见了不能再谈话的人。”何晏说：“过了年咱们再见吧。”管辂返回城中的住所，将具体的情况都告诉了他的舅舅，而舅舅责备他说话太率直。管辂说：“与将要死的人说话，有什么可畏惧的？”舅舅大怒，说他太过狂妄。第二年正月，西北风大起，尘埃遮天蔽日。过了十来天，就听闻何

余日，闻晏、飏皆诛，然后舅氏乃服[3]。

晏、邓飏都被诛杀，管辂的舅舅这才对他心服口服。

今注 1 鸮(xiāo)：猫头鹰。 2 椹：通"葚"，即桑葚。 3 元、凯之弼重华：传说中上古时期有十六位贤德的大臣辅佐帝舜治理天下。八元是高辛氏的才子八人：伯奋、仲堪、叔献、季仲、伯虎、仲熊、叔豹、季狸。八凯是高阳氏的才子八人：苍舒、隤敳、梼戭、大临、尨降、庭坚、仲容、叔达。 4 周公之翼成王，坐而待旦：周公辅佐周成王治理天下，夜以继日地操劳。 5 裒(póu)多益寡：谓移多余以补不足。裒：减少。 6 文王六爻之旨：周文王被商纣王拘禁在羑里，于是演卦以卜问吉凶。 7 尼父彖(tuàn)象之义：孔子历经世事艰险，为《周易》作《彖辞》《象传》，以阐发大道之义。

裴注 [1] 臣松之案：《相书》谓"鼻之所在为天中，鼻有山象"，故曰"天中之山"也。 [2]《辂别传》曰："辂为何晏所请，果共论《易》九事，九事皆明。晏曰：'君论阴阳，此世无双。'时邓飏与晏共坐，飏言：'君见谓善《易》，而语初不及《易》中辞义，何故也？'辂寻声答之曰：'夫善《易》者不论《易》也。'晏含笑而赞之：'可谓要言不烦也。'因请辂为卦。辂既称引鉴戒，晏谢之曰：'"知幾其神乎"，古人以为难；交疏而吐其诚，今人以为难。君今一面而尽二难之道，可谓"明德惟馨"。《诗》不云乎，"中心藏之，何日忘之"。'" [3]《辂别传》曰："舅夏大夫问辂：'前见何、邓之日，为已有凶气未也？'辂言：'与祸人共会，然后知神明交错；与吉人相近，又知圣贤求精之妙。夫邓之行步，则筋不束骨，脉不制肉，起立倾倚，若无手足，谓之鬼躁。何之视候，则魂不守宅，血不华色，精爽烟浮，容若槁木，谓之鬼幽。故鬼躁者为风所收，鬼幽者为火所烧，自然之符，不可以蔽也。'辂后因得休，裴使君问：'何平叔一代才名，其实何如？'辂曰：'其才若盆盎之水，所见者清，所不见者浊。神在广博，志不务学，弗能成才。欲以盆盎之水，求一山之形，形不可得，则智由此惑。故说老、庄则巧而多华，说《易》生义则美而多伪。华则道浮，伪则神虚。得上才则浅而流绝，得中才则游精而独出，辂以为少功之才也。’裴使君曰：‘诚如来论。吾数与平叔共说老、庄及《易》，常觉其辞妙于理，不能折之。又时人吸习，皆归服之焉，益令不了。相见得清言，然后灼灼耳。’”

始辂过魏郡太守钟毓，共论易义，辂因言：“卜可知君生死之日。”毓使筮其生日月，如言无蹉跌。毓大愕然，曰：“君可畏也。死以付天，不以付君。”遂不复筮。毓问辂：“天下当太平否？”辂曰：“方今四九天飞，利见大人，神武升建，王道文明，何忧不平？”毓未解辂言。无几，曹爽等诛，乃觉寤云[1]。

当初，管辂去拜访魏郡太守钟毓，两人一起讨论《周易》的义理，管辂说：“通过卜筮可以知道您的生死之日。”钟毓让管辂先算算他的出生的月、日，管辂算得丝毫不差。钟毓惊愕不已，说：“您太可怕了。我的死期就交付于苍天吧，不交付于您了。”于是不再算了。钟毓问管辂：“天下会实现太平吗？”管辂说：“当今卦象正是四九天飞，是利见大人之象，神武之气上升，可以实现王道文明，何必担忧天下不太平？”钟毓没有理解管辂的话。没过多久，曹爽等人被诛杀，才醒悟过来。

平原太守刘邠取印囊及山鸡毛著器中，使筮。辂曰：“内方外圆，五色成文，含宝守信，出则有章，此印囊也。高岳岩岩，有鸟朱身，羽翼玄黄，鸣不失晨，此山鸡毛也。”邠曰：“此郡官舍，连有

平原太守刘邠把印囊和山鸡毛放在器物中，让管辂卜筮猜测。管辂说：“内方外圆，有五色花纹，内有珍宝表示守信，取出后能盖上字样，这个是印囊。高峰耸立，有红色身体的鸟，翅膀上的羽毛是黑黄杂色的，清晨总要鸣叫，这个是山鸡毛。”刘邠说：“这个郡中的官府房屋中接连发生了好多怪异之事，让

变怪，使人恐怖，其理何由？”辂曰：“或因汉末之乱，兵马扰攘，军尸流血，污染丘山，故因昏夕，多有怪形也。明府道德高妙，自天祐之，愿安百禄，以光休宠[2]。”

人很恐惧，是什么原因导致的？”管辂说：“或许是因为汉朝末年大乱，战争不息，士兵死伤流血，浸染了山野，所以在晚间的时候，会出现怪异的现象。您道德高尚，上天自会保佑您，希望您能够安享福分，以光大朝廷对您的美好恩宠。”

清河令徐季龙使人行猎，令辂筮其所得。辂曰：“当获小兽，复非食禽，虽有爪牙，微而不强，虽有文章，蔚而不明，非虎非雉，其名曰狸。”猎人暮归，果如辂言。季龙取十三种物，著大箧1中，使辂射。云：“器中藉藉2有十三种物。”先说鸡子，后道蚕蛹，遂一一名之，惟以梳为枇3耳[3]。

清河县令徐季龙让人去打猎，让管辂卜筮猜猜能够打到什么猎物。管辂说：“应当会捕获一只小兽，它不是可以吃的飞禽，虽然有爪牙，但弱小而不强壮，虽然毛皮有文采，但不是很鲜艳，不是老虎不是野鸡，它的名字叫狸。”猎人晚上回来，果然如管辂所言。徐季龙又把十三件东西放在大箱子中，让管辂猜测。管辂说：“器物中杂乱地放了十三件物品。”他先猜出了鸡蛋，又猜出了蚕蛹，接着将剩下的东西一一说出，只是将梳子说成了篦子罢了。”

今注 1 箧(qiè)：小箱子。 2 藉藉：众多而杂乱貌。 3 枇(bì)：栉，梳头用具。

裴注 [1]《辂别传》曰：“魏郡太守钟毓，清逸有才，难辂《易》二十余事，自以为难之至精也。辂寻声投响，言无留滞，分张爻象，义皆殊妙。毓即谢辂。辂卜知毓生日月，毓愕然曰：‘圣人运神通化，连属事物，何聪明乃尔！’辂言：‘幽明同化，死生一道，悠悠太极，终而复始。文王损命，不以为忧，仲尼曳杖，不以为惧，绪烦蓍筮，宜尽其意。’毓曰：‘生者好事，死者恶事，哀乐之分，吾所不能齐，且以付天，不以付君也。’石苞为邺典农，与辂相见，问曰：‘闻君乡里翟文耀能隐形，其事可信乎？’辂言：‘此但阴阳蔽匿之数，苟得其数，则四岳可藏，河海可逃。况以七尺之形，游变化之内，散云雾以幽身，布金水以灭迹，术足数成，不足为难。’苞曰：‘欲闻其妙，君且善论其数也。’辂言：‘夫物不精不为神，数不妙不为术，故精者神之所合，妙者智之所遇，合之幾微，可以性通，难以言论。是故鲁班不能说其手，离朱不能说其目。非言之难。孔子曰“书不尽言”，言之细也。“言不尽意”，意之微也，斯皆神妙之谓也。请举其大体以验之。夫白日登天，运景万里，无物不照，及其入地，一炭之光，不可得见。三五盈月，清耀烛夜，可以远望，及其在昼，明不如镜。今逃日月者必阴阳之数，阴阳之数通于万类，鸟兽犹化，况于人乎！夫得数者妙，得神者灵，非徒生者有验，死亦有征。是以杜伯乘火气以流精，彭生托水变以立形。是故生者能出亦能入，死者能显亦能幽，此物之精气，化之游魂，人鬼相感，数使之然也。’苞曰：‘目见阴阳之理，不过于君，君何以不隐？’辂曰：‘夫陵虚之鸟，爱其清高，不愿江、汉之鱼；渊沼之鱼，乐其濡湿，不易腾风之鸟：由性异而分不同也。仆自欲正身以明道，直己以亲义，见数不以为异，知术不以为奇，夙夜研幾，孳孳温故，而素隐行怪，未暇斯务也。’”　[2]《辂别传》曰：“故郡将刘邠，字令元，清和有思理，好《易》而不能精。与辂相见，意甚喜欢，自说注《易》向讫也。辂言：‘今明府欲劳不世之神，经纬大道，诚富美之秋。然辂以为注《易》之急，急于水火；水火之难，登时之验，《易》之清浊，延于万代，不可不先定其神而后垂明思也。自旦至今，听采圣论，未有《易》之一分，《易》安可注也！辂不解古之圣人，何以处乾位于西北，坤位于西南。夫乾坤者，天地之象，然天地至大，为神明君父，覆载万物，生长无首，何以安处二位与六卦同列？乾之象彖曰：“大哉乾元，万物资始，乃统天。’夫统者，属也，尊莫大焉，何由有别位也？”’邠依《易·系辞》,诸为之理以为注,不得其要。辂寻声下难,事皆穷析。曰:‘夫乾坤者,《易》之祖宗,变化之根源,今明府论清浊者有疑,疑则无神,恐非注《易》之符也。’辂于此为论八卦之道及爻象之精,大论开廓,众化相连。邠所解者,皆以为妙,所不解者,皆以为神。自说:‘欲注《易》八年,用思勤苦,历载靡宁,定相得至论,此才不及《易》,不爱久劳,喜承雅言,如此相为高枕偃息矣。’欲从辂学射覆,辂言:‘今明府以虚神于注《易》,亦宜绝思于灵蓍。灵蓍者,二仪之明数,阴阳之幽契,施之于道则定天下吉凶,用之于术则收天下豪纤。纤微,未可以为《易》也。’邠曰:‘以为术者《易》之近数,欲求其端耳。若如来论,何事于斯?’留辂五日,不遑恤官,但共清谭。邠自言:‘数与何平叔论《易》及老、庄之道,至于精神遐流,与化周旋,清若金水,郁若山林,非君侣也。’邠又曰:‘此郡官舍,连有变怪,变怪多形,使人怖恐,君似当达此数者,其理何由也?’辂言:‘此郡所以名平原者,本有原,山无木石,与地自然;含阴不能吐云,含阳不能激风,阴阳虽弱,犹有微神;微神不真,多聚凶奸,以类相求,魍魉成群。或因汉末兵马扰攘,军尸流血,污染丘岳,强魂相感,变化无常,故因昏夕之时,多有怪形也。昔夏禹文明,不怪于黄龙;周武信时,不惑于暴风,今明府道德高妙,神不惧妖,自天祐之,吉无不利,愿安百禄,以光休宠也。’邠曰:‘听雅论为近其理,每有变怪,辄闻鼓角声音,或见弓剑形象。夫以土山之精,伯有之魂,实能合会,干犯明灵也。’邠问辂:‘《易》言“刚健笃实,辉光日新”,斯为同不也?’辂曰:‘不同之名,朝旦为辉,日中为光。’”《晋诸公赞》曰:“邠本名炎,犯晋太子讳,改为邠。位至太子仆。子粹,字纯嘏,侍中。次宏,字终嘏,太常。次汉,字仲嘏,光禄大夫。汉清冲有贵识,名亚乐广。宏子咸,徐州刺史。次耽,晋陵内史。耽子恢,字真长,尹丹阳,为中兴名士也。” [3]《辂别传》曰:“清河令徐季龙,字开明,有才机。与辂相见,共论龙动则景云起,虎啸则谷风至,以为火星者龙,参星者虎,火出则云应,参出则风到,此乃阴阳之感化,非龙虎之所致也。辂言:‘夫论难当先审其本,然后求其理,理失则机谬,机谬则荣辱之主。若以参星为虎,则谷风更为寒霜之风,寒霜之风非东风之名。是以龙者阳精,以潜为阴,幽灵上通,和气感神,二物相扶,故能兴云。夫虎者阴精而居于阳,依木长啸,动于巽林,二气相感,故能运风。若磁石之取铁,不见其神而金自来,有征应以相感也。况龙有潜飞之化,虎有文明之变,招云召风,何足为疑?’季龙言:‘夫龙之在渊,不过一井之底,虎之悲啸,不过百步之中,形气浅弱,所通者近,何能濡景云而驰东风?’辂言:‘君不见阴阳燧在掌握之中,形不出手,乃上引太阳之火,下引太阴之水,嘘吸之间,烟景以集。苟精气相感,县象应乎二燧;苟不相感,则二女同居,志不相得。自然之道,无有远近。’季龙言:‘世有军事,则感鸡雉先鸣,其道何由?复有他占,惟在鸡雉而已?’辂言:‘贵人有事,其应在天,在天则日月星辰也。兵动民忧,其应在物,在物则山林鸟兽也。夫鸡者兑之畜,金者兵之精,雉者离之鸟,兽者武之神,故太白扬辉则鸡鸣,荧惑流行则雉惊,各感数而动。又兵之神道,布在六甲,六甲推移,其占无常。是以晋柩牛呴,果有西军,鸿嘉石鼓,鸣则有兵,不专近在于鸡雉也。’季龙言:‘鲁昭公八年,有石言于晋,师旷以为作事不时,怨讟动于民,则有非言之物而言,于理为合不?’辂言:‘晋平奢泰,崇饰宫室,斩伐林木,残破金石,民力既尽,怨及山泽,神痛人感,二精并作,金石同气,则兑为口舌,口舌之妖,动于灵石。传曰“轻百姓,饰城郭,则金不从革”,此之谓也。’季龙钦嘉,留辂经数日。辂占猎既验,季龙曰:‘君虽神妙,但不多藏物耳,何能皆得之?’辂言:‘吾与天地参神,蓍龟通灵,抱日月而游杳冥,极变化而览未然,况兹近物,能蔽聪明?’季龙大笑:‘君既不谦,又念穷在近矣。’辂言:‘君尚未识谦言,焉能论道?夫天地者则乾坤之卦,蓍龟者则卜筮之数,日月者离坎之象,变化者阴阳之爻,杳冥者神化之源,未然者则幽冥之先,此皆《周易》之纪纲,何仆之不谦?’季龙于是取十三种物,欲以穷之,辂射之皆中。季龙乃叹曰:‘作者之谓圣,述者之谓明,岂此之谓乎!’”

辂随军西行，过毌丘俭墓下，倚树哀吟，精神不乐。人问其故，辂曰："林木虽茂，无形可久；碑诔虽美，无后可守。玄武藏头，苍龙无足，白虎衔尸，朱雀悲哭，四危以备，法当灭族。不过二载，其应至矣。"卒如其言。后得休，过清河倪太守。时天旱，倪问辂雨期，辂曰："今夕当雨。"是日旸[1]燥，昼无形似，府丞及令在坐，咸谓不然。到鼓一中，星月皆没，风云并起，竟成快雨。于是倪盛修主人礼，共为欢乐[1]。

正元二年，弟辰谓辂曰："大将军待君意厚，冀当富贵乎？"辂长叹曰："吾自知有分直耳，然天与我才明，不与我年寿，恐四十七八间，不见女嫁儿娶妇也。若得免此，欲作洛阳令，可使路不

管辂随军西行，路过毌丘俭的坟墓，倚在树上哀吟，显得闷闷不乐。有人问他为什么，管辂说："这里的林木虽然茂盛，却不能保持长久；碑上的诔文虽然写得很美，却没有后继者来看守。北方的玄武藏着头，东方的苍龙无足，西方的白虎衔着尸，南方的朱雀悲伤哭泣，四种凶象全都占齐了，他的后代是要被灭族呀。不过两年，就会应验。"最后果然如管辂所言。后来管辂休假，去拜访清河郡倪太守。当时天旱，倪太守问管辂什么时候会下雨。管辂说："今晚就会下雨。"当天晴朗干燥，从白天的天气看没有下雨的迹象，府丞和清河县令都在座，都不信管辂的话。到夜晚打一更鼓的时候，星星月亮都被遮住了，风云并起，竟然下了一场大雨。于是倪太守盛情设宴招待管辂，大家一起欢饮了一番。

正元二年(255)，管辂的弟弟管辰对他说："大将军待你很好，你会富贵吗？"管辂长叹道："我知道大将军对我的情分，但上天给我才智，却不给我寿数，我恐怕只能活到四十七八岁，看不到女儿出嫁和儿子娶媳妇了。如果到时能侥

拾遗，枹鼓不鸣。但恐至太山治鬼，不得治生人，如何！”辰问其故，辂曰：“吾额上无生骨，眼中无守精[2]，鼻无梁柱，脚无天根[3]，背无三甲[4]，腹无三壬[5]，此皆不寿之验。又吾本命在寅，加月食夜生。天有常数，不可得讳，但人不知耳。吾前后相当死者过百人，略无错也。”是岁八月，为少府丞。明年二月卒，年四十八[2]。

幸不死，我就想做洛阳令，一定会把洛阳治理得路不拾遗，报警的鼓不鸣。但只怕会去泰山治理鬼魂，不能治理活人了，怎么办呀！”管辰问为什么，管辂说：“我的额头上没有生命骨，眼睛里面没有神采，鼻子没有鼻梁，脚没有天根，背上没有三甲，腹部没有三壬，这些都是不能长寿的征兆。而且我的本命年是寅年，又是在发生月食的夜晚出生。天有常数，不可违背，只是人们不知道而已。我前后为一百多人预测过死亡之年，几乎没有出过差错。”这年八月，管辂担任少府丞。他第二年二月去世了，享年四十八岁。

今注　1 旸(yáng)：晴朗天气。　2 守精：凝聚的神采。　3 天根：星相术人谓人之足后跟。　4 三甲：术数家用语，称人背的一种骨相。三甲为寿相之征。　5 三壬：术数家用语。言人腹部有三壬，乃长寿之征。

裴注　[1]《辂别传》曰：“辂与倪清河相见，既刻雨期，倪犹未信。辂曰：‘夫造化之所以为神，不疾而速，不行而至。十六日壬子，直满，毕星中已有水气，水气之发，动于卯辰，此必至之应也。又天昨檄召五星，宣布星符，刺下东井，告命南箕，使召雷公、电父、风伯、雨师，群岳吐阴，众川激精，云汉垂泽，蛟龙含灵，烨烨朱电，吐咀杳冥，殷殷雷声，嘘吸雨灵，习习谷风，六合皆同，咳唾之间，品物流形。天有常期，道有自然，不足为难也。’倪曰：‘谭高信寡，相为忧之。’于是便留辂，往请府丞及清河令。若夜雨者，当为啖二百斤犊肉，若不雨，当住十日。辂曰：‘言念费损！’至日向暮，了无云气，众人并嗤辂。辂言：‘树上已有少女微风，树间又有阴鸟和鸣。又少男风起，众鸟和翔，其应至矣。’须臾，果有艮风鸣鸟。日未入，东南有山云楼起。黄昏之后，雷声动天。到鼓一中，星月皆没，风云并兴，玄气四合，大雨河倾。倪调辂言：‘误中耳，不为神也。’辂曰：‘误中与天期，不亦工乎！’” ［2］《辂别传》曰：“既有明才，遭朱阳之运，于时名势赫奕，若火猛风疾。当涂之士，莫不枝附叶连。宾客如云，无多少皆为设食。宾无贵贱，候之以礼。京城纷纷，非徒归其名势而已，然亦怀其德焉。向不夭命，辂之荣华，非世所测也。弟辰尝欲从辂学卜及仰观事，辂言：‘卿不可教耳。夫卜，非至精不能见其数，非至妙不能睹其道，《孝经》《诗》《论》，足为三公，无用知之也。’于是遂止。子弟无能传其术者。”辰叙曰：“夫晋、魏之士，见辂道术神妙，占候无错，以为有隐书及象甲之数。辰每观辂书传，惟有《易林》、《风角》及《鸟鸣》、《仰观星书》三十余卷，世所共有。然辂独在少府官舍，无家人子弟随之，其亡没之际，好奇不哀丧者，盗辂书，惟余《易林》、《风角》及《鸟鸣》书还耳。夫术数有百数十家，其书有数千卷，书不少也。然而世鲜名人，皆由无才，不由无书也。裴冀州，何、邓二尚书及乡里刘太常、颍川兄弟，以辂禀受天才，明阴阳之道，吉凶之情，一得其源，遂涉其流，亦不为难，常归服之。辂自言：‘与此五君共语，使人精神清发，昏不暇寐。自此以下，殆白日欲寝矣。’又自言：‘当世无所愿，欲得与鲁梓慎、郑裨灶、晋卜偃、宋子韦、楚甘公、魏石申共登灵台，披神图，步三光，明灾异，运蓍龟，决狐疑，无所复恨也。’辰不以暗浅，得因孔怀之亲，数与辂有所谘论。至于辨人物，析臧否，说近义，弹曲直，拙而不工也。若敷皇、羲之典，扬文、孔之辞，周流五曜，经纬三度，口满声溢，微言风集，若仰眺飞鸿，漂漂兮景没，若俯临深溪，杳杳兮精绝。逼以攻难，而失其端，欲受学求道，寻以迷昏，无不扼腕椎指，追响长叹也。昔京房虽善卜及风律之占，卒不免祸，而辂自知四十八当亡，可谓明哲相殊。又京房目见遘谗之党，耳听青蝇之声，面谏不从，而犹道路纷纭。辂处魏、晋之际，藏智以朴，卷舒有时，妙不见求，愚不见遗，可谓知幾相邀也。京房上不量万乘之主，下不避佞谄之徒，欲以天文、洪范利国利身，困不能用，卒陷大刑，可谓枯龟之余智，膏烛之末景，岂不哀哉！世人多以辂畴之京房，辰不敢许也。至于仰察星辰，俯定吉凶，远期不失年岁，近期不失日月，辰以甘、石之妙不先也。射覆名物，见术流速，东方朔不过也。观骨形而审贵贱，览形色而知生死，许负、唐举不超也。若夫疏风气而探微候，听鸟鸣而识神机，亦一代之奇也。向使辂官达，为宰相大臣，膏腴流于明世，华曜列乎竹帛，使幽验皆举，秘言不遗，千载之后，有道者必信而贵之，无道者必疑而怪之；信者以妙过真，夫妙与神合者，得神则无所惑也。恨辂才长命短，道贵时贱，亲贤遐潜，不宣于良史，而为鄙弟所见追述。既自暗浊，又从来久远，所载卜占事，虽不识本卦，捃拾残余，十得二焉。至于仰观灵曜，说魏、晋兴衰，及五运浮沉，兵革灾异，十不收一。无源何以成河？无根何以垂荣？虽秋菊可采，不及春英，临文慷慨，伏用哀惭。将来君子，幸以高明求其义焉。往孟荆州为列人典农，尝问亡兄：'昔东方朔射覆得何卦，正知守宫、蜥蜴二物者？'亡兄于此为安卦生象，辞喻交错，微义豪起，变化相推，会于辰巳，分别龙蛇，各使有理。言绝之后，孟荆州长叹息曰：'吾闻君论，精神腾跃，殆欲飞散，何其汪汪乃至于斯邪！'"臣松之案：辰所称乡里刘太常者，谓刘寔也。辰撰《辂传》，寔时为太常，颍川则寔弟智也。寔、智并以儒学为名，无能言之。《世语》称寔博辩，犹不足以并裴、何之流也。又案：辂自说，云"本命在寅"，则建安十五年生也。至正始九年，应三十九，而传云"三十六"，以正元三年卒，应四十七，传云"四十八"。皆为不相应也。近有阎续伯者，名缵，该微通物，有良史风。为天下补缀遗脱，敢以所闻列于篇左。皆从受之于大人先哲，足以取信者，冀免虚诬之讥云尔。尝受辰传所谓刘太常者曰："辂始见闻，由于为邻妇卜亡牛，云'当在西面穷墙中，县头上向'。教妇人令视诸丘冢中，果得牛，妇人因以为藏己牛，告官案验，乃知以术知，故裴冀州遂闻焉。"又云："路中小人失妻者，辂为卜，教使明旦于东阳城门中伺担豚人牵与共斗。具如其言,豚逸走,即共追之。豚入人舍,突破主人瓮,妇从瓮中出。”刘侯云甚多此类,辰所载才十一二耳。刘侯云:“辰,孝廉才也。”中书令史纪玄龙,辂乡里人,云:“辂在田舍,尝候远邻,主人患数失火。辂卜,教使明日于南陌上伺,当有一角巾诸生,驾黑牛故车,必引留,为设宾主,此能消之。即从辂戒。诸生有急求去,不听,遂留;当宿,意大不安,以为图己。主人罢入,生乃把刀出门,倚两薪积间,侧立假寐。欻有一小物直来过前,如兽,手中持火,以口吹之。生惊,举刀斫,正断腰,视之则狐。自此主人不复有灾。”前长广太守陈承祐口受城门校尉华长骏语云:“昔其父为清河太守时,召辂作吏。骏与少小,后以乡里,遂加恩意,常与同载周旋,具知其事。云诸要验,三倍于传。辰既短才,又年县小,又多在田舍,故益不详。辰仕宦至州主簿、部从事,太康之初物故。”骏又云:“辂卜亦不悉中,十得七八,骏问其故,辂云:‘理无差错,来卜者或言不足以宣事实,故使尔。’华城门夫人者,魏故司空涿郡卢公女也,得疾,连年不差。华家时居西城下南缠里中,三厩在其东南。辂卜当有师从东方来,自言能治,便听使之,必得其力。后无何,有南征厩驺,当充甲卒,来诣卢公,占能治女郎。公即表请留之,专使其子将诣华氏疗疾,初用散药,后复用丸治,寻有效,即奏除驺名,以补太医。”又云:“辂随父在利漕时,有治下屯民捕鹿者,其晨行还,见毛血,人取鹿处,来诣厩告辂,辂为卦语云:‘此有盗者,是汝东巷中第三家也。汝径往门前,伺无人时,取一瓦子,密发其碓屋东头第七椽,以瓦著下,不过明日食时,自送还汝。’其夜,盗者父病头痛,壮热烦疼,然亦来诣辂卜。辂为发祟,盗者具服。辂令担皮肉藏还著故处,病当自愈。乃密教鹿主往取;又语使复往如前,举椽弃瓦,盗父亦差。又都尉治内史有失物者,辂使明晨于寺门外看,当逢一人,使指天画地,举手四向,自当得之。暮果获于故处矣。”

评曰:华佗之医诊,杜夔之声乐,朱建平之相术,

评论说:华佗的医术,杜夔的音乐,朱建平的相术,周宣的相梦,管辂

周宣之相梦，管辂之术筮，诚皆玄妙之殊巧，非常之绝技矣。昔史迁著扁鹊、仓公、日者之传，所以广异闻而表奇事也。故存录云尔。

的卜筮术，真的都是很玄妙的特殊技巧，是非同一般的绝技。从前司马迁为扁鹊、仓公、日者立传，是为了广载异闻而记录奇事。所以本书也作此记述。

卷三十　魏书三十

乌丸鲜卑东夷传

导读　本卷是对三国时期北方少数民族乌丸、鲜卑、东夷等部族的记载。虽然陈寿记录这些少数民族主要是为了给防备少数民族入侵中原提供借鉴，但它为现代人研究民族史、风俗史、历史地理等提供了重要史料。乌丸、鲜卑长期骚扰侵害边境，而中原的动乱，人口的外流，为乌丸、鲜卑的发展提供了契机。然而他们不注重政治与制度的建设，追求物质利益，在部族首领死后，很快陷入内部战争而走向衰落。东夷是夫餘、高句丽、沃沮、挹娄、濊貊、辰韩、马韩、弁辰、倭等民族的集合，这些民族地处偏远，陈寿侧重于记录其所在方位、土地面积、官制、风俗、服饰器物等方面的内容，也记载了它们同汉、魏朝廷交流的始末。

乌丸

原文

《书》载“蛮夷猾夏”，《诗》称“玁狁孔炽”，久矣，其为中国患也。秦、汉以来，匈奴久为边害。孝武虽外事四夷，东平两越、朝鲜，西讨贰师[1]、大宛[2]，开邛苲[3]、夜郎[4]之

译文

《尚书·尧典》说“蛮夷扰乱中原”，《诗经·小雅·六月》说“玁狁势力强大”，可见他们侵害中原已经很久了。秦汉以来，匈奴长期成为边境的祸害。汉孝武帝虽然对外进攻四方少数民族，在东边平定东越、南越、朝鲜，在西边讨伐贰师、大宛，在西南边打通前往邛苲、夜郎的通

道，然皆在荒服之外，不能为中国轻重。而匈奴最逼于诸夏，胡骑南侵则三边受敌，是以屡遣卫、霍之将，深入北伐，穷追单于，夺其饶衍之地。后遂保塞称藩，世以衰弱。建安中，呼厨泉南单于入朝，遂留内侍，使右贤王抚其国，而匈奴折节，过于汉旧。然乌丸、鲜卑稍更强盛，亦因汉末之乱，中国多事，不遑外讨，故得擅漠南之地，寇暴城邑，杀略人民，北边仍受其困。

道，但这些地区都在偏远之地，不能对中原地区产生什么重大影响。而匈奴离中原最近，只要它的骑兵向南侵犯，那么中原王朝就会三面受敌，所以汉朝屡次派遣卫青、霍去病等将领深入匈奴境内北伐，穷追匈奴单于，攻占其富饶平广的土地。之后匈奴才归附汉朝并愿意为汉朝守卫边塞，自此逐渐衰弱。建安年间，呼厨泉南单于入京朝见天子，被留在京中侍奉皇帝，让右贤王统领匈奴，这时的匈奴人臣服朝廷的程度超过了以往汉朝的任何时期。但是乌丸、鲜卑又逐渐交替强盛起来，他们又趁汉末战乱，中原王朝忙于应付内部事务，无暇向外讨伐异族，因此得以侵占漠南之地，侵犯城邑，杀掠人民，北方边境地区频繁受其困扰。

【今注】 1 贰师：贰师城，属大宛，在今吉尔吉斯斯坦西南部的奥什。 2 大宛：古西域国名。在今费尔干纳盆地，王治贵山城（在今塔吉克斯坦的苦盏）。 3 邛莋(zuó)：汉时西南夷邛都、莋都两名的并称。后泛指西南边远地区或少数民族。 4 夜郎：夜郎国，主要在今贵州西部、北部，云南东北部及四川南部与广西北部部分地区。

会袁绍兼河北，乃抚有三郡乌丸，宠其名王而收其精骑。其后

恰逢袁绍占领河北，开始安抚三郡乌丸，宠信他们的有名望的首领并收编了他们的精锐骑兵。之后袁尚、袁熙被太祖曹

尚、熙又逃于蹋顿。蹋顿又骁武，边长老皆比之冒顿，恃其阻远，敢受亡命，以雄百蛮。太祖潜师北伐，出其不意，一战而定之，夷狄慑服，威振朔土。遂引乌丸之众服从征讨，而边民得用安息。后鲜卑大人轲比能复制御群狄，尽收匈奴故地，自云中[1]、五原[2]以东抵辽水，皆为鲜卑庭。数犯塞寇边，幽、并苦之。田豫有马城[3]之围，毕轨有陉北之败。青龙中，帝乃听王雄，遣剑客刺之。然后种落离散，互相侵伐，强者远遁，弱者请服。由是边陲差安，漠南少事，虽时颇钞盗，不能复相扇动矣。

乌丸、鲜卑即古所谓东胡也。其习俗前事，撰汉记者已录而载之

操击败后投奔乌丸首领蹋顿。蹋顿十分勇猛强悍，边境年长的人都把他比作冒顿单于。蹋顿仗着自己远离中原，所以敢接受袁尚、袁熙等内地来的流亡者，在少数民族之中称雄。太祖曹操秘密率军北伐，趁其不注意，一战就平定了乌丸，各少数民族无不慑服，威震北方地区。于是太祖又统领乌丸的兵力跟随征讨各地，边地居民因此得以安居生息。后来鲜卑人的首领轲比能又控制了北方各少数民族部落，将匈奴之前的领土全部占领，从云中郡、五原郡以东直至辽河一带，都成为鲜卑的领地。他们多次侵犯边塞，幽州、并州两地深受其害。田豫曾被鲜卑轲比能部众包围在马城，毕轨曾在陉北与轲比能作战被打败。青龙年间，明帝听从王雄的建议，派遣一名剑客刺杀了轲比能。之后鲜卑部落四分五裂，互相攻伐，势力强大的逃往远方，势力弱小的请求归附朝廷。从此，边境略微安定，漠南战事减少，虽然各部还不时去劫掠，但不能再相互鼓动形成反叛之势了。

乌丸、鲜卑就是古代所说的东胡。他们的习俗和历史，撰写汉代史书的人已经收集并记载下来了。所以这里只是叙述了

矣。故但举汉末魏初以来,以备四夷之变云[1]。	汉末魏初以来的情况,从而使史书中关于周边少数民族历史变迁的记载保持完整。

今注　1　云中:并州云中郡,秦治云中(今内蒙古托克托东北古城镇),辖境相当今内蒙古土默特右旗以东,大青山以南,卓资县以西,黄河南岸及长城以北。西汉辖境缩小,东汉末废。　2　五原:五原郡,辖境相当今内蒙古后套以东、阴山以南、包头市以西和达拉特、准格尔等旗地。治九原(今包头西)。　3　马城:古县名,治今河北怀安县西。

裴注　[1]《魏书》曰:"乌丸者,东胡也。汉初,匈奴冒顿灭其国,余类保乌丸山,因以为号焉。俗善骑射,随水草放牧,居无常处,以穹庐为宅,皆东向。日弋猎禽兽,食肉饮酪,以毛毳为衣。贵少贱老,其性悍骜,怒则杀父兄,而终不害其母,以母有族类,父兄以己为种,无复报者故也。常推募勇健、能理决斗讼相侵犯者为大人,邑落各有小帅,不世继也。数百千落自为一部,大人有所召呼,刻木为信,邑落传行。无文字,而部众莫敢违犯。氏姓无常,以大人健者名字为姓。大人以下,各自畜牧治产,不相徭役。其嫁娶皆先私通,略将女去,或半岁百日,然后遣媒人送马、牛、羊以为聘娶之礼。婿随妻归,见妻家无尊卑,旦起皆拜,而不自拜其父母。为妻家仆役二年,妻家乃厚遣送女,居处财物,一出妻家。故其俗从妇人计,至战斗时,乃自决之。父子男女,相对蹲踞,悉髡头以为轻便。妇人至嫁时乃养发,分为髻,著句决,饰以金碧,犹中国有冠步摇也。父兄死,妻后母执嫂;若无执嫂者,则己子以亲之次妻伯叔焉,死则归其故夫。俗识鸟兽孕乳,时以四节,耕种常用布谷鸣为候。地宜青穄、东墙,东墙似蓬草,实如葵子,至十月熟。能作白酒,而不知作曲糵。米常仰中国。大人能作弓矢鞍勒,锻金铁为兵器,能刺韦作文绣,织缕毡罽。有病,知以艾灸,或烧石自熨,烧地卧上,或随痛病处,以刀决脉出血,及祝天地山川之神,无针药。贵兵死,敛尸有棺,始死则哭,葬则歌舞相送。肥养犬,以采绳婴牵，并取亡者所乘马、衣物、生时服饰，皆烧以送之。特属累犬，使护死者神灵归乎赤山。赤山在辽东西北数千里，如中国人以死之魂神归泰山也。至葬日，夜聚亲旧员坐，牵犬马历位，或歌哭者，掷肉与之，使二人口诵咒文，使死者魂神径至，历险阻，勿令横鬼遮护，达其赤山，然后杀犬马，衣物烧之。敬鬼神，祠天地、日月、星辰、山川，及先大人有健名者，亦同祠以牛羊，祠毕皆烧之。饮食必先祭。其约法：违大人言，死；盗不止，死。其相残杀，令部落自相报，相报不止，诣大人平之，有罪者出其牛羊以赎死命，乃止。自杀其父兄无罪。其亡叛为大人所捕者，诸邑落不肯受，皆逐使至雍狂地。地无山，有沙漠、流水、草木，多蝮蛇，在丁令之西南，乌孙之东北，以穷困之。自其先为匈奴所破之后，人众孤弱，为匈奴臣服，常岁输牛、马、羊，过时不具，辄虏其妻子。至匈奴壹衍鞮单于时，乌丸转强，发掘匈奴单于冢，将以报冒顿所破之耻。壹衍鞮单于大怒，发二万骑以击乌丸。大将军霍光闻之，遣度辽将军范明友将三万骑出辽东追击匈奴。比明友兵至，匈奴已引去。乌丸新被匈奴兵，乘其衰弊，遂进击乌丸，斩首六千余级，获三王首还。后数复犯塞，明友辄征破之。至王莽末，并与匈奴为寇。光武定天下，遣伏波将军马援将三千骑，从五原关出塞征之，无利，而杀马千余匹。乌丸遂盛，钞击匈奴，匈奴转徙千里，漠南地空。建武二十五年，乌丸大人郝旦等九千余人率众诣阙，封其渠帅为侯王者八十余人，使居塞内，布列辽东属国、辽西、右北平、渔阳、广阳、上谷、代郡、雁门、太原、朔方诸郡界，招来种人，给其衣食，置校尉以领护之，遂为汉侦备，击匈奴、鲜卑。至永平中，渔阳乌丸大人钦志贲帅种人叛，鲜卑还为寇害，辽东太守祭彤募杀志贲，遂破其众。至安帝时，渔阳、右北平、雁门乌丸率众王无何等复与鲜卑、匈奴合，钞略代郡、上谷、涿郡、五原，乃以大司农何熙行车骑将军，左右羽林五营士，发缘边七郡黎阳营兵合二万人击之。匈奴降，鲜卑、乌丸各还塞外。是后，乌丸稍复亲附，拜其大人戎末廆为都尉。至顺帝时，戎末廆率将王侯咄归、去延等，从乌丸校尉耿晔出塞击鲜卑有功，还皆拜为率众王，赐束帛。”

汉末，辽西乌丸大人丘力居，众五千余落，上谷[1]乌丸大人难楼，众九千余落，各称王。而辽东属国乌丸大人苏仆延，众千余落，自称峭王。右北平[2]乌丸大人乌延，众八百余落，自称汗鲁王。皆有计策勇健。中山太守张纯叛入丘力居众中，自号弥天安定王，为三郡乌丸元帅，寇略青、徐、幽、冀四州，杀略吏民。灵帝末，以刘虞为幽州牧，募胡斩纯首，北州乃定。后丘力居死，子楼班年小，从子蹋顿有武略[3]，代立，总摄三王部，众皆从其教令。袁绍与公孙瓒连战不决，蹋顿遣使诣绍求和亲，助绍击瓒，破之。绍矫制赐蹋顿、峭王、汗鲁王印绶，皆以为单于[1]。

东汉末年，辽西乌丸族首领丘力居统领五千多个居民点，上谷乌丸首领难楼统领九千多个居民点，他们各自称王。又有辽东属国乌丸族首领苏仆延，统领一千多个居民点，自称峭王。右北平郡乌丸族首领乌延统领八百多个居民点，自称汗鲁王。他们都有计谋而勇猛强健。中山太守张纯背叛朝廷，逃入丘力居的部族中，自称弥天安定王，被推举为三郡乌丸元帅，他率军侵略青州、徐州、幽州、冀州四州，杀掠官员百姓。汉灵帝末年，朝廷派刘虞担任幽州牧，他招募胡人刺客斩下了张纯的首领，北方各州才平定下来。后来丘力居死去，他的儿子楼班年龄幼小，他的侄子蹋顿有军事谋略，接替楼班为首领，总领乌丸族的左王部、右王部和单于本部，部下都听从他的命令。袁绍和公孙瓒连续多次战争都没有决出胜负，蹋顿派使者到袁绍处请求和亲，出兵帮助袁绍攻打公孙瓒，将其打败。袁绍假托皇帝的命令，赐给蹋顿、峭王、汗鲁王印绶，把他们都立为单于。

今注　1 上谷：上谷郡，秦治沮阳（今河北怀来东南），三国魏后治所屡有迁徙。　2 右北平：右北平郡，西汉治平刚（今宁城西南），东汉移治土垠（今河北唐山市丰润区东南）。　3 武略：军事方面的才能。

裴注　[1]《英雄记》曰："绍遣使即拜乌丸三王为单于，皆安车、华盖、羽覆、黄屋、左纛。版文曰：'使持节大将军督幽、青、并领冀州牧邟乡侯绍，承制诏辽东属国率众王颁下、乌丸辽西率众王蹋顿、右北平率众王汗卢：维乃祖慕义迁善，款塞内附，北捍玁狁，东拒濊貊，世守北陲，为百姓保障。虽时侵犯王略，命将徂征厥罪，率不旋时，悔愆变改，方之外夷，最为聪惠者也。始有千夫长、百夫长以相统领，用能悉乃心，克有勋力于国家，稍受王侯之命。自我王室多故，公孙瓒作难，残夷厥土之君，以侮天慢主，是以四海之内，并执干戈以卫社稷。三王奋气裔土，忿奸忧国，控弦与汉兵为表里，诚甚忠孝，朝所嘉焉。然而虎兕长蛇，相随塞路，王官爵命，否而无闻。夫有勋不赏，俾勤者怠。今遣行谒者杨林，赍单于玺绶车服，以对尔劳。其各绥静部落，教以谨慎，无使作凶作慝。世复尔祀位，长为百蛮长。厥有咎有不臧者，泯于尔禄，而丧于乃庸，可不勉乎！乌桓单于都护部众，左右单于受其节度，他如故事。'"

后楼班大，峭王率其部众奉楼班为单于，蹋顿为王，然蹋顿多画计策。广阳阎柔，少没乌丸、鲜卑中，为其种所归信。柔乃因鲜卑众，杀乌丸校尉邢举代之，绍因宠慰以安北边。后袁尚败奔蹋顿，

后来楼班长大，峭王率领他的部族推举楼班为单于，蹋顿则不再称单于而称王，但谋划策略多出自蹋顿之手。广阳人阎柔，从小被遗弃在乌丸、鲜卑部落中，受到这些部落的信赖。阎柔依靠鲜卑的力量，杀死乌丸校尉邢举，自己取而代之，袁绍有意拉拢优待阎柔以安定北部边境。后来袁尚兵败，投奔蹋顿，

凭其势，复图冀州。会太祖平河北，柔帅鲜卑、乌丸归附，遂因以柔为校尉，犹持汉使节，治广宁如旧。建安十一年，太祖自征蹋顿于柳城，潜军诡道，未至百余里，虏乃觉。尚与蹋顿将众逆战于凡城1，兵马甚盛。太祖登高望虏阵，抑军未进，观其小动，乃击破其众，临阵斩蹋顿首，死者被野。速附丸、楼班、乌延等走辽东，辽东悉斩，传送其首。其余遗迸皆降。及幽州、并州柔所统乌丸万余落，悉徙其族居中国，帅从其侯王大人种众与征伐。由是三郡乌丸为天下名骑[1]。

想凭借蹋顿的势力，企图夺回冀州。这时太祖曹操扫平河北，阎柔率领鲜卑、乌丸人归顺太祖，太祖于是任命他为护乌丸校尉，持有汉朝的使者的节杖，依旧以广宁为治所。建安十一年(206)，太祖亲率大军征讨蹋顿的大本营柳城，秘密出兵在小路行进，在距柳城不到一百里的地方，才被敌军发现。袁尚和蹋顿在凡城率领军队迎战，兵势很盛。太祖登上高处观察敌方阵势，先按兵不动，等看到敌军露出破绽，就立即率兵击破敌军，临阵斩了蹋顿，战场上死尸遍野。速附丸、楼班、乌延等逃奔辽东，辽东人把他们全部杀死，用驿车把他们的头颅传送到京城。其余逃散的人都投降了。太祖将投降的人和幽州、并州等地阎柔统率的一万多个居民点的乌丸族人，全部迁居到中原，率领他们的大小首领和部众征战各地。从此三郡乌丸的骑兵天下闻名。

今注 1 凡城：在今河北平泉南。

裴注 [1]《魏略》曰：“景初元年秋，遣幽州刺史毌丘俭率众军讨辽东。右北平乌丸单于寇娄敦、辽西乌丸都督率众王护留叶，昔随袁尚奔辽东，闻俭军至,率众五千余人降。寇娄敦遣弟阿罗槃等诣阙朝贡,封其渠帅三十余人为王,赐舆马、缯采各有差。”

鲜卑

鲜卑[1]步度根既立,众稍衰弱。中兄扶罗韩亦别拥众数万为大人。建安中太祖定幽州,步度根与轲比能等因乌丸校尉阎柔上贡献。后代郡乌丸能臣氐等叛,求属扶罗韩,扶罗韩将万余骑迎之。到桑干,氐等议,以为扶罗韩部威禁宽缓,恐不见济,更遣人呼轲比能。比能即将万余骑到,当共盟誓。比能便于会上杀扶罗韩,扶罗韩子泄归泥及部众悉属比能。比能自以杀归泥父,特又善遇之。步度根由是怨比能。文帝践阼,田豫为乌丸校尉,持节并护鲜卑,屯昌平。步度根遣使献马,帝拜为王。后数与

鲜卑族首领步度根掌权后,部族势力逐渐衰弱。他的二哥扶罗韩也统领着几万人,成了另一位部族首领。建安年间,太祖曹操平定幽州,步度根和轲比能等通过乌丸校尉阎柔,向朝廷献上贡品。后来代郡的乌丸首领能臣氐等人反叛,请求归顺扶罗韩,扶罗韩统率一万多骑兵去迎接他们。到了桑干县,能臣氐等人商议,认为扶罗韩对部族的控制比较松,恐怕得不到有力的援助,就另外派人与轲比能联络。轲比能立刻率领万余骑兵前来,并与能臣氐等人一起结盟立誓。轲比能随即在宴会上杀死了扶罗韩,扶罗韩的儿子泄归泥及部众都归顺了轲比能。考虑到自己杀死了泄归泥的父亲,轲比能特别善待泄归泥。但步度根因此而怨恨轲比能。魏文帝曹丕即位后,任命田豫为乌丸校尉,持有节杖,同时管理鲜卑人,驻扎昌平。步度根派使者向朝廷献马,文帝封步度根为鲜卑王。后来步度根多次与

轲比能更相攻击，步度根部众稍寡弱，将其众万余落保太原、雁门郡[1]。

轲比能相互攻杀，步度根的势力日益衰弱，于是率领自己统率的一万余个居民点的民众退守太原、雁门郡。

今注　**1**　雁门郡：秦、西汉治善无（今山西右玉南），东汉移治阴馆（今山西朔州东南），三国魏移治广武（今代县西南）。

裴注　［**1**］《魏书》曰："鲜卑，亦东胡之余也，别保鲜卑山，因号焉。其言语习俗与乌丸同。其地东接辽水，西当西城。常以季春大会，作乐水上，嫁女娶妇，髡头饮宴。其兽异于中国者，野马、羱羊、端牛。端牛角为弓，世谓之角端者也。又有貂、豽、鼲子，皮毛柔蠕，故天下以为名裘。鲜卑自为冒顿所破，远窜辽东塞外，不与余国争衡，未有名通于汉，而由自与乌丸相接。至光武时，南北单于更相攻伐，匈奴损耗，而鲜卑遂盛。建武三十年，鲜卑大人於仇贲率种人诣阙朝贡，封於仇贲为王。永平中，祭彤为辽东太守，诱赂鲜卑，使斩叛乌丸钦志贲等首，于是鲜卑自燉煌、酒泉以东邑落大人，皆诣辽东受赏赐，青、徐二州给钱，岁二亿七千万以为常。和帝时，鲜卑大都护校尉廆帅部众从乌丸校尉任尚击叛者，封校尉廆为率众王。殇帝延平中，鲜卑乃东入塞，杀渔阳太守张显。安帝时，鲜卑大人燕荔阳入朝，汉赐鲜卑王印绶，赤车参驾，止乌丸校尉所治宁下。通胡市，筑南北两部质宫，受邑落质者百二十部。是后或反或降，或与匈奴、乌丸相攻击。安帝末，发缘边步骑二万余人，屯列冲要。后鲜卑八九千骑穿代郡及马城塞入害长吏，汉遣度辽将军邓遵、中郎将马续出塞追破之。鲜卑大人乌伦、其至鞬等七千余人诣遵降，封乌伦为王，其至鞬为侯，赐采帛。遵去后，其至鞬复反，围乌丸校尉于马城，度辽将军耿夔及幽州刺史救解之。其至鞬遂盛，控弦数万骑，数道入塞，趣五原宁貊，攻匈奴南单于，杀左奥鞬日逐王。顺帝时，复入塞，杀代郡太守。汉遣黎阳营兵屯中山，缘边郡兵屯塞下，调五营弩帅令教战射，南单于将步骑万余人助汉,击却之。后乌丸校尉耿晔将率众王出塞击鲜卑,多斩首虏,于是鲜卑三万余落诣辽东降。匈奴及北单于遁逃后,余种十余万落,诣辽东杂处,皆自号鲜卑兵。投鹿侯从匈奴军三年,其妻在家,有子。投鹿侯归,怪欲杀之。妻言:'尝昼行闻雷震,仰天视而雹入其口,因吞之,遂妊身,十月而产,此子必有奇异,且长之。'投鹿侯固不信。妻乃语家,令收养焉,号檀石槐,长大勇健,智略绝众。年十四五,异部大人卜贲邑钞取其外家牛羊,檀石槐策骑追击,所向无前,悉还得所亡。由是部落畏服,施法禁,平曲直,莫敢犯者,遂推以为大人。檀石槐既立,乃为庭于高柳北三百余里弹汗山啜仇水上,东西部大人皆归焉。兵马甚盛,南钞汉边,北拒丁令,东却夫餘,西击乌孙,尽据匈奴故地,东西万二千余里,南北七千余里,网罗山川、水泽、盐池甚广。汉患之,桓帝时,使匈奴中郎将张奂征之,不克。乃更遣使者赍印绶,即封檀石槐为王,欲与和亲。檀石槐拒不肯受,寇钞滋甚。乃分其地为中、东、西三部。从右北平以东至辽,东接夫餘、貊为东部,二十余邑,其大人曰弥加、阙机、素利、槐头。从右北平以西至上谷为中部,十余邑,其大人曰柯最、阙居、慕容等,为大帅。从上谷以西至燉煌,西接乌孙为西部,二十余邑,其大人曰置鞬落罗、日律推演、宴荔游等,皆为大帅,而制属檀石槐。至灵帝时,大钞略幽、并二州。缘边诸郡,无岁不被其毒。熹平六年,遣护乌丸校尉夏育、破鲜卑中郎将田晏、匈奴中郎将臧旻与南单于出雁门塞,三道并进,径二千余里征之。檀石槐帅部众逆击,旻等败走,兵马还者,什一而已。鲜卑众日多,田畜射猎,不足给食。后檀石槐乃案行乌侯秦水,广袤数百里,渟不流,中有鱼而不能得。闻汗人善捕鱼,于是檀石槐东击汗国,得千余家,徙置乌侯秦水上,使捕鱼以助粮。至于今,乌侯秦水上有汗人数百户。檀石槐年四十五死,子和连代立。和连材力不及父,而贪淫,断法不平,众叛者半,灵帝末年数为寇钞,攻北地,北地庶人善弩射者射中和连,和连即死。其子骞曼小,兄子魁头代立。魁头即立,后骞曼长大,与魁头争国,众遂离散。魁头死,弟步度根代立。自檀石槐死后,诸大人遂世相袭也。"

步度根乃使人招呼泄归泥曰："汝父为比能所杀，不念报仇，反属怨家。今虽厚待汝，是欲杀汝计也。不如还我，我与汝是骨肉至亲，岂与仇等？"由是归泥将其部落逃归步度根，比能追之弗及。至黄初五年，步度根诣阙[1]贡献，厚加赏赐，是后一心守边，不为寇害，而轲比能众遂强盛。明帝即位，务欲绥和[2]戎狄，以息征伐，羁縻两部而已。至青龙元年，比能诱步度根深结和亲，于是步度根将泄归泥及部众悉保比能，寇钞并州，杀略吏民。帝遣骁骑将军秦朗征之，归泥叛比能，将其部众降，拜归义王，赐幢麾、曲盖、鼓吹，居并州如故。步度根为比能所杀。

步度根于是派人招附泄归泥说："你父亲被轲比能杀害，你不想着报仇，反而归顺自己的仇家。他今天虽然厚待你，其实是在考虑日后杀死你。你还不如归顺我，我和你是至亲骨肉，难道还不如杀父的仇人吗？"因此泄归泥率他的部族民众逃去投奔步度根，轲比能没有追上他们。到了黄初五年(224)，步度根亲自到朝廷进贡，得到文帝重赏，从此他一心为魏国守卫边疆，不再侵略中原，而轲比能的势力逐渐强大。魏明帝即位后，急着想安抚少数民族，以平息战争，所以对步度根、轲比能两部采取笼络政策。到了青龙元年(233)，轲比能诱使步度根与自己结亲讲和，于是步度根率领泄归泥及部众都依附轲比能，一起侵扰掠夺并州，杀掠官员百姓。皇帝派遣骁骑将军秦朗去征讨他们，泄归泥背叛轲比能，率领部众向秦朗投降，朝廷封他为归义王，并赐给他幢麾、曲盖、仪仗乐队，让他照旧在并州定居。步度根则被轲比能杀害。

今注　1 诣阙：指赴朝堂。　2 绥和：缓和矛盾，安抚。

轲比能本小种鲜卑，以勇健，断法平端[1]，不贪财物，众推以为大人。部落近塞，自袁绍据河北，中国人多亡叛归之，教作兵器铠楯，颇学文字。故其勒御[2]部众，拟则中国，出入弋猎，建立旌麾，以鼓节为进退。建安中，因阎柔上贡献。太祖西征关中，田银反河间，比能将三千余骑随柔击破银。后代郡乌丸反，比能复助为寇害，太祖以鄢陵侯彰为骁骑将军，北征，大破之。比能走出塞，后复通贡献。延康初，比能遣使献马，文帝亦立比能为附义王。黄初二年，比能出诸魏人在鲜卑者五百余家，还居代郡。明年，比能帅部落大人小子代郡乌丸修武卢等三千余骑，驱牛马七万余口交市，遣魏人千余家居上谷。后与东部鲜卑大人素利

轲比能原本出身于鲜卑的一个小部落，因为勇敢强壮，执法公平，不贪财物，被部众推举为首领。他的部落靠近边塞，自从袁绍占据河北，中原的人有很多去投奔轲比能，他们教会了鲜卑人制作兵器、铠甲、盾牌，还教他们学会很多文字。所以他效仿中原的方式统率部下，外出或打猎都要树起军旗，以击鼓作为进退的信号。建安年间，他通过阎柔向朝廷进贡。太祖向西讨伐关中，田银在河间郡反叛，轲比能率三千多骑兵跟随阎柔击败田银。后来代郡的乌丸族反叛，轲比能又开始帮助他们侵害边境，太祖任命鄢陵侯曹彰为骁骑将军，率兵北征，大败轲比能。轲比能逃跑到塞外，后来他又向朝廷进贡称臣。延康初年，轲比能派人向朝廷献马，魏文帝曹丕封轲比能为附义王。黄初二年(221)，轲比能将住在鲜卑部落里的五百余家魏国人放走，让他们返回代郡居住。第二年，轲比能率领部落中的大人小儿和代郡乌丸族修武卢等一共三千多骑兵，驱赶七万多牛马来贸易，并放回一千多家魏国人到上谷郡居住。后来轲

及步度根三部争斗，更相攻击。田豫和合，使不得相侵。

比能与东部鲜卑族首领素利及步度根三部争斗，相互攻击。田豫为他们调解，使他们不再相互攻击。

今注 1 平端：平正，端正。 2 勒御：驾驭，统治。

五年，比能复击素利，豫帅轻骑径进掎其后。比能使别小帅琐奴拒豫，豫进讨，破走之，由是怀贰[1]。乃与辅国将军鲜于辅书曰："夷狄不识文字，故校尉阎柔保我于天子。我与素利为仇，往年攻击之，而田校尉助素利。我临阵使琐奴往，闻使君来，即便引军退。步度根数数钞盗，又杀我弟，而诬我以钞盗。我夷狄虽不知礼义，兄弟子孙受天子印绶，牛马尚知美水草，况我有人心邪！将军当保明我于天子。"辅得书以闻，帝复使豫招纳安慰。比能众遂强盛，控

黄初五年(224)，轲比能再次攻击素利，田豫率轻骑赶到他的后方进行牵制。轲比能派了一个部落的小头领琐奴抵御田豫，田豫率军进攻，击败琐奴，琐奴逃走，轲比能从此怀有叛逆之心。他于是给辅国将军鲜于辅写信说："夷狄不识文字，所以前任校尉阎柔代我向天子投诚。我与素利是仇敌，以前就曾派兵攻打过他，但是现在校尉田豫却协助素利。我在战场上派琐奴前去抵御田豫，听说您来了，就率领军队撤退了。步度根多次抢掠，又杀死我弟弟，却诬陷我为强盗。我们夷狄虽不知礼仪道义，但我们兄弟子孙承蒙天子赐给印绶，牛马尚且知道追逐丰美的水草，更何况我是有心的人呢！将军应该为我向天子讲明情况。"鲜于辅得到书信后上报朝廷，文帝又派田豫去招纳安慰。轲比能的势力因此更加强盛，统领的骑兵有十多万。每次抢

弦[2]十余万骑。每钞略得财物,均平分付,一决目前,终无所私,故得众死力,余部大人皆敬惮之。然犹未能及檀石槐[3]也。

掠所得财物,他都平均分配,当着众人处理完毕,从不私自占有,所以部下愿意为他尽心效力,其余部落的首领都敬畏他。但是他的势力还是不及汉朝时的鲜卑族首领檀石槐。

今注 1 怀贰:不忠贞,有谋反的企图。 2 控弦:此为“兵士”的代称。 3 檀石槐:东汉时期鲜卑部落首领。有勇力谋略,统一鲜卑各部,享有崇高声望。东汉末年,在弹汗山(今河北尚义县南大青山)建庭,向周边扩张,占据匈奴故土,后将鲜卑分为三部,各置大人统领。

太和二年,豫遣译夏舍诣比能女婿郁筑鞬部,舍为鞬所杀。其秋,豫将西部鲜卑蒲头、泄归泥出塞讨郁筑鞬,大破之。还至马城,比能自将三万骑围豫七日。上谷太守阎志,柔之弟也,素为鲜卑所信。志往解喻[1],即解围去。后幽州刺史王雄并领校尉,抚以恩信。比能数款塞,诣州奉贡献。至青龙元年,比能诱纳步度根,使叛并州,与结和亲,自勒万骑迎其累重于陉北。并州

太和二年(228),田豫派遣翻译官夏舍到轲比能女婿郁筑鞬的部落去,结果夏舍被郁筑鞬杀死。这年秋天,田豫统率西部鲜卑族的首领蒲头、泄归泥出塞讨伐郁筑鞬,将他击败。率兵回到马城时,轲比能亲自率三万骑兵,将田豫围困了七天。上谷太守阎志,是阎柔的弟弟,历来被鲜卑人信任。阎志亲自来到马城调解劝说,轲比能才解围离开。后来幽州刺史王雄兼领校尉,以恩义信用安抚鲜卑各部。轲比能多次入塞,到幽州进贡。到了青龙元年(233),轲比能诱使步度根来归附,让他背叛并州,和自己结亲讲和,又亲自率兵万余人在陉北迎接

刺史毕轨遣将军苏尚、董弼等击之，比能遣子将骑与尚等会战于楼烦[2]，临阵害尚、弼。至三年中，雄遣勇士韩龙刺杀比能，更立其弟。

他的辎重队伍。并州刺史毕轨派将军苏尚、董弼等人攻击他们，轲比能派他的儿子率领骑兵在楼烦与苏尚等人会战，在战斗中杀死苏尚、董弼。青龙三年(235)间，王雄派勇士韩龙刺杀了轲比能，另立轲比能的弟弟为首领。

今注　1 解喻：解释晓喻。　2 楼烦：楼烦县，治今山西宁武县。

素利、弥加、厥机皆为大人，在辽西、右北平、渔阳[1]塞外。道远初不为边患，然其种众多于比能。建安中，因阎柔上贡献[2]，通市，太祖皆表宠以为王。厥机死，又立其子沙末汗为亲汉王。延康初，又各遣使献马。文帝立素利、弥加为归义王。素利与比能更相攻击。太和二年，素利死。子小，以弟成律归为王，代摄其众。

素利、弥加、厥机都是鲜卑族的部落首领，居住在辽西、右北平和渔阳三郡的塞外。起初因为距离遥远，对边境地区不构成祸患，但是他们部落的人数比轲比能多。建安年间，他们通过阎柔向朝廷进贡，并与中原互通贸易，曹操都上表封他们为王以示优宠。厥机死后，朝廷又立他的儿子沙末汗为亲汉王。延康初年，他们又各自派使者进献马匹。魏文帝封素利、弥加为归义王。素利和轲比能相互攻击，太和二年(228)，素利去世，他的儿子年幼，朝廷封他的弟弟成律归为王，接替素利统领部众。

今注　1 渔阳：渔阳郡，秦、汉治渔阳(今北京市密云区西南)。　2 贡献：进奉，进贡。

东夷

《书》称："东渐于海，西被于流沙。"其九服之制，可得而言也。然荒域之外，重译而至，非足迹车轨所及，未有知其国俗殊方者也。自虞暨周，西戎有白环之献，东夷有肃慎之贡[1]，皆旷世而至，其遐远也如此。及汉氏遣张骞使西域，穷河源，经历诸国，遂置都护以总领之，然后西域之事具存，故史官得详载焉。魏兴，西域虽不能尽至，其大国龟兹、于寘、康居、乌孙、疏勒、月氏、鄯善、车师之属，无岁不奉朝贡，略如汉氏故事。而公孙渊仍父祖三世有辽东，天子为其绝域，委以海外之事，遂隔断东夷，不得通于诸夏。景初中，

《尚书·禹贡》中说："东边到达大海，西边到达沙漠。"对王畿以外由近至远的九等地区，我们还可以说清楚。但是再往外的边荒地区，那些需要语言转译才能了解，中原的足迹、车马无法到达的地方，还没有人知道那里的国家的风情习俗。自虞舜以至周朝，西戎曾进贡白环，东夷肃慎也进贡过，他们都走了很长时间才到朝廷，其距离是如此遥远。到汉代派遣张骞出使西域，探究黄河源头，经历许多国家，设置都护府以统管各地，之后西域的具体情况才保存下来，所以汉朝史官才能在史书中将其详细记载下来。魏国建立之后，西域各国虽然不能都来朝贡，但其中一些大国如龟兹、于寘、康居、乌孙、疏勒、月氏、鄯善、车师等，每年都要派人来朝拜进贡，与汉代的情形差不多。公孙渊继承祖父公孙度、父亲公孙康的事业，三代人连续统治辽东，明帝考虑到他统治的区域辽阔广远，便将辽东这个边远之地的事务委托给他，导致朝廷与东北部少数民族的交往断绝，使他们不能和中原来往。景初年间，朝廷出动大军，诛灭了公孙渊，又暗中

大兴师旅，诛渊，又潜军浮海，收乐浪[2]、带方[3]之郡，而后海表谧然，东夷屈服。其后高句丽背叛，又遣偏师致讨，穷追极远，逾乌丸、骨都，过沃沮，践肃慎之庭，东临大海。长老说有异面之人，近日之所出，遂周观诸国，采其法俗，小大区别，各有名号，可得详纪。虽夷狄之邦，而俎豆[4]之象存。中国失礼，求之四夷，犹信。故撰次其国，列其同异，以接前史之所未备焉。

派军渡过大海，收复乐浪、带方等郡，从此滨海地区安定太平，东部少数民族归服朝廷。之后，高句丽背叛朝廷，朝廷派幽州军前去讨伐，追击敌人到很远的地方，跨过乌丸、骨都，又经过沃沮，进入肃慎的领土，直到东边的大海。当地的老人说，在接近太阳升起的地方有相貌怪异的人，于是毌丘俭等领兵凯旋时留心观察各国的情况，访求其法令风俗，领土大小，各自的名号，将这些信息都详细记录下来。虽然这些都是少数民族国家，但保存有用俎豆祭祀的礼仪习俗。中国有些失传的礼仪，在边远地区还可访求到，这是可信的。因此下面依次撰录东北部的各国史实，列举出它们的异同，以此来补充前代历史记载的不完备之处。

今注 1 西戎有白环之献，东夷有肃慎之贡：据《竹书纪年》记载，舜时西王母来朝见，进献白玉环。《左传》《国语》中都有东夷肃慎进献的记载。 2 乐浪：乐浪郡，治朝鲜(今朝鲜平壤南)。 3 带方：带方郡，治带方(今朝鲜黄海北道沙里院东南凤山附近)。 4 俎(zǔ)豆：古代祭祀、宴飨时盛食物用的礼器。俎类似于砧板，豆则为高脚盛器。

夫餘在长城之北，去玄菟[1]千里。南与高句丽，东与挹娄，西与鲜卑

夫餘在长城的北边，离玄菟有一千余里。其南边与高句丽，东与挹娄，西与鲜卑接壤，北部有弱水，方圆约二千里，

接，北有弱水，方可二千里，户八万。其民土著，有宫室、仓库、牢狱。多山陵、广泽，于东夷之域最平敞。土地宜五谷，不生五果。其人粗大，性强勇谨厚，不寇钞。国有君王，皆以六畜名官，有马加、牛加、猪加、狗加、大使、大使者、使者。邑落有豪民，名下户皆为奴仆。诸加别主四出，道大者主数千家，小者数百家。食饮皆用俎豆，会同[2]、拜爵、洗爵[3]，揖让升降[4]。以殷正月[5]祭天，国中大会，连日饮食歌舞，名曰迎鼓。于是时断刑狱，解囚徒。

人口有八万户。当地的民众定居生活，有宫室、仓库、监狱。国内多丘陵湖泊，在东北部的各族中，地势最为平坦开阔。那里的土地可以种植五谷，但不适宜种植果树。当地人长得粗壮高大，性情刚强勇敢，为人谨慎厚道，不抢掠他人。国内有君王，官职都用六种牲畜来命名，有马加、牛加、猪加、狗加、大使、大使者、使者等。在城乡居民点都有大户豪民，名下的人户都是他家奴仆。各个“加”分别负责管理四方道路所能到达的地区，大的主管数千家，小的主管数百家。饮食时都用俎、豆这些器具，君臣间会定期聚会，聚会宴饮时有拜爵、洗爵的礼仪，宾主之间会作揖谦让。在殷历的正月举行祭天活动，到时国中会召开大会，连续几天宴饮欢乐，唱歌跳舞，他们将其称之为迎鼓。每年这个时候停止审讯犯人，还会释放囚徒。

今注 1 玄菟：玄菟郡，东汉时移治今沈阳东。 2 会同：古代诸侯共同朝见帝王的通称。 3 拜爵、洗爵：按照周礼，主人敬酒时取几上之杯先洗一下，再斟酒献客，客人也如此回敬主人，即为“洗爵”。在主人为宾客洗爵时，宾客要在西阶上北面而拜，表示感谢，即为“拜爵”。 4 揖让升降：古代宾主相见时拱手作礼，主客双方先后按照礼仪登上台阶。 5 殷正月：即殷商历法的正月，相当于今农历的十二月。

在国衣尚白，白布大袂，袍、裤，履革鞜。出国则尚缯绣[1]锦罽[2]，大人加狐狸、狖[3]白、黑貂之裘，以金银饰帽。译人传辞，皆跪，手据地窃语。用刑严急，杀人者死，没其家人为奴婢。窃盗一，责十二。男女淫，妇人妒，皆杀之。尤憎妒，已杀，尸之国南山上，至腐烂。女家欲得，输牛马乃与之。兄死妻嫂，与匈奴同俗。其国善养牲，出名马、赤玉、貂狖、美珠。珠大者如酸枣。以弓矢刀矛为兵，家家自有铠仗。国之耆老自说古之亡人。作城栅皆员，有似牢狱。行道，昼夜无老幼皆歌，通日声不绝。有军事亦祭天，杀牛观蹄以占吉凶，蹄解者为凶，合者为吉。有敌，诸加自战，下户俱

夫餘国的人穿衣服崇尚白色，人们穿白布大袖，袍子、裤子，脚上穿兽皮鞋。若出使国外，则喜欢穿绣花的丝织品和毛织品做成的衣服，首领们加饰狐狸、狖白和黑貂皮制成的裘衣，并在帽子上用金银装饰。从事翻译的人传达信息时，都要跪下来，双手撑地，小声说话。国内刑法严酷峻急，杀人者处以死刑，其家属被没收为奴婢。偷盗者偷盗一件东西，罚赔十二件。男女淫乱，妇人妒忌，都处以死刑。该国特别憎恨妇人妒忌，杀死妒忌的妇人后，还要把尸首摆在国内南边的山上，直至腐烂。女方家想要回尸首，必须向官方交纳牛马才能给他们。兄长死后，弟弟可以娶嫂嫂为妻，这个习俗与匈奴相同。夫餘人特别擅长饲养牲畜，当地出产名马、赤玉、貂狖、美珠。珠子大的和酸枣一样大。以弓、箭、刀、矛为兵器，每家都有自己的铠甲、兵器。国内的老人都说自己是以前逃亡到这里的。他们修建的城寨都是圆形的，就像监狱。不论男女老少，白天黑夜，人们在路上行走，总是会唱歌，整天歌声不断。有军事行动时也要祭天，要杀死牛，观察牛蹄来占卜吉凶，牛蹄崩开表示凶，牛蹄合拢表示吉。有敌人来时，各个“加”

担粮饮食之。其死，夏月皆用冰。杀人殉葬，多者百数。厚葬，有椁无棺[1]。

亲自作战，他们治下的平民都要供给他们饮食。人死后，夏天都用冰冻起来。要杀人为其殉葬，多的有数百人。又盛行厚葬，有外椁而无内棺。

今注　1 缯(zēng)绣：绣花的丝织品。　2 罽(jì)：一种毛织物。　3 狖(yòu)：一种像狸的兽。

裴注　[1]《魏略》曰："其俗，停丧五月，以久为荣。其祭亡者，有生有熟。丧主不欲速，而他人强之，常诤引，以此为节。其居丧，男女皆纯白，妇人着布面衣，去环珮，大体与中国相仿佛也。"

夫餘本属玄菟。汉末，公孙度雄张海东，威服外夷，夫餘王尉仇台更属辽东。时句丽、鲜卑强，度以夫餘在二虏之间，妻以宗女。尉仇台死，简位居立。无嫡子，有孽子麻余。位居死，诸加共立麻余。牛加兄子名位居，为大使，轻财善施，国人附之，岁岁遣使诣京都贡献。正始中，幽州刺史毌丘俭讨句丽，遣玄菟太守王颀诣夫餘，位居遣大

夫餘本来属于玄菟郡。汉末时，公孙度在辽东势力大增，威震周边的少数民族，夫餘王尉仇台于是改属辽东。当时高句丽、鲜卑都很强盛，公孙度考虑到夫餘夹在这两个强敌间而投靠自己，于是把同宗女子嫁给尉仇台表示支持。尉仇台死后，其孙简位居被拥立为王。简位居没有嫡子，有庶出的儿子叫麻余。简位居死后，众"加"一起拥立麻余。当时牛加兄长的儿子叫位居，担任大使，轻视财富喜欢施舍，得到国人拥戴，他每年都派使者到魏都进贡。正始年间，幽州刺史毌丘俭讨伐高句丽，派遣玄菟郡太守王颀来到夫餘，位居派大加

加郊迎，供军粮。季父牛加有二心，位居杀季父父子，籍没[1]财物，遣使簿敛送官。旧夫餘俗，水旱不调，五谷不熟，辄归咎于王，或言当易，或言当杀。麻余死，其子依虑年六岁，立以为王。汉时，夫餘王葬用玉匣，常豫以付玄菟郡，王死则迎取以葬。公孙渊伏诛，玄菟库犹有玉匣一具。今夫餘库有玉璧、珪、瓒数代之物，传世以为宝，耆老言先代之所赐也[1]。其印文言"濊[2]王之印"，国有故城名濊城，盖本濊貊之地，而夫餘王其中。自谓"亡人"，抑有以也[2]。

到城外迎接，供给军粮。位居的叔叔牛加怀有叛逆之心，于是位居杀死叔叔及其儿子，没收其财产，并派使者将财物登记册籍送到官府。按照夫餘的旧俗，如遇水灾干旱，粮食减产，都要把罪过归于国王，有人说王位该替换，也有人说国王该被杀死。麻余死时，他的儿子依虑才六岁，被拥立为王。汉朝的时候，夫餘王死后用玉匣埋葬，常常提前做好存放在玄菟郡，国王死后，就去郡里迎取玉匣来安葬。公孙渊被杀后，玄菟郡的仓库里还有一具玉匣。而今夫餘仓库里还有玉璧、珪、瓒等历代的玉器，都是世代相传的宝物，老人们说这些都是祖先从中原王朝得到的赏赐。他们的印章上写有"濊王之印"，其国有古城叫濊城，因为夫餘国原来是濊貊的领土，而夫餘人在当地称王。他们自称为逃亡来的人，似乎也有可能。

今注 1 籍没：中国古代法律规定将某些罪犯的家人和财产登记并没收的制度。 2 濊(wèi)：即"濊貊"，古族名。

裴注 [1]《魏略》曰："其国殷富，自先世以来，未尝破坏。" [2]《魏略》曰："旧志又言，昔北方有高离之国者，其王者侍婢有身，王欲杀之，婢云：'有气如鸡子来下，我故有身。'后生子，王捐之于溷中，猪以喙嘘之，徙置马闲，马以气嘘之，不死。王疑以为天子也，乃令其母收畜之，名曰东明，常令牧马。东明善射，王恐夺其国也，欲杀之。东明走，南至施掩水，以弓击水，鱼鳖浮为桥，东明得度，鱼鳖乃解散，追兵不得渡。东明因都王夫餘之地”。

高句丽在辽东之东千里。南与朝鲜、濊貊，东与沃沮，北与夫餘接。都于丸都[1]之下，方可二千里，户三万。多大山深谷，无原泽。随山谷以为居，食涧水。无良田，虽力佃作，不足以实口腹。其俗节食，好治宫室，于所居之左右立大屋，祭鬼神，又祠灵星[2]、社稷。其人性凶急，喜寇钞。其国有王，其官有相加、对卢、沛者、古雏加、主簿、优台丞、使者、皂衣先人，尊卑各有等级。东夷旧语以为夫餘别种，言语诸事，多与夫餘同，其性气、衣服有异。本有五族，有涓奴部、绝奴部、顺奴部、灌奴部、桂娄部。本涓奴部为王，稍

高句丽在辽东以东一千里。南边与朝鲜、濊貊，东边与沃沮，北边与夫餘相接壤。在丸都山下建都，全国方圆约二千里，有三万户人家。其地多是高山深谷，没有平原和湖泊。当地人在山谷中居住，喝山涧里的水。没有肥沃的田地，当地人虽然努力耕作，也不够填饱肚子。因此当地的风俗崇尚在饮食上节俭，但喜欢修建住房，并在住房左右建立大屋，祭祀鬼神，又供奉灵星、土神和谷神。高句丽人性情凶悍急躁，喜欢抢掠。国中有国王，官吏有相加、对卢、沛者、古雏加、主簿、优台丞、使者、皂衣先人等，有尊卑等级的差别。东夷过去的说法认为高句丽是夫餘的一个分支，因此在语言等方面大多与夫餘相同，但是性情、衣服与夫餘不同。原来全国有五个部族，分别是涓奴部、绝奴部、顺奴部、灌奴部、桂娄部。过去一直是涓奴部称王，后来这个部族逐渐衰弱，如今桂娄部已取而代之。汉代时，朝廷赐给

微弱，今桂娄部代之。汉时赐鼓吹技人，常从玄菟郡受朝服衣帻[3]，高句丽令主其名籍。后稍骄恣，不复诣郡，于东界筑小城，置朝服衣帻其中，岁时来取之，今胡犹名此城为帻沟溇。沟溇者，句丽名城也。其置官，有对卢则不置沛者，有沛者则不置对卢。

高句丽王演奏鼓吹乐的艺人，常常从玄菟郡领取朝服、衣服和头巾，由玄菟郡治所高句丽县的县令主管他们的户籍。后来高句丽逐渐骄傲放肆，不再亲自去玄菟郡，而在东部边境筑起一座小城，要求朝廷把朝服、衣服和头巾等送到这里，他们每年来这里取走它们，今天胡人还称这个城叫帻沟溇。沟溇，是高句丽语中对城的称呼。他们设置官吏，有对卢就不再设沛者，有沛者就不再设对卢。

今注 **1** 丸都：丸都山，在今吉林集安西。 **2** 灵星：又称天田星、龙星，主农事，古代以壬辰日祀灵星于东南以祈求年成。 **3** 帻(zé)：包裹头发的巾。

王之宗族，其大加皆称古雏加。涓奴部本国主，今虽不为王，适统[1]大人，得称古雏加，亦得立宗庙，祠灵星、社稷。绝奴部世与王婚，加古雏之号。诸大加亦自置使者、皂衣先人，名皆达于王，如卿大夫之家臣，会同坐起，不得与王家使者、

国王的宗族中，如有人担任高官大加，都叫古雏加。涓奴部首领本为一国之主，现在虽然不再担任国王，但还是首领，其宗族中的大加可以叫古雏加，也可以设立宗庙，祭祀灵星、土神和谷神。绝奴部世代与王族通婚，所以加上古雏的称号。各个大加也可以设置自己的使者、皂衣先人两种官，这两种官可以向国王通报自己的名字，如同卿大夫的家臣一样，但在参加朝廷聚会时，

皂衣先人同列。其国中大家不佃作，坐食者万余口，下户远担米粮鱼盐供给之。其民喜歌舞，国中邑落[2]，暮夜男女群聚，相就歌戏。无大仓库，家家自有小仓，名之为桴京。其人洁清自喜，善藏酿。跪拜申一脚，与夫餘异，行步皆走。以十月祭天，国中大会，名曰东盟。其公会，衣服皆锦绣金银以自饰。大加、主簿头著帻，如帻而无余；其小加著折风，形如弁。其国东有大穴，名隧穴，十月国中大会，迎隧神还于国东上祭之，置木隧[3]于神坐。无牢狱，有罪，诸加评议，便杀之，没入妻子为奴婢。其俗作婚姻，言语已定，女家作小屋于大屋后，名婿屋，婿暮至女家户外，自名跪拜，乞得就女宿，如是者再三，女父母乃听

他们站立或坐下的位置，不能和国王的使者、皂衣先人并列。这个国家的豪强大户不参与劳作，这种依靠别人养活的人有万余口，他们的奴仆从别处运来米粮鱼盐供养他们。高句丽人喜欢歌舞，国内各个居民点，每当夜幕降临，男女聚集成群，相互唱歌嬉戏。国中没有大仓库，每家都有一个小仓库，叫作桴京。高句丽喜欢清洁干净，擅长酿酒。跪拜时伸出一脚，这一点与夫餘不同，他们走路都很快。在十月份祭天，全国有大集会，叫东盟。在社交场合，人们都穿锦绣衣服，并用金银装饰。大加、主簿戴头巾，像中原的头巾，但没有飘带；小加戴折风，形状像中原的帽子。该国东部有个巨大的洞穴，叫隧穴，十月份国内举行集会，迎接隧神回到国家的东部进行祭祀，并在神座上放置木制的隧神像。国内没有监狱，犯罪事件由各“加”评议决定，然后便马上处决罪犯，并将其妻子孩子贬为奴婢。当地的婚姻风俗是，双方口头定婚后，女家在大屋后新盖个小屋，叫婿屋，女婿傍晚来到女家门外，自报姓名，行跪拜礼，请求允许与女孩同宿，这样再三恳求，女方父母

使就小屋中宿，傍顿钱帛，至生子已长大，乃将妇归家。其俗淫。男女已嫁娶，便稍作送终之衣。厚葬，金银财币，尽于送死，积石为封，列种松柏。其马皆小，便登山。国人有气力，习战斗，沃沮、东濊皆属焉。又有小水貊。句丽作国，依大水而居。西安平县北有小水，南流入海，句丽别种依小水作国，因名之为小水貊，出好弓，所谓貊弓是也。

才允许他到小屋中与女儿同宿，男方还要把钱和布匹放在屋旁，等生下儿子长大后，才让女婿带妻子返回自己家。当地风俗不正。男女结婚后，就开始为自己制作送终的衣服。盛行厚葬，金银财宝，都用来陪葬，坟墓用石堆堆砌而成，还要成排种植松柏。当地的马都很小，登山轻便快捷。国内的人有力气，善于战斗，沃沮、东濊都依附他们。国内还有个小部落叫小水貊。高句丽在大河边建国，民众依傍大河定居。西安平县北有条小河，南流入海，高句丽国内的那个小部落则在小河边建国，所以被叫作小水貊，那里出产良弓，人们所说的貊弓就是那里出产的。

今注 1 适统：正统。 2 邑落：部落，村落。 3 木隧：木制的隧神神像。

王莽初，发高句丽兵以伐胡，不欲行，强迫遣之，皆亡出塞为寇盗。辽西大尹田谭追击之，为所杀。州郡县归咎于句丽侯驹。严尤奏言："貊人犯法，罪不起于驹，且宜

王莽初年，征发高句丽的士兵去讨伐胡人，高句丽人不愿出征，王莽强迫他们出征，于是很多高句丽人逃到塞外做了强盗。辽西大尹田谭领兵追击，反被他们所杀。州、郡、县各级官员都把责任归咎于高句丽侯驹。严尤上奏说："貊人犯法，罪责并不因驹而起，所以应

安慰。今猥被之大罪，恐其遂反。”莽不听，诏尤击之。尤诱期句丽侯驹，至而斩之，传送其首诣长安。莽大悦，布告天下，更名高句丽为下句丽。当此时为侯国，汉光武帝八年，高句丽王遣使朝贡，始见称王。

当安抚他。如今他突然身获大罪，恐怕会逼他反叛。”王莽没有采纳，下诏令严尤攻击高句丽。严尤诱骗高句丽侯驹在约定地点会面，等驹一到就将他杀死，并用驿车将驹的头颅送到长安。王莽很高兴，向天下发布告示，将高句丽改名为下句丽。那时高句丽为侯国，东汉光武帝八年(32)，高句丽王派人向朝廷进贡，才开始称王。

至殇、安之间，句丽王宫数寇辽东，更属玄菟。辽东太守蔡风、玄菟太守姚光以宫为二郡害，兴师伐之。宫诈降请和，二郡不进。宫密遣军攻玄菟，焚烧候城[1]，入辽隧[2]，杀吏民。后宫复犯辽东，蔡风轻将吏士追讨之，军败没。

汉殇帝和汉安帝年间，高句丽的国王宫多次进攻辽东，朝廷将它划归玄菟郡管辖。辽东太守蔡风、玄菟太守姚光把宫视为两郡的祸害，派兵讨伐。宫假装投降求和，两郡兵力暂停前进。宫秘密派遣军队进攻玄菟郡，焚烧候城县，攻入辽隧，杀害官吏百姓。后来宫又进攻辽东，蔡风轻装率领将士去追击，结果兵败身死。

今注 1 候城：古县名。西汉置，属辽东郡。治今辽宁沈阳东南。东汉改属玄菟郡。 2 辽隧：古县名。治今辽宁海城西北。

宫死，子伯固立。顺、桓之间，复犯辽东，寇新安、居乡，又攻西安平，于道上杀带方令，略得乐浪

宫死后，他的儿子伯固即位。汉顺帝、汉桓帝时，伯固又侵犯辽东，进攻新安、居乡等地，又进攻西安平县，在路上还杀死带方县令，抢走乐浪郡太守的妻

太守妻子。灵帝建宁二年，玄菟太守耿临讨之，斩首虏数百级，伯固降，属辽东。熹平中，伯固乞属[1]玄菟。公孙度之雄海东也，伯固遣大加优居、主簿然人等助度击富山贼，破之。

伯固死，有二子，长子拔奇，小子伊夷模。拔奇不肖，国人便共立伊夷模为王。自伯固时，数寇辽东，又受亡胡五百余家。建安中，公孙康出军击之，破其国，焚烧邑落。拔奇怨为兄而不得立，与涓奴加各将下户三万余口诣康降，还住沸流水[2]。降胡亦叛伊夷模，伊夷模更作新国，今日所在是也。拔奇遂往辽东，有子留句丽国，今古雏加驳位居是也。其后复击玄菟，玄菟与辽东合击，大破之。

子和孩子。汉灵帝建宁二年(169)，玄菟郡太守耿临出兵讨伐，斩杀贼寇数百人，伯固投降，归附东郡。熹平年间，伯固请求归属玄菟郡。公孙度在海东雄霸时，伯固派遣大加优居、主簿然人等协助公孙度攻击富山叛贼，将其打败。

伯固死时，有两个儿子，长子拔奇，次子伊夷模。拔奇不贤，高句丽人就一起拥立伊夷模为王。自伯固时起，高句丽就屡次进攻辽东，又接纳了逃亡的胡人五百多家。建安年间，公孙康出军进攻高句丽，攻下了它的国都，焚烧了它的城镇和村落。拔奇因自己身为长子却不能继承王位而怨恨，联合涓奴部的官员加，各自统领部属三万多人向公孙康投降，然后回到沸流水沿岸驻扎。前来投奔的胡人这时也背叛了伊夷模，伊夷模于是另辟国土建立国家，就是今天所在的地方。拔奇于是迁居辽东，他有儿子留在高句丽国，就是今天担任古雏加的驳位居。后来他们又进攻玄菟郡，玄菟郡和辽东郡联合出击，大败高句丽。

今注　1 乞属：请求归属。　2 沸流水：一般认为即今浑江。

伊夷模无子,淫灌奴部,生子名位宫。伊夷模死,立以为王,今句丽王宫是也。其曾祖名宫,生能开目视,其国人恶之。及长大,果凶虐,数寇钞[1],国见残破。今王生堕地,亦能开目视人,句丽呼相似为“位”,似其祖,故名之为位宫。位宫有力勇,便鞍马[2],善猎射。景初二年,太尉司马宣王率众讨公孙渊,宫遣主簿大加将数千人助军。正始三年,宫寇西安平,其五年,为幽州刺史毌丘俭所破。语在《俭传》。

伊夷模没有儿子,与灌奴部的妇女通奸,生子名叫位宫。伊夷模死后,位宫被立为王,就是现在的高句丽国王宫。他的曾祖名叫宫,刚出生时就能睁开眼睛左右看,所以国中的人不喜欢他。等宫长大后,果然凶残暴虐,多次出兵劫掠,导致国家破败不堪。而今的国王位宫刚出生也能睁开眼睛看人,高句丽语中将相似叫作“位”,他和曾祖父相似,所以给他取名叫位宫。位宫勇敢有力,很会骑马,擅长射猎。景初二年(238),太尉司马懿率军讨伐公孙渊,位宫派主簿大加统领数千人助战。正始三年(242),位宫侵犯西安平县。正始五年(244),他被幽州刺史毌丘俭击败。事情经过记载在《毌丘俭传》中。

今注 1 寇钞:劫掠。 2 鞍马:鞍子和马,借指骑马或战斗。

东沃沮在高句丽盖马大山[1]之东,滨大海而居。其地形东北狭,西南长,可千里,北与挹娄、夫餘,南与濊貊接。户五千,无大君王,世世邑落,各

东沃沮在高句丽盖马大山的东边,民众濒临大海而居。其地形东北狭小,西南绵长,约一千里,其北部与挹娄、夫餘相邻,南部与濊貊接壤。有五千多户人家,没有大君王,世世代代以部落为单位生活,每个部落各有首领。当地

有长帅。其言语与句丽大同，时时小异。汉初，燕亡人卫满王朝鲜，时沃沮皆属焉。汉武帝元封二年，伐朝鲜，杀满孙右渠，分其地为四郡，以沃沮城为玄菟郡。后为夷貊所侵，徙郡句丽西北，今所谓玄菟故府是也。沃沮还属乐浪。汉以土地广远，在单单大领[2]之东，分置东部都尉，治不耐城[3]，别主领东七县，时沃沮亦皆为县。汉建武六年，省边郡，都尉由此罢。其后皆以其县中渠帅为县侯，不耐、华丽[4]、沃沮[5]诸县皆为侯国。夷狄更相攻伐，唯不耐濊侯至今犹置功曹、主簿诸曹，皆濊民作之。沃沮诸邑落渠帅，皆自称三老，则故县国之制也。国小，迫于大国之间，遂臣属句丽。句丽复置其中大人

语言与高句丽语大体相同，有时也小有差异。汉代初年，从燕国逃亡的汉人卫满统治朝鲜，当时沃沮各郡落都归卫满控制。汉武帝元封二年（前109），朝廷出兵讨伐朝鲜，杀死卫满的孙子右渠，把其领地分成四个郡，改沃沮城为玄菟郡。后来因郡内受到夷貊的侵犯，于是把郡治迁到高句丽的西北，这就是今天所说的玄菟郡治的故址。玄菟郡迁走后沃沮归乐浪郡管辖。汉王朝考虑到此地辽阔遥远，于是在单单大领的东面设置东部都尉，以不耐城为治所，单独统领东面七个县，当时沃沮也在这七个县之中。汉光武帝建武六年(30)，朝廷废除边郡都尉，于是东部都尉也因此被撤销。后来又将各县的首领都封为县侯，不耐、华丽、沃沮等县都被设置为侯国。夷狄又互相攻伐，只有不耐县的濊侯至今还设置有功曹、主簿等汉朝官职，都由濊族人担任。沃沮各个部落的首领，都自称三老，则是沿袭了原来汉朝县中的乡官之制。后来沃沮因为国家弱小，又夹在大国之间，于是就臣服归顺高句丽。高句丽人任命他们的首领为使者，使其统帅各个部落，又派大

为使者,使相主领,又使大加统责其租税,貊布、鱼、盐、海中食物,千里担负致之,又送其美女以为婢妾,遇之如奴仆。

加统一向他们征收租税,租税有貊布、鱼、盐、海中食物等,沃沮人需要长途担负送达,又要送出族中的美女给高句丽官员做婢妾,高句丽人对待沃沮人就像对待奴仆一样。

今注 1 盖马大山:即今朝鲜境内的狼林山脉。 2 单单大领:可能是今长白山。领,通"岭"。 3 不耐城:在今朝鲜江原道安边郡。 4 华丽:华丽县,在今朝鲜咸镜南道永兴附近。 5 沃沮:沃沮县,在今朝鲜咸镜南道咸兴。

其土地肥美,背山向海,宜五谷,善田种。人性质直强勇,少牛马,便持矛步战。食饮居处,衣服礼节,有似句丽[1]。其葬作大木椁,长十余丈,开一头作户。新死者皆假埋之,才使覆形,皮肉尽,乃取骨置椁中。举家皆共一椁,刻木如生形,随死者为数。又有瓦鑩[1],置米其中,编县之于椁户边。

东沃沮土地肥沃,背靠高山,面向大海,适合种植五谷,当地人擅长耕种。其民质朴正直,强壮勇敢,国中牛马很少,他们习惯于手持长矛徒步作战。他们的饮食、住房、衣服、礼节与高句丽相似。埋葬死者,要制作巨大的木椁,有十几丈长,将一头打开作为门。刚去世的人都暂时埋葬,埋下的深度刚好覆盖住尸体,等皮肉腐烂,就取出遗骨放在椁里。全家都同用一个木椁,椁上刻上死者生前的形象,数量与死者相同。还要用瓦鬲,里面装上大米,用绳子挂在木椁的门旁边。

毌丘俭讨句丽,句丽王宫奔沃沮,遂进师击之。

毌丘俭讨伐高句丽,高句丽王位宫逃跑到沃沮,毌丘俭率军攻击沃沮。沃沃沮邑落皆破之，斩获首虏三千余级，宫奔北沃沮。

北沃沮一名置沟娄，去南沃沮八百余里，其俗南北皆同，与挹娄接。挹娄喜乘船寇钞，北沃沮畏之，夏月恒在山岩深穴中为守备，冬月冰冻，船道不通，乃下居村落。王颀别遣追讨宫，尽其东界。问其耆老："海东复有人不？"耆老言国人尝乘船捕鱼，遭风见吹数十日，东得一岛，上有人，言语不相晓，其俗常以七月取童女沉海。又言有一国亦在海中，纯女无男。又说得一布衣，从海中浮出，其身如中国人衣，其两袖长三丈。又得一破船，随波出在海岸边，有一人项中复有面，生得之，与语不相通，不食而死。其域皆在沃沮东大海中。

沮的各个部落都被攻破，幽州军斩杀三千多人，位宫又逃到北沃沮。

北沃沮又叫作置沟娄，距离南沃沮八百多里，习俗上，南北沃沮都一样，北沃沮与挹娄接壤。挹娄人喜欢乘船劫掠，北沃沮的人畏惧他们，所以夏季总是在石山深洞里躲着防守戒备，冬季河水结冰，行船的道路不通，他们才下山在村落居住。玄菟郡太守王颀另外派出军队追击位宫，一直抵达北沃沮的东部边界。士兵问当地的长老说："大海的东面还有人居住吗？"长老说国内曾有人乘船捕鱼，遇到大风，在海上漂泊几十天，在东面看到一个岛屿，上面有人居住，但说的话听不懂，其习俗是常在每年七月选取女童沉入大海。又说大海中还有一个国家，国中全是女子没有男人。又说曾有人得到一件布衣，是从海中浮出来的，从外形看和中原人的衣服相似，但两袖长达三丈。还说曾有人发现一艘破船，随着海浪漂到海边，里面有一个脖子上也长着一张脸的人，把他活捉后，和他说话却言语不通，后来这个人绝食而死。这几个地方都在沮沃东边的大海里。

今注 1 鑩(lì):本作“鬲”,或作“镉”。古代炊具,口圆,似鼎,三足中空而曲。

裴注 [1]《魏略》曰:“其嫁娶之法,女年十岁,已相设许。婿家迎之,长养以为妇。至成人,更还女家。女家责钱,钱毕,乃复还婿。”

挹娄在夫餘东北千余里,滨大海,南与北沃沮接,未知其北所极。其土地多山险。其人形似夫餘,言语不与夫餘、句丽同。有五谷、牛、马、麻布。人多勇力,无大君长,邑落各有大人。处山林之间,常穴居,大家深九梯,以多为好。土气寒,剧于夫餘。其俗好养猪,食其肉,衣其皮。冬以猪膏涂身,厚数分,以御风寒。夏则裸袒,以尺布隐其前后,以蔽形体。其人不洁,作溷[1]在中央,人围其表居。其弓长四尺,力如弩[2]。矢用楛[3],长尺八寸,青石为镞,古之肃慎氏之国也。善射,射人皆入目。

挹娄在夫餘东北一千多里,濒临大海,南边与北沃沮接壤,不知其北边延伸到了哪里。国土多半是高山险境。当地人与夫餘人相似,但言语和夫餘、高句丽都不一样。出产五谷、牛、马和麻布。当地人多勇敢有力,没有大君长,各个部落都有自己的首领。居住在山林间,主要是穴居,规模大的人家居住的洞穴有九层梯子那么深,而且越深越好。当地气候比夫餘更加寒冷。挹娄人的习俗喜爱养猪,吃猪肉,用猪皮做衣服。冬天用猪油脂涂在身上,有几分厚,来抵御风寒。夏天则裸体,只用一尺长的布挡住前后,来遮蔽身体。挹娄人不爱干净,将厕所修建在居室中间,人围着厕所居住。用的弓长达四尺,弓力和弩相当。弓箭用楛木做成,长一尺八寸,用青石作箭头,这里就是古时肃慎氏的国土。当地人擅长射箭,射人都能命中眼睛。箭上涂着毒药,人被射中

矢施毒，人中皆死。出赤玉、好貂，今所谓挹娄貂是也。自汉已来，臣属夫餘，夫餘责其租赋重，以黄初中叛之。夫餘数伐之，其人众虽少，所在山险，邻国人畏其弓矢，卒不能服也。其国便乘船寇盗，邻国患之。东夷饮食类皆用俎豆，唯挹娄不，法俗最无纲纪也。

都会死。其地还出产红玉、精美的貂皮，就是现在所说的挹娄貂。自汉代以来，挹娄一直臣服于夫餘，夫餘向他们征收沉重的租赋，结果挹娄在黄初年间反叛了。夫餘几次讨伐挹娄，挹娄人虽然少，但住在险峻的山地，邻国的人害怕他们的弓箭，所以夫餘始终没能征服他们。挹娄人擅长乘船劫掠，邻国深受其害。东夷吃喝时都用俎豆一类的器具，只有挹娄不是这样，其法制风俗是最没有规矩的。

今注　1 溷(hùn)：厕所。　2 弩：用机栝发箭的弓。　3 楛(hù)：一种植物，形似荆而赤，茎似蓍。

濊南与辰韩，北与高句丽、沃沮接，东穷大海，今朝鲜之东皆其地也。户二万。昔箕子既适朝鲜，作八条之教以教之。无门户之闭而民不为盗。其后四十余世，朝鲜侯准僭号称王。陈胜等起，天下叛秦，燕、齐、赵民避地朝鲜数万口。燕人卫满，魋结[1]夷服，复来王之。汉武

濊貊南边与辰朝，北边与高句丽、沃沮接壤，东面直到大海，今天朝鲜以东的地区就是他们的故地。有两万户人家。从前箕子到了朝鲜后，制定八条教令来教化那里的民众，使那边夜不闭户而盗贼绝迹。后来经历四十多代，朝鲜的一个名叫“准”的首领僭越称王。陈胜等人起兵，天下反抗秦朝，燕、齐、赵等国故地的百姓有几万人避难朝鲜。燕国人卫满梳起椎形发髻，穿起当地服装，又来到这里称王。汉

帝伐灭朝鲜，分其地为四郡。自是之后，胡、汉稍别。无大君长，自汉已来，其官有侯邑君、三老，统主下户[2]。其耆老旧自谓与句丽同种。其人性愿悫[3]，少嗜欲，有廉耻，不请丐。言语法俗大抵与句丽同，衣服有异。男女衣皆著曲领，男子系银花，广数寸以为饰。自单单大山领以西属乐浪，自领以东七县，都尉主之，皆以濊为民。后省都尉，封其渠帅为侯，今不耐濊皆其种也。汉末更属句丽。

武帝派兵讨伐并降服朝鲜，将其地分为四郡。从此以后，当地人和汉人才渐渐有了分别。朝鲜没有大君长，从汉代以来，这里的官吏有侯邑君、三老，这些人管辖下层百姓。当地老人自称和高句丽人是同一种族。其人生性谨慎诚实，少贪欲，知廉耻，不向人乞求。其语言、法制和习俗大体和高句丽一样，衣服和高句丽不同。男女都穿圆领外衣，男子衣服上还系着几寸宽的银花作为装饰。该地从单单大岭往西属于乐浪郡，岭东七县由东部都尉管辖，所辖民众都是濊貊人。后来都尉官被撤销，封他们的首领为侯，今天的不耐濊就是他们的后代。汉代末年，改属高句丽。

今注 1 魋(chuí)结：同“椎髻”。结成椎形的发髻。 2 下户：下层百姓。 3 愿悫(què)：谨慎诚笃。

其俗重山川，山川各有部分，不得妄相涉入。同姓不婚。多忌讳，疾病死亡辄捐弃旧宅，更作新居。有麻布，蚕桑作绵，晓候星宿，豫知年岁丰约。

当地风俗崇敬山川，各个部落都有自己的山川，外人不能随便进入。同姓之间互不通婚。忌讳很多，凡是有人生病死亡就要抛弃旧的房屋，另建新屋。国中生产麻布，也会养桑蚕制作丝绵，会观测星宿，预测年岁收成好坏。不把

不以珠玉为宝。常用十月节祭天，昼夜饮酒歌舞，名之为舞天。又祭虎以为神。其邑落相侵犯，辄相罚责生口牛马，名之为责祸。杀人者偿死。少寇盗。作矛长三丈，或数人共持之，能步战。乐浪檀弓出其地。其海出班鱼皮，土地饶文豹1，又出果下马2，汉桓时献之[1]。

珠宝玉石当作宝物。常常在十月节祭祀上天，昼夜喝酒唱歌跳舞，这种习俗叫作舞天。还把老虎视为神进行祭祀。各个部落相互侵犯，就罚交奴隶和牛马，叫作责祸。杀人者偿命。抢劫盗窃的事很少。制作的长矛有三丈长，有时几个人一起拿着，可以用来徒步作战。乐浪郡的檀木弓就产于此地。近海出产班鱼皮，陆地上有很多有花纹的豹子，也产果下马，汉桓帝时还曾向朝廷进贡过这种马。

正始六年，乐浪太守刘茂、带方太守弓遵以领东濊属句丽，兴师伐之，不耐侯等举邑降。其八年，诣阙朝贡，诏更拜不耐濊王。居处杂在民间，四时诣郡朝谒3。二郡有军征赋调，供给役使，遇之如民。

正始六年(245)，乐浪郡太守刘茂、带方郡太守弓遵因单单大岭以东的濊貊人臣属高句丽，起兵讨伐。首领不耐侯等举城投降。正始八年(247)，他们到朝廷进贡，朝廷下诏封他为不耐濊王。濊王居所杂处民间，一年四季都要到郡城拜见郡守。每当乐浪、带方二郡要征兵征税，濊貊人都要交税服役，朝廷对待他们同内地百姓一样。

今注　1 文豹：豹子。因其皮有斑纹，故称。　2 果下马：一种身材矮小的马。因乘之可行于果树之下，故称。　3 朝谒：入朝觐见。

裴注　[1] 臣松之案：果下马高三尺，乘之可于果树下行，故谓之果下。见《博物志》《魏都赋》。

韩在带方之南，东西以海为限，南与倭接，方可四千里。有三种，一曰马韩，二曰辰韩，三曰弁韩。辰韩者，古之辰国也。马韩在西。其民土著，种植，知蚕桑，作绵布。各有长帅，大者自名为臣智，其次为邑借[1]，散在山海间，无城郭。有爰襄国、牟水国、桑外国、小石索国、大石索国、优休牟涿国、臣濆沽国、伯济国、速卢不斯国、日华国、古诞者国、古离国、怒蓝国、月支国、咨离牟卢国、素谓乾国、古爰国、莫卢国、卑离国、占离卑国、臣衅国、支侵国、狗卢国、卑弥国、监奚卑离国、古蒲国、致利鞠国、冉路国、兒林国、驷卢国、内卑离国、感奚国、万卢国、辟卑离国、臼斯乌旦国、一离国、不弥国、支半国、狗素国、捷卢国、牟卢卑离国、臣苏涂国、莫卢国、古腊国、临素半国、臣云新国、如来卑离国、楚山涂卑离国、一难国、狗奚国、不云

韩，在带方郡的南边，东西都是海，南边与倭国相接，方圆大概四千里。有三个分支，分别是马韩、辰韩和弁韩。辰韩，就是古代的辰国。马韩在西部。当地人都是本土人，种庄稼，会养蚕种桑，织绵布。部落各有首领，大首领自称臣智，其次是邑借，散居在山海之间，没有固定的城镇。有以下小国，分别是爰襄国、牟水国、桑外国、小石索国、大石索国、优休牟涿国、臣濆沽国、伯济国、速卢不斯国、日华国、古诞者国、古离国、怒蓝国、月支国、咨离牟卢国、素谓乾国、古爰国、莫卢国、卑离国、占离卑国、臣衅国、支侵国、狗卢国、卑弥国、监奚卑离国、古蒲国、致利鞠国、冉路国、兒林国、驷卢国、内卑离国、感奚国、万卢国、辟卑离国、白斯乌旦国、一离国、不弥国、支半国、狗素国、捷卢国、牟卢卑离国、臣苏涂国、莫卢国、古腊国、临素半国、臣云新国、如来卑离国、楚山涂卑离国、一难国、狗奚国、不云国、不斯濆

国，不斯濆邪国、爰池国、乾马国、楚离国，凡五十余国。大国万余家，小国数千家，总十余万户。辰王治月支国。臣智或加优呼、臣云、遣支、报安、邪踧、支濆、臣离、兒不、例拘、邪秦、支廉之号。其官有魏率善、邑君、归义侯、中郎将、都尉、伯长。

邪国、爰池国、乾马国、楚离国，共五十多个。大国有一万多户，小国有几千户，总共十多万户。马韩的辰王以月支国为治所。臣智有的加优呼、臣云、遣支、报安、邪踧、支濆、臣离、兒不、例拘、邪秦、支廉的称号。其官名有魏率善、邑君、归义侯、中郎将、都尉、伯长等。

今注　1 邑借：古代韩国官职名，为种族之次长官。

侯准既僭号称王，为燕亡人卫满所攻夺[1]，将其左右宫人走入海，居韩地，自号韩王[2]。其后绝灭，今韩人犹有奉其祭祀者。汉时属乐浪郡，四时朝谒[3]。

桓、灵之末，韩、濊强盛，郡县不能制，民多流入韩国。建安中，公孙康分屯有县1以南荒地为带方郡，遣公孙模、张敞等收集遗民，兴兵伐韩、濊，

朝鲜侯准僭越称王后，被燕国逃亡之人卫满攻破夺取，他率领左右随从逃入大海，移居韩地，自称韩王。他的后代灭绝，今天的韩人还有祭祀他们的。汉代时韩归乐浪郡管辖，当地首领四季要去拜见郡守。

汉桓帝、灵帝末年，韩、濊两国强盛，郡县不能控制，内地百姓大量流入韩国。建安年间，公孙康将屯有县以南的荒地划出来设置为带方郡，派遣公孙模、张敞等人招纳流亡之人，起兵讨伐韩、濊，原先流入的百姓才逐渐离开。其后倭、韩归带方郡管辖。景初年间，

旧民稍出，是后倭、韩遂属带方。景初中，明帝密遣带方太守刘昕、乐浪太守鲜于嗣越海定二郡，诸韩国臣智加赐邑郡印绶，其次与邑长。其俗好衣帻，下户诣郡朝谒，皆假衣帻，自服印绶衣帻千有余人。部从事吴林以乐浪本统韩国，分割辰韩八国以与乐浪，吏译转有异同，臣智激韩忿，攻带方郡崎离营。时太守弓遵、乐浪太守刘茂兴兵伐之，遵战死，二郡遂灭韩。

魏明帝秘密派遣带方郡太守刘昕、乐浪郡太守鲜于嗣渡海平定二郡，韩国各个臣智都被赐给邑郡印绶，次一级的被赐予邑长印绶。当地风俗讲究穿衣服包头巾，平民到郡里拜见长官，都借别人的衣服头巾来穿戴，全国佩印绶穿衣服包头巾的有一千多人。幽州的部从事吴林认为乐浪郡本来管辖韩国，所以将辰韩划分成八个小国归乐浪郡管辖，没想到翻译的吏员传达时意思有出入，韩国的臣智借机煽风点火，使当地人更加愤怒，进而进攻带方郡崎离营。当时带方郡太守弓遵、乐浪郡太守刘茂起兵讨伐，弓遵战死，但二郡的军队最终灭掉了韩国。

今注 1 屯有县：西汉置，治今朝鲜黄海北道黄州。

裴注 [1]《魏略》曰："昔箕子之后朝鲜侯，见周衰，燕自尊为王，欲东略地，朝鲜侯亦自称为王，欲兴兵逆击燕以尊周室。其大夫礼谏之，乃止。使礼西说燕，燕止之，不攻。后子孙稍骄虐，燕乃遣将秦开攻其西方，取地二千余里，至满番汗为界，朝鲜遂弱。及秦并天下，使蒙恬筑长城，到辽东。时朝鲜王否立，畏秦袭之，略服属秦，不肯朝会。否死，其子准立。二十余年而陈、项起，天下乱，燕、齐、赵民愁苦，稍稍亡往准，准乃置之于西方。及汉以卢绾为燕王，朝鲜与燕界于溴水。及绾反，入匈奴，燕人卫满亡命，为胡服，东度溴水，诣准降，说准求居西界，收中国亡命为朝鲜藩屏。准信宠之，拜为博士，赐以圭，封之百里，令守西边。满诱亡党，众稍多，乃诈遣人告准，言汉兵十道至，求入宿卫，遂还攻准。准与满战，不敌也。”　[2]《魏略》曰：“其子及亲留在国者，因冒姓韩氏。准王海中，不与朝鲜相往来。”　[3]《魏略》曰：“初，右渠未破时，朝鲜相历溪卿以谏右渠不用，东之辰国，时民随出居者二千余户，亦与朝鲜贡蕃不相往来。至王莽地皇时，廉斯鑡为辰韩右渠帅，闻乐浪土地美，人民饶乐，亡欲来降。出其邑落，见田中驱雀男子一人，其语非韩人。问之，男子曰：‘我等汉人，名户来，我等辈千五百人伐材木，为韩所击得，皆断发为奴，积三年矣。’曰：‘我当降汉乐浪，汝欲去不？’户来曰：‘可。’鑡因将户来出诣含资县，县言郡，郡即以鑡为译，从芩中乘大船入辰韩，逆取户来降伴辈，尚得千人，其五百人已死。鑡时晓谓辰韩：‘汝还五百人。若不者，乐浪当遣万兵乘船来击汝。’辰韩曰：‘五百人已死，我当出赎直耳。’乃出辰韩万五千人，弁韩布万五千匹，鑡收取直还。郡表鑡功义，赐冠帻、田宅，子孙数世，至安帝延光四年时，故受复除。”

其俗少纲纪，国邑虽有主帅，邑落杂居，不能善相制御。无跪拜之礼。居处作草屋土室，形如冢，其户在上，举家共在中，无长幼男女之别。其葬有椁无棺。不知乘牛马，牛马尽于送死。以璎珠为财宝，或以缀衣为饰，或以县颈垂耳，不以金银锦绣为珍。其人性强勇，魁头[1]露紒[2]，

马韩的风俗是没有法度。国中虽有首领，但各个部落杂居在一起，不能很好地管理指挥。没有跪拜的礼节。居住的地方建起草屋土房，形状像坟墓，门开在上方，全家都住在一起，不分男女老幼。埋葬死者有外椁，无内棺。不会骑牛马，牛马都用来陪葬。把璎珠视为宝物，有的缝在衣服上作为装饰，有的挂在脖颈上或耳朵上，不看重金银锦绣。当地人性情强悍勇敢，不戴帽子，露出发髻，就像发亮的

如炅兵。衣布袍，足履革蹻蹋。其国中有所为及官家使筑城郭，诸年少勇健者，皆凿脊皮，以大绳贯之，又以丈许木锸之，通日欢呼作力，不以为痛，既以劝作，且以为健。常以五月下种讫，祭鬼神，群聚歌舞，饮酒昼夜无休。其舞，数十人俱起相随，踏地低昂，手足相应，节奏有似铎舞[3]。

武器。身穿布袍，足穿兽皮靴。每当国中有劳役或官府让百姓筑城，各位勇敢健壮的青年人都刺穿背上的皮肤，用大绳穿过去，又用一丈多长的木杆拴住大绳，然后一整天边呼喊边做工，不为背上的伤口感到疼痛，这既用来鼓励劳作，又用来显示自己的勇健。他们经常在五月播种后祭祀鬼神，聚在一起歌舞，昼夜不停地喝酒。一个先跳舞，会有几十人跟随，以脚踏地，身体起落，手脚相应和，节奏像中原的铎舞。

今注　1 魁头：即科头。不戴帽子。　2 紒(jì)：发髻。　3 铎舞：一种汉代舞蹈，用于宴享。舞者持铎而舞。

十月农功毕，亦复如之。信鬼神，国邑各立一人主祭天神，名之天君。又诸国各有别邑，名之为苏涂。立大木，悬铃鼓，事鬼神。诸亡逃至其中，皆不还之，好作贼。其立苏涂[1]之义，有似浮屠[2]，而所行善恶有异。其北方近郡诸国差晓礼俗，其远处直

十月农事完毕，也要像五月那样庆贺。他们信鬼神，每个部落各自选一人主管祭祀天神，这个人叫天君。每个国各有一种特别的城邑，叫苏涂。苏涂中竖立着大木柱，上面悬挂着铃鼓，以此来表示对鬼神的敬仰。逃亡到苏涂的人都不愿回去，喜欢一起为非作歹。当地人建立苏涂的意图，与佛教相似，只是二者行善或作恶有所区别。在北部靠近边郡的几个国家，稍微知道一些礼

如囚徒奴婢相聚。无他珍宝。禽兽草木略与中国同。出大栗，大如梨。又出细尾鸡，其尾皆长五尺余。其男子时时有文身。又有州胡在马韩之西海中大岛上，其人差短小，言语不与韩同，皆髡头如鲜卑，但衣韦，好养牛及猪。其衣有上无下，略如裸势。乘船往来，市买韩中。

辰韩在马韩之东，其耆老传世，自言古之亡人避秦役来适韩国，马韩割其东界地与之。有城栅。其言语不与马韩同，名国为邦，弓为弧，贼为寇，行酒为行觞[3]。相呼皆为徒，有似秦人，非但燕、齐之名物也。名乐浪人为“阿残”，东方人名我为“阿”，谓乐浪人本其残余人。今有名之为秦韩者。始有六国，稍分为十二国。

俗，而远离边郡的人就像是囚徒奴仆聚在一起一样没有规矩。没有什么特别的珍宝。野兽飞禽草木与中原差不多。出产大栗，像梨一样大。还出产细尾鸡，尾巴都有五尺多长。有很多男子都有文身。还有一个地方叫州胡，位于马韩西边的大海岛上，那里的人们身材矮小，语言与韩国不同，像鲜卑人一样剪成光头，不留头发，只穿皮革衣服，喜欢养牛和猪。他们的衣服有上身没下身，跟裸体差不多。经常乘船往来，去韩国买东西。

辰韩在马韩的东部，当地老人叙说前代历史，自称他们的祖先是为逃避秦朝的徭役来到韩国的，马韩划出东边的土地给他们居住。有城寨。他们的语言和马韩不同，把国叫邦，弓叫弧，贼叫寇，行酒叫行觞。彼此以徒相称，这些都与秦代的人相似，不像燕、齐故地对事物的称呼。辰韩称乐浪郡人为“阿残”，东方人称自己为“阿”，认为乐浪人原本是他们残余的人。今天还有称辰韩为秦韩的。开始有六个国，后来逐渐分为十二个国家。

今注 1 苏涂：马韩人划定的特殊区域，人犯罪逃亡其中，可得到庇护。 2 浮屠：即佛陀，也用作佛教的代称。 3 行觞：依次斟酒。

弁辰亦十二国，又有诸小别邑。各有渠帅，大者名臣智。其次有险侧，次有樊濊，次有杀奚，次有邑借。有已柢国、不斯国、弁辰弥离弥冻国、弁辰接涂国、勤耆国、难弥离弥冻国、弁辰古资弥冻国、弁辰古淳是国、冉奚国、弁辰半路国、弁辰乐奴国、军弥国、弁辰弥乌邪马国、如湛国、弁辰甘路国、户路国、州鲜国、马延国、弁辰狗邪国，弁辰走漕马国、弁辰安邪国、弁辰渎卢国、斯卢国、优由国。弁、辰韩合二十四国，大国四五千家，小国六七百家，总四五万户。其十二国属辰王。辰王常用马韩人作之，世世相继。辰王不得自立为王[1]。土地肥美，宜种五谷及稻，晓蚕桑，作缣[1]布，乘驾牛马。嫁娶礼俗，

弁辰也有十二个国，还有其他一些小部落。各国都有首领，大首领叫臣智，其次有险侧、樊濊、杀奚、邑借。有已柢国、不斯国、弁辰弥离弥冻国、弁辰接涂国、勤耆国、难弥离弥冻国、弁辰古资弥冻国、弁辰古淳是国、冉奚国、弁辰半路国、弁辰乐奴国、军弥国、弁辰弥乌邪马国、如湛国、弁辰甘路国、户路国、州鲜国、马延国、弁辰狗邪国、弁辰走漕马国、弁辰安邪国、弁辰渎卢国、斯卢国、优由国。弁韩和辰韩一共有二十四国，大国有四五千户人家，小国有六七百户，总共有四五万户。上述国名中有“弁辰”二字的十二国归辰王管辖。辰王通常由马韩人担任，世代相传。辰王不能自立为王。弁辰土地肥沃，适合种植五谷，特别是水稻，他们会种桑养蚕，制作细绢布，会骑牛马和驾驭牛马拉的车。婚嫁礼俗方面，男方和女方会有所不同。他们还用大鸟的羽毛来

男女有别。以大鸟羽送死，其意欲使死者飞扬[2][2]。

给死者送葬，意思是想要让死者的灵魂飞升入天。

今注　1 缣(jiān)：双丝的淡黄色绢。　2 飞扬：飞升，飞腾。

裴注　[1]《魏略》曰："明其为流移之人，故为马韩所制。"　[2]《魏略》曰："其国作屋，横累木为之，有似牢狱也。"

国出铁，韩、濊、倭皆从取之。诸市买皆用铁，如中国用钱，又以供给二郡。俗喜歌舞饮酒。有瑟[1]，其形似筑，弹之亦有音曲。儿生，便以石厌其头，欲其褊[2]。今辰韩人皆褊头。男女近倭，亦文身。便步战，兵仗与马韩同。其俗，行者相逢，皆住让路。

弁辰出产铁，韩人、濊人、倭人都从他们这里买入铁。各种贸易都用铁来支付，和中原人用钱交易一样，这里的铁还用来供给乐浪、带方郡。当地人喜欢歌舞喝酒。乐器有瑟，形制与筑相近，弹起来也能演奏乐曲。婴儿出生之后，就用石头压住他们的头部，想让他们的头变扁。现在的辰韩人头都是扁的。男女都和倭人相似，也有文身。弁辰人习惯徒步作战，武器和马韩相同。当地习俗，人们走路时相遇，都会停下来给对方让路。

弁辰与辰韩杂居，亦有城郭。衣服居处与辰韩同。言语法俗相似，祠祭鬼神有异，施灶皆在户西。其渎卢国与倭接界。十二国亦有王，其人形皆大，衣服洁清，长发。

弁辰和辰韩人杂居，也有城墙。衣服、房屋与辰韩相同。言语、法令、习俗与辰朝相似，但在祭祀鬼神方面有所不同，炉灶都砌在门的西面。弁辰的渎卢国与倭国相邻。弁辰十二国各自有首领，他们都身材高大，衣服干净，留着长亦作广幅细布。法俗特严峻。

发。当地人也能缝制宽大的细布。当地法令风俗十分严厉。

今注 1 瑟：弦乐器，发音原理同筝。古有五十根弦，后为二十五根或十六根弦，平放演奏。 2 褊(biǎn)：通“扁”。

倭人在带方东南大海之中，依山岛为国邑[1]。旧百余国，汉时有朝见者，今使译所通三十国。从郡至倭，循海岸水行，历韩国，乍南乍东，到其北岸狗邪韩国，七千余里。始度一海，千余里至对马国。其大官曰卑狗，副曰卑奴母离。所居绝岛，方可四百余里，土地山险，多深林，道路如禽鹿[2]径。有千余户，无良田，食海物自活，乘船南北市籴。又南渡一海千余里，名曰瀚海，至一大国，官亦曰卑狗，副曰卑奴母离，方可三百里。多竹木丛林，有三千许家，差有田地，耕田犹不足食，亦

倭人住在带方郡东南边的大海中，依傍海岛立国。以前有一百多国，汉代时有来中国朝见的，现在与中国有传译使者往来的有三十多国。从带方郡到倭国，要沿着海岸走水路，经过韩国之后，先向南再向东，可到达倭人北岸的狗邪韩国，有七千多里。这时开始渡过一片海域，再行一千多里，可到达对马国。倭人的大官叫卑狗，副官叫卑奴母离。倭人居住在不与陆地连接的海岛上，方圆有四百多里，领土险峻多山，有很多茂密的森林，道路窄得就像鸟兽走出的小径。有一千多户，没有肥沃的田地，靠吃海里的生物存活，坐船向南北方的其他国家去买谷物。再向南渡过一片海，宽一千多里，叫作瀚海，就可到达一个大国，长官也叫卑狗，副官也叫卑奴母离，方圆三百里。有很多竹木丛林，人口三千多户，略微有些田地，但耕种田地的收成还不够吃，也要到南北方

南北市籴。又渡一海，千余里至末卢国，有四千余户，滨山海居，草木茂盛，行不见前人。好捕鱼鳆，水无深浅，皆沈没取之。东南陆行五百里，到伊都国，官曰尔支，副曰泄谟觚、柄渠觚。有千余户，世有王，皆统属女王国。郡使往来常所驻。

的其他国家去买谷物。再渡过一片海，航行一千多里就到了末卢国，这里有四千多户，依山傍海居住，草木茂盛，穿行其中看不见前面的人。喜欢捕鱼，无论水深水浅，都会潜到水中去捕鱼。再向东南走陆路行五百里，就到达了伊都国，这里的大官叫尔支，副官叫泄谟觚、柄渠觚。人口有一千多户，世代都有国王，都属于女王国管辖。带方郡的使者往来时经常暂住这里。

今注 1 国邑：国都；城邑。 2 禽鹿：犹禽兽。鸟兽。

东南至奴国百里，官曰兕马觚，副曰卑奴母离，有二万余户。东行至不弥国百里，官曰多模，副曰卑奴母离，有千余家。南至投马国，水行二十日，官曰弥弥，副曰弥弥那利，可五万余户。南至邪马台国，女王之所都，水行十日，陆行一月。官有伊支马，次曰弥马升，次曰弥马获支，次曰奴佳鞮，可七万余户。自女王国以北，其户数道里可得略载[1]，其

伊都国东南距离奴国有一百多里，奴国长官叫兕马觚，副官叫卑奴母离，有两万多户人家。再往东走一百里可到达不弥国，长官叫多模，副官叫卑奴母离，有一千多户人家。向南水路航行二十天可到达投马国，长官叫弥弥，副官叫弥弥那利，有五万户人家。再往南可到达邪马台国，这是女王建都之地，走水路需要十天，走陆路需要一个月。这里的官员有伊支马，其次有弥马升、马获支、

余旁国远绝，不可得详[2]。次有斯马国，次有已百支国，次有伊邪国，次有都支国，次有弥奴国，次有好古都国，次有不呼国，次有姐奴国，次有对苏国，次有苏奴国，次有呼邑国，次有华奴苏奴国，次有鬼国，次有为吾国，次有鬼奴国，次有邪马国，次有躬臣国，次有巴利国，次有支惟国，次有乌奴国，次有奴国，此女王境界所尽。其南有狗奴国，男子为王，其官有狗古智卑狗，不属女王。自郡至女王国万二千余里。

奴佳鞮，人口有七万多户。女王国以北的各国，其居民户数、道路长度都可以大概记载，其他的国家非常遥远，不知其详。只能列出国名，即斯马国、已百支国、伊邪国、都支国、弥奴国、好古都国、不呼国、姐奴国、对苏国、苏奴国、呼邑国、华奴苏奴国、鬼国、为吾国、鬼奴国、邪马国、躬臣国、巴利国、支惟国、乌奴国、奴国，这就是女王国管辖的全部国家。再往南有狗奴国，以男子为国王，官员叫狗古智卑狗，不属于女王国管辖。从带方郡到女王国有一万两千多里。

今注　1 略载：大概记载。　2 得详：知道详情。

男子无大小皆黥面[1]文身。自古以来，其使诣中国，皆自称大夫。夏后少康之子封于会稽，断发文身以避蛟龙之害。今倭水人好沈没捕鱼蛤，文身亦以厌大鱼水禽，后稍

倭人男子不论年龄大小都要刺面文身。自古以来，他们的使者来中国访问，都自称大夫。夏朝的君主少康的儿子被封在会稽，剪去头发并文身以避免蛟龙的伤害。现在的倭人喜欢潜水捕捉鱼和贝类，文身也用来吓跑大鱼和水鸟，后来渐渐成为一种装饰。倭人各国

以为饰。诸国文身各异，或左或右，或大或小，尊卑有差。计其道里，当在会稽东冶之东。其风俗不淫，男子皆露紒，以木绵招头。其衣横幅，但结束相连，略无缝。妇人被发屈紒，作衣如单被，穿其中央，贯头衣之。种禾稻、纻麻[2]、蚕桑、缉绩[3]，出细纻、缣绵。其地无牛马虎豹羊鹊。兵用矛、楯、木弓。木弓短下长上，竹箭或铁镞或骨镞，所有无与儋耳[4]、朱崖[5]同。倭地温暖，冬夏食生菜，皆徒跣。有屋室，父母兄弟卧息异处，以朱丹涂其身体，如中国用粉也。食饮用笾[6]豆，手食。其死，有棺无椁，封土作冢。始死，停丧十余日，当时不食肉，丧主哭泣，他人就歌舞饮酒。已葬，举家诣水中澡浴，以如练沐[7]。

文身各有不同，有的在左，有的在右，有的大，有的小，按地位高低而有所区别。按照道路的方位和距离的远近推算，倭人应该在会稽郡东冶县的东面。倭人的民风不淫乱，男子都露着发髻，用木棉布扎起来。衣服是横着展开的整幅布，只靠打结来连接，几乎不用缝线。女人披散头发，然后梳起弯曲的发髻，衣服像单被一样，在中间穿个洞，把头伸过去穿上。倭人种植水稻、纻麻，会种桑养蚕、纺线纱布，出产细麻布、丝绵。当地没有牛、马、虎、豹、羊、鹊。兵器有矛、盾和木弓。木弓下短上长，用竹做箭身，用铁或骨做箭头，形制和儋耳、朱崖等地一样。倭地温暖，冬夏两季都食用生菜，倭人都光着脚。有房屋，父母兄弟在不同的地方休息，喜欢用朱丹涂抹身体，和中国人在身上抹粉一样。吃喝时用笾豆之类的器具，用手来抓取食物。死后，有内棺而没有外椁，堆土作为坟墓。人刚死时，要在家停尸十几天，这期间家属不能吃肉，丧礼的主家哭泣，其他人则在旁唱歌跳舞饮酒作乐。葬礼之后，全家人要到水边洗澡，像中原人练祭时沐浴一样。

今注 1 黥(qíng)面：在面上刺字或花纹，再以墨涂抹。 2 纻(zhù)麻：多年生草本植物，是纺织的重要原料。 3 缉绩：犹纺织。 4 儋耳：儋耳郡，治儋耳(今儋州西北)。辖境相当今海南西部地区。 5 朱崖：即珠崖郡，治瞫都(今海南海口市琼山区东南)。辖境相当今海南东北部。 6 笾(biān)：古代祭祀和宴会时盛果脯的竹器，形状与豆类似。 7 练沐：即练祭之沐浴。练，古代祭名。父母去世第十一个月祭于家庙，可穿练过的布帛，故以为名。

其行来渡海诣中国，恒使一人不梳头，不去虮虱，衣服垢污，不食肉，不近妇人，如丧人，名之为持衰。若行者吉善，共顾其生口财物。若有疾病，遭暴害，便欲杀之，谓其持衰不谨。出真珠、青玉。其山有丹，其木有楠、杼、豫樟、楺枥、投橿、乌号、枫香，其竹篠簳、桃支。有姜、橘、椒、蘘荷，不知以为滋味。有猕猴、黑雉。其俗举事行来，有所云为，辄灼骨而卜，以占吉凶。先告所卜，其辞如令龟法，视火坼占兆。其会同坐起，父子男女无别，人性嗜酒[1]。

他们远行渡海来中国，总是要让其中一人不梳头，不除身上的虱子，穿着污垢的衣服，不吃肉，不亲近女人，就像居丧的人那样，他们称之为持衰。如果路上一切顺利，大家就会用牲畜财物酬谢他。如果有人路上生病或者被人侵犯伤害，就要杀了持衰的人，说他持衰不谨。当地出产珍珠、青玉。山中有丹砂，树木有楠、杼、豫樟、楺枥、投橿、乌号、枫香等，竹子有篠簳、桃支。山中还有姜、橘、椒、蘘荷，但倭人不知道用它们来调味。山里还有猕猴、黑雉。倭人的风俗，凡是做事或出行，说什么做什么，总要灼烧动物的骨头来占卜，用来预测吉凶。占卜时先说出要占卜之事，卜辞就像中国用龟甲占卜时所说的一样，根据骨头的裂纹来推测吉凶。他们聚会时，父子男

见大人所敬，但搏手以当跪拜。其人寿考，或百年，或八九十年。其俗，国大人皆四五妇，下户或二三妇。妇人不淫，不妒忌。不盗窃，少诤讼。其犯法，轻者没其妻子，重者灭其门户。及宗族尊卑，各有差序，足相臣服。收租赋，有邸阁。国国有市，交易有无，使大倭监之。自女王国以北，特置一大率，检察诸国，诸国畏惮之。常治伊都国，于国中有如刺史。王遣使诣京都、带方郡、诸韩国，及郡使倭国，皆临津搜露，传送文书赐遗之物诣女王，不得差错。下户与大人相逢道路，逡巡入草。传辞说事，或蹲或跪，两手据地，为之恭敬。对应声曰噫，比如然诺。

其国本亦以男子为王，住七八十年，倭国乱，相攻伐历年，乃共立一女

女没有分别，嗜好饮酒。见到首领，只是两手相拍以当跪拜行礼。倭人的寿命长，有的能活一百岁，有的能活八九十岁。当地风俗，首领都有四五个妻子，平民有的有两三个妻子。妇女不放荡，不妒忌。倭人不盗窃，很少争讼。犯法的人，罪轻的就没收他的妻子儿女，罪重的就杀光他的全家。宗族尊卑，各有差别，足以使相互统属。会收取租赋，设有仓库。每个国都有集市来互通有无，由倭国官员监管。在女王建都之地邪马台国以北，倭人特别设立了一个大首领，以监督视察各国，各国都很畏惧忌惮他。这个大首领驻地一般在伊都国，就像中国的刺史一样。倭王派遣使者前往中国京城、带方郡、各韩国以及带方郡派人出使倭国，都要在海关查验，海关还负责将文书与赏赐的物品送交女王，不能有任何差错。平民与首领在路上相遇，要躲藏到草丛里。向上级传达或报告公事，要蹲着或跪着，用两只手撑在地上，以示恭敬。对别人作肯定回答时说“噫”，好比中原说“然”“诺”。

倭国本来也以男子为王，经过七

子为王。名曰卑弥呼,事鬼道,能惑众,年已长大,无夫婿,有男弟佐治国。自为王以来,少有见者。以婢千人自侍,唯有男子一人给饮食,传辞出入。居处宫室楼观,城栅严设,常有人持兵守卫。

女王国东渡海千余里,复有国,皆倭种。又有侏儒国在其南,人长三四尺,去女王四千余里。又有裸国、黑齿国复在其东南,船行一年可至。参问倭地,绝在海中洲岛之上,或绝或连,周旋可五千余里。

景初二年六月,倭女王遣大夫难升米等诣郡,求诣天子朝献,太守刘夏遣吏将送诣京都。其年十二月,诏书报倭女王曰:"制诏亲魏倭王卑弥呼:带方太守刘夏遣使送汝大夫难升米、次使都市牛利奉汝所献男生口四人,女生

八十年时间,倭国发生战乱,各地相互攻击好几年,才共同拥立一个女子为王。这位女王名叫卑弥呼,能装神弄鬼迷惑众人,已经成年,一直没有丈夫,有弟弟帮助她治理国家。自从她当了国王之后,很少有人见过她。她有一千名婢女侍奉,只有一名男子给她提供饮食,并负责通报传令。卑弥呼居住的宫殿楼台外设置了严密的城墙木栅,常常有人拿着兵器守卫。

从女王设都之地邪马台国向东渡海航行一千多里,还有国家,与倭人都是同种。在其南边还有侏儒国,国人只有三四尺高,离邪马台国有四千多里。其东南还有裸国、黑齿国,船行一年才可以到达。询问倭国各地的人,都说这些国家在大海里的大小岛屿上,各岛有的断开,有的连接着,总计大概有五千多里。

魏明帝景初二年(238)六月,倭国女王派大夫难升米等人前往带方郡,请求到京城朝见天子进献贡品,带方郡太守刘夏派官吏兵将将他们送到京城洛阳。当年十二月,皇帝下诏书回复倭国女王说:"亲魏倭王卑弥呼:带

口六人，班布二匹二丈，以到。汝所在逾远[1]，乃遣使贡献，是汝之忠孝，我甚哀汝。今以汝为亲魏倭王，假金印紫绶，装封付带方太守假授汝。其绥抚种人，勉为孝顺。汝来使难升米、牛利涉远，道路勤劳，今以难升米为率善中郎将，牛利为率善校尉，假银印青绶，引见劳赐遣还。今以绛[2]地交龙锦五匹[2]、绛地绉粟罽十张、蒨绛[3]五十匹、绀青[4]五十匹，答汝所献贡直。又特赐汝绀地句文锦三匹、细班华罽五张、白绢五十匹、金八两、五尺刀二口、铜镜百枚、真珠、铅丹各五十斤。皆装封付难升米、牛利还到录受。悉可以示汝国中人，使知国家哀汝，故郑重赐汝好物也。”

方郡太守刘夏派使者护送你的大夫难升米、副使都市牛利前来进献你上贡的男奴隶四人，女奴隶六人，班布两匹两丈，朕已经收到。你所在的地方很遥远，却派使者前来进献，是你有忠孝的表现，朕因此极为怜爱你。现在封你为亲魏倭王，授给你金印紫绶，装入密封盒后由带方郡太守授予你。你要安抚你的同族人，努力孝敬顺从朝廷。你的使者难升米、牛利远道而来，一路辛劳，现在封难升米为率善中郎将，牛利为率善校尉，授予银印青绶，朕召见慰问并赏赐之后遣送回国。现在用绛地交龙纹锦五匹、绛地约粟罽十张、蒨绛五十匹、绀青五十匹来酬报你进献的贡品。再特地赐给你汝绀地句文锦三匹、细班华罽五张、白绢五十匹、金八两、五尺刀二口、铜镜百枚、真珠、铅丹各五十斤。这些东西都封装起来交给难升米、牛利带回，你要按物品清单接收。这些赏赐品你都可以向你的国人展示，让国人知道大魏怜惜你们，所以郑重地赐给你这些美好的物品。”

今注　1 逾远：犹遥远。　2 绛：大红色。　3 蒨绛：茜草染成的红色。蒨，同“茜”。与“绀青”皆指相应颜色的布帛。　4 绀青：红青色。绀，一处黑里透红的颜色。

裴注　[1]《魏略》曰：“其俗不知正岁四节，但计春耕秋收为年纪。”[2]臣松之以为，“地”应为“绨”，汉文帝著皂衣，谓之弋绨是也。此字不体，非魏朝之失，则传写者误也。

正始元年，太守弓遵遣建中校尉梯儁等奉诏书印绶诣倭国，拜假倭王，并赍诏赐金、帛、锦罽、刀、镜、采物[1]，倭王因使上表答谢恩诏。其四年，倭王复遣使大夫伊声耆、掖邪狗等八人，上献生口、倭锦、绛青缣、绵衣、帛布、丹木、𤝔、短弓矢。掖邪狗等壹拜率善中郎将印绶。其六年，诏赐倭难升米黄幢，付郡假授。其八年，太守王颀到官。倭女王卑弥呼与狗奴国男王卑弥弓呼素不和，遣倭载斯、乌越等诣郡说相攻击状。遣塞曹掾史张政等因赍诏书、黄幢[2]，

正始元年(240)，带方郡太守弓遵派建中校尉梯儁等人，带着诏书和印绶到达倭国，对倭王进行封王授印的仪式，并秉承皇帝旨意赐给她金、帛、锦罽、刀、镜、采物等，倭王通过使者上表答谢朝廷恩赐。正始四年(243)，倭王又派使者大夫伊声耆、掖邪狗等八人，向朝廷进献奴隶、倭锦、绛青缣、绵衣、帛布、丹木、𤝔、短弓箭等。掖邪狗等人全部被授予率善中郎将的官号和印绶。正始六年(245)，皇帝下诏赐予倭国官员难升米以黄幢，交给带方郡授予。正始八年(247)，带方郡太守王颀到任。倭国女王卑弥呼与狗奴国男王卑弥弓呼向来不和，派倭载斯、乌越等人到带方郡诉说相互攻击的情况。王颀派塞曹掾史张政等人带着诏书、黄幢去封赏难升米的同时，发下檄文

拜假难升米为檄告喻之。卑弥呼以死，大作冢，径百余步，徇葬者奴婢百余人。更立男王，国中不服，更相诛杀，当时杀千余人。复立卑弥呼宗女壹與，年十三为王。国中遂定。政等以檄告喻壹與，壹與遣倭大夫率善中郎将掖邪狗等二十人送政等还，因诣台，献上男女生口三十人，贡白珠五千，孔青大句珠二枚，异文杂锦二十匹。

劝解双方。卑弥呼死后，为她修筑了巨大的坟墓，直径有一百多步，有一百多奴婢为她殉葬。倭国刚开始立了一位男国王，国人不服，又相互攻杀，当时杀死一千多人。后来重新立了卑弥呼同宗的女子壹與为王，她当时只有十三岁，就当了国王。国内这才安定下来。张政等人也发檄文劝告壹與效忠魏国，她派倭国大夫、率善中郎将掖邪狗等二十人送张政等人返回，同时顺便前往朝廷，献上男女奴隶三十人，进贡白珠五千枚，青色大珠两枚，带新奇花纹的杂锦二十匹。

今注　1 采物：有彩色花纹的旌旗衣服等物色，用以区别尊卑贵贱。
2 幢(chuáng)：作为仪仗用的一种旗帜。

评曰：《史》《汉》著朝鲜、两越，《东京》撰录西羌。魏世匈奴遂衰，更有乌丸、鲜卑，爰及东夷，使译时通，记述随事，岂常也哉[1]！

评论说：《史记》《汉书》记载了朝鲜、南越、东越的情况，《东观汉记》也记述了西羌的情况。魏朝时，匈奴衰落，还有乌丸、鲜卑兴起，东夷也通过使者传译与中国往来，所以史书中的记述要随实际情形而变，哪有长久不变的呢！

裴注 [1]《魏略·西戎传》曰:“氐人有王,所从来久矣。自汉开益州,置武都郡,排其种人,分窜山谷间,或在福禄,或在汧、陇左右。其种非一,称槃瓠之后,或号青氐,或号白氐,或号蚺氐,此盖虫之类而处中国,人即其服色而名之也。其自相号曰盍稚,各有王侯,多受中国封拜。近去建安中,兴国氐王阿贵、百顷氐王千万,各有部落万余,至十六年,从马超为乱。超破之后,阿贵为夏侯渊所攻灭,千万西南入蜀,其部落不能去,皆降。国家分徙其前后两端者,置扶风、美阳,今之安夷、抚夷二部护军所典是也。其本守善,分留天水、南安界,今之广魏郡所守是也。其俗,语不与中国同,及羌杂胡同,各自有姓,姓如中国之姓矣。其衣服尚青绛。俗能织布,善田种,畜养豕、牛、马、驴、骡。其妇人嫁时著衽露,其缘饰之制有似羌,衽露有似中国袍,皆编发。多知中国语,由与中国错居故也。其自还种落间,则自氐语。其嫁娶有似于羌,此盖乃昔所谓西戎在于街、冀、豲道者也。今虽都统于郡国,然故自有王侯在其虚落间。又故武都地阴平街左右,亦有万余落。赀虏,本匈奴也,匈奴名奴婢为赀。始建武时,匈奴衰,分去,其奴婢亡匿在金城、武威、酒泉北、黑水、西河东西,畜牧逐水草,抄盗凉州,部落稍多,有数万,不与东部鲜卑同也。其种非一,有大胡,有丁令,或颇有羌杂处,由本匈奴婢故也。当汉、魏之际,其大人有檀柘,死后,其枝大人南近在广魏、令居界,有秃瑰来数反,为凉州所杀。今有劭提,或降来,或遁去,常为西州道路患也。燉煌西域之南山中,从婼羌西至葱领数千里,有月氏余种葱茈羌、白马、黄牛羌,各有酋豪,北与诸国接,不知其道里广狭。传闻黄牛羌各有种类,孕身六月生,南与白马羌邻。西域诸国,汉初开其道,时有三十六,后分为五十余。从建武以来,更相吞灭,于今有二十道。从燉煌玉门关入西域,前有二道,今有三道。从玉门关西出,经婼羌转西,越葱领,经县度,入大月氏,为南道。从玉门关西出,发都护井,回三陇沙北头,经居卢仓,从沙西井转西北,过龙堆,到故楼兰,转西诣龟兹,至葱领,为中道。从玉门关西北出,经横坑,辟三陇沙及龙堆,出五船北,到车师界戊己校尉所治高昌,转西与中道合龟兹，为新道。凡西域所出，有前史已具详，今故略说。南道西行，且末国、小宛国、精绝国、楼兰国皆并属鄯善也。戎卢国、扜弥国、渠勒国、皮山国皆并属于寘。罽宾国、大夏国、高附国、天竺国皆并属大月氏。临儿国，《浮屠经》云其国王生浮屠，浮屠，太子也。父曰屑头邪，母云莫邪。浮屠身服色黄，发青如青丝，乳青毛，蛉赤如铜。始莫邪梦白象而孕，及生，从母右胁出，生而有结，堕地能行七步。此国在天竺城中。天竺又有神人，名沙律。昔汉哀帝元寿元年，博士弟子景卢受大月氏王使伊存口受《浮屠经》曰复立者其人也。《浮屠》所载临蒲塞、桑门、伯闻、疏问、白疏间、比丘、晨门，皆弟子号也。《浮屠》所载与中国《老子经》相出入，盖以为老子西出关，过西域，之天竺，教胡。浮屠属弟子别号，合有二十九，不能详载，故略之如此。车离国，一名礼惟特，一名沛隶王，在天竺东南三千余里，其地卑湿暑热。其王治沙奇城，有别城数十，人民怯弱，月氏、天竺击服之。其地东西南北数千里，人民男女皆长一丈八尺，乘象、橐驼以战，今月氏役税之。盘越国，一名汉越王，在天竺东南数千里，与益部相近，其人小与中国人等，蜀人贾似至焉。南道而西极转东南尽矣。中道西行尉梨国、危须国、山王国皆并属焉耆，姑墨国、温宿国、尉头国皆并属龟兹也。桢中国、莎车国、竭石国、渠沙国、西夜国、依耐国、满犁国、亿若国、榆令国、捐毒国、休脩国、琴国皆并属疏勒。自是以西，大宛、安息、条支、乌弋。乌弋一名排特，此四国次在西，本国也，无增损。前世谬以为条支在大秦西，今其实在东。前世又谬以为强于安息，今更役属之，号为安息西界。前世又谬以为弱水在条支西，今弱水在大秦西。前世又谬以为从条支西行二百余日，近日所入，今从大秦西近日所入。大秦国一号犁靬，在安息、条支西大海之西，从安息界安谷城乘船，直截海西，遇风利二月到，风迟或一岁，无风或三岁。其国在海西，故俗谓之海西。有河出其国，西又有大海。海西有迟散城，从国下直北至乌丹城，西南又渡一河，乘船一日乃过。西南又渡一河，一日乃过。凡有大都三，却从安谷城陆道直北行之海北，复直西行之海西，复直南行经之乌迟散城，渡一河，乘船一日乃过。周回绕海,凡当渡大海六日乃到其国。国有小城邑,合四百余,东西南北数千里。其王治滨侧河海,以石为城郭。其土地有松、柏、槐、梓、竹、苇、杨柳、胡桐、百草。民俗,田种五谷,畜乘有马、骡、驴、骆驼。桑蚕。俗多奇幻,口中出火,自缚自解,跳十二丸巧妙。其国无常主,国中有灾异,辄更立贤人以为王,而生放其故王,王亦不敢怨。其俗,人长大平正,似中国人而胡服。自云本中国一别也,常欲通使于中国,而安息图其利,不能得过。其俗能胡书。其制度,公私宫室为重屋,旌旗击鼓,白盖小车,邮驿亭置如中国。从安息绕海北到其国,人民相属,十里一亭,三十里一置,终无盗贼。但有猛虎、狮子为害,行道不群则不得过。其国置小王数十,其王所治城周回百余里,有官曹文书。王有五宫,一宫间相去十里,其王平旦之一宫听事,至日暮一宿,明日复至一宫,五日一周。置三十六将,每议事,一将不至则不议也。王出行,常使从人持一韦囊自随,有白言者,受其辞投囊中,还宫乃省为决理。以水晶作宫柱及器物。作弓矢。其别枝封小国,曰泽散王,曰驴分王,曰且兰王,曰贤督王,曰汜复王,曰於罗王,其余小王国甚多,不能一一详之也。国出细絺,作金银钱,金钱一当银十。有织成细布,言用水羊毳,名曰海西布。此国六畜皆出水,或云非独用羊毛也,亦用木皮或野茧丝作,织成氍毹、毾㲪、罽帐之属,皆好,其色又鲜于海东诸国所作也。又常利得中国丝,解以为胡绫,故数与安息诸国交市于海中。海水苦不可食,故往来者希到其国中。山出九色次玉石,一曰青,二曰赤,三曰黄,四曰白,五曰黑,六曰绿,七曰紫,八曰红,九曰绀。今伊吾山中有九色石,即其类。阳嘉三年时,疏勒王臣槃献海西青石、金带各一。又今《西域旧图》云罽宾、条支诸国出琦石,即次玉石也。大秦多金、银、铜、铁、铅、锡、神龟、白马、朱髦、骇鸡犀、瑇瑁、玄熊、赤螭、辟毒鼠、大贝、车渠、玛瑙、南金、翠爵、羽翮、象牙、符采玉、明月珠,夜光珠、真白珠、虎珀、珊瑚、赤白黑绿黄青绀缥红紫十种流离、璆琳、琅玕、水精、玫瑰、雄黄、雌黄、碧、五色玉、黄白黑绿紫红绛绀金黄缥留黄十种氍毹、五色毾㲪、五色九色首下毾㲪、金缕绣、杂色绫、金涂布、绯持布、发陆布、绯持渠布、火浣布、阿罗得布、巴则布、度伐布、温宿布、五色桃布、绛地金织帐、五色斗帐、一微木、二苏合、狄提、迷迷、兜纳、白附子、薰陆、郁金、芸胶、薰草木十二种香。大秦道既从海北陆通，又循海而南，与交趾七郡外夷比，又有水道通益州、永昌，故永昌出异物。前世但论有水道，不知有陆道，今其略如此，其民人户数不能备详也。自葱领西，此国最大，置诸小王甚多，故录其属大者矣。泽散王属大秦，其治在海中央，北至驴分，水行半岁，风疾时一月到，最与安息安谷城相近，西南诣大秦都不知里数。驴分王属大秦，其治去大秦都二千里。从驴分城西之大秦渡海，飞桥长二百三十里，渡海道西南行，绕海直西行。且兰王属大秦。从思陶国直南渡河，乃直西行之且兰三千里。道出河南，乃西行，从且兰复直西行之汜复国六百里。南道会汜复，乃西南之贤督国。且兰、汜复直南，乃有积石，积石南乃有大海，出珊瑚、真珠。且兰、汜复、斯宾阿蛮北有一山，东西行。大秦、海西东各有一山，皆南北行。贤督王属大秦，其治东北去汜复六百里。汜复王属大秦，其治东北去於罗三百四十里渡海也。於罗属大秦，其治在汜复东北，渡河，从於罗东北又渡河，斯罗东北又渡河。斯罗国属安息，与大秦接也。大秦西有海水，海水西有河水，河水西南北行有大山，西有赤水，赤水西有白玉山，白玉山有西王母，西王母西有修流沙，流沙西有大夏国、坚沙国、属繇国、月氏国，四国西有黑水，所传闻西之极矣。北新道西行，东至且弥国、西且弥国、单桓国、毕陆国、蒲陆国、乌贪国，皆并属车师后部王。王治于赖城，魏赐其王壹多杂守魏侍中，号大都尉，受魏王印。转西北则乌孙、康居，本国无增损也。北乌伊别国在康居北，又有柳国，又有岩国，又有奄蔡国一名阿兰，皆与康居同俗。西与大秦，东南与康居接。其国多名貂，畜牧逐水草，临大泽，故时羁属康居，今不属也。呼得国在葱岭北，乌孙西北，康居东北，胜兵万余人，随畜牧，出好马，有貂。坚昆国在康居西北，胜兵三万人，随畜牧，亦多貂，有好马。丁令国在康居北，胜兵六万人，随畜牧，出名鼠皮，白昆子、青昆子皮。此上三国，坚昆中央，俱去匈奴单于庭安习水七千里，南去车师六国五千里,西南去康居界三千里,西去康居王治八千里。或以为此丁令即匈奴北丁令也,而北丁令在乌孙西,似其种别也。又匈奴北有浑窳国,有屈射国,有丁令国,有隔昆国,有新梨国,明北海之南自复有丁令,非此乌孙之西丁令也。乌孙长老言,北丁令有马胫国,其人音声似雁鹜,从膝以上身头,人也,膝以下生毛,马胫马蹄,不骑马而走疾马,其为人勇健敢战也。短人国在康居西北,男女皆长三尺,人众甚多,去奄、蔡诸国甚远。康居长老传闻,常有商度此国,去康居可万余里。鱼豢议曰:'俗以为营廷之鱼不知江海之大,浮游之物不知四时之气,是何也?以其所在者小与其生之短也。余今泛览外夷大秦诸国,犹尚旷若发蒙矣,况夫邹衍之所推出,《大易》《太玄》之所测度乎!徒限处牛蹄之涔,又无彭祖之年,无缘托景风以迅游,载騕褭以遐观,但劳眺乎三辰,而飞思乎八荒耳。'"

三國志

四

蜀书

岳麓書社·长沙

[晋]陈寿 著
[南朝宋]裴松之 注
黄宁宁 刘光 吴南泽等 译注

目 录

四

卷三十一　蜀书一

刘二牧传

导读

本卷主要记载了在刘备之前治理蜀地的刘焉、刘璋父子的事迹。

刘焉是汉朝宗室，有鉴于汉室的衰乱，他请求外出担任州牧。在因缘际会之下，朝廷采纳了他的意见，让一批朝内高官以本职兼任州牧，这就增重了州牧的权势，加剧了东汉王朝的分裂。《后汉书·刘焉传》称“州任之重，自此而始”，正是对这种现象的写照。刘焉到益州后采取恩威并施的策略，迅速稳定了益州的局面。但是后来他妄图称帝，在联合马腾袭取长安失败后，遭遇一系列变故，最终毒疮发作而死。

刘璋承袭刘焉职位，却少断无谋，对内不能威服众将，对外不能应对张鲁的侵扰，最终竟采纳张松、法正的建议迎刘备入蜀，此举无异于“引狼入室”，导致益州被刘备攻取。

刘焉

原文

刘焉，字君郎，江夏竟陵[1]人也，汉鲁恭王[2]之后裔，章帝元和[3]中徙封竟陵，支庶家焉。焉少仕州郡，以宗室拜中郎，

译文

刘焉，字君郎，江夏竟陵人，是汉鲁恭王的后代。其祖上在章帝元和年间被迁封到竟陵，其旁支庶族就在此安家。刘焉年轻时在州郡中任职，因是刘姓宗室而被授为中郎，后来因为他的老

后以师祝公丧去官[1]。居阳城山，积学教授，举贤良方正[4]，辟[5]司徒府，历雒阳令、冀州刺史[6]、南阳太守[7]、宗正[8]、太常[9]。

焉睹灵帝政治衰缺，王室多故[10]，乃建议言：“刺史、太守，货赂为官，割剥百姓，以致离叛。可选清名重臣以为牧伯，镇安方夏。”焉内求交阯牧，欲避世难。议未即行，侍中广汉董扶私谓焉曰：“京师将乱，益州分野有天子气。”焉闻扶言，意更在益州。会益州刺史郤俭赋敛烦扰，谣言远闻[2]，而并州杀刺史张壹[11]，凉州杀刺史耿鄙，焉谋得施。出为监军使者，领益州牧，封阳城侯，当收俭治罪[3]；扶亦求为蜀郡西部属国都尉[12]，及太仓令巴西赵韪去官，俱随焉[4]。

师祝公去世而离职。居住在阳城山，积习学问教授学生。后来被推举为贤良方正而被司徒府征召。其后又担任雒阳令、冀州刺史、南阳太守、宗正、太常等官职。

刘焉目睹灵帝时政治衰败，王室多有变故，就向朝廷建议说：“刺史、太守都是靠贿赂才获得官职，他们残害剥削百姓，导致百姓离散叛乱。可以选择有高洁名声的重臣担任州牧，以镇抚安定国家。”刘焉内心想谋求担任交阯牧，以躲避当世的祸乱。建议尚未采纳施行，侍中广汉人董扶私下对刘焉说：“京师将发生变乱，益州之地出现了天子之气。”刘焉听了董扶之言，就转而谋求益州牧之职。恰好益州刺史郤俭赋税繁重，扰害百姓，百姓抨击郤俭的歌谣和言论远播，此时并州杀了刺史张壹，凉州杀了刺史耿鄙，刘焉的意图才得以实现。朝廷派遣刘焉外出担任监军使者，并兼领益州牧，封为阳城侯，打算拘捕郤俭治罪；董扶也担任蜀郡西部属国都尉之职，还有太仓令巴西人赵韪也辞官，一起跟随刘焉前往蜀地。

今注 1 竟陵:在今湖北潜江。 2 鲁恭王:汉景帝刘启之子刘余。据《汉书·艺文志》记载,鲁恭王曾为扩建自己的宫室,而破坏孔子故宅,在墙壁中发现了古文《尚书》等经典。 3 章帝元和:汉章帝刘炟年号,公元84—87年。《后汉书·刘焉传》记此事为“肃宗时,徙竟陵。”肃宗即汉章帝。 4 贤良方正:汉代察举制科目之一,即选拔德才兼备之人。 5 辟:汉代高级官吏任用属吏的一种制度,分为三公府辟除和州郡辟除。此处刘焉属于三公府辟除。 6 刺史:汉武帝时,分全国为十三州,每州设立刺史一名,负责监察。其后刺史权势渐重,掌握一州的选官权、财权、兵权,成为地方的最高长官,又被称为州牧,汉末时刺史成为地方割据势力。 7 太守:汉代郡的最高长官,又称郡守。 8 宗正:汉代中央政府诸卿之一,主要掌管皇族和外戚事务。 9 太常:汉代中央政府诸卿之一,主要掌管宗庙礼仪等事务。 10 故:变故。 11 张壹:《后汉书·刘焉传》作“张懿”。 12 属国都尉:汉代在少数民族地区设置的官职,类似太守。

裴注 [1] 臣松之案:祝公,司徒祝恬也。 [2] 俭,郤正祖也。 [3]《续汉书》曰:“是时用刘虞为幽州,刘焉为益州,刘表为荆州,贾琮为冀州。虞等皆海内清名之士,或从列卿尚书以选为牧伯,各以本秩居任。旧典:传车参驾,施赤为帷裳。”臣松之案:灵帝崩后,义军起,孙坚杀荆州刺史王叡,然后刘表为荆州,不与焉同时也。《汉灵帝纪》曰:“帝引见焉,宣示方略,加以赏赐,敕焉为益州刺史:‘前刺史刘隽、郤俭皆贪残放滥,取受狼籍,元元无聊,呼嗟充野,焉到,便收摄行法,以示万姓,勿令漏露,使痈疽决溃,为国生梗。’焉受命而行,以道路不通,住荆州东界。” [4] 陈寿《益部耆旧传》曰:“董扶字茂安,少从师学,兼通数经,善欧阳《尚书》,又事聘士杨厚,究极图谶。遂至京师,游览太学,还家讲授,弟子自远而至。永康元年,日有蚀之,诏举贤良方正之士,策问得失。左冯翊赵谦等举扶,扶以病不诣,遥于长安上封事,遂称疾笃归家。前后宰府十辟,公车三征，再举贤良方正、博士、有道，皆不就，名称尤重。大将军何进表荐扶曰：'资游、夏之德，述孔氏之风，内怀焦、董消复之术。方今并、凉骚扰，西戎蠢叛，宜敕公车特召，待以异礼，諮谋奇策。'于是灵帝征扶，即拜侍中。在朝称为儒宗，甚见器重。求为蜀郡属国都尉。扶出一岁而灵帝崩，天下大乱。后去官，年八十二卒于家。始扶发辞抗论，益部少双，故号曰至止，言人莫能当，所至而谈止也。后丞相诸葛亮问秦宓以扶所长，宓曰：'董扶褒秋毫之善，贬纤芥之恶。'"

是时，益州逆贼马相、赵祗等于绵竹县自号黄巾[1]，合聚疲役之民，一二日中得数千人，先杀绵竹令李升，吏民翕[2]集，合万余人，便前破雒县[3]，攻益州杀俭，又到蜀郡、犍为，旬月之间，破坏三郡。相自称天子，众以万数。州从事[4]贾龙领家兵数百人在犍为东界，摄敛吏民，得千余人，攻相等，数日破走，州界清静。龙乃选吏卒迎焉。焉徙治绵竹，抚纳离叛，务行宽惠，阴图异计。

当时，益州的反贼马相、赵祗等人在绵竹县自称黄巾军，聚集苦于徭役的民众，一两天内就有数千人，先杀了绵竹县令李升，吏民聚集，共有万余人，随即前往攻破雒县，然后进攻益州并杀了郤俭，又前往蜀郡、犍为郡，旬月之内，攻破三郡。马相自称天子，有数万之众。益州从事贾龙率领家兵数百人在犍为郡东界，聚拢收集官吏民众，共得到千余人，进攻马相等人，几日内就把他们打败赶跑，益州境内也因此安定平静。贾龙选派官吏士卒前往迎接刘焉。刘焉将治所迁往绵竹，安抚接纳因叛乱离散的民众，力图施行宽松恩惠的政策，暗中却有其他图谋。

张鲁母始以鬼道，又有少容，常往来焉家，故焉

张鲁的母亲最初擅长鬼道巫术，又稍有姿色，经常出入刘焉家，所以刘

遣鲁为督义司马，住汉中，断绝谷阁5，杀害汉使。焉上书言米贼6断道，不得复通，又托他事杀州中豪强王咸、李权等十余人，以立威刑[1]。犍为太守任岐及贾龙由此反攻焉，焉击杀岐、龙[2]。

焉派遣张鲁担任督义司马，驻守汉中，切断山谷间的栈道，并杀害汉朝的使臣。刘焉上书称是五斗米道的贼人断绝了道路，自己不能与朝廷保持往来，刘焉又以其他事为借口杀害益州豪强王咸、李权等十几人，以此来树立刑法之威。犍为郡的太守任岐和贾龙因此反攻刘焉，刘焉击杀任岐、贾龙。

今注　1 黄巾：即黄巾军。东汉灵帝时由张角领导的农民起义军，因头裹黄巾，故名黄巾军。黄巾军起义仅一年就被镇压，其余部仍坚持斗争。2 翕(xī)：合，聚集之意。　3 雒县：属广汉郡，在今四川广汉北。　4 从事：东汉州郡长官的幕僚，有别驾从事、治中从事、兵曹从事等。　5 谷阁：山谷间的栈道。　6 米贼：即五斗米道。东汉时张陵所创的道教派别，传说入道者须交五斗米，故称。

裴注　[1]《益部耆旧杂记》曰："李权字伯豫，为临邛长。子福。见犍为杨戏《辅臣赞》。"　[2]《英雄记》曰："刘焉起兵，不与天下讨董卓，保州自守。犍为太守任岐自称将军，与从事陈超举兵击焉，焉击破之。董卓使司徒赵谦将兵向州，说校尉贾龙，使引兵还击焉，焉出青羌与战，故能破杀。岐、龙等皆蜀郡人。"

焉意渐盛，造作乘舆车具千余乘。荆州牧刘表表上焉有似子夏在西河疑圣人之论。时焉子范为左

刘焉称帝的意愿日益强烈，制造了供皇帝乘坐的车驾一千多乘。荆州牧刘表上书朝廷，称刘焉有类似子夏在西河被称作圣人的意图。当时刘焉

中郎将,诞治书御史,璋为奉车都尉,皆从献帝在长安[1],惟叔子别部司马瑁素随焉。献帝使璋晓谕焉,焉留璋不遣[2]。

时征西将军马腾屯郿1而反,焉及范与腾通谋,引兵袭长安。范谋泄,奔槐里2,腾败,退还凉州,范应时见杀,于是收诞行刑[3]。议郎河南庞羲与焉通家3,乃募将焉诸孙入蜀。时焉被天火烧城,车具荡尽,延及民家。焉徙治成都,既痛其子,又感祅灾4,兴平元年,痈疽5发背而卒。州大吏赵韪等贪璋温仁,共上璋为益州刺史,诏书因以为监军使者,领益州牧,以韪为征东中郎将,率众击刘表[4]。

的儿子刘范任左中郎将,刘诞任治书御史,刘璋任奉车都尉,都在长安侍奉汉献帝,只有侄子别部司马刘瑁一直跟随他。献帝派遣刘璋去向刘焉传谕,刘焉留住刘璋,不让他返回。

当时征西将军马腾屯兵郿县,起兵反叛,刘焉和刘范与马腾联络谋划,率兵袭击长安。刘范计谋泄露,逃奔槐里,马腾兵败,退回凉州,刘范不久被杀,朝廷于是拘捕刘诞施以刑罚。议郎河南人庞羲与刘焉是姻亲,于是召集刘焉的几个孙子准备进入蜀地。当时刘焉遭遇天火,城池被烧,车舆焚毁殆尽,并殃及百姓房舍。刘焉将治所迁往成都,既有丧子之痛,又感伤灾祸,兴平元年(194),刘焉后背毒疮发作去世。益州高级官吏赵韪等人贪爱刘璋的温和仁弱,共同向朝廷推荐刘璋为益州刺史,皇帝下诏让刘璋出任监军使者,并兼领益州牧,任命赵韪为征东中郎将,率众进攻刘表。

今注 1 郿:属右扶风,在今陕西眉县东。 2 槐里:属右扶风,在今陕西兴平东南。 3 通家:世交,或指姻亲。据后“璋长子循妻,庞羲女也”之文,则当取姻亲之意。 4 祅(yāo)灾:祅,同“妖”。古代指天时、物类的反常现象。 5 痈疽(yōng jū):毒疮。

裴注 [1]《英雄记》曰:“范父焉为益州牧,董卓所征发,皆不至。收范兄弟三人,鏁械于郿坞,为阴狱以系之。” [2]《典略》曰:“时璋为奉车都尉,在京师。焉托疾召璋,璋自表省焉,焉遂留璋不还。” [3]《英雄记》曰:“范从长安亡之马腾营,从焉求兵。焉使校尉孙肇将兵往助之,败于长安。” [4]《英雄记》曰:“焉死,子璋代为刺史。会长安拜颍川扈瑁为刺史,入汉中。荆州别驾刘阖,璋将沈弥、娄发、甘宁反,击璋,不胜,走入荆州。璋使赵韪进攻荆州,屯朐䏰(上蠢,下如振反)。”

刘璋

原文

璋,字季玉,既袭焉位,而张鲁稍骄恣,不承顺璋,璋杀鲁母及弟,遂为仇敌。璋累遣庞羲等攻鲁,数为所破。鲁部曲1多在巴西,故以羲为巴西太守,领兵御鲁[1]。后羲与璋情好携隙2,赵韪称兵内向,众散见杀,皆由璋明断少而外言入故也[2]。璋闻曹公征荆州,已定汉中,遣河内阴溥致敬于曹公。加璋振威将军,兄瑁3平寇将军。瑁狂疾物故4[3]。璋复遣别驾从事5蜀郡张肃

译文

刘璋,字季玉,在承袭刘焉职位后,张鲁却日益傲慢骄横,不听从刘璋的号令,刘璋于是杀了张鲁的母亲和弟弟,二人于是成为仇敌。刘璋多次派遣庞羲等人进攻张鲁,却数次被张鲁攻破。张鲁的私人武装大多在巴西,所以刘璋任命庞羲为巴西太守,率兵抵御张鲁。后来,庞羲和刘璋二人情感产生隔阂,赵韪起兵发动内乱,因部卒离散被杀,这都是由于刘璋缺少决断而容易听从外人之言的缘故。刘璋听说曹操征讨荆州并已平定汉中,于是派遣河内人阴溥去向曹操表示尊崇。于是朝廷加授刘璋振威将军,其兄长刘瑁为平寇将军。刘瑁因癫狂而亡故。刘璋又派遣

送叟兵[6]三百人并杂御物于曹公，曹公拜肃为广汉太守。璋复遣别驾张松诣[7]曹公，曹公时已定荆州，走先主，不复存录松，松以此怨。会曹公军不利于赤壁，兼以疫死。松还，疵毁[8]曹公，劝璋自绝[4]，因说璋曰："刘豫州，使君之肺腑，可与交通[9]。"璋皆然之，遣法正连好先主，寻又令正及孟达送兵数千助先主守御，正遂还。后松复说璋曰："今州中诸将庞羲、李异等皆恃功骄豪，欲有外意，不得豫州，则敌攻其外，民攻其内，必败之道也。"璋又从之，遣法正请先主。璋主簿[10]黄权陈其利害，从事广汉王累自倒县[11]于州门以谏，璋一无所纳，敕在所供奉先主，先主入境如归。先主至江州北，由垫江[12]水，诣涪[13][5]。去成都三百六十

别驾从事蜀郡人张肃送去叟兵三百人及皇家所用之物给曹操，曹操任命张肃为广汉太守。刘璋又派遣别驾张松前往曹操处，曹操当时已经平定荆州，赶跑了先主刘备，所以就不再录用张松，张松因此怨恨曹操。时逢曹军在赤壁战败，并遭遇瘟疫死者众多。张松返回蜀地，诋毁曹操，劝说刘璋与曹操断绝关系，并趁机劝刘璋说："刘豫州是您的肺腑之亲，可以与他结交。"刘璋都采纳了他的意见，派遣法正联络交好先主，不久又派遣法正和孟达送数千士兵来帮助先主守御，法正于是返还蜀地。后来张松劝刘璋说："现在益州的诸位将领，如庞羲、李异等都凭恃功劳而骄横，有通外之意，如果不得刘豫州的帮助，那么敌人攻击于外，民众攻击于内，是一定要失败的。"刘璋又采纳了他的建议，派遣法正去迎请先主。刘璋的主簿黄权向他陈说利害，从事广汉人王累将自己倒悬于州城大门之上来劝谏刘璋，刘璋都没有采纳他们的意见，命令先主所到之处的地方官都要给他提供给养，先主进入益州境内就像回家一样。先主到达江州以北，在垫江经水路

里，是岁建安十六年也。璋率步骑三万余人，车乘帐幔，精光曜日，往就与会；先主所将将士，更相之适，欢饮百余日。璋资给先主，使讨张鲁，然后分别[6]。

前往涪县，此地距离成都三百六十里，这一年是建安十六年(211)。刘璋率领步兵、骑兵三万多人，车上的帐幔在阳光下光亮夺目，前往与先主相会；先主所率领的将士依次前迎，欢聚宴饮百余天。刘璋资助先主钱粮，让他去征讨张鲁，然后两人分别。

今注 1 部曲：指豪门大族的私人武装。 2 携隙：犹嫌隙，隔阂。 3 兄瑁：《刘焉传》称“瑁”为刘焉“叔子”（即侄子）。而此处称其为刘璋之兄，前后矛盾。查《后汉书·刘焉传》仅述“焉四子”，并未称“瑁”为叔子，由此知前文有误。 4 物故：这里指亡故。 5 别驾从事：汉代刺史的属员，是刺史的重要幕僚，处于“任居刺史之半”的重要位置。 6 叟兵：东汉、三国时叟人作战英勇，被征募为兵者，称“叟兵”。蜀地之夷称为叟。 7 诣：前往。 8 疵毁：非议诋毁。 9 交通：结交、交往。 10 主簿：东汉时为刺史的幕僚，其职位类似秘书。 11 倒县：即倒悬。县，同“悬”。 12 垫江：属巴郡，在今重庆市北。 13 涪：属广汉郡，在今四川绵阳涪江东岸。

裴注 [1]《英雄记》曰：“庞羲与璋有旧，又免璋诸子于难，故璋厚德羲，以羲为巴西太守，遂专权势。” [2]《英雄记》曰：“先是，南阳、三辅人流入益州数万家，收以为兵，名曰东州兵。璋性宽柔，无威略，东州人侵暴旧民，璋不能禁，政令多阙，益州颇怨。赵韪素得人心，璋委任之。韪因民怨谋叛，乃厚赂荆州请和，阴结州中大姓，与俱起兵，还击璋。蜀郡、广汉、犍为皆应韪。璋驰入成都城守。东州人畏韪，咸同心并力助璋，皆殊死战，遂破反者。进攻韪于江州，韪将庞乐、李异反杀韪军，斩韪。”《汉献帝春秋》曰:“汉朝闻益州乱,遣五官中郎将牛亶为益州刺史;征璋为卿,不至。” [3] 臣松之案:魏台访“物故”之义,高堂隆答曰:“闻之先师,物,无也;故,事也。言无复所能于事也。” [4]《汉晋春秋》曰:“张松见曹公,曹公方自矜伐,不存录松。松归,乃劝璋自绝。”习凿齿曰:“昔齐桓一矜其功而叛者九国,曹操暂自骄伐而天下三分,皆勤之于数十年之内而弃之于俯仰之顷,岂不惜乎!是以君子劳谦日昃,虑以下人,功高而居之以让,势尊而守之以卑。情近于物,故虽贵而人不厌其重;德洽群生,故业广而天下愈欣其庆。夫然,故能有其富贵,保其功业,隆显当时,传福百世,何骄矜之有哉!君子是以知曹操之不能遂兼天下者也。” [5] 垫,音徒协反。涪,音浮。 [6]《吴书》曰:“璋以米二十万斛,骑千匹,车千乘,缯絮锦帛,以资送刘备。”

明年,先主至葭萌[1],还兵南向,所在皆克。十九年,进围成都数十日,城中尚有精兵三万人,谷帛支一年,吏民咸欲死战。璋言:“父子在州二十余年,无恩德以加百姓。攻战三年,肌膏草野[2]者,以璋故也,何心能安!”遂开城出降,群下莫不流涕。

先主迁璋于南郡公安[3],尽归其财物及故佩振威将军印绶。孙权杀关羽,取荆州,以璋为益州

第二年,先主到达葭萌,然后还军向南进攻,所到之处都攻克了。建安十九年(214),先主进兵围攻成都几十天,此时成都城中还有精兵三万人,谷物钱帛尚可支用一年,官吏百姓都想拼死作战。刘璋说:“我父子在益州二十多年,没有恩德施予百姓。攻战三年,尸横遍野,都是我刘璋的原因,我如何能安心呢!”于是打开城门出城投降,属下众人无不流泪哭泣。

先主将刘璋迁居到南郡公安,并将他的财产物品及以前所佩的振威将军印绶悉数归还。后来,孙权杀死关羽,占领荆州,任命刘璋为益州牧,驻

牧,驻秭归[4]。璋卒,南中豪率雍闿据益郡反,附于吴。权复以璋子阐为益州刺史,处交、益界首。丞相诸葛亮平南土,阐还吴,为御史中丞[5][1]。初,璋长子循妻,庞羲女也。先主定蜀,羲为左将军司马,璋时从羲启留循,先主以为奉车中郎将。是以璋二子之后,分在吴、蜀。

守秭归。刘璋去世,南中地区的豪强雍闿据益州郡反叛,归附了吴国。孙权又任命刘璋之子刘阐为益州刺史,驻守交州、益州交界处。后来,丞相诸葛亮平定南方,刘阐返回吴国,担任御史中丞。起初,刘璋长子刘循的妻子是庞羲之女。先主平定蜀地,庞羲担任左将军司马,刘璋当政时听从庞羲的建议留下刘循,先主就任用刘循为奉车中郎将。因此刘璋两个儿子的后代,分别在吴国、蜀国。

今注　**1** 葭萌:在今四川广元西南。　**2** 肌膏草野:肌,指是身体。膏,肥,这里是使动用法,使草野肥沃之意。喻指尸横遍野。　**3** 公安:即孱陵,刘备改名为公安,属武陵郡,在今湖北公安。　**4** 秭归:属南郡,在今湖北秭归。　**5** 御史中丞:御史大夫的属官,地位不高但权势很重,有掌管图籍、监察刺史等职权。

裴注　[**1**]《吴书》曰:"阐一名纬,为人恭恪,轻财爱义,有仁让之风,后疾终于家。"

评曰:昔魏豹闻许负之言则纳薄姬于室[1][1],刘歆见图谶[2]之文则名字改易,终于不免其身,而庆钟二主。此则神明不可虚

评论说:以前魏豹听了许负之言而将薄姬娶回家,刘歆看到图谶就更改了自己的名和字,最终也没能使自身免于灾祸,反而把福运转移到刘恒、刘秀两位君主身上。这就是说不能虚妄地

要，天命不可妄冀，必然之验也。而刘焉闻董扶之辞则心存益土，听相者之言则求婚吴氏，遽造舆服，图窃神器，其惑甚矣。璋才非人雄，而据土乱世，负乘致寇[3]，自然之理，其见夺取，非不幸也[2]。

要求神明保佑，也不可妄想得到天命，结局是必然注定的。可是刘焉听了董扶之言就心属益州，听了相面人的言论就向吴氏求婚，急忙制造皇帝的车舆服饰，妄图窃取帝位，实在是昏乱啊。刘璋的才能不是人杰，却在乱世割据一方，德不配位必然会导致祸患，这是必然的道理，他的地盘被夺取，并不是不走运。

今注　**1**“魏豹”句：魏豹，原为魏国公子，秦末随项羽灭秦，自立为魏王，其后在楚、汉之间反复无常，后被周苛杀害。薄姬，汉文帝之母。据《史记·外戚世家》记载，许负为薄姬相面，认为她以后可以生下天子，魏豹听了许负之言非常开心，就将薄姬娶到家中。魏豹死后薄姬进入刘邦后宫，有宠，生下代王刘恒。后来刘恒即位为帝（汉文帝）。　**2** 图谶：河图、符命等有关王者受命征验的书籍。流行于东汉、三国，多为预言或隐语。《汉书·刘歆传》记载“初，歆以建平元年改名刘秀，字颖叔”。又据颜师古注，刘歆是看到了《河图·赤伏符》之文才改变名和字。　**3** 负乘致寇：指因才德不称其位，而导致盗寇入侵。

裴注　[**1**] 孔衍《汉魏春秋》曰：“许负，河内温县之妇人，汉高祖封为明雌亭侯。”臣松之以为，今东人呼母为负，衍以许负为妇人，如为有似，然汉高祖时封皆列侯，未有乡亭之爵，疑此封为不然。　[**2**] 张璠曰：“刘璋愚弱而守善言，斯亦宋襄公、徐偃王之徒，未为无道之主也。张松、法正，虽君臣之义不正，然固以委名附质，进不显陈事势，若韩嵩、刘先之说刘表，退不告绝奔亡，若陈平、韩信之去项羽，而两端携贰，为谋不忠，罪之次也。”

卷三十二　蜀书二

先主传

导读

陈寿撰写《三国志》以魏国为正统，所以对蜀国君主刘备，没有采取传统的“本纪”体例，而是采用“列传”。

《先主传》记述了汉末乱世中，身为没落皇族后裔的刘备从“贩履织席”到“建立蜀国”波澜壮阔的一生。在汉末乱世中，刘备起初与黄巾军作战，曾先后依附于公孙瓒、曹操、袁绍、刘表，最后借平定张鲁之际，征讨刘璋，攻占西川，并最终建立了蜀国。其后在对东吴作战中大败，后病逝于白帝城。

陈寿在文中对刘备进位汉中王、称帝时的奏表、诏告不厌其详地一一记述，隐晦地表达了自己对蜀国的情感。

先主备

原文

先主姓刘，讳备，字玄德，涿郡涿县人[1]，汉景帝子中山靖王胜之后也。胜子贞，元狩六年封涿县陆城亭侯。坐酎金失侯[2]，因家焉[1]。先主祖雄，父

译文

先主姓刘，讳备，字玄德，涿郡涿县人，是汉景帝的儿子中山靖王刘胜的后代。刘胜的儿子刘贞，在元狩六年（前117）被封为涿县陆城亭侯。刘贞因献给朝廷供祭祀之用的贡金成色不足而被定罪，失去了侯爵，因此就在涿县安家。先主的祖

弘,世仕州郡。雄举孝廉[3],官至东郡范令。

父刘雄、父亲刘弘世代在州郡供职。刘雄被推举为孝廉,官做到了东郡范令。

今注 1 涿县:在今河北涿州。 2 坐酎(zhòu)金失侯:坐,办罪的因由。酎金,汉时诸侯贡纳朝廷,以助祭祀的黄金。元鼎五年(前112),汉武帝借口诸侯所献“酎金”成色不足而对106人进行夺爵,史称“酎金夺爵”,刘贞失去侯爵,大概在此年。 3 举孝廉:即举孝和察廉,是汉代察举制的主要科目,即郡国每年向中央推举一定数量的人才。后举孝廉逐渐为世家大族把控,失去了本来的功能。

裴注 [1]《典略》曰:“备本临邑侯枝属也。”

先主少孤,与母贩履织席为业。舍东南角篱上有桑树生高五丈余,遥望见童童[1]如小车盖,往来者皆怪此树非凡,或谓当出贵人[1]。先主少时,与宗中诸小儿于树下戏,言:“吾必当乘此羽葆盖车[2]。”叔父子敬谓曰:“汝勿妄语,灭吾门也!”

先主年幼丧父,与母亲靠卖草鞋和织席为生。其房屋东南角的篱笆边上有一棵五丈多高的桑树,远远望去枝叶覆盖像小车盖一样,过往的人都奇怪此树非同一般,有人说此家必出显贵之人。先主年幼时,与宗族中的小孩子在树下嬉戏,说:“我一定能乘坐用鸟羽联缀装饰华盖的车子。”叔父子敬对他说:“你不要胡言乱语,我们会被灭族的。”

年十五,母使行学,与同宗刘德然、辽西公孙瓒俱事故九江太守同郡卢植[3]。德然父元起常资给

十五岁时,母亲让先主外出游学。先主与同宗的刘德然、辽西的公孙瓒一起侍奉原九江太守同郡人卢植。刘德然的父亲刘元起经常资助先主财

先主,与德然等。元起妻曰:“各自一家,何能常尔邪!”起曰:“吾宗中有此儿,非常人也。”而瓒深与先主相友。瓒年长,先主以兄事之。

物,跟给刘德然的相同。刘元起的妻子说:“各自是各自的家,你怎么能经常如此呢!”刘元起说:“我宗族中有这样的小孩,可不是一般人。”同时,公孙瓒也与先主交好。公孙瓒年长,刘备像对兄长一样侍奉他。

先主不甚乐读书,喜狗马、音乐、美衣服。身长七尺五寸,垂手下膝,顾自见其耳。少语言,善下人,喜怒不形于色。好交结豪侠,年少争附之。中山[4]大商张世平、苏双等资累千金,贩马周旋[5]于涿郡,见而异之,乃多与之金财。先主由是得用合徒众。

先主不太喜欢读书,喜欢犬马、音乐以及华美的衣服。先主身高七尺五寸,双臂下垂能过膝盖,转头可以看到自己的耳朵。先主不善言谈,善降低身份待人,喜怒不外露。喜欢结交豪侠,年轻人都争相亲附他。中山的大商人张世平、苏双等人有家财千金,辗转于涿郡一带贩马,见到先主,觉得他非同常人,于是就多资助他钱财。先主也得以用这些钱聚合徒众。

今注　1 童童:覆盖貌。　2 羽葆盖:帝王仪仗中以鸟羽联缀为饰的华盖。亦泛指卤簿或作为天子的代称。　3 卢植:东汉末年的大经学家,著有《尚书章句》《三礼解诂》。曾任九江太守、庐江太守,平定蛮族叛乱,其后也参与了对黄巾军的作战。　4 中山:东汉郡国之一,治卢奴(今定州)。　5 周旋:辗转,往来。

裴注　[1]《汉晋春秋》曰:“涿人李定云:‘此家必出贵人。’”

灵帝末，黄巾起1，州郡各举义兵，先主率其属从校尉邹靖讨黄巾贼有功，除安喜尉2[1]。督邮3以公事到县，先主求谒，不通，直入缚督邮，杖二百，解绶系其颈着马枊4[2]，弃官亡命[3]。

顷之，大将军何进5遣都尉6毌丘毅诣丹阳7募兵，先主与俱行，至下邳8遇贼，力战有功，除为下密丞9。复去官。后为高唐10尉，迁为令[4]。为贼所破，往奔中郎将公孙瓒，瓒表为别部司马11，使与青州刺史田楷以拒冀州牧袁绍。数有战功，试守平原令12，后领平原相。郡民刘平素轻先主，耻为之下，使客刺之。客不忍刺，语之而去。其得人心如此[5]。

汉灵帝末年，黄巾军起事，各州郡都兴起镇压黄巾军的义兵，先主率其部众跟随校尉邹靖讨伐黄巾军有功，被任命为安喜尉。督邮因公事来到安喜县，先主请求拜见，未得通报，于是先主直接闯入，将督邮捆住，打了二百杖，解下官印绶带，系住督邮的脖子绑在拴马桩上，然后放弃官职逃走了。

不久，大将军何进派遣都尉毌丘毅到丹阳招募军队，先主与其同行，到下邳遇到了黄巾军，先主力战有功，被授为下密丞。后又弃官。后来被授高唐县尉，又升任高唐县令。后高唐县被黄巾军攻破，先主逃奔到中郎将公孙瓒那里，公孙瓒上表推荐先主为别部司马，让他与青州刺史田楷一起来抵御冀州牧袁绍。先主多次立下战功，暂时代理了平原县令，后又兼任平原相。平原郡人刘平一向看不起先主，以位居其下而感到耻辱，于是派门客刺杀先主。门客不忍心刺杀先主，将此事告知先主后离去。先主就是如此得人心。

今注　**1** 灵帝末，黄巾起：汉灵帝光和七年（前184），张角所领导的农民起义，因起义军头裹黄巾，故称为“黄巾军”。　**2** 安喜尉：安喜，也作“安熹”，属于中山国，在今河北定州。尉，即县尉，汉代县令的佐官，主要负责缉捕盗贼等。 3 督邮:汉代官职,大概是“督邮曹掾”的省称,是郡守的耳目,负责督查县政。 4 马枊(àng):拴马的桩子。 5 何进:汉灵帝时的外戚、权臣。汉灵帝驾崩后,独揽朝中大权,后谋诛宦官失败被杀。 6 都尉:汉代郡守的佐官,佐助郡守典掌郡内的军事,实际掌握一郡的兵权,此外还负责维持治安。 7 丹阳:亦作“丹杨”,属丹阳郡,在今安徽马鞍山博望区西北丹阳镇。 8 下邳:属于“下邳国”,在今江苏睢宁北。 9 下密丞:属于“北海国”,在今山东昌邑东。丞,即县丞,汉代县令的佐官,主管仓、狱之事。 10 高唐:属于平原郡,在今山东禹城西南。 11 别部司马:汉代低级武官职位。汉代大将军属官有军司马,秩比千石。其中别领营属者称为别部司马,所率士兵数目各随时宜,不固定。 12 试守平原令:试守,汉代任用官员的一种制度,在某种含义上与现在的“试用期”相当。平原,属平原郡,在今山东平原西南。

裴注 [1]《典略》曰:“平原刘子平知备有武勇,时张纯反叛,青州被诏,遣从事将兵讨纯,过平原,子平荐备于从事,遂与相随,遇贼于野,备中创阳死,贼去后,故人以车载之,得免。后以军功为中山安喜尉。” [2] 枊,五葬反。 [3]《典略》曰:“其后州郡被诏书,其有军功为长吏者,当沙汰之。备疑在遣中。督邮至县,当遣备,备素知之。闻督邮在传舍,备欲求见督邮,督邮称疾,不肯见备,备恨之,因还治,将吏卒更诣传舍,突入门,言‘我被府君密教收督邮’。遂就床缚之,将出到界,自解其绶以系督邮颈,缚之著树,鞭杖百余下,欲杀之。督邮求哀,乃释去之。” [4]《英雄记》云:“灵帝末年,备尝在京师,后与曹公俱还沛国,募召合众。会灵帝崩,天下大乱,备亦起军从讨董卓。” [5]《魏书》曰:“刘平结客刺备,备不知而待客甚厚,客以状语之而去。是时人民饥馑,屯聚钞暴。备外御寇难,内丰财施,士之下者,必与同席而坐,同簋而食,无所简择。众多归焉。”

袁绍攻公孙瓒，先主与田楷东屯齐。曹公征徐州，徐州牧陶谦遣使告急于田楷，楷与先主俱救之。时先主自有兵千余人及幽州乌丸[1]杂胡骑，又略得饥民数千人。既到，谦以丹阳兵四千益先主，先主遂去楷归谦。谦表先主为豫州刺史，屯小沛[2]。谦病笃，谓别驾[3]麋竺曰："非刘备不能安此州也。"

谦死，竺率州人迎先主，先主未敢当。下邳陈登谓先主曰："今汉室陵迟，海内倾覆，立功立事，在于今日。彼州殷富，户口百万，欲屈使君抚临州事。"先主曰："袁公路近在寿春[4]，此君四世五公[5]，海内所归，君可以州与之。"登曰："公路骄豪，非治乱之主。今欲为使君合步骑十万，上可以匡主济民，成五霸之业；下可以割地守境，书功于竹帛。

袁绍进攻公孙瓒，先主和田楷向东驻扎在齐地。曹操征讨徐州，徐州牧陶谦派使者向田楷告急，田楷和先主一起去救援陶谦。当时先主有士兵一千余人，再加上幽州乌丸部落的一些胡人骑兵，又征得饥民数千人。到徐州后，陶谦把丹阳的四千士兵补给先主，先主于是离开田楷投奔陶谦。陶谦上表举荐先主为豫州刺史，屯兵小沛。陶谦病重，对别驾麋竺说："除了刘备，无人可以使此州安定。"

陶谦死后，麋竺率众迎请先主，先主不敢接受。下邳人陈登对先主说："现在汉室衰微，天下大乱，建功立业成就大事，就在当下。徐州富足，户口百万，想委屈您来主管州事。"先主说："袁术近在寿春，他家四代有五位担任三公，天下人心所归，您可以把徐州交给他治理。"陈登说："袁术骄横自负，不是可以治理乱世的明主。现在想让您纠集十万步骑兵，往上可以辅佐圣主救济人民，成就像春秋五霸那样的大业；往下可以割据一方守卫疆土，功绩也可记录在史册中。如果您不听从许可我的意见，陈

若使君不见听许，登亦未敢听使君也。”北海相孔融谓先主曰：“袁公路岂忧国忘家者邪？冢中枯骨，何足介意。今日之事，百姓与能，天与不取，悔不可追。”先主遂领徐州[1]。

登也不能再听从您。”北海国的国相孔融对先主说：“袁术岂是忧心天下忘却自家之人？不过是墓冢的枯骨，不足为虑。现在的情况是，百姓拥戴贤能之人，上天赐予而您不接受，将后悔莫及。”先主于是兼领徐州。

今注 1 乌丸：即乌桓。我国古代的少数民族，属东胡的一支。东汉末年，曹操东征乌桓取胜后，将乌桓迁徙至内地，逐渐汉化。 2 小沛：汉代沛县的别称，属于沛国，在今江苏沛县。 3 别驾：汉代州刺史的属吏。辅佐刺史，别为传乘，所以称为别驾。相当于刺史的左右手。 4 寿春：属九江郡，在今安徽寿县。 5 四世五公：四代有五人担任“三公”之类的高官。可参考清代学者赵翼《廿二史札记》卷五“四世三公”条。

裴注 [1]《献帝春秋》曰：“陈登等遣使诣袁绍曰：‘天降灾沴，祸臻鄙州，州将殂殒，生民无主，恐惧奸雄一旦承隙，以贻盟主日昃之忧，辄共奉故平原相刘备府君以为宗主，永使百姓知有依归。方今寇难纵横，不遑释甲，谨遣下吏奔告于执事。’绍答曰：‘刘玄德弘雅有信义，今徐州乐戴之，诚副所望也。’”

袁术来攻先主，先主拒之于盱眙[1]、淮阴[2]。曹公表先主为镇东将军，封宜城亭侯，是岁建安元年也。先主与术相持经月[3]，吕布乘虚

袁术前来进攻先主，先主在盱眙、淮阴一带抵御。曹操上表推荐先主为镇东将军，并封为宜城亭侯，这年是建安元年(196)。先主与袁术相持一整月，吕布乘虚袭击下邳。下邳

袭下邳。下邳守将曹豹反，间迎布。布虏先主妻子，先主转军海西[1]。杨奉、韩暹寇徐、扬间，先主邀击，尽斩之。先主求和于吕布，布还其妻子。先主遣关羽守下邳。

的守将曹豹反叛，暗中迎接吕布。吕布俘虏了先主的老婆孩子，先主率军转战海西。杨奉、韩暹进犯徐州、扬州一带，先主迎击，将其全部斩杀。先主向吕布求和，吕布将先主的老婆孩子交还。先主派遣关羽守卫下邳。

今注　1 盱眙(xū yí)：也作“盱台”，在今江苏盱眙。　2 淮阴：在今江苏淮安淮阴区西南。　3 经月：整月。

裴注　[1]《英雄记》曰：“备留张飞守下邳，引兵与袁术战于淮阴石亭，更有胜负。陶谦故将曹豹在下邳，张飞欲杀之。豹众坚营自守，使人招吕布。布取下邳，张飞败走。备闻之，引兵还，比至下邳，兵溃。收散卒东取广陵，与袁术战，又败。”

先主还小沛[1]，复合兵得万余人。吕布恶之，自出兵攻先主，先主败走归曹公。曹公厚遇之，以为豫州牧1。将至沛收散卒，给其军粮，益与兵，使东击布。布遣高顺攻之，曹公遣夏侯惇往，不能救，为顺所败，复虏先主妻子送布。曹公自出东征[2]，助先主围布于下邳，生禽

先主返回小沛，重新集结部队，有万余人。吕布对此感到厌恶，亲自率兵攻打先主，先主战败逃归曹操。曹操厚待先主，任命他为豫州牧。先主准备到沛县去集合流散的士兵，曹操供给其军粮，补充其兵员，派他向东攻打吕布。吕布派高顺攻击先主，曹操派夏侯惇来救援，未能成功，先主被高顺打败，高顺又俘虏了先主的老婆孩子交给吕布。曹操亲自率兵东征，帮助先主在下邳包围吕布，并将其活捉。先主

布。先主复得妻子，从曹公还许[2]。表先主为左将军，礼之愈重，出则同舆，坐则同席。袁术欲经徐州北就袁绍，曹公遣先主督朱灵、路招要击术。未至，术病死。

又得到老婆孩子，并跟随曹操回到许。曹操上表举荐先主为左将军，对他更加礼遇，外出同乘一辆车，入座同坐一张席子。袁术打算经过徐州向北到袁绍那里，曹操派遣先主督率朱灵、路招去截击袁术。他们尚未赶到，袁术就病死了。

今注 **1** 州牧：起初，刺史只有监察权，后权力逐渐增大成为地方长官。汉灵帝中平五年(188)，改刺史为州牧。到了东汉末年，州牧实际上演变成为一种割据势力，甚至出现父子相承的现象。 **2** 许：属于颍川郡，在今河南许昌东。

裴注 [**1**]《英雄记》曰："备军在广陵，饥饿困踧，吏士大小自相啖食，穷饿侵逼，欲还小沛，遂使吏请降布。布令备还州，并势击术。具刺史车马童仆，发遣备妻子、部曲家属于泗水上，祖道相乐。"《魏书》曰："诸将谓布曰：'备数反覆难养，宜早图之。'布不听，以状语备。备心不安而求自托，使人说布，求屯小沛，布乃遣之。" [**2**]《英雄记》曰："建安三年春，布使人赍金，欲诣河内买马，为备兵所钞。布由是遣中郎将高顺、北地太守张辽等攻备。九月，遂破沛城，备单身走，获其妻息。十月，曹公自征布，备于梁国界中与曹公相遇，遂随公俱东征。"

先主未出时，献帝舅[1]车骑将军[2]董承[1]辞[3]受帝衣带中密诏，当诛曹公。先主未发[4]。是时，曹公

先主未出兵时，汉献帝的丈人、车骑将军董承告诉先主说他接受了汉献帝藏在衣带中的密诏，要他诛杀曹操。先主没有采取行动。这个时候，曹操

从容谓先主曰:“今天下英雄,惟使君与操耳。本初之徒,不足数也。”先主方食,失匕箸[2]。遂与承及长水校尉5种辑、将军吴子兰、王子服等同谋。会见使,未发。事觉,承等皆伏诛[3]。

从容地对先主说:“当今天下的英雄,只有您和我曹操。袁绍等人,不足挂齿。”先主正在吃饭,听到此语惊吓掉了手中的勺子和筷子。先主于是就和董承以及长水校尉种辑、将军吴子兰、王子服等一起商量对策。恰逢先主被派遣出征,未采取行动。这件事暴露后,董承等人都被诛杀。

今注　1 舅:对妻子父亲的称谓,即今“老丈人”。下文董承为汉献帝嫔妃董贵人之父。　2 车骑将军:汉代将军的一种,掌管宫廷宿卫,统领禁军,其地位很高,比于“三公”。　3 辞:告诉。　4 发:行动。　5 长水校尉:汉武帝设置的八校尉之一,掌屯于长水与宣曲的骑兵。长水、宣曲都是关中的水名。东汉因袭有此官。

裴注　[1] 臣松之案:董承,汉灵帝母董太后之侄,于献帝为丈人。盖古无丈人之名,故谓之舅也。　[2]《华阳国志》云:“于时正当雷震,备因谓操曰:‘圣人云“迅雷风烈必变”,良有以也。一震之威,乃可至于此也!’”[3]《献帝起居注》曰:“承等与备谋,未发,而备出。承谓服曰:‘郭多有数百兵,坏李傕数万人,但足下与吾同不耳!昔吕不韦之门,须子楚而后高,今吾与子由是也。’服曰:‘惶惧不敢当,且兵又少。’承曰:‘举事讫,得曹公成兵,顾不足邪?’服曰:‘今京师岂有所任乎?’承曰:‘长水校尉种辑、议郎吴硕,是我腹心办事者。’遂定计。”

先主据下邳。灵等还。先主乃杀徐州刺史车胄,留关羽守下邳,而身还小

先主占据了下邳。朱灵等人返还。先主就杀了徐州刺史车胄,留下关羽镇守下邳,而自己回到小沛。东

沛[1]。东海昌霸反，郡县多叛曹公为先主，众数万人，遣孙乾与袁绍连和，曹公遣刘岱、王忠击之，不克。五年，曹公东征先主，先主败绩[2]。曹公尽收其众，虏先主妻子，并禽关羽以归。

海郡的昌霸反叛，许多郡县叛离曹操而归附于先主，达数万人，先主派遣孙乾与袁绍联盟，曹操派遣刘岱、王忠攻打先主，未能取胜。建安五年(200)，曹操向东征讨先主，先主大败。曹操将先主部众悉数收于麾下，俘虏了先主的老婆孩子，并活捉关羽而还。

先主走青州[1]，青州刺史袁谭，先主故茂才[2]也，将步骑迎先主。先主随谭到平原，谭驰使白[3]绍。绍遣将道路奉迎，身去邺[4]二百里，与先主相见[3]。驻月余日，所失亡士卒稍稍来集。

先主逃到青州，青州刺史袁谭，是先主以前举荐的茂才，他率领步卒和骑兵迎接先主。先主跟随袁谭来到平原，袁谭派使者快马飞报袁绍。袁绍派部将在路上迎接，他亲自离开邺城二百里，与先主相见。驻扎一个多月，先主之前流散逃亡的士兵逐渐赶来会集。

曹公与袁绍相拒于官渡[5]，汝南黄巾刘辟等叛曹公应绍。绍遣先主将兵与辟等略许下。关羽亡归先主。曹公遣曹仁将兵击先主，先主还绍军，阴欲离绍，乃说绍南连荆州[6]牧刘表。绍遣先主将本兵复至汝南，与贼龚都等合，众数千人。曹公遣蔡阳击之，为先主所杀。

曹操与袁绍在官渡对阵，汝南黄巾军刘辟背叛曹操而响应袁绍。袁绍派遣先主和刘辟等人攻打许。关羽逃归先主。曹操派遣曹仁率兵攻打先主，先主归还了袁绍的军队，暗地里打算离开袁绍，就劝说袁绍向南联结荆州牧刘表。袁绍派遣先主率自己的兵马再回到汝南，与黄巾军龚都等会合，有数千人。曹操派遣蔡阳攻打先主，被先主杀死。

今注　1 青州：东汉十三州之一，下辖济南国、平原郡、乐安国、北海国、东莱郡、齐国等，东汉治临菑（在今淄博临淄区北）。　2 茂才：汉代察举制度的科目之一，西汉时称“秀才”，东汉时为避汉光武帝刘秀讳，改为茂才。　3 白：告诉。　4 邺：属魏郡，在今河北临漳西南。　5 官渡：在今河南中牟县东北，因濒官渡水而得名。　6 荆州：东汉十三州之一，下辖南阳郡、南郡、江夏郡、零陵郡、桂阳郡、武陵郡、长沙郡等，东汉治汉寿（在今湖南常德东北）。

裴注　[1] 胡冲《吴历》曰：“曹公数遣亲近密觇诸将，有宾客酒食者，辄因事害之。备时闭门，将人种芜菁，曹公使人窥门。既去，备谓张飞、关羽曰：‘吾岂种菜者乎？曹公必有疑意，不可复留。’其夜开后栅，与飞等轻骑俱去，所得赐遗衣服，悉封留之，乃往小沛收合兵众。”臣松之案：魏武帝遣先主统诸将要击袁术，郭嘉等并谏，魏武不从，其事显然，非因种菜遁逃而去。如胡冲所云，何乖僻之甚乎！　[2]《魏书》曰：“是时，公方有急于官渡，乃分留诸将屯官渡，自勒精兵征备。备初谓公与大敌连，不得东，而候骑卒至，言曹公自来。备大惊，然犹未信。自将数十骑出，望公军，见麾旌，便弃众而走。”　[3]《魏书》曰：“备归绍，绍父子倾心敬重。”

曹公既破绍，自南击先主。先主遣麋竺、孙乾与刘表相闻，表自郊迎，以上宾礼待之，益其兵，使屯新野[1]。荆州豪杰归先主者日益多，表疑其心，阴御之[1]。使拒夏侯惇、于禁等于博望[2]。

曹操打败袁绍后，亲自率军南下进攻先主。先主派遣麋竺、孙乾去与刘表联络，刘表亲自到城外迎接，并以上宾之礼招待先主，为他补充兵员，并派他驻军新野。荆州的豪杰归附先主者日益增多，刘表怀疑先主别有用心，暗中提防他。派先主去博望抵御夏侯惇、于禁等人。双方对阵很长一段时间，先主久之,先主设伏兵,一旦自烧屯伪遁,惇等追之,为伏兵所破。

设下伏兵,一日清晨突然烧掉自己的营地假装逃跑,夏侯惇等人率兵追击,被埋伏的军队打败。

今注 1 新野:属南阳郡,在今河南新野县。 2 博望:属南阳郡,在今河南方城西南。

裴注 [1]《九州春秋》曰:"备住荆州数年,尝于表坐起至厕,见髀里肉生,慨然流涕。还坐,表怪问备,备曰:'平常身不离鞍,髀肉皆消。今不复骑,髀里肉生。日月若驰,老将至矣,而功业不建,是以悲耳。'"《世语》曰:"备屯樊城,刘表礼焉,惮其为人,不甚信用。曾请备宴会,蒯越、蔡瑁欲因会取备,备觉之,伪如厕,潜遁出。所乘马名的卢,骑的卢走,堕襄阳城西檀溪水中,溺不得出。备急曰:'的卢,今日厄矣,可努力!'的卢乃一踊三丈,遂得过,乘桴渡河,中流而追者至,以表意谢之,曰:'何去之速乎!'"孙盛曰:"此不然之言。备时羁旅,客主势殊,若有此变,岂敢晏然终表之世而无衅故乎?此皆世俗妄说,非事实也。"

十二年,曹公北征乌丸,先主说表袭许,表不能用[1]。曹公南征表,会表卒[2],子琮代立,遣使请降。先主屯樊[1],不知曹公卒至,至宛[2]乃闻之,遂将其众去。过襄阳[3]诸葛亮说先主攻琮,荆州可有。先主曰:"吾不忍也[3]。"乃

建安十二年(207),曹操北上征讨乌丸,先主劝说刘表趁机偷袭许,刘表未采用他的计策。曹操向南征伐刘表,恰逢刘表去世,其子刘琮继位,派使者向曹操乞降。先主屯兵于樊城,不知曹操突然来到,等曹军到了宛城才听到此事,于是率领部众离开了樊城。路过襄阳时,诸葛亮劝说先主攻打刘琮,则可占据荆州。先主说:"我不忍心这样做。"

驻马呼琮,琮惧不能起。琮左右及荆州人多归先主[4]。

就停下马招呼刘琮,刘琮吓得站不起来。刘琮的手下及荆州的很多人都归附于先主。

比到当阳[4],众十余万,辎重数千两[5],日行十余里,别遣关羽乘船数百艘,使会江陵[6]。或谓先主曰:"宜速行保江陵,今虽拥大众,被甲者少,若曹公兵至,何以拒之?"先主曰:"夫济[7]大事必以人为本,今人归吾,吾何忍弃去[5]!"

等到了当阳的时候,跟随先主的人已有十余万,辎重数千车,每天只行进十几里,先主另外派遣关羽率几百艘船,让他到江陵会合。有人对先主说:"应急速行进去保住江陵,现在虽然有很多人,但是能披甲作战的很少,如果曹操军队追来,如何抵御呢?"先主说:"要成就大事,就必须以民为本,现在百姓依附于我,我怎能忍心抛弃他们而去!"

今注 1 樊:属南郡,在今湖北襄阳樊城区。 2 宛:属南郡,在今河南南阳。 3 襄阳:属南郡,在今湖北襄阳。 4 当阳:属南郡,在今湖北当阳。 5 两:同"辆"。 6 江陵:属南郡,在今湖北荆州江陵故城。 7 济:成就。

裴注 [1]《汉晋春秋》曰:"曹公自柳城还,表谓备曰:'不用君言,故为失此大会。'备曰:'今天下分裂,日寻干戈,事会之来,岂有终极乎?若能应之于后者,则此未足为恨也。'" [2]《英雄记》曰:"表病,上备领荆州刺史。"《魏书》曰:"表病笃,托国于备,顾谓曰:'我儿不才,而诸将并零落,我死之后,卿便摄荆州。'"备曰:'诸子自贤,君其忧病。'或劝备宜从表言,备曰:'此人待我厚,今从其言,人必以我为薄,所不忍也。'"臣松之以为,表夫妻素爱琮,舍適立庶,情计久定,无缘临终举荆州以授备,此亦不然之言。 [3] 孔衍《汉魏春秋》曰:“刘琮乞降,不敢告备。备亦不知,久之乃觉,遣所亲问琮。琮令宋忠诣备宣旨。是时曹公在宛,备乃大惊骇,谓忠曰:‘卿诸人作事如此,不早相语,今祸至方告我,不亦太剧乎!’引刀向忠曰:‘今断卿头,不足以解忿,亦耻大丈夫临别复杀卿辈!’遣忠去,乃呼部曲议。或劝备劫将琮及荆州吏士径南到江陵,备答曰:‘刘荆州临亡托我以孤遗,背信自济,吾所不为,死何面目以见刘荆州乎!’” [4]《典略》曰:“备过辞表墓,遂涕泣而去。” [5] 习凿齿曰:“先主虽颠沛险难而信义愈明,势逼事危而言不失道。追景升之顾,则情感三军;恋赴义之士,则甘与同败。观其所以结物情者,岂徒投醪抚寒、含蓼问疾而已哉!其终济大业,不亦宜乎!”

曹公以江陵有军实[1],恐先主据之,乃释辎重,轻军到襄阳。闻先主已过,曹公将精骑五千急追之,一日一夜行三百余里,及于当阳之长阪[2]。先主弃妻子,与诸葛亮、张飞、赵云等数十骑走,曹公大获其人众辎重。先主斜趋汉津,适与羽船会,得济沔,遇表长子江夏太守琦众万余人,与俱到夏口[3]。

先主遣诸葛亮自结于孙权[1],权遣周瑜、程普等水军数万,与先主并力[2],

曹操因江陵有军需物资,害怕先主占据江陵,于是就放下辎重,轻装赶到襄阳。听说先主已经离开,于是曹操派精锐骑兵五千人急速追赶,一天一夜行军三百多里,在当阳长阪坡追上了先主。先主丢下老婆孩子,和诸葛亮、张飞、赵云等几十人骑马逃走,曹操俘获先主众多人马与辎重。先主抄近路赶到汉津,恰好与关羽的船队会合,得以渡过沔水,又遇到了刘表长子江夏太守刘琦所率领的一万多人,与他们一起到了夏口。

先主派遣诸葛亮与孙权结盟,孙权派遣周瑜、程普等人率领几万水军,和先主的部众协力,与曹操在赤

与曹公战于赤壁，大破之，焚其舟船。先主与吴军水陆并进，追到南郡，时又疾疫，北军多死，曹公引归[3]。

壁交战，大败曹军，烧毁了曹军的战船。先主和吴国的军队水陆并进，追赶到了南郡，此时又流行疫病，北方的军队死亡很多，曹操率军回到了北方。

今注　**1** 军实：军用器械和粮饷。　**2** 长阪：亦作“长坂”，在今湖北当阳东北。　**3** 夏口：位于汉水下游入长江处，由于汉水自沔阳以下古称夏水，故名。在今湖北武汉。

裴注　[1]《江表传》曰：“孙权遣鲁肃吊刘表二子，并令与备相结。肃未至而曹公已济汉津。肃故进前，与备相遇于当阳。因宣权旨，论天下事势，致殷勤之意。且问备曰：‘豫州今欲何至？’备曰：‘与苍梧太守吴巨有旧，欲往投之。’肃曰：‘孙讨虏聪明仁惠，敬贤礼士，江表英豪，咸归附之，已据有六郡，兵精粮多，足以立事。今为君计，莫若遣腹心使自结于东，崇连和之好，共济世业，而云欲投吴巨，巨是凡人，偏在远郡，行将为人所并，岂足托乎？’备大喜，进住鄂县，即遣诸葛亮随肃诣孙权，结同盟誓。”　[2]《江表传》曰：“备从鲁肃计，进住鄂县之樊口。诸葛亮诣吴未还，备闻曹公军下，恐惧，日遣逻吏于水次候望权军。吏望见瑜船，驰往白备，备曰：‘何以知之非青徐军邪？’吏对曰：‘以船知之。’备遣人慰劳之。瑜曰：‘有军任，不可得委署，傥能屈威，诚副其所望。’备谓关羽、张飞曰：‘彼欲致我，我今自结托于东而不往，非同盟之意也。’乃乘单舸往见瑜，问曰：‘今拒曹公，深为得计，战卒有几？’瑜曰：‘三万人。’备曰：‘恨少。’瑜曰：‘此自足用，豫州但观瑜破之。’备欲呼鲁肃等共会语，瑜曰：‘受命不得妄委署，若欲见子敬，可别过之。又孔明已俱来，不过三两日到也。’备虽深愧异瑜，而心未许之能必破北军也，故差池在后，将二千人与羽、飞俱，未肯系瑜，盖为进退之计也。”孙盛曰：“刘备雄才，处必亡之地，告急于吴，而获奔助，无缘复顾望江渚而怀后计。《江表传》之言，当是吴人欲专美之辞。” [3]《江表传》曰：“周瑜为南郡太守，分南岸地以给备。备别立营于油江口，改名为公安。刘表吏士见从北军，多叛来投备。备以瑜所给地少，不足以安民，复从权借荆州数郡。”

先主表琦为荆州刺史，又南征四郡。武陵太守金旋、长沙太守韩玄、桂阳太守赵范、零陵太守刘度皆降[1]。庐江雷绪率部曲[1]数万口稽颡[2]。琦病死，群下推先主为荆州牧，治公安[3][2]。权稍畏之，进妹固好。先主至京见权，绸缪恩纪[4][3]。

权遣使云欲共取蜀，或以为宜报听许，吴终不能越荆有蜀，蜀地可为己有。荆州主簿[5]殷观进曰：“若为吴先驱，进未能克蜀，退为吴所乘，即事去矣。今但可然赞其伐蜀，而自说新据诸郡，未可兴动，吴必不敢越我而独取蜀。如此进退之计，可以收吴、蜀之利。”先主从之，权果辍

先主上表推荐刘琦为荆州刺史，又率军向南征伐四郡。武陵太守金旋、长沙太守韩玄、桂阳太守赵范、零陵太守刘度都向先主投降。庐江郡人雷绪也率领自己的私人武装数万人来归顺先主。刘琦病死，部下都推举先主为荆州牧，治所设在公安。孙权渐渐畏惧先主的势力，就将自己的妹妹嫁给先主以巩固友好的关系。先主来到京口去会见孙权，彼此亲密融洽。

孙权派使者说想与先主一道攻取蜀地，有人认为应当答应孙权，因为吴终究不能越过荆州而占据蜀地，蜀地就可以为己方所占据。荆州主簿殷观进谏说：“如果做吴国的先锋，进军而未能攻克蜀地，后退又被吴国乘虚袭击，那就大事不妙了。现在只能口头同意帮助吴国伐蜀，而自己又辩解说，刚刚占据几个郡，不能够再兴兵动众，那么吴国一定不敢越过我们而单独去攻打蜀地。这样可退可进的计划，才能从吴、蜀两方面得到好处。”先主听从了他的计划，孙权果然放弃了

计。迁观为别驾从事[4]。　　原来的计策。先主任殷观为别驾从事。

今注　1 部曲:古代豪门大族的私人军队,带有人身依附性质。　2 稽颡(sǎng):古代一种跪拜礼，屈膝下拜，以额触地，表示极度虔诚。此处指归顺。　3 公安:即孱陵,属武陵郡,刘备将其改为“公安”,在今湖北公安。　4 绸缪恩纪:绸缪,缠绵,情意殷切。恩纪,恩情。此处形容双方亲密融洽的关系。　5 主簿:汉代中央及郡县官署多置,其职责为主管文书,办理事务,属于幕僚(亲近属吏)。此处当指荆州牧刘备的幕僚。

裴注　[1]《三辅决录注》曰:“金旋字元机,京兆人,历位黄门郎、汉阳太守,征拜议郎,迁中郎将,领武陵太守,为备所攻劫死。子祎,事见《魏武本纪》。”　[2]《江表传》曰:“备立营于油口,改名公安。”　[3]《山阳公载记》曰:“备还,谓左右曰:‘孙车骑长上短下,其难为下,吾不可以再见之。’乃昼夜兼行。”臣松之案:《魏书》载刘备与孙权语,与《蜀志》述诸葛亮与权语正同。刘备未破魏军之前,尚未与孙权相见,不得有此说。故知《蜀志》为是。　[4]《献帝春秋》曰:“孙权欲与备共取蜀,遣使报备曰:‘米贼张鲁据王巴、汉,为曹操耳目,规图益州。刘璋不武,不能自守。若操得蜀,则荆州危矣。今欲先攻取璋,进讨张鲁,首尾相连,一统吴、楚,虽有十操,无所忧也。’备欲自图蜀,拒答不听,曰:‘益州民富强,土地险阻,刘璋虽弱,足以自守。张鲁虚伪,未必尽忠于操。今暴师于蜀、汉,转运于万里,欲使战克攻取,举不失利,此吴起不能定其规,孙武不能善其事也。曹操虽有无君之心,而有奉主之名,议者见操失利于赤壁,谓其力屈,无复远志也。今操三分天下已有其二,将欲饮马于沧海,观兵于吴会,何肯守此坐须老乎?今同盟无故自相攻伐,借枢于操,使敌承其隙,非长计也。’权不听,遣孙瑜率水军住夏口。备不听军过,谓瑜曰:‘汝欲取蜀,吾当被发入山,不失信于天下也。’使关羽屯江陵,张飞屯秭归,诸葛亮据南郡,备自住孱陵。权知备意,因召瑜还。”

十六年，益州牧刘璋遥闻曹公将遣钟繇等向汉中讨张鲁，内怀恐惧。别驾从事蜀郡张松说璋曰："曹公兵强无敌于天下，若因张鲁之资以取蜀土，谁能御之者乎？"璋曰："吾固忧之而未有计。"松曰："刘豫州，使君之宗室，而曹公之深仇也，善用兵，若使之讨鲁，鲁必破。鲁破，则益州强，曹公虽来，无能为也。"

璋然之，遣法正将四千人迎先主，前后赂遗以巨亿计。正因陈益州可取之策[1]。先主留诸葛亮、关羽等据荆州，将步卒数万人入益州。至涪，璋自出迎，相见甚欢。张松令法正白先主，及谋臣庞统进说，便可于会所袭璋。先主曰："此大事也，不可仓卒。"

璋推先主行大司马[1]，领司隶校尉[2]；先主亦推璋行镇西大将军，领益州牧。

建安十六年(211)，益州牧刘璋远远地听说曹操将要派钟繇等人进军汉中讨伐张鲁，心中感到恐惧。别驾从事蜀郡人张松劝刘璋说："曹操兵力强盛，天下无敌，如果他利用张鲁的物资来攻占蜀地，谁能够抵御他呢？"刘璋说："我当然很担心此事，但没有计策。"张松说："刘备，是您的同宗，而且又是曹操的大仇人，他善于用兵，如果让他去讨伐张鲁，张鲁必败。张鲁败了，那么益州也就更为坚固，曹操即使来了，也无能为力。"

刘璋认为张松所说有理，就派遣法正率四千人去迎接先主，前后赠送的财物数以亿计。法正趁机向先主陈述了夺取益州的计策。先主留下诸葛亮、关羽等驻守荆州，自己率领几万步兵进入益州。到了涪，刘璋亲自出迎，二人见面非常高兴。张松命法正禀告先主，等到谋臣庞统也进去向先主献计，就可以在会见的地方袭杀刘璋。先主说："这是大事，不能仓促行事。"

刘璋举荐先主代理大司马，并兼领司隶校尉；先主也举荐刘璋代理镇西大将军，兼领益州牧。刘璋补充了璋增先主兵,使击张鲁,又令督白水[3]军。先主并军三万余人,车甲器械资货甚盛。是岁,璋还成都。先主北到葭萌,未即讨鲁,厚树恩德,以收众心。

先主的兵力,让他去讨伐张鲁,又让他督率白水关的驻军。先主合并各军共三万多人,车辆甲兵器械钱财货物非常充足。这年,刘璋回到成都。先主向北到达葭萌,没有立刻讨伐张鲁,而是广树恩德,来笼络众人之心。

今注 **1** 大司马:汉代“三公”之一,汉成帝以后,将丞相改为大司徒,御史大夫改为大司空,并大司马为三公官,东汉因之。 **2** 司隶校尉:汉武帝所设的监察官职,其后逐渐拥有内察京师百官,并领有一州(京师七郡)的权力。也是由于其拥有纠察京师百官的职责,因此汉末权臣也常常兼任此职。 **3** 白水:即白水关,在今四川青川县东北。

裴注 [**1**]《吴书》曰:“备前见张松,后得法正,皆厚以恩意接纳,尽其殷勤之欢。因问蜀中阔狭、兵器、府库、人马众寡,及诸要害道里远近,松等具言之,又画地图山川处所,由是尽知益州虚实也。”

明年,曹公征孙权,权呼先主自救。先主遣使告璋曰:“曹公征吴,吴忧危急。孙氏与孤本为唇齿,又乐进在青泥[1]与关羽相拒,今不往救羽,进必大克,转侵州界,其忧有甚于鲁。鲁自守之贼,不足虑也。”乃从璋求万兵及资

明年,曹操征讨孙权,孙权向先主请求救援。先主派使者对刘璋说:“曹操征伐吴国,吴国担忧情势危急。孙氏本和我唇齿相依,且乐进在青泥与关羽对垒,现在不去救援关羽,乐进一定会大胜,转而入侵益州边界,那比张鲁带来的忧患更加严重。张鲁只是一个坐地自守的贼寇,不足为虑。”于是就向刘璋请求一万士兵和军需物资,

实[2],欲以东行。璋但许兵四千,其余皆给半[1]。张松书与先主及法正曰:"今大事垂可立,如何释此去乎!"松兄广汉太守肃,惧祸逮己,白璋发其谋。于是璋收斩松,嫌隙始构矣[2]。璋敕关戍诸将文书勿复关通先主。先主大怒,召璋白水军督杨怀,责以无礼,斩之。乃使黄忠、卓膺勒兵向璋。先主径至关中,质诸将并士卒妻子,引兵与忠、膺等进到涪,据其城。璋遣刘璝、冷苞、张任、邓贤等拒先主于涪[3],皆破败,退保绵竹。璋复遣李严督绵竹诸军,严率众降先主。先主军益强,分遣诸将平下属县,诸葛亮、张飞、赵云等将兵溯流定白帝[3]、江州[4]、江阳[5],惟关羽留镇荆州。先主进军围雒;时璋子循守城,被攻且一年。

想要东去。刘璋只答应给四千军队,其他的军需物资也只供给一半。张松写信给先主和法正说:"现在大事即将成功,怎么能放弃这里而离开呢!"张松的兄长、广汉太守张肃,害怕祸及自身,就向刘璋告发张松的阴谋。于是刘璋逮捕并杀了张松,先主和刘璋之间也开始产生嫌隙。刘璋命令守卫关口的各将领不再把文书传送给先主。先主大怒,召刘璋的白水关驻军督军杨怀前来,责备其无礼,并斩杀了他。接着先主派黄忠、卓膺率军队进攻刘璋。先主直接到了白水关内,把各将领和士卒的老婆孩子扣为人质,率军与黄忠、卓膺等人进入涪县,并占据此城。刘璋派刘璝、冷苞、张任、邓贤等人在涪县抵御先主,都被打败,退守绵竹。刘璋又派李严去督率绵竹各军,李严率众向先主投降。先主的军队更加强大,分派各将平定州属各县,诸葛亮、张飞、赵云等人率兵逆流而上,平定了白帝、江州、江阳,只有关羽留镇荆州。先主进军围攻雒城;此时刘璋的儿子刘循守卫此城,被围困将近一年。

今注 1 青泥：在今湖北襄阳。 2 资实：军队所需的钱财物资。 3 白帝：白帝城，在今重庆奉节东白帝山上。 4 江州：属巴郡，在今重庆江北区。 5 江阳：属犍为郡，在今四川泸州江阳区。

裴注 [1]《魏书》曰："备因激怒其众曰：'吾为益州征强敌，师徒勤瘁，不遑宁居；今积帑藏之财而吝于赏功，望士大夫为出死力战，其可得乎！'" [2]《益部耆旧杂记》曰："张肃有威仪，容貌甚伟。松为人短小，放荡不治节操，然识达精果，有才干。刘璋遣诣曹公，曹公不甚礼松；主簿杨脩深器之，白公辟松，公不纳。脩以公所撰兵书示松，松宴饮之间一省便暗诵。脩以此益异之。" [3]《益部耆旧杂记》曰："张任，蜀郡人，家世寒门，少有胆勇，有志节，仕州为从事。"

十九年夏，雒城破[1]，进围成都数十日，璋出降[2]。蜀中殷盛丰乐，先主置酒大飨士卒，取蜀城1中金银分赐将士，还其谷帛。先主复领益州牧，诸葛亮为股肱2，法正为谋主，关羽、张飞、马超为爪牙3，许靖、麋竺、简雍为宾友。及董和、黄权、李严等本璋之所授用也，吴壹、费观等又璋之婚亲也，彭羕又璋之所排摈也，刘巴者宿昔之所忌恨也，皆处之显任，尽其器能。

建安十九年夏(214)，雒城被攻破，先主进军包围成都数十天，刘璋出城投降。蜀地殷实富足，百姓安乐，先主大设酒宴犒劳士卒，取出成都城中的金银分赐将士，把谷物布帛归还原主。先主又兼领益州牧，诸葛亮为其辅佐重臣，法正为其辅佐谋士，关羽、张飞、马超为武将，许靖、麋竺、简雍为宾客幕僚。至于董和、黄权、李严等人本是刘璋任命的官员，吴壹、费观又是刘璋的姻亲，彭羕又是刘璋所排斥的人，刘巴一向为刘璋所忌恨，这些人全都担任重要的职务，充分发挥其才能。有志之士，都竞相勉励，有志之士，无不竞劝。

为先主效命。

今注 1 蜀城：指成都。 2 股肱：比喻辅佐帝王之重臣。 3 爪牙：比喻武将。

裴注 [1]《益部耆旧杂记》曰："刘璋遣张任、刘璝率精兵拒捍先主于涪，为先主所破，退与璋子循守雒城。任勒兵出于雁桥，战复败。禽任。先主闻任之忠勇，令军降之，任厉声曰：'老臣终不复事二主矣。'乃杀之。"先主叹惜焉。 [2]《傅子》曰："初，刘备袭蜀，丞相掾赵戬曰：'刘备其不济乎？拙于用兵，每战则败，奔亡不暇，何以图人？蜀虽小区，险固四塞，独守之国，难卒并也。'征士傅幹曰：'刘备宽仁有度，能得人死力。诸葛亮达治知变，正而有谋，而为之相；张飞、关羽勇而有义，皆万人之敌，而为之将。此三人者，皆人杰也。以备之略，三杰佐之，何为不济也！'"《典略》曰："赵戬，字叔茂，京兆长陵人也。质而好学，言称《诗》《书》，爱恤于人，不论疏密。辟公府，入为尚书选部郎。董卓欲以所私并充台阁，戬拒不听。卓怒，召戬，欲杀之，观者皆为戬惧，而戬自若。及见卓，引辞正色，陈说是非，卓虽凶戾，屈而谢之。迁平陵令。故将王允被害，莫敢近者，戬弃官收敛之。三辅乱，戬客荆州，刘表以为宾客。曹公平荆州，执戬手曰：'何相见之晚也！'遂辟为掾。后为五官将司马、相国钟繇长史，年六十余卒。"

二十年，孙权以先主已得益州，使使报欲得荆州。先主言："须得凉州[1]，当以荆州相与。"权忿之，乃遣吕蒙袭夺长沙、零陵、桂阳三郡。先主引兵五万下公安，

建安二十年(215)，孙权因先主已经取得了益州，就派使者告知想收回荆州。先主说："必等得到凉州，就把荆州交还。"孙权对此很气愤，就派吕蒙袭击夺取长沙、零陵、桂阳三郡。先主率兵五万顺江而下来到公

令关羽入益阳[2]。是岁，曹公定汉中，张鲁遁走巴西。先主闻之，与权连和，分荆州江夏、长沙、桂阳东属，南郡、零陵、武陵西属，引军还江州。遣黄权将兵迎张鲁，张鲁已降曹公。曹公使夏侯渊、张郃屯汉中，数数犯暴巴界。先主令张飞进兵宕渠[3]，与郃等战于瓦口，破郃等，郃收兵还南郑[4]。先主亦还成都。

安，命令关羽进军益阳。这一年，曹操平定了汉中，张鲁逃亡巴西。先主听到这个消息，就和孙权结好，分荆州的江夏、长沙、桂阳归属东吴，南郡、零陵、武陵归属西蜀，然后率军回到江州。先主派黄权去迎接张鲁，张鲁已经投降了曹操。曹操派遣夏侯渊、张郃屯兵汉中，屡次侵扰巴郡边境。先主派遣张飞进兵宕渠，与张郃等人在瓦口交战，打败了张郃等人，张郃收兵回到南郑。先主也回到了成都。

今注　**1** 凉州：东汉十三州之一，东汉时治陇县(今甘肃张家川)。 **2** 益阳：属长沙郡，在今湖南益阳赫山区。 **3** 宕渠：属巴郡，其地在今四川渠县东北。 **4** 南郑：汉中郡的郡治，其地在今陕西汉中。

二十三年，先主率诸将进兵汉中。分遣将军吴兰、雷铜等入武都，皆为曹公军所没。先主次于阳平关[1]，与渊、郃等相拒。

二十四年春，自阳平南渡沔水，缘山稍前，于定军山势作营。渊将兵来争其地。先主命黄忠乘高鼓

建安二十三年(218)，先主率众将进军汉中。分别派将军吴兰、雷铜等进军武都，都被曹操的军队消灭了。先主驻军在阳平关，与夏侯渊、张郃对峙。

建安二十四年(219)春天，先主从阳平关向南渡过沔水，沿山逐渐推进，依据定军山的山势构筑营寨，夏侯渊派兵来争夺此地。先主命黄忠登上高

噪攻之，大破渊军，斩渊及曹公所署益州刺史赵颙等。曹公自长安举众南征。先主遥策之曰："曹公虽来，无能为也，我必有汉川矣。"及曹公至，先主敛众拒险，终不交锋，积月不拔，亡者日多。夏，曹公果引军还，先主遂有汉中。遣刘封、孟达、李平等攻申耽于上庸[2]。

处击鼓呐喊攻打敌军，大破夏侯渊的军队，斩杀了夏侯渊及曹操任命的益州刺史赵颙等人。曹操亲自率兵从长安出发南征。先主预言说："曹操即使到来，也是无能为力的，我定能占据汉中之地。"等到曹军来到，先主收缩兵力据险而守，始终不与曹军交战，曹军几个月都未能攻克，逃跑的士兵日益增多。这年夏天，曹操果然率军撤回，先主于是占据汉中之地。派遣刘封、孟达、李平等人去上庸攻打申耽。

今注 1 阳平关：在今陕西汉中勉县西武侯镇。 2 上庸：属汉中郡，在今湖北竹山县西南。

秋，群下上先主为汉中王，表于汉帝曰：

"平西将军都亭侯臣马超、左将军长史领镇军将军臣许靖、营司马臣庞羲、议曹从事中郎军议中郎将臣射援[1]、军师将军臣诸葛亮、荡寇将军汉寿亭侯臣关羽、征虏将军新亭侯臣张飞、征西将军臣黄忠、镇远将军臣赖恭、扬武将军

到秋天，群臣推举刘备为汉中王，上表给汉献帝说：

"平西将军都亭侯臣马超、左将军长史领镇军将军臣许靖、营司马臣庞羲、议曹从事中郎军议中郎将臣射援、军师将军臣诸葛亮、荡寇将军汉寿亭侯臣关羽、征虏将军新亭侯臣张飞、征西将军臣黄忠、镇远将军臣赖恭、扬武将军臣法正、兴业将军臣李严等一百二十人上奏说：'从前尧帝非常圣明，朝中仍有共工等四个恶人；

臣法正、兴业将军臣李严等一百二十人上言曰：'昔唐尧至圣而四凶[1]在朝，周成仁贤而四国[2]作难，高后称制[3]而诸吕窃命，孝昭幼冲[4]而上官逆谋，皆冯[5]世宠，藉履国权，穷凶极乱，社稷几危。非大舜、周公[6]、朱虚[7]、博陆[8]，则不能流放禽讨，安危定倾。伏惟陛下诞姿圣德，统理万邦，而遭厄运不造[9]之艰。董卓首难，荡覆京畿，曹操阶祸，窃执天衡[10]；皇后太子，鸩杀见害，剥乱天下，残毁民物。久令陛下蒙尘忧厄，幽处虚邑。人神无主，遏绝王命，厌昧皇极，欲盗神器。左将军领司隶校尉，豫、荆、益三州牧宜城亭侯备，受朝爵秩，念在输力，以殉国难。睹其机兆，赫然愤发，与车骑将军董承同谋诛操，将安国家，克宁旧都。会承机事不密，令操游魂得遂长恶，残泯海

周成王仁爱贤德，仍有管叔等四国为乱；高后代行皇权，而吕氏篡权；汉昭帝年幼而上官桀阴谋叛逆。这些人都是凭借世代的恩宠，借机执掌了国家大权，穷凶极恶肆意为乱，使国家社稷濒临危亡。如果没有舜、周公、朱虚侯刘章、博陆侯霍光，就不可能将这些人流放、擒获、征讨，使危难的局面得以安定。我们认为陛下有天资圣德，治理天下，却不幸遭逢厄运危难。董卓首先作乱，使京畿动荡倾覆，曹操继而为害，窃夺皇帝大权；皇后与太子也遭毒杀遇害，祸乱天下，残害百姓毁坏财物。长期以来令陛下颠沛流离饱经忧患，被幽禁空城之中。人神皆无祭祀，阻断皇命，蒙蔽圣主，妄图窃夺帝位。左将军兼司隶校尉，豫州、荆州、益州三州州牧、宜城亭侯刘备，接受朝廷的爵位和俸禄，常想着为国尽忠效力，为国难殉身。目睹曹操阴谋的先兆，愤然有所行动，和车骑将军董承一起谋划诛杀曹操，以图安定国家，光复安宁旧都。恰逢董承谋事不机密，才让曹操继续苟活。作恶，残害天下。臣等经常担心王室大则有像阎

内。臣等每惧王室大有阎乐之祸，小有定安之变[2]，夙夜惴惴，战栗累息。

乐杀秦二世那样的祸患，小则会有像王莽废孺子婴为安定公那样的政变，早晚惴惴不安，战战兢兢恐惧屏息。

今注 1 四凶：指共工、驩(huān)兜、三苗、鲧。 2 四国：指管叔、蔡叔、霍叔及武庚。 3 称制：代行皇帝职权。 4 幼冲：冲，也是幼的意思。幼冲，同义词连用，指年幼。 5 冯：通“凭”，凭借。 6 周公：周武王之弟，武王去世后，成王年幼，管叔、蔡叔联合武庚叛乱，周公平定叛乱。又继续东征，消除了殷遗势力的威胁。 7 朱虚：指的是朱虚侯刘章，刘邦庶长子刘肥之子，曾被封为朱虚侯，在平定诸吕叛乱中立有大功。汉文帝即位后，被封为城阳王。 8 博陆：博陆侯霍光。汉昭帝即位后，霍光粉碎上官桀的叛乱，被封为博陆侯。 9 不造：不幸。 10 天衡：此处指天子的权威。

裴注 [1]《三辅决录注》曰：“援字文雄，扶风人也。其先本姓谢，与北地诸谢同族。始祖谢服为将军出征，天子以谢服非令名，改为射，子孙氏焉。兄坚，字文固，少有美名，辟公府，为黄门侍郎。献帝之初，三辅饥乱，坚去官，与弟援南入蜀依刘璋，璋以坚为长史。刘备代璋，以坚为广汉、蜀郡太守。援亦少有名行，太尉皇甫嵩贤其才而以女妻之，丞相诸葛亮以援为祭酒，迁从事中郎，卒官。” [2] 赵高使阎乐杀二世。王莽废孺子以为定安公。

“‘昔在《虞书》，敦序[1]九族，周监二代，封建同姓，《诗》著其义，历载长久。汉兴之初，割裂疆土，尊王子弟，是以卒折诸吕

“‘从前《虞书》上记载，亲睦和顺九族，周代借鉴夏、商二代，封邦建国同姓诸侯，《诗经》宣明其理，历时久远。汉朝刚建立的时候，分割疆土，尊奉王室子弟建立王国，因此最终挫败了吕氏

之难，而成太宗之基。臣等以备肺腑枝叶，宗子藩翰，心存国家，念在弭乱。自操破于汉中，海内英雄望风蚁附，而爵号不显，九锡未加，非所以镇卫社稷，光昭万世也。奉辞在外，礼命断绝。昔河西太守梁统等值汉中兴，限于山河，位同权均，不能相率，咸推窦融以为元帅，卒立效绩，摧破隗嚣。今社稷之难，急于陇、蜀[2]。操外吞天下，内残群寮，朝廷有萧墙之危，而御侮未建，可为寒心。臣等辄依旧典，封备汉中王，拜大司马，董齐六军，纠合同盟，扫灭凶逆。以汉中、巴、蜀、广汉、犍为为国，所署置依汉初诸侯王故典。夫权宜之制，苟利社稷，专之可也。然后功成事立，臣等退伏矫罪，虽死无恨。'"

遂于沔阳[3]设坛场，

叛乱，而成就了汉文帝的基业。我们认为刘备是皇族后裔，汉室重臣，心系国家，立志消弭战乱。自从在汉中打败曹操以来，天下英雄纷纷前来归附，而其爵位并不显赫，没有得到天子九锡的赏赐，这不便于他镇抚国家，使功业广大昭明万代。奉诏命在外，礼制和命令断绝。从前河西太守梁统等人在汉室中兴的时候，因山河阻断，几个郡的郡守地位相同、权力相等，无法相互统率，就共同推举窦融为元帅，最终成就了丰功伟绩，打败了隗嚣。现在国家的危难，比隗嚣割据陇西、公孙述在蜀地称帝更为紧迫。曹操在外吞并天下，在内残害百官，朝廷内部祸乱四起，而尚未有抵御此乱的办法，实在让人寒心。我们就依照以前的制度，封刘备为汉中王，授官为大司马，让他督率整肃六军，联合同盟，消灭叛逆。以汉中、巴、蜀、广汉、犍为等郡作为封国，设置官署任命官员都依照汉初诸侯王的旧例。这样因事而变通的做法，如果对国家社稷有利，专断施行也是可以的。日后大功告成，我们愿承担矫诏之罪，虽死无憾。'"

于是就在沔阳设立了坛场，陈列

陈兵列众，群臣陪位，读奏讫，御王冠于先主。

军队，群臣陪同，宣读奏章完毕，把王冠进献给了先主。

今注 1 敦序：也作“敦叙”，亲睦和顺。 2 急于陇、蜀：指东汉初年隗嚣割据陇西，公孙述在蜀地称帝之事。 3 沔阳：属于汉中郡，在今陕西勉县东。

先主上言汉帝曰：“臣以具臣[1]之才，荷上将之任，董督三军，奉辞于外，不得扫除寇难，靖匡王室，久使陛下圣教陵迟，六合之内，否而未泰，惟忧反侧，疢[2]如疾首。曩[3]者董卓造为乱阶，自是之后，群凶纵横，残剥海内。赖陛下圣德威灵，人神同应，或忠义奋讨，或上天降罚，暴逆并殪，以渐冰消。惟独曹操，久未枭除，侵擅国权，恣心极乱，臣昔与车骑将军董承图谋讨操，机事不密，承见陷害，臣播越[4]失据，忠义不果。遂得使操穷凶极逆，主后戮杀，皇子鸩害。虽纠合同盟，念在奋力，懦弱不武，历年未

先主向汉献帝上奏道：“我以占位充数的才能，担负了上将的重任，督率三军，奉诏命在外，没有能够扫除贼寇祸乱，安定王室，长期让陛下的圣明教化减损，天下未能太平，我忧虑难眠，痛心疾首。从前董卓开始作乱，自此之后，群贼横行，残害天下。仰仗陛下的圣明德行及威灵，人神同助，有的是忠臣义士奋起讨伐，有的是上天降下惩罚，残暴逆贼都像冰雪融化一样，逐渐被消灭了。只有曹操，长期没能除掉，他篡夺国家权力，肆意作乱，臣昔日和车骑将军董承谋划讨伐曹操，因行事不机密，董承被害，我也颠沛在外，无所栖身，对朝廷的忠义也没能实现。所以使曹操穷凶极恶，皇后被杀，太子遭毒害。我虽然纠集同盟，发奋努力，但是懦弱不擅武力，多年未有成绩。常常担心突然死去，辜负了国家

效。常恐殒没，孤负国恩，寤寐永叹，夕惕若厉[5]。

的恩德，因而日夜长叹，朝夕戒惧，如临危境而不敢懈怠。

今注 1 具臣：聊以充数，不能有作为的臣子。 2 疢(chèn)如疾首：形容忧伤到极点。 3 曩(nǎng)：以往，从前。 4 播越：流亡，流离。 5 夕惕若厉：朝夕戒惧，如临危境，不敢稍懈。

“今臣群寮以为：在昔《虞书》敦叙九族，庶明励翼[1][1]，五帝损益，此道不废。周监二代，并建诸姬，实赖晋、郑夹辅之福。高祖龙兴，尊王子弟，大启九国，卒斩诸吕，以安大宗。今操恶直丑正，实繁有徒，包藏祸心，篡盗已显。既宗室微弱，帝族无位，斟酌古式，依假权宜，上臣大司马、汉中王。臣伏自三省，受国厚恩，荷任一方，陈力未效，所获已过，不宜复忝高位以重罪谤。群寮见逼，迫臣以义。臣退惟寇贼不枭，国难未已，宗庙倾危，社

“现在我属下群臣认为：以前《虞书》里记载要亲睦和顺九族宗亲，使群贤来勉力辅佐治理国家，五帝政治有所损益，但是这一做法并没有废弃。周代借鉴夏、商二代，广泛地分封姬姓贵族，周朝确实也仰仗了晋、郑两国的辅佐之功。汉高祖创立汉朝，尊奉王室子弟，分封建立了九个王国，最终诛灭诸吕叛乱，安定了汉室。现在曹操憎恶正直忠诚的人，但仍有很多追随他的人，怀藏险恶用心，篡夺皇位的迹象已经很明显了。王室已经衰微，皇族中没有身居重位的大臣，众人反复考察古代的先例，按照权宜之计，拥戴我为大司马、汉中王。我再三自省，受国家大恩，担当一方重任，未立寸功，所得到的已过多，不应再占据高位而加重自己的罪责，招致更多的非议。各位臣僚以大义逼迫，我考虑贼寇未除，国难没有终止，宗庙危在倾覆，国家社稷将要灭

稷将坠，成臣忧责碎首之负。若应权通变，以宁靖圣朝，虽赴水火，所不得辞，敢虑常宜，以防后悔。辄顺众议，拜受印玺，以崇国威。仰惟爵号，位高宠厚，俯思报效，忧深责重，惊怖累息 2，如临于谷。尽力输诚，奖厉六师，率齐群义，应天顺时，扑讨凶逆，以宁社稷，以报万分。谨拜章。因驿上还所假左将军、宜城亭侯印绶。”

亡，这都是我忧虑职责未尽，以死报国的责任。如果能顺应情势而变通，能够安定朝廷，即使赴汤蹈火，我也在所不辞，岂敢按常规考虑，以防日后生悔。因而便顺从群臣的建议，拜受印玺，以此来提高国威。我仰首考虑自己的爵位和名号，位高而所受恩宠深厚，低头思索报效朝廷，忧虑很深而职责重大，惊恐不安不敢喘息，就像面对深谷一样。竭尽全力奉献忠诚，勉励六军，统率众多义士，顺应天时，讨灭凶恶的叛贼，来安定国家，以报答陛下的恩德。谨呈上奏章。由驿使奉还原来所授的左将军、宜城亭侯的印绶。”

于是还治成都。拔魏延为都督，镇汉中[2]。时关羽攻曹公将曹仁，禽于禁于樊。俄而孙权袭杀羽，取荆州。

先主于是把官署迁回成都。提拔魏延为都督，镇守汉中。当时关羽正在攻打曹操的将领曹仁，在樊城活捉了于禁。不久，孙权袭击杀害了关羽，夺取了荆州。

今注 1 庶明励翼：庶明，群贤。励翼，勉力辅佐。 2 累息：因恐惧而不敢喘息。

裴注 [1] 郑玄注曰：“庶，众也；励，作也；叙，次序也。序九族而亲之，以众明作羽翼之臣也。” [2]《典略》曰：“备于是起馆舍，筑亭障，从成都至白水关，四百余区。”

二十五年，魏文帝称尊号，改年曰黄初。或传闻汉帝见害，先主乃发丧制服，追谥曰孝愍皇帝。是后在所并言众瑞，日月相属，故议郎阳泉侯刘豹、青衣侯向举、偏将军张裔、黄权、大司马属殷纯、益州别驾从事赵莋、治中从事杨洪、从事祭酒何宗、议曹从事杜琼、劝学从事张爽、尹默、谯周等上言：

“臣闻《河图》《洛书》，五经谶纬[1]，孔子所甄[2]，验应自远。谨案《洛书·甄曜度》曰：‘赤三日德昌，九世会备，合为帝际。’《洛书·宝号命》曰：‘天度帝道备称皇，以统握契，百成不败。’《洛书·录运期》曰：‘九侯七杰争命民炊骸，道路籍籍履人头，谁使主者玄且来。’《孝经·钩命决录》曰：‘帝三建九会备。’臣父群未亡时，言西南数

建安二十五年(220)，曹丕称帝，改年号为黄初。有传闻说汉献帝被害，先主于是发丧，穿上丧服，追加汉献帝谥号为孝愍皇帝。此后，先主所在的地方很多人都报告有祥瑞，每日每月连续不断，所以故议郎阳泉侯刘豹、青衣侯向举、偏将军张裔、黄权、大司马属殷纯、益州别驾从事赵莋、治中从事杨洪、从事祭酒何宗、议曹从事杜琼、劝学从事张爽、尹默、谯周等上奏说：

“我们听说《河图》《洛书》，五经谶纬，由孔子鉴明，很久以来都有应验。谨慎查考《洛书·甄曜度》的记载：‘尚赤色的第三位人主德运昌隆，经历九代逢名“备”的出现，是称帝的时候。’《洛书·宝号命》记载：‘上天掌帝王之道，应由“备”称皇帝，以正统获得王命，总能成功而不会失败。’《洛书·录运期》记载：‘九侯七杰争夺王命，百姓以尸骨为柴烧，道路上到处可见遭践踏的人头，谁是派来的君主，名叫“玄”的就要来了。’《孝经·钩命决录》记载：‘帝王三人建九世代遇到名“备”的人。’臣下的父亲群未去世时，说西南多次出现黄气，径直向上

有黄气，直立数丈，见来积年，时时有景云祥风，从璿玑下来应之，此为异瑞。

有几丈高，已经出现多年了，时时有祥云和吉风，从北斗璇玑星下来与黄气相应，这是祥瑞。

今注 1 谶(chèn)纬：“谶”是巫师或方士编造的一种隐语或预言，作为吉凶的符验或征兆。“纬”指方士化的儒生编集起来附会儒家经典的各种著作。 2 甄(zhēn)：鉴别，选取。

“又二十二年中，数有气如旗，从西竟东，中天而行，《图》《书》曰‘必有天子出其方’。加是年太白[1]、荧惑[2]、填星[3]，常从岁星[4]相追。近汉初兴，五星从岁星谋；岁星主义，汉位在西，义之上方，故汉法常以岁星候人主。当有圣主起于此州，以致中兴。时许帝尚存，故群下不敢漏言。顷者荧惑复追岁星，见在胃、昴、毕[5]；昴、毕为天纲，《经》曰‘帝星处之，众邪消亡’。圣讳豫睹，推揆期验，符合数至，若此非一。臣闻圣

“还有建安二十二年(217)中，几次有像旌旗一样的云气从西向东，在天空中穿行，《河图》《洛书》说‘一定会有天子出现在那里’。再加上这年太白星、荧惑(火星)、填星(土星)，经常追随着岁星(木星)。东汉刚刚兴起的时候，五星也追随岁星相会；岁星主义，汉兴起的方位在西方，正是义所在的方位，因而汉朝的法典通常以岁星占验人主。应当有圣明的君主从此州中兴起，来成就中兴大业。当时在许都的汉献帝还在，因而群臣不敢说出来。近来荧惑又追随岁星，出现在胃、昴、毕三个星宿之间；昴、毕是天体的中枢，《星经》说‘象征帝王的星处在这个位置上，一切邪恶都将消亡’。圣上您的尊称已经在谶纬中预见到了，推求期会应验，与天降符验相合的情况多次出现，像这样的征兆也不止一次。我听

王先天而天不违，后天而奉天时，故应际而生，与神合契。愿大王应天顺民，速即洪业，以宁海内。”

说圣明的君主在天命之前行事，那么上天不会违背他，在天命之后行事就能顺应天时，因而能够应时而生，与神灵相契合。希望大王您能上应天时、下顺民心，立即登上帝位，来安定国家。”

今注 **1** 太白：即金星。 **2** 荧惑：即火星。 **3** 填星：即土星。 **4** 岁星：即木星。 **5** 胃、昴、毕：在二十八星宿中，胃、昴、毕都在西方七宿中。

太傅许靖、安汉将军麋竺、军师将军诸葛亮、太常赖恭、光禄勋黄柱、少府[1]王谋等上言：

“曹丕篡弑，湮灭汉室，窃据神器，劫迫忠良，酷烈无道。人鬼忿毒，咸思刘氏。今上无天子，海内惶惶，靡所式仰。群下前后上书者八百余人，咸称述符瑞，图、谶明征。间黄龙见武阳[2]赤水，九日乃去。《孝经·援神契》曰‘德至渊泉则黄龙见’，龙者，君之象也。《易·乾》九五‘飞龙在天’，大王当龙升，登帝位也。又前关羽围樊、襄阳，襄阳男

太傅许靖、安汉将军麋竺、军师将军诸葛亮、太常赖恭、光禄勋黄柱、少府王谋等上奏说：

“曹丕弑杀皇帝篡夺帝位，覆灭汉室，窃取了国家大权，胁迫忠良之士，暴虐无道。人鬼愤怒怨恨，都思念刘氏。现在上无天子，国中人心不安，没有可仰赖的人。群臣先后有八百多人上书，都说天降符瑞，图、谶显示了明显的征验。近来黄龙出现在武阳县赤水中，九天之后才离去。《孝经·援神契》说‘圣德深厚，就会有黄龙出现’，龙是君主的象征。《易·乾》九五爻辞‘飞龙在天’，大王将如龙飞腾，登上皇帝之位。另外，之前关羽围攻樊城、襄阳时，襄阳男子张嘉、王休献上玉玺，玉玺原本

子张嘉、王休献玉玺，玺潜汉水，伏于渊泉，晖景烛耀，灵光彻天。夫汉者，高祖本所起定天下之国号也，大王袭先帝轨迹，亦兴于汉中也。今天子玉玺神光先见，玺出襄阳汉水之末，明大王承其下流，授与大王以天子之位，瑞命符应，非人力所致。昔周有乌、鱼之瑞[3]，咸曰'休哉'。二祖受命，《图》《书》先著，以为征验。今上天告祥，群儒英俊，并进《河》《洛》，孔子谶记，咸悉具至。

潜藏在汉水，沉伏在深渊，光辉照耀，灵异之光通彻于天。汉，是高祖当初命名平定天下的国号，大王您因循先帝的遗迹，也在汉中兴起。现在天子玉玺的神光已现，玉玺出在襄阳，那里是汉水的下游，表明大王您是承继先帝之后，将授予您天子之位，这与祥瑞符命相应合，不是人力所能做到的。当年周朝有赤乌、白鱼的祥瑞，天下都说'美哉'。高祖和世祖接受天命，《河图》《洛书》早已记载，而作为征验。现在上天显现祥瑞，众多的儒者俊杰共同进献了《河图》《洛书》，孔子图谶所记，都全部应验了。

今注　1 少府：汉代中央诸卿之一，掌山海池泽之税，以供养天子。 2 武阳：犍为郡的郡治，在今四川眉山彭山区东。 3 乌、鱼之瑞：指周武王伐商时出现的祥瑞。《史记·周本纪》载："武王渡河，中流，白鱼跃入王舟中，武王俯取以祭。既渡，有火自上复于下，至于王屋，流为乌，其色赤，其声魄云。"

"伏惟大王出自孝景皇帝中山靖王之胄，本支百世[1]，乾祇降祚，圣姿硕茂，神武在躬，仁覆积德，爱人好士，是以四方归心焉。考

"大王您是孝景皇帝中山靖王的后代，子孙繁盛，天地赐福，大王您神姿伟貌，英明神武，仁义恩德遍及天下，喜爱人才结交贤士，因此天下都倾心归附。考察《灵图》，阐释谶纬，神明

省《灵图》，启发谶纬，神明之表，名讳昭著。宜即帝位，以纂二祖[2]，绍嗣昭穆，天下幸甚。臣等谨与博士许慈、议郎孟光，建立礼仪，择令辰，上尊号。”

即皇帝位于成都武担之南[1]。为文曰：“惟建安二十六年四月丙午，皇帝备敢用玄牡，昭告皇天、上帝、后土、神祇：汉有天下，历数无疆。曩者王莽篡盗，光武皇帝震怒致诛，社稷复存。今曹操阻兵安忍[3]，戮杀主后，滔天泯夏，罔顾天显。操子丕，载其凶逆，窃居神器。群臣将士以为社稷堕废，备宜修之，嗣武二祖，龚行天罚。备惟否德，惧忝帝位。询于庶民，外及蛮夷君长，佥曰：‘天命不可以不答，祖业不可以久替，四海不可以无主。’率土式望，在备一人。备畏天明命，又惧汉阼(邦)将湮于

的征兆，明载着您的尊名。应当登上帝位，来继承高祖和世祖的基业，接续宗庙昭穆，天下幸甚。我们谨与博士许慈、议郎孟光制定登基的礼仪，选择良辰吉日，向您奉上尊号。”

先主在成都武担山之南即皇帝位。作文说：“建安二十六年(221)四月丙午，皇帝刘备冒昧地用黑色的公牛为牺牲，向皇天、上帝、后土、神祇昭告：汉朝统治天下，传数无穷。从前王莽篡位夺权，光武皇帝愤怒地诛灭了他，国家得以复存。现在曹操凭借武力，行凶作恶有恃无恐，杀害皇子、皇后，灭亡汉室罪恶滔天，无视上天的昭告。曹操的儿子曹丕，继承了曹操的凶残，窃取国家的权力。群臣将士认为国家将被毁灭，刘备应该整治恢复，继承高祖和世祖的基业，敬代上天执行惩罚。刘备德才鄙陋，担心有辱帝位。征询国中百姓，以及外族蛮夷部落的首领，都回答说：‘天命不可以不回报，祖宗基业不可以长久废弃，国家不能没有君主。’全国的期盼，在刘备一人。刘备畏惧上天明示的旨意，又怕汉朝的皇统将会埋没地

地，谨择元日，与百寮登坛，受皇帝玺绶。修燔瘗[4]，告类[5]于天神，惟神飨祚于汉家，永绥四海[2]！”

下，于是谨慎选择吉日，与百官登上祭坛，接受皇帝的印绶。准备了祭祀天地的燔瘗之礼，告祭天神，敬祈神明赐福汉室，保佑四海永远安定！”

今注 **1** 本支百世：出自《诗经·大雅·文王》。本，指嫡传子孙。支，指庶族子孙，亦作“枝”。百世，百代。意为子孙嫡庶，百代沿袭。形容子孙繁盛。 **2** 以纂二祖：纂，续也。二祖，高祖刘邦、汉光武帝刘秀（世祖）。 **3** 阻兵安忍：阻，倚仗；忍，残暴；安忍，安于做残暴的事情。形容行凶作恶而有恃无恐。 **4** 燔瘗(fán yì)：燔，指燔柴礼，古代以此祭天。瘗，掩藏，古代用于祭地。 **5** 告类：祭告上天之礼。

裴注 [**1**]《蜀本纪》曰：“武都有丈夫化为女子，颜色美好，盖山精也。蜀王娶以为妻，不习水土，疾病，欲归国，蜀王留之，无几，物故。蜀王发卒之武都，担土于成都郭中葬，盖地数亩，高十丈，号曰武担也。”臣松之案：武担，山名，在成都西北，盖以乾位在西北，故就之以即阼。 [**2**]《魏书》曰：“备闻曹公薨，遣掾韩冉奉书吊，并致赙赠之礼。文帝恶其因丧求好，敕荆州刺史斩冉，绝使命。”《典略》曰：“备遣军谋掾韩冉赍书吊，并贡锦布。冉称疾，住上庸。上庸致其书，适会受终，有诏报答以引致之。备得报书，遂称制。”

章武元年夏四月，大赦，改年。以诸葛亮为丞相，许靖为司徒。置百官，立宗庙，祫祭[1]高皇帝以下[1]。五月，立皇后吴氏，子禅为

章武元年(221)夏四月，大赦天下，改换年号。任命诸葛亮为丞相，许靖为司徒。设置百官，建立宗庙，合祭高皇帝以下的各代先祖。五月，立吴氏为皇后，儿子刘禅为太子。六

皇太子。六月，以子永为鲁王，理为梁王。车骑将军张飞为其左右所害。初，先主忿孙权之袭关羽，将东征，秋七月，遂帅诸军伐吴。孙权遣书请和，先主盛怒不许，吴将陆议、李异、刘阿等屯巫[2]、秭归[3]；将军吴班、冯习自巫攻破异等，军次秭归，武陵五溪蛮夷[4]遣使请兵。

月，封刘永为鲁王，刘理为梁王。车骑将军张飞被其手下杀害。当初，先主对孙权袭杀关羽的事非常愤恨，准备东征，秋七月，就率领各军讨伐东吴。孙权派遣使者送信求和，先主非常愤怒没有答应，东吴的将领陆议、李异、刘阿等驻兵在巫县和秭归；将军吴班、冯习在巫县打败李异等人，军队驻扎在秭归。武陵五溪一带的少数民族派使者来请求出兵。

今注　**1** 祫(xiá)祭：古时天子、诸侯举行的宗庙祭礼。集合远近祖先神主于太祖庙进行大合祭。　**2** 巫：属南郡，在今重庆巫山北。　**3** 秭归：属南郡，在今湖北秭归县。　**4** 武陵五溪蛮夷：即“五溪蛮”，东汉至宋时对分布在今湘西及黔、渝、鄂三省交界地区沅江上游若干民族总称。因其地有五条溪流（雄溪、樠溪、酉溪、沅溪、辰溪）而得名。

裴注　［1］臣松之以为，先主虽云出自孝景，而世数悠远，昭穆难明，既绍汉祚，不知以何帝为元祖，以立亲庙。于时英贤作辅，儒生在官，宗庙制度，必有宪章，而载记阙略，良可恨哉！

二年春正月，先主军还秭归，将军吴班、陈式水军屯夷陵[1]，夹江东西岸。二月，先主自秭归率诸将进军，缘山截岭，于夷道[2]猇亭[3][1]

章武二年(222)春正月，先主的大军回到秭归，将军吴班、陈式的水军驻扎在夷陵，在长江东西两岸设营。二月，先主从秭归率领各路将领进军，翻山越岭，在夷道猇亭驻

驻营，自佷山[2]通武陵，遣侍中马良安慰五溪蛮夷，咸相率响应。镇北将军黄权督江北诸军，与吴军相拒于夷陵道。夏六月，黄气见自秭归十余里中，广数十丈。后十余日，陆议大破先主军于猇亭，将军冯习、张南等皆没。先主自猇亭还秭归，收合离散兵，遂弃船舫，由步道还鱼复[4]，改鱼复县曰永安。吴遣将军李异、刘阿等踵蹑先主军，屯驻南山。秋八月，收兵还巫。司徒许靖卒。冬十月，诏丞相亮营南北郊于成都。孙权闻先主住白帝，甚惧，遣使请和。先主许之，遣太中大夫宗玮报命。冬十二月，汉嘉太守黄元闻先主疾不豫，举兵拒守。

扎，从佷山打通去武陵的道路，派侍中马良去安抚慰问五溪蛮夷，他们都相继响应先主。镇北将军黄权统领长江北岸各军，在夷陵道与吴军对峙。夏六月，在距秭归十多里的地方出现了黄气，宽几十丈。之后十几天，陆议在猇亭大破先主的军队，将军冯习、张南都战死了。先主从猇亭回到秭归，收集离散的士兵，于是舍弃船只，从陆路回到鱼复，改鱼复县为永安。吴国派遣将军李异、刘阿等人跟踪追击先主的军队，驻扎在南山。秋八月，先主收兵回到巫县。司徒许靖去世。冬十月，先主下诏书给丞相诸葛亮，命他在成都南北郊外修建军营。孙权听说先主驻扎在白帝城，非常害怕，派遣使者来求和。先主接受，并派太中大夫宗玮复命。冬十二月，汉嘉太守黄元听说先主患病不愈，发兵抗命拒守。

今注　1 夷陵：属南郡，在今湖北宜昌东南。　2 夷道：属南郡，在今湖北宜都市西北。　3 猇(xiāo)亭：在今湖北宜昌东南。　4 鱼复：属巴郡，在今重庆奉节东白帝城。

裴注　[1] 猇，许交反。　[2] 佷，音恒。

三年春二月，丞相亮自成都到永安。三月，黄元进兵攻临邛县[1]。遣将军陈曶[1]讨元，元军败，顺流下江，为其亲兵所缚，生致成都，斩之。先主病笃，托孤于丞相亮，尚书令李严为副。夏四月癸巳，先主殂于永安宫，时年六十三[2]。

亮上言于后主曰："伏惟大行皇帝迈仁树德，覆焘无疆，昊天不吊，寝疾弥留，今月二十四日奄忽升遐，臣妾号咷[2]，若丧考妣。乃顾遗诏，事惟大宗，动容损益；百寮发哀，满三日除服，到葬期复如礼；其郡国太守、相、都尉、县令长，三日便除服。臣亮亲受敕戒，震畏神灵，不敢有违。臣请宣下奉行。"五月，梓宫自永安还成都，谥曰昭烈皇帝。秋八月，葬惠陵[3]。

章武三年(223)春二月，丞相诸葛亮从成都来到永安。三月，黄元率兵攻打临邛县。先主派遣将军陈曶讨伐黄元，黄元战败，顺流而下，被他的亲兵绑缚起来，活捉送到成都，先主下令将黄元处斩。先主病危，把太子托付给丞相诸葛亮，尚书令李严做他的副手。夏四月癸巳日，先主在永安宫去世，享年六十三岁。

诸葛亮上奏对后主说："念及已故皇帝施行仁义树立恩德，光照无边，上天不庇佑，使他卧床不起，本月二十四日溘然长逝，群臣、嫔妃悲哀恸哭，如丧父母。但遵照遗诏，国事要由太子主持，丧服期间仪容举止要适度；朝中百官进行哀悼，满三天就要脱去丧服，到安葬的日期，再按葬礼行事；郡国太守、相、都尉、县令长，满三天就要脱去丧服。臣诸葛亮亲自接受了遗诏，畏惧先帝的神灵，不敢有所违背。我请求您宣布执行。"五月，先主的灵柩从永安运回成都，追封谥号为昭烈皇帝。秋八月，安葬在惠陵。

今注　**1** 临邛县：属蜀郡，在今四川邛崃。　**2** 号咷：亦作"嚎咷""嚎啕"，放声大哭。

裴注 [1]曶,音笏。 [2]《诸葛亮集》载先主遗诏敕后主曰:"朕初疾,但下痢耳,后转杂他病,殆不自济。人五十不称夭,年已六十有余,何所复恨?不复自伤,但以卿兄弟为念。射君到,说丞相叹卿智量甚大,增修过于所望。审能如此,吾复何忧!勉之,勉之!勿以恶小而为之,勿以善小而不为。惟贤惟德,能服于人。汝父德薄,勿效之。可读《汉书》《礼记》,闲暇历观诸子及《六韬》《商君书》,益人意智。闻丞相为写《申》《韩》《管子》《六韬》一通已毕,未送,道亡,可自更求闻达。"临终时,呼鲁王与语:"吾亡之后,汝兄弟父事丞相,令卿与丞相共事而已。" [3]葛洪《神仙传》曰:"仙人李意其,蜀人也。传世见之,云是汉文帝时人。先主欲伐吴,遣人迎意其。意其到,先主礼敬之,问以吉凶。意其不答而求纸笔,画作兵马器仗数十纸已,便一一以手裂坏之,又画作一大人,掘地埋之,便径去。先主大不喜,而自出军征吴,大败还,忿耻发病死,众人乃知其意。其画作大人而埋之者,即是言先主死意。"

评曰:先主之弘毅宽厚,知人待士,盖有高祖之风,英雄之器焉。及其举国托孤于诸葛亮,而心神无贰,诚君臣之至公,古今之盛轨也。机权干略,不逮魏武,是以基宇[1]亦狭。然折而不挠,终不为下者,抑揆[2]彼之量必不容己,非唯竞利,且以避害云尔。

评论说:先主心胸宽广,意志坚强且宽容厚道,知人善任,有汉高祖的风范,有英雄的气度。至于他把整个国家和辅佐太子的大事托付给诸葛亮,而毫无疑心,确实是君臣都出于至大的公心,是古往今来最好的楷模。先主临机应变的才干,比不上魏武帝,因此基业也比较狭小。但是他受挫折而不灰心,始终不愿屈居曹操之下,或许是揣度到曹操的肚量一定不会容纳自己,这并不仅仅是争利,而且也是避害呀。

今注 1 基宇:此处指基业。 2 揆:度量,揣度。

卷三十三　蜀书三

后主传

导读

《后主传》记录的是蜀汉后主刘禅从即位到投降魏国这一时期的事件。从内容来看,所记录之事较为简略,根据陈寿的“评”,这是因为蜀国没有设立史官的缘故。

刘备去世后,刘禅即位,大事都决于诸葛亮。从本传记载来看,诸葛亮多次“妄图”从汉中夺取关中都没能成功。诸葛亮去世后,先后掌权的是蒋琬和费祎,掌握兵权对外作战的是姜维,他们都继承了诸葛亮北伐关中的政策,也都没成功。之后,蜀国的政治日益腐败,政权被宦官黄皓把持,最终被魏国消灭。

蜀国国力较弱,统治者没能及时恢复生产,奖励农桑,而是一味兴兵北伐,消耗国力,再加上政治日益腐败,其灭亡也就不可避免。

后主禅

原文

后主讳禅,字公嗣,先主子也。建安二十四年,先主为汉中王,立为王太子。及即尊号,册曰:“惟章武元年五月辛巳,皇帝

译文

后主讳禅,字公嗣,是先主之子。建安二十四年(219),先主为汉中王,立后主为王太子。等先主称帝后,颁布册命:“章武元年(221)五月辛巳,皇帝这样说:‘太子刘禅,朕遭逢汉朝国运

若曰:'太子禅,朕遭汉运艰难,贼臣篡盗,社稷无主,格人[1]群正,以天明命,朕继大统。今以禅为皇太子,以承宗庙,祗肃社稷。使使持节[2]丞相亮授印绶,敬听师傅,行一物而三善皆得焉,可不勉与[1]!'"三年夏四月,先主殂于永安宫。五月,后主袭位于成都,时年十七。尊皇后曰皇太后。大赦,改元。是岁魏黄初四年[3]也[2]。

危艰之时,乱臣贼子窃夺帝位,国家社稷无主,有识之士和正直的群臣,认为上天有显明的大命,让我来继承皇位。现在以刘禅为皇太子,来继承宗庙,敬奉社稷。派遣使持节丞相诸葛亮授予皇太子印绶,太子要恭敬地听从师傅教诲,每做一件事而能得到尊君、敬师、爱友这三种美德,怎么能不努力呢!'"章武三年(223)夏四月,先主在永安宫去世。五月,后主在成都继承皇位,当时他十七岁。尊封皇后为皇太后。大赦天下,改换年号。这一年是魏国的黄初四年。

今注 **1** 格人:有识之人。 **2** 使持节:是三国魏晋时期直接代表皇帝行使地方军政权力的加官称号。 **3** 黄初四年:公元223年,即下文的建兴元年。

裴注 [**1**]《礼记》曰:"行一物而三善者,惟世子而已,其齿于学之谓也。"郑玄曰:"物犹事也。" [**2**]《魏略》曰:"初,备在小沛,不意曹公卒至,遑遽弃家属,后奔荆州。禅时年数岁,窜匿,随人西入汉中,为人所卖。及建安十六年,关中破乱,扶风人刘括避乱入汉中,买得禅,问知其良家子,遂养为子,与娶妇,生一子。初,禅与备相失时,识其父字玄德。比舍人有姓简者,及备得益州而简为将军。备遣简到汉中,舍都邸。禅乃诣简,简相检讯,事皆符验。简喜,以语张鲁,鲁为洗沐,送诣益州,备乃立以为太子。初,备以诸葛亮为太子太傅,及禅立,以亮为丞相,委以诸事,谓亮曰:'政由葛氏,祭则寡人。'亮亦以禅未闲于政,遂总内外。"臣松之案:《二主妃子传》曰后主生于荆州,《后主传》云初即帝位年十七,则建安十二年生也。十三年败于长阪,备弃妻子走,《赵云传》曰"云身抱弱子以免",即后主也。如此,备与禅未尝相失也。又诸葛亮以禅立之明年领益州牧,其年与主簿杜微书曰"朝廷今年十八",与《禅传》相应,理当非虚。而鱼豢云备败于小沛,禅时年始生,及奔荆州,能识其父字玄德,计当五六岁。备败于小沛时,建安五年也。至禅初立,首尾二十四年,禅应过三十矣。以事相验,理不得然。此则《魏略》之妄说,乃至二百余言,异也!又案诸书记及《诸葛亮集》,亮亦不为太子太傅。

建兴元年夏,牂牁太守朱褒拥郡反[1]。先是,益州郡有大姓雍闿反,流太守张裔于吴,据郡不宾,越嶲夷王高定亦背叛。是岁,立皇后张氏。遣尚书郎[1]邓芝固好于吴,吴王孙权与蜀和亲使聘[2],是岁通好。

建兴元年(223)夏,牂牁太守朱褒率全郡反叛。在此之前,益州郡的大族雍闿反叛,将太守张裔流放到吴国,占据全郡不再敬服朝廷,越嶲郡的夷族首领高定也反叛了。这一年,后主立张氏为皇后。派尚书郎邓芝去东吴巩固友好关系,吴王孙权也与蜀国和亲,并派使者访问,这一年两国交好。

今注 **1** 尚书郎:东汉之制,取孝廉中有才能者入尚书台,在皇帝左右处理政务,初入台称守尚书郎中,满一年称尚书郎。 **2** 聘:古代诸侯间互派使者作友好访问。

裴注 [**1**]《魏氏春秋》曰:"初,益州从事常房行部,闻褒将有异志,收其主簿案问,杀之。褒怒,攻杀房,诬以谋反。诸葛亮诛房诸子,徙其四弟于越嶲,欲以安之。褒犹不悛改,遂以郡叛应雍闿。"臣松之案:以为房为褒所诬,执政所宜澄察,安有妄杀不辜以悦奸慝?斯殆妄矣!

二年春，务农殖谷，闭关息民。

三年春三月，丞相亮南征四郡，四郡皆平。改益州郡为建宁郡，分建宁、永昌郡为云南郡，又分建宁、牂牁为兴古郡。十二月，亮还成都。

四年春，都护李严自永安还住江州，筑大城[1]。

五年春，丞相亮出屯汉中，营沔北阳平、石马[2]。

六年春，亮出攻祁山[1]，不克。冬，复出散关[2]，围陈仓[3]，粮尽退。魏将王双率军追亮，亮与战，破之，斩双，还汉中。

七年春，亮遣陈式攻武都[4]、阴平，遂克定二郡。冬，亮徙府营于南山下原上，筑汉[5]、乐[6]二城。是岁，孙权称帝，与蜀约盟，共交分天下。

建兴二年春(224)，鼓励发展农业，种植五谷，关闭关口，使百姓得以休养。

建兴三年(225)春三月，丞相诸葛亮向南讨伐叛乱的四个郡，四郡都被平定。把益州郡改名为建宁郡，分出建宁郡、永昌郡的一部分建立了云南郡，又分出建宁郡、牂牁郡的一部分建立了兴古郡。十二月，诸葛亮返回成都。

建兴四年(226)春，都护李严从永安返回驻守江州，修筑了大城。

建兴五年(227)春，丞相诸葛亮出兵驻扎在汉中，在沔水以北的阳平、石马修筑营寨。

建兴六年(228)春，诸葛亮出兵攻打祁山，没有攻克。冬天，再次从散关出兵，包围了陈仓，因为粮食耗尽而退兵。魏国将领王双率军追击诸葛亮，诸葛亮与王双交战，打败王双的军队，斩杀了王双，返回汉中。

建兴七年(229)春，诸葛亮派陈式攻打武都、阴平，很快攻克了这两个郡。冬天，诸葛亮把丞相府和营寨迁到南山下的平原上，修筑了汉、乐两座城。这一年，孙权称帝，和蜀国订立盟约，约定共分天下。

今注 1 祁山:在今甘肃礼县东北。 2 散关:也称“大散关”。在今陕西宝鸡西南大散岭上,为关中和蜀地的交通孔道。 3 陈仓:属右扶风,在今陕西宝鸡东。 4 武都:郡名,辖境相当今甘肃陇南、成县、徽县、西和、两当、康县及陕西凤县、略阳等地。东汉时治下辨道(今成县西)。 5 汉:汉城在今陕西勉县。 6 乐:乐城在今陕西城固县。

裴注 [1] 今巴郡故城是。 [2]《诸葛亮集》载禅三月下诏曰:“朕闻天地之道,福仁而祸淫;善积者昌,恶积者丧,古今常数也。是以汤、武修德而王,桀、纣极暴而亡。曩者汉祚中微,网漏凶慝,董卓造难,震荡京畿。曹操阶祸,窃执天衡,残剥海内,怀无君之心。子丕孤竖,敢寻乱阶,盗据神器,更姓改物,世济其凶。当此之时,皇极幽昧,天下无主,则我帝命陨越于下。昭烈皇帝体明睿之德,光演文武,应乾坤之运,出身平难,经营四方,人鬼同谋,百姓与能,兆民欣戴。奉顺符谶,建位易号,丕承天序,补弊兴衰,存复祖业,诞膺皇纲,不坠于地。万国未定,早世遐殂。朕以幼冲,继统鸿基,未习保傅之训,而婴祖宗之重。六合壅否,社稷不建,永惟所以,念在匡救,光载前绪,未有攸济,朕甚惧焉。是以夙兴夜寐,不敢自逸,每从菲薄以益国用,劝分务穑以阜民财,授方任能以参其听,断私降意以养将士。欲奋剑长驱,指讨凶逆,朱旗未举,而丕复陨丧,斯所谓不燃我薪而自焚也。残类余丑,又支天祸,恣睢河、洛,阻兵未弭。诸葛丞相弘毅忠壮,忘身忧国,先帝托以天下,以勖朕躬。今授之以旄钺之重,付之以专命之权,统领步骑二十万众,董督元戎,龚行天罚,除患宁乱,克复旧都,在此行也。昔项籍总一强众,跨州兼土,所务者大,然卒败垓下,死于东城,宗族焚如,为笑千载,皆不以义,陵上虐下故也。今贼效尤,天人所怨,奉时宜速,庶凭炎精祖宗威灵相助之福,所向必克。吴王孙权,同恤灾患,潜军合谋,掎角其后。凉州诸国王各遣月支、康居胡侯支富、康植等二十余人诣受节度,大军北出,便欲率将兵马,奋戈先驱。天命既集,人事又至,师贞势并,必无敌矣。夫王者之兵,有征无战,尊而且义,莫敢抗也。故鸣条之役,军不血刃,牧野之师,商人倒戈。今旌麾首路,其所经至,亦不欲穷兵极武。有能弃邪从正,箪食壶浆以迎王师者,国有常典,封宠大小,各有品限。及魏之宗族、支叶、中外,有能规利害、审逆顺之数,来诣降者,皆原除之。昔辅果绝亲于智氏,而蒙全宗之福;微子去殷,项伯归汉,皆受茅土之庆。此前世之明验也。若其迷沉不反,将助乱人,不式王命,戮及妻孥,罔有攸赦。广宣恩威,贷其元帅,吊其残民。他如诏书律令,丞相其露布天下,使称朕意焉。"

八年秋,魏使司马懿由西城1,张郃由子午2,曹真由斜谷3[1],欲攻汉中。丞相亮待之于城固4、赤阪,大雨道绝,真等皆还。是岁,魏延破魏雍州刺史郭淮于阳谿。徙鲁王永为甘陵王。梁王理为安平王,皆以鲁、梁在吴分界故也。

九年春二月,亮复出军围祁山,始以木牛运。魏司马懿、张郃救祁山。夏六月,亮粮尽退军,郃追至青封,与亮交战,被箭死。秋八月,都护李平废徙梓潼郡[2]。

建兴八年(230)秋,魏国派遣司马懿从西城,张郃从子午道,曹真从斜谷出兵,准备攻打汉中。丞相诸葛亮在城固、赤阪严阵以待,天降大雨道路不通,曹真等人都退了回去。这一年,魏延在阳谿打败了魏国的雍州刺史郭淮。改封鲁王刘永为甘陵王,改封梁王刘理为安平王,这是因为鲁地、梁地在吴国境内的缘故。

建兴九年(231)春二月,诸葛亮再次出兵包围祁山,开始用木牛运送物资。魏国的司马懿、张郃前来救援祁山。夏六月,诸葛亮军粮用尽而退兵,张郃追击蜀军到青封,和诸葛亮交战,中箭而死。秋八月,都护李平被罢免,流放到梓潼郡。

今注 1 西城:在今陕西安康西北。 2 子午:即子午道。北口在今陕西西安东南，直通秦岭，至汉中。是古代连接关中与汉中的重要通道。古人以“子”为北，以“午”为南，故名。　**3** 斜谷：即斜谷道，在陕西眉县西南，是褒斜道的一部分，也是连接关中与汉中的通道。　**4** 城固：在今陕西城固县。

裴注　[**1**] 斜，余奢反。　[**2**]《汉晋春秋》曰：“冬十月，江阳至江州有鸟从江南飞渡江北，不能达，堕水死者以千数。”

十年，亮休士劝农于黄沙，作流马木牛毕，教兵讲武。

十一年冬，亮使诸军运米，集于斜谷口，治斜谷邸阁。是岁，南夷刘胄反，将军马忠破平之。

十二年春二月，亮由斜谷出，始以流马运。秋八月，亮卒于渭滨。征西大将军魏延与丞相长史杨仪争权不和，举兵相攻，延败走；斩延首，仪率诸军还成都。大赦。以左将军吴壹为车骑将军，假节督汉中。以丞相留府长史蒋琬为尚书令[1]，总统国事。

十三年春正月，中军师

建兴十年(232)，诸葛亮在黄沙休整士卒、提倡农耕，制造出了木牛流马，操练士兵演习军事。

建兴十一年(233)冬，诸葛亮让各军运米，集中在斜谷口，修建斜谷口的储粮仓。这一年，南方夷人刘胄造反，将军马忠打败刘胄平定了叛乱。

建兴十二年(234)春二月，诸葛亮从斜谷出兵，开始用流马运输粮食。秋八月，诸葛亮在渭水边去世。征西大将军魏延和丞相长史杨仪争权不和，互相进攻，魏延战败逃走；斩了魏延的首级，杨仪督率各军回到成都。大赦天下。后主任命左将军吴壹为车骑将军，授予符节督统汉中。任命丞相留府长史蒋琬为尚书令，总管国家大事。

杨仪废徙汉嘉郡。夏四月，进蒋琬位为大将军。

建兴十三年(235)春正月，中军师杨仪被罢黜，流放汉嘉郡。夏四月，晋升蒋琬为大将军。

十四年夏四月，后主至湔2[1]，登观阪，看汶水之流，旬日3还成都。徙武都氐王苻健及氐民四百余户于广都。

建兴十四年(236)夏四月，后主来到湔江堰，登上观阪，察看汶水的水文，十日后返还成都。把武都氐族首领苻健及氐民四百余户迁到广都。

十五年夏六月，皇后张氏薨。

建兴十五年(237)夏六月，皇后张氏去世。

今注 **1** 尚书令：起初是掌管文书的官员，其后权力日益扩大，东汉时为尚书台长官，总领朝政，无所不统。三国时期，或代行宰相之职。**2** 湔(jiān)：此处指湔江堰，在今四川彭州。 **3** 旬日：十天。

裴注 [1] 臣松之案：湔，县名也，属蜀郡，音翦。

延熙元年春正月，立皇后张氏。大赦，改元。立子璿为太子，子瑶为安定王。冬十一月，大将军蒋琬出屯汉中。

延熙元年(238)春正月，立皇后张氏。大赦天下，改换年号。立儿子刘璿为太子，刘瑶为安定王。冬十一月，大将军蒋琬出兵驻扎在汉中。

二年春三月，进蒋琬位为大司马。

延熙二年(239)春三月，晋升蒋琬为大司马。

三年春，使越嶲太守张嶷平定越嶲郡。

延熙三年(240)春，派越嶲太守张嶷平定越嶲郡的叛乱。

四年冬十月，尚书令

延熙四年(241)冬十月，尚书令费祎到达汉中，与蒋琬商讨政务事费祎至汉中，与蒋琬諮论事计，岁尽还。

五年春正月，监军姜维督偏军，自汉中还屯涪县。

六年冬十月，大司马蒋琬自汉中还，住涪。十一月，大赦。以尚书令费祎为大将军。

七年闰月，魏大将军曹爽、夏侯玄等向汉中，镇北大将军王平拒兴势围，大将军费祎督诸军往赴救，魏军退。夏四月，安平王理卒。秋九月，祎还成都。

八年秋八月，皇太后薨。十二月，大将军费祎至汉中，行围守。

九年夏六月，费祎还成都。秋，大赦。冬十一月，大司马蒋琬卒[1]。

十年，凉州胡王白虎文、治无戴等率众降，卫将军姜维迎逆安抚，居之于繁县[1]。是岁，汶山平康[2]夷反，维往讨，破平之。

宜，年底返回成都。

延熙五年(242)春正月，监军姜维统率偏军从汉中返回驻扎在涪县。

延熙六年(243)冬十月，大司马蒋琬从汉中返回，停留在涪县。十一月，大赦天下。任尚书令费祎为大将军。

延熙七年(244)闰月，魏国大将军曹爽、夏侯玄等人进攻汉中，镇北大将军王平依兴势山营垒抵御敌军的围攻，大将军费祎统领各路军队前去救援，魏国军队撤退。夏四月，安平王刘理死。秋九月，费祎回到成都。

延熙八年(245)秋八月，皇太后去世。十二月，大将军费祎到了汉中，巡视修筑营垒的守备情况。

延熙九年(246)夏六月，费祎回到成都。秋，大赦天下。冬十一月，大司马蒋琬去世。

延熙十年(247)，凉州胡人首领白虎文、治无戴率部众投降，卫将军姜维前去迎接并安抚他们，让他们住在繁县。这一年，汶山郡平康的夷人造反，姜维前去讨伐，平定了叛乱。

今注 1 繁县：在今四川成都新都区。 2 平康：在今四川松潘县。

裴注 [1]《魏略》曰："琬卒，禅乃自摄国事。"

十一年夏五月，大将军费祎出屯汉中。秋，涪陵[1]属国民夷反，车骑将军邓芝往讨，皆破平之。

十二年春正月，魏诛大将军曹爽等，右将军夏侯霸来降。夏四月，大赦。秋，卫将军姜维出攻雍州，不克而还。将军句安、李韶降魏。

十三年，姜维复出西平，不克而还。

十四年夏，大将军费祎还成都。冬，复北驻汉寿[2]。大赦。

十五年，吴王孙权薨。立子琮为西河王。

十六年春正月，大将军费祎为魏降人郭循所杀于汉寿。夏四月，卫将军姜维复率众围南安[3]，不克而还。

十七年春正月，姜维还

延熙十一年(248)夏五月，大将军费祎出兵驻扎在汉中。秋，涪陵属国的夷人反叛，车骑将军邓芝前去讨伐，将叛民全部打败平定了叛乱。

延熙十二年(249)春正月，魏国诛杀了大将军曹爽等人，右将军夏侯霸前来投降。夏四月，大赦天下。秋，卫将军姜维出兵攻打雍州，未能攻克，退兵返回。将军句安、李韶投降魏国。

延熙十三年(250)，姜维再次出兵西平，未能攻克，退兵返回。

延熙十四年(251)夏，大将军费祎返回成都。冬，再次北上，驻军在汉寿。大赦天下。

延熙十五年(252)，吴王孙权去世。后主立儿子刘琮为西河王。

延熙十六年(253)春正月，大将军费祎在汉寿被魏国降将郭循杀死。夏四月，卫将军姜维再次率领军队包围了南安，未能攻克，退兵返回。

延熙十七年(254)春正月，姜维

成都。大赦。夏六月，维复率众出陇西。冬，拔狄道[4]、河关[5]、临洮[6]三县民，居于绵竹、繁县。

十八年春，姜维还成都。夏，复率诸军出狄道，与魏雍州刺史王经战于洮西，大破之。经退保狄道城，维却住钟题。

十九年春，进姜维位为大将军，督戎马，与镇西将军胡济期会上邽[7]，济失誓不至。秋八月，维为魏大将军邓艾所破于上邽。维退军还成都。是岁，立子瓒为新平王。大赦。

二十年，闻魏大将军诸葛诞据寿春以叛，姜维复率众出骆谷[8]，至芒水。是岁大赦。

回到成都。大赦天下。夏六月，姜维再次率领军队进攻陇西。冬，攻克了狄道、河关、临洮三个县，并把这三个县的百姓迁居到绵竹、繁县。

延熙十八年(255)春，姜维返回成都。夏季，再次率领各路军队进攻狄道，同魏国的雍州刺史王经在洮西交战，大败王经。王经退兵守卫狄道城，姜维也退兵驻扎在钟题。

延熙十九年(256)春，晋升姜维为大将军，统率兵马，和镇西将军胡济约定日期在上邽会合，胡济没有按约定时间赶到。秋八月，姜维被魏国大将军邓艾在上邽打败，姜维撤军回到成都。这一年，后主立儿子刘瓒为新平王。大赦天下。

延熙二十年(257)，听闻魏国大将军诸葛诞占据寿春叛变，姜维再次率军出骆谷，到达芒水。这一年，大赦天下。

今注 **1** 涪陵：属巴郡，在今重庆彭水县。 **2** 汉寿：建安二十二年(217)刘备改“葭萌”为“汉寿”，在今四川广元。 **3** 南安：属犍为郡，在今四川乐山。 **4** 狄道：陇西郡郡治，在今甘肃临洮。 **5** 河关：属陇西郡，在今青海同仁。 **6** 临洮：属陇西郡，在今甘肃岷县。 **7** 上邽：属汉阳郡，在今甘肃天水。 **8** 骆谷：在今陕西周至西南。为关中与汉中间的交通要道。

景耀元年，姜维还成都。史官言景星见，于是大赦，改年。宦人黄皓始专政。吴大将军孙綝废其主亮，立琅邪王休。

景耀元年(258)，姜维回到成都。史官报告景星出现，于是大赦天下，改换年号。宦官黄皓开始独揽大权。吴国的大将军孙綝废黜了国君孙亮，改立琅邪王孙休为国君。

二年夏六月，立子谌为北地王，恂为新兴王，虔为上党王。

景耀二年(259)夏六月，后主立儿子刘谌为北地王，刘恂为新兴王，刘虔为上党王。

三年秋九月，追谥故将军关羽、张飞、马超、庞统、黄忠。

景耀三年(260)秋九月，追赠已故将军关羽、张飞、马超、庞统、黄忠谥号。

四年春三月，追谥故将军赵云。冬十月，大赦。

景耀四年(261)春三月，追赠已故将军赵云谥号。冬十月，大赦天下。

五年春正月，西河王琮卒。是岁，姜维复率众出侯和[1]，为邓艾所破，还住沓中[2]。

景耀五年(262)春正月，西河王刘琮去世。这一年，姜维再次出兵攻打侯和，被邓艾打败，撤军驻扎在沓中。

今注 **1** 侯和：在今甘肃临潭。 **2** 沓中：在今甘肃舟曲以西、岷县以南。

六年夏，魏大兴徒众，命征西将军邓艾、镇西将军钟会、雍州刺史诸

景耀六年(263)夏，魏国大规模举兵，命令征西将军邓艾、镇西将军钟会、雍州刺史诸葛绪分几路大军同时进攻

葛绪数道并攻。于是遣左、右车骑将军张翼、廖化、辅国大将军董厥等拒之。大赦。改元为炎兴。冬,邓艾破卫将军诸葛瞻于绵竹。用光禄大夫谯周策,降于艾,奉书曰:

“限分江、汉,遇值深远,阶缘蜀土,斗绝一隅,干运犯冒,渐苒历载,遂与京畿攸隔万里。每惟黄初中,文皇帝命虎牙将军鲜于辅,宣温密之诏,申三好之恩,开示门户,大义炳然,而否德暗弱,窃贪遗绪,俯仰累纪,未率大教。天威既震,人鬼归能之数,怖骇王师,神武所次,敢不革面,顺以从命!辄敕群帅投戈释甲,官府帑藏[1],一无所毁。百姓布野,余粮栖亩,以俟后来之惠,全元元之命。伏惟大魏布德施化,宰辅伊、周[2],含覆藏疾。

蜀国。后主于是派左、右车骑将军张翼、廖化、辅国大将军董厥等人发兵抵御魏军。大赦天下。改年号为炎兴。冬,邓艾在绵竹打败卫将军诸葛瞻。后主采纳光禄大夫谯周的计策,向邓艾投降,献上降书说:

“受江、汉阻隔分断,相距遥远,依附在蜀国的土地上,处在这狭窄陡峭的偏远之地,冒犯国运,历经多年,于是就和京城地区相隔万里。每每想起黄初年间,文皇帝命令虎牙将军鲜于辅前来宣读言辞温和的诏书,申明很多美善的恩德,打开了归顺之门,使大义昭然,而我缺少德行,愚钝暗弱,私下贪图维护祖宗留下的基业,犹豫不决多年,没有遵从文皇帝的广大教导。天子的威严已经震动了天地,人鬼归顺有时,陛下的大军让我惊恐畏惧,神勇威武所到之处,我怎敢不洗心革面,顺从您的命令呢!我立即命令各位将领放下武器、脱去铠甲,国库里的财物丝毫没有毁坏。百姓散在四野,余粮存放在田中,来等待新君赐给的恩惠,保全庶民的性命。我俯首感念大魏广布恩德,施行教化,又有伊尹、周公那样的宰相辅佐,包容收留谨遣私署侍中张绍、光禄大夫谯周、驸马都尉邓良奉赍[3]印绶，请命告诫，敬输忠款，存亡敕赐，惟所裁之。舆榇[4]在近，不复缕陈。”

灭亡的国家及伤残的百姓。我谨派遣私下任命的侍中张绍、光禄大夫谯周、驸马都尉邓良带去印绶献给您，向您请求命令听从告诫，恭敬地奉献忠诚之心，我们的存亡，都听凭您的裁断。用车载着棺材放在近旁，不再一一陈述。”

今注 1 帑藏：储藏财货的府库，通常指国库。 2 伊、周：伊，伊尹，辅佐商汤灭夏的贤臣。周，周公，周武王去世后，成王年少，三监叛乱，周公辅佐成王平定叛乱，并进一步消除“殷遗”势力的威胁，巩固了政权。 3 赍(jī)：以物送人；带着，抱着。 4 舆榇(chèn)：用车载运棺材，自明有死罪或以死自誓。

是日，北地王谌伤国之亡，先杀妻子，次以自杀[1]。

绍、良与艾相遇于雒县。艾得书，大喜，即报书[2]，遣绍、良先还。艾至城北，后主舆榇自缚，诣军垒门。艾解缚焚榇[1]，延请相见[3]，因承制拜后主为骠骑将军。诸围守悉被后主敕，然后降下。艾使后主止其故宫，身往造焉。资严未发，明年春正月，艾见

这一天，北地王刘谌哀痛国家灭亡，先杀死自己的老婆孩子，然后自杀。

张绍、邓良同邓艾在雒县相遇。邓艾见到降书，非常高兴，马上写了回信，派张绍、邓良先返回。邓艾到了成都城北，后主用车载着棺材，捆绑着自己，来到邓艾的军营门前。邓艾为后主松绑，烧毁了棺材，迎请后主相见，接着就秉承皇帝的旨意，任命后主为骠骑将军。各处守军都接到了后主的命令，然后就投降了。邓艾让后主住在以前的宫殿中，自己前去看望他。财物封存起来没有动用。第二年春正月，邓艾被逮

收。钟会自涪至成都作乱。会既死，蜀中军众钞略[2]，死丧狼籍，数日乃安集。

捕问罪。钟会从涪县到成都作乱。钟会死后，蜀地的军队到处烧杀抢掠，尸横遍地，过了几天才安定下来。

今注　**1** 榇(chèn)：古时指内棺，后泛指棺材。　**2** 钞略：即抄掠。

裴注　[**1**]《汉晋春秋》曰："后主将从谯周之策，北地王谌怒曰：'若理穷力屈，祸败必及，便当父子君臣背城一战，同死社稷，以见先帝可也。'后主不纳，遂送玺绶。是日，谌哭于昭烈之庙，先杀妻子，而后自杀，左右无不为涕泣者。"　[**2**] 王隐《蜀记》曰："艾报书云：'王纲失道，群英并起，龙战虎争，终归真主，此盖天命去就之道也。自古圣帝，爰逮汉、魏，受命而王者，莫不在乎中土。河出《图》，洛出《书》，圣人则之，以兴洪业，其不由此，未有不颠覆者也。隗嚣凭陇而亡，公孙述据蜀而灭，此皆前世覆车之鉴也。圣上明哲，宰相忠贤，将比隆黄轩，侔功往代。衔命来征，思闻嘉响，果烦来使，告以德音，此非人事，岂天启哉！昔微子归周，实为上宾，君子豹变，义存《大易》，来辞谦冲，以礼舆榇，皆前哲归命之典也。全国为上，破国次之，自非通明智达，何以见王者之义乎！'禅又遣太常张峻、益州别驾汝超受节度，遣太仆蒋显衔命敕姜维。又遣尚书郎李虎送士民簿，领户二十八万，男女口九十四万，带甲将士十万二千，吏四万人，米四十余万斛，金银各二千斤，锦绮彩绢各二十万匹，余物称此。"[**3**]《晋诸公赞》曰："刘禅乘骡车诣艾，不具亡国之礼。"

后主举家东迁，既至洛阳，策命之曰：

"惟景元五年三月丁亥。皇帝临轩，使太常嘉命

后主全家东迁，到达洛阳后，魏元帝颁布册命说：

"景元五年(264)三月丁亥，皇帝来到殿堂前，派太常嘉册命刘禅为安

刘禅为安乐县公。於戏[1]，其进听朕命！盖统天载物，以咸宁为大，光宅[2]天下，以时雍[3]为盛。故孕育群生者，君人之道也，乃顺承天者，坤元[4]之义也。上下交畅，然后万物协和，庶类获乂。乃者汉氏失统，六合震扰。我太祖承运龙兴，弘济八极，是用应天顺民，抚有区夏。于时乃考因群杰虎争，九服不静，乘间阻远，保据庸蜀，遂使西隅殊封，方外壅隔。自是已来，干戈不戢，元元之民，不得保安其性，几将五纪。

乐县公。呜呼！请进前来听从朕的命令！统治天下，养育万物，最重要的是让天下都安宁，广有天下，最重要的是让天下太平。所以哺育万物是君主之道，顺承上天，是大地滋养万物的本义。上下交会畅通，然后万物之间就能和谐，众物也就会安定。之前汉朝丧失统治，天下震荡纷乱。我太祖继承国运兴起，广泛地拯救天下四方，因而能应和上天，顺应民意，占有中原。在那时候，你的父亲趁着各路英雄争斗，全国各地都不平静，乘机依仗路遥地险，割据蜀地，致使西部成为不同的封国，和中原隔绝开来。从那时候以来，战争不息，百姓不能保全自己的性命近六十年。

今注　1 於戏：呜呼。　2 光宅：广有。　3 时雍：天下太平的景象。　4 坤元：指大地滋养万物之德。

“朕永惟祖考遗志，思在绥缉四海，率土同轨，故爰整六师，耀威梁、益。公恢崇德度，深秉大正，不惮屈身委质，以爱民全国为贵，降心回虑[1]，

“我一直牢记祖父、父亲的志愿，渴望安抚四海，一统天下，因而整顿六军，在梁州、益州显示武力。你弘扬德行审时度势，深明大义，不怕委屈自身前来归附，把爱民之心当作最重要的事，降低心志回心转意，顺应时机改恶从善，

应机豹变[2],履信思顺,以享左右[3]无疆之休,岂不远欤!朕嘉与君公长飨显禄,用考咨前训,开国胙土,率遵旧典,锡兹玄牡,苴以白茅[4],永为魏藩辅,往钦哉!公其祗服朕命,克广德心,以终乃显烈。"食邑万户,赐绢万匹,奴婢百人,他物称是。子孙为三都尉,封侯者五十余人。尚书令樊建、侍中张绍、光禄大夫谯周、秘书令郤正、殿中督张通并封列侯[1]。公泰始七年薨于洛阳[2]。

遵循信义诚心服顺,让自己享受无尽的幸福,这难道不是深谋远虑吗!我将赏给你长久享用的优厚俸禄,因此查询前代故事,封国赐土,全都依照旧的典章制度。赐给你黑色的公牛,用白色的茅草包上土块,你要永远作为魏国的藩国臣属。去敬重吧!你要恭敬地服从朕的命令,扩大自己的仁德之心,来使你显赫的功业保持到永远。"于是赐给后主一万户的食邑,赐给丝绢一万匹,奴婢一百人,赐给的其他物品也和这些相配。后主的子孙有三人被封为都尉,封侯的人有五十多人。蜀国的尚书令樊建、侍中张绍、光禄大夫谯周、秘书令郤正、殿中督张通也都被封为列侯。后主于泰始七年(271)在洛阳去世。

今注 **1** 回虑:回心转意,改变想法。 **2** 豹变:指人迁善去恶或行为思想的改变。语出《易·革卦》:"君子豹变,小人革面。" **3** 左右:不直称对方,表示尊敬。 **4** 苴(jū)以白茅:古代帝王分封诸侯时,用该方颜色的泥土,覆以黄土,包以白茅,授予受封者,作为分封土地的象征。据《韩诗外传》,天子之社广五丈,东方青色,南方赤色,北方黑色,西方白色。

裴注 [**1**]《汉晋春秋》曰:"司马文王与禅宴,为之作故蜀技,旁人皆为之感怆,而禅喜笑自若。王谓贾充曰:'人之无情,乃可至于是乎!虽使诸葛亮在，不能辅之久全，而况姜维邪？'充曰：'不如是，殿下何由并之。'他日，王问禅曰：'颇思蜀否？'禅曰：'此间乐，不思蜀。'郤正闻之，求见禅曰：'若王后问，宜泣而答曰"先人坟墓远在陇、蜀，乃心西悲，无日不思"，因闭其目。'会王复问，对如前，王曰：'何乃似郤正语邪！'禅惊视曰：'诚如尊命。'左右皆笑。" [2]《蜀记》云："谥曰思公，子恂嗣。"

评曰：后主任贤相则为循理之君，惑阉竖[1]则为昏暗[2]之后。传曰"素丝无常，唯所染之"，信矣哉！礼，国君继体，逾年改元，而章武之三年，则革称建兴，考之古义，体理为违。又国不置史，注记无官，是以行事多遗，灾异靡书。诸葛亮虽达于为政，凡此之类，犹有未周焉。然经载十二而年名不易，军旅屡兴而赦不妄下，不亦卓乎！自亮没后，兹制渐亏，优劣著矣[1]。

评论说：后主任用贤明的丞相，就是遵循事理的国君，被宦官迷惑，就成为昏庸之主。经传上说"素底的丝没有固定的颜色，只看用什么去染它"，确实是这样！按照礼制，国君继承帝位，要过一年再改换年号，而蜀国在章武三年，就改变年号称作建兴，用古代的义理来考察，这违背了国家礼法的根本原则。另外国家不设置史官，记录注明国家大事也没有专门的官员，因此国家施政大事多有遗漏，灾异也都没有记载。诸葛亮虽然通晓施政，但是对这类事务，也没有考虑周全。然而经历了十二年而国家的年号没有改变，军队多次出征而不轻易颁布大赦，不也是很独特吗？自从诸葛亮去世后，这种制度逐渐被破坏，好坏的差别是很明显的。

今注 1 阉竖：指宦官。 2 昏暗：昏庸。

裴注 [1]《华阳国志》曰："丞相亮时，有言'公惜赦'者，亮答曰：'治世以大德，不以小惠，故匡衡、吴汉不愿为赦。先帝亦言：“吾周旋陈元方、郑康成间，每见启告治乱之道悉矣，曾不语赦也。若刘景升、季玉父子，岁岁赦宥，何益于治！”’”臣松之以为，“赦不妄下”，诚为可称，至于“年名不易”，犹所未达。案：建武、建安之号，皆久而不改，未闻前史以为美谈。“经载十二”，盖何足云？岂别有他意，求之未至乎！亮殁后，延熙之号，数盈二十，“兹制渐亏”，事又不然也。

卷三十四　蜀书四

二主妃子传

导读

此传主要记录了先主和后主后妃、儿子的事迹。主要人物有先主甘皇后、穆皇后，以及后主敬哀皇后、张皇后；先主之子刘永、刘理以及后主太子刘璿。

先主甘皇后

原文

先主甘皇后，沛人也。先主临豫州，住小沛，纳以为妾。先主数丧嫡室，常摄内事。随先主于荆州，产后主。值曹公军至，追及先主于当阳长阪，于时困逼，弃后及后主，赖赵云保护，得免于难。后卒，葬于南郡。章武二年，追谥皇思夫人，迁葬于蜀，未至而先主殂

译文

先主甘皇后，是沛县人。先主在豫州时，住在小沛，纳她为妾。先主多次丧失正妻，甘皇后经常管理家中事务。她跟随先主来到荆州，生下了后主刘禅。恰逢曹操大军到来，在当阳县长阪坡追上了先主，当时情势危急，先主就抛下甘皇后和后主，多亏赵云的保护，甘皇后与后主才幸免于难。甘皇后去世后，埋葬在南郡。章武二年(222)，追赐谥号为皇思夫人，把墓葬迁往蜀地，灵柩尚未运到，先主也去世了。丞相诸葛亮上奏章

陨。丞相亮上言："皇思夫人履行修仁，淑慎[1]其身。大行皇帝昔在上将，嫔妃作合，载育圣躬，大命不融。大行皇帝存时，笃义垂恩，念皇思夫人神柩在远飘飖，特遣使者奉迎。会大行皇帝崩，今皇思夫人神柩以到，又梓宫在道，园陵将成，安厝有期。臣辄与太常臣赖恭等议，《礼记》曰：'立爱自亲始，教民孝也；立敬自长始，教民顺也。'[2]不忘其亲，所由生也。

说："皇思夫人遵循德行修养仁德，自身善良谨慎。已故皇帝从前任上将时，皇思夫人以嫔妃的身份和他结合，生育了圣上，而她尊贵的生命也未能长久。已故的皇帝在世时，情意深厚施予恩德，想到皇思夫人的灵柩在远方飘零，特地派使者去迎请。恰逢先皇去世，现在皇思夫人的灵柩已经接来，而已故皇帝的灵柩也在途中，陵墓即将修成，安葬的日期也已经确定。我就和太常赖恭等人商议，《礼记》说：'确立爱心要从爱自己的双亲开始，这样就可以教民孝敬；确立恭敬要从恭敬自己的长辈开始，这样就可以教民顺从。'不忘记自己的父母，是因为自己是由他们生养的。

今注　1 淑慎：善良谨慎。　2 "《礼记》"句：此处与《礼记》原文稍有不同，《礼记·祭义》原文为"立爱自亲始，教民睦也；立教自长始，教民顺也"。

"《春秋》之义[1]，母以子贵。昔高皇帝追尊太上昭灵夫人为昭灵皇后，孝和皇帝改葬其母梁贵人，尊号曰恭怀皇后，孝愍皇帝亦改葬其母王夫人，尊

"《春秋》中的大义，母亲因为自己儿子显达而尊贵。从前汉高祖就追尊太上昭灵夫人为昭灵皇后，孝和皇帝改葬了他的母亲梁贵人，追尊号为恭怀皇后，孝愍皇帝也改葬了他的母亲王夫人，追尊号为灵怀皇后。现在皇思夫人

号曰灵怀皇后。今皇思夫人宜有尊号,以慰寒泉之思。辄与恭等案谥法,宜曰昭烈皇后。《诗》曰:'谷则异室,死则同穴[1]。'故昭烈皇后宜与大行皇帝合葬,臣请太尉告宗庙,布露天下,具礼仪别奏。"制曰可。

也应该有尊号,来告慰对她在九泉之下的哀思。我就和赖恭等人考查谥法,应当追尊皇思夫人为昭烈皇后。《诗经》说:'活着的时候分住在不同的房屋,死后则葬在同一个墓穴。'所以昭烈皇后应和已故的皇帝埋葬在一起,我请求命令太尉到宗庙去祭祀,告知祖先,公布天下,所有的礼仪制度另外奏明。"后主批示说可以。

今注 1《春秋》之义:此处《春秋》指的是《春秋公羊传》。《公羊传·隐公元年》:"桓何以贵?母贵也。母贵则子何以贵?子以母贵,母以子贵。"

裴注 [1]《礼》云:"上古无合葬,中古后因时方有。"

先主穆皇后

原文

先主穆皇后,陈留人也。兄吴壹,少孤,壹父素与刘焉有旧,是以举家随焉入蜀。焉有异志,而闻善相者相后当大贵。焉时将子瑁自随,遂为瑁纳后。瑁死,后寡居。先主既定

译文

先主穆皇后,是陈留人。她的兄长吴壹,幼年丧父,吴壹的父亲一直和刘焉交情很好,因此全家随刘焉进入蜀地。刘焉有自立为帝的异心,听善于相面的人给穆皇后相面说她将有极尊贵的地位。刘焉当时带着儿子刘瑁跟随自己,于是就为刘瑁迎娶了穆皇后,刘

益州，而孙夫人还吴[1]，群下劝先主聘后，先主疑与瑁同族。法正进曰：“论其亲疏，何与晋文之于子圉乎[1]？”于是纳后为夫人[2]。建安二十四年，立为汉中王后。章武元年夏五月，策曰：“朕承天命，奉至尊，临万国。今以后为皇后，遣使持节丞相亮授玺绶，承宗庙，母天下，皇后其敬之哉！”建兴元年五月，后主即位，尊后为皇太后，称长乐宫。壹官至车骑将军，封县侯。延熙八年，后薨，合葬惠陵[3]。

瑁死后，穆皇后寡居。先主平定益州后，孙夫人返回吴国，群臣劝说先主迎娶穆皇后，刘备觉得自己和刘瑁是同宗因而犹豫不决。法正进言说：“如果论起亲疏来，哪能比得上晋文公和子圉呢？”于是刘备就娶她为夫人。建安二十四年(219)，册立穆后为汉中王后。章武元年(221)夏五月，先主颁布册命说：“朕秉承上天之命，即皇帝位，统理天下万国。现在立王后为皇后，派使持节丞相诸葛亮授予皇后玺绶，敬奉宗庙社稷，母仪天下，皇后你要恭敬行事啊！”建兴元年(223)五月，后主刘禅继位，尊奉穆皇后为皇太后，名号为长乐宫。吴壹官做到车骑将军，封为县侯。延熙八年(245)，穆皇后去世，与先主合葬在惠陵。

今注 **1** 晋文之于子圉乎：晋文，指晋文公重耳。子圉，即晋惠公之子晋怀公。晋文与子圉是伯侄关系。秦穆公先将女儿嫁给子圉，后子圉逃回国内，重耳流亡到秦国，秦穆公又将此女转嫁给晋文公。法正此言，是为了打消先主迎娶穆后的疑虑。

裴注 [**1**]《汉晋春秋》云：“先主入益州，吴遣迎孙夫人。夫人欲将太子归吴，诸葛亮使赵云勒兵断江留太子，乃得止。” [**2**] 习凿齿曰：“夫婚姻，人伦之始，王化之本；匹夫犹不可以无礼，而况人君乎？晋文废礼行权以济其业，故子犯曰：‘有求于人，必先从之，将夺其国，何有于妻？’

非无故而违礼教者也。今先主无权事之逼，而引前失以为譬，非导其君以尧、舜之道者。先主从之，过矣。” [3] 孙盛《蜀世谱》曰：“壹孙乔，没李雄中三十年，不为雄屈也。”

后主敬哀皇后、张皇后

原文

后主敬哀皇后，车骑将军张飞长女也。章武元年，纳为太子妃。建兴元年，立为皇后。十五年薨，葬南陵。

后主张皇后，前后敬哀之妹也。建兴十五年，入为贵人。延熙元年春正月，策曰：“朕统承大业，君临天下，奉郊庙社稷。今以贵人为皇后，使行丞相事左将军向朗持节授玺绶。勉修中馈[1]，恪肃禋祀[2]，皇后其敬之哉！”咸熙元年，随后主迁于洛阳[1]。

译文

后主敬哀皇后，是车骑将军张飞的长女。章武元年(221)，刘禅娶她为太子妃。建兴元年(223)，被册封为皇后。建兴十五年(237)去世，埋葬在南陵。

后主张皇后，是敬哀皇后的妹妹。建兴十五年，入宫为贵人。延熙元年(238)春正月，后主颁布册命说：“朕继承大业，统治天下，供奉宗庙社稷。现在册封贵人为皇后，派遣代理丞相职责的左将军向朗持符节授予皇后玺绶。皇后要努力管理好后宫，恭敬庄重地祭祀祖先和天地神灵，皇后要恭敬地行事啊！”咸熙元年(264)，跟随后主刘禅迁到洛阳。

今注 **1** 中馈：指妻室，这里代指后宫。 **2** 禋(yīn)祀：本义是指祭天的一种礼仪，这里泛指祭祀。

裴注　[1]《汉晋春秋》曰："魏以蜀宫人赐诸将之无妻者，李昭仪曰：'我不能二三屈辱。'乃自杀。"

刘永

原文

刘永，字公寿，先主子，后主庶弟也。章武元年六月，使司徒靖立永为鲁王，策曰："小子永，受兹青土。朕承天序，继统大业，遵修稽古，建尔国家，封于东土，奄有龟、蒙，世为藩辅[1]。呜呼，恭朕之诏！惟彼鲁邦，一变适道，风化存焉。人之好德，世兹懿美。王其秉心率礼，绥尔士民，是飨是宜，其戒之哉！"建兴八年，改封为甘陵王。初，永憎宦人黄皓，皓既信任用事，谮构[2]永于后主，后主稍疏外永，至不得朝见者十余年。咸熙元年，永东迁洛阳，拜奉车都尉，

译文

刘永，字公寿，先主之子，后主之异母弟。章武元年(221)六月，先主派司徒许靖册命刘永为鲁王，册命说："刘永，接受这青色的泥土。朕顺承上天的安排，继承帝位，遵循古代的礼制，建立你的国家，分封给你东方的领土，拥有龟山、蒙山，世代为朝廷的藩国。呜呼！恭敬地听从朕的诏命吧！在那鲁国的土地上，一变革就至于圣道的境界，古代的风俗一直存在着。人们喜爱仁义道德，世世代代都有很好的美德。鲁王你要潜心尊奉礼义，安定你的百姓，使祖先和神灵得到祭祀享用，你要时常告诫自己啊！"建兴八年(230)，改封为甘陵王。起初，刘永厌恶宦官黄皓，黄皓受到后主宠信掌权后，就向后主诬陷诋毁刘永，于是后主逐渐疏远他，以致刘永十多年都未能入朝。咸熙元年(264)，刘永东迁到洛阳，被任命为奉车都尉，

封为乡侯。

封为乡侯。

今注 1 藩辅:捍卫,辅佐,喻指藩国。 2 谮构:亦作“潜构”,谗间诬陷。

刘理

原文

刘理,字奉孝,亦后主庶弟也,与永异母。章武元年六月,使司徒靖立理为梁王,策曰:“小子理,朕统承汉序,祗顺天命,遵修典秩,建尔于东,为汉藩辅。惟彼梁土,畿甸[1]之邦,民狎[2]教化,易导以礼。往悉乃心,怀保黎庶,以永尔国,王其敬之哉!”建兴八年,改封理为安平王。延熙七年卒,谥曰悼王。子哀王胤嗣,十九年卒。子殇王承嗣,二十年卒。景耀四年诏曰:“安平王,先帝所命。三世早夭,国嗣颓绝,朕用伤悼。其以武邑侯辑袭王

译文

刘理,字奉孝,也是后主的异母弟,和刘永不是同母。章武元年(221)六月,先主派司徒许靖册命刘理为梁王,册命说:“刘理,朕继承汉朝的大统,恭敬地顺从天命,遵循法典制度,分封你在东方,作为汉朝的藩国。梁国的土地,处在京畿之地,人民熟习教化,容易用礼法去引导。你要竭尽心力,安抚保护黎民百姓,来使你的国家长久!梁王你要恭敬行事啊!”建兴八年(230),后主改封刘理为安平王。延熙七年(244),刘理去世,谥号为悼王。他的儿子哀王刘胤继承王位,延熙十九年(256)去世。刘胤的儿子殇王刘承继承王位,延熙二十年(257)去世。景耀四年(261),后主下诏书说:“安平王是先帝册命的,三代子孙都早夭,国家无人继承,朕十分哀伤。现让武邑侯刘辑继承王位。”

位。”辑，理子也，咸熙元年，东迁洛阳，拜奉车都尉，封乡侯。

刘辑是刘理的儿子，咸熙元年(264)，东迁到洛阳，被任命为奉车都尉，封为乡侯。

今注 1 畿甸：指京城地区。 2 狎：亲近，熟习。

后主太子刘璿

原文

后主太子璿，字文衡。母王贵人，本敬哀张皇后侍人也。延熙元年正月策曰：“在昔帝王，继体立嗣，副贰[1]国统，古今常道。今以璿为皇太子，昭显祖宗之威命，使行丞相事左将军朗持节授印绶。其勉修茂质，祗恪道义，諮询典礼，敬友师傅，斟酌众善，翼成尔德，可不务修以自勖[2]哉！”时年十五。景耀六年冬，蜀亡。咸熙元年正月，钟会作乱于成都，璿为乱兵所害[1]。

译文

后主的太子刘璿，字文衡。母亲是王贵人，本来是敬哀张皇后的侍女。延熙元年(238)正月，后主颁布册命说：“从前的帝王，登基后即确立继承人，来协助处理国家的事务，这是从古至今通行的做法。现在以刘璿为皇太子，以昭明祖宗的威灵。派代理丞相职责的左将军向朗持符节授予你印绶。你要勤勉地修养美好的品德，恭敬地尊奉道义，询问请教典章礼仪，敬爱师长，吸取众人所长，来辅助成就你的德行，怎么能不努力勤勉地激励自己呢！”刘璿当时十五岁。景耀六年(263)冬，蜀国灭亡。咸熙元年(264)正月，钟会在成都作乱，刘璿被乱军杀害。

今注 1 副贰：辅佐。 2 勖(xù)：勉励。

裴注 [1] 孙盛《蜀世谱》曰："璿弟瑶、琮、瓒、谌、恂、璩六人。蜀败，谌自杀，余皆内徙。值永嘉大乱，子孙绝灭。唯永孙玄奔蜀，李雄伪署安乐公以嗣禅后。永和三年讨李势，盛参戎行，见玄于成都也。"

评曰：《易》称有夫妇然后有父子，夫人伦之始，恩纪之隆，莫尚于此矣。是故纪录，以究一国之体焉。

评论说：《易经》上说，有夫妇然后才有父子，人伦关系的源起，恩情之深，没有能超过夫妇、父子的。因此，我记录这些史事，来考察了解一个国家的全貌。

卷三十五　蜀书五

诸葛亮传

导读

《诸葛亮传》记述了诸葛亮“鞠躬尽瘁，死而后已”的不平凡的一生。诸葛亮为报答刘备三顾茅庐之恩，追随刘备几十年。在刘备兵败长阪坡之时，诸葛亮只身出使东吴，劝说孙权抗击曹操，才有了后来赤壁之战的大胜。赤壁之战后，诸葛亮又辅佐刘备平定荆州，攻占益州、汉中，最后即位称帝。刘备临终托孤，诸葛亮忠心辅佐后主，为了完成兴复汉室，统一全国的大业，他连年出兵，最终病死在五丈原。

陈寿对诸葛亮极为尊崇，亲自编订《诸葛亮集》，并且高度肯定诸葛亮的治国才能。至于其屡次出兵，没有成功的原因，陈寿认为是不擅长军事的缘故。其实，除此之外，魏国、蜀国的实力对比也决定了他北伐不能成功。

诸葛亮

原文

诸葛亮，字孔明，琅邪阳都[1]人也。汉司隶校尉诸葛丰后也。父珪，字君贡，汉末为太山郡丞。亮早孤，从父玄为袁术所署豫章太

译文

诸葛亮，字孔明，琅邪阳都人。是汉代司隶校尉诸葛丰的后代。其父诸葛珪，字君贡，东汉末年担任太山郡丞。诸葛亮幼年丧父，叔父诸葛玄被袁术任命为豫章太守，诸葛玄带

守，玄将亮及亮弟均之官。会汉朝更选朱皓代玄。玄素与荆州牧刘表有旧，往依之[1]。玄卒，亮躬耕陇亩，好为《梁父吟》[2]。身长八尺，每自比于管仲[2]、乐毅[3]，时人莫之许也。惟博陵[4]崔州平、颍川[5]徐庶元直与亮友善，谓为信然[3]。

着诸葛亮和他的弟弟诸葛均去上任。恰巧汉朝另外选派了朱皓代替诸葛玄。诸葛玄一向与荆州牧刘表有交情，就前去投靠他。诸葛玄死后，诸葛亮亲自耕种，喜欢吟诵《梁父吟》。诸葛亮身高八尺，常常自比为管仲、乐毅，当时的人都不以为然。只有博陵崔州平、颍川徐庶元直和诸葛亮友好，认为确实如此。

今注 1 阳都：属琅琊国，在今山东沂南县。 2 管仲：春秋初期齐国政治家。名夷吾，字仲，颍上（颍水之滨）人。齐桓公即位后，由鲍叔牙推荐，被任命为相。在齐国改革内政，整顿军队，确立选拔人才制度，主张按土地好坏分等征税，使国力大振。又提出“尊王攘夷”的策略，终使齐桓公成就霸业。 3 乐毅：战国时燕国名将，昭王时拜为上将军，率领燕、赵、楚、韩、魏五国兵伐齐，攻下齐七十余城，封昌国君。昭王死，惠王使骑劫代其职位，毅奔赵，封为望诸君，后卒于赵。 4 博陵：东汉本初元年(146)置郡，郡治在博陵，在今河北蠡县南。 5 颍川：郡名，郡治在阳翟，在今河南禹州。

裴注 [1]《献帝春秋》曰：“初，豫章太守周术病卒，刘表上诸葛玄为豫章太守，治南昌。汉朝闻周术死，遣朱皓代玄。皓从扬州刺史刘繇求兵击玄，玄退屯西城，皓入南昌。建安二年正月，西城民反，杀玄，送首诣繇。”此书所云，与本传不同。 [2]《汉晋春秋》曰：“亮家于南阳之邓县，在襄阳城西二十里，号曰隆中。” [3] 按《崔氏谱》：州平，太尉烈子，均之弟也。《魏略》曰：“亮在荆州，以建安初与颍川石广元、徐元直，汝南孟公威等俱游学，三人务于精熟，而亮独观其大略。每晨夜从容，常抱膝长啸，而谓三人曰：'卿三人仕进，可至刺史、郡守也。'三人问其所志，亮但笑而不言。后公威思乡里，欲北归，亮谓之曰：'中国饶士大夫，遨游何必故乡邪！'"臣松之以为，《魏略》此言，谓诸葛亮为公威计者可也，若谓兼为己言，可谓未达其心矣。老氏称"知人者智，自知者明"，凡在贤达之流，固必兼而有焉。以诸葛亮之鉴识，岂不能自审其分乎？夫其高吟俟时，情见乎言，志气所存，既已定于其始矣。若使游步中华，骋其龙光，岂夫多士所能沈翳哉！委质魏氏，展其器能，诚非陈长文、司马仲达所能颉颃，而况于余哉！苟不患功业不就，道之不行，虽志恢宇宙而终不北向者，盖以权御已移，汉祚将倾，方将翊赞宗杰，以兴微继绝、克复为己任故也。岂其区区利在边鄙而已乎！此相如所谓"鹍鹏已翔于辽廓，而罗者犹视于薮泽"者矣。公威名建，在魏亦贵达。

时先主屯新野。徐庶见先主，先主器之，谓先主曰："诸葛孔明者，卧龙也，将军岂愿见之乎[1]？"先主曰："君与俱来。"庶曰："此人可就见，不可屈致也。将军宜枉驾顾之。"由是先主遂诣亮，凡三往，乃见。因屏人曰："汉室倾颓，奸臣窃命，主上蒙尘。孤不度[1]德量力，欲信大义于天下，而智术浅短，遂用猖蹶[2]，至于今日。然志犹未

当时先主驻军在新野。徐庶去拜见先主，先主十分器重他。徐庶对先主说："诸葛孔明，人称卧龙，将军您愿意见见他吗？"先主说："您和他一起来吧。"徐庶说："这个人只能前去拜见，不能使他屈志而来。将军您应屈尊去见他。"因此，先主就去拜访诸葛亮，一共去了数次才见到。先主于是屏退左右说："汉室倾覆衰败，奸臣篡权，皇帝流亡在外。我没有估量自己的德行和能力，想要在天下伸张大义，但是我智谋和才能有限，因而遭受失败，以致到了今天这个地步。但我

已，君谓计将安出？”

亮答曰：“自董卓已来，豪杰并起，跨州连郡者不可胜数。曹操比于袁绍，则名微而众寡，然操遂能克绍，以弱为强者，非惟天时，抑亦人谋也。今操已拥百万之众，挟天子而令诸侯，此诚不可与争锋。

的志向未改，您认为应该采用什么计策呢？”

诸葛亮回答说：“自从董卓作乱以来，各地豪杰全都起来，割据数州郡的人不可胜数。曹操和袁绍相比，名望低且兵力薄弱，然而曹操最终能打败袁绍，由弱到强，不仅仅是天时，更是靠人谋。现在曹操已经拥兵百万，挟持天子而号令诸侯，这确实不能同他争锋。

今注　1 度(duó)：推测，估计。　2 猖蹶：失败。

裴注　[1]《襄阳记》曰：“刘备访世事于司马德操。德操曰：‘儒生俗士，岂识时务？识时务者在乎俊杰。此间自有伏龙、凤雏。’备问为谁，曰：‘诸葛孔明、庞士元也。’”

“孙权据有江东，已历三世，国险而民附，贤能为之用，此可以为援而不可图也。荆州北据汉、沔，利尽南海，东连吴会[1]，西通巴蜀，此用武之国，而其主不能守，此殆天所以资将军，将军岂有意乎？益州险塞，沃野千里，天府之土，高祖因之

“孙权占据江东之地，已经历三代，国家地势险要而人民归附，有才能的人都受到重用，只能引为外援而不能谋取。荆州北面依傍汉水、沔水，向南可获得南海地区的全部物资，东面与吴、会稽相连接，西面通向巴蜀，这是兵家必争的战略要地，而它的主人守不住这块地方，这大概是上天用来资助将军您的，将军您可有这个打算？益州闭塞险要，有千里沃野，是物产丰饶的天府之

以成帝业。刘璋暗弱，张鲁在北，民殷国富而不知存恤，智能之士思得明君。将军既帝室之胄，信义著于四海，总揽英雄，思贤如渴，若跨有荆、益，保其岩阻[2]，西和诸戎，南抚夷越，外结好孙权，内修政理；天下有变，则命一上将将荆州之军以向宛洛[3]，将军身率益州之众出于秦川[4]，百姓孰敢不箪食壶浆以迎将军者乎？诚如是，则霸业可成，汉室可兴矣。”先主曰：“善！”

于是与亮情好日密。关羽、张飞等不悦，先主解之曰：“孤之有孔明，犹鱼之有水也。愿诸君勿复言。”羽、飞乃止[1]。

地，汉高祖凭借它建立了帝业。刘璋昏庸懦弱，张鲁在北面威胁他，人民殷实国家富裕却不懂得抚恤，有才能之人希望得到贤明的君主。将军您是皇室后代，信义天下闻名，广泛招纳豪杰，求贤若渴，如果能占据荆州、益州，守住险要之处，西面和各戎族部落和好，南面安抚夷越各族，对外与孙权结盟交好，对内修明政治。一旦天下形势有变化，您就命令一员大将率领荆州的军队向宛城、洛阳进军，将军您亲自率领益州的兵马出兵关中，百姓谁敢不用篮子装着食物、用壶装着酒来迎接您呢？真像这样的话，那么霸业就可以成功，汉室也就能够复兴了。”先主说：“很好！”

于是先主就和诸葛亮的关系日益亲密。关羽、张飞等人很不高兴。先主向他们解释说：“我有了诸葛亮，就像鱼有了水一样。希望各位不要再抱怨了。”关羽、张飞这才不再议论。

今注　1 吴会：东汉时，分会稽郡为吴、会稽二郡，合称“吴会”。　2 岩阻：险阻之地。　3 宛洛：南阳和洛阳的并称，后来常用来指代“名都”。　4 秦川：泛指今陕西、甘肃秦岭以北平原地带。因春秋、战国时地属秦国而得名。

裴注 [1]《魏略》曰:“刘备屯于樊城。是时曹公方定河北,亮知荆州次当受敌,而刘表性缓,不晓军事。亮乃北行见备,备与亮非旧,又以其年少,以诸生意待之。坐集既毕,众宾皆去,而亮独留,备亦不问其所欲言。备性好结毦,时适有人以髦牛尾与备者,备因手自结之。亮乃进曰:‘明将军当复有远志,但结毦而已邪!’备知亮非常人也,乃投毦而答曰:‘是何言与!我聊以忘忧耳。’亮遂言曰:‘将军度刘镇南孰与曹公邪?’备曰:‘不及。’亮又曰:‘将军自度何如也?’备曰:‘亦不如。’曰:‘今皆不及,而将军之众不过数千人,以此待敌,得无非计乎?’备曰:‘我亦愁之,当若之何?’亮曰:‘今荆州非少人也,而著籍者寡,平居发调,则人心不悦;可语镇南,令国中凡有游户,皆使自实,因录以益众可也。’备从其计,故众遂强。备由此知亮有英略,乃以上客礼之。”《九州春秋》所言亦如之。臣松之以为,亮表云“先帝不以臣卑鄙,猥自枉屈,三顾臣于草庐之中,諮臣以当世之事”,则非亮先诣备,明矣。虽闻见异辞,各生彼此,然乖背至是,亦良为可怪。

刘表长子琦,亦深器亮。表受后妻之言,爱少子琮,不悦于琦。琦每欲与亮谋自安之术,亮辄拒塞,未与处画。琦乃将亮游观后园,共上高楼,饮宴之间,令人去梯,因谓亮曰:“今日上不至天,下不至地,言出子口,入于吾耳,可以言未?”亮答曰:“君不见申生[1]在内而

刘表的长子刘琦也很器重诸葛亮。刘表听从后妻的话,喜爱小儿子刘琮,不喜欢刘琦。刘琦常想和诸葛亮商量保全自己的办法,诸葛亮总是拒绝搪塞,不帮他谋划。刘琦就带着诸葛亮游览后园,一同登上高楼,设宴饮酒时,让人撤掉梯子,对诸葛亮说:“现在上不着天,下不着地,话从您口中说出来,进入我的耳朵,您可以说了吗?”诸葛亮回答说:“您没有看到申生留在国中就很危险,重耳逃亡在外很安全吗?”刘琦

危，重耳[2]在外而安乎？”琦意感悟，阴规出计。会黄祖死，得出，遂为江夏太守。俄而表卒，琮闻曹公来征，遣使请降。先主在樊闻之，率其众南行，亮与徐庶并从，为曹公所追破，获庶母。庶辞先主而指其心曰：“本欲与将军共图王霸之业者，以此方寸之地也。今已失老母，方寸乱矣，无益于事，请从此别。”遂诣曹公[1]。

心中领悟，暗地里谋划外出的计策。恰逢黄祖死了，他得以外出任职，于是就做了江夏太守。不久，刘表死了，刘琮听说曹操前来征伐，就派使者前去请求投降。先主在樊城听到这个消息，率领他的人马向南而去，诸葛亮和徐庶都跟随着他，被曹操的军队追上打败，俘获了徐庶的母亲。徐庶向先主辞别，指着自己的心口说：“本想和将军共同谋划称霸天下的帝王之业，所依靠的就是这颗心。如今失去了年迈的母亲，心里已经乱了，对您没什么帮助了，请允许我向您告别。”于是就到曹操那里去了。

今注　**1** 申生：春秋时期晋献公的太子。被晋献公的内宠骊姬设计陷害，后自杀。　**2** 重耳：晋文公。骊姬设计陷害太子申生和其他公子，重耳流亡国外，最终回国即位，成就霸业。

裴注　[1]《魏略》曰：“庶先名福，本单家子，少好任侠击剑。中平末，尝为人报仇，白垩突面，被发而走，为吏所得，问其姓字，闭口不言。吏乃于车上立柱维磔之，击鼓以令于市鄽，莫敢识者，而其党伍共篡解之，得脱。于是感激，弃其刀戟，更疏巾单衣，折节学问。始诣精舍，诸生闻其前作贼，不肯与共止。福乃卑躬早起，常独扫除，动静先意，听习经业，义理精熟。遂与同郡石韬相亲爱。初平中，中州兵起，乃与韬南客荆州，到，又与诸葛亮特相善。及荆州内附，孔明与刘备相随去，福与韬俱来北。至黄初中，韬仕历郡守、典农校尉，福至右中郎将、御史中丞。逮大和中，诸葛亮出陇右，闻元直、广元仕财如此，叹曰：‘魏殊多士邪！何彼二人不见用乎？’庶后数年病卒，有碑在彭城，今犹存焉。”

先主至于夏口，亮曰：“事急矣，请奉命求救于孙将军。”时权拥军在柴桑[1]，观望成败。亮说权曰：“海内大乱，将军起兵据有江东，刘豫州亦收众汉南，与曹操并争天下。今操芟夷[2]大难，略已平矣，遂破荆州，威震四海。英雄无所用武，故豫州遁逃至此。将军量力而处之：若能以吴、越之众与中国抗衡，不如早与之绝；若不能当，何不案兵束甲，北面而事之！今将军外托服从之名，而内怀犹豫之计，事急而不断，祸至无日矣！”权曰：“苟如君言，刘豫州何不遂事之乎？”亮曰：“田横，齐之壮士耳，犹守义不辱，况刘豫州王室之胄，英才盖世，众士慕仰，若水之

先主到了夏口，诸葛亮说：“事情很紧急了，我请求奉命去向孙权求救。”当时孙权率领军队驻扎在柴桑，观望刘备与曹操的胜败。诸葛亮劝孙权说：“天下大乱，将军您起兵占据江东，刘备也在汉南招募兵马，与曹操一起争夺天下。现在曹操消灭了主要对手，大致平定天下，攻破了荆州，威名震动四海，英雄无用武之地，所以刘备逃到这里。将军您估计自己的力量来对待目前的局面吧：如果能依靠吴、越的人马和中原对抗，不如趁早和曹操断绝关系；如果抵挡不住，为什么不放下武器捆起铠甲，向曹操投降称臣呢！现在将军您表面归附曹操，而心里却犹豫不决，事情紧急而不果断处理，很快就会大祸临头了。”孙权说：“假如真像您说的那样，刘备为什么不马上就向曹操投降称臣呢？”诸葛亮说：“田横，不过是齐国的一个壮士罢了，尚且能坚守节义不辱没志向，何况刘备是汉朝皇室的后代，英才盖世，很多士人爱慕敬仰他，像水流

归海，若事之不济，此乃天也，安能复为之下乎！”

归海那样归附他，如果大事不能成功，这是天意，怎么能屈居他人之下呢？”

今注　1 柴桑：属豫章郡，在今江西九江西部、长江南岸。　2 芟夷：除草，这里指铲除，削平。

权勃然曰：“吾不能举全吴之地，十万之众，受制于人。吾计决矣！非刘豫州莫可以当曹操者，然豫州新败之后，安能抗此难乎？”亮曰：“豫州军虽败于长阪，今战士还者及关羽水军精甲万人，刘琦合江夏战士亦不下万人。曹操之众，远来疲弊，闻追豫州，轻骑一日一夜行三百余里，此所谓‘强弩之末，势不能穿鲁缟[1]’者也。故兵法忌之，曰‘必蹶上将军’。且北方之人，不习水战；又荆州之民附操者，逼兵势耳，非心服也。今将军诚能命猛将统兵数万，与豫州协规[2]同力，破操军必矣。操军破，必北还，如

孙权激愤地说：“我不能拿整个东吴的土地和十万将士去受制于人。我的主意已定！除了刘备没有能够同曹操抗衡的人了，但是刘备刚刚打了败仗，怎么能抵挡现在的大难呢？”诸葛亮说：“刘备的军队虽然在长阪坡战败了，但是现在返回的士兵和关羽的水军合起来共有精兵万人，刘琦聚合江夏的战士也不下万人。曹操的军队，远道而来疲惫不堪，听说为了追赶刘备，轻骑兵一天一夜要行军三百多里，这就是所谓的‘强弩之末，它的能量已经不足以射穿很薄的生绢’，所以兵法上忌讳这样做，说这样‘一定会损折上将军’。而且，北方人不习惯水战；再加上荆州的百姓归附曹操，不过是迫于武力，并不是真心归附。现在将军您如果真能够命令勇猛的将领率军数万人，和刘备同心协力，一定能够打败曹军。曹军失败后，一定撤回北方，

此则荆、吴之势强，鼎足之形成矣。成败之机，在于今日。”权大悦，即遣周瑜、程普、鲁肃等水军三万，随亮诣先主，并力拒曹公[1]。曹公败于赤壁，引军归邺[3]。先主遂收江南，以亮为军师中郎将，使督零陵、桂阳、长沙三郡，调其赋税，以充军实[2]。

这样荆州和东吴的势力就会强大，鼎足三分的局面就形成了。成败的关键，就在今天。”孙权非常高兴，马上派周瑜、程普、鲁肃等人率领三万水军，跟随诸葛亮到刘备那里，合力抵抗曹操。曹操在赤壁战败，带领军队回到邺城。先主于是收复了长江南岸地区，任命诸葛亮为军师中郎将，派他督率零陵、桂阳、长沙三郡，并征调三郡的赋税，来充实军资。

今注 **1** 鲁缟:鲁地出产的一种白色质地的薄绢。 **2** 协规:共同谋划。 **3** 邺:属魏郡，在今河北临漳县西南。

裴注 [**1**]《袁子》曰:“张子布荐亮于孙权，亮不肯留。人问其故，曰:‘孙将军可谓人主，然观其度，能贤亮而不能尽亮，吾是以不留。’”臣松之以为，袁孝尼著文立论，甚重诸葛之为人，至如此言，则失之殊远。观亮君臣相遇，可谓希世一时，终始之分，谁能间之？宁有中违断金，甫怀择主，设使权尽其量，便当翻然去就乎？葛生行己，岂其然哉！关羽为曹公所获，遇之甚厚，可谓能尽其用矣，犹义不背本，曾谓孔明之不若云长乎！[**2**]《零陵先贤传》云:“亮时住临烝。”

建安十六年，益州牧刘璋遣法正迎先主，使击张鲁。亮与关羽镇荆州。先主自葭萌还攻璋，亮与

建安十六年(211)，益州牧刘璋派法正去迎接先主，让他攻打张鲁。诸葛亮和关羽镇守荆州。先主从葭萌回军攻打刘璋，诸葛亮和张飞、赵云等人

张飞、赵云等率众溯江，分定郡县，与先主共围成都。成都平，以亮为军师将军，署左将军府事。先主外出，亮常镇守成都，足食足兵。

二十六年，群下劝先主称尊号，先主未许，亮说曰：“昔吴汉、耿弇等初劝世祖[1]即帝位，世祖辞让，前后数四，耿纯进言曰：‘天下英雄喁喁[2]，冀有所望。如不从议者，士大夫各归求主，无为从公也。’世祖感纯言深至，遂然诺之。今曹氏篡汉，天下无主，大王刘氏苗族，绍世而起，今即帝位，乃其宜也。士大夫随大王久勤苦者，亦欲望尺寸之功如纯言耳。”先主于是即帝位，策亮为丞相曰：“朕遭家不造，奉承大统，兢兢业业，不敢康宁，思靖百姓，惧未能绥。於戏！丞相亮其悉朕意，无怠辅朕之阙，助宣重光，以照明

率军逆长江而上，分别平定了各郡县，和先主一起围攻成都。成都平定后，先主任命诸葛亮为军师将军，代理左将军府事务。先主外出时，诸葛亮常镇守成都，使粮草和兵员都很充足。

建安二十六年(221)，部下劝先主称帝，先主不答应，诸葛亮劝说道：“从前吴汉、耿弇等人劝说世祖称帝，世祖推辞，前后四次，耿纯进言说：‘天下的英雄仰望您，怀着很高的希望，如果您不听从大家的意见，士大夫就要各自回去另找其主，就不会再追随您了。’世祖感到耿纯的话十分真诚，于是就答应了。现在曹氏篡夺汉朝，天下失去了君主；大王您是刘氏的后裔，继承皇统，现在即位称帝是理所应当的。士大夫们跟随着大王您长期以来辛勤劳苦，也希望像耿纯说的那样得到微薄的功勋。”先主于是登上帝位，颁布册书任命诸葛亮为丞相，册文说：“朕遇到国家不幸，继承帝位，兢兢业业，不敢清闲，想要安定百姓，害怕他们不能得到安抚。呜呼！丞相诸葛亮希望你能明白朕的心意，毫不懈怠地辅佐朕补救失误，协助宣明汉室光辉，让这

天下,君其勖哉!”亮以丞相录尚书事[3],假节。张飞卒后,领司隶校尉[1]。

光辉普照天下,您要勤勉啊!”诸葛亮以丞相的身份,兼任录尚书事,并授予符节。张飞死后,他又兼领司隶校尉。

今注 1 世祖:即光武帝刘秀,群臣劝进,曾多次推让。 2 喁喁(yóng):仰望期待的样子。 3 录尚书事:两汉时期的尚书台已经掌握了实权,但是从级别上来讲仍属低位,为了解决这一矛盾,就采取了“录尚书事”的方法,即以其他官衔,来兼任或主持尚书台的工作。

裴注 [1]《蜀记》曰:“晋初,扶风王骏镇关中,司马高平刘宝、长史荥阳桓隰诸官属士大夫共论诸葛亮,于时谭者多讥亮托身非所,劳困蜀民,力小谋大,不能度德量力。金城郭冲以为亮权智英略,有逾管、晏,功业未济,论者惑焉,条亮五事隐没不闻于世者,宝等亦不能复难。扶风王慨然善冲之言。”臣松之以为,亮之异美,诚所愿闻,然冲之所说,实皆可疑,谨随事难之如左。其一事曰:亮刑法峻急,刻剥百姓,自君子小人咸怀怨叹,法正谏曰:“昔高祖入关,约法三章,秦民知德,今君假借威力,跨据一州,初有其国,未垂惠抚;且客主之义,宜相降下,愿缓刑弛禁,以慰其望。”亮答曰:“君知其一,未知其二。秦以无道,政苛民怨,匹夫大呼,天下土崩,高祖因之,可以弘济。刘璋暗弱,自焉已来有累世之恩,文法羁縻,互相承奉,德政不举,威刑不肃。蜀土人士,专权自恣,君臣之道,渐以陵替。宠之以位,位极则贱,顺之以恩,恩竭则慢。所以致弊,实由于此。吾今威之以法,法行则知恩,限之以爵,爵加则知荣,荣恩并济,上下有节。为治之要,于斯而著。”难曰:案法正在刘主前死,今称法正谏,则刘主在也。诸葛职为股肱,事归元首,刘主之世,亮又未领益州,庆赏刑政,不出于己。寻冲所述亮答,专自有其能,有违人臣自处之宜。以亮谦顺之体,殆必不然。又云亮刑法峻急,刻剥百姓,未闻善政以刻剥为称。其二事曰:曹公遣刺客见刘备,方得交接,开论伐魏形势,甚合备计。稍欲亲近,刺者尚未得便,会既而亮入,魏客神色失措。亮因而察之,亦知非常人。须臾,客如厕,备谓亮曰:“向得奇士,足以助君补益。”亮问所在,备曰:“起者其人也。”亮徐叹曰:“观客色动而神惧,视低而忤数,奸形外漏,邪心内藏,必曹氏刺客也。”追之,已越墙而走。难曰:凡为刺客,皆暴虎冯河,死而无悔者也。刘主有知人之鉴,而惑于此客,则此客必一时之奇士也。又语诸葛云“足以助君补益”,则亦诸葛之流亚也。凡如诸葛之俦,鲜有为人作刺客者矣,时主亦当惜其器用,必不投之死地也。且此人不死,要应显达为魏,竟是谁乎?何其寂蔑而无闻!

章武三年春,先主于永安病笃,召亮于成都,属以后事,谓亮曰:“君才十倍曹丕,必能安国,终定大事。若嗣子可辅,辅之;如其不才,君可自取。”亮涕泣曰:“臣敢竭股肱之力,效忠贞之节,继之以死!”先主又为诏敕后主曰:“汝与丞相从事,事[1]之如父[1]。”建兴元年,封亮武乡侯,开府治事。顷之,又领益州牧。政事无巨细,咸决于亮。南中[2]诸郡,并皆叛乱,亮以新遭大丧,故未便加兵,且遣使聘吴,因结和亲,遂为与国[2]。

章武三年(223)春,先主在永安病危,把诸葛亮从成都召来,向他托付后事。先主对诸葛亮说:“您的才能比曹丕强十倍,一定能安定国家,最终完成统一大业。如果刘禅可以辅佐,您就辅佐他;如果他不才,您可以取而代之。”诸葛亮流着泪说:“臣一定竭力去辅佐,忠贞不渝,一直到死!”先主又写下诏书告诫刘禅说:“你和丞相共同治理国家,要像对父亲一样侍奉他。”建兴元年(223),后主封诸葛亮为武乡侯,设立丞相府处理政事。不久,又兼领益州牧,政事不论大小,都由诸葛亮决断。南中地区各郡县都发生了叛乱,诸葛亮认为刚刚遭遇国丧,所以不便马上出兵,派遣使者访问吴国,缔结了友好的关系,吴国于是就成为盟国。

今注 1 事:侍奉。 2 南中:指今川南和云贵一带。

裴注 [1] 孙盛曰:"夫杖道扶义,体存信顺,然后能匡主济功,终定大业。语曰:'弈者举棋不定,犹不胜其偶。'况量君之才否而二三其节,可以摧服强邻囊括四海者乎?备之命亮,乱孰甚焉!世或有谓备欲以固委付之诚,且以一蜀人之志。君子曰:'不然,苟所寄忠贤,则不须若斯之诲,如非其人,不宜启篡逆之涂。是以古之顾命,必贻话言;诡伪之辞,非托孤之谓,幸值刘禅暗弱,无猜险之性,诸葛威略,足以检卫异端,故使异同之心,无由自起耳。不然,殆生疑隙不逞之衅。谓之为权,不亦惑哉!'"
[2]《亮集》曰:"是岁,魏司徒华歆、司空王朗、尚书令陈群、太史令许芝、谒者仆射诸葛璋各有书与亮,陈天命人事,欲使举国称藩。亮遂不报书,作《正议》曰:'昔在项羽,起不由德,虽处华夏,秉帝者之势,卒就汤镬,为后永戒。魏不审鉴,今次之矣。免身为幸,戒在子孙。而二三子各以耆艾之齿,承伪指而进书,有若崇、竦称莽之功,亦将逼于元祸苟免者邪!昔世祖之创迹旧基,奋羸卒数千,摧莽强旅四十余万于昆阳之郊。夫据道讨淫,不在众寡。及至孟德,以其谲胜之力,举数十万之师,救张郃于阳平,势穷虑悔,仅能自脱,辱其锋锐之众,遂丧汉中之地,深知神器不可妄获,旋还未至,感毒而死。子桓淫逸,继之以篡。纵使二三子多逞苏、张诡靡之说,奉进驩兜滔天之辞,欲以诬毁唐帝,讽解禹、稷,所谓徒丧文藻、烦劳翰墨者矣。夫大人君子之所不为也。又《军诫》曰:"万人必死,横行天下。"昔轩辕氏整卒数万,制四方,定海内,况以数十万之众,据正道而临有罪,可得干拟者哉!'"

三年春,亮率众南征[1],其秋悉平。军资所出,国以富饶[2],乃治

建兴三年(225)春,诸葛亮率众南征,这年秋天,所有的叛乱都被平定了。军需都由这些郡供给,国家因而得以富饶。于

戎讲武，以俟大举。五年，率诸军北驻汉中，临发，上疏曰：

“先帝创业未半而中道崩殂，今天下三分，益州疲弊，此诚危急存亡之秋也。然侍卫之臣不懈于内，忠志之士忘身于外者，盖追先帝之殊遇，欲报之于陛下也。诚宜开张圣听，以光先帝遗德，恢弘志士之气，不宜妄自菲薄，引喻失义[1]，以塞忠谏之路也。宫中府中俱为一体，陟罚臧否[2]，不宜异同。若有作奸犯科及为忠善者，宜付有司论其刑赏，以昭陛下平明之理，不宜偏私，使内外异法也。

是就操练军队演习军事，以等待时机进行更大规模的发兵。建兴五年(227)，诸葛亮率领各路大军北上进驻汉中，即将出发时，给后主上奏表说：

“先帝开创的大业未完成一半却中途去世了。现在天下分为三国，益州的蜀国国力薄弱，处境艰难，这实在是国家危急存亡的时刻啊。然而侍卫臣僚在内勤劳不懈，战场上忠诚有志的将士们奋不顾身，这是他们追念先帝对他们的知遇之恩，想要报答在陛下您身上。陛下您实在应该广泛地听取群臣的意见，来发扬光大先帝遗留下来的美德，振奋有远大志向者的志气，不应过分看轻自己，说话不恰当，以堵塞忠言进谏的道路。皇宫中和朝廷里本都是一个整体，赏罚褒贬，不应该有所不同。如果有为非作歹犯法之徒和忠心做善事的人，都应该交给主管官吏评定对他们的惩罚和奖赏，来显示陛下公正严明的准则，而不应当有偏袒和私心，使宫内和宫外奖惩不同。

今注　1 引喻失义：指说话不恰当，不合道理。引喻，引用类似的例证来说明事理。义，公正合宜的道理。　2 陟罚臧否(zāng pǐ)：陟，升迁。罚，处罚。臧，褒奖。否，批评。指对人员的提拔、处罚、表扬和批评。

裴注 [1]诏赐亮金铁钺一具,曲盖一,前后羽葆、鼓吹各一部,虎贲六十人。事在《亮集》。 [2]《汉晋春秋》曰:"亮至南中,所在战捷。闻孟获者,为夷、汉所服,募生致之。既得,使观于营阵之间,问曰:'此军何如?'获对曰:'向者不知虚实,故败。今蒙赐观看营阵,若只如此,即定易胜耳。'亮笑,纵使更战,七纵七禽,而亮犹遣获。获止不去,曰:'公,天威也,南人不复反矣。'遂至滇池。南中平,皆即其渠率而用之。或以谏亮,亮曰:'若留外人,则当留兵,兵留则无所食,一不易也;加夷新伤破,父兄死丧,留外人而无兵者,必成祸患,二不易也;又夷累有废杀之罪,自嫌衅重,若留外人,终不相信,三不易也。今吾欲使不留兵,不运粮,而纲纪粗定,夷、汉粗安故耳。'"

"侍中、侍郎[1]郭攸之、费祎、董允等,此皆良实,志虑忠纯[2],是以先帝简拔以遗陛下。愚以为宫中之事,事无大小,悉以咨之,然后施行,必能裨补阙漏,有所广益。将军向宠,性行淑均,晓畅军事,试用于昔日,先帝称之曰能,是以众议举宠为督。愚以为营中之事,悉以咨之,必能使行阵和睦,优劣得所。亲贤臣,远小人,此先汉所以兴隆也;亲小人,远贤臣,此后汉所以倾颓也。先帝在

"侍中、侍郎郭攸之、费祎、董允等,这些都是善良诚实的人,他们的志向和心思忠诚无二,所以先帝选拔他们留下来辅佐陛下。愚臣认为宫中之事,无论大小,都应向他们咨询请教,然后施行,一定能够弥补失误和疏漏之处,得到更多的好处。将军向宠,性格和品行善良公正,通晓军事,从前经过试用,先帝称赞说他有才干,因此大家评议举荐他做都督。我认为军队中的事情,都可向他请教,就一定能使军队团结一心,才能优劣的人各得其所。亲近贤臣,疏远小人,这是先汉兴盛的原因;亲近小人,疏远贤臣,这是后汉衰败的原因。先帝在世的时候,每逢

时，每与臣论此事，未尝不叹息痛恨于桓、灵也。侍中、尚书、长史、参军，此悉贞良死节之臣，愿陛下亲之信之，则汉室之隆，可计日而待也。

跟我谈论这些事情，没有一次不对桓、灵二帝的做法感到痛心遗憾的。侍中、尚书、长史、参军，这些人都是忠贞诚实、能够以死报国的忠臣，希望陛下亲近他们，信任他们，那么汉朝的复兴就指日可待了。

今注 **1** 侍中、侍郎：侍中，西汉为加官，加此即可出入宫禁。东汉为正式职官，职掌殿内门下众事，侍从左右、顾问应对，以备咨询。东汉后期与给事黄门郎组成侍中寺，管理宫内外众务。侍郎，皇帝侍从官，东汉时为尚书台六曹官员。 **2** 志虑忠纯：志向和心思都忠诚纯洁。形容忠心耿耿，坚贞不二。

“臣本布衣，躬耕于南阳，苟全性命于乱世，不求闻达于诸侯。先帝不以臣卑鄙，猥自枉屈，三顾臣于草庐之中，谘臣以当世之事，由是感激，遂许先帝以驱驰。后值倾覆，受任于败军之际，奉命于危难之间，尔来二十有一年矣[1]。先帝知臣谨慎，故临崩寄臣以大事也。受命以来，夙夜忧叹，恐托付不

“我本来是平民百姓，在南阳务农耕田，只想在乱世中苟且保全性命，不奢求在诸侯之中扬名。先帝不因为我身份卑微、见识短浅，而委屈自己，多次去茅庐拜访我。征询我对时局大事的意见，由此使我感动奋发，答应为先帝奔走效劳。后来遇到覆灭，在兵败的时候接受任务，在危机患难之间奉行使命，从那时以来已经有二十一年了。先帝知道我做事严谨慎重，所以临终时把国家大事托付给我。接受遗命以来，我早晚忧愁叹息，唯恐先帝托付给我的事不能完成，以致损伤先帝的知人之明，所以我五月渡过泸水，深入到

效,以伤先帝之明,故五月渡泸[1],深入不毛[2]。今南方已定,兵甲已足,当奖率三军,北定中原,庶竭驽钝,攘除奸凶,兴复汉室,还于旧都。此臣所以报先帝,而忠陛下之职分[2]也。至于斟酌损益,进尽忠言,则攸之、祎、允之任也。愿陛下托臣以讨贼兴复之效;不效,则治臣之罪,以告先帝之灵。责攸之、祎、允等之慢,以彰其咎。陛下亦宜自谋,以諮诹[3]善道,察纳雅言,深追先帝遗诏。臣不胜受恩感激,今当远离,临表涕零,不知所言。"

遂行,屯于沔阳[4][3]。

人烟稀少的地方。现在南方各郡已经平定,兵员军备已经充足,应当激励并率领全军将士,向北方进军,平定中原,希望用尽我平庸的才能,铲除奸邪凶恶的敌人,恢复汉朝的基业,回到旧日的国都。这就是我用来报答先帝,并且尽忠陛下的职责本分。至于处理事务,斟酌情理,有所兴革,毫无保留地进献忠诚的建议,那就是郭攸之、费祎、董允等人的责任了。希望陛下能够把讨伐曹魏,兴复汉室的任务交付给我;如果没有成功,就惩治我的罪过,用来告慰先帝的在天之灵。责罚郭攸之、费祎、董允等人的怠慢,来揭示他们的过失。陛下也应自行谋划,征求、询问治国的好方法,采纳正确的言论,深切追念先帝临终留下的教诲。我深受厚恩感激不尽,今天我将要告别陛下远行了,面对这份奏表禁不住热泪纵横,不知道该说些什么话。"

随后诸葛亮率军出征,驻军在沔阳。

今注 1 泸:泸水,指今雅砻江下游和金沙江汇合雅砻江以后的一段。2 职分:职务范围内应尽的责任。 3 諮诹(zī zōu):征询,访问。 4 沔阳:属汉中郡,在今陕西勉县。

裴注　[1] 臣松之案：刘备以建安十三年败，遣亮使吴，亮以建兴五年抗表北伐，自倾覆至此整二十年。然则备始与亮相遇，在败军之前一年时也。　[2]《汉书·地理志》曰："泸惟水出牂牁郡句町县。"　[3] 郭冲三事曰："亮屯于阳平，遣魏延诸军并兵东下，亮惟留万人守城。晋宣帝率二十万众拒亮，而与延军错道，径至前，当亮六十里所，侦候白宣帝，说亮在城中兵少力弱。亮亦知宣帝垂至，已与相逼，欲前赴延军，相去又远，回迹反追，势不相及，将士失色，莫知其计。亮意气自若，敕军中皆卧旗息鼓，不得妄出庵幔，又令大开四城门，扫地却洒。宣帝常谓亮持重，而猥见势弱，疑其有伏兵，于是引军北趣山。明日食时，亮谓参佐拊手大笑曰：'司马懿必谓吾怯，将有强伏，循山走矣。'候逻还白，如亮所言。宣帝后知，深以为恨。"难曰："案阳平在汉中。亮初屯阳平，宣帝尚为荆州都督，镇宛城，至曹真死后，始与亮于关中相抗御耳。魏尝遣宣帝自宛由西城伐蜀，值霖雨，不果。此之前后，无复有于阳平交兵事。就如冲言，宣帝既举二十万众，已知亮兵少力弱，若疑其有伏兵，正可设防持重，何至便走乎？"案《魏延传》云："延每随亮出，辄欲请精兵万人，与亮异道，会于潼关，亮制而不许；延常谓亮为怯，叹已才用之不尽也。"亮尚不以延为万人别统，岂得如冲言，顿使将重兵在前，而以轻弱自守乎？且冲与扶风王言，显彰宣帝之短，对子毁父，理所不容，而云"扶风王慨然善冲之言"，故知此书举引皆虚。

六年春，扬声由斜谷道取郿[1]，使赵云、邓芝为疑军，据箕谷[2]，魏大将军曹真举众拒之。亮身率诸军攻祁山，戎阵整齐，赏罚肃而号令明，南

建兴六年(228)春，诸葛亮扬言要从斜谷道攻取郿县，派赵云、邓芝为疑兵，占据了箕谷，魏国派大将军曹真率领军队抵御。诸葛亮亲率各路大军进攻祁山，队伍整齐，赏罚分明，号令严明，南安、天水、安定三郡都反叛魏国，响应诸葛亮，

安3、天水4、安定5三郡叛魏应亮，关中响震[1]。魏明帝西镇长安，命张郃拒亮，亮使马谡督诸军在前，与郃战于街亭。谡违亮节度，举动失宜，大为郃所破。亮拔西县千余家，还于汉中[2]，戮谡以谢众。上疏曰："臣以弱才，叨窃6非据，亲秉旄钺以厉三军，不能训章明法，临事而惧，至有街亭违命之阙，箕谷不戒之失，咎皆在臣授任无方。臣明不知人，恤事多暗，《春秋》责帅，臣职是当。请自贬三等，以督厥咎。"于是以亮为右将军，行丞相事，所总统如前[3]。

关中地区震动。魏明帝西行镇守在长安，命令张郃迎战诸葛亮，诸葛亮派马谡作为先锋统率各军，在街亭同张郃交战。马谡违背诸葛亮的部署，军事行动失当，被张郃打得大败。诸葛亮迁徙西县一千多户人家，退回到汉中，杀了马谡以向众人谢罪。诸葛亮给后主上奏表说："我以低劣的才能，担任了不能胜任的职位，亲自执掌白旄黄钺带兵出征，以激励三军将士，没有能够严明法纪，处理事情恐惧失当，以致出现了在街亭违背命令的错误和箕谷戒备不严的过失，责任都在于我用人不当。我自知缺乏知人之明，处理事情又很愚钝。按照《春秋》之义，战争失败就要责罚主帅，我正应当受此责罚。请允许我自己降职三级，来责罚我的那些过失。"于是任命诸葛亮为右将军，代理丞相职务，所总管的事务与之前一样。

今注 1 郿：属右扶风，在今陕西眉县东。 2 箕谷：在今陕西汉中西北。 3 南安：郡名。治所在獂道，今甘肃陇西县。 4 天水：郡名，治所在冀县，在今甘肃甘谷县东。 5 安定：郡名。治所在临泾，今甘肃镇原县。 6 叨窃：无才而据有其位。

裴注 [1]《魏略》曰:“始,国家以蜀中惟有刘备。备既死,数岁寂然无声,是以略无备预;而卒闻亮出,朝野恐惧,陇右、祁山尤甚,故三郡同时应亮。” [2]郭沖四事曰:“亮出祁山,陇西、南安二郡应时降,围天水,拔冀城,虏姜维,驱略士女数千人还蜀。人皆贺亮,亮颜色愀然有戚容,谢曰:‘普天之下,莫非汉民,国家威力未举,使百姓困于豺狼之吻。一夫有死,皆亮之罪,以此相贺,能不为愧。’于是蜀人咸知亮有吞魏之志,非惟拓境而已。”难曰:“亮有吞魏之志久矣,不始于此,众人方知也,且于时师出无成,伤缺而反者众,三郡归降而不能有。姜维,天水之匹夫耳,获之则于魏何损?拔西县千家,不补街亭所丧,以何为功,而蜀人相贺乎?” [3]《汉晋春秋》曰:“或劝亮更发兵者,亮曰:‘大军在祁山、箕谷,皆多于贼,而不能破贼,为贼所破者,则此病不在兵少也,在一人耳。今欲减兵省将,明罚思过,校变通之道于将来;若不能然者,虽兵多何益!自今已后,诸有忠虑于国,但勤攻吾之阙,则事可定,贼可死,功可蹻足而待矣。’于是考微劳,甄烈壮,引咎责躬,布所失于天下,厉兵讲武,以为后图,戎士简练,民忘其败矣。亮闻孙权破曹休,魏兵东下,关中虚弱。十一月,上言曰:‘先帝虑汉、贼不两立,王业不偏安,故托臣以讨贼也。以先帝之明,量臣之才,故知臣伐贼才弱敌强也;然不伐贼,王业亦亡,惟坐待亡,孰与伐之?是故托臣而弗疑也。臣受命之日,寝不安席,食不甘味,思惟北征,宜先入南,故五月渡泸,深入不毛,并日而食。臣非不自惜也,顾王业不可得偏全于蜀都,故冒危难以奉先帝之遗意也,而议者谓为非计。今贼适疲于西,又务于东,兵法乘劳,此进趋之时也。谨陈其事如左:高帝明并日月,谋臣渊深,然涉险被创,危然后安。今陛下未及高帝,谋臣不如良、平,而欲以长计取胜,坐定天下,此臣之未解一也。刘繇、王朗各据州郡,论安言计,动引圣人,群疑满腹,众难塞胸,今岁不战,明年不征,使孙策坐大,遂并江东,此臣之未解二也。曹操智计,殊绝于人,其用兵也,仿佛孙、吴,然困于南阳,险于乌巢,危于祁连,逼于黎阳,几败北山,殆死潼关,然后伪定一时耳,况臣才弱,而欲以不危而定之,此臣之未解三也。曹操五攻昌霸不下，四越巢湖不成，任用李服而李服图之，委夏侯而夏侯败亡，先帝每称操为能，犹有此失，况臣驽下，何能必胜？此臣之未解四也。自臣到汉中，中间期年耳，然丧赵云、阳群、马玉、阎芝、丁立、白寿、刘郃、邓铜等及曲长屯将七十余人，突将无前，賨、叟、青羌散骑、武骑一千余人，此皆数十年之内，所纠合四方之精锐，非一州之所有。若复数年，则损三分之二也，当何以图敌？此臣之未解五也。今民穷兵疲，而事不可息，事不可息，则住与行劳费正等，而不及今图之，欲以一州之地与贼持久，此臣之未解六也。夫难平者，事也。昔先帝败军于楚，当此时，曹操拊手，谓天下已定。然后先帝东连吴、越，西取巴、蜀，举兵北征，夏侯授首，此操之失计而汉事将成也。然后吴更违盟，关羽毁败，秭归蹉跌，曹丕称帝。凡事如是，难可逆见。臣鞠躬尽力，死而后已，至于成败利钝，非臣之明所能逆睹也。'于是有散关之役。"此表《亮集》所无，出张俨《默记》。

冬，亮复出散关，围陈仓，曹真拒之，亮粮尽而还。魏将王双率骑追亮，亮与战，破之，斩双。

七年，亮遣陈式攻武都、阴平。魏雍州刺史郭淮率众欲击式，亮自出至建威[1]，淮退还，遂平二郡。诏策亮曰："街亭之役，咎由马谡，而君引愆，深自贬抑，重违君意，听顺所守。前年耀

冬季，诸葛亮又出兵散关，围攻陈仓，曹真率兵抵御，诸葛亮粮草用尽被迫退兵。魏国将军王双率骑兵追击诸葛亮，诸葛亮和他交战，打败魏军，并斩杀王双。

建兴七年(229)，诸葛亮派陈式攻打武都、阴平。魏国雍州刺史郭淮率军想要攻打陈式，诸葛亮亲自出兵到了建威，郭淮退兵返回，于是平定了武都、阴平两郡。后主下诏书给诸葛亮说："街亭之战，错误是由马谡造成的，而您引咎自责，深深贬低压抑自己，我难以违背您的心意，听从了您的意见而让您降职到目前的职

师，馘斩王双；今岁爰征，郭淮遁走；降集氐、羌，兴复二郡，威镇凶暴，功勋显然。方今天下骚扰，元恶未枭，君受大任，干国之重，而久自挹损2，非所以光扬洪烈矣。今复君丞相，君其勿辞[1]。”

位。去年您挥师北伐，斩杀王双；今年再次出兵，使郭淮逃走，收降了氐族、羌族，恢复了武都、阴平两郡，震慑了凶恶的敌人，功勋显赫卓著。现在天下还不安宁，罪恶的元凶还没有铲除，您身负重任，主持国家大事，而您长期贬抑自己，这样就不能发扬光大先帝的伟大功业了。现在恢复您丞相的职位，请您不要推辞。”

今注　1 建威：在今甘肃陇南成县。　2 挹(yì)损：贬抑。

裴注　[1]《汉晋春秋》曰：“是岁，孙权称尊号，其群臣以并尊二帝来告。议者咸以为交之无益，而名体弗顺，宜显明正义，绝其盟好。亮曰：‘权有僭逆之心久矣，国家所以略其衅情者，求掎角之援也。今若加显绝，仇我必深，便当移兵东伐，与之角力，须并其土，乃议中原。彼贤才尚多，将相缉穆，未可一朝定也。顿兵相持，坐而须老，使北贼得计，非算之上者。昔孝文卑辞匈奴，先帝优与吴盟，皆应权通变，弘思远益，非匹夫之为忿者也。今议者咸以权利在鼎足，不能并力，且志望以满，无上岸之情，推此，皆似是而非也。何者？其智力不侔，故限江自保；权之不能越江，犹魏贼之不能渡汉，非力有余而利不取也。若大军致讨，彼高当分裂其地以为后规，下当略民广境，示武于内，非端坐者也。若就其不动而睦于我，我之北伐，无东顾之忧，河南之众不得尽西，此之为利，亦已深矣。权僭之罪，未宜明也。’乃遣卫尉陈震，庆权正号。”

九年，亮复出祁山，以木牛运[1]，粮尽退军，

建兴九年(231)，诸葛亮再次出兵祁山，用木牛运输军需物资，因粮草用尽而

与魏将张郃交战，射杀郃[2]。十二年春，亮悉大众由斜谷出，以流马运，据武功[1]五丈原[2]，与司马宣王对于渭南。亮每患粮不继，使己志不伸，是以分兵屯田，为久驻之基。耕者杂于渭滨居民之间，而百姓安堵[3]，军无私焉[3]。相持百余日。其年八月，亮疾病，卒于军，时年五十四[4]。及军退，宣王案行其营垒处所，曰："天下奇才也[5]！"

撤兵，与魏国大将张郃交战，射杀了张郃。建兴十二年(234)春，诸葛亮率领全军从斜谷道出兵，用流马运送军需物资，占据了武功县五丈原，和宣王司马懿在渭水之南对峙。诸葛亮常常担心军粮供应不上，让自己统一中原的志向不能实现，因此派出一部分士兵在驻地开荒种田，要建立长期驻军的基础。耕种的士兵混杂在渭水沿岸的居民之间，而百姓安居平静，军队也从不私自获利。两军相持一百多天。这一年八月，诸葛亮生病，死在军中，时年五十四岁。等到蜀军退走，司马懿一一巡视了蜀国军队的营垒，感叹道："诸葛亮真是天下奇才！"

今注　1 武功：属右扶风，在今陕西咸阳。　2 五丈原：在今陕西岐山南斜谷口西侧。　3 安堵：犹安居。

裴注　[1]《汉晋春秋》曰："亮围祁山，招鲜卑轲比能，比能等至故北地石城以应亮。于是魏大司马曹真有疾，司马宣王自荆州入朝，魏明帝曰：'西方事重，非君莫可付者。'乃使西屯长安，督张郃、费曜、戴陵、郭淮等。宣王使曜、陵留精兵四千守上邽，余众悉出，西救祁山。郃欲分兵驻雍、郿，宣王曰：'料前军能独当之者，将军言是也；若不能当而分为前后，此楚之三军所以为黥布禽也。'遂进。亮分兵留攻，自逆宣王于上邽。郭淮、费曜等徼亮，亮破之，因大芟刈其麦，与宣王遇于上邽之东。敛兵依险，军不得交，亮引而还。宣王寻亮至于卤城。张郃曰：'彼远来逆我，请战不得,谓我利在不战,欲以长计制之也。且祁山知大军以在近,人情自固,可止屯于此,分为奇兵,示出其后,不宜进前而不敢逼,坐失民望也。今亮县军食少,亦行去矣。’宣王不从,故寻亮。既至,又登山掘营,不肯战。贾栩、魏平数请战,因曰:‘公畏蜀如虎,奈天下笑何!’宣王病之。诸将咸请战。五月辛巳,乃使张郃攻无当监何平于南围,自案中道向亮。亮使魏延、高翔、吴班赴拒,大破之,获甲首三千级,玄铠五千领,角弩三千一百张,宣王还保营。” [2] 郭冲五事曰:“魏明帝自征蜀,幸长安,遣宣王督张郃诸军,雍、凉劲卒三十余万,潜军密进,规向剑阁。亮时在祁山,旌旗利器,守在险要,十二更下,在者八万。时魏军始陈,幡兵适交,参佐咸以贼众强盛,非力所制,宜权停下兵一月,以并声势。亮曰:‘吾统武行师,以大信为本,得原失信,古人所惜;去者束装以待期,妻子鹤望而计日,虽临征难,义所不废。’皆催遣令去。于是去者感悦,愿留一战,住者愤踊,思致死命。相谓曰:‘诸葛公之恩,死犹不报也。’临战之日,莫不拔刃争先,以一当十,杀张郃,却宣王,一战大克,此信之由也。”难曰:臣松之案:亮前出祁山,魏明帝身至长安耳,此年不复自来。且亮大军在关、陇,魏人何由得越亮径向剑阁?亮既在战场,本无久住之规,而方休兵还蜀,皆非经通之言。孙盛、习凿齿搜求异同,罔有所遗,而并不载冲言,知其乖刺多矣。 [3]《汉晋春秋》曰:“亮自至,数挑战,宣王亦表固请战。使卫尉辛毗持节以制之。姜维谓亮曰:‘辛佐治仗节而到,贼不复出矣。’亮曰:‘彼本无战情,所以固请战者,以示武于其众耳。将在军,君命有所不受,苟能制吾,岂千里而请战邪!’”《魏氏春秋》曰:“亮使至,问其寝食及其事之烦简,不问戎事。使对曰:‘诸葛公夙兴夜寐,罚二十以上,皆亲览焉;所啖食不至数升。’宣王曰:‘亮将死矣。’” [4]《魏书》曰:“亮粮尽势穷,忧恚欧血,一夕烧营遁走,入谷,道发病卒。”《汉晋春秋》曰:“亮卒于郭氏坞。”《晋阳秋》曰:“有星赤而芒角,自东北西南流,投于亮营,三投再还,往大还小。俄而亮卒。”臣松之以为,亮在渭滨,魏人蹑迹,胜负之形,未可测量,而云呕血,盖因亮自亡而自夸大也。夫以孔明之略,岂为仲达呕血乎？及至刘琨丧师，与晋元帝笺，亦云‘亮军败呕血’，此则引虚记以为言也。其云入谷而卒，缘蜀人入谷发丧故也。”［5］《汉晋春秋》曰：“杨仪等整军而出，百姓奔告宣王，宣王追焉。姜维令仪反旗鸣鼓，若将向宣王者，宣王乃退，不敢逼。于是仪结阵而去，入谷然后发丧。宣王之退也，百姓为之谚曰：‘死诸葛走生仲达。’或以告宣王，宣王曰：‘吾能料生，不便料死也。’”

亮遗命葬汉中定军山[1]，因山为坟，冢足容棺，敛以时服，不须器物。诏策曰：“惟君体资文武，明睿[2]笃诚，受遗托孤，匡辅朕躬，继绝兴微，志存靖乱；爰整六师，无岁不征，神武赫然，威镇八荒，将建殊功于季汉，参伊、周之巨勋。如何不吊，事临垂克，遘疾陨丧！朕用伤悼，肝心若裂。夫崇德序功，纪行命谥，所以光昭将来，刊载不朽。今使使持节左中郎将杜琼，赠君丞相武乡侯印绶，谥君为忠武侯。魂而有灵，嘉兹宠荣。呜

诸葛亮临终留下遗言要安葬在汉中的定军山，依山势造坟，墓穴刚好能容下棺材就行，入殓时穿上平时所穿的衣服，不需要陪葬品。后主下诏书说：“您能文能武，聪颖睿智，忠诚不二，接受先帝托孤的遗命辅佐朕，使即将灭绝的国家继续存在兴盛起来，立志要平定祸乱；于是整顿军队，连年征讨，神明赫赫，威震天下，将为蜀汉建立特殊的功勋，足以和伊尹、周公的伟大功绩相媲美。上天竟是这样不仁慈，事业接近成功之时，却让您染病丧失生命！朕因此哀伤悲痛，心肝若裂。尊崇您的美德，记录您的功勋，按照您生前的行为为您加封谥号，使您的名字和功勋光照后代，载入史册永不磨灭。现在派使持节左中郎将杜琼追赠丞相您武乡侯的印绶，追封您的谥号为忠武侯。您忠魂在天有灵，也会为得到这样的恩宠荣耀而感到高兴。呜呼哀哉！

呼哀哉！呜呼哀哉！”

鸣呼哀哉！”

今注 1 定军山：在今陕西勉县西南。 2 明睿(ruì)：聪明有远见。

初，亮自表后主曰：“成都有桑八百株，薄田十五顷，子弟衣食，自有余饶。至于臣在外任，无别调度[1]，随身衣食，悉仰于官，不别治生，以长尺寸。若臣死之日，不使内有余帛，外有赢财，以负陛下。”及卒，如其所言。

当初，诸葛亮给后主上奏表说：“我在成都有桑树八百株，薄田十五顷，子孙后代的吃穿，当能充足富裕。至于我在外任职，没有别的开支，随身吃穿，全都依靠官府，不再经营别的产业，来增加自己的财富。到了我死的那一天。不让家中有多余的布帛，在外也不能有多余的钱财，以免辜负陛下的恩宠。”等到他死后，确实如他所说的那样。

亮性长于巧思，损益连弩，木牛流马，皆出其意；推演兵法，作八陈图[2]，咸得其要云[1]。亮言教书奏多可观，别为一集。

诸葛亮生性擅长巧妙的构思，改进能够连续发箭的连弩，制造木牛流马，都是出于他的想法。推演兵法，设计八阵图都深得要领。诸葛亮的言论、教令、书信、奏章都值得一看，另外编成一书。

景耀六年春，诏为亮立庙于沔阳[2]。秋，魏镇西将军钟会征蜀，至汉川，祭亮之庙，令军士不得于亮墓所左右刍牧[3]樵采。亮弟均，官至长水校尉。亮子瞻，嗣爵[3]。

景耀六年(263)春，后主下诏为诸葛亮在沔阳修建祠庙。秋季魏国镇西将军钟会征伐蜀国，到了汉川，祭祀了诸葛亮的祠庙，命令士兵不许在诸葛亮坟墓附近割草放牧伐木采摘。诸葛亮的弟弟诸葛均，官做到长水校尉。诸葛亮的儿子诸葛瞻继承了父亲的爵位。

[今注] **1** 调度：征敛赋税。 **2** 八陈图：即"八阵图"，相传为天、地、风、云、龙、虎、蛇、鸟八阵。陈为"阵"的古字。 **3** 刍牧：割草放牧。

[裴注] [**1**]《魏氏春秋》曰："亮作八务、七戒、六恐、五惧，皆有条章，以训厉臣子。又损益连弩，谓之元戎，以铁为矢，矢长八寸，一弩十矢俱发。"《亮集》载作木牛流马法曰："木牛者，方腹曲头，一脚四足，头入领中，舌著于腹。载多而行少，宜可大用，不可小使；特行者数十里，群行者二十里也。曲者为牛头，双者为牛脚，横者为牛领，转者为牛足，覆者为牛背，方者为牛腹，垂者为牛舌，曲者为牛肋，刻者为牛齿，立者为牛角，细者为牛鞅，摄者为牛鞦轴。牛仰双辕，人行六尺，牛行四步。载一岁粮，日行二十里，而人不大劳。流马尺寸之数，肋长三尺五寸，广三寸，厚二寸二分，左右同。前轴孔分墨去头四寸，径中二寸。前脚孔分墨二寸，去前轴孔四寸五分，长一寸五分，广一寸。前杠孔去前脚孔分墨二寸七分，孔长二寸，广一寸。后轴孔去前杠分墨一尺五分，大小与前同。后脚孔分墨去后轴孔三寸五分，大小与前同。后杠孔去后脚孔分墨二寸七分，后载克去后杠孔分墨四寸五分。前杠长一尺八寸，广二寸，厚一寸五分。后杠与等板方囊二枚，厚八分，长二尺七寸，高一尺六寸五分，广一尺六寸，每枚受米二斛三斗。从上杠孔去肋下七寸，前后同。上杠孔去下杠孔分墨一尺三寸，孔长一寸五分，广七分，八孔同。前后四脚，广二寸，厚一寸五分。形制如象，靬长四寸，径面四寸三分。孔径中三脚杠，长二尺一寸，广一寸五分，厚一寸四分，同杠耳。" [**2**]《襄阳记》曰："亮初亡，所在各求为立庙，朝议以礼秩不听，百姓遂因时节私祭之于道陌上。言事者或以为可听立庙于成都者，后主不从。步兵校尉习隆、中书侍郎向充等共上表曰：'臣闻周人怀召伯之德，甘棠为之不伐；越王思范蠡之功，铸金以存其像。自汉兴以来，小善小德而图形立庙者多矣。况亮德范遐迩，勋盖季世，王室之不坏，实斯人是赖，而蒸尝止于私门，庙像阙而莫立，使百姓巷祭，戎夷野祀，非所以存德念功，述追在昔者也。今若尽顺民心，

则渎而亢典，建之京师，又逼宗庙，此圣怀所以惟疑也。臣愚以为宜因近其墓，立之于沔阳，使所亲属，以时赐祭，凡其臣故吏欲奉祠者，皆限至庙。断其私祀，以崇正礼。’于是始从之。”　[3]《襄阳记》曰：“黄承彦者，高爽开列，为沔南名士，谓诸葛孔明曰：‘闻君择妇，身有丑女，黄头黑色，而才堪相配。’孔明许，即载送之。时人以为笑乐，乡里为之谚曰：‘莫作孔明择妇，正得阿承丑女。’”

诸葛氏集目录：开府作牧第一；权制第二；南征第三；北出第四；计算第五；训厉第六；综核上第七；综核下第八；杂言上第九；杂言下第十；贵和第十一；兵要第十二；传运第十三；与孙权书第十四；与诸葛瑾书第十五；与孟达书第十六；废李平第十七；法检上第十八；法检下第十九；科令上第二十；科令下第二十一；军令上第二十二；军令中第二十三；军令下第二十四；右二十四篇，凡十万四千一百一十二字。

臣寿等言：臣前在著作郎，侍中领中书监济北侯臣荀勖、中书令关内侯臣和峤奏，使臣定故蜀丞相诸葛亮故事。

诸葛氏集目录：开府作牧第一；权制第二；南征第三；北出第四；计算第五；训厉第六；综核上第七；综核下第八；杂言上第九；杂言下第十；贵和第十一；兵要第十二；传运第十三；与孙权书第十四；与诸葛瑾书第十五；与孟达书第十六；废李平第十七；法检上第十八；法检下第十九；科令上第二十；科令下第二十一；军令上第二十二；军令中第二十三；军令下第二十四；右二十四篇，凡十万四千一百一十二字。

臣陈寿等奏言：臣从前担任著作郎时，侍中领中书监济北侯臣荀勖、中书令关内侯臣和峤上奏，让我整理已故蜀国丞相诸葛亮的旧事。诸葛亮辅佐垂危的国家，依靠险要的地势而不臣服，现在仍然保

亮毗佐[1]危国，负阻不宾[2]，然犹存录其言，耻善有遗，诚是大晋光明至德，泽被无疆，自古以来，未之有伦也。辄删除复重，随类相从，凡为二十四篇，篇名如右。

存著录他的言论，耻于其善言有所遗漏，这实在是大晋的明耀光辉和至高恩德，恩惠覆盖无边，自古以来，没有能够相比拟的。我们就删除重复，分类编次，总计有二十四篇，篇名如前。

今注 1 毗佐：辅佐。 2 负阻不宾：依靠险要的地势而不臣服。负，依靠，凭恃。阻，险要的地势。不宾，不敬、不臣服。

亮少有逸群之才，英霸之器[1]，身长八尺[2]，容貌甚伟，时人异焉。遭汉末扰乱，随叔父玄避难荆州，躬耕于野，不求闻达。时左将军刘备以亮有殊量，乃三顾亮于草庐之中。亮深谓备雄姿杰出，遂解带写诚，厚相结纳。及魏武帝南征荆州，刘琮举州委质，而备失势众寡，无立锥之地。亮时年二十七，乃建奇策，身使孙权，求援吴会。权既宿服仰备，又睹亮奇雅，甚敬重之，即遣兵三万人以助备。备得用与武帝交战，大

诸葛亮年轻时就才华出众，有英雄气度，身高八尺，容貌伟岸，当时人都认为他不同寻常。遭逢汉末动荡战乱，跟随叔父诸葛玄避难到荆州，亲自在田间耕作，不求显身扬名。当时左将军刘备认为诸葛亮有大才，于是数次到草庐之中拜访。诸葛亮认为刘备英雄出众，于是就推诚相待，交结深厚。等到魏武帝曹操南征荆州时，刘琮率全州投降，而刘备失势且人马很少，没有立足之地。诸葛亮当时二十七岁，就进献奇计，亲自出使东吴，向孙权求援。孙权早已很佩服敬慕刘备，又看到诸葛亮儒雅奇伟，非常敬重他，随即派遣三万兵马去帮助刘备。刘备因此能够和魏武帝交战，大

破其军，乘胜克捷，江南悉平。后备又西取益州。益州既定，以亮为军师将军。备称尊号，拜亮为丞相，录尚书事。及备殂没，嗣子幼弱，事无巨细，亮皆专[3]之。于是外连东吴，内平南越，立法施度，整理戎旅，工械技巧，物究其极，科教严明，赏罚必信，无恶不惩，无善不显，至于吏不容奸，人怀自厉，道不拾遗，强不侵弱，风化肃然[4]也。

败魏军，乘胜克敌制胜，平定了江南。后来，刘备又向西攻取益州。益州平定后，任命诸葛亮为军师将军。刘备称帝时，任命诸葛亮为丞相，录尚书事。到刘备死后，继位的刘禅年幼懦弱，事情无论大小，都由诸葛亮决断。于是对外连结东吴，对内平定南越，制定法令执行制度，整顿军队，器械用具制造精妙，事物深究原委，法令严明，赏罚公正，罪责没有不受到惩罚，善行没有不给予表彰，达到了官吏不徇私舞弊，人人自勉，道不拾遗，强不欺弱，社会风气安定。

今注　**1** 器：度量，胸怀。　**2** 八尺：三国时，一尺约为今 24.2 厘米，八尺即 193.6 厘米。另说，此处为汉尺，一尺约 23 厘米，八尺即 184 厘米。**3** 专：专断。　**4** 肃然：指安定平静，秩序良好。

当此之时，亮之素志，进欲龙骧虎视[1]，苞括四海，退欲跨陵边疆，震荡宇内。又自以为无身之日，则未有能蹈涉中原、抗衡上国者，是以用兵不戢，屡耀其武。然亮才，于治戎为长，奇

在这个时候，诸葛亮的夙愿，是进想要像龙马那样昂着头，像猛虎那样注视着猎物，统一全国，退也想要扩展疆土，震动天下。又自认为他死了以后，蜀国就没有能够进军中原、对抗大国的人了，因此他不断出兵征战，多次炫耀武力。但是诸葛亮的才能，是以治理军队为长处，而在出奇制胜的谋略方面则有不足，

谋为短，理民之干，优于将略。而所与对敌，或值人杰，加众寡不侔，攻守异体，故虽连年动众，未能有克。昔萧何荐韩信[2]，管仲举王子城父[3]，皆忖己之长，未能兼有故也。亮之器能政理，抑亦管、萧之亚匹[4]也，而时之名将无城父、韩信，故使功业陵迟，大义不及邪？盖天命有归，不可以智力争也。

治理国家的才干超过了军事指挥的谋略。而他所遇到的对手，有的是杰出的人物，再加上兵力的强弱并不相等，进攻和防守的情况不同，尽管他连年出征，也没有能够获得胜利。从前萧何推荐韩信，管仲举荐王子城父，都是揣度自己才能的长处，不能治国和军事兼而有之的缘故。诸葛亮的治国才能，或许可以和管仲、萧何相媲美，只是当时蜀国没有像王子城父、韩信那样的大将，所以才使他的功绩逐渐衰微，大志不得实现吧？这大概是天命注定，不能够以人的才智和能力来争取到的。

今注　**1** 龙骧虎视：像龙马高昂着头，像老虎注视着猎物。形容人的气概威武。也比喻雄才大略。　**2** 萧何荐韩信：萧何向刘邦举荐韩信为大将之事。《汉书·韩信传》："何曰：'诸将易得，至如信，国士无双。王必欲长王汉中，无所事信；必欲争天下，非信无可与计事者。顾王策安决。'"　**3** 管仲举王子城父：姬成(城)父为周桓王次子，因避乱奔齐。管仲曾推举成父为齐国大夫，后迁大司马，成为齐国大将。　**4** 亚匹：俦匹，对等，匹敌。

青龙二年春，亮帅众出武功，分兵屯田，为久驻之基。其秋病卒，黎庶追思，以为口实。至今梁、益之民，咨述亮者，言犹

魏明帝青龙二年(234)春，诸葛亮率兵出武功，分派士兵开荒种田，建立长期驻军的基地。这年秋天，诸葛亮因病去世，百姓追思怀念，把他的事迹作为谈话的内容。至今梁州、益州的百姓，称赞追

在耳[1]，虽《甘棠》之咏召公[2]，郑人之歌子产[3]，无以远譬也。孟轲有云：“以逸道使民，虽劳不怨；以生道杀人，虽死不忿。”信矣！论者或怪亮文彩不艳，而过于丁宁周至。臣愚以为咎繇大贤也，周公圣人也，考之《尚书》，咎繇之谟[4]略而雅，周公之诰烦而悉。何则？咎繇与舜、禹共谈，周公与群下矢誓故也。亮所与言，尽众人凡士，故其文指不得及远也。然其声教遗言，皆经事综物，公诚之心，形于文墨，足以知其人之意理，而有补于当世。

伏惟陛下迈踪古圣，荡然无忌，故虽敌国诽谤之言，咸肆其辞而无所革讳，所以明大通之道也。谨录写上诣著作。臣寿诚惶诚恐，顿首顿首，死罪死罪。泰始十年

述诸葛亮的言语还能听到，即使《甘棠》称颂召公，郑国人歌颂子产，也远不能和此相比。孟子说：“用安逸之道役使民众，百姓即使劳苦也没有怨言；用让百姓生存的原则来诛杀罪人，即使死罪也没有怨恨。”确实如此！有些人指摘诸葛亮文章的辞藻不够华丽，而过于周到详尽。臣拙见认为，咎繇是很贤能的人，周公是圣明的人，然而考察《尚书》，咎繇陈述计谋的言辞简略而典雅，周公诰命的语言周密而详尽，这是为什么呢？这是因为咎繇是在和舜、禹交谈，而周公是在和部下立誓言的缘故。诸葛亮谈话的对象，都是平常人和普通的将士，因而他的文辞意旨不能过于深奥。但是他的教令遗言，都是他经历的事情和汇总处理事务而产生的，他的公正诚实之心，表露在他的文辞之中，完全可以了解他的思想见识，而对于当下也是很有裨益的。

陛下效法古代圣贤，胸怀坦荡无所忌讳，因而即使是敌对国家的诽谤言论，也都将其文辞完全存留而不加修改，是以此来宣明宽宏通达的道理。臣谨慎抄录了诸葛亮的著作上交著作机构。臣陈寿非常惶恐不安，再三叩首，死罪死罪。

二月一日癸巳，平阳侯相臣陈寿上。

泰始十年(274)二月一日癸巳，平阳侯相臣陈寿拜上。

今注 1 言犹在耳：说的话还在耳边。比喻说的话还清楚记得。犹，还。 2《甘棠》之咏召公：《甘棠》，《诗经·召南》的一篇。《诗经序》："《甘棠》，美召伯也。" 3 郑人之歌子产：春秋时期，郑国的子产执政三年后，受到郑国民众的歌颂。 4 咎繇之谟：咎繇，也作皋陶，是舜的大臣，掌管刑法狱讼。繇，通"陶"。

乔字伯松，亮兄瑾之第二子也，本字仲慎。与兄元逊俱有名于时，论者以为乔才不及兄，而性业过之。初，亮未有子，求乔为嗣，瑾启孙权遣乔来西，亮以乔为己適[1]子，故易其字焉。拜为驸马都尉，随亮至汉中[1]。年二十五，建兴六年卒。子攀，官至行护军翊武将军，亦早卒。诸葛恪见诛于吴，子孙皆尽，而亮自有胄裔[2]，故攀还复为瑾后。

诸葛乔，字伯松，是诸葛亮的兄长诸葛瑾的第二子，本字仲慎。与其兄长诸葛元逊在当时都很有名气，大家都认为诸葛乔的才华不如他的兄长，而性情人品却超过其兄长。当初，诸葛亮无子，就向诸葛瑾请求以诸葛乔做继子。诸葛瑾禀告孙权后送诸葛乔西行来到蜀国，诸葛亮把诸葛乔当作自己的嫡长子，所以改他的字为伯松。诸葛乔被任命为驸马都尉，跟随诸葛亮来到汉中。建兴六年(228)去世，享年二十五岁。诸葛乔的儿子诸葛攀，官做到行护军翊武将军，也很早就去世了。诸葛恪在吴国被诛杀，子孙全部死光了，而诸葛亮有了后代，于是诸葛攀又重新成为诸葛瑾的后代。

今注 1 適：通"嫡"，嫡长子。 2 胄裔：子孙。

裴注　[1] 亮与兄瑾书曰："乔本当还成都，今诸将子弟皆得传运，思惟宜同荣辱。今使乔督五六百兵，与诸子弟传于谷中。"书在《亮集》。

瞻字思远。建兴十二年，亮出武功，与兄瑾书曰："瞻今已八岁，聪慧可爱，嫌其早成，恐不为重器耳。"年十七，尚公主，拜骑都尉。其明年为羽林中郎将，屡迁射声校尉、侍中、尚书仆射，加军师将军。瞻工书画，强识念，蜀人追思亮，咸爱其才敏。每朝廷有一善政佳事，虽非瞻所建倡，百姓皆传相告曰："葛侯之所为也。"是以美声溢誉，有过其实。景耀四年，为行都护卫将军，与辅国大将军南乡侯董厥并平尚书事。六年冬，魏征西将军邓艾伐蜀，自阴平由景谷道[1]旁入。瞻督诸军至涪停住，前锋破，退还，住绵竹。艾遣书诱瞻曰："若降

诸葛瞻，字思远。建兴十二年(234)，诸葛亮率兵出武功，给兄长诸葛瑾写信说："诸葛瞻现在已经八岁了，聪慧可爱，我担心他早熟，恐怕不会成大器。"诸葛瞻十七岁时，娶公主为妻，被任命为骑都尉。第二年任羽林中郎将，多次升迁，历任射声校尉、侍中、尚书仆射，加军师将军。诸葛瞻擅长书法绘画，博闻强记，蜀国人很怀念诸葛亮，都很喜爱诸葛瞻的才华和聪慧。每当朝廷有一项好的政令或好的事情，即使不是诸葛瞻倡导的，百姓也都会互相传言说："这是诸葛瞻倡导的。"因此得到了过多的赞誉。景耀四年(261)，诸葛瞻担任行都护卫将军，和辅国大将军南乡侯董厥一起兼领尚书事。景耀六年(263)冬，魏征西将军邓艾伐蜀，从阴平经由景谷道从侧面攻入，诸葛瞻统率各路军马在涪县驻扎，前锋被打败，蜀国军队撤退，驻扎在绵竹。邓艾派人送信诱降诸葛瞻说："如果你投降的话，我一定上奏表请求封你为琅邪王。"诸葛瞻

者必表为琅邪王。”瞻怒，斩艾使。遂战，大败，临陈死，时年三十七。众皆离散，艾长驱至成都。瞻长子尚，与瞻俱没[1]。次子京及攀子显等，咸熙元年内移河东[2]。

大怒，杀了邓艾的信使。于是两军交战，蜀军大败，诸葛瞻在战场上战死，时年三十七岁。蜀国军队四处逃散，邓艾长驱直入到达成都。诸葛瞻的长子诸葛尚和他一起战死沙场。次子诸葛京和诸葛攀的儿子诸葛显等人，在咸熙元年(264)被从关内迁往河东。

今注　1 景谷道：古代甘肃入四川的道路，以景谷(今青川河)而名。即今甘肃文县南沿白龙江入四川之道。

裴注　[1] 干宝曰：“瞻虽智不足以扶危，勇不足以拒敌，而能外不负国，内不改父之志，忠孝存焉。”《华阳国志》曰：“尚叹曰：‘父子荷国重恩，不早斩黄皓，以致倾败，用生何为！’乃驰赴魏军而死。”　[2] 案《诸葛氏谱》云：京字行宗。《晋泰始起居注》载诏曰：“诸葛亮在蜀，尽其心力，其子瞻临难而死义，天下之善一也。其孙京，随才署吏。”后为郿令。尚书仆射山涛《启事》曰：“郿令诸葛京，祖父亮，遇汉乱分隔，父子在蜀，虽不达天命，要为尽心所事。京治郿自复有称，臣以为宜以补东宫舍人，以明事人之理，副梁、益之论。”京位至江州刺史。

董厥者，丞相亮时为府令史，亮称之曰：“董令史，良士也。吾每与之言，思慎宜适。”徙为主簿。亮卒后，稍迁至尚书仆射1，代陈祗为尚书令，迁大将

董厥，在丞相诸葛亮统治时期任丞相府令史，诸葛亮称赞他说：“董令史是优秀的人，我每次和他交谈，他考虑问题总是谨慎适宜。”调他担任主簿。诸葛亮去世后，逐渐升到尚书仆射，接替陈祗担任尚书令，又升任大将军，掌

军，平台事[2]，而义阳樊建代焉[1]。延熙十四年，以校尉使吴，值孙权病笃，不自见建。权问诸葛恪曰："樊建何如宗预也？"恪对曰："才识不及预，而雅性过之。"后为侍中，守尚书令。自瞻、厥、建统事，姜维常征伐在外，宦人黄皓窃弄机柄，咸共将护，无能匡矫[2]，然建特不与皓和好往来。蜀破之明年春，厥、建俱诣京都，同为相国参军，其秋并兼散骑常侍[3]，使蜀慰劳[3]。

管尚书台，而义阳人樊建接替他出任尚书令。延熙十四年(251)，樊建以校尉的身份出使吴国，当时孙权病重，不能亲自接见樊建。孙权问诸葛恪说："樊建和宗预相比怎么样呢？"诸葛恪回答说："才能学识比不上宗预，但是儒雅的品行超过了他。"后来樊建担任侍中，暂理尚书令。自从诸葛瞻、董厥、樊建主管政事以来，姜维常年在外征战，宦官黄皓趁机篡权，大家都迁就庇护，不能有所纠正，而只有樊建没有和黄皓交结。蜀国被攻破的第二年春天，董厥、樊建都到了京城，皆担任相国参军，这年秋天，又都兼任散骑常侍，被派出使蜀地慰劳军民。

今注　1 尚书仆射：尚书令的副职。起初地位很低，随着尚书台权力的增加，其地位也逐渐提升。到隋唐时期，尚书令成为虚职，尚书仆射成为实际尚书省的长官。　2 平台事：平，是两汉时期任职的一种方式。两汉时期的尚书台已经掌握了实权，但是从级别上来讲仍属低位，为了解决这一矛盾，就采取了"平尚书事"的方法，即以其他官衔，来兼任或主持尚书台的工作。此处的"平台事"应当就是"平尚书事"。　3 散骑常侍：西汉时期的内朝官"散骑""中常侍"到了东汉时期合并为"散骑常侍"，他们因在皇帝身边，因此得以掌握大权。

裴注 [1]案《晋百官表》:董厥字龚袭,亦义阳人。建字长元。 [2]孙盛《异同记》曰:"瞻、厥等以维好战无功,国内疲弊,宜表后主,召还为益州刺史,夺其兵权;蜀长老犹有瞻表以阎宇代维故事。晋永和三年,蜀史常璩说蜀长老云:'陈寿尝为瞻吏,为瞻所辱,故因此事归恶黄皓,而云瞻不能匡矫也。'" [3]《汉晋春秋》曰:"樊建为给事中,晋武帝问诸葛亮之治国,建对曰:'闻恶必改,而不矜过;赏罚之信,足感神明。'帝曰:'善哉!使我得此人以自辅,岂有今日之劳乎!'建稽首曰:'臣窃闻天下之论,皆谓邓艾见枉,陛下知而不理,此岂冯唐之所谓虽得颇、牧而不能用者乎!'帝笑曰:'吾方欲明之,卿言起我意。'于是发诏治艾焉。"

评曰:诸葛亮之为相国也,抚百姓,示仪轨[1],约官职,从权制,开诚心,布公道;尽忠益时者虽仇必赏,犯法怠慢者虽亲必罚,服罪输情者虽重必释,游辞巧饰者虽轻必戮;善无微而不赏,恶无纤而不贬;庶事精练,物理其本,循名责实[2],虚伪不齿;终于邦域之内,咸畏而爱之,刑政虽峻而无怨者,以其用心平而劝戒明也。可谓识治之良才,管、萧之亚匹

评论说:诸葛亮担任丞相,安抚百姓,明示礼仪法度,简省官职,顺应适宜的制度,袒露诚心,宣明公正;竭尽忠心、有益于当世的人,即使是仇人也一定奖赏;违反法令、傲慢懈怠的人,即使是亲近之人也一定责罚。承认罪责说出实情的人,即使罪过重大也一定会得到减免,不讲实话、巧言掩饰的人,即使罪行较轻,也会被责罚;好的事物无论多么微小,没有不被奖赏的,坏的事物无论多么细小,没有不被处罚的。处理各种政务熟练通达,对待事物能抓住根本,根据名分寻求名实相符,摒弃虚伪无耻的人;在整个国家内,大家都很畏惧而爱戴他,刑法政治虽然很严但是没有抱怨他的人,这都是因为他用心公正而劝诫分明。他可以称得上治理国

矣。然连年动众，未能成功，盖应变将略，非其所长欤[1]！

家的杰出人才，和管仲、萧何不相上下。然而连年出兵，却没有能够成功，大概是由于应变和用兵不是他的长处吧！

今注　**1** 仪轨：礼法规矩。　**2** 循名责实：按照名称或名义去寻求实际内容，使得名实相符。循，依照；责，要求。

裴注　[**1**]《袁子》曰："或问：'诸葛亮何如人也？'袁子曰：'张飞、关羽与刘备俱起，爪牙腹心之臣，而武人也。晚得诸葛亮，因以为佐相，而群臣悦服，刘备足信，亮足重故也。及其受六尺之孤，摄一国之政，事凡庸之君，专权而不失礼，行君事而国人不疑，如此，即以为君臣百姓之心欣戴之矣。行法严而国人悦服，用民尽其力而下不怨。及其兵出入如宾，行不寇，刍荛者不猎，如在国中。其用兵也，止如山，进退如风，兵出之日，天下震动，而人心不忧。亮死至今数十年，国人歌思，如周人之思召公也，孔子曰"雍也可使南面"，诸葛亮有焉。'又问：'诸葛亮始出陇右，南安、天水、安定三郡人反应之，若亮速进，则三郡非中国之有也，而亮徐行不进；既而官兵上陇，三郡复，亮无尺寸之功，失此机，何也？'袁子曰：'蜀兵轻锐，良将少，亮始出，未知中国强弱，是以疑而尝之；且大会者不求近功，所以不进也。'曰：'何以知其疑也？'袁子曰：'初出迟重，屯营重复，后转降未进兵欲战，亮勇而能斗，三郡反而不速应，此其疑征也。'曰：'何以知其勇而能斗也？'袁子曰：'亮之在街亭也，前军大破，亮屯去数里，不救；官兵相接，又徐行，此其勇也。亮之行军，安静而坚重；安静则易动，坚重则可以进退。亮法令明，赏罚信，士卒用命，赴险而不顾，此所以能斗也。'曰：'亮率数万之众，其所兴造，若数十万之功，是其奇者也。所至，营垒、井灶、圊溷、藩篱、障塞皆应绳墨，一月之行，去之如始至，劳费而徒为饰好，何也？'袁子曰：'蜀人轻脱，亮故坚用之。'曰：'何以知其然也？'袁子曰：'亮治实而不治名，志大而所欲远，非求近速者也。'曰：'亮好治官府、次舍、桥梁、道路,此非急务,何也?’袁子曰:‘小国贤才少,故欲其尊严也。亮之治蜀,田畴辟,仓廪实,器械利,蓄积饶,朝会不华,路无醉人。夫本立故末治,有余力而后及小事,此所以劝其功也。’曰:‘子之论诸葛亮,则有证也。以亮之才而少其功,何也?’袁子曰:‘亮,持本者也,其于应变,则非所长也,故不敢用其短。’曰:‘然则吾子美之,何也?’袁子曰:‘此固贤者之远矣,安可以备体责也。夫能知所短而不用,此贤者之大也;知所短则知所长矣。夫前识与言而不中,亮之所不用也,此吾之所谓可也。’”

吴大鸿胪张俨作《默记》,其《述佐篇》论亮与司马宣王书曰:“汉朝倾覆,天下崩坏,豪杰之士,竞希神器。魏氏跨中土,刘氏据益州,并称兵海内,为世霸王。诸葛、司马二相,遭值际会,托身明主,或收功于蜀汉,或册名于伊、洛。丕、备既没,后嗣继统,各受保阿之任,辅翼幼主,不负然诺之诚,亦一国之宗臣,霸王之贤佐也。历前世以观近事,二相优劣,可得而详也。孔明起巴、蜀之地,蹈一州之土,方之大国,其战士人民,盖有九分之一也,而以贡贽大吴,抗对北敌,至使耕战有伍,刑法整齐,提步卒数万,长驱祁山,慨然有饮马河、洛之志。仲达据天下十倍之地,仗兼并之众,据牢城,拥精锐,无禽敌之意,务自保全而已,使彼孔明自来自去。若此人不亡,终其志意,连年运思,刻日兴谋,则凉、雍不解甲,中国不释鞍,胜负之势,亦已决矣。昔子产治郑,诸侯不敢加兵,蜀相其近之矣。方之司马,不亦优乎!’或曰:‘兵者凶器,战者危事也,有国者不务保安境内,绥静百姓,而好开辟土地,征伐天下,未为得计也。诸葛丞相诚有匡佐之才,然处孤绝之地,战士不满五万,自可闭关守险,君臣无事。空劳师旅,无岁不征,未能进咫尺之地,开帝王之基,而使国内受其荒残,西土苦其役调。魏司马懿才用兵众,未易可轻,量敌而进,兵家所慎。若丞相必有以策之,则未见坦然之勋,若无策以裁之,则非明哲之谓,海内归向之意也。余窃疑焉,请闻其说。’答曰:‘盖闻汤以七十里、文王以百里之地而有天下,皆用征伐而定之。揖让而登王位者,惟舜、禹而已。今蜀、魏为敌战之国，势不俱王，自操、备时，强弱县殊，而备犹出兵阳平，禽夏侯渊。羽围襄阳，将降曹仁，生获于禁，当时北边，大小忧惧，孟德身出南阳，乐进、徐晃等为救，围不即解，故蒋子通言，彼时有徙许渡河之计，会国家袭取南郡，羽乃解军。玄德与操，智力多少，士众众寡，用兵行军之道，不可同年而语，犹能暂以取胜，是时又无大吴掎角之势也。今仲达之才，减于孔明，当时之势，异于曩日，玄德尚与抗衡，孔明何以不可出军而图敌邪？昔乐毅以弱燕之众，兼从五国之兵，长驱强齐，下七十余城。今蜀汉之卒，不少燕军，君臣之接，信于乐毅，加以国家为唇齿之援，东西相应，首尾如蛇，形势重大，不比于五国之兵也，何惮于彼而不可哉！夫兵以奇胜，制敌以智，土地广狭，人马多少，未可偏恃也。余观彼治国之体，当时既肃整，遗教在后，及其辞意恳切，陈进取之图，忠谋謇謇，义形于主，虽古之管、晏，何以加之乎？'"《蜀记》曰："晋永兴中，镇南将军刘弘至隆中，观亮故宅，立碣表闾，命太傅掾犍为李兴为文曰：'天子命我，于沔之阳，听鼓鞞而永思，庶先哲之遗光，登隆山以远望，轼诸葛之故乡。盖神物应机，大器无方，通人靡滞，大德不常。故谷风发而驺虞啸，云雷升而潜鳞骧；挚解褐于三聘，尼得招而褰裳，管豹变于受命，贡感激以回庄，异徐生之摘宝，释卧龙于深藏，伟刘氏之倾盖，嘉吾子之周行。夫有知己之主，则有竭命之良，固所以三分我汉鼎，跨带我边荒，抗衡我北面，驰骋我魏疆者也。英哉吾子，独含天灵。岂神之祇，岂人之精？何思之深，何德之清！异世通梦，恨不同生。推子八阵，不在(亚)孙、吴，木牛之奇，则非般模，神弩之功，一何微妙！千井齐甃，又何秘要！昔在颠、夭，有名无迹，孰若吾侪，良筹妙画？臧文既没，以言见称，又未若子，言行并征。夷吾反坫，乐毅不终，奚比于尔，明哲守冲。临终受寄，让过许由，负扆莅事，民言不流。刑中于郑，教美于鲁，蜀民知耻，河、渭安堵。匪皋则伊，宁彼管、晏，岂徒圣宣，慷慨屡叹！昔尔之隐，卜惟此宅，仁智所处，能无规廓。日居月诸，时殒其夕，谁能不殁，贵有遗格。惟子之勋，移风来世，咏歌余典，懦夫将厉。遐哉邈矣，厥规卓矣，凡若吾子，难可究已。畴昔之乖，万里殊涂；今我来思，觌尔故墟。汉高归魂于丰、沛，太公五世而反周，想魍魉以仿佛，冀影响之有余。魂而有灵，岂其识诸！’”王隐《晋书》云：“李兴，密之子，一名安。”

卷三十六 蜀书六

关张马黄赵传

导读

本卷记述了刘备手下的五位重要将领:关羽、张飞、马超、黄忠、赵云。这五人在小说《三国演义》中被称为“五虎上将”,实则关、张二人的地位要高于其他三位。

关羽是三国时期的名将,以忠义见著于世,从涿郡追随刘备,拒绝了曹操的厚遇,千里寻找刘备。后又镇守荆州,战功彪炳。然而关羽为人刚愎自用,最终在麦城战败。

张飞也是三国名将,和关羽一起追随刘备,东征西战,是蜀汉的开国元勋。从陈寿的记载来看,张飞“爱敬君子而不恤小人”,对士大夫很礼敬,而对平民百姓却不体恤,最终也因此被部下杀害。

赵云在《三国演义》中的形象多样且崇高,但从陈寿的记载来看,他的地位并不如小说所言那么高。

马超、黄忠都是后来跟随刘备的。马超在攻打刘璋时立下功劳,后被刘备任命管理凉州事务。黄忠原是刘表的手下,在平定汉中的过程中立下大功。

关羽

原文

关羽,字云长,本字长

译文

关羽,字云长,本字长生,河东解

生，河东解[1]人也。亡命奔涿郡。先主于乡里合徒众，而羽与张飞为之御侮。先主为平原相，以羽、飞为别部司马，分统部曲。先主与二人寝则同床，恩若兄弟。而稠人广坐，侍立终日，随先主周旋，不避艰险[1]。先主之袭杀徐州刺史车胄，使羽守下邳城，行太守事[2]，而身还小沛。

建安五年，曹公东征，先主奔袁绍。曹公禽羽以归，拜为偏将军，礼之甚厚。绍遣大将颜良攻东郡[2]太守刘延于白马[3]，曹公使张辽及羽为先锋击之。羽望见良麾盖，策马刺良于万众之中，斩其首还，绍诸将莫能当者，遂解白马围。曹公即表封羽为汉寿亭侯。初，曹公壮羽为人，而察其心神无久留之意，谓张辽曰："卿试以情问之。"既而辽以问羽，羽叹曰："吾

县人。因犯事逃亡到涿郡。先主在乡间纠集人马，而关羽和张飞担任他的护卫。先主担任平原相，用关羽、张飞为别部司马，分管部属。先主和他俩睡觉也在一起，情如兄弟。而他们在大庭广众之中，整天侍立在先主左右，跟随先主往来征战，不畏艰难。先主袭杀徐州刺史车胄，派关羽镇守下邳城，行使太守权力，而自己回驻小沛。

建安五年(200)，曹操东征，先主投奔袁绍。曹操俘获关羽返回，任命他为偏将军，对他礼遇甚为优厚。袁绍派遣大将颜良在白马攻打东郡太守刘延，曹操派张辽和关羽为前锋迎击颜良。关羽远远看到颜良的旗帜车盖，就策马冲过去，在千军万马中斩杀了颜良，砍下他的首级返回，袁绍军中的众将领没有能够抵挡他的，于是解除了白马之围。曹操随即上奏请求封关羽为汉寿亭侯。当初，曹操器重关羽的人品，但是察觉到他内心没有长期留下来的意思，就对张辽说："你试着以朋友交情问问他。"不久，张辽去问关羽，关羽感叹道："我知道曹公对我很好，可是我深受刘将军的大恩，发誓

极知曹公待我厚，然吾受刘将军厚恩，誓以共死，不可背之。吾终不留，吾要当立效以报曹公乃去。”辽以羽言报曹公，曹公义之[3]。及羽杀颜良，曹公知其必去，重加赏赐。羽尽封其所赐，拜书告辞，而奔先主于袁军。左右欲追之，曹公曰：“彼各为其主，勿追也[4]。”

要同生死，不能背叛他。我最终不会留在这里，我要等立功报答曹公后再离开。”张辽把关羽的话上报给曹操，曹操认为关羽很义气。等到关羽杀了颜良，曹操知道他一定会离开，便对他大加赏赐。关羽把曹操所赏赐的物品全部封存起来，呈上书信告辞，就前往袁绍军中寻找刘备去了。曹操的部下想要去追回关羽，曹操说：“人各为其主，不要追了。”

今注 1 解：属河东郡，在今山西运城西南。 2 东郡：郡名，郡治在濮阳，在今河南濮阳县西南。 3 白马：属东郡，在今河南滑县城关镇东。

裴注 [1]《蜀记》曰：“曹公与刘备围吕布于下邳，关羽启公，布使秦宜禄行求救，乞娶其妻，公许之。临破，又屡启于公。公疑其有异色，先遣迎看，因自留之，羽心不自安。此与《魏氏春秋》所说无异也。” [2]《魏书》云：“以羽领徐州。” [3]《傅子》曰：“辽欲白太祖，恐太祖杀羽，不白，非事君之道，乃叹曰：‘公，君父也；羽，兄弟耳。’遂白之。太祖曰：‘事君不忘其本，天下义士也。度何时能去？’辽曰：‘羽受公恩，必立效报公而后去也。’” [4]臣松之以为，曹公知羽不留而心嘉其志，去不遣追以成其义，自非有王霸之度，孰能至于此乎？斯实曹公之休美。

从先主就刘表。表卒，曹公定荆州，先主自樊将南渡江，别遣羽乘船数

关羽跟随先主去投靠刘表。刘表死后，曹操平定荆州，先主从樊城准备南渡长江，另外派关羽率几百艘战船

百艘会江陵。曹公追至当阳长阪，先主斜趣汉津，适与羽船相值，共至夏口[1]。孙权遣兵佐先主拒曹公，曹公引军退归。先主收江南诸郡，乃封拜元勋，以羽为襄阳太守、荡寇将军，驻江北。先主西定益州，拜羽董督荆州事。羽闻马超来降，旧非故人，羽书与诸葛亮，问超人才可谁比类。亮知羽护前[1]，乃答之曰："孟起兼资文武，雄烈过人，一世之杰，黥、彭[2]之徒，当与益德并驱争先，犹未及髯之绝伦逸群也。"羽美须髯，故亮谓之髯。羽省书大悦，以示宾客。

羽尝为流矢所中，贯其左臂，后创虽愈，每至阴雨，骨常疼痛，医曰："矢镞有毒，毒入于骨，当破臂作创，刮骨去毒，然后此患乃除耳。"羽便伸臂令医劈之。时羽适请诸将饮食相

到江陵会合。曹操追到当阳长阪，先主抄近路赶赴汉津，恰巧和关羽率领的船队相会，就一同到了夏口。孙权派兵帮助刘备抵御曹操，曹操率军退回。刘备收复长江南岸各郡，于是就给立下大功的人封官授勋，任命关羽为襄阳太守、荡寇将军，驻守长江北岸。先主向西平定益州，让关羽统理荆州事务。关羽听说马超前来投降，而他们过去并不是朋友，关羽写信给诸葛亮，询问马超的人品才能可以和谁相类比。诸葛亮知道关羽争强好胜，就写回信答说："马超文武兼备，勇猛过人，当世英雄，是黥布、彭越一类的人物，能够和张飞并驾齐驱一争高下，但还是比不上美髯公您的超群绝伦。"关羽的髯须很漂亮，所以诸葛亮称他为美髯公。关羽看了信非常高兴，把它拿给宾客们传看。

关羽曾经被流箭射中，穿透了他的左臂。后来伤口虽然愈合，但是每到阴雨天，骨头常常疼痛，医生说："箭头有毒，毒已入骨，要割开胳膊上的伤口，刮去骨头上的毒，然后病痛才能根除。"关羽随即伸出左臂让医生割开伤口。当时关羽正和诸位将领一起饮宴，

对，臂血流离，盈于盘器，而羽割炙引酒，言笑自若。

手臂上鲜血淋漓，流满了盘子，而关羽仍然割肉饮酒，谈笑自若。

今注 1 护前：此处指争强好胜。 2 黥、彭：黥，黥布，即英布，秦末汉初的名将，辅佐刘邦打败项羽，被封为淮南王。彭，彭越，秦末汉初的名将，辅佐刘邦打败项羽，被封为梁王。

裴注 [1]《蜀记》曰："初，刘备在许，与曹公共猎。猎中，众散，羽劝备杀公，备不从。及在夏口，飘飖江渚，羽怒曰：'往日猎中，若从羽言，可无今日之困。'备曰：'是时亦为国家惜之耳；若天道辅正，安知此不为福邪！'"臣松之以为，备后与董承等结谋，但事泄不克谐耳，若为国家惜曹公，其如此言何！羽若果有此劝而备不肯从者，将以曹公腹心亲戚，实繁有徒，事不宿构，非造次所行；曹虽可杀，身必不免，故以计而止，何惜之有乎！既往之事，故托为雅言耳。

二十四年，先主为汉中王，拜羽为前将军，假节钺。是岁，羽率众攻曹仁于樊。曹公遣于禁助仁。秋，大霖雨[1]，汉水泛溢，禁所督七军皆没。禁降羽，羽又斩将军庞德。梁[2]、郏[3]、陆浑[4]群盗或遥受羽印号，为之支党，羽威震华夏。曹公议徙许都以避其锐，司马宣王、蒋济以为

建安二十四年(219)，先主做了汉中王，任命关羽为前将军，授予符节和斧钺。这一年，关羽率军在樊城攻打曹仁。曹操派于禁援助曹仁。秋季，大雨连绵不断，汉水泛滥，于禁统率的七军全部被淹。于禁投降关羽，关羽又斩杀了将军庞德。梁、郏、陆浑等县的盗贼都领受了关羽的官印封号，成为他的分支部队，关羽声威震惊中原。曹操商议迁出许都来躲避关羽的锋芒，司马懿、蒋济认为关羽得志，孙权一定不愿意。可以派人劝说

关羽得志，孙权必不愿也。可遣人劝权蹑其后，许割江南以封权，则樊围自解。曹公从之。先是，权遣使为子索羽女，羽骂辱其使，不许婚，权大怒[1]。又南郡太守麋芳在江陵，将军士仁屯公安，素皆嫌羽轻己。自羽之出军，芳、仁供给军资，不悉相救。羽言“还当治之”，芳、仁咸怀惧不安。于是权阴诱芳、仁，芳、仁使人迎权。而曹公遣徐晃救曹仁[2]，羽不能克，引军退还。权已据江陵，尽虏羽士众妻子，羽军遂散。权遣将逆击羽，斩羽及子平于临沮5[3]。

追谥羽曰壮缪侯[4]。子兴嗣。兴字安国，少有令问，丞相诸葛亮深器异之。弱冠为侍中、中监军，数岁卒。子统嗣，尚公主，官至虎贲中郎将。卒，无子，以兴庶子彝续封[5]。

孙权偷袭关羽后方，答应割长江以南地区分封孙权，那么樊城之围自然就解除了。曹操听从了这个建议。在此之前，孙权派使者为自己的儿子向关羽的女儿求婚，关羽责骂羞辱了使者，拒绝了婚事，孙权非常生气。另外，南郡太守麋芳驻守江陵，将军士仁屯兵公安，一直怨恨关羽轻视自己，自从关羽出兵后，麋芳、士仁供给他军需物资，却不尽全力去救援。关羽声称“回去后一定惩治他们”。麋芳、士仁非常害怕。因此，孙权暗中引诱麋芳、士仁，二人派人迎接孙权。而曹操派徐晃援救曹仁，关羽不能取胜，率军撤回。孙权已经占据江陵，将关羽及其将士们的老婆孩子全部俘虏，关羽的大军于是就溃散了。孙权派将领拦击关羽，在临沮杀死了关羽和他的儿子关平。

后主追赠关羽谥号为壮缪侯。关羽的儿子关兴继承爵位。关兴，字安国，年纪很小的时候，就有很好的名声。丞相诸葛亮很器重他，认为他不同凡人。二十岁就担任侍中、中监军，几年后就去世了。他的儿子关统继承了爵位，娶公主为妻，官做到了虎贲中郎将。关统死后无子，由关兴的庶子关彝继承爵位。

今注　1 大霖雨:指连绵大雨。霖,久下不停的雨。　2 梁:属河南郡,在今河南汝州。　3 郏:今河南郏县。　4 陆浑:属于弘农郡,在今河南嵩县东北。　5 临沮:属南郡,在今湖北远安县。

裴注　[1]《典略》曰:"羽围樊,权遣使求助之,敕使莫速进,又遣主簿先致命于羽。羽忿其淹迟,又自已得于禁等,乃骂曰:'狢子敢尔,如使樊城拔,吾不能灭汝邪!'权闻之,知其轻己,伪手书以谢羽,许以自往。"臣松之以为,荆、吴虽外睦,而内相猜防,故权之袭羽,潜师密发。按《吕蒙传》云:"伏精兵于𦪇𦨶之中,使白衣摇橹,作商贾服。"以此言之,羽不求助于权,权必不语羽当往也。若许相援助,何故匿其形迹乎?　[2]《蜀记》曰:"羽与晃宿相爱,遥共语,但说平生,不及军事。须臾,晃下马宣令:'得关云长头,赏金千斤。'羽惊怖,谓晃曰:'大兄,是何言邪!'晃曰:'此国之事耳。'"　[3]《蜀记》曰:"权遣将军击羽,获羽及子平。权欲活羽以敌刘、曹,左右曰:'狼子不可养,后必为害。曹公不即除之,自取大患,乃议徙都。今岂可生!'乃斩之。"臣松之案《吴书》:孙权遣将潘璋逆断羽走路,羽至即斩,且临沮去江陵二三百里,岂容不时杀羽,方议其生死乎?又云"权欲活羽以敌刘、曹",此之不然,可以绝智者之口。《吴历》曰:"权送羽首于曹公,以诸侯礼葬其尸骸。"　[4]《蜀记》曰:"羽初出军围樊,梦猪啮其足,语子平曰:'吾今年衰矣,然不得还!'"《江表传》曰:"羽好《左氏传》,讽诵略皆上口。"　[5]《蜀记》曰:"庞德子会,随钟、邓伐蜀,蜀破,尽灭关氏家。"

张飞

原文

张飞,字益德,涿郡人也,少与关羽俱事先主。羽

译文

张飞,字益德,涿郡人,年轻时就和关羽一起跟随刘备。关羽比他年纪

年长数岁，飞兄事之。先主从曹公破吕布，随还许，曹公拜飞为中郎将。先主背曹公依袁绍、刘表。表卒，曹公入荆州，先主奔江南。曹公追之，一日一夜，及于当阳之长阪。先主闻曹公卒至，弃妻子走，使飞将二十骑拒后。飞据水断桥，瞋目横矛曰：“身是张益德也，可来共决死！”敌皆无敢近者，故遂得免。先主既定江南，以飞为宜都[1]太守、征虏将军，封新亭侯，后转在南郡。先主入益州，还攻刘璋，飞与诸葛亮等溯流而上，分定郡县。至江州，破璋将巴郡太守严颜，生获颜。飞呵颜曰：“大军至，何以不降而敢拒战？”颜答曰：“卿等无状，侵夺我州，我州但有断头将军，无有降将军也。”飞怒，令左右牵去斫头，颜色不变，曰：“斫[2]头便斫头，

大几岁，张飞就像对待兄长一样对待关羽。先主跟随曹操打败吕布，又跟随曹操回到许都，曹操任命张飞为中郎将。先主背离曹操依附袁绍、刘表。刘表死后，曹操攻占荆州，先主逃亡长江以南。曹操追击，一天一夜，在当阳长阪追上了先主。先主听说曹操突然来到，就抛下老婆孩子逃跑了，让张飞带领二十名骑兵在后面抵挡追兵。张飞立在河边拆毁桥梁，怒目圆睁横握着长矛，说：“我是张益德，你们可以来决一生死！”敌人都不敢靠近，因而先主才得以逃脱。先主平定长江南岸各郡后，任命张飞为宜都太守、征虏将军，封为新亭侯，后又调往南郡。先主进入益州，又回师攻打刘璋，张飞和诸葛亮等人逆江而上，分别平定了沿江各郡县。来到江州，打败了刘璋的部将巴郡太守严颜，活捉了他。张飞责问严颜说：“大军来到这里，为什么不投降竟敢抵抗呢？”严颜回答说：“你们无礼，侵占我州，我州中只有断头将军，没有投降的将军。”张飞大怒，命令部下把严颜拉下去砍头，严颜面不改色，说：“砍头就砍头，为何发怒！”张

何为怒邪！”飞壮而释之，引为宾客[1]。飞所过战克，与先主会于成都。益州既平，赐诸葛亮、法正、飞及关羽金各五百斤，银千斤，钱五千万，锦千匹，其余颁赐各有差，以飞领巴西[3]太守。

飞很是敬佩，于是就放了严颜，并让他做自己的幕僚。张飞所到之处都取得了胜利，和先主在成都会合。益州平定后，先主赏赐给诸葛亮、法正、张飞和关羽黄金各五百斤，白银一千斤，铜钱五千万，锦缎千匹，其他将士也各有数量不等的赏赐，任命张飞兼领巴西太守。

今注 **1** 宜都：郡名。郡治在今湖北枝城。 **2** 斫(zhuó)：用刀、斧等砍。 **3** 巴西：郡名，郡治在今四川阆中。

裴注 [**1**]《华阳国志》曰：“初，先主入蜀，至巴郡，颜拊心叹曰：‘此所谓独坐穷山，放虎自卫也！’”

曹公破张鲁，留夏侯渊、张郃守汉川。郃别督诸军下巴西，欲徙其民于汉中，进军宕渠、蒙头、荡石[1]，与飞相拒五十余日。飞率精卒万余人，从他道邀郃军交战，山道连狭[2]，前后不得相救，飞遂破郃。郃弃马缘山，独与麾下十余人从间道退，引军还南郑，巴土获安。先

曹操打败张鲁，留下夏侯渊、张郃镇守汉川。张郃另督率各军南下巴西，想要把巴西之民迁往汉中，进军宕渠、蒙头、荡石，和张飞的军队相持五十多天。张飞率领精兵一万多人，从另外一条道路拦击张郃，山路狭窄，张郃的军队前后不能相互救援，于是张飞就打败了张郃。张郃丢掉战马攀缘高山，只和部下十几个人从偏僻的小路撤走，率军回到南郑，巴西郡获得安宁。先主做汉中王，任命张飞为右将军，授

主为汉中王，拜飞为右将军、假节。章武元年，迁车骑将军，领司隶校尉，进封西乡侯，策曰："朕承天序，嗣奉洪业，除残靖乱，未烛厥理。今寇虏作害，民被荼毒，思汉之士，延颈鹤望。朕用怛然，坐不安席，食不甘味，整军诰誓，将行天罚。以君忠毅，侔踪召虎[3]，名宣遐迩，故特显命，高墉进爵，兼司于京。其诞将天威，柔服以德，伐叛以刑，称朕意焉。《诗》不云乎，'匪疚匪棘，王国来极。肇敏戎功，用锡尔祉'。可不勉欤！"

符节。章武元年(221)，升任车骑将军，并兼领司隶校尉，进封西乡侯，先主颁布册命说："朕承接皇统，继承伟大的功业，铲除暴虐，平定祸乱，还没完全使天下安定。现在贼寇为害，人民遭受痛苦，思念汉朝的人，都引颈盼望汉朝复兴。朕因此忧心忡忡、坐立不安，吃东西都没滋味。整顿军队宣读誓文，秉承上天的旨意惩罚贼寇。因为你忠贞毅勇，堪比召虎，声名远播，因而特别颁布诏命，提拔你的官职，进封你的爵位，让你兼管京畿地区。希望你发扬天威，用德行安抚人民，以刑罚征讨叛乱的贼寇，来符合朕的心意。《诗经》不是说吗，'不要为害，不要操之过急，以王国为准则。行动要迅速敏捷，就会赐予福禄。'能不努力吗！"

今注　1 蒙头、荡石：在今四川渠县。　2 迮(zé)狭：狭窄、狭小。　3 召(shào)虎：西周宣王时大臣，曾率军征伐淮夷，大获全胜，受到周宣王的赏赐。

初，飞雄壮威猛，亚于关羽，魏谋臣程昱等咸称羽、飞万人之敌也。羽善待卒伍而骄于士大夫，

当初，张飞勇猛雄壮，仅次于关羽，魏国的谋臣程昱等人都称关羽、张飞可以抵挡万人。关羽对待士兵很好而对士大夫却很傲慢；张飞则尊敬喜爱

飞爱敬君子而不恤小人。先主常戒之曰:“卿刑杀既过差[1],又日鞭挝健儿,而令在左右,此取祸之道也。”飞犹不悛。先主伐吴,飞当率兵万人,自阆中[2]会江州。临发,其帐下将张达、范强杀飞,持其首,顺流而奔孙权。飞营都督表报先主,先主闻飞都督之有表也,曰:“噫!飞死矣。”追谥飞曰桓侯。

长子苞,早夭。次子绍嗣,官至侍中尚书仆射。苞子遵为尚书,随诸葛瞻于绵竹,与邓艾战,死。

君子,却不体恤爱护平民百姓。先主曾告诫他说:“你用刑杀人过多,又经常鞭打士兵,还把这些被打的人安排在身边办事,这是会招来灾祸的做法。”张飞仍然不改正。先主讨伐东吴,张飞准备率军一万人,从阆中出发,到江州和先主会合。部队即将出发之前,张飞手下将领张达、范强刺杀张飞,带着他的首级,顺江而下投奔孙权。张飞军营的都督上奏表报告先主,先主听说张飞的都督有奏表送来,就说:“哎!张飞死了。”追赠张飞谥号为桓侯。

张飞的长子张苞,很早就死了。次子张绍承袭了爵位,官做到侍中尚书仆射。张苞的儿子张遵担任尚书,跟随诸葛瞻在绵竹,在和邓艾军队作战时战死。

今注 **1** 过差:过分,失度。 **2** 阆中:属巴郡,在今四川阆中。

马超

原文

马超,字孟起,扶风茂陵[1]人也。父腾,灵帝末与

译文

马超,字孟起,扶风茂陵人。他的父亲马腾在汉灵帝末年和边章、韩

边章、韩遂等俱起事于西州。初平三年，遂、腾率众诣长安。汉朝以遂为镇西将军，遣还金城[2]，腾为征西将军，遣屯郿。后腾袭长安，败走，退还凉州。司隶校尉钟繇镇关中，移书遂、腾，为陈祸福。腾遣超随繇讨郭援、高幹于平阳，超将庞德亲斩援首。后腾与韩遂不和，求还京畿。于是征为卫尉，以超为偏将军，封都亭侯，领腾部曲[1]。

遂等人一起在西州起兵。初平三年(192)，韩遂、马腾率领兵马来到长安。汉朝任命韩遂为镇西将军，派他回到金城，任命马腾为征西将军，驻屯郿县。后来马腾偷袭长安，失败逃走，退回凉州。司隶校尉钟繇镇守关中，写信给韩遂、马腾，向他们陈述利弊祸福。马腾就派马超跟随钟繇到平阳征讨郭援、高幹，马超的部将庞德亲手斩杀了郭援的头。后来马腾和韩遂不和，要求回到京畿地区。于是朝廷就征召马超为卫尉，任命马超为偏将军，封都亭侯，统领马腾的私人武装。

今注 **1** 茂陵：属右扶风，在今陕西兴平东北。 **2** 金城：属金城郡，在今甘肃兰州西北，黄河南岸。

裴注 [**1**]《典略》曰："腾字寿成，马援后也。桓帝时，其父字子硕，尝为天水兰干尉。后失官，因留陇西，与羌错居。家贫无妻，遂娶羌女，生腾。腾少贫，无产业，常从鄣山中斫材木，负贩诣城市，以自供给。腾为人长八尺余，身体洪大，面鼻雄异，而性贤厚，人多敬之。灵帝末，凉州刺史耿鄙任信奸吏，民王国等及氐、羌反叛。州郡募发民中有勇力者，欲讨之，腾在募中。州郡异之，署为军从事，典领部众。讨贼有功，拜军司马，后以功迁偏将军，又迁征西将军，常屯汧、陇之间。初平中，拜征东将军。是时，西州少谷，腾自表军人多乏，求就谷于池阳，遂移屯长平岸头。而将王承等恐腾为己害，乃攻腾营。时腾近出无备，遂破走，西上。会三辅乱，不复来东，而与镇西将军韩遂结为异姓兄弟，始甚相亲，后转以部曲相侵，又更为仇敌。腾攻遂，遂走，合众还攻腾，杀腾妻子，连兵不解。建安之初，国家纲纪殆弛，乃使司隶校尉钟繇、凉州牧韦端和解之。征腾还屯槐里，转拜为前将军，假节，封槐里侯。北备胡寇，东备白骑，待士进贤，矜救民命，三辅甚安爱之。十(五)〔三〕年，征为卫尉，腾自见年老，遂入宿卫。初，曹公为丞相，辟腾长子超，不就。超后为司隶校尉督军从事，讨郭援，为飞矢所中，乃以囊囊其足而战，破斩援首。诏拜徐州刺史，后拜谏议大夫。及腾之入，因诏拜为偏将军，使领腾营。又拜超弟休奉车都尉，休弟铁骑都尉，徙其家属皆诣邺，惟超独留。”

超既统众，遂与韩遂合从，及杨秋、李堪、成宜等相结，进军至潼关[1]。曹公与遂、超单马会语，超负其多力，阴欲突前捉曹公，曹公左右将许褚瞋目盻之，超乃不敢动。曹公用贾诩谋，离间超、遂，更相猜疑，军以大败[1]。超走保诸戎，曹公追至安定，会北方有事，引军东还。杨阜说曹公曰：“超有信、布之勇，甚得羌、胡心。若大军还，不严为其备，陇上诸郡非国家之有也。”超果率诸戎以击陇上郡县，

马超统领军队后，就和韩遂联合，并与杨秋、李堪、成宜等人合作，进军到潼关。曹操同韩遂、马超单人匹马会面交谈，马超仗着自己力气大，就想暗中突然上前捉住曹操，曹操身边的将领许褚怒目瞪着他，马超才没敢行动。曹操采纳贾诩的计谋，离间马超、韩遂的关系，两人彼此猜疑，所以他们的军队大败。马超逃到戎族部落，曹操追到安定，正赶上北方发生战事，率军向东返回。杨阜劝曹操说：“马超有韩信、英布的勇武，又很得羌人和胡人的人心，如果我们大军东归，而不对他严加提防，陇上各郡就将不再属于国家了。”马超后来果然率领戎族部落去攻打陇上郡县，陇上郡县都响应他，杀

陇上郡县皆应之，杀凉州刺史韦康，据冀城[2]，有其众。超自称征西将军，领并州牧，督凉州军事。康故吏民杨阜、姜叙、梁宽、赵衢等，合谋击超。阜、叙起于卤城，超出攻之，不能下；宽、衢闭冀城门，超不得入。进退狼狈，乃奔汉中依张鲁。鲁不足与计事，内怀于邑，闻先主围刘璋于成都，密书请降[2]。

死了凉州刺史韦康，占领了冀城，拥有了那里的士众。马超自封为征西将军，兼领并州牧，统管凉州的军事。韦康旧日的官吏杨阜、姜叙、梁宽、赵衢等人合谋攻打马超。杨阜、姜叙在卤城起兵，马超出冀城去攻打他们，没能成功；梁宽、赵衢关闭了冀城的城门，马超不能进城。进退两难，于是马超就跑到汉中投奔张鲁。张鲁不足以共谋大事，马超心中忧虑愤懑，听说先主刘备在成都包围了刘璋，就秘密写信给先主请求归降。

今注 **1** 潼关：在今陕西潼关县。地当黄河之曲，据崤函之固，扼秦、晋、豫三省要冲，自古以来为兵家必争之地。 **2** 冀城：属于汉阳郡，在今甘肃甘谷县。

裴注 [1]《山阳公载记》曰："初，曹公军在蒲阪，欲西渡，超谓韩遂曰：'宜于渭北拒之，不过二十日，河东谷尽，彼必走矣。'遂曰：'可听令渡，蹙于河中，顾不快耶！'超计不得施。曹公闻之，曰：'马儿不死，吾无葬地也。'" [2]《典略》曰："建安十六年，超与关中诸将侯选、程银、李堪、张横、梁兴、成宜、马玩、杨秋、韩遂等，凡十部，俱反，其众十万，同据河、潼，建列营阵。是岁，曹公西征，与超等战于河、渭之交，超等败走。超至安定，遂奔凉州。诏收灭超家属。超复败于陇上。后奔汉中，张鲁以为都讲祭酒，欲妻之以女，或谏鲁曰：'有人若此不爱其亲，焉能爱人？'鲁乃止。初，超未反时，其小妇弟种留三辅，及超败，种先入汉中。正旦，种上寿于超，超捶胸吐血曰：‘阖门百口，一旦同命，今二人相贺邪？’后数从鲁求兵，欲北取凉州，鲁遣往，无利。又鲁将杨白等欲害其能，超遂从武都逃入氐中，转奔往蜀。是岁，建安十九年也。”

先主遣人迎超，超将兵径到城下。城中震怖，璋即稽首[1]，以超为平西将军，督临沮，因为前都亭侯[2]。先主为汉中王，拜超为左将军，假节。章武元年，迁骠骑将军，领凉州牧，进封斄乡侯，策曰：“朕以不德，获继至尊，奉承宗庙。曹操父子，世载其罪，朕用惨怛，疢如疾首。海内怨愤，归正反本，暨于氐、羌率服，獯鬻[1]慕义。以君信著北土，威武并昭，是以委任授君，抗飑虓虎[2]，兼董万里，求民之瘼。其明宣朝化，怀保远迩，肃慎赏罚，以笃汉祜，以对于天下。”二年卒，时年四十七。临没上疏曰：“臣门宗二百余口，为孟德

先主派人迎接马超，马超率兵直接来到成都城下。城中的人都惊恐害怕，刘璋随机投降，先主任命马超为平西将军，统管临沮，沿袭从前都亭侯的爵位。先主做汉中王，任命马超为左将军，授予符节。章武元年(221)，升任骠骑将军，兼任凉州牧，晋封为斄乡侯，先主颁布册命说：“我无德行，得以继承皇位，奉承宗庙社稷。曹操父子罪恶充满世间，朕因此非常忧伤，痛心疾首。天下怨愤，都渴望恢复汉朝正统，以至氐族、羌族全部顺服，獯鬻也仰慕大义。因为你的信义在北地显赫，英勇神武，所以委任你抵御凶恶的敌人，管理广大疆土，关心民众的疾苦。希望你大力宣扬朝廷的教化，安抚远近各方，严肃谨慎地实行赏罚，来增加汉朝的福禄，以对得起天下。”章武二年(222)，马超去世，当时四十七岁。临终前他上疏说：“我家族二百余口，几乎被曹操杀光，只有堂弟马岱，能够接

所诛略尽，惟有从弟岱，当为微宗血食之继，深托陛下，余无复言。”追谥超曰威侯，子承嗣。岱位至平北将军，进爵陈仓侯。超女配安平王理[3]。

续微弱家族的香火，我恳切地把他托付给陛下，其他没什么要说的了。”追赠马超谥号为威侯，他的儿子马承继承了爵位。马岱做到了平北将军，进封爵位为陈仓侯。马超的女儿嫁给了安平王刘理。

今注 1 獯鬻(xūn yù)：也作“荤粥”。古代北方少数民族名。 2 虓(xiāo)虎：亦作“哮虎”，咆哮怒吼的虎。这里比喻凶残的敌人。

裴注 [1]《典略》曰：“备闻超至，喜曰：‘我得益州矣。’乃使人止超，而潜以兵资之。超到，令引军屯城北，超至未一旬而成都溃。” [2]《山阳公载记》曰：“超因见备待之厚，与备言，常呼备字，关羽怒，请杀之。备曰：‘人穷来归我，卿等怒，以呼我字故而杀之，何以示于天下也！’张飞曰：‘如是，当示之以礼。’明日大会，请超入，羽、飞并杖刀立直，超顾坐席，不见羽、飞，见其直也，乃大惊，遂一不复呼备字。明日，叹曰：‘我今乃知其所以败。为呼人主字，几为关羽、张飞所杀。’自后乃尊事备。”臣松之案：以为超以穷归备，受其爵位，何容傲慢而呼备字？且备之入蜀，留关羽镇荆州，羽未尝在益土也。故羽闻马超归降，以书问诸葛亮“超人才可谁比类”，不得如书所云。羽焉得与张飞立直乎？凡人行事，皆谓其可也，知其不可，则不行之矣。超若果呼备字，亦谓于理宜尔也。就令羽请杀超，超不应闻，但见二子立直，何由便知以呼字之故，云“几为关、张所杀”乎？言不经理，深可忿疾也。袁時、乐资等诸所记载，秽杂虚谬，若此之类，殆不可胜言也。 [3]《典略》曰：“初超之入蜀，其庶妻董及子秋，留依张鲁。鲁败，曹公得之，以董赐阎圃，以秋付鲁，鲁自手杀之。”

黄忠

原文

黄忠，字汉升，南阳人也。荆州牧刘表以为中郎将，与表从子[1]磐共守长沙攸县[2]。及曹公克荆州，假行裨将军，仍就故任，统属长沙太守韩玄。先主南定诸郡，忠遂委质[3]，随从入蜀。自葭萌受任，还攻刘璋，忠常先登陷阵，勇毅冠三军。益州既定，拜为讨虏将军。建安二十四年，于汉中定军山击夏侯渊。渊众甚精，忠推锋必进，劝率士卒，金鼓振天，欢声动谷，一战斩渊，渊军大败。迁征西将军。是岁，先主为汉中王，欲用忠为后将军，诸葛亮说先主曰："忠之名望，素非关、马之伦也。而今便令同列。马、张在近，亲见其功，尚可喻指；关遥闻之，恐必不

译文

黄忠，字汉升，南阳人。荆州牧刘表任命他为中郎将，和刘表的侄子刘磐一起驻守长沙攸县。等到曹操攻克荆州，黄忠代理裨将军，沿袭了从前的职务，统属于长沙太守韩玄。先主南下平定各郡，黄忠就归降了先主，跟随先主来到蜀地。黄忠从葭萌受命，回师攻打刘璋，他常常身先士卒、冲锋陷阵，勇冠三军。益州平定后，黄忠被任命为讨虏将军。建安二十四年(219)，黄忠在汉中定军山攻打夏侯渊。夏侯渊人马十分精良，黄忠指挥冲锋向前，激励士兵，金鼓之声震天，喊声震动山谷，一交锋就斩杀了夏侯渊。夏侯渊的军队也因此大败。黄忠升迁为征西将军。这一年，先主做了汉中王，准备任命黄忠为后将军，诸葛亮劝先主说："黄忠的名声和威望，一直比不上关羽、马超，而现在却让他们列同位。马超、张飞能亲眼看到他的功劳还可以理解；关羽在远方听到这个消息，恐怕会不高兴，您这样做大概不好吧！"先

悦，得无不可乎！”先主曰：“吾自当解之。”遂与羽等齐位，赐爵关内侯。明年卒，追谥刚侯。子叙，早没，无后。

主说：“我当亲自向关羽解释此事。”于是黄忠就和关羽等人地位相同，赐封爵位为关内侯。第二年，黄忠去世，先主追赠黄忠谥号为刚侯。他的儿子黄叙早年亡故，没有留下后代。

今注 1 从子：侄子。 2 攸县：属长沙郡，在今湖南攸县。 3 委质：呈献礼物，表示忠诚信实，这里指归降。

赵云

原文

赵云，字子龙，常山真定[1]人也。本属公孙瓒，瓒遣先主为田楷拒袁绍，云遂随从，为先主主骑[1]。及先主为曹公所追于当阳长阪，弃妻子南走，云身抱弱子，即后主也，保护甘夫人，即后主母也，皆得免难。迁为牙门将军。先主入蜀，云留荆州[2]。

先主自葭萌还攻刘璋，召诸葛亮。亮率云与张飞等俱溯江西上，平定

译文

赵云，字子龙，常山真定人。本是公孙瓒的部将，公孙瓒派先主协助田楷抵御袁绍，赵云就跟随先主前往，成为先主主要的骑兵侍从。等到先主被曹操追赶到当阳长阪，先主抛下老婆孩子向南逃去，此后赵云亲自抱着后主刘禅，并保护后主的母亲甘夫人，他们才都能够幸免于难。此后赵云升任牙门将军。先主进入蜀地，赵云留在了荆州。

先主从葭萌回师攻打刘璋，征召诸葛亮前去。诸葛亮率领赵云和张飞等人一起逆流西上，平定了各郡县。

郡县。至江州，分遣云从外水上江阳，与亮会于成都。成都既定，以云为翊军将军[3]。建兴元年，为中护军、征南将军，封永昌亭侯，迁镇东将军。五年，随诸葛亮驻汉中。明年，亮出军，扬声由斜谷道，曹真遣大众当之。亮令云与邓芝往拒，而身攻祁山。云、芝兵弱敌强，失利于箕谷，然敛众固守，不至大败。军退，贬为镇军将军[4]。七年卒，追谥顺平侯。

到江州后，分派赵云从岷江而上到达江阳，和诸葛亮在成都会合。成都平定后，先主任命赵云为翊军将军。建兴元年(223)，又被任命为中护军、征南将军，进封永昌亭侯，升任镇东将军。建兴五年(227)，跟随诸葛亮驻守汉中。第二年，诸葛亮出兵，扬言要从斜谷道进攻魏国，曹真派大军前来抵御诸葛亮。诸葛亮命令赵云和邓芝前去迎战，而自己则率兵攻打祁山。赵云、邓芝兵力少而敌军强大，因此他们在箕谷失利，但他们聚集部队坚守，才没有大败。大军回来后，赵云被贬为镇军将军。建兴七年(229)，赵云死，后主追赠他谥号为顺平侯。

今注 **1** 真定：属于常山国，在今河北正定南。

裴注 [**1**]《云别传》曰："云身长八尺，姿颜雄伟，为本郡所举，将义从吏兵诣公孙瓒。时袁绍称冀州牧，瓒深忧州人之从绍也，善云来附，嘲云曰：'闻贵州人皆愿袁氏，君何独回心，迷而能反乎？'云答曰：'天下讻讻，未知孰是，民有倒县之厄，鄙州论议，从仁政所在，不为忽袁公，私明将军也。'遂与瓒征讨。时先主亦依托瓒，每接纳云，云得深自结托。云以兄丧，辞瓒暂归，先主知其不反，捉手而别，云辞曰：'终不背德也。'先主就袁绍，云见于邺。先主与云同床眠卧，密遣云合募，得数百人，皆称刘左将军部曲，绍不能知。遂随先主至荆州。" [**2**]《云别传》曰："初，先主之败,有人言云已北去者,先主以手戟擿之曰:‘子龙不弃我走也!’顷之,云至。从平江南,以为偏将军,领桂阳太守,代赵范。范寡嫂曰樊氏,有国色,范欲以配云。云辞曰:‘相与同姓,卿兄犹我兄。’固辞不许。时有人劝云纳之,云曰:‘范迫降耳,心未可测,天下女不少。’遂不取。范果逃走,云无纤介。先是,与夏侯惇战于博望,生获夏侯兰。兰是云乡里人,少小相知,云白先主活之。荐兰明于法律,以为军正。云不用自近,其慎虑类如此。先主入益州,云领留营司马。此时先主孙夫人以权妹骄豪,多将吴吏兵,纵横不法。先主以云严重,必能整齐,特任掌内事。权闻备西征,大遣舟船迎妹,而夫人内欲将后主还吴,云与张飞勒兵截江,乃得后主还。” [3]《云别传》曰:“益州既定,时议欲以成都中屋舍及城外园地、桑田分赐诸将。云驳之曰:‘霍去病以匈奴未灭,无用家为。今国贼非但匈奴,未可求安也。须天下都定,各反桑梓,归耕本土,乃其宜耳。益州人民,初罹兵革,田宅皆可归还,令安居复业,然后可役调,得其欢心。’先主即从之。夏侯渊败,曹公争汉中地,运米北山下,数千万囊。黄忠以为可取,云兵随忠取米。忠过期不还,云将数十骑轻行出围,迎视忠等。值曹公扬兵大出,云为公前锋所击,方战,其大众至,势逼,遂前突其阵,且斗且却。公军败,已复合,云陷敌,还趣围。将张著被创,云复驰马还营迎著。公军追至围,此时沔阳长张翼在云围内,翼欲闭门拒守,而云入营,更大开门,偃旗息鼓。公军疑云有伏兵,引去。云雷鼓震天,惟以戎弩于后射公军,公军惊骇,自相蹂践,堕汉水中死者甚多。先主明旦自来至云营围视昨战处,曰:‘子龙一身都是胆也!’作乐饮宴至暝,军中号云为虎威将军。孙权袭荆州,先主大怒,欲讨权。云谏曰:‘国贼是曹操,非孙权也,且先灭魏,则吴自服。操身虽毙,子丕篡盗,当因众心,早图关中,居河、渭上流以讨凶逆,关东义士必裹粮策马以迎王师。不应置魏,先与吴战;兵势一交,不得卒解也。’先主不听,遂东征,留云督江州。先主失利于秭归,云进兵至永安,吴军已退。” [4]《云别传》曰:“亮曰:‘街亭军退,兵将不复相录,箕谷军退,兵将初不相失,何故?’芝答曰:‘云身自断后，军资什物，略无所弃，兵将无缘相失。’云有军资余绢，亮使分赐将士，云曰：‘军事无利，何为有赐？其物请悉入赤岸府库，须十月为冬赐。’亮大善之。”

初，先主时，惟法正见谥；后主时，诸葛亮功德盖世，蒋琬、费祎荷[1]国之重，亦见谥；陈祗宠待，特加殊奖，夏侯霸远来归国，故复得谥；于是关羽、张飞、马超、庞统、黄忠及云乃追谥，时论以为荣[1]。云子统嗣，官至虎贲中郎，督行领军。次子广，牙门将，随姜维沓中[2]，临阵战死。

当初，先主在世时，只有法正死后加封谥号；后主时，诸葛亮功劳盖世，蒋琬、费祎担负国家重任，因此也得到了谥号；陈祗深受宠幸，给予特殊奖励，夏侯霸从魏国来归降，因此也得到了谥号；此时关羽、张飞、马超、庞统、黄忠和赵云也都被追封了谥号，当时人议论认为是很荣耀的事情。赵云的儿子承袭了爵位，官做到虎贲中郎，督率军队。赵云的次子赵广，担任牙门将军，跟随姜维到了沓中，战死沙场。

今注　**1** 荷：承担，担负。　**2** 沓中：在今甘肃舟曲以西、岷县以南。

裴注　[**1**]《云别传》载后主诏曰：“云昔从先帝，功绩既著。朕以幼冲，涉涂艰难，赖恃忠顺，济于危险。夫谥，所以叙元勋也，外议云宜谥。大将军姜维等议，以为云昔从先帝，劳绩既著，经营天下，遵奉法度，功效可书。当阳之役，义贯金石。忠以卫上，君念其赏；礼以厚下，臣忘其死。死者有知，足以不朽；生者感恩，足以殒身。谨按谥法，柔贤慈惠曰顺，执事有班曰平，克定祸乱曰平，应谥云曰顺平侯。”

评曰：关羽、张飞皆称万人之敌，为世虎臣。羽报效曹公，飞义释严颜，并有国士之风。然羽刚而自矜，飞暴而无恩，以短取败，理数之常也。马超阻戎负勇，以覆其族，惜哉！能因穷致泰，不犹愈乎！黄忠、赵云强挚壮猛，并作爪牙，其灌、滕之徒[1]欤？

评论说：关羽、张飞都可称得上是力敌万人的大将，是当时英雄。关羽报答曹操的厚恩，张飞大义释放严颜，都有国士之风。然而关羽刚愎自用而骄傲自大，张飞粗暴而不施恩惠，都因他们的缺点而导致失败，都是命中注定的。马超依靠戎族，仗着自己的勇猛，结果家族遭到灭亡，很可惜啊！如果能从失意而达到安定通达，不是也胜过灭族嘛！黄忠、赵云勇猛强劲，都是威武的将军，大概属于灌婴、夏侯婴一样的人物吧？

今注　**1** 灌、滕之徒：灌指灌婴，汉初大臣。从刘邦起义，并随从入关灭秦，屡立战功，封颍阴侯。吕后死，他与陈平、周勃共同诛灭吕氏，迎立文帝，任太尉，后为丞相。滕，滕公，即夏侯婴。从刘邦起兵，屡立战功，任太仆，后封汝阴侯，惠帝、文帝时，继为太仆。因曾担任滕令，时称“滕公”。

卷三十七 蜀书七

庞统法正传

导读

本卷讲述了刘备两大谋士庞统和法正的生平事迹。

庞统被时人誉为“凤雏”,被认为是智谋与诸葛亮齐名的人才。本传主要讲述庞统在刘备攻取益州时所献的计谋。

法正也是刘备的主要谋士之一,深受刘备器重。据陈寿的记载,法正是刘备生前唯一一个死后立即被追赠谥号的大臣,足见刘备对他的喜爱。本传主要记录了法正在刘备占据益州和汉中时的贡献。

庞统

原文

庞统,字士元,襄阳人也。少时朴钝,未有识者。颍川司马徽清雅有知人鉴,统弱冠1往见徽,徽采桑于树上,坐统在树下,共语自昼至夜。徽甚异之,称统当为南州士之冠冕,由是渐显[1]。后郡命为功曹。性好人伦,勤

译文

庞统,字士元,襄阳人。他年少时朴实鲁钝,没有人了解他的才能。颍川司马徽清新秀雅,以善于鉴别人品闻名,庞统二十岁左右前去拜见司马徽,司马徽在树上采摘桑叶,他让庞统坐在树下,两人一起交谈,从白天一直谈到深夜。司马徽认为庞统非同一般,说他应该是南方州郡读书人中首屈一指的人才,从此庞统的名声逐渐显赫起来。后来郡府

于长养。每所称述,多过其才,时人怪而问之,统答曰:"当今天下大乱,雅道陵迟[2],善人少而恶人多。方欲兴风俗,长道业,不美其谭[3]即声名不足慕企,不足慕企而为善者少矣。今拔十失五,犹得其半,而可以崇迈世教,使有志者自励,不亦可乎?"吴将周瑜助先主取荆州,因领南郡太守。瑜卒,统送丧至吴,吴人多闻其名。及当西还,并会昌门,陆绩、顾劭、全琮皆往。统曰:"陆子可谓驽马有逸足之力,顾子可谓驽牛能负重致远也[2]。"谓全琮曰:"卿好施慕名,有似汝南樊子昭[3]。虽智力不多,亦一时之佳也。"绩、劭谓统曰:"使天下太平,当与卿共料四海之士。"深与统相结而还。

任命庞统为功曹。他生性注重人伦道德,勤勉于哺育赡养之责。他每每称赞别人,往往超过那个人的实际才干,当时的人感到很奇怪就问他原因,庞统回答说:"当今天下大乱,正道衰微,善人少而恶人多。正想要改善风俗,弘扬道德大义,如果不能称赞他们的言行,那么他们的名声就不能得到大家的仰慕,得不到大家的仰慕,行善的人就更少了。现在我提拔十个人即使有五个人失当,还可以得到半数,以此影响社会道德教化,使有志于行善的人自我激励,不也是值得吗?"东吴将领周瑜帮助先主夺取了荆州,因而兼领南郡太守。周瑜去世,庞统到东吴为他送丧,东吴人士大都听说过庞统的名声。等到他要返回时,很多人都到昌门为他送行,陆绩、顾劭、全琮都来了。庞统说:"陆子可以说是像驽马而有飞奔的力量,顾子可以说是像驽牛能担负重荷远行。"又对全琮说:"您乐善好施,仰慕名节,就像是汝南的樊子昭。虽然才智能力不足,但也是当今优秀的人才。"陆绩、顾劭对庞统说:"假如天下太平了,一定和您共同品评四海士人。"他们都与庞统深情交好而后返回。

今注　1 弱冠：古时男子二十岁为成人，初加冠，因体犹未壮，故称弱冠。　2 陵迟：败坏，衰败。　3 谭：同“谈”。

裴注　[1]《襄阳记》曰：“诸葛孔明为卧龙，庞士元为凤雏，司马德操为水镜，皆庞德公语也。德公，襄阳人。孔明每至其家，独拜床下，德公初不令止。德操尝造德公，值其渡沔，上祀先人墓，德操径入其室，呼德公妻子，使速作黍，徐元直向云有客当来就我与庞公谭。其妻子皆罗列拜于堂下，奔走供设。须臾，德公还，直入相就，不知何者是客也。德操年小德公十岁，兄事之，呼作庞公，故世人遂谓庞公是德公名，非也。德公子山民，亦有令名，娶诸葛孔明小姊，为魏黄门吏部郎，早卒。子涣，字世文，晋太康中为牂牁太守。统，德公从子也，少未有识者，惟德公重之，年十八，使往见德操。德操与语，既而叹曰：‘德公诚知人，此实盛德也！’”
[2] 张勃《吴录》曰：“或问统曰：‘如所目，陆子为胜乎？’统曰：‘驽马虽精，所致一人耳。驽牛一日行三十里，所致岂一人之重哉！’劭就统宿，语，因问：‘卿名知人，吾与卿孰愈？’统曰：‘陶冶世俗，甄综人物，吾不及卿；论帝王之秘策，揽倚伏之要最，吾似有一日之长。’劭安其言而亲之。”
[3] 蒋济《万机论》云：许子将褒贬不平，以拔樊子昭而抑许文休。刘晔曰：“子昭拔自贾竖，年至耳顺，退能守静，进能不苟。”济答曰：“子昭诚自长幼貌洁，然观其臿齿牙，树颊胲，吐唇吻，自非文休敌也。”胲，音改。

先主领荆州，统以从事守耒阳[1]令，在县不治，免官。吴将鲁肃遗先主书曰：“庞士元非百里才也，使处治中、别驾之任，始当展其骥足[2]耳。”诸葛亮亦

先主统领荆州，庞统以从事的身份试任耒阳县令，在任上不理政事，被免官。东吴的将领鲁肃写信给先主说：“庞士元不是治理百里土地的人，让他担任治中、别驾的职务，才能施展出他杰出的才能。”诸葛亮也向先主说起

言之于先主，先主见与善谭3，大器之，以为治中从事[1]。亲待亚于诸葛亮，遂与亮并为军师中郎将[2]。亮留镇荆州。统随从入蜀。

庞统，先主和他相见详谈，非常器重他，任命他为治中从事。对他的待遇仅次于诸葛亮，于是庞统就和诸葛亮一起任军师中郎将。诸葛亮留下镇守荆州，庞统跟随先主进入蜀地。

今注 1 耒阳：属于桂阳郡，在今湖南耒阳。 2 骥足：骏马的足，比喻高才。 3 善谭：详谈，健谈。谭，同“谈”。

裴注 [1]《江表传》曰：“先主与统从容宴语，问曰：‘卿为周公瑾功曹，孤到吴，闻此人密有白事，劝仲谋相留，有之乎？在君为君，卿其无隐。’统对曰：‘有之。’备叹息曰：‘孤时危急，当有所求，故不得不往，殆不免周瑜之手！天下智谋之士，所见略同耳。时孔明谏孤莫行，其意独笃，亦虑此也。孤以仲谋所防在北，当赖孤为援，故决意不疑。此诚出于险涂，非万全之计也。’” [2]《九州春秋》曰：“统说备曰：‘荆州荒残，人物殚尽，东有吴孙，北有曹氏，鼎足之计，难以得志。今益州国富民强，户口百万，四部兵马，所出必具，宝货无求于外，今可权借以定大事。’备曰：‘今指与吾为水火者，曹操也。操以急，吾以宽；操以暴，吾以仁；操以谲，吾以忠；每与操反，事乃可成耳。今以小故而失信义于天下者，吾所不取也。’统曰：‘权变之时，固非一道所能定也。兼弱攻昧，五伯之事。逆取顺守，报之以义，事定之后，封以大国，何负于信？今日不取，终为人利耳。’备遂行。”

益州牧刘璋与先主会涪，统进策曰：“今因此会，便可执之，则将军无用兵之劳而坐定一州

益州牧刘璋和先主在涪县相会，庞统献计说：“现在趁这次会面的机会，就一举抓住刘璋，那么将军不用出动军队就可以平定一州了。”先主说：“我们

也。”先主曰：“初入他国，恩信未著，此不可也。”璋既还成都，先主当为璋北征汉中，统复说曰：“阴选精兵，昼夜兼道，径袭成都；璋既不武，又素无预备，大军卒至，一举便定，此上计也。杨怀、高沛，璋之名将，各仗强兵，据守关头[1]，闻数有笺谏璋，使发遣将军还荆州。将军未至，遣与相闻，说荆州有急，欲还救之，并使装束，外作归形；此二子既服将军英名，又喜将军之去，计必乘轻骑来见，将军因此执之，进取其兵，乃向成都，此中计也。退还白帝，连引荆州，徐还图之，此下计也。若沈吟[2]不去，将致大困，不可久矣。”先主然其中计，即斩怀、沛，还向成都，所过辄克。于涪大会，置酒作乐，谓统曰：“今日之会，可谓乐矣。”

刚进入他国境内，恩德信义还没有树立，这样做不行。”刘璋返回成都后，先主应当为刘璋北上征伐汉中，庞统又建议说：“可暗中挑选精兵，日夜兼程，直袭成都。刘璋没有勇武，又毫无防备，大军突然来到，一举就可以平定益州，这是上策。杨怀、高沛是刘璋的名将，各自依仗强大的兵力，扼守关头要地，听说他们多次向刘璋上表进谏，让刘璋打发您返回荆州。将军您还没到他们驻地时，派人向他们通报，说荆州有突发情况，想要回师救援，并命令军队整理行装，表面上做出回师的样子；这两人既钦佩将军的英名，又对将军的离开感到高兴，估计他们一定会轻装前来拜见，将军利用这个机会捉住他们，前去夺取他们的军队，然后就向成都进军，这是中策。撤军返回白帝城，和荆州大军联合，慢慢再来图谋益州，这是下策。如果犹豫不决按兵不动，就会陷入困境，不能再拖延了。”先主同意了他的中策，随即杀掉杨怀、高沛，回师攻打成都，所到之处，全部攻克。先主在涪县大会将士，设酒宴欢庆，对庞统说：“今天的宴会，可以说是其乐无穷啊。”庞

统曰："伐人之国而以为欢，非仁者之兵也。"先主醉，怒曰："武王伐纣，前歌后舞，非仁者邪？卿言不当，宜速起出！"于是统逡巡[3]引退。先主寻悔，请还。统复故位，初不顾谢，饮食自若。先主谓曰："向者之论，阿谁为失？"统对曰："君臣俱失。"先主大笑，宴乐如初[1]。

统说："攻打别人的国家而引以为欢乐，这不是仁义之师。"先主喝醉了，生气地说："周武王征伐商纣王时，百姓在前后歌舞欢送，难道他不是仁义的吗？您胡言乱语，应当立马起身出去。"于是庞统不知所措地退了出去。先主随后就后悔了，请他回来。庞统回到原来的席位上，开始并不向先主道歉，吃喝如常。先主对他说："刚才的争论，究竟是谁错了？"庞统回答说："君臣都有错。"先主大笑，饮宴欢乐如初。

今注　1 关头：即白水关，在今四川青川县。　2 沈吟：即沉吟，沈同"沉"。　3 逡(qūn)巡：迟疑，犹豫。

裴注　[1] 习凿齿曰："夫霸王者，必体仁义以为本，仗信顺以为宗，一物不具，则其道乖矣。今刘备袭夺璋土，权以济业，负信违情，德义俱愆，虽功由是隆，宜大伤其败，譬断手全躯，何乐之有？庞统惧斯言之泄宣，知其君之必悟，故众中匡其失，而不修常谦之道，矫然太当，尽其蹇谔之风。夫上失而能正，是有臣也，纳胜而无执，是从理也；有臣则陛隆堂高，从理则群策毕举；一言而三善兼明，暂谏而义彰百代，可谓达乎大体矣。若惜其小失而废其大益，矜此过言，自绝远说，能成业济务者，未之有也。"臣松之以为，谋袭刘璋，计虽出于统，然违义成功，本由诡道，心既内疚，则欢情自戢，故闻备称乐之言，不觉率尔而对也。备酣宴失时，事同乐祸，自比武王，曾无愧色，此备有非而统无失，其云"君臣俱失"，盖分谤之言耳。习氏所论，虽大旨无乖，然推演之辞，近为流宕也。

进围雒县，统率众攻城，为流矢所中，卒，时年三十六。先主痛惜，言则流涕。拜统父议郎，迁谏议大夫，诸葛亮亲为之拜。追赐统爵关内侯，谥曰靖侯。统子宏，字巨师，刚简有臧否[1]，轻傲尚书令陈祗，为祗所抑，卒于涪陵太守。统弟林，以荆州治中从事参镇北将军黄权征吴，值军败，随权入魏，魏封列侯，至钜鹿太守[1]。

先主进军包围雒县，庞统率军攻城，被流箭射中死去，年仅三十六岁。先主十分痛惜，每提起他就会流泪。任命庞统的父亲为议郎，后升任谏议大夫，诸葛亮亲去为他授予官职。追赐庞统关内侯的爵位，追赠谥号为“靖侯”。庞统的儿子庞宏，字巨师，刚正直率，敢于品评人物，很看不起尚书令陈祗，被陈祗压制，死在涪陵太守任上。庞统的弟弟庞林，以荆州治中从事的身份跟随镇北将军黄权征伐吴国，遭遇大败，便跟随黄权到魏国投降，魏国封他为列侯，官做到钜鹿太守。

今注　**1** 臧否(zāng pǐ)：品评，褒贬。

裴注　[**1**]《习襄阳记》曰：“林妇，同郡习祯妹。祯事在杨戏《辅臣赞》。曹公之破荆州，林妇与林分隔，守养弱女十有余年，后林随黄权降魏，始复集聚。魏文帝闻而贤之，赐床帐衣服，以显其义节。”

法正

原文

法正，字孝直，扶风郿人也。祖父真，有清节

译文

法正，字孝直，扶风郿县人。法正的祖父法真，有高洁的操守和很高的名望。

高名[1]。建安初，天下饥荒，正与同郡孟达俱入蜀依刘璋，久之为新都[1]令，后召署军议校尉。既不任用，又为其州邑俱侨客者所谤无行，志意不得。益州别驾张松与正相善，忖璋不足与有为，常窃叹息。松于荆州见曹公还，劝璋绝曹公而自结先主。璋曰："谁可使者？"松乃举正，正辞让，不得已而往。正既还，为松称说先主有雄略，密谋协规，愿共戴奉，而未有缘。后因璋闻曹公欲遣将征张鲁之有惧心也，松遂说璋宜迎先主，使之讨鲁，复令正衔命[2]。正既宣旨，阴献策于先主曰："以明将军之英才，乘刘牧之懦弱；张松，州之股肱，以响应于内；然后资益州之殷富，冯[3]天府之险阻，以此成业，犹反掌也。"先主然

建安初年，天下饥荒，法正和同郡人孟达一起到蜀地投奔刘璋，过了很久才做到新都县令，后来被征召为军议校尉。他既不受重用，又被和他一同到益州侨居的同乡诽谤品行不端，很不得志。益州别驾张松和法正的关系很好，他们都觉得跟着刘璋不能图谋大业，常常暗自叹息。张松在荆州拜见曹操后返回益州，劝说刘璋和曹操断绝交往而去和先主结交。刘璋问："谁可以做使者呢？"张松就推荐了法正，法正推辞，刘璋坚持让他去，他不得已就去了。法正回来后，向张松称赞先主有雄才大略，他们暗中计划，想要共同拥戴先主，但一直没有机会。后来，因为刘璋听说曹操准备派将领讨伐张鲁，心中很害怕，张松便乘机劝说刘璋应当迎请先主前来，让先主去讨伐张鲁，刘璋就又令法正奉命出使。法正向先主传达了刘璋的想法后，又暗中向先主献计说："凭借将军您的雄才大略，又利用刘璋的懦弱无能；张松是刘璋的股肱之臣，可以作为内应夺取益州；然后依仗益州的丰富物资，凭借这天府之国的险要地形，以此来成就帝王大业，易如反掌。"先主认为他说得很对，就逆江而西，

之，溯江而西，与璋会涪。北至葭萌，南还取璋。

和刘璋在涪县相会。刘备向北到葭萌去讨伐张鲁，后来向南回师攻打刘璋。

今注　1 新都：属广汉郡，在今四川成都新都区。　2 衔命：遵奉命令。3 冯：通“凭”，凭借。

裴注　[1]《三辅决录注》曰：“真字高卿，少明五经，兼通谶纬，学无常师，名有高才。常幅巾见扶风守，守曰：‘哀公虽不肖，犹臣仲尼，柳下惠不去父母之邦，欲相屈为功曹，何如？’真曰：‘以明府见待有礼，故四时朝觐，若欲吏使之，真将在北山之北、南山之南矣。’扶风守遂不敢以为吏。初，真年未弱冠，父在南郡，步往候父，已欲去，父留之待正旦，使观朝吏会。会者数百人，真于窗中窥其与父语。毕，问真‘孰贤’，真曰：‘曹掾胡广有公卿之量。’其后广果历九卿三公之位，世以服真之知人。前后征辟，皆不就，友人郭正美之，号曰玄德先生。年八十九，中平五年卒。正父衍，字季谋，司徒掾、廷尉左监。”

郑度说璋曰[1]：“左将军县军1袭我，兵不满万，士众未附，野谷是资，军无辎重。其计莫若尽驱巴西、梓潼民内涪水以西，其仓廪野谷，一皆烧除，高垒深沟，静以待之。彼至，请战，勿许，久无所资，不过百日，必将自走。走而击

郑度劝刘璋说：“左将军刘备孤军远道而来袭击我们，士兵不足一万人，军民百姓还没有完全归附他，只能依靠抢掠田野中的庄稼为食，军队又没有辎重。对付他的最好办法，莫过把巴西和梓潼的百姓全部迁往涪水以西，把仓库中的粮食物资和野外的庄稼全部烧掉，增高堡垒深挖战壕，静静地等待机会。他们到后请求交战，我们坚守不应，他们长时间得不到粮草物资，过不了一百天，就一定会自动撤

之，则必禽[2]耳。”先主闻而恶之，以问正。正曰：“终不能用，无可忧也。”璋果如正言，谓其群下曰：“吾闻拒敌以安民，未闻动民以避敌也。”于是黜度，不用其计。及军围雒城，正笺与璋曰：

“正受性无术，盟好违损，惧左右不明本末，必并归咎，蒙耻没身，辱及执事，是以捐身于外，不敢反命。恐圣听秽恶其声，故中间不有笺敬，顾念宿遇，瞻望悢悢[3]。然惟前后披露腹心，自从始初以至于终，实不藏情，有所不尽，但愚暗策薄，精诚不感，以致于此耳。

退。等他们撤退时我们出击，就一定能捉住刘备。”先主听说此事后，非常厌恶，向法正询问对策。法正说：“刘璋不会采纳郑度的建议，您不必担忧。”刘璋果然像法正所说的那样，他对部下说：“我听说过抗击敌人是为了安定百姓，没听说过迁移百姓来躲避敌人。”于是刘璋罢免了郑度，不采纳他的计策。等到先主的大军包围了雒城，法正给刘璋写信说：

“法正禀性没什么才能，使得友好的盟约破裂，我害怕您身边的人不清楚事情的原委，一定会把全部的过错都推到我头上，使我蒙受耻辱丧失性命，同时也会使您受到牵连，因此我一直流亡在外，不敢回去复命。恐怕您也讨厌听到我的消息，因而在这期间我也一直没有给您写信，回想过去您对我的厚待，我十分仰望眷念。但我在这件事情上前后都很坦诚，从开始到最后，毫不隐瞒，言无不尽，只是我很愚钝而谋略浅薄，真情诚意没能感动您，以致出现了今天这样的局面。

今注 1 县军：指深入敌方的孤军。县，通“悬”。 2 禽：通“擒”。 3 悢悢(liàng)：眷念，悲恨。

裴注 [1]《华阳国志》曰：“度，广汉人，为州从事。”

“今国事已危，祸害在速，虽捐放于外，言足憎尤，犹贪极所怀，以尽余忠。明将军本心，正之所知也，实为区区不欲失左将军之意，而卒至于是者，左右不达英雄从事之道，谓可违信黩誓[1]，而以意气相致，日月相迁，趋求顺耳悦目，随阿遂指，不图远虑为国深计故也。事变既成，又不量强弱之势，以为左将军县远之众，粮谷无储，欲得以多击少，旷日相持。而从关至此，所历辄破，离宫别屯，日自零落。雒下虽有万兵，皆坏阵之卒，破军之将，若欲争一旦之战，则兵将势力，实不相当。各欲远期计粮者，今此营守已固，谷米已积，而明将军土地日削，百姓日困，敌对遂多，所供远旷。愚意计之，谓必先竭，

“如今国事危急，灾祸马上就要降临，我虽然流亡在外，知道献上忠言也会引起憎恶怨恨，但还是想把心中的想法全部说出来，尽我最后的忠诚。将军您的本意，我是知道的，您确实心怀爱慕不愿意失去左将军刘备，但最终出现这种局面，都是因为您身边的人不懂得英雄行事之道，认为可以违背信义，辱没誓言，而意气行事，随着时间推移，他们只追求让您耳顺目悦，阿谀奉承唯命是从，而不为国家的利益深谋远虑的缘故。事情的变故已经发生，他们又不考虑双方的强弱，认为左将军刘备孤军深入，粮草没有储备，想要凭借益州粮多兵众而以多击少，长期相持。但左将军的大军从葭萌关到这里，所过之处全部攻克，您的行宫和地方的驻军，日益凋零。雒城中虽然有一万军队，但都是逃兵和败将，如果准备决一死战的话，这些兵将的力量是肯定不敌的。如果想要长期相持，打粮草的主意的话，现在我们这里的营垒已经坚固，谷米已经聚积，而将军您的地盘日益减少，百姓日益穷困，和您作对的敌人就会增多，您的粮草供给远远不够。依愚见，您的粮

将不复以持久也。空尔相守,犹不相堪,今张益德数万之众,已定巴东,入犍为界,分平资中[2]、德阳[3],三道并侵,将何以御之?

草一定会先耗尽,将不再能长期坚持。毫无结果的对峙,就已经让您不堪重负了,更何况现在张益德统率数万大军,已经平定了巴东郡,进入犍为郡的境内,分别平定了资中、德阳,三路大军一齐进攻,您将如何抵御呢?

今注 1 黩(dú)誓:辱没自己的誓言。 2 资中:属犍为郡,在今四川资阳。 3 德阳:属广汉郡,在今四川遂宁。

"本为明将军计者,必谓此军县远无粮,馈运不及,兵少无继。今荆州道通,众数十倍,加孙车骑遣弟及李异、甘宁等为其后继。若争客主之势,以土地相胜者,今此全有巴东,广汉、犍为,过半已定,巴西一郡,复非明将军之有也。计益州所仰惟蜀,蜀亦破坏,三分亡二,吏民疲困,思为乱者十户而八;若敌远则百姓不能堪役,敌近则一旦易主矣。广汉诸县,是明比

"原来为您谋划此事的人,一定认为刘备这支大军孤军深入没有粮草,军需物资供应不上,兵力很少且没有后续部队。然而如今和荆州之间的道路通畅,人马增多数十倍,另外,孙权派他的弟弟和李异、甘宁等人作为后援。如果还要争主客之势,按所占的土地相比较的话,现在刘备已经全部占有巴东,广汉、犍为两郡也已经大半平定,巴西郡也不再属于您了。我认为您在益州所仰仗的只有蜀郡,而蜀郡三分之二的地区已经被攻破,官吏百姓十分困顿,百姓十分之八都想要作乱;如果敌军在远方,则百姓不能承受兵役,如果敌军在近处,那么百姓马上就会投降新主。广汉各县,就是明显

也。又鱼复[1]与关头实为益州福祸之门，今二门悉开，坚城皆下，诸军并破，兵将俱尽，而敌家数道并进，已入心腹[2]，坐守都、雒，存亡之势，昭然可见。斯乃大略，其外较耳，其余屈曲，难以辞极也。以正下愚，犹知此事不可复成，况明将军左右明智用谋之士，岂当不见此数哉？旦夕偷幸[3]，求容取媚，不虑远图，莫肯尽心献良计耳。若事穷势迫，将各索生，求济门户，展转反覆，与今计异，不为明将军尽死难也。而尊门犹当受其忧。正虽获不忠之谤，然心自谓不负圣德[4]，顾惟分义，实窃痛心。左将军从本举来，旧心依依，实无薄意。愚以为可图变化，以保尊门。”

的例子。另外，鱼复和关头是关系益州安危的门户，如今这两个门户已经洞开，坚固的城池相继陷落，各地驻军都被打败，兵将损失殆尽，而敌军几路并进，已进入要害之地，您只能困守成都、雒城，存亡的大势已经十分明显了。这些只是大势，仅是表面的情况，其他复杂的内情，更是难以用语言来说明。以我这样的愚钝低劣，都知道这样的形势无法继续坚持了，更何况将军您身边明智的谋士，难道他们会不懂这样的道理吗？他们只是追求一时苟且侥幸，争相讨好，阿谀谄媚，不考虑长远，没有人愿意进献良策罢了。一旦形势危急，他们就会各自求生，以求保全自家门户，他们也会摇摆不定，与现在的想法完全不同，不会为您尽忠死节的，而您的家族却会蒙受他们带来的灾祸。我虽然已经蒙受了不忠诚于您的诽谤，但扪心自问并没有辜负您的恩德，顾念以前的情分，实在暗自为您痛心。左将军刘备率众前来，仍不忘旧情，绝无亏待之意。我认为您可以考虑改变策略，以保全您的家族。”

今注 **1** 鱼复：即白帝城，在今重庆奉节东白帝山上。东汉初公孙述筑城，述自号白帝，故以此名，并移鱼复县治此。 2 心腹：比喻要害部位。 3 偷幸：苟且侥幸。 4 圣德：此处指刘璋的恩德。

十九年，进围成都，璋蜀郡太守许靖将逾城降，事觉，不果。璋以危亡在近，故不诛靖。璋既稽服，先主以此薄靖不用也。正说曰："天下有获虚誉而无其实者，许靖是也。然今主公始创大业，天下之人不可户说，靖之浮称，播流四海，若其不礼，天下之人以是谓主公为贱贤也。宜加敬重，以眩远近，追昔燕王之待郭隗[1]。"先主于是乃厚待靖[1]。以正为蜀郡太守、扬武将军，外统都畿，内为谋主。一餐之德，睚眦之怨，无不报复，擅杀毁伤己者数人。或谓诸葛亮曰："法正于蜀郡太纵横，将军宜启主公，抑其威福。"亮答曰："主公之在公安也，

建安十九年(214)，先主进军包围成都，刘璋任命的蜀郡太守许靖打算翻越城墙出来投降，事情被发觉，没有成功。刘璋因危亡逼近，所以就没有杀死许靖。刘璋投降后，先主因此轻视许靖，没有任用他。法正劝先主说："天下有的是徒有虚名而无其实的人，指的就是许靖。但是如今主公您刚开始创建大业，不可能挨家挨户去向天下人说明，许靖的虚名，散布天下，如果不礼待他，天下的人就因此而认为主公您轻视贤才。您应当对许靖更加礼敬，以迷惑远近的人，效法从前燕昭王对郭隗那样。"先主于是厚待许靖。任命法正为蜀郡太守、扬武将军，对外管理京城一带的政务，对内为主要谋士。法正恩怨分明，对他有一餐之恩的人，他都会给予回报；与他有小矛盾的人，无不进行报复，擅自杀死了几个诽谤过他的人。有人对诸葛亮说："法正在蜀郡过于骄横霸道，将军您应该向主公禀告，限制他作威作福。"诸葛亮回答说："主公在公安

北畏曹公之强，东惮孙权之逼，近则惧孙夫人生变于肘腋之下；当斯之时，进退狼跋[2]，法孝直为之辅翼，令翻然翱翔，不可复制，如何禁止法正使不得行其意邪！”初，孙权以妹妻先主，妹才捷刚猛，有诸兄之风，侍婢百余人，皆亲执刀侍立，先主每入，衷心常凛凛；亮又知先主雅爱信正，故言如此[2]。

时，北面畏惧曹操的强大势力。东面担忧孙权的逼迫，近前则害怕孙夫人在身旁发生变故；在那时候，主公进退维谷，法孝直辅佐主公，使主公能展翅腾飞，不再受制于人，怎么能够阻止法正，使他不按自己的意志行事呢！”当初，孙权把妹妹嫁给先主，孙权的妹妹性情刚烈，有几位兄长的作风，服侍她的侍女有一百多人，都佩刀侍立在旁，先主每次进入内室，心中总是惶惶不安；诸葛亮又知道先主一直很宠爱信任法正，所以这样回答。

今注 **1** 燕王之待郭隗：燕昭王欲报齐仇，拟招徕人才，向郭隗问计。郭隗说：“请先自隗始。”昭王即为其筑宫而敬以为师，于是乐毅等相继而至。 **2** 狼跋：即狼狈，困顿窘迫貌。

裴注 ［**1**］孙盛曰：“夫礼贤崇德，为邦之要道，封墓式闾，先王之令轨。故必以体行英邈，高义盖世，然后可以延视四海，振服群黎。苟非其人，道不虚行。靖处室则友于不穆，出身则受位非所，语信则夷险易心，论识则殆为衅首，安在其可宠先而有以感致者乎？若乃浮虚是崇，偷薄斯荣，则秉直仗义之士，将何以礼之？正务眩惑之术，违贵尚之风，譬之郭隗，非其伦矣。”臣松之以为，郭隗非贤，犹以权计蒙宠，况文休名声夙著，天下谓之英伟，虽末年有瑕，而事不彰彻，若不加礼，何以释远近之惑乎？法正以靖方隗，未为不当，而盛以封墓式闾为难，何其迂哉！然则燕昭亦非，岂唯刘翁？至于友于不穆，失由子将，寻蒋济之论，知非文休之尤。

盛又讥其受位非所，将谓仕于董卓。卓初秉政，显擢贤俊，受其策爵者，森然皆是。文休为选官，在卓未至之前，后迁中丞，不为超越。以此为贬，则荀爽、陈纪之俦，皆应摈弃于世矣。［2］孙盛曰：“夫威福自下，亡家害国之道，刑纵于宠，毁政乱理之源，安可以功臣而极其陵肆，嬖幸而藉其国柄者哉！故颠颉虽勤，不免违命之刑，杨干虽亲，犹加乱行之戮。夫岂不爱？王宪故也。诸葛氏之言，于是乎失政刑矣。”

二十二年，正说先主曰：“曹操一举而降张鲁，定汉中，不因此势以图巴、蜀，而留夏侯渊、张郃屯守，身遽北还，此非其智不逮而力不足也，必将内有忧逼故耳。今策渊、郃才略，不胜国之将帅，举众往讨，则必可克。克之之日，广农积谷，观衅伺隙[1]，上可以倾覆寇敌，尊奖[2]王室，中可以蚕食雍、凉，广拓境土，下可以固守要害，为持久之计。此盖天以与我，时不可失也。”先主善其策，乃率诸将进兵汉中，正亦从行。二十四年，先主自阳平南渡沔水，缘山稍前，于定军、兴势[3]作

建安二十二年(217)，法正劝先主说：“曹操一举就征服了张鲁，平定了汉中，不乘胜追击夺取巴、蜀之地，而留下夏侯渊、张郃屯兵驻守汉中，他自己匆忙返回北方，这不是他的才智不够或兵力不足，一定是内部有紧急情况逼迫的缘故。如今估量夏侯渊、张郃的才智谋略，不如我们的将领，发兵去征讨他们，就一定能获胜。战胜他们之后，我们就广泛地发展农业，积蓄粮食，寻找时机，上可以消灭敌人，尊崇辅佐王室，中可以逐步占取雍州、凉州，拓展疆域，下可以坚守险要之地，作持久打算。这大概是上天赐给我们的良机，时机不能错过啊。”先主认为他的计策很好，就率领众将进军汉中，法正也随同前往。建安二十四年(219)，先主从阳平关向南渡过沔水，沿山逐渐向前推进，在定军山、兴势山安营扎寨。夏侯渊率

营。渊将兵来争其地。正曰:“可击矣。”先主命黄忠乘高鼓噪攻之,大破渊军,渊等授首。曹公西征,闻正之策,曰:“吾故知玄德不办有此,必为人所教也[1]。”

兵来争夺这个地方。法正说:“可以出击了。”先主命令黄忠率兵登高擂鼓呐喊,居高临下进攻,大败夏侯渊的军队,夏侯渊等人被杀。曹操此时正向西征讨,听说了法正的计策,说:“我本来就知道刘玄德不具备这样的谋略,一定是有人教授的。”

今注 **1** 观衅伺隙:观衅,等待机会,有所图谋。伺隙,窥测可乘之机。**2** 尊奖:尊崇辅助。 **3** 兴势:山名,在今陕西洋县北。

裴注 [**1**] 臣松之以为,蜀与汉中,其由唇齿也。刘主之智,岂不及此?将计略未展,正先发之耳。夫听用嘉谋以成功业,霸王之主,谁不皆然?魏武以为人所教,亦岂劣哉!此盖耻恨之余辞,非测实之当言也。

先主立为汉中王,以正为尚书令、护军将军。明年卒,时年四十五。先主为之流涕者累日。谥曰翼侯。赐子邈爵关内侯,官至奉车都尉、汉阳太守。诸葛亮与正,虽好尚不同,以公义相取。亮每奇正智术。先主既即尊号,将东征孙权以复关羽之耻,群臣多谏,一[1]不从。章武

先主做了汉中王,任命法正为尚书令、护军将军。第二年,法正去世,时年四十五岁。先主一连几天为他痛哭流涕。赐法正谥号“翼侯”。赐封法正的儿子法邈关内侯,法邈后来官做到了奉车都尉、汉阳太守。诸葛亮和法正,虽然兴趣爱好各有不同,但都以国家利益为重,互相取长补短。诸葛亮常常对法正的智谋感到惊奇。先主称帝后,准备东征孙权以报关羽被杀之仇,朝中大臣们大都劝阻,先主一概不听。章武二

二年，大军败绩，还住白帝。亮叹曰："法孝直若在，则能制主上，令不东行；就复东行，必不倾危[2]矣[1]。"

年(222)，蜀军大败，先主退回白帝城驻军。诸葛亮感叹说："法孝直如果还活着，则能阻止主公不进行东征；即使东征也一定不会像现在这样兵败势危。"

今注 1 一：一概，一律。 2 倾危：倾斜欲倒，指兵败势危。

裴注 [1] 先主与曹公争，势有不便，宜退，而先主大怒，不肯退，无敢谏者。矢下如雨。正乃往当先主前，先主云："孝直避箭。"正曰："明公亲当矢石，况小人乎！"先主乃曰："孝直，吾与汝俱去。"遂退。

评曰：庞统雅好人流，经学思谋，于时荆楚谓之高俊[1]。法正著见成败，有奇画策算，然不以德素称也。拟之魏臣，统其荀彧之仲叔，正其程、郭之俦俪[2]邪？

评论说：庞统向来喜欢品评人物，潜心研究学问谋略，在当时荆楚一带可称得上是杰出的人才。法正能准确预见成败，有奇谋，但是他的德行却不太为人称道。把他们同魏国的大臣相比，庞统大概和荀彧不相上下，法正大概是程昱、郭嘉一类的人物吧？

今注 1 高俊：指才智过人者。 2 俦俪(chóu lì)：同类的人。

卷三十八　蜀书八

许麋孙简伊秦传

导读

本卷主要记述了蜀国的文士，有许靖、麋竺、孙乾、简雍、伊籍、秦宓五人。麋竺、孙乾和简雍是一直跟随刘备常年征战的重要谋士。而伊籍则是荆州刘表的部下，随从刘备入川。许靖、秦宓原是益州刘璋的部下，他们都得到了刘备的赏识和重用。

由此不难看出，刘备在建立政权的过程中，既重视常年跟随自己的部下，还重视在荆州时归顺的人才；更值得注意的是，他还有意笼络益州当地士人，这也是刘备能顺利建立蜀汉政权的原因之一。

许靖

原文

许靖，字文休，汝南平舆[1]人。少与从弟劭俱知名，并有人伦臧否之称，而私情不协。劭为郡功曹[2]，排摈靖不得齿叙[3]，以马磨自给。颍川刘翊为汝南太守，乃举靖计吏，察孝廉，除尚书郎，典选举。灵

译文

许靖，字文休，汝南平舆人。年轻时，和他的堂弟许劭都很有名，两人都以褒贬品评人物而出名，但是他们俩私交不好。许劭任郡功曹，排挤许靖，使他不能得到录用，许靖只得用马拉磨为生。颍川刘翊当汝南太守时，才推举许靖为计吏，察举其为孝廉，朝廷任命他为尚书郎，主管官吏的选拔。

帝崩，董卓秉政，以汉阳周毖为吏部尚书，与靖共谋议，进退天下之士，沙汰秽浊，显拔幽滞[4]。进用颍川荀爽、韩融、陈纪等为公、卿、郡守，拜尚书韩馥为冀州牧，侍中刘岱为兖州[5]刺史，颍川张咨为南阳太守，陈留孔伷为豫州刺史，东郡张邈为陈留太守，而迁靖巴郡太守，不就，补御史中丞。馥等到官，各举兵还向京都，欲以诛卓。卓怒毖曰："诸君言当拔用善士，卓从君计，不欲违天下人心。而诸君所用人，至官之日，还来相图。卓何用相负！"叱毖令出，于外斩之。靖从兄陈相玚，又与伷合规，靖惧诛，奔伷[1]。伷卒，依扬州刺史陈祎。祎死，吴郡都尉许贡、会稽太守王朗素与靖有旧，故往保焉。靖收恤亲里，经纪振赡，出于仁厚。

汉灵帝去世后，董卓执掌朝政，任用汉阳人周毖为吏部尚书，和许靖共同商议，提拔或者罢免天下的士人，清除贪官污吏，选拔隐沦未被擢用的贤能之士。他们推举颍川人荀爽、韩融、陈纪等为公、卿、郡守，任命尚书韩馥为冀州牧，侍中刘岱为兖州刺史，颍川人张咨为南阳太守，陈留人孔伷为豫州刺史，东郡人张邈为陈留太守，而许靖本人被任命为巴郡太守，他没有赴任，补为御史中丞。韩馥等人到任后，纷纷起兵反攻京城，想要诛灭董卓。董卓气愤地对周毖说："你们说应该提拔任用优秀的人才，我听从了你们的建议，不愿违背天下人心。可是你们任用的人，刚一到任，就反过来攻打我。我董卓哪里对不起你们！"斥责周毖并让他出去，在外面斩杀了他。许靖的堂兄陈国的国相许玚，又和孔伷合谋反叛董卓，许靖害怕被杀，逃到了孔伷那里。孔伷死后，许靖投靠了扬州刺史陈祎。陈祎死后，吴郡都尉许贡、会稽太守王朗一向和许靖有交情，因此许靖又前往他们那里安身。许靖收容抚恤乡亲，安排经营生计，救济赡养亲友，都出于仁厚之心。

今注　1 平舆：属汝南郡，在今河南平舆县。　2 功曹：汉代郡太守的属官，在郡中的地位相当于朝廷中的相国。在很多事情上有决定权，例如郡官吏的任免、赏罚等。　3 齿叙：按年次叙列，录用。　4 幽滞：指隐沦而未被擢用之士。　5 兖州：东汉十三州之一，下辖陈留郡、东郡、东平国、任城国、泰山郡、济北国、山阳郡、济阴郡等，东汉治昌邑(今山东巨野南)。

裴注　[1]《蜀记》云："靖后自表曰：'党贼求生，情所不忍；守官自危，死不成义。窃念古人当难诡常，权以济其道。'"

孙策东渡江，皆走交州[1]以避其难，靖身坐岸边，先载附从，疏亲悉发，乃从后去，当时见者莫不叹息。既至交阯，太守士燮厚加敬待。陈国袁徽以寄寓交州，徽与尚书令荀彧书曰："许文休英才伟士，智略足以计事。自流宕已来，与群士相随，每有患急，常先人后己，与九族中外同其饥寒。其纪纲同类，仁恕恻隐，皆有效事，不能复一二陈之耳。"钜鹿张翔[1]衔王命使交部，乘势募靖，欲与

孙策东渡长江，人们都逃到交州躲避战乱，许靖自己坐在岸边，让船先运送跟随他的人走，亲疏之人都运走后，他才跟在后面离开，当时看到的人没有不感叹的。到达交阯后，太守士燮非常敬重许靖并给予厚待。陈国人袁徽也客居在交州，他给尚书令荀彧写信说："许文休是有杰出才能的贤人，他的智谋才略完全可以筹划国家大事。自从流亡以来，他和很多士人相伴，每当遇到危难，常常优先考虑别人，然后想到自己，和远近亲友同受饥寒。他为人们做出表率，仁慈宽厚富有爱心，都有可以查验的事实依据，只是不能再一一细说。"钜鹿张翔奉王命出使交阯，乘机招纳许靖，想要和他盟誓立约，许靖

誓要，靖拒而不许。靖与曹公书曰：

“世路戎夷，祸乱遂合，驽怯偷生，自窜蛮貊[2]，成阔[3]十年，吉凶礼废。昔在会稽，得所贻书，辞旨款密，久要不忘。迫于袁术方命圮[4]族，扇动群逆，津涂四塞，虽县心北风，欲行靡由。正礼师退，术兵前进，会稽倾覆，景兴失据，三江五湖，皆为虏庭。临时困厄，无所控告。便与袁沛、邓子孝等浮涉沧海，南至交州。经历东瓯、闽、越之国，行经万里，不见汉地，漂薄风波，绝粮茹草，饥殍荐臻[5]，死者大半。

拒绝没有答应。许靖给曹操写信说：

“如今天下战乱四起，祸乱频仍，我驽下怯懦为了保全性命，逃到这南方荒蛮之地，阔别故土已接近十年，吉礼和凶礼都荒废了。从前在会稽时，收到您送来的信，言辞恳切情意真诚，我久久不能忘记。但是迫于袁术命令他衰败的家族，煽动叛逆的人们作乱，渡口道路都被阻塞，我虽然心系北方，但是却无道路可回。刘正礼的军队败退，袁术的兵马前进，会稽郡陷落，景兴失守，三江五湖地区都成为贼寇的地盘。当时面临的艰难困顿，控告无门。我就和袁沛、邓子孝等人乘船渡海，南下来到交州。途经东瓯、闽、越之地，行程万里，看不到汉朝的土地，在风浪中漂泊，没有粮食只能吃野草，饿死的人连续不断，死掉了大半。

今注 1 交州：东汉建安八年(203)，改交趾刺史部为交州，治广信(今广西梧州)，旋移番禺(今广东广州)。下辖南海郡、苍梧郡、郁林郡、合浦郡、交趾郡、九真郡、日南郡等，大约辖今广东、广西的大部和越南横山—班杜一线以北诸省。 2 蛮貊(mò)：也作“蛮貉”，古代称南方和北方部族。亦泛指四方部族。 3 成阔：阔别。 4 圮(pǐ)：毁坏。 5 荐臻：接连到来。

裴注 [1]《万机论》云:“翔字元凤。”

“既济南海,与领守兒孝德相见,知足下忠义奋发,整饬元戎,西迎大驾,巡省[1]中岳。承此休问,且悲且喜,即与袁沛及徐元贤复共严装,欲北上荆州。会苍梧诸县夷、越蜂起,州府倾覆,道路阻绝,元贤被害,老弱并杀。靖寻循渚岸五千余里,复遇疾疠,伯母陨命,并及群从,自诸妻子,一时略尽。复相扶侍,前到此郡,计为兵害及病亡者,十遗一二。生民之艰,辛苦之甚,岂可具陈哉[1]!惧卒颠仆,永为亡虏,忧瘁惨惨,忘寝与食。欲附奉朝贡使,自获济通,归死阙庭,而荆州水陆无津,交部驿使断绝。欲上益州,复有峻防,故官长吏,一不得入。前令交阯太守士威彦,深相

“渡过南海以后,我和兼领南海太守的兒孝德相见,知道您忠心和义气高涨,整顿了军队,向西迎接皇帝,巡视中岳。获悉了这一好消息,我悲喜交加,马上同袁沛及徐元贤一起再次整理行装,想要北上荆州。恰巧遇到苍梧各县的夷族、越族纷纷造反,州府被攻破,道路阻断,徐元贤被杀,一家老小全部遇害。我沿着海岸奔走五千多里,又遇到了疫病,伯母病死,也传染了随行的人,他们各自的老婆孩子,一时间差不多都死光了。剩下的人互相扶持,来到交阯郡,统计除了死于战争和疾病的,剩下的人只有十之一二。百姓生存的艰难困苦哪里说得完呢!我害怕最终死在这里,永远成为流亡的罪人,忧心忡忡,忘了睡觉和饮食。想要跟随向朝廷进奉贡品的使者,自然可以获得通行,回到朝廷来终了此生,但是荆州的水陆交通中断,交州的邮驿使节无法通行。想要北上益州,又有严密的关卡阻拦,从前的官员,一概不能进入。从前,曾让交阯太守士威彦,恳切地向益州的兄弟

分托于益州兄弟，又靖亦自与书，辛苦恳恻，而复寂寞，未有报应。虽仰瞻光灵，延颈企踵，何由假翼自致哉？

“知圣主允明，显授足下专征之任，凡诸逆节，多所诛讨，想力竞者一心，顺从者同规[2]矣。又张子云昔在京师，志匡王室，今虽临荒域，不得参与本朝，亦国家之藩镇，足下之外援也[2]。若荆楚平和，王泽南至，足下忽有声命于子云，勤见保属，令得假途由荆州出，不然，当复相绍介于益州兄弟，使相纳受。倘天假其年，人缓其祸，得归死国家，解逋逃之负，泯躯九泉，将复何恨！若时有险易，事有利钝，人命无常，陨没不达者，则永衔罪责，入于裔土[3]矣。

相托付，另外，我也亲自给他们写信，陈述困苦之情并表达恳切的愿望，但仍然沉寂，都杳无音信。虽然我仰望您的光辉，伸长脖子、踮起脚跟盼望，又怎么能够借翅膀飞到您那里呢？

“我深知圣明的天子公允睿智，明确地授予您征伐四方的权力，所有叛逆者，大多都得到诛灭，想奋力竞争的人都同心同德了，顺从您的人也都统一了。另外，张子云从前在京城，立志匡救王室，现在虽然身处蛮荒，不能参与朝政，但也是国家的藩镇，是您的外援。如果荆楚之地平定，皇帝的恩泽降临南方，您能随时给张子云一声命令，殷切地表达保护部属之意，使我能借道荆州北上，不然，就再向益州的兄弟介绍我，让他们接纳我。假如上天多给我时日，身体能缓受灾祸侵袭，让我能回到国家而死，免除我逃亡的罪责，葬身九泉之下，又会有什么遗憾呢！假如因时势有难有易，事情有顺利有挫折，生命无常，死去而无法回归的话，我就只好永远带着罪责，葬在荒瘠边远的地方了。

今注　1 巡省：巡行视察。　2 同规：取法相同，指统一。　3 裔土：荒瘠边远的地方。

裴注 [1] 臣松之以为,孔子称贤者避世,其次避地,盖贵其识见安危,去就得所也。许靖羁客会稽,闾阎之士,孙策之来,于靖何为?而乃泛万里之海,入疫疠之乡,致使尊弱涂炭,百罹备经,可谓自贻矣。谋臣若斯,难以言智。孰若安时处顺,端拱吴、越,与张昭、张纮之俦,同保元吉者哉?[2] 子云名津,南阳人,为交州刺史。见《吴志》。

"昔营邱[1]翼周,杖钺专征,博陆佐汉,虎贲警跸[2][1]。今日足下扶危持倾,为国柱石,秉师望之任,兼霍光之重,五侯九伯,制御在手,自古及今,人臣之尊未有及足下者也。夫爵高者忧深,禄厚者责重。足下据爵高之任,当责重之地,言出于口,即为赏罚,意之所存,便为祸福。行之得道,即社稷用宁;行之失道,即四方散乱。国家安危,在于足下;百姓之命,县于执事。自华及夷,颙颙[3]注望。足下任此,岂可不远览载籍废兴之由,荣辱之机,弃忘旧恶,宽和群司,审量五材[4],为官

"当年姜太公辅佐周王室,周王授给他杖钺,有征伐的专权。博陆侯霍光辅佐汉朝,皇帝赐给他虎贲卫士和警卫开道的荣宠。如今您辅佐衰微的汉室,是国家的柱石,承受着姜太公那样的重任,兼有着霍光那样的威名,诸侯百官,都受您制约,从古到今,做臣子的尊荣没有能比上您的。爵位高的人忧虑也很深,俸禄丰厚的人责任也重大。您居于崇高的地位,处在责任重大的位置,话语一出,就成为赏罚的命令,心中的想法,就会影响别人的祸福。您行事符合道义,国家就会安宁;行事背弃道义,天下就会动乱。国家的安危,在于您一人;百姓的生命,也系在您手中。从中原到四夷,都仰望注视着您。您担负这样的重任,怎能不审阅史籍中记载的各代兴衰成败的原因,了解荣耀和耻辱的缘由,抛弃忘掉从前的仇怨,宽容和善地对待群臣,审查衡量五材,为国家选拔人才呢?假如得

择人？苟得其人，虽仇必举；苟非其人，虽亲不授。以宁社稷，以济下民，事立功成，则系音于管弦，勒勋于金石，愿君勉之！为国自重，为民自爱。”翔恨靖之不自纳，搜索靖所寄书疏，尽投之于水。

到合适的人，即使是仇人也一定提拔；如果是不合适的人，即使是亲属也不任用。由此安定社稷，救助百姓，建立功业，就会使颂扬的音乐留在管弦之中，让功劳刻在金石之上，愿您努力为之！为国家而自重，为人民而自爱。”张翔怨恨许靖不和自己结交，搜寻许靖寄送的书信奏疏，全部扔到了水中。

今注　1 营邱：齐国的开国之君姜太公被分封到“营邱”，故以此代指姜太公。　2 警跸：古代帝王出行时，侍卫人员沿涂严加戒备和清道。3 颙颙(yóng)：景仰貌。　4 五材：五种德性，《六韬·论将》：“所谓五材者，勇、智、仁、信、忠也。”

裴注　[1]《汉书·霍光传》曰：“光出都肄郎羽林，道上称警跸。”未详虎贲所出也。

后刘璋遂使使招靖，靖来入蜀。璋以靖为巴郡、广汉太守。南阳宋仲子于荆州与蜀郡太守王商书曰：“文休倜傥瑰玮1，有当世之具，足下当以为指南[1]。”建安十六年，转在蜀郡[2]。十九年，先主克蜀，以靖为左将军长史。先主为汉中

后来刘璋就派使者招揽许靖，许靖来到蜀地。刘璋任命许靖为巴郡、广汉郡的太守。南阳人宋仲子在荆州给蜀郡太守王商写信说：“许靖风流儒雅才干出众，有治理当世的才能，您应该以他为楷模。”建安十六年(211)，许靖调蜀郡任职。建安十九年(214)，先主攻克蜀郡，任命许靖为左将军长史。先主做了汉中王，任命许靖为太傅。

王，靖为太傅。及即尊号，策靖曰："朕获奉洪业，君临万国，夙宵惶惶，惧不能绥。百姓不亲，五品[2]不逊，汝作司徒，其敬敷五教[3]，在宽。君其勖哉！秉德无怠，称朕意焉。"

靖虽年逾七十，爱乐人物，诱纳后进，清谈不倦。丞相诸葛亮皆为之拜。章武二年卒。子钦，先靖夭没。钦子游，景耀中为尚书。始靖兄事颍川陈纪，与陈郡袁涣、平原华歆、东海王朗等亲善，歆、朗及纪子群，魏初为公辅大臣，咸与靖书，申陈旧好，情义款至，文多故不载[3]。

等先主即位，策命许靖说："朕继承大业，统治万国，日夜不安，担心国家不能安宁。百姓不相亲睦，五伦不顺，你担任司徒，要尽心施行五教，以宽仁为本。你要努力啊！保持德行，不要懈怠，以符合朕的心意。"

许靖虽然年过七十，仍喜爱和杰出的人物交往，引见接纳后起之秀，清议不知疲倦。丞相诸葛亮都对他很敬服。许靖在章武二年(222)去世。他的儿子许钦，在许靖之前就死了。许钦的儿子许游，景耀年间担任尚书。当初许靖像对待兄长一样侍奉颍川陈纪，和陈郡袁涣、平原华歆、东海王朗等人亲近友善，华歆、王朗和陈纪的儿子陈群，在魏初任公辅大臣，都给许靖写信，叙述往日的情谊，感情真挚，这些文字过多，所以就不记载了。

今注　**1** 瑰玮：指人品、才干出众。　**2** 五品：即五常。指旧时的五种伦常道德：指君臣、父子、兄弟、夫妻、朋友五种伦理关系。　**3** 五教：五常之教。指父义、母慈、兄友、弟恭、子孝五种伦理道德的教育。

裴注　[**1**]《益州耆旧传》曰："商字文表，广汉人，以才学称，声问著于州里。刘璋辟为治中从事。是时王涂隔绝，州之牧伯犹七国之诸侯也，而璋懦弱多疑，不能党信大臣。商奏记谏璋，璋颇感悟。初，韩遂与马腾作乱关中，数与璋父焉交通信，至腾子超，复与璋相闻，有连蜀之意。商谓璋曰：'超勇而不亡，见得不思义，不可以为唇齿。《老子》曰："国之利器，不可以示人。"今之益部，土美民丰，宝物所出，斯乃狡夫所欲倾覆，超等所以西望也。若引而近之，则由养虎，将自遗患矣。'璋从其言，乃拒绝之。荆州牧刘表及儒者宋忠咸闻其名，遗书与商，叙致殷勤。许靖号为臧否，至蜀，见商而称之曰：'设使商生于华夏，虽王景兴无以加也。'璋以商为蜀郡太守。成都禽坚有至孝之行，商表其墓，追赠孝廉。又与严君平、李弘立祠作铭，以旌先贤。修学广农，百姓便之。在郡十载，卒于官，许靖代之。" [2]《山阳公载记》曰："建安十七年，汉立皇子熙为济阴王，懿为山阳王，敦为东海王。靖闻之曰：'将欲歙之，必固张之；将欲取之，必固与之。其孟德之谓乎！'" [3]《魏略》：王朗与文休书曰："文休足下：消息平安，甚善，甚善！岂意脱别三十余年而无相见之缘乎！诗人比一日之别于岁月，岂况悠悠历累纪之年者哉！自与子别，若没而复浮，若绝而复连者数矣。而今而后，居升平之京师，攀附于飞龙之圣主；侪辈略尽，幸得老与足下并为遗种之叟，而相去数千里，加有邅蹇之隔，时闻消息于风声，托旧情于思想，眇眇异处，与异世无以异也。往者，随军到荆州，见邓子孝、桓元将，粗闻足下动静，云夫子既在益州，执职领郡，德素规矩，老而不堕。是时侍宿武皇帝于江陵刘景升听事之上，共道足下于通夜，拳拳饥渴，诚无已也。自天子在东宫，及即位之后，每会群贤，论天下髦隽之见在者，岂独人尽易为英？士鲜易取最，故乃猥以原壤之朽质，感夫子之情（疑作"清"）听；每叙足下，以为谋首，岂其注意，乃复过于前世？《书》曰'人惟求旧'，《易》称'同声相应，同气相求'，刘将军之与大魏，兼而两之，总此二义。前世邂逅，以同为睽，非武皇帝之旨；顷者蹉跌，其泰而否，亦非足下之意也。深思《书》《易》之义，利结分于宿好，故遣降者送吴所献致名马、貂、罽；得因无嫌，道初开通，展叙旧情，以达声问。久阔情慉，非夫笔墨所能写陈，亦想足下同其志念。今者，亲生男女凡有几人？年并几何？仆连失一男一女，今有二男，大儿名肃，年二十九，生于会稽；小儿裁岁余。临书怆恨，有怀缅然。”又曰：“过闻‘受终于文祖’之言于《尚书》。又闻‘历数在躬，允执其中’之文于《论语》。岂自意得于老耄之齿，正值天命受于圣主之会，亲见三让之弘辞，观众瑞之总集，睹升堂穆穆之盛礼，瞻燔燎焜曜之青烟；于时，忽自以为处唐、虞之运，际于紫微之天庭也。徒慨不得携子之手，共列于廿有二子之数，以听有唐‘钦哉’之命也。子虽在裔土，想亦极目而回望，侧耳而遐听，延颈而鹤立也。昔汝南陈公初拜，不依故常，让上卿于李元礼。以此推之，吾宜退身以避子位也。苟得避子以窃让名，然后绥带委质，游谈于平、勃之间，与子共陈往时避地之艰辛，乐酒酣宴，高谈大噱，亦足遗忧而忘老。捉笔陈情，随以喜笑。”又曰：“前夏有书而未达，今重有书，而并致前问。皇帝既深悼刘将军之早世，又愍其孤之不易，又惜使足下孔明等士人气类之徒，遂沈溺于羌夷异种之间，永与华夏乖绝，而无朝聘中国之期缘，瞻睎故土桑梓之望也，故复运慈念而劳仁心，重下明诏以发德音，申敕朗等，使重为书与足下等。以足下聪明，揆殷勤之圣意，亦足悟海岱之所常在，知百川之所宜注矣。昔伊尹去夏而就殷，陈平违楚而归汉，犹曜德于阿衡，著功于宰相。若足下能弼人之遗孤，定人之犹豫，去非常之伪号，事受命之大魏，客主兼不世之荣名，上下蒙不朽之常耀，功与事并，声与勋著，考其绩效，足以超越伊、吕矣。既承诏旨，且服旧之情，情不能已。若不言足下之所能，陈足下之所见，则无以宣明诏命，弘光大之恩，叙宿昔梦想之思。若天启众心，子导蜀意，诚此意有携手之期。若险路未夷，子谋不从，则惧声问或否，复面何由！前后二书，言每及斯，希不切然有动于怀。足下周游江湖，以暨南海，历观夷俗，可谓遍矣；想子之心，结思华夏，可谓深矣。为身择居，犹愿中土；为主择安，岂可以不系意于京师，而持疑于荒裔乎？详思愚言，速示还报也。”

麋竺

原文

麋竺，字子仲，东海朐[1]人也。祖世货殖，僮客万人，资产巨亿[1]。后徐州牧陶谦辟为别驾从事[2]。谦卒，竺奉谦遗命，迎先主于小沛。建安元年，吕布乘先主之出拒袁术，袭下邳，虏先主妻子。先主转军广陵海西[3]，竺于是进妹于先主为夫人，奴客二千，金银货币以助军资；于时困匮，赖此复振。后曹公表竺领嬴郡太守[2]，竺弟芳为彭城相，皆去官，随先主周旋。先主将适荆州，遣竺先与刘表相闻，以竺为左将军从事中郎。益州既平，拜为安汉将军，班在军师将军之右。竺雍容敦雅，而干翮[4]非所长。是以待之以上宾之礼，未尝有所统御。然赏赐优宠，

译文

麋竺，字子仲，东海郡朐县人。祖上世代经商，家里有奴仆上万人，资财过亿。后来徐州牧陶谦聘任麋竺为别驾从事。陶谦去世后，麋竺遵奉陶谦的遗命，到小沛去迎请先主。建安元年(196)，吕布乘先主出征抵御袁术的时机，袭夺下邳，俘虏了先主的老婆孩子。先主率军转驻在广陵郡海西县，麋竺于是就把自己的妹妹嫁给先主为夫人，又送给先主两千名奴仆，以及大量金银钱财来资助军队；先主当时十分穷困，依靠这些资财得以重新振作。后来曹操上表奏请麋竺兼领嬴郡太守，麋竺的弟弟麋芳为彭城国相，他们都放弃了官职，跟随先主四处奔走。先主准备前往荆州，派麋竺先去通报刘表，任命麋竺为左将军从事中郎。益州平定后，任命麋竺为安汉将军，位在军师将军之上。麋竺仪态雍容大度，敦厚儒雅，而才干谋略并非所长。因此先主虽然以上宾的礼遇厚待他，却从没有让他统率过军队。但是对他赏赐优厚，没有人能比。

无与为比。

芳为南郡太守，与关羽共事，而私好携贰，叛迎孙权，羽因覆败。竺面缚请罪，先主慰谕以兄弟罪不相及，崇待如初。竺惭恚发病，岁余卒。子威，官至虎贲中郎将。威子照，虎骑监。自竺至照，皆便弓马，善射御云。

麋芳任南郡太守，和关羽共事，但是暗中怀有二心，叛变去迎接孙权，关羽因此战败身亡。麋竺把自己反绑起来去请罪，先主安慰他说，兄弟的罪过不互相牵连，仍像以前那样敬待他。麋竺惭愧不安，郁闷得病，过了一年多就去世了。他的儿子麋威，官做到虎贲中郎将。麋威的儿子麋照，任虎骑监。从麋竺到麋照，全都熟悉弓马，善于骑射。

今注　1 朐：属东海郡，在今江苏连云港西南锦屏山侧。　2 别驾从事：州刺史的佐官，因地位较高，出巡时不与刺史同车，别乘一车，故名。3 海西：属广陵郡，在今江苏灌南县。　4 干翮(hé)：指理事的才能。

裴注　[1]《搜神记》曰："竺尝从洛归，未达家数十里，路傍见一妇人，从竺求寄载。行可数里，妇谢去，谓竺曰：'我天使也，当往烧东海麋竺家，感君见载，故以相语。'竺因私请之，妇曰：'不可得不烧。如此，君可驰去，我当缓行，日中火当发。'竺乃还家，遽出财物，日中而火大发。"　[2]《曹公集》载公表曰："泰山郡界广远，旧多轻悍，权时之宜，可分五县为嬴郡，拣选清廉以为守将。偏将军麋竺，素履忠贞，文武昭烈，请以竺领嬴郡太守，抚慰吏民。"

孙乾

原文

孙乾，字公祐，北海[1]人也。先主领徐州，辟[2]为从事[1]，后随从周旋。先主之背曹公，遣乾自结袁绍，将适荆州，乾又与麋竺俱使刘表，皆如意指。后表与袁尚书，说其兄弟分争之变，曰："每与刘左将军、孙公祐共论此事，未尝不痛心入骨，相为悲伤也。"其见重如此。先主定益州，乾自从事中郎为秉忠将军，见礼次麋竺，与简雍同等。顷之，卒。

译文

孙乾，字公祐，北海国人。先主兼领徐州牧时，聘任他为从事，之后就跟着先主四处征战。先主离开曹操，派孙乾去和袁绍联络，准备去荆州，孙乾又和麋竺一起出使到刘表那里，每次出使都能按照先主的心愿完成使命。后来刘表给袁尚写信，讲到他们兄弟分离相争的变故，说："每每和刘备、孙乾一起谈论这件事，没有一次不痛心入骨的，互相都感到悲伤。"孙乾就是这样被器重。先主平定益州，孙乾由从事中郎升任秉忠将军，受到的礼遇仅次于麋竺，和简雍相同。不久就去世了。

今注 **1** 北海：东汉有北海国，治剧县(今昌乐西)。 **2** 辟：汉代选官制度的一种。汉代刺史、郡守可以自行聘任属吏。

裴注 [**1**]《郑玄传》云："玄荐乾于州。乾被辟命，玄所举也。"

简雍

原文

简雍，字宪和，涿郡[1]人也。少与先主有旧，随从周旋。先主至荆州，雍与麋竺、孙乾同为从事中郎，常为谈客，往来使命。先主入益州，刘璋见雍，甚爱之。后先主围成都，遣雍往说璋，璋遂与雍同舆而载，出城归命。先主拜雍为昭德将军。优游风议，性简傲跌宕，在先主坐席，犹箕踞[2]倾倚，威仪不肃，自纵适。诸葛亮已下则独擅一榻，项枕卧语，无所为屈。时天旱禁酒，酿者有刑。吏于人家索得酿具，论者欲令与作酒者同罚。雍与先主游观，见一男女行道，谓先主曰："彼人欲行淫，何以不缚？"先主曰："卿何以知之？"雍对曰："彼有其具，与欲酿者同。"

译文

简雍，字宪和，涿郡人。年轻时曾与先主有交情，跟随先主四处奔走。先主到了荆州，简雍和麋竺、孙乾一起任从事中郎，常作为说客，出使各地。先主进入益州，刘璋见到简雍，非常喜欢他。后来先主围攻成都，派简雍去劝说刘璋，刘璋就和简雍同乘一辆车，出城投降。先主任命简雍为昭德将军。简雍风度仪态随性自然，性情高傲，放荡不羁，在先主面前就座，也是双腿像簸箕一样向前叉开，斜靠着坐席，不庄重严肃，自己随性闲适。在诸葛亮以下的官员面前，就独自占据一个坐榻，就枕而卧和别人交谈，丝毫不受拘束。当时天旱，官府禁止酿酒，酿酒的人要处以刑罚。官吏从一户人家查出了酿酒的器具，有人认为应该判处和酿酒的人同样的刑罚。简雍和先主游玩，看到一对男女在路上行走，简雍对先主说："那人想要行淫，为什么不把他绑起来？"先主问："您怎么知道？"简雍回答道："他有那样的器具，这和酿酒人是一样

先主大笑，而原欲酿者。雍之滑稽，皆此类也[1]。

的。”先主大笑，就免除了想要酿酒人的刑罚。简雍的滑稽诙谐，大多如此。

今注 1 涿郡：治所在今河北涿州。 2 箕踞：古人席地而坐，随意伸开两腿，像个簸箕，是一种不拘礼节、傲慢不敬的坐姿。

裴注 [1] 或曰：“雍本姓耿，幽州人语谓‘耿’为‘简’，遂随音变之。”

伊籍

原文

伊籍，字机伯，山阳[1]人。少依邑人镇南将军刘表。先主之在荆州，籍常往来自托。表卒，遂随先主南渡江，从入益州。益州既定，以籍为左将军从事中郎，见待亚于简雍、孙乾等。遣东使于吴，孙权闻其才辩，欲逆折[2]以辞。籍适入拜，权曰：“劳事无道之君乎？”籍既对曰：“一拜一起，未足为劳。”籍之机捷，类皆如此，权甚异之。后迁昭文将军，与诸葛亮、法正、刘巴、李严

译文

伊籍，字机伯，山阳人。年轻时依附同乡镇南将军刘表。先主在荆州时，伊籍经常到先主那里寻求寄寓。刘表死后，伊籍就跟随先主南渡长江，后来又到了益州。益州平定后，先主任命伊籍为左将军从事中郎，受到的礼遇仅次于简雍、孙乾等人。先主派他出使东吴，孙权听说他很有才能并且善辩，就想用言辞来挫败他。伊籍正好进来拜见，孙权说：“侍奉无道之君劳累吗？”伊籍马上回答说：“一拜一起，说不上劳累。”伊籍的机智敏捷，大多如此，孙权认为他很不寻常。后来伊籍升任昭文将军，和诸葛亮、

共造《蜀科》;《蜀科》之制，由此五人焉。

法正、刘巴、李严一起制定了《蜀科》;《蜀科》的条例，是由这五个人编写的。

今注　1 山阳:在今河南焦作东，因在太行山之阳得名。　2 逆折：挫折，摧折。

秦宓

原文

秦宓，字子敕，广汉绵竹人也。少有才学，州郡辟命，辄称疾不往。奏记州牧刘焉，荐儒士任定祖，曰:“昔百里、蹇叔[1]以耆艾[2]而定策，甘罗[3]、子奇[4]以童冠而立功，故《书》美黄发，而《易》称颜渊，固知选士用能，不拘长幼，明矣。乃者以来，海内察举，率多英隽而遗旧齿，众论不齐，异同相半，此乃承平之翔步，非乱世之急务也。夫欲救危抚乱，修己以安人，则宜卓荦超伦，与时殊趣，震

译文

秦宓，字子勑，广汉郡绵竹县人。年轻时很有才学，州郡征召他做官，他都推说有病不去。秦宓给益州牧刘焉上表，推荐儒士任定祖，说:“从前百里奚、蹇叔年龄很大而出良策，甘罗、子奇年纪很小而建功勋，所以《尚书》赞美老年人，而《易经》称颂颜渊，由此可知选拔任用贤才，要不拘泥年龄大小，这是很明显的。最近以来，国中推选，大多是青年才俊而遗漏了老年人，大家的意见各不相同，赞成与反对者各半，这是和平时期的安稳步骤，不是动乱时代的紧要做法。要想拯救危亡，平定祸乱，修养自身而安定人民，就应当才能超群，志向不同于当时之人，使邻国震动，使天下惊骇，上符合天意，下顺应民

惊邻国，骇动四方，上当天心，下合人意。天人既和，内省不疚，虽遭凶乱，何忧何惧！昔楚叶公好龙，神龙下之，好伪彻天，何况于真？今处士任安，仁义直道，流名四远，如令见察，则一州斯服。昔汤举伊尹[5]，不仁者远，何武贡二龚[6]，双名竹帛，故贪寻常之高而忽万仞之嵩，乐面前之饰而忘天下之誉，斯诚往古之所重慎也。甫欲凿石索玉，剖蚌求珠，今乃随、和炳然，有如皎日，复何疑哉！诚知昼不操烛，日有余光，但愚情区区，贪陈所见[1]。”

心。天人已经相顺和，自己内心反省没有愧疚，即使遭遇到凶险祸乱，又有什么可担忧畏惧的呢！从前楚国的叶公喜爱龙，神龙便降临他家，假的喜爱都会通达上天，何况真的呢？如今处士任安，仁义正直，美名传播四方；如果他得到推举，那么全州就会人心顺服。从前商汤选拔伊尹，不仁的人就都躲到了远方，何武推举龚胜、龚舍二人，他们都名载史册，所以贪图寻常的高度就看不到万仞高山，乐于眼前的称颂就会忘掉天下的赞誉，这确实是古人们所谨慎持重的。想要凿开顽石寻求美玉，剖开蚌壳索取珍珠，而现在随侯珠、和氏璧鲜艳明亮，就像光辉的太阳，还有什么值得怀疑的呢！我的确知道白天不用点蜡烛，阳光已经很明亮，只是我情真意切，希望倾吐自己的看法。”

今注 **1** 百里、蹇叔：百里奚和蹇叔都是春秋时期秦穆公选拔的贤臣。 **2** 耆艾：耆，六十岁；艾，五十岁。泛指老年人。 **3** 甘罗：战国时秦相甘茂之孙，年十二，时秦相吕不韦使赵，游说赵王割五城以事秦，回国后封为上卿。 **4** 子奇：相传为春秋时齐国人。十八岁治阿县，阿县大治。后用以称年少有才华的人。 **5** 汤举伊尹：商汤选拔伊尹为相的故事在战国时期广泛流传，文多不具引。 **6** 二龚：指西汉龚胜与龚舍。二人相友，并著名节。

裴注 [1]《益部耆旧传》曰："安，广汉人。少事聘士杨厚，究极图籍，游览京师，还家讲授，与董扶俱以学行齐声。郡请功曹，州辟治中别驾，终不久居。举孝廉、茂才，太尉载辟，除博士，公车征，皆称疾不就。州牧刘焉表荐安：'味精道度，厉节高邈。揆其器量，国之元宝。宜处弼疑之辅，以消非常之咎。玄纁之礼，所宜招命。'王涂隔塞，遂无聘命。年七十九，建安七年卒，门人慕仰，为立碑铭。后丞相亮问秦宓以安所长，宓曰：'记人之善，忘人之过。'"

刘璋时，宓同郡王商为治中从事，与宓书曰："贫贱困苦，亦何时可以终身！卞和炫玉以耀世，宜一来，与州尊相见。"宓答书曰："昔尧优许由[1]，非不弘也，洗其两耳；楚聘庄周，非不广也，执竿不顾。《易》曰'确乎其不可拔'，夫何炫之有？且以国君之贤，子为良辅，不以是时建萧、张之策，未足为智也。仆得曝背乎陇亩之中，诵颜氏之箪瓢，咏原宪[2]之蓬户，时翱翔于林泽，与沮、溺[3]之等俦，听玄猿之悲吟，察鹤鸣于九皋，安身为乐，无忧为福，处空

刘璋担任益州牧时，秦宓同郡人王商担任治中从事，给秦宓写信说："贫贱困苦，什么时候才能到头呢！卞和炫耀宝玉而扬名当世，您应该来一次，和州牧相见。"秦宓回信说："从前尧优待许由，恩遇并非不宏大，而许由还是去洗自己的双耳；楚国聘请庄周，不是不周到，而庄周仍然执竿垂钓不理会。《易经》说'确实啊，它是不能改变的'，有什么可炫耀的呢？并且以国君的贤明，有您做良好的辅佐，不在这个时候实施萧何、张良的谋略，就算不上明智。我能够在田野中背负烈日，吟诵颜回'箪食瓢饮'的名句，咏叹原宪蓬门的清贫，时时在森林水泽中漫游，和长沮、桀溺这样的人为伴，听着黑猿悲凉的叫声，看着白鹤在深泽中长鸣，以能安身保命为快乐，以没有忧愁为

虚之名，居不灵之龟，知我者希，则我贵矣。斯乃仆得志之秋也，何困苦之戚焉！”

幸福，有着空虚的名誉，占有不灵验的卜龟，知道我的人很少，那么我就显贵了。这正是我得志之时，有什么困苦忧伤的呢！”

今注 1 许由：相传尧将天下让给许由，许由不受，隐居在颍水之阳的箕山之下。尧又召为九州长，由不愿闻，洗耳于颍水之滨。 2 原宪：字子思，又称原思，春秋鲁人，一说宋人，孔子弟子。清静守节，安贫乐道，孔子相鲁时，尝为邑宰，后隐于卫。 3 沮、溺：长沮、桀溺。春秋时楚国的隐士。孔子游楚时，见桀溺与长沮耦耕，便使子路向他探问过河的渡口。

后商为严君平[1]、李弘[2]立祠，宓与书曰：“疾病伏匿，甫知足下为严、李立祠，可谓厚党勤类者也。观严文章，冠冒天下，由、夷逸操，山岳不移，使扬子不叹，固自昭明。如李仲元不遭《法言》，令名必沦，其无虎豹之文故也，可谓攀龙附凤者矣。如扬子云潜心著述，有补于世，泥蟠不滓[3]，行参圣师，于今海内，谈咏厥辞。邦

后来王商给严君平、李弘等人建立祠堂，秦宓给王商写信说：“我患病卧床不能出门，刚刚得知您为严君平、李弘建立祠堂，您可以称得上是厚待朋党，勉励同辈的人。看严君平的文章，冠绝天下，有许由、伯夷那样高尚的节操，如山岳一样不可动摇，即使扬子没有为他赞叹，也一定会光耀天下。而像李仲元如果没有遇到《法言》，他的美名一定会被埋没，因为他没有像虎豹斑纹那样的文采的缘故，他可以称得上是攀龙附凤的人了。像扬子云那样潜心著述，对当世有所补益，如龙盘曲在泥堆而不被污染，行为仿效圣人先师，至今海内还在谈论称颂他的文辞。国

有斯人，以耀四远，怪子替兹，不立祠堂。蜀本无学士，文翁遣相如东受七经，还教吏民，于是蜀学比于齐、鲁。故《地里志》曰：'文翁倡其教，相如为之师。'汉家得士，盛于其世。仲舒之徒，不达封禅，相如制其礼。夫能制礼造乐，移风易俗，非礼所秩有益于世者乎！虽有王孙之累，犹孔子大齐桓之霸，公羊贤叔术之让。仆亦善长卿之化，宜立祠堂，速定其铭。"

家有这样的人，可以光耀四方，奇怪的是您漏掉了这些人，没有给他们立祠堂。蜀地本来没有学士，文翁派司马相如到东方学习了七经，回来教授官吏百姓，于是蜀地的学士赶上了齐、鲁。因而《地理志》说：'文翁倡导教育，相如做了他们的老师。'汉朝得到的读书人，在那个时代是很多的。董仲舒等人，不通晓封禅的礼仪，司马相如便制定了封禅的礼仪。制定礼仪、创作音乐，移风易俗，这不就是礼教所规定而对当代很有益的事吗！司马相如虽然有卓王孙的拖累，但是就像孔子也还推崇齐桓公的霸业，公羊高认为叔术的谦让很贤明一样。我也认为司马长卿的教化之功值得称赞，应该为他建立祠堂，请赶快写定铭文颂辞。"

今注　1 严君平：名尊，西汉蜀郡人，精通《老子》《易经》，卖卜为生，隐居不仕。　2 李弘：字仲元，西汉蜀郡人，以德行被召为令，任事一月即辞去。后为州从事，为人正直敢谏。　3 泥蟠不滓：盘绕在泥泞里而没有被污染。比喻人不得志但不丧失节操。

先是，李权从宓借《战国策》，宓曰："战国纵横[1]，用之何为？"权曰："仲尼、严平，会聚众

此前，李权曾向秦宓借《战国策》，秦宓说："《战国策》是讲纵横之术的，您用它做什么？"李权说："孔子、严君平汇集各种书籍，写成了《春秋》《老子指归》这

书，以成《春秋》《指归》之文，故海以合流为大，君子以博识为弘。”宓报曰：“书非史记周图，仲尼不采；道非虚无自然，严平不演。海以受淤，岁一荡清；君子博识，非礼不视。今《战国》反覆仪、秦之术，杀人自生，亡人自存，经之所疾。故孔子发愤作《春秋》，大乎居正，复制《孝经》，广陈德行。杜渐防萌[2]，预有所抑，是以老氏绝祸于未萌，岂不信邪！成汤大圣，睹野鱼而有猎逐之失，定公贤者，见女乐而弃朝事[1]，若此辈类，焉可胜陈。道家法曰：‘不见所欲，使心不乱。’是故天地贞观，日月贞明；其直如矢，君子所履。《洪范》记灾，发于言貌，何战国之谲[3]权乎哉！”

样的书，所以大海依靠汇聚河流而广大，君子依靠广博的知识而宏大。”秦宓回答说：“书籍只要不是历史典籍和周代的图录，孔子就不采录；道不是关于虚无自然的，严君平就不推演。大海因为接受污泥，每年要荡清一次；君子要扩大学识，而不合礼仪的却不能看。现在《战国策》讲的是张仪、苏秦反复无常的权术，杀死别人求得自己活下去，灭亡别人而保存自身，这是经义所痛斥的。因而孔子发愤撰写《春秋》，它最重要的就是端居正道，又编定出《孝经》，广泛地讲述德行。对恶的行为防微杜渐，预先就要有所抑制，因此老子说要在祸害还没有发生时就灭绝它，难道不是正确的吗！成汤这样的大圣人，看到野生的鱼而有了追逐渔猎的过失；鲁定公这样的贤者，看到歌女舞乐也放弃了朝政大事，像张仪这类人的过失，哪里能讲得完呢。道家的法则说：‘不看想要的东西，心就不会迷乱。’因此天地居于正位显示给人们看，日月居于正位而明亮；正直得像箭一样，是君子遵循的德操。《洪范》记录的灾祸，往往由人的言语表情引发，何必要学《战国策》的诡诈权术呢！”

今注 1 纵横：合纵连横。 2 杜渐防萌：杜绝乱源的开端，防备祸患的萌芽，把隐患消除在开端与萌芽状态中。 3 谲(jué)：诡诈。

裴注 [1] 臣松之案：书传，鲁定公无善可称。宓谓之贤者，浅学所未达也。

或谓宓曰："足下欲自比于巢、许、四皓[1]，何故扬文藻见瑰颖乎？"宓答曰："仆文不能尽言，言不能尽意，何文藻之有扬乎！昔孔子三见哀公，言成七卷，事盖有不可嘿嘿[2]也[1]。接舆[3]行且歌，论家以光篇；渔父咏沧浪，贤者以耀章。此二人者，非有欲于时者也。夫虎生而文炳，凤生而五色，岂以五采自饰画哉？天性自然也。盖河、洛由文兴，六经由文起，君子懿文德，采藻其何伤！以仆之愚，犹耻革子成[4]之误，况贤于己者乎[2]！"

有人对秦宓说："您想要把自己比作巢父、许由、商山四皓那样的隐士，为什么还要舞文弄墨，用华丽的文辞来表现自己的美德和才智呢？"秦宓回答说："我写文章不能把想说的话都说出来，说的话不能把表达的意思全表达出来，哪里有什么美丽的文辞可炫耀呢！从前孔子三次见鲁哀公，说的话编成了七卷，事情大概是有不能够沉默不语的。接舆边走边唱，评论的人用它来为文章增加光彩；渔父吟咏沧浪之歌，贤能的人以此来使诗篇增加光彩。这两个人，不是想要在当时求得什么。老虎生来就花纹斑斓，凤鸟生来就有五色的羽毛，难道它们的颜色是自己画上去的吗？是天生就这样。因而说《河图》《洛书》因文采而兴起，六经典籍因文采而形成，君子有美好专一的节操，华美的文辞又有什么损伤呢！以我这样的愚钝，还把革子成的错误看作耻辱，更何况比我贤明的人呢！"

今注 1 四皓:商山四皓。秦末隐士东园公、夏黄公、绮里季、甪(lù)里先生四人,因避乱世而隐居商山,年皆八十余岁,世称为“商山四皓”。 2 嘿嘿:沉默无言。 3 接舆:春秋楚国的隐士,佯狂不仕。 4 革子成:即棘子成,春秋时卫国大夫,轻视文采,重视品质,曾问子贡:“君子质而已矣,何以文为?”子贡回答:“文犹质也,质犹文也。”

裴注 [1] 刘向《七略》曰:“孔子三见哀公,作《三朝记》七篇,今在《大戴礼》。”臣松之案:《中经部》有《孔子三朝》八卷,一卷目录,余者所谓七篇。 [2] 臣松之案:今《论语》作棘子成。子成曰:“君子质而已矣,何以文为!”屈于子贡之言,故谓之误也。

先主既定益州,广汉太守夏侯纂请宓为师友祭酒,领五官掾,称曰仲父。宓称疾,卧在第舍,纂将功曹古朴、主簿王普,厨膳即宓第宴谈,宓卧如故。纂问朴曰:“至于贵州养生之具,实绝余州矣,不知士人何如余州也?”朴对曰:“乃自先汉以来,其爵位者或不如余州耳,至于著作为世师式,不负于余州也。严君平见黄、老作《指归》,扬雄见易作《太玄》,见《论语》作《法言》,司马相如

先主平定益州后,广汉太守夏侯纂聘请秦宓为师友祭酒,兼领五官掾,称他为仲父。秦宓推说有病,在家中卧床不起,夏侯纂领着功曹古朴、主簿王普,带着厨师和膳食到秦宓家中设宴交谈,秦宓仍旧卧床不起。夏侯纂问古朴说:“谈到你们益州供给赡养的生活用品,远胜过其他州,不知道读书人比其他州怎么样?”古朴回答说:“自先汉以来,此州中的读书人获得爵位的数量可能比不上其他州,但是撰写著作成为师表这方面,不比其他州差。严君平看到黄老之学而作《老子指归》,扬雄看到《易经》而作《太玄》,见《论语》而作《法言》,司马相如为汉武

为武帝制封禅之文，于今天下所共闻也。”纂曰：“仲父何如？”宓以簿[1]击颊[1]，曰：“愿明府勿以仲父之言假于小草，民请为明府陈其本纪。蜀有汶阜之山，江出其腹，帝以会昌，神以建福，故能沃野千里[2]。淮、济四渎，江为其首，此其一也。禹生石纽，今之汶山郡是也[3]。昔尧遭洪水，鲧所不治，禹疏江决河，东注于海，为民除害，生民已来功莫先者，此其二也。天帝布治房、心，决政参、伐，参、伐则益州分野，三皇乘祇车出谷口，今之斜谷是也[4]。此便鄙州之阡陌[2]，明府以雅意论之，何若于天下乎？”于是纂逡巡[3]无以复答。

帝创作封禅的诏文，如今是天下人所共知的。”夏侯纂问：“仲父怎么样呢？”秦宓用记事的手板击打自己的面颊，说：“希望大人您不要把仲父的名称施给小草一样的人，小民请求为大人您陈述事情的原委。蜀地有汶阜山，长江从山中流出，上天把昌盛集中在这里，神明在这里培育恩福，所以它能有上千里肥沃的田野。淮水、济水等四条大河，长江为首，这是其一。禹出生在石纽，就是现在的汶山郡。从前尧时遇到了洪水泛滥，鲧没有治理好，禹疏浚江河，使洪水向东流入大海，为百姓消除了灾害，自从有人类以来，功劳没有超过他的，这是其二。天帝在房宿和心宿安排治理，参宿和伐星决定政事，参宿和伐星就是益州的分野，三皇乘坐尊贵的车子从谷口出去，就是现在的斜谷。这就是我们益州的土地，大人您以高雅的意趣评论一下，和天下相比怎么样呢？”于是夏侯纂迟疑很久没有回答。

今注　**1** 簿：记事的簿板。　**2** 阡陌：此处指益州的土地。　**3** 逡巡：迟疑，犹豫。

裴注 [1] 簿,手版也。 [2]《河图括地象》曰:“岷山之地,上为东井络,帝以会昌,神以建福,上为天井。”左思《蜀都赋》曰:“远则岷山之精,上为井络,天地运期而会昌,景福肸蠁而兴作。” [3]《帝王世纪》曰:“鲧纳有莘氏女曰志,是为修己。上山行,见流星贯昴,梦接意感,又吞神珠,臆圮胸折而生禹于石纽。”谯周《蜀本纪》曰:“禹本汶山广柔县人也,生于石纽,其地名刳儿坪,见《世帝纪》。” [4]《蜀记》曰:“三皇乘祇车出谷口。”未详宓所由知为斜谷也。

益州辟宓为从事祭酒。先主既称尊号,将东征吴,宓陈天时必无其利,坐下狱幽闭,然后贷[1]出。建兴二年,丞相亮领益州牧,选宓迎为别驾,寻拜左中郎将、长水校尉。吴遣使张温来聘,百官皆往饯焉。众人皆集而宓未往,亮累[2]遣使促之,温曰:“彼何人也?”亮曰:“益州学士也。”及至,温问曰:“君学乎?”宓曰:“五尺童子皆学,何必小人!”温复问曰:“天有头乎?”宓曰:“有之。”温曰:“在何方也?”宓曰:“在西方。《诗》曰:‘乃眷西顾。’以此推之,头

益州聘请秦宓担任从事祭酒。先主称帝后,准备东征吴国,秦宓上陈天时不利于作战,因此获罪而被关入监狱禁闭,后来花钱赎出来。建兴二年(224),丞相诸葛亮兼领益州牧,选用秦宓担任别驾,不久又被任命为左中郎将、长水校尉。吴国派遣使者张温来访,蜀国的官员们都去给他饯行。大家都到齐了,而秦宓还没有来,诸葛亮几次派人去催请他,张温问:“他是什么人呢?”诸葛亮说:“是益州的学士。”等到秦宓到来,张温问他:“您读书学习吗?”秦宓说:“五尺高的小孩子都读书学习,何必问我呢!”张温又问:“天有头吗?”秦宓说:“有的。”张温问:“天的头在哪个方向呢?”秦宓说:“在西方。《诗经》说:‘眷恋地回首西望。’由此推论,天的头在西方。”张

在西方。”温曰:“天有耳乎?”宓曰:“天处高而听卑,《诗》云:‘鹤鸣于九皋,声闻于天。’若其无耳,何以听之?”

温曰:“天有足乎?”宓曰:“有。《诗》云:‘天步艰难,之子不犹。’若其无足,何以步之?”温曰:“天有姓乎?”宓曰:“有。”温曰:“何姓?”宓曰:“姓刘。”温曰:“何以知之?”答曰:“天子姓刘,故以此知之。”温曰:“日生于东乎?”宓曰:“虽生于东而没于西。”答问如响[3],应声而出,于是温大敬服。宓之文辩,皆此类也。迁大司农,四年卒。初宓见《帝系》之文,五帝皆同一族,宓辨其不然之本。又论皇帝王霸豢龙之说,甚有通理。谯允南少时数往諮访[4],纪录其言于《春秋然否论》,文多故不载。

温问:“天有耳朵吗?”秦宓回答说:“上天居住在高处,而听下方的声音,《诗经》说:‘鹤在林泽中鸣叫,声音传到了天上。’如果天没有耳朵,用什么去听呢?”

张温问:“天有脚吗?”秦宓说:“有。《诗经》说:‘天的步伐艰难,不再像以往。’如果天没有脚,怎么去迈步呢?”张温问:“天有姓吗?”秦宓回答说:“有。”张温问:“姓什么?”秦宓回答说:“姓刘。”张温问:“你怎么知道的?”秦宓回答说:“天子姓刘,因此知道天姓刘。”张温说:“太阳不是在东方出生的吗?”秦宓说:“太阳虽然出生在东方,却是落在西方。”秦宓回答问题就像回声一样,即问即答,于是张温对他十分敬佩。秦宓的言辞机变,大都是这样的。后来,秦宓升任大司农,建兴四年(226)去世。当初秦宓看到《帝王世系》的记载,五帝都是同族的,他辨明原委,认为并不是这样的。他又论述皇帝王霸豢养龙的说法,很有道理。谯允南年轻时多次去拜访求教,并把他的话记录在《春秋然否论》中,因其文字很多,就不记录了。

今注 1 贷:此处指赎出。 2 累:连续,屡次。 3 响:回声。 4 諮访:咨询访问。

评曰:许靖夙有名誉,既以笃厚为称,又以人物为意,虽行事举动,未悉允当,蒋济以为"大较廊庙器"也[1]。麋竺、孙乾、简雍、伊籍,皆雍容风议,见礼于世。秦宓始慕肥遁1之高,而无若愚之实2。然专对有余,文藻壮美,可谓一时之才士矣。

评论说:许靖一直很有声誉,既以诚实忠厚著称,又能注重人才,虽然他的行事做法,不一定完全合适,但是蒋济认为他是"大致可以算是朝廷的重要人才"。麋竺、孙乾、简雍、伊籍,都是仪态雍容大度,受到世人礼待的人。秦宓起初仰慕隐居避世的高人,但是最终还是出来做官了。然而他应对的才能突出,文章辞藻华丽,可以称得上是当时的才子。

今注 1 肥遁:隐退。 2 若愚之实:《道德经》中有"大智若愚"的说法。老子最终西行隐居,此处以老子暗讽秦宓未能善始善终。

裴注 [1]《万机论》论许子将曰:"许文休者,大较廊庙器也,而子将贬之。若实不贵之,是不明也;诚令知之,盖善人也。"

卷三十九　蜀书九

董刘二马陈董陈吕传

导读

本卷记述了蜀国大臣董和、刘巴、马良、马谡、陈震、董允、陈祇、吕乂等人的生平事迹。

董和原是刘璋手下的官吏，后被刘备和诸葛亮委任要职，陈寿称赞他践行了《诗经·羔羊》所称颂的节俭正直的美德。

刘巴在曹操平定荆州后，投靠曹操。后辗转来到蜀国，归顺刘备，担任尚书令等官职，替刘备起草各类诏书，为官谦和谨慎。

马良在荆州时就跟随刘备，曾奉命出使吴国，巩固两国邦交。东征时招降武陵五溪蛮族，后在东征吴国的战斗中牺牲。

马谡是马良之弟，因在北伐中丢失街亭而被治罪处死。

陈震自刘备管理荆州时就跟随刘备，孙权称帝时，陈震曾作为使节祝贺，为巩固两国关系立下功劳。

董允是董和之子，担任侍中等要职，受到诸葛亮的器重，辅佐匡正后主，为人公正秉直。

陈祇受到后主的器重，与宦官黄皓相勾结，导致宦官执政，政治腐败，最终亡国。

吕乂朴素正直，遵纪守法，在郡县任职时，声名远播，而入朝担任要职，则备受争议。陈寿称赞其为黄霸、薛宣一类的人物。

董和

原文

董和，字幼宰，南郡枝江[1]人也，其先本巴郡江州人。汉末，和率宗族西迁，益州牧刘璋以为牛鞞[2][1]、江原[3]长，成都令。蜀土富实，时俗奢侈，货殖之家，侯服玉食，婚姻葬送，倾家竭产。和躬率以俭，恶衣蔬食，防遏逾僭，为之轨制，所在皆移风变善，畏而不犯。然县界豪强惮和严法，说璋转和为巴东属国都尉。吏民老弱相携乞留和者数千人，璋听留二年，还迁益州太守，其清约如前。与蛮夷从事，务推诚心，南土爱而信之。

译文

董和，字幼宰，南郡枝江县人，他的祖上本是巴郡江州人。汉代末年，董和带领同宗族的人向西迁移，益州牧刘璋任用他为牛鞞、江原长，成都令。蜀地富庶殷实，民俗追求奢侈，经商的人家，穿王侯一样的服饰，吃精美的食物，婚姻丧葬，花费往往倾家荡产。董和带头节俭以身作则，穿粗劣的衣物，吃平常的饭食，防止超越等级的做法，并为此立下规章制度，他任职的地方风俗为之一变，百姓敬畏不敢违法。但是县中的豪强惧怕董和的严法，劝刘璋将董和转为巴东属国都尉。官吏百姓老幼相互搀扶，恳求董和留下的有数千人，刘璋答应让董和留任两年，而后升任益州太守，董和像以前一样清廉简约。他和蛮夷部族交往，尽力诚心相待，南方的民众都很敬爱并且信任他。

今注　1 枝江：属南郡，在今湖北枝江。　2 牛鞞：属犍为郡，在今四川简阳。　3 江原：属蜀郡，在今四川崇州。

裴注 [1] 鞞,音髀。

先主定蜀,征和为掌军中郎将,与军师将军诸葛亮并署左将军大司马府事,献可替否,共为欢交。自和居官食禄,外牧殊域,内干机衡[1],二十余年,死之日家无儋石[2]之财。亮后为丞相,教与群下曰:"夫参署者,集众思广忠益也。若远小嫌,难相违覆,旷阙损矣。违覆而得中,犹弃弊屩[2]而获珠玉。然人心苦不能尽,惟徐元直处兹不惑,又董幼宰参署七年,事有不至,至于十反,来相启告。苟能慕元直之十一,幼宰之殷勤,有忠于国,则亮可少过矣。"又曰:"昔初交州平,屡闻得失;后交元直,勤见启诲。前参事于幼宰,每言则尽,后

先主平定蜀地后,召董和为掌军中郎将,和军师将军诸葛亮共同主持左将军大司马府事,进献可行的意见废除不可行的做法,两人关系和谐融洽。董和自从担任官职领取俸禄起,在外统辖偏远的地区,在朝廷内掌握大权,先后有二十多年,他死后家里连两石米的财产都没有。后来诸葛亮担任丞相,教诲下属官员说:"设置参署这个职位,是要集中众人的想法采纳有益于国家的意见。如果诸位为避免小的嫌疑,而难以提出不同的意见,国家就会受到损失。提出不同的意见而能切合实际,就好像丢弃破烂的鞋子而得到珍珠宝玉。但是苦于大家不能尽心尽力,只有徐元直在这个位置上不迷惑,另外董幼宰参署七年,见事情有不周到的地方,甚至会反复十次,前来禀告说明。假如大家能学习到徐元直的十分之一,像董幼宰那样勤劳负责,对国家忠心耿耿,那么我就可以减少过错了。"又说:"从前刚结识崔州平时,多次听他指出我的过失;后来结交了徐元直,常常受到他的启发教诲。开始和董幼宰共事,他常常毫无保留地提出

从事于伟度，数有谏止；虽姿性鄙暗，不能悉纳，然与此四子终始好合，亦足以明其不疑于直言也。”其追思和如此[1]。

意见，后来与伟度共事，他多次进行劝谏；虽然我的品德修养粗鄙晦暗，不能全部采纳他们的建议，但是我和这四个人自始至终亲密友好，也足以表明他们能不避嫌疑敢于直言。”诸葛亮就是如此怀念董和。

今注 1 机衡：北斗七星的第三、第五颗星，亦用以代称北斗。比喻政府的枢要机构。 2 儋石(dàn shí)：儋受一石，故称儋石。用以计量谷物。儋，石罂。一说一石为石，二石为儋，谓一人所担。借指少量米粟。 3 弊屩(bì juē)：破旧的草鞋。比喻极无价值之物。

裴注 [1] 伟度者，姓胡，名济，义阳人。为亮主簿，有忠荩之效，故见褒述。亮卒，为中典军，统诸军，封成阳亭侯，迁中监军、前将军，督汉中，假节领兖州刺史，至右骠骑将军。济弟博，历长水校尉、尚书。

刘巴

原文

刘巴，字子初，零陵烝阳1人也。少知名[1]，荆州牧刘表连辟，及举茂才，皆不就。表卒，曹公征荆州。先主奔江南，荆楚群士从之如云，而巴北诣曹公。曹公辟为掾，使招纳长沙、零陵、桂阳[2]。会先主略有三

译文

刘巴，字子初，零陵郡烝阳县人。年轻时就很有名气，荆州牧刘表多次征召，并且举荐他为茂才，他都不去。刘表去世，曹操征伐荆州。先主逃往江南，荆楚地区的士人就像云一样跟随先主，而刘巴却北上去拜见曹操。曹操任用他为掾属，派他去招降长沙、零陵、桂阳等郡。恰巧遇到先主

郡，巴不得反使，遂远适交阯[3]，先主深以为恨。

巴复从交阯至蜀[4]。俄而先主定益州，巴辞谢罪负，先主不责[5]。而诸葛孔明数称荐之，先主辟为左将军西曹掾[6]。建安二十四年，先主为汉中王，巴为尚书，后代法正为尚书令。躬履清俭，不治产业，又自以归附非素[2]，惧见猜嫌，恭默守静，退无私交，非公事不言[7]。先主称尊号，昭告于皇天上帝后土神祇，凡诸文诰策命，皆巴所作也。章武二年卒。卒后，魏尚书仆射陈群与丞相诸葛亮书，问巴消息，称曰“刘君子初”，甚敬重焉[8]。

占领了这三个郡，刘巴不能够回去向曹操复命，就远去交阯，先主对此十分记恨。

刘巴又从交阯到了蜀地。不久，先主平定益州，刘巴向先主谢罪认错，先主没有责怪他。而诸葛孔明也多次称赞推荐刘巴，先主任命他为左将军西曹掾。建安二十四年(219)，先主做汉中王，刘巴任尚书，后来接替法正做尚书令。刘巴清廉素朴，不经营产业，又自认为不是从一开始就跟随先主，害怕受到猜忌嫌疑，所以恭顺沉默以静自守，退朝回家不和人私下来往，除公事以外不谈论。先主称帝昭告皇天上帝后土神祇，这些文诰策命等都是刘巴写的。章武二年(222)刘巴去世。他去世后，魏国的尚书仆射陈群给蜀国丞相诸葛亮写信，询问刘巴的情况，称其为“刘君子初”，非常敬重他。

今注　**1** 烝阳：在今湖南邵东。　**2** 素：本来。

裴注　[**1**]《零陵先贤传》曰：“巴祖父曜，苍梧太守。父祥，江夏太守、荡寇将军。时孙坚举兵讨董卓，以南阳太守张咨不给军粮，杀之。祥与同心，南阳士民由此怨祥，举兵攻之，与战，败亡。刘表亦素不善祥，拘巴，欲杀之。数遣祥故所亲信人密诈谓巴曰：‘刘牧欲相危害，可相随逃之。’

如此再三,巴辄不应。具以报表,表乃不杀巴。年十八,郡署户曹史、主记、主簿。刘先欲遣周不疑就巴学,巴答曰:‘昔游荆北,时涉师门,记问之学,不足纪名,内无杨朱守静之术,外无墨翟务时之风,犹天之南箕,虚而不用。赐书乃欲令贤甥摧鸾凤之艳,游燕雀之宇,将何以启明之哉?愧于有若无,实若虚,何以堪之!’” [2]《零陵先贤传》曰:“曹公败于乌林,还北时,欲遣桓阶,阶辞不如巴。巴谓曹公曰:‘刘备据荆州,不可也。’公曰:‘备如相图,孤以六军继之也。’” [3]《零陵先贤传》云:“巴往零陵,事不成,欲游交州,道还京师。时诸葛亮在临烝,巴与亮书曰:‘乘危历险,到值思义之民,自与之众,承天之心,顺物之性,非余身谋所能劝动。若道穷数尽,将托命于沧海,不复顾荆州矣。’亮追谓曰:‘刘公雄才盖世,据有荆土,莫不归德,天人去就,已可知矣。足下欲何之?’巴曰:‘受命而来,不成当还,此其宜也。足下何言邪!’” [4]《零陵先贤传》曰:“巴入交阯,更姓为张。与交阯太守士燮计议不合,乃由牂牁道去,为益州郡所拘留,太守欲杀之,主簿曰:‘此非常人,不可杀也。’主簿请自送至州,见益州牧刘璋,璋父焉昔为巴父祥所举孝廉,见巴惊喜,每大事,辄以咨访。”臣松之案:刘焉在汉灵帝时已经宗正、太常,出为益州牧,祥始以孙坚作长沙时为江夏太守,不得举焉为孝廉,明也。 [5]《零陵先贤传》曰:“璋遣法正迎刘备,巴谏曰:‘备,雄人也,入必为害,不可内也。’”既入,巴复谏曰:‘若使备讨张鲁,是放虎于山林也。’璋不听。巴闭门称疾。备攻成都,令军中曰:‘其有害巴者,诛及三族。’及得巴,甚喜。” [6]《零陵先贤传》曰:“张飞尝就巴宿,巴不与语,飞遂忿恚。诸葛亮谓巴曰:‘张飞虽实武人,敬慕足下。主公今方收合文武,以定大事;足下虽天素高亮,宜少降意也。’巴曰:‘大丈夫处世,当交四海英雄,如何与兵子共语乎?’备闻之,怒曰:‘孤欲定天下,而子初专乱之。其欲还北,假道于此,岂欲成孤事邪?’备又曰:‘子初才智绝人,如孤,可任用之,非孤者,难独任也。’亮亦曰:‘运筹策于帷幄之中,吾不如子初远矣!若提枹鼓,会军门,使百姓喜勇,当与人议之耳。’初,攻刘璋,备与士众约:‘若事定,府库百物,孤无预焉。’及拔成都，士众皆舍干戈，赴诸藏竞取宝物。军用不足，备甚忧之。巴曰：‘易耳，但当铸直百钱，平诸物贾，令吏为官市。’备从之，数月之间，府库充实。” [7]《零陵先贤传》曰：“是时中夏人情未一，闻备在蜀，四方延颈。而备锐意欲即真，巴以为如此示天下不广，且欲缓之。与主簿雍茂谏备，备以他事杀茂，由是远人不复至矣。” [8]《零陵先贤传》曰：“辅吴将军张昭尝对孙权论巴褊厄，不当拒张飞太甚。权曰：‘若令子初随世沉浮，容悦玄德，交非其人，何足称为高士乎？’”

马良

原文

马良，字季常，襄阳宜城[1]人也。兄弟五人，并有才名，乡里为之谚曰：“马氏五常，白眉最良。”良眉中有白毛，故以称之。先主领荆州，辟为从事。及先主入蜀，诸葛亮亦从后往，良留荆州，与亮书曰：“闻雒城已拔，此天祚也。尊兄应期赞世，配业光国，魄兆见矣[1]。夫变用雅虑，审贵垂明，于以简才，宜适其时。若乃和光悦远，迈德[2]天

译文

马良，字季常，襄阳宜城人。马良兄弟五人，都很有才学声名，家乡的人们为此编了谚语：“马家五个兄弟，白眉最为贤能。”马良眉毛中间有白毛，所以人们用“白眉”称呼他。先主兼领荆州后，征召马良为从事。等到先主进入蜀地，诸葛亮随后也跟随前往，马良则留在荆州，他给诸葛亮写信说：“听说雒城已经攻克，这是上天的赐福。尊兄应该顺应时运辅助世道，功配祖业光耀国家，征兆已经显现。情况的变化需要您深思熟虑，审时度势需要您亲自明断，至于选拔人才，应该符合时下的需要。如果您能像和煦的光辉那样使远方的人们喜悦，勉励树立德行遍及天地之间，让时下的人安于听从命令，整个社

壤，使时闲于听，世服于道，齐高妙之音，正郑、卫之声[3]，并利于事，无相夺伦，此乃管弦之至，牙、旷之调也。虽非钟期，敢不击节！”先主辟良为左将军掾。

后遣使吴，良谓亮曰：“今衔国命，协穆二家，幸为良介于孙将军。”亮曰：“君试自为文。”良即为草曰：“寡君遣掾马良通聘继好，以绍昆吾、豕韦[4]之勋。其人吉士，荆楚之令，鲜于造次之华，而有克终之美，愿降心存纳，以慰将命。”权敬待之。

先主称尊号，以良为侍中。及东征吴，遣良入武陵招纳五溪蛮夷，蛮夷渠帅皆受印号，咸如意指。会先主败绩于夷陵，良亦遇害。先主拜良子秉为骑都尉。

会服从于道义，使高妙的音乐同时奏响，匡正郑风、卫风那样的靡靡之音，使它们都有利于国家大事，而不会相互侵扰破坏秩序，这就是音乐的极致，是伯牙、师旷奏出的曲调了。我虽然不是钟子期那样的知音，也不敢不击节赞叹！”先主征召马良为左将军掾。

后来马良奉命出使吴国，马良对诸葛亮说：“我现在担负国家使命，去协调两国关系使之友好，希望您能把我介绍给孙将军。”诸葛亮说：“您试着自己写封信吧。”马良随即起草说：“本国君主派遣属官马良前来表达友好的问候并继续修好，来承袭延续昆吾氏、豕韦的功勋。马良是才德出众的人，是荆楚一带有美名的贤能之士，虽然缺乏仓促间能言善辩的才华，但有行事善始善终的美德，希望您能屈尊留意接待，让他完成使命。”孙权很尊敬地接待了马良。

先主称帝后，任命马良做侍中。等到先主东征吴国时，派马良到武陵一带去招降五溪蛮夷部族，蛮夷首领都接受了蜀国的官印封号，所做之事都能令先主满意。等到先主在夷陵大败，马良也遇害。先主任命马良的儿子马秉做骑都尉。

今注 1 宜城:在今湖北宜城。 2 迈德:勉力树德。 3 郑、卫之声:指春秋战国时郑、卫等国的民间音乐。因儒家认为其音淫靡,不同于雅乐,故斥之为淫声。 4 昆吾、豕韦:昆吾、豕韦是夏朝时的两个部落,曾相互结盟。

裴注 [1] 臣松之以为,良盖与亮结为兄弟,或相与有亲;亮年长,良故呼亮为尊兄耳。

马谡

原文

良弟谡,字幼常,以荆州从事随先主入蜀,除绵竹、成都令、越嶲太守。才器过人,好论军计,丞相诸葛亮深加器异。先主临薨谓亮曰:“马谡言过其实,不可大用,君其察之!”亮犹谓不然,以谡为参军,每引见谈论,自昼达夜[1]。

建兴六年,亮出军向祁山,时有宿将魏延、吴壹等,论者皆言以为宜令为先锋,而亮违众拔谡,统大众在前,与魏将张郃

译文

马良的弟弟马谡,字幼常,以荆州从事的身份跟随先主进入蜀地,先后被任命为绵竹县令、成都县令、越嶲郡太守。马谡才能出众,喜欢议论军事计谋,丞相诸葛亮对他格外器重。先主临终前对诸葛亮说:“马谡言过其实,不堪重用,您一定要明察!”诸葛亮仍然认为马谡并非言过其实,便任用马谡为参军,常常引见他谈论事情,从白天一直谈到夜晚。

建兴六年(228),诸葛亮进军祁山,当时有经验丰富的老将魏延、吴壹等人,大家都认为应该让他们做先锋,但是诸葛亮不听众人的意见提拔了马谡,马谡统领大军在前,与魏国大将张郃战

战于街亭[1],为郃所破,士卒离散。亮进无所据,退军还汉中。谡下狱物故[2],亮为之流涕。良死时年三十六,谡年三十九[2]。

于街亭,被张郃打败,士卒溃散逃走。诸葛亮失去了前进的根据地,退军回到汉中。马谡被治罪关入监狱,在监狱中死去,诸葛亮为他痛哭流涕。马良死时三十六岁,马谡死时三十九岁。

今注 1 街亭:亦称街泉亭,在今甘肃庄浪东南。 2 物故:亡故。

裴注 [1]《襄阳记》曰:"建兴三年,亮征南中,谡送之数十里。亮曰:'虽共谋之历年,今可更惠良规。'谡对曰:'南中恃其险远,不服久矣,虽今日破之,明日复反耳。今公方倾国北伐以事强贼。彼知官势内虚,其叛亦速。若殄尽遗类以除后患,既非仁者之情,且又不可仓卒也。夫用兵之道,攻心为上,攻城为下,心战为上,兵战为下,愿公服其心而已。'亮纳其策,赦孟获以服南方。故终亮之世,南方不敢复反。" [2]《襄阳记》曰:"谡临终与亮书曰:'明公视谡犹子,谡视明公犹父,愿深惟殛鲧兴禹之义,使平生之交不亏于此,谡虽死,无恨于黄壤也。'于时十万之众为之垂涕。亮自临祭,待其遗孤若平生。蒋琬后诣汉中,谓亮曰:'昔楚杀得臣,然后文公喜可知也。天下未定而戮智计之士,岂不惜乎!'亮流涕曰:'孙武所以能制胜于天下者,用法明也。是以杨干乱法,魏绛戮其仆。四海分裂,兵交方始,若复废法,何用讨贼邪!'"习凿齿曰:"诸葛亮之不能兼上国也,岂不宜哉!夫晋人规林父之后济,故废法而收功;楚成暗得臣之益己,故杀之以重败。今蜀僻陋一方,才少上国,而杀其俊杰,退收驽下之用,明法胜才,不师三败之道,将以成业,不亦难乎!且先主诫谡之不可大用,岂不谓其非才也?亮受诫而不获奉承,明谡之难废也。为天下宰匠,欲大收物之力,而不量才节任,随器付业;知之大过,则违明主之诫,裁之失中,即杀有益之人,难乎其可与言智者也。"

陈震

原文

陈震，字孝起，南阳人也。先主领荆州牧，辟为从事，部诸郡，随先主入蜀。蜀既定，为蜀郡北部都尉，因易郡名，为汶山太守，转在犍为。建兴三年，入拜尚书，迁尚书令，奉命使吴。七年，孙权称尊号，以震为卫尉，贺权践阼，诸葛亮与兄瑾书曰："孝起忠纯之性，老而益笃，及其赞述东西，欢乐和合，有可贵者。"震入吴界，移关候[1]曰："东之与西，驿使往来，冠盖相望，申盟初好，日新其事。东尊应保圣祚，告燎受符，剖判土宇，天下响应，各有所归。于此时也，以同心讨贼，则何寇不灭哉！西朝君臣，引领欣

译文

陈震，字孝起，南阳人。先主兼领荆州牧时，征召陈震为从事，管理下属各郡，又跟随先主进入蜀地。蜀地平定后，担任蜀郡北部都尉，由于郡名改变，他做了汶山太守，又调任犍为郡太守。建兴三年(225)，陈震入朝担任尚书，升任尚书令，奉命出使吴国。建兴七年(229)，孙权称帝，蜀国任命陈震为卫尉，去祝贺孙权登基称帝，诸葛亮给哥哥诸葛瑾写信说："孝起秉性忠诚，年长之后更加笃厚，让他去沟通东西两国的关系，传述消息，使两国友好，有可贵之处。"陈震进入吴国境内，给守关的官员写文书说："东吴和西蜀，使节往还不断，来往使者的冠帽和车盖都能相互看到，申明盟约誓言巩固旧好，两国关系也能日新月异。东吴的君主应该顺应天命，举行燎祭告诉上天，接受神灵的符命，划分疆土进行分封，天下响应，各自得到应有的归宿。在这个时候，我们要同心协力去征讨奸贼，那么有什么贼寇不能被消灭呢！西蜀君臣，翘首企盼，感到欣慰而有所仰赖。我没有才

赖。震以不才,得充下使,奉聘叙好,践界踊跃,入则如归。献子适鲁,犯其山讳[2],《春秋》讥之。望必启告,使行人睦焉。即日张旃[3]诰众,各自约誓。顺流漂疾,国典异制,惧或有违,幸必斟诲,示其所宜。”震到武昌,孙权与震升坛歃盟,交分天下:以徐、豫、幽、青属吴,并、凉、冀、兖属蜀,其司州之土,以函谷关为界。震还,封城阳亭侯。九年,都护李平坐诬罔废,诸葛亮与长史蒋琬、侍中董允书曰:“孝起前临至吴,为吾说正方腹中有鳞甲,乡党以为不可近。吾以为鳞甲者但不当犯之耳,不图复有苏、张之事出于不意。可使孝起知之。”十三年,震卒。子济嗣。

华,充任使节,奉命来申述两国的友好关系,到达贵国感到激动兴奋,就像回到家里一样。范献子到鲁国去,触犯了鲁国山的避讳,《春秋》讽刺了他。希望你们一定要告诉我应该注意的事情,使我这个使节的行为适度融洽。在当日就举起旗帜,告诫众人,两国官员各自立下盟约誓言。我顺江而下,来得很快,两国的典章制度各有不同,我担心或许会有违反之处,希望务必甚平酌教诲,告诉我应该怎么做。”陈震到了武昌,孙权和他登上祭坛歃血盟誓,两国平分天下:以徐、豫、幽、青四州之地归属吴国,并、凉、冀、兖四州之地归属蜀国,司州的土地,以函谷关为界分属两国。陈震回到蜀国,被封为城阳亭侯。建兴九年(231),都护李平因犯诬陷欺骗之罪被罢免,诸葛亮给长史蒋琬、侍中董允写信说:“孝起以前将要去吴国的时候,对我说李平腹中有鳞甲,同乡的人认为他是不能够接近的。我认为有鳞甲的人只要不冒犯他就行了,没有料想又有苏秦、张仪那样造谣诡辩的意外事情发生,这件事应该让孝起知道。”建兴十三年(235),陈震去世。他的儿子陈济承袭了爵位。

今注 1 关候：设立在要道上供守望用的城堡，此处指候关之吏。2 犯其山讳：因避讳而不直称山名。《国语·晋语九》记载："范献子聘于鲁，问具山、敖山，鲁人以其乡对。献子曰：'不为具，敖乎？'对曰：'先君献、武之讳也。'3 旍(jīng)：同"旌"，古代旗的一种，缀旄牛尾于竿头，下有五彩析羽。用以指挥或开道。

董允

原文

董允，字休昭，掌军中郎将和之子也。先主立太子，允以选为舍人[1]，徙洗马[2]。后主袭位，迁黄门侍郎。丞相亮将北征，住汉中，虑后主富于春秋，朱紫难别，以允秉心公亮，欲任以宫省之事。上疏曰："侍中郭攸之、费祎，侍郎董允等，先帝简拔以遗陛下，至于斟酌规益，进尽忠言，则其任也。愚以为宫中之事，事无大小，悉以咨之，必能裨补阙漏，有所广益。若无兴德之言，则

译文

董允，字休昭，掌军中郎将董和之子。先主立太子，董允被选为太子舍人，又改任太子洗马。后主即位，董允任黄门侍郎。丞相诸葛亮准备北伐，驻扎在汉中，考虑到后主年纪尚轻，难以分辨事情的是非曲直，因为董允持心公正，想要委任他负责皇宫内府的事务。诸葛亮给后主上奏说："侍中郭攸之、费祎，侍郎董允等人，都是先帝选拔留下来辅佐陛下的。至于斟酌规劝补益，尽力进谏忠言，是他们的责任。我认为宫中之事，无论大小，都应向他们咨询请教，然后施行，一定能够弥补失误和疏漏，得到更多的利益。如果没有振兴圣德的建议，就责罚郭攸之、费祎、董允等人，来表明他们工作的懈怠。"诸葛亮不

戮允等以彰其慢。”亮寻请祎为参军，允迁为侍中，领虎贲中郎将，统宿卫亲兵。攸之性素和顺，备员而已[1]。献纳之任，允皆专之矣。允处事为防制，甚尽匡救之理。后主常欲采择以充后宫，允以为古者天子后妃之数不过十二，今嫔嫱已具，不宜增益，终执不听。后主益严惮之。尚书令蒋琬领益州刺史，上疏以让费祎及允，又表：“允内侍历年，翼赞王室，宜赐爵土以褒勋劳。”允固辞不受。后主渐长大，爱宦人黄皓。皓便辟[3]佞慧，欲自容入。允常上则正色匡主，下则数责于皓。皓畏允，不敢为非。终允之世，皓位不过黄门丞[4]。

久后请费祎担任参军，董允升任侍中，兼领虎贲中郎将，统管守卫皇宫的亲兵。郭攸之性情一向平和温顺，只是凑数的官员而已。进献忠言采纳意见的任务，都由董允一人来承担。董允处理政事注意制定防范措施，能很好地尽到匡正补救的职责。后主常常想要挑选民间美女来补充后宫，董允认为古代天子的后妃人数不超过十二人，现在后主的嫔妃已经足够，不应该再增加，就始终坚持不答应。后主更加畏惧害怕他。尚书令蒋琬兼领益州刺史，上疏推崇费祎和董允，又上表说：“董允在宫内侍奉多年，辅助王室，应该赐给他爵位和封地，来褒扬他的辛勤和功勋。”董允坚决推辞不肯接受。后主逐渐长大，宠爱宦官黄皓。黄皓机敏聪慧善于谄媚，想要取悦后主以求得进身。董允常常对上正颜厉色地匡正后主，对下多次斥责黄皓。黄皓害怕董允，不敢胡作非为。一直到董允去世，黄皓的职位也没有超过黄门丞。

今注　**1** 舍人：太子舍人。汉代太子属官，隶属于少府管辖。　**2** 洗(xiǎn)马：即太子洗马，也是太子属官，与谒者职责相类似。即“太子出，则当直者在前导威仪”。 3 便辟:谄媚逢迎。 4 黄门丞:为黄门令的副职,秩三百石,属低级官位。

裴注 [1]《楚国先贤传》曰:“攸之,南阳人,以器业知名于时。”

允尝与尚书令费祎、中典军胡济等共期游宴,严驾已办,而郎中襄阳董恢诣允修敬。恢年少官微,见允停出,逡巡1求去,允不许,曰:“本所以出者,欲与同好游谈也,今君已自屈,方展阔积,舍此之谈,就彼之宴,非所谓也。”乃命解骖2,祎等罢驾不行。其守正下士,凡此类也[1]。延熙六年,加辅国将军。七年,以侍中守尚书令,为大将军费祎副贰。九年,卒[2]。

董允曾经和尚书令费祎、中典军胡济等人一起约定时间游玩宴饮,出行的车马已经准备好了,而郎中襄阳人董恢来拜见董允表达敬意。董恢年纪轻官职低,看到董允停止外出接待他,就徘徊不前请求离去,董允不答应,说:“本来我之所以要出去,就是想要和有共同志趣的人一起游玩畅谈,现在您已经屈尊前来,正好谈谈阔别多日未说的话,舍弃这样的交谈而赶去赴宴,那就太不像话了。”就命令解下驾车的马匹,费祎等人也停下车马不再出去游玩。他遵守正道礼贤下士,大都是如此。延熙六年(243),董允加辅国将军的头衔。延熙七年(244),董允以侍中的身份署理尚书令官职,做大将军费祎的副手。延熙九年(246),董允去世。

陈祗代允为侍中,与黄皓互相表里,皓始预政事。祗死后,皓从黄门令为中常侍、奉车

陈祗代替董允担任侍中,和黄皓内外勾结,黄皓开始干预政事。陈祗死后,黄皓由黄门令升任中常侍、奉车都尉,把

都尉，操弄威柄，终至覆国。蜀人无不追思允。及邓艾至蜀，闻皓奸险，收闭，将杀之，而皓厚赂艾左右，得免。

持操弄权柄，最终导致国家灭亡。蜀国人无不怀念董允。等邓艾到了蜀国，听说黄皓奸诈阴险，就把他逮捕关押起来，准备杀死他，而黄皓用大量钱财贿赂邓艾身边的人，竟得以免死。

今注 1 逡巡：徘徊不进，滞留。 2 骖：同驾一车的三匹马。

裴注 [1]《襄阳记》曰："董恢字休绪，襄阳人。入蜀，以宣信中郎副费祎使吴。孙权尝大醉，问祎曰：'杨仪、魏延，牧竖小人也。虽尝有鸣吠之益于时务，然既已任之，势不得轻，若一朝无诸葛亮，必为祸乱矣。诸君愦愦，曾不知防虑于此，岂所谓贻厥孙谋乎？'祎愕然四顾视，不能即答。恢目祎曰：'可速言仪、延之不协起于私忿耳，而无黥、韩难御之心也。今方扫除强贼，混一区夏，功以才成，业由才广，若舍此不任，防其后患，是犹备有风波而逆废舟楫，非长计也。'权大笑乐。诸葛亮闻之，以为知言。还未满三日，辟为丞相府属，迁巴郡太守。"臣松之案：《汉晋春秋》亦载此语，不云董恢所教，辞亦小异，此二书俱出习氏而不同若此。本传云"恢年少官微"，若已为丞相府属，出作巴郡，则官不微矣。以此疑习氏之言为不审的也。 [2]《华阳国志》曰："时蜀人以诸葛亮、蒋琬、费祎及允为四相，一号四英也。"

陈祗

原文

祗，字奉宗，汝南人，许靖兄之外孙也。少

译文

陈祗，字奉宗，汝南人，许靖兄长的外孙。他幼年失去父亲，在许靖家长大。

孤，长于靖家。弱冠知名，稍迁至选曹郎，矜厉有威容。多技艺，挟数术，费祎甚异之，故超继允内侍。吕乂卒，祗又以侍中守尚书令，加镇军将军，大将军姜维虽班在祗上，常率众在外，希亲朝政。祗上承主指，下接阉竖1，深见信爱，权重于维。景耀元年卒，后主痛惜，发言流涕，乃下诏曰："祗统职一纪，柔嘉惟则，干肃有章，和义利物，庶绩允明。命不融远，朕用悼焉。夫存有令问，则亡加美谥，谥曰忠侯。"赐子粲爵关内侯，拔次子裕为黄门侍郎。自祗之有宠，后主追怨允日深，谓为自轻，由祗媚兹一人，皓构间2浸润故耳。允孙宏，晋巴西太守[1]。

二十岁左右就很知名，逐渐升至选曹郎，陈祗为人持重有威严。他多才多艺，通晓术数，费祎格外看重他，因而破格提拔他继承董允在皇宫内任职。吕乂死后，陈祗又以侍中之职署理尚书令，加封镇军将军，大将军姜维虽然官职比陈祗高，但常年率军在外征战，很少亲自参与朝政。陈祗对上承接皇帝旨意，对下交接宦官，深受后主的宠幸信任，权势超过了姜维。景耀元年(258)陈祗去世，后主哀痛惋惜，一提到他就流泪，便发布诏书说："陈祗任职十二年，品德柔美合乎法度，才能敏捷很有条理，符合道义有利万物，各种功绩光大显赫。可惜生命不能长久，朕因此十分悲痛。活着有美好的名声，死后就要加封美好的谥号，赐谥号为忠侯。"赏赐他的儿子陈粲关内侯的爵位，提拔次子陈裕担任黄门侍郎。自从陈祗受到宠幸，后主回想起董允怨恨越来越深，认为董允轻视自己。这是因为陈祗是向后主一人献媚，又有黄皓挑拨离间逐渐影响的缘故。董允的孙子董宏，担任晋朝的巴西太守。

今注　1 阉竖：对宦官的蔑称。　2 构间：挑拨离间。

裴注 [1] 臣松之以为，陈群子泰，陆逊子抗，传皆以子系父，不别载姓，及王肃、杜恕、张承、顾劭之流，莫不皆然，惟董允独否，未详其意。当以允名位优重，事迹逾父故邪？夏侯玄、陈表并有骍角之美，而亦如泰者，《魏书》总名此卷云《诸夏侯曹传》，故不复稍加品藻。陈武与表俱至偏将军，以位不相过故也。

吕乂

原文

吕乂，字季阳，南阳人也。父常，送故将刘焉入蜀，值王路隔塞，遂不得还。乂少孤，好读书鼓琴。初，先主定益州，置盐府校尉，较盐铁之利，后校尉王连请乂及南阳杜祺、南乡刘幹等并为典曹都尉。乂迁新都、绵竹令，乃心隐恤，百姓称之，为一州诸城之首。迁巴西太守。丞相诸葛亮连年出军，调发诸郡，多不相救，乂募取兵五千人诣亮，慰喻检制[1]，无逃窜者。徙为汉中太守，兼领督农，供

译文

吕乂，字季阳，南阳人。吕乂的父亲吕常，护送原先的将军刘焉进入蜀地，正赶上通往朝廷的道路隔断闭塞，于是无法返回。吕乂年幼时父亲去世，他喜欢读书弹琴。当初，先主平定益州，设立盐府校尉，监管盐铁业的收入，后来校尉王连推荐吕乂和南阳人杜祺、南乡人刘幹等一起担任典曹都尉。吕乂任新都、绵竹县令，他心地慈善体恤百姓，百姓都称赞他是一州各城中干得最好的。后又升任巴西太守。丞相诸葛亮连年出兵，调集征发各郡士兵，大多都不相互救助，吕乂招募五千名士兵送到诸葛亮那里，并安慰约束，士兵没有逃跑的。改任汉中太守，监管农事，负责供给军粮。诸葛亮死后，吕乂连续升

继军粮。亮卒，累迁广汉、蜀郡太守。蜀郡一都之会，户口众多，又亮卒之后，士伍亡命，更相重冒，奸巧非一。乂到官，为之防禁，开喻劝导，数年之中，漏脱自出者万余口。后入为尚书，代董允为尚书令，众事无留，门无停宾。乂历职内外，治身俭约，谦靖[2]少言，为政简而不烦，号为清能；然持法刻深，好用文俗吏，故居大官，名声损于郡县。延熙十四年卒。子辰，景耀中为成都令。辰弟雅，谒者[3]。雅清厉有文才，著《格论》十五篇。

杜祺历郡守、监军、大将军司马，刘幹官至巴西太守，皆与乂亲善，亦有当时之称，而俭素守法，不及于乂。

任广汉、蜀郡太守。蜀郡是一国都会，户口众多，另外诸葛亮死后，军队士兵逃跑，互相冒名顶替，作奸犯科的有不少。吕乂到任后，对此制定了制度进行防范禁止，广泛宣传劝诫教导，几年之内，原先逃避户籍而后主动出来登记的有一万多人。后来吕乂入朝担任尚书，接替董允做尚书令，所有政事从不耽搁，门前也没有停留等候的宾客。吕乂历任朝中和地方的官职，约束修养自身勤俭简约，恭敬谦和言语不多，处理政务简要而不繁琐，被人们称赞清廉有才能；但是他执法严苛残酷，喜欢任用照章办事而无才能的官吏，所以他入朝担任高官，名声比在郡县任职时要差。延熙十四年(251)去世。他的儿子吕辰，在景耀年间担任成都县令。吕辰的弟弟吕雅，担任谒者。吕雅清正严厉富有文采，撰写了《格论》十五篇。

杜祺历任郡守、监军、大将军司马，刘幹官做到巴西太守，他们都和吕乂交好，当时也很受赞誉，但是在节俭朴素遵守法律上，比不上吕乂。

今注　1 检制：约束节制。　2 谦靖：谦虚敬慎。　3 谒者：始置于春秋、战国时，秦汉因之。为国君掌传达、通报。

评曰：董和蹈《羔羊》之素[1]，刘巴履清尚之节，马良贞实，称为令士，陈震忠恪，老而益笃，董允匡主，义形于色，皆蜀臣之良矣。吕乂临郡则垂称，处朝则被损，亦黄、薛[2]之流亚矣。

评论说：董和实践了《诗经·羔羊》所称颂的朴素正直的美德，刘巴保持清正高尚的节操，马良忠厚，称得上是贤才，陈震忠实恭顺，年龄越老越加纯粹笃实，董允辅佐君主，义正辞严，他们都是蜀国大臣中的优秀者。吕乂在郡中任职则受到称颂，在朝中做官名声却受到贬损，也就是跟黄霸、薛宣差不多的人物吧。

今注 1 蹈《羔羊》之素：《诗经·召南·羔羊篇序》云："召南之国，化文王之政，在位皆节俭正直，德如羔羊也。"是说董和践行了《羔羊》所称颂的节俭正直的美德。 2 黄、薛：黄霸、薛宣。黄霸，汉武帝时人。武帝末，补侍郎谒者，历河南太守丞，时吏尚严酷，而霸为政宽和。曾跟从经学家夏侯胜治《尚书》，官至丞相。薛宣，汉宣帝时人，担任临淮、陈留太守，政教大行。后代替张禹出任丞相，被属下讥讽"烦碎无大体"。

卷四十 蜀书十

刘彭廖李刘魏杨传

导读

本卷讲述的是蜀国大臣刘封、彭羕、廖立、李严、刘琰、魏延、杨仪等人的生平事迹。

刘封是刘备的养子，在刘备入蜀，攻占益州的过程中立下赫赫战功。后因与孟达有矛盾，且不救援关羽，而被刘备处罚。诸葛亮劝刘备说："刘封太过刚猛，您去世之后不容易驾驭。"刘备于是赐死了刘封。

彭羕因为庞统和法正的举荐为刘备效力，在平定汉中的过程中立功。后因为诸葛亮劝谏，刘备开始慢待彭羕，任命彭羕担任江阳太守。彭羕心中不快，对马超口出狂言，因而被逮捕入狱而死。

廖立自刘备在荆州时就跟随他，后入蜀。他对自己的地位在李严之下心中不快，因批评群臣被捕入狱而死。

李严原是刘璋的部下，后归降刘备。在平定夷族高定的叛乱中立有功劳，素为刘备重视。刘备临死时委托李严和诸葛亮一起辅佐后主。刘备死后，李严专心为自己谋利，而不为国家尽力，后被废黜为平民，死在流放地。

刘琰是刘备的同宗，受到恩宠，但不参与朝政。因怀疑自己的妻子胡氏与后主私通，殴打妻子，最终死于狱中。

魏延在刘备收取汉中，以及诸葛亮的北伐战争中都立有战功。诸葛亮死后魏延与杨仪争权失败，被马岱杀死。

杨仪生前受到诸葛亮的重用，在与魏延的争权中胜出，虽位高权重，却不掌握实权。因向费祎口出狂言，而被废黜为平民，到流放地仍然言辞激烈地抨击朝廷，最终被杀。

刘封

原文

刘封者，本罗侯寇氏之子，长沙刘氏之甥也。先主至荆州，以未有继嗣，养封为子。及先主入蜀，自葭萌还攻刘璋，时封年二十余，有武艺，气力过人，将兵俱与诸葛亮、张飞等溯流西上，所在战克。益州既定，以封为副军中郎将。

初，刘璋遣扶风孟达副法正，各将兵二千人，使迎先主，先主因令达并领其众，留屯江陵。蜀平后，以达为宜都太守。建安二十四年，命达从秭归北攻房陵[1]，房陵太守蒯祺为达兵所害。达将进攻上庸[2]，先主阴恐达难独任，乃遣封自汉中乘沔水下统

译文

刘封，本是罗侯寇氏之子，长沙刘氏的外甥。先主到荆州，因为自己没有子嗣，就收养刘封做儿子。等到先主进入蜀地，从葭萌回师攻打刘璋，当时刘封二十多岁，有武艺，力气过人，率领军队和诸葛亮、张飞等人一起逆长江而西上，所到之处都攻克了。益州平定后，先主任命刘封为副军中郎将。

当初，刘璋派扶风人孟达做法正的助手，各自率领两千名士兵，去迎接先主，先主就命令孟达一并统领两队人马，留下来驻守江陵。蜀地平定后，任命孟达为宜都太守。建安二十四年(219)，先主命令孟达从秭归向北攻打房陵，房陵太守蒯祺被孟达的士兵杀死。孟达准备进军攻打上庸，先主暗中担心孟达难以独自完成任务，就派遣刘封从汉中沿沔水南下去统领孟达

达军，与达会上庸。上庸太守申耽举众降，遣妻子及宗族诣成都。先主加耽征北将军，领上庸太守员乡侯如故，以耽弟仪为建信将军、西城[3]太守，迁封为副军将军。自关羽围樊城、襄阳，连呼封、达，令发兵自助。封、达辞以山郡初附，未可动摇，不承羽命。会[4]羽覆败，先主恨之。又封与达忿争不和，封寻夺达鼓吹。达既惧罪，又忿恚封，遂发表辞先主，率所领降魏[1]。魏文帝善达之姿才容观，以为散骑常侍、建武将军，封平阳亭侯。合房陵、上庸、西城三郡为新城郡，以达领新城太守。遣征南将军夏侯尚、右将军徐晃与达共袭封。达与封书曰：

的军队，和孟达在上庸会合。上庸太守申耽率众投降，并把老婆孩子和宗族之人都送到了成都。先主封申耽为征北将军，像从前一样兼领上庸太守和员乡侯，任命申耽的弟弟申仪为建信将军、西城太守，升任刘封为副军将军。自从关羽围攻樊城、襄阳，多次通告刘封、孟达，命令他们发兵相助。刘封、孟达以山区郡县刚刚归附，不能随意行动为借口，不接受关羽的命令。适逢关羽全军覆灭，先主因此怨恨刘封、孟达。另外刘封和孟达互相愤恨争执，刘封随即夺取了孟达军中的鼓乐仪仗。孟达既害怕因没有救助关羽而获罪，又对刘封怨恨不满，于是就上奏表向先主告辞，率领他的部下投降了魏国。魏文帝喜欢孟达的容貌和才华，任命他为散骑常侍、建武将军，封为平阳亭侯。将房陵、上庸、西城三郡合并为新城郡，任命孟达为新城太守。派征南将军夏侯尚、右将军徐晃和孟达一同袭击刘封。孟达写信给刘封说：

今注　1 房陵：在今湖北房县。　2 上庸：在今湖北竹山西南。　3 西城：在今陕西安康西北。　4 会：适逢。

裴注 [1]《魏略》载达辞先主表曰:“伏惟殿下将建伊、吕之业,追桓、文之功,大事草创,假势吴、楚,是以有为之士深睹归趣。臣委质已来,愆戾山积,臣犹自知,况于君乎!今王朝以兴,英俊鳞集,臣内无辅佐之器,外无将领之才,列次功臣,诚自愧也。臣闻范蠡识微,浮于五湖;咎犯谢罪,逡巡于河上。夫际会之间,请命乞身。何则?欲洁去就之分也。况臣卑鄙,无元功巨勋,自系于时,窃慕前贤,早思远耻。昔申生至孝见疑于亲,子胥至忠见诛于君,蒙恬拓境而被大刑,乐毅破齐而遭谗佞,臣每读其书,未尝不慷慨流涕,而亲当其事,益以伤绝。何者?荆州覆败,大臣失节,百无一还。惟臣寻事,自致房陵、上庸,而复乞身,自放于外。伏想殿下圣恩感悟,愍臣之心,悼臣之举。臣诚小人,不能始终,知而为之,敢谓非罪!臣每闻交绝无恶声,去臣无怨辞,臣过奉教于君子,愿君王勉之也。”

“古人有言:‘疏不间亲,新不加旧。’此谓上明下直,谗慝不行也。若乃权君谲主,贤父慈亲,犹有忠臣蹈功以罹祸,孝子抱仁以陷难,种[1]、商[2]、白起[3]、孝己[4]、伯奇[5],皆其类也。其所以然,非骨肉好离,亲亲乐患也。或有恩移爱易,亦有谗间其间,虽忠臣不能移之于君,孝子不能变之于父者也。势利所加,改亲为仇,况非亲亲乎!故申生[6]、

“古人有言:‘关系疏远的不能离间关系亲密的,新来的不能超越旧有的。’这说的是君主贤明臣下忠直,谗言邪恶不能得逞。即使是善于权变精于谋划的君主,贤明慈爱的父母亲人,也还有忠诚的臣子奋勇立功而遭受祸患,有孝子遵循仁义而陷入危难,文种、商鞅、白起、孝己、伯奇等都是这样的人。他们之所以如此,不是骨肉至亲喜欢分离,亲人愿意受到祸难的缘故。他们有的是因为恩情转移爱心改变,也有的是受到谗言的离间,即使是忠臣也不能使君主改变,孝子也不能使父亲改变。权势利益施加其上,会使亲人变成仇敌,何况

卫伋[7]、御寇[8]、楚建[9]禀受形之气，当嗣立之正，而犹如此。今足下与汉中王，道路之人耳，亲非骨血而据势权，义非君臣而处上位，征则有偏任之威，居则有副军之号，远近所闻也。自立阿斗为太子已来，有识之人相为寒心。如使申生从子舆之言，必为太伯；卫伋听其弟之谋，无彰父之讥也。且小白出奔，入而为霸；重耳逾垣，卒以克复。自古有之，非独今也。

并非至亲呢！所以申生、卫伋、御寇、楚建禀受上天赋予的气质，拥有正当继承君位的名分，还有被驱逐杀害这样的遭遇。现在足下和汉中王，不过是路人罢了，并非是亲骨肉而你却拥有权势，名义上不算是君臣而你却处于高位，出征时有负责一方面的权威，驻守时有副军将军的称号，这是远近都知道的。自从阿斗立为太子以来，有见识的人都为你感到寒心。假如申生听从子舆的话，一定会成为太伯；卫伋听取弟弟的计谋，就不会因出父亲的丑而被人们讥讽。况且小白逃亡出走，回国后成为霸主；重耳翻墙逃命，最终能回到晋国执政。这样的事情自古就有，不只是今天才有啊。

今注　**1** 种：即文种。越国大夫，与范蠡同事越王勾践，出计灭吴，功成，范蠡劝其离去，不听，后被逼自杀。　**2** 商：即商鞅。商鞅说服秦孝公推行新法，秦国富强后，受封于商。用法严苛，树敌众多，孝公卒，遂被车裂而死。　**3** 白起：战国时秦之名将，事昭王，因功封为武安君。长平之战，坑杀赵降卒四十万，后与应侯范睢有嫌隙，被免官赐死。　**4** 孝己：传说为殷高宗武丁之子，以孝行著称，因遭后母谗言，被放逐而死。　**5** 伯奇：相传为周宣王时重臣尹吉甫长子。母死，后母欲立其子伯封为太子，乃谮伯奇，吉甫怒，放伯奇于野。　**6** 申生：春秋时晋献公太子。献公宠骊姬，骊姬谮申生，欲立其子奚齐，使申生居曲沃。骊姬复进谗言，献公将杀之。有人劝申生出走，没有听从，乃自杀。　**7** 卫伋：卫宣公之子，公子伋。卫宣公原为公子伋娶齐国女子，后来却自己娶齐国女子，生下公子寿和公子朔。公子朔与其母宣姜共同诽谤公子伋，卫宣公于是指使强盗杀害公子伋，改立公子朔为太子。 8 御寇:《史记·陈杞世家》:“宣公后有嬖姬生子款，欲立之，乃杀其太子御寇。” 9 楚建:楚平王的太子，名建。被费无忌谗害，逃亡宋国。

“夫智贵免祸，明尚夙达，仆揆汉中王虑定于内，疑生于外矣。虑定则心固，疑生则心惧，乱祸之兴作，未曾不由废立之间也。私怨人情，不能不见，恐左右必有以间[1]于汉中王矣。然则疑成怨闻，其发若践机耳。今足下在远，尚可假息一时；若大军遂进，足下失据而还，窃相为危之。昔微子去殷，智果别族，违难背祸，犹皆如斯[1]。今足下弃父母而为人后，非礼也；知祸将至而留之，非智也；见正不从而疑之，非义也。自号为丈夫，为此

“智慧谋略贵在能免除灾祸，见识高明重在遇事及早通达，我猜想汉中王心中主意已经确定，对外的怀疑已经产生。主意定了内心就会固执，怀疑产生了内心就会恐惧，祸乱的产生，没有不是来自废黜和确立继承人这件事的。个人间的仇怨和恩情，不能不表现出来，恐怕你身边也一定有人向汉中王说坏话进行挑拨离间了。那么怀疑已经形成而且怨恨已经被得知，它的发作就像脚踏着机关一触即发罢了。现在足下您远离在外，尚可以得到暂时的喘息；如果我们的大军马上就进攻，足下您失去了立足之地而返回，我私下认为您就非常危险了。从前微子离开殷，智果离开他的宗族，逃离灾难躲避祸患，也都像是这样。现在您背弃父母去做别人的子嗣，不合乎礼；知道祸患就要降临却留下不走，不算是智慧；看到正确的不去遵从反而怀疑，不算是义。自称为大丈夫，

三者，何所贵乎？以足下之才，弃身来东，继嗣罗侯，不为背亲也；北面事君，以正纲纪，不为弃旧也；怒不致乱，以免危亡，不为徒行也。加陛下新受禅命，虚心侧席[2]，以德怀远，若足下翻然内向，非但与仆为伦，受三百户封，继统罗国而已，当更剖符大邦，为始封之君。陛下大军，金鼓以震，当转都宛、邓[3]；若二敌不平，军无还期。足下宜因此时早定良计。《易》有'利见大人'，《诗》有'自求多福'，行矣。今足下勉之，无使狐突闭门不出。"封不从达言。

却做出这样三种事，有什么可贵之处呢？以您的才能，舍身东来，继承罗侯的祖业，不算是背叛父母；面向北侍奉君主，来端正君臣的纲纪，不算是背弃旧主；愤怒而不导致迷乱，以免除危险覆灭，不算是徒劳的行为。再加上魏国皇帝新近接受了汉朝的禅让，正谦恭招纳有才能的人，以仁义恩德使远方之人归顺，如果足下您能幡然改变归顺魏国，就不仅仅会得到和我相同的官职，接受三百户封邑的赏赐，继承罗侯封国而已，您一定会进而接受皇帝赏赐的符节而被授封大的邦国，成为邦国始封的君主。皇帝的大军，已经金鼓震动，将把都城转移到宛、邓；如果两地敌人不平定，大军就不会返回。足下您应该趁此机会早早定下有利的计策。《易经》中有'见到尊贵的人就会有利'，《诗经》中有'自己去谋求多的福佑'，您应该采取行动了。现在足下请多多努力，不要像狐突那样关上门不出来。"刘封没有听从孟达的劝告。

今注 **1** 间：挑拨离间。 **2** 侧席：指谦恭以待贤者。 **3** 宛、邓：宛在今河南南阳。邓，一说在今河南邓州，一说在今湖北襄阳樊城区。

裴注 [**1**]《国语》曰："智宣子将以瑶为后，智果曰：'不如霄也。'宣子曰：'霄也佷。'对曰：'霄也佷在面，瑶之贤于人者五，其不逮者一也。美须长大则贤，射御足力则贤，技艺毕给则贤，巧文辩惠则贤，强毅果敢则贤，如是而甚不仁；以五者贤陵人，而不仁行之，其谁能待之！若果立瑶也，智宗必灭。'不听。智果别族于太史氏，为辅氏。及智氏亡，惟辅果在焉。"

申仪叛封，封破走还成都。申耽降魏，魏假1耽怀集将军，徙居南阳，仪魏兴太守，封员乡侯，屯洵口[1]。封既至，先主责封之侵陵达，又不救羽。诸葛亮虑封刚猛，易世之后终难制御，劝先主因此除之。于是赐封死，使自裁2。封叹曰："恨不用孟子度之言！"先主为之流涕。达本字子敬，避先主叔父敬，改之[2]。

申仪背叛了刘封，刘封战败逃回成都。申耽投降了魏国，魏国任命申耽代理怀集将军，移居到南阳，申仪担任魏兴太守，封为员乡侯，驻守洵口。刘封逃回成都后，先主责备刘封欺压孟达，又不去救助关羽。诸葛亮担心刘封刚烈勇猛，先主去世后其他人难以驾驭，就劝说先主趁这个机会除掉他。于是先主下令赐死刘封，让他自杀。刘封叹息道："我后悔没有听孟达的话！"先主为刘封的死痛哭流涕。孟达原本字子敬，为了避先主叔父刘敬的讳，改为子度。

今注　1 假：代理，非正式。　2 自裁：自杀。

裴注　[1]《魏略》曰："申仪兄名耽，字义举。初在西平、上庸间聚众数千家，后与张鲁通，又遣使诣曹公，曹公加其号为将军，因使领上庸都尉。至建安末，为蜀所攻，以其郡西属。黄初中，仪复来还。诏即以兄故号加仪，因拜魏兴太守，封列侯。太和中，仪与孟达不和，数上言达有贰心于蜀，及达反，仪绝蜀道，使救不到。达死后，仪诣宛见司马宣王，宣王劝使来朝。仪至京师，诏转拜仪楼船将军，在礼请中。"　[2]封子林为牙门将，咸熙元年内移河东。达子兴为议督军，是岁，徙还扶风。

彭羕

原文

彭羕，字永年，广汉人。身长八尺，容貌甚伟，姿性骄傲，多所轻忽，惟敬同郡秦子勑，荐之于太守许靖曰："昔高宗梦傅说[1]，周文求吕尚，爰及汉祖，纳食其于布衣，此乃帝王之所以倡业垂统，缉熙厥功也。今明府稽古皇极，允执神灵，体公刘之德[2]，行勿翦之惠[3]，《清庙》之作于是乎始，褒贬之义于是乎兴，然而六翮[4]未之备也。伏见处士绵竹秦宓，膺山甫之德，履隽生之直，枕石漱流，吟咏缊袍[5]，偃息于仁义之途，恬淡于浩然之域，高概节行，守真不亏，虽古人

译文

彭羕，字永年，广汉郡人。他身高八尺，仪表堂堂，生性傲慢，很多人都不放在眼里，只敬重同郡人秦子勑，向太守许靖推荐秦子勑说："从前殷高宗武丁梦见傅说，周文王寻求吕尚，直到汉高祖，从平民中招纳了郦食其，这就是帝王之所以能够开创基业并能延续皇统，光大他们功业的原因。现在府君您考究古代帝王统治的法则，诚心地秉承神灵的意旨，效法公刘那样的德行，施行召伯那样让人怀念以至于不剪甘棠的恩德，《清庙》那样的诗篇由此产生，褒扬贬斥的大义由此而兴起，但是您还缺少辅佐的人，就像鸟翅膀上的羽毛还没有长全。我看到绵竹的平民秦宓，他有着仲山甫那样高尚的品德，遵循着隽生那样的正直，以山石为枕而以清流漱洗，身穿以乱麻为絮的袍子而吟咏歌唱，安然自处于仁义之道，恬静自如于充满浩然正气的领域，高风亮节，保守纯真的本性而不使之有所

潜遁，蔑以加旃[6]。若明府能招致此人，必有忠谠[7]落落之誉，丰功厚利，建迹立勋，然后纪功于王府，飞声于来世，不亦美哉！”

亏损，即使是古代的隐士，也没有超过他的。如果您能够招纳这个人，就一定会得到忠诚正直坦诚磊落的赞誉，获得广大且深厚的功绩和利益，建立功勋，然后在皇室内府记载下您的功劳，在后世传颂您的美名，这不是很好吗！”

今注 **1** 高宗梦傅说：相传傅说最初隐居于傅岩，高宗梦到他，往访而知其贤，于是举其为相，国家大治。 **2** 公刘之德：《诗经·公刘》篇郑玄笺认为“公刘有居民之道”。 **3** 行勿翦之惠：《诗经·召南·甘棠》“蔽芾甘棠，勿翦勿伐”，此诗言民众对召伯之政的怀念。 **4** 翮(hé)：鸟的翅膀。 **5** 缊袍：以乱麻为絮的袍子，古为贫者所服。 **6** 加旃(zhān)：超过他。旃，犹“之”。 **7** 忠谠(dǎng)：忠诚正直。

羕仕州，不过书佐，后又为众人所谤毁于州牧刘璋，璋髡[1]钳羕为徒隶。会先主入蜀，溯流北行。羕欲纳说先主，乃往见庞统。统与羕非故人，又适有宾客，羕径上统床卧，谓统曰：“须客罢当与卿善谈。”统客既罢，往就羕坐，羕又先责统食，然后共语，因留信宿[2]，至于经日。统

彭羕在州府里任职，官职不超过书佐，后来众人又向益州牧刘璋诽谤诋毁他，因此刘璋剃掉彭羕的头发，给他戴上铁钳，罚他为服劳役的刑徒。恰逢先主进入蜀地，逆江北上。彭羕想要进言游说先主，就前去拜见庞统。庞统和彭羕之前并不熟识，又恰巧在会见宾客，彭羕径直在庞统的床上躺下，对庞统说：“等客人走后我要和您好好谈谈。”庞统的宾客告辞后，庞统就过去坐到彭羕身旁，彭羕又叫庞统先准备饭吃，然后一起交谈，于是留住了两夜，以至整日攀谈。庞统非

大善之，而法正宿自知羕，遂并致之先主。先主亦以为奇，数令羕宣传军事，指授诸将，奉使称意，识遇日加。成都既定，先主领益州牧，拔羕为治中从事。羕起徒步[3]，一朝处州人之上，形色嚣然，自矜[4]得遇滋甚。诸葛亮虽外接待羕，而内不能善，屡密言先主，羕心大志广，难可保安。先主既敬信亮，加察羕行事，意以稍疏，左迁[5]羕为江阳太守。

常欣赏他，而法正早已了解彭羕，于是两人一起向先主推荐彭羕。先主也认为彭羕非同寻常，多次派遣彭羕去宣讲传授军事，指点教授众将领，彭羕每次奉命出使都能符合先主的心意，先主对他的赏识恩遇也日益增加。成都平定后，先主兼领益州牧，提拔彭羕为治中从事。彭羕从平民起家，一朝之间位居州中众人之上，行为神色嚣张轻狂，自傲之气因得到宠遇而更加厉害。诸葛亮虽然表面上与彭羕接洽，但是心里却并不欣赏他，多次秘密地对先主说，彭羕欲望很大且志向广阔，很难保证安定顺从。先主尊重信任诸葛亮，又认真观察了彭羕的言行，心里就逐渐疏远了彭羕，便将他降为江阳太守。

【今注】 1 髡(kūn)：古代一种剃去头发的刑罚。 2 信宿：连宿两夜。 3 徒步：平民的代称。 4 自矜：自负，自夸。 5 左迁：降职。

羕闻当远出，私情不悦，往诣马超。超问羕曰："卿才具秀拔，主公相待至重，谓卿当与孔明、孝直诸人齐足并驱，宁当外授小郡，失

彭羕听说要让他去远方做官，内心很不高兴，前去拜见马超。马超问彭羕说："您才能出众，主公对您非常器重，认为您应该和诸葛孔明、法孝直这样的人并驾齐驱，怎么竟然会任命您到外地小郡任职，失去了人们对您的期望呢？"彭羕

人本望乎？”羕曰：“老革[1]荒悖，可复道邪[1]！”又谓超曰：“卿为其外，我为其内，天下不足定也。”超羁旅归国，常怀危惧，闻羕言大惊，默然不答。羕退，具表羕辞，于是收羕付有司。

羕于狱中与诸葛亮书曰：“仆昔有事于诸侯，以为曹操暴虐，孙权无道，振威暗弱，其惟主公有霸王之器，可与兴业致治，故乃翻然有轻举之志。会公来西，仆因法孝直自炫鬻[2]，庞统斟酌其间，遂得诣公于葭萌，指掌而谭[3]，论治世之务，讲霸王之义，建取益州之策，公亦宿虑明定，即相然赞，遂举事焉。

说：“那个老兵迷惑昏庸，还有什么可说的呢！”又对马超说：“您为外援，我做内应，天下可以轻松平定。”马超远道而来归降蜀国，心中常害怕受到怀疑，听到彭羕的话觉得很吃惊，默不作声没有回答。彭羕离开后，马超把彭羕的话都奏报给先主，先主于是就把彭羕逮捕起来交给负责的官员治罪。

彭羕在狱中给诸葛亮写信说：“我从前想要效力诸侯时，觉得曹操残暴，孙权没有道义，刘璋愚昧懦弱，而只有主公有霸王的气度，可以和他一起建立功业治理天下，所以心中就有了展翅高飞一展宏图的志向。恰好主公来到西蜀，我就通过法孝直向主公自我推荐求得任用，庞统也在其中协力帮助，于是得以在葭萌拜见主公，手掌相抵比画着交谈，议论治理天下的要事，谈说建立王道霸业的大义，进献了夺取益州的计策，主公也早已考虑明确做出决定，马上肯定我的计策并表示称赞，于是就采取行动，一举成功。

今注　1 老革：老兵，多用为贬称。　2 炫鬻(xuàn yù)：自我夸耀以求功名。　3 谭：同“谈”。

裴注 [1] 扬雄《方言》曰:“悈、鲍、乾、都、耇、革,老也。”郭璞注曰:“皆老者皮色枯瘁之形也。”臣松之以为,皮去毛曰革。古者以革为兵,故语称兵革,革犹兵也。羕骂备为老革,犹言老兵也。

“仆于故州不免凡庸,忧于罪罔,得遭风云激矢之中,求君得君,志行名显,从布衣之中擢为国士,盗窃茂才。分子之厚,谁复过此[1]。羕一朝狂悖,自求菹醢[1],为不忠不义之鬼乎!先民有言,左手据天下之图,右手刎咽喉,愚夫不为也。况仆颇别菽麦者哉!所以有怨望意者,不自度量,苟以为首兴事业,而有投江阳之论,不解主公之意,意卒感激,颇以被酒,侻[2]失‘老’语。此仆之下愚薄虑所致,主公实未老也。且夫立业,岂在老少?西伯[3]九十,宁有衰志?负我慈父,罪有百死。至于内外之言,欲

“我在原来的州中不免平庸,还总担心犯法获罪,正遇到风云变幻战乱动荡的时局,寻求君主而得到了君主,志向得以施展,名声得以显扬,从平民百姓被提拔为国家的重臣,窃取了茂才名位。主公把给儿子的恩情分给了我,谁还能再得到比这更高的恩宠呢?彭羕我一时狂妄悖逆,犯了该被剁成肉酱的罪行,要成为不忠不义的鬼魂了!先人曾说,左手握着能统治天下的图籍,右手却用刀割断自己的喉咙,即便愚蠢的人也不会这样做。何况我还是很能辨别菽麦的人啊!我之所以表现出埋怨不满,是我没有认真估量自己,只认为自己最早帮助主公创建功业,却有了发配江阳的议论,没有理解主公的心意,心情一时激动,又加上饮酒,恰好失言说出‘老’字。这是我愚蠢缺少思考造成的,主公实际上并不老。而且建立功业,哪里在于年龄大小呢?西伯九十岁,志向哪里有一点改变呢?我辜负了慈爱的父亲,所犯之罪

使孟起立功北州，戮力主公，共讨曹操耳，宁敢有他志邪？孟起说之是也，但不分别其间，痛人心耳。昔每与庞统共相誓约，庶托足下末踪，尽心于主公之业，追名古人，载勋竹帛。统不幸而死，仆败以取祸。自我堕之，将复谁怨！足下，当世伊、吕也，宜善与主公计事，济其大猷[4]。天明地察，神祇有灵，复何言哉！贵使足下明仆本心耳。行矣努力，自爱，自爱！”羕竟诛死，时年三十七。

该死上一百次。至于我说的‘内’‘外’之言，是想要让马超在北方建立功勋，全力报效主公，共同去讨伐曹操罢了，怎么敢有其他意图呢？马超所讲很对，只是他没有分辨其中的意思，让人很痛心。从前我常常和庞统一起盟誓相约，希望能跟随您的足迹，为主公的事业尽心尽力，使名誉追及古人，使功勋载入史册。庞统不幸战死，我又自寻灾祸。这是我自己堕落，还能去埋怨谁呢！足下您是当代的伊尹、吕望，应该好好和主公商议，完成伟大的功业。天明地察，神祇有灵，还有什么再说的呢！重要的是让足下了解我的本心罢了。努力去做吧，自爱，自爱！”彭羕最终被处死，当时他三十七岁。

今注　1 菹醢(zū hǎi)：古时一种残酷的刑罚，将人杀死后剁成肉酱。 2 侻(tuì)：恰好。 3 西伯：周文王姬昌原为商朝诸侯，封西伯。礼贤下士，爱护百姓，有志翦商，在位五十年。 4 大猷(yóu)：治国大道。

裴注　[1] 臣松之以为，“分子之厚”者，羕言刘主分儿子厚恩，施之于己，故其书后语云“负我慈父，罪有百死”也。

廖立

原文

廖[1]立，字公渊，武陵临沅1人。先主领荆州牧，辟为从事，年未三十，擢为长沙太守。先主入蜀，诸葛亮镇荆土，孙权遣使通好于亮，因问士人皆谁相经纬者，亮答曰："庞统、廖立，楚之良才，当赞兴世业者也。"建安二十年，权遣吕蒙奄袭2南三郡，立脱身走，自归先主。先主素识待之，不深责也，以为巴郡太守。二十四年，先主为汉中王，征立为侍中。后主袭位，徙长水校尉。

立本意，自谓才名宜为诸葛亮之贰，而更游散在李严等下，常怀怏怏3。后丞相掾李邵、蒋琬至，立计曰："军当远出，卿诸人好谛其事。昔先帝不取汉中，走与吴人争南三郡，

译文

廖立，字公渊，武陵郡临沅县人。先主兼领荆州牧时，征召他任从事，廖立尚不满三十岁，就被提拔为长沙太守。先主进入蜀地，诸葛亮镇守荆州地区，孙权派使节向诸葛亮通好，并顺便询问士人中都有谁能够帮助治理国家，诸葛亮回答说："庞统、廖立都是楚地的俊才，是协助振兴帝王世代大业的人。"建安二十年(215)，孙权派吕蒙偷袭南方三郡，廖立脱身逃走，回到先主身边。先主一向很赏识厚待廖立，就没有过多责怪，任命他为巴郡太守。建安二十四年(219)，先主做汉中王，征召廖立担任侍中。后主继位，廖立改任长水校尉。

廖立内心中，认为自己的才能名望应该是做诸葛亮的副手，但是却沦落到李严等人之下，故而常常闷闷不乐。后来丞相掾李邵、蒋琬到来，廖立和他们商议说："军队就要出发远征，您几位应该好好注意这些事。从前先帝不去占领汉中，却跑去和吴国人争夺南方三郡，最终还是把三郡给了吴国人，白

卒以三郡与吴人，徒劳役吏士，无益而还。既亡汉中，使夏侯渊、张郃深入于巴，几丧一州。后至汉中，使关侯身死无孑遗，上庸覆败，徒失一方。是羽怙恃[4]勇名，作军无法，直以意突耳，故前后数丧师众也。

白地劳累官吏将士，无功而返。丢失汉中以后，使得夏侯渊、张郃深入到巴郡一带，几乎丧失了一州之地。后来进军汉中，却使关羽战死，无一人生还，在上庸地区遭遇战败，白白丧失了一片地方。这是由于关羽依赖自己勇武的名声，统军作战没有正确的法度，仅仅凭借自己的意气进攻作战，所以先后多次丧失军队。

今注　1 临沅：武陵郡郡治，在今湖南常德。　2 奄袭：突然袭击。　3 怏怏：不服气，闷闷不乐。　4 怙恃：依赖。

裴注　[1] 廖，音理救反。

“如向朗、文恭，凡俗之人耳。恭作治中无纲纪。朗昔奉马良兄弟，谓为圣人，今作长史，素能合道。中郎郭演长，从人者耳，不足与经大事，而作侍中。今弱世也，欲任此三人，为不然也。王连流俗，苟作掊克[1]，使百姓疲弊，以致今日。”邵、琬具白其言于诸葛亮。亮

“像向朗、文恭这些人，都是凡夫俗子罢了。文恭担任治中，行事没有纲纪法度；向朗从前侍奉马良兄弟，号称是圣人，现在向朗担任长史，只是中规中矩而已。中郎郭演长，只会一味附和别人，不足以谋划大事，却做了侍中。现在是国家衰弱的时期，要任用这三个人则是不合适的。王连是流于世俗的人，擅自用苛捐杂税盘剥百姓，使百姓疲惫不堪，贫困凋敝，从而造成了今天这种局面。”李邵、蒋琬把他的话全部告诉

表立曰："长水校尉廖立，坐自贵大，臧否群士，公言国家不任贤达而任俗吏，又言万人率者皆小子[2]也；诽谤先帝，疵毁众臣。人有言国家兵众简练，部伍分明者，立举头视屋，愤咤作色曰：'何足言！'凡如是者不可胜数。羊之乱群，犹能为害，况立托在大位，中人以下识真伪邪[1]？"于是废立为民，徙汶山郡。立躬率妻子耕殖自守，闻诸葛亮卒，垂泣叹曰："吾终为左衽[3]矣！"后监军姜维率偏军经汶山，往诣立，称立意气不衰，言论自若。立遂终于徙所。妻子还蜀。

了诸葛亮。诸葛亮向朝廷奏报此事说："长水校尉廖立，言行妄自尊大，褒贬众位士人，公然说国家不任用贤才而任用平庸的官吏，又说上万人军队的统帅都是小子；诽谤先帝，诋毁污蔑众位大臣。有人说国家军队的士兵训练有素，队伍军纪严明，廖立抬起头看着屋顶，神情愤怒地呵斥说：'有什么值得说的呢！'像这样的事情数不胜数。有一只羊扰乱羊群，还能造成危害，何况廖立身居高位，中等才能以下的人能识别出他的真假吗？"于是把廖立废黜为平民，流放到汶山郡。廖立带着老婆孩子耕田为生，他听说诸葛亮去世，就流泪叹息说："我要一直穿着这种衣襟左掩的服装了！"后来监军姜维率领偏军路过汶山，去拜访了廖立，对人说廖立意气丝毫没有衰弱，言谈淡定自如。廖立最终死在了流放之地。他的老婆孩子返回了蜀地。

今注　**1** 掊克：聚敛，搜括。　**2** 小子：对人轻慢或戏谑的称呼。　**3** 左衽：指少数民族服装，前襟向左掩。

裴注　[**1**]《亮集》有亮表曰："立奉先帝无忠孝之心，守长沙则开门就敌，领巴郡则有暗昧闒茸其事，随大将军则诽谤讥诃，侍梓宫则挟刃断人头于梓宫之侧。陛下即位之后，普增职号，立随比为将军，面语臣曰：‘我何宜在诸将军中！不表我为卿，上当在五校！’臣答：‘将军者，随大比耳。至于卿者，正方亦未为卿也。且宜处五校。’自是之后，怏怏怀恨。”诏曰：“三苗乱政，有虞流宥，廖立狂惑，朕不忍刑，亟徙不毛之地。”

李严

原文

李严，字正方，南阳人也。少为郡职吏[1]，以才干称。荆州牧刘表使历诸郡县。曹公入荆州时，严宰秭归，遂西诣蜀，刘璋以为成都令，复有能名。建安十八年，署严为护军，拒先主于绵竹。严率众降先主，先主拜严裨将军。成都既定，为犍为太守、兴业将军。二十三年，盗贼马秦、高胜等起事于郪[2][1]，合聚部伍数万人，到资中县。时先主在汉中，严不更发兵，但率将郡士五千人讨之，斩秦、胜等首。枝党星散，悉复民籍。又越嶲夷率

译文

李严，字正方，南阳人。他年轻时在郡府做小吏，以才干著称。荆州牧刘表把他派往各个郡县。曹操进入荆州时，李严担任秭归县令，他于是就向西到了蜀地，刘璋任命他担任成都县令，又有能干的名声。建安十八年(213)，刘璋任命李严代理护军，到绵竹去抵御先主。李严率众投降先主，先主任命李严为裨将军。成都平定后，任李严为犍为太守、兴业将军。建安二十三年(218)，盗贼马秦、高胜等人在郪地造反，聚集兵马数万人，来到资中县。当时先主正在汉中，李严没有再征发别处的军队，仅率领本郡的士兵五千人去征讨他们，斩杀马秦、高胜的首级。他们的部众四散逃窜，李严又全部恢复了他们的平民户籍。又有越嶲郡蛮夷首领高定派军围攻新道县，李严飞速赶去救援，贼

高定遣军围新道县[3],严驰往赴救,贼皆破走。加辅汉将军,领郡如故。章武二年,先主征严诣永安宫,拜尚书令。三年,先主疾病,严与诸葛亮并受遗诏辅少主;以严为中都护,统内外军事,留镇永安。建兴元年,封都乡侯,假节,加光禄勋。四年,转为前将军。以诸葛亮欲出军汉中,严当知后事,移屯江州,留护军陈到驻永安,皆统属严。严与孟达书曰:"吾与孔明俱受寄托,忧深责重,思得良伴。"亮亦与达书曰:"部分如流,趋舍罔滞,正方性也。"其见贵重如此[2]。八年,迁骠骑将军。以曹真欲三道向汉川,亮命严将二万人赴汉中。亮表严子丰为江州都督督军,典严后事。亮以明年当出军,命严以中都护

人全部被打败逃走。先主加封李严为辅汉将军,依旧统领犍为郡。章武二年(222),先主征召李严来到永安宫,任命他做尚书令。章武三年(223),先主病重,李严和诸葛亮共同接受遗诏辅佐后主;任命李严为中都护,统领内外军事,留下来镇守永安。建兴元年(223),李严被封为都乡侯,授持符节,加封光禄勋。建兴四年(226),改任前将军。由于诸葛亮想要出军汉中,李严将主管后方事务,就移到江州驻守,留下护军陈到驻守永安,全都归李严统率。李严给孟达写信说:"我和诸葛孔明一起受先帝托付,忧心忡忡责任重大,期望得到好的伙伴。"诸葛亮也写信给孟达说:"部署处理政务像流水一样迅速有条理,决定要做的事和要舍弃不做的事毫不迟疑,这是李正方的特性。"李严就是这样被看重。建兴八年(230),李严升任骠骑将军。因为曹真想要兵分三路进攻汉中,诸葛亮就命令李严率领两万人赶赴汉中。诸葛亮上表奏请任命李严的儿子李丰为江州都督督军,掌管李严走后的事务。诸葛亮由于第二年要出兵征伐,命令李严以中都护的身份代管丞相府

署府事。严改名为平。

政务。李严改名李平。

今注 1 职吏：指地位低下的官吏。 2 郪：在今四川三台县南。 3 新道县：蜀国所置，属于越嶲郡，在今四川雷波县。

裴注 [1] 郪，音凄。 [2]《诸葛亮集》有严与亮书，劝亮宜受九锡，进爵称王。亮答书曰："吾与足下相知久矣，可不复相解！足下方诲以光国，戒之以勿拘之道，是以未得默已。吾本东方下士，误用于先帝，位极人臣，禄赐百亿，今讨贼未效，知己未答，而方宠齐、晋，坐自贵大，非其义也。若灭魏斩叡，帝还故居，与诸子并升，虽十命可受，况于九邪！"

九年春，亮军祁山，平催督运事。秋夏之际，值天霖雨，运粮不继，平遣参军狐忠、督军成藩喻指，呼亮来还，亮承以退军。平闻军退，乃更阳[1]惊，说："军粮饶足，何以便归！"欲以解己不办之责，显亮不进之愆[2]也。又表后主，说"军伪退，欲以诱贼与战"。亮具出其前后手笔书疏本末，平违错章灼[3]。平辞穷情竭，首谢罪负。于是亮表平曰："自先帝

建兴九年(231)春，诸葛亮驻兵祁山，李平催办监督运输军粮之事。夏秋之际，正赶上连绵不断的大雨，粮食运输接续不上，李平派遣参军狐忠、督军成藩向诸葛亮说明他的意思，叫诸葛亮退兵回来，诸葛亮接受意见撤军。李平听说军队撤回，却又假装很惊讶，说："军粮还很充足，怎么就匆匆撤军回来了！"想以此来解脱自己没有完成任务的责任，来彰显诸葛亮不进军的罪责。李平又向后主上奏表说"大军假装撤退，是想引诱敌人同他们交战"。诸葛亮把他前后的亲笔书信、奏疏原原本本全部拿出来，李平的错误非常明显。李平理屈词穷，俯首认罪。于是诸葛亮上奏表弹劾李平，说："自

崩后，平所在治家，尚为小惠，安身求名，无忧国之事。臣当北出，欲得平兵以镇汉中，平穷难纵横，无有来意，而求以五郡为巴州刺史。去年臣欲西征，欲令平主督汉中，平说司马懿等开府辟召。臣知平鄙情，欲因行之际逼臣取利也，是以表平子丰督主江州，隆崇其遇，以取一时之务。平至之日，都委诸事，群臣上下皆怪臣待平之厚也。正以大事未定，汉室倾危，伐平之短，莫若褒之。然谓平情在于荣利而已，不意平心颠倒乃尔。若事稽留，将致祸败，是臣不敏，言多增咎[1]。”乃废平为民，徙梓潼郡[2]。十二年，平闻亮卒，发病死。平常冀亮当自补复，策后人不能，故以激愤也[3]。丰官

从先帝驾崩之后，李平所关注的就是治理家产，喜欢施小恩小惠，求得安身，追求名誉，不为国家大事担忧。臣准备北上出兵征伐，想要李平的军队镇守汉中，李平想尽办法辩解，没有要来的意思，反而请求要五个郡来做巴州刺史。去年臣准备西征，想让李平负责统管汉中，李平称司马懿等人设置官署征召官员。臣知道李平鄙俗的心思，是想要趁着出兵的机会，逼迫臣来谋取私利，因此臣上奏表请求任命李平的儿子李丰统管江州，提高他的待遇，以求解决一时之急。李平到达的时候，所有的事务都交给他负责，群臣上下都责怪我对李平太优厚了。只是由于国家大事未定，汉室面临倾覆的危险，与其批评李平的不足，不如褒奖勉励他。然而原以为李平的私念只是想要荣誉利益而已，没想到他竟会这样颠倒是非。如果事情拖延下去不解决，将会招来祸患失败，这是臣的不明智，说了很多更增加了罪责。”于是就废黜李平为平民，流放到梓潼郡。建兴十二年(234)，李平听说诸葛亮去世，他也发病而死。李平常希望诸葛亮会让他改正错误官复原职，他估计以后不会有人给他这种机会，所

至朱提太守[4]。 || 以情绪激动愤怒。李丰做到了朱提太守。

今注 1 阳:通“佯”。 2 愆(qiān):过失,罪咎。 3 章灼:明显。

裴注 [1] 亮公文上尚书曰:“平为大臣,受恩过量,不思忠报,横造无端,危耻不办,迷罔上下,论狱弃科,导人为奸,情狭志狂,若无天地。自度奸露,嫌心遂生,闻军临至,西向托疾还沮、漳,军临至沮,复还江阳,平参军狐忠勤谏乃止。今篡贼未灭,社稷多难,国事惟和,可以克捷,不可苞含,以危大业。辄与行中军师车骑将军都乡侯臣刘琰,使持节前军师征西大将军领凉州刺史南郑侯臣魏延、前将军都亭侯臣袁綝、左将军领荆州刺史高阳乡侯臣吴壹、督前部右将军玄乡侯臣高翔、督后部后将军安乐亭侯臣吴班、领长史绥军将军臣杨仪、督左部行中监军扬武将军臣邓芝、行前监军征南将军臣刘巴、行中护军偏将军臣费祎、行前护军偏将军汉成亭侯臣许允、行左护军笃信中郎将臣丁咸、行右护军偏将军臣刘敏、行护军征南将军当阳亭侯臣姜维、行中典军讨虏将军臣上官雝、行中参军昭武中郎将臣胡济、行参军建义将军臣阎晏、行参军偏将军臣爨习、行参军裨将军臣杜义、行参军武略中郎将臣杜祺、行参军绥戎都尉臣盛勃、领从事中郎武略中郎将臣樊岐等议,辄解平任,免官禄、节传、印绶、符策,削其爵土。” [2] 诸葛亮又与平子丰教曰:“吾与君父子戮力以奖汉室,此神明所闻,非但人知之也。表都护典汉中,委君于东关者,不与人议也。谓至心感动,终始可保,何图中乖乎!昔楚卿屡绌,亦乃克复,思道则福应,自然之数也。愿宽慰都护,勤追前阙。今虽解任,形业失故,奴婢宾客百数十人,君以中郎参军居府,方之气类,犹为上家。若都护思负一意,君与公琰推心从事者,否可复通,逝可复还也。详思斯戒,明吾用心,临书长叹,涕泣而已。” [3] 习凿齿曰:“昔管仲夺伯氏骈邑三百,没齿而无怨言,圣人以为难。诸葛亮之使廖立垂泣,李平致死,岂徒无怨言而已哉!夫水至平而邪者取法,镜至明而丑者无怒,水镜之所以能穷物而无怨者，以其无私也。水镜无私，犹以免谤，况大人君子，怀乐生之心，流矜恕之德，法行于不可不用，刑加乎自犯之罪，爵之而非私，诛之而不怒，天下有不服者乎！诸葛亮于是可谓能用刑矣，自秦、汉以来未之有也。” [4] 苏林《汉书音义》曰：“朱，音铢；提，音如北方人名士曰提也。”

刘琰

原文

刘琰，字威硕，鲁国人也。先主在豫州，辟为从事，以其宗姓，有风流，善谈论，厚亲待之，遂随从周旋[1]，常为宾客。先主定益州，以琰为固陵太守。后主立，封都乡侯，班位每亚李严，为卫尉中军师后将军，迁车骑将军。然不豫国政，但领兵千余，随丞相亮讽议而已。车服饮食，号为侈靡，侍婢数十，皆能为声乐，又悉教诵读《鲁灵光殿赋》。建兴十年，与前军师魏延不和，言语虚诞，亮责让之。琰与亮笺谢

译文

刘琰，字威硕，鲁国人。先主在豫州，聘任刘琰为从事，由于他跟先主同宗同姓，仪表风流，善于交谈议论，因此先主非常善待他，刘琰于是就跟随在先主身边应接交际，常作为先主的宾客。先主平定益州，任命刘琰为固陵太守。后主登基，封刘琰为都乡侯，官位排列常常是在李严之后，担任尉中军师后将军，升任车骑将军。但是他不参与国政事务，只是率领千余名士兵，跟随丞相诸葛亮提些讽谏议论而已。刘琰的车马、饮食、服饰都非常奢华，有几十名侍婢，都能歌舞奏乐，刘琰又都教她们诵读《鲁灵光殿赋》。建兴十年(232)，刘琰同前军师魏延不和，言辞虚妄荒诞，诸葛亮责备他。刘琰给诸葛亮写信谢罪说：“刘琰生性空虚无能，原本品德操行浅

曰："琰禀性空虚，本薄操行，加有酒荒之病，自先帝以来，纷纭之论，殆将倾覆。颇蒙明公本其一心在国，原其身中秽垢，扶持全济，致其禄位，以至今日。间者[2]迷醉，言有违错，慈恩含忍，不致之于理，使得全完，保育性命。虽必克己责躬，改过投死，以誓神灵；无所用命，则靡寄颜。"于是亮遣琰还成都，官位如故。

琰失志慌惚。十二年正月，琰妻胡氏入贺太后，太后令特留胡氏，经月乃出。胡氏有美色，琰疑其与后主有私，呼五百[3]挞胡，至于以履搏面，而后弃遣。胡具以告言琰，琰坐下狱。有司议曰："卒非挞妻之人，面非受履之地。"琰竟弃市[4]。自是大臣妻母朝庆遂绝。

薄，加上又有沉溺饮酒荒废事情的毛病，从先帝以来，对我的议论纷纷不断，几乎让我垮掉。多蒙您能体察我一心为国家，宽恕我身上的污垢毛病，对我扶持帮助，让我获得了这样的俸禄爵位，一直到今天。近来醉酒迷乱，说话出错，您仁慈容忍了我的过失，不跟我计较，使得我自身完整，保全了性命。虽然我一定会约束自己深切自责，改正过错以死报国，以此向神灵发誓；但如果无处可以效力，我就没脸见人了。"于是诸葛亮送刘琰回成都，官职地位和以前一样。

刘琰不得志而神情恍惚。建兴十二年(234)正月，刘琰的妻子胡氏进宫向太后恭贺新春，太后命令只留下胡氏，过了一个月胡氏才出宫回家。胡氏长得很美貌，刘琰怀疑她和后主私通，就叫吏卒杖责胡氏，竟至用鞋抽打胡氏面部，然后休了胡氏遣送回去。胡氏讲出全部实情控告刘琰，刘琰犯法获罪被捕入狱。执法的官员指责他说："吏卒不是责打妻子的人，脸部不是鞋子抽打的地方。"刘琰最后被在闹市斩首。从此之后，大臣的妻子母亲入朝庆贺的礼仪就不再实行了。

今注　1 周旋:古代行礼时进退揖让的动作。此处指应接交际。　2 间者:最近,近来。　3 五百:魏晋时期称呼施刑杖之人为五百。　4 弃市:在民众集聚的闹市,对犯人执行死刑,以示为大众所弃。

魏延

原文

魏延,字文长,义阳人也。以部曲随先主入蜀,数有战功,迁牙门将军。先主为汉中王,迁治成都,当得重将以镇汉川,众论以为必在张飞,飞亦以心自许。先主乃拔延为督汉中镇远将军,领汉中太守,一军尽惊。先主大会群臣,问延曰:“今委卿以重任,卿居之欲云何?”延对曰:“若曹操举天下而来,请为大王拒之;偏将十万之众至,请为大王吞之。”先主称善,众咸壮其言。先主践尊号,进拜镇北将军。建兴元年,封都亭侯。五年,诸葛亮驻汉中,更以延

译文

魏延,字文长,义阳人。他率领自己的私人武装跟随先主进入蜀地,多次立下战功,升任牙门将军。先主做汉中王,把官署迁往成都,准备找一员威望比较高的大将镇守汉中,大家都认为一定是张飞,张飞内心也认为是自己。先主竟提拔魏延做督管汉中的镇远将军,兼领汉中太守,全军上下都感到吃惊。先主大会群臣,问魏延说:“现在委你重任,你担任这个职位有什么想说的呢?”魏延回答说:“如果曹操统率全国军队前来,我请求为大王抵御他们;如果是他的部将率领十万大军前来,我请求为大王消灭他们。”先主对此大加赞赏,众人也都认为他言语豪壮。先主登基称帝,升任魏延为镇北将军。建兴元年(223),封为都亭侯。建兴五年(227),诸葛亮驻军汉中,又任命魏延督率前锋

为督前部，领丞相司马、凉州刺史，八年，使延西入羌中，魏后将军费瑶、雍州刺史郭淮与延战于阳谿[1]，延大破淮等，迁为前军师征西大将军，假节，进封南郑侯。

延每随亮出，辄欲请兵万人，与亮异道会于潼关，如韩信故事，亮制而不许。延常谓亮为怯，叹恨己才用之不尽[1]。延既善养士卒，勇猛过人，又性矜高，当时皆避下之。唯杨仪不假借[2]延，延以为至忿，有如水火。十二年，亮出北谷口，延为前锋，出亮营十里。延梦头上生角，以问占梦赵直，直诈延曰："夫麒麟有角而不用，此不战而贼欲自破之象也。"退而告人曰："角之为字，刀下用也；头上用刀，其凶甚矣。"

部队，并兼领丞相司马、凉州刺史。建兴八年(230)，派魏延向西进入羌中地区，魏国后将军费瑶、雍州刺史郭淮和魏延在阳谿交战，魏延大败郭淮等人，升任前军师征西大将军，授予符节，晋封南郑侯。

魏延每次跟随诸葛亮出征，就请求率领数万名士兵，和诸葛亮分道进兵在潼关相会，就像从前韩信所做的那样，诸葛亮都加以阻止而不答应。魏延常常认为诸葛亮胆子太小，感叹遗憾自己的才能不能得到充分发挥。魏延既善待爱护士兵，勇猛过人，又性情高傲，当时的人都避免冒犯而对他谦让。只有杨仪毫不宽容忍让魏延，魏延因而十分恼怒，两人势同水火互不相容。建兴十二年(234)，诸葛亮由北谷口出兵，魏延担任前锋，率军驻扎在距离诸葛亮大营十里的地方。魏延梦到自己头上长了角，就询问占梦的赵直，赵直哄骗魏延说："麒麟有角却不使用，这是不需要交战而敌人就要自行溃败的预兆。"赵直退出后告诉别人说："角这个字，是上刀下用；头上用刀，是非常凶险的。"

今注　**1** 阳谿:一说在今甘肃渭源县,一说在今甘肃武山县。　**2** 假借:宽容,宽假。

裴注　[**1**]《魏略》曰:"夏侯楙为安西将军,镇长安。亮于南郑与群下计议,延曰:'闻夏侯楙少,主婿也,怯而无谋。今假延精兵五千,负粮五千,直从褒中出,循秦岭而东,当子午而北,不过十日可到长安。楙闻延奄至,必乘船逃走。长安中惟有御史、京兆太守耳,横门邸阁与散民之谷足周食也。比东方相合聚,尚二十许日,而公从斜谷来,必足以达。如此,则一举而咸阳以西可定矣。'亮以为此县危,不如安从坦道,可以平取陇右,十全必克而无虞,故不用延计。"

秋,亮病困,密与长史杨仪、司马费祎、护军姜维等作身殁之后退军节度,令延断后,姜维次之;若延或不从命,军便自发。亮适卒,秘不发丧,仪令祎往揣[1]延意指。延曰:"丞相虽亡,吾自见在。府亲官属便可将丧还葬,吾自当率诸军击贼,云何以一人死废天下之事邪?且魏延何人,当为杨仪所部勒,作断后将乎!"因与祎共作行留部分,令祎手书与己连名,

这年秋天,诸葛亮病重,秘密向长史杨仪、司马费祎、护军姜维等人交代自己死后撤军的行动部署,让魏延断后,姜维其次;如果魏延不服从命令,大军就即刻自行启程。诸葛亮刚去世,蜀军秘不发丧,杨仪命令费祎前去探测魏延的想法。魏延说:"丞相虽然去世,可我魏延还在。丞相府中的亲信官员可以把丞相的灵柩护送回去安葬,我自当率领各路军队去攻打敌人,怎么能因为一个人的去世而荒废天下大事呢?而且我魏延是什么人,难道该受杨仪的分派指挥,去做断后的将领吗!"于是与费祎共同做出留下的行动部署,令费祎亲笔书写并和自己联名,传告手下各位

告下诸将。祎绐[2]延曰："当为君还解杨长史，长史文吏，稀更军事，必不违命也。"祎出门驰马而去，延寻悔，追之已不及矣。延遣人觇[3]仪等，遂使欲案亮成规，诸营相次引军还。

将领。费祎欺骗魏延说："我应该替您回去向杨长史解释一下，杨长史是文官，不懂军事，一定不会反对您的命令。"费祎出营门后就骑马飞奔而去，魏延随即就后悔了，去追他已经来不及了。魏延派人去窥探杨仪等人的动静，得知他们已准备遵照诸葛亮生前的安排，各营依次撤军返回。

今注 1 揣：探测，估量。 2 绐(dài)：欺骗。 3 觇(chān)：偷偷地察看。

延大怒，攙[1]仪未发，率所领径先南归，所过烧绝阁道。延、仪各相表叛逆，一日之中，羽檄[2]交至。后主以问侍中董允、留府长史蒋琬，琬、允咸保仪疑延。仪等槎[3]山通道，昼夜兼行，亦继延后。延先至，据南谷口，遣兵逆击仪等，仪等令何平在前御延。平叱延先登曰："公亡，身尚未寒，汝辈何敢乃尔！"延士众知曲在延，莫为

魏延大怒，抢在杨仪没有启程之前，率领自己的部下径直先向南返回，烧毁了所经之处的栈道。魏延、杨仪各自向朝廷上表互相指控对方叛逆，一天之中，告急文书纷纷传送到朝廷。后主询问侍中董允、留府长史蒋琬，董允、蒋琬二人都袒护杨仪而怀疑魏延。杨仪等人开山通路，日夜兼程，也紧随在魏延军后。魏延先到，占据了南谷口，派兵攻击杨仪等人，杨仪等人命令何平在前面抵御魏延。何平斥责魏延抢先启程撤退，说："丞相刚刚去世，尸骨未寒，你们这些人怎么就敢这样！"魏延的部下知道是魏延理屈，没有人听命作战，士兵全部逃

用命,军皆散。延独与其子数人逃亡,奔汉中。仪遣马岱追斩之,致首于仪,仪起自踏之,曰:“庸奴!复能作恶不?”遂夷延三族。初,蒋琬率宿卫诸营赴难北行,行数十里,延死问至,乃旋。原[4]延意不北降魏而南还者,但欲除杀仪等。平日诸将素不同,冀时论必当以代亮。本指如此,不便背叛[1]。

散。魏延只得和他的儿子几个人逃亡,奔向汉中。杨仪派马岱追赶斩杀了魏延,马岱把魏延的人头交给杨仪,杨仪站起身来用脚踩着魏延的头说:“庸劣的奴才!你还能作恶吗?”于是就夷灭了魏延的三族。起初,蒋琬率领留守成都的各营禁卫军北上救难,行进几十里,魏延的死讯传来,便又撤回到成都。推寻魏延的本意,他不向北去投降魏国而是向南返回,只是想杀死杨仪等人。平时众位将领的看法就不一致,魏延本来希望大家一定会推戴他接替诸葛亮。魏延的本意如此,并不是要背叛蜀国。

今注　1 搀:抢,争先。　2 羽檄:古代军事文书,插鸟羽以示紧急,必须速递。　3 槎(chá):用刀斧砍斫。　4 原:推寻本原,考察缘由。

裴注　[1]《魏略》曰:“诸葛亮病,谓延等云:‘我之死后,但谨自守,慎勿复来也。’令延摄行己事,密持丧去。延遂匿之,行至褒口,乃发丧。亮长史杨仪宿与延不和,见延摄行军事,惧为所害,乃张言延欲举众北附,遂率其众攻延。延本无此心,不战军走,追而杀之。”臣松之以为,此盖敌国传闻之言,不得与本传争审。

杨仪

原文

杨仪，字威公，襄阳人也。建安中，为荆州刺史傅群主簿，背群而诣[1]襄阳太守关羽。羽命为功曹[2]，遣奉使西诣先主。先主与语论军国计策，政治得失，大悦之，因辟为左将军兵曹掾。及先主为汉中王，拔仪为尚书。先主称尊号，东征吴，仪与尚书令刘巴不睦，左迁遥署[3]弘农太守。建兴三年，丞相亮以为参军，署府事，将南行。五年，随亮汉中。八年，迁长史，加绥军将军。亮数出军，仪常规画分部，筹度粮谷，不稽思虑，斯须[4]便了。军戎节度，取办于仪。亮深惜仪之才干，凭魏延之骁勇，常恨二人之不平，不忍有所偏废也。十二年，随亮出屯谷口。

译文

杨仪，字威公，襄阳人。建安年间，他担任荆州刺史傅群的主簿，离开傅群去投奔襄阳太守关羽。关羽任命他做功曹，派他作为使节去西部拜见先主。先主和他交谈议论军国大事的方针策略，政治的得失，非常喜欢他，于是征召他做左将军兵曹掾。等到先主做了汉中王，提拔杨仪为尚书。先主称帝后，东征吴国，杨仪和尚书令刘巴不和，降为遥署弘农太守。建兴三年(225)，丞相诸葛亮任命他为参军，代管丞相府事务，自己准备向南进军。建兴五年(227)，杨仪跟随诸葛亮到汉中。建兴八年(230)，升任长史，加封为绥军将军。诸葛亮多次出兵，杨仪常常规划军队的分配部署，考虑筹备粮食，不用深思，片刻间就能处理完毕。军队的约束调度也都是由杨仪办理。诸葛亮很爱惜杨仪的才干，也很依仗魏延的勇猛，常常为二人不和深感遗憾，不忍心对他们二人有所偏废。建兴十二年(234)，杨仪跟随诸葛亮驻兵在谷口。诸葛亮死在战场上。杨

亮卒于敌场。仪既领军还，又诛讨延，自以为功勋至大，宜当代亮秉政，呼都尉赵正以《周易》筮之，卦得《家人》[5]，默然不悦。而亮平生密指，以仪性狷狭，意在蒋琬，琬遂为尚书令、益州刺史。仪至，拜为中军师，无所统领，从容而已。

仪既率军队回来，又诛杀了魏延，自以为功劳甚大，应当取代诸葛亮主持国政，叫都尉赵直用《周易》给自己占卜，赵直占得《家人》卦，杨仪默然不高兴。而诸葛亮一向有个秘而不宣的想法，认为杨仪生性气量狭小，意在让蒋琬做接班人，于是蒋琬便担任尚书令、益州刺史。杨仪回来后，被任为中军师，没有掌管具体事务，只是个闲职而已。

今注 **1** 诣：进谒，造访。此处指投奔。 **2** 功曹：汉代郡守有功曹史，简称功曹，除掌人事外，还参与一郡的政务。 **3** 遥署：即遥授，授予官衔，而不须到任。 **4** 斯须：形容时间很短。 **5**《家人》：此卦有居家赋闲之意，故杨仪不悦。

初，仪为先主尚书，琬为尚书郎，后虽俱为丞相参军长史，仪每从行，当其劳剧[1]，自惟年宦先琬，才能逾之，于是怨愤形于声色，叹咤之音发于五内。时人畏其言语不节，莫敢从也，惟后军师费祎往慰省之。仪对祎恨望[2]，前后云云，又语祎曰："往者丞相亡没之际，

当初，杨仪担任先主的尚书，蒋琬任尚书郎，后来他们都做了丞相参军长史，杨仪常常跟随诸葛亮出征，承担了劳苦繁重的事务，自认为年龄和做官的时间都超过了蒋琬，才能也超过了他，因此怨恨愤怒的神情、语言外露，叹息怒斥的声音也发自肺腑。当时的人害怕他说话不加节制，没有人敢跟随他，只有后军师费祎前去慰问探望他，杨仪对费祎发泄自己心中的怨恨，前前后后说了个遍，又对费祎说："过去丞相去世

吾若举军以就魏氏，处世宁当落度[3]如此邪！令人追悔不可复及。”祎密表其言。十二年，废仪为民，徙汉嘉郡。仪至徙所，复上书诽谤，辞指激切，遂下郡收仪。仪自杀，其妻子还蜀[1]。

的时候，我如果带领军队去依附魏国，我还会沦落成这个样子吗！真是让人追悔莫及。”费祎把他的话秘密奏报给朝廷。建兴十三年(235)，杨仪被废黜为平民，流放到汉嘉郡。杨仪到了流放地，又上书朝廷进行诽谤，言辞激烈，朝廷于是下令汉嘉郡逮捕杨仪。杨仪自杀，他的老婆孩子回到了蜀地。

今注　**1** 劳剧：繁重的事务。　**2** 恨望：怨望，怨恨。　**3** 落度：落拓，潦倒失意。

裴注　[**1**]《楚国先贤传》云：“仪兄虑，字威方。少有德行，为江南冠冕。州郡礼召，诸公辟请，皆不能屈。年十七，夭。乡人号曰德行杨君。”

评曰：刘封处嫌疑之地，而思防[1]不足以自卫。彭羕、廖立以才拔进，李严以干局达，魏延以勇略任，杨仪以当官显，刘琰旧仕，并咸贵重。览其举措，迹其规矩，招祸取咎，无不自己也。

评论说：刘封处于容易招致嫌疑猜忌的地位，而他的思考和防备能力却不足以保护自己。彭羕、廖立二人因为有才能而被提拔，李严因其才干气度而显达，魏延以勇猛有谋略而担任要职，杨仪因其担任的官职而显赫，刘琰是旧日的官员，他们都位高权重。纵观他们的举动，考察他们的言行，他们遭受祸患得到处罚，无一不是自己造成的。

今注　**1** 思防：此处指思考和防备的能力。

卷四十一 蜀书十一

霍王向张杨费传

导读

本卷讲述了蜀国大臣霍峻、王连、向朗、张裔、杨洪、费诗等人的事迹。

霍峻原是刘表的部下，后跟随刘备，孤军守卫葭萌城立有大功，为刘备所器重。

王连原是刘璋部下，后被刘备任命为司盐校尉，掌管盐铁。陈寿评价其“固节不移”。

向朗原是刘表部下，后跟随刘备。因对马谡逃亡知情不报，而被免官。免官期间他“潜心典籍，孜孜不倦”，因而陈寿评价他“好学不倦”。

张裔原是刘璋部下，治《公羊春秋》，广泛涉猎《史记》《汉书》。后因被雍闿绑缚，而流亡吴国。后因邓芝之言，返回蜀国，受到诸葛亮的重视。陈寿评价他“肤敏应机”。

杨洪原是刘璋部下，后跟随刘备。在平定汉嘉郡太守黄元叛乱中，立下功劳，受到重用。陈寿评价他“乃心忠公”。

费诗原是刘璋部下，后归降刘备。因上奏反对刘备称帝而被贬黜。刘备死后随诸葛亮南征，劝谏诸葛亮不要给孟达写信。陈寿评价他“率意而言”。

霍峻

原文

霍峻，字仲邈，南郡枝江人也。兄笃，于乡里合部曲数百人。笃卒，荆州牧刘表令峻摄其众。表卒，峻率众归先主，先主以峻为中郎将。先主自葭萌南还袭刘璋，留峻守葭萌城。张鲁遣将杨帛诱峻，求共守城，峻曰："小人头可得，城不可得。"帛乃退去。后璋将扶禁、向存等帅万余人由阆水上，攻围峻，且一年，不能下。峻城中兵才数百人，伺其怠隙，选精锐出击，大破之，即斩存首。先主定蜀，嘉峻之功，乃分广汉为梓潼郡[1]，以峻为梓潼太守、裨将军。在官三年，年四十卒，还葬成都。先主甚悼惜，乃诏诸葛亮曰："峻既佳士，加有功于国，欲行酹[2]。"遂

译文

霍峻，字仲邈，南郡枝江人。他的兄长霍笃在家乡聚集了几百人的私人武装。霍笃死后，荆州牧刘表令霍峻接管了他的人马。刘表死后，霍峻率部归降了先主，先主任命霍峻做中郎将。先主从葭萌向南回师攻打刘璋，留下霍峻守卫葭萌城。张鲁派部将杨帛诱骗霍峻，请求共同守卫葭萌城。霍峻说："小人的头你可以得到，但是城池你得不到。"杨帛于是就退去。后来刘璋的部将扶禁、向存等人率领一万多人沿阆水而上，围攻霍峻，将近一年，未能攻克。霍峻城中的士兵仅有几百人，趁着敌军懈怠，霍峻挑选精锐的士兵出击，大败敌军，斩下了向存的人头。先主平定蜀地，嘉奖霍峻的功劳，就分广汉郡设立了梓潼郡，任命霍峻为梓潼太守、裨将军。霍峻任职三年，四十岁去世，遗体归葬成都。先主非常哀痛惋惜，就下诏给诸葛亮说："霍峻是才德出众的人，又对国家有功劳，我要为他洒酒祭奠。"于是先主亲自率领众官员参加丧礼，吊

亲率群僚临会吊祭，因留宿墓上，当时荣之。

唁祭奠，并在霍峻的墓地守灵一夜，当时的人都认为这是很荣耀的。

今注 1 梓潼郡：建安二十二年(217)，刘备分广汉郡置。治梓潼(今属四川)。辖境相当今四川江油、绵阳安州区以东，绵阳、盐亭以北，广元、剑阁以西，陕西宁强、四川青川以南地区。 2 酹(lèi)：将酒倒在地上，表示祭奠。

子弋，字绍先，先主末年为太子舍人[1]。后主践阼，除谒者。丞相诸葛亮北驻汉中，请为记室，使与子乔共周旋游处。亮卒，为黄门侍郎。后主立太子璿，以弋为中庶子[2]。璿好骑射，出入无度，弋援引古义，尽言规谏，甚得切磋之体。后为参军、庲降屯副贰都督，又转护军，统事如前。时永昌郡[3]夷獠恃险不宾[4]，数为寇害，乃以弋领永昌太守，率偏军讨之，遂斩其豪帅，破坏邑落，郡界宁静。迁监军、翊军将军，领建宁太守，还统南

霍峻的儿子霍弋，字绍先，在先主晚年担任太子舍人。后主登基后，任命霍弋为谒者。丞相诸葛亮北上驻军汉中，请霍弋担任记室，让他和自己的儿子诸葛乔一起往来交游。诸葛亮死后，霍弋担任黄门侍郎。后主册立太子刘璿，任命霍弋为中庶子。刘璿喜欢骑马射箭，行为没有节制，霍弋援引古代的义理，苦口婆心地规劝他，很符合劝说的规矩。后来霍弋担任参军、庲降屯副贰都督，又调任护军，统理事务和从前一样。当时永昌郡的夷人依靠险要的地势不归顺臣服，多次进行劫掠，朝廷就任命霍弋兼领永昌太守，率领偏军去征讨他们，于是杀死了他们的首领，破坏了他们的村落，永昌郡的边界也得到安定。霍弋升任监军、翊军将军，兼领建宁太守，还统管南郡事务。景耀六年

郡事。景耀六年,进号安南将军。是岁,蜀并于魏。弋与巴东领军襄阳罗宪各保全一方,举以内附,咸因仍前任,宠待有加[1]。

(263),加封为安南将军。这一年,蜀国并入魏国。霍弋和巴东领军襄阳罗宪各自保全一方,都率众归附了魏国,他们也都承袭了以前的职位,受到的恩宠待遇更加丰厚。

今注 1 太子舍人:执掌东宫宿卫,兼管秘书、侍从之职。 2 中庶子:太子属官,为太子的侍从。 3 永昌郡:治所在不韦(今云南保山隆阳区)。辖境相当今云南大理白族自治州及哀牢山以西地区。 4 宾:服从,归顺。

裴注 [1]《汉晋春秋》曰:"霍弋闻魏军来,弋欲赴成都,后主以备敌既定,不听。及成都不守,弋素服号哭,大临三日。诸将咸劝宜速降,弋曰:'今道路隔塞,未详主之安危,大故去就,不可苟也。若主上与魏和,见遇以礼,则保境而降,不晚也。若万一危辱,吾将以死拒之,何论迟速邪!'得后主东迁之问,始率六郡将守上表曰:'臣闻人生于三,事之如一,惟难所在,则致其命。今臣国败主附,守死无所,是以委质,不敢有贰。'晋文王善之,又拜南中都督,委以本任。后遣将兵救援吕兴,平交阯、日南、九真三郡,功封列侯,进号崇赏焉。弋孙彪,晋越巂太守。"《襄阳记》曰:"罗献字令则。父蒙,避乱于蜀,官至广汉太守。献少以才学知名,年十三能属文。后主立太子,为太子舍人,迁庶子、尚书吏部郎,以宣信校尉再使于吴,吴人称美焉。时黄皓预政,众多附之,献独不与同,皓恚,左迁巴东太守。时右大将军阎宇都督巴东,为领军,后主拜献为宇副贰。魏之伐蜀,召宇西还,留宇二千人,令献守永安城。寻闻成都败,城中扰动,江边长吏皆弃城走,献斩称成都乱者一人,百姓乃定。得后主委质问至,乃帅所统临于都亭三日。吴闻蜀败,起兵西上,外托救援,内欲袭献。献曰:'本朝倾覆,吴为唇齿,不恤我难而徼其利,背盟违约。且汉已亡,吴何得久，宁能为吴降虏乎！'保城缮甲，告誓将士，厉以节义，莫不用命。吴闻钟、邓败，百城无主，有兼蜀之志，而巴东固守，兵不得过，使步协率众而西。献临江拒射，不能御，遣参军杨宗突围北出，告急安东将军陈骞，又送文武印绶、任子诣晋王。协攻城，献出与战，大破其军。孙休怒，复遣陆抗等帅众三万人增献之围。被攻凡六月日而救援不到，城中疾病大半。或说献奔走之计，献曰：'夫为人主，百姓所仰，危不能安，急而弃之，君子不为也，毕命于此矣！'陈骞言于晋王，遣荆州刺史胡烈救献，抗等引退。晋王即委前任，拜献凌江将军，封万年亭侯。会武陵四县举众叛吴，以献为武陵太守、巴东监军。泰始元年改封西鄂县侯。献遣妻子居洛阳，武帝以子袭为给事中。三年冬，入朝，进位冠军将军，假节。四年三月，从帝宴于华林园，诏问蜀大臣子弟，后问先辈宜时叙用者，献荐蜀郡常忌、杜轸、寿良、巴西陈寿、南郡高轨、南阳吕雅、许国、江夏费恭、琅琊诸葛京、汝南陈裕，即皆叙用，咸显于世。献还，袭取吴之巫城，因上伐吴之策。献方亮严正，待士不倦，轻财好施，不治产业。六年，薨，赠安南将军，谥曰烈侯。子袭，以凌江将军领部曲，早卒，追赠广汉太守。袭子徽，顺阳内史，永嘉五年为王如所杀。"此作"献"，名与本传不同，未详孰是也。

王连

原文

王连，字文仪，南阳人也。刘璋时入蜀，为梓潼令。先主起事葭萌，进军来南，连闭城不降，先主义之，不强逼也。及成都既平，以连为什邡[1]令，转

译文

王连，字文仪，南阳人。在刘璋统治的时候来到蜀地，担任梓潼县令。先主在葭萌起兵，向南进军，王连紧闭城门不肯投降，先主认为他很有气节，便不强迫他。等到成都平定后，先主任命王连为什邡县令，后又调任广都，他

在广都，所居有绩。迁司盐校尉，较盐铁之利，利入甚多，有裨国用，于是简取良才以为官属，若吕乂、杜祺、刘幹等，终皆至大官，自连所拔也。迁蜀郡太守、兴业将军，领盐府如故。建兴元年，拜屯骑校尉，领丞相长史，封平阳亭侯。时南方诸郡不宾，诸葛亮将自征之，连谏以为："此不毛之地，疫疠之乡，不宜以一国之望，冒险而行。"亮虑诸将才不及己，意欲必往，而连言辄恳至，故停留者久之。会连卒。子山嗣，官至江阳太守。

在任职期间都有政绩。后升任司盐校尉，统管盐铁的税收，收入很多，有助于弥补国家的财政需要，于是他选拔优秀的人才做下属，比如吕乂、杜祺、刘幹等人最终都做了大官，都是由王连提拔起来的。王连升任蜀郡太守、兴业将军，依旧监管盐府的事务。建兴元年，任命王连为屯骑校尉，兼领丞相长史，封平阳亭侯。当时南方各郡还没有归服，诸葛亮准备亲自去征讨他们，王连劝谏说："这些都是不毛之地，瘟疫流行的地方，不应该以一国仰望之尊，去冒险行动。"诸葛亮考虑各位将领的才能比不上自己，决意一定要亲自前往，但是王连的劝谏态度诚恳，所以南征行动搁置了很长时间。恰巧王连去世了。他的儿子王山继承爵位，官做到江阳太守。

今注　**1** 什邡：属广汉郡，在今四川什邡。

向朗

原文

向朗，字巨达，襄阳宜城人也[1]。荆州牧刘表

译文

向朗，字巨达，襄阳宜城人。荆州牧刘表任命他担任临沮长。刘表死后，

以为临沮长。表卒，归先主。先主定江南，使朗督秭归、夷道、巫山、夷陵四县军民事。蜀既平，以朗为巴西太守，顷之转任牂牁，又徙房陵。后主践阼，为步兵校尉，代王连领丞相长史。丞相亮南征，朗留统后事。五年，随亮汉中。朗素与马谡善，谡逃亡，朗知情不举，亮恨之，免官还成都。数年，为光禄勋，亮卒后徙左将军，追论旧功，封显明亭侯，位特进[1]。初，朗少时虽涉猎文学，然不治素检[2]，以吏能见称。自去长史，优游无事垂三十年[2]，乃更潜心典籍，孜孜不倦。年逾八十，犹手自校书，刊定谬误，积聚篇卷，于时最多。开门接宾，诱纳后进，但讲论古义，不干时事，以是见称。上自执政，下及童冠，皆敬重焉。

向朗归附先主。先主平定长江南岸地区，任命向朗督率秭归、夷道、巫山、夷陵四县军政民事。蜀地平定后，又任命向朗做巴西太守，不久改任牂牁，又调任到房陵。后主继位后，向朗任步兵校尉，并接替王连担任丞相长史。丞相诸葛亮南征，向朗留下来统管后方事务。建兴五年(227)，跟随诸葛亮到汉中。向朗和马谡一向交好，马谡逃走，向朗知情不报，诸葛亮对此很生气，免除了他的官职，让他回到成都。几年后，向朗担任光禄勋，诸葛亮死后，向朗又升任左将军，追述旧日的功绩，受封为显明亭侯，官位特进。当初，向朗年轻时虽然广泛涉猎文学，但是不能自我约束，生活并不朴素俭约，而是以做官的才能为人称道。自从离开丞相长史的职位后，他悠闲自得无所事事将近三十年，于是就转而深入钻研典籍，孜孜不倦。年过八十，还亲手校订书籍，刊定错误，他收藏的书卷，在当时是最多的。向朗敞开大门迎接宾客，招纳后辈，只是讲习谈论古代的义理，不涉及当时的政事，因此受到称赞。上自执掌政务的官员，下至幼童和青年都很敬重他。他在延熙十年卒[3]。子条嗣，景耀中为御史中丞[4]。

朗兄子宠，先主时为牙门将。秭归之败，宠营特完。建兴元年封都亭侯，后为中部督，典宿卫兵。诸葛亮当北行，表与后主曰："将军向宠，性行淑均 3，晓畅军事，试用于昔，先帝称之曰能，是以众论举宠为督。愚以为营中之事，悉以咨之，必能使行陈和睦，优劣得所也。"迁中领军。延熙三年，征汉嘉蛮夷，遇害。宠弟充，历射声校尉、尚书[5]。

延熙十年(247)去世。他的儿子向条承袭了爵位，景耀年间担任御史中丞。

向朗兄长的儿子向宠，先主在世时担任牙门将军。蜀军在秭归战败，只有向宠的军营完好无损。建兴元年(223)，向宠被封为都亭侯，后担任中部督，掌管守卫皇宫的禁卫军。诸葛亮准备北上出兵征伐，上表给后主说："将军向宠，性格和品行善良公正，通晓军事，从前经过试用，先帝称赞他有才干，因此大家评议举荐他做中部督。我认为军队中的事情，都应向他请教，必定能使军队团结一心，才能优劣的人各得其所。"向宠升任中领军。延熙三年(240)，向宠征讨汉嘉郡的蛮夷部族时遇难身亡。向宠的弟弟向充，历任射声校尉、尚书。

今注　**1** 特进：官名。西汉末期始置，以授列侯中之有特殊地位者，得自辟僚属。三国时为正式加官名号，用作安置闲退大臣，无实职。**2** 素检：即素俭，朴素俭约。　**3** 淑均：善良公正。

裴注　[1]《襄阳记》曰："朗少师事司马德操，与徐元直、韩德高、庞士元皆亲善。"　[2]臣松之案：朗坐马谡免长史，则建兴六年中也。朗至延熙十年卒，整二十年耳，此云"三十"，字之误也。　[3]《襄阳记》曰："朗遗言戒子曰：'传称"师克在和不在众"，此言天地和则万物生，君臣和则国家平，九族和则动得所求，静得所安，是以圣人守和，以存以亡也。吾，楚国之小子耳，而早丧所天，为二兄所诱养，使其性行不随禄利以堕。今但贫耳；贫非人患，惟和为贵，汝其勉之！’”　[4]《襄阳记》曰：“条字文豹，亦博学多识，入晋为江阳太守、南中军司马。”　[5]《襄阳记》曰：“魏咸熙元年六月，镇西将军卫瓘至于成都，得璧玉印各一枚，文似‘成信’字，魏人宣示百官，藏于相国府。充闻之曰：‘吾闻谯周之言：“先帝讳备，其训具也，后主讳禅，其训授也，如言刘已具矣，当授与人也。”今中抚军名炎，而汉年极于炎兴，瑞出成都，而藏之于相国府，此殆天意也。’是岁，拜充为梓潼太守，明年十二月而晋武帝即尊位，炎兴于是乎征焉。”孙盛曰：“昔公孙述自以起成都，号曰成氏，二玉之文，殆述所作乎？”

张裔

原文

张裔，字君嗣，蜀郡成都人也。治《公羊春秋》，博涉《史》《汉》。汝南许文休入蜀，谓裔干理敏捷，是中夏钟元常之伦也。刘璋时，举孝廉，为鱼复长，还州署从事，领帐下司马。张飞自荆州由垫江入，璋授裔兵，拒张飞于德阳陌下，军败，还成都。为璋奉使诣先主，先主许以礼其君而安其人也，裔还，城门乃

译文

张裔，字君嗣，蜀郡成都人。他研究《公羊春秋》，广泛涉猎《史记》《汉书》。汝南人许文休来到蜀地，认为张裔理事干练，思维敏捷，是中原地区钟元常一类的人物。刘璋时，张裔被举为孝廉，担任鱼复县长，后返回任州府从事，兼领帐下司马。张飞从荆州经由垫江进入蜀地，刘璋授予张裔军队，让他在德阳的陌下抵御张飞，张裔战败，返回成都。张裔奉刘璋的使命去拜见先主，先主答应礼待他们的君主并安抚民众，张裔返回城中，城门就打开了。先主任命张裔做巴郡太守，又返回朝廷担

开。先主以裔为巴郡太守，还为司金中郎将，典[1]作农战之器。先是，益州郡杀太守正昂，耆率[2]雍闿恩信著于南土，使命周旋，远通孙权。乃以裔为益州太守，径往至郡。闿遂趑趄[3]不宾，假鬼教曰："张府君如瓠壶，外虽泽而内实粗，不足杀，令缚与吴。"于是遂送裔于权。

任司金中郎将，主管修造农具和兵器。在此之前，益州人杀死了太守正昂，当地有位年长的首领雍闿，恩德信义在南方一带很著名，派出使者到处往来，和远方的孙权相勾通。先主就任命张裔做益州太守，张裔直接来到益州郡。雍闿于是犹豫不归服，借鬼教的名义说："张府君就像是葫芦做的壶，外表虽然有光泽而内部很粗糙，不值得杀，命令把他绑起来送给吴国。"于是竟把张裔绑缚起来交给了孙权。

今注 1 典：掌管，主持，任职。 2 率：同"帅"。 3 趑趄(zī jū)：形容犹豫不进。

会先主薨，诸葛亮遣邓芝使吴，亮令芝言次可从权请裔。裔自至吴数年，流徙伏匿，权未之知也，故许芝遣裔。裔临发，权乃引见，问裔曰："蜀卓氏寡女[1]，亡奔司马相如，贵土风俗何以乃尔乎？"裔对曰："愚以卓氏之寡女，犹贤于买臣之妻[2]。"权又谓裔曰："君还，必用

恰好遇到先主去世，诸葛亮派邓芝出使吴国，诸葛亮让邓芝在谈完主要事情后可向孙权请求放回张裔。张裔来到吴国好几年，四处流亡躲藏，孙权并不了解他，所以答应邓芝送还张裔。张裔临启程时，孙权才召见他，问张裔说："蜀郡卓氏的寡居女子，私奔司马相如，您那里的风俗怎么会是这样？"张裔回答说："我以为卓氏寡居的女子，也还是比朱买臣的妻子更加贤惠。"孙权又对张裔说："您回去后一定会在西蜀朝廷

事西朝,终不作田父于闾里也,将何以报我?”裔对曰:“裔负罪而归,将委命有司。若蒙徼幸得全首领,五十八已前父母之年也,自此已后大王之赐也。”权言笑欢悦,有器裔之色。裔出阁[3],深悔不能阳[4]愚,即便就船,倍道兼行。权果追之,裔已入永安界数十里,追者不能及。

中任职,再也不会是住在闾巷间的农夫了,您准备怎么报答我呢?”张裔回答说:“我负罪而归,准备把性命交付给执法的官员处理。假如承蒙侥幸能保全性命,五十八岁以前是父母恩赐给我的寿命,这之后就是大王您的恩赐了。”孙权言谈笑语非常高兴,流露出器重张裔的神情。张裔出了小门,非常懊悔自己没有假装愚钝,立马登船,加速兼程赶路。孙权果然派人追赶张裔,张裔已经进入永安境内几十里,追赶的人没能追上。

今注　1 卓氏寡女:即卓文君。《汉书·司马相如传》:“卓王孙有女文君新寡,好音,故相如缪与令相重而以琴心挑之。相如时从车骑,雍容闲雅,甚都。及饮卓氏弄琴,文君窃从户窥,心说而好之,恐不得当也。既罢,相如乃令侍人重赐文君侍者通殷勤。文君夜亡奔相如,相如与驰归成都。”　2 买臣之妻:买臣,即朱买臣,汉武帝时人。《汉书·朱买臣传》:“朱买臣,字翁子,吴人也。家贫,好读书,不治产业,常艾薪樵,卖以给食,担束薪,行且诵书。其妻亦负戴相随,数止买臣毋歌呕道中。买臣愈益疾歌,妻羞之,求去。”　3 阁:小门,侧门。　4 阳:通“佯”。

既至蜀,丞相亮以为参军,署府事,又领益州治中从事[1]。亮出驻汉中,裔以射声校尉领

回到蜀地后,丞相诸葛亮任命张裔为参军,署理丞相府事务,又兼领益州治中从事。诸葛亮出兵进驻汉中,张裔以射声校尉的身份兼领留丞相府长史,他

留府长史，常称曰："公赏不遗远，罚不阿[2]近，爵不可以无功取，刑不可以贵势免，此贤愚之所以佥忘其身者也。"其明年，北诣亮諮[3]事，送者数百，车乘盈路，裔还书与所亲曰："近者涉道，昼夜接宾，不得宁息，人自敬丞相长史，男子张君嗣附之，疲倦欲死。"其谈啁[4]流速，皆此类也[1]。少与犍为杨恭友善，恭早死，遗孤未数岁，裔迎留，与分屋而居，事恭母如母。恭之子息长大，为之娶妇，买田宅产业，使立门户。抚恤故旧，振赡衰宗，行义甚至。加辅汉将军，领长史如故。建兴八年卒。子毣嗣[2]，历三郡守、监军。毣弟郁，太子中庶子。

常常称赞诸葛亮说："公奖赏时不遗漏疏远的人，处罚时不偏袒亲近的人，爵位不能够无功获得，刑罚不能因显贵权势而免除，这就是贤能和愚蠢的人都能忘我效命的原因。"第二年，张裔北上到诸葛亮处商议事情，送行的有几百人，车马充满了道路，张裔回信给亲近的人说："最近登程上路，日夜接待宾客，不能安宁休息，人们自然是尊敬丞相长史，男儿张君嗣担任此职，疲惫不堪，几乎要累死了。"他的言语诙谐流畅敏捷，都像这样。张裔从小和犍为郡人杨恭交好，杨恭死得早，留下的孤儿只有几岁，张裔把他的亲属接回留在家中，分出房屋给他们居住，侍奉杨恭的母亲像是侍奉自己的母亲一样。杨恭的儿子杨息长大后，张裔为他娶妻，购买田地房产，让他立起门户。张裔抚恤故交，救济同族的穷人，诸如此类的义举有很多。张裔被加封为辅汉将军，像从前一样兼领丞相府长史。建兴八年(230)张裔死去。他的儿子张毣继承了爵位，历任三郡太守和监军。张毣的弟弟张郁，担任太子中庶子。

今注　1 治中从事：州刺史佐官，主要负责诸曹文书管理。　2 阿：徇私，偏袒。　3 諮：同“咨”。　4 谈啁：戏谑，调笑。

裴注　[1] 臣松之以为，谈啁贵于机捷，书疏可容留意。今因书疏之巧，以著谈啁之速，非其理也。　[2] 罴，音忙角反，见《字林》，曰：“罴，思貌也。”

杨洪

原文

杨洪，字季休，犍为武阳[1]人也。刘璋时历部诸郡。先主定蜀，太守李严命为功曹。严欲徙郡治舍，洪固谏不听，遂辞功曹，请退。严欲荐洪于州，为蜀部从事。先主争汉中，急书发兵，军师将军诸葛亮以问洪，洪曰：“汉中则益州咽喉，存亡之机会，若无汉中则无蜀矣，此家门之祸也。方今之事，男子当战，女子当运，发兵何疑？”时蜀郡太守法正从先主北行，亮

译文

杨洪，字季休，犍为武阳人。刘璋时杨洪先后在各郡任职。先主平定蜀地，太守李严任命杨洪做功曹。李严想要迁移郡府官署的治所，杨洪极力劝阻，但李严不听，杨洪于是就辞去了功曹的职务，请求退去。李严想推荐杨洪到州府，担任蜀部从事。先主夺取汉中，送来紧急文书请求派兵，军师将军诸葛亮就此事询问杨洪，杨洪说：“汉中是益州的咽喉，存亡的关键，假如失掉了汉中，就会失去蜀地，这是家门前的祸患。当前的事情，男子应该参战，女子应该从事转运军粮，派遣军队还有什么疑虑的呢？”当时蜀郡太守法正跟随先主出行北方，诸葛亮于是奏请杨洪兼领

于是表洪领蜀郡太守，众事皆办，遂使即真。顷之，转为益州治中从事。

先主既称尊号，征吴不克，还住永安。汉嘉太守黄元素为诸葛亮所不善，闻先主疾病，惧有后患，举郡反，烧临邛城。时亮东行省疾，成都单虚，是以元益无所惮。洪即启太子，遣其亲兵，使将军陈曶、郑绰讨元。众议以为元若不能围成都，当由越嶲据南中。洪曰："元素性凶暴，无他恩信，何能办此？不过乘水东下，冀主上平安，面缚归死；如其有异，奔吴求活耳。敕曶、绰但于南安[2]峡口遮即便得矣。"曶、绰承洪言，果生获元。洪建兴元年赐爵关内侯，复为蜀郡太守、忠节将军，后为越骑校尉，领郡如故。

蜀郡太守，各种事务杨洪都能够很好地处理，于是就让他正式担任太守。不久，又调任益州治中从事。

先主称帝后，征伐吴国没有取胜，回师驻扎在永安。汉嘉太守黄元因为诸葛亮一向对他不友善，听说先主病重，害怕有后患，就率领全郡反叛，烧毁了临邛城。当时诸葛亮向东去探望先主，成都兵力薄弱内部空虚，因此黄元更加肆无忌惮。杨洪当即禀告太子，派出他的亲兵，让将军陈曶、郑绰讨伐黄元。众人认为黄元如果不能包围成都，就一定会经过越嶲占据南中。杨洪说："黄元一向性情凶残暴虐，没有别的恩情信义，怎么能想到这样做呢？他无非是乘船顺水东下，希望主上平安，他就投降回来领受死罪；如果出现意外，他就会逃到吴国寻求活命罢了。命令陈曶、郑绰只要在南安峡口阻拦，马上就能抓获他了。"陈曶、郑绰听从了杨洪的话，果然活捉了黄元。杨洪在建兴元年(223)被赐予关内侯的爵位，又担任蜀郡太守、忠节将军，后来担任越骑校尉，依旧管理蜀郡事务。

今注 1 武阳：属犍为郡，在今四川眉山彭山区。 2 南安：属犍为郡，在今四川乐山。

五年，丞相亮北住汉中，欲用张裔为留府长史，问洪何如，洪对曰："裔天姿明察，长于治剧，才诚堪之，然性不公平，恐不可专任，不如留向朗。朗情伪差少，裔随从目下，效其器能，于事两善。"初，裔少与洪亲善。裔流放在吴，洪临裔郡，裔子郁给郡吏，微过受罚，不特原假。裔后还闻之，深以为恨，与洪情好有损。及洪见亮出，至裔许，具说所言。裔答洪曰："公留我了矣，明府不能止。"时人或疑洪意自欲作长史，或疑洪知裔自嫌，不愿裔处要职，典后事也。后裔与司盐校尉岑述不和，至于忿恨。亮与裔书

建兴五年(227)，丞相诸葛亮出兵北伐驻扎在汉中，想要任命张裔担任留府长史，问杨洪怎样，杨洪回答说："张裔天性能明察是非，善于处理紧急事务，他的才能确实能够胜任这个职位，但是他生性不公正平和，恐怕不能独自担任这个职位，不如留下向朗。向朗缺点较少，让张裔跟随您在眼前，贡献他的才能，事情就两全其美了。"当初，张裔自幼和杨洪友好亲善。张裔流放到吴国，杨洪统管张裔原来所在的郡，张裔的儿子张郁担任郡吏，因为很小的过错受到处罚，没有特别地被宽恕。张裔回来后听说此事，非常怨恨，和杨洪的友好关系有所减少。等到杨洪看到诸葛亮出兵，就到了张裔住所，把他对诸葛亮说的话都告诉了张裔。张裔回答杨洪说："丞相要留下我是很明白的了，您不能阻止。"当时有人怀疑杨洪是自己想做长史，也有人怀疑杨洪知道张裔怨恨自己，就不希望张裔担任要职来掌管后方的事务。后来张裔和司盐校尉岑述不和，以致彼此愤

曰:“君昔在陌下,营坏,吾之用心,食不知味;后流迸[1]南海,相为悲叹,寝不安席;及其来还,委付大任,同奖[2]王室,自以为与君古之石交[3]也。石交之道,举仇以相益,割骨肉以相明,犹不相谢也,况吾但委意[4]于元俭,而君不能忍邪?”论者由是明洪无私。

洪少不好学问,而忠清款亮,忧公如家,事继母至孝。六年卒官。始洪为李严功曹,严未去犍为而洪已为蜀郡。洪迎门下书佐[5]何祇,有才策功干,举郡吏,数年为广汉太守,时洪亦尚在蜀郡。是以西土咸服诸葛亮能尽时人之器用也[1]。

恨。诸葛亮给张裔写信说:“您从前在陌下作战,营垒被毁坏,我为您担心,吃饭不知滋味;后来您流亡南海,我为您悲伤感叹,睡觉不能安枕;等到您回来,我委您以重任,共同辅佐王室,我自认为和您结成了像古代那样友情牢不可破的‘石交’。所谓‘石交’的意思就是推举仇人以使互相受益,割舍骨肉来表明心迹,即便如此也无相谢的必要,况且我只是属意元俭,您就不能容忍了吗?”议论的人由此明白杨洪并没有私心。

杨洪自幼不喜欢学问,但是他忠厚清明而且坦率,忧虑公事如同家事,侍奉继母也极为孝顺。建兴六年(228),杨洪死在任上。当初杨洪担任李严的功曹,李严没有离开犍为郡任职而杨洪就已经做了蜀郡太守。杨洪提拔门下书佐何祇,何祇很有才干谋略,被举荐为郡吏,几年后担任广汉太守,当时杨洪也还在蜀郡任职。因此西蜀的人都佩服诸葛亮能够知人善任充分发挥当时人的才能。

今注 1 流迸:流离,奔走。 2 奖:辅助。 3 石交:亦作“顽交”,指交谊坚固的朋友。 4 委意:倾心,属意。 5 书佐:主办文书的佐吏。

裴注　[1]《益部耆旧传杂记》曰："每朝会，祇次洪坐。嘲祇曰：'君马何驶？'祇曰：'故吏马不敢驶，但明府未著鞭耳。'众传之以为笑。祇字君肃，少寒贫，为人宽厚通济，体甚壮大，又能饮食，好声色，不持节俭，故时人少贵之者。常梦井中生桑，以问占梦赵直，直曰：'桑非井中之物，会当移植；然桑字四十下八，君寿恐不过此。'祇笑言：'得此足矣。'初仕郡，后为督军从事。时诸葛亮用法峻密，阴闻祇游戏放纵，不勤所职，尝奄往录狱。众人咸为祇惧。祇密闻之，夜张灯火见囚，读诸解状。诸葛晨往，祇悉已暗诵，答对解释，无所凝滞，亮甚异之。出补成都令，时郫县令缺，以祇兼二县。二县户口猥多，切近都治，饶诸奸秽，每比人，常眠睡，值其觉寤，辄得奸诈，众咸畏祇之发摘，或以为有术，无敢欺者。使人投算，祇听其读而心计之，不差升合，其精如此。汶山夷不安，以祇为汶山太守，民夷服信。迁广汉。后夷反叛，辞：'令得前何府君，乃能安我耳！'时难复屈祇，拔祇族人为之，汶山复得安。转祇为犍为。年四十八卒，如直所言。后有广汉王离，字伯元，亦以才干显。为督军从事，推法平当，稍迁，代祇为犍为太守，治有美绩，虽聪明不及祇，而文采过之也。"

费诗

原文

费诗，字公举，犍为南安人也。刘璋时为绵竹令，先主攻绵竹时，诗先举城降。成都既定，先主领益州牧，以诗为督军从事，出为牂牁太守，还为州前部司马。先主为汉中

译文

费诗，字公举，犍为南安人。刘璋时担任绵竹县令，先主进攻绵竹时，费诗率先举城投降。成都平定后，先主兼领益州牧，任命费诗为督军从事，外出担任牂牁太守，还朝后担任州前部司马。先主做汉中王，派费诗去任命关羽为前将军，关羽听说黄忠担任

王，遣诗拜关羽为前将军，羽闻黄忠为后将军，羽怒曰："大丈夫终不与老兵同列！"不肯受拜。诗谓羽曰："夫立王业者，所用非一。昔萧、曹与高祖少小亲旧，而陈、韩亡命后至，论其班列[1]，韩最居上，未闻萧、曹以此为怨。今汉王以一时之功，隆崇[2]于汉升，然意之轻重，宁当与君侯齐乎！且王与君侯，譬犹一体，同休等戚，祸福共之，愚为君侯，不宜计官号之高下，爵禄之多少为意也。仆一介之使，衔命[3]之人，君侯不受拜，如是便还，但相为惜此举动，恐有后悔耳！"羽大感悟，遽即受拜。

后将军，怒气冲冲地说："大丈夫决不与老兵同列！"不肯接受任命。费诗对关羽说："建立帝王大业的人，所任用的不能只是一种人。从前萧何、曹参和汉高祖自幼就有交情，而陈平、韩信是因逃命而后来的，论他们的官位次序，韩信的官职最高，没有听过萧何、曹参因此有所怨恨。现在汉王因一时的功劳，十分推崇黄忠，然而他心中的轻重，怎么会把黄忠和您等同起来呢！况且汉王和君侯您，就像一个整体，忧乐同享，祸福与共，我认为君侯您不应该计较官职名号的高低，爵位俸禄的多少。我不过是一个小小的使者，奉命行事的人，君侯您如果不接受任命，我这就回去，我只是很痛惜您这样的举动，恐怕您会后悔罢了！"关羽大为感动而醒悟过来，当即接受了任命。

今注 **1** 班列：朝班的行列，官位次序。 **2** 隆崇：推崇，器重。 **3** 衔命：遵奉命令。

后群臣议欲推汉中王称尊号，诗上疏曰："殿

后来众大臣商议推举汉中王称帝，费诗上奏说："殿下您由于曹操父子逼

下以曹操父子逼主篡位，故乃羁旅[1]万里，纠合士众，将以讨贼。今大敌未克，而先自立，恐人心疑惑。昔高祖与楚约，先破秦者王。及屠咸阳，获子婴，犹怀推让，况今殿下未出门庭，便欲自立邪！愚臣诚不为殿下取也。”由是忤指，左迁部永昌从事[1]。建兴三年，随诸葛亮南行，归至汉阳县，降人李鸿来诣亮，亮见鸿，时蒋琬与诗在坐。鸿曰：“间过孟达许，适见王冲从南来，言往者达之去就，明公切齿[2]，欲诛达妻子，赖先主不听耳。

迫君主篡夺皇位，所以才客居万里之外，集合起士卒人马，准备讨伐逆贼。如今大敌尚未打败，却先自立为帝，恐怕人们心中会产生疑虑迷惑。从前汉高祖和楚怀王约定，先攻破秦国的人为王。等到杀入咸阳，俘获子婴后，他仍然怀有推让之心，何况殿下还没走出门庭，就想要自立为帝呢！愚臣我希望殿下不应该听取群臣的建议。”费诗因此违背了先主的心意，降职任永昌郡从事。建兴三年(225)，费诗跟随诸葛亮南征，返回至汉阳县，投降蜀国的人李鸿前来拜见诸葛亮，诸葛亮会见了李鸿，当时蒋琬和费诗也在座。李鸿说：“我不久前经过孟达的住所，恰巧见到王冲从南方来，说此前孟达离开前去投降曹操，明公您非常痛恨，想要杀死孟达的老婆孩子，幸赖先主没有听从罢了。

今注　**1** 羁旅：客居他乡。　**2** 切齿：咬牙，齿相磨切。极端痛恨貌。

裴注　[1] 习凿齿曰：“夫创本之君，俟大定而后正己，纂统之主，须速建以系众心，是故惠公朝虏而子圉夕立，更始尚存而光武举号，夫岂忘主徼利，社稷之故也。今先主纠合义兵，将以讨贼。贼强祸大，主没国丧，二祖之庙，绝而不祀，苟非亲贤，孰能绍此？嗣祖配天，非咸阳之譬，杖正讨逆，何推让之有？于此时也，不知速尊有德以奉大统，使民欣反正，世睹旧物，杖顺者齐心，附逆者同惧，可谓暗惑矣。其黜降也宜哉！”臣松之以为，凿齿论议，惟此议最善。

“达曰：‘诸葛亮见顾有本末，终不尔也。’尽不信冲言，委仰明公，无复已已。”亮谓琬、诗曰：“还都当有书与子度相闻。”诗进曰：“孟达小子，昔事振威不忠，后又背叛先主，反覆之人，何足与书邪！”亮默然不答。亮欲诱达以为外援，竟与达书曰：“往年南征，岁末乃还，适与李鸿会于汉阳，承知消息，慨然[1]永叹，以存足下平素之志，岂徒空托名荣，贵为乖离乎！呜呼孟子，斯实刘封侵陵[2]足下，以伤先主待士之义。又鸿道王冲造作虚语，云足下量度吾心，不受冲说。寻表明之言，追平生之好，依依东望，故遣有书。”达得亮书，数相交通，辞欲叛魏。魏遣司马宣王征

“孟达说：‘诸葛亮看待事情能了解本末原委，终究不会这样做的。’他完全不信王冲的话，倾心仰慕明公，没有再说什么了。”诸葛亮对蒋琬、费诗说：“回京城后一定要给孟达写信通报消息。”费诗进言说：“孟达这个小人，从前侍奉振威将军刘璋时就不忠诚，后来又背叛了先主，这种反复无常的人，哪里值得给他写信呢！”诸葛亮沉默没有回答。诸葛亮想要诱使孟达做外援，最终还是给孟达写信说：“去年南征，到年底才返回，恰巧和李鸿在汉阳会面，我得知了您的消息，感慨万千，想想足下您平素的志向，难道仅仅是为了空虚的地位和名誉，就想要背叛离去吗！唉呀孟先生，这实在是刘封欺压您，而损害了先主对待人才的恩义。还有李鸿说王冲编造假话，说您揣测出我的心意，不听王冲的言辞。查寻您表明心迹的话语，追念我们平生的友谊，向东遥望思念，所以送去这封信。”孟达收到诸葛亮的信，多次和诸葛亮通信往来，告说想背叛魏国。魏国派司马懿征讨

之，即斩灭达。亮亦以达无款诚[3]之心，故不救助也。蒋琬秉政，以诗为谏议大夫，卒于家。

他，随即斩杀了孟达。诸葛亮也认为孟达没有真诚之心，所以不去救援。蒋琬掌权后，任命费诗做谏议大夫，后死于家中。

王冲者，广汉人也。为牙门将，统属江州督李严。为严所疾[4]，惧罪降魏。魏以冲为乐陵太守[1]。

王冲，广汉人。担任牙门将，属江州督李严统辖。王冲受到李严憎恨，害怕获罪而投降了魏国。魏国任命王冲做乐陵太守。

今注 **1** 慨然：感慨貌。 **2** 侵陵：侵犯欺凌。 **3** 款诚：忠诚，真诚。 **4** 疾：憎恨。

裴注 [1] 孙盛《蜀世谱》曰："诗子立，晋散骑常侍。自后益州诸费有名位者，多是诗之后也。"

评曰：霍峻孤城不倾，王连固节不移，向朗好学不倦，张裔肤敏应机，杨洪乃心忠公，费诗率意而言，皆有可纪[1]焉。以先主之广济，诸葛之准绳[2]，诗吐直言，犹用陵迟[3]，况庸后乎哉！

评论说：霍峻守卫孤城而不覆亡，王连固守节操矢志不移，向朗喜爱学习而不知疲倦，张裔言谈机敏善于应变，杨洪忠心公正，费诗坦率谏言，他们都有值得记述的事迹。以先主的宽宏大量，以诸葛亮的坚持原则，费诗吐露真言尚且会受到降职处罚，更何况昏庸的君主呢！

今注 **1** 纪：记载，记录。 **2** 准绳：严格遵守法纪原则。 **3** 陵迟：折磨，受到处罚。

卷四十二　蜀书十二

杜周杜许孟来尹李谯郤传

导读

本卷记述的是蜀国大臣杜微、周群、杜琼、许慈、孟光、来敏、尹默、李譔、谯周、郤正等人的生平事迹。

杜微学识渊博，然不喜为官，闭门不出，受到丞相诸葛亮的赞许。

周群善于观察天象，并能以此验证时事。

杜琼原是刘璋的部下，后转任蜀国多个官职。他学识渊博，为人静默，不参与时事。

许慈熟稔郑玄的学术，精通礼制，曾协助刘备草创制度。

孟光博览群书，喜好《公羊传》，敢于直谏。

来敏学识渊博，精于《左传》，精通文字训诂之学。

尹默精通《左传》，后辅佐太子，教授《左传》之学。

李譔博学多识，著述宏富，与大儒王肃的见解多有相合。

谯周是当时的大学者，学识卓然，曾劝谏后主不要沉溺声色，后又劝谏后主刘禅投降魏国。

郤正辞藻华丽，善于作文，著《释讥》一篇，也曾为后主起草降书，投降晋朝后被任命为巴西太守。

杜微

原文

杜微，字国辅，梓潼涪人也。少受学于广汉任安。刘璋辟为从事，以疾去官。及先主定蜀，微常称聋，闭门不出。建兴二年，丞相亮领益州牧，选迎皆妙简旧德，以秦宓为别驾，五梁为功曹，微为主簿。微固辞，舆而致之。既致，亮引见微，微自陈谢。亮以微不闻人语，于坐上与书曰："服闻德行，饥渴历时，清浊异流，无缘咨觐[1]。王元泰、李伯仁、王文仪、杨季休、丁君幹、李永南兄弟、文仲宝等，每叹高志，未见如旧。猥以空虚，统领贵州，德薄任重，惨惨忧虑。朝廷今年始十八，天姿仁敏，爱德下士。

译文

杜微，字国辅，梓潼涪人。他幼年时师从广汉的任安学习。刘璋征召他为从事，因病离职。等到先主平定蜀地，杜微常常称耳聋，闭门不出。建兴二年(224)，丞相诸葛亮兼领益州牧，提拔任用的都是经过精选的素有德誉名望的长者，任秦宓为别驾，五梁为功曹，杜微为主簿。杜微坚决推辞，诸葛亮用车把他接来。杜微到后，诸葛亮接见了他，杜微亲自表达了谢意。诸葛亮以为杜微听不见别人说话，就在座位上跟他笔谈："我听说了您的道德品行，如饥似渴地想见到您已经很长时间了，高洁和卑浊不同流，我无缘向您当面求教。王元泰、李伯仁、王文仪、杨季休、丁君幹、李永南兄弟、文仲宝等人，常常赞叹您高洁的志向，我虽然没有见到您却感觉像老朋友一样。我苟且以无能虚名统领您所在的州，德行浅薄而责任重大，因而忧心忡忡。当朝的君主今年才十八岁，他天性仁慈聪慧，爱惜并谦恭地对待有德行的人。

天下的人都思念仰慕汉室，想要和

天下之人思慕汉室，欲与君因天顺民，辅此明主，以隆季兴[2]之功，著勋于竹帛也。以谓贤愚不相为谋，故自割绝，守劳而已，不图自屈也。”

您一样承受天命顺应民心，辅佐这位圣明的君主，来完成振兴末世的功业，使功勋载入史册。想来您是认为贤者和愚蠢的人不能共同谋划大事，所以自己和尘世隔绝开来，困守劳苦而已，而不愿委屈自己的志向。”

今注 1 咨觏(gòu)：访问，当面请教。 2 季兴：复兴，振兴。

微自乞老病求归，亮又与书答曰：“曹丕篡弑，自立为帝，是犹土龙刍狗之有名也。欲与群贤因其邪伪，以正道灭之。怪君未有相诲，便欲求还于山野。丕又大兴劳役，以向吴、楚。今因丕多务，且以闭境勤农，育养民物，并治甲兵，以待其挫，然后伐之，可使兵不战民不劳而天下定也。君但当以德辅时耳，不责君军事，何为汲汲[1]欲求去乎！”其敬微如此。拜为谏议大夫[2]，以从其志。

杜微推托自己年老有病请求回到家乡，诸葛亮又书写回答道：“曹丕篡夺帝位杀死君主，自立为皇帝，这就像土做的龙和草编的狗一样徒有虚名。我想要和众位贤士根据他的罪恶，用正道消灭他。我怪您没有教诲我，就想要回到山野中去。曹丕大兴劳役，要向吴、楚进攻。如今趁着曹丕事务繁多，暂且关闭国门鼓励农耕，养育百姓众物，同时制造武器、操练军队，等到曹丕受挫，然后征讨他，这样就可以使军队不用打仗，民众不受劳苦而天下得以平定。您只要以德行辅佐当今的国政，并不向您责问军事，为什么还要急急忙忙地想要离去呢！”诸葛亮就是这样地敬重杜微。任命杜微做谏议大夫，以顺从

五梁者，字德山，犍为南安人也，以儒学节操称。从议郎迁谏议大夫、五官中郎将。

他的志向。

五梁，字德山，犍为南安人，以精通儒学且有节操著称。他从议郎升任谏议大夫、五官中郎将。

今注　1 汲汲：心情急切貌。　2 谏议大夫：掌侍从顾问，参与谋议。

周群

原文

周群，字仲直，巴西阆中人也。父舒，字叔布，少学术于广汉杨厚，名亚董扶、任安。数被征，终不诣。时人有问：“《春秋谶》曰‘代汉者当涂高’，此何谓也？”舒曰：“当涂高者，魏也。”乡党学者私传其语。群少受学于舒，专心候业[1]。于庭中作小楼，家富多奴，常令奴更直于楼上视天灾，才见一气，即白群，群自上楼观之，不避晨夜。故凡有气候，无不见之者，是

译文

周群，字仲直，巴西阆中人。父亲周舒，字叔布，年轻时向广汉人杨厚学习方术，名声仅次于董扶、任安。周舒多次被征召，但始终不去应召。当时有人问他：“《春秋谶》说‘替代汉朝的是当涂高’，这说的是什么呢？”周舒说：“当涂高指的就是魏。”同乡的学人都私下传播他的话。周群从小向周舒学习，专心研究占候的方术。他在庭院中建造了小楼，家中富庶有很多奴仆，他就常常让奴仆轮流在小楼上值班察看天象灾异的征兆，一旦看到微小气象的变化，马上就禀告周群，周群亲自登上小楼观察，无论清晨还是深夜都不错过。所以凡有天象变异的征兆，周群没有看不到的，因此他所

以所言多中。州牧刘璋，辟以为师友从事[1]。先主定蜀，署儒林校尉。先主欲与曹公争汉中，问群，群对曰："当得其地，不得其民也。若出偏军，必不利，当戒慎之！"时州后部司马蜀郡张裕亦晓占候，而天才过群[2]，谏先主曰："不可争汉中，军必不利。"先主竟不用裕言，果得地而不得民也。遣将军吴兰、雷铜等入武都 2，皆没不还，悉如群言。于是举群茂才 3。

预测的吉凶大多能言中。益州牧刘璋征召他担任师友从事。先主平定蜀地，任命周群代理儒林校尉。先主想要和曹操争夺汉中，询问周群，周群回答说："您将会取得那里的土地，却不会得到那里的民众。如果派出一部分军队，一定会出师不利，应当对此戒备谨慎！"当时益州后部司马蜀郡人张裕也通晓占候之术，而且天赋超过了周群，他劝谏先主说："不能去争夺汉中，我们的军队一定会失利。"先主最终没有听从张裕的话，果然只得到了汉中的土地，而没得到那里的民众。先主派将军吴兰、雷铜等进攻武都，都全军覆没没有回来，事情都像周群预言的那样。于是推举周群为茂才。

今注　1 候业：即占候，视天象变化预言人事吉凶。　2 武都：在今甘肃成县西。　3 茂才：即秀才。因避汉光武帝名讳，改"秀"为"茂"。

裴注　[1]《续汉书》曰："建安七年，越嶲有男子化为女人，时群言哀帝时亦有此，将易代之祥也。至二十五年，献帝果封于山阳。十二年十月，有星孛于鹑尾，荆州分野，群以为荆州牧将死而失土。明年秋，刘表卒，曹公平荆州。十七年十二月，星孛于五诸侯，群以为西方专据土地者皆将失土。是时，刘璋据益州，张鲁据汉中，韩遂据凉州，宋建据枹罕。明年冬，曹公遣偏将击凉州。十九年，获宋建，韩遂逃于羌中，被杀。其年秋，璋失益州。二十年秋，曹公攻汉中，张鲁降。"　[2]裕，字南和。

裕又私语人曰："岁在庚子，天下当易代，刘氏祚[1]尽矣。主公得益州，九年之后，寅卯之间当失之。"人密白其言。初，先主与刘璋会涪时，裕为璋从事，侍坐。其人饶须，先主嘲之曰："昔吾居涿县，特多毛姓，东西南北皆诸毛也，涿令称曰'诸毛绕涿居乎'[2]！"裕即答曰："昔有作上党潞长，迁为涿令，去官还家，时人与书，欲署潞则失涿，欲署涿则失潞，乃署曰'潞涿君'。"先主无须，故裕以此及之。先主常衔其不逊，加忿其漏言，乃显裕谏争汉中不验，下狱，将诛之。诸葛亮表请其罪，先主答曰："芳兰生门，不得不锄。[3]"裕遂弃市。后魏氏之立，先主之薨，皆如裕所刻。又晓相术，每举镜视面，自知刑

张裕又私下告诉别人："庚子年间，天下将会改朝换代，刘氏的国运就完了。主公得到益州，九年以后，在壬寅年和癸卯年间将会失去它。"那人秘密向先主禀报了张裕说的话。当初，先主和刘璋在涪会面时，张裕担任刘璋的从事，陪坐在一旁。张裕胡须很多，先主嘲笑他说："从前我住在涿县，姓毛的人特别多，东西南北都是姓毛的，涿县令称作'诸毛绕涿(啄)居'。"张裕当即回答说："从前有个人做上党潞县长，又改任涿县令，他离任回家，当时有人给他写信，要是只署潞县就失掉了涿县，署涿县就又失掉潞县，于是就写作'潞(露)涿(啄)君'。"先主没有胡须，所以张裕以此来回敬他。先主常常记恨张裕说话不敬，又恼怒他散布流言，于是就挑剔指责此前张裕劝谏争夺汉中会失利的话没有应验，把他逮捕入狱，准备杀死他。诸葛亮上奏表请求宽恕张裕的罪过，先主回答说："芳香的兰草长在门前，也不得不锄掉。"张裕最终被在闹市斩首。后来魏氏称帝，先主去世，都像张裕所预言的那样。张裕还通晓相面之术，他常常举着镜子看自己的面庞，知道自己会受刑处死，常把

死,未尝不扑之于地也。群卒,子巨颇传其术。

镜子扔到地上。周群去世,他的儿子周巨颇能传承他的方术。

今注 1 祚:福运,国统。 2 诸毛绕涿居:"猪毛绕啄居"的谐音。啄,指嘴,此处代指脸部。刘备借此嘲笑张裕大胡子围了脸一圈。 3 "芳兰"句:比喻贤能之士生性抗直,时有违忤,为上者不容,势必除之。

杜琼

原文

杜琼,字伯瑜,蜀郡成都人也。少受学于任安,精究安术。刘璋时辟为从事。先主定益州,领牧,以琼为议曹从事。后主践阼,拜谏议大夫,迁左中郎将、大鸿胪、太常。为人静默少言,阖门自守,不与世事。蒋琬、费祎等皆器重之。虽学业入深,初不视天文有所论说。后进通儒谯周常问其意,琼答曰:"欲明此术甚难,须当身视,识其形色,不可信人也。晨夜苦

译文

杜琼,字伯瑜,蜀郡成都人。他年轻时跟随任安学习,精心钻研任安的方术之学。刘璋时征召他为从事。先主平定益州,兼领州牧,任命杜琼为议曹从事。后主即位,任命杜琼为谏议大夫,升任左中郎将、大鸿胪、太常。杜琼为人沉默寡言,闭门自守,不参与世俗事务。蒋琬、费祎等人都很器重他。他虽然学问有很高深的境界,但是一开始并不观察天象而进行评论解说。后辈中学识渊博的儒者谯周常常询问他的看法,杜琼回答说:"想要明白这种方术很难,必须要亲自观察,辨识天象的形貌颜色,不能够轻信别人。清晨和深夜须非常辛苦地去观察,然后才能熟知天

剧，然后知之，复忧漏泄，不如不知，是以不复视也。”周因问曰：“昔周征君[1]以为当涂高者魏也，其义何也？”琼答曰：“魏，阙名也，当涂而高，圣人取类而言耳。”又问周曰：“宁复有所怪邪？”周曰：“未达也。”琼又曰：“古者名官职不言曹，始自汉已来，名官尽言曹，吏言属曹，卒言侍曹，此殆天意也。”

琼年八十余，延熙十三年卒。著《韩诗章句》十余万言，不教诸子，内学无传业者。周缘琼言，乃触类[2]而长之曰：“《春秋传》[3]著晋穆侯名太子曰仇，弟曰成师。师服曰：‘异哉君之名子也。嘉耦曰妃，怨耦曰仇，今君名太子曰仇，弟曰成师，始兆乱矣，兄其替乎？’其后果如服言。及汉灵帝名二

象，又要担心泄露出去，还不如不知道，因此我不再观察天象。”谯周接着又问道：“从前周舒认为当涂高就是魏，是什么意思呢？”杜琼回答道：“魏，是观阙的名称，正对着道路很高大，圣人取其同类而解说罢了。”又问谯周说：“还有什么奇怪之处吗？”谯周说：“我还没有完全明白。”杜琼又说：“古时候命名官职不称‘曹’，从汉代开始，命名官职都称‘曹’，低级官员称作‘属曹’，吏卒称作‘侍曹’，这大概是天意吧。”

杜琼八十多岁，延熙十三年(250)去世。杜琼撰写有《韩诗章句》十多万字，他不传授学业给子女，他的谶纬之学也没有传承人。谯周依据杜琼的说法，并触类旁通加以发挥说：“《春秋传》记载晋穆侯给太子起名为‘仇’，给太子的弟弟起名叫‘成师’。师服说：‘好奇怪呀，国君这样给儿子取名。好的配偶叫妃，不和睦的配偶叫仇，如今国君给太子取名‘仇’，弟弟叫‘成师’，已经预兆了祸患，哥哥将要被替代吧？’后来事情果然像师服所预言的那样。还有汉灵帝给他的两个儿子取名叫史侯、董侯，他们被立为皇帝，后来又被免为

子曰史侯、董侯，既立为帝，后皆免为诸侯，与师服言相似也。先主讳备，其训具也，后主讳禅，其训授也，如言刘已具矣，当授与人也；意者甚于穆侯、灵帝之名子。”后宦人黄皓弄权于内，景耀五年，宫中大树无故自折，周深忧之，无所与言，乃书柱曰：“众而大，期之会，具而授，若何复？”言曹者众也，魏者大也，众而大，天下其当会也，具而授，如何复有立者乎？蜀既亡，咸以周言为验。周曰：“此虽己所推寻，然有所因，由杜君之辞而广之耳，殊无神思[4]独至之异也。”

诸侯，这和师服所说的很相似。先主名讳是‘备’，意思是‘具’，后主的名讳是‘禅’，意思是‘授’，就像是说刘氏的国运已经完备，应该传授给别人了；其寓意远远超过了穆侯、灵帝给儿子取的名字。”后来，宦官黄皓在宫廷中玩弄权术，景耀五年(262)，宫中的大树无缘无故折断了，谯周因此深感忧虑，又没有人可以交谈，就在柱子上写道：“众多且高大，如期会集，完备了就该传授给别人，怎么能再立呢？”就是说“曹”是“众”的意思，“魏”是“大”的意思，众多且大，天下恐怕要会集到曹氏手中了，完备了就该授予他人，怎么能再有人立为皇帝呢？蜀国灭亡后，人们都认为谯周的预言灵验。谯周说：“这虽然是我自己推寻出来的，但其实是有所依据的，只是依照杜琼的话加以推广罢了，我实在没有神奇独特的才能。”

今注 1 征君：经朝廷征聘而不肯受职之人。 2 触类：接触相类事物。 3《春秋传》：事见《左传·桓公二年》：“初，晋穆侯之夫人姜氏，以条之役生大子，命之曰仇。其弟以千亩之战生，命之曰成师。师服曰：‘异哉，君之名子也！夫名以制义，义以出礼，礼以体政，政以正民。是以政成而民听，易则生乱。嘉耦曰妃，怨耦曰仇，古之命也。今君命大子曰仇，弟曰成师，始兆乱矣，兄其替乎？’” 4 神思：此处指神奇独特的才能。

许慈

原文

许慈，字仁笃，南阳人也。师事刘熙，善郑氏学，治《易》《尚书》《三礼》《毛诗》《论语》。建安中，与许靖等俱自交州入蜀。时又有魏郡胡潜，字公兴，不知其所以在益土。潜虽学不沾洽，然卓荦[1]强识，祖宗制度之仪，丧纪五服[2]之数，皆指掌画地，举手可采。先主定蜀，承丧乱历纪，学业衰废，乃鸠合典籍，沙汰众学，慈、潜并为学士，与孟光、来敏等典掌旧文。值庶事草创，动多疑议，慈、潜更相克伐，谤讟[3]忿争，形于声色；书籍有无，不相通借，时寻楚挞，以相震撼[4][1]。其矜己妒彼，乃至于此。先主愍其若斯，群僚大会，使倡家假为二子之容，效其讼阋[5]

译文

许慈，字仁笃，南阳人。他师从刘熙，精通郑玄的学说，研究《易经》《尚书》《三礼》《毛诗》《论语》。建安年间，许慈和许靖等人一起从交州进入蜀地。当时还有魏郡人胡潜，字公兴，不知什么原因也在益州。胡潜虽然学识并不渊博，但是记忆超群，祖宗制度的礼仪、丧葬五服的礼数，都了如指掌，信手拈来。先主平定蜀地，正值连年战祸丧乱之际，学业衰败荒废，于是就搜集典籍，淘汰精选各家学说，许慈和胡潜一同做了博士，同孟光、来敏等人一起掌管先代的典籍。当时各种事务都处在草创时期，有行动往往会产生很多疑议，许慈和胡潜互相指责攻击，非议责难、愤怒争执都表露在言语神情之中；两人之间书籍从不互通有无，还常常寻衅打架，以震慑制服对方。他们夸耀自己嫉妒对方，竟然达到了这样的地步。先主很忧虑他们如此不和，在百官举行盛大朝会的时候，让歌舞艺人扮成他们的模样，模仿他们争讼打斗的样子，边

之状，酒酣乐作，以为嬉戏，初以辞义相难，终以刀杖相屈，用感切之。潜先没，慈后主世稍迁至大长秋，卒[2]。子勋传其业，复为博士。

饮酒边奏乐，以此作为娱乐，开始二人用言语互相责难，最后用刀棒迫使对方屈服，以此来感化打动他们。胡潜先死，许慈在后主在位时逐渐升任大长秋，后死去。许慈的儿子许勋传承了他的学业，也做了博士。

今注 1 卓荦(luò)：超绝，特出。 2 五服：旧时的丧服制度，以亲疏为差等，有斩衰、齐衰、大功、小功、缌麻五种，统称五服。 3 谤讟(dú)：怨恨毁谤。 4 震撼(xiǎn)：使其惊异和折服。 5 讼阋(xì)：争讼。

裴注 [1]撼，虚晚反。 [2]孙盛曰："蜀少人士，故慈、潜等并见载述。"

孟光

原文

孟光，字孝裕，河南洛阳人，汉太尉孟郁之族[1]。灵帝末为讲部吏。献帝迁都长安，遂逃入蜀，刘焉父子待以客礼。博物识古，无书不览，尤锐意三史[1]，长于汉家旧典。好《公羊春秋》而讥呵《左氏》，每与来敏争此二义，光常浇浇[2][2]讙咋。

译文

孟光，字孝裕，河南洛阳人，是汉太尉孟郁的同族。灵帝末年担任讲部吏。汉献帝迁都长安，孟光就逃到蜀地，刘焉父子以宾客之礼待他。孟光知识渊博，通晓古代事迹，无书不读，特别对"三史"有专门的研究，精通汉代的典章制度。他喜爱《公羊春秋》而非难《左氏》，每次和来敏争论两本书的义理，孟光常常大声吵嚷争辩。先主平定益州，任命孟光做议郎，和许慈等人一起掌管

先主定益州，拜为议郎，与许慈等并掌制度。后主践阼，为符节令、屯骑校尉、长乐少府，迁大司农。延熙九年秋，大赦，光于众中责大将军费祎曰："夫赦者，偏枯之物，非明世所宜有也。衰弊穷极，必不得已，然后乃可权而行之耳。今主上仁贤，百僚称职，有何旦夕之危，倒悬之急，而数施非常之恩，以惠奸宄[3]之恶乎？又鹰隼始击，而更原宥有罪，上犯天时，下违人理。老夫耄朽，不达治体，窃谓斯法难以经久，岂具瞻之高美，所望于明德哉！"祎但顾谢踧踖[4]而已。光之指摘痛痒，多如是类，故执政重臣，心不能悦，爵位不登；每直言无所回避，为世所嫌。太常广汉镡承[3]、光禄勋河东裴儁等，年资皆在光后，而登据上列，处

礼仪典制。后主即位，孟光担任符节令、屯骑校尉、长乐少府，升任大司农。延熙九年(246)秋，大赦天下，孟光当着众人的面指责大将军费祎说："大赦天下，就像是半边枯朽的东西，不是圣明的时代应该采取的措施。只有国家极度衰败，迫不得已，然后才可以暂且施行罢了。现在主上仁慈贤明，百官都很称职，有什么朝夕将至的祸患，生民倒悬的危机，需要多次施舍不同寻常的恩惠，来惠顾那些为非作歹的坏人呢？另外像鹰隼一样的官吏刚刚处罚了他们，朝廷却又宽恕了这些有罪的人，这样的做法对上触犯了天命，对下违背了世理。我年老昏聩，不知道治理国家的要领，但私下认为这种做法难以持久，这难道是万民敬仰您的崇高美好，和对圣明德行的期望吗！"费祎只是谦恭地赔礼道歉局促不安而已。孟光指责他人的错误，大都像这样，所以掌权的大臣，心中很不高兴，孟光的爵位也不能得到晋升；孟光常常说话直率没有什么回避，因而被当世人嫌弃。太常广汉镡承、光禄勋河东裴儁等人，年龄资历都在孟光之后，却晋升占据高位，位居孟光之上，大

光之右，盖以此也[4]。

概就是因为这个原因吧。

今注 1 三史：指《史记》《汉书》《东观汉记》。 2 诿诿(náo)：争辩，争论。 3 奸宄(guǐ)：犯法作乱的坏人。 4 踧踖(cù jí)：恭敬而不安的样子。

裴注 [1]《续汉书》曰："郁，中常侍孟贲之弟。" [2]诿，音奴交反。讙，音休袁反。咋，音徂格反。 [3]《华阳国志》曰："承字公文，历郡守、少府。" [4]傅畅《裴氏家记》曰："儁字奉先，魏尚书令潜弟也。儁姊夫为蜀中长史，儁送之，时年十余岁，遂遭汉末大乱，不复得还。既长知名，为蜀所推重也。子越，字令绪，为蜀督军。蜀破，迁还洛阳，拜议郎。"

后进文士秘书郎郤正数从光諮访，光问正太子所习读并其情性好尚，正答曰："奉亲虔恭，夙夜匪懈，有古世子之风；接待群僚，举动出于仁恕。"光曰："如君所道，皆家户所有耳；吾今所问，欲知其权略智调何如也。"正曰："世子之道，在于承志竭欢，既不得妄有所施为，且智调藏于胸怀，权略应时而发，此之有无，焉可豫

后辈文士秘书郎郤正多次向孟光拜访求教，孟光询问郤正太子研读的书籍和他的性情爱好，郤正回答说："太子侍奉父母虔诚恭敬，从清晨到夜晚都不懈怠，有古代太子的风度；他接待众官员，一举一动都仁爱宽厚。"孟光说："像您说的这些，每家每户的子弟都具备；我现在询问，是想知道他的权变谋略、智慧才干怎么样。"郤正说："太子的处世之道在于要顺承父母的想法而竭尽全力求得父母欢心，既不能够随意妄为，而且还要把智谋才干埋藏在心中，权变的才干也要顺应时机而产生，他是否有智谋才干，怎么可以预先估量到呢？"孟光知道郤

设[1]也?”光解正慎宜,不为放谈[2],乃曰:“吾好直言,无所回避,每弹射[3]利病,为世人所讥嫌;省君意亦不甚好吾言,然语有次。今天下未定,智意为先,智意虽有自然,然亦可力强致也。此储君读书,宁当效吾等竭力博识以待访问,如博士探策讲试以求爵位邪!当务其急者。”正深谓光言为然。后光坐事免官,年九十余卒。

正说话做事谨慎适宜,不放纵言谈,就说道:“我喜欢直率地说话,毫不回避,常常指责利害弊病,被世人讥讽嫌弃;我想您的心思也不是很喜欢我说的话,可是你说的话很有条理。如今天下还没有安定,智慧谋略最为重要,智慧谋略虽然有天生的因素,但是也可以通过努力尽力获得。太子读书,难道可以像我们这些人一样竭尽全力,使知识广博以等待别人拜访询问,或像博士那样通过考试策对和讲习来谋取爵位吗!他应该努力学习那些急需的东西。”郤正认为孟光的话非常正确。后来,孟光因事获罪而被免去官职,九十多岁时去世。

今注　**1** 豫设:预先筹划和准备。　**2** 放谈:信口谈论,纵情谈论。　**3** 弹射:指责,评讥。

来敏

原文

来敏,字敬达,义阳新野人,来歙[1]之后也。父艳,为汉司空[2][1]。汉末大乱,敏随姊奔荆州,姊夫黄琬是刘璋祖母之侄,故璋

译文

来敏,字敬达,义阳新野人,是来歙的后代。来敏的父亲来艳,是汉朝的司空。汉朝末年天下大乱,来敏跟随姐姐逃到荆州,他的姐夫黄琬是刘璋祖母的侄子,所以刘璋派人迎接黄琬的妻

遣迎琬妻，敏遂俱与姊入蜀，常为璋宾客。涉猎书籍，善《左氏春秋》，尤精于《仓》《雅》训诂，好是正文字。先主定益州，署敏典学校尉，及立太子，以为家令[3]。后主践阼，为虎贲中郎将。丞相亮住汉中，请为军祭酒、辅军将军，坐事去职[2]。亮卒后，还成都为大长秋，又免，后累迁为光禄大夫，复坐过黜。前后数贬削，皆以语言不节，举动违常也。时孟光亦以枢机不慎，议论干时，然犹愈于敏，俱以其耆宿[4]学士见礼于世。而敏荆楚名族，东宫旧臣，特加优待，是故废而复起。后以敏为执慎将军，欲令以官重自警戒也。年九十七，景耀中卒。子忠，亦博览经学，有敏风，与尚书向充等并能协赞大将军姜维。维善之，以为参军。

子，来敏于是就和姐姐一起进入了蜀地，常常作为刘璋的宾客。来敏博览群书，喜欢《左氏春秋》，尤其精通《仓颉》《尔雅》的训释，喜欢校正文字。先主平定益州后，任命来敏做典学校尉，等到立太子之后，又任命来敏担任家令。后主即位，来敏出任虎贲中郎将。丞相诸葛亮驻军汉中，请来敏担任军祭酒、辅军将军，后因犯法而被免职。诸葛亮死后，来敏回到成都担任大长秋，又被免职，后来逐渐升任至光禄大夫，再次获罪被罢免。来敏前后多次被贬职或革职，都是因为说话不加节制，行动违背常理的缘故。当时孟光也因为言语不谨慎，议论评说触犯时政，而他比来敏更加严重，他们都因为是年长饱学之士而受到世人尊敬。而来敏是荆楚地区的望族，太子的老臣，他被特别加以优待，因此被革职之后又起用为官。后来任命来敏担任执慎将军，想让他以此官职深切自我警惕。来敏九十七岁，景耀年间去世。来敏的儿子来忠也博览儒家典籍，很有来敏的风范，与尚书向充等人一起协助大将军姜维。姜维对他很好，任命他为参军。

今注 1 来歙(xī):字君叔,南阳新野人,东汉名将。 2 司空:东汉时三公之一,分掌宰相职能,掌水土工程。 3 家令:即太子家令,相当于太子家的总管。 4 耆宿:年老资深德高望重的人。

裴注 [1]华峤《后汉书》曰:“艳好学下士,开馆养徒众。少历显位,灵帝时位至司空。” [2]《亮集》有教曰:“将军来敏对上官显言:‘新人有何功德而夺我荣资与之邪?诸人共憎我,何故如是?’敏年老狂悖,生此怨言。昔成都初定,议者以为来敏乱群,先帝以新定之际,故遂含容,无所礼用。后刘子初选以为太子家令,先帝不悦而不忍拒也。后主即位,吾暗于知人,遂复擢为将军祭酒,违议者之审见,背先帝所疏外,自谓能以敦厉薄俗,帅之以义。今既不能,表退职,使闭门思愆。”

尹默

原文

尹默,字思潜,梓潼涪人也。益部多贵今文而不崇章句,默知其不博,乃远游荆州,从司马德操、宋仲子等受古学。皆通诸经史,又专精于《左氏春秋》,自刘歆条例[1],郑众、贾逵父子、陈元、服虔注说,咸略诵述,不复按本[2]。先主定益州,领牧,以为劝学从事,及立

译文

尹默,字思潜,梓潼涪人。益州的学者大多重视今文经学而不重视章句之学,尹默知道他们学识不够广博,就远游荆州,跟随司马德操、宋仲子等人学习古文经学。尹默全部通晓了各种经书、史书,又专心研究《左氏春秋》,从刘歆对《左氏》义例的阐释,到郑众、贾逵父子、陈元、服虔的今注说解,都能大致诵读讲述,不需要对照原书。先主平定益州,兼领益州牧,任命尹默为劝学从事,等到立太子,又任命尹默为太

太子，以默为仆[3]，以《左氏》传授后主。后主践阼，拜谏议大夫。丞相亮住汉中，请为军祭酒。亮卒，还成都，拜太中大夫，卒。子宗传其业，为博士[1]。

子仆，以《左氏传》教授后主。后主即位，任命尹默担任谏议大夫。丞相诸葛亮驻军汉中，聘任尹默担任军祭酒。诸葛亮去世，尹默回到成都，被任命为太中大夫，随后去世。他的儿子尹宗继承了他的学业，担任博士。

今注 1 条例：此处指对于义例的阐释。 2 按本：依照原本。 3 仆：即太子仆，主东宫车马，为太子少傅属官。

裴注 [1]宋仲子后在魏。《魏略》曰："其子与魏讽谋反，伏诛。魏太子答王朗书曰：'昔石厚与州吁游，父碏知其与乱；韩子昵田苏，穆子知其好仁。故君子游必有方，居必就士，诚有以也。嗟乎！宋忠无石子先识之明，老罹此祸。今虽欲愿行灭亲之诛，立纯臣之节，尚可得邪！'"

李譔

原文

李譔，字钦仲，梓潼涪人也。父仁，字德贤，与同县尹默俱游荆州，从司马徽、宋忠等学。譔具传其业，又从默讲论义理，五经、诸子，无不该览[1]，加博好技艺，算术、卜数、医药、弓弩、机械之巧，皆致思

译文

李譔，字钦仲，梓潼涪人。他的父亲李仁，字德贤，和同县人尹默一起游学荆州，跟随司马徽、宋忠等人学习。李譔全部传承了他父亲的学业，又跟随尹默讲解谈论经义，五经和诸子典籍，无不广泛阅读，另外他还广泛地爱好技艺，算术、卜数、医药、弓弩、机械的技巧，都进行思考研究。李譔

焉。始为州书佐、尚书令史。延熙元年，后主立太子，以撰为庶子，迁为仆。转中散大夫、右中郎将，犹侍太子。太子爱其多知，甚悦之。然体轻脱[2]，好戏啁[3]，故世不能重也。著《古文易》《尚书》《毛诗》《三礼》《左氏传》《太玄》指归[4]，皆依准贾、马，异于郑玄。与王氏[5]殊隔，初不见其所述，而意归多同。景耀中卒。时又有汉中陈术，字申伯，亦博学多闻，著《释问》七篇、《益部耆旧传》及《志》，位历三郡太守。

起初担任州书佐、尚书令史。延熙元年(238)，后主册立太子，任命李撰为太子庶子，升任太子仆。后来转任中散大夫、右中郎将，仍然侍奉太子。太子欣赏李撰知识渊博，非常喜欢他。然而李撰为人轻佻，喜欢嘲弄别人，所以世人对他不敬重。李撰著有《古文易》《尚书》《毛诗》《三礼》《左氏传》《太玄》等书的"指归"，都依据贾逵、马融的说法，而与郑玄的说法不同。李撰和王肃相隔很远，起初没看到王肃的著作，但是两人的见解很多都相同。景耀年间李撰去世。当时还有汉中人陈术，字申伯，也是学识渊博见闻丰富，著有《释问》七篇、《益部耆旧传》及《志》，历任三个郡的太守。

今注 1 该览：广泛涉猎。 2 轻脱：轻佻。 3 戏啁(zhōu)：戏谑，嘲弄。 4 指归：主旨。 5 王氏：即王肃，字子雍，善贾逵、马融之学，而不好郑玄之学，采会异同，为《尚书》《诗经》《论语》《礼记》《左传》作训解，当时皆列于学官。

谯周

原文

谯周，字允南，巴西西充国人也。父𡸫，字荣始，治《尚书》，兼通诸经及图、纬。州郡辟请，皆不应，州就假师友从事[1]。周幼孤，与母兄同居。既长，耽古笃学，家贫未尝问产业，诵读典籍，欣然独笑，以忘寝食。研精六经，尤善书札。颇晓天文，而不以留意；诸子文章非心所存，不悉遍视也。身长八尺，体貌素朴，性推诚不饰，无造次[2]辩论之才，然潜识内敏。

建兴中，丞相亮领益州牧，命周为劝学从事[1]。亮卒于敌庭，周在家闻问，即便奔赴，寻有诏书禁断，惟周以速行得达。大将军蒋琬领刺史，徙为典学从事，总州之学者。

译文

谯周，字允南，巴西西充国人。父亲谯𡸫，字荣始，研究《尚书》，同时精通各种经典和图谶、纬书。州郡征召，谯𡸫都不应召，州府便派人前来任命他代理师友从事。谯周从小就失去了父亲，和母亲、兄长一起生活。长大后，谯周沉湎古典勤奋学习，家境很贫穷但他从不过问家财产业，诵读经书典籍，自己常常高兴地笑起来，并时常废寝忘食。谯周精心研究六经，特别擅长写书信。他很通晓天文，但是并不过多留意；诸子百家的文章若不是他心中所关注的，他就不全部阅读。谯周身高八尺，相貌质朴无华，性情坦诚而不加掩饰，没有急中生智的辩论才能，但内心很有见识且非常机敏。

建兴年间，丞相诸葛亮兼领益州牧，任命谯周为劝学从事。诸葛亮在对敌的战场上去世，谯周在家中听到消息，马上就急驰前往，不久就有诏书禁止前去，只有谯周因为迅速行动而能够到达。大将军蒋琬兼领刺史，改任谯周为典学从事，总管州中的学者。

今注　1 师友从事：汉代州郡属官，不担任实职，地位尊荣，署为从事而待以师友之礼。　2 造次：此指急中生智。

裴注　[1]《蜀记》曰："周初见亮，左右皆笑。既出，有司请推笑者，亮曰：'孤尚不能忍，况左右乎！'"

后主立太子，以周为仆，转家令。时后主颇出游观，增广声乐。周上疏谏曰："昔王莽之败，豪杰并起，跨州据郡，欲弄神器，于是贤才智士思望所归，未必以其势之广狭，惟其德之薄厚也。是故于时更始、公孙述及诸有大众者多已广大，然莫不快情恣欲，怠于为善，游猎饮食，不恤民物。世祖初入河北，冯异等劝之曰：'当行人所不能为。'遂务理冤狱，节俭饮食，动遵法度，故北州歌叹，声布四远。于是邓禹自南阳追之，吴汉、寇恂未识世祖，遥闻德行，遂以权计举渔

后主册立太子，任命谯周为太子仆，转任家令。当时后主频频外出游玩，不断增加声色娱乐的享受。谯周上奏劝谏说："从前王莽败亡，豪杰纷纷兴起，占据州郡，想要争夺国家大权，在这时贤能的人才和有智谋的士人思念仰望所归附的人，不一定是根据他势力的大小，而只是看他德行的厚薄。因此当时更始帝刘玄、公孙述和众多拥有大量人马的势力都已经很强大了，然而他们没有一个不是纵情享乐，懈怠于做善事，只是游玩打猎吃喝享乐，毫不体恤民众珍惜财物。世祖刚进入河北时，冯异等人劝诫他说：'您应该做别人所不能做的事情。'世祖于是就努力地审理冤狱，节俭饮食，行动遵守法度，所以北方州郡的民众都歌颂赞叹，世祖的美名传播四方。于是邓禹从南阳前来追随他，吴汉、寇恂不认识世祖，远远地听说了他的德行，于是就用随机应变的计策率领渔阳、上谷的精锐骑兵到

阳[1]、上谷[2]突骑迎于广阿[3]。其余望风慕德者邳彤、耿纯、刘植之徒，至于舆病赍[4]棺，襁负而至者，不可胜数，故能以弱为强，屠王郎，吞铜马，折赤眉而成帝业也。及在洛阳，尝欲小出，车驾已御，铫期谏曰：'天下未宁，臣诚不愿陛下细行数出。'即时还车。及征隗嚣，颍川盗起，世祖还洛阳，但遣寇恂往，恂曰：'颍川以陛下远征，故奸猾起叛，未知陛下还，恐不时降；陛下自临，颍川贼必即降。'遂至颍川，竟如恂言。故非急务，欲小出不敢，至于急务，欲自安不为，故帝者之欲善也如此！

广阿迎接世祖。其他一些看到世祖声势并仰慕世祖德行的人还有邳彤、耿纯、刘植等，至于抱病乘车及携带棺材，背负襁褓中的婴儿前来投奔的人，更是多得数不过来。所以世祖能够由弱转强，杀死王郎，吞灭铜马军，挫败赤眉军而成就帝王大业。等到了洛阳，世祖曾经想要就近外出游玩，车驾已经准备好，铫期劝谏说：'天下还没有安定，臣实在不希望陛下身着便服多次外出。'世祖马上就掉头而还。等到征讨隗嚣时，颍川郡的盗贼兴起，世祖回到洛阳，只派寇恂前去征讨。寇恂说：'颍川郡由于陛下到远方征伐，所以奸邪的人就起兵反叛，他们还不知道陛下已经回来，恐怕不会及时投降；陛下如果亲自前去，颍川叛贼必定马上投降。'世祖于是到了颍川，果然像寇恂说的那样。所以不是急需办理的事情，想要短暂出游也不敢，至于急需办理的事情，自己想要安歇也不行，所以帝王想要做得好就得像这样！

今注 1 渔阳：郡名，治所渔阳，在今北京密云区西南。 2 上谷：郡名，治所沮阳，在今河北怀来东南。 3 广阿：在今河北隆尧东。 4 赍(jī)：旅行的人携带衣食等物。

"故《传》曰'百姓不徒附',诚以德先之也。今汉遭厄运,天下三分,雄哲之士思望之时也。陛下天姿至孝,丧逾三年,言及陨涕,虽曾闵[1]不过也。敬贤任才,使之尽力,有逾成康。故国内和一,大小戮力[2],臣所不能陈。然臣不胜大愿,愿复广人所不能者。夫挽大重者,其用力苦不众,拔大艰者,其善术苦不广。且承事宗庙者,非徒求福祐,所以率民尊上也。至于四时之祀,或有不临,池苑之观,或有仍出,臣之愚滞,私不自安。夫忧责在身者,不暇尽乐,先帝之志,堂构[3]未成,诚非尽乐之时。愿省减乐官、后宫所增造,但奉修先帝所施,下为子孙节俭之教。"徙为中散大

"所以《传》说'百姓不会平白无故地归附',实在是把德行放在首位。如今汉朝遭受厄运,天下一分为三,正是英雄贤明的人士思念盼望圣明君主的时候。陛下生性非常孝顺,服丧已经超过三年,但说到先帝就落泪,即使是曾参、闵损也比不过您。您敬重贤士任用人才,让他们竭尽自己的才能,这点超过了周成王和周康王。所以国内同心,百姓老幼一起努力,这是臣下无法一一说尽的。然而臣心中有一个很大的愿望,希望陛下能更广泛地做别人做不到的事情。牵引沉重大车的人,他用力时怕的是人手不多,排除巨大困难的人,他谋划好的计策怕的是意见不够广泛。而继承侍奉宗庙的人,不仅仅是祈求神明赐福保佑,而是率领民众尊奉上天。至于一年四季的祭祀,您有时不参加,池塘园林的游玩,您却频频出行,臣下愚笨迟钝,私下里感到心中不安。忧虑责任在身的人,没有空闲尽情享乐,先帝的志向,统一天下的遗业还没有完成,实在不是尽情享乐的时候。希望您减少乐官和后宫的增修扩建,敬奉完善先帝所施行的政策,让子孙后代可以受到节俭的教育。"后来

夫，犹侍太子。

谯周改任中散大夫，仍然侍奉太子。

今注 1 曾闵：曾参和闵子骞。二人都是孔子的学生，以孝顺父母见称，旧时尊为孝子的典范。 2 戮(lù)力：尽力，协力。 3 堂构：比喻先人的基业。

于时军旅数出，百姓雕瘁[1]，周与尚书令陈祗论其利害，退而书之，谓之《仇国论》。其辞曰："因余之国小，而肇建之国大，并争于世而为仇敌。因余之国有高贤卿者，问于伏愚子曰：'今国事未定，上下劳心，往古之事，能以弱胜强者，其术何如？'伏愚子曰：'吾闻之，处大无患者恒多慢[2]，处小有忧者恒思善。多慢则生乱，思善则生治，理之常也。故周文养民，以少取多；勾践恤众，以弱毙强，此其术也。'贤卿曰：'曩者项强汉弱，相与战争，无日宁息，然项羽与汉约分鸿沟[3]为界，各欲

当时军队频繁出征，百姓憔悴困苦，谯周和尚书令陈祗议论此事的利弊，退朝后写出来，称作《仇国论》。其文章写道："因余之国小，而肇建之国大，一同在世上争雄而成为仇敌。因余之国有个名叫高贤卿的人，问伏愚子说：'如今国家战事没有平定，全国上下心中忧虑，在古代的事例中，能够以弱胜强的人，他们都有什么样的办法呢？'伏愚子说：'我听说，处于大国地位而没有忧患的人常常行事懈怠，处于小国地位而有忧患的人常常会思慕善行。多有懈怠就会产生祸乱，思慕善行就会天下太平，这是固有的规律。所以周文王养育百姓，而能够以少胜多；勾践体恤民众，而能够以弱胜强，这就是他们的办法。'高贤卿说：'从前项羽强大而汉王弱小，互相争战，没有一天平静安宁，然而项羽和汉王约定划分鸿沟作为边界，各自想要让百姓安宁；张良却认为

归息民;张良以为民志既定,则难动也,寻帅追羽,终毙项氏,岂必由文王之事乎?肇建之国方有疾疢,我因其隙,陷其边陲,觊增其疾而毙之也。'

民心如果安定下来,就很难再鼓动了,汉王随即就率军追击项羽,最终杀死了项羽,难道一定要依照周文王的先例行事吗?肇建之国目前正有灾患,我们趁此机会,攻破它的边境,正是期盼加重它的灾患而将其消灭。'

今注 **1** 雕瘁:亦作"雕悴",衰败憔悴。 **2** 慢:怠惰,轻忽。 **3** 鸿沟:古运河名,故道自今河南荥阳北引黄河水,东流经今中牟、开封北,至淮阳东南入颍水。

"伏愚子曰:'当殷周之际,王侯世尊,君臣久固,民习所专;深根者难拔,据固者难迁。当此之时,虽汉祖安能杖剑鞭马而取天下乎?当秦罢侯置守之后,民疲秦役,天下土崩,或岁改主,或月易公,鸟惊兽骇,莫知所从。于是豪强并争,虎裂狼分,疾博者获多,迟后者见吞。今我与肇建皆传国易世矣,既非秦末鼎沸之时,实有六国并据之

"伏愚子说:'在殷周之际,王侯世代受尊崇,君臣关系长久稳固,百姓习惯了他们君主的统治;根深的很难拔出,稳固的难以移动。在这样的时候,即使是汉高祖又怎么能持剑策马而夺取天下呢?在秦朝废黜诸侯而设置郡县长官之后,百姓因秦朝劳役而疲惫不堪,天下土崩瓦解,有时一年就更改了君主,有时一个月就变换了主公,百姓像惊飞的鸟儿和恐惧的野兽,不知道该跟着谁。在这时豪强一起争夺,像虎狼一样分裂天下,快速出击的人获得很多,行动迟缓的人就会被吞灭。如今我国和肇建之国都经历了改朝换代,既不是秦朝末年纷乱动荡的时代,又的确有六国同时割据的形势,所以可以做周文

势,故可为文王,难为汉祖。夫民疲劳则骚扰之兆生,上慢下暴则瓦解之形起。谚曰:“射幸数跌[1],不如审发。”是故智者不为小利移目,不为意似[2]改步,时可而后动,数合而后举,故汤、武之师不再战而克,诚重民劳而度时审也。如遂极武黩[3]征,土崩势生,不幸遇难,虽有智者将不能谋之矣。若乃奇变纵横,出入无间,冲波截辙,超谷越山,不由舟楫而济盟津[4]者,我愚子也,实所不及。'”

后迁光禄大夫,位亚[5]九列。周虽不与政事,以儒行见礼,时访大议,辄据经以对,而后生好事者亦咨问所疑焉。

王,却难以成为汉高祖。民众疲惫不堪,那么动乱的征兆就会产生。主上懈怠臣下残暴,那么土崩瓦解的形势就会出现。谚语说:“射箭如果多次失误,不如仔细看清楚再射出。”因此聪明的人不会因为微小的利益而转移视线,不会因为主观臆测而改变计划,等时机成熟然后行动,运数相合然后起兵,所以商汤、周武王的军队不需第二次作战就能取胜,确实是重视民众的劳苦而又能审时度势啊。如果穷兵黩武,土崩瓦解的形势产生,又不幸遇到灾难,即使有智谋的人也不能谋划了。至于变幻奇妙纵横,出入空虚无形之中,冲击波浪而阻截车道,跨越山谷,不借助船桨而渡过孟津的行动,我是个愚人,实在是我的智力达不到。'”

谯周后来升任光禄大夫,官位同于九卿。谯周虽然不参与政事,却因为儒雅的操行受到礼遇,人们时时向他询问义理,他总是引经据典来回答,而年轻人中喜欢钻研深究的人,也向他询问求教疑惑不解的问题。

今注 **1** 跌:此处指失误。 **2** 意似:似是而非,猜想臆测。**3** 黩(dú):滥用。 **4** 盟津:即孟津,黄河古渡口名,在今河南孟津东、孟州西南。**5** 亚:俦匹,同等级别。

景耀六年冬，魏大将军邓艾克江由，长驱而前。而蜀本谓敌不便至，不作城守调度，及闻艾已入平，百姓扰扰，皆迸山野，不可禁制。后主使群臣会议，计无所出。或以为蜀之与吴，本为和国，宜可奔吴；或以为南中七郡，阻险斗绝，易以自守，宜可奔南。惟周以为："自古已来，无寄他国为天子者也，今若入吴，固当臣服。且政理不殊，则大能吞小，此数之自然也。由此言之，则魏能并吴，吴不能并魏明矣。等为小称臣，孰与为大？再辱之耻，何与一辱？且若欲奔南，则当早为之计，然后可果；今大敌以近，祸败将及，群小之心，无一可保，恐发足之日，其变不测，何

景耀六年(263)冬，魏国大将军邓艾攻克江油，长驱直入向前推进。而蜀国原本认为敌人不会马上到来，就没有进行城防守备的安排部署，等到听说邓艾已经进入阴平，百姓慌乱不安，都逃散到山野，无法禁止。后主让众大臣集会商议，也没有想出好的计策。有人认为蜀国和吴国本是友好的国家，可以逃亡吴国；有人认为南中地区七个郡，地势陡峭险峻，易于防守，可以向南逃亡。只有谯周认为："自古以来，没有寄居在别的国家而仍做天子的人，现在假如进入吴国，肯定要臣服。而且为政之道没有例外，都是强大吞并弱小，这是自然的道理。由此说来，魏国能够吞并吴国，吴国不能吞并魏国是很明显的。与其向小国称臣，哪里比得上去大国做臣子呢？两次蒙受耻辱，哪如只受一次屈辱呢？况且如果想要逃往南方，就应该尽早筹划，然后才能实现预定计划；如今强大的敌人已经逼近，灾难和败亡就要降临，众小人的心，没有一个可以保证的，恐怕到启程的日子，他们又要发生意想不到的变化，哪里还能有到达南方的可能啊！"群臣中有人质问谯周说："如今邓艾已经距离我们不远，恐

至南之有乎！”群臣或难周曰：“今艾以不远，恐不受降，如之何？”周曰：“方今东吴未宾，事势不得不受，受之之后，不得不礼。若陛下降魏，魏不裂土以封陛下者，周请身诣京都，以古义争之。”众人无以易周之理。

后主犹疑于入南，周上疏曰：“或说陛下以北兵深入，有欲适南之计，臣愚以为不安。何者？南方远夷之地，平常无所供为，犹数反叛，自丞相亮南征，兵势逼之，穷乃幸从。是后供出官赋，取以给兵，以为愁怨，此患国之人也。今以穷迫，欲往依恃，恐必复反叛，一也。北兵之来，非但取蜀而已，若奔南方，必因人势衰，及时赴追，二也。若至

怕不会接受投降，对此该怎么办呢？”谯周说：“当前吴国还没有归顺魏国，事情的形势使得魏国不得不接受投降，接受我们的投降之后，不得不礼待我们。假如陛下投降了魏国，而魏国不分割土地分封陛下的话，我请求亲自到京城，用古代的道义去为此争辩。”众人无法改变谯周所说的道理。

后主对逃往南方还是犹豫不决，谯周上奏说：“有人说陛下因为北方军队深入我国，有想要逃到南方的计划，臣下愚钝，认为这是不稳妥的。为什么呢？南方僻远且是夷族生活的地区，平常没有向朝廷贡奉效力，而且还多次反叛，自从丞相诸葛亮南征，以军队的威力逼迫他们，他们走投无路才勉强归顺。从此他们才向官府缴纳赋税，朝廷拿来供给军队，因而他们很是怨恨，他们是把国家看作祸患的人。现在朝廷因为处境困难，想要前去依靠他们，恐怕他们必定会再次反叛，这是第一点。北方的军队来到，不仅仅是想要夺取蜀地而已，假如我们逃往南方，他们必定会趁我们势力衰败，急切向前追赶，这是第二点。假如到了南方，对外要抵御敌军，对内要供给衣服车马

南方，外当拒敌，内供服御，费用张广，他无所取，耗损诸夷必甚，甚必速叛，三也。昔王郎[1]以邯郸僭号，时世祖在信都[2]畏逼于郎，欲弃还关中。邳彤谏曰：‘明公西还，则邯郸城民不肯捐父母，背城主，而千里送公，其亡叛可必也。’世祖从之，遂破邯郸。今北兵至，陛下南行，诚恐邳彤之言复信于今，四也。愿陛下早为之图，可获爵土；若遂适南，势穷乃服，其祸必深。《易》曰：‘亢之为言，知得而不知丧，知存而不知亡；知得失存亡而不失其正者，其惟圣人乎！’言圣人知命而不苟必也。故尧、舜以子不善，知天有授，而求授人；子虽不肖，祸尚未萌，而迎授与人，况祸以至乎！故微

等用品，花费就会增多，没有别处可以取得，必定会加重损耗各夷族部落，损耗他们过多就一定会使他们更快地反叛，这是第三点。从前王郎在邯郸僭越称帝，当时世祖在信都，害怕王郎的威逼，想要放弃信都返回关中。邳彤劝谏说：‘明公您向西返回关中，那么邯郸城的民众不肯抛弃父母，背叛邯郸城的君主，而到千里之外送您，他们就一定会逃亡背叛。’世祖听从了邳彤的劝说，于是就攻克了邯郸。现在北方军队到来，陛下就去南方，我实在担心邳彤的话又会在今天得到证实，这是第四点。希望陛下尽早谋划，还可以获得爵位和封地；假如逃到南方，等到大势已去才投降，那祸害一定会很深重。《易经》说‘亢的意思是，知道获得而不知道丧失，知道生存而不知道灭亡；知道得失存亡而又不失去中正的人，这大概只有圣人吧！’这说的是圣人知道天命而不随意固执己见。所以尧、舜认为自己的儿子不好，知道上天要把帝位传授给别人，就寻求应被传授的人；他们的儿子虽然不成才，但在灾祸还没有萌生的时候，就接受符命把帝位传授给别人，更何况现在灾祸已经来临了！所以微子作为

子以殷王之昆³,面缚衔璧而归武王,岂所乐哉,不得已也。"于是遂从周策。刘氏无虞,一邦蒙赖,周之谋也[1]。

殷纣王的哥哥,双手反绑,嘴里含着玉璧而归降了武王,难道是他喜欢这样做吗,他是迫不得已啊。"于是后主听从了谯周的计策。刘氏没有遭受祸患,整个国家蒙受恩惠,就是由于谯周的计策啊。

今注 **1** 王郎:亦作王昌,新莽末邯郸人,以卜相为业,自称汉成帝之子,被拥立为帝,后刘秀破邯郸,败死。 **2** 信都:安平国国都,治所在今河北衡水冀州区。 **3** 昆:兄长,哥哥。

裴注 [**1**] 孙绰评曰:"谯周说后主降魏,可乎?曰:自为天子而乞降请命,何耻之深乎!夫为社稷死则死之,为社稷亡则亡之,先君正魏之篡,不与同天矣。推过于其父,俯首而事仇,可谓苟存,岂大居正之道哉!"孙盛曰:"《春秋》之义,国君死社稷,卿大夫死位,况称天子而可辱于人乎!周谓万乘之君偷生苟免,亡礼希利,要冀微荣,惑矣。且以事势言之,理有未尽。何者?禅虽庸主,实无桀、纣之酷,战虽屡北,未有土崩之乱,纵不能君臣固守,背城借一,自可退次东鄙以思后图。是时罗宪以重兵据白帝,霍弋以强卒镇夜郎。蜀土险狭,山水峻隔,绝巘激湍,非步卒所涉。若悉取舟楫,保据江州,征兵南中,乞师东国,如此,则姜、廖五将自然云从,吴之三师承命电赴,何投寄之无所而虑于必亡邪?魏师之来,褰国大举,欲追则舟楫靡资,欲留则师老多虞。且屈伸有会,情势代起,徐因思奋之民,以攻骄惰之卒,此越王所以败阖闾,田单所以摧骑劫也,何为匆匆遽自囚虏,下坚壁于敌人,致斫石之至恨哉!葛生有云:'事之不济则已耳,安能复为之下!'壮哉斯言,可以立懦夫之志矣。观古燕、齐、荆、越之败,或国覆主灭,或鱼县鸟窜,终能建功立事,康复社稷,岂曰天助,抑人谋也。向使怀苟存之计,纳谯周之言,何邦基之能构,令名之可获哉?禅既暗主,周实驽臣,方之申包、田单、范蠡、大夫种,不亦远乎!"

时晋文王为魏相国，以周有全国之功，封阳城亭侯。又下书辟周，周发至汉中，困疾不进。咸熙二年夏，巴郡文立从洛阳还蜀，过见周。周语次，因书版示立曰："典午忽兮，月酉没兮。"典午者谓司马也，月酉者谓八月也，至八月而文王果崩[1]。晋室践阼，累下诏所在发遣周。周遂舆疾诣洛，泰始三年至。以疾不起，就拜骑都尉，周乃自陈无功而封，求还爵土，皆不听许。

五年，予尝为本郡中正[1]，清定事讫，求休还家，往与周别。周语予曰："昔孔子七十二、刘向、扬雄七十一而没，今吾年过七十，庶慕孔子遗风，可与刘、扬同轨，恐不出后岁，必便长逝，不复相见矣。"疑周以术知之，

当时晋文王司马昭担任魏国相国，由于谯周有保全国家的功劳，封他为阳城亭侯。朝廷又下诏书征召谯周，谯周出发到了汉中，被疾病所困无法前进。咸熙二年(265)夏，巴郡人文立从洛阳返回蜀地，顺路拜访谯周。谯周在谈话中，就在手板上写字给文立看，写道："典午就要快了，月酉时就要亡了。"典午说的是司马，月酉说的是八月，到了八月晋文王司马昭果然去世了。晋朝建立，司马炎称帝，接连下诏令给谯周所在的地方官府遣送谯周出发。谯周于是抱病乘车前往洛阳，泰始三年(267)到达。谯周因卧床不起，朝廷派人前去任命他为骑都尉，谯周陈说自己没有功劳而受到封赏，请求交还爵位和封地，都没有得到应允。

泰始五年(269)，我曾担任本郡中正，清选定等的工作结束，我请求休假回家，前去和谯周告别。谯周告诉我说："从前孔子七十二岁，刘向、扬雄七十一去世，我现今年过七十，很仰慕孔子的遗风，会与刘向、扬雄并驾齐驱，恐怕不超过明年，我一定会离开人世，不能再会面了。"我猜谯周是凭借占卜知道了

假此而言也。六年秋，为散骑常侍，疾笃不拜，至冬卒[2]。凡所著述，撰定《法训》《五经论》《古史考》之属百余篇[3]。周三子，熙、贤、同。少子同颇好周业，亦以忠笃质素为行，举孝廉，除锡令、东宫洗马，召不就[4]。

这些，就借此说出来。泰始六年(270)秋，任命谯周做散骑常侍，他病重没有接受任命，到冬天，谯周去世。总计他写的文章，写定的有《法训》《五经论》《古史考》之类一百多篇。谯周有三个儿子，谯熙、谯贤、谯同。小儿子谯同非常喜爱谯周的学业，也由于为人行事忠诚质朴，被推举为孝廉，授任锡县县令，东宫洗马，朝廷征召，但他没有就任。

今注 **1** 中正：延康元年(220)，曹丕采吏部尚书陈群的建议，推选各郡有声望的人出任中正，将当地士人按才能分别评定为九等(九品)，政府按等选用，谓之“九品官人法”。司马懿当政，于各州设大中正，任用世族豪门担任。

裴注 [**1**]《华阳国志》曰：“文立字广休，少治《毛诗》《三礼》，兼通群书。刺史费祎命为从事，入为尚书郎，复辟祎大将军东曹掾，稍迁尚书。蜀并于魏，梁州建，首为别驾从事，举秀才。晋泰始二年，拜济阴太守，迁太子中庶子。立上言：‘故蜀大官及尽忠死事者，子孙虽仕郡国，或有不才，同之齐民为剧；又诸葛亮、蒋琬、费祎等子孙流徙中畿，各宜量才叙用，以慰巴、蜀之心，倾吴人之望。’事皆施行。转散骑常侍，献可替否，多所补纳。稍迁卫尉，中朝服其贤雅，为时名卿。咸宁末卒。立章奏、诗、赋、论、颂，凡数十篇。” [**2**]《晋阳秋》载诏曰：“朕甚悼之，赐朝服一具，衣一袭，钱十五万。”周息熙上言，周临终属熙曰：“久抱疾，未曾朝见，若国恩赐朝服衣物者，勿以加身。当还旧墓，道险行难，豫作轻棺。殡殓已毕，上还所赐。”诏曰：“还衣服，给棺直。” [**3**]《益部耆旧传》曰：“益州刺史董荣图画周像于州学，命从事李通颂之曰：‘抑抑谯侯，好古述儒，宝道怀真，鉴世盈虚，雅名美迹，终始是书。我后钦贤，无言不誉，攀诸前哲，丹青是图。嗟尔来叶，鉴兹显模。’”　[4]周长子熙。熙子秀，字元彦。《晋阳秋》曰：“秀性清静，不交于世，知将大乱，豫绝人事，从兄弟及诸亲里不与相见。州郡辟命，及李雄盗蜀，安车征秀，又雄叔父骧、骧子寿辟命，皆不应。常冠鹿皮，躬耕山薮。永和三年，安西将军桓温平蜀，表荐秀曰：‘臣闻大朴既亏，则高尚之标显；道丧时昏，则忠贞之义彰。故有洗耳投渊以振玄邈之风，亦有秉心矫迹以惇在三之节。是以上代之君，莫不崇重斯轨，所以笃俗训民，静一流竞。伏惟大晋，应符御世，运无常通，时有屯蹇，神州丘墟，三方圮裂，《兔罝》绝响于中林，《白驹》无闻于空谷，斯有识之所悼心，大雅之所叹息者也。陛下圣德嗣兴，方恢天绪。臣昔奉役，有事西土，鲸鲵既县，思宣大化；访诸故老，搜扬潜逸，庶武罗于羿、浞之墟，想王蠋于亡齐之境。窃闻巴西谯秀，植操贞固，抱德肥遁，扬清渭波。于时皇极遘道消之会，群黎蹈颠沛之艰，中华有顾瞻之哀，幽谷无迁乔之望；凶命屡招，奸威仍逼，身寄虎吻，危同朝露，而能抗节玉立，誓不降辱，杜门绝迹，不面伪庭，进免龚胜亡身之祸，退无薛方诡对之讥；虽园、绮之栖商、洛，管宁之默辽海，方之于秀，殆无以过。于今西土，以为美谈。夫旌德礼贤，化道之所先，崇表殊节，圣哲之上务。方今六合未康，豺狼当路，遗黎偷薄，义声弗闻，益宜振起道义之徒，以敦流遁之弊。若秀蒙蒲帛之征，足以镇静颓风，轨训嚣俗；幽遐仰流，九服知化矣。’及萧敬叛乱，避难宕渠川中，乡人宗族冯依者以百数。秀年八十，众人以其笃老，欲代之负担，秀拒曰：‘各有老弱，当先营救。吾气力自足堪此，不以垂朽之年累诸君也。’后十余年，卒于家。”

郤正

原文

郤正，字令先，河南偃师人也。祖父俭，灵帝末为益州刺史，为盗贼所杀。会天下大乱，故正父揖因留蜀。揖为将军孟达营都督，随达降魏，为中书令史。正本名纂。少以父死母嫁，单茕[1]只立，而安贫好学，博览坟籍[2]。弱冠能属文，入为秘书吏，转为令史，迁郎，至令。性澹于荣利，而尤耽意文章，自司马、王、扬、班、傅、张、蔡之俦遗文篇赋，及当世美书善论，益部有者，则钻凿推求，略皆寓目。自在内职，与宦人黄皓比屋周旋，经三十年。皓从微至贵，操弄威权，正既不为皓所爱，亦不为皓所憎，是以官不过六百石，而免于忧患。

译文

郤正，字令先，河南偃师人。郤正的祖父郤俭，在汉灵帝末年担任益州刺史，被盗贼杀害。正赶上天下大乱，所以郤正的父亲郤揖就留在了蜀地。郤揖担任将军孟达的营都督，跟随孟达投降魏国，担任中书令史。郤正本名郤纂。他年少时因为父亲死去母亲改嫁，茕茕孑立，但安于贫穷，勤奋好学，广泛阅读古代典籍。郤正二十岁就善于写文章，入宫为秘书吏，转任为令史，升为秘书郎，直到秘书令。郤正秉性淡泊名利，而尤其酷爱文学作品，自司马相如、王褒、扬雄、班固、傅毅、张衡、蔡邕等人留下的文章辞赋，到当代优秀的作品和良好的议论，凡是益州藏有的，他都钻研探讨，几乎全读过了。郤正自从到宫中任职，与宦官黄皓相邻共事，应酬往来，长达三十年之久。黄皓从卑微到显贵，操弄朝中大权，郤正既不被黄皓喜欢，也未引起他的憎恨，所以他的官位虽未超过六百石，但也没有遭遇过祸患。

今注　1 茕(qióng)：孤单无靠。　2 坟籍：泛指古代典籍。

依则先儒，假文见意，号曰《释讥》，其文继于崔骃《达旨》。其辞曰：

“或有讥余者曰：‘闻之前记，夫事与时并，名与功偕，然则名之与事，前哲之急务也。是故创制作范，匪时不立，流称垂名，匪功不记，名必须功而乃显，事亦俟时以行止，身没名灭，君子所耻。是以达人研道，探赜[1]索微，观天运之符表，考人事之盛衰。辩者驰说，智者应机，谋夫演略，武士奋威，云合雾集，风激电飞，量时揆宜，用取世资，小屈大申，存公忽私，虽尺枉而寻直，终扬光以发辉也。今三方鼎跱，九有未乂[2]，悠悠四海，婴丁[3]祸败，嗟道义之沈塞，愍生民之颠沛，此诚圣贤拯

郤正取法先辈儒者，借文章来表达自己的胸臆，其文名为《释讥》，是继崔骃《达旨》之后的同类文章。其文辞为：

“有人责难我说：‘从前代的记载中得知，事业与时代相联系，名位与功绩不可分，那么名位与事业，是先哲所追求的首要事情。因此创制国家的制度法规，不符合时代是不能成功的，要想声名流传后世，没有功劳载入史册是无法实现的，名位必须有功劳才显赫，事业要等待时机才能成功，身死而名随之而消亡，这是君子引以为耻的事。因此通达者探究事物的发展规律，钻研它深奥而微妙的道理，观察天命的征兆，分析社会的兴衰。能言善辩之人游说四方，足智多谋之人随机应变，善于谋略的人筹划策略，勇武善战的人则奋武扬威。他们像云雾一样聚集，像狂风激荡，像雷电飞闪，权衡形势和时机，以求得为当世所用，小事忍让而大事显能，存公而忘私，虽然一尺弯曲却使得一寻伸直，最终成就辉煌的事业。如今天下三国鼎立，九州没有太平，四海之人正遭受祸难，感叹道义之

救之秋，烈士树功之会也。吾子以高朗之才，珪璋之质，兼览博窥，留心道术，无远不致，无幽不悉。挺身取命，干兹奥秘，踌躇紫闼[4]，喉舌是执，九考不移，有入无出[1]，究古今之真伪，计时务之得失。虽时献一策，偶进一言，释彼官责，慰此素飧，固未能输竭忠款，尽沥胸肝，排方入直，惠彼黎元，俾吾徒草鄙并有闻焉也。盍亦绥衡缓辔，回轨易涂[5]，舆安驾肆，思马斯徂？审厉揭[6]以投济，要夷庚[7]之赫忯，播秋兰以芳世，副吾徒之披图，不亦盛与！”

沦落，怜悯百姓之颠沛，这正是圣贤拯救百姓的时刻，志士建立功业的时候。您以高超的才干，美好的品行，广泛阅读探求典籍，关注道术，无论多远您没有到达不了的，无论多么幽深您都能通晓。您挺身而出接受命令，掌管机密，在帝王身边从容自得，执掌国家的喉舌，历经多次政绩考核而职位不改，有入无出，您探究古今事理的真伪，考察时政的得失。虽说您也能不时献出一策，偶尔进谏一言，应付那些官职的职责，无愧于自己所得的俸禄，但未能竭尽忠心，披肝沥胆，进献忠诚正直的建议，惠及那些百姓，使我们这些粗野鄙陋的人也能有所闻知。那么您何不止住车辕放松缰绳，掉转车头改换道路，使您的车马轻松晏然，任意而行？看清深浅再涉水渡河，寻找光明平坦的道路，播种秋兰以流芳百世，帮助我们这些人拓展宏图，不也是一种盛事啊！”

今注　1 探赜(zé)：探索奥秘。　2 乂(yì)：安定。　3 婴丁：遭受。　4 紫闼：指宫廷。　5 涂：通“途”。　6 厉揭：涉水。　7 夷庚：平坦的大道。

裴注　[1]《尚书》曰：“三载考绩，三考黜陟幽明。”九考则二十七年。

余闻而叹曰："呜呼，有若云乎邪！夫人心不同，实若其面，子虽光丽，既美且艳，管窥筐举，守厥所见，未可以言八纮[1]之形埒[2]，信万事之精练[3]也。"

或人率尔[4]，仰而扬衡[5]曰："是何言与！是何言与！"

余应之曰："虞帝以面从为戒，孔圣以悦己为尤，若子之言，良我所思，将为吾子论而释之。昔在鸿荒，蒙昧肇初，三皇应箓，五帝承符，爰暨夏、商，前典攸书。姬衰道缺，霸者翼扶，嬴氏惨虐，吞嚼八区，于是从横云起，狙诈如星，奇邪蜂动，智故萌生；或饰真以仇伪，或挟邪以干荣，或诡道以要上，或鬻技以自矜；背正崇邪，弃直就佞，

我听后叹息说："哎呀，竟有如此说法！人心不同，实在和人的面貌一样，您虽然容颜光鲜，漂亮艳丽，却像用竹管窥天、用竹筐举海一样保守成见，不可与您讨论辽阔大地的界线，使您相信万事万物的要义。"

有人仰面扬眉轻率地说："这是说的什么话啊！这是说的什么话啊！"

我回答说："虞舜警惕当面赞同自己的人，孔子认为刻意取悦自己的人不可取用，至于您的意见，很合我心意，我将向您论述并解释一番。在远古鸿荒时代，人们刚刚摆脱蒙昧的状态，三皇顺应上天所赐，五帝接受祥瑞之兆，延及夏、商两代，前代的典籍已经有记载。姬周衰微，道义废缺，成就霸业的人辅佐世道，秦国嬴氏残忍暴虐，兼并天下，这时合纵连横的计策像风云一般兴起，诡诈欺骗的方术如繁星一样多，谄媚逢迎的行为如蜂群一样飞舞，花言巧语的辞令像百草一样萌生；有的人伪装掩盖真情来兜售仇恨虚伪，有的人以不正当手段牟取名利，有的人玩弄阴谋以要挟主上，有的人以奇技淫巧来抬高自己；他们背弃正义而崇尚邪恶，抛弃正直而亲近谗佞，为人无永恒的忠心，处

忠无定分，义无常经。故鞅法穷而慝作，斯义败而奸成，吕门大而宗灭，韩辩立而身刑。

世不坚持道义，所以商鞅立法穷尽而邪恶并作，李斯制定的治国方略失败而奸诈四起，吕不韦势力显赫而招来灭族之祸，韩非子的理论被采纳而自身遭受刑罚。

今注　1 八纮(hóng)：八方极远之地。 2 埒(liè)：界域，分界。 3 精练：此指要义。 4 率尔：轻率貌。 5 扬衡：舒展眉目。

“夫何故哉？利回其心，宠耀其目，赫赫龙章，铄铄车服，媮幸[1]苟得，如反如仄，淫邪荒迷，恣睢自极；和鸾[2]未调而身在辕侧，庭宁未践而栋折榱覆。天收其精，地缩其泽，人吊其躬，鬼芟[3]其额。初升高冈，终陨幽壑，朝含荣润，夕为枯魄。是以贤人君子，深图远虑，畏彼咎戾，超然高举，宁曳尾于涂中，秽浊世之休[4]誉。彼岂轻主慢民，而忽于时务哉？盖《易》著行止之戒，《诗》有靖恭[5]之叹，乃神之听之而道使之然也。

“这都是什么缘故呢？利益使人心改变，荣宠使人目眩，耀眼夺目的龙形图纹，雍容华丽的车马服饰，一旦侥幸苟且得到，就高兴得辗转反侧，淫邪荒迷，恣意妄为；然而车铃未响便身死辕下，宫殿的门庭还没有迈进就梁柱折断，房屋倾覆。上天收回了他的灵魂，大地吸取了他的福寿，人们哀悼自身，却被鬼砍掉脑袋。当初登上高冈，最终葬身深谷，早晨还有荣耀的恩泽，傍晚就成为枯朽的鬼魂。所以贤人君子，深谋远虑，畏惧灾祸，超脱尘世，宁愿像泥路上拖着尾巴的乌龟一样爬行，也不要浑浊世道的美誉。他们难道是轻视君主忽视百姓，而忽于治理时务吗？是因为《易经》记载了关于慎重行止的劝诫，《诗经》发出了对处世平和恭谨的赞扬咏叹，这都是神灵在监听而道义使人们这样做的啊。

今注　1 媮幸：侥幸。　2 和鸾：古代一种铃铛，挂在车前横木上的名“和”，挂在轭首或车架上的名“鸾”。　3 芟(shān)：割，除去。　4 休：美好。　5 靖恭：恭谨地奉守，静肃恭谨。

“自我大汉，应天顺民，政治之隆，皓若阳春，俯宪坤典，仰式乾文，播皇泽以熙世，扬茂化之酞醇[1]，君臣履度，各守厥真。上垂询纳之弘，下有匡救之责，士无虚华之宠，民有一行之迹，粲乎亹亹[2]，尚此忠益。然而道有隆窳[3]，物有兴废，有声有寂，有光有翳。朱阳否于素秋，玄阴抑于孟春，羲和[4]逝而望舒[5]系，运气匿而耀灵陈。冲、质不永，桓、灵坠败，英雄云布，豪杰盖世，家挟殊议，人怀异计，故从横者欻披其胸，狙诈者暂吐其舌也。

今天纲已缀[6]，德树

“自从我大汉创立以来，应天时顺民意，国家政治昌隆，光明昌盛有如阳春时节，俯身遵循大地的常规，仰首取法于上天的法象，传播皇家恩泽以使天下光明，推行宽厚的德治教化，君臣遵循法度，各守其职。皇上有从谏如流的宽阔胸怀，臣下有救匡扶正的尽职之心，士人无虚华不实的荣宠，百姓皆有一种好的品行，光辉灿烂，勤勉于美好的道德修养，崇尚这处世忠义。然而世事发展有高潮也有低潮，万物生长有兴盛也有衰败，有声响亦有静寂，有光明便有黑暗。盛夏的阳光为肃杀的秋天所接替，阴寒的冬季又被春天所抑却，驾日的羲和消逝后而御月的望舒接替出现，月光的气数收藏而太阳的光芒普照。冲帝、质帝短寿夭折，桓帝、灵帝朝纲坠败，于是英雄云集，豪杰四起，户户有不同的议论，人人怀有不同的打算，所以合纵连横的说客陡然披露他们的胸襟，奸猾狡诈的人物暂时鼓唇弄舌。

西邻，丕显祖之宏视，縻好爵于士人，兴五教以训俗，丰九德以济民，肃明祀以礿祭[7]，几皇道以辅真。虽跱者未一，伪者未分，圣人垂戒，盖均无贫。故君臣协美于朝，黎庶欣戴于野，动若重规，静若叠矩。济济伟彦，元凯之伦也，有过必知，颜子之仁也；侃侃庶政，冉、季之治也；鹰扬鸷腾，伊、望之事也。总群俊之上略，含薛氏之三计，敷张、陈之秘策，故力征以勤世，援华英而不遑，岂暇修枯簳于榛秽哉！

如今国家的纲纪废止，德政在西土建立，光大祖先宏伟的威仪，赐予官吏适宜的爵位，推行五教以移风易俗，丰富九德来拯救百姓，四时有序恭敬地祭祀宗庙，考究帝王的正道来辅佐真命天子。虽说割据的天下尚未统一，虚假的君主没有分辨出来，但圣人垂示训诫，平均合理则天下无贫。因此朝廷上君臣协洽，黎民百姓在民间欢欣拥戴，行动则依据法度，静处则循规蹈矩。人才济济，都是元凯一类的人物；有错必改，这是颜回的德行；谈论政事，都有冉有、子路那样的治理才干；鹰扬鸷腾，都想建立伊尹、吕尚那样的事业。总集群贤高超的谋略，听取薛公献给汉高祖的三个计策，运用张良、陈平秘密的计策，因此奋力征伐而为国事效劳，援引贤才都来不及，哪有闲暇去修整杂乱污秽地方的枯竹呢！

今注　1 醶醇：原指酒味醇厚，比喻教化宽厚。　2 亹亹(wěi)：勤勉不倦；美妙，美好。　3 窳(yǔ)：事物恶劣、粗劣。　4 羲和：羲氏、和氏的并称。传说尧曾命羲仲、羲叔、和仲、和叔分驻四方，以观天象，并制历法。羲和在古代神话传说中，指驾御日车的神。　5 望舒：神话中为月亮驾车的神。　6 缀：通“辍”，废止。　7 礿(yuè)祭：天子、诸侯在春季举行的祭礼，泛指祭祀。

“然吾不才，在朝累纪，托身所天，心焉是恃。乐沧海之广深，叹嵩岳之高跱，闻仲尼之赞商[1]，感乡校[2]之益己，彼平仲[3]之和羹，亦进可而替否；故蒙冒瞽说，时有攸献，譬遒人[4]之有采于市闾，游童之吟咏乎疆畔，庶以增广福祥，输力规谏。若其合也，则以暗协明，进应灵符；如其违也，自我常分，退守己愚。进退任数，不矫不诬，循性乐天，夫何恨诸？此其所以既入不出，有而若无者也。狭屈氏之常醒，浊渔父之必醉，溷柳季之卑辱，褊夷叔之高怼。合不以得，违不以失，得不充诎[5]，失不惨悸[6]；不乐前以顾轩，不就后以虑轾，不鬻誉以干泽，不辞愆以

“然而我没有什么才能，在朝中任职多年，献身皇朝，全靠自己的忠心。喜好大海的宽深，赞叹嵩山的高峻，听说孔子对子夏的赞扬，感受到乡校给自己带来的益处，像晏子善于调和鼎镬，进献可行的政策而废除不可行的方案；所以我冒昧昏庸的话语，时时也有被采纳的，就如同掌管宣传教化的遒人在街道闾巷中采集民俗，在田野游戏的儿童吟唱，只希望能增加国家的福运，尽力规谏帝王。如果有所采纳，那就能以自己的愚昧来协助帝王的圣明，进而继续顺应神灵的符验；如果意见未被接受，这是自己的本分，退而守着自己的愚见而已。进退听任命运的安排，不弄虚造假不欺世盗名，顺性而为乐知天命，有什么遗憾之处呢？这就是我为什么入朝几十年而没有黜出的原因，有权位却如没有权位一样。狷狭的屈原认为唯我独醒，以醉态混世的渔父却在世上随波逐流，柳下惠自甘屈辱的打算是多么腐臭，伯夷、叔齐高傲的怨恨是多么狭隘。谏言被接受不因此自得，建议未合意也不觉有所失，得志时不能忘形，失意时不感到悲伤；不以自己的喜好厌恶而抑扬褒贬，不沽名钓誉以获取利禄，不推脱过失而担心

忌绌。何责之释？何飧之恤？何方之排？何直之入？九考不移，固其所执也。

受黜。有何责备需要解脱？有何赏赐值得可惜？又有什么仁德需要发挥？有什么忠直需要进谏？历经无数政绩考核而志趣不改，这本来就是我所坚持的原则。

今注 1 商：孔子弟子子夏名商，才思敏捷，以文学著称，受孔子赞许。 2 乡校：古代地方学校。 3 平仲：晏婴字平仲，春秋齐国贤相，曾以做羹比喻治国之道。 4 遒人：古代帝王派出去了解民情的使臣。 5 充诎：得意忘形的样子。 6 惨悸：悲伤害怕。

"方今朝士山积，髦俊[1]成群，犹鳞介之潜乎巨海，毛羽[2]之集乎邓林，游禽逝不为之鲜，浮鲂[3]臻不为之殷。且阳灵[4]幽于唐叶，阴精[5]应于商时，阳盱请而洪灾息，桑林祷而甘泽滋[1]。行止有道，启塞有期。我师遗训，不怨不尤，委命恭己，我又何辞？辞穷路单，将反初节，综坟典之流芳，寻孔氏之遗艺，缀微辞以存道，宪先轨而投制，韪叔肸之优游，美疏氏之遐逝，收止足以言归，泛皓然以容裔，欣环

"如今朝中人才堆积如山，英杰成群，如同小鱼潜游于大海，鸟兽聚集在邓林，飞鸟离去不显少，游鱼来了也不为多。况且太阳在唐虞时代有所幽暗，月亮在殷商时期有过应验，禹在阳盱求助于上天而洪水平息，成汤在桑林向上天祈祷而甘霖滋润。万物的进退都有一定的规律，开启、闭合都有一定的时间。我的先师留下训诫，要不怨天尤人，自己要听任天命保持恭谨，我还有什么可说？我的话已经说完了，路已经很狭窄了，我得返归初衷，整理前代典籍的精华，寻绎孔子遗留下来的术艺，用精微的语言来传衍大道，以先人为楷模而守定规则，赞赏叔肸的优游自得，美慕疏广的功遂身隐，收住

堵以恬娱，免咎悔于斯世，顾兹心之未泰，惧末涂之泥滞，仍求激而增愤，肆中怀以告誓。昔九方考精于至贵，秦牙沈思于殊形[2]；薛烛察宝以飞誉[3]，瓠梁托弦以流声[4]；齐隶拊髀以济文[5]，楚客潜寇以保荆[6]；雍门援琴而挟说[7]，韩哀秉辔而驰名[8]；卢敖翱翔乎玄阙，若士[6]竦身于云清[9]。余实不能齐技于数子，故乃静然守已而自宁。"

仕途的脚步返归田园，泛舟江湖以安度白发晚年，欣然面对四壁而安逸快乐，远离尘世可以免除祸患。只是我心尚未安稳，担心晚年路途泥泞，故仍要激励自己发愤，坦露心胸请受爵命。从前九方皋善识马的内在精华，秦牙善察马的外表体形；薛烛善鉴宝剑而扬名，瓠梁善于高歌而蜚声；齐国食客学鸡鸣帮助田文，楚国食客潜入敌军偷窃而保卫了楚国；雍门周鼓琴以阐释真理，韩哀善驾御而天下驰名；卢敖翱翔于玄阙，若士飞身而入云中。我确实不具备这些人的特技，故此仅以默然静守而求得无祸安宁。"

今注 1 髦俊：才智杰出之士。 2 毛羽：鸟兽。 3 浮鲂：游鱼。 4 阳灵：太阳。 5 阴精：月亮。 6 若士：指仙人。

裴注 [1]《淮南子》曰："禹为水，以身请于阳盱之河，汤苦旱，以身祷于桑林之际，圣人之忧民，如此其明也。"《吕氏春秋》曰："昔殷汤克夏桀而天下大旱，三年不收，汤乃以身祷于桑林曰：'余一人有罪，无及万方，万方有罪，在余一人，无以一人之不敏，使上帝鬼神伤民之命。'汤于是剪其发，攦其爪，自以为牺牲，用祈福于上帝。民乃甚悦。雨乃大至。"[2]《淮南子》曰："秦穆公谓伯乐曰：'子之年长矣，子姓有可使求马者乎？'对曰：'良马者，可以形容筋骨相也。相天下之马者，若灭若没，若失若亡。其一若此马者，绝尘却辙。臣之子皆下才也，可告以良马而不可告以天下之马。天下之马，臣有所与共儋缠采薪九方堙，此其相马，非臣之下也，请见之。’穆公见之，使之求马，三月而反，报曰：‘已得马矣，在于沙丘。’穆公曰：‘何马也？’对曰：‘牝而黄。’使人往取之，牡而骊。穆公不悦，召伯乐而问之曰：‘败矣，子之所使求马者也！毛物牝牡尚弗能知，又何马之能知？’伯乐喟然太息曰：‘一至此乎！是乃所以千万里臣而无数者也。若堙之所观者天机也，得其精而忘其粗，在其内而忘其外，见其所见而不见其所不见，视其所视而遗其所不视，若彼之所相者，乃有贵乎马者。’马至，而果天下之马也。”《淮南子》又曰：“伯乐、寒风、秦牙、葛青，所相各异，其知马一也；盖九方观其精，秦牙察其形。” [3]《越绝书》曰：“昔越王句践有宝剑五枚，闻于天下。客有能相剑者名薛烛，王召而问之：‘吾有宝剑五，请以示子。’乃取豪曹、巨阙，薛烛曰：‘皆非也。’又取纯钩、湛卢，烛曰：‘观其剑钞，烂烂如列宿之行，观其光，浑浑如水之将溢于塘，观其文，涣涣如冰将释，此所谓纯钩邪？’王曰：‘是也。’王曰：‘客有直之者，有市之乡三，骏马千匹，千户之都二，可乎？’薛烛曰：‘不可。当造此剑之时，赤堇之山破而出锡，若邪之溪涸而出铜，雨师扫洒，雷公击鼓，太一下观，天精下之，欧冶乃因天之精，悉其伎巧，一曰纯钩，二曰湛卢。今赤堇之山已合，若邪之溪深而不测，欧冶子已死，虽倾城量金，珠玉竭河，独不得此一物。有市之乡三，骏马千匹，千户之都二，亦何足言与！’” [4]《淮南子》曰：“瓠巴鼓瑟而鱏鱼听之。”又曰：“瓠梁之歌可随也，而以歌者不可为也。” [5]臣松之曰：“按此谓孟尝君田文下坐客，能作鸡鸣以济其厄者也。凡作鸡鸣，必先拊髀，以效鸡之拊翼也。” [6]《淮南子》曰：“楚将子发好求技道之士。楚有善为偷者，往见曰：‘闻君求技道之士，臣偷也，愿以技备一卒。’子发闻之，衣不及带，冠不暇正，出见而礼之。左右谏曰：‘偷者，天下之盗也，何为礼之？’君曰：‘此非左右之所得与。’后无几何，齐兴兵伐楚。子发将师以当之，兵三却。楚贤大夫皆尽其计而悉其诚，齐师愈强。于是卒偷进请曰：‘臣有薄技，愿为君行之。’君曰：‘诺。’偷即夜出，解齐将军之帐，而献之子发。子发使人归之，曰：‘卒有出采薪者,得将军之帐,使使归于执事。’明日又复往取枕,子发又使归之。明日又复往取簪,子发又使归之。齐师闻之大骇,将军与军吏谋曰:‘今日不去,楚军恐取吾头矣!’即旋师而去。” [7]桓谭《新论》曰:“雍门周以琴见,孟尝君曰:‘先生鼓琴,亦能令文悲乎?’对曰:‘臣之所能令悲者,先贵而后贱,昔富而今贫,摈压穷巷,不交四邻;不若身材高妙,怀质抱真,逢谗罹谤,怨结而不得信;不若交欢而结爱,无怨而生离,远赴绝国,无相见期;不若幼无父母,壮无妻儿,出以野泽为邻,入用堀穴为家,困于朝夕,无所假贷。若此人者,但闻飞鸟之号,秋风鸣条,则伤心矣,臣一为之援琴而长太息,未有不凄恻而涕泣者也。今若足下,居则广厦高堂,连闼洞房,下罗帷,来清风;倡优在前,谄谀侍侧,扬激楚,舞郑妾,流声以娱耳,练色以淫目;水戏则舫龙舟,建羽旗,鼓钓乎不测之渊;野游则登平原,驰广囿,强弩下高鸟,勇士格猛兽;置酒娱乐,沈醉忘归。方此之时,视天地曾不若一指,虽有善鼓琴,未能动足下也。’孟尝君曰:‘固然!’雍门周曰:‘然臣窃为足下有所常悲。夫角帝而困秦者,君也,连五国而伐楚者,又君也。天下未尝无事,不从即衡;从成则楚王,衡成则秦帝。夫以秦、楚之强而报弱薛,犹磨萧斧而伐朝菌也,有识之士,莫不为足下寒心。天道不常盛,寒暑更进退,千秋万岁之后,宗庙必不血食;高台既已倾,曲池又已平,坟墓生荆棘,狐狸穴其中,游儿牧竖踯躅其足而歌其上曰:“孟尝君之尊贵,亦犹若是乎!”’于是孟尝君喟然太息,涕泪承睫而未下。雍门周引琴而鼓之,徐动宫徵,叩角羽,终而成曲,孟尝君遂歔欷而就之曰:‘先生鼓琴,令文立若亡国之人也。’” [8]《吕氏春秋》曰:“韩哀作御。”王褒《圣主得贤臣颂》曰:“及至驾啮膝,参乘旦,王良执靶,韩哀附舆,纵驰骋骛,忽如景靡,过都越国,蹶如历块,追奔电,逐遗风,周流八极,万里一息,何其辽哉!人马相得也。” [9]《淮南子》曰:“卢敖游乎北海,经乎太阴,入乎玄阙,至于蒙毂之上,见一士焉,深目而玄准,戾颈而鸢肩,丰上而杀下,轩轩然方迎风而舞,顾见卢敖,慢然下其臂,遁逃乎碑下。卢敖俯而视之,方卷龟壳而食合梨。卢敖乃与之语曰:‘惟敖为背群离党,穷观于六合之外者，非敖而已乎！敖幼而好游，长不喻解，周行四极，惟北阴之不窥，今卒睹夫子于是，子殆可与敖为交乎！’若士者齤然而笑曰：‘嘻乎！子中州民，宁肯而远至此？此犹光乎日月而戴列星，阴阳之所行，四时之所生，此其比夫不名之地，犹窔奥也。若我南游乎罔罠之野，北息乎沈墨之乡，西穷冥冥之党，东贯鸿蒙之光，此其下无地而上无天，听焉无闻，视焉则眴，此其外犹有沈沈之汜，其余一举而千万里，吾犹未能之在。今子游始至于此，乃语穷观，岂不亦远哉！然子处矣，吾与汗漫期于九垓之上，吾不可以久。’若士举臂而竦身，遂入云中。卢敖仰而视之，弗见乃止，曰：‘吾比夫子也，犹黄鹄之与壤虫，终日行不离咫尺，自以为远，不亦悲哉！’”

景耀六年，后主从谯周之计，遣使请降于邓艾，其书，正所造也。明年正月，钟会作乱成都，后主东迁洛阳，时扰攘[1]仓卒，蜀之大臣无翼从[2]者，惟正及殿中督汝南张通，舍妻子单身随侍。后主赖正相导宜适，举动无阙，乃慨然叹息，恨知正之晚。时论嘉之。赐爵关内侯。泰始中，除安阳令，迁巴西太守。泰始八年诏曰：“正昔在成都，颠沛守义，不违忠节，及见受用，尽心干事，有

景耀六年(263)，后主采纳谯周的计策，派使者向邓艾请降，降书即为郤正所写。明年正月，钟会在成都反叛，后主东迁洛阳，当时局面十分混乱仓促，原蜀国大臣没人跟随保护后主，只有郤正和殿中督汝南人张通，抛下自己的妻儿只身随后主前往。后主靠郤正的辅佐指教，而事事合宜得体，举动没有缺失，于是感慨长叹，悔恨对郤正的了解太晚了。当时人们对此十分称赞。郤正被赐爵关内侯。泰始年间，郤正被任命为安阳令，升为巴西太守。泰始八年(272)，皇帝下诏说：“郤正过去在成都，在困苦颠簸之中能坚守道义，不违背忠贞气节，升官重用后，又能尽

治理之绩,其以正为巴西太守。"咸宁四年卒。凡所著述诗论赋之属,垂百篇。

心政事,颇有政绩,故任命他为巴西太守。"咸宁四年(278),郤正辞世,留下的著述有诗歌、论赞、辞赋等,近一百篇。

泰始八年诏曰:"正昔在成都,颠沛守义,不违忠节,及见受用,尽心干事,有治理之绩,其以正为巴西太守。"

泰始八年(272)晋武帝下诏书说:"郤正从前在成都,社会动荡却能坚守道义,不违背忠贞的气节,等到被任用后,竭尽心思办理事务,有治理的政绩,任命郤正做巴西太守。"

今注 1 扰攘:混乱,骚乱。 2 翼从:辅翼随从。

评曰:杜微修身隐静,不役当世,庶几夷、皓之概。周群占天有征,杜琼沈默慎密,诸生之纯也。许、孟、来、李,博涉多闻,尹默精于《左氏》,虽不以德业为称,信皆一时之学士。谯周词理渊通,为世硕儒,有董、扬之规,郤正文辞灿烂,有张、蔡之风,加其行止,君子有取焉。二子处晋事少,在蜀事多,故著于篇[1]。

评论说:杜微修养自身隐逸守静,不受当朝的役使,大概是和伯夷、商山四皓的气节差不多。周群占卜天象多有验证,杜琼沉默寡言谨慎细密,他们都是儒生中的贤才。许慈、孟光、来敏、李譔博学多识,尹默精通《左氏传》,虽然他们不以道德学业被人称赞,但他们的确都是一代的学士。谯周文章词理渊博贯通,是当代的大儒,具有董仲舒、扬雄的气度,郤正的文章辞藻华丽,有张衡、蔡邕的风范,加上他们的品行,有值得君子取法之处。这两人在晋朝的事迹少,在蜀国的事迹多,所以记录在这篇中。

裴注 [1]张璠以为谯周所陈降魏之策，盖素料刘禅懦弱，心无害戾，故得行也。如遇忿肆之人，虽无他算，然矜殉鄙耻，或发怒妄诛，以立一时之威，快其斯须之意者，此亦夷灭之祸云。

卷四十三　蜀书十三

黄李吕马王张传

导读

本卷记录的是蜀国大臣黄权、李恢、吕凯、马忠、王平、张嶷的生平事迹。

黄权本是刘璋的下属，曾反对刘璋迎接刘备入蜀，后降刘备，在刘备平定汉中的过程中出谋划策，立有功劳。后在蜀国东征吴国战败后，不得已投降魏国，也被魏文帝曹丕器重。

李恢在平定高定、雍闿、朱褒的反叛中立有功劳，为朝廷所重。

吕凯在雍闿的威胁下，坚守永昌郡，并回信斥责雍闿的叛乱行为，保障了永昌郡的安定，为诸葛亮所举荐。

马忠在先主战败猇亭的时候，派兵去前线增援，受到刘备的赏识，后常年管理蜀国南部诸郡，很有威名。

王平原是魏国的降将，在马谡失街亭的战斗中，王平因保障本部军马的完整，受到诸葛亮的赏识。后在平定魏延叛乱、打退魏国对汉中的进攻中立有功劳。

张嶷平定南方诸郡夷族叛乱，治理该地区长达十五年，对稳定蜀国的南部地区立下了不小的功劳，深受当地夷族的爱戴。

黄权

原文

黄权，字公衡，巴西阆中人也。少为郡吏，州牧刘璋召为主簿。时别驾张松建议，宜迎先主，使伐张鲁。权谏曰："左将军有骁名，今请到，欲以部曲遇之，则不满其心，欲以宾客礼待，则一国不容二君。若客有泰山之安，则主有累卵[1]之危。可但闭境，以待河清。"璋不听，竟遣使迎先主，出权为广汉长。及先主袭取益州，将帅分下郡县，郡县望风景附[2]，权闭城坚守，须刘璋稽服，乃诣降先主。先主假权偏将军[1]。及曹公破张鲁，鲁走入巴中，权进曰："若失汉中，则三巴不振，此为割蜀之股臂也。"于是先主以权为护军，率诸将

译文

黄权，字公衡，巴西郡阆中人。他年少时做过郡吏，益州牧刘璋征召他为主簿。当时别驾张松建议，应该迎请先主入蜀，让他前去讨伐张鲁。黄权劝谏说："左将军刘备有骁勇的声名，现在请他来蜀，想用部曲之礼对待他，则不能满足他的心愿，想以宾客之礼对待他，则一国不能容下二位君主。如果宾客有泰山般的安稳，则主人就会危若累卵了。现在只能闭守边境，等待时局的稳定。"刘璋不听他的劝告，最终还是派人迎请先主，并将黄权外派为广汉长。等到先主袭取益州，将帅们分别占领蜀地各郡县，各郡县望风归附，黄权紧闭城门坚守不动，直至看到刘璋投降，才前往向先主投降。先主让黄权代理偏将军。等到曹操击破张鲁，张鲁逃往巴中，黄权向先主进言："如果失去汉中，则三巴之地就会受到威胁，这就相当于割去了蜀国的大腿与臂膀。"于是先主任命黄权为护军，率领诸将去迎接张鲁。这时张鲁已退回南郑，往北投降了曹操，然而先主最终还是

迎鲁。鲁已还南郑[3]，北降曹公，然卒破杜濩、朴胡，杀夏侯渊，据汉中，皆权本谋也。

先主为汉中王，犹领益州牧，以权为治中从事。及称尊号，将东伐吴，权谏曰："吴人悍战，又水军顺流，进易退难，臣请为先驱以尝寇，陛下宜为后镇。"先主不从，以权为镇北将军，督江北军以防魏师；先主自在江南。及吴将军陆议乘流断围，南军败绩，先主引退。而道隔绝，权不得还，故率将所领降于魏。有司执法，白收权妻子。先主曰："孤负黄权，权不负孤也！"待之如初[2]。

打败了杜濩、朴胡，斩杀夏侯渊，占据了汉中，这都出自黄权原来的计谋。

先主为汉中王后，仍兼领益州牧，任命黄权为治中从事。等到先主登基称帝，准备征讨东吴，黄权劝谏说："吴人剽悍善战，而我方水军顺流而下，易进难退，臣乞请您让我为先头部队去试探敌人虚实，陛下应当在后方坐镇。"先主没有听从黄权的建议，而任他为镇北将军，督领江北军队防御魏国出兵；先主自己在长江南岸。等到吴国将军陆逊乘水势冲破蜀军的包围，蜀国江南前线部队大败，先主只得撤退。由于返蜀道路被吴军阻断，黄权无法返回蜀地，所以他只好率领部下投降魏国。主管部门的官吏依照法令，向先主报告说已将黄权的老婆孩子收捕。先主说："是我有负黄权，而黄权并未负我啊！"对待他的家小仍同过去一样。

今注　1 累卵：堆叠的蛋。比喻极其危险的境地。　2 景附：如影附身，此处指归附。　3 南郑：今陕西汉中有南郑区。

裴注　[1] 徐众评曰："权既忠谏于主，又闭城拒守，得事君之礼。武王下车，封比干之墓，表商容之闾，所以大显忠贤之士，而明示所贵之旨。

先主假权将军，善矣；然犹薄少，未足彰忠义之高节，而大劝为善者之心。”［2］臣松之以为，汉武用虚罔之言，灭李陵之家，刘主拒宪司所执，宥黄权之室，二主得失，县邈远矣。《诗》云“乐只君子，保艾尔后”，其刘主之谓也。

魏文帝谓权曰：“君舍逆效顺，欲追踪陈、韩邪？”权对曰：“臣过受刘主殊遇，降吴不可，还蜀无路，是以归命。且败军之将，免死为幸，何古人之可慕也！”文帝善之，拜为镇南将军，封育阳侯，加侍中，使之陪乘。蜀降人或云诛权妻子，权知其虚言，未便发丧[1]，后得审问，果如所言。及先主薨问至，魏群臣咸贺而权独否。文帝察权有局量，欲试惊之，遣左右诏权，未至之间，累催相属，马使奔驰，交错于道，官属侍从莫不碎魄，而权举止颜色自若。后领益州刺史，徙占河南。大将军司马宣王深器之，问权曰：“蜀

魏文帝对黄权说：“您背弃叛逆效命顺从天意的人，是想仿效陈平、韩信的做法吗？”黄权回答说：“臣受过蜀主刘备的特殊恩遇，既不能投降东吴，又无路返回蜀地，所以前来归顺。况且败军之将，免去一死就是幸运，又能追慕什么古人呢！”文帝颇为赞赏黄权，任命他为镇南将军，封育阳侯，加官侍中，并让他同乘侍从。蜀国投降之人有的说黄权的老婆孩子已经被杀，黄权知道其言不实，故未马上发丧，后来审问出确切消息，果然如黄权所料。等到先主病逝的消息传来，魏国群臣都来庆贺，只有黄权没有。文帝观察黄权很有度量，想试着惊吓他一下，于是派遣身边的人传令召见黄权，黄权未进宫之前，来催促他的人一个接着一个，使者骑马奔驰不绝于路，黄权的部下莫不胆战心惊，而黄权举止和脸色安然自若。后来黄权兼领益州刺史，又调任河南。大将军司马懿非常器重黄权，问他说：“蜀中人

中有卿辈几人？”权笑而答曰：“不图明公见顾之重也！”宣王与诸葛亮书曰：“黄公衡，快士也，每坐起叹述足下，不去口实[1]。”景初三年，蜀延熙二年，权迁车骑将军、仪同三司[2][2]。明年卒，谥曰景侯。子邕嗣。邕无子，绝。

权留蜀子崇，为尚书郎，随卫将军诸葛瞻拒邓艾。到涪县，瞻盘桓未进，崇屡劝瞻宜速行据险，无令敌得入平地。瞻犹与未纳，崇至于流涕。会艾长驱而前，瞻却战至绵竹，崇帅厉军士，期于必死，临陈见杀。

物像您这样的有几人？”黄权笑着回答说：“没想到明公您如此看重我！”司马懿给诸葛亮写信说：“黄公衡，豪爽之士也，无论何时谈起您，总是赞叹，根本不担心留下话柄。”景初三年，即蜀延熙二年(239)，黄权升为车骑将军、仪同三司。第二年黄权去世，谥号为“景侯”。其子黄邕继承爵位，黄邕无子，绝嗣。

黄权留在蜀国的儿子黄崇，为蜀国尚书郎，跟随卫将军诸葛瞻抵御邓艾。出兵至涪县，诸葛瞻盘桓不前，黄崇多次劝说诸葛瞻应当迅速前行守住险要之地，不让敌军得以进入平原之地。诸葛瞻犹豫不定而没有采纳黄崇的意见，黄崇为此进谏以至流涕痛哭。等到邓艾长驱直入，诸葛瞻退至绵竹作战时，黄崇统率军队激励将士，下决心与敌死战，在阵前被敌军所杀。

今注　**1** 口实：指话柄。　**2** 仪同三司：原指非三公而予三公同等的待遇。为皇帝恩赐三公以下官员的特殊荣宠。魏、晋以后，将军开府置官属者称“开府仪同三司”。

裴注　[**1**]《汉魏春秋》曰：“文帝诏令发丧，权答曰：‘臣与刘、葛推诚相信，明臣本志。疑惑未实，请须后问。’”　[**2**]《蜀记》曰：“魏明帝问权：‘天下鼎立，当以何地为正？’权对曰：‘当以天文为正。往者荧惑守心而文皇帝崩，吴、蜀二主平安，此其征也。'"

李恢

原文

李恢，字德昂，建宁俞元[1]人也。仕郡督邮，姑夫爨习为建伶[2]令，有违犯之事，恢坐习免官。太守董和以习方土大姓，寝而不许[1]。后贡恢于州，涉道未至，闻先主自葭萌还攻刘璋。恢知璋之必败，先主必成，乃托名郡使，北诣先主，遇于绵竹。先主嘉之，从至雒城，遣恢至汉中交好马超，超遂从命。成都既定，先主领益州牧，以恢为功曹书佐主簿。后为亡虏所诬，引恢谋反，有司执送，先主明其不然，更迁恢为别驾从事。章武元年，庲降都督[3]邓方卒，先主问恢："谁可代者？"恢对曰："人之才能，各有长短，故孔子

译文

李恢，字德昂，建宁郡俞元县人。他做过郡中的督邮，他的姑父爨习任建伶县令，有犯法之事，李恢因爨习的事牵连而被免官。太守董和考虑到爨习是地方上的大族，故平息此事保住了李恢的官职。后来又推荐李恢到州中，还没有到州府，便听说先主自葭萌回师攻打刘璋。李恢知道刘璋必败、先主必胜，于是托名郡中使者，北上去拜见先主，在绵竹相遇。先主对李恢很赏识，他跟随自己来到雒城，派遣李恢到汉中去结交马超，马超于是从命归附。成都平定后，先主兼领益州牧，李恢被任命为功曹书佐主簿。后来被投降的俘虏诬告，说他参与谋反，相关官吏将他拘捕送交先主，先主知道李恢不会谋反，反升任他为别驾从事。章武元年(221)，庲降都督邓方去世，先主问李恢："谁人可接代邓方？"李恢回答说："人的才能，各有长短，所以孔

曰‘其使人也器之’。且夫明主在上，则臣下尽情，是以先零之役，赵充国曰‘莫若老臣’。臣窃不自揆，惟陛下察之。”先主笑曰：“孤之本意，亦已在卿矣。”遂以恢为庲降都督，使持节领交州刺史，住平夷县4[2]。

子有言‘用人须随其材器而任使’。而且圣明的君主在上，那么做臣子的就会竭心尽力，所以先零一战，赵充国说‘没有人能比得上老臣我’。臣不自量力，愿陛下明察。”先主笑着说：“我的本意，也已经在您了。”于是任李恢为庲降都督，授予他符节兼领交州刺史，治所设在平夷县。

今注　**1** 俞元：在今云南澄江。　**2** 建伶：在今云南昆明晋宁区。**3** 庲(lái)降都督：蜀汉平夷庲降都督府长官。庲降都督府，刘备入蜀后，按照诸葛亮“南抚夷越”的方针在益州南部、南中地区设置的戍卫重镇，是蜀汉在南中地区设立的最高军政机构。　**4** 平夷县：属于牂牁郡，在今贵州毕节。

裴注　[1]《华阳国志》曰：“习后官至领军。”　[2]臣松之讯之蜀人，云庲降地名，去蜀二千余里，时未有宁州，号为南中，立此职以总摄之。晋泰始中，始分为宁州。

先主薨，高定恣睢1于越嶲，雍闿跋扈于建宁，朱褒反叛于牂牁。丞相亮南征，先由越嶲，而恢案道向建宁。诸县大相纠合，围恢军于昆明。时恢众少敌倍，又未得亮

先主去世后，高定在越巂郡恣意妄为，雍闿在建宁郡骄横暴虐，朱褒在牂牁郡反叛。丞相诸葛亮南下征讨，先进军越巂，而李恢取道向建宁。建宁郡各县相互大规模集合人马，将李恢的部队包围在昆明。当时李恢人少而敌人比自己多一倍，且又没有听到诸葛亮的信

声息，给谓南人曰："官军粮尽，欲规退还，吾中间久斥乡里，乃今得旋，不能复北，欲还与汝等同计谋，故以诚相告。"南人信之，故围守怠缓。于是恢出击，大破之，追奔逐北[2]，南至槃江，东接牂牁，与亮声势相连。南土平定，恢军功居多，封汉兴亭侯，加安汉将军。后军还，南夷复叛，杀害守将。恢身往扑讨，锄尽恶类，徙其豪帅于成都，赋出叟、濮耕牛战马金银犀革，充继军资，于时费用不乏。

建兴七年，以交州属吴，解恢刺史。更领建宁太守，以还居本郡。徙居汉中，九年卒。子遗嗣。恢弟子球，羽林右部督，随诸葛瞻拒邓艾，临陈授命，死于绵竹。

息，便派人假意对南人说："官军粮尽计划撤退，我们离开家乡很久，如今才得以返还，假如不能返回北方，就打算与你们同谋共反，所以诚意相告。"南人听信了这些话，所以包围开始怠慢松缓。于是李恢乘势出击，大败敌人，追赶败敌，向南一直追到槃江，向东和牂牁郡连接起来，与诸葛亮率领的部队声势相呼应。南方平定之后，李恢的军功最多，被封为汉兴亭侯，加封安汉将军。后来军队撤返，南方少数民族再次反叛，杀害当地守将。李恢亲自前往讨伐，铲除行凶作恶的人，将其首领迁往成都，从叟、濮少数民族中征收耕牛、战马、金、银、犀角、皮革，充实军需，当时的财务开支不再缺乏。

建兴七年(229)，因交州归属东吴，故解除李恢交州刺史之职。李恢改为兼领建宁太守，回到他的本郡建宁居住。后又迁居汉中，建兴九年(231)去世。他的儿子李遗继承了爵位。李恢弟弟的儿子李球，任羽林右部督，跟随诸葛瞻抵御邓艾，临阵接受任命，阵亡于绵竹。

今注　1 恣睢(zì suī):放纵、暴戾貌。　2 追奔逐北:追击败逃的敌人。

吕凯

原文

吕凯,字季平、永昌不韦1人也[1]。仕郡五官掾功曹。时雍闿等闻先主薨于永安,骄黠2滋甚。都护李严与闿书六纸,解喻利害,闿但答一纸曰:"盖闻天无二日,土无二王,今天下鼎立,正朔3有三,是以远人惶惑,不知所归也。"其桀慢如此。闿又降于吴,吴遥署闿为永昌太守。永昌既在益州郡之西,道路壅塞,与蜀隔绝,而郡太守改易,凯与府丞蜀郡王伉帅厉吏民,闭境拒闿。闿数移檄永昌,称说云云。

译文

吕凯,字季平,永昌郡不韦县人。他在郡中任五官掾功曹。当时雍闿等人听说先主在永安去世,于是更加傲慢狡猾。都护李严给雍闿写了一封六页的信,向他说明利害得失,但雍闿只回答了一页信,说:"听说天无二日,国无二王,如今天下鼎立,却有三种不同历法在使用,所以处在僻远地方的人惶恐不安,不知应归附谁。"其桀骜不驯就像这样。雍闿又投降东吴,东吴遥署雍闿为永昌太守。永昌在益州郡的西面,道路阻塞,与蜀郡隔绝,而郡太守又改换了人,吕凯与府丞蜀郡人王伉一起率领并激励官民,关闭四境抵御雍闿。雍闿数次发布檄文到永昌来劝诱吕凯。

今注　1 不韦:在今云南保山。　2 骄黠:傲慢狡猾。　3 正朔:年始为正,月始为朔,代指历法,引申为正统。

裴注 [1]孙盛《蜀世谱》曰:“初,秦徙吕不韦子弟宗族于蜀汉。汉武帝时,开西南夷,置郡县,徙吕氏以充之,因曰不韦县。”

凯答檄曰:“天降丧乱,奸雄乘衅,天下切齿,万国悲悼,臣妾大小,莫不思竭筋力,肝脑涂地,以除国难。伏惟将军世受汉恩,以为当躬聚党众,率先启行,上以报国家,下不负先人,书功竹帛,遗名千载。何期臣仆吴越,背本就末乎?昔舜勤民事,陨于苍梧,书籍嘉之,流声无穷。崩于江浦,何足可悲!文、武受命,成王乃平。先帝龙兴,海内望风,宰臣聪睿,自天降康。而将军不睹盛衰之纪,成败之符,譬如野火在原,蹈履河冰,火灭冰泮,将何所依附?曩者将军先君雍侯,造怨而封,窦融知兴,归志世祖,皆流名后叶,世歌其美。

吕凯回复他的檄文说:“上天降下丧乱,奸雄乘势四起,天下切齿痛恨,全国为之悲痛,臣民无论老少,没有不想着竭尽全力,肝脑涂地,解除国难的。想到将军您家世代受到汉朝恩惠,我以为您应当亲自召集人马,率先行动,向上报答国恩,向下不辜负祖宗,功劳载入史册,名声流传千年。哪想您会向东吴俯首称臣,背弃根本去依附末节呢?从前舜勤勉地为百姓操劳,死于苍梧,史籍赞美他,以至流芳千古。他死在江边,有什么值得可悲的呢!周文王、周武王承受天命,到成王时天下才太平。先帝龙兴创立基业,海内望风归附,朝臣聪明睿智,上天降下安康。可是将军您却看不到盛衰的规律,成败的征兆。譬如野火燎原,叫他在冰面上行走,一旦火灭冰消,还有什么能依靠呢?从前将军您的父亲雍侯,与汉结怨,却也被汉朝封爵赐土。窦融知道东汉将兴,因此就归顺世祖,这都是流名后世,受到世代的歌颂赞美。如今诸葛丞相才能超群出众,能深刻地明

今诸葛丞相英才挺出，深睹未萌，受遗托孤，翊赞季兴，与众无忌，录功忘瑕。将军若能翻然改图，易迹更步，古人不难追，鄙土何足宰哉！盖闻楚国不恭，齐桓是责[1]，夫差僭号，晋人不长，况臣于非主，谁肯归之邪？窃惟古义，臣无越境之交，是以前后有来无往。重承告示，发愤忘食，故略陈所怀，惟将军察焉。”凯威恩内著，为郡中所信，故能全其节。

察尚未发生的事情，受先帝临终托孤的重任，辅佐蜀汉隆兴，与大众相处没有猜忌，记录功劳而不念小过。将军您如果能够幡然醒悟改弦更张，重新走上正道，则不难追迹古人，永昌这一小块地方哪里够您管理呢！我听说楚国对周朝不敬，齐桓公就予以责问，夫差僭号称霸，晋国就不以他为长辈，何况您向背逆天命的人臣服，谁人肯向您归附？我私下考虑古代的大义，臣子不应有越出国境的交往，因此我们之间一直有来无往。再次收到您的檄文，发愤忘食地表述一下自己心中所想，请将军您明察。”吕凯的恩义威信全郡皆知，故此郡中人都很信任他，所以他得以保全自己的名节。

今注　1 楚国不恭，齐桓是责：事见《左传·僖公四年》：“齐侯以诸侯之师侵蔡，蔡溃，遂伐楚。……管仲对曰：‘……尔贡包茅不入，王祭不共，无以缩酒，寡人是征。昭王南征而不复，寡人是问。’”　2 夫差僭号，晋人不长：事见《左传·哀公十三年》：“秋七月辛丑，盟，吴、晋争先。吴人曰：‘于周室，我为长。’晋人曰：‘于姬姓，我为伯。’……乃先晋人。”

及丞相亮南征讨闿，既发在道，而闿已为高定部曲所杀。亮至南，上表曰：“永昌郡吏吕凯、府丞

等到丞相诸葛亮南下讨伐雍闿时，部队还在路上，而雍闿已被高定的士兵所杀。诸葛亮到达南方，向朝廷上奏说：“永昌郡吏吕凯、府丞王伉等

王伉等，执忠绝域[1]，十有余年，雍闿、高定逼其东北，而凯等守义不与交通。臣不意永昌风俗敦直乃尔！”以凯为云南太守，封阳迁亭侯。会为叛夷所害，子祥嗣。而王伉亦封亭侯，为永昌太守[1]。

人，在边陲之地对朝廷尽忠不变，已有十多年，雍闿、高定威胁他们的东北边境，而吕凯等坚守正义不与他们交往。臣没有想到永昌郡风俗竟如此敦厚正直！”于是任命吕凯为云南太守，封为阳迁亭侯。此时吕凯被叛乱的夷人杀害，他的儿子吕祥继承了爵位。王伉也被封为亭侯，任永昌太守。

今注　**1** 绝域：极远之地，此处指边陲蛮荒之地。

裴注　[**1**]《蜀世谱》曰：“吕祥后为晋南夷校尉，祥子及孙世为永昌太守，李雄破宁州，诸吕不肯附，举郡固守。王伉等亦守正节。”

马忠

原文

马忠，字德信，巴西阆中[1]人也。少养外家，姓狐，名笃，后乃复姓，改名忠。为郡吏，建安末举孝廉，除汉昌长。先主东征，败绩猇亭，巴西太守阎芝发诸县兵五千人以补遗阙，遣忠送往。先主已还

译文

马忠，字德信，巴西郡阆中县人。他幼年寄养在外祖父家，姓狐，名笃，后来才恢复马姓，改名为忠。他曾为郡吏，建安末年被荐举为孝廉，出任汉昌县长。先主东征，在猇亭大败，巴西郡太守阎芝派遣五千名从各县募集的士兵补充兵源，派马忠送到前线。先主已退兵永安，看到马忠，与他交谈，然后对尚

永安，见忠与语，谓尚书令刘巴曰：“虽亡黄权，复得狐笃，此为世不乏贤也。”建兴元年，丞相亮开府，以忠为门下督[2]。三年，亮入南，拜忠牂牁太守。郡丞朱褒反。叛乱之后，忠抚育恤理，甚有威惠。八年，召为丞相参军，副长史蒋琬署留府事，又领州治中从事。明年，亮出祁山，忠诣亮所，经营戎事。军还，督将军张嶷等讨汶山郡叛羌。十一年，南夷豪帅刘胄反，扰乱诸郡。征庲降都督张翼还，以忠代翼。忠遂斩胄，平南土。加忠监军奋威将军，封博阳亭侯。初，建宁郡杀太守正昂，缚太守张裔于吴，故都督常驻平夷县。至忠，乃移治味县[3]，处民夷之间。又越嶲郡亦久失土地，忠率将太守张嶷开复旧郡，由此就加安南将军，进封

书令刘巴说：“我虽然失去黄权，但又得到狐笃，这是世间不让我缺乏贤才啊。”建兴元年(223)，丞相诸葛亮成立相府，以马忠为门下督。建兴三年(225)，诸葛亮率军南征，任命马忠为牂牁郡太守。郡丞朱褒反叛。叛乱之后，马忠安抚赈济百姓，在百姓中甚有威信与恩惠。建兴八年(230)，马忠被征召为丞相参军，协助长史蒋琬负责留守丞相府事宜，又兼领州治中从事。第二年，诸葛亮兵出祁山，马忠前往诸葛亮军营，管理军中事务。军队返回后，马忠督率将军张嶷等讨伐汶山郡叛乱的羌族人。建兴十一年(233)，南方夷族首领刘胄反叛，扰乱附近各郡。朝廷征召庲降都督张翼回朝，派马忠前往替代张翼。马忠很快就斩杀了刘胄，平定南方。朝廷加封马忠为监军奋威将军，封为博阳亭侯。起初，建宁郡反叛者杀死太守正昂，绑架太守张裔送往东吴，故此都督常年驻在平夷县。到马忠上任，才将治所移到味县，住在夷人聚居地之间。又越嶲郡也长期丧失土地，马忠率领太守张嶷开辟恢复原越嶲郡，由此朝廷派人就地加封马忠为安南将军，晋封为彭乡亭侯。

彭乡亭侯。延熙五年还朝,因至汉中,见大司马蒋琬,宣传诏旨,加拜镇南大将军。七年春,大将军费祎北御魏敌,留忠成都,平尚书事。祎还,忠乃归南。十二年卒,子修嗣[1]。

延熙五年(242),马忠返回朝中,接着被派往汉中会见大司马蒋琬,宣读诏旨,被加封为镇南大将军。延熙七年(244)春,大将军费祎北御魏军,留马忠在成都,参与尚书事。费祎回朝,马忠于是返回南方。建兴十二年(234)马忠去世,他的儿子马修继承爵位。

今注 1 阆中:今四川东北部有阆中市。 2 门下督:将帅帐下的都督,掌侍从护卫。 3 味县:在今云南曲靖市西。

裴注 [1]修弟恢。恢子义,晋建宁太守。

忠为人宽济有度量,但诙啁[1]大笑,忿怒不形于色。然处事能断,威恩并立,是以蛮夷畏而爱之。及卒,莫不自致丧庭[2],流涕尽哀,为之立庙祀,迄今犹在。

张表,时名士,清望逾忠。阎宇,宿有功干,于事精勤。继踵在忠后,其威风称绩,皆不及忠[1]。

马忠为人宽宏有度量,但爱诙谐调笑,愤怒不形于色。然而他处事果断、恩威并重,故此南方夷族对他既敬畏又爱戴。他去世后,夷族的人都来到灵堂,吊丧致哀,痛哭流涕,并为他修建庙祀,至今还在。

张表,是当时的名士,名望清雅超过马忠。阎宇,一向有功劳才干,做事精细勤勉。他们在马忠之后相继接任他的职务,但他们的威信和政绩,都比不上马忠。

今注 1 诙啁(diào):诙谐调笑。 2 丧庭:灵堂。

裴注 [1]《益部耆旧传》曰:“张表,肃子也。”《华阳国志》云:“表,张松子,未详。阎宇字文平,南郡人也。”

王平

原文

王平,字子均,巴西宕渠[1]人也。本养外家何氏,后复姓王。随杜濩、朴胡诣洛阳,假校尉,从曹公征汉中,因降先主,拜牙门将、裨将军。建兴六年,属参军马谡先锋。谡舍水上山,举措烦扰,平连规谏谡,谡不能用,大败于街亭。众尽星散,惟平所领千人,鸣鼓自持,魏将张郃疑其伏兵,不往逼也。于是平徐徐收合诸营遗迸,率将士而还。丞相亮既诛马谡及将军张休、李盛,夺将军黄袭等兵,平特见崇显,加拜参军,统五部兼当营事,进位讨寇将军,封亭侯。九年,亮围祁山,平别

译文

王平,字子均,巴西郡宕渠县人。他本寄养在外祖母何氏家,后来恢复王姓。他跟随杜濩、朴胡前往洛阳,代行校尉之职,跟从曹操出征汉中,因而在汉中投降先主,被任命为牙门将、裨将军。建兴六年(228),王平担任参军马谡的先锋。马谡舍弃水源将部队驻扎在山上,指挥调度混乱,王平多次劝谏马谡,马谡不采纳他的计谋,因此在街亭大败。兵卒四散逃走,只有王平所带领的一千人,鸣金擂鼓坚守阵地,魏国将领张郃怀疑他们是伏兵,不敢进逼。于是王平缓缓收集各营寨剩余人马,率领将士撤退。丞相诸葛亮诛杀马谡及将军张休、李盛,剥夺将军黄袭等人所领兵卒,只有王平格外受到崇敬和重用,被加升为参军,统率五部兵马兼管屯营事宜,晋升为讨寇将军,封为亭侯。建兴九年(231),诸葛亮率兵围攻祁山,王

守南围。魏大将军司马宣王攻亮，张郃攻平，平坚守不动，郃不能克。十二年，亮卒于武功，军退还，魏延作乱，一战而败，平之功也。迁后典军、安汉将军，副车骑将军吴壹住汉中，又领汉中太守。十五年，进封安汉侯，代壹督汉中。延熙元年，大将军蒋琬住沔阳，平更为前护军，署琬府事。六年，琬还住涪，拜平前监军、镇北大将军，统汉中。

七年春，魏大将军曹爽率步骑十余万向汉川，前锋已在骆谷[2]。时汉中守兵不满三万，诸将大惊。或曰："今力不足以拒敌，听当固守汉、乐二城，遇贼令入，比尔间[3]，涪军足得救关。"平曰："不然。汉中去涪垂千里。贼若得关，便为祸也。今宜先遣刘护军、杜参军据兴势，平为

平另率一支部队坚守南围。魏国大将军司马懿进攻诸葛亮，张郃进攻王平，王平坚守不动，张郃不能攻克。建兴十二年(234)，诸葛亮在武功去世，蜀军全部退还，魏延作乱，一战即败，这是王平的功劳。于是他被升为后典军、安汉将军，协助车骑将军吴壹驻守汉中，又兼领汉中太守。建兴十五年(237)，王平被晋封为安汉侯，接替吴壹督守汉中。延熙元年(238)，大将军蒋琬驻守沔阳，王平改任为前护军，代管蒋琬府中事宜。延熙六年(243)，蒋琬返还驻守涪县，任命王平为前监军、镇北大将军，统领汉中。

延熙七年(244)春，魏国大将军曹爽率领步骑十余万进攻汉川，前锋部队已到骆谷。当时汉中守兵不到三万人，各将领闻讯大惊。有人说："现在兵力不足以抵御强敌，我们应当固守汉、乐二城，遇到敌人让他们进来，用不了多久，涪县的援军足以赶来救援。"王平说："并非如此。汉中离涪县千里之遥，贼兵如果夺得关隘，马上就成为祸患。现在应该先派刘护军、杜参军据守兴势山，我作后援；如果贼兵分兵进攻黄金，

后拒；若贼分向黄金，平率千人下自临之，比尔间，涪军行至，此计之上也。”惟护军刘敏与平意同，即便施行。涪诸军及大将军费祎自成都相继而至，魏军退还，如平本策。是时，邓芝在东，马忠在南，平在北境，咸著名迹。

平生长戎旅，手不能书，其所识不过十字，而口授作书，皆有意理。使人读《史》《汉》诸纪传，听之，备知其大义，往往论说不失其指。遵履法度，言不戏谑，从朝至夕，端坐彻日，憺[4]无武将之体，然性狭侵疑，为人自轻，以此为损焉。十一年卒，子训嗣。

初，平同郡汉昌句[1]扶忠勇宽厚，数有战功，功名爵位亚平，官至左将军，封宕渠侯[2]。

我亲自率领千人下山截击他们，用不了多久，涪县援军赶到，这才是上计。”只有护军刘敏与王平的意见一致，于是马上执行这一计策。涪县各军及大将军费祎从成都发兵相继赶到，魏军退还，正与王平原来的计策相符。当时，邓芝在东部边境、马忠在南部边境、王平在北部边境，他们的名声事迹都很显赫。

王平在军旅中长大，不会写字，他认识的字不超过十个，但他口授代写的书信，都很有见解理致。王平让别人读《史记》《汉书》中的纪传给自己听，都能了解书中大意，往往论说起来不失其中大意要旨。王平遵纪守法，言谈稳重从不开玩笑，从早到晚，端坐终日，举止文静而无武将的风度，然而他性情狭隘多疑，常轻看自己，并由此而受损害。延熙十一年(248)，王平去世，其子王训继承爵位。

当初，王平同郡的汉昌人句扶，忠勇宽厚，屡立战功，功名与爵位仅次于王平，官至左将军，被封为宕渠侯。

今注　1 宕渠：在今四川渠县东北。　2 骆谷：在今陕西周至县西南，谷长四百余里，为关中与汉中之间交通要道。 **3** 比尔间：形容时间很短。 **4** 憘：通“婳”，文静。

裴注 [**1**]句，古侯反。[**2**]《华阳国志》曰：“后张翼、廖化并为大将军，时人语曰：‘前有王、句，后有张、廖。’”

张嶷

原文

张嶷，字伯岐，巴郡南充国人也[1]。弱冠为县功曹。先主定蜀之际，山寇攻县，县长捐家逃亡，嶷冒白刃，携负夫人，夫人得免。由是显名，州召为从事。时郡内士人龚禄、姚伷位二千石，当世有声名，皆与嶷友善。建兴五年，丞相亮北住汉中，广汉、绵竹山贼张慕等钞[1]盗军资，劫掠吏民，嶷以都尉将兵讨之。嶷度其鸟散，难以战禽，乃诈与和亲，克期置酒。酒酣，嶷身率左右，因斩慕

译文

张嶷，字伯岐，巴郡南充国人。他二十岁做县功曹。先主平定蜀地的时候，山中强盗攻打县城，县长弃家逃亡，张嶷冒着敌人的刀剑，携带背负县长夫人逃出县城，夫人由此得以幸免。张嶷自此名声显扬，州里征召他为从事。这时巴郡的士人龚禄、姚伷都是二千石的高官，在社会上很有名望，他们都与张嶷十分友好。建兴五年(227)，丞相诸葛亮驻扎在汉中，广汉、绵竹一带的山贼张慕等劫盗军用物资、抢掠官吏百姓，张嶷以都尉身份带兵讨伐他们。张嶷估计他们会四散逃走，难以靠交战擒获，于是佯装与山贼和睦相亲，约定时间设宴相会。待他们酒醉之际，张嶷亲自带领部下乘机斩下张慕等五十余人的首级，盗贼的首领

等五十余级，渠帅[2]悉殄。寻其余类，旬日清泰[3]。后得疾病困笃，家素贫匮，广汉太守蜀郡何祗，名为通厚，嶷宿与疏阔，乃自舆诣祗，托以治疾。祗倾财医疗，数年除愈[4]。其党道信义皆此类也。拜为牙门将，属马忠，北讨汶山叛羌，南平四郡蛮夷，辄有筹画战克之功[2]。十四年，武都氐王苻健请降，遣将军张尉往迎，过期不到，大将军蒋琬深以为念。嶷平[5]之曰："苻健求附款至，必无他变，素闻健弟狡黠，又夷狄不能同功，将有乖离，是以稽留耳。"数日，问至，健弟果将四百户就魏，独健来从。

被一网打尽。又搜寻残余的贼寇，十天之内便使地方清净平安。张嶷后来身患重病，他家中一向贫穷，广汉太守蜀郡人何祇，有宽厚豁达的名声，张嶷平时与他并没有什么交情，便自己坐车到何祇的住处，托他为自己治病。何祇倾其钱财为张嶷治病，几年后病完全好了。他们崇尚信义大都如此。张嶷被任命为牙门将，隶属于马忠，出兵北往汶山郡讨伐叛乱的羌人，又到南方平息四郡蛮夷部族的叛乱，他总是立下出谋划策杀敌取胜的战功。建兴十四年(236)，武都氐族首领苻健请求归降，朝廷派将军张尉前往迎接，过了约定日期还没有到，大将军蒋琬为此十分焦虑。张嶷分析说："苻健请求归降很真诚，一定不会发生什么变化，我一向听说苻健的弟弟很狡诈，而且夷狄不可能一起来归附，恐怕有叛变的情况，所以滞留在半路上。"几天后，消息传来，苻健的弟弟果然带四百户民众投奔魏国，只有苻健前来归顺。

今注　1 钞：亦作"抄"，掠夺。　2 渠帅：魁首，头领。　3 清泰：清净平安。4 除愈：痊愈。　5 平(pián)：辨别，此处指分析。

裴注 [1]《益部耆旧传》曰:“嶷出自孤微,而少有通壮之节。” [2]《益部耆旧传》曰:“嶷受兵马三百人,随马忠讨叛羌。嶷别督数营在先,至他里邑。所在高峻,嶷随山立上四五里。羌于要厄作石门,于门上施床,积石于其上,过者下石捶击之,无不糜烂。嶷度不可得攻,乃使译告晓之曰:‘汝汶山诸种反叛,伤害良善,天子命将讨灭恶类。汝等若稽颡过军,资给粮费,福禄永隆,其报百倍。若终不从,大兵致诛,雷击电下,虽追悔之,亦无益也。’耆帅得命,即出诣嶷,给粮过军。军前讨余种,余种闻他里已下,悉恐怖失所,或迎军出降,或奔窜山谷,放兵攻击,军以克捷。后南夷刘胄又反,以马忠为督庲降讨胄,嶷复属焉,战斗常冠军首,遂斩胄。平南事讫,牂牁、兴古獠种复反,忠令嶷领诸营往讨,嶷内招降得二千人,悉传诣汉中。”

初,越巂郡自丞相亮讨高定之后,叟夷数反,杀太守龚禄、焦璜,是后太守不敢之郡,只住安上县,去郡八百余里,其郡徒有名而已。时论欲复旧郡,除嶷为越巂太守,嶷将所领往之郡,诱以恩信,蛮夷皆服,颇来降附。北徼捉马最骁劲[1],不承节度,嶷乃往讨,生缚其帅魏狼,又解纵告喻,使招怀余类。表拜狼为邑侯,种落三千余户皆安土

当初,越巂郡自从丞相诸葛亮讨伐高定之后,叟夷多次反叛,杀死太守龚禄、焦璜,所以后任的太守不敢到郡治所就职,只住在安上县,离郡府治所八百多里,所以这个郡只是徒有其名。当时朝中议论想要恢复旧郡,张嶷被任命为越巂郡太守。张嶷带领属下前往越巂郡,以恩惠信义诱导这些蛮夷部族,他们大都表示服从,前来归顺。北部边境的捉马族最为骁勇强悍,不愿接受节制管辖,张嶷前往征讨,活捉其头领魏狼,又将其释放并告喻他回去招安怀柔其他人。张嶷上表请封魏狼为邑侯,其部族三千多户都留居原地并向朝

供职。诸种闻之，多渐降服，嶷以功赐爵关内侯。

苏祁[2]邑君冬逢、逢弟隗渠等，已降复反。嶷诛逢。逢妻，旄牛王女，嶷以计原之。而渠逃入西徼[3]。渠刚猛捷悍，为诸种深所畏惮，遣所亲二人诈降嶷，实取消息。嶷觉之，许以重赏，使为反间，二人遂合谋杀渠。渠死，诸种皆安。又斯都耆帅李求承，昔手杀龚禄，嶷求募捕得，数其宿恶而诛之。

始嶷以郡郛宇颓坏，更筑小坞。在官三年，徙还故郡，缮治城郭，夷种男女莫不致力。

廷供服徭役。各部族听说此事后，都渐渐降服，张嶷因功被赐爵关内侯。

苏祁县邑的首领冬逢、冬逢的弟弟隗渠等，投降后又反叛。张嶷诛杀冬逢，冬逢之妻是旄牛王的女儿，张嶷用计赦免了她。而隗渠逃往郡西部边境。隗渠勇猛剽悍，各部族都很畏惧他，他派遣两名亲信前来向张嶷诈降，实际是探听情报。张嶷发觉后，答应给二人重赏，使二人实行反间计，二人于是合谋杀死隗渠。隗渠死后，各部落都安定下来。另有斯都部族首领李求承，过去曾亲手杀死龚禄，张嶷悬赏抓住了他，历数他所犯的罪行后将其处死。

开始，张嶷因为越嶲郡外城墙和房舍都倾塌了，所以就另外筑造了一个小城堡。任职三年后，迁回原来的郡治，重新修筑城墙，少数民族的男女都纷纷出力营建。

今注 1 骁劲：勇猛强劲。 2 苏祁：在今四川西昌。 3 徼(jiào)：边塞。

定莋[1]、台登[2]、卑水[3]三县去郡三百余里，旧出盐铁及漆，而夷徼[4]

定莋、台登、卑水三县离郡城有三百多里，自古便出产盐、铁和漆，而当地夷族长期据为己有获取利益。张嶷率领部久自固食。嶷率所领夺取,署长吏焉。嶷之到定莋,定莋率豪狼岑,槃木王舅,甚为蛮夷所信任,忿嶷自侵,不自来诣。嶷使壮士数十直往收致,挞而杀之,持尸还种,厚加赏赐,喻以狼岑之恶,且曰:“无得妄动,动即殄矣!”种类咸面缚谢过。嶷杀牛飨宴,重申恩信,遂获盐铁,器用周赡。

汉嘉郡界旄牛夷种类四千余户,其率狼路,欲为姑婿冬逢报怨,遣叔父离将逢众相度形势。嶷逆遣亲近赍牛酒劳赐,又令离姊逆逢妻宣畅意旨。离既受赐,并见其姊,姊弟欢悦,悉率所领将诣嶷,嶷厚加赏待,遣还。旄牛由是辄不为患。

郡有旧道,经旄牛中至成都,既平且近;自旄牛绝道,已百余年,更

下夺取三县,在那里任命官长。张嶷到定莋,定莋的夷族首领狼岑,是槃木王的舅父,特别被夷族所信任,对张嶷侵占他们的利益极为愤恨,不来拜见张嶷。张嶷派出壮士十余人径直前往将狼岑抓来,鞭打并杀死他,把狼岑的尸体送还他的部族,对他的部族给予丰厚的赏赐,向他们宣布狼岑的罪恶,并且说:“不要妄自动乱,叛乱就歼灭你们!”部族的人都反绑双手前来请求宽恕。张嶷杀牛设宴招待他们,再次申明恩信,于是获得盐、铁,物资得以充足。

汉嘉郡边界的旄牛夷部族有四千多户,他们的头领是狼路,想为自己的姑夫冬逢报仇,就派遣叔父狼离率领冬逢手下的人去观察形势。张嶷事先派自己身边的人送去牛和酒犒劳赏赐,又让狼离的姐姐迎接冬逢的妻子,让她说明自己的意图。狼离受到赏赐,并且见到自己的姐姐,姐弟十分欢喜,于是率领他们的将士来拜见张嶷,张嶷对他们厚加赏赐和款待,让他们回去。旄牛部族从此不再发生叛乱。

越嶲郡中过去有条道路,从旄牛族居住地穿过直达成都,既平坦又近便;自从旄牛族阻绝道路后,这条路已有一百

由安上，既险且远。嶷遣左右赍货币赐路，重令路姑喻意，路乃率兄弟、妻子悉诣嶷，嶷与盟誓，开通旧道，千里肃清，复古亭驿。奏封路为旄牛㽛毗王，遣使将路朝贡。后主于是加嶷怃戎将军，领郡如故。

多年不能通行，人们改由安上通往成都，道路既险又远。张嶷派遣左右带着钱财货物赐给狼路，又让狼路的姑姑转达自己的意思。狼路于是率领兄弟和老婆孩子全都来拜见张嶷，张嶷与他发誓立盟，开通了旧道，路途千里平安无事，恢复设置古代的邮亭驿站。张嶷上奏请封狼路为旄牛㽛毗王，派使节带领狼路入朝并进献贡品。后主于是加封张嶷为抚戎将军，仍兼领越嶲郡太守。

嶷初见费祎为大将军，恣性泛爱[5]，待信新附太过，嶷书戒之曰："昔岑彭率师，来歙杖节，咸见害于刺客，今明将军位尊权重，宜鉴前事，少以为警。"后祎果为魏降人郭脩所害。

张嶷起初见到费祎任大将军，发觉他率意而为滥施宠爱，对待新归附的人过于信赖，就写信劝诫说："过去岑彭率领军队，来歙受持节杖，都被刺客杀害，现在大将军您位高权重，应当借鉴往事，稍加注意警觉。"后来费祎果然被魏国投降的人郭脩所杀害。

今注　1 定莋：在今四川盐源县。　2 台登：在今四川冕宁、喜德一带。　3 卑水：在今四川昭觉县。　4 徼（jiāo）：窃取。　5 泛爱：博爱，此处指滥施宠爱。

吴太傅诸葛恪以初破魏军，大兴兵众以图攻取。侍中诸葛瞻，丞相亮之子，恪从弟也，嶷与

吴国太傅诸葛恪由于新近战败魏国军队，就大兴兵众图谋进攻魏国。侍中诸葛瞻，是丞相诸葛亮之子，诸葛恪的堂弟，张嶷给诸葛瞻的信中说："东吴

书曰："东主初崩，帝实幼弱，太傅受寄托之重，亦何容易！亲以周公之才，犹有管、蔡流言之变；霍光受任，亦有燕、盖、上官逆乱之谋；赖成、昭之明，以免斯难耳。昔每闻东主杀生赏罚，不任下人，又今以垂没之命，卒召太傅，属以后事，诚实可虑。加吴、楚剽急[1]，乃昔所记，而太傅离少主，履敌庭，恐非良计长算之术也。虽云东家纲纪肃然，上下辑睦[2]，百有一失，非明者之虑邪？取古则今，今则古也，自非郎君进忠言于太傅，谁复有尽言[3]者也？旋军广农，务行德惠，数年之中，东西并举，实为不晚，愿深采察。"恪竟以此夷族[4]。嶷识见多如是类。

国君刚刚去世，即位的皇帝实在年纪幼小，太傅承受先帝托孤的重任，这确是很不容易的事情！即使有周公这样才干的亲近之人辅佐，尚且还有管叔和蔡叔散布流言发动叛乱；霍光受命辅政，也有燕王旦、盖长公主、上官桀叛乱的阴谋；他们都因为周成王和汉昭帝的英明，才免除了灾难。过去常听说东吴国君生杀赏罚，不委任下属，而今在临死之际，突然召见太傅，托付后事，确实值得三思。加之吴、楚地方的人性情勇猛敏捷，这是过去有记载的，而太傅却远离少主，亲自领兵深入敌境，恐怕不是良计长远之策。虽说东吴法纪严明，上下和睦，但百事总会有一失，这不是聪明人应该忧虑的吗？取法古事借鉴当今，今天就和古代一样，如果您不向太傅提出忠告，谁还能向他畅所欲言呢？撤回军队发展农业生产，努力施行仁政，数年之内，吴、蜀两国一起举兵北伐，实在不为晚，希望您对我的意见深察采纳。"诸葛恪最后就因为伐魏之事而被灭族。张嶷远见卓识大多如此。

今注 **1** 剽急：勇猛敏捷。 **2** 辑睦：和睦。 **3** 尽言：竭尽其言，畅所欲言。 **4** 夷族：诛灭宗族。

在郡十五年，邦域安穆。屡乞求还，乃征诣成都。民夷恋慕，扶毂[1]泣涕，过旄牛邑，邑君襁负[2]来迎，及追寻至蜀郡界，其督相率随嶷朝贡者百余人。嶷至，拜荡寇将军，慷慨壮烈，士人咸多贵之，然放荡少礼，人亦以此讥焉[1]，是岁延熙十七年也。魏狄道长李简密书请降，卫将军姜维率嶷等因简之资以出陇西[2]。既到狄道，简悉率城中吏民出迎军。军前与魏将徐质交锋，嶷临陈陨身，然其所杀伤亦过倍。既亡，封长子瑛西乡侯，次子护雄袭爵。南土越嶲民夷闻嶷死，无不悲泣，为嶷立庙，四时水旱辄祀之[3]。

张嶷任越嶲郡太守十五年，所在之地安定肃穆。他屡次请求返回京城，后主才征召他回成都。当地夷族民众对他思恋仰慕，扶着他的车轮哭泣送行，车过旄牛邑，当地君长背着幼儿前来迎送，甚至跟着车子把他送到蜀郡的边界，他们的首领一起随同朝见进贡的有一百多人。张嶷回到成都后，被任命为荡寇将军，他为人慷慨壮烈，士人都对他很敬重；然而他放荡不拘礼节，所以人们又因此讥责他。这一年是延熙十七年(254)。魏国狄道长李简写密信请求归降蜀国，卫将军姜维率领张嶷等凭借李简的物资出兵陇西。到达狄道后，李简率领城中全部官民出来迎接蜀军。在两军阵前张嶷与魏将徐质交锋，张嶷在战场上丧命，但是他杀死杀伤的敌人倍于己方所损失的。他死后，长子张瑛被封为西乡侯，次子张护雄承袭了他的爵位。南方越嶲郡的夷族百姓听到张嶷的死讯，没有不悲痛流泪的，便为他建立祠庙，一年四季和水旱灾害时都入庙祭祀张嶷。

今注　1 毂(gǔ)：车轮中心的圆木，周围与车辐的一端相接，中有圆孔，用以插轴。亦代指车轮。　2 襁负(qiǎng fù)：用布把婴儿兜负在背上。

裴注 [1]《益部耆旧传》曰："时车骑将军夏侯霸谓嶷曰：'虽与足下疏阔，然托心如旧，宜明此意。'嶷答曰：'仆未知子，子未知我，大道在彼，何云托心乎！愿三年之后徐陈斯言。'有识之士以为美谈。" [2]《益部耆旧传》曰："嶷风湿固疾，至都寝笃，扶杖然后能起。李简请降，众议狐疑，而嶷曰必然。姜维之出，时论以嶷初还，股疾不能在行中，由是嶷自乞肆力中原，致身敌庭。临发，辞后主曰：'臣当值圣明，受恩过量，加以疾病在身，常恐一朝陨没，辜负荣遇。天不违愿，得豫戎事。若凉州克定，臣为藩表守将；若有未捷，杀身以报。'后主慨然为之流涕。" [3]《益部耆旧传》曰："余观张嶷仪貌辞令，不能骇人，而其策略足以入算，果烈足以立威，为臣有忠诚之节，处类有亮直之风，而动必顾典，后主深崇之。虽古之英士，何以远逾哉！"《蜀世谱》曰："嶷孙奕，晋梁州刺史。"

评曰：黄权弘雅思量，李恢公亮志业，吕凯守节不回，马忠扰而能毅[1]，王平忠勇而严整，张嶷识断明果，咸以所长，显名发迹，遇其时也。

评论说：黄权博识高雅很有气度，李恢公正坦诚志在功业，吕凯坚守节义忠贞不移，马忠在混乱中能保持果决，王平忠诚勇武又严肃，张嶷见识卓绝并且聪颖果决，他们都凭着自己的所长，显扬名声建立功业，是遇到了好的时机。

裴注 [1]《尚书》曰："扰而毅。"郑玄注曰："扰，驯也。致果曰毅。"

卷四十四　蜀书十四

蒋琬费祎姜维传

导读

本卷讲述的是诸葛亮去世之后，先后接任蜀国执政大权的三位重臣：蒋琬、费祎和姜维的生平事迹。

蒋琬深受诸葛亮的器重，临终将大政托寄给蒋琬。蒋琬沿袭了诸葛亮制定的各项制度。蒋琬曾提出沿汉水、沔水东下进攻魏国的构想，但最终未能成功，自己也在涪县病逝。

费祎也深受诸葛亮的器重，蒋琬死后成为蜀国的执政大臣，他也沿袭了诸葛亮制定的制度，后被魏国降将郭脩（循）杀害。

姜维原是魏国人，后归降蜀国，受到诸葛亮的器重。诸葛亮死后迁升为大将军。姜维常年征战，在陇西地区与魏国作战，然而收效不大。后归降魏将钟会，并随之反叛，被乱兵杀死。

陈寿对蒋琬、费祎持肯定态度，认为他们沿袭了诸葛亮的政策，使得国家安定。而对姜维，陈寿持否定态度，认为他穷兵黩武最终导致蜀国灭亡。这样的评价过于主观，并不符合姜维的生平所为。

蒋琬

原文

蒋琬，字公琰，零陵湘乡[1]人也。弱冠与外弟

译文

蒋琬，字公琰，零陵郡湘乡县人。他二十岁时与表弟泉陵人刘敏都很知

泉陵刘敏俱知名。琬以州书佐随先主入蜀，除广都长。先主尝因游观奄至广都，见琬众事不理，时又沈醉，先主大怒，将加罪戮。军师将军诸葛亮请曰："蒋琬，社稷之器，非百里之才也。其为政以安民为本，不以修饰为先，愿主公重加察之。"先主雅敬亮，乃不加罪，仓卒但免官而已。琬见推[2]之后，夜梦有一牛头在门前，流血滂沱，意甚恶之，呼问占梦赵直。直曰："夫见血者，事分明也。牛角及鼻，'公'字之象，君位必当至公，大吉之征也。"顷之，为什邡令。先主为汉中王，琬入为尚书郎。建兴元年，丞相亮开府，辟琬为东曹掾。举茂才，琬固让刘邕、阴化、庞延、廖淳，亮教答曰："思惟背亲舍德，以殄[3]百姓，众人既不隐于心，实又

名。蒋琬以州书佐的身份跟随先主入蜀，任广都长。先主曾因外出游览而突然到广都，看到蒋琬诸般公务都不治理，当时又喝得大醉，先主因此大怒，准备给予他严厉处罚。军师将军诸葛亮为蒋琬求情说："蒋琬，乃社稷栋梁之材，其才干不止于治理百里的小县。他为政以安民为本，不把粉饰放在首位，希望主公深加考察。"先主敬重诸葛亮，于是没有治蒋琬的罪，匆忙之中只罢免他的官职而已。蒋琬被推究后，夜里梦见有一个牛头在门前，血流满地，蒋琬心中十分厌恶这个梦，叫来占梦的赵直询问。赵直说："所谓见血之事，是事情已经分明。牛角和鼻子，是'公'字的形状，您的职官一定会达到三公，这是大吉的征兆。"不久，蒋琬被任命为什邡令。先主为汉中王，蒋琬入朝为尚书郎。建兴元年(223)，丞相诸葛亮创置相府，征召蒋琬为东曹掾。他被荐举为茂才，蒋琬坚持让给刘邕、阴化、庞延、廖淳，诸葛亮在教令中回复说："想想背离亲人舍弃故旧，却会有益于百姓，大家既不安于内心，又确实使远近之人不理解您的本意，所以您应该显示自己因

使远近不解其义，是以君宜显其功举，以明此选之清重也。”迁为参军。五年，亮住汉中，琬与长史张裔统留府事。八年，代裔为长史，加抚军将军。亮数外出，琬常足食足兵以相供给。亮每言：“公琰托志忠雅，当与吾共赞王业者也。”密表后主曰：“臣若不幸，后事宜以付琬。”

功绩而受荐举，以表明这种选举的清贵与慎重。”于是升蒋琬为参军。建兴五年(227)，诸葛亮驻守汉中，蒋琬与长史张裔统领留府事宜。建兴八年(230)，蒋琬代替张裔为长史，加抚军将军。诸葛亮多次带兵外出，蒋琬常常以充足的粮饷与兵力供应前线。诸葛亮常说：“公琰胸怀大志忠正高雅，他是与我一道辅佐帝王成就大业之人。”诸葛亮还秘密上表后主刘禅说：“臣若不幸去世，后事可以托付蒋琬。”

今注 1 湘乡：在今湖南湘乡。 2 推：推问，推究。 3 殄：通“腆”。美好，善。

亮卒，以琬为尚书令，俄而加行都护，假节，领益州刺史，迁大将军，录尚书事，封安阳亭侯。时新丧元帅，远近危悚[1]。琬出类拔萃，处群僚之右，既无戚容，又无喜色，神守举止，有如平日，由是众望渐服。延熙元年，诏琬曰：“寇难未弭，曹叡骄凶，辽东三

诸葛亮去世后，后主任命蒋琬为尚书令，不久又加升都护、授予符节，兼领益州刺史，升为大将军，录尚书事，封安阳亭侯。当时蜀国刚刚失去了统帅，远近的人都忧心忡忡。蒋琬才干出类拔萃，处于百官之首，既无忧愁的表情，又无欢悦的神色，神态举止，一如既往，由是大家渐渐信服。延熙元年(238)，后主诏命蒋琬说：“贼寇叛乱尚未消除，曹叡又凶狠骄横，辽东三郡人民难以忍

郡苦其暴虐，遂相纠结，与之离隔。叡大兴众役，还相攻伐。曩秦之亡，胜、广首难，今有此变，斯乃天时。君其治严，总帅诸军屯住汉中，须吴举动，东西掎角，以乘其衅。”又命琬开府，明年就加为大司马。

东曹掾杨戏素性简略，琬与言论，时不应答。或欲构[2]戏于琬曰：“公与戏语而不见应，戏之慢上，不亦甚乎！”琬曰：“人心不同，各如其面，面从后言，古人之所诫也。戏欲赞吾是耶，则非其本心，欲反吾言，则显吾之非，是以默然，是戏之快[3]也。”又督农杨敏曾毁琬曰：“作事愦愦[4]，诚非及前人。”或以白琬，主者请推治敏，琬曰：“吾实不如前人，无可推也。”主者重据听不推，则乞问其愦愦之状。琬曰：“苟其不如，则事不当理，

受暴虐，于是相互勾连，与魏分离。曹叡又大兴民众劳役，往来进行征讨。以前秦朝灭亡，陈胜、吴广首先发难，如今有这样的变故，这是天赐良机。您应严整治军，总率各军屯扎汉中，等待东吴举兵，两国构成东西犄角之势，伺机进击。”又命蒋琬成立相府，次年派人前往蒋琬处加官为大司马。

东曹掾杨戏性格素来简略，蒋琬同他谈话，他时常不回答。有人想向蒋琬诬陷他，便对蒋琬说：“您与杨戏讲话而他不回应，他轻慢上级，不是太过分了吗！”蒋琬回答说：“人的想法各不相同，就像人的容貌各有差异，当面应承背后说坏话，这是古人引以为戒的。杨戏要是想赞成我的话，那就不是他的本意，想要反对我的话，又怕暴露我的错误，所以默然不应，这正是他的机敏之处啊！”另外督农杨敏曾经毁谤过蒋琬说：“做事糊涂，确实不如前人。”有人将此话告诉蒋琬，主管官员请求追究惩处杨敏，蒋琬说：“我确实不如前人，没什么可追究的。”主管官员再次陈说而蒋琬不许追究，便请蒋琬去责问杨敏说他糊涂的情况。蒋琬说：“若我不如前人，则

事不当理，则愦愦矣。复何问邪？”后敏坐事系狱，众人犹惧其必死，琬心无适莫，得免重罪。其好恶存道，皆此类也。

处事不合理，处事不合理，那就是糊涂。还有什么好问的呢？”后来杨敏犯罪坐监，大家都担心他必死无疑，而蒋琬心中不存成见，所以杨敏得以免除重罪。蒋琬的好恶爱憎合乎道义，都像这样。

今注 1 危悚：危惧。 2 构：构陷，污蔑。 3 快：此处指机敏。 4 愦愦：昏庸，糊涂。

琬以为昔诸葛亮数窥秦川，道险运艰，竟不能克，不若乘水东下。乃多作舟船，欲由汉、沔袭魏兴、上庸。会旧疾连动，未时得行。而众论咸谓如不克捷，还路甚难，非长策也。于是遣尚书令费祎、中监军姜维等喻指。琬承命上疏曰：“芟秽弭难，臣职是掌。自臣奉辞汉中，已经六年，臣既暗弱[1]，加婴[2]疾疢，规方无成，夙夜忧惨。今魏跨带九州，根蒂滋蔓，平除[3]未易。若东西并力，

蒋琬考虑到过去诸葛亮数次出兵秦川，因道路险恶运输艰难，最后都没有成功，不如改从水路东下。于是多造舟船，打算顺着汉江、沔水去袭击魏国的魏兴、上庸一带。恰逢他旧病连续发作，没有及时出发。而大家议论都认为如果不能迅速取胜，返回的道路将十分艰难，这并非长远之计。于是派尚书令费祎和中监军姜维等人前去陈述意见。蒋琬接受大家的意见上疏后主说：“消灭恶贼，平息国难，这是臣的职责。自臣奉命屯守汉中，已过六年，臣既愚蠢无能，又身患重病，所规划的方略不得实现，昼夜担心忧虑不安。如今魏国跨据九州，根深蒂固，平定根除它很不容易。如果吴、蜀东西合力，首尾成犄角之势，即使不能迅速

首尾掎角，虽未能速得如志，且当分裂蚕食，先摧其支党。然吴期二三，连不克果，俯仰惟艰，实忘寝食。辄与费祎等议，以凉州胡塞之要，进退有资，贼之所惜；且羌、胡乃心思汉如渴，又昔偏军入羌，郭淮破走，算其长短，以为事首，宜以姜维为凉州刺史。若维征行，衔持河右[4]，臣当帅军为维镇继。今涪水陆四通，惟急是应，若东北有虞，赴之不难。”由是琬遂还住涪。疾转增剧，至九年卒，谥曰恭。

实现成功的志愿，也可以对魏国进行分割蚕食，先剪除它的枝叶羽翼。然而吴国约定出兵时间一再推迟，几次未能实现，确实举手投足都很为难，令人寝食不安。我就同费祎等人商议，认为凉州是边塞要地，进退有据，敌人很重视这块地盘；况且羌、胡民众都十分思念汉朝，另外过去我们的一支部队进入羌人地区，郭淮失败逃走，考虑事情的利弊得失，认为占领凉州是最重要的事情，应当以姜维为凉州刺史。如果姜维出征，与敌人对峙河右地区，臣则统领大军作为姜维的后援。如今涪地水陆四面畅通，可以应急，如果东北一线有战事，奔赴救援并不难。”于是蒋琬退还驻守涪县。蒋琬病情加剧，至延熙九年(246)去世，谥号为“恭”。

今注　1 暗弱：昏庸懦弱。　2 婴：纠缠，羁绊。此处指患病。　3 平除：平定而根除。　4 河右：河西的别称。汉唐时指今甘肃、青海黄河以西区域，即河西走廊与湟水流域。

子斌嗣，为绥武将军、汉城护军。魏大将军钟会至汉城，与斌书曰：

蒋琬的儿子蒋斌继承了爵位，任绥武将军、汉城护军。魏国大将军钟会至汉城，给蒋斌写信说：“巴蜀之地贤能

"巴蜀贤智文武之士多矣,至于足下、诸葛思远,譬诸草木,吾气类也。桑梓[1]之敬,古今所敦。西到,欲奉瞻尊大君公侯墓,当洒扫坟茔,奉祠致敬。愿告其所在。"斌答书曰:"知惟臭味[2]意眷之隆,雅托通流,未拒来谓也。亡考昔遭疾疢,亡于涪县,卜云其吉,遂安厝[3]之。知君西迈,乃欲屈驾修敬坟墓。视予犹父,颜子之仁也,闻命感怆,以增情思。"会得斌书报,嘉叹意义,及至涪,如其书云。

后主既降邓艾,斌诣会于涪,待以交友之礼。随会至成都,为乱兵所杀。斌弟显,为太子仆,会亦爱其才学,与斌同时死。

刘敏,左护军、扬威将军,与镇北大将军王平俱镇汉中。魏遣大将军

睿智的文武之人太多了,至于您与诸葛思远,以草木来譬喻,与我为同类之人。对家乡先贤的敬重,是古今都称道的。我西行来蜀,打算瞻仰尊父大人的墓地,理当洒扫坟茔,进行祭祀以表敬意。希望您告诉我先君大人的坟地所在。"蒋斌回答说:"得知您以我为知己并眷念先父的想法如此隆重,雅书惠及,不便拒绝您所要求的事情。亡父当年患病,逝于涪县,占卜者说那是一块风水宝地,于是在那里安葬。知道您西来蜀地,竟要屈驾瞻视墓地以表敬意。您看待我的父亲如同自己的父亲一样,这是有颜回一样的仁德。知悉您的命令颇为感伤,更增加我的情思。"钟会收到蒋斌的回信,赞叹他的高义,到了涪县后,像致蒋斌信中所说的那样祭拜了蒋琬的坟墓。

后主投降邓艾后,蒋斌前往涪县拜见钟会,钟会以朋友的礼节相待。他跟随钟会到成都,被乱兵所杀。蒋斌的弟弟蒋显,为太子仆,钟会也爱其才学,他与蒋斌同时死于乱兵。

刘敏,任左护军、扬威将军,与镇北大将军王平一道镇守汉中。魏国派

曹爽袭蜀时，议者或谓但可守城，不出拒敌，必自引退。敏以为男女布野，农谷栖亩，若听敌入，则大事去矣。遂帅所领与平据兴势[4]，多张旗帜，弥亘百余里。会大将军费祎从成都至，魏军即退，敏以功封云亭侯。

遣大将军曹爽袭击蜀国时，大家议论，有的人认为只能坚守，不可出战迎敌，敌人必然会自行引退。刘敏认为男女百姓满布四野，粮食都堆积在田地中，如果听任敌军深入，则大事去矣。于是率领自己的部下与王平据守兴势山，遍插旗帜，连绵一百多里。恰逢大将军费祎亲自从成都赶到，魏军当即退兵，刘敏因功被封为云亭侯。

今注　1 桑梓：借指故乡或乡亲父老。　2 臭(xiù)味：气味，比喻同类。　3 安厝：安葬。　4 兴势：又称兴势阪，在今陕西洋县。因山形如盆，外险而内有大谷。

费祎

原文

费祎，字文伟，江夏鄳人也[1]。少孤，依族父伯仁。伯仁姑，益州牧刘璋之母也。璋遣使迎仁，仁将祎游学入蜀。会先主定蜀，祎遂留益土，与汝南许叔龙、南郡董允齐名。时许靖丧子，允与祎欲共会

译文

费祎，字文伟，江夏郡鄳县人。幼年丧父，依靠族父伯仁生活。伯仁的姑姑是益州牧刘璋的母亲。刘璋派人接伯仁入蜀，伯仁带着费祎入蜀游学。正逢先主平定蜀地，费祎于是留在益州，与汝南人许叔龙、南郡人董允齐名。当时许靖的儿子死了，董允和费祎打算一同去参加葬礼。董允向他父亲董和

其葬所。允白父和请车，和遣开后鹿车[2]给之。允有难载之色，祎便从前先上。及至丧所，诸葛亮及诸贵人悉集，车乘甚鲜，允犹神色未泰，而祎晏然[3]自若。持车人还，和问之，知其如此，乃谓允曰："吾常疑汝于文伟优劣未别也，而今而后，吾意了矣。"

说要一辆车，董和便给他们派了一辆后面开门的鹿车。董允面露不愿登车的神色，费祎却率先登上去。等到达葬地，诸葛亮和许多显贵人物都在场，车辆装饰得很漂亮，董允下车后表现出紧张的神色，而费祎却安然自若。赶车的人返回后，董和向他询问儿子的表现，知道了情况是这样，于是对董允说："我常常认为你与费文伟的优劣分不出来，从今以后，我心中就明白了。"

今注 1 鄳(méng)：在今河南罗山西北。 2 鹿车：古代一种小车，车身狭窄，仅容一鹿。 3 晏然：安闲，安宁。

裴注 [1]鄳，音盲。

先主立太子，祎与允俱为舍人，迁庶子。后主践位[1]，为黄门侍郎。丞相亮南征还，群寮于数十里逢迎，年位多在祎右，而亮特命祎同载，由是众人莫不易观。亮以初从南归，以祎为昭信校尉使吴。孙权性既滑稽，嘲啁无方，诸葛恪、羊衜

先主立太子，费祎与董允都是舍人，升为庶子。后主即位后，任费祎为黄门侍郎。丞相诸葛亮南征返回，百官都到几十里之外去迎接，这些人年岁和官位大多都在费祎之上，而诸葛亮却特地让费祎与他同坐一辆车，从此大家都对他刮目相看。诸葛亮考虑刚从南方征战回来，任命费祎为昭信校尉出使东吴。孙权性格不仅诙谐滑稽，且开起玩笑无所拘束，诸葛恪、羊衜等人都才学渊博

等才博果辩，论难锋至，祎辞顺义笃，据理以答，终不能屈[1]。权甚器之，谓祎曰："君天下淑德[2]，必当股肱[3]蜀朝，恐不能数来也[2]。"还，迁为侍中。亮北住汉中，请祎为参军。以奉使称旨，频烦至吴。建兴八年，转为中护军，后又为司马。值军师魏延与长史杨仪相憎恶，每至并坐争论，延或举刃拟仪，仪泣涕横集。祎常入其坐间，谏喻分别，终亮之世，各尽延、仪之用者，祎匡救之力也。亮卒，祎为后军师。顷之，代蒋琬为尚书令[3]。琬自汉中还涪，祎迁大将军，录尚书事。

能言善辩，辩锋屡起、诘难纷至，而费祎辞和语顺、义旨笃实，据理回答，始终未被折服。孙权对他十分器重，对费祎说："你是天下贤德之人，必当成为蜀国的辅佐大臣，恐怕再也不能常来我们东吴了。"费祎返回蜀国后，升为侍中。诸葛亮率军北上驻守汉中，请费祎做参军。费祎因为奉命出使办事符合皇帝旨意，故常被派使吴国。建兴八年(230)，费祎调任中护军，后又任司马。这时军师魏延与长史杨仪两人相互憎恨厌恶，每次坐在一起便发生争吵，魏延有时还举刀向杨仪比划，杨仪则涕泪横流。费祎常常坐在他们中间调解，劝喻开导评判是非，所以在诸葛亮活着的时候，能够发挥魏、杨两人的才能，这都是费祎补救调解的功劳。诸葛亮死后，费祎为后军师。不久，接替蒋琬担任尚书令。蒋琬从汉中返回涪县，费祎升为大将军，录尚书事。

今注 1 践位：登基，即位。 2 淑德：美好的品德。 3 股肱：大腿和胳膊，常比喻辅助帝王的大臣。

裴注 [1]《祎别传》曰："孙权每别酌好酒以饮祎，视其已醉，然后问以国事，并论当世之务，辞难累至。祎辄辞以醉，退而撰次所问，事事条答，无所遗失。” [2]《祎别传》曰:“权乃以手中常所执宝刀赠之,祎答曰:‘臣以不才,何以堪明命?然刀所以讨不庭、禁暴乱者也,但愿大王勉建功业,同奖汉室,臣虽暗弱,终不负东顾。’” [3]《祎别传》曰:“于时军国多事,公务烦猥,祎识悟过人,每省读书记,举目暂视,已究其意旨,其速数倍于人,终亦不忘。常以朝晡听事,其间接纳宾客,饮食嬉戏,加之博弈,每尽人之欢,事亦不废。董允代祎为尚书令,欲敩祎之所行,旬日之中,事多愆滞。允乃叹曰:‘人才力相县若此甚远,此非吾之所及也。听事终日,犹有不暇尔。’”

延熙七年,魏军次于兴势,假祎节,率众往御之。光禄大夫来敏至祎许别,求共围棋。于时羽檄交驰。人马擐[1]甲,严驾已讫,祎与敏留意对戏,色无厌倦。敏曰:“向聊观试君耳!君信可人,必能办贼者也。”祎至,敌遂退,封成乡侯[1]。琬固让州职,祎复领益州刺史。祎当国功名,略与琬比[2]。十一年,出住汉中。自琬及祎,虽自身在外,庆赏刑威,皆遥先谘断,然后乃行,其推任如此。后十四年夏,

延熙七年(244),魏国军队驻扎在兴势山,后主授予费祎符节,让他率军前去御敌。光禄大夫来敏前往费祎的住所告别,请求费祎和他一起下围棋。这时情报公文纷纷送来,人马均已披上铠甲,车驾也已经准备完毕,而费祎与来敏仍专心下棋,毫无厌倦的神色。来敏说:“我只是试探一下您而已,您确实让人放心,一定能打败敌人。”费祎到达前线,敌人就撤退了,于是被封为成乡侯。蒋琬坚决辞去益州的职务,费祎于是又兼领益州刺史。费祎主持国事时的政绩名望,与蒋琬不相上下。延熙十一年(248),费祎出兵驻守汉中。从蒋琬到费祎,虽然他们自身在外,但京城中的奖赏惩罚,都事先咨询,由他们决断后施行,他们就是如此受后主推重信任。后在延熙十四年

还成都,成都望气者云都邑无宰相位,故冬复北屯汉寿[2]。延熙十五年,命祎开府。十六年岁首大会,魏降人郭循[3]在坐。祎欢饮沈醉,为循手刃所害,谥曰敬侯。子承嗣,为黄门侍郎。承弟恭,尚公主[3]。祎长女配太子璿为妃。

(251)夏,费祎返回成都,成都占望天象云气的人说都城中没有宰相之位,因此冬天他又北上驻守汉寿。延熙十五年(252),后主诏命费祎成立府署。延熙十六年(253)的岁首大会,魏国投降过来的郭循也在座。费祎尽欢畅饮而醉酒,被郭循持刀刺死,朝廷追赠费祎谥号为"敬侯"。费祎的儿子费承继承爵位,担任黄门侍郎。费承的弟弟费恭,娶公主为妻。费祎的长女许配太子刘璿为妃。

今注　1 擐(huàn):穿,套。　2 汉寿:胡三省认为此即葭萌,刘备改名为汉寿。　3 郭循:亦作"郭脩"。

裴注　[1]殷基《通语》曰:"司马懿诛曹爽,祎设《甲乙论》平其是非。甲以为曹爽兄弟凡品庸人,苟以宗子枝属,得蒙顾命之任,而骄奢僭逸,交非其人,私树朋党,谋以乱国。懿奋诛讨,一朝殄尽,此所以称其任,副士民之望也。乙以为懿感曹仲付己不一,岂爽与相干?事势不专,以此阴成疵瑕。初无忠告侃尔之训,一朝屠戮,搀其不意,岂大人经国笃本之事乎?若爽信有谋主之心,大逆已构,而发兵之日,更以芳委爽兄弟。懿父子从后闭门举兵,蹙而向芳,必无悉宁,忠臣为君深虑之谓乎?以此推之,爽无大恶明矣。若懿以爽奢僭,废之刑之可也,灭其尺口,被以不义,绝子丹血食,及何晏子魏之亲甥,亦与同戮,为僭滥不当矣。"　[2]《祎别传》曰:"祎雅性谦素,家不积财。儿子皆令布衣素食,出入不从车骑,无异凡人。"　[3]《祎别传》曰:"恭为尚书郎,显名当世,早卒。"

姜维

原文

姜维，字伯约，天水冀人也。少孤，与母居。好郑氏学[1]，仕郡上计[1]掾，州辟为从事。以父冏昔为郡功曹，值羌、戎叛乱，身卫郡将，没于战场，赐维官中郎，参本郡军事。建兴六年，丞相诸葛亮军向祁山，时天水太守适出案行[2]，维及功曹梁绪、主簿尹赏、主记梁虔等从行。太守闻蜀军垂至，而诸县响应，疑维等皆有异心，于是夜亡保上邽。维等觉太守去，追迟，至城门，城门已闭，不纳。维等相率还冀，冀亦不入维。维等乃俱诣诸葛亮。会马谡败于街亭，亮拔将西县千余家及维等还，故维遂与母相失[2]。亮辟维为仓曹掾，加奉义将军，封当阳亭侯，时年二十七。亮

译文

姜维，字伯约，天水郡冀县人。他幼年丧父，与母亲一起生活。他喜好郑玄的经学，担任本郡上计掾，州里征召他为从事。姜维的父亲姜冏曾是天水郡功曹，时逢羌、戎等族叛乱，他挺身护卫郡将，死在战场，因此姜维被赐官中郎，参与管理本郡的军事。建兴六年(228)，丞相诸葛亮发兵祁山，当时天水郡太守外出巡视，姜维和功曹梁绪、主簿尹赏、主记梁虔等一同随行。太守听到蜀军将至而各县都纷起响应，怀疑姜维等随行诸人怀有异心，于是当夜逃亡去把守上邽。姜维等人发觉太守已去，追赶不及，赶到上邽城门下，城门已关闭，太守不让他们进城。姜维等人又一同返回冀县，冀县也不让他们入城。于是姜维等人只好都到诸葛亮那里。正赶上马谡在街亭战败，诸葛亮带领西县一千多户和姜维等人收兵返回，所以姜维与母亲失散。诸葛亮任命姜维为仓曹掾，加奉义将军，封当阳亭侯，当时姜维二十七

与留府长史张裔、参军蒋琬书曰："姜伯约忠勤时事，思虑精密，考其所有，永南、季常诸人不如也。其人，凉州上士也。"又曰："须先教中虎步兵五六千人。姜伯约甚敏[3]于军事，既有胆义，深解兵意。此人心存汉室，而才兼于人，毕教军事，当遣诣宫，觐见主上[3]。"后迁中监军、征西将军。

岁。诸葛亮在给留府长史张裔、参军蒋琬的信中说："姜伯约忠于职守勤于政务，思考问题详细周密，考察他的德行，即使李绍和马良等人也不及他。此人的确是凉州的杰出人士。"又说："须让他训练五六千中虎步兵。姜伯约非常有军事才干，既有胆略勇义，又精通用兵之道。此人忠心于汉室，而且才力过人，等他结束了训练军队的任务，当派他进宫朝见主上。"后来姜维升任为中监军、征西将军。

今注　**1** 上计：秦汉时地方官府定期向中央呈报施政情况，作为官员考核依据的制度。凡入京执行上计的人员称"上计吏"。　**2** 案行：指官员巡视。　**3** 敏：才能。

裴注　[1]《傅子》曰："维为人好立功名，阴养死士，不修布衣之业。"[2]《魏略》曰："天水太守马遵将维及诸官属，随雍州刺史郭淮偶自西至洛门案行，会闻亮已到祁山，淮顾遵曰：'是欲不善！'遂驱东还上邽。遵念所治冀县界在西偏，又恐吏民乐乱，遂亦随淮去。时维谓遵曰：'明府当还冀。'遵谓维等曰：'卿诸人叵复，信皆贼也。各自行。'维亦无如遵何，而家在冀，遂与郡吏上官子脩等还冀。冀中吏民见维等，大喜，便推令见亮。二人不获已，乃共诣亮。亮见，大悦。未及遣迎冀中人，会亮前锋为张郃、费繇等所破，遂将维等却缩。维不得还，遂入蜀。诸军攻冀，皆得维母妻子，亦以维本无去意，故不没其家，但系保官以延之。"此语与本传不同。　[3]孙盛《杂记》曰："初，姜维诣亮，与母相失，复得母书，令求当归。维曰：'良田百顷，不在一亩，但有远志，不在当归也。'"

十二年，亮卒，维还成都，为右监军、辅汉将军，统诸军，进封平襄侯。延熙元年，随大将军蒋琬住汉中。琬既迁大司马，以维为司马，数率偏军西入。六年，迁镇西大将军，领凉州刺史。十年，迁卫将军，与大将军费祎共录尚书事。是岁，汶山平康夷反，维率众讨定之。又出陇西、南安、金城[1]界，与魏大将军郭淮、夏侯霸等战于洮西。胡王治无戴等举部落降，维将还安处之。十二年，假维节，复出西平，不克而还。维自以练西方风俗，兼负其才武，欲诱诸羌、胡以为羽翼，谓自陇以西可断而有也。每欲兴军大举，费祎常裁制不从，与其兵不过万人[1]。

十六年春，祎卒。夏，

建兴十二年(234)，诸葛亮病逝，姜维回到成都，担任右监军、辅汉将军，统率各军，晋封为平襄侯。延熙元年(238)，姜维随大将军蒋琬驻守汉中，蒋琬升为大司马后，任命姜维为司马，多次率领偏军西进。延熙六年(243)，姜维升为镇西大将军，兼领凉州刺史。延熙十年(247)，姜维升为卫将军，和大将军费祎一起任录尚书事。同年，汶山平康县夷族叛乱，姜维率军讨伐平息了反叛。又出兵陇西、南安、金城地区，在洮西与魏国大将军郭淮、夏侯霸等交战。胡王治无戴等带领自己的部族归降，姜维送他们归返并安置了他们。延熙十二年(249)，后主赐姜维符节，姜维再从西平出兵，不胜而还。姜维自以为熟悉西土风俗，且自负才能武艺，计划联合各羌人、胡人的部落为羽翼，认为这样可以攻占并据有陇地以西的地方。姜维每每想要大举兴兵，费祎常常不听其谋而加以限制，拨给他的兵马不超过万人。

延熙十六年(253)春，费祎去世。

维率数万人出石营[2],经董亭[3],围南安,魏雍州刺史陈泰解围至洛门,维粮尽退还。明年,加督中外军事。复出陇西,守[4]狄道长李简举城降。进围襄武,与魏将徐质交锋,斩首破敌,魏军败退。维乘胜多所降下,拔河关、狄道、临洮三县民还。后十八年,复与车骑将军夏侯霸等俱出狄道,大破魏雍州刺史王经于洮西,经众死者数万人。经退保狄道城,维围之。魏征西将军陈泰进兵解围,维却住钟题[5]。

同年夏天,姜维率领数万人从石营出兵,经由董亭,包围南安,魏国雍州刺史陈泰前往洛门解围。姜维因粮尽而退兵。次年,朝廷加姜维督中外军事。又出兵陇西,狄道代理县长李简率领全城投降。姜维进兵包围襄武县,与魏国将军徐质交锋,斩首破敌,魏军败退。姜维乘胜进军,很多地方都投降了,将河间关、狄道、临洮三县的百姓迁徙后引兵返还。其后在延熙十八年(255),姜维又和车骑将军夏侯霸等一起从狄道出兵,在洮西大败魏国雍州刺史王经,王经的部队死亡几万人。王经退守狄道城,姜维率军包围了狄道城。魏国征西将军陈泰率领军队前来解围,姜维退兵驻扎钟题。

今注　1 金城:在今甘肃兰州西北。　2 石营:在今甘肃西和县。　3 董亭:在今甘肃武山县南。　4 守:同“狩”,暂时署理职务。　5 钟题:在今甘肃临洮西南。

裴注　[1]《汉晋春秋》曰:“费祎谓维曰:‘吾等不如丞相亦已远矣,丞相犹不能定中夏,况吾等乎!且不如保国治民,敬守社稷,如其功业,以俟能者,无以为希冀徼幸而决成败于一举。若不如志,悔之无及。’”

十九年春，就迁维为大将军。更整勒戎马，与镇西大将军胡济期会上邽，济失誓不至，故维为魏大将邓艾所破于段谷[1]，星散流离，死者甚众。众庶由是怨讟[2]，而陇已西亦骚动不宁，维谢过引负[3]，求自贬削，为后将军，行大将军事。

二十年，魏征东大将军诸葛诞反于淮南，分关中兵东下。维欲乘虚向秦川，复率数万人出骆谷，径至沈岭[4]。时长城积谷甚多而守兵乃少，闻维方到，众皆惶惧。魏大将军司马望拒之，邓艾亦自陇右，皆军于长城。维前住芒水，皆倚山为营。望、艾傍渭坚围，维数下挑战，望、艾不应。景耀元年，维闻诞破败，乃还成都，复拜大将军。

延熙十九年(256)春，朝廷遣人在驻地任命姜维为大将军。于是姜维又整顿军马，与镇西大将军胡济约定在上邽会师，胡济失约未按期而至，所以姜维在段谷被魏国大将邓艾击败，士卒四散，死者很多。大家由此怨愤指责，而陇地以西地区也骚动不宁，姜维引咎自责，自请削职贬官，被降为后将军，代理大将军事。

延熙二十年(257)，魏国征东大将军诸葛诞在淮南反叛，派出一部分关中军队东下。姜维想要乘关中空虚进兵秦川，再次率领数万人马出骆谷，径直到达沈岭。这时魏国在长城积囤的粮食很多而守兵较少，探听到姜维军队将至，士兵们都十分恐慌。魏国大将军司马望带兵抵御，邓艾也从陇右出兵前往相救，都驻兵在长城。姜维前进驻守芒水，全军依托山势结寨扎营。司马望、邓艾傍依渭水坚守营寨，姜维几次率兵下山挑战，司马望、邓艾都不应战。景耀元年(258)，姜维听到诸葛诞城破兵败的消息后，率军返回成都，又被任命为大将军。

今注 1 段谷:在今甘肃天水西南。 2 怨讟(dú):诽谤,怨言。 3 引负:引咎自责。 4 沈岭:在今陕西周至县南。

初,先主留魏延镇汉中,皆实兵诸围以御外敌,敌若来攻,使不得入。及兴势之役,王平捍拒曹爽,皆承此制。维建议,以为错守诸围,虽合《周易》"重门"[1]之义,然适可御敌,不获大利。不若使闻敌至,诸围皆敛兵聚谷,退就汉、乐二城,使敌不得入平,且重关镇守以捍之。有事之日,令游军并进以伺其虚。敌攻关不克,野无散谷,千里县粮,自然疲乏。引退之日,然后诸城并出,与游军并力搏之,此殄敌之术也。于是令督汉中胡济却住汉寿,监军王含守乐城,护军蒋斌守汉城,又于西安、建威[2]、武卫[3]、石门、武城[4]、建昌、临远皆立围守。

当初,先主留魏延镇守汉中,都是重兵坚守各营寨以抵御外敌,敌人如果来攻,使他们不能越防线而入。等到兴势战役,王平抵拒曹爽,都袭用此种办法。姜维提出建议,认为交错防守各营寨,虽然合乎《周易》"重门"的道理,但只可防御敌人,却不能获得更大的好处。不如让他们探听敌军将到来时,各营寨都收兵积粮,退守汉、乐二城,使敌军进不了平原地区,并且在重要关隘驻军守卫来抵御敌人。有敌来犯时,让游击部队并进,伺机在敌人虚弱之处攻击。敌军攻关不得破,四野又无粮,从千里之外运粮,自然疲乏不堪。待他们退却之时,各城一齐出兵,与游击部队并力进击,这是歼灭敌人的好办法。于是命令督守汉中的胡济退守汉寿,监军王含驻守乐城,护军蒋斌驻守汉城,又在西安、建威、武卫、石门、武城、建昌、临远都建置防御工事。

今注　1《周易》“重门”:《易·系辞》:“重门击柝,以待暴客。”意思是层层设门,击柝预警,以防暴徒入侵。　2 建威:在今甘肃西和县。3 武卫:在今甘肃成县。　4 武城:在今甘肃武山县。

五年,维率众出汉、侯和,为邓艾所破,还住沓中。维本羁旅托国,累年攻战,功绩不立,而宦官黄皓等弄权于内,右大将军阎宇与皓协比[1],而皓阴欲废维树宇。维亦疑之,故自危惧,不复还成都[1]。六年,维表后主:“闻钟会治兵关中,欲规进取,宜并遣张翼、廖化督诸军分护阳安关口[2]、阴平桥头[3]以防未然。”皓征信鬼巫,谓敌终不自致,启后主寝其事,而群臣不知。及钟会将向骆谷,邓艾将入沓中,然后乃遣右车骑廖化诣沓中为维援,左车骑张翼、辅国大将军董厥等诣阳安关口以为诸围外助。比至阴平,闻魏将诸葛绪向建威,

景耀五年(262),姜维率众出兵汉城、侯和,被邓艾击败,退还驻守沓中。姜维本是长期羁留在他乡别国,连年攻战未立功绩,而宦官黄皓在朝廷玩弄权术,右大将军阎宇与黄皓狼狈勾结,黄皓暗中想废除姜维代之以阎宇。姜维也怀疑黄皓,所以自己颇感危惧,便不再返还成都。景耀六年(263),姜维上表给后主说:“听说钟会在关中整军练兵,企图进攻我国,应该同时派遣张翼和廖化督率各军,分别驻守阳安关口、阴平桥头,以防患于未然。”黄皓相信鬼神巫术,扬言敌人最终不能前来,启奏后主中止了这次军事计划,而朝中其他大臣全不知道此事。等到钟会就要进攻骆谷,邓艾即将进入沓中,然后才派遣右车骑将军廖化前往沓中援助姜维,派左车骑将军张翼、辅国大将军董厥等人前往阳安关口作为各边防营寨的外援。等蜀军出发到阴平时,听说魏国将领诸葛绪向建威进军,所以蜀军驻扎下

故住待之。月余，维为邓艾所摧，还住阴平。钟会攻围汉、乐二城，遣别将进攻关口，蒋舒开城出降，傅佥格斗而死[2]。会攻乐城，不能克，闻关口已下，长驱而前。翼、厥甫至汉寿，维、化亦舍阴平而退，适与翼、厥合，皆退保剑阁以拒会。会与维书曰："公侯以文武之德，怀迈世之略，功济巴、汉，声畅华夏，远近莫不归名。每惟畴昔，尝同大化，吴札、郑乔4，能喻斯好。"维不答书，列营守险。会不能克，粮运县远，将议还归。

来等待敌人。一个多月后，姜维被邓艾击败，退守阴平。钟会围攻汉、乐二城，另外派遣将领进攻阳安关口，蒋舒开城投降，傅佥奋战阵亡。钟会攻打乐城，未攻下，听说阳安关口已经攻下，便率军长驱直往。张翼、董厥刚到汉寿，姜维、廖化也舍弃阴平退到那里，正与张翼、董厥会合，一起退守剑阁抵抗钟会。钟会写信给姜维说："公侯您文武全才，身怀超世谋略，功绩显扬巴、蜀，声名远播中原，远近的人无不推崇并且归附您。每每思念以往，我们曾经共沐大魏教化，像吴国季札、郑国子产的友谊，才能用来譬喻我们之间的友好关系。"姜维并不回信，而是布置各军扎营扼守险要。钟会未能攻下，加之粮草运输路程遥远，便计划撤军。

今注　**1** 协比：勾结，依附。　**2** 阳安关口：在今陕西勉县西武侯镇。**3** 阴平桥头：在今甘肃文县西北。　**4** 吴札、郑乔：吴札，吴国公子季札；郑乔，即郑国子产，名侨。《左传·襄公二十九年》："（季札）聘于郑，见子产，如旧相识，与之缟带，子产献纻衣焉。"

裴注　[**1**]《华阳国志》曰："维恶黄皓恣擅，启后主欲杀之。后主曰：'皓趋走小臣耳，往董允切齿，吾常恨之，君何足介意！'维见皓枝附叶连，惧于失言，逊辞而出。后主敕皓诣维陈谢。维说皓求沓中种麦，以避内逼尔。”　[2]《汉晋春秋》曰:“蒋舒将出降,乃诡谓傅佥曰:‘今贼至不击而闭城自守,非良图也。’佥曰:‘受命保城,惟全为功,今违命出战,若丧师负国,死无益矣。’舒曰:‘子以保城获全为功,我以出战克敌为功,请各行其志。’遂率众出。佥谓其战也,至阴平,以降胡烈。烈乘虚袭城,佥格斗而死,魏人义之。”《蜀记》曰:“蒋舒为武兴督,在事无称。蜀令人代之,因留舒助汉中守。舒恨,故开城出降。”

而邓艾自阴平由景谷道傍[1]入,遂破诸葛瞻于绵竹。后主请降于艾,艾前据成都。维等初闻瞻破,或闻后主欲固守成都,或闻欲东入吴,或闻欲南入建宁,于是引军由广汉、郪道,以审虚实。寻被后主敕令,乃投戈放甲,诣会于涪军前,将士咸怒,拔刀斫石[1]。

会厚待维等,皆权还其印号节盖。会与维出则同舆,坐则同席,谓长史杜预曰:“以伯约比中土名士,公休、太初不能胜也[2]。”会既构[2]邓艾,艾槛车[3]征,因将维等诣成都,自称益州牧以叛[3]。

而此时邓艾从阴平由景谷道旁的小路进入蜀地,在绵竹打败诸葛瞻。后主向邓艾请求投降,邓艾进军占领成都。姜维等人一开始听说诸葛瞻战败,有人传说后主准备死守成都,有人传说后主打算东往吴国,有人传说后主要南往建宁,于是姜维退兵到广汉、郪县一带,在途中查明情况的虚实。不久接到后主的敕令,姜维才放下武器,解除铠甲,到涪县钟会军前投降。将士们都十分愤怒,拔刀砍石。

钟会厚待姜维等人,把玺印、令号、符节、车盖等暂时都还给他们。钟会和姜维出则同车,坐则同席,钟会对长史杜预说:“用姜伯约来比中原的名士,即使诸葛诞、夏侯玄也赶不上他。”钟会陷害邓艾后,邓艾被关入囚车送往魏都,于是钟会带着姜维等人进入成都,自称益州牧,反叛魏国。钟会想要交给姜维

欲授维兵五万人，使为前驱。魏将士愤怒，杀会及维，维妻子皆伏诛[4]。	五万人，作为先锋部队。魏国将士十分愤怒，杀死钟会及姜维，姜维的老婆孩子都被杀害。

今注　1 傍：此处指小路。　2 构：诬陷。　3 槛车：装载罪犯的车子。

裴注　[1]干宝《晋纪》云："会谓维曰：'来何迟也？'维正色流涕曰：'今日见此为速矣！'会甚奇之。"　[2]《世语》曰："时蜀官属皆天下英俊，无出维右。"　[3]《汉晋春秋》曰："会阴怀异图，维见而知其心，谓可构成扰乱以图克复也，乃诡说会曰：'闻君自淮南已来，算无遗策，晋道克昌，皆君之力。今复定蜀，威德振世，民高其功，主畏其谋，欲以此安归乎！夫韩信不背汉于扰攘，以见疑于既平，大夫种不从范蠡于五湖，卒伏剑而妄死，彼岂暗主愚臣哉？利害使之然也。今君大功既立，大德已著，何不法陶朱公泛舟绝迹，全功保身，登峨嵋之岭，而从赤松游乎？'会曰：'君言远矣，我不能行，且为今之道，或未尽于此也。'维曰：'其他则君智力之所能，无烦于老夫矣。'由是情好欢甚。"《华阳国志》曰："维教会诛北来诸将，既死，徐欲杀会，尽坑魏兵，还复蜀祚，密书与后主曰：'愿陛下忍数日之辱，臣欲使社稷危而复安，日月幽而复明。'"孙盛《晋阳秋》曰："盛以永和初从安西将军平蜀，见诸故老，及姜维既降之后密与刘禅表疏，说欲伪服事钟会，因杀之以复蜀土，会事不捷，遂至泯灭，蜀人于今伤之。盛以为古人云：'非所困而困焉，名必辱，非所据而据焉，身必危，既辱且危，死期将至。'其姜维之谓乎！邓艾之入江由，士众鲜少，维进不能奋节绵竹之下，退不能总帅五将，拥卫蜀主，思后图之计，而乃反覆于逆顺之间，希违情于难冀之会，以衰弱之国而屡观兵于三秦，已灭之邦，冀理外之奇举，不亦暗哉！"臣松之以为，盛之讥维，又为不当。于时钟会大众既造剑阁，维与诸将列营守险，会不得进，已议还计，全蜀之功，几乎立矣。但邓艾诡道傍入，出于其后，诸葛瞻既败，成都自溃。维若回军救内，则会乘其背。当时之势，焉得两济？而责维不能奋节绵竹，拥卫蜀主，非其理也。会欲尽坑魏将以举大事，授维重兵，使为前驱。若令魏将皆死，兵事在维手，杀会复蜀，不为难矣。夫功成理外，然后为奇，不可以事有差互，而抑谓不然。设使田单之计邂逅不会，复可谓之愚暗哉！　[4]《世语》曰："维死时见剖，胆如升大。"

郤正著论论维曰："姜伯约据上将之重，处群臣之右，宅舍弊薄，资财无余，侧室无妾媵之亵，后庭无声乐之娱，衣服取供，舆马取备，饮食节制，不奢不约，官给费用，随手消尽。察其所以然者，非以激贪厉浊，抑情自割也，直谓如是为足，不在多求。凡人之谈，常誉成毁败，扶高抑下，咸以姜维投厝无所，身死宗灭，以是贬削，不复料擿[1]，异乎《春秋》褒贬之义矣。如姜维之乐学不倦，清素节约，自一时之仪表也[1]。"

维昔所俱至蜀，梁绪官至大鸿胪，尹赏执金吾，梁虔大长秋，皆先蜀亡没。

郤正写文章评论姜维说："姜伯约担任上将的重任，地位处在群臣之上，而他的住室简陋，家中没有多余的钱财，侧室无侍妾之欢，后庭无音乐之娱，衣服仅求够穿，车马仅求乘用，节俭饮食，不奢侈也不过于简朴，公家所给的费用，随手就花完了。分析他这样做的原因，并不是为了激励贪官污吏让他们抑制情欲，限制自己，只是满足于现有条件，而无过多要求。一般人谈论事情，常常赞扬成功者而贬低失败者，赞誉地位高的人而贬抑地位低的人，都认为姜维错投蜀国最后身死家灭，因此贬低他，而不进行具体分析，这与《春秋》褒贬人物的主旨并不相同。像姜维这样好学不倦，清廉朴素节俭之人，应当成为当时的楷模。"

当年与姜维一同进入蜀国者，梁绪官至大鸿胪，尹赏官至执金吾，梁虔官至大长秋，他们都在蜀国亡国之前去世了。

今注 1 擿(tī):探求,分析。

裴注 [1]孙盛曰:“异哉,郤氏之论也!夫士虽百行,操业万殊,至于忠孝义节,百行之冠冕也。姜维策名魏室,而外奔蜀朝,违君徇利,不可谓忠;捐亲苟免,不可谓孝;害加旧邦,不可谓义;败不死难,不可谓节;且德政未敷而疲民以逞,居御侮之任而致敌丧守,于夫智勇,莫可云也;凡斯六者,维无一焉。实有魏之逋臣,亡国之乱相,而云人之仪表,斯亦惑矣。纵维好书而微自藻洁,岂异夫盗者分财之义,而程、郑降阶之善也?”臣松之以为,郤正此论,取其可称,不谓维始终行事皆可准则也。所云“一时仪表”,止在好学与俭素耳。本传及《魏略》皆云维本无叛心,以急逼归蜀。盛相讥贬,惟可责其背母。余既过苛,又非所以难郤正也。

评曰:蒋琬方整有威重,费祎宽济而博爱,咸承诸葛之成规,因循而不革,是以边境无虞,邦家和一,然犹未尽治小之宜,居静之师也[1]。姜维粗有文武,志立功名,而玩[1]众黩[2]旅,明断不周,终致陨毙。《老子》有云:“治大国者犹烹小鲜。”况于区区蕞尔,而可屡扰乎哉[2]?

评论说:蒋琬正直有威严,费祎待人宽和且博爱,他们都继承了诸葛亮制定的规章制度,遵循沿袭而不改变,因此边境没有祸患,国家安定统一,然而他们仍然不完全懂得治理小国的办法和无为而治的道理。姜维粗有文韬武略,想要建功立业,然而他轻视部众穷兵黩武,明察决断并不周密,最终导致身死。《老子》中有这样的话:“治理大国如同烹煮小鱼。”何况对待蜀国这样小小的一隅之地,怎么能多次扰动呢?

今注 1 玩:忽视,轻慢。 2 黩:轻慢不敬。

裴注　[1] 臣松之以为，蒋、费为相，克遵画一，未尝徇功妄动，有所亏丧。外却骆谷之师，内保宁缉之实，治小之宜，居静之理，何以过于此哉！今讥其未尽而不著其事，故使览者不知所谓也。　[2] 干宝曰："姜维为蜀相，国亡主辱弗之死，而死于钟会之乱，惜哉！非死之难，处死之难也。是以古之烈士，见危授命，投节如归，非不爱死也，固知命之不长而惧不得其所也。"

卷四十五　蜀书十五

邓张宗杨传

导读

本卷主要记录了蜀国大臣邓芝、张翼、宗预、杨戏等人的生平事迹。除此之外，还移录了杨戏在延熙四年(241)所写的《季汉辅臣赞》，并在此基础上补充了一些人物的生平事迹。

邓芝是汉朝司徒邓禹的后代。刘备去世后，后主年幼，为维护与吴国的友好关系，诸葛亮派遣邓芝前去出访，巩固了两国的友好邦交。

张翼在平定南方诸郡蛮族叛乱时，能坚守职责，为朝廷平定南方叛乱发挥了积极作用。

宗预常出使吴国，得到孙权的赞赏，对巩固两国的友好关系有积极作用。

杨戏为官清廉，虽态度简慢，但周济旧友，见识非凡。后与大将军姜维有隙而被免为庶人。

邓芝

原文

邓芝，字伯苗，义阳新野[1]人，汉司徒禹之后也。汉末入蜀，未见知待。时益州从事张裕善相，芝

译文

邓芝，字伯苗，义阳郡新野县人，汉代大司徒邓禹的后代。汉朝末年进入蜀地，没有受到赏识任用。当时益州从事张裕善于相面，邓芝前去请他

往从之，裕谓芝曰：“君年过七十，位至大将军，封侯。”芝闻巴西太守庞羲好士，往依焉。先主定益州，芝为郫邸阁督。先主出至郫[2]，与语，大奇之，擢为郫令，迁广汉太守。所在清严有治绩，入为尚书。

先主薨于永安。先是，吴王孙权请和，先主累遣宋玮、费祎等与相报答。丞相诸葛亮深虑权闻先主殂陨[3]，恐有异计，未知所如。芝见亮曰：“今主上幼弱，初在位，宜遣大使重申吴好。”亮答之曰：“吾思之久矣，未得其人耳，今日始得之。”芝问其人为谁，亮曰：“即使君也。”乃遣芝修好于权。权果狐疑，不时见芝，芝乃自表请见权，曰：“臣今来亦欲为吴，非但为蜀也。”权乃见之，语芝曰：“孤诚愿与蜀和亲，然恐蜀主幼弱，国小

相面，张裕对邓芝说：“您年过七十后，官至大将军，并能封侯。”邓芝听说巴西太守庞羲十分喜爱人才，于是前去投靠他。先主平定益州，邓芝做郫邸阁督。先主巡视到郫县，和邓芝交谈，对他大感惊奇，于是提拔他为郫令，又升为广汉太守。他做官的地方太平清静法纪严整，颇有政绩，后来入朝担任尚书。

先主在永安去世。在此之前，吴王孙权请求讲和，先主多次派遣宋玮、费祎等人回访东吴。丞相诸葛亮深恐孙权听到先主去世，会对蜀国有别的打算，不知该怎么处理。邓芝见到诸葛亮说：“现在后主年幼，刚刚即位，应该派大使前往东吴与其重新和好。”诸葛亮回答说：“我考虑很长时间了，只是没有得到合适的人选，今天才得到了。”邓芝问此人是谁，诸葛亮说：“就是您呀！”于是派遣邓芝前往东吴与孙权修好。孙权果然心中狐疑，没有及时召见邓芝，邓芝自己上奏表请求孙权召见，说：“我今天来也是为了吴国，而不仅仅为我们蜀国。”孙权于是召见邓芝，对他说：“我的确想与蜀国交好，但是担心

势逼，为魏所乘，不自保全，以此犹豫耳。”芝对曰：“吴、蜀二国四州之地，大王命世之英，诸葛亮亦一时之杰也。蜀有重险之固，吴有三江之阻，合此二长，共为唇齿，进可并兼天下，退可鼎足而立，此理之自然也。大王今若委质于魏，魏必上望大王之入朝，下求太子之内侍，若不从命，则奉辞伐叛，蜀必顺流见可而进，如此，江南之地非复大王之有也。”

蜀主年幼，蜀国弱小而外敌强逼，被魏国乘虚而入，不能自我保全，所以犹豫不决。”邓芝回答说：“吴、蜀二国据有四州土地，大王您是盖世英雄，诸葛亮也是一代人杰。蜀有重重天险可以御守，吴有三江阻隔作为屏障，将这两个长处合起来，共为唇齿之邦，进可并吞天下，退可鼎足而立，这是自然的道理。大王您如今如果归降魏国，向上魏国必定要求您去朝拜，向下想要您的太子进朝侍奉做人质，如果您不从命，他们就有借口前来讨伐，那样蜀国也必定会随势顺流而见机行事。这样一来，江南之地恐怕不再为大王所有了。”

今注 1 新野：在今河南新野。 2 郫：属于蜀郡，在今四川成都郫都区。 3 殂陨：死亡。

权默然良久曰：“君言是也。”遂自绝魏，与蜀连和，遣张温报聘于蜀。蜀复令芝重往，权谓芝曰：“若天下太平，二主分治，不亦乐乎！”芝对曰：“夫天无二日，土无二王，如并魏之后，大王未深识天命

孙权沉默良久说：“您所言极是。”于是自动与魏国绝交，而与蜀国联和，派遣张温回访蜀国。蜀国再派邓芝前往东吴，孙权对邓芝说：“如果天下太平了，二主分治天下，不也是令人高兴的事吗！”邓芝回答说：“天无二日，地无二主，如果吞并魏国之后，大王您也不知道天命会把天下赐给谁。为君者

者也，君各茂其德，臣各尽其忠，将提枹鼓，则战争方始耳。”权大笑曰：“君之诚款[1]，乃当尔邪！”权与亮书曰：“丁厷掞张[2][1]，阴化不尽；和合二国，唯有邓芝。”及亮北住汉中，以芝为中监军、扬武将军。亮卒，迁前军师前将军，领兖州刺史，封阳武亭侯，顷之为督江州。权数与芝相闻，馈遗优渥。延熙六年，就迁为车骑将军，后假节。十一年，涪陵国人杀都尉反叛，芝率军征讨，即枭其渠帅，百姓安堵[3][2]，十四年卒。

芝为将军二十余年，赏罚明断，善恤卒伍。身之衣食资仰于官，不苟素俭，然终不治私产，妻子不免饥寒，死之日家无余财。性刚简，不饰意气，不得士类之和。于时人少所敬贵，唯器异姜维云。子良，袭

各自光大仁德，为臣者各自尽忠心，而身为将领之人则拿着鼓槌擂鼓，那么争战才刚刚开始。”孙权大笑说：“您的诚实坦率，竟会是这样啊！”孙权在给诸葛亮的信中说：“丁厷言多浮夸，阴化言不尽意；使两国结好只有邓芝一人。”等到诸葛亮北上驻守汉中，以邓芝为中监军、扬武将军。诸葛亮去世后，邓芝升为前军师前将军，兼领兖州刺史，被封为阳武亭侯，不久又督率江州。孙权多次与邓芝通信问候，他给予邓芝很丰厚的馈赠。延熙六年(243)，朝廷派人升任邓芝为车骑将军，后又授予符节。延熙十一年(248)，涪陵属国有人杀死都尉反叛，邓芝率军征讨，很快将其首领斩杀，使百姓安居。延熙十四年(251)，邓芝逝世。

邓芝担任将军二十多年，赏罚分明，善于体恤士卒，自身的衣食都靠公家供应，生活朴素节俭，终生不营求私产，老婆孩子也不免受饥寒，去世时家中没有多余的财产。他性格刚强质朴，不掩饰自己的情绪，因而得不到士人的应和。当时人很少有受他敬重的，唯独器重姜维。邓芝之子邓良，承袭

爵，景耀中为尚书左选郎，晋朝广汉太守。

了邓芝的爵位，景耀年间，为尚书左选郎，后担任晋朝的广汉太守。

今注 1 诚款：真诚，诚实。 2 掞(yàn)张：浮夸。 3 安堵：安居，不受骚扰。

裴注 [1] 掞，音夷念反，或作艳。臣松之案：《汉书·礼乐志》曰："长离前掞光耀明。"左思《蜀都赋》："摛藻掞天庭。"孙权盖谓丁厷之言多浮艳也。 [2]《华阳国志》曰："芝征涪陵，见玄猿缘山。芝性好弩，手自射猿，中之。猿拔其箭，卷木叶塞其创。芝曰：'嘻，吾违物之性，其将死矣！'一曰：芝见猿抱子在树上，引弩射之，中猿母，其子为拔箭，以木叶塞创。芝乃叹息，投弩水中，自知当死。"

张翼

原文

张翼，字伯恭，犍为武阳人也。高祖父司空浩，曾祖父广陵太守纲，皆有名迹[1]。先主定益州，领牧，翼为书佐。建安末，举孝廉，为江阳长，徙涪陵令，迁梓潼太守，累迁至广汉、蜀郡太守。建兴九年，为庲降都督、绥南中郎将1。翼性持法严，不得殊

译文

张翼，字伯恭，犍为郡武阳县人。他的高祖父是汉朝的司空张浩，曾祖父是广陵太守张纲，都有声名政绩。先主平定益州，兼领益州牧，张翼为书佐。建安末年，张翼被举为孝廉，担任江阳长，转任涪陵令，升为梓潼太守，历任广汉郡、蜀郡太守。建兴九年(231)，张翼担任庲降都督、绥南中郎将。张翼秉性执法严厉，所以得不到偏远地区民众的爱戴。当地的豪强刘胄反

俗[2]之欢心。耆率刘胄背叛作乱，翼举兵讨胄。胄未破，会被征当还，群下咸以为宜便驰骑即罪，翼曰："不然。吾以蛮夷蠢动，不称职故还耳，然代人[3]未至，吾方临战场，当运粮积谷，为灭贼之资，岂可以黜退之故而废公家之务乎？"于是统摄不懈，代到乃发。马忠因其成基以破殄胄，丞相亮闻而善之。亮出武功，以翼为前军都督，领扶风太守。亮卒，拜前领军，追论讨刘胄功，赐爵关内侯。延熙元年，入为尚书，稍迁督建威，假节，进封都亭侯、征西大将军。

叛作乱，张翼出兵讨伐。尚未打败刘胄就被征召回朝，他手下的人都认为应该快马返回朝中立刻请罪，张翼说："不可。我因蛮夷部族叛乱，不称职而被召还，然而接替我的人尚未到任，我正身临战场，应当运送囤积粮草，做好消灭敌人所用物资的准备工作，岂可因撤职的缘故而耽误国家的大事呢？"于是统率部队毫不松懈，接替者来到后他才出发。马忠后来依靠他打下的基础而消灭了刘胄，丞相诸葛亮听说后对张翼颇为赞扬。诸葛亮出兵武功，让张翼担任前军都督，兼任扶风太守。诸葛亮逝世后，张翼被任命为前领军，追论他在征讨刘胄一事上的功绩，赐爵关内侯。延熙元年(238)，张翼入朝为尚书，逐渐升为建威都督、授予符节，晋封都亭侯、征西大将军。

今注　1 绥南中郎将：官名，负责镇守南中。　2 殊俗：风俗，代指异域民众。　3 代人：替代的人，即下文的马忠。

裴注　[1]《益部耆旧传》曰："浩字叔明，治律、《春秋》，游学京师，与广汉镡粲、汉中李郃、蜀郡张霸共结为友善。大将军邓骘辟浩，稍迁尚书仆射，出为彭城相，荐隐士闾丘邈等，征拜廷尉。延光三年，安帝议废太子，唯浩与太常桓焉、太仆来历议以为不可。顺帝初立，拜浩司空，年八十三卒。”《续汉书》曰:“纲字文纪,少以三公子经明行修举孝廉,不就;司徒辟,以高第为侍御史。汉安元年,拜光禄大夫,与侍中杜乔等八人同日受诏,持节分出,案行天下贪廉,墨绶有罪便收,刺史、二千石以驿表闻,威惠清忠,名振郡国,号曰八隽。是时,大将军梁冀侵扰百姓,乔等七人皆奉命四出,唯纲独埋车轮于洛阳都亭不去,曰:‘豺狼当路,安问狐狸!’遂上书曰:‘大将军梁冀、河南尹不疑,蒙外戚之援,荷国厚恩,以刍荛之姿,安居阿保,不能敷扬五教,翼赞日月,而专为封豕长蛇,肆其贪饕,甘心好货,纵恣无厌,多树谄谀以害忠良,诚天威所不赦,大辟所宜加也。谨条其无君之心十五事于左,皆忠臣之所切齿也。’书奏御,京师震悚。时冀妹为皇后,内宠方盛,冀兄弟权重于人主,顺帝虽知纲言不诬,然无心治冀。冀深恨纲。会广陵贼张婴等众数万人杀刺史、二千石,冀欲陷纲,乃讽尚书以纲为广陵太守;若不为婴所杀,则欲以法中之。前太守往,辄多请兵,及纲受拜,诏问:‘当得兵马几何?’纲对曰:‘无用兵马。’遂单车之官,径诣婴垒门,示以祸福。婴大惊惧,走欲闭门。纲又于门外罢遣吏兵,留所亲者十余人,以书语其长老素为婴所信者,请与相见,问以本变,因示以诏恩,使还请婴。婴见纲意诚,即出见纲。纲延置上坐,问其疾苦,礼毕,乃谓之曰:‘前后二千石,多非其人,杜塞国恩,肆其私求。乡郡远,天子不能朝夕闻也,故民人相聚以避害,二千石信有罪矣,为之者乃非义也。忠臣不欺君以自荣,孝子不损父以求福,天子圣人,欲文德以来之,故使太守来,思以爵禄相荣,不愿以刑也。今诚转祸为福之时也。若闻义不服,天子赫然发怒,大兵云合,岂不危乎!宜深计其利害。’婴闻,泣曰:‘荒裔愚人,数为二千石所侵枉,不堪其困,故遂相聚偷生。明府仁及草木,乃婴等更生之泽,但恐投兵之日,不免孥戮耳。’纲曰:‘岂其然乎!要之以天地,誓之以日月,方当相显以爵位,何祸之有乎?’婴曰:‘苟赦其罪,得全首领以就农亩,则抱戴没齿,爵禄非所望也。’婴虽为大贼,起于狂暴,自以为必死,及得纲言,旷然开明,乃辞还营。明日,遂将所部万余人,与妻子面缚诣纲降。纲悉释缚慰纳,谓婴曰:‘卿诸人一旦解散,方垂荡然,当条名上之,必受封赏。’婴曰:‘乞归故业,不愿以秽名污明时也。’纲以其至诚,乃各从其意,亲为安处居宅。子弟欲为吏者,随才任职,欲为民者,劝以农桑,田业并丰,南州晏然。论功,纲当封,为冀所遏绝,故不得侯。天子美其功,征欲用之。婴等上书乞留,在郡二岁,建康元年,病卒官,时年三十六。婴等三百余人,皆衰杖送纲丧至洛阳,葬讫,为起冢立祠,四时奉祭,思慕如丧考妣。天子追念不已,下诏褒扬,除一子为郎。”

十八年,与卫将军姜维俱还成都。维议复出军,唯翼廷争,以为国小民劳,不宜黩武。维不听,将翼等行,进翼位镇南大将军。维至狄道,大破魏雍州刺史王经,经众死于洮水者以万计。翼曰:“可止矣,不宜复进,进或毁此大功。”维大怒。曰:“为蛇画足。”维竟围经于狄道,城不能克。自翼建异论,维心与翼不善,然常牵率同行,翼亦不得已而往。景耀二年,迁左车骑将军,领冀州刺史[1]。六年,与维咸在剑阁,共诣降钟会于涪。明年正月,随会至成都,为乱兵所杀[1]。

延熙十八年(255),张翼和卫将军姜维一同返回成都。姜维建议再次出兵,只有张翼当朝争辩,认为国家弱小而百姓劳苦,不宜穷兵黩武。姜维不听,带领张翼等人出征,晋升张翼为镇南大将军。姜维到狄道,大败魏国雍州刺史王经,王经的士卒死于洮水者有上万人。张翼对姜维说:“可以到此为止了,不宜再向前推进,再前进有可能葬送已取得的大功。”姜维大怒,说:“画蛇添足。”姜维最终将王经包围在狄道,但一直不能攻破城池。自张翼提出反对意见以来,姜维心中对张翼很不满意,然而却常带着他一同出征,张翼也是不得已跟着姜维行动。景耀二年(259),张翼升任左车骑将军,兼领冀州刺史。景耀六年(263),张翼与姜维都在剑阁,共同前往涪县投降钟会。第二年正月,他跟随钟会到成都,被乱兵杀死。

今注 1 领冀州刺史：当时冀州在曹魏占领之下，这也是有名无实的遥领。

裴注 [1]《华阳国志》曰：“翼子微，笃志好学，官至广汉太守。”

宗预

原文

宗预，字德艳，南阳安众[1]人也。建安中，随张飞入蜀。建兴初，丞相亮以为主簿，迁参军右中郎将。及亮卒，吴虑魏或承衰取蜀，增巴丘守兵万人，一欲以为救援，二欲以事分割也。蜀闻之，亦益永安之守，以防非常。预将命使吴，孙权问预曰：“东之与西，譬犹一家，而闻西更增白帝之守，何也？”预对曰：“臣以为东益巴丘之戍，西增白帝之守，皆事势宜然，俱不足以相问也。”权大笑，嘉其抗直[2]，甚爱待之，见敬亚于

译文

宗预，字德艳，南阳郡安众县人。建安年间，他随张飞进入蜀地。建兴初年，丞相诸葛亮任用他为主簿，升为参军右中郎将。到诸葛亮逝世后，吴国担心魏国有可能乘蜀国衰弱而攻取蜀国，于是就增添巴丘守兵一万人，一方面打算救援蜀国，另一方面企图趁势与魏国瓜分蜀国土地。蜀国听到这个消息，也增加了永安的守兵，以防备突然的变故。宗预奉命出使东吴，孙权对宗预说：“东吴与西蜀，两国如一家，而我听说贵国增加了白帝城的防守部队，这是为什么？”宗预回答说：“臣认为东吴增添巴丘的戍卒，西蜀才增加白帝城的守兵，都是事情的形势使然，都不值得相互追问。”孙权大笑，赞赏他能抗礼直言，对他特加优待，他在东

邓芝、费祎。迁为侍中，徙尚书。延熙十年，为屯骑校尉。时车骑将军邓芝自江州还，来朝，谓预曰：“礼，六十不服戎，而卿甫受兵，何也？”预答曰：“卿七十不还兵，我六十何为不受邪？”[1]芝性骄傲，自大将军费祎等皆避下之，而预独不为屈。预复东聘吴，孙权捉预手，涕泣而别曰：“君每衔命结二国之好，今君年长，孤亦衰老，恐不复相见！”遗预大珠一斛[2]，乃还。迁后将军，督永安，就拜征西大将军，赐爵关内侯。景耀元年，以疾征还成都。后为镇军大将军，领兖州刺史。时都护诸葛瞻初统朝事，廖化过预，欲与预共诣瞻许。预曰：“吾等年逾七十，所窃已过，但少一死耳，何求于年少辈而屑屑造门邪？”遂不往。

吴所受到的敬重和礼节，仅次于邓芝、费祎。于是宗预升为侍中，调任尚书。延熙十年(247)，宗预任屯骑校尉。当时车骑将军邓芝从江州还朝，对宗预说：“礼法规定，六十岁的人不从军，而您又接受带兵打仗的任务，是什么原因呢？”宗预回答说：“您已七十岁却带兵在外，我六十岁的人为何不能受出征之命呢？”邓芝性情骄傲，自大将军费祎以下人们都回避他，而宗预独不屈服。宗预再次出使东吴，回国时孙权抓着宗预的手，流着眼泪道别说：“您常奉命来结二国之好，如今您年岁已高，我也已衰老，恐怕再也不能相见了！”孙权赠给宗预一斛大珍珠，宗预于是返回。升为后将军，都督永安，朝廷派人任命宗预为征西大将军，赐爵关内侯。景耀元年(258)，宗预因病被召回成都。后为镇军大将军，兼领兖州刺史。当时都护诸葛瞻刚刚开始统领朝政，廖化路过看望宗预，想同宗预一道去拜见诸葛瞻。宗预说：“我们都年过七十，已超过自己所希求的年纪，现在只差一死了，为何去求年少之辈而小心翼翼地登门造访呢？”于是没有前往。

今注 1 安众:在今河南邓州。 2 抗直:刚直不屈。

裴注 [1]臣松之以为,芝以年啁预,是不自顾。然预之此答,触人所忌。载之记牒,近为烦文。 [2]《吴历》曰:“预临别,谓孙权曰:‘蜀土僻小,虽云邻国,东西相赖,吴不可无蜀,蜀不可无吴,君臣凭恃,唯陛下重垂神虑。’又自说年老多病,恐不复得奉圣颜。”孙盛曰:“夫帝王之保,唯道与义,道义既建,虽小可大,殷、周是也。苟任诈力,虽强必败,秦、项是也。况乎居偏鄙之城,恃山水之固,而欲连横万里,永相资赖哉!昔九国建合从之计,而秦人卒并六合;嚣、述营辅车之谋,而光武终兼陇、蜀。夫以九国之强,陇、汉之大,莫能相救,坐观屠覆,何者?道德之基不固,而强弱之心难一故也。而云‘吴不可无蜀,蜀不可无吴’,岂不谄哉!”

廖化,字元俭,本名淳,襄阳人也。为前将军关羽主簿,羽败,属吴。思归先主,乃诈死,时人谓为信然[1],因携持老母昼夜西行。会先主东征,遇于秭归。先主大悦,以化为宜都太守。先主薨,为丞相参军,后为督广武,稍迁至右车骑将军,假节,领并州刺史,封中乡侯,以果烈[2]称。官位与张翼齐,而在宗预之右[1]。

咸熙元年春,化、预俱内徙洛阳,道病卒。

廖化,字元俭,原名淳,襄阳人。曾担任前将军关羽的主簿,关羽失败后,廖化归附东吴。他思念归附先主,于是假装死去,当时的人都信以为真,因而他得以扶持老母昼夜西行。正逢先主东征,与他在秭归相遇。先主大喜,任用廖化为宜都太守。先主去世,廖化为丞相参军,后为广武都督,逐渐升至右车骑将军,被授予符节,兼领并州刺史,封中乡侯,以果敢刚烈著称。廖化官位与张翼相等,而在宗预之上。

咸熙元年(264)春,廖化、宗预都内迁至洛阳,在半路上病死。

今注　1 信然：的确是这样。　2 果烈：果敢刚烈。

裴注　[1]《汉晋春秋》曰："景耀五年，姜维率众出狄道，廖化曰：'兵不戢，必自焚，伯约之谓也。知不出敌，而力少于寇，用之无厌，何以能立？《诗》云"不自我先，不自我后"，今日之事也。'"

杨戏

原文

杨戏，字文然，犍为武阳人也。少与巴西程祁公弘、巴郡杨汰季儒、蜀郡张表伯达并知名。戏每推祁以为冠首[1]，丞相亮深识之。戏年二十余，从州书佐为督军从事，职典刑狱，论法决疑，号为平当[2]，府辟为属主簿。亮卒，为尚书右选部郎，刺史蒋琬请为治中从事史。琬以大将军开府，又辟为东曹掾，迁南中郎参军，副贰庲降都督，领建宁太守。以疾征还成都，拜护军监军，出领梓潼太守，入为射声校

译文

杨戏，字文然，犍为郡武阳县人。他年轻时与巴西人程公弘，巴郡人杨季儒，蜀郡人张伯达一同知名于世。杨戏常常推崇程祁为众人之首，丞相诸葛亮非常赏识杨戏。杨戏二十多岁时，从州书佐升为督军从事，掌管刑狱，执法办案解决疑难，被认为公平得当，州府征召为属主簿。诸葛亮去世后，杨戏担任尚书右选部郎，刺史蒋琬请他做治中从事史。蒋琬以大将军身份建立府署，又征召杨戏为东曹掾，任南中郎参军，担任庲降都督的副手，兼领建宁太守。因病被征召回成都，被任命为护军监军，外出兼领梓潼太守，入朝为射声校尉，他所任职的地方政事清明约简而不烦苛。延熙二十年(257)，杨戏跟随大将军

尉，所在清约不烦。延熙二十年，随大将军姜维出军至芒水。戏素心不服维，酒后言笑，每有傲弄之辞。维外宽内忌，意不能堪，军还，有司承旨[3]奏戏，免为庶人。后景耀四年卒。

戏性虽简惰省略，未尝以甘言加人，过情接物。书符指事，希有盈纸。然笃于旧故，居诚存厚。与巴西韩俨、黎韬童幼相亲厚，后俨痼疾废顿，韬无行见捐，戏经纪振恤，恩好如初。又时人谓谯周无当世才，少归敬者，唯戏重之，尝称曰："吾等后世，终自不如此长儿也。"有识以此贵戏。

张表有威仪风观，始名位与戏齐，后至尚书、督庲降后将军，先戏没。祁、汰各早死[1]。

姜维出征到芒水。杨戏一向心里不服姜维，酒后谈笑，常对姜维有傲慢嘲弄的言辞。姜维外表宽容而内心忌恨，心里难以忍受，军队返回后，有关部门的官员秉承姜维的心思弹劾杨戏，于是杨戏被免为庶人。随后在景耀四年(261)去世。

杨戏虽然怠惰疏略，从不用甜言蜜语奉承人，与人交往从不阿谀逢迎。他的书信、命令等文字，很少有写满一张纸的。但他对故旧朋友感情纯笃真诚厚道。他和巴西人韩俨、黎韬自幼就十分友好亲厚，后来韩俨因病不被任用，黎韬因品行不端而被免职，杨戏对他们照料救济，恩好如初。另外当时人们说谯周没有济世的才干，很少有人敬重他，只有杨戏对他十分尊重，曾经称赏说："我们这些后生，终究不如这位大个子。"有识见者因为这件事而尊重杨戏。

张表有威仪风度，起初名位与杨戏相当，后官至尚书、督庲降后将军，先于杨戏逝世。程祁与杨汰都已早死。

今注 1 冠首：第一。 2 平当：公平得当。 3 承旨：秉承旨意。此处指揣摩姜维的心思。

裴注 [1]戏同县后进有李密者,字令伯。《华阳国志》曰:“密祖父光,朱提太守。父早亡。母何氏,更适人。密见养于祖母。治《春秋左氏传》,博览多所通涉,机警辨捷。事祖母以孝闻,其侍疾则泣涕侧息,日夜不解带,膳饮汤药,必自口尝。本郡礼命,不应;州辟从事,尚书郎,大将军主簿,太子洗马。奉使聘吴,吴主问蜀马多少,对曰:‘官用有余,人间自足。’吴主与群臣泛论道义,谓‘宁为人弟’。密曰:‘愿为人兄矣。’吴主曰:‘何以为兄?’密曰:‘为兄供养之日长。’吴主及群臣皆称善。蜀平后,征西将军邓艾闻其名,请为主簿,及书招,欲与相见,皆不往。以祖母年老,心在色养。晋武帝立太子,征为太子洗马,诏书累下,郡县逼遣,于是密上疏曰:‘臣以险衅,夙遭闵凶,生孩六月,慈父见背,行年四岁,舅夺母志。祖母刘,愍臣孤弱,躬见抚养。臣少多疾病,九岁不行,零丁孤苦,至于成立。既无伯叔,终鲜兄弟,门衰祚薄,晚有儿息。外无期功强近之亲,内无应门五尺之童,茕茕孑立,形影相吊。而刘早婴疾病,常在床蓐,臣侍汤药,未曾废离。逮奉圣朝,沐浴清化,前太守臣逵察臣孝廉,后刺史臣荣举臣秀才,臣以供养无主,辞不赴命。诏书特下,拜臣郎中,寻蒙国恩,除臣洗马,猥以微贱,当侍东宫,非臣陨首所能上报。臣具表闻,辞不就职。诏书切峻,责臣逋慢,郡县逼迫,催臣上道,州司临门,急于星火。臣欲奉诏奔驰,则刘病日笃,苟顺私情,则告诉不许,臣之进退,实为狼狈。伏惟圣朝以孝治天下,凡在故老,犹蒙矜愍,况臣孤苦,特为尤甚。且臣少仕伪朝,历职郎署,本图宦达,不矜名节。今臣亡国贱俘,至微至陋,猥蒙拔擢,宠命优渥,岂敢盘桓,有所希冀?但以刘日薄西山,气息奄奄,人命危浅,朝不虑夕。臣无祖母,无以至今日,祖母无臣,亦无以终余年,母孙二人,更相为命,是以区区不敢废远。臣今年四十有四,祖母刘今年九十有六,是臣尽节于陛下之日长,报养刘之日短也。乌鸟私情,愿乞终养。臣之辛苦,非徒蜀之人士及二州牧伯所见明知,皇天后土,实所共鉴。愿陛下矜愍愚诚,听臣微志,庶刘侥幸,保卒余年。臣生当陨首,死当结草,臣不胜犬马怖惧之情!’武帝览表曰:‘密不空有名也。’嘉其诚款,赐奴婢二人，下郡县，供养其祖母奉膳。及祖母卒，服终，从尚书郎为河内温县令，政化严明。中山诸王每过温县，必责求供给，温吏民患之。及密至，中山王过县，欲求刍茭薪蒸，密笺引高祖过沛，宾礼老幼，桑梓之供，一无烦扰，'伏惟明王，孝思惟则，动识先戒，本国望风，式歌且舞，诛求之碎，所未闻命'。自后诸王过，不敢有烦。陇西王司马子舒深敬友密，而贵势之家惮其公直。密去官，为州大中正，性方直，不曲意势位。后失荀勖、张华指，左迁汉中太守，诸王多以为冤。一年去官，年六十四卒。著《述理论》十篇，安东将军胡熊与皇甫士安并善之。"

戏以延熙四年著《季汉辅臣赞》，其所颂述，今多载于《蜀书》，是以记之于左。自此之后卒者，则不追谥，故或有应见称纪而不在乎篇者也。其戏之所赞而今不作传者，余皆注疏本末于其辞下，可以粗知其仿佛云尔。

昔文王歌德，武王歌兴，夫命世之主，树身行道，非唯一时，亦由开基植绪，光于来世者也。自我中汉之末，王纲弃柄，雄豪并起，役殷难结，生人涂地。于是世主感而虑之，初自燕、代则仁声洽

杨戏在延熙四年(241)撰写了《季汉辅臣赞》，其中所赞颂叙述的人，现在大部分记载于《蜀书》中，这些都记载在前面。自此以后去世的人，则不予追记谥号，所以其中有的人应该加以记录而不在《季汉辅臣赞》中。其中杨戏对其有赞而现在没有作传的人，我都在杨戏的赞辞下面注明他们的生平事迹，由此可以粗略地了解这些人的大体情况。

从前文王作歌赞赏德行，武王作歌庆贺兴盛，承受天命主宰人世的君王，立身行道，并非只在一时，也是为了开创世代传续的基业，使它光大于后世。自我中汉末年，国家大权失去控制，豪强并起，劳役繁冗，百姓生灵涂炭。于是先帝感慨忧虑，起初他在燕、代，仁义的名声就十分卓著，来到齐、鲁

著，行自齐、鲁则英风播流，寄业荆、郢则臣主归心，顾援吴、越则贤愚赖风，奋威巴、蜀则万里肃震，厉师庸、汉则元寇敛迹，故能承高祖之始兆，复皇汉之宗祀也。然而奸凶怼险，天征未加，犹孟津之翔师[1]，复须战于鸣条[2]也。天禄有终，奄忽不豫。虽摄归一统，万国合从者，当时俊乂扶携翼戴，明德之所怀致也，盖济济有可观焉。遂乃并述休风，动于后听。其辞曰：

则英名播扬，寄身在荆、郢地区创业时君臣同心，联合吴、越地区时贤愚都仰赖他的风采，在巴、蜀地区奋扬武力时则远近肃穆震慑，出兵庸、汉地区时则元凶销声匿迹，所以他能继承高祖皇帝开创的事业，恢复汉朝的宗祀。然而奸诈的贼人残暴阴险，上天的惩罚尚未施加，就像周武王在孟津只是展示一下军威，商汤还要等待鸣条的决战。上天所赐的福禄会有终结，君主竟忽然病重离世。虽说天下已归一统，万国合为一家，是当时俊杰扶助辅戴，是明德之主招致而成，英才济济，诚为可观。因此将他们的业绩风范一并记叙，以传后世。文辞如下：

今注　1 孟津之翔师：周武王曾在孟津观兵，试探伐纣的可能性，最终武王认为时机不成熟，班师回周。　2 战于鸣条：夏朝末年，商汤消灭夏桀的战役。在此之前，商汤派伊尹至夏都打探虚实，再对夏朝属国各个击破，使夏孤立无援。

皇帝遗植，爰滋八方，别自中山，灵精是钟，顺期挺生，杰起龙骧。始于燕、代，伯豫君荆，吴、越凭赖，望风请盟，挟巴

皇帝留下根基，滋生四面八方，支系出自中山，神明精华聚结，应运挺拔而生，奋起如龙腾。创业始于燕、代，在豫州称伯，在荆州称君，吴、越仰仗依赖，望风请求结盟，割据巴、蜀，吞并庸、

跨蜀，庸汉以并。乾坤复秩，宗祀惟宁，蹑基履迹，播德芳声。华夏思美，西伯其音，开庆来世，历载攸兴。——赞昭烈皇帝

忠武英高，献策江滨，攀吴连蜀，权我世真。受遗阿衡[1]，整武齐文，敷陈德教，理物移风，贤愚竞心，佥忘其身。诞静邦内，四裔以绥，屡临敌庭，实耀其威，研精大国，恨于未夷。——赞诸葛丞相

司徒清风，是咨是臧，识爱人伦，孔音锵锵。——赞许司徒

关、张赳赳[2]，出身匡世，扶翼携上，雄壮虎烈。藩屏左右，翻飞电发，济于艰难，赞主洪业，侔迹韩、耿[3]，齐声双德。交待无礼，并致奸慝，悼惟轻虑，陨身匡国。——赞关云长、张益德

汉。天地恢复秩序，宗庙祭祀得以安宁，登基称帝，传扬德义美名。华夏思慕恩泽，如对西伯的称颂，开创后世，世代兴盛。——赞昭烈皇帝

忠贞勇武英明卓绝，献策于长江之滨，联合东吴占据蜀地，权谋机变当世至真，受遗命辅佐幼主如同伊尹，整肃武力推崇文教，推行德教，治理事务移风易俗，贤者和愚者都争相效力，勤勉且奋不顾身。国内平静，周边安定，多次进入敌国，光耀国家威名，竭尽全力拓展国土，遗憾天下未平。——赞诸葛丞相

司徒品格清雅高洁，能谋议又能褒贬人物，善于辨识且爱惜人才，洪亮的声音铿锵有力。——赞许司徒

关羽、张飞威武雄健，献身来拯救当世，辅佐拥戴先主，雄壮勇猛如虎。屏护先主左右，行动迅速如闪电，救助艰难，辅佐君主成就大业，功绩堪比韩信、耿弇，共有声名德望。交往待人有失礼仪，同遭奸贼陷害，悼念其思虑轻率，竟导致捐躯报国。——赞关云长、张翼德

今注　1 阿衡：为古代的执政官，相当于宰相。商汤时，由大臣伊尹掌权，商人遂以阿衡代指伊尹。　2 赳赳：英武雄健。　3 韩、耿：即韩信、耿弇。韩信，年轻时曾忍受胯下之辱，后助汉高祖伐魏、举赵、降燕、破齐，封为齐王，后徙封楚王，高祖疑其谋反，降封淮阴侯，终为吕后所杀。耿弇，字伯昭，更始时，耿弇率上谷郡兵归刘秀，从定王郎，任大将军，曾镇压铜马、赤眉等起义军。刘秀即位后，任他为建威大将军，封好畤县侯。

骠骑奋起，连横合从，首事三秦，保据河、潼。宗计于朝，或异或同，敌以乘衅，家破军亡。乖道反德，托凤攀龙。——赞马孟起

翼侯良谋，料世兴衰，委质于主，是训是諮，暂思经算，睹事知机。——赞法孝直

军师美至，雅气晔晔[1]，致命明主，忠情发臆，惟此义宗，亡身报德。——赞庞士元

将军敦壮，摧锋登难，立功立事，于时之干。——赞黄汉升

掌军清节，亢然恒常，谠言惟司，民思其纲。——

骠骑将军奋起，连横合纵抗曹，首先战于三秦之地，随后据守黄河、潼关。合谋保全朝廷，计策各有不同，敌人有机可乘，竟致家破军亡。背离原来的道路归返德义，实属攀龙附凤。——赞马孟起

翼侯精于谋略，预知世道兴衰，投身归附先主，可供教导和咨询，思维敏捷有远虑，能察觉事物的征兆。——赞法孝直

军师美善之至，气质高雅光芒四射，效命圣明的君主，忠贞发自内心，尊奉仁义，以死报德。——赞庞士元

将军忠厚强健，冲锋勇敢不畏赴难，建功立业，堪称当世得力将领。——赞黄汉升

掌军志节清明，一贯气概慷慨，尽职尽责敢于直谏，人民常怀念其

赞董幼宰

安远强志，允休允烈，轻财果壮，当难不惑，以少御多，殊方保业。——赞邓孔山

孔山，名方，南郡人也。以荆州从事随先主入蜀。蜀既定，为犍为属国都尉，因易郡名，为朱提太守，选为安远将军、庲降都督，住南昌县。章武二年卒。失其行事，故不为传。

施政。——赞董幼宰

安远将军志向坚定，美善且有忠心，轻视钱财果敢勇武，临难不疑惑，可以少胜多，在偏远地区建立功业。——赞邓孔山

邓孔山，名方，南郡人。以荆州从事的身份跟随先主入蜀。蜀地平定后，邓方为犍为属国都尉，因郡名改换，任朱提太守，被晋封为安远将军、庲降都督，驻守南昌县。章武二年(222)，邓方去世。其事迹失考，所以没有立传。

今注 1 晔晔(yè)：光芒四射，指才华外露。

扬威才干，欷歔[1]文武，当官理任，衎衎[2]辩举，图殖财[3]施，有义有叙。——赞费宾伯

宾伯，名观，江夏鄳人也。刘璋母，观之族姑，璋又以女妻观。观建安十八年参李严军，拒先主于绵竹，与严俱降。先主既定益州，拜为裨将军，后为巴郡

威名显扬富有才干，文武双全令人感叹，当官忠于职守，才思敏捷能言善辩，善于经商施舍，极有道义尊卑有序。——赞费宾伯

费宾伯，名观，江夏郡鄳县人。刘璋的母亲是费观的同族姑姑，刘璋又将女儿许配给费观。建安十八年(213)，费观为李严的参军，在绵竹抵御先主，和李严一同投降。先主平定益州后，费观被任命为裨将军，后担任

太守、江州都督，建兴元年封都亭侯，加振威将军。观为人善于交接，都护李严性自矜高，护军辅匡等年位与严相次，而严不与亲亵[4]；观年少严二十余岁，而与严通狎如时辈云。年三十七卒。失其行事，故不为传。

屯骑主旧，固节不移，既就初命，尽心世规，军资所恃，是辨是裨。——赞王文仪

尚书清尚，敕行整身，抗志存义，味览典文，倚其高风，好侔古人。——赞刘子初

安汉雍容，或婚或宾，见礼当时，是谓循臣。——赞麋子仲

巴郡太守、江州都督，建兴元年(223)，费观被封为都亭侯，加振威将军。费观为人善于交结，都护李严性格自傲，护军辅匡等人年纪、官位与李严差不多，而李严却与他们并不亲近；费观年纪小李严二十多岁，反而与李严亲密相处如同辈人一样。费观三十七岁时去世。其事迹失考，因此没有立传。

屯骑侍奉旧主，节操忠贞不移，既已听从君命，尽心于，军需依靠他的供给，所选人才都有益于国家。——赞王文仪

尚书清明正直，立身行事严整，志向坚定存有大义，广泛研讨典籍，仰仗其高风亮节，喜欢比拟古人。——赞刘子初

安汉将军气度雍容，既是姻亲又是宾客，为当朝礼遇，可称贤臣。——赞麋子仲

今注 1 欷歔：也作“唏嘘”，感叹，叹息。 2 衎衎(kàn)：敏捷的样子。 3 殖财：指经商。 4 亲亵：亲近。

少府修慎，鸿胪明真，谏议隐行，儒林天文。宣班大化，或首或林。——赞王元泰、何彦英、杜辅国、周仲直

王元泰，名谋，汉嘉人也。有容止操行。刘璋时，为巴郡太守，还为州治中从事。先主定益州，领牧，以为别驾。先主为汉中王，用荆楚宿士零陵赖恭为太常，南阳黄柱为光禄勋，谋为少府。建兴初，赐爵关内侯，后代赖恭为太常。恭、柱、谋皆失其行事，故不为传。恭子厷，为丞相西曹令史，随诸葛亮于汉中，早夭，亮甚惜之，与留府长史参军张裔、蒋琬书曰："令史失赖厷，掾属丧杨颙，为朝中损益多矣。"颙亦荆州人也。后大将军蒋琬问张休曰："汉嘉前辈有王元泰，今谁继者？"休对曰："至于元泰，州里无继，况鄙郡乎！"其见重如此[1]。

少府美善谨慎，鸿胪明智纯真，谏议隐居不仕，儒林通晓天文，宣传伟大教化，或出仕或列入士林。——赞王元泰、何彦英、杜辅国、周仲直

王元泰，名谋，汉嘉郡人。他容貌举止不凡，操行端正。刘璋时期，他任巴郡太守返回成都后担任州治中从事。先主平定益州，兼领益州牧，任命王谋为州别驾。先主为汉中王，任命荆楚一带的饱学之士零陵人赖恭为太常，南阳人黄柱为光禄勋，以王谋为少府。建兴初年，王谋被赐爵关内侯，后替代赖恭为太常。赖恭、黄柱、王谋都因事迹失考，所以没有立传。赖恭的儿子赖厷，担任丞相西曹令史，跟随诸葛亮到汉中，早逝，诸葛亮深为痛惜，给留府长史参军张裔、蒋琬写信说："令史中失去赖厷，掾属中失去杨颙，这对朝廷都是巨大损失。"杨颙也是荆州人。后来大将军蒋琬向张休说："汉嘉前辈中有王元泰，现在有谁可继承他？"张休回答说："说到王元泰，整个蜀地都无人能继承，何况我们汉嘉郡呢！"王元泰就是这样受到敬重。

何彦英，名宗，蜀郡郫人也。事广汉任安学，精究安术，与杜琼同师而名问过之。刘璋时，为犍为太守。先主定益州，领牧，辟为从事祭酒。后援引图谶，劝先主即尊号，践阼之后，迁为大鸿胪。建兴中卒。失其行事，故不为传。子双，字汉偶，滑稽谈笑，有淳于髡、东方朔之风，为双柏长，早卒。

车骑高劲，惟其泛爱，以弱制强，不陷危坠。——赞吴子远

子远，名壹，陈留人也。随刘焉入蜀。刘璋时，为中郎将，将兵拒先主于涪，诣降。先主定益州，以壹为护军讨逆将军，纳壹妹为夫人。章武元年，为关中都督。建兴八年，与魏延入南安界，破魏将费瑶，徙亭侯，进封高阳乡侯，迁左将军。十二年，丞相亮卒，以壹督

何彦英，名宗，蜀郡郫县人。跟从广汉人任安学习，精心研究任安的学术，与杜琼同师而名声学问都超过了他。刘璋时期，何宗担任犍为太守。先主平定益州，兼领益州牧，征召何宗任从事祭酒。后来他援引图谶劝说先主称帝，先主登基后，升何宗为大鸿胪。建兴年间，何宗去世。其事迹失考，所以没有立传。他的儿子何双，字汉偶，言谈诙谐，颇有淳于髡、东方朔的风范，做过双柏长，早亡。

车骑将军高亢强劲，广博仁爱，能以弱胜强，不会陷入危境而失败。——赞吴子远

吴子远，名壹，陈留人。他随刘焉进入蜀地。刘璋时期，吴壹担任中郎将，领兵在涪县抵御先主，前去归降。先主平定益州，任命吴壹为护军讨逆将军，娶吴壹的妹妹为夫人。章武元年(221)，吴壹任关中都督。建兴八年，他与魏延出兵南安境内，打败魏国将领费瑶，被封为亭侯，后又晋封为高阳乡侯，升为左将军。建兴十二年(234)，丞相诸葛亮去世，朝廷派吴壹督管汉中，为车骑将军，授予

汉中,车骑将军,假节,领雍州刺史,进封济阳侯。十五年卒。失其行事,故不为传。壹族弟班,字元雄,大将军何进官属吴匡之子也。以豪侠称,官位常与壹相亚。先主时,为领军。后主世,稍迁至骠骑将军,假节,封绵竹侯。

安汉宰南,奋击旧乡,翦除芜秽,惟刑以张,广迁蛮、濮,国用用强。——赞李德昂

辅汉惟聪,既机且惠,因言远思,切问近对,赞时休美,和我业世。——赞张君嗣

镇北敏思,筹画有方,导师禳秽,遂事成章。偏任东隅,末命不祥,哀悲本志,放流殊疆。——赞黄公衡

越骑惟忠,厉志自祇,职于内外,念公忘私。——赞杨季休

符节,兼领雍州刺史,晋封为济阳侯。建兴十五年(237),吴壹去世。其事迹失考,所以没有立传。吴壹的族弟吴班,字元雄,是大将军何进的属官吴匡之子。吴班以豪侠著称,官位常与吴壹不相上下。先主时期,吴班为领军。后主时期,吴班逐渐升至骠骑将军,授予符节,封为绵竹侯。

安汉将军治理南部边疆,奋力安定故乡,消灭邪恶败类,刑罚得以伸张,广泛迁徙蛮、濮,国需财用得以富足。——赞李德昂

辅汉将军聪敏,机智且贤能,可以根据言论长远谋划,对策往往贴切严密,辅成当世美德,可以使大业和美。——赞张君嗣

镇北将军才思敏捷,筹划谋略得当,率领军队清除敌寇,做事成功且有章法。独自任职在东隅,晚年命运不祥,可悲大志未伸,竟导致流放异域。——赞黄公衡

越骑校尉忠诚,勉励志向自爱自重,任职于朝廷内外,都能公而忘私。——赞杨季休

征南将军敦厚稳重,征西将军忠

征南厚重，征西忠克，统时选士，猛将之烈。——赞赵子龙、陈叔至

叔至，名到，汝南人也。自豫州随先主，名位常亚赵云，俱以忠勇称。建兴初，官至永安都督、征西将军，封亭侯。

镇南粗强，监军尚笃，并豫戎任，任自封裔。——赞辅元弼、刘南和

辅元弼，名匡，襄阳人也。随先主入蜀。益州既定，为巴郡太守。建兴中，徙镇南，为右将军，封中乡侯。

刘南和，名邕，义阳人也。随先主入蜀。益州既定，为江阳太守。建兴中，稍迁至监军后将军，赐爵关内侯，卒。子式嗣。少子武，有文，与樊建齐名，官亦至尚书。

司农性才，敷述允章，藻丽辞理，斐斐有光。——赞秦子勑

勇善战，统理时政选拔俊才，成就猛将功绩。——赞赵子龙、陈叔至

陈叔至，名到，汝南人。他从豫州开始就跟随先主。名声地位常仅次于赵云，两人都以忠勇闻名。建兴初年陈到官至永安都督、征西将军，被封为亭侯。

镇南将军粗犷强悍，监军崇尚笃诚，共同在军中任职，都因功劳而得到封地。——赞辅元弼、刘南和

辅元弼，名匡，襄阳人。他随先主进入蜀地。益州平定后，担任巴郡太守。建兴年间，辅匡调任镇南，担任右将军，被封为中乡侯。

刘南和，名邕，义阳人。他随先主进入蜀地。益州平定后，担任江阳太守。建兴年间，逐渐升至监军后将军，赐爵关内侯，后去世。刘邕的儿子刘式继承了他的爵位。小儿子刘武，有文才，与樊建齐名，官也做到了尚书。

司农天性有才华，铺陈叙述文章得体，辞藻华丽文理通畅，文采斐然光明。——赞秦子勑

正方接受遗诏，参与后世政治，不竭尽全力于政事，反倒是捏造异端

正方受遗，豫闻后纲，不陈不佥，造此异端，斥逐当时，任业以丧。——赞李正方

文长刚粗，临难受命，折冲外御，镇保国境。不协不和，忘节言乱，疾终惜始，实惟厥性。——赞魏文长

威公狷狭，取异众人；闲则及理，逼则伤侵，舍顺入凶，大《易》之云。——赞杨威公

季常良实，文经勤类，士元言规，处仁闻计，孔休、文祥，或才或臧，播播述志，楚之兰芳。——赞马季常、卫文经、韩士元、张处仁、殷孔林、习文祥

文经、士元，皆失其名实、行事、郡县。处仁本名存，南阳人也。以荆州从事随先主入蜀，南次至雒，以为广汉太守。存素不服庞统，统中矢卒，先主发言嘉叹，存曰："统虽尽忠可惜，

邪说，最终被贬斥放逐，职位和功业都丧失。——赞李正方

文长刚烈粗疏，临危承受君命，英勇抵御外侮，镇守保卫国境。不能与同僚协调和睦，忘记臣节而言语悖乱，哀痛其结局而可惜其开始，实在是人的本性。——赞魏文长

威公心胸狭窄，常取异众人；平时尚能知晓情理，急迫时则伤害相侵，舍弃顺境而招致危难，是《易经》所云。——赞杨威公

季常优良诚实，文经勤勉善良，士元进言劝谏，处仁通晓谋略，孔休和文祥，各有才干美名，显扬才华展现志向，都是楚地的杰出人士。——赞马季常、卫文经、韩士元、张处仁、殷孔林、习文祥

文经、士元，他们的名字、事迹和籍贯都已不详。张处仁，原名存，南阳人。他以荆州从事身份跟随先主进入蜀地，南行驻扎在雒县，被任命为广汉太守。张存一向不服庞统，庞统中箭阵亡后，先主一说到他就称赞叹息，张存说："庞统虽说竭尽忠心令人惋惜，然而您如此怀念不符合大雅之

然违大雅之义。”先主怒曰:“统杀身成仁,更为非也?”免存官。顷之,病卒。失其行事,故不为传。

孔休,名观,为荆州主簿别驾从事,见《先主传》。失其郡县。文祥名祯,襄阳人也。随先主入蜀,历雒、郫令,广汉太守。失其行事。子忠,官至尚书郎[2]。

国山休风,永南耽思;盛衡、承伯,言藏言时;孙德果锐,伟南笃常;德绪、义彊,志壮气刚。济济修志,蜀之芬香。——赞王国山、李永南、马盛衡、马承伯、李孙德、李伟南,龚德绪、王义彊

国山,名甫,广汉郪人也。好人流言议。刘璋时,为州书佐。先主定蜀后,为绵竹令,还为荆州议曹从事。随先主征吴,军败于秭归,遇害。子祐,有父风,官至尚书右选郎。

义。”先主愤怒地说:“庞统杀身成仁,难道还有什么可非议的吗?”于是罢免了张存官职。不久,张存病死。其事迹失考,因此没有立传。

殷孔休,名观,做过荆州主簿别驾从事,其事见《先主传》,其籍贯不详。习文祥,名祯,襄阳人。他跟随先主进入蜀地,历任雒县、郫县令,广汉太守。其事迹失考。习祯的儿子习忠,官至尚书郎。

国山有美好的风范,永南沉溺于思虑;盛衡和承伯,有才华和见识;孙德果敢勇猛,伟南纯笃忠贞;德绪和义彊,志气壮烈为人刚强。众人志向和节操善美,都是蜀地的杰出人物。——赞王国山、李永南、马盛衡、马承伯、李孙德、李伟南,龚德绪、王义彊

王国山,名甫,广汉郡郪县人。他喜欢议论品评人物。刘璋时期,他担任州书佐。先主平定蜀地后,任命王甫为绵竹县令,后回到州里担任荆州议曹从事。跟随先主出征东吴,蜀军在秭归被打败,王甫也遇害身亡。他的儿子王祐,有父亲的风范,官做到尚书右选郎。

永南，名邵，广汉郪人也。先主定蜀后，为州书佐部从事。建兴元年，丞相亮辟为西曹掾。亮南征，留邵为治中从事，是岁卒[3]。

盛衡，名勋，承伯，名齐，皆巴西阆中人也。勋，刘璋时为州书佐，先主定蜀，辟为左将军属，后转州别驾从事，卒。齐为太守张飞功曹。飞贡之先主，为尚书郎。建兴中，从事丞相掾，迁广汉太守，复为参军。亮卒，为尚书。勋、齐皆以才干自显见，归信于州党，不如姚伷。伷字，子绪，亦阆中人。先主定益州后，为功曹书佐。建兴元年，为广汉太守。丞相亮北驻汉中，辟为掾。并进文武之士，亮称曰："忠益者莫大于进人，进人者各务其所尚；今姚掾并存刚柔，以广文武之用，可谓博雅矣，愿诸掾各希此

李永南，名邵，广汉郡郪县人。先主平定蜀地后，李邵担任州书佐部从事。建兴元年(223)，丞相诸葛亮征召他为西曹掾。诸葛亮南征，留李邵为治中从事，他在当年去世。

马盛衡，名勋，马承伯，名齐，两人都是巴西郡阆中人。马勋，刘璋时期担任州书佐。先主平定蜀地，征召他担任左将军属，后转任州别驾从事，不久去世。马齐担任太守张飞的功曹。张飞将他推荐给先主，任命他为尚书郎。建兴年间，马齐任从事丞相掾，升任广汉太守，又担任丞相府参军。诸葛亮去世后，马齐为尚书。马勋、马齐都以各自的才干得以显耀，但在家乡州郡中的威信，却不如姚伷。姚伷，字子绪，也是阆中人。先主平定益州后，姚伷担任功曹书佐。建兴元年(223)，姚伷担任广汉太守。丞相诸葛亮北往驻守汉中，征召他为掾属。他同时荐举文士和武将，诸葛亮称赞他说："忠于国家有益于社稷的事，莫大于进举人才，推荐人才者都尽力于所擅长的工作；现在姚伷能刚柔并济，以扩充朝廷对文、武两方面人才的使用，真可

事,以属其望。”迁为参军。亮卒,稍迁为尚书仆射。时人服其真诚笃粹。延熙五年卒,在作赞之后。

孙德,名福,梓潼涪人也。先主定益州后,为书佐、西充国长、成都令。建兴元年,徙巴西太守,为江州督、扬威将军,入为尚书仆射,封平阳亭侯。延熙初,大将军蒋琬出征汉中,福以前监军领司马,卒[4]。

伟南,名朝,永南兄。郡功曹,举孝廉,临邛令,入为别驾从事。随先主东征吴,章武二年卒于永安[5]。

德绪,名禄,巴西安汉人也。先主定益州,为郡从事牙门将。建兴三年,为越嶲太守,随丞相亮南征,为蛮夷所害,时年三十一。弟衡,景耀中为领军。义彊名士,广汉郪人,国山从兄也。从先主入蜀后,举孝廉,为符节

称得上博雅君子了,愿为掾者都能做到这一点,以不负国家厚望。”于是升姚伷为参军。诸葛亮去世后,姚伷逐渐升任为尚书仆射。当时的人都钦佩他真诚纯粹笃厚。他去世于延熙五年(242),在作赞之后。

李孙德,名福,梓潼郡涪县人。先主平定益州后,任命李福为州书佐、西充国长、成都县令。建兴元年(223),升任为巴西太守,为江州督、扬威将军,入朝为尚书仆射,并被封为平阳亭侯。延熙初年,大将军蒋琬出兵汉中,李福为前监军兼任司马,旋即去世。

李伟南,名朝,是李永南的哥哥。李朝担任郡功曹,被举荐为孝廉,担任临邛县令,入朝为别驾从事。跟随先主东征吴国,章武二年(222),在永安去世。

龚德绪,名禄,巴西郡安汉县人。先主平定益州,龚禄为郡从事牙门将。建兴三年(225),龚禄被任命为越嶲太守,随丞相诸葛亮南征,被蛮夷所杀,时年三十一岁。龚禄的弟弟龚衡,景耀年间担任领军。王义彊,名士,广汉郡郪县人,是王国山的堂兄。他随先

长，迁牙门将，出为宕渠太守，徙在犍为。会丞相亮南征，转为益州太守，将南行，为蛮夷所害。

休元轻寇，损时致害，文进奋身，同此颠沛，患生一人，至于弘大。——赞冯休元、张文进

休元，名习，南郡人。随先主入蜀。先主东征吴，习为领军，统诸军，大败于猇亭。

文进，名南，亦自荆州随先主入蜀，领兵从先主征吴，与习俱死。时又有义阳傅肜，先主退军，断后拒战，兵人死尽，吴将语肜令降，肜骂曰："吴狗！何有汉将军降者！"遂战死。拜子佥为左中郎，后为关中都督，景耀六年，又临危授命。论者嘉其父子奕世忠义[6]。

江阳刚烈，立节明君，兵合遇寇，不屈其身，单夫

主进入蜀地后，被荐举为孝廉，任符节长，升任牙门将，外出担任宕渠太守，调往犍为郡任职。正逢丞相诸葛亮南征，转任为益州太守。将要南行时，他被蛮夷所杀。

休元作战轻敌，失时遭受祸害，文进奋不顾身，一同遭遇败亡，患难生死与共，精神弘扬光大。——赞冯休元、张文进

冯休元，名习，南郡人。他跟随先主进入蜀地。先主东征吴国，任用冯习为领军，统率诸军，在猇亭大败。

张文进，名南，也自荆州跟随先主进入蜀地，带兵随先主征伐吴国，与冯习一起战死。当时还有义阳人傅肜，先主退军，他断后御敌，兵卒全部战死，吴国将领劝傅肜投降，傅肜大骂："吴狗！哪有汉将军投降的！"最终战死。他的儿子傅佥被任命为左中郎，后又为关中都督。景耀六年(263)，傅佥又临阵战死。人们称赞他们父子累世忠义。

江阳太守刚直勇烈，立志节忠于明君，交战遭遇敌寇，毫不屈服，单人独自作战，丧命于阵前。——赞程

只役,陨命于军。——赞程季然

季然,名畿,巴西阆中人也。刘璋时为汉昌长。县有賨人,种类刚猛,昔高祖以定关中。巴西太守庞羲以天下扰乱,郡宜有武卫,颇招合部曲。有谗于璋,说羲欲叛者,璋阴疑之。羲闻,甚惧,将谋自守,遣畿子郁宣旨,索兵自助。畿报曰:“郡合部曲,本不为叛,虽有交构,要在尽诚;若必以惧,遂怀异志,非畿之所闻。”并敕郁曰:“我受州恩,当为州牧尽节。汝为郡吏,当为太守效力,不得以吾故有异志也。”羲使人告畿曰:“尔子在郡,不从太守,家将及祸!”畿曰:“昔乐羊为将,饮子之羹,非父子无恩,大义然也。今虽复羹子,吾必饮之。”羲知畿必不为己,厚陈谢于璋以致无咎。璋闻之,迁畿江阳太守。先主

季然

程季然,名畿,巴西郡阆中人。刘璋时期程畿为汉昌长。该县有賨人,其种族性情刚猛,从前汉高祖利用他们平定关中。巴西太守庞羲考虑到天下纷乱,郡中应建立武装部队,于是召集很多賨人作为私人武装。有人向刘璋进谗言,说庞羲想反叛,刘璋心中暗自怀疑。庞羲听说后,很害怕,想要谋划自保,派遣程畿的儿子程郁宣布命令,索求军队帮助自己。程畿回话说:“郡中召集部曲,本意并非反叛,虽然有人离间,关键在于尽诚;如果一味害怕,便生出不良之心,这并非是我想听闻的事。”并告诫程郁说:“我受州牧恩泽,应为州牧尽节。你是郡中官吏,应为太守效力,不要因为我而有异心。”庞羲派人告知程畿说:“您的儿子在郡中,不服从太守命令,那么您家将要遭受祸患了!”程畿回话说:“从前乐羊为将军,饮过敌人用他儿子烹制的肉羹,这并不是无父子恩情,而是大义使然。现在您即使把我儿子煮成羹,我也一定饮下去。”庞羲知道程畿一定不会帮

领益州牧，辟为从事祭酒。后随先主征吴，遇大军败绩，溯江而还，或告之曰：“后追已至，解船轻去，乃可以免。”畿曰：“吾在军，未曾为敌走，况从天子而见危哉！”追人遂及畿船，畿身执戟战，敌船有覆者。众大至，共击之，乃死。

公弘后生，卓尔奇精，夭命二十，悼恨未呈。——赞程公弘

公弘，名祁，季然之子也。

古之奔臣，礼有来逼，怨兴司官，不顾大德。靡有匡救，倍成奔北，自绝于人，作笑二国。——赞糜芳、士仁、郝普、潘濬

糜芳，字子方，东海人也，为南郡太守。士仁字君义，广阳人也，为将军，住公安。统属关羽，与羽有隙，叛迎孙权。郝普，字子太，义阳人。先主自荆

自己，于是转而殷切地向刘璋谢罪，从而免去祸患。刘璋听说这件事，升任程畿为江阳太守。先主兼领益州牧时，征召程畿为从事祭酒。他后来跟随先主征讨吴国，遇到大军战败，溯江而上退返蜀地，有人报告说：“后面追兵已到，解开船独自离去，才可以逃脱。”程畿说：“我在军中，从未看见敌兵就逃走，何况随从天子出征而陷入困境！”追兵于是赶上了程畿的船，程畿亲手持戟与敌人作战，使敌人船只有的翻沉。后来大队敌军赶来，一齐向他进攻，于是将他杀死。

公弘后生，卓越而有奇才，二十岁早夭，可悲志向未伸。——赞程公弘

程公弘，名祁，是程季然的儿子。

自古叛逃之臣，对礼仪有所侵害，怨恨长官，不顾念大德。没有匡正补救，背信弃义投敌，不仅自己与人绝断，而且也留给两国笑柄。——赞糜芳、士仁、郝普、潘濬

糜芳，字子方，东海人，担任南郡太守。士仁，字君义，广阳人，担任将军，驻守公安。两人统属于关羽，与关羽有矛盾，叛降孙权。郝普，字子太，

州入蜀，以普为零陵太守。为吴将吕蒙所谲，开城诣蒙。潘濬，字承明，武陵人也。先主入蜀，以为荆州治中，典留州事，亦与关羽不穆。孙权袭羽，遂入吴。普至廷尉，濬至太常，封侯[7]。

评曰：邓芝坚贞简亮，临官忘家，张翼亢姜维之锐，宗预御孙权之严，咸有可称。杨戏商略，意在不群，然智度有短，殆罹世难云。

义阳人。先主从荆州进入蜀地，任命郝普为零陵太守。郝普被吴国将军吕蒙所骗，开城降迎吕蒙。潘濬，字承明，武陵人。先主进入蜀地，任命他为荆州治中，掌管荆州的留守事务，他也与关羽不和。孙权袭击关羽，潘濬于是投奔吴国。郝普官至廷尉，潘濬官至太常，并被封侯。

评论说：邓芝坚定忠贞正直，公而忘私，张翼敢于抵抗姜维的锋芒，宗预能对抗孙权的威势，都有值得称道的地方。杨戏放荡不羁，意在与众不同，但是智慧谋略有所欠缺，恐怕是一定会遭遇当世祸难吧。

裴注　[1]《襄阳记》曰："杨颙字子昭，杨仪宗人也。入蜀，为巴郡太守、丞相诸葛亮主簿。亮尝自校簿书，颙直入谏曰：'为治有体，上下不可相侵，请为明公以作家譬之：今有人使奴执耕稼，婢典炊爨，鸡主司晨，犬主吠盗，牛负重载，马涉远路，私业无旷，所求皆足，雍容高枕，饮食而已。忽一旦尽欲以身亲其役，不复付任，劳其体力，为此碎务，形疲神困，终无一成。岂其智之不如奴婢鸡狗哉？失为家主之法也。是故古人称坐而论道谓之王公，作而行之谓之士大夫。故邴吉不问横道死人而忧牛喘，陈平不肯知钱谷之数，云自有主者，彼诚达于位分之体也。今明公为治，乃躬自校簿书，流汗竟日，不亦劳乎！'亮谢之。后为东曹属，典选举。颙死，亮垂泣三日。"　[2]《襄阳记》曰："习祯有风流，善谈论，名亚庞统，而在马良之右。子忠，亦有名。忠子隆，为步兵校尉，掌校秘书。"　[3]《华阳国志》曰:“邵兄邈,字汉南,刘璋时为牛鞞长。先主领牧,为从事,正旦命行酒,得进见,让先主曰:‘振威以将军宗室肺腑,委以讨贼,元功未效,先寇而灭;邈以将军之取鄗州,甚为不宜也。’先主曰:‘知其不宜,何以不助之?’邈曰:‘匪不敢也,力不足耳。’有司将杀之,诸葛亮为请,得免。久之,为犍为太守、丞相参军、安汉将军。建兴六年,亮西征,马谡在前败绩,亮将杀之,邈谏以‘秦赦孟明,用伯西戎,楚诛子玉,二世不竞’,失亮意,还蜀。十二年,亮卒,后主素服发哀三日,邈上疏曰:‘吕禄、霍禹未必怀反叛之心,孝宣不好为杀臣之君,直以臣惧其逼,主畏其威,故奸萌生。亮身杖强兵,狼顾虎视,五大不在边,臣常危之。今亮殒没,盖宗族得全,西戎静息,大小为庆。’后主怒,下狱诛之。” [4]《益部耆旧杂记》曰:“诸葛亮于武功病笃,后主遣福省侍,遂因諮以国家大计。福往具宣圣旨,听亮所言,至别去数日,忽驰思未尽其意,遂却骑驰还见亮。亮语福曰:‘孤知君还意。近日言语,虽弥日,有所不尽,更来一决耳。君所问者,公琰其宜也。’福谢:‘前实失不諮请公:如公百年后,谁可任大事者?故辄还耳。乞复请,蒋琬之后,谁可任者?’亮曰:‘文伟可以继之。’又复问其次,亮不答。福还,奉使称旨。福为人精识果锐,敏于从政。子骧,字叔龙,亦有名,官至尚书郎、广汉太守。” [5]《益部耆旧杂记》曰:“朝又有一弟,早亡,各有才望,时人号之李氏三龙。”《华阳国志》曰:“群下上先主为汉中王,其文,朝所造也。”臣松之案:《耆旧》所记,以朝、邵及早亡者为三龙。邈之狂直,不得在此数。 [6]《蜀记》载晋武帝诏曰:“蜀将军傅佥,前在关城,身拒官军,致死不顾。佥父彤,复为刘备战亡。天下之善一也,岂由彼此以为异?”佥息著、募,后没入奚官,免为庶人。 [7]《益部耆旧杂记》载王嗣、常播、卫继三人,皆刘氏王蜀时人,故录于篇。王嗣字承宗,犍为资中人也。其先,延熙世以功德显著。举孝廉,稍迁西安围督、汶山太守,加安远将军。绥集羌、胡,咸悉归服,诸种素桀恶者皆来首降,嗣待以恩信,时北境得以宁静。大将军姜维每出北征,羌、胡出马、牛、羊、毡毦及义谷裨军粮,国赖其资。迁镇军,故领郡。后从维北征,为流矢所伤，数月卒。戎夷会葬，赠送数千人，号呼涕泣。嗣为人美厚笃至，众所爱信。嗣子及孙，羌、胡见之如骨肉，或结兄弟，恩至于此。常播字文平，蜀郡江原人也。播仕县主簿、功曹。县长广都朱游，建兴十五年中被上官诬劾，以逋没官谷，当论重罪。播诣狱讼争，身受数千杖，肌肤刻烂，毒痛惨至，更历三狱，幽闭二年有余。每将考掠，吏先验问，播不答，言“但急行罚，无所多问！”辞终不挠，事遂分明。长免刑戮。时唯主簿杨玩亦证明其事，与播辞同。众咸嘉播忘身为君，节义抗烈。举孝廉，除郪长，年五十余卒。书于《旧德传》，后县令颍川赵敦图其像，赞颂之。卫继字子业，汉嘉严道人也。兄弟五人。继父为县功曹。继为儿时，与兄弟随父游戏庭寺中，县长蜀郡成都张君无子，数命功曹呼其子省弄，甚怜爱之。张因言宴之间，语功曹欲乞继，功曹即许之，遂养为子。继敏达夙成，学识通博，进仕州郡，历职清显。而其余兄弟四人，各无堪当世者，父恒言己之将衰，张明府将盛也。时法禁以异姓为后，故复为卫氏。屡迁拜奉车都尉、大尚书，忠笃信厚，为众所敬。钟会之乱，遇害成都。

三國志

五

吴书【一】

吴

[晋]陈寿 著

[南朝宋]裴松之 注

黄宁宁 刘光 吴南泽等 译注

岳麓書社·长沙

目 录

五

六

卷四十六　吴书一

孙破虏讨逆传

导读　本篇是孙坚、孙策父子的传记。孙坚、孙策是东汉末年重要的将领、军阀，是三国之中吴国的奠基人。

孙坚祖籍吴郡富春，早年在江东地区做县吏，取得了一定的声望。东汉中平元年(184)，张角领导的“黄巾起义”爆发，孙坚在淮泗地区招募了一千多名兵士，跟随车骑将军皇甫嵩、中郎将朱儁等镇压黄巾军，后在南方地区平定叛乱有功，受封为乌程侯。中平六年(189)，董卓在洛阳立陈留王刘协为帝(即汉献帝)，专断朝政，横行跋扈，导致天下各州郡纷纷起兵讨伐，孙坚也参与其中。孙坚起兵后，迅速控制了荆州，并和袁术结成同盟，而袁术表奏朝廷任命其为破虏将军、豫州刺史。孙坚部队多次与董卓正面交战，并取得可观的胜利。后来在初平二年(191)受袁术之命讨伐刘表时，孙坚被刘表的部将黄祖暗箭射中身亡。孙坚“孤微发迹”，为人勇猛刚毅，正直忠烈，在汉末群雄中独树一帜，但其智谋不足，最终死于轻敌，也往往被后人诟病。孙坚因曾做过破虏将军，故被称为“孙破虏”。

孙策是孙坚长子，孙坚死后，孙策继承父亲遗业，最初投靠袁术。兴平二年(195)，孙策向袁术借兵东渡，在曲阿击败扬州刺史刘繇，随后相继击败王朗和严白虎。袁术称帝后，孙策与之决裂，而曹操所掌控的东汉朝廷下诏任命孙策为讨逆将军，并封为吴侯。建安四年(199)袁术死后，孙策率领周瑜、朱治、程普、黄盖、韩当等人，征讨了黄祖、华歆等地方势力，平定了江东六郡，为后来吴国的建立奠定了基础。孙策为将勇猛，曹操甚至认为“难与争锋”，《三国演义》称其为“小霸王”，但为人年轻气盛，好勇斗狠，在平定江东过程中杀戮许多地方大族，结下不少仇怨。因而在建安五年(200)，孙策在丹徒山中打猎时，被许贡的门客刺杀身亡。

孙权称帝之后，追谥父亲孙坚为吴武烈皇帝，庙号始祖；长兄孙策为长沙桓王。陈寿写作《三国志》时，主要采取了以汉、魏为正统的视角，因此没有采用吴国的追谥，而是采用汉朝廷授予的将军号“破虏”“讨逆”为篇名。

孙坚

原文

孙坚，字文台，吴郡[1]富春[2]人，盖孙武[3]之后也[1]。少为县吏。年十七，与父共载船至钱唐[4]，会海贼胡玉等从匏里[5]上掠取贾人财物，方于岸上分之，行旅皆住船，不敢进。坚谓父曰：“此贼可击，请讨之。”父曰：“非尔所图也。”坚行操刀上岸，以手东西指麾[6]，若分部人兵以罗遮[7]贼状。贼望见，以为官兵捕之，即委财物散走。坚追，斩得一级以还，父大惊。由是显闻，

译文

孙坚，字文台，吴郡富春人，大概是春秋时著名军事家孙武的后人。他年轻时曾做过县里的小吏。十七岁时，他和父亲一起坐船前往钱唐，刚好遇上海盗胡玉等人从匏里掠夺来商人的财物，正要在岸上分赃，来往的行旅船只纷纷停下来不敢前行。孙坚对父亲说：“我能击败这伙盗贼，请让我去讨伐他们。”孙父说：“这可不是你能干得来的事。”孙坚提刀上岸，用手东西指挥，像是在分派士兵包抄盗贼的样子。这群海盗看见孙坚的举动，以为是官兵来缉捕他们，吓得立即扔掉抢来的财物四散逃走。孙坚追上去，砍下了一个海盗的首级提了回来，父亲大为惊讶。此后，孙坚声名大振，县

府召署假尉[8]。会稽[9]妖贼许昌起于句章[10]，自称阳明皇帝[2]，与其子韶扇[11]动诸县，众以万数。坚以郡司马[12]募召精勇，得千余人，与州郡合讨破之。是岁，熹平[13]元年也。刺史臧旻[14]列上功状，诏书除坚盐渎丞，数岁徙盱眙丞，又徙下邳丞[3]。[15]

府征召他做代理县尉。后来会稽人许昌妖言惑众，在句章起兵作乱，自称为“阳明皇帝”，和儿子许韶一同煽动各县百姓造反，纠集了数以万计的部众。孙坚以吴郡司马的身份招募了一千多名精锐勇士，与州郡军队合力平定了叛乱。这一年，是熹平元年(172)。扬州刺史臧旻将这场战事中众人的功绩上奏，于是朝廷下诏委任孙坚做盐渎县丞，数年后改任盱眙县丞，又改任下邳县丞。

今注 **1** 吴郡：东汉郡名，郡治吴县(今江苏苏州)。 **2** 富春：东汉县名，县治在今浙江杭州富阳区，东晋时避郑太后讳改为富阳。 **3** 孙武：春秋时齐国人，著名军事家、政治家，一般尊称为“孙子”或“孙武子”。著有《孙子兵法》十三篇，广泛流传，被誉为兵学经典。 **4** 钱唐：又作钱塘，东汉县名，原属会稽郡，东汉永建四年(129)改属吴郡，县治在今浙江杭州。 **5** 匏(páo)里：地名，所在今不详。 **6** 指麾(huī)：即指挥。 **7** 罗遮：原意为覆盖，这里引申为包围。 **8** 假尉：即临时任命的县尉官。在古代官制中，“假”一般表示代理或非正式的任命。 **9** 会稽：东汉郡名，郡治山阴(今浙江绍兴)。 **10** 句(gōu)章：东汉县名，秦代始置，属会稽郡，治所句章城位于今浙江余姚东南。 **11** 扇(shān)：通“煽”。 **12** 郡司马：官名，汉代郡府属吏，属于武官。 **13** 熹平(172—177)：汉灵帝刘宏的第二个年号。 **14** 臧(zāng)旻(mín)：广陵射阳(今江苏宝应)人，东汉时期官员、将领。为人富有学识才干，汉灵帝时出任吴郡太守。 **15** 盐渎、盱眙、下邳：均为东汉县名。盐渎，属广陵郡，后改名盐城，县治在今江苏盐城；盱眙，先后属东海郡和下邳郡，县治在今江苏盱眙；下邳，属下邳郡，县治在今江苏邳州。

裴注 [1]《吴书》曰:"坚世仕吴,家于富春,葬于城东。冢上数有光怪,云气五色,上属于天,曼延数里。众皆往观视。父老相谓曰:'是非凡气,孙氏其兴矣!'及母怀妊坚,梦肠出绕吴昌门,寤而惧之,以告邻母。邻母曰:'安知非吉征也?'坚生,容貌不凡,性阔达,好奇节。" [2]《灵帝纪》曰:"昌以其父为越王也。" [3]《江表传》曰:"坚历佐三县,所在有称,吏民亲附。乡里知旧,好事少年,往来者常数百人,坚接抚待养,有若子弟焉。"

中平1元年,黄巾贼帅张角2起于魏郡3,托有神灵,遣八使以善道教化天下,而潜相连结,自称黄天泰平。三月甲子,三十六方一旦俱发,天下响应,燔烧4郡县,杀害长吏[1]。汉遣车骑将军5皇甫嵩6、中郎将7朱儁8将兵讨击之。儁表请坚为佐军司马,乡里少年随在下邳者皆愿从。坚又募诸商旅及淮泗9精兵,合千许人,与儁并力奋击,所向无前[2]。汝颍10贼困迫,走保宛城11。坚身当一面,登城先入,众乃蚁附,遂大破之。

中平元年(184),黄巾军的首领张角在魏郡起兵,假托有神灵指示,派遣八名使者用"善道"去教化天下百姓,实际上暗中在各地搞串联活动,并自称"黄天"出现后天下就会太平。三月甲子日,黄巾军三十六方兵马一日之内全部出动,天下各地纷纷响应,起义民众到处焚烧郡县官府,杀害地方长官。东汉朝廷于是派遣车骑将军皇甫嵩、中郎将朱儁带领官兵前去镇压起义。朱儁向朝廷上表,请求任命孙坚为佐军司马,而跟随孙坚在下邳当差的同乡少年勇士全都表示愿意一同前往。孙坚又从往来的商旅和淮泗地区的精兵中招募了一千多人,协同朱儁奋勇作战,所向披靡。汝南、颍川的黄巾军难以抵挡进攻,只好撤退到宛城防守。孙坚在攻城时,独当一面,率先登上城墙进入城内,他的部众纷纷紧随其后攻入

儁具以状闻上，拜坚别部司马[3]。	城中，于是大获全胜。朱儁将情况详细上报朝廷，朝廷于是任命孙坚为别部司马。

今注 1 中平：汉灵帝刘宏的第四个年号(184—189)。 2 张角：东汉末年“黄巾起义”的主要领导人，也是太平道的创始人。中平元年(184)，张角率众发动起义，自称“天公将军”“大贤良师”。由于起义军以黄巾裹头，故史称“黄巾起义”。不久之后，张角病死，起义也被汉朝镇压。 3 魏郡：东汉郡名，治所在邺(今河北临漳西南)。 4 燔(fán)烧：即焚烧。 5 车骑(qí)将军：汉代高级武官，地位仅低于大将军和骠骑将军，位次与三公相同，是战车部队的统帅，负责京师、宫禁的防卫以及征讨叛乱等。 6 皇甫嵩(？—195)：字义真，安定朝那(今宁夏彭阳西)人，东汉著名将领，早年担任侍郎、北地太守。其主要功绩为镇压黄巾起义，后历任车骑将军、太尉、光禄大夫、太常等职位。 7 中郎将：武官名，东汉末年至魏晋时期为次于将军、高于校尉的统兵武职名称。 8 朱儁(jùn，？— 195)：字公伟，会稽上虞(今浙江绍兴上虞区)人，东汉著名将领，曾担任兰陵令、交阯刺史、谏议大夫，黄巾起义时率兵镇压，后担任车骑将军、太尉等职位。在李傕、郭汜之乱中，被郭汜扣为人质，后发病而死。 9 淮泗：指淮水和泗水流域。 10 汝颍：指汝南、颍川。汝南，东汉郡名，治所平舆(今河南平舆北)；颍川，东汉郡名，治所阳翟(今河南禹州)。 11 宛城：汉代古城，位于今河南南阳宛城区。

裴注 [1]《献帝春秋》曰：“角称天公将军，角弟宝称地公将军，宝弟梁称人公将军。” [2]《吴书》曰：“坚乘胜深入，于西华失利。坚被创堕马，卧草中。军众分散，不知坚所在。坚所骑骢马驰还营，踣地呼鸣，将士随马，于草中得坚。坚还营十数日，创少愈，乃复出战。” [3]《续汉书》曰：“儁字公伟，会稽人。少好学，为郡功曹，察孝廉，举进士。汉朝以讨黄巾功，拜车骑将军，累迁河南尹。董卓见儁，外甚亲纳，而心忌之，儁亦阴备焉。关东兵起，卓议移都，儁辄止卓。卓虽惮儁，然贪其名重，乃表拜太仆以自副。儁被召，不肯受拜，因进曰：'国不宜迁，必孤天下望，成山东之结，臣不见其可也。'有司诘曰：'召君受拜而君拒之，不问徙事而君陈之，何也？'儁曰：'副相国，非臣所堪也。迁都非计，臣之所急也。辞所不堪，进臣所急，臣之所宜也。'有司曰：'迁都之事，初无此计也。就有，未露，何所受闻？'儁曰：'相国董卓为臣说之，臣闻之于相国。'有司不能屈，朝廷称服焉。后为太尉。李傕、郭汜相攻，劫质天子公卿，儁性刚，即发病而卒。"

边章[1]、韩遂[2]作乱凉州，中郎将董卓[3]拒讨无功。中平三年，遣司空张温[4]行车骑将军，西讨章等。温表请坚与参军事，屯长安[5]。温以诏书召卓，卓良久乃诣温。温责让卓，卓应对不顺。坚时在坐，前耳语谓温曰："卓不怖罪而鸱张大语[6]，宜以召不时至，阵军法斩之。"温曰："卓素著威名于陇蜀[7]之间，今日杀之，西行无依。"坚曰："明公[8]亲率王兵，威震天下，何赖于卓？

边章、韩遂在凉州发动叛乱，中郎将董卓前往征讨，却无功而返。中平三年(186)，朝廷派遣司空张温以车骑将军的身份，率领部队向西进军讨伐边章等人。张温上表请求让孙坚做自己的军事参谋，驻扎在长安。张温又以皇帝的名义发布诏书征召董卓前来，然而董卓拖了很久才来见他。张温因此对董卓加以斥责，董卓的应对却毫不恭顺。当时孙坚也在座，就上前向张温耳语道："董卓根本就不为自己的罪过害怕，还嚣张跋扈，口出狂言，您最好以没有按朝廷征召所规定的时间前来报到为理由，将他按军法处斩。"张温说："董卓在陇右、巴蜀一带素有威名，如果我们现在将他杀掉，将来向西进军恐怕就没有依靠了。"孙坚回答说："您亲自率领天子的部队，威震天下，哪里还要依赖区区一个董卓呢？

观卓所言，不假明公，轻上无礼，一罪也。章、遂跋扈经年，当以时进讨，而卓云未可，沮军疑众，二罪也。卓受任无功，应召稽留，而轩昂自高，三罪也。古之名将，仗钺[9]临众，未有不断斩以示威者也，是以穰苴斩庄贾[10]，魏绛戮杨干[11]。今明公垂意于卓，不即加诛，亏损威刑，于是在矣。”温不忍发举，乃曰：“君且还，卓将疑人。”坚因起出。

我看董卓的言下之意，根本没把您放在眼里，他轻慢上级，无礼放肆，这是第一项罪状。边章、韩遂在凉州那边已经暴虐跋扈了许多年，应当及时前去征讨，董卓却说不行，搞得大家心生疑虑，部队士气低落，这是第二项罪状。董卓接受重任而无功劳，接到召唤又逗留不至，反而傲慢自大，这是第三项罪状。自古以来名将出征，都是手持斧钺，对于触犯军法者，无不是立即当众处斩来树立威严，所以当年司马穰苴将迟到的庄贾斩首示众，魏绛将杨干扰乱军纪的车夫就地正法。现在您却对董卓网开一面，没有立即处斩，这可是有损您权威和法纪的做法啊！”张温还是没能狠下心来杀掉董卓，于是对孙坚说道：“你先回去，免得董卓起疑心。”孙坚于是起身离开了。

今注　**1** 边章（？— 186）：凉州金城（今甘肃兰州西北）人，汉末凉州军阀。原名边允，因叛乱被通缉而改名。中平年间与韩遂等在凉州起兵造反，后被韩遂所杀。　**2** 韩遂（？—215）：原名韩约，字文约，凉州金城（今甘肃兰州西北）人。东汉末年名将，汉末群雄之一。早年以“诛宦官”的名义起兵，割据西凉。曾与名将马腾结义，后依附于曹操。建安十六年(211)起兵反抗曹操，兵败于渭南，后又被夏侯渊击败，不久后逝世（一说被杀）。　**3** 董卓（？—192）：东汉陇西临洮（今甘肃岷县）人，东汉末年著名军阀、权臣，利用汉末的战乱控制东汉朝廷，废黜少帝，改立献帝，挟天子以令诸侯，使东汉政权名存实亡。献帝初平年间，以袁绍为首的关东诸侯讨伐董卓，而董卓在兵败后不久被其部将吕布所杀。 4 张温(？—191)：字伯慎，南阳穰县(今河南邓州)人。东汉末年官员，历任司隶校尉、司空、太尉、卫尉等职位。曾讨伐韩遂、边章、北宫伯玉的叛乱，后被董卓所杀。 5 长安：中国古都，在今陕西西安，为西汉国都所在。东汉迁都洛阳后，长安仍保留宗庙祭祀。 6 鸱(chī)张：即像鸱鸮(猫头鹰)张开翅膀一样。比喻嚣张，凶暴。大语：大话，狂言。 7 陇蜀：即陇右、巴蜀。陇右，泛指陇山以西地区。古代以西为右，故名。巴蜀，秦汉设巴蜀二郡，在今四川省和重庆市。后用为四川的别称。 8 明公：古代对有名位之人的尊称。 9 钺(yuè)：古代礼仪兵器，形似大斧，象征军事统帅的权威。 10 穰(ráng)苴(jū)：即田穰苴，因曾封为大司马，又名司马穰苴，春秋末期齐国军事家。齐国与晋、燕两国交战，齐景公提拔出身卑微的田穰苴领兵，委以重任，又派大夫庄贾做监军。田穰苴与庄贾约定第二天正午在军营会合，整顿军队，但庄贾直到当天傍晚才到达，于是被田穰苴依军法处置，斩首示众。 11 魏绛：春秋时晋国大夫。杨干为晋悼公之弟。晋悼公曾大会诸侯，借此夸耀自己的地位和实力，但在大会上其弟杨干的车夫驾车扰乱了仪仗的队列。魏绛认为车夫扰乱了军纪，于是将车夫处死。

章、遂闻大兵向至，党众离散，皆乞降。军还，议者以军未临敌，不断[1]功赏。然闻坚数卓三罪，劝温斩之，无不叹息。拜坚议郎[2]。时长沙[3]贼区星[4]自称将军，众万余人，攻围城邑。乃以坚为长沙太

边章、韩遂听说大军将至，部众早已纷纷逃散，都请求投降。张温班师回朝之后，朝廷中有人认为，大军并没有真的与敌人交锋，所以不论功行赏。但官员们听说孙坚数说董卓的三大罪状，力劝张温斩杀董卓一事，无不赞叹。于是朝廷任命孙坚为议郎。当时长沙的盗贼首领区星自称将军，聚集了一万多名兵卒，到处攻打城池。朝廷便派孙坚去做长沙太守。孙坚上任后，

守。到郡亲率将士,施设方略,旬月[5]之间,克破星等[1]。周朝、郭石亦帅徒众起于零、桂[6],与星相应。遂越境寻讨,三郡肃然。汉朝录前后功,封坚乌程侯[7][2]。

亲自统率军队,安排好作战策略,不过一个月的时间,就剿灭了区星等人。在此之前,周朝、郭石各自率领兵马,在零陵、桂阳等地发动叛乱,与区星遥相呼应。孙坚又越过长沙郡界讨伐周、郭等人,长沙、零陵、桂阳三个郡从此安定下来。汉朝廷检录孙坚前后所立战功,封他为乌程侯。

今注 1 断:即论断。 2 议郎:汉代设置,为光禄勋所属郎官之一,秩比六百石,负责顾问应对,没有固定的编制和职事,只是听从皇帝诏令的差遣。 3 长沙:汉代郡名。辖今湖南大部,治所临湘县(在今湖南长沙)。 4 区(ōu)星:生卒年不详,东汉末年将领。汉灵帝中平年间,区星自称将军,在长沙聚众一万余人起兵叛乱,被长沙太守孙坚击败。5 旬月:指一个月。 6 零、桂:即零陵、桂阳,均为汉代郡名。零陵郡治泉陵(今湖南永州北),桂阳郡治郴县(今湖南郴州)。 7 乌程侯:即乌程县侯,属于汉代列侯,可享受封国内的一部分税收,但没有治权。乌程属会稽郡,在今浙江湖州。

裴注 [1]《魏书》曰:"坚到郡,郡中震服,任用良吏。敕吏曰:'谨遇良善,治官曹文书,必循治,以盗贼付太守。'" [2]《吴录》曰:"是时庐江太守陆康从子作宜春长,为贼所攻,遣使求救于坚。坚整严救之。主簿进谏,坚答曰:'太守无文德,以征伐为功,越界攻讨,以全异国。以此获罪,何愧海内乎?'乃进兵往救,贼闻而走。"

灵帝[1]崩,卓擅朝政,横恣[2]京城。诸州

灵帝驾崩之后,董卓专擅朝政,在京城恣意妄为。各地州郡纷纷发动义军,要

郡并兴义兵，欲以讨卓[1]。坚亦举兵。荆州刺史王叡³素遇坚无礼，坚过杀之[2]。比至南阳⁴，众数万人。南阳太守张咨⁵闻军至，晏然自若[3]。坚以牛酒礼咨，咨明日亦答诣坚。酒酣，长沙主簿⁶入白坚："前移南阳，而道路不治，军资不具，请收主簿推问意故。"咨大惧欲去，兵陈四周不得出。有顷，主簿复入白坚："南阳太守稽停⁷义兵，使贼不时讨，请收出，案军法从事。"便牵咨于军门斩之。郡中震栗⁸，无求不获[4]。

来讨伐董卓。孙坚也在长沙起兵。荆州刺史王叡平素对待孙坚颇为轻慢无礼，孙坚经过荆州时，就将王叡杀掉了。孙坚军抵达南阳的时候，兵力已有数万人之多。南阳太守张咨听说孙坚率军来到，泰然自若。于是孙坚以牛和酒作为礼物送给张咨，次日，张咨也带着礼物来回拜孙坚。酒酣之际，孙坚手下的长沙郡主簿进来报告说："先前我们曾发公文到南阳说大军将经过，而现在道路也没有修整，军用物资也没有备办，还请您把当地的主簿官抓起来问个究竟。"张咨听了心中害怕想要离开，而孙坚手下的兵士早已将他四面包围，他不得出去。过了一会儿，长沙主簿又来报告："南阳太守张咨故意拖延起义军的行动，使我们没法按时前往京城讨伐董卓老贼，请您将他抓起来依军法处置。"于是将张咨拖到军营大门处就地正法。整个南阳郡惊恐不已，而孙坚在当地任意索取，无所不获。

今注 **1** 灵帝(157—189)：即汉灵帝刘宏，东汉第十二位皇帝，公元167年—189年在位。灵帝在位期间，政治腐败，宦官、外戚争权，先后爆发了党锢事件和黄巾起义，多地陷入持续动乱，东汉王朝逐渐走向衰败。**2** 横(hèng)恣(zì)：专横放肆。 **3** 王叡(？—190)：字通耀，琅邪临沂

(今山东临沂)人。东汉大臣,官至荆州刺史,在任期间多次平定州内叛乱。初平元年(190),因与部下武陵太守曹寅不和,受到曹寅诬陷,曹寅挑唆孙坚发兵击杀了王叡。 4 南阳:汉代郡名,治所宛城,在今河南南阳宛城区。 5 张咨(?—190):字子议,颍川(今河南禹州)人,东汉末期官员,曾担任南阳太守。孙坚起兵时路过南阳,为筹措军资而捏造罪名将张咨杀死。 6 主簿:古代各级官府中掌管文书的佐吏,至三国两晋时渐为将帅重臣的重要僚属,常参与机要,总领府事。 7 稽停:迟滞,停留。此指使部队滞留。 8 震栗:惊恐,战栗。

裴注 [1]《江表传》曰:"坚闻之,拊膺叹曰:'张公昔从吾言,朝廷今无此难也!'" [2] 案《王氏谱》,叡字通耀,晋太保祥伯父也。《吴录》曰:"叡先与坚共击零、桂贼,以坚武官,言颇轻之。及叡举兵欲讨卓,素与武陵太守曹寅不相能,扬言当先杀寅。寅惧,诈作案行使者光禄大夫温毅檄,移坚,说叡罪过,令收行刑讫,以状上。坚即承檄勒兵袭叡。叡闻兵至,登楼望之,遣问欲何为。坚前部答曰:'兵久战劳苦,所得赏,不足以为衣服,诣使君更乞资直耳。'叡曰:'刺史岂有所吝?'便开库藏,使自入视之,知有所遗不。兵进及楼下,叡见坚,惊曰:'兵自求赏,孙府君何以在其中?'坚曰:'被使者檄诛君。'叡曰:'我何罪?'坚曰:'坐无所知。'叡穷迫,刮金饮之而死。" [3]《英雄记》曰:"咨字子议,颍川人,亦知名。"《献帝春秋》曰:"袁术表坚假中郎将。坚到南阳,移檄太守,请军粮。咨以问纲纪,纲纪曰:'坚邻郡二千石,不应调发。'咨遂不与。" [4]《吴历》曰:"初,坚至南阳,咨既不给军粮,又不肯见坚。坚欲进兵,恐有后患,乃诈得急疾,举军震惶,迎呼巫医,祷祀山川。遣所亲人说咨,言病困,欲以兵付咨。咨闻之,心利其兵,即将步骑五六百人诣营省坚,坚卧与相见。无何,卒然而起,按剑骂咨,遂执斩之。此语与本传不同。"

前到鲁阳[1],与袁术[2]相见。术表坚行破虏将军,领豫州刺史。遂治兵于鲁阳城。当进军讨卓,遣长史公仇称[3]将兵从事,还州督促军粮。施帐幔于城东门外,祖道[4]送称,官属并会。卓遣步骑数万人逆[5]坚,轻骑数十先到。坚方行酒谈笑,敕部曲[6]:整顿行阵,无得妄动。后骑渐益[7],坚徐罢坐,导引入城,乃谓左右曰:"向坚所以不即起者,恐兵相蹈藉[8],诸君不得入耳。"卓兵见坚士众甚整,不敢攻城,乃引还[1]。

孙坚大军前进到鲁阳,与袁术见了面。袁术上表朝廷,任命孙坚为破虏将军,兼领豫州刺史。于是孙坚就在鲁阳城驻扎下来,整顿练兵。发兵征讨董卓之前,孙坚先派遣长史公仇称带着兵曹从事,回州里去督促军粮。他在城东门外搭建帐幔为公仇称送行,百官僚属都来赴会。不料这时董卓派遣数万人的步骑大军前来迎战孙坚,打头的数十名轻骑兵已经杀到鲁阳。孙坚神色不变,仍然饮酒谈笑,同时下达军令:整顿军队,不得轻举妄动。后来,敌方骑兵越来越多,孙坚才缓缓起身离席,由仪仗队导引进城,然后对手下人说:"此前我之所以没有当即起身,不过是担心士兵们惊恐之下相互踩踏,导致大家进不了城罢了。"董卓军远远望见孙坚部队军容齐整,不敢攻城,退兵回去了。

今注 1 鲁阳:汉代县名,属南阳郡,治今河南鲁山。 2 袁术(?—199):东汉末著名军阀、官僚,汝南汝阳(今河南商水西北)人,袁绍从弟(一说从兄)。曾与袁绍、曹操等共同举兵讨伐董卓,后与袁绍关系破裂,被袁绍、曹操击败,退据扬州。后于建安二年(197)称帝,建立"仲氏"政权,但未被承认,加上袁术统治无道,民不聊生,导致众叛亲离,先后被吕布、曹操击败,最终抑郁而死。 3 公仇称:孙坚部下,事迹不详。公仇为复姓。 4 祖道:古代为出行者设宴饯行、祭祀路神的仪式。 5 逆:

指迎击。 6 部曲:古代指豪门大族的私人军队,带有人身依附性质。这里指部下。 7 渐益:指逐渐增多。 8 蹈藉(jí):亦作"蹈籍",指踩踏,践踏。

裴注 [1]《英雄记》曰:"初,坚讨董卓,到梁县之阳人。卓亦遣兵步骑五千迎之,陈郡太守胡轸为大督护,吕布为骑督,其余步骑将校都督者甚众。轸字文才,性急,预宣言曰:'今此行也,要当斩一青绶,乃整齐耳。'诸将闻而恶之。军到广成,去阳人城数十里。日暮,士马疲极,当止宿,又本受卓节度,宿广成,秣马饮食,以夜进兵,投晓攻城。诸将恶惮轸,欲贼败其事,布等宣言'阳人城中贼已走,当追寻之,不然失之矣',便夜进军。城中守备甚设,不可掩袭。于是吏士饥渴,人马甚疲,且夜至,又无堑垒。释甲休息,而布又宣言相惊,云'城中贼出来'。军众扰乱奔走,皆弃甲,失鞍马。行十余里,定,无贼,会天明,便还,拾取兵器,欲进攻城。城守已固,穿堑已深,轸等不能攻而还。"

坚移屯梁[1]东,大为卓军所攻,坚与数十骑溃围[2]而出。坚常着赤罽帻[3],乃脱帻令亲近将祖茂着之。卓骑争逐茂,故坚从间道得免。茂困迫,下马,以帻冠冢间烧柱[4],因伏草中。卓骑望见,围绕数重,定近觉是柱,乃去。坚复相收兵,合战于阳人,大破卓

孙坚于是移兵驻扎在梁县的东面,不料遭到董卓军大举攻击,孙坚率领数十名骑兵奋力战斗,才突出重围。孙坚经常戴着一顶红色的毛皮头巾,他这时脱下头巾让亲信军将祖茂戴上。董卓军争相追赶戴着红头巾的祖茂,所以孙坚得以抄小路逃走。祖茂被追兵逼得紧了,于是下马将头巾套在野坟堆中间的一根烧断的木柱上,自己则躲到草丛中。董卓军的骑兵远远望见,将木柱团团围住,走近一看才发现是根柱子,于是掉头离开。后来孙坚

军，枭[5]其都督华雄[6]等。是时，或间[7]坚于术，术怀疑，不运军粮[1]。阳人去鲁阳百余里，坚夜驰见术，画地计校[8]，曰："所以出身不顾，上为国家讨贼，下慰将军家门之私仇[9]。坚与卓非有骨肉之怨也，而将军受谮润[10]之言，还相嫌疑[2]！"术踧踖[11]，即调发军粮。坚还屯。卓惮坚猛壮，乃遣将军李傕[12]等来求和亲，令坚列疏子弟任刺史、郡守者，许表用之。坚曰："卓逆天无道，荡覆王室，今不夷汝三族，县[13]示四海，则吾死不瞑目，岂将与乃和亲邪？"复进军大谷[14]，拒[15]雒[16]九十里[3]。卓寻徙都西入关，焚烧雒邑。坚乃前入至雒，修诸陵，平塞卓所发掘[4]。讫，引军还，住鲁阳[5]。

重新收集散兵，整顿部队，与董卓军在阳人城展开激战，大破敌军，斩杀了敌方的都督华雄等人。就在此时，有人在袁术面前挑拨离间他与孙坚的关系，袁术心生怀疑，便停止给孙坚军供应军粮。阳人城距离鲁阳有一百多里，孙坚连夜策马赶去面见袁术，在地上比画着说明情况，对袁术说："我之所以奋不顾身地作战，对上是为国家讨伐逆贼，对下是为将军您报家族的深仇。我与董卓根本没什么深仇大恨，而您竟然听信小人的谗言而怀疑我！"袁术听了内心愧疚不安，当即为其调拨军粮。孙坚也随即回到前线驻所。董卓忌惮孙坚的勇猛威武，于是派手下将军李傕前来请求和好，让孙坚写下家族中能够胜任刺史、郡守之职的子弟的名单，许诺将上表朝廷加以任用。孙坚说："董卓大逆不道，颠覆王室，今天不将你的三族诛灭，把你的头砍下悬挂起来，昭告天下，我死也不会瞑目，岂会与你和好亲善！"于是挥军向大谷关进发，距离洛阳只有九十里。董卓不久将都城向西迁入函谷关，临走之前放火烧毁了洛阳城。孙坚进入洛阳之后，悉心修缮了汉代皇帝的陵寝，将董卓所发掘的墓穴重新填埋。修缮工程完毕后，才率领军队回到鲁阳驻扎。

今注 1 梁:汉县名,属河南郡,东汉改河南郡为河南尹后,归河南尹管辖,在今河南汝州。 2 溃围:即突围。 3 赤罽(jì)帻(zé):罽是一种动物皮或毛的编织物,帻则是古代男子用于包裹头发的巾帕。 4 烧柱:秦汉时期平民死后不得立碑,多以木桩代替,名为烧柱。 5 枭(xiāo):即枭首,指斩首示众。 6 华雄:东汉末年董卓部下的武将,在孙坚讨伐董卓的战役中被孙坚斩杀。《三国演义》中对这一段史事进行了改动,改写成华雄被关羽所杀,即"温酒斩华雄"。 7 间(jiàn):指挑拨离间。 8 计校:亦作"计较",计议,商量。这里指权衡比较。 9 私仇(chóu):因个人利害关系而产生的仇恨。 10 谮(zèn)润:出自《论语·颜渊》"浸润之谮",意为日月累积的谗言。 11 踧(cù)踖(jí):恭敬而局促不安的样子。 12 李傕(jué):东汉末军阀、权臣,原为董卓部将。董卓被杀之后,李傕在贾诩(xǔ)的建议下,率领郭汜(sì)、张济、樊稠(chóu)等董卓原部属攻打长安,击败吕布、王允,控制了献帝和朝政。后来,李傕与郭汜发生内讧,经过一系列争斗后,被崛起的曹操击败,夷灭三族。 13 县:同"悬"。 14 大谷:一名太谷,即大谷关,为洛阳八关之一,是汉魏洛阳城的南大门,也是通往南阳、汝州、许昌等地的重要关口。故址在今河南偃师、登封交界处。 15 拒:通"距"。 16 雒(luò):通"洛",即今河南洛阳。

裴注 [1]《江表传》曰:"或谓术曰:'坚若得洛,不可复制,此为除狼而得虎也。'故术疑之。" [2]《江表传》载坚语曰:"大勋垂捷而军粮不继,此吴起所以叹泣于西河,乐毅所以遗恨于垂成也。愿将军深思之。" [3]《山阳公载记》曰:"卓谓长史刘艾曰:'关东军败数矣,皆畏孤,无能为也。惟孙坚小戆,颇能用人,当语诸将,使知忌之。孤昔与周慎西征,慎围边、韩于金城。孤语张温,求引所将兵为慎作后驻。温不听。孤时上言其形势,知慎必不克。台今有本末。事未报,温又使孤讨先零叛羌,以为西方可一时荡定。孤皆知其不然,而不得止,遂行,留别部司马刘靖将步骑四千屯安定,以为声势。叛羌更还,欲截归道,孤小击辄开,畏安定有兵故也。

虏谓安定当数万人,不知但靖也。时又上章言状,而孙坚随周慎行,谓慎求将万兵造金城,使慎以二万作后驻,边、韩城中无宿谷,当于外运,畏慎大兵,不敢轻与坚战,而坚兵足以断其运道,儿曹用必还羌谷中,凉州或能定也。温既不能用孤,慎又不用坚,自攻金城,坏其外垣,驰使语温,自以克在旦夕,温时亦自以计中也。而渡辽儿果断葵园,慎弃辎重走,果如孤策。台以此封孤都乡侯。坚以佐军司马,所见与人同,自为可耳。'艾曰:'坚虽时见计,故自不如李傕、郭汜。闻在美阳亭北,将千骑步与虏合,殆死,亡失印绶,此不为能也。'卓曰:'坚时乌合义从,兵不如虏精,且战有利钝。但当论山东大势,终无所至耳。'艾曰:'山东儿驱略百姓,以作寇逆,其锋不如人,坚甲利兵强弩之用又不如人,亦安得久?'卓曰:'然,但杀二袁、刘表、孙坚,天下自服从孤耳。'" [4]《江表传》曰:"旧京空虚,数百里中无烟火。坚前入城,惆怅流涕。"《吴书》曰:"坚入洛,扫除汉宗庙,祠以太牢。坚军城南甄官井上,旦有五色气,举军惊怪,莫有敢汲。坚令人入井,探得汉传国玺,文曰'受命于天,既寿永昌',方圆四寸,上纽交五龙,上一角缺。初,黄门张让等作乱,劫天子出奔,左右分散,掌玺者以投井中。"《山阳公载记》曰:"袁术将僭号,闻坚得传国玺,乃拘坚夫人而夺之。"《江表传》曰:"案《汉献帝起居注》云:'天子从河上还,得六玺于阁上。'又太康之初,孙晧送金玺六枚,无有玉,明其伪也。"虞喜《志林》曰:"天子六玺者,文曰'皇帝之玺''皇帝行玺''皇帝信玺''天子之玺''天子行玺''天子信玺'。此六玺所封事异,故文字不同。《献帝起居注》云'从河上还,得六玉玺于阁上',此之谓也。传国玺者,乃汉高祖所佩秦皇帝玺,世世传受,号曰传国玺。案传国玺不在六玺之数,安得总其说乎?应氏《汉官》、皇甫《世纪》,其论六玺,文义皆符。《汉官》传国玺文曰'受命于天,既寿且康'。'且康''永昌',二字为错,未知两家何者为得。金玉之精,率有光气,加以神器秘宝,辉耀益彰,盖一代之奇观,将来之异闻,而以不解之故,强谓之伪,不亦诬乎!陈寿为《破虏传》,亦除此说,俱惑《起居注》,不知六玺殊名,与传国为七者也。吴时无能刻玉,故天子以金为玺。玺虽以金,于文不异。吴降而送玺者送天子六玺,曩所得玉玺,乃古人遗印,不可施用。天子之玺,今以无有为难,不通其义者耳。”臣松之以为,孙坚于兴义之中最有忠烈之称,若得汉神器而潜匿不言,此为阴怀异志,岂所谓忠臣者乎?吴史欲以为国华,而不知损坚之令德。如其果然,以传子孙,纵非六玺之数,要非常人所蓄,孙晧之降,亦不得但送六玺,而宝藏传国也。‘受命于天’,奚取于归命之堂!若如喜言,则此玺今尚在孙门。匹夫怀璧,犹曰有罪,而况斯物哉!” [5]《吴录》曰:“是时关东州郡,务相兼并以自强大。袁绍遣会稽周喁为豫州刺史,来袭取州。坚慨然叹曰:‘同举义兵,将救社稷。逆贼垂破,而各若此,吾当谁与戮力乎!’言发涕下。喁字仁明,周昕之弟也。”《会稽典录》曰:“初,曹公兴义兵,遣人要喁,喁即收合兵众,得二千人,从公征伐,以为军师。后与坚争豫州,屡战失利。会次兄九江太守昂为袁术所攻,喁往助之。军败,还乡里,为许贡所害。”

初平[1]三年,术使坚征荆州,击刘表[2]。表遣黄祖[3]逆于樊、邓[4]之间。坚击破之,追渡汉水[5],遂围襄阳[6],单马行岘山[7],为祖军士所射杀[1]。兄子贲[8],帅将士众就术,术复表贲为豫州刺史。

初平三年(192),袁术让孙坚前往荆州征伐刘表。刘表则派部将黄祖在樊、邓一带迎击。孙坚击溃黄祖的部队后,又渡过汉水继续追击,包围了黄祖退守的襄阳城之后,单枪匹马杀入襄阳的岘山之中,不料被黄祖手下的军士暗箭射杀。孙坚死后,他的侄子孙贲带领他原来统领的将士投靠了袁术,而袁术则上表朝廷,任命孙贲为豫州刺史。

坚四子:策、权、翊、匡。权既称尊号,谥坚曰武烈皇帝[2]。

孙坚有四个儿子,分别是:孙策、孙权、孙翊和孙匡。孙权称帝之后,追谥父亲孙坚为吴国武烈皇帝。

今注　1 初平：汉献帝刘协的第三个年号(190—193)。　2 刘表(142—208)：东汉末年群雄之一，山阳高平(今山东微山西北)人。汉宗室之后，少年时就负有盛名。孙坚杀死荆州刺史王叡后，刘表接任荆州刺史。刘表治理有方，恩威并济，因此荆州的经济、军事、文化实力都比较高，后来常与曹操对抗。刘表死后，曹操南征，其子刘琮投降。　3 黄祖(？—208)：东汉末年将领，曾任江夏太守，多次与孙氏部队交战，击杀孙坚、凌操、徐琨等人，因而与孙氏结怨。建安十三年(208)，为孙权所击败，被杀。　4 樊、邓：即春秋时期樊国、邓国故地，因地理位置重要，为兵家必争之地。在今河南济源及邓州一带。　5 汉水：即今汉江，为长江最大的支流，流经陕西、湖北两省，上游流经沔县时称沔水，东南流至汉中后称汉水，在武汉市汇入长江。　6 襄阳：汉郡名，治襄阳，在今湖北襄阳襄城区。　7 岘(xiàn)山：为襄阳名山。　8 贲(bēn)：指孙贲，吴郡富春(今浙江富阳)人，孙坚侄子，东汉末年将领。早年担任吴郡督邮、富春县长，孙坚在长沙起兵时弃官跟随。孙坚死后，他依附袁术，后又跟随孙策，官至豫章太守。

裴注　[1]《典略》曰："坚悉其众攻表，表闭门，夜遣将黄祖潜出发兵。祖将兵欲还，坚逆与战。祖败走，窜岘山中。坚乘胜夜追祖，祖部兵从竹木间暗射坚，杀之。"《吴录》曰："坚时年三十七。"《英雄记》曰："坚以初平四年正月七日死。"又云："刘表将吕公将兵缘山向坚，坚轻骑寻山讨公。公兵下石，中坚头，应时脑出物故。"其不同如此也。　[2]《吴录》曰："尊坚庙曰始祖，墓曰高陵。"《志林》曰："坚有五子，策、权、翊、匡，吴氏所生；少子朗，庶生也，一名仁。"

孙策

原文

策,字伯符。坚初兴义兵,策将母徙居舒[1],与周瑜相友,收合士大夫,江淮间人咸向之[1]。坚薨[2],还葬曲阿[3]。已乃渡江居江都[4][2]。

译文

孙策,字伯符。孙坚最初举兵起义的时候,孙策带领母亲等家眷迁居舒县,并与周瑜结为好友,在当地结交士大夫,江淮一带的人物都归向他。孙坚死后,孙策将父亲葬在曲阿。葬毕,举家迁往江都。

今注 **1** 舒:即舒县,汉代县名,属庐江郡。治今安徽庐江西南。 **2** 薨(hōng):死的别称,自周代始,“薨”以称诸侯之死。 **3** 曲阿:汉代县名,属会稽郡。治今江苏丹阳。 **4** 江都:汉代县名,属广陵郡。治今江苏扬州江都区。

裴注 [**1**]《江表传》曰:“坚为朱儁所表,为佐军,留家著寿春。策年十余岁,已交结知名,声誉发闻。有周瑜者,与策同年,亦英达夙成,闻策声闻,自舒来造焉。便推结分好,义同断金,劝策徙居舒,策从之。” [**2**]《魏书》曰:“策当嗣侯,让与弟匡。”

徐州牧陶谦[1]深忌策。策舅吴景[2],时为丹阳[3]太守,策乃载母徙曲阿,与吕范[4]、孙河[5]俱就景,因缘召募得数百人。兴平元年,从袁

徐州牧陶谦对孙策的勇猛和人望极为忌惮。孙策的舅父吴景当时在做丹阳太守,孙策便载着母亲迁往曲阿,和吕范、孙河一同前去投奔吴景,凭借吴景招募到数百名兵士。兴平元年(194),孙策又投奔了袁术。袁术很看重孙策,便将

术。术甚奇之，以坚部曲还策[1]。太傅马日磾[6]杖节安集[7]关东，在寿春[8]以礼辟[9]策，表拜怀义校尉，术大将乔蕤、张勋皆倾心敬焉。术常叹曰："使术有子如孙郎，死复何恨！"策骑士有罪，逃入术营，隐于内厩。策指使人就斩之，讫，诣术谢。术曰："兵人好叛，当共疾之，何为谢也？"由是军中益畏惮之。术初许策为九江[10]太守，已而更用丹阳陈纪。后术欲攻徐州，从庐江[11]太守陆康[12]求米三万斛。康不与，术大怒。策昔曾诣康，康不见，使主簿接之。策尝衔恨[13]。术遣策攻康，谓曰："前错用陈纪，每恨本意不遂。今若得康，庐江真卿有也。"策攻康，拔之，术复用其故吏刘勋为太守，策益失望。

孙坚原来的部曲都返还给了他。当时太傅马日磾持节出使关东，在寿春按照礼仪征辟孙策为自己的下属，上表朝廷任命他做怀义校尉，而袁术手下的大将乔蕤、张勋都对孙策倾心敬服。袁术时常感叹道："假如我有个像孙策这样的儿子，就死而无憾了啊！"孙策手下的骑兵犯了罪，潜逃到袁术的军营，藏身在营内一间马厩中。孙策便派人前去将其斩杀，事后才前去拜见袁术谢罪。袁术说："士兵们就爱叛变，我们应当共同严惩这种行为，你又何必来谢罪呢？"因此军中将士对他更为敬畏。起初，袁术许诺孙策让他做九江太守，结果却改用了丹阳人陈纪。后来袁术准备攻打徐州的时候，请求庐江太守陆康供应军粮三万斛。陆康拒绝这一要求，袁术极为恼怒。孙策曾经有一次前去拜访陆康，陆康不出来见他，只是派主簿接待他。孙策对此一直记恨在心。袁术于是派他去讨伐陆康，并且告诉他："之前我误用了陈纪，总是为原来的承诺未能兑现而遗憾。现在你若能够消灭陆康，庐江便将真归你所有。"孙策打败陆康之后，袁术却又任命自己的故吏刘勋为庐江太守，孙策因此对袁术更加失望。

今注 **1** 陶谦(132—194):东汉末年群雄之一,丹阳(治今安徽宣城)人。中平五年(188),陶谦出任徐州刺史,镇压了当地的黄巾起义,并推行屯田,恢复生产,不久升任徐州牧,成为割据一方的诸侯。晚年被曹操击败,旋病死。 **2** 吴景(?—203):吴郡吴县(今江苏苏州)人,东汉末年官员、将领,为孙坚之妻吴夫人之弟。随孙坚征讨有功,后依附孙策,历任丹阳太守、广陵太守等职位。 **3** 丹阳:汉代郡名,治宛陵(今安徽宣城)。 **4** 吕范(?—228):字子衡,汝南细阳(今安徽太和)人,三国时期吴国大臣。早年担任汝南县吏,后跟随孙策、孙权征战,为孙氏政权的建立和巩固做出了很大贡献。孙权将其比作东汉的元勋吴汉。 **5** 孙河(?—204):字伯海,孙坚族子。少年时起随孙坚征战,后跟随孙策,官至庐江太守。 **6** 马日(mì)磾(dī):东汉末大臣,名字取自西汉名臣金日磾,为经学大师马融之族孙,继承了马融的学说。晚年出任汉朝太傅,录尚书事,与太仆赵岐共同出使关东,到寿春袁术处后,袁术夺其符节,还强迫他任其军师,他不从,忧愤发病而死。 **7** 安集:通"安辑",指安定抚慰。**8** 寿春:东汉地名,建武元年(25)设置,位于今安徽寿县。 **9** 辟(bì):即辟除,汉代公府和州郡聘任属官的制度。 **10** 九江:汉代郡名,治寿春,在今安徽寿县。 **11** 庐江:汉代郡名,治舒县,在今安徽庐江西南。 **12** 陆康(126—195):东汉末年大臣,出身吴郡陆氏,为陆逊叔祖。 **13** 衔恨:指心怀怨恨。

裴注 [**1**]《吴历》曰:"初,策在江都,时张纮有母丧。策数诣纮,咨以世务,曰:'方今汉祚中微,天下扰攘,英雄俊杰各拥众营私,未有能扶危济乱者也。先君与袁氏共破董卓,功业未遂,卒为黄祖所害。策虽暗稚,窃有微志,欲从袁扬州求先君余兵,就舅氏于丹阳,收合流散,东据吴、会,报仇雪耻,为朝廷外藩。君以为何如?'纮答曰:'既素空劣,方居衰绖之中,无以奉赞盛略。'策曰:'君高名播越,远近怀归。今日事计,决之于君,何得不纡虑启告,副其高山之望?若微志得展,血仇得报,此乃君之勋力,策心所望也。’因涕泣横流,颜色不变。纮见策忠壮内发,辞令慷慨,感其志言,乃答曰:‘昔周道陵迟,齐、晋并兴;王室已宁,诸侯贡职。今君绍先侯之轨,有骁武之名,若投丹阳,收兵吴、会,则荆、扬可一,仇敌可报。据长江,奋威德,诛除群秽,匡辅汉室,功业侔于桓、文,岂徒外藩而已哉?方今世乱多难,若功成事立,当与同好俱南济也。’策曰:‘一与君同符合契,同有永固之分,今便行矣,以老母弱弟委付于君,策无复回顾之忧。’”《江表传》曰:“策径到寿春见袁术,涕泣而言曰:‘亡父昔从长沙入讨董卓,与明使君会于南阳,同盟结好,不幸遇难,勋业不终。策感惟先人旧恩,欲自凭结,愿明使君垂察其诚。’术甚贵异之,然未肯还其父兵。术谓策曰:‘孤始用贵舅为丹阳太守,贤从伯阳为都尉,彼精兵之地,可还依召募。’策遂诣丹阳依舅,得数百人,而为泾县大帅祖郎所袭,几至危殆。于是复往见术,术以坚余兵千余人还策。”

先是,刘繇[1]为扬州刺史,州旧治寿春。寿春,术已据之,繇乃渡江治曲阿。时吴景尚在丹阳,策从兄贲又为丹阳都尉,繇至,皆迫逐[2]之。景、贲退舍历阳[3]。繇遣樊能、于麋东屯横江津,张英屯当利口,以距[4]术。术自用故吏琅邪[5]惠衢为扬州刺史,更以景为督军中郎将,与贲共将兵击英等,连年不克。策乃

此前,刘繇做扬州刺史的时候,扬州的治所还在寿春。袁术占据了寿春之后,刘繇只好南渡长江,将扬州的治所改在曲阿。当时吴景还在丹阳,孙策的从兄孙贲也在丹阳做都尉,刘繇来到县里之后,便将他们都赶走了。吴景、孙贲没办法,只好退避到历阳。刘繇又派遣樊能、于麋向东进发,驻扎在横江津,派遣张英驻扎在当利口,准备和袁术进行对抗。袁术任命自己的故吏琅邪人惠衢做扬州刺史,又任命吴景为督军中郎将,和孙贲一道带兵攻击张英等人,但连续好几年一直打不下来。孙策便趁机劝说袁术,请求协

说术,乞助景等平定江东[1]。术表策为折冲校尉6,行殄寇将军7,兵财千余,骑数十匹,宾客愿从者数百人。比至历阳,众五六千。策母先自曲阿徙于历阳,策又徙母阜陵。渡江转斗,所向皆破,莫敢当其锋,而军令整肃,百姓怀之[2]。

助吴景等人平定江东。袁术于是上表朝廷,任命孙策为折冲校尉,代行殄寇将军的职权,给予他一千多人的兵力以及军费,数十匹马,还有愿意跟随他一同前往的宾客数百人。孙策的部队抵达历阳时,已发展到五六千人的规模。孙策的母亲早先从曲阿迁到历阳居住,这时孙策又安排母亲迁往阜陵。孙策带兵转战长江南北,所向披靡,无人能与之争锋,并且他的部队军纪严明,当地人因此都归向他。

今注 1 刘繇(156—197):东汉末官员、军阀,东莱牟平(今山东烟台牟平区)人,汉朝皇室远亲。早年避乱于淮河流域,后来出任扬州刺史,割据一方。建安元年(196)被孙策击败,次年因病去世。 2 迫逐:驱逐,赶走。 3 历阳:汉末县名,治今安徽和县。 4 距:通“拒”,指抵抗。 5 琅(láng)邪(yá):今多写作“琅琊”,古代地名,因琅琊山而得名。东汉建武十七年(41)由郡改为国,治开阳(今山东临沂北)。 6 折冲校尉:东汉末年武官名。 7 殄(tiǎn)寇将军:东汉末年武官名。

裴注 [1]《江表传》曰:“策说术云:‘家有旧恩在东,愿助舅讨横江,横江拔,因投本土召募,可得三万兵,以佐明使君,匡济汉室。’术知其恨,而以刘繇据曲阿,王朗在会稽,谓策未必能定,故许之。” [2]《江表传》曰:“策渡江攻繇牛渚营,尽得邸阁粮谷、战具,是岁,兴平二年也。时彭城相薛礼、下邳相笮融依繇为盟主,礼据秣陵城,融屯县南。策先攻融,融出兵交战,斩首五百余级,融即闭门,不敢动。因渡江攻礼,礼突走,而樊能、于麋等复合众,袭夺牛渚屯。策闻之,还攻破能等,获男女万余人。

复下攻融，为流矢所中，伤股，不能乘马，因自舆还牛渚营。或叛告融曰：'孙郎被箭已死。'融大喜，即遣将于兹乡策。策遣步骑数百挑战，设伏于后，贼出击之，锋刃未接而伪走，贼追入伏中，乃大破之，斩首千余级。策因往到融营下，令左右大呼曰：'孙郎竟云何！'贼于是惊怖夜遁。融闻策尚在，更深沟高垒，缮治守备。策以融所屯地势险固，乃舍去，攻破繇别将于海陵，转攻湖孰、江乘，皆下之。"

策为人，美姿颜，好笑语，性阔达听受，善于用人，是以士民见者，莫不尽心，乐为致死。刘繇弃军遁逃，诸郡守皆捐城郭奔走[1]。吴人严白虎[1]等众各万余人，处处屯聚。吴景等欲先击破虎等，乃至会稽。策曰："虎等群盗，非有大志，此成禽[2]耳。"遂引兵渡浙江[3]，据会稽，屠东冶，乃攻破虎等[2]。尽更置长吏，策自领会稽太守，复以吴景为丹阳太守，以孙贲为豫章太守；分豫章为庐陵郡[4]，以贲弟辅为庐陵太守；丹阳朱治[5]为吴郡太守。彭城张昭[6]、广陵张纮[7]、秦

孙策容貌俊美，喜好说笑，性格爽朗豁达，能听取他人的意见，又善于用人，所以不论士人还是百姓见到他，无不乐于为他尽心尽力，愿意为他效死。刘繇被孙策击败后，抛弃部队自己逃跑，他手下各郡的太守也都纷纷弃城出逃。吴人严白虎等趁机各纠集了一万多人，驻扎在各自的地盘上。吴景等打算先击败严白虎，然后再向会稽进发。孙策却说："严白虎这些人不过是一群盗贼，没什么大志，我们轻而易举就能将他们擒拿。"于是带兵渡过浙江，占据会稽，屠东冶城，击破了严白虎等人。然后撤换了各郡县的行政长官，孙策自己兼领会稽太守，又以吴景为丹阳太守，以孙贲为豫章太守；又从豫章郡中分出庐陵郡，以孙贲之弟孙辅为太守；以丹阳人朱治为吴郡太守。以彭城人张昭，广陵人张纮、秦松、陈端等为谋

松、陈端等为谋主[3]。时袁术僭号8,策以书责而绝之[4]。曹公9表策为讨逆将军,封为吴侯[5]。

士,为己出谋划策。当时袁术擅自僭号称帝,孙策写了一封信责备他并与他绝交。随后曹操上表朝廷,任命孙策为讨逆将军,并封他为吴侯。

今注 **1** 严白虎(? — 197):吴郡乌程(今浙江湖州)人,东汉末年的地方豪族。原为山贼,在吴郡石城山、白虎山一带起聚集万余人形成割据之势,后为孙策所杀。 **2** 禽:通“擒”。 **3** 浙江:即今钱塘江,水流全长500余千米,流域面积约55000平方千米,为浙江省境内最大河流。 **4** 庐陵郡:汉末三国郡名,为孙策所设置,治石阳(今江西吉水东北)。 **5** 朱治(156—224):字君理,丹阳故鄣(今浙江安吉)人,三国时期吴国重臣。初为县吏,后随孙坚、孙策征战,孙策死后与张昭等拥立孙权,为稳定江东、建立吴国做出了卓著的贡献。 **6** 张昭(156—236):字子布,徐州彭城(今江苏徐州)人,三国时期吴国重臣,初为孙策长史,受孙策遗嘱辅佐孙权,在孙吴立国的进程中发挥了很大的作用。 **7** 张纮(hóng):字子纲,徐州广陵(今江苏扬州广陵区)人,东汉末年大臣,先后辅佐孙策、孙权,受到倚重,与张昭并称“二张”。 **8** 袁术僭号:指建安二年(197)袁术在寿春称帝,建立“仲氏”政权一事。袁术称帝后,治下民不聊生,众叛亲离,成为天下众矢之的,最终被曹操击败。 **9** 曹公:即曹操,因三国时期曹操被追谥为魏武帝,故书写其事迹时不直接称其姓名。

裴注 [**1**]《江表传》曰:“策时年少,虽有位号,而士民皆呼为孙郎。百姓闻孙郎至,皆失魂魄;长吏委城郭,窜伏山草。及至,军士奉令,不敢虏略,鸡犬菜茹,一无所犯,民乃大悦,竞以牛酒诣军。刘繇既走,策入曲阿,劳赐将士,遣将陈宝诣阜陵迎母及弟。发恩布令,告诸县:‘其刘繇、笮融等故乡部曲来降首者,一无所问;乐从军者,一身行,复除门户;不乐者,勿强也。’旬日之间,四面云集,得见兵二万余人,马千余匹,威震江东,形势转盛。”　［2］《吴录》曰:“时有乌程邹他、钱铜及前合浦太守嘉兴王晟等,各聚众万余或数千。引兵扑讨,皆攻破之。策母吴氏曰:‘晟与汝父有升堂见妻之分,今其诸子兄弟皆已枭夷,独余一老翁,何足复惮乎?’乃舍之,余咸族诛。策自讨虎,虎高垒坚守,使其弟舆请和,许之。舆请独与策会面约。既会,策引白刃斫席,舆体动。策笑曰:‘闻卿能坐跃,剿捷不常,聊戏卿耳!’舆曰:‘我见刃乃然。’策知其无能也,乃以手戟投之,立死。舆有勇力,虎众以其死也,甚惧。进攻,破之。虎奔余杭,投许昭于虏中。程普请击昭,策曰:‘许昭有义于旧君,有诚于故友,此丈夫之志也。’乃舍之。”臣松之案:许昭有义于旧君,谓济盛宪也,事见后注。有诚于故友,则受严白虎也。　［3］《江表传》曰:“策遣奉正都尉刘由、五官掾高承奉章诣许,拜献方物。”　［4］《吴录》载策使张纮为书曰:“盖上天垂司过之星,圣王建敢谏之鼓,设非谬之备,急箴阙之言,何哉?凡有所长,必有所短也。去冬传有大计,无不悚惧;旋知供备贡献,万夫解惑。顷闻建议,复欲追遵前图,即事之期,便有定月。益使怃然,想是流妄;设其必尔,民何望乎?曩日之举义兵也,天下之士所以响应者,董卓擅废置,害太后、弘农王,略烝宫人,发掘园陵,暴逆至此,故诸州郡雄豪闻声慕义。神武外振,卓遂内歼。元恶既毙,幼主东顾,俾保傅宣命,欲令诸军振旅,然河北通谋黑山,曹操放毒东徐,刘表称乱南荆,公孙瓒炰烋北幽,刘繇决力江浒,刘备争盟淮隅,是以未获承命、櫜弓戢戈也。今备、繇既破,操等饥馁,谓当与天下合谋,以诛丑类。舍而不图,有自取之志,非海内所望,一也。昔成汤伐桀,称有夏多罪;武王伐纣,曰殷有罪罚重哉。此二王者,虽有圣德,宜当君世;如使不遭其时,亦无由兴矣。幼主非有恶于天下,徒以春秋尚少,胁于强臣,若无过而夺之,惧未合于汤、武之事,二也。卓虽狂狡,至废主自兴,亦犹未也,而天下闻其桀虐,攘臂同心而疾之,以中土希战之兵,当边地劲悍之虏,所以斯须游魂也。今四方之人,皆玩敌而便战斗矣;可得而胜者,以彼乱而我治,彼逆而我顺也。见当世之纷,若欲大举以临之,适足趣祸,三也。天下神器,不可虚干,必须天赞与人力也。殷汤有白鸠之祥，周武有赤乌之瑞，汉高有星聚之符，世祖有神光之征，皆因民困悴于桀、纣之政，毒苦于秦、莽之役，故能芟去无道，致成其志。今天下非患于幼主，未见受命之应验，而欲一旦卒然登即尊号，未之或有，四也。天子之贵，四海之富，谁不欲焉？义不可，势不得耳。陈胜、项籍、王莽、公孙述之徒，皆南面称孤，莫之能济。帝王之位，不可横冀，五也。幼主岐嶷，若除其逼，去其鲠，必成中兴之业。夫致主于周成之盛，自受旦、奭之美，此诚所望于尊明也。纵使幼主有他改异，犹望推宗室之谱属，论近亲之贤良，以绍刘统，以固汉宗。皆所以书功金石，图形丹青，流庆无穷，垂声管弦。舍而不为，为其难者，想明明之素，必所不忍，六也。五世为相，权之重，势之盛，天下莫得而比焉。忠贞者必曰：宜夙夜思惟，所以扶国家之踬顿，念社稷之危殆，以奉祖考之志，以报汉室之恩。其忽履道之节而强进取之欲者将曰：天下之人非家吏则门生也，孰不从我？四方之敌非吾匹则吾役也，谁能违我？盍乘累世之势，起而取之哉？二者殊数，不可不详察，七也。所贵于圣哲者，以其审于机宜，慎于举措。若难图之事，难保之势，以激群敌之气，以生众人之心，公义故不可，私计又不利，明哲不处，八也。世人多惑于图纬而牵非类，比合文字以悦所事，苟以阿上惑众，终有后悔者，自往迄今，未尝无之，不可不深择而熟思，九也。九者，尊明所见之余耳，庶备起予，补所遗忘。忠言逆耳，幸留神听！”《典略》云张昭之辞。臣松之以为，张昭虽名重，然不如纮之文也。此书必纮所作。　[5]《江表传》曰：“建安二年夏，汉朝遣议郎王誧奉戊辰诏书曰：‘董卓逆乱，凶国害民。先将军坚念在平讨，雅意未遂，厥美著闻。策遵善道，求福不回。今以策为骑都尉，袭爵乌程侯，领会稽太守。’又诏敕曰：‘故左将军袁术不顾朝恩，坐创凶逆，造合虚伪，欲因兵乱，诡诈百姓，始闻其言以为不然。定得使持节平东将军领徐州牧温侯布上术所造惑众妖妄，知术鸱枭之性，遂其无道，修治王宫，署置公卿，郊天祀地，残民害物，为祸深酷。布前后上策乃心本朝，欲还讨术，为国效节，乞加显异。夫悬赏俟功，惟勤是与，故便宠授，承袭前邑，重以大郡，荣耀兼至，是策输力竭命之秋也。其亟与布及行吴郡太守安东将军陈瑀戮力一心，同时赴讨。'策自以统领兵马，但以骑都尉领郡为轻，欲得将军号，乃使人讽誧，誧便承制假策明汉将军。是时，陈瑀屯海西，策奉诏治严，当与布、瑀参同形势。行到钱塘，瑀阴图袭策，遣都尉万演等密渡江，使持印传三十余纽贼与丹阳、宣城、泾、陵阳、始安、黟、歙诸险县大帅祖郎、焦已及吴郡乌程严白虎等，使为内应，伺策军发，欲攻取诸郡。策觉之，遣吕范、徐逸攻瑀于海西，大破瑀，获其吏士妻子四千人。"《山阳公载记》曰："瑀单骑走冀州，自归袁绍，绍以为故安都尉。"《吴录》载策上表谢曰："臣以固陋，孤持边陲。陛下广播高泽，不遗细节，以臣袭爵，兼典名郡。仰荣顾宠，所不克堪。兴平二年十二月二十日，于吴郡曲阿得袁术所呈表，以臣行殄寇将军；至被诏书，乃知诈擅。虽辄捐废，犹用悚悸。臣年十七，丧失所怙，惧有不任堂构之鄙，以忝析薪之戒，诚无去病十八建功，世祖列将弱冠佐命。臣初领兵，年未弱冠，虽驽懦不武，然思竭微命。惟术狂惑，为恶深重。臣凭威灵，奉辞伐罪，庶必献捷，以报所授。"臣松之案：本传云孙坚以初平三年卒，策以建安五年卒，策死时年二十六，计坚之亡，策应十八，而此表云十七，则为不符。张璠《汉纪》及《吴历》并以坚初平二年死，此为是而本传误也。《江表传》曰："建安三年，策又遣使贡方物，倍于元年所献。其年，制书转拜讨逆将军，改封吴侯。"

后术死，长史杨弘、大将张勋等将其众欲就策，庐江太守刘勋要击，悉虏之，收其珍宝以归。策闻之，伪与勋好盟。勋新得术众，时豫章上缭宗民[1]万余家在江东，

袁术去世之后，他手下的长史杨弘、大将张勋等人率领部众准备去投奔孙策，不料庐江太守刘勋半路截杀，把他们悉数俘虏，并将他们的财宝收归己有。孙策听说这件事后，假装与刘勋结为盟友。刘勋刚刚吞并了袁术的部队，当时豫章郡上缭县还有一万多家宗民滞留在

策劝勋攻取之。勋既行，策轻军晨夜袭拔庐江，勋众尽降，勋独与麾下数百人自归曹公[1]。是时袁绍方强，而策并江东，曹公力未能逞，且欲抚之[2]。乃以弟女配策小弟匡[2]，又为子章[3]取贲女，皆礼辟策弟权、翊，又命扬州刺史严象举权茂才[4]。

江东，孙策便劝刘勋前去攻取。刘勋出发之后，孙策趁机率领一支轻装部队连夜袭取庐江，刘勋的部众尽数投降，刘勋只得与麾下数百人投靠曹操。当时袁绍的势力日益强大，而孙策又统一了江东地区，曹操正与袁绍对抗，无力顾及南方，打算对孙策实行安抚。曹操于是将侄女许配给孙策的幼弟孙匡，又为儿子曹彰娶孙贲之女为妻，并按照礼仪征辟孙策的两个弟弟孙权、孙翊，又命令扬州刺史严象举荐孙权为茂才。

今注 **1** 宗民：指依附于地方强宗豪族的民众，战时可组织为军队。 **2** 匡：即孙匡，孙坚第四子，早逝。 **3** 章：即曹彰(189—223)，曹操与卞皇后所生第二子，为曹丕之弟、曹植之兄。文献中有时写作“曹章”。 **4** 茂才：即“秀才”，汉代察举制下选拔官员的科目之一，每年各州举荐一名。因避东汉光武帝刘秀名讳改为“茂才”。

裴注 [1]《江表传》曰：“策被诏敕，与司空曹公、卫将军董承、益州牧刘璋等并力讨袁术、刘表。军严当进，会术死，术从弟胤、女婿黄猗等畏惧曹公，不敢守寿春，乃共舁术棺柩，扶其妻子及部曲男女，就刘勋于皖城。勋粮食少，无以相振，乃遣从弟偕告籴于豫章太守华歆。歆郡素少谷，遣吏将偕就海昏上缭，使诸宗帅共出三万斛米以与偕。偕往历月，才得数千斛。偕乃报勋，具说形状，使勋来袭取之。勋得偕书，使潜军到海昏邑下。宗帅知之，空壁逃匿，勋了无所得。时策西讨黄祖，行及石城，闻勋轻身诣海昏，便分遣从兄贲、辅率八千人于彭泽待勋，自与周瑜率二万人步袭皖城，即克之，得术百工及鼓吹部曲三万余人，并术、勋妻子。表用汝南李术为庐江太守，给兵三千人以守皖，皆徙所得人东诣吴。贲、辅又于彭泽破勋。勋走入楚江，从寻阳步上到置马亭，闻策等已克皖，乃投西塞。至沂，筑垒自守，告急于刘表，求救于黄祖。祖遣太子射船军五千人助勋。策复就攻，大破勋。勋与偕北归曹公，射亦遁走。策收得勋兵二千余人，船千艘，遂前进夏口，攻黄祖。时刘表遣从子虎、南阳韩晞将长矛五千，来为黄祖先锋。策与战，大破之。"《吴录》载策表曰："臣讨黄祖，以十二月八日到祖所屯沙羡县。刘表遣将助祖，并来趣臣。臣以十一日平旦部所领江夏太守行建威中郎将周瑜、领桂阳太守行征虏中郎将吕范、领零陵太守行荡寇中郎将程普、行奉业校尉孙权、行先登校尉韩当、行武锋校尉黄盖等，同时俱进。身跨马擽阵，手击急鼓，以齐战势。吏士奋激，踊跃百倍，心精意果，各竞用命。越渡重堑，迅疾若飞，火放上风，兵激烟下，弓弩并发，流矢雨集，日加辰时，祖乃溃烂。锋刃所截，焱火所焚，前无生寇，惟祖迸走。获其妻息男女七人，斩虎、韩晞已下二万余级，其赴水溺者一万余口，船六千余艘，财物山积。虽表未禽，祖宿狡猾，为表腹心，出作爪牙，表之鸱张，以祖气息，而祖家属部曲，扫地无余，表孤特之虏，成鬼行尸。诚皆圣朝神武远振，臣讨有罪，得效微勤。"　[2]《吴历》曰："曹公闻策平定江南，意甚难之，常呼'猘儿难与争锋也'。"

建安五年，曹公与袁绍相拒于官渡1，策阴欲袭许2，迎汉帝[1]，密治兵，部署诸将。未发，会为故吴郡太守许贡客所杀。先是，策杀贡，贡小子与客亡匿江边。策单

建安五年(200)的时候，曹操和袁绍在官渡相持，孙策暗自准备趁机偷袭许都，迎接汉献帝，于是秘密整顿部队，部署将领。但军队还未出发，孙策便不幸被吴郡太守许贡的门客暗杀。此前，孙策杀死许贡，许贡的幼子和门客逃走，藏身于江边。孙策某日孤身一人骑马外

骑出，卒与客遇，客击伤策[2]。创甚，请张昭等，谓曰："中国[3]方乱，夫以吴越之众，三江[4]之固，足以观成败。公等善相[5]吾弟！"呼权佩以印绶，谓曰："举江东之众，决机于两阵之间，与天下争衡，卿不如我；举贤任能，各尽其心，以保江东，我不如卿。"至夜卒，时年二十六[3]。

权称尊号，追谥策曰长沙桓王，封子绍为吴侯，后改封上虞侯。绍卒，子奉嗣。孙晧时，讹言谓奉当立，诛死。

出时，突然与许贡的门客相遇，门客把他击伤了。孙策伤得很重，于是请来张昭等人，对他们说："当今中原大乱，以吴越的兵众，凭三江的天险，足以自保而静观中原的成败。诸公请务必辅佐我的弟弟成就大业！"然后叫来孙权，将自己的印绶给他配上，对他说："带领江东的兵众，在战场上拼杀，与天下群雄一争高下，你不如我；举贤任能，使贤能之人各自尽心效力，从而保全江东，我不如你。"当夜，孙策便去世了，享年二十六岁。

孙权称帝之后，追谥孙策为长沙桓王，封其子孙绍为吴侯，后来改封为上虞侯。孙绍去世后，其子孙奉继承了爵位。孙晧在位时，有谣言说孙奉当被拥立为皇帝，孙晧便将他诛杀了。

今注 **1** 官渡：古地名，位于今河南中牟县。建安五年(200)，曹操军与袁绍军在官渡相持决战，曹操军奇袭袁绍军位于乌巢的粮仓，最终以两万人左右的部队击溃袁绍十一万人的大军，史称"官渡之战"。它是历史上著名的以少胜多的战役之一。 **2** 许：即许县，汉末地名，在今河南许昌东。东汉建安元年(196)，曹操至洛阳迎接汉献帝，迁都至许县，称为"许都"。魏建国后，魏文帝曹丕以"汉亡于许，魏基昌于许"的谶语，改为"许昌"。**3** 中国：这里指中原地区。 **4** 三江：历来观点不一，一般指长江分流的北江、中江、南江。这里泛指长江下游水系形成的天堑。 **5** 相(xiàng)：指辅佐。

裴注　[1]《吴录》曰:“时有高岱者,隐于余姚策命出使会稽丞陆昭逆之,策虚己候焉。闻其善《左传》,乃自玩读,欲与论讲。或谓之曰:‘高岱以将军但英武而已,无文学之才。若与论《传》,而或云不知者,则某言符矣。’又谓岱曰:‘孙将军为人,恶胜己者。若每问,当言不知,乃合意耳。如皆辨义,此必危殆。’岱以为然,及与论《传》,或答不知。策果怒,以为轻己,乃囚之。知交及时人皆露坐为请。策登楼,望见数里中填满。策恶其收众心,遂杀之。岱字孔文,吴郡人也。受性聪达,轻财贵义。其友士拔奇,取于未显,所友八人,皆世之英伟也。太守盛宪以为上计,举孝廉。许贡来领郡,岱将宪避难于许昭家,求救于陶谦。谦未即救,岱憔悴泣血,水浆不入口。谦感其忠壮,有申包胥之义,许为出军,以书与贡。岱得谦书以还,而贡已囚其母。吴人大小皆为危竦,以贡宿忿,往必见害。岱言在君则为君,且母在牢狱,期于当往,若得入见,事自当解。遂通书自白,贡即与相见。才辞敏捷,好自陈谢。贡登时出其母。岱将见贡,语友人张允、沈暚令豫具船,以贡必悔,当追逐之。出便将母乘船,易道而逃。贡须臾遣人追之,令追者若及于船,江上便杀之,已过则止。使与岱错道,遂免。被诛时,年三十余。”《江表传》曰:“时有道士琅邪于吉,先寓居东方,往来吴、会,立精舍,烧香读道书,制作符水以治病,吴、会人多事之。策尝于郡城门楼上,集会诸将宾客,吉乃盛服杖小函,漆画之,名为仙人铧,趋度门下。诸将宾客三分之二下楼迎拜之,掌宾者禁呵不能止。策即令收之。诸事之者,悉使妇女入见策母,请救之。母谓策曰:‘于先生亦助军作福,医护将士,不可杀之。’策曰:‘此子妖妄,能幻惑众心,远使诸将不复相顾君臣之礼,尽委策下楼拜之,不可不除也。’诸将复连名通白事陈乞之,策曰:‘昔南阳张津为交州刺史,舍前圣典训,废汉家法律,尝著绛帕头,鼓琴烧香,读邪俗道书,云以助化,卒为南夷所杀。此甚无益,诸君但未悟耳。今此子已在鬼箓,勿复费纸笔也。’即催斩之,悬首于市。诸事之者,尚不谓其死而云尸解焉,复祭祀求福。”《志林》曰:“初,顺帝时,琅邪宫崇诣阙上师于吉所得神书于曲阳泉水上,白素朱界,号

《太平青领道》,凡百余卷。顺帝至建安中,五六十岁,于吉是时近已百年,年在耄悼,礼不加刑。又天子巡狩,问百年者,就而见之,敬齿以亲爱,圣王之至教也。吉罪不及死,而暴加酷刑,是乃谬诛,非所以为美也。喜推考桓王之薨,建安五年四月四日,是时曹、袁相攻,未有胜负。案夏侯元让与石威则书,袁绍破后也。书云:'授孙贲以长沙,业张津以零、桂。'此为桓王于前亡,张津十后死,不得相让,譬言津之死意矣。"臣松之案:太康八年,广州大中正王范上《交广二州春秋》。建安六年,张津犹为交州牧。《江表传》之虚如《志林》所云。《搜神记》曰:"策欲渡江袭许,与吉俱行。时大旱,所在熇厉。策催诸将士,使速引船,或身自早出督切,见将吏多在吉许,策因此激怒,言:"我为不如于吉邪,而先趋务之?"便使收吉。至,呵问之曰:"天旱不雨,道涂艰涩,不时得过,故自早出,而卿不同忧戚,安坐船中,作鬼物态,败吾部伍,今当相除。"令人缚置地上暴之,使请雨。若能感天日中雨者,当原赦;不尔,行诛。俄而云气上蒸,肤寸而合。比至日中,大雨总至,溪涧盈溢。将士喜悦,以为吉必见原,并往庆慰。策遂杀之。将士哀惜,共藏其尸。天夜,忽更兴云覆之。明旦往视,不知所在。案《江表传》《搜神记》于吉事不同,未详孰是。 [2]《江表传》曰:"广陵太守陈登治射阳,登即瑀之从兄子也。策前西征,登阴复遣间使,以印绶与严白虎余党,图为后害,以报瑀见破之辱。策归,复讨登。军到丹徒,须待运粮。策性好猎,将步骑数出。策驱驰逐鹿,所乘马精骏,从骑绝不能及。初,吴郡太守许贡上表于汉帝曰:'孙策骁雄,与项籍相似,宜加贵宠,召还京邑。若被诏,不得不还;若放于外,必作世患。'策候吏得贡表,以示策。策请贡相见,以责让贡。贡辞无表,策即令武士绞杀之。贡奴客潜民间,欲为贡报仇。猎日,卒有三人,即贡客也。策问:'尔等何人?'答云:'是韩当兵,在此射鹿耳。'策曰:'当兵吾皆识之,未尝见汝等。'因射一人,应弦而倒。余二人怖急,便举弓射策,中颊。后骑追至,皆刺杀之。"《九州春秋》曰:"策闻曹公北征柳城,悉起江南之众,自号大司马,将北袭许,恃其勇,行不设备,故及于难。"孙盛《异同评》曰:

“凡此数书,各有所失。孙策虽威行江外,略有六郡,然黄祖乘其上流,陈登间其心腹,且深险强宗未尽归复,曹、袁虎争势倾山海,策岂暇远师汝、颍,而迁帝于吴、越哉?斯盖庸人之所鉴见,况策达于事势者乎?又案袁绍以建安五年至黎阳,而策以四月遇害,而《志》云策闻曹公与绍相拒于官渡,谬矣。伐登之言,为有证也。”又《江表传》说策悉识韩当军士,疑此为诈,便射杀一人。夫三军将士,或有新附,策为大将,何能悉识?以所不识,便射杀之,非其论也。又策见杀在五年,柳城之役在十二年,《九州春秋》乖错尤甚矣。臣松之案:《傅子》亦云曹公征柳城,将袭许。记述若斯,何其疏哉!然孙盛所讥,未为悉是。黄祖始被策破,魂气未反,且刘表君臣本无兼并之志,虽在上流,何办规拟吴、会?策之此举,理应先图陈登,但举兵所在,不止登而已。于时强宗骁帅,祖郎、严虎之徒,禽灭已尽,所余山越,盖何足虑?然则策之所规,未可谓之不暇也。若使策志获从,大权在手,淮、泗之间,所在皆可都,何必毕志江外,其当迁帝于扬、越哉?案《魏武纪》,武帝以建安四年已出屯官渡,乃策未死之前,久与袁绍交兵,则《国志》所云不为谬也。许贡客,无闻之小人,而能感识恩遇,临义忘生,卒然奋发,有侔古烈矣。《诗》云:“君子有徽猷,小人与属。”贡客其有焉。　[3]《吴历》曰:“策既被创,医言‘可治,当好自将护,百日勿动’。策引镜自照,谓左右曰:‘面如此,尚可复建功立事乎?’椎几大奋,创皆分裂,其夜卒。《搜神记》曰:“策既杀于吉,每独坐,仿佛见吉在左右,意深恶之,颇有失常。后治创方差,而引镜自照,见吉在镜中,顾而弗见,如是再三,因扑镜大叫,创皆崩裂,须臾而死。”

评曰:孙坚勇挚刚毅,孤微发迹,导温戮卓,山陵杜塞[1],有忠壮之烈。策英气杰济,猛

评论说:孙坚勇猛强悍,性格刚毅,从寒微的出身中发迹崛起,先是劝导张温诛杀董卓,后来攻入洛阳后又修复了汉代帝陵,可谓忠义壮烈。孙策英气过人,骁

锐冠世，览奇取异，志陵[2]中夏。然皆轻佻果躁[3]，陨身致败。且割据江东，策之基兆[4]也，而权尊崇未至，子止侯爵，于义俭[5]矣[1]。

勇锐气为当世之冠，延揽奇人异士，志在平定中原。但他们父子二人都轻佻暴躁，最终导致失败身死。孙吴后来能割据江东，是由于孙策的奠基，然而孙权后来却没有追谥孙策为皇帝，对孙策的儿子也只是封为侯爵，实在是于义有亏的。

今注 **1** 山陵杜塞：指孙坚重新填埋修复了董卓为掠夺钱财而发掘的汉代帝陵。孙坚名义上还是汉朝大臣，此举的用意在于彰显自己对朝廷的忠义。 **2** 陵：原意为攀登，这里引申为进军之意。 **3** 果躁：即暴躁。 **4** 基兆：根本，基础。 **5** 俭：薄，少。这里引申为缺乏之意。

裴注 [1] 孙盛曰："孙氏兄弟皆明略绝群。创基立事，策之由也，且临终之日，顾命委权。夫意气之间，犹有刎颈，况天伦之笃爱，豪达之英鉴，岂吝名号于既往，违本情之至实哉？抑将远思虚盈之数，而慎其名器者乎？夫正本定名，为国之大防；杜绝疑贰，消衅之良谟。是故鲁隐矜义，终致羽父之祸；宋襄怀仁，卒有殇公之哀。皆心存小善，而不达经纶之图；求誉当年，而不思贻厥之谋。可谓轻千乘之国，蹈道则未也。孙氏因扰攘之际，得奋其纵横之志，业非积德之基，邦无磐石之固，势一则禄祚可终，情乖则祸乱尘起，安可不防微于未兆，虑难于将来？壮哉！策为首事之君，有吴开国之主；将相在列，皆其旧也，而嗣子弱劣，析薪弗荷，奉之则鲁桓、田市之难作，崇之则与夷、子冯之祸兴。是以正名定本，使贵贱殊邈，然后国无陵肆之责，后嗣罔猜忌之嫌，群情绝异端之论，不逞杜觊觎之心。于情虽违，于事虽俭，至于括囊远图，永保维城，可谓为之于其未有，治之于其未乱者也。陈氏之评，其未达乎！"

卷四十七　吴书二

吴主传

导读　本篇是三国时期吴国开国君主吴大帝孙权的传记。全篇基本采用编年立纪的方式书写，但因《三国志》成书于晋朝，奉魏为三国正统，所以本篇采用“传”为篇名。

孙权出身吴郡富春孙氏，为孙坚次子、孙策之弟。孙坚、孙策父子开拓江东、建立基业之后先后亡故，孙权继承孙策的事业，委任张昭、周瑜、吕蒙、鲁肃等重臣，进一步巩固了江东孙氏政权的基础。汉末，曹操占据荆州，派兵南下，孙权属下官吏大多建议投降迎接，只有周瑜、鲁肃坚决主战，于是孙权与刘备联军在赤壁大破曹军，确保了江东政权的独立地位。此后，孙权先后派吕蒙夺取荆州、获得曹丕册封为吴王，又在夷陵之战中击败刘备，并于公元229年称帝，正式确立了三分天下的局面。

孙权在位时间达24年，其统治吴国期间，大力发展农耕，镇压叛乱，开发江南和岭南地区，使吴国经济得到较好的发展，期间还曾经略台湾岛（夷洲），为祖国统一做出了一定的贡献。孙权在位期间，政治上较为清明，江东人才济济，同时世家大族的势力也逐步扩大。他晚年试图加以控制，起用了一些地位较低的近臣，以检校文书的方式攻击朝中重臣，造成了政治上的动荡，先后引发了吕壹案、暨艳案等大案。孙权在政治上的另一大问题是在继承人选择上反复无常。吴国初期所立的太子孙登早逝后，孙权立第三子孙和为太子，但同时又宠爱鲁王孙霸，给他的待遇几乎与太子相当。双方因争储产生极大的矛盾，朝廷大臣也因此分裂为两派，引发被称为“二宫之争”的政治事件，导致朝政混乱不堪。最终孙权废黜太子孙和，赐死鲁王孙霸，改立幼子孙亮为嗣，但又因为孙亮年幼，造成后来诸葛恪、孙峻、孙綝等权臣柄政的局面。

陈寿在本篇最后，对孙权做了较为中肯的评价，既肯定了其政治上积极的方面，如坚忍多谋、选贤任能，成就称霸一方的事业，将其英雄之气比作勾践；但也对其多疑、残忍、听信谗言等缺点提出批评，尤其是晚年选择继承人时的犹豫反复，更是被陈寿直指为孙吴衰败亡国的根由。

孙权

原文

孙权，字仲谋。兄策既定诸郡，时权年十五，以为阳羡1长[1]。郡察孝廉，州举茂才，行奉义校尉2。汉以策远修职贡3，遣使者刘琬加锡命4。琬语人曰："吾观孙氏兄弟，虽各才秀明达，然皆禄祚不终5，惟中弟孝廉，形貌奇伟，骨体不恒6，有大贵之表，年又最寿，尔试识之。"

译文

孙权，字仲谋。兄长孙策平定江东各郡的时候，孙权十五岁，孙策任命他做阳羡县长。后来吴郡举荐他为孝廉，扬州举荐他为茂才，代理奉义校尉之职。汉朝廷因为孙策虽身处偏远之地而仍然按时进献贡赋，就派遣使者刘琬对他加授锡命。刘琬对人说："我看孙氏兄弟虽然个个出类拔萃而通达事理，但是命都不长，只有那个做孝廉的次弟，样貌奇特不凡，身体魁伟，绝非常人，有极为尊贵的面相，在几兄弟中又最为长寿，你们将来可以试着验证。"

今注　1 阳羡：秦汉时期县名，属会稽郡。治今江苏宜兴南。　2 奉义校尉：东汉末年孙策置，掌率军征伐或驻守。　3 职贡：指古代藩国或外国按时向中原王朝交纳的贡赋。　4 锡（xī）命：古代朝廷对大臣加以优待赏赐的诏命。锡，赐予。 5 禄祚不终：早逝的隐讳说法。 6 不恒：指非同寻常。

裴注 [1]《江表传》曰："坚为下邳丞时，权生，方颐大口，目有精光，坚异之，以为有贵象。及坚亡，策起事江东，权常随从。性度弘朗，仁而多断，好侠养士，始有知名，侔于父兄矣。每参同计谋，策甚奇之，自以为不及也。每请会宾客，常顾权曰：'此诸君，汝之将也。'"

建安[1]四年，从策征庐江太守刘勋[2]。勋破，进讨黄祖于沙羡[3]。五年，策薨，以事授权。权哭，未及息，策长史张昭谓权曰："孝廉，此宁哭时邪？且周公立法而伯禽不师[4]，非欲违父，时不得行也[1]。况今奸宄[5]竞逐，豺狼满道，乃欲哀亲戚，顾礼制，是犹开门而揖盗，未可以为仁也。"乃改易权服，扶令上马，使出巡军。是时惟有会稽、吴郡、丹阳、豫章、庐陵[6]，然深险[7]之地犹未尽从，而天下英豪布在州郡，宾旅寄寓之士以安危去就

建安四年(199)，孙权跟随孙策征讨庐江太守刘勋。击破刘勋之后，又进军沙羡讨伐黄祖。建安五年(200)，孙策去世，将军国大事托付给孙权。孙权一直哭泣不止，孙策的长史张昭对他说："孝廉，现在哪里是哭哭啼啼的时候呢？周公订立了父母死后儿子要服丧三年之制，但周公死后伯禽却没有遵守此制，并不是伯禽要违逆父亲，而是时势不允许。何况如今奸邪之徒你争我斗，豺狼强盗布满道路，您想要顾及礼制为亲人尽哀丧之礼，就如同打开门把强盗邀请进来，算不上是仁义之举啊。"于是张昭脱下孙权的丧服改换官服，扶着他上马，让他外出巡视军队。当时孙权只控制了会稽、吴郡、丹阳、豫章、庐陵等地，然而偏僻险要之地还没有完全顺服，而且天下州郡遍布了各路英豪，那些羁旅四方、依附他

为意，未有君臣之固。张昭、周瑜等谓权可与共成大业，故委心[8]而服事焉。曹公表权为讨虏将军，领会稽太守，屯吴，使丞之郡[9]行文书事。待张昭以师傅[10]之礼，而周瑜、程普、吕范等为将率[11]。招延俊秀，聘求名士，鲁肃、诸葛瑾等始为宾客[12]。分部诸将，镇抚山越，讨不从命[2]。

人的游士来去之间只在意局势的安危，根本没有与孙权建立稳固的君臣关系。张昭、周瑜等认为可以与孙权共同成就大业，所以尽心尽力辅佐他。曹操上表朝廷任命孙权为讨虏将军，兼领会稽太守，在吴县驻兵，派遣郡丞到会稽郡治所山阴处理文书公务。孙权以师傅之礼优待张昭，而周瑜、程普、吕范等为军中将帅。同时招揽聘请各地出类拔萃的名士，鲁肃、诸葛瑾等人就是在这时成为了孙权的幕僚。又分别派遣将领，平定了山越，讨伐不顺从的各地势力。

今注　**1** 建安(196—220)：东汉献帝刘协的年号。　**2** 刘勋：字子台，徐州琅邪(今山东临沂)人。东汉末年为袁术部下，孙策为袁术攻破庐江后担任庐江太守，在江淮之间坐拥重兵，为孙策所忌惮。后被孙策击败，逃亡北方投奔曹操。　**3** 沙羡(yí)：秦汉时期县名，属江夏郡。治今湖北武汉江夏区。　**4** 伯禽：周公旦之子，受封于鲁国。周公去世之后，伯禽按照周公所制定的礼法服三年之丧，但其间发生徐戎叛乱，伯禽停止服丧而率兵讨伐，平定了徐戎之乱。　**5** 奸宄(guǐ)：奸邪之人。　**6** 按：孙策创业时，平定江东庐陵、庐江、丹阳、吴郡、会稽、豫章六郡。此处少庐江一郡，或有脱漏。　**7** 深险：指偏僻险要。　**8** 委心：指倾心、尽心。**9** 使丞之郡：指派使丞到郡府办理公务。孙权担任会稽太守，但在吴郡驻军，所以派郡丞到会稽郡府处理郡中事务。　**10** 师傅：太师、太傅的合称，为辅政大臣及帝王的老师。　**11** 将率：同“将帅”。　**12** 宾客：这里指幕僚。

裴注　[1] 臣松之按《礼记·曾子问》子夏曰:"三年之丧,金革之事无避也者,礼与?初有司与?"孔子曰:"吾闻诸老聃曰:'昔者鲁公伯禽有为为之也。'"郑玄注曰:"周人卒哭而致事。时有徐戎作难,伯禽卒哭而征之,急王事也。"昭所云"伯禽不师",盖谓此也。　[2]《江表传》曰:"初,策表用李术为庐江太守,策亡之后,术不肯事权,而多纳其亡叛。权移书求索,术报曰:'有德见归,无德见叛,不应复还。'权大怒,乃以状白曹公曰:'严刺史昔为公所用,又是州举将,而李术凶恶,轻犯汉制,残害州司,肆其无道,宜速诛灭,以惩丑类。今欲讨之,进为国朝埽除鲸鲵,退为举将报塞怨仇,此天下达义,夙夜所甘心。术必惧诛,复诡说求救。明公所居阿衡之任,海内所瞻,愿敕执事,勿复听受。'是岁举兵攻术于皖城。术闭门自守,求救于曹公。曹公不救。粮食乏尽,妇女或丸泥而吞之。遂屠其城,枭术首,徙其部曲三万余人。"

七年,权母吴氏薨。八年,权西伐黄祖,破其舟军,惟城未克,而山寇[1]复动。还过豫章,使吕范平鄱阳[2],程普讨乐安[3],太史慈领海昏[4],韩当、周泰、吕蒙等为剧县[5]令长。九年,权弟丹阳太守翊为左右所害,以从兄瑜代翊[1]。十年,权使贺齐讨上饶[6],分为建平县。十二年,西征黄祖,虏其人民而还。

建安七年(202),孙权的母亲吴氏去世。八年(203),孙权西征讨伐黄祖,击破其水军,只剩下城池还没攻克,但这时山越盗贼再度兴兵作乱。于是孙权将军队撤回到豫章,派吕范平定鄱阳县,程普征讨乐安县,太史慈担任海昏县长,韩当、周泰、吕蒙等分别出任各个难治之县的县令和县长。九年(204),孙权的弟弟丹阳太守孙翊被身边的人杀害,于是以堂兄孙瑜接替孙翊之位。十年(205),孙权派贺齐征讨上饶,从中划出一部分土地设置了建平县。十二年(207),西征黄祖,俘虏了黄祖治下的人民后退兵。

十三年春，权复征黄祖，祖先遣舟兵拒军，都尉吕蒙破其前锋，而凌统、董袭等尽锐[7]攻之，遂屠其城。祖挺身亡走[8]，骑士冯则追枭其首，虏其男女数万口。是岁，使贺齐讨黟、歙[9][2]，分歙为始新、新定[3]、犁阳、休阳县[4]，以六县为新都郡。荆州牧刘表死，鲁肃乞奉命吊表二子，且以观变。肃未到，而曹公已临其境，表子琮举众以降。

建安十三年(208)春天，孙权再度征伐黄祖，黄祖先派遣手下的水军前往抵抗，都尉吕蒙击破黄祖的前锋部队，随后凌统、董袭等将领尽数派遣精锐部队前往攻击，于是攻破了城池，大军入城屠杀。黄祖奋力突围逃走，孙权手下的骑士冯则追击上去将其斩杀枭首，俘虏了对方男男女女数万人。这一年，孙权派贺齐讨伐黟县、歙县，从歙县中分出始新、新定、犁阳、休阳县，加上黟县一共六县而设立新都郡。荆州牧刘表去世，鲁肃请求奉孙权诏命前往吊唁并慰问刘表的两个儿子，并且借此机会观察荆州的事态变化。鲁肃还未抵达荆州，曹操已率大军压境，刘表之子刘琮便率众投降了曹操。

今注　1 山寇：这里指山越，即分布在江东各郡县山区中的山贼武装。其成员既包括越人等当时的少数民族，也包括不愿归顺的汉人。　2 鄱阳：汉代县名，原属豫章郡，建安十五年(210)孙权分豫章郡而置鄱阳郡，鄱阳县为郡治所。治今江西鄱阳。　3 乐安：汉代县名，属鄱阳郡，治今江西婺源。　4 海昏：汉代县名，属豫章郡，治今江西永修。　5 剧县：汉代有剧县、平县之分，剧县指政务繁重、难以治理的县。　6 上饶：汉代县名，属鄱阳郡，治今江西上饶。　7 尽锐：尽数派遣精锐。　8 亡走：指逃走。　9 黟(yī)、歙(shè)：秦汉时期县名，原属丹阳郡，建安十三年(208)划归新都郡。分别位于今安徽黟县、歙县。

裴注 [1]《吴录》曰:"是时权大会官寮,沈友有所是非,令人扶出,谓曰:'人言卿欲反。'友知不得脱,乃曰:'主上在许,有无君之心者,可谓非反乎?'遂杀之。友字子正,吴郡人。年十一,华歆行风俗,见而异之,因呼曰:'沈郎,可登车语乎?'友逡巡却曰:'君子讲好,会宴以礼,今仁义陵迟,圣道渐坏,先生衔命,将以裨补先王之教,整齐风俗,而轻脱威仪,犹负薪救火,无乃更崇其炽乎!'歆惭曰:'自桓、灵以来,虽多英彦,未有幼童若此者。'弱冠博学,多所贯综,善属文辞。兼好武事,注《孙子兵法》。又辩于口,每所至,众人皆默然,莫与为对。咸言其笔之妙、舌之妙、刀之妙,三者皆过绝于人。权以礼聘,既至,论王霸之略、当时之务,权敛容敬焉。陈荆州宜并之计,纳之。正色立朝,清议峻厉,为庸臣所谮,诬以谋反。权亦以终不为己用,故害之,时年二十九。" [2] 黟,音伊。歙,音摄。 [3]《吴录》曰:"晋改新定为遂安。" [4]《吴录》曰:"晋改休阳为海宁。"

刘备欲南济江,肃与相见,因传权旨,为陈成败。备进住夏口1,使诸葛亮诣权,权遣周瑜、程普等行。是时曹公新得表众,形势甚盛,诸议者皆望风畏惧,多劝权迎之[1]。惟瑜、肃执拒之议,意与权同。瑜、普为左右督,各领万人,与备俱进,遇于赤壁2,大破曹公军。公烧其余船引

刘备准备渡江南下,鲁肃前去与他见面,传达了孙权的旨意,并为其陈述成败之理。刘备前往夏口驻军,派诸葛亮前去拜见孙权,孙权则派周瑜、程普等前往。这时曹操刚刚收编了刘表的部队,势头十分强盛,参加议论的大臣看见这形势都感到十分畏惧,大多劝孙权投降迎接曹操。只有周瑜和鲁肃坚持抵抗的主张,与孙权的意见相同。周瑜、程普为左右督,各自率领一万人,与刘备一同进军,与曹操在赤壁相遇,大举击破了曹操的军队。曹操烧毁了剩余的船只,率军

退[3],士卒饥疫,死者大半。备、瑜等复追至南郡[4],曹公遂北还,留曹仁、徐晃于江陵,使乐进守襄阳[5]。时甘宁在夷陵[6],为仁党所围,用吕蒙计,留凌统以拒仁,以其半救宁,军以胜反。权自率众围合肥,使张昭攻九江之当涂[7]。昭兵不利,权攻城逾月不能下。曹公自荆州还,遣张喜[8]将骑赴合肥[9]。未至,权退。

撤退,军中士兵遭受饥饿和瘟疫,死了一大半。刘备、周瑜等又追击至南郡,曹操只得撤退回北方,留下曹仁、徐晃在江陵坚守,又派乐进防守襄阳。当时甘宁在夷陵,被曹仁的部队包围了,周瑜按照吕蒙的计策,留下凌统抵御曹仁,分出一半兵力去救援甘宁,最终胜利而返。孙权则亲自率兵包围合肥,派张昭去攻打九江郡的当涂县。张昭未能取胜,而孙权进攻合肥一个多月,仍未能攻下。曹操从荆州回来,派张喜率领骑兵赴合肥作战。张喜还没到达合肥,孙权就退兵了。

今注 1 夏口:古地名,因夏水注入长江而得名,在长江北岸。位于今湖北武汉汉阳区。 2 赤壁:山名,位于今湖北武汉赤矶山,与纱帽山隔江相对。一说即今赤壁市西北赤壁山。此处所记载的是孙权、周瑜大破曹操的“赤壁之战”。 3 引退:指率军撤退。 4 南郡:秦汉时期郡名,汉末至三国前期因地处各方势力交界之处,郡界及所辖县多次发生变化,郡治江陵(今湖北荆州市荆州区)。 5 襄阳:汉代及三国时期县名,先后属南郡、襄阳郡。治今湖北襄阳襄州区。 6 夷陵:汉代及三国时期县名,属宜都郡。治今湖北宜昌夷陵区。 7 当涂:汉代县名,属九江郡。治今安徽怀远。 8 张喜:《三国志·魏书·武帝纪》写作“张憙(xǐ)”。 9 合肥:汉代及三国时期县名,属淮南郡,为扬州州治。治今安徽合肥。

裴注 [1]《江表传》载曹公与权书曰:"近者奉辞伐罪,旌麾南指,刘琮束手。今治水军八十万众,方与将军会猎于吴。"权得书,以示群臣,莫不响震失色。

十四年,瑜、仁相守岁余,所杀伤甚众。仁委城[1]走。权以瑜为南郡太守。刘备表权行车骑将军,领徐州牧。备领荆州牧,屯公安。十五年,分豫章为鄱阳郡;分长沙为汉昌郡,以鲁肃为太守,屯陆口[2]。十六年,权徙治秣陵[3]。明年,城[4]石头,改秣陵为建业。闻曹公将来侵,作濡须坞。十八年正月,曹公攻濡须,权与相拒月余。曹公望权军,叹其齐肃[5],乃退[1]。初,曹公恐江滨郡县为权所略[6],征令内移。民转相惊,自庐江、九江、蕲春、广陵户十余万皆东渡江,江西遂虚,合肥以南惟有皖城。

建安十四年(209),周瑜与曹仁两军对峙已经一年多,杀伤了敌方很多人马。曹仁弃城逃走。孙权任命周瑜为南郡太守。刘备上表请朝廷任命孙权代行车骑将军之职,兼领徐州牧。刘备兼领荆州牧,在公安驻屯。十五年(210),分出豫章郡的一部分设置鄱阳郡;分出长沙郡的一部分设置汉昌郡,任命鲁肃为太守,在陆口驻屯。十六年(211),孙权将治所迁至秣陵县。次年,建造石头城,将秣陵改名为建业。听闻曹操准备前来袭击,建造了濡须坞。十八年(213)正月,曹操攻打濡须,孙权与之相持了一个多月。曹操遥望孙权的军队,感叹其军容整肃,于是退军。起初,曹操担心长江沿岸各郡县遭到孙权的侵夺,于是下令当地百姓撤回内地。百姓因此大为恐慌,包括庐江、九江、蕲春、广陵等郡在内的十多万户民众纷纷东渡长江,长江西岸于是变得空旷无人,合肥以南只剩下皖城还有民众居住。

今注 1 委城：指弃城。 2 陆口：汉末三国时期地名，因陆水入长江得名。位于今湖北嘉鱼。 3 秣陵：秦汉时期县名，属会稽郡。治今江苏南京江宁区南秣陵关。 4 城：这里指筑城。 5 齐肃：指军容严整。 6 略：侵夺，强取。

裴注 [1]《吴历》曰："曹公出濡须，作油船，夜渡洲上。权以水军围取，得三千余人，其没溺者亦数千人。权数挑战，公坚守不出。权乃自来，乘轻船，从濡须口入公军。诸将皆以为是挑战者，欲击之。公曰：'此必孙权欲身见吾军部伍也。'敕军中皆精严，弓弩不得妄发。权行五六里，回还作鼓吹。公见舟船器仗军伍整肃，喟然叹曰：'生子当如孙仲谋，刘景升儿子若豚犬耳！'权为笺与曹公，说：'春水方生，公宜速去。'别纸言：'足下不死，孤不得安。'曹公语诸将曰：'孙权不欺孤。'乃撤军还。"《魏略》曰："权乘大船来观军，公使弓弩乱发，箭著其船，船偏重，将覆，权因回船，复以一面受箭，箭均船平，乃还。"

十九年五月，权征皖城。闰月，克之，获庐江太守朱光及参军董和，男女数万口。是岁刘备定蜀。权以备已得益州，令诸葛瑾[1]从求荆州诸郡。备不许，曰："吾方图凉州，凉州定，乃尽以荆州与吴耳。"权曰："此假[2]而不反[3]，而欲以虚辞引岁[4]。"遂置南三郡[5]长吏，关羽尽逐之。权大

建安十九年(214)五月，孙权征讨皖城。闰五月，攻克皖城，俘虏了庐江太守朱光及参军董和，还有男女百姓数万人。这一年刘备平定了蜀地。孙权因为刘备取得了益州，便命令诸葛瑾前去索取此前借给刘备的荆州各郡。刘备不答应，回答说："我准备夺取凉州，等到拿下凉州之后，便将整个荆州还给孙吴。"孙权说："这是借了而不想还，反而说些空话来拖延时间罢了。"于是任命了长沙、零陵、桂阳三

怒,乃遣吕蒙督鲜于丹、徐忠、孙规等兵二万取长沙、零陵、桂阳三郡,使鲁肃以万人屯巴丘 6[1]以御关羽。权住陆口,为诸军节度 7。蒙到,二郡皆服,惟零陵太守郝普未下。会备到公安,使关羽将三万兵至益阳 8,权乃召蒙等使还助肃。蒙使人诱普,普降,尽得三郡将守,因引军还,与孙皎、潘璋并鲁肃兵并进,拒羽于益阳。未战,会曹公入汉中,备惧失益州,使使求和。权令诸葛瑾报,更寻盟好 9,遂分荆州长沙、江夏、桂阳以东属权,南郡、零陵、武陵以西属备。备归,而曹公已还。权反自陆口,遂征合肥。合肥未下,彻 10 军还。兵皆就路,权与凌统、甘宁等在津 11 北为魏将张辽所袭,统等以死捍权,权乘骏马越津桥得去[2]。

郡的行政长官,但被关羽全部驱逐了。孙权大怒,于是派吕蒙督率鲜于丹、徐忠、孙规等两万兵力夺取长沙、零陵、桂阳三郡,又派鲁肃率一万兵力在巴丘山驻扎以防备关羽。孙权则亲自在陆口指挥各部队。吕蒙一到,长沙、桂阳两郡都投降了,只有零陵太守郝普还在抵抗。这时刘备到了公安,派关羽率领三万兵力向益阳进发,孙权于是召回吕蒙前去协助鲁肃。吕蒙派人诱骗郝普,使郝普投降,将三郡的守备官兵悉数拿下,于是率军返回,与孙皎、潘璋同鲁肃部队会师后一同进军,在益阳抵御关羽。还没交战,正好曹操袭击汉中,刘备害怕丢了益州,便派使节前来求和。孙权令诸葛瑾前去回信,双方决定结盟交好,于是划分荆州的长沙、江夏、桂阳以东归属孙权,而南郡、零陵、武陵以西归属刘备。刘备回到益州时,曹操已经退军了。孙权从陆口返回,前往征讨合肥。他没有攻克合肥,就撤军返回。部队在撤退的途中,孙权和凌统、甘宁等在逍遥津北遭到魏军将领张辽的袭击,凌统等冒死保卫孙权,孙权骑着骏马越过了渡桥才得以脱险。

今注 1 诸葛瑾(174—241):字子瑜,琅邪阳都(今山东沂南南)人,诸葛亮之兄,三国时期吴国重臣。建安五年(200)避乱江东,出仕孙权,担任长史,深得孙权信赖,在斡旋蜀吴两国关系方面起到了很大作用。后接替吕蒙担任南郡太守。孙权称帝之后,他官至大将军、左都护,领豫州牧。 2 假:即"借"。 3 反:同"返"。 4 引岁:指拖延时间。 5 南三郡:指长沙、零陵、桂阳三郡。 6 巴丘:山名。在湖南岳阳。相传夏后羿杀巴蛇于此,骨堆于丘,故名。三国时为吴军事重镇。 7 节度:这里指指挥、调度。 8 益阳:秦汉时期县名,属长沙郡,位于今湖南益阳。 9 盟好:结盟交好。 10 彻:通"撤"。 11 津:指逍遥津,古代淝水上的渡口,位于今安徽合肥庐阳区。这里记载的是"逍遥津之战",当时魏将张辽率领七千人袭击孙权十万大军,其间亲率八百人袭击孙权,大破甘宁、淩统,几乎活捉孙权,是历史上著名的以少胜多的战役。

裴注 [1] 巴丘今曰巴陵。 [2]《献帝春秋》曰:"张辽问吴降人:'向有紫髯将军,长上短下,便马善射,是谁?'降人答曰:'是孙会稽。'辽及乐进相遇,言不早知之,急追自得,举军叹恨。"《江表传》曰:"权乘骏马上津桥,桥南已见彻,丈余无版。谷利在马后,使权持鞍缓控,利于后著鞭,以助马势,遂得超度。权既得免,即拜利都亭侯。谷利者,本左右给使也,以谨直为亲近监,性忠果亮烈,言不苟且,权爱信之。"

二十一年冬,曹公次于居巢[1],遂攻濡须。二十二年春,权令都尉徐详诣曹公请降,公报使修好,誓重结婚[2]。二十三年十月,权将如吴,亲乘马射

建安二十一年(216)冬天,曹操行军至居巢,随后攻打濡须。二十二年(217)春天,孙权派都尉徐详拜见曹操请降,曹操派来使者修复双方关系,重订盟誓并约定再次和亲。二十三年(218)十月,孙权计划前往吴县,亲自在庱亭

虎于庱亭[3][1]。马为虎所伤，权投以双戟，虎却废，常从张世击以戈，获之。

骑马射虎。孙权的坐骑为猛虎所伤，他奋力扔出双戟，老虎才退却倒下，侍从张世上前用戈攻击，将老虎抓获。

今注 1 居巢：汉代县名，属庐江郡。治今安徽巢湖西北。 2 结婚：指通过和亲的方式结盟。 3 庱（chēng）亭：即庱亭垒，古亭名，位于今江苏丹阳东四十七里，当是以淩水得名。

裴注 [1] 庱，音摅陵反。

二十四年，关羽围曹仁于襄阳，曹公遣左将军于禁救之。会汉水暴起，羽以舟兵尽虏禁等步骑三万送江陵，惟城未拔。权内惮羽，外欲以为己功，笺与曹公，乞以讨羽自效。曹公且欲使羽与权相持以斗之，驿传[1]权书，使曹仁以弩射示羽。羽犹豫不能去。闰月[2]，权征羽，先遣吕蒙袭公安，获将军士仁[3]。蒙到南郡，南郡太守麋芳[4]以城降。蒙据江陵，抚其老弱，释于禁之囚。陆逊别

建安二十四年(219)，关羽在襄阳围困曹仁，曹操派左将军于禁前去救援。正逢汉水因洪水暴涨，关羽派出水军将于禁等人的步兵、骑兵总共三万人尽数俘虏送往江陵，唯有襄阳城还没有攻下。孙权内心忌惮关羽，但表面上又想给自己增加功劳，于是写信给曹操，请求前去讨伐关羽来表明自己的诚意。曹操正打算让孙权和关羽对峙争斗，于是派出驿马，将孙权的书信送给曹仁，让曹仁用弩箭将书信射去给关羽看。关羽看后内心犹豫不决，没有立即撤军。闰十月，孙权征讨关羽，先派吕蒙袭击公安，俘虏了将军傅士仁。吕蒙抵达南郡时，南郡太守麋芳献城投降。吕蒙占据了江陵，抚恤城中老弱百姓，释放了被囚禁的于

取宜都[5],获秭归、枝江、夷道,还屯夷陵,守峡口[6]以备蜀。关羽还当阳,西保麦城[7]。权使诱之。羽伪降,立幡旗为象人[8]于城上,因遁走,兵皆解散,尚十余骑。权先使朱然、潘璋断其径路。十二月,璋司马马忠获羽及其子平、都督赵累等于章乡,遂定荆州。是岁大疫,尽除荆州民租税。曹公表权为骠骑将军,假节,领荆州牧,封南昌侯。权遣校尉梁寓奉贡于汉,及令王惇市马,又遣朱光等归[1]。

禁。陆逊又另外攻克了宜都,拿下秭归、枝江、夷道等县,返回夷陵驻屯,在西陵峡口布下守军以防备蜀国。关羽返回当阳,西撤到麦城自保。孙权派人前去诱降关羽。关羽假装投降,在城头上插立旗帜做成人的形状,自己则借机逃走,遣散了手下所有的兵力,只留下十多名骑兵跟随自己。孙权先派朱然、潘璋截断他撤退的道路。十二月,潘璋手下的司马马忠在章乡俘虏了关羽及他的儿子关平、都督赵累等人,于是平定了荆州。这一年吴国遭遇了大瘟疫,于是孙权尽数免除荆州百姓的租税。曹操上表朝廷任命孙权为骠骑将军,授予节杖,兼领荆州牧,封南昌侯。孙权派校尉梁寓到汉朝廷去进贡,并派王惇去买马,又将此前俘虏的朱光等人遣返。

【今注】 1 驿传:古代通过驿马传递文书的邮递方式。 2 闰月:建安二十四年的闰月是闰十月。 3 士仁:即傅士仁,原为刘备手下将军,为关羽所轻慢。吕蒙率军袭击荆州时,他与麋芳一同不战而降,间接导致关羽兵败被杀。 4 麋芳:一作“糜芳”,字子方,东海朐县(今江苏连云港)人,刘备麋夫人的兄弟。原为陶谦部下,后跟随刘备,担任南郡太守,但因受到关羽轻慢而心生不满。后投降吴国。 5 宜都:三国时期郡名,治所夷道县(今湖北宜都)。 6 峡口:指西陵峡口,位于吴蜀交界之处,地势十分险要,为吴国西门户。位于今湖北宜昌西陵区南津关村。 7 麦城:

古代地名，位于今湖北当阳市东南沮、漳二水间。因关羽兵败于此而著名。　**8** 象人：指做成人形的伪装。

裴注　[**1**]《魏略》曰："梁寓字孔儒，吴人也。权遣寓观望曹公，曹公因以为掾，寻遣还南。"

二十五年春正月，曹公薨，太子丕[1]代为丞相魏王，改年为延康[2]。秋，魏将梅敷使张俭求见抚纳[3]。南阳阴、酂、筑阳[1]、山都、中卢五县民五千家来附。冬，魏嗣王称尊号[4]，改元为黄初[5]。

二年四月，刘备称帝于蜀[2]。权自公安都鄂[6]，改名武昌，以武昌、下雉、寻阳、阳新、柴桑、沙羡六县为武昌郡。五月，建业言甘露[7]降。八月，城武昌，下令诸将曰："夫存不忘亡，安必虑危，古之善教。昔隽不疑[8]汉之名臣，于安平之世而刀剑不离于身，盖君子之于武备，不可以已。况今处身疆畔[9]，豺狼

建安二十五年(220)春正月，曹操逝世，太子曹丕继位为丞相、魏王，改年号为延康。秋天，魏国将领梅敷派张俭前来投降，请求得到安置接纳。南阳郡阴、酂、筑阳、山都、中卢五个县的五千多户百姓前来投奔。冬天，魏王称帝，改年号为黄初。

黄初二年(221)四月，刘备在蜀地称帝。孙权从公安迁都至鄂县，改名为武昌，将武昌、下雉、寻阳、阳新、柴桑、沙羡六县设立为武昌郡。五月，建业报告有甘露降下。八月，修筑武昌城，并向各位将领下达命令："生存的时候不要忘记灭亡，安全的时候必定考虑危险，这是古人留下来的教诲。当年汉代的名臣隽不疑，在太平盛世仍然刀剑不离身，就是因为君子不能离开自己的武器装备。何况我们现在地处边界，跟豺狼一样的敌人为邻，怎么可以轻视危险而不考虑变乱呢？不久前

交接，而可轻忽不思变难哉？顷闻诸将出入，各尚谦约[10]，不从[11]人兵，甚非备虑爱身之谓。夫保己遗名，以安君亲，孰与危辱？宜深警戒，务崇其大，副孤意焉。”自魏文帝践阼，权使命称藩[12]，及遣于禁等还。

听说各位将军出入行动的时候，都崇尚谦逊俭约的作风，不带兵士随从，这实在不是考虑周全、爱惜生命的做法。保全自己并留下名声，从而使君主和双亲安心，这与危难受辱相比起来怎么样呢？大家应当多加警戒，凡事从大局考虑，这才符合寡人的期待。”魏文帝登基之后，孙权派使节前去称臣，并遣返了于禁等人。

今注 **1** 太子丕：即曹丕(187—226)，字子桓，曹操之子，沛国谯县(今安徽亳州)人。建安二十五年(220)曹操死后，他继位为魏王、汉丞相，同年即位称帝，建立魏国，结束了汉朝400余年的统治。 **2** 延康：汉献帝的最后一个年号(220年)，使用时间仅7个月。 **3** 抚纳：安抚接纳。 **4** 称尊号：即称帝。 **5** 黄初：三国时期魏文帝曹丕的年号(220—226)。 **6** 鄂：秦汉三国时期县名，位于今湖北鄂州。三国时期吴国都城武昌即此，非今武汉武昌区。 **7** 甘露：甘美的露水。天降甘露是古代的一种祥瑞，被认为是天下太平的预兆。 **8** 隽(juàn)不疑：字曼倩，渤海(治今河北沧县东南东关)人，西汉初年官员。初为郡文学，历任青州刺史、京兆尹，为人正直有威严。早年拜访直指使者暴胜之时，门卫要求隽不疑解下佩剑，但隽不疑回答：“剑者君子武备，所以卫身，不可解。”由此受到暴胜之的赏识及举荐。始元五年(前82)，识破冒充卫太子之人，得到汉昭帝和大将军霍光的称赞。 **9** 疆畔：指边疆。 **10** 谦约：谦逊检束。 **11** 从：指携带随从。 **12** 称藩：即称臣。

裴注　[1] 筑，音逐。　[2]《魏略》曰："权闻魏文帝受禅而刘备称帝，乃呼问知星者，己分野中星气何如，遂有僭意。而以位次尚少，无以威众，又欲先卑而后踞之，为卑则可以假宠，后踞则必致讨，致讨然后可以怒众，众怒然后可以自大，故深绝蜀而专事魏。"

十一月，策命权曰："盖圣王之法，以德设爵，以功制禄。劳大者禄厚，德盛者礼丰。故叔旦[1]有夹辅之勋，太公[2]有鹰扬之功，并启土宇[3]，并受备物[4]，所以表章元功[5]，殊异贤哲也。近汉高祖受命之初，分裂膏腴[6]以王八姓[7]，斯则前世之懿事，后王之元龟[8]也。朕以不德，承运革命，君临万国，秉统天机，思齐先代，坐而待旦。惟君天资忠亮，命世作佐，深睹历数，达见废兴，远遣行人，浮于潜汉[9][1]，望风影附[10]，抗疏称藩，兼纳纤絺[11]南方之贡，普遣诸将来还本朝，

十一月，曹丕策命孙权："古代圣王的法则，是依照德行设立爵位，按照功劳发放俸禄。功劳大的人俸禄优渥，德行崇高的人礼遇丰厚。当年周公旦有辅佐成王的勋劳，姜太公有开疆拓土的功业，所以他们都获得了封地，以及与其爵位相匹配的一切礼仪，这是古人为了表彰大功、使贤哲之士待遇不同于常人的做法。近世以来，汉高祖受命称帝之初，将肥沃的土地分给了八个异姓王，这是前代的美谈，也是后世帝王的借鉴。朕德行不足，遵循世运的变化改朝换代，君临万国，按照上天的旨意统治天下，想效法前代的圣王，心中急迫，夜不能寐。考虑到您天性忠诚明智，有济世之才，可以成为帝王的辅佐，深察天命运数，明见历史兴废的道理，所以派遣使节渡过潜江、汉江远道而来，顺应时势而如影随形般归附，不仅上疏称臣，还进贡了纤絺等南方物产，又让此前被俘虏的诸位将军回归本

忠肃内发，款诚外昭，信著金石，义盖山河，朕甚嘉焉。

朝，您的忠贞恭敬发自内心，精诚真挚流露于外，您的信义就像金石一样坚固，像山河一样高大，朕对这一切都非常嘉许。

今注 1 叔旦：即周公旦，西周初重要政治家。 2 太公：即姜子牙，姜姓，吕氏，名尚，字子牙，又称太公望、师尚父、吕尚、吕望。先后辅佐周文王、周武王灭商，建立周朝，后又辅佐周成王、康王，促成了“成康之治”。 3 土宇：指封地。 4 备物：原意指礼仪所用的各种器物，这里引申为崇高的地位。 5 表章元功：表章，同“表彰”；元功，即首功。 6 膏腴：指肥沃的土地。 7 八姓：指汉初的八个异姓王，楚王韩信、燕王臧荼、赵王张耳、梁王彭越、淮南王英布、韩王信、长沙王吴芮、燕王卢绾。 8 元龟：原指用于占卜的大龟甲，引申为可资借鉴的史事。 9 潜汉：指长江的支流潜江和汉江。此处化用《尚书·禹贡》“浮于江沱潜汉”之言。 10 影附：指如影随形般归附。 11 纤絺(chī)：指细葛布。

裴注 [1]《禹贡》曰：“沱、潜既道。”注曰：“水自江出为沱，汉为潜。”

“今封君为吴王，使使持节、太常、高平侯贞[1]，授君玺绶策书，金虎符第一至第五，左竹使符第一至第十[2]，以大将军使持节督交州，领荆州牧事。锡君青土[3]，苴以白茅[4]，对扬[5]朕命，以尹[6]东夏。其上故骠骑将军南昌侯印绶符

“现册封您为吴王，派使持节、太常、高平侯邢贞授予您印玺、绶带和策命文书，金虎符第一至第五枚，左竹使符第一至第十枚，任命您为大将军使持节督交州，兼领荆州牧。赐给您白茅草包裹的青色泥土，请您接受朕的任命统治东方地区。请您交回原先骠骑将军南昌侯的印绶、符节和策文。现今再加授给您九锡，请郑重聆

策。今又加君九锡[7]，其敬听后命。以君绥安东南，纲纪江外，民夷安业，无或携贰[8]，是用锡君大辂、戎辂[9]各一，玄牡二驷[10]。君务财劝农，仓库盈积，是用锡君衮冕[11]之服，赤舄[12]副焉。君化民以德，礼教兴行，是用锡君轩县之乐[13]。君宣导休风，怀柔百越，是用锡君朱户[14]以居。君运其才谋，官方任贤，是用锡君纳陛[15]以登。君忠勇并奋，清除奸慝[16]，是用锡君虎贲[17]之士百人。君振威陵迈，宣力荆南，枭灭凶丑，罪人斯得，是用锡君𫓧钺[18]各一。君文和于内，武信于外，是用锡君彤弓一、彤矢百、𢎅弓十、𢎅矢千[19]。君以忠肃为基，恭俭为德，是用锡君秬鬯一卣[20]，圭瓒[21]副焉。钦哉！敬敷训典，以服朕命，以勖相[22]我国家，永终尔显烈[1]。"

听以下命令。因为您能安抚平定东南地区，使长江以南服膺王化纲纪，各族百姓安居乐业，没有任何叛逆之心，所以赐给您大辂、戎辂各一架，各配黑马四匹。因为您能发展经济，鼓励农耕，仓库储蓄盈积有余，所以赐给您衮冕礼服，配以红色礼鞋。您用仁德教化百姓，礼教大兴，所以赐给您悬挂陈列的乐器。因为您能宣扬风化，怀柔百越少数民族，所以赐给您居所用的红色的大门。因为您能运用才智谋略，选贤任能拔擢官吏，所以赐给您便于登殿的纳陛。因为您能忠勇奋发，清除奸恶之徒，所以赐给您一百名虎贲勇士。因为您能威震四方，平定荆州以南，剿灭凶恶的敌人，让他们罪有应得，所以赐给您𫓧和钺各一柄。因为您的文治武功内外兼具，所以赐给您一把红色弓、一百支红色箭、十把黑色弓、一千支黑色箭。您忠诚正直，具有恭敬节俭的美德，所以赐给您一卣秬鬯，并配上圭瓒。钦哉！您要恭敬的传布朕的训命和法则，服从朕的命令，勤勉地辅佐我的国家，以使您的功业永垂不朽。"

今注 1 高平侯贞:即邢贞,三国时期魏国大臣,历任太常、中尉,封为高平侯。 2 金虎符、竹使符:均为汉代的符节,金虎符用于调动军队,竹使符用于其他征调,其数量表示可调动的范围。 3 青土:古代青色代表东方,故天子册封东方诸侯时赐予青土。 4 苴(jū)以白茅:指用白色的茅草包裹泥土,作为分封土地的象征。 5 对扬:古代习语,多用于表示臣子答谢、颂扬君王的赐命。 6 尹:统治、治理。 7 九锡:古代皇帝给予诸侯、功臣的最高礼遇,赐予车马、衣服、乐则、朱户、纳陛、虎贲、铁钺、弓矢、秬鬯九种器物。 8 携贰:离心,有二心。 9 大辂(lù)、戎辂:大辂,古代天子所乘的礼仪用车;戎辂,礼仪用的兵车。 10 玄牡二驷:玄牡,指黑色的马。驷,拉车用的马四匹为驷,上文赐予大辂、戎辂两种车驾,故配二驷。 11 衮冕:衮衣和冠冕,是古代皇帝及王公的礼服和礼冠。 12 赤舄(xì):与衮冕搭配的红色礼鞋。 13 轩县之乐:轩县,通"轩悬"。指诸侯所用的三面悬挂的乐器,如编钟、编磬等。 14 朱户:古代帝王赐予诸侯或功臣的红色大门。 15 纳陛:古代帝王赐予诸侯或功臣的一种便于上殿所用的台阶。 16 奸慝(tè):指奸恶之人。 17 虎贲(bēn):指负责护卫的勇士。 18 铁(fū)钺(yuè):铁,铡刀,用于斩人的刑具,象征刑杀大权;钺,一种形似斧的礼仪用兵器,象征军权。 19 彤弓、彤矢:红色的弓箭。玈(lú)弓、玈矢:黑色的弓箭。均为礼仪用具。 20 秬鬯(jù chàng)一卣(yǒu):秬鬯,古代用黑黍和香菜酿成的酒;卣,古代的一种酒器,大腹,敛口,有盖和提梁。 21 圭瓒:一种玉制的酒器,专门与鬯搭配用于祭祀。 22 勖(xù)相:勤勉地辅佐。

裴注 [1]《江表传》曰:"权群臣议,以为宜称上将军九州伯,不应受魏封。权曰:'九州伯,于古未闻也。昔沛公亦受项羽拜为汉王,此盖时宜耳,复何损邪?'遂受之。"孙盛曰:"昔伯夷、叔齐不屈有周,鲁仲连不为秦民。夫以匹夫之志,犹义不辱,况列国之君,三分天下,而可二三其节,或臣或否乎?余观吴、蜀,咸称奉汉,至于汉代,莫能固秉臣节,君子是以知其不能克昌厥后，卒见吞于大国也。向使权从群臣之议，终身称汉将，岂不义悲六合，仁感百世哉！”

是岁，刘备帅军来伐，至巫山、秭归[1]，使使诱导武陵蛮夷，假[2]与印传，许之封赏。于是诸县及五谿[3]民皆反为蜀。权以陆逊为督，督朱然、潘璋等以拒之。遣都尉赵咨使魏。魏帝问曰：“吴王何等主也？”咨对曰：“聪明仁智，雄略之主也。”帝问其状，咨曰：“纳鲁肃于凡品[4]，是其聪也；拔吕蒙于行阵，是其明也；获于禁而不害，是其仁也；取荆州而兵不血刃，是其智也；据三州[5]虎视于天下，是其雄也；屈身于陛下，是其略也[1]。”帝欲封权子登，权以登年幼，上书辞封，重遣西曹掾沈珩陈谢，并献方物[6][2]。立登为王太子[3]。

这一年，刘备率军前来讨伐，进军至巫山、秭归一带，还派人前去诱导武陵地区的少数民族，授予他们印信，并许诺了将来的封赏。于是当地各县以及五谿少数民族都投降了蜀国。孙权任命陆逊为都督，督率朱然、潘璋等人前往拒敌。又派都尉赵咨出使魏国。魏文帝问：“吴王是一个什么样的君主？”赵咨回答：“耳聪目明而仁德睿智，是位雄才大略的君主。”魏文帝又询问具体的情形，赵咨说：“鲁肃还是个普通人时就将其招致麾下，是吴王耳聪的表现；从军旅之中提拔了吕蒙，是他目明的表现；抓获于禁但不加杀害，是其仁德的表现；夺取荆州但兵不血刃，是其睿智的表现；坐拥荆、扬、交三州，虎视天下，是其雄才的表现；屈身于陛下，是其识大体的表现。”魏文帝打算册封孙权的儿子孙登，但孙权以孙登年纪尚幼为由，上书推辞了册封，又派西曹掾沈珩入朝致谢，同时进献了南方的土产。册立孙登为吴王太子。

今注 1 巫山:即巫县,与秭归县同属吴固陵郡。分别位于今重庆巫山县和湖北秭归县。 2 假:即假授,指非正式的委任。 3 五谿:即"五溪"。 4 凡品:指常人,普通人。 5 三州:指吴国治下的荆州、扬州、交州。 6 方物:本地土产。

裴注 [1]《吴书》曰:"咨字德度,南阳人。博闻多识,应对辩捷。权为吴王,擢中大夫,使魏。魏文帝善之,嘲咨曰:'吴王颇知学乎?'咨曰:'吴王浮江万艘,带甲百万,任贤使能,志存经略,虽有余闲,博览书传历史,籍采奇异,不效书生寻章摘句而已。'帝曰:'吴可征不?'咨对曰:'大国有征伐之兵,小国有备御之固。'又曰:'吴难魏不?'咨曰:'带甲百万,江、汉为池,何难之有?'又曰:'吴如大夫者几人?'咨曰:'聪明特达者八九十人,如臣之比,车载斗量,不可胜数。'咨频载使北,〔魏〕人敬异。权闻而嘉之,拜骑都尉。咨言曰:'观北方终不能守盟,今日之计,朝廷承汉四百之际,应东南之运,宜改年号,正服色,以应天顺民。'权纳之。" [2]《吴书》曰:"珩字仲山,吴郡人。少综经艺,尤善《春秋》内、外传。权以珩有智谋,能专对,乃使至魏。魏文帝问曰:'吴嫌魏东向乎?'珩曰:'不嫌。'曰:'何以?'曰:'信恃旧盟,言归于好,是以不嫌。若魏渝盟,自有豫备。'又问:'闻太子当来,宁然乎?'珩曰:'臣在东朝,朝不坐,宴不与,若此之议,无所闻也。'文帝善之,乃引珩自近,谈语终日,珩随事响应,无所屈服。珩还,言曰:'臣密参侍中刘晔,数为贼设奸计,终不久悫。臣闻兵家旧论,不恃敌之不我犯,恃我之不可犯。今为朝廷虑之,且当省息他役,惟务农桑以广军资;修缮舟车,增作战具,令皆兼盈;抚养兵民,使各得其所;擥延英俊,奖励将士,则天下可图矣。'以奉使有称,封永安乡侯,官至少府。" [3]《江表传》曰:"是岁,魏文帝遣使求雀头香、大贝、明珠、象牙、犀角、玳瑁、孔雀、翡翠、斗鸭、长鸣鸡。群臣奏曰:'荆、扬二州,贡有常典,魏所求珍玩之物,非礼也,宜勿与。'权曰:'昔惠施尊齐为王,客难之曰:"公之学去尊,今王齐,何其倒也?"惠子曰:"有人于此,欲击其爱子之头，而石可以代之，子头所重而石所轻也，以轻代重，何为不可乎？”方有事于西北，江表元元，恃主为命，非我爱子邪？彼所求者，于我瓦石耳，孤何惜焉？彼在谅闇之中，而所求若此，宁可与言礼哉！’皆具以与之。”

黄武[1]元年春正月，陆逊部将军宋谦等攻蜀五屯，皆破之，斩其将。三月，鄱阳言黄龙见。蜀军分据险地，前后五十余营，逊随轻重以兵应拒，自正月至闰月[2]，大破之，临阵所斩及投兵降首数万人。刘备奔走，仅以身免[1]。

初，权外托事魏，而诚心不款。魏乃遣侍中辛毗[3]、尚书桓阶[4]往与盟誓，并征任子[5]，权辞让不受。秋九月，魏乃命曹休、张辽、臧霸出洞口，曹仁出濡须，曹真、夏侯尚、张郃、徐晃围南郡。权遣吕范等督五军，以舟军拒休等，诸葛瑾、潘璋、杨粲救南郡，朱桓以濡须督拒仁。时扬越[6]蛮夷多未平

黄武元年(222)春正月，陆逊所部将军宋谦等攻打蜀国的五个驻军点，将其一一击破，并斩杀了守将。三月，鄱阳报告有黄龙出现。蜀军分兵据守险要地带，五十多座军营前后相连，陆逊依据形势的轻重缓急分派兵力拒敌，战斗从正月一直打到闰六月，大举击溃蜀军，在交战中所斩杀的以及投降的蜀军达数万人。刘备逃走，勉强保住了自己的性命。

起初，孙权对外假托向曹魏称臣，但内心并不十分真诚。魏国于是派侍中辛毗、尚书桓阶前来订立盟誓，并征召孙权的儿子做人质，孙权推托不让他们入境。秋九月，魏国于是命令曹休、张辽、臧霸进军洞口，曹仁进军濡须，曹真、夏侯尚、张郃、徐晃围攻南郡。孙权派吕范等人督率五军，以水军抗击曹休等人，又派诸葛瑾、潘璋、杨粲等救援南郡，朱桓担任濡须督抵御曹仁。当时扬州地区的越人少数民族大多还没有完全归顺，吴国内乱还未平定，所以孙权

集,内难未弭,故权卑辞[7]上书,求自改厉:“若罪在难除,必不见置,当奉还土地民人,乞寄命交州,以终余年。”

用谦卑低下的言辞上书魏文帝,请求改过自新,书中说:“如果我的罪责难以免除,确实得不到宽恕,我一定会奉还朝廷封赐的土地和人民,乞求退避到交州托身,苟且过完余下的生命。”

今注 **1** 黄武(222—229):三国时期吴国的第一个年号,但改元时孙权尚未称帝。 **2** 闰月:该年闰月为闰六月。 **3** 辛毗(pí,?—235):字佐治,颍川阳翟(今河南禹州)人,三国时期魏国大臣。早年跟随袁绍,后投奔曹操,历任议郎、相府长史、魏国侍中。曹丕继位后,授任侍中,封广平亭侯。 **4** 桓阶(?—221):字伯绪,长沙临湘(今湖南长沙)人,三国时期魏国大臣。长沙郡功曹出身,受孙坚举荐为孝廉,出任尚书郎。孙坚死后投奔曹操,历任丞相主簿、赵郡太守、虎贲中郎将、侍中。曹丕继位后,任尚书令、侍中,封高乡亭侯。 **5** 任子:人质,指为取信对方而用作抵押的人。 **6** 扬越:亦称“扬粤”,战国至秦汉时对越人的一种泛称。 **7** 卑辞:指谦卑低下的言语。

裴注 [**1**]《吴历》曰:“权以使聘魏,具上破备获印绶及首级、所得土地,并表将吏功勤、宜加爵赏之意。文帝报使,致鼲子裘、明光铠、骈马,又以素书所作《典论》及诗赋与权。”《魏书》载诏答曰:“老虏边窟,越险深入,旷日持久,内迫罢弊,外困智力,故见身于鸡头,分兵拟西陵,其计不过谓可转足前迹,以摇动江东。根未著地,摧折其支,虽未刳备五脏,使身首分离,其所降诛,亦足使虏部众凶惧。昔吴汉先烧荆门,后发夷陵,而子阳无所逃其死;来歙始袭略阳,文叔喜之,而知隗嚣无所施其巧。今讨此虏,正似其事,将军勉建方略,务全独克。”

文帝报曰："君生于扰攘[1]之际，本有从横[2]之志，降身奉国，以享兹祚。自君策名[3]已来，贡献盈路。讨备之功，国朝仰成。埋而掘之[4]，古人之所耻[1]。朕之与君，大义已定，岂乐劳师远临江汉？廊庙之议，王者所不得专；三公上君过失，皆有本末。朕以不明，虽有曾母投杼[5]之疑，犹冀言者不信[6]，以为国福。故先遣使者犒劳，又遣尚书、侍中践修前言，以定任子。君遂设辞[7]，不欲使进，议者怪之[2]。又前都尉浩周劝君遣子，乃实朝臣交谋，以此卜[8]君，君果有辞，外引隗嚣[9]遣子不终，内喻窦融[10]守忠而已。世殊时异，人各有心。浩周之还，口陈指麾[11]，益令议者发明众嫌，终始之

魏文帝答复道："您生在战乱动荡之时，本来有纵横天下的志向，然而委屈自己事奉朝廷，以安享现在的福禄。自从策命您为吴王以来，您的进贡一直没有断绝。征讨刘备一事，朝廷也是仰仗了您才取得成功。但是做事情像狐狸那样埋了东西又反复挖出来，是古人所以为耻的。朕和您的君臣大义早已确定，怎么会想要兴师动众远征江汉呢？只是朝堂上的议论，不是君王一人说了算；三公奏上您的过失，本原脉络清清楚楚。朕不能明察，虽然也像曾母投杼那样对流言将信将疑，但仍然希望这些传闻是不真实的，这才是国家之福。所以先派了使者前去犒劳，又派尚书、侍中前去落实此前的约定，确定让您派遣儿子到朝中入侍。您却找借口，不想让使者入境，所以招致了非议。而且此前都尉浩周劝您派儿子入朝，其实是朝臣定的计谋，想要试试您的诚信，结果您真的找了托辞，说当年隗嚣派了质子，最终仍然造反，将自己比作窦融不送儿子做人质也会保持忠贞。时代不一样了，人的心思也各不相同。浩周回来之后，将跟您会面的情形讲得绘声绘色，更加导致议论者发现其中

本,无所据仗,故遂俯仰从群臣议。今省上事,款诚深至,心用慨然,凄怆动容。即日下诏,敕诸军但深沟高垒,不得妄进。若君必效忠节,以解疑议,登身朝到,夕召兵还。此言之诚,有如大江![3]”

的可疑之处,找不到证据表明我们的君臣关系可以长久维持,所以朕才勉强同意了群臣的建议。如今朕看过了您的上书,无比真诚恳切,让人内心感慨,凄怆动容。所以朕今日就下诏,命令各路军队只需深沟高垒,不可以随意进攻。如果您真的愿意证明您的忠诚,消除大家的疑虑,只要派孙登到朝中来,朕立即召回军队。这些话的真诚,就像长江一样!”

今注 **1** 扰攘:指战乱、混乱。 **2** 从(zòng)横:即“纵横”。 **3** 策名:即魏国册封孙权为吴王一事。 **4** 埋而掘之:出自《国语·吴语》:“狐埋之而狐搰(hú)之,是以无成功。”谓狐性多疑,才埋藏一物,就掘出查看。喻疑虑过甚。 **5** 曾母投杼(zhù):曾参的母亲听闻“曾参杀人”的传言,接连三次,信以为真,扔下了手中的织梭逃走。比喻人言可畏。 **6** 不信:指不实。 **7** 设辞:指托词、借口。 **8** 卜:这里指试探。 **9** 隗嚣(wěi áo,?—33):字季孟,天水成纪(今甘肃秦安)人,西汉末至东汉初地方军阀。西汉末年割据天水,自称上将军,后归顺更始帝刘玄,任御史大夫。光武帝刘秀称帝后,先返回天水,自称西州大将军,后在马援的建议下投靠光武帝,但暗中联合公孙述叛乱。建武五年(29),刘秀要求隗嚣派长子隗恂入侍为质。后来隗嚣与刘秀交恶,向公孙述称臣,刘秀杀死了隗恂,隗嚣亦兵败,愤恨而终。 **10** 窦融(前16—后62):字周公,扶风平陵(今陕西咸阳)人,西汉末至东汉初地方军阀、名臣。王莽称帝时,窦融与王匡等镇压赤眉、绿林军,后归于更始帝刘玄,刘玄死后割据河西,被推举为行河西五郡大将军事。刘秀称帝后决计归汉,加授凉州牧,帮助刘秀消灭隗嚣势力,封安丰侯,入云台阁三十二将图,留下了“窦融归汉”的故事。 **11** 指麾:用手比画,形容说话绘声绘色。

裴注 [1]《国语》曰:“狸埋之,狸掘之,是以无成功。” [2]《魏略》载魏三公奏曰:“臣闻枝大者披心,尾大者不掉,有国有家之所慎也。昔汉承秦弊,天下新定,大国之王,臣节未尽,以萧、张之谋,不备录之,至使六王前后反叛,已而伐之,戎车不辍。又文、景守成,忘战戢役,骄纵吴、楚,养虺成蛇,既为社稷大忧,盖前事之不忘,后事之师也。吴王孙权,幼竖小子,无尺寸之功,遭遇兵乱,因父兄之绪,少蒙翼卵昫伏之恩,长含鸱枭反逆之性,背弃天施,罪恶积大。复与关羽更相觇伺,逐利见便,挟为卑辞。先帝知权奸以求用,时以于禁败于水灾,等当讨羽,因以委权。先帝委裘下席,权不尽心,诚在恻怛,欲因大丧,寡弱王室,希托董桃传先帝令,乘未得报许,擅取襄阳,及见驱逐,乃更折节。邪辟之态,巧言如流,虽重驿累使,发遣禁等,内包隗嚣顾望之奸,外欲缓诛,支仰蜀贼。圣朝含弘,既加不忍,优而赦之,与之更始,猥乃割地王之,使南面称孤,兼官累位,礼备九命,名马百驷,以成其势,光宠显赫,古今无二。权为犬羊之姿,横被虎豹之文,不思靖力致死之节,以报无量不世之恩。臣每见所下权前后章表,又以愚意采察权旨,自以阻带江湖,负固不服,狃挟累世,诈伪成功,上有尉佗、英布之计,下诵伍被屈强之辞,终非不侵不叛之臣。以为晁错不发削弱王侯之谋,则七国同衡,祸久而大;蒯通不决袭历下之策,则田横自虑,罪深变重。臣谨考之《周礼》九伐之法,平权凶恶,逆节萌生,见罪十五。昔九黎乱德,黄帝加诛;项羽罪十,汉祖不舍。权所犯罪衅明白,非仁恩所养,宇宙所容。臣请免权官,鸿胪削爵土,捕治罪。敢有不从,移兵进讨,以明国典好恶之常,以静三州元元之苦。”其十五条,文多不载。 [3]《魏略》曰:“浩周字孔异,上党人。建安中,仕为萧令,至徐州刺史。后领护于禁军,军没,为关羽所得。权袭羽,并得周,甚礼之。及文帝即王位,权乃遣周,为笺魏王曰:‘昔讨关羽,获于将军,即白先王,当发遣之。此乃奉款之心,不言而发。先王未深留意,而谓权中间复有异图;愚情慺慺,用未果决,遂值先王委离国祚,殿下承统,下情始通。公私契阔,未获备举,是令本誓,未即昭显。梁寓传命,委曲周至,深知殿下以为意望。权之赤心，不敢有他，愿垂明恕，保权所执。谨遣浩周、东里衮，至情至实，皆周等所具。'又曰：'权本性空薄，文武不昭。昔承父兄成军之绪，得为先王所见奖饰，遂因国恩，抚绥东土。而中间寡虑，庶事不明，畏威忘德，以取重戾。先王恩仁，不忍遐弃，既释其宿罪，且开明信。虽致命虏廷，枭获关羽，功效浅薄，未报万一。事业未究，先王即世。殿下践阼，威仁流迈，私惧情愿未蒙昭察。梁寓来到，具知殿下不遂疏远，必欲抚录，追本先绪。权之得此，欣然踊跃，心开目明，不胜其庆。权世受宠遇，分义深笃，今日之事，永执一心，惟察慺慺，重垂含覆。'又曰：'先王以权推诚已验，军当引还，故除合肥之守，著南北之信，令权长驱不复后顾。近得守将周泰、全琮等白事，过月六日，有马步七百径到横江。又督将马和复将四百人进到居巢。琮等闻有兵马渡江，视之，为兵马所击。临时交锋，大相杀伤。卒得此问，情用恐惧。权实在远，不豫闻知，约敕无素，敢谢其罪。又闻张征东、朱横海今复还合肥，先王盟要，由来未久，且权自度未获罪衅，不审今者何以发起，牵军远次？事业未讫，甫当为国讨除贼备，重闻斯问，深使失图。凡远人所恃，在于明信，愿殿下克卒前分，开示坦然，使权誓命，得卒本规。凡所愿言，周等所当传也。'初，东里衮为于禁军司马，前与周俱没，又俱还到，有诏皆见之。帝问周等，周以为权必臣服，而东里衮谓其不可必服。帝悦周言，以为有以知之。是岁冬，魏王受汉禅，遣使以权为吴王，诏使周与使者俱往。周既致诏命，时与权私宴，谓权曰：'陛下未信王遣子入侍也，周以阖门百口明之。'权因字谓周曰：'浩孔异，卿乃以举家百口保我，我当何言邪？'遂流涕沾襟。及与周别，又指天为誓。周还之后，权不遣子而设辞，帝乃久留其使。到八月，权上书谢，又与周书曰：'自道路开通，不忘修意。既新奉国命，加知起居假归河北，故使情问不获果至。望想之劳，曷云其已？孤以空暗，分信不昭，中间招罪，以取弃绝，幸蒙国恩，复见赦宥，喜乎与君克卒本图。《传》不云乎："虽不能始，善终可也。"'又曰：'昔君之来，欲令遣子入侍。于时倾心，欢以承命，徒以登年幼，欲假年岁之间耳。而赤情未蒙昭信，遂见讨责,常用惭怖。自顷国恩,复加开导,忘其前愆,取其后效,喜得因此寻竟本誓。前以有表具说遣子之意,想君假还,已知之也。’又曰:‘今子当入侍,而未有妃耦,昔君念之,以为可上连缀宗室若夏侯氏。虽中间自弃,常奉戢在心。当垂宿念,为之先后,使获攀龙附骥,永自固定。其为分惠,岂有量哉!如是,欲遣孙长绪与小儿俱入,奉行礼聘。成之在君。’又曰:‘小儿年弱,加教训不足,念当与别,为之缅然,父子恩情,岂有已邪!又欲遣张子布追辅护之。孤性无余,凡所欲为,今尽宣露。惟恐赤心不先畅达,是以具为君说之,宜明所以。’于是诏曰:‘权前对浩周,自陈不敢自远,乐委质长为外臣。又前后辞旨,头尾击地,此鼠子自知不能保尔许地也。又今与周书,请以十二月遣子,复欲遣孙长绪、张子布随子俱来,彼二人皆权股肱心腹也。又欲为子于京师求妇,此权无异心之明效也。’帝既信权甘言,且谓周为得其真,而权但华伪,竟无遣子意。自是之后,帝既彰权罪,周亦见疏远,终身不用。”

权遂改年,临江拒守。冬十一月,大风,范等兵溺死者数千,余军还江南。曹休使臧霸以轻船五百、敢死万人袭攻徐陵,烧攻城车,杀略[1]数千人。将军全琮、徐盛追斩魏将尹卢,杀获数百。十二月,权使太中大夫[2]郑泉聘[3]刘备于白帝,始复通也[1]。然犹与魏文帝相往来,至后年[4]乃绝。是岁,改夷陵为西陵。

孙权于是改元为黄武,依靠长江防守。冬十一月,大风暴起,吕范等人手下的士兵溺死了数千人,剩下的部队撤回到长江以南。曹休派臧霸率领轻便的船只五百艘、敢死勇士一万人袭击徐陵,烧毁了攻城车,斩杀俘虏吴军数千人。将军全琮、徐盛追击斩杀魏国将领尹卢,杀伤俘获魏军数百人。十二月,孙权派太中大夫郑泉到白帝城聘问刘备,双方重新通好。但是孙权仍然与魏文帝有来往,到后年才停止。这一年将夷陵改名为西陵。

今注 1 杀略：亦作“杀掠”，杀戮掳掠。此指斩杀和俘虏。 2 太中大夫：秦汉三国时期官名，属光禄勋，负责议论。 3 聘：聘问。专指诸侯与诸侯间的遣使通问。 4 后年：指两年之后。

裴注 [1]《江表传》曰：“权云：‘近得玄德书，已深引咎，求复旧好。前所以名西为蜀者，以汉帝尚存故耳，今汉已废，自可名为汉中王也。’”《吴书》曰：“郑泉字文渊，陈郡人。博学有奇志，而性嗜酒，其闲居每曰：‘愿得美酒满五百斛船，以四时甘脆置两头，反覆没饮之，惫即住而啖肴膳。酒有斗升减，随即益之，不亦快乎！’权以为郎中。尝与之言：‘卿好于众中面谏，或失礼敬，宁畏龙鳞乎？’对曰：‘臣闻君明臣直，今值朝廷上下无讳，实恃洪恩，不畏龙鳞。’后侍宴，权乃怖之，使提出付有司促治罪。泉临出屡顾，权呼还，笑曰：‘卿言不畏龙鳞，何以临出而顾乎？’对曰：‘实恃恩覆，知无死忧，至当出阁，感惟威灵，不能不顾耳。’使蜀，刘备问曰：‘吴王何以不答吾书，得无以吾正名不宜乎？’泉曰：‘曹操父子陵轹汉室，终夺其位。殿下既为宗室，有维城之责，不荷戈执殳为海内率先，而于是自名，未合天下之议，是以寡君未复书耳。’备甚惭恧。泉临卒，谓同类曰：‘必葬我陶家之侧，庶百岁之后化而成土，幸见取为酒壶，实获我心矣。’”

二年春正月，曹真分军据江陵中州1。是月，城江夏山。改四分2，用乾象历3[1]。三月，曹仁遣将军常彫等，以兵五千，乘油船4，晨渡濡须中州。仁子泰因引军急攻朱桓，桓兵拒之，遣将军严圭等击破彫等。是月，魏

黄武二年(223)春正月，曹真分派兵力据守江陵的江中沙洲。本月，在江夏山筑城。改用乾象历取代了四分历。三月，曹仁派将军常彫等人，率领五千士兵乘坐油船，清晨渡江至濡须的沙洲上。曹仁之子曹泰趁势率军对朱桓发起猛烈进攻，朱桓率军抵抗，派遣将军严圭等将常彫等

军皆退。夏四月，权群臣劝即尊号5，权不许[2]。刘备薨于白帝[3]。五月，曲阿言甘露降。先是戏口守将晋宗杀将王直，以众叛如魏，魏以为蕲春太守，数犯边境。六月，权令将军贺齐督麋芳、刘邵等袭蕲春，邵等生虏宗。冬十一月，蜀使中郎将邓芝来聘[4]。

击破。当月，魏军悉数撤退。夏四月，群臣劝孙权即位称帝，孙权没有答应。刘备在白帝城去世。五月，曲阿报告有甘露降下。此前戏口守将晋宗杀害了将军王直，率众叛逃魏国，魏国任命他为蕲春太守，他屡次侵犯吴边境。六月，孙权派将军贺齐督率麋芳、刘邵等攻打蕲春，刘邵等活捉了晋宗。冬十一月，蜀国派中郎将邓芝前来聘问。

今注　**1** 中州：亦作“中洲”。 **2** 四分：即四分历，东汉时期使用的历法，规定一年为365$\frac{1}{4}$日。 **3** 乾象历：三国时期吴国使用的历法，为东汉末年刘洪创制，规定一年为365又$\frac{145}{589}$日，一朔望月为29又$\frac{773}{1457}$日，比四分历更为精准。 **4** 油船：古代一种牛皮制成、覆涂桐油的船，轻便快速。 **5** 即尊号：指称帝。

裴注　[1]《江表传》曰：“权推五德之运，以为土行用未祖辰腊。”《志林》曰：“土行以辰腊，得其数矣。土盛于戌，而以未祖，其义非也。土生于未，故未为坤初。是以《月令》建未之月，祀黄精于郊，祖用其盛。今祖用其始，岂应运乎？”　[2]《江表传》曰：“权辞让曰：‘汉家堙替，不能存救，亦何心而竞乎？’群臣称天命符瑞，固重以请。权未之许，而谓将相曰：‘往年孤以玄德方向西鄙，故先命陆逊选众以待之。闻北部分欲以助孤，孤内嫌其有挟，若不受其拜，是相折辱而趣其速发，便当与西俱至。二处受敌，于孤为剧，故自抑按，就其封王。低屈之趣，诸君似未之尽，今故以此相解耳。’”　[3]《吴书》曰：“权遣立信都尉冯熙聘于蜀，吊备丧也。熙字子柔，颍川人，冯異之后也。权之为车骑，熙历东曹掾，使蜀还，为中大夫。后使于魏，文帝问曰：'吴王若欲修宿好，宜当厉兵江关，县旍巴蜀，而闻复遣修好，必有变故。'熙曰：'臣闻西使直报问，且以观衅，非有谋也。'又曰：'闻吴国比年灾旱，人物凋损。以大夫之明，观之何如？'熙对曰：'吴王体量聪明，善于任使，赋政施役，每事必咨，敬养宾旅，亲贤爱士，赏不择怨仇，而罚必加有罪。臣下皆感恩怀德，惟忠与义。带甲百万，谷帛如山，稻田沃野，民无饥岁，所谓金城汤池，强富之国也。以臣观之，轻重之分，未可量也。'帝不悦，以陈群与熙同郡，使群诱之，啖以重利，熙不为回。送至摩陂，欲困苦之。后又召还，未至，熙惧见迫不从，必危身辱命，乃引刀自刺。御者觉之，不得死。权闻之，垂涕曰：'此与苏武何异？'竟死于魏。" [4]《吴历》曰："蜀致马二百匹，锦千端，及方物。自是之后，聘使往来，以为常。吴亦致方土所出，以答其厚意焉。"

三年夏，遣辅义中郎将张温聘于蜀。秋八月，赦死罪。九月，魏文帝出广陵，望大江，曰："彼有人焉，未可图也。"乃还[1]。四年夏五月，丞相孙邵卒[2]。六月，以太常顾雍为丞相[3]。皖口言木连理1。冬十二月，鄱阳贼彭绮自称将军，攻没诸县，众数万人。是岁，地连震。[4]

五年春，令曰："军兴

黄武三年(224)夏，派辅义中郎将张温出使蜀国聘问。秋八月，赦免死罪犯人。九月，魏文帝出兵广陵，隔江遥望，说道："对方有贤人在，还没到可以谋取江东的时候。"于是退军。四年(225)夏五月，丞相孙邵去世。六月，任命太常顾雍为丞相。皖口报告出现连理的树木。冬十二月，鄱阳盗贼彭绮自称为将军，攻下了好几个县，控制了民众数万人。这一年接连发生地震。

黄武五年(226)春，孙权下令："军队征战旷日持久，百姓流离失所，农民失去土地，就连一家之中父子夫妇都日久，民离农畔[2]，父子夫妇，不能相恤，孤甚愍之。今北虏缩窜，方外无事，其下州郡，有以宽息[3]。”是时陆逊以所在少谷，表令诸将增广农亩。权报曰：“甚善。今孤父子亲自受田[4]，车中八牛以为四耦[5]，虽未及古人，亦欲与众均等其劳也。”秋七月，权闻魏文帝崩，征江夏，围石阳，不克而还。苍梧言凤皇[6]见。分三郡恶地[7]十县置东安郡[5]，以全琮为太守，平讨山越。

无法相互救济，寡人甚为忧伤。如今北方虏寇退缩逃窜，边境之外已经没有战事，所以下令州郡，宽徭薄赋，与民休息。”当时陆逊因所在之处粮食短缺，上表请求让各位将领广开屯垦、扩大农田。孙权答复说：“非常好。如今寡人父子也应领受田地，亲自耕种，车驾的八头牛分作四组犁田，虽然是比不上古人，但也想和大家平均分担劳累。”秋七月，孙权听说魏文帝驾崩，于是征讨江夏，围攻石阳，无功而返。苍梧报告说有凤凰出现。划出丹阳、会稽、吴郡三郡十个县的劣质土地而设立东安郡，任命全琮为太守，前去讨平山越。

今注　1 连理：指异根草木枝干连生在一起，属于古代的一种祥瑞。　2 畔：通“叛”。　3 宽息：指宽省赋役，与民休息。　4 受田：指接受公家分配的田地。　5 耦：两人或两牛并排拉动耕具。　6 凤皇：亦作“凤凰”。古代传说中的百鸟之王。雄为凤，雌为凰。常用来象征瑞应。　7 三郡恶地：三郡，指丹阳、会稽、吴郡；恶地，指贫瘠难治的土地。

裴注　[1] 干宝《晋纪》曰：“魏文帝之在广陵，吴人大骇，乃临江为疑城，自石头至于江乘，车以木桢，衣以苇席，加采饰焉，一夕而成。魏人自江西望，甚惮之，遂退军。权令赵达算之，曰：‘曹丕走矣。虽然，吴衰庚子岁。’权曰：‘几何？’达屈指而计之，曰：‘五十八年。’权曰：‘今日之忧，不暇及远，此子孙事也。'"《吴录》曰："是岁，蜀主又遣邓芝来聘，重结盟好。权谓芝曰：'山民作乱，江边守兵多彻，虑曹丕乘空弄态，而反求和。议者以为内有不暇，幸来求和，于我有利，宜当与通，以自辨定。恐西州不能明孤赤心，用致嫌疑。孤土地边外，间隙万端，而长江巨海，皆当防守。丕观衅而动，惟不见便，宁得忘此，复有他图。'" [2]《吴录》曰："邵字长绪，北海人，长八尺。为孔融功曹，融称曰'廊庙才也'。从刘繇于江东。及权统事，数陈便宜，以为应纳贡聘，权即从之。拜庐江太守，迁车骑长史。黄武初为丞相，威远将军，封阳羡侯。张温、暨艳奏其事，邵辞位请罪，权释令复职，年六十三卒。"《志林》曰："吴之创基，邵为首相，史无其传，窃常怪之。尝问刘声叔。声叔，博物君子也，云：'推其名位，自应立传。项竣、丁孚时，已有注记。此云与张惠恕不能。后韦氏作史，盖惠恕之党，故不见书。'" [3]《吴书》曰："以尚书令陈化为太常。化字元耀，汝南人，博览众书，气干刚毅，长七尺九寸，雅有威容。为郎中令使魏，魏文帝因酒酣，嘲问曰：'吴、魏峙立，谁将平一海内者乎？'化对曰：'《易》称帝出乎震，加闻先哲知命，旧说紫盖黄旗，运在东南。'帝曰：'昔文王以西伯王天下，岂复在东乎？'化曰：'周之初基，太伯在东，是以文王能兴于西。'帝笑，无以难，心奇其辞。使毕当还，礼送甚厚。权以化奉命光国，拜犍为太守，置官属。顷之，迁太常，兼尚书令。正色立朝，敕子弟废田业，绝治产，仰官廪禄，不与百姓争利。妻早亡，化以古事为鉴，乃不复娶。权闻而贵之，以其年壮，敕宗正妻以宗室女，化固辞以疾，权不违其志。年出七十，乃上疏乞骸骨，遂爰居章安，卒于家。长子炽，字公熙，少有志操，能计算。卫将军全琮表称炽任大将军，赴召，道卒。" [4]《吴录》曰："是冬，魏文帝至广陵，临江观兵，兵有十余万，旌旗弥数百里，有渡江之志。权严设固守。时大寒冰，舟不得入江。帝见波涛汹涌，叹曰：'嗟乎！固天所以隔南北也！'遂归。孙韶又遣将高寿等率敢死之士五百人于径路夜要之，帝大惊，寿等获副车羽盖以还。" [5]《吴录》曰："郡治富春也。"

冬十月，陆逊陈便宜[1]，劝以施德缓刑，宽赋息调。又云："忠谠[2]之言，不能极陈，求容[3]小臣，数以利闻。"权报曰："夫法令之设，欲以遏恶防邪，儆戒未然也，焉得不有刑罚以威小人乎？此为先令后诛，不欲使有犯者耳。君以为太重者，孤亦何利其然，但不得已而为之耳。今承来意，当重諮谋，务从其可。且近臣有尽规之谏，亲戚有补察之箴，所以匡君正主明忠信也。《书》载'予违汝弼，汝无面从'[4]，孤岂不乐忠言以自裨补邪？而云'不敢极陈'，何得为忠谠哉？若小臣之中，有可纳用者，宁得以人废言而不采择乎？但谄媚取容，虽暗[5]亦所明识也。至于发调者，徒以天下未定，

冬十月，陆逊上疏陈说便宜之事，劝孙权施行德政，减轻刑罚，宽简赋税和征调。又说道："忠正耿直的言论，不敢充分陈述，而那些阿谀奉承的小臣，总是为己利进言。"孙权答复道："制定法令，就是要制裁恶人、预防奸邪，在犯罪还没有发生时予以儆戒，哪有不用刑罚来威慑小人的道理？这是先制定法令而后加以诛罚，以避免再有罪行出现而已。您认为刑罚太重，寡人又何尝认为这有好处，只是不得已才这么做罢了。如今我已了解了您的意见，会重新讨论谋划，必定选择其中可行的加以实施。况且近臣有尽心规谏的责任，亲戚有拾遗补阙的义务，这样才能匡正君主，表明自己的忠诚正直。《尚书》有言'我若有什么过失，你们应当加以劝谏，不要当面只说顺从的话'，寡人怎么会不希望听到忠言来弥补自己的过失呢？您却说'不敢充分陈述'，这怎么算得上忠诚正直呢？若小臣之中有可以采纳的谏言，又怎么能因为他们身份低微而不加接受呢？如果只是谄媚取容之徒，再昏庸的君主也能明白地分辨。至于发兵征调，只是因为天下还未平定，得靠众人的力量才能成事。

事以众济。若徒守江东，修崇宽政，兵自足用，复用多为？顾坐自守可陋耳。若不豫[6]调，恐临时未可便用也。又孤与君分义特异，荣戚[7]实同，来表云不敢随众容身苟免，此实甘心[8]所望于君也。”于是令有司尽写科条[9]，使郎中褚逢赍以就逊及诸葛瑾，意所不安，令损益[10]之。是岁，分交州置广州，俄复旧[1]。

如果只是守卫江东一方，只需制定一些宽简的政策，兵力也够用了，要那么多干什么呢？但这样退缩自保实在是浅陋啊！如果不是预先征调，就怕临时遇上战事无兵可用啊。再说，寡人与您虽然有君臣之分，实际上却是荣戚与共，您上表说不敢跟随众人的意见以免遭怪罪，这正是我衷心期望于您的啊！”于是命令有关部门悉数列出法令条文，让郎中褚逢带着去给陆逊和诸葛瑾看，他们看后有不满意之处，孙权就令人加以删改。这一年，分出交州的一部分设立广州，不久后又恢复原样。

今注 1 便(biàn)宜：指有利国家，合乎时宜之事。 2 忠谠(dǎng)：忠诚正直。 3 求容：谄媚悦上。 4 予违汝弼，汝无面从：出自《尚书·益稷》，意为“我若有什么过失，你们应当加以劝谏，不要当面只说顺从的话”。 5 暗：原意为昏暗，引申为昏庸。 6 豫：同“预”，预先，事先。 7 荣戚：指荣耀和忧虑。 8 甘心：指衷心，出自内心。 9 科条：指法令条文。 10 损益：指增减。

裴注 [1]《江表传》曰：“权于武昌新装大船，名为长安，试泛之钓台圻。时风大盛，谷利令柂工取樊口。权曰：‘当张头取罗州。’利拔刀向柂工曰：‘不取樊口者斩。’工即转柂入樊口，风遂猛，不可行，乃还。权曰：‘阿利畏水，何怯也？’利跪曰：‘大王万乘之主，轻于不测之渊，戏于猛浪之中，船楼装高，邂逅颠危，奈社稷何？是以利辄敢以死争。’权于是贵重之，自此后不复名之，常呼曰谷。”

六年春正月，诸将获彭绮。闰月[1]，韩当子综以其众降魏。七年春三月，封子虑为建昌侯。罢东安郡。夏五月，鄱阳太守周鲂伪叛，诱魏将曹休。秋八月，权至皖口，使将军陆逊督诸将大破休于石亭。大司马吕范卒。是岁，改合浦为珠官郡[1]。

黄龙[2]元年春，公卿百司皆劝权正尊号。夏四月，夏口、武昌并言黄龙、凤凰见。丙申，南郊[3]即皇帝位[2]，是日大赦，改年。追尊父破虏将军坚为武烈皇帝，母吴氏为武烈皇后，兄讨逆将军策为长沙桓王。吴王太子登为皇太子。将吏皆进爵加赏。初，兴平[4]中，吴中童谣曰："黄金车，班兰[5]耳，闿昌门[6]，出天子[3]。"五月，使校尉张刚、管笃之辽东。六月，蜀遣卫尉陈震庆权践位。

黄武六年(227)春正月，诸将抓获了彭绮。闰四月，韩当的儿子韩综率众投降魏国。七年(228)春三月，孙权封儿子孙虑为建昌侯。撤销了东安郡。夏五月，鄱阳太守周鲂假装反叛，以诱骗魏国大将曹休。秋八月，孙权进军至皖口，命将军陆逊督率诸将在石亭大举击溃曹休。大司马吕范去世。这一年，将合浦郡改名为珠官郡。

黄龙元年(229)春，公卿百官都力劝孙权正名称帝。夏四月，夏口、武昌都报告有黄龙、凤凰出现。丙申日，孙权在南郊祭天而即位为皇帝，这一天实行大赦，改元为黄龙。追尊父亲破虏将军孙坚为武烈皇帝，母亲吴氏为武烈皇后，兄长讨逆将军孙策为长沙桓王。册立吴王太子孙登为皇太子。所有将领官吏都加官晋爵，给予赏赐。起初，东汉兴平年间，吴地有童谣唱道："黄金做的车辆五彩斑斓，阊门开启走出了天子。"五月，派校尉张刚、管笃前往辽东。六月，蜀国派卫尉陈震祝贺孙权即位。

今注 1 闰月：黄武六年闰月为闰四月。 2 黄龙(229—231)：三国时期吴大帝孙权的第二个年号。 3 南郊：天子在京城南郊修筑圜丘祭天的仪式，是古代王朝最为重要的祭典。 4 兴平(194—195)：东汉献帝刘协的第四个年号。 5 班兰：色彩错杂灿烂貌。班，通“斑”。 6 阊昌门：阊，开启；昌门，即阊门，春秋时期吴国国都的西门。

裴注 [1]《江表传》曰：“是岁，将军翟丹叛如魏。权恐诸将畏罪而亡，乃下令曰：‘自今诸将有重罪三，然后议。’” [2]《吴录》载权告天文曰：“皇帝臣权敢用玄牡昭告于皇皇后帝：汉享国二十有四世，历年四百三十有四，行气数终，禄祚运尽，普天弛绝，率土分崩。孽臣曹丕遂夺神器，丕子叡继世作慝，淫名乱制。权生于东南，遭值期运，承乾秉戎，志在平世，奉辞行罚，举足为民。群臣将相、州郡百城执事之人，咸以为天意已去于汉，汉氏已绝祀于天，皇帝位虚，郊祀无主。休征嘉瑞，前后杂沓，历数在躬，不得不受。权畏天命，不敢不从，谨择元日，登坛燎祭，即皇帝位。惟尔有神飨之，左右有吴，永终天禄。” [3] 昌门，吴西郭门，夫差所作。

权乃参分[1]天下，豫、青、徐、幽属吴，兖、冀、并、凉属蜀，其司州之土，以函谷关为界，造为盟曰：“天降丧乱，皇纲失叙[2]，逆臣乘衅[3]，劫夺国柄，始于董卓，终于曹操，穷凶极恶，以覆四海，至令九州幅裂，普天无统，民神痛怨，靡所戾止[4]。及操子丕，桀

孙权于是将未来的天下划分为三部分，豫州、青州、徐州、幽州属吴国，兖州、冀州、并州、凉州属蜀国，司州的土地则以函谷关为界分属双方，并与蜀国订立盟约：“上天降下灾祸战乱，皇朝的纲纪失去了秩序，逆臣趁机盗窃了国家的权柄，始于董卓，终于曹操，穷凶极恶，颠覆四海，导致九州分崩离析，普天之下没有正统，上天和百姓深感悲痛愤怨，这样的情形无休无止。到了曹操的

逆[5]遗丑，荐[6]作奸回[7]，偷取天位，而叡么麽[8]，寻丕凶迹，阻兵盗土，未伏厥诛。昔共工乱象而高辛行师[9]，三苗[10]干度而虞舜征焉。今日灭叡，禽[11]其徒党，非汉与吴，将复谁任？

逆子曹丕，仍旧干着奸恶邪辟的勾当，偷取了汉家的皇位，而曹叡这小人，又追随曹丕凶恶的足迹，仗着手上的兵力窃据国土，未能得到应有的诛伐。当年共工作乱而高辛氏出兵镇压，三苗扰乱法度而虞舜予以征伐。如今消灭曹叡，抓捕其党羽，如果不是蜀汉与吴国，谁能当此大任？

今注 **1** 参分：即“三分”。参，同“叁”。 **2** 失叙：亦作“失序”。 **3** 乘衅：趁机，利用机会。 **4** 戾止：止息。 **5** 桀逆：凶暴忤逆。 **6** 荐：仍旧、屡次。 **7** 奸回：奸恶邪辟。 **8** 么麽(yāo mó)：指微不足道的人，小人。 **9** 共工乱象而高辛行师：共工，古代神话人物，传说中的部族首领；高辛，即帝喾，传说中的上古圣王，为五帝之一。据《尚书》等典籍记载，共工为尧之臣，治水有功，但内心凶恶，因而为帝喾所诛杀。 **10** 三苗：亦作“有苗”，传说中的南方古族名。因不服舜的统治，被舜迁到三危。 **11** 禽：通“擒”。

“夫讨恶翦暴，必声其罪，宜先分裂，夺其土地，使士民之心，各知所归。是以春秋晋侯伐卫[1]，先分其田，以畀宋人，斯其义也。且古建大事，必先盟誓，故《周礼》有司盟[2]之官，《尚书》有告誓之文，汉之与吴，虽信由

“讨伐罪恶、铲除暴政，必须声讨那些罪恶，应当先分裂并夺取其土地，让天下的士人百姓心里知道应当归附谁。所以春秋时期晋文公讨伐卫国，先将夺取的土地分给宋人，就是这个道理。而且古代要办大事时，必然要先进行盟誓，所以《周礼》有司盟这一官职，《尚书》有告誓这类文书，蜀汉与吴国，虽然由衷信任彼此，但毕竟分为两国，

中，然分土裂境，宜有盟约。诸葛丞相德威远著，翼戴本国，典戎在外，信感阴阳，诚动天地，重复结盟，广诚约誓，使东西士民咸共闻知。故立坛杀牲，昭告神明，再歃[3]加书，副之天府[4]。天高听下，灵威棐谌[5]，司慎、司盟[6]，群神群祀，莫不临之。

所以应该订立盟约。诸葛丞相德行声威远播四方，辅佐本国，率军在外，信义感动阴阳，真诚感动天地，双方再次郑重地结盟，加深誓约，使得东西两国士人百姓都能知悉。所以设立祭坛杀牲献祭，昭告神明，再歃血为盟，写定誓约，副本藏于天府。皇天高高在上，却能听清人间的声音，并用神威庇佑诚心之人，司慎、司盟，各路神明，无不降临。

今注　1 晋侯伐卫：指鲁僖公二十八年（前632），曹国、卫国亲附楚国，晋文公率兵征伐曹、卫，抓捕了曹共公，将其交给宋国审问，并将从曹国和卫国夺取的土地分给宋国。　2 司（sī）盟：据《周礼·秋官》载，司盟为负责盟约之辞及其礼仪的官员。　3 歃（shà）：古人结盟时用口微吸牲畜血，表示信守誓言。　4 天府：据《周礼·春官》载，天府为负责祖庙库藏及其禁令的官。后因称朝廷藏物之府库为天府。周代重要的官方文书，包括诸侯的盟誓，均存放在天府之中。　5 棐谌（fěi chén）：同“棐忱”，指辅助诚信的人。　6 司（sì）慎、司（sì）盟：古代传说伺察诸侯结盟的神灵。司，通“伺”。

“自今日汉、吴既盟之后，勠力一心，同讨魏贼，救危恤患，分灾共庆，好恶齐之，无或携贰。若有害汉，则吴伐之；若有

“自今日汉、吴两国结盟之后，必定勠力同心，共同讨伐魏贼，拯救危难之中的黎民百姓，彼此分担灾祸，共享福泽，共同进退，好恶一致，绝无二心。如果有侵犯蜀汉的，则吴国出兵讨伐；如

害吴，则汉伐之。各守分土，无相侵犯。传之后叶[1]，克终若始。凡百之约，皆如载书。信言不艳，实居于好。有渝此盟，创祸先乱，违贰不协，慆慢[2]天命，明神上帝是讨是督，山川百神是纠是殛[3]，俾坠其师，无克祚国。于尔大神，其明鉴之！”秋九月，权迁都建业，因故府不改馆，征上大将军陆逊辅太子登，掌武昌留事。

果有侵犯吴国的，则蜀国出兵讨伐。双方各自安守国土，不要互相侵犯。誓约流传至后世，始终不变。双方的各种约定，都像这样有文书记载。诚信的誓言不在于华丽的辞藻，而是出自彼此的友好。如果有一方违背这一盟约，先行制造祸端，怀有二心，怠慢天命，明神上帝必将加以征讨责罚，山川百神必将加以惩治诛杀，使其军队败亡，国祚不终。伟大的神明，请您明察！”秋九月，孙权迁都建业，仍住在原先的府邸，没有另立新馆，征召上大将军陆逊辅佐太子孙登，并掌管旧都武昌的政事。

今注 **1** 后叶：即后世。 **2** 慆(tāo)慢：指怠慢。 **3** 殛(jí)：诛杀。

二年春正月，魏作合肥新城。诏立都讲祭酒[1]，以教学诸子。遣将军卫温、诸葛直将甲士万人浮海求夷洲[2]及亶洲[3]。亶洲在海中，长老传言秦始皇帝遣方士徐福[4]将童男童女数千人入海，求蓬莱神山及仙药，止此洲不还。世相

黄龙二年(230)春正月，魏国建造合肥新城。孙权下诏设置都讲祭酒，负责教导各位皇子。派将军卫温、诸葛直率领披甲士兵一万人出海寻找夷洲和亶洲。亶洲位于大海之中，有老者说，秦始皇曾派方士徐福率领童男童女数千人入海，寻找蓬莱神山及仙药，徐福到达亶洲之后再也没有回来。他的后人世代生息，已达到数万家之

承有数万家。其上人民，时有至会稽货布，会稽东县人海行，亦有遭风流移至亶洲者。所在绝远，卒不可得至，但得夷洲数千人还。

多。岛上的人民，有时会来到会稽郡交易布匹，会稽郡东边诸县的人在海上航行，也有遭遇风浪漂流到亶洲的。亶洲的位置极其遥远，卫温、诸葛直最终无法抵达，只是到了夷洲，带回了数千人。

今注 1 都讲祭酒：都讲为古代学校中协助博士讲解经书的儒生，祭酒为其首席。 2 夷洲：东汉、三国至南朝时指称我国台湾。 3 亶(dǎn)洲：传说中的海岛。相传秦始皇派方士徐福出海寻找仙山，最终徐福没有找到仙山，但在亶洲住下，此后再未返回中国。有观点推测亶洲即今日本。 4 徐福：字君房，秦朝方士，受秦始皇之命出海寻找蓬莱、方丈、瀛洲等仙山，求长生不老药。徐福曾两度出海，第一次出海数年，并未找到仙山，第二次在海外亶洲住下，再未返回。

三年春二月，遣太常潘濬率众五万讨武陵蛮夷。卫温、诸葛直皆以违诏无功，下狱诛。夏，有野蚕成茧，大如卵。由拳[1]野稻自生，改为禾兴县。中郎将孙布诈降以诱魏将王淩[2]，淩以军迎布。冬十月，权以大兵潜伏于阜陵[3]俟之，淩觉而走。会稽南始平言嘉禾[4]生。十二月丁卯，

黄龙三年(231)春二月，派太常潘濬率兵五万人讨伐武陵地区的少数民族。卫温、诸葛直二人均因无功而返，违反诏书指令，被关进监狱加以诛杀。夏，有野生的蚕结成茧，有鸡蛋那么大。由拳县有野生的稻子自行长出，于是改名为禾兴县。中郎将孙布假意投降以诱骗魏国将领王淩，王淩派兵迎接孙布。冬十月，孙权派重兵在阜陵埋伏，打算偷袭王淩，王淩察觉后逃走了。会稽南始平县报告有嘉禾生出。

大赦，改明年元也。

嘉禾[5]元年春正月，建昌侯虑卒。三月，遣将军周贺、校尉裴潜乘海之辽东。秋九月，魏将田豫要击[6]，斩贺于成山。冬十月，魏辽东太守公孙渊[7]遣校尉宿舒、阆中令[8]孙综称藩于权，并献貂马。权大悦，加渊爵位[1]。

十二月丁卯，大赦，改次年的年号为嘉禾。

嘉禾元年(232)春正月，建昌侯孙虑去世。三月，派将军周贺、校尉裴潜海路前往辽东。秋九月，魏国将领田豫从途中截击，在成山斩杀了周贺。冬十月，魏国辽东太守公孙渊派校尉宿舒、阆中令孙综向孙权称臣，并献上了貂皮和马匹。孙权大为高兴，加授公孙渊爵位。

今注　**1** 由拳：秦汉三国时期县名，属吴郡。治今浙江嘉兴南。　**2** 王淩(172—251)：字彦云，太原祁县(今山西祁县)人，三国时期曹魏将领，东汉司徒王允之侄。孝廉出身，出任发干县令、中山太守，颇有政绩。历任司空掾、散骑常侍、兖州刺史，多次参与魏国伐吴之战，战功卓著。累官征东将军、车骑将军、司空、太尉。因反对司马懿专权而谋划政变，事发自尽。　**3** 阜陵：汉代及三国时期县名，属淮南郡。治今安徽全椒。**4** 嘉禾：古代的一种祥瑞，指生长格外茁壮，或外形奇特的稻禾，与田间其他禾株明显不同。　**5** 嘉禾(232—238)：三国时期吴大帝孙权的第三个年号。　**6** 要击：指从中间截击。要，通“邀”，中途拦截。　**7** 公孙渊(？—238)：字文懿，辽东襄平(今辽宁辽阳)人。三国时期辽东地区的割据军阀。魏太和二年(228)，被魏明帝任命为辽东太守，假意与孙权交好，获孙权册封赏赐后，斩杀吴国使者，向魏国示好，明帝拜其为大司马，封乐浪公，后叛魏自称燕王。魏景初二年(238)，被前来讨伐的魏国太尉司马懿击败斩杀。　**8** 阆中令：应作“郎中令”。《公孙渊传》注作郎中令。又，辽东无阆中。

裴注 [1]《江表传》曰:"是冬,群臣以权未郊祀,奏议曰:'顷者嘉瑞屡臻,远国慕义,天意人事,前后备集,宜修郊祀,以承天意。'权曰:'郊祀当于土中,今非其所,于何施此?'重奏曰:'普天之下,莫非王土;王者以天下为家。昔周文、武郊于酆、镐,非必土中。'权曰:'武王伐纣,即阼于镐京,而郊其所也。文王未为天子,立郊于酆,见何经典?'复书曰:'伏见《汉书·郊祀志》,匡衡奏徙甘泉河东,郊于长安,言文王郊于酆。'权曰:'文王〔德〕性谦让,处诸侯之位,明未郊也。经传无明文,匡衡俗儒意说,非典籍正义,不可用也。'"《志林》曰:"吴王纠驳郊祀之奏,追贬匡衡,谓之俗儒。凡在见者,莫不慨然以为统尽物理,达于事宜。至于稽之典籍,乃更不通。毛氏之说云:'尧见天因邰而生后稷,故国之于邰,命使事天。'故《诗》曰:'后稷肇祀,庶无罪悔,以迄于今。'言自后稷以来皆得祭天,犹鲁人郊祀也。是以《棫朴》之作,有积燎之薪。文王郊酆,经有明文,匡衡岂俗而枉之哉?文王虽未为天子,然三分天下而有其二,伐崇戡黎,祖伊奔告。天既弃殷,乃眷西顾,太伯三让,以有天下。文王为王,于义何疑?然则匡衡之奏,有所未尽。按世宗立甘泉、汾阴之祠,皆出方士之言,非据经典者也。方士以甘泉、汾阴,黄帝祭天地之处,故孝武因之,遂立二畤。汉治长安,而甘泉在北,谓就乾位,而衡云'武帝居甘泉,祭于南宫',此既误矣。祭汾阴在水之脽,呼为泽中,而衡云'东之少阳',失其本意。此自吴事,于传无非,恨无辨正之辞,故矫之云。"脽,音谁,见《汉书音义》。

二年春正月,诏曰:"朕以不德,肇受元命,夙夜兢兢,不遑假寝。思平世难,救济黎庶,上答神祇,下慰民望。是以眷眷[1],勤求俊杰,将

嘉禾二年(233)春正月,孙权下诏:"朕以浅薄的德行,承受上天之命,每日每夜战战兢兢,无暇休息。一心只想平定世上的战乱,拯救黎民百姓,在上报答神灵的保佑,在下满足民众的期望。所以专心致志,勤恳地寻求俊杰之才,必将

与勠力，共定海内。苟在同心，与之偕老。今使持节督幽州领青州牧辽东太守燕王，久胁贼虏，隔在一方，虽乃心于国，其路靡缘[2]。今因天命，远遣二使，款诚显露，章表殷勤，朕之得此，何喜如之！虽汤遇伊尹，周获吕望，世祖[3]未定而得河右，方之今日，岂复是过？普天一统，于是定矣。《书》不云乎'一人有庆，兆民赖之'[4]？其大赦天下，与之更始，其明下州郡，咸使闻知。特下燕国，奉宣诏恩，令普天率土备闻斯庆。"三月，遣舒、综还，使太常张弥、执金吾[5]许晏、将军贺达等将兵万人，金宝珍货，九锡备物，乘海授渊[1]。举朝大臣，自丞相雍已下皆谏，以为渊未可信，而宠待太厚，但可遣吏兵数百护送舒、综，

与之共同努力，安定天下。只要是志向相同者，将与之共存亡。现在使持节督幽州并兼领青州牧的辽东太守燕王公孙渊，长期以来受到贼寇的胁迫，远隔一方，虽然其内心想要为我国效力，但苦于道路不通。如今顺应天命，派遣两位使者远道而来，充分表明其诚意，献上的奏表言辞殷勤恳切，朕有此收获，是多么欣喜。就算是商汤遇见伊尹、周文王得到了姜太公，光武帝尚未平定天下而获得河西窦融的支持，又何尝能比得过今日？普天之下的统一大计，就在今天确定下来了。《尚书》中不是记载'一个人获得了福庆，万民都仰赖于他'？现在大赦天下，万象革新，明令下达各州郡，使各地都要知道。另外要专门通报燕国，宣布诏令的恩德，让普天之下、率土之滨都能得知这一喜讯。"三月，让宿舒、孙综返回辽东，派太常张弥、执金吾许晏、将军贺达等率领一万名士兵，带着奇珍异宝以及九锡的全部礼器，渡海前去授予公孙渊。从丞相顾雍以下整个朝廷所有大臣都劝谏孙权，认为公孙渊信不过，而且给他的恩宠优待太过隆重，只派普通官员和数百名士

权终不听[2]。渊果斩弥等,送其首于魏,没其兵资。权大怒,欲自征渊[3],尚书仆射薛综等切谏乃止。是岁,权向合肥新城,遣将军全琮征六安,皆不克还[4]。

兵护送宿舒、孙综即可,孙权最终不肯听从。公孙渊果然斩杀了张弥等人,将他们的首级送往魏国,扣留了他们带去的兵士和财产。孙权大怒,准备亲自征讨公孙渊,尚书仆射薛综等人极力劝谏才作罢。这一年,孙权进军合肥新城,派将军全琮征讨六安,都无功而返。

今注 1 眷眷:一心一意。 2 靡缘:指道路不通。 3 世祖:即汉光武帝刘秀,庙号为世祖。 4 一人有庆,兆民赖之:出自《尚书·吕刑》。 5 执金吾:汉代武官名,由秦代的中尉改名而来,负责宫廷以外、京城之内的警卫,管理中央武库,皇帝出巡则掌护卫仪仗。

裴注 [1]《江表传》载权诏曰:"故魏使持节车骑将军辽东太守平乐侯:天地失序,皇极不建,元恶大憝,作害于民,海内分崩,群生堙灭,虽周余黎民,靡有孑遗,方之今日,乱有甚焉。朕受历数,君临万国,夙夜战战,念在弭难,若涉渊水,罔知攸济。是以把旄仗钺,翦除凶虐,自东徂西,靡遑宁处,苟力所及,民无灾害。虽贼虏遗种,未伏辜诛,犹系囚枯木,待时而毙。惟将军天姿特达,兼包文武,观时睹变,审于去就,逾越险阻,显致赤心,肇建大计,为天下先,元勋巨绩,侔于古人。虽昔窦融背弃陇右,卒占河西,以定光武,休名美实,岂复是过?钦嘉雅尚,朕实欣之。自古圣帝明王,建化垂统,以爵褒德,以禄报功;功大者禄厚,德盛者礼崇。故周公有夹辅之劳,太师有鹰扬之功,并启土宇,兼受备物。今将军规万年之计,建不世之略,绝僭逆之虏,顺天人之肃,济成洪业,功无与比,齐鲁之事,奚足言哉!《诗》不云乎,'无言不雠,无德不报'。今以幽、青二州十七郡百七十县,封君为燕王,使持节守太常张弥授君玺绶策书、金虎符第一至第五、竹使符第一至第十。锡君玄土，苴以白茅，爰契尔龟，用锡家社。方有戎事，典统兵马，以大将军曲盖麾幢，督幽州、青州牧、辽东太守如故。今加君九锡，其敬听后命。以君三世相承，保绥一方，宁集四郡，训及异俗，民夷安业，无或携贰，是用锡君大辂、戎辂、玄牡二驷。君务在劝农，啬人成功，仓库盈积，官民俱丰，是用锡君衮冕之服，赤舄副焉。君正化以德，敬下以礼，敦义崇谦，内外咸和，是用锡君轩县之乐。君宣导休风，怀保边远，远人回面，莫不影附，是用锡君朱户以居。君运其才略，官方任贤，显直错枉，群善必举，是用锡君虎贲之士百人。君戎马整齐，威震遐方，纠虔天刑，彰厥有罪，是用锡君鈇钺各一。君文和于内，武信于外，禽讨逆节，折冲掩难，是用锡君彤弓一、彤矢百、玈弓十、玈矢千。君忠勤有效，温恭为德，明允笃诚，感于朕心，是用锡君秬鬯一卣，珪瓒副焉。钦哉！敬兹训典，寅亮天工，相我国家，永终尔休。”　[2] 臣松之以为，权愎谏违众，信渊意了，非有攻伐之规，重复之虑。宣达锡命，乃用万人，是何不爱其民，昏虐之甚乎？此役也，非惟暗塞，实为无道。　[3]《江表传》载权怒曰：“朕年六十，世事难易，靡所不尝。近为鼠子所前却，令人气涌如山。不自截鼠子头以掷于海，无颜复临万国。就令颠沛，不以为恨。”[4]《吴书》曰：“初，张弥、许晏等俱到襄平，官属从者四百许人。渊欲图弥、晏，先分其人众，置辽东诸县，以中使秦旦、张群、杜德、黄彊等及吏兵六十人，置玄菟郡。玄菟郡在辽东北，相去二百里，太守王赞领户二百，兼重可三四百人。旦等皆舍于民家，仰其饮食。积四十许日，旦与彊等议曰：‘吾人远辱国命，自弃于此，与死亡何异？今观此郡，形势甚弱。若一旦同心，焚烧城郭，杀其长吏，为国报耻，然后伏死，足以无恨。孰与偷生苟活长为囚虏乎？’彊等然之。于是阴相约结，当用八月十九日夜发。其日中时，为部中张松所告，赞便会士众闭城门。旦、群、德、彊等皆逾城得走。时群病疽创著膝，不及辈旅，德常扶接与俱，崎岖山谷。行六七百里，创益困，不复能前，卧草中，相守悲泣。群曰：‘吾不幸创甚，死亡无日，卿诸人宜速进道，冀有所达。空相守，俱死于穷谷之中，何益也？’德曰：

‘万里流离，死生共之，不忍相委。’于是推旦、彊使前，德独留守群，捕菜果食之。旦、彊别数日，得达句骊，因宣诏于句骊王宫及其主簿，诏言有赐为辽东所攻夺。宫等大喜，即受诏命，使人随旦还迎群、德。其年，宫遣皂衣二十五人送旦等还，奉表称臣，贡貂皮千枚，鹖鸡皮十具。旦等见权，悲喜不能自胜。权义之，皆拜校尉。间一年，遣使者谢宏、中书陈恂拜宫为单于，加赐衣物珍宝。恂等到安平口，先遣校尉陈奉前见宫，而宫受魏幽州刺史讽旨，令以吴使自效。奉闻之，倒还。宫遣主簿笮咨、带固等出安平，与宏相见。宏即缚得三十余人质之，宫于是谢罪，上马数百匹。宏乃遣咨、固奉诏书赐物归与宫。是时宏船小，载马八十匹而还。”

三年春正月，诏曰：“兵久不辍，民困于役，岁或不登[1]。其宽诸逋[2]，勿复督课。”夏五月，权遣陆逊、诸葛瑾等屯江夏、沔口，孙韶、张承等向广陵、淮阳，权率大众围合肥新城。是时，蜀相诸葛亮出武功[3]，权谓魏明帝不能远出，而帝遣兵助司马宣王[4]拒亮，自率水军东征。未至寿春，权退还，孙韶亦罢。秋八月，以诸葛恪为丹阳太守，讨山越。九月朔[5]，陨霜伤谷。冬十一月，太常潘濬平武陵蛮夷，事毕，还武昌。诏复曲阿为

嘉禾三年(234)春正月，孙权下诏说：“战争连年不止，百姓苦于服役，粮食有时会歉收。宽免各种拖欠的赋税，不必再督察催征。”夏五月，孙权派陆逊、诸葛瑾等驻扎在江夏、沔口，孙韶、张承等进军广陵、淮阳，孙权率领大军围攻合肥新城。当时蜀国丞相诸葛亮出兵武功县，孙权认为魏明帝不会派兵远征，然而魏明帝派兵协助司马懿抵御诸葛亮，自己则亲率水军东征。魏军还未抵达寿春，孙权就退军了，孙韶这一路人马也撤了。秋八月，任命诸葛恪为丹阳太守，讨伐山越。九月初一出现霜冻，冻坏了庄稼。冬十一月，太常潘濬平定了武陵的少数民族之后，返回武昌。下

云阳，丹徒为武进。庐陵贼李桓、罗厉等为乱。

诏恢复曲阿的原名云阳和丹徒的原名武进。庐陵盗贼李桓、罗厉等叛乱。

今注 1 不登：指粮食歉收。 2 逋：拖欠，积欠。这里指拖欠的赋税。 3 武功：三国时期县名，属魏国扶风郡。治今陕西武功。 4 司马宣王：即司马懿。《三国志》成书于晋朝，司马懿在晋朝被追尊为宣帝，故为其避讳。 5 朔：朔望历中指每月初一。

四年夏，遣吕岱讨桓等。秋七月，有雹。魏使以马求易珠玑[1]、翡翠、玳瑁，权曰："此皆孤所不用，而可得马，何苦而不听其交易？"五年春，铸大钱，一当五百。诏使吏民输铜，计铜畀直[2]。设盗铸之科。二月，武昌言甘露降于礼宾殿。辅吴将军张昭卒。中郎将吾粲获李桓，将军唐咨获罗厉等。自十月不雨，至于夏。冬十月，彗星见于东方。鄱阳贼彭旦等为乱。

嘉禾四年(235)夏，派吕岱讨伐李桓等人。秋七月，下冰雹。魏国派使节前来请求以马匹交易珠宝、翡翠、玳瑁等，孙权说："这些都是寡人用不上的东西，却可以获得马匹，何苦不听任他们交易呢？"五年(236)春，铸造大面值钱币，一枚相当于普通铜钱五百枚。诏令让官吏百姓提供铜，称量其重量给予同等价值的补偿。设立禁止私铸铜钱的法条。二月，武昌报告礼宾殿有甘露降下。辅吴将军张昭去世。中郎将吾粲抓获李桓，将军唐咨抓获罗厉等人。自从十月开始没有降雨，直至第二年夏天。冬十月，东方有彗星出现，鄱阳盗贼彭旦等叛乱。

今注 1 珠玑：珠宝，珠玉。 2 畀(bì)直：畀，给予；直，通"值"。指给予等价物。

六年春正月，诏曰：“夫三年之丧，天下之达制，人情之极痛也；贤者割哀以从礼，不肖者勉而致之。世治道泰，上下无事，君子不夺人情，故三年不逮孝子之门。至于有事，则杀[1]礼以从宜，要绖[2]而处事。故圣人制法，有礼无时则不行。遭丧不奔非古也，盖随时之宜，以义断恩也。前故设科，长吏在官，当须交代，而故犯之，虽随纠坐[3]，犹已废旷。方事之殷[4]，国家多难，凡在官司，宜各尽节，先公后私，而不恭承，甚非谓也。中外群僚，其更平议，务令得中，详为节度。”

顾谭议，以为“奔丧立科，轻则不足以禁孝子之情，重则本非应死之罪。虽严刑益设，

嘉禾六年(237)春正月，孙权下诏说：“父母死而儿子服丧三年，是天下已经通行的制度，也是人情极为悲痛的表现；贤人割舍哀情遵从礼制，不肖之徒勉强能够达到规定的要求。倘若天下大治、世道太平，上下之间相安无事，君子不会违背人之常情，所以守孝三年之内不会到孝子家拜访。但到了天下不安定的时候，就必须要减损礼制，简化丧服，顺应时宜来办事。所以圣人制定法度，只有礼仪而不考虑时势是无法推行的。父母去世而不奔丧，这不是古制，而是根据时势制定的权宜之计，是用君臣大义来切断父子恩情。此前特地制定法令条文，在职高官遇有丧事，必须要办理交接，若有意违犯，即便纠察其罪予以惩治，公务早已耽误荒废了。如今事务繁多，国家多难，凡是在职的官员，都应该尽心竭力，保全节操，先公后私，如果不能恭敬地做到，实在是不成体统。内外百官，就此展开讨论，务必要使法令轻重得当，详尽地制定出实施细则。”

顾谭奏议，认为“制定法令禁止奔丧，若刑罚太轻则不足以禁断孝子的私情；若太重，奔丧本来也不是应死的罪过。就算是增设严刑峻法，违反的人也一定很

违夺必少。若偶有犯者，加其刑则恩所不忍，有减则法废不行。愚以为长吏在远，苟不告语，势不得知。比选代之间，若有传者，必加大辟，则长吏无废职之负，孝子无犯重之刑”。

少。如果偶然有违反的，加重刑罚则为恩情所不忍，减轻则又破坏了法令。愚臣以为地方长官远在外地，若有丧事，不告诉他们，他们势必不会得知。到继任者接替他们的时候，若有传去消息的，必定处以死刑，这样一来地方长官就不会有荒废职守的罪过，孝子也可以免遭重刑的处罚”。

今注　1 杀(shài)：减省、减损。　2 要绖(dié)：要，简约、简化；绖，原指缠在头上或腰上的麻带，引申为丧服。　3 纠坐：督责判罪。　4 殷：频繁。

将军胡综议，以为“丧纪之礼，虽有典制，苟无其时，所不得行。方今戎事军国异容，而长吏遭丧，知有科禁，公敢干突，苟念闻忧不奔之耻，不计为臣犯禁之罪，此由科防本轻所致。忠节在国，孝道立家，出身为臣，焉得兼之？故为忠臣不得为孝子。宜定科文，示以大辟，若故违犯，有罪无赦。以杀止杀，行之一人，其后

将军胡综奏议，认为“服丧守孝的礼仪，虽然有典制的规定，倘若不合时宜，也是无法施行的。如今军国大事情势复杂，而地方长官遭遇丧事，在明知有法令禁止的情况下，公然违背规定，只顾担心自己落得不为家人奔丧的污名，却不计较作为臣子违犯禁令的罪过，这是因为禁令罪罚太轻的缘故。为国应当尽忠守节，在家应当恪守孝道，既然已经出来做官，身为人臣，又岂能兼具忠孝两端？所以做忠臣的不能做孝子。应当制定法令条文，明确规定死刑的罪罚，如果故意违犯，罪过不得赦免。通过刑杀来减少刑杀，只要处理了一个人，以后类似的情况

必绝”。

丞相雍奏从大辟。其后吴令孟宗丧母奔赴，已而自拘于武昌以听刑。陆逊陈其素行，因为之请，权乃减宗一等，后不得以为比[1]，因此遂绝。二月，陆逊讨彭旦等，其年，皆破之。冬十月，遣卫将军全琮袭六安，不克。诸葛恪平山越事毕，北屯庐江。

就必然会绝迹”。

丞相顾雍也上奏同意处以死刑。后来吴县县令孟宗的母亲去世，他前往奔丧，事后到武昌自首，听候处罚。陆逊陈述了孟宗平时的德行，并为他求情，孙权于是减免了孟宗罪责一等，但以后有类似情况则不得以此为例再予宽宥，因此类似的事没有再发生。二月，陆逊讨伐彭旦等人，本年，把他们全部击溃。冬十月，派遣卫将军全琮袭击六安，未能攻下。诸葛恪完成平定山越的任务，在长江北岸的庐江屯驻。

今注　1 比：即决事比。汉代法律制度中，若断案时没有可以依据的法律条文，可以比附近似的条文，上报皇帝定案。这种判例经汇编后再奏请皇帝批准，称为“决事比”，具有法律效力。

赤乌[1]元年春，铸当千大钱。夏，吕岱讨庐陵贼，毕，还陆口。秋八月，武昌言麒麟见。有司奏言麒麟者太平之应，宜改年号。诏曰：“间者赤乌集于殿前，朕所亲见。若神灵以为嘉祥者，改年宜以赤乌为元。”群臣奏曰：

赤乌元年(238)春，铸造币值为一千钱的大额钱币。夏天，吕岱讨伐庐陵盗贼，战事结束后返回陆口。秋八月，武昌报告有麒麟出现。有关部门上奏称麒麟是天下太平的征兆，应当改年号。孙权下诏说：“在此期间殿前有红色的乌鸦聚集，朕曾亲眼看见。如果这些神异现象是祥瑞的话，年号应该改为赤乌。”群臣奏议说：“当年周武王讨伐

"昔武王伐纣,有赤乌之祥[2],君臣观之,遂有天下,圣人书策载述最详者。以为近事既嘉,亲见又明也。"于是改年。步夫人[3]卒,追赠皇后。

商纣王的时候,曾有过赤乌的祥瑞,君臣都曾看见,因而取得了天下,这是圣人的书策中有关祥瑞最详尽的记载。臣等以为近来红色乌鸦出现之事已十分美好,陛下亲眼所见更证明是祥瑞。"于是改元为赤乌。步夫人去世,追赠为皇后。

初,权信任校事吕壹[4],壹性苛惨,用法深刻。太子登数谏,权不纳,大臣由是莫敢言。后壹奸罪发露伏诛,权引咎责躬[5],乃使中书郎袁礼告谢诸大将,因问时事所当损益。

起初,孙权信任校事吕壹,吕壹性格苛酷残忍,执法十分严苛。太子孙登屡次劝谏孙权,孙权均不采纳,大臣因此没有人再敢进言。后来吕壹的奸罪败露,伏法被杀,孙权引咎自责,于是派中书郎袁礼向各位大将致歉,同时询问他们对政事的改进意见。

【今注】 **1** 赤乌(238—251):三国时期吴大帝孙权的第四个年号。 **2** 赤乌之祥:据《史记·周本纪》载,周武王伐殷途中,渡过黄河之后,有火从天上降下,化为红色的乌鸦。又据董仲舒《春秋繁露》所引《尚书传》载,周朝建立之前,曾有巨大的红色乌鸦衔着稻谷聚集在周武王的屋顶。 **3** 步夫人(?—238):名练师,临淮淮阴(今江苏淮安)人,吴大帝孙权的宠妃,丞相步骘(zhì)的族人,全公主孙鲁班和朱公主孙鲁育的生母。孙权称帝后未立皇后,但宫中对待步夫人的礼节如同皇后。 **4** 吕壹(?—236):三国时期吴国大臣,任中书典校郎,起初深得孙权信任,负责监察中央及地方的文书。他借职务之便诬陷顾雍、朱据等重臣。嘉禾五年(236),事发,被诛杀。 **5** 责躬:反躬自责。

礼还，复有诏责数诸葛瑾、步骘、朱然、吕岱等曰："袁礼还，云与子瑜、子山、义封、定公[1]相见，并以时事当有所先后，各自以不掌民事，不肯便有所陈，悉推之伯言、承明[2]。伯言、承明见礼，泣涕恳恻，辞旨辛苦，至乃怀执危怖，有不自安之心。闻此怅然，深自刻怪。何者？夫惟圣人能无过行，明者能自见耳。人之举措，何能悉中？独当己有以伤拒众意，忽不自觉，故诸君有嫌难耳；不尔，何缘乃至于此乎？自孤兴军五十年，所役赋凡百皆出于民。天下未定，孽类犹存，士民勤苦，诚所贯知。然劳百姓，事不得已耳。与诸君从事，自少至长，发有二色[3]，以谓表里足以明露，公私分计，足用相保。尽言直谏，所望诸君；拾遗补阙，孤亦望之。

袁礼回朝之后，孙权又下诏责备诸葛瑾、步骘、朱然、吕岱等说："袁礼回来后，说与子瑜、子山、义封、定公见了面，并讨论了当下事务的轻重先后，但诸位都说自己不掌管民事，不肯直接表达意见，都把事情推给了伯言和承明。伯言、承明见了袁礼，伤心流泪，悲痛恳切，言辞辛酸悲苦，甚至内心恐惧不安，感到无法自保。我听说了这些事感到十分失望，深深地责备自己。为什么呢？想来唯有圣人才能够没有过失，贤明的人能发现自己的过错而已。人的举措，怎能做到悉数得当？我刚愎自用，拒绝听取诸位的意见，伤了诸位的心，却一点儿也没有察觉，所以诸位仍有疑虑；如果不是这样，又为何到了这种地步？我起兵五十年，各种兵役赋税都出自百姓。天下尚未平定，乱臣贼子仍在，百姓的勤劳辛苦，我确实是清楚知道的。然而劳损百姓，实在是不得已而为之。我从小到大与诸位共事，如今头发都变白了，可谓与诸位知己知彼、坦诚相见，无论于公于私，都可以彼此信任。尽力直言劝谏，是我对诸位的期待；拾遗补阙，我也十分期望。

今注 1 子瑜、子山、义封、定公：分别为诸葛瑾、步骘、朱然、吕岱的字。 2 伯言、承明：陆逊、潘濬的字。 3 发有二色：指头发变白。

“昔卫武公1年过志壮，勤求辅弼，每独叹责[1]。且布衣韦带2，相与交结，分成好合，尚污垢不异。今日诸君与孤从事，虽君臣义存，犹谓骨肉不复是过。荣福喜戚，相与共之。忠不匿情，智无遗计，事统是非，诸君岂得从容3而已哉！同船济水，将谁与易？齐桓诸侯之霸者耳，有善，管子未尝不叹；有过，未尝不谏；谏而不得，终谏不止。今孤自省无桓公之德，而诸君谏诤未出于口，仍执嫌难。以此言之，孤于齐桓良优，未知诸君于管子何如耳？久不相见，因事当笑。共定大业，整齐天下，当复有谁？凡百事要所当损益，乐闻异计，匡所不逮。”

“当年卫武公已经过了壮年，仍然辛勤地寻求辅弼之臣，每每因此独自叹息自责。再说穿布衣系皮带的普通百姓相互往来结交，友好情谊结成以后，尚且能历经磨难而不变心。今日诸位与我共成大事，虽然有君臣的名分在，但就算说是骨肉之亲也不为过。荣禄富贵，喜怒哀乐，都将与诸位共享。忠臣不藏匿私情，智者不保留计策，关乎到国家大事的大是大非问题，诸位岂能只是顺从我的意愿而已呢！大家同舟共济，又有谁是容易的？齐桓公是诸侯的霸主，做得好的地方，管仲未尝不加赞叹；有过失的时候，管仲也未尝不加劝谏；进谏不被采纳，就一直进谏不停。如今我自问没有齐桓公的德行，而诸位也没有说出谏诤之言，仍然怀有疑虑。这么说来，我比起齐桓公要好得多，不知道诸位与管仲相比又怎么样呢？许久未与诸位相见，应当与大家共同欢笑。与我共同统一天下、成就大业的，还能有谁？各种事务凡是应当进行改革调整的，我都很希望听到不同的建议，以改正不足之处。”

今注 1 卫武公(约前852—前758):姬姓卫氏,卫釐侯之子,卫共伯之弟。卫釐侯死后,卫共伯即位,卫武公夺取了兄长的君位。卫武公在位期间,遵循卫国始祖康叔的政令,国内政通人和,后因勤王有功升为公爵,去世后谥为“武”。 2 布衣韦带:指粗布做的衣服和皮制腰带,为贫寒之士的服饰。 3 从容:这里指顺从君主的旨意。

裴注 [1]《江表传》曰:“权又云:‘天下无粹白之狐,而有粹白之裘,众之所积也。夫能以驳致纯,不惟积乎?故能用众力,则无敌于天下矣;能用众智,则无畏于圣人矣。’”

二年春[1]三月,遣使者羊衜1、郑胄、将军孙怡之辽东,击魏守将张持、高虑等,虏得男女[2]。零陵言甘露降。夏五月,城沙羡。冬十月,将军蒋秘南讨夷贼。秘所领都督廖式杀临贺2太守严纲等,自称平南将军,与弟潜共攻零陵、桂阳,及摇动3交州苍梧、郁林诸郡,众数万人。遣将军吕岱、唐咨讨之,岁余皆破。

赤乌二年(239)春三月,派使者羊衜、郑胄、将军孙怡等前往辽东,袭击魏国守将张持、高虑等,俘虏了男女百姓。零陵汇报有甘露降下。夏五月,修筑沙羡城。冬十月,将军蒋秘南下征讨起义的少数民族。蒋秘部下的都督廖式杀害了临贺太守严纲等人,自称平南将军,与其弟廖潜共同攻打零陵、桂阳,并煽动了交州的苍梧、郁林等郡,聚众多达数万人。孙权派将军吕岱、唐咨前往讨伐,历时一年多才将其都击破。

三年春正月,诏曰:“盖君非民不立,民非谷不生。顷者以来,民多征役,

赤乌三年(240)春正月,孙权下诏说:“君王没有百姓的支持无以立身,百姓没有粮食无以生存。近来这段时间,百姓征役繁多,这一年又遭受旱涝

岁又水旱，年谷有损，而吏或不良，侵夺民时[4]，以致饥困。自今以来，督军、郡守，其谨察非法，当农桑时，以役事扰民者，举正以闻。”夏四月，大赦，诏诸郡县治城郭，起谯楼[5]，穿堑发渠，以备盗贼。冬十一月，民饥，诏开仓廪以赈贫穷。

灾害，粮食收成有所减少，而有些恶劣的官吏，侵占了百姓的耕种时间，导致饥荒的发生。从今往后，督军及郡太守，当严格纠察非法行为，在农忙时节以劳役之事扰民的，检举出来上报朝廷。”夏四月，大赦，诏令各郡县修筑城墙，并在城墙上修建用以瞭望警戒的谯楼，同时修筑壕沟和护城河，以防备盗贼。冬十一月，发生饥荒，百姓饥饿，下诏打开粮仓赈济贫穷百姓。

今注　1 羊衜(dào)：荆州南阳(今河南南阳)人，三国时期吴国大臣，初为孙登宾客，任太子中庶子。后任督军使者、始兴郡太守、桂阳郡太守。另有魏国同名大臣上党太守羊衜(？—233)，出身泰山羊氏，为晋朝名臣羊祜之父。　2 临贺：三国时期吴国郡名，属荆州，治临贺县(今广西贺州)。　3 摇动：这里指扰动、煽动。　4 民时：即农时，指适宜从事耕种、收获的时节。　5 谯(qiáo)楼：古代城门上用于瞭望的楼。

裴注　[1]《江表传》载权正月诏曰：“郎吏者，宿卫之臣，古之命士也。间者所用颇非其人。自今选三署皆依四科，不得以虚辞相饰。”　[2]《文士传》曰：“胄字敬先，沛国人。父札，才学博达，权为骠骑将军，以札为从事中郎，与张昭、孙邵共定朝仪。胄其少子，有文武姿局，少知名，举贤良，稍迁建安太守。吕壹宾客于郡犯法，胄收付狱，考竟。壹怀恨，后密谮胄。权大怒，召胄还，潘濬、陈表并为请，得释。后拜宣信校尉，往救公孙渊，已为魏所破，还，迁执金吾。子丰，字曼季，有文学操行，与陆云善，与云诗相往反。司空张华辟，未就，卒。”臣松之闻孙怡者，东州人，非权之宗也。

四年春正月，大雪，平地深三尺，鸟兽死者大半。夏四月，遣卫将军全琮略淮南，决芍陂[1]，烧安城邸阁，收其人民。威北将军诸葛恪攻六安。琮与魏将王淩战于芍陂，中郎将秦晃等十余人战死。车骑将军朱然围樊，大将军诸葛瑾取柤[2]中[1]。五月，太子登卒。是月，魏太傅司马宣王救樊。六月，军还。闰月[3]，大将军瑾卒。秋八月，陆逊城邾[4]。

赤乌四年(241)春正月，天降大雪，地面积雪厚达三尺，鸟兽大半受灾死亡。夏四月，派卫将军全琮攻略淮南，挖开了芍陂的堤坝，烧毁安城县储存粮食物资的仓库，俘虏了当地的人民。威北将军诸葛恪攻打六安。全琮与魏国将领王淩在芍陂交战，中郎将秦晃等十余人战死。车骑将军朱然围攻樊城，大将军诸葛瑾夺取柤中。五月，太子孙登去世。本月，魏国太傅司马懿救援樊城。六月，吴军撤退。闰六月，大将军诸葛瑾去世。秋八月，陆逊在邾县筑城。

今注　1 芍陂(què bēi)：又名安丰塘，古代淮河流域的人工湖，为春秋时期孙叔敖主持修建的水利工程，可灌溉数万顷田亩。位于今安徽省寿县之南，至今仍起到一定程度的灌溉用途。　2 柤(jū)中：亦作"沮中"，古地区名，在今湖北沮河上游。一说指今南漳县境蛮河流域。　3 闰月：赤乌二年(239)闰月为闰六月。　4 邾(zhū)：三国时期县名，原属魏国江夏郡，赤乌二年为陆逊所攻取，属吴国蕲春郡。位于今湖北黄冈西北。

裴注　[1]《汉晋春秋》曰："零陵太守殷礼言于权曰：'今天弃曹氏，丧诛累见，虎争之际而幼童莅事。陛下身自御戎，取乱侮亡，宜涤荆、扬之地，举强羸之数，使强者执戟，羸者转运，西命益州军于陇右，授诸葛瑾、朱然大众，指事襄阳，陆逊、朱桓别征寿春，大驾入淮阳，历青、徐。襄阳、寿春困于受敌，长安以西务对蜀军，许、洛之众势必分离；掎角瓦解，民必内应，将帅对向，或失便宜；一军败绩，则三军离心，便当秣马脂车，陵蹈城邑，乘胜逐北，以定华夏。若不悉军动众，循前轻举，则不足大用，易于屡退。民疲威消，时往力竭，非出兵之策也。’权弗能用之。”

五年春正月，立子和为太子，大赦，改禾兴为嘉兴。百官奏立皇后及四王[1]，诏曰：“今天下未定，民物劳瘁，且有功者或未录，饥寒者尚未恤，猥割土壤以丰子弟，崇爵位以宠妃妾，孤甚不取。其释此议。”三月，海盐县言黄龙见。夏四月，禁进献御[2]，减太官[3]膳。秋七月，遣将军聂友、校尉陆凯以兵三万讨珠崖、儋耳[4]。是岁大疫，有司又奏立后及诸王。八月，立子霸为鲁王。

六年春正月，新都言白虎见。诸葛恪征六安，破魏将谢顺营，收其民人。冬十一月，丞相顾雍卒。十二月，扶南王范旃遣使献乐人及方物。是岁，司

赤乌五年(242)春正月，孙权册立儿子孙和为太子，实行大赦，将禾兴县改名为嘉兴县。百官奏请册立皇后及孙霸、孙奋、孙休、孙亮为王，孙权下诏说：“如今天下尚未平定，百姓劳苦疲敝，现在还有立功之人尚未论功封赏，饥寒交迫的人尚未得到抚恤，在这种情况下，分割大量土地给子弟，增加爵位来宠幸妃嫔，我觉得很不可取。请停止相关的议论。”三月，海盐县报告有黄龙出现。夏四月，禁止向皇帝进献食物，同时命太官减少御膳。秋七月，派将军聂友、校尉陆凯率领三万士兵征讨珠崖、儋耳。这一年遭遇大瘟疫，有关部门再度上奏册立皇后及诸王。八月，孙权册立儿子孙霸为鲁王。

赤乌六年(243)春正月，新都郡报告有白虎出现。诸葛恪征讨六安，击破魏军将领谢顺的军营，俘虏了当地的民众。冬十一月，丞相顾雍去世。十二月，扶南王范旃派使节进献乐工

马宣王率军入舒，诸葛恪自皖迁于柴桑。

及地方特产。这一年，司马懿率军攻入舒县，诸葛恪从皖县迁至柴桑驻守。

今注 1 四王：指孙权的四个儿子孙霸、孙奋、孙休、孙亮。 2 献御：指向皇帝进献食物。 3 太官：秦汉时期官名，负责皇帝膳食及燕享之事。 4 珠崖、儋耳：均为汉代郡名，二者均在今海南省境内。

七年春正月，以上大将军陆逊为丞相。秋，宛陵言嘉禾生。是岁，步骘、朱然等各上疏云："自蜀还者，咸言欲背盟与魏交通，多作舟船，缮治城郭。又蒋琬[1]守汉中，闻司马懿南向，不出兵乘虚以掎角[2]之，反委汉中，还近成都。事已彰灼[3]，无所复疑，宜为之备。"权揆[4]其不然，曰："吾待蜀不薄，聘享[5]盟誓，无所负之，何以致此？又司马懿前来入舒，旬日便退，蜀在万里，何知缓急而便出兵乎？昔魏欲入汉川，此间始严，亦未举动，会闻

赤乌七年(244)春正月，任命上大将军陆逊为丞相。秋天，宛陵报告有嘉禾生出。这一年，步骘、朱然等分别上疏说："从蜀国回来的人，都说蜀国打算背弃盟誓与魏国往来，他们建造了大量船只，修缮了城墙。又说蒋琬本来守卫汉中，听闻司马懿向南进军，不但不乘虚出兵以犄角之势将其拿下，反而放弃了汉中，回撤到成都附近。事实已经清楚了，无需再加怀疑，应当做好防备。"孙权度量这并非实情，说："我们待蜀国不薄，多次聘问、宴会，订立盟誓，并没有辜负他们，怎么会导致这样的事情发生？而且司马懿前来攻打舒县，十多天就撤退了，蜀国远在万里之外，怎么可能知道军情的缓急，随随便便就出兵？当时魏国准备进军汉川，于是我们开始整备军队，还没有出兵，听说魏军撤退便终止

魏还而止，蜀宁可复以此有疑邪？又人家治国，舟船城郭，何得不护？今此间治军，宁复欲以御蜀邪？人言苦不可信，朕为诸君破家保之。”蜀竟自无谋，如权所筹[6][1]。

了，蜀国难道会因此而产生怀疑吗？而且别人治理国家，船只、城墙，怎么能不加以修整保护？现在这时候整备军队，难道是为了防御蜀国吗？传言的问题就在于不能轻信，我以身家性命向诸位担保。”蜀国最终确实像孙权所估计的那样并没有阴谋。

今注 1 蒋琬（？—246）：字公琰，零陵湘乡（今湖南湘乡）人，三国时期蜀汉重臣。早年随刘备入蜀，受到诸葛亮的器重和培养，任丞相长史。诸葛亮去世后，总览蜀国军政，担任大将军，录尚书事。 2 掎（jǐ）角：捕捉猎物时，抓住兽腿为“掎”，抓住兽角叫“角”。比喻对敌人两面夹击。 3 彰灼：指明显、显著。 4 揆（kuí）：揆度、度量。 5 聘享：指诸侯之间的聘问、宴享。 6 筹：算计，估计。

裴注 [1]《江表传》载权诏曰：“督将亡叛而杀其妻子，是使妻去夫，子弃父，甚伤义教，自今勿杀也。”

八年春二月，丞相陆逊卒。夏，雷霆犯宫门柱，又击南津大桥楹[1]。茶陵县鸿水[2]溢出，流漂居民二百余家。秋七月，将军马茂等图逆，夷三族[1]。八月，大赦。遣校尉陈勋将屯田及作士[3]三万人凿句容[4]中道，自小其至云阳

赤乌八年（245）春二月，丞相陆逊去世。夏天，有雷电击中宫门的柱子，又击中南津大桥上的柱子。茶陵县发大洪水，被水流冲走的居民有二百多户。秋七月，将军马茂等图谋反叛，被诛三族。八月，实行大赦。派校尉陈勋率领屯垦部队及工兵三万人从小其到云阳西城开凿

西城，通会市5，作邸阁。

九年春二月，车骑将军朱然征魏柤中，斩获千余。夏四月，武昌言甘露降。秋九月，以骠骑步骘为丞相，车骑朱然为左大司马，卫将军全琮为右大司马，镇南吕岱为上大将军[2]，威北将军诸葛恪为大将军。十年春正月，右大司马全琮卒[3]。二月，权适南宫。三月，改作太初宫，诸将及州郡皆义作[4]。夏五月，丞相步骘卒。冬十月，赦死罪。

句容中道，开通贸易集市，建造储存物资的仓库。

赤乌九年(246)春二月，车骑将军朱然征讨魏国柤中，斩杀俘虏了千余人。夏四月，武昌报告有甘露降下。秋九月，任命骠骑将军步骘为丞相，车骑将军朱然为左大司马，卫将军全琮为右大司马，镇南将军吕岱为上大将军，威北将军诸葛恪为大将军。十年(247)春正月，右大司马全琮去世。二月，孙权迁居南宫。三月，改建太初宫，各将领及州郡官吏都无偿参与建造。夏五月，丞相步骘去世。冬十月，赦免死罪犯。

今注　1 楹：古代堂屋门前的直柱。后泛指柱子。　2 鸿水：洪水，大水。　3 作士：指工兵。　4 句容：汉代县名，属丹阳郡。治今江苏句容。　5 会市：古代定期举行的大型集市。

裴注　[1]《吴历》曰："茂本淮南钟离长，而为王淩所失，叛归吴，吴以为征西将军、九江太守、外部督，封侯，领千兵。权数出苑中，与公卿诸将射。茂与兼符节令朱贞、无难督虞钦、牙门将朱志等合计，伺权在苑中，公卿诸将在门未入，令贞持节称诏，悉收缚之；茂引兵入苑击权，分据宫中及石头坞，遣人报魏。事觉，皆族之。"　[2]《江表传》曰："是岁，权诏曰：'谢宏往日陈铸大钱，云以广货，故听之。今闻民意不以为便，其省息之，铸为器物，官勿复出也。私家有者，敕以输藏，计畀其直，勿有所枉也。'" [3]《江表传》曰:"是岁,权遣诸葛壹伪叛以诱诸葛诞,诞以步骑一万迎壹于高山。权出涂中,遂至高山,潜军以待之。诞觉而退。"[4]《江表传》载权诏曰:"建业宫乃朕从京来所作将军府寺耳,材柱率细,皆以腐朽,常恐损坏。今未复西,可徙武昌宫材瓦,更缮治之。"有司奏言曰:"武昌宫已二十八岁,恐不堪用,宜下所在,通更伐致。"权曰:"大禹以卑宫为美,今军事未已,所在多赋,若更通伐,妨损农桑。徙武昌材瓦,自可用也。"

十一年春正月,朱然城江陵。二月,地仍[1]震[1]。三月,宫成。夏四月,雨[2]雹,云阳言黄龙见。五月,鄱阳言白虎仁[3][2]。诏曰:"古者圣王积行累善,修身行道,以有天下,故符瑞应之,所以表德也。朕以不明,何以臻兹[4]?《书》云'虽休勿休'[5],公卿百司,其勉修所职,以匡不逮。"十二年春三月,左大司马朱然卒。四月,有两乌衔鹊堕东馆。丙寅,骠骑将军朱据领丞相,燎鹊以祭[3]。

赤乌十一年(248)春正月,朱然修筑江陵城。二月,频繁发生地震。三月,太初宫建成。夏四月,降冰雹,云阳报告有黄龙出现。五月,鄱阳报告有不捕杀动物的白虎出现。孙权下诏说:"古代的帝王积累善行,修养身心,实行大道,以此来治理天下,因此有符瑞出现与之相应,这正是帝王德行的体现。朕明德不足,怎么能得到这么多的符瑞?《尚书》里说'虽休勿休',公卿百官应当勤勉尽职,以纠正我做的不足之处。"十二年(249)春三月,左大司马朱然去世。四月,有两只乌鸦衔着喜鹊掉落在东馆。丙寅,骠骑将军朱据兼领丞相,焚烧喜鹊进行祭祀。

今注 1 仍:表示频繁。 2 雨(yù):这里指降下、降落之意。 3 仁:这里指老虎不捕杀动物,古人以为这是一种瑞兆。 4 臻兹:表示达到这种程度。 5 虽休勿休:指受到尊敬称赞不要骄傲自满。出自《尚书·吕刑》:"尔尚敬逆天命,以奉我一人! 虽畏勿畏,虽休勿休。"

裴注 [1]《江表传》载权诏曰:"朕以寡德,过奉先祀,莅事不聪,获谴灵祇,夙夜祗戒,若不终日。群僚其各厉精,思朕过失,勿有所讳。" [2]《瑞应图》曰:"白虎仁者,王者不暴虐,则仁虎不害也。" [3]《吴录》曰:"六月戊戌,宝鼎出临平湖。八月癸丑,白鸠见于章安。"

十三年夏五月,日至[1],荧惑[2]入南斗[3]。秋七月,犯[4]魁第二星[5]而东。八月,丹阳、句容及故鄣、宁国诸山崩,鸿水溢。诏原逋责[6],给贷种食。废太子和,处故鄣。鲁王霸赐死。冬十月,魏将文钦伪叛以诱朱异,权遣吕据就異以迎钦。異等持重[7],钦不敢进。十一月,立子亮为太子。遣军十万作堂邑[8]涂塘,以淹北道。十二月,魏大将军王昶围南郡,荆州刺史王基攻西陵,遣将军戴烈、陆凯往拒之,皆引还[1]。是岁,神人授书,告以改年、立后。

赤乌十三年(250)夏五月夏至日,火星运行至南斗六星的区域。秋七月,火星犯斗魁第二星而向东运行。八月,丹阳、句容及故鄣、宁国等县多处山体崩塌,洪水泛滥。下诏免除拖欠的债务,借给百姓种子和粮食。废黜太子孙和,让其居住在故鄣。鲁王孙霸赐死。冬十月,魏国将领文钦假装叛降引诱朱異,孙权派遣吕据到朱異处准备迎候文钦。朱異等人行事谨慎稳重,文钦不敢进军。十一月,孙权立儿子孙亮为太子。派出十万人的军队,在堂邑县修建涂塘而淹没了北侧的道路。十二月,魏国大将军王昶围攻南郡,荆州刺史王基攻打西陵,吴国方面派出将军戴烈、陆凯前往抵御,随后都率军返回。这一年,有神仙授予文书,告知应当改元、立皇后。

今注　1 日至：指夏至或冬至。这里指夏至。　2 荧惑：指火星。　3 南斗：星名，即斗宿，有星六颗，分别为天府星、天梁星、天机星、天同星、天相星、七杀星。　4 犯：古代天文学术语，行星在运行过程中与其他星在天图上的距离小于一尺为“犯”。　5 魁第二星：魁，指南斗六星中的“斗魁”，魁第二星即斗宿四天同星，被古人认为主会稽之地。　6 逋责(bū zhài)：亦作“逋债”，指拖欠的债务。　7 持重：谨慎，稳重。　8 堂邑：秦汉三国时期县名，原作“棠邑”，属楚，后属吴，称“堂邑”。三国时期初属魏国，吴赤乌十三年(250)属吴广陵郡。治今江苏南京六合区。

裴注　[1]　庾阐《扬都赋注》曰：“烽火以炬置孤山头，皆缘江相望，或百里，或五十、三十里，寇至则举以相告，一夕可行万里。孙权时，合暮举火于西陵，鼓三竟，达吴郡南沙。”

太元[1]元年夏五月，立皇后潘氏，大赦，改年。初，临海罗阳[2]县有神，自称王表[1]。周旋民间，语言饮食，与人无异，然不见其形。又有一婢，名纺绩。是月，遣中书郎李崇赍辅国将军罗阳王印绶迎表。表随崇俱出，与崇及所在郡守令长谈论，崇等无以易。所历山川，辄遣婢与其神相闻。秋七月，崇与表至，权于苍龙门外为立

太元元年(251)夏五月，册立皇后潘氏，实行大赦，改元为太元。起初，临海郡罗阳县有神仙，自称王表。他在民间各处活动，语言饮食都与常人没有差异，只是看不见他的形体。他又有一名侍女，名叫纺绩。这个月，孙权派中书郎李崇带着辅国将军罗阳王的印绶去迎接王表。王表和李崇一同出行，与李崇以及所在郡县的长官谈论问题，李崇等人都无法对他说的话提出意见。凡是王表所经过的山川，他都会派侍女前去向当地的神灵告知。秋七月，李崇与王表抵达，孙权在苍龙门

第舍[3]，数使近臣赍酒食往。表说水旱小事，往往有验[2]。秋八月朔，大风，江海涌溢，平地深八尺，吴高陵[4]松柏斯拔，郡城南门飞落。冬十一月，大赦。权祭南郊还，寝疾[3]。十二月，驿征大将军恪，拜为太子太傅。诏省徭役，减征赋，除民所患苦。

二年春正月，立故太子和为南阳王，居长沙；子奋为齐王，居武昌；子休为琅邪王，居虎林。二月，大赦，改元为神凤[5]。皇后潘氏薨。诸将吏数诣王表请福，表亡去。夏四月，权薨，时年七十一，谥曰大皇帝。秋七月，葬蒋陵[6][4]。

外专门为王表修建了宅第，多次派近臣带着酒饭前去送给王表。王表说了一些关于水旱之类的小事的预言，往往能得到验证。秋八月初一，刮起大风，翻江倒海，波浪高达八尺，吴郡高陵上种植的松柏都被大风连根拔起，郡城南门也被吹走。冬十一月，实行大赦。孙权南郊祭天回来后病重。十二月，派驿马征召回大将军诸葛恪，任命他为太子太傅。下诏减省徭役赋税，废除百姓忧心疾苦的法令。

太元二年(252)春正月，孙权册立原太子孙和为南阳王，居住在长沙；儿子孙奋为齐王，居住在武昌；儿子孙休为琅邪王，居住在虎林。二月，实行大赦，改元为神凤。皇后潘氏去世。许多将领官吏多次拜见王表祈福，王表后来逃走不知所踪。夏四月，孙权去世，享年七十一岁，谥号为大皇帝。秋七月，孙权被安葬于蒋陵。

今注 1 太元：三国时期吴大帝孙权的第五个年号(251—252)。 2 罗阳：三国时期吴国县名，赤乌二年(239)拆分永宁县而设，属会稽郡。治今浙江瑞安。 3 第舍：指宅第，住宅。 4 高陵：即孙坚的陵寝。 5 神凤：三国时期吴大帝孙权的第六个年号(252)，使用时间仅三个月。 6 蒋陵：遗址位于今江苏南京玄武区紫金山南麓明孝陵景区梅花山内，但孙权墓今已不存。

裴注　[1]《吴录》曰："罗阳，今安固县。"　[2] 孙盛曰："盛闻：'国将兴，听于民；国将亡，听于神。'权年老志衰，谗臣在侧，废適立庶，以妾为妻，可谓多凉德矣；而伪设符命，求福妖邪，将亡之兆，不亦显乎！"　[3]《吴录》曰："权得风疾。"　[4]《傅子》曰："孙策为人，明果独断，勇盖天下。以父坚战死，少而合其兵将以报仇，转斗千里，尽有江南之地，诛其名豪，威行邻国。及权继其业，有张子布以为腹心，有陆逊、诸葛瑾、步骘以为股肱，有吕范、朱然以为爪牙，分任授职，乘间伺隙，兵不妄动，故战少败而江南安。"

评曰：孙权屈身忍辱，任才尚计，有句践[1]之奇英，人之杰矣。故能自擅江表，成鼎峙之业。然性多嫌忌，果[2]于杀戮，暨臻末年，弥以滋甚，至于谗说殄行，胤嗣[3]废毙[1]，岂所谓"贻厥孙谋，以燕翼子"[4]者哉？其后叶陵迟，遂致覆国，未必不由此也[2]。

评论说：孙权委屈自己、忍辱负重，任用贤能、施展计谋，有越王句践的奇才，确是英雄豪杰。所以能够割据江东一方，成就鼎立并峙的大业。然而他为人多疑猜忌，杀戮时残忍果决，到了晚年的时候，情形愈发严重，甚至听信流言滥施暴行，继承人或死或废，这哪里是为子孙后代谋划打算的做法？所以孙氏后世逐渐衰落，最终导致亡国，未尝不与此有关。

今注　**1** 句践（？—前465）：亦作"勾践"，春秋时期越国国君。句践即越王位后不久，被吴国打败，被迫求和，并被拘禁在吴国三年。回国后卧薪尝胆，重用范蠡、文种，提升越国国力，最终灭掉吴国，称霸诸侯。　**2** 果：原指果断,这里引申为果决、残忍。 **3** 胤嗣:指继承人。 **4** 贻(yí)厥(jué)孙谋,以燕翼子:出自《诗·大雅·文王有声》。指将妥善的计谋留下来辅助子孙。诒,遗留。厥,代词,其。燕翼,安而敬。引申为善为子孙后代谋划。

裴注 [**1**] 马融注《尚书》曰:"殄,绝也,绝君子之行。" [**2**] 臣松之以为,孙权横废无罪之子,虽为兆乱,然国之倾覆,自由暴皓。若权不废和,皓为世適,终至灭亡,有何异哉?此则丧国由于昏虐,不在于废黜也。设使亮保国祚,休不早死,则皓不得立。皓不得立,则吴不亡矣。

卷四十八 吴书三

三嗣主传

导读

本卷是孙亮、孙休、孙晧三名吴国君主的合传。孙亮是孙权的幼子，在孙权晚年深受宠爱，孙权废黜原太子孙和后，改立孙亮为储。随后孙亮即位为吴国第二任皇帝，但数年后被权臣孙綝废黜，在前往封地的途中自杀（有记载说是被毒杀）。孙亮被废后，孙綝改立孙权第六子孙休为帝，但不久后孙休与张布、丁奉等人合谋，诛杀了权倾朝野的孙綝。孙休在位期间，勤政爱民、好文敦学，吴国迎来了一段繁荣发展的时期。孙休去世后，孙权之孙、废太子孙和之子孙晧即位。孙晧是中国历史上有名的暴君，其在位初期，虽然一度施行过良政，但很快就变得沉溺酒色、残暴酷虐，其为人极度猜忌，喜好酷刑和杀戮，还极度迷信符瑞，导致吴国民不聊生、人心涣散。吴天纪四年（晋太康元年，公元 280 年），吴国被西晋灭亡，孙晧投降，成为吴国末代皇帝，随后被俘虏到洛阳，并被授予“归命侯”的爵位，最终在洛阳去世。

由于《三国志》采取尊魏为正统的视角，吴、蜀两国君主的传记采用“传”而不是“纪”的名目，但就实际内容而言，《三嗣主传》仍然以吴国的纪年编年，按照“本纪”的体例进行撰写。

孙亮

原文

孙亮，字子明，权少子也。权春秋[1]高，而亮最少，故尤留意。姊全公主[2]尝谮太子和子母，心自不安，因倚权意，欲豫[3]自结，数称述全尚女，劝为亮纳。赤乌十三年，和废，权遂立亮为太子，以全氏为妃。

太元元年夏，亮母潘氏立为皇后。冬，权寝疾[4]，征大将军诸葛恪[5]为太子太傅，会稽太守滕胤为太常，并受诏辅太子。明年四月，权薨，太子即尊号，大赦，改元。是岁，于魏嘉平[6]四年也。

译文

孙亮，字子明，是孙权的幼子。孙权晚年的时候，特别宠爱这个最小的儿子。孙亮的姐姐全公主孙鲁班曾经暗中诋毁太子孙和与太子的母亲王夫人，因此内心常常感到不安，想依靠孙权对孙亮的宠爱，提前拉拢孙亮，于是经常在孙权面前称赞全尚之女，劝孙权为孙亮迎娶此女。赤乌十三年(250)，孙权废黜太子孙和之后，便立孙亮为太子，并册立全氏为太子妃。

太元元年(251)夏天，孙亮的生母潘夫人被册立为皇后。当年冬天，孙权病重，于是征召大将军诸葛恪为太子太傅，会稽太守滕胤为太常，二人一道受诏辅佐太子。第二年的四月，孙权逝世，太子继位，大赦天下，改元建兴。这一年，在魏国的纪年里是嘉平四年(252)。

今注 1 春秋：指年龄。 2 全公主：即孙权之女孙鲁班，为孙亮异母姐。孙鲁班先嫁周瑜之子周循，后改嫁全琮，故称“全公主”。孙亮在位期间，孙鲁班凭借外戚的地位，一度手握大权，后来因谋划诛杀孙綝败露，被流放豫章。 3 豫：通“预”，指预先、提前。 4 寝疾：卧病。 5 诸葛恪

(203—253)：三国琅邪阳都(今山东沂南南)人，字元逊，为大将军诸葛瑾之子，蜀国名相诸葛亮之侄。曾为抚越将军、丹阳太守。孙权病危时，任命诸葛恪为托孤大臣之首。孙亮即位后，诸葛恪掌握吴国军政大权，后被同为托孤大臣的孙峻联合孙亮诛杀。孙休即位，诛杀孙綝之后，下诏为诸葛恪平反。 **6** 嘉平：三国时期魏齐王曹芳的第二个年号(249—254)。

〔建兴元年〕闰月，以恪为帝太傅，胤为卫将军，领尚书事，上大将军吕岱为大司马，诸文武在位皆进爵班赏，冗官1加等。冬十月，太傅恪率军遏巢湖2[1]，城东兴，使将军全端守西城，都尉留略守东城。十二月朔丙申，大风雷电，魏使将军诸葛诞、胡遵等步骑七万围东兴，将军王昶攻南郡，毌丘俭3向武昌。甲寅，恪以大兵赴敌。戊午，兵及东兴，交战，大破魏军，杀将军韩综、桓嘉等。是月，雷雨，天灾武昌端门；改作端门，又灾内殿[2]。

建兴元年(252)闰月，孙亮任诸葛恪为太傅，滕胤为卫将军，领尚书事，上大将军吕岱为大司马，凡有职位的文武百官全部加官晋爵、颁给赏赐，无职的闲散官员则加升等第。冬十月，太傅诸葛恪率军堵截巢湖湖水，并建造了东兴城，派遣将军全端守备西城，都尉留略守备东城。十二月朔丙申日，刮起大风，电闪雷鸣，这一日魏国派遣将军诸葛诞、胡遵等人率领骑兵和步兵七万人围攻东兴城，派将军王昶攻打南郡，毌丘俭则向武昌进发。甲寅日，诸葛恪率领大军开赴前线抗敌。在戊午日这一天，部队抵达东兴，经过几番交战，大举击溃魏军，并斩杀魏军将领韩综、桓嘉等人。这一月，雷雨不断，先是武昌城端门因雷击而发生火灾；端门改建修缮好之后，雷击使内殿又发生火灾。

今注 1 冗官：指有班位而没有具体职掌、因赏赐或仪式而临时授予的官职。 2 巢湖：长江下游湖泊，位于今安徽省中部。巢湖南有长江，北拒合肥，西望南京，具有十分重要的战略意义，故历来被称为“天下有事是必争之地”。 3 毌(guàn)丘俭：复姓毌丘，三国末期魏国重要将领。魏明帝在位期间，他从司马懿平辽东，战功卓著，后来又在合肥新城击退吴国诸葛恪的进攻。魏嘉平年间，司马师废黜魏帝曹芳，毌丘俭感念魏帝之恩，于正元二年(255)起兵讨伐司马师，但遭到镇压。此为史上著名的“淮南三叛”中的第二次。

裴注 [1] 巢，音祖了反。 [2] 臣松之案：孙权赤乌十年，诏徙武昌宫材瓦，以缮治建康宫，而此犹有端门、内殿。《吴录》云：“诸葛恪有迁都意，更起武昌宫。今所灾者，恪所新作。”

二年春正月丙寅，立皇后全氏，大赦。庚午，王昶等皆退。二月，军还自东兴，大行封赏。三月，恪率军伐魏。夏四月，围新城，大疫，兵卒死者大半。秋八月，恪引军还。冬十月，大飨，武卫将军孙峻[1]伏兵杀恪于殿堂。大赦。以峻为丞相，封富春侯。十一月，有大鸟五见于春申[2]，明年改元[3]。

建兴二年(253)春正月丙寅日，册立全氏为皇后，大赦天下。到庚午这一天，魏军王昶等人均已退兵。二月，吴军从东兴班师回朝，皇帝大行封赏犒劳将士。三月，诸葛恪率领军队讨伐魏国。夏四月，吴军围攻新城的时候，不幸遭遇瘟疫，兵卒死亡过半。秋八月，诸葛恪领军返回。冬十月，合祀先王的时候，武卫将军孙峻预先在殿堂设下伏兵，刺杀了诸葛恪。事后，皇帝大赦天下，任命孙峻为丞相，并封他为富春侯。十一月，有五只大鸟出现在春申，吴人认为它们是凤凰，所以第二年就改元为“五凤”。

今注　**1** 孙峻(219—256)：字子远，吴郡富春(今浙江杭州富阳区)人，三国时期吴国宗室、权臣，为孙坚之弟孙静之曾孙。孙权病危时，孙峻与诸葛恪共同受遗诏辅政，随后设计诛杀诸葛恪，独揽大权，并大肆杀戮宗室成员。孙峻在伐魏途中发病而死，随后将大权托付给堂弟孙綝。　**2** 春申：古代吴地地名，因战国四君子之一春申君黄歇的封地而得名，大约在今上海市西部。　**3** 明年改元：或以为应作“改明年元”。

五凤元年夏，大水。秋，吴侯英[1]谋杀峻，觉，英自杀。冬十一月，星茀[2]于斗、牛[1]。

二年春正月，魏镇东大将军毌丘俭、前将军文钦以淮南之众西入，战于乐嘉。闰月壬辰，峻及骠骑将军吕据、左将军留赞率兵袭寿春，军及东兴，闻钦等败。壬寅，兵进于橐皋[3]，钦诣峻降，淮南余众数万口来奔。魏诸葛诞入寿春，峻引军还。二月，及魏将军曹珍遇于高亭，交战，珍败绩。留赞为诞别将蒋班所败于菰陂[4]，赞及将军孙楞、蒋脩等皆遇害。三月，使镇南将军朱异袭安

五凤元年(254)夏天，有大洪水。秋天，吴侯孙英试图谋杀丞相孙峻，事情败露之后，孙英畏罪自杀。冬十一月，有彗星出现于斗、牛之间。

五凤二年(255)春正月，魏国镇东大将军毌丘俭、前将军文钦率领淮南的军队攻入吴国西部边境，与吴军在乐嘉交战。闰正月壬辰日，孙峻和骠骑将军吕据、左将军留赞率军攻打寿春，部队前进到东兴时，前线传来文钦等人兵败的消息。壬寅日，吴军前进到橐皋时，文钦前来向孙峻投降，淮南军幸存的数万人也都前来投奔。魏将诸葛诞进入寿春，孙峻则领兵返回。二月，吴军在高亭与魏国将军曹珍相遇，相互交战，曹珍大败。留赞在菰陂被诸葛诞的别将蒋班击败，留赞和将军孙楞、蒋脩等都被杀害。三月，吴国派镇南将军朱异攻打安丰，但未

丰，不克。秋七月，将军孙仪、张怡、林恂等谋杀峻，发觉，仪自杀，恂等伏辜[5]。阳羡离里山大石自立。使卫尉冯朝城广陵，拜将军吴穰为广陵太守，留略为东海太守。是岁，大旱。十二月，作太庙。以冯朝为监军使者，督徐州诸军事。民饥，军士怨畔[6]。

能获胜。秋七月，将军孙仪、张怡、林恂等人试图谋杀孙峻，被孙峻察觉，孙仪自杀，林恂等人则认罪伏法。阳羡离里山中有一块大石头自己竖立了起来。朝廷派卫尉冯朝前往广陵筑城，又任命将军吴穰为广陵太守，留略为东海太守。这一年，吴国遭遇了大旱。十二月，建造了太庙。以冯朝为监军使者，督察徐州各项军政事务。民众饥饿，士兵因怨恨而叛逃。

今注　1 吴侯英：即孙英，孙权之孙，孙登次子。　2 茀(bèi)：古代天文学上专指彗星出现。　3 橐(tuó)皋(gāo)：古代地名，位于今安徽巢湖柘皋镇。　4 菰(gū)陂(bēi)：古代人工湖，位于今河南上蔡华陂镇。　5 伏辜：指认罪伏法。　6 畔：通“叛”。

裴注　[1]《江表传》曰：“是岁，交阯稗草化为稻。”

太平元年春[1]二月朔[1]，建业火。峻用征北大将军文钦[2]计，将征魏。八月，先遣钦及骠骑吕据、车骑刘纂、镇南朱異、前将军唐咨军自江都入淮泗。九月丁亥，峻卒，以从弟偏将军綝[3]为侍中、武

太平元年(256)春二月朔日这一天，建业发生大火。孙峻按照征北大将军文钦的计策，准备征讨魏国。八月，孙峻先派遣文钦和骠骑将军吕据、车骑将军刘纂、镇南将军朱異、前将军唐咨等人从江都出发，向淮泗一带进兵。九月丁亥日，孙峻去世，朝廷以他的堂弟偏将军孙綝为侍中、武卫将军，兼领宫

卫将军，领中外诸军事，召还据等。闻𬘭代峻，大怒。己丑，大司马吕岱卒。壬辰，太白犯南斗[4]，据、钦、咨等表荐卫将军滕胤为丞相，𬘭不听。癸卯，更以胤为大司马，代吕岱驻武昌。据引兵还，欲讨𬘭，𬘭遣使以诏书告喻钦、咨等，使取据。冬十月丁未，遣孙宪及丁奉、施宽等以舟兵逆据于江都，遣将军刘丞督步骑攻胤。胤兵败夷灭[5]。己酉，大赦，改年。辛亥，获吕据于新州。十一月，以𬘭为大将军，假节，封永康侯[6]。孙宪与将军王惇谋杀𬘭。事觉，𬘭杀惇，迫宪令自杀。十二月，使五官中郎将刁玄告乱于蜀。

禁内外各项军务，并召还了吕据等人。吕据听说孙𬘭取代了孙峻，怒不可遏。己丑日，大司马吕岱去世。壬辰日，太白星犯南斗六星，吕据、文钦、唐咨等人上表朝廷，推荐卫将军滕胤做丞相，孙𬘭没有采纳。癸卯日，改用滕胤做大司马，代替去世的吕岱驻守武昌。吕据率兵返回，准备讨伐孙𬘭，孙𬘭则派遣使者携带诏书去告知文钦、唐咨等，让他们去抓捕吕据。冬十月丁未，孙𬘭派遣孙宪及丁奉、施宽等率领水军在江都迎战吕据，又派遣将军刘丞带领步兵、骑兵袭击滕胤。滕胤兵败，被处以夷三族的极刑。己酉日，大赦天下，改元为“太平”。辛亥日，在新州抓获吕据。十一月，朝廷任命孙𬘭为大将军，持有节杖，封为永康侯。孙宪和将军王惇密谋刺杀孙𬘭。事情败露，孙𬘭杀死了王惇，又逼迫孙宪自杀了。十二月，派遣五官中郎将刁玄出使蜀国，并告知吴国内乱的情况。

今注　**1** 朔：即初一日。　**2** 文钦（？—258）：字仲若，沛国谯郡（今安徽亳州）人。三国末期魏国重要将领，魏正元二年（255）与毌丘俭一同起兵，失败后投奔吴国，得到吴国重用。魏甘露二年（257），诸葛诞在淮南起兵,文钦率吴军前往支援,但因二人矛盾爆发,文钦被诸葛诞杀死。随后,文钦之子文鸯、文虎又投奔魏国。 3 綝(chēn):即孙綝,三国时期吴国宗室、权臣,孙坚之弟孙静之曾孙,孙峻之堂弟。孙峻死后,孙綝代替孙峻执掌朝中大权,其为人残暴嗜杀,不仅杀死朝中政敌滕胤、吕据等,而且废黜了吴帝孙亮,改立孙休,随后权势达到顶峰,但不久后被孙休用计捕杀。 4 太白犯南斗:太白,指金星;南斗,指南斗六星。指金星运行至接近南斗六星的范围,古人认为是预示变乱的凶兆。 5 夷灭:全数歼灭。 6 永康侯:应作"永宁侯"。当时张布为永康侯。

裴注 [1]《吴历》曰:"正月,为权立庙,称太祖庙。"

二年春二月甲寅,大雨,震电。乙卯,雪,大寒。以长沙东部为湘东郡,西部为衡阳郡,会稽东部为临海郡,豫章东部为临川郡。夏四月,亮临正殿,大赦,始亲政事。綝所表奏,多见难问[1]。又科[2]兵子弟年十八已下、十五已上,得三千余人,选大将子弟年少有勇力者为之将帅。亮曰:"吾立此军,欲与之俱长。"日于苑中习焉[1]。

太平二年(257)春二月甲寅日,天降大暴雨,伴随着电闪雷鸣。乙卯日,又下了大雪,带来一场大寒潮。分出长沙郡的东部设立湘东郡,西部设立衡阳郡,又分出会稽郡的东部设立临海郡,分出豫章郡的东部设立临川郡。夏四月,皇帝孙亮亲临正殿,大赦天下,并开始亲自处理政事。孙綝上表所奏的事情,常被孙亮质疑。孙亮又考校选拔十八岁以下、十五岁以上的兵家子弟,组建了一支三千余人的亲兵部队,并选拔年轻勇猛的大将子弟为这支部队的将帅。孙亮说:"我组建这支军队,是要和他们一起成长的。"于是每天都在皇家禁苑中操练部队。

今注　1 难问:提出疑问。　2 科:考校选拔。

裴注　[1]《吴历》曰:"亮数出中书,视孙权旧事,问左右侍臣:'先帝数有特制,今大将军问事,但令我书可邪!'亮后出西苑,方食生梅,使黄门至中藏取蜜渍梅,蜜中有鼠矢,召问藏吏,藏吏叩头。亮问吏曰:'黄门从汝求蜜邪?'吏曰:'向求,实不敢与。'黄门不服,侍中刁玄、张邠启:'黄门、藏吏辞语不同,请付狱推尽。'亮曰:'此易知耳。'令破鼠矢,矢里燥。亮大笑,谓玄、邠曰:'若矢先在蜜中,中外当俱湿,今外湿里燥,必是黄门所为。'黄门首服,左右莫不惊悚。"《江表传》曰:"亮使黄门以银碗并盖就中藏吏取交州所献甘蔗饧。黄门先恨藏吏,以鼠矢投饧中,启言藏吏不谨。亮呼吏持饧器入,问曰:'此器既盖之,且有掩覆,无缘有此,黄门将有恨于汝邪?'吏叩头曰:'尝从某求宫中莞席,宫席有数,不敢与。'亮曰:'必是此也。'覆问黄门,具首伏。即于目前加髡鞭,斥付外署。"臣松之以为,鼠矢新者,亦表里皆湿。黄门取新矢,则无以得其奸也。缘遇燥矢,故成亮之慧。然犹谓《吴历》此言,不如《江表传》为实也。

五月,魏征东大将军诸葛诞以淮南之众保寿春城,遣将军朱成称臣上疏,又遣子靓、长史吴纲诸牙门子弟为质。六月,使文钦、唐咨、全端等步骑三万救诞。朱异自虎林率众袭夏口,夏口督孙壹奔魏。秋七月,綝率众救寿春,次于镬里。朱异至自夏口,

五月,魏国的征东大将军诸葛诞在淮南叛变,率领兵众固守寿春城,并派将军朱成向吴国上疏称臣,又把自己的儿子诸葛靓、长史吴纲等牙门将的子弟送到建业当人质。六月,吴国派文钦、唐咨、全端等带领步兵、骑兵三万人前往救援诸葛诞。朱异从虎林进发,率兵攻打夏口,夏口督孙壹逃跑到魏国。秋七月,孙綝率兵救援寿春,驻扎在镬里。朱异从夏口前来,孙綝

綝使異为前部督，与丁奉等将介士五万解围。八月，会稽南部反，杀都尉。鄱阳、新都民为乱，廷尉丁密、步兵校尉郑胄、将军钟离牧率军讨之。朱異以军士乏食引还，綝大怒，九月朔己巳，杀異于镬里。辛未，綝自镬里还建业。甲申，大赦。十一月，全绪子祎、仪以其母奔魏。十二月，全端、怿等自寿春城诣司马文王[1]。

任命他为前部督，与丁奉等率领五万甲士前去解寿春之围。八月，会稽郡南部发生叛乱，当地都尉被杀害。鄱阳、新都等地也发生民乱，廷尉丁密、步兵校尉郑胄、将军钟离牧率军前往征讨。朱異以前线军粮短缺为由退兵返回，孙綝大怒，在九月初一己巳日，在镬里杀死了朱異。辛未日，孙綝从镬里返回建业。甲申日，大赦天下。十一月，全绪之子全祎、全仪带着他们的母亲投奔魏国。十二月，全端、全怿等在寿春城投降了司马昭。

今注 **1** 司马文王：即司马昭。司马昭在其子晋武帝司马炎登基后，被追谥为“文帝”。《三国志》成书于西晋，所以书中一般尊称司马昭为“司马文王”。

三年春正月，诸葛诞杀文钦。三月，司马文王克寿春，诞及左右战死，将吏已下皆降。秋七月，封故齐王奋为章安侯。诏州郡伐宫材。自八月沈阴[1]不雨四十余日。亮以綝专恣[2]，与太常全尚、将军刘丞谋诛

太平三年(258)春正月，诸葛诞杀死了文钦。三月，司马昭攻克了寿春，诸葛诞和手下全部战死，将吏以下的人员都向司马昭投降了。秋七月，孙亮封原齐王孙奋为章安侯。又下诏命令各州郡砍伐建造宫殿要用的木材。自八月以来，有四十多天，天气阴沉，却不下雨。孙亮认为孙綝太过专横跋扈，和太常全尚、将军刘丞密谋诛杀孙綝，但被孙綝事先察

綝。九月戊午，綝以兵取尚，遣弟恩攻杀丞于苍龙门[3]外。召大臣会宫门，黜亮为会稽王，时年十六。

觉。在九月的戊午日，孙綝率兵抓捕了全尚，又派遣其弟孙恩在建业苍龙门外击杀了刘丞。事后，孙綝在宫门召集百官大臣开会，将孙亮废黜为会稽王，当时孙亮只有十六岁。

今注 1 沈(chén)阴：积云久阴。沈，同“沉”。 2 专恣(zì)：专横放肆。 3 苍龙门：建业的东城门。

孙休

原文

孙休，字子烈，权第六子。年十三，从中书郎射慈、郎中盛冲受学。太元二年正月，封琅邪王，居虎林。四月，权薨，休弟亮承统。诸葛恪秉政，不欲诸王在滨江兵马之地，徙休于丹阳郡。太守李衡数以事侵休，休上书乞徙他郡，诏徙会稽。居数岁，梦乘龙上天，顾不见尾，觉而异之。孙亮废，己

译文

孙休，字子烈，是孙权的第六个儿子。十三岁的时候，孙休跟随中书郎射慈、郎中盛冲学习。太元二年(252)正月时，孙休被封为琅邪王，居住在虎林。四月，孙权逝世，孙休的弟弟孙亮继承大统。当时诸葛恪主持政事，他不希望诸王掌控沿江一带的战略要地，便将孙休改封到丹阳郡。丹阳太守李衡屡次借故侵扰孙休，孙休只得上书请求改封到其他的郡，于是朝廷将他封到了会稽。孙休在会稽待了几年，忽然梦到自己驾着龙飞上天，回头却看不见龙尾，醒来后觉得这个梦十分奇异。孙亮遭到废黜的当月己未日这一天，

未，孙綝使宗正孙楷与中书郎董朝迎休。休初闻问，意疑，楷、朝具述綝等所以奉迎本意。留一日二夜，遂发。十月戊寅，行至曲阿，有老公干休叩头曰："事久变生，天下喁喁[1]，愿陛下速行。"休善之。是日进及布塞亭。

孙綝派宗正孙楷和中书郎董朝来迎接孙休。孙休一开始得知这个消息时，还心存疑虑，于是孙楷和董朝向他细说了孙綝等人之所以要奉迎他的用意。他们在会稽停留了一日两夜后，才出发去建业。十月戊寅日，孙休一行来到曲阿，有一名叫干休的老人向他叩头说道："事情拖久了就会生变，天下人都殷切地盼望着呢，希望陛下您尽快前行。"孙休听了，觉得他讲得不错。当天便启程赶到了布塞亭。

今注　1 喁喁(yóng yóng)：仰望期待貌。

武卫将军恩行丞相事，率百僚以乘舆法驾[1]迎于永昌亭，筑宫，以武帐为便殿，设御座。己卯，休至，望便殿止住，使孙楷先见恩。楷还，休乘辇[2]进，群臣再拜称臣。休升便殿，谦不即御坐，止东厢。户曹尚书前即阶下赞奏，丞相奉玺符。休三让，群臣三请。

当时武卫将军孙恩代理丞相的职务，率领百官带着皇帝御用的车驾来到永昌亭，就地建造行宫，用军用帷帐做成便殿，并在里面设了皇帝的御座。己卯日，孙休抵达后，看见了孙恩造的便殿，没有再继续前行，而是让孙楷先去面见孙恩。孙楷与孙恩商谈回来后，孙休才乘坐御辇前进，接受百官朝拜称臣。孙休进入便殿后，为了表示谦逊，不肯坐上事先准备好的御座，只是在东厢坐下。户曹尚书上前在阶下启奏颂赞，丞相则奉上皇帝的玉玺和符契。孙休谦让了三次，而群臣又请求了三

休曰："将相诸侯咸推寡人，寡人敢不[3]承受玺符。"群臣以次奉引，休就乘舆。百官陪位，綝以兵千人迎于半野，拜于道侧，休下车答拜。即日，御正殿，大赦，改元。是岁，于魏甘露三年也。

次。孙休说道："各位将相诸侯都推戴寡人做皇帝，寡人岂敢不接受这玉玺符契。"群臣按照秩序依次奉引车驾，孙休便乘上了皇帝御用的车驾。孙綝让朝中百官陪同，亲自率领一千多名士兵，在近郊的道路旁迎接孙休，孙休下车回拜表示答谢。当天，孙休登上建业皇宫的正殿即位，大赦天下，改元永安。这一年，是魏国纪年的甘露三年(258)。

今注　1 乘舆法驾：乘舆，指皇帝的车驾；法驾，也是天子车驾的一种，包括随行仪仗人员。　2 辇(niǎn)：一种人拉的小车。　3 敢不：即"不敢不"。

永安元年冬十月壬午，诏曰："夫褒德赏功，古今通义。其以大将军綝为丞相、荆州牧，增食[1]五县。武卫将军恩为御史大夫、卫将军、中军督，封县侯。威远将军据为右将军、县侯。偏将军干杂号将军、亭侯。长水校尉张布辅导勤劳，以布为辅义将军，封永康侯。董朝亲迎，封为乡侯。"又诏曰：

永安元年(258)冬十月壬午日，孙休下诏说："褒奖德行，赏赐功劳，这是古往今来通行的大义。现任命大将军孙綝为丞相、荆州牧，并将他所食采邑增加五个县。任命武卫将军孙恩为御史大夫、卫将军、中军督，封为县侯。任命威远将军孙据为右将军，封为县侯。任命偏将军孙干为杂号将军，封为亭侯。长水校尉张布辅佐朝廷尽心尽力，任命他为辅义将军，封为永康侯。董朝亲自迎驾，封为乡侯。"又下诏说："丹阳太守李衡，因为过去与朕有过节，所

"丹阳太守李衡,以往事之嫌,自拘有司。夫射钩斩祛2,在君为君,遣衡还郡,勿令自疑[1]。"己丑,封孙晧为乌程侯,晧弟德钱唐侯,谦永安侯[2]。

以将自己绑缚在衙门里表示悔罪。古人射钩斩祛,不计前嫌,况且在君长之位上就该做君长之事,将李衡派回到原郡继续做太守,不要让他心存疑虑。"该月己丑日,封孙晧为乌程侯,封孙晧之弟孙德为钱唐侯,封孙谦为永安侯。

今注 1 增食:增加封邑。 2 射钩斩祛(qū):射钩,指管仲射齐桓公事。事后,齐桓公不计旧仇,任管仲为相。斩祛,一作"斩袂",晋献公派勃鞮去诛杀自己的儿子公子重耳。重耳翻墙逃跑时,勃鞮用刀砍断了他的衣袖(一说衣服下摆),后来重耳掌权,为晋文公,他不计前嫌,赦免了勃鞮之罪。因此,"射钩斩祛"成为专门称赞君主不计宿仇的典故。

裴注 [1]《襄阳记》曰:"衡字叔平,本襄阳卒家子也。汉末入吴,为武昌庶民。闻羊衜有人物之鉴。往干之。衜曰:'多事之世,尚书剧曹郎才也。'是时校事吕壹操弄权柄,大臣畏逼,莫有敢言。衜曰:'非李衡无能困之者。'遂共荐为郎。权引见,衡口陈壹奸短数千言,权有愧色。数月,壹被诛,而衡大见显擢。后常为诸葛恪司马,干恪府事。恪被诛,求为丹阳太守。时孙休在郡治,衡数以法绳之。妻习氏每谏衡,衡不从。会休立,衡忧惧,谓妻曰:'不用卿言,以至于此。'遂欲奔魏。妻曰:'不可。君本庶民耳,先帝相拔过重,既数作无礼,而复逆自猜嫌,逃叛求活,以此北归,何面见中国人乎?'衡曰:'计何所出?'妻曰:'琅邪王素好善慕名,方欲自显于天下,终不以私嫌杀君明矣。可自囚诣狱,表列前失,显求受罪。如此,乃当逆见优饶,非但直活而已。'衡从之,果得无患,又加威远将军,授以棨戟。衡每欲治家,妻辄不听,后密遣客十人于武陵龙阳汎洲上作宅,种甘橘千株。临死,敕儿曰:'汝母恶我治家,故穷如是。然吾州里有千头木奴,不责汝衣食,岁上一匹绢,亦可足用耳。'衡亡后二十余日,儿以白母，母曰：'此当是种甘橘也。汝家失十户客来七八年，必汝父遣为宅。汝父恒称太史公言"江陵千树橘，当封君家"。吾答曰："且人患无德义，不患不富；若贵而能贫，方好耳。用此何为！"'吴末，衡甘橘成，岁得绢数千匹，家道殷足。晋咸康中，其宅址枯树犹在。" [2]《江表传》曰："群臣奏立皇后、太子，诏曰：'朕以寡德，奉承洪业，莅事日浅，恩泽未敷。加后妃之号，嗣子之位，非所急也。'有司又固请，休谦虚不许。"

十一月甲午，风四转五复，蒙雾连日。綝一门五侯，皆典禁兵，权倾人主。有所陈述，敬而不违，于是益恣。休恐其有变，数加赏赐。丙申，诏曰："大将军忠款[1]内发，首建大计以安社稷。卿士内外，咸赞其议，并有勋劳。昔霍光[2]定计，百僚同心，无复是过。亟案前日与议定策告庙人名，依故事应加爵位者，促施行之。"戊戌，诏曰："大将军掌中外诸军事，事统烦多。其加卫将军、御史大夫恩侍中，与大将军分省[3]诸事。"壬子，诏曰："诸

十一月甲午日，狂风大作，风向反反复复变了四五次，而且接连数日一直起大雾。孙綝一家五人封侯，而且都担任统领禁兵的职务，权势甚至盖过了皇帝。每当孙綝等人陈述事情的时候，孙休总是恭敬地聆听，不敢露出违逆的神情，这让孙綝愈发骄横放肆。孙休唯恐孙綝凭借权势发动政变，便屡屡授予赏赐来安抚他。丙申日，孙休下诏说："大将军的忠诚发自内心，行事总是深谋远虑，以社稷安定为先。朝廷内外大臣百官，无不赞同他的奏议，并且都有各自的功劳。当年霍光辅佐汉宣帝，朝中百官上下同心，也比不过今日。有关部门要及时检查前日与大将军商定的参加告庙仪式的人员名单，按照旧例应当加官晋爵的，也都要尽快落实。"戊戌日，孙休下诏说："大将军掌管宫城内外禁兵，事务繁多。现给卫将军、御史大夫孙恩加授侍中衔，

吏家有五人三人兼重为役，父兄在都，子弟给郡县吏，既出限米[4]，军出又从，至于家事无经护者，朕甚愍之。其有五人三人为役，听其父兄所欲留，为留一人，除其米限，军其不从。”又曰：“诸将吏奉迎陪位在永昌亭者，皆加位一级。”顷之，休闻綝逆谋，阴与张布图计。

和大将军一起分担相关事务。”壬子日，孙休下诏说：“各地胥吏家中往往一家就有三五人为国家服役，父子兄弟要么在京都，要么在郡县担任吏员，不仅要缴纳税米，还要服军役，甚至连自己家中的事务都无法顾及，朕实在是感到痛心。以后吏民家存在三五人服役的情形，可以遵照家中父兄的意愿，留下一人在家，并免除其税额和军役。”又下诏说：“当时在永昌亭陪位迎驾的各级文武官吏，官位都提升一级。”不久，孙休听说孙綝有叛逆的阴谋，便暗中与张布制定对策。

今注 1 忠款：即忠诚。 2 霍光（？—前68）：字子孟，河东平阳（今山西临汾西南）人。西汉时大臣，麒麟阁十一功臣之首，名将霍去病的异母弟。汉武帝晚年，霍光受命担任辅政大臣，辅佐汉昭帝，昭帝去世后，霍光先是迎立了昌邑王刘贺，随后将他废黜，改立刘病已（后改名刘询），是为汉宣帝。汉宣帝在位前期，霍光位极人臣，家族权势达到顶峰。他去世后，其妻谋害宣帝的许皇后之事败露，被满门抄斩。尽管如此，霍光因为辅佐昭帝、宣帝有功，在西汉一直受到尊奉和祭祀。 3 省（xǐng）：视、察。此指处理，管理。 4 限米：指按照规定应缴纳的税米。

十二月戊辰腊，百僚朝贺，公卿升殿，诏武士缚綝，即日伏诛。己巳，诏以左将军张布讨

十二月戊辰腊日，百官公卿齐聚皇宫正殿朝贺，孙休命令事先埋伏好的武士将孙綝拿下，并在当日将其处死。己巳日，孙休下诏以左将军张布讨伐奸臣有功，加

奸臣，加布为中军督，封布弟惇为都亭侯，给兵三百人，惇弟恂为校尉。诏曰："古者建国，教学为先，所以道世[1]治性，为时养器[2]也。自建兴以来，时事多故，吏民颇以目前趋务，去本就末，不循古道。夫所尚不惇，则伤化败俗。其案古置学官，立五经博士[3]，核取应选，加其宠禄，科见吏[4]之中及将吏子弟有志好者，各令就业。一岁课试，差其品第，加以位赏。使见之者乐其荣，闻之者羡其誉。以敦王化，以隆风俗。"

授张布为中军督，并封张布之弟张惇为都亭侯，赐给亲兵三百人，又授张惇之弟张恂为校尉。又下诏说："古代的君王建设国家，无不以教育为第一要务，而这是为了引导世风，治理民性，为时代培养人才。自从建兴年间以来，时局发生了许多变故，不少官员和百姓只看重眼前的利益，舍本逐末，不肯遵循自古传承的道义。民间的风尚倘若不敦厚，就会发生伤风败俗的事。现在按照古代制度设置学官，任命五经博士，对这些学官和博士的人选要严加考核，并增加他们的待遇，招考现任官吏中以及军官子弟中有志向学的人，安排好他们的学业。每年对这些学生考核排位，对那些名列前茅者则提高位次，予以赏赐。这样，使得广大人民听之闻之，就会对这些人的荣誉欣羡并向往。这样就可以敦实王道的教化，就可以移风易俗。"

今注 1 道世：引导世风。道，通"导"。 2 养器：培养人才。 3 五经博士：教授五经的学官。汉武帝始置。 4 见(xiàn)吏：现任官吏。

二年春正月，震电。三月，备九卿官，诏曰："朕以不德，托于王公之上，夙夜战战，忘

永安二年(259)春正月，雷电大作。三月，把九卿官全部配齐，皇帝下诏说："朕并没有德行，却位居诸位王公之上，所以朕每日每夜战战兢兢，废寝忘食不敢

寝与食。今欲偃武修文，以崇大化。推此之道，当由士民之赡，必须农桑。《管子》有言：'仓廪实，知礼节；衣食足，知荣辱。'[1] 夫一夫不耕，有受其饥；一妇不织，有受其寒。饥寒并至而民不为非者，未之有也。自顷年已来，州郡吏民及诸营兵，多违此业，皆浮船长江，贾作[2]上下，良田渐废，见谷日少，欲求大定，岂可得哉？亦由租入过重，农人利薄，使之然乎？今欲广开田业，轻其赋税，差科强羸[3]，课其田亩，务令优均。官私得所，使家给户赡[4]，足相供养，则爱身重命，不犯科法，然后刑罚不用，风俗可整。以群僚之忠贤，若尽心于时，虽太古盛化，未可

懈怠。当今国家将要偃武修文，敦崇教化。要实现这个目标，就得让士庶百姓富起来，必须要大力发展农业。正如《管子》所说的：'仓廪实，知礼节；衣食足，知荣辱。'只要有一个农夫不耕作，就必定有人会挨饿；只要有一个妇女不织布，就一定会有人受寒。人民饥寒交迫的时候还不起来造反，是绝对不可能的。近年来，各州郡官员百姓和各部队的士兵大多废弃农耕之业，而是乘船沿着长江上上下下做生意，导致原有的良田日渐荒废，而仓储的粮食也在不断减少，这种情况下，想要天下安定，又怎么可能呢？也是因为地租太重，农民的收入太低，才出现这样的情况吧？如今想要广泛发展农业，必须要减轻农民的赋税，根据劳动力的强弱来分配田地，征收田赋，必须要让人民负担平均。国家和人民各得其所，使每家每户都富足，有充足的收入供养自己，这样人民就能爱惜性命，不会做触犯法令的事情，然后国家也就不用再使用刑罚，风俗就会得到良好的整顿。以当今百官的忠诚贤良，只要大家能为时务尽心尽力，就算未必能达到上古时期那种教化大盛的境界，但像汉文帝时那种天下升平的景象大概也是

卒致，汉文[5]升平，庶几可及。及之则臣主俱荣，不及则损削侵辱，何可从容俯仰而已？诸卿尚书，可共咨度[6]，务取便佳。田桑已至，不可后时。事定施行，称朕意焉。”

可以实现的。若能实现这种治世，那君臣上下都将流芳百世，若做不到，则会遗臭万年，当下我们怎么可以得过且过呢？诸位公卿，各曹尚书，大家可以共同商议，务必要讨论出一个便利完善的劝农方案。现在农忙时节已经到来了，千万不能误了农时。事情确定下来就立刻施行，这才符合朕的意旨啊。”

今注 **1** 仓廪实，知礼节；衣食足，知荣辱：此语出自战国时期黄老学派著作《管子》中的《牧民》篇，意思是统治者首先应当让百姓丰衣足食，然后才能顾及礼仪和荣辱。 **2** 贾(gǔ)作：指做买卖。 **3** 强羸：即强弱。 **4** 给、赡：这里均为富足之意。 **5** 汉文：即汉文帝。汉文帝在位期间推行黄老无为而治、休养生息的政策，使汉朝经济得以从秦末战争中恢复，为汉朝开创盛世奠定了基础。 **6** 咨度(duó)：指商议，商酌。

三年春三月，西陵[1]言赤乌[2]见。秋，用都尉严密议，作浦里塘。会稽郡谣言王亮当还为天子，而亮宫人告亮使巫祷祠，有恶言。有司以闻，黜为候官[3]侯，遣之国。道自杀，卫送者伏罪[1]。以会稽南部为建安郡，分宜都置建平郡[2]。

永安三年(260)春三月，西陵报告称有红色的乌鸦出现。当年秋天，根据都尉严密的奏议，建造了浦里塘。会稽郡有谣言说会稽王孙亮将要回朝做天子，而孙亮原来的宫女向朝廷告发，说孙亮派巫师在祖祠中祈祷，祷辞中有不少凶恶的言语。有关部门收到报告后，朝廷将孙亮贬黜为候官侯，并命令他回到封国去。途中，孙亮自杀，负责护送他的人员都被判罪处死。朝廷将会稽郡的南部

四年夏五月，大雨，水泉涌溢。秋八月，遣光禄大夫周奕、石伟巡行风俗，察将吏清浊，民所疾苦，为黜陟之诏[3]。九月，布山言白龙见。是岁，安吴民陈焦死，埋之，六日更生，穿土中出。

分出设置建安郡，又分出宜都郡的一部分设置了建平郡。

永安四年(261)夏五月，天降大雨，河水泉水大量涌出。秋八月，朝廷派遣光禄大夫周奕、石伟巡视各地风俗，考察当地军政官员的清浊和百姓的疾苦，以此为据下发人事调整的诏书。九月，布山报告称有白龙出现。这一年，安吴县民陈焦去世，埋葬之后六天又复活，从土里爬了出来。

今注　1 西陵：吴国长江上游的重要军镇，因地处三峡中的西陵峡而得名，在今湖北宜昌西陵区。原由吴国将领步阐镇守，后来步阐挟镇投降西晋，被陆抗讨伐诛杀。　2 赤乌：即红色的乌鸦，古代传说中的瑞鸟。3 候官：古县名，清以后“候”通作“侯”。治今福建福州。

裴注　[1]《吴录》曰：“或云休鸩杀之。至晋太康中，吴故少府丹阳戴颙迎亮丧，葬之赖乡。”　[2]《吴历》曰：“是岁，得大鼎于建德县。”[3]《楚国先贤传》曰：“石伟字公操，南郡人。少好学，修节不怠，介然独立，有不可夺之志。举茂才、贤良方正，皆不就。孙休即位，特征伟，累迁至光禄勋。及晧即位，朝政昏乱，伟乃辞老耄痼疾乞身，就拜光禄大夫。吴平，建威将军王戎亲诣伟。太康二年，诏曰：‘吴故光禄大夫石伟，秉志清白，皓首不渝，虽处危乱，廉节可纪。年已过迈，不堪远涉，其以伟为议郎，加二千石秩，以终厥世。’伟遂阳狂及盲，不受晋爵。年八十三，太熙元年卒。”

五年春二月，白虎门1北楼灾。秋七月，始新

永安五年(262)春二月，白虎门北面的城楼遭遇火灾。秋七月，始新县报

言黄龙见。八月壬午，大雨震电，水泉涌溢。乙酉，立皇后朱氏。戊子，立子 2 为太子，大赦[1]。冬十月，以卫将军濮阳兴为丞相，廷尉丁密、光禄勋孟宗为左、右御史大夫。休以丞相兴及左将军张布有旧恩，委之以事，布典宫省，兴关军国。休锐意于典籍，欲毕览百家之言。尤好射雉，春夏之间常晨出夜还，唯此时舍书。

告称有黄龙出现。八月壬午日，天降大雨，电闪雷鸣，河水泉水大量涌出。乙酉日，册立朱氏为皇后。戊子日，册立皇子孙𩅦为太子，大赦天下。冬十月，任命卫将军濮阳兴为丞相，廷尉丁密、光禄勋孟宗分别为左、右御史大夫。孙休因丞相濮阳兴和左将军张布曾有恩于自己，所以将国家大事委任给他们，张布掌管宫禁事务，濮阳兴则执掌军政。孙休立志研究古典书籍，打算将诸子百家之言全部读完。他特别喜欢打猎射野鸡，春夏之间常常早出晚归，唯有这个时候才会放下书籍。

今注 1 白虎门：建业的西城门。 2 𩅦(wān)：胡三省曰："𩅦，乌关翻。"按：孙休的四个儿子，所起名、字均为极罕见的生僻字，目的是方便世人不必因犯讳受责。

裴注 [1]《吴录》载休诏曰："人之有名，以相纪别，长为作字，惮其名耳。礼，名子欲令难犯易避，五十称伯仲，古或一字。今人竞作好名好字，又令相配，所行不副，此瞽字伯明者也，孤尝哂之。或师友父兄所作，或自己为；师友尚可，父兄犹非，自为最不谦。孤今为四男作名字：太子名𩅦，𩅦音如湖水湾澳之湾；字𠅟，𠅟音如迄今之迄。次子名𩃙，𩃙音如兕觥之觥；字𤧟，𤧟音如玄礩首之礩。次子名壾，壾音如草莽之莽；字昷，昷音如举物之举。次子名𠅨，𠅨音如褒衣下宽大之褒；字焋，焋音如有所拥持之拥。此都不与世所用者同，故抄旧文会合作之。夫书八体损益，因事而生，今造此名字，既不相配，又字但一，庶易弃避，其普告天下，使咸闻知。”臣松之以为，《传》称“名以制义，义以出礼，礼以体政，政以正民。是以政成而民听，易则生乱”。斯言之作，岂虚也哉！休欲令难犯，何患无名？而乃造无况之字，制不典之音，违明诰于前修，垂嗤骇于后代，不亦异乎！是以坟土未干而妻子夷灭。师服之言，于是乎征矣。

休欲与博士祭酒韦曜[1]、博士盛冲讲论道艺。曜、冲素皆切直，布恐入侍，发其阴失[2]，令己不得专，因妄饰说以拒遏之。休答曰：“孤之涉学，群书略遍，所见不少也。其明君暗主，奸臣贼子，古今贤愚成败之事，无不览也。今曜等入，但欲与论讲书耳，不为从曜等始更受学也。纵复如此，亦何所损？君特当以曜等恐道臣下奸变之事，以此不欲令入耳。如此之事，孤已自备之，不须曜等然后乃解也。此都无所损，君意特有所忌故耳。”

孙休想要与博士祭酒韦曜、博士盛冲一起讨论经学的学问，但这两人一向性格耿直，张布担心他们陪在皇帝身边，会揭发自己的劣迹，导致自己无法专权，因此张布跑到孙休面前花言巧语，试图阻止孙休与韦曜、盛冲接近。孙休则说：“我涉猎学问，各种各样的书大概都浏览过一遍，所读过的也算不少了。无论是贤君还是昏君，抑或是乱臣贼子，还是古往今来各类贤愚成败之事，都见得多了。我现在召韦曜等入宫，只不过是想讨论经书而已，又不是要向他们从头学起。况且即便是要那样，又有什么关系？你只不过是害怕韦曜等人揭发臣下的一些见不得人的奸恶行径，所以不想让他们入宫。这些事，我早就知道了，不需要韦曜他们说了我才知道。我知道了也没有怪罪过谁，你不过是心里有鬼罢了。”

今注　1 韦曜(204—273)：本名韦昭，字弘嗣，吴郡云阳(今江苏丹阳)

人，三国时期吴国大臣、著名史学家，长期从事史书编纂工作，著有《吴书》。陈寿写作《三国志》，吴国的部分多取材于此。西晋时，因避司马昭讳，陈寿将其名改为“韦曜”。 2 阴失：指暗地里犯下的过失、劣迹。

布得诏陈谢，重自序述，又言惧妨政事。休答曰：“书籍之事，患人不好，好之无伤也。此无所为非，而君以为不宜，是以孤有所及耳。政务学业，其流各异，不相妨也。不图君今日在事[1]，更行此于孤也，良所不取。”布拜表叩头。休答曰：“聊相开悟耳，何至叩头乎？如君之忠诚，远近所知，往者所以相感，今日之巍巍也。《诗》云：‘靡不有初，鲜克有终。’[2]终之实难，君其终之。”

张布听了皇帝这番话，便向孙休谢罪，又重新阐述了自己的观点，表示担心皇帝沉迷于读书会妨碍政事。孙休回答说：“从来只怕人们不爱读书，喜欢读书并没有什么坏处。读书没有什么不对，而你却认为不妥当，所以我才说了这些话。政务和学业，原本就是两码事，并不会互相妨碍。想不到你如今当权了，竟然管教起我来了，这实在是不可取的。”张布闻言，连忙奉上奏表叩头请罪。孙休又说：“刚才的话只不过是想提醒你一下而已，哪里用得着叩头呢？你忠心耿耿，远近皆知，一直以来都令我十分感动，才有今天显赫的地位。《诗经》中说：‘靡不有初，鲜克有终。’善终是很困难的，但我希望你一定要善终。”

初休为王时，布为左右将督，素见信爱。及至践阼，厚加宠待。专擅国势，多行无礼，自

当初，孙休还是宗王的时候，张布就是他身边的将督，一直受到孙休的信任和喜爱。孙休做了皇帝之后，更是对张布倍加恩宠优待。张布因此有恃无恐，操持国家大权，干了不少无礼的事，他自知这些方面

嫌瑕短，惧曜、冲言之，故尤患忌。休虽解此旨，心不能悦，更恐其疑惧，竟如布意，废其讲业，不复使冲等入。是岁使察战[3]到交阯[4]调孔爵[5]、大猪[1]。

的过失，担心被韦曜、盛冲说出来，所以对他们特别忌惮。孙休虽然明白这一点，心里对此也十分不痛快，但也怕张布惊恐之下会弄出什么变故，所以最终还是按照张布的意思，取消了讲论经书的活动，也不再召韦曜、盛冲等入宫。这一年，朝廷派遣察战官到交阯去征调孔雀和大猪。

今注　1 在事：指当权。　2 靡不有初，鲜克有终：此句出自《诗经·大雅·荡》，意思是人做事开头都很容易，要善终却很难，意在劝导人持之以恒，有始有终。　3 察战：三国时期吴国官职名，负责监察官吏百姓。　4 交阯：又作“交趾”，古代地名，自汉代开始设立交阯郡，据说得名于南方少数民族“雕题交阯”的风俗（“雕题”即在面部纹绘图案，“交阯”即盘腿而坐）。泛指五岭以南。　5 孔爵：即“孔雀”。爵，通“雀”。

裴注　[1] 臣松之案：察战，吴官名号，今扬都有察战巷。

六年夏四月，泉陵言黄龙见。五月，交阯郡吏吕兴等反，杀太守孙谞[1]。谞先是科郡上手工千余人送建业，而察战至，恐复见取，故兴等因此扇动兵民，招诱诸夷也。冬十月，蜀以魏见伐来告。癸未，建业石头小

永安六年(263)夏四月，泉陵报告称有黄龙出现。五月，交阯郡的官吏吕兴等人造反，杀死了太守孙谞。此前，孙谞征调郡里一千多名手工匠人送到建业，而察战官抵达后，吕兴等人担心再次征调，所以煽动兵民，招诱当地夷族起来造反。冬十月，蜀国派人前来告知受到魏国的征伐。癸未日，建业的石头小城失火，火势向西南蔓延了一百八十

城火，烧西南百八十丈。甲申，使大将军丁奉督诸军向魏寿春，将军留平别诣施绩于南郡，议兵所向，将军丁封、孙异如[2]沔中，皆救蜀。蜀主刘禅[3]降魏问[4]至，然后罢。吕兴既杀孙谞，使使如魏，请太守及兵。丞相兴建取屯田万人以为兵。分武陵为天门郡[1]。

余丈。甲申日，派遣大将军丁奉监督各军，向魏国寿春城进发，将军留平则前往南郡面见施绩，讨论部队的进军方向，将军丁封、孙异前往沔中，这些举动都是为了救援蜀国。后来，蜀主刘禅投降魏国的消息传来，吴主才停止了相关的行动。吕兴杀死孙谞后，向魏国派出使节，请求任命自己为太守，并给予兵力支援。丞相濮阳兴建议征发一万名屯田户充军。朝廷分出武陵郡的一部分设立天门郡。

今注 **1** 孙谞(xū)：孙休时曾任交阯郡太守。《华阳国志》作“孙靖”。**2** 如：指前往。 **3** 刘禅(207—271)：即蜀汉后主，蜀汉昭烈皇帝刘备之子。蜀汉章武三年(223)即位，先后任用诸葛亮、姜维，数度北伐魏国，但蜀汉国力逐渐走向衰落。在位后期，宠信宦官黄皓，为政昏庸，最后蜀汉被魏国邓艾、钟会的大军灭亡。刘禅被俘虏至洛阳，封为安乐公。 **4** 问：指讯息。

裴注 [**1**]《吴历》曰：“是岁，青龙见于长沙，白燕见于慈湖，赤雀见于豫章。”

七年春正月，大赦。二月，镇军陆抗[1]、抚军步协、征西将军留平、建平太守盛曼，率众围蜀巴东守将罗宪。夏四月，魏将新

永安七年(264)春正月，大赦天下。二月，镇军将军陆抗、抚军将军步协、征西将军留平、建平太守盛曼，率领部队包围了蜀国巴东的守将罗宪。夏四月，魏国将领、新近投降的

附督王稚浮海入句章，略长吏、赀财[2]及男女二百余口。将军孙越徼得一船，获三十人。秋七月，海贼破海盐，杀司盐校尉骆秀。使中书郎刘川发兵庐陵。豫章民张节等为乱，众万余人。魏使将军胡烈步骑二万侵西陵，以救罗宪，陆抗等引军退。复分交州置广州。壬午，大赦。癸未，休薨[1]，时年三十，谥曰景皇帝[2]。

都督王稚沿海路袭击句章，掠夺当地官吏和钱财，俘虏男女百姓两百多人。将军孙越截击，缴获其中一艘船，解救了三十多人。秋七月，海盗攻破海盐城，杀死司盐校尉骆秀。朝廷派中书郎刘川从庐陵发兵救援。又有豫章人张节等聚众造反，人数多达万余。魏国派将军胡烈率领步兵、骑兵两万人攻打西陵，以解救罗宪之围，陆抗等人便率军返回了。朝廷再次分割交州的一部分设立广州。壬午日，大赦天下。癸未日，孙休逝世，享年三十岁，谥号为景皇帝。

今注　1 陆抗(226—274)：字幼节，吴郡吴县华亭(今上海松江区)人，三国时期吴国的名将、重臣，丞相陆逊之子、名士陆机之父。孙晧在位期间，他出任镇军大将军，于吴凤凰元年(272)击退晋将羊祜的进攻，并攻杀西陵叛将步阐。随后升任大司马、荆州牧。陆抗被认为是吴国后期的中流砥柱，也被誉为吴国最后的名将。陆抗去世之后，吴国政治、军事力量迅速衰落，最终走向灭亡。　2 赀财：指物资钱财。

裴注　[1]《江表传》曰："休寝疾，口不能言，乃手书呼丞相濮阳兴入，令子䨻出拜之。休把兴臂，而指䨻以托之。"　[2] 葛洪《抱朴子》曰："吴景帝时，戍将于广陵掘诸冢，取版以治城，所坏甚多。复发一大冢，内有重阁，户扇皆枢转可开闭，四周为徼道通车，其高可以乘马。又铸铜为人数十枚，长五尺，皆大冠朱衣，执剑列侍灵座，皆刻铜人背后石壁，言殿中将军，或言侍郎、常侍，似王公之冢。破其棺，棺中有人，发已班白，衣冠鲜明，面体如生人。棺中云母厚尺许，以白玉璧三十枚藉尸。兵人辈共举出死人，以倚冢壁。有一玉长一尺许，形似冬瓜，从死人怀中透出堕地。两耳及鼻孔中，皆有黄金如枣许大。此则骸骨有假物而不朽之效也。”

孙晧

原文

孙晧，字元宗，权孙，和子也。一名彭祖，字晧宗。孙休立，封晧为乌程侯，遣就国。西湖民景养相晧当大贵，晧阴喜而不敢泄。休薨，是时蜀初亡，而交阯携叛，国内震惧，贪[1]得长君。左典军[2]万彧昔为乌程令，与晧相善，称晧才识明断，是长沙桓王之畴[3]也，又加之好学，奉遵法度。屡言之于丞相濮阳兴、左将军张布。兴、布说休妃太后朱，欲以晧为嗣。朱曰：“我寡妇人，安知社稷之虑？

译文

孙晧，字元宗，是孙权的孙子、孙和的儿子。又名彭祖，字晧宗。孙休即位为帝的时候，封孙晧为乌程侯，并将他遣送到封国去。西湖人景养给孙晧看了相，认为他未来必定要大贵，孙晧内心窃喜而不敢表露出来。孙休去世的时候，蜀国刚刚灭亡，而交阯又发生叛变，吴国上下无不感到震惊恐惧，希望有一位年长有威望的君主出来主持局面。左典军万彧曾经做过乌程县令，和孙晧关系不错，于是向朝廷汇报称孙晧有才识而又英明果断，可以和长沙桓王孙策相比，他还勤奋好学，能遵守各种礼仪和规矩。万彧还多次就此向丞相濮阳兴和左将军张布进言。于是濮阳兴和张布前往劝说孙休的妃子朱太后，想要立孙晧为下一任皇帝。朱太后说：“我只不过是一名寡妇，哪能考虑周全社

苟吴国无陨，宗庙有赖可矣。”于是遂迎立晧，时年二十三。改元，大赦。是岁，于魏咸熙[4]元年也。

稷之事？只要吴国不会灭亡，宗室有所依赖，那就可以了。”于是朝廷迎立孙晧为帝，这时孙晧二十三岁。即位后，改元元兴，大赦天下。这一年，是魏国纪年里的咸熙元年(264)。

今注 1 贪：这里同“欲”之意，指希望、盼望。 2 左典军：三国时期吴国武官名，负责宿卫禁军，为皇帝亲信。 3 畴：类。 4 咸熙：三国时期魏元帝曹奂（陈留王）的第二个年号(264—265)。

元兴元年八月，以上大将军施绩、大将军丁奉为左右大司马，张布为骠骑将军，加侍中，诸增位班赏，一皆如旧。九月，贬太后为景皇后，追谥父和曰文皇帝，尊母何为太后。十月，封休太子𩅦[1]为豫章王，次子汝南王，次子梁王，次子陈王，立皇后滕氏[1]。晧既得志，粗暴骄盈，多忌讳，好酒色，大小失望。兴、布窃悔之。或以谮晧，十一月，诛兴、布。十二月，孙休葬定

元兴元年(264)八月，孙晧任命上大将军施绩、大将军丁奉分别为左、右大司马，张布为骠骑将军并加侍中衔，文武百官加官进爵、颁给赏赐，完全按照过去的做法来办。九月，孙晧将太后贬为景皇后，追谥父亲孙和为文皇帝，又尊母亲何氏为太后。十月，封孙休的太子孙𩅦为豫章王，次子为汝南王，三儿子为梁王，四儿子为陈王，并册立皇后滕氏。孙晧当了皇帝志得意满，变得骄横粗暴，喜欢猜忌他人，又沉湎于酒色之中，令朝廷上下感到十分失望。濮阳兴、张布也暗自后悔当时选立了孙晧。有人把这事暗中告诉了孙晧，于是孙晧在十一月的时候诛杀了濮阳兴和张布。十二月，孙休在定陵下葬。孙晧又封皇后的父亲滕牧为高密侯，其舅父何洪

陵。封后父滕牧为高密侯[2]，舅何洪等三人皆列侯。是岁，魏置交阯太守之郡。晋文帝为魏相国，遣昔吴寿春城降将徐绍、孙彧衔命赍书，陈事势利害，以申喻皓[3]。

甘露元年三月，皓遣使随绍、彧报书曰："知以高世之才，处宰辅之任，渐导[2]之功，勤亦至矣。孤以不德，阶承统绪，思与贤良共济世道，而以壅隔未有所缘。嘉意允著，深用依依。今遣光禄大夫纪陟、五官中郎将弘璆宣明至怀[4]。"绍行到濡须，召还杀之，徙其家属建安。始有白绍称美中国[3]者。故也。夏四月，蒋陵言甘露降，于是改年大赦。秋七月，皓逼杀景后朱氏，亡不在正殿。于苑中小屋治丧，众知其非疾病，莫不

等三人都赐予列侯的爵位。这一年，魏国设置了交阯太守，并将太守派往郡中。晋文帝司马昭做了魏国的相国，派遣当时投降魏国的吴寿春城守将徐绍、孙彧，带着命令和书信，前往吴国向孙皓分析天下形势利害，试图劝降孙皓。

甘露元年(265)三月，孙皓派遣使节随徐绍、孙彧返回洛阳致信司马昭说："我知道您以超世过人的才能，担任了宰辅的职位，有熏陶引导圣听的功劳，辛勤之至。寡人以无德之身，继承了吴国的大统，希望能够与贤良君子一道和衷共济，整顿乱世，只是因为地势的阻隔，无缘与您见面。您的美意明白真切，使人深深地感动。所以现派遣光禄大夫纪陟、五官中郎将弘璆前往洛阳，向您说明我诚挚的心意。"徐绍一行人到达濡须时，孙皓把徐绍召回杀死，并将其家属迁往建安去安顿。只因此前有人报告说徐绍称赞了中原的魏朝。夏四月，蒋陵汇报称有甘露降下，孙皓于是改元为甘露，大赦天下。秋七月，孙皓逼死了景皇后朱氏，她死后遗体未停放在正殿。孙皓让人在御花园的一间小房子里为她治办丧事，而大家都知道朱氏并非因疾病而死，

痛切。又送休四子于吴小城，寻复追杀大者二人。九月，从西陵督步阐表，徙都武昌，御史大夫丁固、右将军诸葛靓镇建业。陟、璆至洛，遇晋文帝崩，十一月，乃遣还。皓至武昌，又大赦。以零陵南部为始安郡，桂阳南部为始兴郡。十二月，晋受禅。

无不为之感到痛心。孙皓又将孙休的四个儿子送往吴郡的一座小城软禁，不久后又追杀了其中两个年纪较大的。九月，孙皓遵从西陵督步阐的奏表，将都城迁往武昌，派遣御史大夫丁固、右将军诸葛靓镇守建业。纪陟、弘璆一行抵达洛阳时，恰好遇上晋文帝司马昭去世，十一月，魏国才将他们遣送回来。孙皓抵达武昌后，再次大赦天下。分出零陵的南部设立始安郡，分出桂阳郡的南部设立始兴郡。十二月，晋武帝接受了魏国的禅让。

今注　1 鞶：音 wān。　2 渐导：指熏染引导。　3 中国：这里指魏国。

裴注　[1]《江表传》曰："皓初立，发优诏恤士民，开仓廪振贫乏，科出宫女以配无妻。禽兽扰于苑者，皆放之。当时翕然，称为明主。"　[2]《吴历》曰："牧本名密，避丁密，改名牧。丁密避牧，改名为固。"　[3]《汉晋春秋》载晋文王与皓书曰："圣人称有君臣，然后有上下礼义，是故大必字小，小必事大，然后上下安服，群生获所。逮至末涂，纯德既毁，剿民之命，以争强于天下，违礼顺之至理，则仁者弗由也。方今主上圣明，覆帱无外，仆备位宰辅，属当国重。唯华夏乖殊，方隅圮裂，六十余载，金革亟动，无年不战，暴骸丧元，困悴罔定，每用悼心，坐以待旦。将欲止戈兴仁，为百姓请命，故分命偏师，平定蜀汉，役未经年，全军独克。于时猛将谋夫，朝臣庶士，咸以奉天时之宜，就既征之军，借吞敌之势，宜遂回旗东指，以临吴境。舟师泛江，顺流而下，陆军南辕，取径四郡，兼成都之械，漕巴汉之粟，然后以中军整旅，三方云会，未及浃辰，可使江表底平，南夏顺轨。然国朝深惟伐蜀之举,虽有静难之功,亦悼蜀民独罹其害。战于绵竹者,自元帅以下并受斩戮,伏尸蔽地,血流丹野。一之于前,犹追恨不忍,况重之于后乎?是故旋师按甲,思与南邦共全百姓之命。夫料力忖势,度资量险,远考古昔废兴之理,近鉴西蜀安危之效,隆德保祚,去危即顺,屈己以宁四海者,仁哲之高致也;履危偷安,陨德覆祚,而不称于后世者,非智者之所居也。今朝廷遣徐绍、孙彧献书喻怀,若书御于前,必少留意,回虑革算,结欢弭兵,共为一家,惠矜吴会,施及中土,岂不泰哉!此昭心之大愿也,敢不承受?若不获命,则普天率土,期于大同,虽重干戈,固不获已也。" [**4**]《江表传》曰:"皓书两头言白,称名言而不著姓。"《吴录》曰:"陟字子上,丹阳人,初为中书郎,孙峻使诘南阳王和,令其引分。陟密使令正辞自理,峻怒。陟惧,闭门不出。孙休时,父亮为尚书令,而陟为中书令,每朝会,诏以屏风隔其座。出为豫章太守。"干宝《晋纪》曰:"陟、璆奉使如魏,入境而问讳,入国而问俗。寿春将王布示之马射,既而问之曰:'吴之君子亦能斯乎?'陟曰:'此军人骑士肄业所及,士大夫君子未有为之者矣。'布大惭。既至魏,帝见之,使傧问曰:'来时吴王何如?'陟对曰:'来时皇帝临轩,百寮陪位,御膳无恙。'晋文王飨之,百寮毕会,使傧者告曰:'某者,安乐公也;某者,匈奴单于也。'陟曰:'西主失土,为君王所礼,位同三代,莫不感义,匈奴边塞难羁之国,君王怀之,亲在坐席,此诚威恩远著。'又问:'吴之戍备几何?'对曰:'自西陵以至江都,五千七百里。'又问曰:'道里甚远,难为坚固?'对曰:'疆界虽远,而其险要必争之地,不过数四,犹人虽有八尺之躯,靡不受患,其护风寒,亦数处耳。'文王善之,厚为之礼。"臣松之以为,人有八尺之体,靡不受患,防护风寒,岂唯数处?取譬若此,未足称能。若曰譬如金城万雉,所急防者四门而已。方陟此对,不犹愈乎!《吴录》曰:"皓以诸父与和相连及者,家属皆徙东冶,唯陟以有密旨,特封子孚都亭侯。孚弟瞻,字思远,入仕晋骠骑将军。弘璆,曲阿人,弘咨之孙,权外甥也。璆后至中书令、太子少傅。"

宝鼎[1]元年正月，遣大鸿胪张俨、五官中郎将丁忠吊祭晋文帝。及还，俨道病死[1]。忠说晧曰："北方守战之具不设，弋阳可袭而取。"晧访群臣，镇西大将军陆凯曰："夫兵不得已而用之耳，且三国鼎立已来，更相侵伐，无岁宁居。今强敌新并巴蜀，有兼土之实，而遣使求亲，欲息兵役，不可谓其求援于我。今敌形势方强，而欲徼幸[2]求胜，未见其利也。"车骑将军刘纂曰："天生五才，谁能去兵？[3]谲诈相雄，有自来矣。若其有阙，庸可弃乎？宜遣间谍，以观其势。"晧阴纳纂言，且以蜀新平，故不行，然遂自绝。八月，所在言得大鼎，于是改年，大赦，以陆凯为左

宝鼎元年(266)正月，派遣大鸿胪张俨、五官中郎将丁忠前往洛阳吊祭晋文帝司马昭。回来的时候，张俨在途中病死了。丁忠回来劝孙晧说："北方防守作战的器械并不完备，我们可以袭击并拿下弋阳。"孙晧就此事征询群臣的意见，镇西大将军陆凯说道："战争是万不得已才使用的手段，况且自三国鼎立的局势形成以来，国与国之间不断相互侵袭征伐，没有一年是安定的。现在强敌刚刚吞并巴蜀，有扩大国土的实力，却派遣使节前来请求和亲，只是想要平息兵役而已，并不能说他们是为了向我方求援。现在敌国正处于强盛之势，而我们却抱着侥幸心理想要求得一胜，我实在看不出这中间有什么好处。"车骑将军刘纂说："上天生出金木水火土五种材质，缺一不可，谁能真正放弃兵战之事？尔虞我诈，相互争雄，这是自古以来就有的事。如果现在敌方出现疏漏，我们怎么能放弃这个机会呢？我认为应该派遣间谍，以探查敌方的实际状况。"孙晧心里暗自接受了刘纂的意见，只是因为蜀国刚刚被平定，所以没有采取军事行动，但从此就和晋国断绝了往来。八月，都城官员汇报发现了大鼎，于是改元为

丞相，常侍万彧为右丞相。冬十月，永安山贼施但等聚众数千人[2]，劫皓庶弟永安侯谦出乌程，取孙和陵上鼓吹曲盖[4]。比至建业，众万余人。丁固、诸葛靓逆之于牛屯，大战，但等败走。获谦，谦自杀[3]。分会稽为东阳郡，分吴、丹阳为吴兴郡[4]，以零陵北部为邵陵郡。十二月，皓还都建业，卫将军滕牧留镇武昌。

宝鼎，大赦天下，任命陆凯为左丞相，常侍万彧为右丞相。冬十月，永安的山贼施但等聚集了数千人，劫持孙皓的庶弟永安侯孙谦离开乌程，又取走了孙和陵墓上所用的鼓吹曲盖等物品。他们抵达建业的时候，人数已经多达万余人。丁固、诸葛靓在牛屯迎战，双方展开了激烈的战斗，施但等人战败后逃跑了。官军找到了孙谦，但孙谦自杀了。朝廷分割出会稽郡的一部分为东阳郡，又从吴郡、丹阳郡各划出一部分设立吴兴郡，又以零陵北部地区为邵陵郡。十二月，孙皓又将国都迁回建业，而卫将军滕牧则留在武昌镇守。

今注 **1** 宝鼎：三国时期吴末帝孙皓的第三个年号(266—269)。 **2** 徼幸：获得意外的成功或免去不幸。徼，通“侥”。 **3** 天生五才，谁能去兵：出自《左传·襄公二十七年》，原文为“天生五才，民并用之，废一不可，谁能去兵”。“五才”原意为金木水火土五行，代指民生所用的一切材质。**4** 曲盖：仪仗所用的一种曲柄伞。

裴注 [**1**]《吴录》曰：“俨字子节，吴人也。弱冠知名，历显位，以博闻多识拜大鸿胪。使于晋，皓谓俨曰：‘今南北通好，以君为有出境之才，故相屈行。’对曰：‘皇皇者华，蒙其荣耀，无古人延誉之美，磨厉锋锷，思不辱命。’既至，车骑将军贾充、尚书令裴秀、侍中荀勖等，欲傲以所不知，而不能屈。尚书仆射羊祜、尚书何祯并结缟带之好。” [**2**]《吴录》曰：

"永安,今武康县也。" [3]《汉晋春秋》曰:"初,望气者云'荆州有王气,破扬州而建业宫不利',故晧徙武昌,遣使者发民掘荆州界大臣名家冢与山冈连者以厌之。既闻但反,自以为徙土得计也。使数百人鼓噪入建业,杀但妻子,云'天子使荆州兵来破扬州贼',以厌前气。" [4] 晧诏曰:"古者分土建国,所以褒赏贤能,广树藩屏。秦毁五等为三十六郡,汉室初兴,闿立乃至百五,因事制宜,盖无常数也。今吴郡阳羡、永安、余杭、临水及丹阳故鄣、安吉、原乡、於潜诸县,地势水流之便,悉注乌程,既宜立郡,以镇山越,且以藩卫明陵,奉承大祭,不亦可乎!其亟分此九县为吴兴郡,治乌程。"

二年春,大赦。右丞相万彧上镇巴丘。夏六月,起显明宫[1],冬十二月,晧移居之。是岁,分豫章、庐陵、长沙为安成郡。

三年春二月,以左右御史大夫丁固、孟仁为司徒、司空[2]。秋九月,晧出东关[1],丁奉至合肥。是岁,遣交州刺史刘俊、前部督脩则等入击交阯,为晋将毛炅等所破,皆死,兵散还合浦。

宝鼎二年(267)春,大赦天下。右丞相万彧溯江而上出镇巴丘。夏六月,开始建造显明宫,冬十二月建成后,孙晧便前往居住。这一年,从豫章、庐陵、长沙各分出一部分设立安成郡。

宝鼎三年(268)春二月,孙晧分别任命左右御史大夫丁固、孟仁为司徒、司空。秋九月,孙晧出兵至东关,丁奉则抵达了合肥。这一年,派遣交州刺史刘俊、前部督脩则等人前去攻打交阯,被晋将毛炅击败,刘俊、脩则等均战死,部队溃散逃回合浦。

今注 **1** 东关:三国时期关隘名,为吴国诸葛恪所修筑。故址在今安徽含山西南濡须山。

裴注　[1]《太康三年地记》曰:“吴有太初宫,方三百丈,权所起也。昭明宫方五百丈,晧所作也。避晋讳,故曰显明。”《吴历》云:“显明在太初之东。”《江表传》曰:“晧营新宫,二千石以下皆自入山督摄伐木。又破坏诸营,大开苑囿,起土山楼观,穷极伎巧,功役之费以亿万计。陆凯固谏,不从。”　[2]《吴录》曰:“初,固为尚书,梦松树生其腹上,谓人曰:‘松字,十八公也。后十八岁,吾其为公乎!’卒如梦焉。”

建衡[1]元年春正月,立子瑾为太子,及淮阳、东平王。冬十月,改年,大赦。十一月,左丞相陆凯卒。遣监军虞汜、威南将军薛珝、苍梧太守陶璜由荆州,监军李勖、督军徐存从建安海道,皆就合浦击交阯。

二年春,万彧还建业。李勖以建安道不通利,杀导将冯斐,引军还。三月,天火[2]烧万余家,死者七百人。夏四月,左大司马施绩卒。殿中列将何定曰:“少府李勖枉杀冯斐,擅彻军退还。”勖及徐存家属皆伏诛。秋九月,何定将兵五千人上夏口猎。都督孙秀奔晋。是岁,大赦。

建衡元年(269)春正月,册立皇子孙瑾为太子,又册封了淮阳王、东平王。冬十月,改元建衡,大赦天下。十一月,左丞相陆凯去世。派遣监军虞汜、威南将军薛珝、苍梧太守陶璜从荆州出兵,监军李勖、督军徐存则从建安经海路进军,两军共同前往合浦攻打交阯。

建衡二年(270)春,万彧回到建业。李勖以建安道路不通畅,杀死了做向导的将领冯斐,率领部队返回。三月,天火烧毁一万多家的房屋,七百多人遇难。夏四月,左大司马施绩去世。殿中列将何定奏称:“少府李勖冤杀冯斐,擅自带领部队撤退。”因此,李勖、徐存以及他们的家属都被处死。秋九月,何定率领五千名兵士溯江而上,到夏口狩猎练兵。都督孙秀逃奔晋国。这一年,大赦天下。

今注 **1** 建衡:三国时期吴末帝孙皓的第四个年号(269—271)。**2** 天火:指雷电或物体自燃等自然原因引起的大火。

三年春正月晦[1],皓举大众出华里,皓母及妃妾皆行,东观令[2]华覈等固争,乃还[1]。是岁,汜、璜破交阯,禽杀晋所置守将,九真、日南皆还属[2]。大赦,分交阯为新昌郡。诸将破扶严,置武平郡。以武昌督范慎为太尉。右大司马丁奉、司空孟仁卒[3]。西苑言凤凰集,改明年元。

凤皇[3]元年秋八月,征西陵督步阐。阐不应,据城降晋。遣乐乡都督陆抗围取阐,阐众悉降。阐及同计数十人皆夷三族。大赦。是岁,右丞相万彧被谴忧死,徙其子弟于庐陵[4]。何定奸秽发闻,伏诛。皓以其恶似张布,追改定名为布[5]。

建衡三年(271)春正月底,孙皓率领大批人马从华里出发,其母亲及后妃姬妾全部都一起同行,东观令华覈等人据理力争,极力劝阻,孙皓才决定返回。这一年,虞汜、陶璜等人攻破交阯,擒杀了晋国在当地设置的守将,九真、日南等郡都重新归属吴国。大赦天下,分出交阯郡的一部分设立新昌郡。吴国诸将攻破了扶严,设置了武平郡。任命武昌督范慎为太尉。右大司马丁奉、司空孟仁去世。西苑汇报称有凤凰聚集,于是决定第二年改元为凤凰。

凤凰元年(272)秋八月,朝廷征召西陵督步阐入朝。步阐拒绝听命,据守西陵向晋国投降。于是派遣乐乡都督陆抗率军围攻步阐,步阐的手下悉数投降。步阐以及数十名同谋全部被处以夷三族的极刑。朝廷大赦天下。这一年,右丞相万彧受到孙皓的谴责,忧惧而死,孙皓将他的子弟迁往庐陵。何定奸恶污秽的行为败露,被处死刑。孙皓认为他的劣迹和张布相似,于是追改何定的名字为何布。

今注 1 晦：阴历每月最后一天。 2 东观令：汉代、三国官名。东观为宫中藏书之处，东观令为其主官，主要负责书籍的管理和国史的编修。 3 凤皇：通“凤凰”。凤凰，三国时期吴末帝孙皓的第五个年号(272—274)。

裴注 [1]《江表传》曰：“初，丹阳刁玄使蜀，得司马徽与刘廙论运命历数事。玄诈增其文，以诳国人曰：‘黄旗紫盖见于东南，终有天下者，荆、扬之君乎！’又得中国降人，言寿春下有童谣曰‘吴天子当上’。晧闻之，喜曰：‘此天命也。’即载其母妻子及后宫数千人，从牛渚陆道西上，云青盖入洛阳，以顺天命。行遇大雪，道涂陷坏，兵士被甲持仗，百人共引一车，寒冻殆死。兵人不堪，皆曰：‘若遇敌，便当倒戈耳。’晧闻之，乃还。”[2]《汉晋春秋》曰：“初，霍弋遣杨稷、毛炅等戍，与之誓曰：‘若贼围城未百日而降者，家属诛；若过百日而城没者，刺史受其罪。’稷等日未满而粮尽，乞降于璜。璜不许，而给粮使守。吴人并谏，璜曰：‘霍弋已死，无能来者，可须其粮尽，然后乃受，使彼来无罪，而我取有义，内训吾民，外怀邻国，不亦可乎！’稷、炅粮尽，救不至，乃纳之。”《华阳国志》曰：“稷，犍为人。炅，建宁人。稷等城中食尽，死亡者半，将军王约反降，吴人得入城，获稷、炅，皆囚之。孙晧使送稷下都，稷至合浦，欧血死。晋追赠交州刺史。初，毛炅与吴军战，杀前部督脩则。陶璜等以炅壮勇，欲赦之。而则子允固求杀炅，炅亦不为璜等屈，璜等怒，面缚炅诘之，曰：‘晋贼！’炅厉声曰：‘吴狗，何等为贼？’吴人生剖其腹，允割其心肝，骂曰：‘庸复作贼？’炅犹骂不止，曰：‘尚欲斩汝孙晧，汝父何死狗也！’乃斩之。晋武帝闻而哀矜，即诏使炅长子袭爵，余三子皆关内侯。”此与《汉晋春秋》所说不同。[3]《吴录》曰：“仁字恭武，江夏人也。本名宗，避晧字，易焉。少从南阳李肃学。其母为作厚蓐大被，或问其故，母曰：‘小儿无德致客，学者多贫，故为广被，庶可得与气类接也。’其读书夙夜不懈，肃奇之，曰：‘卿宰相器也。’初为骠骑将军朱据军吏，将母在营。既不得志，又夜雨屋漏，因起涕泣，以谢其母。母曰：‘但当勉之，何足泣也？’据亦稍知之，除为监池司马。自能结网，手以捕鱼，作鲊寄母，母因以还之，曰：'汝为鱼官，而以鲊寄我，非避嫌也。'迁吴令。时皆不得将家之官，每得时物，来以寄母，常不先食。及闻母亡，犯禁委官，语在《权传》。特为减死一等，复使为官，盖优之也。"《楚国先贤传》曰："宗母嗜笋，冬节将至。时笋尚未生，宗入竹林哀叹，而笋为之出，得以供母，皆以为至孝之所致感。累迁光禄勋，遂至公矣。" [4]《江表传》曰："初，晧游华里，彧与丁奉、留平密谋曰：'此行不急，若至华里不归，社稷事重，不得不自还。'此语颇泄。晧闻知，以彧等旧臣，且以计忍而阴衔之。后因会，以毒酒饮彧，传酒人私减之。又饮留平，平觉之，服他药以解，得不死。彧自杀。平忧懑，月余亦死。" [5]《江表传》曰："定，汝南人，本孙权给使也，后出补吏。定佞邪僭媚，自表先帝旧人，求还内侍。晧以为楼下都尉，典知酤籴事，专为威福。而晧信任，委以众事。定为子求少府李勖女，不许。定挟忿谮勖于晧，晧尺口诛之，焚其尸。定又使诸将各上好犬，皆千里远求，一犬至直数千匹。御犬率具缨，直钱一万。一犬一兵，养以捕兔供厨，所获无几。吴人皆归罪于定，而晧以为忠勤，赐爵列侯。"《吴历》曰："中书郎奚熙谮宛陵令贺惠。惠，劭弟也。遣使者徐粲讯治，熙又谮粲顾护不即决断。晧遣使就宛陵斩粲，收惠付狱。会赦，得免。"

二年春三月，以陆抗为大司马。司徒丁固卒。秋九月，改封淮阳为鲁，东平为齐，又封陈留、章陵等九王，凡十一王，王给三千兵。大赦。晧爱妾或使人至市劫夺百姓财物，司市中郎将[1]陈

凤凰二年(273)春三月，朝廷任命陆抗为大司马。司徒丁固去世。秋九月，改封淮阳王为鲁王，东平王为齐王，又册封了陈留王、章陵王等九王，这次改封涉及的总共有十一个宗王，还封给每人三千名士兵。大赦天下。孙晧的某位爱妾派人到市场上去抢夺百姓的财物，司市中郎将陈声是孙晧平日宠幸的大臣，

声，素晧幸臣也，恃晧宠遇，绳之以法。妾以诉晧，晧大怒，假他事烧锯[2]断声头，投其身于四望[3]之下。是岁，太尉范慎卒。

凭借着孙晧的宠幸恩遇，将那些抢劫财物的人绳之以法。那名爱妾向孙晧哭诉此事，孙晧大怒，以其他的事情为借口用烧锯将陈声斩首，又将他的尸身扔到四望山下。这一年，太尉范慎去世。

今注　1 司市中郎将：三国时期吴国官名，主管集市贸易。　2 烧锯：古代酷刑，指用烧红的锯子砍头。　3 四望：指四望山，位于今江苏南京西北旧定淮门外。

三年，会稽妖言[1]章安侯奋当为天子。临海太守奚熙与会稽太守郭诞书，非论国政。诞但白熙书，不白妖言，送付建安作船[1]。遣三郡督何植收熙，熙发兵自卫，断绝海道。熙部曲[2]杀熙，送首建业，夷三族。秋七月，遣使者二十五人分至州郡，科出亡叛。大司马陆抗卒。自改年及是岁，连大疫。分郁林为桂林郡。

凤凰三年(274)，会稽郡有妖人传言章安侯孙奋将要做天子。临海太守奚熙给会稽太守郭诞写信，妄议国家大政。郭诞向朝廷报告此事，但只陈述了奚熙的书信，没有说到当地的妖言，于是朝廷贬他到建安郡去造船。又派遣三郡督何植前往收捕奚熙，奚熙调拨兵士自卫，并截断了海路。奚熙手下的部曲将他杀死，并将其首级送往建业，孙晧对其追加了夷三族的极刑。秋七月，派遣使者二十五人分别前往各个州郡，核查当地逃亡及叛乱的情况。大司马陆抗去世。自从改元凤凰以来直至今年，吴国连年遭遇大规模的瘟疫。这一年又分割郁林郡的一部分设置了桂林郡。

今注 **1** 妖言:这里指谣言。 **2** 部曲:古代豪门大族的私人军队,带有人身依附性质。

裴注 [**1**]《会稽邵氏家传》曰:"邵畴字温伯,时为诞功曹。诞被收,惶遽无以自明。畴进曰:'畴今自在,畴之事,明府何忧?'遂诣吏自列,云不白妖言,事由于己,非府君罪。吏上畴辞,皓怒犹盛。畴虑诞卒不免,遂自杀以证之。临亡,置辞曰:'畴生长边陲,不闲教道,得以门资,厕身本郡,逾越侪类,位极朝右,不能赞扬盛化,养之以福。今妖讹横兴,干国乱纪,畴以噂喈之语,本非事实,虽家诵人咏,不足有虑。天下重器,而匹夫横议,疾其丑声,不忍闻见,欲含垢藏疾,不彰之翰笔,镇躁归静,使之自息。愚心勤勤,每执斯旨,故诞屈其所是,默以见从。此之为愆,实由于畴。谨不敢逃死,归罪有司,唯乞天鉴,特垂清察。'吏收畴丧,得辞以闻,皓乃免诞大刑,送付建安作船。畴亡时,年四十。皓嘉畴节义,诏郡县图形庙堂。"

天册元年,吴郡言掘地得银,长一尺,广三分,刻上有年月字。于是大赦,改年。

天玺元年,吴郡言临平湖自汉末草秽壅塞,今更开通。长老相传,此湖塞,天下乱,此湖开,天下平。又于湖边得石函[1],中有小石,青白色,长四寸,广二寸余,刻上作皇帝字。于是改年,大赦。会

天册元年(275),吴郡报告称有人挖地时得到一块一尺长、三分宽的银板,上面刻有年月的字样。于是朝廷大赦天下,并改元天册。

天玺元年(276),吴郡又报告称临平湖自从汉末以来,因为杂草污物的缘故连年壅塞,今年忽然通畅了。当地老人世代相传,这个湖只要壅塞,天下必定大乱;只要通畅,天下就会太平。同时又在湖边发现一个石头盒子,里面有一块长四寸、宽两寸多的青白色石头,刻有"上作皇帝"的字样。于是

稽太守车浚、湘东太守张咏不出算缗[2],就在所斩之,徇首诸郡[1]。秋八月,京下督孙楷降晋。鄱阳言历阳山石文理成字,凡二十,云"楚九州渚,吴九州都。扬州士,作天子。四世治,太平始[2]"。又吴兴阳羡山有空石,长十余丈,名曰石室,在所表为大瑞。乃遣兼司徒董朝、兼太常周处至阳羡县,封禅国山[3]。明年改元,大赦,以协石文。

改元为天玺,大赦天下。会稽太守车浚、湘东太守张咏没有按规定缴纳算缗税,被就地处斩,其首级被送往各郡示众。秋八月,吴国京下督孙楷投降晋国。鄱阳郡报告称历阳山上有一块大石,石上的纹理形成了二十个字,是"楚九州渚,吴九州都。扬州士,作天子。四世治,太平始"。另外,吴兴阳羡一座山中发现一块中空的巨石,长达十多丈,名为"石室",当地官员上表称这是大祥瑞。于是派遣代理司徒董朝、代理太常周处前往阳羡县,在国山上进行封禅。第二年改元,大赦天下,以便与石头上的文字相契合。

今注 **1** 石函:石制的匣子。 **2** 算缗(mín):汉代及三国所实行的一种资产税,主要针对商人、手工业者、高利贷者的资产及车船等征收。**3** 国山:即阳羡国山,位于今江苏宜兴境内。孙皓因祥瑞封禅国山,在山顶立《禅国山碑》。该碑是为数不多的自三国时期流传至今的碑刻之一,具有重要史料价值。

裴注 [1]《江表传》曰:"浚在公清忠,值郡荒旱,民无资粮,表求振贷。皓谓浚欲树私恩,遣人枭首。又尚书熊睦见皓酷虐,微有所谏。皓使人以刀环撞杀之,身无完肌。" [2]《江表传》曰:"历阳县有石山临水,高百丈,其三十丈所,有七穿骈罗,穿中色黄赤,不与本体相似,俗相传谓之石印。又云,石印发封,天下当太平。下有祠屋,巫祝言石印神有三郎。

时历阳长表上言石印发，皓遣使以太牢祭历山。巫言石印三郎说‘天下方太平’。使者作高梯，上看印文，诈以朱书石作二十字，还以启皓。皓大喜，曰：‘吴当为九州作都、渚乎！从大皇帝逮孤四世矣，太平之主，非孤复谁？’重遣使，以印绶拜三郎为王，又刻石立铭，褒赞灵德，以答休祥。”

天纪元年夏，夏口督孙慎出江夏、汝南，烧略居民。初，驺子[1]张俶多所谮白[2]，累迁为司直中郎将，封侯，甚见宠爱。是岁，奸情发闻，伏诛[1]。

二年秋七月，立成纪、宣威等十一王，王给三千兵，大赦。

天纪元年(277)夏，夏口督孙慎出兵江夏、汝南，对当地居民大肆烧杀抢掠。起初，孙皓的车夫张俶靠着屡进谗言，接连升官做到了司直中郎将，并受封侯爵，很受孙皓的宠爱。这一年，张俶诈伪的情状败露，被处死刑。

天纪二年(278)秋七月，朝廷册立了成纪王、宣威王等十一王，赐给每人三千名士兵，大赦天下。

今注　**1** 驺(zōu)子：指负责驾驭车马的仆役。　**2** 谮白：进谗言诋毁他人。

裴注　[**1**]《江表传》曰：“俶父，会稽山阴县卒也。知俶不良，上表云：‘若用俶为司直，有罪乞不从坐。’皓许之。俶表立弹曲二十人，专纠司不法，于是爱恶相攻，互相谤告。弹曲承言，收系囹圄，听讼失理，狱以贿成。人民穷困，无所措手足。俶奢淫无厌，取小妻三十余人，擅杀无辜，众奸并发，父子俱见车裂。”

三年夏，郭马反。马本合浦太守脩允部曲督。

天纪三年(279)夏，郭马造反。郭马原本是合浦太守脩允部曲中的一名

允转桂林太守，疾病，住广州，先遣马将五百兵至郡安抚诸夷。允死，兵当分给，马等累世旧军，不乐离别。皓时又科实广州户口，马与部曲将何典、王族、吴述、殷兴等因此恐动[1]兵民，合聚人众，攻杀广州督虞授。马自号都督交广二州诸军事、安南将军，兴广州刺史，述南海太守。典攻苍梧，族攻始兴[1]。八月，以军师张悌为丞相，牛渚都督何植为司徒。执金吾滕循为司空，未拜，转镇南将军，假节，领广州牧，率万人从东道讨马、兴、族，遇于始兴，未得前。马杀南海太守刘略，逐广州刺史徐旗。皓又遣徐陵督陶濬将七千人从西道，命交州牧陶璜部伍所领及合浦、郁林诸郡兵，当与东西军共击马。有鬼目菜[2]生工人黄耇[3]家，依缘枣树，

督将。脩允转任桂林太守时患疾病，停留在广州，便先派郭马率领五百名士兵前往桂林郡安抚当地各少数民族。脩允死后，他手下的士兵按规定应该分调给其他部队，而郭马等几代人都是在一起从军的战友，不愿意因此分离。当时又正逢孙皓下令核查广州的户口，于是郭马和其他部曲将领何典、王族、吴述、殷兴等利用恐吓的手段煽动当地士兵和民众，聚集了大量人马，杀死广州督虞授。郭马自封为都督交广二州诸军事、安南将军，任命殷兴为广州刺史，吴述为南海太守。又派何典去攻打苍梧，王族攻打始兴。八月，孙皓任命军师张悌为丞相，牛渚都督何植为司徒。执金吾滕循被任命为司空，还未正式就职，就转为镇南将军，持有节杖，兼领广州牧，率领万人大军从东路征讨郭马、殷兴、王族，但军队在始兴与之遭遇，未能继续进发。郭马杀死南海太守刘略，驱逐了广州刺史徐旗。孙皓又派遣徐陵督陶濬率领七千人走西路，又命令交州牧陶璜所部及合浦、郁林等郡的兵士，与东西两路部队共同攻击郭马。这一年，工人黄耇家

长丈余，茎广四寸，厚三分。又有买菜[4]生工人吴平家，高四尺，厚三分，如枇杷形，上广尺八寸，下茎广五寸，两边生叶绿色。东观案图，名鬼目作芝草，买菜作平虑草，遂以耇为侍芝郎，平为平虑郎，皆银印青绶。

长出鬼目菜，长在枣树边上，有一丈多长，叶茎四寸宽，三分厚。又有工人吴平家长出买菜，有四尺高，三分厚，形状像枇杷，上头有一尺八寸宽，下面的茎五寸宽，两边长着绿色的叶子。东观的官员对照图籍，将鬼目菜命名为"芝草"，买菜命名为"平虑草"，朝廷于是任命黄耇为侍芝郎，吴平为平虑郎，一并授予银印青绶。

今注 1 恐动：恐吓煽动。 2 鬼目菜：即鬼目草，一种半灌木植物，有一定的药用价值。 3 耇：音 gǒu。 4 买菜：即苦荬(mǎi)菜，一种草本植物，有一定的药用价值。

裴注 [1]《汉晋春秋》曰："先是，吴有说谶者曰：'吴之败，兵起南裔，亡吴者，公孙也。'晧闻之，文武职位至于卒伍有姓公孙者，皆徙于广州，不令停江边。及闻马反，大惧曰：'此天亡也。'"

冬，晋命镇东大将军司马伷向涂中，安东将军王浑、扬州刺史周浚向牛渚，建威将军王戎向武昌，平南将军胡奋向夏口，镇南将军杜预向江陵，龙骧将军王濬、广武将军唐彬浮江

这年冬天，晋国命令镇东大将军司马伷攻打涂中，安东将军王浑、扬州刺史周浚攻打牛渚，建威将军王戎攻打武昌，平南将军胡奋攻打夏口，镇南将军杜预攻打江陵，龙骧将军王濬、广武将军唐彬顺江东下，太尉贾充则担任大都督，根据适宜的情况处理紧要的事务，使各路军队的力量能协调一致。陶濬进军到武昌时，听说

东下，太尉贾充为大都督，量宜处要，尽军势之中。陶濬至武昌，闻北军大出，停驻不前。

初，皓每宴会群臣，无不咸令沉醉。置黄门郎[1]十人，特不与酒，侍立终日，为司过之吏。宴罢之后，各奏其阙失，迕视[2]之咎，谬言之愆，罔有不举。大者即加威刑，小者辄以为罪。后宫数千，而采择无已。又激水入宫，宫人有不合意者，辄杀流之。或剥人之面，或凿人之眼。岑昏险谀[3]贵幸，致位九列。好兴功役，众所患苦。是以上下离心，莫为皓尽力，盖积恶已极，不复堪命故也[1]。

北方军队大举伐吴，便按兵不动了。

起初，孙皓每次设筵席与群臣宴会时，都要让所有人喝得大醉。另外安排了十名黄门郎，特意不让他们喝酒，一整天只是在旁边待命，实际上担任的是纠察群臣过失的职务。宴会结束之后，黄门郎各自奏上群臣酒后失态的情形，诸如眼神不敬、妄言妄语之类，统统加以揭发。大过则立即处以威刑，小过也会受到怪罪。孙皓后宫数千佳丽，还要不断地从民间挑选女子入宫。又在宫中修筑了一条湍急的水流，只要有孙皓不满意的宫女，就立刻杀掉而让尸体顺流漂走。孙皓甚至喜欢剥下人的面皮，又或是凿穿人的双眼这一类酷刑。有个人叫岑昏，靠着奸险阿谀获得宠幸，官至九卿。孙皓又喜欢大兴土木，百姓深受其罪。所以全国上下众叛亲离，没有人愿意再为孙皓效力，这是因为他罪孽深重，人们再也忍受不了被他驱使的缘故。

今注　1 黄门郎：宦者，太监。因东汉黄门令、中黄门诸官，皆为宦者充称，故以“黄门”称“太监”。　2 迕视：迎面直视。谓以非礼的态度看人。　3 险谀：奸诈谄媚。

裴注 ［1］吴平后，晋侍中庾峻等问晧侍中李仁曰："闻吴主披人面，刖人足，有诸乎？"仁曰："以告者过也。君子恶居下流，天下之恶皆归焉。盖此事也，若信有之，亦不足怪。昔唐、虞五刑，三代七辟，肉刑之制，未为酷虐。晧为一国之主，秉杀生之柄，罪人陷法，加之以惩，何足多罪！夫受尧诛者不能无怨，受桀赏者不能无慕，此人情也。"又问曰："云归命侯乃恶人横睛逆视，皆凿其眼，有诸乎？"仁曰："亦无此事，传之者谬耳。《曲礼》曰视天子由袷以下，视诸侯由颐以下，视大夫由衡，视士则平面，得游目五步之内；视上于衡则傲，下于带则忧，旁则邪。以礼视瞻，高下不可不慎，况人君乎哉？视人君相迕，是乃礼所谓傲慢；傲慢则无礼，无礼则不臣，不臣则犯罪，犯罪则陷不测矣。正使有之，将有何失？"凡仁所答，峻等皆善之，文多不悉载。

四年春，立中山、代等十一王，大赦。濬、彬所至，则土崩瓦解，靡有御者。预又斩江陵督伍延，浑复斩丞相张悌、丹阳太守沈莹等，所在战克[1]。

三月丙寅，殿中亲近数百人叩头请晧杀岑昏，晧惶愦1从之[2]。戊辰，陶濬从武昌还，即引见。问水军消息，对曰："蜀船皆小，今得二万兵，乘大船战，自

天纪四年(280)春，孙晧册立了中山王、代王等十一王，大赦天下。王濬、唐彬的大军所到之处，守军全部土崩瓦解，没有任何有效抵抗。杜预又斩杀了吴国江陵督伍延，而王浑则斩杀了吴丞相张悌、丹阳太守沈莹等人，晋军所向披靡，战无不胜。

三月丙寅日，殿中孙晧所亲近的几百人磕头请求诛杀岑昏，孙晧惊惶昏愦，只得答应。戊辰日，陶濬从武昌返回，立即得到了孙晧的召见。孙晧向他询问水军方面的消息，陶濬回答说："蜀地的船都很小，现在我们有两万大军，乘坐大船与之战斗，当然可以击败他们。"于是孙晧命

足击之。”于是合众，授濬节钺[2]。明日当发，其夜众悉逃走，而王濬顺流将至，司马伷、王浑皆临近境。

令组织部队，授予陶濬用以指挥的节钺。他准备第二天发兵，不料当夜所有兵众全部逃走，而王濬的楼船大军顺流而下即将抵达，司马伷、王浑的部队也都兵临城下了。

今注 1 惶愦(huáng kuì):指惊慌昏愦的样子。 2 节钺:符节和斧钺。古代授予将帅，作为加重权力的标志。

裴注 [1] 干宝《晋纪》曰:“吴丞相军师张悌、护军孙震、丹阳太守沈莹帅众三万济江，围成阳都尉张乔于杨荷桥，众才七千，闭栅自守，举白接告降。吴副军师诸葛靓欲屠之，悌曰:‘强敌在前，不宜先事其小，且杀降不祥。’靓曰:‘此等以救兵未至而力少，故且伪降以缓我，非来伏也。因其无战心而尽坑之，可以成三军之气。若舍之而前，必为后患。’悌不从，抚之而进。与讨吴护军张翰、扬州刺史周浚成阵相对。沈莹领丹阳锐卒刀楯五千，号曰青巾兵，前后屡陷坚阵，于是以驰淮南军，三冲不动。退引乱，薛胜、蒋班因其乱而乘之，吴军以次土崩，将帅不能止，张乔又出其后，大败吴军于版桥，获悌、震、莹等。”《襄阳记》曰:“悌字巨先，襄阳人，少有名理，孙休时为屯骑校尉。魏伐蜀，吴人问悌曰:‘司马氏得政以来，大难屡作，智力虽丰，而百姓未服也。今又竭其资力，远征巴蜀，兵劳民疲而不知恤，败于不暇，何以能济？昔夫差伐齐，非不克胜，所以危亡，不忧其本也，况彼之争地乎！’悌曰:‘不然。曹操虽功盖中夏，威震四海，崇诈杖术，征伐无已，民畏其威，而不怀其德也。丕、叡承之，系以惨虐，内兴宫室，外惧雄豪，东西驰驱，无岁获安，彼之失民，为日久矣。司马懿父子自握其柄，累有大功，除其烦苛而布其平惠，为之谋主而救其疾，民心归之，亦已久矣。故淮南三叛而腹心不扰，曹髦之死，四方不动，摧坚敌如折枯，荡异同如反掌，任贤使能，各尽其心，非智勇兼人，孰能如之？

其威武张矣，本根固矣，群情服矣，奸计立矣。今蜀阉宦专朝，国无政令，而玩戎黩武，民劳卒弊，竞于外利，不修守备。彼强弱不同，智算亦胜，因危而伐，殆其克乎！若其不克，不过无功，终无退北之忧，覆军之虑也。何为不可哉？昔楚剑利而秦昭惧，孟明用而晋人忧，彼之得志，故我之大患也。’吴人笑其言，而蜀果降于魏。晋来伐吴，皓使悌督沈莹、诸葛靓，率众三万渡江逆之。至牛渚，沈莹曰：‘晋治水军于蜀久矣，今倾国大举，万里齐力，必悉益州之众浮江而下。我上流诸军无有戒备，名将皆死，幼少当任，恐边江诸城，尽莫能御也。晋之水军，必至于此矣！宜畜众力，待来一战。若胜之日，江西自清，上方虽坏，可还取之。今渡江逆战，胜不可保，若或摧丧，则大事去矣。’悌曰：‘吴之将亡，贤愚所知，非今日也。吾恐蜀兵来至此，众心必骇惧，不可复整。今宜渡江，可用决战力争。若其败丧，则同死社稷，无所复恨；若其克胜，则北敌奔走，兵势万倍，便当乘威南上，逆之中道，不忧不破也。若如子计，恐行散尽，相与坐待敌到，君臣俱降，无复一人死难者，不亦辱乎！’遂渡江战，吴军大败。诸葛靓与五六百人退走，使过迎悌，悌不肯去。靓自往牵之，谓曰：‘且夫天下存亡有大数，岂卿一人所知，如何故自取死为？’悌垂涕曰：‘仲思，今日是我死日也。且我作儿童时，便为卿家丞相所拔，常恐不得其死，负名贤知顾。今以身徇社稷，复何遁邪？莫牵曳之如是。’靓流涕放之，去百余步，已见为晋军所杀。”《吴录》曰：“悌少知名，及处大任，希合时趣，将护左右，清论讥之。”《搜神记》曰：“临海松阳人柳荣从悌至杨府。荣病死船中二日，时军已上岸，无有埋之者，忽然大呼，言‘人缚军师！人缚军师！’声激扬，遂活。人问之，荣曰：‘上天北斗门下卒见人缚张悌，意中大愕，不觉大呼，言“何以缚张军师”。’门下人怒荣，叱逐使去。荣便去，怖惧，口余声发扬耳。其日，悌战死。荣至晋元帝时犹在。” [2] 干宝《晋纪》曰：“皓殿中亲近数百人叩头请皓曰：‘北军日近，而兵不举刃，陛下将如之何！’皓曰：‘何故？’对曰：‘坐岑昏。’皓独言：‘若尔，当以奴谢百姓。’众因曰：‘唯！’遂并起收昏。皓骆驿追止，已屠之也。”

皓用光禄勋薛莹、中书令胡冲等计，分遣使奉书于濬、伷、浑，曰："昔汉室失统，九州分裂，先人因时，略有江南，遂分阻山川，与魏乖隔。今大晋龙兴，德覆四海，暗劣偷安，未喻天命。至于今者，猥烦1六军，衡盖2路次，远临江渚，举国震惶，假息3漏刻4。敢缘天朝含弘光大，谨遣私署5太常张夔等奉所佩印绶，委质请命，惟垂信纳，以济元元6[1]。"

孙皓采用光禄勋薛莹、中书令胡冲等人的计策，分别派遣使节向王濬、司马伷、王浑送信，说："当年汉朝皇室衰落，天下四分五裂，我的祖先顺应时势，占据了江南，因此凭借山川险要的阻隔与魏国对抗。如今大晋皇帝龙兴登基，圣德远达四海，我这愚昧卑劣的人苟且偷安，根本没有意识到大晋的天命已经到来。以至于今天劳烦大晋的六军舟车劳顿，远道前来，隔江遥望，使我全国上下无不震惊惶恐，而我方现在不过是苟延残喘而已。斗胆请求天朝宽宏大量，我谨派遣私下任命的太常张夔等人奉上我所佩戴的印绶，向皇帝献上，请信任并接受我为人质，以保全江东百姓。"

今注 1 猥烦：敬辞，犹言劳烦、劳驾。 2 衡盖：即车辕前端的横木和车上的伞盖，借指车。 3 假(jiǎ)息：原指暂时休息，这里引申为苟延残喘。 4 漏刻：原指古代计时器漏壶，这里引申为片刻。 5 私署：私自任命。孙皓向晋朝投降称臣，所以将吴国的官员称为"私署"，即不合法的官员。 6 元元：指百姓。

裴注 [1]《江表传》载皓将败，与舅何植书曰："昔大皇帝以神武之略，奋三千之卒，割据江南，席卷交、广，开拓洪基，欲祚之万世。至孤末德，嗣守成绪，不能怀集黎元，多为咎阙，以违天度。暗昧之变，反谓之祥，致使南蛮逆乱，征讨未克。闻晋大众，远来临江，庶竭劳瘁，众皆摧退，而张悌不反，丧军过半。孤甚愧怅，于今无聊。得陶濬表云，武昌以西，并复不守。不守者，非粮不足，非城不固，兵将背战耳。兵之背战，岂怨兵邪？孤之罪也。天文县变于上，士民愤叹于下，观此事势，危如累卵，吴祚终讫，何其局哉！天匪亡吴，孤所招也。瞑目黄壤，当复何颜见四帝乎！公其勖勉奇谟，飞笔以闻。"皓又遗群臣书曰："孤以不德，忝继先轨。处位历年，政教凶悖，遂令百姓久困涂炭，至使一朝归命有道，社稷倾覆，宗庙无主，惭愧山积，没有余罪。自惟空薄，过偷尊号，才琐质秽，任重王公，故《周易》有折鼎之诫，诗人有彼其之讥。自居宫室，仍抱笃疾，计有不足，思虑失中，多所荒替，边侧小人，因生酷虐，虐毒横流，忠顺被害。暗昧不觉，寻其壅蔽，孤负诸君，事已难图，覆水不可收也。今大晋平治四海，劳心务于擢贤，诚是英俊展节之秋也。管仲极仇，桓公用之，良、平去楚，入为汉臣，舍乱就理，非不忠也。莫以移朝改朔，用损厥志。嘉勖休尚，爱敬动静。夫复何言，投笔而已！"

壬申，王濬最先到，于是受皓之降，解缚焚榇[1]，延请相见[1]。伷以皓致印绶于己，遣使送皓。皓举家西迁，以太康元年五月丁亥集于京邑。四月甲申，诏曰："孙皓穷迫归降，前诏待之以不死，今皓垂至，意犹愍之，其赐号为归命侯，进给衣服车乘，田三十顷，岁给谷五千斛，

壬申日这一天，王濬的部队最先抵达，于是代表晋朝接受了孙皓的献降，并解去他身上绑缚的绳子，焚烧了他带来的棺材，将他邀请到帐中相见。司马伷因为孙皓将印绶交给了自己，于是派人遣送孙皓。孙皓举家西迁，在晋太康元年(280)五月丁亥这一天抵达京城。四月甲申日，晋武帝下诏说："孙皓走投无路前来投降，前一道诏书中已应允免除他的死罪，如今孙皓垂手来降，我仍然对他感到十分怜悯，因此赐予他归命侯的封号，再赐给衣服车辆，三十顷田地，每

钱五十万，绢五百匹，绵五百斤。”晧太子瑾拜中郎[2]，诸子为王者，拜郎中。五年，晧死于洛阳[3]。

年给予五千斛粮食、五十万钱、五百匹绢、五百斤绵。”又任命孙晧的太子孙瑾为中郎，其他封为王的儿子，都任命为郎中。太康五年(284)，孙晧在洛阳去世。

今注 **1** 榇(chèn)：棺材。焚榇，为古代受降仪式，投降的一方携带空棺材出降，表示犯下死罪；受降的一方将棺材焚烧掉，表示宽恕。

裴注 ［**1**］《晋阳秋》曰：“濬收其图籍，领州四，郡四十三，县三百一十三，户五十二万三千，吏三万二千，兵二十三万，男女口二百三十万，米谷二百八十万斛，舟船五千余艘，后宫五千余人。” ［**2**］《搜神记》曰：“吴以草创之国，信不坚固，边屯守将，皆质其妻子，名曰保质。童子少年，以类相与嬉游者，日有十数。永安二年三月，有一异儿，长四尺余，年可六七岁，衣青衣，来从群儿戏，诸儿莫之识也。皆问曰：‘尔谁家小儿，今日忽来？’答曰：‘见尔群戏乐，故来耳。’详而视之，眼有光芒，爚爚外射。诸儿畏之，重问其故。儿乃答曰：‘尔恶我乎？我非人也，乃荧惑星也。将有以告尔：三公锄，司马如。’诸儿大惊，或走告大人，大人驰往观之，儿曰：‘舍尔去乎！’竦身而跃，即以化矣。仰而视之，若引一匹练以登天。大人来者，犹及见焉，飘飘渐高，有顷而没。时吴政峻急，莫敢宣也。后五年而蜀亡，六年而晋兴，至是而吴灭，司马如矣。”干宝《晋纪》曰：“王濬治船于蜀，吴彦取其流柿以呈孙晧，曰：‘晋必有攻吴之计，宜增建平兵。建平不下，终不敢渡江。’晧弗从。陆抗之克步阐，晧意张大，乃使尚广筮并天下，遇《同人》之《颐》，对曰：‘吉。庚子岁，青盖当入洛阳。’故晧不修其政，而恒有窥上国之志。是岁也实在庚子。” ［**3**］《吴录》曰：“晧以四年十二月死，时年四十二，葬河南县界。”

评曰：孙亮童孺而无贤辅，其替位[1]不终，必然之势也。休以旧爱宿恩，任用兴、布，不能拔进良才，改弦易张，虽志善好学，何益救乱乎？又使既废之亮不得其死，友于之义薄矣。皓之淫刑所滥，陨毙流黜者，盖不可胜数，是以群下人人惴恐，皆日日以冀，朝不谋夕。其荧惑巫祝，交致祥瑞，以为至急。昔舜、禹躬稼[2]，至圣之德，犹或矢誓众臣，予违女弼[3]，或拜昌言[4]，常若不及。况皓凶顽，肆行残暴，忠谏者诛，谗谀者进，虐用其民，穷淫极侈，宜腰首分离，以谢百姓。既蒙不死之诏，复加归命之宠，岂非旷荡之恩，过厚之泽也哉[1]！

评论说：孙亮年少即位，又没有贤良的大臣辅佐，最终皇位难保，其实是势所必然。孙休眼里只有他所宠遇的恩幸，任用诸如濮阳兴、张布这样的人，不能改变自己的施政方略，选拔真正贤良的人才，就算他本心善良、勤奋好学，对于拯救乱世而言，又有什么益处呢？而且又使已经被废黜的孙亮最后不得善终，可见他们兄弟之间的友爱极其淡薄了。孙皓滥用刑罚，在他手下被处死、流放或废黜的人实在是数不胜数，所以群臣人人惶恐不安，每天得过且过，朝不保夕。而那些迷惑人心的巫师，争相向孙皓献上祥瑞，他却把这当作头等大事来看待。当年虞舜、夏禹亲自下地耕种，拥有至高无上的德行，也还要与群臣订立誓约，一旦出现过失，臣下一定要予以纠正，他们还总是迫不及待地希望得到正直的进言。像孙皓这样凶残顽劣的君主，肆意施行残暴之举，诛戮忠贤直谏的良臣，却进用阿谀谄媚的小人，虐待百姓，极其奢侈放纵，就应该将他腰斩，才能向百姓谢罪。而他却蒙受免去死罪的诏书，又给予归命侯的宠遇，这难道不是大晋皇恩浩荡、德泽隆厚的结果吗？

今注　1 替位:指皇位的传承。　2 躬稼:指亲自从事农业劳动。传说舜和禹即位后都曾亲自参与劳作,因而古代皇帝都有举行亲耕仪式的传统,表示重视农业生产。　3 予违女弼:天子勉励大臣劝谏之言,出自《尚书·益稷》:“予违,汝弼,汝无面从,退有后言。”女,通“汝”。　4 昌言:指正直的言论。出自《尚书·大禹谟》:“禹拜昌言曰:‘俞!’班师振旅。”

裴注　[1] 孙盛曰:“夫古之立君,所以司牧群黎,故必仰协乾坤,覆焘万物。若乃淫虐是纵,酷彼群生,则天人殛之,剿绝其祚,夺其南面之尊,加其独夫之戮。是故汤、武抗钺,不犯不顺之讥;汉高奋剑,而无失节之议。何者?诚四海之酷仇而人神之所摈故也。况皓罪为逋寇,虐过辛、癸,枭首素旗,犹不足以谢冤魂,洿室荐社,未足以纪暴迹,而乃优以显命,宠锡仍加,岂龚行天罚,伐罪吊民之义乎?是以知僭逆之不惩,而凶酷之莫戒。《诗》云:‘取彼谮人,投畀豺虎。’聊谮犹然,矧僭虐乎?且神旗电扫,兵临伪窟,理穷势迫,然后请命,不赦之罪既彰,三驱之义又塞,极之权道,亦无取焉。”陆机著《辨亡论》,言吴之所以亡,其上篇曰:“昔汉氏失御,奸臣窃命,祸基京畿,毒遍宇内,皇纲弛紊,王室遂卑。于是群雄蜂骇,义兵四合。吴武烈皇帝慷慨下国,电发荆南,权略纷纭,忠勇伯世。威棱则夷羿震荡,兵交则丑虏授馘,遂扫清宗祊,蒸禋皇祖。于时云兴之将带州,飙起之师跨邑,哮阚之群风驱,熊罴之族雾集。虽兵以义合,同盟戮力,然皆包藏祸心,阻兵怙乱,或师无谋律,丧威稔寇,忠规武节,未有若此其著者也。武烈既没,长沙桓王逸才命世,弱冠秀发,招擥遗老,与之述业。神兵东驱,奋寡犯众,攻无坚城之将,战无交锋之虏。诛叛柔服而江外底定,饬法修师而威德翕赫,宾礼名贤而张昭为之雄,交御豪俊而周瑜为之杰。彼二君子,皆弘敏而多奇,雅达而聪哲,故同方者以类附,等契者以气集,而江东盖多士矣。将北伐诸华,诛锄干纪,旋皇舆于夷庚,反帝座于紫闼,挟天子以令诸侯,清天步而归旧物。戎车既次,群凶侧目,大业未就,中世而陨。用集我大皇帝,以奇踪袭于逸轨,叡心发乎令图,从政咨于故实，播宪稽乎遗风，而加之以笃固，申之以节俭，畴咨俊茂，好谋善断，束帛旅于丘园，旌命交于涂巷。故豪彦寻声而响臻，志士希光而影骛，异人辐辏，猛士如林。于是张昭为师傅，周瑜、陆公、鲁肃、吕蒙之畴入为腹心，出作股肱；甘宁、凌统、程普、贺齐、朱桓、朱然之徒奋其威，韩当、潘璋、黄盖、蒋钦、周泰之属宣其力；风雅则诸葛瑾、张承、步骘以声名光国，政事则顾雍、潘濬、吕范、吕岱以器任干职，奇伟则虞翻、陆绩、张温、张惇以讽议举正，奉使则赵咨、沈珩以敏达延誉，术数则吴范、赵达以禨祥协德，董袭、陈武杀身以卫主，骆统、刘基强谏以补过。谋无遗算，举不失策。故遂割据山川，跨制荆、吴，而与天下争衡矣。魏氏尝借战胜之威，率百万之师，浮邓塞之舟，下汉阴之众，羽楫万计，龙跃顺流，锐骑千旅，虎步原隰，谋臣盈室，武将连衡，喟然有吞江浒之志，一宇宙之气。而周瑜驱我偏师，黜之赤壁，丧旗乱辙，仅而获免，收迹远遁。汉王亦冯帝王之号，率巴、汉之民，乘危骋变，结垒千里，志报关羽之败，图收湘西之地。而我陆公亦挫之西陵，覆师败绩，困而后济，绝命永安。续以濡须之寇，临川摧锐，蓬笼之战，孑轮不返。由是二邦之将，丧气摧锋，势衄财匮，而吴藐然坐乘其弊，故魏人请好，汉氏乞盟，遂跻天号，鼎峙而立。西屠庸蜀之郊，北裂淮汉之涘，东苞百越之地，南括群蛮之表。于是讲八代之礼，搜三王之乐，告类上帝，拱揖群后。虎臣毅卒，循江而守，长戟劲铩，望飙而奋。庶尹尽规于上，四民展业于下，化协殊裔，风衍遐圻。乃俾一介行人，抚巡外域，巨象逸骏，扰于外闲，明珠玮宝，辉于内府，珍瑰重迹而至，奇玩应响而赴，辎轩骋于南荒，冲輣息于朔野，齐民免干戈之患，戎马无晨服之虞，而帝业固矣。大皇既殁，幼主莅朝，奸回肆虐。景皇聿兴，虔修遗宪，政无大阙，守文之良主也。降及归命之初，典刑未灭，故老犹存。大司马陆公以文武熙朝，左丞相陆凯以謇谔尽规，而施绩、范慎以威重显，丁奉、钟离斐以武毅称，孟宗、丁固之徒为公卿，楼玄、贺劭之属掌机事，元首虽病，股肱犹良。爰及末叶，群公既丧，然后黔首有瓦解之志，皇家有土崩之衅，历命应化而微，王师蹑运而发，卒散于阵，民奔于邑，城池无藩篱之固，山川无沟阜之势，非有工输云梯之械，智伯灌激之害，楚子筑室之围，燕人济西之队，军未浃辰而社稷夷矣。虽忠臣孤愤，烈士死节，将奚救哉？夫曹、刘之将非一世之选，向时之师无曩日之众，战守之道抑有前符，险阻之利俄然未改，而成败贸理，古今诡趣，何哉？彼此之化殊，授任之才异也。”其下篇曰：“昔三方之王也，魏人据中夏，汉氏有岷、益，吴制荆、扬而奄交、广。曹氏虽功济诸华，虐亦深矣，其民怨矣。刘翁因险饰智，功已薄矣，其俗陋矣。吴桓王基之以武，太祖成之以德，聪明睿达，懿度深远矣。其求贤如不及，恤民如稚子，接士尽盛德之容，亲仁罄丹府之爱。拔吕蒙于戎行，识潘濬于系虏。推诚信士，不恤人之我欺；量能授器，不患权之我逼。执鞭鞠躬，以重陆公之威；悉委武卫，以济周瑜之师。卑宫菲食，以丰功臣之赏，披怀虚己，以纳谟士之算。故鲁肃一面而自托，士燮蒙险而效命。高张公之德而省游田之娱，贤诸葛之言而割情欲之欢，感陆公之规而除刑政之烦，奇刘基之议而作三爵之誓，屏气跼蹐以伺子明之疾，分滋损甘以育凌统之孤，登坛慷慨归鲁肃之功，削投恶言信子瑜之节。是以忠臣竞尽其谋，志士咸得肆力，洪规远略，固不厌夫区区者也。故百官苟合，庶务未遑。初都建业，群臣请备礼秩，天子辞而不许，曰：‘天下其谓朕何！’宫室舆服，盖慊如也。爰及中叶，天人之分既定，百度之缺粗修，虽醲化懿纲，未齿乎上代，抑其体国经民之具，亦足以为政矣。地方几万里，带甲将百万，其野沃，其民练，其财丰，其器利，东负沧海，西阻险塞，长江制其区宇，峻山带其封域，国家之利，未见有弘于兹者矣。借使中才守之以道，善人御之有术，敦率遗宪，勤民谨政，循定策，守常险，则可以长世永年，未有危亡之患。或曰，吴、蜀唇齿之国，蜀灭则吴亡，理则然矣。夫蜀盖藩援之与国，而非吴人之存亡也。何则？其郊境之接，重山积险，陆无长毂之径；川阨流迅，水有惊波之艰。虽有锐师百万，启行不过千夫；舳舻千里，前驱不过百舰。故刘氏之伐，陆公喻之长蛇，其势然也。昔蜀之初亡，朝臣异谋，或欲积石以险其流，或欲机械以御其变。天子总群议而谘之大司马陆公，陆公以四渎天地之所以节宣其气，固无可遏之理，而机械则彼我之所共，彼若弃长伎以就所屈，即荆、扬而争舟楫之用，是天赞我也，将谨守峡口以待禽耳。逮步阐之乱，凭保城以延强寇，重资币以诱群蛮。于时大邦之众，云翔电发，悬旌江介，筑垒遵渚，襟带要害，以止吴人之西，而巴汉舟师，沿江东下。陆公以偏师三万，北据东坑，深沟高垒，案甲养威。反虏踠迹待戮，而不敢北窥生路，强寇败绩宵遁，丧师大半，分命锐师五千，西御水军，东西同捷，献俘万计。信哉！贤人之谋，岂欺我哉！自是烽燧罕警，封域寡虞。陆公没而潜谋兆，吴衅深而六师骇。夫太康之役，众未盛乎曩日之师，广州之乱，祸有愈乎向时之难，而邦家颠覆，宗庙为墟。呜呼！‘人之云亡，邦国殄瘁’，不其然与！《易》曰‘汤武革命顺乎天’，《玄》曰‘乱不极则治不形’，言帝王之因天时也。古人有言，曰‘天时不如地利’，《易》曰‘王侯设险以守其国’，言为国之恃险也。又曰‘地利不如人和’‘在德不在险’，言守险之由人也。吴之兴也，参而由焉，孙卿所谓合其参者也。及其亡也，恃险而已，又孙卿所谓舍其参者也。夫四州之氓非无众也，大江之南非乏俊也，山川之险易守也，劲利之器易用也，先政之业易循也，功不兴而祸遘者，何哉？所以用之者失也。故先王达经国之长规，审存亡之至数，恭己以安百姓，敦惠以致人和，宽冲以诱俊乂之谋，慈和以结士民之爱。是以其安也，则黎元与之同庆；及其危也，则兆庶与之共患。安与众同庆，则其危不可得也；危与下共患，则其难不足恤也。夫然，故能保其社稷而固其土宇，《麦秀》无悲殷之思，《黍离》无愍周之感矣。”

卷四十九 吴书四

刘繇太史慈士燮传

导读 本篇是刘繇、太史慈、士燮三人的合传。刘繇出身于东汉宗室，年少知名，后被东汉朝廷任命为扬州刺史，先后与袁术、孙策对抗；太史慈是东汉末年名将，原为刘繇的部下，后归降孙策，成为吴国主力大将；士燮割据交阯，其家族统治交州长达数十年，在当地有雄厚的实力，后来步骘接管交州，士燮积极配合，因而受到孙权的优待。这三人的出身、经历、结局不尽相同，彼此之间也并没有太多的联系，但由于他们三人都曾作为地方割据势力与孙氏对抗，可以看作是孙吴政权建国之路上的阻碍，因此《三国志》将他们三人的传记编为一卷。

刘繇

原文

刘繇，字正礼，东莱牟平1人也。齐孝王少子封牟平侯2，子孙家3焉。繇伯父宠4，为汉太尉5[1]。繇兄岱，字公山，历位侍中、兖州刺史[2]。

译文

刘繇，字正礼，是东莱郡牟平县人。西汉齐孝王的幼子被封为牟平侯，他的子孙后代便在当地安家。刘繇的伯父刘宠，曾做过汉朝的太尉。刘繇的兄长刘岱，字公山，先后担任过侍中、兖州刺史。

今注 **1** 东莱：汉代郡名，属青州，治掖县（今山东莱州）。牟(mù)平：汉代县名，治今山东烟台牟平区西。 2 牟平侯：指西汉牟平侯刘渫。刘渫之父为汉齐孝王刘将闾。汉元朔四年（前125）四月，刘渫被汉武帝封为牟平侯，在位五年后去世。 3 家：这里指以之为家。 4 伯父宠：刘宠，字祖荣，东汉后期大臣，曾出任东平陵县令、豫章太守、会稽太守。为官清廉，政绩卓著，深受百姓爱戴。从会稽郡离任时，百姓携带钱财来为他送行，但刘宠坚持不受，只取其中一文钱，因而被后人誉为“一钱太守”。刘宠后来官至司空、司徒、太尉等。 5 太尉：官名，金印紫绶，秩万石，秦至西汉时为全国最高军事长官，与丞相、御史大夫并称“三公”。东汉时期职权逐渐被削弱。

裴注 ［1］《续汉书》曰：“繇祖父本，师受经传，博学群书，号为通儒。举贤良方正。为般长，卒官。宠字祖荣，受父业，以经明行修举孝廉，光禄察四行，除东平陵令。视事数年，以母病弃官，百姓士民攀舆拒轮，充塞道路，车不得前，乃止亭，轻服潜遁，归修供养。后辟大将军府，稍迁会稽太守，正身率下，郡中大治。征入为将作大匠。山阴县民去治数十里，有若邪中在山谷间，五六老翁年皆七八十，闻宠迁，相率共送宠，人赍百钱。宠见，劳来曰：‘父老何乃自苦远来！’皆对曰：‘山谷鄙老，生未尝至郡县。他时，吏发求不去，民间或夜不绝，狗吠竟夕，民不得安。自明府下车以来，狗不夜吠，吏稀至民间，年老遭值圣化，今闻当见弃去，故戮力来送。’宠谢之，为选受一大钱，故会稽号宠为取一钱太守。其清如是。宠前后历二郡，八居九列，四登三事。家不藏贿，无重宝器，恒菲饮食，薄衣服，弊车羸马，号为窭陋。三去相位，辄归本土。往来京师，常下道脱骖过，人莫知焉。宠尝欲止亭，亭吏止之曰：‘整顿传舍，以待刘公，不可得止。’宠因过去。其廉俭皆此类也。以老病卒于家。” ［2］《续汉书》曰：“繇父舆，一名方，山阳太守。岱、繇皆有隽才。”《英雄记》称岱孝悌仁恕，以虚己受人。

繇年十九，从父韪为贼所劫质，繇篡取以归，由是显名。举孝廉，为郎中[1]，除下邑长。时郡守以贵戚托之，遂弃官去。州辟部济南[2]，济南相中常侍[3]子，贪秽不循，繇奏免之。平原[4]陶丘洪[5]荐繇，欲令举茂才。刺史曰："前年举公山，奈何复举正礼乎？"洪曰："若明使君用公山于前，擢正礼于后，所谓御二龙于长涂，骋骐骥于千里，不亦可乎？"

刘繇十九岁的时候，他的叔父刘韪被盗贼劫持为人质，刘繇将叔父救了出来，于是名声开始显扬。他被举荐为孝廉，担任郎中，后又被任命为下邑县长。当时郡太守因刘繇的家族显贵而想要巴结他，刘繇便弃官而去。州里又征辟他到济南国去做官，时任济南国相是中常侍的养子，在任上贪赃枉法，于是刘繇上奏朝廷免除了他的职务。平原国的陶丘洪向刺史推荐刘繇，希望州里能举荐他为茂才。刺史说："去年才举荐了他的兄长刘公山，现在怎么能又举荐刘正礼呢？"陶丘洪说："假如明使君您先任用了刘公山，再拔擢了刘正礼，正所谓驾驭两匹龙马，在千里长途上驰骋纵横，难道不可以吗？"

今注　1 郎中：汉代尚书台各曹的属官，协助诸曹尚书处理政务。　2 济南：汉郡、国名，汉文帝时设置，治东平陵县（在今山东济南章丘区西）。3 中常侍：汉官名，最早出现于秦，多为皇帝宠臣的加官。到东汉时，中常侍逐渐掌握实权，多由宦官出任，甚至可以权倾人主。此处所谓"中常侍子"，一般是指宦官的养子或义子。　4 平原：汉郡、国名，汉高祖时设置，在济南西北，与之接壤，治平原县（今山东平原县西南）。　5 陶丘洪：生卒年不详，东汉末年名士。陶丘为复姓。

会辟司空掾，除侍御史[1]，不就。避乱

正好这时司空征辟刘繇为掾属，并任命他做侍御史，但他没有去任职。随后，刘

淮浦,诏书以为扬州刺史。时袁术在淮南,繇畏惮,不敢之州。欲南渡江,吴景、孙贲迎置曲阿。术图为僭逆,攻没诸郡县。繇遣樊能、张英屯江边以拒之,以景、贲术所授用,乃迫逐使去。于是术乃自置扬州刺史,与景、贲并力攻英、能等,岁余不下。汉命加繇为牧、振武将军,众数万人。孙策东渡,破英、能等。繇奔丹徒[1],遂溯江南保豫章,驻彭泽。笮融先至[2],杀太守朱晧[3],入居郡中。繇进讨融,为融所破,更复招合属县,攻破融。融败走入山,为民所杀。繇寻病卒,时年四十二。

繇到淮浦去躲避战乱,朝廷下诏任命他做扬州刺史。当时袁术割据淮南,刘繇心里害怕,不敢前往扬州就任。于是他准备渡江南下,吴景、孙贲等人将他迎接到曲阿安顿下来。袁术当时图谋称帝,已经攻克了周围许多郡县。刘繇派遣樊能、张英前往江边驻扎以抵御袁术,又考虑到吴景、孙贲是袁术所任用的人,便将他们赶走了。于是袁术自己任命了扬州刺史,和吴景、孙贲一同攻打张英、樊能等人,打了一年多还是打不下来。东汉朝廷下令升刘繇为扬州牧、振武将军,这时刘繇的部队已多达数万人。后来孙策率兵东渡,击破张英、樊能等人。刘繇被迫逃往丹徒,然后逆江而上往南退保豫章,部队驻扎在彭泽。不料笮融比他先到一步,杀死了豫章太守朱晧,占据了豫章郡。刘繇于是前往征讨笮融,结果被笮融打败,然后他又回来招募所属各县的兵卒,将笮融击败。笮融兵败逃进山中,被当地山民杀死。不久后,刘繇也因病去世,时年四十二岁。

今注 **1** 侍御史:秦汉官名,为御史大夫属官,由御史中丞统领,负责接收公卿的奏事及监察文武百官,或供临时差遣,出监郡国。三国沿置。东汉为御史台属官,职权颇重。

裴注　[1] 袁宏《汉纪》曰:"刘繇将奔会稽,许子将曰:'会稽富实,策之所贪,且穷在海隅,不可往也。不如豫章,北连豫壤,西接荆州。若收合吏民,遣使贡献,与曹兖州相闻,虽有袁公路隔在其间,其人豺狼,不能久也。足下受王命,孟德、景升必相救济。'繇从之。"　[2] 笮,音壮力反。　[3]《献帝春秋》曰:"是岁,繇屯彭泽,又使融助晧讨刘表所用太守诸葛玄。许子将谓繇曰:'笮融出军,不顾名义者也。朱文明善推诚以信人,宜使密防之。'融到,果诈杀晧,代领郡事。"

笮融者,丹阳人。初聚众数百,往依徐州牧陶谦。谦使督广陵、彭城运漕[1],遂放纵擅杀,坐断三郡委输[2]以自入。乃大起浮图祠[3],以铜为人,黄金涂身,衣以锦采[4],垂铜槃九重,下为重楼阁道,可容三千余人,悉课读佛经。令界内及旁郡人有好佛者听受道,复其他役[5]以招致之,由此远近前后至者五千余人户。每浴佛[6],多设酒饭,布席于路,经数十里,民人来观及就食且万人,费以巨亿计。曹公攻陶谦,徐土骚动,

这个笮融,是丹阳人。他起初聚集了数百人,前去投靠徐州牧陶谦。陶谦派他去监督广陵、彭城等地方的漕运,结果笮融肆意滥杀无辜,坐地截取三个郡所转运的钱粮,装进了自己的口袋。笮融又大规模建造佛寺,用铜铸造佛像,佛像全身鎏金,穿着用彩色的织锦制成的衣服,并悬挂九层铜盘,其下又建起重叠的阁楼与通道,可以容纳三千多人一同在这里诵读佛经。笮融命令郡界之内以及邻郡那些喜好佛法的人过来听经学道,并以免除杂役的优待来招揽他们,因此远近各地前前后后来的总共有五千多民户。每到浴佛节,笮融便在道路边设下筵席,备足了酒饭,连绵数十里,前来观摩和就餐的民众将近万人,而耗费的钱财则上亿。后来,曹操攻打陶谦,徐州一带民众骚动,笮融带领男女百姓数万

融将男女万口、马三千匹走广陵，广陵太守赵昱待以宾礼。先是，彭城相薛礼为陶谦所逼，屯秣陵。融利广陵之众，因酒酣杀昱，放兵大略[7]，因载而去。过杀礼，然后杀晧。

人、马三千匹逃往广陵，广陵太守赵昱以宾礼来接待他。此前，彭城国相薛礼受到陶谦的逼迫，驻屯在秣陵。笮融想要将广陵的兵众和钱财据为己有，于是趁着酒酣耳热之际杀死了赵昱，放纵手下的士兵大肆抢掠，因而满载而去。在离开的途中，他先杀死了薛礼，然后又杀死了豫章太守朱晧。

今注 1 运漕：指通过水路运输粮草。 2 委输：指转运。 3 浮图祠：又称浮屠祠或浮屠仁祠，指祭祀佛陀的祠堂，是中国早期佛寺的一种形式。 4 锦采：亦作“锦彩”，指华丽的丝织品。 5 复其他役：指免除各种杂役。 6 浴佛：即浴佛节，又称佛诞节，为每年四月初八日，是佛祖释迦牟尼的诞辰。传说释迦牟尼诞生时，大地震动，九龙吐水为之沐浴，故名。 7 略：侵夺，抢掠。

后策西伐江夏，还过豫章，收载繇丧，善遇[1]其家。王朗遗策书曰：“刘正礼昔初临州，未能自达，实赖尊门为之先后，用能济江成治，有所处定。践境之礼，感分结意，情在终始。后以袁氏之嫌，稍更乖刺[2]，更以同

后来孙策西行征伐江夏，返回时路过豫章郡，收殓了刘繇的尸骨，并优待了他的家人。王朗写信给孙策说：“刘正礼当初要到扬州去，未能顺利到达，全仰仗您一家的支持帮助，他才能够渡过长江抵达任所，在这边安顿下来。刘繇到来之后，您与他始终以礼相待，他对您的感激之情，始终没有改变。只是后来由于对袁术的怨恨，你们的关系才变得不和谐，以至于双方由同盟演变为仇敌，推究刘繇的

盟，还为仇敌，原其本心，实非所乐。康宁之后，常愿渝平[3]更成，复践宿好。一尔[4]分离，款意[5]不昭，奄然殂陨，可为伤恨。知敦以厉薄，德以报怨，收骨育孤，哀亡愍存，捐既往之猜，保六尺之托，诚深恩重分，美名厚实也。昔鲁人虽有齐怨，不废丧纪[6]，《春秋》善之，谓之得礼，诚良史之所宜藉[7]，乡校[8]之所叹闻。正礼元子[9]，致有志操，想必有以殊异。威盛刑行，施之以恩，不亦优哉！”

本心，他其实并不乐意这么做。情势安定下来之后，刘繇常常希望与您抛弃前嫌，重修旧好。一旦分离，诚挚的情意没法表达，现在他却忽然去世，实在令人遗憾伤心。我知道您能够以敦厚来劝勉浇薄，以德行来报答怨恨，所以收殓刘繇的尸骨，抚育他的遗孤，哀悼死者而怜悯生者，舍弃过往的猜嫌，保全他未成年的孤儿，此情此意可谓至为深重，真可以说是名实兼美。当年鲁国人与齐国人有些恩怨，但齐孝公去世的时候，鲁国人还是按照礼仪前去吊唁，《春秋》就对此予以好评，认为鲁国人是‘得礼’的，这确实是良史所应当大书特书，而乡校应当称颂传闻的事情。刘正礼的长子，很有志气节操，想必将来一定会出人头地。您手握生杀大权，倘若能在此时对他开恩，岂不是再好不过的事吗？”

今注 1 善遇：指善待。 2 乖剌(là)：违忤，不和谐。 3 渝平：指舍弃旧怨，重归于好。渝，通“输”。 4 一尔：即一旦。 5 款意：即诚意。 6 虽有齐怨，不废丧纪：此事见于《左传·僖公二十八年》：“齐孝公卒。有齐怨，不废丧纪，礼也。”当时齐鲁两国交战，前一年齐国两度对鲁国出兵。齐孝公去世后，鲁国依然按照礼仪派使节前往吊唁。齐孝公，姜姓，吕氏，名昭，为齐桓公之子。公元前642年至公元前633年在位。 7 藉：通“籍”，记载，记录。 8 乡校：指设在乡党的学校。 9 元子：指长子。

繇长子基，字敬舆。年十四，居繇丧尽礼，故吏馈饷[1]，皆无所受[1]。姿容美好，孙权爱敬之。权为骠骑将军[2]，辟东曹掾，拜辅义校尉、建忠中郎将。权为吴王，迁基大农[3]。权尝宴饮，骑都尉虞翻醉酒犯忤，权欲杀之，威怒甚盛，由基谏争，翻以得免。权大暑时，尝于船中宴饮，于船楼上值雷雨，权以盖自覆，又命覆基，余人不得也。其见待如此。徙郎中令。权称尊号，改为光禄勋，分平尚书事。年四十九卒。后权为子霸纳基女，赐第[4]一区，四时宠赐，与全、张比。基二弟，铄、尚，皆骑都尉。

刘繇的长子刘基，字敬舆。他十四岁的时候，就能完全按照礼节为刘繇服丧，刘繇过去的下属送来的馈赠财物，他一律不予接受。刘基相貌俊美，很受孙权喜爱和敬重。孙权做骠骑将军时，征辟他为东曹掾，并授以辅义校尉、建忠中郎将。孙权做吴王之后，又将刘基转任大农令。孙权曾在一次酒宴中，因骑都尉虞翻喝醉酒忤逆了自己，就大发雷霆想要杀掉他，全因刘基极力劝谏争取，虞翻才免于一死。孙权曾在酷暑之时，在船中举行酒宴，众人在船楼上酒酣之际忽然遭遇雷雨，孙权把绸伞拉过来遮住自己，又让人替刘基挡雨，其他人就没有这样的待遇了。可以看出，刘基是如此受到孙权的优待。后来刘基迁任郎中令。孙权称帝后，郎中令改称光禄勋，他又受命分掌尚书事务。刘基去世的时候四十九岁。后来孙权为其子孙霸纳娶刘基的女儿，赐给她宅第一所，一年四季都给予赏赐，待遇可以与全氏、张氏相比。刘基的两个弟弟刘铄、刘尚，都被任命为骑都尉。

今注　1 馈饷：即馈赠财物。　2 骠(piào)骑(qí)将军：两汉三国时期武官名，金印紫绶，位在三司，品秩与大将军同。　3 大农：即大司农，九卿之一,掌管全国租税钱谷盐铁和国家财政开支。东汉时还管皇室财政。三国沿置。　**4** 第:指宅第。

裴注　[**1**]《吴书》曰:"基遭多难,婴丁困苦,潜处味道,不以为戚。与群弟居,常夜卧早起,妻妾希见其面。诸弟敬惮,事之犹父。不妄交游,门无杂宾。"

太史慈

原文

太史慈,字子义,东莱黄[1]人也。少好学,仕郡奏曹史。会郡与州有隙,曲直未分,以先闻者为善。时州章已去,郡守恐后之,求可使者。慈年二十一,以选行。晨夜取道,到洛阳,诣公车[2]门,见州吏始欲求通。慈问曰:"君欲通章邪?"吏曰:"然。"问:"章安在?"曰:"车上。"慈曰:"章题署得无误邪?取来视之。"吏殊不知其东莱人也,因为取章。慈

译文

太史慈,字子义,东莱郡黄县人。年轻时勤奋好学,在郡里做奏曹史。当时郡太守和州刺史闹矛盾,是非曲直还没分个明白,谁先向朝廷上奏谁就更为有利。当时州里的奏章已经发出,郡太守担心自己落后,便寻求可以派出去向朝廷送奏章的人。当时太史慈二十一岁,被选中去送奏章。他昼夜兼程赶至洛阳,到达专门接待上奏文书事宜的公车门外,见到州里派去的官员正在请求递送奏章。太史慈便前去问道:"您是想递送奏章吗?"那官员说:"是的。"太史慈问:"奏章在哪里呢?"对方说:"在车上。"太史慈说:"奏章的题名署款都没写错吧?要不拿来我帮你看看。"那官员并不知道他是东莱郡派来的人,便为他取来奏章。太史慈早已在怀中准备了刀子,

已先怀刀，便截败之。吏踊跃[3]大呼，言：“人坏我章！”慈将[4]至车间，与语曰：“向使君不以章相与，吾亦无因得败之，是为吉凶祸福等耳，吾不独受此罪。岂若默然俱出去，可以存易亡，无事俱就刑辟。”吏言：“君为郡败吾章，已得如意，欲复亡为？”慈答曰：“初受郡遣，但来视章通与未耳。吾用意太过，乃相败章。今还，亦恐以此见谴怒，故俱欲去尔。”吏然慈言，即日俱去。慈既与出城，因遁还通郡章。州家闻之，更遣吏通章，有司以格[5]章之故不复见理，州受其短。由是知名，而为州家所疾。恐受其祸，乃避之辽东。

一拿到对方的奏章便将它弄坏了。那官员不禁跳起来，大喊道：“有人弄坏了我的奏章！”太史慈将他拉到车辆之间的空隙，对他说：“假设您刚才没有把奏章给我，我也无从下手将它弄坏，现在我们俩的吉凶祸福都一样，我不会独自接受罪罚的。我们为何不一起逃走，这样可以保全性命，没有必要一起回去受刑罚。”那官员说：“你为郡太守来弄坏了我的奏章，目的已经得逞了，还逃什么呢？”太史慈回答说：“我一开始受太守的差遣，只是来看看州里的奏章是否送达。但我做得太过分了，把你的奏章给弄坏了。我现在回去，也是担心太守谴责，对我加以责罚，所以想与你一起逃走算了。”那官员觉得太史慈说得对，当天便和他一起逃走。太史慈和那官员一起出城之后，又趁他不注意悄悄溜回来，把郡里的奏章向朝廷递送了上去。州里知道这件事后，另外派遣了一名官吏去递送奏章，但主管部门认为与之前郡里送来的奏章相矛盾而不予接受，州刺史在这件事上便吃了亏。太史慈因此出了名，但被州刺史所记恨。他担心遭到报复，便逃到辽东去躲避。

今注 1 黄:汉代县名,治今山东龙口。 2 公车:汉代官署名,为卫尉的下属机构,设公车令,掌管宫殿司马门的警卫,天下上书及征召等事宜,经由此处受理。 3 踊跃:指跳跃、跳起来。 4 将:带领。 5 格:指扞格,抵触,矛盾。

北海相孔融闻而奇之,数遣人讯问其母,并致饷遗[1]。时融以黄巾寇暴,出屯都昌[2],为贼管亥所围。慈从辽东还,母谓慈曰:"汝与孔北海未尝相见,至汝行后,赡恤[3]殷勤,过于故旧。今为贼所围,汝宜赴之。"

慈留三日,单步[4]径至都昌。时围尚未密,夜伺间隙,得入见融,因求兵出斫贼。融不听,欲待外救,未有至者,而围日逼。融欲告急平原相刘备,城中人无由得出,慈自请求行。融曰:"今贼围甚密,众人皆言不可,卿意虽壮,无乃实难乎?"慈对曰:"昔府君倾意于老母,老母感

北海国相孔融听说了此事,很看重太史慈,屡次派人去问候他的母亲,并且送去礼物。当时孔融因黄巾军四处劫掠,带兵驻扎在都昌,被敌人管亥所包围。这时,太史慈从辽东回来,母亲对他说:"你和孔北海素未谋面,自从你离开之后,他却常常殷勤地抚恤接济我,胜过许多故交。他如今被敌人所包围,你应当前去搭救。"

太史慈在家停留了三天,便徒步直奔都昌。当时黄巾军的包围圈还未收紧,太史慈趁着夜晚找准间隙潜入,得以与孔融相见,请求孔融派兵给他出去杀敌。孔融没有应允,想等待外援前来解救,但始终没有等到救兵,而敌人的包围日渐紧逼。孔融想向平原国相刘备求援,但城里的人都没办法突破敌人的包围出去,太史慈便主动请求前往。孔融说:"如今敌人包围得紧,大家都说没办法,您的斗志虽然高昂,但突围也未免太难了吧?"太史慈回答说:"之前您尽心尽力善待我的老母亲,

遇，遣慈赴府君之急，固以慈有可取，而来必有益也。今众人言不可，慈亦言不可，岂府君爱顾之义，老母遣慈之意邪？事已急矣，愿府君无疑。”融乃然之。

母亲感激您的恩遇，所以让我来替您解围，这是因为老母亲认为我还有一些可取之处，来了必定会有所助益。现在大家都说没办法，要是我也说没办法，岂不是将您照顾我们的情义和老母亲派我前来的用意全都弃之不顾吗？现在事情紧急，请您不要再疑虑了。”孔融这才答应了他。

今注 1 饷遗：指馈赠。 2 都昌：即汉代昌邑国的都城昌邑，治今山东巨野南。 3 赡恤：抚恤，救济。 4 单步：徒步。

于是严行蓐食[1]，须明，便带鞬[2]摄弓上马，将两骑自随，各作一的[3]持之，开门直出。外围下左右人并惊骇，兵马互出。慈引马至城下堑[4]内，植所持的各一，出射之。射之毕，径入门。明晨复如此，围下人或起或卧。慈复植的，射之毕，复入门。明晨复出如此，无复起者，于是下鞭马直突围中驰去。比贼觉知，慈行已过，又射杀数人，皆应弦

于是太史慈整好行装，匆匆吃过了早饭，等到天明，便带着弓箭上马，让两名骑兵各拿一个箭靶子跟着自己，将城门打开径直出去。城外包围的敌人见状，都感到十分惊恐，兵马纷纷上前准备迎战。但太史慈只是将马引到城下的壕沟中，分别插好两个箭靶，在壕沟里射靶。射完之后，就返回城中去了。第二天早上，太史慈还像昨日那样出城，围城的敌人有些起来准备迎战，有些还是躺着没动。太史慈又将箭靶插好，射完又重新回到城中。第三天早上，太史慈又做了同样的事情，这一次，敌人没有再起来迎战的，于是太史慈趁机快马加鞭突出包围，飞驰而去。等到敌人察觉过来，太史慈已经走远，他还射杀了

而倒，故无敢追者。

遂到平原，说备曰："慈，东莱之鄙人也，与孔北海亲非骨肉，比非乡党，特以名志相好，有分灾共患之义。今管亥暴乱，北海被围，孤穷无援，危在旦夕。以君有仁义之名，能救人之急，故北海区区，延颈恃仰，使慈冒白刃，突重围，从万死之中自托于君，惟君所以存之。"备敛容[5]答曰："孔北海知世间有刘备邪！"即遣精兵三千人随慈。贼闻兵至，解围散走。融既得济，益奇贵慈，曰："卿吾之少友[6]也。"事毕，还启其母，母曰："我喜汝有以报孔北海也。"

几名敌人，这几人都是弓弦一响便应声倒地，所以敌人都不敢追上去。

于是太史慈到了平原，对刘备说："在下太史慈，是东莱郡的一名乡下人，和孔北海既没有血缘关系，又不是乡党故旧，只是以名气和志向的缘故交好，所以有分灾祸共患难的情义。如今管亥大肆作乱，北海陷入重重包围，孤立无援，危在旦夕。因为听说您做人仁义，愿意解救他人的急难，所以北海对您极为仰慕，让在下冒着敌人的刀刃，奋力突出重围，从万死之中前来向您发出请求，希望您能够救孔北海一命。"刘备正色回答说："孔北海这样的名士竟然知道世上有我刘备这样的人啊！"当即派遣三千名精兵跟随太史慈而去。围城的敌军听说救兵到来，便撤围逃散了。孔融得救之后，对太史慈愈发敬重，说："您年纪虽轻，却真是我的挚友啊。"事后，太史慈回家向母亲禀报，母亲说："我很高兴你终于报答了孔北海的恩义。"

今注 1 严行蓐(rù)食：严行，指整理行装；蓐食，指早晨未起身，在床席上进餐。谓早餐时间很早。 2 鞬(jiān)：指马上盛弓矢的器具。 3 的(dì)：指箭靶。 4 堑(qiàn)：城外防御用的壕沟。 5 敛容：正容。显出端正的神色。 6 少友:小友。古时长者对所敬佩的年轻者的称呼。孔融年长太史慈十三岁,故有此称。

扬州刺史刘繇与慈同郡,慈自辽东还,未与相见,暂渡江到曲阿见繇,未去,会孙策至。或劝繇可以慈为大将军,繇曰:"我若用子义,许子将[1]不当笑我邪?"但使慈侦视轻重。时独与一骑,卒遇策。策从骑十三,皆韩当、宋谦、黄盖辈也。慈便前斗,正与策对。策刺慈马,而揽得慈项上手戟,慈亦得策兜鍪[2]。会两家兵骑并各来赴,于是解散。

扬州刺史刘繇和太史慈是同郡人,太史慈从辽东回来之后,还未与刘繇相见,于是他便渡江到曲阿去见刘繇,还没等到离开,孙策的大军便已抵达。有人劝说刘繇可以让太史慈做大将军来应敌,刘繇则说:"我要是用了太史慈,岂不是让许劭笑话我吗?"所以只是派太史慈前去侦查敌军虚实而已。当时太史慈只带了一名骑兵随行,不料正好遇见了孙策。孙策率领的十三人,都是像韩当、宋谦、黄盖这样的猛将。太史慈便上前挑战,与孙策交战。孙策一枪刺来正中太史慈的坐骑,又夺走了太史慈插在身后的手戟,而太史慈也得到了孙策的头盔。两人斗得不分伯仲之际,正好双方的兵马各自赶来,于是罢手散开。

今注 1 许子将:即许劭(150—195),东汉汝南平舆(今河南平舆北)人,字子将,汉末名士,在汝南主持"月旦评",每月初品评天下士人,影响十分广泛,所以刘繇特别重视许劭的评论。 2 兜鍪(móu):即头盔。

慈当与繇俱奔豫章,而遁于芜湖,亡入山

太史慈本当与刘繇一起逃往豫章,但他暗中潜逃到芜湖,藏身于山中,自称中，称丹阳太守。是时，策已平定宣城以东，惟泾以西六县未服。慈因进住[1]泾县，立屯府，大为山越[2]所附。策躬自攻讨，遂见囚执。策即解缚，捉其手曰："宁识[3]神亭时邪？若卿尔时得我云何？"慈曰："未可量也。"策大笑曰："今日之事，当与卿共之[1]。"即署门下督[4]，还吴授兵，拜折冲中郎将。后刘繇亡于豫章，士众万余人未有所附，策命慈往抚安焉[2]。左右皆曰："慈必北去不还。"策曰："子义舍我，当复与谁？"饯送昌门，把腕别曰："何时能还？"答曰："不过六十日。"果如期而反[3]。

为丹阳太守。这时，孙策已经平定了宣城以东的地区，只差泾县以西的六个县没有收服。太史慈于是来到泾县驻扎，设立驻屯的军府，许多山越之民都前来归附他。孙策于是亲自征讨，太史慈于是被活捉。孙策亲自为他松绑，握着他的手说："你还记得我们在神亭交手那会儿吗？要是当时你捉住了我，会是怎么样呢？"太史慈说："那可说不准了。"孙策大笑道："现在江东的大业，我当和你共同开创。"当即就任命太史慈为门下督，返回吴郡后授予他兵马，随后又任命他为折冲中郎将。后来，刘繇死在豫章，他原来麾下还有一万多名士兵尚未归附，于是孙策派太史慈前去招安这些人。孙策身边的人警告他说："太史慈要是北去了，一定不会再回来。"孙策说道："子义要是离我而去，还能投靠谁？"于是孙策在昌门为太史慈饯行，握着他的手说："你什么时候能回来？"太史慈回答说："不会超过六十天。"他果然按时返回来了。

今注 1 进住：犹进驻，指军队等开进某处驻扎下来。住，通"驻"。 2 山越：古代对南方山区少数民族的通称。 3 识(zhì)：记。 4 门下督：将帅帐下都督。

裴注 [1]《吴历》云:“慈于神亭战败,为策所执。策素闻其名,即解缚请见,咨问进取之术。慈答曰:‘破军之将,不足与论事。’策曰:‘昔韩信定计于广武,今策决疑于仁者,君何辞焉?’慈曰:‘州军新破,士卒离心,若傥分散,难复合聚;欲出宣恩安集,恐不合尊意。’策长跪答曰:‘诚本心所望也。明日中,望君来还。’诸将皆疑,策曰:‘太史子义,青州名士,以信义为先,终不欺策。’明日,大请诸将,豫设酒食,立竿视影。日中而慈至,策大悦,常与参论诸军事。”臣松之案:《吴历》云‘慈于神亭战败,为策所得’,与本传大异,疑为谬误。《江表传》曰:“策问慈曰:‘闻卿昔为太守劫州章,赴文举,请诣玄德,皆有烈义,天下智士也,但所托未得其人耳。射钩斩袪,古人不嫌。孤是卿知己,勿忧不如意也。’出教曰:‘龙欲腾翥,先阶尺木者也。’” [2]《江表传》曰:“策谓慈曰:‘刘牧往责吾为袁氏攻庐江,其意颇猥,理恕不足。何者?先君手下兵数千余人,尽在公路许。孤志在立事,不得不屈意于公路,求索故兵,再往才得千余人耳。仍令孤攻庐江,尔时事势,不得不为行。但其后不遵臣节,自弃作邪僭事,谏之不从。丈夫义交,苟有大故,不得不离,孤交求公路及绝之本末如此。今刘繇丧亡,恨不及其生时与共论辩。今儿子在豫章,不知华子鱼待遇何如?其故部曲复依随之否?卿则州人,昔又从事,宁能往视其儿子,并宣孤意于其部曲?部曲乐来者便与俱来,不乐来者且安慰之,并观察子鱼所以牧御方规何似,视庐陵、鄱阳人民亲附之否?卿手下兵,宜将多少,自由意。’慈对曰:‘慈有不赦之罪,将军量同桓、文,待遇过望。古人报生以死,期于尽节,没而后已。今并息兵,兵不宜多,将数十人,自足以往还也。’” [3]《江表传》曰:“策初遣慈也,议者纷纭,谓慈未可信,或云与华子鱼州里,恐留彼为筹策,或疑慈西托黄祖,假路还北,多言遣之非计。策曰:‘诸君语皆非也,孤断之详矣。太史子义虽气勇有胆烈,然非纵横之人。其心有士谟,志经道义,贵重然诺,一以意许知己,死亡不相负,诸君勿复忧也。’慈从豫章还,议者乃始服。慈见策曰:‘华子鱼良德也,然非筹略才,无他方规,自守而已。又丹阳僮芝自擅庐陵,诈言被诏书为太守。鄱阳民帅别立宗部，阻兵守界，不受子鱼所遣长吏，言"我以别立郡，须汉遣真太守来，当迎之耳"。子鱼不但不能谐庐陵、鄱阳，近自海昏有上缭壁，有五六千家相结聚作宗伍，帷输租布于郡耳，发召一人，遂不可得，子鱼亦睹视之而已。'策拊掌大笑，仍有兼并之志矣。顷之，遂定豫章。"

刘表从子磐，骁勇，数为寇于艾、西安诸县。策于是分海昏、建昌左右六县，以慈为建昌都尉，治海昏，并督诸将拒磐。磐绝迹，不复为寇。

慈长七尺七寸，美须髯，猿臂[1]善射，弦不虚发。尝从策讨麻保贼，贼于屯里缘楼上行詈[2]，以手持楼棼[3]，慈引弓射之，矢贯手着棼，围外万人莫不称善。其妙如此。曹公闻其名，遗慈书，以箧封之。发省无所道，而但贮当归。孙权统事，以慈能制磐，遂委南方之事。年四十一，建安十一年卒[1]。子亨，官至越骑校尉[2]。

刘表的侄子刘磐，骁勇善战，屡屡劫掠艾县、西安县等地方。孙策于是划分出海昏、建昌等六个县，任命太史慈为建昌都尉，治所设在海昏，并监督诸将领对抗刘磐。从此以后，刘磐便销声匿迹，不再前来侵犯了。

太史慈身高七尺七寸，浓密的胡须很是漂亮，有着像猿猴一样修长灵活的手臂，善于射箭，而且箭无虚发。太史慈曾跟从孙策讨伐麻屯、保屯的盗贼，盗贼在军营的楼上手扶着栏杆叫骂，太史慈弯弓搭箭，一箭将那人的手钉在栏杆上，包围敌营的上万名士兵无不叫好。可见他的射术是如此精妙。曹操听闻了太史慈的名声，专门向他送来一个装书信的密封匣子。结果太史慈打开一看，里面并没有什么书信，只是装着一些当归，意思是劝他归降。孙权掌权之后，因太史慈能制服刘磐，便将南方的事务交给他掌管。太史慈四十一岁的时候，即建安十一年去世。他的儿子太史亨，官至越骑校尉。

今注 1 猿臂:指手臂像猿猴一样长,可以运转自如。 2 詈(lì):骂。 3 楼棼(fén):楼房的梁。棼,《说文》:"棼,复屋栋也。"即阁楼的正梁。

裴注 [1]《吴书》曰:"慈临亡,叹息曰:'丈夫生世,当带七尺之剑,以升天子之阶。今所志未从,奈何而死乎!'权甚悼惜之。" [2]《吴书》曰:"亨字元复,历尚书、吴郡太守。"

士燮

原文

士燮,字威彦,苍梧[1]广信人也。其先本鲁国汶阳人,至王莽之乱,避地交州。六世至燮父赐,桓帝时为日南[2]太守。燮少游学京师,事颍川刘子奇[3],治《左氏春秋》[4]。察孝廉,补尚书郎,公事免官。父赐丧阕[5]后,举茂才,除巫令,迁交阯太守。

弟壹,初为郡督邮。刺史丁宫征还京都。壹侍送勤恪,宫感之,临别谓曰:"刺史若待罪三事[6],当相辟也。"后宫为司徒,

译文

士燮,字威彦,苍梧郡广信县人。他的祖先原本是鲁国汶阳县人,在王莽之乱时,逃到交州。六世之后是士燮的父亲士赐,在桓帝时做日南太守。士燮少年时在京师游学,师从颍川刘子奇,专门研究《左氏春秋》。郡里察举士燮为孝廉,补任尚书郎,后来因为公事被免职。父亲士赐去世,士燮为父亲服丧期满之后,州里又举荐士燮为茂才,任命他为巫县令,后来又升任交阯太守。

其弟士壹,起初做郡里的督邮。刺史丁宫受征召返回京都,士壹一路护送,十分殷勤,丁宫大为感动,临别的时候对士壹说:"本官要是此番跻身三公之位,一定征召你为掾属。"后来丁宫

辟壹。比至，宫已免，黄琬代为司徒，甚礼遇壹。董卓作乱，壹亡归乡里[1]。交州刺史朱符为夷贼所杀，州郡扰乱。燮乃表壹领合浦太守，次弟徐闻令䵋[7]领九真太守[2]，䵋弟武领南海太守。

做了司徒，如约征召了士壹。等士壹抵达京师时，丁宫已经被免官了，黄琬接替他做司徒，对士壹仍然甚为礼遇。后来董卓作乱，士壹逃回乡里避难。交州刺史朱符被蛮夷盗贼杀死，州里郡里乱成一团。士燮于是上表朝廷，让士壹做合浦太守，二弟徐闻县令士䵋做九真太守，士䵋之弟士武做南海太守。

今注　1 苍梧：汉代郡名，治广信（今广西梧州）。　2 日南：汉代郡名，治西卷（今越南广治省广治河与甘露河合流处）。　3 刘子奇：即刘陶，字子奇，颍川颍阴（治今河南许昌）人，为东汉末年名士，精通《尚书》《春秋》。熹平末年被诬与黄巾军有关联，受迫害而死。　4《左氏春秋》：又称《春秋左氏传》或《左传》，中国古代儒家经典之一，相传是左丘明为《春秋》所作的“传”，为编年体史书。　5 丧阕(què)：指服丧期满。　6 待罪三事：待罪，是古代表达就任某官的谦辞；三事，即三公，东汉时一般是太尉、司徒、司空。　7 䵋：音 yǐ。

裴注　[1]《吴书》曰：“琬与卓相害，而壹尽心于琬，甚有声称。卓恶之，乃署教曰：‘司徒掾士壹，不得除用。’故历年不迁。会卓入关，壹乃亡归。”
[2] 䵋，音于鄙反，见《字林》。

燮体器宽厚，谦虚下士，中国士人往依避难者以百数。耽玩《春秋》[1]，为之注解。陈国

士燮为人很有器量，性格宽厚，对于地位较低的人士也能谦虚以待，所以中原有数以百计的士人前来依附他以躲避战乱。士燮沉迷于研究《春秋》，还为之撰写

袁徽与尚书令荀彧书曰："交阯士府君既学问优博，又达于从政，处大乱之中，保全一郡，二十余年疆埸[2]无事，民不失业，羁旅之徒，皆蒙其庆。虽窦融[3]保河西，曷[4]以加之？官事小阕[5]，辄玩习书传，《春秋左氏传》尤简练精微，吾数以咨问《传》中诸疑，皆有师说[6]，意思甚密。又《尚书》兼通古今[7]，大义详备。闻京师古今之学，是非忿争，今欲条[8]《左氏》《尚书》长义上之。"其见称如此。

注解。陈国士人袁徽写信给尚书令荀彧说："交阯的士府君不仅学问精深、知识渊博，而且善于处理政事，在这场天下的大乱之中，能够保全一郡百姓，二十多年来边疆没有一点战事，百姓也都安居乐业，逃难至此的人们都受到他的恩惠。当年窦融守护河西一带，其功绩也不过如此吧？士府君每在公事处理完后，便研习经书传记，他对《春秋左氏传》的研究尤其简练精深，我几次向他请教其中的疑难之处，他都能一一按照历代经学家的说法讲解，而且讲得义理精密。他对《尚书》的研究同样做到了兼通古今，而且对经书大义的解释十分详尽。听说京师还有古文学和今文学之争，大家为了是非对错争个你死我活，所以现在我希望列举士府君在《春秋左氏传》《尚书》方面做得尤其好的释义上奏。"可见士燮是多么为人所称道。

今注　1《春秋》：实际上指的是《春秋左氏传》。　2 疆埸(yì)：即国界。　3 窦融(前16—后62)：字周公，扶风平陵(今陕西咸阳西北)人。两汉之际的武将、名臣。王莽篡位的时候，窦融在凉州坐拥重兵，割据西北自保。刘秀称帝之后，窦融决定投顺，并出兵协助击破隗嚣，封安丰侯，任大司空，备受恩遇。　4 曷(hé)：何，什么。　5 阕(què)：终了，止息。　6 师说：汉代经学上指由历代经师传承的学术观点。　7 古今：指汉代经学的今文经学和古文经学。秦朝焚书之后，六经失传，汉初儒生将口耳相传的经书用汉代通行的文字隶书写成文本,即“今文经”,后被称为西汉官方学说;西汉中期以后,民间陆续发现先秦时期的经书,因其用战国文字写成,所以称为“古文经”。汉代今文经学和古文经学两种学派就经学的文字、版本、真伪、经义等问题展开了全面的争论,形成了著名的“今古文经之争”。下文所说的“古今之学,是非忿争”即指此。 **8** 条:指列举。

燮兄弟并为列郡[1],雄长一州,偏在万里,威尊无上。出入鸣钟磬[2],备具威仪,笳箫鼓吹[3],车骑满道,胡人夹毂[4]焚烧香者常有数十。妻妾乘辎軿[5],子弟从兵骑,当时贵重,震服百蛮,尉他[6]不足逾也[1]。武先病没[7]。

士燮兄弟同时担任相近各郡的长官,雄霸一州之地,偏居万里之外,拥有像皇帝那样至高无上的威尊。士燮兄弟出入都有专人演奏编钟编磬以及笳、箫和鼓吹等,备齐威风凛凛的仪仗队随从的车马占满道路,还总是安排几十名胡人在车的两旁烧香跟随。他们的妻妾都有专车,而子弟也都带着仪仗队,礼仪尊贵之极,令南方各个少数民族部落纷纷表示臣服,即使是尉佗也难以超过他们。士燮兄弟之中,士武最先病死。

今注 **1** 并为列郡:指同时担任各郡太守的职位。 **2** 钟磬(qìng):钟和磬,古代礼乐器,一般为君主所使用。 **3** 笳(jiā)箫鼓吹:笳,一种古代的吹奏乐器,即胡笳,汉张骞从西域引入中原。这里的笳箫鼓吹泛指各种礼仪乐器。 **4** 夹毂(gǔ):毂,指车轮。夹毂指聚集在车的两侧,引申为夹道欢迎。 **5** 辎(zī)軿(píng):辎车和軿车的并称。泛指四面有遮蔽的车辆,多为君主的母亲或妻妾所乘。 **6** 尉他(?—前137):即尉佗,又称赵佗,真定(治今河北石家庄北)人,秦汉之际的将领、军阀。秦二世时,接替任嚣担任南海尉。秦亡后,出兵吞并桂林、象郡,自立为南越王。汉朝建立后，一度向汉称臣，受汉朝的册封。吕后时自立为帝，后又再度臣服于汉朝。尉他统治南越81年，为当地的开发做出了重要的贡献。 **7** 没(mò)：同“殁”，指死亡。

裴注 ［1］ 葛洪《神仙传》曰：“燮尝病死，已三日，仙人董奉以一丸药与服，以水含之，捧其头摇捎之，食顷，即开目动手，颜色渐复，半日能起坐，四日复能语，遂复常。奉字君异，侯官人也。”

朱符死后，汉遣张津为交州刺史，津后又为其将区景所杀，而荆州牧刘表遣零陵赖恭代津。是时苍梧太守史璜死，表又遣吴巨代之，与恭俱至。汉闻张津死，赐燮玺书曰：“交州绝域，南带江海，上恩不宣，下义壅隔[1]，知逆贼刘表又遣赖恭窥看南土，今以燮为绥南中郎将，董督[2]七郡，领交阯太守如故。”后燮遣吏张旻奉贡诣京都，是时天下丧乱，道路断绝，而燮不废贡职，特复下诏拜安远将军，封龙度亭侯。

朱符死了之后，东汉朝廷派遣张津出任交州刺史，但张津后来被他手下的部将区景杀害，而荆州牧刘表则派了零陵人赖恭代替张津。当时苍梧太守史璜去世，刘表又派遣吴巨前去接任，与赖恭一同抵达。汉朝廷得知张津的死讯后，赐了一封玺书给士燮说：“交州这个偏远的地方，南面依靠着大海，朝廷的恩惠难以传达，地方臣民的忠义又受到阻隔，得知逆贼刘表又派遣了赖恭到交州去，有觊觎南土的企图，所以现在朝廷决定任命士燮为绥南中郎将，总督交州七个郡，兼领交阯太守。”后来士燮派遣手下的官吏张旻去京都进贡，当时天下大乱，各地道路断绝，士燮却没有因此放弃自己向朝廷进贡的职责，因此朝廷又特地下诏任命他为安远将军，并封为龙度亭侯。

今注　1 壅(yōng)隔：即阻隔。　2 董督：董，指管理；督，指监督。董督为三国时常用语，表示统率、掌管。

后巨与恭相失，举兵逐恭，恭走还零陵。建安十五年，孙权遣步骘为交州刺史。骘到，燮率兄弟奉承节度，而吴巨怀异心，骘斩之。权加燮为左将军。建安末年，燮遣子廞[1]入质，权以为武昌太守，燮、壹诸子在南者，皆拜中郎将。燮又诱导益州豪姓雍闿[2]等，率郡人民使遥东附，权益嘉之，迁卫将军，封龙编侯，弟壹偏将军，都乡侯。燮每遣使诣权，致杂香细葛[3]，辄以千数，明珠、大贝、流离[4]、翡翠、玳瑁[5]、犀、象[6]之珍，奇物异果，蕉、邪[7]、龙眼之属，无岁不至。壹时贡马凡数百匹。权辄为书，厚加宠赐，以答慰之。燮

后来吴巨和赖恭起了矛盾，吴巨起兵驱逐赖恭，赖恭因此逃到了零陵。东汉建安十五年(210)，孙权任命步骘为交州刺史。步骘抵达州里后，士燮率领诸兄弟前去迎接，表示愿意听从安排，而吴巨却暗中怀有异心，因此步骘将他斩杀了。孙权加授士燮为左将军。建安末年，士燮将儿子士廞送给孙权做人质，孙权便任命他为武昌太守，而士燮、士壹留在南方的儿子们，都授予中郎将的官衔。士燮又前往劝导雍闿等益州地方豪族，让他们率领郡中百姓归附孙权，孙权因此愈发欣赏士燮，升任他为卫将军，封为龙编侯，其弟士壹任偏将军，封为都乡侯。士燮每次派遣使节前去拜见孙权时，都要奉上各种香料和细纹葛布，常有数千之多，还有南方所特产的珍珠、大贝壳、琉璃、翡翠、玳瑁、犀角、象牙等奇珍异宝，以及香蕉、椰子、龙眼等罕见的水果，没有哪一年不进贡。而士壹也时常向孙权进贡数百匹马。孙权总是亲笔向他们致信，又给予十分丰厚的赏赐，以作为答谢。士燮统治交

在郡四十余岁，黄武五年，年九十卒。

阯郡长达四十多年，在吴黄武五年(226)去世，享年九十岁。

今注　1 廞：音 xīn。　2 雍闿(kǎi)：三国时期益州地方豪强，先投靠刘备，刘备死后又投降吴国，后被属下所杀。　3 细葛：指细葛布，从葛、麻等植物皮中提取细纤维制作的织物，质量上乘，薄如蝉翼，十分珍贵。　4 流离：即琉璃，宝石名，是一种有色的、半透明的玉石。　5 玳瑁：指用爬行动物玳瑁(形似龟)的甲壳制成的饰品。　6 犀、象：这里分别指犀牛角和象牙。　7 邪：通“椰”。

权以交阯县[1]远，乃分合浦以北为广州，吕岱为刺史，交阯以南为交州，戴良为刺史。又遣陈时代燮为交阯太守。岱留南海，良与时俱前行到合浦。而燮子徽自署[2]交阯太守，发宗兵[3]拒良，良留合浦。交阯桓邻，燮举吏[4]也，叩头谏徽使迎良，徽怒，笞杀邻。邻兄治子发又合宗兵击徽，徽闭门城守，治等攻之数月不能下，乃约和亲，各罢兵还。而吕

士燮死后，孙权以交阯地处偏远的缘故，将合浦以北分割出来设立广州，任命吕岱为刺史，而交阯以南为交州，任命戴良为刺史。又派遣陈时接替士燮做交阯太守。这三人南下赴任，吕岱留在了南海，而戴良和陈时一同继续前行到合浦。但士燮的儿子士徽自称为交阯太守，发动宗族的兵力抵御戴良，于是戴良只能停留在合浦。交阯人桓邻，是原先受到士燮举荐而出仕的官吏，他叩头劝谏士徽迎接戴良前来就任，不料激怒了士徽，士徽用笞刑杀死了桓邻。桓邻的兄长桓治和儿子桓发于是集结了宗族兵力攻打士徽，士徽紧闭城门高筑城墙据守，桓治等人连续攻打了几个月还不能攻下，于是双方相约讲和亲善，各自退兵返回。而吕岱接到朝廷诏书，要求他诛

岱被诏诛徽，自广州将兵昼夜驰入，过合浦，与良俱前。壹子中郎将匡与岱有旧，岱署匡师友从事[5]，先移书交阯，告喻祸福，又遣匡见徽，说令服罪，虽失郡守，保无他忧。

杀士徽，于是他从广州起兵，日夜兼程疾驰前去，经过合浦时，与戴良会师，共同进兵。士壹的儿子中郎将士匡与吕岱有过交情，吕岱便临时任命士匡做自己的师友从事，先写信派人送到交阯，向士徽告知祸福利害，又派士匡前去面见士徽，劝说他认罪，还说尽管他可能失去郡太守的职务，但可以保证不会有其他的祸患。

今注　**1** 县：同"悬"。　**2** 自署：指不经过朝廷任命而自行就任。　**3** 宗兵：指同族人组成的军队。　**4** 举吏：指汉代察举制下曾受某人举荐为孝廉、秀才而出仕的官吏。　**5** 师友从事：为不担任实际职务的官员，地位尊荣，署为从事而待以师、友之礼。

岱寻匡后至，徽兄祗，弟干、颂等六人肉袒[1]奉迎。岱谢令复服，前至郡下。明旦早施帐幔，请徽兄弟以次入，宾客满坐。岱起，拥节[2]读诏书，数徽罪过，左右因反缚以出，即皆伏诛，传首诣武昌[1]。壹、䵋、匡后出，权原其罪，及燮质子廞，皆免为庶人。数岁，壹、䵋坐法诛。廞病

吕岱在士匡之后抵达交阯，士徽的兄长士祗，弟弟士干、士颂等六人裸身出降，迎接吕岱。吕岱受降之后，让他们穿上衣服，一同前往郡中。次日一早，在军营里搭建了帐幔，请士徽兄弟依次进入，帐中宾客满座。吕岱起身，手持节杖宣读诏书，历数士徽的罪过，左右随从将士徽兄弟反绑起来押出帐外，当即将他们处死，将首级送到武昌去。士壹、士䵋、士匡等也先后被押解出来，但孙权赦免了他们的罪行，连同士燮作为人质的儿子士廞，一起被降为庶人。几年后，士壹、士䵋都

卒，无子，妻寡居，诏在所月给俸米，赐钱四十万。

因为违法被处死。士廞因病去世，死后无子，其妻一直守寡在家，于是孙权下诏让地方官府每个月给予俸米，并赐给四十万钱。

今注 1 肉袒(tǎn)：指脱去衣物，袒露肉体，在投降或谢罪时表示恭敬和惶恐。 2 拥节：执持节杖。

裴注 [1] 孙盛曰："夫柔远能迩，莫善于信；保大定功，莫善于义。故齐桓创基，德彰于柯会；晋文始伯，义显于伐原。故能九合一匡，世主夏盟，令问长世，贻范百王。吕岱师友士匡，使通信誓，徽兄弟肉袒，推心委命，岱因灭之，以要功利，君子是以知孙权之不能远略，而吕氏之祚不延者也。"

评曰：刘繇藻厉[1]名行，好尚臧否[2]，至于扰攘之时，据万里之土，非其长也。太史慈信义笃烈，有古人之分。士燮作守南越，优游终世，至子不慎，自贻[3]凶咎[4]。盖庸才玩富贵而恃阻险，使之然也。

评论说：刘繇能够砥砺名节和品行，爱好臧否人物，但是在天下骚动、纷纷攘攘的乱世，占据万里土地并非他所长。太史慈心怀信义，笃诚忠烈，有古人的遗风。士燮常年在南越做太守，过了一辈子安稳生活，到他儿子当家的时候，处事不慎，自己招来了祸殃。这应该说是庸才凭借地理上的险阻，自以为高枕无忧而沉迷于富贵所导致的。

今注 1 藻厉：原指整饰和磨炼，多用指人砥砺名节、品行。 2 臧(zāng)否(pǐ)：臧原指善、好，否指恶、坏。臧否为汉代士人之间互相品评的活动。 3 自贻：即自取。贻，招致。 4 凶咎：灾殃，祸殃。

卷五十 吴书五

妃嫔传

导读 本篇是吴国诸帝后妃的合传，包括孙坚的吴夫人，孙权的谢夫人、徐夫人、步夫人、两位王夫人、潘夫人，孙亮的全夫人，孙休的朱夫人，孙和的何姬，孙皓的滕夫人，共十一位妃嫔的传记。这些妃嫔在吴国都曾被册封为后或妃，但由于《三国志》采取尊魏的书写视角，所以在本篇行文中一律称为“夫人”。本篇除记载吴帝后妃的事迹外，部分章节还附带记载了外戚吴景、徐琨、滕胤等人的事迹，具有相当高的史料价值。但是，陈寿在编写《妃嫔传》时，其核心的价值观是后妃之间应当严格区别嫡庶，认为帝王应当明确“正妻”的地位，才能够管理好“闺庭”的秩序。

孙破虏吴夫人

原文

孙破虏[1]吴夫人，吴主权母也。本吴人，徙钱唐，早失父母，与弟景居。孙坚闻其才貌，欲娶之。吴氏亲戚嫌坚轻狡[2]，将拒焉，坚甚以惭恨。夫

译文

破虏将军孙坚的吴夫人，是吴主孙权的母亲。她原本是吴县人，后来移居到钱唐，早年不幸失去父母，便与弟弟吴景一同居住。孙坚听说了她的才德和美貌，便想娶她为妻。吴氏家族的亲戚们嫌弃孙坚为人轻佻狡猾，于是准备拒绝孙坚的求婚，这令孙坚感到非常羞惭恼怒。吴夫人对亲戚们说：

人谓亲戚曰:“何爱[3]一女以取祸乎?如有不遇,命也。”于是遂许为婚,生四男一女[1]。

“何必吝惜我一个女儿家而导致家族遭遇祸害呢?假如遇到一个坏丈夫,那也是我的命啊。”于是亲戚们才答应了这桩婚事,后来吴夫人为孙坚生下了四男一女。

今注 **1** 孙破虏:指孙坚,曾官至破虏将军。 **2** 轻狡:轻佻而狡猾。 **3** 爱:吝惜。

裴注 [1]《搜神记》曰:“初,夫人孕而梦月入其怀,既而生策。及权在孕,又梦日入其怀,以告坚曰:‘昔妊策,梦月入我怀,今也又梦日入我怀,何也?’坚曰:‘日月者,阴阳之精,极贵之象,吾子孙其兴乎!’”

景常随坚征伐有功,拜骑都尉[1]。袁术上景领丹阳太守,讨故太守周昕,遂据其郡。孙策与孙河、吕范依景,合众共讨泾县山贼祖郎,郎败走。会景为刘繇所迫,复北依术,术以为督军中郎将,与孙贲共讨樊能、于麋于横江,又击笮融、薛礼于秣陵。时策被创牛渚,降贼复反,景攻讨,尽禽之。从讨刘繇,

吴景常年跟随孙坚四处征伐,立下不少军功,被任命为骑都尉。袁术上表朝廷令吴景兼领丹阳太守,去讨伐原来的太守周昕,并顺势占据了丹阳郡。孙策和孙河、吕范闻讯前来投靠吴景,大家一起集合兵力共同去讨伐泾县的山贼祖郎,祖郎被击败后逃走。适逢吴景被刘繇逼迫,只得重新回到北边去依附袁术,袁术便任命他做督军中郎将,和孙贲一同去横江讨伐樊能、于麋,又在秣陵攻打笮融、薛礼。当时孙策在牛渚受了重伤,此前投降的敌人纷纷反叛,吴景率兵前去攻讨,将他们全部擒获。此后吴景又随军征讨刘繇,刘繇逃往豫章后,孙策派吴景、孙贲到寿春去向袁术

繇奔豫章，策遣景、贲到寿春报术。术方与刘备争徐州，以景为广陵太守。术后僭号[2]，策以书喻[3]术，术不纳，便绝[4]江津，不与通，使人告景。景即委郡东归，策复以景为丹阳太守。汉遣议郎[5]王誧[6][1]，衔命南行，表景为扬武将军，领郡如故。

及权少年统业，夫人助治军国，甚有补益[2]。建安七年，临薨，引见张昭等，属以后事，合葬高陵[7][3]。八年，景卒官，子奋授兵为将，封新亭侯，卒[4]。子安嗣，安坐党鲁王霸[8]死。奋弟祺嗣[5]，封都亭侯，卒，子纂嗣。纂妻即滕胤女也，胤被诛，并遇害。

汇报。袁术当时正和刘备争夺徐州，便以吴景为广陵太守。后来袁术僭号称帝，孙策写了一封信去劝阻袁术，但袁术拒绝采纳，孙策便阻断了长江上的渡口，不再与袁术往来，同时派人去将情况告知吴景。吴景当即放弃郡守的职务东归，孙策又任命吴景为丹阳太守。这时汉朝廷所派遣的议郎王誧受命前来，上表举荐吴景为扬武将军，照旧兼领郡守之职。

等到孙权年纪轻轻继承了大业，吴夫人协助他治理军国大政，对他极有裨补助益。建安七年(202)，夫人去世前召见了张昭等人，向他们嘱托后事，她和孙坚一同葬在高陵。建安八年(203)，吴景在任上去世，其子吴奋被授予父亲所属的兵卒，并被任命为将军，受封为新亭侯，不久之后去世了。吴奋的儿子吴安继承了爵位，后来受鲁王孙霸结党案牵连被处死。吴奋的弟弟吴祺继承爵位，改封为都亭侯，去世后，其子吴纂继承爵位。吴纂的妻子是滕胤的女儿，滕胤被诛杀的时候，他们一同遇害了。

今注　**1** 骑都尉：汉代武官名，秩比二千石，负责统领禁军羽林骑。　**2** 术后僭号：指袁术建安二年(197)于寿春称帝，建立“仲氏”政权一事。　**3** 喻：

告喻、劝诫。 4 绝：阻断。 5 议郎：汉代文官名，为光禄勋所属郎官之一，秩比六百石，负责顾问应对，无固定执掌。 6 誧：音 bū。 7 高陵：即孙坚之墓，位于今江苏丹阳。 8 鲁王霸：即孙权第四子、孙和之弟孙霸，赤乌五年(242)受封为鲁王，后因与太子孙和夺嫡争储，纠集党羽陷害太子。赤乌十三年(250)，鲁王霸因图谋危害太子被赐死，大批大臣受到牵连被处死。史称“二宫之争”。

裴注 [1] 誧，音普。 [2]《会稽典录》曰：“策功曹魏腾，以迕意见谴，将杀之，士大夫忧恐，计无所出。夫人乃倚大井而谓策曰：‘汝新造江南，其事未集，方当优贤礼士，舍过录功。魏功曹在公尽规，汝今日杀之，则明日人皆叛汝。吾不忍见祸之及，当先投此井中耳。’策大惊，遽释腾。夫人智略权谲，类皆如此。” [3]《志林》曰：“按会稽贡举簿，建安十二年到十三年阙，无举者，云‘府君遭忧’，此则吴后以十二年薨也。八年、九年皆有贡举，斯甚分明。” [4]《吴书》曰：“权征荆州，拜奋吴郡都督以镇东方。” [5]《吴书》曰：“祺与张温、顾谭友善，权令关平辞讼事。”

吴主权谢夫人

原文

吴主权谢夫人，会稽山阴人也。父煚[1]，汉尚书郎、徐令[1]。权母吴为权聘[2]以为妃，爱幸有宠。后权纳姑孙徐氏，欲令谢下之[3]，谢不肯，由是失志，早卒。后十余年，弟

译文

吴主孙权的谢夫人，是会稽郡山阴县人氏。其父谢煚做过汉朝的尚书郎和徐县县令。孙权的母亲吴夫人为孙权聘娶谢氏为妃，孙权对她宠爱有加。后来孙权纳姑母的孙女徐氏为妃时，想要让谢夫人的位次排在徐氏之下，谢夫人不肯，因此而失宠，很早便去世了。

承[4]拜五官郎中[5],稍迁长沙东部都尉、武陵太守。撰《后汉书》百余卷[2]。

十余年后,其弟谢承被任命为五官郎中,逐渐迁任长沙东部都尉、武陵太守。谢承撰写了一百多卷的《后汉书》。

今注 1 煚(jiǒng):指谢煚,汉末官员,生平事迹不详。 2 聘:娶。 3 下之:指调整至靠后的位次。 4 承:即谢承,字伟平,三国时期吴国著名史学家,博学洽闻,所著《后汉书》143卷,已佚。 5 五官郎中:五官中郎将的属官。

裴注 [1]煚子承,撰《后汉书》,称煚幼以仁孝为行,明达有令才。煚弟贞,履蹈法度,笃学尚义,举孝廉,建昌长,卒官。 [2]《会稽典录》曰:"承字伟平,博学洽闻,尝所知见,终身不忘。子崇扬威将军,崇弟勖吴郡太守,并知名。"

吴主权徐夫人

原文

吴主权徐夫人,吴郡富春人也。祖父真,与权父坚相亲,坚以妹妻真,生琨。琨少仕州郡,汉末扰乱,去吏,随坚征伐有功,拜偏将军。坚薨,随孙策讨樊能、于麋等于横江,击张英于当利口,而船少,欲驻军

译文

吴主孙权的徐夫人,是吴郡富春县人氏。祖父徐真,和孙权的父亲孙坚关系亲密,孙坚便将妹妹嫁给了他,于是生了徐琨。徐琨年轻时在州郡做官,但在汉末的动乱中辞去了官职,后来跟随孙坚南征北战,立下了军功,被任命为偏将军。孙坚去世后,徐琨又跟随孙策在横江讨伐樊能、于麋,在当利口攻打张英,因为军中船少,徐琨打算将部队驻扎下来想办法造

更求。琨母时在军中，谓琨曰："恐州家[1]多发水军来逆人，则不利矣，如何可驻邪？宜伐芦苇以为泭[2][1]，佐船渡军。"琨具启策，策即行之。众悉俱济，遂破英，击走笮融、刘繇，事业克定。策表琨领丹阳太守，会吴景委广陵来东，复为丹阳守[2]，琨以督军中郎将领兵。从破庐江太守李术，封广德侯，迁平虏将军。后从讨黄祖，中流矢卒。

琨生夫人，初适[3]同郡陆尚。尚卒，权为讨虏将军在吴，聘以为妃，使母养[4]子登。后权迁移，以夫人妒忌，废处吴，积十余年。权为吴王及即尊号，登为太子，群臣请立夫人为后，权意在步氏，卒不许。后以疾卒。兄矫，嗣父琨

船。徐琨的母亲当时在军中，对徐琨说："恐怕州里会派出大量水军来迎击我们，这样就非常不利了，怎么能在此驻军呢？最好是砍伐些芦苇编成小木筏，辅助船队将部队渡到对岸。"徐琨将这一具体方案汇报给孙策，孙策立即依计实行。部队悉数渡水，随后击溃了张英，并驱逐了笮融、刘繇，孙策平定江东的大业也得以奠定基础。孙策上表朝廷，任命徐琨兼领丹阳太守，正逢吴景放弃广陵太守的职务东来投奔孙策，孙策便让吴景做丹阳太守，让徐琨以督军中郎将的身份统领军队。徐琨跟随孙策击溃庐江太守李术，因功获封广德侯，迁任平虏将军。后来在跟从孙策讨伐黄祖的战役中，他被流箭射中身亡。

徐琨生下徐夫人，起初将她嫁给了同郡人陆尚。陆尚去世后，孙权做讨虏将军的时候待在吴郡，便将她聘娶为妃，让她像母亲一样抚养儿子孙登。后来孙权对徐夫人的宠爱发生转移，觉得徐夫人太过妒忌，便将她废弃在吴郡，长达十多年。孙权当上吴王，后来又称帝，孙登被立为太子，群臣请求册立徐夫人为后，但当时孙权属意于步夫人，最终没有应许群臣的请求。徐夫人后来因病去世了。其兄徐

侯，讨平山越，拜偏将军，先夫人卒，无子。弟祚袭封，亦以战功至芜湖督、平魏将军。

矫，继承了父亲徐琨的侯爵，因为讨平了山越，被任命为偏将军，先于徐夫人去世，死后没有子嗣。其弟徐祚继承了封爵，同样因战功官至芜湖督、平魏将军。

今注 1 州家：即州府，这里指扬州刺史刘繇。 2 泭(fū)：同“桴”，小木筏。 3 适：女子出嫁。 4 母养：指像母亲一样抚养。

裴注 [1] 泭，音敷。郭璞注《方言》曰：“泭，水中簰也。” [2]《江表传》曰：“初，袁术遣从弟胤为丹阳，策令琨讨而代之。会景还，以景前在丹阳，宽仁得众，吏民所思，而琨手下兵多，策嫌其太重，且方攻伐，宜得琨众，乃复用景，召琨还吴。”

吴主权步夫人

原文

吴主权步夫人，临淮1淮阴2人也，与丞相骘3同族。汉末，其母携将徙庐江，庐江为孙策所破，皆东渡江，以美丽得幸于权，宠冠后庭4。生二女，长曰鲁班，字大虎，前配周瑜子循，后配全琮。少曰鲁育，字小虎，前配朱据，后配刘纂[1]。

译文

吴主孙权的步夫人，是临淮郡淮阴人氏，和丞相步骘是同族。汉朝末年，她的母亲带着她迁居庐江，正逢庐江被孙策攻破，于是一同东渡，因容貌美丽而被孙权宠幸，孙权对她的宠爱超过了后宫里的任何人。步夫人为孙权生了两个女儿，大女儿叫孙鲁班，字大虎，先嫁给了周瑜的儿子周循，周循死后改嫁全琮。小女儿叫孙鲁育，字小虎，先嫁给了朱据，后来改嫁刘纂。

今注 1 临淮:汉郡名,属徐州,治所在徐县(在今江苏泗洪东南)。东汉永平十五年改临淮郡为下邳国,治所在下邳县(在今江苏睢宁北),直至西晋初才重新从下邳国划分出临淮郡。这里应当是一种习惯性的表达。 2 淮阴:汉县名,治今江苏淮安淮阴区。 3 丞相骘:即步骘(?—247),字子山,临淮淮阴(今江苏淮安淮阴区)人,三国时期吴国重臣。最初担任孙权的幕僚,后担任交州刺史、冀州牧等职务。陆逊去世后,接替陆逊担任丞相。 4 后庭:指后宫。

裴注 [1]《吴历》曰:"纂先尚权中女,早卒,故又以小虎为继室。"

夫人性不妒忌,多所推进[1],故久见爱待。权为王及帝,意欲以为后,而群臣议在徐氏,权依违[2]者十余年,然宫内皆称皇后,亲戚上疏称中宫[3]。及薨,臣下缘权指[4],请追正名号。乃赠印绶,策命曰:"惟赤乌[5]元年闰月戊子,皇帝曰:呜呼皇后,惟后佐命,共承天地,虔恭夙夜,与朕均劳。内教修整,礼义不愆[6],宽容慈惠,有淑懿之德。民臣悬望,远近归心。

步夫人为人不妒忌,还常常为孙权推荐美人,所以始终得到孙权的宠爱。孙权称王称帝的时候,都想册立步夫人为后,但群臣讨论的意见都认为应立徐氏为后,孙权不置可否十多年,但宫里实际上都是把步夫人称作皇后,皇亲国戚们的上疏,也都是称步夫人为中宫。到步夫人去世的时候,臣下顺从孙权的心意,请求更正步夫人的名号,追尊她为皇后。孙权于是追赠印绶,下策命说:"赤乌元年闰月戊子日,皇帝说道:皇后啊,想到皇后辅佐天命,与朕共同承受这天地万物,日日夜夜虔诚恭敬,与朕一样辛劳。她品行端庄,修养出众,没有丝毫失礼的地方,性格宽容仁慈,有皇后所应具备的一切贤良淑德。所以天下大臣百姓,不论远近,都翘

朕以世难未夷，大统未一，缘后雅志，每怀谦损，是以于时未授名号。亦必谓后降年有永，永与朕躬对扬天休，不寤[7]奄忽[8]，大命近止。朕恨本意不早昭显，伤后殂逝[9]，不终天禄。愍[10]悼之至，痛于厥心。今使使持节、丞相、醴陵亭侯雍[11]奉策授号，配食[12]先后。魂而有灵，嘉其宠荣。呜呼哀哉！”葬于蒋陵。

首企盼册封她为皇后。但是朕因为战乱还未平定，天下也还未一统，也因为皇后本人谦虚退让的高贵品格，所以并未及时授予她正式的名号。本以为皇后一定能永享天年，与朕一同接受上天的赐福，却不料忽然之间崩逝。朕真是痛恨没有及早将自己的本心昭告天下，也是伤心皇后逝世，未能尽享天禄。朕如今哀悼之极，痛心疾首。现命使持节、丞相、醴陵侯顾雍持朕命策，授予皇后尊号，如先帝的皇后一样配食于祖庙。皇后若在天有灵，也会为她的尊荣感到高兴吧。呜呼哀哉！”步夫人安葬在蒋陵。

今注　**1** 推进：推荐。　**2** 依违：指迟疑，模棱两可。　**3** 中宫：即正宫，指皇后。　**4** 缘权指：指根据孙权的意旨。指，通“旨”。　**5** 赤乌：三国时期吴大帝孙权的第四个年号(238—251)。　**6** 愆(qiān)：过失，失误。　**7** 寤(wù)：通“悟”，觉悟，了解。这里指想、想到。　**8** 奄(yǎn)忽：忽然。也指死亡。　**9** 殂(cú)逝：即逝世。　**10** 愍(mǐn)：哀怜。　**11** 醴陵亭侯雍：即顾雍，字元叹，三国时期吴国重臣。早年受学于蔡邕，先在吴国多地做地方官，所到之处均有政绩，后担任孙权的幕僚，出任尚书令、太常、丞相等职务。初封阳遂乡侯，进封醴陵侯。此处“亭”字衍。　**12** 配食：祔祭，配享。指让死者在宗庙里与先灵一同接受祭祀。

吴主权王夫人

原文

吴主权王夫人，琅邪人也[1]。夫人以选入宫，黄武中得幸，生和，宠次步氏。步氏薨后，和立为太子，权将立夫人为后，而全公主素憎夫人，稍稍[1]谮毁。及权寝疾[2]，言有喜色，由是权深责怒，以忧死。和子皓立，追尊夫人曰大懿皇后，封三弟皆列侯。

吴主权王夫人，南阳人也。以选入宫，嘉禾中得幸，生休。及和为太子，和母贵重，诸姬有宠者，皆出居外。夫人出公安，卒，因葬焉。休即位，遣使追尊曰敬怀皇后，改葬敬陵。王氏无后，封同母弟文雍为亭侯。

译文

吴主孙权的王夫人，是琅琊人氏。王夫人通过选妃而入宫，在黄武年间得到孙权宠幸，生下了孙和，获得的宠爱仅次于步夫人。步夫人去世后，孙和被册立为太子，孙权准备册立王夫人为皇后，但全公主孙鲁班一直憎恨王夫人，逐渐在暗中诋毁她。在孙权病重的时候，孙鲁班诋毁王夫人说她面带喜色，于是孙权狠狠地将王夫人责骂了一通，不久后王夫人便因忧惧去世。孙和的儿子孙晧即位为帝后，将王夫人追尊为大懿皇后，将她的三个弟弟都封作列侯。

吴主孙权的另一位王夫人，是南阳人氏。她同样通过选妃而入宫，在嘉禾年间得到宠幸，生下孙休。等到孙和被立为太子，孙和的母亲因得宠而显贵，其他受到孙权宠爱的姬妾，被统统赶到宫外去住。王夫人因此出宫到了公安，不久后去世，便葬在了当地。孙休即位后，派遣使节追尊她为敬怀皇后，改葬于敬陵。王氏家族没有子嗣，于是封王夫人的同母弟文雍为亭侯。

今注　1 稍稍：指逐渐。　2 寝疾：指卧病在床。

裴注　［1］《吴书》曰："夫人父名卢九。"

吴主权潘夫人

原文

吴主权潘夫人，会稽句章人也。父为吏，坐法死。夫人与姊俱输织室[1]，权见而异之，召充后宫。得幸有娠，梦有以龙头授己者，己以蔽膝受之，遂生亮。赤乌十三年，亮立为太子，请出嫁夫人之姊，权听许之。明年，立夫人为皇后。性险妒容媚，自始至卒，谮害袁夫人等甚众[1]。权不豫[2]，夫人使问中书令孙弘[3]吕后专制故事[4]。侍疾疲劳，因以羸疾[5]，诸宫人伺其昏卧，共缢杀之，托言中恶[6]。后事泄，坐死者

译文

吴主孙权的潘夫人，是会稽郡句章县人氏。其父做过小官吏，因犯法被处死。潘夫人和姐姐一起被送进皇宫里的织造室，孙权见到她之后，为她的美貌感到惊异，便将她召入后宫。后来她得到宠幸而怀孕，梦见有人送给自己一个龙头，自己则将这个龙头收入膝下，随后生下了孙亮。赤乌十三年(250)，孙亮被册立为太子，潘夫人请求把自己的姐姐嫁到宫外，孙权答应了她。第二年，潘夫人被册立为皇后。她性格阴险嫉妒，表面上却特别善于献媚，从一开始到她去世，诬陷了包括袁夫人在内的许多人。孙权病重之际，潘夫人派人去向中书令孙弘询问吕后专制的历史故事。有一天，潘夫人侍候病中的孙权过度疲劳，因身体虚弱而生了病，几个宫女趁她昏睡之际，一同将她勒死，谎称她因中恶暴病去世。后来事情败露，被处

六七人。权寻薨,合葬蒋陵。孙亮即位,以夫人姊婿谭绍为骑都尉,授兵。亮废,绍与家属送本郡庐陵。

死的宫女有六七个。不久后孙权也去世,与潘夫人合葬在蒋陵。孙亮即位,任命潘夫人的姐夫谭绍为骑都尉,授予兵权。孙亮被废黜后,谭绍及家属被遣返本籍所在的庐陵郡。

今注　**1** 织室:汉代宫中设立的织造机构,掌管宫廷礼服的制作。　**2** 不豫:天子生病的讳称。　**3** 孙弘(?—252):三国时期吴国大臣,扬州会稽(今浙江绍兴)人,为人阴险狡诈。胡三省在《资治通鉴注》中认为,孙弘担任中书令,在宫中拥有较大的权力,很可能是潘后之死的主谋。孙权临终时,任命孙弘为顾命大臣之一,此后孙弘在与孙峻、诸葛恪等人的斗争中失败被杀。　**4** 吕后专制故事:指汉高祖刘邦死后,皇后吕雉被尊为皇太后,临朝称制的历史故事。吕雉是中国历史上有信史记载的第一位获得皇后及皇太后称号的女性,同时也是施行皇帝制度以后第一位临朝称制的女性,开启了外戚专权的先例,所以后世太后、外戚意欲专权,往往称引吕后故事。　**5** 羸(léi)疾:指衰弱生病。　**6** 中(zhòng)恶:中医上指冒犯秽恶之气,突然晕厥不省人事的病症。俗称中邪。

裴注　[1]《吴录》曰:"袁夫人者,袁术女也。有节行而无子,权数以诸姬子与养之,辄不育。及步夫人薨,权欲立之。夫人自以无子,固辞不受。"

孙亮全夫人

原文

孙亮全夫人,全尚女也。从祖母公主爱之,

译文

孙亮的全夫人,是全尚的女儿。全尚的叔祖母全公主对她甚为宠爱,每次

每进见辄与俱[1]。及潘夫人母子有宠，全主自以与孙和母有隙[2]，乃劝权为潘氏男亮纳夫人，亮遂为嗣。夫人立为皇后，以尚为城门校尉[3]，封都亭侯，代滕胤为太常、卫将军，进封永平侯，录尚书事。时全氏侯有五人，并典兵马。其余为侍郎、骑都尉，宿卫左右，自吴兴，外戚贵盛莫及。及魏大将诸葛诞以寿春来附，而全怿、全端、全祎、全仪等并因此际降魏。全熙谋泄见杀，由是诸全衰弱。会孙綝废亮为会稽王，后又黜为候官侯，夫人随之国，居候官。尚将家属徙零陵，追见杀[1]。

进宫都要带上她。待潘夫人母子得到宠爱后，全公主自认为与孙和的母亲有过节，便劝说孙权为潘夫人的儿子孙亮纳娶全夫人，孙亮随后被立为太子。孙亮即位后，全夫人被册立为皇后，全尚被任命为城门校尉，受封为都亭侯，接替滕胤做太常、卫将军，后来又晋封为永平侯，并总领尚书事。当时全氏一家共有五人被封为侯爵，而且都掌管着军队。全氏家族里的其他人也都做到侍郎、骑都尉等官职，担任禁中左右的侍卫，自孙吴建国以来，外戚的显赫贵盛莫过于此。后来，魏国大将诸葛诞向吴国献出寿春城投降，而全怿、全端、全祎、全仪等却在此时投降了魏国。全熙因为密谋泄露被杀，全氏一族自此走向衰落。当时孙綝将孙亮废黜为会稽王，后来孙休又将其贬黜为候官侯，全夫人随同孙亮一同前往封国，在候官居住。全尚带领家属迁往零陵，但遭到追杀死去。

今注　**1** 与俱：指同行。　**2** 有隙：有矛盾，有过节。　**3** 城门校尉：汉代宿卫武官名，负责京都城门的守卫，多由外戚担任。

裴注　[**1**]《吴录》曰："亮妻惠解有容色，居候官，吴平乃归，永宁中卒。"

孙休朱夫人

原文

孙休朱夫人，朱据女，休姊公主所生也[1]。赤乌末，权为休纳以为妃。休为琅邪王，随居丹阳。建兴[1]中，孙峻专政，公族皆患之。全尚妻即峻姊，故惟全主祐焉。初，孙和为太子时，全主谮害王夫人，欲废太子，立鲁王，朱主不听，由是有隙。五凤[2]中，孙仪谋杀峻，事觉被诛。全主因言朱主与仪同谋，峻枉杀朱主。休惧，遣夫人还建业，执手泣别。既至，峻遣还休。太平[3]中，孙亮知朱主为全主所害，问朱主死意，全主惧曰："我实不知，皆据二子熊、损所白。"亮杀熊、损。损妻是峻妹也，孙綝益忌亮，遂废亮，立

译文

孙休的朱夫人，是朱据的女儿，是孙休的姐姐朱公主孙鲁育生的。赤乌末年，孙权为孙休纳娶朱夫人为妃。孙休做琅琊王时，朱夫人跟随他一同居住在丹阳。建兴年间，孙峻专擅朝政，王公贵族都将他视为祸患。全尚的妻子是孙峻的姐姐，因此只有全公主帮助孙峻。起初，孙和做太子的时候，全公主诬陷王夫人，想要废黜太子，改立鲁王，朱公主并不赞同，于是两人有了嫌隙。五凤年间，孙仪谋杀孙峻，事情败露后遭到诛杀。全公主趁机说朱公主和孙仪是同谋，孙峻便冤杀了朱公主。孙休为此感到十分害怕，先将朱夫人送回建业，二人握手泪别。朱夫人抵达建业后，孙峻却将她又送回孙休身边。太平年间，孙亮得知朱公主实为全公主所陷害，便追问她害死朱公主的用意，全公主害怕地说："我实在是不知内情，都是朱据的两个儿子朱熊、朱损说的。"孙亮于是处死了朱熊、朱损。朱损的妻子是孙峻的妹妹，孙綝于是愈发忌惮孙亮，不久后便废黜了孙

休。永安[4]五年，立夫人为皇后。休卒，群臣尊夫人为皇太后，孙晧即位月余，贬为景皇后，称安定宫。甘露[5]元年七月，见逼薨，合葬定陵[2]。

亮，改立孙休。永安五年(262)，册立朱夫人为皇后。孙休死后，群臣将朱夫人尊为皇太后，但孙晧即位一个多月后，便将她贬为景皇后，称为安定宫。甘露元年(265)七月，朱夫人被逼而死，与孙休合葬在定陵。

今注　**1** 建兴：三国时期吴国废帝孙亮的第一个年号(252—253)。　**2** 五凤：三国时期吴国废帝孙亮的第二个年号(254—256)。　**3** 太平：三国时期吴国废帝孙亮的第三个年号(256—258)。　**4** 永安：三国时期吴景帝孙休的第一个年号(258—264)。　**5** 甘露：三国时期吴国末帝孙晧的第二个年号(265—266)。

裴注　［**1**］臣松之以为，休妻其甥，事同汉惠。荀悦讥之已当，故不复广言。　［**2**］《搜神记》曰："孙峻杀朱主，埋于石子冈。归命即位，将欲改葬之。冢墓相亚，不可识别，而宫人颇识主亡时所著衣服，乃使两巫各住一处以伺其灵，使察鉴之，不得相近。久时，二人俱白：见一女人，年可三十余，上著青锦束头，紫白袷裳，丹绨丝履，从石子冈上半冈，而以手抑膝长太息。小住须臾，进一冢上便住，徘徊良久，奄然不见。二人之言，不谋而同，于是开冢，衣服如之。"

孙和何姬

原文

孙和何姬，丹阳句容人也。父遂，本骑士[1]。

译文

孙和的何姬，是丹阳郡句容县人。其父何遂，原本是军中骑兵出身。有一孙权尝游幸诸营，而姬观于道中，权望见异之，命宦者[2]召入，以赐子和。生男，权喜，名之曰彭祖，即晧也。太子和既废，后为南阳王，居长沙。孙亮即位，孙峻辅政。峻素媚事全主，全主与和母有隙，遂劝峻徙和居新都，遣使赐死，嫡妃[3]张氏亦自杀。何姬曰："若皆从死，谁当养孤？"遂拊育[4]晧及其三弟。晧即位，尊和为昭献皇帝[1]，何姬为昭献皇后，称升平宫，月余，进为皇太后。

次孙权巡视各处军营时，何姬在道路一旁观看，孙权远远望见她，觉得她相貌不凡，便让宦官将她召入宫中，赐给儿子孙和。随后她生下一名男孩，孙权十分高兴，给孩子起名叫彭祖，他就是孙晧。太子孙和遭到废黜，后来改封为南阳王，居住在长沙。孙亮即位后，孙峻辅政。孙峻素来对全公主阿谀谄媚，而全公主与孙和的母亲有过节，便劝说孙峻将孙和迁居到新都，然后派遣使节将他赐死，他的正宫王妃张氏也随之自杀。何姬说："假如大家都跟随丈夫去死，谁来抚养这些孤儿呢？"于是她将孙晧和他的三个弟弟抚育成人。孙晧即位后，追尊孙和为昭献皇帝，并尊何姬为昭献皇后，称为升平宫，一个多月后，进位为皇太后。

封弟洪永平侯，蒋溧阳侯，植宣城侯。洪卒，子邈嗣，为武陵监军，为晋所杀。植官至大司徒。吴末昏乱，何氏骄僭，子弟横放[5]，百姓患之，故民讹言[6]"晧久死，立者何氏子"云[2]。

孙晧又册封了何姬的弟弟何洪为永平侯，何蒋为溧阳侯，何植为宣城侯。何洪去世后，其子何邈继承爵位，并做了武陵监军，后来被晋军所杀。何植官至大司徒。吴国末年，朝政昏庸混乱，何氏一族恃宠而骄，屡有僭越之事，家族子弟横行放肆，百姓们都将他们视为祸害，所以民间有"孙晧早已死掉，即位的是何氏子孙"的谣传。

今注　1 骑士：指骑兵。　2 宦者：即宦官。　3 嫡妃：这里指太子的正妻。　4 拊(fǔ)育：抚育。　5 横(hèng)放：横行放肆。　6 讹言：虚假、谣传的话。

裴注　[1]《吴录》曰："晧初尊和为昭献皇帝，俄改曰文皇帝。"
[2]《江表传》曰："晧以张布女为美人，有宠。晧问曰：'汝父所在？'答曰：'贼以杀之。'晧大怒，棒杀之。后思其颜色，使巧工刻木作美人形象，恒置座侧。问左右：'布复有女否？'答曰：'布大女适故卫尉冯朝子纯。'即夺纯妻入宫，大有宠，拜为左夫人，昼夜与夫人房宴，不听朝政。使尚方以金作华燧、步摇、假髻以千数，令宫人著以相扑，朝成夕败，辄出更作，工匠因缘偷盗，府藏为空。会夫人死，晧哀愍思念，葬于苑中，大作冢，使工匠刻柏作木人，内冢中以为兵卫，以金银珍玩之物送葬，不可称计。已葬之后，晧治丧于内，半年不出。国人见葬太奢丽，皆谓晧已死，所葬者是也。晧舅子何都颜状似晧，云都代立。临海太守奚熙信讹言，举兵欲还诛都，都叔父植时为备海督，击杀熙，夷三族，讹言乃息，而人心犹疑。"

孙晧滕夫人

原文

孙晧滕夫人，故太常胤之族女也。胤夷灭，夫人父牧，以疏远徙边郡。孙休即位，大赦，得还，以牧为五官中郎。晧既封乌程侯，聘牧女为妃。晧即位，立为皇

译文

孙晧的滕夫人，是已故的太常滕胤的族女。滕胤因罪被灭族，滕夫人的父亲滕牧因为与滕胤关系疏远而没有被判死罪，只是被迁徙到边郡而已。孙休即位后，大赦天下，滕牧才得以回来，做了五官中郎。孙晧被封为乌程侯后，聘娶了滕牧的女儿为妃。孙晧即位为帝之后，便将她

后，封牧高密侯，拜卫将军[1]，录尚书事。后朝士以牧尊戚，颇推令谏争，而夫人宠渐衰。晧滋[2]不悦，晧母何恒左右之。又太史言，于运历，后不可易，晧信巫觋[3]，故得不废，常供养升平宫。牧见遣居苍梧郡[4]，虽爵位不夺，其实裔[5]也，遂道路忧死。长秋[6]官僚，备员[7]而已，受朝贺表疏如故。而晧内诸宠姬，佩皇后玺绂[8]者多矣[1]。天纪四年，随晧迁于洛阳。

册立为皇后，册封滕牧为高密侯，担任卫将军，总领尚书事。后来朝中大臣因为滕牧是身份尊贵的外戚，便经常推举他去劝谏皇帝，而滕夫人也渐渐失宠。孙晧愈发感到不快，想废掉皇后，但孙晧的母亲何氏总是保护她。加上太史进言说，根据运历推算，皇后不可改换，而孙晧迷信巫觋之言，才没有废黜滕夫人，长期在升平宫侍奉何太后。滕牧则被派遣到苍梧郡，虽然没有褫夺他的爵位，但实质也是流放，所以滕牧在途中忧愤而死。后宫大长秋等官僚，也只是备位充数而已，但还像以前一样接受朝贺和上奏的表、疏。而孙晧的许多宠姬，都已经佩上了皇后的印玺绶带。天纪四年(280)的时候，滕夫人随孙晧一同被迁往洛阳。

今注　1 卫将军：两汉三国时期的武官名，总领京师禁军，金印紫绶，为重号将军。　2 滋：更加，愈益。　3 巫觋(xí)：古代女巫称为“巫”，男巫称为“觋”。这里泛称术士。　4 苍梧郡：秦汉三国时期郡名，属交州，治广信(今广西梧州)。　5 裔：原意为边远地区，古代有所谓“投诸四裔”的说法，即流放。　6 长秋：指大长秋，是皇后近侍，通常由宦官担任，负责宣达皇后旨意，管理宫中事宜。因汉代皇后居住在长秋宫，故名。　7 备员：指仅有职位但无实际执掌的官员。　8 玺(xǐ)绂(fú)：指印玺和绶带。

裴注　[1]《江表传》曰：“晧又使黄门备行州郡，科取将吏家女。其二千石大臣子女，皆当岁岁言名，年十五六一简阅，简阅不中，乃得出嫁。后宫千数，而采择无已。”

评曰：《易》称“正家而天下定”[1]。《诗》云“刑于寡妻，至于兄弟，以御于家邦”[2]。诚哉，是言也！远观齐桓[3]，近察孙权，皆有识士之明，杰人之志，而嫡庶不分，闺庭错乱，遗笑古今，殃流后嗣。由是论之，惟以道义为心、平一为主者，然后克免斯累邪！

评论说：《易经》说“正家而天下定”。《诗经》也说“刑于寡妻，至于兄弟，以御于家邦”。这些古话说得多么正确啊！像古代的齐桓公，近代的孙权，都有鉴识士人的眼光，有豪杰的大志，却没有分清楚正妻和妾侍的地位，导致家庭关系混乱，沦为古往今来的笑柄，还给子孙后代留下祸患。由此而论，管理家庭只有以道义为核心，树立起正妻的独尊地位，明确妻妾的公平关系，才能够避免像齐桓、孙权所造成的牵累。

今注 1 正家而天下定：出自《易经·家人·彖辞》。 2 刑于寡妻，至于兄弟，以御于家邦：出自《诗经·大雅·思齐》。刑，通“型”，典范。寡妻，即正妻。 3 齐桓：即齐桓公，姜姓，吕氏，名小白，春秋时期齐国第十五位国君，为“春秋五霸”之一。齐桓公除嫡妻之外，又宠幸长卫姬、少卫姬、郑姬、葛嬴、密姬、宋华子等姬妾，生下许多子嗣。但由于没有处理好继承人的问题，齐桓公病重期间至去世之后，诸子互相攻击，导致齐国一片混乱。所以陈寿将齐桓公和孙权并列，将他们视为未能处理好“闺庭”关系的典型。

卷五十一　吴书六

宗室传

导读　本篇是三国时期吴国宗室成员的合传，共记载了孙静、孙贲、孙辅、孙翊、孙匡、孙韶、孙桓等七人的传记，并附有其父兄子弟如孙瑜、孙邻、孙河等人的事迹。按传统史书的编写体例，“宗室传”所记载的宗室成员，一般是历代皇帝的堂兄弟。他们与皇室的血缘关系较为疏远，没有皇位的继承权，也没有特别突出的政治地位和建树，但一般具有一定的才能和若干事迹。传统史书将这类宗室成员编为合传，所反映的是古代政治文化中“宗子维城”的思想。

孙静

原文

孙静，字幼台，坚季弟[1]也。坚始举事，静纠合乡曲及宗室五六百人以为保障，众咸附焉。策破刘繇，定诸县，进攻会稽，遣人请静，静将家属与策会于钱唐。

是时太守王朗拒策于固陵，策数度水战，不

译文

孙静，字幼台，是孙坚最小的弟弟。孙坚最初起兵举事的时候，孙静集合动员了乡人和宗族子弟五六百人作为孙坚的保障，大家也都愿意跟着他一起干。孙策击败了刘繇，平定了江东诸县，又去攻打会稽，派人去延请孙静，孙静便带着家属与孙策在钱唐会面。

当时会稽太守王朗占据固陵抵御孙策的进攻，孙策部队几度渡水与之交战，都没

能克。静说策曰："朗负阻城守，难可卒拔。查渎[2]南去此数十里[1]，而道之要径也。宜从彼据其内，所谓攻其无备、出其不意者也。吾当自帅众为军前队，破之必矣。"策曰："善。"乃诈令军中曰："顷连雨水浊，兵饮之多腹痛，令促具罂缶[3]数百口澄水。"至昏暮，罗然火[4]诳[5]朗，便分军夜投查渎道，袭高迁屯[2]。朗大惊，遣故丹阳太守周昕等帅兵前战。策破昕等，斩之，遂定会稽[3]。

法攻克。孙静于是为孙策出主意说："王朗凭借地理优势据城固守，很难很快攻破。从这里往南几十里有一个地方叫查渎，是通往会稽的要害之地，可以从那个地方进军袭击会稽，正所谓攻其不备、出其不意。我愿意率领部队作为大军的前锋，一定可以攻破王朗。"孙策说："很好。"便假意向军中下令说："近来连日降雨，导致河水浑浊，很多士兵饮用之后腹痛，命令军中尽快准备几百口罂缶来澄清河水。"到黄昏日暮时分，军中陈列了许多点燃的篝火用来迷惑王朗，同时分兵趁夜行军取道查渎，奔袭高迁屯。王朗见势大惊，急忙派遣原丹阳太守周昕等人率兵前往应战。孙策击破周昕等人，并将他们斩首，于是平定了会稽。

今注　1 季弟：即幼弟、最小的弟弟。　2 查渎：汉代地名，又称柤(zhā)渎、柤塘，在今浙江杭州萧山区。　3 罂缶：是一种古代的器具，多为陶制，用于盛储水或粮食。关于罂缶的形制，历来莫衷一是，有认为腹大口小者为罂，有认为罂即是缶。20世纪70年代以来，多地出土陶罂实物，才基本确定腹大口小的罂的形制。　4 然火：点燃的火。然，同"燃"。　5 诳：欺骗。

裴注　[1] 查，音祖加反。　[2] 臣松之案：今永兴县有高迁桥。　[3]《会稽典录》曰："昕字大明。少游京师，师事太傅陈蕃，博览群书，明于风角，善推灾异。辟太尉府，举高第，稍迁丹阳太守。曹公起义兵，昕前后遣兵万余人，助公征伐。袁术之在淮南也，昕恶其淫虐，绝不与通。”《献帝春秋》曰：“袁术遣吴景攻昕，未拔，景乃募百姓：‘敢从周昕者，死不赦！’昕曰：‘我则不德，百姓何罪？’遂散兵，还本郡。”

表拜静为奋武校尉，欲授之重任，静恋坟墓[1]宗族，不乐出仕，求留镇守，策从之。权统事，就迁昭义中郎将，终于家。有五子，暠[2]、瑜、皎、奂、谦。暠三子：绰、超、恭。超为偏将军。恭生峻，绰生綝。

事后，孙策上表请朝廷任命孙静为奋武校尉，准备将重任托付给他，但孙静眷恋故乡和宗族，并不想出仕做官，于是请求留在家乡镇守，而孙策也遵从了他的意愿。孙权执掌大事之后，孙静就地升迁为昭义中郎将，最后在家中去世。他有五个儿子，分别是孙暠、孙瑜、孙皎、孙奂、孙谦。孙暠有三个儿子，分别是孙绰、孙超、孙恭。孙超做过偏将军。孙恭生了孙峻，孙绰生了孙綝。

今注　1 坟墓：祖坟。这里代指故乡。　2 暠(hào，或 gǎo)：光明，明亮；洁白。

孙瑜

原文

瑜，字仲异，以恭义校尉始领兵众。是时，宾客诸将多江西人，瑜虚心绥抚[1]，得其欢心。

译文

孙瑜，字仲异，最初以恭义校尉的身份开始统兵。当时他门下宾客和军中诸将大多是江西人，孙瑜虚心接纳、礼贤下士，将他们安抚得十分妥当，甚得部下

建安九年，领丹阳太守，为众所附，至万余人，加绥远将军。十一年，与周瑜共讨麻、保二屯，破之。后从权拒曹公于濡须[2]，权欲交战，瑜说权持重，权不从，军果无功。迁奋威将军，领郡如故，自溧阳徙屯牛渚。瑜以永安人饶助为襄安长，无锡人颜连为居巢长，使招纳庐江二郡[3]，各得降附。济阴人马普笃学好古，瑜厚礼之，使二府[4]将吏子弟数百人就受业，遂立学官，临飨讲肄[5]。是时诸将皆以军务为事，而瑜好乐坟典[6]，虽在戎旅，诵声不绝。年三十九，建安二十年卒。瑜五子：弥、熙、燿、曼、纮。曼至将军，封侯。

的欢心。建安九年(204)，孙瑜兼领丹阳太守，许多人都来投奔他，手下兵力达到一万多人，于是加授绥远将军。建安十一年(206)，他与周瑜一道进攻麻屯和保屯，将其击破。之后，他跟随孙权在濡须口抵御曹操的进攻，孙权想要出兵战斗，孙瑜劝说他务必慎重，但孙权没有听从，后来交战果然没有取胜。孙瑜升迁为奋威将军，仍然兼领丹阳郡太守，驻屯地则从溧阳改到了牛渚。孙瑜任命永安人饶助为襄安县长，无锡人颜连为居巢县长，让他们去庐江二郡招纳人士，都得到了降附之众。济阴人马普专心好学，崇尚古道，孙瑜便以厚礼相待，命令将军府诸将和郡府官吏的数百名子弟前去向他求学，于是在当地设立学官，并亲临祭典，讲授学业。当时军中诸将都以军队事务为重，唯独孙瑜爱好典籍，虽然身在军旅，诵读经典之声却没有断绝。孙瑜在三十九岁的时候，即建安二十年(215)去世。他有五个儿子，分别是孙弥、孙熙、孙燿、孙曼、孙纮。孙曼官至将军，并获得封侯。

今注　**1** 绥抚：安定抚慰。　**2** 濡须：古坞堡名。东汉建安十七年(212)

孙权筑以拒曹操。据濡须水口，故名。源出今安徽巢湖市西巢湖，经无为东南流入长江。东汉末年至三国中期，魏与吴四次在濡须附近交战，前后持续近40年，统称“濡须之战”或“濡须口之战”。历次交战，双方各有胜负。此处所指应是发生在汉建安二十年(215)的第二次濡须之战，当时孙权趁曹操远征汉中，江淮空虚之时，企图偷袭合肥，但被魏将张辽以少胜多击破。经此一役，张辽威震江东。 **3** 庐江：汉代郡名，汉末原治皖城。建安十九年(214)，吴军击破皖城，庐江郡便一分为二，吴庐江郡治舒县，魏庐江郡治阳泉县。故此处称为“庐江二郡”。 **4** 二府：指军政二府。孙瑜兼领奋威将军和丹阳太守，这两个官职各自开府，有各自的属官和行政体系。 **5** 临飨讲肄：亲临祭典、讲授学业，表示对教育的注重。 **6** 坟典：原指古代典籍《三坟》《五典》，后为古代典籍的通称。

孙皎

孙皎，字叔朗，始拜护军校尉，领众二千余人。是时曹公数出濡须，皎每赴拒，号为精锐。迁都护、征虏将军，代程普督夏口。黄盖及兄瑜卒，又并其军。赐沙羡、云杜、南新市、竟陵为奉邑[1]，自置长吏。轻财能施，善于交结，与诸葛瑾至厚。委庐江刘靖以得失[2]，江夏李允以众事，广

孙皎，字叔朗，最初担任护军校尉，领兵两千多人。当时曹操数次进攻濡须口，孙皎每次都前往抵御，被称为军中精锐。后来他升任都护、征虏将军，代替程普到夏口督军。黄盖和其兄孙瑜去世后，孙皎又兼领他们的部队。孙权赐给他沙羡、云杜、南新市、竟陵作为奉邑，并允许他自主选任当地的行政长官。孙皎不看重财物，常将钱财施与他人，善于与人结交，与诸葛瑾关系最为友好。他将考课众官得失的任务交给庐江人刘靖负责，一般行政事务交给江夏人李允负责，军

陵吴硕、河南张梁以军旅，而倾心亲待，莫不自尽。皎尝遣兵候，获魏边将吏美女以进皎，皎更其衣服送还之，下令曰："今所诛者曹氏，其百姓何罪？自今以往，不得击其老弱。"由是江淮间多归附者。

旅事务交给广陵人吴硕、河南人张梁负责，并对他们倾心相待，无处不尽心。孙皎曾派出侦察兵侦察敌情，他们在魏国边境俘获将吏、美女进献给孙皎，孙皎让这些人换上更好的衣服后将之送回原住地，然后下令说："我们现在要诛伐的是曹氏，魏国的百姓何罪之有？从今往后，不许攻击魏国的老弱百姓。"因此江淮之间有许多前来投奔孙皎的人。

今注　**1** 奉邑：指收取赋税作为俸禄的封地。奉，通"俸"。　**2** 得失：好坏，优劣。此指对官员的考核。

尝以小故与甘宁忿争，或以谏宁，宁曰："臣子一例，征虏虽公子，何可专行侮人邪！吾值明主，但当输效力命，以报所天，诚不能随俗屈曲矣。"权闻之，以书让皎曰："自吾与北方为敌，中间十年，初时相持年小，今者且三十矣。孔子言'三十而立'，非但谓五经[1]也。授卿以精兵，委卿以大任，都护诸将

孙皎曾经因为小事和甘宁闹得不可开交，有人劝说甘宁，甘宁说："为人臣和为人子，道理是一样的，征虏将军即使是公侯之子，又怎么可以像这样专门来侮辱他人呢？我如今侍奉英明的君主，只应当尽力效命，以报答君主的厚待，实在是不能像世俗之人那样卑躬屈膝啊。"孙权听闻此事，便写了一封信责备孙皎说："自我与北方的魏国为敌，已经过去了十年，双方最开始相持时你年纪还小，如今也快三十岁了。孔子曾说'三十而立'，并不仅仅是说学习五经的事。我授予你精兵，又把大任托付给你，使你在千

于千里之外，欲使如楚任昭奚恤[2]，扬威于北境，非徒相使逞私志而已。近闻卿与甘兴霸饮，因酒发作，侵陵其人，其人求属吕蒙督中。此人虽粗豪，有不如人意时，然其较略[3]，大丈夫也。吾亲之者，非私之也。我亲爱之，卿疏憎之。卿所为每与吾违，其可久乎？夫居敬而行简，可以临民[4]；爱人多容，可以得众。二者尚不能知，安可董督在远，御寇济难乎？卿行长大，特受重任，上有远方瞻望之视，下有部曲朝夕从事，何可恣意有盛怒邪？人谁无过，贵其能改，宜追前愆，深自咎责。今故烦诸葛子瑜重宣吾意。临书摧怆[5]，心悲泪下。”皎得书，上疏陈谢，遂与宁结厚。

里之外的疆场上统领诸将，是希望你像当年楚国任用昭奚恤那样，能够在北境扬威，并不是让你去放肆个人意气而已。最近听说你和甘兴霸喝酒，因为醉酒发作，侵犯欺凌他，所以他请求改归吕蒙统属。这个人虽然是粗豪之辈，有些时候不是那么令人满意，但总的来说还算是个大丈夫。我亲近他，并不是出于偏袒。我所亲近的人，你却疏远憎恨。你的行为总是与我的想法相违背，这样岂是长久之计？居处恭敬而行事简约，才可以治理百姓；爱护士人而多加宽容，才可以得众人之心。如果连这两条都不知道，怎么能在远方督帅大军，对抗敌人而解救国家的危难呢？你现在也长大了，还担负着重任，在上要有长远眼光、顾全大局，在下则有部曲将士朝夕相从，怎么可以随随便便就恣意发怒呢？只要是人谁都会犯错，但只要能够改过就是可贵的，希望你好好反思此前的过错，深刻地检讨一下自己。所以现在劳烦诸葛子瑜去向你传达我的意思。我写这封信的时候，心里颇为难过，不禁落泪。”孙皎接到孙权的信后，上了奏疏谢罪，随后与甘宁修好，两人结下了深厚的友谊。

今注　1 非但谓五经也:《论语·为政》记载孔子所言:"吾十有五而志于学,三十而立。"据皇侃《论语义疏》:"立,谓所学经业成立也。"三十而立原本指的是三十岁学习五经有所成,后人常引申为成功立业,所以这里说"非但谓五经也"。　2 昭奚恤:战国时楚国人,生卒年不详。芈姓,昭氏。楚宣王时担任楚国令尹,执掌楚国军政大权,在诸侯中颇有威望。　3 较略:指大概、大体。　4 临民:治理百姓。　5 摧怆:悲伤。

后吕蒙当袭南郡,权欲令皎与蒙为左右部大督。蒙说权曰:"若至尊以征虏能,宜用之;以蒙能,宜用蒙。昔周瑜、程普为左右部督,共攻江陵,虽事决于瑜,普自恃久将[1],且俱是督,遂共不睦,几败国事,此目前之戒也。"权寤[2],谢蒙曰:"以卿为大督,命皎为后继。"禽关羽,定荆州,皎有力焉。建安二十四年卒。权追录其功,封子胤为丹阳侯。胤卒,无子,弟晞嗣,领兵,有罪自杀,国除。弟咨、弥、仪皆将军,封侯。咨羽林督[3],仪无难

后来吕蒙准备袭击南郡,孙权想任命孙皎和吕蒙分别做左部、右部大都督。吕蒙对孙权说:"如果陛下认为征虏将军能胜任,请您任用他;如果认为在下吕蒙能胜任,就请任用在下。当年周瑜和程普分别任左部、右部都督,共同攻打江陵,尽管军中大事都由周瑜决断,但程普仗着自己是久经沙场的老将,又同样担任都督,结果导致两人不和,几乎坏了国家大事,这个教训正是目前应当引以为戒的。"孙权醒悟过来,向吕蒙道歉说:"我任命你为大都督,命孙皎做你的后继部队。"后来吴军擒获关羽,平定荆州,孙皎都有很大的功劳。孙皎在建安二十四年(219)去世。孙权追录他的功劳,封他的儿子孙胤为丹阳侯。孙胤去世后,没有子嗣,其弟孙晞继承了爵位,并统领部队,但后来因罪自杀,封国随之削除。其弟孙咨、孙弥、孙仪都官至将军,获封侯爵。孙咨做了羽林督,

督[4]。咨为滕胤所杀，仪为孙峻所害。

孙仪做了无难督。孙咨后来被滕胤所杀，孙仪则被孙峻杀害。

今注 1 久将：指久经沙场的老将。 2 寤：通“悟”。 3 羽林督：官名。三国吴置。统率羽林军士，侍卫皇帝。 4 无难督：官名，三国吴设无难营，以无难督统率营兵。

孙奂

原文

孙奂，字季明。兄皎既卒，代统其众，以扬武中郎将领江夏太守。在事一年，遵皎旧迹，礼刘靖、李允、吴硕、张梁及江夏闾举等，并纳其善。奂讷于造次[1]而敏于当官，军民称之。黄武五年，权攻石阳，奂以地主[2]，使所部将军鲜于丹帅五千人先断淮道，自帅吴硕、张梁五千人为军前锋，降高城，得三将。大军引还，权诏使在前住，驾过其军，见奂军阵整齐，权叹曰：“初吾忧其迟钝，今治

译文

孙奂，字季明。其兄孙皎去世之后，孙奂接替他统领部队，以扬武中郎将的身份兼领江夏太守。在职一年，按照原来孙皎时候的惯例，礼敬刘靖、李允、吴硕、张梁以及江夏人闾举等，对他们的善言都予以采纳。孙奂不善言谈，但十分擅长处理政务，因此受到官兵百姓的称道。黄武五年(226)，孙权攻打石阳，孙奂因为是当地主官，便派所部将军鲜于丹率领五千人先行截断淮河水道，自己则率领吴硕、张梁等五千人担任大军的前锋部队，一举拿下高城，招降三名敌将。孙权大军返回时，下诏让孙奂的部队在前面停住，车驾经过时，看见孙奂所部军容整齐，不禁感叹道：“我起初还担忧他性格迟钝，现在看来在带兵这方面，

军，诸将少能及者，吾无忧矣。”拜扬威将军，封沙羡侯。吴硕、张梁皆裨将军，赐爵关内侯[1]。

很少有比得上他的将领，我可以高枕无忧了。”于是任命孙奂为扬威将军，封为沙羡侯。吴硕、张梁都被任命为裨将军，赐给关内侯的爵位。

今注　**1** 造次：善于辩论，善于言谈。　**2** 地主：当地的主人。此指当地主管官员。

裴注　［**1**］《江表传》曰：“初，权在武昌，欲还都建业，而虑水道泝流二千里，一旦有警，不相赴及，以此怀疑。及至夏口，于坞中大会百官议之。诏曰：‘诸将吏勿拘位任，其有计者，为国言之。’诸将或陈宜立栅栅夏口，或言宜重设铁锁者，权皆以为非计。时梁为小将，未有知名，乃越席而进曰：‘臣闻香饵引泉鱼，重币购勇士，今宜明树赏罚之信，遣将入沔，与敌争利。形势既成，彼不敢干也。使武昌有精兵万人，付智略者任将，常使严整，一旦有警，应声相赴。作甘水城，轻舰数十，诸所宜用，皆使备具。如此，开门延敌，敌自不来矣。’权以梁计为最得，即超增梁位。后稍以功进至沔中督。”

奂亦爱乐儒生，复命部曲子弟就业，后仕进朝廷者数十人。年四十，嘉禾三年卒。子承嗣，以昭武中郎将代统兵，领郡。赤乌六年卒，无子，封承庶弟壹奉奂后，袭业为将。孙峻

孙奂也喜欢儒生，也将部曲的子弟送到学校里去读书，这些人中后来出仕在朝廷做官的有数十人。孙奂四十岁的时候，即嘉禾三年(234)去世。其子孙承继承了爵位，以昭武中郎将的身份代替父亲统领部队并担任郡守的职务。赤乌六年(243)，孙承去世，没有子嗣，于是朝廷册封孙承的庶弟孙壹作为孙奂的继承人，承袭

之诛诸葛恪也，壹与全熙、施绩攻恪弟公安督融，融自杀。壹从镇南迁镇军，假节，督夏口。及孙綝诛滕胤、吕据，据、胤皆壹之妹夫也，壹弟封又知胤、据谋，自杀。綝遣朱異潜袭壹，異至武昌，壹知其攻己，率部曲千余口过将胤妻奔魏。魏以壹为车骑将军、仪同三司，封吴侯，以故主芳[1]贵人邢氏妻之。邢美色妒忌，下不堪命，遂共杀壹及邢氏。壹入魏三年死。

家业出任将领。孙峻诛杀诸葛恪的时候，孙壹和全熙、施绩一同袭击诸葛恪的弟弟公安督诸葛融，诸葛融自杀身亡。孙壹从镇南将军升迁为镇军将军，持有节杖，都督夏口军务。后来孙綝诛杀滕胤、吕据，这两人都是孙壹的妹夫，而孙壹之弟孙封又知道滕胤、吕据的密谋，于是自杀而死。孙綝派遣朱異前去偷袭孙壹，当朱異抵达武昌的时候，孙壹便知道他是来袭击自己的，于是率领一千多名部曲亲兵，带上滕胤的妻子逃亡魏国。魏国于是任命孙壹为车骑将军，仪同三司，封为吴侯，并将故主齐王芳的贵人邢氏嫁给他做妻子。邢氏容貌美丽而性情妒忌，她的手下人难以忍受驱使，便将孙壹和邢氏一同杀死。孙壹投降魏国三年便死去了。

今注 1 故主芳：指魏国第三任皇帝曹芳。曹芳为魏明帝曹叡养子，魏青龙三年(235)被封为齐王，景初三年(239)曹叡病逝之后，他继位为帝。在位期间，朝政先后被曹爽及司马懿、司马师父子掌控。嘉平六年(254)，司马师废黜曹芳，改立曹髦为帝，史书一般称之为“齐王芳”。西晋泰始十年(274)，曹芳去世，时年43岁。

孙贲

原文

孙贲，字伯阳，父羌字圣台，坚同产兄[1]也。贲早失二亲，弟辅婴孩，贲自赡育[2]，友爱甚笃。为郡督邮[3]守长。坚于长沙举义兵，贲去吏从征伐。坚薨，贲摄帅余众，扶送灵柩。后袁术徙寿春，贲又依之。术从兄绍用会稽周昂为九江太守，绍与术不协，术遣贲攻破昂于阴陵。术表贲领豫州刺史，转丹阳都尉，行征虏将军，讨平山越。为扬州刺史刘繇所迫逐，因将士众还住历阳。顷之，术复使贲与吴景共击樊能、张英等，未能拔。

及策东渡，助贲、景破英、能等，遂进击刘繇，繇走豫章。策遣贲、景还寿春报术，值术僭号[4]，

译文

孙贲，字伯阳，其父孙羌字圣台，是孙坚的同母兄长。孙贲早年失去父母的时候，其弟孙辅还是婴儿，孙贲便亲自抚养弟弟，兄弟两人相互友爱而情谊深厚。孙贲先后做过郡里的督邮和地方长官。孙坚在长沙起兵举义，孙贲便放弃了官职跟随他一同四处征战。孙坚去世后，孙贲代替他统领军队，并亲自为孙坚扶送灵柩。后来袁术迁到寿春，孙贲又前去投靠。袁术的堂兄袁绍任用会稽人周昂做九江太守，而袁绍与袁术关系不和，袁术便派孙贲在阴陵攻破了周昂。事后，袁术上表让孙贲兼领豫州刺史，又转任丹阳都尉，加征虏将军衔，讨伐平定了山越。后来孙贲被扬州刺史刘繇驱逐，率领兵马回到历阳驻扎。不久，袁术又派孙贲和吴景一同去攻打樊能、张英等人，但未能将其拿下。

等孙策东渡后，协助孙贲、吴景攻破张英、樊能等人，又进击刘繇，刘繇兵败逃到豫章。孙策派孙贲、吴景返回寿春向袁术汇报，恰逢袁术僭位称帝，设

署置百官。除贲九江太守,贲不就,弃妻孥[5]还江南[1]。时策已平吴、会二郡,贲与策征庐江太守刘勋、江夏太守黄祖。军旋,闻繇病死,过定豫章。上贲领太守[2],后封都亭侯。建安十三年,使者刘隐奉诏拜贲为征虏将军,领郡如故,在官十一年卒。子邻嗣。

置百官。袁术任命孙贲做九江太守,但孙贲不愿就任,抛下妻子儿女返回江南。当时孙策已经平定吴、会稽两郡,孙贲与孙策一同征讨庐江太守刘勋、江夏太守黄祖。大军凯旋之后,听闻刘繇病死,他们就前去平定了豫章。孙策于是上表朝廷让孙贲兼领豫章太守,后来又封为都亭侯。建安十三年(208),朝廷的使者刘隐奉诏前来任命孙贲为征虏将军,仍然兼领豫章太守,他在职十一年后去世。其子孙邻继承了爵位。

今注 1 同产兄:指同一个母亲所生的兄长。 2 赡育:赡养抚育。 3 督邮:官名。汉置,为郡府属吏,职掌督送邮书,并代表太守督察县乡,宣达教令,兼司狱讼捕亡等事,职任甚重。 4 僭号:指袁术于汉建安二年(197),于寿春称帝,建国号仲氏。 5 妻孥(nú):指妻子和儿女。

裴注 [1]《江表传》曰:"袁术以吴景守广陵,策族兄香亦为术所用,作汝南太守,而令贲为将军,领兵在寿春。策与景等书曰:'今征江东,未知二三君意云何耳?'景即弃守归,贲困而后免,香以道远,独不得还。"《吴书》曰:"香字文阳,父孺,字仲孺,坚再从弟也,仕郡主簿功曹。香从坚征伐有功,拜郎中。后为袁术驱驰,加征南将军,死于寿春。" [2]《江表传》曰:"时丹阳僮芝自署庐陵太守,策留贲弟辅领兵住南昌,策谓贲曰:'兄今据豫章,是扼僮芝咽喉而守其门户矣。但当伺其形便,因令国仪杖兵而进,使公瑾为作势援,一举可定也。'后贲闻芝病,即如策计。周瑜到巴丘,辅遂得进据庐陵。"

邻年九岁，代领豫章，进封都乡侯[1]。在郡垂二十年，讨平叛贼，功绩修理[1]。召还武昌，为绕帐督。时太常潘濬掌荆州事，重安长陈留舒燮有罪下狱，濬尝失[2]燮，欲置之于法。论者多为有言，濬犹不释。邻谓濬曰："舒伯膺兄弟争死[3]，海内义之，以为美谈，仲膺又有奉国旧意。今君杀其子弟，若天下一统，青盖[4]北巡，中州士人必问仲膺继嗣，答者云潘承明杀燮，于事何如？"濬意即解，燮用得济[2]。邻迁夏口沔中督、威远将军，所居任职，赤乌十二年卒。子苗嗣，苗弟旅及叔父安、熙、绩，皆历列位[5][3]。

孙邻九岁的时候，接替父亲担任豫章太守，又进爵为都乡侯。他在郡守的位置上任职近二十年，平定了郡内的叛贼，政绩优异。后来孙权将其召回武昌，做了绕帐督。当时太常潘濬掌管荆州的事务，重安县长陈留人舒燮有罪被下狱关押，潘濬曾和舒燮有过节，一心想将他绳之以法。参与议论的人纷纷为舒燮说情，潘濬还是不愿放过他。孙邻于是对潘濬说："舒伯膺兄弟二人争相替对方赴死，海内都称颂他们的义行，一时传为美谈，而舒仲膺又曾有侍奉我国的心愿。现在您杀死他们的子弟，等到将来天下统一，皇帝北巡，中原的士人必然会问起仲膺的子嗣，回答者就只能说是您潘承明杀死了舒燮，到时候该怎么办呢？"潘濬这才打消了原先的念头，舒燮也得以逃过一劫。孙邻后来升迁为夏口沔中督、威远将军，在住地任职，赤乌十二年(249)去世。其子孙苗承袭爵位，孙苗之弟孙旅及叔父孙安、孙熙、孙绩，都先后获得过爵位。

今注　1 修理：指治理得好，处理政务合宜。　2 失：这里指有过节。　3 舒伯膺：名不详，字伯膺，东汉陈留郡（治所陈留在今河南开封祥符区东南）

人。其弟舒邵，字仲膺。舒伯膺原为袁术属官，其友人被杀，舒仲膺为之报仇，案发下狱治罪，于是舒伯膺、舒仲膺兄弟二人争相赴死顶罪，令袁术十分感动，最终二人均予免死。 **4** 青盖：指天子的车盖。借指帝王。 **5** 列位：指爵位。

裴注 ［1］《吴书》曰："邻字公达，雅性精敏，幼有令誉。" ［2］《博物志》曰："仲膺名邵。初，伯膺亲友为人所杀，仲膺为报怨。事觉，兄弟争死，皆得免。袁术时，邵为阜陵长。亦见《江表传》。" ［3］《吴历》曰："邻又有子曰述，为武昌督，平荆州事。震，无难督。谐，城门校尉。歆，乐乡督。震后御晋军，与张悌俱死。贲曾孙惠，字德施。"《惠别传》曰："惠好学有才智，晋永宁元年，赴齐王冏义，以功封晋兴侯，辟大司马贼曹属。冏骄矜僭侈，天下失望。惠献言于冏，讽以五难、四不可，劝令委让万机，归藩青岱，辞甚深切。冏不能纳，顷之果败。成都王颖召为大将军参军。是时颖将有事于长沙，以陆机为前锋都督。惠与机乡里亲厚，忧其致祸，谓之曰：'子盍让都督于王粹乎？'机曰：'将谓吾避贼首鼠，更速其害。'机寻被戮，二弟云、耽亦见杀，惠甚伤恨之。永兴元年，乘舆幸邺，司空东海王越治兵下邳，惠以书干越，诡其姓名，自称南岳逸民秦祕之，勉以勤王匡世之略，辞义甚美。越省其书，榜题道衢，招求其人。惠乃出见，越即以为记室参军，专掌文疏，豫参谋议。每造书檄，越或驿马催之，应命立成，皆有辞旨。累迁显职，后为广武将军、安丰内史。年四十七卒。惠文翰凡数十首。"

孙辅

原文

孙辅，字国仪，贲弟也，以扬武校尉佐孙策平三郡。策讨丹阳七县，使辅西屯历阳以拒袁术，并招诱余民，鸠合[1]遗散。又从策讨陵阳，生得祖郎等[1]。策西袭庐江太守刘勋，辅随从，身先士卒，有功。策立辅为庐陵太守，抚定属城，分置长吏。迁平南将军，假节，领交州刺史。遣使与曹公相闻，事觉，权幽系[2]之[2]，数岁卒。子兴、昭、伟、昕，皆历列位。

译文

孙辅，字国仪，是孙贲的弟弟，以扬武校尉的军职辅佐孙策平定三郡。孙策讨伐丹阳七县的时候，让孙辅在西边的历阳驻扎以抵御袁术，并让他招募百姓，纠合散落当地的兵卒。后来又跟从孙策讨伐陵阳，生擒祖郎等人。孙策向西进军攻打庐江太守刘勋，孙辅随军出战，身先士卒，立下了战功。孙策便任命孙辅为庐陵太守，让他去安抚所属的各个县城，并分别在各地任命行政长官。孙辅后来升任平南将军，持有节杖，兼领交州刺史。因为他派遣使者与曹操暗中来往，事情泄露，便被孙权囚禁起来，数年之后去世。其子孙兴、孙昭、孙伟、孙昕，都先后获得了爵位。

今注　**1** 鸠合：纠合，聚集。　**2** 幽系：指幽禁，囚禁。

裴注　[**1**]《江表传》曰："策既平定江东，逐袁胤。袁术深怨策，乃阴遣间使赍印绶与丹阳宗帅陵阳祖郎等，使激动山越，大合众，图共攻策。策自率将士讨郎，生获之。策谓郎曰：'尔昔袭击孤，斫孤马鞍，今创军立事，除弃宿恨，惟取能用，与天下通耳。非但汝，汝莫恐怖。'郎叩头谢罪。

即破械，赐衣服，署门下贼曹。及军还，郎与太史慈俱在前导军，人以为荣。”　[2]《典略》曰：“辅恐权不能保守江东，因权出行东冶，乃遣人赍书呼曹公。行人以告，权乃还，伪若不知，与张昭共见辅，权谓辅曰：‘兄厌乐邪，何为呼他人？’辅云无是。权因投书与昭，昭示辅，辅惭无辞。乃悉斩辅亲近，分其部曲，徙辅置东。”

孙翊

原文

孙翊，字叔弼，权弟也，骁悍果烈，有兄策风。太守朱治举孝廉，司空辟[1]。建安八年，以偏将军领丹阳太守，时年二十。后卒为左右边鸿所杀，鸿亦即诛[2]。子松为射声校尉、都乡侯[3]，黄龙三年卒。蜀丞相诸葛亮与兄瑾书曰：“既受东朝厚遇，依依于子弟。又子乔良器，为之恻怆。见其所与亮器物，感用流涕。”其悼松如此，由亮养子乔[1]咨述故云。

译文

孙翊，字叔弼，是孙权的弟弟，骁勇强悍，果敢刚烈，有兄长孙策的风范。郡太守朱治举荐他为孝廉，因而受到司空的辟召。建安八年(203)，以偏将军的身份兼领丹阳太守，当时他只有二十岁。后来他突然被手下人边鸿所杀，边鸿也随即伏诛。其子孙松做了射声校尉、都乡侯，在黄龙三年(231)去世。蜀国丞相诸葛亮给其兄诸葛瑾写信说：“您已经受到东朝的厚待，延及子弟。而孙子乔是个优秀的人才，我为他的遭遇感到悲痛。如今看见他送给我的器物，不禁感慨流泪。”诸葛亮之所以如此悼念孙松，是由于他的养子诸葛乔时常称颂孙松的缘故。

今注　1 乔：指诸葛乔。诸葛乔原为诸葛瑾之子，后被过继给叔父诸葛亮继嗣，与胞兄诸葛恪均有很高的名声。上文"子乔"是孙松的表字，应注意与此处"养子乔"区分。

裴注　[1]《典略》曰："翊名俨，性似策。策临卒，张昭等谓策当以兵属俨，而策呼权，佩以印绶。"　[2]《吴历》载翊妻徐节行，宜与妫览等事相次，故列于后《孙韶传》中。　[3]《吴录》曰："松善与人交，轻财好施。镇巴丘，数咨陆逊以得失。尝有小过，逊面责松，松意色不平，逊观其少释，谓曰：'君过听不以其鄙，数见访及，是以承来意进尽言，便变色，何也？'松笑曰：'属亦自忿行事有此，岂有望邪！'"

孙匡

原文

孙匡，字季佐，翊弟也。举孝廉茂才1，未试用，卒，时年二十余[1]。子泰，曹氏之甥2也，为长水校尉。嘉禾三年，从权围新城，中流矢死。泰子秀为前将军、夏口督。秀公室至亲，握兵在外，皓意不能平。建衡二年，皓遣何定将五千人至夏口猎。先是，民间佥3言秀当见图4，而定远猎，秀遂惊，夜将妻子亲兵

译文

孙匡，字季佐，是孙翊的弟弟。先后被举荐为孝廉、茂才，没来得及任用便去世了，当时还只有二十多岁。其子孙泰，是曹操的外甥，担任长水校尉。嘉禾三年(234)，他跟随孙权围攻新城，不幸被流矢射中而死。孙泰之子孙秀担任了前将军、夏口督。孙秀是皇族至亲，又手握重兵在外，孙皓对他很是忌惮。建衡二年(270)，孙皓派何定率领五千人到夏口狩猎。此前，民间都说孙秀一定会遭谋害，而何定远道而来夏口狩猎，孙秀感到非常惊惧，连夜带

数百人奔晋。晋以秀为骠骑将军、仪同三司,封会稽公[2]。

着妻小和数百名亲兵逃亡到晋国。晋国任命孙秀为骠骑将军、仪同三司,封为会稽公。

今注 1 孝廉茂才:察举制的两个科目。 2 曹氏之甥:孙匡之妻为曹操从弟曹仁之女,所以其子孙泰被称为“曹氏之甥”。 3 佥(qiān):都,皆。 4 图:设法对付。此指谋害。

裴注 [1]《江表传》曰:“曹休出洞口,吕范率军御之。时匡为定武中郎将,违范令放火,烧损茅芒,以乏军用,范即启送匡还吴。权别其族为丁氏,禁(固)[锢]终身。”臣松之案:本传曰:“匡未试用,卒,时年二十余。”而《江表传》云吕范在洞口,匡为定武中郎将。既为定武,非为未试用,且孙坚以初平二年卒,洞口之役在黄初三年,坚卒至此合三十一年。匡时若尚在,本传不得云“卒时年二十余”也。此盖权别生弟朗,《江表传》误以为匡也。朗之名位,见《三朝录》及虞喜《志林》也。 [2]《江表传》曰:“晧大怒,追改秀姓曰厉。”干宝《晋纪》曰:“秀在晋朝,初闻晧降,群臣毕贺,秀称疾不与,南向流涕曰:‘昔讨逆弱冠以一校尉创业,今后主举江南而弃之,宗庙山陵,于此为墟。悠悠苍天,此何人哉!’朝廷美之。”《晋诸公赞》曰:“吴平,降为伏波将军,开府如故。永宁中卒,追赠骠骑、开府。子俭,字仲节,给事中。”

孙韶

原文

孙韶,字公礼。伯父河,字伯海,本姓俞

译文

孙韶,字公礼。其伯父孙河,字伯海,本姓俞氏,也是吴郡人氏。孙策特别喜氏,亦吴人也。孙策爱之,赐姓为孙,列之属籍1[1],后为将军,屯京城2。初,孙权杀吴郡太守盛宪[2],宪故孝廉妫3览、戴员亡匿山中,孙翊为丹阳,皆礼致之,览为大都督督兵,员为郡丞。及翊遇害,河驰赴宛陵,责怒览、员,以不能全翊,令使奸变得施。二人议曰:“伯海与将军疏远,而责我乃耳。讨虏4若来,吾属无遗矣。”遂杀河,使人北迎扬州刺史刘馥,令住历阳,以丹阳应之。会翊帐下徐元、孙高、傅婴等杀览、员[3]。

欢孙河,便赐姓为孙,让他名列孙氏宗族之中,后来出任将军,在京口城驻屯。起初,孙权杀死吴郡太守盛宪,盛宪以前所举荐的孝廉妫览、戴员逃亡到山里,而孙翊做丹阳太守之后,将他们都延请来以礼相待,任命妫览为大都督督帅兵众,任命戴员为郡丞。孙翊遇害后,孙河快马赶到宛陵,怒斥妫览、戴员,说他们没有恪尽职守保护好孙翊,导致奸邪之事发生。妫、戴两人商议道:“伯海和孙翊将军关系疏远,就这样责骂我们了。讨虏将军孙权若是前来,我们必定会死无葬身之地啊。”于是妫、戴两人谋杀了孙河,并派人北上迎接扬州刺史刘馥,让其出兵驻屯历阳,他们两人则率丹阳的部队前去响应。此时恰巧孙翊帐下的将领徐元、孙高、傅婴等人杀死了妫览和戴员。

今注　1 属籍:指宗室簿籍。　2 京城:六朝书籍中的“京”或“京城”,一般指京口而不是国都建业(建康)。孙权时设立京口镇,筑铁瓮城,在今江苏镇江。　3 妫:音 guī。　4 讨虏:指孙权。

裴注　[1]《吴书》曰:“河,坚族子也,出后姑俞氏,后复姓为孙。河质性忠直,讷言敏行,有气干,能服勤。少从坚征讨,常为前驱,后领左右兵,典知内事,待以腹心之任。又从策平定吴、会,从权讨李术,术破,拜威寇中郎将，领庐江太守。” [2]《会稽典录》曰：“宪字孝章，器量雅伟，举孝廉，补尚书郎，稍迁吴郡太守，以疾去官。孙策平定吴、会，诛其英豪，宪素有高名，策深忌之。初，宪与少府孔融善，融忧其不免祸，乃与曹公书曰：‘岁月不居，时节如流，五十之年，忽焉已至。公为始满，融又过二，海内知识，零落殆尽，惟会稽盛孝章尚存。其人困于孙氏，妻孥湮没，单子独立，孤危愁苦，若使忧能伤人，此子不得复永年矣。《春秋传》曰：“诸侯有相灭亡者，桓公不能救，则桓公耻之。”今孝章实丈夫之雄也，天下谭士依以扬声，而身不免于幽执，命不期于旦夕，是吾祖不当复论损益之友，而朱穆所以绝交也。公诚能驰一介之使，加咫尺之书，则孝章可致，友道可弘也。今之少年，喜谤前辈，或能讥评孝章；孝章要为有天下大名，九牧之民所共称叹。燕君市骏马之骨，非欲以骋道里，乃当以招绝足也。惟公匡复汉室，宗社将绝，又能正之，正之之术，实须得贤。珠玉无胫而自至者，以人好之也，况贤者之有足乎？昭王筑台以尊郭隗，隗虽小才，而逢大遇，竟能发明主之至心，故乐毅自魏往，剧辛自赵往，邹衍自齐往。向使郭隗倒悬而王不解，临溺而王不拯，则士亦将高翔远引，莫有北首燕路者矣。凡所称引，自公所知，而有云者，欲公崇笃斯义也，因表不悉。’由是征为骑都尉。制命未至，果为权所害。子匡奔魏，位至征东司马。” [3]《吴历》曰：“妫览、戴员亲近边洪等，数为翊所困，常欲叛逆。因吴主出征，遂其奸计。时诸县令长并会见翊，翊以妻徐氏颇晓卜，翊入语徐：‘吾明日欲为长吏作主人，卿试卜之。’徐言：‘卦不能佳，可须异日。’翊以长吏来久，宜速遣，乃大请宾客。翊出入常持刀，尔时有酒色，空手送客。洪从后斫翊，郡中扰乱，无救翊者，遂为洪所杀，迸走入山。徐氏购募追捕，中宿乃得，览、员归罪杀洪。诸将皆知览、员所为，而力不能讨。览入居军府中，悉取翊嫔妾及左右侍御，欲复取徐。恐逆之见害，乃绐之曰：‘乞须晦日设祭除服。’时月垂竟，览听须祭毕。徐潜使所亲信语翊亲近旧将孙高、傅婴等，说：‘览已虏略婢妾，今又欲见逼，所以外许之者，欲安其意以免祸耳。欲立微计，愿二君哀救。’高、婴涕泣答言：‘受府君恩遇，所以不即死难者，以死无益，欲思惟事计，事计未立，未敢启夫人耳。今日之事，实夙夜所怀也。’乃密呼翊时侍养者二十余人，以徐意语之，共盟誓，合谋。到晦日，设祭，徐氏哭泣尽哀毕，乃除服，薰香沐浴，更于他室安施帏帐，言笑欢悦，示无戚容。大小凄怆，怪其如此。览密觇视，无复疑意。徐呼高、婴与诸婢罗住户内，使人报览，说‘已除凶即吉，惟府君敕命’。览盛意入，徐出户拜。览适得一拜，徐便大呼：‘二君可起！’高、婴俱出，共得杀览，余人即就外杀员。夫人乃还缞绖，奉览、员首以祭翊墓。举军震骇，以为神异。吴主续至，悉族诛览、员余党，擢高、婴为牙门，其余皆加赐金帛，殊其门户。”

韶年十七，收河余众，缮治京城，起楼橹，修器备以御敌。权闻乱，从椒丘还，过定丹阳，引军归吴。夜至京城下营，试攻惊之，兵皆乘城传檄备警，讙[1]声动地，颇射外人，权使晓喻乃止。明日见韶，甚器之，即拜承烈校尉，统河部曲，食曲阿、丹徒二县，自置长吏，一如河旧。后为广陵太守、偏将军。权为吴王，迁扬威将军，封建德侯。权称尊号，为镇

当时孙韶十七岁，集合了孙河剩下的部队，并修缮了京口城，还建造了楼船，修整了军备来防备敌人。孙权听说了丹阳发生的动乱，立即从椒丘返回，路过时平定了丹阳之乱，才率军返回吴郡。夜里到达京口城安营扎寨，就佯攻孙韶，想要试探一下他，而孙韶军营里的士兵立刻登上城墙，传递军令、守备警戒，喧哗的声音震天动地，并且纷纷向外敌射箭，孙权派人去告知实情，守军才停止防御。第二日，孙权与孙韶相见，对他十分器重，当即任命他为承烈校尉，统帅孙河的部曲亲兵，赐给曲阿、丹徒两县作为食邑，并允许他自行任命当地行政长官，和孙河原先的待遇完全一致。后来，孙韶做到了广陵太守、偏将军。孙权做吴王的时候，孙韶又升迁

北将军。

韶为边将数十年，善养士卒，得其死力。常以警疆埸、远斥候为务，先知动静而为之备，故鲜有负败。青、徐、汝、沛颇来归附，淮南滨江屯候皆彻兵[2]远徙，徐、泗、江、淮之地，不居者各数百里。自权西征还，都武昌，韶不进见者十余年。权还建业，乃得朝觐。权问青、徐诸屯要害，远近人马众寡，魏将帅姓名，尽具识之，有问咸对。身长八尺，仪貌都雅[3]。权欢悦曰："吾久不见公礼，不图进益乃尔。"加领幽州牧，假节。

赤乌四年卒。子越嗣，至右将军，越兄楷武卫大将军、临成侯，代越为京下督[4]。楷弟異至领军将军，奕宗正卿，

为扬威将军，被封为建德侯。孙权称帝之后，孙韶被任命为镇北将军。

孙韶做边将做了几十年，善于蓄养士卒，大家也都愿意为他效死力。孙韶始终以警备边疆、派斥候深入敌后侦查为务，这样就可以提前知道敌方动向，然后有针对地部署守备，所以他极少打败仗。青、徐两州，汝南、沛国等地常有前来归附的百姓，而淮南沿江一带敌军原先的驻屯哨所也都纷纷撤兵远迁，徐州、泗水及江淮流域一带，没有居民的无人区达到数百里之广。自从孙权西征，迁都武昌，孙韶十几年都没有入朝与孙权相见。直到孙权将都城又迁回建业，孙韶才得以朝觐。孙权问起青、徐等地驻屯军营的要害之处，远近兵马数量多少，魏国将帅的姓名，孙韶全都了解，有问必答。孙韶身高八尺，仪容俊雅。孙权高兴地说："我这么久没见到公礼，没想到你有这么大的进步。"于是升任他为幽州牧，持有节杖。

孙韶于赤乌四年(241)去世。其子孙越继承了爵位，官至右将军，孙越的兄长孙楷为武卫大将军、临城侯，接替孙越做了京下督。孙楷的弟弟孙異官至领军将军，孙奕是宗正卿，孙恢则为武陵太守。

恢武陵太守。天玺元年,征楷为宫下镇骠骑将军。初,永安贼施但等劫晧弟谦,袭建业,或白楷二端[5]不即赴讨者,晧数遣诘楷。楷常惶怖,而卒被召,遂将妻子亲兵数百人归晋,晋以为车骑将军,封丹阳侯[1]。

天玺元年(276),朝廷召回孙楷做宫下镇骠骑将军。起初,永安盗贼施但等人劫持了孙晧的弟弟孙谦,准备袭击建业,有人告发说孙楷当时首鼠两端,没有立即赶赴征讨,孙晧就此事数次谴责孙楷。孙楷为此时常感到惊慌害怕,这时突然受召入朝,他便带着妻小及亲兵数百人逃到了晋国,晋国任命他做车骑将军,封为丹阳侯。

今注　**1** 讙(huān):喧哗。　**2** 彻兵:撤兵,撤军。　**3** 都雅:美好闲雅。　**4** 京下督:指京口的督将。　**5** 二端:亦作"两端",指游移于两者之间的态度。此指犹豫观望,首鼠两端。

裴注　[**1**]《晋诸公赞》曰:"吴平,降为渡辽将军,永安元年卒。"《吴录》曰:"楷处事严整不如孙秀,而人间知名,过也。"

孙桓

孙桓,字叔武,河之子也[1]。年二十五,拜安东中郎将,与陆逊共拒刘备。备军众甚盛,弥山盈谷[1]。桓投刀奋命,与逊勠力[2],备遂败走。桓斩上夔[3]道,截其径要[4]。

孙桓,字叔武,是孙河的儿子。二十五岁的时候,被任命为安东中郎将,与陆逊一同抵御刘备的进攻。刘备的军队规模庞大,山谷间到处都是。孙桓愈发拼命死战,与陆逊勠力同心,击退了刘备。孙桓截断了通往夔门的道路,扼守刘备撤退的必经之处。刘备只得翻山越

备逾山越险，仅乃得免，忿恚[5]叹曰："吾昔初至京城，桓尚小儿，而今迫孤乃至此也！"桓以功拜建武将军，封丹徒侯，下督牛渚，作横江坞，会卒[2]。

险，才勉强逃脱，恼怒地感叹说："我当年第一次到京口来的时候，孙桓还只是个小孩子，如今竟然将我逼到如此窘迫的境地！"后来，孙桓凭借战功被任命为建武将军，受封为丹徒侯，到长江下游去督镇牛渚，建造了横江坞，不久后在任上去世。

今注　1 弥山盈谷：满山满谷。形容数量多。　2 勠力：勉力，尽力。　3 夔（kuí）：指夔门，即瞿塘关，在长江三峡之一瞿塘峡的西端，是三峡中最窄、最险要的位置，也是进入三峡的西大门，故有"夔门天下雄"之称。　4 径要：必经之要道。　5 忿恚：愤怒，恼怒。

裴注　[1]《吴书》曰："河有四子。长助，典阿长；次谊，海盐长。并早卒。次桓，仪容端正，器怀聪朗，博学强记，能论议应对，权常称为'宗室颜渊'，擢为武卫都尉。从讨关羽于华容，诱羽余党，得五千人，牛马器械甚众。"　[2]《吴书》曰："桓弟俊，字叔英，性度恢弘，才经文武，为定武中郎将，屯戍薄落，赤乌十三年卒。长子建袭爵，平虏将军。少子慎，镇南将军。慎子丞，字显世。"《文士传》曰："丞好学，有文章，作《萤火赋》行于世。为黄门侍郎，与顾荣俱为侍臣。归命世，内侍多得罪尤，惟荣、丞独获全。常使二人记事，承答顾问，乃下诏曰：'自今已后，用侍郎皆当如今宗室丞、顾荣畴也。'吴平，赴洛，为范阳涿令，甚有称绩。永安中，陆机为成都王大都督，请丞为司马，与机俱被害。"

评曰：夫亲亲恩义，古今之常。宗子维城[1]，诗人所称。

评论说：亲人之间的恩义，是古往今来的人之常情。宗族子弟出镇外藩，成为保卫京师的城墙，这也是《诗经》里面所称颂的。何况此诸孙，或赞兴初基，或镇据边陲，克堪厥任，不忝其荣者乎！故详著云。

况像孙氏一族的这些子弟，或是在王基初兴时赞襄大业，或是在边疆之地镇守戍卫，都是堪当大任的人才，都能对得起家族的荣光啊！所以将他们的事迹详细地著于此篇。

今注 **1** 宗子维城：出自《诗经·大雅·板》：“价人维藩，大师维垣，大邦维屏，大宗维翰，怀德维宁，宗子维城。无俾城坏，无独斯畏。”意思是依靠宗族的力量来巩固统治。

卷五十二　吴书七

张顾诸葛步传

导读　本篇是张昭、顾雍、诸葛瑾、步骘四人的合传，同时附有各人子孙的事迹。这四人都是三国时期吴国的肱骨重臣、社稷栋梁，他们虽不一定都有丞相之名，但均有丞相之实。张昭从孙策创业时起就跟随左右，孙策任命他为长史，将文武百官之事都交给他负责。孙策死后，张昭受遗命辅佐孙权，帮助孙权安抚官民、稳定局势。但张昭为人性格刚正、气度威严，最终被孙权疏远。孙权两次任命丞相，都没有用张昭，最终张昭告老还家。顾雍少年时从地方县令起家，所到之处都有良好的政绩，后来受到孙权的重用，出任尚书令、丞相等职务。他为相十九年，匡弼辅正、公正无私。诸葛瑾是蜀国名相诸葛亮的兄长，深受孙权信任，为人直言敢谏，对吴国的内政外交做出了卓著的贡献。吕蒙病逝后，诸葛瑾接替他驻防长江上游，到孙权称帝时，又升任为大将军、豫州牧。步骘最初是孙权的幕僚，随后在各地出任地方官，其中最重要的是出任长江上游的西陵督，而最后回朝接替陆逊出任丞相。

本篇在体例上，可以视为《吴书》的“丞相传”。吴国史学家周昭曾撰文评述这几位名臣的事迹，并称赞他们是道德法度方面的楷模，而陈寿在编纂本篇的时候，也在一定程度上参考了周昭的著作。

张昭

原文

张昭，字子布，彭城人也。少好学，善隶书，从白侯子安[1]受《左氏春秋》，博览众书，与琅邪赵昱、东海王朗俱发名友善。弱冠察孝廉，不就。与朗共论旧君讳事[2]，州里才士陈琳等皆称善之[1]。刺史陶谦举茂才，不应，谦以为轻己，遂见拘执。昱倾身营救，方以得免。汉末大乱，徐方士民多避难扬土，昭皆南渡江。

译文

张昭，字子布，是彭城国人。少年时勤奋好学，擅长写隶书，师从白侯子安学习《左氏春秋》，博览群书，与琅邪郡人赵昱、东海郡人王朗都在年轻时就出了名，关系也很好。张昭二十岁的时候被郡里察举为孝廉，但他并未进京去参加当官之前的考试。张昭曾和王朗一同讨论前代君王避讳的事情，州里的才学之士陈琳等人都对他的观点大为称赞。后来州刺史陶谦举荐张昭为茂才，但张昭没有应举，陶谦便认为他是轻视自己，于是将他抓了起来。赵昱倾尽全力前去营救，张昭才得以幸免于难。汉末天下大乱的时候，徐州有很多士人百姓都前往扬州避难，张昭也就在此时渡江来到江东。

今注 1 白侯子安：汉末三国时期学者，籍贯及生卒年不详。“白侯”为复姓。 2 论旧君讳事：张昭就此问题撰有《宜为旧君讳论》一篇，收入《全三国文》。按传统社会的惯例，本朝君王的名字需要避讳，但古代君王的名字则不受此限制。张昭的文章虽然题目是“宜为旧君讳”，但其实际观点是反对为古代君王避讳。

裴注 [1] 时汝南主簿应劭议，宜为旧君讳，论者皆互有异同，事在《风俗通》。昭著论曰："客有见大国之议，士君子之论，云起元建武已来，旧君名讳五十六人，以为后生不得协也。取乎经论，譬诸行事，义高辞丽，甚可嘉羡。愚意褊浅，窃有疑焉。盖乾坤剖分，万物定形，肇有父子君臣之经。故圣人顺天之性，制礼尚敬，在三之义，君实食之，在丧之哀，君亲临之，厚莫重焉，恩莫大焉，诚臣子所尊仰，万夫所天恃，焉得而同之哉？然亲亲有衰，尊尊有杀，故《礼》服上不尽高祖，下不尽玄孙。又《传》记四世而缌麻，服之穷也；五世袒免，降杀同姓也；六世而亲属竭矣。又《曲礼》有不逮事之义则不讳，不讳者，盖名之谓，属绝之义，不拘于协，况乃古君五十六哉！邾子会盟，季友来归，不称其名，咸书字者，是时鲁人嘉之也。何解臣子为君父讳乎？周穆王讳满，至定王时有王孙满者，其为大夫，是臣协君也。又厉王讳胡，及庄王之子名胡，其比众多。夫类事建议，经有明据，传有征案，然后进攻退守，万无奔北，垂示百世，永无咎失。今应劭虽上尊旧君之名，而下无所断齐，犹归之疑云。《曲礼》之篇，疑事无质，观省上下，阙义自证，文辞可为，倡而不法，将来何观？言声一放，犹拾沈也，过辞在前，悔其何追！"

孙策创业，命昭为长史、抚军中郎将，升堂拜母，如比肩之旧，文武之事，一以委昭[1]。昭每得北方士大夫书疏，专归美于昭。昭欲嘿[1]而不宣则惧有私，宣之则恐非宜，进退不安。策

孙策平定江东开创基业，任命张昭做长史、抚军中郎将，与他一同登堂拜见自己的母亲，两人的关系就像一同长大的朋友那么亲密，而孙策也将军中各类文武公事全部委任给张昭去处理。张昭每每收到北方士大夫的来信，将治理江东的各种功劳都归于他一人。他想将这些信件藏匿起来不向孙策报告，又害怕被认为有私心；倘若向孙策报告，又担心内容不合适，他为此深感不

闻之，欢笑曰："昔管仲相齐，一则仲父[2]，二则仲父，而桓公为霸者宗。今子布贤，我能用之，其功名独不在我乎！"

安。孙策听说此事后，高兴地笑道："当年管仲辅佐齐桓公的时候，官员们有事请示，桓公总是说去问仲父，去问仲父，最终却能够称霸诸侯，受到后世的景仰。现今子布贤能，我能任用他，他所建立的功名不还是归我所有吗？"

今注　**1** 嘿(mò)：同"默"。　**2** 仲父：齐桓公对管仲的尊称。

裴注　［**1**］《吴书》曰："策得昭甚悦，谓曰："吾方有事四方，以士人贤者上，吾于子不得轻矣。"乃上为校尉，待以师友之礼。"

策临亡，以弟权托昭，昭率群僚立而辅之[1]，上表汉室，下移[1]属城，中外将校，各令奉职。权悲感未视事，昭谓权曰："夫为人后者，贵能负荷先轨，克昌堂构，以成勋业也。方今天下鼎沸，群盗满山，孝廉[2]何得寝伏哀戚，肆匹夫之情哉？"乃身自扶权上马，陈兵而出，然后众心知有所归。昭复为权长史，授

孙策临终之时，将弟弟孙权托付给张昭，张昭便率领臣僚百官拥立孙权为主公并辅佐他，他一面向汉朝廷上表报告，一面向所属郡县下达公文知会，并命令内外各级军官奉公守职。孙权因为悲伤未能亲自处理政事，张昭便劝谏道："作为别人的继承者，最重要的事情是能够继承先辈的遗业，并将之发扬光大，以成就一番大事业。如今天下大乱，漫山遍野都是盗贼，孝廉您怎么能沉浸在哀戚中，像常人那样任自己悲伤呢？"于是亲自将孙权扶上马背，排列好军队让他出去巡视，大家见状才放下心来，感到有了依靠。张昭仍然被任命为孙权的长史，所承担的任务也和从前一样。

任如前[2]。后刘备表权行车骑将军，昭为军师。权每田猎，常乘马射虎，虎常突前攀持马鞍。昭变色而前曰："将军何有当尔？夫为人君者，谓能驾御英雄，驱使群贤，岂谓驰逐于原野，校勇于猛兽者乎？如有一旦之患，奈天下笑何？"权谢昭曰："年少虑事不远，以此惭君。"然犹不能已，乃作射虎车，为方目，间不置盖，一人为御，自于中射之。时有逸群之兽，辄复犯车，而权每手击以为乐。昭虽谏争，常笑而不答。

后来刘备上表举荐孙权担任车骑将军，张昭做军师。孙权每次外出田猎，常常亲自骑马射虎，而老虎有一次突奔到他身前，双爪甚至攀到了马鞍上。张昭得知此事后神色大变，上前劝诫道："将军您怎么能做出这样的事？做君主的人，是说他能够驾御驱使各路英雄和贤人，哪里是像您这样在原野驰骋，和猛兽拼蛮力呢？万一有个不测，岂不是沦为天下的笑柄？"孙权向张昭道歉说："我年轻，考虑事情不深远，为此我在您面前深感惭愧。"然而孙权还是没有停止射虎，还专门造了"射虎车"，车上设置了一个不加遮挡的方形孔，安排一个人负责驾车，自己则从孔中向外射击。时常有离群的野兽出现，前来攻击孙权的车子，而他却以徒手搏击为乐。张昭虽然苦谏力争，孙权却总是笑而不答。

今注　1 移：指"移书"，或称"移文"，古代文书的一种。多用于对平行或下属机构部门的告知、劝喻等事务。　2 孝廉：建安元年(196)，吴郡太守朱治曾举荐孙权为孝廉，因此张昭这样称呼他。

裴注　[1]《吴历》曰："策谓昭曰：'若仲谋不任事者，君便自取之。正复不克捷，缓步西归，亦无所虑。'"　[2]《吴书》曰："是时天下分裂，擅命者众。孙策莅事日浅，恩泽未洽，一旦倾陨，士民狼狈，颇有同异。及昭辅权，绥抚百姓，诸侯宾旅寄寓之士，得用自安。权每出征，留昭镇守，领幕府事。后黄巾贼起，昭讨平之。权征合肥，命昭别讨匡琦，又督领诸将，攻破豫章贼率周凤等于南城。自此希复将帅，常在左右，为谋谟臣。权以昭旧臣，待遇尤重。”

魏黄初二年，遣使者邢贞拜权为吴王。贞入门，不下车。昭谓贞曰：“夫礼无不敬，故法无不行。而君敢自尊大，岂以江南寡弱，无方寸之刃故乎！”贞即遽下车。拜昭为绥远将军，封由拳侯[1]。权于武昌，临钓台，饮酒大醉。权使人以水洒群臣，曰：“今日酣饮，惟醉堕台中，乃当止耳。”昭正色不言，出外车中坐。权遣人呼昭还，谓曰：“为共作乐耳，公何为怒乎？”昭对曰：“昔纣[1]为糟丘酒池长夜之饮，当时亦以为乐，不以为恶也。”权默然，有惭色，遂罢酒。

魏黄初二年(221)，朝廷派遣使者邢贞来封授孙权做吴王。邢贞进了宫门之后，仍然坐在车上不下来。张昭上前对他说：“没有不尊敬别人的礼节，也没有不能惩罚的对象。您竟敢妄自尊大，难道是认为江南人少力弱，连区区一把执法的小刀都没有吗？”邢贞闻言，只得立即下车。张昭后来被任命为绥远将军，封为由拳侯。孙权在武昌的时候，有一次登临钓台，喝得酩酊大醉。孙权让人用水泼洒群臣，说：“今天在此痛饮，唯有喝到醉倒在这台中才能停下来。”张昭神色严肃，一言不发，独自出来坐到车中。孙权派人去叫张昭回来，对他说：“只不过是和大家图个乐子，您何至于发怒呢？”张昭回答说：“当年商纣王造了糟丘酒池，通宵达旦地饮酒，当时也觉得只不过是寻欢作乐，不认为是一种罪恶啊。”孙权沉默不语，面露惭色，于是停止了酒宴。

今注 1 纣：即帝辛，子姓，名受，商朝末代君主，后世统称为“纣”或“纣王”，在传统史学的叙述中以昏庸、残暴著称，但后世研究就此存在争议。根据《史记》《汉书》等文献的记载，商纣王以酒为池，悬肉为林，在其中日夜饮酒作乐，此即“酒池肉林”典故的由来。此处张昭所说“糟丘酒池”，可能是另一种版本的传说。

裴注 [1]《吴录》曰：“昭与孙绍、滕胤、郑礼等，采周、汉，撰定朝仪。”

初，权当置丞相，众议归昭。权曰：“方今多事，职统者责重，非所以优之也。”后孙邵[1]卒，百寮复举昭，权曰：“孤岂为子布有爱[2]乎？领丞相事烦，而此公性刚，所言不从，怨咎将兴，非所以益之也。”乃用顾雍。

权既称尊号，昭以老病，上还官位及所统领[1]。更拜辅吴将军，班亚三司[3]，改封娄侯，食邑万户。在里宅无事，乃著《春秋左氏传解》及《论语注》。权尝问卫尉严畯：“宁念小时所谙书不？”畯因诵《孝

起初，孙权准备设置丞相一职的时候，大家都赞成张昭担任此职。孙权说：“当今天下多事，丞相这个职位统领百官，责任重大，并不是用来优待人的啊。”后来第一任丞相孙邵去世后，百官又推举张昭，孙权又说：“难道我是对张子布吝啬而不想让他做丞相吗？只不过是因为丞相事务繁多，而他性情刚烈，提的谏议要是我没有采纳，必定会产生怨愤，这对他也不是什么好事。”因此任命了顾雍为丞相。

孙权称帝之后，张昭以年老多病为理由，辞去了自己的官位，并交还了所统领的部队。孙权又升他做辅吴将军，班位仅次于三公，并改封为娄侯，食邑一万户。张昭在家闲来无事，便撰写了《春秋左氏传解》和《论语注》。孙权曾经询问卫尉严畯：“你还记得小时候熟读的那些书吗？”严畯便背诵起了《孝经》里“仲尼居”这一

经》“仲尼居”[4]。昭曰:“严畯鄙生,臣请为陛下诵之。”乃诵“君子之事上”,咸以昭为知所诵[5]。

段。张昭说道:“严畯只是个浅陋的书生,请让我来替您背诵一段。”于是背诵起了“君子之事上”这一段,在座的人都认为张昭很懂得应该在君主面前背诵什么。

今注 **1** 孙邵(163—225):字长绪,北海国(今山东昌乐西)人。汉末三国时期大臣,最初担任孔融的功曹,后随刘繇避乱江东,继而辅佐孙权。孙权称吴王后,孙邵担任丞相。 **2** 爱:这里指吝啬。 **3** 三司:即三公。 **4** 仲尼居:指《孝经》第一篇《开宗明义》的首句,这里的意思是说严畯对《孝经》并不熟悉,只知道开头。 **5** 按:张昭所背诵的“君子之事上”,原文是“君子之事上也,进思尽忠,退思补过,将顺其美,匡救其恶,故上下能相亲也”,讲的是君子如何辅佐君主。张昭借此表达忠心辅佐的意思,因此得到大家的称赞。

裴注 [**1**]《江表传》曰:“权既即尊位,请会百官,归功周瑜。昭举笏欲褒赞功德,未及言,权曰:‘如张公之计,今已乞食矣。’昭大惭,伏地流汗。昭忠謇亮直,有大臣节,权敬重之,然所以不相昭者,盖以昔驳周瑜、鲁肃等议为非也。”臣松之以为,张昭劝迎曹公,所存岂不远乎?夫其扬休正色,委质孙氏,诚以厄运初遘,涂炭方始,自策及权,才略足辅,是以尽诚匡弼,以成其业,上藩汉室,下保民物;鼎峙之计,本非其志也。曹公仗顺而起,功以义立,冀以清一诸华,拓平荆郢,大定之机,在于此会。若使昭议获从,则六合为一,岂有兵连祸结,遂为战国之弊哉!虽无功于孙氏,有大当于天下矣。昔窦融归汉,与国升降;张鲁降魏,赏延于世。况权举全吴,望风顺服,宠灵之厚,其可测量哉!然则昭为人谋,岂不忠且正乎!

昭每朝见，辞气壮厉，义形于色，曾以直言逆旨，中不进见。后蜀使来，称蜀德美，而群臣莫拒。权叹曰："使张公在坐，彼不折则废，安复自夸乎？"明日，遣中使劳问，因请见昭。昭避席谢，权跪止之。昭坐定，仰曰："昔太后、桓王[1]不以老臣属陛下，而以陛下属老臣，是以思尽臣节，以报厚恩，使泯没之后，有可称述。而意虑浅短，违逆盛旨，自分幽沦[2]，长弃沟壑[3]，不图复蒙引见，得奉帷幄。然臣愚心所以事国，志在忠益，毕命而已。若乃变心易虑，以偷荣取容，此臣所不能也。"权辞谢焉。

张昭每次入朝觐见，言辞雄壮而神情严厉，内心的道义总是表露在外，曾经因为直言劝谏，忤逆了孙权的旨意，被中止入朝面圣。后来蜀国派来了使臣，在朝堂上大肆称赞蜀国德政的美好，而吴国群臣当中没有一个能出面应对的。孙权感叹道："要是张公在座，对方就算不屈服，气焰也要被压下去了，哪里还轮得到反复自吹自擂呢？"第二天，孙权便派宫中使者前去慰问张昭，并请张昭与他见面。张昭离席向孙权致歉，孙权连忙跪坐起来阻止。张昭坐定之后，仰头说道："当年太后和桓王殿下不是把老臣托付给陛下，而是把陛下托付给老臣，所以老臣一心一意想要恪尽臣子的节义，来报答他们的厚恩，使得自己在死去后还能留下一些可以称道的东西。只是我思虑浅薄，总是违逆陛下的旨意，我想着要是此时死去，恐怕就得被永远抛在山沟之中了，没想到竟能再次蒙受陛下的召见，得以侍奉您的左右。但是老臣一片愚心服事国家，立志要尽忠职守而有所助益，死而后已。如果要我改变心志和想法，来博取您的欢心，以求取荣宠，这是老臣绝对做不到的。"孙权为自己之前的行为表示了歉意。

今注　1 太后、桓王：指孙权之母吴夫人及孙策。　2 幽沦：是死亡的一种隐晦的说法。　3 沟壑：山沟。借指野死之处。

权以公孙渊称藩[1]，遣张弥、许晏至辽东拜渊为燕王。昭谏曰："渊背魏惧讨，远来求援，非本志也。若渊改图，欲自明于魏，两使不反，不亦取笑于天下乎？"权与相反覆，昭意弥切。权不能堪，案刀而怒曰："吴国士人入宫则拜孤，出宫则拜君，孤之敬君，亦为至矣，而数于众中折孤，孤尝恐失计[2]。"昭熟视权曰："臣虽知言不用，每竭愚忠者，诚以太后临崩，呼老臣于床下，遗诏顾命之言故在耳。"因涕泣横流。权掷刀致地，与昭对泣。然卒遣弥、晏往。昭忿言之不用，称疾

孙权因公孙渊向吴国称臣，决定派张弥、许晏前往辽东封公孙渊为燕王。张昭劝谏说："公孙渊背叛了魏国，害怕遭受讨伐，所以不远千里前来求援，向吴国称臣并不是他的本心。假设公孙渊改变意图，想要向魏国示好，我们派出的两名使节就回不来了，这岂不是让天下人耻笑吗？"孙权反复与他辩论，张昭的言辞反而更加恳切。孙权忍无可忍，手按着刀柄愤怒地说道："吴国的士人入宫则敬拜我，出宫则敬拜你，我对你的尊敬，也算是至极了，你却一再当着众人的面反驳我，我真是担心自己会做出一些欠考虑的事！"张昭却凝视着孙权说："我虽然知道自己的进言不会被采纳，但还是竭尽一片愚忠，只是因为先太后临崩之际，把老臣召唤到床前，当时遗诏顾命的话语还常常回响在老臣耳边啊。"说完涕泪横流。孙权把刀扔在地上，面对着张昭一同痛哭。然而张弥、许晏最终还是被派去出使。张昭因自己的谏言没有被采纳，宣称患病不再上朝。孙权对张昭的做法心生怨恨，便派人用土堵住了张昭家的大门，张昭并不屈服，又用土从里面把大门封了起来。后来，公孙渊果真杀害

不朝。权恨之，土塞其门，昭又于内以土封之。渊果杀弥、晏。权数慰谢昭，昭固不起，权因出过其门呼昭，昭辞疾笃。权烧其门，欲以恐之，昭更闭户。权使人灭火，住门良久。昭诸子共扶昭起，权载以还宫，深自克责。昭不得已，然后朝会[1]。

了张弥、许晏。孙权数度派人前去向张昭表示慰问并致以歉意，张昭就是不肯起身相见，孙权借外出的机会到他家门口呼唤他，而张昭只是以病重为由拒绝相见。孙权便一把火将他家大门烧了，想要吓他出来，没想到张昭仍然紧闭门户。孙权只好派人去灭火，自己在门口站了很久。张昭的儿子们一同将张昭扶起来，孙权用车将他接回宫中，并向他深表自责。张昭情不得已，自此以后重新参加朝会。

今注　**1** 公孙渊：字文懿，辽东襄平（今辽宁辽阳）人，三国时辽东地区的割据军阀，是辽东太守公孙度之孙、左将军公孙康之子。公孙渊最初被魏明帝任命为扬烈将军、辽东太守，但他首鼠两端，周旋于魏吴两国之间，后向吴国称臣，企图以吴为外应对抗魏国。但吴远魏近，公孙渊既垂涎吴国的赏赐，又惧怕魏国的讨伐，便斩杀了吴国的使节，向魏明帝表忠心。后来魏国征召公孙渊入朝，公孙渊便起兵反叛，自立为王，最后被司马懿镇压，兵败身死。　**2** 失计：指有欠考虑、鲁莽行事，暗指杀死对方。

裴注　[1]　习凿齿曰："张昭于是乎不臣矣！夫臣人者，三谏不从则奉身而退，身苟不绝，何忿怼之有？且秦穆违谏，卒霸西戎，晋文暂怒，终成大业，遗誓以悔过见录，狐偃无怨绝之辞，君臣道泰，上下俱荣。今权悔往之非而求昭，后益回虑降心，不远而复，是其善也。昭为人臣，不度权得道，匡其后失，夙夜匪懈，以延来誉，乃追忿不用，归罪于君，闭户拒命，坐待焚灭，岂不悖哉！"

昭容貌矜严，有威风[1]，权常曰："孤与张公言，不敢妄也。"举邦惮之。年八十一，嘉禾五年卒。遗令幅巾[2]素棺[3]，敛以时服。权素服临吊，谥曰文侯[1]。长子承已自封侯，少子休袭爵。

张昭容貌端正严整，威风凛凛，孙权常说："我和张公讲话的时候，从来都不敢乱说。"于是举国上下对张昭都十分敬畏。张昭八十一岁的时候，在吴嘉禾五年(236)去世。他死前立下遗嘱，葬礼上只用幅巾和素棺，入殓时只穿平时穿着的衣物。孙权亲自身着素衣前往吊唁，尊谥他为文侯。张昭的长子张承自己已经受封为侯，于是由少子张休继承张昭的爵位。

昭弟子奋年二十，造作攻城大攻车，为步骘所荐。昭不愿曰："汝年尚少，何为自委于军旅乎？"奋对曰："昔童汪死难[4]，子奇治阿[5]，奋实不才耳，于年不为少也。"遂领兵为将军，连有功效，至平州[6]都督，封乐乡亭侯。

张昭的侄子张奋二十岁的时候，曾设计制造了攻城所用的大攻车，得到步骘的举荐。张昭却不愿意他做这件事，对他说："你年纪轻轻，为什么要委屈自己投身军旅呢？"张奋回答说："当年汪锜在儿童时就为主君赴难，子奇十八岁时就治理阿县，我确实是个不成器的家伙，只是年纪已算不上轻了。"随后被朝廷任命为将军，率领了一支部队，接连在战场上建功立业，最后做到平州都督，受封为乐乡亭侯。

今注 **1** 威风：指使人敬畏的声势气派。 **2** 幅巾：又称"巾帻"，即用整幅布巾包裹头发。一般的做法是，用一幅正方形的布巾，从额头向后包裹住头发，并将巾系紧，余幅自然垂落。这是儒生的典型装扮，也常为士大夫和王公贵族所采用。 **3** 素棺：即没有上漆的棺椁。 **4** 童汪：即鲁国公子公为的童仆汪锜，因死时年纪尚小，故称"童汪"。汪锜与公为在一次战斗中共同殉难，鲁国举行葬礼时，原本因为汪锜尚未成年，准备用殇礼下葬，但孔子听闻此事之后，认为汪锜年纪虽小，却能拿起武器保卫主君和社稷，应按照成人葬礼来安葬。见《左传·哀公十一年》。**5** 子奇：相传为春秋时期齐国人，具体姓名、生卒年不详。传说他十八岁时就受到齐国国君的委任，去治理阿县，政绩显著，教化大行。 **6** 平州：三国时吴国无平州，应是“半洲”之误。

裴注 [**1**]《典略》曰：“余曩闻刘荆州尝自作书欲与孙伯符，以示祢正平，正平蚩之，言：‘如是为欲使孙策帐下儿读之邪，将使张子布见乎？’如正平言，以为子布之才高乎？虽然，犹自蕴藉典雅，不可谓之无笔迹也。加闻吴中称谓之仲父，如此其人，信一时之良干，恨其不于嵩岳等资，而乃播殖于会稽。”

承，字仲嗣，少以才学知名，与诸葛瑾、步骘、严畯相友善。权为骠骑将军，辟西曹掾，出为长沙西部都尉。讨平山寇，得精兵万五千人。后为濡须都督、奋威将军，封都乡侯，领部曲五千人。承为人壮毅忠谠1，能甄识人物，拔2彭城蔡款、南阳谢景于孤微童幼，后并为国士，款至卫尉，景豫章太守[1]。又诸葛恪年3少时，众人

张承，字仲嗣，少年时就以博学多才闻名，与诸葛瑾、步骘、严畯等人关系友善。孙权做骠骑将军的时候，辟召他做了西曹掾，后来出外担任长沙西部都尉。他曾率军讨平了山里的盗贼，得到一万五千名精兵。后来做了濡须都督、奋威将军，受封为都乡侯，率领五千名部曲。张承为人雄壮勇毅，忠贞直谏，善于识别人才，当彭城的蔡款、南阳的谢景还是低微贫贱年纪很轻时，就赏识并拔擢了他们，后来他们都成长为国中优秀的士人，蔡款官至卫尉，谢景官至豫章太守。诸葛恪年少时，所有人都为他的英才感到惊奇，张承却说最终导致诸葛氏一族败亡的，必定是这诸

奇其英才，承言终败诸葛氏者，元逊也。勤于长进，笃于物类[4]，凡在庶几[5]之流，无不造门。年六十七，赤乌七年卒，谥曰定侯。子震嗣。初，承丧妻，昭欲为索诸葛瑾女，承以相与有好，难之，权闻而劝焉，遂为婿[2]。生女，权为子和纳之。权数令和修敬于承，执子婿之礼。震诸葛恪诛时亦死。

葛元逊。张承勤于培养推荐人才，对待各类人都十分真诚，凡是贤能之人，无不亲自登门拜访。他六十七岁的时候，在赤乌七年(244)去世，谥为定侯。他的儿子张震继承了他的爵位。最初，张承的妻子去世，张昭希望替他迎娶诸葛瑾的女儿，张承因自己与诸葛瑾友好而感到为难，孙权听闻此事，亲自来劝说张承，张承才做了诸葛瑾的女婿。婚后生下一女，孙权为儿子孙和纳娶为妻。孙权多次命令孙和按照女婿的礼节恭敬地侍奉张承。张震在诸葛恪受诛的时候也受牵连而死。

今注 1 谠(dǎng)：正直，敢于直言。 2 拔：指发掘、提拔。 3 诸葛恪(203—253)：三国琅邪阳都(今山东沂南南)人，字元逊，诸葛瑾之子。孙亮在位时，任大将军，专国政。后为皇族孙峻所杀。 4 物类：即同类，代指同僚、他人。 5 庶几：此处为“贤人”的代称。出处是《易·系辞下》：“颜氏之子，其殆庶几乎？”意思是说颜回“差不多达到贤人的境界”，所以后世往往用“庶几”称贤才、贤人。

裴注 [1]《吴录》曰：“款字文德，历位内外，以清贞显于当世。后以卫尉领中书令，封留侯。二子：条、机。条，孙晧时位至尚书令、太子少傅。机为临川太守。”谢景事在《孙登传》。 [2] 臣松之案：承与诸葛瑾同以赤乌中卒，计承年小瑾四岁耳。

休，字叔嗣，弱冠与

张休，字叔嗣，二十岁的时候就与诸

诸葛恪、顾谭等俱为太子登僚友，以《汉书》授登[1]。从中庶子[1]转为右弼都尉。权常游猎，迨暮乃归，休上疏谏戒，权大善之，以示于昭。及登卒后，为侍中，拜羽林都督，平三典军事[2]，迁扬武将军。为鲁王霸友党所谮，与顾谭、承俱以芍陂[3]论功事，休、承与典军陈恂通情，诈增其伐，并徙交州。中书令孙弘佞伪险诐，休素所忿[2]，弘因是谮诉，下诏书赐休死，时年四十一。

葛恪、顾谭等人一同做了太子孙登的幕僚，并教授孙登读《汉书》。后来他从太子中庶子一职转任右弼都尉。孙权常常外出游猎，直到傍晚才回来，张休就此事上疏劝诫孙权，孙权对他十分欣赏，并把他的奏疏展示给张昭看。孙登去世之后，张休担任侍中，又升任羽林都督，平三典军事，又改任扬武将军。后来，张休被鲁王孙霸的幕僚党羽所诬陷，说他和顾谭、顾承在芍陂之战后的战功评比中，与典军陈恂勾结起来欺骗朝廷，故意增加自己的功劳，因而他们一同获罪被流放到交州。中书令孙弘为人奸佞邪辟，张休向来对他十分厌恶，孙弘借此机会在孙权面前谗毁诬告张休，孙权下诏书将张休赐死，当时张休四十一岁。

今注　1 中庶子：古代官职，战国时各国国君、太子、相国的侍从之臣。汉代以后为“太子中庶子”的简称，是太子的侍从官，主要执掌太子的教育。　2 平三典军事：三典军即左典军、中典军、右典军，均为统领营兵的军官。平三典军事即总管三典军的官职。　3 芍陂(què bēi)：古代淮水流域水利工程，相传于春秋楚庄王时期由孙叔敖主持兴建，引淠水至白芍亭东形成湖泊，灌溉量可达万顷，自建成后至隋唐时期一直在使用。在今安徽寿县南约30公里。芍陂在汉末三国时期，具有重大军事战略意义，魏吴双方多次就此展开争夺。这里所提到的芍陂之战，是一次吴国战胜魏国的战役，发生于吴赤乌四年(241)，对吴国影响深远。吴国将领顾谭等与全端、全绪兄弟争功失败，导致顾谭等被流放。顾谭等人属于太子一党，而全氏兄弟属于鲁王霸一党。这个事件也最终导致吴国“二宫之争”的白热化。

裴注　[1]《吴书》曰：“休进授，指摘文义，分别事物，并有章条。每升堂宴饮，酒酣乐作，登辄降意与同欢乐。休为人解达，登甚爱之，常在左右。”　[2]《吴录》云：“弘，会稽人也。”

顾雍

原文

顾雍，字元叹，吴郡吴人也[1]。蔡伯喈[1]从朔方还，尝避怨于吴，雍从学琴书[2]。州郡表荐，弱冠[2]为合肥长，后转在娄、曲阿、上虞，皆有治迹。孙权领会稽太守，不之郡[3]，以雍为丞，行太守事，讨除寇贼，郡界宁静，吏民归服。数年，入为左司马。权为吴王，累迁大理、奉常，领尚书令，封阳遂乡侯。拜侯还寺[4]，而家人不知，后闻乃惊。

译文

顾雍，字元叹，是吴郡吴县人。蔡邕结束流放从朔方返回，曾到吴县来避难，顾雍便去向他学习弹琴及书法。顾雍因州郡的表荐，二十岁时就做了合肥县长，后来陆续任职于娄、曲阿、上虞等县，所任之处都有良好的政绩。孙权兼领会稽太守时，并未亲自到郡里办公，而是任命顾雍为郡丞，代理太守的职务，他平定了当地盗贼，使郡内恢复安定，当地官民都归服于他。几年之后，顾雍入都城担任左司马。孙权做吴王的时候，顾雍逐步升迁为大理、奉常，又兼领了尚书令，受封为阳遂乡侯。封侯仪式结束后他回到官署，他的家人还不知道这件事，后来听说了感到十分惊讶。

今注 1 蔡伯喈(jiē):即蔡邕(132—192),字伯喈,陈留圉(今河南杞县西南)人,东汉文学家、书法家,曾续写《东观汉记》及刻印“熹平石经”。因罪流放朔方,后辗转避乱江南。 2 弱冠:指男子二十岁。 3 不之郡:指不去到郡府办公。 4 寺:官署,衙署。

裴注 [1]《吴录》曰:“雍曾祖父奉,字季鸿,颍川太守。” [2]《江表传》曰:“雍从伯喈学,专一清静,敏而易教。伯喈贵异之,谓曰:‘卿必成致,今以吾名与卿。’故雍与伯喈同名,由此也。”《吴录》曰:“雍字元叹,言为蔡雍之所叹,因以为字焉。”

黄武四年,迎母于吴。既至,权临贺之,亲拜其母于庭,公卿大臣毕会,后太子又往庆焉。雍为人不饮酒,寡言语,举动时当[1]。权尝叹曰:“顾君不言,言必有中。”至饮宴欢乐之际,左右恐有酒失而雍必见之,是以不敢肆情。权亦曰:“顾公在坐,使人不乐。”其见惮如此。是岁,改为太常,进封醴陵侯,代孙邵为丞相,平尚书事。其所选用文武将吏各随能所任,心无適莫[2]。时访

黄武四年(225),顾雍将母亲从吴县接到都城武昌居住。她抵达之后,孙权亲临顾家表示庆贺,亲自在庭中向她敬拜行礼,公卿大臣悉数到场,而后太子也前往庆贺。顾雍为人从不喝酒,性格寡言少语,但一举一动都十分得体。孙权曾感叹道:“顾君平时不说话,一说话就很中肯。”在饮酒作乐的时候,左右的人害怕酒后失态被顾雍见到,所以都不敢尽情放纵。孙权也说:“顾公坐在席间,就是让人不能痛快啊。”可见顾雍如此使人敬畏。这一年,顾雍改任太常,晋封为醴陵侯,接替孙邵做丞相,兼管尚书的事务。他总是根据每人的才能选用文武官员,从来不根据亲疏厚薄随意用情。他常常到民间微服私访,如果发现政务上

逮民间,及政职所宜,辄密以闻。若见纳用,则归之于上,不用,终不宣泄。权以此重之。然于公朝有所陈及,辞色虽顺而所执者正。权尝咨问得失,张昭因陈听采闻,颇以法令太稠[3],刑罚微重,宜有所蠲损[4]。权默然,顾问雍曰:“君以为何如?”雍对曰:“臣之所闻,亦如昭所陈。”于是权乃议狱轻刑[1]。

可以采用的事,立即秘密呈报。如果得到采用,便将功劳归于主上;如果未经采用,也绝不将事情泄露出去。孙权因此对顾雍十分倚重。然而顾雍在朝堂上公开陈述及议论政事的时候,言辞虽然温和恭顺,但立场却非常坚定。孙权曾向群臣询问政治的得失,张昭借此机会陈述了相关的见闻,认为现行法令太过烦密,而刑罚有些重,应当有所减轻。孙权闻言默不作声,又回头询问顾雍:“你认为怎么样?”顾雍回答说:“我所听说的情况,和张昭所陈述的一样。”于是孙权才下令审理案件时减轻刑罚。

今注　1 时当:指符合时宜、举止得当。　2 適(dí)莫:指用情的亲疏厚薄。　3 稠:这里指法令繁密。　4 蠲(juān)损:减免,减轻。

裴注　[1]《江表传》曰:“权常令中书郎诣雍,有所咨访。若合雍意,事可施行,即与相反覆,究而论之,为设酒食。如不合意,雍即正色改容,默然不言,无所施设,即退告。权曰:‘顾公欢悦,是事合宜也;其不言者,是事未平也。孤当重思之。’其见敬信如此。江边诸将,各欲立功自效,多陈便宜,有所掩袭。权以访雍,雍曰:‘臣闻兵法戒于小利,此等所陈,欲邀功名而为其身,非为国也,陛下宜禁制。苟不足以曜威损敌,所不宜听也。’权从之。军国得失,行事可不,自非面见,口未尝言之。”

久之,吕壹、秦博

过了许久,孙权任命吕壹、秦博为中

为中书，典校诸官府及州郡文书。壹等因此渐作威福，遂造作榷酤[1]障管[2]之利，举罪纠奸，纤介[3]必闻，重以深案丑诬，毁短大臣，排陷无辜，雍等皆见举白，用被谴让[4]。后壹奸罪发露，收系廷尉。雍往断狱，壹以囚见，雍和颜色，问其辞状，临出，又谓壹曰："君意得无欲有所道？"壹叩头无言。时尚书郎怀叙面詈辱[5]壹，雍责叙曰："官有正法，何至于此[1]！"

书，负责校阅各官府及州郡的行政文书。吕壹等人渐渐凭借着手中的权力作威作福，还趁机搞出了酒类专营、设关收税等名目来牟利，而他们纠察他人的罪过，总是要吹毛求疵，加重案情，丑化抹黑，甚至诋毁大臣，陷害无辜，就连顾雍等人也遭到他们检举而受到孙权的谴责。后来吕壹的奸罪败露，被收捕关押在廷尉的监狱。顾雍前往审理案件，吕壹身着囚服相见，但顾雍只是和颜悦色地就案件相关的诉状进行询问，临走时，又对吕壹说："您还有什么想要说的话吗？"吕壹只是磕头，无言以对。当时尚书郎怀叙当面痛骂吕壹，顾雍便责怪怀叙说："朝廷自有公正的律法来处置他，你何至于这样呢？"

今注　**1** 榷酤(què gū)：指政府实行酒类专卖的制度。西汉天汉三年(前98)，始榷酒酤，垄断酒的产销。后历代沿之，或由政府设店专卖，或对酤户及酤肆加征酒税，或将榷酒钱匀配，按亩征收，等等，用以增加政府财政收入。　**2** 障管：指设立关卡征收关税。　**3** 纤介：细微。　**4** 谴让：谴责，责备。　**5** 詈(lì)辱：辱骂。

裴注　[1]《江表传》曰："权嫁从女，女顾氏甥，故请雍父子及孙谭，谭时为选曹尚书，见任贵重。是日，权极欢。谭醉酒，三起舞，舞不知止。雍内怒之。明日，召谭，诃责之曰：'君王以含垢为德，臣下以恭谨为节。

昔萧何、吴汉并有大功，何每见高帝，似不能言；汉奉光武，亦信恪勤。汝之于国，宁有汗马之劳，可书之事邪？但阶门户之资，遂见宠任耳，何有舞不复知止？虽为酒后，亦由恃恩忘敬，谦虚不足。损吾家者必尔也。'因背向壁卧，谭立过一时，乃见遣。"徐众评曰："雍不以吕壹见毁之故，而和颜悦色，诚长者矣。然开引其意，问所欲道，此非也。壹奸险乱法，毁伤忠贤，吴国寒心。自太子登、陆逊已下，切谏不能得，是以潘濬欲因会手剑之，以除国患，疾恶忠主，义形于色，而今乃发起令言。若壹称枉邪？不申理，则非录狱本旨；若承辞而奏之，吴主傥以敬丞相所言，而复原宥，伯言、承明不当悲慨哉！怀叙本无私恨，无所为嫌，故詈辱之，疾恶意耳。恶不仁者，其为仁也。季武子死，曾点倚其门而歌；子皙创发，子产催令自裁。以此言之，雍不当责怀叙也。"

雍为相十九年，年七十六，赤乌六年卒。初疾微时，权令医赵泉视之，拜其少子济为骑都尉。雍闻，悲曰："泉善别死生，吾必不起，故上欲及吾目见济拜也。"权素服临吊，谥曰肃侯。

顾雍担任丞相十九年，七十六岁时，在赤乌六年(243)去世。起初他患病还很轻微的时候，孙权便派太医赵泉前去诊视，又任命他的小儿子顾济为骑都尉。顾雍听闻此事后，悲叹道："赵泉善于判别人的生死，我必定是不能再起来了，所以陛下是想让我亲眼看见顾济拜官啊。"顾雍死后，孙权身着素服，亲自前往吊唁，尊谥他为肃侯。

长子邵早卒，次子裕有笃疾[1]，少子济嗣，无后，绝[2]。永安元年，诏曰："故丞相雍，至德忠贤，辅国以礼，而侯统

顾雍的长子顾邵早死，次子顾裕又常年身患重病，所以小儿子顾济继承了他的爵位，但顾济没有儿子，因而爵位的传承就断绝了。永安元年(258)，孙休下诏说："已故丞相顾雍，德行至盛，忠正贤明，依礼辅佐

废绝。朕甚愍之，其以雍次子裕袭爵为醴陵侯，以明著[3]旧勋[1]。”

国家，死后侯爵的传承却不幸断绝。朕对此深感怜悯，所以让顾雍的次子顾裕继承爵位为醴陵侯，以表彰顾雍生前的功勋。”

今注　**1** 笃疾：重病。　**2** 绝：绝灭。这里指因顾济无子嗣，其爵位、封邑被撤销。　**3** 明著：显扬，表彰。

裴注　［**1**］《吴录》曰：“裕一名穆，终宜都太守。裕子荣。”《晋书》曰：“荣字彦先，为东南名士，仕吴为黄门郎，在晋历显位。元帝初镇江东，以荣为军司马，礼遇甚重。卒，表赠侍中、骠骑将军、仪同三司。荣兄子禺，字孟著，少有名望，为散骑侍郎，早卒。”《吴书》曰：“雍母弟徽，字子叹，少游学，有唇吻。孙权统事，闻徽有才辩，召署主簿。尝近出行，见营军将一男子至市行刑，问之何罪，云盗百钱，徽语使住。须臾，驰诣阙陈启：‘方今畜养士众以图北虏，视此兵丁壮健儿，且所盗少，愚乞哀原。’权许而嘉之，转东曹掾。或传曹公欲东，权谓徽曰：‘卿孤腹心，今传孟德怀异意，莫足使揣之，卿为吾行。’拜辅义都尉，到北与曹公相见。公具问境内消息，徽应对婉顺，因说江东大丰，山薮宿恶，皆慕化为善，义出作兵。公笑曰：‘孤与孙将军一结婚姻，共辅汉室，义如一家，君何为道此？’徽曰：‘正以明公与主将义固磐石，休戚共之，必欲知江表消息，是以及耳。’公厚待遣还。权问‘定云何’，徽曰：‘敌国隐情，卒难探察，然徽潜采听，方与袁谭交争，未有他意。’乃拜徽巴东太守，欲大用之，会卒。子裕，字季则，少知名，位至镇东将军。雍族人悌，字子通，以孝悌廉正闻于乡党。年十五为郡吏，除郎中，稍迁偏将军。权末年，嫡庶不分，悌数与骠骑将军朱据共陈祸福，言辞切直，朝廷惮之。待妻有礼，常夜入晨出，希见其面。尝疾笃，妻出省之，悌命左右扶起，冠帻加袭，起对，趣令妻还。其贞洁不渎如此。悌父向，历四县令，年老致仕。悌每得父书，常洒扫，整衣服，更设几筵，舒书其上，拜跪读之。每句应诺，毕，复再拜。若父有疾耗之问至，则临书垂涕，声语哽咽。父以寿终，悌饮浆不入口五日。权为作布衣一袭，皆摩絮著之，强令悌释服。悌虽以公议自割，犹以不见父丧，常画壁作棺柩象，设神座于下，每对之哭泣，服未阕而卒。悌四子：彦、礼、谦、祕。祕，晋交州刺史。祕子众，尚书仆射。”

邵，字孝则，博览书传，好乐人伦[1]。少与舅陆绩齐名，而陆逊、张敦、卜静等皆亚焉[1]。自州郡庶几及四方人士，往来相见，或言议而去，或结厚而别，风声流闻，远近称之。权妻以策女。年二十七，起家[2]为豫章太守。下车祀先贤徐孺子[3]之墓，优待其后。禁其淫祀[4]非礼之祭者。小吏资质佳者，辄令就学，择其先进，擢置右职[5]。举善以教，风化大行。

顾邵，字孝则，博览群书，喜欢鉴别品评人物。少年时与舅父陆绩齐名，而陆逊、张敦、卜静等人的名声都不及他。从州郡里的贤者到各地的士人，都愿意与顾邵来往相见，要么与他畅谈而去，要么与他结下深厚情谊而别，他的名声广为流传，远近的人对他无不称赞。孙权将孙策的女儿嫁给他为妻。二十七岁的时候，顾邵初次出仕做官，做了豫章太守。他刚上任，先去祭祀了当地先贤徐孺子的坟墓，并优待了他的后人。又下令禁止一切不合礼制的民间祭祀活动。那些资质甚佳的小官，顾邵就让他们去乡学里进修，并选择其中特别突出的优秀人才担任重要职务。顾邵推举向善之人来教化百姓，使社会风气大为改观。

今注 1 人伦：一般指“人伦鉴识”，主要指士人之间相互品评。这是汉末以来士林间流行的一项活动。 2 起家：从家中征召出来，授以官职。 3 徐孺子：即徐稺(zhì，97—168)，字孺子，东汉时期名士，豫章南昌(今江西南昌)人。好学，习《春秋》《易》《尚书》等经。品德高洁，不仅为当地百姓所称赞，而且多次受到高官如尚书令陈蕃、仆射胡广的优待和举荐。徐穉终身未出仕，但其品行极受人推崇，被认为是道德的楷模。 **4** 淫祀：如《礼记·曲礼》记载："非其所祭而祭之，名曰淫祀。淫祀无福。"一般指不合礼制的祭祀活动。 **5** 右职：指重要的职务。

裴注 [**1**]《吴录》曰："敦字叔方，静字玄风，并吴郡人。敦德量渊懿，清虚淡泊，又善文辞。孙权为车骑将军，辟西曹掾，转主簿，出补海昏令，甚有惠化。年三十一卒。卜静终于剡令。"

初，钱唐丁谞出于役伍，阳羡张秉生于庶民，乌程吴粲[1]、云阳殷礼起乎微贱，邵皆拔而友之，为立声誉。秉遭大丧[2]，亲为制服结绖[3]。邵当之豫章，发在近路，值秉疾病，时送者百数，邵辞宾客曰："张仲节有疾，苦不能来别，恨不见之，暂还与诀，诸君少时相待。"其留心下士，惟善所在，皆此类也。谞至典军中郎，秉云阳太守，礼零陵太守[1]，粲太子少傅。世以邵为知人。在郡五

起初，钱唐人丁谞出身行伍，阳羡人张秉生于庶民之家，乌程人吴粲、云阳人殷礼出身微贱，但顾邵拔擢了他们，并将他们当作朋友来对待，还帮他们树声扬名。张秉遭遇父母之丧，顾邵亲手为他制作丧服和丧服的绖带。顾邵被任命为豫章太守，马上要出发前去赴任，正好听说张秉生病了，当时来送行的人数以百计，顾邵对大家说："张仲节患病，因不能前来相别而苦闷，我要是见不到他也会深感遗憾，所以我打算回去跟他道个别，诸君请在此稍等片刻。"顾邵留心人才礼贤下士，只在意他们的优点长处而不在意他们的出身，都像上述这些事一样。丁谞后来官至典军中郎，张秉官至云阳太守，殷礼官至零陵太守，吴粲官至太子少傅。当时人都认为顾邵有知人之明。顾邵在豫章担任太守五年，

年，卒官。子谭、承云[4]。

在任上去世。他的儿子是顾谭、顾承。

今注 1 吴粲：即“吾粲”，古“吴”与“吾”通。吾粲初为乌程县小吏，后来官至太子太傅，而下文提到“粲太子少傅”则也可能有误。本篇最后周昭论顾邵美德的时候，就提到了他对吾粲的提拔。 2 大丧：指父母的丧事。如《国语·晋语二》所说：“父母死为大丧。” 3 绖(dié)：古代丧服的一部分，是用麻做的丧带，一般系在腰上或头上。 4 云：是古汉语里句末语助词，往往表示“之类”“等等”的语气，但是一般在史书传记的末尾叙述传主子嗣情况的时候，较少出现“子某某云”的表达，这里的“云”字很可能是“二人”竖向刻写重叠后的错讹。

裴注 ［1］ 礼子基作《通语》曰：“礼字德嗣，弱不好弄，潜识过人。少为郡史，年十九，守吴县丞。孙权为王，召除郎中。后与张温俱使蜀，诸葛亮甚称叹之。稍迁至零陵太守，卒官。”《文士传》曰：“礼子基，无难督，以才学知名，著《通语》数十篇。有三子。巨字元大，有才器，初为吴偏将军，统家部曲，城夏口。吴平后，为苍梧太守。少子祐，字庆元，吴郡太守。”

谭，字子默，弱冠与诸葛恪等为太子四友[1]，从中庶子转辅正都尉[1]。赤乌中，代恪为左节度[2][2]。每省簿书，未尝下筹[3]，徒屈指心计，尽发疑谬，下吏以此服之。加奉车都尉。薛综为选曹尚书，

顾谭，字子默，二十岁时与诸葛恪等人并称为“太子四友”，后来从太子中庶子一职转任辅正都尉。赤乌年间，他接替诸葛恪担任左节度。他每次阅览审核军中的钱粮账簿时，从未使用过算筹，只是掐指心算，就能发现簿籍记载的全部可疑和错误之处，他手下的官吏为此很佩服他。后来他加官奉车都尉。薛综被任命为选曹尚书，却坚持要把这一职位让给顾谭，说：“顾

固让谭曰："谭心精体密，贯道[4]达微，才照人物，德允众望，诚非愚臣所可越先。"后遂代综。祖父雍卒数月，拜太常，代雍平尚书事。是时鲁王霸有盛宠，与太子和齐衡，谭上疏曰："臣闻有国有家者，必明嫡庶之端，异尊卑之礼，使高下有差，阶级逾邈[5]，如此则骨肉之恩生，觊觎之望绝。昔贾谊陈治安之计[6]，论诸侯之势，以为势重，虽亲必有逆节之累；势轻，虽疏必有保全之祚。故淮南[7]亲弟，不终飨国，失之于势重也；吴芮[8]疏臣，传祚长沙，得之于势轻也。昔汉文帝使慎夫人[9]与皇后同席，袁盎[10]退夫人之座，帝有怒色。及盎辨上下之仪，陈人彘[11]

谭心思缜密，能够彻悟精微的道理，他的才气远超众人，德行也足以使大家信服，实在是我所赶不上的啊。"后来，顾谭确实代替薛综做了选曹尚书。祖父顾雍去世后几个月，顾谭被任命为太常，接替顾雍处理尚书的事务。当时鲁王孙霸极受孙权宠爱，几乎可与太子孙和分庭抗礼，顾谭便上疏说道："微臣听说，无论是治国还是治家，必须要明确嫡庶之间的区分，要坚持尊卑有别的礼制，使得高下之间有差等，不同等第之间有距离，只有这样才能使骨肉之间产生恩情，而断绝非分之人觊觎大位的企图。当年贾谊向汉文帝陈述治国安邦的计策，讨论到了封建诸侯的势力问题，认为如果诸侯势力大的话，即使关系亲近也有变节反叛的风险，而如果诸侯都势力小，即使关系疏远也能够保障封国的延续。所以汉文帝的亲弟弟淮南王，最终不能永享封国，就是因为他势力太大；吴芮只不过是一个外姓大臣，却能够在长沙国世袭数代，就是得益于势力不大。当年汉文帝想让慎夫人与皇后同席而坐，袁盎坚持将慎夫人的座席往后撤，汉文帝面有怒色。但袁盎仔细分析了上下尊卑的礼仪，陈述了当年吕后将戚夫人变成人彘的前车之鉴，汉

之戒,帝既悦怿,夫人亦悟。今臣所陈,非有所偏,诚欲以安太子而便鲁王也。”由是霸与谭有隙。	文帝听后心悦诚服,慎夫人也醒悟过来。现在微臣所陈述的这些话,并不是有意偏袒谁,真的是想让太子安心,同时使鲁王受益。”但自此之后,孙霸和顾谭就有了矛盾。

今注 1 太子四友:三国时期太子的幕僚官,魏、蜀、吴三国均有设置。吴国黄龙元年(229),孙权设置左辅都尉、右弼都尉、辅正都尉、翼正都尉,负责辅佐太子。下文所载辅正都尉即此。 2 左节度:三国时吴国官名,孙权所设置,掌管军需的钱粮及文书账簿。 3 下筹:指运用算筹进行计算。 4 贯道:彻悟精微之理。 5 逾邈:相差较远,遥远。 6 治安之计:指西汉贾谊的政论《治安策》。文中指出西汉存在“可为痛哭者一,可为流涕者二,可为长太息者六”,深刻剖析了汉代的政治弊病与社会矛盾,并针对性地提出解决之策。其中最为严重的“可为痛哭者”,就是西汉诸侯势力过大的问题。 7 淮南:指西汉淮南王刘长(前198—前174)。刘长是汉高祖刘邦的幼子,汉文帝刘恒的异母弟,西汉初年被封为淮南王。在位期间,淮南国自造法令,不用汉法,而刘长为人骄纵,权势极大,最后甚至图谋叛乱,但以失败告终。廷议判决刘长死罪,但汉文帝予以赦免,改为流放蜀郡,死于道中。 8 吴芮(?—前202):秦汉之际南方百越地区的民族首领。秦末担任鄱阳县令,陈胜、吴广起义时起兵响应,后改支持项羽,追随项羽南征北战,攻克咸阳后,受封为衡山王。后来,吴芮在张良的劝说下跟随刘邦,拥立刘邦为帝,而后获封为长沙王。汉朝建立后,吴芮韬光养晦,低调行事,其国传至汉文帝时始绝,为当时唯一异姓诸侯王。 9 慎夫人:生卒及出身不详,汉文帝的宠妃。 10 袁盎(?—前148):或作“爰盎”,字丝,西汉文帝时大臣。为人有才干,重礼仪,具胆识,骨鲠正直,敢言直谏,后来因此触怒汉文帝而受到贬谪。汉景帝时,“七国之乱”爆发,袁盎主张诛杀晁错以平息众怒。后来因反对立梁孝王

为储而遭受记恨，被梁孝王派人刺死。 **11** 人彘：西汉时的一种酷刑，吕后曾用来处置戚夫人。戚夫人是汉高祖刘邦的宠姬，曾生下赵王刘如意，母子皆获得刘邦宠爱。刘邦去世后，吕后成为太后，就幽禁了戚夫人，断其手足，去眼，熏耳，饮喑药，置厕中，称为“人彘”。

裴注 [1] 陆机为《谭传》曰：“宣太子正位东宫，天子方隆训导之义，妙简俊彦，讲学左右。时四方之杰毕集，太傅诸葛恪以雄奇盖众，而谭以清识绝伦，独见推重。自太尉范慎、谢景、羊衜之徒，皆以秀称其名，而悉在谭下。” [2]《吴书》曰：“谭初践官府，上疏陈事，权辍食称善，以为过于徐详。雅性高亮，不修意气，或以此望之。然权鉴其能，见待甚隆，数蒙赏赐，特见召请。”

时长公主婿卫将军全琮子寄为霸宾客，寄素倾邪[1]，谭所不纳。先是，谭弟承与张休俱北征寿春，全琮时为大都督，与魏将王淩战于芍陂，军不利，魏兵乘胜陷没五营将秦晃军，休、承奋击之，遂驻魏师。时琮群子绪、端亦并为将，因敌既住，乃进击之，淩军用退。时论功行赏，以为驻敌之功大，退敌之功小。休、承并为杂号将军[2]，绪、端偏

当时，长公主的夫婿卫将军全琮之子全寄是鲁王孙霸的宾客，全寄为人邪僻不正，顾谭拒绝与他交往。此前，顾谭的弟弟顾承与张休一同北征寿春，那时全琮担任大都督，与魏国将领王淩在芍陂交战，吴军失利，魏军乘胜击溃了五营将秦晃的部队，张休、顾承奋力迎战，才抵挡住了魏军的进攻。当时全琮的儿子全绪、全端也是军中将领，看到敌军的进攻被抵挡下来，便出兵进击，而王淩也因此退兵。后来论功行赏，评议的人认为抵御敌军的功劳更大，而击退敌军的功劳较小。所以张休、顾承都被授予杂号将军，全绪、全端只升为偏将、裨将而

裨而已。寄父子益恨，共构会³谭[1]。谭坐徙交州，幽而发愤，著《新言》二十篇，其《知难篇》盖以自悼伤也。见流二年，年四十二，卒于交阯。

承，字子直，嘉禾中与舅陆瑁俱以礼征。权赐丞相雍书曰："贵孙子直，令问休休⁴，至与相见，过于所闻，为君嘉之。"拜骑都尉，领羽林兵。后为吴郡西部都尉，与诸葛恪等共平山越，别得精兵八千人，还屯军章阬，拜昭义中郎将，入为侍中。芍陂之役，拜奋威将军，出领京下督。数年，与兄谭、张休等俱徙交州，年三十七卒。

已。全寄父子对此十分恼恨，便一同设计构陷负责官员选任的顾谭。顾谭因而获罪，被流放到交州，幽居发奋，写作了《新言》二十篇，其中的《知难篇》大概就是感伤自己遭遇的。顾谭被流放两年后，在四十二岁时，在交阯去世。

顾承，字子直，嘉禾年间与舅父陆瑁一同受到朝廷的礼聘。孙权赐书给丞相顾雍说："您的孙子子直声名极佳，而我与他一见，感觉他比所传闻的还要出色，真替您感到高兴。"于是任命顾承为骑都尉，统领羽林禁兵。后来他做了吴郡西部都尉，与诸葛恪等人一同平定了山越，另外获得山越人中可当精兵的壮丁八千人，然后返回章阬驻屯，又被任命为昭义中郎将，又入朝担任侍中。在芍陂之战中，他升任奋威将军，出外兼领京下督。数年后，他与兄长顾谭以及张休等人一道被流放到交州，三十七岁时去世。

今注　1 倾邪：指为人奸邪不正。　2 杂号将军：指除骠骑将军、车骑将军、卫将军等重号将军之外各种将军官衔的通称，如龙骧将军、扬威将军等，其名称、位秩不固定，但高于下文的偏裨将军。　3 构会：指设计陷害。　4 令问：指美好的声名。问，通"闻"。休休：形容宽容，气魄大。

裴注 [1]《吴录》曰:“全琮父子屡言芍陂之役为典军陈恂诈增张休、顾承之功,而休、承与恂通情。休坐系狱,权为谭故,沉吟不决,欲令谭谢而释之。及大会,以问谭,谭不谢,而曰:‘陛下,谗言其兴乎!’”《江表传》曰:“有司奏谭诬罔大不敬,罪应大辟。权以雍故,不致法,皆徙之。”

诸葛瑾

原文

诸葛瑾,字子瑜,琅邪阳都[1]人也[1]。汉末避乱江东。值孙策卒,孙权姊婿曲阿弘咨见而异之,荐之于权,与鲁肃等并见宾待。后为权长史,转中司马[2]。建安二十年,权遣瑾使蜀通好刘备,与其弟亮俱公会相见,退无私面。与权谈说谏喻,未尝切愕[3],微见风彩,粗陈指归[4]。如有未合,则舍而及他,徐复托事造端[5],以物类相求,于是权意往往而释。

译文

诸葛瑾,字子瑜,琅邪郡阳都县人。汉朝末年来到江东躲避战乱。正碰上孙策去世,孙权的姐夫曲阿人弘咨见到诸葛瑾,认为他是个优异的人才,便将他推荐给孙权,与鲁肃等人作为宾客一同受到优待。后来他做了孙权的长史,转任中司马。建安二十年(215),孙权派遣诸葛瑾出使蜀国同刘备通好,他与弟弟诸葛亮只在公开场合相见,并未私下会面。他与孙权谈论或进谏的时候,从来不会激切直言,只是稍显神色,略陈主旨。如果所言与孙权意思不合,就舍弃当前的话题而改谈其他事,再渐渐地从其他事情起头,通过事物的类比推求来进行解释,往往在这时孙权就想通了。

今注 1 阳都:秦汉三国时期县名,位于今山东沂南。 2 中司马:三国时期吴国官名,负责军中事务。汉代曾将中尉的司马省称为中司马,得名可能来源于此。 **3** 切愕(è):激切直言。 **4** 指归:主旨,意向。 **5** 造端:开始,开端。

裴注 [**1**]《吴书》曰:“其先葛氏,本琅邪诸县人,后徙阳都。阳都先有姓葛者,时人谓之诸葛,因以为氏。瑾少游京师,治《毛诗》《尚书》《左氏春秋》。遭母忧,居丧至孝,事继母恭谨,甚得人子之道。”《风俗通》曰:“葛婴为陈涉将军,有功而诛,孝文帝追录,封其孙诸县侯,因并氏焉。”此与《吴书》所说不同。”

吴郡太守朱治,权举将也,权曾有以望之,而素加敬,难自诘让,忿忿不解。瑾揣知其故,而不敢显陈,乃乞以意私自问,遂于权前为书,泛论物理[1],因以己心遥往忖度之。毕,以呈权。权喜,笑曰:“孤意解矣。颜氏[2]之德,使人加亲,岂谓此耶?”权又怪校尉殷模,罪至不测。群下多为之言,权怒益甚,与相反覆,惟瑾默然。权曰:“子瑜何独不言?”瑾避席曰:“瑾与殷模等遭本州倾

吴郡太守朱治,是举荐孙权为孝廉的将领,孙权曾因一些事对他有过不满,但因为平时对他很敬重,难以亲口质问责备,心中总为此感到愤愤不平。诸葛瑾揣测到了其中的缘故,又不敢直言劝谏,于是请求让自己私下写信询问朱治,然后就在孙权面前动笔写信,广泛讨论事物的道理,并用自己的心远远揣度朱治的想法。写完后,将信呈给孙权看,孙权看后很高兴,笑着说:“我心里的不痛快让你解开了。孔子说自己有了有德的颜回,学生们更加亲近他了,大概就是像您这样吧!”孙权又曾责备过校尉殷模,所定罪名意想不到。很多大臣为殷模求情,孙权反而更加愤怒,与大家反复争论,唯有诸葛瑾默不作声。孙权问道:“为什么唯独子瑜不说话?”诸葛瑾离席站起来说道:“臣下与

覆，生类殄尽，弃坟墓[3]，携老弱，披草莱[4]，归圣化，在流隶[5]之中，蒙生成之福，不能躬相督厉，陈答万一，至令模孤负[6]恩惠，自陷罪戾。臣谢过不暇，诚不敢有言！”权闻之怆然，乃曰：“特为君赦之。”

殷模等人因为故乡沦陷，生灵涂炭，不得不舍弃故土，扶老携幼，披荆斩棘，前来归顺圣主的教化，流亡的贱民蒙受您的再生之福，而我却不能亲自督促勉励他们，使他们能报答哪怕是万分之一的恩德，结果反使殷模辜负圣上的恩义，身陷罪责。为臣认罪尚来不及，哪里还敢说什么呢！”孙权闻言，十分伤感，于是说：“我特意为您赦免他。”

今注　1 物理：指事物的道理。　2 颜氏：即颜回（前 521—前 490），字子渊，故又称颜渊，春秋时期鲁国人，是孔子的弟子，孔门七十二贤人之一。孔子对他称赞最多，认为他仁爱好学，被后世尊称为儒家“复圣”。　3 坟墓：代指故乡，故土。　4 披草莱：指披荆斩棘、排除困难。草莱，犹草莽，杂生的草。　5 流隶：指流亡他乡的微贱之民。　6 孤负：犹“辜负”，有负，对不住。

后从讨关羽，封宣城侯，以绥南将军代吕蒙领南郡太守，住公安。刘备东伐吴，吴王求和，瑾与备笺曰：“奄闻旗鼓[1]来至白帝[2]，或恐议臣以吴王侵取此州，危害关羽，怨深祸大，不宜答和，此用心于小，未留意于大者也。试

诸葛瑾后来随军征讨关羽，因功被封为宣城侯，以绥南将军的身份接替吕蒙兼领南郡太守，驻守在公安。刘备东伐吴国，吴王孙权求和，诸葛瑾给刘备写信说：“忽然听说您率大军来到白帝城，我担心您的谋臣会认为吴王侵夺荆州才使关羽被害，如此深仇大恨，不应答应吴国求和的要求，这种想法只是从小处用心，没有从大局考虑。我试为

为陛下论其轻重，及其大小。陛下若抑威损忿，暂省瑾言者，计可立决，不复咨之于群后[3]也。陛下以关羽之亲何如先帝[4]？荆州大小孰与海内？俱应仇疾，谁当先后？若审此数，易于反掌[1]。”时或言瑾别遣亲人与备相闻，权曰：“孤与子瑜有死生不易之誓，子瑜之不负孤，犹孤之不负子瑜也[2]。”

陛下分析此事的轻重大小。陛下如能稍稍抑制一下威势，控制一下愤怒，姑且听一下我的话，便能当机立断，不需再咨询其他谋臣。陛下认为关羽与刚被曹丕杀害的先帝相比谁更亲呢？荆州与天下相比，谁小谁大呢？对曹丕和对吴王的仇恨，哪个应放在第一位？只要搞清楚这些问题，做出决断易如反掌。”当时有人说诸葛瑾暗中派遣亲信去与刘备私下往来，孙权说：“我与子瑜有死生不变的誓约，子瑜不会辜负我，就像我不会辜负他一样。”

今注　**1** 旗鼓：旗与鼓，古代军中指挥战斗的用具，代指军队。　**2** 白帝：即白帝城，位于今重庆奉节东白帝山上。西汉末年，公孙述割据蜀地，自称为白帝，于此建城，故称为白帝城。后刘备伐吴失败，退守白帝城，最终病逝于此。　**3** 群后：指群臣。　**4** 先帝：指汉朝的皇帝。刘备自称汉中山靖王之后，名义上属于汉朝宗室，所以诸葛瑾以汉帝为比。

裴注　［**1**］臣松之云：“以为刘后以庸蜀为关河，荆楚为维翰，关羽扬兵沔、汉，志陵上国，虽匡主定霸，功未可必，要为威声远震，有其经略。孙权潜包祸心，助魏除害，是为剪宗子勤王之师，行曹公移都之计，拯汉之规，于兹而止。义旗所指，宜其在孙氏矣。瑾以大义责备，答之何患无辞；且备、羽相与，有若四体，股肱横亏，愤痛已深，岂此奢阔之书所能回驻哉？载之于篇，实为辞章之费。”　［**2**］《江表传》曰：“瑾之在南郡，人有密谗瑾者。此语颇流闻于外，陆逊表保明瑾无此，宜以散其意。权报曰：'子瑜与孤从事积年，恩如骨肉，深相明究。其为人非道不行，非义不言。玄德昔遣孔明至吴，孤尝语子瑜曰："卿与孔明同产，且弟随兄，于义为顺，何以不留孔明？孔明若留从卿者，孤当以书解玄德，意自随人耳。"子瑜答孤言："弟亮以失身于人，委质定分，义无二心。弟之不留，犹瑾之不往也。"其言足贯神明。今岂当有此乎？孤前得妄语文疏，即封示子瑜，并手笔与子瑜，即得其报，论天下君臣大节一定之分。孤与子瑜，可谓神交，非外言所间也。知卿意至，辄封来表，以示子瑜，使知卿意。'"

黄武元年，迁左将军，督公安，假节，封宛陵侯[1]。虞翻以狂直流徙，惟瑾屡为之说。翻与所亲书曰："诸葛敦仁，则天活物[1]，比蒙清论，有以保分。恶积罪深，见忌殷重，虽有祁老[2]之救，德无羊舌[3]，解释难冀也。"

黄武元年(222)，诸葛瑾升任为左将军，督镇公安，持有节杖，被封为宛陵侯。虞翻因为狂放直率被流放，只有诸葛瑾屡屡为他求情。虞翻写信给亲友们说："诸葛瑾敦厚仁义，像上天那样拯济别人，近来承蒙他仗义执言，为我担保和辩说。只是我罪恶深重，被圣上忌恨，虽有祁奚那样的长者相救，我却无羊舌肸那样的德行，恐怕是难以指望免罪获释了。"

今注　1 则天活物：则天，效仿上天；活物，使万物生长。　2 祁老：即祁奚，字黄羊，春秋时期晋国人，历经晋国景、厉、悼、平四公，曾担任中军尉。为人尽忠体国，急公好义，受到人们广泛称赞。　3 羊舌：指羊舌肸(xī)，姬姓，羊舌氏，名肸，字叔向，春秋时期晋国大夫，博学多识，善于言辞，提倡尊贤使能，主张教化为主、刑法为辅；为人正直，因在裁断案件时不偏袒其弟，被孔子称赞为"古之遗直"，与郑国子产、齐国晏婴齐名。

裴注　[1]《吴录》曰："曹真、夏侯尚等围朱然于江陵，又分据中州，瑾以大兵为之救援。瑾性弘缓，推道理，任计画，无应卒倚伏之术，兵久不解，权以此望之。及春水生，潘璋等作水城于上流，瑾进攻浮桥，真等退走。虽无大勋，亦以全师保境为功。”

瑾为人有容貌思度，于时服其弘雅。权亦重之，大事咨访。又别咨瑾曰：“近得伯言[1]表，以为曹丕已死，毒乱之民，当望旌瓦解，而更静然。闻皆选用忠良，宽刑罚，布恩惠，薄赋省役，以悦民心，其患更深于操时。孤以为不然。操之所行，其惟杀伐小为过差，及离间人骨肉，以为酷耳。至于御将，自古少有。丕之于操，万不及也。今叡之不如丕，犹丕不如操也。其所以务崇小惠，必以其父新死，自度衰微，恐困苦之民一朝崩沮[2]，故强屈曲以求民心，欲以自安住耳，宁是兴隆之渐[3]邪！闻任陈长文、曹子

诸葛瑾容貌出众，风度不凡，当时的人们都佩服他的雍容高雅的气度。孙权也对他十分看重，所有大事都要向他咨询。他还特地为一事征询诸葛瑾说：“最近收到陆伯言的上表，他认为曹丕已死，深受苦难的北方百姓，本来见到我们的旌旗就应当瓦解投降，但他们却毫无动静。听说魏国新主选用的全是忠良之臣，还放宽刑罚，广施恩惠，减轻赋税徭役，来取悦民心，这对我们的威胁比曹操时期更为深重。但我并不这么认为。曹操的行为，大概只有杀戮算是稍稍有些过头，还有就是让至亲骨肉分离，做得苛酷而已。至于他统御将领的能力，则自古少有。曹丕与曹操比，是万万比不上的。而现在曹叡不如曹丕，正如曹丕不如曹操一样。他之所以极力布施小恩小惠，必然是因为他父亲刚死，自己考虑到国势衰微，担心受苦受难的百姓一旦起来反抗，统治就崩溃了，所以强行委屈自己来争取民心，以求得暂时的安宁，怎么会是走向兴隆的端倪呢？我听说曹叡任用

丹辈[4],或文人诸生,或宗室戚臣,宁能御雄才虎将以制天下乎?

了陈长文、曹子丹这类人,他们要么是文弱书生,要么是宗族亲戚,依此来看,他怎么能驾驭雄才虎将来宰制天下呢?

今注 1 伯言:即陆逊。 2 崩沮:崩溃,溃散。 3 渐:引申为端倪,迹象。 4 陈长文、曹子丹辈:陈长文,即陈群。曹子丹,即曹真。这里都是称呼他们的表字。

"夫威柄不专,则其事乖错。如昔张耳、陈余[1],非不敦睦,至于秉势,自还相贼[2],乃事理使然也。又长文之徒,昔所以能守善者,以操箠[3]其头,畏操威严,故竭心尽意,不敢为非耳。逮丕继业,年已长大,承操之后,以恩情加之,用能感义。今叡幼弱,随人东西,此曹等辈,必当因此弄巧行态,阿党比周,各助所附。如此之日,奸谗并起,更相陷怼[4],转成嫌贰。一尔已往,群下争利,主幼不御,其为败也焉得久乎?所以知

"皇帝的威权不集中,政事就会混乱。就像当年的张耳、陈余,他们起初并非不和睦,只是后来大权在握,就互相残害,这是世事情理使然。再说陈长文这些人,以前之所以能恪守善道,只是因为曹操用绳索拴住他们的脑袋,他们害怕曹操的威严,所以尽心尽力,不敢胡作非为。等到曹丕继承父业时,年纪已经很大,他延续曹操的做法,以恩情笼络他们,所以他们也还能感恩戴德。现在曹叡年幼力弱,只能任人摆布,陈长文这些人一定会因此弄巧作态,结党营私,各自支持依附自己的党羽。这个时候,奸佞谗臣必然不断出现,互相陷害怨恨,相互猜忌怀疑。长此以往,群臣争权夺利,君主年幼无法控制,魏国的败亡还会远吗?我之所以知道会这样,是因为从古到今,哪有国家生杀大权掌握在四五个人手中,却能够不相互背离

其然者，自古至今，安有四五人把持刑柄，而不离剌[5]转相蹄啮[6]者也！强当陵弱，弱当求援，此乱亡之道也。子瑜，卿但侧耳听之，伯言常长于计校，恐此一事小短也[1]。”

权称尊号，拜大将军、左都护，领豫州牧。及吕壹诛，权又有诏切磋[7]瑾等，语在《权传》。瑾辄因事以答，辞顺理正。瑾子恪，名盛当世，权深器异之，然瑾常嫌之，谓非保家之子，每以忧戚。赤乌四年，年六十八卒，遗命令素棺敛[8]以时服，事从省约。

而最终演变为互相倾轧的呢？强者必然欺凌弱者，弱者必然寻求援助，这就是国家乱亡的规律啊。子瑜，你只需侧耳倾听着来自北方的消息，伯言平时善于长远地分析问题，只怕在这件事上的认识有些短浅了。”

孙权登基称帝后，任命诸葛瑾为大将军、左都护，兼领豫州牧。到吕壹被诛杀时，孙权下诏责备诸葛瑾等人，诏文记载在《吴主传》里。诸葛瑾立即根据具体情况做出答复，言辞恭顺，合乎道理。诸葛瑾的儿子诸葛恪在当时有盛名，孙权对他深为器重，但诸葛瑾总是嫌弃他，认为他不是一个能保全家业的儿子，并常常为此担忧。赤乌四年(241)，诸葛瑾在六十八岁时去世，立下遗嘱用不上漆的棺材，只穿着平日的衣服入殓，丧事务求节省俭约。

今注 **1** 张耳、陈余：都是秦汉之际的人物。此两人原为刎颈之交，起初追随陈胜、吴广起义。后来张耳与赵王歇被秦军围困在巨鹿，向陈余求援，陈余自知兵少，难以敌秦，便勉强抽出五千援兵，结果全军覆没。两人因此产生嫌隙，甚至反目成仇。他们的事迹被记录在《史记·张耳陈余列传》中。 **2** 相贼：指相互侵犯、妨害。 **3** 筰(zuó)：竹篾制作的绳索。此处用作动词，指用绳索拴着。 **4** 怼(duì)：怨恨。 **5** 离剌(là)：彼此不和睦、乖戾。 **6** 蹄啮：原指马用蹄踢和用嘴咬，引申为人与人之间相互倾轧。 7 嗟:这里指责备、谴责。 8 敛:通“殓”,给死者穿衣,入棺。

裴注 [1] 臣松之以为,魏明帝一时明主,政自己出,孙权此论,竟为无征,而史载之者,将以主幼国疑,威柄不一,乱亡之形,有如权言,宜其存录以为鉴戒。或当以虽失之于明帝,而事著于齐王,齐王之世,可不谓验乎!不敢显斥,抑足表之微辞。 [2]《吴书》曰:“初,瑾为大将军,而弟亮为蜀丞相,二子恪、融皆典戎马,督领将帅,族弟诞又显名于魏,一门三方为冠盖,天下荣之。瑾才略虽不及弟,而德行尤纯。妻死,不改娶,有所爱妾,生子不举,其笃慎皆如此。”

恪已自封侯,故弟融袭爵,摄兵业驻公安[1],部曲吏士亲附之。疆外无事,秋冬则射猎讲武,春夏则延宾高会,休吏假卒,或不远千里而造焉。每会辄历问宾客,各言其能,乃合榻促席1,量敌选对2,或有博弈3,或有摴蒲4,投壶5弓弹6,部别类分。于是甘果继进,清酒徐行,融周流观览,终日不倦。融父兄质素,虽在军旅,身无采饰,而融锦罽7文绣,独为奢绮。孙权薨,

诸葛恪自己已经受封为侯,所以由弟弟诸葛融继承父亲的爵位,并担任军职领兵驻守公安,诸葛瑾原来的部曲官兵都依附于他。边境如果没有战事,诸葛融就在秋冬两季狩猎习武,春夏两季宴请宾客,那些正在休假之中的官兵,甚至有不远千里赶来赴会的。每次设宴聚会时,诸葛融总是逐一询问客人,让他们自报技能,然后合并榻床,拉近坐席,估量一方的爱好和性格而为他选择相应的对手,有的人下棋,有的人樗蒲,有的人投壶或玩弓弹,分门别类。与此同时,鲜美的水果不断送上,清香美酒缓缓斟饮,诸葛融则四处走动观看,一整天也不感到疲倦。诸葛融的父亲和哥哥崇尚朴素,即使在军旅之中,身上也没有华丽的服饰,而诸葛融则穿着锦衣

徙奋威将军。后恪征淮南，假融节，令引军入沔，以击西兵[8]。恪既诛，遣无难督施宽就将军施绩、孙壹、全熙等取融。融卒闻兵士至，惶惧犹豫，不能决计。兵到围城，饮药而死，三子皆伏诛[2]。

绣服，追求奢靡绮丽的东西。孙权去世后，诸葛融升任为奋威将军。后来诸葛恪征讨淮南，朝廷授予诸葛融节杖，令他领军向沔水进军，攻击西面的蜀军。诸葛恪被诛杀后，孙峻派无难督施宽召集将军施绩、孙壹、全熙等前去收捕诸葛融。诸葛融突然听说官兵到来，又恐慌又犹豫，不知如何是好。官兵抵达后将公安城包围，诸葛融无奈只得饮药自杀，三个儿子都被处死。

今注 1 合榻促席：将坐榻合在一起、坐席相互靠近，表示亲近。 2 量敌选对：指估量各人的爱好、性情而为其匹配对手，进行游戏。 3 博弈：指下棋。 4 摴(chū)蒲：古代的一种博戏，用五枚有黑白两面的骰子进行投掷，通过五枚骰子正反的组合决定胜负。 5 投壶：一种投掷类游戏，宾主将矢投向远处的壶口，投中多者为胜。 6 弓弹：以弹弓发射弹丸的一种游戏。 7 锦罽(jì)：丝织品和毛织品。 8 西兵：指蜀军。

裴注 [1]《吴书》曰："融字叔长，生于宠贵，少而骄乐，学为章句，博而不精。性宽容，多技艺，数以巾褐奉朝请，后拜骑都尉。赤乌中，诸郡出部伍，新都都尉陈表、吴郡都尉顾承各率所领人会佃毗陵，男女各数万口。表病死，权以融代表，后代父瑾领摄。" [2]《江表传》曰："先是，公安有灵鼍鸣，童谣曰：'白鼍鸣，龟背平，南郡城中可长生，守死不去义无成。'及恪被诛，融果刮金印龟，服之而死。"

步骘

原文

步骘，字子山，临淮淮阴人也[1]。世乱，避难江东，单身穷困。与广陵卫旌同年相善，俱以种瓜自给，昼勤四体[1]，夜诵经传[2]。会稽焦征羌[2]，郡之豪族[3]，人客放纵。骘与旌求食其地，惧为所侵，乃共修刺[3]奉瓜，以献征羌。征羌方在内卧，驻之移时，旌欲委去，骘止之曰："本所以来，畏其强也，而今舍去，欲以为高，只结怨耳。"良久，征羌开牖[4]见之，身隐[5]几坐帐中，设席致地，坐骘、旌于牖外，旌愈耻之，骘辞色自若。征羌作食，身享大案，肴膳重沓[6]，以小盘饭与骘、旌，惟菜茹[7]而已。旌不能食，骘极饭致饱，乃辞出。

译文

步骘，字子山，临淮郡淮阴县人。汉末社会动乱，他逃到江东避难，孤身一人，穷困潦倒。他与广陵人卫旌同岁且关系友善，两人都靠种瓜养活自己，白天辛勤劳动，夜间便诵读经传。原征羌县令会稽人焦矫，是郡里的豪族，手下的仆从门客行事放纵。步骘与卫旌在当地谋生，害怕受到欺凌，便一同写好名帖，带着瓜果，进献给焦矫。当时焦矫正在内屋睡觉，而步骘与卫旌在外面等候多时，卫旌想放下东西离开，步骘阻止他说："我们之所以过来，就是害怕他的强大势力，要是现在离开，想以此表示清高，只会与他结下仇怨。"过了许久，焦矫开窗看到他们，自己倚靠着几案坐在帷帐内，派人在地上铺席，让步骘、卫旌坐在窗外，卫旌愈发感到耻辱，而步骘言谈神色自若。焦矫吩咐手下做饭，自己坐在大食案前，上面摆满了佳肴美食，却只是用小盘盛饭给步骘、卫旌，给他们下饭的只有菜蔬而已。卫旌吃不下去，步骘却吃到饱才告辞离开。卫旌恼怒地对步骘

旌怒骘曰:“何能忍此?”骘曰:“吾等贫贱,是以主人以贫贱遇之,固其宜也,当何所耻[4]?”

说:“你怎能忍受这样的侮辱?”步骘说:“我们贫贱卑微,所以主人把我们当作贫贱人来招待,本来就该这样,有什么耻辱可言?”

今注 1 四体:即四肢。昼勤四体指白天辛勤劳作。 2 焦征羌:即焦矫,表字及生卒年不详。会稽郡豪族,荫庇了大量门客,在当地势力很大,因曾经担任东汉征羌县令,故称为“焦征羌”。 3 刺:指名刺,即名帖、名片。 4 牖(yǒu):指窗户。 5 隐(yìn):倚靠,凭依。 6 重沓:重叠堆积。 7 菜茹:指菜蔬。

裴注 [1]《吴书》曰:“晋有大夫杨食采于步,后有步叔,与七十子师事仲尼。秦汉之际有为将军者,以功封淮阴侯,骘其后也。” [2]《吴书》曰:“骘博研道艺,靡不贯览。性宽雅沈深,能降志辱身。” [3]《吴录》曰:“征羌名矫,尝为征羌令。” [4]《吴录》曰:“卫旌字子旗,官至尚书。”

孙权为讨虏将军,召骘为主记1[1]。除海盐长,还辟车骑将军东曹掾[2]。建安十五年,出领鄱阳太守。岁中,徙交州刺史、立武中郎将,领武射吏千人,便道南行。明年,追拜使持节、征南中郎将。刘表所置苍梧太守吴巨阴怀异

孙权做讨虏将军时,征召步骘为主记。后来他被任命为海盐县县长,又受召回朝担任车骑将军东曹掾。建安十五年(210),步骘离朝兼领鄱阳太守。当年年内,改任交州刺史、立武中郎将,统领一千名武射吏,抄近路南下赴任。第二年,补授使持节、征南中郎将。刘表所设置的苍梧太守吴巨暗中怀有异心,对朝廷阳奉阴违。步骘便假意抚诱

心，外附内违。骘降意怀诱，请与相见，因斩徇[2]之，威声大震。士燮兄弟，相率供命，南土之宾[3]，自此始也。益州大姓雍闿等杀蜀所署太守正昂，与燮相闻，求欲内附。骘因承制遣使宣恩抚纳，由是加拜平戎将军，封广信侯。

延康元年，权遣吕岱代骘，骘将交州义士万人出长沙。会刘备东下，武陵蛮夷蠢动，权遂命骘上益阳。备既败绩，而零、桂诸郡犹相惊扰，处处阻兵，骘周旋征讨，皆平之。黄武二年，迁右将军、左护军，改封临湘侯。五年，假节，徙屯沤口。

吴巨，请他前来相见，趁机将他斩首示众，由此威名大震。士燮兄弟相继接受朝廷之命，南方地区臣服，便从此时开始。益州豪族雍闿等人杀害了蜀国所设置的太守正昂，并与士燮联系，想要归顺吴国。步骘便按照朝廷的旨意派遣使者前去宣布朝廷的恩典以表示安抚接纳，他也因此被加授平戎将军，封为广信侯。

延康元年(220)，孙权派遣吕岱接替步骘，步骘则率领交州义士一万人前往长沙。当时正逢刘备东下攻吴，武陵的少数民族纷纷响应，孙权便命令步骘西上益阳抗拒蜀军。刘备兵败后，零陵、桂阳等郡仍然有盗贼侵扰，到处有人举兵反叛，而步骘辗转征讨，将这些叛乱一一平定。黄武二年(223)，步骘升任右将军、左护军，改封为临湘侯。黄武五年(226)，授予节杖，移兵驻扎沤口。

今注　1 主记：即主记室，又称记室督或记室参军，东汉置，后世因之，掌章表书记文檄。　2 斩徇：指斩首示众。　3 宾：归顺，臣服。

裴注　[1]《吴书》曰："岁余，骘以疾免，与琅邪诸葛瑾、彭城严畯俱游吴中，并著声名，为当时英俊。"　[2]《吴书》曰："权为徐州牧，以骘为治中从事，举茂才。"

权称尊号，拜骠骑将军，领冀州牧。是岁，都督西陵，代陆逊抚二境[1]，顷以冀州在蜀分[2]，解牧职。时权太子登驻武昌，爱人好善，与骘书曰："夫贤人君子，所以兴隆大化，佐理时务者也。受性[3]暗蔽，不达道数，虽实区区[4]欲尽心于明德，归分于君子，至于远近士人，先后之宜，犹或缅焉，未之能详。传曰：'爱之能勿劳乎？忠焉能勿诲乎？'[5]斯其义也，岂非所望于君子哉！"骘于是条于时事业在荆州界者，诸葛瑾、陆逊、朱然、程普、潘濬、裴玄、夏侯承、卫旌、李肃[1]、周条、石幹十一人。甄别行状，因上疏奖劝曰："臣闻人君不亲小事，百官有司各任其职。故舜命九贤[6]，则无所用心，弹五弦之琴，咏南风之诗，不下堂庙而

孙权称帝后，步骘被任命为骠骑将军，兼领冀州牧。同年，出任西陵都督，接替陆逊镇抚边境，但不久因冀州划归蜀汉，就解除了他的州牧之职。当时孙权的太子孙登在武昌，待人仁爱，乐于行善，他写信给步骘说："贤人君子，是用来兴隆教化、辅佐君主治理政务的人才。我天性愚昧，不懂得大道，虽然想尽心寻求德才兼备之人，致意于贤明的君子，但对于远近士人，先联络谁而后联络谁还有些不确定，我还没有详细了解。《易传》里面说：'既然爱他，怎么能不使他劳苦呢？既然忠于他，怎么能不教诲他呢？'这个道理，不就是我对您这样的君子所寄予的希望吗？"步骘于是罗列了当时在荆州境内任职的诸人，包括诸葛瑾、陆逊、朱然、程普、潘濬、裴玄、夏侯承、卫旌、李肃、周条、石幹十一人，分别介绍了他们的品行才能情况，然后上书勉励孙登："为臣听说君主不应亲自处理小事，应当由百官和有关部门各司其职。所以虞舜任用九贤，自己则对政事无须用心，只是弹五弦琴，咏南风诗，不走下殿堂，天下便已得到治理。齐桓公任用管仲，自己披散头发乘

天下治也。齐桓用管仲，被发[7]载车，齐国既治，又致匡合。近汉高祖揽三杰[8]以兴帝业，西楚失雄俊以丧成功。汲黯[9]在朝，淮南寝谋；郅都[10]守边，匈奴窜迹。故贤人所在，折冲[11]万里，信国家之利器，崇替[12]之所由也。方今王化未被于汉北，河、洛之滨尚有僭逆之丑，诚揽英雄拔俊任贤之时也。愿明太子重以经意，则天下幸甚。"

车游玩，不仅使齐国大治，还匡正天下会合诸侯成为霸主。近世的汉高祖任用萧何、韩信、张良三杰而成就帝业，西楚霸王则因失去英雄俊杰而丧失成功。汲黯在朝的时候，淮南王不敢阴谋作乱；郅都戍守边境，匈奴人逃得无踪无迹。所以只要有贤人在其应处之地，就可以御敌于万里之外，他们确实是国家的利器，也是王朝兴盛的根本。当今圣王的教化还未施及汉水以北的地区，黄河、洛水之滨还有僭位叛逆的丑类，所以这正是一个招揽英雄、选拔俊杰、任用贤能的时代。希望英明的太子对此留心重视，这将是天下人的大幸！"

今注 **1** 二境：指吴蜀两国边境地区。 **2** 冀州在蜀分：吴黄龙元年(229)，孙权称帝，蜀汉派卫尉陈震前往祝贺，当时孙权表示吴国将与蜀国平分天下，北方的豫州、青州、徐州、幽州属吴国，兖州、冀州、并州、凉州属蜀国，司州以函谷关为界两国平分，所以这里说"冀州在蜀分"。 **3** 受性：即禀性、天性。 **4** 区区：谦辞，指自己。 **5** 爱之能勿劳乎？忠焉能勿诲乎：出自《论语·宪问》。 **6** 九贤：指尧舜时任用的九名贤人，他们是禹、皋陶、契、后稷、伯夷、夔、龙、倕、益。 **7** 被(pī)发：披散头发。 **8** 三杰：指萧何、张良、韩信三人。 **9** 汲黯(？—前112)：西汉大臣，濮阳(今河南濮阳西南)人，字长孺，为人耿直谏诤，被汉武帝称为社稷之臣。当时淮南王刘安图谋反叛，但是对汲黯心存忌惮。 **10** 郅都：西汉大臣，河东杨县(今山西洪洞东南)人，一说大阳(今山西平陆)人。为人直言敢谏，敢于用严刑峻法镇压不法豪强。迁中尉，执法严峻，被贵戚、列侯称为“苍鹰”。后出任雁门太守，为匈奴所畏。因得罪窦太后，被杀。 **11** 折冲：指制敌取胜。 **12** 崇替：即兴替、盛衰。此指兴盛。

裴注 [1]《吴书》曰：“肃字伟恭，南阳人。少以才闻，善论议，臧否得中，甄奇录异，荐述后进，题目品藻，曲有条贯，众人以此服之。权擢以为选举，号为得才。求出补吏，为桂阳太守，吏民悦服。征为卿，会卒，知与不知，并痛惜焉。”

后中书吕壹典校文书，多所纠举。骘上疏曰：“伏闻诸典校擿抉[1]细微，吹毛求瑕，重案深诬，辄欲陷人以成威福。无罪无辜，横受大刑，是以使民局天蹐地[2]，谁不战栗？昔之狱官，惟贤是任，故皋陶[3]作士，吕侯[4]赎刑，张、于[5]廷尉，民无冤枉。休泰之祚，实由此兴。今之小臣，动与古异，狱以贿成，轻忽人命，归咎于上，为国速[6]怨。夫一人吁嗟，王道为亏，甚可仇疾。明德慎罚[7]，哲人惟刑[8]，书传所

后来中书吕壹负责审查官府公务文书，纠举了很多人。步骘上疏说：“我听说各位典校官员审查时挑剔细微，吹毛求疵，刻意加重案情大力诬陷，动不动就要作威作福，陷害他人。那些无罪的人，无缘无故遭受大刑，因此使得民众弯着腰小走行走，谁能不恐惧战栗？以前的狱官，只有贤者才配充任，所以皋陶担任士，吕侯制订赎刑，张释之、于定国任职廷尉时，民众不会被冤枉。太平安宁的国运，实在是由此产生的。今天的这些贱臣，行为与古人相悖，通过收受贿赂来断狱，玩忽职守，草菅人命，还把责任归咎于君上，为国家招来怨恨。天下只要有一人因冤枉而悲叹，那么王道就是有亏的，这种事情实在可恨！‘明德慎罚’‘哲人惟刑’，这些都是《尚书》中

美。自今蔽狱，都下则宜諮顾雍，武昌则陆逊、潘濬，平心专意，务在得情。骘党[9]神明，受罪何恨？”又曰：“天子父天母地，故宫室百官，动法列宿。若施政令，钦顺时节，官得其人，则阴阳和平，七曜[10]循度。至于今日，官寮多阙，虽有大臣，复不信任，如此天地焉得无变？故频年枯旱，亢阳[11]之应也。又嘉禾六年五月十四日，赤乌二年正月一日及二十七日，地皆震动。地阴类，臣之象，阴气盛故动，臣下专政之故也。夫天地见异，所以警悟人主，可不深思其意哉！”

所赞美的事。从今往后，凡有悬案，属于京城的则应咨询顾雍，属于武昌的则应咨询陆逊、潘濬，他们要态度公正，心思专注，务必要查出真相。步骘所言倘有一些高明可取之处，就算受到惩罚又有何遗憾？”又说：“天子以天为父、以地为母，所以宫室百官的设置，总是效法上天星宿的安排。如果施行政令能顺应时节，职官都由合适的人担任，那么阴阳之气就会协调和顺，七星就会正常运转。然而今日，官职出缺甚多，虽有大臣在位，却没有获得信任，这么下去，天地之间岂能不发生灾变？所以最近连年干旱，就是阳气极盛的结果。嘉禾六年(237)五月十四日，赤乌二年(239)正月初一及二十七日，都发生了地震。地属阴，是群臣的象征，阴气过强才有震动，这是人臣专擅朝政的缘故。凡是天地发生灾异，都是用来警告人间君主的，怎能不深思其中的幽微大意？”

今注　1 擿抉(tī jué)：指挑剔。　2 局天蹐(jí)地：出自《诗经·小雅·正月》：“谓天盖高，不敢不局；谓地盖厚，不敢不蹐。”形容惶惧不安的样子。　3 皋陶(gāo yáo)：传说中东夷族的首领，偃姓。相传曾被虞舜任命为掌管刑法的官，后被禹选为继承人，早死未继位。　4 吕侯：又称为“甫侯”，西周时人，传说为炎帝后裔，姜姓。周穆王任为司寇。时诸侯

不睦，作《吕刑》以布告天下，收入《尚书》。　**5** 张、于：分别指张释之、于定国。张释之，字季，南阳堵阳（今河南方城东）人，西汉时大臣，法学家，汉文帝时担任廷尉，严于执法，当皇帝的诏令与法律发生抵触时，仍能执意守法，以执法公正不阿闻名。于定国（？—前40），东海郯县（今山东郯城北）人，字曼倩，西汉时大臣，汉宣帝时担任衡水都尉、廷尉，办案严谨、执法公平，很受重用。　**6** 速：指招致。　**7** 明德慎罚：出自《尚书·康诰》，指提倡仁德、慎用刑罚。　**8** 哲人惟刑：出自《尚书·吕刑》，指圣人依法治理天下。也有清儒将“哲人”解释为“折人”“制人”，即治理百姓需要通过刑法。　**9** 党（tǎng）：通“倘”。　**10** 七曜（yào）：古代天文学术语，指日、月、辰星（水星）、镇星（土星）、荧惑（火星）、太白（金星）、岁星（木星）。古人认为七曜对应七政，如果政治和谐，七曜就会按照规律运行；七曜“逆行”，就预示着人间的失政。　**11** 亢阳：古代迷信的观点认为阳气极盛。

又曰：“丞相顾雍、上大将军陆逊、太常潘濬，忧深责重，志在竭诚，夙夜兢兢，寝食不宁，念欲安国利民，建久长之计，可谓心膂股肱[1]、社稷之臣矣。宜各委任，不使他官监其所司，责其成效，课其负殿[2]。此三臣者，思虑不到则已，岂敢专擅威福欺负所天乎？”又曰：

步骘又上奏说：“丞相顾雍、上大将军陆逊、太常潘濬，他们忧虑深远而责任重大，志在鞠躬尽瘁、竭诚为国，日日夜夜兢兢业业，寝食不安，一心只为安国利民，建立长治久安的大计，可谓陛下的心腹股肱、社稷之臣。应当向他们委以重任，不要再让其他官员监督他们的执掌，苛责他们的绩效，再给他们下等的考课评级。这三位大臣，最多只是有考虑不周全的地方而已，怎敢专擅职权、作威作福，欺骗辜负陛下呢？”又说道：“利用悬赏来彰显善行，设置刑罚来威慑奸佞，任用贤能之人，

"悬赏以显善,设刑以威奸,任贤而使能,审明于法术,则何功而不成,何事而不辨,何听而不闻,何视而不睹哉?若今郡守百里,皆各得其人,共相经纬,如是,庶政岂不康哉!窃闻诸县并有备吏[3],吏多民烦,俗以之弊。但小人因缘衔命,不务奉公而作威福,无益视听,更为民害,愚以为可一切罢省。"权亦觉悟,遂诛吕壹。骘前后荐达屈滞,救解患难,书数十上。权虽不能悉纳,然时采其言,多蒙济赖[1]。

明察刑名法术,只要做到这些,还有什么功业不能成就,什么事理不能辨明,什么言语不能听到,什么现象不能认清呢?倘若现在的郡守县令,都能由合适的人担任,相互协同治理,这样,各种政务岂有办不好的?我私下里听说各县都有备用的临时官吏,官吏多了,民众就会受到烦扰,社会风气因此就会败坏。担任中书典校郎的小人们利用执行君命的机会,不奉公守法,却作威作福,这非但无益于君主了解民间情况,反而成为民众的祸害,我认为这些官员可以全部罢免。"孙权读了奏章后终于觉悟,于是处死了吕壹。步骘为荐举屈居下位的贤能之人,解救无辜蒙受祸患之人,前后上书数十次。孙权虽不能全部采纳,但还是经常接受他的意见,很多人都因此得到他的救援和帮助。

今注 **1** 心膂股肱:心、脊骨、大腿和胳膊。比喻主要的辅佐之臣。亦以喻亲信得力之人。 **2** 负殿:古代官员考核成绩名列最下等。 **3** 备吏:指官府中的后备吏员,也承担一定的行政工作。

裴注 [1]《吴录》云:"骘表言曰:'北降人王潜等说,北相部伍,图以东向,多作布囊,欲以盛沙塞江,以大向荆州。夫备不豫设,难以应卒,宜为之防。'权曰:'此曹衰弱,何能有图?必不敢来。若不如孤言,当以牛千头，为君作主人。’后见吕岱、诸葛恪，为说骘所言，云：‘每读步骘表，辄失笑。此江与开辟俱生，宁有可以沙囊塞理也！’”

赤乌九年，代陆逊为丞相，犹诲育门生，手不释书，被服居处有如儒生。然门内妻妾服饰奢绮，颇以此见讥。在西陵二十年，邻敌敬其威信。性宽弘得众，喜怒不形于声色，而外内肃然。十年卒，子协嗣，统骘所领，加抚军将军。协卒，子玑嗣侯。协弟阐，继业为西陵督，加昭武将军，封西亭侯。凤(皇)〔凰〕元年，召为绕帐督。阐累世在西陵，卒被征命，自以失职，又惧有谗祸，于是据城降晋。遣玑与弟璿诣洛阳为任，晋以阐为都督西陵诸军事、卫将军，仪同三司，加侍中，假节，领交州牧，封宜都公；玑监

赤乌九年(246)，步骘接替陆逊为丞相，他仍然教育培养门生，手不释书，所用被褥、所穿衣服、所住房屋像一个生活简朴的儒生。但家里妻妾的服饰则极为奢侈华丽，因此颇受他人讥评。他在西陵都督位上任职二十年，就连比邻的敌人都对他的威严信义敬畏有加。步骘性情宽宏大量，深得人心，喜怒不形于声色，府署内外的人都对他肃然起敬。赤乌十年(247)，步骘去世，他的儿子步协继承了爵位，统率步骘所领军队，又加授抚军将军。步协去世后，他的儿子步玑继承了爵位。步协的弟弟步阐，继承父业为西陵都督，加授昭武将军，受封为西亭侯。凤凰元年(272)，朝廷征召步阐进京为绕帐督。步阐父兄世代都在西陵任职，突然受到征召，自以为是有失职之处，又害怕受到谗害，于是据守西陵投降晋国。步阐先把步玑和弟弟步璿送到洛阳任职，晋朝则任命步阐为都督西陵诸军事、卫将军，仪同三司，又加任侍中，持有节杖，兼领交州牧，封为宜都公；任命步玑

江陵诸军事、左将军，加散骑常侍，领庐陵太守，改封江陵侯；璿给事中、宣威将军，封都乡侯。命车骑将军羊祜[1]、荆州刺史杨肇往赴救阐。孙晧使陆抗西行，祜等遁退。抗陷城，斩阐等，步氏泯灭，惟璿绍祀[2]。

监江陵诸军事、左将军，加任散骑常侍，兼领庐陵太守，改封为江陵侯；任命步璿为给事中、宣威将军，封为都乡侯。又命令车骑将军羊祜、荆州刺史杨肇等前去救援步阐。孙晧派陆抗西进，羊祜等为了躲避吴军锋芒选择退军。陆抗攻陷西陵城，斩杀了步阐等人，步氏家族也被诛灭，只有洛阳的步璿活了下来继承了宗庙祭祀之事。

今注 **1** 羊祜(221—278)：字叔子，泰山南城(今山东平邑南)人，西晋大臣、著名军事家，司马师妻弟。魏末担任中领军，统领禁军。晋初历任尚书右仆射、卫将军、车骑将军。晋泰始五年(269)出镇荆州，屯田练兵，全力筹备伐吴计划。晋咸宁四年(278)去世，临终举荐杜预接替其职务。两年后，晋武帝依照其计策伐吴，完成统一。 **2** 绍祀：指继承宗庙祭祀。

颍川周昭著书称步骘及严畯等曰："古今贤士大夫所以失名丧身倾家害国者，其由非一也，然要其大归[1]，总其常患，四者而已。急论议一也，争名势二也，重朋党三也，务欲速四也。急论议则伤人，争名势则败友，重朋党则蔽主，务欲速则失德。此四

颍川人周昭曾写文章赞扬步骘及严畯等人说："古往今来，贤明的士大夫之所以身败名裂，倾家害国，其中原因不一而足，然而归纳其中大致规律，总结其中常见祸患，不过四种而已。一是急于议论，二是争逐名势，三是重用朋党，四是力求速效。急于议论就会伤害他人，争逐名势就会损坏友情，重用朋党就会欺蒙君主，力求速效就会丧失道义。这四条不去除，就不可

者不除，未有能全也。当世君子能不然者，亦比有之，岂独古人乎！然论其绝异，未若顾豫章、诸葛使君、步丞相、严卫尉、张奋威之为美也[2]。

能保全自己。当世君子能去除这四条的也比比皆是，哪里只是古人才能做到呢？然而要说当世君子中在这些方面表现最为突出者，没有人比顾豫章、诸葛使君、步丞相、严卫尉、张奋威五位更完美了。

今注　**1** 要其大归：指概括其中主要原因。　**2** 顾豫章：指顾邵，曾任豫章太守。诸葛使君：指诸葛瑾，曾担任豫州牧。步丞相：指步骘。严卫尉：指严畯，曾任卫尉。张奋威：指张承，曾任奋威将军。

"《论语》言'夫子恂恂然善诱人'[1]，又曰'成人之美，不成人之恶'[2]，豫章有之矣；'望之俨然，即之也温，听其言也厉'[3]，使君体之矣；'恭而安，威而不猛'[4]，丞相履之矣；'学不求禄'[5]'心无苟得'[6]，卫尉、奋威蹈之矣。此五君者，虽德实有差，轻重不同，至于趣舍大检，不犯四者，俱一揆也。昔丁谞出于孤家，吾粲由于牧竖，豫章扬其

"《论语》里说'夫子对人循循善诱'，又说'成全别人的好事，而不促使人去做坏事'，顾豫章就具有这种美德；'远远望着庄严而令人敬畏，走近又显得和蔼可亲，听他说话则严厉不苟'，诸葛使君体现出这种品质；'恭敬而安详，有威严却不凶猛'，步丞相践行了这种准则；'学习不为求取俸禄''心中不期望得到自己不该得的'，严卫尉、张奋威便是如此。这五位君子，虽然德行存在差异，地位轻重有所不同，但在举止进退、大行操守上，都没有犯前面四种错误，这方面他们是一致的。当年丁谞出身孤贫之家，吾粲本是牧童，顾豫章却传扬他们

善，以并陆、全之列，是以人无幽滞而风俗厚焉。使君、丞相、卫尉三君，昔以布衣俱相友善，诸论者因各叙其优劣。

的美德，使他们与陆逊、全琮并列，因此世间的人才没有被隐没不用，而社会风俗变得淳朴敦厚起来。诸葛使君、步丞相、严卫尉三人，从前还是平民时就关系友好，议论者曾评论过他们的优劣。

今注 1 夫子恂恂然善诱人：出自《论语·子罕》，原文“恂恂”作“循循”。 2 成人之美，不成人之恶：出自《论语·颜渊》。 3 望之俨然，即之也温，听其言也厉：出自《论语·子张》。 4 恭而安，威而不猛：出自《论语·述而》，原文作“子温而厉，威而不猛，恭而安”。 5 学不求禄：出自《论语·学而》：“子张学干禄。子曰：‘多闻阙疑，慎言其余，则寡尤；多见阙殆，慎行其余，则寡悔。言寡尤，行寡悔，禄在其中矣。’”又“学干禄”三字有版本作“问求禄”。 6 心无苟得：未见于今本《论语》，出处不详。

“初，先卫尉，次丞相，而后有使君也。其后并事明主，经营世务，出处之才有不同，先后之名须反其初，此世常人所决勤薄[1]也。至于三君分好，卒无亏损，岂非古人交哉！又鲁横江[2]昔杖万兵，屯据陆口，当世之美业也，能与不能，孰不愿焉？而横江既亡，卫尉应其选，自

“最初，人们的评价是认为严卫尉在先，步丞相其次，最后是诸葛使君。后来他们共同侍奉明君，管理国家事务，出仕或隐居时表现出的才干有所不同，所以他们的先后顺序又与最初的相反了，这是世间平常人依据他们名位功绩的多少来评定的。但是，他们三人的情分友谊，始终没有因为这些评价损失分毫，这难道不是有古人的交友之风吗？另外，鲁横江从前率领一万兵马，驻守陆口，这是当时第一等的美差，不管有没有能力，谁不想得到这个职位？然而鲁横江死后，严卫尉被选

以才非将帅，深辞固让，终于不就。后徙九列，迁典八座，[3]荣不足以自曜，禄不足以自奉。至于二君，皆位为上将，穷富极贵。

中接替，他自知不具备将帅之才，坚决推辞不接受，最终没有就任。后来他升任九卿之位，又升任尚书令，从未夸耀过自己的荣誉，他的俸禄甚至不足以自给。至于诸葛使君、步丞相，都做到了上将之位，极尽富贵。

今注　1 勤薄：指功绩的多少。　2 鲁横江：指鲁肃，曾担任横江将军，故名。　3 九列：指九卿。八座：指尚书令、尚书仆射及六曹尚书。严畯曾担任卫尉（九卿之一），后又担任尚书令，故云。

“卫尉既无求欲，二君又不称荐，各守所志，保其名好。孔子曰：‘君子矜而不争，群而不党。’[1]斯有风矣。又奋威之名，亦三君之次也。当一方之戍，受上将之任，与使君、丞相不异也。然历国事，论功劳，实有先后，故爵位之荣殊焉。而奋威将处此，决能明其部分，心无失道之欲，事无充诎[2]之求。每升朝堂，循礼而动，辞气謇謇[3]，罔不惟忠。叔嗣[4]虽亲贵，

“严卫尉既不求诸葛使君、步丞相帮忙，他们也不称赞推荐他，这是因为他们都坚守着自己的志向，想保全自己的声誉。孔子曾说：‘君子矜持而不争执，合群而不结党。’他们就颇有这种风范。而张奋威的声名，则稍稍次于上述三位君子。他担任镇守一方的重任，接受上将之职，这与使君、丞相没有不同。然而历任国事，评定功劳，确实有先后多少，所以他们的爵位荣显也有所差异。但张奋威泰然处之，能明确地进行军事部署，心中也没有违背道义的欲念，做事更不会得意忘形地提出非分要求。他每次上朝，进退揖让都遵循礼仪，言辞恳切，无不表现得忠心耿耿。张叔嗣虽为亲贵，

言忧其败；蔡文至[5]虽疏贱，谈称其贤。女配太子，受礼若吊。慷忾[6]之趋，惟笃人物，成败得失，皆如所虑。可谓守道见机，好古之士也。若乃经国家，当军旅，于驰骛之际，立霸王之功，此五者未为过人。至其纯粹履道，求不苟得，升降当世，保全名行，邈然绝俗，实有所师。故粗论其事，以示后之君子。"周昭者字恭远，与韦曜、薛莹、华覈[7]并述《吴书》，后为中书郎，坐事下狱，覈表救之，孙休不听，遂伏法云。

他在言谈中却担忧其会失败；蔡文至虽然地位低下，言谈中却称赞其贤明。他的女儿许配给了太子，他接受贺礼时犹如接受吊唁一般。他慷慨激昂追求的事，就是待人笃诚，这些人后来的成败得失，都如他所预料的那样。他可谓坚守道义、见机行事而喜好古风的贤士。如果从治理国家、统率军队、驰骋疆场、建立霸业看，这五个人未必有过人之处。至于品德纯粹，坚守正道，无非分之求，无论升降进退，都能保全名节，远超世俗，这些人身上确实有很多值得学习的地方。所以大略地论述了他们的事迹，以此展示给后世的君子。"周昭字恭远，与韦曜、薛莹、华覈一起编撰《吴书》，后来做过中书郎，因犯罪下狱，华覈上表为他求情，但孙休不应允，于是被处死刑。

今注　1 君子矜而不争，群而不党：出自《论语·卫灵公》。　2 充诎(qū)：指得意忘形的样子。　3 謇謇(jiǎn jiǎn)：忠贞，正直。　4 叔嗣：即张休，张承之弟。性格直率，与时任中书令孙弘有隙，最终因孙弘的谗言被赐死。　5 蔡文至：可能指蔡款。蔡款曾受张承的拔擢，有清正之名，后官至卫尉。蔡款字文德，古音德、至相近，故这里的"蔡文至"可能为"蔡文德"之误。　6 慷忾(kāng kài)：犹"慷慨"，谓情绪激昂。　7 华覈(hé)(219—278)：字永先，三国时期吴国官员、史学家。历任秘府郎、中书丞、东观令、右国史，与太史令韦昭、薛莹等共同编纂吴国的国史《吴书》。

评曰：张昭受遗辅佐，功勋克举，忠謇方直，动不为己。而以严见惮，以高见外，既不处宰相，又不登师保[1]，从容闾巷，养老而已，以此明权之不及策也。顾雍依杖素业，而将之智局[2]，故能究极[3]荣位。诸葛瑾、步骘并以德度规检[4]见器当世，张承、顾邵虚心长者，好尚人物，周昭之论，称之甚美，故详录焉。谭献纳在公，有忠贞之节。休、承修志，咸庶为善，爱恶相攻，流播南裔[5]，哀哉！

评论说："张昭接受遗诏，辅佐新君，可以说功勋卓著，而他始终忠贞直言，方正奉公，一举一动从不为自己考虑。但也因为他对人严厉而受到忌惮，地位尊荣而被疏远，既没有做到宰相，也未获得太师太保一类的荣衔，最终只是闲居在家，养老而已，由此可见孙权的气量不及孙策。顾雍凭借一生建立的功业，加上过人的智谋和器量，所以最后享有位极人臣的荣宠。诸葛瑾、步骘都以出众的道德气度和遵循规矩法度而受到当时人的尊重，而张承、顾邵是虚心的长者，乐于拔擢人才，周昭的论述中对他们有极高的赞美，所以在此将其详细抄录下来。顾谭献忠进言，一心为公，有忠贞的节操。张休、张承志向高尚，都一心为善，只因被厌恶自己的人攻击，最后被流放到遥远的南方，实在是令人感到悲哀啊！

今注　1 师保：即太师、太保，这里泛指三公之位。　2 智局：智谋和器量。　3 究极：穷尽，极尽。　4 德度规检：德度，道德气度。规检，循规矩，守法度。　5 南裔：南方边境地区。

卷五十三　吴书八

张严程阚薛传

导读　本篇是张纮、严畯、程秉、阚泽、薛综五人的传记，并附录了各人部分同乡人物的事迹。张纮是吴国的重要谋士，从孙策时起就出仕孙氏，与张昭合称“二张”。孙权继位后，他出任长史，为孙权提供了许多有益的建议。严畯少年与诸葛瑾、步骘齐名，受张昭推荐出仕吴国，担任过卫尉、尚书令等职务。程秉、阚泽、薛综三人，都是吴国著名的儒学家，以博学多闻著称，后来都出任过太子太傅一职。薛综的传记附录了其子薛莹的事迹，薛莹是三国时期吴国重要的史学家，与韦曜、华覈等人合撰国史《吴书》，是陈寿《三国志》重要的史料来源之一。

本篇的五位传主，在吴国都是地位较高、名声较好的儒士，有一定的德望，也担任过一些较显贵的官职，但与前篇所收录的宰辅之士相比，略逊一筹，因而编于其后。

张纮

原文

张纮[1]，字子纲，广陵人。少游学京都[1]，还本郡，举茂才，公府辟，皆不就[2]，避难江东。孙策创业，遂委质[2]

译文

张纮，字子纲，广陵人。他年轻时游学京都，后来回到本郡，被荐举为茂才，官府的征辟，他都没有接受，后来为避乱前往江东。孙策在江东开创基业之时，张纮便前往归附孙策。他被孙策上

焉。表为正议校尉[3]，从讨丹阳。策身临行阵，纮谏曰："夫主将乃筹谟[3]之所自出，三军之所系命也，不宜轻脱，自敌小寇。愿麾下[4]重天授之姿，副[5]四海之望，无令国内上下危惧。"

表任命为正议校尉，随军征讨丹阳。孙策亲临军阵作战，张纮劝谏说："主将是要负责运筹帷幄、制定作战计划的，三军的命运全都系于您一身，绝对不可轻率出动，亲自和小小的敌军战斗。希望您能珍惜上天赐给您的身体，顺应天下人对您的期望，不要让全国上下为您的安危担惊受怕。"

今注　**1** 纮：音 hóng。　**2** 委质：归附，臣服。　**3** 筹谟：运筹谋划。　**4** 麾下：对军中将帅的敬称。　**5** 副：符合，相称。此指顺应。

裴注　[1]《吴书》曰："纮入太学，事博士韩宗，治京氏《易》、欧阳《尚书》，又于外黄从濮阳闿受《韩诗》及《礼记》《左氏春秋》。"　[2]《吴书》曰："大将军何进、太尉朱儁、司空荀爽三府辟为掾，皆称疾不就。"　[3]《吴书》曰："纮与张昭并与参谋，常令一人居守，一人从征讨。后吕布袭取徐州，因为之牧，不欲令纮与策从事。追举茂才，移书发遣纮。纮心恶布，耻为之屈。策亦重惜纮，欲以自辅，答记不遣，曰：'海产明珠，所在为宝，楚虽有才，晋实用之。英伟君子，所游见珍，何必本州哉？'"

建安四年，策遣纮奉章至许宫[1]，留为侍御史。少府孔融等皆与亲善[1]。曹公闻策薨，欲因丧伐吴。纮谏，以为乘人之丧，既非古义，

建安四年(199)，孙策派遣张纮持章表到许都的皇宫去朝见，张纮随后被留下来担任侍御史。少府孔融等人都和他亲近友善。曹操听说孙策去世，打算趁其办丧事时出兵征伐。张纮劝谏曹操，认为乘人丧事用兵，既不合传统道义，倘

若其不克，成仇弃好，不如因而厚之。曹公从其言，即表权为讨虏将军、领会稽太守。曹公欲令纮辅权内附[2]，出纮为会稽东部都尉[2]。后权以纮为长史，从征合肥[3]。权率轻骑将往突敌，纮谏曰："夫兵者凶器，战者危事也。今麾下恃盛壮之气，忽强暴之虏，三军之众，莫不寒心，虽斩将搴旗[3]，威震敌场，此乃偏将之任，非主将之宜也。愿抑贲、育[4]之勇，怀霸王之计。"权纳纮言而止。

若进攻不利，反而使双方结仇而失去原本的良好关系，不如借此机会厚待之。曹操听从了他的意见，立即上表朝廷任命孙权为讨虏将军，兼领会稽太守。曹操想让张纮劝说孙权归降，于是命张纮出任会稽东部都尉。后来孙权任命张纮为长史，让他跟随自己征讨合肥。孙权打算率领轻骑亲自前去突袭敌人，张纮劝谏说："兵器就是凶器，战争是危险之事。现在您凭着强盛的气势，就轻视强大凶暴的敌人，这必定会让三军将士无不感到恐惧，即使您能斩杀敌将夺下敌军军旗，在战场上威慑敌军，但这只不过是偏将的责任，不是主帅所应做的事情。希望您能够抑制像孟贲、夏育那样的勇猛，而心怀建立霸业的大计。"孙权采纳了他的建议而打消了突袭的念头。

今注　1 许宫：指许昌的皇宫。当时汉献帝受制于曹操，迁都许县。　2 内附：指归顺中央，归附朝廷。　3 搴(qiān)旗：指夺旗，拔取敌方旗帜。　4 贲、育：分别指孟贲、夏育，都是古代著名的猛士。孟贲是战国时期秦国人(一说齐国)，而夏育是卫国人，他们的具体事迹不详，但据说都有千钧之力，因此往往作为勇士的代称。

裴注　[1]《吴书》曰："纮至，与在朝公卿及知旧述策材略绝异，平定三郡，风行草偃，加以忠敬款诚，乃心王室。时曹公为司空，欲加恩厚，以悦远人，至乃优文褒崇，改号加封，辟纮为掾，举高第，补侍御史，后以纮为九江太守。纮心恋旧恩，思还反命，以疾固辞。” [2]《吴书》曰：“权初承统，春秋方富，太夫人以方外多难，深怀忧劳，数有优令辞谢，付属以辅助之义。纮辄拜笺答谢，思惟补察。每有异事密计及章表书记，与四方交结，常令纮与张昭草创撰作。纮以破虏有破走董卓、扶持汉室之勋；讨逆平定江外，建立大业，宜有纪颂以昭公美。既成，呈权，权省读悲感，曰：‘君真识孤家门阀阅也。’乃遣纮之部。或以纮本受北任，嫌其志趣不止于此，权不以介意。初，琅邪赵昱为广陵太守，察纮孝廉。昱后为笮融所杀，纮甚伤愤，而力不能讨。昱门户绝灭，及纮在东部，遣主簿至琅邪设祭，并求亲戚为之后，以书属琅邪相臧宣，宣以赵宗中五岁男奉昱祀，权闻而嘉之。及讨江夏，以东部少事，命纮居守，遥领所职。孔融遗纮书曰：‘闻大军西征，足下留镇。不有居者，谁守社稷？深固折冲，亦大勋也。无乃李广之气，仓发益怒，乐一当单于，以尽余愤乎？南北并定，世将无事，叔孙投戈，绛、灌俎豆，亦在今日，但用离析，无缘会面，为愁叹耳！道直途清，相见岂复难哉？’权以纮有镇守之劳，欲论功加赏。纮厚自挹损，不敢蒙宠，权不夺其志。每从容侍燕，微言密指，常有以规讽。”《江表传》曰：“初，权于群臣多呼其字，惟呼张昭曰张公，纮曰东部，所以重二人也。” [3]《吴书》曰：“合肥城久不拔，纮进计曰：‘古之围城，开其一面，以疑众心。今围之甚密，攻之又急，诚惧并命戮力。死战之寇，固难卒拔。及救未至，可小宽之，以观其变。’议者不同。会救骑至，数至围下，驰骋挑战。”

既还，明年将复出军，纮又谏曰：“自古帝王受命之君，虽有皇灵佐于上，文德播于下，亦赖武功以昭其勋。然而

大军返回之后，次年孙权准备再度出兵，张纮又劝谏说：“自古以来，凡是承受天命的帝王君主，尽管有皇灵在上辅佑，文德在下传播，也要依靠武功来昭显他们的勋业。但是，军事行动贵在因时

贵于时动[1]，乃后为威耳。今麾下值四百之厄[2]，有扶危之功，宜且隐息师徒[3]，广开播殖[4]，任贤使能，务崇宽惠，顺天命以行诛，可不劳而定也。”于是遂止不行。

顺势，然后才能树立声威。当今您正逢汉朝四百年未有之厄运，已建立匡扶危难的功业，理当暂且偃旗息鼓、止戈休兵，广泛开展农业生产，任用贤能之人，务必崇尚宽和仁惠的政策，顺应天命来施行诛罚，这样便可不劳师动众而平定天下。”于是孙权便停止了出兵。

今注　1 时动：指根据时势计划行动。　2 四百之厄：汉代自建立至当时共约四百年。四百之厄指四百年来前所未有的厄运。　3 隐息师徒：隐息，指休整，歇息。隐，通“偃”。师徒，指士兵。亦借指军队。　4 播殖：播种，种植。

纮建计宜出都秣陵，权从之[1]。令还吴迎家，道病卒。临困，授子靖留笺曰：“自古有国有家者，咸欲修德政以比隆盛世，至于其治，多不馨香[1]。非无忠臣贤佐，暗于治体也，由主不胜其情[2]，弗能用耳。夫人情惮难而趋易，好同而恶异，与治道相反。《传》曰‘从善

张纮建议应当从吴县迁都秣陵，孙权予以采纳。于是让张纮返回吴县去接家眷到都城，但他在半路上因病去世。临终之际，他给儿子张靖留下一封给孙权的信，信中说：“自古以来治国治家之人，都希望修治德政、兴隆教化，来和上古时代的盛世相媲美，但他们实际的政绩，大多效果并不如意。这并非因为没有忠臣良将的辅佐，也不是因为不明白治国的根本大道，而是因为君主不能克服自己的性情，不能采用贤臣的意见。人的常情是害怕困难而趋向容易，喜好相同而讨厌相异，但这却与治世之道背道而驰。《国语》有言‘从善如登，从恶

如登,从恶如崩’3,言善之难也。人君承奕世4之基,据自然之势,操八柄5之威,甘易同之欢[2],无假取于人;而忠臣挟难进之术,吐逆耳之言,其不合也,不亦宜乎!离则有衅,巧辩缘间,眩于小忠,恋于恩爱,贤愚杂错,长幼失叙6,其所由来,情乱之也。故明君悟之,求贤如饥渴。受谏而不厌,抑情损欲,以义割恩。上无偏谬之授,下无希冀之望。宜加三思,含垢藏疾7,以成仁覆之大。”时年六十卒。权省书流涕。

如崩’,说的正是向善之艰难。君主继承世代相传的基业,凭借自然的优势,手握驾驭群臣的八柄之威,总喜欢做容易做到的事,听些好听的话,并不会有求于他人;然而忠臣却用别人难以接受的方法,说些别人听着不顺耳的话,那他们不能迎合君主的心意,不也是理所当然吗?这样就会使君臣产生隔阂,巧言令色诡辩之徒乘虚而入,君主就会被虚假的忠心迷惑,贪恋小人的恩爱,导致贤愚混杂,长幼失序,这些乱象究其根本,就是君主不能克制自己的性情造成的。所以英明的君主领悟到这一点,求取贤才如饥似渴,接受忠谏不厌其烦,抑制自己的性情并减少欲望,可以为了道义而割舍恩爱。只要居上位者没有偏颇错误的授任官爵,处于下位者也就不会有非分之想。您应对这些事三思,要以宽宏的度量容忍群臣的缺点,才能成就仁德被覆天下的大业。”张纮去世时六十岁了。孙权看了这封信,不禁涕泪横流。

今注　1 馨香:散播很远的香气。此指治道兴隆,治理得好。　2 不胜其情:指不能克服个人的性情。　3 从善如登,从恶如崩:出自《国语·周语下》。　4 奕世:指世世代代。　5 八柄:指人君驾驭臣下的八种手段,即爵、禄、予、置、生、夺、废、诛。出自《周礼·天官·大宰》:“以八柄诏王

驭群臣：一曰爵，以驭其贵；二曰禄，以驭其富；三曰予，以驭其幸；四曰置，以驭其行；五曰生，以驭其福；六曰夺，以驭其贫；七曰废，以驭其罪；八曰诛，以驭其过。” **6** 失叙：亦作“失序”。 **7** 含垢藏疾：包容污垢，藏匿恶物。形容宽仁大度。

裴注 [1]《江表传》曰：“纮谓权曰：‘秣陵，楚威王所置，名为金陵。地势冈阜连石头，访问故老，云昔秦始皇东巡会稽，经此县，望气者云金陵地形有王者都邑之气，故掘断连冈，改名秣陵。今处所具存，地有其气，天之所命，宜为都邑。’权善其议，未能从也。后刘备之东，宿于秣陵，周观地形，亦劝权都之。权曰：‘智者意同。’遂都焉。”《献帝春秋》云：“刘备至京，谓孙权曰：‘吴去此数百里，即有警急，赴救为难，将军无意屯京乎？’权曰：‘秣陵有小江百余里，可以安大船，吾方理水军，当移据之。’备曰：‘芜湖近濡须，亦佳也。”权曰：“吾欲图徐州，宜近下也。’臣松之以为，秣陵之与芜湖，道里所校无几，于北侵利便，亦有何异？而云欲窥徐州，贪秣陵近下，非其理也。诸书皆云刘备劝都秣陵，而此独云权自欲都之，又为虚错。 [2]《周礼·太宰职》曰：“以八柄诏王驭群臣。一曰爵，以驭其贵。二曰禄，以驭其富。三曰予，以驭其幸。四曰置，以驭其行。五曰生，以驭其福。六曰夺，其驭其贫。七曰废，以驭其罪。八曰诛，以驭其过。”

纮著诗赋铭诔十余篇[1]。子玄，官至南郡太守、尚书[2]。玄子尚[3]，孙晧时为侍郎，以言语辩捷见知，擢为侍中、中书令。晧使尚鼓琴，尚对曰：“素不能。”敕使学

张纮曾撰写诗、赋、铭、诔等文章十多篇。他的儿子张玄，官至南郡太守、尚书。张玄的儿子张尚，孙晧在位时担任侍郎，因言语机敏善辩而受到赏识，被拔擢为侍中、中书令。孙晧让张尚弹琴，张尚回答说：“为臣素来不会弹琴。”孙晧下令让他学弹琴。后来某次宴会，大家言

之。后晏言次说琴之精妙，尚因道："晋平公[1]使师旷[2]作清角[3]，旷言吾君德薄，不足以听之。"晧意谓尚以斯喻己，不悦。后积他事下狱，皆追以此为诘[4][4]，送建安作船。久之，又就加诛。

谈之间说到弹琴之精妙，张尚顺口说道："晋平公让师旷弹奏清角之音，师旷却说国君德行浅薄，不配聆听这种琴音。"孙晧认为张尚是借此事来讽刺自己，很不高兴。后来又加上其他事情而将张尚关进监狱，审讯的时候总是拿这件事来拷问张尚，后来便将他贬到建安去造船。过了一段时间，又将他就地处死。

初，纮同郡秦松字文表，陈端字子正，并与纮见待于孙策，参与谋谟[5]。各早卒。

起初，张纮的同郡老乡秦松，字文表，陈端，字子正，与张纮一道受到孙策的优待，共同参与谋划军国大事。而这两人都早早去世了。

今注　**1** 晋平公：春秋时期晋国国君，姬姓，名彪，公元前557年—公元前532年在位。即位之初击败楚国，又与宋、卫等国结盟，恢复晋国的霸业。但在位后期大兴土木，不务政事，导致大权旁落。　**2** 师旷：春秋时期著名乐师，虽然双目失明，但极精于音乐，有超强的辨音能力。由于他音乐造诣极高，后世衍生出了许多相关的神异故事。　**3** 清角：古代曲名，清角是指比角音高半音的音，也指以此音为主音演奏的乐曲。清角被认为是悲音之最，相传是黄帝在西泰山上会合天下鬼神所演奏的乐曲，故师旷认为有德之君才配聆听。　**4** 诘：指追究，追问。　**5** 谋谟：指谋划、谋略。

裴注　[1]《吴书》曰："纮见楠榴枕，爱其文，为作赋。陈琳在北见之，以示人曰：'此吾乡里张子纲所作也。'后纮见陈琳作《武军赋》《应机论》，与琳书深叹美之。琳答曰：'自仆在河北，与天下隔，此间率少于文章，易为雄伯，故使仆受此过差之谭，非其实也。今景兴在此，足下与子布在彼，所谓小巫见大巫，神气尽矣。'纮既好文学，又善楷篆，与孔融书，自书。融遗纮书曰：'前劳手笔，多篆书。每举篇见字，欣然独笑，如复睹其人也。'" [3]《江表传》曰："玄清介有高行，而才不及纮。" [2]《江表传》称尚有俊才。 [4] 环氏《吴纪》曰："晧尝问：'《诗》云"泛彼柏舟"，惟柏中舟乎？'尚对曰：'《诗》言"桧楫松舟"，则松亦中舟也。'又问：'鸟之大者惟鹤，小者惟雀乎？'尚对曰：'大者有秃鹙，小者有鷦鹩。'晧性忌胜己，而尚谈论每出其表，积以致恨。后问：'孤饮酒可方谁？'尚对曰：'陛下有百觚之量。'晧云：'尚知孔丘之不王，而以孤方之！'因此发怒收尚。尚书岑昏率公卿已下百余人，诣宫叩头请，尚罪得减死。"

严畯

原文

严畯，字曼才，彭城人也。少耽学，善《诗》《书》、三《礼》[1]，又好《说文》[2]。避乱江东，与诸葛瑾、步骘齐名友善。性质直纯厚，其于人物[3]，忠告善道，志存补益。

张昭进之于孙权，权以为骑都尉、从事中郎。及横江将军鲁肃卒，权以畯代肃，督兵万人，镇据陆口。众人

译文

严畯，字曼才，是彭城人。他少年时热爱学习，精通《诗》《书》、三《礼》，又喜好《说文解字》。后来他到江东躲避战乱，与诸葛瑾、步骘齐名而相互友善。严畯的性情质朴耿直、纯良忠厚，他在品评人物的时候，总是给予对方忠告，善加诱导，一心想使人获得裨益。

张昭将他推荐给孙权，孙权先后任命他为骑都尉、从事中郎。后来横江将军鲁肃去世，孙权让严畯接替鲁肃的职务，督领一万名兵士，镇守陆口。大家都为严畯感到高兴，而他却再三推辞，说："我只不

咸为畯喜，畯前后固辞："朴素书生，不闲[4]军事，非才而据，咎悔必至。"发言慷慨，至于流涕[1]，权乃听焉。世嘉其能以实让。权为吴王，及称尊号，畯尝为卫尉，使至蜀，蜀相诸葛亮深善之。不蓄禄赐，皆散之亲戚知故，家常不充。广陵刘颖与畯有旧，颖精学家巷，权闻征之，以疾不就。其弟略为零陵太守，卒官，颖往赴丧，权知其诈病，急驿收录[5]。畯亦驰语颖，使还谢权。权怒废畯，而颖得免罪。久之，以畯为尚书令，后卒[2]。

过是个朴素的书生，不熟悉军事，让一个不才之人担当这个职位，到时必有过失，使追悔莫及。"他说这话时激昂慷慨，甚至流下了眼泪，孙权这才听从了他。世人都赞扬他能根据实际情况而辞让权位。孙权为吴王期间，以及称帝之后，严畯都曾担任卫尉，并出使蜀汉，蜀汉丞相诸葛亮对他非常欣赏。他平素不积攒任何俸禄、赏赐，而是把钱财都分送亲友故交，自己家里却常常不宽裕。广陵人刘颖与严畯有旧交，在家精心研究学问，孙权听说后便想征辟他，刘颖称病不去。他的弟弟刘略担任零陵太守，在任上去世，刘颖前去奔丧，孙权便知道他之前是装病，紧急令驿站官吏将刘颖抓捕起来。严畯得知孙权的举动后，也赶去向刘颖告知情况，让他马上回来向孙权谢罪。孙权迁怒严畯，将他罢免，但刘颖因赶回来谢罪而得以免受处罚。过了一段时间，孙权又任命严畯做尚书令，严畯不久后去世了。

今注　1 三《礼》：指《仪礼》《礼记》《周礼》，为汉代礼学的经典。　2《说文》：指东汉许慎的著作《说文解字》，是现存最早系统解释汉字音义、源流的著作。　3 人物：辨别评述人的流品。　4 不闲：指不娴熟，不精通。　5 收录：指抓捕。

裴注 [1]《志林》曰:“权又试畯骑,上马堕鞍。” [2]《吴书》曰:“畯时年七十八。二子凯、爽。凯官至升平少府。”

畯著《孝经传》《潮水论》,又与裴玄、张承论管仲、季路[1],皆传于世。玄,字彦黄,下邳人也,亦有学行,官至太中大夫。问子钦齐桓、晋文、夷、惠[2]四人优劣,钦答所见,与玄相反覆,各有文理。钦与太子登游处,登称其翰采[3]。

严畯写过《孝经传》《潮水论》等著作,又与裴玄、张承有往来书信评论管仲、季路等古代贤人,这些作品都流传于世。裴玄,字彦黄,是下邳人,也有很好的学问和品行,官至太中大夫。他曾询问儿子裴钦齐桓公、晋文公、伯夷、柳下惠四人谁优谁劣。裴钦说了自己的见解,又与裴玄反复讨论,二人所论都很有道理。裴钦与太子孙登有来往,孙登对他的笔墨文采赞赏有加。

今注 **1** 季路:即仲由(前542—前480),字子路,又作季路,孔子的学生,孔门“十哲”、孔门“七十二贤”之一。 **2** 夷、惠:夷,指伯夷,商末孤竹国国君之子。武王伐商时,与其弟叔齐不愿归顺周朝,耻食周粟,饿死于首阳山中。惠,指柳下惠,姬姓,展氏,名获,字禽,封邑为柳下,谥号为“惠”,故世称“柳下惠”。曾任鲁国士师,执掌刑罚狱讼,被誉为传统道德的典范,其“坐怀不乱”的故事广为流传。 **3** 翰采:即文采。

程秉

原文

程秉,字德枢,汝南南顿[1]人也。逮事郑玄,

译文

程秉,字德枢,是汝南郡南顿县人。他曾师从郑玄,后来到交州躲避战乱,

后避乱交州，与刘熙[2]考论大义，遂博通五经。士燮命为长史，权闻其名儒，以礼征。秉既到，拜太子太傅。

黄武四年，权为太子登娉周瑜女，秉守太常，迎妃于吴，权亲幸秉船，深见优礼。既还，秉从容进说登曰："婚姻人伦之始，王教之基，是以圣王重之，所以率先众庶，风化天下。故《诗》美《关雎》，以为称首。[3]愿太子尊礼教于闺房，存《周南》[4]之所咏，则道化隆于上，颂声作于下矣。"登笑曰："将顺其美，匡救其恶，诚所赖于傅君[5]也。"病卒官。著《周易摘》《尚书驳》《论语弼》，凡三万余言。秉为傅时，率更令[6]河南徵崇亦笃学立行云[1]。

又与刘熙一同讨论研究经学的大义，于是他得以博通五经。当地地方长官士燮任命他为长史，而孙权听说他是有名的儒士，便以礼征辟他。程秉抵达后，被任为太子太傅。

黄武四年(225)，孙权为太子孙登聘娶周瑜的女儿为妃，程秉当时兼领太常，到吴县迎接太子妃到京城，孙权则亲自来到程秉的船上，可见他深受优待和尊敬。迎亲回来后，程秉在闲暇时向孙登进言："婚姻是人伦关系的开始，帝王教化的基础，所以圣明的君王都对此高度重视，以此来为民众做表率，教化天下。是故《诗经》称美《关雎》，将它列为首篇。希望太子您在闺房之事上遵守礼教，保持《周南》中所吟咏的德行，那么道义教化就能够兴隆于上，赞美之声就会产生于下。"孙登笑着说："承顺古代的美德，匡救自己的不足，这正是我仰赖于太傅您的地方啊。"程秉在任上去世。他曾著有《周易摘》《尚书驳》《论语弼》等作品，总共三万多字。他任太子太傅时，担任率更令的河南人徵崇也专心好学、修养品行。

今注 1 南顿：汉代县名，治今河南项城西。 2 刘熙：东汉末年的训诂学家，字成国，北海（治今山东昌乐）人，建安年间在交州避难。著有《释名》《孟子注》。《释名》是中国古代非常重要的训诂学作品，对后世影响很大。据《三国志》记载，当时许多士人如程秉、薛综、许慈等都曾向刘熙问学。 3 按：《毛诗序》里面解释《关雎》的大义，说"《关雎》，后妃之德也，风之始也，所以风天下而正夫妇也"，意思是认为这首诗是教天下人如何处理夫妇关系的。所以程秉用这首诗来向太子孙登进言。 4《周南》：《诗经》中《国风》的组成部分，位于《诗经》之首，被认为是歌咏周公王者之风的诗篇，具有至为重要的教化意义。 5 傅君：太子对太子太傅的敬称。 6 率(lǜ)更令：秦汉职官，为太子属官，原本执掌漏刻计时，魏晋时期兼掌宫殿门户及赏罚等事，职如光禄勋、卫尉。

裴注 [1]《吴录》曰："崇字子和，治《易》《春秋左氏传》，兼善内术。本姓李，遭乱更姓，遂隐于会稽，躬耕以求其志。好尚者从学，所教不过数人辄止，欲令其业必有成也。所交结如丞相步骘等，咸亲焉。严畯荐崇行足以厉俗，学足以为师。初见太子登，以疾赐不拜。东宫官僚皆从諮询。太子数访以异闻。年七十而卒。"

阚泽

阚泽，字德润，会稽山阴人也。家世农夫，至泽好学，居贫无资，常为人佣书[1]，以供纸笔，所写既毕，诵读亦遍。追师论讲，究览群籍，兼

阚泽，字德润，会稽郡山阴县人。阚氏家族世代都做农夫，但阚泽爱好学习，由于家里贫困缺钱，阚泽便经常受雇为他人抄书，以此来赚钱购买纸笔，每当他抄完一部书，也就同时将这部书诵读了一遍。他总是去找老师讨论经学大义，阅

通历数，由是显名。察孝廉，除钱唐长，迁郴令。孙权为骠骑将军，辟补西曹掾；及称尊号，以泽为尚书。嘉禾中，为中书令，加侍中。赤乌五年，拜太子太傅，领中书如故。

读钻研各种典籍，还通晓天文历算，因此名声大噪。他被察举为孝廉，出任钱唐县县长，后又改任郴县县令。孙权做骠骑将军的时候，征辟他出任将军府西曹掾；等孙权称帝，又任命他为尚书。嘉禾年间，阚泽出任中书令，并加授侍中。赤乌五年(242)，阚泽出任太子太傅，仍旧兼领中书令。

泽以经传文多，难得尽用，乃斟酌诸家，刊约[2]《礼》文及诸注说以授二宫，为制行出入及见宾仪，又著《乾象历注》[3]以正时日。每朝廷大议，经典所疑，辄諮访之。以儒学勤劳，封都乡侯。性谦恭笃慎，宫府小吏，呼召对问，皆为抗礼[4]。人有非短，口未尝及。容貌似不足者，然所闻少穷。

阚泽认为儒家经传篇幅太长，难以全部用上，于是斟酌各家之说，删削《礼记》的文字及各家注解来教授太子和鲁王，并为他们制定出入宫禁及会见宾客的礼仪，还撰写《乾象历注》来校正历法。每当朝廷有重大事情讨论，在儒家经典上有疑难之处，总是要咨询阚泽的意见。阚泽因为在儒学上勤奋钻研，被封为都乡侯。他性格谦逊恭俭、笃实审慎，宫中府中的小吏们被召唤来或有事来问他，他也要与他们行对等礼。他人的不是或缺点，他口中从不提及。从容貌看他似有不足，但他的见闻似乎没有穷尽。

今注　1 佣书：指受雇为他人抄写书籍。　2 刊约：指删削、删订。　3《乾象历注》：《乾象历》是东汉末年刘洪制定的历法，阚泽进行了注解修订，东吴于公元223年至280年使用这部历法。　4 抗礼：指行对等的礼，以平等的礼节相待。

权尝问："书传篇赋，何者为美？"泽欲讽喻以明治乱，因对贾谊《过秦论》[1]最善，权览读焉。初，以吕壹奸罪发闻，有司穷治[2]，奏以大辟，或以为宜加焚裂[3]，用彰元恶[4]。权以访泽，泽曰："盛明之世，不宜复有此刑。"权从之。又诸官司有所患疾，欲增重科防，以检御臣下，泽每曰"宜依礼、律"，其和而有正，皆此类也[1]。六年冬卒，权痛惜感悼，食不进者数日。泽州里先辈丹阳唐固亦修身积学，称为儒者，著《国语》《公羊》《穀梁传》[5]注，讲授常数十人。权为吴王，拜固议郎，自陆逊、张温、骆统等皆拜之。黄武四年为尚书仆射，卒[2]。

孙权曾问阚泽："历史上这么多书传篇赋，哪一篇最好？"阚泽想借机用含蓄的方式来向孙权解释治乱之道，因而回答说贾谊的《过秦论》最佳，孙权于是去阅读了这篇文章。起初，吕壹担任中书典校郎时的奸罪败露，有关部门决定对他的行为进行彻底追究，并奏请对他处以极刑，有人还认为应用火刑或车裂，以显示他的罪大恶极。孙权就此事询问阚泽的意见，阚泽说："政治昌明的时代，不应再有这种极刑。"孙权便听从了他的意见。另外，各处官署存在一些贪污腐败的情况，孙权打算增加律令、加重处罚来加以惩治，以约束臣下的行为，阚泽却每次都说"应依照礼仪、法律来办"，他的随和、正直，都如这类事所表现出的那样。赤乌六年(243)冬天，阚泽去世，孙权痛惜不已，深切哀悼，一连几天都吃不下饭。阚泽同州的前辈丹阳人唐固，也格外重视修治德行、积累学问，被时人称为儒者，著有《国语》《公羊传》《穀梁传》等书的注，每次开席讲授，听众都多达几十人。孙权做吴王的时候，任命唐固为议郎，从陆逊、张温、骆统以下的士人都拜他为师。黄武四年(225)，唐固出任尚书仆射，不久后去世。

今注 **1** 贾谊(前200—前168):西汉初年著名大臣、政论家、文学家,洛阳(今河南洛阳)人。汉文帝时担任博士,迁任太中大夫,因受排挤被贬长沙,后回朝担任梁王太傅。贾谊的散文思想性、文学性造诣很高,政治哲学深受黄老道家影响。其政论散文代表作《过秦论》从多个方面总结了秦朝灭亡的原因,为汉朝建立制度、巩固统治提供借鉴。 **2** 穷治:指彻查追究、彻底查办。 **3** 焚裂:指火刑和车裂。 **4** 元恶:指首恶、极恶。 **5**《公羊》《穀梁传》:即儒家经典《春秋公羊传》和《春秋穀梁传》,分别为战国时期儒生公羊高和穀梁赤的著作,其书阐释《春秋》的"微言大义",与《左传》合称"《春秋》三传"。

裴注 [**1**]《吴录》曰:"虞翻称泽曰:'阚生矫杰,盖蜀之扬雄。'又曰:'阚子儒术德行,亦今之仲舒也。'初,魏文帝即位,权尝从容问群臣曰:'曹丕以盛年即位,恐孤不能及之,诸卿以为何如?'群臣未对,泽曰:'不及十年,丕其没矣,大王勿忧也。'权曰:'何以知之?'泽曰:'以字言之,不十为丕,此其数也。'文帝果七年而崩。"臣松之计,孙权年大文帝五岁,其为长幼也微矣。 [**2**]《吴录》曰:"固字子正,卒时年七十余矣。"

薛综

原文

薛综,字敬文,沛郡竹邑1人也[1]。少依族人避地交州,从刘熙学。士燮既附孙权,召综为五官中郎将,除合浦、交阯太守。时交土始开,刺史吕

译文

薛综,字敬文,是沛郡竹邑县人。年少时,他随族人一同到交州避难,师从刘熙学习。士燮归附孙权后,薛综受召做了五官中郎将,并出任合浦、交阯太守。当时交州地区刚刚开辟,刺史吕岱率领部队去讨伐,薛综随军前往,渡海南

岱率师讨伐，综与俱行，越海南征，及到九真[2]。事毕还都，守谒者仆射[3]。

西使张奉于权前列[4]尚书阚泽姓名以嘲泽，泽不能答。综下行酒，因劝酒曰："蜀者何也？有犬为独[5]，无犬为蜀，横目苟[6]身，虫入其腹[2]。"奉曰："不当复列君吴邪？"综应声曰："无口为天，有口为吴，君临万邦，天子之都。"于是众坐喜笑，而奉无以对。其枢机[7]敏捷，皆此类也[3]。

征，一路打到九真郡。任务完成后他返回京城，并代理谒者仆射。

蜀汉派来的使者张奉在孙权面前用尚书阚泽的姓名玩拆字游戏来嘲弄他，阚泽为人忠厚，无法应答。薛综起身为在座的人斟酒，在劝酒的时候对张奉说："'蜀'是什么样的字？加上'犬'字旁便是'独'，没有'犬'字旁便是'蜀'，一个'目'横在'苟'身上，一个'虫'装进肚子里。"张奉说："能不能也拆一下你们的吴字呢？"薛综应声说道："无'口'便是'天'，有'口'便是'吴'，君临万邦，天子之都。"于是在座众人纷纷欢笑，而张奉则无言以对。薛综善于机辩、思维敏捷，大都如此。

今注 1 竹邑：秦汉时期县名，治今安徽宿州北。 2 九真：郡名，南越赵佗置，汉武帝元鼎六年(前111)入汉。辖境相当于今越南清化全省及义安省部分地区。 3 谒者仆射：秦汉三国时期官名，为谒者台的长官，负责掌管朝廷礼仪与传达使命。 4 列：通"裂"，分割。这里指拆字。 5 独：繁体字是"獨"。 6 苟：这里通"狗"。 7 枢机：喻言语。

裴注 [1]《吴录》曰："其先齐孟尝君封于薛。秦灭六国，而失其祀，子孙分散。汉祖定天下，过齐，求孟尝后，得其孙陵、国二人，欲复其封。陵、国兄弟相推，莫適受，乃去之竹邑，因家焉，故遂氏薛。自国至综，世典州郡，为著姓。综少明经，善属文，有秀才。" [2] 臣松之见诸书本

“苟身”或作“句身”，以为既云“横目”，则宜曰“句身”。　[3]《江表传》曰:“费祎聘于吴，陛见，公卿侍臣皆在坐。酒酣，祎与诸葛恪相对嘲难。言及吴、蜀，祎问曰:‘蜀字云何？’恪曰:‘有水者浊，无水者蜀。横目苟身，虫入其腹。’祎复问:‘吴字云何？’恪曰:‘无口者天，有口者吴，下临沧海，天子帝都。’与本传不同。”

吕岱从交州召出，综惧继岱者非其人，上疏曰:“昔帝舜南巡，卒于苍梧。秦置桂林、南海、象郡，然则四国之内属[1]也，有自来矣。赵佗起番禺[2]，怀服百越之君，珠官[3]之南是也。汉武帝诛吕嘉，开九郡[4]，设交阯刺史以镇监之。山川长远，习俗不齐，言语同异，重译[5]乃通。民如禽兽，长幼无别，椎结[6]徒跣，贯头左衽[7]，长吏之设，虽有若无。自斯以来，颇徙中国罪人杂居其间，稍使学书，粗知言语，使驿往来，观见礼化。及后锡光[8]为交阯、任延为九真太守，乃

吕岱受征召从交州离任，薛综担心接替吕岱的人不合适，就上疏说:“从前舜帝南巡，在苍梧逝世。秦朝时设置了桂林、南海、象郡，可见南方四郡之地归中央王朝统治由来已久了。赵佗在番禺发迹，安抚招降百越的君主，收服了珠官郡以南的地方。汉武帝诛杀吕嘉，在南越国故地设置了九个郡，同时设置交阯刺史来镇守监督这些地方。这里山长水远，风俗习惯千奇百怪，语言各不相同，要经过多重转译才能沟通。当地人民就像禽兽一样，长幼之间毫无差别，头发绑成椎髻，光着脚走路，衣服要么是套头穿，要么是衣襟左掩，即使设置了一些官吏，却也与没有一样。从秦汉以后，不少中原地区的罪犯被流放到这里，与当地人杂居在一起，逐渐使当地人学会了写字，粗通中原王朝的语言，使者和驿马来来往往，也让他们看到了中原王朝的礼仪教化。到后来锡光做交阯太守、任延做九真太守的时候，开始教导

教其耕犁,使之冠履;为设媒官,始知聘娶;建立学校,导之经义。由此已降,四百余年,颇有似类。自臣昔客始至之时,珠崖除州县嫁娶,皆须八月引户[9],人民集会之时,男女自相可适[10],乃为夫妻,父母不能止。交阯糜泠、九真都庞二县,皆兄死弟妻其嫂,世以此为俗,长吏恣听,不能禁制。

当地人用犁耕种,让他们戴帽穿鞋;为他们设置媒官,使他们知道聘娶的礼节;同时建立学校,用儒学的大义教导他们。从那以后,历经四百多年,各任地方官的所为大抵类似。微臣当年刚到其地客居的时候,珠崖一带,只有州县治所能够按照礼法正式嫁娶,其他地方都是等到八月各家各户的百姓集会的时候,男男女女自己去寻求合适的对象,结为夫妻,父母并不能予以阻止。而交阯的糜泠、九真的都庞这两个县,还都保持着哥哥死后弟弟娶嫂子的风俗,地方官长也任由他们如此,无法制止。

今注 1 四国之内属:指的是秦朝征服南方后,增设南方四郡,即会稽、桂林、南海、象郡。 2 番(pān)禺:秦代县名,为南海郡郡治。公元前204年,赵佗自立为南越王,定都番禺(今广东广州)。 3 珠官:三国时期吴国郡名,即合浦郡。吴黄武七年(228)改合浦为珠官,因当地出产珍珠,设有管理采珠的官署而得名。 4 诛吕嘉,开九郡:吕嘉,汉武帝时期南越国丞相,同时是百越土著的首领。吕嘉大力开发岭南,发展当地经济,使南越国实力大增。元鼎六年(前111),吕嘉起兵反叛,被汉军消灭。此后,汉武帝废除了南越国,在其故地设置南海、郁林、苍梧、合浦、儋耳、珠崖、交阯、九真、日南九郡。 5 重译:辗转翻译。 6 椎结:即椎髻,将发髻绾成一撮,形状如椎。 7 贯头左衽:贯头,古代某些民族在布匹中央挖一圆洞套入头颈,作为衣服;左衽,指衣服前襟向左掩盖。二者均为古代少数民族服饰的特点,被中原王朝认为是不服王化的“蛮夷”的特征。 8 锡光:东汉官员,两汉之际担任交阯太守、交州刺史。 9 引户:指各家各户。 10 适:原指女子出嫁。这里指结婚。

"日南郡男女倮体[1],不以为羞。由此言之,可谓虫豸,有靦面目耳。然而土广人众,阻险毒害,易以为乱,难使从治。县官羁縻[2],示令威服,田户之租赋,裁取供办,贵致远珍,名珠、香药、象牙、犀角、玳瑁、珊瑚、琉璃、鹦鹉、翡翠、孔雀、奇物,充备宝玩,不必仰其赋入,以益中国也。然在九甸[3]之外,长吏之选,类不精核。汉时法宽,多自放恣,故数反违法。珠崖之废,起于长吏睹其好发,髡取为髲[4]。

"日南郡无论男女都裸体,毫不以此为羞耻。就这个意义而言,这些人都只是虫子野兽,不过长着一张人类的面孔而已。然而当地幅员辽阔,人口众多,地势险阻,又有瘴疠之害,当地人很容易凭借地利作乱,难以使他们服从治理。官府靠着羁縻的手段来统治他们,宣示法令使他们威服,当地田户的租赋,只是酌情征用,但看重他们向朝廷进贡远方的珍宝,如名珠、香药、象牙、犀角、玳瑁、珊瑚、琉璃、鹦鹉、翡翠、孔雀以及其他奇物,以充实完备皇家的珍贵赏玩品藏储,并不依靠他们所缴纳的赋税来使中原朝廷获益。但是,在这九服之外的地方,地方官长的选任,却大多未经详细考察。汉代法令宽松,官员大多恣意妄为,所以常常违犯法令甚至反叛。珠崖的废除,就起因于地方官吏看到当地人头发长得好,强行剪下用来制作假发。

今注 1 倮(luǒ)体:赤身露体。倮,同"裸"。 2 县官:代指朝廷或皇帝。司马贞《史记索隐》:"县官谓天子也。所以谓国家为县官者,《夏官》王畿内县即国都也。王者官天下,故曰县官也。"以"县官"代指皇帝或朝廷,是汉代常见的用法。羁縻(mí):笼络使不生异心。 3 九甸:甸,原指京城郊外的地方或原野。九甸泛指遥远的边疆。 4 髲(bì):即假发。

"及臣所见,南海黄盖为日南太守,下车以供设不丰,挝杀[1]主薄,仍见驱逐。九真太守儋萌为妻父周京作主人[2],并请大吏,酒酣作乐。功曹番歆起舞属京,京不肯起,歆犹迫强,萌忿杖歆,亡于郡内。歆弟苗帅众攻府,毒矢射萌,萌至物故。交阯太守士燮遣兵致讨,卒不能克。又故刺史会稽朱符,多以乡人虞褒、刘彦之徒分作长吏,侵虐百姓,强赋于民,黄鱼一枚,收稻一斛,百姓怨叛,山贼并出,攻州突郡。符走入海,流离丧亡。次得南阳张津,与荆州牧刘表为隙,兵弱敌强,岁岁兴军,诸将厌患,去留自

"我亲眼看见,南海人黄盖担任日南太守,一到当地就因招待不够丰盛,将负责接待的主簿打死,结果遭到当地人驱逐。九真太守儋萌为岳父周京做东道请客,将当地重要官员一并请到,酒酣耳热之际演奏起音乐。功曹番歆起身要与周京一道舞蹈,周京不肯起身,番歆非要强迫,儋萌大怒,吩咐属下用棍子击打番歆,将他打死于郡府。番歆的弟弟番苗率兵攻打郡府,用毒箭射中了儋萌,儋萌因此而死。交阯太守士燮派兵前往讨伐,最终还是没法将番苗击败。又有前任刺史会稽人朱符,将许多同乡人如虞褒、刘彦等任命为各县的官长,结果他们侵害百姓,强迫百姓缴纳赋税,甚至捕到一条黄鱼就要缴纳一斛稻谷,百姓怨恨而反叛,山贼也纷纷出动,攻打州郡官府。朱符出逃到海上,在流亡的途中死去。再有南阳人张津,与荆州牧刘表结有仇怨,不顾敌强我弱,年年出兵攻打刘表,麾下诸将不愿招致祸患,各自随意去留。张津想要对这种情况略为约束监督,结果

在。津小检摄[3]，威武不足，为所陵侮，遂至杀没。后得零陵赖恭，先辈仁谨，不晓时事。表又遣长沙吴巨为苍梧太守。巨武夫轻悍，不为恭服。辄相怨恨，逐出恭，求步骘。是时津故将夷廖、钱博之徒尚多，骘以次锄治，纲纪适定，会仍召出。吕岱既至，有士氏之变[4]。越军南征，平讨之日，改置长吏，章明王纲，威加万里，大小承风。

自己的威势不足服众，反被这些人凌辱，最终被杀。后来刘表派零陵人赖恭出任交州刺史，赖恭是仁厚恭谨的老前辈，但他不识时务。刘表又派遣长沙人吴巨去做苍梧太守。吴巨只是一介轻捷勇悍的武夫，不被赖恭信服。他因此心生怨恨，将赖恭赶走，赖恭则向步骘求援。当时张津的旧将夷廖、钱博等多人还在交州，步骘将他们逐一铲除，当地的社会秩序刚稳定下来，步骘又被调离。吕岱接任后，发生了士氏一族的变乱。吕岱率领越族大军南征，平定叛乱之后，重新委派地方官员，彰明天子法令，威势延及万里之外，大小百姓无不承顺风教。

今注　1 挝(zhuā)杀：即打死。　2 作主人：指做东道请客。　3 小：同“稍”，略。检摄：约束监督。　4 士氏之变：指吴黄武五年(226)，交阯太守士燮去世后，其子士徽因不满孙权改任其为九真太守而失去对交阯的统治，起兵叛乱。吴将吕岱率军平叛，将士徽处死。

“由此言之，绥边抚裔，实有其人。牧伯之任，既宜清能，荒流[1]之表，祸福尤甚。今日交州虽名粗定，尚有高凉宿贼；其南海、苍

“就这个意义而言，绥靖边疆、镇抚四夷，确实需要合适的人选。担任州牧郡守的人，应该清廉而能干，而荒远边陲之地，更是关系着社稷的安危祸福。现今交州名义上虽已大致平定，但高凉郡一带仍然盘踞着为害已久的盗贼；而南海、苍梧、郁林、

梧、郁林、珠官四郡界未绥，依作寇盗，专为亡叛逋逃之薮。若岱不复南，新刺史宜得精密，检摄八郡[2]，方略智计，能稍稍以渐能治高凉者。假其威宠，借之形势，责其成效，庶几可补复。如但中人，近守常法，无奇数异术者，则群恶日滋，久远成害。故国之安危，在于所任，不可不察也。窃惧朝廷忽轻其选，故敢竭愚情，以广圣思。"

珠官四郡边界也仍未平定，依旧有盗贼作乱，是叛逃亡命者的聚集之地。如果吕岱不再回南方任职，新任刺史就得挑选精干慎密的人，来统摄八郡，同时他还要富有智慧谋略，要能逐步以怀柔的手段治理高凉。朝廷对于这位刺史，要给予他威势荣宠，要赐予他权力地位，还要督责他的治理成效，这样差不多可以恢复交州的正常秩序。如果只是派遣一个中等人才去任职，只晓得遵守常法成规，却没有奇妙的谋略，则只会让黑恶势力日渐滋生，长久下去必成大患。所以国家的安危，就在于所任之人，这一点不可不明察。我私下担心朝廷会忽视交州官员的选任，所以冒昧地尽陈愚思，以供陛下思虑此事时参考。"

今注　1 荒流：指荒服之外的地方，泛指荒远边陲之地。　2 八郡：按照三国时期吴国交州的建置，共统辖南海、苍梧、高凉、郁林、合浦、珠崖、交阯、九真、日南九郡，此作"八郡"存疑。

黄龙三年，建昌侯虑为镇军大将军，屯半州，以综为长史，外掌众事，内授书籍。虑卒，入守贼曹尚书，迁尚书仆射。时公孙渊降而

黄龙三年(231)，建昌侯孙虑担任镇军大将军，驻守在半州，任命薛综为长史，对外掌管各种政事，对内则为孙虑讲授经传典籍。孙虑去世后，薛综入朝代理贼曹尚书，后升任尚书仆射。当时公孙渊投降吴国后又叛变，孙权十分恼火，想要亲自

复叛，权盛怒，欲自亲征。综上疏谏曰："夫帝王者，万国之元首，天下之所系命也。是以居则重门击柝[1]以戒不虞，行则清道案节[2]以养威严，盖所以存万安之福，镇四海之心。昔孔子疾时，托乘桴浮海之语，季由斯喜，拒以无所取才。[3]汉元帝欲御楼船，薛广德[4]请刎颈以血染车。何则？水火之险至危，非帝王所宜涉也。谚曰：'千金之子，坐不垂堂。'[5]况万乘之尊乎？今辽东戎貊[6]小国，无城池之固，备御之术，器械铢钝[7]，犬羊无政，往必禽克，诚如明诏。

率军前去征讨。薛综上疏劝谏说："帝王是万国的元首，天下人的性命祸福全系于其一身。所以帝王居处时要设置多重门户，要有专人敲击金柝警戒，以备意外，出行时则要清扫道路、约束车马从而形成威严的气势，之所以要这样做，就是为了保全主君万安的福运，安定四海的民心。当年孔子对时局不满，曾说要'乘着木筏渡海远走，跟随我的，应是仲由吧'，仲由听了非常高兴，孔子又以仲由太过鲁莽而否定了自己先前的话。当年汉元帝打算乘楼船出游，薛广德极力劝阻，甚至威胁要当场自刎，用自己的血来染车。为什么呢？因为水火是最危险的事物，不是帝王应该涉足的。谚语说：'千金之家的儿子，座位不安排在屋檐正下方。'何况万乘之尊呢？如今辽东只是个戎貊小国，没有坚固的城池，没有有效的防御手段，兵器又不锋利，政局如狗群羊群一样混乱无序，天朝大军前往征讨必能获胜，诚如明诏所言。

今注　1 重门击柝：出自《周易·系辞下》："重门击柝，以待暴客。"意为设立多重门禁，巡视时敲击木梆，表示戒备森严。　2 清道案节：清除道路，按辔徐行，贵族出行时表示威严。　3 这一典故出自《论语·公冶长》,原文是:“子曰:‘道不行,乘桴浮于海,从我者,其由与!’子路闻之喜。子曰:‘由也好勇过我,无所取材。’”“季由”即仲由,字子路。这段话的意思是,孔子有一次说,大道不行的时候,将乘着木筏渡海远走,能跟他一起的大概是仲由。这原本只是孔子不满时局发的牢骚,仲由听了之后却很高兴,将此事当真了。但孔子最后认为仲由太过鲁莽,是不可取的。 **4** 薛广德:字长卿,沛郡相县(今安徽濉溪西北)人,西汉著名大臣、经学家,曾任博士、谏议大夫、御史大夫等官,为人正直谏诤,忠心骨鲠,多次谏言汉元帝,甚至不留情面,而他的许多建议也得到采纳。 **5** 千金之子,坐不垂堂:出自《史记·袁盎晁错列传》,意思是家里有千金财富之人,不可以坐在堂屋的屋檐下,以免被屋瓦掉下砸伤。 **6** 戎貊:指戎和貊。这是古代对北方少数民族的蔑称。 **7** 铢钝:指不锋利。

“然其方土寒埆[1],谷稼不殖,民习鞍马,转徙无常。卒闻大军之至,自度不敌,鸟惊兽骇,长驱奔窜,一人匹马,不可得见。虽获空地,守之无益,此不可一也。加又洪流滉瀁[2],有成山[3]之难,海行无常,风波难免,倏忽之间,人船异势。虽有尧、舜之德,智无所施,贲、育之勇,力不得设,此不可二也。加以郁雾冥其上,咸水

“然而那里的土地寒冷贫瘠,谷物无法生长,百姓习惯乘马,四处迁徙无常。突然听说大军杀到,必然自认不敌,会像鸟兽一样受到惊吓,驱马远奔到处逃窜,逃得连一人一马都不剩。朝廷即使取胜,也只能获得无人的空地,守着它没什么好处,这是不可亲征的第一个原因。加上大海又深又广,还有魏军控制的成山的险阻,海上航行变化无端,大风巨浪在所难免,也许转眼之间,就会人仰船翻。那时即使有尧、舜的仁德,其智慧也用不上;有孟贲、夏育的勇猛,其力气也无处使,这是不可亲征的第二个原因。再者,海上浓雾弥漫于空中,海中又有咸水蒸

蒸其下，善生流肿，转相洿染[4]。凡行海者，稀无斯患，此不可三也。天生神圣，显以符瑞，当乘平丧乱，康此民物；嘉祥日集，海内垂定，逆虏凶虐，灭亡在近。中国一平，辽东自毙，但当拱手以待耳。今乃违必然之图，寻至危之阻，忽九州之固，肆一朝之忿，既非社稷之重计，又开辟以来所未尝有，斯诚群僚所以倾身侧息，食不甘味，寝不安席者也。惟陛下抑雷霆之威，忍赫斯[5]之怒，遵乘桥[6]之安，远履冰之险，则臣子赖祉[7]，天下幸甚。”时群臣多谏，权遂不行。

腾，容易患上脚气病，相互传染。只要是出海航行之人，很少有不患此病的，这是不可亲征的第三个原因。陛下是天生的神圣明君，各种符瑞的降临显示了这一点，所以应当先平定中原的混乱，使百姓安康；最近吉祥的征兆日益频繁出现，这表明海内即将平定，造反肆虐的凶徒顽虏，其灭亡指日可待。中原一旦平定，辽东必然自行灭亡，我们只需拱手等待即可。如今我们却要违背必然成功的谋划，去挑战最危难的险阻，忽视九州的稳固，以发泄一时的愤怒，这既不是安定社稷的大计，又可以说是先皇创业以来所未有之事，这实在是令百官们心中极为忧虑、食不甘味、寝不安席啊。微臣希望陛下抑制雷霆之威、赫然之怒，安稳行事，远离如履薄冰的危险，这样群臣就能仰赖福佑，天下百姓也会幸运万分。”当时许多朝臣劝谏，孙权于是放弃了北征的念头。

今注　**1** 寒埆(què)：寒冷贫瘠。　**2** 滉瀁(huàng yǎng)：指水深广貌。　**3** 成山：位于胶东半岛最东段，成山山脉的尽处。秦始皇东巡的时候，最远就抵达了成山，称之为“天尽头”。　**4** 洿染：污染，传染。　**5** 赫斯：指帝王盛怒貌。斯，语气助词。　**6** 乘桥：即“乘轿”，乘坐轿子，比喻安稳行事。　**7** 赖祉：仰赖福祉。

正月乙未，权敕综祝祖[1]，不得用常文，综承诏，卒[2]造文义，信辞粲烂[3]。权曰："复为两头，使满三也。"综复再祝，辞令皆新，众咸称善。赤乌三年，徙选曹尚书。五年，为太子少傅，领选职如故[1]。六年春，卒。凡所著诗赋难论数万言，名曰《私载》，又定《五宗图述》《二京解》，皆传于世。

嘉禾三年(234)正月乙未日，孙权敕令薛综说，祭祀祖先的祖祝辞，不得套用常用的成文。薛综接到诏令，迅速写成新的祝辞，文义诚敬，辞采华丽。孙权看后说："前后再各加一篇，使祝辞凑满三篇。"薛综又写了两篇祝辞，辞意都很新颖，众人一致称好。赤乌三年(240)，薛综迁任选曹尚书。赤乌五年(242)，他出任太子少傅，仍旧兼领选曹尚书。赤乌六年(243)春，薛综去世。他生平所写作的诗赋难论总共数万字，总名为《私载》，又编定了《五宗图述》《二京解》，都流传于世。

今注 1 祝祖：祖祭时使用的祝文。 2 卒：同"猝"，突然，指迅速。 3 粲烂：形容辞采华丽。

裴注 [1]《吴书》曰："后权赐综紫绶囊，综陈让紫色非所宜服，权曰：'太子年少，涉道日浅，君当博之以文，约之以礼，茅土之封，非君而谁？'是时综以名儒居师傅之位，仍兼选举，甚为优重。"

子珝[1]，官至威南将军，征交阯还，道病死[1]。珝弟莹，字道言，初为秘府中书郎，孙休即位，为散骑中常侍。数年，

薛综的儿子薛珝，官至威南将军，出征交阯班师回朝时，在途中病死。薛珝的弟弟薛莹，字道言，起初担任秘府中书郎，孙休即位后，又做了散骑中常侍。几年后，因病辞官。孙晧即位之初，薛莹出任左执

以病去官。孙晧初，为左执法，迁选曹尚书，及立太子，又领少傅。建衡三年，晧追叹莹父综遗文，且命莹继作。莹献诗曰："惟臣之先，昔仕于汉，奕世绵绵，颇涉台观[2]。暨臣父综，遭时之难，卯金[3]失御，邦家毁乱。适兹乐土，庶存孑遗，天启其心，东南是归。厥初流隶[4]，困于蛮垂，大皇开基，恩德远施。特蒙招命，拯擢泥污，释放巾褐[5]，受职剖符。作守合浦，在海之隅，迁入京辇，遂升机枢。枯瘁更荣，绝统复纪[6]，自微而显，非愿之始。亦惟宠遇，心存足止，重值文皇[7]，建号东宫，乃作少傅，光华益隆。

法，又迁任选曹尚书，等到册立太子后，又兼领太子少傅。建衡三年(271)，孙晧对薛莹的父亲薛综留下的文章赞叹不已，就命令薛莹继续写。薛莹于是献上长诗一首，诗中写道："为臣家族的先辈，昔年出仕汉朝，世代繁衍不息，也有不少做到高官。到为臣父亲薛综这一辈，遭遇末世的艰难，汉朝统治崩坏，家国破败离乱。他想逃到一片乐土，以便自己能幸存于人世间，于是上天便向他降下启示，让他来到江东之地。起初父亲只不过是一介流民，在边陲蛮夷之地受困，幸逢大皇帝创业肇基，将恩德施予远方的百姓。父亲因此得蒙天恩诏命，被从泥沼中拯救拔擢出来，脱去平民所穿的布巾褐衣，接受职任而为国效力。父亲先是在海隅边陲担任合浦太守，后来有幸入京，逐渐升任枢要之位。本已几乎衰落破败的家族，蒙受朝廷再造之恩，得以从微贱渐至荣显，这原是我们根本不敢奢望的。父亲获得这般宠遇，心里早已知足，又正逢文皇帝被册立为太子，入主东宫，父亲有幸担任太子少傅，获得比以往更多的荣宠。

今注　1 珝：音 xǔ。　2 台观：泛指楼台馆阁等高大建筑物，代指朝廷。

一说为尚书台与东观合称,代指文臣的仕途。 **3** 卯金:指汉朝。汉朝皇帝姓刘,繁体字写作“劉”,拆字为“卯金刀”。汉朝末年出现了许多与此相关的谶语,后来人们就常常用“卯金”代指汉朝。 **4** 流隶:指流亡他乡的微贱之民。 **5** 巾褐:布巾和褐衣,指平民的服装。 **6** 纪:这里指承接、延续。 **7** 文皇:指孙和。孙和做太子时因罪被赐死,孙晧即位后追尊他为文皇帝。

裴注 [1]《汉晋春秋》曰:“孙休时,珝为五官中郎将,遣至蜀求马。及还,休问蜀政得失,对曰:‘主暗而不知其过,臣下容身以求免罪,入其朝不闻正言,经其野民皆菜色。臣闻燕雀处堂,子母相乐,自以为安也,突决栋焚,而燕雀怡然,不知祸之将及,其是之谓乎!’”

“明明圣嗣,至德谦崇,礼遇兼加,惟渥惟丰。哀哀先臣[1],念竭其忠,洪恩未报,委世以终。嗟臣蔑贱,惟昆及弟,幸生幸育,托综遗体。过庭[2]既训,顽蔽难启。堂构[3]弗克,志存耦耕。岂悟圣朝,仁泽流盈,追录先臣,愍其无成,是济是拔,被以殊荣。珝忝千里[4],受命南征,旌旗备物,金革扬

“那圣明的储君,德行高尚而为人谦逊,对父亲礼遇有加,赏赐丰厚优渥。可惜先父早逝,临走之前还念念不忘要为太子和朝廷尽忠,只是他还没能报答洪恩,便弃世而去。可叹的是我微小卑贱,只有哥哥和弟弟相依为命,我们有幸出生而长大成人,这些都要感谢已过世的父亲。我自小受先父教导,只是难以改变顽劣的天性。我无能而不足继承遗业,一心只想回乡去种田而已。没想到圣朝的仁德恩泽流播,追录先父的功绩,为他的后代不成器而怜悯,拔擢我们兄弟,授予殊荣。兄长薛珝忝居太守之任,奉命南征交阯,旌旗高高飘扬,金鼓阵阵响亮。微臣与父兄相比,更是显得

声。及臣斯陋，实暗实微，既显前轨，人物之机[5]。复傅东宫，继世荷辉，才不逮先，是忝是违。乾德博好，文雅是贵，追悼亡臣，冀存遗类。如何愚胤，曾无仿佛！瞻彼旧宠，顾此顽虚，孰能忍愧，臣实与居。夙夜反侧，克心自论。父子兄弟，累世蒙恩，死惟结草[6]，生誓杀身，虽则灰陨，无报万分。”

微贱愚暗，浅陋不堪，却仍然继承父兄荣显的事业，还出任选拔人才的选曹尚书一职。后来又担任太子少傅，家族累世享有这份荣誉，可我的才能远远不及先人，忝居此职实在是令人惭愧。陛下圣德，博爱万物，尊重文学风雅，追悼去世的先父，想要保全他的遗孤。而我是个愚劣的后代，完全与先父不相像！遥望先人所受过的荣宠，再回顾自己的顽陋空虚，谁能忍受这羞耻，我实在是心中惭愧。我如今日日夜夜辗转反侧，静下心把自己评论。我们薛家父子兄弟世世代代蒙受皇恩，必定要结草衔环、舍身以报，只是就算我粉身碎骨，也不足以报答万分之一。”

今注　1 先臣：这里指死去的父亲。　2 过庭：指“过庭之训”，即父亲的教诲。出自《论语·季氏》：“尝独立，鲤趋而过庭。曰：‘学诗乎？’对曰：‘未也。’‘不学诗，无以言。’鲤退而学诗。”　3 堂构：比喻继承祖先遗业。　4 千里：即一郡之地。汉代有“千里之郡，百里之县”的说法，千里常指郡或郡太守。　5 人物之机：薛莹担任选曹尚书，此职在三国魏晋时期十分清显，负责品评选拔人物，故称“人物之机”。　6 结草：指受厚恩而虽死犹报。典故出自《左传·宣公十五年》。魏武子死后，其子魏颗让其宠妾改嫁而未殉葬，后魏颗与杜回交战，宠妾的父亲结草绳绊倒杜回，帮助魏颗获胜。

是岁，何定建议凿圣谿[1]以通江淮，皓令莹督万人往，遂以多盘石[2]难施功，罢还，出为武昌左部督。后定被诛，皓追圣谿事，下莹狱，徙广州。右国史华覈上疏曰："臣闻五帝三王皆立史官，叙录功美，垂之无穷。汉时司马迁、班固，咸命世大才，所撰精妙，与六经[3]俱传。大吴受命，建国南土。大皇帝末年，命太史令丁孚、郎中项峻始撰《吴书》。孚、峻俱非史才，其所撰作，不足纪录。至少帝时，更差韦曜、周昭、薛莹、梁广及臣五人，访求往事，所共撰立，备有本末[4]。昭、广先亡，曜负恩蹈罪，莹出为将，复以过徙，其书遂委滞，迄今未撰奏。臣愚浅才劣，适可为莹等记注而已，若使撰合，必袭孚、峻之迹，惧坠

这一年，何定建议开凿圣溪运河以连通长江与淮河，孙皓命令薛莹督率一万人前往建造，结果因有大量巨石阻碍而难以施工，只得停工返回，出任武昌左部督。后来何定被诛杀，孙皓开始追究开凿圣谿运河之事，薛莹受牵连而入狱，被流放到广州。右国史华覈上疏说："为臣听说五帝三王都设置史官，叙录功绩美德，使之流传万代。汉朝的司马迁、班固，都是当世杰出的人才，他们的著作文思精妙，所以与六经一同流传后世。大吴国承受天命，在南方建国。大皇帝晚年，命令太史令丁孚、郎中项峻开始编撰《吴书》。但是丁孚、项峻都缺乏著史之才，他们撰写的作品，根本不能记录我朝的伟业。到少帝在位时期，又命令韦曜、周昭、薛莹、梁广及我五人，访求过往的史事，共同撰写国史，已初具规模。周昭、梁广早死，韦曜辜负皇恩犯罪，薛莹外出为将，又因过错而被流放，这部史书的编撰于是停滞下来，至今仍未撰成上奏。为臣才疏学浅，只配为薛莹等人做记录而已，如果要我独自承担撰写大任，必定会重走丁孚、项峻的老路，恐怕会减损大皇帝的丰功伟业，也有损当世

大皇帝之元功，损当世之盛美。莹涉学既博，文章尤妙，同寮之中，莹为冠首。今者见吏[5]，虽多经学，记述之才，如莹者少，是以慺慺[6]为国惜之。实欲使卒垂成之功，编于前史之末。奏上之后，退填沟壑[7]，无所复恨。”

的盛美。薛莹学问深厚，涉猎广泛，文笔尤其精妙，同僚之中，他堪称第一。当今在职官员，虽然有许多经学之士，但说到记述史实的能力，像薛莹这样出众的绝少，因此我恭谨地为国家惋惜这个人才。我实在是想让他来完成即将结束的修史任务，使《吴书》能被列在前代史书的后面。只要《吴书》能够完成而上呈陛下，我就死而无憾了。”

今注　1 圣谿：古代运河名。　2 盘石：即“磐石”，指大石。　3 六经：六部儒家经典，分别为《诗》《书》《礼》《乐》《易》《春秋》。　4 备有本末：指史书的编纂初具规模。　5 见(xiàn)吏：指在职的官员。　6 慺慺(lóu lóu)：勤恳貌，恭谨貌。　7 填沟壑：死亡的婉辞。

皓遂召莹还，为左国史。顷之，选曹尚书同郡缪祎以执意[1]不移，为群小所疾[2]，左迁衡阳太守。既拜，又追以职事见诘责，拜表陈谢。因过诣莹，复为人所白[3]，云祎不惧罪，多将宾客会聚莹许，乃收祎下狱，徙桂阳，莹还广州。未至，召莹还，

孙皓于是召回薛莹，让他担任左国史。不久后，薛莹的同郡老乡选曹尚书缪祎因为在选拔官吏时坚持正确的意见不变，为小人们所忌恨，结果被贬为衡阳太守。他接受任命后，又因以前办的事而被孙皓诘责，他只得呈上表章谢罪。他去拜访薛莹，不料又受人诬告，说缪祎并不服罪，还聚集许多宾客在薛莹那里集会。于是，缪祎被捕下狱，被流放到桂阳，薛莹则被遣送回广州。但薛莹还未抵达，就被召回朝廷，官复原职。当时政令法律有许多

复职。是时法政多谬，举措烦苛，莹每上便宜[4]，陈缓刑简役，以济育百姓，事或施行。迁光禄勋。

谬误之处，朝廷的政治举措烦杂苛刻，薛莹常常上奏提出有利国计民生的建议，请求减轻刑罚减少劳役，以救济抚育民众，其中有些被采纳施行。后来薛莹迁任光禄勋。

天纪四年，晋军征皓，皓奉书于司马伷、王浑、王濬请降，其文，莹所造也。莹既至洛阳，特先见叙，为散骑常侍，答问处当，皆有条理[1]。太康三年卒。著书八篇，名曰《新议》[2]。

天纪四年(280)，晋军征讨孙皓，孙皓亲自捧着降书前往司马伷、王浑、王濬处请求投降，降书文字，正是薛莹所撰。薛莹到洛阳之后，最先受到晋武帝的召见，出任散骑常侍，无论是应对诏问，还是处理政务，他都很有条理。晋太康三年(282)，薛莹去世。他撰有八篇文章，总名为《新议》。

今注 1 执意：坚持自己的意见。 2 疾：憎恨，嫌怨。 3 白：上告，弹劾。 4 便宜(biàn yí)：指有利国家、合乎时宜之事。

裴注 [1] 干宝《晋纪》曰："武帝从容问莹曰：'孙皓之所以亡者，何也？'莹对曰：'归命侯臣皓之君吴也，昵近小人，刑罚妄加，大臣大将，无所亲信，人人忧恐，各不自保，危亡之衅，实由于此。'帝遂问吴士存亡者之贤愚，莹各以状对。" [2] 王隐《晋书》曰："莹子兼，字令长，清素有器宇，资望故如上国，不似吴人。历位二宫丞相长史。元帝践阼，累迁丹阳尹、尚书，又为太子少傅。自综至兼，三世傅东宫。"

评曰：张纮文理意正，为世令器[1]，孙策待

评论说：张纮文章练达，立意端正，是当世的优秀人才，孙策对待他仅次于张

之亚于张昭，诚有以也，严、程、阚生，一时儒林也。至畯辞荣济旧，不亦长者乎！薛综学识规纳，为吴良臣。及莹纂蹈[2]，允有先风，然于暴酷之朝，屡登显列，君子殆[3]诸。

昭，确实是有原因的。严畯、程秉、阚泽三位先生，都是当时的儒学名家。严畯甘愿辞去荣显，接济故旧，这不也是长者之风吗？薛综富有学识，进谏规劝，是吴国的良臣。而薛莹继承父亲的事业，确有其父遗风，然而他能在残酷暴君统治下的朝廷里屡屡荣登显位，君子对此就不免有些疑惑了。

今注　**1** 令器：优秀的人才。　**2** 纂蹈：此指继承父业。纂，继承。蹈，履行，遵循。　**3** 殆：疑惑。

卷五十四　吴书九

周瑜鲁肃吕蒙传

导读　本篇是周瑜、鲁肃、吕蒙三人的合传。这三人是孙权统治时期吴国的重臣。周瑜是孙权主政后第一位大将，在曹操南侵时力主抗曹，领导孙刘联军取得赤壁之战的胜利，可惜不久后英年早逝，临终前举荐鲁肃接替自己。鲁肃也在赤壁之战中坚决主战，并建议孙权谋求称帝、鼎足天下，后来又促成孙刘联合。鲁肃去世后由吕蒙接任，吕蒙智勇双全，最重要的功绩是白衣渡江击败关羽，重新控制了荆州。周瑜、鲁肃、吕蒙三人，相互举荐，都曾出任吴国上游战区的军事负责人，也都具有非凡的谋略和政治才能，出将入相，为吴国的稳定和发展立下了汗马功劳。

周瑜

原文

周瑜，字公瑾，庐江1舒人也。从祖父景，景子忠，皆为汉太尉[1]。父异，洛阳令。瑜长壮，有姿貌。初，孙坚兴义兵2讨董卓，徙家于舒。坚子策与瑜同年，独相友善。瑜推道南大宅以

译文

周瑜，字公瑾，庐江郡舒县人。他的堂祖父周景、周景之子周忠，都做过汉朝的太尉。周瑜的父亲周异，曾担任洛阳县令。周瑜身材高大健壮，英姿勃发，容貌俊美。起初，孙坚发动义兵讨伐董卓，将家眷迁往舒县安置。孙坚之子孙策与周瑜同岁，两人的关系特别亲密。周瑜将自家在大路南面的一所大宅院让给孙策一家居住，还

舍策，升堂拜母，有无通共。瑜从父尚为丹阳太守，瑜往省之。会策将东渡，到历阳，驰书报瑜，瑜将兵迎策。策大喜曰：“吾得卿，谐也。”遂从攻横江、当利，皆拔之。乃渡击秣陵，破笮融、薛礼，转下湖孰、江乘，进入曲阿，刘繇奔走，而策之众已数万矣。因谓瑜曰：“吾以此众取吴会平山越已足。卿还镇丹阳。”瑜还。

去孙策家内堂拜见他的母亲，两家人经常互通有无。周瑜的叔父周尚是丹阳太守，周瑜前去看望他。当时孙策正好打算东渡长江攻打江东，到达历阳的时候，派人送信去告知周瑜，周瑜得信后立即领兵前来迎接孙策。孙策十分高兴，说：“我得到你的帮助，事情就会成功。”于是周瑜跟随孙策攻打横江、当利，全都攻克了。随即又渡过长江攻打秣陵，击败笮融、薛礼，然后掉头拿下湖孰、江乘，进入曲阿城，刘繇兵败逃走，而这时孙策的军队已经扩充到数万人。于是他对周瑜说：“我用这支部队足以夺取吴、会稽两郡，平定山越。你还是返回镇守丹阳吧。”于是周瑜便回去了。

今注　**1** 庐江：郡名，秦置，汉武帝后徙治舒县(在今安徽庐江西南)。**2** 义兵：指东汉初平元年(190)，以袁绍为盟主的十八路诸侯起兵讨伐董卓。

裴注　[**1**] 谢承《后汉书》曰：“景字仲向，少以廉能见称，以明学察孝廉，辟公府。后为豫州刺史，辟汝南陈蕃为别驾，颍川李膺、荀绲、杜密、沛国朱寓为从事，皆天下英俊之士也。稍迁至尚书令，遂登太尉。”张璠《汉纪》曰：“景父荣，章、和世为尚书令。初，景历位牧守，好善爱士，每岁举孝廉，延请入，上后堂，与家人宴会，如此者数四。及赠送既备，又选用其子弟，常称曰：‘移臣作子，于政何有？’先是，司徒韩缜为河内太守，在公无私，所举一辞而已，后亦不及其门户，曰：‘我举若可矣，不令恩偏称一家也。’当时论者，或两讥焉。”

顷之，袁术遣从弟胤代尚为太守，而瑜与尚俱还寿春。术欲以瑜为将，瑜观术终无所成，故求为居巢[1]长，欲假涂东归，术听之。遂自居巢还吴。是岁，建安三年也。策亲自迎瑜，授建威中郎将，即与兵二千人，骑五十匹[1]。瑜时年二十四，吴中皆呼为周郎。以瑜恩信著于庐江，出备牛渚，后领春谷长。顷之，策欲取荆州，以瑜为中护军，领江夏太守，从攻皖，拔之。时得桥公两女[2]，皆国色也。策自纳大桥，瑜纳小桥[2]。复进寻阳，破刘勋，讨江夏，还定豫章、庐陵，留镇巴丘[3]。

五年，策薨，权统事。瑜将兵赴丧，遂留吴，以中护军与长史张昭共掌众事[4]。十一年，督

不久，袁术派堂弟袁胤接替周尚为丹阳太守，于是周瑜和周尚一同返回寿春。袁术打算任命周瑜为将领，但周瑜观察袁术，觉得袁术最终不会有什么大作为，便借故请求出任居巢县县长，打算借道回到江东，袁术同意了他的请求。周瑜于是由居巢回到吴县。这一年，是汉献帝建安三年(198)。孙策亲自前去迎接周瑜，任命他为建威中郎将，并立即调拨给他两千士兵，五十匹战马。周瑜当时二十四岁，吴县的人都叫他“周郎”。孙策因为周瑜在庐江很有恩信，便派他前去守备牛渚，后又兼领春谷县县长。不久，孙策打算夺取荆州，便任命周瑜为中护军，兼领江夏太守，又让周瑜跟随自己攻打皖城，攻下了。当时桥公有两个女儿，容貌冠绝一国。孙策自己娶了大桥，周瑜则娶了小桥。紧接着周瑜随孙策进军寻阳，击败了刘勋，讨伐了江夏，再回师平定豫章、庐陵，随后周瑜留在巴丘镇守。

建安五年(200)，孙策去世，孙权接替兄长统领军国大事。周瑜率兵前来吊唁，于是就留驻吴县，以中护军的身份与长史张昭一同处理军政各项事务。建安

孙瑜等讨麻、保二屯，枭其渠帅，囚俘万余口，还备宫亭。江夏太守黄祖遣将邓龙将兵数千人入柴桑，瑜追讨击，生虏龙送吴。十三年春，权讨江夏，瑜为前部大督。其年九月，曹公入荆州，刘琮举众降，曹公得其水军、船，步兵数十万，将士闻之皆恐。

十一年(206)，周瑜督率孙瑜等部讨伐麻、保二屯贼寇，并将他们的首领斩首示众，俘虏了一万多人，回到宫亭驻守。刘表任命的江夏太守黄祖派遣部将邓龙带领数千兵马袭击柴桑，周瑜前往追击，将邓龙活捉后送去吴县。建安十三年(208)春，孙权征讨江夏，周瑜担任前部大督。当年九月，曹操攻打荆州，刘琮率众投降，曹操因此得到了刘琮的水军和船只，又有步兵几十万，江东的将士听了都非常惊恐。

今注 **1** 居巢：东汉县名，位于今安徽巢湖，一说在安徽六安。 **2** 桥公两女：即“大乔”“小乔”，合称“二乔”。桥氏是她们本来的姓氏。另有一些观点认为其父“桥公”是东汉太尉桥玄，实为误传。

裴注 [**1**]《江表传》曰：“策又给瑜鼓吹，为治馆舍，赠赐莫与为比。策令曰：‘周公瑾英俊异才，与孤有总角之好，骨肉之分。如前在丹阳，发众及船粮以济大事，论德酬功，此未足以报者也。’” [**2**]《江表传》曰：“策从容戏瑜曰：‘桥公二女虽流离，得吾二人作婿，亦足为欢。’” [**3**] 臣松之案：孙策于时始得豫章、庐陵，尚未能得定江夏。瑜之所镇，应在今巴丘县也，与后所卒巴丘处不同。 [**4**]《江表传》曰：“曹公新破袁绍，兵威日盛，建安七年，下书责权质任子。权召群臣会议，张昭、秦松等犹豫不能决，权意不欲遣质，乃独将瑜诣母前定议，瑜曰：‘昔楚国初封于荆山之侧，不满百里之地，继嗣贤能，广土开境，立基于郢，遂据荆扬，至于南海，传业延祚，九百余年。今将军承父兄余资，兼六郡之众，兵精粮多，将士用命，铸山为铜,煮海为盐,境内富饶,人不思乱,泛舟举帆,朝发夕到,士风劲勇,所向无敌,有何逼迫,而欲送质?质一入,不得不与曹氏相首尾,与相首尾,则命召不得不往,便见制于人也。极不过一侯印,仆从十余人,车数乘,马数匹,岂与南面称孤同哉?不如勿遣,徐观其变。若曹氏能率义以正天下,将军事之未晚。若图为暴乱,兵犹火也,不戢将自焚。将军韬勇抗威,以待天命,何送质之有!'权母曰:'公瑾议是也。公瑾与伯符同年,小一月耳,我视之如子也,汝其兄事之。'遂不送质。"

权延见群下,问以计策。议者咸曰:"曹公豺虎也,然托名汉相,挟天子以征四方,动以朝廷为辞,今日拒之,事更不顺,且将军大势可以拒操者,长江也。今操得荆州,奄有[1]其地,刘表治水军,蒙冲斗舰,乃以千数,操悉浮以沿江,兼有步兵,水陆俱下。此为长江之险,已与我共之矣。而势力众寡,又不可论。愚谓大计不如迎之。"

孙权于是召集各部下属,询问他们应对眼前局面的对策。大家纷纷表示:"曹操其实是豺狼虎豹一样的人,然而他以汉朝丞相的名义,挟持天子,征伐四方,动不动就拿朝廷的旨意作为说辞,如今想要对抗他,首先就不顺理,况且从大的形势来看,将军您能够抵挡曹操的,只有长江天险而已。如今曹操夺取了荆州,占领了那里的全部土地,还有刘表原先训练有素的水军,战船战舰,数以千计,曹操率领他们顺江而下,再加上大量步兵,水陆两路一同进攻。这样一来,长江的天险,已成为曹操与我方共同享有的了。而且敌我双方实力高低、兵力多寡,不可相提并论。我们愚昧地认为,从大局出发,不如向曹操投降。"

今注 **1** 奄(yǎn)有:指全部占有,多指土地。

瑜曰："不然。操虽托名汉相，其实汉贼也。将军以神武雄才，兼仗父兄之烈，割据江东，地方数千里，兵精足用，英雄乐业，尚当横行天下，为汉家除残去秽。况操自送死，而可迎之邪？请为将军筹之：今使北土已安，操无内忧，能旷日持久，来争疆埸，又能与我校胜负于船楫间乎？今北土既未平安，加马超、韩遂尚在关西[1]，为操后患。且舍鞍马，仗舟楫，与吴越争衡，本非中国所长。又今盛寒，马无藁草[2]，驱中国士众远涉江湖之间，不习水土，必生疾病。此数四者，用兵之患也，而操皆冒[3]行之。将军禽操，宜在今日。瑜请得精兵三万人，进住夏口，保为将军破之。"权曰："老贼

周瑜则说："并非如此。曹操虽然名义上是汉朝丞相，本质上是汉朝的奸贼。将军您具有英明神武的雄才，又继承了父兄开创的宏图伟业，割据江东一方，占据着方圆几千里的土地，兵力精良、器用充足，英雄人物乐于为您效力以建功立业，这正是横行天下，为汉家铲除奸贼污秽的时候。何况现在是曹操自己前来送死，怎能反而向他投降？请让我为您分析一下形势：假使现在北方局势已经完全安定，曹操再无后顾之忧，能旷日持久地来与我们展开疆土的争夺，并能够与我方在水战中一决胜负，这种情况可能出现吗？现在北方的局势还未稳定，加之马超、韩遂还盘踞在关西之地，这是曹操的一大后患。况且舍弃战马，改用战船，来与我吴越之地的军队在水中交战，本来就不是中原人所擅长的。再加上现在正值严寒，曹军的战马缺乏草料，曹操驱使中原的士兵远道而来在南方江河湖泊中作战，士兵水土不服，必然会生疾病。以上这几点，都是用兵的大忌，而曹操却全然不顾，贸然行事。将军想要擒杀曹操，现在正是最佳时机。我请求得到精兵三万，进驻夏口，保证替您击破曹操。"孙

欲废汉自立久矣，徒忌二袁[4]、吕布、刘表与孤耳。今数雄已灭，惟孤尚存，孤与老贼，势不两立。君言当击，甚与孤合，此天以君授孤也[1]。”

权说：“曹操老贼企图废黜汉室自立为帝，蓄谋已久，只是顾忌袁术、袁绍、吕布、刘表与我而已。如今群雄都被消灭，只有我一人尚存，我与老贼，势不两立。你说应当抗击曹操，与我的想法非常一致，这是上天把你送来辅助我的啊！”

今注　1 关西：三国时指潼关以西的地区。当时马超、韩遂割据凉州，后来曾起兵反抗曹操。 2 藁(gǎo)草：即牛马等牲畜所食用的干草。 3 冒：贸然。 4 二袁：指袁绍和袁术。

裴注　[1]《江表传》曰：“权拔刀斫前奏案曰：‘诸将吏敢复有言当迎操者，与此案同！’及会罢之夜，瑜请见曰：‘诸人徒见操书，言水步八十万，而各恐慑，不复料其虚实，便开此议，甚无谓也。今以实校之，彼所将中国人，不过十五六万，且军已久疲，所得表众，亦极七八万耳，尚怀狐疑。夫以疲病之卒，御狐疑之众，众数虽多，甚未足畏。得精兵五万，自足制之，愿将军勿虑。’权抚背曰：‘公瑾，卿言至此，甚合孤心。子布、文表诸人各顾妻子，挟持私虑，深失所望，独卿与子敬与孤同耳，此天以卿二人赞孤也。五万兵难卒合，已选三万人，船粮战具俱办。卿与子敬、程公便在前发，孤当续发人众，多载资粮，为卿后援。卿能办之者诚决，邂逅不如意，便还就孤，孤当与孟德决之。’”臣松之以为，建计拒曹公，实始鲁肃。于时周瑜使鄱阳，肃劝权呼瑜，瑜使鄱阳还，但与肃暗同，故能共成大勋。本传直云权延见群下，问以计策，瑜摆拨众人之议，独言抗拒之计，了不云肃先有谋，殆为攘肃之善也。

时刘备为曹公所破，欲引南渡江。与鲁肃遇于当阳，遂共图计。因进住夏口，遣诸葛亮诣权。权遂遣瑜及程普等与备并力逆曹公，遇于赤壁。时曹公军众已有疾病，初一交战，公军败退，引次[1]江北。瑜等在南岸。瑜部将黄盖曰："今寇众我寡，难与持久。然观操军船舰，首尾相接，可烧而走[2]也。"

乃取蒙冲斗舰[3]数十艘，实以薪草，膏油灌其中，裹以帷幕，上建牙旗[4]。先书报曹公，欺以欲降[1]。又豫备走舸[5]，各系大船后，因引次[6]俱前。曹公军吏士皆延颈观望，指言盖降。盖放诸船，同时发火。时风盛猛，悉延烧岸上营落。顷之，烟炎张天，人马烧溺死者甚众，军遂败退，

当时刘备的军队被曹操击溃，企图向南撤退渡过长江。他与鲁肃在当阳相遇，于是共同商讨对策。刘备因而进驻夏口，派遣诸葛亮前往拜见孙权。孙权便派遣周瑜及程普等与刘备合力迎击曹操，两军在赤壁展开决战。这时曹操军队的士卒里已经有很多人感染疾病，刚一交战，曹军就败退，只得撤退到长江北岸。周瑜等在南岸驻军，其部将黄盖说："如今敌众我寡，难以与之进行持久战。但我看曹操军的战船全都首尾相接在一起，可以用火攻将其烧毁击退。"

周瑜于是让黄盖挑选出几十艘战船，船里装满干柴干草，又在里面灌满了油脂，船身外面则罩上帷幕，上面插上牙旗。黄盖事先写信给曹操，假意说要前去投降。他又预先准备好一批快船，分别系在装了柴草的战船之后，然后船队依次向前驶去。曹操军中官兵纷纷伸长脖子远远观望，指着说黄盖来投降了。黄盖下令解开战船，同时将船上的柴草点燃。当时大风猛烈，火势蔓延江北，烧到岸上曹军的营寨。顷刻之间，烈焰火光弥漫整个天空，曹军人马中被烧死、淹死者非常多，于是全军败退，只得退守南

还保南郡[2]。备与瑜等复共追,曹公留曹仁等守江陵城,径自北归。

郡。刘备与周瑜等继续合力追击,曹操只好留下曹仁等驻守江陵城,自己径直退回北方。

【今注】 1 引次:引指撤退,次指驻扎。 2 走:击退、驱赶。 3 蒙冲斗舰:蒙冲为古代战船名,以生牛皮蒙船覆背,两厢开掣棹孔,左右有弩窗、矛穴。斗舰,大战船。 4 牙旗:古代指主将所用之旗。 5 走舸:轻便快捷的战船。 6 引次:此指列队依次进发。

【裴注】 [1]《江表传》载盖书曰:"盖受孙氏厚恩,常为将帅,见遇不薄。然顾天下事有大势,用江东六郡山越之人,以当中国百万之众,众寡不敌,海内所共见也。东方将吏,无有愚智,皆知其不可,惟周瑜、鲁肃偏怀浅戆,意未解耳。今日归命,是其实计。瑜所督领,自易摧破。交锋之日,盖为前部,当因事变化,效命在近。"曹公特见行人,密问之,口敕曰:"但恐汝诈耳。盖若信实,当授爵赏,超于前后也。" [2]《江表传》曰:"至战日,盖先取轻利舰十舫,载燥荻枯柴积其中,灌以鱼膏,赤幔覆之,建旌旗龙幡于舰上。时东南风急,因以十舰最著前,中江举帆,盖举火白诸校,使众兵齐声大叫曰:'降焉!'操军人皆出营立观。去北军二里余,同时发火,火烈风猛,往船如箭,飞埃绝烂,烧尽北船,延及岸边营柴。瑜等率轻锐寻继其后,雷鼓大进,北军大坏,曹公退走。"

瑜与程普又进南郡,与仁相对,各隔大江。兵未交锋[1],瑜即遣甘宁前据夷陵。仁分兵骑别攻围宁,宁告急

周瑜与程普继续率军进攻南郡,与曹仁隔江对峙。双方军队尚未交锋,周瑜就派甘宁前去攻占了夷陵。曹仁另外分派出一支骑兵部队去围攻甘宁,甘宁向周瑜告急,周瑜则采用吕蒙的计策,留

于瑜，瑜用吕蒙计，留淩统以守其后，身与蒙上救宁。宁围既解，乃渡屯北岸，克期大战。瑜亲跨马擽阵[1]，会流矢[2]中右胁，疮甚，便还。后仁闻瑜卧未起，勒兵就阵。瑜乃自兴[3]，案行军营，激扬吏士，仁由是遂退。

下淩统镇守后方，自己与吕蒙溯江而上解救甘宁。甘宁之围被解后，周瑜军队渡江到北岸驻屯，约定日期与曹仁军展开决战。周瑜亲自跨马掠阵，但被流矢射中右胸，伤势严重，只得撤退。后来曹仁听说周瑜重伤卧床未起，便整顿兵卒上阵，准备出战。周瑜闻讯后强行起身，带伤巡察军营，激励官兵士气，曹仁因此只好退军。

今注 1 擽(lüè)阵：指压阵助战。擽，通“掠”。 2 流矢：没有确定目标的乱箭。 3 兴：指起身。

裴注 [1]《吴录》曰：“备谓瑜云：‘仁守江陵城，城中粮多，足为疾害。使张益德将千人随卿，卿分二千人追我，相为从夏水入截仁后，仁闻吾入必走。’瑜以二千人益之。”

权拜瑜偏将军，领南郡太守。以下隽、汉昌、刘阳、州陵为奉邑[1]，屯据江陵。刘备以左将军领荆州牧，治公安。备诣京[2]见权，瑜上疏曰：“刘备以枭雄之姿，而有关羽、张飞熊虎之将，必非久屈

孙权任命周瑜为偏将军，兼领南郡太守。又把下隽、汉昌、刘阳、州陵封赐给他作为俸邑，让他在江陵驻屯。刘备以左将军的身份兼领荆州牧，治所设在公安。刘备前往京口拜谒孙权时，周瑜上奏说：“刘备具有当世枭雄的天资，又有关羽、张飞这些熊虎般的猛将，必定不会是长久屈居人下、为他人所驱使的人物。依我愚见，现在最好的计策是把刘备软禁送到吴县，

为人用者。愚谓大计宜徙备置吴,盛为筑宫室,多其美女玩好,以娱其耳目,分此二人,各置一方,使如瑜者得挟[3]与攻战,大事可定也。今猥[4]割土地以资业之,聚此三人,俱在疆埸,恐蛟龙得云雨,终非池中物也。”

为他修建豪华的宫室,给他许多的美女和各种玩赏的宝物,以此来满足他的感官享受,再将关羽、张飞二人分开,分别安置在不同的地方,再派像我这样的人钳制他们,让他们在对敌作战时为我所用,大业必定可以成功。如今却割出大量土地来资助他们,让这三个人聚在一起,又都处于远离都城的边疆地区,这恐怕是让蛟龙得到云雨,最终不会是小水池所容纳得了的东西!”

今注 **1** 奉邑:指以收取赋税作为俸禄的封邑。奉,通“俸”。 **2** 京:指京口,三国时期地名,位于今江苏镇江京口区。 **3** 挟:指制约、挟制。 **4** 猥:指多,大量。

权以曹公在北方,当广揽英雄,又恐备难卒制,故不纳。是时刘璋为益州牧,外有张鲁[1]寇侵,瑜乃诣京见权曰:“今曹操新折衄[2],方忧在腹心,未能与将军连兵相事也。乞与奋威[3]俱进取蜀,得蜀而并张鲁,因留奋威固守其地,好与马超结援。瑜还与将

孙权认为曹操尚盘踞在北方,应当广招天下英雄,又担心刘备难以立即制服,所以没有采纳周瑜的建议。当时刘璋担任益州牧,外部受到张鲁的侵袭,周瑜便到京口拜见孙权说:“如今曹操刚受挫折,正担忧自己内部发生变乱,不可能再来与将军您交战。现在请允许我同奋威将军孙瑜一道进军,夺取蜀地,然后进军吞并张鲁,事成之后让奋威将军镇守其地,这样就能与凉州的马超结为外援。我则回来与您一起进军襄阳以进逼曹

军据襄阳以蹙[4]操，北方可图也。”权许之。瑜还江陵为行装，而道于巴丘病卒[1]，时年三十六。权素服举哀，感动左右。丧当还吴，又迎之芜湖，众事费度，一为供给。后著令曰：“故将军周瑜、程普，其有人客，皆不得问。”

操，这样就有望图谋北方了。”孙权同意了他的意见。周瑜于是回到江陵去为大军出动做准备，但是路过巴丘时，不幸因病去世，时年三十六岁。孙权身着素服举行哀悼，把左右部下都深深地感动了。周瑜的灵柩运回吴县时，孙权又亲自前往芜湖迎接，举办丧事的所有费用，由公家全数供给。后来孙权又颁布命令：“已故将军周瑜、程普家所雇佣的佃客，都不得再向他们课以赋役。”

今注　**1** 张鲁（？—216）：东汉天师道祖师张道陵之孙，为天师道第三代天师，字公祺，沛国丰县（今江苏丰县）人。汉末割据汉中一带近三十年，后投降曹操。　**2** 折衄（nǜ）：指挫败，战败。　**3** 奋威：指当时担任奋威将军的孙瑜。　**4** 蹙（cù）：逼迫。

裴注　[**1**] 臣松之案：瑜欲取蜀，还江陵治严，所卒之处，应在今之巴陵，与前所镇巴丘，名同处异也。

初瑜见友于策，太妃又使权以兄奉之。是时权位为将军，诸将宾客为礼尚简，而瑜独先尽敬，便执臣节。性度恢廓[1]，大率为得人[2]，惟与程普不睦[1]。瑜少

起初，周瑜被孙策视为好友，吴太妃又让孙权按照兄长之礼侍奉周瑜。当时孙权的官衔还只是将军，军中其他将领及宾客对他只行简单的礼节，只有周瑜一人最先按照臣子的礼节，对孙权毕恭毕敬。周瑜性情开朗，气度恢弘，深得众心，唯独与程普关系不甚和睦。周瑜年少时曾精

精意于音乐，虽三爵[3]之后，其有阙误，瑜必知之，知之必顾，故时人谣曰："曲有误，周郎顾。"

心钻研音乐，即使在酒过三巡之后，演奏者有什么失误，他也必然能够察觉，一察觉他就会回头朝乐队看，所以当时人有这样的歌谣："曲有误，周郎顾。"

今注 **1** 性度恢廓：性度，性情气度。恢廓，宽阔，宽宏。 **2** 得人：指得众人心。 **3** 三爵：指酒过三巡。

裴注 [**1**]《江表传》曰："普颇以年长，数陵侮瑜。瑜折节容下，终不与校。普后自敬服而亲重之，乃告人曰：'与周公瑾交，若饮醇醪，不觉自醉。'时人以其谦让服人如此。初，曹公闻瑜年少有美才，谓可游说动也，乃密下扬州，遣九江蒋幹往见瑜。幹有仪容，以才辩见称，独步江、淮之间，莫与为对。乃布衣葛巾，自托私行诣瑜。瑜出迎之，立谓幹曰：'子翼良苦，远涉江湖，为曹氏作说客邪？'幹曰：'吾与足下州里，中间别隔，遥闻芳烈，故来叙阔，并观雅规，而云说客，无乃逆诈乎？'瑜曰：'吾虽不及夔、旷，闻弦赏音，足知雅曲也。'因延幹入，为设酒食。毕，遣之曰：'适吾有密事，且出就馆，事了，别自相请。'后三日，瑜请幹与周观营中，行视仓库军资器仗讫，还宴饮，示之侍者服饰珍玩之物，因谓幹曰：'丈夫处世，遇知己之主，外托君臣之义，内结骨肉之恩，言行计从，祸福共之。假使苏、张更生，郦叟复出，犹抚其背而折其辞，岂足下幼生所能移乎？'幹但笑，终无所言。幹还，称瑜雅量高致，非言辞所间。中州之士，亦以此多之。刘备之自京还也，权乘飞云大船，与张昭、秦松、鲁肃等十余人共追送之，大宴会叙别。昭、肃等先出，权独与备留语，因言次，叹瑜曰：'公瑾文武筹略，万人之英，顾其器量广大，恐不久为人臣耳。'瑜之破魏军也，曹公曰：'孤不羞走。'后书与权曰：'赤壁之役，值有疾病，孤烧船自退，横使周瑜虚获此名。'瑜威声远著，故曹公、刘备咸欲疑谮之。及卒，权流涕曰：'公瑾有王佐之资，今忽短命，孤何赖哉！'后权称尊号，谓公卿曰：'孤非周公瑾，不帝矣。'"

瑜两男一女，女配太子登。男循尚公主，拜骑都尉，有瑜风，早卒。循弟胤，初拜兴业都尉，妻以宗女，授兵千人，屯公安。黄龙元年，封都乡侯，后以罪徙庐陵郡。赤乌二年，诸葛瑾、步骘连名上疏曰：“故将军周瑜子胤，昔蒙粉饰[1]，受封为将，不能养之以福，思立功效，至纵情欲，招速罪辟。臣窃以瑜昔见宠任，入作心膂，出为爪牙，衔命出征，身当矢石，尽节用命，视死如归。故能摧曹操于乌林，走曹仁于郢都，扬国威德，华夏是震，蠢尔蛮荆[2]，莫不宾服。虽周之方叔[3]，汉之信、布[4]，诚无以尚也。夫折冲捍难[5]之臣，自古帝王莫不贵重，故汉高帝[6]封爵之誓曰：‘使黄河如带，太山如砺，国以

周瑜膝下有两子一女，女儿许配给了太子孙登。儿子周循娶公主为妻，被任命为骑都尉，有父亲的气质风度，但不幸早逝。周循之弟周胤，最初担任兴业都尉，娶宗室之女为妻，被授予一千名士兵，驻屯在公安。黄龙元年(229)，周胤被封为都乡侯，后来因犯罪被贬谪到庐陵郡。赤乌二年(239)，诸葛瑾、步骘联名上疏说：“已故将军周瑜之子周胤，曾受到许多褒奖，被封为将军，却不能享受这些福分，考虑如何建功立业报效朝廷，反而放纵自己的情欲，招致罪责。但为臣私下以为，当年周瑜深得陛下宠信，在朝中是心腹重臣，在外则是得力战将，他领命出征时，总是身先士卒、亲冒矢石，对朝廷之命忠心耿耿，视死如归。所以他才能在乌林击溃曹操，在郢都击退曹仁，宣扬我国的威势与恩德，不仅名震华夏，就连无知的荆楚蛮夷都纷纷臣服。即使是周朝的方叔，汉朝的韩信、英布，也不能胜过他。能够退敌救难的重臣，自古以来的帝王对他们无不敬重，所以汉高帝的封爵誓词中说：‘即使有一天，黄河变得如衣带一样窄，泰山变得如磨刀石一样小，你们的封国也会永存，且会留传给子孙后代。’用丹砂写下

永存，爰及苗裔。’申以丹书，重以盟诅[7]，藏于宗庙，传于无穷，欲使功臣之后，世世相踵，非徒子孙，乃关苗裔。报德明功，勤勤恳恳，如此之至，欲以劝戒后人，用命之臣，死而无悔也。况于瑜身没未久，而其子胤降为匹夫，益可悼伤。窃惟陛下钦明稽古[8]，隆于兴继，为胤归诉，乞丐[9]余罪，还兵复爵，使失旦之鸡，复得一鸣，抱罪之臣，展其后效。”

这誓词，并举行会盟郑重立誓，然后将誓词藏于宗庙，让它永远留存，要让功臣的后人，世世代代相继，不仅要照顾他们的子孙，还要传给遥远的后代。古代的帝王报答臣下的功德，可以说是勤勤恳恳，真诚之极，是为了以此劝诫后人，使他们成为奋力效命的功臣，死而无悔。何况周瑜去世还没多久，他的儿子周胤就被废黜为平民，实在是令人感到伤心。臣等私下思量，陛下敬肃明察，稽考古代正道，大力复兴已灭亡的封国，接续已断绝的功臣世系，所以臣等才为周胤申诉，请陛下免除他剩余的罪刑，恢复他的兵权和爵位，让久未司晨的公鸡重新打鸣，使身负重罪的臣子重新得到戴罪立功的机会。”

今注 1 粉饰：褒奖，褒扬。 2 蠢尔蛮荆：原出自《诗经·小雅·采芑》：“蠢尔蛮荆，大邦为仇。”是对不服从中央王朝统治的荆楚地区的蔑称。 3 方叔：西周宣王时期卿士，曾率军三千乘讨伐荆楚，协助周宣王平定四方、治理天下，形成“宣王中兴”的局面。 4 信、布：指汉初名将韩信和英布。 5 折冲捍难：折冲，指克敌制胜；捍难，指平定战乱。 6 汉高帝：即刘邦。刘邦通常被称为“汉高祖”，但其准确的谥号应为“高皇帝”，庙号“太祖”。下文的封爵之誓是刘邦封赏功臣时所立的誓约，可参见《史记·高祖功臣侯者年表》。 7 盟诅：即结盟立誓。 8 稽古：指考察古事，稽考古道。 9 乞丐：指乞讨，这里为请求免除之意。

权答曰："腹心旧勋，与孤协事，公瑾有之，诚所不忘。昔胤年少，初无功劳，横受精兵，爵以侯将，盖念公瑾以及于胤也。而胤恃此，酗淫自恣，前后告喻，曾无悛改[1]。孤于公瑾，义犹二君，乐胤成就，岂有已哉？迫胤罪恶，未宜便还，且欲苦之，使自知耳。今二君勤勤援引汉高河山之誓，孤用恧然[2]。虽德非其畴[3]，犹欲庶几[4]。事亦如尔，故未顺旨。以公瑾之子，而二君在中间，苟使能改，亦何患乎！"瑾、骘表比上，朱然及全琮亦俱陈乞，权乃许之。会胤病死。

瑜兄子峻，亦以瑜元功[5]为偏将军，领吏士千人。峻卒，全

孙权答复他们说："曾经与我协力共事的心腹旧臣，公瑾是其中之一，我对他确实不能忘怀。昔日周胤年少无知，起初并没有任何功劳，平白无故地得到一支精兵，获封爵位并出任将领，就是因为我追念公瑾的功绩才关照他的后代。但周胤凭借着父亲的功劳，酗酒淫乐，恣意妄为，我前前后后曾多次警告他、规劝他，他却没有一点悔改的意思。我与公瑾之间的情谊，就如你们两位与他的关系一样，也非常乐于看到周胤有成就，这种期望哪有止境？鉴于周胤罪恶深重，不宜立刻归还他的官爵，而且我也想让他吃些苦头，使他自知改过。现在你们两位恳切至诚地援引汉高帝的封爵之誓，让我感到很是惭愧。我的德行远不能与汉高帝相提并论，但还是想尽力向他看齐。这件事的情况就是这样，所以未能采纳你们的建议。周胤是公瑾之子，再加上你们两位从中说情，如果他能改过自新，还有什么好担心呢？"诸葛瑾、步骘的奏疏刚呈上去，朱然和全琮也上奏替周胤求情，孙权这才同意了他们的请求。此时恰巧周胤病死了。

周瑜的侄子周峻，也因为周瑜所立的大功而被任命为偏将军，率领兵士一千人。

琮表峻子护为将。权曰:“昔走曹操,拓有荆州,皆是公瑾,常不忘之。初闻峻亡,仍欲用护,闻护性行危险[6],用之适为作祸,故便止之。孤念公瑾,岂有已乎?”

周峻去世后,全琮上表请求任命周峻之子周护为将军。孙权说:“过去击退曹操,夺取荆州,这些都是公瑾的功劳,我时常记着不会忘记。当初听说周峻去世,就曾想任用周护,只是听说周护的性情为人狡诈阴险,任命他做官就是正好在为他招来祸患,所以我才没有任命他。但即便如此,我对公瑾的思念,哪里会有止境呢?”

今注 1 悛(quān)改:指悔改。 2 恧(nǜ):惭愧。 3 畴:齐等,使相等。 4 庶几:指差不多。 5 元功:指大功、首功。 6 危险:此指人的性情狡诈、阴险。

鲁肃

原文

鲁肃,字子敬,临淮东城人也。生而失父,与祖母居。家富于财,性好施与。尔时天下已乱,肃不治家事[1],大散财货,摽卖[2]田地,以赈穷弊结士为务,甚得乡邑欢心。周瑜为居巢长,将数百人故过候肃,并

译文

鲁肃,字子敬,临淮郡东城县人。他出生不久便失去了父亲,和祖母一起生活。鲁肃家非常富裕,他天性爱好施舍。当时天下已经大乱,鲁肃没有经管家中事务,反而大量散发财物,还将田地标价出卖,以赈济穷困、结交士人为要务,因而深得乡间县里百姓的欢心。周瑜担任居巢县县长时,特地率领几百人去拜访鲁肃,并请求他资助一些粮食。鲁肃家

求资粮。肃家有两囷[3]米，各三千斛。肃乃指一囷与周瑜，瑜益知其奇也。遂相亲结，定侨、札之分[4]。袁术闻其名，就署东城长。肃见术无纲纪，不足与立事，乃携老弱将轻侠少年百余人，南到居巢就瑜。瑜之东渡，因与同行[1]，留家曲阿。会祖母亡，还葬东城。

有两仓米，各有三千斛。他于是用手指了一仓米送给周瑜，周瑜因此而愈发了解鲁肃并非寻常之人。于是他们两人结为好友，关系就像公孙侨和季札那样亲密。袁术听说了鲁肃的名声，就任命他为东城县长。但鲁肃觉得袁术做事毫无规矩，难以与之一同成就大事，便带着家中老弱之人，并率领有侠气的青年一百多人，向南前往居巢投奔周瑜。周瑜率兵东渡长江时，鲁肃也与之同行，将家属留在了曲阿。这时鲁肃的祖母去世，他于是将其灵柩送回东城县安葬。

今注　**1** 家事：指家中事。　**2** 摽(biāo)卖：指标价出售。摽，通“标”。**3** 囷：指圆形的谷仓。　**4** 侨、札：指公孙侨和季札。公孙侨，即子产，春秋时期郑国大夫；季札，又称延陵季子，春秋时期吴国公子。季札出使郑国时，与公孙侨一见如故，成为至交。

裴注　[1]《吴书》曰：“肃体貌魁奇，少有壮节，好为奇计。天下将乱，乃学击剑骑射，招聚少年，给其衣食，往来南山中射猎，阴相部勒，讲武习兵。父老咸曰：‘鲁氏世衰，乃生此狂儿！’后雄杰并起，中州扰乱，肃乃命其属曰：‘中国失纲，寇贼横暴，淮、泗间非遗种之地。吾闻江东沃野万里，民富兵强，可以避害，宁肯相随俱至乐土，以观时变乎？’其属皆从命。乃使细弱在前，强壮在后，男女三百余人行。州追骑至，肃等徐行，勒兵持满，谓之曰：‘卿等丈夫，当解大数。今日天下兵乱，有功弗赏，不追无罚，何为相逼乎？’又自植盾，引弓射之，矢皆洞贯。骑既嘉肃言，且度不能制，乃相率还。肃渡江往见策，策亦雅奇之。”

刘子扬[1]与肃友善，遗肃书，曰：“方今天下豪杰并起，吾子姿才，尤宜今日。急还迎老母，无事滞于东城。近郑宝者，今在巢湖，拥众万余，处地肥饶，庐江间人多依就之，况吾徒乎？观其形势，又可博集[2]，时不可失，足下速之。”肃答然其计，葬毕还曲阿，欲北行。会瑜已徙肃母到吴，肃具以状语瑜。时孙策已薨，权尚住吴，瑜谓肃曰：“昔马援答光武云：‘当今之世，非但君择臣，臣亦择君。’[3]今主人亲贤贵士，纳奇录异，且吾闻先哲秘论[4]，承运代刘氏者，必兴于东南。推步事势，当其历数，终构帝基，以协天符，是烈士攀龙附凤驰骛之秋。吾方达此，足下不须以子扬之言介意也。”肃从其言。

刘晔与鲁肃关系友善，他写信对鲁肃说：“当今天下豪杰并起，以您的资质才干，尤其适合在当今形势下有所作为。你应赶快去曲阿迎接老母亲，不要滞留东城。最近有个人叫郑宝，现在在巢湖，坐拥一万多兵卒，又占据着富饶的地区，庐江郡里有很多人都前往投靠他，何况是我们呢？看他的发展形势，还会广招人才，时机不可错失，您应该速速行动。”鲁肃听从了他的建议，安葬完祖母之后便返回曲阿，打算北上。恰好这时周瑜已把鲁肃的母亲迁到吴县，鲁肃将他准备投奔郑宝的事情告诉了周瑜。当时孙策已去世，孙权还在吴县，周瑜便对鲁肃说：“当年马援曾回答光武帝说：‘现在这个时代，不仅君主可以选择臣下，臣下也可以选择君主。’如今的吴主孙将军亲近贤人智士，正在招纳奇才异能之人，况且我听先哲的神秘议论说，承接天运取代刘氏者，必定兴起于东南方。根据事情发展趋势来推算，吴主正合上天安排好的帝王传承次序，他最终一定会建立帝王的基业，来印证上天降下的预示和帝王受命的符兆，现在正是有志之士攀龙附凤、奔走建功的好时候。我正要把您推荐给孙将军，您可以完全不必在意刘子扬的话。”鲁肃便听从了他的话。

今注 1 刘子扬：即刘晔(179—234)，字子扬，三国时期魏国名臣，是曹操手下的重要谋士。这里之所以称呼他的字而不称名，可能是《三国志》成书之后在传抄过程中，因为避晋愍帝司马邺之讳而改。 2 博集：指广泛收纳人众、扩大势力。 3 马援(前14—后49)：字文渊，西汉末至东汉初名将。新莽末年，先投靠隗嚣，后归顺光武帝刘秀，为东汉的建立立下赫赫战功，后官至伏波将军。马援答光武帝之言，见于《东观汉记》卷十二，原文“非但”作“非独”。 4 秘论：指谶纬一类的预言。

瑜因荐肃才宜佐时，当广求其比，以成功业，不可令去也。权即见肃，与语甚悦之。众宾罢退，肃亦辞出，乃独引肃还，合榻对饮。因密议曰：“今汉室倾危，四方云扰[1]，孤承父兄余业，思有桓、文[2]之功。君既惠顾，何以佐之？”肃对曰：“昔高帝区区欲尊事义帝[3]而不获者，以项羽为害也。今之曹操，犹昔项羽，将军何由得为桓、文乎？肃窃料之，汉室不可复兴，曹操不可卒除。为将军计，惟有鼎足江东，以观天下

周瑜以鲁肃有佐时济世之才向孙权举荐，认为应当广为招揽与他类似的人才，来成就江东的大业，不能让他离去。孙权当即接见了鲁肃，同他交谈后甚为欣喜。宾客们退席之后，鲁肃也告辞出门，孙权却又单独请他回来，两人把坐榻合在一起对坐着饮酒。孙权因而与鲁肃秘密商议：“如今汉朝有倾覆的危险，天下四方纷扰不断，我继承了父兄创立的基业，希望能成就齐桓公、晋文公那样扶助天子的功业。既然您大驾光临，请问有何良策可以佐助我？”鲁肃回答说：“过去汉高祖耿耿忠心想尊奉义帝，最后却未能如愿，是因为项羽把义帝害死了。如今的曹操，就如同当年的项羽，将军您怎么能成为齐桓公、晋文公呢？我私下预料汉朝已经不可能复兴，曹操也不可能一下子就铲除掉。我为将军考虑，只有割据江东，形成鼎足

之衅[4]。规模如此，亦自无嫌。何者？北方诚多务也。因其多务，剿除黄祖，进伐刘表，竟长江所极，据而有之，然后建号帝王以图天下，此高帝之业也。”权曰：“今尽力一方，冀以辅汉耳，此言非所及也。”张昭非肃谦下不足，颇訾毁[5]之，云肃年少粗疏，未可用。权不以介意，益贵重之，赐肃母衣服帏帐，居处杂物，富拟其旧。

之势，才能静观天下的争斗。当今局势已经发展到如此地步，即使割据一方也不会招致猜疑的。为什么呢？因为北方正是多事之秋。正好趁北方无暇南顾之时，剿灭黄祖，进而讨伐刘表，将长江以南的全部土地占为己有，然后称帝建号，夺取天下，这是汉高祖当年的功业啊！”孙权说：“我现在倾尽一方之力，只是希望辅佐汉室而已，您的这番话不是我能做到的。”张昭责怪鲁肃不够谦逊，对他颇有诋毁，说鲁肃年轻粗疏，不可委以重任。孙权对此毫不介意，反而更加看重鲁肃，赐给鲁肃的母亲衣服、帷帐以及日用杂物，让他们的生活像原先那样富裕。

今注　1 云扰：像云一样的纷乱。比喻动荡不安。　2 桓、文：指齐桓公、晋文公，他们都在春秋时成就霸业。　3 义帝：指秦末反秦战争中，项梁起兵时所拥立的楚怀王熊槐之孙熊心，也称为“楚怀王”。义帝是项羽、刘邦等起义军名义上共同尊奉的君主，当时众人约定先入关中者为王。刘邦先入关中，义帝按照事先约定，同意封刘邦为王，因而遭到项羽忌恨。公元前206年项羽自立为西楚霸王，他被尊为义帝，徙于江南，都郴县(今湖南郴州)，被项羽派来的英布刺杀。　4 衅：争端，祸乱。　5 訾(zǐ)毁：诋毁。

刘表死，肃进说曰：“夫荆楚与国邻接，

刘表死后，鲁肃向孙权进言说：“荆楚之地与我国接壤，顺流而上可以去往北方，水流顺北，外带江汉，内阻山陵，有金城之固，沃野万里，士民殷富，若据而有之，此帝王之资也。今表新亡，二子素不辑睦[1]，军中诸将，各有彼此。加刘备天下枭雄，与操有隙，寄寓于表，表恶其能而不能用也。若备与彼协心，上下齐同，则宜抚安，与结盟好；如有离违[2]，宜别图之，以济大事。肃请得奉命吊[3]表二子，并慰劳其军中用事者，及说备使抚表众，同心一意，共治曹操，备必喜而从命。如其克谐，天下可定也。今不速往，恐为操所先。”权即遣肃行。

在外连接长江、汉水流域，在内则有山陵的险阻，这样的地势就像金属铸造的城墙那样坚固，而且那里有方圆万里的肥沃土地，当地百姓殷实富足，如果能占据这块地盘，就相当于奠定了帝王之业的基础。如今刘表刚刚去世，他的两个儿子素来不和睦，军中的将领也因此分裂为两大派系。加上刘备这个天下的枭雄，因为与曹操有些过节而在刘表那里寄居，刘表嫉妒他的才能而不敢加以重用。如果刘备能与刘表的儿子们同心协力，上下和睦，我们就应该对之采取安抚的策略，与他们结为友好同盟；如果他们之间不和睦，我们就应有所图谋，来成就我们的大事。请让我前往荆州去吊唁刘表，慰问他的两个儿子，并慰劳其军队中掌权的将领，同时劝说刘备安抚刘表的部下，与我们同心一意，共同对付曹操，刘备必定乐于从命。如果这件事能处理好，天下就可以平定了。如果现在不速速赶往荆州，恐怕会让曹操抢在前头。”孙权当即派遣鲁肃前去。

今注　**1** 辑睦：即和睦。刘表二子为刘琦和刘琮，他们是同父异母兄弟。刘琦为刘表长子，不受父母宠爱。刘表去世后，刘表后妻蔡氏之弟蔡瑁等人拥立刘琮为荆州牧，加剧兄弟二人的矛盾。　**2** 离违：指不团结，不和睦。　**3** 吊：指吊唁。

到夏口，闻曹公已向荆州，晨夜兼道。比至南郡，而表子琮已降曹公，备惶遽奔走，欲南渡江。肃径迎之，到当阳长阪，与备会，宣腾[1]权旨，及陈江东强固，劝备与权并力。备甚欢悦。时诸葛亮与备相随，肃谓亮曰："我子瑜[2]友也。"即共定交。备遂到夏口，遣亮使权，肃亦反命[1]。

鲁肃抵达夏口时，听说曹操已向荆州进军，于是日夜兼程往前赶。等他赶到南郡时，刘表的儿子刘琮已经投降了曹操，刘备惊慌逃走，想南渡长江。鲁肃直接去迎接刘备，在当阳长阪坡与刘备见了面，向刘备详细传达了孙权的意思，并描述了江东的强盛和稳固，劝说刘备与孙权协力抵御曹操。刘备十分高兴。这时诸葛亮正跟随着刘备，鲁肃便对诸葛亮说："我是令兄子瑜的朋友。"两人当即结下交情。刘备于是来到夏口，派诸葛亮出使吴国拜见孙权，鲁肃也随之返回江东复命。

会权得曹公欲东之问[3]，与诸将议，皆劝权迎之，而肃独不言。权起更衣，肃追于宇下，权知其意，执肃手曰："卿欲何言？"肃对曰："向察众人之议，专欲误将军，不足与图大事。今肃可迎操耳，如将军，不可也。何以言之？今肃迎操，操当以肃还付乡党，品其名位，犹不失下

当时孙权正好得到曹操要向东进军的消息，就与各位将领商议对策，大家都劝孙权迎降曹操，只有鲁肃一言不发。孙权起身去上厕所时，鲁肃一路追到屋檐下，孙权知道他的用意，便拉着他的手说："你想对我说什么？"鲁肃回答说："我看方才众人的议论，都是想要误导将军您，不足以与他们共谋大事。如今像我鲁肃这样的可以迎降曹操，但像将军您这样的人物却不能。为什么这么说呢？我如果迎降曹操，曹操会把我送回故乡做官，按照乡里对我名声的品评，我总还能做个低

曹从事[4],乘犊车,从吏卒,交游士林,累官故不失州郡[5]也。将军迎操,欲安所归?愿早定大计,莫用众人之议也。”

等小官,有牛车可坐,有小吏跟随,与士大夫交游,一步步升迁上去,不会当不上州郡长官。但将军您迎降了曹操,想去什么地方安身呢?希望您早日决定大计,不要再听取众人的妄议了。”

今注　1 宣腾:宣示传达。　2 子瑜:指诸葛瑾,字子瑜。他是诸葛亮的兄长,在吴国做官。　3 欲东之问:指准备东进征伐吴国的讯息。　4 下曹从事:泛指低级别官府里面的小官。　5 州郡:这里指州刺史、郡太守。

裴注　[1] 臣松之案:刘备与权并力,共拒中国,皆肃之本谋。又语诸葛亮曰“我子瑜友也”,则亮已亟闻肃言矣。而《蜀书 · 亮传》云:“亮以连横之略说权,权乃大喜。”如似此计始出于亮。若二国史官各记所闻,竞欲称扬本国容美,各取其功。今此二书,同出一人,而舛互若此,非载述之体也。

权叹息曰:“此诸人持议,甚失孤望;今卿廓开[1]大计,正与孤同,此天以卿赐我也[1]。”时周瑜受使至鄱阳,肃劝追召瑜还。遂任瑜以行事,以肃为赞军校尉,助画方略。曹公破走,肃即先还,权大请诸将迎肃。肃将入阁拜,权起礼之,因谓曰:

孙权叹息说:“这些人的议论,实在是让我很失望;现在你阐明了大计,正与我的想法一致,这是上天将你赐给我啊!”当时周瑜接受使命前往鄱阳,鲁肃劝孙权赶快派人召周瑜回来。于是孙权任命周瑜为抵御曹操的总负责人,任命鲁肃为赞军校尉,协助筹划作战方案。曹操在赤壁兵败撤退后,鲁肃先行返回报捷,孙权大请诸将一起去迎接鲁肃。鲁肃准备进入朝阁拜见孙权,

"子敬，孤持鞍下马相迎，足以显卿未？"肃趋进曰："未也。"众人闻之，无不愕然。就坐，徐举鞭言曰："愿至尊威德加乎四海，总括九州，克成帝业，更以安车软轮[2]征肃，始当显耳。"权抚掌欢笑。

孙权起身行礼，对他说："子敬，我扶鞍下马迎接你，足以使你觉得显耀吗？"鲁肃碎步跑上前说道："还不够。"大家听到他这话，无不感到惊愕。就座后，鲁肃缓缓举起马鞭说："我希望主公的威德遍及四海，统一九州，完成帝王大业，再用软轮小车来征召我，这才算得上真正显耀啊。"孙权拍手欢笑。

今注　**1** 廓开：阐明，阐扬。　**2** 安车软轮：安车，指可以坐乘的车。古时乘车一般站立在车厢里。安车则一般用二马或四马，给退休高官、贵妇人或德高望重之人使用，以示优礼。软轮，即在车轮外包覆蒲草，防止颠簸。

裴注　[**1**]《魏书》及《九州春秋》曰："曹公征荆州，孙权大惧，鲁肃实欲劝权拒曹公，乃激说权曰：'彼曹公者，实严敌也。新并袁绍，兵马甚精，乘战胜之威，伐丧乱之国，克可必也。不如遣兵助之，且送将军家诣邺；不然，将危。'权大怒，欲斩肃，肃因曰：'今事已急，即有他图，何不遣兵助刘备，而欲斩我乎？'权然之，乃遣周瑜助备。"孙盛曰："《吴书》及《江表传》，鲁肃一见孙权便说拒曹公而论帝王之略，刘表之死也，又请使观变，无缘方复激说劝迎曹公也。又是时劝迎者众，而云独欲斩肃，非其论也。"

后备诣京见权，求都督荆州，惟肃劝权借之，共拒曹公[1]。曹公闻权以土地业备，方作书，落笔于地。周瑜病困，上

后来刘备到京口去会见孙权，请求都督荆州，唯独鲁肃劝谏孙权把荆州借给刘备，以便共同抵抗曹操。曹操听闻孙权将土地借给刘备的消息时，正在写信，震惊得把笔都掉到了地上。周瑜病

疏曰："当今天下，方有事役，是瑜乃心夙夜所忧，愿至尊先虑未然，然后康乐。今既与曹操为敌，刘备近在公安[1]，边境密迩[2]，百姓未附，宜得良将以镇抚之。鲁肃智略足任，乞以代瑜。瑜陨踣[3]之日，所怀尽矣[2]。"即拜肃奋武校尉，代瑜领兵。瑜士众四千余人，奉邑四县，皆属焉。令程普领南郡太守。肃初住江陵，后下屯陆口，威恩大行，众增万余人，拜汉昌太守、偏将军。十九年，从权破皖城，转横江将军。

势危重时，上疏说："如今的天下，正值多事之秋，这是我心里日夜忧惧的事，愿主公能够预先为未来做打算，然后才考虑安逸享受之事。现在我们既然与曹操为敌，刘备又近在公安，边境接壤，当地百姓尚未归附，应当委派良将前去镇抚。鲁肃的才智谋略足以胜任，请任命他来接替我的职务。那么我死的时候，也就没有什么可牵挂的事了。"孙权当即任命鲁肃为奋武校尉，接替周瑜统领军队。周瑜手下的四千多兵士以及四个县的奉邑，全部划归鲁肃。孙权又任命程普兼领南郡太守。鲁肃最初驻守江陵，后又移驻长江下游的陆口，他恩威并施，兵众逐渐增加到一万多人，于是孙权任命他为汉昌太守、偏将军。建安十九年(214)，鲁肃随孙权攻破皖城，转任横江将军。

今注 **1** 公安：县名，东汉置，属南郡，治今湖北公安。 **2** 密迩：指靠近、接壤。 **3** 陨踣(bó)：指死亡。

裴注 [**1**]《汉晋春秋》曰："吕范劝留备，肃曰：'不可。将军虽神武命世，然曹公威力实重。初临荆州，恩信未洽，宜以借备，使抚安之。多操之敌，而自为树党，计之上也。'权即从之。" [**2**]《江表传》载："初，瑜疾困，与权笺曰：'瑜以凡才，昔受讨逆殊特之遇，委以腹心，遂荷荣任，统御兵马，志执鞭弭，自效戎行。规定巴蜀，次取襄阳，凭赖威灵，谓若在握。至以不谨，道遇暴疾，昨自医疗，日加无损。人生有死，修短命矣，诚不足惜，但恨微志未展，不复奉教命耳。方今曹公在北，疆埸未静；刘备寄寓，有似养虎。天下之事，未知终始，此朝士旰食之秋，至尊垂虑之日也。鲁肃忠烈，临事不苟，可以代瑜。人之将死，其言也善，倘或可采，瑜死不朽矣。’案：此笺与本传所载，意旨虽同，其辞乖异耳。”

先是，益州牧刘璋纲维颓弛。周瑜、甘宁并劝权取蜀。权以咨备，备内欲自规[1]，仍伪报曰：“备与璋托为宗室，冀凭英灵，以匡汉朝。今璋得罪左右，备独竦惧[2]，非所敢闻，愿加宽贷。若不获请，备当放发[3]归于山林。”后备西图璋，留关羽守。权曰：“猾虏乃敢挟诈！”及羽与肃邻界，数生狐疑[4]，疆埸[5]纷错，肃常以欢好抚之。备既定益州，权求长沙、零、桂，备不承旨，权遣吕蒙率众进取。

在此之前，益州在州牧刘璋的治理下纲纪废弛、混乱不堪。周瑜、甘宁都劝说孙权攻取蜀地。孙权就此事询问刘备的意见，刘备内心早已在替自己规划打算，就假意回答说：“我刘备与刘璋名义上还是汉朝皇族的后裔，希望凭借先人英灵的护佑，来匡扶汉室。如今刘璋得罪了您，我内心感到惊悚惧怕，至于攻取益州的话我更不敢听到，希望您宽宏大量饶恕他。如果您不同意我的请求，我就准备披散头发归隐山林了。”后来刘备向西进军图谋刘璋的地盘，留下关羽镇守荆州。孙权大怒道：“这狡猾的家伙竟敢欺骗我！”后来，关羽与鲁肃双方的辖区相邻，多次互生猜疑，边界事务纷繁杂乱，鲁肃总是以友好的态度进行安抚。刘备平定益州后，孙权要求他归还长沙、零陵、桂阳三郡，刘备没有同意，孙权就派吕蒙率军前去用武力夺取。

今注　1 自规：指自己去谋划。　2 竦惧：惊悚恐惧。　3 放发：即解开头发的束带，披散头发，代指归隐。　4 狐疑：猜疑，怀疑。　5 疆埸(yì)：边界，边境。

备闻，自还公安，遣羽争三郡。肃住益阳，与羽相拒。肃邀羽相见，各驻兵马百步[1]上，但请将军单刀俱会。肃因责数羽曰："国家[2]区区本以土地借卿家者，卿家军败远来，无以为资故也。今已得益州，既无奉还之意，但求三郡，又不从命。"语未究竟[3]，坐有一人曰："夫土地者，惟德所在耳，何常之有！"肃厉声呵之，辞色甚切。羽操刀起谓曰："此自国家事，是人何知！"目使之去[1]。备遂割湘水为界，于是罢军。

刘备闻讯，亲自回到公安，派遣关羽去争夺上述三郡。鲁肃驻兵益阳，与关羽军对峙。鲁肃于是邀请关羽相见，双方约定将各自的兵马留在百步之外，只有将领们带着自己的佩刀在阵前相会。鲁肃责备数落关羽说："我们主公真心诚意将荆州的土地借给你们，是因为你们经历兵败，远道而来，没有立足之地。现在你们已经获取了益州，既然没有奉还荆州的意愿，就只请你们归还三郡，而你们又不愿意。"话音未落，关羽一方座中有一人插话说："天下的土地，只属于有仁德之人，哪有长久不变的？"鲁肃闻言厉声呵斥那人，言辞神色十分严厉。关羽便操刀起身说道："这些自然都是主公所考虑的事，你这个人知道什么！"又使眼色让那人离开。刘备于是以湘水划界，将湘水以东的长沙、江夏、桂阳三郡划给孙权，双方才罢兵。

肃年四十六，建安二十二年卒。权为举哀，

鲁肃四十六岁时，于建安二十二年(217)去世。孙权为他的死而哀悼，又亲又临其葬。诸葛亮亦为发哀[2]。权称尊号，临坛，顾谓公卿曰："昔鲁子敬尝道此，可谓明于事势矣。"肃遗腹子淑既壮，濡须督张承谓终当到至[4]。永安中，为昭武将军、都亭侯、武昌督。建衡中，假节，迁夏口督。所在严整，有方干[5]。凤皇三年卒。子睦袭爵，领兵马。

自参加他的葬礼。诸葛亮得知后也为鲁肃致哀。孙权称帝的时候，登临祭坛，转过头对公卿大臣们说："当年鲁子敬曾对我说到称帝之事，他可谓明察天下大势啊！"鲁肃的遗腹子鲁淑长大成人后，濡须督张承说他最终能够身居高位。永安年间，鲁淑担任昭武将军、都亭侯、武昌督。建衡年间，被授予节杖，迁任夏口督。他所到之处，无不纪律严明，很有治理一方的才干。他在凤凰三年(274)去世。儿子鲁睦承袭了他的爵位，统领他的兵马。

今注　**1** 步：长度单位。按照秦汉时期的制度，一步的距离为六尺。　**2** 国家：在这里是君主的代称，而不是指一般意义上的国家政权。　**3** 究竟：结束，完毕。　**4** 到至：又作"至到"，指程度达到极点。　**5** 方干：指出任方镇、治理地方的才干。

裴注　[1]《吴书》曰："肃欲与羽会语，诸将疑恐有变，议不可往。肃曰：'今日之事，宜相开譬。刘备负国，是非未决，羽亦何敢重欲干命！'乃趋就羽。羽曰：'乌林之役，左将军身在行间，寝不脱介，戮力破魏，岂得徒劳，无一块壤！而足下来欲收地邪？'肃曰：'不然。始与豫州观于长阪，豫州之众不当一校，计穷虑极，志势摧弱，图欲远窜，望不及此。主上矜愍豫州之身无有处所，不爱土地士人之力，使有所庇荫以济其患，而豫州私独饰情，愆德隳好。今已藉手于西州矣，又欲翦并荆州之土，斯盖凡夫所不忍行，而况整领人物之主乎！肃闻贪而弃义，必为祸阶。吾子属当重任，曾不能明道处分，以义辅时，而负恃强众以图力争，师曲为老，将何获济？’羽无以答。”　［2］《吴书》曰：“肃为人方严，寡于玩饰，内外节俭，不务俗好。治军整顿，禁令必行，虽在军阵，手不释卷。又善谈论，能属文辞，思度弘远，有过人之明。周瑜之后，肃为之冠。”

吕蒙

原文

吕蒙，字子明，汝南富陂人也。少南渡，依姊夫邓当。当为孙策将，数讨山越。蒙年十五六，窃随当击贼，当顾见大惊，呵叱不能禁止。归以告蒙母，母恚[1]欲罚之，蒙曰：“贫贱难可居！脱[2]误有功，富贵可致。且不探虎穴，安得虎子？”母哀而舍之。时当职吏以蒙年小轻之，曰：“彼竖子[3]何能为？此欲以肉喂虎耳。”他日与蒙会，又蚩辱[4]之。

译文

吕蒙，字子明，汝南郡富陂县人。他年轻时南渡长江，投靠姐夫邓当。邓当是孙策手下的将领，多次随军征讨山越。吕蒙十五六岁时，偷偷跟随邓当的部队出击讨贼，邓当看见他后大吃一惊，厉声呵斥让他回去，但吕蒙不听。回来之后，邓当将此事禀告吕蒙的母亲，母亲生气地要惩罚吕蒙，吕蒙说：“这贫贱的生活难以长期忍受啊！随军出征万一获得了功劳，就能取得富贵。再说不入虎穴，焉得虎子？”母亲感到很难过，就放了他。当时邓当手下有个小官，因吕蒙年轻便轻视他，说：“那小子能做什么？他想把自己的肉送去喂老虎罢了。”后来某天碰到吕蒙，又嗤笑侮辱他。

今注　1 恚(huì)：愤怒，恼怒。　2 脱：连词。假使，万一。表示假设。　3 竖子：对人的鄙称。犹今言“小子”。　4 蚩(chī)辱：嗤笑辱骂，侮辱。

蒙大怒，引刀杀吏，出走，逃邑子郑长家。出因校尉袁雄自首，承间为言，策召见奇之，引置左右。数岁，邓当死，张昭荐蒙代当，拜别部司马。权统事，料诸小将兵少而用薄者，欲并合之。蒙阴赊贳[1]，为兵作绛衣行縢[2]。及简日，陈列赫然，兵人练习[3]，权见之大悦，增其兵。从讨丹阳，所向有功，拜平北都尉，领广德长。从征黄祖，祖令都督陈就逆以水军出战。蒙勒[4]前锋，亲枭就首，将士乘胜，进攻其城。祖闻就死，委城走，兵追禽之。权曰："事之克，由陈就先获也。"以蒙为横野中郎将，赐钱千万。

吕蒙大怒，当即抽刀把那个小官杀了，随后出走，逃到同乡人郑长家里。后来他通过校尉袁雄出来自首，袁雄趁孙策接见时为他求情。孙策召见了吕蒙，很看重他，便将他留在自己身边。几年后，邓当去世，张昭举荐吕蒙接替邓当的职务，于是吕蒙被任命为别部司马。孙权掌管国事后，想将小将中兵力稀少而作用不大的加以清理精简，然后将这些部队合并。吕蒙暗中借了些钱，为士兵们统一制作了深红色的军服和绑腿。到检查那天，吕蒙的部队队列严整，全军人人都是训练有素的样子，孙权见了非常高兴，便给他增添了兵员。吕蒙随大军征讨丹阳，所到之处都立有战功，于是被任命为平北都尉，兼领广德县县长。又随孙权征讨黄祖，黄祖命令都督陈就率领水军出战迎击。吕蒙亲自带领先头部队进攻，亲手斩下陈就的首级，全军将士乘胜追击，围攻其城池。黄祖听说陈就被杀，弃城逃走，被吴国的追兵擒杀。孙权说："这次战役的取胜，在于一开始就拿下了陈就。"于是任命吕蒙为横野中郎将，赐钱一千万。

今注　1 赊贳(shē shì):指赊账、借贷。　2 绛衣行縢(téng):指军装。古代兵士的军服多用绛色(深红色)制作。行縢,绑腿布。　3 练习:熟悉谙习。这里指训练有素。　4 勒:统率,率领。

是岁,又与周瑜、程普等西破曹公于乌林,围曹仁于南郡。益州将袭肃举军来附,瑜表以肃兵益蒙,蒙盛称肃有胆用[1],且慕化远来,于义宜益不宜夺也。权善其言,还肃兵。瑜使甘宁前据夷陵,曹仁分众围宁,宁困急,使使请救。诸将以兵少不足分,蒙谓瑜、普曰:"留凌公绩[2],蒙与君行,解围释急,势亦不久,蒙保公绩能十日守也。"

又说瑜分遣三百人柴断[3]险道,贼走可得其马。瑜从之。军到夷陵,即日交战,所杀过半。敌夜遁去,行遇柴道,骑皆舍马步走。兵追蹙击,

同年,吕蒙又与周瑜、程普等在西边的乌林击败曹操,在南郡围攻曹仁。益州将领袭肃率领军队前来归附,周瑜上表建议将袭肃的部队交给吕蒙收编,但吕蒙盛赞袭肃很有胆略和才干,而且仰慕教化远道而来投奔,从道义上讲应该扩充他的部队而不应夺去他的兵力。孙权认为吕蒙说得好,就把部队还给了袭肃。周瑜派甘宁前去攻占夷陵,曹仁则分派部队去围攻甘宁,甘宁见形势危急,便派人请求救援。众将领都以兵力不足而分不出人马去救援,吕蒙便对周瑜和程普说:"留下凌公绩来坚守,我与你们一道前去为甘宁解围释急,时间不会太久,我担保凌公绩能坚守十天。"

吕蒙又建议周瑜分派三百人在险要道路设置栅栏等工事,这样敌人逃跑时就可以缴获他们的马匹。周瑜听从了。援军赶到夷陵,当天就与曹军展开战斗,杀伤敌军过半。敌军连夜逃走,经过事先布下的障碍,骑兵都弃马逃走。吴军

获马三百匹，方船[4]载还。于是将士形势自倍，乃渡江立屯，与相攻击，曹仁退走，遂据南郡，抚定荆州。还，拜偏将军，领寻阳令。

全力追击，缴获了三百匹战马，用大船将它们载回。至此吴军军力、士气倍增，于是渡江建立营寨，对江陵发起进攻，曹仁撤军离开，吴军就占领了南郡，又安抚平定了荆州。吕蒙回师后，被任命为偏将军，兼领寻阳县县令。

今注 1 胆用：胆识才干。 2 凌公绩：即凌统，字公绩。 3 柴(zhài)断：堵塞隔断。此指修建栅栏等工事截断道路。 4 方船：并船，泛指大船。

鲁肃代周瑜，当之陆口，过蒙屯下。肃意尚轻蒙，或说肃曰："吕将军功名日显，不可以故意[1]待也，君宜顾之。"遂往诣蒙。酒酣，蒙问肃曰："君受重任，与关羽为邻，将何计略以备不虞？"肃造次[2]应曰："临时施宜。"蒙曰："今东西虽为一家，而关羽实熊虎也，计安可不豫定[3]？"因为肃画五策。肃于是越席就之，拊其背曰："吕子明，吾不知

鲁肃接替周瑜的职务之后，要前往陆口，途中经过吕蒙驻地。当时鲁肃心中还有些轻视吕蒙，有人便劝告他说："吕将军现在功名日益显赫，您可不能再用过去的态度对待他了，应当前去拜访他。"于是鲁肃便下船登岸去拜访吕蒙。酒酣耳热之际，吕蒙问鲁肃说："您身负重任，与关羽的地盘接壤，打算用什么计谋来防备意外呢？"鲁肃随口回答："临时采取适当措施对付吧。"吕蒙说："现在吴蜀虽然表面上结为同盟，但关羽其实像熊虎一样凶猛，怎能不事先制订好应对计策？"于是替鲁肃考虑了五条计策。鲁肃听了越席靠近吕蒙，拍着他的背说："吕子明，我真没想到你的才能和谋略竟然达到了如此

卿才略所及乃至于此也。”遂拜蒙母，结友而别[1]。时蒙与成当、宋定、徐顾屯次比近，三将死，子弟幼弱，权悉以兵并蒙。蒙固辞，陈启4顾等皆勤劳5国事，子弟虽小，不可废也。书三上，权乃听。蒙于是又为择师，使辅导之。其操心率如此。

高妙的程度。”于是进入内堂拜见吕蒙的母亲，与吕蒙结成好友才道别离去。当时，吕蒙与成当、宋定、徐顾的驻地相邻，这三位将领战死后，他们的子弟都很幼小，孙权把他们的军队全部并归吕蒙统领。吕蒙坚决推辞，上书陈说徐顾等人都为国事操劳一生，他们的子弟虽然幼小，但不能废除他们的兵权。吕蒙连续上了三次书，孙权才听从了他的意见。吕蒙于是又给这三位将领的子弟挑选教师，来辅导教育他们。他的德操和心志，大体就是这样。

今注　**1** 故意：指过去的态度。　**2** 造次：指随意，轻率。　**3** 豫定：事先决定。　**4** 陈启：陈说启禀。　**5** 勤劳：操劳，忧劳。

裴注　[1]《江表传》曰：“初，权谓蒙及蒋钦曰：‘卿今并当涂掌事，宜学问以自开益。’蒙曰：‘在军中常苦多务，恐不容复读书。’权曰：‘孤岂欲卿治经为博士邪？但当令涉猎见往事耳。卿言多务，孰若孤？孤少时历《诗》《书》《礼记》《左传》《国语》，惟不读《易》。至统事以来，省三史、诸家兵书，自以为大有所益。如卿二人，意性朗悟，学必得之，宁当不为乎？宜急读《孙子》《六韬》《左传》《国语》及三史。孔子言“终日不食，终夜不寝以思，无益，不如学也”。光武当兵马之务，手不释卷。孟德亦自谓老而好学。卿何独不自勉勖邪？’蒙始就学，笃志不倦，其所览见，旧儒不胜。后鲁肃上代周瑜，过蒙言议，常欲受屈。肃拊蒙背曰：‘吾谓大弟但有武略耳，至于今者，学识英博，非复吴下阿蒙。’蒙曰：‘士别三日，即更刮目相待。大兄今论，何一称穰侯乎？兄今代公瑾，既难为继，且与关羽为邻。斯人长而好学，读《左传》略皆上口，梗亮有雄气，然性颇自负，好陵人。今与为对，当有单复，以乡待之。’密为肃陈三策，肃敬受之，秘而不宣。权常叹曰：‘人长而进益，如吕蒙、蒋钦，盖不可及也。富贵荣显，更能折节好学，耽悦书传，轻财尚义，所行可迹，并作国士，不亦休乎！’”

魏使庐江谢奇为蕲春典农，屯皖田乡，数为边寇。蒙使人诱之，不从，则伺隙袭击，奇遂缩退。其部伍孙子才、宋豪等，皆携负老弱，诣蒙降。后从权拒曹公于濡须，数进奇计，又劝权夹水口立坞，所以备御甚精[1]，曹公不能下而退。曹公遣朱光为庐江太守，屯皖，大开稻田。又令间人招诱鄱阳贼帅，使作内应。蒙曰：“皖田肥美，若一收孰[1]，彼众必增，如是数岁，操态见矣。宜早除之。”乃具陈其状。

于是权亲征皖，引见诸将，问以计策[2]。蒙乃荐甘宁为升城督，督攻

魏国派庐江人谢奇担任蕲春典农都尉，在皖城的乡野间屯垦，多次侵犯边境。吕蒙派人去劝诱他投降，他不肯，于是吕蒙伺机派兵袭击，谢奇才被迫后撤。他的部下孙子才、宋豪等，都扶老携幼，前来向吕蒙投降。后来吕蒙跟随孙权在濡须口抗击曹操，多次进献奇计，又劝孙权在濡须水两岸建立坞堡，防御工事造得很精细坚固，曹操无法攻克，只得退兵。后来曹操派遣朱光出任庐江太守，在皖城驻屯，大力开垦稻田。又派出间谍劝诱鄱阳盗贼头领，让他们充当内应。吕蒙说：“皖城土地肥沃，只要得到一次丰收，敌军的兵力就会增加，连续这么几年下去，曹操进攻的姿态就会显露出来。应当尽早将那里的驻军铲除。”于是向孙权详细地陈述了相关情况。

孙权于是决定亲率大军进攻皖城，他召见诸将领询问作战计策。吕蒙推荐甘宁做升城督，在前方督战攻城，而吕蒙

在前，蒙以精锐继之。侵晨[2]进攻，蒙手执枹鼓[3]，士卒皆腾踊自升，食时[4]破之。既而张辽至夹石，闻城已拔，乃退。权嘉其功，即拜庐江太守，所得人马皆分与之，别赐寻阳屯田六百人，官属三十人。蒙还寻阳，未期[5]而庐陵贼起，诸将讨击不能禽。权曰："鸷鸟[6]累百，不如一鹗[7]。"复令蒙讨之。蒙至，诛其首恶，余皆释放，复为平民。

自己则率领精兵紧随其后。天快亮时开始进攻，吕蒙亲自持槌击鼓，将士们都奋勇攻城，到吃早饭时分便已攻破皖县。不久张辽率军赶到夹石，听说皖城已被吴军攻破，只得退兵返回。孙权嘉奖吕蒙的功劳，当即任命他为庐江太守，所俘获的兵卒和马匹全都分给他，另外还赐予寻阳屯田客六百人，属官三十人。吕蒙回到寻阳驻地，不到一年，庐陵又有盗贼闹事，诸将领前去征讨，但不能将捕获其首领。孙权说："一百只燕子，不如一只鱼鹰。"于是命令吕蒙前往征讨。吕蒙到庐陵后，诛杀了盗贼的首领，将其他人全部释放，使他们重新成为平民。

今注　1 收孰：指庄稼成熟丰收。孰，同"熟"。　2 侵晨：天快亮时，拂晓。　3 枹(fú)：指鼓槌。枹鼓为鼓槌和鼓的合称，亦可指代军鼓。　4 食时：指辰时，相当于上午7时至9时。　5 未期(jī)：指不到一年时间。　6 鸷鸟：一般有两种含义，一是指雕、鹯(zhān)一类的猛禽，二是指燕子。此处显然应是后者。　7 鹗(è)：即鱼鹰，是一种中型猛禽。

裴注　[1]《吴录》曰："权欲作坞，诸将皆曰：'上岸击贼，洗足入船，何用坞为？'吕蒙曰：'兵有利钝，战无百胜，如有邂逅，敌步骑蹙人，不暇及水，其得入船乎？'权曰：'善。'遂作之。"　[2]《吴书》曰："诸将皆劝作土山，添攻具。蒙趋进曰：'治攻具及土山，必历日乃成；城备既修，外救必至，不可图也。且乘雨水以入，若留经日，水必向尽，还道艰难，蒙窃危之。今观此城，不能甚固，以三军锐气，四面并攻，不移时可拔，及水以归，全胜之道也。’权从之。”

是时刘备令关羽镇守，专有荆土，权命蒙西取长沙、零、桂三郡。蒙移书[1]二郡，望风归服，惟零陵太守郝普城守不降。而备自蜀亲至公安，遣羽争三郡。权时住陆口，使鲁肃将万人屯益阳拒羽，而飞书召蒙，使舍零陵，急还助肃。初，蒙既定长沙，当之零陵，过酃[2]，载南阳邓玄之。玄之者，郝普之旧也，欲令诱普。及被书当还，蒙秘之，夜召诸将，授以方略，晨当攻城。

这时刘备令关羽镇守，独自占有荆州，孙权则命吕蒙西上夺取荆州的长沙、零陵、桂阳三郡。吕蒙致信长沙、桂阳二郡太守，这两郡望风归服，只有零陵太守郝普固守城池，不肯投降。而刘备则亲自从蜀地赶到公安，派遣关羽争夺这三郡地盘。孙权当时在陆口驻兵，派鲁肃率领一万人马前往益阳抗御关羽，并派人快马加鞭传书吕蒙，让他放弃零陵，火速赶回支援鲁肃。起初，吕蒙平定长沙后，正准备前往零陵，经过酃县时，带上了南阳人邓玄之。邓玄之是郝普故交，吕蒙想让他诱劝郝普投降。吕蒙接到孙权的信后本当返回，但他秘而不宣，当夜立即召集诸将，部署了攻城计划，决定次日早晨攻城。

今注　1 移书：古代文体之一。行于不相统属的官署间的公文，亦泛指平行文书。　2 酃(líng)：汉代及三国时期县名，初属长沙郡，治今湖南炎陵县。

顾谓玄之曰：“郝子太闻世间有忠义事，亦欲

这时，吕蒙回头对邓玄之说：“郝子太知道世间有忠义之事，也想身体力行，

为之，而不知时也。左将军在汉中，为夏侯渊所围。关羽在南郡，今至尊身自临之。近者破樊本屯，救酃，逆为孙规所破。此皆目前之事，君所亲见也。彼方首尾倒悬，救死不给，岂有余力复营此哉？今吾士卒精锐，人思致命。至尊遣兵，相继于道。今子太以旦夕之命，待不可望之救，犹牛蹄中鱼[1]，冀赖江汉，其不可恃亦明矣。若子太必能一士卒之心，保孤城之守，尚能稽延[2]旦夕，以待所归者，可也。今吾计力度虑，而以攻此，曾不移日[3]，而城必破，城破之后，身死何益于事？而令百岁老母，戴白[4]受诛，岂不痛哉？度此家不得外问[5]，谓援可恃，故至于此耳。君可见之，为陈祸福。"

但他未看清时势。左将军刘备在汉中，被夏侯渊所围困。关羽在南郡，现在我们主公亲自前往阵前。近来关羽攻破曹军在樊城的大本营，返回救援酃县，却被我方孙规击败。这些都是最近的事，您也都亲眼见到了。蜀军现在正处于首尾倒悬的危险境地，解救自己的危亡尚且来不及，哪有余力再来营救零陵呢？而我方士卒精锐，人人都想为国效力。主公也调遣了大军，正相继向这边进发。如今，子太的性命已经朝夕难保，还在苦等毫无希望的救援，就同在牛蹄踏出的水洼里苟活的鱼，还希冀得到江汉之水的救济，这种期望的不可靠是显而易见的。如果子太一定能使将士齐心，坚守孤城，苟延残喘几天，以等局势确定下来再决定归属，倒也是可以的。如今我估算我方的兵力和谋略，我们用不了多久，必定能将此城攻破，城破之后，他自己死亡又对事情有何益处？还让他满头白发的百岁老母亲横受诛戮，岂不让人痛心？我估计他是得不到外面的信息，还以为有援军可以依靠，所以才一直苦守。您可前去见他，向他陈述这其中的祸福利害。"

今注 1 牛蹄中鱼:指在牛蹄踏出的水洼中苟活的小鱼。喻濒临绝境。出自刘向《说苑·善说》所记载庄子之言:“乃今者周之来见,道傍牛蹄中有鲋鱼焉,大息谓周曰:‘我尚可活也。’” 2 稽延:指拖延。 3 移日:移动日影。指不很短的一段时间。 4 戴白:指老人满头白发。代指老人。 5 外问:外部的消息。

玄之见普,具宣蒙意,普惧而听之。玄之先出报蒙:“普寻后当至。”蒙豫敕[1]四将,各选百人,普出,便入守城门。须臾普出,蒙迎执其手,与俱下船。语毕,出书示之,因拊手大笑。普见书,知备在公安,而羽在益阳,惭恨入地[2]。蒙留孙皎,委以后事,即日引军赴益阳。刘备请盟,权乃归普等。割湘水,以零陵还之。以寻阳、阳新为蒙奉邑。

邓玄之便前去与郝普相见,详细地转述了吕蒙的意思,郝普十分惧怕,听从了他的劝说。邓玄之先行出城向吕蒙汇报说:“郝普不久之后就会来。”吕蒙预先分派四位将领,各挑选一百精兵,等郝普一出城,他们就立即进去控制四座城门。很快,郝普出了城,吕蒙迎上去握着他的手,带他一起登上战船。谈话结束后,吕蒙便取出孙权写来的信让郝普看,并拍手大笑。郝普看了信,才知道这时刘备正驻扎在公安,而关羽就在益阳,惭愧悔恨得想钻到地下去。吕蒙留下孙皎,委托他处理后方军务,自己当天便率领军队赶赴益阳。刘备请求与孙权结盟和好,孙权于是放归郝普等人。双方约定,以湘水为界分割荆州,孙权将零陵郡还给刘备。孙权把寻阳、阳新赐予吕蒙作为俸邑。

师还,遂征合肥。既彻[3]兵,为张辽等所袭,蒙与凌统以死捍

孙权率军返回之后,又前往进攻合肥。在撤军的时候,吴军遭到魏军大将张辽等人的袭击,吕蒙与凌统拼死护卫着孙权撤

卫。后曹公又大出濡须，权以蒙为督，据前所立坞，置强弩万张于其上，以拒曹公。曹公前锋屯未就，蒙攻破之，曹公引退。拜蒙左护军、虎威将军。

退。后来曹操又大举出兵濡须口，孙权任命吕蒙为统帅，据守之前所建造的坞堡，在坞堡上面架设起一万张强弩，来抵御曹操的进攻。曹操的前锋部队尚未扎好营寨，吕蒙就突然发动袭击将其击溃，曹操只得引军撤退。孙权于是任命吕蒙为左护军、虎威将军。

【今注】 1 豫敕：指预先命令。 2 惭恨入地：惭愧悔恨到想钻到地下去。形容惭恨至极。 3 彻：通“撤”。

鲁肃卒，蒙西屯陆口，肃军人马万余尽以属蒙。又拜汉昌太守，食下隽、刘阳、汉昌、州陵。与关羽分土接境，知羽骁雄，有并兼心，且居国上流，其势难久。初，鲁肃等以为曹公尚存，祸难始构，宜相辅协，与之同仇，不可失也。蒙乃密陈计策曰：“今令征虏[1]守南郡，潘璋住白帝，蒋钦将游兵万人循江上下，应敌所在，蒙为国家前据襄阳，如此，何忧于操，何赖

鲁肃去世，吕蒙接替他屯驻陆口，原来属于鲁肃的一万余人马全归吕蒙统领。吕蒙又被任命为汉昌太守，鲁肃的奉邑下隽、刘阳、汉昌、州陵等地也改属吕蒙。吕蒙与关羽的地盘边界相邻，他深知关羽骁勇善战，有吞并吴国之企图，而且又处于吴国的上游，表面和平的形势必难持久。当初，鲁肃等人考虑到曹操尚在，构成巨大的威胁，所以吴蜀双方应当协力合作，共同对抗仇敌，不能失去和气。吕蒙这时秘密向孙权献计说：“现在派征虏将军孙皎驻守南郡，派潘璋驻守白帝城，蒋钦则率领机动部队一万人沿江活动，随时应对敌军，我则为陛下前去夺取襄阳，这样哪里还需要害怕曹操，

于羽？且羽君臣，矜其诈力[2]，所在反覆，不可以腹心[3]待也。今羽所以未便东向者，以至尊圣明，蒙等尚存也。今不于强壮时图之，一日僵仆[4]，欲复陈力[5]，其可得邪？”

哪里还需要依靠关羽呢？况且关羽他们君臣，玩弄欺诈手段，反复无常，决不能以至诚之心对待他们。现在关羽之所以还没有率兵东进，是因为我国有圣明的陛下，也还有像我吕蒙这样的大臣。如今不趁我们还身强力壮，尽早图谋，一旦我们老死，再想施展能力，还可能吗？”

今注 1 征虏：指时任征虏将军孙皎。 2 诈力：欺诈与暴力。 3 腹心：至诚之心。 4 僵仆：指死亡。 5 陈力：贡献，施展才力。

权深纳其策，又聊复与论取徐州意。蒙对曰：“今操远在河北，新破诸袁[1]，抚集幽、冀，未暇东顾。徐土守兵，闻不足言，往自可克。然地势陆通，骁骑所骋，至尊今日得徐州，操后旬[2]必来争，虽以七八万人守之，犹当怀忧。不如取羽，全据长江，形势益张。”权尤以此言为当。及蒙代肃，初至陆口，外倍修恩厚，与羽结好。

孙权非常赞同他的计策，又顺便与他讨论是否该夺取徐州的问题。吕蒙回答说：“如今曹操远在黄河之北，刚打败袁绍的儿子们，正忙着安抚幽州、冀州，没有闲暇顾及东面。徐州地方的守军，听说实力不值一提，前去攻占当然能够取胜。然而从地势上看，徐州的道路四通八达，正是骁勇的骑兵可以驰骋的地方，陛下今日就算拿下了徐州，曹操过段时间也必然会前来争夺，即使派上七八万兵力去防守，仍会担心守不住。还不如夺取关羽的地盘，占据整个长江流域，这样势力就更加壮大了。”孙权觉得吕蒙这些话说得特别精当。等到吕蒙接替了鲁肃的职务后，他刚抵达陆口，则表面上与关羽加倍表示情谊，与关羽交好。

后羽讨樊，留兵将备公安、南郡。蒙上疏曰："羽讨樊而多留备兵，必恐蒙图其后故也。蒙常有病，乞分士众还建业，以治疾为名。羽闻之，必撤备兵，尽赴襄阳。大军浮江，昼夜驰上，袭其空虚，则南郡可下，而羽可禽也。"遂称病笃，权乃露檄[3]召蒙还，阴与图计。羽果信之，稍撤兵以赴樊。魏使于禁救樊，羽尽禽禁等，人马数万，托以粮乏，擅取湘关米。

后来关羽率领主力军北上征讨樊城，留下一批官兵守备公安、南郡。吕蒙向孙权上疏说："关羽前去征讨樊城，却留下许多守备兵力，必定是担心我进攻他的后方。我时常有病，请让我带一部分兵力回建业，以治病为名。关羽听到这个消息后，必定撤走留守后方的兵力，全力开赴襄阳。到那时候，我方立即派大军从水路昼夜兼程，溯江而上，趁蜀军守备空虚而大举袭击，则南郡可以攻下，关羽可以擒获。"于是吕蒙佯称自己病重，孙权便故意用不加密封的文书将他召回建业，暗中与他密商计策。关羽果然信以为真，逐渐撤走南郡的守备部队，开赴樊城。魏国派于禁去救援樊城，关羽则将于禁等将领全部擒获，人马增加到数万，又借口军粮短缺，擅自夺取了吴国在湘关囤放的米粮。

今注 1 诸袁：指袁绍的儿子袁谭、袁熙、袁尚。袁绍死后，袁氏兄弟相互残杀，最后均被曹操击败：袁谭兵败身死，袁熙、袁尚投奔辽东公孙康，被公孙康杀死，其首级被献给曹操。 2 后旬：古代以十日为一旬。后旬泛指十多天后。 3 露檄：指公开发布的文告。

权闻之，遂行。先遣蒙在前。蒙至寻阳，尽伏其精兵𦪇𦨴[1]中，

孙权听闻此事后，立即展开行动。他先派遣吕蒙军打头阵。吕蒙军到达寻阳，将精兵全部隐藏在大型货船之中，让士兵

使白衣摇橹，作商贾人服，昼夜兼行，至羽所置江边屯候 2，尽收缚之，是故羽不闻知。遂到南郡，士仁 3、麋芳皆降[1]。蒙入据城，尽得羽及将士家属，皆抚慰，约令军中不得干历 4 人家，有所求取。蒙麾下士，是汝南人，取民家一笠，以覆官铠，官铠虽公，蒙犹以为犯军令，不可以乡里故而废法，遂垂涕斩之。于是军中震栗，道不拾遗。

们穿上白衣摇橹驶船，以商人服装作掩护，昼夜兼程，来到关羽军设在江边的哨所，将哨兵全部抓了捆起来，所以关羽根本没有得知吴国进军的消息。吴军一路抵达南郡，傅士仁、麋芳都投降了。吕蒙于是进入并占据南郡治所江陵城，控制住了关羽和其他所有将士的家眷，对他们加以安抚劝慰，同时下令军中士兵不得骚扰百姓，不能向百姓索取任何东西。吕蒙帐下有一个士兵是汝南人，拿了百姓家一个斗笠来遮盖军用的铠甲，铠甲虽是公家之物，但吕蒙仍然认为他违反了军令，不能因同乡的关系而坏了法令，于是流着泪斩杀了这个士兵。于是全军震肃，以至于路不拾遗。

今注　1 艒艣(gōu lù)：古代指船。　2 屯候：犹斥候，哨兵。　3 士仁：即傅士仁，三国时期蜀国将领。《三国志》中多处有关其事迹的记载都没有写明其姓氏。　4 干历：指干扰、骚扰。

裴注　[1]《吴书》曰："将军士仁在公安拒守，蒙令虞翻说之。翻至城门，谓守者曰：'吾欲与汝将军语。'仁不肯相见。乃为书曰：'明者防祸于未萌，智者图患于将来。知得知失，可与为人；知存知亡，足别吉凶。大军之行，斥候不及施，烽火不及举，此非天命，必有内应。将军不先见时，时至又不应之，独守萦带之城而不降，死战则毁宗灭祀，为天下讥笑。吕虎威欲径到南郡，断绝陆道，生路一塞，案其地形，将军为在箕舌上耳。

奔走不得免，降则失义，窃为将军不安，幸熟思焉。’仁得书，流涕而降。翻谓蒙曰：‘此谲兵也，当将仁行，留兵备城。’遂将仁至南郡。南郡太守麋芳城守，蒙以仁示之，遂降。”《吴录》曰：“初，南郡城中失火，颇焚烧军器。羽以责芳，芳内畏惧，权闻而诱之，芳潜相和。及蒙攻之，乃以牛酒出降。”

蒙旦暮使亲近存恤耆老[1]，问所不足，疾病者给医药，饥寒者赐衣粮。羽府藏财宝，皆封闭以待权至。羽还，在道路，数使人与蒙相闻，蒙辄厚遇其使，周游城中，家家致问，或手书示信。羽人还，私相参讯，咸知家门无恙，见待过于平时，故羽吏士无斗心。会权寻至，羽自知孤穷，乃走麦城[2]，西至漳乡，众皆委羽而降。权使朱然、潘璋断其径路，即父子俱获，荆州遂定。

吕蒙每天早晚都派出自己亲近的将士去慰问救济城中老人，询问他们缺少什么生活物资，给患病的人送去医药，给饥寒的人送去衣物粮食。吕蒙还将关羽府中所藏的钱财宝物全都封存起来听候孙权前来处置。关羽结束征伐，在返回的路上，多次派人去和吕蒙联络，吕蒙总是隆重款待关羽派来的使者，让他们到城中各处走动，到各家各户致意问候，或者让家人亲笔给军中将士写信以证实他们还健在。关羽派去的人回到军中，将士们私下探问，都知道家中安然无恙，而且受到的待遇比过去还要好，因此他们都没有斗志。正好这时，孙权的大军抵达，关羽自知穷途末路，只得逃往麦城，再向西到达漳乡，手下的将士都舍弃他而投降了孙权。孙权又派朱然、潘璋截断关羽的去路，将他们父子二人一同擒杀，荆州由此得以平定。

今注 1 存恤耆老：存恤，指慰问救济；耆老，指老人。 2 麦城：古城名，相传为楚昭王所筑，故址在今湖北当阳东南沮、漳二水间。因关羽兵败于此而知名。

以蒙为南郡太守，封孱陵侯[1]，赐钱一亿，黄金五百斤。蒙固辞金钱，权不许。封爵未下，会蒙疾发，权时在公安，迎置内殿。所以治护者万方[1]，募封内有能愈蒙疾者，赐千金。时有针加，权为之惨戚，欲数见其颜色，又恐劳动，常穿壁瞻之，见小能下食[2]则喜，顾左右言笑，不然则咄唶[3]，夜不能寐。病中瘳[4]，为下赦令，群臣毕贺。后更增笃，权自临视，命道士于星辰下为之请命。年四十二，遂卒于内殿。时权哀痛甚，为之降损。

孙权任命吕蒙为南郡太守，封为孱陵侯，赐钱一亿，黄金五百斤。吕蒙坚决不接受赏赐的钱财，孙权不准他推辞。封爵的诏令还未下达，适逢吕蒙疾病发作，当时孙权在公安，便把吕蒙接来安置在自己的内殿。孙权用了各种方法为他治病，又在全国发出通告，如有能治好吕蒙疾病的人，赐予千金。每当医者用针为吕蒙治疗，孙权就会为此难过，他时常想去看看吕蒙的气色，又怕让吕蒙太过劳累，便在墙上凿了小洞来偷偷观察，只要看到吕蒙能稍稍吃下点东西就非常高兴，回顾身边的人时喜笑颜开，否则便叹息不止，夜不能寐。吕蒙的病情曾一度好转，他就颁布大赦令，让群臣全都前来庆贺。后来吕蒙的病情又加重，孙权亲自到病榻前探望，又命令道士在星辰下为吕蒙祈求延寿。吕蒙四十二岁时，在孙权的内殿中去世。当时孙权异常悲痛，为此削减了膳食并停止了音乐演奏。

今注 1 万方：指很多种方法。 2 下食：指进食。 3 咄唶(duō jiè)：指叹息。 4 瘳(chōu)：指疾病痊愈。

裴注 [1]《江表传》曰："权于公安大会，吕蒙以疾辞。权笑曰：'禽羽之功，子明谋也，今大功已捷，庆赏未行，岂邑邑邪？'乃增给步骑鼓吹，敕选虎威将军官属，并南郡、庐江二郡威仪。拜毕还营，兵马导从，前后鼓吹，光耀于路。"

蒙未死时，所得金宝诸赐尽付府藏，敕主者命绝之日皆上还，丧事务约。权闻之，益以悲感。蒙少不修书传，每陈大事，常口占[1]为笺疏。常以部曲事为江夏太守蔡遗所白，蒙无恨意。及豫章太守顾邵卒，权问所用，蒙因荐遗奉职佳吏。权笑曰："君欲为祁奚[2]耶？"于是用之。甘宁粗暴好杀，既常失蒙意，又时违权令，权怒之，蒙辄陈请："天下未定，斗将如宁难得，宜容忍之。"权遂厚宁，

吕蒙去世之前，把孙权赏赐给自己的金银珠宝全部封存在家中仓库里，并交代主管者在他死后当天全数上交，自己的丧事务必俭约。孙权听说此事，愈发悲痛感动。吕蒙年轻的时候，并不学习经典书传，每有大事需要陈奏，总是口头说个大概，让他人代为写成奏疏。吕蒙曾因自己手下的部曲之事，被江夏太守蔡遗告到朝廷，但他对蔡遗毫无怨恨之意。豫章太守顾邵去世后，孙权询问吕蒙应当由谁接替，吕蒙便推荐蔡遗，说他是个奉公职守的好官。孙权笑道："你是想要做祁奚吗？"于是任用了蔡遗。甘宁性情粗暴，嗜好杀戮，不仅时常不合吕蒙的心意，还时不时违背孙权的命令，孙权对他很是恼火，但吕蒙总是替甘宁求情说："天下尚未平定，像甘宁这样的猛将非常难得，应当对他多加宽容忍耐。"孙权便还是厚待甘宁，后来终于充分发挥了甘宁的作用。吕蒙

卒得其用。蒙子霸袭爵，与守冢三百家，复田[3]五十顷。霸卒，兄琮袭侯。琮卒，弟睦嗣。

的儿子吕霸继承了爵位，孙权又赐民户三百家为吕蒙守墓，又赐给吕家免税田亩五十顷。吕霸死后，他的哥哥吕琮继承爵位。吕琮死后，则由其弟吕睦继承。

今注 1 口占：口述。此指作诗文不起草稿，随口而成。 2 祁奚：又称祁黄羊，春秋时晋国大夫。为人急公好义，曾举荐杀父仇人解狐接替自己的职位。 3 复田：指不用缴纳租税的田亩。

孙权与陆逊论周瑜、鲁肃及蒙曰："公瑾雄烈，胆略兼人[1]，遂破孟德，开拓荆州，邈焉难继，君今继之。公瑾昔要子敬来东，致达于孤，孤与宴语，便及大略帝王之业，此一快也。后孟德因获刘琮之势，张言方率数十万众水步俱下。孤普请诸将，咨问所宜，无适先对，至子布、文表[2]，俱言宜遣使修檄迎之，子敬即驳言不可，劝孤急呼公瑾，付任以众，逆而击之，此二快也。且其决计策意，出

孙权曾与陆逊评论周瑜、鲁肃和吕蒙时说："公瑾雄伟刚烈，胆识才略远过常人，所以能打败孟德，开拓荆州，很难有赶得上他的人，不过现在你赶上他了。公瑾当年邀请子敬到江东来，并将他推荐给我，我与他宴饮交谈，他当时提出了建立帝王基业的战略，这是第一件大快人心之事。后来孟德因为获得了刘琮的兵力，扬言要率领数十万大军水陆并进吞并江东。我召集了所有的将领询问对策，没人能先给出合适的回答，至于子布、文表等人，都表示应该派人去送上降书，子敬立即反驳说不可，又劝我赶紧将公瑾召回，将大军委任给他，前去与曹军决战，这是第二件大快人心的事。况且子敬的谋略，远远超过张仪、苏秦之流。后来他虽然劝我把荆州借给刘备，是他

张、苏[3]远矣。后虽劝吾借玄德地,是其一短,不足以损其二长也。周公不求备于一人,故孤忘其短而贵其长,常以比方邓禹[4]也。又子明少时,孤谓不辞剧易[5],果敢有胆而已。及身长大,学问开益,筹略奇至,可以次于公瑾,但言议英发不及之耳。图取关羽,胜于子敬。子敬答孤书云:'帝王之起,皆有驱除[6],羽不足忌。'此子敬内不能办,外为大言耳,孤亦恕之,不苟责也。然其作军屯营,不失令行禁止,部界无废负,路无拾遗,其法亦美也。"

的一次判断失误,但不足以磨灭他的两大功劳。周公对人也并不求全责备,所以我也愿意忘记子敬的过失,只表彰他的功劳,时常将他比作辅助光武帝的邓禹。而子明年轻的时候,我只以为他接受任务不辞难易,果敢有胆量而已。到他逐渐年长之后,学问日益增进,其谋略之奇异精妙,可以说仅次于公瑾,只是在言谈时表现出的才情气度不及公瑾而已。不过他设计击败关羽,这一方面要胜过鲁子敬。鲁子敬在给我的回信中说:'帝王的兴起,都要有所驱除,关羽并不足以让人顾虑。'这其实是鲁子敬拿关羽没办法,表面上说大话而已,我也宽恕他,不会随意加以责备。然而他统领军队、管理营寨,还是能做到令行禁止,所管辖的地区没有徇私枉法的官吏,当地路不拾遗,可见他的施政举措也很是完善。"

今注 1 兼人:指胜过他人,能力倍于他人。 2 子布、文表:子布,张昭表字;文表,秦松表字。 3 张、苏:指张仪、苏秦,战国时代纵横家、谋略家的代表。 4 邓禹(2—58):字仲华,东汉时期名将,"云台二十八将"之首。早年与刘秀交好,累获战功,辅佐刘秀建立东汉,官至大司徒,后因与赤眉军交战失利被免,汉明帝时出任太傅,旋卒。 5 剧易:即难易,这里偏指艰难。 6 驱除:是古代的一种政治观念,认为帝王要得天命建立正统王朝，需要先清除掉不得天命的人物或政权（主要指割据势力或僭伪王朝），这些被清除者就称为“驱除”。

评曰：曹公乘汉相之资，挟天子而扫群桀[1]，新荡荆城，仗威东夏，于时议者莫不疑贰[2]。周瑜、鲁肃建独断之明，出众人之表，实奇才也。吕蒙勇而有谋，断识[3]军计，谲[4]郝普，禽关羽，最其妙者。初虽轻果妄杀，终于克己，有国士之量，岂徒武将而已乎！孙权之论，优劣允当，故载录焉。

评论说：曹操凭借着汉朝丞相的职位，挟制天子扫荡各路枭雄，在刚占据了荆州后，又准备扬威于江东，在这个时候，江东参与讨论对策的人没有不怀有疑虑而有二心的。唯有周瑜、鲁肃表现出独立判断的贤明和超出众人的气度，确实是难得的奇才。吕蒙勇猛而有谋略，作战时果断而有识见，善于运用计谋，设计诱骗郝普投降，擒杀关羽，可谓他的计策中最妙的两个。他早年虽然轻浮凶悍，但后来能够克制自己，表现出国士的气量，岂止是一名武将而已呢？孙权对这三个人的评论，优劣长短可谓公允，所以将其收录进来。

今注 1 群桀：指各路豪杰。 2 疑贰：指猜疑而生异心。 3 断识：决断而有识见。 4 谲(jué)：诡诈，欺诳。

卷五十五　吴书十

程黄韩蒋周陈董甘凌徐潘丁传

导读　本篇是程普、黄盖、韩当、蒋钦、周泰、陈武、董袭、甘宁、凌统、徐盛、潘璋、丁奉等人的合传。这些人物是吴国的主要军将，他们大多早年追随孙坚、孙策创业征伐，立有战功。吴国建立之后，他们成为吴军的主力将领，为保卫江东做出了十分重要的贡献，因而被陈寿评价为“江表之虎臣”。

程普

原文

程普，字德谋，右北平土垠[1]人也。初为州郡吏，有容貌计略[2]，善于应对。从孙坚征伐，讨黄巾于宛、邓[3]，破董卓于阳人[4]，攻城野战，身被创夷[5]。坚薨，复随孙策在淮南，从攻庐江，拔之，还俱东渡。策到横江、当利，破张英、于麋等，转下[6]秣陵、湖孰、句容、曲阿[7]，普皆有

译文

程普，字德谋，右北平郡土垠县人。起初在州郡做小官，有出众的容貌和谋略，并善于应答论对。后来他跟随孙坚转战征讨，曾在宛县、邓县讨伐黄巾军，又在阳人击败董卓，参与了多次攻城战和野战，身上伤痕累累。孙坚去世之后，程普又跟随孙策转战淮南，随军攻打庐江，破城后，一起回师东渡长江。孙策率军抵达横江、当利，击败张英、于麋等，又掉头攻克秣陵、湖孰、句容、曲阿等地，程普都立下了战功，

功，增兵二千，骑五十匹。进破乌程[8]、石木、波门、陵传、余杭[9]，普功为多。策入会稽，以普为吴郡都尉，治钱唐。

因功增兵至二千人、马五十匹。又随孙策攻破乌程、石木、波门、陵传、余杭等地，程普立下的战功最多。孙策进驻会稽，任命程普为吴郡都尉，治所设在钱唐。

今注 1 右北平：秦汉时期郡名，东汉时期治所在土垠县（在今河北唐山丰润区东南）。境内有卢龙塞，地势险要，历代为北方军事重镇。 2 计略：指计谋方略。 3 宛、邓：秦汉时期县名。分别治今河南南阳宛城区和邓州。 4 阳人：又称阳人聚，先秦至汉代的地名，在今河南汝州西。 5 创(chuāng)夷：亦作“创痍”，即创伤。 6 下：指攻克。 7 秣陵、湖孰、句容、曲阿：秣陵治今南京江宁区；湖孰即湖熟，治今南京江宁区；句容治今江苏句容；曲阿治今江苏丹阳。 8 乌程：秦汉时期县名，属会稽郡，治今浙江湖州。 9 余杭：秦汉时期县名，属会稽郡，治今浙江杭州余杭区。

后徙丹阳都尉，居石城[1]。复讨宣城、泾、安吴、陵阳、春谷[2]诸贼，皆破之。策尝攻祖郎[3]，大为所围，普与一骑共蔽捍[4]策，驱马疾呼，以矛突贼，贼披[5]，策因随出。后拜荡寇中郎将，领零陵太守，从讨刘勋[6]于寻阳，进攻黄祖于沙羡[7]，还镇石城。

程普后来转任丹阳都尉，在石城据守。又进讨宣城、泾县、安吴、陵阳、春谷等处盗贼，将其悉数击破。孙策曾攻打祖郎，交战时被敌人重重包围，程普同一名骑兵一起掩护着孙策，驱马突击，大声疾呼，用长矛刺敌，逼得敌军散开，孙策这才得以冲出重围。后来程普被任命为荡寇中郎将，兼领零陵太守，跟随孙策在寻阳讨伐刘勋，又进军沙羡攻打黄祖，回军之后仍在石城镇守。

【今注】 1 石城：秦汉时期县名，属丹阳郡，治今安徽马鞍山市东南。以东西两石山夹河如城而得名。 2 宣城、泾、安吴、陵阳、春谷：均为东汉时期丹阳郡所属县名。宣城县治今安徽宣城宣州区；泾县治今安徽泾县；安吴县治今安徽泾县黄村镇；陵阳县治今安徽泾县；春谷县治今安徽南陵。 3 祖郎：生卒年不详，东汉末年丹阳郡泾县一带的山越首领。 4 蔽捍：引申为交错掩护之意。 5 披：指散开。 6 刘勋：字子台，青州琅邪（治今山东临沂北）人，东汉末年将领、官员。初为袁术故吏，任庐江太守，割据江淮之间。后被孙策击败，投奔曹操。深受曹操宠信，历任平虏将军、河内太守、征虏将军等。为人傲慢，多次犯法，最终以不轨罪伏诛。 7 沙羡(yí)：汉代县名，治今湖北武汉江夏区。

策薨，与张昭等共辅孙权，遂周旋三郡[1]，平讨不服[2]。又从征江夏[3]，还过豫章，别讨乐安[4]。乐安平定，代太史慈备海昏[5]，与周瑜为左右督。破曹公于乌林[6]，又进攻南郡，走[7]曹仁。拜裨将军[8]，领江夏太守，治沙羡，食[9]四县。先出诸将，普最年长，时人皆呼程公。性好施与，喜士大夫。周瑜卒，代领南郡太守。权分荆州与刘备，普复还领江夏，迁荡寇将军，卒[1]。

孙策去世后，程普与张昭等人共同辅佐孙权，随后又转战丹阳、会稽、吴郡三郡之地，讨平了各种不归服的势力。又随孙权征讨江夏，回军时路过豫章，另率部队讨伐乐安的叛匪。乐安平定后，程普代替太史慈在海昏驻防，与周瑜分别担任左督、右督。程普在乌林击败了曹操，再进攻南郡，击退了曹仁。他升任裨将军，兼领江夏太守，治所设在沙羡，奉邑有四个县。在早年追随孙氏的将领中，程普年纪最大，当时人们都称呼他为“程公”。他为人乐善好施，喜欢结交士大夫。周瑜去世后，他接替周瑜担任南郡太守。孙权将荆州的南郡分割给刘备后，程普便回到江夏担任太守，又升为荡寇权称尊号，追论普功，封子咨为亭侯。

将军，不久后去世。孙权称帝之后，追叙程普的战功，册封他的儿子程咨为亭侯。

今注 1 三郡：指秣陵周边的丹阳、吴郡、会稽三郡。孙氏创业的时候，这一带叛乱较多。孙权称帝建国后，专门从三郡中分置出东安郡，来祈使当地平安。 2 不服：指叛乱。 3 江夏：汉代及三国郡名，东汉时期治所在西陵，后魏、吴各设置江夏郡。魏郡治上昶城（今湖北云梦西南）；吴郡治武昌（今湖北鄂州）。 4 乐安：汉代县名，属豫章郡，治今江西乐安。 5 海昏：汉代县名，治今江西南昌新建区。 6 乌林：三国时期地名，位于今湖北洪湖市境内，与赤壁隔江相望。这里说程普在乌林击退曹操，所指的就是赤壁之战。 7 走：指击退。 8 裨（pí）将军：原意为偏将，汉代低级武官名。 9 食：即食税，古代贵族从封邑抽取一定租税作为收入的制度。

裴注 [1]《吴书》曰："普杀叛者数百人，皆使投火，即日病疠，百余日卒。"

黄盖

原文

黄盖，字公覆，零陵泉陵人也[1]。初为郡吏，察孝廉[1]，辟公府。孙坚举义兵，盖从之。坚南破山贼，北走董卓，拜盖别部司马。

译文

黄盖，字公覆，是零陵郡泉陵县人。他最初在郡里做小官，后被察举为孝廉，而被三公府聘为下属。孙坚举义起兵讨伐董卓，黄盖便前去跟随他。孙坚南下扫荡山贼，北上击退董卓，黄盖因功被任命为别部司马。孙坚去世之后，黄盖一直追随孙策、坚蔑，盖随策及权，擐[2]甲周旋，蹈刃[3]屠城。诸山越不宾[4]，有寇难[5]之县，辄用盖为守长。

石城县吏，特难检御[6]，盖乃署两掾[7]，分主诸曹[8]。教[9]曰：“令长不德，徒以武功为官，不以文吏为称。今贼寇未平，有军旅之务，一以文书委付两掾，当检摄诸曹，纠擿[10]谬误。两掾所署，事入诺出。若有奸欺，终不加以鞭杖[11]。宜各尽心，无为众先。”

孙权，身披战甲南征北战，不顾危险攻陷城池。山越诸部不愿归服孙吴，或者有盗贼作乱的郡县，总是任命黄盖为县长去治理。

石城县里的官吏，特别不好督察约束，黄盖便委派两名掾属，分别主管县衙的各个部门。他下达告谕说：“我这位县官也没有什么才能，只是凭着军功而得到官职，不以行政能力而受到称赞。如今贼寇尚未平定，我常有军事任务，所以把各种文书的处理全部委托给你们两位，你们应当监督检查各个部门，揭发纠正他们的错误。你们两位署名办好的公务，只要文书送来，我就签字同意。如果你们有奸诈欺骗的行为，我终究不会用鞭杖之刑而是立即处死。你们应当尽心尽力，不要成为众人中首先受刑的人。”

今注 1 孝廉：汉代察举制下选拔官员的科目之一，意为察举“孝悌清廉”之士，每年诸郡国各举荐一名。 2 擐(huàn)：指穿戴，穿着。 3 蹈刃：原意为踩在刀刃上，喻不顾危险。 4 宾：指顺从。 5 寇难(nàn)：指盗贼作乱的灾难。 6 检御：指督察驾驭。 7 掾(yuàn)：指官府中佐助官吏的通称。 8 诸曹：指官府的各个部门。 9 教(jiào)：即教令或教谕，古代地方官向下级官吏或民众发布的告谕文书。 10 纠擿(tī)：指检举揭发。 11 鞭杖：鞭刑和杖刑，这里泛指肉刑。

裴注 [1]《吴书》曰:"故南阳太守黄子廉之后也。枝叶分离,自祖迁于零陵,遂家焉。盖少孤,婴丁凶难,辛苦备尝,然有壮志,虽处贫贱,不自同于凡庸。常以负薪余闲,学书疏,讲兵事。"

初皆怖威,夙夜恭职。久之,吏以盖不视文书,渐容人事[1]。盖亦嫌外懈怠,时有所省,各得两掾不奉法数事。乃悉请诸掾吏,赐酒食,因出事诘[2]问。两掾辞屈[3],皆叩头谢罪。盖曰:"前已相敕,终不以鞭杖相加,非相欺也。"遂杀之。县中震栗。后转春谷长,寻阳令。凡守九县,所在平定。迁丹阳都尉,抑强扶弱,山越怀附[4]。

起初,县吏畏惧黄盖的威严,日日夜夜恭谨守职。但久而久之,这些县吏因为黄盖不看文书,就渐渐开始有人情关系导致的违法行为出现。黄盖也对他们的懈怠不满,时不时审阅一部分文书,掌握了几件他们不守法规的事件。于是黄盖把县内所有官吏请来,赐给他们酒食,席间忽然拿出有问题的文书加以责问。那两人理屈词穷,都只好叩头请罪。黄盖说:"早就已经告诫过你们,我终究不会用鞭杖之刑来惩罚你们,不是骗人的。"于是处死了这两个人。全县官吏无不震恐。后来黄盖转任春谷县县长、寻阳县县令。他前后任职过九个县,所到之处都很快平稳安定下来。又迁任丹阳都尉,在任上抑强扶弱,使山越诚心归附。

今注 1 人事:即说情请托,这里指违法乱纪的行为。 2 诘:责问。 3 辞屈:谓理屈词穷。 4 怀附:归向,归附。

盖姿貌严毅,善于养众,每所征讨,士卒皆争为先。建安中,随

黄盖外貌威严刚毅,善于照顾下属,因此每次率兵出征,士卒都奋勇争先。汉建安年间,黄盖跟随周瑜在赤壁抵御曹操

周瑜拒曹公于赤壁，建策火攻，语在《瑜传》[1]。拜武锋中郎将[1]。武陵蛮夷反乱，攻守城邑，乃以盖领太守。时郡兵才五百人，自以不敌，因开城门，贼半入，乃击之，斩首数百，余皆奔走，尽归邑落[2]。诛讨魁帅，附从者赦之。自春讫夏，寇乱尽平，诸幽邃[3]巴、醴、由、诞[4]邑侯君长，皆改操易节，奉礼请见，郡境遂清。后长沙益阳县为山贼所攻，盖又平讨。加偏将军，病卒于官。盖当官决断[5]，事无留滞，国人[6]思之[2]。及权践阼[7]，追论其功，赐子柄爵关内侯[8]。

的大军，献上火攻的计策，事情的经过记载在《周瑜传》中。后来，黄盖被任命为武锋中郎将。武陵地区蛮夷叛乱，攻打郡县城池，孙权便任命黄盖兼领武陵太守。当时武陵郡的兵员才五百人，黄盖认为自己这点兵力难以正面抵挡敌人的进攻，于是大开城门，将敌军人马放进一半后，才突然发动袭击，斩杀数百人，其余的四散奔逃，跑回各自的邑落。黄盖诛杀了反叛者的首领，将其他跟随反叛的人全都赦免。从当年春季到夏季，武陵郡治周边的叛乱全部得到平定，其他偏远地区如巴、醴、由、诞的地方长官和少数民族首领，全都改变态度，带着贡礼前来请求归降，武陵郡境内于是变得太平安定。后来长沙郡益阳县遭到山贼的攻击，黄盖又前去征讨。他因功升为偏将军，在任上病故。黄盖为官处事果断，公务从不积留拖延，武陵郡的人都对他十分怀念。孙权登基之后，追叙他生平的功绩，赐予他儿子黄柄关内侯的爵位。

今注 1 武锋中郎将：汉末孙权所设置的武官名。 2 邑落：城邑和村落。 3 幽邃：指僻远之地，偏远地区。 4 巴、醴、由、诞：武陵郡蛮夷聚居地名称，但具体所指历来有争议，或认为是地名，或认为是部族名，有待考证。 5 决断：果断。 6 国人：指武陵郡百姓。汉代郡与国为同级别的行政单位，故有时郡国通称。 7 践阼(zuò)：指皇帝即位。践阼原意为登上台阶。皇帝即位仪式时践阼升殿，故引申为登基之意。 8 关内侯：爵名。起源于秦国，是二十级军功爵制中第二高的爵位，西汉沿置，一般封有食邑若干户，有按规定户数征收租税之权，没有封地。两汉三国沿用，一般用来赏赐功臣，但实际地位不高。

裴注 [1]《吴书》曰："赤壁之役，盖为流矢所中，时寒堕水，为吴军人所得，不知其盖也，置厕床中。盖自强以一声呼韩当，当闻之，曰：'此公覆声也。'向之垂涕，解易其衣，遂以得生。" [2]《吴书》曰："又图画盖形，四时祠祭。"

韩当

原文

韩当，字义公，辽西令支人也[1]。以便弓马有膂力，幸 1 于孙坚，从征伐周旋，数犯危难，陷敌擒虏，为别部司马[2]。及孙策东渡，从讨三郡，迁先登校尉，授兵二千，骑五十匹。从征刘勋，破黄祖，还讨鄱阳 2，领乐安长，山越畏服。后以中郎将与周瑜等拒破曹公，又

译文

韩当，字义公，辽西郡令支县人。他因为熟谙骑马射箭，膂力过人，受到孙坚的赏识，随之南征北战，多次冒着生命危险陷阵杀敌，被任命为别部司马。到孙策东渡长江时，韩当跟随他征讨三郡，迁任先登校尉，被授予兵卒二千、战马五十匹。又跟随孙策征讨刘勋，击破黄祖，回军讨伐鄱阳，兼领乐安县县长，使山越畏惧归附。后来他以中郎将的身份与周瑜等一同抵御并打败曹操，又与吕蒙一同袭取南郡，因功升

与吕蒙袭取南郡，迁偏将军，领永昌[3]太守。宜都之役[4]，与陆逊、朱然等共攻蜀军于涿乡，大破之，徙威烈将军，封都亭侯。曹真攻南郡，当保东南。在外为帅，厉[5]将士同心固守，又敬望督司[6]，奉遵法令，权善之。黄武二年，封石城侯，迁昭武将军，领冠军[7]太守，后又加都督之号。将敢死及解烦兵[8]万人，讨丹阳贼，破之。会病卒，子综袭侯领兵。

任偏将军，兼领永昌太守。在宜都之战中，他与陆逊、朱然等在涿乡共同攻击蜀军，将其打得大败，升任威烈将军，受封为都亭侯。曹真攻打南郡治所江陵县城时，韩当负责守卫城东南。他在城外担任主帅，激励将士同心固守，又敬重朝廷派来的督军，尊奉军法和指令，孙权对他十分赏识。黄武二年(223)，韩当受封为石城侯，迁任昭武将军，兼领冠军太守，后又被加授都督之号。他率领敢死之士与解烦兵一万人，前去讨伐丹阳郡的盗贼，并将其击败。正在这时，他因病去世，他的儿子韩综继承了他的爵位，并统领他的部队。

今注　1 幸：指受到赏识。　2 鄱阳：秦汉时期县名，属鄱阳郡，治所在今江西鄱阳。　3 永昌：三国时期郡名，属益州，治不韦(今云南保山隆阳区金鸡村)。由于当时永昌郡并非吴国领土，韩当只是名义上担任永昌太守，所以称为“领永昌太守”。　4 宜都之役：即夷陵之战，三国时期重要战役。公元221年，蜀国刘备出兵数万人攻打吴国，孙权求和不成，向曹魏称臣的同时派陆逊为帅出兵迎战，战争持续七八个月，最终吴军在夷陵打败蜀军，使蜀国元气大伤。　5 厉：通“励”，激励，劝勉。　6 督司：指朝廷派驻军中的督查官员。　7 冠军：县名。西汉元朔六年(前123)置，治今河南邓州市西北。南阳郡原有冠军县，但本属魏国。孙权名义上将冠军县单独划为冠军郡，命韩当为太守，仍属遥领而非实际任命的性质。　8 解烦兵：又称“解烦卫”“解烦营”，是三国时期吴国的一支精锐部队，统帅为解烦督。起初是吴国为防备蜀国攻打白帝城，孙权因兵力不足，委派胡综组建解烦兵左右两部，意在解蜀国东征之烦。后来解烦兵不断扩大，成为孙氏的一支富有战斗力的亲兵。

裴注 [1] 令，音郎定反。支，音巨兒反。 [2]《吴书》曰：“当勤苦有功，以军旅陪隶，分于英豪，故爵位不加。终于坚世，为别部司马。”

其年，权征石阳，以综有忧[1]，使守武昌，而综淫乱不轨。权虽以父故不问，综内怀惧[1]，载父丧[2]，将母家属部曲男女数千人奔[3]魏。魏以为将军，封广阳侯。数犯边境，杀害人民，权常切齿。东兴之役[4]，综为前锋，军败身死，诸葛恪斩送其首，以白权庙。

这一年，孙权征讨石阳，因为韩综遭遇父丧，便让他防守武昌，然而韩综淫乱而不遵法度。孙权虽然因为其父韩当的缘故而未予问罪，但韩综心中却深感恐惧，便用车载着父亲的棺材，带着母亲、家眷及部曲男女数千人逃亡到魏国。魏国任命他为将军，封为广阳侯。他数次侵犯吴国边境，杀害人民，孙权经常对他痛恨得咬牙切齿。东兴之战，韩综担任魏军的先锋，结果兵败身死，诸葛恪砍下他的首级送回吴国，送到孙权的宗庙以告慰其在天之灵。

今注 1 忧：这里指父母的丧事。 2 载父丧：指用车载着父亲的灵柩。 3 奔：指逃亡。 4 东兴之役：指公元 252 年魏国和吴国之间发生在巢湖东兴的一场战役。当年冬，魏国派出十五万大军分三路攻打吴国，其中胡遵和诸葛诞率领的七万大军攻打巢湖东兴堤，吴国方面应敌的丁奉只有三千兵力，但丁奉所部凭着大雪中裸衣上阵的计策，击溃了轻敌的魏军。

裴注　[1]《吴书》曰："综欲叛，恐左右不从，因讽使劫略，示欲饶之，转相放效，为行旅大患。后因诈言被诏，以部曲为寇盗见诘让，云'将吏以下，当并收治'，又言'恐罪自及'。左右因曰：'惟当去耳。'遂共图计，以当葬父，尽呼亲戚姑姊，悉以嫁将吏，所幸婢妾，皆赐与亲近，杀牛饮酒歃血，与共盟誓。"

蒋钦

原文

蒋钦，字公奕，九江寿春人也。孙策之袭[1]袁术，钦随从给事[2]。及策东渡，拜别部司马，授兵。与策周旋[3]，平定三郡，又从定豫章。调授葛阳尉[4]，历三县长，讨平盗贼，迁西部都尉。会稽冶[5]贼吕合、秦狼等为乱，钦将[6]兵讨击，遂禽合、狼，五县平定，徙讨越中郎将，以经拘、昭阳为奉邑。贺齐讨黟贼，钦督万兵，与齐并力，黟贼平定。从征合肥，魏将张辽袭权于津[7]北，钦力战有功，

译文

蒋钦，字公奕，九江郡寿春县人。孙策依附袁术的时候，蒋钦随军供职。到孙策东渡长江后，任命他为别部司马，授予他兵员。他跟随孙策转战四方，平定丹阳、吴、会稽三郡，又随军平定豫章。后来他被调任为葛阳县县尉，又历任三个县的县长，讨伐平定了盗贼，迁任西部都尉。会稽郡冶县的盗贼吕合、秦狼等作乱，蒋钦率兵讨伐，活捉了吕合、秦狼两人，平定了当地遭受寇乱的五个县，随后转任讨越中郎将，以经拘、昭阳两县作为奉邑。贺齐讨伐黟县盗贼时，蒋钦督率兵员万人，与贺齐合力进击，平定了黟县的盗贼。后来，蒋钦跟随孙权征讨合肥，魏军将领张辽在逍遥津北面袭击孙权，蒋钦为保护孙权奋力死战，因功升迁

迁荡寇将军，领濡须督。后召还都，拜津右护军[8]，典领[9]辞讼。权尝入其堂内，母疏帐[10]缥[11]被，妻妾布裙。权叹其在贵守约，即敕御府[12]为母作锦被，改易帷帐，妻妾衣服悉皆锦绣。

为荡寇将军，兼领濡须督。后受征召返回京都，出任津右护军，掌管诉讼事务。孙权曾进入蒋钦家的内堂，见他的母亲使用的还是粗布制成的帷帐和素色的被褥，妻妾穿着朴素的布裙。孙权赞叹蒋钦身居尊位仍能坚守俭约，当即命令御府为他母亲制作锦被、改换帷帐，让他的妻妾全都穿上锦绣衣服。

【今注】 1 袭：和。此指依靠，依附。 2 给事：指办理事务。 3 周旋：盘旋，回旋。此指转战各地。 4 葛阳尉：葛阳，汉末县名，属鄱阳郡，治今江西弋阳。尉，古代官名，秦汉时有太尉、廷尉、都尉、县尉等，皆简称“尉”，多为武职，掌管军事及刑罚等。 5 冶：秦汉时期县名，原属闽中郡，汉代属会稽郡，汉建安元年(196)改为候官县。治今福建福州。 6 将(jiàng)：指率领。 7 津：指逍遥津，是合肥附近的地名。当时魏吴两军在合肥交战，魏将张辽以八百兵力，击溃吴国十万大军，几乎生擒孙权。这是历史上著名的以少胜多的战役，被称为“逍遥津之战”。 8 右护军：汉代及三国时期将军称号，级别较高。 9 典领：即掌管，主管。 10 疏帐：指用粗布制作的帐幔。 11 缥(piǎo)：原意为青白色的丝绸，这里指色彩朴素的织品。 12 御府：指皇帝自己的府库。亦指主管御府之人。

初，钦屯宣城，尝讨豫章贼。芜湖令徐盛收钦屯吏[1]，表斩之，权以钦在远不许，盛由是自嫌于钦。曹公出

起初，蒋钦屯驻在宣城，曾去讨伐豫章的盗贼。芜湖县县令徐盛收捕了蒋钦手下一名犯了事的屯戍官，上表请求将其处死，孙权考虑到蒋钦在远地讨伐而未予应允，徐盛因此认为蒋钦会忌恨自己。曹操出兵

濡须，钦与吕蒙持诸军节度[2]。盛常畏钦因事害己，而钦每称其善。盛既服德，论者美焉[1]。

权讨关羽，钦督水军入沔[3]，还，道病卒。权素服举哀，以芜湖民二百户、田二百顷，给钦妻子。子壹封宣城侯，领兵拒刘备有功。还赴南郡，与魏交战，临阵卒。壹无子，弟休领兵，后有罪失业。

攻打濡须口的时候，蒋钦与吕蒙为吴军主帅，分别节度各军。徐盛常担心蒋钦借故陷害自己，而蒋钦总是称赞徐盛的优点。徐盛因此而敬服他的品德，议论者对此也颇加赞美。

孙权讨伐关羽时，蒋钦率领水军进入沔水，返回途中因病去世。孙权身着素服，亲自致哀，将芜湖二百户百姓的租税、二百顷良田赐给蒋钦的妻室儿女。蒋钦的儿子蒋壹获封为宣城侯，率兵抵御刘备有功。后来他回军救援南郡，与魏军交战，临阵战死。蒋壹无子，他的弟弟蒋休继续领兵为将，后来因犯罪而失去了领兵之权。

今注　1 屯吏：指驻屯部队中的一名小官。　2 节度：原指调度军队所用的符节，这里引申为指挥，调度。　3 沔(miǎn)：即沔水，古水名，古代通称汉水为“沔水”。

裴注　[1]《江表传》曰：“权谓钦曰：‘盛前白卿，卿今举盛，欲慕祁奚邪？’钦对曰：‘臣闻公举不挟私怨，盛忠而勤强，有胆略器用，好万人督也。今大事未定，臣当助国求才，岂敢挟私恨以蔽贤乎！’权嘉之。”

周泰

原文

周泰，字幼平，九

译文

周泰，字幼平，九江郡下蔡县人。他

江下蔡[1]人也。与蒋钦随孙策为左右，服事恭敬，数战有功。策入会稽，署别部司马[2]，授兵。权爱其为人，请以自给。策讨六县山贼，权住宣城，使士自卫，不能[3]千人，意尚忽略[4]，不治围落，而山贼数千人卒[5]至。权始得上马，而贼锋刃已交于左右，或斫[6]中马鞍，众莫能自定。惟泰奋激，投身卫权，胆气倍人，左右由泰并能就战。贼既解散[7]，身被十二创，良久乃苏。是日无泰，权几危殆。策深德[8]之，补春谷长。后从攻皖，及讨江夏，还过豫章，复补宜春长，所在皆食其征赋[9]。

与蒋钦一同跟随孙策征战，成为孙策的左膀右臂，他做事恭敬认真，多次作战有功。孙策入主会稽的时候，任命周泰代行别部司马一职，并授予他兵员。孙权喜欢周泰的为人，请求孙策让他跟随自己。孙策率兵讨伐六县山贼的时候，孙权驻守在宣城，命令士卒保卫自己，当时他手下兵力不足一千，加之轻率大意，没有修整防御工事，数千名山贼突然来袭。孙权刚刚跨上马背，敌军的锋刃已在他身体两旁出现，有人砍中了他的马鞍，手下的兵将都惊慌不安。唯独周泰奋勇激昂，挺身而出，拼死护卫着孙权，胆气过人，周围的兵士受周泰的带动，纷纷加入战斗。敌军逃散之后，周泰因身上受了十二处创伤而陷入昏迷，过了很久才苏醒过来。这一天如果没有周泰，孙权几乎就要丧命了。孙策对周泰深为感激，让他补缺为春谷县县长。后来他又随孙策进攻皖城，讨伐江夏，回军路过豫章时，又补缺担任宜春县县长，而且所任职之地的赋税全部归他所得。

今注 1 下蔡：秦汉时期县名，位于今安徽凤台。 2 别部司马：汉代武官名，级别及领兵数量不固定。一般军队统帅在正常编制之外另行招募扩编的部队称为“别部”，其长官即别部司马。 3 不能：这里指数量不足。 4 忽略:指疏忽大意。 5 卒:同“猝”。突然。 6 斫(zhuó):原意为大锄,引申为砍。 7 解散:指退散。 8 德:感激、感恩。 9 征赋:即赋税。

从讨黄祖有功。后与周瑜、程普拒曹公于赤壁,攻曹仁于南郡。荆州平定,将兵屯岑[1]。曹公出濡须,泰复赴击。曹公退,留督濡须,拜平虏将军。时朱然、徐盛等皆在所部[2],并不伏[3]也。权特为案行[4]至濡须坞[5],因会诸将,大为酣乐。权自行酒到泰前,命泰解衣,权手自指其创痕,问以所起。泰辄记昔战斗处以对,毕,使复服,欢宴极夜。其明日,遣使者授以御盖[1]。于是盛等乃伏。后权破关羽,欲进图蜀,拜泰汉中[6]太守、奋威将军,封陵阳侯。黄武中卒。子邵以骑都尉领兵。曹仁出

周泰曾跟随孙权讨伐黄祖,立下战功。后来他与周瑜、程普一道在赤壁之战中抵御曹操的大军,又在南郡围攻曹仁。荆州平定后,他领兵驻守在岑县。曹操出兵攻打濡须口,周泰再次率兵前往抵抗。曹操退兵后,周泰留在濡须坞督兵,升任平虏将军。当时,朱然、徐盛等名将都在周泰所辖部队中,但他们都不服周泰。孙权为此特地到濡须坞巡视,借机宴请各位将领,大家开怀痛饮,极为欢乐。孙权亲自依次斟酒到周泰面前时,命令周泰解开衣服,手指着他身上的累累伤痕,问起怎么负伤的。周泰回忆起曾经战斗的情形,一一作答,说完后,孙权才让他穿好衣服,和众人通宵欢饮。第二天,孙权又派人将自己的伞盖赐给周泰。徐盛等人这才服从周泰指挥。后来孙权击破关羽,企图进一步夺取西蜀,便任命周泰做汉中太守、奋威将军,封为陵阳侯。黄武年间,周泰去世。他的儿子周邵以骑都尉的官职领兵。曹仁出兵

濡须，战有功，又从攻破曹休，进位裨将军。黄龙二年卒。弟承领兵袭侯。

攻打濡须口，周邵作战有功，又随孙权击败曹休，升迁为裨将军。黄龙二年(230)周邵去世。他的弟弟周承接替他领兵，并继承爵位。

今注　1 岑:汉末三国时期县名，属武陵郡，位于今湖南澧县。　2 所部:即所统领的部队，这里指朱然、徐盛都受周泰统帅。　3 伏:指信服、服从。　4 案行:指巡视。　5 坞:小型城堡。此指在水边修筑的工事，用于停泊及建造船只，也用于水上防御。　6 汉中:郡名，因在汉江中游得名。西汉时治西城(今陕西安康西北)，东汉时治南郑(今陕西汉中)。当时汉中郡属蜀国，故周泰只是吴国名义上的汉中太守。

裴注　[1]《江表传》曰:"权把其臂，因流涕交连，字之曰:'幼平，卿为孤兄弟，战如熊虎，不惜躯命，被创数十，肤如刻画，孤亦何心不待卿以骨肉之恩，委卿以兵马之重乎！卿吴之功臣，孤当与卿同荣辱，等休戚。幼平，意快为之，勿以寒门自退也。'即敕以己常所用御帻青缣盖赐之。坐罢，住驾，使泰以兵马导从出，鸣鼓角作鼓吹。"

陈武

原文

陈武，字子烈，庐江松滋[1]人。孙策在寿春，武往修谒[2]。时年十八，长七尺七寸，因从渡江，征讨有功，拜别部司马。策破

译文

陈武，字子烈，庐江郡松滋县人。孙策在寿春时，陈武便前往拜见。当时他十八岁，身高七尺七寸，从此跟随孙策东渡长江，征战有功，被任命为别部司马。孙策击败刘勋后，俘获很多庐江人，

刘勋，多得庐江人，料[3]其精锐，乃以武为督，所向无前。及权统事，转督五校[4]。仁厚好施，乡里远方客多依托之。尤为权所亲爱，数至其家。累有功劳，进位偏将军。建安二十年，从击合肥，奋命战死。权哀之，自临其葬[1]。

选择其中的精锐之士，让陈武来做统率，这支队伍后来所向无敌。到孙权统管政事之后，陈武转任五校尉的统领。陈武为人仁慈宽厚、乐善好施，同乡和远来客居的人都愿意去依附他。他特别受孙权的喜爱，孙权多次前往他家做客。陈武因累建功劳，升任为偏将军。建安二十年(215)，陈武跟随孙权进攻合肥，奋力拼杀而战死。孙权很哀恸，亲临他的丧礼。

今注 **1** 松滋：战国秦汉时期县名，治今湖北松滋。 **2** 修谒：进见辈分或地位较高之人。 **3** 料：挑选。 **4** 五校：是两汉、三国时期军队编制的名称，指屯骑、步兵、越骑、长水、射声五校尉。

裴注 [**1**]《江表传》曰："权命以其爱妾殉葬，复客二百家。"孙盛曰："昔三良从穆，秦师以之不征；魏妾既出，杜回以之僵仆。祸福之报，如此之效也。权杖计任术，以生从死，世祚之促，不亦宜乎！"

子脩[1]有武风，年十九，权召见奖厉[2]，拜别部司马，授兵五百人。时诸新兵多有逃叛，而脩抚循得意[3]，不失一人。权奇之，拜为校尉。建安末，追录功臣后，封脩都亭侯，为解烦督。黄龙元

陈武的儿子陈脩，颇有其父遗风，十九岁时，孙权召见并勉励他，任命他为别部司马，授予兵员五百人。当时的新兵中不少人叛逃，而陈脩安抚部下得当，所部并无一人叛逃。孙权因此很看重他，升他为校尉。建安末年，孙权追录已故功臣的功劳而奖赏其后代，封陈脩为都亭侯，并任命他为解烦督。陈脩在黄龙

年卒。

弟表，字文奥，武庶子[4]也。少知名，与诸葛恪、顾谭、张休等并侍东宫[5]，皆共亲友。尚书暨艳[6]亦与表善，后艳遇罪，时人咸自营护，信厚言薄，表独不然，士以此重之。从太子中庶子[7]拜冀正都尉。兄脩亡后，表母不肯事脩母，表谓其母曰："兄不幸早亡，表统家事，当奉嫡母[8]。母若能为表屈情，承顺嫡母者，是至愿也；若母不能，直当出别居耳。"表于大义公正如此。由是二母感寤[9]雍穆[10]。表以父死敌场，求用为将，领兵五百人。

元年(229)去世。

陈脩的弟弟陈表，字文奥，是陈武的庶子。他年少时便名声在外，与诸葛恪、顾谭、张休等人一同侍奉太子孙登，彼此亲善友好。尚书暨艳也与陈表友善，后来暨艳被治罪，当时人都想着保全自身，平素与他关系深厚的人也不替他说话，唯独陈表不这样，因此获得士林的敬重。陈表从太子中庶子转任冀正都尉。陈脩死后，陈表的生母不肯侍奉陈脩的生母，陈表对自己的生母说："兄长不幸早逝，现在由我来总管家中事务，理应奉养嫡母。母亲如能为我委屈自己，遵奉顺从嫡母，那是我最大的心愿；如果您不能这样做，那就只好请您搬出去到别处居住了。"陈表对待大义就是这样公正。两位母亲因此感动醒悟而和睦相处。陈表因为父亲战死敌境，请求朝廷任用自己为将，领兵五百人。

今注　1 脩：音 xiū。　2 厉：同"励"。　3 抚循得意：抚循，指召集安抚；得意，指使众人满意。　4 庶子：指妾室所生的儿子。　5 东宫：指太子孙登。因战国以来太子居住的宫殿多位于宫城东侧，因而得名。　6 暨艳(？— 224)：字子休，吴郡(今江苏苏州)人，三国时期吴国官员。由张温引荐出任选曹郎，后官至选曹尚书。个性耿直刚正，在位期间弹劾了许多高官及贵族子弟，受到豪门大族的诬陷，被迫自杀，史称"暨艳案"。　7 太子中庶子：太子的侍从官名。　8 嫡母：庶子对父亲正妻的称谓。　9 寤：通"悟"。　10 雍穆：指和睦，融洽。

表欲得战士之力，倾意接待，士皆爱附，乐为用命。时有盗官物者，疑无难[1]士施明。明素壮悍，收考[2]极毒，惟死无辞，廷尉[3]以闻。权以表能得健儿之心，诏以明付表，使自以意求其情实。表便破械[4]沐浴，易其衣服，厚设酒食，欢以诱之。明乃首服[5]，具列支党[6]。表以状闻。权奇之，欲全其名，特为赦明，诛戮其党。迁表为无难右部督，封都亭侯，以继旧爵。表皆陈让，乞以传脩子延，权不许。

陈表希望得到士兵们的拼死效力，便倾心厚待他们，士兵们也都十分爱戴拥护他，乐于为他效命。当时有人偷盗官府的东西，怀疑是无难军的兵士施明所为。施明素来强壮剽悍，被收捕入狱后虽遭受严刑拷打，但他宁死不说一句话，廷尉便只好上报此事。孙权因陈表深得军中壮士拥护，于是下令将施明交给陈表处理，让陈表用自己的办法查出实情。陈表便打开施明的枷锁让他沐浴，更换衣服，设下丰厚的酒席，在欢饮之际劝诱施明。施明这才自首服罪，将同党一一交代出来。陈表便将情况上报。孙权对他更加赏识，为了宣扬陈表的名声，特地赦免了施明，而将其同党全部处斩。此后，陈表迁任无难军右部督，受封为都亭侯，以继承他哥哥过去的爵位。陈表上奏辞让，请求将爵位转赐给陈脩的儿子陈延，孙权不准。

今注　1 无难：指吴国禁军"无难军"，分为左右两部，负责京城宿卫，保卫皇室、宗室的安全，必要时也参与外战。其长官称"无难督"。　2 收考：拘捕拷问。　3 廷尉：秦汉三国时期职官名，属于"九卿"之一，为中央最高司法长官，负责汇总、审核全国的狱讼以及高级官员的审判。 4 械：指枷杻、镣铐之类的刑具。 5 首服：同“首伏”，指认罪伏法。 6 支党：即党羽。

嘉禾三年，诸葛恪领丹阳太守，讨平山越，以表领新安都尉，与恪参势[1]。初，表所受赐复[2]人得二百家，在会稽新安县。表简视[3]其人，皆堪好兵，乃上疏陈让，乞以还官，充足精锐。诏曰：“先将军有功于国，国家以此报之，卿何得辞焉？”表乃称曰：“今除国贼，报父之仇，以人为本。空枉此劲锐以为僮仆，非表志也。”皆辄料取[4]以充部伍[5]。所在以闻，权甚嘉之。下郡县，料正户[6]羸民以补其处。

嘉禾三年（234），诸葛恪兼领丹阳太守，平定了山越的叛乱后，孙权任命陈表兼领新安都尉，与诸葛恪相互协助治理此地。起初，陈表被赐予免除赋役的民户二百家，这些人居住在会稽郡新安县。陈表经过考察，认为这批人都能成为精兵，于是上疏辞让，请求将他们归还给国家，以充实精锐部队。孙权下诏说：“你的先人陈将军为国立功，国家将这批人赏赐给你作为报答，你怎么能推辞呢？”陈表于是解释道：“如今为国家斩除贼寇，为家父报仇，需要大量人力为根本。现在白白使这些可成为精锐兵士的人成为我的僮仆，绝非我的心愿。”于是他从这些民户中拣选出来一些人充实军队。当地官员将相关情况上报给朝廷，孙权对此十分赞赏。孙权于是向会稽郡新安县官员下达指示，要他们从正式编户中挑选羸弱的百姓来补齐陈表所应受赐的户数。

今注 1 参势：相互协助、配合。 2 复：即复除，古代经济政策术语，指免除赋税徭役。 3 简视：指挑选观察。 4 料取：指挑选。 5 部伍：军队的编制单位。这里指朝廷的军队。 6 正户：魏晋南北朝时期指进入国家户籍体系的正式编户。除士族、官僚地主外,“正户”平民都是需要负担租税和徭役的课户。

表在官三年,广开降纳[1],得兵万余人。事捷当出,会鄱阳民吴遽等为乱,攻没城郭,属县摇动。表便越界赴讨,遽以破败,遂降。陆逊拜表偏将军,进封都乡侯,北屯章阬。年三十四卒。家财尽于养士,死之日,妻子露立[2],太子登为起屋宅。子敖年十七,拜别部司马,授兵四百人。敖卒,脩子延复为司马代敖。延弟永,将军,封侯。始施明感表,自变行为善,遂成健将,致位将军。

陈表在位三年,广开门路招纳前来投降的山越人,由此获得了一万多名兵士。任务完成应当离开时,正值鄱阳郡百姓吴遽等人作乱,攻占城池,下属各县动荡不安。陈表便率军越过郡界前往讨伐,吴遽被击溃,于是投降。陆逊于是任命陈表为偏将军,晋封为都乡侯,北上驻屯章阬。陈表三十四岁时去世。他的家财全用来供养部下,去世的时候,他的妻子儿女甚至都没有地方居住,太子孙登于是为他们建了房子。陈表的儿子陈敖当时十七岁,被任命为别部司马,领兵四百人。陈敖死后,陈脩的儿子陈延又接替陈敖担任别部司马。陈延的弟弟陈永,官至将军,获得封侯。而施明感激陈表,改过自新转恶为善,最终成为军中健将,官至将军。

今注　1 降纳:指招募投降的敌军或叛军兵士。　2 露立:即露天站立,指没有居住之处。

董袭

原文

董袭，字元代，会稽余姚[1]人，长八尺，武力过人[1]。孙策入郡，袭迎于高迁亭，策见而伟[2]之，到署门下贼曹[3]。时山阴宿贼[4]黄龙罗、周勃聚党数千人，策自出讨，袭身斩罗、勃首，还拜别部司马，授兵数千，迁扬武都尉。从策攻皖，又讨刘勋于寻阳，伐黄祖于江夏。策薨，权年少，初统事，太妃忧之，引见张昭及袭等，问江东可保安否，袭对曰："江东地势，有山川之固，而讨逆明府[5]，恩德在民。讨虏[6]承基，大小用命，张昭秉众事，袭等为爪牙[7]，此地利人和之时也，万无所忧。"众皆壮其言。鄱阳贼彭虎等众数万人，袭与凌统、步骘、蒋钦各别

译文

董袭，字元代，会稽郡余姚县人，身高八尺，武力过人。孙策攻入会稽的时候，董袭亲自在高迁亭迎接，孙策见到他之后认为他很出色，便任他为门下贼曹。当时山阴长期为患的匪贼首领黄龙罗、周勃纠集了几千名党羽，孙策亲自率兵征讨，而董袭亲手斩下黄龙罗、周勃的首级，返回后被任命为别部司马，被授予数千人的兵员，又迁任扬武都尉。董袭跟随孙策攻打皖城，又到寻阳征讨刘勋，在江夏讨伐黄祖。孙策去世后，孙权年纪尚轻，刚开始统管国事，吴太妃对此十分担忧，便召见了张昭及董袭等人，询问他们江东能否保全，董袭回答说："江东在地理形势方面，有山川险阻可以凭恃，讨逆将军做会稽太守时，广施恩德于民间。讨虏将军如今承袭基业，上下官民都愿听命效力，张昭秉政掌管众事，而我董袭等人充当武将，现在我们具有地利人和的优势，绝无什么值得忧虑的。"大家都认为他的言语洪亮而有气势。鄱阳郡的贼寇彭虎等聚众万人，董袭与凌统、步

分讨。袭所向辄破，虎等望见旌旗，便散走，旬日尽平。拜威越校尉，迁偏将军。

鹭、蒋钦分兵讨伐。董袭的部队所向披靡，彭虎等一望见他的旌旗便四散逃走，仅十天左右，鄱阳郡的叛乱便全部平定。董袭被任命为威越校尉，又迁任偏将军。

今注 **1** 余姚：秦汉时期县名，治今浙江余姚。 **2** 伟：动词，认为奇异、认为出色。 **3** 贼曹：秦汉时期郡县官署名，负责抓捕盗贼、司法等。 **4** 山阴宿贼：山阴，秦汉时期县名，治今浙江绍兴；宿贼，指长期为盗的匪贼。 **5** 讨逆明府：讨逆，指孙策；明府，汉代对郡守的尊称。 **6** 讨虏：指孙权。 **7** 爪牙：喻武臣、武将。

裴注 ［**1**］谢承《后汉书》称袭志节慷慨，武毅英烈。

建安十三年，权讨黄祖。祖横两蒙冲挟守沔口，以栟闾[1]大绁[2]系石为矴[3]，上有千人，以弩交射，飞矢雨下，军不得前。袭与凌统俱为前部，各将敢死百人，人被两铠，乘大舸船[4]，突入蒙冲里。袭身以刀断两绁，蒙冲乃横流，大兵遂进。祖便开门走，兵追斩之。明日大会，

建安十三年(208)，孙权出兵讨伐黄祖。黄祖用两条蒙冲巨舰在沔口河面拦截，并用棕榈树皮制的大缆绳拴住石墩来固定战舰，舰上部署了千余名兵士，用弓弩交错射击，飞箭如雨，吴国军队无法前进。当时董袭与凌统都充当前锋，他们各自率领一百名敢死勇士，每人身披两层铠甲，乘坐大船，冲进敌军的蒙冲巨舰之间。董袭亲手用刀砍断系船的两根缆绳，敌军的蒙冲巨舰于是随着水流横向移开，孙权的大军才得以继续进发。黄祖便打开城门逃走，吴军士兵追上前去将他斩杀。次日，吴军举行庆功宴会，他举杯对董袭说："今日之

权举觞[5]属袭曰:“今日之会,断绁之功也。”

曹公出濡须,袭从权赴之,使袭督五楼船住濡须口。夜卒暴风,五楼船[6]倾覆,左右散走舸,乞使袭出。袭怒曰:“受将军任,在此备贼,何等委去[7]也,敢复言此者斩!”于是莫敢干。其夜船败,袭死。权改服临丧,供给甚厚。

所以有这场宴会,都是因将军砍断缆绳的功劳!”

曹操出兵濡须口,董袭随孙权前往救援,孙权让董袭督率建有五层舱楼的巨型战舰扼守在濡须口。一日夜里突然刮起狂风,巨型战舰被吹翻,手下人四散逃到小船上,请求董袭也上船逃走。董袭大怒说:“我接受将军的重任,在此防备敌军,怎么能够丢弃战船离去呢?敢再说这种话的人立即斩首!”于是无人敢再劝他。当夜巨型战舰沉没,董袭被淹死。孙权换上丧服前去参加他的葬礼,为丧事办理提供了很丰厚的资助。

今注 1 栟闾(bīng lǘ):亦作“栟榈”,指棕榈。 2 绁(xiè):指绳索。 3 矴(dìng):同“碇”,停船时沉入水底用以稳定船身的石块,或用于系船的石墩。 4 大舸(gě)船:原意为大型运输船,引申为大船。 5 觞:古代的一种酒杯。 6 五楼船:一种五层高的巨型战舰,外观似楼,故称为五楼船。 7 委去:指舍弃职责逃走。

甘宁

原文

甘宁,字兴霸,巴郡[1]临江人也[1]。少有气力,好游侠,招合轻薄少年,

译文

甘宁,字兴霸,巴郡临江县人。他年轻时很有胆识和勇力,喜欢到处行侠仗义,招集一批轻薄少年同行,并成为了

为之渠帅[2]。群聚相随，挟持弓弩，负毦[3]带铃，民闻铃声，即知是宁[2]。人与相逢，及属城长吏，接待隆厚者乃与交欢；不尔，即放所将夺其资货。于长吏界中有所贼害[4]，作其发负，至二十余年。止不攻劫，颇读诸子。乃往依刘表，因居南阳，不见进用，后转托黄祖，祖又以凡人畜[5]之[3]。于是归吴。

他们的头领。他们成群结伙，带着弓弩，头上插着羽毛，身上系着铃铛，百姓一听到铃声，就知道是甘宁来了。人们遇见他，包括县城长官，若隆重接待他们，他就与之结好；否则，他就放任手下抢夺其财货。因此，甘宁做了不少为害地方的事，等他幡然悔悟，已经二十多岁了。他决心停止过去那种劫掠财物的行为，认真研读诸子百家的书籍。之后他前往荆州投靠刘表，因而住在南阳，但他没有受到刘表的任用，后来又转投黄祖，黄祖也只像对待平常人那样对待他。于是甘宁到吴县去找机会。

今注 1 巴郡：秦汉时期郡名，东汉时刘璋分为巴郡、永宁、固陵三郡，后巴郡改为巴西，改永宁为巴郡(在今重庆市区)。 2 渠帅：即首领。 3 毦(ěr)：指羽毛制作的装饰品。 4 贼害：即祸害。 5 畜(xù)：原意为饲养动物，这里引申为畜养门客。

裴注 [1]《吴书》曰："宁本南阳人，其先客于巴郡。宁为吏举计掾，补蜀郡丞。顷之，弃官归家。" [2]《吴书》曰："宁轻侠杀人，藏舍亡命，闻于郡中。其出入，步则陈车骑，水则连轻舟，侍从被文绣，所如光道路，住止常以缯锦维舟，去或割弃，以示奢也。" [3]《吴书》曰："宁将僮客八百人就刘表。表儒人，不习军事。时诸英豪各各起兵，宁观表事势，终必无成，恐一朝土崩，并受其祸，欲东入吴。黄祖在夏口，军不得过，乃留依祖，三年，祖不礼之。权讨祖，祖军败奔走，追兵急，宁以善射，将兵在后，射杀校尉淩操。祖既得免，军罢还营，待宁如初。祖都督苏飞数荐宁，祖不用，令人化诱其客，客稍亡。宁欲去，恐不获免，独忧闷不知所出。飞知其意，乃要宁，为之置酒，谓曰：‘吾荐子者数矣，主不能用。日月逾迈，人生几何，宜自远图，庶遇知己。’宁良久乃曰：‘虽有其志，未知所由。’飞曰：‘吾欲白子为邾长，于是去就，孰与临阪转丸乎？’宁曰：‘幸甚。’飞白祖，听宁之县。招怀亡客并义从者，得数百人。”

周瑜、吕蒙皆共荐达[1]，孙权加异[2]，同于旧臣。宁陈计曰：“今汉祚[3]日微，曹操弥憍[4]，终为篡盗。南荆之地，山陵形便，江川流通，诚是国之西势也。宁已观刘表，虑既不远，儿子又劣，非能承业传基者也。至尊当早规之，不可后操。图之之计，宜先取黄祖。祖今年老，昏耄[5]已甚，财谷并乏，左右欺弄，务于货利[6]，侵求吏士，吏士心怨。舟船战具，顿废不修，怠于耕农，军无法伍[7]。至尊今往，其破可必。一破祖军，鼓行而西，西据楚关，大势弥

周瑜、吕蒙都举荐甘宁，孙权对他也加倍看重，将他视同旧臣。甘宁献计说：“如今汉朝国祚日益衰微，曹操也愈发骄横，最终势必成为篡汉的国贼。南方荆州地区，山陵构成有利地势，江河水流畅通，这是我国西面的有利地势。我观察过刘表，考虑问题毫无远见，儿子们才智低劣，不是能传承基业之人。主公应当尽早谋划夺取刘表的地盘，不可落在曹操之后。要图谋荆州，应先消灭黄祖。黄祖如今年老，昏聩至极，军资粮食都很缺乏，身边的人又欺骗愚弄他，一心贪图私利，对下面的官吏士兵敲诈勒索，导致他们都心怀怨恨。黄祖的战船及军械，早就破损荒废，无人修理，农业生产懈怠，军队缺乏法纪。主公现在前往攻取，必定能将他击破。一旦击败黄祖的军队，即可敲着战鼓向西进发，夺取楚地关塞，军势也会愈发强大，这样就可逐渐

广,即可渐规巴蜀。”权深纳之。

谋取巴蜀之地了。”孙权对他的建议十分赞同。

今注 1 荐达:指向君主举荐。 2 加异:指加以特殊的对待。 3 祚(zuò):君位,国统,国运。 4 憍(jiāo):同“骄”。 5 昏耄(mào):耄,原意为八九十岁的老人。引申为年老昏庸。 6 货利:指货物财利。 7 法伍:指规定的军队编制。

张昭时在坐,难曰:“吴下业业[1],若军果行,恐必致乱。”宁谓昭曰:“国家以萧何之任[2]付君,君居守而忧乱,奚以希慕古人乎?”权举酒属宁曰:“兴霸,今年行讨,如此酒矣,决以付卿。卿但当勉建方略,令必克祖,则卿之功,何嫌张长史之言乎!”权遂西,果禽[3]祖,尽获其士众。遂授宁兵,屯当口[1]。

当时张昭也在座,他诘难道:“吴地现今人心惶惶,如果军队真的西征,恐怕必将引起混乱。”甘宁回答张昭:“国家将萧何那样留守后方的重任交托给您,您担任留守却担忧祸乱,还怎么追慕古人呢?”孙权举起酒杯向甘宁敬酒说:“兴霸,今年出兵讨伐黄祖,就如同这杯酒一样,我决定把此事交付给你了。你只要勉力策划作战方略,使我军务必打败黄祖,这就是你的大功,何必计较张长史的话呢?”孙权于是西征,果然擒获了黄祖,并俘虏了他的全部人马。他授予甘宁一支军队,让他驻屯在当口。

后随周瑜拒破曹公于乌林。攻曹仁于南郡,未拔[4]。宁建计先径进取夷陵,往即得其城,因入守之。时手下有数百兵,

后来甘宁跟随周瑜在乌林抵御并大破曹操。又在南郡攻打曹仁,但未能拿下。甘宁建议先直接进攻夺取夷陵,他一去就攻下了这座城池,并进城坚守。当时他手下才数百人,加上刚编入的俘

并所新得，仅[5]满千人。曹仁乃令五六千人围宁。宁受攻累日，敌设高楼，雨射[6]城中，士众皆惧，惟宁谈笑自若。遣使报瑜，瑜用吕蒙计，帅诸将解围。

虏，也才刚满一千。曹仁则派出五六千人围攻甘宁。甘宁连日受到敌军攻击，敌军建成高楼，从楼上射出的箭像雨点般飞入城内，兵士们都十分害怕，唯独甘宁谈笑自若。他派人将情况报告周瑜，周瑜用吕蒙的计谋，率领诸将前来给甘宁解了围。

今注 **1** 业业：原意指恐惧，这里引申为吴国立国未稳，人心惶惶之意。 **2** 萧何之任：指的是楚汉战争期间，萧何留守关中，不断地为前线输送兵卒钱粮，支援作战，最终辅佐刘邦战胜项羽，为建立汉朝起了至关重要的作用。 **3** 禽：通“擒”。 **4** 拔：攻克。此指攻克敌方城寨。 **5** 仅：指接近。 **6** 雨射：指像下雨一样射出箭矢。

裴注 ［**1**］《吴书》曰：“初，权破祖，先作两函，欲以盛祖及苏飞首。飞令人告急于宁，宁曰：‘飞若不言，吾岂忘之？’权为诸将置酒，宁下席叩头，血涕交流，为权言飞畴昔旧恩：‘宁不值飞，固已捐骸于沟壑，不得致命于麾下。今飞罪当夷戮，特从将军乞其首领’。权感其言，谓曰：‘今为君致之，若走去何？’宁曰：‘飞免分裂之祸，受更生之恩，逐之尚必不走，岂当图亡哉！若尔，宁头当代入函。’权乃赦之。”

后随鲁肃镇益阳，拒关羽。羽号有三万人，自择选锐士五千人，投[1]县上流十余里浅濑[2]，云欲夜涉渡。肃与诸将议。

后来甘宁跟随鲁肃镇守益阳，抵御关羽的进攻。关羽号称有三万人马，并且亲自挑选了五千名精兵，在县城上游十余里的一处浅滩用土石截流，宣称要趁夜涉水渡河。鲁肃与各位将领商议对

宁时有三百兵，乃曰："可复以五百人益[3]吾，吾往对之，保羽闻吾咳唾[4]，不敢涉水，涉水即是吾禽[5]。"肃便选千兵益宁，宁乃夜往。羽闻之，住不渡，而结柴[6]营，今遂名此处为关羽濑。权嘉宁功，拜西陵太守，领阳新、下雉两县。后从攻皖，为升城督。宁手持练[7]，身缘城，为吏士先，卒破获朱光。计功，吕蒙为最，宁次之，拜折冲将军。

策。甘宁当时手下有三百士兵，他说："请再给我增加五百名人手，让我前去对付他，保证关羽一听到我的言语声，就不敢渡河；只要他敢渡过来，就会成为我的俘虏。"鲁肃便挑选了一千名士兵给他，甘宁当晚就前往上游。关羽听说甘宁到了，果然不敢渡河，就地修造营寨驻军，如今人们把这里叫作"关羽濑"。孙权嘉赏甘宁的战功，任命他为西陵太守，兼领阳新、下雉两县。后来甘宁跟随孙权攻打皖县时，担任升城督。甘宁手持绳索，亲自爬上城墙，身先士卒，终于打败并俘获朱光。战后论功，吕蒙为第一，甘宁次之，他升任折冲将军。

今注　1 投：指将土石等物投入水中，拦截水流。　2 濑：原意指沙石上流过的急水，这里引申为浅水沙石滩。　3 益：指增加。　4 咳唾：原指咳嗽和吐口水，可引申为谈话、说话声。　5 吾禽：指为我所擒。禽，通"擒"。　6 柴(zhài)：通"寨"。　7 练：指绳索。

后曹公出濡须，宁为前部督，受敕出斫敌前营。权特赐米酒众殽[1]，宁乃料赐手下百余人食。食毕，宁先以银碗酌酒，自饮两碗，乃酌与其都

后来曹操出兵濡须口，甘宁担任吴军前部督，受命攻击敌军前营。孙权特地赐给他许多酒饭菜肴，甘宁把它们赐给部下中的一百多名壮士食用。饭后，甘宁先用银酒碗斟酒，自饮了两碗，接着斟上递给他手下的都督喝，都督伏

督。都督伏，不肯时持。宁引白削2置膝上，呵谓之曰："卿见知于至尊，孰与甘宁？甘宁尚不惜死，卿何以独惜死乎？"都督见宁色厉，即起拜持酒，通酌兵各一银碗。至二更时，衔枚3出斫敌。敌惊动，遂退。宁益贵重，增兵二千人[1]。

在地上，不肯及时接住酒碗。甘宁抽出白晃晃的大刀放在膝上，呵斥都督说："你受主公的知遇，与我甘宁相比怎样？我甘宁尚不怕死，为什么你却独独怕死？"都督见甘宁脸色严厉，当即立起身拜谢接住酒碗，接着他令士兵通通饮一碗酒。到二更时分，众人衔枚疾走，出营杀敌。敌军大受惊动，于是撤退。甘宁因此更加受到孙权的敬重，孙权给他增兵二千。

今注 **1** 殽(yáo)：同"肴"。 **2** 白削：即白刃，指锋利的大刀。 **3** 枚：一种箸形木棍，古代军中所用，让兵士行军时衔于口中，防止弄出声响。

裴注 [**1**]《江表传》曰："曹公出濡须，号步骑四十万，临江饮马。权率众七万应之，使宁领三千人为前部督。权密敕宁，使夜入魏军，宁乃选手下健儿百余人，径诣曹公营下，使拔鹿角，逾垒入营，斩得数十级。北军惊骇鼓噪，举火如星，宁已还入营，作鼓吹，称万岁。因夜见权，权喜曰：'足以惊骇老子否？聊以观卿胆耳。'即赐绢千匹，刀百口。权曰：'孟德有张辽，孤有兴霸，足相敌也。'停住月余，北军便退。"

宁虽粗猛好杀，然开爽有计略，轻财敬士，能厚养健儿，健儿亦乐为用命。建安二十年，从攻合肥，会疫疾，军旅

甘宁虽然粗犷凶猛、嗜血好杀，但性格爽朗而有谋略，轻视财物而敬重士人，能厚待手下英勇善战的兵士，因此部下也乐于为他效命。建安二十年(215)，甘宁随孙权攻打合肥，正碰上军中瘟疫流

皆已引出，唯车下虎士[1]千余人，并吕蒙、蒋钦、凌统及宁，从权逍遥津北。张辽觇[2]望知之，即将步骑奄[3]至。宁引弓射敌，与统等死战。宁厉声问鼓吹何以不作，壮气毅然，权尤嘉之[1]。

行，大军都已撤退，只剩孙权车旁护卫的虎士一千多人，加上吕蒙、蒋钦、凌统及甘宁等诸将，跟随孙权驻守在逍遥津北岸。张辽侦察清楚了吴军的实情，当即率领步骑军队前来偷袭。甘宁引弓射敌，与凌统等拼死力战。他厉声责问军中鼓吹手们为何不奏军乐，于是全军气势雄壮刚毅，孙权对此尤为嘉许。

今注　1 车下虎士：是三国时期吴国的宿卫兵，是吴国皇帝和诸侯的精锐亲兵。　2 觇(chān)：指窥视、侦查。　3 奄：通“掩”，指偷袭。

裴注　[1]《吴书》曰：“凌统怨宁杀其父操，宁常备统，不与相见。权亦命统不得仇之。尝于吕蒙舍会，酒酣，统乃以刀舞。宁起曰：‘宁能双戟舞。’蒙曰：‘宁虽能，未若蒙之巧也。’因操刀持盾，以身分之。后权知统意，因令宁将兵，遂徙屯于半州。”

宁厨下儿曾有过，走投吕蒙。蒙恐宁杀之，故不即还。后宁赍礼礼蒙母[1]，临当与升堂，乃出厨下儿还宁。宁许蒙不杀，斯须[2]还船，缚置桑树，自挽弓射杀之。毕，敕船人更增舸缆，解衣卧船中。蒙大怒，击

甘宁家中厨房里的一个仆人曾犯了过错，逃到了吕蒙那里。吕蒙担心甘宁杀了那个仆人，便没有立即送他回去。后来甘宁带着礼物去拜见吕蒙的母亲，当他快要进入后堂时，吕蒙才将那个仆人送还甘宁。甘宁答应吕蒙不杀那人，但不久他回到船上，就将那人绑在桑树上，亲手用弓箭射杀了他。事后，甘宁命令船上的人再增加几根船缆，自己则脱衣躺在船中。吕

鼓会兵，欲就船攻宁。宁闻之，故卧不起。蒙母徒跣[3]出谏蒙曰："至尊待汝如骨肉，属汝以大事，何有以私怒而欲攻杀甘宁？宁死之日，纵至尊不问，汝是为臣下非法。"蒙素至孝，闻母言，即豁然意释，自至宁船，笑呼之曰："兴霸，老母待卿食，急上！"宁涕泣歔欷[4]曰："负卿。"与蒙俱还见母，欢宴竟日。宁卒，权痛惜之。子瓌，以罪徙会稽，无几[5]死。

蒙得知此事后大怒，敲击战鼓集合兵士，要赶到船上攻杀甘宁。甘宁闻讯，仍躺着不起来。吕蒙的母亲听说后，赤着脚跑出来劝说吕蒙："主公待你如同至亲骨肉，又把国家大事托付给你，你怎么能因个人的恩怨就想攻杀甘宁呢？甘宁要是死了，即使主公不加责问，你作为臣子，这样做也是非法的。"吕蒙素来非常孝顺，听了母亲的话，随即豁然醒悟，怒意尽释，亲自来到甘宁的船前，笑着招呼道："兴霸，老母正等着你去吃饭，快上岸来吧！"甘宁流着泪叹息道："我有负于您啊。"于是他和吕蒙一起回去见吕蒙的母亲，两人畅快地宴饮了一整天。甘宁死后，孙权感到十分痛惜。甘宁的儿子甘瓌，因犯罪被流放会稽，不久后死去。

今注　1 赍(jī)礼礼蒙母：赍，指携带。第一个"礼"指礼物，第二个"礼"指礼敬、拜访。　2 斯须：指片刻。　3 徒跣(xiǎn)：指光着脚。　4 歔(xū)欷(xī)：即唏嘘，指悲泣，叹息。　5 无几：指不久。

凌统

原文

凌统，字公绩，吴郡余杭人也。父操，轻侠

译文

凌统，字公绩，吴郡余杭县人。他的父亲凌操，轻生重义，急人之难，颇有胆有胆气。孙策初兴，每从征伐，常冠军履锋[1]。守永平长，平治山越，奸猾敛手，迁破贼校尉。及权统军，从讨江夏。入夏口，先登，破其前锋，轻舟独进，中流矢死。

量。孙策刚起兵时，凌操每次随他转战，常常充当先锋。凌操担任永平县县长时，平定了山越，当地奸猾之徒都不敢妄为，后来迁任破贼校尉。到孙权统领全军时，凌操随军征讨江夏。进入夏口时，凌操率先登陆，击破敌方前锋，但在驾驶小船独自前进时，被流矢射中而死。

统年十五，左右多称述者，权亦以操死国事，拜统别部司马，行破贼都尉，使摄父兵。后从击山贼，权破保屯先还，余麻屯万人。统与督张异等留攻围之，克日当攻。先期，统与督陈勤会饮酒，勤刚勇任气，因督祭酒，陵轹[2]一坐，举罚[3]不以其道。统疾其侮慢，面折不为用。勤怒詈[4]统，及其父操，统流涕不答，众因罢出。勤乘酒凶悖[5]，又于道路辱统。统不忍，引刀斫勤，数日乃死。及当攻屯，统曰："非死无

当时凌统十五岁，孙权左右有不少人都对他称赞有加，孙权也因凌操为国捐躯，便任命凌统为别部司马，兼领破贼都尉，并让他统率父亲过去的部队。后来他跟随孙权攻打山贼，孙权击破保屯后先行回师，还剩下麻屯的一万敌人。凌统与都督张异等留下来继续围剿，并约定进攻日期。在此之前，凌统与都督陈勤一起饮酒，陈勤为人刚勇任气，仗着自己是都督主导行酒，欺压在座的人，无论是敬酒还是罚酒都不按规矩来。凌统对陈勤的欺侮轻慢很是厌恶，便当面斥责他，不愿受他摆布。陈勤当场怒骂凌统，还骂到他父亲凌操，凌统泪流满面默不作声，众人因此罢席离开。陈勤借着酒劲更加凶狠无理，又在路上辱骂凌统。凌统忍无可忍，抽刀砍伤陈勤，陈勤几天后死了。等到要进攻麻屯的这一日，凌

以谢罪。”乃率厉士卒，身当矢石，所攻一面，应时披坏，诸将乘胜，遂大破之。还，自拘于军正[6]。权壮其果毅，使得以功赎罪。

统说：“我不战死无法赎罪！”于是激励士卒，亲冒箭石，他所负责攻击的一方，很快就被攻破，于是诸将乘胜进击，大破敌军。回军后，凌统主动把自己关在军正的监狱中。孙权赞赏他的果敢勇毅，便准许他将功赎罪。

今注 1 冠军屡锋：指作战时冲锋在前。 2 陵轹(lì)：指欺压、侮辱。 3 举罚：这里指敬酒和罚酒。 4 詈(lì)：谩骂，责备。 5 凶悖(bèi)：凶暴悖逆。 6 军正：古代军官名，自先秦至三国时期均有设置，是军队中负责掌管军事刑法的执法官。

后权复征江夏，统为前锋，与所厚健儿数十人共乘一船，常去大兵数十里。行入右江，斩黄祖将张硕，尽获船人。还以白权，引军兼道[1]，水陆并集。时吕蒙败其水军，而统先搏[2]其城，于是大获。权以统为承烈都尉[3]，与周瑜等拒破曹公于乌林，遂攻曹仁，迁为校尉。虽在军旅，亲贤接士，轻财重义，有国士之风。

后来孙权再度征讨江夏，凌统担任前锋，与他平日亲厚的数十名精锐勇士共乘一条船，进军时常离开大部队几十里。进入右江之后，凌统斩杀了黄祖的将领张硕，并将敌船上的人悉数俘获。他返回向孙权报告，孙权便率领大军日夜兼行，水陆并进。当时吕蒙击败了黄祖的水军，凌统则先攻下了敌方城池，吴军于是大获全胜。孙权任命凌统为承烈都尉，与周瑜等一同在乌林抵挡并击败曹操，又在南郡围攻曹仁，因战功迁任校尉。凌统虽在军旅之中，但他能够善待贤士，轻财重义，颇有国士之风。

今注 **1** 兼道：此指日夜兼程行军。 **2** 搏：指获得、夺取。 **3** 承烈都尉：临时任命的武官名。承烈指凌统继承父亲凌操的英勇忠烈。

又从破皖，拜荡寇中郎将，领沛相[1]。与吕蒙等西取三郡，反自益阳，从往合肥，为右部督。时权彻[2]军，前部已发，魏将张辽等奄至津北。权使追还前兵，兵去已远，势不相及。统率亲近三百人陷围，扶捍权出。敌已毁桥，桥之属者两版[3]，权策马驱驰，统复还战，左右尽死，身亦被创，所杀数十人，度[4]权已免，乃还。桥败路绝，统被甲潜行。权既御船，见之惊喜。统痛亲近无反[5]者，悲不自胜。权引袂[6]拭之，谓曰："公绩，亡者已矣，苟使卿在，何患无人[1]？"拜偏将军，倍给本兵。

凌统后来又跟随孙权攻破皖城，被任命为荡寇中郎将，兼领沛相。他又与吕蒙等西进夺取长沙、零陵、桂阳三郡，从益阳返回后，又随孙权进军合肥，为右部督。当时孙权准备撤军，先头部队已经开拔，曹军大将张辽等突然杀到逍遥津北面。孙权派人去追前头部队叫他们回来，但部队已经走远，看情势已经赶不及回来救援。凌统便率领亲兵三百人突入敌军重围，护卫着孙权突围而出。当时敌军已毁坏逍遥津上的木桥，桥面只剩下两块木板，孙权策马疾驰越过木桥，凌统则留下来回身再战，他的左右侍卫全部战死，自己也受了伤，但仍然击毙了数十名敌兵，他估计孙权已经脱险后，才抽身撤退。但这时桥已毁坏，没有退路，他便身披铠甲，潜水而行。孙权已经回到自己的船上，见到凌统安全返回十分惊喜。凌统哀痛自己的亲兵无一人生还，悲伤地哭了起来。孙权亲自用衣袖为他擦去泪水，对他说："公绩，亡者已逝，只要你还活着，怎么还担忧没有兵呢？"于是任命他为偏将军，授予他比之前加倍的人马。当

时有荐同郡盛暹[7]于权者，以为梗概大节有过于统，权曰："且令如统足矣。"后召暹，夜至，时统已卧，闻之，摄衣出门，执其手以入。其爱善不害如此。

时有人推荐凌统的同郡人盛暹给孙权，认为盛暹的气概节操超过了凌统。孙权说："只要他能像凌统那样就足够了。"后来盛暹受召赶来时已是夜里，凌统已经卧床睡下，听说他来了后，连忙披上衣服出门，拉着盛暹的手请他进屋。凌统就是这样爱敬贤人而毫无妒忌之心。

今注 1 沛：汉代郡国名，因沛郡为诸侯王封地，故称为沛国，其行政长官为国相。 2 彻：通"撤"。 3 版：木板。 4 度(duó)：估计。 5 反：同"返"。 6 袂(mèi)：衣袖。 7 盛暹(xiān)：三国时期人物，事迹不详。

裴注 [1]《吴书》曰："统创甚，权遂留统于舟，尽易其衣服。其创赖得卓氏良药，故得不死。"

统以山中人尚多壮悍，可以威恩诱也。权令东占且讨之，命敕属城，凡统所求，皆先给后闻。统素爱士，士亦慕焉。得精兵万余人，过本县，步入寺门，见长吏怀三版[1]，恭敬尽礼，亲旧故人，恩意益隆。事毕当出，会病卒，时年四十九。

凌统认为山区之中还有不少强壮剽悍的人，可以恩威并施来招引他们当兵。孙权便命令他到东部山区征新兵并讨伐叛乱，又命令下属各县的官员，凡是凌统提出的要求，都必须先予满足然后才上报。凌统一向爱惜士卒，士卒也都敬慕他。他招募到一万多名精兵，返回时路过故乡余杭县城，步行进入县衙大门，面见官长们时手持三块笏板，毕恭毕敬礼仪周备，和亲戚故旧见面，更是情深意切。任务完成，他应当离开山区时，却不幸因病去世，享年四十九

权闻之，拊[2]床起坐，哀不能自止，数日减膳，言及流涕，使张承为作铭诔[3]。二子烈、封，年各数岁，权内养于宫，爱待与诸子同，宾客进见，呼示之曰："此吾虎子也。"及八九岁，令葛光教之读书，十日一令乘马，追录统功，封烈亭侯，还其故兵。后烈有罪免，封复袭爵领兵[1]。

岁。孙权听闻噩耗后，拍着床坐起来，悲哀不止，一连几天减少自己膳食的供应，一谈到凌统就泪流满面，令张承为凌统撰写了铭文和诔文。凌统的两个儿子凌烈、凌封，当时都才几岁。孙权将他们接到宫中抚养，爱护他们就像对自己的亲生儿子一样。每当宾客进见，孙权便叫他俩过来与客人相见，并说："这是我的虎子！"到他们八九岁时，孙权让葛光教他们读书，每十天让他们练习一次骑马。孙权追录凌统的功绩，册封凌烈为亭侯，并将他父亲之前的兵马交给他统帅。后来凌烈因罪被免去爵位和职位，由凌封继承了爵位并统领兵马。

今注 1 版：指笏板，古代谒见君主或长者时所持的礼仪用手板。 2 拊(fǔ)：指拍击。 3 铭诔：铭，指墓志铭；诔，指致哀辞。二者都是古代葬礼用于哀悼死者的文体。

裴注 [1] 孙盛曰："观孙权之养士也，倾心竭思，以求其死力，泣周泰之夷，殉陈武之妾，请吕蒙之命，育凌统之孤，卑曲苦志，如此之勤也。是故虽令德无闻，仁泽罔著，而能屈强荆吴，僭拟年岁者，抑有由也。然霸王之道，期于大者远者，是以先王建德义之基，恢信顺之宇，制经略之纲，明贵贱之序，易简而其亲可久，体全而其功可大，岂委瑣近务，邀利于当年哉？《语》曰：'虽小道，必有可观者焉，致远恐泥'，其是之谓乎！"

徐盛

原文

徐盛，字文向，琅邪莒[1]人也。遭乱[2]，客居吴，以勇气闻。孙权统事，以为别部司马，授兵五百人，守柴桑[3]长，拒黄祖。祖子射，尝率数千人下攻盛。盛时吏士不满二百，与相拒击，伤射吏士千余人，已乃开门出战，大破之。射遂绝迹，不复为寇。权以为校尉、芜湖令。复讨临城南阿[4]山贼有功，徙中郎将，督校兵[5]。

曹公出濡须，从权御之。魏尝大出横江，盛与诸将俱赴讨。时乘蒙冲，遇迅风，船落敌岸下。诸将恐惧，未有出者，盛独将兵，上突斫敌，敌披[6]退走，有所伤杀。风止便还，权大壮之。及权为魏称藩[7]，魏使邢贞拜权为

译文

徐盛，字文向，琅邪郡莒县人。他因为家乡遭逢战乱，客居吴地，以勇敢胆大为人所知。孙权统管国事的时候，任命徐盛为别部司马，授予兵卒五百人，并代理柴桑县县长，抵御黄祖。黄祖的儿子黄射，曾率领数千人沿江而下攻击徐盛。当时徐盛统率的官兵不足二百人，他们据城抵抗敌人，杀伤黄射一千多官兵，随后徐盛打开城门大举出击，大破敌军。黄射从此销声匿迹，不敢再来侵犯。孙权又任命徐盛为校尉，并担任芜湖县县令。后来他又因讨伐临城县南方山区的山贼有功，升任中郎将，督率五校尉。

曹操出兵濡须口时，徐盛跟随孙权前往抵御。当时魏军大举出兵横江，徐盛与诸将一同前往迎战。当时他们乘着蒙冲战舰进发，不幸遇上暴风，船只漂到了敌方岸边。众将领都感到十分恐惧，没有人敢下船，只有徐盛独自率领士兵冲上岸去杀敌，杀得敌人败退逃散，他有所斩获。大风停后他们很快回到南岸，孙权对他的勇壮大为赞赏。后来孙权向魏称臣，魏国

吴王。权出都亭[8]候贞，贞有骄色，张昭既怒，而盛忿愤。顾谓同列曰：“盛等不能奋身出命，为国家并许洛，吞巴蜀，而令吾君与贞盟，不亦辱乎！”因涕泣横流。贞闻之，谓其旅曰：“江东将相如此，非久下人者也。”

派使者邢贞来江东册封孙权为吴王。孙权亲自前往都邑郊外的传舍迎候邢贞，邢贞神色骄恣，张昭对此十分恼怒，而徐盛更是愤怒。他转头对同僚说：“我们都不能奋身拼命，为国家吞并许洛、巴蜀，而让主君屈尊与邢贞盟誓，不也太耻辱了吗？”说罢涕泪横流。邢贞闻言，便对一同前来的人说：“江东有这样的文臣武将，绝不会久居人下啊。”

今注　1 莒(jǔ)：秦汉时期县名，治今山东莒县。　2 乱：指黄巾之乱。　3 柴桑：汉代县名，治今江西九江柴桑区。　4 阿(ē)：指山阿，山丘曲折处。　5 校兵：指五校尉所统属的士兵。　6 披：即散开，指受到攻击溃散。　7 称藩：指吴黄武元年(222)魏文帝曹丕册封孙权为吴王一事。　8 都亭：指都邑郊外供往来人马休息整顿的传舍。

后迁建武将军，封都亭侯，领庐江太守，赐临城县为奉邑。刘备次西陵，盛攻取诸屯，所向有功。曹休出洞口[1]，盛与吕范、全琮渡江拒守。遭大风，船人多丧，盛收余兵，与休夹江。休使兵将就船攻盛，盛以少御多，敌不能克，各引

徐盛后来迁任建武将军，封都亭侯，兼领庐江太守，获赐临城县作为奉邑。刘备进攻孙吴驻扎西陵时，徐盛攻下了敌方不少屯营，所到之处均立有战功。曹休出兵洞口，徐盛与吕范、全琮渡江前去拒守。当时遭遇大风，船上不少士兵因此丧命，徐盛便收集剩下的兵力，与曹休隔江对峙。曹休派兵将靠近战船进攻徐盛，徐盛以少对多，敌军不能取胜，双方最后各自退军。

军退。

迁安东将军，封芜湖侯。后魏文帝大出，有渡江之志[2]，盛建计从建业筑围，作薄落[3]，围上设假楼[4]，江中浮船。诸将以为无益，盛不听，固立之。文帝到广陵，望围愕然，弥漫数百里，而江水盛长，便引军退。诸将乃伏[1]。黄武中卒。子楷，袭爵领兵。

徐盛又迁任安东将军，受封为芜湖侯。后来魏文帝亲率大军出动，有渡江南下的意图，徐盛献计从建业起沿着长江高筑围墙，建造藩篱，围墙上设置许多用于伪装的望楼，同时派战船在江中巡游。众将都认为这样做没什么用处，但徐盛不听，仍然坚持这样安排。魏文帝抵达广陵时，望见对岸坚固的防护围墙绵延数百里，十分惊愕，而江水又正在暴涨，只得率领大军撤退。众将都佩服徐盛的策略。徐盛在黄武年间去世。他的儿子徐楷，继承了父亲的爵位并接替他领兵。

今注　**1** 洞口：亦名“洞浦”“洞口浦”。在今安徽和县南，临长江。　**2** 渡江之志：指魏国渡江南下吞并吴国的意图。这里指魏黄初五年(224)曹丕巡幸广陵、治水军，准备征讨吴国一事。　**3** 薄落：古时指用于军事防御的藩篱或栅栏。　**4** 假楼：指用于伪装的望楼。

裴注　[**1**] 干宝《晋纪》所云“疑城”，已注《孙权传》。《魏氏春秋》云：“文帝叹曰：‘魏虽有武骑千群，无所用也。’”

潘璋

原文

潘璋，字文珪，东郡[1]发干[2]人也。孙权为

译文

潘璋，字文珪，东郡发干县人。孙权做阳羡县县长时，他开始跟随孙权。他生

阳羡长，始往随权。性博荡嗜酒，居贫，好赊酤[3]，债家至门，辄言后豪富相还。权奇爱之，因使召募，得百余人，遂以为将。讨山贼有功，署别部司马。后为吴大市刺奸[4]，盗贼断绝，由是知名，迁豫章西安长。刘表在荆州，民数被寇，自璋在事，寇不入境。

比县建昌起为贼乱，转领建昌，加武猛校尉，讨治恶民，旬月尽平，召合遗散，得八百人，将还建业。合肥之役，张辽奄至，诸将不备，陈武斗死，宋谦、徐盛皆披走。璋身次在后，便驰进，横马斩谦、盛兵走者二人，兵皆还战。权甚壮之，拜偏将军，遂领(百)〔五〕校，屯半州。

性好赌放荡，酷爱饮酒，但家中贫穷，于是经常赊账买酒，债主上门的时候，他总是说等以后富贵了就还钱。孙权特别喜爱他，因此让他自行招募兵卒，得到一百多人，于是任命他为将领。潘璋因征讨山贼立有战功，被任命为别部司马。后来他任吴县大集市的刺奸，使得当地盗贼绝迹，由此出了名，迁任豫章郡西安县县长。刘表任荆州牧时，西安县百姓屡次受到盗贼侵扰，而自潘璋上任之后，盗贼再也没有入境侵犯。

邻近的建昌县有盗贼作乱，潘璋便改任建昌县县令之职，加授武猛校尉，前去惩治当地的刁民，一个月之内便将其全部平定，然后将那些逃散的叛民集合起来，共得到八百人，并将这些人带回建业。在合肥战役中，张辽突然袭来，众将领毫无防备，陈武力战而死，宋谦、徐盛军都兵败而逃。潘璋在全军后面，见状便策马上前，横过马头斩杀宋谦、徐盛军中的两名逃兵，士兵们才纷纷回头参战。孙权对潘璋之举十分赞赏，于是任命他为偏将军，统率五校营，驻屯在半州。

今注 1 东郡:秦汉时期郡名,治濮阳(今河南濮阳西南)。 2 发干:汉代县名,治今山东莘县。 3 赊酤(shē gū):指赊账买酒。 4 刺奸:督察奸吏,后为行使此种职责的官名。汉王莽始设,东汉、魏、晋因之。

权征关羽,璋与朱然断羽走道[1],到临沮[2],住夹石。璋部下司马马忠禽羽,并羽子平、都督赵累等。权即分宜都[3]巫、秭归[4]二县为固陵郡,拜璋为太守、振威将军,封溧阳[5]侯。甘宁卒,又并其军。刘备出夷陵,璋与陆逊并力拒之,璋部下斩备护军冯习等,所杀伤甚众,拜平北将军、襄阳太守。

魏将夏侯尚等围南郡,分前部三万人作浮桥,渡百里洲上。诸葛瑾、杨粲并会兵赴救,未知所出,而魏兵日渡不绝。璋曰:"魏势始盛,江水又浅,未可与战。"便将所领,到魏上流五十里,伐苇数百万束,缚作大筏,

孙权征讨关羽的时候,潘璋与朱然一同前去阻截关羽的退路,大军行至临沮,在夹石驻扎。潘璋部下的司马马忠生擒了关羽以及其子关平、都督赵累等人。孙权随即分出宜都郡的巫县和秭归县设置固陵郡,任命潘璋为郡太守、振威将军,封溧阳侯。甘宁去世后,潘璋又接管了他的人马。刘备出兵夷陵,潘璋与陆逊合力抵御,潘璋的部下斩杀了刘备的护军冯习等人,杀伤了大量敌军,他因此升任平北将军、襄阳太守。

魏军将领夏侯尚等围攻南郡,分派先头部队三万人在长江上架设浮桥,通过浮桥行进到百里洲上,诸葛瑾、杨粲一同集中兵力前往救援,但不知如何对付魏军,而魏军却每天不断地渡桥而来。潘璋说:"魏军兵势正盛,这时江水又浅,不可与之交战。"便率领自己的部下,前往魏军上游五十里处,砍伐了数百万束芦苇,捆成大筏,准备顺流而下后放火烧毁魏军浮桥。这些筏子才做

欲顺流放火，烧败浮桥。作筏适毕，伺水长[6]当下，尚便引退。璋下备陆口。权称尊号，拜右将军。

好，打算等水一涨起来就放到下游，但这时夏侯尚已经率军撤退了。潘璋便顺势到下游的陆口驻防。孙权称帝后，任命潘璋为右将军。

今注　**1** 走道：出入的通道。此指撤退路线。　**2** 临沮(jǔ)：汉代县名，属南郡。治今湖北远安。　**3** 宜都：秦汉三国时期郡名，属荆州，汉末为刘备所有，后为吴国所占领，治所在今湖北宜昌东南长江北岸。　**4** 巫、秭归：均为秦汉三国时期县名，巫县治今重庆巫山北，秭归县治今湖北秭归。　**5** 溧阳：秦汉时期县名，属会稽郡，治今江苏溧阳。　**6** 长：上涨。

璋为人粗猛，禁令肃然，好立功业。所领兵马不过数千，而其所在常如万人。征伐止顿，便立军市，他军所无，皆仰取足。然性奢泰[1]，末年弥甚，服物僭拟[2]。吏兵富者，或杀取其财物，数不奉法。监司举奏，权惜其功而辄原不问。嘉禾三年卒。子平，以无行[3]徙会稽。璋妻居建业，赐田宅，复客五十家。

潘璋为人粗鲁勇猛，军中禁令整肃，喜好建功立业。他所带领的兵马不过几千人，但他的营地却常常像有万人的规模。每当征战告一段落时，潘璋便会设立军需市场，其他军队所短缺的物资，都可以靠军需市场进行补充。但潘璋生性奢侈无度，晚年更加厉害，衣着器用都有僭越之嫌。一些富有的官兵，他有时会将其杀死以夺取其财物，多次不遵奉法令。监察部门检举他的行为，孙权总是爱惜他有功而原谅他，免予追查。潘璋在嘉禾三年(234)去世。他的儿子潘平，因品行不端被流放会稽。潘璋的妻子居住在建业，孙权赐给她田地和住宅，又赐给她免除徭役的佃客五十家。

今注 1 奢泰：指奢侈。 2 服物僭(jiàn)拟：指大臣的服装、器物的规模超过规定。僭拟，越分妄比。 3 无行：指品行不端。

丁奉

原文

丁奉，字承渊，庐江安丰[1]人也。少以骁勇为小将，属甘宁、陆逊、潘璋等。数随征伐，战斗常冠军[2]。每斩将搴[3]旗，身被创夷，稍迁偏将军。孙亮即位，为冠军将军，封都亭侯。

魏遣诸葛诞、胡遵等攻东兴[4]，诸葛恪率军拒之。诸将皆曰："敌闻太傅自来，上岸必遁走[5]。"奉独曰："不然。彼动其境内，悉许、洛兵大举而来，必有成规[6]，岂虚还[7]哉？无[8]恃敌之不至，恃吾有以胜之。"及恪上岸，奉与将军唐咨、吕据、留赞等，俱从山西上。奉

译文

丁奉，字承渊，庐江郡安丰县人。年轻时因骁勇善战当上了小将，曾先后隶属甘宁、陆逊、潘璋等人。他多次随军作战，战斗时常常充当全军先锋。他每每斩将拔旗，多次受伤，逐渐迁任偏将军。孙亮即位后，丁奉担任冠军将军，受封为都亭侯。

魏国派遣诸葛诞、胡遵等人攻打东兴，诸葛恪率军前往抵御。军中诸将都奉承诸葛恪说："敌军听说太傅亲自领兵前来，我们一上岸，他们肯定就会逃走。"唯独丁奉说："不是这样的。魏国在全境进行动员，把许昌、洛阳的兵力都调来大举进犯，一定是有充分的谋划，岂会空手而归？不要指望敌人不会来，而要依靠我们的谋略来取胜。"到诸葛恪上岸时，丁奉与将军唐咨、吕据、留赞等都沿着山的西面而上。丁奉说："如今各军行动缓慢，如果让敌人占据了有

曰："今诸军行迟，若敌据便地[9]，则难与争锋矣。"乃辟诸军使下道，帅麾下三千人径进。时北风，奉举帆二日至，遂据徐塘。天寒雪，敌诸将置酒高会，奉见其前部兵少，相谓曰："取封侯爵赏，正在今日！"乃使兵解铠著胄，持短兵。敌人从而笑焉，不为设备。奉纵兵斫之，大破敌前屯。会据等至，魏军遂溃。迁灭寇将军，进封都乡侯。

利地势，就难以与他们争锋了。"于是命令其他各军下船走陆路，自己率领部下三千人加速挺进。当时正刮北风，丁奉令各船升起船帆，两天就抵达了目的地，立即占领了徐塘。天气严寒，正下大雪，敌军诸将正摆酒举行宴会，丁奉看到敌人前锋部队兵力少，就对部下们说："想要封侯领赏，就在今天！"于是让士卒解去铠甲，只戴头盔，手持短兵器进击。敌人见状大笑，根本不做防备。丁奉让士兵放开手脚全力砍杀，大破敌军前锋的营寨。正好吕据等人率军赶到，魏军于是溃败。丁奉因此迁任灭寇将军，晋封为都乡侯。

今注　1 安丰：初为县，属庐江郡，后析庐江郡而置安丰郡，治安冈，在今安徽霍邱西南。　2 冠军：指列于诸军之首。　3 搴(qiān)：拔。　4 攻东兴：指公元252年（魏嘉平四年，吴建兴元年）的东兴之战，魏国出动十五万大军，兵分三路，由司马昭担任都督、元帅、监军，统领诸葛诞、胡遵、毌丘俭、王昶等人攻打吴国东兴、南郡、武昌，其中攻打东兴的主力军兵力达七万人，吴国方面则由太傅诸葛恪率军四万迎击。最终魏军战败，司马昭因此被削去侯爵。由于司马昭在晋朝被追尊为晋文帝，所以这里为尊者讳，略去不提。　5 遁走：指逃走。　6 成规：指既定的计划，已经做好的谋划。　7 虚还：指空手而归。　8 无：通"毋"。　9 便地：指有利的地形。

魏将文钦来降，以奉为虎威将军，从孙峻至寿春迎之，与敌追军战于高亭。奉跨马持矛，突入其阵中，斩首数百，获其军器。进封安丰侯。太平二年，魏大将军诸葛诞据寿春来降，魏人围之。遣朱异、唐咨等往救，复使奉与黎斐解围。奉为先登，屯于黎浆，力战有功，拜左将军。孙休即位，与张布谋，欲诛孙綝[1]，布曰："丁奉虽不能吏书[2]，而计略过人，能断大事。"休召奉告曰："綝秉国威[3]，将行不轨[4]，欲与将军诛之。"奉曰："丞相兄弟友党甚盛，恐人心不同，不可卒制[5]。可因腊会[6]，有陛下兵以诛之也。"休纳其计，因会请綝，奉与张布目左右斩之。迁大将军，加左右都护。

魏国将军文钦前来投降，朝廷任命丁奉为虎威将军，随从孙峻前往寿春迎接文钦，并与敌人的追兵在高亭交战。丁奉骑马持矛，冲入敌军阵中，斩杀了数百人，还缴获了敌军兵器。于是晋封为安丰侯。太平二年(257)，魏国大将军诸葛诞据守寿春城投降吴国，魏军便发兵围攻寿春。吴国派遣朱異、唐咨等前往救援，接着又派丁奉与黎斐去解围。丁奉为先锋，驻扎在黎浆，因奋力战斗有功，升任左将军。孙休登基后，与张布谋划诛杀孙綝。张布说："丁奉虽不懂书写官府的文书，但谋略过人，能决断大事。"孙休便召见丁奉，告知说："孙綝操持国柄，要图谋不轨，因此朕想借助将军之力一起除掉他。"丁奉说："丞相兄弟的友人党徒甚多，恐怕人心各有向背，不能一下子制服，可以借着腊日的集会，用陛下的卫兵将他杀死。"孙休采纳了他的计策，在腊祭大会群臣时请孙綝前来，丁奉与张布用眼神示意左右兵士斩杀了孙綝。丁奉因此升任大将军，加授左右都护。

今注　1 欲诛孙綝:孙休与张布合谋诛杀孙綝一事,在吴国永安元年(258)十二月。　2 吏书:指官府的文书。　3 秉国威:指操弄国家大权。　4 不轨:越出常轨,不合法度。此指篡位。　5 卒(cù)制:指一下子制服。卒,通“猝”。　6 腊会:指腊祭之日的宴会。汉魏时期腊祭一般在冬至之后的第三个戌日举行。

永安三年,假节,领徐州牧。六年,魏伐蜀,奉率诸军向寿春,为救蜀之势。蜀亡,军还。休薨,奉与丞相濮阳兴[1]等从万彧[2]之言,共迎立孙晧。迁右大司马、左军师。宝鼎三年,晧命奉与诸葛靓攻合肥。奉与晋大将石苞书,构而间之[3],苞以征还。建衡元年,奉复帅众治徐塘,因攻晋谷阳。谷阳民知之,引去,奉无所获。晧怒,斩奉导军。三年,卒。奉贵而有功,渐以骄矜[4]。或有毁之者。晧追以前出军事,徙奉家于临川。奉弟封,官至后将军,先奉死。

永安三年(260),丁奉被授予节杖,兼领徐州牧。永安六年(263),魏军征伐蜀国,丁奉率领各军向寿春进发,形成救援蜀国的声势。蜀国灭亡,丁奉便率军返回。孙休去世后,丁奉与丞相濮阳兴等听从万彧之言,共同迎立孙晧。丁奉迁任右大司马、左军师。宝鼎三年(268),孙晧命令丁奉与诸葛靓进攻合肥。丁奉写信给晋国大将石苞,构陷离间他,石苞因此被晋朝召还。建衡元年(269),丁奉再次率军在徐塘筑城,打算以此为据点进攻晋国的谷阳。谷阳百姓闻讯,全部撤离,丁奉最终一无所获。孙晧因此大怒,处死了丁奉军中的向导。建衡三年(271),丁奉去世。他地位尊贵,又立有大功,渐渐地骄傲自负起来。他死后,有人诋毁他。孙晧便追查他以前出师无功而返之事,将其家属流放到临川。丁奉的弟弟丁封,官做到后将军,在丁奉之前去世。

今注 1 濮阳兴(？— 264)：复姓濮阳，字子元，陈留(治今河南开封)人，三国时期吴国大臣，吴国末年官至丞相。孙晧即位后受谮毁被流放广州，途中被孙晧追杀。 2 万彧(yù，？—272)：字文彬，三国时期吴国末年大臣，与濮阳兴、张布共立孙晧为帝，官至右丞相。曾与孙晧有深交，但因密谋废立之事被迫自杀。 3 构而间之：指虚构事实、挑拨离间。 4 骄矜：指骄傲自满。

评曰：凡此诸将，皆江表之虎臣，孙氏之所厚待也。以潘璋之不修[1]，权能忘过记功，其保据东南，宜哉！陈表将家支庶[2]，而与胄子名人比翼齐衡[3]，拔萃出类，不亦美乎！

评论说：本传所记载的诸位将军，都是江东的虎臣，受到孙氏的厚待。像潘璋那样的不修养品行，孙权能够做到忘却其过失，只铭记其功劳，孙氏牢牢地据守东南一方，是理所当然的啊！而陈表这样的将门庶子，能够与贵胄之子、名流士人并列，成为出类拔萃的人物，不也是一桩美事吗？

今注 1 不修：不修养品行，行为不端。 2 支庶：嫡子以外的旁支。此指庶子。 3 比翼：引申为齐头并进。齐衡：等同，不相上下。

卷五十六　吴书十一

朱治朱然吕范朱桓传

导读　本卷是朱治、朱然、吕范、朱桓四人的合传，并附录了吕据、朱异、施绩等人的事迹。这几人都是有名的将领，曾为吴国的统治做出重要贡献，同时他们又具备出众的政治才干，在各自的职任上取得了较为显著的政绩。总体而言，本卷的诸位传主，无论是从出身、经历，还是从性格、处境等方面来看，联系并不算特别紧密。陈寿将他们的传记编为一篇，是为了在全篇的末尾阐述人的遭遇不同，并不主要是由性格或行为造成的，而是由所处的时局所决定这一观点。

朱治

原文

朱治，字君理，丹阳故鄣[1]人也。初为县吏，后察孝廉，州辟从事，随孙坚征伐。中平五年，拜司马，从讨长沙、零、桂等三郡贼周朝、苏马等，有功，坚表治行都尉。从破董卓于阳人[2]，入洛阳。表治行督军校尉，特将步骑，

译文

朱治，字君理，丹阳郡故鄣县人。他最初做县吏，后被察举为孝廉，州府辟召他为从事官，跟随孙坚征战讨伐。中平五年(188)，朱治被任命为司马，随军征讨长沙、零陵、桂阳三郡的盗贼周朝、苏马等人，立下了战功，孙坚便上表让朱治担任都尉。又跟随孙坚在阳人击败董卓，进军洛阳。孙坚上表让朱治担任督军校尉，专门统率步兵、骑兵，向

东助徐州牧陶谦[3]讨黄巾。会坚薨，治扶翼[4]策，依就袁术。后知术政德不立，乃劝策还平江东。时太傅马日磾[5]在寿春，辟治为掾。迁吴郡都尉。

东进军，援助徐州牧陶谦讨伐黄巾军。孙坚去世之后，朱治辅佐孙策，前去投奔袁术。后来知道袁术根本不能以德为政，便劝说孙策回军平定江东。当时太傅马日磾在寿春，就征辟朱治为掾。朱治又迁任吴郡都尉。

今注　1 丹阳故鄣：汉代郡名，汉代治宛陵（今安徽宣城），三国吴移治建业（今南京）。故鄣，位于今浙江安吉县。　2 阳人：又称“阳人聚”，位于今河南汝州。　3 陶谦（132—194）：字恭祖，丹阳郡人，东汉末年群雄之一。东汉黄巾之乱中，陶谦担任徐州刺史，平定徐州黄巾军，并在当地推行屯田，恢复生产，晚年被曹操击败，忧郁而死。　4 扶翼：指辅佐。5 马日磾（mì dī）：字翁叔，扶风茂陵人，经学大师马融的族孙，东汉末年大臣，以经学入仕，累官至谏议大夫、太傅。

是时，吴景已在丹阳，而策为术攻庐江。于是刘繇恐为袁、孙所并，遂构嫌隙。而策家门尽在州下，治乃使人于曲阿迎太妃及权兄弟，所以供奉辅护，甚有恩纪[1]。治从钱唐[2]欲进到吴，吴郡太守许贡拒之于由拳[3]，治与战，大破之。贡南就山贼严白虎，治遂入郡，领太守事。策既走刘

当时，吴景已经抵达丹阳，而孙策又正为袁术进攻庐江。刘繇便担心被袁术、孙策所吞并，因而与孙策结下仇怨。而孙策的家族全都在扬州居住，朱治便派人把孙策母亲吴太妃及孙权等兄弟们接到曲阿，一路尽心供奉护卫，十分有恩情。朱治从钱唐出兵，打算进军吴郡，吴郡太守许贡在由拳县进行抵抗，朱治与之交战后，将其击败。许贡向南逃遁，依附于山贼严白虎，朱治于是进入吴郡，担任太守一职。孙策击退

繇，东定会稽。权年十五，治举为孝廉。后策薨，治与张昭等共尊奉权。

刘繇后，又东进平定了会稽。孙权十五岁时，朱治察举他为孝廉。后来孙策去世，朱治与张昭等人共同尊奉孙权。

今注　1 恩纪：即恩情。　2 钱唐：古县名。属会稽郡，唐代为避国号讳改为钱塘，在今浙江杭州。　3 由拳：古县名。在今浙江嘉兴。

建安七年，权表治为九真太守，行扶义将军，割娄、由拳、无锡、毗陵为奉邑，置长吏。征讨夷越，佐定东南，禽截黄巾余类陈败、万秉等。黄武元年，封毗陵侯，领郡如故。二年，拜安国将军，金印紫绶，徙封故鄣。权历位上将[1]，及为吴王，治每进见，权常亲迎，执版交拜[2]，飨宴赠赐，恩敬特隆，至从行吏，皆得奉贽私觌[3]，其见异如此。

建安七年(202)，孙权上表让朱治担任九真太守，兼领扶义将军，分出娄县、由拳、无锡、毗陵作为他的奉邑，并准许他自行设置官吏。朱治先后征讨夷越，辅佐孙权平定东南，又将黄巾军的余党陈败、万秉等抓获。黄武元年(222)，朱治被封为毗陵侯，仍旧担任郡守。黄武二年(223)，朱治被任命为安国将军，赐予金印紫绶，转封故鄣县。孙权称大将军，做吴王时，朱治每次进见，孙权时常亲自迎接，不但持笏板行礼，还设宴款待，赠赐礼物，对朱治恩惠礼遇格外隆重，以至于其随从官吏，都可以携带礼物私下觐见，朱治就是如此受到特殊的优待。

今注　1 历位上将：实际上是指魏黄初二年(221)，孙权向魏称藩后，获封为吴王、大将军一事。　2 执版交拜：手执笏板，相互叩拜，是古代平辈相见的一种礼仪。　3 奉贽私觌：奉贽，进献礼物；私觌，指非正式场合的会面。

初，权弟翊，性峭急[1]，喜怒快意，治数责数，谕以道义。权从兄豫章太守贲，女为曹公子妇，及曹公破荆州，威震南土，贲畏惧，欲遣子入质。治闻之，求往见贲，为陈安危[1]，贲由此遂止。权常叹治忧勤王事。性俭约，虽在富贵，车服惟供事[2]。权优异之，自令督军御史[3]典属城文书，治领四县租税而已。然公族子弟及吴四姓多出仕郡，郡吏常以千数，治率数年一遣诣王府，所遣数百人。每岁时献御，权答报过厚。

起初，孙权弟弟孙翊脾气暴躁，是个急性子，喜怒之情随心所欲地表现在外，朱治因此多次加以责备，用道义来教导劝谕他。孙权堂兄豫章太守孙贲的女儿，是曹操的儿媳，曹操攻破荆州的时候，军势威震南方，孙贲十分畏惧，想让儿子去做人质。朱治听说后，便去求见孙贲，向他陈述安危存亡的道理，孙贲这才打消了念头。孙权常赞叹朱治为国家大事担忧操劳。朱治生性俭约，虽身处富贵，但其车驾官服只在办公事时使用。孙权对他特别优待，亲命督军御史负责办理朱治封地的公文，朱治只需坐收四县租税即可。然而贵族子弟及吴郡四大家族大多在郡府任职，导致郡中官员常多达千人，朱治大致每隔几年就会调遣一次人员供给王府，所遣者有几百人，此外每年还会按时令进贡，而孙权则答以特别优厚的回报。

今注 1 峭急：严厉急躁。 2 供事：指用于公事。 3 督军御史：东汉三国时期职官，是由御史临时奉命负责地方军政，孙权时较多见。

裴注 [1]《江表传》载治说贲曰："破虏将军昔率义兵入讨董卓，声冠中夏，义士壮之。讨逆继世，廓定六郡，特以君侯骨肉至亲，器为时生，故表汉朝，剖符大郡，兼建将校，仍关综两府，荣冠宗室，为远近所瞻。加讨虏聪明神武，继承洪业，揽结英雄，周济世务，军众日盛，事业日隆，虽昔萧王之在河北，无以加也，必克成王基，应运东南。故刘玄德远布腹心，求见拯救，此天下所共知也。前在东，闻道路之言，云将军有异趣，良用怃然。今曹公阻兵，倾覆汉室，幼帝流离，百姓元元未知所归。而中国萧条，或百里无烟，城邑空虚，道殣相望，士叹于外，妇怨乎室，加之以师旅，因之以饥馑，以此料之，岂能越长江与我争利哉？将军当斯时也，而欲背骨肉之亲，违万安之计，割同气之肤，啖虎狼之口，为一女子，改虑易图，失机毫厘，差以千里，岂不惜哉！”

是时丹阳深地[1]，频有奸叛，亦以年向老，思恋土风，自表屯故鄣，镇抚山越。诸父老故人，莫不诣门，治皆引进，与共饮宴，乡党以为荣。在故鄣岁余，还吴。黄武三年卒，在郡三十一年，年六十九。

当时丹阳郡的腹地，时常有盗贼叛乱，朱治也因逐渐年老，思恋故土，于是上表自请驻屯故鄣，前去平定山越。原先的父老乡亲们得知朱治回来，无不前去登门造访，朱治把他们全请进家门，一起宴饮，乡亲们都为此感到荣耀。朱治在故鄣待了一年多，又回到吴郡。在黄武三年(224)的时候去世，他在吴郡三十一年，享年六十九岁。

子才，素为校尉领兵，既嗣父爵，迁偏将军[1]。才弟纪，权以策女妻之，亦以校尉领兵。纪弟纬、万岁，皆早夭。才子琬，袭爵为将，至镇西将军。

朱治的儿子朱才，长期担任校尉领兵，继承父亲爵位之后，升任偏将军。朱才的弟弟朱纪，孙权将孙策的女儿嫁给他为妻，也以校尉职位领兵。朱纪弟弟朱纬、朱万岁，都不幸早夭。朱才的儿子朱琬继承爵位为将，最后官至镇西将军。

今注　1 深地：即腹地。

裴注 [1]《吴书》曰:“才字君业,为人精敏,善骑射,权爱异之,常侍从游戏。少以父任为武卫校尉,领兵随从征伐,屡有功捷。本郡议者以才少处荣贵,未留意于乡党,才乃叹曰:‘我初为将,谓跨马蹈敌,当身履锋,足以扬名,不知乡党复追迹其举措乎!’于是更折节为恭,留意于宾客,轻财尚义,施不望报。又学兵法,名声始闻于远近。会疾卒。”

朱然

原文

朱然,字义封,治姊子也,本姓施氏。初治未有子,然年十三,乃启策乞以为嗣。策命丹阳郡以羊酒召然,然到吴,策优以礼贺。然尝与权同书学,结恩爱。至权统事,以然为余姚1长,时年十九。后迁山阴2令,加折冲校尉,督五县。权奇其能,分丹阳为临川郡,然为太守[1],授兵一千人。会山贼盛起,然平讨,旬月而定。

译文

朱然,字义封,是朱治姐姐的儿子,本来姓施。起初,朱治没有儿子,朱然十三岁时,朱治启奏孙策请求将朱然过继为嗣子。孙策命令丹阳郡备齐羊、酒,征召朱然,朱然抵达吴郡时,孙策亲自以优厚的礼仪为之庆贺。朱然曾与孙权同窗读书,结下深厚的情谊。到孙权统御国事的时候,任命朱然为余姚县长,当时他只有十九岁。后升任山阴县令,加授折冲校尉,督察五个县的军务。孙权为他的才能感到惊异,便分割出丹阳郡的一部分另设临川郡,任命朱然为郡太守,授予他一千名士兵。此时正逢山贼四处作乱,朱然带兵讨伐,一个月内就将他们全部平定。

今注 1 余姚:在今浙江余姚。 2 山阴:在今浙江绍兴。

裴注 ［1］臣松之案：此郡寻罢，非今临川郡。

曹公出濡须，然备大坞及三关屯，拜偏将军。建安二十四年，从讨关羽，别与潘璋到临沮禽羽，迁昭武将军，封西安乡侯。虎威将军吕蒙病笃，权问曰："卿如不起，谁可代者？"蒙对曰："朱然胆守有余，愚以为可任。"蒙卒，权假然节，镇江陵。黄武元年，刘备举兵攻宜都，然督五千人与陆逊并力拒备。然别攻破备前锋，断其后道，备遂破走。拜征北将军，封永安侯。

魏遣曹真、夏侯尚、张郃等攻江陵[1]，魏文帝自住宛，为其势援，连屯[2]围城。权遣将军孙盛督万人备州上，立围坞，为然外救。郃渡兵攻盛，盛不能拒，即时欲退，郃据州

曹操出兵濡须口，朱然负责守备大坞与三关屯，并被任命为偏将军。建安二十四年(219)，朱然跟随孙权征讨关羽，又与潘璋率军到临沮，生擒关羽，被升任昭武将军，封爵西安乡侯。虎威将军吕蒙病重，孙权就问他说："您如果病重不起，谁能接替呢？"吕蒙回答说："朱然胆识操守过人，我认为他可胜任。"吕蒙去世后，孙权便授予朱然符节镇守江陵。黄武元年(222)，刘备发动大军进攻宜都，朱然率领五千人与陆逊合力抗击刘备。朱然又单独击破刘备的前锋部队，截断他们的退路，刘备于是大败而归。朱然因功被授予征北将军，封爵永安侯。

魏国派遣曹真、夏侯尚、张郃等进攻江陵，魏文帝曹丕则亲自进驻宛县，作为魏国军队的后盾，并将驻屯的军营首尾相连包围城池。孙权派遣将军孙盛率领一万人在江中沙洲设防，建造围坞，作为朱然的外援。张郃率兵渡江进攻孙盛，孙盛难以抵挡，当即想要退兵，张郃便顺势占领洲上的防御工事，

上围守，然中外断绝。权遣潘璋、杨粲等解而围不解。时然城中兵多肿病，堪战者裁[3]五千人。真等起土山，凿地道，立楼橹[4]临城，弓矢雨注，将士皆失色，然晏如[5]而无恐意，方厉[6]吏士，伺间隙攻破两屯。魏攻围然凡六月日，未退。江陵令姚泰领兵备城北门，见外兵盛，城中人少，谷食欲尽，因与敌交通，谋为内应。垂发，事觉，然治戮泰。尚等不能克，乃彻[7]攻退还。由是然名震于敌国，改封当阳侯。

朱然便与城外部队失去了联系。孙权派遣潘璋、杨粲等前去救援，却没法解围。这时朱然城中士兵大多罹患浮肿病，能够作战的仅有五千人。曹真等部队在城外不远堆起土山，挖掘地道，搭建楼橹，将箭矢像雨水一样射进城内，吴国将士都大惊失色，唯独朱然安然镇定，毫无恐慌之意，仍然激励官兵，趁着敌军进攻的空隙还攻破对方两座军营。魏军围攻朱然长达六个月，还未退兵。江陵县令姚泰率兵防守城北门，他看见外面敌人兵势强盛，而城中人少，粮草将要消耗殆尽，便与敌军私通信息，图谋为敌军内应。正要行动的时候，事情暴露，朱然便将姚泰治罪处死。夏侯尚等迟迟未能攻克，只得撤围退军。朱然从此名声威震敌国，改封为当阳侯。

今注　1 江陵:在今荆州市江陵故城。　2 连屯:指依照前后相连的阵势安扎军营。　3 裁:通“才”。　4 楼橹:一种用于侦察、防御或攻城的高台军械，士兵可藏身其中发射箭矢。　5 晏如:安然自若。　6 厉:通“励”。勉励。　7 彻:通“撤”。撤退。

六年，权自率众攻石阳[1]，及至旋师，潘璋断后。夜出错乱，敌追

黄武六年(227)，孙权亲自率军进攻石阳，等到回军的时候，潘璋负责断后。不料夜里军中出现差错，敌军追击潘璋，

击璋，璋不能禁。然即还住拒敌，使前船得引极远，徐乃后发。黄龙元年，拜车骑将军、右护军，领兖州牧。顷之，以兖州在蜀分，解牧职。嘉禾三年，权与蜀克期大举，权自向新城，然与全琮各受斧钺，为左、右督。会吏士疾病，故未攻而退。

潘璋无法抵挡。朱然当即率军返回，停下抵御敌人的攻击，使前面船队得以安全行驶到很远处，才慢慢开船出发。黄龙元年(229)，朱然被任命为车骑将军、右护军，兼领兖州牧。不久，因为兖州在蜀国名下，所以解去了州牧的职务。嘉禾三年(234)，孙权与蜀国约定日期大规模举兵进攻魏国，孙权亲自率军向新城进发，朱然与全琮则各受孙权所赐斧钺，担任左、右督军。不过恰逢军中疫疾流行，所以尚未发动进攻便先行退兵了。

赤乌五年，征租中2[1]，魏将蒲忠、胡质各将数千人，忠要遮3险隘，图断然后，质为忠继援。时然所督兵将先四出，闻问不暇收合，便将帐下见兵八百人逆掩4。忠战不利，质等皆退[2]。九年，复征租中，魏将李兴等闻然深入，率步骑六千断然后道，然夜出逆之，军以胜反。

赤乌五年(242)，吴军征讨租中，魏国将领蒲忠、胡质各自率领数千人，蒲忠把守住险要关隘，企图截断朱然部队的退路，胡质则作为蒲忠的后援。当时朱然先已向四处派遣率领的兵将，得知这一消息后来不及将他们召集回来重新整编，便只率军营中现有的八百人迎头冲击。蒲忠交战不利，只得与胡质等一同退兵。赤乌九年(246)，朱然再次征讨租中，魏国将领李兴等人听说朱然孤军深入，便率领步兵、骑兵共六千人想要截断朱然的后路，不料朱然趁夜出兵反击，部队竟能得胜返回。

今注 1 石阳：在今湖北武汉黄陂区西。 2 租(jū)中：古地区名，位于今湖北南漳县境内。 3 要遮：指拦截、把守。 4 逆掩：指迎头进攻。

裴注 [1]《襄阳记》曰:“柤音如租税之租。柤中在上黄界,去襄阳一百五十里。魏时夷王梅敷兄弟三人,部曲万余家屯此,分布在中庐宜城西山鄢、沔二谷中,土地平敞,宜桑麻,有水陆良田,沔南之膏腴沃壤,谓之柤中。” [2] 孙氏《异同评》曰:“《魏书》及《江表传》云:然以景初元年、正始二年再出为寇,所破胡质、蒲忠在景初元年。《魏志》承《魏书》,依违不说质等为然所破,而直云然退耳。《吴志》说赤乌五年,于魏为正始三年,魏将蒲忠与朱然战,忠不利,质等皆退。按《魏少帝纪》及《孙权传》,是岁并无事,当是陈寿误以吴嘉禾六年为赤乌五年耳。”

先是,归义[1]马茂[2]怀奸,觉诛,权深忿之。然临行上疏曰:“马茂小子,敢负恩养。臣今奉天威,事蒙克捷,欲令所获,震耀远近,方舟塞江,使足可观,以解上下之忿。惟陛下识臣先言,责臣后效。”权时抑表不出。然既献捷,群臣上贺,权乃举酒作乐,而出然表曰:“此家前初有表,孤以为难必[3],今果如其言,可谓明于见事也。”遣使拜然为左大司马、右军师。

此前,降将马茂心怀奸谋,事发后被论罪处死,孙权对此十分怨恨。朱然临行前上疏说:“马茂这个小人,胆敢辜负圣恩的厚待。臣今天奉承天威,战事定能获胜,我一定要让此战所获得的战果,使远近震惊并得到显耀,战船布满大江,场面足够令人叹为观止,以此来消解我国君臣上下的愤恨。希望陛下记住臣在此事先所言,考察臣此后所取得的成效。”孙权得到朱然的奏表后,扣下来不让旁人知晓。等到朱然报捷,群臣上朝祝贺,孙权举行酒宴欢饮时,才取出朱然的奏表说:“这位早早就上过了奏表,我以为他难以做到,现在结果当真如他所言,真可谓是明白地预见了事情发展。”于是遣使任命朱然为左大司马、右军师。

今注 1 归义:指投降的将领。 2 马茂:初为魏淮南钟离县长,后叛归吴。赤乌八年(245),与朱贞等密谋,欲乘孙权射猎之时占据宫廷及石头坞投魏,事觉被诛。 3 难必:难以达成。

然长不盈七尺[1],气候[2]分明,内行修洁。其所文采,惟施军器,余皆质素。终日钦钦[3],常在战场,临急胆定[4],尤过绝人。虽世无事,每朝夕严鼓[5],兵在营者,咸行装就队,以此玩[6]敌,使不知所备,故出辄有功。诸葛瑾子融,步骘子协,虽各袭任,权特复使然总为大督。又陆逊亦卒,功臣名将存者惟然,莫与比隆。寝疾二年,后渐增笃,权昼为减膳,夜为不寐,中使医药口食之物,相望于道。

然每遣使表疾病消息,权辄召见,口自问讯,入赐酒食,出送布帛。自创业功臣疾病,

朱然身高不足七尺,但他的神态风度光明磊落,涵养品行纯美。他只将华丽的装饰用于军械,其他方面都保持朴素。朱然为人终日恭谨,常常投身战场,面临危急之时总能大胆镇定,这方面远超常人。即使在没有战事的时候,他也每天早晚击戒严鼓,军营的士兵全都整装待发,他以这种方法迷惑敌人,使敌人不知道如何防备,所以只要出击就能取得战功。诸葛瑾的儿子诸葛融,步骘的儿子步协,虽各自接替了父亲的职位,孙权又特地让朱然担任大都督统率他们。到陆逊也去世之后,功臣名将里仅存者唯有朱然,无人能与其地位相匹。朱然卧病两年,后病情逐渐加重,孙权深感忧虑,白天减食,夜里难寐,派去了许多送医药食物的人,他们在往返的道路上都能互相看见。

朱然每次派人上表汇报自己的病情,孙权都要召见使者亲自询问,入宫时便赐予酒食,离开则赠送布帛。所有

权意之所钟，吕蒙、凌统最重，然其次矣。年六十八，赤乌十二年卒，权素服举哀，为之感恸。子绩嗣。

创业功臣中有人患病，孙权心中最为关切的，首先是吕蒙、凌统，其次就是朱然。赤乌十二年(249)，朱然去世，享年六十八岁，孙权亲着丧服举哀，为之深感悲痛。其子朱绩继承了爵位。

今注 **1** 七尺：汉代一尺约合今23厘米，七尺约为161厘米。 **2** 气候：这里指人的神态风度。 **3** 钦钦：谨慎戒惧貌。 **4** 胆定：指镇定、有胆量。 **5** 严鼓：指击戒严鼓。 **6** 玩：这里指迷惑。

绩，字公绪，以父任为郎，后拜建忠都尉。叔父才卒，绩领其兵，随太常潘濬讨五溪[1]，以胆力称。迁偏将军营下督，领盗贼事，持法不倾。鲁王霸注意[2]交绩，尝至其廨[3]，就之坐，欲与结好，绩下地住立，辞而不当。然卒，绩袭业，拜平魏将军，乐乡督。

朱绩，字公绪，因父亲功绩任为郎官，后来转任建忠都尉。叔父朱才去世之后，朱绩接管了其部队，跟随太常潘濬征讨五溪，以胆气魄力为人所称道。此后迁任偏将军营下督，负责管理盗贼事宜，执法公平，不偏不倚。鲁王孙霸有意与朱绩结交，曾亲自到朱绩公署，挨着朱绩坐下，想和他结为好友，但朱绩立刻下地侍立，连连辞谢，不敢接受。朱然去世，朱绩继承了他的职位和部队，后又被任命为平魏将军、乐乡督。

明年，魏征南将军王昶率众攻江陵城，不克而退。绩与奋威将军诸葛融书曰："昶远来疲困，马无所食，力屈而

第二年，魏国征南将军王昶率军攻打江陵城，未能战胜而撤退。朱绩在写给奋威将军诸葛融的信中说："王昶远道而来，疲惫困乏，马匹缺乏草料，部队受挫而退走，这是上天在帮助我们。现在如果要

走，此天助也。今追之力少，可引兵相继，吾欲破之于前，足下乘之于后，岂一人之功哉，宜同断金之义[4]。”融答许绩。绩便引兵及昶于纪南，纪南去城三十里，绩先战胜而融不进，绩后失利。权深嘉绩，盛责怒融，融兄大将军恪贵重，故融得不废。初绩与恪、融不平，及此事变，为隙益甚。

追击他们，兵力还缺少一些，您可带兵随后而来，我想在前面击溃他们，您只需乘势由后掩杀，这可就不只是一个人的功劳了，应当是我们二人协力之功。”诸葛融答应了朱绩。朱绩便率军追踪王昶，一直到纪南，纪南离江陵城有三十里，但当朱绩在前面取胜的时候，诸葛融却没有进兵，导致朱绩后来失利。孙权深深称赞了朱绩，而极为愤怒地斥责了诸葛融，只因诸葛融的兄长大将军诸葛恪当时位高权重，诸葛融才没有遭到废黜。原本朱绩就与诸葛恪、诸葛融不和，经此变故，双方怨结变得更深了。

【今注】 1 五溪：即“五溪蛮”，东汉至宋时对分布在今湘西及贵州、重庆、湖北交界处沅江上游少数民族的总称。因其地有五条溪流（雄溪、樠溪、酉溪、沅溪、辰溪）而得名。 2 注意：这里指有意。 3 廨（xiè）：指官署。 4 断金之义：出自《易·系辞上》：“二人同心，其利断金。”表示同心协力之义。

建兴元年，迁镇东将军。二年春，恪向新城，要绩并力，而留置半州，使融兼其任。冬，恪、融被害[1]，绩复还乐乡，假节。太平二年，

建兴元年(252)，朱绩迁任镇东将军。建兴二年(253)春，诸葛恪向新城出兵，与朱绩相约合力出击，实际上却将朱绩留在半州，改让诸葛融兼领朱绩的职务。当年冬天，诸葛恪、诸葛融兄弟被杀，朱绩又回到乐乡，获授符节。太平二年(257)，朱绩

拜骠骑将军。孙綝秉政，大臣疑贰[2]，绩恐吴必扰乱，而中国乘衅，乃密书结蜀，使为并兼之虑。蜀遣右将军阎宇将兵五千，增白帝守，以须绩之后命。永安初，迁上大将军、都护督，自巴丘上迄西陵[3]。元兴元年，就拜左大司马。初，然为治行丧竟，乞复本姓，权不许，绩以五凤中表还为施氏，建衡二年卒。

被任命为骠骑将军。但是孙綝专擅朝政，大臣们疑惑不定，朱绩担忧吴国长此以往必有动乱，而让中原的魏国趁机而入，于是秘密给蜀国写信，与之结交，让蜀国考虑吴蜀两国联合之事。蜀国得信后，派遣右将军阎宇率领五千士兵，增强白帝城的守备，等待朱绩的后续信息。永安初年，朱绩升任上大将军、都护督，从巴丘溯江而上到西陵去驻防。元兴元年(264)，朱绩在当地就任左大司马。起初，朱然为朱治守丧完毕后，就乞求恢复自己本来的姓氏，孙权不允许，朱绩于五凤年间上表，请求恢复为施姓，获得了许可，他后来在建衡二年(270)去世。

今注　**1** 恪、融被害：建兴二年(253)，孙峻暗中联合吴主孙亮，将诸葛恪及其党羽以赴宴为名诱入宫中，将其杀害。孙休即位除掉权臣孙綝后，下诏为诸葛恪平反。　**2** 疑贰：疑惑不定。　**3** 自巴丘上迄西陵：巴丘，在今湖南岳阳；西陵，在今湖北宜昌。二者都是长江沿线地名，前者位于下游，后者位于上游，所以说“自巴丘上迄西陵”。

吕范

原文

吕范，字子衡，汝南细阳人也。少为县吏，

译文

吕范，字子衡，汝南细阳人。他年轻时在县里做小吏，相貌颇为英俊。同县人有容观姿貌。邑人刘氏，家富女美，范求之。女母嫌，欲勿与，刘氏曰：“观吕子衡，宁当久贫者邪？”遂与之婚。后避乱寿春，孙策见而异之，范遂自委昵[1]，将私客[2]百人归策。时太妃在江都，策遣范迎之。徐州牧陶谦谓范为袁氏觇候，讽县掠考[3]范，范亲客健儿篡取[4]以归。时唯范与孙河常从策，跋涉辛苦，危难不避，策亦亲戚待之，每与升堂[5]饮宴于太妃前。

后从策攻破庐江，还俱东渡，到横江、当利，破张英、于麋，下小丹阳[6]、湖孰，领湖孰相。策定秣陵、曲阿，收笮融、刘繇余众，增范兵二千，骑五十匹。后领宛陵令，讨破丹阳贼，还吴，迁都督[1]。

刘氏，家中富有，女儿貌美，吕范便去其家中求婚。刘氏母亲嫌弃吕范，不想同意这门婚事，但刘氏说：“你看吕子衡的样貌，哪里像是会一直贫穷的人呢？”于是让女儿和吕范结了婚。后来吕范到寿春躲避战乱，孙策见到他觉得非同常人，吕范于是主动亲近孙策，率领上百名门客归附孙策。当时孙策母亲吴太妃在江都，孙策就派遣吕范前去迎接护送。徐州牧陶谦认为吕范是袁术派来窥探情况的，暗示县令去拷问吕范，吕范门客中的健儿们将吕范救了出来。当时，只有吕范与孙河两人经常跟随在孙策身边，跋山涉水，历经艰苦，四处征战，不避危难，而孙策也将他们当作亲人来对待，常带他们一起进入家中后堂，在母亲吴太妃面前宴饮。

吕范后来跟随孙策攻破庐江，并一同东渡长江返回，抵达横江、当利时，击败了张英、于麋，又攻克了小丹阳、湖孰等地，吕范就兼领了湖孰相。孙策平定秣陵、曲阿后，收编了笮融、刘繇的残余部队，给吕范增添了二千名兵员、五十匹军马。后来吕范兼领宛陵县令，讨伐平定了丹阳地区的贼寇，返回吴郡后升任都督。

今注 1 委昵:亲近,依靠。 2 私客:古代地方大族的私人门客。 3 掠考:即“掠拷”,拷问。 4 篡取:即夺取,这里指解救。 5 升堂:即带领亲近之人进入家中后堂拜见自己的母亲。“升堂拜母”是东汉三国以来一种常见的结交友人的仪式。 6 小丹阳:古代地名,为秦代所设丹阳县,汉代改秦鄣郡为丹阳郡,治宛陵;三国时吴国将丹阳郡改治建业,原丹阳县俗称为小丹阳,位于今江苏南京江宁区与安徽马鞍山博望区交界处。

裴注 [1]《江表传》曰:“策从容独与范棊,范曰:‘今将军事业日大,士众日盛,范在远闻,纲纪犹有不整者,范愿暂领都督,佐将军部分之。’策曰:‘子衡,卿既士大夫,加手下已有大众,立功于外,岂宜复屈小职,知军中细碎事乎!’范曰:‘不然。今舍本土而托将军者,非为妻子也。欲济世务,犹同舟涉海,一事不牢,即俱受其败。此亦范计,非但将军也。’策笑,无以答。范出,便释褠,著袴褶,执鞭,诣阁下启事,自称领都督,策乃授传,委以众事。由是军中肃睦,威禁大行。”

是时,下邳陈瑀自号吴郡太守,住海西[1],与强族严白虎交通。策自将讨虎,别遣范与徐逸攻瑀于海西,枭其大将陈牧[1]。又从攻祖郎[2]于陵阳,太史慈于勇里。七县平定,拜征虏中郎将,征江夏,还平鄱阳。策薨,奔丧于吴。后权复征江夏,范与张昭留

当时,下邳人陈瑀自称吴郡太守,驻扎在海西,与地方豪强严白虎相互勾结。孙策亲自率军前去讨伐严白虎,另外派遣吕范与徐逸前去海西攻打陈瑀,将陈瑀的大将陈牧斩首示众。吕范又随军在陵阳攻克祖郎,在勇里击败太史慈。江东七县平定后,吕范被任命为征虏中郎将,先征讨江夏,返回后又平定了鄱阳。孙策去世的时候,吕范回到吴郡去奔丧。后来孙权再度征江夏,吕范与张昭负责留守吴郡。曹操进军赤壁的时候,

守。曹公至赤壁，与周瑜等俱拒破之，拜裨将军，领彭泽太守，以彭泽、柴桑、历阳为奉邑。

刘备诣京见权，范密请留备。后迁平南将军，屯柴桑。权讨关羽，过范馆，谓曰："昔早从卿言，无此劳也。今当上取之，卿为我守建业。"权破羽还，都武昌，拜范建威将军，封宛陵侯，领丹阳太守，治建业，督扶州以下至海，转以溧阳、怀安、宁国为奉邑。曹休、张辽、臧霸等来伐，范督徐盛、全琮、孙韶等，以舟师拒休等于洞口[3]。迁前将军，假节，改封南昌侯。时遭大风，船人覆溺，死者数千，还军，拜扬州牧。

吕范与周瑜等一同抵御并击溃了曹操的大军，此后吕范被任命为裨将军，兼领彭泽太守，并以彭泽、柴桑、历阳作为他的奉邑。

刘备前往京口拜访孙权时，吕范暗中建议孙权趁机将刘备扣留下来，但孙权没有这样做。后来吕范升任平南将军，在柴桑驻屯。孙权征讨关羽时，路过吕范官署，对他说："当初如果早听您的话，现在就不需这样劳师动众了。如今我要到上游去攻打荆州，您替我好好防守建业。"孙权大破关羽后回军，迁都武昌，任命吕范为建威将军，封爵宛陵侯，兼领丹阳太守，其治所设在建业，督察扶州以南直至滨海地区，其奉邑改为溧阳、怀安、宁国。魏国将领曹休、张辽、臧霸等前来征讨，吕范督率徐盛、全琮、孙韶等部，在洞口以水军抵挡曹休等的进攻。升任前将军，持有节杖，改封南昌侯。当时遭遇大风，船只覆没，兵卒溺水而死者多达数千人，吕范不得已撤军，被任命为扬州牧。

今注 1 海西：在今江苏灌云县。 2 祖郎：东汉末活跃于丹阳一带的山越势力头领，多次率军与孙策交战，互有胜负，最终投降孙策。 3 洞口：在今湖南邵阳。

裴注 [1]《九州春秋》曰:"初平三年,扬州刺史陈祎死,袁术使瑀领扬州牧。后术为曹公所败于封丘,南人叛瑀,瑀拒之。术走阴陵,好辞以下瑀,瑀不知权,而又怯,不即攻术。术于淮北集兵向寿春。瑀惧,使其弟公琰请和于术。术执之而进,瑀走归下邳。"

性好威仪,州民如陆逊、全琮及贵公子,皆修敬虔肃,不敢轻脱。其居处服饰,于时奢靡,然勤事奉法,故权悦其忠,不怪其侈[1]。初,策使范典主[1]财计,权时年少,私从有求,范必关白[2],不敢专许,当时以此见望。权守阳羡长,有所私用,策或料覆[3],功曹周谷辄为傅著[4]簿书,使无谴问。权临时悦之,及后统事,以范忠诚,厚见信任,以谷能欺更簿书,不用也。

吕范生性喜好威严庄重,州里人如陆逊、全琮及其他贵族公子,都格外敬重他,不敢轻佻造次。吕范的居所和服饰,尽管按当时风尚是属于比较奢靡的,然而他勤勉公事,遵纪守法,所以孙权欣赏他忠心耿耿,便没有责怪他的奢侈。起初,孙策让吕范负责管理财务,孙权当时还年轻,有时让吕范私下给些钱财,吕范必定向孙策禀报,不敢擅自答应孙权的要求,当时他因此收获了良好的声望。孙权担任阳羡县长时,有私自挪用财物的情况,孙策有时对他进行审查,功曹周谷就将孙权的花销记在另外一本账簿上,使孙策无法核查责问。孙权当时对周谷的做法感到很高兴,但到后来他自己掌管国事的时候,则因为吕范忠诚,对他特别信任,而以周谷欺瞒上司偷换账簿,将他撤职不用。

黄武七年,范迁大司马,印绶未下,疾卒。权素服举哀,遣使者追赠印绶。及还都建业,权过范墓呼曰:"子

黄武七年(228),吕范升任大司马,还没来得及授予印章和绶带,便生病去世了。孙权身着丧服致哀,并派遣使者追授印绶。到重新迁都建业的时候,孙权路过

衡!”言及流涕,祀以太牢5[2]。范长子先卒,次子据嗣。

吕范墓前,大声喊道:“子衡!”一边说一边流泪,并用太牢之礼祭祀他。吕范的长子早夭,次子吕据继承了爵位。

今注 1 典主:掌管,统理。 2 关白:禀告,报告。 3 料覆:指核查。 4 傅著:同“附著”,指另外登记。 5 太牢:古代君主进行祭祀时所用的祭品,牛、羊、猪三牲齐备称为“太牢”,一般是祭祀天地、祖先时才使用。孙权为吕范祭祀而使用太牢,可谓极尽哀荣之礼。

裴注 [1]《江表传》曰:“人有白范与贺齐奢丽夸绮,服饰僭拟王者,权曰:‘昔管仲逾礼,桓公优而容之,无损于霸。今子衡、公苗,身无夷吾之失,但其器械精好,舟车严整耳。此适足作军容,何损于治哉?’告者乃不敢复言。” [2]《江表传》曰:“初,权移都建业,大会将相文武,时谓严畯曰:‘孤昔叹鲁子敬比邓禹,吕子衡方吴汉,闻卿诸人未平此论,今定云何?’畯退席曰:‘臣未解指趣,谓肃、范受饶,褒叹过实。’权曰:‘昔邓仲华初见光武,光武时受更始使,抚河北,行大司马事耳,未有帝王志也。禹劝之以复汉业,是禹开初议之端矣。子敬英爽有殊略,孤始与一语,便及大计,与禹相似,故比之。吕子衡忠笃亮直,性虽好奢,然以忧公为先,不足为损。避袁术自归于兄,兄作大将,别领部曲,故忧兄事,乞为都督,办护修整,加之恪勤,与吴汉相类,故方之。皆有指趣,非孤私之也。’畯乃服。”

据,字世议,以父任为郎,后范寝疾,拜副军校尉,佐领军事。范卒,迁安军中郎将,数讨山贼,诸深恶剧地1,所击皆

吕据,字世议,因父亲之功出任郎官,后来吕范重病卧床不起的时候,吕据被任命为副军校尉,辅助统领诸军事。吕范去世后,吕据升任安军中郎将,多次征讨山贼,各种深山老林险峻之地,他所

破。随太常潘濬讨五溪，复有功。朱然攻樊，据与朱異破城外围，还拜偏将军，入补马闲[2]右部督，迁越骑校尉。太元元年，大风，江水溢流，渐淹城门，权使视水，独见据使人取大船以备害。权嘉之，拜荡魏将军。权寝疾，以据为太子右部督。太子即位，拜右将军。

到之处都能破敌取胜。他曾跟随太常潘濬讨伐五溪，又立下了战功。朱然进攻樊城的时候，吕据与朱異攻破该城的外围，返回后被任为偏将军，入朝补任马闲右部督，升任越骑校尉。太元元年(251)，狂风大作，长江水势泛滥，逐渐淹到城门附近，孙权派人视察水情，只见吕据正派人移来大船防备敌人的进攻。孙权便对他进行嘉奖，任命他为荡魏将军。孙权病重卧床的时候，任命吕据为太子右部督。太子孙亮即位后，任命吕据为右将军。

今注 1 深恶剧地：指地势深入险要的地方。 2 马闲：即马厩，这里为管理军马的部门。

魏出东兴，据赴讨有功。明年，孙峻杀诸葛恪，迁据为骠骑将军，平西宫[1]事。五凤二年，假节，与峻等袭寿春，还遇魏将曹珍，破之于高亭。太平元年，帅师侵魏，未及淮，闻孙峻死，以从弟綝自代。据大怒，引军还，欲废綝。綝闻之，

魏国出兵东兴的时候，吕据奔赴征讨，立有战功。次年，孙峻杀死诸葛恪，升任吕据为骠骑将军，兼管西宫事务。五凤二年(255)，授予吕据节杖，与孙峻等一同攻打寿春，返回的路上与魏将曹珍遭遇，在高亭将其击破。太平元年(256)，吕据率军伐魏，部队还未前进到淮河，便得到消息说孙峻已死，让他的堂弟孙綝接替职位。吕据闻讯大怒，引军返回，打算废黜孙綝。孙綝得知此事，便派

使中书[2]奉诏，诏文钦、刘纂、唐咨等使取据，又遣从兄宪以都下兵逆据于江都[3]。左右劝据降魏，据曰："耻为叛臣。"遂自杀。夷三族。

中书令手捧皇帝诏书，同时命令文钦、刘纂、唐咨等人前往攻打吕据，又派自己的堂兄孙宪率京城的部队在江都迎击。吕据身边的人劝他投降魏国，吕据则说："我耻为叛臣。"于是便自杀了。事后，孙綝诛杀了他的三族。

今注　**1** 西宫：具体所指有争议，一说为武昌宫，一说为建业之西宫。**2** 中书：古代官署名，此为"中书令"的省称。在汉末三国时期，中书属于内廷的宦官机构，负责整理宫内诏书等文件，其主官为中书令。　**3** 江都：位于今江苏扬州江都区。

朱桓

原文

朱桓，字休穆，吴郡吴人也。孙权为将军，桓给事幕府，除余姚长。往遇疫疠，谷食荒贵[1]，桓分部良吏，隐亲[2]医药，飧粥[3]相继，士民感戴之。迁荡寇校尉，授兵二千人，使部伍吴、会二郡，鸠合[4]遗散，期年之间，得万余人。后丹阳、鄱阳山贼蜂起，攻没城郭，杀

译文

朱桓，字休穆，吴郡吴县人。孙权做将军的时候，朱桓在其幕府中供职，被任命为余姚县长。朱桓赴任后正好赶上当地瘟疫流行，加上闹饥荒导致粮价昂贵，朱桓分派属下贤能的官吏去各地慰劳，让他们亲自去给民众发放医药，不断地供应粥饭，因此士人百姓都对他感恩戴德。后来升任荡寇校尉，被授予两千名兵士，同时让他去吴郡、会稽两地募兵，募集散兵游勇，一年之间，朱桓就得到一万多人。后来丹阳、鄱阳山贼蜂拥而

略长吏，处处屯聚。桓督领诸将，周旋赴讨，应皆平定。稍迁裨将军，封新城亭侯。

起，攻城略地，杀害官吏，到处都是他们屯兵的营寨。于是朱桓督率诸将，转战征讨，所到各处相继平定。不久后升任裨将军，封爵新城亭侯。

今注 1 荒贵：指因饥荒引发的粮价上涨。 2 隐亲：指古代官长亲自办理某事，或亲自抚恤赈灾。 3 飧(sūn)粥：此处指粥饭。 4 鸠合：集合。

后代周泰为濡须督。黄武元年，魏使大司马曹仁步骑数万向濡须，仁欲以兵袭取州上，伪先扬声，欲东攻羡溪。桓分兵将赴羡溪，既发，卒得仁进军拒濡须七十里间。桓遣使追还羡溪兵，兵未到而仁奄至[1]。时桓手下及所部兵，在者五千人，诸将业业[2]，各有惧心，桓喻之曰："凡两军交对，胜负在将，不在众寡。诸君闻曹仁用兵行师，孰与桓邪？兵法所以称客倍而主人半[3]者，谓俱在平

朱桓后来接替周泰出任濡须督。黄武元年(222)，魏国派遣大司马曹仁率领步兵、骑兵数万人进军濡须口，曹仁打算派兵袭击濡须口水洲上的吴军营寨，却先放出假消息说要东进攻打羡溪。朱桓分拨部分兵力赶赴羡溪守备，部队出发后，突然得知曹仁已进军至距濡须仅七十里的消息。朱桓赶紧命人去召回派往羡溪的部队，部队尚未抵达，曹仁大军已突然杀来。当时朱桓手下以及所部兵卒，留在原地的只剩五千人，将领们胆战心惊，都感到十分害怕，但朱桓跟他们分析说："但凡两军对阵，胜负取决于将领，而不在于兵卒多少。各位所听说曹仁用兵作战的才能，与我朱桓相比如何？兵法上所说的客军超过守军一倍的情况，那是说双方都在平原地带交战，没有城

原，无城池之守，又谓士众勇怯齐等故耳。今仁既非智勇，加其士卒甚怯，又千里步涉，人马罢困[4]。桓与诸军，共据高城，南临大江，北背山陵，以逸待劳，为主制客，此百战百胜之势也。虽曹丕自来，尚不足忧，况仁等邪！”

池可以据守，而且是指双方的士兵士气勇怯相同的情况而已。如今曹仁既非智勇双全，加上他手下的士兵都很怯懦，又经过长达千里的跋涉，人马早已疲惫困顿。而我与各位将领所率的部队，共同据守高地上的城郭，南面临着大江，北面背靠山陵，以逸待劳，作为主军完全可以钳制客军，这正是百战百胜的优势。即使曹丕亲自前来，也丝毫不值得忧虑，更何况只是曹仁等人呢！”

今注 1 奄至：忽然来到。 2 业业：恐惧状。 3 客倍而主人半：出自《孙膑兵法·客主人分》：“客倍主人半，然可敌也。”指守方兵力只有攻方兵力一半的情况下也足以应敌。 4 罢(pí)困：疲惫困顿。罢，通“疲”。

桓因偃旗鼓，外示虚弱，以诱致仁。仁果遣其子泰攻濡须城，分遣将军常雕督诸葛虔、王双等，乘油船[1]别袭中洲。中洲者，部曲妻子所在也。仁自将万人留橐皋[2]，复为泰等后拒。桓部兵将攻取油船，或别击雕等，桓等身自拒泰，烧营而退，遂枭雕，

朱桓因而命令部队偃旗息鼓，外表上显示出自己兵力薄弱的样子，以此诱骗曹仁前来。曹仁果然派遣他的儿子曹泰攻打濡须城，又分派将军常雕督率诸葛虔、王双等人，乘船另外取道袭击中洲。中洲是朱桓属下将领家眷所在的地方。曹仁亲自率领一万人防守橐皋，同时作为曹泰等人的后援。朱桓派部下的兵将攻下了魏军的船只，又另派人前去袭击常雕等人，朱桓等则亲自在前线抵御曹泰，魏军不敌，只得烧毁军营后退，于是朱桓将

生虏双，送武昌，临阵斩溺，死者千余。权嘉桓功，封嘉兴侯，迁奋武将军，领彭城相。

常雕斩首示众，并生擒王双，押送到武昌，在此战中被斩杀和溺死的曹军达千余人之多。孙权嘉奖朱桓的功绩，封他为嘉兴侯，升任奋武将军，并兼领彭城相。

今注 1 油船：即舶船，泛指船只。 2 橐皋(tuó gū)：在今安徽巢湖市西北柘皋镇。

黄武七年，鄱阳太守周鲂谲诱[1]魏大司马曹休，休将步骑十万至皖城以迎鲂。时陆逊为元帅，全琮与桓为左、右督，各督三万人击休。休知见欺，当引军还，自负众盛，邀于一战。桓进计曰："休本以亲戚见任[2]，非智勇名将也。今战必败，败必走，走当由夹石、挂车，此两道皆险厄，若以万兵柴[3]路，则彼众可尽，而休可生虏，臣请将所部以断之。若蒙天威，得以休自效，便可乘胜长驱，进取寿春，割有淮南，以规许、洛，此

黄武七年(228)，鄱阳太守周鲂假意投降，诱骗魏国大司马曹休，曹休率领步兵和骑兵大军十万人到皖城来迎接周鲂。当时陆逊为元帅，全琮与朱桓为左、右督，各自督率三万人迎击曹休。曹休反应过来，知道自己受骗，原本应当撤军返回，但他自恃兵力众多，决定截击吴军与之一战。朱桓献计说："曹休本来就是由于亲属关系才得到任用的，并非智勇双全的名将。此战他必定会失败逃走，逃跑时会经过夹石、挂车，而这两个地方的道路都十分险要，如果用一万兵卒拦路建造营垒，就可以将敌军全数歼灭，也可以生擒曹休，所以臣请求率领部下前去断其退路。如果能蒙受天威加持，擒获曹休来证明这番计策的成效，便可以乘胜长驱直上，攻下寿春，夺取淮南之地，甚至可以谋划许昌、洛阳，此乃万世

万世一时,不可失也。”权先与陆逊议,逊以为不可,故计不施行。

一遇的良机,不可失去。”孙权先就此与陆逊商议,但陆逊认为不可行,所以朱桓的计策未能实现。

今注 1 谲(jué)诱:指欺诈诱骗。 2 以亲戚见任:曹休为曹操族子,曹丕临终时遗诏任命其为辅政大臣,魏明帝即位后晋位大司马。 3 柴:通“寨”,即守卫用的栅栏和营垒。

黄龙元年,拜桓前将军,领青州牧,假节。嘉禾六年,魏庐江主簿吕习请大兵自迎,欲开门为应。桓与卫将军全琮俱以师迎。既至,事露,军当引还。城外有溪水,去城一里所[1],广三十余丈,深者八九尺,浅者半之,诸军勒兵渡去,桓自断后。时庐江太守李膺整严兵骑,欲须诸军半渡,因迫击之。及见桓节盖[2]在后,卒不敢出。其见惮如此。

黄龙元年(229),朱桓被任命为前将军,兼领青州牧,持有节杖。嘉禾六年(237),魏国的庐江主簿吕习请求吴国派大军前往,自己将作为内应打开城门迎接。朱桓与卫将军全琮一起率军前去接应吕习。但军队到达后,事情败露,部队应当返回。庐江城外有溪水,距城一里左右,宽达三十多丈,深处约八九尺,浅处则约为深处一半,吴军各部队渡水离开,而朱桓亲自断后。当时庐江太守李膺正严整兵马,准备趁吴军渡过一半的时候,趁势发动袭击。当他见到朱桓的伞盖位于队伍后方,最终还是不敢出击。朱桓就是这般令人畏惧。

今注 1 所:这里指左右、大概。 2 节盖:指古代持符节或节杖的大将所使用的伞盖。

是时，全琮为督，权又令偏将军胡综宣传诏命，参与军事。琮以军出无获，议欲部分[1]诸将，有所掩袭。桓素气高，耻见部伍[2]，乃往见琮，问行意，感激[3]发怒，与琮校计。琮欲自解，因曰："上自令胡综为督，综意以为宜尔。"桓愈恚恨，还乃使人呼综。综至军门，桓出迎之，顾谓左右曰："我纵手，汝等各自去。"有一人旁出，语综使还。

当时，全琮担任都督，孙权又命令偏将军胡综负责传达诏令，参与军事筹划。全琮因大军出击一无所获，便在军事会议上打算部署各将领，策划偷袭行动。朱桓一向心高气傲，羞于被他人所指挥，便前去见全琮，询问行动的意图，争辩过程中一时激动，发起火来，与全琮计较争执。全琮想为自己开脱，便说："陛下亲自任命胡综为都督，是胡综的意思说可以这样干。"朱桓更加恼怒，回来后就派人去叫胡综前来。胡综来到军门，朱桓出来前去迎接他，并且对手下的人说："我放开手脚干，你们都走开。"但这时有一人从旁边偷偷溜出去，告诉胡综让他回去。

今注 1 部分：这里指部署、安排。 2 部伍：这里也指部署。 3 感激：指激动。

桓出，不见综，知左右所为，因斫杀之。桓佐军进谏，刺杀佐军。遂托狂[1]发，诣建业治病。权惜其功能[2]，故不罪[1]。使子异摄领部曲，令医视护，数月复遣还中洲。权自出祖送[3]，

朱桓出来之后，没有见到胡综，便知道是手下的人通风报信，于是便将那人斩杀。他的佐军司马上前劝谏，又将佐军司马刺死。事后，朱桓假托狂病发作，回到建业治病。孙权因为爱惜他的功劳和才能，所以没有将他治罪。孙权让朱桓的儿子朱异代为统领军队，又命医生为他诊病看护，几个月后又派他返回中洲。临行时，

谓曰:“今寇虏尚存,王涂[4]未一,孤当与君共定天下,欲令君督五万人专当一面,以图进取,想君疾未复发也?”桓曰:“天授陛下圣姿,当君临四海,猥重任臣,以除奸逆,臣疾当自愈[2]。”

孙权亲自出城为朱桓饯行,对他说:“现在敌寇仍在,天下尚未统一,我应当与您一同平定天下,打算让您督率五万人独当一面,由此来谋划进取中原,您的病想必没有复发吧?”朱桓说:“上天授予陛下神圣的资质,就应当君临四海,辱没您授予我如此重任,让我去铲除奸逆,我的病必定能自己痊愈。”

今注 1 狂:即狂病,指精神失常一类疾病。 2 功能:指功劳和才能。 3 祖送:即祖饯,古代送别时在城外设宴饯行的仪式。这里指送行。 4 王涂:即“王途”,指统一天下的大业。涂,通“途”。

裴注 [1] 孙盛曰:“《书》云:‘臣无作威作福,作威作福,则凶于而家,害于而国。’桓之贼忍,殆虎狼也,人君且犹不可,况将相乎?语曰:‘得一夫而失一国。’纵罪亏刑,失孰大焉!” [2]《吴录》曰:“桓奉觞曰:‘臣当远去,愿一捋陛下须,无所复恨。’权冯几前席,桓进前捋须曰:‘臣今日真可谓“捋虎须”也。’权大笑。”

桓性护前[1],耻为人下,每临敌交战,节度不得自由,辄嗔恚[2]愤激。然轻财贵义,兼以强识[3],与人一面,数十年不忘,部曲万口,妻子尽识之。爱养吏士,

朱桓生性好袒护自己从前的错误,耻于落在人后,每当临阵与敌人交战的时候,因为受到军令约束不能自由出击,他就会发怒激愤。但是他轻财好义,而且记忆力超强,只要与人见过一面,几十年都不会忘记,部下士兵一万多人,他们的妻小他都能全部认识。他特别爱护手下的官兵,尽心赡养

赡护六亲，俸禄产业，皆与共分。及桓疾困，举营忧戚。年六十二，赤乌元年卒。吏士男女，无不号慕[4]。又家无余财，权赐盐五千斛以周丧事。子异嗣。

周护他们的亲属，自己所得俸禄和产业，全部都拿出来与他们一同分享。当朱桓病重的时候，全军上下都为他感到忧伤。赤乌元年(238)，朱桓去世，时年六十二岁。军中官兵及亲属男女，无不哀号思念。他家里没有积余的财产，孙权便赐给五千斛盐来接济他的丧事。他的儿子朱异继承了爵位。

今注 1 护前：袒护自己从前的错误。 2 嗔恚：指愤怒。 3 强识：指记忆力强。 4 号(háo)慕：指哀号思念。

异，字季文，以父任除郎[1]，后拜骑都尉，代桓领兵。赤乌四年，随朱然攻魏樊城，建计破其外围，还拜偏将军。魏庐江太守文钦营住六安，多设屯寨，置诸道要[1]，以招诱亡叛，为边寇害。异乃身率其手下二千人，掩破钦七屯，斩首数百，迁扬武将军。权与论攻战，辞对称意。

朱异，字季文，因父亲军功而出任郎官，后来担任骑都尉，接替朱桓统率军队。赤乌四年(241)，跟随朱然攻打魏国樊城，献计攻破樊城外围守备，返回后被任命为偏将军。魏国庐江太守文钦在六安扎营，将大量营寨设置在各条往来要道，以此来招纳引诱叛逃之人，成为边境的祸患。朱异于是亲自率领手下两千名兵士出击，摧毁文钦的七座营寨，斩杀数百人，于是升任扬武将军。孙权与他谈论攻战方面的事情，他的对答让孙权十分满意。

权谓异从父骠骑将

孙权对朱异的叔父骠骑将军朱据

军据曰:“本知季文胆定,见之复过所闻。”十三年,文钦诈降,密书与異,欲令自迎。异表呈钦书,因陈其伪,不可便迎。权诏曰:“方今北土未一,钦云欲归命,宜且迎之。若嫌其有谲[2]者,但当设计网以罗之,盛重兵以防之耳。”乃遣吕据督二万人,与異并力,至北界,钦果不降。建兴元年,迁镇南将军。是岁魏遣胡遵、诸葛诞等出东兴,異督水军攻浮梁[3],坏之,魏军大破[2]。太平二年,假节,为大都督,救寿春围,不解。还军,为孙綝所枉害[3]。

说:“我本来就知道季文胆气过人,见过他本人之后,觉得比传闻中更加厉害。”赤乌十三年(250),文钦诈降,秘密写信给朱異,想让朱異亲自去迎接他。朱異上表将文钦来信呈上,说明他是假意投降,不可立即前去迎接。孙权便下诏说:“如今北方土地尚未统一,文钦既说想要归顺,本可以去迎接。但如果怀疑他有诈,就应给他设下罗网,布置重兵来进行防备。”于是派遣吕据督率二万兵马,与朱異一同进发,到达北方边界时,发现文钦果然不投降。建兴元年(252),朱異升任镇南将军。同年,魏国派遣胡遵、诸葛诞等出兵东兴,朱異督率水军破坏了魏军浮桥,导致魏军大败。太平二年(257),朱異被授予节杖,出任大都督,率兵救援寿春之围,未能成功。回军之后,被孙綝陷害而死。

今注　1 道要:指交通要道。 2 谲(jué):诡诈,欺诳。 3 浮梁:即浮桥。

裴注　[1]《文士传》曰:“张惇子纯与张俨及異俱童少,往见骠骑将军朱据。据闻三人才名,欲试之,告曰:‘老鄙相闻,饥渴甚矣。夫騕褭以迅骤为功,鹰隼以轻疾为妙,其为吾各赋一物,然后乃坐。’俨乃赋犬曰:‘守则有威,出则有获,韩卢、宋鹊,书名竹帛。’纯赋席曰:‘席以冬设,簟为夏施,揖让而坐,君子攸宜。’異赋弩曰:‘南岳之干,钟山之铜,应机命中,获隼高墉。’三人各随其目所见而赋之，皆成而后坐，据大欢悦。” [2]《吴书》曰：“异又随诸葛恪围新城，城既不拔，异等皆言宜速还豫章，袭石头城，不过数日可拔。恪以书晓异，异投书于地曰：‘不用我计，而用傒子言！’恪大怒，立夺其兵，遂废还建业。” [3]《吴书》曰：“綝要异相见，将往，恐陆抗止之，异曰：‘子通，家人耳，当何所疑乎！’遂往。綝使力人于坐上取之。异曰：‘我吴国忠臣，有何罪乎？’乃拉杀之。”

评曰：朱治、吕范以旧臣任用，朱然、朱桓以勇烈著闻，吕据、朱異、施绩咸有将领之才，克绍堂构[1]。若范、桓之越隘[2]，得以吉终；至于据、异无此之尤[3]而反罹殃者，所遇之时殊也。

评论说：朱治、吕范因为是旧臣而获得任用，朱然、朱桓因为勇猛壮烈声闻远近，吕据、朱異、施绩都具备将领的才能，能够继承家族的功业。像吕范、朱桓这样有僭越之嫌又为人狭隘者，最后得以善终；而吕据、朱異等没有这方面问题的人，反而遭遇祸殃，这是因为他们所处的时代不一样啊。

今注 1 克绍堂构：指能够继承父祖的功业。 2 越隘：指僭越和狭隘。 3 尤：指过失。

卷五十七　吴书十二

虞陆张骆陆吾朱传

[导读] 本卷是虞翻、陆绩、张温、骆统、陆瑁、吾粲、朱据七人的合传。虞翻、陆绩是三国时期南方学术的代表人物，他们在《易》学和《太玄》之学方面都有很深的造诣。张温是吴国一流名士，起初很受孙权信任，后来因出使蜀国，受到蜀国君臣欣赏，而遭孙权猜忌。骆统、陆瑁是良吏之才，他们曾分别因张温案和孙权亲征公孙渊等事上奏谏诤，文辞华茂，论理正直，奏章的全文收录在本卷之中。吾粲和朱据则是孙权晚年的朝中重臣，在“二宫之争”中坚持传统伦理，采取支持太子的立场，受到谗毁而冤死。陈寿之所以将他们的传记合为一卷，除了他们在某些具体事件上有或多或少的直接关联，更重要的是认为他们均为正直而有才干的士人，但因时势不利而未得善终，表达了惋惜悲痛之情。

虞翻

[原文]

虞翻，字仲翔，会稽余姚人也[1]。太守王朗[1]命为功曹。孙策征会稽，翻时遭父丧，衰绖[2]诣府门，朗欲就之，翻乃脱衰入见，劝朗避策。朗不

[译文]

虞翻，字仲翔，会稽郡余姚县人。会稽太守王朗任命他为功曹。孙策征讨会稽时，虞翻正值父丧，他身着丧服来到郡府门前，王朗想把他接进府中，虞翻便脱去孝服入内拜见，力劝王朗避开孙策。但王朗没有听从他的建议，抵御孙

能用，拒战败绩，亡走[3]浮海。翻追随营护，到东部候官，候官长闭城不受，翻往说之，然后见纳[2]。朗谓翻曰："卿有老母，可以还矣[3]。"翻既归，策复命为功曹，待以交友之礼，身诣翻第[4]。

策与其交战，兵败，逃亡到了海上。虞翻追随王朗，一路保护着他，逃到东部的候官县，候官县长紧闭城门，不愿放他们进去，虞翻前去劝说他，王朗等人才获准进城。王朗对虞翻说："您家中还有老母亲，可以回去了。"虞翻返回之后，孙策仍然任命他为功曹，并按照朋友之礼来对待他，还亲自到他家中拜访。

今注　**1** 王朗：字景兴，最初受徐州刺史陶谦举为茂才，历任徐州治中从事、会稽太守。后拒绝为孙氏效力，辗转抵达许昌，受曹操征辟，魏国建立后，历任少府、奉常、御史大夫、司空等职位。　**2** 衰绖（cuī dié）：衰，同"缞"，指用粗麻布制成的衣服；绖，指系在头上或腰间的麻绳。衰绖合称，代指丧服。　**3** 亡走：即逃走。

裴注　［**1**］《吴书》曰："翻少好学，有高气。年十二，客有候其兄者，不过翻，翻追与书曰：'仆闻虎魄不取腐芥，磁石不受曲针，过而不存，不亦宜乎！'客得书奇之，由是见称。"　［**2**］《吴书》曰："翻始欲送朗到广陵，朗惑王方平记，言'疾来邀我，南岳相求'，故遂南行。既至候官，又欲投交州，翻谏朗曰：'此妄书耳，交州无南岳，安所投乎？'乃止。"　［**3**］《翻别传》曰："朗使翻见豫章太守华歆，图起义兵。翻未至豫章，闻孙策向会稽，翻乃还。会遭父丧，以臣使有节，不敢过家，星行追朗至候官。朗遣翻还，然后奔丧。而传云'孙策之来，翻衰绖诣府门，劝朗避策'，则为大异。"［**4**］《江表传》曰："策书谓翻曰：'今日之事，当与卿共之，勿谓孙策作郡吏相待也。'"

策好驰骋游猎，翻谏曰："明府用乌集之众，驱散附之士，皆得其死力，虽汉高帝不及也。至于轻出微行 1，从官不暇严，吏卒常苦之。夫君人者不重则不威，故白龙鱼服，困于豫且 2，白蛇自放，刘季 3 害之，愿少留意。"策曰："君言是也。然时有所思，端坐悒悒 4，有裨谌 5 草创之计，是以行耳[1]。"翻出为富春长。策薨，诸长吏并欲出赴丧，翻曰："恐邻县山民或有奸变，远委城郭，必致不虞。"因留制服行丧。诸县皆效之，咸以安宁[2]。后翻州举茂才，汉召为侍御史，曹公为司空辟，皆不就[3]。

孙策爱好骑马狩猎，虞翻劝谏说："您带着一帮乌合之众，指挥一批散兵游勇，却能让他们为您拼死效力，即使是汉高祖也比不上您的领袖才能。但是您随意便装出行，随从官员都来不及严整行装，官兵们常为此感到苦恼。作为君主，如果不自重，就不能树立威信，所以当年白龙从天上下凡变化为鱼，就被渔民豫且射中了眼睛；白蛇自我放纵，就被刘邦斩杀，所以希望您稍加注意。"孙策说："您说得对。然而我有时为了思考事情，只是端坐在家里会感到十分烦闷，就像裨谌一定要在野外谋划计策那样，所以才外出打猎。"不久后，虞翻出任富春县长。孙策去世的时候，县中的长官都想前去奔丧，虞翻则说："我担心邻县的山贼可能会有奸谋作乱，倘若我们都远离城郭，必然会招致不测。"于是留在县城里按照制度穿着丧服，为孙策服丧礼。于是各县都仿效他的做法，都能保持平安无事。后来虞翻被州里举荐为茂才，汉朝廷征召他做侍御史，曹操则征召他为司空掾，他一概拒绝就职。

今注　1 轻出微行：指轻装微服出行，不带侍卫随从。　2 豫且：春秋时宋国渔夫。刘向《说苑》中曾引述一则传说，载天帝的宠物白龙化身为鱼，下清泠之渊，被渔夫豫且射中了眼睛。　3 刘季：即刘邦。据《史记》记载，刘邦斩白蛇起义，所斩杀的是化身为蛇的白帝之子。这两则典故是为了说明君主不应随意便服出行，否则容易招致不测。　4 悒悒(yì)：忧愁烦闷。　5 裨谌：一作“卑谌”，春秋时郑国大夫，善谋略，《左传》说他“谋于野则获，谋于邑则否”，意即在野外制订的计谋都能成功，在城中制订的则会失败。

裴注　[1]《吴书》曰：“策讨山越，斩其渠帅，悉令左右分行逐贼，独骑与翻相得山中。翻问：‘左右安在？’策曰：‘悉行逐贼。’翻曰：‘危事也！’令策下马：‘此草深，卒有惊急，马不及萦策，但牵之，执弓矢以步。翻善用矛，请在前行。’得平地，劝策乘马。策曰：‘卿无马，奈何？’答曰：‘翻能步行，日可三百里，自征讨以来，吏卒无及翻者，明府试跃马，翻能疏步随之。’行及大道，得一鼓吏，策取角自鸣之，部曲识声，小大皆出，遂从周旋，平定三郡。”《江表传》曰：“策讨黄祖，旋军欲过取豫章，特请翻语曰：‘华子鱼自有名字，然非吾敌也。加闻其战具甚少，若不开门让城，金鼓一震，不得无所伤害，卿便在前，具宣孤意。’翻即奉命辞行，径到郡，请被褠葛巾与歆相见，谓歆曰：‘君自料名声之在海内，孰与鄙郡故王府君？’歆曰：‘不及也。’翻曰：‘豫章资粮多少，器仗精否，士民勇果，孰与鄙郡？’又曰：‘不如也。’翻曰：‘讨逆将军智略超世，用兵如神，前走刘扬州，君所亲见，南定鄙郡，亦君所闻也。今欲守孤城，自料资粮，已知不足，不早为计，悔无及也。今大军已次椒丘，仆便还去，明日日中迎檄不到者，与君辞矣。’翻既去，歆明旦出城，遣吏迎策。策既定豫章，引军还吴，飨赐将士，计功行赏，谓翻曰：‘孤昔再至寿春，见马日磾，及与中州士大夫会，语我“东方人多才耳，但恨学问不博，语议之间，有所不及耳”。孤意犹谓未耳。卿博学洽闻，故前欲令卿一诣许，交见朝士，以折中国妄语儿。卿不愿行，便使子纲；恐子纲不能结儿辈舌也。’翻曰：‘翻是明府家宝，而以示人，人倘留之，则去明府良佐，故前不行耳。’策笑曰：‘然。’因曰：‘孤有征讨事,未得还府,卿复以功曹为吾萧何,守会稽耳。’后三日,便遣翻还郡。”臣松之以为,王、华二公于扰攘之时,抗猛锐之锋,俱非所能。歆之名德,实高于朗,而《江表传》述翻说华云“海内名声,孰与于王”,此言非也。然王公拒战,华逆请服,实由孙策初起,名微众寡,故王能举兵,岂武胜哉?策后威力转盛,势不可敌,华量力而止,非必用仲翔之说也。若使易地而居,亦华战王服耳。按《吴历》载翻谓歆曰:“窃闻明府与王府君齐名中州,海内所宗,虽在东垂,常怀瞻仰。”歆答曰:“孤不如王会稽。”翻复问:“不审豫章精兵,何如会稽?”对曰:“大不如也。”翻曰:“明府言不如王会稽,谦光之谭耳;精兵不如会稽,实如尊教。”因述孙策才略殊异,用兵之奇,歆乃答云当去。(此说为胜也。)翻出,歆遣吏迎策。二说有不同。〔此说为胜也。〕 [2]《吴书》曰:“策薨,权统事。定武中郎将暠,策之从兄也,屯乌程,整帅吏士,欲取会稽。会稽闻之,使民守城,以俟嗣主之命,因令人告谕暠。”《会稽典录》载翻说暠曰:“讨逆明府,不竟天年。今摄事统众,宜在孝廉,翻已与一郡吏士,婴城固守,必欲出一旦之命,为孝廉除害,惟执事图之。”于是暠退。臣松之案:此二书所说策亡之时,翻犹为功曹,与本传不同。 [3]《吴书》曰:“翻闻曹公辟,曰:‘盗跖欲以余财污良家邪?’遂拒不受。”

翻与少府孔融书,并示以所著《易注》。融答书曰:“闻延陵[1]之理乐,睹吾子之治《易》,乃知东南之美者,非徒会稽之竹箭[2]也。又观象云物[3],察应寒温[4],原其祸福,与神合契,可谓

虞翻与少府孔融通信,并将自己所作的《易注》寄去给他看。孔融回信说:“早就知道延陵季子在音乐方面有很深的造诣,而我拜读过您对《易》的研究,才知道东南地区的美好事物,并非只有会稽郡的细竹而已。而且您的《易注》观测天象云气的变化,考察气候寒温的感应,推究这些变化的祸福根源,都与神理相契合,可

探赜[5]穷通者也。”会稽东部都尉张纮又与融书曰：“虞仲翔前颇为论者所侵，美宝[6]为质，雕摩益光，不足以损。”

说是探索奥秘、穷究大道的力作。”会稽东部都尉张纮又给孔融写信说：“虞仲翔此前颇受评论家的非议，但美玉的特质就是愈加雕琢打磨愈为光亮，这些非议根本不足以损毁他的名声。”

今注　1 延陵：即季札，因受封于延陵（今江苏常州），又称延陵季子，春秋时期吴国贵族，品德高尚，精通音乐。　2 竹箭：南方出产的一种细竹。　3 观象云物：古代的方术，通过观察云气等气象变化预测吉凶。　4 寒温：古代一种方术理论，将气候的冷暖与君主的喜怒相联系，并反过来依据冷暖的变化规谏君主的行为。　5 探赜(zé)：探索奥秘，探究奥理。　6 美宝：即美玉。

孙权以为骑都尉。翻数犯颜谏争，权不能悦。又性不协俗[1]，多见谤毁，坐徙丹阳泾县[2]。吕蒙图取关羽，称疾还建业，以翻兼知医术，请以自随，亦欲因此令翻得释也。后蒙举军西上，南郡太守麋芳开城出降。蒙未据郡城而作乐沙上，翻谓蒙曰：“今区区一心者麋将军也，城中之人岂可尽信，何不急入城持其管

孙权任命虞翻为骑都尉。虞翻多次冒犯孙权极力谏诤，孙权感到很不高兴。加上虞翻天性不愿向世俗妥协，所以经常受人诋毁中伤，后来被定罪流放丹阳泾县。吕蒙谋划讨伐关羽之前，称病返回建业，以虞翻兼通医术为由，请求让虞翻跟随自己，也是想借此让虞翻得以解脱。后来吕蒙率军西上，蜀国南郡太守麋芳开城投降。吕蒙当时没有直接占领郡城，而是在沙洲上奏乐庆贺，虞翻便对吕蒙说：“如今只有麋将军一个人一心一意投降，城里其他人怎么值得完全相信，为什么不赶快进去夺其钥匙接

籥[3]乎？”蒙即从之。时城中有伏计，赖翻谋不行。关羽既败，权使翻筮之，得“兑”下“坎”上，《节》，五爻变之《临》[4]，翻曰：“不出二日，必当断头。”果如翻言。权曰：“卿不及伏羲[5]，可与东方朔[6]为比矣。”

管这座城呢？”吕蒙当即听从他的意见。当时城中确实有人策划伏击吴军的计谋，依靠虞翻的建议才未让其得逞。关羽兵败之后，孙权让虞翻占卜关羽的结局，虞翻占得“兑”上“坎”下的《节》卦，第五爻发生变化转为《临》卦，虞翻解释说：“用不了两天，关羽必定断头。”后来果然如同虞翻所言。孙权说：“您虽然比不上伏羲，但可以与东方朔相比了。”

今注　1 协俗：指向世俗妥协。　2 泾县：位于今安徽宣城泾县。　3 管籥(yuè)：即钥匙。籥，通“钥”。　4 “得‘兑’下‘坎’上”句：《节》卦为“兑”在下，“坎”在上；第五爻阳爻变为阴爻，变成“兑”在下，“坤”在上的《临》卦。古人认为第五爻代表君主、主将等，阳变为阴，所以虞翻预测关羽“必当断头”。　5 伏羲：传说中的上古帝王，三皇之一，相传八卦为伏羲所创。　6 东方朔：西汉时期的辞赋家、学者，在汉武帝时曾任太中大夫，精通《易》学及占卜之术。

魏将于禁为羽所获，系在城中，权至释之，请与相见。他日，权乘马出，引禁并行，翻呵禁曰：“尔降虏，何敢与吾君齐马首乎！”抗欲鞭击禁，权呵止之。后权于楼船会群臣饮，禁闻乐流涕，

魏国将领于禁被关羽俘虏，关押在城中，孙权抵达后将他释放出来，并请他前来相见。后来有一天，孙权骑马外出，带着于禁一同骑行，虞翻见状便呵斥于禁道：“你只不过是投降来的俘虏，怎么敢这样与我们主君并驾齐驱呢！”说着便举鞭要抽打于禁，孙权立即呵斥制止了他。后来孙权在楼船上设宴款待群臣，

翻又曰:“汝欲以伪求免邪?”权怅然不平[1]。

权既为吴王,欢宴之末,自起行酒,翻伏地阳醉[1],不持。权去,翻起坐。权于是大怒,手剑欲击之,侍坐者莫不惶遽[2],惟大司农刘基起抱权谏曰:“大王以三爵之后手杀善士,虽翻有罪,天下孰知之?且大王以能容贤畜众,故海内望风。今一朝弃之,可乎?”权曰:“曹孟德尚杀孔文举[3],孤于虞翻何有哉!”基曰:“孟德轻害士人,天下非之。大王躬行德义,欲与尧、舜比隆,何得自喻于彼乎?”翻由是得免。权因敕左右,自今酒后言杀,皆不得杀。

于禁听到酒席间演奏的音乐,流下了眼泪,虞翻又说:“你是想通过虚情假意来骗取脱身吗?”孙权对此深感不快。

孙权做了吴王之后,在一次酒宴接近尾声的时候,亲自起身巡行劝酒,虞翻趴在地上装醉,不端酒杯。孙权一走开,他就起身坐好。孙权于是大为愤怒,拿起剑就要砍他,在座宾客无不感到惊惧,只有大司农刘基起身抱住孙权劝说:“大王在酒过三巡之后亲手杀害有德之人,就算虞翻有罪,但天下人怎么会知道呢?况且大王因能招贤纳士,所以海内士人都愿意瞻仰大王的风采。今天却因为一点小事丢掉了原来的名声,这样值得吗?”孙权说:“曹操尚且杀死孔融,我杀个虞翻又有什么!”刘基说:“曹操轻率杀害士人,所以天下人都非议他。大王躬行仁德信义,是要与尧、舜相比肩的,怎么能自比于曹操呢?”虞翻因此才得以免死。孙权因而下令左右,自今以后酒后说要杀的人,都不得杀。

今注　1 阳醉:假装醉酒。阳,通“佯”。　2 惶遽:惊恐慌张。　3 孔文举:即孔融。孔融为汉末名士,因有高名,又常抨击时事,受到曹操的猜忌,曹操于是罗织罪名将其杀害。

裴注 [1]《吴书》曰："后权与魏和，欲遣禁还归北，翻复谏曰：'禁败数万众，身为降虏，又不能死。北习军政，得禁必不如所规。还之虽无所损，犹为放盗，不如斩以令三军，示为人臣有二心者。'权不听。群臣送禁，翻谓禁曰：'卿勿谓吴无人，吾谋适不用耳。'禁虽为翻所恶，然犹盛叹翻，魏文帝常为翻设虚坐。"

翻尝乘船行，与麋芳相逢，芳船上人多欲令翻自避，先驱曰："避将军船！"翻厉声曰："失忠与信，何以事君？倾人二城，而称将军，可乎？"芳阖户[1]不应而遽避之。后翻乘车行，又经芳营门，吏闭门，车不得过。翻复怒曰："当闭反开，当开反闭，岂得事宜邪！"芳闻之，有惭色。翻性疏直，数有酒失。权与张昭论及神仙，翻指昭曰："彼皆死人，而语神仙，世岂有仙人也！"权积怒非一，遂徙翻交州。虽处罪放，而讲学不倦，门徒常数百人[1]。又为《老

虞翻曾经乘船出行，与麋芳的船相遇，麋芳船上许多人想让虞翻自行把船让开，于是站在船头的人说："避开将军的船！"虞翻厉声斥责说："抛弃了忠诚与信义的人，凭什么来事奉君主？丢了两座城，还自称将军，有什么道理？"麋芳紧闭船舱门不敢应声，迅速避让虞翻的船。后来虞翻乘车出行，又经过麋芳军营大门前，营中军官将营门紧闭，虞翻的车没法通过。虞翻又愤怒地说："该关门的时候反而开门，该开门的时候反而关门，哪有这样办事的道理！"麋芳听到此话，面露羞惭之色。虞翻性格疏朗率直，多次因酒醉犯错。孙权有一次与张昭谈论起神仙，虞翻手指张昭说："那都是些死人，反而说成是神仙，这世上哪里有什么仙人！"孙权对虞翻积压怒气已经不是一两次，便将他流放到了交州。虞翻虽然因罪流放远方，但始终讲学不倦，门徒时

子》《论语》《国语》训注 2,皆传于世[2]。

常多达数百人。他又为《老子》《论语》《国语》等文献作训释注解,都流传于世。

今注　1 阖户:指关上船舱门。　2 训注:训释注解。

裴注　[1]《翻别传》曰:"权即尊号,翻因上书曰:'陛下膺明圣之德,体舜、禹之孝,历运当期,顺天济物。奉承策命,臣独抃舞。罪弃两绝,拜贺无阶,仰瞻宸极,且喜且悲。臣伏自刻省,命轻雀鼠,性辅毫厘,罪恶莫大,不容于诛,昊天罔极,全宥九载,退当念戮,频受生活,复偷视息。臣年耳顺,思咎忧愤,形容枯悴,发白齿落,虽未能死,自悼终没,不见宫阙百官之富,不睹皇舆金轩之饰,仰观巍巍众民之谣,傍听钟鼓侃然之乐,永陨海隅,弃骸绝域,不胜悲慕,逸豫人庆,悦以忘罪。'"　[2]《翻别传》曰:"翻初立《易注》,奏上曰:'臣闻六经之始,莫大阴阳,是以伏羲仰天县象而建八卦,观变动六爻为六十四,以通神明,以类万物。臣高祖父故零陵太守光,少治孟氏《易》,曾祖父故平舆令成,缵述其业,至臣祖父凤,为之最密。臣先考故日南太守歆,受本于凤,最有旧书,世传其业,至臣五世。前人通讲,多玩章句,虽有秘说,于经疏阔。臣生遇世乱,长于军旅,习经于枹鼓之间,讲论于戎马之上,蒙先师之说,依经立注。又臣郡吏陈桃,梦臣与道士相遇,放发被鹿裘,布《易》六爻,挠其三以饮臣,臣乞尽吞之。道士言,《易》道在天,三爻足矣。岂臣受命,应当知经!所览诸家解,不离流俗,义有不当实,辄悉改定,以就其正。孔子曰:"乾元用九而天下治。"圣人南面,盖取诸《离》,斯诚天子所宜协阴阳、致麟凤之道矣。谨正书副上,惟不罪戾。'翻又奏曰:'经之大者,莫过于《易》。自汉初以来,海内英才,其读《易》者,解之率少。至孝灵之际,颍川荀谞号为知《易》,臣得其注,有愈俗儒,至所说"西南得朋,东北丧朋",颠倒反逆,了不可知。孔子叹《易》曰:"知变化之道者,其知神之所为乎!"以美大衍四象之作,而上为章首,尤可怪笑。又南郡太守马融,名有俊才,其所解释,复不及谞。孔子曰:“可与共学,未可与适道”,岂不其然!若乃北海郑玄,南阳宋忠,虽各立注,忠小差玄,而皆未得其门,难以示世。’又奏郑玄解《尚书》违失事曰:‘臣闻周公制礼以辨上下,孔子曰:“有君臣然后有上下,有上下然后礼义有所错。”是故尊君卑臣,礼之大司也。伏见故征士北海郑玄所注《尚书》,以《顾命》康王执瑁,古“月”似“同”,从误作“同”,既不觉定,复训为杯,谓之酒杯;成王疾困凭几,洮颒为濯,以为浣衣成事,“洮”字虚更作“濯”,以从其非;又古大篆“丣 ”字读当为“桺”,古“桺”“ 丣”同字,而以为昧;“分北三苗”,“北”古“别”字,又训北,言北犹别也。若此之类,诚可怪也。《玉人》职曰:“天子执瑁以朝诸侯,谓之酒杯;天子颒面,谓之浣衣。”古篆“丣”字,反以为昧,甚违不知盖阙之义。于此数事,误莫大焉,宜命学官定此三事。又马融训注,亦以为同者大同天下,今经益“金”就作“铜”字,诂训言天子副玺,虽皆不得,犹愈于玄。然此不定,臣没之后,而奋乎百世,虽世有知者,怀谦莫或奏正。又玄所注五经,违义犹甚者百六十七事,不可不正。行乎学校,传乎将来,臣窃耻之。’翻放弃南方,云‘自恨疏节,骨体不媚,犯上获罪,当长没海隅,生无可与语,死以青蝇为吊客,使天下一人知己者,足以不恨’。以典籍自慰,依《易》设象,以占吉凶。又以宋氏解《玄》颇有缪错,更为立注,并著《明扬》《释宋》以理其滞。”臣松之案:翻云古大篆“丣”字读当言“桺”,古“桺”“丣”同字,窃谓翻言为然。故“劉”“畱”“聊”“桺”同用此字,以从声故也,与日辰“卯”字字同音异。然《汉书·王莽传》论卯金刀,故以为日辰之“卯”,今未能详正。然世多乱之,故翻所说云。荀谞,荀爽之别名。

初,山阴丁览,太末徐陵,或在县吏之中,或众所未识,翻一见之,便与友善,终成显名[1]。在南十余年,年七十卒[2]。

起初,山阴人丁览、太末人徐陵,要么只是县中一名小吏,要么是才能还未获得大家的了解,但虞翻一见他们,就和他们十分友善亲近,而他们最后都获得显赫的名声。虞翻在南方待了十几

归葬旧墓，妻子得还[3]。翻有十一子，第四子汜最知名。永安初，从选曹郎为散骑中常侍，后为监军使者，讨扶严1，病卒[4]。汜弟忠，宜都太守[5]；耸，越骑校尉[6]，累迁廷尉，湘东、河间太守；昺，廷尉[7]、尚书、济阴太守。

年，七十岁时去世。灵柩运回故乡的家族墓地安葬，他的妻子儿女也得以返归故里。虞翻有十一个儿子，其中排行第四的儿子虞汜最为著名。永安初年，虞汜从选曹郎迁转为散骑中常侍，后来出任监军使者，征讨扶严，因病去世。虞汜的弟弟虞忠，曾任宜都太守；虞耸，曾任越骑校尉，历任廷尉和湘东太守、河间太守；虞昺，曾任廷尉尚书、济阴太守。

今注　1 扶严：三国吴属武平郡封溪县的少数民族。

裴注　[1]《会稽典录》曰："览字孝连，八岁而孤，家又单微，清身立行，用意不苟，推财从弟，以义让称。仕郡至功曹，守始平长。为人精微洁净，门无杂宾。孙权深贵待之，未及擢用，会病卒，甚见痛惜，殊其门户。览子固，字子贱，本名密，避滕密，改作固。固在襁褓中，阚泽见而异之，曰：'此儿后必致公辅。'固少丧父，独与母居，家贫守约，色养致敬，族弟孤弱，与同寒温。翻与固同僚书曰：'丁子贱塞渊好德，堂构克举，野无遗薪，斯之为懿，其美优矣。令德之后，惟此君嘉耳。'历显位，孙休时，固为左御史大夫；孙晧即位，迁司徒。晧悖虐，固与陆凯、孟宗同心忧国，年七十六卒。子弥，字钦远，仕晋，至梁州刺史。孙潭，光禄大夫。徐陵字元大，历三县长，所在著称，迁零陵太守。时朝廷俟以列卿之位，故翻书曰：'元大受上卿之遇，叔向在晋，未若于今。'其见重如此。陵卒，僮客土田或见侵夺，骆统为陵家讼之，求与丁览、卜清等为比，权许焉。陵子平，字伯先，童龀知名，翻甚爱之，屡称叹焉。诸葛恪为丹阳太守，讨山越，以平威重思虑，可与效力，请平为丞，稍迁武昌左部督，倾心接物，士卒皆为尽力。初，平为恪从事,意甚薄,及恪辅政,待平益疏。恪被害,子建亡走,为平部曲所得,平使遣去,别为他军所获。平两妇归宗,敬奉情过乎厚。其行义敦笃,皆此类也。” [2]《吴书》曰:“翻虽在徙弃,心不忘国,常忧五溪宜讨,以辽东海绝,听人使来属,尚不足取,今去人财以求马,既非国利,又恐无获。欲谏不敢,作表以示吕岱,岱不报,为爱憎所白,复徙苍梧猛陵。”《江表传》曰:“后权遣将士至辽东,于海中遭风,多所没失,权悔之,乃令曰:‘昔赵简子称“诸君之唯唯,不如周舍之谔谔”。虞翻亮直,善于尽言,国之周舍也。前使翻在此,此役不成。促下问交州,翻若尚存者,给其人船,发遣还都;若以亡者,送丧还本郡,使儿子仕宦。’会翻已终。” [3]《会稽典录》曰:“孙亮时,有山阴朱育,少好奇字,凡所特达,依体象类,造作异字千名以上。仕郡门下书佐。太守濮阳兴正旦宴见掾吏,言次,问:‘太守昔闻朱颍川问士于郑召公,韩吴郡问士于刘圣博,王景兴问士于虞仲翔,尝见郑、刘二答而未睹仲翔对也,钦闻国贤,思睹盛美有日矣,书佐宁识之乎?’育对曰:‘往过习之。昔初平末年,王府君以渊妙之才,超迁临郡,思贤嘉善,乐采名俊,问功曹虞翻曰:“闻玉出昆山,珠生南海,远方异域,各生珍宝。且曾闻士人叹美贵邦,旧多英俊,徒以远于京畿,含香未越耳。功曹雅好博古,宁识其人邪?”翻对曰:“夫会稽上应牵牛之宿,下当少阳之位,东渐巨海,西通五湖,南畅无垠,北渚浙江,南山攸居,实为州镇,昔禹会群臣,因以命之。山有金木鸟兽之殷,水有鱼盐珠蚌之饶,海岳精液,善生俊异,是以忠臣系踵,孝子连闾,下及贤女,靡不育焉。”王府君笑曰:“地势然矣,士女之名可悉闻乎?”翻对曰:“不敢及远,略言其近者耳。往者孝子句章董黯,尽心色养,丧致其哀,单身林野,鸟兽归怀,怨亲之辱,白日报仇,海内闻名,昭然光著。太中大夫山阴陈嚣,渔则化盗,居则让邻,感侵退藩,遂成义里,摄养车姬,行足厉俗,自扬子云等上书荐之,粲然传世。太尉山阴郑公,清亮质直,不畏强御。鲁相山阴钟离意,禀殊特之姿,孝家忠朝,宰县相国,所在遗惠,故取养有君子之谟,鲁国有丹书之信。及陈宫、费齐皆上契天心,功德治状,记在汉籍。有道山阴赵晔，征士上虞王充，各洪才渊懿，学究道源，著书垂藻，络绎百篇，释经传之宿疑，解当世之槃结，或上穷阴阳之奥秘，下摅人情之归极。交阯刺史上虞綦母俊，拔济一郡，让爵土之封。决曹掾上虞孟英，三世死义。主簿句章梁宏，功曹史余姚驷勋，主簿句章郑云，皆敦终始之义，引罪免居。门下督盗贼余姚伍隆，鄮（莫候反）主簿任光、章安小吏黄他，身当白刃，济君于难。扬州从事句章王修，委身授命，垂声来世。河内太守上虞魏少英，遭世屯蹇，忘家忧国，列在八俊，为世英彦。尚书乌伤杨乔，桓帝妻以公主，辞疾不纳。近故太尉上虞朱公，天资聪亮，钦明神武，策无失谟，征无遗虑，是以天下义兵，思以为首。上虞女子曹娥，父溺江流，投水而死，立石碑纪，炳然著显。”王府君曰：“是既然矣，颍川有巢、许之逸轨，吴有太伯之三让，贵郡虽士人纷纭，于此足矣。”翻对曰：“故先言其近者耳，若乃引上世之事，及抗节之士，亦有其人。昔越王翳让位，逃于巫山之穴，越人薰而出之，斯非太伯之俦邪？且太伯外来之君，非其地人也。若以外来言之，则大禹亦巡于此而葬之矣。鄞大里黄公，洁己暴秦之世，高祖即阼，不能一致，惠帝恭让，出则济难。征士余姚严遵，王莽数聘，抗节不行，光武中兴，然后俯就，矫手不拜，志陵云日。皆著于传籍，较然彰明，岂如巢、许，流俗遗谭，不见经传者哉？”王府君笑曰：“善哉，话言也！贤矣，非君不著。太守未之前闻也。”’濮阳府君曰：‘御史所云，既闻其人，亚斯以下，书佐宁识之乎？’育曰：‘瞻仰景行，敢不识之？近者太守上虞陈业，洁身清行，志怀霜雪，贞亮之信，同操柳下，遭汉中微，委官弃禄，遁迹黟、歙，以求其志，高邈妙踪，天下所闻，故桓文遗之尺牍之书，比竟三高。其聪明大略，忠直謇谔，则侍御史余姚虞翻，偏将军乌伤、骆统。其渊懿纯德，则太子少傅山阴阚泽，学通行茂，作帝师儒。其雄姿武毅，立功当世，则后将军贺齐，勋成绩著。其探极秘术，言合神明，则太史令上虞吴范。其文章之士，立言粲盛，则御史中丞句章任奕，鄱阳太守章安虞翔，各驰文檄，晔若春荣。处士邓卢叙，弟犯公宪，自杀乞代。吴宁斯敦、山阴祁庚，上虞樊正，咸代父死罪。其女则松阳柳朱、永宁翟素，或一醮守节，丧身不顾；或遭寇劫贼，死不亏行。皆近世之事，尚在耳目。'府君曰：'皆海内之英也。吾闻秦始皇二十五年，以吴越地为会稽郡，治吴。汉封诸侯王，以何年复为郡，而分治于此？'育对曰：'刘贾为荆王，贾为英布所杀，又以刘濞为吴王。景帝四年，濞反，诛，乃复为郡，治于吴。元鼎五年，除东越，因以其地为治，并属于此，而立东部都尉，后徙章安。阳朔元年，又徙治鄞，或有寇害，复徙句章。到永建四年，刘府君上书，浙江之北，以为吴郡，会稽还治山阴。自永建四年，岁在己巳，以至今年，积百二十九岁。'府君称善。是岁，吴之太平三年，岁在丁丑。育后仕朝，常在台阁，为东观令，遥拜清河太守，加位侍中，推刺占射，文艺多通。" [4]《会稽典录》曰："汜字世洪，生南海，年十六，父卒，还乡里。孙綝废幼主，迎立琅邪王休。休未至，綝欲入宫，图为不轨，召百官会议，皆惶怖失色，徒唯唯而已。汜对曰：'明公为国伊、周，处将相之位，擅废立之威，将上安宗庙，下惠百姓，大小踊跃，自以伊、霍复见。今迎王未至，而欲入宫，如是，群下摇荡，众听疑惑，非所以永终忠孝，扬名后世也。'綝不怿，竟立休。休初即位，汜与贺邵、王蕃、薛莹俱为散骑中常侍。以讨扶严功，拜交州刺史、冠军将军、余姚侯，寻卒。" [5]《会稽典录》曰："忠字世方，翻第五子。贞固干事，好识人物，造吴郡陆机于童龀之年，称上虞魏迁于无名之初，终皆远致，为著闻之士。交同县王岐于孤宦之族，仕进先至宜都太守，忠乃代之。晋征吴，忠与夷道监陆晏、晏弟中夏督景坚守不下，城溃被害。忠子谭，字思奥。《晋阳秋》称谭清贞有检操，外如退弱，内坚正，有胆干。仕晋，历位内外，终于卫将军，追赠侍中左光禄大夫，开府仪同三司。" [6]《会稽典录》曰："耸字世龙，翻第六子也。清虚无欲，进退以礼，在吴历清官，入晋，除河间相，王素闻耸名，厚敬礼之。耸抽引人物，务在幽隐孤陋之中。时王岐难耸，以高士所达，必合秀异，耸书与族子察曰：'世之取士，曾不招未齿于丘园，索良才于总猥，所誉依已成，所毁依已败，此吾所以叹息也。'耸疾俗丧祭无度，弟昺卒，祭以少牢，酒饭而已，当时族党并遵行之。" [7]《会稽典录》曰："昺字世文，翻第八子也。少有倜傥之志，仕吴黄门郎，以捷对见异，超拜尚书、侍中。晋军来伐，遣咢持节都督武昌已上诸军事，咢先上还节盖印绶，然后归顺。在济阴，抑强扶弱，甚著威风。”

陆绩

原文

陆绩，字公纪，吴郡吴人也。父康，汉末为庐江太守[1]。绩年六岁，于九江见袁术。术出橘，绩怀三枚，去，拜辞堕地，术谓曰：“陆郎作宾客而怀橘乎？”绩跪答曰：“欲归遗[1]母。”术大奇之。孙策在吴，张昭、张纮、秦松为上宾，共论四海未泰，须当用武治而平之，绩年少末坐，遥大声言曰：“昔管夷吾[2]相齐桓公，九合诸侯，一匡天下，不用兵车。孔子曰：‘远人不服，则修文德以来之。’今论者不务道德怀取之术，而惟尚武，绩

译文

陆绩，字公纪，吴郡吴县人。他的父亲陆康，汉朝末年曾担任庐江太守。陆绩六岁时，去九江郡拜见袁术。袁术拿出橘子招待他，陆绩揣了三个在怀里，临走时，因跪拜告辞导致橘子掉到了地上，袁术对他说：“陆郎到别人家做客还要揣走橘子吗？”陆绩跪着回答说：“打算带回去给母亲吃。”袁术对他大感惊奇。孙策在吴郡时，张昭、张纮、秦松都是孙策的上宾，他们在论事时都认为天下还未太平，应当用武力来平定，陆绩因年纪幼小，坐在末席，远远地大声说道：“从前管夷吾辅佐齐桓公的时候，多次会合诸侯，一统天下，他靠的可不是兵卒和战车。孔子曾说：‘远方之人不归服，就要修治文德来招抚他们。’现在大家论事不考虑如何用仁义道德来安定天下，只一味崇尚武力，陆绩虽然年幼，心中也认

虽童蒙[3],窃所未安也。”昭等异焉。

为很不妥当。”张昭等人对他的发言深感惊异。

今注 1 遗(wèi):送给。 2 管夷吾:管仲,名夷吾,字仲,春秋初期齐国政治家。在齐国推行改革,协助齐桓公称霸。 3 童蒙:即孩童、少年。

裴注 [1] 谢承《后汉书》曰:“康字季宁,少惇孝悌,勤修操行,太守李肃察孝廉。肃后坐事伏法,康敛尸送丧还颍川,行服,礼终,举茂才,历三郡太守,所在称治。后拜庐江太守。”

绩容貌雄壮,博学多识,星历算数无不该览。虞翻旧齿[1]名盛,庞统荆州令士[2],年亦差长,皆与绩友善。孙权统事,辟为奏曹掾。以直道见惮,出为郁林太守,加偏将军,给兵二千人。绩既有躄疾[3],又意在儒雅,非其志也。虽有军事,著述不废,作《浑天图》[4],注《易》释《玄》[5],皆传于世。豫[6]自知亡日,乃为辞曰:“有汉志士吴郡陆绩,幼敦《诗》《书》,长玩《礼》《易》,受命南征,遘[7]疾遇厄,遭命

陆绩外貌伟岸健壮,博学多识,天文、历法、算学、术数无不博览精通。虞翻年高德劭,负有盛名,而庞统是荆州才名卓著的贤士,年纪也长于陆绩,却都与他关系友善。孙权执掌国事,征召陆绩为奏曹掾。但他因说话直率而受到忌惮,因此调任郁林太守,加授偏将军,授予兵卒两千人。陆绩本来腿有残疾,又志在研究儒学经典,带兵打仗并非他的志向。因此他虽有军事任务在身,却没有废止著述,他创作了《浑天图》,今注了《易》和《太玄》,都流传于世。他通过占卜预知了自己的死期,便提前写好了挽词:“有汉一朝的志士吴郡陆绩,自幼喜爱《诗》《书》,长大后修习《礼》《易》,奉朝廷之命南征,不幸罹

不幸,呜呼悲隔[8]!”又曰:“从今已去,六十年之外,车同轨,书同文[9],恨不及见也。”年三十二卒。长子宏,会稽南部都尉;次子睿,长水校尉[1]。

患疾病,命中注定遭此厄运,与世长辞,呜呼哀哉!”又说:“从现在开始算起,六十年后,天下将车同轨,书同文,只可惜我是看不见了。”他三十二岁的时候就去世了。长子陆宏,曾任会稽南部都尉;次子陆睿,曾任长水校尉。

今注 1 旧齿:指德高望重的老人。 2 令士:指才学美盛之士。 3 躄(bì)疾:指腿有残疾。 4《浑天图》:古代天象著作,相传为将星象与地理对应,用于占卜。 5《玄》:指西汉扬雄的著作《太玄》。 6 豫:后作“预”,事先有所准备。 7 遘(gòu):遭遇。 8 悲隔:悲哀地离世。 9 车同轨,书同文:指天下统一。

裴注 [1] 绩于郁林所生女,名曰郁生,适张温弟白。《姚信集》有表称之曰:“臣闻唐、虞之政,举善而教,旌德擢异,三王所先。是以忠臣烈士,显名国朝,淑妇贞女,表迹家间。盖所以阐崇化业,广殖清风,使苟有令性,幽明俱著,苟怀懿姿,士女同荣。故王蠋建寒松之节而齐王表其里,义姑立殊绝之操而鲁侯高其门。臣窃见故郁林太守陆绩女子郁生,少履贞特之行,幼立匪石之节,年始十三,适同郡张白。侍庙三月,妇礼未卒,白遭罹家祸,迁死异郡。郁生抗声昭节,义形于色,冠盖交横,誓而不许,奉白姊妹崄巇之中,蹈履水火,志怀霜雪,义心固于金石,体信贯于神明,送终以礼,邦士慕则。臣闻昭德以行,显行以爵,苟非名爵,则劝善不严,故士之有诔,鲁人志其勇;杞妇见书,齐人哀其哭。乞蒙圣朝,斟酌前训,上开天聪,下垂坤厚,褒郁生以义姑之号,以厉两髦之节,则皇风穆畅,士女改视矣。”

张温

原文

张温，字惠恕，吴郡吴人也。父允，以轻财重士，名显州郡，为孙权东曹掾，卒。温少修节操，容貌奇伟。权闻之，以问公卿曰："温当今与谁为比[1]？"大司农刘基曰："可与全琮为辈。"太常顾雍曰："基未详其为人也，温当今无辈。"权曰："如是，张允不死也。"征到延见，文辞占对，观者倾竦[2]，权改容加礼。罢出，张昭执其手曰："老夫托意，君宜明之。"拜议郎、选曹尚书，徙太子太傅，甚见信重。

译文

张温，字惠恕，吴郡吴县人。他的父亲张允，因为为人轻视钱财，重视结交贤士，在州郡里有很好的名声，曾担任孙权的东曹掾，在职任上去世。张温从小就注重培养自己的节操，其容貌伟岸不凡。孙权听说了张温的情况，就询问朝中公卿说："张温当今能与谁来相比？"大司农刘基说："算起来与全琮差不多。"太常顾雍说："刘基还不了解张温的为人，他在当世无人可比。"孙权说："如果真是这样，那可以说是张允没有死啊。"于是征召张温，让他前来相见，张温的应答谈吐文辞儒雅，令旁观者十分惊讶，孙权也对他另眼相看，更为礼敬。事后，张温出宫，张昭握着他的手说："老夫把一番心意都托付给你了，希望你能够明白。"张温随后被任命为议郎、选曹尚书，又升任太子太傅，很受信任和重用。

今注　**1** 比：与下文的"辈"均为汉末时期的习语。按照当时惯例，品评某位士人时需要在同时期的名士中选择德行、才能相近的另一人与之为"比"或"辈"。　**2** 倾竦：即"倾悚"，惊讶。

时年三十二，以辅义中郎将使蜀。权谓温曰：“卿不宜远出，恐诸葛孔明不知吾所以与曹氏通意，以故屈卿行。若山越都除，便欲大构[1]于蜀。行人之义，受命不受辞[2]也。”温对曰：“臣入无腹心之规，出无专对之用，惧无张老[3]延誉之功，又无子产[4]陈事之效。然诸葛亮达见计数，必知神虑[5]屈申之宜，加受朝廷天覆之惠，推亮之心，必无疑贰[6]。”

张温三十二岁的时候，以辅义中郎将的身份出使蜀国。孙权对张温说：“你本不宜远行出使，只是我担心诸葛亮不了解我与曹操往来沟通的真实意图，所以委屈你去一趟解释清楚。等到国内山越的祸害全部消除后，我们便会大举进攻蜀国。你作为使者，只需要领会使命，至于具体的辞令，由你自己来做主。”张温回答说：“我在国内没有作为腹心亲信参与谋划大事，出行外交又没有独当一面的能力，恐怕没有张老为国家延揽声誉的功勋，又缺乏子产陈述事理的能力。但是诸葛亮见识深远，又善于谋略，必定已经了解陛下您的心意以及屈伸进退的权宜之计，加上蜀国一直受到朝廷庇护的恩惠，推究诸葛亮的内心，一定不会对我们有什么猜疑的。”

今注　1 大构：谋划大事，指大举征伐。　2 受命不受辞：指出使者只需接受上级下达的任务，但不必听从具体的辞令。出自《公羊传·庄公十九年》：“聘礼，大夫受命不受辞，出竟（境）有可以安社稷、利国家者，则专之可也。”　3 张老：春秋时晋国大夫，他教诲晋国正卿赵武执政，为晋国会盟诸侯，引领晋国再次走向兴盛，成就了霸业。　4 子产：春秋时期郑国大夫，先后辅佐郑简公、郑定公，推动郑国的改革，使郑国呈现出中兴的局面。　5 神虑：指皇帝的思虑。　6 疑贰：指怀疑、猜忌。

温至蜀，诣阙拜章曰："昔高宗[1]以谅闇[2]昌殷祚于再兴，成王[3]以幼冲隆周德于太平，功冒溥天，声贯罔极。今陛下以聪明之姿，等契[4]往古，总百揆于良佐，参列精[5]之炳耀，遐迩望风，莫不欣赖。吴国勤任旅力，清澄江浒，愿与有道平一宇内，委心协规，有如河水[6]。军事兴烦，使役乏少，是以忍鄙倍之羞，使下臣温通致情好，陛下敦崇礼义，未便耻忽[7]。臣自入远境，及即近郊，频蒙劳来，恩诏辄加，以荣自惧，悚怛[8]若惊。谨奉所赍函书一封。"蜀甚贵其才。

张温抵达蜀国后，前往朝廷觐见，呈上奏章说："古代殷高宗以服丧之身治国，能使殷商国祚复兴，周成王年幼登基，而能使周朝太平兴隆，他们功德无量，普惠天下，其声威更是无远弗届。如今陛下凭借和古代贤王一般的聪明资质，又有贤臣良才辅佐政务，朝中贤臣更如璀璨群星，远近人民瞻仰您的风采，无不欣喜仰赖。吴国勤勉于治军，安定江南地区，更希望与有道之君一起统一海内，倾心共同谋划，此心有如河水，绝无反悔。最近军事活动频繁，而我们现役的军力还比较短缺，所以只能暂时忍着浅陋悖理的羞愧，派下臣张温前来陈述情况，联络友谊，陛下推崇礼义，还请您不要忽视我们的请求。下臣从远方而来，从抵达贵国国都郊外开始，就频频蒙受慰劳款待，您的恩诏不断下达，我既感荣耀，又感到惶恐如受惊吓。谨此奉上我国主君致陛下的信函一封。"蜀国十分看重张温的才能。

今注　1 高宗：即商代国君武丁，子姓，名昭。传说他因为登基时正处于服丧期，所以三年不过问政事，其后为政励精图治，带领殷商走向中兴。　2 谅闇：亦作"谅阴"。指帝王居丧。出自《论语·宪问》："高宗谅阴，三年不言。"朱熹注："谅阴，天子居丧之名，未详其义。"　3 成王：即周成王，姬姓，名诵，西周君主。他即位时，年纪尚幼，周公摄政，七年之后亲政，营造洛邑，大封诸侯，巩固了西周的统治。　4 等契：指比拟，等同。　5 列精：即列星，这里比喻人才济济。　6 有如河水：当时人立誓时常用语，指像大河永远流淌一样绝不改变。　7 耻忽：指耻于接受，予以忽视。　8 悚怛(sǒng dá)：惶恐，担忧。

还，顷之，使入豫章部伍出兵，事业未究。权既阴衔[1]温称美蜀政，又嫌其声名大盛，众庶炫惑，恐终不为己用，思有以中伤之，会暨艳事起，遂因此发举。艳，字子休，亦吴郡人也，温引致之，以为选曹郎，至尚书。艳性狷厉[2]，好为清议[3]，见时郎署混浊淆杂，多非其人，欲臧否区别，贤愚异贯[4]。弹射[5]百僚，核选三署，率皆贬高就下，降损数等，其守故者十未能一，其居位贪鄙，志节污卑者，皆以为军吏，置营府以处之。而怨愤之声积，浸润之谮行矣，竞言艳及选曹郎徐彪[1]，专用私情，憎爱不由公理。艳、

张温回国不久后，被调到豫章郡率兵出战，但他在军事上没有什么建树。孙权心里既暗暗忌恨张温赞赏蜀国的政治，又嫌他的名声太过显赫，大家都被迷惑了，担心他最终不能为自己所用，就一直考虑用什么方式来中伤他，正好这时发生了暨艳案，孙权就借此来整治张温。暨艳，字子休，也是吴郡人，由张温引荐入朝，被任命为选曹郎，官至尚书。暨艳生性气量狭窄而严厉，喜欢品评人物，他看到当时朝中郎署鱼龙混杂，多数官员并不称职，想将他们予以评定，将良莠贤愚加以区分。暨艳弹劾百官，重新考核选用三署官员，基本上所有人都遭到贬谪，甚至连降好几个等级，能继续担任原职者十不及一，而那些居官贪赃枉法、污损节操者，全都被贬为军中小吏，安排进入军营接受管理。于是大家怨声载道，逐渐渗透的谗言流传，大家竞相控告暨艳和选曹郎徐彪，说他们做事只凭私情，对人的憎恶喜爱没有根据公理。暨艳、

彪皆坐自杀。

徐彪最后都因此获罪自杀。

今注 1 衔：指内心忌恨。 2 狷(juàn)厉：指气量狭窄而严厉。 3 清议：原指汉代清流士大夫的品评议论，后多指以清议的方式对士人加以处罚。 4 异贯：指加以区别。 5 弹射：犹指摘。

裴注 [1]《吴录》曰："彪字仲虞，广陵人也。"

温宿与艳、彪同意，数交书疏，闻问往还，即罪温。权幽[1]之有司，下令曰："昔令召张温，虚己待之，既至显授，有过旧臣，何图凶丑，专挟异心！昔暨艳父兄，附于恶逆，寡人无忌，故进而任之，欲观艳何如。察其中间[2]，形态果见。而温与之结连死生，艳所进退，皆温所为头角[3]，更相表里，共为腹背，非温之党，即就疵瑕，为之生论[4]。又前任温董督三郡，指扮[5]吏客及残余兵，时恐有事，欲令速归，故授棨戟[6]，奖以威

张温素来与暨艳、徐彪意见相同，彼此之间多次通信来往，互致问候，张温便因此受牵连获罪。孙权将他关在官署中，并下令说："过去我曾下令征召张温，虚心地对待他，后来他位至尊显，甚至超过了许多功勋老臣，哪里想到他这凶恶的小人，竟然有图谋不轨之心！过去暨艳及其父兄，依附凶恶叛逆者，我本没有猜忌他们，所以还加以亲近任用，想观察暨艳如何表现。细察暨艳的内心，果然还是能看穿他的真面目。而张温与暨艳结为生死之交，暨艳的所作所为，都是由张温指使，两人更是互为表里，同一腹背，只要不是张温的党羽，很快就会被他们吹毛求疵，定出无中生有的罪名。而此前委任张温督察三郡军事，负责管理那里的官吏和残余兵卒，当时担心有战事发生，想让他迅速返回，所以授予他棨戟

柄。乃便到豫章，表讨宿恶。寡人信受其言，特以绕帐、帐下、解烦[7]兵五千人付之。后闻曹丕自出淮、泗，故豫敕温有急便出。而温悉内诸将，布于深山，被命不至。赖丕自退，不然，已往岂可深计。又殷礼者，本占候召，而温先后乞将到蜀，扇扬[8]异国，为之谭论[9]。又礼之还，当亲本职，而令守尚书户曹郎，如此署置，在温而已。又温语贾原，当荐卿作御史，语蒋康，当用卿代贾原，专衒贾国恩，为己形势。揆其奸心，无所不为。不忍暴于市朝[10]，今斥还本郡，以给厮吏。呜呼温也，免罪为幸！”

和威权。于是他便来到豫章，上表请求讨伐那里长期作乱的盗贼。我相信并接受了他的建议，特地拨给他绕帐兵、帐下兵、解烦兵五千人。后来听说曹丕亲自出征淮泗流域，所以我预先命令张温，有紧急情况可以随时出兵。张温却将诸将领集合起来，部署在深山中，接到命令后并不赶赴战场。幸亏曹丕自己退兵，否则后果不堪设想。还有殷礼，本来因为善于占卜才征召他，而张温多次请求要携殷礼一同前往蜀国，这些人大肆吹捧别国，口口声声说别人的好话。而且殷礼回来后，本应回到原来的岗位，但张温让殷礼主持尚书户曹郎的工作，这样的工作安排，全都是张温个人的主意。还有，张温曾对贾原说，要举荐贾原当御史，又告诉蒋康，说要用蒋康替代贾原，擅自明目张胆地兜售国家的恩典，来为自己谋势力。考察张温的险恶用心，真的是无恶不作。但我不忍心将张温处以死刑，现在将他贬回本郡，让他做一个低级小吏。张温啊，你应该为免于一死感到万幸！”

今注　1 幽：指把人关起来，不让跟外人接触。　2 中间：指内心，内情。　3 头角：原指事物的开端，这里引申为指使、授意。　4 生论：这里指捏造罪名。 5 指扮:即指挥。扮,通“挥”。 6 棨(qǐ)戟:有缯衣或油漆的木戟,古代官吏出行时用作前导的一种仪仗。 7 绕帐、帐下、解烦:均为吴国禁军名。 8 扇扬:这里指播扬,吹捧。 9 谭论:即谈论。谭,同“谈”。 10 暴于市朝:即弃市,古代在闹市杀死犯人的酷刑。

将军骆统表理温曰:“伏惟殿下,天生明德,神启圣心,招髦秀[1]于四方,署俊乂于宫朝。多士既受普笃之恩,张温又蒙最隆之施。而温自招罪谴,孤负荣遇,念其如此,诚可悲疚。然臣周旋之间,为国观听,深知其状,故密陈其理。温实心无他情,事无逆迹,但年纪尚少,镇重[2]尚浅,而戴赫烈[3]之宠,体卓伟之才,亢臧否之谭,效褒贬之议。于是务势者妒其宠,争名者嫉其才,玄默者非其谭,瑕衅[4]者讳其议,此臣下所当详辨,明朝所当究察也。昔贾谊,至忠之臣也,

将军骆统上表为张温申辩:“尊敬的殿下,上天赐予您英明的仁德,神明开启您圣灵的心扉,您招揽四方才俊,贤德之士布满朝堂。众多士子都蒙受您宽广的恩德,张温则受到最隆重的恩遇。然而张温自己招致罪责,辜负了您的恩遇,一想到他沦落到这种地步,实在令人深感悲痛。然而臣在与他交往中,站在国家立场上考察过他,对他的状况有比较详细的了解,所以希望详细陈述其中实情。张温本心其实没有什么非分的想法,他的行为也没有叛逆的迹象,只不过年纪尚轻,承担重任的资历也还浅,却蒙受显赫的恩宠,表现出出类拔萃的才能,高声发表品评人物的谈论,显露褒贬他人的评议。于是趋炎附势之徒妒忌他的恩宠,争名逐利之流厌恶他的才干,沉默无为者非议他的谈论,劣迹斑斑者忌讳他的评议,这是为人臣子应当详细分辨,而朝廷理当深究细察的问题。当年的贾

汉文,大明之君也,然而绛、灌[5]一言,贾谊远退。何者?疾之者深,谮之者巧也。然而误闻于天下,失彰于后世,故孔子曰'为君难,为臣不易'也。温虽智非从横[6],武非虓虎[7],然其弘雅之素,英秀之德,文章之采,论议之辨,卓跞[8]冠群,炜晔曜世,世人未有及之者也。故论温才即可惜,言罪则可恕。

谊,是至为忠诚的大臣,汉文帝是极为英明的君主,然而周勃、灌婴的一句话,就让贾谊遭到疏远流放。为什么呢?这是妒忌之深、谗毁之巧的缘故。然而这也使汉文帝的错误和过失不仅当时传闻于天下,而且还流传至后世,所以孔子曾说'为君难,为臣也不易'。张温虽说并无纵横捭阖的才智,也没有勇猛战将的武力,但是他弘雅的气度,优秀的品德,文章的辞采,议论的明晰,都超乎常人,光彩显耀于当世,如今很少有人能赶得上他。所以说张温的才华实在令人感到惋惜,至于他的罪过则是可以宽恕的。

今注 1 髦秀:指优秀的士人。与下文"俊乂"同义。 2 镇重:指担任方镇或高官的资历。 3 赫烈:光荣显赫。 4 瑕衅:罪过,过失。这里指有过失之人。 5 绛、灌:指绛侯周勃和颍阴侯灌婴,二人均为西汉开国功臣,以军功位至高官,均担任过西汉丞相。然而二人因出身行伍,粗鄙无文,曾进谗言使贾谊遭贬。 6 从横:即纵横。"从"是"纵"的古字。 7 虓(xiāo)虎:指像猛虎一样勇猛。 8 卓跞(luò):同"卓荦"。卓越出众。

"若忍威烈以赦盛德,宥贤才以敦大业,固明朝之休光,四方之丽观也。国家之于暨艳,不内之忌

"如果陛下能忍耐盛怒赦免仁德之士,宽宥贤能人才来巩固国家的基业,这一定会成为圣朝之中、四海之内盛美的德行。国家对于暨艳,并未将其

族，犹等之平民，是故先见用于朱治，次见举于众人，中见任于明朝，亦见交于温也。君臣之义，义之最重；朋友之交，交之最轻者也。国家不嫌于艳为最重之义，是以温亦不嫌与艳为最轻之交也。时世宠之于上，温窃亲之于下也。

归为败类，而是仍然视同平民，所以他先为朱治所用，受到众人的推举，然后才被朝廷所任用，也为张温所结交。君臣道义，是道义中最为重要的；朋友的交情，是交情中最为轻微的。国家不在最为重要的道义上嫌弃暨艳，所以张温也不会在最轻微的交情中嫌弃暨艳。当时暨艳在上有盖世的盛宠，所以在下才有张温的私下亲近啊。

“夫宿恶[1]之民，放逸山险，则为劲寇，将置平土，则为健兵，故温念在欲取宿恶，以除劲寇之害，而增健兵之锐也。但自错落[2]，功不副言。然计其送兵，以比许晏，数之多少，温不减之；用之强羸，温不下之；至于迟速，温不后之。故得及秋冬之月，赴有警之期，不敢忘恩而遗力也。温之到蜀，共誉殷礼，虽臣无境外之交，亦有可原也。境外之交，谓无君命而私相从，

“一贯作恶的刁民，如果放纵他们盘踞在深山险处，就会成为凶恶的贼寇；如果将他们安置到平原上居住，就会成为骁勇的兵卒，所以张温的本意是想招募那些一贯作恶的贼人，顺便除掉贼寇的祸患，同时增加强健兵卒的力量。但是他处置有所偏差，收效并不符合预期。然而计算他派出的兵马，同许晏相比，数量上张温不比许晏少；兵力的强弱，张温不比许晏差；至于出兵速度，张温不比许晏慢。所以能够赶在秋冬之际，按照期限奔赴战场，不敢忘却皇恩而有所怠慢。张温出使蜀国，与蜀国一同赞誉殷礼，虽说为臣者不应在国外有私交，但也是情有可原的。所谓国外私交，指的是没有国君的命令而暗中

非国事而阴相闻者也。若以命行,既修君好,因叙己情,亦使臣之道也。

互通消息。如果因使命而出行,既联络两国君主之间的友谊,又顺带谈叙个人的交情,这也是外交使臣的本分。

今注　1 宿恶:指一贯为恶。　2 错落:指有偏差,不一致。

"故孔子使邻国,则有私觌之礼[1];季子聘诸夏,亦有燕谭[2]之义也。古人有言,欲知其君,观其所使,见其下之明明,知其上之赫赫。温若誉礼,能使彼叹之,诚所以昭我臣之多良,明使之得其人,显国美于异境,扬君命于他邦。是以晋赵文子之盟于宋也,称随会于屈建[3];楚王孙圉之使于晋也,誉左史于赵鞅[4]。亦向他国之辅,而叹本邦之臣,经传美之以光国,而不讥之以外交也。王靖内不忧时,外不趋事,温弹之不私,推之不假,于是与靖遂为大怨,此其尽节

"所以孔子出使邻国时,便有私人相见之礼;季札聘问诸夏,也有宴饮畅谈之义。古人有言,要想了解一个国家的君主,就要先看这个国家的使臣,看到这个使臣聪明,就知道该国君主的伟大。张温如果称赞殷礼,使对方为他的才能发出赞叹,实是能显示我国有大量的贤良之臣,也显示出派遣的使者得乎其人,能在异国他乡显示我国与主君的美名。所以晋国赵文子到宋国订立盟约,在屈建面前称扬随会;楚国王孙圉出使晋国,在赵鞅面前赞誉左史。这都是在别国的辅臣面前,赞叹本国的大臣,经传都赞美这是宣扬了国威,而不讥讽这是与外人交结。王靖这个人,在国内不操心时事,对外也不关心军国大政,张温弹劾、追究他的责任,并非出于私情,也并未作假,从此便与王靖结下深仇大怨,这是张温尽臣节的明证啊。

之明验也。靖兵众之势，干任之用，皆胜于贾原、蒋康，温尚不容私以安于靖，岂敢卖恩以协原、康邪？又原在职不勤，当事不堪，温数对以丑色，弹以急声。若其诚欲卖恩作乱，则亦不必贪原也。凡此数者，校之于事既不合，参之于众亦不验。

王靖军队的兵力，手下官员的才干，都胜过贾原、蒋康，张温尚且不容于私情来讨好王靖保全自身，又怎敢靠着出卖国恩去拉拢贾原、蒋康呢？况且贾原在职任上不勤勉从政，处事也有不妥当之处，张温已经多次警告过他。如果张温真的想要卖恩作乱，那么也没有必要去贪求贾原这样的人。这些事情，案件与事实既不相符，与大家的说法也完全对不上。

今注　**1** 私觌(dí)之礼：指孔子出使他国时与国君非正式会面。《论语·乡党》："私觌，愉愉如也。"　**2** 燕谭：即"宴谈"，指宴饮畅谈。季札曾多次出使中原诸国，如鲁国、郑国、卫国等，与当地士大夫有较深的交往。　**3** 晋赵文子之盟于宋也，称随会于屈建：赵文子，即赵武，春秋晋国大夫；随会，即士会，又称范武子，春秋时期晋国中军将、太傅；屈建，春秋时期楚国令尹。公元前546年，晋国与楚国在宋国举行"弭兵会盟"，旨在消弭战争，赵武代表晋国出使，向前来的楚国令尹屈建称赞士会的德行。　**4** 楚王孙圉之使于晋也，誉左史于赵鞅：王孙圉(yǔ)，春秋时期楚国大夫；左史，即楚国左史倚相；赵鞅，即赵简子，春秋时期晋国大夫。据《国语·楚语》记载，楚国大夫王孙圉出使晋国，晋定公为之举行宴会，席间晋国大夫赵简子询问楚国名玉"白珩"的价值，但王孙圉认为楚国之宝并非白珩，而是观射父、倚相这些贤臣。

"臣窃念人君虽有圣哲之姿，非常之智，然

"臣暗想国君虽有圣贤的英姿，超人的智慧，但凭一己之力来统治亿万人

以一人之身御兆民之众，从层宫之内，瞰四国之外，照群下之情，求万机之理，犹未易周也，固当听察群下之言，以广聪明之烈。今者人非温既殷勤，臣是温又契阔[1]，辞则俱巧，意则俱至，各自言欲为国，谁其言欲为私，仓卒之间，犹难即别。然以殿下之聪睿，察讲论之曲直，若潜神留思，纤粗研核，情何嫌而不宣，事何昧而不昭哉？温非亲臣，臣非爱温者也。昔之君子，皆抑私忿[2]，以增君明。彼独行之于前，臣耻废之于后，故遂发宿怀于今日，纳愚言于圣听，实尽心于明朝，非有念于温身也。”权终不纳。

后六年，温病卒。二弟祗、白，亦有才名，与温俱废[1]。

民，在深宫之中俯视四国之外的情况，既要了解臣民情况，又要日理万机，可能还是不容易做得周全，所以应该要听取群臣的意见，以增广耳目聪明。如今大家都不遗余力指责张温，我又这么卖力地替张温说话，大家言辞都很巧妙，而意思也都说得很充分，各自都说是为了国家利益，谁又会说是为了私情，仓促之间，确实难以辨别是非。然而凭借陛下的聪明睿智，详察双方言论曲直，如果您能潜心思索，仔细琢磨，内情不管有多少嫌疑，事实不管有多隐蔽，还怕不会水落石出吗？张温与我并不亲近，我也并不偏爱他。以前的君子，都是摒弃了个人的怨恨，来为君主增益圣明。他们在前代有所表率，我现在也以废弃这种美德为耻，所以在今天直抒胸臆，将长期以来一些粗浅想法呈献给陛下，实在是想为圣明的君主尽心，而不是对张温个人有什么眷顾。”但孙权最终还是没有采纳骆统的意见。

六年之后，张温因病去世。他的两个弟弟张祗、张白，也都有才干和名声，与张温一同遭到废黜。

今注　1 契阔:这里意为辛苦、费力。 2 私忿:即"私愤"。私人之间因利害冲突而产生的怨恨。

裴注　[1]《会稽典录》曰:"余姚虞俊叹曰:'张惠恕才多智少,华而不实,怨之所聚,有覆家之祸,吾见其兆矣。'诸葛亮闻俊忧温,意未之信,及温放黜,亮乃叹俊之有先见。亮初闻温败,未知其故,思之数日,曰:'吾已得之矣,其人于清浊太明,善恶太分。'臣松之以为,庄周云"名者公器也,不可以多取",张温之废,岂其取名之多乎！多之为弊,古贤既知之矣。是以远见之士,退藏于密,不使名浮于德,不以华伤其实。既不能被褐韫宝,挫廉逃誉,使才映一世,声盖人上,冲用之道,庸可暂替！温则反之,能无败乎？权既疾温名盛,而骆统方骤言其美,至云"卓跞冠群,炜晔曜世,世人未有及之者也"。斯何异燎之方盛,又扬膏以炽之哉！《文士传》曰:"温姊妹三人皆有节行,为温事,已嫁者皆见录夺。其中妹先适顾承,官以许嫁丁氏,成婚有日,遂饮药而死。吴朝嘉叹,乡人图画,为之赞颂云。"

骆统

原文

骆统,字公绪,会稽乌伤人也。父俊,官至陈相,为袁术所害[1]。统母改适[1],为华歆小妻,统时八岁,遂与亲客归会稽。其母送之,拜辞上车,面而不顾,其母泣涕于后。御者曰:"夫人

译文

骆统,字公绪,会稽郡乌伤县人。其父骆俊,官至陈国相,被袁术杀害。骆统母亲改嫁,做了华歆的妾,骆统当时八岁,于是与亲戚一道返回会稽。母亲为他送行,他拜辞母亲上车后,直视前方不往后看,母亲哭着跟在车后。赶车的人说:"夫人还在那里呢。"骆统说:"不想增添母亲的思念,所以我不回头看她。"他

犹在也。”统曰：“不欲增母思，故不顾耳。”事適母[2]甚谨。时饥荒，乡里及远方客多有困乏，统为之饮食衰少。其姊仁爱有行，寡归无子，见统甚哀之，数问其故。统曰：“士大夫糟糠不足，我何心独饱！”姊曰：“诚如是，何不告我，而自苦若此？”乃自以私粟与统，又以告母，母亦贤之，遂使分施，由是显名。

侍奉嫡母也十分恭谨。当时遭遇饥荒，乡里及远方来的许多人都生活困难，骆统为了帮助他们而减少自己的饮食。他的姐姐天性仁爱而有德行，丧偶无子，她回到娘家时看见骆统的样子，心里感到十分难过，屡屡询问他其中原因。骆统说：“士大夫们连糟糠都不能吃上，我哪有心自己一个人吃饱饭！”姐姐说：“果真是这样，为什么不早告诉我，把自己折磨成这个样子？”她于是将自己存的粮食给了骆统，又将此事告诉母亲，母亲也认为他很贤德，便命人去给百姓分发粮食，骆统于是出了名。

今注　**1** 改适：即改嫁。　**2** 適母：即“嫡母”，这里指华歆的正妻。適，通“嫡”。

裴注　［**1**］谢承《后汉书》曰：“俊字孝远，有文武才干，少为郡吏，察孝廉，补尚书郎，擢拜陈相。值袁术僭号，兄弟忿争，天下鼎沸，群贼并起。陈与比界，奸慝四布，俊厉威武，保疆境，贼不敢犯。养济百姓，灾害不生，岁获丰稔。后术军众饥困，就俊求粮，俊疾恶术，初不应答。术怒，密使人杀俊。”

孙权以将军领会稽太守，统年二十，试为乌程相，民户过万，咸叹其

孙权以将军之职兼领会稽太守时，骆统二十岁，试用为乌程相，乌程百姓超过万户，都赞叹他为政仁惠。孙权也十

惠理[1]。权嘉之，召为功曹，行骑都尉，妻以从兄辅女。统志在补察[2]，苟所闻见，夕不待旦。常劝权以尊贤接士，勤求损益，飨赐[3]之日，可人人别进[4]，问其燥湿[5]，加以密意，诱谕使言，察其志趣，令皆感恩戴义，怀欲报之心。权纳用焉。出为建忠郎将，领武射吏三千人。及凌统死，复领其兵。

分欣赏骆统，便征召他为功曹，担任骑都尉，并将堂兄孙辅的女儿许配给他为妻。骆统一心为时政查漏补缺，如果发现什么问题，他一定当即办理绝不拖延过夜。他经常劝说孙权尊敬贤良、延揽士人，勤于思索政治上的得失，并建议宴饮赏赐的时候，可让每个人分别进见，询问他们的日常生活起居，亲密交流，诱导他们说出心里话，了解他们的志趣，这样，大家都会感恩戴德，怀着报答之心。孙权接受了他的建议。后来骆统出任建忠郎将，带领武射吏三千人。凌统去世之后，他又接管了凌统的部队。

今注　1 惠理：指以仁惠治理民众。　2 补察：补过误，察得失。　3 飨(xiǎng)赐：宴会赏赐。　4 别进：分别进见。　5 燥湿：指日常生活起居。

是时，征役繁数，重以疫疠，民户损耗，统上疏曰："臣闻君国者，以据疆土为强富，制威福为尊贵，曜[1]德义为荣显，永世胤[2]为丰祚[3]。然财须民生，强赖民力，威恃民势，福由民殖，德俟民茂，

当时劳役繁重，再加上瘟疫流行，导致人口减少，骆统便上奏说："臣听说君主治理国家，以据有疆土为强富，控制威福为尊贵，彰明德义为荣耀，世系永传为厚福。但是，财物需要百姓来生产，强盛依赖百姓的力量，威权要凭借百姓支持，福祉要由民众来给予，德行需要百姓来发扬，仁义要依靠百姓来推行，只有这

义以民行，六者既备，然后应天受祚，保族宜邦。《书》曰：'众非后无能胥以宁，后非众无以辟四方。'[4] 推是言之，则民以君安，君以民济，不易之道也。今强敌未殄，海内未乂，三军有无已之役，江境有不释之备，征赋调数，由来积纪[5]，加以殃疫死丧之灾，郡县荒虚，田畴芜旷。听闻属城，民户浸寡[6]，又多残老，少有丁夫，闻此之日，心若焚燎。思寻所由，小民无知，既有安土重迁之性，且又前后出为兵者，生则困苦无有温饱，死则委弃骸骨不反，是以尤用恋本畏远，同之于死。

六个方面都具备了，然后才能顺应天命，传承福祥，守护皇室，治理国家。《尚书》有言：'百姓离开国君就不能保持安宁，国君离开百姓就无法开疆拓土。'推而言之，可以说百姓靠着君王获得安定的生活，君王则因百姓帮助而统治四方，这是不可变更的法则。如今强敌尚未消灭，天下尚未安定，军队还有打不完的仗，长江边境上也不能放松警备，国家的赋税征调，几十年来一直很繁重，加上瘟疫造成大量死亡的灾害，导致郡县空虚，田野荒芜。听下面各城的报告说，地方户口日益减少，又多是老弱病残，少有壮健的男子，我得知这种情况后心急如焚。推究其中原因，主要在于小民不明事理，他们既有安土重迁的习性，前前后后又有许多人外出当兵，活着的人生活困苦得不到温饱，死者则抛尸荒野不能返乡安葬，所以他们更加眷恋故土，害怕远行，把外出看得像死亡一样可怕。

今注　1 曜：原文可能为"昭"，陈寿撰写《三国志》时为避司马昭之讳，改为"曜"。　2 世胤：传承的世系。　3 丰祚：丰厚的福报。　4 众非后无能胥以宁，后非众无以辟四方：今见于《礼记·表记》所引述的《尚书·太甲》，原文作"民非后无能胥以宁，后非民无以辟四方"，但今本《尚书·太甲》三篇属于伪《古文尚书》,《今文尚书》无此三篇。 5 积纪:古代以十二年为一纪,积纪泛指数十年。 6 浸寡:指逐渐减少凋敝。浸,亦作"寖",渐渐。

"每有征发,羸谨[1]居家重累者先见输送。小有财货,倾居行赂,不顾穷尽。轻剽者则迸入险阻,党就群恶。百姓虚竭,嗷然愁扰,愁扰则不营业[2],不营业则致穷困,致穷困则不乐生,故口腹急,则奸心动而携叛多也。又闻民间,非居处小[3]能自供,生产儿子,多不起养,屯田贫兵,亦多弃子。天则生之,而父母杀之。既惧干逆和气,感动阴阳,且惟殿下开基建国,乃无穷之业也。强邻大敌非造次所灭,疆埸常守非期月之戍,而兵民减耗,后生不育,非所以历远年,致成功也。

"每当征调劳役的时候,那些生活负担沉重的贫弱老实人家反而先被抽调。稍有财产的人,就出钱财来行贿以逃避征役,甚至不顾倾家荡产。至于轻率剽悍之人,更是逃亡到深山险地之中,与盗贼为伍。百姓困苦虚竭,苦于苛政的烦扰,百姓忧愁烦躁就无法安心从事生产,不事生产就加剧了贫困,贫困之后就不得安生,所以百姓饿急了,就会萌生邪念,导致越来越多的叛乱发生。又听说在民间,如果不是家中生活刚好能达到勉强自给自足的话,他们生下了儿子后,大多不愿抚养,就连那些屯田兵士,也有很多人因为贫困而抛弃孩子。上天生育这些孩子,父母却将他们杀死。我不仅担心这种情况会冒犯天地的和气,扰乱阴阳平衡,还想到陛下建基立国,乃是万世无穷的功业。强邻大敌也不是一下子可以消灭,边疆也需要长期防备,而百姓和兵力不断减损,年轻人不愿生育,这种情况绝不能长久持续,也绝非成功之道啊。

今注 **1** 羸谨:贫弱老实。 **2** 营业:这里为经营田亩、耕种之意。 **3** 小:指刚刚、仅仅。

“夫国之有民,犹水之有舟,停则以安,扰则以危。愚而不可欺,弱而不可胜[1],是以圣王重焉,祸福由之,故与民消息[2],观时制政。方今长吏亲民之职,惟以办具[3]为能,取过目前之急,少复以恩惠为治,副称殿下天覆之仁,勤恤之德者。官民政俗,日以雕弊,渐以陵迟[4],势不可久。夫治疾及其未笃,除患贵其未深,愿殿下少以万机余闲,留神思省,补复荒虚,深图远计,育残余之民,阜人财之用,参曜三光,等崇天地。臣统之大愿,足以死而不朽矣。”权感统言,深加意焉。

“君主和百姓的关系,就如同水和船的关系一样,水面平静,船就能安稳行驶,水面扰动,船就可能有危险。百姓虽然愚昧弱小,但绝不能蒙骗欺压他们,所以圣明君主都重视百姓,是因为祸福乃由百姓所决定,所以要时时跟随百姓活动的变化,考察时势来制定适宜的政策。如今那些负责治理百姓的地方长官,仅仅以完成政治任务为能事,对百姓的索取远超实际所需,很少有人能以恩惠治民,而配得上陛下您仁爱广被、勤勉从政的美德。从官员到百姓,无论是政治还是风俗,都在日益颓败,渐渐走向衰败,这种情况必不能维持太久。治病要赶在病情恶化之前,除患要赶在祸患尚未扩散之际,希望陛下能在日理万机的繁忙中抽出一点空闲,留神深思,补救不足,深谋远虑,抚育残余的百姓,增添民力和财富,使功业与三光同照,与天地齐辉。臣骆统这个大愿能够实现,也足以死而不朽了。”孙权被骆统所言深深感动,特别重视他的意见。

今注 1 胜:指欺压。 2 消息:即消长,这里引申为变化。 3 办具:指完成任务。 4 陵迟:指衰败。

以随陆逊破蜀军于宜都,迁偏将军。黄武初,曹仁攻濡须,使别将常雕等袭中洲,统与严圭共拒破之,封新阳亭侯,后为濡须督。数陈便宜,前后书数十上,所言皆善,文多故不悉载。尤以占募在民间长恶败俗,生离叛之心,急宜绝置,权与相反覆,终遂行之。年三十六,黄武七年卒。

骆统因跟随陆逊在宜都击败蜀军,升迁为偏将军。黄武初年,曹仁出兵攻打濡须,又派遣部将常雕等袭击中洲,骆统与严圭等共同抵御,将敌军击败,骆统被封为新阳亭侯,后担任濡须督。他多次针对时政阐述见解,前后上书多达数十次,所说都很有道理,因篇幅太长所以不予悉数记载。尤其是他认为募兵的措施在民间助长歪风恶俗,容易使百姓产生叛逃的想法,应当立即停止,孙权与他反复辩论,最后还是按骆统的意见处置。黄武七年(228),骆统去世,时年三十六岁。

陆瑁

原文

陆瑁,字子璋,丞相逊弟也。少好学笃义。陈国[1]陈融、陈留濮阳逸、沛郡蒋纂、广陵袁迪等,皆单贫有志,就瑁

译文

陆瑁,字子璋,是丞相陆逊的弟弟。他年少爱好学习,恪守道义。陈国人陈融、陈留人濮阳逸、沛郡人蒋纂、广陵人袁迪等,都是出身贫寒而胸怀大志者,都前往与陆瑁交游相处,陆瑁也常拿出自己不多

游处[1]，瑁割少分甘，与同丰约。及同郡徐原，爰居[2]会稽，素不相识，临死遗书，托以孤弱，瑁为起立坟墓，收导其子。又瑁从父绩早亡，一男一女，皆数岁以还，瑁迎摄养，至长乃别。州郡辟举，皆不就。

的好东西和甘美的食物与他们分享，与大家同甘共苦。又有同郡人徐原，移居会稽，与陆瑁素不相识，临死前却留下遗书，把自己幼小的孩子托付给他，于是陆瑁给徐原修建坟墓，收养教导徐原的儿子。陆瑁的叔父陆绩去世很早，留下一男一女，回家的时候都只有几岁，陆瑁将他们接到自己家中抚养，直到长大后才分开。州郡征召或举荐他，他一概不去就职。

今注 **1** 陈国：治陈县（今河南周口淮阳区），辖区相当于今河南周口市及太康、西华、鹿邑、柘城等县。东汉章和二年(88)改淮阳国置。 **2** 爰(yuán)居：指迁居。

裴注 ［1］ 迪孙晔，字思光，作《献帝春秋》，云迪与张纮等俱过江，迪父绥为太傅掾，张超之讨董卓，以绥领广陵事。

时尚书暨艳盛明臧否，差断三署，颇扬人暗昧[1]之失，以显其谪。瑁与书曰："夫圣人嘉善矜愚，忘过记功，以成美化。加今王业始建，将一大统，此乃汉高弃瑕录用之时也，若令善恶异流，贵汝颍月旦之

当时尚书暨艳极为热衷于褒贬人物，在评议三署官员时，特别喜爱宣扬别人隐晦的过失，来显示自己处罚之严格公正。陆瑁写信给他说："圣人嘉奖优良，但也同情愚者，忽略他人的过失，只记得他们的功绩，这样才能成就美好的教化。加上如今帝王基业刚刚建立，接下来要一统天下，这正如同是汉高祖弃人瑕疵、录用人才的时代，如果一定能让善恶泾渭分

评[2]，诚可以厉俗明教，然恐未易行也。宜远模仲尼之泛爱，中则郭泰[3]之弘济，近有益于大道也。”艳不能行，卒以致败。

明，仿效汝颍名士那种月旦之评，虽然确实可以整肃风俗、昌明教化，但恐怕不容易做到。应当远则效法孔子泛爱天下，中则学习郭泰广交士人，这样近则能有益于国家的大业。”暨艳没有按照陆瑁所说的去做，最终招致败亡。

今注 1 暗昧：指阴私、隐晦。 2 月旦之评：是东汉末年由汝南人士许劭、许靖兄弟主持的一项活动，对当代人物的品行、诗文等褒贬评级，由于常在每月初一进行，故称为“月旦评”。 3 郭泰(128—169)：字林宗，东汉末年名士，博学多识，被洛阳太学生推举为领袖。又善于品鉴人物，但不作激烈的批评，因而得以免于汉末的党锢之祸。

嘉禾元年，公车征瑁，拜议郎、选曹尚书。孙权忿公孙渊之巧诈反覆，欲亲征之，瑁上疏谏曰：“臣闻圣王之御远夷，羁縻[1]而已，不常保有。故古者制地，谓之荒服，言慌惚[2]无常，不可保也。今渊东夷小丑，屏在海隅，虽托人面，与禽兽无异。国家所为不爱货宝远以加之者，非嘉其德义也，诚欲诱纳

嘉禾元年(232)，朝廷派公车征辟陆瑁，任命他为议郎、选曹尚书。孙权怨恨公孙渊狡诈反复，打算亲自率军前往征讨，陆瑁上疏劝谏说：“臣听说圣明的君主控制远方异族，只是用羁縻的手段加以笼络，保持良好关系而已，而不是长期占据这些地方。所以古人划分国土，把这些地方称为荒服，是说他们恍惚无定，不能保有。如今公孙渊就是一介东夷小丑，远在天涯海角，虽然生得一副人的模样，但与禽兽没有什么差异。国家之所以不吝惜财宝远远地送去赐予他们，并不是为了嘉奖他们的道义，实际上是想引诱愚弄他

愚弄，以规其马耳。渊之骄黠，恃远负命，此乃荒貊[3]常态，岂足深怪？昔汉诸帝亦尝锐意以事外夷，驰使散货，充满西域，虽时有恭从，然其使人见害，财货并没，不可胜数。

们，从而来谋取他们的马匹。公孙渊骄横狡诈，仗着自己地处僻远，违背王命，这就是边远蛮夷的常态，哪里值得过分惊异呢？当年汉朝的皇帝们也曾积极地与外夷接触，派遣使节去散发财货，使得中原物产遍布西域，虽说这些蛮夷有时会恭敬顺从，然而他们杀害使者、侵夺财物的事情，也不可胜数。

今注 1 羁縻(mí)：谓笼络使不生异心，是古代中央王朝统治少数民族聚居区的一种方式。 2 慌惚：同“恍惚”。模糊不明。 3 荒貊(mò)：古代对东北少数民族的蔑称。

“今陛下不忍悁悁[1]之忿，欲越巨海，身践其土，群臣愚议，窃谓不安。何者？北寇[2]与国，壤地连接，苟有间隙，应机而至。夫所以越海求马，曲意于渊者，为赴目前之急，除腹心之疾也。而更弃本追末，捐近治远，忿以改规，激以动众，斯乃猾虏所愿闻，非大吴之至计也。又兵家之术，以功役相疲，劳

“现在陛下您咽不下这口愤愤难平的怒气，而想渡过大海，亲自征讨那块土地，群臣议论，私下内心里都深感不安。为什么呢？北方的敌寇和我国领土相接，一旦有可乘之机，便会随时进攻过来。我国之所以跨过大海，迎合公孙渊来求取马匹，是为了解决当下的急需，消除心腹之患。如果转而弃本求末，舍近求远，因为一时气恼而改变计划，激怒而出动大军，这正是狡猾的敌人所希望听到的消息，而非我大吴的上计。而且兵家的策略，是让敌人劳顿而疲惫，自己则以逸待劳，得失之间，头脑清醒者获得胜算就大。况且跋山

逸相待，得失之间，所觉辄多。且沓渚[3]去渊，道里尚远，今到其岸，兵势三分，使强者进取，次当守船，又次运粮，行人虽多，难得悉用。加以单步负粮，经远深入，贼地多马，邀截无常。若渊狙诈[4]，与北未绝，动众之日，唇齿相济。若实孑然无所凭赖，其畏怖远迸[5]，或难卒灭。使天诛[6]稽于朔野[7]，山虏承间而起，恐非万安之长虑也。”权未许。

涉水去到公孙渊那里，道路漫长，假使到达敌方岸边，兵力还得分成三部分，主力部队负责进攻，第二梯队负责守卫船只，第三梯队则负责转运粮草，出征的兵力再多，也难以全部用于作战。加之徒步行军背负粮食，长途跋涉深入敌后，而敌方拥有大量骑兵，随时都可以拦截我军。如果公孙渊玩弄诈术，尚未断绝与魏国的关系，则我方出兵之日，他们就会唇齿相依互相救援。即使他确实孤立无援，也会因为畏惧而远远逃遁，可能就难以一下子全歼。假如陛下御驾亲征，耽搁于北方的土地上，而这边的山贼又乘隙而起，恐怕不是万全的长远之计啊。”孙权并不听从他的意见。

今注 1 悁悁(yuān)：愤怒貌。 2 北寇：与下文“猾虏”均指魏国。3 沓渚：指沓县的海岸，为吴国水军登陆辽东的地点。沓县位于今辽宁大连金州区。 4 狙诈：指像猕猴一样狡诈。 5 迸(bèng)：指逃散。6 天诛：指皇帝亲征或诛罚。 7 朔野：指北方的荒野。

瑁重上疏曰：“夫兵革者，固前代所以诛暴乱，威四夷也，然其役皆在奸雄已除，天下无事，从容庙堂之上，以余议[1]议

陆瑁再度上书说：“战争之事，固然是前人用来诛罚暴乱、威慑四夷的，但这种战争都是在奸雄已经铲除，天下太平无事，君王从容地坐在朝堂之上，放在大事商议之余谈谈罢了。而中原鼎

之耳。至于中夏鼎沸，九域槃牙之时，率须深根固本，爱力惜费，务自休养，以待邻敌之阙，未有正于此时，舍近治远，以疲军旅者也。昔尉佗[2]叛逆，僭号称帝，于时天下乂安，百姓殷阜，带甲之数，粮食之积，可谓多矣，然汉文犹以远征不易，重[3]兴师旅，告喻而已。今凶桀[4]未殄，疆埸犹警，虽蚩尤、鬼方[5]之乱，故当以缓急差之，未宜以渊为先。愿陛下抑威任计，暂宁六师，潜神嘿[6]规，以为后图，天下幸甚。”权再览瑁书，嘉其词理端切，遂不行。

初，瑁同郡闻人敏[7]见待国邑，优于宗修，惟瑁以为不然，后果如其言。赤乌二年，瑁卒。子喜亦涉文籍，好人伦[8]，孙晧时为选曹尚书[1]。

沸、九州交错之际，大都应该巩固根基，保存实力，致力于让国民休养生息，等待敌国的衰败，而不应该在这个时候，反而舍近求远，疲于征伐。从前尉佗反叛，僭称帝号，当时天下安定，百姓富庶，汉朝的兵力和粮食的储备，可说已经很充足了，但汉文帝还是考虑远征不容易，在发兵征伐一事上十分谨慎，只是警告了一下尉佗而已。现在强敌还未消灭，边境警报迭传，就算是蚩尤、鬼方那种规模的叛乱，也得根据轻重缓急谨慎对待，不应该以公孙渊作为首要目标。希望陛下抑制威怒、取消进军计划，让大军暂且安顿下来，潜心深思从长计议，以便日后的战略规划，这样就是天下人的大幸了。”孙权再阅览陆瑁的上书，很欣赏他言辞正直恳切，于是取消了出兵。

起初，陆瑁同郡人闻人敏在京都受到优待，超过了名士宗修，只有陆瑁认为他名不副实，后来果然如其所言。赤乌二年(239)，陆瑁去世。他的儿子陆喜也涉猎文章典籍，喜欢评论人物，孙晧时担任选曹尚书。

今注 1 余议：指国家大事以外的讨论。 2 尉佗（？— 前137）：即赵佗，原为秦国将领，与任嚣一同率军平定岭南。秦末大乱时割据岭南，建立南越国，自立为王，汉朝建立后，赵佗向汉朝称臣，后因与吕后交恶而称帝，至吕后去世去帝号。赵佗统治岭南期间，实行和辑百越的政策，对岭南地区的开发有较大贡献。 3 重：指谨慎、慎重。 4 凶桀：指凶恶的强敌。 5 蚩尤、鬼方：蚩尤，上古传说中九黎氏族部落首领，曾击败过炎帝，但后来被黄帝在涿鹿之战中打败；鬼方，商朝时的西北部落，后来被商王武丁击败。 6 嘿：同“默”。 7 闻人敏：人名，闻人为复姓。 8 人伦：即人伦鉴识，汉末至魏晋时期鉴别、评论人物的活动。

裴注 [1]《吴录》曰：“喜字文仲，瑁第二子也，入晋，为散骑常侍。瑁孙晔，字士光，至车骑将军、仪同三司。晔弟玩，字士瑶。《晋阳秋》称玩器量淹雅，位至司空，追赠太尉。”

吾粲

原文

吾粲，字孔休，吴郡乌程人也[1]。孙河为县长，粲为小吏，河深奇之。河后为将军，得自选长吏，表粲为曲阿丞，迁为长史，治有名迹。虽起孤微，与同郡陆逊、卜静等比肩齐声矣。孙权为车骑将军，召为主簿，出为

译文

吾粲，字孔休，吴郡乌程县人。孙河做乌程县长时，吾粲在他手下担任小吏，孙河认为吾粲非同一般。后来孙河做了将军，可以自行选拔手下官员，便上表任命吾粲为曲阿县丞，后来升迁为长史，吾粲的治理甚有名声和政绩。吾粲虽然出身寒微，却与同郡人陆逊、卜静等比肩齐名。孙权为车骑将军时，征召吾粲为主簿，后来外调担任山阴县

山阴令，还为参军校尉。

黄武元年，与吕范、贺齐等俱以舟师拒魏将曹休于洞口。值天大风，诸船绠绁[1]断绝，漂没着岸，为魏军所获，或覆没沈溺。其大船尚存者，水中生人皆攀缘号呼，他吏士恐船倾没，皆以戈矛撞击不受。粲与黄渊独令船人以承取之，左右以为船重必败，粲曰："船败，当俱死耳！人穷[2]，奈何弃之。"粲、渊所活者百余人。

令，又入朝做了参军校尉。

黄武元年(222)，吾粲与吕范、贺齐等人一同率领水军在洞口抵御魏国将领曹休的进攻。当时刮起了大风，船只的缆绳全都被风扯断，有的船漂到岸边，被魏军俘获，有的则被风吹翻沉没。那些落水后的士兵纷纷攀附水面上幸存的大船船舷，大声呼救，但船上的官兵害怕人多使船覆没，都用戈矛撞击，不让落水的士兵上船。只有吾粲与黄渊让船上的人将落水者拉上船，他手下的人担心船只会超载沉没，吾粲说："船沉了只不过是一起死而已！人家陷入绝境，怎能抛弃他们呢？"吾粲与黄渊因此救活了一百多人。

今注 1 绠绁(gěng xiè)：绳索。 2 穷：困厄，困窘。

裴注 [1]《吴录》曰："粲生数岁，孤城妪见之，谓其母曰：'是儿有卿相之骨。'"

还，迁会稽太守，召处士谢谭为功曹，谭以疾不诣，粲教曰："夫应龙[1]以屈伸为神，凤皇[2]以嘉鸣为贵，何必隐形于天外，潜鳞

返回后，吾粲迁任会稽太守，征召隐士谢谭为功曹，谢谭推辞说患病拒绝出任，吾粲便训导他说："应龙因为能屈能伸被认为是神龙，凤凰则因为善于鸣叫而成为珍禽，你为什么一定

于重渊[3]者哉？"粲募合人众，拜昭义中郎将，与吕岱讨平山越，入为屯骑校尉、少府，迁太子太傅。遭二宫之变，抗言执正，明嫡庶之分，欲使鲁王霸出驻夏口，遣杨竺不得令在都邑。又数以消息语陆逊，逊时驻武昌，连表谏争。由此为霸、竺等所谮害，下狱诛。

要在天外藏身匿迹，在深渊之中潜伏鳞甲呢？"吾粲又招募了许多人马，担任昭义中郎将，与吕岱一同平定了山越，入朝出任屯骑校尉、少府，迁任太子太傅。后来遭遇二宫之变时，他仗义执言，明辨嫡庶之分，想让鲁王孙霸出朝驻守夏口，将杨竺外调，不让杨竺留在京都。吾粲还多次向陆逊汇报情况，陆逊当时在武昌驻守，连续上表谏诤。吾粲也因此遭到孙霸、杨竺等人的谮毁陷害，被关进监狱处死。

今注　1 应龙：又称"黄龙""祖龙"，古代神话传说中生有双翼的神龙。　2 凤皇：即"凤凰"。　3 重渊：深渊。

朱据

朱据，字子范，吴郡吴人也。有姿貌膂力[1]，又能论难。黄武初，征拜五官郎中，补侍御史。是时选曹尚书暨艳，疾贪污在位，欲沙汰[2]之。据以为天下未定，宜以功覆过，弃瑕取用，举清厉浊，

朱据，字子范，吴郡吴县人。他仪表堂堂，体力过人，又善于辩论。黄武初年，朱据受征召出任五官郎中，补任侍御史。当时选曹尚书暨艳，憎恶在位者贪赃枉法，打算清退这些人。朱据考虑到天下尚未平定，应将功补过，选任官员时要忽略小过小失，同时表彰清白之人来激励污浊者，这样便可广为劝诫，但如果一时

足以沮劝[3]，若一时贬黜，惧有后咎。艳不听，卒败。

之间把所有问题官员全部罢黜，恐怕会有后患。暨艳不听，最终失败。

今注　1 膂力：亦作"旅力"，体力。　2 沙汰：淘汰。　3 沮劝：即阻恶劝善。

权咨嗟将率，发愤叹息，追思吕蒙、张温，以为据才兼文武，可以继之，由是拜建义校尉，领兵屯湖孰[1]。黄龙元年，权迁都建业，征据尚公主，拜左将军，封云阳侯。谦虚接士，轻财好施，禄赐虽丰而常不足用。嘉禾中，始铸大钱，一当五百。后据部曲应受三万缗[2]，工王遂诈而受之，典校吕壹疑据实取，考问主者，死于杖下，据哀其无辜，厚棺敛之。壹又表据吏为据隐，故厚其殡。权数责问据，据无以自明，藉草[3]待罪。

孙权感慨军中将领才干不足，又是恼怒又是叹息，心中十分怀念吕蒙和张温，又考虑到朱据文武兼备，可以继任吕蒙、张温的事业，便任命朱据为建义校尉，率兵驻守湖孰。黄龙元年(229)，孙权迁都建业，征召朱据回京，将公主许配给他，并任命他为左将军，封爵云阳侯。朱据为人谦虚，乐于结交士人，轻视财货，爱好施与，他所受俸禄赏赐虽然丰厚却经常不够用。嘉禾年间，吴国开始铸造大钱，一枚大钱相当于原来五百枚小钱。后来朱据的部队应当派发兵饷三万缗，工匠王遂造假贪污，典校吕壹怀疑实际上是朱据把钱弄走了，便拷问主管兵饷之人，使其死于杖刑之下。朱据可怜此人无辜惨死，便用上好的棺木为他殓葬。吕壹又上表说朱据的属下为朱据隐瞒了事情真相，所以朱据才加以厚葬。孙权也多次责问朱据，朱据无法为自己辩明，便躺在草席上听候发落。

今注 1 湖孰:即"湖熟",汉代及三国时期县名,位于今江苏南京江宁区。 2 缗:古代货币计量单位,一千文钱用绳子穿成一串为一缗。 3 藉草:卧在草席上,表示有罪。

数月,典军吏刘助觉,言王遂所取,权大感寤,曰:"朱据见枉,况吏民乎?"乃穷治壹罪,赏助百万。赤乌九年,迁骠骑将军。遭二宫构争,据拥护太子,言则恳至,义形于色,守之以死[1],遂左迁新都郡丞。未到,中书令孙弘谮润据,因权寝疾,弘为诏书追赐死,时年五十七。孙亮时,二子熊、损各复领兵,为全公主所谮,皆死。永安中,追录前功,以熊子宣袭爵云阳侯,尚公主。孙晧时,宣至骠骑将军。

过了几个月,典军吏刘助发觉了事情的真相,报告说钱财其实是王遂贪污的,孙权明白真相后大为感慨,说道:"朱据尚且被冤枉,何况一般的官员百姓!"于是下令彻查吕壹的罪责,奖励给刘助一百万钱。赤乌九年(246),朱据迁任骠骑将军。后来遇上二宫之争,朱据拥护太子,言辞极为恳切,义形于色,决心誓死捍卫太子的地位,于是被贬为新都郡丞。还未抵达郡所,中书令孙弘就上言诋毁他,又趁孙权重病在床,伪造诏书将朱据赐死,当时朱据五十七岁。孙亮时期,朱据的两个儿子朱熊、朱损接管了父亲的部队,又受全公主谗毁,都被处死。永安年间,朝廷追录朱据生前功绩,让朱熊的儿子朱宣继承云阳侯爵位,娶公主为妻。孙晧在位时,朱宣官至骠骑将军。

评曰:虞翻古之狂直[1],固难免乎末世,然权不能容,非旷宇[2]也。陆绩之于扬《玄》,是仲尼

评论说:虞翻就像是古代那种疏狂正直之士,本来就在衰落的世道中自身难保,但孙权不能容纳他,是器量不足的表现啊。陆绩研究发扬扬雄《太玄》的

之左丘明，老聃[3]之严周[4]矣；以瑚琏之器[5]，而作守南越，不亦贼夫人欤！张温才藻俊茂，而智防未备，用致艰患。骆统抗明大义，辞切理至，值权方闭不开。陆瑁笃义规谏，君子有称焉。吾粲、朱据遭罹屯蹇[6]，以正丧身，悲夫！

思想，就像是左丘明之于孔子、庄周之于老子那样；陆绩有治国的大才，却让他去南越之地当一个小太守，这岂不是害了他吗？张温才华横溢，是优秀的人才，但他没有花心思防备谗毁，导致了最后的灾祸。骆统深明大义，言辞恳切、说理清晰，孙权却对他充耳不闻。陆瑁笃行道义，用心规谏，可谓是君子。吾粲、朱据遭遇艰难的时局，因为正直导致身死，实在是令人悲伤啊！

今注　**1** 狂直：疏狂正直。　**2** 旷宇：旷达的器量。　**3** 老聃：即老子。老子姓李名耳，字聃，故又称老聃。　**4** 严周：即庄周，汉朝时因避汉明帝刘庄之讳而改，后世行文为求新奇，偶尔也会使用。　**5** 瑚琏之器：瑚琏，本义是古代祭祀时盛黍稷的尊贵器皿。后常用“瑚琏之器”比喻人特有才能，堪当大任。　**6** 屯蹇：即《屯》卦和《蹇》卦的合称，两卦的卦象都有困苦之意，所以屯蹇合称代指挫折和艰难。

裴注　［1］殷基《通语》载据争曰：“臣闻太子国之本根，雅性仁孝，天下归心，今卒责之，将有一朝之虑。昔晋献用骊姬而申生不存，汉武信江充而戾太子冤死。臣窃惧太子不堪其忧，虽立思子之宫，无所复及矣。”

三國志

六

吴书【二】

吴

[晋]陈寿 著

[南朝宋]裴松之 注

黄宁宁 刘光 吴南泽等 译注

岳麓書社·长沙

卷五十八　吴书十三

陆逊陆抗传

[导读] 本卷是陆逊的传记,并附有其子陆抗的传记。陆逊是三国时期吴国的著名政治家、军事家。二十一岁出仕孙权幕府,早年平定山越时,展现了出众的谋略和才能,受到孙权器重,成为孙氏集团的重要幕僚。后经吕蒙举荐,镇守荆州,先后在汉建安二十四年(219)和吴黄武二年(223)击败关羽、刘备,名声大噪。这是《三国演义》中"败走麦城"和"火烧连营"故事的原型。

陆逊因卓越的军事才能,长期驻守长江上游,对抗曹魏、蜀汉,而他治理地方也有非常出色的功绩。陆逊虽长期在外,但对朝中政务十分关心,提出过许多有益的建议。孙权称帝后,陆逊获得重任,被任命为上大将军,辅佐太子孙登,并管理武昌事务。孙吴赤乌年间,太子孙登、丞相顾雍相继去世,陆逊被任命为丞相,不久后卷入太子孙和与鲁王孙霸的"二宫之争",被孙权猜忌,又因受全琮等人的诬陷,忧愤而死。

陆逊之子陆抗,也是吴国名将。陆逊死后,陆抗长期驻防荆州,与魏、晋军队抗衡,为吴国中流砥柱,后官至大司马。陆抗二子陆机、陆云均为著名文学家,其中陆机被《文心雕龙》誉为"太康之英"。

陆逊

[原文]

陆逊,字伯言,吴

[译文]

陆逊,字伯言,是吴郡吴县人。他本

郡吴人也。本名议，世江东大族[1]。逊少孤，随从祖庐江太守康在官。袁术与康有隙，将攻康，康遣逊及亲戚还吴。逊年长于康子绩数岁，为之纲纪 1 门户。

孙权为将军，逊年二十一，始仕幕府，历东西曹令史，出为海昌屯田都尉，并领县事[2]。县连年亢旱 2，逊开仓谷以振 3 贫民，劝督农桑，百姓蒙赖。时吴、会稽、丹阳多有伏匿 4，逊陈便宜 5，乞与募焉。会稽山贼大帅潘临，旧为所在毒害，历年不禽。逊以手下召兵，讨治深险，所向皆服，部曲已有二千余人。鄱阳贼帅尤突作乱，复往讨之，拜定威校尉，军屯利浦。

来的名字是陆议，世代都是江东的大族。陆逊少年丧父，跟随担任庐江太守的叔祖陆康在官衙生活。袁术因为与陆康有过节，将要攻打陆康，陆康便将陆逊和其他亲戚送回吴县。陆逊因为比陆康的儿子陆绩还年长几岁，于是回到家乡后替陆康管理家族门户的事情。

孙权出任讨虏将军时，陆逊二十一岁，才到孙权的幕府里做官，担任东西曹令史，后来前往海昌县做屯田都尉，同时掌管县里的行政事务。海昌县经历了连年的大旱，陆逊打开谷仓赈济贫民，同时鼓励、督促农业生产，百姓获益颇多。当时吴郡、会稽、丹阳等地，有很多藏匿流窜的盗贼，陆逊在上书陈述行政事宜的时候，就请求将他们招募过来。特别是会稽郡的山贼大头目潘临一直祸害当地百姓，多年来都没有将其擒获。陆逊集合手下的兵力，深入山谷中讨伐，部队所到之处，山贼全都被收服，到征讨结束时，陆逊收编的部曲已有两千多人。后来陆逊又前往征讨在鄱阳县叛乱的盗贼尤突，授定威校尉，部队驻扎在利浦。

今注　1 纲纪：指主持、管理。　2 亢旱：即大旱。　3 振："赈"的本字。　4 伏匿：指藏匿起来的盗贼。　5 便宜：指有利国家、合乎时宜的事。

裴注 [1]《陆氏世颂》曰:“逊祖纡,字叔盘,敏淑有思学,守城门校尉。父骏,字季才,淳懿信厚,为邦族所怀,官至九江都尉。” [2]《陆氏祠堂像赞》曰:“海昌,今盐官县也。”

权以兄策女配逊,数访世务。逊建议曰:“方今英雄棋跱[1],豺狼窥望,克敌宁乱,非众不济。而山寇旧恶,依阻深地。夫腹心未平,难以图远,可大[2]部伍,取其精锐。”权纳其策,以为帐下右部督。会丹阳贼帅费栈受曹公印绶,扇动[3]山越,为作内应,权遣逊讨栈。栈支党多而往兵少,逊乃益施牙幢[4],分布鼓角,夜潜山谷间,鼓噪而前,应时破散。遂部伍东三郡,强者为兵,羸者补户,得精卒数万人,宿恶荡

孙权将亡兄孙策的女儿嫁给了陆逊,又时常与他探讨对时局的看法。陆逊建议道:“当今天下英雄各据一方,形成相持之势,又有许多像豺狼一样心怀不轨的敌人在暗中窥视时势,要想战胜敌人、平定动乱,没有大量的兵力是不能成功的。而长期以来为祸地方的山贼,至今仍盘踞于深山险阻之中。腹心之地还没有平定,就很难平定远方之敌,所以我们应当选取精锐兵卒,大幅扩充部队。”孙权听取了陆逊的建议,任命他为帐下右部督。这时恰逢丹阳郡盗贼头目费栈接受曹操的印绶,煽动当地的山越部落作为曹操的内应,于是孙权派遣陆逊前去讨伐。费栈党羽众多,而陆逊率领前往的士兵较少,陆逊便用计大量树立军旗,并将战鼓和号角分散开来,命令士兵趁夜晚潜伏在山谷之中,鸣鼓呐喊、大张声势前去讨伐,盗贼顿时就溃散了。陆逊于是收编了东边丹阳、新都、会稽三郡的部曲,挑选其中强壮者为兵,羸弱者则编入民户,这样就得到了数万精兵,也彻底清除了原来地方上长期为害的盗贼恶

除，所过肃清，还屯芜湖。

霸，军队所过之处社会安宁，陆逊返回芜湖驻守。

今注　1 棋跱(zhì)：谓处相持之势，如弈棋之交互对峙。跱，同“峙”。2 大：指扩充。　3 扇动：即“煽动”。扇，通“煽”。　4 牙幢(zhuàng)：即牙旗，指主将的旌旗。

会稽太守淳于式表逊枉取民人，愁扰所在。逊后诣都，言次[1]，称式佳吏。权曰：“式白[2]君而君荐之，何也？”逊对曰：“式意欲养民，是以白逊。若逊复毁式以乱圣听，不可长也。”权曰：“此诚长者之事，顾人不能为耳。”

会稽太守淳于式上表弹劾陆逊违法征发民众，百姓受其骚扰困苦不堪。后来陆逊回都拜见孙权，谈到这件事的时候，陆逊却称赞淳于式是一名好官。孙权问道：“淳于式控告了你，你却反而称赞他，这是为什么？”陆逊回答：“淳于式意在让百姓休养生息，所以控告我扰民。如果我在您的面前诋毁他，颠倒黑白、混淆视听，那才是不可取的。”孙权感叹道：“陆逊这真是长者的风范，一般人是做不到的啊。”

今注　1 言次：指谈及某事。　2 白：禀告，控告。

吕蒙称疾诣建业，逊往见之，谓曰：“关羽接境，如何[1]远下，后不当可忧也？”蒙曰：“诚如来言，然我病笃。”逊曰：“羽矜[2]其

吕蒙因病返回建业，陆逊前去拜访，对他说：“现在关羽大军驻守边境，您为何大老远回来，难道就没有后顾之忧吗？”吕蒙说：“您所言极是，但我现在已经病得很重了。”陆逊说：“关羽喜欢夸耀自己的骁勇气概，经常欺凌他人。关羽因为之前立下大

骁气，陵轹[3]于人。始有大功，意骄志逸，但务北进，未嫌[4]于我，有相闻病，必益无备。今出其不意，自可禽制。下见至尊，宜好为计。”蒙曰：“羽素勇猛，既难为敌，且已据荆州，恩信大行，兼始有功，胆势益盛，未易图也。”蒙至都，权问：“谁可代卿者？”蒙对曰：“陆逊意思[5]深长，才堪负重，观其规虑，终可大任。而未有远名，非羽所忌，无复是过。若用之，当令外自韬隐[6]，内察形便，然后可克。”

功，更加骄横放纵，肯定一心只想着北伐，未必会对我们有什么怀疑，如果他听说您患病，必定更不会对我们有所防备。就趁这个时候，出其不意，一定可以擒获关羽。您见到主公时，请务必好好商量计策。”吕蒙说：“关羽素来勇猛，我们本来就不是他的对手，况且他现在已经占据了荆州，又广施恩惠、树立威信，加上刚立下大功，胆气声势更加盛大，恐怕还很难打他的主意。”吕蒙到达建业之后，孙权问他：“有谁可以替代您的职务呢？”吕蒙回答道：“陆逊思虑深邃，谋略长远，才能足以担当重任，考察过他的规划思想之后，我认为他最终可以胜任。而且，现在陆逊名气还不是很大，不会被关羽忌惮，要接替我，没有比他更合适的人选了。如果要任用陆逊，就应命他对外韬光养晦，暗中观察形势与时机的变化，然后必定能攻克关羽。”

今注 1 如何：即为何。 2 矜：指自夸。 3 陵轹(lì)：指欺压。 4 嫌：指顾忌。 5 意思：指思想、谋略。 6 韬隐：隐藏不露。

权乃召逊，拜偏将军、右部督代蒙。逊至陆口，书与

孙权于是召见陆逊，任命他为偏将军、右部督，代替吕蒙驻防上游。陆逊抵达陆口后，给关羽写信说：“将军此前在与曹军的战

羽曰:“前承观衅[1]而动,以律行师,小举大克,一何巍巍!敌国败绩,利在同盟,闻庆拊节[2],想遂席卷,共奖[3]王纲。近以不敏[4],受任来西,延慕光尘,思禀良规。”又曰:“于禁等见获,遐迩[5]欣叹,以为将军之勋足以长世,虽昔晋文城濮之师[6],淮阴拔赵之略[7],蔑以尚兹[8]。闻徐晃等步骑驻旌[9],窥望麾葆[10]。操猾虏也,忿不思难,恐潜增众,以逞其心。虽云师老[11],犹有骁悍。且战捷之后,常苦轻敌,古人杖术[12],军胜弥警,愿将军广为方计,以全独克。仆书生疏迟[13],忝所不堪,喜邻威德,乐自倾

斗中,既能察觉敌军的破绽,又能以严谨的法度治军,轻而易举地大获全胜,您的功业是何等崇高壮观!现在敌国打了败仗,对于我们的同盟是十分有利的,我们听说了这等大好事,都高兴得拍手叫好,恨不得趁势席卷北方,一同光复大汉王朝的纲纪。在下并没有什么才能,最近受命来到西线任职,因此得以仰慕将军您的风采,也希望多多受您有益的教诲。”又说:“您生擒于禁,令远近军民都感到佩服赞叹,认为您的功勋足以流芳百世,即使是当年晋文公的城濮之战,淮阴侯韩信击败赵易汉的计谋,跟您一比都差得远了。听闻徐晃带领步兵和骑兵在附近驻扎,暗中窥伺您的军队。曹操是个狡猾的奸贼,现在恼羞成怒,恐怕会不计后果,暗中增加兵力,以达到一雪前耻的目的。虽说敌军驻扎了很久,已经疲劳,但仍然有骁勇善战的精兵良将。而且我们作为战胜方,胜利之后,最怕的就是轻敌,古人用兵之道,越是打了胜仗,就越是要保持警惕,所以希望将军您广泛地听取各方意见,制定好相应的方略计策,以确保完胜。我只不过是粗浅迟钝的一介书生而已,忝居自己根本不能胜任的职位,但很幸运能与您为邻,我钦佩您的威德,我也非常乐于尽我所能辅助您。即使我的想

尽。虽未合策，犹可怀也。傥明注仰，有以察之。”羽览逊书，有谦下自托之意，意大安，无复所嫌。逊具启形状[14]，陈其可禽之要。

法与您的计策不合，也不要紧，希望可以稍稍引起您的注意。倘若有幸得到您的关注，还盼望您明察。”关羽看到陆逊的来信，觉得陆逊为人谦卑，又有依附之意，便觉得十分放心，并未再对他有所提防。随后陆逊秘密向孙权汇报了关羽骄傲轻敌的情形，并陈述了擒获关羽的要点。

今注 1 观衅：指观察敌人的破绽，寻找时机。 2 拊(fǔ)节：即击节，表示高兴、兴奋。 3 奖：辅佐。 4 不敏：谦辞，即不才。 5 遐(xiá)迩(ěr)：远近。 6 晋文城濮之师：指周襄王二十年(前632)晋文公与楚成王的城濮之战。晋文公早年流亡楚国时，受到楚成王的招待，许诺如果将来晋楚两国交兵，晋国将退避三舍(九十里)。晋文公做了国君之后，晋军与楚国大将子玉在城濮发生交战，晋文公果然命令部队后退三舍，同时也运用诱敌之计，击败楚军。 7 淮阴拔赵之略：指汉初淮阴侯韩信用偷袭击破赵王歇的计策。韩信攻赵之前，先挑选精兵在旁边埋伏，主力部队佯装背水列阵，引诱赵军。韩信部队与倾巢而出的赵军发生战斗时，事先埋伏的精兵潜入赵军营地，将赵军旗帜偷偷换成汉旗。前线赵军无法取胜，撤退时又发现营地旗帜已改换，顿时溃不成军，汉军于是大获全胜。 8 蔑以尚兹：指难以与此相比。 9 驻旌：旌旗停留，指军队驻扎。 10 麾葆：麾，指旗帜；葆，指羽盖。麾葆借指统帅。 11 师老：指军队出师已久，士气低落。 12 杖术：指用兵之术。 13 疏迟：粗浅迟钝。 14 形状：指情形。

权乃潜军而上，使逊与吕蒙为前部，至即

孙权于是秘密派军队溯江而上，命令陆逊和吕蒙为前锋部队，大军一到，就克公安、南郡。逊径进，领宜都太守，拜抚边将军，封华亭侯。备宜都太守樊友委郡走，诸城长吏及蛮夷君长皆降。逊请金银铜印，以假授初附。是岁建安二十四年十一月也。

逊遣将军李异、谢旌等将三千人，攻蜀将詹晏、陈凤。异将水军，旌将步兵，断绝险要，即破晏等，生降得凤。又攻房陵太守邓辅、南乡太守郭睦，大破之。秭归大姓文布、邓凯等合夷兵数千人，首尾西方。逊复部旌讨破布、凯。布、凯脱走，蜀以为将。逊令人诱之，布帅众还降。前后斩获招纳，凡数万计。权以逊为右护军、镇西将军，进封娄侯[1]。

时荆州士人新还，

攻克了公安、南郡。陆逊率军长驱直入，并兼领宜都太守，授抚边将军，封华亭侯。刘备一方的宜都太守樊友放弃防守，从郡城逃走，于是各城的行政长官以及少数民族头领纷纷投降。陆逊向孙权申请金、银、铜等不同级别的印章，授予那些刚刚归附的人。这时是建安二十四年(219)的十一月。

陆逊派遣将军李异、谢旌等率领三千士兵，前去攻打蜀国将领詹晏、陈凤。李异率领水军，谢旌率领步兵，截断战场上的险要之处，一下子就击溃了詹晏等人，并俘虏了陈凤。吴军又先后进攻蜀国房陵太守邓辅、南乡太守郭睦，将他们打败。秭归的豪族文布、邓凯等集合了数千名夷族士兵，与蜀国联合，对抗吴军。陆逊便安排谢旌前去，击败文布、邓凯。文布、邓凯兵败逃走，蜀国任命他们为将军。陆逊则派人招诱他们，文布又转而率军前来投降。陆逊前前后后斩杀、俘虏、招降，累计达几万人。孙权任命他为右护军、镇西将军，进爵为娄侯。

当时荆州士人刚刚归附吴国，有一部分人的官职和升迁还未得到妥善安

仕进或未得所，逊上疏曰：“昔汉高受命，招延英异；光武中兴，群俊毕至，苟可以熙隆道教[1]者，未必远近。今荆州始定，人物未达，臣愚慺慺[2]，乞普加覆载抽拔[3]之恩，令并获自进，然后四海延颈，思归大化。”权敬纳其言。

排，陆逊上疏说：“当年汉高祖承受天命，延揽优异英才；光武帝中兴，天下俊杰都为之效力，只要士人具备有益于兴隆道德教化的才能，不必区分其出身的远近亲疏。如今荆州刚刚平定，还没有充分发掘当地的人才，为臣恭敬恳切地请求您开恩广泛地提拔荆州人士，使他们都得到晋身的机会，然后四海之内，都会伸长了脖子，希望接受您宏大深远的教化。”孙权恭敬地采纳了他的建议。

今注　**1** 道教：指道德教化。　**2** 慺慺(lóu)：恭谨勤恳的样子。　**3** 覆载抽拔：覆载，原指天的覆盖和地的承载，比喻帝王广大的恩德；抽拔，指选拔任用。

裴注　［**1**］《吴书》曰：“权嘉逊功德，欲殊显之，虽为上将军、列侯，犹欲令历本州举命，乃使扬州牧吕范就辟别驾从事，举茂才。”

黄武元年，刘备率大众来向西界，权命逊为大都督，假节，督朱然、潘璋、宋谦、韩当、徐盛、鲜于丹、孙桓等五万人拒之。备从巫峡、建平连围至夷陵[1]界，立数十屯，以金锦爵赏诱动诸夷，使将

黄武元年(222)，刘备亲自率领大军进攻吴国西部边界，孙权任命陆逊为大都督，授予节杖，率领朱然、潘璋、宋谦、韩当、徐盛、鲜于丹、孙桓等所部五万人马抵御刘备。刘备从巫峡、建平一路进军到夷陵边界，连接建筑几十座屯营，用大量的金帛和高官厚禄来诱降沿线少数民族部落，并任命冯习为大都督，

军冯习为大督，张南为前部，辅匡、赵融、廖淳、傅彤等各为别督，先遣吴班将数千人于平地立营，欲以挑战。诸将皆欲击之，逊曰："此必有谲[2]，且观之[1]。"备知其计不可，乃引伏兵八千，从谷中出。逊曰："所以不听诸君击班者，揣之必有巧故也。"

张南为前锋，辅匡、赵融、廖淳、傅彤分别为各部都督，先派遣吴班率领数千人在平地上扎营，想以此向吴军挑战。吴军诸将见状，都跃跃欲试想要进攻吴班，陆逊说："蜀军此举必定有诈，暂且观察一下。"刘备见吴军没有动静，知道自己的计谋不能得逞，只得将八千伏兵从山谷中撤出。陆逊说："我之所以没有听从各位的想法攻击吴班，就是揣测到蜀军必有诡计的缘故。"

今注 1 夷陵：治今湖北宜昌东南。 2 谲(jué)：诡计。

裴注 [1]《吴书》曰："诸将并欲迎击备，逊以为不可，曰：'备举军东下，锐气始盛，且乘高守险，难可卒攻，攻之纵下，犹难尽克，若有不利，损我大势，非小故也。今但且奖厉将士，广施方略，以观其变。若此间是平原旷野，当恐有颠沛交驰之忧，今缘山行军，势不得展，自当罢于木石之间，徐制其弊耳。'诸将不解，以为逊畏之，各怀愤恨。"

逊上疏曰："夷陵要害，国之关限，虽为易得，亦复易失。失之非徒损一郡之地，荆州可忧。今日争之，当令必谐[1]。备干[2]天常，不守窟穴，而敢自送。臣虽不

陆逊上奏疏说："夷陵是兵家必争的要害之地，是我国的重要关隘，虽然容易拿下，但也很容易丢失。丢掉夷陵并非只是损失一郡的土地，更重要的是会因此危及整个荆州。如今争夺此地，务必要取得成功。刘备违背常理，不好好守着自己的老巢，竟敢前来送死。臣虽然没有什么才

材，凭奉威灵，以顺讨逆，破坏在近。寻备前后行军，多败少成，推此论之，不足为戚[3]。臣初嫌之，水陆俱进，今反舍船就步，处处结营，察其布置，必无他变。伏愿至尊高枕，不以为念也。”

能，但凭借陛下的声威，以有道伐无道，击溃蜀军不过是近在眼前的事。而且观察刘备前后带兵作战，总是胜少败多，就此而言，他根本没什么值得让人担心的地方。臣起初担心刘备水陆并进，但现在他反而舍弃舰船，只靠步兵作战，还在沿途处处安营扎寨，这样一来他的战略部署必定不可能有什么奇变。所以希望陛下高枕无忧，无须挂怀。”

今注 **1** 谐：指成功。 **2** 干：冒犯，违背。 **3** 戚：担忧。

诸将并曰：“攻备当在初，今乃令入五六百里，相衔持经七八月，其诸要害皆以固守，击之必无利矣。”逊曰：“备是猾虏，更尝事多，其军始集，思虑精专，未可干也。今住已久，不得我便，兵疲意沮，计不复生，掎角此寇，正在今日。”乃先攻一营，不利。诸将皆曰：“空杀兵耳。”逊曰：

军中诸将都说：“进攻刘备就应当在他刚刚进军的时候，如今让他深入境内五六百里，与我方对峙长达七八个月，沿线各个要害之地都被他们占据坚守，现在出击肯定没有什么好处。”陆逊说道：“刘备是个狡猾的敌人，经历过很多事情，他的军队刚刚集结时，筹划精密，用心专一，这时候绝不可轻易去进攻。现在他已经驻扎了很长时间，没有占到我们的便宜，军队疲惫，士卒沮丧，也没想出新的计策，要将其拿下，正在今日。”于是陆逊先派兵进攻蜀军一处营寨，并未获胜。诸将都说：“这是让士兵白白去送死啊。”陆逊却说：

“吾已晓破之之术。”

乃敕各持一把茅，以火攻拔之。[1]一尔势成，通率诸军同时俱攻，斩张南、冯习及胡王沙摩柯[2]等首，破其四十余营。备将杜路、刘宁等穷逼请降。备升马鞍山，陈兵自绕。逊督促诸军四面蹙[3]之，土崩瓦解，死者万数。备因夜遁，驿人自担，烧铙[4]铠断后，仅得入白帝城。其舟船器械，水步军资，一时略尽，尸骸漂流，塞江而下。备大惭恚[5]，曰：“吾乃为逊所折辱，岂非天邪！”

“我已经想到破敌之术了。”

陆逊于是命令每人手持一把茅草，用火攻的战法攻击蜀军的营寨。一瞬间就形成了巨大的火势，陆逊趁机率领各军同时全部出击，斩下蜀将张南、冯习以及胡王沙摩柯等人首级，接连摧毁蜀军四十多处营寨。刘备的将领杜路、刘宁等走投无路，请求投降。刘备登上马鞍山，将军队排布在自己周围。陆逊督促指挥各军四面包围，步步紧逼，蜀军于是土崩瓦解，死者数以万计。刘备趁着夜色逃走，只能靠沿途驿站的小吏挑着士兵丢弃的铙和盔甲，堆起来焚烧阻断追兵的道路，这才得以逃入白帝城。蜀军的船只和军械，水陆各军的物资，一时全部都丢光了，阵亡士兵的尸体顺江漂流，充斥江面而下。刘备感到大为羞愧愤怒，感叹说：“我竟然受到陆逊这小子的挫折侮辱，难道不是天意吗！”

今注　1 这一段所叙述的，就是著名的“火烧连营”的故事。　2 沙摩柯：三国时期五溪蛮的首领，刘备出军吴国的过程中投靠刘备。　3 蹙(cù)：逼迫。　4 铙(náo)：古代金属乐器，军事上用作发布撤退信号。　5 惭恚(huì)：惭愧愤怒。

初，孙桓别讨备前锋于夷道，为备所围，求救于逊。逊曰："未可。"诸将曰："孙安东公族[1]，见围已困，奈何不救？"逊曰："安东得士众心，城牢粮足，无可忧也。待吾计展，欲不救安东，安东自解。"及方略大施，备果奔溃[2]。桓后见逊曰："前实怨不见救，定至今日，乃知调度自有方耳。"

起初，孙桓另外率军在夷道迎击刘备的前锋部队，被刘备军队包围，向陆逊求援。陆逊答复说："不行。"诸将都说："孙安东将军是主公的同族，他被围受困，为什么不去救援？"陆逊说："安东将军深得官兵拥戴，城池坚固，粮草充足，没有什么值得担忧的。等到我的计谋得以施展，即便不去救他，他也能自己解围。"到陆逊的计谋全面施行之后，刘备的军队果然奔逃溃散。孙桓后来见到陆逊说："开始我确实埋怨您不来解救，直到今天才知道您是调度有方啊。"

今注 1 公族：指诸侯或君主的同族。 2 奔溃：奔逃溃散。

当御备时，诸将军或是孙策时旧将，或公室贵戚，各自矜恃[1]，不相听从。逊案剑曰："刘备天下知名，曹操所惮，今在境界，此强对也。诸君并荷国恩，当相辑睦[2]，共翦此虏，上报所受，而不相顺，非所谓也。仆虽书生，受命主上，国

当初防御刘备进军的时候，军中的将领们要么是孙策时期的老将，要么就是皇亲国戚，大家都骄矜自傲，不听从指挥。陆逊抚剑对大家说："刘备天下闻名，连曹操都对他有所忌惮，如今他侵犯我国边境，这可是强大的敌人。诸君都深受国家恩泽，应当和睦相处，一同歼灭这个强敌，报答所受主公的恩惠，现在这样不听指挥，绝非我们应做的事。我虽是一介书生，但接受主上的

家[3]所以屈诸君使相承望者，以仆有尺寸可称，能忍辱负重故也。各在其事，岂复得辞！军令有常，不可犯矣！”及至破备，计多出逊，诸将乃服。

任命，陛下之所以委屈各位来听从我的指挥，是认为我还有一些值得称道的长处，而且还能忍辱负重的缘故。大家都必须担负起自己的责任，岂能再互相推诿！军令恒常，绝不可犯！”等到击败刘备，战役中的计谋策略大多出自陆逊，诸将这才心悦诚服。

今注 1 矜恃：指自夸自傲。 2 辑睦：和睦。 3 国家：这里指君主。

权闻之，曰：“君何以初不启诸将违节度[1]者邪？”逊对曰：“受恩深重，任过其才。又此诸将或任腹心，或堪爪牙，或是功臣，皆国家所当与共克定大事者。臣虽驽懦[2]，窃慕相如、寇恂相下之义[3]，以济国事。”权大笑称善，加拜逊辅国将军，领荆州牧，即改封江陵侯。

孙权听说此事之后，说：“你当时怎么不上奏说明诸将不服从指挥约束呢？”陆逊回答说：“我深受国恩，所担负的重任远超自己的才能。况且这些将领要么是陛下的心腹，要么是骁勇善战的猛将，要么是国家的功臣，都是主上需要依靠他们来平定大事的人。臣虽然驽钝怯懦，心中暗自仰慕蔺相如、寇恂谦虚居下的做法，来成就国家的大事。”孙权大笑，认为他说得好，于是加授陆逊辅国将军，兼领荆州牧，随后又改封为江陵侯。

今注 1 节度：这里指号令、指挥。 2 驽懦：驽钝怯懦。 3 相如、寇恂相下之义：相如，指蔺相如，战国时期赵国上卿，赵国著名政治家和外交家。蔺相如因在与秦国的外交活动中有功，被封为上卿，地位在赵国将军廉颇之上，引起廉颇不满，但蔺相如处处忍让，使廉颇愧悟，二人终成刎颈之交。寇恂，东汉开国名将，善于治理政务，深得光武帝刘秀器重。寇恂担任颍川太守时，曾将大将贾复的手下定罪处死，引起贾复极大不满，但寇恂对贾复忍让求和。最后在刘秀的调解下二人握手言和，共同辅佐汉室。这两例都是历史上著名的“将相和”的故事。

又备既住白帝，徐盛、潘璋、宋谦等各竞表言备必可禽，乞复攻之。权以问逊，逊与朱然、骆统以为，曹丕大合士众，外托助国讨备，内实有奸心，谨决计辄还。无几，魏军果出，三方受敌也[1]。

刘备驻扎在白帝城后，徐盛、潘璋、宋谦等争相上奏说必能擒获刘备，请求再度出兵。孙权就此事征询陆逊的意见，陆逊与朱然、骆统认为曹丕正集结重兵，表面上是托言协助吴国共同讨伐刘备，实际上心怀奸计，最好果断定计撤回部队。不久，魏军果然出动，吴国三面受到进攻。

备寻病亡，子禅袭位，诸葛亮秉政，与权连和。时事所宜，权辄令逊语亮，并刻权印，以置逊所。权每与禅、亮书，常过示逊，轻重可否，有所不安，便令改定，以印封行之。

不久后，刘备病逝，其子刘禅继位，诸葛亮执掌国政，与孙权通好，结为联盟。当时两国之间的事务，孙权都命令陆逊随时根据事情的需要，自行与诸葛亮联系，又刻了一枚自己的印玺放在陆逊的官署。孙权每次给刘禅、诸葛亮书信，常常要先让陆逊过目，让他斟酌措辞轻重允当与否，有不妥之处便让他修改定稿，然后用孙权的印玺封好寄出。

七年，权使鄱阳太守周鲂谲魏大司马曹休，休果举众入皖，乃召

黄武七年(228)，孙权让鄱阳太守周鲂前去诱骗魏国大司马曹休，曹休果然中计，进军皖县，孙权于是征召陆逊，授

逊假黄钺，为大都督，逆[1]休[2]。休既觉知，耻见欺诱，自恃兵马精多，遂交战。逊自为中部，令朱桓、全琮为左右翼，三道俱进，果冲休伏兵，因驱走之，追亡逐北，径至夹石，斩获万余，牛马驴骡车乘万两[2]，军资器械略尽。休还，疽发背死。诸军振旅[3]过武昌，权令左右以御盖覆逊，入出殿门，凡所赐逊，皆御物上珍，于时莫与为比。遣还西陵。

予黄钺，让他出任大都督，迎击曹休。曹休发现自己受骗，深深地为此感到羞耻，自恃兵强马壮且人数众多，便与陆逊展开战斗。陆逊亲自率领中路军，命令朱桓、全琮率领左右两翼部队，三路一同进攻，果然将曹休的伏兵冲散，便顺势全力追击，一路追杀到夹石，斩获一万多人，并获得了牛、马、驴、骡车上万辆，将魏军物资、兵器收缴干净。曹休兵败回国后，背部发疽而死。吴国诸军经过武昌时进行休整，孙权命令左右侍从用御盖护卫陆逊出入宫殿大门，凡是赐予陆逊的东西，都是御用的上等珍品，一时之间，没有谁能与之相比。随后，陆逊被派回西陵驻守。

今注　1 逆：迎击。　2 两：同“辆”。　3 振旅：指部队进行整顿。

裴注　[1]《吴录》曰：“刘备闻魏军大出，书与逊云：‘贼今已在江陵，吾将复东，将军谓其能然不？’逊答曰：‘但恐军新破，创痍未复，始求通亲，且当自补，未暇穷兵耳。若不惟算，欲复以倾覆之余，远送以来者，无所逃命。’”　[2] 陆机为《逊铭》曰：“魏大司马曹休侵我北鄙，乃假公黄钺，统御六师及中军禁卫而摄行王事，主上执鞭，百司屈膝。”《吴录》曰：“假逊黄钺，吴王亲执鞭以见之。”

黄龙元年，拜上大将军[1]、右都护。是岁，权东巡建业[2]，留太子、皇子及尚书九官，征逊辅太子，并掌荆州及豫章三郡事，董督军国[3]。时建昌侯虑于堂前作斗鸭栏，颇施小巧，逊正色曰："君侯宜勤览经典以自新益，用此何为？"虑即时毁彻[4]之。射声校尉松于公子中最亲，戏兵不整，逊对之髡[5]其职吏。南阳谢景善刘廙[6]之先刑后礼之论，逊呵景曰："礼之长于刑久矣，廙以细辩而诡先圣之教，皆非也。君今侍东宫，宜遵仁义以彰德音，若彼之谈，不须讲也。"

黄龙元年(229)，陆逊被任命为上大将军、右都护。这一年，孙权东巡建业，将太子、皇子以及尚书、九卿诸官留在武昌，同时召陆逊辅佐太子，并负责管理荆州及豫章三郡的政务，全面负责军国大事。当时，建昌侯孙虑在堂前建造了一座斗鸭栏，造得颇为精巧，陆逊严肃地对他说："您应当勤力阅读经典，增进自己的知识，搞这些有什么用？"孙虑当即就拆毁了斗鸭栏。射声校尉孙松在诸公子中与孙权最为亲近，他放纵士兵，军纪不严整，陆逊就当着他的面，将他的手下处以剃光头发的刑罚。南阳人谢景称赞刘廙的先刑后礼的理论，陆逊便呵斥谢景说："自古以来，礼教都是优先于刑法的，刘廙用一些琐碎的狡辩来歪曲先圣的教诲，完全是错误的。您如今侍奉东宫，应当遵守仁义之道，宣扬善言，像刘廙之流的论调，就完全不必讲了。"

今注　1 上大将军：为吴国首创的军职，位在大将军之上，亦在三公之上，是孙权专为陆逊所设置。　2 东巡建业：孙权于公元229年在武昌称帝，同年秋迁都建业，所以这里说"东巡"。　3 董督军国：指掌握军政大权，全面负责军国大事。　4 彻：毁坏。　5 髡(kūn)：指髡刑，即剃光头发的刑罚。　6 刘廙(yì)：字恭嗣，汉末三国时期名士。最初出仕刘表，后投奔曹操,在魏国官至侍中。其学说思想有黄老道家及法家的特点,主张为政应当先用刑法拨乱反正,而后才能推行礼教,即下文所说“先刑后礼”之论。

逊虽身在外,乃心于国。上疏陈时事曰:“臣以为科法[1]严峻,下犯者多。顷年以来,将吏罹罪,虽不慎可责,然天下未一,当图进取,小宜恩贷[2],以安下情。且世务日兴,良能为先,自不奸秽入身,难忍之过,乞复显用,展其力效。此乃圣王忘过记功,以成王业。昔汉高舍陈平之愆[3],用其奇略,终建勋祚,功垂千载。夫峻法严刑,非帝王之隆业;有罚无恕,非怀远之弘规也。”

陆逊虽然在外任职,心中却牵挂着国家大事。他上疏陈述时事说:“臣认为如今法令太过严厉,导致下面很多人触犯。近几年来,文武官吏犯罪,虽然由于处事不谨慎应该受到责罚,然而天下尚未统一,理应力图进取,小过小失应当宽容对待,这样才能安定下面人的情绪。而且当下事务日益增加,应当以才能为先,只要不是大奸大恶之人,没有犯过不能容忍的罪过,还是请求再次提拔重用,让他们施展为国效力的才干。这才是圣王忘过记功,成就大业的做法。当年汉高祖不计较陈平的过失,采用他的奇谋妙略,最终建立功勋伟业,功垂千秋。而严刑峻法,并非帝王建立大业的手段;只有刑罚而不加宽恕,也并非招抚远方人才的大计。”

今注　1 科法:即法令。　2 恩贷:指施恩宽恕。　3 汉高舍陈平之愆(qiān):指陈平投奔刘邦时,因受刘邦器重引发了周勃、灌婴的不满,周、灌等将领指责陈平收受贿赂、与嫂子通奸等,但刘邦并未追究,反而对陈平加以重用。

权欲遣偏师取夷州及珠崖[1]，皆以諮逊。逊上疏曰："臣愚以为四海未定，当须民力，以济时务。今兵兴历年，见众[2]损减，陛下忧劳圣虑，忘寝与食，将远规夷州，以定大事，臣反覆思惟，未见其利。万里袭取，风波难测，民易水土，必致疾疫，今驱见众，经涉不毛，欲益更损，欲利反害。又珠崖绝险，民犹禽兽，得其民不足济事，无其兵不足亏众。今江东见众，自足图事，但当畜力[3]而后动耳。昔桓王创基，兵不一旅[4]，而开大业。陛下承运，拓定江表。臣闻治乱讨逆，须兵为威，农桑衣食，民之本业，而干戈未戢[5]，民有饥寒。臣愚以为宜育养士民，宽其租赋，众克在和，义以劝勇，则河渭可

孙权打算派遣部分军队前去夺取夷州及珠崖，就此咨询陆逊的意见。陆逊上疏说："臣认为天下尚未平定，正是需要依靠民力来成就大事的时候。现在连年用兵，现有兵力减少，而陛下忧劳思虑，废寝忘食地想要图谋夷州，以此来成就大事，臣反复考虑，却看不到这有什么益处。远征万里之外，风险难以预测，士兵去到当地水土不服，必定导致疫病发生，如今驱使大军，远涉不毛之地，本想获得好处，实际带来的损失和祸患反而更大。而且珠崖地势绝险，那里未开化的民众如同野兽，即使得到了这些人，也难以用来成就大事，没有收编那里的部队也不会减弱我们的兵力。如今江东的现有兵士，已足够图谋霸业，只是需要积蓄力量然后再行动而已。当年桓王创立基业，兵员尚不满五百，却开创了大业。陛下承运受命，开拓江南地区。臣听说治理乱世讨伐叛逆，必须以兵力为威势，而农桑衣食是百姓的本业，当战事未平的时候，百姓就得被迫忍饥受寒。臣认为现在应当让百姓休养生息，放宽租税赋役，让百姓和睦，劝勉他们的义勇之心，这样，便可平定河渭流域，进而统

平,九有一统矣。”权遂征夷州,得不补失。

一九州了。”孙权没有听劝,仍然去征讨夷州,结果得不偿失。

今注 1 夷州及珠崖:夷州,即今台湾岛;珠崖,指今海南岛。 2 见众:指现有兵力。见,同“现”。 3 畜力:积蓄力量。畜,积蓄,积储。 4 旅:古代军队编制单位,五百人为一旅。 5 戢(jí):原指收藏兵器,引申为停止战争。

及公孙渊背盟,权欲往征。逊上疏曰:“渊凭险恃固,拘留大使,名马不献,实可仇忿。蛮夷猾夏,未染王化,鸟窜荒裔[1],拒逆王师,至令陛下爰赫斯怒[2],欲劳万乘[3]泛轻越海,不虑其危而涉不测。方今天下云扰,群雄虎争,英豪踊跃,张声大视。陛下以神武之姿,诞膺[4]期运,破操乌林,败备西陵,禽羽荆州,斯三虏者当世雄杰,皆摧其锋。圣化所绥,万里草偃,方荡平华夏,总一大猷[5]。今不忍小忿,而发雷霆之怒,

等到公孙渊背叛了与吴国的盟约,孙权打算亲自率军前往征讨。陆逊上疏说:“公孙渊凭恃险固之地,扣留了我国派去的使节,也不肯进献名马,实在可恨可恼。这种蛮夷扰乱华夏,没有接受过王道的教化,又在荒远的地域流窜,抗拒我上国的大军,致使陛下不惜动怒,想要以万乘之尊劳驾远征,亲乘小舟渡过大海,不顾其中险阻,涉足难以预料的险恶之地。当今天下风云扰动,群雄虎斗,英豪踊跃,狂呼争斗,虎视眈眈。陛下英明神武,承受天命,在乌林击败曹操,于西陵大胜刘备,在荆州生擒关羽,这三个敌人都是当代的英雄豪杰,但他们的锋芒都被您挫败。圣明教化抚绥之处,万里之地都会如同小草一般顺服,现在应当是平定华夏、统一天下的时机。如今陛下不能忍耐小小的怨愤,而为此宣泄雷霆之怒,

违垂堂之戒[6]，轻万乘之重，此臣之所惑也。臣闻志行万里者，不中道而辍足；图四海者，匪[7]怀细以害大。强寇在境，荒服未庭[8]，陛下乘桴远征，必致窥窬[9]，戚至而忧，悔之无及。若使大事时捷，则渊不讨自服。今乃远惜辽东众之与马，奈何独欲捐江东万安之本业而不惜乎？乞息六师，以威大虏，早定中夏，垂耀将来。”权用纳焉。

违背古人尊贵之人不坐屋檐之下的训诫，轻视自己万乘之尊的身份，这是臣深感疑惑之处。臣听说有志于行万里之路者，不在半路停步；谋取天下者，不会因小失大。边境正有强敌，而边远地区也尚未归顺，陛下如今乘船远征，必然使敌人心生觊觎，等到灾祸临头再来担忧，追悔莫及。倘若统一天下的大业能及时实现，那么不用讨伐公孙渊，他也会自动归降。现在因为舍不得远方辽东的兵力和名马，难道要抛弃江东万安的本业而不觉得可惜吗？乞请您取消大军出征的计划，以威慑主要的敌人，早日平定中原，使功名流传显耀于未来。”孙权听从了他的劝谏。

今注　1 荒裔：即荒服。依照古代“五服”之论，以王畿为中心，分别为甸服、侯服、宾服、要服和荒服，荒服最远，为戎狄所居之地。　2 爰赫斯怒：出自《诗·大雅·皇矣》“王赫斯怒，爰整其旅”，指君王勃然大怒，准备整顿军旅出征。　3 万乘(shèng)：指天子。　4 诞膺：指承受天命。　5 大猷(yóu)：即大道。　6 垂堂之戒：指汉代的谚语“千金之子，坐不垂堂”，意思是身份尊贵的人，不应坐在屋檐之下，以防被落瓦砸伤，比喻贵人不应以身涉险。　7 匪(fěi)：不，非。　8 庭：原指朝廷，引申为朝觐、归顺。　9 窥窬(yú)：即觊觎。

嘉禾五年，权北征，使逊与诸葛瑾攻襄阳。逊遣亲人韩扁赍表奉报，还，遇敌于沔中，钞逻[1]得扁。瑾闻之甚惧，书与逊云："大驾已旋，贼得韩扁，具知吾阔狭[2]。且水干，宜当急去。"逊未答，方催人种葑[3]豆，与诸将弈棋射戏如常。瑾曰："伯言多智略，其当有以。"自来见逊，逊曰："贼知大驾以旋，无所复戚[4]，得专力于吾。又已守要害之处，兵将意动，且当自定以安之，施设变术，然后出耳。今便示退，贼当谓吾怖[5]，仍来相蹙，必败之势也。"

嘉禾五年(236)，孙权率军北征，派陆逊与诸葛瑾攻打襄阳。陆逊派亲信韩扁带着奏表进呈孙权汇报前线战况，韩扁返程时在沔中遇敌，敌军巡逻盘查时抓获了韩扁。诸葛瑾听说后十分恐惧，写信给陆逊说："主公大驾已返回，敌人抓获韩扁，已经完全掌握我们的情况。而且如今江水干枯，应当赶紧撤军。"陆逊没有回信，正督促手下人种植芜菁、豆子，自己则与诸将像平常一样下棋、射戏。诸葛瑾说："伯言足智多谋，他必定有办法了。"于是亲自前来会见陆逊，陆逊说："敌人知道主公大驾东还，没有什么可担忧的，便可以专心对付我们。而且他们已占据要害之处，我方将士军心动摇，我们就应当先想办法稳住军心，施用出敌不意的战术，然后出兵。如果现在就提出退兵，敌人一定会认为我们害怕，前来进逼，那才是必败之势啊。"

今注　1 钞逻：巡逻盘查。　2 阔狭：即宽窄，引申指虚实、强弱等具体情况。　3 葑：芜菁的古称。　4 戚：担忧。　5 怖：害怕。

乃密与瑾立计，令瑾督舟船，逊悉上兵马，以向襄阳城。敌素惮逊，

于是陆逊与诸葛瑾秘密定下计划，让诸葛瑾率领船队，陆逊则带领全部兵马，向襄阳发起进攻。敌人向来忌惮陆

遽[1]还赴城。瑾便引船出，逊徐整部伍，张拓声势，步趋船，敌不敢干。军到白围，托言住猎，潜遣将军周峻、张梁等击江夏新市、安陆、石阳。石阳市盛，峻等奄至，人皆捐物[2]入城。城门噎[3]不得关，敌乃自斫杀己民，然后得阖。斩首获生，凡千余人[1]，其所生得，皆加营护[4]，不令兵士干扰侵侮。将家属来者，使就料视。若亡其妻子者，即给衣粮，厚加慰劳，发遣[5]令还，或有感慕相携而归者。

逊，见状立即退回城内。诸葛瑾趁机率船队行驶到江边，陆逊得以从容地整顿队伍，大造声势，让部队慢慢上船，敌军也不敢来犯。军队前行到白围，陆逊声称要驻军狩猎，暗中派遣将军周峻、张梁等袭击江夏郡的新市、安陆、石阳等地。石阳当时正值热闹赶集的时候，周峻等突然率军杀到，人们纷纷丢下货物逃进城去。城门被人潮堵塞无法关闭，敌军便砍杀自己的民众，这才得以关门。吴军斩杀俘获共计千余人，被俘者都得到了保护，严令兵卒不得骚扰侵辱。那些拖家带口前来投奔之人，则专门派人前往照看料理。如果他们中有谁失去了妻子儿女，就发给衣服、粮食，并加以优厚慰劳，打发他们回家，有人大受感动，相互搀扶前来归附。

今注 1 遽(jù)：匆忙，立刻。 2 捐物：指丢弃货物。 3 噎：指堵塞。 4 营护：指照料看护。 5 发遣：打发，使离去。

裴注 [1] 臣松之以为，逊虑孙权已退，魏得专力于己，既能张拓形势，使敌不敢犯，方舟顺流，无复怵惕矣，何为复潜遣诸将，奄袭小县？致令市人骇奔，自相伤害，俘馘千人，未足损魏，徒使无辜之民横罹荼酷，与诸葛渭滨之师，何其殊哉！用兵之道既违，失律之凶宜应，其祚无三世，及孙而灭，岂此之余殃哉！

邻境怀之[1]，江夏功曹赵濯、弋阳备将裴生及夷王梅颐等，并帅支党来附逊。逊倾财帛，周赡经恤。又魏江夏太守逯式兼领兵马[2]，颇作边害，而与北旧将文聘子休[1]宿不协。逊闻其然，即假作答式书云："得报恳恻[2]，知与休久结嫌隙，势不两存，欲来归附，辄以密呈来书表闻，撰众相迎。宜潜速严[3]，更示定期。"以书置界上，式兵得书以见式，式惶惧，遂自送妻子还洛。由是吏士不复亲附，遂以免罢[3]。

周边地区的人们对陆逊心向往之，魏国江夏郡功曹赵濯、弋阳备将裴生及少数民族首领梅颐等人，都分别率领他们的部属前来投奔陆逊。陆逊拿出所有财物来抚恤他们，做得十分周到。又有魏国江夏太守逯式，兼领当地兵马，给吴国边境造成了不小的危害，但与魏国老将文聘的儿子文休一向不和。陆逊听说这一情况后，便假装给逯式回信说："得到您言辞恳切的来信，知道您与文休结怨已久，势不两立，打算前来投奔我国，我立即将您的来信秘密呈报给朝廷，派人前去迎接您。您可以暗中急整行装，再告知我准确的时间。"然后将信放在两国的边界上，逯式手下的士兵发现了这封信，带着它回去见逯式，逯式因此惶恐不安，于是亲自将妻子儿女送回洛阳。自此以后，逯式手下的官吏和士兵再也不亲近附从他，逯式本人也因此被罢免。

今注 1恳恻：即诚恳、恳切。 2休：即文休，为魏将文聘之养子。 3速严：急整行装。

裴注 [1] 臣松之以为，此无异残林覆巢而全其遗鷇，曲惠小仁，何补大虐？ [2] 逯，音录。 [3] 臣松之以为，边将为害，盖其常事，使逯式得罪，代者亦复如之，自非狡焉思肆，将成大患，何足亏损雅虑，尚为小诈哉？以斯为美，又所不取。

六年，中郎将周祇乞于鄱阳召募，事下问逊。逊以为此郡民易动难安，不可与召，恐致贼寇。而祇固陈取之，郡民吴遽等果作贼杀祇，攻没诸县。豫章、庐陵宿恶民并应遽为寇。逊自闻，辄讨即破，遽等相率降，逊料得精兵八千余人，三郡平。

嘉禾六年(237)，中郎将周祇请求在鄱阳募兵，孙权就此事咨询陆逊。陆逊考虑到该郡民众很容易发生扰动，难以安定，认为不可在当地募兵，担心由此导致盗贼之乱。而周祇坚持要求前往募兵，鄱阳郡民吴遽等人果然反叛作乱，杀死了周祇，还攻占了几个县城。豫章、庐陵的大恶人也一同响应吴遽作乱为盗。陆逊听说此事后，立即前往征讨，将盗贼击败，吴遽等人相继投降，陆逊从中挑选八千多名精兵，三郡盗贼由此平定。

时中书典校吕壹[1]，窃弄权柄，擅作威福。逊与太常潘濬同心忧之，言至流涕。后权诛壹，深以自责，语在《权传》。

当时中书典校吕壹，滥用职权，作威作福。陆逊与太常潘濬都对此非常忧虑，谈及此事，以致落泪。后来孙权诛杀吕壹，深深自责，自责的话记载在《孙权传》中。

今注 **1** 吕壹：三国时期吴国大臣。担任中书典校郎，负责监察中央和地方的文书，受到孙权重用，他操弄权术，诬陷顾雍、朱据等人。最后孙权发现其诬陷之事，愤而将其处死，史称“吕壹案”。

时谢渊、谢厷[1]等各陈便宜，欲兴利改作[1]，以事下逊。逊议曰：“国以民为本，强由民力，财由民出。夫民殷国弱，民

当时谢渊、谢厷等人各自陈述当前事宜，打算兴建及改造一些工程，孙权将此事交给陆逊审定。陆逊说：“国以民为本，国家的强盛取决于民力，财货也出自百姓。民富而国弱，民贫却国强，这是从

瘠国强者，未之有也。故为国者，得民则治，失之则乱。若不受利，而令尽用立效，亦为难也。是以《诗》叹‘宜民宜人，受禄于天’[2]。乞垂圣恩，宁济百姓，数年之间，国用少[3]丰，然后更图。”

来没有过的事。所以，要治理国家，只有得民心才能实现治理，失去民心则会产生动乱。如果不让人民获利，反而想让他们竭力效劳，那是很难的。因而《诗经》里面便有‘宜民宜人，受禄于天’的感叹。臣请求陛下广开圣恩，赈济百姓，数年之后，等到国家财力稍稍丰裕，再来考虑其他事情。”

今注 **1** 谢渊、谢厷(hóng)：均为三国时期吴国名士，为人正直，有德行。 **2** 宜民宜人，受禄于天：意思是君主施政便宜百姓和官员，则会接受上天的赐福。出自《诗经·大雅·假乐》。 **3** 少：稍微。

裴注 [**1**]《会稽典录》曰：“谢渊字休德，少修德操，躬秉耒耜，既无戚容，又不易虑，由是知名。举孝廉，稍迁至建武将军，虽在戎旅，犹垂意人物。骆统子名秀，被门廷之谤，众论狐疑，莫能证明。渊闻之，叹息曰：‘公绪早夭，同盟所哀。闻其子志行明辨，而被暗昧之谤，望诸夫子烈然高断，而各怀迟疑，非所望也。’秀卒见明，无复瑕玷，终为显士，渊之力也。”《吴历》称云，谢厷才辩有计术。

赤乌七年，代顾雍为丞相，诏曰：“朕以不德，应期践运，王涂[1]未一，奸宄[2]充路，夙夜战惧，不遑鉴寐[3]。惟君天资聪睿，明德显融，统任上将，匡国

赤乌七年(244)，陆逊接替顾雍出任丞相，孙权下诏说：“朕以无德之身，应天承运，登上皇位，如今天下尚未统一，到处都是奸恶之徒，朕因此朝夕恐惧，没有时间休息。您天资聪颖，美德昭显，担任上大将军的要职，辅佐国家

弥难。夫有超世之功者，必应光大之宠；怀文武之才者，必荷社稷之重。昔伊尹隆汤，吕尚翼周，内外之任，君实兼之。今以君为丞相，使使持节[4]守太常傅常授印绶。君其茂昭明德，修乃懿绩，敬服王命，绥靖[5]四方。於乎！总司三事[6]，以训群寮[7]，可不敬与，君其勖[8]之！其州牧都护领武昌事如故。”

平定时难。有盖世之功的人，就应受到广大的荣宠；具备文武才干的人，必应担当社稷的重任。就像当年伊尹辅佐商汤、吕尚辅佐西周一样，如今朝廷内外大事，实由您一人肩负。现在任命您为丞相，派遣使持节、暂署太常傅常授予您印章绶带。您自当发扬光荣的美德，建立美好的功业，恭敬服从王命，安抚四方。呜呼！总管三公职事，训导群臣百官，能不严肃认真吗，望您努力自勉！您原来担任的荆州牧、右都护兼武昌留守等职仍旧保留。”

今注 1 王涂：指帝王之业。涂，通“途”。 2 奸宄(guǐ)：指奸恶之徒。 3 鉴寐：原指假寐，这里引申为休息。 4 使持节：汉末三国时期代表皇帝行使权力的一种临时性加官。这类加官有三种级别，包括使持节、持节和假节，其中使持节最高，一般是军政大员出任地方都督或者是主持国家重要礼仪的高级官员担任。 5 绥靖：安抚。 6 三事：即三公。陆逊当时的职务是上大将军，又担任丞相，位在三公之上，所以称为“总司三事”。 7 寮：通“僚”。同官为僚。 8 勖(xù)：勤勉。

先是，二宫[1]并阙，中外职司，多遣子弟给侍。全琮报逊，逊以为：“子弟苟有才，不忧不用，不宜私出以要荣利。

原先，太子与鲁王两宫并立，朝廷内外的官员纷纷派子弟到两宫担任侍臣。全琮将这种情况报告给陆逊，陆逊认为：“这些子弟如果真有才干，不愁得不到任用，但不应私自请托来谋求荣华富贵。他

若其不佳，终为取祸。且闻二宫势敌，必有彼此，此古人之厚忌也。”琮子寄，果阿附[2]鲁王，轻为交构。逊书与琮曰：“卿不师日磾[3]，而宿留阿寄，终为足下门户致祸矣。”琮既不纳，更以致隙。及太子有不安之议，逊上疏陈：“太子正统，宜有盘石之固，鲁王藩臣，当使宠秩有差，彼此得所，上下获安。谨叩头流血以闻。”书三四上，及求诣都，欲口论嫡庶之分，以匡得失。既不听许，而逊外生[4]顾谭、顾承、姚信，并以亲附太子，枉见流徙。太子太傅吾粲坐数与逊交书，下狱死。权累遣中使责让逊，逊愤恚致卒，时年六十三，家无余财。

们如果实际上不怎么样，最终只会招来祸患。而且我听说如今两宫势均力敌，这些子弟必会各自拉帮结派，这是古人深为忌讳的。”全琮的儿子全寄，果然靠着阿谀奉承依附鲁王，轻率地成为鲁王的党羽。陆逊写信给全琮说：“您不效法金日磾大义灭亲，反而庇护儿子全寄，最终会给您的家族招来祸患。”全琮不仅没有接受陆逊的劝诫，反而与他结下了怨隙。等到朝野出现太子之位不保的议论，陆逊上疏陈述说：“太子是皇位的正统继承人，地位理应稳如磐石，鲁王只是藩臣，在荣宠以及地位方面和太子应当有所差别，这样他们才能各得其所，上下也才能得以安宁。臣谨向陛下叩首流血，陈述己见。”他多次上书，并请求进京，想要亲口向孙权阐明嫡庶之分的道理，以纠正过失。孙权既没有听从他的意见，而且陆逊的外甥顾谭、顾承、姚信等，都因为亲附太子，无辜遭到流放。太子太傅吾粲则因多次与陆逊有书信往来而获罪，被关进监狱，死在狱中。孙权还多次派遣宫中使者前去责备陆逊，陆逊悲愤怨恨，忧郁而死，去世时六十三岁，家无余财。

今注 1 二宫：指太子孙和与鲁王孙霸。当时孙和与孙霸争夺储君之位，引发朝廷党争，史称“二宫之争”。 2 阿(ē)附：指奉承依附。 3 日磾(mì dī)：指西汉大臣金日磾。原为匈奴休屠部王子，后到长安做官。金日磾的长子受到汉武帝宠爱，长大后，因与宫女嬉闹，金日磾认为儿子行为不检，将其杀死，而汉武帝虽然恼怒金日磾的做法，却也因此对他更为敬重。 4 外生：即“外甥”。

初，暨艳造营府之论[1]，逊谏戒之，以为必祸。又谓诸葛恪曰：“在我前者，吾必奉之同升；在我下者，则扶持之。今观君气陵其上，意蔑乎下，非安德之基也。”又广陵杨竺少获声名，而逊谓之终败，劝竺兄穆令与别族。其先睹如此。长子延早夭，次子抗袭爵。孙休时，追谥逊曰昭侯。

起初，暨艳提议设立营府安置被贬的贪官污吏，陆逊规劝告诫他，认为这样必定会招来灾祸。陆逊又对诸葛恪说：“对待上级，我定当用心侍奉，与之一同升迁；对待下属，则应尽力扶持。现在看您对待上级态度傲慢，对下属则充满蔑视，这并不是安立德操基础的做法啊。”又有广陵人杨竺，年轻时就有很大的名声，而陆逊也认为他最终会惹祸失败，便劝杨竺的哥哥杨穆与他断绝关系，另立门户。陆逊的先见之明都如此类。陆逊的长子陆延早年夭折，次子陆抗继承爵位。孙休在位时，追赠陆逊谥号为昭侯。

今注 1 营府之论：指《张温传》中所记载暨艳弹劾、重新选用百官时，“其居位贪鄙，志节污卑者，皆以为军吏，置营府以处之”的做法。

陆抗

原文

抗，字幼节，孙策外孙也。逊卒时，年二十，拜建武校尉，领逊众五千人，送葬东还，诣都谢恩。孙权以杨竺所白逊二十事问抗，禁绝宾客，中使临诘，抗无所顾问，事事条答，权意渐解。

赤乌九年，迁立节中郎将，与诸葛恪换屯柴桑。抗临去，皆更缮完城围，葺[1]其墙屋，居庐桑果，不得妄败。恪入屯，俨然若新。而恪柴桑故屯，颇有毁坏，深以为惭。太元元年，就都治病。病差[2]当还，权涕泣与别，谓曰："吾前听用谗言，与汝父大义不笃，以此负汝。前后所问，一焚灭之，莫令人见也。"

建兴元年，拜奋威

译文

陆抗，字幼节，是孙策的外孙。陆逊死时，陆抗二十岁，被任命为建武校尉，接管陆逊的部众五千人，护送父亲的灵柩东归安葬，并且进京谢恩。孙权拿出杨竺控告陆逊的二十件事来责问陆抗，又禁止陆抗与宾客往来，宫中使者奉孙权之命上门诘问，陆抗不假思索，每一事都能十分有条理地回答，孙权心中的不满才逐渐消解。

赤乌九年(246)，陆抗升任立节中郎将，与诸葛恪换防，驻守柴桑。陆抗临走时，将屯所的城墙全部修整好，房屋围墙也都做了修理，居所附近的桑树果树，一律不许手下人随意损坏。因而诸葛恪来到军营时，整齐如新。而诸葛恪在柴桑的旧营，损毁颇为严重，诸葛恪为此深感惭愧。太元元年(251)，陆抗到京城治病。病愈准备返回时，孙权流着泪向他告别，对他说："我之前听信谗言，在君臣大义方面对你的父亲不厚道，因此也亏待了你。我前后责问的材料，你可以把它们全都烧了，不要再让人见到。"

将军。太平二年，魏将诸葛诞举寿春降，拜抗为柴桑督，赴寿春，破魏牙门将、偏将军，迁征北将军。永安二年，拜镇军将军，都督西陵[3]，自关羽[4]至白帝。三年，假节。孙晧即位，加镇军大将军，领益州牧。建衡二年，大司马施绩卒，拜抗都督信陵、西陵、夷道、乐乡、公安诸军事，治乐乡。

建兴元年(252)，陆抗担任奋威将军。太平二年(257)，魏国将领诸葛诞献寿春城来归降，陆抗则被任命为柴桑督，赶赴寿春接应，击败了魏国的牙门将和偏将军，随后升任征北将军。永安二年(259)，陆抗又被任命为镇军将军，都督西陵，负责自关羽濑至白帝城的军事防务。永安三年(260)，又授予陆抗节杖。孙晧即位后，加授陆抗镇军大将军，兼领益州牧。建衡二年(270)，大司马施绩去世，陆抗进而都督信陵、西陵、夷道、乐乡、公安等地军事，治所设在乐乡。

今注 1 葺(qì)：修理。 2 差(chài)：同“瘥”。病愈。 3 西陵：为吴国西部重镇，是三国末年吴国与晋国对抗的前线。位于今湖北宜昌。 4 关羽：这里指关羽濑，位于长沙郡益阳县(今湖南益阳)。汉建安二十年(215)，关羽出兵益阳，屯兵于资水北岸，甘宁随鲁肃军前往防守。关羽听闻甘宁前来，自知不敌，于是便驻兵不渡，吴国人便将关羽屯兵的地方称为“关羽濑”。

抗闻都下政令多阙[1]，忧深虑远，乃上疏曰：“臣闻德均则众者胜寡，力侔[2]则安者制危。盖六国所以兼并于强秦，西楚所以北面于汉高也。今

陆抗听说朝廷政令有许多缺失的地方，深感忧虑，于是上疏说：“臣听说两国相争，如果君主德行差不多，那民众多的国家就会胜过民众少的国家；如果国力相等，则安定之国就会制服混乱之国。这便是六国之所以被强秦兼并，西楚之

敌跨制九服[3]，非徒关右之地[4]；割据九州，岂但鸿沟以西[5]而已。国家外无连国[6]之援，内非西楚之强，庶政陵迟[7]，黎民未乂[8]，而议者所恃，徒以长川峻山，限带封域，此乃守国之末事，非智者之所先也。

所以向汉高祖称臣的原因。如今敌国横跨天下大片区域，并非只有关中之地；割据九州，岂止占据鸿沟以西的土地而已。我国现在外无可以结援的盟国，在内也不如西楚那样强大，政治衰败，百姓不安，而那些高谈阔论之辈，只不过凭恃着边境上还有大江、高山的包围阻隔，但这不过是守卫国家最次等的方法，不是明智之人的首选。

今注 1 阙：缺失。 2 侔(móu)：均衡。 3 九服：原指王畿之外的九等地区。《周礼·夏官·职方氏》中规定，王畿范围为一千里，此外每五百里的地区划为一“服”，共有九服，各有名称，中央对待远近不同的地区所使用的政策也各有差等。后用“九服”泛指全国各地。 4 关右之地：指关中，古代以西为右，关中位于潼关之西，因而又称关右。 5 鸿沟以西：鸿沟，古代连通黄河与淮河的运河，起自今河南荥阳。因楚汉相争时刘邦和项羽曾约定以鸿沟为界，所以这里的“鸿沟以西”是割据一方的比喻。 6 连国：原指“连横”，这里引申为盟国。 7 庶政陵迟：庶政，泛指各种政务；陵迟，指衰败。 8 乂(yì)：安定。

“臣每远惟[1]战国存亡之符，近览刘氏倾覆之衅，考之典籍，验之行事，中夜抚枕，临餐忘食。昔匈奴未灭，去病[2]辞馆；汉道未纯，贾生[3]

“臣常常远思当年战国各国存亡的迹象，近观刘汉王朝灭亡的征兆，考证典籍，征验史事，每至半夜抚枕难眠，对着饭食忘记食用。当年匈奴尚未消灭时，霍去病力辞皇帝为他建造府第；汉朝治国之道未臻完美，贾谊为之悲伤痛哭。而臣乃是王哀泣。况臣王室之出，世荷光宠，身名否泰，与国同戚，死生契阔，义无苟且，夙夜忧怛[4]，念至情惨。夫事君之义犯而勿欺，人臣之节，匪躬[5]是殉[6]。谨陈时宜十七条如左。”十七条失本，故不载。

室血缘所出，家族世世代代蒙受朝廷的荣光和恩宠，我个人的身名安危，与国家休戚与共，生死离合，义无反顾，早晚忧虑，一想到国家还有所不足，就感到十分心痛。事奉君主的原则，应当在于犯颜直谏而不有所欺瞒，为人臣子的节操就是要不惜己命，为国殉身。臣谨此陈述当今所急之事十七条如左。”陆抗所上的十七条建议已经散佚，所以此处不作记载。

今注 1 惟：思考。 2 去病：指霍去病（前140—前117），西汉名将。跟随大将军卫青出击匈奴，功冠全军。后升任骠骑将军，多次指挥汉朝对匈奴的战争，歼灭匈奴军主力十余万人，最后追击匈奴至狼居胥山。汉武帝曾为霍去病修建一所府第，被霍去病拒绝，并说“匈奴未灭，无以家为”。 3 贾生：指贾谊（前200—前168），西汉名士、文学家，贾谊被征召出任博士，因对策受汉文帝赏识，被破格提拔为太中大夫。受周勃、灌婴等排挤，被贬为长沙王太傅，后担任梁王太傅。梁王坠马身亡，贾谊愧疚忧郁而终。 4 忧怛（dá）：忧愁悲伤。 5 匪躬：不顾自身。 6 殉：指牺牲自己。

时何定[1]弄权，阉官预政，抗上疏曰：“臣闻开国承家，小人勿用，靖谮庸回[2]，唐书攸戒，是以雅人[3]所以怨刺，仲尼所以叹息也。春秋已来，爰及秦、

当时何定操弄权柄，宦官干政，陆抗上疏说：“臣听说建立国家、继承家业，不能任用小人，要远离只会阿谀谄媚的庸碌之辈，《尧典》之中也有谆谆告诫，因此诗人有此方面的怨刺，而仲尼也曾为此叹息。春秋以来，直至秦、汉，

汉，倾覆之衅，未有不由斯者也。小人不明理道，所见既浅，虽使竭情尽节，犹不足任，况其奸心素笃，而憎爱移易哉！苟患失之，无所不至。今委以聪明之任，假以专制之威，而冀雍熙之声作，肃清之化立，不可得也。方今见吏[4]，殊才虽少，然或冠冕之胄，少渐道教，或清苦自立，资能足用，自可随才授职，抑黜群小，然后俗化可清，庶政无秽也。”

朝代灭亡的征兆，没有一个不是因此而起。小人不明白治国的大道，见识浅陋，即使他们竭尽全力也难当大任，更何况这类人向来颇存奸邪之心，而爱憎好恶变化无常！他们一旦担忧失去权柄，便会无所不用其极。如今对他们委以耳目的重任，授予他们专断的威权，还希望出现盛世的和音，清明纯正的社会风气，这是绝不可能的。如今任职的官吏，才能出众的虽少，然而他们中有士大夫的后代，从小受到道德教化的熏陶，也有清苦自立之人，才能品德足以为朝廷所用，那么就可以根据他们的才干授官任职，从而贬退小人，然后才能澄清社会风气，去除政治中的腐败。”

今注　**1** 何定（？—272）：三国时期吴国末帝孙皓的佞臣。最初为侍奉孙权的奴仆，孙皓在位时凭借阿谀谄媚受宠于孙皓，最后因奸秽事发被杀。　**2** 靖谮庸回：指言语巧饰、阳奉阴违的小人。最早出自《尚书·尧典》“静言庸违”。靖，通“静”。所以下文说“唐书攸戒”，“唐书”即《尧典》。**3** 雅人：指诗人。　**4** 见吏：指在职的官吏。见，同“现”。

凤皇元年，西陵督步阐[1]据城以叛，遣使降晋。抗闻之，日部分[2]诸军，令将军左奕、吾彦、蔡

凤皇（凰）元年（272），西陵督步阐据城反叛，派人前往晋国投降。陆抗听说这一消息，当日立即部署各军，命令将军左奕、吾彦、蔡贡等直接向西陵进发，

贡等径赴西陵，敕军营更筑严围，自赤溪至故市，内以围阐，外以御寇，昼夜催切，如敌以至，众甚苦之。诸将咸谏曰："今及三军之锐，亟以攻阐，比晋救至，阐必可拔。何事于围，而以弊士民之力乎？"抗曰："此城处势既固，粮谷又足，且所缮修备御之具，皆抗所宿规。今反身攻之，既非可卒克，且北救必至，至而无备，表里受难，何以御之？"

并下令从赤溪到故市的各军营加修坚固的围墙，对内用以围困步阐，对外用以防备敌军，陆抗日夜催促督责，仿佛魏国大军已经来到，全军将士都深感困苦。诸将都劝谏陆抗说："现在以三军精锐，急速进攻步阐，等到晋国援军到来的时候，步阐必定会被攻下。何苦这样修筑围墙，让士兵和百姓劳顿不堪呢？"陆抗说："西陵这个地方地势险要，粮草又充足，而且城中精良的防御工事和御敌军械，都是我以前详细规划安排的。如今反过来去攻打西陵，不但难以立即攻克，且北方救兵一定会赶来，敌人来后我们没有防备，腹背受敌，还怎么对抗他们呢？"

今注　1 步阐（？—272）：三国时期吴国士人，丞相步骘之子，其家世居西陵。步阐担任西陵督，凤凰元年（272），孙晧征召步阐回京城，步阐忧谗畏讥，便举西陵投降晋国。后陆抗发兵击破西陵，步氏受到夷三族的极刑。　2 部分：指部署。

诸将咸欲攻阐，抗每不许。宜都太守雷谭言至恳切，抗欲服众，听令一攻。攻果无利，围备始合。晋车骑将

诸将都急于攻打步阐，陆抗却总是不允许。宜都太守雷谭的请求极为恳切，陆抗为了使诸将信服，便允许他们去攻打一次。进攻果然不利，而防御围墙也才刚刚完工。晋国车骑将军羊祜率军

军羊祜[1]率师向江陵,诸将咸以抗不宜上,抗曰:“江陵城固兵足,无所忧患。假令敌没江陵,必不能守,所损者小。如使西陵槃结,则南山群夷皆当扰动,则所忧虑,难可竟言也。吾宁弃江陵而赴西陵,况江陵牢固乎?”

初,江陵平衍[2],道路通利,抗敕江陵督张咸作大堰遏水,渐渍[3]平中,以绝寇叛。祜欲因所遏水,浮船运粮,扬声将破堰以通步军。抗闻,使咸亟破之。诸将皆惑,屡谏不听。祜至当阳,闻堰败,乃改船以车运,大费损功力。

向江陵进发,诸将都认为陆抗不应率军西上,陆抗却说:“江陵城池坚固,兵力充足,没有什么可担忧的。假如敌人攻占江陵,也一定守不住,不会给我们造成很大损失。如果让西陵与敌人勾结起来,那么南山群夷都会掀起叛乱,到时候的忧虑可就不是能讲清的了。我宁可放弃江陵而赶赴西陵,更何况江陵城本就十分牢固呢?”

起初,江陵地势平坦宽广,道路通畅便利,陆抗下令江陵督张咸建造一座大堰截断河流,逐渐淹没平原的中部,以此来阻止敌人的进攻和内部的叛乱。羊祜想利用大堰蓄水,用船只运送粮草,便扬言要毁掉大堰让步兵通行。陆抗听说后,当即命令张咸拆毁大堰。众将领都为此感到困惑,多次劝谏,陆抗就是不听。羊祜抵达当阳后,听说大堰已毁,只得将船运改为车运,耗费了大量的时间和精力。

今注 1 羊祜(221—278):字叔子,泰山南城(今山东平邑南)人,西晋大臣、名将。初仕曹魏,历任中书郎、给事黄门郎、秘书监等职。魏晋之际担任中领军,统领禁军。入晋后以尚书左仆射都督荆州诸军事,出镇襄阳,积极训练士兵、发展屯田、扩充军备,为西晋伐吴奠定了基础。 2 平衍:指平坦宽广。 3 渍:淹没。

晋巴东监军徐胤率水军诣建平，荆州刺史杨肇至西陵。抗令张咸固守其城，公安督孙遵巡南岸御祜，水军督留虑、镇西将军朱琬拒胤；身率三军，凭围对肇。将军朱乔、营都督俞赞亡诣肇。抗曰："赞军中旧吏，知吾虚实者，吾常虑夷兵素不简练[1]，若敌攻围，必先此处。"即夜易夷民，皆以旧将充之。

明日，肇果攻故夷兵处，抗命旋军击之，矢石雨下，肇众伤死者相属。肇至经月，计屈夜遁。抗欲追之，而虑阐畜力项领[2]，伺视间隙，兵不足分，于是但鸣鼓戒众，若将追者。肇众凶惧，悉解甲挺走，抗使轻兵蹑[3]之，肇大破败，祜等皆引军还。抗遂陷西陵城，诛夷阐族及其

晋国的巴东监军徐胤率领水军抵达建平，荆州刺史杨肇则进军至西陵。陆抗命令张咸固守江陵，公安督孙遵沿长江南岸巡逻防御羊祜，水军督留虑、镇西将军朱琬负责抵挡徐胤；陆抗则亲自指挥三军，依靠此前建造的防御工事对抗杨肇。吴国将军朱乔、营都督俞赞在这时候叛逃投降了杨肇。陆抗说："俞赞是军中的故吏，是清楚我方虚实的人，我常担心夷兵向来训练不足，如果敌人攻围，必定先从夷兵防守的地方下手。"于是当夜就撤换了夷兵，全用吴军老将来替代设防。

第二天，杨肇果然进攻原先夷兵所防守的地方，陆抗下令守军反击，弓箭和石头多如雨下，杨肇军死伤累累。杨肇到达西陵之后一个多月，无计可施，只得在夜间退走。陆抗打算追击他，又担心步阐积蓄力量，窥视机会反击吴军的要害之处，到时兵力不够分配，于是只击鼓令士兵们戒备，佯装追击。杨肇军大为恐惧，纷纷丢盔弃甲，争相逃命，陆抗便派轻装部队追击，杨肇被打得落花流水，羊祜等也都只得率军撤走。陆抗于是攻陷了西陵城，诛杀步阐全家及其部下重

大将吏，自此以下，所请赦者数万口。修治城围，东还乐乡，貌无矜色[4]，谦冲如常，故得将士欢心[1]。

要将吏，自此以下，他上书朝廷请求赦免的人多达数万。陆抗修治好西陵的城墙等防御工事后，率军东行返回乐乡，脸上毫无骄傲的神色，仍然像平常一样谦逊，所以深得将士欢心。

今注 **1** 简练：即训练。 **2** 项领：即脖颈，比喻要害之处。 **3** 蹑：原意为跟踪，这里指追击。 **4** 矜色：指骄傲的神色。

裴注 [**1**]《晋阳秋》曰："抗与羊祜推侨、札之好。抗尝遗祜酒，祜饮之不疑。抗有疾，祜馈之药，抗亦推心服之。于时以为华元、子反复见于今。"《汉晋春秋》曰："羊祜既归，增修德信，以怀吴人。陆抗每告其边戍曰：'彼专为德，我专为暴，是不战而自服也。各保分界，无求细益而已。'于是吴、晋之间，余粮栖亩而不犯，牛马逸而入境，可宣告而取也。沔上猎，吴获晋人先伤者，皆送而相还。抗尝疾，求药于祜，祜以成合与之，曰：'此上药也，近始自作，未及服，以君疾急，故相致。'抗得而服之，诸将或谏，抗不答。孙晧闻二境交和，以诘于抗，抗曰：'夫一邑一乡，不可以无信义之人，而况大国乎？臣不如是，正足以彰其德耳，于祜无伤也。'或以祜、抗为失臣节，两讥之。"习凿齿曰："夫理胜者，天下之所保；信顺者，万人之所宗。虽大猷既丧，义声久沦，狙诈驰于当涂，权略周乎急务，负力从横之人，臧获牧竖之智，未有不凭此以创功，舍兹而独立者也。是故晋文退舍，而原城请命；穆子围鼓，训之以力；冶夫献策，而费人斯归；乐毅缓攻，而风烈长流。观其所以服物制胜者，岂徒威力相诈而已哉！自今三家鼎足，四十有余年矣，吴人不能越淮、沔而进取中国，中国不能陵长江以争利者，力均而智侔，道不足以相倾也。夫残彼而利我，未若利我而无残；振武以惧物，未若德广而民怀。匹夫犹不可以力服，而况一国乎？力服犹不如以德来，而况不制乎？是以羊祜恢大同之略，思五兵之则，齐其民人，均其施泽，振义网以罗强吴，明兼爱以革暴俗，易生民之视听，驰不战乎江表。故能德音悦畅，而襁负云集，殊邻异域，义让交弘。自吴之遇敌，未有若此者也。抗见国小主暴，而晋德弥昌，人积兼己之善，而己无固本之规，百姓怀严敌之德，阖境有弃主之虑，思所以镇定民心，缉宁外内，奋其危弱，抗权上国者，莫若亲行斯道，以侔其胜。使彼德靡加吾，而此善流闻，归重邦国，弘明远风，折冲于枕席之上，校胜于帷幄之内，倾敌而不以甲兵之力，保国而不浚沟池之固，信义感于寇仇，丹怀体于先日。岂设狙诈以危贤，殉己身之私名，贪外物之重我，暗服之而不备者哉！由是论之，苟守局而保疆，一卒之所能；协数以相危，小人之近事；积诈以防物，臧获之余虑；威胜以求安，明哲之所贱。贤人君子所以拯世垂范，舍此而取彼者，其道良弘故也。”

加拜都护。闻武昌左部督薛莹征下狱，抗上疏曰：“夫俊乂[1]者，国家之良宝，社稷之贵资，庶政所以伦叙[2]，四门所以穆清[3]也。故大司农楼玄、散骑中常侍王蕃、少府李勖，皆当世秀颖，一时显器，既蒙初宠，从容列位，而并旋受诛殛[4]，或圮族替祀[5]，或投弃荒裔。盖《周礼》有赦贤之辟，《春秋》有宥善之义。《书》曰：‘与其杀不辜，宁失不经。’[6]而蕃等罪名

陆抗被加授为都护。他听说武昌左部督薛莹被抓捕下狱，便上疏说：“德才出众的人乃是国家的瑰宝、社稷的财富，各种政务因为有他们才井然有序，天下因为有他们才得以太平兴盛。已故大司农楼玄、散骑中常侍王蕃、少府李勖，都是显赫当世的优异人才，他们蒙受主公恩宠，从容任官授职，后来却很快遭到诛杀，有的被灭族绝嗣，有的则被流放到荒远之地。《周礼》有赦免贤人的规定，《春秋》也有宽恕善人的道理。《尚书》有言：‘与其杀害无辜之人，宁可失于破坏成法。’而王蕃等人罪名尚未确定，就被处以死

未定，大辟[7]以加，心经忠义，身被极刑，岂不痛哉！

刑，他们心怀忠义，却身遭极刑，岂不令人心痛！

今注　1 俊乂：指杰出人才。　2 伦叙：指有条理。　3 四门所以穆清：出自《尚书·舜典》“宾于四门，四门穆穆”，指四方来朝、天下太平的盛况。　4 诛殛(jí)：即诛杀。　5 圮(pǐ)族替祀：圮族，即灭族；替祀，即绝嗣。　6 与其杀不辜，宁失不经：今见于《尚书·大禹谟》。但《大禹谟》属于伪《古文尚书》，三国时期人们所见及所征引，当另有所本。　7 大辟：即死刑。

“且已死之刑，固无所识，至乃焚烁流漂，弃之水滨，惧非先王之正典，或甫侯[1]之所戒也。是以百姓哀耸，士民同戚。蕃、勖永已，悔亦靡及，诚望陛下赦召玄出。而顷闻薛莹卒见逮录[2]，莹父综纳言先帝，傅弼文皇[3]，及莹承基，内厉名行，今之所坐，罪在可宥。臣惧有司未详其事，如复诛戮，益失民望。乞垂天恩，原赦莹罪，哀矜庶狱，清澄刑网，则天下幸甚！”

“况且罪人受刑死去，本已失去了意识，竟然还要将其焚尸扬灰，弃于流水，扔在岸边，这种做法恐怕并非先王之正典，可能当年甫侯立法的时候对此也有顾虑。因此，百姓无不感到哀痛惊异，天下都为之悲伤。王蕃、李勖已经死去，后悔也来不及了，我诚恳地希望陛下赦免楼玄出狱。而近又听闻薛莹突然被捕入狱，其父薛综不仅曾为先帝献策，也辅佐过文皇帝，而薛莹继承父业，磨砺自身品行，建立名声，如今获罪，其实可以宽恕。臣担心有关官员不清楚案件的详情，又再将他杀害，恐怕会更失民望。所以臣乞求陛下开恩，赦免薛莹的罪过，在刑狱诉讼方面多加怜悯，澄清刑罚纲纪，那将是天下的大幸！”

今注 1 甫侯：周穆王时大臣。当时周王室日渐衰微，社会动荡，诸侯不遵王命，于是吕侯制定刑法，因吕侯后代改封甫侯，故《吕刑》又名《甫刑》。 2 逮录：指逮捕收监。 3 文皇：指孙和。孙和为孙晧生父，孙晧即位后追尊其为文皇帝。

时师旅仍动，百姓疲弊，抗上疏曰："臣闻《易》贵随时[1]，《传》美观衅[2]，故有夏多罪而殷汤用师，纣作淫虐而周武授钺。苟无其时，玉台有忧伤之虑[3]，孟津有反旆之军[4]。今不务富国强兵，力农畜谷，使文武之才效展其用，百揆[5]之署无旷厥职，明黜陟以厉庶尹，审刑赏以示劝沮，训诸司以德，而抚百姓以仁，然后顺天乘运，席卷宇内，而听诸将徇名，穷兵黩武，动费万计，士卒雕瘁[6]，寇不为衰，而我已大病矣！

"今争帝王之资，而昧十百之利，此人臣之

当时军队频繁出征，百姓疲惫不堪，陆抗上疏说："臣听说《周易》重视顺应时势，而《左传》则赞美伺机而动，所以一直要等到夏桀、商纣罪孽深重、暴虐无度之时，商汤、周武才起兵讨伐。如果时机未到，商汤只得在玉台上忧伤思虑，周武王也只得在孟津无功而返。现在不致力于富国强兵，劝课农桑，广积粮食，让文武人才都得以施展效用，百官衙署杜绝玩忽职守，各级部门赏罚分明以激励官吏，慎重使用刑赏来进行劝阻，并对各级官吏进行道德教育，用仁义之道来安抚百姓，然后才能顺承天命，把握时机，一举席卷天下，而听任诸将舍身求名，穷兵黩武，动辄耗费国家数以万计的钱财，使士卒疲劳困顿，敌人还没有衰败，而我们自己已经大为疲惫了。

"如今您要争取帝王的资格，却贪图一些蝇头小利，这只不过是方便了臣下作奸犯科，绝非治国的良策啊。当年齐、

奸便，非国家之良策也。昔齐鲁三战，鲁人再克而亡不旋踵，何则？大小之势异也。况今师所克获，不补所丧哉！且阻兵无众，古之明鉴，诚宜暂息进取小规，以畜士民之力，观衅伺隙，庶无悔吝。”

鲁两国三次交锋，鲁国虽然两次获胜，却很快就灭亡了，这是为什么？因为两国大小强弱不同啊。何况如今出兵所取得的战果，还不能弥补花费和损失呢！而且穷兵黩武就会失去人民的支持，这是古已有之的明鉴，实在应当暂且停止用兵，让军民积蓄力量，观察对方的破绽，以待时机，这样才可能不会有悔恨之事发生。”

今注 1《易》贵随时：指《周易》重视顺应时势。《易·随》：“随。大亨贞，无咎，而天下随时。” 2《传》美观衅：指《左传》中赞扬伺机而动的用兵策略。《左传·宣公十二年》记载：“隋武子曰：‘善。会闻用师，观衅而动。’” 3 玉台有忧伤之虑：指夏朝末年，商汤在伊尹等人的辅佐之下，实力日益壮大，但商汤在积蓄实力的过程中，遭夏桀囚禁于玉台。 4 孟津有反旆之军：指周武王于孟津大会诸侯，与者八百，但武王认为伐商时机尚未成熟，因而选择退兵。 5 百揆(kuí)：即百官。 6 雕瘁：形容容貌憔悴。

二年春，就拜[1]大司马、荆州牧。三年夏，疾病，上疏曰：“西陵、建平，国之蕃表，既处下流，受敌二境。若敌泛舟顺流，舳舻[2]千里，星奔电迈，俄然[3]行至，非可恃援他部

凤凰二年(273)春，陆抗在驻所被就地任命大司马、荆州牧。凤凰三年(274)夏，陆抗患病，上疏说：“西陵、建平，都是我国边防屏障，地处长江下游，受到魏、蜀两方威胁。如果敌人乘船顺流而下，千里之地如同电光石火一般顷刻便会抵达，难以指望别处援军来解救危难。这

以救倒县[4]也。此乃社稷安危之机，非徒封疆侵陵小害也。臣父逊昔在西垂[5]陈言，以为西陵国之西门，虽云易守，亦复易失。若有不守，非但失一郡，则荆州非吴有也。如其有虞，当倾国争之。

是关系国家安危的紧要之事，并非只是侵扰边境的小祸患。臣的父亲陆逊从前在武昌就已经陈述过，认为西陵是我国的西大门，虽然容易防守，也容易丢失。如果西陵失守，不只是丢掉一郡之地，那么整个荆州可能都将不属吴国所有了。西陵一旦有事，就应当倾尽全国兵力前往争夺。

今注　1 就拜：指就地任命。　2 舳舻(zhú lú)：船头和船尾的合称。泛指前后首尾相接的船。　3 俄然：忽然。　4 倒县：指危急的处境。县，同“悬”。　5 西垂：西部边境，此处指武昌。垂，同“陲”。

“臣往在西陵，得涉逊迹。前乞精兵三万，而主者循常，未肯差赴[1]。自步阐以后，益更损耗。今臣所统千里，受敌四处，外御强对，内怀百蛮，而上下见兵财[2]有数万，羸弊日久，难以待变。臣愚以为诸王幼冲，未统国事，可且立傅相，辅导贤姿，无用兵马，以妨要务。又黄门竖宦[3]，开立占募，兵民

“臣过去曾在西陵驻守，得以按照父亲陆逊留下来的制度办事。此前曾请求调拨三万精兵来防守西陵，但主管军务的官员墨守成规，不肯派遣。自步阐事件之后，西陵的兵力更受损耗。如今臣所统领的千里之地，四处受敌，在外有强敌要对抗，在内还有各少数民族要应付，而上下现有兵员军资也只有数万而已，部队长期疲惫羸弱，很难应对突发情况。臣愚以为诸位王子年纪尚幼，还未治理过国事，应当暂且为他们设置傅相，教育辅导他们成为贤才，而不应给他们配置兵马，从而妨碍国家的要务。而且黄门宦官，开创私自

怨役，逋逃入占。乞特诏简阅，一切料出，以补疆埸[4]受敌常处，使臣所部足满八万，省息众务，信其赏罚，虽韩、白复生，无所展巧。若兵不增，此制不改，而欲克谐大事，此臣之所深戚也。若臣死之后，乞以西方为属。愿陛下思览臣言，则臣死且不朽。”

募兵的制度，兵民怨愤服役，便纷纷逃到宦官门下。臣请求陛下特别下诏，对诸如此类的情况加以检核，将多余的兵力全部挑选出来，补充边境常受敌侵扰之处的军队，使臣所部兵力补足八万，节简政务，赏罚有信，这样即便韩信、白起复生，也难以在我们这里施展巧技。如果兵力不增强，制度不改变，却想成就大事，这是臣所深深担忧之事啊。臣去世之后，请求陛下以西方局势为重。如果陛下能考虑臣的意见，那么臣将死而不朽。”

今注　1 差赴：指调拨派遣。　2 财：通“才”。仅仅。　3 黄门竖宦：对宦官的蔑称。汉代的时候，中黄门一职多由宦官担任，所以常以“黄门”称宦官。　4 疆埸(yì)：国界，边境。

秋，遂卒，子晏嗣。晏及弟景、玄、机、云，分领抗兵。晏为裨将军、夷道监。天纪四年，晋军伐吴，龙骧将军王濬顺流东下，所至辄克，终如抗虑。

景，字士仁，以尚公主拜骑都尉，封毗陵侯，既领抗兵，拜偏将军、中夏督，澡身[1]好学，著书数

秋天，陆抗就去世了，他的儿子陆晏继承了爵位。陆晏及其弟陆景、陆玄、陆机、陆云，分别统领陆抗的部队。陆晏担任裨将军、夷道监。天纪四年(280)，晋军进攻吴国，龙骧将军王濬顺流东下，所到之处攻无不克，最终的结果正如陆抗生前所料。

陆景，字士仁，因为娶公主为妻，被任命为骑都尉，封毗陵侯，统领陆抗的军队后，又被任为偏将军、中夏督。他砥砺

十篇也[1]。二月壬戌，晏为王濬别军所杀。癸亥，景亦遇害，时年三十一。景妻，孙晧適妹[2]，与景俱张承外孙也[2]。

节操，勤勉好学，写作论著数十篇。二月初五日，陆晏被王濬的分支部队所杀害。二月初六日，陆景也被杀害，当时只有三十一岁。陆景之妻是孙晧的嫡妹，与陆景都是张承的外孙。

今注　1 澡身：原指沐浴，引申为砥砺节操。　2 適妹：这里指同母所生的妹妹。適，通“嫡”。

裴注　[1]《文士传》曰：“陆景母张承女，诸葛恪外甥。恪诛，景母坐见黜。景少为祖母所育养，及祖母亡，景为之心丧三年。”　[2] 景弟机，字士衡；云，字士龙。《机云别传》曰：“晋太康末，俱入洛，造司空张华。华一见而奇之，曰：‘伐吴之役，利在获二俊。’遂为之延誉，荐之诸公。太傅杨骏辟机为祭酒，转太子洗马、尚书著作郎。云为吴王郎中令，出宰浚仪，甚有惠政，吏民怀之，生为立祠。后并历显位。机天才绮练，文藻之美，独冠于时。云亦善属文，清新不及机，而口辩持论过之。于时朝廷多故，机、云并自结于成都王颖。颖用机为平原相，云清河内史。寻转云右司马，甚见委仗。无几，而与长沙王构隙，遂举兵攻洛，以机行后将军，督王粹、牵秀等诸军二十万，士龙著《南征赋》以美其事。机吴人，羁旅单宦，顿居群士之右，多不厌服。机屡战失利，死散过半。初，宦人孟玖，颖所嬖幸，乘宠豫权，云数言其短，颖不能纳，玖又从而毁之。是役也，玖弟超亦领众配机，不奉军令。机绳之以法，超宣言曰：‘陆机将反。’及牵秀等谮机于颖，以为持两端，玖又构之于内，颖信之，遣收机，并收云及弟耽，并伏法。机兄弟既江南之秀，亦著名诸夏，并以无罪夷灭，天下痛惜之。机文章为世所重，云所著亦传于世。初，抗之克步阐也，诛及婴孩，识道者尤之，曰：‘后世必受其殃！’及机之诛，三族无遗。孙惠与朱诞书曰：‘马援择君,凡人所闻,不意三陆相携暴朝,杀身伤名,可为悼叹。'" 事亦并在《晋书》。

评曰:刘备天下称雄,一世所惮,陆逊春秋方壮,威名未著,摧而克之,罔不如志。予既奇逊之谋略,又叹权之识才,所以济大事也。及逊忠诚恳至,忧国亡身,庶几社稷之臣[1]矣。抗贞亮筹干,咸有父风,奕世载美,具体而微[2],可谓克构[3]者哉!

评论说:刘备堪称天下之英雄,为当时人所忌惮,而陆逊正值壮年,他的威名还未广为人知,却一举将刘备打败,整个战斗的过程完全在他的谋划之中。我不但为陆逊的谋略感到惊奇,也感叹孙权能发现人才来成就大事。而陆逊忠心耿耿,诚恳之至,为了国家日夜忧劳、奋不顾身,可以称得上是社稷之臣啊。陆抗忠贞亮直,有统筹全局的才干,很有其父亲的风范,他们父子都是杰出的人才,陆抗具备了陆逊的一切优点,虽然略逊一筹,但也可以说是子承父业了!

今注 1 社稷之臣:指能够担负国家重任的大臣。 2 具体而微:指事物的内容大体具备,但规模较小。出自《孟子·公孙丑上》:"子夏、子游、子张皆有圣人之一体;冉牛、闵子、颜渊则具体而微。" 3 克构:指能完成前辈事业。

卷五十九　吴书十四

吴主五子传

导读　本卷是孙权的五个儿子——孙登、孙虑、孙和、孙霸、孙奋的传记，五人的性情与经历各不相同。孙登是孙权的长子，也是吴国建立后的第一任太子，为人谦和，德行可嘉，但英年早逝。孙虑同样德才兼备，深得孙权喜爱，但也早夭，留下的事迹不多。孙和在孙登死后被册立为太子，后来因鲁王孙霸渐生夺嫡之心，二人及各自的党羽陷入白热化的政治斗争，史称“二宫之争”或“南鲁之争”，最终孙和被废黜，孙霸被赐死。孙奋为孙权第五子，事迹不多，但为人轻浮、不遵法度，最终因民间流传的谣言被孙晧处以族诛的极刑。

孙登

原文

孙登，字子高，权长子也。魏黄初二年，以权为吴王，拜登东中郎将[1]，封万户侯，登辞侯不受。是岁，立登为太子，选置师傅[2]，铨简[3]秀士，以为宾友。于是诸葛恪、张休、顾谭、陈表等以选入，

译文

孙登，字子高，是孙权的长子。魏黄初二年(221)，孙权被封为吴王，同时任命孙登为东中郎将，封为万户侯，孙登推辞而没有接受。这一年，孙登被立为吴王太子，孙权专门安排任命了太子太师、太子太傅等官员来教导他，并挑选了一批德才兼备之士做他的宾友。于是诸葛恪、张休、顾谭、陈表等人被选入东宫，

侍讲诗书,出从骑射。权欲登读《汉书》,习知近代之事,以张昭有师法[4],重烦劳之,乃令休从昭受读,还以授登。登待接寮属,略用布衣之礼[5],与恪、休、谭等或同舆而载,或共帐而寐。太傅张温言于权曰:“夫中庶子官最亲密,切问近对,宜用隽德[6]。”于是乃用表等为中庶子。后又以庶子礼拘,复令整巾[7]侍坐。

黄龙元年,权称尊号,立为皇太子,以恪为左辅,休右弼,谭为辅正,表为翼正都尉,是为四友。而谢景、范慎、刁玄、羊衜[8]等皆为宾客[1],于是东宫号为多士[2]。

陪孙登研读诗书,也随同他外出骑马射猎。孙权想让孙登研读《汉书》,多熟悉了解近代的史事,因为张昭有《汉书》之学的师承,但让张昭亲自指导太子又太过劳累烦扰,于是命令张休先跟张昭学习,回来再传授孙登。孙登接待下属幕僚,只是粗略地使用平民的礼节,与诸葛恪、张休、顾谭等有时同坐一辆车,有时同睡一张床。太傅张温对孙权说:“中庶子这个官职与太子关系最为亲密,太子随时提问要能随时回答,应当选用德行优秀之人。”于是孙权任命陈表等为中庶子。后来又因为中庶子的礼节太过拘束,又命令他们头裹布巾侍坐。

黄龙元年(229),孙权登基称帝,册立孙登为皇太子,任命诸葛恪为左辅,张休为右弼,顾谭为辅正,陈表为翼正都尉,这四人合称“四友”。而谢景、范慎、刁玄、羊衜等都是太子宾客,于是东宫被人称赞人才济济。

今注　1 东中郎将:汉末三国时期武官名。有东、西、南、北四中郎将,皆掌军旅征伐。　2 师傅:这里是太子太师和太子太傅的合称,都是负责教导太子的官员,也泛指东宫主要的职官。　3 铨简:即选拔。　4 师法:汉代指系统传习的对某一经典或书籍的今注及解读,因有经师传授,故称“师法”。 5 布衣之礼:指平民交往时的礼仪,古代贵族接待下级用布衣之礼,表示礼贤下士。 6 隽德:德行杰出之人。隽,通“俊”。 7 整巾:指免去烦琐的冠服之礼,仅包裹简易的头巾。 8 衜:音 dào。

裴注 [1] 衜,音道。 [2]《吴录》曰:“慎字孝敬,广陵人,竭忠知己之君,缠绵三益之友,时人荣之。著论二十篇,名曰《矫非》。后为侍中,出补武昌左部督,治军整顿。孙晧移都,甚惮之,诏曰:‘慎勋德俱茂,朕所敬凭,宜登上公,以副众望。’以为太尉。慎自恨久为将,遂托老耄。军士恋之,举营为之陨涕。凤凰三年卒,子耀嗣。玄,丹阳人。衜,南阳人。”《吴书》曰:“衜初为中庶子。年二十。时廷尉监隐蕃交结豪杰,自卫将军全琮等皆倾心敬待,惟衜及宣诏郎豫章杨迪拒绝不与通,时人咸怪之。而蕃后叛逆,众乃服之。”《江表传》曰:“登使侍中胡综作《宾友目》曰:‘英才卓越,超逾伦匹,则诸葛恪。精识时机,达幽究微,则顾谭。凝辨宏达,言能释结,则谢景。究学甄微,游、夏同科,则范慎。’衜乃私驳综曰:‘元逊才而疏,子嘿精而很,叔发辩而浮,孝敬深而狭。’所言皆有指趣。而衜卒以此言见咎,不为恪等所亲。后四人皆败,吴人谓衜之言有征。位至桂阳太守,卒。”

权迁都建业,征上大将军陆逊辅登镇武昌,领宫府留事[1]。登或射猎,当由径道,常远避良田,不践苗稼,至所顿息[2],又择空间之地,其不欲烦民如此。尝乘马出,有弹丸过,

孙权迁都建业,征召上大将军陆逊辅佐孙登镇守武昌,同时兼管宫府积压的事务。孙登有时出外狩猎,都一定要沿着道路行进,总是远远地避开良田,绝不践踏庄稼,到休息的时候,又选择空旷的地方,他就是如此不愿烦扰百姓。有一次孙登骑马外出,一颗弹丸从他身边飞过,他身边侍卫便去寻找射弹丸之人。这时正好

左右求之。有一人操弹佩丸，咸以为是，辞对不服，从者欲捶之，登不听，使求过丸，比之非类，乃见释。又失盛水金马盂[3]，觉得其主，左右所为，不忍致罚，呼责数之，长遣归家，敕亲近勿言。后弟虑卒，权为之降损[4]，登昼夜兼行，到赖乡，自闻[5]，即时召见。见权悲泣，因谏曰："虑寝疾不起，此乃命也。方今朔土未一，四海喁喁，天戴陛下，而以下流之念，减损大官[6]殽馔，过于礼制，臣窃忧惶。"权纳其言，为之加膳。住十余日，欲遣西还，深自陈乞，以久离定省，子道[7]有阙，又陈陆逊忠勤，无所顾忧，权遂留焉。嘉禾三年，权征新城，使登居守，总知

有一人手持弹弓、身带弹丸，大家都认为此人就是肇事者，但那人表示不服，坚决否认，侍从们便想揍他一顿，孙登不允许，派人去寻找飞过自己身边的那颗弹丸，同那人身上所携带的两相比较，果然不一样，便让手下放走了那人。又有一次，孙登丢失了一个金马盂，事后查出来偷走的人，是手下人干的，但孙登不忍心责罚那人，只叫他来责备了一通，将他遣送回家，并命令身边的人不得再谈论此事。后来他弟弟孙虑去世，孙权为此减少饮食，孙登闻讯，昼夜兼程赶到赖乡，亲自通报，孙权立即接见了他。孙登看见孙权悲痛哭泣，便劝谏说："孙虑一病不起，此是命中注定的事。如今北方未统一，四海都在翘首企盼，上天授命陛下去完成大业，您却因对于子孙后辈的怀念，减少太官令奉给的膳食，程度已经超过了礼制的规定，这让我私下深感不安。"孙权听从了他的劝告，并重新增加饮食。孙登住了十多天，孙权打算让他返回武昌，孙登恳切地请求，表示长时间离别，不能亲自侍奉父母，作为儿子道义有亏，又说陆逊忠诚勤勉，武昌方面没有任何顾虑，孙权于是留他继续住下。嘉禾三年(234)，孙权出征新城，

留事。时年谷不丰,颇有盗贼,乃表定科令,所以防御,甚得止奸之要。

让孙登留驻京城,总管朝事。当年粮食歉收,各地兴起不少盗贼,孙登上表制定用以防范相关情况的法令,深得杜奸除恶的要领。

今注　1 留事:积压的公务。　2 顿息:休整歇息。　3 马盂:指大型的盂。　4 降损:指减少膳食、服饰、礼仪等,表示哀悼。　5 自闻:自己通报。　6 大官:即太官令,又作"大官令",秦汉三国官名,负责皇帝的膳食及宴会事务。　7 子道:指作为子女应尽的道义。

初,登所生庶贱[1],徐夫人少有母养之恩。后徐氏以妒废处吴,而步夫人最宠。步氏有赐,登不敢辞,拜受而已。徐氏使至,所赐衣服,必沐浴服之。登将拜太子,辞曰:"本立而道生,欲立太子,宜先立后。"权曰:"卿母安在?"对曰:"在吴。"权默然[1]。

起初,孙登的生母是地位低贱的平民,而徐夫人从小抚育他,待他有如母亲。后来徐夫人因为嫉妒被废黜,安置在吴郡,而步夫人最受宠爱。步氏对他有所赏赐,孙登虽然不敢推辞,但也只是拜受而已。徐氏派人前去赐给的衣服,孙登则必定要沐浴之后才穿上。孙登将要被册立为太子的时候,他推辞说:"根本确立之后,才能产生道义,想要册立太子,应当先册立皇后。"孙权说:"你的母亲在哪里?"孙登回答说:"在吴郡。"孙权沉默无语。

今注　1 所生庶贱:指孙登的生母为庶人,没有后妃的名分。

裴注　[1]《吴书》曰:"弟和,有宠于权,登亲敬,待之如兄,常有欲让之心。"

立凡二十一年，年三十三卒。临终，上疏曰：“臣以无状，婴抱[1]笃疾，自省微劣，惧卒陨毙。臣不自惜，念当委离供养，埋胔[2]后土，长不复奉望宫省，朝觐日月，生无益于国，死贻陛下重戚，以此为哽结[3]耳。臣闻死生有命，长短自天，周晋、颜回有上智之才，而尚夭折[4]，况臣愚陋，年过其寿，生为国嗣，没享荣祚，于臣已多，亦何悲恨哉！方今大事未定，逋寇[5]未讨，万国喁喁，系命陛下，危者望安，乱者仰治。愿陛下弃忘臣身，割下流之恩，修黄老之术[6]，笃养神光，加羞[7]珍膳，广开神明之虑，以定无穷之业，则率土幸赖，臣死无恨也。

孙登被册立为太子总共二十一年，他三十三岁去世。孙登临终前上疏说：“儿臣没有什么功绩，身患重病，自知生命微弱，恐怕不久于人世。儿臣并不惋惜自己的性命，只是一想到将要永远离开抚养自己的父母，埋身于黄土之中，再也不能拜望于皇宫，不能再朝见陛下和皇后，在世的时候没能为国家做贡献，死后还让陛下横添悲戚，想到这里儿臣就不禁哽咽。儿臣听说生死有命，寿夭在天，周晋、颜回具有远超常人的才智，尚且不幸夭折，何况儿臣天性愚陋，年寿已超过他们，活着的时候有储君之尊，死后还享有哀荣，对于儿臣来说已经相当满足，哪里还有什么可悲可恨的呢！如今天下大事未定，各地贼寇尚未讨平，而天下人民翘首企盼，将命运寄托于陛下，身处危乱之中的人们都盼望着陛下安定天下。所以希望陛下您彻底忘记儿臣，割舍对于子孙后代的情感，修炼黄老之术，保养精神，增添佳肴美馔，多多为天下国家考虑，奠定万古无穷的功业，天下百姓有幸得到依托，儿臣也就死而无憾了。

今注 1 婴抱：指被疾病、烦恼等所缠扰。 2 胔(zì)：肉末烂尽的骨殖。

此处指尸体。 3 哽结：哽咽积郁。 4 夭折：早死。古人以六十岁以前死亡为夭，十二岁以前死亡为折。 5 逋寇：指流窜的贼寇。 6 黄老之术：这里指黄老学派修身养性的道术。 7 羞：美味的食品。

“皇子和仁孝聪哲，德行清茂，宜早建置[1]，以系民望。诸葛恪才略博达，器任佐时。张休、顾谭、谢景，皆通敏有识断，入宜委腹心，出可为爪牙[2]。范慎、华融矫矫壮节，有国士之风。羊衜辩捷，有专对之材。刁玄优弘，志履道真。裴钦博记，翰采[3]足用。蒋修、虞翻，志节分明。凡此诸臣，或宜廊庙[4]，或任将帅，皆练时事，明习法令，守信固义，有不可夺之志[5]。此皆陛下日月所照，选置臣官，得与从事，备知情素，敢以陈闻。

“皇子孙和仁慈孝顺，聪明睿智，道德品行高洁纯美，应尽早册立他为太子，以符合百姓的期望。诸葛恪才学渊博，谋略练达，堪当辅佐时政的大任。张休、顾谭、谢景，都通达机敏，有见识和决断，入朝可担当心腹之臣，出外也能胜任勇猛战将。范慎、华融性情刚强，气节雄壮，有国士之风。羊衜论辩机敏，有独当一面的才能。刁玄宽宏大量，志在追求道义和真理。裴钦博闻强记，其文翰辞采值得取用。蒋修、虞翻，志向节操光明磊落。上述这些大臣，有的适合出任朝臣，有的可以担当将帅，他们都熟悉时事，通晓法令，坚守信用和道义，志向不会改变。这些都是仰仗陛下日月照耀般的恩德，给儿臣所选置的属官，我也得以与他们共事，充分地了解他们的情况，敢于将之呈报给陛下。

今注 1 建置：这里指立为太子。 2 爪牙：指将帅之任。 3 翰采：即文采。 4 廊庙：指朝堂。 5 不可夺之志：出自《论语·子罕》：“三军可夺帅也，匹夫不可夺志也。”指不可改变的坚定志向。

“臣重惟当今方外多虞，师旅未休，当厉六军，以图进取。军以人为众，众以财为宝，窃闻郡县颇有荒残，民物凋弊，奸乱萌生，是以法令繁滋，刑辟[1]重切。臣闻为政听民，律令与时推移，诚宜与将相大臣详择时宜，博采众议，宽刑轻赋，均息力役，以顺民望。陆逊忠勤于时，出身忧国，謇謇[2]在公，有匪躬[3]之节。诸葛瑾、步骘、朱然、全琮、朱据、吕岱、吾粲、阚泽、严畯、张承、孙怡忠于为国，通达治体。可令陈上便宜，蠲除[4]苛烦，爱养士马，抚循[5]百姓。五年之外，十年之内，远者归复，近者尽力，兵不血刃，而大事可定也。

“儿臣又想到当今境外多有忧虑，战事不停，应当激励六军，图谋进取。军队以人民为部众，部众则以钱财为宝，儿臣私下听说郡县颇为荒凉残破，民生凋敝，奸邪祸乱层出不穷，所以不得不频繁增订法律、加重刑罚。儿臣听说治理政事要听从民意，律令的制定也要顺应时势变迁，陛下实在该与将相大臣详细研讨合乎时宜的治国方略，博采众议，宽刑轻赋，减免劳役，以顺应百姓的愿望。陆逊忠诚勤勉，舍身忧国，忠诚地为国家公务奉献，有舍己尽忠的志节。诸葛瑾、步骘、朱然、全琮、朱据、吕岱、吾粲、阚泽、严畯、张承、孙怡，都忠心为国，通晓治国之策。可让他们各自陈述当前应做的事，免除苛刻烦琐的政策，爱惜兵力，蓄养马匹，让百姓休养生息。五到十年间，远方人民都会愿意前来归附，国内的百姓也会为国家尽心尽力，这样就能做到兵不血刃而平定天下了。

今注　1 刑辟：即刑罚。　2 謇謇(jiǎn)：忠诚；正直。　3 匪躬：谓舍己尽忠，不计自身利害。　4 蠲(juān)除：免除。　5 抚循：安抚、休养生息。

“臣闻‘鸟之将死，其鸣也哀；人之将死，其言也善’，故子囊[1]临终，遗言戒时，君子以为忠，岂况臣登，其能已乎？愿陛下留意听采，臣虽死之日，犹生之年也。”既绝而后书闻，权益以摧感[2]，言则陨涕[3]。是岁，赤乌四年也。谢景时为豫章太守，不胜哀情，弃官奔赴，拜表自劾[4]。权曰：“君与太子从事，异于他吏。”使中使慰劳，听复本职，发遣还郡。谥登曰宣太子[1]。

子璠、希，皆早卒，次子英，封吴侯。五凤元年，英以大将军孙峻擅权，谋诛峻，事觉自杀，国除[2]。谢景者字叔发，南阳宛人。在郡有治迹，吏民称之，以为前有顾劭，其次即景。数年卒官。

“儿臣听说‘鸟之将死，其鸣也哀；人之将死，其言也善’，故此子囊临终，留下遗言告诫时政，君子认为他这是忠诚的表现，何况儿臣，我又怎能闭口不言？希望陛下留心听取儿臣之言，这样我就算死去，也如活着一样了。”这封奏疏在他死后才被呈报上去，孙权更为悲痛哀伤，一说话就落泪。这一年，是吴国赤乌四年(241)。谢景当时担任豫章太守，无法克制悲哀的心情，竟弃职前来奔丧，又上表弹劾自己这番举动。孙权说：“你曾经和太子共事，与其他官员有所不同。”使派宫中使者前去慰劳，允许他恢复本职，让他返回豫章。孙登死后，加谥号为“宣太子”。

孙登的儿子孙璠、孙希，都早死，次子孙英被封为吴侯。五凤元年(254)，孙英因大将军孙峻专擅朝权，图谋诛杀孙峻，事情败露后自杀，其封地也被取消。谢景，字叔发，南阳郡宛县人。在郡守任上有政绩，官吏百姓都对他称颂有加，认为豫章此前最优秀的太守是顾劭，其次就是谢景。担任太守几年后，谢景在任上去世。

1 子囊：芈姓，熊氏，名贞，字子囊，春秋时期楚国令尹，楚庄王之子。出任令尹后，主持与晋国的对抗，先后多次北伐，但深感国力不足，临终之际遗言加强守备。《左传》评价他“子囊忠。君薨不忘增其名，将死不忘卫社稷，可不谓忠乎？忠，民之望也”。 2 摧感：悲伤感动。 3 陨涕：落泪。 4 自劾：指弹劾自己。三国时期为纠正汉代的奔丧之风，曾禁止官员离职为长官奔丧，谢景为太子奔丧属于违规，所以上书弹劾自己。

裴注 [1]《吴书》曰：“初葬句容，置园邑，奉守如法。后三年，改葬蒋陵。” [2]《吴历》曰：“孙和以无罪见杀，众庶皆怀愤叹。前司马桓虑因此招合将吏，欲共杀峻立英，事觉，皆见杀，英实不知。”

孙虑

原文

孙虑，字子智，登弟也。少敏惠有才艺，权器爱之。黄武七年，封建昌侯。后二年，丞相雍等奏虑性聪体达，所尚日新，比方[1]近汉，宜进爵称王，权未许。久之，尚书仆射存[2]上疏曰：“帝王之兴，莫不褒崇至亲，以光群后，故鲁卫[3]于周，宠冠诸侯，高帝五王[4]，封列于汉，所以藩屏本朝，为国

译文

孙虑，字子智，是孙登的弟弟。他从小机敏聪慧，多才多艺，孙权对他十分喜爱器重。黄武七年(228)，被封为建昌侯。两年之后，丞相顾雍等上奏说孙虑天性聪慧，为人通达，才学日益精进，应当参照近代汉朝的惯例，晋爵称王，孙权没有同意。过了很长时间，尚书仆射存上疏说：“帝王兴业，无不优待骨肉至亲，以使四方诸侯同享荣光，所以鲁国、卫国在周朝所受恩宠超过了其他诸侯，汉高祖册封五子为王，封地皆位于汉朝本土，用以作为朝廷的屏障，镇守护卫整

镇卫。建昌侯虑禀性聪敏，才兼文武，于古典制，宜正名号。陛下谦光，未肯如旧，群寮大小，咸用於邑[5]。方今奸寇恣睢[6]，金鼓[7]未弭，腹心爪牙，惟亲与贤。辄与丞相雍等议，咸以虑宜为镇军大将军，授任偏方，以光大业。"权乃许之，于是假节开府，治半州[1]。虑以皇子之尊，富于春秋[8]，远近嫌其不能留意。及至临事，遵奉法度，敬纳师友，过于众望。年二十，嘉禾元年卒。无子，国除。

个国家。建昌侯孙虑秉性聪敏，文武双全，按照古代制度，应当授予他正当的名号。陛下您太过谦让，不愿依照旧制，大小群臣，都为此忧愁烦闷。如今奸寇横行猖獗，战事尚未平息，文臣武将，只应任用亲属及贤士。我便与丞相顾雍等商议，都认为应当以孙虑为镇军大将军，让他担当镇守一方的职责，以此光耀国家大业。"孙权这才同意，于是授予孙虑节杖，让其成立府署，治所设在半州。孙虑身为尊贵的皇子，加上年纪又轻，大家都担心他不能用心处理辖区的政事。然而他前往任职之后，遵奉法度，恭敬对待师友，可以说超过了大家对他的期望。孙虑二十岁时，于嘉禾元年(232)去世。因为死后无子，封国被取消。

今注 1 比方：指比拟、参照。 2 尚书仆射存：此人姓氏不详，"存"字前可能有脱字。 3 鲁卫：指周朝的鲁国和卫国，二国都是姬姓宗室诸侯，对于周王室有重要的意义。 4 高帝五王：指汉高帝刘邦的五个儿子齐悼惠王刘肥、赵隐王刘如意、赵幽王刘友、赵共(恭)王刘恢、燕灵王刘建。 5 於(wū)邑：亦作"於悒"。忧郁烦闷。 6 恣睢：放纵、暴戾的样子。 7 金鼓：原指军旅所用的金属制乐器和军鼓，这里引申为战争。 8 富于春秋：指年轻。

裴注 [1]《吴书》载权诏曰:“期运扰乱,凶邪肆虐,威罚有序,干戈不戢。以虑气志休懿,武略夙昭,必能为国佐定大业,故授以上将之位,显以殊特之荣,宠以兵马之势,委以偏方之任。外欲威振敌虏,厌难万里,内欲镇抚远近,慰恤将士,诚虑建功立事竭命之秋也。虑其内修文德,外经武训,持盈若冲,则满而不溢。敬慎乃心,无忝所受。”

孙和

原文

孙和,字子孝,虑弟也。少以母王有宠见爱,年十四,为置宫卫,使中书令阚泽教以书艺1。好学下士,甚见称述。赤乌五年,立为太子,时年十九。阚泽为太傅,薛综为少傅,而蔡颖、张纯、封俌、严维等皆从容侍从[1]。是时有司颇以条书2问事,和以为奸妄之人,将因事错意3,以生祸心,不可长也,表宜绝之。又都督刘宝白庶子丁晏,晏亦白宝。和谓晏曰:“文

译文

孙和,字子孝,是孙虑的弟弟。他小时候因为母亲王夫人得宠而被孙权所喜爱,十四岁时,孙权就为他安排了宫廷侍卫,又让中书令阚泽教他书传六艺。孙和爱好学习,礼贤下士,甚为受到人们的称赞。赤乌五年(242),他被册立为太子,当时十九岁。阚泽担任太子太傅,薛综为太子少傅,而蔡颖、张纯、封俌、严维等都侍从在他左右。当时有关部门的官员大多根据朝廷临时颁布的法规条例来问罪,孙和认为长此以往,奸猾之徒可以在断罪时掺杂个人意图,产生为非作歹的念头,此风绝不可长,上表建议应当杜绝。又有都督刘宝状告中庶子丁晏,丁晏也反过来状告刘宝。孙和对丁晏说:“朝中管事的文武官员,能有几人?大家

武在事，当能几人，因隙构薄[4]，图相危害，岂有福哉？”遂两释之，使之从厚。

都因为一点矛盾就相互攻讦，企图加害对方，这怎么会有福运呢？”于是他从中对双方加以劝释调解，使他们彼此厚待对方。

今注 **1** 书艺：指书传、六艺等典籍。 **2** 条书：指临时的条例、法规，不是正式的法律规定。 **3** 错意：指掺杂个人的意图。错，通“措”。 **4** 构薄：构嫌、结怨。

裴注 ［**1**］《吴书》曰：“和少岐嶷有智意，故权尤爱幸，常在左右，衣服礼秩、雕玩珍异之赐，诸子莫得比焉。好文学，善骑射，承师涉学，精识聪敏，尊敬师傅，爱好人物。颖等每朝见进贺，和常降意，欢以待之。讲校经义，综察是非，及访諮朝臣，考绩行能，以知优劣，各有条贯。后诸葛丰伪叛以诱魏将诸葛诞，权潜军待之。和以权暴露外次，又战者凶事，常忧劳憯怛，不复会同饮食。数上谏，戒令持重，务在全胜，权还，然后敢安。张纯字元基，敦之子。”《吴录》曰：“纯少厉操行，学博才秀，切问捷对，容止可观。拜郎中，补广德令，治有异绩，擢为太子辅义都尉。”

常言：“当世士人宜讲修术学，校习射御，以周世务，而但交游博弈[1]以妨事业，非进取之谓。”后群寮侍宴，言及博弈，以为：“妨事费日而无益于用，劳精损思而终无所成，非所以进德修业，积

孙和曾说：“当世的士人应当用心钻研学问，熟习射箭骑马之术，才能胜任当世事务，如果只知道交游下棋这些妨碍事业的事情，不能称之为进取。”后来群臣出席他的宴会，言谈中说到下棋，孙和认为：“下棋只能妨碍事务、浪费时间，毫无用处，不仅损耗精神思虑，而且最终一无所获，不是用

累功绪者也。且志士爱日惜力，君子慕其大者，高山景行，耻非其次。夫以天地长久，而人居其间，有白驹过隙[2]之喻，年齿一暮，荣华[3]不再。凡所患者，在于人情所不能绝，诚能绝无益之欲以奉德义之涂，弃不急之务以修功业之基，其于名行，岂不善哉？夫人情犹不能无嬉娱，嬉娱之好，亦在于饮宴琴书射御之间，何必博弈，然后为欢？”乃命侍坐者八人，各著论以矫之。于是中庶子韦曜退而论奏，和以示宾客。时蔡颖好弈，直事在署者颇斆[4]焉，故以此讽之。

来进德修业、积累功绩的事啊。况且有志的君子爱惜光阴和精力，力求成就像高山大道一样的崇高事业，耻于追逐除此以外的东西。天地长久永恒，而人处其间，有如白驹过隙一般，年华很快衰老，青春一去不返。举凡人生所忧患者，就在于人的欲望所不能抛弃的东西，如果真能杜绝无益的欲念来遵循道义，舍弃不必要的事务来夯实功业的根基，这对于名声品行的修养，岂不是很好吗？人的欲望固然不能没有嬉戏娱乐，但嬉戏娱乐的爱好，也应在饮宴琴书骑射之中选择，何必非得下棋才能感到快乐呢？”他便命令陪坐者中的八个人，分别写出批判下棋的论文来矫正时弊。于是中庶子韦曜退席后写了一篇论文奏上，孙和将文章展示给宾客传阅。当时蔡颖喜欢下棋，官署不少同僚都效仿蔡颖，所以孙和用这个方法来劝告他。

今注　1 博弈：指下围棋。　2 白驹过隙：出自《庄子·知北游》：“人生天地之间，若白驹之过郤，忽然而已。”形容光阴过得很快。　3 荣华：这里指韶华、青春。　4 斆（xiào）：指效仿。

是后王夫人与全公主隙。权尝寝疾，和祠祭于庙。和妃叔父张休居近庙，邀和过所居。全公主使人觇视[1]，因言太子不在庙中，专就妃家计议；又言王夫人见上寝疾，有喜色。权由是发怒，夫人忧死。而和宠稍损，惧于废黜，鲁王霸觊觎滋甚。陆逊、吾粲、顾谭等数陈適庶[2]之义，理不可夺，全寄、杨竺为鲁王霸支党，谮诉[3]日兴。粲遂下狱诛，谭徙交州。权沈吟[4]者历年〔1〕，后遂幽闭和。于是骠骑将军朱据、尚书仆射屈晃率诸将吏泥头[5]自缚，连日诣阙请和。权登白爵观[6]见，甚恶之，敕据、晃等无事忿忿[7]。权欲废和立亮，无难督陈正、五营督陈象上书，称引晋献公杀申生、立奚

后来，王夫人与全公主有矛盾。孙权曾经患病卧床，孙和就代为到太庙主持祭祀。孙和妃子的叔父张休住所离太庙很近，就邀请孙和到他家中去。全公主派人跟踪窥视，借机向孙权进谗言，说太子不在太庙之中，而专程前往妃子家去谋划事情；又说王夫人看到皇上病重，脸上露出高兴的神色。孙权因此大怒，王夫人忧惧而死。而孙和所受的宠信日渐减少，担心自己遭到废黜，鲁王孙霸图谋太子之位的欲望更为强烈。陆逊、吾粲、顾谭等多次向孙权陈述区分嫡庶的道理，指出太子之位按理不能褫夺；全寄、杨竺是鲁王孙霸的党羽，他们天天在孙权面前谗毁太子。吾粲最后被关进监狱处死，顾谭则被流放交州。孙权犹豫了几年之后，终于将孙和幽禁起来。于是骠骑将军朱据、尚书仆射屈晃率领一众将领官吏顿首至地，将自己捆绑起来，连日到宫门外为孙和求情。孙权登上白雀观观望，对此大为反感，下诏斥责朱据、屈晃等人无理而论争。孙权打算废黜孙和，改立孙亮为太子，无难督陈正、五营督陈象上奏，引述晋献公杀申生、立奚齐，导致晋国大乱之事进行劝谏，而朱

齐[8],晋国扰乱,又据、晃固谏不止。权大怒,族诛正、象,据、晃牵入殿,杖一百[2],竟徙和于故鄣,群司坐谏诛放者十数。众咸冤之[3]。

据、屈晃也始终劝谏不止。孙权大怒,将陈正、陈象灭族,又将朱据、屈晃拉到大殿上各杖击一百,最后将孙和流放到故鄣,群臣中因为劝谏而遭到诛杀和流放的多达数十人。百姓们都为他们感到冤屈。

今注 **1** 觇(chān)视:指窥探。 **2** 適庶:即“嫡庶”。適,通“嫡”。 **3** 谮(zèn)诉:指诽谤、诬告。 **4** 沈(chén)吟:指犹豫、迟疑。沈,同“沉”。 **5** 泥头:又作“泥首”,指在头上抹泥,以自辱的方式表示请罪。后指顿首至地。 **6** 白爵观:即“白雀观”,皇宫内建筑名。 **7** 忩忩(cōng):纷争貌。 **8** 晋献公杀申生、立奚齐:据《左传》记载,晋献公受到宠妃骊姬的挑拨,欲废黜太子申生,而申生因受到骊姬的陷害被迫自杀,晋献公改立骊姬之子奚齐。晋献公死后,晋国诸公子争夺君位,晋国陷入内乱。

裴注 [**1**] 殷基《通语》曰:“初,权既立和为太子,而封霸为鲁王。初拜,犹同宫室,礼秩未分。群公之议,以为太子、国王上下有序,礼秩宜异,于是分宫别僚,而隙端开矣。自侍御宾客造为二端,仇党疑贰,滋延大臣。丞相陆逊、大将军诸葛恪、太常顾谭、骠骑将军朱据、会稽太守滕胤、大都督施绩、尚书丁密等奉礼而行,宗事太子;骠骑将军步骘、镇南将军吕岱、大司马全琮、左将军吕据、中书令孙弘等附鲁王,中外官僚、将军大臣举国中分。权患之,谓侍中孙峻曰:‘子弟不睦,臣下分部,将有袁氏之败,为天下笑。一人立者,安得不乱?’于是有改嗣之规矣。”臣松之以为,袁绍、刘表谓尚、琮为贤,本有传后之意,异于孙权既以立和而复宠霸,坐生乱阶,自构家祸,方之袁、刘,昏悖甚矣。步骘以德度著称,为吴良臣,而阿附于霸,事同杨竺,何哉?和既正位,適庶分定,就使才德不殊,犹将义不党庶，况霸实无闻，而和为令嗣乎？夫邪僻之人，岂其举体无善，但一为不善，众美皆亡耳。骘若果有此事，则其余不足观矣！吕岱、全琮之徒，盖所不足论耳。 [2]《吴历》曰："晃入，口谏曰：'太子仁明，显闻四海。今三方鼎跱，实不宜摇动太子，以生众心。愿陛下少垂圣虑，老臣虽死，犹生之年。'叩头流血，辞气不挠。权不纳晃言，斥还田里。孙晧即位，诏曰：'故仆射屈晃，志匡社稷，忠谏亡身。封晃子绪为东阳亭侯，弟幹、恭为立义都尉。'绪后亦至尚书仆射。晃，汝南人，见胡冲《答问》。"《吴书》曰："张纯亦尽言极谏，权幽之，遂弃市。" [3]《吴书》曰："权寝疾，意颇感寤，欲征和还立之，全公主及孙峻、孙弘等固争之，乃止。"

太元二年正月，封和为南阳王，遣之长沙[1]。四月，权薨，诸葛恪秉政。恪即和妃张之舅也。妃使黄门陈迁之建业上疏中宫，并致问于恪。临去，恪谓迁曰："为我达妃，期当使胜他人。"此言颇泄。又恪有徙都意，使治武昌宫，民间或言欲迎和。及恪被诛，孙峻因此夺和玺绶，徙新都，又遣使者赐死。和与妃张辞别，张曰："吉凶当相随，终不独生活也。"亦自杀，举邦伤焉。

太元二年(252)正月，孙权改封孙和为南阳王，将他遣送到长沙。当年四月，孙权去世，诸葛恪执掌朝政。诸葛恪是孙和之妃张氏的舅舅。张妃派黄门陈迁前往建业向皇后上疏，并顺便去问候诸葛恪。陈迁离开建业时，诸葛恪对他说："替我转告张妃，到时一定会让她超过别人。"但这番话泄露出去传开了。而且诸葛恪有迁都的想法，派人修整武昌的宫殿，民间又有人传言他想迎立孙和。到诸葛恪被诛杀的时候，孙峻因为这件事剥夺了孙和的印玺绶带，将他流放到新都，又派使者去赐死了他。孙和与张氏告别的时候，张氏说："无论吉凶我都跟随你，必定不会一人独活在世上。"于是也自杀，举国上下都为他们

孙休立，封和子皓为乌程侯，自新都之本国。休薨，皓即阼，其年追谥父和曰文皇帝，改葬明陵，置园邑[1]二百家，令、丞奉守。后年正月，又分吴郡、丹阳九县为吴兴郡，治乌程，置太守，四时奉祠。有司奏言，宜立庙京邑。宝鼎二年七月，使守大匠薛珝营立寝堂[2]，号曰清庙[3]。十二月，遣守丞相孟仁、太常姚信等备官僚中军步骑二千人，以灵舆法驾[4]，东迎神于明陵。皓引见仁，亲拜送于庭[2]。灵舆当至，使丞相陆凯奉三牲[5]祭于近郊，皓于金城[6]外露宿。明日，望拜于东门之外。其翌日，拜庙荐祭，歔欷[7]悲感。比七日三祭，倡技[8]昼夜娱乐。有司奏言"祭不欲数，数则黩[9]，宜以礼断情"，然后止[3]。

感到悲伤。

孙休即位后，册封孙和的儿子孙皓为乌程侯，让他从新都迁往封邑乌程。孙休去世后，孙皓继承皇位，当年追谥父亲孙和为"文皇帝"，改葬明陵，设置守陵人二百户，又专门设置令、丞守陵。后年正月，又分拆出吴郡、丹阳郡的九个县为吴兴郡，治所在乌程，设置太守，四季按时祭祀。有关官员上奏说，应在京都为孙和立庙。宝鼎二年(267)七月，孙皓命令将作大匠薛珝营建寝堂，命名为"清庙"。十二月，又派遣丞相孟仁、太常姚信等人率领官员及中军步、骑兵两千人，用灵车法驾东往明陵迎接孙和的神位。孙皓亲自召见孟仁，在庭下拜送。灵车即将抵达京城时，又派丞相陆凯敬奉三牲在近郊祭祀迎请，孙皓则在金城外露宿。第二天，在东门之外遥遥地拜迎灵车。第三天，又在清庙拜谒神位，荐牲祭祀，唏嘘悲泣，感恸至深。至第七天时已经祭祀三次，倡伎日夜不停地奏乐歌舞。直到相关官员上奏说"祭祀不可太多，过多就显得不庄重了，应按照礼制来抑制思念之情"，祭祀这才中止。

今注　1 园邑:指为守护陵园而设置的县邑。　2 寝堂:古代帝王陵墓的正殿。　3 清庙:即太庙,古代祭祀帝王的宗庙。　4 灵舆法驾:专门迎接天子灵位的车驾。　5 三牲:即牛、羊、猪,又称太牢,古代祭祀规格最高的祭品。　6 金城:三国时期城名,相传为孙权所筑,位于今江苏南京东北长江南岸。　7 歔欷:同"嘘唏",指哽咽抽泣。　8 倡技:同"倡伎"。指奏乐歌舞的艺人。　9 騃:轻慢,不庄重。

裴注　[1]《吴书》曰:"和之长沙,行过芜湖,有鹊巢于帆樯,故官寮闻之皆忧惨,以为樯末倾危,非久安之象。或言'《鹊巢》之诗有"积行累功以致爵位"之言,今王至德茂行,复受国土,傥神灵以此告寤人意乎?'"[2]《吴书》曰:"比仁还,中使手诏,日夜相继,奉问神灵起居动止。巫觋言见和被服,颜色如平日,晧悲喜涕泪,悉召公卿尚书,诣阙门下受赐。"[3]《吴历》曰:"和四子:晧、德、谦、俊。孙休即位,封德钱塘侯,谦永安侯,俊拜骑都尉。晧在武昌,吴兴施但因民之不堪命,聚万余人劫谦,将至秣陵,欲立之。未至三十里,住择吉日,但遣使以谦命诏丁固、诸葛靓。靓即斩其使。但遂前到九里,固、靓出击,大破之。但兵裸身无铠甲,临阵皆披散。谦独坐车中,遂生获之。固不敢杀,以状告晧,晧鸩之,母子皆死。俊,张承外孙,聪明辨惠,为远近所称,晧又杀之。"

孙霸

原文

孙霸,字子威,和同母弟也。和为太子,霸为鲁王,宠爱崇特,与和无殊。顷之,和、霸不穆[1]

译文

孙霸,字子威,是孙和的同母弟。孙和做太子时,孙霸被封为鲁王,他所受的宠爱与厚待,与孙和没有两样。不久,孙和、孙霸不和的消息传到孙权的耳朵

之声闻于权耳，权禁断往来，假以精学。督军使者羊衜上疏曰：“臣闻古之有天下者，皆先显别適庶，封建子弟，所以尊重祖宗，为国藩表也。二宫拜授，海内称宜，斯乃大吴兴隆之基。顷闻二宫并绝宾客，远近悚然[2]，大小失望。窃从下风，听采众论，咸谓二宫智达英茂，自正名建号，于今三年，德行内著，美称外昭，西北[3]二隅，久所服闻。谓陛下当副顺[4]遐迩[5]所以归德，勤命二宫宾延四远[6]，使异国闻声，思为臣妾。

里，孙权便禁止他们与外界往来，以此让他们专心学习。督军使者羊衜上疏说：“臣听说古代君临天下的帝王，都是先明确区别嫡庶，分封子弟的封地，以此让他们既能尊崇祖先，又能成为国家藩屏。如今二宫所获封的名号，天下人都认为是合乎其宜的，这也是我大吴兴隆的根基。但近来听说二宫一同被禁绝与宾客来往，大家都觉得诧异，大小官员均感失望。我私下里打听下边大家讨论的意见，普遍认为二宫智慧通达，能力超群出众，从他们确立名分称号以来，至今已经有三年，他们的德行和美名蜚声内外，就连蜀国、魏国两地，也早已敬服他们的名望。大家都认为陛下应当顺应远近之人归顺仁德的企盼，让二宫尽可能延请四方宾客，使别国听到他们的声名后，都愿意前来成为他们的臣仆。

今注　1 不穆：不和睦。　2 悚然：惊讶，害怕。　3 西北：指西边的蜀汉和北边的魏国。　4 副顺：顺应。　5 遐迩：远近。　6 宾延四远：指用宾礼接待四方远道而来之人。

“今既未垂意于此，而发明诏，省夺备卫，抑

“如今您既未在这方面多加注意，反而颁布诏令，减少他们的侍从护卫，

绝宾客，使四方礼敬，不复得通。虽实陛下敦尚古义，欲令二宫专志于学，不复顾虑观听小宜，期于温故博物而已，然非臣下倾企[1]喁喁之至愿也。或谓二宫不遵典式，此臣所以寝息不宁。就如所嫌，犹宜补察，密加斟酌，不使远近得容异言。臣惧积疑成谤，久将宣流[2]，而西北二隅，去国不远，异同之语，易以闻达。闻达之日，声论当兴，将谓二宫有不顺之愆[3]，不审陛下何以解之？若无以解异国，则亦无以释境内。境内守疑，异国兴谤，非所以育巍巍、镇社稷也。愿陛下早发优诏，使二宫周旋[4]礼命如初，则天清地晏，万国幸甚矣。”

杜绝他们与宾客来往，使四方臣民的敬意不能与二宫相通。虽说是陛下崇尚古代的道义，想让二宫专心向学，不让他们在这类耳目小事上花费心思，期望他们温故知新、博闻强记，但这并非群臣翘首企盼的最大心愿。有人说二宫不遵循典章制度，这正是臣所以坐立不安的原因。即使实际情况像人们所猜疑的那样，也应及时查明补救，细致斟酌，不应让大家都听到如此的谣言。臣担心人们的猜疑日益积累，就会发展成毁谤，久而久之流散四方，而蜀、魏两地，离我国不远，流言蜚语很容易传过去。流言传过去的时候，必定会产生各种议论，将认为二宫有不顺从的过失，不知陛下到时将作何解释？如果无法向别国解释，也就无法令国人释疑。国人心存疑虑，异国借机诽谤，这必定无法成就巍巍大业，镇守江山社稷。希望陛下早日发布诏令，让太子与鲁王像过去一样依照礼制与宾朋交往，这样才能让天下安宁、万国有幸啊。”

今注 1 倾企：仰慕，盼望。 2 宣流：宣扬流布。 3 愆(qiān)：过失。 4 周旋：这里指与人交往。

时，全寄、吴安、孙奇、杨竺等阴共附霸，图危太子。谮毁既行，太子以败，霸亦赐死。流竺尸于江，兄穆以数谏戒竺，得免大辟[1]，犹徙南州。霸赐死后，又诛寄、安、奇等，咸以党霸构和故也。霸二子，基、壹。五凤中，封基为吴侯，壹宛陵侯。基侍孙亮在内，太平二年，盗乘御马，收付狱。亮问侍中刁玄曰："盗乘御马罪云何？"玄对曰："科[2]应死。然鲁王早终，惟陛下哀原之。"亮曰："法者，天下所共，何得阿[3]以亲亲故邪？当思惟可以释此者，奈何以情相迫乎？"玄曰："旧赦有大小，或天下，亦有千里、五百里赦，随意所及。"亮曰："解人不当尔邪！"乃赦宫中，基以得免。孙晧即位，追和、霸

当时，全寄、吴安、孙奇、杨竺等人暗中都依附于孙霸，企图谋害太子。他们诬陷诽谤，导致太子被废黜，孙霸最后也被赐死。杨竺被处死后，尸体扔到长江里，他的哥哥杨穆则因多次谏诫他，因而得以免于死刑，但还是被流放到南方去。孙霸被赐死后，全寄、吴安、孙奇等人均被诛杀，都是因为结党孙霸、陷害孙和而招致的罪责。孙霸有两个儿子，分别是孙基、孙壹。五凤年间，孙基被封为吴侯，孙壹被封为宛陵侯。孙基在宫中侍奉孙亮，太平二年(257)，因盗乘御马，被收捕入狱。孙亮问侍中刁玄说："盗乘御马应当定什么罪？"刁玄回答说："依法应定死罪。但是鲁王死得早，希望陛下能哀悯宽恕孙基的罪过。"孙亮说："法律是天下人所共同遵守的，怎能为了亲人而徇私呢？应当考虑一个可以让他免罪的办法，怎么能以亲情相逼呢？"刁玄说："从前有大大小小各种赦免罪行的方式，或即普天之下的大赦，也有千里、五百里范围的赦免，全凭君主的意向而定。"孙亮说："善解人意的难道不是你吗！"于是下令赦免宫廷内犯罪之人，孙基也因此得以免死。孙晧即位后，追究孙和与孙

旧隙，削基、壹爵土，与祖母谢姬俱徙会稽乌伤县[4]。

霸的旧怨，削除了孙基、孙壹的爵位和封地，将他们同祖母谢姬一起流放到会稽郡乌伤县。

今注 1 大辟：即死刑。 2 科：法律、条例，这里指依照法律。 3 阿：这里指徇私，偏袒。 4 乌伤县：位于今浙江义乌。

孙奋

原文

孙奋，字子扬，霸弟也，母曰仲姬。太元二年，立为齐王，居武昌。权薨，太傅诸葛恪不欲诸王处江滨兵马之地，徙奋于豫章。奋怒，不从命，又数越法度。恪上笺谏曰："帝王之尊，与天同位，是以家天下，臣父兄，四海之内，皆为臣妾。仇雠[1]有善，不得不举；亲戚有恶，不得不诛。所以承天理物，先国后身，盖圣人立制，百代不易之道也。

"昔汉初兴，多王[2]子

译文

孙奋，字子扬，是孙霸的弟弟，他的母亲叫仲姬。太元二年(252)，孙奋被册立为齐王，居住在武昌。孙权去世后，太傅诸葛恪不愿意让诸王占据长江沿岸的军事要地，便将孙奋迁移到豫章郡。孙奋十分恼怒，不服从命令，又多次违反法度。诸葛恪上笺劝谏说："帝王之尊贵，与上天的地位一样，所以帝王以天下为家，以父兄为臣，四海之内，都是帝王的臣仆。即使是仇人，有善行也不能不任用；即使是亲人，有恶行也不能不诛灭。这是帝王用以承受天命、治理万物，以国家为先、己身为后的原则，也可以说是圣人制定法度，而百世不变的道理。

"当年汉朝初兴之际，把许多皇室

弟，至于太强，辄为不轨，上则几危社稷，下则骨肉相残，其后惩戒，以为大讳。自光武以来，诸王有制，惟得自娱于宫内，不得临民[3]，干与[4]政事，其与交通，皆有重禁，遂以全安，各保福祚。此则前世得失之验也。近袁绍、刘表各有国土，土地非狭，人众非弱，以適庶不分，遂灭其宗祀。此乃天下愚智所共嗟痛[5]。

子弟册封为藩王，导致后来他们的势力太过强大，动不动就做出些不轨的行为，上则几乎危害社稷，下则骨肉相残，后世无不引以为戒，认为这是最为让人忌讳的事情。自光武帝以来，对诸王作了规定，只允许在自己的宫中娱乐，不得管理百姓，干预政事，与他们交往的人员，也都有严格限制，于是大家相安无事，各保福运。这便是前代得失成败的经验。近代的袁绍、刘表都各自占有不小的地盘，手下的兵力也不少，只是因为没有区分好嫡庶，便导致了宗庙祭祀的断绝。这是天下贤愚之士都叹息悲痛的事。

今注　**1** 仇雠(chóu)：即仇敌。　**2** 王(wàng)：指封为王爵。　**3** 临民：指治理百姓。　**4** 干与：即“干预”。与，通“预”。　**5** 嗟(jiē)痛：叹息悲痛。

“大行皇帝览古戒今，防芽遏萌，虑于千载。是以寝疾之日，分遣诸王，各早就国，诏策殷勤，科禁严峻，其所戒敕，无所不至，诚欲上安宗庙，下全诸王，使百世相承，无凶国害家之悔

“先帝阅览古事，以之为诫，想要把事态控制在萌芽的阶段，把诸王的问题作为千年大计来考虑。所以他卧病不起的时候，就命令诸王尽早返回自己的封国，他的诏令策命言辞恳切，下达的禁令十分严峻，诏书里的要求可以说无所不至，确实是想要保证宗庙和诸王上下相安，使皇室血脉百代传承，消除贻害国家

也。大王宜上惟太伯[1]顺父之志，中念河间献王[2]、东海王疆[3]恭敬之节，下当裁抑骄恣荒乱，以为警戒。而闻顷至武昌以来，多违诏敕，不拘制度，擅发诸将兵治护[4]宫室。又左右常从有罪过者，当以表闻，公付有司，而擅私杀，事不明白。大司马吕岱亲受先帝诏敕，辅导大王，既不承用其言，令怀忧怖。华锜先帝近臣，忠良正直，其所陈道，当纳用之，而闻怒锜，有收缚之语。又中书杨融，亲受诏敕，所当恭肃，云'正自不听禁[5]，当如我何'，闻此之日，大小惊怪，莫不寒心。

的后患。大王您应当考虑古代有太伯顺从父亲意愿的故事，近代有河间献王刘德、东海王刘疆恭敬从命的节操，以抑制自己骄狂专横、荒谬错乱的行为，以此作为警戒。我听说大王不久前来到武昌之后，多次违背诏令，不遵法度，擅自调动官兵修整自己的宫室。而且您的身边经常跟随着有犯罪前科之人，对那些人本应当上表呈报，交付有关官员公开处理，而您却擅自把他们私下杀掉，使得案情不明不白。大司马吕岱亲受先帝的遗诏，负责辅导大王，而您却不采纳他的建议，令他心怀不安。华锜是先帝的亲近大臣，忠良正直，他所陈述的建议，您应当予以采纳，然而您听后却对华锜大发雷霆，甚至说出了要抓捕他的话。此外，中书杨融，也亲受皇上的诏令，您也应当对他恭谨尊敬，却说'我就是不按规矩来，你能把我怎样'这样的话，听到这番话的时候，群臣无不感到惊讶和寒心。

今注 1 太伯：即吴太伯，是周代先王古公亶父的长子，因为父亲想要传位于其弟季历及季历之子姬昌(周文王)，所以他避让到江东，立国"勾吴"。 2 河间献王：指汉景帝之子刘德。他倾尽毕生之力从事古籍保护和整理工作，始终未曾卷入政治斗争的旋涡之中。 3 东海王疆：指汉光武帝长子刘彊。建武二年(26)被册立为太子,建武十七年(41)其母郭皇后被废黜后,主动辞去太子之位,退居藩王,因而得以善终。　4 治护:整治修缮。　5 听禁:遵从禁令。

"里语[1]曰:'明镜所以昭形,古事所以知今。'大王宜深以鲁王为戒,改易其行,战战兢兢,尽敬朝廷,如此则无求不得。若弃忘先帝法教,怀轻慢之心,臣下宁负大王,不敢负先帝遗诏,宁为大王所怨疾,岂敢忘尊主之威,而令诏敕不行于藩臣邪?此古今正义,大王所照知也。夫福来有由,祸来有渐,渐生不忧,将不可悔。向使鲁王早纳忠直之言,怀惊惧之虑,享祚无穷,岂有灭亡之祸哉?夫良药苦口,惟疾者能甘之;忠言逆耳,惟达者能受之。今者恪等慺慺[2]欲为大王除危殆于萌芽,广福庆之基原,是以不自知言至,愿蒙三思。"

"俗话说:'明镜可以照出相貌,历史可以鉴戒今人。'大王应当深深以鲁王为戒,改变自己的行为,谨慎小心,对朝廷毕恭毕敬,只有这样您的诉求才能得以实现。如果遗弃了先帝的法令教诲,滋生轻慢的想法,那么臣宁肯辜负大王,也不敢辜负先帝的遗诏,哪怕是受到大王的怨恨,又怎么敢忘记尊主的威严,导致诏令在藩臣中不能施行呢?这是古往今来的正义,也是大王所知晓的道理。福事的来临有本有源,灾祸的到来也是逐渐发生的,如果在灾祸逐渐发展的过程中不加以忧虑,将来的后果必定是无法反悔的。假如鲁王一早能够采纳忠直之言,心怀忧虑,他一定能享受无穷的福运,怎么会招致灭亡之祸呢?良药苦口,只有患病者才能感受到它的甘甜;忠言逆耳,只有通达事理者才能够接受。今天臣诸葛恪等人勤恳恭谨地想为大王消除萌芽之中的危险,为您打好享受福运的基础,所以不自觉地把话说到了极致,希望您能三思。"

今注 1 里语：即"俚语"，即俗话、民谚。 2 慺慺(lóu)：勤恳、恭谨貌。

奋得笺惧，遂移南昌，游猎弥甚，官属不堪命。及恪诛，奋下住芜湖，欲至建业观变。傅相谢慈等谏奋，奋杀之[1]。坐废为庶人，徙章安县。太平三年，封为章安侯[2]。建衡二年，孙晧左夫人王氏卒。晧哀念过甚，朝夕哭临，数月不出。由是民间或谓晧死，讹言[1]奋与上虞侯奉当有立者。奋母仲姬墓在豫章，豫章太守张俊疑其或然[2]，扫除坟茔。晧闻之，车裂[3]俊，夷三族，诛奋及其五子，国除[3]。

孙奋收到诸葛恪的笺书后，十分恐惧，于是移居南昌，但他游玩狩猎更为频繁，下属官员都无法忍受他的命令差遣。到诸葛恪被诛之后，孙奋移住下游的芜湖，企图观望建业事态的变化。他手下的太傅、国相谢慈等人劝谏孙奋，孙奋却杀了他们。孙奋因此被判罪废为平民，流放到章安县。太平三年(258)，被封为章安侯。建衡二年(270)，孙晧左夫人王氏去世。孙晧哀伤思念过度，日夜对着灵柩哭泣，一连数月都不出门。于是民间有人谣传孙晧已死，又说孙奋与上虞侯孙奉必有一人会成为皇帝。孙奋的母亲仲姬的坟墓在豫章，豫章太守张俊猜测此事或许为真，便前往祭扫她的坟茔。孙晧听闻之后，将张俊车裂并夷灭三族，又将孙奋和他的五个儿子全部诛杀，取消了他的封邑。

1 讹(é)言：即谣传。 2 或然：可能如此。 3 车裂：古代的一种酷刑，把人的头和四肢分别绑在五辆车上，将人撕裂致死。

裴注 [1] 慈字孝宗，彭城人，见《礼论》。撰《丧服图》及《变除》行于世。 [2]《江表传》载亮诏曰："齐王奋前坐杀吏，废为庶人，连有赦令，独不见原，纵未宜复王，何以不侯？又诸孙兄弟作将，列在江渚，孤有兄，独尔云何？”有司奏可，就拜为侯。　[3]《江表传》曰：“豫章吏十人乞代俊死，皓不听。奋以此见疑，本在章安，徙还吴城禁锢，使男女不得通婚，或年三十、四十不得嫁娶。奋上表乞自比禽兽，使男女自相配偶。皓大怒，遣察战赍药赐奋，奋不受药，叩头千下，曰：‘老臣自将儿子治生求活，无豫国事，乞丐余年。’皓不听，父子皆饮药死。”臣松之案：建衡二年至奋之死，孙皓即位，尚犹未久。若奋未被疑之前，儿女年二十左右，至奋死时，不得年三十、四十也。若先已长大，自失时未婚娶，则不由皓之禁锢矣。此虽欲增皓之恶，然非实理。

评曰：孙登居心[1]所存，足为茂美之德。虑、和并有好善之姿，规自砥砺，或短命早终，或不得其死，哀哉！霸以庶干適，奋不遵轨度，固取危亡之道也。然奋之诛夷，横遇飞祸矣。

评论说：孙登宅心仁厚，堪称德行丰美。孙虑、孙和都是一心向善，能够自我勉励规诫，但他们一个英年早逝，一个死于非命，实在令人感到哀伤！孙霸以其庶子身份窥视太子之位，孙奋不按照规矩法度行事，这些都是自取灭亡的做法。只不过孙奋遭到诛灭，其实是遭遇了飞来横祸而已。

今注　1 居心：指用心、仁心，这里为褒义。

卷六十　吴书十五

贺全吕周钟离传

导读　本卷是贺齐、全琮、吕岱、周鲂、钟离牧五人的合传，这五人都因平定山越以及地方民众的叛乱而立功，被认为具有安邦治国、绥靖一方的才能。山越是三国时期活跃于长江以南扬州诸郡县的武装集团，其成分既包括南方越人后裔的诸民族，也包括汉末大乱以来占山为王、不服从朝廷管辖的山贼。山越是孙吴前期较为活跃的地方势力，孙吴政权的后方屡屡受其侵扰，经过数十年的征讨，大部分山越势力被平定，迁至平原地区成为编户，并作为吴国军力的补充来源。本卷所记载的五名传主，就是吴国平定山越的代表人物。贺齐早年担任地方郡吏、县长，因为成功抵御了当地山越的进攻而出名，后来归附孙氏，多次平定会稽、丹阳（杨）、吴郡、豫章等地的山越及地方豪族叛乱，在与曹魏的交战中也屡获战功。全琮随父亲归附孙氏，以奋威校尉起家，平定山越有功，后因与魏国交战立下军功加官晋爵，又因娶孙权之女公主孙鲁班为妻，受到孙权亲近，其家族子弟同时受宠显贵。全琮死后，其子全怿及宗族与掌权的孙綝交恶，于是叛逃魏国。吕岱以吴郡郡丞起家，因处事才能受孙权赏识，先后平定会稽、东冶、长沙等地的叛乱，后出任交州刺史，平定士徽一族，控制岭南，为孙吴稳定南方起到了很大作用。周鲂县官出身，因平定彭式、彭绮等盗贼叛乱有功，被任命为鄱阳太守，后利用诈降之计成功诱骗魏国大司马曹休，帮助吴军在石亭之战中击溃魏军。钟离牧为人宽厚，有长者之风，后担任将领，讨平山越，安定五溪夷族，深得官民爱戴。

贺齐

原文

贺齐，字公苗，会稽山阴[1]人也[1]。少为郡吏，守剡[2]长。县吏斯从轻侠为奸，齐欲治之，主簿谏曰："从，县大族，山越所附，今日治之，明日寇至。"齐闻大怒，便立斩从。从族党遂相纠合，众千余人，举兵攻县。齐率吏民，开城门突击，大破之，威震山越。

译文

贺齐，字公苗，会稽郡山阴县人。他年轻时在郡府担任小官，后来曾出任剡县县长。县吏中有个叫斯从的人，为人轻薄放荡，为非作歹，贺齐想要惩治他，但县主簿劝他说："斯从这人，乃是郯县的豪门大族，山越人都归附他，如果您今天处治了他，明天山贼就会报复的。"贺齐闻言大怒，当即就斩杀了斯从。斯从的族人党羽纷纷纠集起来，集合了一千多人，起兵攻打县城。贺齐则率领县中官兵百姓，打开城门发动突击，一举击溃敌人，从此贺齐的名声威震山越。

今注 **1** 山阴：秦汉时期县名，属会稽郡，位于今浙江绍兴。 **2** 剡(shàn)：秦汉时期县名，属会稽郡，位于今浙江嵊州。

裴注 [**1**] 虞预《晋书》曰："贺氏本姓庆氏。齐伯父纯，儒学有重名，汉安帝时为侍中、江夏太守，去官，与江夏黄琼、广汉杨厚俱公车征。避安帝父孝德皇讳，改为贺氏。齐父辅，永宁长。"

后太末、丰浦[1]民反，转守太末长，诛恶养善，期月[2]尽平。建安元

后来太末、丰浦县的百姓造反，贺齐转任太末县长，诛杀恶徒，保护良民，一个月便平定了动乱。建安元年(196)，孙

年，孙策临郡，察齐孝廉。时王朗奔东冶[3]，候官长商升为朗起兵。策遣永宁[4]长韩晏领南部都尉[5]，将兵讨升，以齐为永宁长。晏为升所败，齐又代晏领都尉事。升畏齐威名，遣使乞盟。齐因告喻，为陈祸福，升遂送上印绶，出舍求降。贼帅张雅、詹彊等不愿升降，反共杀升，雅称无上将军，彊称会稽太守。贼盛兵少，未足以讨，齐住军息兵。雅与女婿何雄争势两乖，齐令越人因事交构，遂至疑隙，阻兵相图。齐乃进讨，一战大破雅，彊党震惧，率众出降。

策来到会稽郡，将贺齐察举为孝廉。当时王朗逃亡到东冶，候官县长商升协助王朗起兵。孙策派永宁县长韩晏担任南部都尉，率兵讨伐商升，并以贺齐为永宁县长。韩晏被商升打败，贺齐又接替韩晏掌管都尉之职。商升因为畏惧贺齐的威名，派人前来立约求和。贺齐借机告诫商升向他陈述祸福利害的关系，商升于是走出府邸，送上印绶表示投降。叛军头领张雅、詹彊等人不愿商升投降，反而一起将商升杀死，张雅自称无上将军，詹彊则自称会稽太守。当时叛军人数众多，而贺齐手下兵员较少，不足以正面进行征讨，贺齐于是驻军暂作休息。张雅与他的女婿何雄两人互相争权夺势，关系不睦，贺齐便怂恿山越，借着一些事由使两人结怨，让他们对立猜忌，甚至举兵相向。贺齐趁机率兵进讨，一战就大破张雅，詹彊那一帮人因此震惊恐惧，率众出来投降。

今注　1 太末、丰浦：均为汉代县名，属会稽郡，大致位于今浙江衢州。　2 期(jī)月：指一整月。　3 王朗奔东冶：指建安元年(196)孙策进攻会稽，会稽太守王朗兵败逃亡交州，出海逃至东冶时被孙策追击而投降一事。　4 永宁：汉代县名，属会稽郡，位于今浙江温州。　5 南部都尉：

指会稽南部都尉，汉末郡级职官及地理区划名，管辖范围包括东冶、建平、吴兴等县，治所在东冶县。

候官既平，而建安、汉兴、南平复乱，齐进兵建安[1]，立都尉府，是岁八年也。郡发属县五千兵，各使本县长将之，皆受齐节度。贼洪明、洪进、苑御、吴免、华当等五人，率各万户，连屯汉兴，吴五[1]六千户别屯大潭，邹临六千户别屯盖竹，同出余汗。军讨汉兴，经余汗[2]。齐以为贼众兵少，深入无继，恐为所断，令松阳长丁蕃留备余汗。蕃本与齐邻城，耻见部伍[2]，辞不肯留。齐乃斩蕃，于是军中震栗，无不用命。遂分兵留备，进讨明等，连大破之。临陈斩明，其免、当、进、御皆降。转击盖竹，军向大潭，

候官县平定之后，建安、汉兴、南平又乱了起来，贺齐进军建安，设置都尉府，这一年是汉建安八年(203)。郡府征调下属各县共五千兵卒，让各县县长率领各自部队，统一归属贺齐指挥。叛贼洪明、洪进、苑御、吴免、华当等五人，各自率领所部一万户，兵营首尾相连驻扎在汉兴，吴五的六千户人马另外驻扎在大潭，邹临的六千户则另外驻扎在盖竹，与大潭的部队共同出兵余汗。贺齐军队讨伐汉兴，经过余汗。贺齐认为贼兵势众，自己军队兵力较少，一旦深入敌后恐怕无以为继，担心战线被敌人截断，便命令松阳县长丁蕃留守余汗。丁蕃原是贺齐邻县的县长，耻于成为贺齐的部下，推辞不肯留守。贺齐就斩杀了丁蕃，于是全军震惊恐惧，无人敢不服从命令。于是贺齐分兵留守余汗，自己亲率主力部队讨伐洪明等人，接连大举获胜。贺齐在阵前交战中斩杀了洪明，其余的吴免、华当、洪进、苑御纷纷向贺齐投降。贺齐转而攻打盖竹，再向大潭进军，吴五、邹

二将又降。凡讨治斩首六千级，名帅[3]尽禽。复立县邑，料[4]出兵万人，拜为平东校尉。十年，转讨上饶[5]，分以为建平县。

临二人又请求投降。在此次征讨中，贺齐军共杀敌六千人，有名的叛贼头目全部抓获。贺齐于是重新整修了县城，挑选出精兵一万人，因功升任平东校尉。建安十年(205)，贺齐又征讨上饶，分置了建平县。

今注　**1** 建安：指建安县，属会稽南部都尉，以汉献帝刘协的年号命名。位于今福建建瓯。　**2** 部伍：原指部队，这里引申为统领。　**3** 名帅：这里指出名的叛贼或地方豪族的首领。　**4** 料：指挑选、选拔，多用于兵员。　**5** 上饶：旧县名，三国吴置。位于今江西上饶。

裴注　［**1**］姓吴，名五。　［**2**］汗，音干。

十三年，迁威武中郎将，讨丹阳黟、歙[1]。时武彊、叶乡、东阳、丰浦四乡先降，齐表言以叶乡为始新县。而歙贼帅金奇万户屯安勒山，毛甘万户屯乌聊山，黟帅陈仆、祖山等二万户屯林历山。林历山四面壁立，高数十丈，径路危狭，不容刀楯[2]，贼临高下石，不可得攻。军住经日[3]，将吏患之。

建安十三年(208)，贺齐升任威武中郎将，征讨丹阳的黟县、歙县。当时武彊、叶乡、东阳、丰浦四乡已先行归降，贺齐上表请求改叶乡为始新县。而歙县贼寇首领金奇率领万户兵马屯驻在安勒山，毛甘率万户屯驻在聊山，黟县贼寇首领陈仆、祖山等率二万户屯驻在林历山。林历山四面峭壁耸立，高达几十丈，山中小路危险狭隘，无法大规模进军，而贼兵从高处砸下石块，导致贺齐军根本无法进攻。军队在山下滞留多日，官兵们都十分着急。

今注　1 黟(yī)、歙(shè)：均为秦汉时期县名，属丹阳郡，分别位于今安徽黄山黟县、歙县。　2 刀楯(dùn)：楯，同“盾”。这里“刀楯”引申指大军。　3 经日：指一连数日。

齐身出周行，观视形便[1]，阴募轻捷士，为作铁弋，密于隐险贼所不备处，以弋拓堑为缘道[2]，夜令潜上，乃多县[3]布以援下人，得上百数人，四面流布，俱鸣鼓角，齐勒兵[4]待之。贼夜闻鼓声四合，谓大军悉已得上，惊惧惑乱，不知所为，守路备险者，皆走还依众。大军因是得上，大破仆等，其余皆降，凡斩首七千[1]。齐复表分歙为新定、黎阳、休阳，并黟、歙凡六县。权遂割为新都郡[5]，齐为太守，立府于始新，加偏将军。

贺齐于是亲自外出巡行，观察便于行军的地形路势，暗中募集行动敏捷的士兵，为他们打造铁箭，悄悄在敌兵没有防备的隐秘险要之处，用铁箭凿出可以攀缘的小道，命令士兵趁夜偷偷地爬上去，从上面垂下许多布带让下边的人攀登上去，一共上去了一百来人，四下分散开来，一同擂鼓吹号，贺齐则让大部队在山下等待进攻。敌人夜间听到四面鼓角争鸣，以为贺齐的大军已全部攻上山来，吓得惊慌失措，不知如何是好，那些负责防守险要路口的人，也都逃回来依附大部队。贺齐的大军因此得以上山，大败陈仆等人，其余叛贼全部投降，总共杀敌七千人。贺齐再次上表分析歙县为新定、黎阳、休阳三县，连同黟、歙和之前的始新共六县。孙权于是将这六县设置为新都郡，任命贺齐为郡太守，治所设在始新县，又加授贺齐为偏将军。

今注　1 形便：指便于行军的地理形势。　2 缘道：指可以攀缘的路径。　3 县：同“悬”。　4 勒兵：指命令军队整装待发。　5 新都郡：治始新，位于今浙江淳安。

裴注 [1]《抱朴子》曰:“昔吴遣贺将军讨山贼,贼中有善禁者,每当交战,官军刀剑不得拔,弓弩射矢皆还自向,辄致不利。贺将军长情有思,乃曰:‘吾闻金有刃者可禁,虫有毒者可禁,其无刃之物,无毒之虫,则不可禁。彼必是能禁吾兵者也,必不能禁无刃物矣。’乃多作劲木白棓,选有力精卒五千人为先登,尽捉棓。彼山贼恃其有善禁者,了不严备。于是官军以白棓击之,彼禁者果不复行,所击杀者万计。”

十六年,吴郡余杭1民郎稚合宗起贼,复数千人,齐出讨之,即复破稚,表言分余杭为临水县[1]。被命诣所在,及当还郡,权出祖道2,作乐舞象[2],赐齐軿车3骏马。罢坐住驾,使齐就车,齐辞不敢,权使左右扶齐上车,令导吏卒兵骑,如在郡仪。权望之笑曰:“人当努力,非积行累勤,此不可得。”去百余步乃旋。

建安十六年(211),吴郡余杭县人郎稚纠集宗族发动叛乱,不久之后发展到数千人,贺齐出兵征讨,很快便大破郎稚,又上表请求从余杭县中分设临水县。后来,贺齐受命到孙权所在的地方来拜见,等到将启程返回始新郡时,孙权亲自出城为他饯行,奏乐舞象,并赐给他軿车和骏马。筵席结束后,孙权停下自己的车驾让贺齐坐上去,贺齐谢恩推辞,不敢接受,孙权便叫左右侍从将贺齐扶上车,命令仪仗队的步骑兵开道,就像自己在郡中的仪仗一样。孙权看着这场景,笑道:“人应该努力奋斗,如果没有积累勤劳和功业,是没法得到这种荣誉的。”车驾行出百余步外才转回来。

今注 1 余杭:汉代县名,位于今浙江杭州余杭区。 2 祖道:古代在城外道路边设宴为出行者饯行的仪式。 3 軿(píng)车:一种覆有帷幔的车,车舆为方形,车盖硕大呈帽状。

裴注 [1]《吴录》曰:"晋改为临安。" [2]《吴书》曰:"权谓齐曰:'今定天下,都中国,使殊俗贡珍,狡兽率舞,非君谁与?'齐曰:'殿下以神武应期,廓开王业,臣幸遭际会,得驱驰风尘之下,佐助末行,效鹰犬之用,臣之愿也。若殊俗贡珍,狡兽率舞,宜在圣德,非臣所能。'"

十八年,豫章东部民彭材、李玉、王海等起为贼乱,众万余人。齐讨平之,诛其首恶,余皆降服。拣其精健为兵,次为县户1。迁奋武将军。二十年,从权征合肥。时城中出战,徐盛被创失矛,齐引兵拒击,得盛所失[1]。二十一年,鄱阳民尤突受曹公2印绶,化民为贼,陵阳、始安、泾县皆与突相应。齐与陆逊讨破突,斩首数千,余党震服,丹阳三县皆降,料得精兵八千人。拜安东将军,封山阴侯,出镇江上,督扶州3以上至皖。

建安十八年(213),豫章郡东部百姓彭材、李玉、王海等起兵反叛,聚众达一万多人。贺齐将其讨伐平定,诛杀了他们的首领,其他贼众悉数投降。贺齐挑选了其中的精壮者补充自己的部队,稍差的就编入本县户籍安置。贺齐升任奋武将军。建安二十年(215),贺齐跟随孙权征讨合肥。城中守军出城交战时,徐盛负伤丢失了手中的长矛,贺齐便领兵出击抵御敌军,找回了徐盛的武器。建安二十一年(216),鄱阳人尤突接受曹操所赐印绶,率领当地百姓反叛,陵阳、始安、泾县等地纷纷响应尤突。贺齐与陆逊出兵征讨,击败尤突,斩杀数千人,其余贼寇震惧归降,而丹阳其余三县的寇贼也都悉数投降,贺齐又从中选出精兵八千人。贺齐被任命为安东将军,封爵山阴侯,被派往长江沿线镇守,负责扶州以上直至皖城的水域。

今注 1 县户:指编入王朝郡县户口的民户。 2 曹公:指曹操。 3 扶州:长江中沙洲名,位于今江苏南京西南。

裴注 [1]《江表传》曰:“权征合肥,还,为张辽所掩袭于津北,几至危殆。齐时率三千兵在津南迎权。权既入大船,会诸将饮宴,齐下席涕泣而言曰:‘至尊人主,常当持重。今日之事,几至祸败,群下震怖,若无天地,愿以此为终身诫。’权自前收其泪曰:‘大惭!谨以克心,非但书诸绅也。’”

黄武初,魏使曹休来伐。齐以道远后至,因住新市[1]为拒。会洞口诸军遭风流溺[2],所亡中分[3],将士失色,赖齐未济,偏军独全,诸将倚以为势。齐性奢绮,尤好军事[4],兵甲器械极为精好,所乘船雕刻丹镂[5],青盖绛襜[6],干橹[7]戈矛,葩瓜[8]文画,弓弩矢箭,咸取上材,蒙冲斗舰之属,望之若山。休等惮之,遂引军还。迁后将军,假节领徐州牧。

初,晋宗为戏口

黄武初年,魏国派曹休进攻吴国。贺齐率兵赶来,因路途遥远而晚到,便驻扎在新市抵御曹军。当时洞口诸军因遭遇大风冲击,兵卒漂流溺亡近半,将士们惊恐,而贺齐的部队幸亏尚未渡江,因而得以保全,前线诸将靠着贺齐才稳住了阵势。贺齐生性喜好奢侈华丽,尤其在军事用具方面,他手下部队的兵甲器械都做得极为漂亮精致,所乘的船只都有精细的雕刻并涂上朱漆,加以青色篷盖、红色帷幔,桅杆、桨橹及士兵的盾牌、戈矛上,都画着花卉瓜果的纹样,而弓弩、箭矢,也都是用上好的材料制作,其船队的蒙冲战舰前后相连,远远望去就像是群山连绵。曹休见状,深感畏惧,于是退兵。贺齐因而升任后将军,被授予节杖,兼领徐州牧。

将,以众叛如魏,还为蕲春太守,图袭安乐,取其保质。权以为耻忿,因军初罢,六月盛夏,出其不意,诏齐督麋芳、鲜于丹等袭蕲春,遂生虏宗。后四年卒,子达及弟景皆有令名,为佳将[1]。

起初,晋宗为戏口的守将,率领部众叛变投奔魏国,被魏国派回来担任蕲春太守,企图袭取安乐,作为投降魏国的担保。孙权对此深感羞耻愤恨,趁着晋宗的军队刚刚到达停歇下来,就在六月盛夏之际,出其不意,命令贺齐督率麋芳、鲜于丹等部袭击蕲春,生擒晋宗。四年后,贺齐去世,他的儿子贺达和弟弟贺景都有良好的声誉,是军中良将。

今注 1 新市:在今湖北京山东北。 2 流溺:指被水流冲走溺亡。 3 中分:指一半。 4 军事:这里指军械、兵器。 5 丹镂:指雕刻之后涂上红漆。 6 襜(chān):同“幨”。车帷。 7 干橹:指小盾和大盾,与下文“戈矛”合称,泛指各种武器。 8 葩瓜:指花卉和瓜果的纹饰。

裴注 [1]《会稽典录》曰:“景为灭贼校尉,御众严而有恩,兵器精饰,为当时冠绝。早卒。达颇任气,多所犯迕,故虽有征战之劳,而爵位不至。然轻财贵义,胆烈过人。子质,位至虎牙将军。景子邵,别有传。”

全琮

原文

全琮,字子璜,吴郡钱唐人也。父柔,汉灵帝时举孝廉,补尚书郎、右丞1,董卓之乱,弃官归。

译文

全琮,字子璜,吴郡钱唐县人。全琮的父亲全柔,汉灵帝时期被察举为孝廉,补任尚书郎、尚书右丞,在董卓之乱时弃官回家。州府征辟全柔为别驾从州辟别驾从事，诏书就拜会稽东部都尉。孙策到吴，柔举兵先附，策表柔为丹阳都尉。孙权为车骑将军[2]，以柔为长史，徙桂阳[3]太守。柔尝使琮赍米数千斛到吴，有所市易[4]，琮至，皆散用，空船而还。柔大怒，琮顿首曰："愚以所市非急，而士大夫方有倒县之患，故便振赡[5]，不及启报。"柔更以奇之[1]。

事，而朝廷也下诏令就地任命他为会稽郡东部都尉。孙策进军吴地后，全柔首先率领部队前去归附，孙策便上表任命他为丹阳都尉。孙权做车骑将军时，全柔被任命为长史，后来转任桂阳太守。全柔曾派全琮带着数千斛米到吴郡去做生意，但全琮到了当地之后，将这些米全部派发出去，空船而还。全柔大怒，全琮则叩头说："我自以为卖米并不是什么急事，但当地士大夫们忍饥挨饿，正遭受倒悬之苦，所以使用这些粮食来赈济他们，一时来不及向您禀报。"全柔闻言，倍感惊奇。

今注 **1** 补尚书郎、右丞：这里指先担任尚书郎，后升迁为尚书右丞，二者均为尚书省属官。尚书右丞主要负责尚书省内的纠察工作。 **2** 车骑将军：建安十四年(209)，刘备上表东汉朝廷，任命孙权为车骑将军，领徐州牧。 **3** 桂阳：汉代郡名，属荆州，汉末治所在郴县(今湖南郴州)。 **4** 市易：指销售、交易。 **5** 振赡：指赈济救助。"振"为"赈"的本字。

裴注 [1] 徐众评曰："《礼》，子事父无私财，又不敢私施，所以避尊上也。弃命专财而以邀名，未尽父子之礼。"臣松之以为，子路问"闻斯行诸"，子曰"有父兄在"。琮辄散父财，诚非子道，然士类县命，忧在朝夕，权其轻重，以先人急，斯亦冯谖市义、汲黯振救之类，全谓邀名，或负其心。

是时，中州士人避乱而南，依琮居者以百数，琮倾家给济，与共有无，遂显名远近。后权以为奋威校尉[1]，授兵数千人，使讨山越。因开募召，得精兵万余人，出屯牛渚，稍迁偏将军[2]。

建安二十四年，刘备将关羽围樊、襄阳[3]，琮上疏陈羽可讨之计，权时已与吕蒙阴议袭之，恐事泄，故寝[4]琮表不答。及禽羽，权置酒公安[5]，顾谓琮曰："君前陈此，孤虽不相答，今日之捷，抑亦君之功也。"于是封阳华亭侯。

当时，中原地区的士人为躲避战乱前来南方，投靠全琮谋生的人数以百计，全琮倾尽家产接济他们，与他们共享有无，于是全琮的声名远近皆知。后来孙权任命全琮为奋威校尉，授予数千名兵卒，让他去征讨山越。全琮因而广开招募，募得精兵一万多人，进军至牛渚驻扎，不久后升任偏将军。

建安二十四年(219)，刘备手下的将领关羽围攻樊城、襄阳，全琮上疏陈述讨伐关羽的计策，当时孙权已经在暗中与吕蒙商议如何袭击关羽，担心事情泄露，故意将全琮的表文搁置在一边，不予答复。等到擒获关羽之后，孙权在公安设置酒宴时，对全琮说："您当时陈述的计策，我虽然没有答复，但今天的胜利，也有您的功劳。"于是封全琮为阳华亭侯。

今注　1 奋威校尉：三国时期吴国武官名，位秩低于将军。　2 偏将军：三国时期武官名，在将军中地位较低，类似于副将。　3 关羽围樊、襄阳：此即建安二十四年(219)的襄樊之战。此战之中，刘备部将关羽率军围困樊城、襄阳，击溃魏将于禁，但随后吴国吕蒙等袭取荆州，导致关羽兵败被俘。　4 寝：废置。　5 公安：汉末县名，建安十四年(209)，刘备担任荆州牧时，在孱陵驻军，称左将军，取"左公安营扎寨"之意，改孱陵为公安。位于今湖北公安县。

黄武元年，魏以舟军大出洞口[1]，权使吕范督诸将拒之，军营相望。敌数以轻船钞击，琮常带甲仗兵，伺候[2]不休。顷之，敌数千人出江中，琮击破之，枭其将军尹卢。迁琮绥南将军，进封钱唐侯。四年，假节，领九江[3]太守。七年，权到皖[4]，使琮与辅国将军陆逊击曹休，破之于石亭。是时丹阳、吴、会山民复为寇贼，攻没属县，权分三郡险地为东安郡，琮领太守[1]。至，明赏罚，招诱降附，数年中，得万余人。权召琮还牛渚[5]，罢东安郡[2]。

黄武元年(222)，魏国派出水军，大举袭击洞口，孙权派遣吕范率领诸将前往抵抗，双方军营对峙相望。敌军多次派出快船前来挑战，而全琮常身着铠甲、手持兵器，保持观察戒备不得休息。不久后，敌军往江上派出数千人，全琮一举将他们击败，将其将领尹卢斩首示众。全琮于是升任绥南将军，晋封钱唐侯。黄武四年(225)，全琮被授予节杖并兼领九江太守。黄武七年(228)，孙权率兵抵达皖城，派出全琮和辅国将军陆逊一同攻打曹休，在石亭将曹休击溃。当时丹阳、吴、会稽的山民再次作乱为寇，攻陷了三郡下辖的县城，孙权于是分出三郡的险要地域设置东安郡，让全琮担任郡太守。全琮到任后，明定赏罚，招诱叛贼前来归降，数年之间就招得一万多人。事后，孙权将全琮召回牛渚，撤销了东安郡。

今注 1 洞口：又作“洞口浦”，旧说在历阳县长江沿岸(今安徽和县)，一说在京口对岸(今江苏扬州)，待考。 2 伺候：指观望、戒备。 3 九江：秦汉时期郡名，治所在寿春(今安徽寿县)。 4 皖：汉代县名，属庐江郡，位于今安徽潜山。 5 牛渚：即牛渚矶，又名采石矶，长江三矶之一，位于今安徽马鞍山西南长江东岸。为牛渚山凸出长江而成，江面较狭，形势险要。

裴注 [1]《吴录》曰:"琮时治富春。" [2]《江表传》曰:"琮还,经过钱唐,修祭坟墓,麾幢节盖,曜于旧里,请会邑人,平生知旧,宗族六亲,施散惠与,千有余万,本土以为荣。"

黄龙元年,迁卫将军、左护军、徐州牧[1],尚公主1。嘉禾二年,督步骑五万征六安2,六安民皆散走,诸将欲分兵捕之。琮曰:"夫乘危徼幸3,举不百全者,非国家大体也。今分兵捕民,得失相半,岂可谓全哉?纵有所获,犹不足以弱敌而副国望也。如或邂逅,亏损非小。与其获罪,琮宁以身受之,不敢徼4功以负国也。"

黄龙元年(229),全琮升为卫将军、左护军、徐州牧,娶公主为妻。嘉禾二年(233),全琮督率步、骑兵五万征讨六安,六安百姓纷纷逃走,诸将打算分派一部分兵力去抓捕逃亡者。全琮说:"乘人之危侥幸得利,行动不考虑周全,这不符合国家的大政方针。如今派兵去追捕百姓,得失参半,这难道算得上行事周全吗?即便抓获了一些人,也还是不足以削弱敌人,也不符合国家的预期。如果我们在这途中恰好遇敌,损失恐怕不是个小数。与其招致罪责,我全琮宁肯自己承受不出兵的责任,也不敢为了邀功而有负于国家。"

今注 1 尚公主:全琮所娶的公主,即孙权的长女孙鲁班,因而她也被称为"全公主"。 2 六(lù)安:汉代县名,属庐江郡,为郡治所。位于今安徽六安。 3 徼幸:同"侥幸"。 4 徼:同"邀"。求取。

裴注 [1]《吴书》曰:"初,琮为将甚勇决,当敌临难,奋不顾身。及作督帅,养威持重,每御军,常任计策,不营小利。《江表传》曰:"权使子登出征,已出军,次于安乐,群臣莫敢谏。琮密表曰:'古来太子未尝偏征也,故从曰抚军，守曰监国。今太子东出，非古制也，臣窃忧疑。’权即从之，命登旋军，议者咸以为琮有大臣之节也。”

赤乌九年，迁右大司马、左军师[1]。为人恭顺，善于承颜纳规，言辞未尝切迕。初，权将围珠崖及夷州[2]，皆先问琮。琮曰：“以圣朝之威，何向而不克？然殊方异域，隔绝障海，水土气毒，自古有之，兵入民出，必生疾病，转相污染[3]，往者惧不能反，所获何可多致？猥亏[4]江岸之兵，以冀万一之利，愚臣犹所不安。”权不听。军行经岁，士众疾疫死者十有八九，权深悔之。后言次及之，琮对曰：“当是时，群臣有不谏者，臣以为不忠。”琮既亲重，宗族子弟并蒙宠贵，赐累千金，然犹谦虚接士，貌无骄色。

赤乌九年(246)，全琮升任右大司马、左军师。他为人恭谨谦顺，善于顾及他人面子而进行规劝，也从不使用严辞冒犯他人。起初，孙权准备出兵攻打珠崖和夷州，都先咨询全琮的意见。全琮说：“凭借我圣朝的威势，所到之处必然攻无不克。但是异国远方，隔绝着大海的屏障，水土中含有毒气，这些自古以来就存在，我们的士兵民众进出彼处，一定会产生疾病，相互传染，前往征讨者恐怕就不能再回来，这样一来，怎么可能取得很大收获呢？大量折损长江沿线的兵力，去谋求万分之一的小利，愚臣对此深感不安。”孙权没有听从他的意见。出兵一年，兵卒感染疫病丧生者大抵十有八九，孙权大为后悔。后来谈到这件事的时候，全琮回答说：“在当时情形下，群臣中那些没有劝谏陛下的人，臣认为他们不忠诚。”全琮被孙权亲近重用后，家族子弟全都受宠显贵，全琮所受赏赐累计千金之多，然而他还是谦虚地对待士人，脸上从无骄傲的神色。赤乌十二年(249)，全琮去世，儿子全怿承继爵

十二年卒，子怿嗣。后袭业领兵，救诸葛诞[5]于寿春，出城先降，魏以为平东将军，封临湘侯。怿兄子祎、仪、静等亦降魏，皆历郡守列侯[1]。

位。后来全怿继承父业担任军将，率领军队前往寿春救援诸葛诞的时候，却率先出城投降了魏军，魏国任命他为平东将军，封爵临湘侯。全怿兄长的儿子全祎、全仪、全静等人也都投降了魏国，各自担任郡守，并封列侯。

今注　1 左军师：汉末三国时期官名，原属丞相府，参议军国大事。吴国所置左右军师不属丞相府，一般由左右大司马兼领。　2 珠崖及夷州：珠崖，即今海南岛；夷州，即今台湾岛。　3 污染：指传染、感染。　4 猥亏：指大量损失。　5 诸葛诞（？—258）：字公休，琅琊阳都人，三国时期曹魏将领，曾任魏国征东大将军、司空。因夏侯玄、邓飏被诛，内心惶恐，在寿春起兵反抗司马昭。后于甘露三年（258）兵败被杀。

裴注　［1］《吴书》曰："琮长子绪，幼知名，奉朝请，出授兵，稍迁扬武将军、牛渚督。孙亮即位，迁镇北将军。东关之役，绪与丁奉建议引兵先出，以破魏军。封一子亭侯，年四十四卒。次子寄，坐阿党鲁王霸，赐死。小子吴，孙权外孙，封都乡侯。"

吕岱

原文

吕岱，字定公，广陵海陵[1]人也，为郡县吏，避乱南渡。孙权统事，岱诣幕府，出守吴丞。权

译文

吕岱，字定公，广陵郡海陵县人，曾担任过郡县小官，为了躲避战乱南渡长江。孙权统管国事后，吕岱前来投奔孙权幕府，出任吴县丞。孙权亲自查核各

亲断诸县仓库及囚系，长丞皆见，岱处法应问，甚称权意，召署录事，出补余姚2长，召募精健，得千余人。会稽东冶五县贼吕合、秦狼等为乱，权以岱为督军校尉，与将军蒋钦等将兵讨之，遂禽合、狼，五县平定，拜昭信中郎将[1]。

县仓库的库存和监狱的囚犯，各县县令、县丞都前来面见，而吕岱处置事务和应对询问的表现令孙权非常满意，便征召他到郡府，署为录事参军，出任余姚县长，他在县中招募精兵，共得一千多人。会稽、东冶五县的盗贼吕合、秦狼等人作乱，孙权以吕岱为督军校尉，与将军蒋钦等率军前往征讨，于是生擒吕合、秦狼等人，平定了五县的叛乱，随后吕岱被任命为昭信中郎将。

今注 1 海陵：汉代县名，位于今江苏泰州。 2 余姚：秦汉时期县名，属会稽郡，位于今浙江余姚。

裴注 [1]《吴书》曰："建安十六年，岱督郎将尹异等，以兵二千人西诱汉中贼帅张鲁到汉兴寋城，鲁嫌疑断道，事计不立，权遂召岱还。"

建安二十年，督孙茂等十将从取长沙三郡1。又安成、攸、永新、茶陵2四县吏共入阴山城，合众拒岱，岱攻围，即降，三郡克定。权留岱镇长沙。安成长吴砀及中郎将袁龙等首尾3关羽，复为反乱。砀据攸县，龙在醴陵4。权

建安二十年(215)，吕岱率领孙茂等十名将领跟随孙权进攻长沙三郡。安成、攸、永新、茶陵四县的官吏一同进入阴山城，联合举兵抵抗吕岱，吕岱对该城发动围攻，这些人众便悉数投降，三郡于是平定下来。孙权留下吕岱镇守长沙。安成县长吴砀及中郎将袁龙等与关羽暗中勾结，再度起兵叛乱。吴砀占据了攸县，袁龙则在醴陵。孙权派遣

遣横江将军鲁肃攻攸，砀得突走。岱攻醴陵，遂禽斩龙，迁庐陵太守。

延康元年，代步骘为交州刺史。到州，高凉[5]贼帅钱博乞降，岱因承制，以博为高凉西部都尉。又郁林夷贼攻围郡县，岱讨破之。是时桂阳、浈阳贼王金合众于南海界上，首乱为害，权又诏岱讨之，生缚金，传送诣都，斩首获生凡万余人。迁安南将军，假节，封都乡侯。

横江将军鲁肃前往攻打攸县，吴砀突围逃走。吕岱则进攻醴陵，生擒袁龙并将其斩杀，随后吕岱升任庐陵太守。

延康元年(220)，吕岱接替步骘出任交州刺史。抵达交州后，高凉盗贼首领钱博前来请降，吕岱依照旧制，任命钱博为高凉西部都尉。又有郁林郡的夷兵围攻当地郡县，吕岱前往将其击败。当时桂阳、浈阳盗贼王金在南海郡界纠集部众，带头作乱，为害一方，孙权又诏令吕岱征讨，吕岱生擒王金，将其押送到京都，此战中斩杀和生擒的敌人共达一万多人。吕岱升任安南将军，被授予节杖，封爵都乡侯。

今注 1 长沙三郡：指长沙、零陵、桂阳三郡。 2 安成、攸、永新、茶陵：县名，汉代均属长沙郡，分别位于今江西安吉安福县、湖南株洲攸县、江西吉安永新县、湖南株洲茶陵县。 3 首尾：指暗中勾结。 4 醴陵：汉代县名，属长沙郡，位于今湖南醴陵。 5 高凉：汉代县名，位于今广东阳江市北。

交阯太守士燮卒，权以燮子徽为安远将军，领九真太守，以校尉陈时代燮。岱表分海南三郡[1]为交州，以将军戴

交阯太守士燮去世后，孙权任命士燮的儿子士徽为安远将军，并担任九真太守，而任命校尉陈时接替士燮担任交阯太守。吕岱上表分大海以南的交阯、九真、日南三郡设置交州，以将军戴良为

良为刺史，海东四郡[2]为广州，岱自为刺史。遣良与时南入，而徽不承命，举兵戍海口以拒良等。岱于是上疏请讨徽罪，督兵三千人晨夜浮海。或谓岱曰："徽借累世之恩，为一州所附，未易轻也。"岱曰："今徽虽怀逆计，未虞[3]吾之卒[4]至，若我潜军轻举，掩[5]其无备，破之必也。稽留不速，使得生心[6]，婴城[7]固守，七郡百蛮，云合响应，虽有智者，谁能图之？"遂行，过合浦，与良俱进。

刺史，大海以东的南海、苍梧、郁林、高凉四郡另置为广州，吕岱自己担任刺史。孙权派遣戴良与陈时一同南下，但士徽不服从命令，派兵严守海口抵挡戴良等人。吕岱于是上疏请求征讨士徽抗命之罪，率领三千兵卒日夜兼程，渡海进军。有人对吕岱说："士徽仗着朝廷对其家族几代人的恩宠，又为一州百姓所拥戴，不能轻视他。"吕岱说："如今士徽虽说心怀造反的打算，但肯定料不到我会突然杀到，如果我军轻装潜行，攻其不备，一定能将其击败。如果我军滞留在此，不全速进攻，使他有所图谋，据城固守，而周围七郡的蛮夷部队，到时纷纷云集响应，那即使再有智谋的人，又有谁能奈何他呢？"于是全军进发，路过合浦时，与戴良会师一同前行。

【今注】 1 海南三郡：指交阯（趾）、九真、日南三郡。这里的"南"和下文的"东"是相对于北部湾而言。 2 海南四郡：指南海、苍梧、郁林、高凉四郡。 3 虞：指预料。 4 卒：突然，后多作"猝"。 5 掩：指偷袭。 6 生心：指怀有异心而有所图谋。 7 婴城：婴，原指围绕。这里婴城即据城。

徽闻岱至，果大震怖，不知所出，即率兄弟六人肉袒迎岱。岱皆斩

士徽听说吕岱杀来，果然大为震惊恐惧，不知如何是好，便率领兄弟六人裸身出降，迎接吕岱。吕岱将他们全部处

送其首。徽大将甘醴、桓治等率吏民攻岱，岱奋击大破之，进封番禺侯。于是除广州[1]，复为交州如故。岱既定交州，复进讨九真[2]，斩获以万数。又遣从事南宣国化，暨徼外扶南、林邑、堂明[3]诸王，各遣使奉贡。权嘉其功，进拜镇南将军。

斩，并把首级送至京城。士徽手下大将甘醴、桓治等率领当地官民攻打吕岱，吕岱奋起反击将他们击溃，晋封为番禺侯。于是朝廷撤销了广州的建制，将交州恢复原状。吕岱平定交州后，又进军讨伐九真，斩首及俘获的敌人数以万计。又派遣从事使者南下宣传国家的教化，及招抚境外扶南、林邑、堂明诸国的国王，让他们各自派使者前来进贡。孙权嘉赏吕岱的功绩，让他升任镇南将军。

今注　**1** 广州：三国吴黄武五年(226)分交州置州，治番禺(今广东广州)。　**2** 九真：汉代郡名，属交州。　**3** 扶南、林邑、堂明：均为中南半岛古国名。扶南位于今柬埔寨及老挝南部、越南南部和泰国东南部；林邑，即“占城”，位于今越南南部；堂明，位于今老挝。

黄龙三年，以南土清定，召岱还屯长沙沤口[1]。会武陵蛮夷[1]蠢动[2]，岱与太常潘濬共讨定之。嘉禾三年，权令岱领潘璋士众，屯陆口[3]，后徙蒲圻[4]。四年，庐陵贼李桓、路合，会稽东冶贼随春、南海[5]贼罗厉等一时

黄龙三年(231)，因为南方局势已经平定，吕岱被召还到长沙郡沤口驻守。当时武陵地区的蛮夷发生骚动，吕岱与太常潘濬共同前往讨伐平定。嘉禾三年(234)，孙权命令吕岱接管潘璋的部队，驻屯在陆口，后迁往蒲圻。嘉禾四年(235)，庐陵盗贼李桓、路合，会稽东冶盗贼随春，南海盗贼罗厉等人同时发起叛乱。孙权便诏令吕岱率领刘纂、唐咨等人分

并起。权复诏岱督刘纂、唐咨等分部讨击，春即时首降，岱拜春偏将军，使领其众，遂为列将，桓、厉等皆见斩获，传首诣都。

权诏岱曰："厉负险作乱，自致枭首；桓凶狡[6]反覆，已降复叛。前后讨伐，历年不禽，非君规略，谁能枭之？忠武之节，于是益著。元恶既除，大小震慑，其余细类，扫地族矣。自今已去，国家永无南顾之虞，三郡晏然，无怵惕[7]之惊，又得恶民以供赋役，重用叹息。赏不逾月[8]，国之常典，制度所宜，君其裁[9]之。"

兵讨伐，随春立刻率先投降，吕岱任命随春为偏将军，仍然让他率领自己的部众，随春于是成为诸将之一，李桓、罗厉等都被抓获处斩，首级传送到京都。

孙权诏令吕岱说："罗厉依靠地势发动叛乱，自己招致杀头之祸；李桓凶狠狡诈反复无常，投降后又叛乱。前后讨伐多次，多年来都没能把他们抓获，如果不是有您规划谋略，谁能将他斩首？您的精忠勇武，于此更为彰显。现在首恶已经除掉，大小贼寇都被震慑住，其余小规模的盗贼，可以将他们轻松扫除。从今以后，国家再也没有南顾之忧，南方三郡和平安定，不会再令人担惊受怕，又得到原先那些刁民供给的赋税徭役，这值得深深赞叹。奖赏需要在一个月内完成，这是国家的常例，至于按制度如何奖赏为宜，请您定夺。"

今注　1 武陵蛮夷：又称"武陵蛮""五溪蛮"，东汉时对武陵郡一带居住的少数民族的统称，因其地有雄溪、樠溪、西溪、沅溪、辰溪五条溪流而得名。　2 蠢动：原意为虫类爬动，多用于对少数民族起义或盗贼活动的蔑称。　3 陆口：三国时期地名，因陆水入长江而得名。位于今湖北嘉鱼县。　4 蒲圻：三国时期地名，位于今湖北赤壁。　5 南海：三国时期吴国郡名，治番禺(今广州)。　6 凶狡：凶残狡猾。　7 怵惕(chù tì)：恐惧警惕。　8 赏不逾月：指论功行赏距离事情不能超过一个月，出自

《司马法》。据《汉书·陈汤传》所载:"《司马法》曰:'军赏不逾月。'欲民速得为善之利也。" 9 裁:指决定。

裴注 [1] 王隐《交广记》曰:"吴后复置广州,以南阳滕脩为刺史。或语脩,虾须长一丈,脩不信。其人后故至东海,取虾须长四丈四尺,封以示脩,脩及服之。"

潘濬卒,岱代濬领荆州文书[1],与陆逊并在武昌,故督蒲圻。顷之,廖式作乱,攻围城邑,零陵、苍梧、郁林诸郡骚扰,岱自表辄行,星夜兼路。权遣使追拜岱交州牧,及遣诸将唐咨等骆驿[2]相继,攻讨一年破之,斩式及遣诸所伪署临贺[3]太守费杨等,并其支党,郡县悉平,复还武昌。

潘濬去世后,吕岱接替他处理荆州的政务,与陆逊同在武昌,仍然督管蒲圻的军事。不久,廖式作乱,围攻城镇,零陵、苍梧、郁林等郡都受到骚扰,吕岱上了请战的奏表后就自行出兵,日夜兼程赶赴前线。孙权派遣使者追授吕岱为交州牧,并派遣唐咨等将领连续不断地前往增援,前后攻打了一年,吕岱才将廖式打败,斩杀了廖式及其任命的官员临贺太守费杨等人,收编他们的部队,郡县全部平定后,吕岱又回到武昌。

今注 1 文书:公文;案牍。这里指政务。 2 骆驿:同"络绎"。往来不绝。 3 临贺:三国时期吴国郡名,治所在临贺县(今广西贺州)。

时年已八十,然体素精勤,躬亲王事。奋威将军张承与岱书曰:

这时吕岱已经八十岁了,但是他一向精力旺盛,勤于公务,仍然亲自处理政事。奋威将军张承写信给吕岱说:"从前

"昔旦奭[1]翼周,二南[2]作歌,今则足下与陆子[3]也。忠勤相先,劳谦相让,功以权成,化与道合,君子叹其德,小人悦其美。加以文书鞅掌[4],宾客终日,罢[5]不舍事,劳不言倦。又知上马辄自超乘[6],不由跨蹑,如此足下过廉颇也,何其事事快[7]也!《周易》有之,礼言恭,德言盛[8],足下何有尽此美耶!"

周公旦、召公奭共同辅佐周王室,《诗经》中的《周南》《召南》歌颂他们的功绩,如今您与陆逊正可以与他们比肩。您的忠诚勤奋超过他人,却谦逊地推让功劳,您审时度势成就功业,推行教化正与王道相符,君子和百姓都赞叹、爱戴您的美德。而且您日常公务繁忙,宾客每日络绎不绝,疲惫的时候也不放下公事,劳累的时候也不轻言倦怠。我还听说您现在总是飞身上马,不用踩着马镫,单凭这点您就超过廉颇了,您怎么每件事都能妥善处理啊!《周易》里面说的,礼仪恭敬,道德崇高,您怎么全部拥有这些美好品质啊!"

今注 1 旦奭(shì):指周公旦、召公奭,二人均为周朝前期的重要辅臣,对于奠定周王朝的统治起到决定性的作用。 2 二南:指《诗经·国风》中的《周南》《召南》诸篇,相传分别是周公、召公治下地域的民歌,被认为是歌颂周公、召公之德的作品。 3 陆子:即陆逊。 4 鞅掌:指职事忙碌。 5 罢(pí):通"疲"。 6 超乘:指跳跃上马或上车。 7 快:善于,能。 8 礼言恭,德言盛:出自《周易·系辞上》:"德言盛,礼言恭,谦也者,致恭以存其位者也。"其中"言"字为虚词。

及陆逊卒,诸葛恪代逊,权乃分武昌为两部,岱督右部,自武昌上至蒲圻[1]。迁上大将军[2],

到陆逊去世之后,诸葛恪接替了陆逊的职位,孙权于是把武昌分成两部,吕岱掌管右部,其范围从武昌溯流而上一直到蒲圻。后来吕岱升迁为上大将军,儿子拜子凯副军校尉，监兵蒲圻。孙亮即位，拜大司马。

吕凯也被任命为副军校尉，在蒲圻监管军队。孙亮登基后，吕岱出任大司马。

岱清身奉公，所在可述。初在交州，历年不饷家，妻子饥乏。权闻之叹息，以让[3]群臣曰：“吕岱出身万里，为国勤事，家门内困，而孤不早知。股肱耳目，其责安在？”于是加赐钱米布绢，岁有常限[4]。

吕岱清明廉洁，在职奉公，他曾经任职之处都有可以称道的政绩。当初在交州任官的时候，连年没有俸给供养家中，他的妻子儿女饥饿困乏。孙权听说之后感慨叹息，因此责备群臣说：“吕岱亲自出征万里之外，为国家勤恳效力，家中却如此贫困，而我没有及早知道。你们这些作为股肱耳目的大臣，责任在哪里？”于是下令每年按照固定数额赐给吕岱家钱米布绢。

今注　**1** 武昌上至蒲圻：即今湖北武汉至赤壁的长江沿线。由于这一段长江为自南向北走向，故云“上”。 **2** 上大将军：三国时期吴国武官名，位在三公之上，起初为表彰陆逊功绩而专门设置。 **3** 让：责备。 **4** 常限：即定额。

始，岱亲近吴郡徐原，慷慨有才志，岱知其可成，赐巾褠[1]，与共言论，后遂荐拔，官至侍御史[2]。原性忠壮，好直言，岱时有得失，原辄谏诤，又公论之，人或以告岱，岱叹曰：“是我所以贵德

起初，吕岱亲近吴郡人徐原，徐原为人胸襟开阔，有才学志向，吕岱知道他能做大事，便送给他头巾、衣物，并与他共同交谈讨论，后来又举荐提拔了徐原，徐原官至侍御史。徐原性格忠诚豪爽，喜欢直言，吕岱有过失的时候，他就立即加以劝谏，还在众人面前公开讨论，有人将这告诉了吕岱，吕岱感叹道：“这就是我敬重徐

渊者也。”及原死，岱哭之甚哀，曰：“德渊，吕岱之益友，今不幸，岱复于何闻过？”谈者美之。

德渊的原因啊。”等到徐原去世的时候，吕岱悲痛哀哭，说道：“德渊，是我吕岱的益友，如今不幸逝世，我将再从哪里得知自己的过失啊？”议论者都赞美他们的友谊。

太平元年，年九十六卒，子凯嗣。遗令殡以素棺，疏巾布褠，葬送之制，务从俭约，凯皆奉行之。

太平元年(256)，吕岱去世，享年九十六岁，儿子吕凯继承爵位。吕岱留下遗言，自己用普通的棺材入殓，穿戴着粗布头巾和单衣，葬礼的规制务必节俭，吕凯一一照办。

今注 1 褠(gōu)：古代的一种单衣，亦指袖套。 2 侍御史：东汉为御史台属官，从属于御史中丞，主要负责检举官员非法行为及接受公卿百官奏事。

周鲂

周鲂，字子鱼，吴郡阳羡人也。少好学，举孝廉，为宁国[1]长，转在怀安。钱唐大帅彭式等蚁聚为寇，以鲂为钱唐侯相，旬月之间，斩式首及其支党，迁丹阳西部都尉。黄武中，鄱阳大帅[2]彭绮作乱，攻没属城，乃以鲂为鄱阳太守，与胡综勠力攻

周鲂，字子鱼，吴郡阳羡人。少年时爱好学习，被举荐为孝廉，出任宁国县长，后来转任怀安县长。钱唐县的盗贼首领彭式等聚众作乱，朝廷任命周鲂为钱唐侯相，不到一个月的时间，周鲂便斩杀了彭式及其党羽，于是升迁为丹阳西部都尉。黄武年间，鄱阳盗贼首领彭绮叛乱，攻陷了鄱阳郡附属的城池，朝廷任命周鲂为鄱阳太守，周鲂与胡综合力前往征讨，于是活捉了彭绮，并将

讨，遂生禽绮，送诣武昌，加昭义校尉。被命密求山中旧族[3]名帅为北敌所闻知者，令谲[4]挑魏大司马、扬州牧曹休。鲂答，恐民帅小丑不足仗任，事或漏泄，不能致休，乞遣亲人赍笺[5]七条以诱休。

其押送到武昌，周鲂因此加授昭义校尉。后来周鲂受命暗中寻找出身山中旧族并为魏国知晓的名帅，让他们诱骗、挑拨魏国大司马、扬州牧曹休。周鲂回答说，恐怕这些小头目身份卑微，不足以倚仗信任，计谋很有可能因此泄露，无法诱降曹休，于是请求派遣自己的亲信携带七条笺书前去招诱曹休。

今注　**1** 宁国：三国时期吴国县名，属丹阳郡，由宛陵县分出设置，位于今安徽宁国。　**2** 大帅：此指盗贼的首领。　**3** 旧族：指地方豪族。**4** 谲(jué)：诡诈，欺诳。　**5** 笺(jiān)：指书信。

其一曰："鲂以千载徼幸，得备州民，远隔江川，敬恪未显，瞻望云景，天实为之。精诚微薄，名位不昭，虽怀焦渴，曷[1]缘见明？狐死首丘[2]，人情恋本，而逼所制，奉觌礼违。每独矫首西顾，未尝不寤寐[3]劳叹，展转反侧也。今因隙穴[4]之际，得陈宿昔之志，非神启之，岂能致此？不胜翘

第一条说："我周鲂以千载难逢的幸运，能够成为您州里的臣民，因为地处偏远，为江河所阻隔，所以对您的敬重难以彰显，只能遥望着天边的云彩，这实在是天意啊。我内心一片微薄的赤诚，名位并不显贵，虽然怀着焦灼的渴望，又如何能向您表明呢？狐狸死的时候，头总是朝自己巢穴山丘的方向，人的内心总是怀念故土，而我受到身份的限制，前往拜见则违背礼仪。每当我独自翘首西望，未尝不日思夜想悲哀叹息，以致辗转反侧不能入眠。如今有空闲的机会，得以向您陈述一直以来的心志，如果不是神灵启示，岂能向

企[5],万里托命。谨遣亲人董岑、邵南等托叛奉笺。时事变故,列于别纸。惟明公君侯垂日月之光,照远民之趣[6],永令归命者有所戴赖。”

您送去书信?我对此早已翘首企盼之至,不远万里以性命相托。谨派遣我的亲信董岑、邵南等以叛逃的名义前去奉上笺书。至于时事的变故,我将另纸叙述。希望明公降下日月般的光辉,照亮远方士民归附的方向,永远使愿意归顺之人有所依赖。”

今注 1 曷(hé):怎么;为什么。 2 狐死首丘:传说狐狸如果死在外面,会把头朝着自己洞穴的方向,用于比喻人心怀念故乡。 3 寤寐(wù mèi):醒和睡,指代日夜。 4 隙穴:空闲的间隙。 5 翘企:翘首企足,形容盼望殷切。 6 趣(qū):趋附。此指奔赴的方向。

其二曰:“鲂远在边隅,江汜[1]分绝,恩泽教化,未蒙抚及,而于山谷之间,遥陈所怀,惧以大义,未见信纳。夫物有感激[2],计因变生,古今同揆[3]。鲂仕东[4]典郡,始愿已获,铭心立报,永矣无贰。岂图顷者中被横谴,祸在漏刻[5],危于投卵,进有离合去就之宜,退有诬罔[6]枉死之咎。虽志行轻微,存没一节,顾非

第二条说:“我周鲂身在遥远的边疆,受到长江阻隔,未能蒙受皇朝恩泽教化的抚育,而在山谷之间,远远地陈述着自己心中的感怀,又担心自己与您有各事其主的大义,不被信任接纳。人会受外物激发情感,计谋则因时势而产生变化,这个道理古今相同。我周鲂在吴国做官,掌管一郡之地,初心得以实现,原本将此恩德铭记于心,立志报答,永无二心。岂料不久前无端受到谴责,顷刻间横遭灾祸,就像丢出去的鸡蛋一样危险,进一步就能选择顺应时宜离开吴国,退一步只能留下来遭受诬陷枉死的灾祸。虽然我志向操行轻微,但在生死大节面前看到自己不能死

其所,能不怅然!敢缘古人,因知所归,拳拳[7]输情,陈露肝膈[8]。乞降春天之润,哀拯其急,不复猜疑,绝其委命。事之宣泄,受罪不测,一则伤慈损计,二则杜绝向化者心,惟明使君[9]远览前世,矜而愍之,留神所质,速赐秘报。鲂当候望举动,俟须[10]向应。"

得其所,岂能不感到惆怅!我斗胆效仿古人,才得以知晓自己的归宿,向您献上一片赤诚,坦率地吐露内心之言。请求您降下春天甘霖般的恩德,哀求您拯救我的急难,不再对我有所猜疑,拒绝我委身投靠的请求。此事倘若败露,我将遭受难以预料的惩罚,一来损害您仁慈的名誉,妨碍大计,二则阻隔了百姓向往教化的心愿。希望尊贵的使君阁下以前代为鉴,怜悯同情我的苦心,留意我的信笺,迅速赐我秘密的回信。我周鲂一定会等待观望您的举动,等待时机做出响应。"

今注 **1** 江汜:原指江边,这里引申指长江。汜,通"涘"。水边。 **2** 感激:指情感受到外物而激发。 **3** 同揆:指同一个道理。 **4** 东:指吴国。 **5** 漏刻:古代计时器漏壶,这里引申为顷刻之间。 **6** 诬罔:诬陷诽谤。 **7** 拳拳:诚挚的样子。 **8** 肝膈:指内心。 **9** 使君:古代对州牧、刺史的尊称。 **10** 俟须:指等待。

其三曰:"鲂所代故太守广陵王靖,往者亦以郡民为变,以见谴责,靖勤自陈释,而终不解,因立密计,欲北归命,不幸事露,诛及婴孩。鲂既目见靖事,且

第三条说:"我周鲂接替的前太守广陵人王靖,过去也曾因为郡内百姓叛变而遭到谴责,王靖竭力辩白,最终也没法免责,因此他秘密订下计划,打算归附北方,不幸事情败露,连累全家包括婴孩在内都被杀害。我周鲂目睹了王靖的经历,又观察到吴国君主一旦非难某人,待遇就再也

观东主[1]一所非薄，婳[2]不复厚，虽或暂舍，终见翦除。今又令鲂领郡者，是欲责后效，必杀鲂之趣也。虽尚视息[3]，忧惕[4]焦灼，未知躯命，竟[5]在何时。人居世间，犹白驹过隙，而常抱危怖，其可言乎！惟当陈愚，重自披尽，惧以卑贱，未能采纳。愿明使君少垂详察，忖度其言。

不会像原先那么优厚，虽然可能暂时不追究，最终还是要加以铲除。现在又让我周鲂担任郡太守，这是想要责求我日后的劳绩，是必定要杀掉我周鲂的趋势啊。虽然现在还能苟活，但心中忧虑恐惧十分焦灼，不知哪天就会丢了身家性命。人生在世，犹如白驹过隙，却总是心怀恐惧，这真是说不出的滋味啊！我只能表达自己的一点愚见，尽可能地表露自己的心意，又担心自己身份卑微，不能被您采纳。只希望尊敬的使君阁下稍加详察，考虑一下我所说的话。

今注　1 东主：指吴国君主孙权。　2 婳：原意为美好，这里引申为荣宠优待。　3 视息：仅存视力和呼吸。犹苟活。　4 忧惕：忧虑恐惧。　5 竟：结束。

"今此郡民，虽外名降首[1]，而故在山草，看伺空隙，欲复为乱。为乱之日，鲂命讫矣。东主顷者潜部分[2]诸将，图欲北进。吕范、孙韶等入淮，全琮、朱桓趋合肥，诸葛瑾、步骘、朱然到襄阳，陆议、潘璋等讨梅敷[3]。东主中营

"如今郡中这些百姓，虽然对外宣称投降归顺，但他们的老巢仍在山林草泽之中，随时观察着间隙，准备重新作乱。他们发起叛乱的那天，我周鲂的性命就要结束了啊。吴国君主率领不久前暗中安排各路将领，图谋向北方进军。吕范、孙韶等将进驻淮河流域，全琮、朱桓前往合肥，诸葛瑾、步骘、朱然到襄阳，陆议、潘璋等进讨梅敷。吴国君主率领

自掩石阳[4],别遣从弟孙奂[5]治安陆城,修立邸阁,辇[6]资运粮,以为军储。又命诸葛亮进指关西,江边诸将无复在者,才留三千所[7]兵守武昌耳。若明使君以万兵从皖南首江渚,鲂便从此率厉吏民,以为内应。此方诸郡,前后举事,垂成而败者,由无外援使其然耳;若北军临境,传檄属城,思咏之民,谁不企踵?愿明使君上观天时,下察人事,中参蓍龟[8],则足昭往言之不虚也。"

自己的中军大营袭击石阳,还另外派遣堂弟孙奂建造安陆城,修筑官邸楼阁,调动车辆运送军资粮草,作为大军的储备。又命令诸葛亮进军直指关西,长江沿岸的各路将领已经没有留在原驻所的了,仅仅留下了约三千名士兵防守武昌而已。如果尊敬的使君阁下派遣一万人的部队从皖城南下进军江渚,我周鲂便会从那里率领官吏百姓,作为您的内应。这一带的各郡此前屡次举兵起义,都在几乎成功的时候失败,就是因为没有外援的缘故;倘若北方大军压境,向所属各城传递檄文,那些思慕王化的百姓,谁不急切盼望王师的到来?希望尊敬的使君阁下上观天时,下察人事,再结合占卜,就足以证明我所说的这些话并非虚言。"

今注 1 降首:指投降归顺。 2 部分:安排部署。 3 梅敷:三国时期襄阳一带的少数民族首领,其兄弟拥有部曲多达万家,被称为"夷王"。 4 石阳:古城名。位于今湖北武汉黄陂区。 5 孙奂(195—234):字季明,三国时期吴国宗室,孙坚之弟孙静之子。 6 辇(niǎn):人力拉或推的车,这里引申为用车运送。 7 所:相当于"左右",表示大约数。 8 蓍(shī)龟:指蓍草和龟甲,均为古代占卜用具,这里代指占卜。

其四曰:"所遣董岑、邵南,少长家门,亲

第四条说:"我所派去的董岑、邵南,他们从小在我家中长大,我对他们亲爱信任,

之信之，有如儿子。是以特令赍笺，托叛为辞，目语心计，不宣唇齿，骨肉至亲，无有知者。又已敕之，到州当言往降，欲北叛来者得传之也。鲂建此计，任之于天，若其济也，则有生全之福，邂逅[1]泄漏，则受夷灭之祸。常中夜仰天，告誓星辰。精诚之微，岂能上感[2]？然事急孤穷，惟天是诉耳。遣使之日，载生载死[3]，形存气亡，魄爽[4]恍惚。私恐使君未深保明[5]，岑、南二人可留其一，以为后信。一赍教还，教还故当言悔叛还首。东主有常科，悔叛还者，皆自原罪[6]。如是彼此俱塞，永无端原。县命西望，涕笔俱下。"

如同自己的儿子一般。所以专门派他们送去我的笺书，托他们表明我归顺的心意，这件事情我们之间只需要意会神传，根本不需要言说，所以哪怕是他们家中的亲人，也没有知道内情的。而且我已经命令他们，到了您的州里就说是前去投降的，要让这件事在那些北方叛逃来的人中间传开。我周鲂定下这条计策，全凭天意，倘若成功，就有保家活命的福分，万一泄露，则会受到族诛之祸。我常常半夜仰望天空，对着星辰起誓祈求。我这一点微薄的诚心，岂能感动上苍？但是事态紧急，我又孤身一人穷途末路，只能向天倾诉了。我派出使者的那一天，人就像半生半死一样，形体还在，气息却快要没了，精神错乱，恍恍惚惚。就怕使君阁下未能完全相信我，所以董岑、邵南这两人您可以扣留其中一个，作为以后的使者。另一个人放他回来，让他回来之后就说后悔叛变，回国自首。吴国君主有明确的规定，只要是后悔叛变回国的人，都赦免他们的罪过。这样一来我给您做内应的事情就可以瞒天过海，永远也不会有人发现了。我悬着性命向西遥望仰托于您，流着泪水写下这些文字。"

今注　1 邂逅:这里表示偶然、万一。　2 上感:指感动上天。　3 载生载死:形容人如同半生半死的状态。载,语助词,无义。　4 爽:表示差错。　5 保明:这里指信任。　6 原罪:赦免罪过。

其五曰:“鄱阳之民,实多愚劲[1],帅之赴役,未即应人,倡之为变,闻声响抃[2]。今虽降首,盘节未解,山栖草藏,乱心犹存。而今东主图兴大众,举国悉出。江边空旷,屯坞[3]虚损,惟有诸刺奸耳。若因是际而骚动此民,一旦可得便会,然要恃外援,表里机牙,不尔以往,无所成也。今使君若从皖道进住江上,鲂当从南对岸历口为应。若未径到江岸,可住百里[4]上,令此间民知北军在彼,即自善也。此间民非苦饥寒而甘兵寇,苦于征讨,乐得北属,但穷困举事,不时见应,寻受其祸耳。

第五条说:“鄱阳郡的百姓,其实多数愚昧剽悍,率领他们去从事劳役工作,总是不肯立即响应,但要号召他们闹事,有点风吹草动就会热烈响应。如今他们虽然已经投降归顺,但是仍然盘根错节,在山林草泽中躲躲藏藏,叛乱的心依然存在。现在吴国君主准备动员大军,派出了全国所有的兵力。长江沿线无人守备,屯所、坞堡空虚破损,只有一些刺探军情的奸细而已。如果借此机会煽动这里的百姓,一下子就可以取得成功,只不过还要依靠外援,里外呼应,如果不这样做就没法成事。如今使君阁下如果从皖城的道路向江上进军,我周鲂则从南岸对面的历口接应。如果您没有直达江边,可以在百里洲上驻军,让这一带的百姓知道北方大军就在那里,他们就会自行归顺了。这里的百姓并不是苦于饥寒而喜欢打仗,不是苦于征战而希望归顺北方,他们只是因穷困而起义,得不到及时的支援,最终遭受灾祸而已。如果让石

如使石阳及青、徐诸军首尾相衔，牵缀往兵，使不得速退者，则善之善也。鲂生在江淮，长于时事，见其便利，百举百捷。时不再来，敢布腹心[5]。”

阳和青州、徐州各路兵马首尾相接，牵制住吴国派出的部队，让他们无法快速撤退返回，那就好上加好了。我周鲂生在江淮之间，对这里的时局十分了解，看到此间形势有利举事必定成功。时机一过就不会再来了，所以敢向您大胆地陈说真诚的心意。”

今注 1 愚劲：愚鲁剽悍。 2 响抃(biàn)：击掌作声以示热烈响应。抃，鼓掌。 3 屯坞：指屯所和驻兵的坞堡。 4 百里：即百里洲，长江上的一处沙洲，位于今湖北枝江百里洲镇。 5 腹心：真诚的心意。

其六曰：“东主致恨前者不拔石阳，今此后举，大合新兵，并使潘濬[1]发夷民，人数甚多。闻豫设科条，当以新羸兵置前，好兵在后，攻城之日，云欲以羸兵填堑，使即时破，虽未能然，是事大趣也。私恐石阳城小，不能久留往兵，明使君速垂救济，诚宜疾密。王靖之变，其鉴不远。今鲂归命，非复在天，正在明使君耳。若

第六条说：“吴国君主痛恨此前未能攻克石阳，如今再度发兵，大量召集新兵，并且派潘濬征发少数民族的士兵，人数相当多。听说已经提前设下规定，要让新兵、弱兵在前面打头阵，精兵安排在后面，攻城的时候，说是要让那些弱兵去填充城壕，使城池立时就能攻克，就算不一定是真的，也差不多是这样。我私下担心石阳只是座小城，前往的大军不能在那里长期驻扎，尊敬的使君阁下应当尽快秘密前往救援。王靖的变故，教训就在不久之前。如今我周鲂准备前往归顺，成功与否已经不是由上天而是由使君阁下您来决定了啊。如果您前来救援，那就一定能成功，

见救以往，则功可必成，如见救不时，则与靖等同祸。前彭绮[2]时，闻旌麾[3]在逢龙，此郡民大小欢喜，并思立效。若留一月日间，事当大成，恨去电速，东得增众专力讨绮，绮始败耳。愿使君深察此言。”

如果救援不及时，那我就会遭受王靖等人一样的灾祸。此前彭绮起义的时候，听说王师的军旗在逢龙，郡里的父老乡亲全都兴高采烈，想要为之效力。如果当时王师能在那里驻留一个月的时间，起义就会大获成功，可惜王师很快就离开了，吴国因此得以增派兵力专门讨伐彭绮，这才导致了彭绮失败。希望使君阁下能仔细审视这番话。”

今注　**1** 潘濬（？—239）：字承明，武陵汉寿（今湖南常德东北）人。三国时期吴国大臣、将领。最初跟随刘表，后转投刘备，建安二十四年(219)出仕孙权。后官至太常，被誉为孙吴的股肱之臣。　**2** 彭绮：三国时期吴国鄱阳郡盗贼首领，黄武年间自称将军，攻破数县，后为周鲂、胡综所破。　**3** 旌麾：古时用羽毛装饰的军旗，主将用以指挥军队。

其七曰：“今举大事，自非爵号无以劝之，乞请将军、侯印各五十纽，郎将印百纽，校尉、都尉印各二百纽，得以假授诸魁帅[1]，奖厉其志，并乞请幢麾[2]数十，以为表帜，使山兵吏民，目瞻见之，知去就之分已决，承引所救画定。又彼此降叛，日

第七条说：“如今要成大事，倘若没有爵号的嘉奖就无法鼓励大家，请您给予我将军、侯爵的印章各五十枚，郎将印章一百枚，校尉、都尉印章各二百枚，用来授予各位首领，激励他们的斗志，并请您授予我数十面旗帜，作为军中的标志，让山里的兵卒百姓都远远看见，知道是去是留的选择已经决定，接受使君您救援的计划已经定下。而且各地每月每日都有想要投降的人，或近或远都会对此

月有人，阔狭之间，辄得闻知。今之大事，事宜神密，若省鲂笺，乞加隐秘。伏知智度有常，防虑必深，鲂怀忧震灼，启事蒸仍[3]，乞未罪怪。”

有所耳闻。今天的这件大事应当严格保密，如果您看到了我周鲂的笺书，请务必藏好。我知道您向来有智谋，防范顾虑一定很充分，我周鲂心怀忧虑，恐惧焦灼，接连向您陈述了许多事情，希望您不要怪罪。”

今注 1 魁帅：主将；首领。 2 幢麾(chuáng huī)：仪仗所用的各类旗帜。 3 蒸仍：蒸，通“烝”，表示众多；仍，这里表示频繁，连续。

鲂因别为密表曰：“方北有逋寇[1]，固阻河洛，久稽王诛，自擅朔土[2]，臣曾不能吐奇举善，上以光赞洪化，下以输展万一，忧心如捣，假寐[3]忘寝。圣朝天覆，含臣无效，猥[4]发优命[5]。敕臣以前诱致贼休，恨不如计，令于郡界求山谷魁帅为北贼所闻知者，令与北通。臣伏思惟，喜怖交集。窃恐此人不可卒[6]得，假使得之，惧不可

周鲂送出笺书之后，又因此另外上了一道密表说：“如今北方有流窜的盗贼，凭借着黄河、洛水的天险，长期以来阻挡王师的诛伐，独自占据了北方大地，臣却不能提出奇计良策，在上襄赞王道大化，在下贡献微薄的力量，内心忧虑就如同受到捶击，夜里和衣打盹无法安睡。圣朝就像上天一样覆盖万物，包容着我这无能的臣子，还屡屡颁下优待的诏命。朝廷命臣前往诱骗敌将曹休，担心计划不能成功，指示我在郡界之中寻找山谷中为北方贼寇所知道的豪族首领，让他们与北方接触。我反复思忖，又是高兴，又是担忧。暗自担忧的是这类人物没法一下子找到，就算把他们找来，也怕他们不可信，不如让

信，不如令臣谲休，于计为便。

臣亲自去诱骗曹休，应当是更为有利的计谋。”

今注　1 逋(bū)寇：逃亡的盗贼，这里是对魏国的蔑称。　2 朔土：指北方的土地。　3 假寐：指和衣打盹。　4 猥：这里指多、频繁。　5 优命：表示荣宠、优待的诏命。　6 卒(cù)：突然，仓促。

“此臣得以经年之冀愿，逢值千载之一会，辄自督竭，竭尽顽蔽[1]，撰立笺草以诳诱休者，如别纸。臣知无古人单复之术[2]，加卒奉大略，伀蒙[3]狼狈，惧以轻愚，忝负[4]特施，豫怀忧灼。臣闻唐尧先天而天弗违，博询刍荛[5]，以成盛勋。朝廷神谟[6]，欲必致休于步度之中，灵赞圣规，休必自送，使六军囊括，虏无孑遗。威风电迈，天下幸甚。谨拜表以闻，并呈笺草，惧于浅局，

“这能使我将多年来的夙愿，在此千载难逢的机会实现，所以我亲自操办这件事，倾尽我那一点顽劣愚钝的能力，我写下的用以诱骗曹休的笺书，已经另纸抄录呈上。我自知没有古人那种纵横捭阖的本事，又在仓促之间参与国家大计，惶恐狼狈，担心因为我的轻率愚鲁，辜负了朝廷特别委派的重任，一想到这便感到忧虑焦灼。微臣听说唐尧先于天时行事，而上天并不违背他的意愿，又广泛征询普通民众的意见，最终成就了他的伟大功业。朝廷神妙的谋略，是定要将曹休引入我们的掌控之中，神灵襄助圣人的计策，曹休必定自投罗网，使得吴国大军将其全部包罗，一个敌人都不能遗漏。我方的威势如同风驰电掣，实在是天下的大幸。谨此拜上奏表禀报，一并呈上笺书的草稿，担心自己格局浅薄，追想起来便忍不住惶恐。”周鲂的计策被朝廷批准

追用悚息[7]。”被报施行。休果信鲂，帅步骑十万，辎重[8]满道，径来入皖。鲂亦合众，随陆逊横截休，休幅裂[9]瓦解，斩获万计。

实施。后来曹休果然相信了周鲂，率领步兵、骑兵十万人，随军运载的军械、粮草等挤满了道路，径直开赴皖城。周鲂也集合兵力，跟随陆逊从中间截断曹休的队伍，打得曹休大军彻底崩溃，斩杀俘虏的敌人数以万计。

今注　1 顽蔽：顽劣愚钝的能力，这里是谦辞。　2 单复之术：指古代纵横之术，泛指奇谋妙计。　3 伀(zhōng)蒙：指惶恐的样子。　4 忝(tiǎn)负：指辱没、辜负，这里是谦辞。　5 刍荛(chú ráo)：指割草砍柴的人，泛指普通下层百姓。　6 神谟：指神妙的谋略。　7 悚(sǒng)息：惶恐。　8 辎重：指随军运载的军用器械、粮草等。　9 幅裂：指像布匹撕裂一样，形容彻底崩溃。

鲂初建密计时，频有郎官奉诏诘问[1]诸事，鲂乃诣部郡门下，因下发[2]谢，故休闻之，不复疑虑。事捷军旋，权大会诸将欢宴，酒酣，谓鲂曰：“君下发载义，成孤大事，君之功名，当书之竹帛[3]。”加裨将军，赐爵关内侯[1]。

周鲂起初谋划密计的时候，频繁有郎官奉诏书前来责问各种事情，周鲂于是到郡府门前剃发谢罪，所以曹休听闻此事之后，不再对他加以怀疑。事成之后，大军凯旋，孙权大摆酒宴款待各路将领，酒酣之际对周鲂说：“您为了大义不惜剃发，成就了寡人的大事，您的功名应当载入史册。”于是任命周鲂为裨将军，赐爵关内侯。

贼帅董嗣负阻劫钞[4]，豫章、临川并受其害[2]。吾粲、唐咨尝以

盗贼首领董嗣凭借山险抢劫财物，豫章、临川等地都饱受其害。吾粲、唐咨曾经率领三千士兵前往攻击，但一连几

三千兵攻守，连月不能拔。鲂表乞罢兵，得以便宜从事。鲂遣间谍，授以方策，诱狙杀嗣。嗣弟怖惧，诣武昌降于陆逊，乞出平地[5]，自改为善，由是数郡无复忧惕。

鲂在郡十三年卒，赏善罚恶，威恩并行。子处[6]，亦有文武材干，天纪中为东观令、无难督[3]。

个月都无法攻克。周鲂上表请求撤兵，并准许他自行斟酌处理。于是周鲂安排了间谍，给间谍安排好了计策，将董嗣诱骗出来击杀。董嗣的弟弟因此十分恐惧，前往武昌向陆逊投降，乞求离开山林前往平原，改过自新成为良民，从此周边各郡再也没有忧患了。

周鲂担任郡太守十三年后去世，在职期间奖励善举，惩罚罪恶，恩威并行。他的儿子周处，也有文武之才，天纪年间担任了东观令、无难督。

今注　**1** 诘(jié)问：责问。　**2** 下发：指剃掉头发。　**3** 竹帛：竹简和白绢，代指史书。　**4** 劫钞：即抢劫抄掠。　**5** 出平地：平地，即平原地区。指藏匿于山林中的盗贼出至平原居住，成为良民。　**6** 处：即周处(236—297)，字子隐，早年为人放荡，为祸乡里，后改过自新，留下“周处除三害”的美谈。吴亡后出仕西晋，官至御史中丞、建威将军。据《晋书》记载，周处早年出任东观左丞，与《三国志》记载不同。或因《三国志》成书时，周处仍然在世，故记载与实际任官有先后出入。

裴注　［1］徐众评曰：“夫人臣立功效节，虽非一涂，然各有分也。为将执桴鼓，则有必死之义，志守则有不假器之义，死必得所，义在不苟。鲂为郡守，职在治民，非君所命，自占诱敌，髡剔发肤，以徇功名，虽事济受爵，非君子所美。”　［2］臣松之案：孙亮太平二年始立临川郡，是时未有临川。　［3］虞预《晋书》曰：“处入晋，为御史中丞，多所弹纠，不避强御。齐万年反，以处为建威将军，西征，众寡不敌，处临阵慷慨，奋不顾命，遂死于战场，追赠平西将军。处子玘、札，皆有才力，中兴之初，并见宠任。其诸子侄悉处列位，为扬土豪右，而札凶淫放恣，为百姓所苦。泰宁中，王敦诛之，灭其族。”

钟离牧

钟离牧，字子幹，会稽山阴人，汉鲁相意[1]七世孙也[1]。少爰居[2]永兴，躬自垦田，种稻二十余亩。临熟，县民有识认之。牧曰：“本以田荒，故垦之耳。”遂以稻与县人。县长闻之，召民系狱[3]，欲绳以法。牧为之请，长曰：“君慕承宫[4]，自行义事[2]，仆为民主，当以法率下，何得寝公宪[5]而从君邪？”牧曰：“此是郡界，缘君意顾，故来暂住。今以少稻而杀此民，何心复留？”遂出装，还山阴。长自往止之，为释系民。民惭惧，率妻子舂所取

钟离牧，字子幹，会稽郡山阴县人，是汉代鲁国国相钟离意的七世孙。少年时迁居永兴，亲自开垦荒田，种了二十多亩稻谷。稻谷快要成熟时，有县里的百姓前来凭着田里的标志认领土地。钟离牧说：“我本来只是因为这片田荒芜，所以加以开垦而已。”便把地里的稻谷给了那人。县长听说了这件事，将那人抓了起来关进监狱，准备将其绳之以法。钟离牧为那人求情，县长说：“您仰慕汉代的承宫，所以自己做了仁义的事情，但我身为百姓的主官，应当按照法律来治理民众，怎么能不顾国法而只听从您的想法呢？”钟离牧说：“这里是郡的边界，我因为有您倾心照顾，所以过来暂住。如今因为这一点稻谷就处死这名百姓，我还有什么心思待在这里呢？”于是回家收拾行装，准备返回山阴。县长亲自前去请他留下，并为此释放了监狱里的那名百姓。那人惭愧害怕，率领妻

稻得六十斛[6]米,送还牧,牧闭门不受。民输置道旁,莫有取者。牧由此发名[3]。	儿将所取得的稻谷舂成六十斛米,送还给钟离牧,钟离牧关起门来拒绝接受。那人便将米放在路边,往来之人没有拿取的。钟离牧因此出了名。

今注 1 汉鲁相意:即钟离意,字子阿,会稽山阴人,东汉大臣。历任瑕丘县令、堂邑县令、尚书、尚书仆射、鲁国相等官职。为官清廉正直,仁爱百姓,得到朝廷的嘉奖和百姓的爱戴。 2 爰居:指迁居。 3 系狱:指关进监狱。 4 承宫:汉代名士,曾于汉中避乱时耕种田地,庄稼将要成熟的时候有人来认领,承宫不与之计较,将庄稼让给那人,由此知名。 5 公宪:即国法。 6 斛:古代量器及容量单位。汉代以十斗为一斛。

裴注 [1]《会稽典录》曰:“牧父绪,楼船都尉;兄骃,上计吏。少与同郡谢赞、吴郡顾谭齐名。牧童龀时,号为迟讷,骃常谓人曰:‘牧必胜我,不可轻也。’时人皆以为不然。” [2]《续汉书》曰:“宫字少子,琅邪人,尝在蒙阴山中耕种禾黍,临熟,人就认之,宫便推与而去,由是发名,位至左中郎将、侍中。” [3] 徐众评曰:“牧蹈长者之规。问者曰:‘如牧所行,犯而不校,又从而救之,直而不有,又还而不受,可不谓之仁让乎哉?’答曰:‘异乎吾所闻。原宪之问于孔子曰:“克伐怨欲不行焉,可以为仁乎?”孔子曰:“可以为难矣,仁则吾不知也。”“恶不仁者,其为仁矣。”今小民不展四体,而认人之稻,不仁甚矣。而牧推而与之,又救其罪,斯为让非其义,所救非人,非所谓恶不仁者。苟不恶不仁,安得为仁哉!苍梧浇娶妻而美,让于其兄;尾生笃信,水至不去而死;直躬好直,证父攘羊;申鸣奉法,尽忠于君而执其父。忠信直让,此四行者,圣贤之所贵也。然不贵苍梧之让,非让道也;不取尾生之信,非信所也;不许直躬之直,非直体也;不嘉申鸣之忠,非忠意也。今牧犯而不校,还而不取,可以为难矣,未得为仁让也。夫圣人以德报德，以直报怨，而牧欲以德报怨，非也。必不得已，二者何从？吾从孔子也。’”

赤乌五年，从郎中补太子辅义都尉，迁南海太守[1]。还为丞相长史，转司直1，迁中书令。会建安、鄱阳、新都三郡山民作乱，出牧为监军使者，讨平之。贼帅黄乱、常俱等出其部伍，以充兵役。封秦亭侯，拜越骑校尉。

赤乌五年(242)，钟离牧从郎中增补为太子辅义都尉，又升任南海太守。后来回朝担任丞相长史，转任丞相司直，又升任中书令。当时建安、鄱阳、新都三郡有山贼叛乱，朝廷派出钟离牧担任监军使者，前往讨伐平定。山贼首领黄乱、常俱等交出他们手下的队伍补充兵役。朝廷于是封钟离牧为秦亭侯，拜授越骑校尉。

今注 1 司直：即丞相司直，西汉时为丞相的属官，秩比二千石，主要负责检举不法。东汉改属司徒，协助督录州郡上奏。

裴注 [1]《会稽典录》曰：“高凉贼率仍弩等破略百姓，残害吏民，牧越界扑讨，旬日降服。又揭阳县贼率曾夏等众数千人，历十余年，以侯爵杂缯千匹，下书购募，绝不可得。牧遣使慰譬，登皆首服，自改为良民。始兴太守羊衜与太常滕胤书曰：‘钟离子幹吾昔知之不熟，定见其在南海，威恩部伍，智勇分明，加操行清纯，有古人之风。’其见贵如此。在郡四年，以疾去职。”

永安六年，蜀并于魏，武陵五溪夷与蜀接界，时论惧其叛乱，乃以

永安六年(263)，蜀国被魏国吞并，武陵五溪的少数民族与蜀地交界，当时有议论担忧他们叛乱，朝廷便任命钟离

牧为平魏将军，领武陵太守，往之郡。魏遣汉葭县[1]长郭纯试守武陵太守，率涪陵民入蜀迁陵[2]界，屯于赤沙，诱致诸夷邑君，或起应纯，又进攻酉阳[3]县，郡中震惧。牧问朝吏曰："西蜀倾覆，边境见侵，何以御之？"皆对曰："今二县山险，诸夷阻兵，不可以军惊扰，惊扰则诸夷盘结[4]。宜以渐安，可遣恩信吏宣教慰劳。"牧曰："不然。外境内侵，诳诱[5]人民，当及其根柢未深而扑取之，此救火贵速之势也。"敕外趣严[6]，掾史沮议[7]者便行军法。

牧为平魏将军，兼领武陵太守，前往郡中赴任。魏国派遣汉葭县长郭纯担任武陵太守，率领涪陵百姓进入蜀地迁陵境内，在赤沙驻扎，招诱各地少数民族首领，那些少数民族首领中有些人起兵响应郭纯，并进攻酉阳县，使得郡中大为震惊恐惧。钟离牧询问府中官员："西蜀已经亡国，边境受到侵扰，应当如何防御？"大家都说："如今这两县有险要的山势，那些少数民族拥兵自重，不能派兵去惊动他们，一旦惊动就会使他们联合起来反抗。应当逐渐安抚，可以派有恩德信义的官员前去宣布教化并慰劳他们。"钟离牧说："并非如此。外敌侵入我们的国境，诱骗我们的百姓，应当趁其立足未稳之际前往将其扑杀，这就是救火贵在迅速的道理啊。"于是下令军队整装待发，府中掾史如有异议的便依军法从事。

今注　1 汉葭县：三国时期县名，原属蜀汉益州涪陵郡。位于今重庆彭水苗族土家族自治县郁山镇。　2 迁陵：古县名，治今湖南龙山县里耶镇。　3 酉阳：汉代县名，位于今重庆酉阳土家族苗族自治县。　4 盘结：相互勾结；联合。　5 诳(kuáng)诱：欺诈诱骗。　6 趣严：指速整行装，戒备待命。　7 沮议：阻挠；非议。

抚夷将军高尚说牧曰:“昔潘太常[1]督兵五万,然后以讨五溪夷耳。又是时刘氏连和,诸夷率化。今既无往日之援,而郭纯已据迁陵,而明府[2]以三千兵深入,尚未见其利也。”牧曰:“非常之事,何得循旧?”即率所领,晨夜进道,缘山险行[3],垂二千里,从塞上,斩恶民怀异心者魁帅百余人及其支党凡千余级,纯等散,五溪平。迁公安督、扬武将军,封都乡侯[4],徙濡须督[1]。复以前将军,假节,领武陵太守。卒官。家无余财,士民思之。子祎嗣,代领兵[2]。

抚夷将军高尚劝钟离牧说:“以前潘太常督率五万大军,然后才能讨伐五溪的少数民族。而且当时有蜀国与我们同盟,才使得这些少数民族服从王化。如今既没有当时的援兵,而且郭纯已经占据了迁陵,而府君您仅仅以三千兵力孤军深入,我看不到有什么优势啊。”钟离牧说:“这是非同一般的事情,怎么能因循守旧呢?”于是他当即率领部队,日夜兼程,沿着山中的险路行军,走了快两千里,直至边塞,斩杀了怀有异心的盗贼首领一百多人,以及其党羽一千多人,郭纯等人逃散,五溪因此平定。钟离牧升任公安督、扬武将军,封都乡侯,又转任濡须督。后来重新以前将军的身份,被授予节杖,兼领武陵太守。在任内去世。家中没有剩余的财产,地方百姓都怀念他。其子钟离祎继承了爵位,接替父亲统领军队。

今注 1 潘太常:指潘濬。黄龙三年(231),潘濬与吕岱率军五万平定五溪蛮夷叛乱,历经三年,斩获数万。 2 明府:即“明府君”,府君为汉代对太守的尊称。 3 险行:指从险要的道路行进。 4 都乡侯:汉代爵位的一级,在列侯之下、关内侯之上。

裴注　[1]《会稽典录》曰:“牧之在濡须,深以进取可图,而不敢陈其策,与侍中东观令朱育宴,慨然叹息。育谓牧恨于策爵未副,因谓牧曰:‘朝廷诸君,以际会坐取高官,亭侯功无与比,不肯在人下,见顾者犹以於邑,况于侯也!’牧笑而答曰:‘卿之所言,未获我心也。马援有言:“人当功多而赏薄。”吾功不足录,而见宠已过当,岂以为恨?国家不深相知,而见害朝人,是以默默不敢有所陈。若其不然,当建进取之计,以报所受之恩,不徒自守而已,愤叹以此也。’育复曰:‘国家已自知侯,以侯之才,无为不成。愚谓自可陈所怀。’牧曰:‘武安君谓秦王云:“非成业难,得贤难;非得贤难,用之难;非用之难,任之难。”武安君欲为秦王并兼六国,恐授事而不见任,故先陈此言。秦王既许而不能,卒陨将成之业,赐剑杜邮。今国家知吾,不如秦王之知武安,而害吾者有过范睢。大皇帝时,陆丞相讨鄱阳,以二千人授吾,潘太常讨武陵,吾又有三千人,而朝廷下议,弃吾于彼,使江渚诸督,不复发兵相继。蒙国威灵自济,今日何为常?向使吾不料时度宜,苟有所陈,至见委以事,不足兵势,终有败绩之患,何无不成之有?’”　[2]《会稽典录》曰:“牧次子盛,亦履恭让,为尚书郎。弟徇,领兵为将,拜偏将军,戍西陵,与监军使者唐盛论地形势,谓宜城、信陵为建平援,若不先城,敌将先入。盛以施绩、留平,智略名将,屡经于彼,无云当城之者,不然徇计。后半年,晋果遣将修信陵城。晋军平吴,徇领水军督,临阵战死也。”

评曰:山越好为叛乱,难安易动,是以孙权不遑外御,卑词魏氏。凡此诸臣,皆克宁内难,绥静[1]邦域者也。吕岱清恪在公;周鲂谲略多奇;

评论说:山越之民喜好叛乱,容易扰动却难以安居,所以孙权受此掣肘,来不及抵御外敌,只好对魏国低声下气。本篇所记载的几名大臣,都是能够平定内乱、安抚地方之才。吕岱清廉忠诚,一心为公;周鲂谲诈多谋,擅长奇计;钟离牧钟离牧蹈长者之规；全琮有当世之才，贵重于时，然不检奸子[2]，获讥毁名云。

践行忠厚长者的道德规范；全琮有经世济民的才能，在当时身份显贵，只是他未能检举奸诈的儿子，遭受非议，败坏了名声。

今注 1 绥静：安抚；平定。 2 奸子：这里指全琮之子全寄，为人邪僻，为鲁王孙霸宾客，在“二宫之争”中与吴安、孙奇、杨竺等人暗中图谋危害太子孙和，并借机谗害太子阵营的顾谭，使之遭受流放。陆逊曾要求全琮处死全寄，但遭到全琮拒绝。

卷六十一 吴书十六

潘濬陆凯传

导读 本卷是潘濬和陆凯二人的合传，并附有陆凯之弟陆胤的部分事迹。潘濬为人聪敏，早年师从大儒宋衷，又受到“建安七子”之一王粲的赏识。先后出仕刘表、刘备，在刘备手下的荆州任职，孙权夺取荆州之后便归属吴国。潘濬后来担任太常，又与陆逊一同长期驻守武昌，管理荆州事务，曾平定五溪蛮的叛乱。潘濬一心为国，在牵涉甚广的吕壹案中，对除掉酷吏吕壹起了相当大的作用。陆凯是吴国后期的重臣，是陆逊之侄、陆抗堂兄。他早年担任地方官，甚有政绩，后来在平定地方叛乱的战斗中立有战功。孙皓即位后，陆凯逐步升迁，位列宰辅。陆凯为人刚正忠直，即使在孙皓残暴的统治之下也毫无退缩，屡次当面指责孙皓。在陆凯的传记末，附录了他斥责孙皓不遵孙权遗训的二十条过失的奏表，言辞极为犀利。陈寿认为这份表文虽然来源不无可疑，但它全面总结了孙皓的失政之处，足以成为后世的警戒。

潘濬和陆凯都是吴国有名的直臣，《三国志》将二人的传记编为一卷，正是为了表彰他们“节概梗梗”的“大丈夫格业”。

潘濬

原文

潘濬，字承明，武陵汉寿人也。弱冠从宋仲

译文

潘濬，字承明，武陵郡汉寿县人。他二十岁时跟随宋仲子学习。还不到

子[1]受学[1]。年未三十，荆州牧刘表辟为部江夏从事。时沙羡长赃秽不修，濬按[2]杀之，一郡震竦。后为湘乡令，治甚有名。刘备领荆州，以濬为治中从事[3]。备入蜀，典留州事[4]。

三十岁时，荆州牧刘表征召他为本州江夏郡从事。当时沙羡县长贪赃枉法，行为不端，潘濬依法将他处死，全郡都感到震惊。后来潘濬担任湘乡县令，政绩甚为有名。刘备担任荆州牧的时候，任命潘濬为治中从事。刘备入蜀之后，仍留下潘濬掌管荆州事务。

今注 **1** 宋仲子：指宋衷（一作宋忠），汉末三国时期易学大师，为刘表门客，著有《周易注》《太玄经注》《法言注》等。 **2** 按：即按法、依法。 **3** 治中从事：汉代州刺史的佐官，负责辅佐刺史处理文书工作。 **4** 典留州事：指执掌州里的文书工作，实际上为代理刺史之职。

裴注 ［**1**］《吴书》曰：“濬为人聪察，对问有机理，山阳王粲见而贵异之。由是知名，为郡功曹。”

孙权杀关羽，并荆土，拜濬辅军中郎将，授以兵[1]。迁奋威将军，封常迁亭侯[2]。权称尊号，拜为少府[1]，进封刘阳侯[3]，迁太常[2]。五溪蛮夷叛乱盘结，权假濬节，督诸军讨之。信赏必行，法不可干，斩首获生，盖以万数，自是群蛮衰弱，一方宁静[4]。

孙权杀死关羽、吞并荆州后，任命潘濬为辅军中郎将，授予兵卒。升任潘濬为奋威将军，封爵常迁亭侯。孙权称帝之后，任命潘濬为少府，晋封刘阳侯，升任太常。当时五溪蛮夷集结作乱，孙权授予潘濬节杖，令他督率诸军前往征讨。潘濬治军，有功必赏，不容犯法，所斩杀和俘获者数以万计，自此郡中各蛮夷部落势力衰弱，全境安宁平静。

先是，濬与陆逊俱驻武昌，共掌留事，还复故。时校事吕壹操弄威柄，奏按[3]丞相顾雍、左将军朱据等，皆见禁止。黄门侍郎谢厷语次问壹："顾公事何如？"壹答："不能佳。"厷又问："若此公免退，谁当代之？"壹未答厷，厷曰："得无[4]潘太常得之乎？"

此前，潘濬与陆逊都在武昌驻守，共同负责当地事务，平叛回朝之后官复原职。当时校事吕壹操弄权柄，上奏弹劾丞相顾雍、左将军朱据等，他们都被软禁起来。黄门侍郎谢厷某次谈话时问起吕壹："顾公的事怎样了？"吕壹回答说："不会好的。"谢厷又问："如果顾公被罢免，那么谁将接替他？"吕壹没有回答，谢厷便说："大概是潘太常会出任吧？"

今注　**1** 少府：官名。负责管理皇室私产和生活事务。　**2** 太常：汉代九卿之首，主要掌管祭祀、宗庙礼仪、太学等。　**3** 按：查办；举劾。　**4** 得无：推测、反问的语气词，表示恐怕、大概等意思。

裴注　[**1**]《江表传》曰："权克荆州，将吏悉皆归附，而濬独称疾不见。权遣人以床就家舆致之，濬伏面著床席不起，涕泣交横，哀咽不能自胜。权慰劳与语，呼其字曰：'承明，昔观丁父，鄀俘也，武王以为军帅；彭仲爽，申俘也，文王以为令尹。此二人，卿荆国之先贤也，初虽见囚，后皆擢用，为楚名臣。卿独不然，未肯降意，将以孤异古人之量耶？'使亲近以手巾拭其面，濬起下地拜谢。即以为治中，荆州诸军事，一以諮之。武陵部从事樊伷诱导诸夷，图以武陵属刘备，外白差督督万人往讨之。权不听，特召问濬，濬答：'以五千兵往，足可以擒伷。'权曰：'卿何以轻之？'濬曰：'伷是南阳旧姓，颇能弄唇吻，而实无辩论之才。臣所以知之者，伷昔尝为州人设馔，比至日中，食不可得，而十余自起，此亦侏儒观一节之验也。'权大笑而纳其言，即遣濬将五千往，果斩平之。"　[**2**]《吴书》曰：

“芮玄卒，濬并领玄兵，屯夏口。玄字文表，丹阳人。父祉，字宣嗣，从孙坚征伐有功，坚荐祉为九江太守，后转吴郡，所在有声。玄兄良，字文鸾，随孙策平定江东，策以为会稽东部都尉，卒。玄领良兵，拜奋武中郎将，以功封溧阳侯。权为子登拣择淑媛，群臣咸称玄父祉、兄良并以德义文武显名三世，故遂娉玄女为妃焉。黄武五年卒，权甚愍惜之。” [3]《江表传》曰：“权数射雉，濬谏权，权曰：‘相与别后，时时暂出耳，不复如往日之时也。’濬曰：‘天下未定，万机务多，射雉非急，弦绝括破，皆能为害，乞特为臣故息置之。’濬出，见雉翳故在，乃手自撤坏之。权由是自绝，不复射雉。” [4]《吴书》曰：“骠骑将军步骘屯沤口，求召募诸郡以增兵。权以问濬，濬曰：‘豪将在民间，耗乱为害，加骘有名势，在所所媚，不可听也。’权从之。中郎将豫章徐宗，有名士也，尝到京师，与孔融交结，然儒生诞节，部曲宽纵，不奉节度，为众作殿，濬遂斩之。其奉法不惮私议，皆此类也。归义隐蕃，以口辩为豪杰所善，濬子翥，亦与周旋馈饷之。濬闻大怒，疏责翥曰：‘吾受国厚恩，志报以命，尔辈在都，当念恭顺，亲贤慕善，何故与降虏交，以粮饷之？在远闻此，心震面热，惆怅累旬。疏到，急就往使，受杖一百，促责所饷。’当时人咸怪濬，而蕃果图叛诛夷，众乃归服。《江表传》曰：“时濬姨兄零陵蒋琬为蜀大将军，或有间濬于武陵太守卫旍(旌)者，云濬遣密使与琬相闻，欲有自托之计。旍以启权，权曰：‘承明不为此也。’即封旍表以示于濬，而召旍还，免官。”

壹良久曰：“君语近之也。”厷谓曰：“潘太常常切齿于君，但道远无因耳。今日代顾公，恐明日便击君矣。”壹大惧，遂解散雍事。濬

过了许久，吕壹才说：“您说的应该差不多。”谢厷对他说：“潘太常时常对您很是痛恨，只是距离遥远拿您没办法而已。他今天如果接替顾公做丞相，恐怕明天就会来对付您啊。”吕壹大为恐惧，立即取消了对顾雍的弹劾。潘濬请求回

求朝，诣建业，欲尽辞极谏。至，闻太子登已数言之而不见从，濬乃大请百寮，欲因会手刃1杀壹，以身当之，为国除患。壹密闻知，称疾不行。濬每进见，无不陈壹之奸险也。由此壹宠渐衰，后遂诛戮。权引咎责躬，因诮让2大臣，语在《权传》。

赤乌二年，濬卒，子翥嗣。濬女配建昌侯孙虑[1]。

朝谒见，回到建业，打算全力劝谏孙权。抵达之后，听说太子孙登已经多次劝说而孙权并不听从，于是潘濬大规模宴请群臣，准备在聚会的时候手刃吕壹，由自己一人来承担罪责，替国家除掉这个祸害。吕壹暗中得知这一情况，托言有病不去参会。潘濬每次入朝觐见孙权，无不力陈吕壹的奸诈险恶。吕壹因此逐渐不再受宠，最终遭到诛杀。孙权公开承认并检讨了自己过失，也因此责问了有关大臣，具体言论记载在《孙权传》中。

赤乌二年(239)，潘濬去世，儿子潘翥继承了爵位。潘翥的女儿许配给了建昌侯孙虑。

今注　1 手刃：指亲手持刀杀人。　2 诮(qiào)让：指责问。

裴注　[1]《吴书》曰："翥字文龙，拜骑都尉，后代领兵，早卒。翥弟祕，权以姊陈氏女妻之，调湘乡令。"《襄阳记》曰："襄阳习温为荆州大公平。大公平，今之州都。祕过辞于温，问曰：'先君昔目君侯当为州里议主，今果如其言，不审州里谁当复相代者？'温曰：'无过于君也。'后祕为尚书仆射，代温为公平，甚得州里之誉。"

陆凯

陆凯，字敬风，吴郡吴人，丞相逊族子也。黄武初为永兴、诸暨长，所在有治迹，拜建武都尉，领兵。虽统军众，手不释书。好《太玄》[1]，论演其意，以筮[2]辄验。赤乌中，除儋耳[3]太守，讨朱崖，斩获有功，迁为建武校尉。

五凤二年，讨山贼陈毖于零陵，斩毖克捷，拜巴丘督、偏将军，封都乡侯，转为武昌右部督。与诸将共赴寿春，还，累迁荡魏、绥远将军。孙休即位，拜征北将军、假节，领豫州牧。孙晧立，迁镇西大将军，都督巴丘，领荆州牧，进封嘉兴侯。孙晧与晋平，使者丁忠自北还，说晧弋阳[4]可袭，凯谏止，语在《晧传》。

陆凯，字敬风，吴郡吴县人，是丞相陆逊的同族子侄。黄武初年，陆凯担任永兴、诸暨县长，在任上有政绩，被任命为建武都尉，率领军队。他虽然统领军众，但手上从来离不开书本。尤其喜欢读扬雄的《太玄》，研究推演其中深意，用蓍草进行卜筮都会应验。赤乌年间，陆凯出任儋耳太守，征讨朱（珠）崖，因擒贼杀敌有功，升任建武校尉。

五凤二年(255)，陆凯在零陵讨伐山贼陈毖，他斩杀了陈毖，克敌制胜，被任命为巴丘督、偏将军，封为都乡侯，又转任武昌右部督。他与诸将一道赶赴寿春作战，返回后，因功陆续升任荡魏、绥远将军。孙休即位后，任命陆凯为征北将军，授予节杖，并担任豫州牧。孙晧即位，陆凯升任镇西大将军，都督巴丘，同时担任荆州牧，晋封为嘉兴侯。孙晧与晋国休战，使者丁忠从北方返回吴国，劝说孙晧可以偷袭弋阳，陆凯力谏阻止，具体的言论记载于《孙晧传》中。

今注 1《太玄》:西汉时期扬雄模仿《周易》而作的著作,内容以“玄”为最高范畴,探索宇宙构成和运行的模式。 2 筮(shì):用蓍草占卜。 3 儋耳:郡名。在今海南儋州西北。 4 弋阳:郡名。在今河南潢川西。

宝鼎元年,迁左丞相。皓性不好人视己,群臣侍见,皆莫敢迕。凯说皓曰:“夫君臣无不相识之道,若卒有不虞[1],不知所赴。”皓听凯自视。皓徙都武昌,扬土百姓溯流供给,以为患苦,又政事多谬,黎元[2]穷匮。凯上疏曰:“臣闻有道之君,以乐乐民;无道之君,以乐乐身。乐民者,其乐弥长;乐身者,不久而亡。夫民者,国之根也,诚宜重其食,爱其命。民安则君安,民乐则君乐。

宝鼎元年(266),陆凯出任左丞相。孙皓生性不喜欢他人看自己,群臣觐见皇帝的时候,都不敢违逆他。陆凯劝说孙皓:“这世上没有大臣不认识皇帝的道理,倘若突然发生意外的事情,群臣都不知道要去哪里是好。”孙皓便允许陆凯看自己。孙皓迁都武昌,扬州百姓逆流而上输送物资供应武昌用度,为此深感痛苦,加上当时政策有许多错误,百姓穷困潦倒。陆凯上疏说:“臣听说有道之君,用愉快的事情来让百姓感到欢欣;无道之君,则只愉悦自己一人而已。让百姓欢乐的君主,欢乐会持久;只让自己高兴的君主,没多久就会灭亡。百姓是国家的根本,必须要重视他们的吃饭问题,爱惜他们的生命。百姓安乐国君就安稳,百姓欢欣国君自然就会高兴。

今注 1 不虞:即不测。 2 黎元:指百姓。

“自顷年以来，君威伤于桀纣[1]，君明暗于奸雄，君惠闭于群孽。无灾而民命尽，无为而国财空，辜[2]无罪，赏无功，使君有谬误之愆，天为作妖。而诸公卿媚上以求爱，困民以求饶，导君于不义，败政于淫俗，臣窃为痛心。今邻国交好，四边无事，当务息役养士，实其廪库[3]，以待天时。而更倾动天心[4]，骚扰万姓，使民不安，大小呼嗟，此非保国养民之术也。

“近几年来，国君的威信被桀纣般的暴行所损伤，国君的圣明被奸邪之徒所蒙蔽，国君的恩惠则被一群邪恶之人所阻隔。没有天灾却让百姓耗尽生命，没有什么作为国库却已经空竭，惩罚无罪，奖赏无功，这让国君为政谬误百出，上天也因此降下妖异警示。而且朝廷的公卿大臣还阿谀谄媚以求获宠，困扰百姓以求富饶，诱导国君多行不义，以不正的风俗败坏政事，臣暗自对此深感痛心。如今我们与邻国关系友好，四方边境没有战事，当务之急应停止劳役，让士兵休养生息，充实国家的府库，等待天时。这时候反而去逆天行事，骚扰百姓，让天下百姓不得安宁，大人痛呼小孩哀叫，这绝对不是保国养民的办法啊。

今注　1 桀纣：指夏桀和商纣，分别是夏朝和商朝的末代国君，相传都是暴虐荒淫的君主，因而后世多以桀纣指代暴君。　2 辜：原意为罪，这里引申为惩罚。　3 廪(lǐn)库：粮仓；仓库。　4 倾动天心：指违逆上天的旨意。

“臣闻吉凶在天，犹影之在形，响之在声也，形动则影动，形止则影止。此分数[1]乃有所

“臣听说吉凶自有上天安排，如同影子依附于形体，回响依附于声音，形体移动则影子移动，形体静止则影子静止。这说明天命运数有其规律，而不是人的言语所

系，非在口之所进退也。昔秦所以亡天下者，但坐赏轻而罚重，政刑错乱，民力尽于奢侈，目眩于美色，志浊于财宝。邪臣在位，贤哲隐藏，百姓业业[2]，天下苦之，是以遂有覆巢破卵之忧。汉所以强者，躬行诚信，听谏纳贤，惠及负薪，躬请岩穴，广采博察，以成其谋。此往事之明证也。

能决定其进退的。当年秦朝之所以丢失天下，是因为奖赏轻微、惩罚严重，政教刑令错谬紊乱，民力被君主的奢侈耗尽，君主则被美色迷惑双眼，被财宝侵蚀了心志。奸邪之臣在位掌权，贤哲之人隐居深藏，百姓战战兢兢，天下为之困苦，所以秦朝就有了覆巢破卵的忧患。汉朝所以强盛，是因为国君身体力行讲求诚信，听从劝谏，招纳贤才，国家的良政惠及底层的百姓，君主甚至亲自延请居住在山洞中的隐士，广开言路，博览下情，从而成就了天下大计。这些都是往事的明证。

今注　1 分（fèn）数：犹天命；运数。　2 业业：恐惧状。

“近者汉之衰末，三家鼎立，曹失纲纪，晋有其政。又益州危险[1]，兵多精强，闭门固守，可保万世，而刘氏与夺乖错，赏罚失所，君恣意于奢侈，民力竭于不急，是以为晋所伐，君臣见虏[2]。此目前之明验也。臣暗于大理，文不及义，智慧浅劣，无

“近代汉朝衰败，三国鼎立，曹魏失去法度，晋国取代它的政权。而益州地势险要，兵力精良强大，只需闭关固守，可维持万世的基业，然而刘禅为君，予夺错乱，赏罚不公，作为国君放纵奢侈，把民力耗费在不紧急的事情上，所以被晋朝消灭，君臣都成为俘虏。这些则是眼前的明证。臣不懂得大道理，文辞不能充分表达心意，而且智慧浅劣，不敢有什么奢望，只是私下为陛下珍惜天下

复冀望,窃为陛下惜天下耳。臣谨奏耳目所闻见,百姓所为烦苛,刑政所为错乱,愿陛下息大功,损百役,务宽荡,忽[3]苛政。

而已。臣郑重启奏自己耳闻目见的一些事情,这些事情让百姓感到繁杂苛刻,而刑律政务也因此出现错乱,所以希望陛下能暂停大兴土木,减少各种繁杂的劳役,为政务必宽和,消除苛政。

今注 1 危险:指地势险要。 2 虏:俘获。 3 忽:绝灭。

“又武昌土地,实危险而堉确[1],非王都安国养民之处,船泊则沈漂,陵居[2]则峻危,且童谣言:‘宁饮建业水,不食武昌鱼;宁还建业死,不止武昌居。’臣闻翼星为变[3],荧惑[4]作妖,童谣之言,生于天心,乃以安居而比死,足明天意,知民所苦也。

“臣闻国无三年之储,谓之非国[5],而今无一年之畜,此臣下之责也。而诸公卿位处人上,禄延子孙,曾无致命[6]之节,匡救之术,苟进小利于君,

“而且武昌这个地方,实在地势险峻,土地贫瘠,不适宜建都,也非保全国家、养育民众之地,船只停泊容易被水流倾覆或漂走,居于高处则又太过险峻不安,而且民间有童谣唱道:‘宁饮建业水,不食武昌鱼;宁还建业死,不止武昌居。’臣听说翼宿生变,火星反常,童谣所说,出于上天的心意,所以用安居武昌来与死相对比,这就足以说明上天的意旨,了解民众的痛苦了。

“臣听说国家没有三年的储备粮食,便不能说是个国家,而今连一年的积蓄都没有,这便是臣下的责任了。而各位公卿位处万人之上,爵禄可以延续给子孙,却都没有为国献身的志节和拯救时弊的办法,只是进献一些小利给国君,来求取您的欢心和恩宠,却荼毒天

以求容媚，荼毒百姓，不为君计也。自从孙弘[7]造义兵[8]以来，耕种既废，所在无复输入，而分一家父子异役[9]，廪食日张，畜积日耗，民有离散之怨，国有露根之渐，而莫之恤也。

下的百姓，这并不是真正为国君考虑。自从孙弘创制无偿兵役制以来，农耕荒废，各地再没有实际的经济收入，而一家父子却被分去不同的地方服劳役，官府的需求日益增长，国家的积蓄却日渐消耗，百姓有亲人离散的怨恨，国家则有大树露根的颓势，却从来没有人关心这方面的事情。

今注　1 墝确：指土地贫瘠。　2 陵居：指居于高山之上。　3 翼星为变：翼星，即翼宿，星宿名，二十八宿之一，为南方朱雀七宿的第六宿。按照古代天文学，翼宿为楚地的分野，翼有变则不利荆州。　4 荧惑：指火星。　5 国无三年之储，谓之非国：出自《礼记·王制》："国无九年之蓄曰不足，无六年之蓄曰急，无三年之蓄曰国非其国也。"　6 致命：指为国效命。　7 孙弘（？—252）：三国时期吴国大臣，官至吴国中书令、少傅。孙权病重时，任命孙弘与诸葛恪共同担任顾命大臣，但孙弘素与诸葛恪不和，被诸葛恪谋杀。　8 义兵：吴国的一种兵役制度。吴国户籍原本分为民户、吏户、兵户等，分别承担不同的徭役，孙休时期曾免除吏户的兵役，"除其限米，军出不从"。所谓"孙弘造义兵"，史籍中没有明确记载，可能是指所有户籍的百姓均需服兵役的规定。　9 异役：指在不同地方服役。

"民力困穷，鬻卖儿子，调赋相仍，日以疲极，所在长吏，不加隐括[1]。加有监官，既不爱民，务行威势，所在骚扰，更为烦

"百姓穷困，只得卖儿卖女，而各种赋税征调连续不断，民众一日比一日穷乏，地方官却丝毫不加改正。还有一些负责监察的官员，不仅不爱护百姓，反而作威作福，大肆骚扰辖区百姓，更

苛。民苦二端[2]，财力再耗，此为无益而有损也。愿陛下一息此辈，矜哀孤弱，以镇抚百姓之心。此犹鱼鳖得免毒螫之渊，鸟兽得离罗网之纲，四方之民襁负[3]而至矣。如此，民可得保，先王之国存焉。

"臣闻五音令人耳不聪，五色令人目不明[4]，此无益于政，有损于事者也。自昔先帝时，后宫列女，及诸织络[5]，数不满百，米有畜积，货财有余。先帝崩后，幼、景在位，更改奢侈，不蹈先迹。伏闻织络及诸徒坐[6]，乃有千数，计其所长，不足为国财，然坐食官廪，岁岁相承，此为无益。愿陛下料出赋嫁，给与无妻者。如此，上应天心，下合地意，天下幸甚。

加剧了政策的烦苛。百姓受着两方面的困苦，财力一再消耗，这实在是百害而无一利。希望陛下将这些官员全部撤职，怜悯孤苦贫弱，以安抚百姓之心。这就好比让鱼鳖得以幸免于有毒的深渊，鸟兽得以逃脱捕捉它们的罗网，这样四方百姓就都会举家前来归附了。如此，民众能得以保全，先王创建的国家能得以长存啊。

"臣听说声色娱乐会遮蔽人的耳目，这些对治国理政不仅没有益处，反而有损害。从前先帝在位的时候，后宫宫女以及织造女工，人数还不满一百，却有积蓄的粮食和富余的钱财。先帝逝世以后，幼帝、景帝先后即位，变得日益奢侈起来，不按先帝的规矩办事。听说宫中织造女工和诸多无事闲坐的女子，就多达千人，她们的工作累计起来，不足以增加国家的财富，反而凭空消耗国库里的粮食，年年如此，实在没有好处。希望陛下从中挑选一些人，赏赐她们出宫婚嫁，嫁给那些无妻之人。这样，上则顺应天意，下则符合民心，是天下人的大幸。

今注　1 隐括：亦作“檃栝”，原指木匠矫正木材的手段，引申为改正、矫正。　2 二端：这里指地方官和朝廷派下的监察官。　3 襁负：原指用襁褓背负，这里引申为举家、拖家带口。　4 五音令人耳不聪，五色令人目不明：出自《老子》：“五色令人目盲，五音令人耳聋。”　5 织络：指皇宫中从事纺织的宫女。　6 徒坐：即无事闲坐之人，这里指的是孙晧挑选入宫但没有安排工作或名位的女子。

“臣闻殷汤取士于商贾，齐桓取士于车辕，周武取士于负薪，大汉取士于奴仆。明王圣主取士以贤，不拘卑贱，故其功德洋溢，名流竹素[1]，非求颜色而取好服、捷口、容悦者也。臣伏见当今内宠之臣，位非其人，任非其量，不能辅国匡时，群党相扶，害忠隐贤。愿陛下简文武之臣，各勤其官，州牧督将，藩镇方外，公卿尚书，务修仁化，上助陛下，下拯黎民，各尽其忠，拾遗万一，则康哉之歌[2]作，刑错[3]之理清。愿陛下留神思臣愚言。”

“臣听说商汤从商贾中选拔人才，齐桓公从马车夫里选拔人才，周武王从樵夫中选拔人才，大汉朝从奴仆中选拔人才。这说明圣明的君主以贤能为取士的标准，并不拘泥其出身的卑贱，所以这些圣王功德广泛传播，名垂青史，他们并不只看重表面而选取那些服饰华美、巧言善辩、容颜美丽之人。臣下看到当今宫内的宠臣，其人与职位不相匹配，才能与承担的责任不相符，他们不能辅佐国家匡救时弊，反而结党营私、互相勾结，陷害忠良、遮蔽贤能。希望陛下能精选文武大臣，使他们各自勤于职守，州牧、督将以及各地藩镇大员，还有公卿、尚书，务必修治仁德教化，上辅助陛下，下拯救百姓，各自尽忠，补救陛下万一的过失。这样，百姓就会吟咏歌颂安康的歌谣，不施刑罚的盛世也就会到来。希望陛下留神臣的不当之言。”

今注 1 竹素:即竹书与帛书。指史册。 2 康哉之歌:《尚书·益稷》中记载皋陶所作歌谣:"元首明哉,股肱良哉,庶事康哉。"指君主贤明,群臣得力,而万事康宁。故后世以"康哉"为歌颂太平之词。 3 刑错:又作"刑措"或"刑厝",意为置刑罚而不用,指政清人和、无人犯罪的太平盛世。

时殿上列将何定佞巧便辟[1],贵幸任事,凯面责定曰:"卿见前后事主不忠,倾乱国政,宁有得以寿终者邪!何以专为佞邪,秽尘天听?宜自改厉[2],不然,方见卿有不测之祸矣。"定大恨凯,思中伤之,凯终不以为意,乃心公家,义形于色,表疏皆指事不饰,忠恳内发。

当时殿上列将何定谄媚邪僻,受到恩幸而擅权,陆凯曾当面斥责他:"你看古往今来事奉君主不忠诚,扰乱国家大政的人,有哪一个能得以善终的?你为什么专门干奸佞邪恶之事,污塞君主的视听?你最好改过自勉,不然的话,就会看到你有不测之祸了。"何定十分痛恨陆凯,一心想要中伤他,陆凯却始终不以为意,一心为国家办事,正义之气显于神色,所上表文奏疏都直言其事而不加讳饰,忠耿恳切之情发自内心。

今注 1 便辟:指谄媚邪僻。辟,通"僻"。不诚实,邪僻。 2 厉:通"励"。劝勉。

建衡元年,疾病,皓遣中书令[1]董朝问所欲言,凯陈:"何定不可任用,宜授外任,不宜委以国事。奚熙小吏,建起浦里

建衡元年(269),陆凯病重,孙晧派中书令董朝询问他的遗言,陆凯陈述道:"何定不可重用,应当将他调离京都,而不应当把朝廷大事委任给他。奚熙只是个小吏,却修建起浦里塘,开丹阳湖

田,欲复严密[2]故迹,亦不可听[3]。姚信、楼玄、贺邵、张悌、郭逴、薛莹、滕修及族弟喜、抗,或清白忠勤,或姿才卓茂,皆社稷之桢干[4],国家之良辅,愿陛下重留神思,访以时务,各尽其忠,拾遗万一。”遂卒,时年七十二。

田,想恢复当年严密建造的旧迹,这人也不可听任。而姚信、楼玄、贺邵、张悌、郭逴、薛莹、滕修以及臣的族弟陆喜、陆抗,他们或者为人清白,忠诚勤奋,或者天资聪颖,才干过人,都是社稷的栋梁,国家的良臣,希望陛下对他们多加关注,向他们咨访时务,让他们各尽忠诚,补救陛下万一的过失。”不久后陆凯去世,享年七十二岁。

今注　**1** 中书令:三国时期官职,掌收纳章奏,草拟、发布皇帝诏令,职责重要。　**2** 严密:三国时期吴国官吏,曾在丹阳开垦湖田,修浦里塘,劳民伤财,不可胜计。　**3** 听:听任,任凭。　**4** 桢(zhēn)干:栋梁、骨干。

子祎,初为黄门侍郎,出领部曲,拜偏将军。凯亡后,入为太子中庶子。右国史[1]华覈表荐祎曰:“祎体质方刚,器干强固,董率[2]之才,鲁肃不过。及被召当下,径还赴都,道由武昌,曾不回顾,器械军资,一无所取。在戎[3]果毅,临财有节。夫夏口,贼之冲要,宜选名

陆凯的儿子陆祎,最初担任黄门侍郎,后来出外任职,并统领部曲,被任命为偏将军。陆凯死后,他入朝担任太子中庶子。右国史华覈上表举荐陆祎说:“陆祎体质刚健,才能突出,意志坚定,有统率大军的才能,鲁肃也不能超过他。当他被征召东下时,径直回到京城,路过武昌时,甚至连头也不回,部队里的军械和物资,一点也没有取走。他在军事上果断刚毅,在钱财面前也能保持节操。夏口是我国与敌军交锋的要冲,应当挑

将以镇戍之,臣窃思惟,莫善于祎。”

选名将前往镇守,臣私下考虑,没有谁比陆祎更合适。”

今注 1 右国史:三国时期吴国官名。国史为负责修撰国家史书的官员,有左右之分。 2 董率:即统率。 3 在戎:指在军中。

初,皓常衔凯数犯颜忤旨,加何定谮构非一,既以重臣,难绳以法,又陆抗时为大将在疆埸,故以计容忍。抗卒后,竟徙凯家于建安[1]。或曰宝鼎元年十二月,凯与大司马丁奉、御史大夫丁固谋,因皓谒庙,欲废皓立孙休子。时左将军留平领兵先驱,故密语平,平拒而不许,誓以不泄,是以所图不果。太史郎陈苗奏皓久阴不雨,风气回逆,将有阴谋,皓深警惧云[1]。

当初,孙晧常因陆凯多次冒犯自己忤逆旨意而怀恨在心,加上何定不止一次谗毁陆凯,但考虑到陆凯是国家重臣,难以用刑法来处置他,而且因为陆抗当时是戍边大将,所以只能暂且加以容忍。陆抗去世后,孙晧便勒令陆凯全家迁到建安郡。有人说,宝鼎元年(266)十二月,陆凯与大司马丁奉、御史大夫丁固策划,打算趁着孙晧拜谒祖庙时将其废黜,改立孙休之子。当时左将军留平带兵作为仪仗队的先导,所以他们暗中将这个计划告诉了留平,留平拒绝执行,但发誓绝不泄密,所以这一密谋没有成功。太史郎陈苗上奏说天久阴却不下雨,风气回旋逆行,将会有人制造阴谋,所以孙晧非常警惕害怕。

予[2]连从荆、扬来者得凯所谏皓二十事,博问吴人,多云不闻凯有此表。又按其文殊甚

我接连从荆州、扬州过来的人那里得到陆凯劝谏孙晧二十件事的奏表,但广泛询问吴国人士,多数人都表示没听说陆凯上过这样的奏表。而且奏表的文辞特别急切直白,恐怕不是孙晧所能容忍的。

切直，恐非皓之所能容忍也。或以为凯藏之箧笥[3]，未敢宣行，病困，皓遣董朝省问欲言，因以付之。虚实难明，故不著于篇，然爱其指擿皓事，足为后戒，故钞列于《凯传》左[4]云。

所以有人认为这些是陆凯藏在竹箱里的文书，不敢公开上奏，直到他病重的时候，孙皓派董朝前来探问遗言，陆凯才把奏表交给董朝。其中具体情况虚实难明，所以我不把表文著录在篇中，但我十分赞赏其中指责孙皓过失的文字，认为足以成为后世的警戒，便抄录在《陆凯传》的后面。

今注　**1** 建安：三国吴永安三年(260)分会稽郡置，治建安(今福建建瓯)。**2** 予：指《三国志》作者陈寿自己，这一段文字是陈寿的插叙。　**3** 箧笥(qiè sì)：指收藏文书的竹箱。　**4** 左：因为古代自上而下书写，从右到左换行，因此文中“左”是下文的意思。

裴注　[**1**]《吴录》曰：“旧拜庙，选兼大将军领三千兵为卫，凯欲因此兵以图之，令选曹白用丁奉。皓偶不欲，曰：‘更选。’凯令执据，虽暂兼，然宜得其人。皓曰：‘用留平。’凯令其子祎以谋语平。平素与丁奉有隙，祎未及得宣凯旨，平语祎曰：‘闻野猪入丁奉营，此凶征也。’有喜色。祎乃不敢言，还，因具启凯，故辍止。”

皓遣亲近赵钦口诏报凯前表曰：“孤动必遵先帝，有何不平？君所谏非也。又建业宫不利，故避之，而西宫室宇摧朽，须谋移都，何以不可

孙皓派亲信赵钦口传诏书答复陆凯之前的奏表说：“寡人做事情必定遵循先帝的遗训，你有什么不满意的呢？你所谏的事情也不对。而且建业的皇宫不吉利，所以要避开，西宫的房屋也早已腐朽不堪，应当谋划迁都，为什么不能搬迁

徙乎？”凯上疏曰：“臣窃见陛下执政以来，阴阳不调，五星失晷[1]，职司不忠，奸党相扶，是陛下不遵先帝之所致[1]。夫王者之兴，受之于天，修之由德，岂在宫乎？而陛下不諮之公辅[2]，便盛意驱驰，六军流离悲惧，逆犯天地，天地以灾，童歌其谣。纵令陛下一身得安，百姓愁劳，何以用治？此不遵先帝一也。

呢？”陆凯便上疏说：“臣私下看到自从陛下执政以来，阴阳不调，五星不按常轨运行，各级官员不忠诚，奸邪之徒结党营私，这就是陛下不遵循先帝遗训所导致的。帝王的兴起，受命于天，由德行修养而来，哪里是因为宫室？而陛下不咨询辅佐朝政的大臣，就随意调动兵马，使得六军颠沛流离、士气低落，这是逆犯天地的行为，所以天地就会降下灾异，也就会有相关的童谣出现。即使让陛下您一人得以安稳，而百姓愁苦劳顿，还怎么来治理天下？这是您不遵循先帝遗训的第一点。

今注　1 五星失晷：指五星不按固有轨道运行，古人认为这是凶象。晷，通“轨”。轨道。　2 公辅：指三公、宰辅一类的大臣。

裴注　[1]《江表传》载凯此表曰：“臣拜受明诏，心与气结。陛下何心之难悟，意不聪之甚也！”

“臣闻有国以贤为本，夏杀龙逢[1]，殷获伊挚[2]，斯前世之明效，今日之师表也。中常侍王蕃黄中[3]通理，处朝忠謇[4]，斯社稷之重镇，大

“臣听说治国理政须以贤能人才为本，夏桀诛杀直臣关龙逢，殷汤获得良臣伊尹，所以一兴一亡，这是前朝的明证，今日的表率啊。中常侍王蕃才能美德蕴存于心，通达事理，在朝廷处事忠耿正直，是社稷之栋梁，大吴国的关龙逢啊。但陛下

吴之龙逢也。而陛下忿其苦辞，恶其直对，枭之殿堂，尸骸暴弃。邦内伤心，有识悲悼，咸以吴国夫差[5]复存。先帝亲贤，陛下反之。是陛下不遵先帝二也。

“臣闻宰相国之柱也，不可不强，是故汉有萧、曹之佐，先帝有顾、步之相。而万彧琐才凡庸之质，昔从家隶，超步紫闼[6]，于彧已丰，于器已溢，而陛下爱其细介，不访大趣，荣以尊辅，越尚旧臣。贤良愤惋，智士赫咤[7]。是不遵先帝三也。

愤恨他逆耳的忠言，厌恶他耿直的对答，便将他在朝堂上斩首示众，还将他的尸体随意丢弃。国人对此深感伤心，有识之士更是为之悲悼，都认为是吴国夫差复活了。先帝亲贤纳士，陛下却反其道而行之。这是陛下不遵先帝遗训的第二点。

“臣听说宰相是国家的梁柱，气质不能不刚强，所以汉朝有萧何、曹参的辅佐，先帝有顾雍、步骘的襄助。而万彧只不过是一个平庸的小人，曾经是别人家里的奴仆，现在破格进入皇宫，对他来说已是足够恩重了，远远超过他资质能力的范围，而陛下喜好他微不足道的小聪明，却不考察他是否有大志趣，以尊贵的辅臣职位来给他荣宠，享受着超过旧臣的待遇。贤良之士感到愤慨惋惜，智谋之人感到愤怒惊叹。这是陛下不遵先帝遗训的第三点。

今注　1 龙逢：指关龙逢，是夏朝的宰相，夏桀时在位。夏桀昏暴，关龙逢因为直言进谏遭到杀害。　2 伊挚：即伊尹，名挚，商汤时担任尹（官名）。夏商之际的杰出政治家，商朝开国元勋，辅佐商汤讨伐夏桀、建立商朝，为商朝的强盛立下汗马功劳。　3 黄中：语出《易·坤》。谓才能美德蕴存于内心。　4 忠謇（jiǎn）：忠诚正直。　5 夫差：春秋时期吴国末代国君，当政期间穷兵黩武，严刑峻法，统治十分残暴，导致上下怨愤，最终被越王勾践所灭。　6 紫闼：指宫廷。　7 赫咤：愤怒貌。

"先帝爱民过于婴孩，民无妻者以妾妻之，见单衣者以帛给之，枯骨不收而取埋之。而陛下反之。是不遵先帝四也。

"先帝爱护百姓，甚至超过爱护婴儿的程度，百姓没有娶妻的就将宫中的侍女嫁给他，见到缺少衣物的就赐给他丝织品，见到未加收殓的枯骨一定要将之安葬。而陛下却反其道而行之。这是您不遵循先帝遗训的第四点。

"昔桀纣灭由妖妇[1]，幽厉乱在嬖妾[2]，先帝鉴之，以为身戒。故左右不置淫邪之色，后房无旷积之女。今中宫万数，不备嫔嫱[3]，外多鳏夫[4]，女吟于中。风雨逆度，正由此起。是不遵帝先五也。

"当年桀、纣因为妖妇而亡国，幽、厉也因嬖妾而生乱，先帝深以为鉴，把这些作为自己的警戒。所以他身边不安置妖艳的女子，后宫也没有旷怨冗余的女子。如今陛下后宫女子数以万计，又没有设置女官管理，宫外有许多鳏夫，宫中却有大量悲吟的女子。风雨失调，正是因此而起。这是陛下不遵先帝遗训的第五点。

"先帝忧劳万机，犹惧有失。陛下临阼以来，游戏后宫，眩惑[5]妇女，乃令庶事多旷，下吏容奸。是不遵先帝六也。

"先帝为了国家忧劳，日理万机，还担心自己有什么过失。陛下登基以来，终日在后宫嬉戏游玩，沉湎于女色，这导致政事大多荒废，下面官员作恶。这是陛下不遵先帝遗训的第六点。

"先帝笃尚朴素，服不纯丽，宫无高台，物不雕饰，故国富民充，奸盗不作。而陛下征调州郡，竭民财力，土被玄黄[6]，宫有朱紫[7]。是不遵先帝七也。

"先帝崇尚朴素，不用精美华丽的服饰，宫室中不建造高台，物品也不雕刻镂饰，所以国家府库充实，百姓富足，天下没有盗贼。而陛下向州郡肆意征调，耗尽民众的人力物力，地面铺满各种颜色的丝帛，宫中到处都是彩色的涂饰。这是陛下不遵先帝遗训的第七点。

今注 1 妖妇：分别指夏桀的宠妃妹喜和商纣的宠妃妲己。 2 嬖(bì)妾：主要指周幽王宠幸的褒姒。周厉王并无明确史籍记载其宠幸后妃导致失政，但古代常以幽厉连称，为习语。 3 嫔嫱(pín qiáng)：后妃姬妾及宫中的女官。 4 鳏(guān)夫：指未娶妻或丧偶的男子。 5 眩惑：沉湎、迷惑。 6 玄黄：与下文“朱紫”泛指宫廷中各种色彩华丽的装饰。 7 朱紫：泛指宫廷中各种色彩华丽的装饰。

“先帝外仗顾、陆、朱、张[1]，内近胡综、薛综，是以庶绩雍熙，邦内清肃。今者外非其任，内非其人，陈声、曹辅，斗筲[2]小吏，先帝之所弃，而陛下幸之。是不遵先帝八也。

“先帝每宴见群臣，抑损醇醲，臣下终日无失慢之尤，百寮庶尹，并展所陈。而陛下拘以视瞻之敬，惧以不尽之酒。夫酒以成礼，过则败德，此无异商辛[3]长夜之饮也。是不遵先帝九也。

“先帝外朝依靠顾雍、陆逊、朱然、张昭等良辅，内朝则亲近胡综、薛综等贤臣，所以政事协调和睦，国内清平整肃。如今无论内外，所任之人都难堪大用，陈声、曹辅，本都只是一些才识短浅、气量狭小的小吏，都是先帝弃而不用之人，而陛下却宠幸他们。这是陛下不遵先帝遗训的第八点。

“先帝每次设宴会见群臣，都要节制饮酒，臣子们从来不会发生因酒后疏忽怠懈而造成的过失，百官全都能陈述自己的意见。陛下却强制臣下在看您尊容的时候毕恭毕敬，用喝不完的酒来使群臣害怕。酒本是用来完成礼仪之物，但过分饮酒就会败坏德行，如果不加节制，就无异于商纣王通宵达旦地饮酒了。这是陛下不遵先帝遗训的第九点。

今注 1 顾、陆、朱、张：指出自吴郡的四个世家大族，代表人物为顾雍、陆逊、朱然、张昭，其家族子弟遍布吴国各重要部门，对吴国政治产生了十分重要的影响。 2 斗筲：原为古代容器，斗为十升，筲为一斗二升，都是很小的容器，故并称。比喻气量狭小或才识短浅。 3 商辛：商纣，亦称“帝辛”，商代末代国君，好酒淫乐，暴敛酷刑。

“昔汉之桓、灵，亲近宦竖，大失民心。今高通、詹廉、羊度，黄门小人，而陛下赏以重爵，权以战兵。若江渚有难，烽燧互起，则度等之武不能御侮明也。是不遵先帝十也。

“今宫女旷积，而黄门复走州郡，条牒民女，有钱则舍，无钱则取，怨呼道路，母子死诀。是不遵先帝十一也。

“先帝在时，亦养诸王太子，若取乳母，其夫复役，赐与钱财，给其资粮，时遣归来，视其弱息。今则不然，夫妇生离，夫故作役，儿从后死，家为空户。是不遵

“从前汉朝的桓、灵二帝，因为亲近宦官，结果大失民心。如今高通、詹廉、羊度，都是黄门宦官之流的小人，而陛下却赏赐给他们尊贵的爵位，又把军政大权交给他们。如果长江沿线有难，烽烟四起，羊度等人的军事才能显然不足以抵御外敌侵略。这是陛下不遵先帝遗训的第十点。

“如今后宫女子人数太多且闲置，而黄门宦官还在巡访州郡，发布条令文告招纳民女，有钱人家还可以出钱抵人，无钱人家的女儿就被强行夺走，导致民间怨声载道，母女永别。这是陛下不遵先帝遗训的第十一点。

“先帝在世的时候，也会养育诸王的太子，如果为他们选择乳母，便会免除乳母丈夫的劳役，并赐给他们钱财，供给他们粮食，还不时让乳母回家去照看自己的子女。如今却不是这样，夫妇离别，丈夫仍需要服劳役，子女因为无人照料随即夭折，家里便成为空户。这是陛下不遵先帝

先帝十二也。

“先帝叹曰：‘国以民为本，民以食为天，衣其次也，三者，孤存之于心。’今则不然，农桑并废。是不遵先帝十三也。

“先帝简士，不拘卑贱，任之乡闾，效之于事，举者不虚，受者不妄。今则不然，浮华[1]者登，朋党者进。是不遵先帝十四也。

“先帝战士，不给他役，使春惟知农，秋惟收稻，江渚有事，责其死效。今之战士，供给众役，廪赐不赡。是不遵先帝十五也。

“夫赏以劝功，罚以禁邪，赏罚不中，则士民散失。今江边将士，死不见哀，劳不见赏。是不遵先帝十六也。

“今在所监司[2]，已为烦猥，兼有内使，扰乱其

遗训的第十二点。

“先帝曾感叹：‘国以民为本，民以食为天，衣服其次，这三者，我常记在心中。’如今则不然，农耕和桑织全都荒废。这是陛下不遵先帝遗训的第十三点。

“先帝选拔士人，并不拘泥他们出身的卑贱，而是要通过他们在乡里任职，考核他们办事的成效，这样举荐者不虚报，任职者也不胡作非为。如今则不然，浮华不实者加以进用，结党营私者提拔晋升。这是陛下不遵先帝遗训的第十四点。

“先帝时期的士兵，不再让他们服其他劳役，只让他们在春季从事农耕，秋季收割稻子，长江沿线一旦发生战事，便可以责令他们拼死为国效力。如今的兵士，还要服各种其他徭役，而官府给他们的粮食和赏赐又不充裕。这是陛下不遵先帝遗训的第十五点。

“原本赏赐用以鼓励立功，刑罚用以阻止奸邪，赏罚若不公允，就会导致官吏百姓散失。如今长江沿线的将士，战死者得不到哀荣，立功者得不到赏赐。这是陛下不遵先帝遗训的第十六点。

“如今各地的监察官员，已经繁多，再加上朝廷外派的使者，在其中扰乱民众，

中，一民十吏，何以堪命？昔景帝时，交阯反乱，实由兹起。是为遵景帝之阙，不遵先帝十七也。

一个百姓要应付十个官员，怎么能忍受得了？从前景皇帝时期的交阯叛乱，实际上根源就在于此。这是陛下遵循景帝的过失，而不遵先帝遗训的第十七点。

今注 1 浮华：这里指东汉末年以来浮华的社会风气。当时士人之间往往互相交游吹捧，以博取名声，借此获取仕途晋升的资本。 2 在所监司：指驻在各地方的监察官员。

“夫校事[1]，吏民之仇也。先帝末年，虽有吕壹、钱钦，寻皆诛夷，以谢百姓。今复张立校曹，纵吏言事。是不遵先帝十八也。

“先帝时，居官者咸久于其位，然后考绩黜陟[2]。今州县职司，或莅政无几，便征召迁转，迎新送旧，纷纭道路，伤财害民，于是为甚。是不遵先帝十九也。

“先帝每察竟解之奏，常留心推按，是以狱无冤囚，死者吞声，今则违之。是不遵先帝

“校事官乃是官员和百姓的公敌。先帝晚年，虽有吕壹、钱钦作奸犯科，但不久他们都被诛杀，来向百姓谢罪。如今又重新设置校事官，放纵这些官员随意讨论事务。这是陛下不遵先帝遗训的第十八点。

“先帝时期，官员都需要久居其位，然后才通过考核政绩来决定其升降。如今的州县官员，有的刚到任没多久，就被征召迁转他职，地方上不断迎新送旧，官员在调任的路上来来往往，这方面可以说极为劳民伤财。这是陛下不遵先帝遗训的第十九点。

“先帝每次审查已经判决的案件，总是用心推究案情，所以监狱里面没有冤屈的囚犯，被处死的人也无话可说，如今却与此背道而驰。这是不遵先帝遗训的第二十点。

二十也。

若臣言可录，藏之盟府[3]；如其虚妄，治臣之罪。愿陛下留意[1]。”

如果臣以上所言值得采纳，请陛下将其交由掌管文书的部门保管；如果臣所言虚妄不实，就请将臣治罪。希望陛下留意臣所奏请。”

今注 **1** 校事：三国时，魏、吴所置掌侦察刺探官民情事之官。 **2** 黜陟：指官员的贬谪和提拔。 **3** 盟府：指古代保存盟约等重要文件的部门。三国时期，吴国一般由尚书省负责保存文件。

裴注 [**1**]《江表传》曰：“晧所行弥暴，凯知其将亡，上表曰：‘臣闻恶不可积，过不可长；积恶长过，丧乱之源也。是以古人惧不闻非，故设进善之旍，立敢谏之鼓。武公九十，思闻警戒，《诗》美其德，士悦其行。臣察陛下无思警戒之义，而有积恶之渐，臣深忧之，此祸兆见矣。故略陈其要，写尽愚怀。陛下宜克己复礼，述修前德，不可捐弃臣言，而放奢意。意奢情至，吏日欺民；民离则上不信下，下当疑上，骨肉相克，公子相奔。臣虽愚，暗于天命，以心审之，败不过二十稔也。臣常忿亡国之人夏桀、殷纣，亦不可使后人复忿陛下也。臣受国恩，奉朝三世，复以余年，值遇陛下，不能循俗，与众沈浮。若比干、伍员，以忠见戮，以正见疑，自谓毕足，无所余恨，灰身泉壤，无负先帝。愿陛下九思，社稷存焉。’初，晧始起宫，凯上表谏，不听，凯重表曰：‘臣闻宫功当起，夙夜反侧，是以频烦上事，往往留中，不见省报，於邑叹息，企想应罢。昨食时，被诏曰：“君所谏，诚是大趣，然未合鄙意如何。此宫殿不利，宜当避之，乃可以妨劳役，长坐不利宫乎？父之不安，子亦何倚？”臣拜纸诏，伏读一周，不觉气结于胸，而涕泣雨集也。臣年已六十九，荣禄已重，于臣过望，复何所冀？所以勤勤数进苦言者，臣伏念大皇帝创基立业，劳苦勤至，白发生于鬓肤，黄耇被于甲胄。天下始静，晏驾早崩，自含息之类，能言之伦，无不歔欷，如丧考妣。幼主嗣统，柄在臣下，军有连征之费，民有雕残之损。贼臣干政，公家空竭。今强敌当涂，西州倾覆，孤罢之民，宜当畜养，广力肆业，以备有虞。且始徙都，属有军征，战士流离，州郡骚扰，而大功复起，征召四方，斯非保国致治之渐也。臣闻为人主者，攘灾以德，除咎以义。故汤遭大旱，身祷桑林，荧惑守心，宋景退殿，是以旱魃销亡，妖星移舍。今宫室之不利，但当克己复礼，笃汤、宋之至道，愍黎庶之困苦，何忧宫之不安，灾之不销乎！陛下不务修德，而务筑宫室，若德之不修，行之不贵，虽殷辛之瑶台，秦皇之阿房，何止而不丧身覆国，宗庙作墟乎？夫兴土功，高台榭，既致水旱，民又多疾，所不疑也。为父长安，使子无倚，此乃子离于父，臣离于陛下之象也。臣子一离，虽念克骨，茅茨不翦，复何益焉？是以大皇帝居于南宫，自谓过于阿房。故先朝大臣，以为宫室宜厚，备卫非常，大皇帝曰："逆虏游魂，当爱育百姓，何聊趣于不急？"然臣下恳恻，由不获已，故裁调近郡，苟副众心，比当就功，犹豫三年。当此之时，寇钞慑威，不犯我境，师徒奔北，且西阻岷、汉，南州无事，尚犹冲让，未肯筑宫，况陛下危侧之世，又乏大皇帝之德，可不虑哉！愿陛下留意，臣不虚言。'"

原文

胤，字敬宗，凯弟也。始为御史、尚书选曹郎，太子和闻其名，待以殊礼。会全寄、杨竺等阿附[1]鲁王霸，与和分争，阴相谮构[2]，胤坐收下狱，楚毒备至，终无他辞[1]。后为衡阳督军都尉。赤乌十一年，交阯九真夷贼攻没城邑，

译文

陆胤，字敬宗，是陆凯的弟弟。起初担任御史、尚书选曹郎，太子孙和听闻了他的名声，对他格外礼敬。当时全寄、杨竺等人阿附鲁王孙霸，与孙和相争，暗地里诋毁构陷孙和及其下属，陆胤也因此获罪入狱，备受酷刑，却始终没有别的供词。陆胤出狱后，被任命为衡阳督军都尉。赤乌十一年(248)，交阯、九真的夷民叛乱，攻陷城邑，交州骚动不安。朝廷任命陆胤为交州刺史、安南校尉。陆胤进

交部骚动。以胤为交州刺史、安南校尉。胤入南界,喻以恩信,务崇招纳,高凉渠帅黄吴等支党三千余家皆出降。引军而南,重宣至诚,遗以财币。贼帅百余人,民五万余家,深幽不羁,莫不稽颡[3],交域清泰。

军南方地区后,以宣明恩德信义来告喻当地百姓,大力推行招安纳降的政策,于是高凉盗贼首领黄吴等率部下三千多户都出来投降。陆胤继续率军南下,再度表示出极大的诚意,并向当地人赠予钱财。于是原本藏匿在深山老林中不服王化的盗贼头目一百多人、民众五万多家,无不跪拜投降,于是整个交州地区恢复了清静太平。

今注　**1** 阿附:附和迎合。　**2** 谮构:进谗言诬陷。　**3** 稽颡(qǐ sǎng):古代的一种礼节,屈膝下跪,双手朝前,以额触地,表示极度虔诚恭敬。

裴注　[**1**]《吴录》曰:"太子自惧黜废,而鲁王觊觎益甚。权时见杨竺,辟左右而论霸之才,竺深述霸有文武英姿,宜为嫡嗣,于是权乃许立焉。有给使伏于床下,具闻之,以告太子。胤当至武昌,往辞太子。太子不见,而微服至其车上,与共密议,欲令陆逊表谏。既而逊有表极谏,权疑竺泄之,竺辞不服。权使竺出寻其由,竺白顷惟胤西行,必其所道。又遣问逊何由知之,逊言胤所述。召胤考问,胤为太子隐曰:'杨竺向臣道之。'遂共为狱。竺不胜痛毒,服是所道。初权疑竺泄之,及服,以为果然,乃斩竺。"

就加安南将军。复讨苍梧建陵贼,破之,前后出兵八千余人,以充军用。永安元年,征

陆胤于是被就地加授安南将军。后来又去讨伐苍梧郡建陵的盗贼,将其击溃,前前后后收编八千多人,补充了部队的兵力。永安元年(258),陆胤被征召出

为西陵督，封都亭侯，后转在虎林。中书丞华覈表荐胤曰："胤天姿聪朗，才通行洁，昔历选曹，遗迹可纪。还在交州，奉宣朝恩，流民归附，海隅肃清。苍梧、南海，岁有暴风、障气[1]之害，风则折木，飞砂转石，气则雾郁，飞鸟不经。自胤至州，风气绝息，商旅平行，民无疾疫，田稼丰稔。州治临海，海流秋咸[2]，胤又畜水，民得甘食。惠风横被，化感人神，遂凭天威，招合遗散。

任西陵督，封为都亭侯，后转到虎林驻屯。中书丞华覈上表举荐陆胤说："陆胤天资聪敏朗悟，才智博通，品行高洁，曾经担任选曹的官职，留下的政绩值得记载下来。后在交州任职，奉命宣扬朝廷恩典，使得流民归服王化，沿海地区得以肃清。苍梧、南海，每年都有暴风、瘴气的危害，暴风摧折树木，飞沙走石，瘴气则导致浓雾郁结，飞鸟都无法经过。自从陆胤到达交州，暴风瘴气之祸便完全消除，商旅得以平安行路，百姓也没有发生瘟疫，田地里庄稼年年丰收。交州州治濒临大海，秋天海水倒灌，使河水都变成了盐水，陆胤便在上游兴修水利蓄积淡水，使百姓得以正常饮食。他的恩惠之风遍布当地，教化之功感动人神，所以才能凭借着天威，将流散的百姓重新集合起来。

今注　1 障气：即"瘴气"。山林中的湿热空气。障，通"瘴"。　2 秋咸：指秋天海水倒灌。

"至被诏书当出，民感其恩，以忘恋土，负老携幼，甘心景从[1]。众无携贰，不烦兵卫。自诸将合众，皆胁之以

"等到他接到诏书，需要离开交州时，当地百姓感戴他的恩德，甚至愿意抛弃对故土的眷恋，纷纷扶老携幼，甘愿随他一同离开。人民不怀异心，当地就不需要派驻军队来防备。向来历任镇将为了集合民众，

威，未有如胤结以恩信者也。衔命在州，十有余年，宾带[2]殊俗，宝玩所生，而内无粉黛附珠之妾，家无文甲犀象[3]之珍，方之今臣，实难多得。宜在辇毂[4]，股肱王室，以赞唐虞康哉之颂[5]。江边任轻，不尽其才，虎林选督，堪之者众。若召还都，宠以上司，则天工[6]毕修，庶绩咸熙矣。”

胤卒，子式嗣，为柴桑督、扬武将军。天策元年，与从兄祎俱徙建安。天纪二年，召还建业，复将军、侯。

都是用武力来加以威胁，没有像陆胤这样能用恩信来获取百姓信任的。陆胤奉命在州府任职十多年，偏远地区风俗迥异，又盛产各种奇珍异宝，但陆胤的内室没有妆饰粉黛、佩戴珠玉的侍妾，家里也没有玳瑁、犀角、象牙之类的珍宝，这在当今大臣之中，实在是不可多得。他应当在朝中任职，辅佐君主，这样才能成就唐虞时代那种众庶康宁的盛世。驻防长江的任务较轻，不能全面发挥他的才能，而能够担任虎林都督的也大有人在。如果将陆胤召回京都，让他担任高官显职，那么王业就能大成，各种事业也都能兴盛了吧。”

陆胤去世之后，他的儿子陆式承袭了爵位，被任命为柴桑督、扬武将军。天策元年(275)，陆式与堂兄陆祎一起被流徙建安。天纪二年(278)，陆式又被召还建业，恢复了将军的职务以及侯爵。

今注 1 景从：指像影子一样跟从。 2 宾带：指五服之一的宾服。宾服原本指诸侯之地，按照陈寿的叙述，交州当时已经服从王化，不再是“蛮夷”，所以属于“宾服”了。 3 文甲犀象：文甲，指玳瑁甲壳；犀象，指犀牛角和象牙。 4 辇毂(niǎn gǔ)：原指皇帝的车驾，这里指皇帝身边。 5 康哉之颂：指对太平盛世的歌颂，出自《尚书·益稷》：“乃赓载歌曰：‘元首明哉，股肱良哉，庶事康哉。’” 6 天工：上天的职任。古人认为王者法天而建官，代天行职事。此指王业。

评曰：潘濬公清割断，陆凯忠壮质直，皆节概梗梗，有大丈夫格业。胤身洁事济，著称南土，可谓良牧矣。

评论说：潘濬为人公正清廉、果敢决断，陆凯忠诚壮勇、朴实正直，都有刚正不阿的节操和气概，都有大丈夫的品格功业。陆胤为人高洁，政绩可观，在南方留下了很好的名声，可以说是非常优秀的地方官了。

卷六十二　吴书十七

是仪胡综传

导读　本卷为是仪和胡综二人的合传。他们二人是孙权在位期间重要的中朝官，都做过吴国侍中，并掌管过刑狱诉讼和机要事务，是孙权十分得力的近臣。是仪为人勤奋正直，清廉简朴，被孙权认为是良臣的典范。胡综则以文才见长，孙权在位期间的各种政令文书，基本上出自胡综之手。因此陈寿将二人评价为吴国的栋梁之才。

是仪

原文

是仪，字子羽，北海营陵1人也。本姓“氏”，初为县吏，后仕郡。郡相孔融嘲仪，言“氏”字“民”无上，可改为“是”，乃遂改焉[1]。后依刘繇，避乱江东。繇军败，仪徙会稽。

孙权承摄大业，优文2征仪。到见亲任，专典机密，拜骑都尉。吕蒙

译文

是仪，字子羽，北海营陵人。他本姓“氏”，起初做县吏，后到郡里做官。郡相孔融嘲笑他，说“氏”字是“民”没有头，可以改成“是”，于是他就改了姓。是仪后来投奔刘繇，到江东躲避战乱。刘繇军被击败后，是仪迁居到了会稽。

孙权继位执政之后，下达褒奖的诏书征召是仪。是仪赴任后受到孙权信任和重用，专门负责机要事务，并被任命为骑都尉。吕蒙谋划袭击关羽的时候，孙

图袭关羽，权以问仪，仪善其计，劝权听之。从讨羽，拜忠义校尉。仪陈谢，权令曰：“孤虽非赵简子[3]，卿安得不自屈为周舍[4]邪？”既定荆州，都武昌，拜裨将军，后封都亭侯，守侍中。欲复授兵，仪自以非材，固辞不受。黄武中，遣仪之皖就将军刘邵，欲诱致曹休。休到，大破之，迁偏将军，入阙省尚书事，外总平[5]诸官，兼领辞讼，又令教诸公子书学。

权还专门就此事询问是仪，是仪称赞吕蒙的计谋，劝孙权加以采纳。是仪跟随孙权征讨关羽，被任命为忠义校尉。是仪推辞，孙权令他从命，并说：“寡人虽然不是赵简子，您怎么就不能委屈自己做周舍呢？”荆州平定后，吴国迁都武昌，是仪担任裨将军，后封爵都亭侯，又担任侍中。孙权想再授予他部队，是仪却认为自己并非统率军队的人才，坚辞不受。黄武年间，孙权派遣是仪前往皖城，在将军刘邵部下任职，想让他诱骗曹休前来。曹休来了之后，被吴军击溃，是仪升任偏将军，入宫负责尚书省事务，在外朝总管诸位官员，同时兼管诉讼，孙权还让他教导众公子读书学习。

今注 **1** 营陵：在今山东昌乐县东南。 **2** 优文：汉代征辟官吏时使用的褒奖性文书。 **3** 赵简子（？—前475）：即赵鞅，春秋时期晋国正卿，亦称“赵孟”。曾在汝滨筑城，铸刑鼎，改革军政，奠定赵国基础。 **4** 周舍：春秋时期赵鞅的家臣，以直言敢谏，能够匡正赵鞅的过失著名。 **5** 平：即平章，原指评处；商酌，这里引申为管理。

裴注 ［**1**］徐众评曰：“古之建姓，或以所生，或以官号，或以祖名，皆有义体，以明氏族。故曰胙之以土而命之氏，此先王之典也，所以明本重始，彰示功德，子孙不忘也。今离文析字，横生忌讳，使仪易姓，忘本诬祖，不亦谬哉！教人易姓，从人改族，融既失之，仪又不得也。”

大驾东迁，太子登留镇武昌，使仪辅太子。太子敬之，事先咨询，然后施行。进封都乡侯。后从太子还建业，复拜侍中、中执法，平诸官事、领辞讼如旧。典校郎吕壹诬白故江夏太守刁嘉谤讪[1]国政，权怒，收嘉系狱，悉验问。时同坐人皆怖畏壹，并言闻之，仪独云无闻。于是见穷诘[2]累日，诏旨转厉，群臣为之屏息。仪对曰："今刀锯已在臣颈，臣何敢为嘉隐讳，自取夷灭，为不忠之鬼！顾以闻知当有本末。"据实答问，辞不倾移[3]。权遂舍之，嘉亦得免[1]。

孙权迁都建业，太子孙登留下镇守武昌，是仪被安排辅佐太子。太子对他十分敬重，凡事都先咨询他，然后才施行。是仪晋封为都乡侯。后来他跟随太子返回建业，又被授予侍中、中执法，仍旧总管百官事务并兼管诉讼。典校郎吕壹诬告原江夏太守刁嘉毁谤讥刺国家大政，孙权大怒，将刁嘉收捕入狱，详加审问验证。当时牵连此事的人都十分害怕吕壹，纷纷表示听说过刁嘉毁谤的内容，唯独是仪说没有听说过。于是是仪被刨根问底地审讯多日，孙权还下诏要求严厉审问，大臣们都对此不敢作声。是仪回答说："现在刀锯已架在我的脖子上，我哪里还敢替刁嘉隐瞒真相，而自取灭族之祸，成为不忠之鬼呢！只是为了让陛下了解这件事的原委。"他根据实情一一答问，言辞毫无改变。孙权于是放弃对他的审讯，刁嘉也得以释放。

今注　**1** 谤讪：毁谤讥刺。　**2** 穷诘：指刨根问底地审讯、诘问。　**3** 倾移：指改变，偏差。

裴注　[1] 徐众评曰："是仪以羁旅异方，客仕吴朝，值谗邪殄行，当严毅之威，命悬漏刻，祸急危机，不雷同以害人，不苟免以伤义，可谓忠勇公正之士，虽祁奚之免叔向，庆忌之济朱云，何以尚之？忠不陷君，勇不慑耸，公不存私，正不党邪，资此四德，加之以文敏，崇之以谦约，履之以和顺，保傅二宫，存身爱名，不亦宜乎！”

蜀相诸葛亮卒，权垂心西州，遣仪使蜀申固盟好。奉使称意，后拜尚书仆射。南、鲁二宫初立，仪以本职领鲁王傅。仪嫌二宫相近切，乃上疏曰：“臣窃以鲁王天挺懿德，兼资文武，当今之宜，宜镇四方，为国藩辅。宣扬德美，广耀威灵，乃国家之良规，海内所瞻望。但臣言辞鄙野，不能究尽其意。愚以二宫宜有降杀[1]，正上下之序，明教化之本。”书三四上。

蜀国丞相诸葛亮去世后，孙权很关心蜀国的情况，便派是仪出使蜀国重申并加强同盟关系。是仪出使的表现孙权很满意，后来被任命为尚书仆射。南阳王孙和、鲁王孙霸被册立之初，是仪以本职兼领鲁王太傅。是仪认为二宫地位太过接近，于是上疏说：“臣私下认为鲁王天资过人，德行修美，兼具文武才干，如今最适合的，是让鲁王出镇外藩，作为保卫国家的屏障。同时让他宣扬德化，彰显朝廷的声威，这不仅是国家的有益的安排，也是全国人民共同的期望。只是臣言辞粗鄙，不能全面地阐述其中的道理。但我认为二宫中应当有降低地位的，以端正长幼尊卑的秩序，明确教化的根本所在。”他就这个问题连续上书了三四次。

今注 **1** 降杀：指礼仪、待遇等方面按等级递减，以示尊卑有别。

为傅尽忠，动辄规谏；事上勤，与人恭。不治产业，不受施惠，为屋

是仪担任鲁王太傅竭诚尽忠，时常对鲁王加以劝谏；侍奉主上勤勤恳恳，对待他人恭恭敬敬。他从不经营家产，也不

舍财足自容。邻家有起大宅者，权出望见，问起大室者谁。左右对曰："似是仪家也。"权曰："仪俭，必非也。"问果他家。其见知信如此。服不精细，食不重膳，拯赡[1]贫困，家无储蓄。权闻之，幸仪舍，求视蔬饭，亲尝之，对之叹息，即增俸赐，益田宅。仪累辞让，以恩为戚[2]。

时时有所进达，未尝言人之短。权常责仪以不言事，无所是非，仪对曰："圣主在上，臣下守职，惧于不称，实不敢以愚管之言，上干天听。"事国数十年，未尝有过。吕壹历白将相大臣，或一人以罪闻者数四，独无以白仪。权叹曰："使人尽如是仪，当安用科法为？"及寝疾，遗令素棺，敛[3]以时服[4]，务从省约。年八十一卒。

接受别人施与的恩惠，住宅和财物只求满足日常所需。邻居有人建造大宅，孙权出行时看见，便询问建造这所大房子的人是谁。左右侍从回答说："好像是是仪家。"孙权说："是仪为人俭朴，一定不是他。"一问果然是别家。他就是如此被孙权信任和了解。是仪衣着不求精致，饮食不看重烹调，还乐于周济贫困之人，家中没有什么储蓄。孙权听说后，前往他家，要求查看他吃的饭菜，并亲自品尝，对此大为感叹，当即增加是仪的俸禄和赏赐，并增加了他的田地和住宅。是仪一再推辞，因受恩惠而感到忧愁。

他常常向朝廷举荐人才，从未说他人的短处。孙权常责备他不谈政事，没有表现出褒贬的态度，是仪回答说："圣明的君主在上，臣下恪守本职，还担心不够称职，实在是不敢以一点愚蠢浅陋的见解，来干扰陛下视听。"他为国效力几十年，从未有什么过失。吕壹前后检举将相大臣，甚至有人被他数次检举有罪，却唯独找不到把柄来检举是仪。孙权感叹说："如果人人都像是仪那样，还要科条法令做什么呢？"是仪重病卧床的时候，留下遗嘱要求用普通棺木安葬，穿着平时的衣物入殓，一切务必节省简约。他八十一岁时去世。

今注 1 拯赡:救济。 2 戚:忧愁,悲伤。 3 敛:通“殓”。 4 时服:死者生前所穿的常服,即安葬时不特地制作丧服,表示节俭。

胡综

胡综,字伟则,汝南固始人也。少孤,母将避难江东。孙策领会稽太守,综年十四,为门下循行[1],留吴与孙权共读书。策薨,权为讨虏将军,以综为金曹从事[2],从讨黄祖,拜鄂长。权为车骑将军,都京[3],召综还,为书部,与是仪、徐详俱典军国密事。

刘备下白帝,权以见[4]兵少,使综料诸县,得六千人,立解烦两部,详领左部,综领右部督。吴将晋宗叛归魏,魏以宗为蕲春太守,去江数百里,数为寇害。权使综与贺齐轻行掩袭,生虏得宗。加建武中郎将。魏拜权为吴王,封综、仪、详皆为亭侯。

胡综,字伟则,汝南郡固始县人。他少年时父亲就去世了,母亲带着他到江东避难。孙策担任会稽太守时,胡综十四岁,出任门下循行,留在吴郡与孙权一同读书。孙策去世后,孙权担任讨虏将军,任命胡综为金曹从事,跟随大军讨伐黄祖,后来被任命为鄂县长。孙权做车骑将军的时候,在京口建都,召回了胡综,任命他做书部从事,与是仪、徐详一同掌管军国机密事务。

刘备兵临白帝城,孙权因为现有兵力不足,派胡综到各县选募兵员,得到六千人,建立了两部解烦兵,徐详任左部督,胡综任右部督。吴国将领晋宗叛逃到了魏国,魏国任命他为蕲春太守,距离长江数百里,多次侵犯吴国。孙权便派胡综与贺齐轻装疾行前去突袭,活捉了晋宗。胡综因功加授建武中郎将。魏国册封孙权为吴王的时候,胡综、是仪、徐详都被封为亭侯。

今注　1 门下循行：三国时期官吏名，为郡府的低级职员。　2 金曹从事：汉代及三国时期职官名，公府、郡、县均设置，主管财政、盐铁、贸易等。　3 京：指京口，位于今江苏镇江京口区。　4 见：同“现”。

黄武八年夏，黄龙见夏口，于是权称尊号，因瑞改元。又作黄龙大牙，常在中军，诸军进退，视其所向。命综作赋曰：“乾坤肇立，三才是生。狼弧[1]垂象，实惟兵精。圣人观法，是效是营，始作器械，爰求厥成。黄、农[2]创代，拓定皇基，上顺天心，下息民灾。高辛诛共[3]，舜征有苗[4]，启有甘师[5]，汤有鸣条[6]，周之牧野[7]，汉之垓下[8]，靡不由兵，克定厥绪[9]。明明大吴，实天生德，神武是经，惟皇之极。乃自在昔，黄、虞[10]是祖，越历五代[11]，继世在下。应期受命，发迹南土，将恢大繇[12]，革我

黄武八年(229)夏，黄龙在夏口出现，孙权于是登基称帝，并因祥瑞而改年号。又制作了黄龙大牙旗，经常将它立在中军，各军的行动，都按照大旗的指向而进退。孙权命令胡综写了一篇赋，文辞是：“乾坤肇始，天地人因此产生。天狼、弧矢垂示星象，它们都是主宰兵事的。于是圣人观察自然法则，仿效它经营大业，开始制造兵器，来求得成功。黄帝、神农创制人类的时代，开拓皇家基业，上则顺应天意，下则平息人民的灾祸。所以高辛诛杀共工，虞舜征伐有苗，夏启在甘地讨伐有扈氏，商汤在鸣条击败夏桀，周武王在牧野诛伐商纣，汉高祖在垓下击败项籍，凡此种种，无不是通过用兵作战，才能建立起王朝的正统。我煌煌大吴，承受着上天赐予的德运，经略英明神武的事业，一切都顺从上天的法则。从远古开始，黄帝、虞舜是开创大业的始祖，历经五代，一直传到当下。吴国顺应时运承受天命，在南方发迹，将要恢宏大道，光复中原。于是

区夏[13]。乃律天时，制为神军，取象太一，五将三门；疾则如电，迟则如云，进止有度，约而不烦。四灵既布，黄龙处中，周制日月，实曰太常[14]，桀然特立，六军所望。仙人在上，鉴观四方，神实使之，为国休祥。军欲转向，黄龙先移，金鼓不鸣，寂然变施，暗谟若神，可谓秘奇。在昔周室，赤乌衔书[15]，今也大吴，黄龙吐符。合契《河》《洛》[16]，动与道俱，天赞人和，佥曰惟休。”蜀闻权践阼，遣使重申前好。综为盟文，文义甚美，语在《权传》。

因循天时，建立神武大军，取法太一之象，设立五将，镇守三门；行动迅疾犹如闪电，举止徐缓犹如流云，进退均依照法度，法令简约而不繁杂。四灵旗布列四方，黄龙牙旗位于中央，牙旗上绘制了日月的图案，它其实名叫“太常”，它高大突出，六军都能够远远望见。仙人在上，鉴察四方，大军的行动进退，实有神明在上指挥，永保国家的福运。军队转向的时候，黄龙牙旗率先移动，不必鸣金击鼓，一切都在寂静中进行，隐蔽的计谋有如出自神明，可谓隐秘神奇。从前武王伐纣，有赤乌衔书显灵，如今在大吴，也有黄龙吐符的神迹。这些都与《河图》《洛书》相契，与天道相应，天意与人事两相参和，都表明这是吉庆。”蜀国听说孙权称帝登基，便派遣使者前来重修以前的盟友关系。胡综于是为此撰写了盟约，文辞义理俱佳，具体内容记载在《孙权传》中。

今注 1 狼弧：狼指天狼星。弧指弧矢星，包含九颗星，属于二十八宿中的井宿。 2 黄、农：指黄帝和神农氏。 3 高辛诛共：高辛，指帝喾；共，指共工。传说帝喾为黄帝曾孙，继颛顼为帝；共工为炎帝后裔，不服帝喾管辖，经常侵犯其他部族。帝喾于是进攻共工，在冀州将其击败。 4 有苗：又称“三苗”，传说中的古代部落，因不服舜的统治，舜命禹前往征讨，有苗氏于是臣服。 5 甘师：即甘之战。传说夏启在其父禹死后，夺取了君位，有扈氏不服，夏启于是在甘将其击败。　**6** 鸣条：即鸣条之战。夏朝末年，商汤率军在鸣条与夏军进行决战，夏军大败，夏朝由此灭亡。　**7** 牧野：即牧野之战。商朝末年，周武王率领联军在牧野与商朝军队进行决战，商纣王兵败自焚，商朝灭亡。　**8** 垓下：即垓下之战。刘邦率诸侯军与项羽在垓下进行决战，最终项羽兵败自刎。　**9** 绪：即统绪，指王朝的正统。　**10** 黄、虞：即黄帝、虞舜。汉代谶纬学说中有"汉家尧后""汉为火德"的理论，所以汉末有意继承汉朝正统的政权多以土德、舜后自居，所以胡综的赋文中将吴国政权的传承追溯到黄帝、虞舜。　**11** 五代：指夏、商、周、秦、汉。　**12** 大繇(yóu)：指治国大道。繇，通"猷"，道。　**13** 区夏：即中夏，指中原地区。　**14** 太常：古代旌旗名。《书·君牙》："厥有成绩，纪于太常。"孔传："王之旌旗画日月曰太常。"　**15** 赤乌衔书：传说周武王伐殷时出现的祥瑞，《尚书大传》卷二记载："武王伐纣，观兵于孟津，有火流于王屋，化为赤乌，三足。"　**16**《河》《洛》：指《河图》《洛书》，传说中黄河、洛水所出的两幅神秘图案，古人迷信其预示了王朝更替的规律。

权下都建业，详、综并为侍中，进封乡侯，兼左、右领军。时魏降人或云魏都督河北振威将军吴质，颇见猜疑，综乃伪为质作降文三条。

孙权东下定都建业，徐详、胡综同时出任侍中，晋封为乡侯，并兼领左、右领军。当时有魏国投降过来的人说，魏国都督河北振武将军吴质，颇受猜疑，胡综于是假托吴质名义写了投降文书三条。

其一曰："天纲弛绝，四海分崩，群生憔悴，士人播越，兵寇所加，邑无居民，风尘烟火，往往而

第一条说："朝廷纲纪废弛断绝，四海分崩离析，百姓困顿，士大夫四散流亡，兵匪贼寇所到之处，城邑没有居民，风尘烟火处处可见。自从三代以来，最

处。自三代以来，大乱之极，未有若今时者也。臣质志薄，处时无方，系于土壤，不能翻飞，遂为曹氏执事戎役。远处河朔[1]，天衢隔绝，虽望风慕义，思托大命，愧无因缘，得展其志。每往来者，窃听风化，伏知陛下齐德乾坤，同明日月，神武之姿，受之自然，敷演皇极[2]，流化万里，自江以南，户受覆焘[3]。英雄俊杰，上达之士，莫不心歌腹咏，乐在归附者也。今年六月末，奉闻吉日，龙兴践阼，恢弘大繇，整理天纲，将使遗民，睹见定主。昔武王伐殷，殷氏倒戈；高祖诛项，四面楚歌。方之今日，未足以喻。臣质不胜昊天至愿，谨遣所亲同郡黄定恭行奉表，及托降叛，间关[4]求达，其欲所陈，载列于左。”

严重的动乱，也从未有像今天这样的。臣吴质志虑浅薄，身处当今之世却没有良方，又被故土所羁绊，不能高飞翱翔，只得为曹氏掌管军旅之事。远处河朔之地，与通天大道相隔绝，虽然我仰慕风化大义，想要归附天命，只可惜没有因缘让我施展抱负。每当见到来往吴、魏之人，暗中听到吴国的风情和教化，这才知道陛下圣德与天地齐平，与日月同辉，神武的英姿受之于自然，传播您的统治之道，教化得以流布万里，大江以南家家户户都蒙受您的恩泽。英雄豪杰，贤达之士，无不由衷地歌咏，为自己的归附感到欢乐。今年六月底，听闻您在一个吉日龙兴登基，发扬大道，整顿天理纲纪，将使天下遗散的百姓目睹真命天子。当年武王伐殷的时候，殷商军队倒戈归附；汉高祖诛杀项羽的时候，垓下四面都是楚歌。但都难以与今日的形势相比。臣吴质无法抑制自己顺从上天的真切心愿，谨此派去我的亲信同郡人黄定恭敬地奉上奏表，并委托他表达我叛降的意愿，辗转向您传达，我想要表达的内容都列在下文中了。”

今注　1 河朔：指黄河以北地区。　2 皇极：古谓帝王统治天下的准则。　3 覆焘(dào)：指覆盖，用以比喻君主泽被苍生。焘，同“帱”。　4 间关：指辗转。

其二曰：“昔伊尹去夏入商，陈平委楚归汉，书功竹帛，遗名后世，世主不谓之背诞者，以为知天命也。臣昔为曹氏所见交接，外托君臣，内如骨肉，恩义绸缪，有合无离，遂受偏方之任，总河北之军。当此之时，志望高大，永与曹氏同死俱生，惟恐功之不建，事之不成耳。

“及曹氏之亡，后嗣继立，幼冲统政，谗言弥兴。同侪者以势相害，异趣[1]者得间其言。而臣受性简略，素不下人，视彼数子，意实迫之，此亦臣之过也。遂为邪议所见构会，招致猜疑，诬臣欲叛。虽识真者保明其心，

第二条说：“当年伊尹离开夏朝投奔殷商，陈平抛弃西楚归附汉朝，他们的功绩记载于史册，名声流传后世，当时的君主并不认为他们是背叛者，反而认为他们知晓天命所归。臣从前被曹氏发现而与之交接，在外是君臣的关系，在内则如同至亲骨肉，恩义深厚，亲密无间，于是接受了镇守一方的重任，总管黄河以北的军队。在这个时候，我志向远大，发誓永远与曹氏同生共死，唯恐不能建功立业，成就大事。

“后来曹氏衰亡，储君继位，幼主当政，谗言却日益兴起。同僚们依托权势互相伤害，志趣不同者也借机挑拨离间。而臣天性简朴，向来不堪屈居人下，看那几个小人，确实想要打压我，当然这里面也有我的过失。于是我被险恶的谗言陷害，招来君主猜疑，他们还污蔑我想要叛变。尽管有真知灼见的君子为我的忠心做担保，然而世道混乱，谗言比真话更加厉害，所以君主对我的

世乱谗胜，余嫌犹在，常惧一旦横受无辜，忧心孔疚，如履冰炭。昔乐毅[2]为燕昭王立功于齐，惠王即位，疑夺其任，遂去燕之赵，休烈不亏。彼岂欲二三其德，盖畏功名不建，而惧祸之将及也。昔遣魏郡周光以贾贩为名，托叛南诣，宣达密计。时以仓卒，未敢便有章表，使光口传而已。

猜疑依然存在，我总是担心自己说不定哪一天就会横遭不测，所以内心担惊受怕，如履薄冰，如践炭火。当年乐毅因攻打齐国为燕昭王立下大功，燕惠王即位后，因为猜忌剥夺了乐毅的职位，乐毅离开燕国前往赵国，然而功业并未因此而减损。他只不过是担心不能建立功名，害怕灾祸临头罢了。之前我曾派魏郡人周光以做生意为名，叛逃到南方，传达我的秘密计策。但当时因为行事仓促，不敢写成奏表，所以只是让周光口头传达而已。

今注　1 异趣：指志向不同。　2 乐毅：战国时期名将，曾任燕国亚卿，辅佐燕昭王振兴燕国。公元前284年，乐毅以上将军身份率五国联军攻打齐国，先后攻下七十余城。后因受燕惠王猜忌，离开燕国，投奔赵国。

“以为天下大归可见，天意所在，非吴复谁？此方之民，思为臣妾，延颈举踵，惟恐兵来之迟耳。若使圣恩少加信纳，当以河北承望王师，款心赤实，天日是鉴。而光去经年，不闻咳唾，未审此意竟得达不[1]？瞻

“我认为天下大势的最终走向已经能够看见，天意所在，除了吴国还能有谁呢？北方的人民，都想成为陛下的民众，伸长脖子，踮起脚跟，只怕吴国的大军来得太晚了。如果陛下垂恩，稍加信任接纳，我必定以河北之地恭迎王师，我的一片赤胆忠心，天日可鉴。然而周光南下已经过去一年，仍然杳无音讯，不知道他是否已经切实转达了我的心意？我

望长叹，日月以几，鲁望高子[2]，何足以喻！又臣今日见待稍薄，苍蝇[3]之声，绵绵不绝，必受此祸，迟速事耳。臣私度陛下未垂明慰者，必以臣质贯穿仁义之道，不行若此之事，谓光所传，多虚少实，或谓此中有他消息，不知臣质构谗见疑，恐受大害也。

遥望南方长叹，日日月月如此，即使是当年鲁国人民对齐国高傒的盼望，也不足以与我比拟！而且臣如今所受待遇日渐淡薄，小人进谗言之声绵绵不绝，我必定会因此遭受祸患，这只不过是早晚的事。臣内心揣测，陛下之所以还没有垂示圣明的劝慰，一定是认为臣能贯彻仁义之道，不会有叛逃之举，所以觉得周光所传达的话虚多实少，或误以为其中有什么其他阴谋，却不知道臣已经因谗言而受到猜忌，恐怕即将大难临头了。

今注　**1** 不：同“否”。　**2** 高子：即春秋齐桓公时齐国的上卿高傒。齐桓公二十四年(前662)，鲁庄公去世，鲁国因君位争夺陷入内乱，庄公的庶兄庆父擅行废立，谋害了两位国君，所谓“庆父不死，鲁难未已”。齐国派兵诛杀了庆父，又派高子与鲁国订立盟约，拥立鲁僖公，并修复了鲁国都城的城防。鲁国人民对高子由衷感戴，这便是典故“鲁望高子”的由来。**3** 苍蝇：即青蝇。比喻进谗言的小人。

“且臣质若有罪之日，自当奔赴鼎镬[1]，束身待罪，此盖人臣之宜也。今日无罪，横见谮毁，将有商鞅、白起之祸。寻惟事势，去亦宜也。死而弗义，不去何为！乐

“况且，假如臣吴质真的有罪，一定会自行投身鼎镬，将自己捆绑起来听候发落，因为这是为人臣子的本分。我如今并无罪过，却横受谗言毁谤，恐怕将遭受商鞅、白起那样的祸患。按照目前的形势，离开魏国也是合适的。既然白白死去并不能显示出道义，那又为什么不

毅之出，吴起之走，君子伤其不遇，未有非之者也。愿陛下推古况[2]今，不疑怪于臣质也。又念人臣获罪，当如伍员奉己自效[3]，不当徼幸因事为利。然今与古，厥势不同，南北悠远，江湖隔绝，自不举事，何得济免？是以忘志士之节，而思立功之义也。且臣质又以曹氏之嗣，非天命所在，政弱刑乱，柄夺于臣，诸将专威于外，各自为政，莫或同心，士卒衰耗，帑藏空虚，纲纪毁废，上下并昏。想前后数得降叛，具闻此问。兼弱攻昧，宜应天时，此实陛下进取之秋，是以区区[4]敢献其计。

离开呢！乐毅、吴起出逃，君子为他们的怀才不遇而感伤，却没有非议他们的。希望陛下推究古事，比拟今人，不要猜疑责怪臣吴质。或许您又想到，臣下一旦获罪，应当像伍子胥那样自愿奉献生命，不应当侥幸地借机寻求益处。然而，今天与古代相比，形势已经大不相同，南北相距遥远，加上江湖悬隔，如果不是自己主动举事，又怎能在灾祸面前全身而退？所以我只能忘记志士的节操，而考虑建立功业的大义。而且臣又认识到，曹氏的嗣君并非真命天子，统治衰弱，刑罚混乱，朝政大权被奸臣篡夺，在外诸将又拥兵自重，各自为政，无人同心，魏国军队日渐损耗衰败，国库空虚，朝廷纲纪崩坏废弛，上下都很昏庸。我想到陛下前后数次接收魏国的投降者，已经都听说了这些情况。兼并弱国、攻讨昏昧，应当顺应天时，现在正是陛下积极进取的大好时机，故此鄙人才敢献上自己的计策。

今注　1 鼎镬(huò)：鼎和镬都是古代用于烹饪的器物，这里指用鼎镬烹人的酷刑。　2 况：比拟。　3 自效：自愿为别人或集团贡献自己的力量或生命。　4 区区：自称的谦辞。

“今若内兵淮、泗，据有下邳，荆、扬二州，闻声响应，臣从河北席卷而南，形势一连，根牙永固。关西之兵系于所卫，青、徐二州不敢彻守，许、洛余兵众不满万，谁能来东与陛下争者？此诚千载一会之期，可不深思而熟计乎？及臣所在，既自多马，加以羌胡常以三四月中美草时，驱马来出，隐度今者，可得三千余匹。陛下出军，当投此时，多将骑士来就马耳。

“此皆先定所一二知。凡两军不能相究虚实，今此间实羸，易可克定，陛下举动，应者必多。上定洪业，使普天一统，下令臣质建非常之功，此乃天也。若不见纳，此亦天也。愿陛下思之，不复多陈。”

“如果现在将军队集结到淮河、泗水流域，占据下邳，荆、扬二州闻风而动，纷纷响应，而我从河北地区席卷南下，使得南北势力合为一体，必定能够稳固根基。而镇守关西的魏军没办法离开他们的驻地，青、徐二州的军队也必不敢撤防，这样许、洛所剩下的兵卒也就不足一万，谁还有能力到东方来与陛下争锋呢？这实在是千载难逢的良机，岂能不深思熟虑认真对待呢？至于臣镇守的地方，本就盛产良马，而且西北的羌人、胡人经常在三四月间牧草肥美的时候，赶着马群出来游牧，如今大概估算，可以获得三千多匹马。陛下如果出兵，应该把握这一时机，多派骑兵来获取这边的马匹。

“这些都是根据已掌握的情况预备的大致计划，现报知如上。大凡两军对峙，不能不互相打探清楚对方的虚实，如今这里确实军力羸弱，很容易就能平定，陛下举兵而进，响应的人一定很多。如此，您就可以上定伟业，统一天下，下令我吴质建立特殊的功勋，这是天意啊。如果您不接受我的建议，这也是天意。希望陛下对此深加考虑，我不再多讲话了。”

其三曰："昔许子远[1]舍袁就曹，规画计较，应见纳受，遂破袁军，以定曹业。向使曹氏不信子远，怀疑犹豫，不决于心，则今天下袁氏有也。愿陛下思之。间闻界上将阎浮、赵楫欲归大化，唱和不速，以取破亡。今臣款款，远授其命，若复怀疑，不时举动，令臣孤绝，受此厚祸，即恐天下雄夫烈士欲立功者，不敢复托命陛下矣。愿陛下思之。皇天后土，实闻其言。"此文既流行，而质已入为侍中矣。

第三条说："当年许攸舍弃袁绍投奔曹操，他的谋略计策都能够被曹操采纳，于是击破袁军，奠定了曹氏的基业。假设曹操不信任许攸，而是怀疑犹豫，下不了决心，那么今日就是袁氏据有天下了。所以希望陛下深思。臣近来听说，在边境的将领阎浮、赵楫打算归顺吴国，但因为行动时彼此呼应不及时，导致失败灭亡。如今臣忠心耿耿，将性命托付给陛下，如果还要被怀疑，不及时行动举兵，就会使臣落入孤立无援的境地，遭到灭顶之灾，那么到时候恐怕天下想要建功立业的英雄豪杰，也不敢再将性命托付给陛下了。希望陛下多加考虑。皇天在上，后土在下，必定能听到我的真心实话。"这篇文章流传开之后，而吴质已回到魏国朝廷担任侍中了。

今注　1 许子远：即许攸，字子远。原本是袁绍手下的谋士，官渡之战时，许攸家人因犯法被收捕，故其叛逃曹操。

二年，青州人隐蕃归吴，上书曰："臣闻纣为无道，微子[1]先出；高祖宽明，陈平先入。臣年

黄龙二年(230)，青州人隐蕃投降吴国，他上书说："臣听说商纣王无道，微子便先行出逃；汉高祖宽仁英明，陈平便先去投奔。臣二十二岁，背井离乡，归顺有

二十二，委弃封域，归命有道，赖蒙天灵，得自全致。臣至止有日，而主者同之降人，未见精别，使臣微言妙旨，不得上达。於邑三叹，曷惟其已！谨诣阙拜章，乞蒙引见。”权即召入。蕃谢答问，及陈时务，甚有辞观。

道之邦，有赖神灵的护佑，得以平安抵达。臣已经投奔过来许久，主管官员却把我视为普通的投降者，没有详加区别，这使得臣的微言妙旨，不得上达于陛下。我忧郁地再三哀叹，此种处境何时才能结束啊！谨此呈上奏章，请求能蒙受陛下的召见。”孙权立即召隐蕃入宫。隐蕃感恩致谢、回答问话，至于所陈述对时事的看法，言辞和观点都很有见地。

今注 **1** 微子：即微子启，商纣王的庶兄。微子因纣王昏庸残暴，曾多次进谏，但纣王并不采纳，于是出走。周武王灭商之后，微子被封于商故都商丘，国号“宋”。

综时侍坐，权问何如。综对曰：“蕃上书，大语有似东方朔[1]，巧捷诡辩有似祢衡[2]，而才皆不及。”权又问可堪何官，综对曰：“未可以治民，且试以都辇[3]小职。”权以蕃盛论刑狱，用为廷尉监[4]。左将军朱据、廷尉郝普称蕃有王佐之才，普尤与之亲善，常怨

胡综当时在座陪同，孙权便询问他隐蕃这人怎么样。胡综回答说：“隐蕃上书，说起大话来像东方朔，巧言诡辩又类似祢衡，但实际的才能都比不上他们。”孙权又问他隐蕃可以担任什么官职，胡综回答说：“此人不能胜任治理百姓的职务，姑且让他试试在京城做个小官。”孙权因隐蕃曾大谈刑法诉讼，就任命他为廷尉监。左将军朱据、廷尉郝普都称赞隐蕃有辅佐君王的才干，而郝普与隐蕃的关系尤其亲密，常常为隐蕃的屈才而抱怨叹息。

叹其屈。后蕃谋叛，事觉伏诛[1]，普见责自杀。据禁止[5]，历时乃解。

后来隐蕃阴谋叛变，事情败露后被诛杀，郝普因受到谴责而自杀。朱据则被停职软禁，过了很久才获释。

今注 **1** 东方朔：西汉文学家，字曼倩。汉武帝即位时征辟士人，东方朔上书自荐，被拜为郎官，后为太中大夫。善于作文，言辞机敏，性格诙谐，亦曾谏言汉武帝，但汉武帝始终将其视为俳优之属，未加重用。 **2** 祢衡：字正平，东汉末年名士，为人恃才傲物，性格偏狭。起初与孔融交好，被孔融推荐给曹操，曾裸身击鼓辱骂曹操。后来曹操将其送给刘表，刘表又送给黄祖，最终祢衡由于与黄祖的言语冲突被杀。 **3** 都辇：指京城。 **4** 廷尉监：为廷尉属官，主管刑狱。 **5** 禁止：谓限制受弹劾官吏的行动自由。

裴注 ［**1**］《吴录》曰："蕃有口才，魏明帝使诈叛如吴，令求作廷尉职，重案大臣以离间之。既为廷尉监，众人以据、普与蕃亲善，常车马云集，宾客盈堂。及至事觉，蕃亡走，捕得，考问党与，蕃无所言。吴主使将入，谓曰：'何乃以肌肉为人受毒乎？'蕃曰：'孙君，丈夫图事，岂有无伴！烈士死，不足相牵耳。'遂闭口而死。"《吴历》曰："权问普：'卿前盛称蕃，又为之怨望朝廷，使蕃反叛，皆卿之由。'"

拜综偏将军，兼左执法，领辞讼。辽东之事[1]，辅吴将军张昭以谏权言辞切至，权亦大怒，其和协彼此，使之无隙，综有力焉。性嗜酒，酒后欢呼极意，或

胡综出任偏将军，兼领左执法，负责处理诉讼的事务。在征讨辽东这件事上，辅吴将军张昭因为劝谏孙权，言辞过于急切，孙权也因此大怒，但他们最终彼此同心协力，不再心存芥蒂，是因为胡综在其中大力斡旋的缘故。胡综天性嗜好饮酒，酒后经常肆意欢呼，有时还把酒杯推来推

推引杯觞，搏击左右。权爱其才，弗之责也。

凡自权统事，诸文诰策命[2]，邻国书符，略皆综之所造也。初以内外多事，特立科，长吏遭丧，皆不得去，而数有犯者。权患之，使朝臣下议。综议以为宜定科文，示以大辟，行之一人，其后必绝。遂用综言，由是奔丧乃断。赤乌六年卒，子冲嗣。冲平和有文干，天纪中为中书令[1]。徐详者字子明，吴郡乌程[3]人也，先综死。

去，甚至出手殴打身边的人。孙权因为欣赏他的才干，所以未加责怪。

自孙权统领国事以后，所有的文诰策命，以及给邻国的信函文件，大多出自胡综之手。早些年因为国内外事务繁多，所以朝廷制定了专门的条例，规定地方长官如果遇到丧事，都不允许离职奔丧，但仍然多次有人违反规定。孙权对此十分担忧，让朝臣讨论解决的办法。胡综建议，认为应当专门制定一条法律条文，规定以后首犯者将遭受极刑，这种现象就一定会绝迹。孙权于是采用胡综的建议，果然从此以后不再出现离职奔丧的现象了。赤乌六年(243)，胡综去世，他的儿子胡冲继承了爵位。胡冲为人温和，有文学才干，天纪年间曾出任中书令。徐详字子明，吴郡乌程县人，先于胡综去世。

今注 1 辽东之事：指吴嘉禾二年(233)，孙权准备亲征辽东公孙渊一事。 2 文诰策命：泛指朝廷的各种文书。 3 乌程：地名。相传有善酿酒的乌、程二姓居此，故名。在今浙江湖州南。

裴注 [1]《吴录》曰："冲后仕晋尚书郎、吴郡太守。"

评曰：是仪、徐详、胡综，皆孙权之时干

评论说：是仪、徐详、胡综，都是孙权在位期间以实干兴邦的人才。是仪为人兴事业者也。仪清恪贞素,详数通使命,综文采才用,各见信任,辟[1]之广夏,其榱椽[2]之佐乎!

清朗恭谨,正直朴素,徐详多次担任出使外国的使命,胡综文采斐然,才能过人,他们都深受君主的信任,比作一栋高大的房屋的话,他们大概就是架屋承瓦的榱椽吧!

今注 1 辟:通"譬"。比喻;比方。 2 榱椽(cuī chuán):传统建筑中架屋承瓦的木头,此处喻指担负重任的人物。

卷六十三 吴书十八

吴范刘惇赵达传

导读 本卷是吴范、刘惇、赵达三人的合传。这三人是三国时期吴国有名的术士，各自精通占卜、望气、推步、射覆等秘术。本篇中记载的，也大多是关于他们卜算如何灵验的事迹，类似于奇谈秘闻。在传统正史中，一般都编有“方术传”，本卷正是出于这一体例安排。另外值得注意的是，陈寿在叙述这三人事迹的时候，总是突出孙权对术数的兴趣，将孙权刻画成“不问苍生问鬼神”的形象，而他在卷末的史评中也指出，君子应将眼光放长远，不应局限于这类小道小术，有规诫后世的用意。

吴范

原文

吴范，字文则，会稽上虞[1]人也。以治历数[2]知风气[3]闻于郡中。举有道[4]，诣京都，世乱不行。会孙权起于东南，范委身服事。每有灾祥，辄推数言状，其术多效[5]，遂以显名。

初，权在吴，欲讨

译文

吴范，字文则，会稽郡上虞县人。因精通星历术数、懂得占望风气而闻名于郡中。被乡里荐举为“有道”，准备前往京都，但因天下大乱而未能成行。时值孙权在东南建立政权，吴范便前往投奔任职。每当出现灾祸、祥瑞，他都会用数术推算其中情况，他的预言大多应验，于是便出了名。

起初，孙权在吴郡，准备讨伐黄祖。

黄祖。范曰:“今兹少利,不如明年。明年戊子,荆州刘表亦身死国亡。”权遂征祖,卒不能克。明年,军出,行及寻阳,范见风气,因诣船贺,催兵急行,至即破祖,祖得夜亡。权恐失之,范曰:“未远,必生禽[6]祖。”至五更中,果得之。刘表竟死,荆州分割。

吴范说:“如果现在发兵,得不到什么好处,不如等到明年。明年是戊子年,荆州刘表也会身死国亡。”孙权仍然出兵征讨黄祖,最终没有获胜。第二年,大军再度出动,抵达寻阳的时候,吴范观察风气,便上船祝贺,同时催促军队赶快进发,果然一到就大败黄祖,黄祖只得趁夜逃走。孙权还担心抓不住黄祖,吴范说:“他还没有走远,一定能活捉黄祖的。”到五更时,果然抓住了黄祖。而刘表最终也在这一年去世,荆州被吴、蜀两国瓜分。

今注　1 上虞:秦汉三国时期县名,位于今浙江绍兴上虞区。　2 历数:古代推算天文历法的学问。　3 风气:又称“云气”,古代的一种方术,通过观察风云气象变化推测吉凶。　4 有道:是汉代察举制里的一个科目,指有道德和才艺的人可以被举荐为官,与秀(茂)才、孝廉、贤良方正等类似。　5 效:指应验。　6 禽:通“擒”。

及壬辰岁,范又白言:“岁在甲午,刘备当得益州。”后吕岱从蜀还,遇之白帝[1],说备部众离落,死亡且半,事必不克。权以难范,范曰:“臣所言者天道也,而岱所见者人事耳。”备卒

到壬辰年(212)时,吴范又报告说:“到甲午年(214)的时候,刘备应该会取得益州。”后来吕岱从蜀地返回,在白帝城与刘备遭遇,回来报告说刘备的部队离散流落,死亡近半,一定不可能夺取益州。孙权便以此质问吴范,吴范说:“臣所说的是天道运行的规律,而吕岱所见到的只是人事的表象罢了。”刘备最终还

得蜀。

权与吕蒙谋袭关羽，议之近臣，多曰不可。权以问范，范曰：“得之。”后羽在麦城，使使请降。权问范曰：“竟当降否？”范曰：“彼有走气[2]，言降诈耳。”权使潘璋邀[3]其径路，觇候[4]者还，白羽已去。范曰：“虽去不免。”问其期，曰：“明日日中。”权立表下漏[5]以待之。及中不至，权问其故，范曰：“时尚未正中也。”顷之，有风动帷，范拊手曰：“羽至矣。”须臾，外称万岁，传言得羽。

是得到了蜀地。

孙权与吕蒙谋划袭击关羽，与亲近大臣商议，大多数人都认为不可行。孙权就此事咨询吴范，吴范说：“能够抓获他。”后来关羽在麦城的时候，派使者来请求投降。孙权便问吴范：“他究竟会投降吗？”吴范说：“他有要逃走的气象，说投降只不过是假话罢了。”孙权于是派遣潘璋去截断关羽的道路，而侦察兵回来报告说，关羽已经从麦城逃走了。吴范说：“虽然逃了也免不了被抓住。”孙权问他捉住关羽的时间，他说：“明天中午。”孙权便设置了日表和漏刻来计时等待。但到了第二天中午，还没有消息传来，孙权问其原因，吴范说：“因为现在还没有到正午。”不久，有风吹动帷帐，吴范当即拍手说：“关羽抓到了。”很快，帐外欢呼万岁，报告捉住了关羽。

今注　1 白帝：即白帝城，汉代及三国时期城名，位于今重庆奉节东白帝山。　2 走气：指通过望气之术观察，预测敌方有逃走的计划。　3 邀：阻拦；截击。　4 觇(chān)候：指侦察兵。　5 立表下漏：古代计时的方法。立表指在阳光下竖立木桩，根据影子的方位测定时间；下漏指用漏壶滴水计时。

后权与魏为好，范曰：“以风气言之，彼以貌[1]来，其实有谋，宜为之备。”刘备盛兵[2]西陵，范曰：“后当和亲。”终皆如言。其占验明审如此。权以范为骑都尉，领太史令，数从访问，欲知其决[3]。范秘惜其术，不以至要语权，权由是恨之[1]。

初，权为将军时，范尝白言江南有王气，亥、子之间有大福庆。权曰：“若终如言，以君为侯。”及立为吴王，范时侍宴，曰：“昔在吴中，尝言此事，大王识之邪？”权曰：“有之。”因呼左右，以侯绶带范。范知权欲以厌当[4]前言，辄手推不受。及后论功行封，以范为都亭侯。诏临当出，权恚[5]其爱[6]道于己也，削除其名。

后来孙权与魏国结好，吴范说：“从风候云气的角度而言，魏国表面上与我们和好，其实另有图谋，应该对他们加以防备。”而刘备大举出兵西陵，吴范却说：“刘备日后一定会与我们和亲的。”这些事情最终和他所预言的一样。他的占卜就是如此准确明白。孙权任命吴范为骑都尉，兼领太史令，多次询问吴范，想知道他占卜推验之中的诀窍。但吴范隐藏吝惜自己的术数，不肯将关键的内容告诉孙权，孙权于是对他很是恼怒。

起初，孙权做将军的时候，吴范曾报告说江南有帝王之气，在亥、子年的时候将会有大福大庆之事。孙权说：“如果将来像您所说的那样，我要封您为侯。”到孙权册立为吴王，吴范有一次在宴席中陪坐，便说起来：“当年在吴中时，我就曾说过此事，大王您还记得吗？”孙权说：“有这回事。”于是招呼手下人，拿来侯爵的绶带要给吴范戴上。吴范知道孙权想用这种方式把当初的诺言搪塞过去，便用手推开不肯接受。到后来论功封赏的时候，吴范被封为都亭侯。但到诏令要颁布时，孙权又恼恨吴范对自己吝啬讲解占卜之术，便在诏书中删掉了吴范的名字。

今注　1 貌：这里指伪饰、假装。　2 盛兵：指大举出兵。　3 决：通“诀”，指诀窍、秘诀。　4 厌(yā)当：原指古代方术中预测未来将有灾厄出现时，利用某些替代的方法来消灾，这里引申为搪塞、食言。　5 恚(huì)：恼怒。　6 爱：指吝啬。

裴注　[1]《吴录》曰：“范独心计，所以见重者术，术亡则身弃矣，故终不言。”

范为人刚直，颇好自称，然与亲故交接有终始。素与魏滕同邑相善。滕尝有罪，权责怒甚严，敢有谏者死。范谓滕曰：“与汝偕死。”滕曰：“死而无益，何用死为？”范曰：“安能虑此，坐观汝邪？”乃髡头[1]自缚诣门下，使铃下[2]以闻。铃下不敢，曰：“必死，不敢白。”范曰：“汝有子邪？”曰：“有”。曰：“使汝为吴范死，子以属我。”铃下曰：“诺。”乃排阁入。

言未卒，权大怒，欲便投以戟。逡巡[3]走

吴范为人刚正直率，非常喜欢自夸，但他与亲戚、朋友之间的交往总能做到有始有终。他一向与同乡魏滕关系友好。魏滕曾犯了罪，孙权极其严厉地怒责他，有谁敢劝谏便被处死。吴范对魏滕说：“我会与你一同去死。”魏滕说：“你死了也没什么好处，为什么要去死呢？”吴范说：“怎么能因为害怕，就眼睁睁看着你去死呢？”于是吴范剃光了头发，将自己绑起来，来到宫门前，让守门的侍卫入内禀报。侍卫不敢，说：“去报告只有死路一条，我不敢去报告。”吴范说：“你有儿子吗？”侍卫说：“有。”吴范说：“假如你因为我吴范的原因被处死，你的儿子由我来抚养。”侍卫说：“好。”于是推门而入。

侍卫话还没说完，孙权便大发雷霆，想用戟刺死侍卫。侍卫躲闪着逃出门，

出，范因突入，叩头流血，言与涕并。良久，权意释，乃免滕。滕见范谢曰："父母能生长我，不能免我于死。丈夫相知，如汝足矣，何用多为[1]！"

黄武五年，范病卒。长子先死，少子尚幼，于是业绝。权追思之，募三州[4]有能举知术数如吴范、赵达者，封千户侯，卒无所得[2]。

吴范乘机跑了进去，一个劲儿地叩头直到流血，一边说一边流泪。过了很久，孙权才消除了怒火，于是免去了魏滕的死罪。魏滕看到吴范，感谢道："父母能生我养我，却不能使我免于一死。大丈夫与知己相交，像您这样的人有一个就足够了，哪里还要多啊！"

黄武五年(226)，吴范因病去世。他的长子早死，小儿子年纪还小，他的占卜秘术因此失传。孙权后来对他很是想念，便想从三州中招募知晓天文术数如吴范、赵达这样的人，将封其为千户侯，但最终还是一无所获。

今注　1 髡(kūn)头：指剃光头发，这里表示给自己处以髡刑。　2 铃下：汉代职官名，指宫廷里的侍卫。　3 逡(qūn)巡：这里指退避、闪躲。4 三州：指吴国所统治的扬州、荆州、交州。

裴注　[1]《会稽典录》曰："滕字周林，祖父河内太守朗，字少英，列在八俊。滕性刚直，行不苟合，虽遭困逼，终不回挠。初亦迕策，几殆，赖太妃救得免，语见《妃嫔传》。历历阳、鄱阳、山阴三县令，鄱阳太守。"[2]《吴录》曰："范先知其死日，谓权曰：'陛下某日当丧军师。'权曰：'吾无军师，焉得丧之？'范曰：'陛下出军临敌，须臣言而后行，臣乃陛下之军师也。'至其日，果卒。"臣松之案：范死时，权未称帝，此云"陛下"，非也。

刘惇

原文

刘惇，字子仁，平原人也。遭乱避地，客游庐陵，事孙辅。以明天官[1]达占数显于南土。每有水旱寇贼，皆先时处期，无不中者。辅异焉，以为军师，军中咸敬事之，号曰“神明”。

建安中，孙权在豫章，时有星变，以问惇，惇曰：“灾在丹阳。”权曰：“何如？”曰：“客胜主人，到某日当得问[2]。”是时边鸿作乱，卒如惇言。惇于诸术皆善，尤明太乙[3]，皆能推演其事，穷尽要妙。著书百余篇，名儒刁玄称以为奇。惇亦宝爱其术，不以告人，故世莫得而明也。

译文

刘惇，字子仁，平原人。他为了躲避战乱避难他乡，客居庐陵，在孙辅手下做事。他因通晓天文历算和占卜之术而扬名南方。每有旱涝灾情以及寇乱，他都能准确预判事情发生的时间、地点，说得没有不准的。孙辅对此十分惊异，于是任用他为军师，全军都对他十分尊敬，称他为“神明”。

建安年间，孙权在豫章，当时星象有变，就此询问刘惇，刘惇说：“丹阳郡会发生灾祸。”孙权问：“什么情况？”刘惇说：“所谓客胜主人，到那一天便会有消息。”当时边鸿作乱，果真就和刘惇的预言一致。刘惇对各种术数都很精通，尤其擅长太乙术，能通过它来推演各种各样的事情，可以说穷尽了其中的奥妙。他曾就此写作了一百多篇文章，名儒刁玄对其大为赞赏，认为十分精奇。刘惇也十分爱惜自己的秘术，从不把它们告诉他人，所以大家都无从了解。

今注　1 天官：古代方术的一种，结合天象与人的"八字"来预测吉凶。　2 问：指消息。　3 太乙：即太乙术，是古代占卜术的一种。太乙术相传是黄帝命风后所作，通过天文的变化，结合历法来预测重大的政治和人事的变化。

赵达

原文

赵达，河南人也。少从汉侍中单甫受学，用思精密。谓东南有王者气，可以避难，故脱身渡江。治九宫一算[1]之术，究其微旨[2]，是以能应机立成，对问若神，至计飞蝗[3]，射隐伏[4]，无不中效。或难达曰："飞者固不可校，谁知其然，此殆妄耳。"达使其人取小豆数斗，播之席上，立处其数，验覆果信。

译文

赵达，河南人。他少年时曾跟随汉朝侍中单甫学习，思虑精细缜密。他认为东南地区有帝王的气象，可以去那里躲避战乱，所以脱身渡江南下。他精于九宫一算之术，探究其中的精深微妙之处，故此能随时推算出事情的结果，回答问题有如神助，甚至是计算飞蝗的数量、发现隐藏起来的东西，没有不准确的。有人诘难赵达说："飞虫本来就没法计算清楚，谁又能知道实际数量，这恐怕只是妄言罢了。"赵达便请这个人拿来几斗小豆，撒在席子上，立刻就说出了豆子的数量，一数，果然和他讲的一致。

今注　1 九宫一算：又称"九宫算"，相传为用《洛书》结合天象，加以各种变化推算未来吉凶的方术。　2 微旨：指精深微妙的意旨。　3 计飞蝗：指计算蝗虫的数量。　4 射隐伏：又称"射覆"，将物体预为隐藏，供人猜度。

尝过知故[1]，知故为之具食。食毕，谓曰："仓卒[2]乏酒，又无嘉肴，无以叙意，如何？"达因取盘中只箸，再三从横[3]之，乃言："卿东壁下有美酒一斛，又有鹿肉三斤，何以辞无？"时坐有他宾，内得主人情，主人惭曰："以卿善射有无，欲相试耳，竟效如此。"遂出酒酣饮。又有书简上作千万数，著空仓中封之，令达算之。达处如数，云："但有名无实。"其精微若是。

赵达曾经去拜访一位老朋友，朋友为他准备饭食。吃完饭，朋友对他说："仓促之间，没有准备酒，又没有好菜招待，没办法跟您好好叙旧，怎么办？"赵达于是拿出盘中的一支筷子，横过来竖过去反复摆弄了一番，然后说道："您家东边墙壁下有一斛美酒，又有三斤鹿肉，怎么推说没有呢？"当时座中还有其他客人，知道主人的实情，主人只得惭愧地说："因为您善于猜度有无，所以想要试试您，没想到竟然如此灵验。"于是取出酒畅饮。又有人在书简上写上了成千上万的数字，放在空仓里封存起来，让赵达算一算仓库中有多少粮食。赵达不仅算出了正确的数字，还说："这仓库只有虚数，没有实际的粮食。"他的预测就是如此精准微妙。

今注　1 知故：即故知，老朋友。 2 仓卒：即仓促。 3 从横：同"纵横"。

达宝惜其术，自阚泽、殷礼皆名儒善士，亲屈节就学，达秘而不告。太史丞公孙滕少师事达，勤苦累年，达许教之者有年数矣，临当喻

赵达十分吝惜自己的术数，像阚泽、殷礼都是名儒贤士，亲自降低身份登门求教，但赵达就是不肯教他们。太史丞公孙滕少年的时候曾拜赵达为师，勤勤恳恳跟随他多年，赵达答应要教他有好几年了，但每到要当面教授的时候，就又

语[1]而辄复止。滕他日赍酒具，候颜色，拜跪而请，达曰："吾先人得此术，欲图为帝王师，至仕来三世，不过太史郎，诚不欲复传之。且此术微妙，头乘尾除[2]、一算之法，父子不相语。然以子笃好不倦，今真以相授矣。"

停了下来。某天公孙滕带着酒菜登门，观察着赵达的脸色，跪拜着求他传授，赵达说："我的先人得到这种秘术，打算靠着它来成为帝王之师，但三代人为官，都只不过做到太史郎而已，实在不想再传下去了。况且这种秘术十分微妙，像头乘尾除、一算之法这些秘术，就算是父子之间也不能相互告知。然而因你认真好学，未尝倦怠，那我现在便把它传授给你吧。"

今注 1 喻语：指当面教授。 2 头乘尾除：相传为古代的一种特殊计算方法，现已失传。

饮酒数行[1]，达起取素书[2]两卷，大如手指，达曰："当写[3]读此，则自解也。吾久废，不复省之，今欲思论一过，数日当以相与。"滕如期往，至乃阳[4]求索书，惊言失之，云："女婿昨来，必是渠[5]所窃。"遂从此绝。

喝了几杯酒，赵达起身取来如手指般大小的两卷道书，说："您可以亲手抄写此书，同时加以阅读，自己就会通悟了。我很久没有读了，已经荒废，现在想再重新思考推究一遍，过几天就会把它们交给你。"后来公孙滕按时前往，到了之后赵达假装找书，找着找着忽然惊声说书丢了，并说："昨天女婿来过，一定是被他偷走了。"于是从此他不再传授秘术了。

今注 1 数行(xíng)：指喝了几次酒。 2 素书：指用白绢写的书，亦泛指一般道书。 3 写：指抄写。 4 阳：通"佯"，假装。 5 渠：人称代词，他。

初，孙权行师征伐，每令达有所推步[1]，皆如其言。权问其法，达终不语，由此见薄，禄位不至[1]。达常笑谓诸星气风术[2]者曰："当回算帷幕，不出户牖[3]以知天道，而反昼夜暴露[4]以望气祥[5]，不亦难乎！"闲居无为，引算自校，乃叹曰："吾算[6]讫尽某年月日，其终矣。"达妻数见达效，闻而哭泣。达欲弭妻意，乃更步算[7]，言："向者谬误耳，尚未也。"后如期死。权闻达有书，求之不得，乃录问[8]其女，及发棺无所得，法术绝焉[2]。

起初，孙权派兵征战，总是让赵达来推算结果，每次结果都和所预言的一样。孙权询问他方法，赵达却始终闭口不言，因此受到了孙权的疏远，也与高官厚禄无缘了。赵达常常嘲笑占望星气风候的人说："你们应当回到帐帷里面去推算，足不出户就能知道天道规律，这才是真本事，你们却反而日日夜夜在户外观看云气的征兆，不是太辛苦了吗！"他闲居没事的时候，推算起了自己的命数，于是叹息道："我的寿命至某年某月某日，到那时候就会去世了。"赵达的妻子多次见他推算应验，听到他这句话就哭了起来。赵达想要安抚妻子，便重新推算一遍，说："刚才算错了，还不会死。"后来他还是按着推算的日期死去了。孙权听说赵达曾写过术数的书，求之不得，便将他的女儿抓起来拷问，甚至打开了赵达的棺材还是一无所获，他的法术也因此失传了。

今注　1 推步：古代方术的一种，通过推算日月及五星的运行预测未来。　2 星气风术：泛指占星望气、以风占卜一类的方术。　3 户牖(yǒu)：指门户。　4 暴露：指待在户外，无所遮蔽。暴，"曝"的古字。　5 气祥：指云气的征兆。　6 算：这里指命数、寿命。　7 步算：即推算。　8 录问：抓捕审问。

裴注 [1]《吴书》曰:"初,权即尊号,令达算作天子之后,当复几年?达曰:'高祖建元十二年,陛下倍之。'权大喜,左右称万岁。果如达言。"[2]《吴录》曰:"皇象字休明,广陵江都人。幼工书。时有张子並、陈梁甫能书。甫恨逋,並恨峻,象斟酌其间,甚得其妙,中国善书者不能及也。严武字子卿,卫尉畯再从子也,围棋莫与为辈。宋寿占梦,十不失一。曹不兴善画,权使画屏风,误落笔点素,因就以作蝇。既进御,权以为生蝇,举手弹之。孤城郑妪能相人,及范、惇、达八人,世皆称妙,谓之八绝云。"《晋阳秋》曰:"吴有葛衡,字思真,明达天官,能为机巧。作浑天,使地居于中,以机动之,天转而地止,以上应晷度。"

评曰:三子各于其术精矣,其用思妙矣,然君子等役心神,宜于大者远者,是以有识之士,舍彼而取此也[1]。

评论说:这三位先生都各自精通术数,运思可谓精妙,但是君子同样是花费心思,就应当把心思放在宏大、长远的事情上面,所以有识之士,在这方面是会有所取舍的。

裴注 [1] 孙盛曰:"夫玄览未然,逆鉴来事,虽裨灶、梓慎,其犹病诸,况术之下此者乎?《吴史》书达知东南当有王气,故轻举济江。魏承汉绪,受命中畿,达不能豫睹兆萌,而流窜吴越。又不知吝术之鄙,见薄于时,安在其能逆睹天道而审帝王之符瑞哉!昔圣王观天地之文,以画八卦之象,故亹亹成于蓍策,变化形乎六爻,是以三《易》虽殊,卦繇理一,安有回转一筹,可以钩深测隐,意对逆占,而能遂知来物者乎?流俗好异,妄设神奇,不幸之中,仲尼所弃,是以君子志其大者,无所取诸。"臣松之以为,盛云"君子志其大者,无所取诸",故评家之旨,非新声也。其余所讥,则皆为非理。自中原酷乱,至于建安,数十年间,生民殆尽,比至小康,皆百死之余耳。江左虽有兵革,不能如中国之甚也,焉知达不算其安危,知祸有多少,利在东南,以全其身乎?而责不知魏氏将兴,流播吴越,在京房之筹，犹不能自免刑戮，况达但以秘术见薄，在悔吝之间乎！古之道术，盖非一方，探赜之功，岂惟六爻？苟得其要，则可以《易》而知之矣，回转一筹，胡足怪哉？达之推算，究其要妙以知幽测隐，何愧于古！而以裨、梓限之，谓达为妄，非笃论也。《抱朴子》曰："时有葛仙公者，每饮酒醉，常入人家门前陂水中卧，竟日乃出。曾从吴主别，到洌州，还遇大风，百官船多没，仙公船亦沈沦，吴主甚怅恨。明日使人钩求公船，而登高以望焉。久之，见公步从水上来，衣履不沾，而有酒色。既见而言曰："臣昨侍从而伍子胥见请，暂过设酒，忽忽不得，即委之。"又有姚光者，有火术。吴主身临试之。积荻数千束，使光坐其上，又以数千束荻裹之，因猛风而燔之。荻了尽，谓光当以化为烬，而光端坐灰中，振衣而起，把一卷书。吴主取其书视之，不能解也。又曰：吴景帝有疾，求觋视者，得一人。景帝欲试之，乃杀鹅而埋于苑中，架小屋，施床几，以妇人屐履服物著其上，乃使觋视之。告曰：'若能说此冢中鬼妇人形状者，当加赏而即信矣。'竟日尽夕无言，帝推问之急，乃曰：'实不见有鬼，但见一头白鹅立墓上，所以不即白之，疑是鬼神变化作此相，当候其真形而定。无复移易，不知何故，不敢不以实上闻。'景帝乃厚赐之。"然则鹅死亦有鬼也？葛洪《神仙传》曰："仙人介象，字元则，会稽人，有诸方术。吴主闻之，征象到武昌，甚敬贵之，称为介君，为起宅，以御帐给之，赐遗前后累千金，从象学蔽形之术。试还后宫，及出殿门，莫有见者。又使象作变化，种瓜菜百果，皆立生可食。吴主共论鲙鱼何者最美，象曰：'鲻鱼为上。'吴主曰：'论近道鱼耳，此出海中，安可得邪？'象曰：'可得耳。'乃令人于殿庭中作方坎，汲水满之，并求钩。象起饵之，垂纶于坎中。须臾，果得鲻鱼。吴主惊喜，问象曰：'可食不？'象曰：'故为陛下取以作生鲙，安敢取不可食之物！'乃使厨下切之。吴主曰：'闻蜀使来，得蜀姜作齑甚好，恨尔时无此。'象曰：'蜀姜岂不易得？愿差所使者，并付直。'吴主指左右一人，以钱五十付之。象书一符，以著青竹杖中，使行人闭目骑杖，杖止，便买姜讫，复闭目。此人承其言骑杖，须臾止，已至成都，不知是何处，问人，人言是蜀市中,乃买姜。于时吴使张温先在蜀,既于市中相识,甚惊,便作书寄其家。此人买姜毕,捉书负姜,骑杖闭目,须臾已还到吴,厨下切鲙适了。”臣松之以为,葛洪所记,近为惑众,其书文颇行世,故撮取数事,载之篇末也。神仙之术,讵可测量?臣之臆断,以为惑众,所谓夏虫不知冷冰耳。

卷六十四 吴书十九

诸葛滕二孙濮阳传

导读 本篇是诸葛恪、滕胤、孙峻、孙綝、濮阳兴五人的合传。这五人都是吴国中后期的权臣，身居宰辅大位，最后却都未能善终。在传统史书的结构里，最后的若干篇中会设置所谓的“奸臣传”或“贰臣传”，记录那些一度位高权重，最后却遭到诛灭的权臣的事迹，本篇在一定程度上与此类似。陈寿认为，导致五人最终败亡的原因各不相同。诸葛恪年少成名，才能谋略都值得称道，但为人骄傲自满、盛气凌人，是“满招损”的典型。滕胤正直而有节操，但是在奸臣当政的时候固守自己的道德标准，结果必败无疑。孙峻、孙綝是著名的权奸，残害无辜，恶贯满盈，注定遭到诛杀。至于濮阳兴，则属于“庸才”，虽然身居宰辅，却没有把精力放在治国之上，轻信奸佞，所以也不可能善终。

诸葛恪

原文

诸葛恪，字元逊，瑾长子也。少知名[1]。弱冠拜骑都尉，与顾谭、张休等侍太子登讲论道艺，并为宾友。从中庶子转为左辅都

译文

诸葛恪，字元逊，是诸葛瑾的长子。他少年的时候就声名为世所知。二十岁时被任命为骑都尉，与顾谭、张休等人侍奉太子孙登一起读书、讨论学问，与他们一同成为太子的宾友。后来从中庶子转任左辅都尉。诸葛恪的父亲诸葛瑾脸长，

尉[1]。恪父瑾面长似驴，孙权大会群臣，使人牵一驴入，长检其面，题曰诸葛子瑜[2]。恪跪曰："乞请笔益两字。"因听与笔。恪续其下曰"之驴"。举座欢笑，乃以驴赐恪。他日复见，权问恪曰："卿父与叔父[3]孰贤？"对曰："臣父为优。"权问其故，对曰："臣父知所事，叔父不知，以是为优。"权又大噱[4]。

长得像驴一样，孙权大会群臣的时候，让人牵着一头驴进殿，用长标签贴在驴脸上，上面写着"诸葛子瑜"的字样。诸葛恪跪下说："恳请给我一支笔，再加上两个字。"孙权于是准许给他一支笔。诸葛恪便在标签上接下去写了"之驴"二字。在座的人顿时都欢笑起来，于是孙权将那头驴赐给了诸葛恪。又有一天见到诸葛恪，孙权问他说："你父亲和你叔父哪个更为贤能？"诸葛恪回答说："我父亲更好一些。"孙权问其原因，诸葛恪回答说："我的父亲知道该侍奉谁，叔父却不知道，所以父亲要更好一些。"孙权听罢又大笑起来。

今注　1 左辅都尉：三国时期吴国官名，为太子的属官。吴黄龙元年(229)立孙登为太子，孙权设置左辅、右弼、辅正、翼正四都尉，又称太子四友。　2 诸葛子瑜：即诸葛瑾，字子瑜。　3 叔父：指蜀相诸葛亮，是诸葛瑾的弟弟。　4 噱(jué)：大笑。

裴注　[1]《江表传》曰："恪少有才名，发藻岐嶷，辩论应机，莫与为对。权见而奇之，谓瑾曰：'蓝田生玉，真不虚也。'"《吴录》曰："恪长七尺六寸，少须眉，折頞广额，大口高声。"

命恪行酒，至张昭前，昭先有酒色，不

有一次，孙权让诸葛恪给大家依次敬酒，敬到张昭面前时，张昭已经有一些肯饮，曰："此非养老之礼也。"权曰："卿其能令张公辞屈，乃当饮之耳。"恪难昭曰："昔师尚父[1]九十，秉旄仗钺[2]，犹未告老[3]也。今军旅之事，将军在后，酒食之事，将军在先，何谓不养老也？"昭卒无辞，遂为尽爵。

醉意，不肯再喝，便对诸葛恪说："这可不是敬养老人的礼节。"孙权说："你要是有本事让张公理屈词穷，那么他就得喝这杯酒了。"于是诸葛恪反问张昭说："从前姜太公九十岁的时候，还亲自手持节旄和斧钺指挥军队，仍未辞官退休。如今领兵作战的事，将军您总是落在后面，一到喝酒吃饭，将军又总是冲在前头，怎能说不够敬养老人呢？"张昭最后无言以对，只得把杯中酒喝完。

今注　**1** 师尚父：即姜子牙。这个尊称有两种解释，一是说姜子牙"可师、可尚、可父"，二是说师、尚、父三字分别为其官职、名字、敬称。　**2** 秉旄仗钺：旄，指节旄；钺，古兵器，圆刃，青铜制，形似斧而较大。又有玉石制的，多用于礼仪。二者都是作战时发号施令的礼器。　**3** 告老：指官吏年老辞官退休。

后蜀使至，群臣并会，权谓使曰："此诸葛恪雅好骑乘，还告丞相，为致好马。"恪因下谢，权曰："马未至而谢何也？"恪对曰："夫蜀者陛下之外厩，今有恩诏，马必至也，安敢不谢？"恪之才捷，皆此类也[1]。

后来蜀国使者到访吴国，群臣都来会见，孙权对蜀使说："这个诸葛恪向来喜欢骑马，请回去转告丞相，为他送一匹好马来。"诸葛恪于是跪拜致谢，孙权说："马都还没有送来，谢什么呢？"诸葛恪回答说："蜀国不过是陛下在国外的马厩，今天有这样的恩诏，马是一定会送来的，我怎敢不谢恩呢？"这些都是诸葛恪才思敏捷的例证。孙权觉得他非同寻

权甚异之，欲试以事，令守节度。节度掌军粮谷，文书繁猥[1]，非其好也[2]。

常，就打算让他试着处理政事，命他出任节度一职。但节度这个职位，负责掌管军队粮草，文书繁多，并不是他所喜欢做的事。

今注 **1** 繁猥：即繁多。

裴注 [**1**]《恪别传》曰："权尝飨蜀使费祎，先逆敕群臣：'使至，伏食勿起。'祎至，权为辍食，而群下不起。祎嘲之曰：'凤皇来翔，骐驎吐哺。驴骡无知，伏食如故。'恪答曰：'爰植梧桐，以待凤皇。有何燕雀，自称来翔？何不弹射，使还故乡！'祎停食饼，索笔作《麦赋》，恪亦请笔作《磨赋》，咸称善焉。权尝问恪：'顷何以自娱而更肥泽？'恪对曰：'臣闻富润屋，德润身，臣非敢自娱，修己而已。'又问：'卿何如滕胤？'恪答曰：'登阶蹑履，臣不如胤；回筹转策，胤不如臣。'恪尝献权马，先鑴其耳。范慎时在坐，嘲恪曰：'马虽大畜，禀气于天，今残其耳，岂不伤仁？'恪答曰：'母之于女，恩爱至矣，穿耳附珠，何伤于仁？'太子尝嘲恪：'诸葛元逊，可食马矢。'恪曰：'愿太子食鸡卵。'权曰：'人令卿食马矢，卿使人食鸡卵，何也？'恪曰：'所出同耳。'权大笑。"《江表传》曰："曾有白头鸟集殿前，权曰：'此何鸟也？'恪曰：'白头翁也。'张昭自以坐中最老，疑恪以鸟戏之，因曰：'恪欺陛下，未尝闻鸟名白头翁者，试使恪复求白头母。'恪曰：'鸟名鹦母，未必有对，试使辅吴复求鹦父。'昭不能答，坐中皆欢笑。"
[**2**]《江表传》曰："权为吴王，初置节度官，使典掌军粮，非汉制也。初用侍中偏将军徐详，详死，将用恪。诸葛亮闻恪代详，书与陆逊曰：'家兄年老，而恪性疏，今使典主粮谷，粮谷军之要最，仆虽在远，窃用不安。足下特为启至尊转之。'逊以白权，即转恪领兵。"

恪以丹阳山险，民多果劲[1]，虽前发兵，徒得外县平民而已，其余深远，莫能禽尽，屡自求乞为官出之，三年可得甲士四万。众议咸以丹阳地势险阻，与吴郡、会稽、新都、鄱阳四郡邻接，周旋数千里，山谷万重，其幽邃民人，未尝入城邑，对长吏，皆仗兵野逸，白首于林莽。逋亡[2]宿恶，咸共逃窜。山出铜铁，自铸甲兵。俗好武习战，高尚气力，其升山赴险，抵突丛棘，若鱼之走渊，猨狖[3]之腾木也。时观间隙，出为寇盗，每致兵征伐，寻其窟藏。其战则蜂至，败则鸟窜，自前世以来，不能羁也，皆以为难。恪父瑾闻之，亦以事终不

诸葛恪认为丹阳郡的山地险要，居民大多剽悍，尽管以前曾发兵围剿，但只不过是获得了一些外围县域的平民而已，其他盘踞在深山老林中的人，没法全部抓获，所以诸葛恪多次请求自己出任丹阳地方官，说三年之内可以获取四万兵卒。大家议论时都认为丹阳地势险阻，与吴郡、会稽、新都、鄱阳四郡彼此相连，绵延数千里，有上万重山谷，那些居住在深山里面的人民，从未进过城市，没有见过长官，都是随身带着兵器在山野里乱跑，到老都生活在深山之中。而那些逃犯惯匪，也和这些刁民一同流窜。山中出产铜、铁，他们就以此自制兵器铠甲。当地风俗尚武，熟悉战斗，推崇勇气和武力，他们翻山涉险、穿越荆棘，就如鱼在水里游动、猿猴在树林中攀援跳跃那样轻松。他们时常窥伺可乘之机，到山外面做强盗，总是逼得官府派兵征讨，寻找他们的藏身洞穴。他们作战的时候蜂拥而至，败退的时候又像鸟一样四下窜逃，从前代以来，一直就没有办法控制住他们，所以大家都认为很难真正制服他们。诸葛恪的父亲诸葛瑾听说这件事，也认为最终不可能成功，叹息

逮，叹曰："恪不大兴吾家，将大赤吾族[4]也。"

说："诸葛恪不能使我们家族兴旺，反而会使我们遭到灭族之灾啊。"

今注 1 果劲：果敢刚劲，也指凶狠剽悍。 2 逋(bū)亡：指逃亡的人。 3 猿狖(yuán yòu)：即猿猴。 4 大赤吾族：指诛灭全族。

恪盛陈其必捷。权拜恪抚越将军，领丹阳太守，授棨戟[1]武骑三百。拜毕，命恪备威仪，作鼓吹，导引归家，时年三十二。恪到府，乃移书四郡属城长吏，令各保其疆界，明立部伍，其从化平民，悉令屯居。乃分内诸将，罗兵幽阻[2]，但缮藩篱，不与交锋，候其谷稼将熟，辄纵兵芟刈[3]，使无遗种。旧谷既尽，新田不收，平民屯居，略无所入，于是山民饥穷，渐出降首。恪乃复敕下曰："山民去恶从化，皆当抚慰，徙出外县，不得嫌疑[4]，有所执拘。"

诸葛恪仍然极力陈述他一定能获取成功。孙权任命诸葛恪为抚越将军，兼领丹阳太守，并授予他三百名执木戟的仪仗骑兵。授官仪式结束后，孙权命令诸葛恪安排上全部仪仗，擂鼓吹号，列队开道回家，当时他三十二岁。诸葛恪到郡府赴任，就写信给邻近四郡所属城邑的长官，要求他们守备好各自辖区的边界，整顿部队，并让那些归顺教化的平民全部定居下来。然后分别部署将领，组织兵力把守幽深险要地段，只修缮好防御工事，并不与山越交锋，等到庄稼将要成熟时，便放出部队前去收割，连一点种子都不留下。这样一来，山越人的旧粮已吃完，新粮又收不到，平民也已定居，山里毫无收入，于是山民们饥饿穷困，只得逐渐出山投降。诸葛恪又向下属下令说："山越百姓去除恶习，归顺教化，都应当加以抚慰，让他们迁到外县定居，对他们不得猜嫌怀疑，也不得加以拘捕。"

今注 1 綮(qǐ)戟：指加以装饰的木戟，古代官员出行时作前导的一种仪仗。 2 罗兵幽阻：罗兵，组织兵力、安排驻军；幽阻，指幽深险阻的地方。 3 芟刈(shān yì)：收割。 4 嫌疑：指猜嫌怀疑。

臼阳长胡伉得降民周遗，遗旧恶民，困迫暂出，内图叛逆，伉缚送诸府。恪以伉违教，遂斩以徇，以状表上。民闻伉坐执人被戮，知官惟欲出之而已，于是老幼相携而出，岁期，人数皆如本规。恪自领万人，余分给诸将。权嘉其功，遣尚书仆射薛综劳军。

臼阳县长胡伉接收了投降的山民周遗，周遗以前是个恶徒，因为受困被迫暂时出山投降，内心却仍然图谋叛乱，胡伉将他绑了起来送到郡府。诸葛恪认为胡伉违背自己的教谕，便将胡伉斩首示众，还将此事写成奏章上报朝廷。山民听说胡伉因为捉人而被杀，便知道官府只是想要他们出山安居而已，于是他们扶老携幼，相继出山，一年过后，所获得的人数果真符合诸葛恪原本的规划。诸葛恪自己认领了一万人，其余人口分给其他各位将领。孙权嘉奖诸葛恪的功劳，派尚书仆射薛综前去慰劳军队。

综先移恪等曰："山越恃阻，不宾历世，缓则首鼠[1]，急则狼顾[2]。皇帝赫然，命将西征，神策内授，武师外震，兵不染锷，甲不沾汗。元恶既枭，种党归义，荡涤山薮，

薛综先行致信诸葛恪等人："山越之民凭借险要地势，连续几代人都不肯服从王化，对他们宽松一点就进退无定，把他们逼急了就深感不安，图谋作乱。皇上为之大感震怒，于是命令将军西进讨伐，内有神计妙策，外有威武军势，所到之处兵不血刃、甲不沾汗。贼寇首恶伏诛后，其余党羽归顺王化，山林间被一次性清除扫荡干净，

献戎十万。野无遗寇，邑罔残奸。既扫凶慝[3]，又充军用。藜蓧稂莠，化为善草；魑魅魍魉，更成虎士。虽实国家威灵之所加，亦信元帅临履之所致也。虽《诗》美执讯[4]，《易》嘉折首[5]，周之方、召[6]，汉之卫、霍[7]，岂足以谈？功轶古人，勋超前世。主上欢然，遥用叹息。感《四牡》[8]之遗典，思饮至[9]之旧章，故遣中台近官，迎致犒赐，以旌茂功，以慰劬劳[10]。”拜恪威北将军，封都乡侯。

向朝廷献上的士兵达十万之众。山野再没有遗漏的匪寇，城镇中也再没有残余的奸徒。这样既扫除了凶恶的盗贼，又补充了部队的兵力。就像各种杂草毒草，都变成了良草益草；魑魅魍魉，转变为猛虎般的勇士。尽管这根本上是朝廷的威德感召了他们，但也的确离不开元帅亲自临场指挥的功劳。就算是《诗经》对俘获敌人只审讯首领的行为加以赞美，而《易经》也对处置降敌只杀掉罪魁祸首的办法有所称道，或是周朝的方叔、召伯虎，汉朝的卫青、霍去病，又怎么能同将军您相提并论？您的功绩超过古人，勋劳胜于前代。主上欢欣喜悦，远远地赞叹您的功绩。他有感于《四牡》中王者慰劳忠勤者的古典，又想到在宗庙告祭宴饮庆功的旧制，所以派遣尚书台的近侍官员，来此慰劳和迎接凯旋的大军，以表彰您的大功，抚慰您的辛劳。”后来诸葛恪被任命为威北将军，封为都乡侯。

今注　1 首鼠：迟疑不决，进退无定。　2 狼顾：狼生性多疑，总担心从后边受到袭击，边走边不停地回头看，形容人对处境深感不安。　3 凶慝(tè)：凶残邪恶之人。　4 执讯：出自《诗·小雅·出车》“执讯获丑”，郑玄笺：“讯，言；丑，众也……执其可言问、所获之众以归者，当献之也。”意思是说抓获敌众时，只收押了解情况、可加以审讯的首领，其余人则加以遣散。　5 折首：出自《易·离》：“王用出征，有嘉折首，获匪其丑。”

意思是君王出征时,嘉奖能够斩获敌方首恶而非普通兵众的人。 6 方、召:方,指西周宣王时的卿士方叔,曾先后征伐淮河流域的夷民,击退北方的猃狁,又率领三千兵车讨伐楚国,为周室中兴的一大功臣。召,指西周厉、宣之际的名臣召伯虎,厉王末年"国人暴动"中,召伯虎保护太子,后来拥立其继位,即周宣王,并与周定公共同辅佐宣王,史称"周召共和"。宣王在位时期,召伯虎又率兵出征,平定了淮河流域的夷民。 7 卫、霍:指汉武帝时期名将卫青、霍去病。二人都是汉匈战争中的重要将领,为汉朝收复西北地区失地、消灭匈奴主力、开辟丝绸之路等做出重要贡献。 8《四牡》:是《诗·小雅》中的一篇,历来被认为是臣子勤于王事,王者慰劳使臣的诗篇。 9 饮至:指古代军队征伐凯旋,在宗庙宴饮庆功之礼。 10 劬(qú)劳:辛劳。

恪乞率众佃[1]庐江皖口,因轻兵袭舒,掩得其民而还。复远遣斥候[2],观相径要,欲图寿春,权以为不可。赤乌中,魏司马宣王[3]谋欲攻恪。权方发兵应之,望气[4]者以为不利,于是徙恪屯于柴桑。与丞相陆逊书曰:"杨敬叔传述清论,以为方今人物凋尽,守德业者不能复几,宜相左右,更为辅车[5],上熙国事,

诸葛恪请求率领部众在庐江、皖口一带驻扎屯垦,顺道派轻兵攻打舒县,袭取了当地百姓一同返回。他又向远处派出侦察兵,察看道路和险要之地的情况,企图攻打寿春,孙权则认为不可行。赤乌年间,魏国司马懿谋划袭击诸葛恪。孙权正准备出兵应战,但有观察星气的人认为出兵不利,于是孙权让诸葛恪将军队转移到柴桑驻屯。诸葛恪写信给丞相陆逊说:"杨敬叔曾发表高论,认为当今的人才凋零殆尽,能够坚守道德事业的人所剩无几,所以应当相互配合,形成彼此依存的关系,对上为了兴隆国家的大事,对下为了互相珍重爱惜。而且我痛恨世俗之人喜欢

下相珍惜。又疾世俗好相谤毁，使已成之器，中有损累；将进之徒，意不欢笑。闻此喟然[6]，诚独击节。

互相毁谤，使得已有所成就的人才，中途受到谗毁；而那些即将受到进用的人才，不能够纵情欢笑。我每次听到这些消息，都禁不住喟然长叹，实在让人私下拍节赞赏。

今注 1 佃(tián)：这里指耕种、屯垦。 2 斥候：指侦察部队。 3 司马宣王：即司马懿。晋代司马懿被追谥为晋宣帝，陈寿为晋人，故写作《三国志》不直书其名。 4 望气：古代的一种占候方术，通过观察某地的云气来判断吉凶。 5 辅车：指相互依存的关系。辅车，一说为颊辅与牙床，一说为夹木与车舆。 6 喟(kuì)然：叹息的样子。

“愚以为君子不求备于一人，自孔氏门徒大数三千，其见异者七十二人。至于子张、子路、子贡等七十之徒，亚圣之德，然犹各有所短，师僻由喭[1]，赐不受命[2]，岂况下此而无所阙？且仲尼不以数子之不备而引以为友，不以人所短弃其所长也。加以当今取士，宜宽于往古，何者？时务从横，而善人单少，国家职司，常苦不充。苟令性不

“我认为君子对一个人不应求全责备，当年孔子的门徒大约有三千人，其中特别突出的也只不过七十二人。至于子张、子路、子贡等七十余人，虽然其中有亚圣之德，但仍然各有所短，例如颛孙师偏激、仲由鲁莽、端木赐不安分守己，更何况他们之下者，怎么会没有缺点呢？况且孔子并不因这几人的缺点而不与他们亲近和睦，也不因为人的短处而舍弃其长处。加上当今选拔人才，标准更应当比古人宽泛，为什么呢？现在社会形势更加复杂，而优秀的人才很少，国家各部门官职，常常苦于找不到合适人选。如果一个人本性并不邪恶，又志在为国

邪恶，志在陈力，便可奖就，骋其所任。若于小小宜适，私行不足，皆宜阔略，不足缕责[3]。

效力，就应该对他加以鼓励任用，让他在职位上尽可能发挥自己的能力。如果他大致上称职，只是私生活有所不检，都应当加以宽容，而不是吹毛求疵地责备。

今注　1 师辟由喭(yàn)：师辟，指颛孙师(子张)性情偏激；由喭，指仲由(子路)性格鲁莽。出自《论语·先进》中孔子对其四名学生的评价："柴也愚，参也鲁，师也辟，由也喭。"　2 赐不受命：赐，指子贡；不受命，指不安于天命。　3 缕责：指因为一些细微的事情加以责备。

"且士诚不可纤论苛克，苛克则彼贤圣犹将不全，况其出入者邪？故曰以道望人则难，以人望人则易，贤愚可知。自汉末以来，中国士大夫如许子将辈，所以更相谤讪，或至于祸，原其本起，非为大仇，惟坐克己不能尽如礼，而责人专以正义。

"夫己不如礼，则人不服；责人以正义，则人不堪。内不服其行，外不堪其责，则不得不相怨。相怨一生，则小

"况且对待士大夫，实在不能苛求细微的方面，凡事苛求，则圣贤也将难以成为完人，更何况是与圣贤相差甚远的普通人呢？所以说，单纯用道德标准来要求他人是很难的，但用人与人相比来看人就简单了，这样一来，是贤是愚便一目了然。汉朝末年以来，中原士大夫如许劭之流，之所以不断互相诽谤讥评，有时甚至引发祸端，推究其根本原因，也不是为了什么深仇大恨，只不过因为他们不能完全用礼教标准来约束自身，反而专门打着公正道义的旗号来指责他人。

"自己如果不能遵守礼教，别人就不服气；以公正道义指责他人，他人就更难以接受。一方面内心看不上对方的行为，另一方面又不愿意忍受对方的责备，就

人得容其间。得容其间,则三至之言,浸润之谮,纷错交至。虽使至明至亲者处之,犹难以自定,况已为隙,且未能明者乎?是故张、陈[1]至于血刃,萧、朱[2]不终其好,本由于此而已。夫不舍小过,纤微相责,久乃至于家户为怨,一国无复全行之士也。”恪知逊以此嫌己,故遂广其理而赞其旨也。会逊卒,恪迁大将军,假节,驻武昌,代逊领荆州事。

不可能不相互产生怨恨。怨恨一旦产生,小人就会乘机在中间钻空子。小人有机可乘,辗转流传的谣言,日积月累的谮毁,就会纷至沓来。即使是非常了解、非常亲近的人听到这些流言蜚语,也难以分辨真假,更何况是本有隔阂,而且是不明事理的人呢?所以张耳、陈余到了互相残杀的地步,萧育、朱博的友谊未能善终,根本原因就在这里。不肯饶过别人的小错,在细枝末节上相互指责,久而久之,家家户户互相埋怨,整个国家也不会再有德行完备的人才了。”诸葛恪知道陆逊正是因为听信谗言而猜疑自己,所以更加深入地阐述这番道理并剖析其中的深意。到陆逊去世,诸葛恪升任大将军,持有节杖,驻守武昌,接替陆逊担任荆州刺史。

今注 1 张、陈:指张耳、陈余,二人均为秦末将领,最初追随陈胜,后拥立武臣、赵歇为赵王。起初二人为至交,后来在巨鹿之战中张耳被秦军围困,陈余不肯援救,二人反目成仇。 2 萧、朱:指西汉的萧育、朱博。朱博少年时与萧育交好,后受萧育的引荐而入仕,因晋升比萧育快,最后官至丞相,于是萧育与朱博产生了嫌隙而绝交。

久之,权不豫,而太子少,乃征恪以大将军领太子太傅,中书令孙

过了很久,孙权病重,而太子年少,于是征召诸葛恪以大将军的身份兼领太子太傅,令中书令孙弘兼领太子少傅。

弘领少傅。权疾困，召恪、弘及太常滕胤、将军吕据、侍中孙峻，属以后事[1]。翌日，权薨。弘素与恪不平，惧为恪所治，秘权死问，欲矫诏除恪。峻以告恪，恪请弘咨事，于坐中诛之，乃发丧制服。

与弟公安督融书曰：“今月十六日乙未，大行皇帝[1]委弃万国，群下大小，莫不伤悼。至吾父子兄弟，并受殊恩，非徒凡庸之隶，是以悲恸，肝心圮裂[2]。皇太子以丁酉践尊号，哀喜交并，不知所措。吾身受顾命，辅相幼主，窃自揆度，才非博陆[3]而受姬公负图[4]之托，惧忝丞相辅汉之效，恐损先帝委付之明，是以忧惭惶惶，所虑万端。且民恶其上，动见瞻观，何时易哉？今以顽

孙权病危的时候，召见了诸葛恪、孙弘及太常滕胤、将军吕据、侍中孙峻，把后事托付给他们。次日，孙权去世。孙弘与诸葛恪素来关系不和，害怕被诸葛恪整治，便将孙权去世的消息封锁起来，还企图假传皇帝诏书诛杀诸葛恪。孙峻将这些情况告诉了诸葛恪，诸葛恪便假意请孙弘商讨事情，在座上将孙弘杀死，然后穿着丧服公布了孙权去世的消息。

诸葛恪给弟弟公安督诸葛融写信说：“本月十六日乙未，先帝舍弃万国而崩逝，举国上下无不悲伤哀悼。至于我们父子兄弟，都受过特殊的恩典，不同于一般的普通官员，所以深感悲恸，心肝碎裂。皇太子于丁酉日登基，悲喜交加，不知所措。我身受先帝临终遗命，辅佐幼主，但私下自我揣度，认为自己才力不及博陆侯霍光，却受了周公辅佐成王的托付，担心不能实现霍光辅助汉昭帝的成效，有损先帝委任的英明，所以总是忧虑惭愧、惶惶不安，心头的思虑千头万绪。况且百姓天然地厌恶统治者，一举一动都会受到他们的关注，何时才能改变这种状况呢？现在我以愚鲁的资质，身居保傅的高位，任务艰巨沉重，自己的

钝之姿，处保傅之位，艰多智寡，任重谋浅，谁为唇齿？近汉之世，燕、盖[5]交遘，有上官[6]之变，以身值此，何敢怡豫[7]邪？	智谋却相当短浅，又有谁能与我相互依托呢？近代汉朝，燕王与盖长公主互相勾结，于是有了上官桀等人的叛乱，现在我的处境就与那时差不多，怎敢安逸享乐呢？

今注 1 大行皇帝：古代对皇帝死后尚未确定谥号时的称呼。 2 圮(pǐ)裂：指破碎、撕裂。 3 博陆：指霍光(？—前68)，字子孟，受汉武帝信任，受遗诏辅政，任大司马大将军，封“博陆侯”。 4 姬公负图：指周公辅佐成王。汉武帝晚年任命霍光为辅政大臣，曾命人绘制周公背负成王会见诸侯的图画赐给霍光，命其行“周公之事”，故后世多以“姬公负图”指代权臣辅政。 5 燕、盖：指西汉昭帝时的燕王刘旦和鄂邑盖长公主。燕王刘旦是汉武帝的第三子，鄂邑盖长公主是汉武帝之女，因嫁盖侯为妻或其生母姓盖而称盖长公主。汉昭帝即位后，刘旦心中不服，图谋叛乱，勾结盖长公主、上官桀等人准备起兵，但事泄失败，汉昭帝下诏斥责刘旦，刘旦随即自杀。 6 上官：指上官桀(？—前80)，字少叔，汉武帝晚年上官桀与霍光一同受命辅政，后因勾结御史大夫桑弘羊、燕王刘旦谋反被诛杀。 7 怡豫：指安乐、欢乐。

裴注 [1]《吴书》曰：“权寝疾，议所付托。时朝臣咸皆注意于恪，而孙峻表恪器任辅政，可付大事。权嫌恪刚很自用，峻以当今朝臣皆莫及，遂固保之，乃征恪。后引恪等见卧内，受诏床下。权诏曰：‘吾疾困矣，恐不复相见，诸事一以相委。’恪歔欷流涕曰：‘臣等皆受厚恩，当以死奉诏，愿陛下安精神，损思虑，无以外事为念。’权诏有司，诸事一统于恪，惟杀生大事，然后以闻。为治第馆，设陪卫。群官百司拜揖之仪，各有品序。诸法令有不便者，条列以闻，权辄听之。中外翕然，人怀欢欣。”

“又弟所在，与贼犬牙相错，当于今时整顿军具，率厉将士，警备过常，念出万死，无顾一生，以报朝廷，无忝尔先[1]。又诸将备守各有境界，犹恐贼虏闻讳[2]，恣睢[3]寇窃。边邑诸曹，已别下约敕，所部督将，不得妄委所戍，径来奔赴。虽怀怆怛[4]不忍之心，公义夺私，伯禽服戎，若苟违戾，非徒小故。以亲正疏，古人明戒也。”

“而且弟弟你所驻守的地方，与敌国边界犬牙交错，现在正应当整备军械，激励将士，要比平时更加注重警戒防备，一定要做到万死不辞，不要苟且偷生，以此报效朝廷，不要辱没你的祖先。另外诸将防守各自的地界，我还担心敌人听到皇帝驾崩的消息，趁机大肆入侵。边境各级的官署，已经另外向他们下达约束的文书，所属各部带兵的将领，不得任意放弃自己所戍守的防区，径直回京奔丧。就算是内心悲痛难忍，但公义应当先于私情，就像是当年伯禽身着丧服率军出征一样，如果胆敢违犯这项规定，那就绝非小错了。约束亲近之人来纠正关系疏远的人，这是古人明确的告诫。”

今注 **1** 先：指祖先。 **2** 讳：这里指皇帝去世。 **3** 恣睢(zì suī)：放任无拘束的样子。 **4** 怆怛(chuàng dá)：指悲痛。

恪更拜太傅。于是罢视听，息校官，原逋责[1]，除关税，事崇恩泽，众莫不悦。恪每出入，百姓延颈，思见其状。初，权黄龙元年迁都建

诸葛恪又被任命为太傅。于是取消了负责监视的特务，裁撤了校官，免除了百姓所拖欠的债务，又撤销了地方关税，处理政事务求给予百姓恩惠，于是民众无不欢欣鼓舞。诸葛恪每次进出宫禁，百姓都引颈相望，想要看看他的样子。起

业，二年筑东兴堤遏湖水。后征淮南，败以内船，由是废不复修。恪以建兴元年十月会众于东兴，更作大堤，左右结山侠[2]筑两城，各留千人，使全端、留略守之，引军而还。魏以吴军入其疆土，耻于受侮，命大将胡遵、诸葛诞等率众七万，欲攻围两坞，图坏堤遏。恪兴军四万，晨夜赴救。遵等敕其诸军作浮桥度[3]，阵于堤上，分兵攻两城。城在高峻，不可卒拔。

初，孙权在黄龙元年(229)迁都建业，黄龙二年(230)修筑东兴堤拦截巢湖水。后来征伐淮南时，将大堤折毁以容纳船只，于是大堤废弃不再修整。诸葛恪于建兴元年(252)十月，在东兴征调民众，再次修筑大堤，左右两头连结山势修筑了两座城，每座城留守一千人，分派全端、留略分别守卫，他自己则亲率大军返归建业。魏国认为吴军进入己方疆土，耻于受辱，于是命令大将胡遵、诸葛诞等率领七万大军，打算围攻那两座城坞，企图破坏大堤。诸葛恪发兵四万，日夜兼程赶往救援。胡遵等命令其麾下各军建造浮桥渡水，令部队在大堤上列阵，分兵进攻两城。但由于城坞建在高处险峻的地方，仓促间难以攻克。

【今注】 1 逋(bū)责:拖欠的债款。责，“债”的古字。 2 侠:通“夹”。 3 度:通“渡”。

恪遣将军留赞、吕据、唐咨、丁奉为前部。时天寒雪，魏诸将会饮，见赞等兵少，而解置铠甲，不持矛戟，但兜鍪刀

诸葛恪派将军留赞、吕据、唐咨、丁奉为先头部队。当时天寒地冻，下着大雪，魏军诸将正聚会饮酒，看见留赞等人只带了很少的兵力，还脱掉铠甲，不持长矛和戟，只是戴着头盔，手里拿着刀与盾

楯[1]，倮[2]身缘遏，大笑之，不即严兵[3]。兵得上，便鼓噪乱斫。魏军惊扰散走，争渡浮桥，桥坏绝，自投于水，更相蹈藉[4]。乐安太守桓嘉等同时并没，死者数万。故叛将韩综为魏前军督，亦斩之。获车乘、牛马、驴骡各数千，资器山积，振旅而归。进封恪阳都侯，加荆、扬州牧，督中外诸军事，赐金一百斤，马二百匹，缯布[5]各万匹。

牌，赤裸着身体在堤岸边列阵，魏将便大肆嘲笑起来，也没有立即整顿部队。留赞等人的军队因而得以上岸，于是击鼓呐喊奋力砍杀。魏军受惊，四散逃走，争先恐后抢渡浮桥，浮桥被弄坏断裂，魏军士兵纷纷跌入水中，又自相践踏。乐安太守桓嘉等人同时被淹死，死者数以万计。曾经叛投魏国的将领韩综当时担任魏军前军督，也被斩杀。吴军此役缴获魏军车辆、牛马、驴骡各数千，物资和军器堆积如山，于是整理大军凯旋。诸葛恪晋封为阳都侯，又加授荆州、扬州州牧，督率朝内外诸军事务，又赐给黄金一百斤、马二百匹，丝帛、布各一万匹。

今注　1 兜鍪(móu)刀楯(dùn)：兜鍪，古代士兵作战用的头盔；刀楯，即刀和盾。　2 倮(luǒ)：同“裸”。　3 严兵：指整顿部队，严阵以待。　4 蹈藉：指踩踏。　5 缯布：缯，指丝织品；布，指棉麻织品。

恪遂有轻敌之心，以十二月战克，明年春，复欲出军[1]。诸大臣以为数出罢劳，同辞谏恪，恪不听。中散大夫蒋延或以固争，扶出。恪乃著论

诸葛恪于是产生了轻敌的心态，刚在十二月战胜敌人，第二年春天，又打算出兵。朝中大臣们都认为多次出征，会导致将士疲劳困顿，一同劝说诸葛恪，诸葛恪就是不听。中散大夫蒋延据理力争，结果被强行架出殿外。诸葛恪

谕众意曰:“夫天无二日,土无二王,王者不务兼并天下而欲垂祚后世,古今未之有也。昔战国之时,诸侯自恃兵强地广,互有救援,谓此足以传世,人莫能危。恣情从怀,惮于劳苦,使秦渐得自大,遂以并之,此既然矣。

于是撰写文章晓谕众人说:“天上没有两个太阳,地上也不会有两个皇帝,身为皇帝如果不力求统一天下却想把皇位传于后世,这事从古至今都没有过。当年战国时期,诸侯自恃兵强地广,互相之间可以救援,认为这样便可以将政权永传后世,不会受他人的危害。于是他们便恣意享乐,畏惧劳苦,导致秦国日益强大,于是六国被悉数吞并,这都是事实。

“近者刘景升在荆州,有众十万,财谷如山。不及曹操尚微,与之力竞,坐观其强大,吞灭诸袁。北方都定之后,操率三十万众来向荆州,当时虽有智者,不能复为画计。于是景升儿子,交臂请降,遂为囚虏。凡敌国欲相吞,即仇雠[1]欲相除也。有仇而长之,祸不在己,则在后人,不可不为远虑也。

“近代的刘表据有荆州,拥有十万兵众,钱财粮食堆积如山。但他不及时趁曹操力量尚且微弱的时候,一举与之全力争衡,反而眼睁睁看着曹操强大起来,消灭了袁氏一族。等到北方统一平定之后,曹操便率领三十万大军杀向荆州,当时即使有智谋之人,也无法为他筹划对策了。于是刘表的儿子自缚请降,成为囚徒俘虏。凡是敌对国家都想互相兼并,就像有仇的双方都想要除掉对方一样。有仇敌却放任其强大,祸患就算不降临在自己头上,也会殃及后人,所以在这方面不能不作长远的考虑。

“昔伍子胥[2]曰:‘越十年生聚,十年教训,二十年之外,吴其为沼

“当年伍子胥曾说:‘越国用十年时间休养生息,再用十年时间训练军队,

乎！’夫差[3]自恃强大，闻此邈然，是以诛子胥而无备越之心，至于临败悔之，岂有及乎？越小于吴，尚为吴祸，况其强大者邪？昔秦但得关西耳，尚以并吞六国，今贼皆得秦、赵、韩、魏、燕、齐九州之地，地悉戎马之乡，士林之薮。今以魏比古之秦，土地数倍，以吴与蜀比古六国，不能半之。然今所以能敌之，但以操时兵众于今适尽，而后生者未悉长大，正是贼衰少未盛之时。

二十年之后，吴国必定变成一片泥沼！’吴王夫差自恃强大，听闻此言毫不在意，于是诛杀了伍子胥却没有半点防备越国的念头，直到败亡之际才来悔恨，难道还来得及吗？越国小于吴国，尚且能成为吴国的大患，更何况那些强大的国家呢？当年秦国仅凭函谷关以西之地，尚且能并吞六国，如今敌人全部占有秦、赵、韩、魏、燕、齐所在的九州之地，其地盛产战马和各种人才。现在将魏国和古代的秦国对比，土地要多出好几倍，而吴国、蜀国与古代六国相比，还不够它们的一半。但今天我们之所以还能够和魏国抗衡，是因为曹操这时兵力已经损耗殆尽，而后出生的人还未成长起来，这正是敌人力量衰弱尚未复苏的时候。

今注　1 仇雠(chóu)：仇敌。雠，今作“仇”。　2 伍子胥（？—前 484）：春秋时期吴国大夫，其父伍奢曾任楚国太子太傅，被构陷杀害。伍子胥逃到吴国，成为吴王阖闾的重臣，率领吴军攻破楚国国都，发掘楚平王之墓，替父兄报仇。　3 夫差（？—前 473）：春秋时期吴国国君，吴王阖闾之子。夫差继位之后，在吴越争霸中打败了越国，越王勾践投降，伍子胥建议夫差应一举消灭越国，但夫差不听，又听信伯嚭诬陷伍子胥的谗言，将伍子胥赐死。最后吴国反被卧薪尝胆、励精图治的越王勾践打败，夫差自杀身亡。

裴注 [1]《汉晋春秋》曰："恪使司马李衡往蜀说姜维，令同举，曰：'古人有言，圣人不能为时，时至亦不可失也。今敌政在私门，外内猜隔，兵挫于外，而民怨于内，自曹操以来，彼之亡形未有如今者也。若大举伐之，使吴攻其东，汉入其西，彼救西则东虚，重东则西轻，以练实之军，乘虚轻之敌，破之必矣。'维从之。"

"加司马懿先诛王凌，续自陨毙，其子幼弱，而专彼大任，虽有智计之士，未得施用。当今伐之，是其厄会。圣人急于趋时，诚谓今日。若顺众人之情，怀偷安之计，以为长江之险可以传世，不论魏之终始，而以今日遂轻其后，此吾所以长叹息者也。

"自古以来，务在产育，今者贼民岁月繁滋，但以尚小，未可得用耳。若复十数年后，其众必倍于今，而国家劲兵之地，皆已空尽，唯有此见众可以定事。若不早用之，端坐使老，复十数年，略当损半，而见子弟数不足

"加上早先司马懿诛杀王凌，接着自己也毙了命，他的儿子年纪还小，就独掌大权，即使有智谋之士，却没有得到任用。如今前去征伐，正是其厄运降临的时候。圣人急于把握时机，说的正是今日的形势。如果顺从众人的想法，怀着苟且偷安的打算，以为长江天险可以世代防御，不考虑魏国的前后变化，因为它今日的状况就轻视它以后的发展，这正是我深为叹息的事。

"自古以来，养育人口都是头等大事，现在敌国的人口每年每月都在增长，只是年龄尚小，不能使用而已。如果再过十几年，魏国人口一定比今天翻倍，而我们国家重兵驻守的地方，都已经空虚，只有趁现在我们兵力尚多，可以干一番大事。如果不趁早用兵，徒然端坐使他们日渐衰老，再过十多年，大略要折损一半，而现今新生人口的数量到那时候也不值一提。如果敌方兵力

言。若贼众一倍，而我兵损半，虽复使伊、管图之，未可如何。

“今不达远虑者，必以此言为迂。夫祸难未至而豫忧虑，此固众人之所迂也。及于难至，然后顿颡[1]，虽有智者，又不能图。此乃古今所病，非独一时。昔吴始以伍员[2]为迂，故难至而不可救；刘景升不能虑十年之后，故无以诒其子孙。今恪无具臣[3]之才，而受大吴萧、霍之任，智与众同，思不经远，若不及今日为国斥境[4]，俯仰年老，而仇敌更强，欲刎颈谢责，宁有补邪？今闻众人，或以百姓尚贫，欲务闲息，此不知虑其大危，而爱其小勤者也。

翻倍，而我方兵力减半，就算再有伊尹、管仲来谋划，也不可能有什么办法。

“如今不能深谋远虑的人，一定会认为我的话迂腐不堪。祸患还没有到来而预先忧虑，大家当然都认为这是迂腐的事情。但等到大难临头，然后再来屈膝叩首，即使有智谋之士，也不能想出办法了。这是古往今来的通病，并非某一时期的特殊现象。当年吴国认为伍子胥迂腐，所以祸患到来的时候无法自救；刘表不能深虑十年以后的事，所以没有什么遗留给子孙。如今我诸葛恪没有堪当大臣的才能，而负担着大吴国像萧何、霍光一样的重任，智谋与一般人差不多，思虑也不算深远，如果不在今天及时为国家开疆拓土，不久之后年老力衰，而到时仇敌更为强大，就算想要刎颈自杀以谢罪责，难道还能有所补救吗？现在听大家所说的话，有些人认为百姓还身处贫困，想让他们尽可能休养生息，这就是不知道为百姓的大危难忧虑，而只为他们的小愁苦怜惜。

今注 1 顿颡(sǎng)：指跪拜磕头，表示投降或请罪。 2 伍员：即伍子胥，名员，子胥为其字。 3 具臣：指备位充数、没有具体职掌的大臣，这里是谦辞。 4 斥境：指开疆拓土。

"昔汉祖幸已自有三秦[1]之地,何不闭关守险,以自娱乐?空出攻楚,身被创痍,介胄生虮虱[2],将士厌困苦,岂甘锋刃而忘安宁哉?虑于长久不得两存者耳!每览荆邯说公孙述[3]以进取之图,近见家叔父[4]表陈与贼争竞之计,未尝不喟然叹息也。夙夜反侧,所虑如此,故聊疏愚言,以达二三君子之末。若一朝陨殁,志画[5]不立,贵令来世知我所忧,可思于后。"众皆以恪此论欲必为之辞,然莫敢复难。

"当年汉高祖顺利得到三秦之地的时候,为什么不就此闭关据险自守,享受娱乐?却非要出兵攻打西楚,不仅身负创伤,铠甲头盔都生了虱子和虱卵,还让将士们疲于困苦地征战,难道是他喜爱冒锋刃之险而舍弃安宁舒适吗?他正是考虑到敌我双方不可能长期共存啊!我每次看到荆邯劝说公孙述出兵进取的谋划,近日又见到叔父诸葛亮上表阐述与曹贼争夺天下的计策,没有不感慨叹息的。我日夜辗转反侧,所思虑的就是这些,所以现在姑且陈述自己的一些看法,呈给诸位君子批评。如果有一天我不幸死去,而志向和计划未能实现,也希望让后世知我所忧虑的事情,可以在将来寻求解决的办法。"大家都认为诸葛恪这番论说只不过是坚持出兵的托辞,但没有人敢再与他争辩。

今注 1 三秦:秦末项羽攻入咸阳,将关中分为三部分,封章邯为雍王、董翳为翟王、司马欣为塞王,所以关中又称"三秦"。 2 虮虱(jǐ shī):虱子及其卵。 3 公孙述(?—36):字子阳,新莽时期至东汉初年割据势力。王莽篡汉时,公孙述割据蜀地,自任益州牧。东汉建武元年(25)公孙述称帝,后来其部下骑都尉荆邯劝其向东出兵,与光武帝争夺天下,公孙述没有听从,最终被光武帝的部将吴汉击败。 4 家叔父:指诸葛恪的叔父诸葛亮。 5 志画:志向和计划。

丹阳太守聂友素与恪善，书谏恪曰："大行皇帝本有遏东关之计，计未施行。今公辅赞大业，成先帝之志，寇远自送，将士凭赖威德，出身用命，一旦有非常之功，岂非宗庙神灵社稷之福邪！宜且案兵养锐，观衅而动。今乘此势，欲复大出，天时未可。而苟任盛意，私心以为不安。"恪题论后，为书答友曰："足下虽有自然之理，然未见大数。熟省此论，可以开悟矣。"于是违众出军，大发州郡二十万众，百姓骚动，始失人心。

恪意欲曜威[1]淮南，驱略[2]民人。而诸将或难之曰："今引军深入，疆埸之民，必相率远遁，恐兵劳而功少，不如止围新城[3]。新城困，救必至，

丹阳太守聂友一向与诸葛恪关系友善，他写信劝谏诸葛恪说："先帝本来就有在东关修筑防御工事的计划，只是未能施行。如今您辅佐大业，完成先帝遗志，只需要等着敌寇远道而来送死，我方将士凭借着天朝威德，献身效命，一旦能建立非同寻常的功绩，岂不是宗庙神灵社稷的福祉！所以现在应当按兵不动、养精蓄锐，观察到敌人的破绽再行动。如今趁着打了胜仗，想要再大举出兵，就天时而言并非有利。如果只是勉强一意孤行，我实在是心里不安。"诸葛恪在上面那篇论说文章后题写几句话，作为书信回复聂友说："足下虽然言之有理，然而没有从大局来考虑。您应当仔细看看我的论述，就会明白省悟了。"于是他违背众人的意愿，坚持出兵，大举征发各州郡兵卒二十万人，导致百姓骚动不安，诸葛恪因此失去民心。

诸葛恪想要在淮南炫耀武力，以便驱使当地百姓。但诸将中有人质疑说："如今率军深入，边境的百姓必定纷纷远离躲避，恐怕士兵花了大力气却收效甚微，不如只围困住合肥新城。新城一旦被我方围困，敌人必然要来救援，到时再

至而图之，乃可大获。”恪从其计，回军还围新城。攻守连月，城不拔。士卒疲劳，因暑饮水，泄下、流肿，病者大半，死伤涂地。

设计打败他们，定能大获全胜。”诸葛恪听从了这一建议，于是退军包围新城。攻城战持续了几个月，并没有拿下新城。士兵们疲劳不堪，因天气酷热而大量饮水，导致一大半人患上腹泻和浮肿等疾病，伤亡到处都是。

今注 1 曜(yào)威：指展示武力。 2 驱略：指驱使。 3 新城：建于魏青龙元年(223)，是扬州都督满宠为抵御孙吴北上大军固守合肥而建的军城。

诸营吏日白病者多，恪以为诈，欲斩之，自是莫敢言。恪内惟失计，而耻城不下，忿形于色。将军朱異有所是非，恪怒，立夺其兵。都尉蔡林数陈军计，恪不能用，策马奔魏。魏知战士罢[1]病，乃进救兵。恪引军而去。士卒伤病，流曳道路，或顿仆[2]坑壑，或见略获，存亡忿痛，大小呼嗟，而恪晏然自若。

各军营的管理人员每天都汇报有很多人得病，诸葛恪认为他们夸大情况，便要斩杀汇报的人，从此再也没人敢报告实情。诸葛恪内心认识到攻城的失策，但耻于久攻不下，愤怒的神色流露在外。将军朱異因为表达了一些不同的看法，诸葛恪大怒，立即剥夺了他的兵权。都尉蔡林多次陈述用兵的计策，诸葛恪都不予采纳，于是蔡林便骑马投奔魏国去了。魏国因而得知吴国士兵疲惫多病，于是进发援兵。诸葛恪只得率军撤退。士兵们大量伤病，许多人沿路掉队，有的倒毙在沟壕之中，有的被魏军俘虏，活着的愤恨不已，死去的令人痛心，全军上下呼号哀叹，而诸葛恪自己却安然自若。他到江

出住江渚一月，图起田于浔阳，诏召相衔，徐乃旋师[3]。由此众庶失望，而怨黩[4]兴矣。

中小洲上住了一个月，企图在浔阳开垦田地，直到朝廷接连下诏征召他，他才缓缓班师回朝。从此所有人都对他大失所望，并且因此产生了怨恨轻慢的情绪。

今注　1 罢(pí)：通"疲"。　2 顿仆：指跌倒，这里引申为死亡。　3 旋师：指撤军。　4 黩：通"嬻"。轻慢不敬。

秋八月军还，陈兵导从，归入府馆。即召中书令孙嘿[1]，厉声谓曰："卿等何敢妄数作诏？"嘿惶惧辞出，因病还家。恪征行之后，曹所奏署令长职司，一罢更选。愈治威严，多所罪责，当进见者，无不竦息[2]。又改易宿卫，用其亲近。复敕兵严，欲向青、徐。

秋八月，军队返回，诸葛恪率领部队回到大将军府。一到便召见中书令孙嘿，厉声责问道："你们怎么敢接连几次胡乱起草诏书？"孙嘿慌张害怕，告辞离开，借口生病回了家。诸葛恪出征之后，选曹所启奏任命的令、长各级官员，全都被罢免重新选任。诸葛恪为了显示自己的威严，经常向他人问罪，而要前去见他的人，无不毕恭毕敬、诚惶诚恐。他又撤换了宫中的警卫，全部用自己亲近的人担任。后来，诸葛恪再度下令整编部队，准备向青州、徐州一带进军。

今注　1 嘿：音 mò。　2 竦(sǒng)息：指因恐惧而屏息。

孙峻因民之多怨，众之所嫌，构恪欲为变，与亮谋，置酒请恪。

孙峻借着民众对诸葛恪的诸多怨恨和厌恶，构陷诸葛恪想发动叛乱，于是与孙亮合谋，准备了酒席来宴请诸葛恪。诸

恪将见之夜，精爽[1]扰动，通夕不寐。明将盥漱[2]，闻水腥臭，侍者授衣，衣服亦臭。恪怪其故，易衣易水，其臭如初，意惆怅不悦。严毕趋出，犬衔引其衣，恪曰："犬不欲我行乎？"还坐，顷刻乃复起，犬又衔其衣，恪令从者逐犬，遂升车。

葛恪即将要觐见的前一天夜里，精神烦躁不安，通宵睡不着。天亮洗手洗脸的时候，又闻到水里有腥臭味，侍者递给他衣服，衣服也有臭味。诸葛恪感到十分奇怪，命人把衣服和水更换一遍，但仍然是臭的，他因此感到很不高兴。诸葛恪穿好衣服后快步外出，狗咬住了他的衣服，诸葛恪说："狗是不想让我去吗？"于是回来坐下，过了一会儿再次起身，狗又来咬住了他的衣服，诸葛恪让侍从把狗赶走，然后坐上了车。

今注　1 精爽：即精神。　2 盥(guàn)漱：即洗手洗脸。

初，恪将征淮南，有孝子着缞衣[1]入其阁中，从者白之，令外诘问，孝子曰："不自觉入。"时中外守备，亦悉不见，众皆异之。出行之后，所坐厅事[2]屋栋[3]中折。自新城出住东兴，有白虹见其船，还拜蒋陵[4]，白虹复绕其车。及将见，驻车宫门，峻已伏兵于帷中，

起初，诸葛恪将要征讨淮南时，有一位孝子穿着丧服走进内屋，随从禀报了这件事，诸葛恪命人将那孝子带出来审问，孝子说："不知不觉地就进来了。"当时内外守卫的士兵，也都没有看到他的踪迹，于是大家都觉得非常奇怪。出征之后，诸葛恪办公的厅堂的大梁从中间折断。后来，他自新城回来在东兴驻扎，他的船上出现了白虹，回来拜祭蒋陵的时候，白虹又环绕着他的车子。诸葛恪将要觐见皇帝时，车停在宫门外，孙峻早

恐恪不时入，事泄，自出见恪曰："使君若尊体不安，自可须后，峻当具白主上。"欲以尝知恪。恪答曰："当自力入。"散骑常侍张约、朱恩等密书与恪曰："今日张设非常，疑有他故。"恪省书而去。未出路门，逢太常滕胤，恪曰："卒[5]腹痛，不任入。"

已在帷帐中埋伏好了士兵，担心诸葛恪不按时入内，事情败露，便亲自出来接见诸葛恪说："您如果尊体不安，当然可以改日，我会向主上详细禀告。"想要以此来试探诸葛恪。诸葛恪回答说："我可以尽力撑着进宫。"散骑常侍张约、朱恩等秘密写了字条给诸葛恪说："今天宫中的部署陈设不同寻常，恐怕有其他变故。"诸葛恪看了字条便准备离去。还没等走出大门，便遇到太常滕胤，诸葛恪说："我忽然感到腹痛，这回不能进宫了。"

今注 **1** 缞(cuī)衣：指丧服。 **2** 厅事：古代指地方官办理公务的厅堂。 **3** 栋：指屋顶最高处的水平横梁。 **4** 蒋陵：吴大帝孙权的陵墓。 **5** 卒：突然。

胤不知峻阴计，谓恪曰："君自行旋未见，今上置酒请君，君已至门，宜当力进。"恪踌躇而还，剑履上殿。谢亮，还坐。设酒，恪疑未饮，峻因曰："使君病未善平，当有常服药酒，自可取之。"恪意乃安，别饮所赍酒[1]。酒数行，亮还内，峻起如

滕胤并不知道孙峻的阴谋，便对诸葛恪说："您自出征回来之后，还未朝见，今日主上安排酒席宴请您，您又已经到了宫门口，还是应该勉力支撑进去为好。"诸葛恪犹豫了一下又返回来，佩剑穿鞋上殿。拜谢过孙亮后，便回身坐下。斟上酒后，诸葛恪心存怀疑便没有喝。于是孙峻说："您的病还未痊愈，应当携带有平时服用的药酒，可以拿出来喝。"诸葛恪这才心安下来，另取出自己带的酒来喝。

厕，解长衣，着短服，出曰："有诏收诸葛恪[2]！"恪惊起，拔剑未得，而峻刀交下。张约从旁斫峻，裁伤左手，峻应手斫约，断右臂。武卫之士皆趋上殿，峻曰："所取者恪也，今已死。"悉令复刃，乃除地更饮[3]。

先是，童谣曰："诸葛恪，芦苇单衣篾钩落，于何相求成子阁。"成子阁者，反语[1]石子冈也。建业南有长陵，名曰石子冈[2]，葬者依焉。钩落者，校饰革带，世谓之钩络带。恪果以苇席裹其身而篾束其腰，投之于此冈[4]。

恪长子绰，骑都尉，以交关[3]鲁王事，权遣付恪，令更教诲，恪鸩[4]杀之。中子竦，长水校尉。少子建，步兵校尉。闻恪诛，车载其母而走。峻遣

酒过数巡后，孙亮返回内殿，孙峻借口起身去上厕所，脱掉长衣，更换短装，出来说："有诏书收捕诸葛恪！"诸葛恪大惊而起，还没来得及拔剑，孙峻的刀已经接连砍了过来。张约从旁边斩击孙峻，只是伤了孙峻的左手，孙峻顺手回砍张约，砍断了张约的右臂。这时宫中的卫兵们都奔上殿来，孙峻说："要抓的是诸葛恪，现在他已经死了。"于是命令大家收起刀剑，将地板打扫干净之后，又继续饮酒。

先前，民间有童谣唱道："诸葛恪，芦苇单衣篾钩落，于何相求成子阁。"成子阁就是石子冈的反语。建业城南有一条长长的丘陵，名为"石子冈"，人们埋葬死者时多依傍此地。钩落，就是有装饰的皮带，世人称之为"钩络带"。诸葛恪死后，果然被苇席裹着身体，又用竹篾绑住腰部，被抛尸在石子冈上。

诸葛恪的长子诸葛绰，曾任骑都尉，因为与鲁王事件有牵连，孙权把他送回家交给诸葛恪，让诸葛恪好生教诲诸葛绰，诸葛恪则用鸩酒将诸葛绰毒杀了。次子诸葛竦，曾任长水校尉。小儿子诸葛建，曾任步兵校尉。他们听说诸葛恪被诛杀，便用车载着母亲逃走。孙峻派

骑督刘承追斩竦于白都。建得渡江,欲北走魏,行数十里,为追兵所逮。恪外甥都乡侯张震及常侍朱恩等,皆夷三族。

骑督刘承一路追赶到白都,斩杀了诸葛竦。诸葛建得以渡过长江,准备再往北投奔魏国,才走出几十里,就被追兵抓获了。诸葛恪的外甥都乡侯张震及常侍朱恩等人,都被诛灭三族。

今注 1 反语:魏晋南北朝时的一种隐语。以两个字先正切,再倒切,成为另外两个字。即按照吴地当时的语音,"成阁"反切读若"石","阁成"反切读若"冈",故"成子阁"反语为"石子冈"。 2 石子冈:今多写作"石子岗",位于今江苏南京雨花台区,是汉末六朝时期著名的古墓葬群。 3 交关:指有很大关联。 4 鸩:古代传说中的毒鸟,古人认为其羽毛有剧毒,置于酒中可将人毒死,后多用"鸩"指毒酒。

裴注 [1]《吴历》曰:"张约、朱恩密疏告恪,恪以示滕胤,胤劝恪还,恪曰:'峻小子何能为邪!但恐因酒食中人耳。'乃以药酒入。"孙盛评曰:"恪与胤亲厚,约等疏,非常大事,势应示胤,共谋安危。然恪性强梁,加素侮峻,自不信,故入,岂胤微劝,便为之冒祸乎?"《吴历》为长。 [2]《吴录》曰:"峻提刀称诏收恪,亮起立曰:'非我所为!非我所为!'乳母引亮还内。"《吴历》云:"峻先引亮入,然后出称诏。"与本传同。臣松之以为,峻欲称诏,宜如本传及《吴历》,不得如《吴录》所言。 [3]《搜神记》曰:"恪入,已被杀,其妻在室,语使婢曰:'汝何故血臭?'婢曰:'不也。'有顷,愈剧,又问婢曰:'汝眼目视瞻,何以不常?'婢蹶然起跃,头至于栋,攘臂切齿而言曰:'诸葛公乃为孙峻所杀!'于是大小知恪死矣,而吏兵寻至。"《志林》曰:"初,权病笃,召恪辅政。临去,大司马吕岱戒之曰:'世方多难,子每事必十思。'恪答曰:'昔季文子三思而后行,夫子曰"再思可矣",今君令恪十思,明恪之劣也。'岱无以答,当时咸谓之失言。"虞喜曰:"夫托以天下,至重也;以人臣行主威,至难也;兼二至而管万机,能胜之者鲜矣。

自非采纳群谋，询于刍荛，虚己受人，恒若不足，则功名不成，勋绩莫著。况吕侯国之元者，智度经远，而甫以十思戒之，而便以示劣见拒，此元逊之疏，乃机神不俱者也。若因十思之义，广谘当世之务，闻善速于雷动，从谏急于风移，岂得陨首殿堂，死凶竖之刃？世人奇其英辩，造次可观，而哂吕侯无对为陋，不思安危终始之虑，是乐春藻之繁华，而忘秋实之甘口也。昔魏人伐蜀，蜀人御之，精严垂发，六军云扰，士马擐甲，羽檄交驰，费祎时为元帅，荷国重任，而与来敏围棋，意无厌倦。敏临别谓祎：'君必能办贼者也。'言其明略内定，貌无忧色，况长宁以为君子临事而惧，好谋而成者？且蜀为蕞尔之国，而方向大敌，所规所图，唯守与战，何可矜己有余，晏然无戚？斯乃性之宽简，不防细微，卒为降人郭修所害，岂非兆见于彼而祸成于此哉？往闻长宁之甄文伟，今睹元逊之逆吕侯，二事体同，故并而载之，可以镜诫于后，永为世鉴。" [4]《吴录》曰："恪时年五十一。"

初，竦数谏恪，恪不从，常忧惧祸。及亡，临淮臧均表乞收葬恪，曰："臣闻震雷电激，不崇一朝，大风冲发，希有极日，然犹继以云雨，因以润物，是则天地之威，不可经日浃辰[1]，帝王之怒，不宜讫情尽意。臣以狂愚，不知忌讳，敢冒破灭之罪，以邀风雨之会。伏念故太傅诸葛恪得承祖考[2]风流之

起初，诸葛竦多次劝谏诸葛恪，诸葛恪都不听从，因此诸葛竦常常担心会招致灾祸。诸葛恪死后，临淮人臧均上表恳求收葬诸葛恪，说："臣听说电闪雷鸣、狂风大作的极端天气并不会终日持续，总是要接着出现云雨，滋润万物，这说明天地的威怒，不能连日进行，而帝王发怒，也不应随心肆意。臣狂妄无知，不知忌讳，胆敢冒着杀身之罪，来请求陛下降下云雨般的恩泽。伏念故太傅诸葛恪能继承父祖留下的丰功伟业，而他的几位叔伯在汉朝灭亡、九州鼎立的

烈，伯叔诸父遭汉祚尽，九州鼎立，分托三方，并履忠勤，熙隆世业。爰及于恪，生长王国，陶育圣化，致名英伟，服事累纪[3]，祸心未萌，先帝委以伊、周之任，属以万机之事。

时候，分别托身于魏、蜀、吴三方，都能忠贞勤勉，辅佐主君兴隆大业。至于诸葛恪，生长于吴国，受到圣明教化的陶冶，所以能获得英伟的名声，事奉大吴国几十年，也没有萌生祸乱之心，所以先帝委之以伊尹、周公一样的大任，将朝廷一切大事托付给他。

今注　1 浃(jiā)辰：古代以自子至亥一周十二日为"浃辰"，这里泛指连日、多日。 2 祖考：泛指父祖之辈。 3 累纪：数十年。古代以十二年为一纪。

"恪素性刚愎，矜己陵人，不能敬守神器，穆静邦内，兴功暴师，未期[1]三出，虚耗士民，空竭府藏，专擅国宪，废易由意，假刑劫众，大小屏息。侍中、武卫将军、都乡侯[2]俱受先帝嘱寄之诏，见其奸虐，日月滋甚，将恐荡摇宇宙，倾危社稷，奋其威怒，精贯昊天，计虑先于神明，智勇百于荆、聂[3]，躬持白刃，枭恪殿堂，勋超朱虚，功越东牟[4]。国之元害，一

"诸葛恪天性刚愎自用，好夸耀自己而欺侮他人，不能恭谨慎重地执政，保持国内的和平安定，反而为了建功立业大举出兵，不到一年就出兵三次，白白浪费民力，也使国家府库物资消耗殆尽，他还独揽国家大权，随意任免官吏，凭借着刑罚威慑众人，导致上下官员都不敢出声。侍中、武卫将军、都乡侯孙峻与他一同接受先帝的顾命遗诏，看到他奸邪暴虐，日甚一日，担心这样下去会导致天下大乱，有倾覆社稷的危险，于是凭借一腔愤怒的热血和贯通云天的精诚，靠着胜过神明的计谋，百倍于荆轲、聂政的智勇，手持白刃，将诸葛恪斩杀于殿堂之上，其功绩远超过汉代的朱虚侯、东牟侯。一日

朝大除，驰首徇示，六军喜踊，日月增光，风尘不动，斯实宗庙之神灵，天人之同验也。今恪父子三首，县市积日，观者数万，詈声[5]成风。国之大刑，无所不震，长老孩幼，无不毕见。人情之于品物[6]，乐极则哀生，见恪贵盛，世莫与贰[7]，身处台辅，中间历年，今之诛夷，无异禽兽，观讫情反，能不憯然[8]！

之内就铲除了国家的大患，用车载着诸葛恪的首级游街示众，六军将士欢喜腾跃，日月为之增光，风尘也因此平息，这实在是祖宗显灵保佑，天人一心的结果。如今诸葛恪父子三人的首级，已经挂在闹市街头示众数日，观看的人成千上万，骂声成风。国家的重刑，无人不受震动，男女老幼无不观看。人们看待万事万物时候的心情，总是乐尽而衰生，看着诸葛恪显贵，举世无人能比，身处三公之位，经过了几年，如今遭到杀身灭族，与禽兽被宰杀没什么差别，见过这番情景，怎能不让人悲痛伤感！

今注 1 期(jī)：这里指一年时间。 2 侍中、武卫将军、都乡侯：这里指孙峻。 3 荆、聂：指荆轲、聂政，均为古代著名刺客。 4 勋超朱虚，功越东牟：朱虚、东牟，指朱虚侯刘章和东牟侯刘兴居，二人均为西汉初年宗室成员，参与平定后族吕氏的叛乱，保住了刘氏的统治。 5 詈(lì)声：骂声。 6 品物：犹万物。 7 贰：指比拟，相提并论。 8 憯(cǎn)然：悲痛、伤心。

“且已死之人，与土壤同域，凿掘斫刺，无所复加。愿圣朝稽则[1]乾坤，怒不极旬，使其乡邑若故吏民，收以士伍之

“况且已死之人，已经归于土壤，再施加凿、挖、砍、刺的刑罚也起不到什么作用了。希望圣明的朝廷效法自然，威怒不超过旬日，让诸葛恪的同乡或者部下，用普通兵卒的衣服去收殓他，惠赐给

服，惠以三寸之棺[2]。昔项籍受殡葬之施[3]，韩信获收敛之恩[4]，斯则汉高发神明之誉也。惟陛下敦三皇之仁，垂哀矜之心，使国泽[5]加于辜戮[6]之骸，复受不已之恩，于以扬声遐方，沮劝[7]天下，岂不弘哉！昔栾布矫命彭越[8]，臣窃恨之，不先请主上，而专名以肆情，其得不诛，实为幸耳。今臣不敢章宣愚情，以露天恩，谨伏手书，冒昧陈闻，乞圣朝哀察。”于是亮、峻听恪故吏敛葬，遂求之于石子冈[1]。

始恪退军还，聂友知其将败，书与滕胤曰：“当人强盛，河山可拔，一朝羸缩，人情万端，言之悲叹。”恪诛后，孙峻忌友，欲以为郁林太守，友发病忧死。友字文悌，豫章人也[2]。

他三寸薄棺。当年项羽、韩信都蒙受殡葬、收殓之恩，这就使汉高祖获得了极高的声誉。希望陛下能降下三皇之仁，布施哀悯之心，使朝廷的恩泽降及受刑者的尸骸，使他们再次蒙受无尽的恩典，使朝廷名声远播，也能劝勉警戒天下之人，影响岂不恢宏广大吗？当年栾布曾违反汉高祖的命令去收殓彭越，臣私下痛恨这种做法，不先请示主上，而专门为了博得名声而恣意妄为，栾布没有因此被处死，实在是大幸。如今臣不敢公开表露自己愚昧的感情，以便显露皇上的恩德，恭敬地草拟这份奏章，冒昧地表达自己的想法，乞求圣朝哀悯省察。”于是孙亮、孙峻允许了诸葛恪曾经的部下将他的尸体收殓安葬，他们于是在石子冈找到了诸葛恪的尸体。

当初，诸葛恪撤军返回的时候，聂友知道他最终将要败亡，便写信给滕胤说：“当人处于强盛的时候，他的力量甚至可以移动山河，一旦衰弱，人们对他的态度就会产生各种各样的变化，说起来真令人悲伤叹息。”诸葛恪被诛杀后，孙峻忌恨聂友，打算让他调任郁林太守，聂友因而发病忧郁而死。聂友，字文悌，豫章郡人。

今注 1 稽则:指效法、仿效。 2 三寸之棺:指厚度仅三寸的棺材,表示薄葬。 3 项籍受殡葬之施:项羽曾被楚怀王封为鲁公,其兵败自刎之后,刘邦按照鲁公的规格安葬了项羽。 4 韩信获收敛之恩:韩信被吕后和萧何合谋诛杀,处以夷三族的极刑,史书中没有关于其殡葬的明确记载。 5 国泽:国家的恩泽。敛,通"殓"。 6 辜戮:指获罪受死。 7 沮劝:指阻止恶行,劝勉善事。 8 昔栾布矫命彭越:栾布、彭越,均为西汉初年人物。二人在布衣时即为好友,彭越辅佐刘邦建立汉朝,封为梁王,但后来被刘邦处死,枭首示众,并被禁止收殓。栾布得知之后,前去替彭越收尸,刘邦被彭越的义举感动,最终原谅了他。

裴注 [1]《江表传》曰:"朝臣有乞为恪立碑以铭其勋绩者,博士盛冲以为不应。孙休曰:'盛夏出军,士卒伤损,无尺寸之功,不可谓能;受托孤之任,死于竖子之手,不可谓智。冲议为是。'遂寝。" [2]《吴录》曰:"友有唇吻,少为县吏。虞翻徙交州,县令使友送之,翻与语而奇焉,为书与豫章太守谢斐,令以为功曹。郡时见有功曹,斐见之,问曰:'县吏聂友,可堪何职?'对曰:'此人县间小吏耳,犹可堪曹佐。'斐曰:'论者以为宜作功曹,君其避之。'乃用为功曹。使至都,诸葛恪友之。时论谓顾子嘿、子直,其间无所复容,恪欲以友居其间,由是知名。后为将,讨儋耳,还拜丹阳太守,年三十三卒。"

滕胤

原文

滕胤,字承嗣,北海剧[1]人也。伯父耽,父胄,与刘繇州里通家,以世扰

译文

滕胤,字承嗣,北海剧县人。他的伯父滕耽、父亲滕胄,与刘繇是同州世交,因为天下大乱,便渡江投奔刘

乱，渡江依繇。孙权为车骑将军，拜耽右司马，以宽厚称，早卒，无嗣。胄善属文，权待以宾礼，军国书疏，常令损益润色之，亦不幸短命。权为吴王，追录旧恩，封胤都亭侯。少有节操，美仪容[1]。弱冠尚公主。年三十，起家为丹阳太守，徙吴郡、会稽，所在见称[2]。太元元年，权寝疾，诣都，留为太常，与诸葛恪等俱受遗诏辅政。孙亮即位，加卫将军。

繇。孙权担任车骑将军的时候，曾任命滕耽为右司马，滕耽以性情宽厚著称，去世很早，没有留下子嗣。滕胄善于写文章，孙权待之以宾客之礼，军国大政的文书，常常让他修改润色，但滕胄也不幸早逝。孙权做吴王的时候，追录往昔的恩义，封滕胤都亭侯。滕胤少年时就怀有志节操守，容貌俊美。二十岁的时候娶公主为妻。三十岁时，自家中被征召出任丹阳太守，后来转任吴郡、会稽太守，所在之处都受到赞赏。太元元年(251)，孙权病重，滕胤返回京都，在朝中留任太常，与诸葛恪等一同受遗诏辅政。孙亮即位后，又加授卫将军。

今注　**1** 剧：西汉置县，治今山东寿光南。西汉为甾川国治所，东汉为北海国治所。

裴注　[**1**]《吴书》曰："胤年十二，而孤单茕立，能治身厉行。为人白皙，威仪可观。每正朔朝贺修勤，在位大臣见者，莫不叹赏。"　[**2**]《吴书》曰："胤上表陈及时宜，及民间优劣，多所匡弼。权以胤故，增重公主之赐，屡加存问。胤每听辞讼，断罪法，察言观色，务尽情理。人有穷冤悲苦之言，对之流涕。"

恪将悉众伐魏，胤谏恪曰："君以丧代之际，受伊、霍之托，入安本朝，出摧强敌，名声振于海内，天下莫不震动，万姓之心，冀得蒙君而息。今猥以劳役之后，兴师出征，民疲力屈。远主有备，若攻城不克，野略无获，是丧前劳而招后责也。不如案甲息师，观隙而动。且兵者大事，事以众济，众苟不悦，君独安之？"恪曰："诸云不可者，皆不见计算，怀居苟安者也，而子复以为然，吾何望焉？夫以曹芳[1]暗劣，而政在私门，彼之臣民，固有离心。今吾因国家之资，藉战胜之威，则何往而不克哉！"以胤为都下督，掌统留事。胤白日接宾客，夜省文书，或通晓不寐[1]。

诸葛恪准备发动全部军队攻打魏国，滕胤劝谏说："您在先帝去世、新君继位之际，担负着伊尹、霍光一样的重托，在朝安定政局，在外击溃强敌，声威传扬全国，天下无不震动，百姓的心愿，都期望依赖您获得安宁。如今大兴劳役之后，又举兵出征，会使得百姓疲惫、国力空虚。敌国如果早有防备，我方部队前去不能攻克城池，野战又无所收获，不仅会损害您原本的功劳，还会招致新的罪责。不如按兵不动让军队休息，见机行事。况且用兵是极为重大的事情，需要依靠大家的力量才能成功，如果大家都不高兴，您一个人怎么能应付得了呢？"诸葛恪说："大家都说不可出兵，是因为他们都是一些没有谋略，只想着苟且偷安的家伙罢了，如果您也认为他们是对的，我还有什么指望？如今曹芳昏庸无能，而他的政权早已被臣下控制，而魏国臣民本已离心离德。如今我发动举国之力，凭借战胜的威势，何往而不能攻克啊！"他于是任命滕胤为都下督，总管京都留守事务。滕胤白天会见宾客，夜里批阅文书，有时甚至通宵不眠。

今注　1 曹芳(232—274)：字兰卿，三国时期魏国的第三位皇帝，后被司马师废黜为齐王。

裴注　[1]《吴书》曰："胤宠任弥高，接士愈勤，表奏书疏，皆自经意，不以委下。"

孙峻

孙峻，字子远，孙坚弟静之曾孙也。静生暠，暠生恭，为散骑侍郎。恭生峻。少便弓马，精果胆决。孙权末，徙武卫都尉，为侍中。权临薨，受遗辅政，领武卫将军，故典宿卫，封都乡侯。既诛诸葛恪，迁丞相、大将军，督中外诸军事、假节，进封富春侯。

滕胤以恪子竦妻父辞位，峻曰："鲧[1]、禹罪不相及，滕侯何为？"峻、胤虽内不沾洽[2]，而外相包容，进胤爵高密侯，共事如前[1]。峻素无重名，骄矜险害，多

孙峻，字子远，是孙坚的弟弟孙静的曾孙。孙静生孙暠，孙暠生孙恭，孙恭曾任散骑侍郎。孙恭生孙峻。孙峻年少时就能熟练地骑马射箭，为人精明果敢、有过人的胆识决断。孙权晚年，孙峻迁任武卫都尉，又担任侍中。孙权去世前，孙峻受遗诏辅佐朝政，兼领武卫将军，按惯例掌管宫中的宿卫部队，封爵为都乡侯。诸葛恪被诛杀后，孙峻升任丞相、大将军，管理朝廷内外的军事，被授予节杖，晋封为富春侯。

滕胤因为是诸葛恪之子诸葛竦的岳父而请求辞职，孙峻说："鲧有罪过，并不连累他的儿子禹，滕侯何必如此？"孙峻、滕胤内心虽相互并不融洽，但外表上仍然保持着相互包容的样子，孙峻将滕胤的爵位晋封为高密侯，仍像从前一样共事。孙峻素来缺少显赫的声名，为人又骄矜阴

所刑杀，百姓嚣然[3]。又奸乱宫人，与公主鲁班私通。

险，滥施刑罚杀了不少人，导致百姓忧愁不已。他还奸淫宫女，甚至与公主孙鲁班私通。

五凤元年，吴侯英谋杀峻，英事泄死。

五凤元年(254)，吴侯孙英图谋诛杀孙峻，但因为事情败露，孙英被处死。

今注 1 鲧(gǔn)：大禹的父亲。传说尧在位时洪水泛滥，鲧受命治水，但历时九年仍不成功，被舜杀死在羽山。 2 沾洽：融洽。 3 嚣(áo)然：嚣，通“敖”。忧愁的样子。

裴注 [1]《吴录》曰：“群臣上奏，共推峻为太尉，议胤为司徒。时有媚峻者，以为大统宜在公族，若滕胤为亚公，声名素重，众心所附，不可贰也。乃表以峻为丞相，又不置御史大夫，士人皆失望矣。”

二年，魏将毌丘俭、文钦以众叛，与魏人战于乐嘉[1]，峻帅骠骑将军吕据、左将军留赞袭寿春，会钦败降，军还[1]。是岁，蜀使来聘，将军孙仪、张怡、林恂等欲因会杀峻。事泄，仪等自杀，死者数十人，并及公主鲁育。

五凤二年(255)，魏国将领毌丘俭、文钦率众发动叛乱，与魏军在乐嘉交战，孙峻率领骠骑将军吕据、左将军留赞袭击寿春，正碰上文钦战败前来向吴军投降，于是撤回了大军。当年，蜀国使者前来访问，将军孙仪、张怡、林恂等企图趁此机会杀死孙峻。不料事情败露，孙仪等自杀而亡，牵涉此案受死的多达数十人，并株连了公主孙鲁育。

峻欲城广陵[2]，朝臣知其不可城，而畏之莫敢言。唯滕胤谏止，不从，

孙峻打算修筑广陵城，而朝中大臣都明知那里不能修城，却因为惧怕孙峻，没有人敢提出反对意见。只有滕胤劝谏，

而功竟不就。

其明年，文钦说峻征魏，峻使钦与吕据、车骑将军刘纂、镇南朱异、前将军唐咨自江都入淮、泗，以图青、徐。峻与胤至石头，因饯之，领从者百许人入据营。据御军齐整，峻恶之，称心痛去。遂梦为诸葛恪所击，恐惧发病死，时年三十八，以后事付綝。

孙峻不听，但最终并未能成功筑城。

次年，文钦劝说孙峻征讨魏国，孙峻于是派遣文钦与吕据、车骑将军刘纂、镇南将军朱异、前将军唐咨从江都进军淮、泗流域，准备进一步攻取青、徐二州。孙峻与滕胤到达石头城，为他们饯行，带领一百多名随从进入吕据的军营。吕据指挥的部队严整有序，孙峻内心对他很是厌恶，便推说心痛离开。不久后孙峻梦见被诸葛恪所袭击，因恐惧发病而死，当时三十八岁，将后事托付给了孙綝。

今注　**1** 乐嘉：在今河南周口商水县。　**2** 广陵：在今江苏扬州西北。

裴注　[1]《吴书》曰："留赞字正明，会稽长山人。少为郡吏，与黄巾贼帅吴桓战，手斩得桓。赞一足被创，遂屈不伸。然性烈，好读兵书及三史，每览古良将战攻之势，辄对书独叹，因呼诸近亲谓曰：'今天下扰乱，英豪并起，历观前世，富贵非有常人，而我屈躄在闾巷之间，存亡无以异。今欲割引吾足，幸不死而足申，几复见用，死则已矣。'亲戚皆难之。有间，赞乃以刀自割其筋，血流滂沱，气绝良久。家人惊怖，亦以既尔，遂引申其足。足申创愈，以得蹉步。凌统闻之，请与相见，甚奇之，乃表荐赞，遂被试用。累有战功，稍迁屯骑校尉。时事得失，每常规谏，好直言，不阿旨，权以此惮之。诸葛恪征东兴，赞为前部，合战先陷阵，大败魏师，迁左将军。孙峻征淮南，授赞节，拜左护军。未至寿春，道路病发，峻令赞将车重先还。魏将蒋班以步骑四千追赞。赞病困，不能整阵，知必败，乃解曲盖印绶付弟子以归，曰：'吾自为将，破敌搴旗，未尝负败。今病困兵羸，众寡不敌，汝速去矣！俱死，无益于国，适所以快敌耳。'弟子不肯受，拔刀欲斫之，乃去。初，赞为将，临敌必先被发叫天，因抗音而歌，左右应之，毕乃进战，战无不克。及败，叹曰：'吾战有常术，今病困若此，固命也！'遂被害，时年七十三，众庶痛惜焉。二子略、平，并为大将。"

孙𬘭

原文

孙𬘭，字子通，与峻同祖。𬘭父绰为安民都尉。𬘭始为偏将军，及峻死，为侍中武卫将军，领中外诸军事，代知朝政。吕据闻之大怒，与诸督将连名，共表荐滕胤为丞相，𬘭更以胤为大司马，代吕岱驻武昌。据引兵还，使人报胤，欲共废𬘭。𬘭闻之，遣从兄虑将兵逆[1]据于江都，使中使敕文钦、刘纂、唐咨等合众击据，遣侍中左将军华融、中书丞丁晏告胤取据，并喻胤宜速去意。

胤自以祸及，因留

译文

孙𬘭，字子通，与孙峻同一祖父。孙𬘭的父亲孙绰曾任安民都尉。孙𬘭最初出任偏将军，到孙峻死后，担任侍中武卫将军，兼管朝廷内外军务，接替孙峻主持朝政。吕据听闻这一消息，十分恼怒，与各督将领联名上表，举荐滕胤为丞相，孙𬘭便改任滕胤为大司马，接替吕岱驻防武昌。吕据领兵返回建业，并派人报告滕胤，打算共同废黜孙𬘭。孙𬘭听说后，便派遣堂兄孙虑率兵在江都迎击吕据，又派宫中使者去命令文钦、刘纂、唐咨等集合部队攻击吕据，并派遣侍中左将军华融、中书丞丁晏告知滕胤，让他前去捉拿吕据，并向他转达了应迅速行动的意思。

滕胤认为灾祸已经殃及自己，因而扣留了华融、丁晏，部署兵力自卫，又征融、晏，勒兵自卫，召典军杨崇、将军孙咨，告以綝为乱，迫融等使有书难綝。綝不听，表言胤反，许将军刘丞以封爵，使率兵骑急攻围胤。胤又劫融等，使诈诏发兵。融等不从，胤皆杀之[1]。胤颜色不变，谈笑若常。或劝胤引兵至苍龙门，将士见公出，必皆委綝就公。

时夜已半，胤恃与据期，又难举兵向宫，乃约令部曲，说吕侯已在近道，故皆为胤尽死，无离散者。时大风，比晓，据不至。綝兵大会，遂杀胤及将士数十人，夷胤三族[2]。綝迁大将军，假节，封永宁侯，负贵倨傲，多行无礼。初，峻从弟虑与诛诸葛恪之谋，峻厚之，至右将军、无难督[2]，授节盖，平九官[3]事。綝遇虑薄于峻时，虑怒，与

召了典军杨崇、将军孙咨，告知他们孙綝作乱，并强迫华融等写信去责难孙綝。孙綝不听，上表说滕胤谋反，并向将军刘丞许诺封爵，让他急速率领兵马去围攻滕胤。滕胤则又胁迫华融等人，让他们伪造诏书发兵。华融等人不愿听从，滕胤便将他们全部杀死。滕胤神色不变，谈笑如常。有人劝滕胤领兵前往苍龙门，并说将士们如果看到滕公出来，一定都会离开孙綝前来投奔滕公。

当时已经是半夜，滕胤仗着自己与吕据有约，又认定自己难以举兵进宫，于是勒令部下，说吕侯已在临近的路上，所以大家都愿意为他拼死效力，没有人逃走。其时狂风大作，临近拂晓，吕据并未抵达。而孙綝的军队已经大规模集结，于是杀死了滕胤和他手下数十名将士，又将滕胤诛灭三族。事后，孙綝升任大将军，持有节杖，封永宁侯，他仗着自己地位尊贵，为人十分傲慢，经常做出越礼的事。起初，孙峻的堂弟孙虑参与诛杀诸葛恪的谋划，孙峻对他颇为厚待，官至右将军、无难督，并授予符节车盖，总管九卿事务。但后来孙綝给孙虑的待遇比孙峻时要薄得多，孙虑对此大为恼怒，企

将军王惇谋杀綝。綝杀惇，虑服药死。

图与将军王惇谋杀孙綝。结果孙綝杀死了王惇，孙虑服毒药自杀。

今注 1 逆：迎击。 2 无难督：官名。三国吴置。统无难士，负责侍卫帝王，亦用于征战。 3 九官：即九卿。

裴注 [1]《文士传》曰："华融字德蕤，广陵江都人。祖父避乱，居山阴蕊山下。时皇象亦寓居山阴，吴郡张温来就象学，欲得所舍。或告温曰：'蕊山下有华德蕤者，虽年少，美有令志，可舍也。'温遂止融家，朝夕谈讲。俄而温为选部尚书，乃擢融为太子庶子，遂知名显达。融子谞，黄门郎，与融并见害。次子谭，以才辩称，晋秘书监。" [2] 臣松之以为，孙綝虽凶虐，与滕胤宿无嫌隙，胤若且顺綝意，出镇武昌，岂徒免当时之祸，仍将永保元吉，而犯机触害，自取夷灭，悲夫！

魏大将军诸葛诞举寿春叛，保城请降。吴遣文钦、唐咨、全端、全怿等帅三万人救之。魏镇南将军王基围诞。钦等突围入城。魏悉中外军二十余万增诞之围。朱異帅三万人屯安丰[1]城，为文钦势。魏兖州刺史州泰拒异于阳渊[2]，异败退，为泰所追，死伤二千人。綝于是大发卒出屯镬里，复遣异率将军

魏国大将军诸葛诞占据寿春反叛，保城向吴国投降。吴国派遣文钦、唐咨、全端、全怿等率领三万人前去接应救援。魏国镇南将军王基围困诸葛诞。文钦等突入重围，进入城中。魏国调拨了朝廷内外全部军队二十余万增援对诸葛诞的围攻。朱異率领三万人前去安丰城驻扎，准备作为文钦的接应。魏国兖州刺史州泰在阳渊抵御朱異，朱異大败退军，还被州泰追杀，死伤达两千人。孙綝于是大举出兵前往镬里，又派遣朱異率将军丁奉、黎斐等部

丁奉、黎斐等五万人攻魏，留辎重于都陆。

五万人攻打魏国，将辎重留在了都陆。

异屯黎浆，遣将军任度、张震等募勇敢六千人，于屯西六里为浮桥夜渡，筑偃月垒[3]。为魏监军石苞及州泰所破，军却退就高。异复作车箱围趣[4]五木城。苞、泰攻异，异败归，而魏太山太守胡烈以奇兵五千诡道袭都陆，尽焚异资粮。綝授兵三万人使异死战，异不从，綝斩之于镬里，而遣弟恩救，会诞败引还。綝既不能拔出诞，而丧败士众，自戮名将，莫不怨之。

朱异驻扎在黎浆，派遣将军任度、张震等招募敢死勇士六千人，在驻地以西六里处架浮桥趁夜渡江，并筑起半月形的防御工事。却被魏国监军石苞及州泰攻破，部队只得撤退回高地。朱异又制造了车箱围住军队进攻五木城，石苞、州泰再度进攻朱异，朱异大败而归，而魏国太山太守胡烈派出奇兵五千从隐秘小路偷袭都陆，将朱异的军资粮草悉数焚毁。孙綝又调拨给朱异三万人让他拼死力战，朱异不从命，孙綝在镬里将其斩杀，另派弟弟孙恩去救援，然而这时诸葛诞已经战败，孙恩只得带兵返回。孙綝既不能救出诸葛诞，又损失了大量兵力，还亲自诛杀名将，所以无人不怨恨他。

今注　**1** 安丰：在今安徽霍邱县西南。　**2** 阳渊：在今安徽长丰县南。　**3** 偃月垒：指半月形的防御工事。　**4** 趣(qū)：赴，前往。这里指进攻。

綝以孙亮始亲政事，多所难问，甚惧。还建业，称疾不朝，筑室于朱雀桥南，使弟威远将军

孙綝因为孙亮开始亲政之后对自己多加责难，感到十分害怕。回到建业后，宣称有病不上朝，又在朱雀桥南边修建房屋，派弟弟威远将军孙据进入

据入苍龙宿卫，弟武卫将军恩、偏将军干、长水校尉闿分屯诸营，欲以专朝自固。亮内嫌綝，乃推鲁育见杀本末，责怒虎林督朱熊、熊弟外部督朱损不匡正孙峻，乃令丁奉杀熊于虎林，杀损于建业。綝入谏不从，亮遂与公主鲁班、太常全尚、将军刘承议诛綝。亮妃，綝从姊女也，以其谋告綝。綝率众夜袭全尚，遣弟恩杀刘承于苍龙门外，遂围宫[1]。使光禄勋孟宗告庙废亮，召群司议曰："少帝荒病昏乱，不可以处大位，承宗庙，以告先帝废之。诸君若有不同者，下异议。"皆震怖，曰："唯将军令。"綝遣中书郎李崇夺亮玺绶，以亮罪状告远近。尚书桓彝不肯署名，綝怒杀之[2]。

典军施正劝綝征立

苍龙门做宿卫，弟弟武卫将军孙恩、偏将军孙干、长水校尉孙闿分别驻守各军营，打算以此独揽大权，巩固自己的地位。孙亮内心厌恶孙綝，于是下令追查公主孙鲁育被杀害的实情，追究虎林督朱熊及其弟外部督朱损未能匡正孙峻的罪责，于是命令丁奉分别在虎林和建业杀死朱熊和朱损。孙綝入宫劝谏，孙亮不予采纳，孙亮于是与公主孙鲁班、太常全尚、将军刘承商议诛杀孙綝。孙亮的妃子，是孙綝堂姐的女儿，她将密谋通报给了孙綝。孙綝于是率领兵卒夜里袭击了全尚，又派弟弟孙恩在苍龙门外杀死刘承，进而包围了皇宫。孙綝派光禄勋孟宗告祭宗庙，废黜了孙亮，并召集群臣商议说："少帝荒淫昏乱，不能够胜任皇帝的大位，承担宗庙的祭祀，我已告祭先帝，将他废黜。各位如果有不同意见，就请在此当场提出异议。"众人都感到震惊恐惧，说："一切听从将军的号令。"孙綝于是派遣中书郎李崇夺走孙亮的印玺绶带，将孙亮的罪状颁布各地。尚书桓彝不肯署名，孙綝一怒之下将他杀死。

典军施正力劝孙綝征召琅邪王孙

琅邪王休，綝从之，遣宗正楷奉书于休曰："綝以薄才，见授大任，不能辅导陛下。顷月以来，多所造立，亲近刘承，悦于美色，发吏民妇女，料其好者，留于宫内。取兵子弟十八已下三千余人，习之苑中，连日续夜，大小呼嗟，败坏藏中矛戟五千余枚，以作戏具。朱据先帝旧臣，子男熊、损皆承父之基，以忠义自立，昔杀小主，自是大主所创[1]，帝不复精其本末，便杀熊、损，谏不见用，诸下莫不侧息。帝于宫中作小船三百余艘，成以金银，师工昼夜不息。太常全尚，累世受恩，不能督诸宗亲，而全端等委城就魏。尚位过重，曾无一言以谏陛下，而与敌往来，使传国消息，惧必倾危社稷。推案旧典，运集大王，辄

休入朝立为皇帝，孙綝听从了建议，便派遣宗正孙楷致信孙休说："孙綝我以浅薄的才能被授予大任，没有辅导好陛下。近几个月以来，他多次肆意妄为，亲近弄臣刘承，又沉迷于女色，随意征发官员百姓家中的女子，挑选出有姿色的留在后宫之中。又选择十八岁以下军队子弟三千多人，夜以继日地在宫苑中操练，吵吵闹闹，把武库所藏的矛戟当玩具，弄坏了五千多支。朱据是先帝的老臣，他的儿子朱熊、朱损都能继承父亲的事业，以忠诚道义自立，当年杀害小公主的事，原本是大公主的谋划，而皇帝在没有彻查事情原委的情况下，就杀死了朱熊、朱损，也不采纳任何劝谏，所以群臣无不悲伤叹息。皇帝又在宫内让工匠夜以继日地用金银制造了三百多艘小船。太常全尚，几代人蒙受圣恩，没有管好自己家的宗亲，而全端等人弃城叛逃到魏国。全尚权位过于贵重，却始终没有说过一句劝谏陛下的话，反而与敌人往来勾结，还派人把国家的消息传给敌国，恐怕将来有一天他必定要倾覆社稷。按照过去的典制，如今气运都汇集于大王您的身上，所以在

以今月二十七日擒尚斩承,以帝为会稽王,遣楷奉迎。百寮喁喁[2],立住道侧。”

本月二十七日抓捕全尚、斩杀刘承,使让皇帝退位为会稽王,并派孙楷前来恭迎大王即位。百官翘首企盼,夹道欢迎。”

【今注】 **1** 昔杀小主,自是大主所创:小主,指孙鲁育;大主,指孙鲁班。吴五凤二年(255),孙鲁班诬陷孙鲁育谋反,孙鲁育被孙峻杀害。 **2** 喁喁(yóng):形容众人向慕之状。

【裴注】 [**1**]《江表传》曰:“亮召全尚息黄门侍郎纪密谋,曰:‘孙綝专势,轻小于孤。孤前敕之,使速上岸,为唐咨等作援,而留湖中,不上岸一步。又委罪朱异,擅杀功臣,不先表闻。筑第桥南,不复朝见。此为自在,无复所畏,不可久忍,今规取之。卿父作中军都督,使密严整士马,孤当自出临桥,帅宿卫虎骑、左右无难一时围之。作版诏敕綝所领皆解散,不得举手,正尔自得之。卿去,但当使密耳。卿宣诏语卿父,勿令卿母知之,女人既不晓大事,且綝同堂姊,邂逅泄漏,误孤非小也。’纪承诏以告尚,尚无远虑,以语纪母。母使人密语綝。綝夜发严兵废亮,比明,兵已围宫。亮大怒,上马,带鞬执弓欲出,曰:’孤大皇帝之適子,在位已五年,谁敢不从者!’侍中近臣及乳母共牵攀止之,乃不得出,叹咤二日不食,骂其妻曰:‘尔父愦愦,败我大事!’又呼纪,纪曰:‘臣父奉诏不谨,负上,无面目复见。’因自杀。孙盛曰:“《亮传》称亮少聪惠,势当先与纪谋,不先令妻知也。”《江表传》说漏泄有由,于事为详矣。 [**2**]《汉晋春秋》曰:“彝,魏尚书令阶之弟。”《吴录》曰:“晋武帝问薛莹吴之名臣,莹对称:‘彝有忠贞之节。’”

綝遣将军孙耽送亮之国,徙尚于零陵,

孙綝派将军孙耽送孙亮前往封国,将全尚流放到零陵,又将全公主迁到豫迁公主于豫章。綝意弥溢，侮慢民神，遂烧大桥头伍子胥庙，又坏浮屠祠[1]，斩道人[2]。休既即位，称草莽臣，诣阙上书曰："臣伏自省，才非干国，因缘肺腑，位极人臣，伤锦败驾，罪负彰露，寻愆惟阙，夙夜忧惧。臣闻天命棐谌[3]，必就有德，是以幽、厉失度，周宣中兴。陛下圣德，纂承大统，宜得良辅，以协雍熙，虽尧之盛，犹求稷、契[4]之佐，以协明圣之德。古人有言：'陈力就列，不能者止。'[5]臣虽自展竭，无益度政。谨上印绶节钺，退还田里，以避贤路。"

章。孙綝愈发志得意满，经常侮辱民间信奉的神灵，不仅烧毁大桥头的伍子胥庙，又拆毁佛寺，斩杀僧侣。孙休即位后，孙綝自称草莽之臣，到宫里上书说："臣自我反省，才能远不足以主持国家大政，只不过因为是皇上的近亲，才能够位极人臣，这实在是有辱陛下的声誉和威严，罪恶昭彰，我自己追究罪过，实在是感到日夜忧惧。臣听说天命辅助诚信之人，必定亲近有德之士，所以周幽王、周厉王失去法度之后，而周宣王却能够中兴周室。陛下德行隆盛，继承大统，应当有贤良之臣辅佐，来成就丰功伟业，就算是唐尧那样的盛世，也还需要后稷与契这样的贤臣来辅佐，来协助君主圣明的品德。古人曾说：'有能力的人列位就职，没有能力的人就辞官离任。'臣虽然竭尽全力，想要施展自己的才能，但对朝政却没有任何助益。所以谨此呈上印玺绶带、符节斧钺，自愿退居故里，来给贤者避让道路。"

今注　1 浮屠祠：指佛教寺庙。　2 道人：这里指和尚。　3 棐(fěi)谌：指辅佐诚信之人。棐，辅助。谌，通"忱"，指诚信的人。　4 稷、契：指稷和契，传说中唐虞时代的贤臣。　5 陈力就列，不能者止：出自《论语·季氏》。

休引见慰喻。又下诏曰："朕以不德，守藩于外，值兹际会，群公卿士，暨于朕躬，以奉宗庙。朕用怃然，若涉渊水。大将军忠计内发，扶危定倾，安康社稷，功勋赫然。昔汉孝宣[1]践阼，霍光尊显，褒德赏功，古今之通义也。其以大将军为丞相、荆州牧，食五县。"恩为御史大夫、卫将军，据右将军，皆县侯。幹杂号将军、亭侯。闿亦封亭侯。綝一门五侯，皆典禁兵，权倾人主，自吴国朝臣未尝有也。

綝奉牛、酒诣休，休不受，赍诣左将军张布，酒酣，出怨言曰："初废少主时，多劝吾自为之者。吾以陛下贤明，故迎之。帝非我不立，今上礼见拒，是与凡臣无异，当复改图耳。"布以言闻休，

孙休召见了孙綝，并加以开导劝慰。又下诏书说："朕以无德之身，为国家在外镇守藩国，在此风云际会之时，各位公卿士大夫，找到了朕并让朕奉祀宗庙。朕实在是诚惶诚恐，如临深渊。大将军的忠诚发自内心，全力扶持危难之中的国家，使得社稷安康，功勋卓著。当年汉宣帝登基的时候，霍光尊贵显赫，表彰贤德、奖励功绩，是古今一贯的道理。现在任命大将军为丞相、荆州牧，食邑五县。"并且任命孙恩为御史大夫、卫将军，孙据为右将军，都获封县侯。孙幹为杂号将军，封为亭侯。孙闿也被封为亭侯。孙綝一家五人封侯，都负责掌管禁卫军，权力几乎超过了君主，吴国自从建国以来朝中大臣还不曾有过这种盛况。

孙綝向孙休进献牛肉、酒水，孙休并不接受，他便转而带着牛、酒拜访左将军张布，酒酣耳热之时，孙綝口出怨言说："当初废黜少帝的时候，很多人劝我自己做皇帝。但我认为陛下贤明，所以迎立他。如果没有我，陛下不可能做皇帝，如今进献礼物遭到拒绝，这说明我和一般大臣没什么两样，看来我应当重新改变安排了。"张布把孙綝的话转告了

休衔之，恐其有变，数加赏赐，又复加恩侍中，与綝分省文书。

孙休，孙休心中记恨，又担心孙綝作乱，所以多次大力赏赐孙綝，又再加授孙恩为侍中，与孙綝分工批阅文书。

今注　**1** 汉孝宣：即“刘询”，为戾太子之孙，原名病已，字次卿。巫蛊之祸后，生长民间。元平元年（前74），霍光等废皇帝刘贺，刘询继之为帝，霍光死后始亲政。

或有告綝怀怨侮上欲图反者，休执以付綝，綝杀之，由是愈惧。因孟宗求出屯武昌，休许焉，尽敕所督中营精兵万余人，皆令装载，所取武库兵器，咸令给与[1]。将军魏邈说休曰：“綝居外必有变。”武卫施朔又告：“綝欲反有征。”休密问张布，布与丁奉谋于会杀綝。永安元年十二月丁卯，建业中谣言明会有变，綝闻之，不悦。夜大风发木扬沙，綝益恐。

有人告发孙綝，说他心怀怨恨、欺侮皇上，甚至图谋造反，孙休将此人抓了起来交给孙綝，孙綝将此人处死，但从此内心更加恐惧。通过孟宗请求外调驻屯武昌，孙休应允了他的请求，又命令孙綝所督率的中营精兵一万多人，跟随孙綝登船启程，孙綝求取的武库所藏的兵器，全部都发给他。将军魏邈劝孙休说：“孙綝在京城之外驻屯，必定会产生变乱。”武卫施朔也报告说：“孙綝有造反的迹象。”孙休于是秘密询问张布，张布于是与丁奉合谋，打算在朝会的时候诛杀孙綝。永安元年（258）十二月七日，建业城内谣传次日将有巨变，孙綝听说后，心中甚为不悦。当晚夜里狂风大作，甚至将大树连根拔起，飞沙走石，孙綝感到更加惊恐。

戊辰腊[1]会，綝称疾。休强起之，使者十

戊辰日腊祭聚会，孙綝宣称有病推辞。孙休下令强迫他起身，先后派去的使

余辈。綝不得已，将入，众止焉。綝曰："国家屡有命，不可辞。可豫整兵，令府内起火，因是可得速还。"遂入，寻而火起，綝求出，休曰："外兵自多，不足烦丞相也。"綝起离席，奉、布目左右缚之。綝叩首曰："愿徙交州。"休曰："卿何以不徙滕胤、吕据？"綝复曰："愿没为官奴。"休曰："何不以胤、据为奴乎！"遂斩之，以綝首令其众曰："诸与綝同谋皆赦。"放仗者五千人。闿乘船欲北降，追杀之。夷三族。发孙峻棺，取其印绶，斫其木而埋之，以杀鲁育等故也。

綝死时年二十八。休耻与峻、綝同族，特除其属籍，称之曰故峻、故綝云。休又下诏曰："诸

者多达十几人。孙綝不得已，准备入宫，手下人阻止了他。孙綝说："皇帝多次下令，不能推辞。可以提前整备部队，让府中起火，我就能借机迅速回来。"于是入宫，不久府中起火，孙綝请求出宫，孙休说："外面有很多士兵，没必要劳烦丞相亲自回去。"孙綝起身想要离席而去，丁奉、张布眼神示意手下将他绑起来。孙綝叩头说："我愿被流放到交州。"孙休说："你当初怎么不流放滕胤、吕据呢？"孙綝又说："我愿被罚没为官家奴仆。"孙休说："你怎么不让滕胤、吕据没为官奴呢！"于是将孙綝斩首，又指着孙綝的首级号令他的部下："所有与孙綝同谋的人都可以获得赦免。"当时丢掉兵器投降的多达五千人。孙闿企图坐船北上，投降魏国，结果被追兵抓捕杀死。孙綝被处以诛三族的极刑。孙休又命人发掘孙峻的棺材，取出他的印玺绶带，将他的棺材砍坏再重新埋回去，作为他杀害公主孙鲁育等人的惩罚。

孙綝死的时候二十八岁。孙休耻于和孙峻、孙綝同族，所以特地从宗族名册中删除了他们的名字，改称他们为"故峻""故綝"。孙休又下诏说："诸葛

葛恪、滕胤、吕据盖以无罪为峻、綝兄弟所见残害，可为痛心，促皆改葬，各为祭奠。其罹恪等事见远徙者，一切召还。”

恪、滕胤、吕据都是无辜被孙峻、孙綝兄弟所残害，令人痛心，现在敦促有关部门为他们改葬，并分别加以祭奠。凡受诸葛恪等人之事牵连被流放远方的，一律召回。”

今注　**1** 腊：即腊祭，在新旧交接的岁末举行的祭祀。汉代在冬至后的第三个戊日举办腊祭。

裴注　[**1**]《吴历》曰：“綝求中书两郎，典知荆州诸军事，主者奏中书不应外出，休特听之，其所请求，一皆给与。”

濮阳兴

濮阳兴，字子元，陈留人也。父逸，汉末避乱江东，官至长沙太守[1]。兴少有士名，孙权时除上虞令，稍迁至尚书左曹，以五官中郎将使蜀，还为会稽太守。时琅邪王休居会稽，兴深与相结。及休即位，征兴为太常、卫将军、平军国事，封外黄侯。

永安三年，都尉严密

濮阳兴，字子元，陈留人。他的父亲濮阳逸，汉朝末年躲避战乱逃到江东，官至长沙太守。濮阳兴少年时在士林中享有良好的名声，孙权时期担任上虞县令，不久迁任尚书左曹，后来以五官中郎将的身份出使蜀国，回朝后担任会稽太守。当时琅邪王孙休居住在会稽，濮阳兴便与他深度结交。到孙休即位之后，征召濮阳兴为太常、卫将军，负责军国事务，封爵外黄侯。

永安三年(260)，都尉严密在丹阳围湖造田，修筑浦里塘。孙休下诏让百建丹阳湖田，作浦里塘。诏百官会议，咸以为用功多而田不保成，唯兴以为可成。遂会诸兵民就作，功佣之费不可胜数，士卒死亡，或自贼杀[1]，百姓大怨之。兴迁为丞相，与休宠臣左将军张布共相表里，邦内失望。七年七月，休薨。左典军万彧素与乌程侯孙皓善，乃劝兴、布，于是兴、布废休適子[2]而迎立皓。皓既践阼，加兴侍中，领青州牧。俄彧谮兴、布追悔前事。十一年朔入朝，皓因收兴、布，徙广州，道追杀之，夷三族。

官开会讨论，大家都认为这项工程耗费太大，却不能保证建成湖田，只有濮阳兴认为可以成功。于是调集了大量士兵、百姓修建，所耗费的人力物力难以计算，大量士卒死亡，甚至自相残杀，导致百姓对濮阳兴十分怨恨。后来濮阳兴升任丞相，与孙休的宠臣左将军张布相互勾结，令国人大失所望。永安七年(264)七月，孙休去世。左典军万彧与乌程侯孙皓素来关系友善，就劝濮阳兴、张布，于是濮阳兴，张布废黜孙休的嫡子，迎立孙皓为帝。孙皓即位后，加授濮阳兴为侍中，兼领青州牧。不久，万彧诬告濮阳兴、张布后悔之前拥立孙皓。于是当年十一月初一日朝会的时候，孙皓收捕了濮阳兴、张布，将他们流放到广州，又派人在半路上将他们杀死，并处以诛三族的极刑。

今注　1 自贼杀：指自相残杀。　2 適子：即“嫡子”。適，通“嫡”。

裴注　［1］逸事见《陆瑁传》。

评曰：诸葛恪才气干略，邦人所称，然

评论说：诸葛恪的才干气度、能力谋略，都为国人称道，但是他骄傲自大，为人

骄且吝，周公无观[1]，况在于恪？矜己陵人，能无败乎！若躬行所与陆逊及弟融之书，则悔吝不至，何尤祸之有哉？滕胤厉修士操，遵蹈规矩，而孙峻之时犹保其贵，必危之理也。峻、綝凶竖盈溢，固无足论者。濮阳兴身居宰辅，虑不经国，协张布之邪，纳万彧之说，诛夷其宜矣。

吝啬，即便是周公有这样的缺点，也足以掩盖他所有的长处了，更何况是诸葛恪这样的人呢？好夸耀自己，欺侮他人，怎能不自取败亡！如果他真能做到像给陆逊和弟弟诸葛融的书信里所写的那样，那就不会出现追悔莫及的结果，哪里还担心什么祸患呢？滕胤为人正直，砥砺操行，处世循规蹈矩，但他在孙峻当政的时候仍然固守其高贵的品质，这是必然败亡的道理。至于孙峻、孙綝之流，为人奸邪，恶贯满盈，根本不值一提。濮阳兴身居宰辅大位，不把精力放在经邦治国上，却和张布这样的奸臣勾结，又轻信万彧的话，注定是要遭到诛灭的。

今注　**1** 周公无观：出自《论语·泰伯》："子曰：'如有周公之才之美，使骄且吝，其余不足观也已。'"意思是假如一个人有周公的才能，却为人骄傲、吝啬，那么才能也就不足称道了。

卷六十五　吴书二十

王楼贺韦华传

导读　本卷是王蕃、楼玄、贺邵、韦曜、华覈五人的合传。五位传主都是吴国后期孙皓当政时的清流名士，而且都有出众的才能，如王蕃精通天文历法；楼玄、贺邵忠正直言；韦曜有良史之才，著有《吴书》，是《三国志·吴书》的重要史源之一；华覈文采出众，而且屡屡陈奏有益于时政的建议。但他们都命运多舛，除华覈外的其他人均因不愿逢迎孙皓或孙皓的心腹亲信而受到孙皓的忌恨，因为一些细枝末节的原因遭到冤杀。华覈虽然免于一死，但也因为小事被撤职。

一般而言，传统史书的最后一卷在结构设置上通常是“逆臣传”，但《三国志·吴书》与此不同，陈寿以遭遇冤屈的清流名士作为全书的结尾，应当具有批判吴国末年恶政、警示西晋政治的意图，十分耐人寻味。

王蕃

原文

王蕃，字永元，庐江人也。博览多闻，兼通术艺[1]。始为尚书郎，去官。孙休即位，与贺邵、薛莹、虞汜俱为散骑中常侍，皆

译文

王蕃，字永元，庐江人。他博览群书，见多识广，兼通六艺术数之学。起家出任尚书郎，后来辞官。孙休即位后，他与贺邵、薛莹、虞汜一同担任散骑中常侍，都加授了驸马都尉。当时舆论给予他清评。

加驸马都尉。时论清[2]之。遣使至蜀，蜀人称焉，还为夏口监军。

孙晧初，复入为常侍，与万彧同官。彧与晧有旧，俗士挟侵[3]，谓蕃自轻。又中书丞陈声，晧之嬖臣[4]，数谮毁蕃。蕃体气高亮，不能承颜顺指，时或迕意，积以见责。

朝廷派遣王蕃出使蜀国，蜀人也对他十分称赞，返回后出任夏口监军。

孙晧在位初年，王蕃又入朝担任常侍，与万彧同僚为官。万彧与孙晧有旧交，其为人庸俗，经常仗势欺侮王蕃，还说王蕃轻贱自己。又有中书丞陈声，是孙晧的宠臣，多次在孙晧面前诋毁王蕃。但王蕃性情清高，不肯低声下气地看人脸色行事，有时忤逆孙晧的意旨，久而久之便受到了责备。

今注　**1** 术艺：术指术数，即阴阳卜算之学；艺指六艺，即六经之学。　**2** 清：指清评。汉末三国时期士人之间往往互相品评清浊，获得清评的士人在仕途晋升上更为有利。　**3** 挟侵：指倚仗孙晧之势欺侮他人。　**4** 嬖(bì)臣：皇帝身边的宠臣。

甘露二年，丁忠使晋还，晧大会群臣，蕃沈醉顿伏，晧疑而不悦，舆蕃出外。顷之请还，酒亦不解。蕃性有威严，行止自若，晧大怒，呵左右于殿下斩之。卫将军滕牧、征西将军留平请，不能得[1]。

丞相陆凯上疏曰：

甘露二年(266)，丁忠出使晋国返回，孙晧设宴大会群臣，王蕃饮酒后大醉倒地不起，孙晧怀疑王蕃不敬，感到不高兴，便让人把他抬到外面去。过了一会儿王蕃虽然酒劲还未消退，但请求返回宴席上。王蕃一向气质威严，当时仍然举止镇静自如，孙晧见状大怒，喝令左右卫兵就在大殿上斩杀王蕃。卫将军滕牧、征西将军留平为王蕃求情，但都没有用。

丞相陆凯上奏说：“常侍王蕃通晓事

"常侍王蕃黄中通理，知天知物，处朝忠蹇，斯社稷之重镇，大吴之龙逄[1]也。昔事景皇，纳言左右，景皇钦嘉，叹为异伦[2]。而陛下忿其苦辞，恶其直对，枭之殿堂，尸骸暴弃，邦内伤心，有识悲悼。"其痛蕃如此。蕃死时年三十九，皓徙蕃家属广州。二弟著、延皆作佳器[3]，郭马起事，不为马用，见害。

理，上知天文、下明物情，在朝廷中做事忠心耿耿，是社稷的重臣，大吴的龙逄啊！当年他奉事景皇帝，时常在景皇帝身边建言献策，而景皇帝也对他钦赏有加，赞叹他是贤能出众的人才。而陛下讨厌他逆耳的忠言，憎恶他直言对答，便将他在殿堂上斩首，抛尸于荒郊野外，国内之人都会为他痛心，有识之士都会为他哀悼。"陆凯痛惜王蕃到这样的程度。王蕃死时年仅三十九岁，孙皓将他的家属流放到广州。他的两个弟弟王著、王延，都是杰出之士，郭马在广州起兵叛乱的时候，他们不肯为郭马效力，因此都被杀害了。

今注　**1** 龙逄：即关龙逄。夏朝末年的贤臣，因为进谏忠言被夏桀杀死。**2** 异伦：指贤能出众的人才。　**3** 佳器：这里指杰出的人才。

裴注　［**1**］《江表传》曰："皓用巫史之言，谓建业宫不利，乃西巡武昌，仍有迁都之意。恐群臣不从，乃大请会，赐将吏。问蕃：'射不主皮，为力不同科，其义云何？'蕃思惟未答，即于殿上斩蕃。出登来山，使亲近将掷蕃首，作虎跳狼争咋啮之，头皆碎坏，欲以示威，使众不敢犯也。"此与本传不同。《吴录》曰："皓每于会，因酒酣，辄令侍臣嘲谑公卿，以为笑乐。万彧既为右丞相，蕃嘲彧曰：'鱼潜于渊，出水煦沫。何则？物有本性，不可横处非分也。彧出自溪谷，羊质虎皮，虚受光赫之宠，跨越三九之位，犬马犹能识养，将何以报厚施乎？'彧曰：'唐虞之朝，无谬举之才；造父之门，无驽蹇之质。蕃上诬明选，下讪桢干，亦何伤于日月？

适多见其不知量耳。'" 臣松之案:本传云丁忠使晋还,晧为大会,于会中杀蕃。检忠从北还,在此年之春,彧时尚未为丞相,至秋乃为相耳。《吴录》所言为乖互不同。

楼玄

原文

楼玄,字承先,沛郡蕲[1]人也。孙休时为监农御史。孙晧即位,与王蕃、郭逴[2]、万彧俱为散骑中常侍,出为会稽太守,入为大司农。旧禁中主者自用亲近人作之,彧陈亲密近职,宜用好人,晧因敕有司,求忠清之士,以应其选。遂用玄为宫下镇禁中候[3],主殿中事。玄从九卿持刀侍卫,正身率众,奉法而行,应对切直,数迕晧意,渐见责怒。后人诬白玄与贺邵相逢,驻共耳语大笑,谤讪[4]政事。遂被诏诘责,送付广州。

译文

楼玄,字承先,沛郡蕲县人。孙休在位时期他曾担任监农御史。孙晧即位之后,楼玄与王蕃、郭逴、万彧一同出任散骑中常侍,后来外任会稽太守,又入朝担任大司农。从前宫中的主管官员原本是选用皇帝亲近的人来担任,万彧则上奏认为这类皇帝身边的官职,应任用品行端正的人,孙晧便责成有关官员,选拔忠正清廉之士,来出任宫中的职选。楼玄于是被任命为宫下镇禁中候,负责殿中事务。楼玄从九卿而拿起刀变为侍卫,自身严格自律,为众人之表率,行事务求依照法规,答对恳切正直,因而多次违逆孙晧的意旨,渐渐受到怒责。后来有人诬告楼玄与贺邵相遇时,停下车附耳低语,还放声大笑,必定是在诽谤朝政。于是楼玄被孙晧下诏问罪,押送到广州。

今注　1 蕲(qí):汉代三国县名,位于今湖北黄冈蕲春县。　2 逴:音chuō。　3 宫下镇禁中候:三国时期吴国官名,为禁卫武官,负责宫殿侍卫。　4 谤讪(bàng shàn):诽谤讥刺。

东观令[1]华覈上疏曰:"臣窃以治国之体,其犹治家。主田野者,皆宜良信。又宜得一人总其条目,为作维纲,众事乃理。《论语》曰:'无为而治者其舜也与,恭己正南面而已。'言所任得其人,故优游而自逸也。今海内未定,天下多事,事无大小,皆当关闻,动经御坐,劳损圣虑。陛下既垂意博古,综极艺文,加勤心好道,随节致气,宜得闲静以展神思,呼翕[2]清淳,与天同极。臣夙夜思惟,诸吏之中,任干之事,足委仗[3]者,无胜于楼玄。

东观令华覈上奏说:"臣私下认为治理国家的根本,就如同管理家庭一样。负责田间劳作的人,都应当贤良诚信。又应有一人总管家规条目,制定出纲纪,这才能使家庭各项事务得到治理。《论语》有言:'无为而治天下的,大概是舜了吧,他只不过是恭敬地面朝南方端坐而已。'这是说舜任用的人都很称职,所以自己能够悠闲安逸。如今四海之内尚未平定,天下仍处于多事之秋,如果事无大小,都要上报,经由陛下处理,一定会劳损您的精神。陛下既然有意博通古典,遍览经典文籍,又勤于修炼道术,随着节令变化蓄养精气,那就应当用空闲安静的时间来放松精神,呼吸清醇的空气,顺应天道运转的法则。臣日夜思量,百官之中能够总领政务,又足以信赖委托的,没有比楼玄更合适的人了。

今注　1 东观令:三国吴置东观令,职司董理经籍,掌修国史。　2 呼翕(xī):即呼吸,也可引申为吸入、摄入。　3 委仗:指托付依靠。

“玄清忠奉公,冠冕[1]当世,众服其操,无与争先。夫清者则心平而意直,忠者惟正道而履之。如玄之性,终始可保,乞陛下赦玄前愆,使得自新,擢之宰司[2],责其后效。使为官择人,随才授任,则舜之恭己,近亦可得。”晧疾玄名声,复徙玄及子据,付交阯将张奕,使以战自效,阴别敕奕令杀之。据到交阯,病死。玄一身随奕讨贼,持刀步涉,见奕辄拜,奕未忍杀。会奕暴卒,玄殡敛[3]奕,于器中见敕书,还便自杀[1]。

“楼玄清廉忠正,奉公守法,是当世第一流的士大夫,大家都佩服他的操守,没有人能与他争先。清正之人心气平和,意志正直,忠诚之人只愿意遵守正道。像楼玄这样的性情,可以始终保持一致,恳请陛下赦免楼玄以前的罪过,让他悔过自新,将他提拔为宰辅,责令他日后做出成效。陛下如果能为各处官职选拔合适的人才,根据他们的才能委以职任,那么虞舜时代的无为之治,也很快就能实现。”但孙晧忌恨楼玄的名声,仍然将他和他的儿子楼据流放到交阯,交给当地的将领张奕,说是让他们参战效力,暗中却命令张奕杀掉他们。楼据到交阯后就病死了。楼玄独自一人跟随张奕征讨盗贼,持刀徒步跋涉,每当见到张奕都叩拜行礼,张奕不忍心杀死他。碰上张奕突然去世,楼玄收殓张奕的时候,从一个容器中发现孙晧的敕书,回家之后就自杀了。

今注 1 冠冕:原指冠帽,比喻首位、第一。这里指第一流的名士。 2 宰司:指宰相的职位。 3 敛:通“殓”,指收殓。

裴注 [1]《江表传》曰:“晧遣将张奕追赐玄鸩。奕以玄贤者,不忍即宣诏致药,玄阴知之,谓奕曰:‘当早告玄,玄何惜邪!’即服药死。”臣松之以玄之清高，必不以安危易操，无缘骤拜张奕，以亏其节。且祸机既发，岂百拜所免？《江表传》所言，于理为长。

贺邵

原文

贺邵，字兴伯，会稽山阴人也[1]。孙休即位，从中郎为散骑中常侍，出为吴郡太守。孙晧时，入为左典军，迁中书令，领太子太傅。晧凶暴骄矜，政事日弊。邵上疏谏曰："古之圣王，所以潜处重闱1之内而知万里之情，垂拱2衽席3之上，明照八极之际者，任贤之功也。陛下以至德淑姿，统承皇业，宜率身履道，恭奉神器，旌贤表善，以康庶政。

译文

贺邵，字兴伯，会稽郡山阴县人。孙休即位后，贺邵由中郎转任散骑中常侍，外任吴郡太守。孙晧在位时期，他入朝担任左典军，又升任中书令，兼领太子太傅。孙晧凶狠残暴，骄傲自负，政事日渐衰败。贺邵上奏疏进谏说："古代圣明的君主，之所以能身居深宫之中而知晓万里之外的事，垂衣拱手端坐席上，他们的教化却能远播八荒之地，这都是任用贤才的结果。陛下以德才兼优，继承帝业，应当作为大家的表率，履行道义，恭敬守护社稷大业，大力旌表贤能善良的人才，安定国家政务的各个方面。

今注　1 重闱：指深宫之中。　2 垂拱：垂衣拱手，指君主无为而治。　3 衽（rèn）席：指用于坐卧的床席。

裴注　[1]《吴书》曰："邵，贺齐之孙，景之子。"

“自顷年以来，朝列纷错，真伪相贸[1]，上下空任，文武旷位，外无山岳之镇[2]，内无拾遗之臣[3]。佞谀之徒拊翼[4]天飞[5]，干弄朝威，盗窃荣利，而忠良排坠，信臣被害。是以正士摧方[6]，而庸臣苟媚，先意承旨，各希时趣。人执反理之评，士吐诡道之论，遂使清流变浊，忠臣结舌。陛下处九天之上，隐百重之室，言出风靡，令行景从，亲洽宠媚之臣，日闻顺意之辞，将谓此辈实贤，而天下已平也。臣心所不安，敢不以闻？

“自近年来，朝廷职官任免错乱，导致真伪混杂，上上下下大量文武官员不称职守，在外缺乏山岳般稳固的镇守将领，朝中又没有拾遗补阙的贤良大臣。奸佞阿谀之徒奋起而升居高位，操弄朝廷威柄，盗窃荣名利禄，而忠诚贤良之士反而受到排挤，正直的大臣遭受迫害。所以正直之士不再坚持方正的操守，而庸碌小臣却苟且谄媚，他们靠着揣摩奉承上意，来达到自己的目的。现在士人们秉持的是违反公理的评议，说的是与道义相悖的言论，于是使清流变为浊流，忠臣都不敢发声。陛下身处九天之上，居于百重深宫之中，一言既出，大家都望风而动，号令一经颁下，大家都如影随从，亲近献媚取宠的小臣，每天都听闻顺合心意的话，恐怕您会误认为这类人真的贤能，而天下已经太平了。臣内心深感不安，怎敢不将实情上报给陛下听闻？

今注　**1** 贸：错杂。　**2** 山岳之镇：指像山岳一样牢靠的镇将。　**3** 拾遗之臣：指能够拾遗补阙，匡正君主过失的大臣。　**4** 拊翼：拍打翅膀。比喻奋起。　**5** 天飞：语出《易·乾》：“飞龙在天，利见大人。”后以“天飞”喻升居高位，贵显得志。　**6** 摧方：指抛弃正直的节操。

“臣闻兴国之君乐闻其过，荒乱之主乐闻其誉。闻其过者过日消而福臻[1]，闻其誉者誉日损而祸至。是以古之人君，揖让以进贤，虚己以求过，譬天位于乘奔[2]，以虎尾[3]为警戒。至于陛下，严刑法以禁直辞，黜善士以逆谏臣，眩耀[4]毁誉之实，沈沦近习之言。

“臣听说兴国之君乐于听别人指出自己的过错，荒乱之君则喜欢听别人对自己的美言赞誉。乐于听到指责过错的君主，其过错会日益消除而福运渐至；而乐于听到赞誉的君主，其赞誉则会日益减损而祸患必将到来。所以古代的君王，揖让礼请以进用贤人，虚怀若谷以寻求自己的过失，将皇位视为乘坐奔牛、踩踏虎尾那样危险，时常以此来警戒自身。至于陛下，却用严刑峻法来禁绝耿直的言辞，废黜良臣贤士来阻止臣下的谏言，弄不明白毁谤与赞誉的实质，又沉溺于阿谀谄媚的宠臣的言辞。

今注 1 臻：到来。 2 乘奔(bēn)：乘着奔跑的牛，比喻处境危险。 3 虎尾：出自《尚书·君牙》：“心之忧危，若蹈虎尾，涉于春冰。”比喻君主为政战战兢兢、小心谨慎。 4 眩耀：这里指受到迷惑。

“昔高宗[1]思佐，梦寐得贤，而陛下求之如忘，忽之如遗。故常侍王蕃忠恪在公，才任辅弼，以醉酒之间加之大戮。近鸿胪[2]葛奚，先帝旧臣，偶有逆迕，昏醉之言耳，三爵[3]之后，礼所不讳，陛下猥发[4]雷霆，谓之轻慢，饮

“当年殷高宗对于良臣贤佐日思夜想、梦寐以求，而陛下对此却毫不在意，抛之脑后，忽视贤才如同遗弃无用之物。原常侍王蕃在职期间忠诚恭谨，有辅弼之才，您却在他醉酒时施以极刑。近来的鸿胪卿葛奚，是先帝的旧臣，偶有忤逆圣意，只不过是喝醉之后说的昏话，按说酒过三杯后，不再忌讳礼节，陛下却大发雷霆，说他轻侮傲慢，逼他喝

之醇酒，中毒陨命。自是之后，海内悼心，朝臣失图，仕者以退为幸，居者以出为福，诚非所以保光洪绪，熙隆道化也！

下烈酒，导致他中毒身亡。从此以后，国内人士备感痛心，朝廷群臣失去主张，做官的人以退职为幸运，居朝者以外任为福气，这绝对不是继承弘扬伟大事业、兴隆道德教化的情势啊！

今注　**1** 高宗：即殷高宗武丁（？—前1192），商代国君，名昭，少时生活在民间，即位后重用傅说、甘盘等贤人，励精图治，使商朝政治、经济、军事实力空前强盛。　**2** 鸿胪：汉代三国官名，又称大鸿胪，主要负责朝会、祭祀的礼仪。　**3** 三爵：指三杯酒。　**4** 猥发：指大发、暴发。

“又何定本趋走小人，仆隶之下，身无锱铢之行，能无鹰犬之用，而陛下爱其佞媚，假其威柄，使定恃宠放恣，自擅威福，口正国议，手弄天机，上亏日月之明，下塞君子之路。夫小人求入，必进奸利，定间妄兴事役，发江边戍兵以驱麋鹿，结罝[1]山陵，芟夷[2]林莽，殚其九野之兽，聚于重围之内，上无益时之分，下有损耗之费。而兵士罢[3]于运送，人力竭

“而且，何定本只是个供驱使的小人，地位在奴仆之下，自身没有半点德行，又没有鹰犬般的效用，而陛下喜爱他巧言谄媚，将威权交付给他，导致他恃宠而骄，肆无忌惮，作威作福，随便一句话就决定国家大计，手中玩弄国家大权，向上损害了陛下日月般的光明，向下堵塞了正人君子上进的道路。凡是小人谋求进取，必定要献上不正当的好处，何定近来无端征发劳役，征调长江沿岸的守卫部队去围猎麋鹿，在山上布置罗网，砍伐森林，将野外各地的禽兽驱赶到重围之中抓捕殆尽，这对上没有裨益时政的效果，对下则有损耗财产的浪费。而士兵们疲于运送，人力在围捕

于驱逐，老弱饥冻，大小怨叹。

野兽时已经耗尽，导致老弱饥寒交迫，上下怨声载道。

今注 1 罝(jiē):捕兽的网。 2 芟(shān)夷:指砍伐。 3 罢(pí):通“疲”。疲劳。

“臣窃观天变，自比年以来阴阳错谬，四时逆节，日食地震，中夏陨霜，参之典籍，皆阴气陵阳，小人弄势之所致也。臣尝览书传，验诸行事，灾祥之应，所为寒栗。昔高宗修己以消鼎雉之异[1]，宋景崇德以退荧惑之变[2]，愿陛下上惧皇天谴告之诮[3]，下追二君攘灾[4]之道，远览前代任贤之功，近寤[5]今日谬授之失，清澄朝位，旌叙[6]俊乂，放退佞邪，抑夺奸势。如是之辈，一勿复用，广延淹滞，容受直辞，祗承乾指，敬奉先业，则大化光敷，天人望塞也。

“臣观察天象，近几年来阴阳错乱，四季物候违背自然规律，日食地震、盛夏降霜等灾异频发，参阅典籍，这都是阴气胜过阳气，小人玩弄权势所导致的。臣曾查阅书传，考证发生的种种现象，历史上的灾祥都曾得到应验，所以深深地为之胆战心惊。当年殷高宗修养自己的品德以抵消野鸡投鼎的凶兆，宋景公崇尚德行以规避火星异动的不祥，希望陛下既能敬畏皇天降下谴告的责备，也能追思殷高宗、宋景公修行禳灾之举，远鉴前代任用贤能的功德，近省当今错任官员的过失，清理整顿朝中的职官秩序，旌表任用贤能之士，放逐驱退奸佞小臣，褫夺奸贼手中的权势。前述的小人之流，一律不再任用，广泛延揽滞留埋没、不得晋升的人才，宽容接纳直谏之言，恭敬地服从上天的旨意，守护先人的基业，那么宏大的教化就会如阳光普照万国，上天和百姓的怨望也会停息。

今注　1 高宗修己以消鼎雉之异：出自《尚书·高宗肜日》："高宗肜日，越有雊雉。祖己曰：'惟先格王，正厥事。'"是说商王武丁在祭祀成汤的时候，有一只野鸡掉到了祭祀的大鼎之中。贤臣祖己认为武丁只要端正自身的德行，异象就会自行消除。　2 宋景崇德以退荧惑之变：宋景公三十七年（前480），曾发生"荧惑守心"的天象，预示宋国君主将有大灾，主管星卜的官员子韦建议景公将灾祸转移给宰相或百姓，但宋景公不同意。当时人认为宋景公的仁德感动上天，因而荧惑（火星）退避，离开心宿，当年宋国果然没有灾祸发生。　3 诮（qiào）：责备。　4 攘（ráng）灾：禳除灾祸。攘，通"禳"。　5 寤：通"悟"。　6 旌叙：表彰任用为官。

"《传》曰：'国之兴也，视民如赤子；其亡也，以民为草芥。'[1]陛下昔韬神光，潜德东夏，以圣哲茂姿，龙飞应天，四海延颈，八方拭目，以成康[2]之化必隆于旦夕也。自登位以来，法禁转苛，赋调益繁；中宫内竖，分布州郡，横兴事役，竞造奸利。百姓罹杼轴[3]之困，黎民罢无已之求，老幼饥寒，家户菜色，而所在长吏，迫畏罪负，严法峻刑，苦民求办。是以

"《左传》有言：'国家兴旺的时候，君主对待百姓如同赤子；国家衰亡的时候，君主对待百姓如同草芥。'陛下从前韬光养晦，在东方地区潜修德行，后来以圣明睿智的英姿，飞龙在天，顺应天命，四海八方的百姓引颈企盼，拭目仰观，都认为成康之世那种兴隆的教化定会很快到来。但陛下自从登基以来，刑罚禁令日渐严苛，赋税征调也日益繁杂；宫廷内的奸邪小人，分散到各州郡去做官，肆意兴动劳役，竞相谋求奸利。百姓遭受着来来回回叠加的困扰，民众疲于应付无止境的索取，老人幼童饥寒交迫，各家各户都面有菜色，而地方上的官吏，因为害怕担负罪责，还要施加严刑峻法，折磨百姓以求得供应。这导致民力不堪承受，家家户户妻

人力不堪，家户离散，呼嗟之声，感伤和气。

离子散，而痛哭哀号之声，损伤了国家的祥和之气。

今注 1 “《传》曰”句：出自《左传·哀公元年》：“臣闻国之兴也，视民如伤，是其福也。其亡也，以民为土芥，是其祸也。” 2 成康：指西周成王、康王在位的时期。成王、康王继承了文王、武王和周公的功业，对内减轻刑罚、务从节俭、鼓励生产，对外不断开拓领土。成康时期，国力强盛，社会安定，是西周最为鼎盛的时期。 3 杼(zhù)轴：原指织布机上用于纺织的工具，这里比喻来回叠加的辛劳。

“又江边戍兵，远当以拓土广境，近当以守界备难，宜特优育，以待有事。而征发赋调，烟至云集，衣不全裋褐[1]，食不赡朝夕，出当锋镝[2]之难，入抱无聊[3]之戚。是以父子相弃，叛者成行。愿陛下宽赋除烦，振恤穷乏，省诸不急，荡禁约法，则海内乐业，大化普洽。夫民者国之本，食者民之命也，今国无一年之储，家无经月之畜，而后宫之中坐食者

“而长江沿岸的守卫部队，从远处看，他们担负着开疆拓土的使命，从近处看又有防备边疆敌军入侵的职责，应当对他们特别优待供养以应对战事。现在却对他们大量征收赋税，导致他们穿衣不蔽身体，饮食朝不保夕，出战时要他们抵御敌军的锋镝之难，回营后却还要承受着无以维持生活的哀愁。所以导致他们父子相互抛弃，甚至成群结队地叛逃。希望陛下宽缓赋税，免除烦苛的规定，赈济抚恤穷困之人，减省那些并非急需的劳役，废除禁令简化法规的约束，如此才能使全国人民乐业安居，普及朝廷伟大的教化。人民是国家的根本，而食物是人民的命脉，现在国家连一年的粮食储备都没有，百姓家中的积蓄连一个月都支撑不了，而后宫之中不干活吃闲饭

万有余人。内有离旷之怨,外有损耗之费,使库廪空于无用,士民饥于糟糠。

的人却多达万余。宫中有离家空守的怨恨,宫外又有无端损耗的花费,国库都被无用的事情耗费一空,百姓吃着糟糠仍不免饥饿。

今注　1 裋(shù)褐:同“短褐”。指用粗布制成的短衣。　2 锋镝(dí):刀刃和箭镞,泛指兵器。又引申指战争。　3 无聊:无以聊生,指无法维持生活。

“又北敌注目,伺国盛衰,陛下不恃己之威德,而怙敌之不来,忽四海之困穷,而轻虏之不为难,诚非长策庙胜之要也。昔大皇帝[1]勤身苦体,创基南夏,割据江山,拓土万里,虽承天赞,实由人力也。余庆遗祚,至于陛下,陛下宜勉崇德器,以光前烈,爱民养士,保全先轨。何可忽显祖之功勤,轻难得之大业,忘天下之不振,替兴衰之巨变哉?

“而且,如今北方强敌对我国虎视眈眈,窥伺我国的盛衰变化,陛下不靠着自己的威严德行震慑敌国,却依赖于敌国不来进犯,忽视四海之内百姓的穷困,却轻视敌人不会兴兵进犯,这实在不是朝廷克敌取胜的长久之策。当年大皇帝身体力行不辞劳苦,在南方创立基业,割据半壁江山,开拓万里疆土,虽说是有上天的保佑,实际也要靠人的努力。先帝的福祚和皇位,流传到陛下这里,陛下应尽力崇尚德操,弘扬先辈的勋业,爱护百姓,蓄养士子,保全先帝制定的法度。怎么可以忽视祖宗的功勋辛勤,把艰难创就的大业不当一回事,忽视天下衰败、王朝兴替的巨变呢?

“臣听说,吉凶的变化没有定数,祸福

“臣闻否泰[2]无常，吉凶由人，长江之限不可久恃，苟我不守，一苇可航也。昔秦建皇帝之号，据崤函[3]之阻，德化不修，法政苛酷，毒流生民，忠臣杜口，是以一夫大呼，社稷倾覆。近刘氏据三关[4]之险，守重山之固，可谓金城石室，万世之业，任授失贤，一朝丧没，君臣系颈，共为羁仆。此当世之明鉴，目前之炯戒[5]也。愿陛下远考前事，近览世变，丰基强本，割情从道，则成康之治兴，而圣祖之祚隆矣。”

吉凶取决于人的行为，长江天险并不可能成为长久的依靠，如果我们不加强防守，那么一叶扁舟就可以渡过江来。当年秦国首创皇帝的称号，固守着崤山、函谷关的险阻，但未曾推行仁德教化，而是用严苛残酷的刑罚来治理国家，毒害殃及百姓，忠臣沉默不言，所以陈胜振臂高呼，立刻就颠覆了秦朝的社稷。近代汉朝的刘氏据守三关之险，依托于重重大山的有利地势，可说是固若金城石室了，但只是因为没有任用贤人，他们的万世之业一下子就崩溃了，君臣上下的脖子都被拴上绳索，一起成为俘虏奴仆。这就是我们当下明明白白的前车之鉴，眼前发生的明显的鉴戒啊！希望陛下仔细考察从前的史事与当世的变故，扩大基业，巩固根本，割弃私情，遵循道义，那么成康时代的那种天下大治的局面就会到来，而先祖传下的福祚必定日益昌隆。”

今注 1 大皇帝：指吴大帝孙权。 2 否(pǐ)泰：即吉凶。 3 崤(xiáo)函：指崤山和函谷关。 4 三关：指阳平关、江关、白水关。 5 炯戒：明显的鉴戒。

书奏，皓深恨之。邵奉公贞正，亲近所

奏书呈上后，孙皓深深地感到厌恶。贺邵为人奉公正直，孙皓身边亲近的佞臣惮。乃共谮邵与楼玄谤毁国事，俱被诘责。玄见送南州，邵原复职。后邵中恶风1，口不能言，去职数月，皓疑其托疾，收付酒藏，掠考2千所，邵卒无一语，竟见杀害，家属徙临海。并下诏诛玄子孙，是岁天册元年也，邵年四十九[1]。

都很怕他。于是他们一起诋毁贺邵与楼玄妄议国家政事，贺、楼二人都遭到孙皓的责问。楼玄被押送流放到南方的交、广地区，贺邵则受到原谅，官复原职。后来贺邵中风，无法说话，离职了几个月，孙皓却怀疑他是装病，将他抓捕起来，关在酒窖里，拷打了上千下，贺邵始终没说一句话，最后还是被杀害了，他的家属被流放到临海。孙皓同时下诏诛杀楼玄的子孙，这一年为天册元年(275)，贺邵当时四十九岁。

今注　**1** 中恶风：即中风。　**2** 掠考：笞打拷问。

裴注　［**1**］邵子循，字彦先。虞预《晋书》曰："循丁家祸，流放海滨，吴平，还乡里。节操高厉，童龀不群，言行举动，必以礼让。好学博闻，尤善'三礼'。举秀才，除阳羡、武康令。顾荣、陆机、陆云表荐循曰：'伏见吴兴武康令贺循，德量邃茂，才鉴清远，服膺道素，风操凝峻，历践三城，刑政肃穆，守职下县，编名凡萃，出自新邦，朝无知己，恪居遐外，志不自营，年时倏忽，而邈无阶绪，实州党愚智，所为怅然。臣等并以凡才，累授饰进，被服恩泽，忝豫朝末，知良士后时，而守局无言，惧有蔽贤之咎，是以不胜愚管，谨冒死表闻。'久之，召为太子舍人。石冰破扬州，循亦合众，事平，杜门不出。陈敏作乱，以循为丹阳内史，循称疾固辞，敏不敢逼。于时江东豪右，无不受敏爵位，惟循与同郡朱诞不挂贼网。后除吴国内史，不就。元皇帝为镇东将军，请循为军司马，帝为晋王，以循为中书令，固让不受，转太常，领太子太傅。时朝廷初建，动有疑义，宗庙制度皆循所定，朝野諮询，为一时儒宗。年六十，太兴二年卒。追赠司空，谥曰穆。循诸所著论，并传于世。子隰，临海太守。”

韦曜

原文

韦曜[1]，字弘嗣，吴郡云阳[2]人也[1]。少好学，能属文，从丞相掾除西安令，还为尚书郎，迁太子中庶子。时蔡颖亦在东宫，性好博弈，太子和以为无益，命曜论之。其辞曰："盖闻君子耻当年而功不立，疾没世而名不称，故曰'学如不及，犹恐失之'[3]。是以古之志士，悼年齿之流迈而惧名称之不立也，故勉精厉操，晨兴夜寐，不遑宁息，经之以岁月，累之以日力，若宁越[4]之勤，董生[5]之笃，渐渍德义之渊，栖迟道艺之域。且以西伯[6]之圣，姬公[7]之才，犹有日昃待

译文

韦曜，字弘嗣，吴郡云阳县人。他年少时勤奋好学，能写一手好文章，起初担任丞相掾史，外任西安县令，后来回朝出任尚书郎，又升任太子中庶子。当时蔡颖也在东宫，特别喜欢下棋，但太子孙和认为下棋没有益处，就让韦曜写文章讨论此事。韦曜的文章说："听说君子为正值壮年却未能建功立业而感到羞耻，为终其一生不能留名青史而痛心疾首，所以说'学习如不及时，犹恐失去良机'。因而古代有志之士，会因年岁的流逝感到悲伤，因未能树立名声而感到恐惧，所以特别注重振奋精神、砥砺节操，每天早起晚睡，顾不上休息，通过日积月累的努力，像宁越那样勤奋，像董仲舒那样笃学，深深地沉浸在道德仁义的深渊，游玩休憩于学问技艺的领域。况且以周文王那样的圣明、周公那样的才智，仍需要夜以继日的辛劳，才

旦之劳，故能隆兴周道，垂名亿载，况在臣庶，而可以已乎？

能建立起兴盛的周王朝，芳名流传于万世之后，更何况只是一般的臣民，怎么可以止步不前呢？

今注 **1** 韦曜：本名韦昭，因《三国志》成书于西晋，为避晋文帝司马昭之讳，故改“昭”为“曜”。 **2** 云阳：三国时期吴国县名，位于今江苏丹阳。**3** 学如不及，犹恐失之：出自《论语·泰伯》。 **4** 宁越：战国时人，原为中牟（今河南鹤壁市西）的农民，相传他发愤学习，以十五年时间完成了别人需三十年才能完成的学业，学成之后被周威王聘为师。 **5** 董生：即董仲舒，西汉时期大儒，其以《春秋公羊传》为基础，吸收阴阳、道、法各家学说，创立了“天人感应”“大一统”的汉代儒学系统，被汉武帝接受，使儒学成为汉王朝的正统学说，对后世产生了深远的影响。 **6** 西伯：指周文王。 **7** 姬公：指周公。

裴注 ［**1**］曜本名昭，史为晋讳，改之。

“历观古今立功名之士，皆有累积殊异之迹，劳身苦体，契阔勤思，平居不堕其业，穷困不易其素。是以卜式[1]立志于耕牧，而黄霸[2]受道于囹圄，终有荣显之福，以成不朽之名。故山甫[3]勤于夙夜，而吴汉[4]不离公门，岂有游惰哉？今

“通观古今，凡是建立功名事业的人，都有超乎寻常的积累过程，他们亲身承受劳苦，辛苦勤劳地思索，即使做一名普通百姓，也不荒废学业，身处穷困，也不改变志向。所以卜式在耕田放牧的时候立下大志，黄霸在监狱之中仍坚守道义，而他们最终获得荣耀且显赫的福分，也成就了不朽的功名。因此，仲山甫日夜辛劳，而吴汉从未离开工作岗位，他们怎么会游玩懈怠呢？如今世人大多不爱

世之人多不务经术，好玩博弈，废事弃业，忘寝与食，穷日尽明，继以脂烛。当其临局交争，雌雄未决，专精锐意，心劳体倦，人事旷而不修，宾旅阙而不接，虽有太牢之馔，《韶》《夏》[5]之乐，不暇存也。至或赌及衣物，徙棋易行，廉耻之意弛，而忿戾之色发。然其所志不出一枰[6]之上，所务不过方罫[7]之间，胜敌无封爵之赏，获地无兼土之实，技非六艺，用非经国。

研究经学，却喜欢下棋，废弃了自己的学习和事业，忘掉了吃饭和睡觉，耗尽白日的光阴，又接着燃油脂烛火。当他们在棋局中交战的时候，只要胜负未分，便聚精会神，锐意争斗，精神劳损，身体疲倦，完全荒废了人际交往，宾客来访也无人接待，就算有太牢那般美味的佳肴，《韶》《夏》那般动听的音乐，他们也顾不上享用。甚至有人以衣物为赌注，这就彻底改变了下棋的初衷，使人不再在乎礼义廉耻，产生出愤怒乖戾的神色。然而他们的精神并没有超出一个棋盘的范围，所追求也只不过是方格间的东西，战胜对手没有封爵的赏赐，夺得地盘没有开疆拓土的实际意义，这种雕虫小技，不属于六艺经典，其才能不能用于治理国家。

今注　**1** 卜式：西汉时期大臣，起初为河南郡农民，善于牧羊，为人慷慨忠厚，官至御史大夫。　**2** 黄霸（？—前51）：西汉宣帝时期大臣，官至丞相。为官清正廉洁，治绩卓著。曾因毁谤入狱，在狱中跟随夏侯胜学习《尚书》。　**3** 山甫：即仲山甫，周宣王时期大臣，担任卿士，在任期间勤勉政事，推行经济改革，促成了宣王时期的繁荣，史称“宣王中兴”。　**4** 吴汉（？—44）：东汉初年名将，辅佐刘秀称帝，官至大司马。　**5**《韶》《夏》：相传为虞舜和夏禹时期的乐曲，为雅乐的代表，这里泛指正统、典雅的音乐。　**6** 枰：围棋的棋盘。　**7** 方罫（huà）：指棋盘上纵横线围成的方格。

“立身者不阶其术，征选者不由其道。求之于战阵，则非孙、吴[1]之伦也；考之于道艺，则非孔氏之门也。以变诈为务，则非忠信之事也；以劫、杀为名，则非仁者之意也；而空妨日废业，终无补益。是何异设木而击之，置石而投之哉！且君子之居室也勤身以致养，其在朝也竭命以纳忠，临事且犹旰食[2]，而何博弈之足耽？夫然，故孝友之行立，贞纯之名彰也。

“立身处世不能凭借棋艺，征选人才也不看重围棋水平。在围棋中研究出战术阵法，远不能与孙武、吴起的兵法相提并论；从中考察道术技艺，也绝非儒学经典里的东西。围棋务求巧变诡诈，那么下棋就不可能是体现忠正信义的事；围棋以“劫”“杀”为术语，这并不符合仁者的思想；而且白白把时光和事业浪费在这样的事情上，终究不会有什么裨益。围棋说到底，和单纯地敲敲木板、扔扔石块这样的动作有什么实质区别呢！何况君子在家中要勤于奉养父母，在朝中要竭尽生命效忠君王，事务繁多的时候甚至要推迟用餐，下棋这种事哪里值得沉溺其中啊？只需要明白这些道理，则孝顺友善的品行自然得以树立，坚贞纯正的名声自然就会彰显。

今注　1 孙、吴：指孙膑、吴起，均为战国时期著名军事家。　2 旰(gàn)食：在夜晚吃饭，指勤于政事，以至于不能按时吃饭。

“方今大吴受命，海内未平，圣朝乾乾[1]，务在得人，勇略之士则受熊虎[2]之任，儒雅之徒则处龙凤[3]之署，百行兼苞，文武并骛[4]，博选良

“如今大吴国承受天命，海内尚未平定，圣朝自强不息，以选拔人才为要务，武勇谋略之士授以将帅之任，学问渊博之士置以宰辅之位，各种各样的才能都囊括起来，文臣武将并驾齐驱，广泛选任优秀的人才，表彰提拔其中的翘楚俊杰。又设

才，旌简髦俊[5]。设程试之科，垂金爵之赏，诚千载之嘉会，百世之良遇也。当世之士，宜勉思至道，爱功惜力，以佐明时，使名书史籍，勋在盟府[6]，乃君子之上务，当今之先急也。

立有考核的科目，加以金钱官爵赏赐的激励，这实在是千年难逢的盛会，百年不遇的良机啊。当今士人，应勤勉追求纯正的道义，珍惜自己的功业和精力，为这清明的时代尽一份力，让自己的名字载入史册，功勋收录进保存盟约文书的官府，这才是君子的第一要务，是当今急需追求的事情。

今注 1 乾乾：指兢兢业业、自强不息。 2 熊虎：指将帅。 3 龙凤：指宰辅。 4 骛(wù)：骏马纵横奔驰，这里引申为人才得以施展所长。 5 髦(máo)俊：指杰出的人才。 6 盟府：古代负责保存盟约文书的官府。

"夫一木之枰孰与方国之封？枯棋三百孰与万人之将？衮龙之服[1]，金石之乐，足以兼棋局而贸博弈矣。假令世士移博弈之力而用之于诗书，是有颜、闵[2]之志也；用之于智计，是有良、平[3]之思也；用之于资货，是有猗顿[4]之富也；用之于射御，是有将帅之备也。如此，则功名立而鄙贱远矣。"

"一块木头棋枰怎么与方国封邑相比？三百颗干枯的棋子怎么与率领上万人马的将军相比？绣着龙的礼服、金石协奏的音乐，这样的荣耀应当足以取代下棋所带来的乐趣了。如果让世人能够把下棋的精力用到研读诗书上去，就相当于有颜回、闵损的志向了；如果用到谋略计策上去，就相当于有张良、陈平的奇思了；如果用到做生意上去，就相当于拥有猗顿的财富了；如果用到射箭骑马上去，就相当于有将帅的才能了。做到这样，则功名自然会建立，而卑贱就自然会远离。"

今注 1 衮龙之服:天子及公卿举行祭祀时所穿的礼服,泛指尊贵的礼服。 2 颜、闵:指颜回和闵损。颜回,字子渊,春秋时期大儒,孔子的弟子,以笃志好学著称。闵损,字子骞,孔子的弟子,以至孝著称。 3 良、平:指张良和陈平,二人均为秦汉之际著名谋士,辅佐刘邦建立了汉朝。 4 猗(yī)顿:春秋战国之际著名商人,曾向范蠡请教发家致富的方法,后通过经营畜牧业和盐业成为巨富。

和废后,为黄门侍郎。孙亮即位,诸葛恪辅政,表曜为太史令,撰《吴书》,华覈、薛莹等皆与参同。孙休践阼,为中书郎、博士祭酒。命曜依刘向故事[1],校定众书。又欲延曜侍讲,而左将军张布近习宠幸,事行多玷[2],惮曜侍讲儒士,又性精确,惧以古今警戒休意,固争不可。休深恨布,语在《休传》。然曜竟止不入。

孙和被废黜后,韦曜担任黄门侍郎。孙亮即位,诸葛恪辅佐朝政,上表奏请让韦曜出任太史令,负责编撰《吴书》,华覈、薛莹等都参与了这项工程。孙休登基之后,韦曜担任中书郎、博士祭酒。孙休命令韦曜照汉朝刘向的事例,校定群书。又打算请韦曜担任侍讲,然而左将军张布是孙休亲近的宠臣,行为举止多有污点,担心韦曜做了侍讲学士后向孙休灌输儒学正道,而且韦曜为人精明认真,张布怕他用古今实例做譬喻来警诫劝喻孙休,就坚决争辩说韦曜不能胜任此职。孙休对张布极为讨厌,相关的事例记载在《孙休传》中。但是韦曜最终还是被阻止入宫。

今注 1 刘向(约前77—前6):刘向,汉朝大臣、著名学者,曾奉命校订整理汉朝皇室藏书,研究整理经学和诸子百家著作,编著了我国最早的图书目录《别录》。此即所谓“刘向故事”。 2 玷(diàn):原指玉上的斑点,比喻人的污点、过失。

孙皓即位，封高陵亭侯，迁中书仆射，职省，为侍中，常领左国史。时所在承指[1]数言瑞应。皓以问曜，曜答曰："此人家筐箧中物耳。"又皓欲为父和作纪，曜执以和不登帝位，宜名为传。如是者非一，渐见责怒。曜益忧惧，自陈衰老，求去侍、史二官，乞欲成所造书，以从业别有所付，皓终不听。时有疾病，医药监护，持之愈急。

孙皓即位，韦曜受封为高陵亭侯，升任中书仆射，后来中书仆射一职被撤销，便转任侍中，并长期兼领左国史。当时孙皓周围的人总是逢迎意旨，多次说有祥瑞出现。孙皓就此事询问韦曜，韦曜回答说："这只是别人家中筐子里面的东西罢了。"孙皓又想在《吴书》中为自己父亲孙和立本纪，但韦曜坚持认为孙和并未登上帝位，应当将他的事迹编为列传。类似这样的事情发生了不止一件，渐渐地韦曜受到孙皓的怒责。韦曜对此愈发担忧害怕，称自己年老体衰，请求辞去侍中、左国史两个官职，只是恳求让他完成自己要写的书，并为这桩著述事业寻找到合适的托付人，但孙皓始终不答应。当时韦曜有病，朝廷给他送去医药和护理人员，但他更为迫切地请求辞职。

皓每飨宴[2]，无不竟日，坐席无能否率以七升为限，虽不悉入口，皆浇灌取尽。曜素饮酒不过二升，初见礼异时，常为裁减，或密赐茶荈[3]以当酒，至于宠衰，更见逼强，辄以为罪。又于酒后使侍

孙皓每次设宴款待群臣，没有一次不是进行一整天的，在座宾客不管是否会喝酒，都要至少喝够七升，就算不能全部喝完，也要被强行灌到足够数量。韦曜向来饮酒不超过二升，起初他受到礼遇的时候，常常能被允许减少酒量，或者暗中给他用茶水代替酒，到他宠幸减退之后，反而更加被强迫喝酒，而且往往因为喝不够量而受到惩罚。而且孙皓喜欢在酒后让身边的侍

臣难折公卿，以嘲弄侵克，发摘私短以为欢。时有愆过[4]，或误犯皓讳，辄见收缚，至于诛戮。曜以为外相毁伤，内长尤恨，使不济济，非佳事也，故但示难问经义言论而已。皓以为不承用诏命，意不忠尽，遂积前后嫌忿，收曜付狱。是岁凤皇二年也。

臣去刁难公卿大臣，以嘲弄攻击、揭人短处为乐趣。这时谁要是有过失，或者误犯了孙皓的忌讳，就会立刻被抓捕起来，甚至会被杀死。韦曜认为朝臣在公共场合相互毁谤伤害，内心就会滋生怨恨，这样一来大家就不能和衷共济，绝非好事，所以他只是就经书义理提出难题考问他人而已。孙皓认为韦曜不按自己的诏命行事，是有意不尽忠于自己，于是他因前后积攒的对韦曜的不满和怨恨，将韦曜抓起来关进监狱。这一年是凤凰二年(273)。

今注　**1** 承指：逢迎意旨。　**2** 飨(xiǎng)宴：即宴会。　**3** 荼荈(chuǎn)：即茶水。古人称早采摘的茶叶为“荼”，晚采摘的为“荈”。　**4** 愆过：即过失。

曜因狱吏上辞曰：“囚荷恩见哀，无与为比，曾无芒氂[1]有以上报，孤辱恩宠，自陷极罪。念当灰灭，长弃黄泉，愚情惓惓，窃有所怀，贪令上闻。囚昔见世间有古历注，其所纪载既多虚无，在书籍者亦复错谬。囚寻按传记，考合

韦曜通过狱吏向孙皓上书说：“罪臣身负皇恩，承蒙哀怜，没有他人可以相比，但没有做出丝毫的贡献来报答主上，辜负了您这番恩宠，还令自己陷于死罪。一想到自己将化为灰烬，长久弃身黄泉之下，内心十分悲哀，私下还有一些记挂的事情，想要报告陛下知道。罪臣曾发现世间有一些古代历书的今注，记载了不少子虚乌有的东西，与经典书籍的记载也有相违背的地方。罪臣遍寻经传的

异同，采摭耳目所及，以作《洞纪》，起自庖牺[2]，至于秦汉，凡为三卷，当起黄武以来，别作一卷，事尚未成。又见刘熙[3]所作《释名》，信多佳者，然物类众多，难得详究，故时有得失，而爵位之事，又有非是。愚以官爵，今之所急，不宜乖误。囚自忘至微，又作《官职训》及《辩释名》各一卷，欲表上之。新写始毕，会以无状，幽囚待命，泯没之日，恨不上闻。谨以先死列状，乞上言秘府，于外料取，呈内以闻。追惧浅蔽，不合天听，抱怖雀息[4]，乞垂哀省。”

记载，对比考证它们的异同，搜集了所能见到的材料，撰写了《洞纪》一书，上起伏羲，下至秦汉，一共有三卷，而从黄武年间以来的历史，打算再另写一卷，这件事还未完成。我又看过刘熙所写的《释名》，确实有很多好的内容，但是世间物类繁多，难以详细考究，所以其中时不时出现错误，特别是里面关于爵位的内容，又有解释的错误。我认为官位和封爵，是目前急需厘清的，不应当出现错误。罪臣无视自己卑微的身份，又作了《官职训》与《辩释名》各一卷，想呈献给陛下。新作刚刚完成，却恰逢因为无礼的行径，受到囚禁的处罚，实在担心自己身死之时，还来不及呈上。所以谨于临死之前，将这些著述目录条列出来，恳求陛下知会秘府，派人前去选取，回来呈给您过目。但我又担心这些著作内容浅陋，不合陛下心意，心怀惶恐，屏住呼吸，恳求陛下怜悯而给予关注。”

今注　1 芒氂(máo)：指像麦芒、牛毛那样微小的事物。　2 庖牺：即伏羲。中华神话中人类的始祖。　3 刘熙：字成国，东汉时期著名学者，其所著《释名》一书为我国古代重要的训诂学著作。　4 雀息：即屏息，形容恐惧而不敢作声。

曜冀以此求免，而皓更怪其书之垢故，又以诘曜。曜对曰："囚撰此书，实欲表上，惧有误谬，数数省读，不觉点污。被问寒战，形气呐吃[1]，谨追辞叩头五百下，两手自搏。"

而华覈连上疏救曜曰："曜值千载，特蒙哀识，以其儒学，得与史官，貂蝉[2]内侍，承答天问，圣朝仁笃，慎终追远，迎神之际，垂涕敕曜。曜愚惑不达，不能敷宣陛下大舜之美，而拘系史官，使圣趣不叙，至行不彰，实曜愚蔽当死之罪。然臣慺慺[3]，见曜自少勤学，虽老不倦，探综坟典，温故知新，及意所经识古今行事，外吏之中少过曜者。

韦曜希望以此免除死罪，但孙皓反而怪他的奏章上有污渍，又拿这件事来责问韦曜。韦曜回答说："罪臣撰写这通奏表，确实想要上呈陛下，只是因为担心有错误，多次检查阅读，不知不觉弄脏了它。受到责问，心惊胆战，害怕得喘不过气、说不出话，谨此追加叩头五百下，两手自我抽打以谢罪。"

而华覈连续上奏救助韦曜说："韦曜有幸遇上千载难逢的机遇，特别蒙受陛下的哀怜赏识，凭着自己的儒学素养，得以出任史官，佩戴貂蝉在宫内充当亲信服侍，随时应答陛下的提问，圣上仁爱宽厚，居丧尽哀，祭祀祖先恭敬虔诚，在迎接先帝神主时，陛下垂泪下诏令韦曜为先父撰写本纪。韦曜愚昧无知，不明事理，不能宣扬陛下如同虞舜那样伟大的美德，而是拘泥于史官的成规，使陛下旨意得不到阐述，崇高的德行无法彰显，实在是韦曜愚蠢浅陋，罪该万死。但是臣恭谨地说，臣发现韦曜从少年时起就勤奋好学，就算到老了也不懈怠，精研典籍，融会贯通，温故知新，就对古今大事的熟悉程度而言，外朝官员里很少有人能超过韦曜的。

今注 1 呐吃:指口吃,形容因恐惧而说不出话。 2 貂蝉:指貂尾和附蝉的装饰,是汉代侍中、常侍等亲贵之臣的服饰。 3 偻偻(lóu):勤恳貌,恭谨貌。

"昔李陵[1]为汉将,军败不还而降匈奴,司马迁不加疾恶,为陵游说,汉武帝以迁有良史之才,欲使毕成所撰,忍不加诛,书卒成立,垂之无穷。今曜在吴,亦汉之史迁也。伏见前后符瑞彰著,神指天应,继出累见,一统之期,庶不复久。事平之后,当观时设制,三王不相因礼,五帝不相沿乐,质文殊涂[2],损益异体,宜得曜辈依准古义,有所改立。汉氏承秦,则有叔孙通[3]定一代之仪,曜之才学亦汉通之次也。

"当年,李陵是汉朝将领,兵败之后没有返回,而是投降了匈奴,司马迁不但不对他表示憎恶,反而为李陵游说,汉武帝考虑到司马迁有良史之才,想让司马迁完成著作的撰写,所以抑制愤怒没有将他诛杀,这也使得《史记》一书最终撰成,永久流传。如今韦曜对于吴国而言,正相当于汉朝的司马迁。臣观察到前后出现的祥符瑞应很明显,神灵的指示与上天的感应接连出现,这说明天下统一的日期,应该不会太远了。天下平定之后,就要根据时运来建设典章制度,三王、五帝的礼乐不相因循,是因为各朝"质"与"文"的特性不同,制度上的增减也应当有所区别,这就需要韦曜这样的人去考究古代制度的义理,对前朝制度有所修改创新。汉代继承秦代建立,就有叔孙通来制定汉王朝的礼仪制度,韦曜的才学正与叔孙通相仿。

今注 1 李陵(?—前74):字少卿,西汉时期著名将领,李广之孙。曾因出击匈奴时被围困失利而投降,受到匈奴单于的重用。汉武帝因听信谣传而诛杀李陵全家,司马迁也因替李陵说情而被处刑。 2 涂:通

“途”。　3 叔孙通：秦汉之际著名儒生，秦末为博士，汉初投靠刘邦，为汉朝制定了礼仪制度。

“又《吴书》虽已有头角，叙赞未述。昔班固作《汉书》，文辞典雅，后刘珍、刘毅等作《汉记》[1]，远不及固，叙传尤劣。今《吴书》当垂千载，编次诸史，后之才士论次善恶，非得良才如曜者，实不可使阙不朽之书。如臣顽蔽，诚非其人。曜年已七十，余数无几，乞赦其一等之罪，为终身徒[2]，使成书业，永足传示，垂之百世。谨通进表，叩头百下。”晧不许，遂诛曜，徙其家零陵。子隆，亦有文学也。

“而且《吴书》虽然已有头绪，但其序言、论赞尚未写就。当年班固作《汉书》，文辞典雅，后来刘珍、刘毅等作的《东观汉记》，远远不及班固，叙传部分尤为拙劣。如今《吴书》应当流传千载，按序编入历代国史之中，让后代学者论定编次评定优劣，如果缺少了韦曜这样的优秀人才，实在是不可能完成这部不朽的著作。像臣这么顽劣浅薄，根本不是能胜任这种撰述之任的人。韦曜已经年过七十，剩下时日也不多了，恳请陛下赦免他的头等大罪，改判终身监禁，以便让他完成著述的事业，让《吴书》永远流传，直至百世。谨此呈上奏表，叩头百下。”但孙晧没有准许华覈的请求，还是杀死了韦曜，并将韦曜的家属流放到零陵。韦曜的儿子韦隆，也有文学修养。

今注　1《汉记》：即《东观汉记》，东汉的国史，经由班固、刘珍、蔡邕等数代人陆续编修而成，记载东汉光武帝至汉灵帝时期的历史。　2 终身徒：终身为囚徒，即监禁终身。

华覈

原文

华覈，字永先，吴郡武进人也。始为上虞尉、典农都尉，以文学入为秘府郎，迁中书丞。蜀为魏所并，覈诣宫门发表曰："间闻贼众蚁聚向西境，西境艰险，谓当无虞。定闻陆抗表至，成都不守，臣主播越[1]，社稷倾覆。昔卫为翟所灭而桓公存之[2]，今道里长远，不可救振。失委附之土，弃贡献之国，臣以草芥，窃怀不宁。陛下圣仁，恩泽远抚，卒闻如此，必垂哀悼。臣不胜忡怅[3]之情，谨拜表以闻。"

译文

华覈，字永先，吴郡武进县人。他起家出任上虞县尉、典农都尉，因为文学才能受到提拔，入朝出任秘府郎，升任中书丞。蜀国被魏国吞并后，华覈前往宫门呈表上奏说："我近日听说敌人如蚂蚁一样向西蜀集结，蜀地形势险要，本以为可以太平无事。但确定得知陆抗的奏表送到，说成都失守，君臣流亡，蜀国社稷倾覆。当年卫国被北狄所灭，在齐桓公的援助下复国，如今蜀国路程遥远，我们不可能前去救援。如今丢失了应当向我们进贡的归附的国土，臣虽然是一个草莽，私下心里仍感不安。陛下乃圣仁之主，恩泽绥抚远方，忽然听闻这一消息，必定心生哀悼。我无法抑制哀伤惆怅的情感，谨此呈上奏表向您汇报。"

今注　1 播越：指流亡。　2 卫为翟所灭而桓公存之：东周后期，卫国内乱频繁，国力衰弱，卫懿公荒淫无度，而卫国于公元前660年被狄人攻破，卫懿公被杀，其遗民寄居曹地。后来在齐桓公的帮助下，卫国在楚丘建都复国。翟，通"狄"。　3 忡怅：忧伤惆怅。

孙晧即位，封徐陵亭侯。宝鼎二年，晧更营新宫，制度弘广，饰以珠玉，所费甚多。是时盛夏兴工，农守[1]并废，覈上疏谏曰："臣闻汉文之世，九州晏然，秦民喜去惨毒之苛政，归刘氏之宽仁，省役约法，与之更始，分王子弟以藩汉室，当此之时，皆以为泰山之安，无穷之基也。至于贾谊，独以为可痛哭及流涕者三，可为长叹息者六[2]，乃曰：'当今之势何异抱火于积薪之下而寝其上，火未及然而谓之安。'其后变乱[3]，皆如其言。

孙晧即位之后，封华覈为徐陵亭侯。宝鼎二年(267)，孙晧再度营造新的宫殿，规模极为宏大，用了珍珠宝玉来加以装饰，花费了非常多的钱财。动工的时候正是盛夏，农耕和守备都被荒废了，华覈于是上奏劝谏说："臣听说汉文帝时，九州安宁，过去秦朝的百姓庆幸取消了残酷的苛政，纷纷归顺宽仁的汉王朝，而朝廷减省徭役，精简法令，让百姓休养生息，又分封王室子弟，作为拱卫朝廷的屏障，在这个时候，大家都认为形势像泰山一样稳固，王朝建立了传至无穷的基业。但唯独贾谊认为，当时存在三件可为之痛哭流涕的事情，以及六件可为之深深叹息的事情，他于是分析说：'当今的形势，何异于把火放在堆积的干柴之下，而人睡在上面，大火尚未燃烧起来，就认为那是平安的。'后来所发生的变乱，都和他所预言的一模一样。

今注　1 农守：指农耕和守备。　2 可痛哭及流涕者三，可为长叹息者六：这里指贾谊的《治安策》，其中提出"可为痛哭者一，可为流涕者二，可为长太息者六"，深刻剖析了汉朝存在的深层次弊病。　3 变乱：指汉初的七国之乱。汉景帝时，在御史大夫晁错的建议下，朝廷实施削藩政策，加强中央集权，引发了以吴王刘濞为首的七个诸侯国的叛乱。

“臣虽下愚，不识大伦，窃以曩时之事，揆今之势。谊云复数年间，诸王方刚，汉之傅相称疾罢归，欲以此为治，虽尧、舜不能安。今大敌据九州之地，有大半之众，习攻战之余术，乘戎马之旧势，欲与中国争相吞之计，其犹楚汉势不两立，非徒汉之诸王淮南、济北[1]而已。谊之所欲痛哭，比今为缓，抱火卧薪之喻，于今而急。

“大皇帝览前代之如彼，察今势之如此，故广开农桑之业，积不訾[2]之储，恤民重役，务养战士，是以大小感恩，各思竭命。斯运未至，早弃万国，自是之后，强臣专政，上诡天时，下违众议，亡安存之本，邀一时之利，数兴军旅，倾竭

“臣虽然愚昧之极，不识大体，但私下认为，先前的史事可以用来分析今日的局势。贾谊进言过后的几年，诸王势力全面强盛，汉朝派去王国的傅相，都以生病为名免职回朝，想凭着这样的局面寻求长治久安，即使是尧、舜也无法做到。如今强敌占据了九州之地，控制着天下大多数的百姓，又熟悉各种战略战术，凭借着骁勇善战的固有优势，若想要谋划与中原竞争吞并对方之大计，就好比楚汉双方势不两立，对方并不仅仅是汉朝淮南王、济北王那样的势力而已。贾谊想为之痛哭的局势，与今日相比要更为缓和，抱火卧薪的比喻，今天比当时更为急迫。

“大皇帝追览前代历史是那个样子，观察今日形势是这个样子，所以大力推广农耕蚕桑之业，积累了不可胜计的物资储备，赈济劳役沉重的百姓，注重蓄养作战的兵卒，所以上上下下都对他非常感恩，人人都想为他竭力效命。但统一天下的大运尚未来到，大皇帝就不幸驾崩。从那之后，权臣专政，对上有悖于天时，对下违背了众议，丢掉了安定存续的根本，只为了获得眼前的小利，频繁地发动军队，耗

府藏，兵劳民困，无时获安。今之存者，乃创夷[3]之遗众，哀苦之余民耳。遂使军资空匮，仓廪不实，布帛之赐，寒暑不周，重以失业，家户不赡。而北积谷养民，专心东向，无复他警。蜀为西藩，土地险固，加承先主统御之术，谓其守御足以长久，不图一朝奄[4]至倾覆！唇亡齿寒，古人所惧。

光了国库的储备，士兵和百姓劳顿困苦，没有片刻得到安宁。如今苟活于世上的人，只不过是受过创伤的残存者，悲哀困苦的残余百姓而已。这种局面下，军用物资匮乏，仓廪府库空虚，赏赐的布帛无法兼顾寒、暑变化，再加上百姓失业，各家各户都不富裕。而北方的敌人全力囤积军粮，休养百姓，一心一意地谋划东进，不再有其他需要警备的事。蜀国是西边的藩国，地势险要牢固，而且它继承了先主刘备的统治之术，按道理它可以守备很长的时间，但想不到它一下子就覆灭了。所谓唇亡齿寒，这正是古人所担忧的情况。

今注 1 淮南、济北：指汉初淮南王刘长、济北王刘兴居。 2 不訾(zī)：指不可胜计。 3 创夷：同“创痍”。指受伤之人。 4 奄：突然。

“交州诸郡，国之南土，交阯、九真二郡已没，日南孤危，存亡难保，合浦[1]以北，民皆摇动，因连避役，多有离叛，而备戍减少，威镇转轻，常恐呼吸复有变故。昔海虏窥窬[2]东县，多得

“交州的各郡，是我国南方的土地，如今交阯、九真两郡已经沦陷，日南郡孤立无援，情况危急，存亡与否难以保证，合浦以北的地区，百姓都在动摇，因连年躲避徭役，很多人叛变作乱，而当地驻军的数量不断减少，在当地的威慑力不断减弱，经常担心瞬息之间就会再度发生变故。当年海盗觊觎东部的郡县，多次

离民，地习海行，狃[3]于往年，钞[4]盗无日。今胸背有嫌，首尾多难，乃国朝之厄会也，诚宜住建立之役，先备豫[5]之计，勉垦殖之业，为饥乏之救。惟恐农时将过，东作[6]向晚，有事之日，整严未办。若舍此急，尽力功作，卒有风尘[7]不虞之变，当委版筑之役，应烽燧之急，驱怨苦之众，赴白刃之难，此乃大敌所因为资也。如但固守，旷日持久，则军粮必乏，不待接刃，而战士已困矣。

掳走叛逃的百姓，他们因为熟悉地势，又掌握了航海技术，比往年更加贪得无厌，没有一日不进行抢掠。我国如今腹背受敌，首尾两端多有灾难，国家正处于厄运时期，所以实在是应该停止修建新宫的劳役，先制订防备敌人的大计，勉励开垦种植的产业，解救饥饿困乏的民众。臣担心错过农时，春耕为时已晚，一旦发生战争，粮草补给将来不及筹办。如果舍弃这些当务之急，而全力修建宫室，突然有意料之外的战乱发生，就应当舍弃修墙筑室的劳役，转而全力应对紧急的战争，驱使苦于劳役的百姓，操持白刃赶赴战场，这便是强大的敌人可用来作为资助的事了。如果只是一味固守，旷日持久，那么军粮必定消耗缺乏，还未等到战场交锋，士兵们已经困顿不堪了。

今注　1 合浦：汉代郡名，治所在今广西合浦东北。　2 窥窬(yú)：犹觊觎。谓窥伺可乘之机。　3 狃(niǔ)：贪婪骄横。　4 钞：抢掠，强取。　5 备豫：即预备。　6 东作：指春耕。古代以东为春的方位。　7 风尘：比喻战乱，戎事。

“昔太戊[1]之时，桑榖[2]生庭，惧而修德，怪消殷兴。荧惑守心，宋

“当年商王太戊在位时，庭院之中长出桑树、楮树，他对这种异象感到恐惧，所以专门修养德行，然后异象便消失了，殷

以为灾,景公下从瞽史[3]之言,而荧惑退舍,景公延年。夫修德于身而感异类,言发于口而通神明。臣以愚蔽,误忝近署,不能翼宣仁泽以感灵祇,仰惭俯愧,无所投处。退伏思惟,荧惑、桑穀之异,天示二主,至于他余锱介之妖,近是门庭小神所为,验之天地,无有他变。而征祥符瑞前后屡臻,明珠既觌[4],白雀继见,万亿之祚,实灵所挺,以九域为宅,天下为家,不与编户之民转徙同也。

商王朝走向兴盛。当年火星运行进入心宿,宋国人认为灾难将会到来,但宋景公恭敬地听从了瞽史让他修德的意见,使得火星退回原先的位置,而景公自己也得以延年益寿。这说明,修养自身的德行可以感化异类,嘴里说出来的话必定能上达神明。臣以愚蠢浅陋之资,忝任近侍官署的职位,不能辅佐陛下宣扬仁义恩泽感动神明,对上对下都感到十分惭愧,无地自容。退下来仔细思量,火星、桑穀的异象,是上天在告诫两位君主,至于其他细微的妖异,只不过是门庭之内的小神所为,验证于天地,没有其他的变化。而祥瑞的征兆先后多次出现,不仅明珠显现,又接着出现了白雀,这是上天显灵证明大吴国祚能够传至万世,将要以九州为宅,以天下为家,不会因为普通百姓的迁移而改变。

今注 1 太戊:商朝的君主,名密,在位期间勤政修德,诸侯归顺,使商朝再度兴盛。 2 桑穀:桑树和楮树,古人认为庭院中生长出这两种树为不祥的征兆。 3 瞽(gǔ)史:乐师和史官的合称。 4 觌(dí):显示,显现。

“又今之宫室,先帝所营,卜土立基,非为不祥。又杨市土地与宫连

“而且陛下今日所居的宫室,是先帝所建造的,动工奠基经过了问卜,并没有什么不吉祥的地方。而且杨市的

接，若大功毕竟，舆驾迁住，门行之神，皆当转移，犹恐长久未必胜旧。屡迁不可，留则有嫌，此乃愚臣所以夙夜为忧灼也。臣省《月令》[1]，季夏之月，不可以兴土功，不可以会诸侯，不可以起兵动众，举大事必有大殃。今虽诸侯不会，诸侯之军与会无异。六月戊己，土行正王[2]，既不可犯，加又农月，时不可失。

土地与皇宫相连接，如果这项大工程完工，陛下迁去居住，将会使宫门周围的神鬼都随之转移，恐怕长久下去，新宫未必优于旧宫。屡屡迁移既不可行，留在旧宫又有忌讳，这是臣日益担忧焦虑的原因。臣考察《月令》，六月不可大兴土木，不可会盟诸侯，不可兴师动众，举行大事必有大灾祸。如今虽说还没有会盟诸侯，但调集诸侯的军队与会盟诸侯没有什么区别。而且六月的戊己之日，是土行正旺的时候，既不可动土触犯，又加上本是农忙之月，不应错失农时。

今注 1《月令》：即《礼记·月令》，是一篇根据十二个月的时令，结合天文历法、阴阳五行，记录朝廷祭祀、朝会、征伐等方面宜忌的著作。其中记载季夏之月（阴历六月），“不可以兴土功，不可以合诸侯，不可以起兵动众。毋举大事，以摇养气。毋发令而待，以妨神农之事也，水潦盛昌，神农将持功，举大事则有天殃”。 2 王：通“旺”。古人认为六月为季夏之月，五行属土，天干中的戊、己五行也属土，如《礼记·月令》记载，季夏“中央土，其日戊己”，所以说“土行正王”。

“昔鲁隐公夏城中丘[1]，《春秋》书之，垂为后戒。今筑宫为长世之洪基，而犯天地之大

“当年鲁隐公在夏季修筑中丘城，《春秋》专门记载了这件事，留给后人作为警诫。如今修筑宫室虽说是为了万世的宏大基业，但冒犯天地的大忌，沿袭《春秋》

禁，袭《春秋》之所书，废敬授[2]之上务，臣以愚管，窃所未安。又恐所召离民，或有不至，讨之则废役兴事，不讨则日月滋蔓。若悉并到，大众聚会，希无疾病。

中所记载的错误行为，荒废了按时令耕种的重大事务，在臣愚陋的管见看来，私下心中深感不安。此外，臣担心征召流民参与工程，如果有人不肯来，前去讨伐他们，就要废弃工程，发动战争；不讨伐他们，他们就会日益滋生祸患。如果流民悉数到来，这么多人聚在一起，又难以保证不发生疾病。

今注　1 鲁隐公夏城中丘：出自《左传·隐公七年》："夏，城中丘，书，不时也。"鲁隐公七年（前716）夏修筑中丘城，《春秋》认为他妨碍农时，所以专门予以记载，以为警示。　2 敬授：即敬授民时。古代朝廷每年将历法颁布给百姓，使百姓知晓时令变化，不耽误农业生产。

"且人心安则念善，苦则怨叛。江南精兵，北土所难，欲以十卒当东一人。天下未定，深可忧惜之。如此宫成，死叛五千，则北军之众更增五万，若到万人，则倍益十万。病者有死亡之损，叛者传不善之语，此乃大敌所以欢喜也。今当角力中原，以定强弱，正于际

"况且人心都是在安定的时候向善，困苦的时候便会产生怨恨叛乱。北方人一向难以对付江南的精兵，往往想以十名士兵来对抗我国一人。如今天下尚未平定，应当好好担忧珍惜我国的民力。等到这样一座宫室筑成，差不多要死亡、叛逃五千人，就等于让北方军队增加了五万兵力；如果死亡叛逃的人数达到一万，那么敌军就等于增添了十万。生病的人可能会增加损失兵力的风险，叛逃的人又会传播不利于我方的话，这正是强敌所乐于见到的局面。如今正要与中原角力，一争强

会，彼益我损，加以劳困，此乃雄夫智士所以深忧。

“臣闻先王治国无三年之储，曰国非其国，安宁之世戒备如此，况敌强大而忽农忘畜。今虽颇种殖，间者大水沈没，其余存者当须耘获，而长吏怖期，上方诸郡，身涉山林，尽力伐材，废农弃务。士民妻孥羸小，垦殖又薄，若有水旱则永无所获。州郡见米，当待有事，冗食之众，仰官供济。若上下空乏，运漕不供，而北敌犯疆，使周、召更生，良、平复出，不能为陛下计明矣。臣闻君明者臣忠，主圣者臣直，是以悽悽，昧犯天威，乞垂哀省。”

书奏，晧不纳。后迁东观令，领右国史，

弱，如果在这个时期，敌方兵力增加而我方兵力减少，再加上让士兵劳苦困顿，这真是英雄智士所深感忧虑的事情。

“臣听说先王治理国家，如果没有足以支撑三年的粮食储备，就会认为国将不国，和平年代尚且如此戒备，更何况在强敌压境的时候我们却忽视了农耕和储蓄。如今虽然有所种植，但中间曾遭水灾淹没，剩下的土地应当要耕耘收获，但地方长官害怕延误工期，地势较高的郡县，纷纷让民众进入山林中去，全力砍伐树木，废弃了农业耕种。士兵百姓的妻儿体弱，开垦出的土地又少，如果遇上水旱灾害，就会颗粒无收。州郡现存的粮食，应当留待出现意外情况的时候应急使用，而那些吃闲饭不干事的人，还在浪费官府的供养。如果上下储备空乏，漕运供应又不及时，一旦北方的敌人侵犯边界，即使让周公、召公重生，张良、陈平再世，显然也不可能再替陛下谋划了。臣听说君主英明则朝臣忠诚，君主聪睿则朝臣正直，所以臣以一番恳切之心，冒昧逆犯天威，恳请陛下垂怜看一下臣的奏表。”

奏表呈上后，孙晧不予采纳。后来华覈迁任东观令，兼领右国史，但华覈上覈上疏辞让，皓答曰："得表，以东观儒林之府，当讲校文艺，处定疑难，汉时皆名学硕儒乃任其职，乞更选英贤。闻之，以卿研精坟典，博览多闻，可谓悦礼乐敦诗书者也。当飞翰骋藻，光赞时事，以越杨、班、张、蔡[1]之畴，怪乃谦光，厚自菲薄。宜勉修所职，以迈先贤，勿复纷纷。"

疏推辞，孙皓答复说："收到了你的奏表，你认为东观是儒士集中的官署，应当以讲论文章考校典籍为业，负责解决各种疑难问题，汉代都是由知名的饱学宿儒充任此职，所以你请求另选英明贤能之人。听了你这番话后，朕还是认为你精研典籍，博学多闻，可说是由衷喜爱礼乐诗书的人。你应当充分发挥文学辞藻方面的才干，大力宣传当朝的时事，超越扬雄、班固、张衡、蔡邕之辈，奇怪的是你却谦虚退让，学识渊博却妄自菲薄。所以您应当尽力做好这一职任，超越前代贤人，无需再多言。"

今注　1 杨、班、张、蔡：指汉代著名文学家扬雄、班固、张衡、蔡邕。

时仓廪无储，世俗滋侈，覈上疏曰："今寇虏充斥，征伐未已，居无积年之储，出无应敌之畜，此乃有国者所宜深忧也。夫财谷所生，当出于民，趋时务农，国之上急。而都下诸官，所掌别异，各自下调，不

当时官府仓库没有余粮储备，社会风俗却越发奢侈，华覈上奏说："如今四处都是强敌，征战尚未平息，平居无积年的储存，出战无应敌的积蓄，这是治理国家的人所应深为忧虑的。钱财粮食都出自百姓，百姓按照时令从事耕种，是国家的头等大事。然而京中的官员，不论掌管哪个部门，都大肆向下面征调劳役，完全不考虑百姓的承受能力，并且随意将

计民力，辄与近期。长吏畏罪，昼夜催民，委舍佃事[1]，遑[2]赴会日，定送到都，或蕴积不用，而徒使百姓消力失时。到秋收月，督其限入，夺其播殖之时，而责其今年之税，如有逋悬[3]，则籍没[4]财物，故家户贫困，衣食不足。

工程的期限提前。地方长官害怕获罪，日夜催迫百姓，让百姓放弃农耕，匆忙地按期限赶赴集合地，定期送到京都，有时东西积压起来用不上，就白白浪费了百姓们的体力，也贻误了农时。到了秋收的月份，又督责他们限期缴纳赋税，既剥夺了百姓的耕种时间，又向他们要求当年的赋税，如果有拖欠，还要没收他们家中的财物，这才导致了家家户户贫穷困苦，衣食不足。

今注 1 佃(tián)事：指耕种。 2 遑(huáng)：匆忙。 3 逋(bū)悬：拖欠。 4 籍没：指登记财产，予以没收。

“宜暂息众役，专心农桑。古人称一夫不耕，或受其饥，一女不织，或受其寒。是以先王治国，惟农是务。军兴以来，已向百载，农人废南亩[1]之务，女工停机杼之业。推此揆之，则蔬食[2]而长饥，薄衣而履冰者，固不少矣。

“所以应当暂时停息一切劳役，让百姓专心致力于农桑之事。古人曾说，只要有一个男人不耕种，就会有人因此受饥，只要有一个女人不织布，就会有人因此受寒。所以先王治国必定要全力发展的就是农业。自从汉末战争爆发以来，已经接近一百年时间，这期间大量农民荒废耕种，女子停止织布。照此推算，常年以草菜为食、衣衫单薄而忍饥受寒的，肯定大有人在。

今注 1 南亩:因为南坡向阳,有利于农作物生长,古代田地往往朝南面开垦,故以“南亩”指代农耕。 2 蔬食:以草、菜为食,指没有粮食可吃。

“臣闻主之所求于民者二,民之所望于主者三。二谓求其为己劳也,求其为己死也。三谓饥者能食之,劳者能息之,有功者能赏之。民以致其二事而主失其三望者,则怨心生而功不建。今帑藏不实,民劳役猥,主之二求已备,民之三望未报。且饥者不待美馔而后饱,寒者不俟狐貉而后温,为味者口之奇,文绣者身之饰也。

“今事多而役繁,民贫而俗奢,百工作无用之器,妇人为绮靡之饰,不勤麻枲[1],并绣文黼黻[2],转相仿效,耻独无有。兵民之家,犹

“臣听说君主要向百姓要求两件事,而百姓则向君主期望三件事。君主的两件事是:要求百姓为自己付出劳动,要求百姓为自己效死命。百姓的三件事是:饥饿的人能吃上饭,劳累的人能得到休息,有功的人能获得赏赐。如果百姓达成了君主的两项要求,君主却让百姓三项期望落空,那么大家必定会产生怨恨之心,国家也无法成就功业。如今国库已经空虚,百姓劳苦而劳役繁多,百姓已经达到了君主的两个要求,他们的三项期望却未能兑现。更何况饥饿的人并不指望有美味佳肴才能吃饱,受寒的人也并不期待有狐裘貉皮才能穿暖,因为美食只不过是口味上的猎奇,刺绣华美的衣服也只是身体的装饰罢了。

“如今事务众多、徭役繁杂,民众贫苦,世风奢侈,工匠们只制作一些毫无实用价值的器具,妇女们都喜欢穿戴奢侈华丽的衣饰,不勤于纺织麻布的人,竞相穿着绣有斑斓花纹的华服,彼此之间仿效攀

复遂俗，内无儋石[3]之储，而出有绫绮之服，至于富贾商贩之家，重以金银，奢恣尤甚。天下未平，百姓不赡，宜一生民之原，丰谷帛之业。而弃功于浮华之巧，妨日于侈靡之事，上无尊卑等级之差，下有耗财费力之损。今吏士之家，少无子女，多者三四，少者一二，通令户有一女，十万家则十万人，人织绩一岁一束，则十万束矣。使四疆之内同心戮力，数年之间，布帛必积。

比，生怕自己没有。部队士兵的家庭，也一样跟随世俗潮流，家里没有多少粮食储存，外出却有绫罗绸缎的服饰，至于富贾商贩的家庭，更是再加以金银首饰，更为奢侈放肆。天下还未平定，百姓的生活也还不富足，所以应当统筹民生的根本，大力发展农耕纺织的事业。现在却把功夫浪费在浮华的技巧上，把时日耽搁在奢侈事物上，既混乱了上下尊卑的等级秩序，又造成了大量财力物力的损耗。如今官吏士人的家庭中，很少没有子女的，多的三四个，少的一两个，假使一户人家就只有一名女子，那么合计下来十万户人家就有十万名女子，只需要这些妇女每人一年织一匹布，一年下来就有十万匹布。如果全国上下同心协力，数年之间，仓库里的布帛必然堆积如山。

今注　1 麻枲(xǐ)：指麻的种植、纺绩，泛指纺织业。　2 黼黻(fǔ fú)：原指礼服上绣的花纹，这里引申为华丽的服饰。　3 儋(dàn)石：古代用以计量谷物的器具，一说一石为石，二石为儋，谓一人所担。借指少量的粮食。

“恣民五色，惟所服用，但禁绮绣无益之饰。且美貌者不待华采以崇

“到那个时候，就可以任由百姓选用各种颜色的布料来制作服装，只是禁止奢靡绮丽且无用的装饰既可。况且容

好，艳姿者不待文绮以致爱，五采之饰，足以丽矣。若极粉黛，穷盛服，未必无丑妇；废华采，去文绣，未必无美人也。若实如论，有之无益废之无损者，何爱而不暂禁以充府藏之急乎？此救乏之上务，富国之本业也，使管、晏[1]复生，无以易此。汉之文、景，承平继统，天下已定，四方无虞，犹以雕文[2]之伤农事，锦绣之害女红，开富国之利，杜饥寒之本。况今六合分乖，豺狼充路，兵不离疆，甲不解带。而可以不广生财之原，充府藏之积哉？"

貌美丽、身姿姣好的人，本就不需要纹饰艳丽的服饰来增加华美，以获取他人的喜爱，五彩服饰就已经足够使人美丽了。就算用尽粉黛，穿尽盛装，也未必没有丑妇；去除华彩纹绣，也未必没有美女。如果确实如同臣所论，这些是有之无益、去之无损的东西，为什么舍不得暂时废止，来补充库府急需的物资呢？这是解救匮乏的要务，也是富强国家的根本，即使让管仲、晏婴再世，也无法替换这种治国的措施。汉代的文、景二帝，在太平环境中继承皇位，当时天下安定，四海无事，尚且认为雕饰文绣伤害农事，锦衣华服妨碍了女红，所以他们大力开发使国家富裕的利源，杜绝饥寒困苦的根本。何况今日天下分崩离析，豺狼当道，兵卒不能一刻离开边疆，铠甲也不能解下。在这种情况下，怎么可以不大力开发财源，充实府库的积蓄呢？"

今注　**1** 管、晏：即管仲和晏婴，均为春秋时期齐国的能臣。　**2** 雕文：指以彩绘、花纹装饰物品。

皓以覈年老，敕令草表，覈不敢。又敕作草文，停立待之。

孙皓因为华覈年纪大，就敕令他草拟章表，华覈不敢答应。孙皓又让他写作文章，并站在一旁等他写完。华覈写了这样一篇覈为文曰："咨覈小臣，草芥凡庸，遭眷值圣，受恩特隆。越从朽壤，蝉蜕朝中。熙光紫闼，青琐[1]是凭。毖挹清露[2]，沐浴凯风。效无丝氂，负阙[3]山崇。滋润含垢，恩贷累重。秽质被荣，局命得融。欲报罔极，委之皇穹。圣恩雨注，哀弃其尤。猥命草对，润被下愚。不敢违敕，惧速罪诛。冒承诏命，魂逝形留。"

文章："华覈只是一名小臣，如同草芥般平庸，却正逢圣主执政，受到格外隆厚的恩遇。从低贱卑微的土壤中，越级蜕变，跻身朝班之列。因而得以徜徉在朝堂的紫闼青琐之间。恭谨地承接甘露，沐浴暖风。没有为国家做出丝毫的贡献，罪过却像山一样高。一身污垢，却屡屡受到圣恩的滋润，所负良多。为臣本质顽劣，却获得恩宠，微命之身得以荣登显位。臣寄身于皇恩的庇护之下，无论如何也无法报答。圣恩犹如大雨般倾注而下，哀悯原宥臣的过失。臣如今受命草草写了这篇文章，感激朝廷恩泽润及自身。实在是不敢违背敕令，害怕因此招致罪责诛罚。所以冒昧承接诏命，内心诚惶诚恐，仿佛魂销魄散，只剩躯壳。"

覈前后陈便宜，及贡荐良能，解释罪过，书百余上，皆有补益，文多不悉载。天册元年以微谴免，数岁卒。曜、覈所论事章疏，咸传于世也。

华覈前前后后就时政问题陈述了不少建议，并且推荐了许多贤良才干之士，还替他人辩护罪过，先后上书多达百余次，都有所裨益，因为篇幅太多不能全部载录。天册元年(275)，华覈因一些细小的过失被免职，几年后便去世了。韦曜、华覈论述政事的奏疏，在当时都广为流传。

今注　1 青琐(suǒ)：原指皇宫门窗上装饰的青色连环花纹，这里与上文"紫闼"均代指宫廷。　2 毖(bì)挹(yì)清露：毖，小心谨慎的样子；挹，汲取或承接液体；清露，与下文“凯风”均比喻皇帝的恩泽。3 负阙(quē)：指犯下的错误。

评曰：薛莹称王蕃器量绰异，弘博多通；楼玄清白节操，才理条畅；贺邵厉志高洁，机理清要；韦曜笃学好古，博见群籍，有记述之才。胡冲以为玄、邵、蕃一时清妙，略无优劣，必不得已，玄宜在先，邵当次之。华覈文赋之才，有过于曜，而典诰不及也。予观覈数献良规，期于自尽，庶几忠臣矣。然此数子，处无妄[1]之世而有名位，强死[2]其理，得免为幸耳。

评论说：薛莹曾称赞王蕃气度恢弘，博学多通；楼玄节操清白，才思敏捷而有条理；贺邵砥砺志行，品行高洁，思维清简得要；韦曜一心向学，敦好古义，博览群书，有记录叙述的才能。胡冲认为楼玄、贺邵、王蕃都是当世的清流雅士，没有优劣之分，如果迫不得已一定要给他们排个先后，那么楼玄应排在前面，贺邵为其次。华覈具有撰文作赋的文学才华，比韦曜更胜一筹，但在撰写典诰等政令文书方面稍逊一筹。我看华覈多次陈述有益的建议，务求竭尽自己所能，可以说是忠臣了。然而这几位先生，身处恶劣的世道而享有声名，身居高位，死于非命原是理所当然，得免于难那才是万幸啊。

今注 1 无妄：灾祸变乱，此指恶劣的世道。 2 强死：指人死于非命。

附录：晋书卷一

帝纪第一·宣帝

导读　《晋书》本纪中的“英雄”司马懿，是一位家世显赫、少年成名、文武兼备、举贤任能、深富远见谋略的政治家、军事家。当时那些重大历史事件，若从他的角度去看，孙权、诸葛亮、曹爽等人，无疑都成了反面人物。真正的司马懿注定无法被复原，但评价历史人物必须要代入当时的历史语境，孟子所谓“颂其诗，读其书，不知其人，可乎？是以论其世也”，应当成为一种重要的解读方法。

本文篇末的“制”是《晋书》纂修时唐太宗对司马懿的“盖棺定论”，其中既肯定了他的才智谋略，又将重点放在了司马懿既受托孤遗命，终未杀身以报，反而是“天子在外，内起甲兵，陵土未干，遽相诛戮”，最后唐太宗发出了“贞臣之体，宁若此乎”的灵魂拷问。

这篇看似公允客观的“制”文，事实上也带有唐太宗个人的政治意图，那就是借司马懿之故事来告诫宰辅之臣，必须“竭诚尽节”，乃至殉生以报。由此可见，在阅读任何一种历史文本时，都应该跳出文本，看到作者的意图，方能得到全面之理解。

原文

宣皇帝讳懿[1]，字仲达，河内温县孝敬里人[2]，姓司马氏。其先出自帝高阳之子重黎[3]，为

译文

宣皇帝的名讳是懿，字仲达，是河内郡温县孝敬里人，姓司马氏。他的祖先是帝高阳的儿子重黎的后代，即夏官祝融。历经唐尧、虞舜、夏、商四朝，世代承

夏官祝融[4]。历唐、虞、夏、商，世序其职。[5]及周，以夏官为司马[6]。其后程伯休父，周宣王时，以世官克平徐方，[7]锡以官族，因而为氏。楚汉间，司马印为赵将，与诸侯伐秦。秦亡，立为殷王，都河内。汉以其地为郡，子孙遂家焉。自印八世，生征西将军钧，字叔平。钧生豫章太守量，字公度。量生颍川太守儁，字元异。儁生京兆尹防，字建公。帝即防之第二子也。少有奇节，聪朗多大略，博学洽闻，伏膺儒教。汉末大乱，常慨然有忧天下心。南阳太守同郡杨俊名知人，见帝，未弱冠，以为非常之器。尚书清河崔琰与帝兄朗善，亦谓朗曰："君弟聪亮明允，刚断英特，非子所及也。"

袭这一官职。到了周代，夏官被改称为司马。其后代程伯休父，周宣王时，以承袭世官的身份攻克并平定了徐方，因此被周王恩赐以所居官"司马"为族姓，因此"司马"就成了他们的姓氏。楚汉之时，司马印身为赵国将领，与诸侯联军一道讨伐秦国。秦国灭亡后，司马印被立为殷王，建都河内。汉朝时把河内改设为郡，司马氏的子孙于是就在此定居了。在司马印之后的第八世，司马氏中出了一位征西将军司马钧，字叔平。司马钧生了豫章太守司马量，字公度。司马量生了颍川太守司马儁，字元异。司马儁生了京兆尹司马防，字建公。宣皇帝司马懿就是司马防的第二个儿子。宣帝少年时就有非凡的气节，聪明而有大谋略，博学多闻，倾心信奉儒教。汉代末年，天下大乱时，他常常感慨而心忧天下。南阳太守杨俊和宣帝是同郡人，以善于识别人才而闻名于世。他见到宣帝时，宣帝尚未成年，杨俊就认为宣帝不是一般的人才。官居尚书的清河人崔琰和宣帝的兄长司马朗交好，也跟司马朗说过："您的弟弟聪颖明察而有诚信，刚毅决断，才智超群，不是您能赶得上的。"

今注 1 宣皇帝：据谥法，“圣善周闻曰宣”“施而不成曰宣”。司马炎代魏称帝，建立晋朝，追尊司马懿为宣皇帝。讳：即避讳。 2 河内：郡名。秦置，治怀县(今河南武陟西南)。西晋徙治野王(今河南沁阳)。温县：故城在今温县西南。 3 帝高阳：即颛顼，号高阳氏，昌意之子。重黎：《史记·楚世家》载高阳生称，称生卷章，卷章生重黎。一说重与黎为二人，重即羲，黎即和。 4 夏官祝融：夏官为火正，即掌火之官。《史记·楚世家》载：“重黎为帝喾高辛居火正……帝喾命曰‘祝融’。” 5 唐：即唐尧。虞：即虞舜。序：次也。 6 司马：官名。亦称“大司马”。掌管军政、军赋、马政的辅政大臣。相传商代已置，为天子五官(司徒、司马、司空、司士、司寇)之一。西周为三公(司徒、司马、司空)之一。《周礼》列为六卿之一，为夏官。春秋、战国沿置，位列卿。西汉所置称“大司马”。 7 程伯休父：西周宣王时人。父，一作甫。程，畿内诸侯，在今陕西咸阳东北。休父为其字。官司马，曾率六师出征徐国。见《诗经·大雅·常武》。世官：世代承袭之官，即司马。徐方：亦称“徐夷”或“徐戎”。古族名。东夷之一。夏至周分布在今淮河中下游(今江苏西北部和安徽东北部)。周初，以今江苏泗洪一带为中心建立徐国，在东夷中最称强大。曾数次联合淮夷等抗周。春秋时为楚所败。周敬王八年(前512)为吴国所灭。

汉建安六年，郡举上计掾[1]。魏武帝为司空[2]，闻而辟之。帝知汉运方微，不欲屈节曹氏，辞以风痹[3]，不能起居。魏武使人夜往密刺之，帝坚卧不动。及魏武为丞相，又辟为文

汉献帝建安六年(201)，郡中推举宣帝为上计掾。当时魏武帝(曹操)任司空，听到宣帝的名声后就征辟他。但宣帝知道汉朝的国运正在衰微之际，不愿意失节屈从曹氏，因此以风痹导致无法正常起居饮食为借口推辞了。魏武帝命人夜里去宣帝家中秘密刺探情况，宣帝一动不动地躺在床上。等到魏武帝做了汉朝的丞相，又

学掾[4]，敕行者曰："若复盘桓，便收之。"帝惧而就职。于是使与太子游处，迁黄门侍郎[5]，转议郎[6]、丞相东曹属，寻转主簿[7]。

征辟宣帝为文学掾，并且给前去的人下命令说："如果他还找借口推脱不来，立刻将他收捕下狱。"宣帝因害怕而就职。从此魏武帝就命宣帝随时陪伴太子，升任宣帝为黄门侍郎，又改为议郎、丞相东曹属，不久又转任主簿。

今注 1 上计掾：古代佐理州郡上计事务的官吏。汉代由县令（长）将该县的户口、垦田、钱谷出入等编为计簿，呈送郡国；郡守、国相再加汇编，用副本上计于中央的丞相，或由皇帝亲自受计。 2 司空：官名。周时有冬官大司空，为六卿之一，掌水土营建之事。秦无司空，置御史大夫，汉初沿置，成帝时改御史大夫为大司空。掌水土工程。 3 风痹(bì)：中医学指因风寒湿侵袭而引起的肢节疼痛或麻木的病症。 4 文学掾：汉代州郡职司教育的学官，或称文学、郡文学掾。 5 黄门侍郎：官名。秦及西汉郎官给事于黄闼（宫门）之内者，称黄门郎或黄门侍郎。东汉始设为专官，或称给事黄门侍郎，侍从皇帝，传达诏命。 6 议郎：官名。西汉置，掌顾问应对，参与议政，指陈得失。隶光禄勋，为郎官之一种，不入直宿卫，官秩比中郎、侍郎、郎中等略高。东汉时地位提升，得参与朝政。魏、晋、北魏沿置，作为后备官员，不再以参议谏诤为职。 7 主簿：官名。汉代中央及郡县官署均置，掌典领文书，办理事务。魏、晋以后，渐为统兵开府大臣幕府中重要僚属，参与机要，总领府事。

从讨张鲁，言于魏武曰："刘备以诈力虏刘璋，蜀人未附而远争江陵[1]，此机不可失也。今

宣帝跟随魏武帝讨伐张鲁，向魏武帝进言说："刘备用欺诈和武力俘虏了刘璋，蜀地之人尚未依附就出兵远行去争夺江陵，这个机会不可错失。现在如果

若曜威汉中[2]，益州震动，进兵临之，势必瓦解。因此之势，易为功力。圣人不能违时，亦不失时矣。”魏武曰：“人苦无足，既得陇右[3]，复欲得蜀！”言竟不从。既而从讨孙权，破之。军还，权遣使乞降，上表称臣，陈说天命。魏武帝曰：“此儿欲踞吾着炉炭上邪！”答曰：“汉运垂终，殿下十分天下而有其九，以服事之。权之称臣，天人之意也。虞、夏、殷、周不以谦让者，畏天知命也。”

到汉中去陈兵显威，那么益州就会震恐，这时率军兵临城下，则刘备的势力必然土崩瓦解。趁着这样的形势，就很容易建功立业。圣人不能违逆天时，也不能坐失良机。”魏武帝说：“人就苦于不知足，已经得到了陇右之地，又想要得到蜀地！”宣帝的建议最终没有被采纳。不久又跟随魏武帝讨伐孙权，大破吴军。军队凯旋，孙权派遣使者乞求投降，上表称臣，并陈述这是天命所归。魏武帝说：“这个小子想要把我放在炉炭上烤啊！”宣帝回答说：“汉朝的国运已经临近终结，丞相您拥有着天下的十分之九，还事奉着汉朝天子。孙权称臣，是上天和世人的共同意志。虞、夏、殷、周各朝都不谦让推辞的原因，正是由于敬畏上天而知晓天命呀。”

今注 1 江陵：县名，秦置。在今荆州江陵故城。南临长江，是长江中游东西南北水陆交通枢纽。魏、晋、南北朝时，为南、北双方争战要地。2 汉中：郡名。东汉治南郑（今陕西汉中）。 3 陇右：古地区名。泛指陇山以西地区。古代以西为右，故名。约当今甘肃六盘山以西，黄河以东一带。

魏国既建，迁太子中庶子[1]。每与大谋，辄

魏国建立之后，宣帝升迁为太子中庶子。每每参与重大决策，都有奇妙的计

有奇策，为太子所信重，与陈群、吴质、朱铄号曰四友。迁为军司马，言于魏武曰："昔箕子[2]陈谋，以食为首。今天下不耕者盖二十余万，非经国远筹也。虽戎甲未卷，自宜且耕且守。"魏武纳之，于是务农积谷，国用丰赡。帝又言荆州刺史胡修粗暴，南乡太守傅方骄奢，并不可居边。魏武不之察。及蜀将羽围曹仁于樊，于禁等七军皆没，修、方果降羽，而仁围甚急焉。

策，被太子（曹丕）所信任倚重，和陈群、吴质、朱铄号称为"四友"。宣帝升迁为军司马，向魏武帝进谏说："昔日箕子谈及治国方略时，提出以粮食生产为第一要务。如今天下之民不务农耕者约有二十多万人，这不是治国的长远之计。虽然当下战争尚未结束，但也应该一边耕种一边戍守。"魏武帝采纳了这个建议，便下令军士开展农业生产，囤积粮食，国家的财用日益丰富充足。宣帝又进言说荆州刺史胡修待民粗鲁残暴，南乡太守傅方骄傲奢侈，两人都不可在边境任职。魏武帝没有查处他们。等到蜀国将领关羽把曹仁围困在樊城，于禁等七路军马全军覆没时，胡修、傅方果然投降了关羽，致使曹仁被围，情况非常危急。

今注 **1** 太子中庶子：太子属官。三国魏掌侍从、奏事、谏议等。 **2** 箕子：商代贵族。名胥余。纣王叔父，一说庶兄。官太师，封于箕（今山西太谷东）。见纣王淫乱暴虐，屡次劝谏。纣王不听，将其囚禁。周武王灭商后被释放。《尚书·洪范》记述有他与武王的对话，为后人拟作。

是时汉帝都许昌，魏武以为近贼，欲徙河北[1]。帝谏曰："禁等为水所没，非战守之

此时汉朝皇帝以许昌为都，魏武帝认为许昌靠近荆州之贼寇关羽，想要迁都到黄河以北。宣帝进谏说："于禁等人被水淹没，并非是作战防守有所失误，对于国家大

所失，于国家大计未有所损。而便迁都，既示敌以弱，又淮沔[2]之人大不安矣。孙权、刘备，外亲内疏，羽之得意，权所不愿也。可喻权所，令掎[3]其后，则樊围自解。”魏武从之。权果遣将吕蒙西袭公安[4]，拔之，羽遂为蒙所获。

魏武以荆州遗黎及屯田在颍川者逼近南寇，皆欲徙之。帝曰：“荆楚轻脱，易动难安。关羽新破，诸为恶者藏窜观望。今徙其善者，既伤其意，将令去者不敢复还。”从之。其后诸亡者悉复业。及魏武薨于洛阳，朝野危惧。帝纲纪丧事，内外肃然。乃奉梓宫还邺[5]。

局而言没有什么损害。如果贸然迁都，既是向敌人显示我们的软弱，又会使淮河、沔水一带的军民极度不安。孙权和刘备是外表看起来亲密，内心则疏离，关羽的胜利得志不是孙权所愿意看到的。可以向孙权说明，让他牵制关羽的后方，这样樊城的围困就自然解除了。”魏武帝听从了这个建议。孙权果然派遣将领吕蒙从西面袭击了公安，并且攻占了那里，关羽于是被吕蒙所俘获。

魏武帝因为荆州遗留的百姓和在颍川屯田的百姓靠近南边的贼寇，所以想把他们都迁走。宣帝说：“荆楚之地的人性格轻佻，容易骚动却难以安抚。关羽刚被击溃，那些为非作歹的人都在藏匿逃窜，观望态势发展。如今把那些良善之人迁往异地，既伤害了他们的感情，又使那些逃亡在外的人不敢回归故里。”魏武帝听从了这个建议。在此之后，那些流亡在外的人都回乡恢复本来的营生了。等到魏武帝在洛阳去世，朝廷和民间都感到忧虑恐惧。宣帝主持丧事，使朝廷内外都肃然而有秩序。宣帝便亲自护送灵柩返回邺城。

今注 1 河北：黄河以北。因许昌在黄河以南，故言河北。 2 淮沔：

淮河与沔水。 3 掎(jǐ)：拉住，拖住，牵引。 4 公安：县名，在今湖北南部。汉高祖五年(前202)，建孱陵县。建安十四年(209)，刘备领荆州牧，改孱陵为公安。 5 邺：古都邑名。春秋齐桓公始筑城。战国魏文侯置县。三国魏为邺都。故址在今河北临漳。

魏文帝即位，封河津亭侯，转丞相长史[1]。会孙权帅兵西过，朝议以樊、襄阳[2]无谷，不可以御寇。时曹仁镇襄阳，请召仁还宛[3]。帝曰："孙权新破关羽，此其欲自结之时也，必不敢为患。襄阳水陆之冲，御寇要害，不可弃也。"言竟不从。仁遂焚弃二城，权果不为寇，魏文悔之。

魏文帝(曹丕)即位后，封宣帝为河津亭侯，又转任丞相长史。正逢孙权带兵向西进军，朝议认为樊城、襄阳缺少粮食，不能够抵御贼寇。当时曹仁镇守襄阳，朝廷官员议论请求把曹仁召回宛地。宣帝说："孙权刚刚击破关羽，这正是他想要主动攀附我们的时候，一定不敢制造祸患。襄阳是水路和陆路交会的要道，是抵御贼寇的要害所在，不能放弃。"这个建议最终没被采纳。曹仁于是焚烧并放弃了两座城池，孙权果然没有进犯，魏文帝很后悔。

今注 1 长史：官名。西汉时丞相、太尉、御史大夫属官均置，为所在府署诸掾属之长，秩千石，掌府中诸务。东汉太尉、司徒、司空三公府亦设，职任颇重，号为"三公辅佐"。三国、晋、南北朝沿置。 2 襄阳：郡名。东汉建安十三年(208)分南郡、南阳两郡置，治襄阳(今襄阳襄城区)。 3 宛：在今河南南阳。

及魏受汉禅，以帝为尚书。顷之，转督军、御史

等到魏文帝受汉献帝的禅让称帝后，任命宣帝为尚书。不久，他又转任

中丞[1],封安国乡侯。

黄初二年,督军官罢,迁侍中、尚书右仆射[2]。

五年,天子南巡,观兵吴疆。帝留镇许昌,改封向乡侯,转抚军,假节[3],领兵五千,加给事中、录尚书事[4]。帝固辞。天子曰:"吾于庶事,以夜继昼,无须臾宁息。此非以为荣,乃分忧耳。"

督军、御史中丞,受封为安国乡侯。

黄初二年(221),他被免去督军之职,升迁为侍中、尚书右仆射。

五年(224),天子南巡,在吴国边境检阅部队。宣帝留在许昌镇守,改封为向乡侯,转任抚军将军,持有节杖,领兵五千,加封给事中、录尚书事。宣帝坚定地推辞。天子说:"我因为事务众多,夜以继日,没有片刻的安宁休息。加封官职不是让你感到荣耀,而是让你为我分忧啊。"

今注 1 御史中丞:官名。西汉始置,为御史大夫副贰,秩千石。掌监察执法,管图书秘籍、文书档案;外督诸监郡御史(武帝后为刺史),监察考核郡国行政。东汉独立为御史台长官,专章监察、执法,出督军旅。 2 尚书右仆射:官名。东汉建安四年(199)分置尚书左、右仆射,为尚书令之副职,实为执政之官。魏晋以后,与尚书令同居宰相之任。 3 假节:授予符节或节杖。古代使臣出行,持节为符信,故称。汉末与魏晋南北朝时,掌地方军政的官往往加使持节、持节或假节的称号。 4 给事中:官名。秦、汉时,无论何等官职,若加给事中,即可出入宫廷,常侍帝王左右。魏晋时始为正官。录尚书事:职衔名,初称领尚书事。东汉自和帝起,每帝即位,辄置太傅,录尚书事。录为总领之意,录尚书事独揽大权,无所不总。三国、晋、南北朝时,凡掌重权的大臣都加此名号。

六年,天子复大兴舟师征吴,复命帝居守,内

六年(225),天子又大兴水师征伐吴国,又命宣帝留守京师,对内镇抚百

镇百姓，外供军资。临行，诏曰："吾深以后事为念，故以委卿。曹参虽有战功，而萧何为重[1]。使吾无西顾之忧，不亦可乎！"天子自广陵[2]还洛阳，诏帝曰："吾东，抚军当总西事；吾西，抚军当总东事。"于是帝留镇许昌。

姓，对外供给军用物资。天子临行之时，下诏书说："我深深担忧后方的事情，所以将其委托给你。曹参虽然有战功，但萧何更为重要。能让我没有后顾之忧，不也是很好吗！"天子从广陵返回洛阳，又下诏给宣帝说："我往东边去，抚军将军你就应该总管西边的事；我往西边去，抚军将军你就应该总管东边的事。"于是宣帝留下来镇守许昌。

今注 **1** 曹参（？—前190）：西汉初大臣。字敬伯，沛县（今属江苏）人。惠帝二年（前193）继萧何为丞相，政策一仍其旧，故有"萧规曹随"之称。萧何（？—前193）：西汉初大臣。沛县丰邑中阳里（今属江苏丰县）人。刘邦称帝，任丞相，封为"酂侯"，位次第一。 **2** 广陵：古县名，在今江苏扬州西北蜀冈上。

及天子疾笃，帝与曹真、陈群等见于崇华殿之南堂，并受顾命辅政。诏太子曰："有间此三公者，慎勿疑之。"明帝即位，改封舞阳侯。

等到天子病重的时候，宣帝和曹真、陈群等人一同在崇华殿的南堂拜见天子，并且接受了天子的临终遗命辅佐朝政。天子诏令太子说："如果有人离间这三位大臣，一定不要起疑心。"魏明帝即位，改封宣帝为舞阳侯。

及孙权围江夏[1]，遣其将诸葛瑾、张霸并攻襄阳，帝督诸军讨权，走之。进击，败瑾，斩霸，并首级

等到孙权围困江夏时，派遣其部将诸葛瑾、张霸一起攻打襄阳，宣帝督率各路军队讨伐孙权，击退了吴军。进军追击，打败了诸葛瑾，斩杀了张霸，

千余。迁骠骑将军[2]。

太和元年六月，天子诏帝屯于宛，加督荆、豫二州诸军事。

共斩杀千余人。宣帝升迁为骠骑将军。

太和元年(227)六月，天子下诏给宣帝，命他在宛地屯驻，加都督荆州、豫州二州诸军事。

今注 **1** 江夏：郡名。西汉元狩二年(前121)设置，治西陵(今湖北武汉新洲区西)。三国分属魏、吴，各置江夏郡：魏郡治上昶城(今湖北云梦西南)；吴郡治武昌(今湖北鄂州)。 **2** 骠骑将军：将军名号。汉置，位于三公之下，品秩同大将军。后罢，三国魏复设。

初，蜀将孟达之降也，魏朝遇之甚厚。帝以达言行倾巧不可任，骤谏不见听，乃以达领新城太守，封侯，假节。达于是连吴固蜀，潜图中国。蜀相诸葛亮恶其反覆，又虑其为患。达与魏兴太守申仪有隙，亮欲促其事，乃遣郭模诈降，过仪，因漏泄其谋。达闻其谋漏泄，将举兵。帝恐达速发，以书喻之曰："将军昔弃刘备，托身国家，国家委将军以疆埸[1]之任，任将军以图蜀之事，可谓心贯

当初，蜀将孟达投降，魏朝给了他非常优厚的待遇。宣帝认为孟达言语行事狡诈，不可信任，多次进谏但不被接受，于是朝廷任命孟达为新城太守，封为侯爵，持有节杖。孟达于是联系吴国，稳固蜀国，偷偷地图谋中原之地。蜀国丞相诸葛亮厌恶他反复无常，又担心他成为祸患。孟达和魏兴太守申仪有嫌隙，诸葛亮想让孟达兴兵举事，于是派遣郭模假装投降，到申仪那里，因而泄露了孟达的图谋。孟达听说自己的谋划已泄露，准备起兵作乱。宣帝担心孟达马上发兵，就写信晓谕他道："将军当初背弃了刘备，把身家寄托于魏国，魏国把守护边疆的大任委托给将军，把谋取蜀国的要事交付给将军，可以说魏国待你之心

白日。蜀人愚智，莫不切齿于将军。诸葛亮欲相破，惟苦无路耳。模之所言，非小事也，亮岂轻之而令宣露，此殆易知耳。”达得书大喜，犹与不决。帝乃潜军进讨。诸将言达与二贼交构，宜观望而后动。帝曰：“达无信义，此其相疑之时也，当及其未定促决之。”乃倍道兼行，八日到其城下。吴蜀各遣其将向西城[2]安桥、木阑塞以救达，帝分诸将距之。

和太阳一样光明磊落。蜀国人不论愚蠢的还是聪明的，没有不对将军切齿痛恨的。诸葛亮想要我们互相争斗，只是苦于没有办法。郭模说的话不是小事，诸葛亮岂能轻易让这信息泄露，这是很容易明白的了。”孟达得到书信后大喜，对起兵之事犹豫不决。宣帝于是秘密派军队前去征讨。诸位将领说孟达和吴、蜀两路贼寇相互勾结，最好观望一下再行动。宣帝说：“孟达没有诚信道义，此时正是他们互相猜疑之时，应该趁他还没下定决心前促使他下决心。”于是加快速度昼夜兼行，八天就到了孟达的城下。吴、蜀分别派遣将士前往西城安桥、木阑塞来救援孟达，宣帝分派将领阻挡他们。

【今注】 1 疆埸(yì)：边界，边防。 2 西城：郡名。东汉建安二十年(215)分汉中郡置。治西城(今安康西北)。

初，达与亮书曰：“宛去洛八百里，去吾一千二百里，闻吾举事，当表上天子，比相反覆，一月间也，则吾城已固，诸军足办。则吾所在深险，司马公必不自来；诸将来，吾无患

当初，孟达给诸葛亮写信说：“宛地距离洛阳八百里，距离我一千二百里，听到我举兵起事的消息，他们应当先上表天子，这样一来一回，就要花费一个月的时间，那时我的城池已修筑坚固，各种军资已准备充足。而且我所处之地偏远险阻，司马公一定不会亲自来；其他将领

矣。”及兵到，达又告亮曰：“吾举事八日，而兵至城下，何其神速也！”上庸城[1]三面阻水，达于城外为木栅以自固。帝渡水，破其栅，直造城下。八道攻之，旬有六日，达甥邓贤、将李辅等开门出降。斩达，传首京师。俘获万余人，振旅还于宛。乃劝农桑，禁浮费，南土悦附焉。

来，我没有忧虑。”等到大军来到，孟达又告诉诸葛亮说：“我举兵起事，仅仅八天魏军就到了我的城下，怎么这么神速呀！”上庸城三面有水阻隔，孟达在城外用木栅栏防守。宣帝的人马渡水而来，攻破木栅防御，直逼城下。八路兵马一齐攻城，打了十六天，孟达的外甥邓贤和他的将领李辅等人打开城门出来投降。宣帝斩杀了孟达，把他的首级用驿车送回京师。俘虏了一万多人，整顿军队后回到宛地。于是鼓励农耕桑蚕，禁止奢侈浪费，南方的百姓很高兴地归附了。

今注 1 上庸城：古县名。本庸国，战国秦置县。治今湖北竹山西南。隋开皇初移治孔阳故县(今湖北竹溪东南)。宋开宝中并入竹山县。魏晋南朝曾为上庸郡治所。

初，申仪久在魏兴[1]，专威疆埸，辄承制刻印，多所假授。达既诛，有自疑心。时诸郡守以帝新克捷，奉礼求贺，皆听之。帝使人讽仪，仪至，问承制状，执之，归于京师。又徙孟达余众七千余家于幽州[2]。蜀将姚

当初，申仪长时间驻守魏兴，在边疆之地专权逞威，动不动就说秉承旨意刻制印章，多数都是非正规任命。孟达被诛杀后，申仪就产生了疑心。当时各郡太守因为宣帝新近得胜，纷纷送礼表达祝贺，宣帝都听任他们恭贺。宣帝派人劝导申仪也来祝贺，申仪到了之后，宣帝质问他假托圣旨的事，将他拘捕，送回到京城。又把孟达剩下的七千余降卒迁移

静、郑他等帅其属七千余人来降。

到幽州，让他们在此安家。蜀将姚静、郑他等人率领部属七千多人前来投降。

今注 **1** 魏兴：三国魏文帝改西城郡为魏兴，治所在西城(今安康西北)。**2** 幽州：汉武帝置十三刺史部之一。东汉治所在蓟县(今北京西南)。辖境相当今北京市、河北北部、辽宁大部、天津市海河以北及朝鲜大同江流域。西晋移治涿县(今河北涿州)。

时边郡新附，多无户名，魏朝欲加隐实，属帝朝于京师，天子访之于帝。帝对曰："贼以密网束下，故下弃之。宜弘以大纲，则自然安乐。"又问二虏宜讨，何者为先。对曰："吴以中国不习水战，故敢散居东关[1]。凡攻敌，必扼其喉而揞其心。夏口[2]、东关，贼之心喉。若为陆军以向皖城[3]，引权东下，为水战军向夏口，乘其虚而击之，此神兵从天而堕，破之必矣。"天子并然之，复命屯于宛。

当时边境各郡都是新归附的，大都没有户籍名簿，魏朝想要加以核实，嘱咐宣帝来京师朝见，天子向宣帝询问此事。宣帝回答说："贼寇用严密的法令来约束百姓，所以百姓背弃了他们。应该根据大纲来宽待百姓，则百姓自然安居乐业。"天子又问吴、蜀两路反贼应该先讨伐谁。宣帝回答说："吴国认为中原人不习水战，所以敢在东关附近散居。凡是攻击敌人，一定要扼制他们的咽喉，然后直捣其心。夏口、东关是贼人的心脏、咽喉之地。如果派遣陆军向皖城方向进军，吸引孙权东下，再派遣水军向夏口进发，趁着敌人空虚去袭击，这就像神兵从天而降，一定能击破敌人。"天子认为宣帝的回答都有道理，又命令他在宛地屯兵。

今注 1 东关:故址在今安徽含山西南濡须山上。三国吴诸葛恪筑,隔濡须水与七宝山上的西关相对。北控巢湖,南扼长江,为吴、魏两国兵争要冲。南北朝时仍为军事重地。 2 夏口:古城名。三国吴黄武二年(223)筑城。在今湖北武汉黄鹄山上。因与夏口(夏水注入长江处)相对,故名。背山临江,形势险要,历为争战要地。 3 皖城:即皖县,在今安徽潜山。属庐江郡。西晋永嘉末废。三国魏正始四年(243)司马懿率军入舒县,吴诸葛恪自此迁于柴桑。

四年,迁大将军,加大都督、假黄钺[1],与曹真伐蜀。帝自西城斫山开道,水陆并进,溯沔而上,至于朐䏰[2],拔其新丰县[3]。军次丹口[4],遇雨,班师。

四年(230),宣帝升迁为大将军,加大都督、假黄钺,和曹真一起讨伐蜀国。宣帝从西城劈山开道,水路两军并进,沿着沔水而上,到达朐䏰,攻下了蜀国的新丰县。大军停驻在丹口,碰到大雨,率军撤回。

今注 1 黄钺:即饰以黄金的大斧,本用于皇帝仪仗。三国时特赐予出征重臣,以示威重,令其专主征伐,代表皇帝亲征之意。黄初三年(222)魏文帝亲征孙权,以曹休为"征东大将军",授予黄钺。 2 朐䏰(chǔn rèn):古县名。本作"朐忍",在今重庆云阳。汉属巴郡。 3 新丰县:古县名。西汉置。在今陕西西安临潼区东北。西汉高祖定都关中,因其父思归故里,乃于故秦骊邑仿丰地街巷筑城,并迁故旧居此,以娱其父。高祖七年(前200)置县,十年改名新丰。 4 丹口:即今丹江口,在湖北西北部,为丹水汇入汉水之处。

明年,诸葛亮寇天水[1],围将军贾嗣、魏平于

第二年,诸葛亮进犯天水,把将军贾嗣、魏平包围在祁山。天子说:"西

祁山[2]。天子曰："西方有事，非君莫可付者。"乃使帝西屯长安，都督雍、梁二州诸军事，统车骑将军张郃、后将军费曜、征蜀护军戴凌、雍州刺史郭淮等讨亮。张郃劝帝分军往雍、郿为后镇，帝曰："料前军独能当之者，将军言是也。若不能当，而分为前后，此楚之三军所以为黥布[3]禽也。"遂进军隃麋[4]。亮闻大军且至，乃自帅众将芟上邽[5]之麦。诸将皆惧，帝曰："亮虑多决少，必安营自固，然后芟麦。吾得二日兼行足矣。"于是卷甲晨夜赴之，亮望尘而遁。帝曰："吾倍道疲劳，此晓兵者之所贪也。亮不敢据渭水，此易与耳。"进次汉阳，与亮相遇，帝列阵以待之。使将牛金轻骑饵之，兵才接而亮退，追至祁山。亮屯卤城，据南北二山，断

边有了战事，除了您没有可以托付的人了。"于是派宣帝西去屯驻长安，都督雍、梁二州诸军事，统领车骑将军张郃、后将军费曜、征蜀护军戴凌、雍州刺史郭淮等讨伐诸葛亮。张郃劝说宣帝分兵屯驻在雍、郿二地在后指挥。宣帝说："假使前军能独自抵挡敌军，那么将军的话是对的。如果抵挡不住，又分兵为前后两部，这就是楚的三军被黥布俘获的原因。"于是进军到隃麋。诸葛亮听说大军快到了，就亲自率领众将士收割上邽的麦子。各位将领看到后都很害怕，宣帝说："诸葛亮顾虑多而决断少，一定是安营扎寨稳固脚跟后才会割麦。我们有两天时间日夜兼程就足够了。"于是轻装前行，日夜行军，诸葛亮看到大军卷起的尘土就逃跑了。宣帝说："我军昼夜赶路十分疲劳，这是通晓兵法的人所希望的。诸葛亮不敢占据渭水，这是很容易对付的。"进军驻扎汉阳，和诸葛亮相遇，宣帝列好阵势迎战蜀军。派将军牛金率领轻骑兵引诱蜀军，两军刚一交战，诸葛亮就退兵，魏军追到了祁山。诸葛亮屯在卤城，占据了南北二山，截断河

水为重围。帝攻拔其围，亮宵遁。追击破之，俘斩万计。天子使使者劳军，增封邑。

流为包围圈。宣帝击破了他的包围圈，诸葛亮连夜逃跑。魏军追击打败了蜀军，俘虏斩杀一万多人。天子派使者慰问军队，增加了宣帝的封邑。

今注 1 天水：郡名。西汉元鼎三年(前114)置。治平襄(今甘肃通渭西北)。东汉永平十七年(74)改为汉阳郡，并移治冀县(今甘肃甘谷东)。三国魏仍改天水郡。 2 祁山：在今甘肃礼县东。汉在西汉水北岸山上筑城，极为严固，即今祁山堡，为军事必争之地。相传三国时蜀汉诸葛亮曾六出祁山以攻魏，但据《三国志·诸葛亮传》亮出兵攻魏仅五次，而出祁山者仅两次。 3 黥布：即英布(？—前195)，西汉初诸侯王。六县(今安徽六安东北)人。早年坐法黥面，输骊山，故称"黥布"。秦末率骊山刑徒起义，率数千人归附番君吴芮，后随项羽救赵，作战常为前锋，封"九江王"。楚汉战争中归汉，封"淮南王"，从刘邦击灭项羽于垓下(今安徽固镇东北，沱河南岸)。汉初，以彭越、韩信相继为刘邦所杀，因举兵反，战败逃江南，被长沙王(吴芮子成王臣)诱杀。 4 隃麋(yú mí)：古县名。西汉置。因隃麋泽得名。在今陕西千阳东。东汉曾为侯国，西晋并入汧县。以产墨著名，后世因以为墨的代称。 5 上邽(guī)：古县名。本邽戎地，即今甘肃天水市。公元前688年秦武公取其地，置邽县，后改为上邽县。

时军师[1]杜袭、督军薛悌皆言明年麦熟，亮必为寇，陇右无谷，宜及冬豫运。帝曰："亮再出祁山，一攻陈仓[2]，挫衄而反。纵其后出，不复攻城，

当时军师杜袭、督军薛悌都说明年小麦成熟的时节，诸葛亮一定会进犯，陇右地区缺少粮食，应该赶在冬天提前运去。宣帝说："诸葛亮两次出祁山，一次攻打陈仓，挫败后撤兵。纵使他以后再来，也不会再攻打城池，应该会寻求野

当求野战，必在陇东，不在西也。亮每以粮少为恨，归必积谷。以吾料之，非三稔不能动矣。”于是表徙冀州农夫佃上邽，兴京兆、天水、南安[3]监冶。

战，一定在陇东地区，不会在西面。诸葛亮每次都因为粮草短缺而抱憾，回去后一定会囤积粮草。根据我的推测，没有三年时间他是不会有动作的。”于是上表把冀州的农夫迁徙到上邽来租种田地，加强对京兆、天水、南安的监督和管理。

今注 1 军师：官名。西周已置，为军中高级参谋。汉代刘秀、隗嚣军中皆置，非常制。东汉末年曹操置为丞相府高级幕僚，依次有中、前、后、左、右军师及军师祭酒等名目，分掌军国选举、刑狱戎律及军中事务，位长史上。魏大司马、大将军、三公及诸征、镇将军等府皆置，主军务。西晋避司马师名讳，改“军司”。 2 陈仓：古县名。秦置，因山得名。在今陕西宝鸡东。当关中、汉中间的交通要冲，历来为战争要地。 3 南安：郡名。东汉中平五年(188)分汉阳郡置。治豲道(今陇西渭水东岸)。

青龙元年，穿成国渠[1]，筑临晋陂，溉田数千顷，国以充实焉。

二年，亮又率众十余万出斜谷[2]，垒于郿之渭水南原。天子忧之，遣征蜀护军秦朗督步骑二万，受帝节度。诸将欲住渭北以待之，帝曰：“百姓积聚皆在渭南，此必争之地也。”遂引军而济，背水为

青龙元年(233)，凿通了成国渠，修筑了临晋陂，灌溉农田数千顷，国库因此得到了充实。

二年(234)，诸葛亮又率领十余万军卒出斜谷，在郿县的渭水以南的平原扎营。天子很担心，派遣征蜀护军秦朗督领步兵骑兵两万人，接受宣帝的节制指挥。诸将想要驻扎在渭水北岸迎战，宣帝说：“百姓和蓄积的物资都在渭水南岸，这是必须争取的地方。”因此率领军队渡过渭水，背靠渭水扎营。接着对

垒。因谓诸将曰:“亮若勇者,当出武功[3],依山而东。若西上五丈原[4],则诸军无事矣。”亮果上原,将北渡渭,帝遣将军周当屯阳遂以饵之。数日,亮不动。帝曰:“亮欲争原而不向阳遂,此意可知也。”遣将军胡遵、雍州刺史郭淮共备阳遂,与亮会于积石。临原而战,亮不得进,还于五丈原。会有长星坠亮之垒,帝知其必败,遣奇兵掎亮之后,斩五百余级,获生口千余,降者六百余人。

诸将说:“诸葛亮如果是勇敢的人,应该从武功出发,沿着山势向东进军。如果向西上了五丈原,那么各路兵马就都平安无事了。”诸葛亮果然上了五丈原,准备向北渡过渭水,宣帝派遣将军周当屯驻在阳遂来引诱蜀军。一连几日,诸葛亮按兵不动。宣帝说:“诸葛亮想要在五丈原交战而不去阳遂,他的意图可以知道了。”派遣将军胡遵、雍州刺史郭淮共同守备阳遂,和诸葛亮在积石相遇。在五丈原附近战斗,诸葛亮军无法前进,只得退回五丈原。恰好有彗星坠落在诸葛亮的营内,宣帝知道他一定会失败,派遣奇兵牵制诸葛亮的后部,斩杀五百多人,活捉一千多人,投降的有六百多人。

今注 1 成国渠:古代关中地区的人工灌溉渠道。汉武帝时开凿。自今陕西眉县东北的渭水北岸,引渭水东流经今扶风南,武功、兴平市、咸阳市之北,至灞、渭汇合处,东注入渭水。三国魏卫臻征蜀,又自陈仓(今宝鸡东)引汧水东流,和汉成国渠相接,总称成国渠。北魏已湮塞。西魏大统时重修筑堰,唐贞观后屡有修治。宋湮废。 2 斜谷:山谷名。位于今陕西眉县西南终南山,谷呈南北走向,南口曰褒,北口曰斜,故又名“褒斜道”。 3 武功:县名。在陕西中部、渭河北岸。属咸阳市。战国秦置武功县,以太白山次峰武功山得名。东汉移武功县于今眉县境。 4 五丈原:古地名。在今陕西岐山南斜谷口西侧。三国蜀诸葛亮伐魏,病卒于此。

时朝廷以亮侨军远寇，利在急战，每命帝持重，以候其变。亮数挑战，帝不出，因遗帝巾帼妇人之饰。帝怒，表请决战，天子不许，乃遣骨鲠臣卫尉辛毗杖节为军师以制之。后亮复来挑战，帝将出兵以应之，毗杖节立军门，帝乃止。初，蜀将姜维闻毗来，谓亮曰：“辛毗杖节而至，贼不复出矣。”亮曰：“彼本无战心，所以固请者，以示武于其众耳。将在军，君命有所不受，苟能制吾，岂千里而请战邪！”

当时朝廷认为诸葛亮率军远道而来进犯，速战速决对其有利，常令宣帝要谨慎稳重，以等待形势发生变化。诸葛亮多次挑战，宣帝都不出战，诸葛亮于是给宣帝送去妇女的头巾和发饰。宣帝大怒，上表请求与之决战，天子不准许，派遣正直的大臣卫尉辛毗手持节杖任军师来约束他。后来诸葛亮又来挑战，宣帝准备出兵应战，辛毗手持节杖站在军门前，宣帝才罢休。当初，蜀将姜维听说辛毗到来，对诸葛亮说：“辛毗持节而来，贼人不会再出战了。”诸葛亮说：“他本来就没有出战之心，之所以坚决请战，是为了向他的手下显示勇武而已。将领在军中，天子的命令是可以不接受的，假如他真能对付我，哪里还要远隔千里去请战呢！”

帝弟孚[1]书问军事，帝复书曰：“亮志大而不见机，多谋而少决，好兵而无权，虽提卒十万，已堕吾画中，破之必矣。”与之对垒百余日，会亮病卒，诸将烧营遁走，百姓奔告，帝出兵追之。亮长

宣帝的弟弟司马孚写信来询问军事，宣帝回信说：“诸葛亮志向远大但不能见机行事，谋略多却决断少，喜好用兵却没有权变，虽然率领兵卒十万，但已经堕入我的计划中了，击破他是必然的事。”和诸葛亮对峙了一百多天，恰逢诸葛亮因病去世，诸将烧毁营房悄悄逃走，百姓奔走相告，宣帝出兵追击。诸

史杨仪反旗鸣鼓，若将距帝者。帝以穷寇不之逼，于是杨仪结阵而去。经日，乃行其营垒，观其遗事，获其图书[2]、粮谷甚众。帝审其必死，曰："天下奇才也。"辛毗以为尚未可知。帝曰："军家所重，军书密计、兵马粮谷，今皆弃之，岂有人捐其五藏而可以生乎？宜急追之。"关中多蒺藜[3]，帝使军士二千人着软材平底木屐前行，蒺藜悉着屐，然后马步俱进。追到赤岸[4]，乃知亮死审问。时百姓为之谚曰："死诸葛走生仲达。"帝闻而笑曰："吾便料生，不便料死故也。"

葛亮的长史杨仪反转军旗，擂响战鼓，好像要迎战宣帝的样子。宣帝认为穷途之寇不宜追逼，于是杨仪结好阵营离去了。过了几日，宣帝才来到诸葛亮的营垒，察看他们遗留的东西，缴获了众多图籍、粮草。宣帝确定诸葛亮一定死了，说："真是天下奇才呀！"辛毗认为还无法确定。宣帝说："行军打仗所重视的，是军事文书、机密文件和兵马粮草，现在都丢弃了。怎么会有丢了自己的五脏六腑还活着的人呢？应该赶紧追击。"关中地区多生蒺藜，宣帝让两千军士都穿着材质柔软的平底木屐前行，蒺藜全都扎在了木屐上，然后骑兵步兵一起进发。追到了赤岸，才知道了诸葛亮去世的确切消息。当时的百姓对此事编了谚语说："死了的诸葛亮吓跑了活着的司马仲达。"宣帝听说后笑着说："这是因为我善于预料活人的事，不善于预料死人的事呀。"

今注 1 孚：司马孚(180—272)，字叔达。河内温县(今河南温县西南)人。三国曹魏至西晋初年重臣，西晋宗室，东汉京兆尹司马防第三子，晋宣帝司马懿之弟。自曹操时代起，司马孚就任文学掾，后历仕魏国五代皇帝，累迁至太傅。 2 图书：图籍。指疆域版图与户籍等簿册。 3 蒺藜(jí lí)：植物名，果皮有尖刺。 4 赤岸：古水泽名。在陕西大荔西南，今湮。

先是，亮使至，帝问曰："诸葛公起居何如，食可几米？"对曰："三四升。"次问政事，曰："二十罚已上皆自省览。"帝既而告人曰："诸葛孔明其能久乎！"竟如其言。亮部将杨仪、魏延争权，仪斩延，并其众。帝欲乘隙而进，有诏不许。

三年，迁太尉[1]，累增封邑。蜀将马岱入寇，帝遣将军牛金击走之，斩千余级。

武都氐王苻双、强端帅其属六千余人来降。

关东饥，帝运长安粟五百万斛输于京师。

四年，获白鹿，献之。天子曰："昔周公旦[2]辅成王，有素雉之贡。今君受陕西之任，有白鹿之献，岂非忠诚协符，千载同契，俾乂邦家，以永厥休邪！"

在此之前，诸葛亮的使者来到，宣帝问道："诸葛公生活起居怎么样？能吃多少米饭？"使者说："能吃三四升。"接着又问政事，使者回答说："凡是处罚在二十军棍以上的都要亲自过问。"宣帝后来对别人说："诸葛孔明怎么能活得长久呢！"最后果然和他说的一样。诸葛亮的部将杨仪、魏延争权，杨仪斩杀了魏延，吞并了他的部队。宣帝想要乘此机会进军，但诏令不允许。

三年(235)，宣帝升迁为太尉，多次增加封邑。蜀将马岱入侵，宣帝派遣将军牛金击退了他，斩首千余人。

武都的氐族王苻双、强端率领他们的部属六千人前来投降。

关东地区饥荒，宣帝从长安向京师输送了五百万斛粟米。

四年(236)，宣帝获得了白鹿，献给天子。天子说："昔日周公旦辅佐成王，曾进献白色的雉鸡。如今您管理陕西，又献上了白鹿，这难道不是忠诚不二，协同和顺，千年同心，共治邦国，使之永远吉祥吗？"

今注 1 太尉：官名。秦至西汉设置，为全国军政首脑，与丞相、御史大夫并称“三公”。汉武帝时改称“大司马”。东汉时复名“太尉”，与司徒、司空并称“三公”。历代亦多沿置，但渐为加官，无实权。 2 周公旦：西周初重要政治家。姬姓，名旦，亦称“叔旦”。文王之子，武王之弟。因采邑在周(今陕西岐山北)，故称“周公”。曾佐武王灭商。武王死，成王年幼，由其摄政。

及辽东太守公孙文懿反，征帝诣京师。天子曰：“此不足以劳君，事欲必克，故以相烦耳。君度其行何计？”对曰：“弃城预走，上计也。据辽水以距大军，次计也。坐守襄平[1]，此成擒耳。”天子曰：“其计将安出？”对曰：“惟明者能深度彼己，豫有所弃，此非其所及也。今悬军远征，将谓不能持久，必先距辽水而后守，此中下计也。”天子曰：“往还几时？”对曰：“往百日，还百日，攻百日，以六十日为休息，一年足矣。”

到了辽东太守公孙文懿造反的时候，朝廷征调宣帝回到京师。天子说：“这件事原本不值得劳烦您，但此次一定要取胜，所以要烦扰您了。您预计他将采取什么计策？”宣帝说：“放弃城池提前逃走，是上策。靠着辽河来抵挡大军，是中策。原地镇守襄平，就肯定会被擒获。”天子说：“那么我们采用什么对策呢？”宣帝说：“明智的人能深知敌我双方，事前做到有所舍弃，这不是他能做到的。如今我们大军长驱直入，孤悬在外，敌人会认为我们不能打持久战，因此他一定会先靠着辽河来防御，而后再退守城池，这是中策和下策。”天子说：“往返共需多长时间？”宣帝说：“去需要一百天，回来需要一百天，攻战需要一百天，用六十天来休整，一年时间足够了。”

今注　1　襄平：古县名。战国燕地，筑长城自造阳至此。秦置县。在今辽宁辽阳。东晋元兴三年(404)地入高句丽，为辽东城。三国魏、晋兼为平州及东夷校尉治所。

是时大修宫室，加之以军旅，百姓饥弊。帝将即戎，乃谏曰："昔周公营洛邑[1]，萧何造未央[2]，今宫室未备，臣之责也。然自河以北，百姓困穷，外内有役，势不并兴，宜假绝内务，以救时急。"

当时朝廷正在大修宫室，加上军队的开支，致使百姓饥馑凋敝。宣帝马上要出征了，就劝谏说："昔日周公营建洛邑，萧何营造未央宫，如今宫室尚未修建完备，这是臣的责任。但从黄河往北，老百姓贫穷困苦，朝廷内外都有劳役，这种情势下修建宫室和军事行动不能同时开展，应该暂时停止营造宫室，以解救当下的急难。"

今注　1 洛邑：即雒邑，古都邑名。周成王时周公营建，以加强对东方殷故土的统治。故址在今河南洛阳洛水北岸、瀍水东西。　2 未央：即未央宫，宫室名。位于今陕西西安西北郊汉长安故城内西南隅。汉高祖七年(前200)丞相萧何主持建筑，立东阙、北阙、前殿、武库、太仓。建成后常为朝见之所，新莽末毁。东汉末董卓劫迁献帝至长安，复葺未央殿。

景初二年，帅牛金、胡遵等步骑四万，发自京都。车驾送出西明门，诏弟孚、子师送过温，赐以谷帛牛酒，敕郡守典农以下皆往会焉。见父

景初二年(238)，宣帝率领牛金、胡遵等步兵、骑兵四万人，从京都出发。天子将宣帝送出西明门，诏令宣帝的弟弟司马孚、儿子司马师送经温地，并赐给他谷物、锦帛、牛和酒，敕令郡守典农以下的官吏都前去拜见宣帝。宣帝见到了父老

老故旧，宴饮累日。帝叹息，怅然有感，为歌曰："天地开辟，日月重光。遭遇际会，毕力遐方。将扫群秽，还过故乡。肃清万里，总齐八荒。告成归老，待罪舞阳。"遂进师，经孤竹，越碣石[1]，次于辽水。文懿果遣步骑数万，阻辽隧[2]，坚壁而守，南北六七十里，以距帝。帝盛兵多张旗帜出其南，贼尽锐赴之。乃泛舟潜济以出其北，与贼营相逼，沉舟焚梁，傍辽水作长围，弃贼而向襄平。诸将言曰："不攻贼而作围，非所以示众也。"帝曰："贼坚营高垒，欲以老吾兵也。攻之，正入其计，此王邑所以耻过昆阳[3]也。古人曰，敌虽高垒，不得不与我战者，攻其所必救也。贼大众在此，则巢窟虚矣。我直

乡亲和故交旧友，宴饮了好几天。宣帝很慨叹，惆怅而有所感发，咏诗道："当初开天辟地，如今日月重光。我等遭逢际遇，全力征战远方。一定扫除罪佞，回来还过故乡。肃清万里疆土，统一宇内八荒。到时功成身退，我将待罪舞阳。"于是进军，经过孤竹，越过碣石，在辽水畔扎营。文懿果然派遣步兵、骑兵数万人，在辽隧阻击，加固营垒而防守，南北绵延六七十里，用来抵抗宣帝。宣帝派重兵大张旗鼓向南出击，贼人集中全部精锐迎战。宣帝于是乘船偷偷渡水，出击其北部，和贼人的营寨离得很近时，才下令沉掉船只烧毁桥梁，顺着辽水修筑长长的防守工事，舍弃贼军而向襄平进发。诸位将领进言说："不攻击贼寇而筑造防御工事，不是向众军显示实力的好战法。"宣帝说："贼人加固营寨、加高堡垒，目的是让我军久攻不下而疲困。如果进攻，正好中了他们的诡计，这就是当初王邑之所以耻于过昆阳的原因。古人说，敌人虽然高筑堡垒，却不得不和我军作战的原因，是因为我们攻击了对方必须要救援的地方。贼人的大兵聚集在此地，那么他们的巢穴一定空虚。我军直接进

指襄平，则人怀内惧，惧而求战，破之必矣。”遂整阵而过。贼见兵出其后，果邀之。帝谓诸将曰：“所以不攻其营，正欲致此，不可失也。”乃纵兵逆击，大破之，三战皆捷。贼保襄平，进军围之。

攻襄平，敌人就会心怀恐惧，感到恐惧就会来求战，到时就一定能击破他们。”于是整列行阵而去，贼人看到我军出现在他们身后，果然进行截击。宣帝对诸将说：“之所以我军不攻打他们的营寨，正是想要造成现在的局面，不能失掉这个机会。”于是挥军回击，大破敌军，三战三胜。贼人退守襄平，宣帝进军包围襄平。

今注 1 碣石：古山名。在今河北昌黎西北。 2 辽隧：地名，属辽东郡。又称“辽队”，在今辽宁海域高坨子附近。 3 昆阳：古县名。秦置，在今河南叶县。新莽更始元年(23)刘秀歼灭王莽的主力军于此。

初，文懿闻魏师之出也，请救于孙权。权亦出兵遥为之声援，遗文懿书曰：“司马公善用兵，变化若神，所向无前，深为弟忧之。”

会霖潦，大水平地数尺，三军恐，欲移营。帝令军中敢有言徙者斩。都督令史[1]张静犯令，斩之，军中乃定。贼恃水，樵牧自若。诸将欲取之，皆不听。司马

当初，文懿听说魏国大军出发的消息后，向孙权求救。孙权也出兵远远地给他声援，并给文懿写信说：“司马公善于用兵，变化如神，所向披靡，无人可挡，我深深地为你感到忧虑。”

恰好赶上连绵大雨，平地积水数尺深，三军将士感到恐慌，想要转移营寨。宣帝命令军中有敢说迁移的人一概处斩。都督令史张静违犯了命令，将他斩首，军中才安定下来。贼人仗着水势，砍柴放牧安然自若。诸将想要进攻抓住这些砍柴放牧的敌军，宣帝都没有同意。司马陈珪说：“当初进攻上庸的时候，八

陈珪曰:“昔攻上庸,八部并进,昼夜不息,故能一旬之半,拔坚城,斩孟达。今者远来而更安缓,愚窃惑焉。”帝曰:“孟达众少而食支一年,吾将士四倍于达而粮不淹月,以一月图一年,安可不速?以四击一,正令半解,犹当为之。是以不计死伤,与粮竞也。今贼众我寡,贼饥我饱,水雨乃尔,功力不设,虽当促之,亦何所为?自发京师,不忧贼攻,但恐贼走。今贼粮垂尽,而围落未合,掠其牛马,抄其樵采,此故驱之走也。夫兵者诡道,善因事变。贼凭众恃雨,故虽饥困,未肯束手,当示无能以安之。取小利以惊之,非计也。”朝廷闻师遇雨,咸请召还。天子曰:“司马公临危制变,计日

部同时进军,日夜不停息,因此能用五六天的时间,攻陷坚固的城池,斩杀了孟达。如今我们远道而来却更加安闲缓怠,我私底下感到困惑。”宣帝说:“孟达军数量少但粮草可以支撑一年之久,我军数量四倍于他,但粮草却不足一月,用能坚持一个月的军队去对付一年的军队,怎么能不速战?以四倍的兵力攻打对方,即使只有一半的人马,也应该这样做。所以才不计死伤人数,这是因为我们是和粮草赛跑。如今贼人众多而我军人少,贼人饥饿而我军饱食,雨又下成这个样子,无法收功,虽然应该加速战斗,但又能做什么呢?自从京师发兵以来,我们不担心贼人进攻,只担心贼人逃跑。如今贼人的粮草消耗殆尽,但我军的包围圈还未形成,此时抢夺他们的牛马,抄夺他们的柴薪,这是要故意赶他们逃走呀。用兵讲究的是诡诈之术,善于根据情况而变化。贼人凭借人多雨大,因此虽然饥饿困顿,却不肯束手就擒,我们应该显示出拿他们没办法来使他们安心。为谋取小利而惊动了他们,不是好计谋。”朝廷官员听说大军遇到了大雨,都奏请召回大军。天子说:“司马公能临危不乱,

擒之矣。”既而雨止，遂合围。起土山地道，楯橹钩橦，发矢石雨下，昼夜攻之。

权宜应变，不久就能擒住贼寇了。”不久雨停了，于是合围。修筑了土山地道，准备了盾橹钩橦，射箭抛石，如大雨倾盆，日夜不停地攻击敌军。

今注 **1** 令史：战国秦置。县府属吏。一般低级官吏亦称“令史”。汉代兰台、尚书台、三公府及大将军府皆置。三国、晋沿置，实际上成为各级机构低级办事员吏，唯尚书台诸曹令史颇有实权。

时有长星[1]，色白，有芒鬣，自襄平城西南流于东北，坠于梁水[2]，城中震慑。文懿大惧，乃使其所署相国王建、御史大夫柳甫乞降，请解围面缚。不许，执建等，皆斩之。檄告文懿曰：“昔楚郑列国，而郑伯[3]犹肉袒牵羊而迎之。孤为王人，位则上公[4]，而建等欲孤解围退舍，岂楚郑之谓邪！二人老耄，必传言失旨，已相为斩之。若意有未已，可更遣年少有明决者来。”文懿复遣侍中卫演乞克日送任。帝谓演曰：“军

当时有颗彗星，白色，有光亮的尾巴，从襄平城西南向东北方向划过，坠落在梁河里，城中的人都感到震惊惶恐。文懿大感恐惧，于是派他的相国王建和御史大夫柳甫前来乞求投降，请求解除围困，自己愿意反绑双手当面投降。宣帝不答应，抓了王建等人，都斩杀了。用檄文告知文懿说：“从前，楚国和郑国是地位平等的国家，而郑国国君投降楚国时仍然脱衣露体、手牵活羊来迎候楚军。我身为天子的大臣，位在上公，而王建等人却想要我退兵解围后撤，这哪里是楚和郑的做法呢！这两个人老糊涂了，一定是传话时歪曲了你的意思，我已经帮你杀掉了他们。如果你还有没表达清楚的意思，可以再派个年轻明断的人来。”文懿又派了侍中卫演

事大要有五，能战当战，不能战当守，不能守当走，余二事惟有降与死耳。汝不肯面缚，此为决就死也，不须送任。”文懿攻南围突出，帝纵兵击败之，斩于梁水之上星坠之所。既入城，立两标以别新旧焉。男子年十五已上七千余人皆杀之，以为京观[5]。伪公卿已下皆伏诛，戮其将军毕盛等二千余人。收户四万，口三十余万。

来乞求限期送质子。宣帝对卫演说：“战争之事有五条关键原则：能交战就交战，不能交战就防守，不能防守就逃跑，剩下的两条就只有投降和死亡了。你不愿意面缚而降，就是要决一死战，没必要送质子来。”文懿攻击南面围军突出包围，宣帝派兵击败了他，将他斩杀在了梁河上彗星坠落的地方。入城之后，树立两个记号来区别新和旧。将年纪在十五岁以上的男子七千多人全部杀掉，将其尸体封土筑成高冢。将公卿以下的伪官全都处死，诛杀了将军毕盛等两千多人。收编了四万户，三十多万人口。

今注 1 长星：彗星的别称。 2 梁水：古水名。亦称“东梁水”“大梁水”，即今辽宁太子河。 3 郑伯：即郑襄公（？—前587），姬姓郑氏，名坚，郑国新郑（今河南新郑）人，郑穆公之子。前597年，因与晋盟，楚庄王出兵攻郑，围郑三月。晋军未及救援，郑襄公献城降楚。 4 上公：周制，三公八命，出封时加一命，称上公。汉制，太傅位在三公上，称“上公”。此时司马懿尚未为太傅，但已为太尉，即三公，领命出征加一命，可称“上公”。 5 京观：古代为炫耀武功，聚集敌尸，封土而成的高冢。

初，文懿篡其叔父恭位而囚之。及将反，将军纶直、贾范等苦谏，文

当初，文懿篡夺了他叔父公孙恭的权位并囚禁了他。等到文懿准备谋反的时候，将军纶直、贾范等人苦苦劝谏，文

懿皆杀之。帝乃释恭之囚，封直等之墓，显其遗嗣。令曰："古之伐国，诛其鲸鲵而已，诸为文懿所诖误者，皆原之。中国人欲还旧乡，恣听之。"

懿把他们都杀了。宣帝释放了公孙恭，并给纶直等人修建了坟墓，表彰了他们的后代。他下令说："古代讨伐一个国家，只要诛杀罪魁祸首即可，其他被文懿所连累的人，全都宽恕。中原地区的百姓想回到故乡的，全都随他们的意。"

时有兵士寒冻，乞襦，帝弗之与。或曰："幸多故襦，可以赐之。"帝曰："襦者官物，人臣无私施也。"乃奏军人年六十已上者罢遣千余人，将吏从军死亡者致丧还家。遂班师。天子遣使者劳军于蓟[1]，增封食昆阳，并前二县。

当时有士兵感到寒冷，请求发给短袄，宣帝不给他们。有人说："刚好有很多旧短袄，可以赏赐给他们。"宣帝说："短袄是公家的，作为人臣没有私自施舍的权力。"于是上奏朝廷，年纪六十岁以上的军士被遣送回家的有一千多人，军官有在战争中死亡的都送遗体回家治丧。然后班师回朝。天子派遣使者在蓟县犒劳军队，给宣帝增加了昆阳县的封邑，和已封的两县一起作为食邑。

今注　**1** 蓟(jì)：古县名，秦置。在今北京城西南。

初，帝至襄平，梦天子枕其膝，曰："视吾面。"俯视有异于常，心恶之。先是，诏帝便道镇关中；及次白屋[1]，有诏召帝，三日之间，诏书五

当初，宣帝到襄平时，曾梦到天子枕着他的膝盖，说："看我的脸。"宣帝低头看到天子的脸和平时不一样，心中很厌恶。在此之前，天子曾诏令宣帝从辽东返回后顺路去镇守关中；等到了白屋停留时，有诏书召唤宣帝，三天之内，诏书

至。手诏曰:"间侧息[2]望到,到便直排阁[3]入,视吾面。"帝大遽,乃乘追锋车[4]昼夜兼行,自白屋四百余里,一宿而至。引入嘉福殿卧内,升御床。帝流涕问疾,天子执帝手,目齐王[5]曰:"以后事相托。死乃复可忍,吾忍死待君,得相见,无所复恨矣。"与大将军曹爽并受遗诏辅少主。

来了五道。手诏说:"我近来常常感到惶恐不安,盼望你的到来,你到了就直接推开侧门进来,看我的脸。"宣帝很惊慌,于是乘坐追锋车日夜兼程,从白屋出发四百多里路,一天就赶到了。被内侍引入到嘉福殿的卧室内,走到御床前。宣帝流着眼泪问候天子的病情,天子拉着宣帝的手,看着齐王说:"我把身后的事托付给你。死居然是可以控制的,我忍着不死就是为了等你,如今我们得以相见了,再没有什么遗憾了。"宣帝和大将军曹爽一起接受遗诏辅佐少主。

今注 1 白屋:地名,在今河南辉县西南。 2 侧息:谓不敢大口出气,表示恐惧不安。 3 阁:宫殿之侧门。 4 追锋车:古代一种轻便的驿车,因车行疾速,故名。 5 齐王:即曹芳,字兰卿,魏明帝曹叡养子,初封齐王。景初三年(239),立为太子,不久即位。嘉平六年(254),司马师将曹芳废为齐王,拥戴高贵乡公曹髦继位。西晋建立后,降为邵陵县公。史称"少帝"。

及齐王即帝位,迁侍中、持节、都督中外诸军[1]、录尚书事,与爽各统兵三千人,共执朝政,更直殿中,乘舆入殿。爽欲使尚书奏事先由己,乃言

等到齐王继承了帝位,宣帝升迁为侍中并持有节杖,都督中外诸军,录尚书事,和曹爽各自统兵三千人,共同执掌朝政,轮流在殿中值班,可以乘舆上殿。曹爽想要让尚书奏事先通过自己,于是向天子进言,把宣帝改任为大

于天子，徙帝为大司马[2]。朝议以为前后大司马累薨于位，乃以帝为太傅[3]。入殿不趋，赞拜不名，剑履上殿，如汉萧何故事。嫁娶丧葬取给于官，以世子师为散骑常侍[4]，子弟三人为列侯，四人为骑都尉。帝固让子弟官不受。

司马。朝议认为在此前先后出任大司马的都死在了任上，于是把宣帝改任为太傅。上殿朝见不用小步快走，拜见天子行礼不用报姓名，可以佩剑穿鞋上殿，就像汉代的萧何那样。家里的婚丧嫁娶都由官府供给费用，任命世子司马师为散骑常侍，子弟有三个人被封为列侯，四个人被封为骑都尉。宣帝坚持辞让封给子弟们的官爵而没有接受。

今注　**1** 持节：汉代官吏奉使外出时或由皇帝授予节杖，以提高其威权。《后汉书·光武帝纪上》："持节北度河。"李贤注："节，所以为信也，以竹为之，柄长八尺，以旄牛尾为其眊三重。"魏、晋、南北朝地方军政要员多加此称号，赋予诛杀中级以下官吏之权。至隋、唐刺史例加使持节的虚衔，如某州刺史必带"使持节某州诸军事"。永徽后都督带使持节，即为节度使。　**2** 大司马：官名。相传为周天子执政三官之一。《周礼》六卿之一，为夏官之长。掌军政禁令等。西魏末、北周仿制。春秋、战国宋、楚、齐等国掌管军政的高级官员。常省称"司马"。楚汉战争时项羽置为武将名号。汉武帝罢太尉置，后常以授执掌朝政的外戚，多与大将军、骠骑将军、车骑将军等联称，或不兼将军号。东汉初为三公之一，旋改"太尉"，末年又别置"大司马"。魏、晋为上公之一，位在三公上。　**3** 太傅：官名。西周始置，为辅弼君王的重要大臣。三公之一，位次太师，在太保上。春秋、战国沿置，执掌军政。西汉平帝时与太师、太保、少傅合称"四辅"，无实际职司。东汉以授元老重臣，居百官之首，秩万石。魏、晋、南北朝除晋代执掌朝政外，多无职司。案："前后大司马累薨于位"指的是曹仁黄初二年(221)任大司马、黄初四年(223)薨，曹休黄初七年(226)任大司马、太和二年(228)薨,曹真太和四年(230)任大司马、太和五年(231)薨。三人都在任大司马不久即去世。 4 散骑常侍:官名。三国魏置,为汉代散骑(皇帝的骑从)和中常侍合称。侍奉皇帝左右,规谏过失,以备顾问。西晋沿置,秩中二千石,为门下重职,散骑省长官,侍从皇帝左右,与侍中等共平尚书事。亦常用作丞相、诸公等的加官。

正始元年春正月,东倭[1]重译纳贡,焉耆、危须诸国,弱水[2]以南,鲜卑[3]名王,皆遣使来献。天子归美宰辅,又增帝封邑。

初,魏明帝好修宫室,制度靡丽,百姓苦之。帝自辽东还,役者犹万余人,雕玩之物动以千计。至是皆奏罢之,节用务农,天下欣赖焉。

正始元年(240)春正月,东倭的使节通过辗转翻译前来纳贡,焉耆、危须等国,弱水以南,鲜卑人名声显赫的王,都派遣使者前来献纳。天子把功劳都归结于宰辅之臣,又增加了宣帝的封邑。

起初,魏明帝喜好修筑宫室,规模都奢靡壮丽,百姓深以为苦。宣帝从辽东回来,仍然有一万多人在服劳役,雕镂精致的玩赏物品动辄上千件。到此时宣帝都奏请停止了,并提倡节俭用度,重视农业,天下都感到欣喜仰赖。

今注 1 东倭:古代称日本。《汉书·地理志下》:“乐浪海中有倭人,分为百余国。”颜师古注引《魏略》:“倭在带方东南大海中,依山岛为国。” 2 弱水:古水名。凡水道由于水浅或当地人民不习惯造船而不通舟楫,只用皮筏交通的,古人往往认为是水弱不能胜舟,因称“弱水”。辗转传闻,遂有力不胜芥或不胜鸿毛之说。古籍所载弱水甚多,所指多为西方绝远之处。 3 鲜卑:古族名。东胡的一支。秦汉时,游牧于今西拉木伦河与洮儿河之间。附于匈奴。北匈奴西迁后,进入匈奴故地,并其余众,势力渐盛。汉桓帝时,首领檀石槐建庭立制,组成军事行政联合体。

分为东、中、西三部，各置大人率领。檀石槐死后，联合体瓦解，由步度根、轲比能等首领各领所部，附属汉魏。

二年夏五月，吴将全琮寇芍陂[1]，朱然、孙伦围樊城，诸葛瑾、步骘掠柤中[2]，帝请自讨之。议者咸言，贼远来围樊，不可卒拔。挫于坚城之下，有自破之势，宜长策以御之。帝曰："边城受敌而安坐庙堂，疆埸骚动，众心疑惑，是社稷之大忧也。"

二年(241)夏五月，吴国将领全琮侵犯芍陂，朱然、孙伦围困了樊城，诸葛瑾、步骘劫掠了柤中，宣帝请旨亲自讨伐他们。议论的人都说，贼寇远来围困樊城，无法很快攻克。如今在坚固的城池下受挫，已经有了自己破乱的征兆，应以良计应对。宣帝说："边境的城池受到攻击，而我们却安然坐于庙堂之上，边疆骚动不安，百姓内心疑惑，这是国家的大忧患呀！"

今注 **1** 芍陂(què bēi)：古代淮水流域水利工程。在今安徽寿县南。因引淠河经古白芍亭东积而成湖，故名。相传此陂即期思陂，系春秋楚相孙叔敖所造，不可信。最早见于《汉书·地理志》。自东汉至唐，王景、邓艾等屡经修浚，陂周至二三百里，灌田至万余顷。南朝梁后以陂在安丰郡境内，亦名安丰塘。宋、元后渐就堙废，今安丰塘即其残存的一部分。**2** 柤(jū)中：古地区名。亦作"沮中"。今湖北沮河上游，一说指今南漳县境蛮河流域。土地平敞，宜种桑麻，有水陆良田，称为沃壤。

六月，乃督诸军南征，车驾送出津阳门。帝以南方暑湿，不宜持久，使轻骑挑之，然不敢动。

六月，宣帝督帅各路军马南征，天子送出津阳门。宣帝认为南方天气炎热潮湿，不适宜持久战，就派出轻骑兵前去挑战，但吴军不敢出动。他于是就

于是休战士，简精锐，募先登，申号令，示必攻之势。吴军夜遁走，追至三州口[1]，斩获万余人，收其舟船军资而还。天子遣侍中常侍[2]劳军于宛。

休整战士，选拔精锐士卒，招募敢于冲锋登城的勇士，严明号令，显示出必定要攻下的气势。吴军夜间偷偷逃走，魏军追击到了三州口，斩杀俘虏了一万余人，收缴了他们的舟船物资后返回。天子派遣中常侍在宛地犒劳军队。

今注 **1** 三州口：古地名。在今湖北襄阳区东北白河入汉江处。 **2** 中常侍：官名。秦始置，西汉沿置，出入宫廷，侍从皇帝，常为列侯至郎中的加官。东汉改为专职，侍从皇帝左右，顾问应对，赞导宫中诸事。安帝始专用宦官为中常侍，以传达诏令和掌理文书，权力极大。至魏以后，中常侍和散骑合并，称“散骑常侍”，不再为宦官专职。

秋七月，增封食郾、临颍，并前四县，邑万户，子弟十一人皆为列侯。帝勋德日盛，而谦恭愈甚。以太常[1]常林乡邑旧齿，见之每拜。恒戒子弟曰：“盛满者道家之所忌，四时犹有推移，吾何德以堪之？损之又损之，庶可以免乎！”

秋七月，增加郾县、临颍为封邑，加上之前的四个县，食邑有万户，子弟中有十一人被封为列侯。宣帝的功勋名望日益增高，但却越来越谦逊恭谨。因为太常常林是同乡中有德望的耆旧老臣，宣帝见到他每次都行拜礼。他经常告诫家中子弟说：“骄傲自满是道家所忌讳的，四时都还有变化，我有什么德行能够承受这些呢？谦逊再谦逊，大概可以免灾吧！”

今注 **1** 太常：官名。秦置奉常，西汉景帝时改称“太常”。掌宗庙礼仪，兼掌选试博士，秩中二千石，位居九卿之首，多由列侯充任。辖太祝、太乐、太宰诸官署。历代沿置，专司祭祀礼乐。

三年春，天子追封谥皇考京兆尹为舞阳成侯。

三月，奏穿广漕渠[1]，引河入汴[2]，溉东南诸陂，始大佃于淮北。

先是，吴遣将诸葛恪屯皖，边鄙苦之，帝欲自击恪。议者多以贼据坚城，积谷，欲引致官兵，今悬军远攻，其救必至，进退不易，未见其便。帝曰："贼之所长者水也，今攻其城，以观其变。若用其所长，弃城奔走，此为庙胜[3]也。若敢固守，湖水冬浅，船不得行，势必弃水相救，由其所短，亦吾利也。"

三年(242)春，天子追封宣帝的父亲京兆尹司马防为舞阳成侯。

三月，宣帝奏请开凿广漕渠，把黄河的水引入汴河，灌溉东南大片圩岸，开始在淮河以北大规模耕种。

在此之前，吴国派遣将领诸葛恪在皖地屯驻，边境城镇都深受其害，宣帝想要亲自去攻打诸葛恪。朝中参与议事的人大都认为贼人占据坚固的城池，囤积粮草，目的就是招引我军官兵去攻击，如今孤军前去远攻，对方的救兵一定会到来，到时会进退两难，所以这样做有些不妥。宣帝说："贼人所擅长的是水战，现在去攻打他们的城池，观察他们的变动。如果他们发挥自己的长处，放弃城池而逃走，这正是朝廷预先设定的克敌之策。如果对方敢固守城池，冬天湖水很浅，船无法通行，他们一定会放弃水战而自救，以他们不擅长的方式去战斗，也对我们有利。"

今注　**1** 广漕渠：河渠名。三国魏正始二年(241)，司马懿为灭吴作准备，命尚书郎邓艾巡行淮水流域，邓艾建议开河渠、兴屯田。遂自钟离(今安徽凤阳东)而南，横石以西，尽沘水，四百余里，广行屯田。乃扩修淮阳、百尺二渠，上引河流，下通淮水、颍水，开广漕渠，全长三百余里，溉田万余顷，淮南、淮北遂资食有余而无水害。　**2** 汴：古水名。《汉书·地理志》作卞水，指今河南荥阳西南索河。　**3** 庙胜：即庙算之胜，指朝廷预先制定的克敌制胜的谋略。

四年秋九月，帝督诸军击诸葛恪，车驾送出津阳门。军次于舒[1]，恪焚烧积聚，弃城而遁。

帝以灭贼之要，在于积谷，乃大兴屯守，广开淮阳、百尺二渠，又修诸陂于颍之南北，万余顷。自是淮北仓庾相望，寿阳[2]至于京师，农官屯兵连属焉。

四年(243)秋九月，宣帝督帅各路兵马攻击诸葛恪，天子送出津阳门。大军停驻在舒县，诸葛恪焚烧了粮草，放弃了城池而逃走。

宣帝认为剿灭贼寇的关键在于囤积粮草，于是大规模屯田防守，拓宽了淮阳、百尺两条水渠，又修整了颍水南北两岸的坡地，有一万多顷。从此之后淮河以北，储存粮食的仓库和露天堆放的粮食到处都是，寿阳到京师之间，农官所辖民田和屯兵屯种之田的军队相连接。

今注　**1** 舒：古县名。本春秋时舒国，西汉置县。在今安徽庐江西南。三国废。西晋复置，南朝梁废。两汉及南朝齐皆为庐江郡治所。　**2** 寿阳：县名，在今安徽寿县。原名寿春，东晋孝武帝避郑太后名讳，改名寿阳。

五年春正月，帝至自淮南，天子使持节劳军。

尚书邓飏、李胜等欲令曹爽建立功名，劝使伐蜀。帝止之，不可，爽果无功而还。

六年秋八月，曹爽毁中垒中坚营，以兵属其弟中领军羲[1]，帝以先帝旧制禁之，不可。

五年(244)春正月，宣帝从淮南回京，天子派人手持节杖前去慰劳大军。

尚书邓飏、李胜等人想要让曹爽建功立业，劝他去讨伐蜀国。宣帝制止了他，但曹爽不听，最后果然无功而返。

六年(245)秋八月，曹爽废置了中垒中坚营，将两营兵力归属其弟中领军曹羲统领，宣帝拿这是先帝的固有军制来制止他这么做，曹爽未成功。

冬十二月，天子诏帝朝会乘舆升殿。

冬十二月，天子诏令宣帝朝会时可以乘舆上殿。

今注 1 中领军：官名。东汉建安年间曹操改领军置。与中护军共典禁兵，属丞相府。羲：曹羲（？ —249），字昭叔。曹真之子，曹爽之弟。曹爽掌权后，受封中领军，掌握禁兵，封安乡侯。曹爽及诸兄弟轻视司马懿，恣意妄为，经常外出狩猎，曹羲屡次劝谏，不被采纳。249年，司马懿发动“高平陵政变”，曹羲被夷三族。

七年春正月，吴寇柤中，夷夏万余家避寇北渡沔。帝以沔南近贼，若百姓奔还，必复致寇，宜权留之。曹爽曰：“今不能修守沔南而留百姓，非长策也。”帝曰：“不然。凡物致之安地则安，危地则危。故兵书曰‘成败，形也；安危，势也’。形势，御众之要，不可以不审。设令贼以二万人断沔水，三万人与沔南诸军相持，万人陆梁柤中，将何以救之？”爽不从，卒令还南。贼果袭破柤中，所失万计。

七年（246）春正月，吴国进犯柤中，夷人和汉人一万多家为躲避贼寇而向北渡过沔水。宣帝认为沔水以南靠近贼人，如果百姓跑回去，一定会招来贼寇，应该暂且留住百姓。曹爽说：“如今没办法修筑防御守住沔南，但却要把百姓留在沔北，这不是长久之计。”宣帝说：“不是这样的。任何事物，把它放到安全的地方就会安全，放到危险的地方就会危险。因此兵书才说‘成功或失败在于形，安全与危险在于势’。形势是驾驭众人的关键，不能不重视。假如贼人用两万人截断沔水，三万人在沔南和诸军相持，一万兵力在柤中横行，我们该怎么去解救呢？”曹爽不听从，最终命令百姓回到沔南。贼人果然袭击攻破了柤中，损失兵马以万计。

八年夏四月，夫人

张氏[1]薨。

八年(247)夏四月,夫人张氏去世。

曹爽用何晏、邓飏、丁谧之谋,迁太后于永宁宫,专擅朝政,兄弟并典禁兵,多树亲党,屡改制度。帝不能禁,于是与爽有隙。

曹爽采用了何晏、邓飏、丁谧的计谋,把太后迁往永宁宫,把持朝政,兄弟几人共同掌管禁军,安插了很多亲信党羽,多次修改制度。宣帝无法禁止,于是和曹爽之间有了矛盾。

五月,帝称疾不与政事。时人为之谣曰:"何、邓、丁,乱京城。"

五月,宣帝以患病为由不再参与朝政大事。当时有人编了歌谣说:"何、邓、丁,乱京城。"

今注 **1** 夫人张氏:即张春华(189—247),河内郡平皋县(今河南温县赵堡镇北平皋村)人。曹魏粟邑县令张汪之女,司马懿正妻,司马师、司马昭之母。死后葬于洛阳高原陵,追赠广平县君。泰始元年(265),晋武帝司马炎即位后追谥为宣穆皇后。

九年春三月,黄门张当私出掖庭[1]才人石英等十一人,与曹爽为伎人。爽、晏谓帝疾笃,遂有无君之心,与当密谋,图危社稷,期有日矣。帝亦潜为之备,爽之徒属亦颇疑帝。会河南尹李胜将莅荆州,来候帝。帝诈疾笃,使两婢侍,持衣衣落,指口言渴,婢进粥,帝不持

九年(248)春三月,宦官张当私自把掖廷后宫的才人石英等十一人放出皇宫,送给曹爽充当歌女。曹爽、何晏以为宣帝病得很严重,所以产生了废除君主的想法,与张当一起密谋,企图危害社稷,计划了很长时间。宣帝也私下有所防备,曹爽的党羽也对宣帝怀有很深的疑心。正赶上河南尹李胜要去荆州赴任,前来看望宣帝。宣帝假装病重,让两个婢女侍候,连衣服都拿不住,用手指着嘴说渴,婢女拿来粥,宣帝不能

杯饮，粥皆流出沾胸。胜曰："众情谓明公旧风发动，何意尊体乃尔！"帝使声气才属[2]，说："年老枕疾，死在旦夕。君当屈并州，并州近胡，善为之备。恐不复相见，以子师、昭兄弟为托。"胜曰："当还忝本州，非并州。"帝乃错乱其辞曰："君方到并州。"胜复曰："当忝荆州。"帝曰："年老意荒，不解君言。今还为本州，盛德壮烈，好建功勋！"胜退告爽曰："司马公尸居余气，形神已离，不足虑矣。"他日，又言曰："太傅不可复济，令人怆然。"故爽等不复设备。

自己拿着碗喝，粥都流出沾到了胸前。李胜说："大家都以为明公是旧病发作，没想到您的身体竟到了这种地步！"宣帝上气不接下气地说："我年纪大了，又得了病，死只是朝夕之间的事。您屈尊在并州任职，那里靠近胡人，要好好防备。恐怕我们无法再见了，请您关照我的儿子司马师和司马昭兄弟。"李胜说："我要去的是我的家乡，不是并州。"宣帝还故意胡乱说："你才刚到并州呀。"李胜又说："我要去的是荆州。"宣帝说："我年老昏聩了，没听懂您的话。您现在要回到自己家乡，正是德高年盛之时，可以好好建立功勋了！"李胜回去告诉曹爽说："司马公只剩下一口气了，肉体和精神都分离了，不值得担心。"过了几天，又说："太傅不可能再康复了，真是令人悲伤啊。"因此曹爽等人不再对宣帝加以戒备。

今注　1 掖庭：亦作"液廷"。皇宫中旁舍，宫嫔所居处。　2 才属：仅能连续。形容声气微弱乏力。

嘉平元年春正月甲午，天子谒高平陵[1]，爽兄弟皆从。是日，太白袭

嘉平元年(249)春正月甲午日，天子前去高平陵祭奠，曹爽兄弟都跟随前往。当天，金星的光芒遮住了月亮。宣帝于

月。帝于是奏永宁太后废爽兄弟。时景帝为中护军,将兵屯司马门。帝列阵阙下,经爽门。爽帐下督严世上楼,引弩将射帝,孙谦止之曰:“事未可知。”三注三止,皆引其肘不得发。大司农桓范出赴爽,蒋济言于帝曰:“智囊往矣。”帝曰:“爽与范内疏而智不及,驽马恋短豆[2],必不能用也。”于是假司徒高柔节,行大将军事,领爽营,谓柔曰:“君为周勃[3]矣。”命太仆王观行中领军,摄羲营。帝亲帅太尉蒋济等勒兵出迎天子,屯于洛水浮桥,上奏曰:“先帝诏陛下、秦王及臣升于御床,握臣臂曰‘深以后事为念’。今大将军爽背弃顾命,败乱国典,内则僭拟,外专威权。群官要职,皆置所亲;宿卫旧人,并见

是上奏永宁太后罢废曹爽兄弟。当时景帝任中护军,带兵屯守在司马门。宣帝在城阙下列阵,经过了曹爽的门前。曹爽的帐下督严世登上城楼,拉开弩就要射宣帝,孙谦制止他说:“事情还没搞清楚。”严世三次搭箭,三次被阻止,都是孙谦拉着他的胳膊让他无法射箭。大司农桓范出城投奔曹爽,蒋济对宣帝说:“曹爽的智囊过去了。”宣帝说:“曹爽对桓范内心是疏远而不信任的,但他的智谋又比不上桓范,曹爽就像驽笨的马贪恋槽中的豆料,一定不会用桓范出的计策的。”于是给了司徒高柔节杖,让他行使大将军的职权,接管曹爽的部队,并对高柔说:“您就是周勃了。”又命令太仆王观任中领军,统摄曹羲的部队。宣帝亲自率领太尉蒋济等人领兵出来迎接天子,屯兵在洛水浮桥边,上奏说:“先帝诏令陛下、秦王和我来到御床前,握着我的胳膊说‘深为身后之事担忧’。如今大将军曹爽背弃了先帝的临终遗命,败乱国家的典章制度,在内则僭越妄为,在外则专权跋扈。各种官员和紧要的职位,都安插他的亲信;皇宫的原有禁卫军也都被他驱逐废黜。他的势力盘根错节,

斥黜。根据槃互，纵恣日甚。又以黄门张当为都监，专共交关，伺候神器。天下汹汹，人怀危惧。陛下便为寄坐，岂得久安？此非先帝诏陛下及臣升御床之本意也。臣虽朽迈，敢忘前言。昔赵高[4]极意，秦是以亡；吕霍[5]早断，汉祚永延。此乃陛下之殷鉴，臣授命之秋也。公卿群臣皆以爽有无君之心，兄弟不宜典兵宿卫；奏皇太后，皇太后敕如奏施行。臣辄敕主者及黄门令罢爽、羲、训吏兵，各以本官侯就第。若稽留车驾，以军法从事。臣辄力疾将兵诣洛水浮桥，伺察非常。”爽不通奏，留车驾宿伊水[6]南，伐树为鹿角，发屯兵数千人以守。桓范果劝爽奉天子幸许昌，移檄征天下兵。爽不能用，而夜

横行无忌，日甚一日。又把黄门张当任命为都监，专门和他勾结串联，觊觎着国家的最高权力。天下动荡不安，人人都对他怀有畏惧之心。陛下就像是坐在客人的位置上一样，怎么能有长久的安稳呢？这不是先帝诏令陛下和我一起来到御床之前的本意呀。我虽然年老体弱，也不敢忘记当初说的话。从前赵高恣意妄为，秦朝因此就灭亡了；吕雉和霍成君的行为早早被禁止，汉朝国运得以长久延续。这都是陛下您的前车之鉴，也是我拼命效忠的时机。满朝文武都认为曹爽有废黜君主的心思，他的兄弟不适宜带兵充当皇宫禁卫；我把这件事上奏了皇太后，皇太后下令照我的奏疏执行。我就命令负责的官员和黄门解除了曹爽、曹羲、曹训的兵权，各以原任官职免职回家。如果他们扣留了天子车驾，就要按军法处理。我就尽力支撑病体带兵到洛水浮桥，侦查异常情况。”曹爽没有把宣帝的奏疏上报天子，把天子的车驾扣留在了伊水以南，砍伐树木充当鹿角来阻挡道路，征发屯戍之兵数千人来守卫。桓范果然劝曹爽护送天子驾临许昌，发布檄文征发天下兵马。曹爽不采纳桓

遣侍中许允、尚书陈泰[1]诣帝，观望风旨。帝数其过失，事止免官。泰还以报爽，劝之通奏。帝又遣爽所信殿中校尉尹大目谕爽，指洛水为誓，爽意信之。桓范等援引古今，谏说万端。终不能从，乃曰："司马公正当欲夺吾权耳。吾得以侯还第，不失为富家翁。"范拊膺曰："坐卿，灭吾族矣！"遂通帝奏。既而有司劾黄门张当，并发爽与何晏等反事，乃收爽兄弟及其党与何晏、丁谧、邓飏、毕轨、李胜、桓范等诛之。蒋济曰："曹真之勋，不可以不祀。"帝不听。

范的建议，夜里派遣侍中许允、尚书陈泰拜见宣帝，观察揣度宣帝的意图。宣帝列举了他们的过失，处罚仅限于罢免官职。陈泰回来报告曹爽，劝说曹爽上报宣帝的奏疏。宣帝又派遣曹爽信任的殿中校尉尹大目来告诉曹爽，指着洛水发誓，曹爽打算相信宣帝说的话。桓范等人援引古今典故，百般劝说。最终曹爽也没有听从，还说："司马公只是想要夺去我的权力罢了。我以侯爵的身份辞官回家，仍然不失为富家翁。"桓范捶胸说："因为您的连累，我也要被灭族了！"于是向天子上报了宣帝的奏疏。接着相关官员弹劾了宦官张当，一起揭发了曹爽和何晏等人谋反的事，于是逮捕了曹爽兄弟以及他们的党羽，并且把他们和何晏、丁谧、邓飏、毕轨、李胜、桓范等人全部诛杀。蒋济说："曹真的功勋，不能没有人祭祀。"宣帝没有听从。

今注 **1** 高平陵：三国魏明帝曹叡陵（在今河南洛阳东南）。 **2** 短豆：一本作"栈豆"，即马槽中的豆料。比喻才智短浅之人所顾恋的小名小利。 **3** 周勃（？—前169）：秦末汉初沛县（今属江苏）人。从刘邦起义，转战各地，因军功升任将军。汉朝建立，封绛侯。又从高祖平定韩王信、陈豨和卢绾的叛乱，升任太尉。吕后死，谋诛诸吕，迎立文帝，任右丞相，后免相就国。 **4** 赵高（？—前207）：秦大臣。本赵国人。后入秦宫，管

事二十余年，任中车府令，兼行符玺令事。亲近秦始皇少子胡亥。始皇死后，与李斯篡改遗诏，逼使始皇长子扶苏自杀，立胡亥为二世皇帝。任郎中令，居中用事，指鹿为马，控制朝政。后害死李斯，任中丞相；又杀二世，立子婴为秦王。旋为子婴所杀。 **5** 吕霍：指汉高祖后吕雉及汉宣帝后霍成君，两人皆以嫉妒凶残著称。 **6** 伊水：洛河支流。源出熊耳山，东北流至偃师杨村附近入洛河。

初，爽司马鲁芝、主簿杨综斩关奔爽。及爽之将归罪也，芝、综泣谏曰："公居伊周[1]之任，挟天子，杖天威，孰敢不从？舍此而欲就东市[2]，岂不痛哉！"有司奏收芝、综科罪，帝赦之，曰："以劝事君者。"

二月，天子以帝为丞相，增封颍川之繁昌、鄢陵、新汲、父城，并前八县，邑二万户，奏事不名。固让丞相。

冬十二月，加九锡[3]之礼，朝会不拜。固让九锡。

起初，曹爽的司马鲁芝和主簿杨综斩杀守关士兵投奔曹爽。等到曹爽就要认罪伏法了，鲁芝、杨综哭着劝谏说："您身处伊尹、周公的位置，挟持天子，仰仗天威，谁敢不听从？放弃了这些而想主动走向刑场，岂不让人痛心啊！"有关部门奏请逮捕鲁芝、杨综并定罪，宣帝赦免了他们，说："以此来勉励那些效忠君主的人。"

二月，天子任命宣帝为丞相，增加了颍川郡的繁昌、鄢陵、新汲、父城为封邑，加上之前的八个县，一共食邑二万户，奏陈政事的时候不必报姓名。宣帝坚决推辞丞相之职。

冬十二月，天子赐给宣帝九锡的礼遇，并允许他朝会时不必下拜。宣帝坚决推辞了九锡。

今注 1 伊、周：指商伊尹和西周周公旦。两人都曾摄政，后常并称。亦指执掌朝政的大臣。 2 东市：汉代于长安东市处决死刑犯。后因以“东市”泛指刑场。 3 九锡：古代帝王赐给有大功或有权势的诸侯大臣的九种物品。后世权臣篡位之前，也多赐九锡。其品类，据《公羊传·庄公元年》“加我服也”何休注：“一曰车马，二曰衣服，三曰乐则，四曰朱户，五曰纳陛，六曰虎贲，七曰弓矢，八曰𫓧钺，九曰秬鬯。”

二年春正月，天子命帝立庙于洛阳，置左右长史，增掾属、舍人[1]满十人，岁举掾属任御史、秀才[2]各一人，增官骑百人，鼓吹十四人，封子肜平乐亭侯，伦安乐亭侯。帝以久疾不任朝请，每有大事，天子亲幸第以諮访焉。

二年(250)春正月，天子命令宣帝在洛阳建立宗庙，设置左右长史，增加官属、舍人到十人，每年从官属中推荐一人出任御史、一人为秀才，增加了官骑一百人，鼓吹十四人，加封其子司马肜为平乐亭侯，司马伦为安乐亭侯。宣帝因为常年卧病不能胜任上朝奏请，每有大事，天子都亲自到宣帝的府邸来询问。

兖州刺史令狐愚、太尉王凌贰于帝，谋立楚王彪。

兖州刺史令狐愚、太尉王凌对宣帝有二心，计划立楚王曹彪为太子。

今注 1 舍人：官名。中书省属官。三国魏、西晋中书省置，七品。与通事共掌收纳、转呈文书章奏，员一人。或说魏唯置通事，西晋增设舍人。东晋合为一官，后省“通事”二字。多任用名流。 2 秀才：汉代察举重要科目。西汉称“秀才”，东汉避光武帝刘秀讳，改为“茂才”，或作“茂材”。始于西汉元封五年(前106)。东汉建武十二年(36)，诏三公举茂才四行各一人，司隶州牧岁举茂才一人，遂为岁举之常科。

三年春正月，王淩诈言吴人塞涂水[1]，请发兵以讨之。帝潜知其计，不听。

三年(251)春正月，王淩谎称吴国人堵塞了涂水，请求发兵去征讨。宣帝暗中知道了他的阴谋，没有听从。

夏四月，帝自帅中军，泛舟沿流，九日而到甘城[2]。淩计无所出，乃迎于武丘[3]，面缚水次，曰："淩若有罪，公当折简召淩，何苦自来邪！"帝曰："以君非折简之客故耳。"即以淩归于京师。道经贾逵庙，淩呼曰："贾梁道！王淩是大魏之忠臣，惟尔有神知之。"至项[4]，仰鸩而死。收其余党，皆夷三族，并杀彪。悉录魏诸王公置于邺，命有司监察，不得交关。

夏四月，宣帝亲自率领中军，乘着船沿着水流，用九天时间到了甘城。王淩无计可施，只好到武丘迎接，自己绑缚在水边，说："王淩我如果有罪，您只要一封信召唤我就行，何苦要亲自来呢！"宣帝说："因为你不是一封信就能叫来的人啊。"于是带着王淩一起返回京城。路上经过贾逵庙，王淩大喊说："贾梁道！王淩我是大魏朝的忠臣，只有你的神灵明白这一点！"到了项地，服毒而死。逮捕了他的党羽，全都夷灭三族，还杀了曹彪。把魏朝的各位王公全都集中起来安置在邺城，下令有关部门监察看管，不许串通往来。

今注　1 涂水：在今安徽、江苏境内的滁河。　2 甘城：又名东古城。在今安徽颍上北。　3 武丘：即丘头，三国魏末司马昭平诸葛诞而改名武丘。在今河南沈丘东南四十里颍水北岸。　4 项：古地名。在今河南沈丘。

天子遣侍中韦诞持节劳军于五池[1]。帝至自甘城，天子又使兼大鸿胪、太仆庾嶷持节，策命帝为相

天子派遣侍中韦诞手持节杖到五池去慰劳军队。宣帝从甘城回来，天子又派遣兼大鸿胪、太仆庾嶷手持节杖，策命宣帝为相国，封为安平郡公，

国，封安平郡公，孙及兄子各一人为列侯，前后食邑五万户，侯者十九人。固让相国、郡公不受。

他的孙子和哥哥的儿子各一人封为列侯，前后封邑五万户，家族中封侯的有十九人。宣帝坚定地推辞掉相国、郡公不接受。

六月，帝寝疾，梦贾逵、王凌为祟，甚恶之。秋八月戊寅，崩于京师，时年七十三。天子素服临吊，丧葬威仪依汉霍光[2]故事，追赠相国、郡公。弟孚表陈先志，辞郡公及辒辌车[3]。

六月，宣帝卧病不起，梦见贾逵、王凌鬼魂作祟，非常厌恶。秋八月戊寅，宣帝在京师去世，时年七十三。天子身穿白衣前往吊唁，丧葬的规格依照汉代霍光的旧制，追赠为相国、郡公。宣帝的弟弟司马孚上表陈述宣帝生前的意愿，推辞掉了郡公和辒辌车。

今注 **1** 五池：在今河南中牟西。 **2** 霍光（？—前68）：西汉大臣。字子孟，河东平阳（今山西临汾西南）人。霍去病异母弟。武帝时，为奉车都尉、光禄大夫，出入宫廷二十余年，得武帝信重。昭帝年幼即位，他与金日磾、上官桀等同受武帝遗诏辅政，任大司马大将军，封“博陆侯”。昭帝死后，迎立昌邑王刘贺为帝，旋即废，又迎立宣帝。前后执政凡二十年，轻徭薄赋，有助于生产发展。其子孙、女婿皆为大官，显赫一时。死后，以其妻谋害宣帝的许皇后事发，被族诛。 **3** 辒辌（wēn liáng）车：亦作“辒凉车”。古代的一种卧车。

九月庚申，葬于河阴[1]，谥曰文，后改谥宣文[2]。先是，预作终制，于首阳山[3]为土藏，不坟不树；作《顾命》三篇，敛以时服，不设明器，

九月庚申，宣帝葬在河阴，谥号是“文”，后来改为“宣文”。在此之前，宣帝预先安排了后事，在首阳山土葬，不起坟，不植树；作《顾命》三篇，用当时的服装入殓，不设随葬品，

后终者不得合葬。一如遗命。晋国初建，追尊曰宣王。武帝受禅，上尊号曰宣皇帝，陵曰高原，庙称高祖。

后死的人不得合葬。一切都遵从他的遗命。晋国刚建立时，追尊他为宣王。武帝接受了禅让之后，追尊他为宣皇帝，陵墓叫高原，庙号为高祖。

今注 1 河阴：古县名。三国魏黄初中改平阴县置，属河南郡。在今河南孟津东北。 2 宣文：谥法曰"圣善周闻曰宣"，又曰"经纬天地曰文，道德博闻曰文，学勤好问曰文，慈惠爱民曰文，愍民惠礼曰文，锡民爵位曰文"。 3 首阳山：在今河南洛阳偃师区。即邙山最高处，日出先照，故名。

帝内忌而外宽，猜忌多权变。魏武察帝有雄豪志，闻有狼顾相，欲验之。乃召使前行，令反顾，面正向后而身不动。又尝梦三马同食一槽，甚恶焉。因谓太子丕曰："司马懿非人臣也，必预汝家事。"太子素与帝善，每相全佑，故免。帝于是勤于吏职，夜以忘寝，至于刍牧之间，悉皆临履，由是魏武意遂安。及平公孙文懿，大行杀戮。诛曹爽之际，支党皆夷及三族，

宣帝内心猜忌而外表宽厚，喜欢猜疑又擅长权变。魏武帝察觉宣帝有英雄豪杰的志向，听说他会像狼一样回头看人，想要核实一下。于是命令他往前走，又让他突然回头看，宣帝脸正面向后但身子不动。魏武帝又曾梦到三匹马在一个马槽吃料，非常厌恶。因此对太子曹丕说："司马懿不是甘做人臣的人，一定会干预你家的事。"太子向来和宣帝友好，总是保全护佑，所以宣帝得以幸免。宣帝于是更加勤于政事，夜以继日，哪怕是割草放牧这种小事，他都亲自过问，由此魏武帝才放心。等到平定公孙文懿，宣帝大肆屠杀。诛杀曹爽的时候，他的党羽全都被夷灭三

男女无少长，姑姊妹女子之适人者皆杀之，既而竟迁魏鼎云。

族，男女不分老幼，连已经出嫁的姑姊妹也全都杀掉，随后终于篡夺了魏朝的政权。

明帝[1]时，王导[2]侍坐。帝问前世所以得天下，导乃陈帝创业之始，及文帝末高贵乡公[3]事。明帝以面覆床曰："若如公言，晋祚复安得长远！"迹其猜忍，盖有符于狼顾也。

晋明帝的时候，王导在旁侍坐。明帝询问前世是怎么得到天下的，王导于是陈述了宣帝创业之初的情况，以及文帝末年高贵乡公的事。明帝把脸贴在床上说："如果真像您说的那样，晋朝的天下哪里能长远呢！"分析宣帝猜忌残忍的原因，大概是符合狼回头看的特性吧。

今注 **1** 明帝：即司马绍(299—325)，东晋皇帝。公元323—325年在位。元帝长子，字道畿。有才略，能决断。元帝因王敦叛乱忧愤而死，他继位后与应詹、温峤等决策，于太宁二年(324)下诏讨伐王敦，并亲临军前，王敦之乱得以平定。方欲有所作为，即病死。 **2** 王导(276—339)：东晋大臣。字茂弘，小字阿龙，琅邪临沂(今山东临沂西北)人，出身士族。西晋末，为琅邪王司马睿谋主，献策移镇建康(今江苏南京)。大兴元年(318)，司马睿称帝(元帝)，他任丞相，罗致江东士族顾荣、贺循等，巩固根基。堂兄王敦握重兵，镇长江上游，王氏族人多居要职，时称"王与马，共天下"。历仕元、明、成三帝，皆居宰辅，协调南北士族关系，稳定东晋政局，使江南经济、文化都得到发展。 **3** 高贵乡公：即曹髦(241—260)，三国魏国皇帝。公元254—260年在位。曹丕之孙，字彦士，初封"高贵乡公"。嘉平六年(254)，司马师废曹芳，被立为帝。不甘心沦为司马氏傀儡，说"司马昭之心，路人所知也"，率宿卫数百攻司马昭，为昭部属所杀。死后无号，史称"高贵乡公"。

制[1]曰：夫天地之大，黎元为本；邦国之贵，元首为先。治乱无常，兴亡有运。是故五帝[2]之上，居万乘以为忧；三王[3]已来，处其忧而为乐。竞智力，争利害，大小相吞，强弱相袭。逮乎魏室，三方鼎峙，干戈不息，氛雾交飞。宣皇以天挺之姿，应期佐命，文以缵治，武以棱威。用人如在己，求贤若不及；情深阻而莫测，性宽绰而能容。和光同尘，与时舒卷，戢鳞潜翼，思属风云。饰忠于已诈之心，延安于将危之命。观其雄略内断，英猷外决。殄公孙于百日，擒孟达于盈旬，自以兵动若神，谋无再计矣。既而拥众西举，与诸葛相持。抑其甲兵，本无斗志，遗其巾帼，方

制曰：天地之大，黎民百姓是根本；国家之贵，元首是第一位的。和平与战争没有恒常，兴盛与灭亡各有运数。所以在五帝以前，虽然身为万乘之尊却仍然会感到忧虑；三王以来，君主虽身处忧患却因能造福百姓而感到快乐。各逞才智，争权夺利，大国小邦互相吞并，强国弱国彼此攻击。等到了魏朝，三国鼎立，战争连年不息，到处一片混乱。宣皇帝凭借天生的卓越才能，顺应天时辅佐魏室，文可以安邦治政，武可以逞威定国。用人就像在用自己，求取贤才唯恐不及；情感深沉而不可揣测，性情宽厚而能容人。随俗而处不露锋芒，根据时势来舒缓屈伸，像鱼收敛鱼鳞，像鸟潜藏翅膀，随时关注风云变幻。把自己狡诈的内心伪装成忠诚的样子，在危难之中求得平安。雄才大略明断于内，英明策划决断于外。百日之内消灭了公孙文懿，十天左右活捉了孟达，自认为用兵如神，计谋无比。接着又大举西进，和诸葛亮相持对峙。宣帝约束他的军队，本不想打仗，但诸葛亮送给他女人的服饰，他这才下了战斗的决心。使者拿着节杖在辕门前挡着，雄心抱负顿时被屈抑。远隔千里向朝廷请战，无非是想显示

发愤心。杖节当门，雄图顿屈，请战千里，诈欲示威。且秦蜀之人，勇懦非敌，夷险之路，劳逸不同，以此争功，其利可见。而返闭军固垒，莫敢争锋，生怯实而未前，死疑虚而犹遁，良将之道，失在斯乎！文帝之世，辅翼权重，许昌同萧何之委，崇华甚霍光之寄。当谓竭诚尽节，伊傅[4]可齐。及明帝将终，栋梁是属，受遗二主，佐命三朝，既承忍死之托，曾无殉生之报。天子在外，内起甲兵，陵土未干，遽相诛戮，贞臣之体，宁若此乎！尽善之方，以斯为惑。夫征讨之策，岂东智而西愚？辅佐之心，何前忠而后乱？故晋明掩面，耻欺伪以成功；石勒[5]肆言，笑奸回以定业。古人有

军威罢了。况且秦、蜀之地的人，勇猛强悍和胆小懦弱无法相战，道路的平坦和艰险、劳苦和安逸各不相同，用此来争取功劳，好处是显而易见的。但他却关闭军营、固守营垒，不敢前去争锋。诸葛亮活着的时候，宣帝因惧怕而不敢前进；诸葛亮死了，宣帝因怀疑消息不实而退走，优良将领的谋略，在此战中就丧失了！魏文帝的时候，宣帝辅佐朝廷的权力更重了，在许昌接受了像萧何一样的委托，在崇华宫得到了超过霍光所获取的信赖。如果他竭尽全力尽忠守节的话，可以跟伊尹、傅说齐名。等到魏明帝临终之时，把国家大事托付给他，他曾接受了两次君主托孤的遗命，辅佐了三朝的政事，既然承担了临终前的重托，却没有做到舍身以报。天子身在京城之外，他在城内兴起战事。君主的墓土尚未干燥，他就和曹爽互相诛杀，忠贞的大臣，怎么会如此呢！想追求尽善尽美臣节的人，看到他的做法会感到疑惑。其征伐讨逆的策略，怎么会在东面时智慧但在西面却又愚蠢呢？辅助君主之心，为什么前忠而后叛呢？因此晋明帝遮住脸，为其用欺诈虚伪来获得成功而感到耻辱；石勒大

云，“积善三年，知之者少；为恶一日，闻于天下”，可不谓然乎！虽自隐过当年，而终见嗤后代。亦犹窃钟掩耳，以众人为不闻；锐意盗金，谓市中为莫睹。故知贪于近者则遗远，溺于利者则伤名；若不损己以益人，则当祸人而福己。顺理而举易为力，背时而动难为功。况以未成之晋基，逼有余之魏祚？虽复道格区宇，德被苍生，而天未启时，宝位犹阻，非可以智竞，不可以力争，虽则庆流后昆，而身终于北面矣。

胆地讲述，嘲笑他用奸诈邪恶的方法奠定帝业。古人曾说过，“坚持做好事三年，知道的人很少；但做了一天坏事，天下人就都知道了”，不就是这样吗！虽然在当时可以自己隐藏过错，但最终还是会在后世被讥笑。就像是掩耳盗铃的人，以为别人都听不见；专心偷金子，以为集市中的人都看不见。因此可知贪恋眼前的人就会失掉长远，沉溺于利益的人就会损害名声；如果不能损己利人，就会损人而利己。顺着道理来做事就会很容易成功，违背时运来做事就会很难成功。何况拿还未成熟的晋朝基业，来逼迫尚有余福的魏朝政权？即使是道德感动了四方，恩德遍布于苍生，但上天尚未开启时机，天子宝位仍有阻碍，这不是能用智谋去竞争，不能用武力去抢夺的，虽然是福泽流传于后世，但自己终其一生却只是北面称臣。

今注　**1** 制：此为唐太宗李世民所撰之文，故曰“制”。　**2** 五帝：传说中的上古帝王。时在三皇之后、夏代以前。最早见于《荀子·非相》。有五种说法：(1) 伏羲（太昊）、神农（炎帝）、黄帝、唐尧、虞舜（《易·系辞下》）；(2) 黄帝、颛顼、帝喾、唐尧、虞舜（《大戴礼记·五帝德》、《史记·五帝本纪》）；(3) 太皞、炎帝、黄帝、少皞、颛顼（《礼记·月令》）；(4) 少昊（皞）、颛顼、高辛（帝喾）、唐尧、虞舜（《帝王世纪》）；(5) 黄帝、少皞、帝喾、帝挚、帝尧（《道藏·洞神部·谱录类·混元圣纪》引梁武帝说）。均为原始社会末期部落或部落联盟的领袖。 **3** 三王:即三代贤王的合称,指夏禹、商汤、周朝的文王和武王。 **4** 伊傅:即伊尹与傅说的合称。伊尹,一名挚,汤时大臣。尹,官名。佐商灭夏,综理国事。汤卒后,历佐外丙、仲壬二君。傅说,商王武丁时大臣。传说为傅岩筑墙之奴隶。武丁梦得贤人,名曰说,求于野。乃于傅岩得之,任为大臣,国大治。 **5** 石勒(274—333):字世龙,上党武乡(今属山西)羯人。雄壮健武,善骑射。初被掠卖至山东为奴,后随马牧帅汲桑起兵反晋,后投奔刘渊。转战于河北,得到张宾等人的辅佐,注意吸收和联合汉人士族和地方豪强,力量不断壮大,兼并王弥、王浚、刘琨等,并消灭王衍所率领的西晋主力十数万。晋元帝大兴二年(319),称赵王,都襄国,史称后赵。采取胡汉分治,设立学校,劝课农桑,中原渐趋宁静。石勒不识字,每于戎马之闲,请人读史。成帝咸和四年(329),出兵灭前赵,统一中国北方。《晋书·石勒载记》载石勒言:"大丈夫行事,当礌礌落落,如日月皎然,终不能如曹孟德、司马仲达父子,欺他孤儿寡妇,狐媚以取天下也。"

附录：晋书卷二

帝纪第二·景帝

导读 这是司马师、司马昭兄弟的合传，前有司马懿、后有司马炎，师昭兄弟居于承前启后的位置，虽然名气不如其父、其子，但却是司马氏得以代魏自立、建立晋朝的关键人物。

司马师深富谋略，既有“伏兵三千”的深沉用心，又有让三千人“一朝而集”的能力，而所有人都“莫知所出”。这种领导力、执行力、保密性令人叹服。更有甚者，决战前夜他竟能“寝如常”，超一流的稳定心态连其父司马懿都大为惊讶。可惜享年不永，四十八岁即亡。

司马昭的名声要比其兄恶劣很多，以致留下了“司马昭之心——路人皆知”的歇后语，用来形容一个人的野心和阴谋无法掩藏。他虽才具不如父兄，却能知人善任，围绕在他身边的能臣干吏皆是心腹股肱，这股势力甚至让天子感到了威胁，这才主动发起攻击以求自救，但失败的结局是早就注定的。司马昭主政时灭掉了蜀汉，得以列土封疆，建立晋国，成为距离天子之位仅一步之遥的权臣。无怪乎唐代宰相房玄龄在文末赞语中评价其“反虽讨贼，终为弑君”。司马昭如死后有知，后世之人以“弑君者”来看待自己，不知会作何感想。

权臣甚至可以废立天子，那就离捅破最后那层窗户纸不远了。这也是司马炎可以心无挂碍地接受“禅让”的原因，毕竟自己的父祖一直在为这个终极目标努力。

原文

景皇帝[1]讳师，字子元，宣帝长子也。雅有风采，沉毅多大略。少流美誉，与夏侯玄、何晏齐名。晏常称曰："惟幾也能成天下之务，司马子元是也。"魏景初中，拜散骑常侍，累迁中护军。为选用之法，举不越功，吏无私焉。宣穆皇后崩，居丧以至孝闻。

译文

景皇帝名师，字子元，是宣帝的长子。文雅而有风采，沉着坚毅有远大谋略。年少时就流传有美名，和夏侯玄、何晏齐名。何晏经常称扬他说："大概能成就天下大事的，是司马子元。"魏景初年间，被任为散骑常侍，多次升官做了中护军。制定了选举用人的法令，提拔人才不能超过他的功劳，官吏之间没有私情。宣穆皇后去世，景帝居丧期间以极其孝顺而闻名。

今注 1 景皇帝：即司马师(208—255)，字子元，司马懿长子。继父为大将军、都督中外诸军事、录尚书事，执掌曹魏国政。嘉平六年(254)，废曹芳，立曹髦为帝，诛杀夏侯玄、李丰等反对派。次年病死。司马炎称帝，追尊为景皇帝，庙号世宗。谥法：由义而济曰景，布义行刚曰景，耆意大虑曰景。

宣帝之将诛曹爽，深谋秘策，独与帝潜画，文帝[1]弗之知也，将发夕乃告之。既而使人觇之，帝寝如常，而文帝不能安席。晨会兵司马门，镇静内外，置阵甚整。宣帝曰："此子竟可也。"初，帝阴

宣帝将要诛杀曹爽的时候，精心秘密地谋划，单独和景帝悄悄策划，文帝不知道这件事，等到要动手的前一晚才告诉他。接着宣帝派人去偷偷观察，景帝像往常一样睡觉，而文帝却辗转反侧不能安睡。早晨在司马门集合军队，景帝镇守稳定内外，布置非常齐整。宣帝说："这小子终究会成事呀。"早先时，景

养死士三千，散在人间，至是一朝而集，众莫知所出也。事平，以功封长平乡侯，食邑千户，寻加卫将军。及宣帝薨，议者咸云“伊尹既卒，伊陟[2]嗣事”，天子命帝以抚军大将军[3]辅政。

魏嘉平四年春正月，迁大将军，加侍中，持节、都督中外诸军、录尚书事。命百官举贤才，明少长，恤穷独，理废滞。诸葛诞、毌丘俭、王昶、陈泰、胡遵都督四方，王基、州泰、邓艾、石苞典州郡，卢毓、李丰掌选举，傅嘏、虞松参计谋，钟会、夏侯玄、王肃、陈本、孟康、赵酆、张缉预朝议，四海倾注，朝野肃然。或有请改易制度者，帝曰：“‘不识不知，顺帝之则’，诗人之美也。三祖典制，所宜遵奉；自非军事，不得妄有改革。”

帝暗地里蓄养了死士三千人，分散在百姓中，到这时，一个早晨就都集合在一起，众人都不知道他们是从哪里来的。事件平息后，景帝因为有功劳被封为长平乡侯，食邑千户，不久又加官卫将军。等到宣帝去世，议论的人都说“伊尹已经死了，伊陟要继承事业了”，天子任命景帝以抚军大将军的身份辅佐朝政。

魏嘉平四年(252)春正月，升迁为大将军，加官侍中，持有节杖，都督中外诸军，录尚书事。景帝命令百官推荐贤才，明确年少者与年长者的尊卑，体恤穷苦和孤独的百姓，清理被废弃不用的人。诸葛诞、毌丘俭、王昶、陈泰、胡遵担任四方的都督，王基、州泰、邓艾、石苞担任州郡的典守，卢毓、李丰掌管选才举贤，傅嘏、虞松参与出谋划策，钟会、夏侯玄、王肃、陈本、孟康、赵酆、张缉参与朝廷议事，四海都倾心向往，朝廷内外一片庄严肃穆之态。有人请求改革制度，宣帝说：“‘好像什么都不知道，顺从上帝的法度去做’，这是上古诗人所赞美的品德。三代祖先所确立的典章制度，是应该要遵奉的；只要不是和军事有关的，不能随意更改。”

今注 1 文帝：即晋文帝司马昭(211-265)，字子上。司马懿次子。继兄司马师为魏大将军，专国政，并日谋代魏自立，故魏帝曹髦说："司马昭之心，路人所知也。"甘露五年(260)，杀曹髦，立曹奂为帝。景元四年(263)，发兵灭蜀汉，称晋公，后进晋王。死后数月，子炎代魏称帝，建立晋朝，追尊为文帝。 2 伊陟：商相伊尹子。太戊时为相。亳有桑、谷共生于朝，一夕暴长，陟以为帝政有缺，劝之修德，帝从其言而进德，桑、谷枯死。殷复兴，诸侯归之。 3 抚军大将军：三国魏文帝黄初中置，以司马懿任之，文帝出征时，总留守事，魏末司马师、司马炎相继任之，执掌朝政。

五年夏五月，吴太傅诸葛恪围新城，朝议虑其分兵以寇淮泗[1]，欲戍诸水口。帝曰："诸葛恪新得政于吴，欲徼一时之利，并兵合肥[2]，以冀万一，不暇复为青徐患也。且水口非一，多戍则用兵众，少戍则不足以御寇。"恪果并力合肥，卒如所度。帝于是使镇东将军毌丘俭、扬州刺史文钦等距之。俭、钦请战，帝曰："恪卷甲深入，投兵死地，其锋未易当。且新城小而固，攻之未可拔。"遂命诸将高垒以弊之。相持

五年(253)夏五月，吴国太傅诸葛恪包围了新城，朝议担忧他分兵来侵犯淮水、泗水之地，想要派兵守卫各水路口岸。景帝说："诸葛恪刚刚在吴国得到执政权力，想要获得一时的好处，聚兵在合肥，希望侥幸得手，没有闲暇再去青州、徐州等地找麻烦。而且水路口岸并非一个，都守着会用兵太多，少守就不足以抵御贼寇。"诸葛恪果然在合肥集合兵力，最终就像景帝推测的那样。景帝于是派遣镇东将军毌丘俭、扬州刺史文钦等人抵御敌军。毌丘俭、文钦请求出战，景帝说："诸葛恪率军深入，把军队置于死地，其锋芒不容易抵挡。而且新城既小又坚固，敌人就算进攻也不一定能拿下。"于是命令诸将高筑壁垒来防守，以使敌军疲敝。相持了

数月，恪攻城力屈，死伤太半。帝乃敕钦督锐卒趋合榆[3]，要其归路，俭帅诸将以为后继。恪惧而遁，钦逆击，大破之，斩首万余级。

几个月，诸葛恪攻城的力量耗尽，死伤大半。宣帝于是敕令文钦督率精锐士兵快速奔赴合榆，截住敌军退路，毌丘俭统帅诸将作为后援。诸葛恪恐惧而逃，文钦迎上去攻击，大败敌军，斩首超过万人。

今注 1 淮泗：淮河与泗水流域。 2 合肥：县名，西汉置，属九江郡。以肥水出紫蓬山，分为二支，流至此地后合而为一，因以为名。东汉改为侯国，三国魏复为合肥县，移治今合肥市西北。 3 合榆：古地名。今址不详。推测在今合肥与扬州之间。

正元元年春正月，天子与中书令[1]李丰、后父光禄大夫[2]张缉、黄门监[3]苏铄、永宁署令[4]乐敦、冗从仆射[5]刘宝贤等谋以太常夏侯玄代帝辅政。帝密知之，使舍人王羡以车迎丰。丰见迫，随羡而至，帝数之。丰知祸及，因肆恶言。帝怒，遣勇士以刀镮筑杀之。逮捕玄、缉等，皆夷三族。

正元元年(254)春正月，天子和中书令李丰、皇后之父光禄大夫张缉、黄门监苏铄、永宁署令乐敦、冗从仆射刘宝贤等图谋让太常夏侯玄代替景帝辅佐朝政。景帝暗中知道了此事，派遣舍人王羡用车去迎接李丰。李丰被逼无奈只好跟随王羡来见景帝，景帝列举了他的罪过。李丰知道大祸临头了，于是大骂景帝。景帝很生气，派遣勇士用刀头的环打死了他。下令逮捕了夏侯玄、张缉等人，全都夷灭三族。

今注 1 中书令：官名。三国魏黄初初年置，为中书省长官之一，掌收纳章奏，草拟、发布皇帝诏令，权任甚重。西晋沿置。东晋时成闲职，多授予宗室大臣，以示礼遇。 2 光禄大夫：官名，战国时置中大夫，汉武帝时更名为光禄大夫，秩比二千石，掌论议。魏、晋亦置，或为职事官，或为加官。 3 黄门监：官名，三国魏置，为黄门长官，由宦者担任，掌黄门宦者，呈递章奏。 4 永宁署令：官名，三国魏置，掌永宁宫诸事。永宁署，即永宁宫之官署，其长官称令。齐王芳即帝位时，称郭太后为永宁宫。 5 冗从仆射：官名，西汉武帝时置，统率禁卫军。东汉时又置中黄门冗从仆射，秩六百石，以宦者担任，掌中宫黄门冗从，居则宿卫，守卫门户；出则骑从，在乘舆车旁保护。

三月，乃讽天子废皇后张氏[1]，因下诏曰："奸臣李丰等靖谮庸回[2]，阴构凶慝。大将军纠虔天刑[3]，致之诛辟。周勃之克吕氏，霍光之擒上官[4]，曷以过之。其增邑九千户，并前四万。"帝让不受。

三月，景帝婉言劝说天子废掉皇后张氏，天子于是下诏说："奸臣李丰等人言语巧饰而行动乖违，私下图谋凶险邪恶之事。大将军察举其罪而慎行上天的法规，把他们绳之以法。周勃当初平定吕氏，霍光当初擒拿上官桀的功绩，也无法超过他。给大将军增加封邑九千户，加上以前的总共四万户。"景帝推辞而不接受。

今注 1 张氏：三国魏帝曹芳皇后。嘉平四年(252)立为后。六年(254)，以其父张缉与李丰等谋废司马师被杀，坐废后位。 2 靖谮(zèn)庸回：同"靖言庸违"，言语巧饰而行动乖违。 3 纠虔天刑：察举其罪而慎行上天之法。 4 上官：指上官桀(？—前80)，西汉大臣，字少叔，武帝临终遗命与大将军霍光同辅幼主，封为左将军、安阳侯。后与霍光争权，欲结桑弘羊等废昭帝，事发被诛。

天子以玄、缉之诛，深不自安。而帝亦虑难作，潜谋废立，乃密讽魏永宁太后[1]。秋九月甲戌，太后下令曰："皇帝春秋已长，不亲万机，耽淫内宠，沉嫚女德，日近倡优，纵其丑虐，迎六宫家人留止内房，毁人伦之叙，乱男女之节。又为群小所迫，将危社稷，不可承奉宗庙。"帝召群臣会议，流涕曰："太后令如是，诸君其如王室何？"咸曰："伊尹放太甲[2]以宁殷，霍光废昌邑[3]以安汉，权定社稷，以清四海。二代行之于古，明公当之于今，今日之事，惟命是从。"帝曰："诸君见望者重，安敢避之？"乃与群公卿士共奏太后曰："臣闻天子者，所以济育群生，永安万国。皇帝春秋已长，未亲万机，日使小优郭怀、

天子因为夏侯玄、张缉被诛杀，内心深感不安。而景帝也担心会引起灾祸，私下里策划废黜皇帝另立新君，于是暗地里劝谏魏永宁太后。秋九月甲戌，太后下令说："皇帝年龄已经大了，却不亲自处理朝廷纷繁的政务，而是沉湎于后宫，醉心于女色，每天和倡优之人混在一起，放纵他们的丑陋暴虐之行，迎来六宫妃嫔的家人留宿于内宫，败坏了人伦纲常，扰乱了男女大节。又被一群小人所逼迫，即将危害社稷，不能继承宗庙社稷。"景帝召集群臣一起讨论，流着泪说："太后的命令是这样，你们说怎么对待王室的事呢？"所有人都说："伊尹把太甲驱逐之后殷朝就安宁了，霍光废黜了昌邑王西汉就安定了，权衡轻重，稳定天下，从而廓清四海。殷、汉两代在古时候就这么做过了，明公您在今天也应该这么做，今日之事，我们都完全听从您的命令。"景帝说："各位都如此看重我，我又怎么敢逃避责任呢？"于是和众位公卿大臣一同启奏太后说："臣下听说做天子的人，应该要救助养育百姓，使得国家长治久安。皇帝年龄已经大了，但不能亲自处

袁信等裸袒淫戏。又于广望观下作辽东妖妇，道路行人莫不掩目。清商令令狐景谏帝，帝烧铁炙之。太后遭合阳君丧，帝嬉乐自若。清商丞庞熙谏帝，帝弗听。太后还北宫，杀张美人，帝甚恚望。熙谏，帝怒，复以弹弹熙。每文书入，帝不省视。太后令帝在式乾殿讲学，帝又不从。不可以承天序。臣请依汉霍光故事，收皇帝玺绶，以齐王归籓。”奏可，于是有司以太牢策告宗庙，王就乘舆副车，群臣从至西掖门。帝泣曰：“先臣受历世殊遇，先帝临崩，托以遗诏。臣复忝重任，不能献可替否。群公卿士，远惟旧典，为社稷深计，宁负圣躬，使宗庙血食。”于是使使者持节卫送，舍河内之重门，诛郭怀、袁信等。

理朝廷纷繁的政务，每天让小戏子郭怀、袁信等人袒露身体玩淫乱的游戏。又在广望观下装扮辽东妖冶的妇人，路上的行人没有不遮住双眼的。清商令令狐景劝谏皇帝，皇帝用烧红的铁来烫他。太后遭遇了母亲合阳君的丧事，皇帝像往常一样嬉笑娱乐。清商丞庞熙劝谏皇帝，皇帝不听。太后回到北宫，杀了张美人，皇帝非常怨恨。庞熙劝谏，皇帝大怒，又用弹弓弹射庞熙。每次文书送进去，皇帝都不看。太后让皇帝在式乾殿讲学，皇帝又不听。他不能继承皇家世系。臣请求依照汉代霍光的做法，收回皇帝的玺绶，让他以齐王的身份回归自己的封地。”太后准奏，于是有关部门用太牢之礼书写简策上告宗庙，齐王坐着皇帝车驾的副车，群臣跟着到了西掖门。景帝哭着说：“我的祖先世代蒙受特殊待遇，先帝临终之时，把遗诏托付给我。我又承担了重任，没能做到劝善归过。诸位公卿大臣，用旧有的典章制度，为了社稷长远考虑，宁可辜负皇帝本人，也要让宗庙长久得到祭祀。”于是派使者持节护送，在河内的重门留宿，杀掉了郭怀、袁信等人。

今注 1 永宁太后：即三国魏明帝皇后郭氏（？—264），出自河西大族，黄初中因本郡反叛，没入宫。明帝即位，受宠幸，拜为夫人。明帝临终，立为皇后。齐王芳即位，尊为皇太后，居永宁宫。司马氏篡夺魏政，多假借其诏命而行。 2 太甲：商代帝王。成汤孙，太丁子。即位后不遵汤法，纵欲暴虐，为伊尹放逐。三年后，悔过自责，伊尹迎归复位。 3 昌邑：即昌邑王刘贺（前92—前59），武帝孙，昌邑哀王子。始元元年（前86）嗣位为王。元平元年（前74），昭帝死，大将军霍光迎立刘贺为帝，即位二十七日，以行为淫乱故，被霍光及群臣废黜，驱归故国。

是日，与群臣议所立。帝曰："方今宇宙未清，二虏争衡，四海之主，惟在贤哲。彭城王据，太祖之子，以贤，则仁圣明允；以年，则皇室之长。天位至重，不得其才，不足以宁济六合。"乃兴群公奏太后。太后以彭城王先帝诸父，于昭穆之序为不次，则烈祖之世永无承嗣。东海定王，明帝之弟，欲立其子高贵乡公髦。帝固争不获，乃从太后令，遣使迎高贵乡公于元城[1]而立之，改元曰正元。天子受玺惰，举趾高，帝闻

当天，和群臣讨论册立新君。景帝说："如今天下未定，吴、蜀两个敌国在争强斗胜，四海的君主，应该选择贤良圣哲的人。彭城王曹据是太祖的儿子，论贤明，他仁德圣明公允；论年龄，他是皇室中最年长的。皇帝的位置至关重要，如果选的人不对，那么就没办法安定匡济天下。"于是和公卿们向太后奏请。太后认为彭城王是先帝的叔父，不符合宗法制度的秩序，那么烈祖的世系就永远没人继承了。东海定王是明帝的弟弟，太后想要册立他的儿子高贵乡公曹髦。景帝坚持争辩无果，于是听从了太后的命令，派遣使者去元城迎来了高贵乡公，并立他为皇帝，改年号为正元。天子接受印玺时态度懒散，把脚抬得高高的，景帝听说后感到忧虑。等到

而忧之。及将大会，帝训于天子曰：“夫圣王重始，正本敬初，古人所慎也。明当大会，万众瞻穆穆之容，公卿听玉振之音。《诗》云：‘示人不佻，是则是效。’《易》曰：‘出其言善，则千里之外应之。’虽礼仪周备，犹宜加之以祗恪，以副四海颙颙式仰。”

将要举行大朝会时，景帝训导天子说：“圣哲的天子重视开端，端正根本敬重初始，这是古人所慎重的。明天面对大朝会，万众瞻仰皇上端庄的容貌，公卿倾听悦耳的声音。《诗经》说：‘展示给别人的是自己不轻佻，这是可供效法的。’《易经》说：‘说出的话好，那么千里之外也有人响应。’虽然礼仪是周全完备的，仍然应该用恭敬谨慎的态度，这样才能不辜负四海的仰望。”

今注 1 元城：县名。汉置，属魏郡。治所在沙鹿旁（今河北大名东）。

癸巳，天子诏曰：“朕闻创业之君，必须股肱之臣；守文之主，亦赖匡佐之辅。是故文武[1]以吕召[2]彰受命之功，宣王倚山甫[3]享中兴之业。大将军世载明德，应期作辅。遭天降险，帝室多难，齐王莅政，不迪率典。公履义执忠，以宁区夏，式是百辟，总齐庶事。内摧寇虐，外静奸

癸巳，天子下诏书说：“朕听说开创基业的国君，必须有得力的臣子；守成的君主，也须依赖能够匡扶社稷之臣的辅佐。因此周文王和周武王凭借吕尚和召公能够彰显其承受天命的功业，周宣王依靠仲山甫享有了中兴的大业。大将军世代拥有美好的德行，顺应天时辅佐朝政。国家遭受上天降下的凶险，皇室多有灾难，齐王在位执政，不能遵循典章制度。大将军履行大义秉承忠诚，从而安宁华夏，匡正百官，总揽众事。在内摧毁贼寇暴虐，在外平定奸佞乱臣，太阳

宄，日昃忧勤，劬劳夙夜。德声光于上下，勋烈施于四方。深惟大议，首建明策，权定社稷，援立朕躬，宗庙获安，亿兆庆赖。伊挚之保乂殷邦，公旦之绥宁周室，蔑以尚焉。朕甚嘉之。夫德茂者位尊，庸大者禄厚，古今之通义也。其登位相国，增邑九千，并前四万户；进号大都督、假黄钺，入朝不趋，奏事不名，剑履上殿；赐钱五百万，帛五千匹，以彰元勋。”帝固辞相国。

偏西了还在勤劳国事，操劳政事不分昼夜。德行声望光照上下，功勋业绩遍施四方。深切思考宏大的议题，首先建立英明的策略，衡量轻重安定社稷，帮助我登上皇位，宗庙因此得到安宁，万民因此庆幸有所依赖。伊挚保护安定殷朝，周公旦使周王室安宁，他们的功绩都无法超过大将军。朕非常赞许他。道德高尚的人占据崇高的地位，功劳大的人享有丰厚的俸禄，这是古今通行的道理。封大将军为相国，增加食邑九千户，加上之前的共四万户；加封号为大都督，授予黄钺，入朝不必小步快走，奏报事情不用通报姓名，可以佩带宝剑穿鞋上殿；赐钱五百万，帛五千匹，用以表彰大功。”景帝坚决推辞掉相国之职。

今注 1 文武：周文王和周武王的合称。 2 吕召：周代功臣吕尚、召公奭(shì)的并称。 3 山甫：即仲山甫，或作仲山父。周宣王时大臣。

又上书训于天子曰：“荆山之璞虽美，不琢不成其宝；颜冉之才虽茂，不学不弘其量。仲尼有云：‘予非生而知之者，好

景帝又上书训导天子说：“荆山的璞玉虽然华美，但不雕琢也不能成为宝物，颜渊、冉有的才学虽然很高，但不学习也无法扩充他们的知识。孔子说过：‘我不是生下来就知道事理的人，而是喜

古敏以求之者也。'仰观黄轩五代[1]之主,莫不有所禀则,颛顼[2]受学于绿图,高辛[3]问道于柏招。逮至周成[4],旦望作辅,故能离经辩志,安道乐业。夫然,故君道明于上,兆庶顺于下。刑措之隆,实由于此。宜遵先王下问之义,使讲诵之业屡闻于听,典谟之言日陈于侧也。"时天子颇修华饰,帝又谏曰:"履端初政,宜崇玄朴。"并敬纳焉。

十一月,有白气经天。

好古代的知识而勤勉地探求的人罢了。'上溯黄帝以来的五帝,没有一个不是有所领受教导的,颛顼从绿图那里受过教育,高辛向柏招询问过大道。等到了周成王,有周公旦和吕望担任宰辅,所以才能学会分析经籍义理,读懂文句,辨别学习之意向,安于正道,乐于事业。如此,则君王之道在上显明,兆民百姓在下顺从。刑罚弃置而不用的盛世,实在是由此而来。应该遵循先王不耻下问的精神,经常让臣子为您讲诵经书,在身边为您陈述经典话语。"当时天子很喜欢华丽的装饰,景帝又劝谏说:"刚刚涉足朝政,应该崇尚简朴。"天子一并都恭敬地采纳了。

十一月,有白色的云气贯穿天空。

今注 1 五代:指黄帝、颛顼、帝喾、尧、舜五帝时代。 2 颛顼(zhuān xū):传说中古代部族首领,号高阳氏,昌意之子。生于若水,居于帝丘(今河南濮阳县东南),曾命重任南正之官,掌管祭祀天神;命黎任火正(一作北正)之官,掌管民事。 3 高辛:即帝喾(kù)。喾或作告、俈。传说中远古帝王。传为黄帝曾孙,尧之父。生而神异,自言其名曰夋。代高阳氏为帝,称高辛氏。在位七十年。传说帝喾有师名柏招。 4 周成:即周成王,西周国君。姬姓,名诵。武王子。年幼即位,叔父周公旦摄政。

二年春正月，有彗星见于吴楚之分，西北竟天。

镇东大将军毌丘俭、扬州刺史文钦举兵作乱，矫太后令移檄郡国，为坛盟于西门之外，各遣子四人质于吴以请救。二月，俭、钦帅众六万，渡淮而西。帝会公卿谋征讨计，朝议多谓可遣诸将击之，王肃及尚书傅嘏、中书侍郎[1]钟会劝帝自行。戊午，帝统中军步骑十余万以征之。倍道兼行，召三方兵，大会于陈许[2]之郊。

二年(255)春正月，有彗星出现在了吴、楚两地的分野，消失在西北上空。

镇东大将军毌丘俭、扬州刺史文钦兴兵作乱，假托太后的旨意在各郡国传送檄文，在西门外设立祭坛盟誓，各派四个儿子到吴国做人质，请求吴国救援。二月，毌丘俭、文钦率领六万兵众，渡过淮水向西进军。景帝会合公卿谋划征讨的计策，参与朝议的大臣多数认为可以派将领前去攻击，王肃和尚书傅嘏、中书侍郎钟会劝景帝自己带兵前往。戊午日，景帝统领中军步兵、骑兵十万多人去征讨。魏军日夜兼程，召集三方的军队，在陈地、许地的郊外大规模聚集。

今注 **1** 中书侍郎：三国魏文帝黄初初年设中书省，在长官中书监、令以下有通事郎，后增设中书郎，亦称中书侍郎，掌协助起草发布诏令。**2** 陈许：即陈郡与许县的并称。陈郡，治所在陈县(今河南周口淮阳区)。许县，秦置，属颍川郡。治所在今河南许昌东。东汉建安元年(196)，曹操迎献帝由洛阳徙都于此。三国魏黄初二年(221)改为许昌。

甲申，次于㶏桥[1]，俭将史招、李续相次来降。俭、钦移入项城，帝遣荆州刺史王基进据南顿[2]以

甲申日，大军驻扎在㶏桥，毌丘俭的部下史招、李续接连来投降。毌丘俭、文钦移兵到项城，景帝派遣荆州刺史王基进兵占据南顿来逼迫毌丘俭。景帝

逼俭。帝深壁高垒，以待东军之集。诸将请进军攻其城，帝曰："诸君得其一，未知其二。淮南将士本无反志。且俭、钦欲蹈纵横之迹，习仪秦之说，谓远近必应。而事起之日，淮北不从，史招、李续前后瓦解。内乖外叛，自知必败，困兽思斗，速战更合其志。虽云必克，伤人亦多。且俭等欺诳将士，诡变万端，小与持久，诈情自露，此不战而克之也。"乃遣诸葛诞督豫州诸军自安风向寿春，征东将军胡遵督青、徐诸军出谯、宋之间，绝其归路。

深挖壕沟，高筑壁垒，等待东路军的集结。诸将都请求进军攻打项城，景帝说："各位只知其一，不知其二。淮南的将士原本没有造反的意愿。况且毌丘俭、文钦想走纵横家的路，运用张仪、苏秦的学说，认为远近势力一定会有所响应。但他们起兵叛乱之后，淮河以北不依从，史招、李续先后瓦解。内部不顺从，外部有背叛，他们自知必定会失败，被困的野兽想要战斗，快速决战更加符合他们的心意。虽然说我军一定取胜，但死伤也会很多。况且毌丘俭等欺骗将士，诡计多端，稍稍和他们相持一段时间，他们的骗局就自然会败露，这样就可以不战而胜呀。"于是派遣诸葛诞督率豫州各路军马从安风向寿春进发，征东将军胡遵督率青州、徐州各军从谯、宋之间出兵，截断敌人的归路。

【今注】 1 㶏(yīn)桥：古地名。㶏，一作"溵"。溵，古水名，为今河南登封颍水三源之中源。 2 南顿：春秋时顿国为陈国所迫南迁，故号南顿。秦置县，因以为名。在今河南项城西。

帝屯汝阳[1]，遣兖州刺史邓艾督太山诸军进屯乐嘉[2]，示弱以诱之。

景帝在汝阳屯兵，派遣兖州刺史邓艾督率太山各路军马前进到乐嘉屯驻，向敌人示弱来引诱他们前来。文钦进

钦进军将攻艾，帝潜军衔枚，径造乐嘉，与钦相遇。钦子鸯，年十八，勇冠三军，谓钦曰："及其未定，请登城鼓噪，击之可破也。"既谋而行，三噪而钦不能应，鸯退，相与引而东。帝谓诸将曰："钦走矣。"命发锐军以追之。诸将皆曰："钦旧将，鸯少而锐，引军内入，未有失利，必不走也。"帝曰："一鼓作气，再而衰，三而竭。鸯三鼓，钦不应，其势已屈，不走何待？"钦将遁，鸯曰："不先折其势，不得去也。"乃与骁骑十余摧锋陷阵，所向皆披靡，遂引去。帝遣左长史司马琏督骁骑八千翼而追之，使将军乐綝等督步兵继其后。比至沙阳[3]，频陷钦阵，弩矢雨下，钦蒙楯而驰。大破其军，众皆投戈而降，钦父子与麾下走

军将要攻打邓艾，景帝秘密派兵，衔枚疾走，直奔乐嘉，和文钦相遇。文钦之子文鸯，才十八岁，在三军中最为勇猛，对文钦说："趁着敌军立足未稳，请让我登上城楼击鼓呐喊，可以击破敌人。"谋划定下来后就施行，击鼓呐喊了三次，但文钦都没有响应，文鸯撤退，一起引兵向东。景帝对诸将说："文钦逃走了。"命令派出精锐部队去追击。诸将都说："文钦久经沙场，文鸯年少而有锐气，引军进入项城，并没有打败仗，一定不会逃走。"景帝说："一鼓作气，第二次就会气势衰弱，第三次气势就耗尽了。文鸯击鼓三次，文钦没有响应，他们的气势已经衰竭了，不逃走还等什么呢？"文钦将要逃走，文鸯说："不先打掉敌军的锐气，是不能撤退的。"于是和骁勇的骑兵十余人杀入景帝阵中，所向披靡，然后引兵撤退。景帝派左长史司马琏督率骁勇骑兵八千人从侧翼追击，派将军乐綝等督率步兵跟在后面。等到了沙阳，多次攻陷文钦的军阵，弩箭像雨一样落下，文钦顶着盾牌逃走了。大破敌军，众人都扔下武器投降，文钦父子和部下逃走去守项城。毌丘俭听说文钦

保项。俭闻钦败,弃众宵遁淮南。安风津都尉追俭,斩之,传首京都。钦遂奔吴,淮南平。

战败,抛弃众军连夜逃往淮河以南。安风津的都尉追上毌丘俭,斩杀了他,用驿车将其首级送到了京都。文钦于是逃往吴国,淮南因此被平定。

今注 1 汝阳:古县名。西汉置,在今河南商水县西北。 2 乐嘉:城名。在今河南商水县东。 3 沙阳:县名。西晋太康元年(280)置,属武昌郡。在今湖北嘉鱼东北。

初,帝目有瘤疾,使医割之。鸯之来攻也,惊而目出。惧六军之恐,蒙之以被,痛甚,啮被败而左右莫知焉。闰月疾笃,使文帝总统诸军。辛亥,崩于许昌,时年四十八。

二月,帝之丧至自许昌,天子素服临吊,诏曰:“公有济世宁国之勋,克定祸乱之功,重之以死王事,宜加殊礼。其令公卿议制。”有司议以为忠安社稷,功济宇内,宜依霍光故事,追加大司马之号以冠大将军,增邑五万户,谥曰武公。文帝表让

当初,景帝的眼睛上长了瘤子,让医生割掉了。文鸯来攻打的时候,景帝受到惊吓,眼珠迸了出来。景帝担心大军因此而恐慌,用被子蒙住头,疼痛难忍,把被子都咬破了,但身旁的人却不知道此事。闰月,他的病势加重,让文帝总揽统率诸军。辛亥日,在许昌驾崩,时年四十八岁。

二月,景帝的丧车从许昌回到京师,天子身穿素服亲临吊丧,下诏说:“公有救济天下安定国家的勋业,有平定祸乱的功绩,再加上为国事而死,应该增加特殊的礼遇。命令公卿商议丧制。”有关官员商议认为景帝的忠心安定了社稷,功劳救济了天下,应该按照霍光的先例,在大将军称号前追加大司马的封号,增加食邑五万户,谥号为武公。文

曰："臣亡父不敢受丞相相国九命之礼，亡兄不敢受相国之位，诚以太祖常所阶历也。今谥与二祖同，必所祇惧。昔萧何、张良、霍光咸有匡佐之功，何谥文终，良谥文成，光谥宣成。必以文武为谥，请依何等就加。"诏许之，谥曰忠武。晋国既建，追尊曰景王。武帝受禅，上尊号曰景皇帝，陵曰峻平，庙称世宗。

帝上表辞让说："臣已故的父亲不敢接受丞相相国九命的礼遇，臣已故的兄长不敢接受相国的职位，实在是因为太祖曾经担任过这一职位。如今谥号和武帝、文帝两位祖宗相同，一定会令人感到恐慌。昔日萧何、张良、霍光都有匡扶社稷辅佐君王的功劳，萧何谥号文终，张良谥号文成，霍光谥号宣成。如果一定要以'文''武'作谥号，请求依照萧何等人的先例来加赠。"天子下诏应允，定其谥号为忠武。晋国建立之后，追加尊号为景王。武帝接受禅让之后，又加尊号为景皇帝，陵墓叫峻平，庙号是世宗。

帝纪第二·文帝

文皇帝讳昭，字子上，景帝之母弟也。魏景初二年，封新城乡侯。正始初，为洛阳典农中郎将。值魏明奢侈之后，帝蠲除苛碎，不夺农时，百姓大悦。转散骑常侍。

大将军曹爽之伐蜀也，以帝为征蜀将军，副夏侯玄出骆谷[1]，次于兴势[2]。蜀将王林夜袭帝营，帝坚卧不动。林退，帝谓玄曰："费祎以据险距守，进不获战，攻之不可，宜亟旋军，以为后图。"爽等引旋，祎果驰兵趣三岭，争险乃得过。遂还，拜议郎。及诛曹爽，帅众卫二宫，以功增邑千户。

文皇帝的名讳是昭，字子上，是景帝的同母兄弟。魏景初二年(238)，受封为新城乡侯。正始初年，担任洛阳典农中郎将。正赶上魏明帝奢侈之风的后期，文帝免除苛刻繁琐之役，不占用农业生产的时间，百姓十分高兴。转任散骑常侍。

大将军曹爽讨伐蜀国的时候，任命文帝为征蜀将军，作为夏侯玄的副手从骆谷进军，在兴势山驻军。蜀国将领王林夜间袭击文帝营寨，文帝坚躺不动。王林退兵，文帝对夏侯玄说："费祎占据险要之地防守，我们进兵也无法交战，强攻又不行，应该赶紧撤军，以后再作打算。"曹爽等引兵回师，费祎果然加速行军赶到三岭，两军经过争夺险要之地，魏军才得以通过。于是回师，拜为议郎。等到诛杀曹爽时，文帝率领众人保卫二宫，凭借功劳增加食邑一千户。

今注　1 骆谷：地名。在今陕西周至西南。谷长四百余里，为关中与汉中之间交通要道。　2 兴势：古山名。在今陕西洋县。亦称兴势阪。山形如盆，外甚险，中有大谷。

蜀将姜维之寇陇右也，征西将军郭淮自长安距之。进帝位安西将军、持节，屯关中，为诸军节度。淮攻维别将句安于麴，久而不决。帝乃进据长城，南趣骆谷以疑之。维惧，退保南郑[1]，安军绝援，帅众来降。转安东将军、持节，镇许昌。

蜀国将领姜维侵犯陇右，征西将军郭淮从长安出兵抵御。加封文帝为安西将军，持有节杖，屯兵关中，作为诸军节度。郭淮在麴城进攻姜维的别将句安，长时间不分胜负。文帝于是进兵占据长城，向南奔赴骆谷来迷惑敌军。姜维感到害怕，退兵守卫南郑，句安的军队没有了援军，于是带领众军前来投降。文帝转任安东将军，持有节杖，镇守许昌。

及大军讨王淩，帝督淮北诸军事，帅师会于项。增邑三百户，假金印紫绶。寻进号都督，统征东将军胡遵、镇东将军诸葛诞伐吴，战于东关。二军败绩，坐失侯。

等到大军讨伐王淩时，文帝督管淮北诸军事，率领军队在项地会师。天子增加其封邑三百户，暂授金印紫绶。不久又加封号为都督，统领征东将军胡遵、镇东将军诸葛诞讨伐吴国，在东关交战。两军都打了败仗，文帝因此获罪失去侯爵。

蜀将姜维又寇陇右，扬声欲攻狄道[2]。以帝行征西将军，次长安。雍州刺史陈泰欲先贼据狄道，帝曰："姜维攻羌，收其质任，聚谷作邸阁[3]讫，而复转行至此，正欲了塞外诸羌，为后年之资耳。若

蜀将姜维又侵犯陇右，扬言要进攻狄道。命令文帝代行征西将军之职，驻军长安。雍州刺史陈泰想赶在贼寇之前占据狄道，文帝说："姜维攻击羌人，收取了他们的人质和任子，积聚粮谷建成了货栈，这才又转道来了这里，正是想了结塞外羌人的事，作为以后的资本。如果真是想攻打狄道，哪里肯向外

实向狄道，安肯宣露，令外人知？今扬声言出，此欲归也。”维果烧营而去。会新平羌胡叛，帝击破之，遂耀兵灵州[4]，北虏震詟[5]，叛者悉降。以功复封新城乡侯。

宣传，让别人知道呢？如今他扬言要出兵，正是想要撤军了。”姜维果然烧掉营垒而撤退。正好赶上刚平定的羌胡叛乱，文帝攻击打败了他们，于是在灵州炫耀军威，北方的敌人感到震惊畏惧，叛乱的人全都投降了。他凭借功劳又被重新封为新城乡侯。

今注 1 南郑：古县名。在今陕西汉中西南。 2 狄道：战国秦邑。在今甘肃临洮。因在狄人所居地置，故名。 3 邸阁：即邸店，又称邸舍，中国旧时民间的商业组织。主要业务为组织买卖双方直接成交，接受顾客委托代买、代卖或代运，也有兼营小部分自营业务的。 4 灵州：古县名。西汉惠帝四年（前191）置，属北地郡。在今宁夏灵武北黄河中沙洲上。 5 震詟（zhé）：震惊畏惧。

高贵乡公之立也，以参定策，进封高都侯，增封二千户。

高贵乡公被册立为君时，文帝参与了制定谋划，因此晋封为高都侯，增加食邑二千户。

毌丘俭、文钦之乱，大军东征，帝兼中领军，留镇洛阳。

毌丘俭、文钦叛乱，大军东征，文帝兼任中领军，留在洛阳镇守。

及景帝疾笃，帝自京都省疾，拜卫将军。景帝崩，天子命帝镇许昌，尚书傅嘏帅六军还京师。帝用嘏及钟会策，自帅军而还。至洛

等到景帝病重时，文帝从京师赶来探病，被任命为卫将军。景帝驾崩，天子命令文帝镇守许昌，尚书傅嘏率领六军回到京师。文帝采纳傅嘏和钟会的计策，亲自率军回京。到了洛阳，升为大将军，加侍中，都督中外诸

阳，进位大将军，加侍中，都督中外诸军，录尚书事，辅政，剑履上殿。帝固辞不受。

甘露元年春正月，加大都督，奏事不名。夏六月，进封高都公，地方七百里，加之九锡，假斧钺，进号大都督，剑履上殿。又固辞不受。秋八月庚申，加假黄钺，增封三县。

二年夏五月辛未，镇东大将军诸葛诞杀扬州刺史乐綝，以淮南作乱，遣子靓为质于吴以请救。议者请速伐之，帝曰："诞以毌丘俭轻疾倾覆，今必外连吴寇，此为变大而迟。吾当与四方同力，以全胜制之。"乃表曰："昔黥布叛逆，汉祖亲征；隗嚣[1]违戾，光武西伐；烈祖明皇帝乘舆仍出，皆所以奋扬赫斯，震耀威武也。陛下宜暂临戎，使将士得凭天威。今诸军可五十万，以众击寡，蔑不克矣。"

军，录尚书事，辅佐朝政，佩剑穿鞋上殿。文帝坚决推辞不接受。

甘露元年(256)春正月，加封为大都督，奏事时不必自报姓名。夏六月，晋封为高都公，封地方圆七百里，外加九锡，赐给斧钺，进封号为大都督，佩剑穿鞋上殿。文帝又坚决推辞不接受。秋八月庚申，加赐黄钺，增加封邑三个县。

二年(257)夏五月辛未，镇东大将军诸葛诞杀掉扬州刺史乐綝，占据淮南作乱，派遣其子诸葛靓为人质到吴国请求援军。参与朝议的大臣请求尽快讨伐诸葛诞，文帝说："诸葛诞因为看到毌丘俭轻敌冒进而覆亡，如今一定会勾结吴国贼寇，这就使得他兵力增大而行动迟缓。我们应该和四方势力同心协力，用完全胜利的办法来制服诸葛诞。"于是上表说："昔日黥布叛乱，汉高祖亲自征讨；隗嚣背叛，光武帝向西讨伐；烈祖明皇帝战车频繁出动，都是为了激奋宣扬气势，显耀威风武力。陛下应该暂且亲临战场，让将士们能够借助天子的威名。如今各军加起来约有五十万，以多击少，没有不攻克的。

今注 **1** 隗嚣(？—33)：字季孟，天水成纪(今甘肃静宁西南)人。王莽末年被当地豪杰拥立，据有天水、武都、金城等郡。后归附更始，旋自号“西州上将军”。后归汉，仍图谋割据，屡为汉军所败，忧愤而死。

秋七月，奉天子及皇太后东征，征兵青、徐、荆、豫，分取关中游军，皆会淮北。师次于项，假廷尉何桢节，使淮南，宣慰将士，申明逆顺，示以诛赏。甲戌，帝进军丘头。吴使文钦、唐咨、全端、全怿等三万余人来救诞，诸将逆击，不能御。将军李广临敌不进，泰山太守常时称疾不出，并斩之以徇。

八月，吴将朱异帅兵万余人，留辎重于都陆[1]，轻兵至黎浆[2]。监军石苞、兖州刺史州泰御之，异退。泰山太守胡烈以奇兵袭都陆，焚其粮运。苞、泰复进击异，大破之。异之余卒馁甚，食葛叶而遁，吴人杀异。帝曰：“异

秋七月，事奉天子和皇太后东征，征发青州、徐州、荆州、豫州的士兵，又召集了关中地区的流动军队，都在淮北会合。大军驻扎在项地，授予廷尉何桢节杖，派他出使淮南，代表皇帝抚慰将士，申明叛逆与忠顺，告知诛罚与赏赐。甲戌日，文帝进军到丘头。吴国派文钦、唐咨、全端、全怿等三万多人来救援诸葛诞，各路将领迎击敌军，敌军无法抵挡。将军李广面对敌人不前进，泰山太守常时称病不出兵，将二人一起斩杀示众。

八月，吴将朱异率领兵马万余人，把辎重留在都陆，轻装赶到黎浆。监军石苞、兖州刺史州泰抵御吴军，朱异退兵。泰山太守胡烈用奇兵袭击都陆，焚烧了吴军的运粮车。石苞、州泰又前进攻击朱异并大破其军。朱异剩下的兵卒非常饥饿，吃葛草的叶子然后逃跑了，吴国人杀了朱异。文帝说：“朱异到不了寿春，这不是他的罪过，但吴国人杀了他，恰好是要向寿春方面谢罪，坚

不得至寿春，非其罪也，而吴人杀之，适以谢寿春而坚诞意，使其犹望救耳。若其不尔，彼当突围，决一旦之命。或谓大军不能久，省食减口，冀有他变。料贼之情，不出此三者。今当多方以乱之，备其越逸，此胜计也。”因命合围，分遣羸疾就谷淮北，廪军士大豆，人三升。钦闻之，果喜。帝愈羸形以示之，多纵反间，扬言吴救方至。诞等益宽恣食，俄而城中乏粮。石苞、王基并请攻之，帝曰：“诞之逆谋，非一朝一夕也，聚粮完守，外结吴人，自谓足据淮南。钦既同恶相济，必不便走。今若急攻之，损游军之力。外寇卒至，表里受敌，此危道也。今三叛相聚于孤城之中，天其或者将使同戮。吾当以长策縻之，但

定诸葛诞守城的信念，让他仍然期望得到救援。如果诸葛诞不这样的话，他应该会突围，拼个你死我活。有人说大军无法持久围困，应减少口粮，期待有变动发生。我预计贼兵的情况，不出这三种。如今应当多方面迷惑他们，防备他们逃跑，这是打胜仗的计谋。”于是下令合围，分批遣送身体虚弱有疾病的士兵到淮北去就食，打开仓库分给军士大豆，每人三升。文钦听说后，果然大喜。文帝更加把虚弱的样子展示给他，派出很多间谍，散布吴国援军马上就要到了的消息。诸葛诞等更加放心任意吃喝，不久城中就缺粮了。石苞、王基一起请求去攻击，文帝说：“诸葛诞谋反，并非是一朝一夕的事情，聚集粮草，完善守备，对外勾结吴国人，自认为足以占据淮南。文钦既然和他互相帮忙，狼狈为奸，一定不会轻易逃走。现在如果攻击太急切，会有损流动部队的实力。外面的贼寇突然赶来，内外受敌，这是危险的道路。如今三路叛军相聚在孤城之内，上天或许想要把他们一网打尽。我们应该用长远的策略牵制他们，只需坚守城池的三面。如果贼人从陆路赶来，

坚守三面。若贼陆道而来，军粮必少，吾以游兵轻骑绝其转输，可不战而破外贼。外贼破，钦等必成擒矣。”全怿母，孙权女也，得罪于吴，全端兄子祎及仪奉其母来奔。仪兄静时在寿春，用钟会计，作祎、仪书以谲静。静兄弟五人帅其众来降，城中大骇。

军粮一定少，我们用装备轻便行动迅速的骑兵断绝他们的粮草转运，可以不战而打败外来的贼寇。外来的贼寇被击破，文钦等人一定会成为俘虏。”全怿的母亲是孙权的女儿，得罪了吴国，全端兄长的儿子全祎、全仪带着他们的母亲来投奔。全仪的兄长全静当时在寿春，文帝采纳了钟会的计策，伪造全祎、全仪的书信来欺骗全静。全静兄弟五人率领手下前来投降，寿春城中大为惊恐。

今注 **1** 都陆：即西汉博乡侯国，王莽改为杨陆。故址在今安徽六安西。**2** 黎浆：古水名。在今安徽寿县东南。上承芍陂，东流经黎浆亭南后注入肥水。三国魏甘露二年(257)，诸葛诞叛，吴将朱異渡黎浆水迎诞，即此。

三年春正月壬寅，诞、钦等出攻长围，诸军逆击，走之。初，诞、钦内不相协，及至穷蹙，转相疑贰。会钦计事与诞忤，诞手刃杀钦。钦子鸯攻诞，不克，逾城降。以为将军，封侯，使鸯巡城而呼。帝见城上持弓者不发，谓诸将曰：“可

三年(258)春正月壬寅，诸葛诞、文钦等出城攻打围城军队，各军迎击，打跑了他们。当初，诸葛诞、文钦内部不融洽，等到了处境窘迫之际，转而互相猜疑。恰好文钦在计议事情时和诸葛诞不合，诸葛诞持刀杀了文钦。文钦之子文鸯攻击诸葛诞，没成功，逃出城来投降。任命他为将军，封侯爵，派文鸯绕着城呼喊。文帝看到城墙上持弓的人不放箭，对众将说：“可以进攻了。”

攻矣！”

二月乙酉，攻而拔之，斩诞，夷三族。吴将唐咨、孙曼、孙弥、徐韶等帅其属皆降，表加爵位，廪其馁疾。或言吴兵必不为用，请坑之。帝曰：“就令亡还，适见中国之弘耳。”于是徙之三河[1]。

二月乙酉，攻打并夺取了城池，斩杀了诸葛诞，夷灭了他的三族。吴国将领唐咨、孙曼、孙弥、徐韶等带领自己的部下全都投降了，文帝表奏加封爵位，救济饥饿伤病的人。有人说吴国兵卒一定不会为我所用，请求活埋了他们。文帝说：“即使让他们逃回吴国，也正好能显示我中原国家的大度。”于是把他们迁徙到三河。

今注 1 三河：汉代称河东、河内、河南三郡为三河，与三辅、弘农同为畿辅之地。

夏四月，归于京师，魏帝命改丘头曰武丘，以旌武功。

五月，天子以并州之太原、上党、西河、乐平、新兴、雁门，司州[1]之河东、平阳、八郡，地方七百里，封帝为晋公，加九锡，进位相国，晋国置官司焉。九让，乃止。于是增邑万户，食三县，诸子之无爵者皆封列侯。

秋七月，奏录先世名臣元功大勋之子孙，随才叙用。

夏四月，回到京师，魏帝下令改丘头为武丘，用来表彰战功。

五月，天子把并州的太原、上党、西河、乐平、新兴、雁门，司州的河东、平阳八个郡，方圆七百里，赐给文帝，并封他为晋公，加赐九锡，进官为相国，在晋国设置官府衙门。文帝辞让了九次，才作罢。于是增加食邑一万户，享用三个县的赋税，儿子当中没有爵位的全都封为列侯。

秋七月，奏请天子录用前朝名臣、有大功劳和大勋业者的子孙，根据他们的才能加以任用。

今注 **1** 司州：三国魏建都洛阳，以三河、弘农为司隶校尉所部，号称司州。

四年夏六月，分荆州置二都督，王基镇新野，州泰镇襄阳。使石苞都督扬州，陈骞都督豫州，钟毓都督徐州，宋钧监青州诸军事。

景元元年夏四月，天子复命帝爵秩如前，又让不受。天子既以帝三世宰辅，政非己出，情不能安，又虑废辱，将临轩召百僚而行放黜。

五月戊子夜，使冗从仆射李昭等发甲于陵云台，召侍中王沈、散骑常侍王业、尚书王经，出怀中黄素诏示之，戒严俟旦。沈、业驰告于帝，帝召护军贾充[1]等为之备。天子知事泄，帅左右攻相府，称有所讨，敢有动者族诛。相府兵将止不敢战，贾充叱诸将

四年(259)夏六月，分割荆州，设置两个都督，王基镇守新野，州泰镇守襄阳。派石苞任扬州都督，陈骞任豫州都督，钟毓任徐州都督，宋钧监青州诸军事。

景元元年(260)夏四月，天子又下令给文帝以前的爵位和俸禄，文帝又辞让不接受。天子认为文帝三世都是当朝宰辅，政令不由自己发出，因此心中感到不安，又担心可能被废掉受辱，因此准备亲临大殿召集百官放逐罢黜文帝。

五月戊子夜，天子派冗从仆射李昭等人在凌云台派遣甲士，召来侍中王沈、散骑常侍王业、尚书王经，从怀中拿出黄绢诏书给他们看，戒严等待天亮。王沈、王业紧急骑马告诉文帝，文帝召来护军贾充等人做了防备。天子知道事情泄露了，带领手下攻打相府，宣称有叛逆要讨伐，如果有敢抵抗的就诛杀全族。相府的兵将都住手而不敢交战，贾充喝斥诸将说：“主公

曰："公畜养汝辈，正为今日耳！"太子舍人成济[2]抽戈犯跸，刺之，刃出于背，天子崩于车中。

供养你们这些人，正是为了今天啊！"太子舍人成济抽出戈进犯车驾，刺向天子，利刃从后背刺出，天子在车中驾崩。

今注 **1** 贾充(217—282)：西晋大臣。字公闾，平阳襄陵(今山西临汾东南)人。三国魏时，任大将军司马、廷尉，为司马氏心腹。指使杀魏帝曹髦，参与司马氏代魏密谋。晋初，任司空、侍中、尚书令。灭吴战争中，他以太尉充大都督，总统诸军。长于法理，主持修订《晋律》。 **2** 成济(？—260)：三国曹魏官员。官太子舍人。司马昭专擅朝政，曹髦不能堪，率僮仆攻昭。司马昭党羽中护军贾充迎战，使济刺死髦。昭诿罪于济，捕杀之。

帝召百僚谋其故，仆射陈泰不至。帝遣其舅荀𫖮舆致之，延于曲室，谓曰："玄伯，天下其如我何？"泰曰："惟腰斩贾充，微以谢天下。"帝曰："卿更思其次。"泰曰："但见其上。不见其次。"于是归罪成济而斩之。太后令曰："昔汉昌邑王以罪发为庶人，此儿亦宜以庶人礼葬之，使外内咸知其所行也。"杀尚书王经，贰于我也。

文帝召集百官商议这次变故，仆射陈泰没到。文帝派他舅舅荀𫖮用车把他接来，引到密室，对他说："玄伯，天下人要拿我怎么样？"陈泰说："只有腰斩了贾充，才能稍微向天下谢罪。"文帝说："你再考虑一下除他之外的人。"陈泰说："我只能想到上策，想不到其次的对策。"文帝于是把罪名都归到成济身上并杀了他。太后下令说："昔日汉昌邑王因为犯罪被废为百姓，这个人也应该用百姓的礼节埋葬，让朝廷内外都知道他的所作所为。"文帝杀掉了尚书王经，因为他对自己不忠。

庚寅，帝奏曰："故高贵乡公帅从驾人兵，拔刃鸣鼓向臣所，臣惧兵刃相接，即敕将士不得有所伤害，违令者以军法从事。骑督成倅弟太子舍人济入兵阵，伤公至陨。臣闻人臣之节，有死无贰；事上之义，不敢逃难。前者变故卒至，祸同发机，诚欲委身守死，惟命所裁。然惟本谋，乃欲上危皇太后，倾覆宗庙。臣忝当元辅，义在安国，即骆驿申敕，不得迫近舆辇。而济妄入阵间，以致大变，哀怛痛恨，五内摧裂。济干国乱纪，罪不容诛，辄收济家属，付廷尉。"太后从之，夷济三族。与公卿议，立燕王宇之子常道乡公璜为帝。

六月，改元。丙辰，天子进帝为相国，封晋公，增十郡，加九锡如初，群从子弟未侯者封亭侯，赐钱

庚寅日，文帝上奏说："已故高贵乡公率领手下人马，拔刀击鼓冲向臣下的住宅，臣下害怕发生战斗，立刻下令将士不能伤害他，违反命令的人用军法处置。骑督成倅的弟弟太子舍人成济冲入兵阵，刺伤了高贵乡公导致其死亡。臣下知道做臣子的节操，发生这样的事只有以死谢罪一条路；事奉君主的大义，不敢逃避灾难。日前的事仓促间发生，灾祸像箭在弦上，我真想把命交出来等死，全都听凭皇太后的裁决。然而想一想他这么做的本意，乃是要向上危及皇太后，颠覆宗庙。臣下愧为大臣之首，大义在于安定国家，因此不断告诫属下，不能迫近皇帝的车驾。但成济擅自闯入阵中，以致发生大变故。臣下感到痛苦悔恨，五脏俱裂。成济侵犯国君扰乱法纪，诛杀他也抵不了他的罪过，应连他的家属一起捉拿，交给廷尉。"太后听从了奏陈，夷灭了成济的三族。文帝和公卿商议，立燕王曹宇的儿子常道乡公曹璜为皇帝。

六月，改年号。丙辰日，天子升任文帝为相国，封为晋公，增加十个郡的封邑，像当初一样加赐九锡，其他叔伯

千万，帛万匹。固让，乃止。

兄弟子侄中没有封侯的都封为亭侯，赏赐钱千万，帛万匹。文帝坚决辞让，这才作罢。

冬十一月，吴吉阳督萧慎以书诣镇东将军石苞伪降，求迎。帝知其诈也，使苞外示迎之，而内为之备。

冬十一月，吴国的吉阳都督萧慎写信给镇东将军石苞假意投降，请求接应。文帝知道他是欺诈，让石苞假装迎接，暗中做好准备。

二年秋八月甲寅，天子使太尉高柔授帝相国印绶，司空郑冲致晋公茅土九锡，固辞。

二年(261)秋八月甲寅，天子派太尉高柔授予文帝相国的印绶，司空郑冲送给晋公象征分封的茅土和九锡，文帝坚决辞让。

三年夏四月，肃慎[1]来献楛矢[2]、石砮、弓甲、貂皮等，天子命归于大将军府。

三年(262)夏四月，肃慎来进贡楛矢、石砮、弓甲、貂皮等物，天子命令将其送到大将军府。

今注 **1** 肃慎：古族名。商、周时居于长白山北，“东滨大海”，西至松嫩平原，北至黑龙江中下游。周武王、成王时曾以楛矢、石砮来贡。一般认为汉以后的挹娄，南北朝后的勿吉、靺鞨、女真都和它有渊源关系。**2** 楛(hù)矢：以楛木为杆，以石为镞做成的箭，故名。传说中的舜、禹时代，肃慎即献此物。

四年春二月丁丑，天子复命帝如前，又固让。

四年(263)春二月丁丑，天子又像之前一样加封文帝，文帝又坚决辞让。

三月，诏大将军府增置司马一人，从事中郎二人，舍人十人。

三月，天子下诏令大将军府增置司马一人，从事郎中二人，舍人十人。

夏天，文帝准备讨伐蜀国，于是

夏，帝将伐蜀，乃谋众曰："自定寿春已来，息役六年，治兵缮甲，以拟二虏。略计取吴，作战船，通水道，当用千余万功，此十万人百数十日事也。又南土下湿，必生疾疫。今宜先取蜀，三年之后，在巴蜀顺流之势，水陆并进，此灭虞定虢，吞韩并魏之势也。计蜀战士九万，居守成都及备他郡不下四万，然则余众不过五万。今绊姜维于沓中[1]，使不得东顾，直指骆谷，出其空虚之地，以袭汉中。彼若婴城守险，兵势必散，首尾离绝。举大众以屠城，散锐卒以略野，剑阁[2]不暇守险，关头[3]不能自存。以刘禅之暗，而边城外破，士女内震，其亡可知也。"征西将军邓艾以为未有衅，屡陈异议。帝患之，使主簿师纂为艾司马以喻之，

和众人谋划说："自从平定寿春以来，六年没有打仗，训练士兵，修缮兵器甲胄，以消灭两个敌国。我大致估算，若攻取吴国，需要打造战船，疏通水路，这需要动用成千上万的人工，这是十万人上百天的事情。另外南方地势低下潮湿，一定会发生疾病瘟疫。如今应该先攻取蜀国，三年之后，利用巴蜀地区顺流直下的地势，水陆并进，这是古时候灭掉虞国平定虢国，吞掉韩国兼并魏国的形势啊。估计蜀国有战士九万人，居守成都和守备其他郡县的不下四万人，那么剩下的兵马不过五万。如今把姜维牵制在沓中，让他不能顾及东边，我军直指骆谷，从蜀国空虚的地方出击，袭击汉中。对方如果据城守险，则兵力必定分散，首尾分离。我方以大军猛攻城池，把精锐分散出去占领郊野，那剑阁就会来不及据守，关头就会无法独自保全。以刘禅的愚蠢，一旦边境城市被攻破，朝廷官员和后宫女眷就会感到震惊恐慌，蜀国的灭亡就是可以预知的了。"征西将军邓艾认为当前还没有机会可乘，多次陈述不同的意见。文帝感到忧虑，派主

艾乃奉命。于是征四方之兵十八万，使邓艾自狄道攻姜维于沓中，雍州刺史诸葛绪自祁山军于武街[4]，绝维归路，镇西将军钟会帅前将军李辅、征蜀护军胡烈等自骆谷袭汉中。

簿师纂作为邓艾的司马来晓谕他，邓艾这才接受了命令。于是征召四方之兵十八万人，派邓艾从狄道出兵在沓中攻击姜维，雍州刺史诸葛绪从祁山出兵驻守武街，截断姜维的退路，镇西将军钟会率领前将军李辅、征蜀护军胡烈等从骆谷袭击汉中。

今注 **1** 沓中：古地区名。在今甘肃舟曲以西、岷县以南。三国魏景元三年(262)，蜀将姜维攻魏，为邓艾所败，退居沓中，即此。其地东控陇蜀通道，为战略要地。 **2** 剑阁：在今四川剑阁东北剑门镇剑门关。 **3** 关头：即白水关。在今四川广元东北，为蜀北门户。 **4** 武街：即汉下辨县。在今甘肃成县西北。

秋八月，军发洛阳，大赉将士，陈师誓众。将军邓敦谓蜀未可讨，帝斩以徇。

九月，又使天水太守王颀攻维营，陇西太守牵弘邀其前，金城太守杨颀趣甘松[1]。钟会分为二队，入自斜谷，使李辅围王含于乐城[2]，又使步将易恺攻蒋斌于汉城[3]。会直指阳安[4]，护军胡烈攻陷关城。姜维闻之，引还，王颀追败维于彊川。

秋八月，大军从洛阳出发，文帝大赏将士，列阵誓师。将军邓敦说蜀国不宜讨伐，文帝将他斩首示众。

九月，又派天水太守王颀进攻姜维的军营，派陇西太守牵弘从正面拦截，派金城太守杨颀奔赴甘松。钟会兵分两路，从斜谷进击，派李辅把王含围困在乐城，又派步将易恺在汉城进攻蒋斌。钟会直奔阳安，护军胡烈攻下了关城。姜维听说后，领兵回撤，王颀追击并在彊川击败了姜维。姜维和张翼、维与张翼、廖化合军守剑阁，钟会攻之。

廖化合军防守剑阁，钟会率军攻打剑阁。

今注 1 甘松：地名。在今甘肃迭部一带。 2 乐城：县名。三国蜀汉改成固县置，属汉中郡。在今陕西城固东湑水西岸。西晋复名成固。 3 汉城：在今陕西勉县。 4 阳安：即阳平关。在今陕西勉县西武侯镇。魏晋南北朝时为川陕交通要冲。

冬十月，天子以诸侯献捷交至，乃申前命曰：

“朕以寡德，获承天序，嗣我祖宗之洪烈。遭家多难，不明于训。曩者奸逆屡兴，方寇内侮，大惧沦丧四海，以堕三祖之弘业。

“惟公经德履哲，明允广深，迪宣武文，世作保傅，以辅乂皇家。栉风沐雨，周旋征伐，劬劳王室，二十有余载。毗翼前人，仍断大政，克厌不端，维安社稷。暨俭、钦之乱，公绥援有众，分命兴师，统纪有方，用

冬十月，天子因为诸侯纷纷献捷，于是重申之前的命令说：

“我德行不高，继位为帝，继承了祖宗的伟业。碰上了国家多灾多难，无法光大祖宗的训诲。过去奸贼叛逆屡次作乱，四方的贼寇欺辱我国，我非常害怕国家沦丧，从而毁掉三代祖先的伟业。

“公道德高尚，举止明哲，明察公允，识广谋深，继承光大武功文才，世代担任保育、教导天子的大任，以辅佐皇家。经常在外面不顾风雨辛苦奔波，四方征战讨伐，为王室操劳，已经有二十多年。辅佐前人，多次决断大事，制止不端的行为，维护社稷的安稳。等到毌丘俭、文钦作乱时，公安抚救助百姓，接受命令动员军队，统领有方，因此淮河两岸得以平定安宁。在此之后巴蜀多次入侵，西部不得安宁，公用奇谋指挥授意，

缉宁淮浦。其后巴蜀屡侵，西土不靖，公奇画指授，制胜千里。是以段谷[1]之战，乘衅大捷，斩将搴旗，效首万计。孙峻猾夏，致寇徐方，戎车首路，威灵先迈，黄钺未启，鲸鲵窜迹。孙壹构隙，自相疑阻，幽鉴远照，奇策洞微，远人归命，作籓南夏，爰授锐卒，毕力戎行。暨诸葛诞滔天作逆，称兵扬楚，钦、咨逋罪，同恶相济，帅其蝉贼，以入寿春，凭阻淮山，敢距王命。公躬擐甲胄，龚行在罚，玄谋庙算，遵养时晦。奇兵震击，而朱異摧破；神变应机，而全琮稽服；取乱攻昧，而高墉不守。兼九伐[2]之弘略，究五兵[3]之正度。用能战不穷武，而大敌歼溃；旗不再麾，而元憝授首。收

使千里之外的军队取得胜利。因此段谷之战，我军抓住机会获得大捷，斩杀敌将，拔掉敌旗，杀敌以万计。孙峻扰乱华夏，进犯徐方，公乘战车出发，威名先行，黄钺还没使用，凶恶的敌人已经抱头鼠窜了。孙壹和我们结怨，相互猜疑，公分析深邃如明镜远照，神奇的计策洞察细微，远方之人归顺王命，成为我国在南边的屏障，于是授予他精锐健卒，让他在军事上尽心尽力。接着诸葛诞罪恶滔天背叛国家，在扬楚之地起兵作乱，文钦、唐咨逃避刑罚，和诸葛诞狼狈为奸，率领手下叛贼，攻入寿春，凭借淮河山川险阻，竟然抗拒王命。公亲自披上盔甲，恭敬地执行上天的刑罚，计谋玄妙，决策高明，按照时令隐晦。出奇兵猛烈攻击，朱異被击溃；用神奇的变化捕捉战机，全琮被收服；平定骚乱，攻击昏昧，即使再高的城墙也守不住。身兼古代九种征伐的广大谋略，掌管五兵尚书的正当法度。才具善战却不穷兵黩武，但敌军已经被击溃歼灭；帅旗不必挥动两次，首恶就已经掉了脑袋。收服了强大吴国的能臣，俘获了逃亡的罪犯。这些敌人全都拱手屈膝投降，把自己的生

剃吴之隽臣,系亡命之逋虏。交臂屈膝,委命下吏,俘馘十万,积尸成京。雪宗庙之滞耻,拯兆庶之艰难。扫平区域,信威吴会,遂戢干戈,靖我疆土,天地鬼神,罔不获乂。乃者王室之难,变起萧墙,赖公之灵,弘济艰险。宗庙危而获安,社稷坠而复宁。忠格皇天,功济六合。是用畴咨古训,稽诸典籍,命公崇位相国,加于群后,启土参墟[4],封以晋域。所以方轨齐鲁,翰屏帝室。而公远蹈谦逊,深履冲让,固辞策命,至于八九。朕重违让德,抑礼亏制,以彰公志,于今四载。上阙在昔建侯之典,下违兆庶具瞻之望。

命交托给我国的下级官吏,俘虏斩杀敌军十多万,尸首堆积如山。洗刷了宗庙先前的耻辱,拯救了黎民百姓的生活艰难。扫平了战乱地区,威力展示到了吴国管辖区域。于是收起了兵器,安定了我国疆土,天地鬼神,全都获得了安宁。前次王室发生灾难,变故从内部产生,幸亏公之威灵,助其度过了艰险。原本危难的宗庙重获安定,原本摇摇欲坠的社稷重归安宁。公之忠诚上达皇天,公之功业普济天下。因此借鉴古代的训示,考查各种典籍,册命公登上崇高的相国之位,地位在公卿诸侯之上,又在天上参宿的分野内分封土地,把晋的区域分封给公。这样就能像周朝的齐国、鲁国一样,成为皇室的支柱和屏障。但公十分谦逊,极其谦让,坚决地推辞策命,以至八九次之多。朕难以违背谦让的美德,只好抑制礼法枉屈制度,来彰显公的志向,至今已经四年了。对上有损昔日封侯建国的典章法度,对下有违万民殷切的期望。

今注 **1** 段谷:在今甘肃天水东南。邓艾破姜维于此。 **2** 九伐:九种须加征伐之事。《周礼·夏官·大司马》:"以九伐之法正邦国:冯弱犯寡则眚之,贼贤害民则伐之,暴内陵外则坛之,野荒民散则削之,负固不服则侵之,贼杀其亲则正之,放弑其君则残之,犯令陵政则杜之,外内乱、鸟兽行则灭之。” 3 五兵:即五兵尚书,属尚书省。三国魏始置,掌军事枢务,主管全国军事,领中兵、外兵、骑兵、别兵、都兵五郎曹。 4 参墟:亦作“参虚”。参星的分野。当今山西、河南一带。

“惟公严虔王度,阐济大猷,敦尚纯朴,省繇节用,务穑劝分,九野康乂。耆叟荷崇养之德,鳏寡蒙矜恤之施,仁风兴于中夏,流泽布于遐荒。是以东夷西戎,南蛮北狄,狂狡贪悍,世为寇雠者,皆感义怀惠,款塞内附,或委命纳贡,或求置官司。九服[1]之外,绝域之氓,旷世所希至者,咸浮海来享,鼓舞王德,前后至者八百七十余万口。海隅幽裔,无思不服;虽西旅远贡,越裳[2]九译,义无以逾。维翼朕躬,下匡万国,思靖殊方,宁济八极。以庸蜀[3]未宾,蛮荆作猾,潜谋独断,整军经武。简

“公严格尊奉朝廷法度,创立并完善治国大道,崇尚纯朴,节省徭役用度,鼓励从事农业劳动,劝导人们有无相济,九州之地都康泰安定。老年人感念您崇敬奉养的美德,鳏夫寡妇蒙受您怜悯体恤的恩施,仁义之风在中原盛行,恩德遍布遥远荒凉之地。因此东夷西戎、南蛮北狄,狂暴狡猾、贪婪凶悍而且世代和中原为敌的人,都感受到公之道义和恩惠,叩塞门而来归降依附,有的听命纳贡,有的请求设置官府管理。九服之外,绝远地区的百姓,长久以来人迹罕至之地,全都漂洋过海来进贡,激励赞美王者之德,前前后后一共来了一百七十多万人。海角幽远之地的百姓也没有不顺服的;即使是西域商人千里迢迢来进贡,越裳国经过多次辗转翻译来朝拜,也都没有超出此义。公思虑着辅佐朕,对下匡正万国,思虑着安抚异域,平定八方。因为四川蜀地尚未臣服,野蛮的荆楚还在作乱,公暗中策划,独自决断,整顿军队,经营

练将帅,授以成策,始践贼境,应时摧陷。狂狡奔北,首尾震溃,禽其戎帅,屠其城邑。巴汉震叠,江源云彻,地平天成[4],诚在斯举。公有济六合之勋,加以茂德,实总百揆,允厘庶政。敦五品[5]以崇仁,恢六典[6]以敷训。而靖恭夙夜,劳谦昧旦,虽尚父之左右文武,周公之勤劳王家,罔以加焉。

武备。挑选训练将帅,授予他们已经定好的策略,因此我军刚踏进贼寇的领地,很快就将他们击溃。疯狂狡猾的敌人向北逃窜,首尾都震恐溃散,活捉了敌军的统帅,屠戮了他们的城池。巴汉之地震惊恐惧,长江源头的乌云彻底消散,一切都安排妥帖,全都在于这一次行动。公有救济天下的功勋,再加上德行高尚,确实能统领百官,处理各种政务。公重视五常来推崇仁义,弘扬六典来恢复古训。日夜静肃恭谨,早晚辛劳谦逊,即使是吕尚辅佐周文王、周武王,周公勤劳辅佐周王室,也无法超过您啊。

【今注】 1 九服:指王畿周围千里以外的九等地区,为各级诸侯领地及外族所居之地。每五百里一服,为侯服、甸服、男服、采服、卫服、蛮服、夷服、镇服、藩服。后泛指全国。 2 越裳:亦作"越常"。亦作"越尝"。古南海国名。据《汉书》记载,其国曾于周朝时经过九次翻译前来朝觐。 3 庸蜀:庸、蜀皆古国名,泛指今四川地区。庸在夔州(今重庆奉节)一带,蜀在成都一带。 4 地平天成:原指禹治水成功而使天之生物得以有成。后常比喻一切安排妥帖。 5 五品:即五常,指仁、义、礼、智、信。 6 六典:周代辅佐帝王治理邦国的六种法典。即治典、礼典、教典、政典、刑典、事典。

"昔先王选建明德,光启诸侯,体国经野,方制

"昔日先王选拔德才兼备的人才建立国家,扩大诸侯领地,划分国都,丈

五等。所以藩翼王畿，垂祚百世也。故齐鲁之封，于周为弘，山川土田，邦畿七百，官司典策，制殊群后。惠襄之难[1]，桓文[2]以翼戴之劳，犹受锡命之礼，咸用光畴大德，作范于后。惟公功迈于前烈，而赏阙于旧式，百辟于邑，人神同恨焉，岂可以公谦冲而久淹弘典哉？今以并州之太原、上党、西河、乐平、新兴、雁门，司州之河东、平阳、弘农，雍州之冯翊，凡十郡，南至于华，北至于陉，东至于壶口，西逾于河，提封之数，方七百里，皆晋之故壤，唐叔[3]受之，世作盟主，实纪纲诸夏，用率旧职。爰胙兹土，封公为晋公。命使持节、兼司徒、司隶校尉陔即授印绶策书，金兽符第一至第五，竹使符第一至第十。锡兹玄土，苴以白茅，建尔国家，以永藩魏室。

量田野，制定疆域分为五等。以此来分封土地作为王畿的屏障和羽翼，使得皇位可以百代流传。因此齐国和鲁国被分封，对周朝来说是扩大势力，齐鲁的山川田地，邦国都城方圆七百里，机构设置和典章制度都跟其他诸侯不同。周惠王和周襄王遇难，齐桓公、晋文公因为保驾拥戴的功劳，受到九锡策命的礼遇，全是为了光耀大功德，为后世树立典范。公之功劳超过前代功臣，而赏赐却不符旧例，还屡次推辞封邑，人神都感到遗憾，怎么能因为公的谦逊而长久违背大典呢？现在把并州的太原、上党、西河、乐平、新兴、雁门，司州的河东、平阳、弘农，雍州的冯翊，一共十个郡，南边到华山，北边到西陉山，东边到壶口，西边越过黄河，疆域一共方圆七百里，都是晋国原来的土地，唐叔接受了这片土地，世代做盟主，实际上管理中原地区，以遵循过去的职责。因此赐予公这片土地，封公为晋公。命令使持节、兼司徒、司隶校尉武陔立刻授予印信绶带以及分封的策书，金兽符第一至第五，竹使符第一至第十。赐予公黑土，用白茅包裹，建立你的国家，从而永远屏卫大魏王室。

今注 1 惠襄之难:周襄王是周惠王之子,前652年即位。前649年,异母弟王子带联合戎、翟谋乱,被发觉,叔带逃至齐。齐管仲率兵助周王室平定内乱。王子带返周后又与翟人作乱,襄王被迫奔郑。次年,晋文公举兵平乱,诛带,遂复位。周王于是承认晋文公为霸主,将河内之地赐给晋国。 2 桓文:春秋时最早开创霸业的齐桓公小白与晋文公重耳,二人各为春秋五霸之一。 3 唐叔:又称唐叔虞。西周诸侯。姬姓,名虞,字子于。周武王之子,成王之弟。成王时唐(今山西翼城西)人作乱,被周公攻灭,受封于唐。其子燮继位后,因南有晋水,改称晋侯,故唐叔为晋国之始祖。

"昔在周召,并以公侯,入作保傅。其在近代,酂侯萧何,实以相国,光尹汉朝。随时之制,礼亦宜之。今进公位为相国,加绿綟绶[1]。又加公九锡,其敬听后命。以公思弘大猷,崇正典礼,仪刑作范,旁训四方,是用锡公大辂、戎辂[2]各一,玄牡二驷。公道和阴阳,敬授人时,啬夫反本,农殖维丰,是用锡公衮冕之服,赤舄[3]副焉。公光敷显德,惠下以和,敬信思顺,庶尹允谐,是用锡公轩悬之乐、六佾[4]之舞。公镇靖宇宙,翼

"过去在周公、召公的时候,都是以公侯的身份,入朝担任太保太傅之职。在近代,酂侯萧何实际上依靠相国的身份来协助治理汉朝。这是顺应天时的制度,在礼法上也是合适的。现在进封公的职位为相国,加赐绿綟绶。又把九锡赐给公,请公恭敬地听从后面的命令。由于公思虑弘扬大道,崇敬典章礼法,遵守法度,身为典范,成为四方的榜样,因此赐公大辂、戎辂各一件,黑色公马八匹。公的道行调和阴阳天地,崇敬天授人时,农夫都返回田地务本,农业畜牧业生产丰饶,因此赐给公衮冕之服,配上赤舄鞋。公传布显赫的德行,用谦和施惠下人,崇敬诚信思虑忠顺,官民和美信实,因此

播声教，海外怀服，荒裔款附，殊方驰义，诸夏顺轨，是用锡公朱户[5]以居。公简贤料材，营求俊逸，爰升多士，置彼周行，是用锡公纳陛[6]以登。公严恭寅畏，底平四国，式遏寇虐，苛厉不作，是用锡公武贲之士三百人。公明慎用刑，简恤大中，章厥天威，以纠不虔，是用锡公铁钺[7]各一。公爰整六军，典司征伐，犯命陵正，乃维诛殛，是用锡公彤弓一、彤矢百，兹弓十、兹矢千。公飨祀蒸蒸，孝思维则，笃诚之至，通于神明，是用锡公秬鬯[8]一卣[9]，圭瓒[10]副焉。晋国置官司以下，率由旧式。

“往钦哉！祗服朕命，弘敷训典，光泽庶方，永终尔明德，丕显余一人之休命。”

公卿将校皆诣府喻旨，帝以礼辞让。

赐给公轩悬之乐、六佾之舞。公镇抚平静天下，辅翼传播声威教化，海外归化服从，蛮荒之民诚心归附，异域慕义驱驰而来，中原诸侯归顺正道，因此赐公红漆大门用于居所。公选拔衡量贤才，搜求俊逸之士，提拔了很多人，置身于我朝官员之列，因此赐公纳陛登殿。公严肃恭顺敬畏戒惧，平定四国，遏制贼寇暴虐，苛刻虐害不再兴起，因此赐公勇武猛士三百人。公用刑明察谨慎，公允不滥，彰显天威，纠杀反叛，因此赐公铁钺各一件。公整顿六军，主持征伐，冒犯天命超越正道者，都被诛杀，因此赐公红弓一张、红箭百支，黑弓十张、黑箭千支。公祭祀祖先恭敬孝顺，孝心可做世人榜样，笃厚真诚至极，连神明都知晓，因此赐公秬鬯一卣，配上圭瓒。晋国的官府设置，都按照以前的制度。

“真是值得敬佩呀！应该恭敬地服从朕的命令，弘扬古训典章，使光芒照亮四方，永远继续你的美德，大大彰显朕命之美好。”

公卿将校都去文帝府上宣旨，文帝按照礼法辞让。

今注 1 绿綟(lì)绶:一种黑黄而近绿色的丝带。古代三公以上用绿綟绶。 2 大辂(lù):即玉辂。古时君王所乘之车。戎辂:兵车。 3 赤舄(xì):古代天子、诸侯所穿的鞋。赤色,重底。 4 六佾(yì):周朝诸侯所用乐舞之格局:六列,每列六人,共三十六人;或云,每列八人,六列共四十八人。 5 朱户:古代帝王赏赐诸侯或有功大臣的朱红色的大门,古为"九锡"之一。 6 纳陛:九锡器物之一。九锡原为帝王专用,汉代以此赐与有特殊功勋的贵族、重臣。 7 𫓧钺(fū yuè):同"斧钺"。古代军法用以斩杀罪犯的斧子。代指帝王赐予的专征专杀之权。 8 秬鬯(jù chàng):古代以黑黍和香草酿造的酒,用于祭祀降神及赏赐有功的诸侯。 9 卣(yǒu):古代一种盛酒的器具,口小腹大,有盖和提梁。 10 圭瓒(zàn):古代的一种玉制灌酒器,形状如勺,以圭为柄,用于祭祀。

司空郑冲率群官劝进曰:"伏见嘉命显至,窃闻明公固让,冲等眷眷,实有愚心。以为圣王作制,百代同风,褒德赏功,有自来矣。昔伊尹,有莘氏之媵臣耳[1],一佐成汤,遂荷阿衡[2]之号。周公藉已成之势,据既安之业,光宅曲阜,奄有龟蒙。吕尚,磻溪之渔者也,一朝指麾,乃封营丘。自是以来,功薄而赏厚者,不可胜数,然贤哲之士,犹以为美谈。况自

司空郑冲带领众官劝告文帝说:"看到美好的命令显赫地到来,听说明公坚决辞让,郑冲等人忠心耿耿,实在是有自己的想法。我们认为古圣先王创立制度,百代都是一样的风气,褒扬有德,赏赐功勋,这是有渊源的。昔日的伊尹是有莘氏陪嫁的奴仆,一旦辅佐了成汤,就有了阿衡的称号。周公凭借已经成形的国势,依据着已经安稳的基业,在曲阜光耀自己的宅邸,封国疆土涵盖龟山、蒙山。吕尚原本是磻溪的渔夫,一朝挥动令旗,就受封于营丘。从那时以来,功劳小但赏赐丰厚的人,数不胜数,但贤德睿智之人,

先相国以来，世有明德，翼辅魏室，以绥天下，朝无秕政，人无谤言。前者明公西征灵州，北临沙漠，榆中以西，望风震服，羌戎来驰，回首内向，东诛叛逆，全军独克。禽阖闾之将，虏轻锐之卒以万万计，威加南海，名慑三越，宇内康宁，苛慝不作。是以时俗畏怀，东夷献舞。故圣上览乃昔以来礼典旧章，开国光宅，显兹太原。明公宜承奉圣旨，受兹介福，允当天人。元功盛勋，光光如彼；国土嘉祚，巍巍如此。内外协同，靡愆靡违。由斯征伐，则可朝服济江，扫除吴会，西塞江源，望祀岷山。回戈弭节，以麾天下，远无不服，迩无不肃。令大魏之德，光于唐虞；明公盛勋，超于桓文。然后临沧海而谢文伯[3]，登箕山而揖许由[4]，岂不盛乎！至公

仍然把这当作美谈。更何况自己故的相国以来，明公家世代都有光明之德，辅佐着魏王室，从而平定天下，朝廷内没有弊政，所有人都没有怨言。从前明公西征灵州，北临沙漠，榆中以西，听到风声都震恐顺服，羌戎前来，回首归附，向东诛杀叛逆，全军大胜。擒获吴国的将领，俘虏的精锐士卒不计其数，威名覆盖南海，名声震慑三越，天下安宁平静，暴虐邪恶不兴。所以世间敬畏感怀，东夷献上乐舞。因此圣上阅览古代以来的礼仪典章制度，为公立封国光耀宅第，显赫于太原。明公应当遵奉圣旨，接受这个大福，让天和人的关系允当。大功大德，如此显耀；封疆裂土，福祚显赫。赏赐与功绩切合，没有超过也没有违背。从此以后的征伐，就可以身穿朝服渡过长江，扫荡吴国，向西在长江源头设置边塞，遥祭岷山。回师收兵，来指挥天下，远近各方没有不服从的。让大魏朝的德行，光耀于晋国；让明公的盛大功勋，超越齐桓公、晋文公。然后面对沧海向文伯致意，登上箕山给许由行礼，这难道不是盛事吗？这是十分公平的，

至平，谁与为邻？何必勤勤小让也哉！”帝乃受命。

谁可比拟？何必一味谦让呢！”文帝这才接受了天子的策命。

今注 1 有莘氏：夏、商时期方国，相传鲧纳有莘氏之女而生禹。伊尹曾为有莘氏媵臣。其故地在今山东曹县。媵(yìng)臣：古代随嫁的臣仆。 2 阿衡：职官名。为古代执政的大臣。商汤时，由大臣伊尹掌权，商人遂以阿衡代指伊尹。 3 文伯：武英殿本《晋书》作“支伯”，是也。传说中尧时人。姓子，名州，字支父。尧曾以天下让许由，许由不受。又让于子州支父，支父自谓能为天子，但有幽忧之病，未暇治天下。后舜又欲让位于支父。支父仍以前言为由，辞而不受。 4 箕(jī)山：山名，在今河南西北部。相传尧时隐士许由、巢父曾隐居在箕山。许由：或作许繇。传说为尧时隐士。尧欲让天下于由，由遁于箕山之下隐居。后尧又欲召由为九州长。由不欲闻，乃洗耳于颍水之滨。

十一月，邓艾帅万余人自阴平逾绝险至江由[1]，破蜀将诸葛瞻于绵竹，斩瞻，传首。进军雒县[2]，刘禅降。天子命晋公以相国总百揆，于是上节传[3]，去侍中、大都督、录尚书之号焉。表邓艾为太尉，钟会为司徒。会潜谋叛逆，因密使谮艾。

十一月，邓艾率领一万多人从阴平跨越险阻到达江由，在绵竹击破了蜀国将军诸葛瞻，并将其斩杀，传首示众。进军到雒县，刘禅投降。天子命令晋公以相国的身份总管百官。于是文帝上交节传，免去自己侍中、大都督、录尚书的称号。上表请封邓艾为太尉，钟会为司徒。钟会私下密谋反叛，便偷偷派人向朝廷说邓艾的坏话。

今注 1 江由：即江油关。在今四川平武南坝镇。 2 雒县：县名。西汉置，属广汉郡。在今四川广汉北。 3 节传：古时使者出行的凭证，节即符节，传即解释说明符节的文书。每种节传都有使用期限，到期必须归还注销。此处应指玺和符节。

咸熙元年春正月，槛车征艾。乙丑，帝奉天子西征，次于长安。是时魏诸王侯悉在邺城，命从事中郎山涛行军司事，镇于邺，遣护军贾充持节、督诸军，据汉中。钟会遂反于蜀，监军卫瓘、右将军胡烈攻会，斩之。

初，会之伐蜀也，西曹属邵悌言于帝曰："钟会难信，不可令行。"帝笑曰："取蜀如指掌，而众人皆言不可，唯会与吾意同。灭蜀之后，中国将士，人自思归，蜀之遗黎，犹怀震恐，纵有异志，无能为也。"卒如所量。

丙辰，帝至自长安。

三月己卯，进帝爵为王，增封并前二十郡。

夏五月癸未，天子追加舞阳宣文侯为晋宣王，舞阳

咸熙元年(264)春正月，派槛车去收捕邓艾。乙丑，文帝奉天子西征，在长安驻军。当时众多魏国王侯都在邺城，文帝命令从事中郎山涛为行军司事，镇守在邺城，派遣护军贾充持节，统领诸军，据守汉中。钟会于是在蜀地造反，监军卫瓘、右将军胡烈攻击钟会，斩杀了他。

当初，钟会伐蜀的时候，西曹属邵悌对文帝说："钟会难以信任，不能让他带兵去。"文帝笑着说："攻取蜀国易如反掌，但众人都说不行，只有钟会和我想法一样。灭掉蜀国之后，中原的将士人人都想着回家，蜀地幸存的百姓仍然怀有震惊恐惧，纵使钟会有反叛之心，也做不了什么。"结果正如文帝所预料的。

丙辰日，文帝从长安回来。

三月己卯，进封文帝为王，增加封邑，加上之前的一共二十个郡。

夏五月癸未，天子追升舞阳

忠武侯为晋景王。

秋七月，帝奏司空荀𫖮定礼仪，中护军贾充正法律，尚书仆射裴秀议官制，太保郑冲总而裁焉。始建五等爵[1]。

冬十月丁亥，奏遣吴人相国参军徐劭、散骑常侍水曹属孙彧使吴，喻孙晧以平蜀之事，致马锦等物，以示威怀。丙午，天子命中抚军[2]新昌乡侯炎为晋世子。

宣文侯为晋宣王，舞阳忠武侯为晋景王。

秋七月，文帝奏请司空荀𫖮制定礼仪，中护军贾充修正法律，尚书仆射裴秀议定官制，太保郑冲总领裁定。开始建立五等爵位制度。

冬十月丁亥，文帝奏请派遣吴国人相国参军徐劭、散骑常侍水曹属孙彧出使吴国，告知孙晧平定蜀国的事，赠送马匹织锦等物品，以示威严和安抚之意。丙午，天子下令中抚军新昌乡侯司马炎为晋国世子。

今注 1 五等爵：爵制名。一般为公、侯、伯、子、男五等，五等爵制秦汉未设。三国魏咸熙元年(264)复置公、侯、伯、子、男五等。 2 中抚军：官名。三国魏末置，司马炎自中护军迁任，副贰相国事，掌握朝政大权。

二年春二月甲辰，朐䏰县献灵龟，归于相府。

夏四月，孙晧使纪陟来聘[1]，且献方物。

五月，天子命帝冕十有二旒，建天子旌旗，出警入跸[2]，乘金根车[3]，驾六马，备五时副车，置旄头云罕[4]，乐舞八佾，设钟虡宫悬[5]，位在

二年(265)春二月甲辰，朐䏰县献来灵龟，被送到了相府。

夏四月，孙晧派使者纪陟来聘问，并且进献了地方特产。

五月，天子命令文帝的冠冕用十二条旒来装饰，建立天子的旌旗，出入都有警跸的礼制，乘坐金根车，用六匹马拉车，准备五时的副车，设置旄头云罕，宴乐歌舞用六十四人，

燕王上。进王妃为王后，世子为太子，王女王孙爵命之号皆如帝者之仪。诸禁网烦苛及法式不便于时者，帝皆奏除之。晋国置御史大夫、侍中、常侍、尚书、中领军、卫将军官。

秋八月辛卯，帝崩于露寝[6]，时年五十五。

九月癸酉，葬崇阳陵，谥曰文王。武帝受禅，追尊号曰文皇帝，庙称太祖。

可悬挂钟磬，地位在燕王之上。进封王妃为王后，世子为太子，王女王孙的爵位封号都如同皇帝的礼仪。宫禁法纪中繁琐苛刻的以及法式与时不合的，文帝都奏请废除。晋国设置御史大夫、侍中、常侍、尚书、中领军、卫将军诸官职。

秋八月辛卯，文帝死于正堂，终年五十五岁。

九月癸酉，埋葬于崇阳陵，谥号文王。武帝接受禅让，追加尊号为文皇帝，庙号称太祖。

今注　1 聘：国家间遣使访问，《礼记·曲礼》载："诸侯使大夫问于诸侯曰聘。"　2 出警入跸(bì)：古代帝王出入时，于所经路途侍卫警戒，清道止行，谓之"警跸"。　3 金根车：以黄金为饰的根车。帝王所乘。根车，用自然圆曲的树木做车轮装配成的车子。古代认为帝王有盛德，则山出根车，为祥瑞之兆。　4 旄头：古代皇帝仪仗中一种担任先驱的骑兵。云罕：旌旗。　5 钟虡(jù)：亦作"钟簴"。一种悬挂钟、磬的木架。上有猛兽为饰。宫悬：古代钟磬等乐器悬挂在架上。帝王悬挂四面，象征宫室四壁。　6 露寝：即路寝。古代君主处理政事的宫室。

史臣曰：世宗以睿略创基，太祖以雄才成务。事殷之迹空存，翦商之志弥远，三分天下，功业在

史臣曰：世宗以睿智的谋略开创基业，太祖以雄才大略成事。事奉殷朝的行为空存，灭掉商朝的志向却很远大，三分天下，功业都在此一举。论

焉。及逾剑销氛，浮淮静乱，桐宫胥怨[1]，或所不堪。若乃体以名臣，格之端揆[2]，周公流连于此岁，魏武得意于兹日。轩悬[3]之乐，大启南阳，师挚[4]之图，于焉北面。壮矣哉，包举天人者也！为帝之主，不亦难乎？

赞曰：世宗继文，邦权未分。三千之士，其从如云。太祖无外，灵关静氛。反虽讨贼，终为弑君。

及跨越剑阁消除战患，渡过淮河平定叛乱，桐宫内君臣相互怨恨，有的人是无法承受的。若能包容名臣，那么推究宰辅之臣，则周公会留恋这个时代，魏武帝会得意于这个时期。轩悬的乐曲，在南阳大声鸣响，师挚演奏帝王之乐，北面称臣。能包举天意人事的人，真伟大呀！在帝王之下做诸侯，不也是很难的吗？

赞曰：世宗继承宣文皇帝，国家政权尚未分裂。三千士人，追随如云。太祖权极一时，平定灵关。虽然有讨伐贼寇的功勋，但最终留下弑君的罪名。

今注　**1** 桐宫：商代伊尹囚太甲处，因建有宫室，故名。胥怨：相怨。多指百姓对上的怨恨。　**2** 端揆：指相位。宰相居百官之首，总揽国政，故称。　**3** 轩悬：古代诸侯陈列乐器三面悬挂，次于天子规格。　**4** 师挚：鲁国太师，掌管音乐。

附录：晋书卷三

帝纪第三·武帝

导读 司马炎长相异于常人，“发委地，手过膝”，前者后天可为，后者则先天注定，这很容易让我们想到另一位垂手过膝的三国名人——刘备，但显然司马炎的运气更好。吴、蜀既灭，汉、魏更迭，最终三国归晋，司马炎就是开国之君。虽然没有父祖辈的雄才大略，但司马氏历经两朝，三世辅政，“余庆”绵长，恩泽及于司马炎，终于得偿所愿。

晋武帝司马炎在位期间（266—290），大体可以公元280年平吴作为前后期分界点。前期，他先是逼迫魏元帝曹奂禅让，自己登基为帝，实现了父祖辈想而未得的志向。接着为了拱卫帝室，大肆分封司马氏宗亲，从而给后来的“八王之乱”种下了前因。280年孙皓降晋，司马炎终于结束了东汉末年以来的割据战乱局面，短暂统一了中国。后期，他志得意满、沉湎酒色、奢侈怠政。在立太子之事上，明知司马衷无人君之才，却犹豫不决，终酿巨祸。正如唐太宗李世民在“制”文中所论，晋武帝“虽则善始于初，而乖令终于末”，亦如魏徵所言“有善始者实繁，能克终者盖寡”，令后世君臣感慨不已。

另外值得注意的是，《武帝纪》中保留了大量有关当时天象气候以及自然灾害的记录，地震、水、旱、风、雹、蝗螟、霜雪、疾疫之灾，无不纷至沓来，这些既与当时处于较为寒冷干燥的小冰河期有关，又对后来的北方少数民族南下产生了不容忽视的影响。这些不以人的意志为转移的客观情况，在何种程度上影响了晋武帝的晚年心态和政治抱负，或许值得深入研究思考。

原文

武皇帝[1]讳炎，字安世，文帝长子也。宽惠仁厚，沉深有度量。魏嘉平中，封北平亭侯，历给事中、奉车都尉、中垒将军，加散骑常侍，累迁中护军、假节。迎常道乡公于东武阳[2]，迁中抚军，进封新昌乡侯。及晋国建，立为世子，拜抚军大将军，开府[3]、副贰[4]相国。

译文

武皇帝名讳炎，字安世，是文帝的长子。性情宽厚仁爱，深沉有度量。魏嘉平年间，受封为北平亭侯，历任给事中、奉车都尉、中垒将军，加官散骑常侍，屡次升迁为中护军，持有节杖。从东武阳迎接常道乡公，升迁为中抚军，晋封为新昌乡侯。等到晋国建立，被立为世子，担任抚军大将军，可以开府，做相国的副手。

今注 **1** 武皇帝：谥法：克定祸乱曰武，刑民克服曰武。 **2** 东武阳：县名，属东郡。在今山东莘县。三国魏移治所于朝城（今河南南乐韩张镇）。**3** 开府：指开设府署、辟置僚属。始于汉朝，通常只许三公、大将军、将军开府。魏晋时期，常以此作为对高级官员的优待。 **4** 副贰：泛指长官的副手或佐吏。

初，文帝以景帝既宣帝之嫡，早世无后，以帝弟攸为嗣，特加爱异，自谓摄居相位，百年之后，大业宜归攸。每曰："此景王之天下也，吾何与焉。"将议立世子，属意于攸。何曾等固争曰："中抚军聪明

当初，文帝因为景帝是宣帝的嫡长子，过早辞世而没有后嗣，把武帝的弟弟司马攸过继为景帝的嗣子，特别加以爱护器重，自称只是代理丞相之位，等到自己去世之后，晋国的大业应该交还给司马攸。他常常说："这本是景王的天下，我为什么要参与其间呢。"到讨论立世子的时候，文帝倾向

神武，有超世之才。发委地，手过膝，此非人臣之相也。”由是遂定。

咸熙二年五月，立为晋王太子。

八月辛卯，文帝崩，太子嗣相国、晋王位。下令宽刑宥罪，抚众息役，国内行服[1]三日。是月，长人见于襄武，长三丈，告县人王始曰：“今当太平。”

九月戊午，以魏司徒何曾为丞相，镇南将军王沈为御史大夫，中护军贾充为卫将军，议郎裴秀为尚书令、光禄大夫，皆开府。

十一月，初置四护军，以统城外诸军。乙未，令诸郡中正以六条举淹滞[2]：一曰忠恪匪躬，二曰孝敬尽礼，三曰友于兄弟，四曰洁身劳谦，五曰信义可复，六曰学以为己。

于立司马攸。何曾等人坚决争论说：“中抚军聪明威武，有超越世人的才能。头发拖到地面，双手垂过膝盖，这不是人臣的相貌。”因此才确定下来。

咸熙二年(265)五月，立司马炎为晋王太子。

八月辛卯，文帝驾崩，太子司马炎继承相国、晋王之位。他下令宽缓刑罚赦免罪人，安抚百姓，暂息徭役，全国服丧三日。当月，有身材高大的人在襄武出现，身高三丈，告诉县正王始说：“如今应当太平了。”

九月戊午，任命魏司徒何曾为丞相，任命镇南将军王沈为御史大夫，任命中护军贾充为卫将军，任命议郎裴秀为尚书令、光禄大夫，全都允许开府。

十一月，开始设置四护军，用以统帅城外各路兵马。乙未日，下令各郡的中正用六条标准来举荐未被任用的人才：第一是忠诚勤谨，第二是孝顺虔敬恪守礼节，第三是对兄弟友爱，第四是修身自洁勤勉谦逊，第五是言行诚信合于道义，第六是学有所成对提升自身有帮助。

今注　1 行服：穿孝服居丧。　2 淹滞：人才埋没未显，久沦下位。

是时晋德既洽，四海宅心。于是天子知历数有在，乃使太保郑冲奉策曰：“咨尔晋王：我皇祖有虞氏[1]诞膺灵运，受终于陶唐[2]，亦以命于有夏。惟三后[3]陟配于天，而咸用光敷圣德。自兹厥后，天又辑大命于汉。火德既衰，乃眷命我高祖。方轨虞夏四代之明显，我不敢知。惟王乃祖乃父，服膺明哲，辅亮我皇家，勋德光于四海。格尔上下神祇，罔不克顺，地平天成，万邦以乂。应受上帝之命，协皇极之中。肆予一人，祇承天序，以敬授尔位，历数实在尔躬。允执其中，天禄永终。於戏！王其钦顺天命。率循训典，底绥四国，用保天休，无替我二皇之弘烈。”帝初以礼让，魏朝公卿何曾、王沈等固请，乃从之。

当时晋国的政德和洽，天下归心。此时天子已知天道已归于晋国，就派太保郑冲带着诏令说：“晋王敬听：我魏国的远祖有虞氏舜帝顺膺天命，继承了陶唐氏尧帝的帝位，又传位给了有夏氏禹。这三位帝王的功德与上天相配，并都能广施圣德。自此之后，上天又把大运聚集于汉。汉代火德衰微，于是天命眷顾我的高祖。可以与虞夏四代圣君的英明显著相提并论，我不敢评说。只知道晋王你的祖父和父亲，都衷心信服前代圣明的君主，辅佐我皇室，功勋德业光耀四海。感动天地神灵，百姓没有不信服的。天下安定万物有序，大小邦国整治有方。应当承受上天之命，承袭皇位，执掌大道。我恭敬地禀承天帝之命，把皇位庄严地传授给你，天命确实在你身上。你要公允地执掌中正之道，上天的福禄将永随你。呜呼！希望晋王你敬顺天命。遵循前贤的训导，安定天下四方，永葆天赐之福，不要有负两位先皇的宏业。”武帝先以礼相让，魏朝的公卿大臣何曾、王沈等坚决请求，武帝才接受了诏命。

今注 1 有虞氏：相传舜姚姓，一作妫姓，号有虞氏，名重华。 2 陶唐：尧号陶唐氏，名放勋。 3 三后：即尧、舜、禹。后，君主，帝王。

泰始元年冬十二月丙寅，设坛于南郊，百僚在位及匈奴南单于四夷会者数万人。柴燎告类[1]于上帝曰："皇帝臣炎敢用玄牡明告于皇皇后帝[2]：魏帝稽协皇运，绍天明命以命炎。昔者唐尧，熙隆大道，禅位虞舜，舜又以禅禹，迈德垂训，多历年载。暨汉德既衰，太祖武皇帝拨乱济时，扶翼刘氏，又用受命于汉。粤在魏室，仍世多故，几于颠坠，实赖有晋匡拯之德，用获保厥肆祀，弘济于艰难，此则晋之有大造于魏也。诞惟四方，罔不祗顺，廓清梁岷，包怀扬越，八纮同轨，祥瑞屡臻，天人协应，无思不服。肆予宪章三后，用集大命于兹。炎维德不嗣[3]，辞不获命。于是群公卿士，百辟庶僚，

泰始元年(265)冬十二月丙寅，在南郊设立祭坛，在位的朝廷百官以及匈奴南单于等四方少数民族首领参与者达到数万人。武帝焚烧柴火告祭上帝说："皇帝的臣子司马炎冒昧地用黑色公畜昭告天帝：魏帝顺应天运，禀承天命，禅位于我。远古之时，唐尧兴隆大道，禅位给虞舜，舜又禅让给禹，卓越的道德垂教后世，经历了漫长的岁月。等到汉朝衰败，太祖武皇帝拨乱反正匡时救世，扶持辅翼刘氏，因此而承续了汉朝。到了魏朝，累世多有变故，几乎倾覆，有赖于晋国的匡扶拯救之德，得以保全国家延续祭祀，从艰难中解救了魏朝，这是晋国对魏朝的大功啊。四方之民，没有不恭敬顺服的，开拓肃清了梁、岷地区，安抚了扬、越地区，天下统一法度，祥瑞之兆屡次到来，天人和谐相应，没人不信服。因此效法尧、舜、禹三位帝王，集天命于此。我功德薄而不足以继承前人之位，推辞而又得不到应

黎献[4]陪隶，暨于百蛮君长，佥曰：'皇天鉴下，求人之瘼，既有成命，固非克让所得距违。天序不可以无统，人神不可以旷主。'炎虔奉皇运，寅畏天威，敬简元辰，升坛受禅，告类上帝，永答众望。"礼毕，即洛阳宫幸太极前殿，诏曰："昔朕皇祖宣王，圣哲钦明，诞应期运，熙帝之载，肇启洪基。伯考景王，履道宣猷，缉熙诸夏。至于皇考文王，睿哲光远，允协灵祇，应天顺时，受兹明命。仁济于宇宙，功格于上下。肆魏氏弘鉴于古训，仪刑于唐虞，畴咨群后，爰辑大命于朕身。予一人畏天之命，用不敢违。惟朕寡德，负荷洪烈，托于王公之上，以君临四海，惴惴惟惧，罔知所济。惟尔股肱爪牙之佐，文武不贰之臣，乃祖乃父，实左右我先王，光隆我大业。思与万国，共

允。于是众公卿士人，百官庶僚，众贤群隶，以至各蛮族君长，全都说：'皇天洞察人世，广求民间疾苦，既然已有命令，本非谦让所能违抗的。上天的秩序不能没有人统率，人和神不能缺少君主。'我司马炎虔诚地尊奉天命，敬畏天地的威灵，谨慎地选择改元建朝的时辰，登上祭坛接受禅让，告祭上帝，永远报答众人的期望。"典礼结束，武帝到洛阳宫太极前殿，发布诏令说："昔日朕的祖父宣王，英明圣哲，顺应天运，在清明和乐的时代，创立开启了伟大的事业。伯父景王，躬行正道，明达而顺乎事理，光照中原。到了先父文王，他睿智广博，应合神灵，顺应天时，受此天命。仁义充满天地，功德遍布上下。等到魏氏远鉴古训，效法唐尧虞舜，访问咨询诸王，最终顺应天命禅位于我。我敬畏天命，不敢违抗。只是我功德浅薄，承负大业，居于王公之上，从而君临天下，内心惴惴不安，恐惧不已，不知如何是好。希望你们这些文臣武将，宰辅之臣，都能忠贞不二，你们的祖辈父辈，曾经辅佐我晋国先王，兴盛我晋国的大业。我

享休祚。”于是大赦，改元。赐天下爵，人五级；鳏寡孤独不能自存者谷，人五斛。复天下租赋及关市之税一年，逋债宿负皆勿收。除旧嫌，解禁锢，亡官失爵者悉复之。

们将与万国共享福泽。”于是大赦天下，改年号。赏赐天下人爵位，每人五级；赏赐鳏寡孤独不能自己过活的人粮食，每人五斛。免去全国一年的租赋和关税、市税，旧债欠租者都不再收取。去除旧有的嫌弃，取消禁锢之令，丢官失爵的人都恢复官爵。

【今注】 **1** 告类：祭告上天之礼。特指为皇帝即位或立皇太子等重大事件而举行的非常之祭。 **2** 皇皇后帝：指天帝。 **3** 不嗣：不足以继承前人之位。 **4** 黎献：黎民中的贤者。

丁卯，遣太仆刘原告于太庙。封魏帝为陈留王，邑万户，居于邺宫；魏氏诸王皆为县侯。追尊宣王为宣皇帝，景王为景皇帝，文王为文皇帝，宣王妃张氏为宣穆皇后。尊太妃王氏曰皇太后，宫曰崇化。封皇叔祖父孚为安平王，皇叔父幹为平原王，亮为扶风王，伷为东莞王，骏为汝阴王，肜为梁王，伦为琅邪王，皇弟攸为齐王，鉴为乐安王，机为燕王，皇从伯父望为义阳王，皇从叔父

丁卯日，派遣太仆刘原祭告于太庙。封魏帝为陈留王，封邑一万户，居住在邺城的宫殿；魏氏诸王都封为县侯。追封宣王为宣皇帝，景王为景皇帝，文王为文皇帝，宣王妃张氏为宣穆皇后。尊称太妃王氏为皇太后，宫名为崇化。封皇叔祖父司马孚为安平王，皇叔父司马幹为平原王，司马亮为扶风王，司马伷为东莞王，司马骏为汝阴王，司马肜为梁王，司马伦为琅邪王，皇弟司马攸为齐王，司马鉴为乐安王，司马机为燕王，皇堂伯父司马望为义阳王，皇堂叔父司马辅为渤海王，司马

辅为渤海王，晃为下邳王，瑰为太原王，珪为高阳王，衡为常山王，子文为沛王，泰为陇西王，权为彭城王，绥为范阳王，遂为济南王，逊为谯王，睦为中山王，逡为北海王，斌为陈王，皇从父兄洪为河间王，皇从父弟楙为东平王。以骠骑将军石苞为大司马，封乐陵公，车骑将军陈骞为高平公，卫将军贾充为车骑将军、鲁公，尚书令裴秀为巨鹿公，侍中荀勖为济北公，太保郑冲为太傅、寿光公，太尉王祥为太保、睢陵公，丞相何曾为太尉、郎陵公，御史大夫王沈为骠骑将军、博陵公，司空荀顗为临淮公，镇北大将军卫瓘为菑阳公。其余增封进爵各有差，文武普增位二等。改《景初历》[1]为《太始历》[2]，腊以酉，社以丑[3]。

晃为下邳王，司马瑰为太原王，司马珪为高阳王，司马衡为常山王，司马子文为沛王，司马泰为陇西王，司马权为彭城王，司马绥为范阳王，司马遂为济南王，司马逊为谯王，司马睦为中山王，司马逡为北海王，司马斌为陈王，皇堂兄司马洪为河间王，皇堂弟司马楙为东平王。任命骠骑将军石苞为大司马，封为乐陵公，封车骑将军陈骞为高平公，封卫将军贾充为车骑将军、鲁公，封尚书令裴秀为巨鹿公，封侍中荀勖为济北公，封太保郑冲为太傅、寿光公，封太尉王祥为太保、睢陵公，封丞相何曾为太尉、郎陵公，封御史大夫王沈为骠骑将军、博陵公，封司空荀顗为临淮公，封镇北大将军卫瓘为菑阳公。其他官员晋封、升爵各有不同，文官武将普遍增加二等秩禄。改原来的《景初历》为《太始历》，酉月举行腊祭，丑月举行社祭。

今注 1《景初历》：历法名。三国魏杨伟编制，在景初元年(237)开始施行，故名。 2《太始历》：即《泰始历》，西晋历法名。武帝司马炎统一天下后，改元泰始，并改三国魏《景初历》为《泰始历》。 3 腊以酉，社以丑：即在酉月举行腊祭，在丑月举行社祭。腊，祭名，汉代以冬至后第三个戌日祭众神。社，祭祀土地神。

戊辰，下诏大弘俭约，出御府珠玉玩好之物，颁赐王公以下各在差。置中军将军[1]，以统宿卫七军。

己巳，诏陈留王载天子旌旗，备五时副车，行魏正朔，郊祀天地，礼乐制度皆如魏旧，上书不称臣。赐山阳公刘康、安乐公刘禅子弟一人为附马都尉。乙亥，以安平王孚为太宰、假黄钺、大都督中外诸军事。诏曰："昔王淩谋废齐王，而王竟不足以守位。邓艾虽矜功失节，然束手受罪。今大赦其家，还使立后。兴灭继绝，约法省刑。除魏氏宗室禁锢。诸将吏遭三年丧者，遣宁终丧。百姓复其徭役。罢部曲将长吏以下质任。省

戊辰日，武帝颁布诏令厉行节俭，拿出皇宫内府的珠玉玩物，分别赐予王公以下官员，各有等差。设置中军将军，用以统领宿卫七军。

己巳日，武帝下诏令陈留王乘坐的车可以使用天子的旌旗，置备帝王使用的五时副车，使用魏的历法，到郊外祭祀天地，礼乐制度都按魏原来的规格，向武帝上书不必称臣。赐山阳公刘康、安乐公刘禅的后辈子弟一人为驸马都尉。乙亥日，任命安平王司马孚为太宰、授予黄钺、大都督中外诸军事。武帝下诏说："昔日王淩谋划废黜齐王，而齐王最终无法保住皇位。邓艾虽然居功自傲失掉臣节，但终于束手认罪。现在我大赦他们的家人，让他们回去确立后代继承人。使濒临灭绝的家族兴盛延续，简化法律，减少刑罚。解除对魏氏宗室的禁锢令。文武官吏遇到丧期为三年的大丧，让他们回家服完丧事。免去百姓的徭役。

郡国御调，禁乐府靡丽百戏之伎及雕文游畋之具。开直言之路，置谏官以掌之。”

是月，凤皇六、青龙三、白龙二、麒麟各一见于郡国。

免去部曲将长吏以下官员交送人质的制度。减少皇宫派给郡国的征调，禁止乐府奢华靡丽的杂技和雕刻彩饰的游猎工具。广开直言的路径，设置谏官主管此事。

本月，六只凤凰、三条青龙、两条白龙、一对麒麟出现在郡国中。

今注 1 中军将军：官名。西汉武帝置，初为杂号将军，以公孙敖任之。后省。泰始元年(265)复置，以羊祜任之，统左右卫，前、后、左、右、骁骑七营禁军，主管京师及宫廷警卫。

二年春正月丙戌，遣兼侍中侯史光等持节四方，循省风俗，除禳祝之不在祀典者。丁亥，有司请建七庙[1]，帝重其役，不许。庚寅，罢《鸡鸣歌》。辛丑，尊景皇帝夫人羊氏曰景皇后，宫曰弘训。丙午，立皇后杨氏。

二年(266)春正月丙戌，派遣兼侍中侯史光等人持节出使四方，考察各地风俗，取消各地驱邪求福的祭祀中不见于祀典的祝词。丁亥日，有关部门请求建立七庙，武帝认为此事徭役过重，不允许。庚寅日，取消《鸡鸣歌》。辛丑日，尊奉景皇帝的夫人羊氏为景皇后，寝宫称为弘训宫。丙午日，册立皇后杨氏。

今注 1 七庙：《礼记. 王制》：“天子七庙，三昭三穆，与大(太)祖之庙而七。”此指四亲庙(父、祖、曾祖、高祖)、二祧(远祖)和始祖庙。

二月，除汉宗室禁

二月，废除有关汉朝宗室的禁锢

锢。己未，常山王衡薨。诏曰："五等之封，皆录旧勋。本为县侯者传封次子为亭侯，乡侯为关内侯，亭侯为关中侯，皆食本户十分之一。"丁丑，郊祀宣皇帝以配天，宗祀文皇帝于明堂以配上帝。庚午，诏曰："古者百官，官箴王阙。然保氏特以谏诤为职，今之侍中、常侍实处此位。择其能正色弼违匡救不逮者，以兼此选。"

三月戊戌，吴人来吊祭，有司奏为答诏。帝曰："昔汉文、光武怀抚尉佗、公孙述，皆未正君臣之仪，所以羁縻未宾也。皓遣使之始，未知国庆，但以书答之。"

夏五月戊辰，诏曰："陈留王操尚谦冲，每事辄表，非所以优崇之也。主者喻意，非大事皆使王官表上之。"壬子，骠骑将军

令。己未日，常山王司马衡去世。武帝下诏说："五等封爵，都记录其以往的功勋。原为县侯者传封次子为亭侯，原为乡侯者传封次子为关内侯，原为亭侯者传封次子为关中侯，都以原有户口的十分之一为食邑。"丁丑日，在郊外祭祀宣皇帝，用以配祭上天，在明堂祭祀文皇帝用以配祭上帝。庚午日，武帝下诏说："古代的百官，都要规谏君王的过失。然而保氏尤以直言规劝为职责，如今的侍中、常侍实际上处于这一职位。选择能够刚正不阿、矫正过失、补救不足的人来兼领这一职位。"

三月戊戌，吴国人前来吊唁祭祀，有关部门奏请如何答谢吴人。武帝说："昔日汉文帝、汉光武帝怀柔安抚尉佗、公孙述，都没有确立君臣的礼仪，是为了笼络尚未宾服的人。孙皓派遣使者的时候，并不知道我们有建国改元之庆，仅以文书答谢即可。"

夏五月戊辰，武帝下诏说："陈留王品行谦虚淡泊，凡事都要自己上表，这不符合我优待尊崇他的本意。主事者要明白我的本意，若非大事都让他的属官上表。"壬子日，骠骑将军博陵

博陵公王沈卒。

六月壬申，济南王遂薨。

秋七月辛巳，营太庙，致荆山之木，采华山之石；铸铜柱十二，涂以黄金，镂以百物，缀以明珠。戊戌，谯王逊薨。丙午晦，日有蚀之。

八月丙辰，省右将军官。

初，帝虽从汉魏之制，既葬除服，而深衣素冠[1]，降席撤膳，哀敬如丧者。戊辰，有司奏改服进膳，不许，遂礼终而后复吉。及太后之丧，亦如之。九月乙未，散骑常侍皇甫陶、傅玄领谏官，上书谏诤，有司奏请寝之。诏曰："凡关言人主，人臣所至难，而苦不能听纳，自古忠臣直士之所慷慨也。每陈事出付主者，多从深刻，乃云恩贷当由主上，是何言乎？其详

公王沈去世。

六月壬申，济南王司马遂去世。

秋七月辛巳，营建太庙，运来荆山的木材，采用华山的岩石；铸造十二根铜柱，用黄金涂饰，镂刻上各种图案，用明珠点缀。戊戌日，谯王司马逊去世。七月最后一天丙午日，出现日食。

八月丙辰，精简右将军官。

起初，武帝虽然沿用汉魏的礼制，在丧事中安葬死者后便脱下丧服，但依然穿着深衣戴着素冠，撤除宴席，如在丧期一样哀敬。戊辰日，有关部门奏请改变服饰并进御膳，武帝没允许，到丧礼完毕才恢复正常。到为太后服丧，仍然这样做。九月乙未，散骑常侍皇甫陶、傅玄担任谏官，上书武帝直言规劝，主管官吏奏请罢免这两人官职。武帝下诏说："凡是有关君王的言论，都是做臣子最感到为难的，又苦于君主不能听取采纳，这是自古以来忠诚正直的臣子和士人所感慨的事。每当陈述某事给皇帝，大都是他们深刻思考后的结果，却要说恩准宽免应当由皇上决定，这是什么话呢？希望臣子们详为评议。"

评议。”

戊戌，有司奏：“大晋继三皇之踪，蹈舜禹之迹，应天顺时，受禅有魏，宜一用前代正朔服色，皆如虞遵唐故事。”奏可。

戊戌日，有关官员奏请：“大晋朝继承三皇的踪迹，遵循舜、禹的遗业，顺应天意时势，接受魏朝的禅让，应该全部使用前代的历法和服饰制度，如同虞舜遵从唐尧的旧制一样。”武帝准奏。

今注 1 深衣：古代上衣、下裳相连缀的一种服装。为诸侯、大夫、士家居常穿的衣服，也是庶人的常礼服。素冠：白色的帽子。古代遭凶丧事时所戴。

冬十月丙午朔，日有蚀之。丁未，诏曰：“昔舜葬苍梧[1]，农不易亩；禹葬成纪[2]，市不改肆。上惟祖考清简之旨，所徙陵十里内居人，动为烦扰，一切停之。”

十一月己卯，倭人来献方物。并圜丘、方丘于南、北郊，二至之祀合于二郊。罢山阳公国督军，除其禁制。己丑，追尊景帝夫人夏侯氏为景怀皇后[3]。辛卯，迁祖祢神主于太庙。

十二月，罢农官[4]为郡县。

冬十月丙午初一，出现日食。丁未日，武帝下诏说：“昔日舜葬在苍梧，那里的农家不因此改换耕田；禹葬在成纪，那里的商贾也不变更集市。我考虑到祖先淡泊简约的遗志，所要迁徙的先帝陵园十里内的百姓，迁徙会给他们造成烦扰，全部停止。”

十一月己卯，倭国人来进献地方特产。把圜丘祭天、方丘祭地与南、北郊祭合并，把冬至和夏至的祭祀也与南、北郊祭合并。免去山阳公国的督军设置，废除公国的相关禁令。己丑日，追尊景帝夫人夏侯氏为景怀皇后。辛卯日，把祖先的牌位迁到太庙。

十二月，免去农官，把农官管理

是岁，凤皇六、青龙十、黄龙九、麒麟各一见于郡国。

的地区改属郡县。

本年，六只凤凰、十条青龙、九条黄龙、一对麒麟在郡国出现。

今注 1 苍梧：古地区名。其地约当今湖南九嶷山以南至广西贺江、桂江、郁江区域。 2 成纪：县名。西汉置，属天水郡，在今甘肃秦安。东汉属汉阳郡，晋仍属天水郡。 3 景怀皇后：夏侯徽(211—234)，字媛容，司马师第一任妻子。父为征南大将军夏侯尚，母曹氏为德阳乡主（曹真之妹）。 4 农官：典农之官的统称。三国魏置典农中郎将、典农校尉等。

三年春正月癸丑，白龙二见于弘农、渑池[1]。

丁卯，立皇子衷[2]为皇太子。诏曰："朕以不德，托于四海之上，兢兢祗畏，惧无以康济寓内，思与天下式明王度，正本清源，于置胤树嫡，非所先务。又近世每建太子，宽宥施惠之事，间不获已，顺从王公卿士之议耳。方今世运垂平，将陈之以德义，示之以好恶，使百姓蠲多幸之虑，笃终始之行，曲惠小仁，故无取焉。咸使知闻。"

三年(267)春正月癸丑，两条白龙出现在弘农郡的渑池。

丁卯日，册立皇子司马衷为皇太子。武帝下诏说："朕以无德之躯，托居于四海之上，战战兢兢敬畏万分，唯恐无法安民济众，想为天下臣民昭显君王的政教制度，正本清源，至于立嫡子为太子，本非我应尽早谋划思虑的事。加上近代每立太子，在对下宽赦施恩之事上，总是时间紧迫而无法自作决定，现在册立太子只是顺应王公卿士的议论而已。当今世道将要太平，将向下民陈述德义，告诉他们是非善恶，让百姓舍弃侥幸的念头，笃守始终如一的行为，不正当的施惠或微小的仁义，一定不要去谋取。遍告天下皆知。"

今注 1 渑(miǎn)池：亦作“黾池”。因南有渑池得名。战国初属郑，后属韩，后又入秦。在今河南渑池西。 2 衷：即晋惠帝司马衷(259—307)，字正度。武帝子，性痴呆。天下荒乱，百姓多饿死，竟曰：“何不食肉糜？”即位初，杨骏辅政，寻由贾后专权。诸王相争，演成八王之乱，纲纪大坏，货赂公行。惠帝先被成都王司马颖劫至邺，复被河间王司马颙挟持入长安，后被东海王司马越迎还洛阳。相传被司马越毒死。

三月戊寅，初令二千石得终三年丧。丁未，昼昏。罢武卫将军官。以李憙为太子太傅。太山石崩。

夏四月戊午，张掖太守焦胜上言：氐池县[1]大柳谷口有玄石一所，白画成文，实大晋之休祥，图之以献。诏以制币[2]告于太庙，藏之天府[3]。

秋八月，罢都护将军，以其五署还光禄勋。

九月甲申，诏曰：“古者以德诏爵，以庸制禄，虽下士犹食上农，外足以奉公忘私，内足以养亲施惠。今在位者禄不代耕，非所以崇化之本也。其

三月戊寅，第一次准许俸禄为两千石的官员可以回家服完三年丧期。丁未日，白天昏黑无光。废去武卫将军这一官职。任命李熹为太子太傅。泰山山石崩塌。

夏四月戊午，张掖太守焦胜上书言事：氐池县大柳谷口有一大块黑色石头，上面有白色的图文，这是大晋的吉祥之兆，现画出奇石的图形献上。武帝下诏将其用缯帛缠束祭告于太庙，收藏在天府。

秋八月，废除都护将军，把原属都护将军的五等职官归于光禄勋统管。

九月甲申，武帝下诏说：“古代依据德行册封爵位，按照功绩给予俸禄。即使是下士的俸禄也相当于身强力壮的农民劳动所得，对外足以供奉公职不计私利，对内足以赡养亲人施行恩惠。现今在职官吏的俸禄不足以代其耕作所

议增吏俸。”赐王公以下帛各有差。以太尉何曾为太保,义阳王望为太尉,司空荀颛为司徒。

冬十月,听士卒遭父母丧者,非在疆埸,皆得奔赴。

十二月,徙宗圣侯孔震为奉圣亭侯。山阳公刘康来朝。禁星气谶纬[4]之学。

得,这不符合崇尚教化的主旨。请商议增加官吏俸禄。”赏赐王公以下官员丝帛各有差等。任命太尉何曾为太保,任命义阳王司马望为太尉,任命司空荀颛为司徒。

冬十月,武帝同意凡士卒遭逢父母丧事,本人又不在边境驻防的,都可以回家奔丧。

十二月,调封宗圣侯孔震为奉圣亭侯。山阳公刘康来朝见。禁止占星望气和符命占卜之术。

今注 1 氐池县:古县名。西汉置,在今甘肃民乐。 2 制币:古代祭祀时所供之缯帛。帛的长宽皆有定制,因称“制币”。 3 天府:原为周官名,掌祖庙之守藏,后因称朝廷之府库为天府。 4 谶(chèn)纬:汉代流行的迷信。“谶”是巫师或方士制作的一种隐语或预言,作为吉凶的符验或征兆。“纬”指方士化的儒生编集起来附会儒家经典的各种著作。

四年春正月辛未,以尚书令裴秀为司空。

丙戌,律令成,封爵赐帛各有差。有星孛于轸。丁亥,帝耕于藉田[1]。戊子,诏曰:“古设象刑[2]而众不犯,今虽参夷[3]而奸不绝,何德刑相去之远

四年(268)春正月辛未,任命尚书令裴秀为司空。

丙戌日,法令制定完成,分封官爵赏赐钱帛各有等差。轸宿出现彗星。丁亥日,武帝亲自到藉田耕作。戊子日,下诏说:“古时仅仅设置象刑,但民众都不敢犯法,如今虽然有夷灭三族的刑罚,但违法作恶的事仍然不断出现,

哉！先帝深愍黎元，哀矜庶狱，乃命群后，考正典刑。朕守遗业，永惟保乂皇基，思与万国以无为为政。方今阳春养物，东作始兴，朕亲率王公卿士耕藉田千亩。又律令既就，班之天下，将以简法务本，惠育海内。宜宽有罪，使得自新，其大赦天下。长吏、郡丞、长史各赐马一匹。”

德行和刑罚怎么相差这么大呢！先帝深深地怜爱百姓，为监狱中众多囚犯哀痛，命令众官考察并制定常刑。朕躬守先帝遗业，希望天下长治久安，时常考虑与各国实行无为之治。现在阳春季节滋养万物，春耕刚开始，朕亲自率领王公卿士耕作藉田一千亩。另外律法已经制定，颁布天下，将以简约的法令促进农业生产，用恩泽仁惠养育百姓。应该宽缓有罪之人，让他们能够改过自新，因此大赦天下。长吏、郡丞、长史各赏赐一匹马。”

今注 **1** 藉田：古代天子、诸侯举行籍礼而设置的田。每逢春耕前，天子、诸侯躬耕藉田，以示对农业的重视。 **2** 象刑：相传尧舜崇尚德教，通过改穿不同衣服冠饰的办法代替刑罚，以示羞辱的象征性裁处。 **3** 参夷：古代诛灭三族的酷刑。

二月庚子，增置山阳公国相、郎中令、陵令、杂工宰人、鼓吹车马各有差。罢中军将军，置北军中候[1]官。甲寅，以东海刘俭有至行，拜为郎。以中军将军羊祜为尚书左仆射，东莞王伷为尚书右仆射。

三月戊子，皇太后王

二月庚子，增设山阳公国相、郎中令、陵令、杂工宰人、鼓吹车马等各种不同的官职和小吏。废除中军将军，设置北军中候官。甲寅日，因东海郡人刘俭德行极高，授为郎官。任命中军将军羊祜为尚书左仆射，任命东莞王司马伷为尚书右仆射。

氏崩。

夏四月戊戌，太保、睢陵公王祥薨。己亥，祔葬文明皇后王氏于崇阳陵。罢振威、扬威护军官，置左右积弩将军。

三月戊子，皇太后王氏去世。

夏四月戊戌，太保、睢陵公王祥去世。己亥日，将文明皇后王氏祔葬于晋文帝崇阳陵。废除振威、扬威护军官，设置左右积弩将军。

今注 **1** 北军中候：官名。东汉始置，掌监屯骑校尉、越骑校尉、步兵校尉、长水校尉、射声校尉所领北军五营，秩六百石。秩虽轻而职重，实为京师常备禁卫军长官，得自辟僚属。三国魏、西晋增设禁军兵力，置地位更高的中领军统辖，北军五营作用渐轻，北军中候或置或省，常与中领军并置。

六月甲申朔，诏曰："郡国守相，三载一巡行属县，必以春，此古者所以述职宣风展义也。见长吏，观风俗，协礼律，考度量，存问耆老，亲见百年。录囚徒，理冤枉，详察政刑得失，知百姓所患苦。无有远近，便若朕亲临之。敦喻五教，劝务农功，勉励学者，思勤正典，无为百家庸末，致远必泥。士庶有好学笃道，孝弟忠信，清白异行者，

六月初一甲申，武帝下诏说："郡太守和王国相，每三年要巡察所属县一次，巡行必须在春天进行，这是古代用以陈述供职情况和展示风化德义的方式。到各地召见地方长官，观察风俗，协调礼仪律令，考核度量制度，体恤慰问长者，亲自访问百岁老人。讯察囚徒罪状，勘核冤屈案件，详细考察政策刑罚的得失，了解百姓疾苦。无论地域远近，如同皇帝亲临视察。敦促开导百姓遵循父义、母慈、兄友、弟恭、子孝的道德准则，劝勉百姓从事农耕，勉励为学之人勤奋研习经籍典章，不要学平庸的诸子百家末流之学，这些末流之学

举而进之；有不孝敬于父母，不长悌于族党，悖礼弃常，不率法令者，纠而罪之。田畴辟，生业修，礼教设，禁令行，则长吏之能也。人穷匮，农事荒，奸盗起，刑狱烦，下陵上替，礼义不兴，斯长吏之否也。若长吏在官公廉，虑不及私，正色直节，不饰名誉者，及身行贪秽，谄黩求容，公节不立，而私门日富者，并谨察之。扬清激浊，举善弹违，此朕所以垂拱总纲，责成于良二千石也。於戏戒哉！"

秋七月，太山石崩，众星西流。戊午，遣使者侯史光循行天下。己卯，谒崇阳陵。

九月，青、徐、兖、豫四州大水，伊洛溢，合于河，开仓以振之。诏曰："虽诏有所欲，及奏得可而于事不便者，皆不可隐情。"

一涉及深远的事理就拘泥不化。士族与庶族有喜好学习笃守道义，孝悌忠信，行为清白而不同寻常的人，要举荐并任用他们；有不孝敬父母，不尊重家族乡亲，违背礼法背弃纲常，不遵守法令的人，要揭发并且依法判罪。荒地得到开垦，农业生产得到整修，礼仪教化得到宣扬，禁令得到遵守，这就是地方长官的功劳和能力。百姓穷困匮乏，农事荒废，奸邪盗贼四起，刑狱诉讼繁多，欺凌下民废弃上令，礼仪德义不能流行，这是地方长官的无能和过错。如果地方长官有公正廉洁，不谋私利，严肃正直，不粉饰名誉的，或者有贪婪污秽，轻慢渎职而阿谀求官，没有秉公的气节，并而家里越来越富有的，都要谨慎考察他们。显扬清白激荡浊污，举荐善行弹劾劣迹，这是朕之所以垂衣拱手总揽朝纲，责成两千石的贤良官吏处理政事的原因。你们都应引以为戒呀！"

秋七月，泰山山石崩塌，众多星星向西移动。戊午日，派遣使者侯史光巡行天下。己卯日，武帝拜谒崇阳陵。

九月，青州、徐州、兖州、豫州暴发洪水，伊水、洛河水上涨溢出，汇入黄冬十月,吴将施绩入江夏,万郁寇襄阳。遣太尉义阳王望屯龙陂。荆州刺史胡烈击败郁。吴将顾容寇郁林[1],太守毛炅大破之,斩其交州刺史刘俊、将军修则。

十一月,吴将丁奉等出芍陂,安东将军汝阴王骏与义阳王望击走之。己未,诏王公卿尹及郡国守相,举贤良方正直言之士。

十二月,班五条诏书于郡国:一曰正身,二曰勤百姓,三曰抚孤寡,四曰敦本息末,五曰去人事。庚寅,帝临听讼观[2],录廷尉洛阳狱囚,亲平决焉。扶南、林邑[3]各遣使来献。

河,打开粮仓赈济灾民。武帝下诏说:"虽然诏令有所希求,如遇到奏准但对事情不利的,都不要隐瞒实情。"

冬十月,吴国将领施绩进占江夏,万郁侵犯襄阳。武帝派遣太尉、义阳王司马望驻守龙陂。荆州刺史胡烈击败了万郁。吴将顾容侵犯郁林,郁林太守毛炅大败吴军,斩杀了吴国的交州刺史刘俊、将军修则。

十一月,吴国将领丁奉等从芍陂出兵,安东将军、汝阴王司马骏和义阳王司马望打得吴军败逃。己未日,武帝下诏王公卿尹、郡太守和王国相,向朝廷推荐贤良方正敢于直言进谏的人。

十二月,向各郡国颁布五条诏书:第一是端正自己的言行,第二是对百姓行仁政,第三是抚恤孤寡老弱,第四是重农抑商,第五是去除请托应酬之事。庚寅日,武帝亲临听讼观,审查廷尉关于洛阳狱中囚犯的罪状记录,亲自评判裁决。扶南、林邑各派使者向朝廷进贡。

今注 1 郁林:郡名。西汉武帝元鼎六年(前111)置,王莽曰郁平,东汉复名郁林。治布山,在今广西桂平西南蒙圩镇布山古城。 2 听讼观:三国魏洛阳楼观。在今河南洛阳东北汉魏故城中。原名平望观。陆机所称洛阳“三市九观”之一。 3 扶南：意为“山岳”，中南半岛古国。辖境约当今柬埔寨以及老挝南部、越南北部和泰国东南部。林邑：即“占城”，10世纪末前，在今越南广南省维川县的茶桥。

五年春正月癸巳，申戒郡国计吏守相令长，务尽地利，禁游食商贩。丙申，帝临听讼观录囚徒，多所原遣。青龙二见于荥阳[1]。

二月，以雍州陇右五郡及凉州之金城、梁州之阴平置秦州。辛巳，白龙二见于赵国[2]。青、徐、兖三州水，遣使振恤之。壬寅，以尚书左仆射羊祜都督荆州诸军事，征东大将军卫瓘都督青州诸军事，东莞王伷为镇东大将军、都督徐州诸军事。丁亥，诏曰：“古者岁书群吏之能否，三年而诛赏之。诸令史前后，但简遣疏劣，而无有劝进，非黜陟之谓也。其条勤能有称尤异

五年(269)春正月癸巳，再次告诫郡国计吏守相令长等官吏，务必要重视农业，禁止游手好闲者和商贩。丙申日，武帝亲临听讼观审查囚徒罪状的记录，将其中很多人都遣回原籍。荥阳出现了两条青龙。

二月，把雍州的陇右五个郡以及凉州的金城郡、梁州的阴平郡合并设置为秦州。辛巳日，两条白龙出现在赵国。青州、徐州、兖州发洪水，派遣使者赈灾抚恤灾民。壬寅日，任命尚书左仆射羊祜为都督荆州诸军事，任命征东大将军卫瓘为都督青州诸军事，任命东莞王司马伷为镇东大将军、都督徐州诸军事。丁亥日，武帝下诏书说：“古时每年都要记录官吏们是否称职，每三年对官吏进行奖惩。现在各级负责考核的令史官员，只是查处打发那些玩忽职守行为恶劣的，却没有勉励进用贤者，这不合于奖善罚恶的本意。希望能选拔那些公认勤勉能干特别优异的官吏，每年都这

者，岁以为常。吾将议其功劳。”己未，诏蜀相诸葛亮孙京随才署吏。

么做形成制度。我将要评议他们的功劳。”己未，下诏让蜀相诸葛亮的孙子诸葛京根据才能任用官员。

今注 1 荥阳：郡名。三国魏正始三年(242)分河南郡置，治所在荥阳(今河南郑州惠济区西北古荥，北魏移今市)。 2 赵国：三国魏太和中改赵郡为赵国，移治房子县(今河北高邑西南)。西晋末复改为郡。

夏四月，地震。

五月辛卯朔，凤皇见于赵国。曲赦[1]交趾、九真、日南五岁刑。

六月，鄃奚官督郭廙上疏陈五事以谏，言甚切直，擢为屯留令。西平人麹路伐登闻鼓[2]，言多祆谤，有司奏弃市。帝曰：“朕之过也。”舍而不问。罢镇军将军，复置左右将军官。

秋七月，延群公，询谠言。

九月，有星孛于紫宫[3]。

冬十月丙子，以汲郡太守王宏有政绩，赐谷千斛。

十一月，追封谥皇弟

夏四月，地震。

五月辛卯初一，凤凰在赵国出现。特赦了交趾、九真、日南三个郡五年刑期以内的犯人。

六月，鄃奚官督郭廙上书陈奏五件事以劝谏武帝，言辞十分真切直率，武帝提拔他为屯留县令。西平县人麹路敲登闻鼓表示有所谏议，所说内容多为妖言诽谤，有关部门上奏应当将其斩首示众。武帝说：“这是我的过错。”放掉了麹路而不问罪。废除镇军将军，重新设置左右将军官。

秋七月，武帝延请众王公，征询正直的言论。

九月，紫薇垣出现彗星。

冬十月丙子，因汲郡太守王宏有政绩，赐予他一千斛粮食。

十一月，追封武帝的弟弟司马兆

兆为城阳哀王，以皇子景度嗣。

为城阳哀王，并加谥号，以武帝的儿子司马景度为继承人。

十二月，诏州郡举勇猛秀异之才。

十二月，武帝下诏令各州郡举荐勇猛威武才德优异的人才。

今注 **1** 曲赦：即特赦，指不当赦而赦。 **2** 登闻鼓：古代帝王为表示听取臣民谏议或冤情，在朝堂外悬鼓，许臣民击鼓上闻，谓之“登闻鼓”。**3** 紫宫：即紫微垣，星官名。三垣之一，位在北斗七星的北方，左垣八颗，右垣七颗，左右环列，护卫着北极星。

六年春正月丁亥朔，帝临轩，不设乐。吴将丁奉入涡口[1]，扬州刺史牵弘击走之。

六年(270)春正月初一丁亥，武帝驾临正殿前的平台，不设乐。吴国将领丁奉进军涡口，扬州刺史牵弘打败并赶走了吴军。

三月，赦五岁刑已下。

三月，赦免刑期在五年以下的囚犯。

夏四月，白龙二见于东莞[2]。

夏四月，两条白龙出现在东莞郡。

五月，立寿安亭侯承为南宫王。

五月，封立寿安亭侯司马承为南宫王。

六月戊午，秦州刺史胡烈击叛虏于万斛堆，力战，死之。诏遣尚书石鉴行安西将军、都督秦州诸军事，与奋威护军田章讨之。

六月戊午，秦州刺史胡烈在万斛堆攻击背叛的胡虏，胡烈奋力作战，身死沙场。武帝下诏派遣尚书石鉴兼任安西将军、都督秦州诸军事，和奋威护军田章共同讨伐叛军。

秋七月丁酉，复陇右五郡遇寇害者租赋，不能

秋七月丁酉，免去遭受外寇侵害的陇右五个郡百姓的租赋，不能养活

自存者廪贷之。乙巳，城阳王景度薨。诏曰："自泰始以来，大事皆撰录秘书，写副。后有其事，辄宜缀集以为常。"丁未，以汝阴王骏为镇西大将军、都督雍凉二州诸军事。

九月，大宛[3]献汗血马，焉耆[4]来贡方物。

冬十一月，幸辟雍，行乡饮酒之礼，赐太常博士、学生帛牛酒各有差。立皇子柬为汝南王。

十二月，吴夏口督、前将军孙秀帅众来奔，拜骠骑将军、开府仪同三司，封会稽公。戊辰，复置镇军官。

自己的人由官府借粮食给他们。乙巳日，城阳王司马景度去世。武帝下诏说："自从泰始年间以来，国家大事都要收集并秘密著录，并且抄写副本。以后再发生大事，就可以连缀汇集，成为常制。"丁未日，任命汝阴王司马骏为镇西大将军、都督雍、凉二州诸军事。

九月，大宛进献汗血马，焉耆来进贡特产。

冬十一月，武帝临幸学堂，举行乡饮酒的礼仪，赏赐太常博士和学生丝帛、牛、酒各有等差。封立皇子司马柬为汝南王。

十二月，吴国的夏口都督、前将军孙秀率部众来投奔，武帝任命他为骠骑将军、开府仪同三司，封为会稽公。戊辰日，恢复设置镇军官。

今注 **1** 涡口：即今安徽怀远东北、涡河入淮之口。魏晋以来为南北水运交通要隘。 **2** 东莞：郡名。东汉建安初分琅邪、齐郡置，属徐州。治所在今山东沂水东北。 **3** 大宛：西域古国名，在今费尔干纳盆地一带。汉时王治贵山城（今塔吉克斯坦的苦盏）。 **4** 焉耆：古西域国名。亦作"乌耆""乌缠""阿耆尼"。国都在员渠城（今新疆焉耆西南四十里城子镇附近）。居民务农、捕鱼、畜牧。有文字。

七年春正月丙午，皇太子冠，赐王公以下帛各有差。匈奴帅刘猛叛出塞。

三月，孙晧帅众趋寿阳，遣大司马望屯淮北以距之。丙戌，司空、巨鹿公裴秀薨。癸巳，以中护军王业为尚书左仆射，高阳王珪为尚书右仆射。孙秀部将何崇帅众五千人来降。

夏四月，九真太守董元为吴将虞汜所攻，军败，死之。北地胡寇金城，凉州刺史牵弘讨之。群虏内叛，围弘于青山，弘军败，死之。

五月，立皇子宪为城阳王。雍、凉、秦三州饥，赦其境内殊死以下。

闰月，大雩，太官减膳。诏交趾三郡、南中[1]诸郡，无出今年户调。

六月，诏公卿以下举将帅各一人。辛丑，大司马义阳王望薨。大雨霖，伊、洛、河溢，流居人四千余家，杀

七年(271)春正月丙午，皇太子行冠礼，赏赐王公以下官员帛各有等差。匈奴首领刘猛率众叛逃到塞外。

三月，孙晧率领部众急奔寿阳，武帝派遣大司马司马望驻扎在淮北抵御吴军。丙戌日，司空、巨鹿公裴秀去世。癸巳日，任命中护军王业为尚书左仆射，任命高阳王司马珪为尚书右仆射。孙秀的部将何崇率领部下五千人来投降。

夏四月，九真郡太守董元被吴国将领虞汜攻击，晋军战败，董元战死。北地胡人侵犯金城，凉州刺史牵弘讨伐入侵者。一些部族发生叛乱，把牵弘围困在青山，牵弘军战败身死。

五月，立皇子司马宪为城阳王。雍州、凉州、秦州闹饥荒，赦免三州境内死刑以下的囚犯。

闰五月，举行祈雨祭祀，太官减省宫内膳食。武帝命令交趾三郡、南中各郡不需上缴今年按户征收的赋税。

六月，武帝下诏令公卿以下举荐将帅各一人。辛丑日，大司马、义阳王司马望去世。大雨连日，伊水、

三百余人,有诏振贷给棺。

秋七月癸酉,以车骑将军贾充为都督秦、凉二州诸军事。吴将陶璜等围交趾,太守杨稷与郁林太守毛炅及日南等三郡降于吴。

八月丙戌,以征东大将军卫瓘为征北大将军、都督幽州诸军事。丙申,城阳王宪薨。分益州之南中四郡置宁州[2],曲赦四郡殊死已下。

冬十月丁丑,日有蚀之。

十一月丁巳,卫公姬署薨。

十二月,大雪。罢中领军,并北军中候。以光禄大夫郑袤为司空。

洛水、黄河泛滥,四千多户居民流离失所,死了三百多人,武帝下诏令借粮救济灾民,发给死者棺材。

秋七月癸酉,任命车骑将军贾充为都督秦、凉二州诸军事。吴国将领陶璜等人围困交趾,交趾太守杨稷和郁林太守毛炅以及日南三郡都投降了吴国。

八月丙戌,任命征东大将军卫瓘为征北大将军、都督幽州诸军事。丙申日,城阳王司马宪去世。划分益州的南部、中部四个郡设置宁州,特赦这四个郡殊死以下的囚犯。

冬十月丁丑,发生了日食。

十一月丁巳,卫公姬署去世。

十二月,下大雪。将中领军和北军中候免职。任命光禄大夫郑袤为司空。

今注 **1** 南中:古地区名。相当今四川大渡河以南及云、贵两省。三国蜀汉以巴蜀为根据地,其地在巴蜀之南,故名。 **2** 宁州:西晋泰始七年(271)分益州置,治所在滇池(今云南昆明晋宁区)。

八年春正月,监军何桢讨匈奴刘猛,累破之,左部帅李恪杀猛而降。癸亥,

八年(272)春正月,监军何桢讨伐匈奴刘猛,多次击破敌军,刘猛的左部帅李恪杀掉刘猛而向晋投降。癸亥日,

帝耕于藉田。

二月乙亥，禁雕文绮组非法之物。壬辰，太宰、安平王孚薨。诏内外群官举任边郡者各三人。帝与右将军皇甫陶论事，陶与帝争言，散骑常侍郑徽表请罪之。帝曰："谠言謇谔[1]，所望于左右也。人主常以阿媚为患，岂以争臣为损哉！徽越职妄奏，岂朕之意。"遂免徽官。

夏四月，置后将军，以备四军。六月，益州牙门张弘诬其刺史皇甫晏反，杀之，传首京师。弘坐伏诛，夷三族。壬辰，大赦。丙申，诏复陇右四郡遇寇害者田租。

秋七月，以车骑将军贾充为司空。

九月，吴西陵督步阐来降，拜卫将军、开府仪同三司，封宜都公。吴将陆抗攻阐，遣车骑将军羊祜

武帝亲临藉田耕作。

二月乙亥，下令禁止雕镂彩绘华丽的织物等非法用品。壬辰日，太宰、安平王司马孚去世。武帝下诏让朝廷内外群臣举荐三个能胜任边郡长官之职的人。武帝和右将军皇甫陶议论国事，皇甫陶和武帝争论，散骑常侍郑徽上表请求处罚皇甫陶。武帝说："敢于发表正直的言辞，是我对左右官吏的期望。君主应时常担心臣下阿谀谄媚，怎能把谏诤之臣视为危害呢！郑徽越职擅自进表，怎么会合朕的心意。"于是罢免了郑徽的官职。

夏四月，设置后将军，使四军体制齐备。六月，益州的牙门将张弘诬陷刺史皇甫晏谋反，杀了皇甫晏，用驿车把首级送到京师。张弘被定罪诛杀，夷灭三族。壬辰日，大赦天下。丙申日，下诏免去遭遇外寇危害的陇右四个郡百姓的田租。

秋七月，任命车骑将军贾充为司空。

九月，吴国西陵都督步阐前来投降，被任命为卫将军、开府仪同三司，封为宜都公。吴国将领陆抗攻打步阐，

帅众出江陵，荆州刺史杨肇迎阐于西陵，巴东[2]监军徐胤击建平以救阐。

武帝派遣车骑将军羊祜率领部下从江陵出兵，派遣荆州刺史杨肇到西陵接应步阐，派遣巴东监军徐胤进攻建平来解救步阐。

冬十月辛未朔，日有蚀之。

冬十月初一辛未，出现日食。

十二月，肇攻抗，不克而还。阐城陷，为抗所禽。

十二月，杨肇攻击陆抗，没有取胜而撤兵。步阐驻守的城池沦陷，他被陆抗擒获。

今注 1 謇谔(jiǎn è)：同“謇愕”。正直敢言貌。 2 巴东：郡名。东汉建安六年(201)改固陵郡置，属益州。治所在鱼复(三国蜀汉改为永安，西晋复为鱼复，在今重庆奉节东)。

九年春正月辛酉，司空、密陵侯郑袤薨。

九年(273)春正月辛酉，司空、密陵侯郑袤去世。

二月癸巳，司徒、乐陵公石苞薨。立安平亭侯隆为安平王。

二月癸巳，司徒、乐陵公石苞去世。封立安平亭侯司马隆为安平王。

三月，立皇子祗为东海王。

三月，封立皇子司马祗为东海王。

夏四月戊辰朔，日有蚀之。

夏四月初一戊辰，有日食发生。

五月，旱。以太保何曾领司徒。

五月，大旱。任命太保何曾兼任司徒。

六月乙未，东海王祗薨。

六月乙未，东海王司马祗去世。

秋七月丁酉朔，日有蚀

秋七月初一丁酉，有日食发生。吴国将领鲁淑包围弋阳，征虏将军王浑击败了他。废除五官左右中郎

之。吴将鲁淑围弋阳[1]，征虏将军王浑击败之。罢五官左右中郎将、弘训太仆、卫尉、大长秋等官。鲜卑寇广宁[2]，杀略五千人。诏聘公卿以下子女以备六宫，采择未毕，权禁断婚姻。

冬十月辛巳，制女年十七父母不嫁者，使长吏配之。

十一月丁酉，临宣武观大阅诸军，甲辰乃罢。

将、弘训太仆、卫尉、大长秋等官职。鲜卑入侵广宁，杀戮掳掠了五千人。武帝下诏选聘公卿以下官员的子女充实六宫，宫廷挑选未完成前，暂时禁止候选者婚配。

冬十月辛巳，规定女子年满十七岁，父母尚未将其嫁出的，由地方长官为之寻找配偶。

十一月丁酉，武帝驾临宣武观大规模检阅军队，直至甲辰日才全部结束。

今注 1 弋阳：古县名。东汉建安末以后为弋阳郡治所，在今河南潢川西。 2 广宁：郡名。西晋太康中置，属幽州。治所在下洛县(今河北涿鹿)。

十年春正月辛亥，帝耕于藉田。

闰月癸酉，太傅、寿光公郑冲薨。己卯，高阳王珪薨。庚辰，太原王瑰薨。

丁亥，诏曰："嫡庶之别，所以辨上下，明贵贱。而近世以来，多皆内宠，登妃后之职，乱尊卑之序。自今以后，皆不得登用妾媵以为嫡正。"

十年(274)春正月辛亥，武帝亲临藉田耕作。

闰正月癸酉，太傅、寿光公郑冲去世。己卯日，高阳王司马珪去世。庚辰日，太原王司马瑰去世。

丁亥日，武帝下诏说："区别嫡庶，是为了分清上下的位置，明辨贵贱的身份。但近年来，很多官员都宠爱姬妾，使她们登上王妃、王后的位置，混淆了尊卑次序。从今以后，一律不许进用妾媵为嫡正夫人。"

二月，分幽州五郡置平州[1]。

三月癸亥，日有蚀之。

夏四月己未，太尉、临淮公荀颛薨。

六月癸巳，临听讼观录囚徒，多所原遣。是夏，大蝗。

秋七月丙寅，皇后杨氏[2]崩。壬午，吴平虏将军孟泰、偏将军王嗣等帅众降。

八月，凉州虏寇金城诸郡，镇西将军、汝阴王骏讨之，斩其帅乞文泥等。戊申，葬元皇后于峻阳陵[3]。

九月癸亥，以大将军陈骞为太尉。攻拔吴枳里城，获吴立信校尉庄祐。吴将孙遵、李承帅众寇江夏，太守嵇喜击破之。立河桥于富平津[4]。

冬十一月，立城东七里涧石桥。庚午，帝临宣武观，大阅诸军。

十二月，有星孛于轸。

二月，划出幽州五个郡设置为平州。

三月癸亥，日食发生。

夏四月己未，太尉、临淮公荀颛去世。

六月癸巳，武帝驾临听讼观审查记录囚徒的罪状，将多数囚徒都遣返原籍。当年夏天，蝗灾严重。

秋七月丙寅，皇后杨氏去世。壬午日，吴国平虏将军孟泰、偏将军王嗣等人率领部众投降。

八月，凉州胡人侵犯金城各郡，镇西将军、汝阴王司马骏率兵讨伐，斩杀了敌军头领乞文泥等人。戊申日，在峻阳陵安葬了武元杨皇后。

九月癸亥，任命大将军陈骞为太尉。攻击并夺取了吴国枳里城，俘获吴国立信校尉庄祐。吴国将领孙遵、李承率部众侵犯江夏，江夏太守嵇喜击败了吴军。在富阳津搭建河桥。

冬十一月，在京师城东七里涧上搭建石桥。庚午日，武帝驾临宣武观，大规模检阅部队。

十二月，轸宿出现彗星。设置藉田令。封立太原王司马瑰的儿子置藉田令。立太原王子缉为高阳王。吴威北将军严聪、扬威将军严整、偏将军朱买来降。

是岁，凿陕南山，决河，东注洛，以通运漕。

司马缉为高阳王。吴国威北将军严聪、扬威将军严整、偏将军朱买前来投降。

本年，开凿陕地南山，挖开黄河，引水东流注入洛河，用以疏通水路运输。

今注 **1** 平州：三国魏分幽州东部地区置，属幽州。治所在襄平县(今辽宁辽阳)。 **2** 杨氏：晋武帝皇后杨艳(238—274)，字琼芝，弘农华阴(今陕西华阴)人。司马昭为世子司马炎聘为妃，甚受宠遇。武帝司马炎即位，立为皇后。 **3** 峻阳陵：西晋武帝司马炎的陵墓。在今河南偃师南蔡庄北。 **4** 富平津：即孟津。在今河南孟津东南。

咸宁元年春正月戊午朔，大赦，改元。

二月，以将士应已娶者多，家有五女者给复。辛酉，以故鄃令夏谡有清称，赐谷百斛。以奉禄薄，赐公卿以下帛有差。叛虏树机能[1]送质请降。

夏五月，下邳、广陵大风，拔木，坏庐舍。

六月，鲜卑力微[2]遣子来献。吴人寇江夏。西域戊己校尉马循讨叛鲜卑，

咸宁元年(275)春正月初一戊午，大赦天下，年号改为咸宁。

二月，因为将士中有很多已到了娶妻年龄，武帝下令凡是一家有五个女子的免除徭役。辛酉日，因为前鄃县令夏谡有清廉的美名，武帝赏赐给他一百斛谷物。因为官员俸禄微博，武帝赏赐公卿以下官员数量不等的帛。反叛的胡虏树机能送来质子请求投降。

夏五月，下邳、广陵刮起大风，树木被拔起，房屋被毁坏。

六月，鲜卑首领拓跋力微派遣儿

破之，斩其渠帅。戊申，置太子詹事官。

秋七月甲申晦，日有蚀之。郡国螟。

八月壬寅，沛王子文薨。以故太傅郑沖、太尉荀顗、司徒石苞、司空裴秀、骠骑将军王沈、安平献王孚等及太保何曾、司空贾充、太尉陈骞、中书监荀勖、平南将军羊祜、齐王攸等皆列于铭飨[3]。

九月甲子，青州螟，徐州大水。

冬十月乙酉，常山王殷薨。癸巳，彭城王权薨。

十一月癸亥，大阅于宣武观，至于己巳。

十二月丁亥，追尊宣帝庙曰高祖，景帝曰世宗，文帝曰太祖。是月大疫，洛阳死者太半。封裴颀为巨鹿公。

子向晋进贡。吴国军队进犯江夏。西域戊己校尉马循征讨叛乱的鲜卑人，打败叛军，斩杀了他们的首领。戊申日，设置太子詹事官。

秋七月月末甲申，有日食发生。郡国螟虫成灾。

八月壬寅，沛王司马子文去世。把已故的太傅郑沖、太尉荀顗、司徒石苞、司空裴秀、骠骑将军王沈、安平献王孚等人，以及在位的太保何曾、司空贾充、太尉陈骞、中书监荀勖、平南将军羊祜、齐王攸等都排列名位一起合祭。

九月甲子，青州螟虫成灾，徐州洪水泛滥。

冬十月乙酉，常山王司马殷去世。癸巳日，彭城王司马权去世。

十一月癸亥，武帝在宣武观大规模检阅军队，直到己巳日才结束。

十二月丁亥，追尊宣帝的庙号为高祖，景帝为世宗，文帝为太祖。本月发生大瘟疫，洛阳染病死掉的人有大半。封裴颀为巨鹿公。

今注 1 树机能（？—279）：晋时人，鲜卑族，秃发部首领。武帝泰始中屡败晋军，占有凉州之地。后被晋宣威将军、武威太守马隆打败，被杀。**2** 力微：即拓跋力微(174—277)，三国魏初鲜卑族拓跋部首领。北魏始祖。魏甘露三年(258)，迁居定襄之盛乐(今内蒙古和林格尔西北土城子)，行祭天大典，邻部多来归附。从此拓跋部正式为部落联盟之首。 **3** 铭飨：指列名受祭。

二年春正月，以疾疫废朝。赐诸散吏至于士卒丝各有差。

二年(276)春正月，武帝因患疾疫暂停上朝。赏赐官府闲散吏员以至士人兵卒不同数量的丝。

二月丙戌，河间王洪薨。甲午，赦五岁刑以下。东夷八国归化。并州虏犯塞，监并州诸军事胡奋击破之。

二月丙戌，河间王司马洪去世。甲午日，赦免刑期五年以下的犯人。东夷八国归顺晋朝。并州胡人进犯边塞，监并州诸军事胡奋打败了敌人。

初，燉煌[1]太守尹璩卒，州以燉煌令梁澄领太守事，议郎令狐丰废澄，自领郡事。丰死，弟宏代之。至是，凉州刺史杨欣斩宏，传首洛阳。

当初，燉煌太守尹璩去世，州府任命燉煌县令梁澄兼任太守，议郎令狐丰废黜了梁澄，自己兼任燉煌郡太守。令狐丰死后，他的弟弟令狐宏接替他。到这个时候，凉州刺史杨欣杀了令狐宏，用驿车把他的首级送到了洛阳。

先是，帝不豫，及瘳[2]，群臣上寿。诏曰："每念顷遇疫气死亡，为之怆然。岂以一身之休息，忘百姓之艰邪？诸上礼者皆绝之。"

早些时候，武帝身体抱恙，等到病愈，群臣前来祝贺。武帝下诏说："每当想到最近因为瘟疫而死掉的人，我都会感到悲痛。怎能以我一人的安康，而忘记百姓的艰难呢？所有来送礼的人一律拒绝。"

今注 1 燉煌：郡名。即“敦煌”。西汉元鼎六年（前111）分酒泉郡置，治所在敦煌县（今甘肃敦煌西）。 2 瘳(chōu)：病愈。

夏五月，镇西大将军、汝阴王骏讨北胡，斩其渠帅吐敦。立国子学[1]。庚午，大雩。

六月癸丑，荐荔支于太庙。甲戌，有星孛于氐。自春旱，至于是月始雨。吴京下督孙楷帅众来降，以为车骑将军，封丹阳侯。白龙二见于新兴井中。

秋七月，有星孛于大角。吴临平湖自汉末壅塞，至是自开。父老相传云：“此湖塞，天下乱；此湖开，天下平。”癸丑，安平王隆薨。东夷十七国内附。河南、魏郡暴水，杀百余人，诏给棺。鲜卑阿罗多等寇边，西域戊己校尉马循讨之，斩首四千余级，获生九千余人，于是来降。

八月庚辰，河东、平阳

夏五月，镇西大将军、汝阴王司马骏讨伐北胡，斩杀其首领吐敦。设立国子学。庚午日，举行求雨祭祀。

六月癸丑，向太庙进献荔枝。甲戌日，氐宿出现彗星。从春天开始大旱，到这个月才开始下雨。吴国京下督孙楷率领部众前来归降，任命他为车骑将军，封为丹阳侯。两条白龙出现在新兴郡的井中。

秋七月，角宿出现彗星。吴国的临平湖自从汉末以来就堵塞不通，此时自行疏通。当地百姓互相传言说：“此湖堵塞，天下变乱；此湖疏通，天下太平。”癸丑日，安平王司马隆去世。东夷十七国归附晋朝。河南、魏郡洪水暴发，死了一百多人，武帝下诏发给死者棺木。鲜卑阿罗多等侵犯边地，西域戊己校尉马循讨伐入侵者，斩杀四千余人，生擒九千余人，阿罗多于是率众归降。

八月庚辰，河东、平阳二郡发

地震。己亥，以太保何曾为太傅，太尉陈骞为大司马，司空贾充为太尉，镇军大将军齐王攸为司空。有星孛于太微，九月又孛于翼。丁未，起太仓于城东，常平仓[2]于东西市。

生地震。己亥日，任命太保何曾为太傅，太尉陈骞为大司马，司空贾充为太尉，镇军大将军、齐王司马攸为司空。太微垣出现彗星，九月彗星又在翼宿出现。丁未日，在洛阳城东兴建太仓，在东西集市修建常平仓。

闰月，荆州五郡水，流四千余家。

闰八月，荆州五个郡发洪水，四千多家百姓流离失所。

今注　1 国子学：晋代以后最高学府和教育管理机构。西晋咸宁二年(276)始设，与太学并立。当时把太学作为庶族地主子弟的就学之地，国子学作为贵族子弟肄业之所，是当时实行“九品中正”选士制度以后，特别重视门第阀阅的结果。　2 常平仓：汉以后为调节粮价而设置的粮仓。西汉五凤四年(前54)从耿寿昌建议，在边郡设常平仓，谷贱时收进，贵时卖出。西晋泰始四年(268)也置常平仓。

冬十月，以汝阴王骏为征西大将军，平南将军羊祜为征南大将军。丁卯，立皇后杨氏，大赦，赐王公以下及于鳏寡各有差。

冬十月，任命汝阴王司马骏为征西大将军，平南将军羊祜为征南大将军。丁卯日，册立皇后杨氏，大赦天下，赏赐王公以下官员以至鳏寡之民各有等差。

十一月，白龙二见于梁国。

十一月，两条白龙出现在梁国。

十二月，征处士安定皇甫谧[1]为太子中庶子，封后父

十二月，征召处士安定郡人皇甫谧为太子中庶子，封杨皇后之

镇军将军杨骏为临晋侯。是月,以平州刺史傅询、前广平太守孟桓清白有闻,询赐帛二百匹,桓百匹。

父、镇军将军杨骏为临晋侯。本月,因为平州刺史傅询、前任广平太守孟桓有清白廉洁的美名,赏赐傅询二百匹帛,赏赐孟桓一百匹帛。

今注 **1** 处士:有才德而隐居不仕的人。皇甫谧:(215—282)魏晋间作家、医学家。幼名静,字士安,号玄晏先生,安定朝那(今宁夏固原东南,一说甘肃灵台境内)人。从席坦学儒。武帝屡下诏征,皆称病不就,终身不仕。相传左思作《三都赋》成,请他作序,遂见重于世。中年患风痹,乃钻研医学。据《素问》《针经》《明堂孔穴针灸治要》等书,著《甲乙经》,总结晋以前的针灸学成就。另著有《帝王世纪》《高士传》《列女传》《玄晏春秋》等。

三年春正月丙子朔,日有蚀之。立皇子裕为始平王,安平穆王隆弟敦为安平王。诏曰:"宗室戚属,国之枝叶,欲令奉率德义,为天下式。然处富贵而能慎行者寡,召穆公[1]纠合兄弟而赋《唐棣》之诗,此姬氏所以本枝百世也。今以卫将军、扶风王亮为宗师[2],所当施行,皆咨之于宗师也。"庚寅,始平王裕薨。有星孛于西方。使

三年(277)春正月初一丙子,日食发生。立皇子司马裕为始平王,立安平穆王司马隆的弟弟司马敦为安平王。武帝下诏说:"皇室的宗族亲戚,是国家的枝叶,我希望他们敬奉遵从道德仁义,作为天下人的典范。然而身处富贵却能谨慎行事的人极少,所以周朝的召穆公聚集兄弟而赋《棠棣》之诗,这是姬氏子孙昌盛,百代不衰的原因。现在任命卫将军、扶风王司马亮为宗室弟子的宗师,弟子们的所作所为,都要向宗师请教。"庚寅日,始平王司马裕去世。西方出现彗星。派遣征北

征北大将军卫瓘讨鲜卑力微。

大将军卫瓘讨伐鲜卑首领拓跋力微。

三月，平虏护军文淑讨叛虏树机能等，并破之。有星孛于胃。乙未，帝将射雉，虑损麦苗而止。

三月，平虏护军文淑讨伐反叛的部族首领树机能等，并击破了他们。胃宿出现彗星。乙未日，武帝将要去射猎野鸡，考虑到会损坏田里的麦苗就终止了。

夏五月戊子，吴将邵凯、夏祥帅众七千余人来降。

夏五月戊子，吴国将领邵凯、夏祥率领部众七千多人前来归降。

六月，益、梁八郡水，杀三百余人，没邸阁别仓。

六月，益州、梁州八个郡发洪水，死了三百多人，淹没了囤积军粮、物资的仓房。

【今注】 **1** 召穆公：即召虎，或作召伯虎。西周人，名虎。召公奭后裔。周厉王虐，召虎谏，王不听，以卫巫监谤。再谏，又不听。终为国人所逐，流于彘。太子靖避居于召虎家，虎以己子替死。厉王死，拥立靖为宣王。时淮夷不服，宣王命召虎率师讨平之。宣王加封申伯地，召虎为之经营。卒谥穆，称召穆公。《左传·僖公二十四年》："召穆公思周德之不类，故纠合宗族于成周而作诗。" **2** 宗师：官名。汉置。《汉书·平帝纪》："其为宗室自太上皇以来族亲，各以世氏、郡国置宗师以纠之，致教训焉。"时王莽居摄，置此以监视刘姓宗室活动。晋代属宗正卿，掌训导宗室子弟。

秋七月，以都督豫州诸军事王浑为都督扬州诸军事。中山王睦以罪废为丹水侯。

秋七月，任命都督豫州诸军事王浑为都督扬州诸军事。中山王司马睦因为犯罪被废为丹水侯。

八月癸亥，徙扶风王亮

八月癸亥，调任扶风王司马亮为汝南王，东莞王司马伷为琅邪王，为汝南王，东莞王伷为琅邪王，汝阴王骏为扶风王，琅邪王伦为赵王，渤海王辅为太原王，太原王颙为河间王，北海王陵为任城王，陈王斌为西河王，汝南王柬为南阳王，济南王耽为中山王，河间王威为章武王。立皇子玮为始平王，允为濮阳王，该为新都王，遐为清河王，巨平侯羊祜为南城侯。以汝南王亮为镇南大将军。大风拔树，暴寒且冰，郡国五陨霜，伤谷。

九月戊子，以左将军胡奋为都督江北诸军事。兖、豫、徐、青、荆、益、梁七州大水，伤秋稼，诏振给之。立齐王子蕤为辽东王，赞[1]为广汉王。

冬十一月丙戌，帝临宣武观大阅，至于壬辰。

十二月，吴将孙慎入江夏、汝南，略千余家而去。

是岁，西北杂虏及鲜卑、匈奴、五溪蛮夷、东夷三国

汝阴王司马骏为扶风王，琅邪王司马伦为赵王，渤海王司马辅为太原王，太原王司马颙为河间王，北海王司马陵为任城王，陈王司马斌为西河王，汝南王司马柬为南阳王，济南王司马耽为中山王，河间王司马威为章武王。封立武帝之子司马玮为始平王，司马允为濮阳王，司马该为新都王，司马遐为清河王，封巨平侯羊祜为南城侯。任命汝南王司马亮为镇南大将军。刮起大风把树连根拔起，极度寒冷甚至结冰，有五个郡国下霜，冻坏了稻谷。

九月戊子，任命左将军胡奋为都督江北诸军事。兖、豫、徐、青、荆、益、梁七州发大洪水，毁坏了秋天的庄稼，武帝下诏赈济受灾的地区。封立齐王司马攸之子司马蕤为辽东王，司马赞为广汉王。

冬十一月丙戌，武帝驾临宣武观大规模检阅部队，壬辰日结束。

十二月，吴国将领孙慎入侵江夏郡、汝南郡，劫掠了一千多户百姓而去。

本年，西北各部族和鲜卑、匈

前后十余辈，各帅种人部落内附。

四年春正月庚午朔，日有蚀之。

三月甲申，尚书左仆射卢钦卒。辛酉，以尚书右仆射山涛为尚书左仆射。东夷六国来献。

夏四月，蚩尤旗见于东井[1]。

六月丁未，阴平、广武地震，甲子又震。凉州刺史杨欣与虏若罗拔能等战于武威[2]，败绩，死之。弘训皇后羊氏崩。

秋七月己丑，祔葬景献皇后羊氏于峻平陵[3]。庚寅，高阳王缉薨。癸巳，范阳王绥薨。荆、扬郡国二十皆大水。

九月，以大傅何曾为太宰。辛巳，以尚书令李胤为司徒。

冬十月，以征北大将军卫瓘为尚书令。扬州刺史应

奴、五溪蛮夷、东夷三国前后十多支队伍，各自带领本部落的人马归附晋朝。

四年(278)春正月初一庚午，有日食发生。

三月甲申，尚书左仆射卢钦去世。辛酉日，任命尚书右仆射山涛为尚书左仆射。东夷六国前来进贡。

夏四月，井宿出现名为蚩尤旗的彗星。

六月丁未，阴平、广武发生地震，甲子日又发生余震。凉州刺史杨欣在武威和胡人若罗拔能等交战，晋军大败，杨欣战死。弘训皇后羊氏去世。

秋七月己丑，将景献皇后羊氏祔葬于景帝峻平陵。庚寅日，高阳王司马缉去世。癸巳日，范阳王司马绥去世。荆州、扬州的二十个郡国都暴发大洪水。

九月，任命太傅何曾为太宰。辛巳日，任命尚书令李胤为司徒。

冬十月，任命征北大将军卫瓘为尚书令。扬州刺史应绰讨伐吴国皖城，斩杀敌军五千人，焚烧谷米

绰伐吴皖城,斩首五千级,焚谷米百八十万斛。

十一月辛巳,太医司马程据献雉头裘,帝以奇技异服典礼所禁,焚之于殿前。甲申,敕内外敢有犯者罪之。吴昭武将军刘翻、厉武将军祖始来降。辛卯,以尚书杜预都督荆州诸军事。征南大将军羊祜卒。

十二月乙未,西河王斌薨。丁未,太宰郎陵公何曾薨。

是岁,东夷九国内附。

一百八十万斛。

十一月辛巳,太医司马程据进献以雉头羽毛织成的裘衣,武帝认为奇巧的技艺和怪异的衣服是典章礼法所禁止的,因此在殿前焚烧了这件衣服。甲申日,下令朝廷内外敢有效仿的人一概论罪。吴国昭武将军刘翻、厉武将军祖始前来投降。辛卯日,任命尚书杜预为都督荆州诸军事。征南大将军羊祜去世。

十二月乙未,西河王司马斌去世。丁未日,太宰、郎陵公何曾去世。

本年,东夷九国归附晋朝。

今注 1 蚩尤旗:彗星的一种。古代以此星出,主有征伐之事。东井:即"井宿"。 2 武威:郡名。初期治所在武威(今甘肃民勤东北),后移治姑臧。 3 峻平陵:晋景帝司马师的陵墓,位于宣帝高原陵西侧、洛阳邙山陵墓群。

五年春正月,虏帅树机能攻陷凉州。乙丑,使讨虏护军武威太守马隆击之。

二月甲午,白麟见于平原[1]。

三月,匈奴都督拔弈虚帅部落归化。乙亥,以百姓

五年(279)春正月,胡人首领树机能攻陷凉州。乙丑日,派遣讨虏护军武威太守马隆迎击敌人。

二月甲午,白麟出现在平原郡。

三月,匈奴的都督拔弈虚率领部落归顺。乙亥日,因为百姓处于饥饿之中,武帝减掉一半的御膳。

饥馑，减御膳之半。有星孛于柳。

夏四月，又孛于女御。大赦，降除部曲督以下质任。丁亥，郡国八雨雹，伤秋稼，坏百姓庐舍。

秋七月，有星孛于紫宫。

九月甲午，麟见于河南[2]。

冬十月戊寅，匈奴余渠都督独雍等帅部落归化。汲郡人不准掘魏襄王冢，得竹简小篆古书十余万言，藏于秘府。

十一月，大举伐吴，遣镇军将军、琅邪王伷出涂中，安东将军王浑出江西[3]，建威将军王戎出武昌[4]，平南将军胡奋出夏口，镇南大将军杜预出江陵，龙骧将军王濬、广武将军唐彬率巴蜀之卒浮江而下，东西凡二十余万。以太尉贾充为大都督，行冠军将军杨济为副，总统众军。

十二月，马隆击叛虏树

柳宿出现彗星。

夏四月，女宿又出现彗星。大赦天下，解除部曲督以下官吏质子的规定。丁亥日，八个郡国下了冰雹，伤害秋天的庄稼，毁坏百姓的房舍。

秋七月，紫薇垣出现彗星。

九月甲午，河南出现麒麟。

冬十月戊寅，匈奴余渠都督独雍等率领本部人马归顺晋国。汲郡人不准发掘魏襄王墓，得到了用小篆刻写在竹简上的古书共计十多万字，下令收藏于宫中藏书的秘府。

十一月，大规模征伐吴国，派遣镇军将军、琅邪王司马伷从涂中出兵，安东将军王浑从江西出兵，建威将军王戎从武昌出兵，平南将军胡奋从夏口出兵，镇南大将军杜预从江陵出兵，龙骧将军王濬、广武将军唐彬率领巴蜀地区的士兵泛长江而下，东西共有二十多万人。任命太尉贾充为大都督，以代理冠军将军杨济为副手，统领各军。

十二月，马隆攻击反叛的胡人首领树机能，大破叛军，斩杀树机机能，大破，斩之，凉州平。肃慎来献楛矢石砮。

能，凉州平定。肃慎人来进贡用楛木做杆的箭、石制的箭头。

今注 1 平原：郡、国名，西汉置郡，治所在平原县(今山东平原县西南)。东汉、魏、晋或为郡，或为国。 2 河南：郡名。汉高祖二年（前205）改秦三川郡置，治所在雒阳（今河南洛阳东北）。 3 江西：古地区名。隋唐以前，对长江下游北岸淮水以南地区的惯称。 4 武昌：郡名。公元221年孙权分江夏、豫章、庐陵三郡置。治武昌(今湖北鄂州)。属荆州。不久改名江夏郡。晋太康元年(280)又改名武昌郡。

太康元年春正月己丑朔，五色气冠日。癸丑，王浑克吴寻阳、赖乡诸城，获吴武威将军周兴。

二月戊午，王濬、唐彬等克丹阳城。庚申，又克西陵，杀西陵都督、镇军将军留宪，征南将军成璩，西陵监郑广。壬戌，濬又克夷道乐乡城，杀夷道监陆晏、水军都督陆景。甲戌，杜预克江陵，斩吴江陵督王延；平南将军胡奋克江安。于是诸军并进，乐乡、荆门诸戍相次来降。乙亥，以濬为都督益、梁二州诸军事，复

太康元年(280)春正月初一己丑，五彩云气覆盖太阳。癸丑日，王浑攻克吴国浔阳、赖乡等城，俘虏了吴国武威将军周兴。

二月戊午，王濬、唐彬等攻克丹阳城。庚申日，又攻克西陵，杀了西陵都督、镇军将军留宪，征南将军成璩和西陵监郑广。壬戌日，王濬又攻克夷道乐乡城，杀了夷道监陆晏、水军都督陆景。甲戌日，杜预攻克江陵，斩杀吴国江陵督王延；平南将军胡奋攻克了江安。于是各军同时进击，乐乡、荆门等城守军相继来投降。乙亥日，任命王濬为都督益、梁二州诸军事。武帝又下诏说："王濬、唐彬东下，消灭巴丘吴军，和胡奋、王戎一道平

下诏曰："濬、彬东下，扫除巴丘[1]，与胡奋、王戎共平夏口、武昌，顺流长骛，直造秣陵[2]，与奋、戎审量其宜。杜预当镇静零、桂，怀辑衡阳。大兵既过，荆州南境固当传檄而定，预当分万人给濬，七千给彬。夏口既平，奋宜以七千人给濬。武昌既了，戎当以六千人增彬。太尉充移屯项，总督诸方。"濬进破夏口、武昌，遂泛舟东下，所至皆平。王浑、周浚与吴丞相张悌战于版桥[3]，大败之，斩悌及其将孙震、沈莹，传首洛阳。孙晧穷蹙请降，送玺绶于琅邪王伷。

三月壬寅，王濬以舟师至于建邺之石头[4]，孙晧大惧，面缚舆榇，降于军门。濬杖节解缚焚榇，送于京都。收其图籍，克州四，郡四十三，县三百一十三，户五十二万三千，吏

定夏口、武昌，顺着长江长驱直入，直达秣陵，和胡奋、王戎一起商量合适的计划。杜预应当镇守零陵、桂阳，安抚招徕衡阳。大部队一到，荆州以南的地区本就应该靠传布檄文不战而定，杜预应该分一万人给王濬，分七千人给唐彬。夏口平定之后，胡奋应该分七千人给王濬。武昌战事结束后，王戎应当派六千人增援唐彬。太尉贾充移驻项地，总揽各方战事。"王濬进军攻破夏口、武昌，接着乘船东下，所到之处全部平定。王浑、周浚和吴国丞相张悌在版桥交战，大败吴军，斩杀张悌及其部将孙震、沈莹，用驿车把他们的首级送到洛阳。孙晧走投无路请求投降，把天子印玺送交了琅邪王司马伷。

三月壬申，王濬率领水军战船抵达建邺的石头城，孙晧大为恐惧，反绑双手带着棺木，来到晋军营门投降。王濬手持节杖为他解绑，焚烧棺木，把孙晧送到京都。收纳了吴国的地图和户籍，共收复四州、四十三郡、三百一十三县，户口五十二万三千，官吏三万三千，兵卒二十三万，男女

三万三千，兵二十三万，男女口二百三十万。其牧守下皆因吴所置，除其苛政，示之简易，吴人大悦。乙酉大赦，改元，大酺五日，恤孤老困穷。

人口二百三十万。州牧郡守以下都沿用吴国设置的官职，革除苛刻的政令，将简化的法规告诉百姓，吴国百姓非常高兴。乙酉日，大赦天下，更改年号，特许百姓欢宴饮酒五天，救济孤苦年老生活穷困的百姓。

今注 1 巴丘：古城名。即巴丘邸阁城。在今湖南岳阳岳阳楼区。三国吴筑，因巴丘山得名。 2 秣(mò)陵：古县名。秦始皇三十七年(前210)改金陵邑置，属会稽郡。治所在今江苏南京江宁区南秣陵关。东汉建安十六年(211)，孙权自京口徙治于此，次年改名建业，移治今南京。西晋太康元年(280)灭吴，复改名秣陵。 3 版桥：在今安徽和县境长江西岸。 4 建邺：即建业。治今南京。西晋太康三年 (282) 改“业”为“邺”。建兴元年 (313) 因避愍帝司马邺讳，改名建康。石头：即石头城，又名石首城、石城。故址在今江苏南京清凉山。本战国楚金陵邑。东汉建安十七年(212)孙权重筑改名。因城基利用天然岩石凿成，故名石头。

夏四月，河东、高平雨雹，伤秋稼。遣兼侍中张侧、黄门侍郎朱震分使扬越，慰其初附。白麟见于顿丘[1]。三河、魏郡、弘农雨雹，伤宿麦。

五月辛亥，封孙晧为归命侯，拜其太子为中郎，诸子为郎中。吴之旧望，

夏四月，河东郡、高平郡下冰雹，损伤了秋收的庄稼。派遣兼侍中张侧、黄门侍郎朱震分别出使扬州、越州，抚慰那些新近归附晋朝的人。白麟在顿丘郡出现。三河、魏郡、弘农郡下冰雹，损伤去年播种的麦子。

五月辛亥，封孙晧为归命侯，授孙晧的太子为中郎，其他儿子为郎中。吴国的旧家望族子弟，根据其才能分

随才擢叙。孙氏大将战亡之家徙于寿阳，将吏渡江复十年，百姓及百工复二十年。

别拔擢叙用。孙氏战亡将领的家属都迁徙到寿阳，将领和官吏北渡长江的免十年租税，百姓和各种工匠免二十年租税。

丙寅，帝临轩大会，引晧升殿，群臣咸称万岁。丁卯，荐酃渌酒[2]于太庙。郡国六雹，伤秋稼。庚午，诏诸士卒年六十以上罢归于家。庚辰，以王濬为辅国大将军、襄阳侯，杜预当阳侯，王戎安丰侯，唐彬上庸侯，贾充、琅邪王伷以下增封。于是论功行封，赐公卿以下帛各有差。

丙寅日，武帝来到殿前大规模召见群臣，孙晧被引入大殿，群臣齐呼万岁。丁卯日，向太庙进献酃渌酒。六个郡国下冰雹，损伤秋收的庄稼。庚午日，下诏年满六十岁以上的士卒停止服役返回家乡。庚辰日，任命王濬为辅国大将军、襄阳侯，杜预为当阳侯，王戎为安丰侯，唐彬为上庸侯，贾充、琅邪王司马伷以下也增加封邑。于是品评功绩施行封赏，赐帛给公卿以下官员各有差等。

六月丁丑，初置翊军校尉官。封丹水侯睦为高阳王。甲申，东夷十国归化。

六月丁丑，初次设置翊军校尉官。封丹水侯司马睦为高阳王。甲申日，东夷十国归顺。

今注　1 顿丘：郡名。西晋泰始二年(266)置，治所在顿丘县(今河南清丰西南)。　2 酃渌(líng lù)酒：美酒名。一说为酃、渌二酒的并称，一说为酃酒。

秋七月，虏轲成泥寇西平浩亹[1]，杀督将以下三百余人。东夷二十国朝献。

秋七月，胡虏轲成泥侵犯西平郡浩亹县，杀死督将以下三百多人。东夷二十国来朝献礼。庚寅日，任庚寅，以尚书魏舒为尚书右仆射。

命尚书魏舒为尚书右仆射。

八月，车师前部[2]遣子入侍。己未，封皇弟延祚为乐平王。白龙三见于永昌。

八月，车师前部派遣子嗣入朝奉侍。己未日，封皇弟司马延祚为乐平王。三条白龙在永昌郡出现。

九月，群臣以天下一统，屡请封禅，帝谦让弗许。

九月，群臣认为天下已经统一，多次请求封禅，武帝谦让而没有应允。

冬十月丁巳，除五女复。

冬十月丁巳，取消五女之家免除租赋的规定。

十二月戊辰，广汉王赞薨。

十二月戊辰，广汉王司马赞去世。

今注 1 浩亹(gé mén)：古县名。西汉置。治所在今甘肃永登西南大通河东岸。 2 车师前部：即车师前国。西域古国名。本车师国，西汉时分为车师前、后国。前国王治交河城(今新疆吐鲁番西北交河古城遗址)。晋代属西域戊己校尉。

二年春二月，淮南、丹阳地震。

二年(281)春二月，淮南郡、丹阳郡地震。

三月丙申，安平王敦薨。赐王公以下吴生口各有差。诏选孙皓妓妾五千人入宫。东夷五国朝献。

三月丙申，安平王司马敦去世。赏赐王公以下官员吴国俘虏各有等差。武帝下诏挑选孙皓的侍姬五千人入宫。东夷吴国来朝献礼。

夏六月，东夷五国内附。郡国十六雨雹，大风拔树，坏百姓庐舍。江夏、泰山

夏六月，东夷吴国归附晋国。十六个郡国下冰雹，大风拔起树木，毁坏百姓的房舍。江夏郡、泰山郡

水，流居人三百余家。

秋七月，上党又暴风雨雹，伤秋稼。

八月，有星孛于张。

冬十月，鲜卑慕容廆寇昌黎。

十一月壬寅，大司马陈骞薨。有星孛于轩辕。鲜卑寇辽西，平州刺史鲜于婴讨破之。

三年春正月丁丑，罢秦州，并雍州。甲午，以尚书张华都督幽州诸军事。

三月，安北将军严询败鲜卑慕容廆于昌黎，杀伤数万人。

夏四月庚午，太尉、鲁公贾充薨。

闰月丙子，司徒、广陆侯李胤薨。癸丑，白龙二见于济南。

秋七月，罢平州、宁州刺史三年一入奏事。

九月，东夷二十九国归化，献其方物。吴故将莞恭、

发洪水，流离失所的人有三百多家。

秋七月，上党郡又刮大风下冰雹，损伤了秋收的庄稼。

八月，张宿有彗星出现。

冬十月，鲜卑首领慕容廆侵犯昌黎郡。

十一月壬寅，大司马陈骞去世。轩辕星宿出现彗星。鲜卑侵犯辽西，平州刺史鲜于婴讨伐并击破了鲜卑。

三年(282)春正月丁丑，撤销秦州，并入雍州。甲午日，任命尚书张华都督幽州诸军事。

三月，安北将军严询在昌黎郡击败了鲜卑首领慕容廆，造成敌人死伤数万人。

夏四月庚午，太尉、鲁公贾充去世。

闰四月丙子，司徒、广陆侯李胤去世。癸丑日，两条白龙在济南郡出现。

秋八月，取消平州、宁州刺史三年一入朝奏事的规定。

九月，东夷二十九国归顺，献上各自的特产。吴国原来的将领莞恭、

帛奉举兵反，攻害建邺令，遂围扬州，徐州刺史嵇喜讨平之。

冬十二月甲申，以司空齐王攸为大司马、督青州诸军事，镇东大将军、琅邪王伷为抚军大将军，汝南王亮为太尉，光禄大夫山涛为司徒，尚书令卫瓘为司空。丙申，诏四方水旱甚者无出田租。

四年春正月甲申，以尚书右仆射魏舒为尚书左仆射，下邳王晃为尚书右仆射。戊午，司徒山涛薨。

二月己丑，立长乐亭侯寔[1]为北海王。

三月辛丑朔，日有蚀之。癸丑，大司马齐王攸薨。

夏四月，任城王陵薨。

五月己亥，大将军、琅邪王伷薨。徙辽东王蕤为东莱王。

六月，增九卿礼秩。牂柯獠[2]二千余落内属。

帛奉起兵反叛，攻击杀害了邺县令，接着包围了扬州，徐州刺史嵇喜讨伐叛军并平定了叛乱。

冬十二月甲申，任命司空、齐王司马攸为大司马、督青州诸军事，镇东大将军、琅邪王司马伷为抚军大将军，汝南王司马亮为太尉，光禄大夫山涛为司徒，尚书令卫瓘为司空。丙申日，武帝下诏准许全国遭受严重水旱灾害的百姓不缴纳田租。

四年(283)春正月甲申，任命尚书右仆射魏舒为尚书左仆射，任命下邳王司马晃为尚书右仆射。戊午日，司徒山涛去世。

二月己丑，封立长乐亭侯司马寔为北海王。

三月初一辛丑，发生日食。癸丑日，大司马、齐王司马攸去世。

夏四月，任城王司马陵去世。

五月己亥，大将军、琅邪王司马伷去世。徙封辽东王司马蕤为东莱王。

六月，增加九卿的礼仪等级和爵禄品级。牂柯獠两千多个部落归附。

秋七月壬子，以尚书右仆射、下邳王晃为都督青州诸军事。丙寅，兖州大水，复其田租。八月，鄯善国[3]遣子入侍，假其归义侯。以陇西王泰为尚书右仆射。冬十一月戊午，新都王该薨。以尚书左仆射魏舒为司徒。

十二月庚午，大阅于宣武观。

是岁，河南及荆州、扬州大水。

秋七月壬子，任命尚书右仆射、下邳王司马晃为都督青州诸军事。丙寅日，兖州发洪水，免去当地百姓的田租。八月，鄯善国派遣子嗣入朝奉侍，暂时封其为归义侯。任命陇西王司马泰为尚书右仆射。冬十一月戊午，新都王司马该去世。任命尚书左仆射魏舒为司徒。

十二月庚午，武帝在宣武观大规模检阅部队。

本年，河内国以及荆州、扬州发洪水。

今注　1 寔(shí)：即司马寔，字景深，司马攸子。司马赞死，代赞继广汉殇王司马广德后，改封北海王。永宁初，加平东将军，代齐王冏镇许昌。累官侍中、上军将军。　2 牂(zāng)柯獠：古族名，亦作牂牁蛮。居住于红水河(古称牂牁江)北岸，今贵州的大部分及广西、云南部分地区。春秋前建立一小国。秦汉时以其地为牂牁郡。　3 鄯善国：古西域国名。本名楼兰。昭帝元凤四年（前77）改名鄯善，属西域都护府。都城在扜泥城（在今新疆若羌）。

五年春正月己亥，青龙二见于武库[1]井中。

二月丙寅，立南宫王子玷为长乐王。壬辰，地震。

夏四月，任城、鲁国池

五年(284)春正月己亥，两条青龙在武库的井里出现。

二月丙寅，封立南宫王司马承之子司马玷为长乐王。壬辰日，发生地震。

夏四月，任城、鲁国的护城河水

水赤如血。

五月丙午，宣帝庙梁折。

六月，初置黄沙狱[2]。

秋七月戊申，皇子恢薨。任城、梁国、中山雨雹，伤秋稼。减天下户课三分之一。

九月，南安大风折木。郡国五大水，陨霜，伤秋稼。

冬十一月甲辰，太原王辅薨。

十二月庚午，大赦。林邑、大秦[3]国各遣使来献。

闰月，镇南大将军、当阳侯杜预卒。

赤红如血。

五月丙午，宣帝庙的房梁折断。

六月，初次设置黄沙狱。

秋七月戊申，武帝之子司马恢去世。任城、梁国、中山等郡国下冰雹，损伤了秋收的庄稼。下令全国按户征收的税减免三分之一。

九月，南安郡刮起大风折断树木。有五个郡国发生洪水，降霜，损伤了秋收的庄稼。

冬十一月甲辰，太原王司马辅去世。

十二月庚午，大赦天下。林邑、大秦两国分别派遣使者来进贡。

闰十二月，镇南大将军、当阳侯杜预去世。

今注 **1** 武库：汉代置武库署，有武库令丞，掌藏兵器。 **2** 黄沙狱：监狱名。晋泰始四年(268)与黄沙治书侍御史同时设置，收禁黄沙治书侍御史所未判和已判的诏狱人犯及其他复审案件所应收禁的人犯。太康中撤销。其存在时间虽不长，却开创了在监察机构之下设置监狱的先例。与此处记载时间不同。 **3** 大秦：中国史籍对罗马帝国的称呼。395年罗马帝国分裂后，大秦常指拜占庭帝国。

六年春正月甲申朔，以比岁不登，免租贷宿负。戊

六年(285)春正月初一甲申，因为连年收成不好而免去旧的借贷租

辰，以征南大将军王浑为尚书左仆射，尚书褚䂮[1]都督扬州诸军事，杨济都督荆州诸军事。

三月，郡国六陨霜，伤桑麦。

夏四月，扶南等十国来献，参离[2]四千余落内附。郡国四旱，十大水，坏百姓庐舍。

秋七月，巴西[3]地震。

八月丙戌朔，日有蚀之。减百姓绵绢三分之一。白龙见于京兆。以镇军大将军王濬为抚军大将军。

九月丙子，山阳公刘康薨。

冬十月，南安山崩，水出。南阳郡获两足兽。龟兹、焉耆国遣子入侍。

十二月甲申，大阅于宣武观，旬日而罢。庚子，抚军大将军、襄阳侯王濬卒。

赋。戊辰日，任命征南大将军王浑为尚书左仆射，任命尚书褚䂮为都督扬州诸军事，任命杨济为都督荆州诸军事。

三月，六个郡国下霜，损伤了桑树和麦苗。

夏四月，扶南等十国来进贡，参离四千多部落归附。四个郡国大旱，十个郡国暴发洪水，毁坏了百姓的房舍。

秋七月，巴西郡发生地震。

八月初一丙戌，发生日食。减收百姓绵帛丝绢的三分之一。京兆出现白龙。任命镇军大将军王濬为抚军大将军。

九月丙子，山阳公刘康去世。

冬十月，南安郡发生山崩，地下水涌出。南阳郡捕获两足兽。龟兹、焉耆国派遣子嗣入朝奉侍。

十二月甲申，武帝在宣武观大规模检阅部队，十天才结束。庚寅日，抚军大将军、襄阳侯王濬去世。

今注 1 褚䂮(lüè)：西晋官吏。河南阳翟（今河南禹州）人。太傅褚裒

(póu)祖。三国魏为主簿，家贫，辞吏。入晋为羊祜推荐，始被升用。曾任尚书、都督扬州诸军事、安东将军。 2 参离：即索离，为濊貊人的北支，生活在今嫩江以东、松花江以北的松嫩平原地区。史书中又称“索失”“索虏”。 3 巴西：郡名。东汉建安六年(201)刘璋改巴郡置，属益州。治所在阆中(今四川阆中)。

七年春正月甲寅朔，日有蚀之。乙卯，诏曰：“比年灾异屡发，日蚀三朝，地震山崩。邦之不臧，实在朕躬。公卿大臣各上封事，极言其故，勿有所讳。”

夏五月，郡国十三旱。鲜卑慕容廆寇辽东。

秋七月，朱提[1]山崩，犍为[2]地震。

八月，东夷十一国内附。京兆地震。

九月戊寅，骠骑将军、扶风王骏薨。郡国八大水。

冬十一月壬子，以陇西王泰都督关中诸军事。

十二月，遣侍御史巡遭水诸郡。出后宫才人、妓女以下二百七十人归于

七年(286)春正月初一甲寅，发生日食。乙卯日，武帝下诏说：“近年来灾害与怪异之事屡次发生，出现三次日食，还有地震和山崩。国家不宁，实在是朕的原因。公卿大臣各自呈送密封的章奏，详尽分析其中缘故，不要有所忌讳。”

夏五月，十三个郡国大旱。鲜卑慕容廆侵犯辽东。

秋七月，朱提郡发生山崩，犍为郡发生地震。

八月，东夷十一国归附。京兆发生地震。

九月戊寅，骠骑将军、扶风王司马骏去世。八个郡国暴发洪水。

冬十一月壬子，任命陇西王司马泰为都督关中诸军事。

十二月，派遣侍御史巡察遭遇水灾的各郡国。把后宫才人、歌舞伎女以下二百七十人遣送回家。开始建立

家。始制大臣听终丧三年。己亥，河阴雨赤雪二顷。

是岁，扶南等二十一国、马韩等十一国遣使来献。

大臣可以服满父母三年丧期的规定。己亥日，河阴县二百亩地上降下红色的雪。

本年，扶南等二十一国、马韩等十一国派遣使者来朝进贡。

今注 **1** 朱提：郡名。东汉建安十九年(214)，刘备改犍为属国置，治所在朱提（今云南昭通）。 **2** 犍(qián)为：郡名。西汉建元六年（前135）分广汉郡南部及夜郎国地置，属益州，治所在鳖(bì)县（今贵州遵义西）。东汉永初元年(107)移治武阳（今四川眉山彭山区东北）。

八年春正月戊申朔，日有蚀之。太庙殿陷。

三月乙丑，临商观震。

夏四月，齐国、天水陨霜，伤麦。

六月，鲁国大风，拔树木，坏百姓庐舍。郡国八大水。

秋七月，前殿地陷，深数丈，中有破船。

八月，东夷二国内附。

九月，改营太庙。

冬十月，南康平固县吏李丰反，聚众攻郡县，自号将军。

八年(287)春正月初一戊申，发生日食。太庙大殿塌陷。

三月乙丑，临商观地震。

夏四月，齐国、天水郡下霜，损伤了麦子。

六月，鲁国刮起大风，树木拔地而出，毁坏百姓房舍。八个郡国发洪水。

秋七月，前殿地面塌陷，有几丈深，塌陷处地下有条破船。

八月，东夷两国归附。

九月，改建太庙。

冬十月，南康郡平固县的小吏李丰造反，聚众攻打郡县，自称将军。

十一月，海安县令萧辅聚众

十一月，海安令萧辅聚众反。

十二月，吴兴人蒋迪聚党反，围阳羡县，州郡捕讨，皆伏诛。南夷扶南、西域康居国[4]各遣使来献。

是岁，郡国五地震。

九年春正月壬申朔，日有蚀之。诏曰："兴化之本，由政平讼理也。二千石长吏不能勤恤人隐，而轻挟私故，兴长刑狱，又多贪浊，烦挠百姓。其敕刺史二千石纠其秽浊，举其公清，有司议其黜陟。令内外群官举清能，拔寒素。"江东四郡地震。

二月，尚书右仆射、阳夏侯胡奋卒，以尚书朱整为尚书右仆射。三月丁丑，皇后亲桑于西郊，赐帛各有差。壬辰，初并二社[1]为一。

夏四月，江南郡国八地震；陇西陨霜，伤宿麦。

造反。

十二月，吴兴人蒋迪纠集乡党造反，包围阳羡县，州郡征讨捉拿叛贼，全部处死。南夷扶南国、西域康居国分别派遣使者来朝贡。

本年，五个郡国发生地震。

九年(288)春正月初一壬申，日食发生。武帝下诏说："振兴教化的根本，在于国家政治清平无冤狱。两千石的官员不能勤政体恤百姓，却轻率地怀着个人的目的，制定刑期很长的拘狱规定，又多有贪污行为，侵扰百姓。现在命令刺史和俸禄两千石的官员纠察贪污官吏，举荐公正清廉的人，有关官员评议他们的升迁或贬黜。命令朝廷和地方的各位官员举荐清廉贤能之才，提拔贫寒清白之人。"江东四个郡发生地震。

二月，尚书右仆射、阳夏侯胡奋去世，任命尚书朱整为尚书右仆射。三月丁丑，皇后亲自到西郊采桑，赏赐官吏丝帛各有等差。壬辰日，开始把春社和秋社合并为一。

夏四月，江南八个郡国发生地震；陇西郡下霜，损伤了越冬的麦苗。

五月，义阳王奇有罪，黜为三纵亭侯。诏内外群官举守令之才。

六月庚子朔，日有蚀之。徙章武王威为义阳王。郡国三十二大旱，伤麦。

秋八月壬子，星陨如雨。诏郡国五岁刑以下决遣，无留庶狱。

九月，东夷七国诣校尉内附。郡国二十四螟。

冬十二月癸卯，立河间平王洪子英为章武王。戊申，青龙、黄龙各一见于鲁国。

五月，义阳王司马奇犯罪，被贬为三纵亭侯。武帝下诏朝廷内外各官员举荐能胜任郡守、县令之职的人才。

六月初一庚子，发生日食。改封章武王司马威为义阳王。三十二个郡国大旱，损伤了麦子。

秋八月壬子，流星坠落如同下雨。武帝下诏各郡国对五年刑期以下的案件进行判决发落，不要滞留各种刑狱之事。

九月，东夷七国到校尉那里表示愿意归附。二十四个郡国螟虫成灾。

冬十二月癸卯，封立河间平王司马洪之子司马英为章武王。戊申日，一条青龙、一条黄龙出现在鲁国。

今注　1 二社：指春社和秋社。古时于立春后第五个戊日祭祀土神，以祈丰收，谓之春社。立秋后第五个戊日，举行祭祀土神的典礼，谓之秋社。

十年夏四月，以京兆太守刘霄、阳平太守梁柳有政绩，各赐谷千斛。郡国八陨霜。太庙成。乙巳，迁神主于新庙，帝迎于道左，遂祫祭[1]。大赦，文武增位一等，作庙者二等。丁未，尚书右

十年(289)夏四月，因为京兆太守刘霄、阳平太守梁柳有政绩，各赏赐一千斛谷。八个郡国降霜。太庙竣工。乙巳日，把祖先牌位迁到新的太庙。武帝在路的左侧迎接，接着举行祫祭。大赦天下，文官武将各进官位一等，参与修建太庙的进位二等。

仆射、广兴侯朱整卒。癸丑，崇圣殿灾。

五月，鲜卑慕容廆来降，东夷十一国内附。

六月庚子，山阳公刘瑾薨。复置二社。

冬十月壬子，徙南宫王承为武邑王。

十一月丙辰，守尚书令、左光禄大夫荀勖卒。帝疾瘳，赐王公以下帛有差。含章殿鞠室[2]火。

甲申，以汝南王亮为大司马、大都督、假黄钺。改封南阳王柬为秦王，始平王玮为楚王，濮阳王允为淮南王，并假节之国，各统方州军事。立皇子乂为长沙王，颖为成都王，晏为吴王，炽为豫章王，演为代王，皇孙遹为广陵王。立濮阳王子迪为汉王，始平王子仪为毗陵王，汝南王次子羕为西阳公。徙扶风王畅为顺阳王，畅弟歆为新野公，琅邪王觐

丁未日，尚书右仆射、广兴侯朱整去世。癸丑日，崇圣殿失火。

五月，鲜卑慕容廆前来归降，东夷十一国归附。

六月庚子，山阳公刘瑾去世。恢复设置春社和秋社。

冬十月壬子，改封南宫王司马承为武邑王。

十一月丙辰，代理尚书令、左光禄大夫荀勖去世。武帝病愈，赏赐王公以下官员帛各有等差。含章殿的鞠室失火。

甲申日，任命汝南王司马亮为大司马、大都督，持有黄钺。改封南阳王司马柬为秦王，始平王司马玮为楚王，濮阳王司马允为淮南王，都授予节杖前往封国，各自统领一方州郡的军事。封立武帝之子司马乂为长沙王，司马颖为成都王，司马晏为吴王，司马炽为豫章王，司马演为代王，封立武帝之孙司马遹为广陵王。立濮阳王司马允之子司马迪为汉王，始平王司马玮之子司马仪为毗陵王，汝南王司马亮次子司马羕为西阳公。徙封扶风王司马畅为顺阳王，司马畅之

弟澹为东武公，繇为东安公，漼为广陵公，卷为东莞公。改诸王国相为内史。

十二月庚寅，太庙梁折。

是岁，东夷绝远三十余国、西南夷二十余国来献。虏奚轲男女十万口来降。

弟司马歆为新野公，琅邪王司马觐之弟司马澹为东武公，司马繇为东安公，司马漼为广陵公，司马卷为东莞公。改称各王国相为内史。

十二月庚寅，太庙的大梁折断。

本年，东夷最遥远的三十多国、西南夷二十多国前来进贡。胡人奚轲男女十万人前来归降。

今注 1 祫(xiá)祭：古代天子诸侯宗庙祭礼之一。集合远近祖先神主于太祖庙大合祭。 2 鞠(jū)室：古代蹴鞠的场所。

太熙元年春正月辛酉朔，改元。己巳，以尚书左仆射王浑为司徒，司空卫瓘为太保。

二月辛丑，东夷七国朝贡。琅邪王觐薨。

三月甲子，以右光禄大夫石鉴为司空。

夏四月辛丑，以侍中车骑将军杨骏为太尉、都督中外诸军、录尚书事。己酉，帝崩于含章殿，时年五十五，葬峻阳陵，庙号世祖。

太熙元年(290)春正月初一辛酉，改年号。己巳日，任命尚书左仆射王浑为司徒，任命司空卫瓘为太保。

二月辛丑，东夷七国来朝进贡。琅邪王司马觐去世。

三月甲子，任命右光禄大夫石鉴为司空。

夏四月辛丑，任命侍中车骑将军杨骏为太尉、都督中外诸军、录尚书事。己酉，武帝在含章殿去世，时年五十五岁，葬在峻阳陵，庙号世祖。

武帝气度宽宏仁厚，时刻秉持仁德忠恕之道；容纳正直的言论，未曾在人前改变脸色；圣明通达善于谋略，有帝宇量弘厚，造次必于仁恕；容纳谠正，未尝失色于人；明达善谋，能断大事，故得抚宁万国，绥静四方。承魏氏奢侈刻弊之后，百姓思古之遗风，乃厉以恭俭，敦以寡欲。有司尝奏御牛青丝纼断，诏以青麻代之。临朝宽裕，法度有恒。高阳许允既为文帝所杀，允子奇为太常丞。帝将有事于太庙，朝议以奇受害之门，不欲接近左右，请出为长史。帝乃追述允夙望，称奇之才，擢为祠部郎，时论称其夷旷。平吴之后，天下乂安，遂怠于政术，耽于游宴，宠爱后党，亲贵当权，旧臣不得专任，彝章紊废，请谒行矣。爰至末年，知惠帝弗克负荷，然恃皇孙聪睿，故无废立之心。复虑非贾后所生，终致危败，遂与腹心共图后事。说者纷然，久而不

能力决断朝廷大事，因此得以安抚万国，平定四方。承接魏氏奢侈深弊之后，百姓思念上古的遗风，武帝于是以恭谨俭朴相勉励，以寡欲相敦促。有关官员曾经上奏牵引御牛的青丝绳断了，武帝下诏用青麻取代。处理朝政宽容大度，执法如一。高阳郡人许允已经被文帝杀掉，许允之子许奇为太常丞。武帝将要去太庙祭祀，朝臣们认为许奇出自受害者的家庭，不想让他接近皇帝左右，请求派他出朝任州郡长史。武帝于是追述许允往昔的声望，称赞许奇的才能，提拔他为祠部郎，当时的舆论都称赞武帝的平和旷达。平定吴国之后，天下安定，武帝开始怠于政务，沉溺于游乐宴饮，宠信皇后的家人，贵戚当权，老臣得不到专门任用，一贯执行的章程紊乱废弃，求官干谒之风盛行起来。等到了末年，武帝知道惠帝不能承担重任，但仗着皇孙聪明睿智，所以没有废黜太子另立之心。又考虑到惠帝不是贾皇后所生，最终将导致危险失败，于是和心腹之臣共同商议后事。大臣们各抒己见，很久没有定论，最后采用了王佑的计谋，

定，竟用王佑之谋，遣太子母弟秦王柬都督关中，楚王玮、淮南王允并镇守要害，以强帝室。又恐杨氏之逼，复以佑为北军中候，以典禁兵。既而寝疾弥留，至于大渐，佐命元勋，皆已先没，群臣惶惑，计无所从。会帝小差，有诏以汝南王亮辅政，又欲令朝士之有名望年少者数人佐之，杨骏秘而不宣。帝复寻至迷乱，杨后辄为诏以骏辅政，促亮进发。帝寻小间，问汝南王来未，意欲见之，有所付托。左右答言未至，帝遂困笃。中朝[1]之乱，实始于斯矣。

派遣太子的同母弟秦王司马柬都督关中，楚王司马玮、淮南王司马允同时镇守要害之地，用以加强帝室的力量。又担心杨氏逼迫，于是又任命王佑为北军中候，统领禁军。不久武帝卧病不起，以至病危，辅佐的元勋们都已先他去世，群臣惶恐不安，不知所措。适逢武帝病情稍见好转，下诏令汝南王司马亮辅佐朝政，又想派朝廷官员里有名望的几位年轻人帮助司马亮，杨骏把后一条诏书秘而不宣。武帝又很快陷入昏迷，杨皇后就颁布诏令任命杨骏辅政，并催促司马亮进发。武帝的病情稍后略有缓解，询问汝南王到了没有，想要见他一面，有所托付。身边的人回答说还没赶到，武帝接着又处于病危状态。西晋的政局混乱，实在由此开始。

今注　1 中朝：偏安江左的东晋、南宋分别称建都中原时的西晋、北宋为“中朝”。南北朝时，亦称南朝为“中朝”。

制曰：武皇承基，诞膺天命，握图御宇，敷化导民，以佚代劳。以治易乱。绝缣纶之贡，去雕琢

制曰：武皇帝继承大业，顺应天命，手握图籍，驾驭天下，普施教化引导百姓，用与民休息取代劳民伤财，以安定取代战乱。取消了四方纳贡细丝

之饰，制奢俗以变俭约，止浇风而反淳朴。雅好直言，留心采擢，刘毅、裴楷以质直见容，嵇绍[1]、许奇虽仇雠不弃。仁以御物，宽而得众，宏略大度，有帝王之量焉。于时民和俗静，家给人足，聿修武用，思启封疆。决神算于深衷，断雄图于议表。马隆西伐，王濬南征，师不延时，獯虏削迹，兵无血刃，扬越为墟。通上代之不通，服前王之未服。祯祥显应，风教肃清，天人之功成矣，霸王之业大矣。虽登封之礼，让而不为，骄泰之心，因斯而起。见土地之广，谓万叶而无虞；睹天下之安，谓千年而永治。不知处广以思狭，则广可长广；居治而忘危，则治无常治。加之建立非所，委寄失才，志欲就于升平，行先迎于祸乱。是

织物的要求，舍去雕琢的装饰，制止奢靡之风而转为勤俭节约，制止轻浮浅薄而返归淳厚朴实。喜好直言谏诤，留心选拔人才，刘毅、裴楷因为质朴正直而得到信任，嵇绍、许奇虽然是仇人却不被弃用。用仁义来统治天下，因宽容而深得人心，谋略宏伟，气度广大，有帝王的气量啊。当时百姓和睦风俗美好，家给人足，武帝然后治兵习武，谋划开拓疆域。内心决策如有神算，谋议果断胸有宏图。马隆向西讨伐，王濬向南征讨，进军不延误时机，贼虏销声匿迹，兵器未染血迹，扬越之地已化作废墟。开通前代所不通之地，降服先王所未服之邦。祥瑞应验，风俗教化肃清，天人之功已成，霸王之业宏大。虽然辞让而未登泰山行封禅之礼，但骄恣放纵之心从此而生。看到土地的广阔，就认为可传之万代而无患；目睹天下安定，就认为可延千年而永安。不懂得身处广袤之地而想到形势逼仄之时，才能长久保持广袤；身处安定而忘记危险，那么安定也无法保持长久。再加上册立太子不得其人，委任托付用人不当，意欲达到升平之境，行为却

犹将适越者指沙漠以遵途，欲登山者涉舟航而觅路，所趣逾远，所尚转难，南北倍殊，高下相反，求其至也，不亦难乎！况以新集易动之基，而无久安难拔之虑，故贾充凶竖，怀奸志以拥权；杨骏豺狼，苞祸心以专辅。及乎宫车晚出，谅闇[2]未周，藩翰变亲以成疏，连兵竞灭其本；栋梁回忠而起伪，拥众各举其威。曾未数年，纲纪大乱，海内版荡，宗庙播迁。帝道王猷，反居文身之俗；神州赤县，翻成被发之乡。弃所大以资人，掩其小而自托，为天下笑，其故何哉？良由失慎于前，所以贻患于后。且知子者贤父，知臣者明君；子不肖则家亡，臣不忠则国乱；国乱不可以安也，家亡不可以全也。是以君子防其始，圣人闲其端。而世

先招来了祸乱。这就像是想到南方越地去的人却向着北方沙漠前进，想要登山的人却乘着舟船去寻觅道路，走得越远，所追求的目标越难以达到，南北方向不同，高下完全相反，想要到达终点，不也是太困难了吗？更何况凭借刚刚聚集起来而容易动摇的基础，却没有长治久安难以撼拔的考虑，因此凶恶的小人贾充，心怀奸谋却拥有大权；狠如豺狼的杨骏，包藏祸心而专权辅政。等到武帝去世，国丧未完，藩国从亲属变得疏远，连结兵马竞相残杀；栋梁之臣改忠诚为虚伪，拥集部众各自建立威势。没过几年，朝廷的纲纪大乱，国内动荡不安，宗庙迁徙流离。帝王大道，反而让位于蛮夷；神州大地，竟然成了夷狄之乡。丢弃自己的优势来资助他族，掩盖自己的不足来自我安慰，被天下人耻笑，是什么原因呢？实在是因为有失谨慎于前，所以便遗留祸患于后。况且了解儿子的是贤父，了解臣子的是明君；儿子不成器则家亡，臣子不忠诚则国乱；国家变乱就无法复安，家族灭亡也不能再全。因此，君子提防祸乱的初始，圣人窥见

祖惑荀勖之奸谋，迷王浑之伪策，心屡移于众口，事不定于己图。元海[3]当除而不除，卒令扰乱区夏；惠帝可废而不废，终使倾覆洪基。夫全一人者德之轻，拯天下者功之重，弃一子者忍之小，安社稷者孝之大；况乎资三世而成业，延二孽以丧之，所谓取轻德而舍重功，畏小忍而忘大孝。圣贤之道，岂若斯乎！虽则善始于初，而乖令终于末，所以殷勤[4]史策，不能无慷慨焉。

祸乱的端倪。但世祖被荀勖的奸诈计谋所蛊惑，被王浑的邪伪之策所迷惑，根据众人的议论而反复改变心志，不能由自己决断政事。刘渊应当除掉却不除，最终让他扰乱华夏；惠帝应该废黜却不废，最终导致大业倾覆。能够保全一人是小德，能够拯救天下才是大功，放弃一个儿子是小忍，安定社稷才是大孝；更何况凭借三世而成就的大业，仅任用了两个奸佞就丧失了，这就是所谓取得小功德却舍弃大功劳，担心小忍却忘记大孝。圣贤之道，怎么能是这样呢！虽然有良好的开端，却背离了完满的结局，因此时常观览史书，不能不令人感慨万端呀。

今注 **1** 嵇绍(253—304)：字延祖，嵇康子。西晋谯郡铚县嵇山(今属安徽涡阳)人。初为秘书丞，晋武帝时，官至徐州刺史，累迁散骑常侍。“八王之乱”，周旋于诸王之间，历侍中、平西将军。永安元年(304)，东海王司马越挟惠帝攻成都王司马颖，越军战败，绍以身卫帝，被士兵所杀，谥忠穆。 **2** 谅闇：同“谅阴”，指帝王居丧。 **3** 元海：即刘渊(约251—310)，字元海，新兴(今山西忻州)人。魏匈奴左部帅刘豹子。魏末入洛阳，深得司马昭父子的赏识。武帝太康末，授北部都尉，广集名儒秀士及匈奴五部豪杰。建武元年(304)，称汉王，都离石(今山西吕梁)，起兵反晋。永嘉二年(308)称帝，迁都平阳(今山西临汾西南)。永嘉四年(310)死，谥光文皇帝，庙号高祖。 **4** 殷勤：此处指时常观览。